Herausgegeben von

Prof. Dr. Winfried Kluth,
Universität Halle-Wittenberg
Richter am Landesverfassungsgericht LSA,
Rechtsanwalt Rainer Rabe,
z. Zt. Chef der Staatskanzlei und Minister für Kultur
des Landes Sachsen-Anhalt, Magdeburg

Herausgegeben von

Prof. Dr. Winfried Kluth,
Universität Halle-Wittenberg,
Richter am Landesverfassungsgericht a. D.

Rechtsanwalt Rainer Robra,
z. Zt. Chef der Staatskanzlei und Minister für Kultur
des Landes Sachsen-Anhalt, Magdeburg

# NOMOSGESETZE

Prof. Dr. Winfried Kluth
Rainer Robra

# Landesrecht Sachsen-Anhalt

Textsammlung

22. Auflage
Stand: 1. März 2021

**Die Deutsche Nationalbibliothek** verzeichnet diese Publikation in der Deutschen Nationalbibliografie; detaillierte bibliografische Daten sind im Internet über http://dnb.d-nb.de abrufbar.

ISBN 978-3-8487-7134-9

22. Auflage 2021
© Nomos Verlagsgesellschaft, Baden-Baden 2021. Gesamtverantwortung für Druck und Herstellung bei der Nomos Verlagsgesellschaft mbH & Co. KG. Alle Rechte, auch die des Nachdrucks von Auszügen, der fotomechanischen Wiedergabe und der Übersetzung, vorbehalten.

## Vorwort 22. Auflage

Die Textsammlung umfasst die für Studierende und Referendarinnen und Referendare wie auch für die juristischen Fachberufe wichtigsten Regelungen des Landesrechts Sachsen-Anhalt. Das Landesjustizprüfungsamt Sachsen-Anhalt hat die Sammlung für die Staatliche Pflichtfachprüfung der ersten juristischen Prüfung zugelassen.

Seit Erscheinen der Vorauflage ist es zu einer Reihe von bedeutsamen Rechtsänderungen gekommen, die an dieser Stelle hervorzuheben sind. Dies betrifft an erster Stelle die Änderung der Landesverfassung durch das Gesetz zur Parlamentsreform vom 20. März 2020. Durch diese Reform wurden zwei neue Staatsziele eingeführt (Art. 35a: Gleichwertige Lebensverhältnisse und Art. 37a: Nichtverbreitung nationalsozialistischen, rassistischen und antisemitischen Gedankenguts) der Begriff der Rasse durch die Formulierung der „rassistische Gründe" ersetzt sowie weitere Anpassungen im Parlamentsrecht vorgenommen und damit die über zwei Legislaturperioden verfolgte Parlamentsreform vorläufig abgeschlossen. Hervorzuheben sind weiter Änderungen im Kommunalwahlrecht zur Ermöglichung reiner Briefwahlen in Fällen von Pandemiegefahren sowie die Neufassung des Hochschulgesetzes, durch das die Eigenständigkeit der Hochschulen weiter gestärkt wird.

Die Neuauflage befindet sich auf dem Stand der Gesetzgebung vom 1. März 2021.

Herausgeber und Verlag sind weiterhin für Hinweise dankbar.

Halle und Magdeburg im März 2021

*Winfried Kluth*
*Rainer Robra*

## Vorwort zur 22. Auflage

Die Textsammlung umfasst die für studierende und Referendarinnen und Referendare wie auch für die juristischen Praktikerinnen und Praktiker wichtig ten Rechtsnormen des Landesrechts Sachsen-Anhalt. Das Landes-planungsgesetz Sachsen-Anhalt nur die Sammlung für die Staatliche Pflichtfachprüfung der ersten juristischen Prüfung zugelassen.

Seit Erscheinen der Vorauflage ist eine enorme Reihe von bedeutsamen Rechtsänderungen gekommen, die an dieser Stelle hervorzuheben sind. Dies betrifft zu erster Stelle die Änderung der Landesverfassung durch das Gesetz zur Änderung vom 20. März 2020. Durch diese Reform wurden zwei neue Staatsziele eingeführt (Art. 35a Gleichwertige Lebensverhältnisse und Art. 37a Nichtrechtzeitig bundesrechtlich umzusetzen und aufzuheben) ebenso die Änderung der Begriff der Fassung durch die Formulierung der „massiven" Gelder, sowie die weitere Anpassungen im Rahmen verfassunggemäßer damit die über zwei Legislaturperioden vorziehen Reformvorschläge vorläufig abgeschlossen. Hervorzuheben sind weiter Änderungen im Kommunalrecht sowie die Umgliederung neuer Sinnverbände im Erlass von Funktionsverteilung, sowie die Neufassung des Hochschulgesetzes, durch das die Einspruchsfrist zu den Hochschulen weiter gestreckt wird.

Die Neuauflage befindet sich auf dem Stand der Gesetzgebung vom 1. März 2021.

Herausgeber und Verlag sind wie immer für Hinweise dankbar.

Halle und Magdeburg, im März 2021                Winfried Kluth
                                                                                   Rainer Robra

# Inhalt

## I. Staat und Verfassung
| | | | |
|---|---|---|---|
| 10 | Verfassung | Verfassung | 9 |
| 11 | Geschäftsordnung des Landtages | GO LT | 30 |
| 12 | Landtagsinformationsgesetz | LIG | 57 |
| 13 | Landesverfassungsgerichtsgesetz | LVerfGG | 58 |
| 14 | Wahlgesetz | LWG | 72 |
| 15 | Wahlprüfungsgesetz | WPrüfG LSA | 93 |
| 16 | Volksabstimmungsgesetz | VAbstG | 97 |
| 17 | Verfassungsschutzgesetz | VerfSchG-LSA | 106 |

## II. Verwaltung
| | | | |
|---|---|---|---|
| 20 | Organisationsgesetz | OrgG LSA | 122 |
| 21 | Verwaltungsverfahrensgesetz | VwVfG LSA | 128 |
| 22 | Verwaltungszustellungsgesetz | VwZG-LSA | 130 |
| 23 | Verwaltungsvollstreckungsgesetz | VwVG LSA | 131 |
| 24 | Verwaltungskostengesetz | VwKostG LSA | 150 |
| 25 | Gesetz zur Regelung von Entschädigungsansprüchen | G zur Regelung von Entschädigungsansprüchen | 154 |
| 26 | Landesbeamtengesetz | LBG LSA | 156 |
| 27 | Datenschutz-Grundverordnung-Ausfüllungsgesetz | DSAG LSA | 195 |
| 28 | Informationszugangsgesetz | IZG LSA | 210 |

## III. Kommunalrecht
| | | | |
|---|---|---|---|
| 30 | Kommunalverfassungsgesetz | KVG LSA | 216 |
| 31 | Gesetz über kommunale Gemeinschaftsarbeit | GKG-LSA | 277 |
| 32 | Kommunalwahlgesetz | KWG LSA | 286 |
| 33 | Kommunalwahlordnung | KWO LSA | 310 |
| 34 | Kommunalabgabengesetz | KAG-LSA | 350 |
| 35 | Allgemeine Zuständigkeitsverordnung für die Gemeinden und Landkreise zur Ausführung von Bundesrecht | AllgZustVO-Kom | 361 |
| 36 | Eigenbetriebsgesetz | EigBG | 367 |

## IV. Öffentliche Sicherheit und Ordnung
| | | | |
|---|---|---|---|
| 41 | Gesetz über öffentliche Sicherheit und Ordnung | SOG LSA | 374 |
| 42 | Landesversammlungsgesetz | VersammlG LSA | 424 |
| 43 | Verordnung über die Zuständigkeiten auf verschiedenen Gebieten der Gefahrenabwehr | ZustVO SOG | 431 |
| 44 | Verordnung über die Regelung von Zuständigkeiten im Immissionsschutz-, Gewerbe- und Arbeitsschutzrecht sowie in anderen Rechtsgebieten | ZustVO GewAIR | 436 |
| 45 | Gaststättengesetz | GastG LSA | 448 |
| 46 | Nichtraucherschutzgesetz | NRSchG LSA | 453 |
| 47 | Ladenöffnungszeitengesetz | LÖffzeitG LSA | 456 |
| 48 | Sperrzeit-Gefahrenabwehrverordnung | SperrzGAVO | 459 |

# Inhalt

### V. Umweltschutz

| | | | |
|---|---|---|---|
| 50 | Abfallgesetz | AbfG LSA | 461 |
| 51 | Zuständigkeitsverordnung für das Abfallrecht | AbfZustVO | 472 |
| 52 | Bodenschutz-Ausführungsgesetz | BodSchAG LSA | 475 |
| 53 | Wassergesetz | WG LSA | 483 |
| 54 | Verordnung über abweichende Zuständigkeiten auf dem Gebiet des Wasserrechts | Wasser-ZustVO | 532 |
| 55 | Naturschutzgesetz | NatSchG LSA | 536 |

### VI. Planungs- und Bauwesen

| | | | |
|---|---|---|---|
| 60 | Bauordnung | BauO LSA | 548 |
| 61 | Nachbarschaftsgesetz | NbG | 596 |
| 62 | Landesentwicklungsgesetz | LEntwG LSA | 606 |
| 63 | Enteignungsgesetz | EnteigG LSA | 619 |
| 64 | Denkmalschutzgesetz | LSADSchG | 634 |

### VII. Rechtspflege und Juristenausbildung

| | | | |
|---|---|---|---|
| 70 | Schiedsstellen- und Schlichtungsgesetz | SchStG | 644 |
| 71 | Ausführungsgesetz zum Gerichtsverfassungsgesetz | AGGVG LSA | 659 |
| 72 | Gesetz über die Organisation der ordentlichen Gerichte | GerOrgG LSA | 663 |
| 73 | Gesetz über die Gerichte für Arbeitssachen | G über die Gerichte für Arbeitssachen | 667 |
| 74 | Gesetz zur Ausführung der Verwaltungsgerichtsordnung und des Bundesdisziplinargesetzes | AG VwGO LSA | 669 |
| 75 | Stiftungsgesetz | StiftG LSA | 672 |

### VIII. Medien und Bildung

| | | | |
|---|---|---|---|
| 80 | Mediengesetz | MedienG LSA | 678 |
| 81 | Landespressegesetz | PresseG LSA | 721 |
| 82 | Hochschulgesetz | HSG LSA | 727 |
| 83 | Schulgesetz | SchulG LSA | 788 |
| 83a | Verordnung über schulische Ordnungsmaßnahmen | SchulOrdVO | 835 |
| 84 | Gesetz über die Sonn- und Feiertage | FeiertG LSA | 837 |

### IX. Straßenwesen

| | | | |
|---|---|---|---|
| 90 | Straßengesetz | StrG LSA | 840 |
| 91 | Verordnung zur Durchführung straßenrechtlicher Vorschriften | StrVO LSA | 860 |
| | Register | | 863 |

# Verfassung des Landes Sachsen-Anhalt

Vom 16. Juli 1992 (GVBl. LSA S. 600)
(BS LSA 100.3)
zuletzt geändert durch Art. 1 G zur Parlamentsreform 2020 vom 20. März 2020 (GVBl. LSA S. 64)

Der Landtag von Sachsen-Anhalt hat als verfassungsgebende Landesversammlung mit der Mehrheit des § 1 des Gesetzes über das Verfahren zur Verabschiedung und Verkündung der Landesverfassung vom 25. Juni 1992 (GVBl. LSA S. 564) die folgende Verfassung beschlossen, die hiermit ausgefertigt wird:

## Inhaltsverzeichnis

Präambel

**1. Hauptteil:**
**Grundlagen der Staatsgewalt**
Artikel 1 Land Sachsen-Anhalt
Artikel 2 Grundlagen

**2. Hauptteil:**
**Bürger und Staat**
Artikel 3 Bindung an Grundrechte, Einrichtungsgarantien und Staatsziele

**Erster Abschnitt:**
**Grundrechte**
Artikel 4 Menschenwürde
Artikel 5 Handlungsfreiheit, Freiheit der Person
Artikel 6 Datenschutz, Umweltdaten
Artikel 7 Gleichheit vor dem Gesetz
Artikel 8 Gleiche staatsbürgerliche Rechte und Pflichten
Artikel 9 Glaubens-, Gewissens- und Bekenntnisfreiheit
Artikel 10 Meinungsfreiheit
Artikel 11 Eltern und Kinder
Artikel 12 Versammlungsfreiheit
Artikel 13 Vereinigungsfreiheit
Artikel 14 Brief-, Post- und Fernmeldegeheimnis
Artikel 15 Freizügigkeit
Artikel 16 Berufsfreiheit, Verbot der Zwangsarbeit
Artikel 17 Unverletzlichkeit der Wohnung
Artikel 18 Eigentum, Erbrecht, Enteignung
Artikel 19 Petitionsrecht
Artikel 20 Einschränkung von Grundrechten
Artikel 21 Gerichtlicher Rechtsschutz, Widerstandsrecht
Artikel 22 Strafgerichtsbarkeit
Artikel 23 Rechtsgarantien bei Freiheitsentziehung

**Zweiter Abschnitt:**
**Einrichtungsgarantien**
Artikel 24 Schutz von Ehe und Familie
Artikel 25 Bildung und Schule
Artikel 26 Schulwesen
Artikel 27 Erziehungsziel, Ethik- und Religionsunterricht
Artikel 28 Schulen in freier Trägerschaft
Artikel 29 Schulaufsicht, Mitwirkung in der Schule
Artikel 30 Berufsausbildung, Erwachsenenbildung
Artikel 31 Hochschulen
Artikel 32 Kirchen, Religions- und Weltanschauungsgemeinschaften
Artikel 33 Freie Wohlfahrtspflege

**Dritter Abschnitt:**
**Staatsziele**
Artikel 34 Gleichstellung von Frauen und Männern
Artikel 35 Schutz der natürlichen Lebensgrundlagen und Tierschutz
Artikel 35a Gleichwertigkeit der Lebensverhältnisse
Artikel 36 Kunst, Kultur und Sport
Artikel 37 Kulturelle und ethnische Minderheiten
Artikel 37a Nichtverbreitung nationalsozialistischen, rassistischen und antisemitischen Gedankenguts
Artikel 38 Ältere Menschen, Menschen mit Behinderung
Artikel 39 Arbeit
Artikel 40 Wohnung

**3. Hauptteil:**
**Staatsorganisation**

**Erster Abschnitt:**
**Landtag**
Artikel 41 Aufgaben, Stellung der Mitglieder des Landtages
Artikel 42 Wahl und Wahlgrundsätze
Artikel 43 Wahlperiode
Artikel 44 Wahlprüfung, Verlust des Mandats
Artikel 45 Einberufung
Artikel 46 Geschäftsordnung, Ausschüsse
Artikel 47 Fraktionen
Artikel 48 Opposition
Artikel 49 Präsident
Artikel 50 Öffentlichkeit der Verhandlungen
Artikel 51 Abstimmungen
Artikel 52 Teilnahme der Landesregierung

# 10 Verfassung

| | | | | |
|---|---|---|---|---|
| Artikel 53 | Frage- und Auskunftsrecht der Mitglieder des Landtages, Aktenvorlage durch die Landesregierung | | Artikel 78 | Verfassungsänderungen |
| | | | Artikel 79 | Rechtsverordnungen |
| | | | Artikel 80 | Volksinitiative |
| Artikel 54 | Untersuchungsausschüsse | | Artikel 81 | Volksbegehren, Volksentscheid |
| Artikel 55 | Enquete-Kommissionen | | Artikel 82 | Ausfertigung und Verkündung |
| Artikel 56 | Erwerb und Sicherung des Mandats | | | |

Artikel 57 — Indemnität
Artikel 58 — Immunität
Artikel 59 — Zeugnisverweigerungsrecht, Durchsuchung und Beschlagnahme
Artikel 60 — Vorzeitige Beendigung der Wahlperiode
Artikel 61 — Behandlung von Bitten und Beschwerden
Artikel 62 — Informationspflicht der Landesregierung
Artikel 63 — Landesbeauftragter für den Datenschutz

**Zweiter Abschnitt:**
**Landesregierung**

Artikel 64 — Aufgabe, Zusammensetzung
Artikel 65 — Bildung der Landesregierung
Artikel 66 — Amtseid
Artikel 67 — Rechtsstellung der Regierungsmitglieder
Artikel 68 — Ministerpräsident und Landesregierung
Artikel 69 — Vertretung des Landes, Staatsverträge
Artikel 70 — Ernennung der Beamten und Richter
Artikel 71 — Beendigung der Amtszeit
Artikel 72 — Konstruktives Mißtrauensvotum
Artikel 73 — Vertrauensantrag

**Dritter Abschnitt:**
**Landesverfassungsgericht**

Artikel 74 — Zusammensetzung
Artikel 75 — Zuständigkeiten
Artikel 76 — Landesverfassungsgerichtsgesetz

**Vierter Abschnitt:**
**Gesetzgebung**

Artikel 77 — Beschluß der Gesetze

Artikel 78 — Verfassungsänderungen
Artikel 79 — Rechtsverordnungen
Artikel 80 — Volksinitiative
Artikel 81 — Volksbegehren, Volksentscheid
Artikel 82 — Ausfertigung und Verkündung

**Fünfter Abschnitt:**
**Rechtspflege**

Artikel 83 — Richter und Rechtsprechung
Artikel 84 — Richteranklage
Artikel 85 — Gnadenrecht, Amnestie

**Sechster Abschnitt:**
**Verwaltung**

Artikel 86 — Öffentliche Verwaltung
Artikel 87 — Kommunale Selbstverwaltung
Artikel 88 — Kommunale Finanzen, Finanzausgleich, Haushaltswirtschaft und Abgabenhoheit
Artikel 89 — Vertretung in den Kommunen
Artikel 90 — Gebietsänderungen
Artikel 91 — Öffentlicher Dienst

**Siebenter Abschnitt:**
**Finanzwesen**

Artikel 92 — Landesvermögen
Artikel 93 — Haushaltsplan
Artikel 94 — Haushaltsvorgriff
Artikel 95 — Über- und außerplanmäßige Ausgaben
Artikel 96 — Deckungspflicht
Artikel 97 — Rechnungslegung, Entlastung der Landesregierung
Artikel 98 — Landesrechnungshof
Artikel 99 — Kredite

**4. Hauptteil:**
**Übergangs- und Schlußbestimmungen**

Artikel 100 — Sprachliche Gleichstellung
Artikel 101 — Inkrafttreten, Übergangsvorschriften
Anhang — Artikel 136 bis 139 und 141 der Verfassung des Deutschen Reiches vom 11. August 1919

## Präambel

In freier Selbstbestimmung gibt sich das Volk von Sachsen-Anhalt diese Verfassung. Dies geschieht in Achtung der Verantwortung vor Gott und im Bewußtsein der Verantwortung vor den Menschen mit dem Willen,
die Freiheit und Würde des Menschen zu sichern,
die Grundlagen für ein soziales und gerechtes Gemeinschaftsleben zu schaffen,
die wirtschaftliche Entwicklung und die Gleichwertigkeit der Lebensverhältnisse im ganzen Land zu fördern,
die natürlichen Lebensgrundlagen zu erhalten,
das Klima als Grundlage menschlichen Lebens zu schützen und einer globalen Erwärmung im Rahmen des Möglichen entgegenzuwirken sowie
die kulturelle und geschichtliche Tradition in allen Landesteilen zu pflegen.

Ziel aller staatlichen Tätigkeiten ist es,
das Wohl der Menschen zu fördern,
dem Frieden zu dienen und
das Land Sachsen-Anhalt zu einem lebendigen Glied der Bundesrepublik Deutschland und der Gemeinschaft aller Völker zu gestalten.

*1. Hauptteil.*
**Grundlagen der Staatsgewalt**

**Artikel 1 Land Sachsen-Anhalt**
(1) Das Land Sachsen-Anhalt ist ein Land der Bundesrepublik Deutschland und Teil der europäischen Völkergemeinschaft.
(2) ¹Die Landesfarben sind gelb und schwarz. ²Das Nähere über Wappen, Flaggen und Siegel regelt ein Gesetz.
(3) Die Landeshauptstadt ist Magdeburg.

**Artikel 2 Grundlagen**
(1) Das Land Sachsen-Anhalt ist ein demokratischer, sozialer und dem Schutz der natürlichen Lebensgrundlagen verpflichteter Rechtsstaat.
(2) ¹Das Volk ist der Souverän. ²Vom Volk geht alle Staatsgewalt aus. ³Sie wird vom Volke in Wahlen und in Abstimmungen sowie durch die Organe der Gesetzgebung, der vollziehenden Gewalt und der Rechtsprechung ausgeübt.
(3) Die kommunale Selbstverwaltung wird gewährleistet.
(4) Die Gesetzgebung ist an die verfassungsmäßige Ordnung in Bund und Land, die vollziehende Gewalt und die Rechtsprechung sind an Gesetz und Recht gebunden.

*2. Hauptteil.*
**Bürger und Staat**

**Artikel 3 Bindung an Grundrechte, Einrichtungsgarantien und Staatsziele**
(1) Die nachfolgenden Grundrechte binden Gesetzgebung, vollziehende Gewalt und Rechtsprechung als unmittelbar geltendes Recht.
(2) Die nachfolgenden Einrichtungsgarantien verpflichten das Land, diese Einrichtungen zu schützen sowie deren Bestand und Entwicklung zu gewährleisten.
(3) Die nachfolgenden Staatsziele verpflichten das Land, sie nach Kräften anzustreben und sein Handeln danach auszurichten.

*Erster Abschnitt:*
**Grundrechte**

**Artikel 4 Menschenwürde**
(1) ¹Die Würde des Menschen ist unantastbar. ²Sie zu achten und zu schützen ist Verpflichtung aller staatlichen Gewalt.
(2) Das Volk von Sachsen-Anhalt bekennt sich darum zu unverletzlichen und unveräußerlichen Menschenrechten als Grundlage jeder menschlichen Gemeinschaft, des Friedens und der Gerechtigkeit in der Welt.

**Artikel 5 Handlungsfreiheit, Freiheit der Person**
(1) Jeder hat das Recht auf freie Entfaltung seiner Persönlichkeit, soweit er nicht die Rechte anderer verletzt und nicht gegen die verfassungsmäßige Ordnung oder das Sittengesetz verstößt.
(2) ¹Jeder hat das Recht auf Leben sowie auf körperliche und seelische Unversehrtheit. ²Die Freiheit der Person ist unverletzlich. ³In diese Rechte darf nur auf Grund eines Gesetzes eingegriffen werden.

**Artikel 6 Datenschutz, Umweltdaten**
(1) ¹Jeder hat das Recht auf Schutz seiner personenbezogenen Daten. ²In dieses Recht darf nur durch oder auf Grund eines Gesetzes eingegriffen werden. ³Dabei sind insbesondere Inhalt, Zweck und Aus-

maß der Erhebung, Verarbeitung und Nutzung der personenbezogenen Daten zu bestimmen und das Recht auf Auskunft, Löschung und Berichtigung näher zu regeln.
(2) ¹Jeder hat das Recht auf Auskunft über die Vorhaben und Daten im Verfügungsbereich der öffentlichen Gewalt, welche die natürliche Umwelt in seinem Lebensraum betreffen, soweit nicht Bundesrecht, rechtlich geschützte Interessen Dritter oder das Wohl der Allgemeinheit entgegenstehen. ²Das Nähere regeln die Gesetze.

### Artikel 7 Gleichheit vor dem Gesetz
(1) Alle Menschen sind vor dem Gesetz gleich.
(2) Frauen und Männer sind gleichberechtigt.
(3) Niemand darf aus Gründen des Geschlechts, der sexuellen Identität, der Abstammung oder wegen seiner Sprache, seiner Heimat und Herkunft, seines Glaubens oder seiner religiösen oder politischen Anschauungen oder aus rassistischen Gründen benachteiligt oder bevorzugt werden.

### Artikel 8 Gleiche staatsbürgerliche Rechte und Pflichten
(1) Jeder Deutsche hat in Sachsen-Anhalt die gleichen staatsbürgerlichen Rechte und Pflichten.
(2) Jeder Deutsche hat nach seiner Eignung, Befähigung und fachlichen Leistung gleichen Zugang zu jedem öffentlichen Amte.

### Artikel 9 Glaubens-, Gewissens- und Bekenntnisfreiheit
(1) Die Freiheit des Glaubens, des Gewissens und die Freiheit des religiösen und weltanschaulichen Bekenntnisses sind unverletzlich.
(2) Die ungestörte Religionsausübung wird gewährleistet.
(3) ¹Die Erziehungsberechtigten haben das Recht, über die Teilnahme ihrer Kinder am Religionsunterricht zu bestimmen. ²Kein Lehrer darf gegen seinen Willen verpflichtet werden, Religionsunterricht zu erteilen.

### Artikel 10 Meinungsfreiheit
(1) ¹Jeder hat das Recht, seine Meinung in Wort, Schrift und Bild frei zu äußern und zu verbreiten und sich aus allgemein zugänglichen Quellen ungehindert zu unterrichten. ²Die Pressefreiheit und die Freiheit der Berichterstattung durch Rundfunk und Film werden gewährleistet. ³Eine Zensur findet nicht statt.
(2) Diese Rechte finden ihre Schranken in den Vorschriften der allgemeinen Gesetze, den gesetzlichen Bestimmungen zum Schutze der Jugend und in dem Recht der persönlichen Ehre.
(3) ¹Kunst und Wissenschaft, Forschung und Lehre sind frei. ²Die Freiheit der Lehre entbindet nicht von der Treue zur Verfassung, die Freiheit der Forschung nicht von der Achtung der Menschenwürde und der Wahrung der natürlichen Lebensgrundlagen.

### Artikel 11 Eltern und Kinder
(1) Jedes Kind hat ein Recht auf Achtung seiner Würde als eigenständige Persönlichkeit, auf gewaltfreie Erziehung und auf den besonderen Schutz der Gemeinschaft vor Gewalt sowie körperlicher und seelischer Misshandlung und Vernachlässigung.
(2) ¹Eltern haben das Recht und die Pflicht zur Erziehung ihrer Kinder. ²Über ihre Betätigung wacht die staatliche Gemeinschaft.
(3) Jedes Kind hat nach Maßgabe des Gesetzes einen Anspruch auf Erziehung, Bildung, Betreuung und Versorgung in einer Tageseinrichtung.
(4) Kinderarbeit ist verboten.

### Artikel 12 Versammlungsfreiheit
(1) Alle Menschen haben das Recht, sich ohne Anmeldung oder Erlaubnis friedlich und ohne Waffen zu versammeln.
(2) Für Versammlungen unter freiem Himmel kann dieses Recht durch Gesetz oder auf Grund eines Gesetzes beschränkt werden, für Personen, die nicht Deutsche sind, auch für sonstige Versammlungen.

### Artikel 13 Vereinigungsfreiheit
(1) Alle Deutschen haben das Recht, Vereine und Gesellschaften zu bilden sowie sich an Bürgerbewegungen zu beteiligen.

(2) Vereinigungen, deren Zwecke oder deren Tätigkeit den Strafgesetzen zuwiderlaufen oder die sich gegen die verfassungsmäßige Ordnung oder gegen den Gedanken der Völkerverständigung richten, sind verboten.

(3) [1]Das Recht, zur Wahrung und Förderung der Arbeits- und Wirtschaftsbedingungen Vereinigungen zu bilden, ist für jedermann und für alle Berufe gewährleistet. [2]Abreden, die dieses Recht einschränken oder zu behindern suchen, sind nichtig, hierauf gerichtete Maßnahmen sind rechtswidrig.

### Artikel 14 Brief-, Post- und Fernmeldegeheimnis
(1) Das Briefgeheimnis sowie das Post- und Fernmeldegeheimnis sind unverletzlich.
(2) Beschränkungen dürfen nur auf Grund eines Gesetzes angeordnet werden.

### Artikel 15 Freizügigkeit
(1) Alle Deutschen genießen in Sachsen-Anhalt Freizügigkeit.
(2) Dieses Recht darf nur durch Gesetz oder auf Grund eines Gesetzes und nur für die Fälle eingeschränkt werden, in denen eine ausreichende Lebensgrundlage nicht vorhanden ist und der Allgemeinheit daraus besondere Lasten entstehen würden oder in denen es zur Abwehr einer drohenden Gefahr für den Bestand oder die freiheitliche demokratische Grundordnung des Bundes oder eines Landes, zur Bekämpfung von Seuchengefahr, Naturkatastrophen oder besonders schweren Unglücksfällen, zum Schutze der Jugend vor Verwahrlosung oder um strafbaren Handlungen vorzubeugen, erforderlich ist.

### Artikel 16 Berufsfreiheit, Verbot der Zwangsarbeit
(1) [1]Alle Deutschen haben das Recht, Beruf, Arbeitsplatz und Ausbildungsstätte frei zu wählen. [2]Die Berufsausübung kann durch Gesetz oder auf Grund eines Gesetzes geregelt werden.
(2) Niemand darf zu einer bestimmten Arbeit gezwungen werden, außer im Rahmen einer herkömmlichen allgemeinen, für alle gleichen öffentlichen Dienstleistungspflicht.
(3) Zwangsarbeit ist nur bei einer gerichtlich angeordneten Freiheitsentziehung zulässig.

### Artikel 17 Unverletzlichkeit der Wohnung
(1) Die Wohnung ist unverletzlich.
(2) Durchsuchungen dürfen nur durch den Richter, bei Gefahr im Verzuge auch durch die in den Gesetzen vorgesehenen anderen Organe angeordnet und nur in der dort vorgeschriebenen Form durchgeführt werden.
(3) Eingriffe und Beschränkungen dürfen im übrigen nur zur Abwehr einer gemeinen Gefahr oder einer Lebensgefahr für einzelne Personen, auf Grund eines Gesetzes auch zur Verhütung dringender Gefahren für die öffentliche Sicherheit und Ordnung, insbesondere zur Behebung der Raumnot, zur Bekämpfung von Seuchengefahr oder zum Schutze gefährdeter Jugendlicher vorgenommen werden.
(4) [1]Maßnahmen der optischen oder akustischen Ausspähung in oder aus Wohnungen durch den Einsatz technischer Mittel sind nur zur Abwehr einer gemeinen Gefahr oder einer Gefahr für Leib oder Leben einzelner Personen auf der Grundlage eines Gesetzes zulässig. [2]Im übrigen gilt Absatz 2 entsprechend.

### Artikel 18 Eigentum, Erbrecht, Enteignung
(1) Das Eigentum und das Erbrecht werden gewährleistet, Inhalt und Schranken werden durch die Gesetze bestimmt.
(2) [1]Eigentum verpflichtet. [2]Sein Gebrauch soll zugleich dem Wohle der Allgemeinheit, insbesondere dem Schutz der natürlichen Lebensgrundlagen, dienen.
(3) [1]Eine Enteignung ist nur zum Wohle der Allgemeinheit zulässig. [2]Sie darf nur durch Gesetz oder auf Grund eines Gesetzes erfolgen, das Art und Ausmaß der Entschädigung regelt. [3]Die Entschädigung ist unter gerechter Abwägung der Interessen der Allgemeinheit und der Beteiligten zu bestimmen. [4]Wegen der Höhe der Entschädigung steht im Streitfalle der Rechtsweg vor den ordentlichen Gerichten offen.
(4) [1]Grund und Boden, Naturschätze und Produktionsmittel können zum Zwecke der Vergesellschaftung durch ein Gesetz, das Art und Ausmaß der Entschädigung regelt, in Gemeineigentum oder in andere Formen der Gemeinwirtschaft überführt werden. [2]Für die Entschädigung gilt Absatz 3 Satz 3 und 4 entsprechend.

**Artikel 19  Petitionsrecht**
[1]Jeder hat das Recht, sich einzeln oder in Gemeinschaft mit anderen schriftlich mit Bitten oder Beschwerden an den Landtag, die Vertretungen des Volkes in den Kommunen und an die zuständigen Stellen zu wenden. [2]In angemessener Frist ist Bescheid zu erteilen.

**Artikel 20  Einschränkung von Grundrechten**
(1) [1]Soweit nach dieser Verfassung ein Grundrecht durch Gesetz oder auf Grund eines Gesetzes eingeschränkt werden kann, muß das Gesetz allgemein und nicht nur für den Einzelfall gelten. [2]Außerdem muß das Gesetz das Grundrecht unter Angabe des Artikels nennen.
(2) [1]Der Grundsatz der Verhältnismäßigkeit ist bei jeder nach dieser Verfassung zulässigen Einschränkung eines Grundrechts zu beachten. [2]In keinem Fall darf ein Grundrecht in seinem Wesensgehalt angetastet werden.
(3) Die Grundrechte gelten auch für inländische juristische Personen, soweit sie ihrem Wesen nach auf diese anwendbar sind.

**Artikel 21  Gerichtlicher Rechtsschutz, Widerstandsrecht**
(1) [1]Wird jemand durch die öffentliche Gewalt in seinen Rechten verletzt, so steht ihm der Rechtsweg offen. [2]Soweit eine andere Zuständigkeit nicht begründet ist, ist der ordentliche Rechtsweg gegeben. [3]Artikel 10 Abs. 2 Satz 2 des Grundgesetzes bleibt unberührt.
(2) [1]Ausnahmegerichte sind unzulässig. [2]Gerichte für besondere Sachgebiete können nur durch Gesetz errichtet werden.
(3) Niemand darf seinem gesetzlichen Richter entzogen werden.
(4) Vor Gericht hat jedermann Anspruch auf rechtliches Gehör.
(5) Gegen jeden, der es unternimmt, die verfassungsmäßige Ordnung in Sachsen-Anhalt zu beseitigen, haben alle Bürger das Recht zum Widerstand, wenn andere Abhilfe nicht möglich ist.

**Artikel 22  Strafgerichtsbarkeit**
(1) Eine Tat kann nur bestraft werden, wenn die Strafbarkeit gesetzlich bestimmt war, bevor die Tat begangen wurde.
(2) Niemand darf wegen derselben Tat auf Grund der allgemeinen Strafgesetze mehrmals bestraft werden.

**Artikel 23  Rechtsgarantien bei Freiheitsentziehung**
(1) [1]Die Freiheit der Person kann nur auf Grund eines förmlichen Gesetzes und nur unter Beachtung der darin vorgeschriebenen Formen beschränkt werden. [2]Festgehaltene Personen dürfen weder seelisch noch körperlich mißhandelt werden.
(2) [1]Über die Zulässigkeit und Fortdauer einer Freiheitsentziehung hat nur der Richter zu entscheiden. [2]Bei jeder nicht auf richterlicher Anordnung beruhenden Freiheitsentziehung ist unverzüglich eine richterliche Entscheidung herbeizuführen. [3]Die Polizei darf aus eigener Machtvollkommenheit niemanden länger als bis zum Ende des Tages nach dem Ergreifen in eigenem Gewahrsam halten. [4]Das Nähere ist gesetzlich zu regeln.
(3) [1]Jeder wegen des Verdachts einer strafbaren Handlung vorläufig Festgenommene ist spätestens am Tage nach der Festnahme dem Richter vorzuführen, der ihm die Gründe der Festnahme mitzuteilen, ihn zu vernehmen und ihm Gelegenheit zu Einwendungen zu geben hat. [2]Der Richter hat unverzüglich entweder einen mit Gründen versehenen schriftlichen Haftbefehl zu erlassen oder die Freilassung anzuordnen.
(4) Von jeder richterlichen Entscheidung über die Anordnung oder Fortdauer einer Freiheitsentziehung ist unverzüglich ein Angehöriger des Festgehaltenen oder eine Person seines Vertrauens zu benachrichtigen.

*Zweiter Abschnitt:*
**Einrichtungsgarantien**

**Artikel 24  Schutz von Ehe und Familie**
(1) Ehe und Familie stehen unter dem besonderen Schutze der staatlichen Ordnung.
(2) Wer in häuslicher Gemeinschaft für Kinder oder Hilfsbedürftige sorgt, verdient Förderung und Entlastung.

**Artikel 25 Bildung und Schule**
(1) Jeder junge Mensch hat ohne Rücksicht auf seine Herkunft und wirtschaftliche Lage das Recht auf eine seine Begabung und seine Fähigkeiten fördernde Erziehung und Ausbildung.
(2) Es besteht allgemeine Schulpflicht.
(3) Das Nähere regeln die Gesetze.

**Artikel 26 Schulwesen**
(1) Das Land und die Kommunen sorgen für ein ausreichendes und vielfältiges öffentliches Schulwesen.
(2) An den öffentlichen Schulen werden die Kinder aller religiösen Bekenntnisse und Weltanschauungen in der Regel gemeinsam erzogen (Gemeinschaftsschule).
(3) Das Recht und die Pflicht der Eltern, ihre Kinder zu erziehen und deren Schule auszuwählen, sind bei der Gestaltung des Erziehungs- und Schulwesens zu berücksichtigen.
(4) Der Unterricht an allen öffentlichen Schulen ist unentgeltlich.

**Artikel 27 Erziehungsziel, Ethik- und Religionsunterricht**
(1) Ziel der staatlichen und der unter staatlicher Aufsicht stehenden Erziehung und Bildung der Jugend ist die Entwicklung zur freien Persönlichkeit, die im Geiste der Toleranz bereit ist, Verantwortung für die Gemeinschaft mit anderen Menschen und Völkern und gegenüber künftigen Generationen zu tragen.
(2) Schulen und andere Bildungseinrichtungen haben auf die weltanschaulichen und religiösen Überzeugungen ihrer Angehörigen Rücksicht zu nehmen.
(3) [1]Ethikunterricht und Religionsunterricht sind an den Schulen mit Ausnahme der bekenntnisgebundenen und bekenntnisfreien Schulen ordentliche Lehrfächer. [2]Unbeschadet des staatlichen Aufsichtsrechtes wird der Religionsunterricht in Übereinstimmung mit den Grundsätzen der Religionsgemeinschaften erteilt.

**Artikel 28 Schulen in freier Trägerschaft**
(1) [1]Das Recht zur Errichtung von Schulen in freier Trägerschaft wird gewährleistet. [2]Schulen in freier Trägerschaft als Ersatz für öffentliche Schulen bedürfen der Genehmigung des Landes und unterstehen den Gesetzen. [3]Die Genehmigung ist zu erteilen, wenn die Schulen in freier Trägerschaft in ihren Lehrzielen und Einrichtungen sowie in der wissenschaftlichen Ausbildung ihrer Lehrkräfte nicht hinter den öffentlichen Schulen zurückstehen und eine Sonderung der Schüler nach den Besitzverhältnissen der Eltern nicht gefördert wird. [4]Die Genehmigung ist zu versagen, wenn die wirtschaftliche und rechtliche Stellung der Lehrkräfte nicht genügend gesichert ist.
(2) [1]Soweit diese Schulen Ersatz für öffentliche Schulen sind, haben sie Anspruch auf die zur Erfüllung ihrer Aufgaben erforderlichen öffentlichen Zuschüsse. [2]Das Nähere regelt ein Gesetz.

**Artikel 29 Schulaufsicht, Mitwirkung in der Schule**
(1) Das gesamte Schul- und Bildungswesen steht unter der Aufsicht des Landes.
(2) Lehrer, Erziehungsberechtigte und Schüler haben das Recht, durch gewählte Vertreter an der Gestaltung des Lebens und der Arbeit in der Schule mitzuwirken.

**Artikel 30 Berufsausbildung, Erwachsenenbildung**
(1) Träger von Einrichtungen der Berufsausbildung und der Erwachsenenbildung sind neben dem Land und den Kommunen auch freie Träger.
(2) [1]Das Land sorgt dafür, daß jeder einen Beruf erlernen kann. [2]Die Erwachsenenbildung ist vom Land zu fördern.

**Artikel 31 Hochschulen**
(1) [1]Hochschulen und andere wissenschaftliche Einrichtungen sind vom Land in ausreichendem Maße einzurichten, zu unterhalten und zu fördern. [2]Andere Träger sind zulässig.
(2) Die Hochschulen haben das Recht der Selbstverwaltung im Rahmen der Gesetze.

**Artikel 32 Kirchen, Religions- und Weltanschauungsgemeinschaften**
(1) [1]Kirchen, Religions- und Weltanschauungsgemeinschaften sind vom Staat getrennt. [2]Das Recht, zu öffentlichen Angelegenheiten Stellung zu nehmen, wird gewährleistet.

(2) Sie ordnen und verwalten ihre Angelegenheiten selbständig innerhalb der Schranken des für alle geltenden Gesetzes.

(3) Die von den Kirchen und Religionsgemeinschaften unterhaltenen sozialen und karitativen Einrichtungen werden nach Maßgabe der Gesetze als gemeinnützig anerkannt, geschützt und gefördert.

(4) Das Land und die Kirchen sowie ihnen gleichgestellte Religions- und Weltanschauungsgemeinschaften können Fragen von gemeinsamen Belangen durch Vertrag regeln.

(5) Das Verhältnis des Staates zu den Kirchen, Religions- und Weltanschauungsgemeinschaften wird im übrigen durch die Artikel 136, 137, 138, 139 und 141 der Verfassung des Deutschen Reiches vom 11. August 1919 geregelt.[1)]

### Artikel 33 Freie Wohlfahrtspflege

Die soziale Tätigkeit der Träger der freien Wohlfahrtspflege und der freien Jugendhilfe wird nach Maßgabe der Gesetze als gemeinnützig anerkannt, geschützt und gefördert.

*Dritter Abschnitt:*
**Staatsziele**

### Artikel 34 Gleichstellung von Frauen und Männern

Das Land und die Kommunen sind verpflichtet, die tatsächliche Gleichstellung von Frauen und Männern in allen Bereichen der Gesellschaft durch geeignete Maßnahmen zu fördern.

### Artikel 35 Schutz der natürlichen Lebensgrundlagen und Tierschutz

(1) [1]Das Land und die Kommunen schützen und pflegen die natürlichen Grundlagen jetzigen und künftigen Lebens. [2]Sie schützen das Klima als Grundlage menschlichen Lebens und wirken einer globalen Erwärmung im Rahmen des Möglichen entgegen. [3]Das Land und die Kommunen wirken darauf hin, daß mit Rohstoffen sparsam umgegangen und Abfall vermieden wird.

(2) Jeder einzelne ist verpflichtet, hierzu nach seinen Kräften beizutragen.

(3) Eingetretene Schäden an der natürlichen Umwelt sollen, soweit dies möglich ist, behoben oder andernfalls ausgeglichen werden.

(3a) Tiere werden als Lebewesen und Mitgeschöpfe geachtet und geschützt.

(4) Das Nähere regeln die Gesetze.

### Artikel 35a Gleichwertigkeit der Lebensverhältnisse

Das Land und die Kommunen fördern gleichwertige Lebensverhältnisse im ganzen Land.

### Artikel 36 Kunst, Kultur und Sport

(1) Kunst, Kultur und Sport sind durch das Land und die Kommunen zu schützen und zu fördern.

(2) Die heimatbezogenen Einrichtungen und Eigenheiten der einzelnen Regionen innerhalb des Landes sind zu pflegen.

(3) Das Land und die Kommunen fördern im Rahmen ihrer finanziellen Möglichkeiten die kulturelle Betätigung aller Bürger insbesondere dadurch, daß sie öffentlich zugängliche Museen, Büchereien, Gedenkstätten, Theater, Sportstätten und weitere Einrichtungen unterhalten.

(4) Das Land sorgt, unterstützt von den Kommunen, für den Schutz und die Pflege der Denkmale von Kultur und Natur.

(5) Das Nähere regeln die Gesetze.

### Artikel 37 Kulturelle und ethnische Minderheiten

(1) Die kulturelle Eigenständigkeit und die politische Mitwirkung ethnischer Minderheiten stehen unter dem Schutz des Landes und der Kommunen.

(2) Das Bekenntnis zu einer kulturellen oder ethnischen Minderheit ist frei; es entbindet nicht von den allgemeinen staatsbürgerlichen Pflichten.

### Artikel 37a Nichtverbreitung nationalsozialistischen, rassistischen und antisemitischen Gedankenguts

Die Wiederbelebung oder Verbreitung nationalsozialistischen Gedankenguts, die Verherrlichung des nationalsozialistischen Herrschaftssystems sowie rassistische und antisemitische Aktivitäten nicht zuzulassen ist Verpflichtung aller staatlichen Gewalt und Verantwortung jedes Einzelnen.

---

1) Vgl. den Anhang zur Verfassung.

### Artikel 38 Ältere Menschen, Menschen mit Behinderung
¹Ältere Menschen und Menschen mit Behinderung stehen unter dem besonderen Schutz des Landes. ²Das Land fördert ihre gleichwertige Teilnahme am Leben in der Gemeinschaft.

### Artikel 39 Arbeit
(1) Allen die Möglichkeit zu geben, ihren Lebensunterhalt durch eine frei gewählte Arbeit zu verdienen, ist dauernde Aufgabe des Landes und der Kommunen.
(2) Das Land wirkt im Rahmen seiner Zuständigkeit darauf hin, daß sinnvolle und dauerhafte Arbeit für alle geschaffen wird und dabei Belastungen für die natürlichen Lebensgrundlagen vermieden oder vermindert, humanere Arbeitsbedingungen geschaffen und die Selbstentfaltung des Einzelnen gefördert werden.

### Artikel 40 Wohnung
(1) Das Land und die Kommunen haben durch die Unterstützung des Wohnungsbaues, die Erhaltung vorhandenen Wohnraumes und durch andere geeignete Maßnahmen die Bereitstellung ausreichenden, menschenwürdigen Wohnraumes zu angemessenen Bedingungen für alle zu fördern.
(2) Das Land und die Kommunen sorgen dafür, daß niemand obdachlos wird.

*3. Hauptteil.*
**Staatsorganisation**

*Erster Abschnitt*
**Landtag**

### Artikel 41 Aufgaben, Stellung der Mitglieder des Landtages
(1) ¹Der Landtag ist die gewählte Vertretung des Volkes von Sachsen-Anhalt. ²Er übt die gesetzgebende Gewalt aus und beschließt über den Landeshaushalt. ³Er wählt den Ministerpräsidenten, die Mitglieder und die stellvertretenden Mitglieder des Landesverfassungsgerichts, den Präsidenten des Landesrechnungshofes und den Landesbeauftragten für den Datenschutz. ⁴Er überwacht die vollziehende Gewalt nach Maßgabe dieser Verfassung und verhandelt öffentliche Angelegenheiten.
(2) ¹Die Abgeordneten sind Vertreter des ganzen Volkes. ²Sie sind an Aufträge und Weisungen nicht gebunden und nur ihrem Gewissen unterworfen.

### Artikel 42 Wahl und Wahlgrundsätze
(1) Die Abgeordneten werden in freier, gleicher, allgemeiner, geheimer und unmittelbarer Wahl nach einem Verfahren gewählt, das die Persönlichkeitswahl mit den Grundsätzen der Verhältniswahl verbindet.
(2) ¹Wahlberechtigt und wählbar sind alle Deutschen, die das 18. Lebensjahr vollendet und im Lande Sachsen-Anhalt ihren Wohnsitz haben. ²Staatenlosen und Ausländern können diese Rechte nach Maßgabe des Grundgesetzes gewährt werden.
(3) ¹Das Nähere wird durch Gesetz geregelt. ²Dieses kann insbesondere die Wahlberechtigung und die Wählbarkeit von einer bestimmten Dauer der Staatsangehörigkeit und des Wohnsitzes abhängig machen.

### Artikel 43[1] Wahlperiode
¹Der Landtag wird vorbehaltlich der nachfolgenden Bestimmungen auf fünf Jahre gewählt. ²Seine Wahlperiode endet mit dem Zusammentritt des neuen Landtages. ³Die Neuwahl findet frühestens mit Beginn des achtundfünfzigsten, spätestens mit Ablauf des zweiundsechzigsten Monats nach Beginn der Wahlperiode statt, im Falle der vorzeitigen Beendigung der Wahlperiode binnen sechzig Tagen nach dem entsprechenden Beschluß.

### Artikel 44 Wahlprüfung, Verlust des Mandats
(1) Der Landtag prüft auf Antrag die Gültigkeit der Wahl.
(2) ¹Ein Mitglied des Landtages kann jederzeit gegenüber dem Präsidenten des Landtages auf sein Mandat verzichten. ²Im übrigen entscheidet der Landtag oder eines seiner Organe über den Verlust der Mitgliedschaft.

---
1) Beachte Übergangsregelung in § 3 Abs. 1 ÄndG v. 27.1.2005, wonach für den Landtag der vierten Wahlperiode Art. 43 Satz 1 und für die Wahl zum Landtag der fünften Wahlperiode Art. 43 Satz 3 in der Fassung bis 31.1.2005 gilt.

(3) Gegen diese Entscheidungen kann das Landesverfassungsgericht angerufen werden.
(4) Das Nähere regeln die Gesetze.

### Artikel 45  Einberufung
(1) [1]Der Landtag wird von seinem Präsidenten einberufen. [2]Zur ersten Sitzung des neugewählten Landtages, die spätestens am dreißigsten Tage nach der Wahl stattfinden muß, beruft der amtierende Präsident den Landtag ein.
(2) Auf Verlangen eines Viertels der Mitglieder des Landtages oder der Landesregierung ist der Landtag unverzüglich einzuberufen.

### Artikel 46  Geschäftsordnung, Ausschüsse
(1) Der Landtag gibt sich eine Geschäftsordnung.
(2) Zur Vorbereitung seiner Beratungen und Beschlüsse bildet der Landtag Ausschüsse.

### Artikel 47  Fraktionen
(1) [1]Fraktionen sind Vereinigungen, zu denen sich Mitglieder des Landtages zusammenschließen können, die derselben Partei angehören oder von derselben Partei als Wahlbewerber aufgestellt worden sind, falls diese Partei mindestens den nach dem Wahlgesetz des Landes Sachsen-Anhalt erforderlichen Anteil an der Stimmenzahl erreicht hat. [2]Das Nähere regelt die Geschäftsordnung.
(2) [1]Fraktionen sind selbständige und unabhängige Gliederungen des Landtages. [2]Sie wirken mit eigenen Rechten und Pflichten an seiner Arbeit mit und unterstützen die parlamentarische Willensbildung. [3]Insoweit haben sie Anspruch auf angemessene Ausstattung. [4]Das Nähere regelt ein Gesetz.

### Artikel 48  Opposition
(1) Die Fraktionen und die Mitglieder des Landtages, die die Landesregierung nicht stützen, bilden die parlamentarische Opposition.
(2) Die Oppositionsfraktionen haben das Recht auf Chancengleichheit in Parlament und Öffentlichkeit sowie Anspruch auf eine zur Erfüllung ihrer besonderen Aufgaben erforderliche Ausstattung.

### Artikel 49  Präsident
(1) Der Landtag wählt seinen Präsidenten und zwei Vizepräsidenten.
(2) [1]Der Präsident oder die Vizepräsidenten leiten nach Maßgabe der Geschäftsordnung die Verhandlungen des Landtages. [2]Der Präsident übt das Hausrecht und die Polizeigewalt in den Räumen des Landtages aus.
(3) [1]Der Präsident vertritt das Land in Angelegenheiten des Landtages, leitet dessen Verwaltung und übt die dienstrechtlichen Befugnisse aus. [2]Ihm obliegt die Einstellung und Entlassung der Angestellten und Arbeiter sowie die Ernennung und Entlassung der Beamten und deren Versetzung in den Ruhestand.
(4) Der Präsident ernennt und entlässt den Präsidenten, den Vizepräsidenten und die weiteren Mitglieder des Landesrechnungshofes und den Landesbeauftragten für den Datenschutz.
(5) [1]Der Landtag kann seinen Präsidenten und seine Vizepräsidenten auf Antrag der Mehrheit der Mitglieder des Landtages durch Beschluß abberufen. [2]Der Beschluß bedarf der Zustimmung von zwei Dritteln der Mitglieder des Landtages.

### Artikel 50  Öffentlichkeit der Verhandlungen
(1) Der Landtag verhandelt öffentlich.
(2) [1]Die Öffentlichkeit kann auf Antrag eines Viertels der Mitglieder des Landtages oder der Landesregierung mit der Mehrheit von zwei Dritteln der anwesenden Mitglieder des Landtages, mindestens mit der Mehrheit der Mitglieder des Landtages, ausgeschlossen werden. [2]Über den Antrag wird in nichtöffentlicher Sitzung entschieden.
(3) Die Berichterstattung über die öffentlichen Verhandlungen des Landtages und seiner Ausschüsse und eine öffentlich zugängliche Dokumentation über Verlauf und Ergebnis der Sitzungen sowie in öffentlicher Sitzung zu behandelnde Vorlagen werden gewährleistet.
(4) Wegen wahrheitsgetreuer Berichte über die öffentlichen Sitzungen des Landtages und seiner Ausschüsse darf niemand zur Rechenschaft gezogen werden.

### Artikel 51 Abstimmungen

(1) ¹Der Landtag fasst seine Beschlüsse mit der Mehrheit der abgegebenen Stimmen, soweit diese Verfassung, ein Gesetz oder seine Geschäftsordnung nichts anderes bestimmen. ²Stimmenthaltungen gelten als nicht abgegebene Stimmen.
(1a) Absatz 1 gilt auch für die vom Landtag vorzunehmenden Wahlen.
(2) Der Landtag ist beschlußfähig, wenn mehr als die Hälfte seiner Mitglieder anwesend ist, und bleibt es, solange die Beschlußunfähigkeit nicht festgestellt wird.

### Artikel 52 Teilnahme der Landesregierung

(1) Der Landtag und jeder seiner Ausschüsse können die Anwesenheit eines jeden Mitgliedes der Landesregierung verlangen.
(2) ¹Die Mitglieder der Landesregierung und ihre Beauftragten haben zu den Sitzungen des Landtages und seiner Ausschüsse Zutritt. ²Den Mitgliedern der Landesregierung ist im Landtag und in seinen Ausschüssen, ihren Beauftragten in den Ausschüssen auf Wunsch das Wort zu erteilen. ³Sie unterstehen der Ordnungsgewalt des Präsidenten und des Ausschußvorsitzenden.
(3) Die Vorschriften des Absatzes 2 gelten nicht für Untersuchungsausschüsse, für den Wahlprüfungsausschuß und für Ausschüsse, denen Wahlen und deren Vorbereitung übertragen werden.

### Artikel 53 Frage- und Auskunftsrecht der Mitglieder des Landtages, Aktenvorlage durch die Landesregierung

(1) Die Landesregierung hat jedem Mitglied des Landtages Auskunft zu erteilen.
(2) ¹Fragen einzelner Mitglieder des Landtages oder parlamentarische Anfragen haben die Landesregierung oder ihre Mitglieder im Landtag und in seinen Ausschüssen nach bestem Wissen unverzüglich und vollständig zu beantworten. ²Die gleiche Verpflichtung haben die Beauftragten der Landesregierung in den Ausschüssen des Landtages.
(2a) ¹Jedem Mitglied des Landtages ist Zugang zu öffentlichen Einrichtungen zu gewähren. ²Diese haben ihm auf Verlangen Auskünfte zu erteilen und Akten vorzulegen. ³Das Verlangen ist an die Landesregierung zu richten. ⁴Die Auskunftserteilung und die Aktenvorlage müssen unverzüglich und vollständig erfolgen.
(3) ¹Die Landesregierung hat, wenn es mindestens ein Viertel der Ausschußmitglieder verlangt, zum Gegenstand einer Ausschußsitzung Auskünfte zu erteilen, Akten vorzulegen und Zugang zu öffentlichen Einrichtungen zu gewähren. ²Die Auskunftserteilung und die Aktenvorlage müssen unverzüglich und vollständig erfolgen.
(4) ¹Die Landesregierung braucht dem Verlangen insoweit nicht zu entsprechen, als dadurch die Funktionsfähigkeit und Eigenverantwortung der Regierung oder Verwaltung wesentlich beeinträchtigt würde oder zu befürchten ist, daß durch das Bekanntwerden von Tatsachen dem Wohle des Landes oder des Bundes Nachteile zugefügt oder schutzwürdige Interessen Dritter verletzt werden. ²Die Entscheidung ist zu begründen.

### Artikel 54 Untersuchungsausschüsse

(1) Der Landtag hat das Recht und auf Antrag von mindestens einem Viertel seiner Mitglieder die Pflicht, Untersuchungsausschüsse einzusetzen.
(2) ¹Die Untersuchungsausschüsse erheben die Beweise, die mindestens ein Viertel ihrer Mitglieder oder die Antragsteller für sachdienlich halten. ²In Fragen des Umfangs des Untersuchungsauftrages und bei verfahrensleitenden Beschlüssen zur Beweiserhebung dürfen die Vertreter der Antragsteller nicht überstimmt werden. ³Sind die Antragsteller im Untersuchungsausschuß nicht vertreten, dürfen sie ein Mitglied mit beratender Stimme entsenden.
(3) ¹Die Beweise werden in öffentlicher Sitzung erhoben. ²Die Öffentlichkeit kann nur ausgeschlossen werden, wenn zu befürchten ist, daß durch das Bekanntwerden von Tatsachen dem Wohle des Landes oder des Bundes Nachteile zugefügt oder schutzwürdige Interessen Dritter verletzt werden.
(4) Gerichte und Verwaltungsbehörden haben Rechts- und Amtshilfe zu leisten.
(5) Das Brief-, Post- und Fernmeldegeheimnis bleibt unberührt.
(6) ¹Der Untersuchungsbericht ist der richterlichen Erörterung entzogen. ²In der Würdigung und Beurteilung des der Untersuchung zugrunde liegenden Sachverhalts sind die Gerichte frei.
(7) Artikel 53 Abs. 3 gilt entsprechend.

(8) Das Nähere regelt ein Gesetz, das Vorschriften über Grenzen des Beweiserhebungsrechts enthalten darf.

### Artikel 55  Enquete-Kommissionen
Der Landtag hat das Recht, zur Vorbereitung von Entscheidungen über umfangreiche oder bedeutsame Sachkomplexe Enquete-Kommissionen einzusetzen.

### Artikel 56  Erwerb und Sicherung des Mandats
(1) Wer sich um ein Landtagsmandat bewirbt, hat Anspruch auf den zur Vorbereitung seiner Wahl erforderlichen Urlaub.
(2) ¹Niemand darf gehindert werden, ein Landtagsmandat zu übernehmen und auszuüben. ²Niemand darf deswegen aus seinem Dienst- oder Arbeitsverhältnis entlassen werden.
(3) Die Eigenschaft als Mitglied des Landtages beginnt mit Annahme der Wahl.
(4) Die Mitglieder des Landtages haben das Recht, im Landtag das Wort zu ergreifen und Fragen zu stellen sowie bei Wahlen oder Beschlüssen ihre Stimme abzugeben.
(5) ¹Die Mitglieder des Landtages haben Anspruch auf eine angemessene, ihre Unabhängigkeit sichernde Entschädigung und die Bereitstellung der zur wirksamen Amtsausübung erforderlichen Mittel. ²Die Höhe der Entschädigung verändert sich jährlich auf der Grundlage der jeweils letzten Festlegung nach Maßgabe des Durchschnitts der Veränderung der Bruttoeinkommen von abhängig Beschäftigten in Sachsen-Anhalt, die Höhe der Kostenpauschale nach der allgemeinen Preisentwicklung in Sachsen-Anhalt.
(6) Das Nähere regelt ein Gesetz.

### Artikel 57  Indemnität
¹Ein Mitglied des Landtages darf wegen seiner Abstimmung oder wegen einer Äußerung, die es im Landtag oder einem seiner Ausschüsse getan hat, zu keiner Zeit gerichtlich verfolgt oder anderweitig außerhalb des Landtages zur Verantwortung gezogen werden. ²Dies gilt nicht für verleumderische Beleidigungen.

### Artikel 58  Immunität
¹Jede Strafverfolgungsmaßnahme gegen ein Mitglied des Landtages, jede Haft und jede sonstige Beschränkung seiner persönlichen Freiheit sind auf Verlangen des Landtages auszusetzen, wenn durch sie die parlamentarische Arbeit des Landtages beeinträchtigt wird. ²Der Landtag kann die Entscheidung einem Ausschuss übertragen.

### Artikel 59  Zeugnisverweigerungsrecht, Durchsuchung und Beschlagnahme
(1) ¹Die Mitglieder des Landtages sind berechtigt, über Personen, die ihnen in ihrer Eigenschaft als Abgeordnete oder denen sie als Abgeordnete Tatsachen anvertraut haben, sowie über diese Tatsachen selbst das Zeugnis zu verweigern. ²Soweit dieses Zeugnisverweigerungsrecht reicht, ist die Beschlagnahme von Schriftstücken und anderen Informationsträgern unzulässig. ³Personen, deren Mitarbeit ein Mitglied des Landtages in Ausübung seines Mandats in Anspruch nimmt, können das Zeugnis über Wahrnehmungen verweigern, die sie anläßlich dieser Mitarbeit gemacht haben.
(2) Eine Durchsuchung oder Beschlagnahme in den Räumen des Landtages bedarf der Zustimmung des Präsidenten.

### Artikel 60  Vorzeitige Beendigung der Wahlperiode
(1) ¹Der Landtag kann durch Beschluß von zwei Dritteln seiner Mitglieder, der den Termin zur Neuwahl bestimmen muß, die Wahlperiode vorzeitig beenden. ²Der Beschluß ist unwiderruflich.
(2) Der Antrag nach Absatz 1 darf frühestens sechs Monate nach Beginn der Wahlperiode und muß von mindestens einem Viertel der Mitglieder des Landtages gestellt werden.
(3) Über den Antrag kann frühestens am elften und muß spätestens am dreißigsten Tage nach Schluß der Beratung offen abgestimmt werden.

### Artikel 61  Behandlung von Bitten und Beschwerden
(1) Der Landtag bestellt einen Petitionsausschuß, dem die Behandlung der nach Artikel 19 dieser Verfassung und Artikel 17 des Grundgesetzes an den Landtag gerichteten Bitten und Beschwerden obliegt.
(2) ¹Die Landesregierung und die Träger öffentlicher Verwaltung im Land sind verpflichtet, den Petitionsausschuß oder von ihm Beauftragte bei der Aufgabenerfüllung zu unterstützen und auf Verlangen

Akten vorzulegen, Zutritt zu den von ihnen verwalteten öffentlichen Einrichtungen zu gewähren, alle erforderlichen Auskünfte zu erteilen und Amtshilfe zu leisten. ²Artikel 53 Abs. 3 und 4 gilt entsprechend.
(3) ¹Der Ausschuß kann Petenten und sonstige Personen anhören und Beweise durch Vernehmung von Zeugen und Sachverständigen erheben. ²Das Nähere regelt ein Gesetz.

**Artikel 62 Informationspflicht der Landesregierung**
(1) ¹Die Landesregierung unterrichtet den Landtag rechtzeitig über die Vorbereitung von Gesetzen, wichtige Angelegenheiten der Landesplanung und den geplanten Abschluß von Staatsverträgen. ²Das gleiche gilt für andere Vorhaben der Landesregierung, insbesondere für Bundesratsangelegenheiten, Verwaltungsabkommen, die Zusammenarbeit mit dem Bund, den Ländern, den Regionen, anderen Staaten und zwischenstaatlichen Einrichtungen sowie für Angelegenheiten der Europäischen Union, soweit sie für das Land von grundsätzlicher Bedeutung sind.
(2) Artikel 53 Abs. 4 gilt entsprechend.
(3) Das Nähere regelt ein Gesetz.

**Artikel 63 Landesbeauftragter für den Datenschutz**
(1) ¹Die Erhebung, Verarbeitung und Nutzung personenbezogener Daten durch die Träger öffentlicher Stellen im Lande wird von einem Landesbeauftragten für den Datenschutz überwacht. ²Das Gesetz kann weitere Aufgaben des Landesbeauftragten für den Datenschutz vorsehen.
(2) Der Landtag wählt den Landesbeauftragten für den Datenschutz mit der Mehrheit der Mitglieder des Landtages für die Dauer von fünf Jahren.
(3) ¹Der Landesbeauftragte für den Datenschutz ist in Ausübung seines Amtes unabhängig und nur dem Gesetz unterworfen. ²Er berichtet über seine Tätigkeit und deren Ergebnisse dem Landtag, an den er sich jederzeit wenden kann.
(4) Das Nähere regelt ein Gesetz.

*Zweiter Abschnitt*
**Landesregierung**

**Artikel 64 Aufgabe, Zusammensetzung**
(1) ¹Die Landesregierung ist das oberste Organ der vollziehenden Gewalt. ²Sie besteht aus dem Ministerpräsidenten und den Ministern.
(2) Die Mitglieder der Landesregierung dürfen nicht dem Europäischen Parlament, dem Bundestag oder einer Volksvertretung eines anderen Landes angehören.

**Artikel 65 Bildung der Landesregierung**
(1) Der Ministerpräsident wird vom Landtag ohne Aussprache in geheimer Abstimmung gewählt.
(2) ¹Zum Ministerpräsidenten ist gewählt, wer im ersten Wahlgang die Stimmen der Mehrheit der Mitglieder des Landtages erhält. ²Erhält in diesem Wahlgang niemand diese Mehrheit, so findet innerhalb von sieben Tagen ein neuer Wahlgang statt. ³Kommt auch in diesem Wahlgang die Wahl nicht mit der Mehrheit der Mitglieder zustande, so beschließt der Landtag innerhalb von weiteren vierzehn Tagen über die vorzeitige Beendigung der Wahlperiode. ⁴Wird die vorzeitige Beendigung der Wahlperiode nicht mit der Mehrheit der Mitglieder des Landtages beschlossen, findet unverzüglich ein weiterer Wahlgang statt. ⁵Gewählt ist, wer die Mehrheit der abgegebenen Stimmen erhält.
(3) Der Ministerpräsident ernennt und entläßt die Minister und bestimmt seinen Stellvertreter.

**Artikel 66 Amtseid**
(1) Die Mitglieder der Landesregierung leisten vor der Amtsübernahme vor dem Landtag folgenden Eid: „Ich schwöre, daß ich meine Kraft dem Wohle des Volkes widmen, Verfassung und Gesetz wahren, meine Pflichten gewissenhaft erfüllen und Gerechtigkeit gegen jedermann üben werde."
(2) Der Eid kann mit der religiösen Bekräftigung: „So wahr mir Gott helfe" oder ohne sie geleistet werden.

**Artikel 67 Rechtsstellung der Regierungsmitglieder**
(1) ¹Die Mitglieder der Landesregierung dürfen kein anderes besoldetes Amt, kein Gewerbe und keinen Beruf ausüben und weder der Leitung noch dem Aufsichtsrat eines auf Erwerb gerichteten Unterneh-

mens angehören. ²Der Landtag kann Ausnahmen zulassen, insbesondere für die Entsendung in Organe von Unternehmen, an denen das Land beteiligt ist.
(2) Im übrigen werden die Rechtsverhältnisse der Mitglieder der Landesregierung durch Gesetz geregelt.

### Artikel 68  Ministerpräsident und Landesregierung
(1) Der Ministerpräsident bestimmt die Richtlinien der Regierungspolitik und trägt dafür die Verantwortung.
(2) Innerhalb dieser Richtlinien leitet jeder Minister seinen Geschäftsbereich selbständig und in eigener Verantwortung.
(3) Die Landesregierung beschließt in ihrer Gesamtheit insbesondere über
1. alle Angelegenheiten, die ihr gesetzlich übertragen sind,
2. die Bestellung der Vertreter und die Stimmabgabe im Bundesrat,
3. die Abgrenzung der Geschäftsbereiche und die Einsetzung von Landesbeauftragten für besondere Aufgaben,
4. Fragen, die mehrere Geschäftsbereiche berühren, wenn die beteiligten Minister sich nicht einigen,
5. die Einbringung von Gesetzentwürfen,
6. Rechtsverordnungen, wenn gesetzlich nichts anderes bestimmt ist,
7. den Abschluß von Staatsverträgen,
8. ihre Geschäftsordnung.

(4) Der Ministerpräsident leitet die Geschäfte der Landesregierung nach Maßgabe der Geschäftsordnung.
(5) ¹Die Landesregierung faßt ihre Beschlüsse mit Stimmenmehrheit. ²Bei Stimmengleichheit entscheidet die Stimme des Ministerpräsidenten.

### Artikel 69  Vertretung des Landes, Staatsverträge
(1) ¹Der Ministerpräsident vertritt das Land nach außen. ²Diese Befugnis kann übertragen werden.
(2) Der Abschluß von Staatsverträgen bedarf der Zustimmung des Landtages.

### Artikel 70  Ernennung der Beamten und Richter
¹Der Ministerpräsident ernennt und entläßt die Beamten und Richter des Landes. ²Er kann dieses Recht übertragen.

### Artikel 71  Beendigung der Amtszeit
(1) ¹Das Amt der Mitglieder der Landesregierung endet mit dem Zusammentritt eines neuen Landtages. ²Die Mitglieder der Landesregierung können jederzeit zurücktreten. ³Mit jeder Beendigung des Amtes des Ministerpräsidenten endet auch das Amt der Minister.
(2) Nach Beendigung ihres Amtes sind der Ministerpräsident und auf dessen Ersuchen jeder Minister verpflichtet, die Geschäfte bis zur Amtsübernahme durch die Nachfolger weiterzuführen.

### Artikel 72  Konstruktives Mißtrauensvotum
(1) Der Landtag kann dem Ministerpräsidenten das Mißtrauen nur dadurch aussprechen, daß er mit der Mehrheit seiner Mitglieder einen Nachfolger wählt.
(2) Der Antrag muß von mindestens einem Viertel der Mitglieder des Landtages gestellt werden.
(3) Zwischen dem Zugang des Antrages beim Präsidenten des Landtages und der Beratung müssen drei Tage liegen.
(4) Über den Antrag darf frühestens drei Tage nach Schluß der Beratung und muß spätestens zehn Tage nach Zugang beim Landtagspräsidenten abgestimmt werden.
(5) Artikel 71 Abs. 2 gilt entsprechend.

### Artikel 73  Vertrauensantrag
(1) ¹Findet ein Antrag des Ministerpräsidenten, ihm das Vertrauen auszusprechen, nicht die Zustimmung der Mehrheit der Mitglieder des Landtages, so erklärt der Präsident des Landtages auf Antrag des Ministerpräsidenten die Wahlperiode des Landtages vorzeitig für beendet. ²Der Antrag des Ministerpräsidenten kann frühestens eine Woche, spätestens zwei Wochen nach Abstimmung über den Vertrauensantrag gestellt werden. ³Zwischen dem Vertrauensantrag und der Abstimmung müssen mindestens zweiundsiebzig Stunden liegen.

(2) Das Recht zur vorzeitigen Beendigung der Wahlperiode erlischt, sobald der Landtag mit der Mehrheit seiner Mitglieder einen neuen Ministerpräsidenten wählt.

*Dritter Abschnitt*
**Landesverfassungsgericht**

### Artikel 74 Zusammensetzung
(1) Es wird ein Landesverfassungsgericht errichtet.
(2) Das Landesverfassungsgericht besteht aus dessen Präsidenten und sechs weiteren Mitgliedern sowie stellvertretenden Mitgliedern.
(3) Die Mitglieder und die stellvertretenden Mitglieder des Landesverfassungsgerichts werden vom Landtag ohne Aussprache mit einer Mehrheit von zwei Dritteln der anwesenden Abgeordneten, mindestens mit der Mehrheit der Mitglieder des Landtages gewählt.
(4) [1]Während ihrer Amtszeit dürfen die Mitglieder und die stellvertretenden Mitglieder des Landesverfassungsgerichts weder dem Landtag oder der Landesregierung noch einem entsprechenden Organ des Bundes oder eines anderen Landes angehören. [2]Durch Gesetz können weitere Unvereinbarkeiten festgelegt werden.

### Artikel 75 Zuständigkeiten
Das Landesverfassungsgericht entscheidet
1. über die Auslegung dieser Verfassung aus Anlaß von Streitigkeiten über den Umfang der Rechte und Pflichten eines obersten Landesorgans oder anderer Beteiligter, die durch die Verfassung oder in der Geschäftsordnung des Landtages oder der Landesregierung mit eigener Zuständigkeit ausgestattet sind, auf Antrag des obersten Landesorgans oder der anderen Beteiligten,
2. aus Anlaß von Streitigkeiten über die Durchführung von Volksinitiativen, Volksbegehren und Volksentscheiden auf Antrag der Antragsteller, eines Viertels der Mitglieder des Landtages oder der Landesregierung,
3. bei Meinungsverschiedenheiten oder Zweifeln über die förmliche oder sachliche Vereinbarkeit von Landesrecht mit dieser Verfassung auf Antrag eines Viertels der Mitglieder des Landtages oder auf Antrag der Landesregierung,
4. über die Verfassungsmäßigkeit des Untersuchungsauftrages eines Untersuchungsausschusses auf Vorlage eines Gerichts, wenn es den Untersuchungsauftrag für verfassungswidrig hält und es bei dessen Entscheidung auf die Verfassungsmäßigkeit des Untersuchungsauftrages ankommt,
5. über die Vereinbarkeit eines Landesgesetzes mit dieser Verfassung, wenn ein Gericht das Verfahren gemäß Artikel 100 Abs. 1 des Grundgesetzes ausgesetzt hat,
6. über Verfassungsbeschwerden, die von jedermann mit der Behauptung erhoben werden können, durch ein Landesgesetz unmittelbar in seinen Grundrechten, grundrechtsgleichen Rechten oder staatsbürgerlichen Rechten verletzt zu sein,
7. über Verfassungsbeschwerden von Kommunen und Gemeindeverbänden wegen Verletzung des Rechts auf Selbstverwaltung nach Artikel 2 Abs. 3 und Artikel 87 durch ein Landesgesetz,
8. in den übrigen ihm durch diese Verfassung oder durch Gesetz zugewiesenen Fällen.

### Artikel 76 Landesverfassungsgerichtsgesetz
[1]Ein Gesetz regelt Verfassung und Verfahren des Landesverfassungsgerichts. [2]Es bestimmt auch, in welchen Fällen die Entscheidungen des Landesverfassungsgerichts Gesetzeskraft haben.

*Vierter Abschnitt*
**Gesetzgebung**

### Artikel 77 Beschluß der Gesetze
(1) Die Gesetze werden vom Landtag beschlossen, soweit nicht das Volk unmittelbar durch Volksentscheid handelt.
(2) Gesetzentwürfe können von der Landesregierung, aus der Mitte des Landtages oder durch Volksbegehren eingebracht werden.
(3) Der Landtag behandelt Gesetzentwürfe in mindestens zwei Beratungen, zwischen denen mindestens zwei Tage liegen müssen.

### Artikel 78  Verfassungsänderungen

(1) Diese Verfassung kann nur durch ein Gesetz geändert werden, das ihren Wortlaut ausdrücklich ändert oder ergänzt.

(2) Verfassungsändernde Gesetze bedürfen einer Mehrheit von zwei Dritteln der Mitglieder des Landtages.

(3) Eine Änderung der Verfassung darf den in Artikel 2 und 4 niedergelegten Grundsätzen dieser Verfassung nicht widersprechen.

### Artikel 79  Rechtsverordnungen

(1) ¹Die Ermächtigung zum Erlaß von Rechtsverordnungen kann nur durch Gesetz erteilt werden. ²Das Gesetz muß Inhalt, Zweck und Ausmaß der erteilten Ermächtigung bestimmen. ³Die Rechtsgrundlage ist in der Rechtsverordnung anzugeben.

(2) Ist in dem Gesetz vorgesehen, daß die Ermächtigung weiter übertragen werden kann, so bedarf es zur Übertragung der Ermächtigung einer Rechtsverordnung.

### Artikel 80  Volksinitiative

(1) ¹Bürger haben das Recht, den Landtag mit bestimmten Gegenständen der politischen Willensbildung zu befassen, die das Land Sachsen-Anhalt betreffen. ²Eine Volksinitiative kann auch einen mit Gründen versehenen Gesetzentwurf zum Inhalt haben.

(2) ¹Eine Volksinitiative muß von mindestens 30 000 Wahlberechtigten unterzeichnet sein. ²Ihre Vertreter haben das Recht, angehört zu werden.

(3) Das Nähere regelt ein Gesetz.

### Artikel 81[1)]  Volksbegehren, Volksentscheid

(1) ¹Ein Volksbegehren kann darauf gerichtet werden, ein Landesgesetz zu erlassen, zu ändern oder aufzuheben. ²Dem Volksbegehren muß ein ausgearbeiteter, mit Gründen versehener Gesetzentwurf zugrunde liegen. ³Haushaltsgesetze, Abgabengesetze und Besoldungsregelungen können nicht Gegenstand eines Volksbegehrens sein. ⁴Das Volksbegehren muß von mindestens sieben vom Hundert der Wahlberechtigten unterstützt werden.

(2) ¹Die Landesregierung entscheidet darüber, ob ein Volksbegehren zulässig ist; gegen ihre Entscheidung kann Beschwerde beim Landesverfassungsgericht erhoben werden. ²Ist das Volksbegehren zulässig, leitet die Landesregierung den Gesetzentwurf mit ihrer Stellungnahme unverzüglich an den Landtag weiter.

(3) ¹Nimmt der Landtag den Gesetzentwurf nicht innerhalb von vier Monaten unverändert an, findet nach mindestens drei und höchstens sechs Monaten nach Ablauf der Frist oder dem Beschluß des Landtages, den Entwurf nicht als Gesetz anzunehmen, über den Gesetzentwurf ein Volksentscheid statt. ²Ein Gesetzentwurf ist durch Volksentscheid angenommen, wenn die Mehrheit derjenigen, die ihre Stimme gültig abgegeben haben, mindestens jedoch ein Viertel der Wahlberechtigten zugestimmt hat.

(4) ¹Der Landtag kann dem Volk einen eigenen Gesetzentwurf zum Gegenstand des Volksbegehrens zur Entscheidung mit vorlegen. ²In diesem Fall entscheidet über die Annahme die Mehrheit der gültigen abgegebenen Stimmen.

(5) Die Verfassung kann auf Grund eines Volksbegehrens nur geändert werden, wenn zwei Drittel derjenigen, die ihre Stimme abgegeben haben, mindestens jedoch die Hälfte der Wahlberechtigten zustimmen.

(6) Das Nähere regelt ein Gesetz, das auch die Erstattung der notwendigen Kosten einer angemessenen Werbung für das Volksbegehren vorsehen kann.

### Artikel 82  Ausfertigung und Verkündung

(1) Die verfassungsmäßig beschlossenen Gesetze werden vom Präsidenten des Landtages nach Gegenzeichnung des Ministerpräsidenten und des zuständigen Fachministers ausgefertigt und vom Ministerpräsidenten binnen Monatsfrist im Gesetz- und Verordnungsblatt verkündet.

---

1) Beachte Übergangsregelung in § 3 Abs. 2 ÄndG v. 27.1.2005: Ist zum Zeitpunkt des In-Kraft-Tretens der Änderung des § 81 Abs. 1 Satz 4 ein Antrag auf Durchführung eines Volksbegehrens nach § 11 des Volksabstimmungsgesetzes annahmefähig, so gilt für dieses Volksbegehren Art. 81 Abs. 1 Satz 4 in der bis 31.1.2005 gültigen Fassung.

(2) Rechtsverordnungen sind von der Stelle, die sie erläßt, auszufertigen und vorbehaltlich anderweitiger gesetzlicher Regelung im Gesetz- und Verordnungsblatt zu verkünden.
(3) [1]Die Ausfertigung von Gesetzen und Rechtsverordnungen sowie deren Verkündung können in elektronischer Form vorgenommen werden. [2]Das Nähere regelt ein Gesetz.
(4) Gesetze und Rechtsverordnungen treten, wenn nichts anderes bestimmt ist, mit dem vierzehnten Tag nach Ablauf des Tages in Kraft, an dem sie verkündet worden sind.

*Fünfter Abschnitt*
**Rechtspflege**

### Artikel 83   Richter und Rechtsprechung
(1) Die Rechtsprechung wird im Namen des Volkes durch Berufsrichter und in den durch Gesetz bestimmten Fällen durch ehrenamtliche Richter an den gesetzlich festgelegten Gerichten ausgeübt.
(2) Die Richter sind unabhängig und nur dem Gesetz unterworfen.
(3) Für die Gebiete der ordentlichen, der Verwaltungs-, der Finanz-, der Arbeits- und der Sozialgerichtsbarkeit werden Gerichte des Landes errichtet.
(4) [1]Das Landesrichtergesetz kann bestimmen, daß über die Anstellung der Richter der Justizminister gemeinsam mit einem Richterwahlausschuß entscheidet. [2]Die Mitglieder werden vom Landtag mit der Mehrheit von zwei Dritteln der anwesenden Abgeordneten, mindestens mit der Mehrheit der Mitglieder des Landtages gewählt. [3]Der Richterwahlausschuß entscheidet mit der Mehrheit von zwei Dritteln seiner Mitglieder.

### Artikel 84   Richteranklage
(1) [1]Verstößt ein Richter im Amt oder außerhalb des Amtes gegen die Grundsätze des Grundgesetzes oder dieser Verfassung, so kann das Bundesverfassungsgericht mit Zweidrittelmehrheit auf Antrag des Landtages anordnen, daß der Richter in ein anderes Amt oder in den Ruhestand zu versetzen ist. [2]Im Falle eines vorsätzlichen Verstoßes kann auf Entlassung erkannt werden. [3]Der Antrag des Landtages kann nur mit der Mehrheit der Mitglieder des Landtages beschlossen werden.
(2) Unter den Voraussetzungen des Absatzes 1 kann das Bundesverfassungsgericht die Bestellung von ehrenamtlich tätigen Richtern zurücknehmen.

### Artikel 85   Gnadenrecht, Amnestie
(1) [1]Das Gnadenrecht wird durch den Ministerpräsidenten ausgeübt. [2]Dieses Recht kann übertragen werden.
(2) Eine Amnestie bedarf eines Gesetzes.

*Sechster Abschnitt*
**Verwaltung**

### Artikel 86   Öffentliche Verwaltung
(1) Die öffentliche Verwaltung wird durch die Landesregierung, die ihr nachgeordneten Behörden und durch die Träger der Selbstverwaltung ausgeübt.
(2) Der allgemeine Aufbau der öffentlichen Verwaltung und ihre räumliche Gliederung werden durch Gesetz geregelt.

### Artikel 87   Kommunale Selbstverwaltung
(1) Die Kommunen (Gemeinden und Landkreise) und die Gemeindeverbände verwalten ihre Angelegenheiten im Rahmen der Gesetze in eigener Verantwortung.
(2) Die Kommunen sind berechtigt und im Rahmen ihrer Leistungsfähigkeit verpflichtet, in ihrem Gebiet alle öffentlichen Aufgaben selbständig wahrzunehmen, soweit nicht bestimmte Aufgaben im öffentlichen Interesse durch Gesetz anderen Stellen übertragen sind.
(3) [1]Den Kommunen können durch Gesetz Pflichtaufgaben zur Erfüllung in eigener Verantwortung zugewiesen und staatliche Aufgaben zur Erfüllung nach Weisung übertragen werden. [2]Dabei ist gleichzeitig die Deckung der Kosten zu regeln. [3]Führt die Aufgabenwahrnehmung zu einer Mehrbelastung der Kommunen, ist ein angemessener Ausgleich zu schaffen.
(4) Das Land sichert durch seine Aufsicht, daß die Gesetze beachtet und die nach Absatz 3 übertragenen Aufgaben weisungsgemäß ausgeführt werden.

(5) Andere Körperschaften des öffentlichen Rechts können für die Wahrnehmung bestimmter öffentlicher Aufgaben gegenüber ihren Mitgliedern durch Gesetz oder auf Grund eines Gesetzes gebildet werden.

### Artikel 88 Kommunale Finanzen, Finanzausgleich, Haushaltswirtschaft und Abgabenhoheit
(1) Das Land sorgt dafür, daß die Kommunen über Finanzmittel verfügen, die zur angemessenen Erfüllung ihrer Aufgaben erforderlich sind.
(2) [1]Die unterschiedliche Finanzkraft der Kommunen ist auf Grund eines Gesetzes angemessen auszugleichen. [2]Bei besonderen Zuweisungen des Landes an leistungsschwache Kommunen oder bei der Bereitstellung sonstiger Fördermittel ist das Selbstverwaltungsrecht zu wahren.
(3) Die Kommunen haben nach Maßgabe der Gesetze das Recht, eigene Steuern und Abgaben zu erheben.

### Artikel 89 Vertretung in den Kommunen
In den Kommunen muß das Volk eine Vertretung haben, die aus allgemeinen, unmittelbaren, freien, gleichen und geheimen Wahlen hervorgegangen ist; in Gemeinden kann an die Stelle einer gewählten Vertretung die Gemeindeversammlung treten.

### Artikel 90 Gebietsänderungen
[1]Das Gebiet von Kommunen kann aus Gründen des Gemeinwohls durch Vereinbarung der beteiligten Kommunen mit staatlicher Genehmigung, durch Gesetz oder auf Grund eines Gesetzes geändert werden. [2]Das Nähere, insbesondere zur Anhörung der betroffenen Kommunen und Einwohner, regelt ein Gesetz.

### Artikel 91 Öffentlicher Dienst
(1) Die Angehörigen des öffentlichen Dienstes sind Diener des ganzen Volkes, nicht einer Partei oder sonstigen Gruppe; sie haben ihr Amt unparteiisch, ohne Ansehen der Person und nur nach sachlichen Gesichtspunkten auszuüben.
(2) Die Wählbarkeit von Beamten, Angestellten des öffentlichen Dienstes und Richtern in Vertretungskörperschaften kann gesetzlich beschränkt werden.

*Siebenter Abschnitt*
**Finanzwesen**

### Artikel 92 Landesvermögen
(1) Das Landesvermögen ist in seiner Substanz so zu erhalten, wie es für seine künftige Nutzung erforderlich ist.
(2) [1]Landesvermögen darf nur mit Zustimmung des Landtages veräußert und belastet werden. [2]Die Zustimmung kann für Fälle von geringer Bedeutung allgemein erteilt werden.
(3) Für die Veräußerung und Belastung von Vermögen, das im Eigentum Dritter steht und von dem Lande verwaltet wird, gelten die Vorschriften des Absatzes 2 entsprechend, soweit nichts anderes bestimmt ist.

### Artikel 93 Haushaltsplan
(1) [1]Alle Einnahmen und Ausgaben des Landes sowie die Verpflichtungsermächtigungen sind in den Haushaltsplan einzustellen; bei Landesbetrieben und bei Sondervermögen brauchen nur die Zuführungen oder die Ablieferungen eingestellt zu werden. [2]Der Haushaltsplan ist in Einnahme und Ausgabe auszugleichen.
(2) [1]Der Haushaltsplan wird für ein oder zwei Rechnungsjahre, nach Jahren getrennt, vor Beginn des ersten Rechnungsjahres durch das Haushaltsgesetz festgestellt. [2]Für Teile des Haushaltsplanes kann vorgesehen werden, daß sie für unterschiedliche Zeiträume, nach Rechnungsjahren getrennt, gelten.
(3) Der Gesetzentwurf nach Absatz 2 sowie Entwürfe der Landesregierung zur Änderung des Haushaltsgesetzes und des Haushaltsplanes werden von ihr in den Landtag eingebracht.
(4) [1]In das Haushaltsgesetz dürfen nur Vorschriften aufgenommen werden, die sich auf die Einnahmen und die Ausgaben des Landes und auf den Zeitraum beziehen, für den das Haushaltsgesetz beschlossen wird. [2]Das Haushaltsgesetz kann vorschreiben, daß die Vorschriften erst mit der Verkündung des nächsten Haushaltsgesetzes oder bei Ermächtigung nach Artikel 99 zu einem späteren Zeitpunkt außer Kraft treten.

(5) ¹Das Vermögen und die Schulden sowie die Haushaltspläne der Sondervermögen sind in einer Anlage des Haushaltsplanes nachzuweisen. ²Beteiligungen des Landes an Wirtschaftsunternehmen sind offenzulegen.

**Artikel 94   Haushaltsvorgriff**
(1) Ist bis zum Schluß eines Rechnungsjahres der Haushaltsplan für das folgende Jahr nicht durch Gesetz festgestellt, so ist die Landesregierung bis zu dessen Inkrafttreten ermächtigt, alle Ausgaben zu leisten oder Verpflichtungen einzugehen, die nötig sind
1. um gesetzlich bestehende Einrichtungen zu erhalten und gesetzlich beschlossene Maßnahmen durchzuführen,
2. um die rechtlich begründeten Verpflichtungen des Landes zu erfüllen,
3. um Bauten, Beschaffungen und sonstige Leistungen fortzusetzen oder Beihilfen für diese Zwecke weiter zu gewähren, sofern durch den Haushaltsplan eines Vorjahres bereits Beiträge bewilligt worden sind.

(2) ¹Die Landesregierung kann für die nach Absatz 1 zulässigen Ausgaben Kredite aufnehmen, soweit der Geldbedarf des Landes nicht durch Steuern, Abgaben und sonstige Einnahmen gedeckt werden kann. ²Die Kreditaufnahme darf ein Viertel der im Haushaltsplan des Vorjahres veranschlagten Einnahmen nicht übersteigen.

**Artikel 95   Über- und außerplanmäßige Ausgaben**
(1) ¹Über- und außerplanmäßige Ausgaben und Verpflichtungen bedürfen der Zustimmung des Finanzministers. ²Sie darf nur bei unvorhergesehenem und unabweisbarem Bedarf erteilt werden. ³Dem Landtag ist darüber zu berichten.
(2) Das Nähere kann durch Gesetz geregelt werden.

**Artikel 96   Deckungspflicht**
(1) Beschlüsse des Landtages, durch die dem Land Mehrausgaben oder Mindereinnahmen entstehen, müssen angeben, wie die zu ihrer Deckung erforderlichen Mittel aufzubringen sind.
(2) Die Landesregierung kann verlangen, daß Beratung und Beschlußfassung über eine Vorlage nach Absatz 1 für vier Wochen ausgesetzt werden.

**Artikel 97   Rechnungslegung, Entlastung der Landesregierung**
(1) ¹Die Landesregierung hat durch den Finanzminister dem Landtag über alle Einnahmen und Ausgaben sowie die Inanspruchnahme der Verpflichtungsermächtigungen im folgenden Rechnungsjahr Rechnung zu legen. ²Eine Übersicht über das Vermögen und die Schulden des Landes ist beizufügen.
(2) ¹Der Landesrechnungshof prüft die Rechnung sowie die Ordnungsmäßigkeit und die Wirtschaftlichkeit der Haushaltsführung. ²Er berichtet darüber dem Landtag und unterrichtet gleichzeitig die Landesregierung.
(3) Der Landtag beschließt über die Entlastung der Landesregierung auf Grund der Haushaltsrechnung und der Berichte des Landesrechnungshofes.
(4) ¹Das Nähere regelt ein Gesetz. ²Durch Gesetz können dem Landesrechnungshof weitere Aufgaben zugewiesen werden.

**Artikel 98   Landesrechnungshof**
(1) ¹Der Landesrechnungshof ist eine selbständige, nur dem Gesetz unterworfene oberste Landesbehörde. ²Seine Mitglieder besitzen richterliche Unabhängigkeit.
(2) ¹Der Landesrechnungshof besteht aus dem Präsidenten, dem Vizepräsidenten und den weiteren Mitgliedern. ²Der Präsident wird vom Landtag auf Vorschlag der Landesregierung mit der Mehrheit von zwei Dritteln der anwesenden Abgeordneten, mindestens mit der Mehrheit der Mitglieder des Landtages auf die Dauer von zwölf Jahren gewählt; eine Wiederwahl ist nicht zulässig.
(3) Auf Vorschlag des Präsidenten des Landesrechnungshofes ernennt der Präsident des Landtages nach Zustimmung des Landtages den Vizepräsidenten und die weiteren Mitglieder des Landesrechnungshofes.
(4) Das Nähere regelt ein Gesetz.

### Artikel 99  Kredite
(1) Die Aufnahme von Krediten sowie die Übernahme von Bürgschaften, Garantien oder sonstigen Gewährleistungen, die zu Ausgaben in künftigen Rechnungsjahren führen können, bedürfen einer der Höhe nach bestimmten oder bestimmbaren Ermächtigung durch Gesetz.
(2) Der Haushalt ist grundsätzlich ohne Einnahmen aus Krediten auszugleichen.
(3) ¹Ausnahmen von Absatz 2 sind im Falle einer von der Normallage abweichenden konjunkturellen Entwicklung zulässig. ²Die Auswirkungen der Entwicklung auf den Haushalt sind im Auf- und Abschwung symetrisch zu berücksichtigen. ³Ausnahmen von Absatz. 2 sind auch zulässig im Falle von Naturkatastrophen oder außergewöhnlichen Notsituationen, die sich der Kontrolle des Landes entziehen und die Finanzlage des Landes erheblich beeinträchtigen. ⁴Für die im Falle der Ausnahmen nach Satz 3 aufgenommenen Kredite ist eine Tilgungsregelung vorzusehen.
(4) Das Nähere regelt ein Gesetz.

### 4. Hauptteil.
### Übergangs- und Schlußbestimmungen

### Artikel 100  Sprachliche Gleichstellung
Personen- und Funktionsbezeichnungen in dieser Verfassung gelten jeweils in männlicher und weiblicher Form.

### Artikel 101  Inkrafttreten, Übergangsvorschriften
(1) Die Verfassung tritt am Tage nach ihrer Verkündung¹⁾ in Kraft.
(2) *[aufgehoben]*
(3) Die bei Inkrafttreten dieser Verfassung vorhandenen obersten Landesorgane sind Organe im Sinne dieser Verfassung.
(4) Rechtsvorschriften und Regelungen, die auf der Grundlage des Gesetzes über die vorläufige Ordnung der Regierungsgewalt in Sachsen-Anhalt vom 28. Oktober 1990 erlassen worden sind, bleiben bis zu ihrer Aufhebung oder Änderung in Kraft.

---

1) Verkündet am 17.7.1992.

**Anhang**
(zu Artikel 32 Abs. 5)

**Artikel 136 bis 139 und 141 der Verfassung des Deutschen Reiches vom 11. August 1919**

*Artikel 136*

(1) Die bürgerlichen und staatsbürgerlichen Rechte und Pflichten werden durch die Ausübung der Religionsfreiheit weder bedingt noch beschränkt.
(2) Der Genuß bürgerlicher und staatsbürgerlicher Rechte sowie die Zulassung zu öffentlichen Ämtern sind unabhängig von dem religiösen Bekenntnis.
(3) [1]Niemand ist verpflichtet, seine religiöse Überzeugung zu offenbaren. [2]Die Behörden haben nur soweit das Recht, nach der Zugehörigkeit zu einer Religionsgesellschaft zu fragen, als davon Rechte und Pflichten abhängen oder eine gesetzlich angeordnete statistische Erhebung dies erfordert.
(4) Niemand darf zu einer kirchlichen Handlung oder Feierlichkeit oder zu Teilnahme an religiösen Übungen oder zur Benutzung einer religiösen Eidesform gezwungen werden.

*Artikel 137*

(1) Es besteht keine Staatskirche.
(2) [1]Die Freiheit der Vereinigung zu Religionsgesellschaften wird gewährleistet. [2]Der Zusammenschluß von Religionsgesellschaften innerhalb des Reichsgebiets unterliegt keinen Beschränkungen.
(3) [1]Jede Religionsgesellschaft ordnet und verwaltet ihre Angelegenheiten selbständig innerhalb der Schranken des für alle geltenden Gesetzes. [2]Sie verleiht ihre Ämter ohne Mitwirkung des Staates oder der bürgerlichen Gemeinde.
(4) Religionsgesellschaften erwerben die Rechtsfähigkeit nach den allgemeinen Vorschriften des bürgerlichen Rechtes.
(5) [1]Die Religionsgesellschaften bleiben Körperschaften des öffentlichen Rechtes, soweit sie solche bisher waren. [2]Anderen Religionsgesellschaften sind auf ihren Antrag gleiche Rechte zu gewähren, wenn sie durch ihre Verfassung und die Zahl ihrer Mitglieder die Gewähr der Dauer bieten. [3]Schließen sich mehrere derartige öffentlich-rechtliche Religionsgesellschaften zu einem Verbande zusammen, so ist auch dieser Verband eine öffentlich-rechtliche Körperschaft.
(6) Die Religionsgesellschaften, welche Körperschaften des öffentlichen Rechtes sind, sind berechtigt, auf Grund der bürgerlichen Steuerlisten nach Maßgabe der landesrechtlichen Bestimmungen Steuern zu erheben.
(7) Den Religionsgesellschaften werden die Vereinigungen gleichgestellt, die sich die gemeinschaftliche Pflege einer Weltanschauung zur Aufgabe machen.
(8) Soweit die Durchführung dieser Bestimmungen eine weitere Regelung erfordert, liegt diese der Landesgesetzgebung ob.

*Artikel 138*

(1) [1]Die auf Gesetz, Vertrag oder besonderen Rechtstiteln beruhenden Staatsleistungen an die Religionsgesellschaften werden durch die Landesgesetzgebung abgelöst. [2]Die Grundsätze hierfür stellt das Reich auf.
(2) Das Eigentum und andere Rechte der Religionsgesellschaften und religiösen Vereine an ihren für Kultus-, Unterrichts- und Wohltätigkeitszwecke bestimmten Anstalten, Stiftungen und sonstigen Vermögen werden gewährleistet.

*Artikel 139*

Der Sonntag und die staatlich anerkannten Feiertage bleiben als Tage der Arbeitsruhe und der seelischen Erhebung gesetzlich geschützt.

*Artikel 141*

Soweit das Bedürfnis nach Gottesdienst und Seelsorge im Heer, in Krankenhäusern, Strafanstalten oder sonstigen öffentlichen Anstalten besteht, sind die Religionsgesellschaften zur Vornahme religiöser Handlungen zuzulassen, wobei jeder Zwang fernzuhalten ist.

# Geschäftsordnung des Landtages von Sachsen-Anhalt

Vom 26. Mai 2014[1] (GVBl. LSA S. 233)
(BS LSA 100.3.A)
zuletzt geändert durch Art. 10 G zur Parlamentsreform 2014 vom 5. Dezember 2014
(GVBl. LSA S. 494)

## Inhaltsübersicht

**Erster Abschnitt**
**Der Landtag und seine Organisation**

I. Mitglieder des Landtages
- § 1  Rechte und Pflichten der Mitglieder des Landtages

II. Fraktionen
- § 2  Bildung der Fraktionen
- § 3  Berechnung der Fraktionsstärke

III. Präsident und Vizepräsidenten, Schriftführer
- § 4  Wahl des Präsidenten und der Vizepräsidenten
- § 5  Aufgaben des Präsidenten
- § 6  Vertretung des Präsidenten
- § 7  Schriftführer
- § 8  Landtagsverwaltung

IV. Ältestenrat
- § 9  Zusammensetzung des Ältestenrates
- § 10  Aufgaben des Ältestenrates

V. Ausschüsse
- § 11  Einsetzung der Ausschüsse
- § 12  Zusammensetzung der Ausschüsse
- § 13  Ausschussvorsitzende
- § 14  Aufgaben der Ausschüsse
- § 15  Wahlprüfungsausschuss

VI. Ausschüsse eigener Art
- § 16  Parlamentarische Untersuchungsausschüsse
- § 17  Enquete-Kommissionen
- § 17a  Parlamentarische Kontrollkommission

**Zweiter Abschnitt**
**Gegenstände der Beratung**

I. Allgemeine Vorschriften
- § 18  Vorlagen
- § 19  Behandlung der Vorlagen
- § 20  Unzulässige Vorlagen
- § 21  Unerledigte Beratungsgegenstände
- § 22  Geheimschutzordnung

II. Gesetzentwürfe
- § 23  Einbringung von Gesetzentwürfen
- § 24  Einbringung von Änderungs- und Entschließungsanträgen zu Gesetzentwürfen
- § 25  Anzahl der Beratungen
- § 26  Beginn der ersten Beratung
- § 27  Verlauf der ersten Beratung
- § 28  Abschluss der ersten Beratung
- § 29  Ausschussberatung
- § 30  Beginn der zweiten Beratung
- § 31  Verlauf der zweiten Beratung
- § 32  Änderungen in der zweiten Beratung
- § 33  Abschluss der zweiten Beratung
- § 34  Dritte Beratung
- § 35  Behandlung von Entschließungsanträgen zu Gesetzentwürfen
- § 36  Ausfertigung und Verkündung

III. Entschließungen, Zustimmungen und andere Beschlüsse
- § 37  Einbringung
- § 38  Beratung
- § 39  Beschlüsse

IIIa. Behandlung von Volksinitiativen
- § 39a  Behandlung angenommener Volksinitiativen, die einen Gesetzentwurf zum Inhalt haben
- § 39b  Behandlung angenommener Volksinitiativen, die keinen Gesetzentwurf zum Inhalt haben
- § 39c  Behandlung nicht angenommener Volksinitiativen

IV. Sonstige Vorlagen
- § 40  Sonstige Vorlagen
- § 41  Sonstige Vorlagen nach der Landeshaushaltsordnung

V. Landtag und Regierung
- § 42  Bildung der Landesregierung, konstruktives Misstrauensvotum, Vertrauensantrag
- § 42a  Frage- und Auskunftsrecht der Mitglieder des Landtages

VI. Anfragen, Aktuelle Debatte
- § 43  Große Anfragen
- § 44  Kleine Anfragen zur schriftlichen Beantwortung
- § 45  Kleine Anfragen für die Fragestunde
- § 46  Aktuelle Debatte

VII. Petitionen
- § 47  Überweisung von Petitionen
- § 48  Verfahrensgrundsätze, Rechte des Petitionsausschusses

---

[1] Neubekanntmachung der GO v. 9. September 2011 (GVBl. LSA S. 655) in der ab 28. 2. 2014 geltenden Fassung.

| § 49 | Übertragung von Befugnissen an einzelne Mitglieder |
| § 50 | Beschlussempfehlung und Bericht |
| § 51 | Abschließende Behandlung |

**VIII. Besondere Beratungsgegenstände**

| § 52 | Verfassungsgerichtliche Verfahren |
| § 53 | Immunitätsangelegenheiten |
| § 54 | Unterrichtungen |
| § 54a | Informationsvorlagen der Landesregierung |
| § 54b | Wahrnahme der parlamentarischen Kontrolle der Landesregierung auf dem Gebiet der akustischen Wohnraumüberwachung (Artikel 13 Abs. 6 Satz 3 des Grundgesetzes) |
| § 54c | Bestimmung von Wahltag und Wahlzeit für die Wahlen zum Landtag |

**Dritter Abschnitt**
**Ordnung der Sitzungen**
**I. Sitzungen des Landtages**

| § 55 | Einberufung, Tagesordnung |
| § 56 | Reihenfolge der Beratungspunkte |
| § 57 | Abweichung von der Tagesordnung |
| § 58 | Leitung der Sitzung |
| § 59 | Erste Sitzung des Landtages |
| § 60 | Aussprache |
| § 61 | Reihenfolge der Redner |
| § 62 | Redendauer |
| § 63 | Freie Rede |
| § 64 | Sachruf |
| § 65 | Schluss der Aussprache |
| § 66 | Wortmeldungen zur Geschäftsordnung |
| § 67 | Persönliche Bemerkungen |
| § 68 | Erklärungen außerhalb der Tagesordnung |
| § 69 | Anwesenheit und Anhörung der Landesregierung |
| § 70 | Beschlussfähigkeit |
| § 71 | Zeitpunkt der Abstimmung |
| § 72 | Fragestellung |
| § 73 | Erforderliche Mehrheit |
| § 74 | Form der Abstimmung und Feststellung ihres Ergebnisses |
| § 75 | Abstimmung durch Namensaufruf und namentliche Abstimmung |
| § 75a | Koordinierte Abstimmung |
| § 76 | Erklärungen zur Abstimmung |
| § 77 | Wahlen |
| § 78 | Wahl der Mitglieder des Landesverfassungsgerichts |
| § 79 | Bekanntgabe des Ergebnisses |
| § 80 | Ordnungsruf und Ausschluss |
| § 81 | Ordnung im Sitzungssaal |
| § 82 | Stenografischer Bericht |
| § 83 | Prüfung der Reden |
| § 83a | Vorläufiger Stenografische Bericht |
| § 83b | Kurzbericht |

**II. Sitzungen der Ausschüsse und des Ältestenrates**

| § 84 | Einberufung, Tagesordnung |
| § 84a | Leitung der Sitzung |
| § 85 | Öffentlichkeit und Vertraulichkeit |
| § 86 | Teilnahme von Personen, die dem Ausschuss nicht angehören |
| § 86a | Beteiligung der Kommunalen Spitzenverbände |
| § 86b | Beteiligung von anderen Interessenvertretern |
| § 87 | Niederschriften |
| § 88 | Vertrauliche Unterlagen |
| § 89 | Ergänzende Vorschriften |
| § 90 | Sitzungen des Ältestenrates |

**Vierter Abschnitt**
**Auslegung und Änderung der Geschäftsordnung, sprachliche Gleichstellung**

| § 91 | Auslegung der Geschäftsordnung |
| § 92 | Abweichungen von der Geschäftsordnung |
| § 93 | Änderung der Geschäftsordnung |
| § 94 | Sprachliche Gleichstellung |

Anlage: Führung eines Lobbyregisters

*Erster Abschnitt*
**Der Landtag und seine Organisation**

**I. Mitglieder des Landtages**

**§ 1 Rechte und Pflichten der Mitglieder des Landtages**
(1) ¹Die Abgeordneten sind Vertreter des ganzen Volkes. ²Sie sind an Aufträge und Weisungen nicht gebunden und nur ihrem Gewissen unterworfen.
(2) Die Mitglieder des Landtages sind verpflichtet, an den Arbeiten des Landtages teilzunehmen.

**II. Fraktionen**

**§ 2 Bildung der Fraktionen**
(1) ¹Fraktionen sind Vereinigungen, zu denen sich Mitglieder des Landtages zusammenschließen können, die derselben Partei angehören oder von derselben Partei als Wahlbewerber aufgestellt worden sind, falls diese Partei mindestens den nach dem Wahlgesetz des Landes Sachsen-Anhalt erforderlichen Anteil an der Stimmenzahl erreicht hat. ²Jedes Mitglied des Landtages darf nur einer Fraktion angehören. ³Fraktionen können Gäste aufnehmen.

(2) (aufgehoben)
(3) ¹Die Bildung einer Fraktion, ihre Bezeichnung, die Namen der Vorsitzenden, Mitglieder und Gäste sowie die Satzung sind dem Präsidenten schriftlich mitzuteilen. ²Der Präsident soll die Führung einer Bezeichnung untersagen, die die durch die Fraktion verfolgten politischen Ziele nicht klar erkennen lässt oder eine Unterscheidung gegenüber anderen Fraktionen nicht gewährleistet.

### § 3 Berechnung der Fraktionsstärke
Für die Berechnung der Fraktionsstärken und der Höchstzahlen gelten Gäste als Fraktionsmitglieder.

## III. Präsident und Vizepräsidenten, Schriftführer

### § 4 Wahl des Präsidenten und der Vizepräsidenten
(1) Der Landtag wählt seinen Präsidenten und zwei Vizepräsidenten für die Dauer der Wahlperiode.
(2) ¹Die stärkste Fraktion schlägt ein Mitglied des Landtages für die Wahl zum Präsidenten vor. ²Die Fraktionen, auf die nach dem Höchstzahlverfahren die zweite und dritte Höchstzahl entfällt, schlagen je Höchstzahl ein Mitglied des Landtages für die Wahl zum Vizepräsidenten vor. ³§ 3 findet keine Anwendung. ⁴Die Fraktionen können eine andere Verteilung der Vorschlagsrechte vereinbaren.
(3) ¹Der Landtag wählt den Präsidenten und die Vizepräsidenten einzeln nacheinander mit Stimmzetteln. ²Wenn kein anwesendes Mitglied des Landtages widerspricht, kann durch Handzeichen und können beide Vizepräsidenten in einem Wahlgang gewählt werden.
(4) ¹Ein vorgeschlagenes Mitglied des Landtages ist gewählt, wenn es die Mehrheit der abgegebenen gültigen Stimmen erhält. ²Wird es nicht gewählt, so kann die vorschlagsberechtigte Fraktion ein anderes Mitglied des Landtages vorschlagen.
(5) Der Präsident und die Vizepräsidenten verlieren ihr Amt, wenn sie aus der Fraktion, die sie vorgeschlagen hat, ausscheiden.
(6) ¹Der Landtag kann den Präsidenten und die Vizepräsidenten auf Antrag der Mehrheit der Mitglieder des Landtages durch Beschluss abberufen. ²Der Landtag behandelt den Antrag ohne Ausschussüberweisung in einer Beratung. ³Über den Antrag darf frühestens drei Wochen nach seinem Eingang abgestimmt werden. ⁴Der Beschluss bedarf der Zustimmung von zwei Dritteln der Mitglieder des Landtages.

### § 5 Aufgaben des Präsidenten
(1) ¹Der Präsident vertritt das Land in Angelegenheiten des Landtages und regelt seine Geschäfte. ²Er wahrt die Würde und die Rechte des Landtages, fördert seine Arbeiten, leitet die Verhandlungen gerecht und unparteiisch und wahrt die Ordnung im Hause.
(2) ¹Dem Präsidenten stehen das Hausrecht und die Polizeigewalt in allen Gebäuden des Landtages zu. ²Er kann eine Hausordnung erlassen.
(3) ¹Der Präsident leitet die Verwaltung des Landtages. ²Über Verwaltungsangelegenheiten von erheblicher Bedeutung entscheidet er im Benehmen mit dem Ältestenrat.

### § 6 Vertretung des Präsidenten
¹Ist der Präsident verhindert, so tritt ein Vizepräsident an seine Stelle. ²Der Präsident vereinbart mit den Vizepräsidenten die Reihenfolge der Vertretung.

### § 7 Schriftführer
(1) ¹Der Landtag wählt auf der Grundlage eines gemeinsamen Vorschlags der Fraktionen zwölf Schriftführer für die Dauer der Wahlperiode. ²Kommt ein gemeinsamer Vorschlag der Fraktionen nicht zustande, so schlagen die Fraktionen, auf die nach dem Höchstzahlverfahren die vierte bis 15. Höchstzahl entfallen, je Höchstzahl ein Mitglied des Landtages vor. ³Im Übrigen gelten § 3 und § 4 Abs. 1 bis 6 entsprechend.
(2) ¹Die Schriftführer unterstützen den Präsidenten bei seiner Arbeit. ²Sie lesen insbesondere die Schriftstücke vor, beurkunden die Verhandlungen, führen die Rednerlisten, sammeln und zählen die Stimmzettel, überwachen die Korrektur der Plenarprotokolle und besorgen andere Angelegenheiten des Landtages nach den Weisungen des Präsidenten. ³Der Präsident verteilt die Geschäfte.

## § 8 Landtagsverwaltung

(1) ¹Die Landtagsverwaltung unterstützt den Präsidenten bei der Erfüllung seiner Verwaltungsaufgaben. ²Insbesondere bereitet sie die Sitzungen des Landtages und seiner Ausschüsse vor und nimmt für den Präsidenten Vorlagen (§ 18), Petitionen (§ 47) und andere an den Landtag gerichtete Schriftstücke (§ 54) entgegen.
(2) Der Direktor beim Landtag ist ständiger Vertreter des Präsidenten in der Verwaltung.

### IV. Ältestenrat

## § 9 Zusammensetzung des Ältestenrates

(1) ¹Mitglieder des Ältestenrates sind der Präsident, die Vizepräsidenten und 13 weitere Mitglieder des Landtages, die dem Präsidenten von den Fraktionen nach dem Rangmaßzahlverfahren schriftlich benannt werden. ²§ 3 und § 4 Abs. 2 Satz 4 gelten entsprechend. ³Der Präsident und die Vizepräsidenten haben beratende Stimme.
(2) Ist ein von einer Fraktion benanntes Mitglied des Ältestenrates verhindert, so wird es von einem von dieser Fraktion als Vertreter benannten anderen Mitglied des Landtages vertreten.
(3) Den Vorsitz im Ältestenrat führt der Präsident.

## § 10 Aufgaben des Ältestenrates

(1) ¹Der Ältestenrat unterstützt den Präsidenten in parlamentarischen Angelegenheiten. ²Er berät und beschließt insbesondere in Immunitäts- und Geschäftsordnungsangelegenheiten, über den Terminplan des Landtags und die Terminstruktur der Ausschusssitzungen, die sitzungsfreie Zeit und die Tagesordnung der Sitzungen des Landtages. ³Er beschließt über die Sitzordnung im Plenarsaal.
(2) ¹Der Ältestenrat unterstützt den Präsidenten auch in Angelegenheiten der Verwaltung des Landtages. ²Er wirkt insbesondere mit beim Entwurf des Haushaltsplanes für den Landtag, bei der Verfügung über die Räume im Landtagsgebäude, beim Erlass einer Hausordnung, in Angelegenheiten der Bibliothek, des Archivs und anderer Dokumentationen und bei der Verfügung über die Akten des Landtages.
(3) Für die Beratungen des Ältestenrates gelten § 14 Abs. 1 und § 29 entsprechend, sofern dem Ältestenrat Gegenstände zur Beratung überwiesen wurden.

### V. Ausschüsse

## § 11 Einsetzung der Ausschüsse

(1) Der Landtag bildet aus seiner Mitte die folgenden ständigen Ausschüsse:
1. Ausschuss für Inneres und Sport,
2. Ausschuss für Landesentwicklung und Verkehr,
3. Ausschuss für Ernährung, Landwirtschaft und Forsten,
4. Ausschuss für Umwelt,
5. Ausschuss für Bundes- und Europaangelegenheiten sowie Medien,
6. Ausschuss für Finanzen,
7. Ausschuss für Recht, Verfassung und Gleichstellung,
8. Ausschuss für Petitionen,
9. Ausschuss für Wissenschaft und Wirtschaft,
10. Ausschuss für Bildung und Kultur,
11. Ausschuss für Arbeit und Soziales.
(2) Der Landtag kann zeitweilige Ausschüsse einsetzen.
(3) Die Ausschüsse können Unterausschüsse einsetzen.

## § 12 Zusammensetzung der Ausschüsse

(1) ¹Die ständigen Ausschüsse haben 13 Mitglieder, soweit der Landtag nicht eine höhere Mitgliederzahl beschließt. ²Die Stärke eines zeitweiligen Ausschusses bestimmt der Landtag bei der Einsetzung.
(2) ¹Die Ausschussmitglieder und dieselbe Zahl von ständigen Stellvertretern werden dem Präsidenten von den Fraktionen schriftlich benannt. ²Jede Fraktion benennt so viele Mitglieder, wie sich nach dem Rangmaßzahlverfahren aus der Fraktionsstärke ergibt. ³§ 3 und § 9 Abs. 2 gelten entsprechend. ⁴Im

Übrigen ist die Stellvertretung durch andere Mitglieder der Fraktion im Einzelfall zulässig. [5]Sie ist dem Ausschussvorsitzenden mitzuteilen und in der Niederschrift zu vermerken.
(3) [1]Die Stärke ihrer Unterausschüsse bestimmen die Ausschüsse. [2]Für die Besetzung der Unterausschüsse gilt Absatz 2 entsprechend. [3]Jede Fraktion, die im Ausschuss vertreten ist, muss jedoch auf ihr Verlangen mindestens mit einem Mitglied im Unterausschuss vertreten sein. [4]Die Mitglieder eines Unterausschusses sollen dem übergeordneten Ausschuss angehören. [5]In Ausnahmefällen können die Fraktionen auch Mitglieder des Landtages benennen, die nicht dem Ausschuss angehören.

### § 13 Ausschussvorsitzende
(1) [1]Die Vorsitzenden der ständigen Ausschüsse werden dem Präsidenten von den Fraktionen schriftlich benannt. [2]Die Fraktionen bezeichnen im Ältestenrat nacheinander in der Reihenfolge der Rangmaßzahlen jeweils einen ständigen Ausschuss, für den sie den Vorsitzenden benennen wollen. [3]§ 3 gilt entsprechend.
(2) [1]Die Vorsitzenden der zeitweiligen Ausschüsse werden jeweils bei der Einsetzung von den Fraktionen in der Reihenfolge der Rangmaßzahlen benannt. [2]Dabei werden diese Ausschüsse für sich gezählt. [3]Im Übrigen gilt Absatz 1 entsprechend.
(3) [1]Der Landtag kann den Vorsitzenden eines Ausschusses abberufen. [2]§ 4 Abs. 6 Satz 1 bis 4 gilt entsprechend. [3]Der Abberufene darf von der berechtigten Fraktion nicht wieder als Vorsitzender benannt werden.
(4) [1]Für die Ausschüsse sind stellvertretende Vorsitzende in entsprechender Anwendung der Absätze 1 und 2 zu bestellen. [2]Der Vorsitzende und der stellvertretende Vorsitzende eines Ausschusses müssen verschiedenen Fraktionen angehören, wobei einer den die Landesregierung stützenden Fraktionen, der andere den Oppositionsfraktionen zuzurechnen sein soll. [3]Absatz 3 gilt entsprechend.
(5) Die Vorsitzenden und die stellvertretenden Vorsitzenden der Unterausschüsse werden vom übergeordneten Ausschuss bestimmt.

### § 14 Aufgaben der Ausschüsse
(1) [1]Die Ausschüsse bereiten die Beratung und die Beschlüsse des Landtages vor. [2]Die Ausschüsse sind zu baldiger Erledigung der ihnen überwiesenen Beratungsgegenstände verpflichtet. [3]Finanz- und Haushaltsvorlagen gelten als an den Ausschuss für Finanzen überwiesen. [4]Die Fachausschüsse sind auf ihr Verlangen zu hören.
(2) [1]Fünf Monate nach Überweisung eines Beratungsgegenstandes können eine Fraktion oder acht Mitglieder des Landtages verlangen, dass der Ausschuss durch den Vorsitzenden oder Berichterstatter dem Landtag einen Bericht über den Stand der Beratungen erstattet. [2]Wenn sie es verlangen, ist der Bericht auf die Tagesordnung des Landtages zu setzen.
(3) [1]Die Ausschüsse können sich auch ohne besonderen Auftrag des Landtages mit Fragen befassen, die sich auf ihren Geschäftsbereich beziehen. [2]Dazu ist der Antrag eines Mitgliedes des Ausschusses oder einer Fraktion erforderlich; der Antrag soll den Beratungsgegenstand konkret bezeichnen und schriftlich begründet werden. [3]Über den Antrag entscheidet der Ausschuss. [4]Die Beratung kann in der gleichen Sitzung stattfinden, in der der Antrag gestellt worden ist, es sei denn, eine Fraktion widerspricht. [5]Eine Entscheidung in der Sache findet jedoch nicht statt; eine Beratung nach Satz 1 kann im Ausschuss nicht zu selbständigen Vorlagen nach § 18 Abs. 1 führen. [6]Besondere Rechte einzelner Ausschüsse, die in dieser Geschäftsordnung verankert sind, werden hierdurch nicht berührt. [7]Die Sätze 1 bis 3 gelten nicht für Verhandlungsgegenstände, die bereits anderen Ausschüssen überwiesen worden sind.
(4) [1]Die Unterausschüsse bereiten die Beratungen und Beschlüsse der übergeordneten Ausschüsse vor. [2]Sie dürfen sich nur mit den Beratungsgegenständen befassen, die ihnen die übergeordneten Ausschüsse überwiesen haben.

### § 15 Wahlprüfungsausschuss
(1) Die Mitglieder des Ausschusses für Recht, Verfassung und Gleichstellung sind zugleich Mitglieder des Wahlprüfungsausschusses.
(2) Die Wahl des Vorsitzenden und dessen Vertreter sowie das Verfahren im Ausschuss regeln sich nach dem Wahlprüfungsgesetz.

### VI. Ausschüsse eigener Art

### § 16 Parlamentarische Untersuchungsausschüsse

(1) [1]Der Landtag hat das Recht und auf Antrag von mindestens einem Viertel seiner Mitglieder die Pflicht, Untersuchungsausschüsse einzusetzen. [2]§ 37 gilt mit der Maßgabe entsprechend, dass die Einsetzung nur auf der Grundlage eines selbständigen Antrages aus der Mitte des Hauses statthaft ist.

(2) Die Einsetzung und das Verfahren bestimmen sich nach der Landesverfassung und dem Untersuchungsausschussgesetz.

### § 17 Enquete-Kommissionen

(1) [1]Der Landtag hat das Recht und auf Antrag von mindestens einem Viertel seiner Mitglieder die Pflicht, zur Vorbereitung von Entscheidungen über umfangreiche oder bedeutsame Sachkomplexe Enquete-Kommissionen einzusetzen. [2]Der Antrag muss den Auftrag der Kommission und den Zeitpunkt festlegen, bis zu welchem die Kommission ihren Bericht vorlegen soll. [3]Im Übrigen gilt § 37 mit der Maßgabe entsprechend, dass die Einsetzung nur auf der Grundlage eines selbständigen Antrages aus der Mitte des Hauses statthaft ist.

(2) [1]Der Enquete-Kommission gehören 13 Mitglieder des Landtages an. [2]§ 12 Abs. 2 gilt entsprechend. [3]Jede Fraktion kann bis zu zwei ständige Ersatzmitglieder benennen. [4]Abweichende Vereinbarungen der Fraktionen sind zulässig.

(3) [1]Der Enquete-Kommission gehören als Sachverständige auch Mitglieder an, die nicht Mitglied des Landtages sind. [2]Jede Fraktion benennt dem Präsidenten einen Sachverständigen. [3]Mit der Einsetzung kann anderes beschlossen werden.

(4) Die Mitglieder der Enquete-Kommission werden durch den Präsidenten berufen.

(5) [1]Der Vorsitzende und der stellvertretende Vorsitzende müssen Mitglied des Landtages sein. [2]§ 13 Abs. 1, 3 und 4 gilt entsprechend. [3]Mitglieder der Kommission, die nicht Mitglied des Landtages sind, haben beratende Stimme.

(6) [1]Die Enquete-Kommission erstattet dem Landtag einen schriftlichen Bericht bis zum im Einsetzungsbeschluss festgelegten Zeitpunkt, spätestens jedoch bis zum Ende der Wahlperiode. [2]Jedes Mitglied kann seine abweichende Meinung darlegen. [3]Seine Stellungnahme ist dem Bericht anzufügen. [4]Sofern ein abschließender Bericht nicht erstattet werden kann, ist rechtzeitig ein Zwischenbericht vorzulegen, auf dessen Grundlage der Landtag entscheidet, ob die Enquete-Kommission ihre Arbeit fortsetzen oder einstellen soll. [5]Der Landtag kann jederzeit einen Bericht über den Stand des Verfahrens verlangen.

(7) Im Übrigen gelten die Bestimmungen über die ständigen Ausschüsse entsprechend, sofern der Landtag oder die Kommission nichts anderes beschließt.

### § 17a Parlamentarische Kontrollkommission

(1) [1]Die Landesregierung unterliegt auf dem Gebiet des Verfassungsschutzes der Kontrolle durch den Landtag. [2]Diese Aufgabe nimmt die Parlamentarische Kontrollkommission als Ausschuss des Landtages wahr.

(2) Zusammensetzung und Wahl der Parlamentarischen Kontrollkommission bestimmen sich nach dem Verfassungsschutzgesetz.

*Zweiter Abschnitt*
**Gegenstände der Beratung**

### I. Allgemeine Vorschriften

### § 18 Vorlagen

(1) Folgende Vorlagen können Gegenstand der Verhandlungen des Landtages sein (selbständige Vorlagen):
1. Gesetzentwürfe,
2. Volksinitiativen,
3. selbständige Anträge,
4. Anträge auf Durchführung einer Aktuellen Debatte,
5. schriftliche Wahlvorschläge,
6. Große Anfragen und die hierauf gegebenen Antworten der Landesregierung,

7. Berichte und Beschlussempfehlungen über Petitionen,
8. Beschlussempfehlungen in Immunitäts-, Geschäftsordnungs- und Wahlprüfungsangelegenheiten,
9. Beschlussempfehlungen des Ausschusses für Recht, Verfassung und Gleichstellung in verfassungsgerichtlichen Verfahren,
10. Anträge nach Artikel 72 und 73 der Landesverfassung,
11. Berichte und Beschlussempfehlungen nach § 40 Abs. 3, § 54 Abs. 2 und § 54a Abs. 3,
12. Berichte und Beschlussempfehlungen von Untersuchungsausschüssen,
13. Berichte von Enquete-Kommissionen,
14. Zwischenberichte der Ausschüsse,
15. Berichterstattungsverlangen nach § 14 Abs. 2,
16. Vorschlag des Präsidenten nach § 54c.

(2) Vorlagen zu Verhandlungsgegenständen (unselbständige Vorlagen) sind insbesondere:
1. Beschlussempfehlungen und Berichte der Ausschüsse,
2. Änderungs- und Entschließungsanträge zu Gesetzentwürfen,
3. Änderungs- und Entschließungsanträge zu anderen selbständigen Vorlagen,
4. Alternativanträge zu Anträgen nach § 37.

## § 19 Behandlung der Vorlagen

(1) [1]Vorlagen werden als Landtagsdrucksachen an alle Mitglieder des Landtages und an die Landesregierung verteilt sowie in einem eingeschränkt zugänglichen netzgestützten Informationsangebot des Landtages bereitgestellt. [2]Gleiches gilt für Kleine Anfragen zur schriftlichen Beantwortung und die hierauf gegebenen Antworten der Landesregierung (§ 44) sowie für Kleine Anfragen für die Fragestunde (§ 45).

(2) [1]Landtagsdrucksachen gelten als verteilt, wenn sie den Mitgliedern des Landtages in ihre Fächer gelegt, zur Post gegeben, bei Fraktionssitzungen den Fraktionen zur Verteilung übergeben oder in Sitzungen des Landtages den Mitgliedern des Landtages vor Schluss der Sitzung auf ihren Platz gelegt worden sind. [2]Soweit Mitglieder des Landtages auf die Übermittlung von Landtagsdrucksachen in Papierform verzichtet haben, gelten Landtagsdrucksachen mit der Bereitstellung im eingeschränkt zugänglichen netzgestützten Informationsangebot des Landtages als verteilt. [3]Kann eine Bereitstellung nicht oder nicht vollständig erfolgen, so ist dies im Informationsangebot zu vermerken. [4]Als Tag der Verteilung gilt der Tag der Ausgabe der Landtagsdrucksache in Papierform.

(3) Landtagsdrucksachen gelten auch dann als verteilt, wenn einzelne Mitglieder des Landtages infolge höherer Gewalt, technischer Schwierigkeiten oder aus zufälligen Gründen oder wegen vorübergehender Abwesenheit erst nach der allgemeinen Verteilung Kenntnis erlangen.

(4) [1]Die Landtagsdrucksachen werden durch die Bereitstellung im allgemein zugänglichen Informationsangebot des Landtages veröffentlicht. [2]Die Bereitstellung kann teilweise oder vollständig unterbleiben, sofern Bestimmungen dieser Geschäftsordnung oder Belange des Daten- oder des Geheimschutzes entgegenstehen. [3]Unterbleibt die Bereitstellung, so ist dies im Informationsangebot zu vermerken. [4]Druckstücke werden gegen Erstattung der Kosten abgegeben.

## § 20 Unzulässige Vorlagen

[1]Vorlagen, die gegen diese Geschäftsordnung oder gegen Formvorschriften der Verfassung oder anderer Gesetze verstoßen, hat der Präsident, sofern der Mangel nicht behoben wird, zurückzuweisen. [2]Gegen die Zurückweisung können die Antragsteller beim Präsidenten schriftlich Einspruch einlegen. [3]Über den Einspruch berät der Ältestenrat. [4]Er legt dem Landtag eine Beschlussempfehlung vor. [5]Dieser entscheidet in einer Beratung.

## § 21 Unerledigte Beratungsgegenstände

[1]Sind Vorlagen am Ende der Wahlperiode nicht abschließend behandelt, so gelten sie als erledigt. [2]Volksinitiative, Volksbegehren, Petitionen, Haushaltsrechnungen und Anträge der Landesregierung auf Entlastung werden in die nächste Wahlperiode übernommen.

## § 22 Geheimschutzordnung

Der Präsident wird ermächtigt, im Einvernehmen mit dem Ältestenrat eine Geheimschutzordnung des Landtages zu erlassen.

## II. Gesetzentwürfe

### § 23 Einbringung von Gesetzentwürfen
(1) Gesetzentwürfe können von der Landesregierung, von einer Fraktion, von mindestens acht Mitgliedern des Landtages oder durch Volksbegehren eingebracht werden.
(2) ¹Gesetzentwürfe sind beim Präsidenten schriftlich einzureichen. ²Sie müssen schriftlich begründet sein. ³Gesetzentwürfe einer Fraktion müssen von ihrem Vorsitzenden oder einem seiner Stellvertreter oder dem parlamentarischen Geschäftsführer der Fraktion, Gesetzentwürfe von acht oder mehr Mitgliedern des Landtages müssen von diesen unterschrieben sein.
(2a) ¹Ein auf elektronischem Weg an den Präsidenten übermittelter Gesetzentwurf gilt als eingereicht, wenn der Absender aufgrund eines Sicherungssystems zweifeisfrei identifiziert werden kann. ²Das Dokument nach Absatz 2 ist unverzüglich nachzureichen.
(3) Führt ein Gesetzentwurf zu Mehrausgaben oder Mindereinnahmen, so muss er Angaben über deren Höhe und Deckung enthalten.

### § 24 Einbringung von Änderungs- und Entschließungsanträgen zu Gesetzentwürfen
(1) ¹Anträge auf Änderung eines Gesetzentwurfs können bis zum Schluss der Aussprache in der letzten Beratung gestellt werden. ²Gleiches gilt für Anträge auf Annahme von Entschließungen, die der Sache nach zu einem Gesetzentwurf gehören.
(2) ¹Die Anträge müssen schriftlich abgefasst sein. ²Sie können auf elektronischem Weg übermittelt werden, wenn der Absender aufgrund eines Sicherungssystems zweifelsfrei identifiziert werden kann. ³Sie sind beim Präsidenten einzureichen oder in der Landtagssitzung dem Sitzungsvorstand zu übergeben. ⁴Sie müssen von einer Fraktion oder mindestens acht Mitgliedern des Landtages unterstützt sein.
(2a) Führen die Anträge zu Mehrausgaben oder Mindereinnahmen, so müssen sie Angaben über deren Höhe und Deckung enthalten.
(3) Werden Anträge schon vor ihrer Verteilung (§ 19) beraten, so sind sie zu verlesen.

### § 25 Anzahl der Beratungen
¹Der Landtag behandelt Gesetzentwürfe in zwei Beratungen. ²Gesetzentwürfe zur Änderung der Verfassung behandelt er in drei Beratungen. ³Drei Beratungen finden auch statt, wenn der Landtag dies beschließt oder der Gesetzentwurf am Schluss der zweiten Beratung wieder an einen Ausschuss überwiesen wird.

### § 26 Beginn der ersten Beratung
(1) ¹Die erste Beratung beginnt frühestens am dritten Tag nach Verteilung des Gesetzentwurfs. ²Sie kann früher beginnen, wenn nicht eine Fraktion oder acht Mitglieder des Landtages widersprechen.
(2) ¹Die erste Beratung muss innerhalb von sechs Wochen nach Verteilung des Gesetzentwurfs beginnen. ²Die Frist ist während der sitzungsfreien Zeit gehemmt. ³Sie kann mit Zustimmung der Antragsteller überschritten werden.

### § 27 Verlauf der ersten Beratung
(1) ¹In der ersten Beratung werden nach der Einbringung in der Regel nur die Grundzüge des Gesetzentwurfs besprochen. ²Wird ein Volksbegehren behandelt, so ist einer der Vertrauenspersonen zur Einbringung des Gesetzentwurfs das Wort zu erteilen.
(2) Der Landtag kann auf eine Aussprache verzichten, wenn nicht eine Fraktion oder ein anwesendes Mitglied des Landtages widerspricht.

### § 28 Abschluss der ersten Beratung
(1) ¹Am Ende der ersten Beratung kann der Landtag den Gesetzentwurf an einen Ausschuss oder an mehrere Ausschüsse überweisen. ²Es wird nur über die Ausschussüberweisung abgestimmt. ³Änderungsanträge zu dem Gesetzentwurf gelten als mitüberwiesen.
(2) ¹Eine Überweisung gilt als beschlossen, wenn mindestens 24 Mitglieder des Landtages dafür stimmen. ²Der Landtag beschließt jedoch mit Mehrheit darüber, welcher Ausschuss den Gesetzentwurf behandeln soll. ³Bestimmt der Landtag keinen Ausschuss, so entscheidet der Präsident.
(3) ¹Gesetzentwürfe, die zu Mehrausgaben oder Mindereinnahmen führen, gelten stets auch als an den Ausschuss für Finanzen überwiesen, sofern der Landtag im Einzelfall nichts anderes beschließt. ²Wird erst nach Abschluss der ersten Beratung bekannt, dass Gesetzentwürfe zu Mehrausgaben und Min-

dereinnahmen führen, kann aus der Mitte des Landtages beim Präsidenten beantragt werden, diese Gesetzentwürfe nachträglich auch an den Ausschuss für Finanzen zur Mitberatung zu überweisen.
(4) [1]Ist ein Gesetzentwurf mehreren Ausschüssen überwiesen worden, so ist ein Ausschuss zum federführenden Ausschuss zu bestimmen. [2]Absatz 2 Satz 3 gilt entsprechend.

## § 29 Ausschussberatung

(1) [1]Der Ausschuss, dem ein Gesetzentwurf überwiesen wurde, berät ihn und legt dem Landtag eine Beschlussempfehlung vor. [2]Darin empfiehlt er, den Gesetzentwurf unverändert oder mit bestimmten Änderungen anzunehmen, ihn abzulehnen oder ihn für erledigt zu erklären. [3]Der Grund der Erledigung ist anzugeben. [4]Wird der Erledigungserklärung im Ausschuss widersprochen, ist über den Gesetzentwurf abzustimmen und dem Landtag eine Beschlussempfehlung in der Sache (Annahme ggf. mit Änderungen oder Ablehnung) zuzuleiten. [5]Einer Erledigungserklärung kann durch die Antragsteller, eine Fraktion oder acht anwesende Abgeordnete bis zur Schlussabstimmung durch den Landtag widersprochen werden. [6]Der Landtag beschließt sodann über den Gesetzentwurf oder überweist ihn wieder an einen Ausschuss. [7]Der Ausschuss kann auch eine Entschließung zu dem Gesetzentwurf empfehlen.
(1a) [1]Die Beschlussempfehlung ist schriftlich abzufassen und vom Ausschussvorsitzenden zu unterzeichnen. [2]Sie kann auf elektronischem Weg übermittelt werden, wenn der Absender aufgrund eines Sicherungssystems zweifelsfrei identifiziert werden kann. [3]Das Dokument nach Satz 1 ist unverzüglich nachzureichen.
(1b) Wird durch den Ausschuss ein Volksbegehren behandelt, so sind die Vertrauenspersonen anzuhören.
(2) [1]Der Ausschuss bestimmt aus seiner Mitte einen oder mehrere Berichterstatter. [2]Der Berichterstatter hat in seinem Bericht die wesentlichen Gesichtspunkte einschließlich der Ansichten der Minderheiten, die in der Ausschussberatung zur Sprache kamen, wiederzugeben. [3]Der Bericht wird in der Regel mündlich erstattet. [4]Der Ausschuss oder der Landtag kann beschließen, dass die mündliche Berichterstattung durch einen schriftlichen Bericht ersetzt oder ergänzt wird.
(3) [1]Werden andere Gesetzentwürfe als Haushaltsvorlagen nach Absatz 4 an mehrere Ausschüsse zur Beratung überwiesen, so hat der federführende Ausschuss den mitberatenden Ausschüssen vor der Abgabe einer Beschlussempfehlung an den Landtag Gelegenheit zur Stellungnahme zu geben. [2]Hierzu übermittelt er den mitberatenden Ausschüssen eine vorläufige Beschlussempfehlung. [3]Nach Ablauf von vier Kalenderwochen nach Verabschiedung der vorläufigen Beschlussempfehlung kann der federführende Ausschuss seine Beschlussempfehlung an den Landtag beschließen, auch wenn ihm keine Stellungnahme des mitberatenden Ausschusses vorliegt, es sei denn, zwischen den Ausschüssen wird anderes vereinbart. [4]Der Lauf der Frist ist innerhalb der sitzungsfreien Zeit gehemmt. [5]Über den Ablauf des Mitberatungsverfahrens ist der Landtag zu unterrichten. [6]In seiner Berichterstattung hat der federführende Ausschuss auch darzulegen, ob und aus welchen Gründen er von einer Stellungnahme eines mitberatenden Ausschusses abgewichen ist. [7]Im Übrigen kann der Ausschuss für Finanzen zu Entwürfen für Gesetze, deren Verabschiedung erhebliche Auswirkungen auf die Abwicklung des laufenden Haushalts oder die Planungen für künftige Haushaltsjahre haben würde, dem Landtag selbständig über die Vereinbarkeit mit dem laufenden oder mit künftigen Haushalten Bericht erstatten und einen Beschluss empfehlen.
(4) [1]Haushaltsvorlagen sind der Entwurf des Haushaltsgesetzes und des Haushaltsplanes, Änderungsvorlagen zu diesen Entwürfen (Ergänzungsvorlagen), Vorlagen zur Änderung des Haushaltsgesetzes und des Haushaltsplanes (Nachtragshaushaltsvorlagen) sowie alle sonstigen den Haushalt betreffenden Vorlagen. [2]Sie sind an den Ausschuss für Finanzen zur federführenden Beratung sowie an die übrigen Fachausschüsse nach § 11 Abs. 1 zur Mitberatung zu überweisen. [3]Der Ausschuss für Finanzen legt dem Landtag die Beschlussempfehlung vor und bestimmt den Berichterstatter. [4]Die mitberatenden Ausschüsse richten ihre Beschlussempfehlungen an den Ausschuss für Finanzen. [5]Weicht dieser in seiner Beschlussempfehlung an den Landtag von der Empfehlung eines mitberatenden Ausschusses ab, so ist im Bericht darauf hinzuweisen.
(5) Der Ausschuss, dem ein Gesetzentwurf überwiesen wurde, kann zu einzelnen Fragen auch eine Stellungnahme anderer Ausschüsse einholen.

### § 30 Beginn der zweiten Beratung
¹Die zweite Beratung beginnt frühestens am dritten Tag nach Schluss der ersten Beratung. ²Ist der Gesetzentwurf einem Ausschuss überwiesen worden, so beginnt die zweite Beratung frühestens am zweiten Tag nach Verteilung der Beschlussempfehlung. ³Sie kann früher beginnen, wenn nicht eine Fraktion oder acht Mitglieder des Landtages widersprechen.

### § 31 Verlauf der zweiten Beratung
(1) ¹In der zweiten Beratung wird der Gesetzentwurf in allgemeiner Aussprache behandelt. ²Auf Empfehlung des Ältestenrates oder aufgrund einer Absprache der Fraktionen, die spätestens am Tage vor der Sitzung zustande kommen muss, kann der Gesetzentwurf in Einzelberatung behandelt werden.
(2) Zu Beginn der zweiten Beratung erhält der Berichterstatter des Ausschusses das Wort.
(3) ¹Findet eine Einzelberatung statt, wird zunächst eine allgemeine Aussprache durchgeführt. ²Danach werden der Reihe nach alle selbständigen Bestimmungen des Gesetzes (Artikel, Paragrafen), am Schluss der Abschnitte die Abschnittsüberschriften und zuletzt die Gesetzesüberschrift behandelt. ³Wenn es sachdienlich ist, kann von der Reihenfolge des Gesetzentwurfs abgewichen werden und können mehrere Bestimmungen zusammen oder Teile einzelner Bestimmungen getrennt behandelt werden oder auf die Behandlung von Teilen des Gesetzentwurfs verzichtet werden.
(4) Wird ein Volksbegehren behandelt, ist einer der Vertrauenspersonen in der Aussprache das Wort zu erteilen.

### § 32 Änderungen in der zweiten Beratung
(1) ¹Findet eine Einzelberatung nach § 31 Abs. 3 statt, so ist über Änderungen zu dem Gesetzentwurf jeweils nach der Beratung zu einem Teil des Gesetzentwurfs, zu dem ein Änderungsantrag oder ein Änderungsvorschlag in der Beschlussempfehlung vorliegt, oder nach Abschluss der Einzelberatung des Gesetzentwurfs einzeln abzustimmen.
(2) ¹Findet eine Behandlung in allgemeiner Aussprache statt, so wird über den Gesetzentwurf in einem Abstimmungsvorgang abgestimmt, dessen Verlauf sich nach § 31 Abs. 3 Satz 1 und 2 richtet. ²Die Abstimmung über die Teile der Beschlussempfehlung kann zusammengefasst werden, soweit nicht Änderungsanträge vorliegen oder ein anwesendes Mitglied des Landtages getrennte Abstimmung verlangt.
(3) Der Landtag kann einen Änderungsantrag, statt über seine Annahme oder Ablehnung abzustimmen, an einen Ausschuss überweisen.
(4) ¹Liegen mehrere sich gegenseitig ausschließende Änderungsanträge vor, so sind Anträge, die sich von dem Gesetzentwurf weiter entfernen, vor den weniger weitgehenden Anträgen zu behandeln. ²Ist diese Unterscheidung nicht zweifelsfrei möglich oder strittig, so gilt der zuerst eingereichte Antrag als weitergehender Antrag. ³Wird ein weitergehender Antrag angenommen, so ist ein weniger weitgehender Antrag damit abgelehnt. ⁴Wird ein weitergehender Antrag an einen Ausschuss überwiesen, so ist auch ein weniger weitgehender Antrag überwiesen.
(5) Änderungsvorschläge in Beschlussempfehlungen werden wie Änderungsanträge behandelt.

### § 33 Abschluss der zweiten Beratung
(1) ¹Am Ende der zweiten Beratung kann der Landtag den Gesetzentwurf ganz oder teilweise wieder an einen Ausschuss überweisen. ²Hat der Landtag in der zweiten Beratung nicht über beantragte Änderungen entschieden, so gelten auch die Änderungsanträge sowie die Beschlussempfehlung als an den Ausschuss überwiesen. ³Hat der Landtag lediglich einen Änderungsantrag an einen Ausschuss überwiesen, so ist insoweit auch der Gesetzentwurf an den Ausschuss überwiesen. ⁴Für die nochmalige Ausschussberatung gilt § 29 entsprechend.
(2) ¹Findet keine dritte Beratung statt, so stimmt der Landtag in zweiter Beratung auch darüber ab, ob der ganze Gesetzentwurf mit den Änderungen, die in der zweiten Beratung beschlossen wurden, angenommen werden soll, (Schlussabstimmung). ²Ist in der Beschlussempfehlung vorgeschlagen worden, den Gesetzentwurf für erledigt zu erklären, so ist zunächst über diese Empfehlung abzustimmen. ³Sind Änderungen, die nicht in der Beschlussempfehlung vorgesehen waren, beschlossen worden, so kann der Präsident die Schlussabstimmung bis zur Verteilung der in der zweiten Beratung beschlossenen Fassung aussetzen.

### § 34 Dritte Beratung

(1) [1]Die dritte Beratung beginnt frühestens am zweiten Tag nach Schluss der zweiten Beratung. [2]Ist der Gesetzentwurf in der zweiten Beratung einem Ausschuss überwiesen worden, so beginnt die dritte Beratung frühestens am zweiten Tag nach Verteilung der neuen Beschlussempfehlung. [3]Sie kann früher beginnen, wenn nicht eine Fraktion oder acht Mitglieder des Landtages widersprechen.

(2) [1]In der dritten Beratung wird der Gesetzentwurf nochmals einzeln behandelt. [2]Wurde er in der zweiten Beratung geändert, so wird die geänderte Fassung der dritten Beratung zugrunde gelegt. [3]Die geänderte Fassung ist als Landtagsdrucksache zu verteilen.

(3) [1]In der dritten Beratung werden nur die Änderungsanträge zu dem Gesetzentwurf behandelt, die nach Schluss der zweiten Beratung eingebracht worden sind. [2]Anträge, die in der zweiten Beratung nicht angenommen wurden, dürfen neu gestellt werden.

(4) [1]Im Übrigen gelten die Vorschriften über die zweite Beratung (§§ 31 bis 33) entsprechend. [2]Eine Ausschussüberweisung findet nicht statt.

### § 35 Behandlung von Entschließungsanträgen zu Gesetzentwürfen

[1]Über Entschließungen zu Gesetzentwürfen (§ 24 Abs. 1 Satz 2, § 29 Abs. 1 Satz 4) beschließt der Landtag nach der Schlussabstimmung über den Gesetzentwurf. [2]§ 39 gilt entsprechend.

### § 36 Ausfertigung und Verkündung

(1) Die verfassungsmäßig beschlossenen Gesetze werden vom Präsidenten des Landtages nach Gegenzeichnung des Ministerpräsidenten und des zuständigen Fachministers ausgefertigt und binnen Monatsfrist im Gesetz- und Verordnungsblatt verkündet.

(2) [1]Der Präsident stellt den Wortlaut eines vom Landtag beschlossenen Gesetzes fest und übersendet es der Landesregierung zur Erstellung der Gesetzesurschrift. [2]Hierbei kann er offenbare Unrichtigkeiten beseitigen. [3]Soweit dies infolge von Streichungen oder Einfügungen erforderlich geworden ist, kann er auch die Nummern von Paragrafen oder anderen Teilen des Gesetzes ändern.

## III. Entschließungen, Zustimmungen und andere Beschlüsse

### § 37 Einbringung

(1) Selbständige Anträge, mit denen der Landtag um eine Entschließung, eine Zustimmung oder um einen sonstigen, nicht besonders geregelten Beschluss gebeten wird, können von der Landesregierung, von einer Fraktion oder von mindestens acht Mitgliedern des Landtages eingebracht werden.

(2) [1]Anträge nach Absatz 1 sind beim Präsidenten schriftlich einzureichen. [2]Sie müssen schriftlich begründet sein. [3]Anträge einer Fraktion müssen von ihrem Vorsitzenden oder einem seiner Stellvertreter oder dem parlamentarischen Geschäftsführer der Fraktion, Anträge von acht oder mehr Mitgliedern des Landtages müssen von diesen selbst unterschrieben sein.

(2a) [1]Ein auf elektronischem Weg dem Präsidenten übermittelter Antrag gilt als eingereicht, wenn der Absender aufgrund eines Sicherungssystems zweifelsfrei identifiziert werden kann. [2]Das Dokument nach Absatz 2 ist unverzüglich nachzureichen.

(3) Führen Anträge zu Mehrausgaben oder Mindereinnahmen, so müssen sie Angaben über deren Höhe und Deckung enthalten.

(4) [1]Änderungsanträge, die den Gegenstand des Antrages nach Absatz 1 auswechseln, sind unzulässig. [2]Im Übrigen gilt § 24 entsprechend.

(5) [1]Alternativanträge zu Anträgen nach Absatz 1 können bis zur Eröffnung der Sitzung des Landtages gestellt werden, in der der Antrag behandelt werden soll; sie sind schriftlich abzufassen. [2]Eine gesonderte Einbringung erfolgt nicht. [3]Über Alternativanträge ist nach der Ablehnung von Anträgen nach Absatz 1 abzustimmen; § 32 Abs. 4 gilt entsprechend.

### § 38 Beratung

(1) [1]Der Landtag behandelt die Anträge grundsätzlich in einer Beratung. [2]Für den Beginn der Beratung gilt § 26, für deren weiteren Verlauf gelten die §§ 31 bis 33 und 35 entsprechend. [3]Wird ein Antrag am Schluss der Beratung an einen Ausschuss überwiesen, so findet eine nochmalige Beratung in entsprechender Anwendung des § 34 statt; Änderungs- und Alternativanträge gelten als mitüberwiesen. [4]Die Ausschüsse können eine Beratung in vereinfachtem Verfahren nach Absatz 3 empfehlen, sofern

die Einbringer nicht innerhalb von sieben Tagen widersprechen. ⁵Für die Ausschussberatung gilt § 29 entsprechend.
(2) ¹Auf Verlangen überweist der Präsident die Anträge unmittelbar an die Ausschüsse. ²Die Ausschussüberweisung gilt als beschlossen, wenn nicht innerhalb von sieben Tagen nach Verteilung der Unterrichtung durch die Einbringer, eine Fraktion oder acht Mitglieder des Landtages Widerspruch erhoben wird. ³Der Präsident bestimmt, durch welchen Ausschuss die Anträge zu behandeln sind. ⁴Werden die Anträge in mehrere Ausschüsse überwiesen, ist ein federführender Ausschuss zu bestimmen.
(3) ¹Beschlussempfehlungen zu Anträgen nach Absatz 1 können durch den Ältestenrat im Einvernehmen mit den Fraktionen in einer Drucksache zusammengefasst und zur Abstimmung gebracht werden. ²Die Ausschüsse geben in ihren Beschlussempfehlungen an, ob sie dieses Abstimmungsverfahren empfehlen. ³Der Landtag entscheidet ohne Aussprache.

### § 39 Beschlüsse

(1) ¹Beschlüsse, die der Landtag über Anträge nach § 37 gefasst hat, teilt der Präsident der Landesregierung mit. ²Sie werden außerdem als Landtagsdrucksachen verteilt. ³Die Verteilung kann unterbleiben, wenn der Beschluss nur die Zustimmung zu einer Maßnahme der Landesregierung oder die Ablehnung eines Antrages enthält. ⁴§ 36 Abs. 2 Satz 2 gilt entsprechend.
(2) ¹Enthält ein Beschluss eine Aufforderung an die Landesregierung, so teilt diese dem Landtag innerhalb von zwei Monaten nach seiner Ausgabe als Drucksache schriftlich mit, wie sie auf den Beschluss veranlasst hat. ²Der Landtag kann eine andere Frist bestimmen. ³Die Sätze 1 und 2 gelten auch für Beschlüsse, die in vorhergehenden Wahlperioden gefasst wurden. ⁴Die Mitteilung wird als Landtagsdrucksache verteilt.
(3) ¹Mitglieder des Landtages können innerhalb eines Monats nach Verteilung der Mitteilung beanstanden, dass sie den Beschluss nicht oder nicht vollständig erledige. ²Hat die Landesregierung eine Frist nach Absatz 2 Satz 1 und 2 nicht eingehalten, so können Mitglieder des Landtages auch dieses beanstanden.
(4) ¹Die Beanstandungen sind beim Präsidenten einzureichen. ²Dieser übermittelt sie der Landesregierung zur schriftlichen Beantwortung. ³Die Antwort der Landesregierung wird dem Unterzeichner bekannt gegeben. ⁴Sie wird im Landtag besprochen, wenn es eine Fraktion oder acht Mitglieder des Landtages binnen einer Woche nach Bekanntgabe schriftlich verlangen. ⁵Antwortet die Landesregierung nicht innerhalb eines Monats, so können eine Fraktion oder acht Mitglieder des Landtages schriftlich verlangen, dass die Angelegenheit im Landtag erörtert wird.

### IIIa. Behandlung von Volksinitiativen

### § 39a Behandlung angenommener Volksinitiativen, die einen Gesetzentwurf zum Inhalt haben

(1) Angenommene Volksinitiativen, die einen Gesetzentwurf zum Inhalt haben, sind durch den Landtag innerhalb von sechs Monaten nach der Bekanntmachung gemäß § 7 Abs. 2 Satz 1 des Volksabstimmungsgesetzes abschließend zu behandeln.
(2) ¹Volksinitiativen nach Absatz 1 behandelt der Landtag in erster Beratung, in der einer der Vertrauenspersonen das Wort zu erteilen ist. ²Mit Abschluss der ersten Beratung gilt die Volksinitiative als an einen Ausschuss überwiesen. ³Der Landtag entscheidet mit Mehrheit, an welchen Ausschuss die Volksinitiative als überwiesen gilt. ⁴Überweist er die Volksinitiative an mehrere Ausschüsse, ist ein federführender Ausschuss zu bestimmen. ⁵Bestimmt der Landtag keinen Ausschuss, so entscheidet der Präsident.
(3) ¹Der Ausschuss berät über die Volksinitiative ²Er hört die Vertrauenspersonen der Volksinitiative an und kann Empfehlungen der für den Gegenstand der Volksinitiative sachlich mitzuständigen Ausschüsse sowie Gutachten von Sachverständigen einholen. ³Der Ausschuss schließt seine Beratungen mit einer Beschlussempfehlung ab; § 29 Abs. 3 gilt entsprechend. ⁴Die Beschlussempfehlung ist durch den Landtag zu behandeln. ⁵Eine Vertrauensperson ist in der Aussprache anzuhören.

### § 39b Behandlung angenommener Volksinitiativen, die keinen Gesetzentwurf zum Inhalt haben

(1) Angenommene Volksinitiativen, die keinen Gesetzentwurf zum Inhalt haben, sind durch den Landtag innerhalb von vier Monaten nach der Bekanntmachung gemäß § 7 Abs. 2 Satz 1 des Volksabstimmungsgesetzes abschließend zu behandeln.

(2) ¹Volksinitiativen nach Absatz 1 behandelt der Landtag in erster Beratung, in der einer der Vertrauenspersonen das Wort zu erteilen ist. ²Mit Abschluss der ersten Beratung gilt die Volksinitiative als an den Ausschuss für Petitionen überwiesen. ³Dieser berät über die Volksinitiative und hört die Vertrauenspersonen der Volksinitiative an. ⁴Er kann Empfehlungen der für den Gegenstand der Volksinitiative sachlich zuständigen Ausschüsse sowie Gutachten von Sachverständigen einholen. ⁵Der Ausschuss schließt seine Beratungen mit einer Beschlussempfehlung ab. ⁶Sie ist durch den Landtag zu behandeln. ⁷Eine Vertrauensperson ist in der Aussprache anzuhören.

### § 39c Behandlung nicht angenommener Volksinitiativen

(1) Volksinitiativen, die nicht die erforderliche Unterschriftenzahl erreicht haben, leitet der Präsident dem Petitionsausschuss zu.

(2) ¹Der Petitionsausschuss behandelt nicht angenommene Volksinitiativen wie Sammelpetitionen. ²Ist die Initiative von mindestens 4 000 beteiligungsberechtigten Personen unterzeichnet worden, so sind die Vertrauenspersonen durch den Petitionsausschuss anzuhören.

## IV Sonstige Vorlagen

### § 40 Sonstige Vorlagen

(1) Sonstige Vorlagen, insbesondere Vorlagen der Landesregierung, die nicht einen Gesetzentwurf zum Gegenstand haben, Mitteilungen einzelner Minister sowie Vorlagen des Präsidenten des Landesrechnungshofes oder des Landesbeauftragten für den Datenschutz überweist der Präsident unmittelbar in den zuständigen Ausschuss, in besonderen Fällen in mehrere Ausschüsse, von denen einer als federführend zu bestimmen ist.

(2) ¹Ist eine Vorlage nach Absatz 1 dem Landtag lediglich zur Kenntnis zugeleitet, so hat es mit der Behandlung im Ausschuss sein Bewenden. ²Im Übrigen gilt § 29 entsprechend.

(3) ¹Ist eine Vorlage nach Absatz 1 dem Landtag zur Abgabe einer Stellungnahme zugeleitet worden, so überweist sie der Präsident an den zuständigen Ausschuss. ²Der Ausschuss entscheidet, ob andere Ausschüsse zu beteiligen sind. ³Er entscheidet auch darüber, ob er dem Landtag eine Beschlussempfehlung zur Abgabe der Stellungnahme zuleitet oder ob er die Stellungnahme unmittelbar beschließt und übermittelt. ⁴Beschließt er die Stellungnahme unmittelbar, so ist sie dem Landtag durch Unterrichtung bekannt zu machen. ⁵Sie gilt als Stellungnahme des Landtages, sofern nicht innerhalb einer Woche nach der Verteilung der Drucksache eine Fraktion dem Präsidenten schriftlich das Verlangen übermittelt, die Entscheidung des Landtages einzuholen. ⁶Dieser entscheidet auf der Grundlage der Unterrichtung nach Satz 4 über den Inhalt der Stellungnahme als Beschlussempfehlung des Ausschusses an den Landtag; Änderungs- und Alternativanträge hierzu sind nicht zulässig. ⁷Die Stellungnahme ist nach Ablauf der Frist nach Satz 5 oder nach einer Entscheidung des Landtages durch den Präsidenten zu übermitteln.

### § 41 Sonstige Vorlagen nach der Landeshaushaltsordnung

(1) § 40 Abs. 1 gilt auch für Vorlagen der Landesregierung oder des Ministeriums der Finanzen nach der Landeshaushaltsordnung.

(2) ¹Für Vorlagen nach den § 22, § 54 Abs. 2 und § 64 Abs. 2 Satz 1 der Landeshaushaltsordnung gilt die Stellungnahme, Einwilligung oder Zustimmung des Ausschusses für Finanzen als Stellungnahme, Einwilligung oder Zustimmung des Landtages, sofern nicht innerhalb einer Woche nach der Beschlussfassung durch den Ausschuss für Finanzen eine Fraktion dem Präsidenten schriftlich das Verlangen übermittelt, zu der Vorlage die Entscheidung des Landtages einzuholen. ²In diesem Fall hat der Ausschuss für Finanzen dem Landtag eine Beschlussempfehlung zuzuleiten und einen schriftlichen Bericht zu erstatten.

## V. Landtag und Regierung

### § 42 Bildung der Landesregierung, konstruktives Misstrauensvotum, Vertrauensantrag
Die Bildung der Landesregierung, die Behandlung eines konstruktiven Misstrauensvotums oder eines Vertrauensantrages des Ministerpräsidenten bestimmen sich nach der Landesverfassung.

### § 42a Frage- und Auskunftsrecht der Mitglieder des Landtages
¹Fragen einzelner Mitglieder des Landtages oder parlamentarische Anfragen haben die Landesregierung oder ihre Mitglieder im Landtag und in seinen Ausschüssen nach bestem Wissen unverzüglich und vollständig zu beantworten. ²Die gleiche Verpflichtung haben die Beauftragten der Landesregierung in den Ausschüssen des Landtages.

## VI. Anfragen, Aktuelle Debatte

### § 43 Große Anfragen
(1) ¹Eine Fraktion oder mindestens acht Mitglieder des Landtages können eine Große Anfrage an die Landesregierung richten. ²§ 37 Abs. 2 Satz 1 und 3 und Abs. 2a gilt entsprechend.
(2) ¹Große Anfragen sind schriftlich zu begründen, soweit nicht der Sachverhalt, über den Auskunft gewünscht wird, aus dem Wortlaut der Anfrage deutlich genug hervorgeht. ²Wortlaut und Begründung der Anfrage sollen knapp und sachlich formuliert sein. ³Ihr Inhalt darf nicht den Tatbestand einer strafbaren Handlung begründen und keine Werturteile oder parlamentarisch unzulässigen Wendungen enthalten.
(3) ¹Der Präsident teilt Große Anfragen der Landesregierung zur schriftlichen Beantwortung mit. ²Die Große Anfrage und die Antwort der Landesregierung werden als Landtagsdrucksachen verteilt.
(4) ¹Die Landesregierung beantwortet die Große Anfrage nach bestem Wissen unverzüglich, spätestens jedoch innerhalb von zwei Monaten nach Zugang der Großen Anfrage, und vollständig. ²Diese Frist kann durch eine Vereinbarung zwischen dem Fragesteller und der Landesregierung bis längstens vier Monate verlängert werden. ³Über die Vereinbarung einer Fristverlängerung informiert die Landesregierung den Präsidenten.
(5) ¹Nach Eingang der schriftlichen Antwort der Landesregierung wird die Große Anfrage zur Aussprache auf die Tagesordnung gesetzt, wenn dies innerhalb von zwei Monaten nach Verteilung der Drucksache vom Fragesteller, von einer Fraktion oder mindestens acht Mitgliedern des Landtages schriftlich verlangt wird. ²Der Fragesteller kann abweichend von Satz 1 schriftlich verlangen, dass die Große Anfrage nicht im Landtag, sondern in einem zuständigen Ausschuss beraten wird. ³Der Ausschuss ist durch den Fragesteller zu bestimmen. ⁴Für die Ausschussberatung gilt Absatz 6 Satz 1 bis 3 entsprechend.
(6) ¹Zu Beginn der Aussprache wird dem Fragesteller das Wort erteilt. ²Alsdann erhält es die Landesregierung. ³In der Aussprache steht dem Fragesteller das Schlusswort zu. ⁴Werden Entschließungsanträge zu Großen Anfragen gestellt, erfolgt keine gesonderte Einbringung. ⁵Über sie ist nach Schluss der Aussprache abzustimmen. ⁶Wird der Antrag zum Abschluss der Beratung in einen Ausschuss überwiesen, gelten auch die Große Anfrage und die Antwort der Landesregierung als in diesen Ausschuss überwiesen. ⁷Wird der Antrag in mehrere Ausschüsse überwiesen, ist ein Ausschuss zum federführenden Ausschuss zu bestimmen. ⁸Für die Ausschussberatung gilt § 29 mit der Maßgabe entsprechend, dass ausschließlich zum Antrag eine Beschlussempfehlung vorzulegen ist.
(7) ¹Ist nach Ablauf der Frist gemäß Absatz 4 Satz 1 oder 2 keine Antwort der Landesregierung eingegangen, ist die Große Anfrage auf die Tagesordnung der nächsten Sitzung des Landtages zu setzen, es sei denn, der Fragesteller verzichtet darauf. ²In dieser Beratung erhält zunächst die Landesregierung zur Begründung ihres Absehens von einer Beantwortung das Wort. ³Alsdann erhält es der Fragesteller. ⁵Findet eine Aussprache statt, steht dem Fragesteller das Schlusswort zu.

### § 44 Kleine Anfragen zur schriftlichen Beantwortung
(1) ¹Jedes Mitglied des Landtages kann Kleine Anfragen zur schriftlichen Beantwortung an die Landesregierung richten. ²Die Anfragen sind beim Präsidenten schriftlich einzureichen. ³§ 37 Abs. 2a und § 43 Abs. 2 und 3 gelten entsprechend.
(2) ¹Die Landesregierung beantwortet Kleine Anfragen nach bestem Wissen unverzüglich, spätestens jedoch innerhalb eines Monats nach Zugang, und vollständig. ²Diese Frist kann durch eine Vereinba-

rung zwischen dem Fragesteller und der Landesregierung bis längstens zwei Monate verlängert werden. ³Über die Vereinbarung einer Fristverlängerung informiert die Landesregierung den Präsidenten. ⁴Die Antwort der Landesregierung ist mit der Kleinen Anfrage als Landtagsdrucksache zu verteilen.
(3) ¹Ist nach Ablauf der Frist gemäß Absatz 2 Satz 1 oder 2 keine Antwort der Landesregierung eingegangen, ist die Kleine Anfrage auf die Tagesordnung der nächsten Sitzung des Landtages zu setzen, es sei denn, der Fragesteller verzichtet darauf. ²In dieser Beratung erhält zunächst die Landesregierung zur Begründung ihres Absehens von einer Beantwortung das Wort. ³Alsdann erhält es der Fragesteller. ⁴Findet eine Aussprache statt, steht dem Fragesteller das Schlusswort zu.

### § 45 Kleine Anfragen für die Fragestunde

(1) ¹Kleine Anfragen können auch zur mündlichen Beantwortung in der Fragestunde gestellt werden, wenn sie hierfür geeignet sind. ²Insbesondere soll eine kurze Antwort möglich sein. ³Die Fragen dürfen aus zwei Fragesätzen ohne Unterfragen oder aus einem Fragesatz, der in bis zu zwei Unterfragen unterteilt sein kann, bestehen. ⁴Sie sollen von nicht nur örtlicher Bedeutung sein. ⁵Im Übrigen gelten § 20 und § 43 Abs. 2 Satz 2 und 3 entsprechend.
(2) ¹In jeder im Terminplan festgelegten Sitzungsperiode des Landtages findet eine Fragestunde statt. ²Die Anfragen sind spätestens am Montag der Sitzungswoche des Landtages bis 12 Uhr beim Präsidenten schriftlich einzureichen. ³Jedes Mitglied des Landtages darf für eine Fragestunde eine Anfrage stellen. ⁴Der Präsident teilt die Anfragen der Landesregierung mit.
(2a) ¹Die Anfragen sind schriftlich einzureichen. ²Sie können auf elektronischem Weg eingereicht werden, wenn der Absender aufgrund eines Sicherungssystems zweifelsfrei identifiziert werden kann. ³Das unterschriebene Dokument ist unverzüglich nachzureichen.
(3) ¹Die Fragestunde dauert nicht länger als 60 Minuten. ²Können in dieser Zeit nicht alle Anfragen erledigt werden, so kann der Landtag die Fragestunde verlängern.
(4) ¹In der Fragestunde ruft der Präsident die Anfrage und den Namen des Fragestellers auf. ²Nach der Worterteilung verliest der Fragesteller die Frage. ³Darauf erfolgt durch die Landesregierung die mündliche Beantwortung oder die Begründung ihres Absehens von einer Beantwortung. ⁴Ist der Fragesteller nicht anwesend, so wird die Antwort oder die Begründung des Absehens von einer Beantwortung zu Protokoll gegeben.
(5) ¹Der Fragesteller und andere Mitglieder des Landtages können mit Genehmigung des Präsidenten bis zu zwei Zusatzfragen stellen. ²Der ordnungsgemäße Ablauf der Fragestunde darf dadurch nicht gefährdet werden. ³Für Zusatzfragen gilt § 43 Abs. 2 Satz 2 und 3 entsprechend. ⁴Sie müssen zur Sache gehören und dürfen die ursprüngliche Frage nicht auf andere Gegenstände ausdehnen. ⁵Zusatzfragen dürfen nicht verlesen werden.
(6) Für Anfragen, die bis zum Schluss der Fragestunde nicht mehr aufgerufen werden können, gilt Absatz 4 Satz 4 entsprechend.

### § 46 Aktuelle Debatte

(1) ¹Auf Antrag einer Fraktion findet in den ordentlichen Sitzungen des Landtages eine Aktuelle Debatte über einen bestimmt bezeichneten Gegenstand (Thema) statt. ²Der Gegenstand soll von allgemeinem und aktuellem Interesse sein und die Kompetenz des Landes betreffen.
(2) ¹Jede Fraktion hat im Laufe eines halben Kalenderjahres Anspruch auf dreimalige Berücksichtigung von ihr eingereichter Anträge. ²Nicht beantragte oder nicht beratene Themen verfallen jeweils am Ende des halben Kalenderjahres.
(3) ¹Für eine Sitzung darf von einer Fraktion nur ein Thema beantragt werden. ²Der Antrag kann frühestens während der Aufstellung der Tagesordnung durch den Ältestenrat, spätestens am zweiten Arbeitstag vor Beginn der Sitzungsperiode bis 18 Uhr beim Präsidenten gestellt werden. ³§ 37 Abs. 1 und 2a gilt entsprechend.
(4) ¹In einer Aktuellen Debatte werden bis zu drei Themen behandelt. ²Der Landtag kann über die Aufnahme eines zusätzlichen Themas entscheiden. ³Wird dieser Antrag abgelehnt, so ist er auf die Tagesordnung der nächsten ordentlichen Sitzung des Landtages zu setzen, falls es die beantragende Fraktion verlangt. ⁴Im Übrigen behandelt der Landtag die Anträge in der Reihenfolge ihres Eingangs.
(5) ¹In der Aktuellen Debatte beträgt die Redezeit je Fraktion zehn Minuten je Thema. ²In der Aussprache erhält als erster Redner der Antragsteller das Wort. ³Die Landesregierung erhält zehn Minuten Redezeit. ⁴§ 62 Abs. 3 gilt entsprechend. ⁵Erklärungen oder Reden dürfen nicht verlesen werden.

(6) Beschlüsse zur Sache werden in der Aktuellen Debatte nicht gefasst.

## VII. Petitionen

### § 47 Überweisung von Petitionen
(1) ¹Dem Petitionsausschuss obliegt die Behandlung der an den Landtag gerichteten Bitten und Beschwerden (Petitionen). ²Der Präsident überweist die Petitionen an den Petitionsausschuss.
(2) Der Präsident kann die an ihn gerichteten Petitionen dem Petitionsausschuss überweisen.
(3) Mitglieder des Landtages, die eine Petition überreichen, sind auf ihr Verlangen bei entsprechender Behandlung im Petitionsausschuss mit beratender Stimme hinzuzuziehen.

### § 48 Verfahrensgrundsätze, Rechte des Petitionsausschusses
(1) ¹Der Landtag stellt Verfahrensgrundsätze über die Behandlung von Bitten und Beschwerden (Petitionen) auf. ²Diese sind zum Ausgangspunkt der Entscheidungen des Petitionsausschusses und des Landtages über Petitionen zu machen.
(2) Wenn der Petitionsausschuss um Aktenvorlage, Auskunft oder Zutritt zu Einrichtungen nachsucht, ist der zuständige Minister rechtzeitig zu unterrichten.

### § 49 Übertragung von Befugnissen an einzelne Mitglieder
¹Über die Befugnisse einzelner Mitglieder des Petitionsausschusses beschließt der Petitionsausschuss. ²Inhalt und Umfang der Übertragung sind im Beschluss zu bestimmen.

### § 50 Beschlussempfehlung und Bericht
(1) Der Bericht des Petitionsausschusses wird in einer Sammelübersicht mit einer Beschlussempfehlung dem Landtag vorgelegt.
(2) ¹Innerhalb von drei Sitzungswochen nach Drucklegung und Verteilung werden die Berichte auf die Tagesordnung des Landtages gesetzt. ²Sie können mündlich ergänzt werden. ³Eine Aussprache findet statt, wenn diese von einer Fraktion oder von acht Mitgliedern des Landtages verlangt wird.

### § 51 Abschließende Behandlung
(1) ¹Den Petenten wird die Art der Erledigung ihrer Petition mitgeteilt. ²Die Mitteilung soll mit Gründen versehen sein.
(2) ¹Soweit der Landtag Petitionen an die Landesregierung zur Berücksichtigung oder zur Erwägung überwiesen hat, teilt die Landesregierung innerhalb von zwei Monaten dem Landtag schriftlich mit, was sie auf die Beschlüsse veranlasst hat. ²Die Mitteilung wird als Landtagsdrucksache verteilt. ³Auf Antrag eines Mitglieds des Landtages, dem die Mitteilung nicht befriedigend erscheint, kann der Petitionsausschuss die Petition von neuem beraten.

## VIII. Besondere Beratungsgegenstände

### § 52 Verfassungsgerichtliche Verfahren
¹Ob der Landtag einem verfassungsgerichtlichen Verfahren beitreten oder eine Stellungnahme gegenüber einem Verfassungsgericht abgeben soll, entscheidet er auf der Grundlage einer Beschlussempfehlung des Ausschusses für Recht, Verfassung und Gleichstellung. ²Der Ausschuss für Recht, Verfassung und Gleichstellung soll den Fachausschuss beteiligen, soweit der Ausschuss für Recht, Verfassung und Gleichstellung beabsichtigt, dem Landtag die Abgabe einer Stellungnahme zu empfehlen. ³Gegenüber dem Landtag ist schriftlich oder mündlich über den Gegenstand des verfassungsgerichtlichen Verfahrens, die Beratungen des Ausschusses sowie über die Beteiligung von Fachausschüssen zu berichten. ⁴Empfiehlt der Ausschuss, keine Stellungnahme abzugeben, ist schriftlich zu berichten. ⁵Mehrere Empfehlungen des Ausschusses, keine Stellungnahme abzugeben, können in einer Beschlussempfehlung zusammengefasst werden. ⁶Über Beschlussempfehlungen, keine Stellungnahme abzugeben, ist im Verfahren nach § 38 Abs. 3 abzustimmen. ⁷Der Landtag behandelt die Empfehlung in einer Beratung; die §§ 24 und 30 bis 33 gelten entsprechend.

## § 53 Immunitätsangelegenheiten

(1) [1]Ist eine Entscheidung des Landtages in einer Immunitätsangelegenheit zu treffen, so berät darüber zunächst der Ältestenrat. [2]Er schlägt dem Landtag in einer Beschlussempfehlung die Entscheidung vor. [3]Dieser entscheidet in einer Beratung.

(2) [1]Die Beratung über eine Beschlussempfehlung nach Absatz 1 ist an Fristen nicht gebunden. [2]Sie soll frühestens am dritten Tage nach ihrer Verteilung als Landtagsdrucksache erfolgen. [3]Ist die Beschlussempfehlung noch nicht verteilt, wird sie verlesen.

## § 54 Unterrichtungen

(1) [1]An den Landtag gerichtete Mitteilungen, Denkschriften und sonstige Schreiben, in denen kein Beschluss erbeten wird, kann der Präsident als Landtagsdrucksachen oder in anderer Form verteilen oder in einem eingeschränkt zugänglichen netzgestützten Informationsangebot des Landtages bereitstellen lassen. [2]Ergehen diese aufgrund eines Gesetzes, so sind sie als Landtagsdrucksache zu verteilen. [3]Der Präsident kann Schreiben nach Satz 1 an Ausschüsse zur Beratung sowie auch zur Berichterstattung überweisen.

(2) [1]Ist eine Angelegenheit einem Ausschuss zur Berichterstattung überwiesen worden, so kann er dem Landtag eine Beschlussempfehlung vorlegen. [2]Der Landtag behandelt die Empfehlung in einer Beratung. [3]Hierfür gelten die §§ 24 und 30 bis 33 entsprechend.

## § 54a Informationsvorlagen der Landesregierung

(1) [1]Für die Behandlung von Vorlagen der Landesregierung, die der Information des Landtages gemäß Artikel 62 der Verfassung des Landes Sachsen-Anhalt über
1. die Vorbereitung von Gesetzen,
2. wichtige Angelegenheiten der Landesplanung,
3. den geplanten Abschluss von Staatsverträgen,
4. Bundesratsangelegenheiten,
5. Verwaltungsabkommen,
6. die Zusammenarbeit mit dem Bund, den Ländern, den Regionen, anderen Staaten und zwischenstaatlichen Einrichtungen sowie für Angelegenheiten der Europäischen Union

dienen (Informationsvorlagen), gilt § 54 entsprechend. [2]Vorlagen, die der Information über die Vorbereitung von Gesetzen sowie über Ministerpräsidenten- und Fachministerkonferenzen dienen, werden nach einem Verfahren verteilt, das der Präsident im Einvernehmen mit dem Ältestenrat bestimmt.

(2) [1]Unterrichtungen nach Absatz 1 Satz 1 Nrn. 4 und 6 gelten als dem Ausschuss für Bundes- und Europaangelegenheiten sowie Medien überwiesen. [2]Sie sind in einem eingeschränkt zugänglichen netzgestützten Informationsangebot des Landtages bereitzustellen. [3]Der Ausschuss entscheidet, mit welchen Unterrichtungen nach Satz 1 er sich näher befasst. [4]§ 40 Abs. 3 gilt entsprechend.

(3) Für Vorlagen nach Absatz 1, zu denen die Landesregierung zur Abgabe einer Stellungnahme auffordert, gilt § 40 Abs. 3 mit der Maßgabe entsprechend, dass von einer Überweisung im Einzelfall abzusehen ist, wenn die Vorlage gemäß Absatz 2 bereits als an den Ausschuss für Bundes- und Europaangelegenheiten sowie Medien überwiesen gilt.

## § 54b Wahrnahme der parlamentarischen Kontrolle der Landesregierung auf dem Gebiet der akustischen Wohnraumüberwachung (Artikel 13 Abs. 6 Satz 3 des Grundgesetzes)

Die Landesregierung erstattet gegenüber den Fachausschüssen jährlich über den im Rahmen der akustischen Wohnraumüberwachung aufgrund von Artikel 13 Abs. 3 bis 5 des Grundgesetzes zum Zwecke der Strafverfolgung und der Gefahrenabwehr erfolgten Einsatz technischer Mittel Bericht.

## § 54c Bestimmung von Wahltag und Wahlzeit für die Wahlen zum Landtag

(1) [1]Der Präsident schlägt dem Landtag gemäß § 9 Abs. 1 des Wahlgesetzes des Landes Sachsen-Anhalt nach Anhörung des Landeswahlleiters im Benehmen mit dem Ältestenrat den Wahltag und die Wahlzeit für die Wahlen zum Landtag vor. [2]Der Ältestenrat ist schriftlich über das Ergebnis der Anhörung des Landeswahlleiters zu unterrichten.

(2) Der Landtag behandelt den Vorschlag des Präsidenten in einer Beratung.

## Dritter Abschnitt
## Ordnung der Sitzungen
### I. Sitzungen des Landtages
**§ 55 Einberufung, Tagesordnung**
(1) ¹Der Landtag wird von seinem Präsidenten einberufen. ²Zur ersten Sitzung des neu gewählten Landtages, die spätestens am 30. Tage nach der Wahl stattfinden muss, beruft der bisherige Präsident den Landtag ein.
(2) ¹Zeit, Ort und Tagesordnung der Sitzungen bestimmt der Präsident, wenn der Landtag darüber keinen Beschluss gefasst hat. ²Der Präsident kann eine vom Landtag beschlossene Tagesordnung erweitern.
(3) Finden mehrere Sitzungen an aufeinander folgenden Tagen statt (Sitzungsperiode), wird die Tagesordnung für die gesamte Sitzungsperiode aufgestellt.
(4) ¹Verlangt ein Viertel der Mitglieder des Landtages oder die Landesregierung die Einberufung des Landtages, so haben sie den gewünschten Beratungsgegenstand anzugeben. ²Der Präsident hat den Landtag unverzüglich zu einer Sitzung mit dem gewünschten Beratungsgegenstand einzuberufen. ³Die Sitzung muss binnen angemessener Zeit, spätestens jedoch zwei Wochen nach Eingang des Antrags stattfinden.
(5) Zeit, Ort und Tagesordnung der Sitzungen sind möglichst frühzeitig allen Mitgliedern des Landtages und der Landesregierung schriftlich mitzuteilen.

**§ 56 Reihenfolge der Beratungspunkte**
¹Unter mehreren Gesetzentwürfen, mehreren Anträgen nach § 37 oder mehreren anderen Vorlagen gleicher Art richtet sich die Reihenfolge, in der sie auf die Tagesordnung gesetzt werden, in der Regel nach dem Eingangsdatum der Vorlagen. ²Dritte Beratungen haben in der Regel vor zweiten und ersten Beratungen Vorrang, zweite Beratungen vor ersten Beratungen. ³Gesetzentwürfe haben in der Regel Vorrang vor Beratungsgegenständen nach § 37 und vor Großen Anfragen. ⁴Die Fraktionen können im Ältestenrat anderes vereinbaren.

**§ 57 Abweichung von der Tagesordnung**
(1) Der Landtag kann, sofern nicht andere Vorschriften entgegenstehen, auf Vorschlag des Präsidenten oder auf Antrag einer Fraktion oder von mindestens acht Mitgliedern des Landtages beschließen,
1. dass Gegenstände, die nicht auf der Tagesordnung stehen, beraten werden, es sei denn, dass eine Fraktion oder acht Mitglieder des Landtages widersprechen,
2. dass die Reihenfolge der Beratungsgegenstände geändert wird,
3. dass verschiedene Punkte der Tagesordnung zusammen beraten werden,
4. dass ein Gegenstand von der Tagesordnung abgesetzt wird,
5. dass die Sitzung vor Erledigung der Tagesordnung geschlossen wird.
(2) Ergibt sich nach Aufstellung der Tagesordnung, dass ein Gegenstand nach den Vorschriften der Verfassung oder dieser Geschäftsordnung nicht beraten werden darf, so hat ihn der Präsident von der Tagesordnung abzusetzen.

**§ 58 Leitung der Sitzung**
(1) ¹In den Sitzungen des Landtages bilden der Präsident und zwei Schriftführer den Sitzungsvorstand. ²Der Präsident eröffnet und schließt die Sitzung und leitet die Verhandlungen. ³Hierbei unterstützen ihn die anderen Mitglieder des Sitzungsvorstandes.
(2) ¹Sind Präsident und Stellvertreter gleichzeitig verhindert, übernimmt das am längsten dem Landtag angehörende Mitglied, das hierzu bereit ist, den Vorsitz (Alterspräsident); bei gleicher Dauer der Zugehörigkeit zum Landtag entscheidet das höhere Lebensalter. ²Sind Schriftführer nicht in ausreichender Zahl erschienen, so bestellt der Präsident für die Sitzung Stellvertreter.
(3) ¹Zur Klärung von Zweifeln über die Zweckmäßigkeit oder Rechtmäßigkeit seiner Maßnahmen kann der Präsident die Sitzung für kurze Zeit unterbrechen. ²Wenn es eine Fraktion oder mindestens acht Mitglieder des Landtages wünschen, kann der Präsident die Sitzung auch unterbrechen, soweit dies aus anderen Gründen für die Arbeit des Landtages dienlich ist.

### § 59 Erste Sitzung des Landtages
(1) ¹In der ersten Sitzung des Landtages nach Beginn der Wahlperiode führt bis zur Wahl des Präsidenten der Alterspräsident den Vorsitz. ²Auf die Ausübung des Amtes kann verzichtet werden.
(2) ¹Der Alterspräsident eröffnet die erste Sitzung. ²Er benennt zwei Mitglieder des Landtages, mit denen er den vorläufigen Sitzungsvorstand bildet. ³Er stellt die Beschlussfähigkeit des Landtages durch Namensaufruf fest und lässt sodann den Präsidenten wählen.

### § 60 Aussprache
(1) Soweit nichts anderes vorgeschrieben ist, eröffnet der Präsident über jeden Gegenstand, der auf der Tagesordnung steht, die Aussprache.
(2) ¹Ein Mitglied des Sitzungsvorstandes führt eine Rednerliste. ²Mitglieder des Landtages, die zur Sache sprechen wollen, haben sich beim Sitzungsvorstand schriftlich zum Wort zu melden. ³Der Sitzungsvorstand kann Wortmeldungen auch auf andere Weise entgegennehmen.
(3) Ein Mitglied des Landtages darf sprechen, sobald ihm der Präsident das Wort erteilt hat. ²Es richtet den Redebeitrag ausschließlich an die Mitglieder des Landtages oder an die Mitglieder der Landesregierung.
(4) ¹Zu Zwischenfragen und Zwischenbemerkungen, die kurz und präzise sein müssen, melden sich die Mitglieder des Landtages über die Saalmikrofone zum Wort; der Präsident kann das Wort hierzu in jeder Aussprache des Landtages erteilen. ²Zwischenfragen und Zwischenbemerkungen dürfen erst gestellt werden, wenn der Redner sie auf eine entsprechende Frage des Präsidenten zulässt und das Wort erteilt worden ist. ³Im Anschluss an einen Debattenbeitrag kann der Präsident das Wort zu einer Zwischenbemerkung von höchstens zwei Minuten erteilen; der Redner darf hierauf antworten.

### § 61 Reihenfolge der Redner
(1) ¹Der Präsident bestimmt die Reihenfolge der Redner. ²Dabei soll er für sachgemäße Erledigung und zweckmäßige Gestaltung der Beratung sorgen und die verschiedenen Auffassungen zum Beratungsgegenstand und die Stärke der Fraktionen berücksichtigen. ³Die Vorsitzenden der Fraktionen müssen jederzeit gehört werden; dieses Recht steht nur ihnen persönlich zu.
(2) Berät der Landtag über Anträge aus seiner Mitte, so kann einer der Antragsteller zu Beginn und am Schluss der Aussprache das Wort verlangen.
(3) Ein Berichterstatter kann jederzeit das Wort zu einer Ergänzung seines Berichts verlangen.

### § 62 Redezeit
(1) ¹Bei der Einbringung eines Gegenstandes darf der Redner nicht länger als 15 Minuten sprechen. ²Auf Vorschlag des Ältestenrates kann der Landtag die Dauer der Einbringung anders festlegen.
(2) ¹Der Landtag kann für die Beratung eines Gegenstandes den Fraktionen unter angemessener Berücksichtigung ihrer Stärke bestimmte Redezeiten zuteilen und die Dauer der einzelnen Reden, auch für Mitglieder der Landesregierung, beschränken. ²Der Landtag entscheidet darüber auf der Grundlage einer entsprechenden Empfehlung des Ältestenrates ohne Aussprache. ³Teilt der Landtag den Fraktionen Redezeiten zu, so hat er auch für fraktionslose Mitglieder des Landtages Redezeiten festzusetzen.
(3) ¹Stellt der Präsident eine Überschreitung der empfohlenen Redezeit durch ein Mitglied der Landesregierung fest, so kann jede Fraktion die gleiche zusätzliche Redezeit beanspruchen. ²Spricht ein Mitglied der Landesregierung, wenn die Redezeit einer Fraktion schon erschöpft ist, so gewährt der Präsident dieser auf Verlangen noch einmal angemessene Zeit zu einer Erwiderung.
(4) Spricht ein Mitglied des Landtages länger als zulässig, so soll ihm der Präsident nach einmaliger Mahnung das Wort entziehen.

### § 63 Freie Rede
(1) ¹Die Redner sprechen grundsätzlich in freiem Vortrag. ²Sie können hierbei Aufzeichnungen benutzen. ³Zitate dürfen sie verlesen, wenn sie diese als solche kenntlich machen.
(2) Im Ausnahmefall dürfen in Vertretung eines Redners oder bei Beiträgen mit längerer Redezeit im Wortlaut vorbereitete Reden mit vorheriger Genehmigung des Präsidenten verlesen werden.
(3) ¹Absatz 1 Satz 1 und Absatz 2 gelten nicht für die Berichterstatter und für diejenigen Mitglieder des Landtages, die eine Vorlage für die Antragsteller begründen. ²Sie dürfen ihre im Wortlaut vorbe-

reiteten Reden im Ausnahmefall mit Erlaubnis des Präsidenten zu Protokoll geben. ³Diese sind im Stenografischen Bericht entsprechend zu kennzeichnen.

### § 64 Sachruf
(1) Der Präsident kann Redner, die vom Verhandlungsgegenstand abschweifen, „Zur Sache" rufen.
(2) ¹Ist ein Redner dreimal in derselben Rede „Zur Sache" gerufen und beim zweiten Mal auf die Folgen eines dritten Sachrufes hingewiesen worden, so kann ihm der Präsident das Wort entziehen. ²Ist einem Mitglied des Landtages das Wort entzogen worden, so darf es das Wort bis zum Schluss der Aussprache nicht wieder erhalten.

### § 65 Schluss der Aussprache
(1) Ist die Rednerliste erschöpft oder hat sich niemand zum Wort gemeldet, so erklärt der Präsident die Aussprache für geschlossen.
(2) ¹Der Landtag kann die Aussprache unterbrechen oder schließen. ²Ein Antrag auf Unterbrechung oder Schluss der Aussprache bedarf der Unterstützung von einer Fraktion oder acht anwesenden Mitgliedern des Landtages. ³Über einen Antrag auf Schluss der Aussprache ist vor einem Antrag auf Unterbrechung abzustimmen. ⁴Über einen Antrag auf Schluss der Aussprache darf erst abgestimmt werden, nachdem einer derjenigen, die den Beratungsgegenstand eingebracht hatten, der Berichterstatter und je ein Redner für und wider den Beratungsgegenstand sprechen konnten. ⁵Wird einem Antrag auf Schluss der Aussprache widersprochen, so ist vor der Abstimmung über diesen Antrag auch je ein Redner für und wider diesen Antrag zu hören.

### § 66 Wortmeldungen zur Geschäftsordnung
(1) ¹Ein Mitglied des Landtages, das zum Verfahren sprechen will, kann sich jederzeit, auch nach Schluss der Aussprache, mit dem Zuruf „Zur Geschäftsordnung" zum Wort melden. ²Das Wort zur Geschäftsordnung ist ihm sogleich zu erteilen. ³Eine Rede darf dadurch jedoch nicht unterbrochen werden.
(2) ¹Wer das Wort zur Geschäftsordnung erhalten hat, darf sich nur zur verfahrensmäßigen Behandlung des gerade anstehenden oder des unmittelbar vor ihm behandelten Beratungsgegenstandes oder zum Ablauf der Sitzungen des Landtages äußern. ²Er darf nicht länger als drei Minuten sprechen. ³Bei Verstößen gilt § 62 Abs. 4 entsprechend.

### § 67 Persönliche Bemerkungen
¹Einem Mitglied des Landtages, das sich zu einer persönlichen Bemerkung zum Wort gemeldet hat, ist das Wort auch nach dem Schluss der Aussprache zu erteilen. ²Das Mitglied des Landtages darf in der persönlichen Bemerkung nur Angriffe zurückweisen, die in der Aussprache gegen das Mitglied gerichtet wurden, oder eigene Ausführungen berichtigen. ³Die persönliche Bemerkung ist dem Präsidenten auf sein Verlangen dem wesentlichen Inhalt nach schriftlich mitzuteilen. ⁴Das Mitglied des Landtages darf nicht länger als drei Minuten sprechen. ⁵§ 62 Abs. 4 gilt entsprechend.

### § 68 Erklärungen außerhalb der Tagesordnung
¹Außerhalb der Tagesordnung kann der Präsident einem Mitglied des Landtages das Wort zu einer Erklärung erteilen. ²Die Erklärung ist ihm vorher dem wesentlichen Inhalt nach schriftlich mitzuteilen; sie darf nicht länger als drei Minuten dauern. ³§ 62 Abs. 4 gilt entsprechend.

### § 69 Anwesenheit und Anhörung der Landesregierung
(1) ¹Ein Antrag, die Anwesenheit eines Mitglieds der Landesregierung zu verlangen, muss von einer Fraktion oder mindestens acht Mitgliedern des Landtages unterstützt sein. ²Über den Antrag ist sofort abzustimmen. ³Der Präsident kann die Sitzung bis zum Erscheinen des Mitglieds der Landesregierung unterbrechen.
(2) Verlangt nach Schluss einer Aussprache ein Mitglied der Landesregierung das Wort, so ist die Aussprache wieder eröffnet.
(3) ¹Wird einem Mitglied der Landesregierung auf sein Verlangen außerhalb der Tagesordnung das Wort erteilt, so hat der Präsident die Aussprache über seine Ausführungen zu eröffnen, wenn es eine Fraktion oder acht Mitglieder des Landtages verlangen. ²Beschlüsse zur Sache werden nicht gefasst.

### § 70 Beschlussfähigkeit
(1) ¹Der Landtag ist beschlussfähig, wenn mehr als die Hälfte der Mitglieder des Landtages anwesend sind. ²Der Präsident stellt zu Beginn jeder Sitzung fest, ob der Landtag beschlussfähig ist.

(2) [1]Hat der Präsident die Beschlussfähigkeit zu Beginn der Sitzung festgestellt, so gilt der Landtag, auch wenn nicht mehr die Hälfte der Mitglieder des Landtages anwesend ist, weiterhin als beschlussfähig, solange nicht ein Mitglied des Landtages vor einer Abstimmung oder Wahl die Beschlussfähigkeit bezweifelt. [2]Dieses gilt als anwesend.

(3) [1]Wird die Beschlussfähigkeit vor einer Abstimmung oder Wahl bezweifelt, so hat sie der Sitzungsvorstand, wenn sie nicht offensichtlich zu bejahen oder zu verneinen ist, durch Namensaufruf festzustellen. [2]Der Präsident kann die Abstimmung oder Wahl für kurze Zeit aussetzen.

(4) [1]Ist die Beschlussfähigkeit nicht herzustellen, so hat der Präsident die Sitzung zu schließen. [2]Die unterbliebene Abstimmung oder Wahl und der übrige nicht erledigte Teil der Tagesordnung sind auf die Tagesordnung der nächsten Sitzung zu setzen. [3]Diese kann von dem Präsidenten auch für denselben Tag einberufen werden.

### § 71 Zeitpunkt der Abstimmung

[1]Der Landtag stimmt über einen Gegenstand in der Regel unmittelbar nach Schluss der Aussprache über diesen Gegenstand ab. [2]Werden nach Schluss der Aussprache noch persönliche Bemerkungen (§ 67) gemacht, so sind diese abzuwarten. [3]Der Landtag kann die Abstimmung bis zur nächsten Sitzung vertagen.

### § 72 Fragestellung

(1) Der Präsident lässt in der Weise abstimmen, dass er fragt, wer einem bestimmten Beschlussvorschlag (einer Vorlage, einem Teil einer Vorlage, einem sonstigen Antrag oder Vorschlag) zustimme.

(2) [1]Der Präsident hat die Fragen so zu stellen, dass der Wille des Landtages in den Beschlüssen klar zum Ausdruck kommt. [2]Der Präsident kann zu diesem Zweck auch über Teile eines Beschlussvorschlags getrennt abstimmen lassen.

(3) [1]In der Regel ist über weitergehende Beschlussvorschläge vor den weniger weitgehenden abzustimmen. [2]Über einen Hilfsantrag (Eventualantrag) wird erst abgestimmt, wenn der Hauptantrag abgelehnt worden ist.

### § 73 Erforderliche Mehrheit

(1) Der Landtag beschließt mit der Mehrheit der abgegebenen Stimmen, sofern die Verfassung nichts anderes bestimmt.

(2) Stimmengleichheit gilt als Ablehnung des Beschlussvorschlags.

### § 74 Form der Abstimmung und Feststellung ihres Ergebnisses

(1) Abgestimmt wird nach Entscheidung des Präsidenten durch Handzeichen oder durch Aufstehen.

(2) [1]Der Präsident stellt die Abstimmungsfrage so, dass sie sich mit „Ja" oder „Nein" beantworten lässt. [2]Sie ist in der Regel so zu fassen, dass zunächst gefragt wird, ob die Zustimmung erteilt wird. [3]Danach ist zu fragen, wer den Beschlussvorschlag ablehnt (Gegenprobe). [4]Auf die Gegenprobe kann verzichtet werden. [5]Auf Verlangen einer Fraktion oder eines Mitglieds des Landtages ist die Gegenprobe durchzuführen. [6]Dies gilt auch für die Feststellung von Stimmenthaltungen.

(3) [1]Die Mitglieder des Landtages verlassen auf Aufforderung des Präsidenten den Saal. [2]Die Türen werden geschlossen bis auf die zur Abstimmung erforderlichen Türen. [3]Der Präsident bestimmt für jede Abstimmungstür einen Zähler. [4]Auf das Glockenzeichen des Präsidenten treten die Mitglieder des Landtages, die dem Beschlussvorschlag zustimmen wollen, durch die Jatür, die ihn ablehnen wollen, durch die Neintür, die keine Stimme abgeben wollen, durch die Enthaltungstür in den Saal ein. [5]Die eintretenden Mitglieder des Landtages werden laut gezählt. [6]Kein Mitglied des Landtages darf vor Schluss der Abstimmung den Saal wieder verlassen. [7]Mit einem Glockenzeichen schließt der Präsident die Zählung. [8]Hierauf stimmen nur noch der Präsident und die Zähler ab.

### § 75 Abstimmung durch Namensaufruf und namentliche Abstimmung

(1) Bedarf ein Beschluss einer Mehrheit, die nach der gesetzlichen Zahl der Mitglieder des Landtages zu berechnen ist, so ist durch Namensaufruf abzustimmen.

(2) [1]Bei Abstimmung durch Namensaufruf ruft ein Mitglied des Sitzungsvorstandes alle Mitglieder des Landtages in alphabetischer Reihenfolge mit ihrem Namen auf. [2]Die Aufgerufenen geben ihre Stimme durch Zuruf („Ja", „Nein", „Enthaltung") ab. [3]Der Zuruf ist durch den Aufrufenden zu wiederholen. [4]Zweifel am Zuruf einzelner Mitglieder des Landtages sind durch den Präsidenten in der Sitzung öffentlich zu klären.

(3) ¹Namentlich muss abgestimmt werden, wenn es eine Fraktion oder acht Mitglieder des Landtages bis zum Beginn des Abstimmungsverfahrens verlangen. ²Eine namentliche Abstimmung ist nur über den Beratungsgegenstand selbst und über Änderungs- und Entschließungsanträge dazu zulässig.
(4) ¹Bei der namentlichen Abstimmung wird nach Absatz 2 verfahren. ²Außerdem wird im Stenografischen Bericht vermerkt, wie jedes Mitglied des Landtages gestimmt hat.

### § 75a Koordinierte Abstimmung
(1) Ist in einem Gesetzentwurf über den Sitz einer Behörde zu entscheiden, so erfolgt die Auswahl, wenn mehr als zwei Vorschläge vorliegen, vor der Schlussabstimmung über das Gesetz.
(2) ¹Der Landtag entscheidet mit Namensstimmzetteln, auf die der jeweils gewünschte Ort oder „Nein" oder „Enthaltung" zu schreiben ist. ²Ausgewählt ist der Ort, der die Mehrheit der abgegebenen Stimmen erhält. ³Ergibt sich keine solche Mehrheit, so werden in einem zweiten Abstimmungsgang die beiden Orte zur Abstimmung gestellt, die im ersten Abstimmungsgang die höchste Stimmenzahl erhalten haben. ⁴Ausgewählt ist der Ort, der die Mehrheit der abgegebenen Stimmen erhält. ⁵Stimmenthaltungen werden wie nicht abgegebene Stimmen behandelt.
(3) In gleicher Weise kann verfahren werden, wenn dem Landtag konkurrierende Gesetzentwürfe, Anträge oder Teile von Gesetzentwürfen oder Anträgen vorliegen, die einer koordinierten Abstimmung zugänglich sind.

### § 76 Erklärungen zur Abstimmung
(1) ¹Jedes Mitglied des Landtages ist berechtigt, nach Bekanntgabe des Ergebnisses einer Abstimmung seine Stimmabgabe kurz zu begründen. ²Dies gilt nicht, wenn ohne Aussprache abzustimmen ist.
(2) Jede Fraktion ist berechtigt, eine Erklärung zur Abstimmung abzugeben.
(3) Erklärungen nach Absatz 1 und 2 dürfen nicht länger als drei Minuten dauern.
(4) Jedes Mitglied des Landtages kann vor der Abstimmung erklären, dass es an der Abstimmung nicht teilnehme.

### § 77 Wahlen
(1) ¹Gewählt wird mit Stimmzetteln. ²Wenn kein anwesendes Mitglied des Landtages widerspricht, kann durch Handzeichen gewählt werden.
(2) Sofern ein Gesetz nichts anderes bestimmt, ist derjenige gewählt, der die Mehrheit der abgegebenen Stimmen auf sich vereinigt.
(3) ¹Sind zugleich mehrere Personen zu wählen, so geschieht dies, wenn nichts anderes vorgeschrieben ist oder von den Fraktionen vereinbart wird, nach den Grundsätzen der Verhältniswahl. ²Dabei ist das Höchstzahlverfahren anzuwenden.

### § 78 Wahl der Mitglieder des Landesverfassungsgerichts
(1) Die Wahl der Mitglieder des Landesverfassungsgerichts und deren Vertreter bestimmt sich nach dem Landesverfassungsgerichtsgesetz.
(2) Der Ausschuss für Recht, Verfassung und Gleichstellung unterbreitet dem Landtag dazu einen Wahlvorschlag.
(3) ¹Der Ausschuss berät rechtzeitig über Vorschläge für die Wahl. ²Die Sitzungen sind vertraulich.
(4) Aus der Mitte des Ausschusses, von der Landesregierung und von den Fraktionen können Personen für die Wahl benannt werden.
(5) ¹Der Ausschuss prüft, ob die Personen, die für die Wahl in Betracht kommen, die Voraussetzungen der §§ 4, 5 und 6 des Landesverfassungsgerichtsgesetzes erfüllen. ²Er fordert von ihnen die Erklärung nach § 5 Abs. 1 Satz 2 des Landesverfassungsgerichtsgesetzes an. ³Der Ausschuss kann den Präsidenten des Landesverfassungsgerichts hören und um Auskunft ersuchen.
(6) Personalakten, die der Ausschuss nach § 3 Abs. 2 Satz 4 des Landesverfassungsgerichtsgesetzes über das Landesverfassungsgericht angefordert hat, sind vertraulich zu behandeln.
(7) Der Ausschuss schlägt dem Landtag für jedes Amt, das zu besetzen ist, eine Person vor.

### § 79 Bekanntgabe des Ergebnisses
Nach jeder Abstimmung gibt der Präsident das Ergebnis bekannt.

### § 80 Ordnungsruf und Ausschluss
(1) Verletzt ein Mitglied des Landtages die Ordnung, ruft es der Präsident mit Nennung des Namens „Zur Ordnung".

(2) ¹Ist ein Mitglied des Landtages während einer Sitzung dreimal „Zur Ordnung" gerufen und beim zweiten Mal auf die Folgen eines dritten Ordnungsrufes hingewiesen worden oder verletzt ein Mitglied des Landtages in einer Sitzung gröblich die Ordnung, so kann es der Präsident von dieser Sitzung ausschließen. ²Das ausgeschlossene Mitglied hat den Sitzungssaal sofort zu verlassen.
(3) ¹Verlässt das ausgeschlossene Mitglied des Landtages den Sitzungssaal nicht, so unterbricht oder schließt der Präsident die Sitzung. ²Er kann das Mitglied aus dem Saal entfernen lassen.
(4) ¹Wenn ein Mitglied des Landtages durch ordnungswidriges Verhalten die Arbeit des Landtages erheblich stört, kann ihm der Präsident die Teilnahme an Sitzungen oder den Aufenthalt im Landtagsgebäude verbieten, soweit dies erforderlich ist, um weitere Störungen zu verhüten. ²Befolgt das Mitglied des Landtages das Verbot nicht, so kann es der Präsident durchsetzen lassen. ³Von Maßnahmen nach Satz 1 und 2 ist dem Landtag Mitteilung zu machen.
(5) ¹Gegen den Ordnungsruf, den Ausschluss von der Sitzung und gegen ein Verbot nach Absatz 4 kann das betroffene Mitglied des Landtages binnen drei Tagen schriftlich beim Präsidenten Einspruch erheben. ²Über den Einspruch berät der Ältestenrat. ³Er empfiehlt dem Landtag eine Entscheidung, der darüber ohne Aussprache beschließt.

### § 81 Ordnung im Sitzungssaal

(1) Der Aufenthalt im Sitzungssaal ist anderen Personen als Mitgliedern des Landtages und Mitgliedern der Landesregierung nur mit Genehmigung des Präsidenten gestattet.
(2) Anderen als den im Landtag redeberechtigten Personen ist es untersagt, im Sitzungssaal oder auf der Tribüne Erklärungen abzugeben sowie Beifall oder Missfallen zu äußern.
(3) ¹Verstößt jemand gegen Absatz 1 oder 2 oder verletzt er in anderer Weise Ordnung oder Anstand, so kann ihm der weitere Aufenthalt im Sitzungssaal oder im Landtagsgebäude untersagt werden. ²Befolgt er das Verbot nicht, so kann Zwang angewendet werden.
(4) ¹Wenn im Landtag störende Unruhe entsteht, kann der Präsident die Sitzung unterbrechen oder schließen. ²Kann er sich kein Gehör verschaffen, so verlässt er den Präsidentenstuhl. ³Hierdurch wird die Sitzung für eine halbe Stunde unterbrochen.
(5) Entsteht auf der Tribüne störende Unruhe, so kann der Präsident die Tribüne räumen lassen.

### § 82 Stenografischer Bericht

(1) ¹Über jede Sitzung des Landtages wird eine wörtliche Niederschrift (Stenografischer Bericht) angefertigt und an die Mitglieder des Landtages und an die Landesregierung verteilt. ²Er gilt mit der Bereitstellung im allgemein zugänglichen netzgestützten Informationsangebot des Landtages als verteilt, soweit Mitglieder des Landtages oder die Landesregierung auf die Übermittlung in Papierform verzichtet haben. ³Stenografische Berichte über nichtöffentliche Sitzungen werden nicht verteilt, sondern in einem eingeschränkt zugänglichen netzgestützten Informationsangebot des Landtages bereitgestellt, sofern der Landtag nichts anderes beschließt.
(2) ¹Stenografische Berichte über öffentliche Sitzungen werden durch die Bereitstellung im allgemein zugänglichen netzgestützten Informationsangebot des Landtages veröffentlicht. ²Druckstücke werden gegen Erstattung der Kosten abgegeben.

### § 83 Prüfung der Reden

(1) ¹Jeder Redner erhält die Niederschrift seiner Rede vor ihrer Aufnahme in den Stenografischen Bericht zur Durchsicht und Berichtigung. ²Dem Redner ist eine angemessene Frist zur Rückgabe der Niederschrift zu setzen. ³Gibt der Redner die Niederschrift nicht fristgemäß zurück, so gilt sie als genehmigt.
(2) ¹Der Redner kann keine Berichtigungen verlangen, die den Sinn der Rede ändern. ²In Zweifelsfällen entscheidet, wenn sich der Redner und der Stenografische Dienst nicht verständigen, der Präsident.

### § 83a Vorläufiger Stenografischer Bericht

¹Vor der Prüfung der Reden und der Genehmigung der Niederschrift durch den Redner wird ein vorläufiger Stenografischer Bericht in einem eingeschränkt zugänglichen netzgestützten Informationsangebot des Landtages veröffentlicht. ²Der vorläufige Stenografische Bericht ist mit dem Hinweis zu versehen, dass es sich um eine durch die Redner nicht autorisierte Fassung handelt.

## § 83b Kurzbericht
[1]Neben dem Stenografischen Bericht und dem Vorläufigen Stenografischen Bericht wird über jede Sitzung des Landtages ein vom Präsidenten zu unterzeichnendes Beschlussprotokoll (Kurzbericht) gefertigt. [2]Der Kurzbericht ist an die Mitglieder des Landtages und an die Landesregierung zu verteilen und gilt als genehmigt, wenn nicht innerhalb von sieben Tagen nach Verteilung schriftlich beim Präsidenten Einspruch erhoben wird. [3]Über den Einspruch entscheidet der Ältestenrat auf der Grundlage einer Beschlussempfehlung des Präsidenten.

## II. Sitzungen der Ausschüsse und des Ältestenrates

### § 84 Einberufung, Tagesordnung
(1) [1]Die Ausschüsse werden durch ihre Vorsitzenden oder in deren Auftrag durch die Landtagsverwaltung einberufen. [2]Die Einberufung erfolgt grundsätzlich im Rahmen der vom Ältestenrat festgelegten Terminstruktur. [3]Abweichende Entscheidungen des Ausschusses sowie Vereinbarungen des Vorsitzenden mit den Fraktionen und der Landesregierung sind im Einzelfall zulässig. [4]Die Einladung ist den Ausschussmitgliedern spätesten eine Woche vor der Sitzung zuzuleiten. [5]Die Fraktionen und die Landesregierung können im Einzelfall eine kürzere Frist vereinbaren.
(2) [1]Mit der Einladung ist eine Tagesordnung mitzuteilen. [2]Sie ist durch den Vorsitzenden festzusetzen, es sei denn, dass der Ausschuss vorher darüber beschließt. [3]§ 57 gilt mit der Maßgabe entsprechend, dass Gegenstände, die nicht auf der Tagesordnung stehen, beraten werden können, es sei denn, dass eine Fraktion oder ein Viertel der Mitglieder des Ausschusses widerspricht.
(3) [1]Eine Ausschusssitzung ist durch den Vorsitzenden unverzüglich einzuberufen, wenn es ein Drittel der Ausschussmitglieder schriftlich unter Angabe des Beratungsgegenstandes verlangt, sofern die Beratung des Gegenstandes zulässig ist (§ 14). [2]Einberufungsverlangen können auch durch ein namentlich benanntes stellvertretendes Ausschussmitglied unterstützt werden, sofern durch die benennende Fraktion glaubhaft gemacht wird, dass ein Ausschussmitglied verhindert ist. [3]Mit der Einberufung ist zumindest der Beratungsgegenstand im Sinne von Satz 1 auf die Tagesordnung zu setzen. [4]Im Übrigen gilt § 55 Abs. 4 Satz 3 entsprechend.
(4) Ort, Zeit und Tagesordnung der Ausschusssitzungen sind der Landesregierung mitzuteilen.

### § 84a Leitung der Sitzung
(1) [1]Der Vorsitzende leitet die Sitzung des Ausschusses. [2]Sind der Vorsitzende und der stellvertretende Vorsitzende gleichzeitig verhindert, so übernimmt das älteste anwesende Mitglied des Ausschusses, das dazu bereit ist, die Sitzungsleitung.
(2) Der Vorsitzende eröffnet und schließt die Sitzung, ruft die Tagesordnungspunkte auf, erteilt das Wort, stellt die Beschlüsse des Ausschusses fest und führt sie aus.
(3) [1]Der Vorsitzende gewährleistet den ordnungsgemäßen Ablauf der Sitzung. [2]Sitzungsteilnehmer, die nicht Mitglieder des Landtages sind, und Zuhörer unterstehen während der Sitzung der Ordnungsgewalt des Vorsitzenden. [3]Ist der ordnungsgemäße Ablauf der Sitzung nicht mehr gewährleistet, so kann der Vorsitzende die Sitzung für bestimmte Zeit, allerdings nicht länger als 24 Stunden, unterbrechen oder im Einvernehmen mit den Fraktionen beenden.
(4) [1]Zur Klärung von Zweifeln über die Zweckmäßigkeit oder Rechtmäßigkeit seiner Maßnahmen kann der Vorsitzende die Sitzung für kurze Zeit unterbrechen. [2]Auf Verlangen einer Fraktion oder eines Viertels der Mitglieder des Ausschusses kann der Vorsitzende die Sitzung für bestimmte Zeit, allerdings nicht länger als 24 Stunden, auch unterbrechen, soweit dies aus anderen Gründen für die Arbeit des Ausschusses dienlich ist. [3]Das Verlangen ist zu begründen.
(5) Die Sitzung kann vertagt werden, wenn es der Ausschuss auf Antrag des Vorsitzenden, einer Fraktion oder eines Viertels der Ausschussmitglieder beschließt.
(6) [1]Die Sitzung kann vor Erledigung der Tagesordnung geschlossen werden. [2]Nicht erledigte Tagesordnungspunkte sind bei der Aufstellung der Tagesordnung für die nächste Sitzung des Ausschusses zu berücksichtigen.

### § 85 Öffentlichkeit und Vertraulichkeit
(1) [1]Die Sitzungen der Ausschüsse sind grundsätzlich nicht öffentlich. [2]Der Ausschuss kann auf Antrag einer Fraktion oder des Ausschussvorsitzenden bei Aufstellung der Tagesordnung für die nächste Sit-

zung beschließen, für einen bestimmten Verhandlungsgegenstand oder Teile desselben die Öffentlichkeit zuzulassen. ³Die Öffentlichkeit einer Sitzung ist hergestellt, wenn Vertretern der Medien und sonstigen Zuhörern im Rahmen der Raumverhältnisse des Landtagsgebäudes der Zutritt ermöglicht wird.

(2) ¹Anhörungen von Sachverständigen oder Interessenvertretern finden in öffentlicher Sitzung statt, sofern der Ausschuss nichts anderes beschließt. ²Zu einer öffentlichen Sitzung haben die Presse und andere Zuhörer Zutritt, soweit der Raum ausreicht.

(3) ¹Beratungsgegenstand und -ergebnis nichtöffentlicher Sitzungen dürfen der Presse und anderen Außenstehenden mitgeteilt werden, nicht jedoch die Äußerungen einzelner Teilnehmer oder das Abstimmungsverhalten einzelner Mitglieder des Landtages in der Sitzung. ²§ 87 Abs. 5 gilt entsprechend.

(4) ¹Die Ausschüsse können in besonderen Fällen Teile ihrer Verhandlungen für vertraulich erklären. ²Verhandlungen eines Ausschusses über Unterlagen, die er nach § 88 Abs. 1 für vertraulich erklärt hat oder die in den Geheimhaltungsgrad VS-vertraulich oder höher eingestuft sind, sind vertraulich.

(5) Mitteilungen über vertrauliche Verhandlungen eines Ausschusses (Absatz 4) dürfen nur Mitgliedern dieses Ausschusses, anderen Personen, die an diesen Verhandlungen teilgenommen haben, den Fraktionsvorsitzenden und dem Präsidenten gemacht werden.

(6) ¹Ein Ausschuss kann im Einzelfall Abweichungen von Absatz 5 beschließen. ²Soll etwas der Öffentlichkeit, insbesondere der Presse, mitgeteilt werden, so legt der Ausschuss den Wortlaut der Mitteilung fest. ³Hat der Ausschuss die Verhandlungen auf Verlangen der Landesregierung für vertraulich erklärt, so bedarf der Beschluss nach Satz 1 oder Satz 2 ihres Einvernehmens.

### § 86 Teilnahme von Personen, die dem Ausschuss nicht angehören

(1) ¹Berät ein Ausschuss über Anträge oder Petitionen von Mitgliedern des Landtages, so kann einer der Antragsteller oder der Petent an der Sitzung mit beratender Stimme teilnehmen. ²Bei Anträgen von Fraktionen kann die Fraktion ein Mitglied des Landtages hierfür bestimmen.

(2) In besonderen Fällen kann ein Ausschuss auch andere Mitglieder des Landtages zu seinen Verhandlungen mit beratender Stimme hinzuziehen.

(3) Der Präsident kann an allen Ausschusssitzungen mit beratender Stimme teilnehmen.

(4) ¹Im Übrigen können Mitglieder des Landtages, die den Ausschüssen nicht angehören, als Zuhörer an den Ausschusssitzungen teilnehmen, soweit nichts anderes vorgeschrieben ist. ²Dies gilt nicht für vertrauliche Verhandlungen (§ 85 Abs. 4) sowie für Sitzungen des Ältestenrates; der Ältestenrat kann Ausnahmen zulassen.

(5) Der Ausschuss kann jederzeit die Anwesenheit eines Mitglieds der Landesregierung verlangen.

(6) ¹Zur Unterstützung von Ausschussmitgliedern kann ein Fraktionsmitarbeiter je Fraktion an den Ausschusssitzungen ohne Rederecht teilnehmen. ²Dies gilt nicht für vertrauliche Verhandlungen.

### § 86a Beteiligung der Kommunalen Spitzenverbände

¹Die Ausschüsse hören die Kommunalen Spitzenverbände des Landes rechtzeitig bei der Vorbereitung von Rechtsvorschriften, die die Belange der Gemeinden oder der Landkreise unmittelbar berühren. ²Diese Anhörung kann in öffentlicher oder in nichtöffentlicher Sitzung oder im schriftlichen Verfahren erfolgen.

### § 86b Beteiligung von anderen Interessenvertretern

Die Anhörung von anderen Organisationen, die Interessen gegenüber dem Landtag vertreten, soll nur stattfinden, wenn sich diese in die öffentliche Liste der Interessenvertretung (Lobbyregister) eingetragen haben (Anlage).

### § 87 Niederschriften

(1) ¹Über jede Sitzung eines Ausschusses ist eine Niederschrift zu fertigen. ²Diese muss die in der Sitzung gefassten Beschlüsse enthalten und soll den wesentlichen Inhalt der Verhandlungen wiedergeben.

(1a) ¹Die Niederschriften werden an die Ausschussmitglieder und die Fraktionen verteilt. ²Sie gelten mit der Bereitstellung in einem eingeschränkt zugänglichen netzgestützten Informationsangebot des Landtages als verteilt, soweit die Berechtigten auf die Übermittlung in Papierform verzichtet haben. ³Die Niederschriften werden der Landesregierung auf elektronischem Weg übermittelt.

(2) In der Sitzung, die auf die Verteilung der Niederschrift folgt, ist über die Billigung der Niederschrift zu beschließen.
(2a) [1]Niederschriften über öffentliche Sitzungen werden im allgemein zugänglichen netzgestützten Informationsangebot des Landtages veröffentlicht. [2]Der Schutz personenbezogener Daten der Sitzungsteilnehmer, ausgenommen Mitglieder des Landtages und Mitglieder der Landesregierung, ist zu gewährleisten.
(3) Niederschriften über nichtöffentliche Sitzungen dürfen der Presse und anderen Außenstehenden nicht zugänglich gemacht werden.
(4) [1]Über vertrauliche Verhandlungen wird die Niederschrift in einem Stück zur Verwahrung durch die Landtagsverwaltung und in einem weiteren Stück für die Landesregierung hergestellt. [2]Der Ausschuss kann beschließen, dass die Niederschrift, abweichend von Absatz 1 Satz 2, nicht den Inhalt der Verhandlungen wiedergibt. [3]Einsicht in Niederschriften über vertrauliche Verhandlungen gewährt die Landtagsverwaltung nur den Ausschussmitgliedern, anderen Mitgliedern des Landtages, die an der Verhandlung teilgenommen haben, und den Fraktionsvorsitzenden.
(5) [1]Die Beschränkung nach Absatz 3 gilt in der laufenden und den zwei folgenden Wahlperioden. [2]Der Präsident kann Ausnahmen von den Absätzen 3 und 4 zulassen. [3]§ 88 Abs. 7 gilt entsprechend.

### § 88 Vertrauliche Unterlagen

(1) Die Ausschüsse können in besonderen Fällen Urkunden, Akten und andere Unterlagen, deren Inhalt zu ihrer Kenntnis bestimmt ist, für vertraulich erklären.
(2) [1]Sind Unterlagen für vertraulich erklärt worden, so regelt der Ausschuss ihre Behandlung. [2]Erfolgt keine Regelung, so sind diese Unterlagen durch die Landtagsverwaltung in entsprechender Anwendung der Regelungen für den Umgang mit in den Geheimhaltungsgrad VS-vertraulich eingestuften Unterlagen zu behandeln. [3]Entsprechendes gilt für Niederschriften über Sitzungen oder Teile von Sitzungen, die gemäß § 85 Abs. 4 für vertraulich erklärt worden sind.
(3) [1]Außerhalb der Verhandlungen des Ausschusses dürfen vertrauliche Unterlagen nur von dessen Mitgliedern und nur bei einem vom Präsidenten bestimmten Beamten des Landtages eingesehen werden. [2]Hat ein Ausschuss bereits über vertrauliche Unterlagen verhandelt, so dürfen diese Unterlagen auch von Mitgliedern des Landtages eingesehen werden, die verhinderte Ausschussmitglieder in dieser Sitzung vertreten haben.
(4) Während der Verhandlungen des Ausschusses dürfen vertrauliche Unterlagen nur von dessen Mitgliedern und von anderen Mitgliedern des Landtages eingesehen werden, die verhinderte Mitglieder vertreten.
(5) Der Ausschuss kann auch anderen Personen die Einsichtnahme in vertrauliche Unterlagen gestatten.
(6) § 85 Abs. 5 und 6 gilt entsprechend.
(7) [1]Der Ausschuss kann die Vertraulichkeit von Unterlagen wieder aufheben. [2]Nach Ablauf der Wahlperiode ist dazu der Präsident befugt.

### § 89 Ergänzende Vorschriften
Im Übrigen gelten die Vorschriften für die Sitzungen des Landtages entsprechend auch für die Sitzungen der Ausschüsse.

### § 90 Sitzungen des Ältestenrates
Für die Sitzungen des Ältestenrates gelten die §§ 84 bis 89 entsprechend.

*Vierter Abschnitt*
**Auslegung und Änderung der Geschäftsordnung; sprachliche Gleichstellung**

### § 91 Auslegung der Geschäftsordnung
(1) Während einer Sitzung des Landtages auftretende Zweifel über die Auslegung dieser Geschäftsordnung entscheidet der Präsident für den Einzelfall.
(2) [1]Im Übrigen obliegt die Auslegung dieser Geschäftsordnung dem Ältestenrat. [2]Der Präsident, ein Ausschuss, eine Fraktion oder acht Mitglieder des Landtages können verlangen, dass die Auslegung dem Landtag zur Entscheidung vorgelegt wird.

### § 92 Abweichungen von der Geschäftsordnung
Der Landtag kann im Einzelfall von Vorschriften dieser Geschäftsordnung abweichen, wenn nicht acht anwesende Mitglieder des Landtages widersprechen.

## § 93 Änderung der Geschäftsordnung
(1) Für Änderungen dieser Geschäftsordnung gelten die Vorschriften über Gesetzentwürfe entsprechend.

(2) ¹Der Ältestenrat kann sich auch ohne besondere Überweisung mit Fragen der Geschäftsordnung befassen und dem Landtag in Beschlussempfehlungen Vorschläge zu ihrer Änderung machen. ²Derartige Vorschläge behandelt der Landtag sogleich in zweiter Beratung.

## § 94 Sprachliche Gleichstellung
Personen- und Funktionsbezeichnungen in dieser Geschäftsordnung gelten jeweils in männlicher und weiblicher Form.

**Anlage**
(zu § 86b)

### Führung eines Lobbyregisters

### § 1 Öffentliche Liste der Interessenvertretung
Der Präsident führt eine öffentliche Liste, in der alle Organisationen unabhängig von ihrer Rechtsform oder natürliche Personen, die Interessen gegenüber dem Landtag oder der Landesregierung vertreten, auf Antrag eingetragen werden.

### § 2 Erforderliche Angaben
(1) Eine parlamentarische Anhörung der in § 1 genannten Interessenvertreter soll nur stattfinden, wenn sich diese in die Liste eingetragen und dabei folgende Angaben gemacht haben:
1. Name und Sitz,
2. Zusammensetzung von Vorstand und Geschäftsführung,
3. Interessenbereich,
4. Mitgliederzahl,
5. Anzahl der angeschlossenen Organisationen,
6. Namen der Vertreter der Organisation sowie
7. Anschrift der Geschäftsstelle einschließlich Telefon-, Faxnummer sowie E-Mail-Adresse und Internetadresse.

(2) Die Eintragung in die Liste begründet keinen Rechtsanspruch auf Anhörung.

### § 3 Öffentliche Zugänglichkeit der Liste
Die Liste ist vom Präsidenten auf der Internetseite des Landtages zu veröffentlichen.

# Gesetz
# über die Unterrichtung des Landtages durch die Landesregierung
# (Landtagsinformationsgesetz – LIG)

Vom 30. November 2004 (GVBl. LSA S. 810)
(BS LSA 100.4)

### § 1 Umfang der Informationspflicht der Landesregierung
Die Landesregierung unterrichtet den Landtag rechtzeitig über
1. die Vorbereitung von Gesetzen,
2. wichtige Angelegenheiten der Landesplanung und
3. den geplanten Abschluss von Staatsverträgen

sowie, soweit sie für das Land von grundsätzlicher Bedeutung sind, über
4. Bundesratsangelegenheiten,
5. beabsichtigte Verwaltungsabkommen,
6. die Zusammenarbeit mit dem Bund, den Ländern, den Regionen, anderen Staaten und zwischenstaatlichen Einrichtungen und
7. Angelegenheiten der Europäischen Union.

### § 2 Recht des Landtages zur Stellungnahme
(1) In den Fällen des § 1 Nrn. 4 bis 7 gibt die Landesregierung dem Landtag rechtzeitig Gelegenheit zur Stellungnahme und berücksichtigt diese bei ihrer Willensbildung.

(2) [1]Bei Vorhaben, die Gesetzgebungszuständigkeiten des Landes wesentlich berühren oder Änderungen des Grundgesetzes zum Gegenstand haben und zu denen der Landtag eine Stellungnahme abgegeben hat, berücksichtigt die Landesregierung diese Stellungnahme bei der Willensbildung maßgeblich. [2]Eine rechtliche Bindung besteht nicht. [3]Folgt die Landesregierung der Stellungnahme nicht, gibt sie gegenüber dem Landtag einen Bericht und erläutert die Gründe.

### § 3 Ausnahmen von der Informationspflicht der Landesregierung
[1]Die Landesregierung braucht ihrer Informationspflicht nicht zu entsprechen, sofern dadurch die Funktionsfähigkeit und Eigenverantwortung der Regierung oder Verwaltung wesentlich beeinträchtigt würden oder zu befürchten ist, dass durch das Bekanntwerden von Tatsachen dem Wohle des Landes oder des Bundes Nachteile zugefügt oder schutzwürdige Interessen Dritter verletzt werden. [2]Ein Absehen von der Unterrichtung des Landtages ist zu begründen.

### § 4 Vereinbarung
[1]Das Nähere regeln Landtag und Landesregierung durch Vereinbarung. [2]Die Vereinbarung ist im Gesetz- und Verordnungsblatt für das Land Sachsen-Anhalt bekannt zu machen.

### § 5 In-Kraft-Treten
Dieses Gesetz tritt am Tag nach seiner Verkündung[1] in Kraft.

---
1) Verkündet am 3. 12. 2004.

# Gesetz über das Landesverfassungsgericht (Landesverfassungsgerichtsgesetz – LVerfGG)[1)]

Vom 23. August 1993 (GVBl. LSA S. 441)
(BS LSA 1104.1)
zuletzt geändert durch § 1 Drittes ÄndG vom 20. Juni 2018 (GVBl. LSA S. 162)

## Nichtamtliche Inhaltsübersicht

### I. Teil
**Gerichtsverfassung, Zuständigkeit und Organisation**

| | | |
|---|---|---|
| § 1 | Bezeichnung und Sitz | |
| § 2 | Entscheidungen des Landesverfassungsgericht | |
| § 3 | Zusammensetzung und Stellvertretung | |
| § 4 | Wählbarkeit | |
| § 5 | Eignung zum Mitglied des Landesverfassungsgerichts | |
| § 6 | Nichteignung zum Mitglied des Landesverfassungsgerichts | |
| § 7 | Verfahren | |
| § 8 | Rechtsstellung | |
| § 9 | Beendigung der Amtszeit | |
| § 10 | Entlassung vor Ablauf der Amtszeit | |
| § 11 | Entlassung | |
| § 12 | Vertreter | |
| § 13 | Präsident | |
| § 13a | Einrichtung von Kammern | |
| § 14 | Zuständigkeiten | |
| § 15 | Geschäftsordnung | |

### II. Teil
**Allgemeine Verfahrensvorschriften**

| | | |
|---|---|---|
| § 16 | Einleitung des Verfahrens | |
| § 17 | Verbindung und Trennung von Verfahren | |
| § 18 | Prozeßvertretung | |
| § 19 | Ausschließung eines Richters | |
| § 20 | Ablehnung wegen Besorgnis der Befangenheit | |
| § 21 | Verwerfung und Zurückweisung von Anträgen | |
| § 22 | Klärung des Sachverhalts | |
| § 23 | Zeugen und Sachverständige | |
| § 24 | Rechts- und Amtshilfe | |
| § 25 | Akteneinsicht | |
| § 26 | Zustandekommen und Form der Entscheidung | |
| § 27 | Niederschrift der mündlichen Verhandlung | |
| § 28 | Form der Verkündung und Entscheidung | |
| § 29 | Verpflichtung zum Stillschweigen | |
| § 30 | Verbindlichkeit der Entscheidung | |
| § 31 | Einstweilige Anordnungen | |
| § 32 | Kosten | |
| § 33 | Anwendung der Vorschriften des Gerichtsverfassungsgesetzes | |

### III. Teil
**Besondere Verfahrensvorschriften**

**1. Abschnitt**
**Verfahren in den Fällen des § 2 Nr. 1**
**(Wahlprüfung)**

| | | |
|---|---|---|
| § 34 | Beschwerde | |

**2. Abschnitt**
**Verfahren in den Fällen des § 2 Nr. 2**
**(Organstreitigkeiten)**

| | | |
|---|---|---|
| § 35 | Antragsteller und Antragsgegner | |
| § 36 | Zulässigkeit des Antrags | |
| § 37 | Beitritt zum Verfahren | |
| § 38 | Inhalt der Entscheidung | |

**3. Abschnitt**
**Verfahren in den Fällen des § 2 Nr. 4**
**(Abstrakte Normenkontrolle)**

| | | |
|---|---|---|
| § 39 | Abstrakte Normenkontrolle | |
| § 40 | Beteiligung des Landtages und der Landesregierung | |
| § 41 | Inhalt der Entscheidung | |

**4. Abschnitt**
**Verfahren in den Fällen des § 2 Nr. 6**
**(Konkrete Normenkontrolle)**

| | | |
|---|---|---|
| § 42 | Vorlagebeschluss | |
| § 43 | Inhalt der Entscheidung | |

**5. Abschnitt**
**Verfahren in den Fällen des § 2 Nr. 5**
**(Prüfung eines Untersuchungsauftrages)**

| | | |
|---|---|---|
| § 44 | Vorlagebeschluss | |
| § 45 | Verfahren | |
| § 46 | Inhalt der Entscheidung | |

**6. Abschnitt**
**Verfahren in den Fällen des § 2 Nr. 7 oder Nr. 7a**
**(Verfassungsbeschwerde)**

| | | |
|---|---|---|
| § 47 | Beschwerdebefugnis | |
| § 48 | Frist | |
| § 49 | Begründung der Beschwerde | |

---

1) **Amtl. Anm.:** Dieses Gesetz dient der Umsetzung der Richtlinie 2006/123/EG des Europäischen Parlaments und des Rates vom 12. Dezember 2006 über Dienstleistungen im Binnenmarkt (ABl. L 376 vom 27.12.2006, S. 36).

| § 50 | Geltung |
| § 50a | Mündliche Verhandlung |
| § 50b | Kammerbefugnisse |
| § 50c | Stattgabe |

**7. Abschnitt**
**Verfahren in den Fällen des § 2 Nr. 8**
**(Kommunale Verfassungsbeschwerde)**

| § 51 | Kommunale Verfassungsbeschwerde |

**8. Abschnitt**
**Verfahren in den Fällen des § 2 Nr. 3 (Streitigkeiten über die Durchführung von Volksinitiativen, Volksbegehren, Volksentscheiden)**

| § 52 | Antrag, Verfahren |

**IV. Teil**
**Verzögerungsbeschwerde**

| § 53 | Entschädigung |

**V. Teil**
**Übergangs- und Schlussvorschriften**

| § 54 | Befristung |
| § 55 | Geschlechtergerecht |
| § 56 | Inkrafttreten |

*I. Teil*
**Gerichtsverfassung, Zuständigkeit und Organisation**

**§ 1 [Bezeichnung und Sitz]**
(1) Das Landesverfassungsgericht ist ein den anderen Verfassungsorganen gegenüber selbständiger und unabhängiger Gerichtshof des Landes.
(2) Der Sitz des Landesverfassungsgerichts ist Dessau-Roßlau.

**§ 2 [Entscheidungen des Landesverfassungsgericht]**
Das Landesverfassungsgericht entscheidet
1. über die Anfechtung von Entscheidungen des Landtages oder eines seiner Organe über die Gültigkeit einer Wahl zum Landtag oder den Erwerb oder Verlust der Mitgliedschaft im Landtag,
2. über die Auslegung der Verfassung des Landes Sachsen-Anhalt aus Anlaß von Streitigkeiten über den Umfang der Rechte und Pflichten eines obersten Landesorgans oder anderer Beteiligter, die durch die Landesverfassung oder in der Geschäftsordnung des Landtages oder der Landesregierung mit eigener Zuständigkeit ausgestattet sind, auf Antrag des obersten Landesorgans oder der anderen Beteiligten,
3. aus Anlaß von Streitigkeiten über die Durchführung von Volksinitiativen, Volksbegehren und Volksentscheiden auf Antrag der Antragsteller, eines Viertels der Mitglieder des Landtages oder auf Antrag der Landesregierung,
4. bei Meinungsverschiedenheiten oder Zweifeln über die förmliche oder sachliche Vereinbarkeit von Landesrecht mit der Verfassung des Landes Sachsen-Anhalt auf Antrag eines Viertels der Mitglieder des Landtages oder auf Antrag der Landesregierung,
5. über die Verfassungsmäßigkeit des Untersuchungsauftrages eines Untersuchungsausschusses auf Vorlage eines Gerichts, wenn es den Untersuchungsauftrag für verfassungswidrig hält und es bei dessen Entscheidung auf die Verfassungsmäßigkeit des Untersuchungsauftrages ankommt,
6. über die Vereinbarkeit eines Landesgesetzes mit der Verfassung des Landes Sachsen-Anhalt, wenn ein Gericht das Verfahren gemäß Artikel 100 Abs. 1 des Grundgesetzes ausgesetzt hat,
7. über Verfassungsbeschwerden, die von jedermann mit der Behauptung erhoben werden können, durch ein Landesgesetz unmittelbar in seinen Grundrechten, grundrechtsgleichen Rechten oder staatsbürgerlichen Rechten verletzt zu sein,
7a. über Verfassungsbeschwerden, die von jedermann mit der Behauptung erhoben werden können, durch einen sonstigen Akt der öffentlichen Gewalt des Landes unmittelbar in seinen Grundrechten, grundrechtsgleichen Rechten oder staatsbürgerlichen Rechten verletzt zu sein,
8. über Verfassungsbeschwerden von Kommunen und Gemeindeverbänden wegen Verletzung des Rechts auf Selbstverwaltung nach Artikel 2 Abs. 3 und Artikel 87 der Verfassung des Landes Sachsen-Anhalt durch ein Landesgesetz,
9. in den ihm sonst durch Gesetz zugewiesenen Fällen (Artikel 44 Abs. 3, Artikel 75 der Verfassung des Landes Sachsen-Anhalt).

## § 3 [Zusammensetzung und Stellvertretung]

(1) [1]Das Landesverfassungsgericht besteht aus sieben Mitgliedern. [2]Für jedes Mitglied wird ein bestimmter Vertreter gewählt. [3]Die Mitglieder und ihre Vertreter werden vom Landtag ohne Aussprache mit einer Mehrheit von zwei Dritteln der anwesenden Abgeordneten, mindestens mit der Mehrheit seiner Mitglieder, auf Vorschlag des Ausschusses für Recht und Verfassung für eine Amtszeit von sieben Jahren gewählt. [4]Mindestens drei der Mitglieder und mindestens drei der Vertreter sollen Frauen sein. [5]Die einmalige Wiederwahl ist zulässig.

(2) [1]Der Landtag regelt das Verfahren des Ausschusses für Recht und Verfassung in Angelegenheiten nach Absatz 1 Satz 3 durch seine Geschäftsordnung. [2]Die Sitzungen sind vertraulich. [3]Der Ausschuß kann den Präsidenten des Landesverfassungsgerichts hören und um Auskunft ersuchen. [4]Personalakten dürfen nur mit Zustimmung des Betroffenen vorgelegt werden.

## § 4 [Wählbarkeit]

(1) [1]Drei Mitglieder und ihre Vertreter werden aus der Gruppe der Präsidenten und Vizepräsidenten der Gerichte des Landes und der Vorsitzenden Richter an den obersten Landesgerichten gewählt. [2]Sie müssen zum Landtag von Sachsen-Anhalt wählbar sein.

(2) Aus den nach Absatz 1 gewählten Mitgliedern wählt der Landtag mit der in § 3 Abs. 1 Satz 3 festgelegten Mehrheit den Präsidenten und den Vizepräsidenten (§ 13 Abs. 1 Satz 1).

## § 5 [Eignung zum Mitglied des Landesverfassungsgerichts]

(1) [1]Die weiteren Mitglieder und ihre Vertreter sollen auf Grund ihrer Erfahrung im öffentlichen Leben für das Amt eines Mitglieds des Landesverfassungsgerichts besonders geeignet sein; mindestens ein Mitglied und sein Vertreter müssen auf Lebenszeit ernannte Universitätsprofessoren des Rechts sein. [2]Sie müssen das 40. Lebensjahr vollendet haben, zum Landtag wählbar sein und sich schriftlich bereit erklärt haben, Mitglied des Landesverfassungsgerichts zu werden.

(2) Sie dürfen weder dem Landtag oder der Landesregierung noch den entsprechenden Organen des Bundes, eines anderen Landes oder der Europäischen Gemeinschaft angehören; aus solchen Organen des Landes Sachsen-Anhalt scheiden sie mit ihrer Ernennung aus.

(3) [1]Sie dürfen beruflich weder im Dienst des Landes noch einer Körperschaft, Anstalt oder Stiftung des öffentlichen Rechts unter der Aufsicht des Landes oder der Kommunen und Gemeindeverbände stehen. [2]Ausgenommen ist der Dienst als Hochschullehrer und im Richterverhältnis auf Lebenszeit.

## § 6 [Nichteignung zum Mitglied des Landesverfassungsgerichts]

(1) Zum Mitglied des Landesverfassungsgerichts oder zum Vertreter eines Mitglieds soll nicht gewählt werden, wer
1. gegen die Grundsätze der Menschlichkeit oder der Rechtsstaatlichkeit verstoßen hat oder
2. wegen einer Tätigkeit als hauptamtlicher oder inoffizieller Mitarbeiter des Staatssicherheitsdienstes der ehemaligen Deutschen Demokratischen Republik im Sinne des § 6 Abs. 4 des Stasi-Unterlagen-Gesetzes vom 20. Dezember 1991 (BGBl. I S. 2272) oder als diesen Mitarbeitern nach § 6 Abs. 5 des Stasi-Unterlagen-Gesetzes gleichgestellte Person für das Amt nicht geeignet ist.

(2) [1]Der Präsident des Landtages kann zu diesem Zweck von den Vorgeschlagenen eine schriftliche Erklärung verlangen, daß bei ihnen die Voraussetzungen des Absatzes 1 nicht vorliegen. [2]Seine Befugnis, zur Überprüfung der Vorgeschlagenen ein Ersuchen an den Bundesbeauftragten für die Unterlagen des Staatssicherheitsdienstes zu richten, bleibt unberührt.

## § 7 [Verfahren]

(1) [1]Der Ministerpräsident ernennt die Gewählten. [2]Die Amtszeit beginnt mit der Aushändigung der Ernennungsurkunde.

(2) [1]Die Mitglieder des Landesverfassungsgerichts leisten, bevor sie ihr Amt antreten, vor dem Landtag den folgenden Eid: „Ich schwöre, daß ich als gerechter Richter die Verfassung des Landes Sachsen-Anhalt und das Grundgesetz für die Bundesrepublik Deutschland getreulich wahren und meine richterlichen Pflichten gegenüber jedermann gewissenhaft erfüllen werde." [2]Der Eid kann mit der religiösen Bekräftigung: „So wahr mir Gott helfe" oder ohne sie geleistet werden.

## § 8 [Rechtsstellung]

(1) Das Amt des Mitglieds des Landesverfassungsgerichts ist ein Ehrenamt.
(2) Die Tätigkeit als Mitglied des Landesverfassungsgerichts geht jeder anderen Tätigkeit vor.

(3) ¹Die Mitglieder erhalten Reisekostenvergütung nach den Bestimmungen des Bundesreisekostengesetzes sowie, beginnend mit dem Monat der Ernennung, eine monatliche Aufwandsentschädigung in Höhe von 600 Euro. ²Die Bezüge werden bis zum Schluß des letzten Kalendermonats der Amtszeit und im Falle des § 9 Abs. 1 bis zur Ernennung eines Nachfolgers gewährt. ³Mitglieder einer Kammer nach § 13a erhalten für jedes von dieser Kammer entschiedene Verfahren, an dessen Entscheidung sie mitgewirkt haben, eine zusätzliche Aufwandsentschädigung in Höhe von 50 Euro.
(4) Die Mitglieder erhalten Unfallfürsorge in entsprechender Anwendung der Vorschriften des § 37 Abs. 2 Nrn. 2 bis 4 und der §§ 38 bis 42 des Landesbeamtenversorgungsgesetzes Sachsen-Anhalt.

### § 9 [Beendigung der Amtszeit]
(1) Nach Ablauf der Amtszeit führen die Mitglieder ihre Amtsgeschäfte bis zur Ernennung des Nachfolgers fort.
(2) ¹Eine Neuwahl wird innerhalb von drei Monaten vor Ablauf der Amtszeit der bisherigen Mitglieder durchgeführt. ²Wenn die Wahlperiode des Landtages in dieser Zeit vorzeitig beendet ist, soll die Neuwahl innerhalb von zwei Monaten nach dem Zusammentritt des neuen Landtages durchgeführt werden.
(3) Scheidet ein Mitglied vor Ablauf seiner Amtszeit aus dem Landesverfassungsgericht aus, soll innerhalb von zwei Monaten ein Nachfolger für den Rest der Amtszeit gemäß § 3 Abs. 1 Satz 3 gewählt werden; Absatz 2 Satz 2 gilt entsprechend.
(4) Ist der Präsident oder der Vizepräsident ausgeschieden und kommt die Wahl des Nachfolgers im Vorsitz nach § 4 Abs. 2 nicht innerhalb von zwei Monaten nach der in Absatz 2 oder 3 bestimmten Frist zustande, so obliegt sie den Mitgliedern des Landesverfassungsgerichts unter dem Vorsitz des lebensältesten Mitglieds.

### § 10 [Entlassung vor Ablauf der Amtszeit]
¹Ein Mitglied des Landesverfassungsgerichts ist auf seinen Antrag vor Ablauf seiner Amtszeit durch den Ministerpräsidenten aus dem Amt zu entlassen. ²Im übrigen kann ein Mitglied vor Ablauf seiner Amtszeit nur auf Verlangen des Landesverfassungsgerichts (§ 11) entlassen werden. ³Artikel 84 der Verfassung des Landes Sachsen-Anhalt bleibt unberührt.

### § 11 [Entlassung]
(1) Das Landesverfassungsgericht kann die Entlassung eines Mitgliedes verlangen,
1. wenn in § 6 Abs. 1 bezeichnete Umstände bekannt werden, die der Eignung für das Amt entgegenstehen; der Präsident des Landesverfassungsgerichts hat die Befugnisse nach § 6 Abs. 2;
2. wenn das Mitglied eine Voraussetzung seiner Wählbarkeit nach §§ 4 Abs. 1, 5 Abs. 1 Satz 2, Abs. 2 oder 3 nicht mehr erfüllt;
3. wenn es infolge körperlicher oder geistiger Schwäche zur Ausübung des Amtes dauernd unfähig ist;
4. wenn es zu einer Freiheitsstrafe von mehr als sechs Monaten rechtskräftig verurteilt worden ist oder
5. wenn es sich innerhalb oder außerhalb des Amtes einer so groben Pflichtverletzung schuldig gemacht hat, daß sein Verbleiben im Amt ausgeschlossen erscheint.
(2) ¹Das Landesverfassungsgericht beschließt unter Mitwirkung auch der stellvertretenden Mitglieder darüber, ob es die Entlassung verlangen will. ²Der Präsident leitet das Verfahren von Amts wegen oder auf Antrag von mindestens drei Mitgliedern oder Stellvertretern ein. ³Das Landesverfassungsgericht ist bei Anwesenheit von mindestens neun Mitgliedern und Stellvertretern beschlußfähig. ⁴Das Entlassungsverlangen bedarf der Mehrheit von zwei Dritteln der Anwesenden
(3) ¹Nach Einleitung des Verfahrens kann der Betroffene durch Beschluß des Landesverfassungsgerichts vorläufig seines Amtes enthoben werden; Absatz 2 Satz 1, 3 und 4 ist entsprechend anzuwenden. ²Das gleiche gilt, wenn gegen den Betroffenen wegen einer Straftat das Hauptverfahren eröffnet worden ist.
(4) ¹Die allgemeinen Verfahrensvorschriften gelten entsprechend. ²Der Betroffene wirkt in den Verfahren nach Absatz 2 und 3 nicht mit. ³Ihm ist Gelegenheit zur Äußerung zu geben. ⁴Die Beschlüsse sind ihm zu eröffnen.
(5) Andere von dem Betroffenen bekleidete Ämter werden durch die Verfahren nach Absatz 2 und 3 nicht berührt.

## § 12 [Vertreter]

(1) ¹Soweit nichts anderes bestimmt ist, sind die für die Mitglieder geltenden Vorschriften der §§ 7 bis 11 auch auf die Vertreter anzuwenden. ²Das Amt der Vertreter wird durch die Beendigung des Amtes des Mitgliedes, das sie vertreten, nicht berührt.
(2) Die nach § 4 Abs. 1 gewählten Vertreter und die Vertreter der Mitglieder nach § 5 vertreten sich innerhalb jeder Gruppe gegenseitig; zur Vertretung ist der lebensälteste nicht verhinderte Vertreter berufen.
(3) ¹Die Vertreter erhalten eine Aufwandsentschädigung in Höhe des halben Betrages der den Mitgliedern zustehenden Entschädigung. ²Für die Monate, in denen sie an einem Verfahren mitwirken, erhalten sie die volle Aufwandsentschädigung.

## § 13 [Präsident]

(1) ¹Den Vorsitz im Landeserfassungsgericht führt der Präsident, im Falle seiner Verhinderung der Vizepräsident. ²Ist auch dieser verhindert, so übernimmt das lebensälteste anwesende Mitglied, das nach § 4 Abs. 1 gewählt ist, den Vorsitz.
(2) Das Landesverfassungsgericht ist beschlußfähig, wenn mindestens sechs Mitglieder oder deren Vertreter anwesend und mindestens zwei der Anwesenden nach § 4 Abs. 1 gewählt sind
(3) ¹Soweit nichts anderes bestimmt ist, entscheidet die Mehrheit der an der Entscheidung Mitwirkenden. ²Bei Stimmengleichheit ist ein Antrag abgelehnt. ³Ein Verstoß gegen die Verfassung oder sonstiges Recht kann bei Stimmengleichheit nicht festgestellt werden.

## § 13a [Einrichtung von Kammern]

¹Für Entscheidungen nach § 50b kann das Landesverfassungsgericht für die Dauer eines Geschäftsjahres eine oder mehrere Kammern einrichten. ²In diesem Fall bestimmt es vor Beginn des Geschäftsjahres deren Zahl und Zusammensetzung sowie gegebenenfalls die Verteilung der Verfassungsbeschwerden auf die einzelnen Kammern. ³Eine Kammer besteht aus drei Mitgliedern des Landesverfassungsgerichts, von denen mindestens eines nach § 4 Abs. 1 und mindestens ein weiteres entweder nach § 4 Abs. 1 oder nach § 5 Abs. 1 Satz 1 Halbsatz 2 gewählt ist. ⁴Mindestens ein Mitglied soll nach § 5 Abs. 1 Satz 1 gewählt sein.

## § 14 [Zuständigkeiten]

(1) ¹Der Präsident des Landesverfassungsgerichts vertritt das Gericht außerhalb der Sitzungen und leitet die Verwaltung. ²§ 13 Abs. 1 gilt entsprechend.
(2) ¹Das Landesverfassungsgericht kann sich der Geschäftsstelle und der Geschäftseinrichtungen des Landgerichts Dessau-Roßlau bedienen. ²Auf Ersuchen des Präsidenten wird vom für Justiz zuständigen Ministerium eine Geschäftsstelle bei dem Landesverfassungsgericht eingerichtet und im Einvernehmen mit dem Präsidenten mit einem geschäftsleitenden Beamten sowie den weiter erforderlichen Bediensteten besetzt.
(3) ¹Der Präsident kann einen Richter im Landesdienst, auch zu einem Teil seines regelmäßigen Dienstes, zu seiner Unterstützung in den Verwaltungsgeschäften und zur Mitwirkung als wissenschaftlicher Mitarbeiter im Nebenamt bestellen. ²Er kann weitere wissenschaftliche Mitarbeiter zur Vorbereitung von Entscheidungen nach Bedarf heranziehen; Richter und Beamte sind dazu im Nebenamt zu bestellen. ³Bedienstete des Landes erhalten für die Dauer ihrer Heranziehung nach Satz 1 oder 2 eine Aufwandsentschädigung in Höhe von monatlich 300 Euro, sofern sie nicht deshalb in ihrem Hauptamt entlastet sind.

## § 15 [Geschäftsordnung]

¹Das Landesverfassungsgericht gibt sich eine Geschäftsordnung. ²Die Vorschriften des Gesetzes zur Aufbewahrung von Schriftgut der Justiz im Land Sachsen-Anhalt finden mit der Maßgabe Anwendung, dass das Landesverfassungsgericht die bei der Aufbewahrung von Schriftgut zu beachtenden Aufbewahrungsfristen in seiner Geschäftsordnung regelt. ³Sie ist im Gesetz- und Verordnungsblatt für das Land Sachsen-Anhalt zu veröffentlichen.

## II. Teil
## Allgemeine Verfahrensvorschriften

### § 16 [Einleitung des Verfahrens]
(1) ¹Anträge, die das Verfahren einleiten, sind schriftlich beim Landesverfassungsgericht einzureichen. ²Sie sind zu begründen; die erforderlichen Beweismittel sind anzugeben.
(2) Der Präsident stellt den Antrag den übrigen Beteiligten und den Beitrittsberechtigten mit der Aufforderung zu, sich binnen einer zu bestimmenden Frist zu äußern.
(3) Der Präsident kann jedem Beteiligten aufgeben, binnen einer zu bestimmenden Frist die erforderliche Zahl von Überstücken der Schriftsätze und der angegriffenen Entscheidungen für das Gericht und die Verfahrensbeteiligten nachzureichen

### § 17 [Verbindung und Trennung von Verfahren]
Das Landesverfassungsgericht kann anhängige Verfahren verbinden und verbundene Verfahren trennen.

### § 18 [Prozeßvertretung]
(1) ¹Die Beteiligten können sich in jeder Lage des Verfahrens durch einen Rechtsanwalt oder durch einen Rechtslehrer an einer Hochschule vertreten lassen. ²In der mündlichen Verhandlung vor dem Landesverfassungsgericht müssen sie sich in dieser Weise vertreten lassen. ³Die Vollmacht ist unter ausdrücklicher Bezugnahme auf das Verfahren schriftlich zu erteilen.
(2) ¹Der Landtag oder seine Teile, die in der Verfassung oder in der Geschäftsordnung des Landtages mit eigenen Rechten ausgestattet sind, können sich auch durch ihre Mitglieder vertreten lassen. ²Das Land und seine Verfassungsorgane sowie die Kommunen und Gemeindeverbände können sich ferner durch ihre Beamten vertreten lassen, soweit diese die Befähigung zum Richteramt besitzen oder Diplomjurist sind oder einer Laufbahn des höheren allgemeinen Verwaltungsdienstes angehören.
(3) ¹Das Landesverfassungsgericht kann auch eine andere Person als Beistand eines Beteiligten zulassen. ²Die Zulassung kann jederzeit widerrufen werden.
(4) ¹Erfordert es die Sach- und Rechtslage oder ist der Antragsteller zum Vortrag nicht geeignet, so kann der Präsident ihm aufgeben, binnen einer zu bestimmenden Frist einen Bevollmächtigten nach Absatz 1 Satz 1 zu bestellen. ²Wenn das Verfahren von einer Personengruppe beantragt wird oder eine solche sonst am Verfahren beteiligt ist, so kann der Präsident ihr aufgeben, einen gemeinsamen Beauftragten oder einen gemeinsamen Bevollmächtigten nach Absatz 1 Satz 1 zu bestellen. ³Absatz 1 Satz 3 gilt entsprechend.
(5) In den Fällen, in denen die Vertretung durch einen Bevollmächtigten oder Beauftragten vorgeschrieben oder aufgegeben ist, kann nur ein solcher rechtswirksam Anträge stellen und Erklärungen abgeben.
(6) ¹Ist ein Bevollmächtigter oder Beauftragter bestellt, sind alle Mitteilungen des Gerichts an ihn zu richten. ²Ist der Aufenthalt eines Bevollmächtigten oder Beauftragten unbekannt, erfolgt die Mitteilung unmittelbar an die Beteiligten des Verfahrens.

### § 19 [Ausschließung eines Richters]
(1) Ein Mitglied des Landesverfassungsgerichts ist von der Ausübung seines Richteramtes ausgeschlossen, wenn es
1. an der Sache beteiligt oder mit einem Beteiligten verheiratet, in gerader Linie verwandt oder verschwägert oder in der Seitenlinie bis zum dritten Grade verwandt oder bis zum zweiten Grade verschwägert ist oder war oder in einer Eingetragenen Lebenspartnerschaft lebt oder gelebt hat,
2. in derselben Sache bereits von Amts oder Berufs wegen tätig war oder ist,
3. mit einem Dritten, der nach den Nummern 1 oder 2 von der Ausübung des Richteramtes ausgeschlossen wäre, eine Bürogemeinschaft oder Sozietät betreibt.
(2) Beteiligt ist nicht, wer auf Grund seines Familienstandes, seines Berufes, seiner Abstammung, seiner Zugehörigkeit zu einer politischen Partei oder aus einem ähnlichen allgemeinen Gesichtspunkt am Ausgang des Verfahrens interessiert ist.

(3) Als Tätigkeit im Sinne des Absatzes 1 Nr. 2 gilt nicht
1. die Mitwirkung im Gesetzgebungsverfahren,
2. die Äußerung einer wissenschaftlichen Meinung zu einer Rechtsfrage, die für das Verfahren bedeutsam sein kann.
(4) Die Vorschriften der Absätze 1 bis 3 gelten auch für die Vertreter.

### § 20 [Ablehnung wegen Besorgnis der Befangenheit]
(1) ¹Wird ein Mitglied des Landesverfassungsgerichts oder ein in dem Verfahren mitwirkender Vertreter wegen Besorgnis der Befangenheit abgelehnt, so entscheidet das Gericht unter Ausschluß des Abgelehnten in der verbleibenden Besetzung. ²Sind mehr als zwei Richter abgelehnt worden, entscheidet das Gericht unter Heranziehung der Vertreter. ³Bei Stimmengleichheit gibt die Stimme des Vorsitzenden den Ausschlag.
(2) ¹Die Ablehnung ist zu begründen. ²Der Abgelehnte hat sich dazu zu äußern. ³Ein Beteiligter ist nicht mehr zur Ablehnung berechtigt, wenn er sich, ohne den ihm bekannten Ablehnungsgrund geltend zu machen, in eine Verhandlung eingelassen hat.
(3) Erklärt sich ein Mitglied oder ein in dem Verfahren mitwirkender Vertreter selbst für befangen, so gilt Absatz 1 entsprechend.

### § 21 [Verwerfung und Zurückweisung von Anträgen]
(1) Das Landesverfassungsgericht kann durch einstimmigen Beschluß, der ohne mündliche Verhandlung ergehen kann, unzulässige Anträge verwerfen und offensichtlich unbegründete Anträge zurückweisen.
(2) ¹Der Beschluß bedarf keiner weiteren Begründung, wenn der Antragsteller zuvor auf die Bedenken gegen die Zulässigkeit oder Begründetheit seines Antrags hingewiesen worden ist. ²Im übrigen genügt zur Begründung des Beschlusses ein Hinweis auf den maßgeblichen rechtlichen Gesichtspunkt.

### § 22 [Klärung des Sachverhalts]
¹Das Landesverfassungsgericht klärt den Sachverhalt von Amts wegen auf und erhebt ohne Bindung an das Vorbringen und die Beweisanträge der Beteiligten den nach seinem Ermessen erforderlichen Beweis. ²Es kann damit außerhalb der mündlichen Verhandlung ein Mitglied des Gerichts beauftragen oder unter Bezeichnung bestimmter Beweisfragen und Beweismittel ein anderes Gericht um die Beweiserhebung ersuchen.

### § 23 [Zeugen und Sachverständige]
(1) Für die Vernehmung von Zeugen und Sachverständigen gelten die Vorschriften der Zivilprozeßordnung entsprechend.
(2) ¹Soweit ein Zeuge oder Sachverständiger nur mit Genehmigung einer vorgesetzten Stelle vernommen werden darf, darf diese Genehmigung nur verweigert werden, wenn das Wohl des Bundes oder eines Landes oder erhebliche schutzwürdige Interessen Dritter es erfordern. ²Bezieht sich das Verfahren auf einen vom Landtag eingesetzten Untersuchungsausschuß, gelten die Voraussetzungen des § 15 Abs. 3 Satz 1 des Untersuchungsausschußgesetzes. ³Der Zeuge oder Sachverständige kann sich nicht auf seine Schweigepflicht berufen, wenn das Landesverfassungsgericht die Verweigerung der Aussagegenehmigung für unbegründet erklärt.

### § 24 [Rechts- und Amtshilfe]
¹Die Gerichte und Verwaltungsbehörden des Landes leisten dem Landesverfassungsgericht Rechts- und Amtshilfe. ²Sie legen ihm Akten und Urkunden über ihre oberste Dienstbehörde vor. ³Im übrigen gilt § 23 Abs. 2 entsprechend.

### § 25 [Akteneinsicht]
(1) ¹Die Beteiligten haben das Recht der Akteneinsicht. ²Über Ort und Zeit der Akteneinsicht entscheidet der Präsident.
(2) Voten, Entwürfe zu Entscheidungen und Verfügungen, die Arbeiten zu ihrer Vorbereitung sowie die Unterlagen über Abstimmungen sind nicht Bestandteil der Verfahrensakten und werden nicht vorgelegt.

### § 26 [Zustandekommen und Form der Entscheidung]
(1) Das Landesverfassungsgericht entscheidet, soweit nichts anderes bestimmt ist, auf Grund mündlicher Verhandlung.

(2) Von einer mündlichen Verhandlung kann abgesehen werden, wenn von ihr keine weitere Förderung des Verfahrens zu erwarten ist und die am Verfahren Beteiligten und die Beitrittsberechtigten auf eine mündliche Verhandlung verzichten.
(3) Die Entscheidungen ergehen im Namen des Volkes, und zwar nach mündlicher Verhandlung als Urteil, ohne mündliche Verhandlung als Beschluß.
(4) Teil- und Zwischenentscheidungen sind zulässig.

### § 27 [Niederschrift der mündlichen Verhandlung]
[1]Über die mündliche Verhandlung wird eine Niederschrift aufgenommen. [2]Die Verhandlung kann darüber hinaus in einer Tonbandaufnahme festgehalten werden. [3]Das Nähere regelt die Geschäftsordnung.

### § 28 [Form der Verkündung und Entscheidung]
(1) [1]Das Landesverfassungsgericht entscheidet in geheimer Beratung nach seiner freien, aus dem Inhalt der Verhandlung und dem Ergebnis der Beweisaufnahme geschöpften Überzeugung. [2]Die Entscheidung ist schriftlich abzufassen, zu begründen und von den Richtern, die mitgewirkt haben, zu unterzeichnen. [3]Sie ist sodann, wenn eine mündliche Verhandlung stattgefunden hat, in einem in der Verhandlung bekanntgegebenen oder nach Abschluß der Beratung festgelegten Termin, der den Beteiligten unverzüglich mitzuteilen ist, unter Mitteilung der wesentlichen Entscheidungsgründe öffentlich zu verkünden. [4]Zwischen dem Abschluß der mündlichen Verhandlung und der Verkündung der Entscheidung soll nicht mehr als drei Monate liegen.
(2) [1]Ein Richter kann seine in der Beratung vertretene abweichende Meinung zu der Entscheidung oder zu deren Begründung in einem Sondervotum niederlegen; das Sondervotum ist der Entscheidung anzuschließen. [2]Das Gericht kann in seinen Entscheidungen das Stimmenverhältnis mitteilen. [3]Das Nähere regelt die Geschäftsordnung.
(3) Alle Entscheidungen sind den Beteiligten schriftlich bekanntzumachen.

### § 29 [Verpflichtung zum Stillschweigen]
Alle mitwirkenden Mitglieder und Vertreter sind verpflichtet, über den Hergang der Beratung und die Abstimmung Stillschweigen gegenüber jedermann zu bewahren.

### § 30 [Verbindlichkeit der Entscheidung]
(1) Die Entscheidungen des Landesverfassungsgerichts binden die Verfassungsorgane und alle Gerichte und Behörden des Landes.
(2) [1]Entscheidungen nach § 2 Nrn. 4, 6, 7 und 8 haben Gesetzeskraft, soweit durch sie ein Gesetz als mit der Verfassung des Landes Sachsen-Anhalt unvereinbar oder für nichtig erklärt wird. [2]Insoweit ist die Entscheidungsformel durch das für Justiz zuständige Ministerium im Gesetz- und Verordnungsblatt für das Land Sachsen-Anhalt zu veröffentlichen.

### § 31 [Einstweilige Anordnungen]
(1) Das Landesverfassungsgericht kann im Streitfall einen Zustand durch einstweilige Anordnung vorläufig regeln, wenn dies zur Abwehr schwerer Nachteile, zur Verhinderung drohender Gewalt oder aus einem anderen wichtigen Grund zum gemeinen Wohl dringend geboten ist.
(2) [1]Die einstweilige Anordnung kann ohne mündliche Verhandlung ergehen. [2]Vor ihrem Erlaß soll den Beteiligten Gelegenheit zur Stellungnahme gegeben werden.
(3) [1]Gegen die einstweilige Anordnung und gegen ihre Ablehnung kann binnen eines Monats Widerspruch erhoben werden. [2]Das gilt nicht im Verfahren der Verfassungsbeschwerde. [3]Über den Widerspruch entscheidet das Landesverfassungsgericht nach mündlicher Verhandlung.
(4) [1]Der Widerspruch gegen die einstweilige Anordnung hat keine aufschiebende Wirkung. [2]Das Landesverfassungsgericht kann die Vollziehung der einstweiligen Anordnung aussetzen.
(5) [1]Das Landesverfassungsgericht kann die Entscheidung über die einstweilige Anordnung oder über den Widerspruch ohne Begründung bekanntgeben. [2]In diesem Fall ist die Begründung gesondert zu übermitteln.
(6) Die einstweilige Anordnung tritt mit Bekanntgabe der Entscheidung zur Hauptsache außer Kraft, wenn das Landesverfassungsgericht sie nicht vorher aufhebt.
(7) [1]Ist das Landesverfassungsgericht nicht beschlussfähig, so kann die einstweilige Anordnung bei besonderer Dringlichkeit erlassen werden, wenn mindestens drei Mitglieder oder deren Vertreter an-

wesend sind, mindestens zwei der Anwesenden nach § 4 Abs. 1 gewählt sind und der Beschluss einstimmig gefasst wird. ²Sie tritt nach einem Monat außer Kraft. ³Wird sie innerhalb der Monatsfrist durch das Landesverfassungsgericht bestätigt, findet für das Außerkrafttreten Absatz 6 entsprechende Anwendung.
(8) ¹Das Landesverfassungsgericht kann anordnen, daß eine einstweilige Anordnung im Gesetz- und Verordnungsblatt für das Land Sachsen-Anhalt zu veröffentlichen ist. ²§ 30 Abs. 2 Satz 2 gilt entsprechend.

§ 32 [Kosten]
(1) Das Verfahren vor dem Landesverfassungsgericht ist kostenfrei.
(2) Erweist sich eine Verfassungsbeschwerde nach § 2 Nr. 7 oder Nr. 7a als begründet, so sind dem Beschwerdeführer die notwendigen Auslagen ganz oder teilweise zu erstatten.
(3) In den übrigen Fällen kann das Landesverfassungsgericht die volle oder teilweise Erstattung der notwendigen Auslagen anordnen.
(4) ¹Der Urkundsbeamte der Geschäftsstelle setzt auf Antrag die zu erstattenden Kosten und Auslagen fest. ²Über die Erinnerung gegen den Kostenfestsetzungsbeschluß entscheidet das Landesverfassungsgericht. ³Die Erinnerung hat aufschiebende Wirkung.

§ 33 [Anwendung der Vorschriften des Gerichtsverfassungsgesetzes]
(1) Hinsichtlich der Öffentlichkeit, der Sitzungspolizei, der Gerichtssprache, der Beratung und der Abstimmung sind die Vorschriften der Titel 14 bis 16 des Gerichtsverfassungsgesetzes entsprechend anzuwenden.
(2) Soweit dieses Gesetz keine Bestimmungen über das Verfahren enthält, sind die Vorschriften der Verwaltungsgerichtsordnung und ergänzend diejenigen der Zivilprozeßordnung entsprechend heranzuziehen.

*III. Teil*
**Besondere Verfahrensvorschriften**

*1. Abschnitt*
**Verfahren in den Fällen des § 2 Nr. 1 (Wahlprüfung)**

§ 34 [Beschwerde]
(1) Gegen die Entscheidung des Landtages im Wahlprüfungs- oder Feststellungsverfahren ist die Beschwerde zulässig.
(2) Die Beschwerde können
1. jede wahlberechtigte Person und jede Gruppe von Wahlberechtigten, deren Einspruch verworfen wurde,
2. der Abgeordnete, dessen Mitgliedschaft bestritten ist
3. jede Fraktion des Landtages,
4. im Feststellungsverfahren die Antragsberechtigten nach § 17 Abs. 1 Nrn. 1, 3 und 4 sowie § 18 Abs. 1 des Wahlprüfungsgesetzes Sachsen-Anhalt,
5. der Präsident des Landtages, der für Wahlen zuständige Minister und der Landeswahlleiter, deren in amtlicher Eigenschaft eingelegter Einspruch oder Antrag vom Landtag zurückgewiesen ist,
binnen eines Monats seit der Zustellung des Beschlusses des Landtages erheben.
(3) *[aufgehoben]*
(4) Das Landesverfassungsgericht kann von einer mündlichen Verhandlung absehen, wenn von ihr keine weitere Förderung des Verfahrens zu erwarten ist

*2. Abschnitt*
**Verfahren in den Fällen des § 2 Nr. 2 (Organstreitigkeiten)**

§ 35 [Antragsteller und Antragsgegner]
Antragsteller und Antragsgegner der Streitigkeiten nach § 2 Nr. 2 können nur sein
1. der Landtag,
2. die Landesregierung,

3. die in der Verfassung oder in der Geschäftsordnung des Landtages oder der Landesregierung mit eigenen Zuständigkeiten ausgestatteten Teile dieser Organe,
4. die Parteien.

### § 36 [Zulässigkeit des Antrags]
(1) Der Antrag ist nur zulässig, wenn der Antragsteller geltend macht, daß er oder das Organ, dem er angehört, durch eine Maßnahme oder Unterlassung des Antragsgegners in seinen verfassungsrechtlichen Zuständigkeiten verletzt oder unmittelbar gefährdet ist.
(2) In dem Antrag ist die Vorschrift der Verfassung des Landes Sachsen-Anhalt zu bezeichnen, gegen die der Antragsgegner durch die beanstandete Maßnahme oder Unterlassung verstoßen haben soll.
(3) Der Antrag muß binnen sechs Monaten, nachdem die beanstandete Maßnahme oder Unterlassung dem Antragsteller bekannt geworden ist, gestellt werden.

### § 37 [Beitritt zum Verfahren]
(1) Dem Antragsteller und dem Antragsgegner können in jeder Lage des Verfahrens andere in § 35 genannte Antragsberechtigte beitreten, wenn die Entscheidung auch für die Abgrenzung ihrer Zuständigkeit von Bedeutung ist.
(2) Das Landesverfassungsgericht gibt von der Einleitung des Verfahrens dem Landtag und der Landesregierung Kenntnis.

### § 38 [Inhalt der Entscheidung]
[1]Das Landesverfassungsgericht stellt in seiner Entscheidung fest, ob die beanstandete Maßnahme oder Unterlassung des Antragsgegners gegen eine Vorschrift der Verfassung des Landes Sachsen-Anhalt verstößt. [2]Die Vorschrift ist zu bezeichnen. [3]Das Landesverfassungsgericht kann in der Entscheidungsformel zugleich eine für die Auslegung der Vorschrift der Verfassung des Landes Sachsen-Anhalt erhebliche Rechtsfrage entscheiden, von der die Feststellung gemäß Satz 1 abhängt.

### 3. Abschnitt
### Verfahren in den Fällen des § 2 Nr. 4 (Abstrakte Normenkontrolle)

### § 39 [Abstrakte Normenkontrolle]
Der Antrag eines Viertels der Mitglieder des Landtages oder der Antrag der Landesregierung nach Artikel 75 Nr. 3 der Verfassung des Landes Sachsen-Anhalt ist nur zulässig, wenn einer der Antragsberechtigten Landesrecht
1. wegen seiner förmlichen oder sachlichen Unvereinbarkeit mit der Landesverfassung für nichtig hält oder
2. für gültig hält, nachdem ein Gericht, eine Verwaltungsbehörde oder ein Organ des Landes das Landesrecht als unvereinbar mit der Verfassung nicht angewendet hat.

### § 40 [Beteiligung des Landtages und der Landesregierung]
(1) Das Landesverfassungsgericht hat dem Landtag und der Landesregierung Gelegenheit zur Äußerung binnen einer zu bestimmenden Frist zu geben.
(2) Der Landtag und die Landesregierung können in jeder Lage des Verfahrens beitreten.

### § 41 [Inhalt der Entscheidung]
[1]Kommt das Landesverfassungsgericht zu der Überzeugung, daß die beanstandete Rechtsnorm mit der Verfassung des Landes Sachsen-Anhalt unvereinbar ist, so stellt es in seiner Entscheidung diese Unvereinbarkeit oder die Nichtigkeit der Rechtsnorm fest. [2]Sind weitere Vorschriften desselben Gesetzes aus den gleichen Gründen mit der Verfassung des Landes Sachsen-Anhalt unvereinbar, so kann das Landesverfassungsgericht seine Entscheidung auf diese Vorschriften erstrecken.

### 4. Abschnitt
### Verfahren in den Fällen des § 2 Nr. 6 (Konkrete Normenkontrolle)

### § 42 [Vorlagebeschluss]
(1) Hält ein Gericht ein Landesgesetz, auf dessen Gültigkeit es für seine Entscheidung ankommt, für unvereinbar mit der Verfassung des Landes Sachsen-Anhalt, so setzt es sein Verfahren aus und holt die Entscheidung des Landesverfassungsgerichts ein.

(2) ¹Das Gericht hat die Vorlage zu begründen und dabei anzugeben, inwiefern seine Entscheidung von der Gültigkeit der beanstandeten Rechtsvorschrift abhängt und mit welcher Vorschrift der Verfassung des Landes Sachsen-Anhalt sie unvereinbar erscheint. ²Die Akten sind beizufügen.
(3) Der Antrag des Gerichts ist unabhängig von der Rüge der Verfassungswidrigkeit des Gesetzes durch einen Beteiligten des Ausgangsverfahrens.

### § 43 [Inhalt der Entscheidung]

(1) ¹Die Vorschriften der §§ 40 und 41 gelten entsprechend. ²Das Landesverfassungsgericht entscheidet nur über die Rechtsfrage.
(2) Das Landesverfassungsgericht gibt auch denjenigen, die an dem Verfahren des vorlegenden Gerichts beteiligt sind, Gelegenheit zur Äußerung.
(3) ¹Das Landesverfassungsgericht kann die oberen Landesgerichte um die Mitteilung ersuchen, wie und auf Grund welcher Erwägungen sie die Verfassung in der streitigen Frage bisher ausgelegt haben, ob und wie sie die in ihrer Gültigkeit streitige Rechtsvorschrift in ihrer Rechtsprechung angewandt haben und welche damit zusammenhängenden Rechtsfragen zur Entscheidung anstehen. ²Es kann sie ferner ersuchen, ihre Erwägungen zu einer für die Entscheidung erheblichen Rechtsfrage darzulegen. ³Das Landesverfassungsgericht gibt den Äußerungsberechtigten Kenntnis von der Stellungnahme.

## 5. Abschnitt
### Verfahren in den Fällen des § 2 Nr. 5 (Prüfung eines Untersuchungsauftrages)

### § 44 [Vorlagebeschluss]

(1) Hält ein Gericht den Untersuchungsauftrag eines vom Landtag eingesetzten Untersuchungsausschusses oder einen Teil dieses Untersuchungsauftrags, auf dessen Verfassungsmäßigkeit es für seine Entscheidung ankommt, für verfassungswidrig, so setzt es sein Verfahren aus und holt die Entscheidung des Landesverfassungsgerichts ein.
(2) § 42 Abs. 2 und 3 gilt entsprechend.

### § 45 [Verfahren]

¹Die Vorschriften des § 40 gelten entsprechend. ²Das Landesverfassungsgericht gibt auch den Antragstellern einer Einsetzungsminderheit des Landtages Gelegenheit zur Äußerung; sie können dem Verfahren beitreten.

### § 46 [Inhalt der Entscheidung]

(1) Das Landesverfassungsgericht entscheidet nur über die Rechtsfrage.
(2) Kommt das Landesverfassungsgericht zu der Überzeugung, daß der Untersuchungsauftrag oder ein bestimmter Teil des Untersuchungsauftrags mit der Verfassung des Landes Sachsen-Anhalt unvereinbar ist, so stellt es in seiner Entscheidung diese Unvereinbarkeit fest.

## 6. Abschnitt
### Verfahren in den Fällen des § 2 Nr. 7 oder Nr. 7a (Verfassungsbeschwerde)

### § 47 [Beschwerdebefugnis]

(1) Jedermann kann mit der Behauptung, durch ein Landesgesetz oder einen sonstigen Akt der öffentlichen Gewalt des Landes gegenwärtig unmittelbar in einem seiner in der Verfassung des Landes Sachsen-Anhalt verbürgten Grundrechte, grundrechtsgleichen Rechte oder staatsbürgerlichen Rechte verletzt zu sein, die Verfassungsbeschwerde zum Landesverfassungsgericht erheben.
(2) Ist gegen die behauptete Verletzung der Rechtsweg zulässig, so kann die Verfassungsbeschwerde erst nach Erschöpfung des Rechtswegs erhoben werden.
(3) Eine Verfassungsbeschwerde zum Landesverfassungsgericht ist unzulässig, wenn in derselben Sache Verfassungsbeschwerde zum Bundesverfassungsgericht erhoben ist oder wird.

### § 48 [Frist]

(1) ¹Die Verfassungsbeschwerde ist binnen zwei Monaten zu erheben und zu begründen. ²Die Frist beginnt mit der Zustellung oder formlosen Mitteilung der in vollständiger Form abgefaßten Entscheidung, wenn diese nach den maßgebenden verfahrensrechtlichen Vorschriften von Amts wegen vorzunehmen ist. ³In anderen Fällen beginnt die Frist mit der Verkündung der Entscheidung oder, wenn diese nicht zu verkünden ist, mit ihrer sonstigen Bekanntgabe an den Beschwerdeführer; wird dabei

dem Beschwerdeführer eine Abschrift der Entscheidung in vollständiger Form nicht erteilt, so wird die Frist des Satzes 1 dadurch unterbrochen, dass der Beschwerdeführer schriftlich oder zu Protokoll der Geschäftsstelle die Erteilung einer in vollständiger Form abgefassten Entscheidung beantragt. [4]Die Unterbrechung dauert fort, bis die Entscheidung in vollständiger Form dem Beschwerdeführer von dem Gericht erteilt oder von Amts wegen oder von einem an dem Verfahren Beteiligten zugestellt wird.
(2) [1]War ein Beschwerdeführer ohne Verschulden verhindert, diese Frist einzuhalten, so ist ihm auf Antrag Wiedereinsetzung in den vorigen Stand zu gewähren. [2]Der Antrag ist binnen zwei Wochen nach Wegfall des Hindernisses zu stellen. [3]Die Tatsachen zur Begründung des Antrags sind bei der Antragstellung oder im Verfahren über den Antrag glaubhaft zu machen. [4]Innerhalb der Antragsfrist ist die versäumte Rechtshandlung nachzuholen; ist dies geschehen, so kann die Wiedereinsetzung auch ohne Antrag gewährt werden. [5]Nach einem Jahr seit dem Ende der versäumten Frist ist der Antrag unzulässig. [6]Das Verschulden des Bevollmächtigten steht dem Verschulden eines Beschwerdeführers gleich.
(3) Richtet sich die Verfassungsbeschwerde gegen ein Landesgesetz oder gegen einen sonstigen Hoheitsakt, gegen den ein Rechtsweg nicht offensteht, so kann die Verfassungsbeschwerde nur binnen eines Jahres seit dem Inkrafttreten des zur Überprüfung gestellten Landesgesetzes oder dem Erlass des Hoheitsaktes erhoben und begründet werden.

## § 49 [Begründung der Beschwerde]
In der Begründung der Verfassungsbeschwerde sind das Recht, das verletzt sein soll, und die Handlung oder Unterlassung des Organs oder der Behörde, durch die sich der Beschwerdeführer unmittelbar verletzt sieht, zu bezeichnen.

## § 50 [Geltung]
(1) Das Landesverfassungsgericht gibt dem Verfassungsorgan, dessen Handlung oder Unterlassung in der Verfassungsbeschwerde beanstandet wird, Gelegenheit, sich binnen einer zu bestimmenden Frist zu äußern.
(2) Ging die Handlung oder Unterlassung von einem Minister oder einer Behörde des Landes aus, so ist dem zuständigen Minister Gelegenheit zur Äußerung zu geben.
(3) Richtet sich die Verfassungsbeschwerde gegen eine gerichtliche Entscheidung, so gibt das Landesverfassungsgericht auch dem durch die Entscheidung Begünstigten Gelegenheit zur Äußerung.
(4) Richtet sich die Verfassungsbeschwerde unmittelbar oder mittelbar gegen ein Gesetz, so sind § 40 und § 43 Abs. 3 entsprechend anzuwenden.
(5) Die in den Absätzen 1, 2 und 4 in Verbindung mit § 40 genannten Verfassungsorgane können dem Verfahren beitreten.

## § 50a [Mündliche Verhandlung]
Das Landesverfassungsgericht kann über Verfassungsbeschwerden ohne mündliche Verhandlung entscheiden.

## § 50b [Kammerbefugnisse]
(1) [1]Die Kammer kann die Verfassungsbeschwerde als unzulässig verwerfen oder als offensichtlich unbegründet zurückweisen. [2]Eine Anhörung nach § 50 ist nicht erforderlich. [3]Die Entscheidung ergeht ohne mündliche Verhandlung. [4]Sie kann abweichend von § 28 Abs. 1 Satz 1 in einem schriftlichen Umlaufverfahren getroffen werden. [5]§ 21 Abs. 2 gilt entsprechend. [6]Die Entscheidung ist unanfechtbar.
(2) [1]Solange und soweit das Landesverfassungsgericht nicht in seiner regulären Besetzung im Sinne von § 13 Abs. 2 (Plenum) mit der Verfassungsbeschwerde befasst war, kann die Kammer alle das Verfassungsbeschwerdeverfahren betreffenden Entscheidungen erlassen. [2]Eine einstweilige Anordnung, mit der die Anwendung eines Gesetzes ganz oder teilweise ausgesetzt wird, kann nur das Plenum treffen; § 31 Abs. 7 bleibt anwendbar.
(3) Die Entscheidungen der Kammer bedürfen eines einstimmigen Beschlusses.

## § 50c [Stattgabe]
(1) [1]Wird der Verfassungsbeschwerde stattgegeben, so ist in der Entscheidung festzustellen, welche Vorschrift der Verfassung durch welche Handlung oder Unterlassung verletzt wurde. [2]Das Landes-

verfassungsgericht kann zugleich aussprechen, dass auch jede Wiederholung der beanstandeten Maßnahme die Verfassung verletzt.
(2) Wird der Verfassungsbeschwerde gegen eine Entscheidung stattgegeben, so hebt das Landesverfassungsgericht die Entscheidung auf, in den Fällen des § 47 Abs. 2 Satz 1 verweist es die Sache an ein zuständiges Gericht zurück.
(3) Wird der unmittelbar oder mittelbar gegen ein Gesetz gerichteten Verfassungsbeschwerde stattgegeben, so gilt § 41 entsprechend.

*7. Abschnitt*
**Verfahren in den Fällen des § 2 Nr. 8 (Kommunale Verfassungsbeschwerde)**

**§ 51 [Kommunale Verfassungsbeschwerde]**
(1) Kommunen und Gemeindeverbände können die Verfassungsbeschwerde mit der Behauptung erheben, durch ein Landesgesetz in ihrem Recht auf Selbstverwaltung nach Artikel 2 Abs. 3 und Artikel 87 der Verfassung des Landes Sachsen-Anhalt verletzt zu sein.
(2) Die §§ 40, 41, 43 Abs. 3, § 48 Abs. 3 und § 49 gelten entsprechend.
(3) Betrifft das Gesetz, gegen das sich die Verfassungsbeschwerde richtet, die Gebietsänderung einer Gemeinde oder eines Landkreises, so gibt das Landesverfassungsgericht auch denjenigen Kommunen Gelegenheit zur Äußerung, deren Gebietsstand durch die Entscheidung über die Verfassungsbeschwerde berührt werden kann.

*8. Abschnitt*
**Verfahren in den Fällen des § 2 Nr. 3 (Streitigkeiten über die Durchführung von Volksinitiativen, Volksbegehren, Volksentscheiden)**

**§ 52 [Antrag, Verfahren]**
[1]Das Verfahren bei Streitigkeiten über die Durchführung einer Volksinitiative, eines Volksbegehrens und eines Volksentscheids richtet sich nach den allgemeinen Verfahrensvorschriften dieses Gesetzes sowie nach den Bestimmungen der Gesetze nach Artikel 80 Abs. 3 und Artikel 81 Abs. 6 der Verfassung des Landes Sachsen-Anhalt. [2]§ 34 Abs. 4 gilt entsprechend.

*IV. Teil*
**Verzögerungsbeschwerde**

**§ 53 [Entschädigung]**
(1) [1]Wer infolge unangemessener Dauer eines Verfahrens vor dem Landesverfassungsgericht als Verfahrensbeteiligter oder als Beteiligter in einem zur Herbeiführung einer Entscheidung des Landesverfassungsgerichts ausgesetzten Verfahren einen Nachteil erleidet, wird angemessen entschädigt. [2]Die Angemessenheit der Verfahrensdauer richtet sich nach den Umständen des Einzelfalles unter Berücksichtigung der Aufgaben und der Stellung des Landesverfassungsgerichts.
(2) [1]Ein Nachteil, der nicht Vermögensnachteil ist, wird vermutet, wenn ein Verfahren vor dem Landesverfassungsgericht unangemessen lange gedauert hat. [2]Hierfür kann eine Entschädigung nur beansprucht werden, soweit nicht nach den Umständen des Einzelfalles Wiedergutmachung auf andere Weise, insbesondere durch die Feststellung der Unangemessenheit der Verfahrensdauer, ausreichend ist. [3]Die Entschädigung gemäß Satz 2 beträgt 1 200 Euro für jedes Jahr der Verzögerung. [4]Ist der Betrag nach Satz 3 nach den Umständen des Einzelfalles unbillig, so kann das Landesverfassungsgericht einen höheren oder einen niedrigeren Betrag festsetzen.
(3) Für das Verfahren gelten die §§ 97b bis 97d des Bundesverfassungsgerichtsgesetzes entsprechend mit der Maßgabe, dass über die Verzögerungsbeschwerde eine Beschwerdekammer entscheidet, die aus drei für die Dauer eines Geschäftsjahres bestellten Richtern besteht, von denen mindestens zwei nach § 4 Abs. 1 gewählt sind.

## V. Teil
## Übergangs- und Schlussvorschriften

**§ 54 [Befristung]**
§ 47 Abs. 3 gilt nicht für Verfassungsbeschwerden, die am 1. Januar 2019 bereits anhängig waren.

**§ 55 [Geschlechtergerecht]**
Personen- und Funktionsbezeichnungen in diesem Gesetz gelten jeweils in männlicher und weiblicher Form.

**§ 56 [Inkrafttreten]**
(1) Dieses Gesetz tritt mit Ausnahme des I. Teils und des § 53 am 28. Oktober 1993 in Kraft.
(2) Der I. Teil tritt am Tage nach der Verkündung[1) in Kraft.

---

1) Verkündet am 26.8.1993.

# 14 LWG

## Wahlgesetz des Landes Sachsen-Anhalt (LWG)[1]

In der Fassung der Bekanntmachung vom 18. Februar 2010[2] (GVBl. LSA S. 80) (BS LSA 111.1)

zuletzt geändert durch Art. 2 G zur Änd. des KommunalverfassungsG und wahlrechtlicher Vorschriften vom 2. November 2020 (GVBl. LSA S. 630)

### Inhaltsübersicht

**Abschnitt I**
**Wahlrecht und Wählbarkeit**

- § 1 Zahl der Abgeordneten; Art der Wahl
- § 2 Wahlrecht
- § 3 Ausschluss vom Wahlrecht
- § 4 Ausübung des Wahlrechts
- § 4a Wählerverzeichnis und Wahlschein
- § 5 Berichtigung des Wählerverzeichnisses
- § 6 Wählbarkeit
- § 7 Ausscheiden aus dem Landtag
- § 8 Verzicht auf den Abgeordnetensitz

**Abschnitt II**
**Wahlvorbereitung**

- § 9 Wahltag; Wahlzeit
- § 10 Wahlkreise
- § 11 Wahlbezirke
- § 12 Kreiswahlleiter; Kreiswahlausschuss
- § 13 Landeswahlleiter; Landeswahlausschuss
- § 14 Kreiswahlvorschläge
- § 15 Landeswahlvorschläge
- § 16 (weggefallen)
- § 17 Beteiligungsanzeige
- § 18 Anschluss an den Landeswahlvorschlag
- § 19 Aufstellung von Bewerbern
- § 20 Aufnahme in einen Wahlvorschlag
- § 21 Rücknahme und Änderung eingereichter Wahlvorschläge
- § 22 Prüfung der Wahlvorschläge; Mängelbeseitigung
- § 23 Zulassung von Wahlvorschlägen
- § 24 Stimmzettel
- § 25 Öffentlichkeit im Wahlraum
- § 26 Wahlvorstand

**Abschnitt III**
**Wahl**

- § 27 Stimmabgabe
- § 28 Briefwahl
- § 29 Wahlurnen; Stimmenzählung
- § 30 Unzulässige Wahlpropaganda und Unterschriftensammlung; unzulässige Veröffentlichung von Wählerbefragungen

**Abschnitt IV**
**Feststellung des Wahlergebnisses**

- § 31 Feststellung der gültigen Stimmen
- § 32 Feststellung des Wahlergebnisses im Wahlkreis
- § 33 Erforderliche Stimmenzahl
- § 34 Bekanntmachung des Wahlergebnisses im Wahlkreis
- § 35 Feststellung des Wahlergebnisses im Lande; Sitzverteilung
- § 36 Bekanntmachung der auf dem Landeswahlvorschlag gewählten Bewerber
- § 37 Benachrichtigung; Annahme der Wahl
- § 38 Abänderung der Feststellung des Wahlergebnisses

**Abschnitt V**
**Neuverrechnung der Abgeordnetensitze und Feststellung der nachrückenden Bewerber**

- § 39 Neuverrechnung der Abgeordnetensitze
- § 40 Übergang des Sitzes auf die Ersatzperson
- § 41 Entsprechende Geltung

**Abschnitt VI**
**Nachwahlen**

- § 42 Nachwahlen

**Abschnitt VII**
**Ersatzwahlen**

- § 43 Grundsätze
- § 44 Folgen eines Parteiverbots
- § 45 Wahltag und Wahlzeit

**Abschnitt VIII**
**Wiederholungswahlen**

- § 46 Wiederholungswahlen

**Abschnitt IX**
**Ersatzpersonen**

- § 47 Ersatzpersonen

**Abschnitt X**
**Pflicht zur ehrenamtlichen Mitwirkung**

- § 48 Pflicht zur Übernahme eines Wahlehrenamtes; Unvereinbarkeit
- § 49 Ablehnungsgründe
- § 50 (weggefallen)

---

[1] Die Änderungen durch G v. 5.12.2014 (GVBl. LSA S. 494) treten gem. Art. 12 Abs. 6 dieses Gesetzes teilweise erst **mit Wirkung für die achte Wahlperiode** in Kraft und sind im Text noch nicht berücksichtigt.

[2] Neubekanntmachung des WahlG LSA idF der Bek. v. 8.4.2005 (GVBl. LSA S. 178) in der ab 19.12.2009 geltenden Fassung.

§ 51   Entschädigung

**Abschnitt XI**
**Wahlkosten**
§ 52   Wahlkosten

**Abschnitt XII**
**Staatliche Mittel für Träger von Wahlvorschlägen**
§ 52a   Auszahlung staatlicher Mittel für Parteien
§ 52b   Staatliche Mittel für Einzelbewerber
§ 52c   (weggefallen)

**Abschnitt XIII**
**Übergangs- und Schlussbestimmungen**
§ 53   Ordnungswidrigkeiten
§ 54   Rechtsbehelfe und Wahlprüfungsverfahren
§ 55   Wahlstatistik
§ 56   Ermächtigungen
§ 57   Fristen, Termine und Form
§ 58   Sprachliche Gleichstellung
§ 59   Barrierefreie Informationen
§ 60   Einschränkung von Grundrechten

*Abschnitt I*
**Wahlrecht und Wählbarkeit**

### § 1 Zahl der Abgeordneten; Art der Wahl
(1) ¹Der Landtag besteht aus mindestens 87 Abgeordneten. ²Hiervon werden 43 Abgeordnete in den Wahlkreisen in direkter Wahl gewählt. ³Die übrigen Abgeordnetensitze werden den Parteien auf Landeswahlvorschlägen zugewiesen.
(2) Die Wahl erfolgt nach den Bestimmungen dieses Gesetzes und der Wahlordnung des Landes Sachsen-Anhalt.
(3) Jeder Wähler hat zwei Stimmen, eine Erststimme für die Wahl eines Kreiswahlvorschlages, eine Zweitstimme für die Wahl eines Landeswahlvorschlages.

### § 2 Wahlrecht
¹Wahlberechtigt ist, wer Deutscher im Sinne des Artikels 116 Abs. 1 des Grundgesetzes ist und am Wahltag
1. das 18. Lebensjahr vollendet hat und
2. seit mindestens drei Monaten im Land Sachsen-Anhalt eine Wohnung im Sinne des Melderechts, bei mehreren Wohnungen die Hauptwohnung, innegehabt oder sich sonst gewöhnlich aufgehalten hat.

²Bei der Berechnung der Dreimonatsfrist nach Satz 1 Nr. 2 ist der Tag der Wohnungs- oder Aufenthaltsnahme in die Frist einzubeziehen.

### § 3 Ausschluss vom Wahlrecht
Ausgeschlossen vom Wahlrecht ist, wer infolge Richterspruchs das Wahlrecht nicht besitzt.

### § 4 Ausübung des Wahlrechts
(1) Wählen kann nur der Wahlberechtigte, der in ein Wählerverzeichnis eingetragen ist oder einen Wahlschein hat.
(2) ¹Wer im Wählerverzeichnis eingetragen ist, kann nur in dem Wahlbezirk wählen, in dessen Wählerverzeichnis er geführt wird. ²Wer einen Wahlschein hat, kann in einem beliebigen Wahlbezirk seines Wahlkreises oder durch Briefwahl wählen.
(3) ¹Jeder Wahlberechtigte kann sein Wahlrecht nur einmal und nur persönlich ausüben. ²Eine Ausübung des Wahlrechts durch einen Vertreter anstelle des Wahlberechtigten ist unzulässig.
(4) ¹Ein Wahlberechtigter, der des Lesens unkundig oder wegen einer Behinderung an der Abgabe seiner Stimme gehindert ist, kann sich hierzu der Hilfe einer anderen Person bedienen. ²Die Hilfeleistung ist auf technische Hilfe bei der Kundgabe einer vom Wahlberechtigten selbst getroffenen und geäußerten Wahlentscheidung beschränkt. ³Unzulässig ist eine Hilfeleistung, die unter missbräuchlicher Einflussnahme erfolgt, die selbstbestimmte Willensbildung oder Entscheidung des Wahlberechtigten ersetzt oder verändert oder wenn ein Interessenkonflikt der Hilfsperson besteht.

### § 4a Wählerverzeichnis und Wahlschein
(1) Die Führung der Wählerverzeichnisse und die Ausstellung von Wahlscheinen ist Aufgabe der Gemeinden.
(2) ¹Jeder Wahlberechtigte hat das Recht, an den Werktagen vom 20. bis zum 16. Tag vor der Wahl während der allgemeinen Öffnungszeiten der nach Absatz 1 zuständigen Stelle Einsicht in das Wählerverzeichnis zu nehmen, um die Richtigkeit und Vollständigkeit der zu seiner Person eingetragenen

Daten zu überprüfen. ²Zur Überprüfung der Richtigkeit oder Vollständigkeit der Daten von anderen im Wählerverzeichnis eingetragenen Personen haben Wahlberechtigte während des in Satz 1 genannten Zeitraumes nur ein Recht auf Einsicht in das Wählerverzeichnis, wenn sie Tatsachen glaubhaft machen, aus denen sich eine Unrichtigkeit oder Unvollständigkeit des Wählerverzeichnisses ergeben kann. ³Das Recht zur Überprüfung nach Satz 2 besteht nicht hinsichtlich der Daten von Wahlberechtigten, für die im Melderegister ein Sperrvermerk nach § 51 Abs. 1 des Bundesmeldegesetzes eingetragen ist. ⁴Macht ein Wahlberechtigter vom Recht auf Einsicht keinen Gebrauch und ergibt sich, dass er im Wählerverzeichnis nicht aufgeführt ist, so ist ein aus diesem Grunde eingelegter Einspruch nach § 1 des Wahlprüfungsgesetzes Sachsen-Anhalt unbegründet.

### § 5 Berichtigung des Wählerverzeichnisses
(1) Anträge auf Berichtigung des Wählerverzeichnisses können bis zum Ablauf der Frist nach § 4a Abs. 2 Satz 1 von jedem Wahlberechtigten bei der Gemeinde schriftlich gestellt oder zur Niederschrift gegeben werden.
(2) Hält die Gemeinde den Antrag nicht für begründet, so hat sie die Entscheidung des Kreiswahlleiters (§ 12 Abs. 1) herbeizuführen.
(3) Gegen die Entscheidung des Kreiswahlleiters ist Wahleinspruch zulässig.

### § 6 Wählbarkeit
(1) Wählbar ist jeder Wahlberechtigte, der am Wahltage
1. das 18. Lebensjahr vollendet hat und
2. seit sechs Monaten im Lande Sachsen-Anhalt seinen Wohnsitz im Sinne des § 2 hat.
(2) Nicht wählbar ist,
1. wer nach § 3 vom Wahlrecht ausgeschlossen ist oder
2. wer infolge Richterspruchs die Wählbarkeit oder die Fähigkeit zur Bekleidung öffentlicher Ämter nicht besitzt.

### § 7 Ausscheiden aus dem Landtag
(1) Ein Abgeordneter scheidet aus dem Landtag aus,
1. wenn im Verfahren gemäß Artikel 18 des Grundgesetzes durch die Entscheidung des Bundesverfassungsgerichts die Wählbarkeit oder die Fähigkeit zur Bekleidung öffentlicher Ämter aberkannt worden ist,
2. wenn er die Fähigkeit, öffentliche Ämter zu bekleiden und Rechte aus öffentlichen Wahlen zu erlangen, verloren hat, weil er wegen eines Verbrechens zur Freiheitsstrafe von mindestens einem Jahr verurteilt worden ist oder weil ihm ein Strafgericht diese Fähigkeit aberkannt hat,
3. wenn seine Wahl im Wahlprüfungsverfahren durch Beschluss des Landtages oder durch Berichtigung des Wahlergebnisses für ungültig erklärt worden ist,
4. durch Verzicht,
5. durch Verlust der Wählbarkeit oder durch Ausschluss vom Wahlrecht (§ 3), sofern nicht die Voraussetzungen der Nummern 1 bis 3 gegeben sind,
6. durch Wegfall der Gründe für die Berufung als Ersatzperson,
7. durch Entscheidung des Bundesverfassungsgerichts im Verfahren nach Artikel 21 Abs. 2 des Grundgesetzes.
(2) ¹In den Fällen des Absatzes 1 Nrn. 1 bis 3 teilt der Präsident des Landtages das Ausscheiden dem Landtag mit. ²In den Fällen des Absatzes 1 Nrn. 5 bis 7 trifft der Landtag nach den Vorschriften des Wahlprüfungsgesetzes die Feststellung, ob die Voraussetzungen für das Ausscheiden vorliegen.

### § 8 Verzicht auf den Abgeordnetensitz
(1) ¹Ein Abgeordneter kann jederzeit auf seinen Sitz verzichten. ²Der Verzicht ist zur Niederschrift des Landtagspräsidenten oder eines Notars, der seinen Sitz in Sachsen-Anhalt hat, zu erklären. ³Eine notarielle Verzichtserklärung wird in dem Zeitpunkt wirksam, in dem sie dem Landtagspräsidenten zugeht. ⁴Der Verzicht ist unwiderruflich. ⁵Der Verzicht kann auf einen Tag in der Zukunft gerichtet sein.
(2) ¹Der Präsident des Landtages hat den Verzicht zu bestätigen, wenn dieser freiwillig, unbedingt, unbeeinflusst von Täuschung oder Drohung und gemäß den Vorschriften des Absatzes 1 erklärt worden ist. ²Die Entscheidung ist unverzüglich zu treffen. ³Sie ist dem Abgeordneten zuzustellen und als Landtagsdrucksache zu verteilen.

(3) ¹Die Entscheidung des Präsidenten kann nach den Vorschriften des Wahlprüfungsgesetzes über das Feststellungsverfahren angefochten werden. ²Mit Unanfechtbarkeit der Bestätigung scheidet der Abgeordnete aus dem Landtag aus, andernfalls mit Rechtskraft der Entscheidung des Landesverfassungsgerichts.

*Abschnitt II*
**Wahlvorbereitung**

**§ 9 Wahltag; Wahlzeit**
(1) ¹Der Landtag bestimmt auf Vorschlag seines Präsidenten den Wahltag und die Wahlzeit. ²Wahltag muss ein Sonntag sein.
(2) Die in Abschnitt II festgelegten Fristen und Termine gelten nicht für den Fall der vorzeitigen Beendigung der Wahlperiode nach Artikel 60 Abs. 1 der Verfassung des Landes Sachsen-Anhalt.

**§ 10 Wahlkreise**
(1) ¹Das Land Sachsen-Anhalt wird in 43 Wahlkreise eingeteilt. ²Die Bevölkerungszahl eines Wahlkreises darf von der durchschnittlichen Bevölkerungszahl der Wahlkreise nicht um mehr als 20 v.H. nach oben oder unten abweichen. ³Die Wahlkreiseinteilung regelt der Landtag in der Anlage. ⁴Die Landesregierung erstattet dem Landtag spätestens 36 Monate nach Beginn der Wahlperiode einen schriftlichen Bericht über die Veränderungen der Einwohnerzahlen in den Wahlkreisen. ⁵Bei Ermittlung der Bevölkerungszahlen bleiben Ausländer im Sinne von § 2 Abs. 1 des Aufenthaltsgesetzes unberücksichtigt.
(2) ¹Werden durch die Änderung von Gemeindegrenzen die Grenzen von Wahlkreisen berührt, so bewirkt diese Änderung unmittelbar auch die Änderung der Wahlkreisgrenzen, wenn nicht mehr als fünf v.H. der Einwohner den Wahlkreis wechseln. ²Eine aus Gebietsteilen mehrerer Wahlkreise neu gebildete Gemeinde ist Bestandteil des Wahlkreises mit der geringeren Einwohnerzahl. ³Gebietsänderungen, die nach Ablauf des 44. Monats nach Beginn der Wahlperiode eintreten, wirken sich auf die Wahlkreiseinteilung erst in der nächsten Wahlperiode aus.
(3) Absatz 2 gilt bei einer Änderung von Landkreisgrenzen entsprechend.

**§ 11 Wahlbezirke**
Für die Stimmabgabe wird jeder Wahlkreis in Wahlbezirke eingeteilt.

**§ 12 Kreiswahlleiter; Kreiswahlausschuss**
(1) ¹Für jeden Wahlkreis beruft der Landeswahlleiter vor jeder Wahl einen Kreiswahlleiter und einen Vertreter. ²Für mehrere benachbarte Wahlkreise kann er einen gemeinsamen Kreiswahlleiter und einen gemeinsamen Vertreter berufen.
(2) ¹Beim Kreiswahlleiter wird vor jeder Wahl ein Kreiswahlausschuss gebildet. ²In den Fällen des Absatzes 1 Satz 2 wird ein gemeinsamer Kreiswahlausschuss gebildet.
(3) ¹Der Kreiswahlausschuss besteht aus dem Kreiswahlleiter als Vorsitzendem und sechs Beisitzern, die der Kreiswahlleiter auf Vorschlag der Parteien aus den Wahlberechtigten beruft. ²Bei der Berufung der Beisitzer sollen die Parteien in der Reihenfolge der bei der letzten Landtagswahl in dem jeweiligen Gebiet errungenen Zahl der Zweitstimmen angemessen berücksichtigt werden.
(4) Werden von den Parteien weniger als sechs Wahlberechtigte als Beisitzer für den Kreiswahlausschuss vorgeschlagen, so erfolgt die Berufung der weiteren Beisitzer durch den Kreiswahlleiter aus den Reihen der Wahlberechtigten.
(5) ¹Der Kreiswahlleiter führt die Geschäfte des Kreiswahlausschusses. ²Er trägt im Rahmen seiner Aufgaben die Verantwortung für die Vorbereitung und Durchführung der Wahl im Wahlkreis. ³Er ist zum Zweck der Prüfung von Unterschriften und zum Lichtbildabgleich berechtigt, die Pass- und Personalausweisbehörden um Datenübermittlung aus den Pass- und Personalausweisregistern zu ersuchen, soweit diese Daten zur Erfüllung der in seiner Zuständigkeit liegenden öffentlichen Aufgaben im Rahmen der Vorbereitung und Durchführung der Wahl erforderlich sind.

**§ 13 Landeswahlleiter; Landeswahlausschuss**
(1) ¹Für das Land Sachsen-Anhalt werden ein Landeswahlleiter und ein Vertreter durch den Minister des Innern berufen. ²Die in § 41 des Landesbeamtengesetzes genannten Beamten sind von der Berufung ausgeschlossen.

(2) ¹Beim Landeswahlleiter wird vor jeder Wahl ein Landeswahlausschuss gebildet. ²Er besteht aus
1. dem Landeswahlleiter als Vorsitzendem,
2. sechs Beisitzern, die der Landeswahlleiter auf Vorschlag der Parteien aus den Wahlberechtigten beruft, und
3. zwei Richtern des Oberverwaltungsgerichts des Landes Sachsen-Anhalt, die der Landeswahlleiter auf Vorschlag des Präsidenten beruft.
³§ 12 Abs. 3 Satz 2 und Abs. 4 gilt entsprechend.
(3) ¹Der Landeswahlleiter führt die Geschäfte des Landeswahlausschusses. ²Er trägt im Rahmen seiner Aufgaben die Verantwortung für die Vorbereitung und Durchführung der Wahl im Land. ³§ 12 Abs. 5 Satz 3 gilt entsprechend.

## § 14 Kreiswahlvorschläge

(1) ¹Kreiswahlvorschläge dürfen von Parteien und Einzelbewerbern eingereicht werden. ²Sie sind beim zuständigen Kreiswahlleiter spätestens am 48. Tag vor der Wahl bis 18 Uhr schriftlich einzureichen.
(2) ¹Kreiswahlvorschläge von Parteien müssen von mindestens drei Mitgliedern des Landesvorstandes, darunter dem Vorsitzenden oder seinem Stellvertreter, persönlich und handschriftlich unterzeichnet sein. ²Besteht kein Landesverband, muss der Kreiswahlvorschlag von den Vorständen der nächstniedrigen Gebietsverbände, in deren Bereich der Wahlkreis liegt, unterzeichnet sein; Satz 1 gilt entsprechend. ³Kreiswahlvorschläge von Parteien, die am Tag der Bestimmung des Wahltages nicht aufgrund eines zurechenbaren Wahlvorschlages mit mindestens einem im Land Sachsen-Anhalt gewählten Abgeordneten im Deutschen Bundestag oder im Landtag von Sachsen-Anhalt vertreten sind, bedürfen außerdem der persönlichen und handschriftlichen Unterschrift von mindestens 100 Wahlberechtigten des Wahlkreises. ⁴Die Wahlberechtigung muss im Zeitpunkt der Unterzeichnung gegeben sein und ist bei der Einreichung des Kreiswahlvorschlages nachzuweisen. ⁵Von den Unterzeichnern gilt der erste als Vertrauensperson für den Kreiswahlvorschlag und der zweite als stellvertretende Vertrauensperson, wenn nicht andere Wahlberechtigte auf dem Kreiswahlvorschlag angegeben sind.
(3) ¹Kreiswahlvorschläge von Einzelbewerbern müssen von mindestens 100 Wahlberechtigten des Wahlkreises einschließlich von diesen selbst persönlich und handschriftlich unterzeichnet sein. ²Absatz 2 Satz 4 und 5 gilt entsprechend.
(4) ¹Ein Wahlberechtigter darf nur einen Kreiswahlvorschlag unterzeichnen. ²Hat er mehrere Kreiswahlvorschläge unterzeichnet, so sind seine Unterschriften auf Kreiswahlvorschlägen, die bei der Gemeinde nach der ersten Bescheinigung des Wahlrechts eingehen, ungültig.
(5) ¹Der Kreiswahlvorschlag darf nur einen Bewerber enthalten. ²In dem Kreiswahlvorschlag müssen Familienname, Vorname, Geburtsdatum, Geburtsort, Wohnort, Wohnung und Beruf oder Stand des Bewerbers angegeben sein. ³Tritt der Bewerber für eine Partei auf, so ist die Parteibezeichnung beizufügen. ⁴Die Hinzufügung einer Parteibezeichnung ist nur mit Zustimmung dieser Partei zulässig.
(6) In einem Wahlkreis darf von einer Partei nur ein Kreiswahlvorschlag zugelassen werden.
(7) Ein Bewerber darf nur in einem Wahlkreis und in diesem Wahlkreis nur in einem Kreiswahlvorschlag benannt werden.

## § 15 Landeswahlvorschläge

(1) ¹Landeswahlvorschläge dürfen nur von Parteien eingereicht werden; sie sind beim Landeswahlleiter bis zu dem in § 14 Abs. 1 Satz 2 genannten Zeitpunkt einzureichen. ²Sie müssen von mindestens drei Mitgliedern des Landesvorstandes, darunter dem Vorsitzenden oder seinem Stellvertreter, persönlich und handschriftlich unterzeichnet sein. ³Besteht kein Landesverband, muss der Landeswahlvorschlag von den Vorständen der nächstniedrigen Gebietsverbände, die im Bereich des Landes liegen, unterzeichnet sein; Satz 2 gilt entsprechend. ⁴Landeswahlvorschläge von Parteien, die am Tag der Bestimmung des Wahltages nicht aufgrund eines zurechenbaren Wahlvorschlages mit mindestens einem im Land Sachsen-Anhalt gewählten Abgeordneten im Deutschen Bundestag oder im Landtag von Sachsen-Anhalt vertreten sind, bedürfen außerdem der persönlichen und handschriftlichen Unterschrift von mindestens 1 000 Wahlberechtigten. ⁵Die Wahlberechtigung muss im Zeitpunkt der Unterzeichnung gegeben sein und ist bei Einreichung des Landeswahlvorschlages nachzuweisen. ⁶§ 14 Abs. 4 und 5 Satz 2 gilt entsprechend. ⁷Im Landeswahlvorschlag sind eine Vertrauensperson und eine stellvertretende Vertrauensperson anzugeben.

(2) Die Benennung eines Bewerbers in einem Kreiswahlvorschlag schließt seine Benennung im Landeswahlvorschlag nicht aus, sofern beide Wahlvorschläge dieselbe Parteibezeichnung führen.
(3) Ein Bewerber darf nur in einem Landeswahlvorschlag benannt werden.
(4) Die Namen der Bewerber müssen in erkennbarer Reihenfolge aufgeführt sein.

§ 16 (weggefallen)

§ 17 Beteiligungsanzeige

(1) [1]Parteien, die am Tag der Bestimmung des Wahltages im Landtag von Sachsen-Anhalt seit der letzten Wahl nicht aufgrund eines zurechenbaren Wahlvorschlages ununterbrochen mit mindestens einem gewählten Abgeordneten vertreten sind oder die sich an der letzten Wahl zum Deutschen Bundestag im Land Sachsen-Anhalt nicht mit einem zurechenbaren Wahlvorschlag beteiligt haben, können als solche einen Wahlvorschlag nur einreichen, wenn sie spätestens am 61. Tag vor der Wahl bis 18 Uhr dem Landeswahlleiter ihre Beteiligung an der Wahl schriftlich angezeigt haben und der Landeswahlausschuss ihre Parteieigenschaft festgestellt hat. [2]Die Anzeige muss den Namen und die Kurzbezeichnung, unter denen die Partei sich an der Wahl beteiligen will, enthalten und von mindestens drei Mitgliedern des Landesvorstandes, darunter dem Vorsitzenden oder seinem Stellvertreter, persönlich und handschriftlich unterzeichnet sein. [3]Besteht kein Landesverband, so muss die Anzeige von den Vorständen der im Land bestehenden nächstniedrigen Gebietsverbände unterzeichnet sein; Satz 2 gilt entsprechend. [4]Die schriftliche Satzung und das schriftliche Programm der Partei sowie ein Nachweis über die satzungsgemäße Bestellung des Landesvorstandes oder in den Fällen des Satzes 3 über den handelnden Vorstand sind der Anzeige beizufügen. [5]Der Anzeige sollen Nachweise über die Parteieigenschaft nach § 2 Abs. 1 Satz 1 des Parteiengesetzes beigefügt werden.
(2) Der Landeswahlausschuss stellt spätestens am 51. Tage vor der Wahl für das Land und alle Wahlkreise verbindlich fest, welche Vereinigungen, die nach Absatz 1 ihre Beteiligung angezeigt haben, für die Wahl als Parteien anzuerkennen sind.

§ 18 Anschluss an den Landeswahlvorschlag

(1) Kreiswahlvorschläge sind an den Landeswahlvorschlag mit derselben Parteibezeichnung angeschlossen, ohne dass es einer Anschlusserklärung bedarf.
(2) [1]Kreiswahlvorschläge einer Partei, die keinen Landeswahlvorschlag eingereicht hat oder deren eingereichter Landeswahlvorschlag nicht zugelassen worden ist, können an keinen Landeswahlvorschlag angeschlossen werden. [2]Dies gilt auch für Kreiswahlvorschläge von Bewerbern, die nicht für eine Partei auftreten (Einzelbewerber).

§ 19 Aufstellung von Bewerbern

(1) [1]Als Bewerber einer Partei kann in einem Kreiswahlvorschlag nur benannt werden, wer nicht Mitglied einer anderen Partei ist und hierzu in einer einheitlichen Mitgliederversammlung zur Wahl eines Bewerbers von den im Wahlkreis im Zeitpunkt ihres Zusammentretens zum Landtag wahlberechtigten Mitgliedern der Partei gewählt worden ist. [2]Dies kann auch durch Delegierte geschehen, die von den Mitgliedern aus ihrer Mitte in geheimer Wahl zur Wahl eines Bewerbers gewählt worden sind. [3]Die Sätze 1 und 2 gelten auch dann, wenn mehrere Bewerberaufstellungsverfahren in einer Mitglieder- oder Delegiertenversammlung organisatorisch zusammengefasst werden.
(2) [1]Der Landesvorstand oder eine andere in der Parteisatzung hierfür vorgesehene Stelle kann gegen den Beschluss einer Mitglieder- oder Delegiertenversammlung Einspruch erheben. [2]Auf einen solchen Einspruch ist die Abstimmung zu wiederholen. [3]Ihr Ergebnis ist endgültig.
(2a) [1]Die Bewerber werden in geheimer Abstimmung gewählt. [2]Vorschlagsberechtigt ist jeder stimmberechtigte Teilnehmer der Versammlung; weitergehende satzungsmäßige Vorschlagsrechte bleiben im Übrigen unberührt. [3]Den Bewerbern ist Gelegenheit zu geben, sich und ihr Programm der Versammlung in angemessener Zeit vorzustellen. [4]Die Wahlen dürfen frühestens 44 Monate nach Beginn der Wahlperiode des Landtages stattfinden; dies gilt nicht, wenn die Wahlperiode vorzeitig endet.
(3) Das Nähere über die Wahl der Delegierten, über die Einberufung und Beschlussfähigkeit der Mitglieder- oder Delegiertenversammlung, das Verfahren für die Wahl des Bewerbers sowie über das Einspruchsrecht nach Absatz 2 Satz 1 regeln die Parteien durch ihre Satzungen.
(4) [1]Eine Abschrift der Niederschrift über die Wahl des Bewerbers mit Angaben über Art, Ort und Zeit der Versammlung, die Form der Einladung, die Zahl der erschienenen stimmberechtigten Mitglieder oder Delegierten sowie das Ergebnis der Abstimmung ist mit dem Kreiswahlvorschlag einzureichen.

²Hierbei haben der Leiter der Versammlung und zwei von dieser bestimmte Teilnehmer gegenüber dem Kreiswahlleiter an Eides statt zu versichern, dass die Anforderungen gemäß Absatz 2a Satz 1 bis 3 beachtet worden sind. ³Der Kreiswahlleiter ist zur Abnahme einer solchen Versicherung an Eides statt zuständig; er gilt als Behörde im Sinne des § 156 des Strafgesetzbuches.
(5) Die Absätze 1, 2a, 3 und 4 gelten für Landeswahlvorschläge entsprechend mit der Maßgabe, dass für die Abnahme der Versicherung an Eides statt nach Absatz 4 Satz 2 der Landeswahlleiter zuständig ist und sich diese auch darauf zu erstrecken hat, dass die Festlegung der Reihenfolge der Bewerber im Landeswahlvorschlag in geheimer Abstimmung erfolgt ist.

### § 20 Aufnahme in einen Wahlvorschlag

¹In einen Wahlvorschlag darf nur aufgenommen werden, wer seine Zustimmung dazu schriftlich erklärt hat. ²Die Zustimmung ist unwiderruflich.

### § 21 Rücknahme und Änderung eingereichter Wahlvorschläge

(1) ¹Ein Wahlvorschlag kann durch gemeinsame schriftliche Erklärung der Vertrauensperson und der stellvertretenden Vertrauensperson zurückgenommen werden, solange noch nicht über seine Zulassung entschieden ist. ²Wahlvorschläge nach § 14 Abs. 2 Satz 3 und Abs. 3 sowie § 15 Abs. 1 Satz 4 können auch von der Mehrheit der Unterzeichner durch eine von ihnen persönlich und handschriftlich unterzeichnete Erklärung zurückgenommen werden.
(2) Bis zu dem in § 14 Abs. 1 Satz 2 und § 15 Abs. 1 Satz 1 Halbsatz 2 genannten Zeitpunkt kann ein Wahlvorschlag durch gemeinsame schriftliche Erklärung der Vertrauensperson und der stellvertretenden Vertrauensperson geändert werden.
(3) ¹Nach dem in § 14 Abs. 1 Satz 2 und § 15 Abs. 1 Satz 1 Halbsatz 2 genannten Zeitpunkt können Wahlvorschläge nur durch gemeinsame schriftliche Erklärung der Vertrauensperson und der stellvertretenden Vertrauensperson und nur, wenn ein Bewerber verstorben ist oder die Wählbarkeit verloren hat, geändert werden. ²Das Verfahren nach § 19 braucht nicht eingehalten zu werden, der Unterschriften nach § 14 Abs. 2 Satz 3 und Abs. 3 sowie § 15 Abs. 1 Satz 4 bedarf es nicht. ³Nach der Entscheidung über die Zulassung eines Wahlvorschlages ist jede Änderung ausgeschlossen.
(4) Erklärungen nach den Absätzen 1 bis 3 sind gegenüber dem Wahlleiter schriftlich abzugeben und können nicht widerrufen werden.

### § 22 Prüfung der Wahlvorschläge; Mängelbeseitigung

(1) ¹Der Wahlleiter hat die Wahlvorschläge unverzüglich nach Eingang zu prüfen. ²Stellt er bei einem Wahlvorschlag Mängel fest, so benachrichtigt er unverzüglich die Vertrauensperson und fordert sie auf, behebbare Mängel rechtzeitig zu beseitigen.
(2) ¹Nach Ablauf der Einreichungsfrist können nur noch Mängel an sich gültiger Wahlvorschläge behoben werden. ²Ein gültiger Kreiswahlvorschlag liegt nicht vor, wenn
1. die Form oder Frist des § 14 Abs. 1 Satz 2 nicht gewahrt ist,
2. die erforderlichen gültigen Unterschriften fehlen,
3. bei einem Parteivorschlag die Parteibezeichnung fehlt, die nach § 17 Abs. 2 erforderliche Feststellung abgelehnt ist oder die Nachweise des § 19 nicht erbracht sind,
4. der Bewerber mangelhaft bezeichnet ist, so dass seine Person nicht feststeht, oder
5. die Zustimmungserklärung des Bewerbers fehlt.

³Satz 2 gilt für Landeswahlvorschläge entsprechend mit der Maßgabe, dass die in den Nummern 4 und 5 bezeichneten Mängel sich nur auf die hiervon betroffenen Bewerber auswirken.
(3) Nach der Entscheidung über die Zulassung eines Wahlvorschlages (§ 23) ist jede Mängelbeseitigung ausgeschlossen.
(4) Gegen Verfügungen des Wahlleiters im Mängelbeseitigungsverfahren (Absatz 1) kann die Vertrauensperson den Wahlausschuss anrufen.

### § 23 Zulassung von Wahlvorschlägen

(1) ¹Die Wahlausschüsse entscheiden auf der Grundlage dieses Gesetzes über die Zulassung der Wahlvorschläge in öffentlicher Sitzung. ²Bei den Abstimmungen der Wahlausschüsse entscheidet die Stimmenmehrheit. ³Bei Stimmengleichheit gibt die Stimme des Vorsitzenden den Ausschlag.
(2) ¹Wahlvorschläge, die erst nach Ablauf der Einreichungsfrist eingereicht worden sind oder nicht den Anforderungen entsprechen, die durch dieses Gesetz oder durch die Wahlordnung des Landes

Sachsen-Anhalt aufgestellt sind, sind nicht zuzulassen. ²In Fällen höherer Gewalt oder bei unabwendbaren Zufällen kann eine andere Entscheidung getroffen werden.
(3) In Wahlvorschlägen sind die Bewerber zu streichen,
1. deren Zustimmungserklärung (§ 20) fehlt oder
2. für die die nach den Bestimmungen der Wahlordnung des Landes Sachsen-Anhalt erforderlichen Unterlagen nicht beigebracht sind oder
3. die auf mehreren Kreiswahlvorschlägen oder mehreren Landeswahlvorschlägen benannt sind.
(4) In einem Landeswahlvorschlag sind die Bewerber zu streichen, die auch in einem Kreiswahlvorschlag benannt sind, der an einen anderen oder an keinen Landeswahlvorschlag angeschlossen ist.
(5) Betreffen die Mängel eines Landeswahlvorschlages nur einen oder mehrere Bewerber, so ist die Zulassung nur hinsichtlich des einen oder der mehreren Bewerber zu versagen.
(6) Die Entscheidungen der Kreiswahlausschüsse über die Zulassung der Wahlvorschläge müssen spätestens am 44. Tag vor der Wahl getroffen werden.
(7) ¹Lässt der Kreiswahlausschuss einen Wahlvorschlag nicht zu, so kann binnen drei Tagen nach der mündlichen Bekanntmachung der Entscheidung in der Sitzung des Kreiswahlausschusses Beschwerde an den Landeswahlausschuss eingelegt werden. ²Beschwerdeberechtigt sind die Vertrauensperson des Kreiswahlvorschlages, der Landeswahlleiter und der Kreiswahlleiter. ³Der Landeswahlleiter und der Kreiswahlleiter können auch gegen eine Entscheidung, durch die ein Kreiswahlvorschlag zugelassen wird, Beschwerde erheben. ⁴In der Beschwerdeverhandlung sind die erschienenen Beteiligten zu hören. ⁵Die Entscheidung über die Beschwerde muss spätestens am 38. Tage vor der Wahl getroffen werden.
(8) Die Entscheidung des Landeswahlausschusses über die Zulassung der Landeswahlvorschläge muss spätestens am 44. Tage vor der Wahl getroffen werden.
(9) ¹Die Wahlausschüsse können ihre Beschlüsse abändern, wenn ein begründeter Anlass besteht und der jeweilige Stand des Wahlverfahrens dies erlaubt. ²Die Gründe für die Abänderung sind dem Landeswahlleiter unverzüglich schriftlich mitzuteilen.
(10) Die Wahlleiter machen die Wahlvorschläge nach Zulassung öffentlich bekannt.

## § 24 Stimmzettel
(1) Die Stimmzettel für die Wahl werden amtlich hergestellt.
(2) Der Stimmzettel enthält
1. für die Wahl nach Kreiswahlvorschlägen die Namen der zugelassenen Bewerber, bei Kreiswahlvorschlägen von Parteien außerdem die Namen der Parteien und, sofern sie eine Kurzbezeichnung verwenden, auch diese,
2. für die Wahl nach Landeswahlvorschlägen die Namen der Parteien und, sofern sie eine Kurzbezeichnung verwenden, auch diese sowie die Namen der ersten drei Bewerber der zugelassenen Landeswahlvorschläge.
(3) ¹Die Reihenfolge der Landeswahlvorschläge von Parteien richtet sich nach der Zahl der Zweitstimmen, die sie bei der letzten Landtagswahl im Land Sachsen-Anhalt erreicht haben. ²Die übrigen Landeswahlvorschläge schließen sich in alphabetischer Reihenfolge der Namen der Parteien an.
(4) ¹Die Reihenfolge der Kreiswahlvorschläge richtet sich nach der Reihenfolge der entsprechenden Landeswahlvorschläge. ²Sonstige Kreiswahlvorschläge von Parteien und Einzelbewerbern schließen sich in alphabetischer Folge der Namen der Parteien oder der Familiennamen an.

## § 25 Öffentlichkeit im Wahlraum
¹Die Wahlhandlung und die Ermittlung des Wahlergebnisses im Wahlbezirk sind öffentlich. ²Der Wahlvorstand kann Personen, die die Ruhe und Ordnung stören, aus dem Wahlraum verweisen.

## § 26 Wahlvorstand
(1) Die Gemeinden bestimmen für jeden Wahlbezirk einen Wahlvorstand.
(2) ¹Der Wahlvorstand besteht aus dem Wahlvorsteher, seinem Stellvertreter, dem Schriftführer und den Beisitzern. ²Bei der Berufung der Beisitzer sollen die Vorschläge der Parteien vorrangig berücksichtigt werden. ³Schlagen die Parteien keine oder nicht genügend Wahlberechtigte als Beisitzer vor, so beruft die Gemeinde die erforderlichen Beisitzer nach ihrem Ermessen. ⁴Auf Ersuchen der Gemeinde sind zur Sicherstellung der Wahldurchführung die im Wahlgebiet ansässigen Behörden und Einrichtungen des Landes oder einer der Aufsicht des Landes unterstehenden juristischen Person des

öffentlichen Rechts verpflichtet, aus dem Kreis ihrer Beschäftigten unter Angabe von Name, Vorname, Geburtsdatum und Anschrift zum Zweck der Berufung als Mitglieder der Wahlvorstände Personen zu benennen, die im Gebiet der ersuchenden Gemeinde wohnen. [5]Die ersuchte Stelle hat die betroffene Person über die übermittelten Daten und den Empfänger zu benachrichtigen.

(2a) [1]Die Gemeinden sind befugt, personenbezogene Daten von Wahlberechtigten zum Zweck ihrer Berufung zu Mitgliedern von Wahlvorständen zu verarbeiten. [2]Zu diesem Zweck dürfen personenbezogene Daten von Wahlberechtigten, die zur Tätigkeit in Wahlvorständen geeignet sind, auch für künftige Wahlen verarbeitet werden, sofern die betroffene Person der Verarbeitung nicht widersprochen hat. [3]Die betroffene Person ist über das Widerspruchsrecht zu unterrichten. [4]Im Einzelnen dürfen folgende Daten verarbeitet werden:
1. Name,
2. Vorname,
3. Geburtsdatum,
4. Anschrift,
5. Telefonnummern sowie
6. die Zahl der Berufungen zu einem Mitglied der Wahlvorstände und die dabei ausgeübte Funktion.

(3) [1]Zur Feststellung des Briefwahlergebnisses werden in jedem Wahlkreis ein oder mehrere besondere Wahlvorstände (Briefwahlvorstände) gebildet. [2]Der Kreiswahlleiter kann die Einrichtung von Briefwahlvorständen in Gemeinden anordnen. [3]Die Mitglieder der Briefwahlvorstände werden vom Kreiswahlleiter berufen; im Falle einer Anordnung nach Satz 2 berufen die Gemeinden die Mitglieder der Briefwahlvorstände.

*Abschnitt III*
**Wahl**

### § 27 Stimmabgabe

(1) Der Wähler gibt
1. seine Erststimme in der Weise ab, dass er durch ein auf den Stimmzettel gesetztes Kreuz oder auf andere Weise eindeutig kenntlich macht, welchem Bewerber der Kreiswahlvorschläge sie gelten soll,
2. seine Zweitstimme in der Weise ab, dass er durch ein auf den Stimmzettel gesetztes Kreuz oder auf andere Weise eindeutig kenntlich macht, welchem Landeswahlvorschlag sie gelten soll.

(2) Im Falle der zulässigen Hilfe bei der Stimmabgabe nach § 4 Abs. 4 ist die Hilfsperson zur Geheimhaltung der Kenntnisse verpflichtet, die sie bei der Hilfeleistung von der Wahlentscheidung des Wahlberechtigten erlangt hat.

(3) [1]Zur Erleichterung der Abgabe und Zählung der Stimmen können anstelle von Stimmzetteln und Wahlurnen zugelassene Wahlgeräte benutzt werden. [2]Das Nähere wird durch Verordnung bestimmt.

### § 28 Briefwahl

(1) Bei der Briefwahl hat der Wähler dem Kreiswahlleiter des Wahlkreises, in dem der Wahlschein ausgestellt worden ist,
1. seinen Wahlschein,
2. in einem besonderen verschlossenen Umschlag seinen Stimmzettel so rechtzeitig zu übersenden, dass der Wahlbrief spätestens am Wahltage bis 18 Uhr eingeht.

(2) [1]Auf dem Wahlschein hat der Wähler eidesstattlich zu versichern, dass er den Stimmzettel persönlich gekennzeichnet hat. [2]Hat sich ein Wähler zur Kennzeichnung des Stimmzettels einer anderen Person bedient, so hat die andere Person eidesstattlich zu versichern, dass sie den Stimmzettel gemäß dem erklärten Willen des Wählers gekennzeichnet hat. [3]Der Kreiswahlleiter ist für die Abnahme einer solchen Versicherung an Eides statt zuständig; er gilt als Behörde im Sinne des § 156 des Strafgesetzbuches.

(3) Werden nach § 26 Abs. 3 Briefwahlvorstände in den Gemeinden gebildet, so tritt an die Stelle des Kreiswahlleiters in Absatz 1 und Absatz 2 Satz 3 die Gemeindebehörde, die den Wahlschein ausgestellt hat.

(4) ¹Zur Erleichterung der Abgabe und Zählung der Briefwahlstimmen kann der Kreiswahlleiter bestimmen, dass in einem beliebigen Wahlbezirk des Wahlkreises die Auszählung der Briefwahlstimmen durch zugelassene Wahlgeräte vorgenommen wird. ²Das Nähere wird durch Verordnung bestimmt.
(5) ¹Wahlbriefe können von den Absendern bei einem vor der Wahl amtlich bekannt gemachten Postunternehmen als Briefsendungen ohne besondere Versendungsform unentgeltlich eingeliefert werden, wenn sie sich in amtlichen Wahlbriefumschlägen befinden. ²Bei Inspruchnahme einer besonderen Versendungsform hat der Absender den Betrag zu tragen, der das jeweils für die Briefbeförderung gültige Leistungsentgelt übersteigt. ³Das Land trägt die Kosten für die unentgeltliche Beförderung von Wahlbriefen.

### § 29 Wahlurnen; Stimmenzählung
(1) Bei der Wahl sind Wahlurnen zu benutzen.
(2) Nach Beendigung der Wahl ist unverzüglich mit der Stimmenzählung zu beginnen.

### § 30 Unzulässige Wahlpropaganda und Unterschriftensammlung; unzulässige Veröffentlichung von Wählerbefragungen
(1) Während der Wahlzeit sind in und an dem Gebäude, in dem sich der Wahlraum befindet, sowie unmittelbar vor dem Zugang zu dem Gebäude jede Beeinflussung der Wähler durch Wort, Ton, Schrift oder Bild sowie jede Unterschriftensammlung verboten.
(2) Die Veröffentlichung von Ergebnissen von Wählerbefragungen nach der Stimmabgabe über den Inhalt der Wahlentscheidung ist vor Ablauf der Wahlzeit unzulässig.

*Abschnitt IV*
**Feststellung des Wahlergebnisses**

### § 31 Feststellung der gültigen Stimmen
(1) ¹Der Wahlvorstand stellt fest, wie viele Stimmen im Wahlbezirk auf die einzelnen Kreiswahlvorschläge und Landeswahlvorschläge entfallen sind. ²Der Briefwahlvorstand trifft die entsprechende Feststellung für die Briefwahl.
(2) ¹Über die Gültigkeit der Stimmen entscheidet der Wahlvorstand mit Stimmenmehrheit. ²Bei Stimmengleichheit gibt der Wahlvorsteher den Ausschlag.
(3) ¹Eine Stimme ist ungültig, wenn sie einen eindeutigen Wählerwillen nicht erkennen lässt oder mit einem sonstigen wesentlichen Mangel behaftet ist. ²Bei der Briefwahl ist sie außerdem ungültig, wenn wesentliche Verfahrensvorschriften für die Briefwahl nicht eingehalten worden sind.
(4) ¹Ein wesentlicher Mangel im Sinne von Absatz 3 liegt insbesondere vor, wenn der Stimmzettel
1. nicht amtlich hergestellt ist,
2. keine Kennzeichnung enthält,
3. für einen anderen Wahlkreis gültig ist,
4. einen Zusatz oder einen Vorbehalt enthält.

²In den Fällen des Satzes 1 Nrn. 1, 2 und 4 sind beide Stimmen ungültig; im Falle des Satzes 1 Nr. 3 ist nur die Erststimme ungültig.
(5) Die Stimme eines Wählers, der an der Briefwahl teilgenommen hat, wird nicht dadurch ungültig, dass er vor dem Wahltag stirbt, sein Wahlrecht nach § 3 verliert oder aus dem Land verzieht.
(6) Die Entscheidungen der Wahlvorstände unterliegen der Nachprüfung durch den Kreiswahlausschuss.

### § 32 Feststellung des Wahlergebnisses im Wahlkreis
¹Der Kreiswahlausschuss stellt fest, wie viele Stimmen auf die einzelnen Kreiswahlvorschläge und Landeswahlvorschläge entfallen sind und welcher Bewerber im Wahlkreis gewählt ist. ²Nicht berücksichtigt werden dabei die Zweitstimmen derjenigen Wähler, die ihre Erststimme für einen im Wahlkreis erfolgreichen Kreiswahlvorschlag nach § 18 Abs. 2 abgegeben haben.

### § 33 Erforderliche Stimmenzahl
(1) Gewählt ist im Wahlkreis, wer die meisten Erststimmen erhalten hat.
(2) Bei Stimmengleichheit entscheidet das vom Kreiswahlleiter zu ziehende Los.

### § 34 Bekanntmachung des Wahlergebnisses im Wahlkreis
Der Kreiswahlleiter macht das Wahlergebnis öffentlich bekannt.

## § 35 Feststellung des Wahlergebnisses im Lande; Sitzverteilung

(1) Die Zuweisung der Abgeordnetensitze auf die Landeswahlvorschläge erfolgt durch den Landeswahlausschuss.

(2) ¹Der Landeswahlausschuss stellt zunächst fest, wie viele Zweitstimmen für die einzelnen Landeswahlvorschläge abgegeben worden sind. ²§ 32 Satz 2 gilt entsprechend.

(3) Bei der Verteilung der Sitze auf die Landeswahlvorschläge gemäß den Absätzen 4 bis 7 werden nur Parteien berücksichtigt, die mindestens fünf v.H. der im Lande abgegebenen gültigen Zweitstimmen erhalten haben.

(4) ¹Der Landeswahlausschuss stellt fest,
1. wie viele Abgeordnetensitze auf die nicht an Landeswahlvorschläge angeschlossenen Kreiswahlvorschläge entfallen sind,
2. wie viele Abgeordnetensitze auf die an Landeswahlvorschläge angeschlossenen Kreiswahlvorschläge derjenigen Parteien entfallen sind, die nicht mindestens fünf v.H. der im Lande abgegebenen gültigen Zweitstimmen erhalten haben.

²Durch Abzug dieser Zahlen von der Zahl 87 wird die Zahl der Abgeordnetensitze ermittelt, die den Kreiswahlvorschlägen und den Landeswahlvorschlägen der Parteien, die nach Absatz 3 zu berücksichtigen sind, insgesamt zustehen.

(5) ¹Die nach Absatz 4 Satz 2 errechneten Abgeordnetensitze werden auf die Landeswahlvorschläge auf der Grundlage der nach Absatz 3 zu berücksichtigenden Zweitstimmen wie folgt verteilt. ²Die Gesamtzahl der verbleibenden Sitze, vervielfacht mit der Zahl der Zweitstimmen, die ein Landeswahlvorschlag erhalten hat, wird durch die Gesamtzahl der Zweitstimmen aller zu berücksichtigenden Landeswahlvorschläge geteilt. ³Jeder Landeswahlvorschlag enthält zunächst so viele Sitze, wie ganze Zahlen auf ihn entfallen. ⁴Danach zu vergebende Sitze sind den Landeswahlvorschlägen in der Reihenfolge der höchsten Zahlenbruchteile, die sich bei der Berechnung nach Satz 2 ergeben, zuzuteilen. ⁵Bei gleichen Zahlenbruchteilen entscheidet das vom Landeswahlleiter zu ziehende Los.

(6) ¹Erhält bei der Verteilung der Sitze nach Absatz 5 ein Landeswahlvorschlag, auf den mehr als die Hälfte der Gesamtzahl der Zweitstimmen entfallen ist, nicht mehr als die Hälfte der zu vergebenden Sitze, wird ihm von den nach Zahlenbruchteilen zu vergebenden Sitzen abweichend von Absatz 5 Sätze 4 und 5 zunächst ein weiterer Sitz zugeteilt. ²Danach zu vergebende Sitze werden nach Absatz 5 Sätze 4 und 5 zugeteilt.

(7) ¹Von den einer Partei nach den Absätzen 5 und 6 insgesamt zustehenden Abgeordnetensitzen werden die ihr zugeteilten Abgeordnetensitze in den Wahlkreisen abgesetzt. ²Die verbleibenden Abgeordnetensitze stehen der Partei auf ihrem Landeswahlvorschlag zu. ³Entsprechend dieser Zahl sind die Bewerber in der Reihenfolge des Landeswahlvorschlages gewählt. ⁴Hierbei scheiden jedoch die Bewerber aus, denen bereits ein Abgeordnetensitz in einem Wahlkreis zugewiesen worden ist.

(8) ¹Ergibt die Berechnung nach Absatz 7, dass eine Partei mehr Abgeordnetensitze in den Wahlkreisen erhalten hat, als ihr nach den Absätzen 5 und 6 zustehen, so verbleiben ihr die darüber hinausgehenden Abgeordnetensitze (Mehrsitze). ²In diesem Fall erhöht sich die Mindestzahl der Abgeordnetensitze (§ 1 Abs. 1 Satz 1) um die doppelte Zahl der Mehrsitze. ³Die so erhöhte Zahl der Abgeordnetensitze wird wiederum nach den Absätzen 4 und 7 verteilt. ⁴Ergibt auch diese Verteilung, dass eine Partei mehr Abgeordnetensitze in den Wahlkreisen erhalten hat, als ihr nach den Absätzen 5 und 6 zustehen, so verbleiben ihr die darüber hinausgehenden Abgeordnetensitze. ⁵In diesem Fall erhöht sich die Gesamtzahl der Abgeordnetensitze (Satz 2) um die doppelte Zahl der nach Satz 4 verbleibenden Abgeordnetensitze. ⁶Die so erhöhte Zahl der Abgeordnetensitze wird wiederum nach den Absätzen 4 bis 7 verteilt. ⁷Ergibt auch diese Verteilung, dass eine Partei mehr Abgeordnetensitze in den Wahlkreisen erhalten hat, als ihr nach den Absätzen 5 und 6 zustehen, so verbleiben der Partei diese Sitze; die Gesamtzahl der Abgeordnetensitze (Satz 5) erhöht sich entsprechend. ⁸Weitere Verteilungen erfolgen nach Maßgabe der Sätze 4 bis 7, soweit die Zahl der der Partei verbleibenden Abgeordnetensitze größer ist als die Hälfte der Zahl der für die Bildung einer Fraktion erforderlichen Abgeordneten.

(8a) ¹Für die Ermittlung der Zahl der für die Bildung einer Fraktion erforderlichen Abgeordneten nach Absatz 8 Satz 8 ist die Zahl der Abgeordnetensitze zu berechnen, die eine fiktive Partei mindestens erhalten würde, wenn sie fünf v. H. der im Land abgegebenen gültigen Zweitstimmen erhalten hätte. ²Dabei ist der jeweilige Stand der Verteilung der Abgeordnetensitze zugrunde zu legen. ³Diese Berechnung findet ausschließlich zur Ermittlung der Zahl der für die Bildung einer Fraktion erforderlichen Abgeordneten nach Absatz 8 Satz 8 statt.

(9) [1]Die nicht gewählten Bewerber auf Landeswahlvorschlägen derjenigen Parteien, die mindestens einen Sitz erhalten haben, sind Ersatzpersonen in der vom Landesausschuss festgestellten Reihenfolge. [2]Dabei scheiden diejenigen Bewerber aus, die in den Wahlkreisen gewählt worden sind.

### § 36 Bekanntmachung der auf dem Landeswahlvorschlag gewählten Bewerber

Der Landeswahlleiter macht die Namen der auf dem Landeswahlvorschlag gewählten Bewerber öffentlich bekannt.

### § 37 Benachrichtigung; Annahme der Wahl

[1]Die in den Wahlkreisen gewählten Bewerber werden vom Kreiswahlleiter, die auf den Landeswahlvorschlägen gewählten vom Landeswahlleiter über ihre Wahl verständigt mit dem Ersuchen, binnen einer Woche dem Landeswahlleiter schriftlich mitzuteilen, ob sie die Wahl annehmen. [2]Würde die einwöchige Frist vor dem Ersten des Monats, in dem die Wahlperiode beginnt, enden, so ist dem Gewählten eine Frist bis zu diesem Zeitpunkt zu setzen. [3]Gibt der Gewählte bis zum Ablauf der gesetzten Frist keine Erklärung ab, so gilt die Wahl mit Beginn des folgenden Tages als angenommen. [4]Eine Erklärung unter Vorbehalt gilt als Ablehnung. [5]Eine Ablehnung kann nicht widerrufen werden.

### § 38 Abänderung der Feststellung des Wahlergebnisses

[1]Die Wahlausschüsse können ihre Beschlüsse über die Feststellung des Wahlergebnisses binnen einer Woche nach der ersten Beschlussfassung abändern, wenn dazu ein begründeter Anlass besteht. [2]Die Gründe für die Abänderung sind dem Landeswahlleiter unverzüglich schriftlich mitzuteilen.

*Abschnitt V*
**Neuverrechnung der Abgeordnetensitze und Feststellung der nachrückenden Bewerber**

### § 39 Neuverrechnung der Abgeordnetensitze

(1) Der Landeswahlausschuss hat die Abgeordnetensitze auf den Landeswahlvorschlägen nach den Bestimmungen des § 35 neu zu verrechnen, wenn mehr als drei Abgeordnete, die auf Wahlvorschlag einer im Zeitpunkt der Wahl verfassungswidrigen Partei gewählt worden sind, ihre Abgeordnetensitze nach § 7 Abs. 1 Nr. 7 gleichzeitig verlieren.

(2) [1]Grundlage der Neuverrechnung der Abgeordnetensitze bildet das Ergebnis der Hauptwahl. [2]Hat bereits eine Neuverrechnung stattgefunden, so ist diese zugrunde zu legen. [3]Die für die verbotene Partei abgegebenen Stimmen bleiben unberücksichtigt. [4]Sind einer Partei in Verfahren nach § 44 Abgeordnetensitze auf Kreiswahlvorschlag zugewiesen worden, so sind diese Abgeordnetensitze bei der Neuverrechnung nach § 35 Abs. 7 Satz 1 und Abs. 8 zu berücksichtigen.

(3) Ein Abgeordneter kann im Fall der Neuverrechnung nach den Absätzen 1 und 2 seinen Sitz nicht verlieren; erforderlichenfalls erhöht sich die gemäß § 35 festgestellte Zahl der Abgeordneten entsprechend.

### § 40 Übergang des Sitzes auf die Ersatzperson

(1) [1]Lehnt ein auf einem Landeswahlvorschlag gewählter Abgeordneter die Wahl ab oder stirbt er oder scheidet er nach den Vorschriften dieses Gesetzes oder anderer Gesetze aus, so geht der Sitz auf die nächste noch nicht für gewählt erklärte Ersatzperson dieses Landeswahlvorschlages über. [2]Das Gleiche gilt, wenn ein auf einem Landeswahlvorschlag gewählter Abgeordneter nach § 7 Abs. 1 Nr. 7 ausscheidet, sofern er nicht auf dem Landeswahlvorschlag der verbotenen Partei gewählt worden ist.

(2) [1]Die Vorschrift des Absatzes 1 gilt für die in den Wahlkreisen in direkter Wahl gewählten Abgeordneten entsprechend. [2]Sie ist ferner auch dann anzuwenden, wenn ein vor der Wahl verstorbener Bewerber eines Kreiswahlvorschlages im Wahlkreis die meisten Erststimmen erhalten hat. [3]§ 43 Abs. 1 bleibt unberührt.

(3) Bei dem Übergang eines Sitzes auf eine Ersatzperson bleibt derjenige Bewerber unberücksichtigt, der nach der Wahl aus der Partei, von der er vorgeschlagen worden war, ausgeschieden oder ausgeschlossen ist.

(4) Ist eine Ersatzperson auf dem Landeswahlvorschlag einer Partei nicht vorhanden oder darf der Landeswahlvorschlag infolge des Verbots der Partei nicht berücksichtigt werden, so bleibt der Sitz bis zum Ablauf der Wahlperiode unbesetzt.

(5) ¹Die Feststellung nach den Absätzen 1 bis 4 trifft der Landeswahlausschuss. ²Sie kann durch den Landeswahlleiter allein erfolgen, wenn Zweifel nicht bestehen.

### § 41 Entsprechende Geltung
Die Bestimmungen der §§ 36 und 37 über die Bekanntmachung und die Benachrichtigung gelten entsprechend.

*Abschnitt VI*
**Nachwahlen**

### § 42 Nachwahlen
(1) ¹Kann in einzelnen Wahlkreisen oder Wahlbezirken die Wahl infolge höherer Gewalt nicht durchgeführt werden, so sagt der Kreiswahlleiter die Wahl ab und kündigt eine Nachwahl an. ²Der Landeswahlleiter bestimmt den Tag der Nachwahl und die Wahlzeit.
(2) Eine Nachwahl muss spätestens vier Wochen nach dem Tage der Hauptwahl stattfinden.
(3) Entsprechend dem Ergebnis der Nachwahl wird das Wahlergebnis für die betroffenen Kreiswahlvorschläge und die Landeswahlvorschläge nach den bei der Hauptwahl anzuwendenden Grundsätzen neu festgestellt.
(4) Für die Nachwahl gelten die Bestimmungen dieses Gesetzes sinngemäß.
(5) Im Falle einer Nachwahl ist das vorläufige Ergebnis der Hauptwahl unmittelbar im Anschluss an die Wahlhandlung der Hauptwahl zu ermitteln, festzustellen und bekannt zu machen.

*Abschnitt VII*
**Ersatzwahlen**

### § 43 Grundsätze
(1) ¹Wenn ein Abgeordneter, der als Bewerber auf einem nicht an einen Landeswahlvorschlag angeschlossenen Kreiswahlvorschlag gewählt worden ist, die Wahl ablehnt oder wenn er vor Ablauf von zwei Dritteln der Wahlperiode stirbt oder sonst aus dem Landtag ausscheidet, findet in diesem Wahlkreis Ersatzwahl statt. ²Dasselbe gilt, wenn ein in Satz 1 genannter Bewerber, der vor der Wahl verstorben ist, im Wahlkreis die meisten Erststimmen erhalten hat. ³Nach Ablauf von zwei Dritteln der Wahlperiode bleibt der Sitz unbesetzt.
(2) ¹Gewählt ist, wer die meisten Erststimmen erhalten hat. ²Bei Stimmengleichheit entscheidet das vom Kreiswahlleiter zu ziehende Los.
(3) Bei einer Ersatzwahl unterbleibt die Neuverrechnung nach § 35, es sei denn, dass in mehr als drei Wahlkreisen die Ersatzwahlen zugleich mit Nachwahlen stattfinden.

### § 44 Folgen eines Parteiverbots
¹Wenn ein in einem Wahlkreis gewählter Abgeordneter, der auf Wahlvorschlag einer im Zeitpunkt der Wahl verfassungswidrigen Partei gewählt wurde, nach § 7 Abs. 1 Nr. 7 ausscheidet, so gilt nunmehr der Bewerber desjenigen Kreiswahlvorschlages als gewählt, der nach dem ausgeschiedenen Abgeordneten die meisten Erststimmen erhalten hat. ²Bei Stimmengleichheit entscheidet das vom Kreiswahlleiter zu ziehende Los. ³Ist dieser Bewerber verstorben, lehnt er die Wahl ab oder liegen Tatsachen vor, die das Ausscheiden nach § 7 Abs. 1 Nrn. 1 bis 6 zur Folge haben, so findet eine Ersatzwahl statt. ⁴Eine Ersatzwahl findet auch statt, wenn dieser Bewerber aus der Partei, von der er vorgeschlagen worden war, ausgeschieden oder ausgeschlossen ist; Voraussetzung dafür ist, dass die Partei das Ausscheiden oder den Ausschluss dem Landeswahlleiter vor Freiwerden des Sitzes angezeigt hat.

### § 45 Wahltag und Wahlzeit
(1) Der Landeswahlleiter bestimmt den Tag der Ersatzwahl und die Wahlzeit.
(2) Im Übrigen gelten die Bestimmungen dieses Gesetzes sinngemäß.

*Abschnitt VIII*
**Wiederholungswahlen**

### § 46 Wiederholungswahlen
(1) Wird im Wahlprüfungsverfahren die Wahl in einem Wahlkreis oder in einem Wahlbezirk für ungültig erklärt, so ist die Wahl in dem in der Entscheidung bestimmten Umfang unverzüglich zu wiederholen.
(2) Den Tag der Wiederholungswahl und die Wahlzeit bestimmt der Landeswahlleiter.
(3) Bei einer Wiederholungswahl wird vorbehaltlich einer anderen Entscheidung im Wahlprüfungsverfahren nach den für die Hauptwahl zugelassenen Wahlvorschlägen und, wenn seit der Hauptwahl noch nicht sechs Monate vergangen sind, nach den für die Hauptwahl aufgestellten Wählerverzeichnissen gewählt.
(4) Entsprechend dem Ergebnis der Wiederholungswahl wird das Wahlergebnis für die betroffenen Kreiswahlvorschläge und die Landeswahlvorschläge nach den bei der Hauptwahl anzuwendenden Grundsätzen neu festgestellt.

*Abschnitt IX*
**Ersatzpersonen**

### § 47 Ersatzpersonen
(1) [1]Lehnt eine Ersatzperson (§ 35 Abs. 9) die Annahme eines ihr angebotenen Sitzes ab oder wird sie gemäß § 40 Abs. 3 übergangen, so scheidet sie damit als Ersatzperson für die Wahlperiode aus. [2]Die Ablehnung ist dem Landeswahlleiter schriftlich zu erklären; sie kann nicht widerrufen werden. [3]Annahme unter Vorbehalt gilt als Ablehnung.
(2) [1]Eine Ersatzperson kann jederzeit auf die ihr als Ersatzperson zustehenden Rechte verzichten. [2]Sie scheidet damit als Ersatzperson für die Wahlperiode aus. [3]Der Verzicht ist dem Landeswahlleiter schriftlich zu erklären; er kann nicht widerrufen werden.
(3) Tritt bei einer Ersatzperson eine der Voraussetzungen des § 7 Abs. 1 Nrn. 1 bis 3, 5 bis 7 ein, so scheidet sie als Ersatzperson für die Wahlperiode aus.
(4) Wird einer Ersatzperson während der Wahlperiode ein Abgeordnetensitz in einem Wahlkreis zugewiesen, so scheidet sie damit als Ersatzperson aus.
(5) [1]Die Feststellung, ob die Voraussetzungen nach den Absätzen 1 bis 4 gegeben sind, trifft der Landeswahlausschuss. [2]Sie kann durch den Landeswahlleiter allein erfolgen, wenn Zweifel nicht bestehen.

*Abschnitt X*
**Pflicht zur ehrenamtlichen Mitwirkung**

### § 48 Pflicht zur Übernahme eines Wahlehrenamtes; Unvereinbarkeit
(1) Jeder Wahlberechtigte ist verpflichtet, ein ihm übertragenes Wahlehrenamt zu übernehmen.
(2) Ein Wahlberechtigter, der als Bewerber auf einem Kreiswahlvorschlag oder auf einem Landeswahlvorschlag benannt ist, kann nicht zu einem Wahlehrenamt berufen werden.

### § 49 Ablehnungsgründe
[1]Die Übernahme eines Wahlehrenamtes darf aus wichtigem Grund abgelehnt werden. [2]Insbesondere dürfen die Berufung zu einem Wahlehrenamt ablehnen:
1. die Mitglieder der Landesregierung, des Bundestages und des Landtages,
2. die im öffentlichen Dienst Beschäftigten, die amtlich mit dem Vollzug dieses Gesetzes oder mit der Aufrechterhaltung der öffentlichen Ruhe und Sicherheit betraut sind,
3. Wahlberechtigte, die am Wahltag das 67. Lebensjahr vollendet haben,
4. Wahlberechtigte, die glaubhaft machen, dass ihnen die Fürsorge für ihre Familie die Ausübung des Amtes in besonderem Maße erschwert,
5. Wahlberechtigte, die glaubhaft machen, dass sie aus dringenden beruflichen Gründen, durch Krankheit oder wegen einer körperlichen Beeinträchtigung gehindert sind, das Amt ordnungsgemäß zu führen,

6. Wahlberechtigte, die sich am Wahltage aus zwingenden Gründen außerhalb ihres Wohnortes aufhalten,
7. Wahlberechtigte, die aus politischen oder religiösen Gründen die Beteiligung an Wahlen ablehnen.

### § 50 (weggefallen)

### § 51 Entschädigung
Die Beisitzer der Wahlausschüsse, die Richter nach § 13 Abs. 2 Satz 2 Nr. 3 und die Mitglieder der Wahlvorstände haben Anspruch auf Ersatz ihrer Auslagen und ihres Verdienstausfalls.

*Abschnitt XI*
**Wahlkosten**

### § 52 Wahlkosten
(1) Das Land erstattet den Gemeinden und Kreiswahlleitern die durch die Wahl veranlassten notwendigen Ausgaben.
(2) Die Kosten für die Versendung der Wahlbenachrichtigungen und der Briefwahlunterlagen, die Erfrischungsgelder für die Mitglieder der Wahlvorstände sowie die Kosten der Kreiswahlleiter werden im Wege der Einzelabrechnung ersetzt.
(3) ¹Die übrigen Kosten werden durch einen festen Betrag in Höhe von 0,37 Euro je Wahlberechtigten erstattet. ²Das für Wahlen zuständige Ministerium wird ermächtigt, durch Verordnung den Betrag nach Satz 1 frühestens für eine Wahl nach dem 1. Januar 2017 an die Preisentwicklung anzupassen.
(4) ¹Das Land erstattet den Blindenvereinen die Ausgaben, die ihnen durch die Herstellung und Verteilung von Stimmzettelschablonen entstanden sind. ²Voraussetzung dafür ist, dass die Blindenvereine zuvor gegenüber dem für Wahlen zuständigen Ministerium ihre Bereitschaft zur Herstellung von Stimmzettelschablonen erklärt haben.

*Abschnitt XII*
**Staatliche Mittel für Träger von Wahlvorschlägen**

### § 52a Auszahlung staatlicher Mittel für Parteien
(1) Die staatlichen Mittel nach dem Parteiengesetz in der Fassung der Bekanntmachung vom 31. Januar 1994 (BGBl. I S. 149), zuletzt geändert durch Artikel 2 des Gesetzes vom 22. Dezember 2004 (BGBl. I S. 3673), in der jeweils geltenden Fassung, für die bei Landtagswahlen erzielten Stimmen werden vom Präsidenten des Landtages an die Landesverbände der Parteien ausgezahlt.
(2) Die erforderlichen Mittel sind im Haushaltsplan des Landtages auszubringen.
(3) Der Landesrechnungshof prüft, ob der Präsident des Landtages die staatlichen Mittel entsprechend den Vorschriften des Parteiengesetzes ausgezahlt hat.

### § 52b Staatliche Mittel für Einzelbewerber
(1) ¹Einzelbewerber (§ 18 Abs. 2 Satz 2) erhalten auf Antrag für jede von ihnen erzielte gültige Erststimme 2,05 Euro, sofern sie mindestens 10 v.H. der im Wahlkreis abgegebenen gültigen Erststimmen erreicht haben. ²Der zu erstattende Betrag darf jedoch den Gesamtbetrag der nachgewiesenen Wahlkampfaufwendungen nicht übersteigen.
(2) ¹Die Festsetzung und die Auszahlung des Erstattungsbetrages sind innerhalb von zwei Monaten nach dem Zusammentritt des Landtages bei dem Präsidenten des Landtages schriftlich zu beantragen. ²Der Antrag kann auf einen Teilbetrag begrenzt werden. ³Der Erstattungsbetrag wird vom Präsidenten des Landtages festgesetzt und ausgezahlt. ⁴Abschlagszahlungen nach Absatz 3 sind anzurechnen. ⁵Zahlungen an Einzelbewerber dürfen erst geleistet werden, wenn der Nachweis gemäß Absatz 1 Satz 2 gegenüber dem Präsidenten des Landtages geführt ist.
(3) ¹Einzelbewerber, die bei der vorausgegangenen Wahl zum Landtag Wahlergebnisse erreicht haben, die die Voraussetzungen des Absatzes 1 erfüllen, erhalten auf Antrag nach Zulassung ihres Kreiswahlvorschlages für die nächste Wahl eine Abschlagszahlung in Höhe von 35 v.H. des Erstattungsbetrages. ²Der Antrag ist schriftlich beim Präsidenten des Landtages einzureichen. ³Der Betrag wird vom Präsidenten des Landtages festgesetzt und ausgezahlt. ⁴Abschlagszahlungen sind nach der Wahl zurückzuzahlen, soweit sie den Erstattungsbetrag übersteigen oder wenn ein Erstattungsanspruch nicht entstanden ist.

(4) Die erforderlichen Mittel sind im Haushaltsplan des Landtages auszubringen.
(5) Der Landesrechnungshof prüft, ob der Präsident des Landtages die staatlichen Mittel entsprechend den Absätzen 1 bis 3 festgesetzt hat und ausgezahlt hat.

### § 52c (weggefallen)

## Abschnitt XIII
## Übergangs- und Schlussbestimmungen

### § 53 Ordnungswidrigkeiten
(1) Ordnungswidrig handelt, wer
1. entgegen § 48 Abs. 1 ohne wichtigen Grund ein Wahlehrenamt ablehnt oder sich ohne genügende Entschuldigung den Pflichten eines solchen entzieht oder
2. entgegen § 30 Abs. 1 während der Wahlzeit in und an dem Gebäude, in dem sich der Wahlraum befindet, sowie unmittelbar vor dem Zugang zu dem Gebäude Wähler durch Wort, Ton, Schrift oder Bild beeinflusst oder eine Unterschriftensammlung betreibt oder
3. entgegen § 30 Abs. 2 Ergebnisse von Wählerbefragungen nach der Stimmabgabe über den Inhalt der Wahlentscheidung vor Ablauf der Wahlzeit veröffentlicht.

(2) Die Ordnungswidrigkeit nach Absatz 1 Nrn. 1 und 2 kann mit einer Geldbuße bis zu 500 Euro, die Ordnungswidrigkeit nach Absatz 1 Nr. 3 mit einer Geldbuße bis zu 50 000 Euro geahndet werden.
(3) Verwaltungsbehörde in Sinne des § 36 Abs. 1 Nr. 1 des Gesetzes über Ordnungswidrigkeiten ist
1. bei Ordnungswidrigkeiten nach Absatz 1 Nr. 1 der Kreiswahlleiter, wenn ein Wahlberechtigter das Amt eines Wahlvorstehers, stellvertretenden Wahlvorstehers oder eines Beisitzers im Wahlvorstand oder im Kreiswahlausschuss unberechtigt ablehnt oder sich ohne genügende Entschuldigung den Pflichten eines solchen Amtes entzieht,
2. bei Ordnungswidrigkeiten nach Absatz 1 Nrn. 2 und 3 der Landeswahlleiter.

### § 54 Rechtsbehelfe und Wahlprüfungsverfahren
[1]Das Wahlprüfungsverfahren richtet sich nach dem Wahlprüfungsgesetz in der jeweils geltenden Fassung. [2]Entscheidungen und Maßnahmen, die sich unmittelbar auf das Wahlverfahren beziehen, können nur mit den im Wahlgesetz des Landes Sachsen-Anhalt und in der Wahlordnung des Landes Sachsen-Anhalt vorgesehenen Rechtsbehelfen sowie im Wahlprüfungsverfahren angefochten werden.

### § 55 Wahlstatistik
(1) Das Ergebnis der Wahl zum Landtag ist statistisch zu bearbeiten und zu veröffentlichen.
(2) [1]Der Landeswahlleiter kann bestimmen, dass aus dem Ergebnis der Landtagswahl unter Wahrung des Wahlgeheimnisses in ausgewählten Wahlbezirken repräsentative Wahlstatistiken über
1. die Wahlberechtigten, Wahlscheinvermerke und die Beteiligung an der Wahl nach Geschlecht und Geburtsjahrsgruppen,
2. die Wähler und ihre Stimmabgabe für die einzelnen Wahlvorschläge nach Geschlecht und Geburtsjahrsgruppen sowie die Gründe für die Ungültigkeit von Stimmen
als Landesstatistik zu erstellen sind. [2]Die Trennung nach Geschlecht und Geburtsjahrsgruppen ist nur zulässig, wenn die Stimmabgabe der einzelnen Wähler dadurch nicht erkennbar wird. [3]Die Statistik nach Satz 1 Nr. 2 kann unter Verwendung von Wahlgeräten oder unter Verwendung amtlicher Stimmzettel, welche zudem Unterscheidungsmerkmale nach Geschlecht und Geburtsjahrsgruppen enthalten, durchgeführt werden. [4]Die Auswahl der Stichprobenwahlbezirke trifft der Landeswahlleiter auf Vorschlag des Statistischen Landesamtes. [5]Die Wähler sind in geeigneter Weise darauf hinzuweisen, dass der Wahlbezirk in eine repräsentative Wahlstatistik einbezogen ist.
(3) [1]In die Statistik nach Absatz 2 Satz 1 Nr. 2 sind ausgewählte Briefwahlbezirke einzubeziehen. [2]Ein Briefwahlbezirk wird bestimmt durch die dem Briefwahlvorstand zugewiesene Zuständigkeit nach Wahlbezirken.

### § 56 Ermächtigungen
(1) [1]Das für Wahlen zuständige Ministerium wird ermächtigt, durch Verordnung die zur Durchführung dieses Gesetzes erforderlichen Vorschriften (Wahlordnung des Landes Sachsen-Anhalt) zu erlassen. [2]In der Wahlordnung sind zu regeln:

1. die Voraussetzungen für die Aufnahme in das Wählerverzeichnis, insbesondere dessen Führung, Berichtigung und Abschluss, die Einsicht in das Wählerverzeichnis, den Einspruch und die Beschwerde gegen das Wählerverzeichnis sowie die Benachrichtigung der Wahlberechtigten,
2. die Voraussetzungen und das Verfahren bei der Erteilung von Wahlscheinen, deren Ausstellung, der Einspruch und die Beschwerde gegen die Ablehnung von Wahlscheinen,
3. die Einteilung der Wahlkreise in Wahlbezirke und ihre Bekanntmachung,
4. die Bestellung der Wahlleiter und Wahlvorsteher, die Bildung der Wahlausschüsse und Wahlvorstände sowie die Tätigkeit, Beschlussfähigkeit und das Verfahren der Wahlorgane, einschließlich der Einzelheiten der Ausübung ihres Amtes,
5. die Berufung in ein Wahlehrenamt, der Ersatz von Auslagen für Inhaber von Wahlehrenämtern und das Bußgeldverfahren; für die Entschädigung der Inhaber von Wahlehrenämtern können Höchstsätze bestimmt werden,
6. der Nachweis von Wahlrechtsvoraussetzungen,
7. das Verfahren der Feststellung der Parteieigenschaft,
8. die Einreichung, der Inhalt und die Form der Wahlvorschläge sowie die dazugehörenden Unterlagen, ihre Prüfung, die Beseitigung von Mängeln, ihre Zulassung, die Beschwerden gegen Entscheidungen des Kreiswahlausschusses und des Landeswahlausschusses sowie die Bekanntmachung der Wahlvorschläge,
9. die Form und der Inhalt des Stimmzettels und des Stimmzettelumschlages,
10. die Stimmabgabe, Briefwahl, Wahlurnen, Wahlschutzvorrichtungen und Verhinderung von Wahlbeeinflussung (§§ 27 bis 31),
11. die Wahl in Kranken- und Pflegeanstalten, Klöstern, sozialtherapeutischen Anstalten, Justizvollzugsanstalten und ähnlichen Einrichtungen,
12. die Vorbereitung und Durchführung von Nachwahlen, Wiederholungswahlen und Ersatzwahlen sowie die Berufung von Ersatzpersonen,
13. die Feststellung der Wahlergebnisse, ihre Weitermeldung und Bekanntmachung sowie die Benachrichtigung der Gewählten,
14. die Aufbewahrung und Vernichtung von Wahlunterlagen,
15. die Anzahl und Größe der Stichprobenwahlbezirke, die Erhebungs- und Hilfsmerkmale, die Bildung der Geburtsjahresgruppen, die Einbeziehung der Briefwähler, die durchführenden Stellen, die verfahrensrechtlichen Vorgaben zur Gewährleistung des Wahlgeheimnisses, die zur Durchführung der repräsentativen Wahlstatistik erforderlich sind, sowie die Modalitäten der Veröffentlichung der Ergebnisse, die Information der Wähler und die Durchführung repräsentativer Wahlstatistiken in Gemeinden,
16. Regelungen, die zur Konkretisierung und Fortentwicklung für den einheitlichen oder für den ordnungsgemäßen Ablauf der Wahlen von Bedeutung sind.

(2) ¹Das für Wahlen zuständige Ministerium wird ermächtigt, die allgemeine Zulassung von Wahlgeräten nach § 27 Abs. 4 und die Genehmigung der Verwendung bei einzelnen Wahlen durch Verordnung zu regeln. ²Im Einzelnen sind dies:
1. die durch die Verwendung von Wahlgeräten bedingten Besonderheiten im Zusammenhang mit der Wahl,
2. die Voraussetzungen der allgemeinen Zulassung (Bauart, Bedienung und Anwendung von Wahlgeräten) sowie Nebenbestimmungen, welche die Geeignetheit der Wahlgeräte insbesondere unter Beachtung der Wahlgrundsätze feststellt,
3. das Verfahren der allgemeinen Zulassung sowie die Rücknahme und den Widerruf der Zulassung,
4. das Verfahren für die Prüfung eines Wahlgerätes auf die der amtlich zugelassenen Bauart entsprechende Ausführung,
5. eine praktische Erprobung vor der allgemeinen Zulassung,
6. die Voraussetzungen und das Verfahren der Genehmigung der Verwendung von Wahlgeräten bei einzelnen Wahlen einschließlich von Nebenbestimmungen, welche den einzelnen Einsatz unter Einhaltung der Wahlrechtsgrundsätze und Funktion der Geräte sicherstellt, sowie die Rücknahme und den Widerruf der Genehmigung.

(3) Das für Wahlen zuständige Ministerium wird ermächtigt, die Anlage zu § 10 Abs. 1 vor jeder Wahl unter Berücksichtigung der eingetretenen Änderungen von Wahlkreisgrenzen sowie der sich auf die

Anlage auswirkenden Auflösungen, Neubildungen und Neubenennungen von Landkreisen, Gemeinden und Gemeindeteilen neu zu fassen und bekannt zu machen.

(4) Das für Wahlen zuständige Ministerium wird ermächtigt, im Falle der vorzeitigen Beendigung der Wahlperiode aufgrund eines Beschlusses des Landtages nach Artikel 60 Abs. 1 der Verfassung des Landes Sachsen-Anhalt die in diesem Gesetz und in der Wahlordnung des Landes Sachsen-Anhalt bestimmten Fristen und Termine zur Wahlvorbereitung durch Verordnung festzulegen.

(5) Das für Wahlen zuständige Ministerium wird ermächtigt, im Falle eines Ereignisses höherer Gewalt durch Verordnung von den Bestimmungen dieses Gesetzes über die Stimmabgabe in Wahlräumen und die Durchführung der Briefwahl abweichende Regelungen zu treffen, um soweit erforderlich die Durchführung der Wahl im Wege der Briefwahl zu ermöglichen, wenn der Landeswahlleiter zu einem Zeitpunkt, der näher als vier Monate vor dem Wahltag liegt, feststellt, dass die Stimmabgabe in Wahlräumen wegen einer Gefahr für Leben oder Gesundheit ganz oder teilweise unmöglich ist.

### § 57 Fristen, Termine und Form
(1) [1]Die in diesem Gesetz und in den aufgrund dieses Gesetzes erlassenen Verordnungen vorgesehenen Fristen sind Ausschlussfristen. [2]Im Falle ihrer Versäumung findet eine Wiedereinsetzung in den vorigen Stand nicht statt.

(2) Die in diesem Gesetz und in den aufgrund dieses Gesetzes erlassenen Verordnungen vorgesehenen Fristen und Termine verlängern oder verschieben sich nicht dadurch, weil der Termin oder der letzte Tag einer Frist auf einen Sonnabend, Sonntag, gesetzlichen oder staatlich geschützten Feiertag fällt.

(3) Soweit in diesem Gesetz oder in den aufgrund dieses Gesetzes erlassenen Verordnungen nichts anderes bestimmt ist, müssen vorgeschriebene Erklärungen persönlich und handschriftlich unterzeichnet sein und bei der zuständigen Stelle im Original vorliegen.

### § 58 Sprachliche Gleichstellung
Personen- und Funktionsbezeichnungen in diesem Gesetz gelten jeweils in männlicher und weiblicher Form.

### § 59 Barrierefreie Informationen
[1]Den Wahlberechtigten werden barrierefreie Informationen zur Wahl, insbesondere in Leichter Sprache, bereitgestellt. [2]Auf der Wahlbenachrichtigung soll ein Hinweis auf das barrierefreie Angebot sowie auf die Möglichkeit zur Abforderung der Informationen nach Satz 1 erfolgen.

### § 60 Einschränkung von Grundrechten
Durch dieses Gesetz wird das Grundrecht auf Schutz personenbezogener Daten im Sinne des Artikels 2 Abs. 1 in Verbindung mit Artikel 1 Abs. 1 des Grundgesetzes und des Artikels 6 Abs. 1 der Verfassung des Landes Sachsen-Anhalt eingeschränkt.

# 14 LWG Anlage

**Anlage**
(zu § 10 Abs. 1 Satz 3)

## Wahlkreiseinteilung für die Landtagswahlen in Sachsen-Anhalt

(Landkreise im Sinne dieser Anlage sind die Landkreise nach dem Gesetz zur Kreisgebietsneuregelung vom 11. November 2005, GVBl. LSA S. 692, geändert durch Gesetz vom 19. Dezember 2006, GVBl. LSA S. 544)

| Nummer und Name des Wahlkreises | | Gebiet des Wahlkreises |
|---|---|---|
| 1 | Salzwedel | vom Landkreis Altmarkkreis Salzwedel die Gemeinden Beetzendorf, Dähre, Flecken Apenburg-Winterfeld, Flecken Diesdorf, Hansestadt Salzwedel, Jübar, Kuhfelde, Rohrberg, Stadt Arendsee (Altmark), Wallstawe |
| 2 | Gardelegen-Klötze | vom Landkreis Altmarkkreis Salzwedel die Gemeinden Hansestadt Gardelegen, Stadt Kalbe (Milde), Stadt Klötze vom Landkreis Börde die Gemeinde Stadt Oebisfelde-Weferlingen |
| 3 | Havelberg-Osterburg | vom Landkreis Stendal die Gemeinden Aland, Altmärkische Höhe, Altmärkische Wische, Eichstedt (Altmark), Goldbeck, Hansestadt Havelberg, Hansestadt Osterburg (Altmark), Hansestadt Seehausen (Altmark), Hansestadt Werben (Elbe), Hassel, Hohenberg-Krusemark, Iden, Kamern, Klietz, Rochau, Schollene, Schönhausen (Elbe), Stadt Arneburg, Stadt Sandau (Elbe), Wust-Fischbeck, Zehrental |
| 4 | Stendal | vom Landkreis Stendal die Gemeinden Hansestadt Stendal, Stadt Bismark (Altmark) |
| 5 | Genthin | vom Landkreis Jerichower Land die Gemeinden Elbe-Parey, Stadt Genthin, Stadt Jerichow vom Landkreis Stendal die Gemeinden Stadt Tangerhütte, Stadt Tangermünde |
| 6 | Burg | vom Landkreis Jerichower Land die Gemeinden Biederitz, Möser, Stadt Burg, Stadt Möckern |
| 7 | Haldensleben | vom Landkreis Börde die Gemeinden Altenhausen, Beendorf, Bülstringen, Calvörde, Eilsleben, Erxleben, Flechtingen, Harbke, Hötensleben, Ingersleben, Sommersdorf, Stadt Haldensleben, Ummendorf, Völpke, Wefensleben |
| 8 | Wolmirstedt | vom Landkreis Börde die Gemeinden Angern, Barleben, Burgstall, Colbitz, Hohe Börde, Loitsche-Heinrichsberg, Niedere Börde, Rogätz, Stadt Wolmirstedt, Westheide, Zielitz |
| 9 | Oschersleben-Wanzleben | vom Landkreis Börde die Gemeinden Am Großen Bruch, Ausleben, Stadt Gröningen, Stadt Kroppenstedt, Stadt Oschersleben (Bode), Stadt Wanzleben-Börde, Sülzetal |
| 10 | Magdeburg I | von der kreisfreien Stadt Landeshauptstadt Magdeburg die Stadtteile Alte Neustadt, Barleber See, Gewerbegebiet Nord, Industriehafen, Kannenstieg, Neue Neustadt, Neustädter Feld, Neustädter See, Rothensee, Sülzegrund |
| 11 | Magdeburg II | von der kreisfreien Stadt Landeshauptstadt Magdeburg die Stadtteile Altstadt, Berliner Chaussee, Brückfeld, Cracau, Herrenkrug, Kreuzhorst, Pechau, Prester, Randau-Calenberge, Stadtfeld Ost, Werder, Zipkeleben |
| 12 | Magdeburg III | von der kreisfreien Stadt Landeshauptstadt Magdeburg die Stadtteile Alt Olvenstedt, Diesdorf, Großer Silberberg, Neu Olvenstedt, Nordwest, Stadtfeld West, Sudenburg |
| 13 | Magdeburg IV | von der kreisfreien Stadt Landeshauptstadt Magdeburg die Stadtteile Beyendorf-Sohlen, Beyendorfer Grund, Buckau, Fermersleben, Hopfengarten, Leipziger Straße, Lemsdorf, Ottersleben, Reform, Salbke, Westerhüsen |
| 14 | Halberstadt | vom Landkreis Harz die Gemeinden Groß Quenstedt, Huy, Stadt Halberstadt, Stadt Schwanebeck |

Anlage LWG 14

| Nummer und Name des Wahlkreises | | Gebiet des Wahlkreises |
|---|---|---|
| 15 | Blankenburg | vom Landkreis Harz die Gemeinden<br>Nordharz, Stadt Blankenburg (Harz), Stadt Ilsenburg (Harz), Stadt Osterwieck |
| 16 | Wernigerode | vom Landkreis Harz die Gemeinden<br>Stadt Harzgerode, Stadt Oberharz am Brocken, Stadt Wernigerode |
| 17 | Quedlinburg | vom Landkreis Harz die Gemeinden<br>Ditfurt, Harsleben, Hedersleben, Selke-Aue, Stadt Ballenstedt, Welterbestadt Quedlinburg, Stadt Thale, Stadt Wegeleben |
| 18 | Aschersleben | vom Salzlandkreis die Gemeinden<br>Stadt Aschersleben, Stadt Seeland<br>vom Landkreis Harz die Gemeinde<br>Stadt Falkenstein/Harz<br>vom Landkreis Mansfeld-Südharz die Gemeinde<br>Stadt Arnstein |
| 19 | Staßfurt | vom Salzlandkreis die Gemeinden<br>Bördeaue, Börde-Hakel, Borne, Stadt Egeln, Stadt Hecklingen, Stadt Staßfurt, Wolmirsleben |
| 20 | Schönebeck | vom Salzlandkreis die Gemeinden<br>Bördeland, Stadt Barby, Stadt Calbe (Saale), Stadt Schönebeck (Elbe) |
| 21 | Bernburg | vom Salzlandkreis die Gemeinden<br>Giersieben, Ilberstedt, Plötzkau, Stadt Alsleben (Saale), Stadt Bernburg (Saale), Stadt Güsten, Stadt Könnern, Stadt Nienburg (Saale) |
| 22 | Köthen | vom Landkreis Anhalt-Bitterfeld die Gemeinden<br>Muldestausee, Stadt Köthen (Anhalt), Stadt Raguhn-Jeßnitz, Stadt Südliches Anhalt |
| 23 | Zerbst | vom Landkreis Anhalt-Bitterfeld die Gemeinden<br>Osternienburger Land, Stadt Aken (Elbe), Stadt Zerbst/Anhalt<br>vom Landkreis Jerichower Land die Gemeinde<br>Stadt Gommern |
| 24 | Wittenberg | vom Landkreis Wittenberg die Gemeinden<br>Lutherstadt Wittenberg, Stadt Zahna-Elster |
| 25 | Jessen | vom Landkreis Wittenberg die Gemeinden<br>Stadt Annaburg, Stadt Bad Schmiedeberg, Stadt Gräfenhainichen, Stadt Jessen (Elster), Stadt Kemberg |
| 26 | Dessau-Roßlau | von der kreisfreien Stadt Dessau-Roßlau die Stadt- und Ortsteile sowie die Stadtbezirke<br>Alten, Großkühnau, Haideburg, Innerstädtischer Bereich Mitte, Innerstädtischer Bereich Süd, Kleinkühnau, Kleutsch, Kochstedt, Mosigkau, Siedlung, Sollnitz, Süd, Törten, West, Ziebigk, Zoberberg |
| 27 | Dessau-Roßlau-Wittenberg | von der kreisfreien Stadt Dessau-Roßlau die Stadt- und Ortsteile sowie die Stadtbezirke<br>Brambach, Innerstädtischer Bereich Nord, Meinsdorf, Mildensee, Mühlstedt, Rodleben, Roßlau, Streetz/Natho, Waldersee<br>vom Landkreis Wittenberg die Gemeinden<br>Stadt Coswig (Anhalt), Stadt Oranienbaum-Wörlitz |
| 28 | Bitterfeld-Wolfen | vom Landkreis Anhalt-Bitterfeld die Gemeinden<br>Stadt Bitterfeld-Wolfen, Stadt Sandersdorf-Brehna, Stadt Zörbig |
| 29 | Saalekreis | vom Saalekreis die Gemeinden<br>Petersberg ohne den Ortsteil Brachstedt, Salzatal, Stadt Wettin-Löbejün, Teutschenthal<br>vom Landkreis Mansfeld-Südharz die Gemeinde<br>Seegebiet Mansfelder Land |

# 14 LWG Anlage

| Nummer und Name des Wahlkreises | | Gebiet des Wahlkreises |
|---|---|---|
| 30 | Eisleben | vom Landkreis Mansfeld-Südharz die Gemeinden Ahlsdorf, Benndorf, Blankenheim, Bornstedt, Helbra, Hergisdorf, Klostermansfeld, Lutherstadt Eisleben, Stadt Gerbstedt, Stadt Hettstedt, Wimmelburg |
| 31 | Sangerhausen | vom Landkreis Mansfeld-Südharz die Gemeinden Berga, Brücken-Hackpfüffel, Edersleben, Stadt Kelbra (Kyffhäuser), Stadt Mansfeld, Stadt Sangerhausen, Südharz, Wallhausen |
| 32 | Querfurt | vom Saalekreis die Gemeinden Barnstädt, Farnstädt, Goethestadt Bad Lauchstädt, Nemsdorf-Göhrendorf, Obhausen, Stadt Mücheln (Geiseltal), Stadt Querfurt, Stadt Schraplau, Steigra vom Landkreis Mansfeld-Südharz die Gemeinde Stadt Allstedt vom Burgenlandkreis die Gemeinden An der Poststraße, Finne, Finnland, Kaiserpfalz, Lanitz-Hassel-Tal, Stadt Bad Bibra, Stadt Eckartsberga |
| 33 | Merseburg | vom Saalekreis die Gemeinden Stadt Braunsbedra, Stadt Leuna ohne die Ortsteile Friedensdorf, Günthersdorf, Horburg-Maßlau, Kötschlitz, Kötzschau, Kreypau, Rodden, Spergau, Zöschen und Zweimen, Stadt Merseburg |
| 34 | Bad Dürrenberg-Saalekreis | vom Saalekreis die Gemeinden Kabelsketal, Schkopau, Stadt Bad Dürrenberg, Stadt Landsberg, von der Stadt Leuna die Ortsteile Friedensdorf, Günthersdorf, Horburg-Maßlau, Kötschlitz, Kötzschau, Kreypau, Rodden, Spergau, Zöschen und Zweimen, von der Gemeinde Petersberg der Ortsteil Brachstedt |
| 35 | Halle I | von der kreisfreien Stadt Halle (Saale) die Stadtteile und Stadtviertel Dölau, Dölauer Heide, Gewerbegebiet Neustadt, Heide-Nord/Blumenau, Nietleben, Nördliche Neustadt, Ortslage Lettin, Südliche Neustadt, Westliche Neustadt |
| 36 | Halle II | von der kreisfreien Stadt Halle (Saale) die Stadtteile und Stadtviertel Gesundbrunnen, Heide-Süd, Industriegebiet Nord, Kröllwitz, Lutherplatz/Thüringer Bahnhof, Ortslage Trotha, Saaleaue, Südliche Innenstadt |
| 37 | Halle III | von der kreisfreien Stadt Halle (Saale) die Stadtteile und Stadtviertel Altstadt, Am Wasserturm/Thaerviertel, Diemitz, Freiimfelde/Kanenaer Weg, Frohe Zukunft, Gottfried-Keller-Siedlung, Gebiet der DR, Giebichenstein, Landrain, Mötzlich, Nördliche Innenstadt, Paulusviertel, Seeben, Tornau |
| 38 | Halle IV | von der kreisfreien Stadt Halle (Saale) die Stadtteile und Stadtviertel Böllberg/Wörmlitz, Büschdorf, Damaschkestraße, Dautzsch, Dieselstraße, Kanena/Bruckdorf, Ortslage Ammendorf/Beesen, Planena, Radewell/Osendorf, Reideburg, Silberhöhe, Südstadt |
| 39 | Weißenfels | vom Burgenlandkreis die Gemeinden Stadt Lützen, Stadt Teuchern, Stadt Weißenfels |
| 40 | Naumburg | vom Burgenlandkreis die Gemeinden Balgstädt, Gleina, Goseck, Karsdorf, Meineweh, Mertendorf, Molauer Land, Schönburg, Stadt Freyburg, Stadt Laucha an der Unstrut, Stadt Naumburg (Saale), Stadt Nebra (Unstrut), Stadt Osterfeld, Stadt Stößen, Wethau |
| 41 | Zeitz | vom Burgenlandkreis die Gemeinden Droyßig, Elsteraue, Gutenborn, Kretzschau, Schnaudertal, Stadt Hohenmölsen, Stadt Zeitz, Wetterzeube |

# Gesetz
# über die Prüfung der Wahl zum Landtag von Sachsen-Anhalt
# (Wahlprüfungsgesetz Sachsen-Anhalt – WPrüfG LSA)

In der Fassung der Bekanntmachung vom 18. Februar 2010[1] (GVBl. LSA S. 99)
(BS LSA 111.2)

### Nichtamtliche Inhaltsübersicht

**Abschnitt 1**
**Wahlprüfungsverfahren**

§ 1   Zuständigkeit des Landtages
§ 2   Einspruchsberechtigte
§ 3   Form und Fristen
§ 4   Wahlprüfungsausschuss
§ 5   Grundsätze des Verfahrens
§ 5a  Verfahren im Wahlprüfungsausschuss
§ 6   Mündliche Verhandlung
§ 7   Beratung und Beschlussfassung
§ 8   Entscheidungsvorschlag
§ 9   Entscheidung des Landtages
§ 10  Verfahren bei Zurückverweisung
§ 11  Unvereinbarkeit
§ 12  Zustellung
§ 13  Ungültigkeit der Wahl und Folgen

§ 14  Berichtigung und Neuzuweisung
§ 15  Einspruch des Präsidenten des Landtages

**Abschnitt 2**
**Feststellungsverfahren**

§ 16  Grundsätze
§ 17  Antragsberechtigte
§ 18  Antragsberechtigung bei Verzicht
§ 19  Entsprechende Anwendung

**Abschnitt 3**
**Schlussvorschriften**

§ 20  Rechtsweg
§ 21  Kosten
§ 22  (weggefallen)
§ 23  (Inkrafttreten)

*Abschnitt 1*
**Wahlprüfungsverfahren**

### § 1  Zuständigkeit des Landtages
Der Landtag prüft auf Einspruch die Gültigkeit der Wahlen zum Landtag und des Erwerbs der Mitgliedschaft im Landtag (Wahlprüfungsverfahren).

### § 2  Einspruchsberechtigte
(1) Zum Einspruch sind berechtigt:
1. jede wahlberechtigte Person und
2. jede Gruppe von Wahlberechtigten.
(2) Zum Einspruch in amtlicher Eigenschaft sind berechtigt:
1. der Präsident des Landtages,
2. der Landeswahlleiter und
3. jeder Kreiswahlleiter.

### § 3  Form und Fristen
(1) Der Einspruch ist beim Landtag schriftlich einzureichen und zu begründen; bei gemeinschaftlichen Einsprüchen soll ein Bevollmächtigter benannt werden.
(2) Der Einspruch muss spätestens einen Monat, wenn er in amtlicher Eigenschaft eingelegt wird, spätestens sechs Monate nach Bekanntmachung des endgültigen Wahlergebnisses im Ministerialblatt für das Land Sachsen-Anhalt oder nach Zustellung der Feststellung oder Entscheidung einer Wahlbehörde oder eines Wahlorgans beim Landtag eingehen.

### § 4  Wahlprüfungsausschuss
(1) Der Landtag bildet einen Wahlprüfungsausschuss als ständigen Ausschuss.
(2) Der Wahlprüfungsausschuss bereitet die Entscheidungen des Landtages vor.
(3) ¹Soweit der Abgeordnete dadurch aus dem Landtag ausscheidet, dass die rechtskräftige Entscheidung eines Gerichts, des Landesverfassungsgerichts oder des Bundesverfassungsgerichts vorliegt,

---

[1] Neubekanntmachung des WahlprüfungsG LSA idF der Bek. v. 11.12.1992 (GVBl. LSA S. 839) in der ab 13.11.2009 geltenden Fassung.

kann die Vorbereitung unterbleiben. ²In diesen Fällen wird die Feststellung auf Antrag des Präsidenten des Landtages unmittelbar vom Landtag getroffen.
(4) ¹Der Wahlprüfungsausschuss wählt mit Stimmenmehrheit aus seiner Mitte den Vorsitzenden und dessen Vertreter. ²Bei Stimmengleichheit entscheidet die Stimme des ältesten Mitgliedes.

### § 5 Grundsätze des Verfahrens
(1) Ein Abgeordneter, dessen Wahl zur Prüfung steht, darf im Wahlprüfungsausschuss nicht mitwirken.
(2) Gerichte und Verwaltungsbehörden haben dem Wahlprüfungsausschuss Rechts- und Amtshilfe zu leisten.
(3) Der Wahlprüfungsausschuss ist berechtigt, Zeugen, Sachverständige und Beteiligte zu vereidigen.
(4) Wird der Einspruch zurückgenommen, stellt der Wahlprüfungsausschuss das Verfahren ein.
(5) Im Übrigen sind für das Verfahren die für das verwaltungsgerichtliche Verfahren geltenden Vorschriften entsprechend anzuwenden, soweit sich aus diesem Gesetz nichts Abweichendes ergibt.

### § 5a Verfahren im Wahlprüfungsausschuss
¹Der Wahlprüfungsausschuss prüft zunächst, ob der Einspruch zulässig und ob ein Termin zur mündlichen Verhandlung anzuberaumen ist. ²Findet eine mündliche Verhandlung statt, ist diese so vorzubereiten, dass möglichst nach einem Verhandlungstermin die Beschlussfassung des Wahlprüfungsausschusses erfolgen kann. ³Eine mündliche Verhandlung ist durchzuführen, wenn ein Viertel der Mitglieder des Wahlprüfungsausschusses dies verlangt.

### § 6 Mündliche Verhandlung
(1) ¹Vor der Beschlussfassung des Wahlprüfungsausschusses wird ein Termin zur mündlichen Verhandlung nur dann anberaumt, wenn die Prüfung nach § 5a Satz 1 ergibt, dass davon eine weitere Förderung des Verfahrens zu erwarten ist. ²Die mündliche Verhandlung ist öffentlich. ³Zum Verhandlungstermin sind mindestens eine Woche vorher die Einspruchsführer sowie die Abgeordneten, deren Wahl zur Prüfung steht, zu laden. ⁴Die Ladung von Abgeordneten entfällt, wenn es sich um einen Einspruch handelt, durch den
1. die gesamte Wahl oder
2. die Wahl von mehr als zehn Abgeordneten oder
3. ein Landeswahlvorschlag in seiner Gesamtheit
betroffen wird.
(2) Mit derselben Frist sind vom Verhandlungstermin zu benachrichtigen:
1. der Präsident des Landtages,
2. der Landeswahlleiter und
3. der zuständige Kreiswahlleiter.
(3) ¹Die in den Absätzen 1 und 2 genannten Personen sind Beteiligte am Verfahren. ²Sie haben ein selbständiges Antragsrecht. ³In den Fällen des Absatzes 1 Satz 4 sind die Abgeordneten nicht Beteiligte am Verfahren.
(4) Die Beteiligten haben das Recht, die Prüfungsakten im Büro des Landtages einzusehen.

### § 7 Beratung und Beschlussfassung
(1) ¹Die Beratungen des Wahlprüfungsausschusses sind geheim. ²Dem Ausschuss von der Verwaltung des Landtages zugeteilte Beamte können zu der Beratung hinzugezogen werden.
(2) Bei der Beschlussfassung dürfen nur diejenigen Mitglieder oder deren Vertreter mitwirken, die an der dem Beschluss zugrunde liegenden Verhandlung teilgenommen haben.

### § 8 Entscheidungsvorschlag
(1) ¹Der Beschluss des Wahlprüfungsausschusses muss einen Entscheidungsvorschlag enthalten und ist schriftlich niederzulegen. ²Der Entscheidungsvorschlag hat eine Feststellung über die Gültigkeit der angefochtenen Wahl, etwaige Fehler des Wahlergebnisses sowie die sich aus einer Ungültigkeit der Wahl ergebenden Folgerungen zu enthalten. ³Er hat sich auch mit einer behaupteten Rechtsverletzung auseinanderzusetzen und gegebenenfalls die Wahlbehörden oder die Wahlorgane zu verpflichten, die erforderlichen Folgerungen zu ziehen.
(2) ¹Im Beschluss sind Tatbestand und Gründe, auf denen der Entscheidungsvorschlag beruht, anzugeben. ²Wegen der Einzelheiten ist eine Bezugnahme auf den Akteninhalt zulässig.

(3) Der Beschluss des Wahlprüfungsausschusses ist dem Landtag vorzulegen und unter Wahrung der geschäftsordnungsmäßigen Fristen zur Beratung zu stellen.

### § 9 Entscheidung des Landtages
(1) Der Landtag entscheidet über den Beschluss des Wahlprüfungsausschusses mit der Mehrheit der abgegebenen Stimmen.

(2) ¹Lehnt der Landtag den Beschluss ab, so gilt der Einspruch als an den Wahlprüfungsausschuss zurückverwiesen. ²Dabei kann der Landtag dem Wahlprüfungsausschuss die Nachprüfung bestimmter tatsächlicher oder rechtlicher Umstände aufgeben.

### § 10 Verfahren bei Zurückverweisung
(1) Ist der Einspruch an den Wahlprüfungsausschuss zurückverwiesen, hat dieser erneut über den Einspruch zu entscheiden und seinen Beschluss dem Landtag vorzulegen.

(2) Der Landtag kann diesen Beschluss nur dann ablehnen, wenn gleichzeitig ein aus seiner Mitte eingebrachter Entscheidungsvorschlag, der den Vorschriften des § 8 genügt, angenommen wird; andernfalls gilt der Beschluss des Wahlprüfungsausschusses als angenommen.

### § 11 Unvereinbarkeit
¹Bei der Beratung und Entscheidung im Landtag sind die Abgeordneten von der Mitwirkung ausgeschlossen, deren Wahl zur Prüfung steht. ²Dies gilt nicht in den Fällen des § 6 Abs. 1 Satz 4.

### § 12 Zustellung
Die Entscheidung des Landtages ist den Beteiligten vom Präsidenten des Landtages mit Begründung und Rechtsmittelbelehrung zuzustellen.

### § 13 Ungültigkeit der Wahl und Folgen
(1) ¹Wird eine Wahl für ungültig erklärt, so sind die sich daraus ergebenden Folgerungen festzustellen. ²Eine rechtskräftige Entscheidung ist unverzüglich zu vollziehen.

(2) Stellt der Landtag fest, dass die Wahl eines Abgeordneten ungültig ist, so behält der Abgeordnete seine Rechte und Pflichten bis zur Unanfechtbarkeit oder bis zur Rechtskraft der Entscheidung.

(3) Der Landtag kann mit einer Mehrheit von zwei Dritteln der Mitglieder des Landtages beschließen, dass der Abgeordnete bis zur Rechtskraft der Entscheidung nicht an der Arbeit des Landtages teilnehmen darf.

(4) Wird die nach Absatz 2 ergangene Entscheidung des Landtages angefochten, so kann das Landesverfassungsgericht auf Antrag des Anfechtenden den nach Absatz 3 ergangenen Beschluss durch einstweilige Anordnung aufheben oder, falls ein solcher Beschluss nicht gefasst worden ist, auf Antrag von mindestens 15 Abgeordneten eine Anordnung nach Absatz 3 treffen.

### § 14 Berichtigung und Neuzuweisung
¹Werden im Wahlprüfungsverfahren Stimmen für ungültig oder ungültige Stimmen für gültig erklärt oder rechnerische Fehler festgestellt, die nicht eine Ungültigkeitserklärung der Wahl in den Wahlkreisen zur Folge hat, so ist dennoch die Berichtigung des Wahlergebnisses durch den Landeswahlausschuss vorzunehmen. ²Ergeben sich als Folgen einer oder mehrerer solcher rechtskräftigen Berichtigungen Änderungen in der Zuweisung der Sitze auf die Landeswahlvorschläge, so ist eine Neuzuweisung auch dann durch den Landeswahlausschuss vorzunehmen, wenn im Übrigen die Wahl nicht für ungültig erklärt wird.

### § 15 Einspruch des Präsidenten des Landtages
(1) Ergeben sich Zweifel, ob ein Abgeordneter im Zeitpunkt der Wahl wählbar war, so kann auch nach Ablauf der Einspruchsfrist der Präsident des Landtages Einspruch einlegen.

(2) Der Präsident des Landtages muss Einspruch einlegen, wenn die Mehrheit der Abgeordneten es verlangt.

(3) Der Wahlprüfungsausschuss kann in diesem Verfahren die Öffentlichkeit seiner Sitzungen ausschließen.

## Abschnitt 2
## Feststellungsverfahren

### § 16 Grundsätze
¹Der Landtag stellt in den Fällen des § 7 Abs. 1 Nrn. 4 bis 7 des Wahlgesetzes des Landes Sachsen-Anhalt auf Antrag fest, ob ein Abgeordneter aus dem Landtag ausgeschieden ist (Feststellungsverfahren). ²Der Antrag ist schriftlich beim Präsidenten des Landtages zu stellen und schriftlich zu begründen.

### § 17 Antragsberechtigte
(1) In den Fällen des § 7 Abs. 1 Nrn. 5 bis 7 des Wahlgesetzes des Landes Sachsen-Anhalt sind antragsberechtigt
1. jede Partei, die Wahlvorschläge eingereicht hat oder die keinen Wahlvorschlag einreichen konnte, weil der Landeswahlausschuss sie für die Wahl nicht als Partei anerkannt hat,
2. (aufgehoben)
3. jede Fraktion des Landtages,
4. eine Gruppe von mindestens zehn Abgeordneten,
5. der Minister des Innern,
6. der Landeswahlleiter,
7. jeder Kreiswahlleiter.

(2) Der Antrag kann jederzeit gestellt werden.

### § 18 Antragsberechtigung bei Verzicht
(1) Im Falle des Verzichts nach § 7 Abs. 1 Nr. 4 und § 8 des Wahlgesetzes des Landes Sachsen-Anhalt sind antragsberechtigt:
1. derjenige Abgeordnete, der den Verzicht erklärt hat,
2. ein Viertel der Mitglieder des Landtags.

(2) ¹Der Antrag nach Absatz 1 Nr. 1 kann nur innerhalb einer Woche nach Zustellung der Entscheidung des Präsidenten des Landtages gestellt werden. ²Im Übrigen kann der Antrag nur innerhalb einer Woche nach Verteilung der Entscheidung des Präsidenten des Landtages als Landtagsdrucksache gestellt werden.

### § 19 Entsprechende Anwendung
Auf das Feststellungsverfahren finden die Vorschriften der §§ 4 bis 14 entsprechende Anwendung.

## Abschnitt 3
## Schlussvorschriften

### § 20 Rechtsweg
Die Entscheidungen des Landtages gemäß §§ 1, 16 können beim Landesverfassungsgericht angefochten werden.

### § 21 Kosten
¹Die Kosten des Wahlprüfungs- und Feststellungsverfahrens trägt das Land. ²Die Beteiligten haben keinen Anspruch auf Erstattung von Auslagen.

### § 22 (weggefallen)

### § 23 (Inkrafttreten)

# Gesetz über das Verfahren bei Volksinitiative, Volksbegehren und Volksentscheid (Volksabstimmungsgesetz – VAbstG)

In der Fassung der Bekanntmachung vom 26. Oktober 2005[1)] (GVBl. LSA S. 657)
(BS LSA 115.3)
zuletzt geändert durch Art. 6 G zur Parlamentsreform 2020 vom 20. März 2020 (GVBl. LSA S. 64)

## Nichtamtliche Inhaltsübersicht

**Abschnitt 1**
**Allgemeine Bestimmungen**

- § 1 Anwendungsbereich
- § 2 Beteiligungsrecht
- § 3 Vertrauenspersonen
- § 3a Unterstützung durch die Landkreise, Gemeinden und Verbandsgemeinden

**Abschnitt 2**
**Volksinitiative**

- § 4 Gegenstand der Volksinitiative
- § 5 Antrag auf Behandlung
- § 6 Unterschriftsbogen
- § 7 Entscheidung und Bekanntmachung
- § 8 Behandlung nicht angenommener Volksinitiativen
- § 9 Behandlung angenommener Volksinitiativen

**Abschnitt 3**
**Volksbegehren**

- § 10 Antrag auf Durchführung
- § 11 Entscheidung
- § 12 Eintragungsfrist
- § 13 Bekanntmachung
- § 14 Antragsrücknahme
- § 15 Eintragung, Unterschriftsbogen
- § 16 Ungültige Eintragungen
- § 17 Abschluss der Eintragungen
- § 18 Feststellung des Ergebnisses
- § 19 Vorlage an den Landtag

**Abschnitt 4**
**Volksentscheid**

- § 20 Voraussetzung und Gegenstand
- § 21 Abstimmungstag, Abstimmungszeit
- § 22 Bekanntmachung
- § 23 Anwendung wahlrechtlicher Vorschriften
- § 24 Stimmzettel
- § 25 Abstimmung
- § 26 Ermittlung des Abstimmungsergebnisses
- § 27 Ergebnis des Volksentscheides
- § 28 Feststellung und Bekanntmachung des Ergebnisses, Ausfertigung und Verkündung
- § 29 Anwendung des Wahlprüfungsgesetzes

**Abschnitt 5**
**Schlussvorschriften**

- § 30 Rechtsschutz
- § 31 Kosten
- § 31a Spenden
- § 32 Datenschutz
- § 33 Verordnungsermächtigung
- § 34 Einschränkung von Grundrechten
- § 35 Übergangsvorschrift

## Abschnitt 1
### Allgemeine Bestimmungen

**§ 1 Anwendungsbereich**
Das Verfahren bei Volksinitiative, Volksbegehren und Volksentscheid nach den Artikeln 80 und 81 der Verfassung des Landes Sachsen-Anhalt richtet sich nach den Vorschriften dieses Gesetzes.

**§ 2 Beteiligungsrecht**
Das Recht, sich an Volksinitiativen, Volksbegehren und Volksentscheiden zu beteiligen, haben alle Personen, die jeweils am Tag der Beteiligung das Wahlrecht zum Landtag von Sachsen-Anhalt gemäß § 2 des Wahlgesetzes des Landes Sachsen-Anhalt besitzen und nicht nach § 3 des Wahlgesetzes des Landes Sachsen-Anhalt vom Wahlrecht ausgeschlossen sind.

**§ 3 Vertrauenspersonen**
(1) Die Volksinitiative oder das Volksbegehren werden durch fünf beteiligungsberechtigte Vertrauenspersonen vertreten.

---

[1)] Neubekanntmachung des VolksabstimmungsG v. 9.8.1995 (GVBl. LSA S. 232) in der ab 25.6.2005 geltenden Fassung.

(2) ¹Die Vertrauenspersonen sind berechtigt, im Namen der Unterzeichner verbindliche Erklärungen abzugeben und entgegenzunehmen. ²Erklärungen der Vertrauenspersonen sind nur verbindlich, wenn sie von mindestens drei Vertrauenspersonen abgegeben werden.

### § 3a Unterstützung durch die Landkreise, Gemeinden und Verbandsgemeinden
Die Landkreise, Gemeinden und Verbandsgemeinden sollen im Rahmen ihrer Möglichkeiten ihre Einwohner bei Volksinitiativen und Volksbegehren unterstützen, indem sie sie beraten und ihnen Auskünfte in sinngemäßer Anwendung des § 1 Abs. 1 Satz 1 des Verwaltungsverfahrensgesetzes Sachsen-Anhalt in Verbindung mit § 25 Abs. 1 und 2 des Verwaltungsverfahrensgesetzes erteilen.

*Abschnitt 2*
**Volksinitiative**

### § 4 Gegenstand der Volksinitiative
¹Volksinitiativen können bestimmte Fragen der politischen Willensbildung zum Gegenstand haben, die das Land Sachsen-Anhalt betreffen und vom Landtag im Rahmen seiner verfassungsmäßigen Zuständigkeit behandelt werden können. ²Eine Volksinitiative kann auch einen mit Gründen versehenen Gesetzentwurf, der in der Gesetzgebungskompetenz des Landes liegt, zum Inhalt haben.

### § 5 Antrag auf Behandlung
(1) Der Antrag auf Behandlung der Volksinitiative im Landtag ist schriftlich an die Präsidentin oder den Präsidenten des Landtages zu richten.
(2) Der Antrag muss enthalten
1. den vollständigen Wortlaut des Gegenstandes der Volksinitiative,
2. die persönliche und handschriftliche Unterschrift von mindestens 30 000 beteiligungsberechtigten Personen auf gesonderten Unterschriftsbögen nach § 6,
3. die Angabe der Vertrauenspersonen,
4. die Unterschriften der Vertrauenspersonen.

(3) ¹Enthält der Antrag behebbare Mängel, so ist den Vertrauenspersonen Gelegenheit zu geben, die Mängel innerhalb einer angemessenen Frist, längstens jedoch drei Monate, zu beheben. ²Nach Ablauf der Frist können die Mängel nicht mehr behoben werden. ³Unleserliche oder unvollständige Eintragungen von Unterzeichnern gelten als Mängel im Sinne dieses Absatzes.

### § 6 Unterschriftsbogen
(1) Die Unterschriften für die Volksinitiative sind auf Unterschriftsbögen nach amtlichem Muster abzugeben.
(2) Der Unterschriftsbogen muss enthalten
1. eine Überschrift, aus der der Zweck der Unterschriftensammlung eindeutig hervorgeht,
2. einen Eingangstext, der den vollständigen Wortlaut der Vorlage oder bei Vorlage eines Gesetzentwurfes den vollständigen Titel des begehrten Gesetzes und eine zusammenfassende, allgemein verständliche Beschreibung seines wesentlichen Inhalts sowie den Erklärungstext umfasst, dass den Unterzeichnern bei der Unterzeichnung Gelegenheit gegeben wurde, den vollständigen Gesetzentwurf samt Begründung einzusehen,
3. die Angabe der Vertrauenspersonen,
4. einen besonderen Vermerk auf dem Unterschriftsbogen, der die Voraussetzungen des Beteiligungsrechts (§ 2) sowie einen Hinweis enthält, dass die Unterzeichner mit ihrer Unterschrift das Vorliegen dieser Voraussetzungen in ihrer Person zusichern,
5. die fortlaufende Nummerierung der Unterschriften auf den jeweiligen Unterschriftsbögen,
6. den Namen, Vornamen, das Geburtsdatum und die Anschrift der Hauptwohnung des Unterzeichners in deutlich lesbarer Form,
7. das Datum jeder Unterschriftsleistung,
8. die persönlichen und handschriftlichen Unterschriften.

(3) ¹Beteiligungsberechtigte, die des Lesens unkundig sind oder wegen einer Behinderung an der Eintragung gehindert sind, können sich zur Eintragung der Hilfe einer anderen Person bedienen. ²Die Hilfeleistung ist auf technische Hilfe bei der Kundgabe einer vom Beteiligungsberechtigten selbst getroffenen und geäußerten Entscheidung beschränkt. ³Unzulässig ist eine Hilfeleistung, die unter missbräuchlicher Einflussnahme erfolgt, die selbstbestimmte Willensbildung oder Entscheidung des

Beteiligungsberechtigten ersetzt oder verändert oder wenn ein Interessenkonflikt der Hilfsperson besteht.
(4) Amtliche Muster des Unterschriftsbogens werden auf Antrag durch das für Wahlen und Abstimmungen zuständige Ministerium zur Verfügung gestellt.

## § 7 Entscheidung und Bekanntmachung

(1) [1]Die Präsidentin oder der Präsident des Landtages entscheidet unverzüglich, ob der Antrag die Voraussetzungen der §§ 4 bis 6 erfüllt. [2]Für die Prüfung der Unterschriften, die im Wege von Stichproben erfolgen kann, kann die Landeswahlleiterin oder der Landeswahlleiter hinzugezogen werden.
(2) [1]Die Entscheidung ist unverzüglich den Vertrauenspersonen zuzustellen und samt dem Gegenstand der Volksinitiative im Ministerialblatt für das Land Sachsen-Anhalt bekannt zu machen. [2]Sie ist zu begründen, wenn der Antrag abgelehnt wird.

## § 8 Behandlung nicht angenommener Volksinitiativen

(1) [1]Volksinitiativen, die nicht die erforderliche Unterschriftenanzahl (§ 5 Abs. 2 Nr. 2) erreicht haben, werden von der Präsidentin oder dem Präsidenten des Landtages an den Petitionsausschuss überwiesen. [2]Dieser behandelt die überwiesenen Volksinitiativen wie Sammelpetitionen.
(2) Ist die Volksinitiative von mindestens 4 000 beteiligungsberechtigten Personen unterzeichnet worden, haben die Vertrauenspersonen das Recht auf Anhörung durch den Petitionsausschuss.

## § 9 Behandlung angenommener Volksinitiativen

(1) Der Landtag behandelt eine angenommene Volksinitiative in zwei Beratungen.
(2) [1]Eine angenommene Volksinitiative wird nach der Bekanntmachung im Ministerialblatt für das Land Sachsen-Anhalt gemäß § 7 Abs. 2 Satz 1 unverzüglich auf die Tagesordnung gesetzt. [2]Sie wird von einer der Vertrauenspersonen eingebracht und in einer ersten Beratung behandelt. [3]Am Ende der ersten Beratung überweist der Landtag die Volksinitiative an einen Ausschuss oder an mehrere Ausschüsse. [4]Wird die Volksinitiative in mehrere Ausschüsse überwiesen, so ist ein Ausschuss zum federführenden Ausschuss zu bestimmen.
(3) [1]Der federführende Ausschuss hört die Vertrauenspersonen der Volksinitiative an. [2]Mitberatende Ausschüsse sind zu der Anhörung einzuladen. [3]Der federführende Ausschuss erarbeitet unter Beteiligung der mitberatenden Ausschüsse eine Beschlussempfehlung an den Landtag. [4]Er kann dafür Gutachten von Sachverständigen einholen. [5]Die zweite Beratung im Landtag ist spätestens drei Monate nach der ersten Beratung durchzuführen. [6]Bei Volksinitiativen, die einen Gesetzentwurf zum Gegenstand haben, ist die zweite Beratung spätestens fünf Monate nach der ersten Beratung durchzuführen. [7]In der zweiten Beratung ist eine Vertrauensperson zu hören. [8]Die Fristen nach den Sätzen 5 und 6 können aus wichtigem Grund um einen Monat verlängert werden.

*Abschnitt 3*
**Volksbegehren**

## § 10 Antrag auf Durchführung

(1) Der Antrag auf Durchführung eines Volksbegehrens ist schriftlich an das für Wahlen und Abstimmungen zuständige Ministerium zu richten.
(2) Der Antrag muss enthalten
1. einen ausgearbeiteten und mit Gründen versehenen Gesetzentwurf,
2. die Unterstützung dieses Gesetzentwurfs durch persönliche und handschriftliche Unterschrift von mindestens 6 000 beteiligungsberechtigten Personen auf gesonderten Unterschriftsbögen nach § 6 Abs. 1; im Übrigen gilt § 6 Abs. 2 und 3 entsprechend,
3. die Angabe der Vertrauenspersonen,
4. die Unterschriften der Vertrauenspersonen.
(3) Ist dem Volksbegehren eine zulässige Volksinitiative zum selben oder einem inhaltlich gleichen Gesetzentwurf vorausgegangen, ist die Sammlung von Unterstützungsunterschriften für den Antrag auf Zulassung eines Volksbegehrens nach Absatz 2 Nr. 2 entbehrlich.
(4) Die Landesregierung teilt dem Landtag unverzüglich Eingang und Gegenstand des Antrages mit.

## § 11 Entscheidung

(1) ¹Die Landesregierung entscheidet innerhalb eines Monats über den Antrag auf Durchführung eines Volksbegehrens. ²Für die Prüfung gilt § 7 Abs. 1 Satz 2 entsprechend.

(2) Der Antrag ist abzulehnen, wenn
1. die Antragsvoraussetzungen nach § 10 Abs. 2 und 3 nicht erfüllt sind,
2. der Gesetzentwurf ein Rechtsgebiet betrifft, das der Gesetzgebungskompetenz des Landes nicht unterliegt oder ansonsten dem Grundgesetz, sonstigem Bundesrecht oder der Verfassung des Landes Sachsen-Anhalt widerspricht,
3. der Gesetzentwurf ein Haushaltsgesetz, Abgabengesetz oder Besoldungsregelungen zum Gegenstand hat oder
4. innerhalb der letzten zwei Jahre vor der Antragstellung ein Volksbegehren über einen inhaltlich gleichen Gesetzentwurf erfolglos durchgeführt worden ist.

(3) § 5 Abs. 3 gilt entsprechend.

(4) ¹Die Entscheidung ist den Vertrauenspersonen unverzüglich zuzustellen. ²Eine ablehnende Entscheidung ist zu begründen. ³Die Entscheidung ist, im Fall der Ablehnung des Antrages samt Begründung, dem Landtag unverzüglich mitzuteilen und im Ministerialblatt für das Land Sachsen-Anhalt bekannt zu machen.

## § 12 Eintragungsfrist

(1) Wird der Antrag auf Durchführung eines Volksbegehrens angenommen, so setzt die Landesregierung im Benehmen mit den Vertrauenspersonen den Beginn der Frist fest, während der die Eintragungen für das Volksbegehren vorgenommen werden können (Eintragungsfrist).

(2) ¹Die Eintragungsfrist beträgt sechs Monate. ²Sie kann auf Antrag der Vertrauenspersonen nach Ablauf von mindestens drei Monaten vorzeitig beendet werden, wenn anzunehmen ist, dass die erforderliche Zahl von Eintragungen vorliegt.

(3) Die Eintragungsfrist beginnt frühestens vier, spätestens acht Wochen nach der Bekanntmachung gemäß § 13.

## § 13 Bekanntmachung

Die Landesregierung macht die Annahme des Antrages auf Durchführung des Volksbegehrens, den begehrten Gesetzentwurf samt seiner Begründung sowie den Beginn und das Ende der Eintragungsfrist und die ermittelte Zahl der Beteiligungsberechtigten, die das Volksbegehren gemäß § 18 Abs. 3 mindestens unterstützen müssen im Ministerialblatt für das Land Sachsen-Anhalt bekannt.

## § 14 Antragsrücknahme

(1) Der Antrag kann bis zum Beginn der Eintragungsfrist zurückgenommen werden.

(2) Eine Rücknahme ist schriftlich gegenüber dem für Wahlen und Abstimmungen zuständigen Ministerium zu erklären.

(3) ¹Die Landesregierung stellt die Rücknahme des Antrages fest. ²Die Entscheidung ist den Vertrauenspersonen zuzustellen. ³Die Rücknahme ist entsprechend § 13 bekannt zu machen.

## § 15 Eintragung, Unterschriftsbogen

(1) § 6 Abs. 1 bis 3 findet sinngemäß Anwendung, soweit Absatz 2 keine weitergehenden Regelungen enthält.

(2) ¹Die Eintragungen haben auf entsprechend den örtlichen Zuständigkeitsbereichen der Meldebehörden getrennt geführten Unterschriftsbögen zu erfolgen, auf denen die zuständige Meldebehörde anzugeben ist. ²Auf den Unterschriftsbögen ist zusätzlich darauf hinzuweisen, dass sich nur Beteiligungsberechtigte eintragen können, die in dem örtlichen Zuständigkeitsbereich der angegebenen Meldebehörde ihre Hauptwohnung haben. ³Die Eintragung kann nicht zurückgenommen werden.

## § 16 Ungültige Eintragungen

Ungültig sind Eintragungen, die
1. nicht persönlich unterschrieben sind,
2. nicht die Angaben enthalten, die notwendig sind, um die Person, die unterzeichnet hat, meldebehördlich zweifelsfrei ermitteln zu können,
3. von nicht beteiligungsberechtigten Personen herrühren,
4. nicht auf Unterschriftsbögen mit dem notwendigen Inhalt des § 15 Abs. 1 und 2 erfolgt sind,

5. nicht rechtzeitig erfolgt sind,
6. einen Zusatz oder Vorbehalt enthalten oder
7. mehrfach erfolgt sind.

## § 17 Abschluss der Eintragungen
(1) Mit Beendigung der Eintragungsfrist schließen die Antragsteller die Sammlung von Unterschriften ab.
(2) Die Unterschriftsbögen sind innerhalb von zwei Wochen nach Meldebehörden geordnet an die Landeswahlleiterin oder den Landeswahlleiter zu übermitteln.

## § 18 Feststellung des Ergebnisses
(1) ¹Die Landeswahlleiterin oder der Landeswahlleiter prüft die Ordnungsmäßigkeit des Eintragungsverfahrens und stellt nach Prüfung durch die Meldebehörden die Zahl der gültigen und ungültigen Eintragungen fest. ²Ist die erforderliche Zahl der Beteiligungsberechtigten nach Absatz 3 offensichtlich nicht erreicht, so genügt zur Feststellung der Zahl der gültigen und ungültigen Eintragungen die Prüfung auf der Grundlage einer repräsentativen Stichprobe.
(2) Die Niederschrift über die Prüfung und Feststellung wird der Landesregierung übermittelt.
(3) ¹Haben mindestens sieben vom Hundert der Beteiligungsberechtigten das Volksbegehren mit ihrer Unterschrift unterstützt, stellt die Landesregierung die Zulässigkeit des Volksbegehrens fest. ²Die Zahl der erforderlichen Unterschriften ermittelt die Landeswahlleiterin oder der Landeswahlleiter zum Tag der Annahme des Antrages durch die Landesregierung. ³Die Entscheidung der Landesregierung über die Zulässigkeit ist unverzüglich zu treffen.
(4) Das nach Absatz 1 festgestellte Ergebnis und die Entscheidung der Landesregierung sind den Vertrauenspersonen zuzustellen und im Ministerialblatt für das Land Sachsen-Anhalt bekannt zu machen.

## § 19 Vorlage an den Landtag
(1) Zulässige Volksbegehren leitet die Landesregierung unter Darlegung ihres Standpunktes unverzüglich an den Landtag weiter.
(2) ¹Für das weitere Verfahren gelten die Bestimmungen über die Behandlung von Gesetzentwürfen mit der Maßgabe, dass das Volksbegehren innerhalb von vier Monaten nach Eingang beim Landtag abschließend zu behandeln ist. ²Die Vertrauenspersonen sind in den Ausschüssen und in den Beratungen des Landtages zu hören.
(3) Mehrere Volksbegehren, die denselben Gesetzgebungsgegenstand betreffen, werden gemeinsam behandelt.

*Abschnitt 4*
**Volksentscheid**

## § 20 Voraussetzung und Gegenstand
(1) Nimmt der Landtag den begehrten Gesetzentwurf nicht innerhalb von vier Monaten unverändert an, so hat die Landesregierung einen Volksentscheid herbeizuführen.
(2) Als unverändert im Sinne von Absatz 1 gilt auch ein Gesetzentwurf, der lediglich aufgrund rechtsförmlicher Erfordernisse redaktionell geändert wurde.
(3) Mehrere Volksbegehren, die denselben Gesetzgebungsgegenstand betreffen, werden gemeinsam behandelt.
(4) ¹Der Landtag kann einen konkurrierenden Gesetzentwurf zum selben Gegenstand mit zur Abstimmung stellen. ²Die Vertrauenspersonen des Volksbegehrens haben das Recht, der Begründung des konkurrierenden Gesetzentwurfes eine Stellungnahme anzufügen.

## § 21 Abstimmungstag, Abstimmungszeit
(1) Der Volksentscheid findet frühestens drei und höchstens sechs Monate nach Ablauf der in § 20 Abs. 1 bestimmten Frist oder dem Beschluss des Landtages, den begehrten Entwurf nicht als Gesetz anzunehmen, statt.
(2) Die Landesregierung bestimmt im Benehmen mit der Präsidentin oder dem Präsidenten des Landtages und den Vertrauenspersonen einen Sonntag oder staatlich anerkannten Feiertag als Abstimmungstag und die Abstimmungszeit.

## § 22 Bekanntmachung

(1) Das für Wahlen und Abstimmungen zuständige Ministerium macht die zur Abstimmung stehenden Entwürfe samt Begründung und Ablehnungsbegründung, den Abstimmungstag und die Abstimmungszeit im Ministerialblatt für das Land Sachsen-Anhalt bekannt.

(2) [1]Die Landesregierung macht zeitgleich mit der Bekanntmachung nach Absatz 1 eine Abstimmungsvorlage im Ministerialblatt für das Land Sachsen-Anhalt bekannt. [2]Jedem Wahlberechtigten wird mit der Wahlbenachrichtigung eine Abstimmungsvorlage zu den zur Abstimmung gestellten Gesetzentwürfen übersandt. [3]Die Abstimmungsvorlage enthält Abstimmungserläuterungen zu den zur Abstimmung gestellten Gesetzentwürfen. [4]In die Abstimmungserläuterungen sind die Sichtweisen der Fraktionen des Landtages, der Vertrauenspersonen des Volksbegehrens sowie der Landesregierung in gleichem Umfang aufzunehmen. [5]Die Landesregierung kann ehrverletzende oder wahrheitswidrige Äußerungen zurückweisen. [6]Verweise auf elektronische Quellen dürfen nur in die Abstimmungserläuterungen aufgenommen werden, wenn der Urheber der Verweise schriftlich erklärt, dass diese Quellen keine rechtswidrigen Inhalte enthalten und nicht zu elektronischen Quellen rechtswidrigen Inhalts führen.

## § 23 Anwendung wahlrechtlicher Vorschriften

(1) Die Vorschriften des Wahlgesetzes des Landes Sachsen-Anhalt und der Wahlordnung des Landes Sachsen-Anhalt über
1. die Aufteilung in Wahlkreise und Wahlbezirke,
2. die Öffentlichkeit der Wahl, die Wahrung des Wahlgeheimnisses, die Wahlräume, die Ordnung im Wahlraum, Ausübung des Wahlrechts, die Stimmabgabe sowie die Briefwahl,
3. die Wahlehrenämter und die Tätigkeit der Wahlorgane,
4. die Aufstellung der Wählerverzeichnisse, ihre Auslegung, Berichtigung und Abschluss sowie die Erteilung von Wahlscheinen,
5. die Nachwahl und die Wiederholung der Wahl

sind entsprechend anzuwenden.

(2) Abstimmungsorgane sind die Wahlorgane nach dem Wahlgesetz des Landes Sachsen-Anhalt.

## § 24 Stimmzettel

(1) Die Stimmzettel werden amtlich hergestellt.

(2) Die mit dem Volksentscheid vorgelegte Frage ist so zu stellen, dass sie mit „Ja" oder „Nein" beantwortet werden kann.

(3) [1]Werden mehrere Gesetzentwürfe, die denselben Gesetzgebungsgegenstand betreffen, gemeinsam zur Abstimmung gestellt, so sind sie auf einem Stimmzettel anzuführen. [2]Ihre Reihenfolge richtet sich nach der Zahl der gültigen Eintragungen für das jeweilige Volksbegehren. [3]Ein vom Landtag vorgelegter konkurrierender Gesetzentwurf wird nach den mit den Volksbegehren gestellten Gesetzentwürfen angeführt.

(4) [1]Das für Wahlen und Abstimmungen zuständige Ministerium kann zulassen, dass an Stelle von Stimmzetteln amtlich zugelassene Wahlgeräte verwendet werden. [2]§ 56 Abs. 2 des Wahlgesetzes des Landes Sachsen-Anhalt gilt entsprechend.

## § 25 Abstimmung

(1) [1]Die Stimmabgabe ist unmittelbar und geheim. [2]Die Stimme darf nur auf „Ja" oder „Nein" lauten.

(2) Bei mehreren zur Entscheidung vorgelegten Gesetzentwürfen hat jeder Beteiligungsberechtigte so viele Stimmen, wie Entwürfe zur Abstimmung stehen.

## § 26 Ermittlung des Abstimmungsergebnisses

(1) [1]Nach Beendigung der Abstimmungshandlung ermitteln die Abstimmungsorgane die Zahl der Beteiligungsberechtigten, die Zahl der abgegebenen gültigen und ungültigen Stimmen sowie für jeden Gesetzentwurf getrennt die Zahlen der gültigen Ja- und Nein-Stimmen. [2]Das Abstimmungsergebnis wird durch die Landeswahlleiterin oder den Landeswahlleiter festgestellt und an die Präsidentin oder den Präsidenten des Landtages übermittelt. [3]Vorläufige Abstimmungsergebnisse veröffentlicht die Landeswahlleiterin oder der Landeswahlleiter.

(2) Hinsichtlich der Feststellung der gültigen und ungültigen Stimmen und der Ermittlung des Abstimmungsergebnisses gelten im Übrigen die Vorschriften des Wahlgesetzes des Landes Sachsen-Anhalt und der Wahlordnung des Landes Sachsen-Anhalt entsprechend.

## § 27 Ergebnis des Volksentscheides

(1) ¹Ein Gesetzentwurf ist durch Volksentscheid angenommen, wenn die Mehrheit derjenigen, die ihre Stimme gültig abgegeben haben, mit „Ja" gestimmt hat. ²Es müssen jedoch mindestens ein Viertel der Wahlberechtigten zugestimmt haben, es sei denn, der Landtag hat dem Volk einen konkurrierenden Gesetzentwurf zum Gegenstand des Volksbegehrens zur Entscheidung mit vorgelegt.

(2) ¹Sind bei einer gleichzeitigen Abstimmung über mehrere Gesetzentwürfe mehrfach die Voraussetzungen für die Annahme nach Absatz 1 gegeben, so ist der Gesetzentwurf angenommen, der die größte Zahl der Ja-Stimmen erhalten hat. ²Bei gleicher Zahl an Ja-Stimmen ist derjenige Entwurf angenommen, der nach Abzug der auf ihn entfallenden Nein-Stimmen die größte Zahl der Ja-Stimmen auf sich vereinigt.

(3) Ein verfassungsändernder Gesetzentwurf ist durch Volksentscheid angenommen, wenn zwei Drittel derjenigen, die ihre Stimme abgegeben haben, mindestens jedoch die Hälfte der Beteiligungsberechtigten mit „Ja" gestimmt haben.

## § 28 Feststellung und Bekanntmachung des Ergebnisses, Ausfertigung und Verkündung

(1) Die Präsidentin oder der Präsident des Landtages stellt das Ergebnis des Volksentscheides fest und macht das Ergebnis des Volksentscheides und das Abstimmungsergebnis im Ministerialblatt für das Land Sachsen-Anhalt bekannt.

(2) Ist ein Gesetzentwurf durch Volksentscheid angenommen, so wird er wie ein vom Landtag beschlossenes Gesetz nach Gegenzeichnung ausgefertigt und mit dem Hinweis verkündet, dass das Gesetz durch Volksentscheid angenommen worden ist.

## § 29 Anwendung des Wahlprüfungsgesetzes

(1) Das Abstimmungsergebnis kann durch Einspruch angefochten werden.

(2) ¹Der Einspruch ist innerhalb einer Frist von zwei Monaten nach dem Abstimmungstag, jedoch spätestens einen Monat nach der Bekanntmachung gemäß § 28 Abs. 1 bei der Präsidentin oder dem Präsidenten des Landtages zu erheben. ²Der Wahlprüfungsausschuss bereitet die Entscheidung der Präsidentin oder des Präsidenten des Landtages vor.

(3) ¹Gegen die Entscheidung über den Einspruch ist die Beschwerde zum Landesverfassungsgericht zulässig. ²Für dieses Verfahren gelten die Vorschriften des Landesverfassungsgerichtsgesetzes zu Wahlprüfungsverfahren entsprechend.

(4) Die Anfechtung wird als unbegründet verworfen, wenn der mit der Anfechtung geltend gemachte Verstoß gegen das Abstimmungsverfahren den Ausgang des Volksentscheides nicht beeinflusst haben kann.

(5) Bei einer begründeten Anfechtung ist die Abstimmung nach Maßgabe der Entscheidung zu wiederholen.

(6) Für das Verfahren der Abstimmungsprüfung gelten im Übrigen die Vorschriften des Wahlprüfungsgesetzes des Landes Sachsen-Anhalt entsprechend.

### Abschnitt 5
### Schlussvorschriften

## § 30 Rechtsschutz

(1) ¹Gegen die Entscheidungen der Präsidentin oder des Präsidenten des Landtages und der Landesregierung auf Grund dieses Gesetzes können die Vertrauenspersonen, ein Viertel der Mitglieder des Landtages oder die Landesregierung Beschwerde beim Landesverfassungsgericht erheben. ²§ 29 Abs. 3 bleibt unberührt.

(2) Die Beschwerde muss innerhalb eines Monats nach der Zustellung der Entscheidung an die Beschwerdeführer oder der öffentlichen Bekanntmachung gemäß § 28 Abs. 1 erhoben werden.

(3) Eine der Beschwerde stattgebende Entscheidung des Landesverfassungsgerichts tritt hinsichtlich der auf Grund dieses Gesetzes zu wahrenden Fristen an die Stelle der mit der Beschwerde angegriffenen Entscheidung.

(4) ¹Für das Verfahren gelten im Übrigen die allgemeinen Verfahrensvorschriften und § 52 des Landesverfassungsgerichtsgesetzes. ²§ 36 Abs. 1 und 2, §§ 37 und 38 des Landesverfassungsgerichtsgesetzes gelten sinngemäß.

## § 31 Kosten

(1) ¹Den Antragstellern eines gemäß § 11 angenommenen Volksbegehrens werden die notwendigen Kosten einer angemessenen Werbung für das Volksbegehren mit einem Pauschalbetrag von 0,26 Euro je gültiger Eintragung für das Volksbegehren erstattet. ²Eintragungen, die über die erforderliche Unterschriftenzahl hinaus erfolgen, bleiben unberücksichtigt. ³Die Festsetzung und die Auszahlung des Erstattungsbetrages sind von den Vertrauenspersonen innerhalb von zwei Monaten nach der Entscheidung der Landesregierung über die Zulässigkeit des Volksbegehrens bei der Präsidentin oder dem Präsidenten des Landtages schriftlich zu beantragen. ⁴Gleichzeitig ist der Nachweis gemäß Absatz 3 zu führen.

(2) ¹Bei einem Volksentscheid werden den Antragstellern des begehrten Gesetzentwurfes die notwendigen Kosten einer angemessenen Werbung für den Volksentscheid mit einem Pauschalbetrag von 0,26 Euro je gültiger Ja-Stimme erstattet. ²Ja-Stimmen, die über die Zahl von 25 vom Hundert der Beteiligungsberechtigten hinausgehen, bleiben unberücksichtigt. ³Die Festsetzung und die Auszahlung des Erstattungsbetrages sind innerhalb von zwei Monaten nach der Feststellung des Ergebnisses bei der Präsidentin oder dem Präsidenten des Landtages schriftlich zu beantragen. ⁴Gleichzeitig ist der Nachweis gemäß Absatz 3 zu führen.

(3) Der nach den Absätzen 1 oder 2 zu erstattende Betrag darf den von den Antragstellern nachgewiesenen Gesamtbetrag für Werbungsaufwendungen nicht übersteigen.

(4) ¹Der Erstattungsbetrag wird von der Präsidentin oder dem Präsidenten des Landtages festgesetzt und an die Vertrauenspersonen ausgezahlt. ²Zur Empfangnahme ist jede der Vertrauenspersonen befugt.

(5) Der Landesrechnungshof prüft, ob die Kostenerstattung entsprechend den Vorschriften dieses Gesetzes vorgenommen worden ist.

(6) ¹Für Amtshandlungen im Zuge der Durchführung dieses Gesetzes werden keine Gebühren oder Auslagen erhoben. ²Das Land erstattet den Gemeinden die ihnen durch einen Volksentscheid entstandenen notwendigen Kosten unter Ausschluss der laufenden Kosten für Personal- und Sachmittel. ³Für die Inanspruchnahme von Räumen und Gebäuden der Gemeinden wird keine Erstattung gewährt.

## § 31a Spenden

(1) ¹Geld- oder Sachspenden einer Spenderin oder eines Spenders, die einen Betrag von 5 000 Euro einzeln oder in ihrer Gesamtheit übersteigen, sind von den Vertrauenspersonen bei einer Volksinitiative der Präsidentin oder dem Präsidenten des Landtages, bei einem Volksbegehren dem für Wahlen und Abstimmungen zuständigen Ministerium unter Angabe des Namens der Spenderin oder des Spenders und der Gesamthöhe der Spenden unverzüglich anzuzeigen. ²Für Sachspenden ist der marktübliche Preis maßgebend. ³Die Präsidentin oder der Präsident des Landtages und das für Wahlen und Abstimmungen zuständige Ministerium haben die Spenden nach Satz 1 unter Angabe des Namens der Spenderin oder des Spenders unverzüglich im Ministerialblatt für das Land Sachsen-Anhalt und auf der jeweiligen Internetseite zu veröffentlichen.

(2) ¹Die Vertrauenspersonen versichern mit dem Antrag auf Behandlung einer Volksinitiative nach § 5, dem Antrag auf Durchführung eines Volksbegehrens nach § 10 und mit einer schriftlichen Erklärung 15 Tage vor dem Abstimmungstermin eines Volksentscheids an Eides statt, dass sie ihrer Anzeigepflicht nach Absatz 1 vollständig und richtig nachgekommen sind. ²Die Präsidentin oder der Präsident des Landtages sowie das für Wahlen und Abstimmungen zuständige Ministerium können bei Vorliegen tatsächlicher Anhaltspunkte für eine unvollständige Anzeige nach Absatz 1 anordnen, dass die Vertrauenspersonen alle Unterlagen über die erhaltenen Spenden vorlegen.

(3) Die Vertrauenspersonen einer Volksinitiative oder eines Volksbegehrens dürfen von
1. Fraktionen des Landtages,
2. Organen der Landkreise, Gemeinden oder Verbandsgemeinden oder
3. Unternehmen, Anstalten und Stiftungen des öffentlichen und privaten Rechts, die ganz oder teilweise im Eigentum des Landes oder einer Gebietskörperschaft nach Nummer 2 stehen oder die von ihnen verwaltet oder betrieben werden, sofern die Beteiligung 25 v. H. übersteigt,

keine Geld- oder Sachspenden annehmen, die aus öffentlichen Haushalten stammen.

## § 32 Datenschutz

¹Personenbezogene Daten, die auf der Grundlage dieses Gesetzes erhoben werden, dürfen nur für die Durchführung einer Volksinitiative, eines Volksbegehrens oder eines Volksentscheides genutzt werden. ²Sie sind zu löschen, sobald sie für die Verfahren nach diesem Gesetz einschließlich der verfassungsgerichtlichen Verfahren zur Prüfung der Rechtswirksamkeit von Volksinitiative, Volksbegehren und Volksentscheid nicht mehr benötigt werden; die Entscheidung trifft die Präsidentin oder der Präsident des Landtages.

## § 33 Verordnungsermächtigung

¹Das für Wahlen und Abstimmungen zuständige Ministerium wird ermächtigt, zur Durchführung dieses Gesetzes eine Volksabstimmungsverordnung zu erlassen. ²In ihr ist das Nähere über
1. die Form der Unterschriftsbögen (§§ 6, 15),
2. die Feststellung des Ergebnisses eines Volksbegehrens (§ 18 Abs. 1),
2a. das Verfahren zur Herstellung und Verteilung der Abstimmungsvorlage (§ 22 Abs. 2),
3. den Inhalt, die Form und die Beschaffung der Stimmzettel eines Volksentscheides (§ 24),
4. die Prüfung und Feststellung sowie Weitermeldung des Ergebnisses eines Volksentscheides durch die Abstimmungsorgane (§§ 26, 27),
5. die Sicherung, Aufbewahrung und Vernichtung von Unterlagen des Volksbegehrens und des Volksentscheides

zu regeln.

## § 34 Einschränkung von Grundrechten

Durch dieses Gesetz wird das Grundrecht auf Schutz personenbezogener Daten im Sinne von Artikel 2 Abs. 1 in Verbindung mit Artikel 1 Abs. 1 des Grundgesetzes und Artikel 6 Abs. 1 Satz 1 der Verfassung des Landes Sachsen-Anhalt eingeschränkt.

## § 35 Übergangsvorschrift

Für Volksinitiativen, deren Behandlung nach § 5 bei der Präsidentin oder dem Präsidenten des Landtages, und für Volksbegehren, deren Durchführung nach § 10 bei dem für Wahlen und Abstimmungen zuständigen Ministerium bis zum 31. Dezember 2019 beantragt wurden, sind die Vorschriften dieses Gesetzes in der bis zum 31. Dezember 2019 geltenden Fassung anzuwenden.

# Gesetz über den Verfassungsschutz im Land Sachsen-Anhalt (VerfSchG-LSA)

In der Fassung der Bekanntmachung vom 6. April 2006[1)] (GVBl. LSA S. 236) (12.1)

zuletzt geändert durch Art. 1 G zur Fortentwicklung des Verfassungsschutzes und der Sicherheitsüberprüfung im LSA vom 21. Oktober 2020 (GVBl. LSA S. 596)

## Inhaltsübersicht

**Erster Teil**
**Organisation und Aufgaben**
- § 1 Zweck des Verfassungsschutzes
- § 2 Organisation und Zusammenarbeit
- § 3 Mitarbeiter
- § 4 Aufgaben der Verfassungsschutzbehörde
- § 4a Weitere Aufgaben der Verfassungsschutzbehörde
- § 5 Begriffsbestimmungen

**Zweiter Teil**
**Erhebung, Verarbeitung und Nutzung personenbezogener Daten**
- § 6 Grundsatz der Verhältnismäßigkeit
- § 7 Befugnisse der Verfassungsschutzbehörde
- § 8 Besondere Formen der Datenerhebung
- § 8a Verdeckte Mitarbeiter
- § 8b Vertrauenspersonen
- § 9 Speicherung, Veränderung und Nutzung personenbezogener Daten
- § 10 Speicherung, Veränderung und Nutzung personenbezogener Daten von Minderjährigen
- § 11 Berichtigung, Löschung und Sperrung von personenbezogenen Daten in Dateien
- § 12 Berichtigung, Sperrung und Löschung personenbezogener Daten in Akten, Vernichtung von Akten
- § 13 (weggefallen)

**Dritter Teil**
**Auskunft**
- § 14 Auskunft an die betroffene Person

**Vierter Teil**
**Informationsübermittlung**
- § 15 Unterrichtungspflichten
- § 16 Zulässigkeit von Ersuchen der Verfassungsschutzbehörde um Übermittlung personenbezogener Daten
- § 17 Übermittlung von Informationen an die Verfassungsschutzbehörde durch öffentliche Stellen
- § 17a Übermittlung von besonderen Informationen an die Verfassungsschutzbehörde
- § 18 Übermittlung personenbezogener Daten durch die Verfassungsschutzbehörde
- § 19 Übermittlung von Informationen durch die Verfassungsschutzbehörde an Strafverfolgungs- und Sicherheitsbehörden in Angelegenheiten des Staats- und Verfassungsschutzes
- § 20 Übermittlungsverbote
- § 21 Minderjährigenschutz
- § 22 Pflichten des Dritten, an den übermittelt wird
- § 23 Nachberichtspflicht
- § 23a Weitergabe personenbezogener Daten

**Fünfter Teil**
**Parlamentarische Kontrolle**
- § 24 Parlamentarisches Kontrollgremium
- § 25 Zusammensetzung, Wahl und Abwahl
- § 26 Verfahrensweise
- § 27 Aufgaben und Befugnisse des Parlamentarischen Kontrollgremiums
- § 28 Beteiligung des Landesbeauftragten für den Datenschutz
- § 29 Datenerhebungen bei Mitgliedern des Landtages

**Sechster Teil**
**Schlussvorschriften**
- § 30 Geltung des Datenschutzgesetzes Sachsen-Anhalt und des Archivgesetzes Sachsen-Anhalt
- § 30a Einschränkung von Grundrechten
- § 30b Sprachliche Gleichstellung
- § 31 Inkrafttreten

---

[1)] Neubekanntmachung des VerfSchG v. 14. 7. 1992 (GVBL. LSA S. 590) in der ab 2. 2. 2006 geltenden Fassung.

*Erster Teil*
## Organisation und Aufgaben

### § 1 Zweck des Verfassungsschutzes
(1) Der Verfassungsschutz dient dem Schutz der freiheitlichen demokratischen Grundordnung, des Bestandes und der Sicherheit des Bundes und der Länder.
(2) ¹Er hat die Landesregierung und andere Stellen nach Maßgabe dieses Gesetzes über Gefahren für diese Schutzgüter zu unterrichten. ²Dadurch sollen diese Stellen rechtzeitig die erforderlichen Maßnahmen ergreifen können.
(3) Er hat auch die Öffentlichkeit über seine Aufgabenfelder zu unterrichten.

### § 2 Organisation und Zusammenarbeit
(1) ¹Die Aufgaben des Verfassungsschutzes werden von der Verfassungsschutzbehörde wahrgenommen. ²Verfassungsschutzbehörde ist das für den Verfassungsschutz zuständige Ministerium. ³Es unterhält für diese Aufgabe eine besondere Abteilung.
(2) Die für den Verfassungsschutz zuständige Abteilung im für den Verfassungsschutz zuständigen Ministerium nimmt ihre Aufgaben gesondert von der Polizeiorganisation wahr.
(3) Sie ist verpflichtet, in Angelegenheiten des Verfassungsschutzes mit dem Bund und den Ländern zusammenzuarbeiten.
(4) Verfassungsschutzbehörden anderer Länder dürfen in Sachsen-Anhalt im Rahmen der Bestimmungen dieses Gesetzes nur im Einvernehmen, das Bundesamt für Verfassungsschutz nur im Benehmen mit der Verfassungsschutzbehörde tätig werden.

### § 3 Mitarbeiter
(1) Die Mitarbeiter der für den Verfassungsschutz zuständigen Abteilung im für den Verfassungsschutz zuständigen Ministerium haben sich einem Sicherheitsüberprüfungsverfahren nach Maßgabe des Sicherheitsüberprüfungs- und Geheimschutzgesetzes zu unterziehen, welches insbesondere auf Tätigkeit für das Ministerium für Staatssicherheit oder das Amt für Nationale Sicherheit der Deutschen Demokratischen Republik überprüft und in das der Bundesbeauftragte für die Unterlagen des Staatssicherheitsdienstes der ehemaligen Deutschen Demokratischen Republik einbezogen wird.
(2) Personen, die dem Repressionsapparat der Deutschen Demokratischen Republik angehörten, insbesondere hauptamtliche oder inoffizielle Mitarbeiter des Ministeriums für Staatssicherheit oder des Amtes für Nationale Sicherheit, Mitarbeiter der Abteilung I der Kriminalpolizei und ehemalige hauptamtliche Mitarbeiter der Sozialistischen Einheitspartei Deutschlands dürfen nicht mit Aufgaben des Verfassungsschutzes betraut werden; Personen mit Offiziersrang der bewaffneten Organe der Deutschen Demokratischen Republik dürfen Aufgaben des Verfassungsschutzes nur in zu begründenden Ausnahmefällen übertragen werden.

### § 4 Aufgaben der Verfassungsschutzbehörde
(1) Aufgabe der Verfassungsschutzbehörde ist die Sammlung und Auswertung von Informationen, insbesondere von sach- und personenbezogenen Auskünften, Nachrichten und Unterlagen über
1. Bestrebungen, die gegen die freiheitliche demokratische Grundordnung, den Bestand oder die Sicherheit des Bundes oder eines Landes gerichtet sind oder eine ungesetzliche Beeinträchtigung der Amtsführung der Verfassungsorgane des Bundes oder eines Landes oder ihrer Mitglieder zum Ziel haben,
2. fortwirkende Strukturen und Tätigkeiten der Aufklärungs- und Abwehrdienste der ehemaligen Deutschen Demokratischen Republik, insbesondere des Ministeriums für Staatssicherheit oder des Amtes für Nationale Sicherheit, im Sinne der §§ 94 bis 99, 129, 129a des Strafgesetzbuches,
3. sicherheitsgefährdende oder geheimdienstliche Tätigkeiten für eine fremde Macht im Geltungsbereich des Grundgesetzes,
4. Bestrebungen im Geltungsbereich des Grundgesetzes, die durch Anwendung von Gewalt oder darauf gerichtete Vorbereitungshandlungen auswärtige Belange der Bundesrepublik Deutschland gefährden,
5. Bestrebungen, die gegen den Gedanken der Völkerverständigung (Artikel 9 Abs. 2 des Grundgesetzes), insbesondere das friedliche Zusammenleben der Völker (Artikel 26 Abs. 1 des Grundgesetzes) gerichtet sind.

(2) ¹Die Verfassungsschutzbehörde wirkt auf Ersuchen der zuständigen öffentlichen Stellen mit
1. bei der Sicherheitsüberprüfung von Personen nach Maßgabe des Sicherheitsüberprüfungs- und Geheimschutzgesetzes sowie bei Zuverlässigkeitsüberprüfungen,
2. bei technischen Sicherheitsmaßnahmen zum Schutz von im öffentlichen Interesse geheimhaltungsbedürftigen Tatsachen, Gegenständen oder Erkenntnissen gegen die Kenntnisnahme durch Unbefugte.

### § 4a Weitere Aufgaben der Verfassungsschutzbehörde
¹Die Verfassungsschutzbehörde beugt Bestrebungen und Tätigkeiten nach § 4 Abs. 1 durch Angebote zur Information vor und tritt diesen insbesondere durch Angebote zur Prävention entgegen. ²Die Verfassungsschutzbehörde informiert die Öffentlichkeit zudem über präventiven Wirtschaftsschutz. ³Sie darf dabei personenbezogene Daten bekannt geben, wenn die Bekanntgabe für das Verständnis des Zusammenhangs oder der Darstellung von Organisationen oder unorganisierten Gruppen erforderlich ist und überwiegende schutzwürdige Interessen der betroffenen Person nicht entgegenstehen.

### § 5 Begriffsbestimmungen
(1) ¹Es gelten folgende Begriffsbestimmungen:
a) Bestrebungen gegen den Bestand des Bundes oder eines Landes im Sinne dieses Gesetzes sind solche politisch bestimmten, ziel- und zweckgerichteten Verhaltensweisen in einem oder für einen Personenzusammenschluss, der darauf gerichtet ist, die Freiheit des Bundes oder eines Landes von fremder Herrschaft aufzuheben, ihre staatliche Einheit zu beseitigen oder ein zu ihm gehörendes Gebiet abzutrennen.
b) Bestrebungen gegen die Sicherheit des Bundes oder eines Landes im Sinne dieses Gesetzes sind solche politisch bestimmten ziel- und zweckgerichteten Verhaltensweisen in einem oder für einen Personenzusammenschluss, der darauf gerichtet ist, den Bund, Länder oder deren Einrichtungen in ihrer Funktionsfähigkeit erheblich zu beeinträchtigen.
c) Bestrebungen gegen die freiheitliche demokratische Grundordnung im Sinne dieses Gesetzes sind solche politisch bestimmten, ziel- und zweckgerichteten Verhaltensweisen in einem oder für einen Personenzusammenschluss, der darauf gerichtet ist, einen der in Absatz 2 genannten Verfassungsgrundsätze zu beseitigen oder außer Geltung zu setzen.

²Für einen Personenzusammenschluss handelt, wer ihn in seinen Bestrebungen aktiv sowie ziel- und zweckgerichtet unterstützt. ³Verhaltensweisen von Einzelpersonen, die nicht in einem oder für einen Personenzusammenschluss handeln, sind Bestrebungen im Sinne dieses Gesetzes, wenn sie auf Anwendung von Gewalt gerichtet sind oder auf Grund ihrer Wirkungsweise geeignet sind, ein Schutzgut dieses Gesetzes erheblich zu beschädigen.

(2) Zur freiheitlichen demokratischen Grundordnung im Sinne dieses Gesetzes zählen:
a) das Recht des Volkes, die Staatsgewalt in Wahlen und Abstimmungen und durch besondere Organe der Gesetzgebung, der vollziehenden Gewalt und der Rechtssprechung auszuüben und die Volksvertretung in allgemeiner, unmittelbarer, freier, gleicher und geheimer Wahl zu wählen,
b) die Bindung der Gesetzgebung an die verfassungsmäßige Ordnung und die Bindung der vollziehenden Gewalt und der Rechtsprechung an Gesetz und Recht,
c) das Mehrparteienprinzip sowie das Recht auf Bildung und Ausübung einer parlamentarischen Opposition,
d) die Ablösbarkeit der Regierung und ihre Verantwortlichkeit gegenüber der Volksvertretung,
e) die Unabhängigkeit der Gerichte,
f) der Ausschluss jeder Gewalt- und Willkürherrschaft und
g) die im Grundgesetz und in der Verfassung des Landes Sachsen-Anhalt konkretisierten Menschenrechte.

*Zweiter Teil*
**Erhebung, Verarbeitung und Nutzung personenbezogener Daten**

### § 6 Grundsatz der Verhältnismäßigkeit
¹Eine Maßnahme ist unverzüglich zu beenden, wenn ihr Zweck erreicht ist oder sich Anhaltspunkte dafür ergeben, dass er nicht oder nicht auf diese Weise erreicht werden kann. ²Von mehreren geeigneten Maßnahmen ist diejenige zu wählen, die die betroffene Person voraussichtlich am wenigsten beein-

trächtigt. ³Eine Maßnahme darf keinen Nachteil herbeiführen, der erkennbar außer Verhältnis zu dem beabsichtigten Erfolg steht.

### § 7 Befugnisse der Verfassungsschutzbehörde

(1) Die Verfassungsschutzbehörde darf die zur Erfüllung ihrer Aufgaben erforderlichen Informationen einschließlich personenbezogener Daten erheben, verarbeiten und nutzen, soweit nicht die anzuwendenden Bestimmungen des Datenschutzgesetzes Sachsen-Anhalt oder besondere Regelungen in diesem Gesetz entgegenstehen.

(2) Voraussetzung für die Sammlung und Auswertung von Informationen ist das Vorliegen tatsächlicher Anhaltspunkte für Bestrebungen oder Tätigkeiten im Sinne des § 4 Abs. 1.

(3) ¹Die Verfassungsschutzbehörde darf Methoden, Gegenstände und Instrumente zur verdeckten Informationsbeschaffung (nachrichtendienstliche Mittel) nach § 8 anwenden. ²Nachrichtendienstliche Mittel sind:

1. Einsatz von Vertrauenspersonen und Verdeckten Mitarbeitern, sonstigen Informanten, Gewährspersonen und zum Zwecke der Spionageabwehr überworbenen Agenten,
2. Observationen,
3. Bildaufnahmen und Bildaufzeichnungen,
4. verdeckte Ermittlungen und Befragungen,
5. verdecktes Mithören ohne Inanspruchnahme technischer Mittel,
6. verdecktes Mithören und Aufzeichnen des nicht öffentlich gesprochenen Wortes unter Einsatz des technischer Mittel außerhalb von Wohnungen,
7. Beobachten des Funkverkehrs auf nicht für den allgemeinen Empfang bestimmten Kanälen,
8. Verwenden fingierter biografischer, beruflicher oder gewerblicher Angaben (Legenden),
9. Beschaffen, Erstellen und Verwenden von Tarnpapieren und Tarnkennzeichen und
10. verdeckte Sichtung, Nutzung und Auswertung der Inhalte und Angebote öffentlich zugänglicher Kommunikationsdienste des Internets sowie die verdeckte Teilnahme an diesen.

³Die Verfassungsschutzbehörde erlässt eine Dienstvorschrift zur Ausführung der Sätze 1 und 2.

(4) Die Behörden des Landes sind verpflichtet, den Verfassungsschutzbehörden technische und verwaltungsmäßige Hilfe für Tarnmaßnahmen zu leisten.

(5) Polizeiliche Befugnisse oder Weisungsbefugnisse stehen der Verfassungsschutzbehörde nicht zu; sie darf die Polizei auch nicht im Wege der Amtshilfe um Maßnahmen ersuchen, zu denen sie selbst nicht befugt ist.

(6) ¹Werden personenbezogene Daten bei der betroffenen Person mit ihrer Kenntnis erhoben, so ist der Erhebungszweck anzugeben. ²Die betroffene Person ist auf die Freiwilligkeit ihrer Angaben und bei einer Sicherheitsüberprüfung nach § 4 Abs. 2 auf eine dienst-, arbeitsrechtliche oder sonstige vertragliche Mitwirkungspflicht hinzuweisen.

(7) Die Verfassungsschutzbehörde ist an die allgemeinen Rechtsvorschriften gebunden (Artikel 20 des Grundgesetzes).

### § 8 Besondere Formen der Datenerhebung

(1) ¹Die Verfassungsschutzbehörde darf Informationen einschließlich personenbezogener Daten mit nachrichtendienstlichen Mitteln erheben, wenn tatsächliche Anhaltspunkte die Annahme rechtfertigen, dass

1. auf diese Weise Erkenntnisse über Bestrebungen oder Tätigkeiten nach § 4 Abs. 1 oder die zur Erforschung solcher Erkenntnisse erforderlichen Nachrichtenzugänge gewonnen werden können oder
2. dies zum Schutz der Mitarbeiter, Einrichtungen, Gegenstände und Nachrichtenzugänge der Verfassungsschutzbehörde gegen sicherheitsgefährdende oder geheimdienstliche Tätigkeiten erforderlich ist.

²Die Erhebung nach Satz 1 ist nur zulässig, wenn die Daten nicht auf andere, die betroffene Person weniger beeinträchtigende Weise erhoben werden können. ³Die Anwendung nachrichtendienstlicher Mittel darf nicht erkennbar außer Verhältnis zur Bedeutung des aufzuklärenden Sachverhaltes stehen.

(2) ¹Das in einer Wohnung nicht öffentlich gesprochene Wort darf mit technischen Mitteln nur heimlich mitgehört oder aufgezeichnet werden, wenn es im Einzelfall zur Abwehr einer gegenwärtigen gemeinen Gefahr oder einer gegenwärtigen Gefahr für das Leben einzelner Personen unerlässlich ist und

geeignete verwaltungsbehördliche oder polizeiliche Hilfe für das bedrohte Rechtsgut nicht rechtzeitig erlangt werden kann. ²Satz 1 gilt entsprechend für einen verdeckten Einsatz technischer Mittel zur Anfertigung von Bildaufnahmen und Bildaufzeichnungen in einer Wohnung. ³Die Anordnung des Einsatzes technischer Mittel nach Satz 1 und 2 trifft der Richter. ⁴Bei Gefahr im Verzug kann der für den Verfassungsschutz zuständige Minister oder der für den Verfassungsschutz zuständige Staatssekretär einen solchen Einsatz anordnen; eine richterliche Entscheidung ist unverzüglich nachzuholen. ⁵Die Anordnung ist auf längstens drei Monate zu befristen. ⁶Verlängerungen um jeweils nicht mehr als weitere drei Monate sind auf Antrag zulässig, soweit die Voraussetzungen der Anordnung fortbestehen. ⁷Liegen die Voraussetzungen der Anordnung nicht mehr vor oder ist der verdeckte Einsatz technischer Mittel zur Informationsgewinnung nicht mehr erforderlich, so ist die Maßnahme unverzüglich zu beenden. ⁸Ein Eingriff nach Satz 1 oder 2 ist der betroffenen Person nach seiner Beendigung mitzuteilen, wenn eine Gefährdung des Zweckes des Eingriffes ausgeschlossen werden kann.

(3) ¹Sind technische Mittel ausschließlich zum Schutz der bei einem Einsatz in Wohnungen für den Verfassungsschutz tätigen Personen vorgesehen, kann der für den Verfassungsschutz zuständige Minister oder eine von diesem beauftragte Person deren Einsatz anordnen. ²Eine anderweitige Verwendung der hierbei erlangten Erkenntnisse zu Zwecken der Gefahrenabwehr oder der Strafverfolgung ist nur zulässig, wenn zuvor die Rechtmäßigkeit der Maßnahme richterlich festgestellt ist; bei Gefahr im Verzug ist die richterliche Entscheidung unverzüglich nachzuholen.

(3a) Maßnahmen nach Absatz 1, 2 oder 3 dürfen nur angeordnet werden, soweit aufgrund tatsächlicher Anhaltspunkte anzunehmen ist, dass Äußerungen, die dem Kernbereich privater Lebensgestaltung zuzurechnen sind, nicht erfasst werden.

(3b) ¹Laufende Maßnahmen nach Absatz 1, 2 oder 3 sind unverzüglich zu unterbrechen, wenn sich tatsächliche Anhaltspunkte dafür ergeben, dass der Kernbereich privater Lebensgestaltung von der Datenerhebung erfasst wird. ²Ist eine Maßnahme nach Satz 1 unterbrochen worden, so darf sie nur unter den in Absatz 3a genannten Voraussetzungen fortgeführt werden. ³Absatz 2 Satz 3 bis 8 bleibt unberührt. ⁴Erfasste Daten, die dem Kernbereich privater Lebensgestaltung zuzurechnen sind, sind unverzüglich zu löschen. ⁵Die Tatsache der Erfassung der Daten und ihrer Löschung ist zu dokumentieren.

(4) ¹Zuständiges Gericht für Entscheidungen nach den Absätzen 2 und 3 ist das Amtsgericht am Sitz der Verfassungsschutzbehörde. ²Für das Verfahren gelten die Vorschriften des Gesetzes über das Verfahren in Familiensachen und in den Angelegenheiten der freiwilligen Gerichtsbarkeit entsprechend.

(5) Das für den Verfassungsschutz zuständige Ministerium unterrichtet das Parlamentarische Kontrollgremium über die nach Absatz 2 und, soweit richterlich überprüfungsbedürftig, nach Absatz 3 angeordneten Maßnahmen.

(6) Gegen Unbeteiligte dürfen nachrichtendienstliche Mittel nicht gezielt angewendet werden.

## § 8a Verdeckte Mitarbeiter

(1) ¹Die Verfassungsschutzbehörde darf eigene Mitarbeiter unter einer ihnen verliehenen und auf Dauer angelegten Legende (Verdeckte Mitarbeiter) zur Aufklärung von Bestrebungen unter den Voraussetzungen des § 8 Abs. 1 einsetzen. ²Ein dauerhafter Einsatz zur Aufklärung von Bestrebungen nach § 4 Abs. 1 Nrn. 1 und 5 ist nur bei Bestrebungen von erheblicher Bedeutung zulässig, insbesondere wenn sie darauf gerichtet sind, Gewalt anzuwenden oder Gewaltanwendung vorzubereiten.

(2) ¹Verdeckte Mitarbeiter dürfen weder zur Gründung von Bestrebungen nach § 4 Abs. 1 Nrn. 1, 4 oder 5 noch zur steuernden Einflussnahme auf derartige Bestrebungen eingesetzt werden. ²Sie dürfen in solchen Personenzusammenschlüssen oder für solche Personenzusammenschlüsse, einschließlich strafbarer Vereinigungen, tätig werden, um deren Bestrebungen aufzuklären. ³Im Übrigen ist im Einsatz eine Beteiligung an Bestrebungen zulässig, wenn sie
1. nicht in Individualrechte eingreift,
2. von den an den Bestrebungen Beteiligten derart erwartet wird, dass sie zur Gewinnung und Sicherung der Informationszugänge unumgänglich ist, und
3. nicht außer Verhältnis zur Bedeutung des aufzuklärenden Sachverhalts steht.

⁴Sofern zureichende tatsächliche Anhaltspunkte dafür bestehen, dass Verdeckte Mitarbeiter rechtswidrig einen Straftatbestand von erheblicher Bedeutung verwirklicht haben, soll der Einsatz unverzüglich beendet und die Strafverfolgungsbehörde unterrichtet werden. ⁵Über Ausnahmen nach Satz 4

entscheidet der Leiter der für den Verfassungsschutz zuständigen Abteilung oder sein Vertreter im Amt.

**§ 8b Vertrauenspersonen**
(1) ¹Für den Einsatz von Privatpersonen, deren planmäßige, dauerhafte Zusammenarbeit mit der Verfassungsschutzbehörde Dritten nicht bekannt ist (Vertrauenspersonen), ist § 8a entsprechend anzuwenden. ²Die Landesregierung trägt dem Parlamentarischen Kontrollgremium mindestens einmal im Jahr einen Lagebericht zum Einsatz von Vertrauenspersonen vor. ³Bei besonderen Vorkommnissen informiert die Landesregierung das Parlamentarische Kontrollgremium unverzüglich. ⁴Besondere Vorkommnisse sind insbesondere Einzelvorkommnisse, die Gegenstand politischer Diskussionen und öffentlicher Berichterstattung sind.
(2) ¹Über die Verpflichtung von Vertrauenspersonen entscheidet der Leiter der für den Verfassungsschutz zuständigen Abteilung oder sein Vertreter im Amt. ²Als Vertrauensperson dürfen Personen nicht angeworben und eingesetzt werden, die
1. nicht voll geschäftsfähig, insbesondere minderjährig sind,
2. von den Geld- oder Sachzuwendungen für die Tätigkeit auf Dauer als alleinige Lebensgrundlage abhängen würden,
3. an einem Aussteigerprogramm teilnehmen,
4. Mitglied des Europäischen Parlamentes, des Deutschen Bundestages, eines Landesparlamentes oder Mitarbeiter eines solchen Mitglieds sind oder
5. im Bundeszentralregister mit einer Verurteilung wegen eines Verbrechens oder zu einer Freiheitsstrafe, deren Vollstreckung nicht zur Bewährung ausgesetzt worden ist, eingetragen sind.

³Der Leiter der für den Verfassungsschutz zuständigen Abteilung oder sein Vertreter im Amt kann eine Ausnahme von Satz 2 Nr. 5 zulassen, wenn die Verurteilung nicht als Täter eines Totschlags nach den §§ 212 oder 213 des Strafgesetzbuches oder einer allein mit lebenslanger Haft bedrohten Straftat erfolgt ist und der Einsatz zur Aufklärung von Bestrebungen, die auf die Begehung von in § 3 Abs. 1 des Artikel 10-Gesetzes bezeichneten Straftaten gerichtet sind, unerlässlich ist. ⁴Im Falle einer Ausnahme nach Satz 3 ist der Einsatz nach höchstens sechs Monaten zu beenden, wenn er zur Erforschung der in Satz 3 genannten Bestrebungen nicht zureichend gewichtig beigetragen hat. ⁵Auch im Weiteren ist die Qualität der gelieferten Informationen fortlaufend zu bewerten.

**§ 9 Speicherung, Veränderung und Nutzung personenbezogener Daten**
(1) Die Verfassungsschutzbehörde darf zur Erfüllung ihrer Aufgaben personenbezogene Daten speichern, verändern und nutzen, wenn
1. tatsächliche Anhaltspunkte für Bestrebungen oder Tätigkeiten nach § 4 Abs. 1 vorliegen,
2. dies für die Erforschung und Bewertung von Bestrebungen oder Tätigkeiten nach § 4 Abs. 1 erforderlich ist,
3. die Verfassungsschutzbehörde nach § 4 Abs. 2 tätig wird oder
4. dies zur Erfüllung sonstiger gesetzlich zugewiesener Aufgaben erforderlich ist.

(1a) ¹Die Verfassungsschutzbehörde darf zum Zwecke der Vorgangsverwaltung personenbezogene Daten im Sinne des Absatzes 1 mit zur Erledigung anderer Aufgaben erforderlichen personenbezogenen Daten amtsintern zusammen in automatisierten Verfahren verarbeiten und nutzen, soweit dies nicht nach anderen Rechtsvorschriften ausgeschlossen ist. ²Die jeweiligen Vorschriften zur Verarbeitung und Nutzung der personenbezogenen Daten, insbesondere zur Zweckbindung, bleiben unberührt. ³Ist der Zugriff auf personenbezogene Daten, deren Verarbeitung und Nutzung nach Satz 2 nicht vorgesehen ist, mit vertretbarem Aufwand nicht auszuschließen, ist die weitere Verarbeitung oder Nutzung dieser Daten unzulässig.
(2) Zur Aufgabenerfüllung nach § 4 Abs. 2 dürfen in automatisierten Dateien nur personenbezogene Daten über die Personen gespeichert werden, die der Sicherheitsüberprüfung unterliegen oder in die Sicherheitsüberprüfung einbezogen werden.
(3) Die Speicherung von Informationen aus der engeren Persönlichkeitssphäre der betroffenen Personen in Dateien ist unzulässig.
(4) Die Verfassungsschutzbehörde hat die Speicherungsdauer auf das für ihre Aufgabenerfüllung erforderliche Maß zu beschränken.

## § 10 Speicherung, Veränderung und Nutzung personenbezogener Daten von Minderjährigen

(1) Die Verfassungsschutzbehörde darf unter den Voraussetzungen des § 9 Abs. 1 Daten über Minderjährige nach Vollendung des 14. und vor Vollendung des 16. Lebensjahres speichern, verändern und nutzen.

(2) Gespeicherte Daten über Minderjährige sind nach zwei Jahren auf die Erforderlichkeit der Speicherung zu überprüfen und spätestens nach fünf Jahren zu löschen, es sei denn, dass nach Eintritt der Volljährigkeit weitere Erkenntnisse nach § 4 Abs. 1 angefallen sind.

## § 11 Berichtigung, Löschung und Sperrung von personenbezogenen Daten in Dateien

(1) Die Verfassungsschutzbehörde hat die in Dateien gespeicherten personenbezogenen Daten zu berichtigen, wenn sie unrichtig sind.

(2) ¹Die Verfassungsschutzbehörde hat die nach § 9 Abs. 1 in Dateien gespeicherten personenbezogenen Daten spätestens zu löschen, wenn ihre Speicherung unzulässig war oder ihre Kenntnis für die Aufgabenerfüllung nicht mehr erforderlich ist. ²In diesem Fall sind auch die zu ihrer Person geführten Akten zu vernichten. ³Die Löschung unterbleibt, wenn Grund zu der Annahme besteht, dass durch sie schutzwürdige Interessen der betroffenen Person beeinträchtigt würden. ⁴In diesem Falle sind die Daten zu sperren. ⁵Sie dürfen nur noch mit Einwilligung der betroffenen Person übermittelt werden.

(3) ¹Die Verfassungsschutzbehörde prüft bei der Einzelfallbearbeitung und nach festgesetzten Fristen, spätestens nach fünf Jahren, ob nach § 9 Abs. 1 gespeicherte personenbezogene Daten zu berichtigen oder zu löschen sind. ²Gespeicherte personenbezogene Daten über Bestrebungen nach § 4 Abs. 1 Nrn. 1, 2, 4 oder 5 sind spätestens 15 Jahre nach dem Zeitpunkt der letzten gespeicherten relevanten Information zu löschen, es sei denn, der Leiter der für den Verfassungsschutz zuständigen Abteilung oder sein Vertreter im Amt trifft im Einzelfall ausnahmsweise eine andere Entscheidung.

(4) Personenbezogene Daten, die ausschließlich zu Zwecken der Datenschutzkontrolle, der Datensicherung oder zur Sicherstellung eines ordnungsgemäßen Betriebes einer Datenverarbeitungsanlage gespeichert werden, dürfen nur für diese Zwecke verwendet werden.

## § 12 Berichtigung, Sperrung und Löschung personenbezogener Daten in Akten, Vernichtung von Akten

(1) Stellt die Verfassungsschutzbehörde fest, dass in Akten gespeicherte personenbezogene Daten unrichtig sind, oder wird ihre Richtigkeit von der betroffenen Person bestritten, so ist dies in der Akte zu vermerken oder auf sonstige Weise festzuhalten.

(2) ¹Die Verfassungsschutzbehörde hat personenbezogene Daten zu sperren, wenn sie im Einzelfall feststellt, dass ohne die Sperrung schutzwürdige Interessen der betroffenen Person beeinträchtigt würden und die Daten für ihre künftige Aufgabenerfüllung nicht mehr erforderlich sind. ²Gesperrte Daten sind mit einem entsprechenden Vermerk zu versehen; sie dürfen nicht mehr genutzt oder übermittelt werden. ³Eine Aufhebung der Sperrung ist möglich, wenn ihre Voraussetzungen entfallen.

(3) ¹Personenbezogene Daten in Akten sind spätestens dann zu löschen, wenn die gesamte Akte zur Erfüllung der Aufgaben der Verfassungsschutzbehörde nicht mehr erforderlich ist. ²In diesem Fall ist auch die Akte, die solche personenbezogenen Daten enthält, zu vernichten.

## § 13 (weggefallen)

*Dritter Teil*
**Auskunft**

## § 14 Auskunft an die betroffene Person

(1) ¹Die Verfassungsschutzbehörde erteilt der betroffenen Person über zu ihrer Person gespeicherte Daten auf Antrag unentgeltlich Auskunft. ²Zu personenbezogenen Daten in Akten erstreckt sich die Auskunft auf alle Daten, die über eine Speicherung gemäß § 9 Abs. 1 auffindbar sind. ³Die von der betroffenen Person nach Satz 1 mitgeteilten Informationen dürfen nur zum Zwecke der Prüfung des Auskunftsbegehrens verwendet werden.

(2) ¹Die Auskunftserteilung unterbleibt, soweit
1. eine Gefährdung der Aufgabenerfüllung durch die Auskunftserteilung zu besorgen ist,
2. durch die Auskunftserteilung Nachrichtenzugänge gefährdet sein können oder die Ausforschung des Erkenntnisstandes oder der Arbeitsweise der Verfassungsschutzbehörde zu befürchten ist,

3. die Auskunft die öffentliche Sicherheit gefährden oder sonst dem Wohl des Bundes oder eines Landes Nachteile bereiten würde oder
4. die Daten oder die Tatsache der Speicherung nach einer Rechtsvorschrift oder ihrem Wesen nach, insbesondere wegen der überwiegenden berechtigten Interessen eines Dritten, geheimgehalten werden müssen.

²Die Entscheidung trifft der Leiter der für den Verfassungsschutz zuständigen Abteilung im für den Verfassungsschutz zuständigen Ministerium oder ein von ihm besonders beauftragter Mitarbeiter.

(3) Die Auskunftserteilung erstreckt sich nicht auf die Herkunft der Daten und die Empfänger von Übermittlungen.

(4) ¹Die Ablehnung der Auskunftserteilung bedarf keiner Begründung, soweit dadurch der Zweck der Auskunftsverweigerung gefährdet würde. ²Die Gründe der Auskunftsverweigerung sind aktenkundig zu machen. ³Wird die Auskunftserteilung abgelehnt, ist die betroffene Person auf die Rechtsgrundlage für das Fehlen der Begründung und darauf hinzuweisen, dass sie sich an den Landesbeauftragten für den Datenschutz wenden kann. ⁴Dem Landesbeauftragten für den Datenschutz ist auf sein Verlangen Auskunft zu erteilen, soweit nicht das für den Verfassungsschutz zuständige Ministerium im Einzelfall feststellt, dass dadurch die Sicherheit des Bundes oder eines Landes gefährdet würde. ⁵Mitteilungen des Landesbeauftragten an die betroffene Person dürfen keine Rückschlüsse auf den Erkenntnisstand der Verfassungsschutzbehörde zulassen, sofern sie nicht einer weitergehenden Auskunft zustimmt. ⁶Der Landesbeauftragte kann das Parlamentarische Kontrollgremium unterrichten, wenn sich für ihn im Einzelfall Beanstandungen ergeben, eine Auskunft an die betroffene Person aber aus Geheimhaltungsgründen unterbleiben muss.

*Vierter Teil*
**Informationsübermittlung**

### § 15 Unterrichtungspflichten

(1) Die Landesregierung unterrichtet den Landtag mindestens einmal jährlich über Bestrebungen und Tätigkeiten nach § 4 Abs. 1.

(2) ¹Das für den Verfassungsschutz zuständige Ministerium unterrichtet die Öffentlichkeit periodisch und aus gegebenem Anlass im Einzelfall über Bestrebungen und Tätigkeiten nach § 4 Abs. 1. ²Im Rahmen einer periodisch, mindestens einmal jährlich erfolgenden Unterrichtung sind für den Unterrichtungszeitraum die Haushaltsmittel, die der für den Verfassungsschutz zuständigen Abteilung im für den Verfassungsschutz zuständigen Ministerium zur Verfügung standen, und die Gesamtzahl ihrer Mitarbeiter anzugeben.

(3) Es darf dabei auch personenbezogene Daten bekannt geben, wenn die Bekanntgabe für das Verständnis des Zusammenhanges oder der Darstellung von Organisationen oder unorganisierten Gruppen erforderlich ist und überwiegende schutzwürdige Interessen der betroffenen Person nicht entgegenstehen.

### § 16 Zulässigkeit von Ersuchen der Verfassungsschutzbehörde um Übermittlung personenbezogener Daten

(1) Werden öffentliche Stellen, die nicht Nachrichtendienste sind, um Übermittlung personenbezogener Daten ersucht, so dürfen nur die Daten übermittelt werden, die bei der ersuchten Behörde bekannt sind oder aus allgemein zugänglichen Quellen entnommen werden können.

(2) Absatz 1 gilt nicht für Ersuchen um solche Daten, die bei der Wahrnehmung grenzpolizeilicher Aufgaben bekannt werden.

(2a) ¹Soweit dies für die Erfüllung der Aufgaben der Verfassungsschutzbehörde erforderlich ist, darf sie eine Person oder eine in Artikel 36 Abs. 1 des Beschlusses 2007/533/JI des Rates vom 12. Juni 2007 über die Einrichtung, den Betrieb und die Nutzung des Schengener Informationssystems der zweiten Generation (SIS II) (ABl. L 205 vom 7.8.2007, S. 63), zuletzt geändert durch Verordnung (EU) 2018/1862 (ABl. L 312 vom 7.12.2018, S. 56), genannte Sache im polizeilichen Informationssystem zur Mitteilung über das Antreffen ausschreiben, wenn die Voraussetzungen des Artikels 36 Abs. 3 des Beschlusses 2007/533/JI und tatsächliche Anhaltspunkte für einen grenzüberschreitenden Verkehr vorliegen. ²Im Falle des Antreffens kann die um Mitteilung ersuchte Stelle der ausschreibenden Behörde Informationen gemäß Artikel 37 des Beschlusses 2007/533/JI übermitteln. Ausschreibungen ordnet der Leiter der für den Verfassungsschutz zuständigen Abteilung oder sein Vertreter im Amt an. ³Die Ausschreibung ist auf höchstens sechs Monate zu befristen und kann wiederholt angeordnet werden. ⁴Liegen die Voraussetzungen für die Ausschreibung nicht mehr vor, so ist der Zweck der Maßnahme erreicht, oder zeigt sich, dass der Zweck der Maßnahme nicht erreicht werden kann, so ist die Ausschreibung unverzüglich zu löschen. ⁵Die Verfassungsschutzbehörde unterrichtet im Abstand von höchstens sechs Monaten das Parlamentarische Kontrollgremium über derartige Ausschreibungen.

(3) Die Verfassungsschutzbehörde braucht Ersuchen nicht zu begründen, soweit dies dem Schutz der betroffenen Person dient oder eine Begründung den Zweck der Maßnahme gefährden würde.

(4) Soweit nach anderen Rechtsvorschriften ein Übermittlungsersuchen durch den Behördenleiter zu stellen ist oder von seiner Ermächtigung abhängt, gilt als Behördenleiter der Leiter der für den Verfassungsschutz zuständigen Abteilung im für den Verfassungsschutz zuständigen Ministerium.

### § 17 Übermittlung von Informationen an die Verfassungsschutzbehörde durch öffentliche Stellen

(1) Öffentliche Stellen im Sinne von § 3 Abs. 1 des Gesetzes zum Schutz personenbezogener Daten der Bürger unterrichten von sich aus die Verfassungsschutzbehörde über die ihnen bekannt gewordenen Tatsachen, die sicherheitsgefährdende oder geheimdienstliche Tätigkeiten für eine fremde Macht oder Bestrebungen im Geltungsbereich dieses Gesetzes erkennen lassen, die durch Anwendung von Gewalt oder darauf gerichtete Vorbereitungshandlungen gegen die in § 4 Abs. 1 Nrn. 1, 4 und 5 genannten Schutzgüter gerichtet sind.

(2) Die Staatsanwaltschaften und, vorbehaltlich der staatsanwaltschaftlichen Sachleitungsbefugnis, die Polizei übermitteln darüber hinaus von sich aus der Verfassungsschutzbehörde auch alle anderen ihnen bekannt gewordenen Informationen einschließlich personenbezogener Daten über Bestrebungen nach § 4 Abs. 1, wenn tatsächliche Anhaltspunkte dafür bestehen, dass die Übermittlung für die Erfüllung der Aufgaben der Verfassungsschutzbehörde erforderlich ist.

(3) ¹Die Staatsanwaltschaften und, vorbehaltlich der staatsanwaltschaftlichen Sachleitungsbefugnis, die Polizei sowie andere Behörden übermitteln auf Ersuchen der Verfassungsschutzbehörde die zur Erfüllung der Aufgaben der Verfassungsschutzbehörde erforderlichen Informationen einschließlich personenbezogener Daten, wenn sie nicht aus allgemein zugänglichen Quellen oder nur mit übermäßigem Aufwand oder nur durch eine die betroffene Person stärker belastende Maßnahme erhoben werden können. ²Die Ersuchen werden durch die Verfassungsschutzbehörde aktenkundig gemacht. ³Unter den gleichen Voraussetzungen darf die Verfassungsschutzbehörde
1. Behörden des Bundes und der bundesunmittelbaren juristischen Personen des öffentlichen Rechts,
2. Staatsanwaltschaften und, vorbehaltlich der staatsanwaltschaftlichen Sachleitungsbefugnis, Polizeien des Bundes und anderer Länder um die Übermittlung solcher Informationen ersuchen.

(4) Würde durch die Übermittlung nach Absatz 3 der Zweck der Maßnahme gefährdet oder die betroffene Person unverhältnismäßig beeinträchtigt, darf die Verfassungsschutzbehörde bei der Wahrnehmung der Aufgaben nach § 4 Abs. 1 sowie bei der Beobachtung terroristischer Bestrebungen amtliche Register einsehen.

(5) Über die Einsichtnahme nach Absatz 4 hat die Verfassungsschutzbehörde einen Nachweis zu führen, aus dem der Zweck und die Veranlassung, die ersuchte Behörde und die Aktenfundstelle hervorgehen; die Nachweise sind gesondert aufzubewahren, gegen unberechtigten Zugriff zu sichern und am Ende des Kalenderjahres, das dem Jahr ihrer Erstellung folgt, zu vernichten.

(6) ¹Die Übermittlung personenbezogener Daten, die aufgrund einer Maßnahme nach § 100a der Strafprozessordnung bekannt geworden sind, ist nach den Vorschriften der Absätze 1 bis 3 nur zulässig, wenn tatsächliche Anhaltspunkte dafür bestehen, dass jemand eine der in § 3 des Artikel 10-Gesetzes genannten Straftaten plant, begeht oder begangen hat. ²Auf die der Verfassungsschutzbehörde nach Satz 1 übermittelten Kenntnisse und Unterlagen findet § 4 Abs. 1 und 2 des Artikel 10-Gesetzes entsprechende Anwendung.

(7) Übermittelte Informationen hat die Verfassungsschutzbehörde eigenständig zu bewerten.

### § 17a Übermittlung von besonderen Informationen an die Verfassungsschutzbehörde

(1) ¹Die Verfassungsschutzbehörde darf im Einzelfall bei denjenigen, die geschäftsmäßig Postdienstleistungen oder Telemediendienste erbringen oder daran mitwirken, Auskunft über Daten einholen,

die für die Begründung, inhaltliche Ausgestaltung, Änderung oder Beendigung eines Vertragsverhältnisses über Postdienstleistungen oder Telemediendienste (Bestandsdaten) gespeichert worden sind, soweit dies zur Erfüllung ihrer Aufgaben erforderlich ist. ²Ausgenommen sind Telemediendienste, bei denen die redaktionelle Gestaltung zur Meinungsbildung für die Allgemeinheit im Vordergrund steht.
(2) ¹Die Verfassungsschutzbehörde darf im Einzelfall Auskunft einholen bei
1. Luftfahrtunternehmen zu Namen und Anschriften des Kunden sowie zur Inanspruchnahme und den Umständen von Transportleistungen, insbesondere zum Zeitpunkt von Abfertigung und Abflug und zum Buchungsweg,
2. Kreditinstituten, Finanzdienstleistungsinstituten und Finanzunternehmen zu Konten, Konteninhabern und sonstigen Berechtigten sowie weiteren am Zahlungsverkehr Beteiligten und zu Geldbewegungen und Geldanlagen, insbesondere über Kontostand und Zahlungsein- und -ausgänge,
3. denjenigen, die geschäftsmäßig Postdienstleistungen erbringen oder daran mitwirken, zu den Umständen des Postverkehrs,
4. denjenigen, die geschäftsmäßig Telekommunikationsdienste erbringen oder daran mitwirken, zu
   a) Verkehrsdaten nach § 96 Abs. 1 Nrn. 1 bis 4 des Telekommunikationsgesetzes,
   b) sonstigen zum Aufbau und zur Aufrechterhaltung der Telekommunikation notwendigen Verkehrsdaten und
   c) Bestandsdaten, die nach den §§ 95 und 111 des Telekommunikationsgesetzes erhoben werden (§ 113 Abs. 1 Satz 1 des Telekommunikationsgesetzes), und
5. denjenigen, die geschäftsmäßig von Absatz 1 erfasste Telemediendienste erbringen oder daran mitwirken, zu
   a) Merkmalen zur Identifikation des Nutzers eines Telemediendienstes,
   b) Angaben über Beginn und Ende sowie über den Umfang der jeweiligen Nutzung und
   c) Angaben über die vom Nutzer in Anspruch genommenen Telemediendienste,
soweit dies zur Aufklärung von Bestrebungen oder Tätigkeiten erforderlich ist und tatsächliche Anhaltspunkte für eine erhebliche Gefährdung für die in § 4 Abs. 1 genannten Schutzgüter vorliegen. ²Im Falle des § 4 Abs. 1 Nr. 1 gilt dies nur für Bestrebungen, die bezwecken oder aufgrund ihrer Wirkungsweise geeignet sind,
1. zu Hass oder Willkürmaßnahmen gegen Teile der Bevölkerung aufzustacheln oder deren Menschenwürde durch Beschimpfen, böswilliges Verächtlichmachen oder Verleumden anzugreifen und dadurch die Bereitschaft zur Anwendung von Gewalt zu fördern und den öffentlichen Frieden zu stören oder
2. Gewalt anzuwenden oder vorzubereiten, einschließlich dem Befürworten, Hervorrufen oder Unterstützen von Gewaltanwendung, auch durch Unterstützen von Vereinigungen, die Anschläge gegen Personen oder Sachen veranlassen, befürworten oder androhen.
³Bezieht sich das Auskunftsverlangen nach Satz 1 Nr. 4 auf Daten, mittels derer der Zugriff auf Endgeräte oder auf Speichereinrichtungen, die in diesen Endgeräten oder hiervon räumlich getrennt eingesetzt werden, geschützt wird, darf die Auskunft nur verlangt werden, wenn die gesetzlichen Voraussetzungen für die Nutzung der Daten vorliegen. ⁴Die Auskunft darf auch anhand einer zu bestimmten Zeitpunkten zugewiesenen Internetprotokoll-Adresse verlangt werden.
(2a) Soweit dies zur Aufklärung von Bestrebungen oder Tätigkeiten nach § 4 Abs. 1 erforderlich ist und tatsächliche Anhaltspunkte für eine erhebliche Gefährdung für ein in § 4 Abs. 1 genannten Schutzgut vorliegen, darf die Verfassungsschutzbehörde im Einzelfall das Bundeszentralamt für Steuern ersuchen, bei den Kreditinstituten die in § 93b Abs. 1 der Abgabenordnung bezeichneten Daten abzurufen.
(3) Anordnungen nach den Absätzen 2 und 2a dürfen sich auch gegen Personen richten, bei denen aufgrund tatsächlicher Anhaltspunkte anzunehmen ist
1. bei Auskünften nach Absatz 2 Satz 1 Nrn. 1, 2 und 5 sowie nach Absatz 2a, dass sie die Leistung für den von einer Maßnahme nach Absatz 2 Betroffenen in Anspruch nehmen, oder
2. bei Auskünften nach Absatz 2 Satz 1 Nrn. 3 und 4, dass sie für den von einer Maßnahme nach Absatz 2 Betroffenen bestimmte oder von ihm herrührende Mitteilungen entgegennehmen oder weitergeben oder, im Falle des Absatzes 2 Satz 1 Nr. 4, dass der von einer Maßnahme nach Absatz 2 Betroffene ihren Anschluss benutzt.

(4) ¹Die Anordnung über die Einholung von Auskünften nach Absatz 2 Satz 1 Nrn. 1 und 2 sowie nach Absatz 2a trifft der Leiter der Verfassungsschutzbehörde oder sein Vertreter im Amt. ²Die Anordnung über die Einholung von Auskünften nach Absatz 2 Satz 1 Nrn. 3 bis 5 trifft der für den Verfassungsschutz zuständige Minister oder sein Vertreter im Amt. ³Die Anordnung einer Auskunft über künftig anfallende Daten ist auf höchstens drei Monate zu befristen. ⁴Die Verlängerung dieser Anordnung um jeweils nicht mehr als drei Monate ist zulässig, soweit die Voraussetzungen der Anordnung fortbestehen. ⁵Anordnungen nach Absatz 2 Satz 1 Nrn. 1 und 2 sowie nach Absatz 2a hat die Verfassungsschutzbehörde dem Betroffenen mitzuteilen, sobald eine Gefährdung des Zweckes des Eingriffes ausgeschlossen werden kann.

(5) ¹Über Anordnungen nach Absatz 2 Satz 1 Nrn. 3 bis 5 unterrichtet die Verfassungsschutzbehörde die G 10-Kommission (§ 1 Abs. 2 des Artikel 10-Gesetzes) vor deren Vollzug. ²Bei Gefahr im Verzug kann die Verfassungsschutzbehörde den Vollzug der Anordnung auch bereits vor der Unterrichtung der G 10-Kommission anordnen. ³Die G 10-Kommission prüft von Amts wegen oder aufgrund von Beschwerden die Zulässigkeit und Notwendigkeit der Einholung von Auskünften. ⁴Die Kontrollbefugnis der G 10-Kommission erstreckt sich auf den gesamten Prozess der Erhebung, Verarbeitung und Nutzung der nach Absatz 2 Satz 1 Nrn. 3 bis 5 erlangten personenbezogenen Daten. ⁵Anordnungen über Auskünfte, die die G 10-Kommission für unzulässig oder nicht notwendig erklärt, hat die Verfassungsschutzbehörde unverzüglich aufzuheben. ⁶Die Daten unterliegen in diesem Fall einem absoluten Verwendungsverbot und sind unverzüglich zu löschen. ⁷Für die Verarbeitung der nach Absatz 2 Satz 1 Nrn. 3 bis 5 erhobenen Daten ist § 4 des Artikel 10-Gesetzes entsprechend anzuwenden. ⁸Für die Mitteilung an den Betroffenen ist § 12 Abs. 1 und 3 des Artikel 10-Gesetzes entsprechend anzuwenden.

(6) ¹Die Verfassungsschutzbehörde darf, soweit dies zur Aufklärung von Bestrebungen oder Tätigkeiten nach § 4 Abs. 1 erforderlich ist und tatsächliche Anhaltspunkte für eine erhebliche Gefährdung für ein in § 4 Abs. 1 genanntes Schutzgut vorliegen, technische Mittel zur Ermittlung des Standortes eines aktiv geschalteten Mobilfunkgerätes oder zur Ermittlung der Geräte- oder Kartennummer einsetzen. ²Die Maßnahme ist nur zulässig, wenn ohne Einsatz technischer Mittel nach Satz 1 die Ermittlung des Standortes oder die Ermittlung der Geräte- oder Kartennummer aussichtslos oder wesentlich erschwert ist. ³Sie darf sich nur gegen den Betroffenen oder die in Absatz 3 Nr. 2 bezeichneten Personen richten. ⁴Für die Verarbeitung der Daten ist § 4 des Artikel 10-Gesetzes entsprechend anzuwenden. ⁵Personenbezogene Daten eines Dritten dürfen anlässlich solcher Maßnahmen nur erhoben werden, wenn dies aus technischen Gründen zur Erreichung des Zwecks nach Satz 1 unvermeidbar ist. ⁶Sie unterliegen einem absoluten Verwendungsverbot und sind nach Beendigung der Maßnahme unverzüglich zu löschen. ⁷Die Absätze 4, 5 und 7 gelten entsprechend.

(7) ¹Die Verfassungsschutzbehörde unterrichtet im Abstand von höchstens sechs Monaten das Parlamentarische Kontrollgremium über die Durchführung der Absätze 2 und 2a. ²Dabei ist insbesondere ein Überblick über Anlass, Umfang, Dauer, Ergebnis und Kosten der im Berichtszeitraum durchgeführten Maßnahmen zu geben. ³Das Parlamentarische Kontrollgremium erstattet dem Landtag von Sachsen-Anhalt jährlich einen Bericht über die Durchführung sowie über Art, Umfang und Anordnungsgründe der im Berichtszeitraum durchgeführten Maßnahmen nach Absatz 2; dabei sind die Grundsätze des § 26 Abs. 1 Satz 1 Halbsatz 1 und Abs. 2 zu beachten.

(8) Das für den Verfassungsschutz zuständige Ministerium unterrichtet das Parlamentarische Kontrollgremium des Bundes über die nach Absatz 2 Satz 1 Nrn. 3 bis 5 durchgeführten Maßnahmen nach Maßgabe des § 8a Abs. 6 Satz 1 Halbsatz 2 des Bundesverfassungsschutzgesetzes.

(9) ¹Anordnungen sind dem Verpflichteten insoweit schriftlich mitzuteilen, als dies erforderlich ist, um ihm die Erfüllung seiner Verpflichtung zu ermöglichen. ²Anordnungen und übermittelte Daten dürfen dem Betroffenen oder Dritten vom Verpflichteten nicht mitgeteilt werden.

(10) ¹Für die Erteilung von Auskünften hat ein Diensteanbieter im Sinne von § 3 Nr. 6 des Telekommunikationsgesetzes oder § 2 Nr. 1 des Telemediengesetzes Anspruch auf eine Entschädigung entsprechend § 23 des Justizvergütungs- und -entschädigungsgesetzes; die Vorschriften über die Verjährung in § 2 Abs. 1 und 4 des Justizvergütungs- und -entschädigungsgesetzes finden entsprechend Anwendung. ²Aufgrund eines Auskunftsverlangens haben Diensteanbieter die zur Auskunft erforderlichen Daten unverzüglich, vollständig und richtig zu übermitteln.

## § 18 Übermittlung personenbezogener Daten durch die Verfassungsschutzbehörde

(1) ¹Die Verfassungsschutzbehörde darf personenbezogene Daten, die mit den Mitteln nach § 7 Abs. 3 erhoben worden sind, an die Staatsanwaltschaften, die Finanzbehörden nach § 386 Abs. 1 der Abgabenordnung, die Polizeien, die mit der Steuerfahndung betrauten Dienststellen der Landesfinanzbehörden, die Behörden des Zollfahndungsdienstes sowie andere Zolldienststellen, soweit diese Aufgaben nach dem Bundespolizeigesetz wahrnehmen, übermitteln zur Erfüllung eigener Aufgaben der Informationsgewinnung der Verfassungsschutzbehörde nach § 7 Abs. 1 und, wenn tatsächliche Anhaltspunkte vorliegen, dass der Empfänger die Informationen benötigt zur

1. Abwehr einer im Einzelfall bestehenden Gefahr für den Bestand oder die Sicherheit des Bundes oder eines Landes oder für Leib, Leben, Gesundheit oder Freiheit einer Person oder für Sachen von erheblichem Wert, deren Erhaltung im öffentlichen Interesse geboten ist,
2. Verhinderung oder sonstigen Verhütung von Straftaten von erheblicher Bedeutung oder
3. Verfolgung von Straftaten von erheblicher Bedeutung;

§ 19 ist vorrangig anzuwenden. ²Straftaten von erheblicher Bedeutung nach Satz 1 Nrn. 2 und 3 sind Verbrechen im Sinne des § 12 Abs. 1 Strafgesetzbuches und schwerwiegende Vergehen im Sinne des § 12 Abs. 2 des Strafgesetzbuches, wenn die Straftat im Einzelfall mindestens dem Bereich der mittleren Kriminalität zuzurechnen ist, sie den Rechtsfrieden empfindlich stört und dazu geeignet ist, das Gefühl der Rechtssicherheit der Bevölkerung erheblich zu beeinträchtigen. ³Im Übrigen darf die Verfassungsschutzbehörde an inländische öffentliche Stellen personenbezogene Daten übermitteln, wenn dies zur Erfüllung ihrer Aufgaben erforderlich ist oder der Empfänger die Daten zum Schutz der freiheitlichen demokratischen Grundordnung oder sonst für erhebliche Zwecke der öffentlichen Sicherheit benötigt. ⁴Der Empfänger darf die übermittelten Daten, soweit gesetzlich nicht anderes bestimmt ist, nur zu dem Zweck verwenden, zu dem sie ihm übermittelt wurden.

(2) ¹Auf Anfragen der Einstellungsbehörden erteilt die Verfassungsschutzbehörde auch Auskünfte zur Überprüfung der Verfassungstreue von Personen, die sich für den öffentlichen Dienst bewerben. ²Die Auskunft ist beschränkt auf gerichtsverwertbare Tatsachen aus vorhandenen Unterlagen.

(3) ¹Die Verfassungsschutzbehörde darf personenbezogene Daten an ausländische Stellen sowie an über- und zwischenstaatliche Stellen übermitteln, wenn die Übermittlung zur Erfüllung ihrer Aufgaben oder zur Wahrung erheblicher Sicherheitsinteressen des Empfängers erforderlich ist. ²Die Übermittlung unterbleibt, wenn auswärtige Belange der Bundesrepublik Deutschland oder überwiegende schutzwürdige Interessen der betroffenen Person, insbesondere wegen der Gefahr einer rechtsstaatswidrigen Verfolgung, entgegenstehen. ³Die Übermittlung ist aktenkundig zu machen. ⁴Der Empfänger ist darauf hinzuweisen, dass die übermittelten Daten nur zu dem Zweck verwendet werden dürfen, zu dem sie ihm übermittelt wurden und die Verfassungsschutzbehörde sich vorbehält, über die vorgenommene Verwendung der Daten um Auskunft zu bitten.

(4) ¹Personenbezogene Daten dürfen an nichtöffentliche Stellen nur übermittelt werden, wenn dies erforderlich ist

1. zum Schutz der freiheitlichen demokratischen Grundordnung, des Bestandes oder der Sicherheit des Bundes oder eines Landes oder zur Gewährleistung der Sicherheit von lebens- oder verteidigungswichtigen Einrichtungen im Sinne von § 2 Abs. 2 Satz 2 und 3 des Sicherheitsüberprüfungs- und Geheimschutzgesetzes,
2. zur Abwehr sicherheitsgefährdender oder geheimdienstlicher Tätigkeiten für eine fremde Macht,
3. zum Schutz der Volkswirtschaft vor sicherheitsgefährdenden oder geheimdienstlichen Tätigkeiten oder vor der planmäßigen Unterwanderung von Wirtschaftsunternehmen durch Bestrebungen im Sinne von § 5 Abs. 1 Satz 1 Buchst. b und c oder
4. zum Schutz von Personen, die sich in einem Präventions- oder Deradikalisierungsprogramm befinden oder deren Aufnahme in ein solches Programm angestrebt wird, soweit ein besonderes öffentliches Interesse besteht und die Voraussetzungen vorliegen, die eine Nutzung nach § 9 zulassen würden.

²Die Übermittlung bedarf der Zustimmung des Leiters der für den Verfassungsschutz zuständigen Abteilung oder seines Vertreters im Amt; sie ist aktenkundig zu machen. ³Die empfangende Stelle darf die übermittelten personenbezogenen Daten nur zu dem Zweck nutzen, zu dem sie ihr übermittelt wurden. ⁴Die Verfassungsschutzbehörde ist berechtigt, über die Verwendung der Daten Auskunft zu

verlangen. ⁵Die empfangende Stelle ist bei der Übermittlung der personenbezogenen Daten auf die Regelungen der Sätze 3 und 4 hinzuweisen.

### § 19 Übermittlung von Informationen durch die Verfassungsschutzbehörde an Strafverfolgungs- und Sicherheitsbehörden in Angelegenheiten des Staats- und Verfassungsschutzes

(1) Die Verfassungsschutzbehörde übermittelt den Staatsanwaltschaften und, vorbehaltlich der staatsanwaltschaftlichen Sachleitungsbefugnis, der Polizei von sich aus die ihr bekannt gewordenen Informationen einschließlich personenbezogener Daten, wenn tatsächliche Anhaltspunkte dafür bestehen, dass die Übermittlung zur Verhinderung oder Verfolgung von Staatsschutzdelikten erforderlich ist.

(2) Delikte nach Absatz 1 sind
1. die in §§ 74a und 120 des Gerichtsverfassungsgesetzes genannten Straftaten,
2. alle Straftaten, bei denen auf Grund ihrer Zielsetzung, des Motivs des Täters oder dessen Verbindung zu einer Organisation tatsächliche Anhaltspunkte dafür vorliegen,
   a) dass sie sich gegen die freiheitliche demokratische Grundordnung, gegen den Bestand oder die Sicherheit des Bundes oder eines Landes richten,
   b) dass es sich um Bestrebungen handelt, die durch Anwendung von Gewalt oder durch darauf gerichtete Vorbereitungshandlungen auswärtige Belange der Bundesrepublik Deutschland gefährden (Artikel 73 Nr. 10 Buchst. b und c des Grundgesetzes).

(3) Die Polizei darf zur Verhinderung von Staatsschutzdelikten nach Absatz 2 die Verfassungsschutzbehörde um Übermittlung der erforderlichen Informationen einschließlich personenbezogener Daten ersuchen.

(4) Die Verfassungsschutzbehörde übermittelt dem Bundesnachrichtendienst und dem Militärischen Abschirmdienst Informationen einschließlich personenbezogener Daten, wenn tatsächliche Anhaltspunkte dafür bestehen, dass die Übermittlung zur Erfüllung der gesetzlichen Aufgaben dieser Stellen erforderlich ist (§ 21 Abs. 2 des Bundesverfassungsschutzgesetzes).

### § 20 Übermittlungsverbote

¹Die Übermittlung nach den Vorschriften dieses Teils unterbleibt, wenn
1. für die übermittelnde Stelle erkennbar ist, dass unter Berücksichtigung der Art der Informationen, insbesondere bei Daten aus der engeren Persönlichkeitssphäre, und ihrer Erhebung die schutzwürdigen Interessen der betroffenen Person das Allgemeininteresse an der Übermittlung überwiegen,
2. überwiegende Sicherheitsinteressen dies erfordern oder
3. besondere gesetzliche Übermittlungsregelungen entgegenstehen, insbesondere wenn die Informationen zu löschen waren.

²Die Verpflichtung zur Wahrung gesetzlicher Geheimhaltungspflichten oder von Berufs- oder besonderen Amtsgeheimnissen, die nicht auf gesetzlichen Vorschriften beruhen, bleibt unberührt.

### § 21 Minderjährigenschutz

(1) ¹Informationen einschließlich personenbezogener Daten über das Verhalten Minderjähriger dürfen nach den Vorschriften dieses Gesetzes übermittelt werden, solange die Voraussetzungen der Speicherung nach § 10 erfüllt sind. ²Liegen die Voraussetzungen nicht mehr vor, bleibt eine Übermittlung nur zulässig, wenn sie zur Abwehr einer erheblichen Gefahr oder zur Verfolgung einer Straftat von erheblicher Bedeutung erforderlich ist.

(2) Informationen einschließlich personenbezogener Daten über Minderjährige vor Vollendung des 16. Lebensjahres aus nicht zur Person geführten Akten dürfen an ausländische, über- oder zwischenstaatliche Stellen nicht übermittelt werden.

### § 22 Pflichten des Dritten, an den übermittelt wird

¹Der Dritte, an den übermittelt wird, prüft, ob die nach den Vorschriften dieses Gesetzes übermittelten personenbezogenen Daten für die Erfüllung seiner Aufgaben erforderlich sind. ²Ergibt die Prüfung, dass sie nicht erforderlich sind, hat er die Unterlagen zu vernichten. ³Die Vernichtung kann unterbleiben, wenn die Trennung von anderen Informationen, die zur Erfüllung der Aufgaben erforderlich sind, nicht oder nur mit unvertretbarem Aufwand möglich ist; in diesem Fall sind die Daten zu sperren und in den Akten entsprechend zu kennzeichnen.

## § 23 Nachberichtspflicht
Erweisen sich personenbezogene Daten nach ihrer Übermittlung als unvollständig oder unrichtig, so sind sie unverzüglich gegenüber dem Dritten, an den die Daten übermittelt wurden, zu berichtigen, es sei denn, dass dies für die Beurteilung eines Sachverhaltes ohne Bedeutung ist.

## § 23a Weitergabe personenbezogener Daten
Für die Weitergabe personenbezogener Daten zwischen der für den Verfassungsschutz zuständigen Abteilung und den anderen Abteilungen des für den Verfassungsschutz zuständigen Ministeriums gelten die §§ 16 bis 23 entsprechend.

*Fünfter Teil*
**Parlamentarische Kontrolle**

## § 24 Parlamentarisches Kontrollgremium
(1) [1]Die Landesregierung unterliegt auf dem Gebiet des Verfassungsschutzes der Kontrolle durch den Landtag. [2]Diese Aufgabe nimmt das Parlamentarische Kontrollgremium wahr.
(2) Die Rechte des Landtages und seiner Ausschüsse bleiben unberührt.

## § 25 Zusammensetzung, Wahl und Abwahl
(1) [1]Das Parlamentarische Kontrollgremium besteht aus fünf Abgeordneten des Landtages. [2]Zwei Abgeordnete müssen der parlamentarischen Opposition angehören.
(2) [1]Der Landtag wählt zu Beginn jeder Wahlperiode die Mitglieder des Parlamentarischen Kontrollgremiums und die gleiche Zahl von stellvertretenden Mitgliedern mit der Mehrheit seiner Abgeordneten. [2]Mit der gleichen Mehrheit kann der Landtag ein Mitglied oder ein stellvertretendes Mitglied abberufen; es ist unverzüglich ein neues Mitglied oder ein neues stellvertretendes Mitglied zu wählen.
(3) [1]Scheidet ein Mitglied oder ein stellvertretendes Mitglied aus dem Landtag oder seiner Fraktion aus oder wird es Mitglied der Landesregierung, so verliert es seine Mitgliedschaft im Parlamentarischen Kontrollgremium; es ist unverzüglich ein neues Mitglied oder ein neues stellvertretendes Mitglied zu wählen. [2]Das Gleiche gilt, wenn ein Mitglied oder ein stellvertretendes Mitglied aus dem Parlamentarischen Kontrollgremium ausscheidet.
(4) Das Parlamentarische Kontrollgremium übt seine Tätigkeit auch über das Ende der Wahlperiode des Landtages so lange aus, bis der nachfolgende Landtag ein neues Parlamentarisches Kontrollgremium gewählt hat; für die Mitglieder des Parlamentarischen Kontrollgremiums, die nicht dem neu gewählten Landtag angehören, findet das Sicherheitsüberprüfungs- und Geheimschutzgesetz keine Anwendung.

## § 26 Verfahrensweise
(1) [1]Die Beratungen des Parlamentarischen Kontrollgremiums sind grundsätzlich geheim; jedes Jahr ist bei zwei Sitzungen des Parlamentarischen Kontrollgremiums ein öffentlicher Beratungsteil vorzusehen. [2]Darüber hinaus beschließt das Parlamentarische Kontrollgremium auf Antrag eines Mitgliedes über die Herstellung der Öffentlichkeit, soweit öffentliche Geheimschutzinteressen, insbesondere die Aufrechterhaltung des Nachrichtenzuganges, oder berechtigte Interessen eines Einzelnen dem nicht entgegenstehen. [3]Der Beschluss bedarf der Mehrheit der gesetzlichen Mitglieder des Parlamentarischen Kontrollgremiums. [4]Die Aufhebung der Vertraulichkeit von Beratungsgegenständen, die in die Zuständigkeit des Bundes odet eines anderen Landes fallen, ist nur mit Einwilligung des Bundes oder des jeweiligen Landes möglich.
(2) [1]Die Mitglieder und stellvertretenden Mitglieder des Parlamentarischen Kontrollgremiums sind zur Geheimhaltung der Angelegenheiten verpflichtet, die ihnen bei ihrer Tätigkeit bekannt geworden sind, sofern nicht die Öffentlichkeit hergestellt wurde. [2]Dies gilt auch für die Zeit nach dem Ausscheiden aus dem Parlamentarischen Kontrollgremium. [3]Die Pflicht zur Geheimhaltung gilt nicht für die Bewertung aktueller Vorgänge, wenn eine Mehrheit von zwei Dritteln der anwesenden Mitglieder des Parlamentarischen Kontrollgremiums ihre vorherige Zustimmung erteilt.
(3) [1]Die Mitglieder des Parlamentarischen Kontrollgremiums haben das Recht, zur Unterstützung ihrer Arbeit jeweils einen Mitarbeiter ihrer Fraktion zu benennen. [2]Voraussetzung für diese Tätigkeit ist die Ermächtigung zum Umgang mit Verschlusssachen und die förmliche Verpflichtung zur Geheimhaltung. [3]Die Mitarbeiter nach Satz 1 sind befugt, anlassbezogen die von dem Parlamentarischen Kontrollgremium beigezogenen Akten und Dateien einzusehen und die Beratungsgegenstände des Parla-

mentarischen Kontrollgremiums mit den Mitgliedern zu erörtern; das Unterstützungsbegehren ist dem Vorsitzenden anzuzeigen und den Mitgliedern des Parlamentarischen Kontrollgremiums zur Kenntnis zu geben. [4]Die Mitarbeiter nach Satz 1 haben grundsätzlich Zutritt zu den Beratungen des Parlamentarischen Kontrollgremiums. [5]Das Parlamentarische Kontrollgremium kann im Einzelfall mit der Mehrheit von zwei Dritteln seiner anwesenden Mitglieder beschließen, dass Mitarbeiter nach Satz 1 an bestimmten Beratungen nicht teilnehmen dürfen. [6]Für die Mitarbeiter nach Satz 1 gilt Absatz 2 Satz 1 und 2 entsprechend.

(4) Das Parlamentarische Kontrollgremium tritt mindestens vierteljährlich, zusätzlich auf Antrag eines Mitgliedes zusammen.

(5) [1]Das Parlamentarische Kontrollgremium wählt einen Vorsitzenden und gibt sich eine Geschäftsordnung. [2]Diese regelt auch, unter welchen Voraussetzungen Sitzungsunterlagen und Protokolle eingesehen werden können.

### § 27 Aufgaben und Befugnisse des Parlamentarischen Kontrollgremiums

(1) [1]Die Landesregierung unterrichtet das Parlamentarische Kontrollgremium umfassend über die allgemeine Tätigkeit der Verfassungsschutzbehörde und über Vorgänge von besonderer Bedeutung. [2]Hierzu gehört auch das Tätigwerden von Verfassungsschutzbehörden anderer Länder und des Bundesamtes für Verfassungsschutz in Sachsen-Anhalt. [3]Sie berichtet auch über den Erlass von Verwaltungsvorschriften. [4]Die Entwürfe der jährlichen Wirtschaftspläne der Verfassungsschutzbehörde werden dem Parlamentarischen Kontrollgremium zur Mitberatung zugeleitet. [5]Die Landesregierung unterrichtet das Parlamentarische Kontrollgremium über den Vollzug der Wirtschaftspläne im Haushaltsjahr. [6]Das Parlamentarische Kontrollgremium hat das Recht, von sich aus Sachverhalte aufzugreifen.

(2) [1]Das Parlamentarische Kontrollgremium hat auf Antrag mindestens eines seiner Mitglieder das Recht auf Erteilung von Auskünften, Einsicht in Akten und andere Unterlagen, Zugang zu Einrichtungen der Verfassungsschutzbehörde sowie auf Anhörung von Auskunftspersonen. [2]Der für den Verfassungsschutz zuständige Minister kann einem bestimmten Kontrollbegehren widersprechen, wenn es im Einzelfall die Erfüllung der Aufgaben der Verfassungsschutzbehörde erheblich gefährden würde; er hat dies vor dem Parlamentarischen Kontrollgremium schlüssig zu begründen. [3]Die besonderen Rechte parlamentarischer Untersuchungsausschüsse bleiben unberührt.

(3) [1]Das Parlamentarische Kontrollgremium erstattet dem Landtag in der Mitte und am Ende jeder Wahlperiode einen Bericht über seine bisherige Kontrolltätigkeit. [2]Dabei sind die Grundsätze des § 26 Abs. 1 Satz 1 Halbsatz 1 und Abs. 2 zu beachten.

(4) [1]Die Kontrolle der Durchführung des Artikel 10-Gesetzes obliegt der G 10-Kommission. [2]Das Nähere wird durch das Gesetz zur Ausführung des Artikel 10-Gesetzes geregelt.

(5) [1]Die Mitglieder des Parlamentarischen Kontrollgremiums können sich in Angelegenheiten des Verfassungsschutzes mit Mitgliedern der parlamentarischen Kontrollgremien des Bundestages und der Landtage der Länder austauschen, sofern es sich um länderübergreifende oder grundsätzliche Angelegenheiten handelt. [2]Die Vorschriften über die Geheimhaltung nach § 26 gelten entsprechend. [3]Für die Übermittlung personenbezogener Daten sind die Vorschriften des Vierten Teils anzuwenden.

### § 28 Beteiligung des Landesbeauftragten für den Datenschutz

[1]Das Parlamentarische Kontrollgremium hat auf Antrag eines Mitgliedes den Landesbeauftragten für den Datenschutz zu beauftragen, die Rechtmäßigkeit einzelner Maßnahmen, die die Verfassungsschutzbehörde durchgeführt hat, zu überprüfen. [2]Die Befugnisse des Landesbeauftragten richten sich nach den Bestimmungen des Datenschutzgesetzes Sachsen-Anhalt in der Fassung der Bekanntmachung vom 13. Januar 2016 (GVBl. LSA S. 24).

### § 29 Datenerhebungen bei Mitgliedern des Landtages

(1) Setzt die Verfassungsschutzbehörde nachrichtendienstliche Mittel gegen ein Mitglied des Landtages von Sachsen-Anhalt ein, hat der für den Verfassungsschutz zuständige Minister das Parlamentarische Kontrollgremium und den Präsidenten des Landtages unverzüglich hiervon zu unterrichten.

(2) [1]Im Falle des Absatz 1 sind der betroffenen Person nachrichtendienstliche Maßnahmen nach ihrer Einstellung mitzuteilen, wenn eine Gefährdung des Zwecks der Maßnahme ausgeschlossen werden kann. [2]Lässt sich in diesem Zeitpunkt noch nicht abschließend beurteilen, ob diese Voraussetzung

vorliegt, ist die Mitteilung vorzunehmen, sobald eine Gefährdung des Zwecks der Maßnahme ausgeschlossen werden kann.

*Sechster Teil*
**Schlussvorschriften**

**§ 30 Geltung des Datenschutzgesetzes Sachsen-Anhalt und des Archivgesetzes Sachsen-Anhalt**
¹Bei der Erfüllung der Aufgaben nach § 4 durch die Verfassungsschutzbehörde finden die §§ 1 bis 8, 14 bis 14b, 17 bis 21 Abs. 1 bis 2, § 22 Abs. 1 bis 4, 5 bis 8, die §§ 23 bis 25, § 26 Abs. 2 und die §§ 27 bis 36a des Datenschutzgesetzes Sachsen-Anhalt in der Fassung der Bekanntmachung vom 13. Januar 2016 (GVBl. LSA S. 24) Anwendung; § 21 Abs. 3 und 4 des Datenschutzgesetzes Sachsen-Anhalt findet in der am 6. Mai 2018 geltenden Fassung Anwendung. ²Vor der Löschung personenbezogener Daten nach § 11 Abs. 2 Satz 1, Abs. 3 Satz 2 oder § 12 Abs. 3 Satz 1 oder der Vernichtung von Akten nach § 11 Abs. 2 Satz 2 oder § 12 Abs. 3 Satz 2 sind Dateien und Akten mit personenbezogenen Daten nach Maßgabe des Archivgesetzes Sachsen-Anhalt dem Landesarchiv Sachsen-Anhalt anzubieten und zu übergeben.

**§ 30a Einschränkung von Grundrechten**
Aufgrund dieses Gesetzes können die Grundrechte auf
1. Unverletzlichkeit der Wohnung (Artikel 13 des Grundgesetzes und Artikel 17 der Verfassung des Landes Sachsen-Anhalt),
2. Schutz personenbezogener Daten (Artikel 6 Abs. 1 Satz 1 der Verfassung des Landes Sachsen-Anhalt),
3. Schutz des Brief-, Post- und Fernmeldegeheimnisses (Artikel 10 des Grundgesetzes und Artikel 14 der Verfassung des Landes Sachsen-Anhalt)

eingeschränkt werden.

**§ 30b Sprachliche Gleichstellung**
Personen- und Funktionsbezeichnungen gelten jeweils in weiblicher und männlicher Form.

**§ 31 Inkrafttreten**
*Satz 1 betrifft das In-Kraft-Treten.*[1)]

---
1) Das G in seiner ursprünglichen Fassung ist am 30. 7. 1992 in Kraft getreten.

# Gesetz über die Organisation der Landesverwaltung Sachsen-Anhalt (Organisationsgesetz Sachsen-Anhalt – OrgG LSA)

Vom 27. Oktober 2015 (GVBl. LSA S. 554)
(BS LSA 200.13)

zuletzt geändert durch § 11 Abs. 2 G über die Beauftragte des Landes Sachsen-Anhalt zur Aufarbeitung der SED-Diktatur vom 10. Dezember 2015 (GVBl. LSA S. 627)

Der Landtag von Sachsen-Anhalt hat das folgende Gesetz beschlossen, das hiermit nach Gegenzeichnung ausgefertigt wird und zu verkünden ist:

## Inhaltsübersicht

**Abschnitt 1**
**Geltungsbereich**
§ 1  Geltungsbereich

**Abschnitt 2**
**Ziele und Grundsätze der Verwaltungsorganisation**
§ 2  Verwaltungsmodernisierung
§ 3  Elektronische Verwaltung
§ 4  Verwaltungsaufbau
§ 5  Kommunalisierungsvorrang
§ 6  Einräumigkeit
§ 7  Aufgabenkritik, Deregulierung

**Abschnitt 3**
**Unmittelbare Landesverwaltung**
§ 8  Oberste Landesbehörden
§ 9  Obere Landesbehörden
§ 10  Untere Landesbehörden
§ 11  Einrichtungen des Landes
§ 12  Landesbetriebe
§ 13  Dienst- und Fachaufsicht
§ 14  Dienstaufsichtsbehörden
§ 15  Fachaufsichtsbehörden

§ 16  Durchführung von Bundesrecht und Recht der Europäischen Union

**Abschnitt 4**
**Mittelbare Landesverwaltung**
§ 17  Gemeinden, Verbandsgemeinden und Landkreise
§ 18  Körperschaften des öffentlichen Rechts ohne Gebietshoheit mit eigener Rechtspersönlichkeit
§ 19  Aufsicht über die Körperschaften des öffentlichen Rechts ohne Gebietshoheit mit eigener Rechtspersönlichkeit
§ 20  Anstalten des öffentlichen Rechts mit eigener Rechtspersönlichkeit und staatliche Stiftungen des öffentlichen Rechts
§ 21  Beliehene

**Abschnitt 5**
**Schlussbestimmungen**
§ 22  Übergangsvorschriften
§ 23  Sprachliche Gleichstellung
§ 24  Inkrafttreten, Außerkrafttreten

*Abschnitt 1*
*Geltungsbereich*

**§ 1 Geltungsbereich**
(1) Dieses Gesetz gilt für die Landesbehörden und Einrichtungen des Landes (unmittelbare Landesverwaltung).
(2) Für die Gemeinden, Verbandsgemeinden und Landkreise, die Körperschaften des öffentlichen Rechts ohne Gebietshoheit, die Anstalten des öffentlichen Rechts mit eigener Rechtspersönlichkeit, die der Aufsicht des Landes unterliegen, die staatlichen Stiftungen des öffentlichen Rechts und die Beliehenen des Landes (mittelbare Landesverwaltung) gilt dieses Gesetz nur, soweit es dieses bestimmt.
(3) Dieses Gesetz gilt nicht für
1. die Verwaltung des Landtages,
2. den Landesbeauftragten für den Datenschutz,
3. den Landesrechnungshof,
4. die Organe der Rechtsprechung und Rechtspflege, die Staatsanwaltschaften sowie die Justizvollzugsanstalten und Jugendstrafanstalten,
5. die staatlichen Hochschulen und die Universitätsklinika,

6. den Landesbeauftragten für die Informationsfreiheit,
7. die Beauftragte des Landes Sachsen-Anhalt zur Aufarbeitung der SED-Diktatur,
8. die Kirchen und als öffentlich-rechtliche Körperschaften anerkannte Religionsgemeinschaften und Weltanschauungsgemeinschaften auf dem Gebiet des Landes Sachsen-Anhalt sowie ihre Verbände, ihre Einrichtungen und ihre Anstalten und Stiftungen des öffentlichen Rechts, die ihren Sitz in Sachsen-Anhalt haben,
9. die Finanzbehörden nach § 2 Abs. 1 Nrn. 2, 3 und 4 des Finanzverwaltungsgesetzes in der Fassung der Bekanntmachung vom 4. April 2006 (BGBl. I S. 846, 1202), zuletzt geändert durch Artikel 12 des Gesetzes vom 22. Dezember 2014 (BGBl. I S. 2417, 2429).

*Abschnitt 2*
**Ziele und Grundsätze der Verwaltungsorganisation**

**§ 2 Verwaltungsmodernisierung**
¹Die Landesverwaltung ist den Veränderungen der gesellschaftlichen und wirtschaftlichen Rahmenbedingungen sowie dem informationstechnischen Fortschritt entsprechend fortwährend weiterzuentwickeln. ²Entscheidende Ziele sind dabei die Dienstleistungsorientierung, die Bürgernähe der Verwaltung, die Sicherung einer zukunftsfähigen, nachhaltigen Entwicklung des Landes, insbesondere hinsichtlich der besonderen Belange der Wirtschaft, einer sozialen Ausgewogenheit und des Schutzes der natürlichen Lebensgrundlagen, sowie die Wirksamkeit, Qualität und Wirtschaftlichkeit des Verwaltungshandelns.

**§ 3 Elektronische Verwaltung**
(1) ¹Die Leistungsfähigkeit der Landesverwaltung ist durch den Einsatz moderner Informations- und Kommunikationstechnologien zu optimieren. ²Zu diesem Zweck ist die standardisierte elektronische Abwicklung von Verwaltungsprozessen zu fördern. ³Die Prinzipien der Transparenz, Partizipation und Kooperation sind zu berücksichtigen.
(2) Die Zusammenarbeit auf dem Gebiet der Informations- und Kommunikationstechnik und die Vernetzung der Gemeinden, Verbandsgemeinden, Landkreise und Landesbehörden unter Nutzung der informationstechnischen Kommunikationsinfrastruktur des Landes werden fortgeführt.
(3) Das Nähere, insbesondere die Umsetzung der in Absatz 1 Satz 3 genannten Prinzipien, regelt ein Gesetz.

**§ 4 Verwaltungsaufbau**
(1) Der Aufbau der Landesverwaltung ist in der Regel
1. zweistufig in Bezug auf die Aufgaben, die ausschließlich die unmittelbare Landesverwaltung wahrnimmt, und
2. dreistufig in Bezug auf die staatlichen Aufgaben, die den Gemeinden und Landkreisen zur Erfüllung nach Weisung übertragen werden.
(2) Bei zur Erfüllung nach Weisung übertragenen Aufgaben, die Körperschaften des öffentlichen Rechts ohne Gebietshoheit, Anstalten des öffentlichen Rechts mit eigener Rechtspersönlichkeit, die der Aufsicht des Landes unterliegen, oder staatliche Stiftungen des öffentlichen Rechts wahrnehmen, kann der Aufbau zweistufig oder dreistufig sein.
(3) Im Falle eines zweistufigen Aufbaus bilden die obersten Landesbehörden die erste Stufe und die oberen oder unteren Landesbehörden die zweite Stufe.
(4) Im Falle eines dreistufigen Aufbaus bilden in der Regel die obersten Landesbehörden die erste Stufe, die oberen Landesbehörden die zweite Stufe und die Gemeinden und Landkreise die dritte Stufe.

**§ 5 Kommunalisierungsvorrang**
(1) Staatliche Aufgaben sind unter Beachtung ihrer örtlichen und überörtlichen Bezüge sowie einer zweckmäßigen und wirtschaftlichen Aufgabenwahrnehmung auf die Gemeinden und Landkreise zur Erfüllung nach Weisung zu übertragen (Subsidiaritätsgebot).
(2) Soweit staatliche Aufgaben dazu geeignet sind, sind sie den Gemeinden und Landkreisen zur Erfüllung im eigenen Wirkungskreis zu übertragen.
(3) Bei der Zuordnung der verbleibenden staatlichen Aufgaben innerhalb der unmittelbaren Landesverwaltung ist Absatz 1 entsprechend anzuwenden.

## § 6 Einräumigkeit
¹Der Grundsatz der Einräumigkeit der Verwaltung ist zu beachten. ²Eine untere Landesbehörde ist grundsätzlich für das Gebiet eines Landkreises oder einer kreisfreien Stadt zuständig. ³Liegen bedeutende fachliche oder wirtschaftliche Gründe vor, kann sich die Zuständigkeit einer unteren Landesbehörde auch über das Gebiet mehrerer Landkreise einschließlich einer kreisfreien Stadt erstrecken.

## § 7 Aufgabenkritik, Deregulierung
(1) Die Landesverwaltung hat die Erledigung der durch sie wahrzunehmenden Aufgaben so zu organisieren, dass die Aufgaben mit geringstmöglichem Aufwand erfüllt werden und mit den vorhandenen Mitteln ein bestmögliches Ergebnis erzielt wird.

(2) Die Landesbehörden und Einrichtungen des Landes haben den jeweiligen Aufgabenbestand fortlaufend zu erfassen und fortzuschreiben.

(3) Alle Aufgaben der Landesverwaltung einschließlich der staatlichen Aufgaben der mittelbaren Landesverwaltung zur Erfüllung nach Weisung sind kritisch daraufhin zu überprüfen, ob deren Wahrnehmung erforderlich ist oder ihre Erledigung zweckmäßiger oder wirtschaftlicher ausgestaltet werden kann.

(4) ¹Die Stellen der Landesverwaltung, die Rechtsvorschriften oder Verwaltungsvorschriften erlassen, wirken auf einen Abbau von Normen und Standards hin. ²Bei dem Erlass neuer Vorschriften im Sinne von Satz 1 sind Verfahrensregelungen auf das unbedingt erforderliche Maß zu beschränken. ³In den Abläufen innerhalb der Landesverwaltung sind Anordnungen, die die Aufsicht, die Organisation und den Haushaltsvollzug betreffen, sowie Mitzeichnungs- und Berichtspflichten auf das unbedingt erforderliche Maß zu reduzieren.

### Abschnitt 3
### Unmittelbare Landesverwaltung

## § 8 Oberste Landesbehörden
(1) Oberste Landesbehörden im Sinne dieses Gesetzes sind die Landesregierung, die Staatskanzlei und die Ministerien.

(2) ¹Die obersten Landesbehörden sollen nur die Vorbereitung der Gesetzgebung und allgemein lenkende Aufgaben sowie zentrale Aufgaben der Planung, der Aufsicht und der Erfolgskontrolle wahrnehmen. ²Die Wahrnehmung von Vollzugsaufgaben und die Bearbeitung von Einzelfällen sind in der Regel den nachgeordneten Landesbehörden vorbehalten.

(3) Die Landesregierung legt die Zahl und die Geschäftsbereiche der obersten Landesbehörden fest und gibt diese im Ministerialblatt für das Land Sachsen-Anhalt bekannt.

## § 9 Obere Landesbehörden
(1) Obere Landesbehörden sind Behörden, die einer obersten Landesbehörde unmittelbar nachgeordnet sind und deren Zuständigkeit sich auf das gesamte Land erstreckt.

(2) ¹Allgemeine obere Landesbehörde ist das Landesverwaltungsamt mit Sitz in Halle (Saale). ²Es nimmt alle Aufgaben auf der oberen Verwaltungsebene der Landesverwaltung wahr, soweit nicht die Zuständigkeit einer anderen Landesbehörde oder Einrichtung des Landes bestimmt ist, und sorgt dabei für einen einheitlichen Verwaltungsvollzug.

(3) Die Anzahl der oberen Landesbehörden ist auf das unbedingt notwendige Maß zu beschränken.

(4) Obere Landesbehörden dürfen nur durch Gesetz oder aufgrund eines Gesetzes errichtet oder aufgelöst werden.

## § 10 Untere Landesbehörden
(1) ¹Untere Landesbehörden sind Behörden, die einer obersten oder oberen Landesbehörde nachgeordnet und für regional abgegrenzte Teile des Landes zuständig sind. ²Abweichend von Satz 1 kann im einzelnen unteren Landesbehörden die Wahrnehmung von Aufgaben für das gesamte Land übertragen werden, wenn dies zweckmäßig ist.

(2) § 9 Abs. 3 und 4 gilt entsprechend.

## § 11 Einrichtungen des Landes
¹Einrichtungen des Landes sind insbesondere Schulen in Landesträgerschaft, Institute zur Aus- und Fortbildung oder zu Forschungszwecken sowie andere Stellen, die nur in geringem Umfang hoheitliche

und vorrangig verwaltungsinterne Aufgaben wahrnehmen sowie einen eigenen Bestand an Personal und sächlichen Mitteln haben. ²Soweit durch Rechtsvorschrift nichts anderes bestimmt ist, entscheidet die Landesregierung über die Errichtung, Auflösung oder wesentliche Änderung von Einrichtungen des Landes.

### § 12 Landesbetriebe
(1) Landesbehörden, Einrichtungen des Landes oder abgrenzbare Teile davon können aufgrund eines Gesetzes oder aufgrund eines Beschlusses der Landesregierung als Landesbetrieb geführt werden, soweit ihre Tätigkeit erwerbswirtschaftlich oder auf Kostendeckung ausgerichtet ist.
(2) Die Landesregierung kann bestimmen, ob und inwieweit Landesbehörden und Einrichtungen des Landes die Dienstleistungen und Produkte eines Landesbetriebes in Anspruch zu nehmen haben.

### § 13 Dienst- und Fachaufsicht
(1) Die nachgeordneten Landesbehörden und Einrichtungen des Landes unterstehen der Dienst- und Fachaufsicht.
(2) Die Dienstaufsicht erstreckt sich auf den Aufbau, die innere Ordnung, die allgemeine Geschäftsführung und die Personalangelegenheiten.
(3) Die Fachaufsicht erstreckt sich auf die rechtmäßige und zweckmäßige Wahrnehmung der Aufgaben.
(4) Andere Rechtsvorschriften, die Rechte der Dienstaufsichts- und Fachaufsichtsbehörden regeln, finden vorrangig Anwendung.

### § 14 Dienstaufsichtsbehörden
(1) Die obersten Landesbehörden führen die Dienstaufsicht über die ihnen im Rahmen ihres Geschäftsbereiches nachgeordneten oberen und unteren Landesbehörden sowie Einrichtungen des Landes.
(2) Die oberen Landesbehörden führen die Dienstaufsicht über die ihnen nachgeordneten unteren Landesbehörden und Einrichtungen des Landes.
(3) ¹Die Dienstaufsicht über das Landesverwaltungsamt führt das für Kommunalaufsicht zuständige Ministerium, soweit nicht nach Maßgabe eines Gesetzes eine besondere Zuständigkeit einer anderen obersten Landesbehörde besteht. ²Abweichend von Satz 1 stehen den Fachministerien als obersten Dienstbehörden für die Beschäftigten, die ihnen Planstellen oder Stellen nach dem Landeshaushalt zugeordnet sind, die personalrechtlichen Befugnisse zu.

### § 15 Fachaufsichtsbehörden
(1) Die Fachaufsicht führen die obersten Landesbehörden über die ihnen im Rahmen ihres Geschäftsbereichs unterstehenden oberen und unteren Landesbehörden sowie Einrichtungen des Landes.
(2) Die oberen Landesbehörden führen die Fachaufsicht über die ihnen nachgeordneten Landesbehörden und Einrichtungen des Landes.
(3) Werden in einer Landesbehörde oder Einrichtung des Landes Aufgaben aus den Geschäftsbereichen mehrerer oberster Landesbehörden wahrgenommen, führen die jeweils fachlich zuständigen obersten Landesbehörden insoweit die Fachaufsicht.

### § 16 Durchführung von Bundesrecht und Recht der Europäischen Union
(1) ¹Hat das Land oder eine nach Landesrecht bestimmte Stelle Bundesrecht oder Recht der Europäischen Union auszuführen und ist die Zuständigkeit nicht durch Landesgesetz zu regeln, wird die zuständige Landesbehörde durch Verordnung bestimmt. ²Die Verordnung erlässt die Landesregierung, soweit durch Rechtsvorschrift nichts anderes bestimmt ist.
(2) Ist die Landesregierung, ein Ministerium oder die Staatskanzlei durch Landesrecht ermächtigt, Befugnisse zu übertragen, so kann von dieser Ermächtigung durch Verordnung Gebrauch gemacht werden, soweit durch Rechtsvorschrift nichts anderes bestimmt ist.

*Abschnitt 4*
**Mittelbare Landesverwaltung**

### § 17 Gemeinden, Verbandsgemeinden und Landkreise
(1) ¹Die Gemeinden, Verbandsgemeinden und Landkreise wirken durch die Erfüllung von Aufgaben im übertragenen Wirkungskreis bei der Landesverwaltung nach Maßgabe der hierfür geltenden ge-

setzlichen Vorschriften mit. ²Im Fall des Satzes 1 richtet sich die Fachaufsicht über die Gemeinden, Verbandsgemeinden und Landkreise nach den hierfür geltenden gesetzlichen Vorschriften.
(2) Fachaufsichtsbehörde ist die fachlich zuständige übergeordnete Landesbehörde, soweit durch Rechtsvorschrift nichts anderes bestimmt ist.

### § 18 Körperschaften des öffentlichen Rechts ohne Gebietshoheit mit eigener Rechtspersönlichkeit

(1) Körperschaften des öffentlichen Rechts ohne Gebietshoheit mit eigener Rechtspersönlichkeit wirken durch die Erfüllung von Aufgaben im übertragenen Wirkungskreis bei der Landesverwaltung nach Maßgabe der hierfür geltenden gesetzlichen Vorschriften mit.
(2) Körperschaften des öffentlichen Rechts ohne Gebietshoheit mit eigener Rechtspersönlichkeit können nur durch Gesetz errichtet oder aufgehoben werden.
(3) ¹Körperschaften des öffentlichen Rechts ohne Gebietshoheit mit eigener Rechtspersönlichkeit haben zur Regelung ihrer inneren Organisation eine Satzung zu erlassen, die der Genehmigung durch die Aufsichtsbehörde bedarf. ²Die Satzung muss Bestimmungen über Name, Sitz, Aufgaben, Mitgliedschaft sowie Organe der Körperschaft und deren Befugnisse enthalten. ³Die Aufsichtsbehörde veranlasst die Veröffentlichung der Satzung im Ministerialblatt für das Land Sachsen-Anhalt.
(4) Körperschaften des öffentlichen Rechts ohne Gebietshoheit mit eigener Rechtspersönlichkeit können Hoheitsaufgaben des Landes nur durch Gesetz oder aufgrund eines Gesetzes übertragen werden.

### § 19 Aufsicht über die Körperschaften des öffentlichen Rechts ohne Gebietshoheit mit eigener Rechtspersönlichkeit

(1) ¹Die Aufsicht über die Körperschaften des öffentlichen Rechts ohne Gebietshoheit mit eigener Rechtspersönlichkeit erstreckt sich darauf, dass sie ihre Aufgaben im Einklang mit dem geltenden Recht erfüllen (Rechtsaufsicht). ²Die §§ 143 bis 152 und § 154 des Kommunalverfassungsgesetzes gelten für Körperschaften des öffentlichen Rechts ohne Gebietshoheit mit eigener Rechtspersönlichkeit entsprechend. ³Abweichende gesetzliche Vorschriften finden vorrangig Anwendung.
(2) Soweit Körperschaften des öffentlichen Rechts ohne Gebietshoheit mit eigener Rechtspersönlichkeit ihre Aufgaben nach Weisung erfüllen, richtet sich die Aufsicht nach § 13 Abs. 3 und 4 sowie § 15 Abs. 1 und 2.

### § 20 Anstalten des öffentlichen Rechts mit eigener Rechtspersönlichkeit und staatliche Stiftungen des öffentlichen Rechts

(1) Die §§ 18 und 19 gelten entsprechend für Anstalten des öffentlichen Rechts mit eigener Rechtspersönlichkeit, soweit durch Rechtsvorschrift nichts anderes bestimmt ist.
(2) Soweit Stiftungen des öffentlichen Rechts ihre Aufgaben nach Weisung erfüllen, richtet sich die Aufsicht nach § 13 Abs. 3 und 4 sowie § 15 Abs. 1 und 2.

### § 21 Beliehene

(1) ¹Natürlichen und juristischen Personen des Privatrechts können hoheitliche Aufgaben des Landes zur Erledigung in eigenem Namen übertragen werden. ²Die Übertragung erfolgt durch Gesetz oder aufgrund eines Gesetzes in der Rechtsform des öffentlichen Rechts.
(2) Die beleihende Stelle stellt den finanziellen Ausgleich für die Aufgabenwahrnehmung durch den Beliehenen sicher.
(3) In dem Beleihungsakt sind die dem Beliehenen übertragenen Aufgaben, die zu ihrer Durchführung erforderlichen Befugnisse, einschließlich der Befugnis, Gebühren zu erheben, sowie die mit der Beleihung verbundenen besonderen Pflichten und die Aufsicht zu bestimmen.

*Abschnitt 5*
**Schlussbestimmungen**

### § 22 Übergangsvorschriften

(1) ¹Die bei Inkrafttreten dieses Gesetzes bestehenden Landesbehörden und Einrichtungen bestehen in ihrer Rechtsnatur fort. ²Für künftige Veränderungen sind die Vorschriften dieses Gesetzes anzuwenden.
(2) Die durch Rechtsvorschriften oder aufgrund eines Beschlusses der Landesregierung festgelegten Zuständigkeitsbereiche und staatlichen Aufgaben bestehender Landesbehörden und Einrichtungen des

Landes, der Gemeinden, Verbandsgemeinden und Landkreise sowie der Körperschaften des öffentlichen Rechts ohne Gebietshoheit und der Anstalten des öffentlichen Rechts mit eigener Rechtspersönlichkeit vor dem Inkrafttreten dieses Gesetzes gelten fort, solange nichts Abweichendes bestimmt wird.
(3) Zuständigkeitsregelungen, die nicht den Formerfordernissen dieses Gesetzes entsprechen, bleiben bis zu ihrer Aufhebung durch die erlassende Stelle oder ihren Rechtsnachfolger in Kraft.
(4) § 21 findet auf vor dem Inkrafttreten dieses Gesetzes rechtswirksam Beliehene keine Anwendung.

### § 23 Sprachliche Gleichstellung
Personen- und Funktionsbezeichnungen in diesem Gesetz gelten jeweils in männlicher und weiblicher Form.

### § 24 Inkrafttreten, Außerkrafttreten
[1]Dieses Gesetz tritt am Tag nach der Verkündung[1] in Kraft. [2]Gleichzeitig treten § 5 des Gesetzes zur Einrichtung des Landesverwaltungsamtes vom 17. Dezember 2003 (GVBl. LSA S. 352), zuletzt geändert durch Artikel 2 des Gesetzes vom 13. November 2014 (GVBl. LSA S. 446), und das Verwaltungsmodernisierungsgrundsätzegesetz vom 27. Februar 2003 (GVBl. LSA S. 40), geändert durch Gesetz vom 7. August 2007 (GVBl. LSA S. 290), außer Kraft.

---

1) Verkündet am 2. 11. 2015.

# Verwaltungsverfahrensgesetz Sachsen-Anhalt (VwVfG LSA)[1)]

Vom 18. November 2005 (GVBl. LSA S. 698)
(BS LSA 2010.6)
zuletzt geändert durch Art. 3 G zur Verschiebung der Personalratswahlen 2020, zur Änd. des G über die Verkündung von Verordnungen und zur Änd. des VerwaltungsverfahrensG vom 8. April 2020 (GVBl. LSA S. 134)

### § 1 Anwendungsbereich
(1) ¹Für die öffentlich-rechtliche Verwaltungstätigkeit der Behörden des Landes und der seiner Aufsicht unterstehenden Körperschaften, Anstalten und Stiftungen des öffentlichen Rechts gelten dieses Gesetz und das Verwaltungsverfahrensgesetz in der Fassung der Bekanntmachung vom 23. Januar 2003 (BGBl. I S. 102), geändert durch Artikel 4 Abs. 8 des Gesetzes vom 5. Mai 2004 (BGBl. I S. 718, 833), in der jeweils geltenden Fassung mit Ausnahme der §§ 1, 2 und 61 Abs. 2 sowie der §§ 78, 94, 96, 100, 101 und 103, soweit nicht Rechtsvorschriften des Landes inhaltsgleiche oder entgegenstehende Bestimmungen enthalten. ²Besondere Verfahrensregelungen in Rechtsvorschriften des Bundes bleiben unberührt.
(2) Behörde im Sinne dieses Gesetzes ist jede Stelle, die Aufgaben der öffentlichen Verwaltung wahrnimmt.

### § 2 Ausnahmen vom Anwendungsbereich
(1) ¹Dieses Gesetz gilt nicht für die Tätigkeit der Kirchen, der Religions- und Weltanschauungsgemeinschaften sowie ihrer Verbände und Einrichtungen. ²Es gilt auch nicht für die Tätigkeit des Mitteldeutschen Rundfunks.
(2) Dieses Gesetz gilt ferner nicht für
1. Verwaltungsverfahren, soweit in ihnen Rechtsvorschriften der Abgabenordnung anzuwenden sind,
2. die Strafverfolgung, die Verfolgung und Ahndung von Ordnungswidrigkeiten, die Rechtshilfe für das Ausland in Straf- und Zivilsachen und, unbeschadet des § 80 Abs. 4 des Verwaltungsverfahrensgesetzes, für Maßnahmen des Richterdienstrechts,
3. Verfahren nach dem Sozialgesetzbuch,
4. das Recht der Wiedergutmachung.
(3) ¹Für die Tätigkeit
1. der Gerichtsverwaltungen und der Behörden der Justizverwaltung einschließlich der ihrer Aufsicht unterliegenden Körperschaften des öffentlichen Rechts gilt dieses Gesetz nur, soweit die Tätigkeit der Nachprüfung durch die Gerichte der Verwaltungsgerichtsbarkeit oder durch die in verwaltungsrechtlichen Anwalts-, Patentanwalts- und Notarsachen zuständigen Gerichte unterliegt,
2. der Behörden bei Leistungs-, Eignungs- und ähnlichen Prüfungen von Personen gelten nur die §§ 3a bis 13, 20 bis 27, 29 bis 52, 79 und 80 des Verwaltungsverfahrensgesetzes,
3. der Schulen gelten nur die §§ 3a bis 13, 20 bis 52, 79 und 80 des Verwaltungsverfahrensgesetzes; § 20 Abs. 1 Satz 1 Nr. 2 des Verwaltungsverfahrensgesetzes findet keine Anwendung auf Schulleiter, Schulleiterinnen, Lehrer und Lehrerinnen, wenn ein von ihnen unterrichteter Schüler Beteiligter ist; § 28 des Verwaltungsverfahrensgesetzes gilt nur, soweit die Entscheidung nicht auf Leistungs- oder Eignungsbeurteilungen beruht.

²In den Fällen des Satzes 1 Nr. 2 sowie bei Entscheidungen der Schulen, die auf Leistungs- oder Eignungsbeurteilungen beruhen, genügt abweichend von § 39 Abs. 1 Satz 1 des Verwaltungsverfahrensgesetzes eine mündliche Begründung.

---

1) Verkündet als Art. 7 des Ersten Rechts- und VerwaltungsvereinfachungsG v. 18.11.2005 (GVBl. LSA S. 698); Inkrafttreten gem. Art. 77 dieses G am 1.12.2005.

### § 3 Befugnis zur Beglaubigung von Dokumenten und Unterschriften
Zuständige Behörden im Sinne des § 33 Abs. 1 Satz 2 und des § 34 Abs. 1 Satz 1 des Verwaltungsverfahrensgesetzes sind
1. die Gemeinden und die Verbandsgemeinden,
2. andere Behörden im Rahmen ihrer sachlichen Zuständigkeit.

### § 3a Öffentliche Bekanntgabe von Allgemeinverfügungen
Für die öffentliche Bekanntgabe von Allgemeinverfügungen ist § 1a des Gesetzes über die Verkündung von Verordnungen entsprechend anzuwenden.

### § 4 Vollstreckung öffentlich-rechtlicher Verträge
¹Öffentlich-rechtliche Verträge im Sinne des § 61 Abs. 1 Satz 1 des Verwaltungsverfahrensgesetzes werden nach dem Verwaltungsvollstreckungsgesetz des Landes Sachsen-Anhalt vollstreckt. ²Will eine natürliche oder juristische Person des Privatrechts oder eine nicht rechtsfähige Vereinigung die Vollstreckung wegen einer Geldforderung betreiben, so ist § 170 Abs. 1 bis 3 der Verwaltungsgerichtsordnung entsprechend anzuwenden. ³Richtet sich die Vollstreckung wegen der Erzwingung einer Handlung, Duldung oder Unterlassung gegen eine Behörde, so ist § 172 der Verwaltungsgerichtsordnung entsprechend anzuwenden.

### § 5 Rechtswirkungen der Planfeststellung
Für Planfeststellungen, die aufgrund landesrechtlicher Vorschriften durchgeführt werden, gelten die Rechtswirkungen des § 75 Abs. 1 Satz 1 des Verwaltungsverfahrensgesetzes auch gegenüber nach Bundesrecht notwendigen Entscheidungen.

### § 6 Zusammentreffen mehrerer Vorhaben
(1) Treffen mehrere selbständige Vorhaben, für deren Durchführung Planfeststellungsverfahren vorgeschrieben sind, derart zusammen, dass für diese Vorhaben oder für Teile von ihnen nur eine einheitliche Entscheidung möglich ist, so findet für diese Vorhaben oder für deren Teile nur ein Planfeststellungsverfahren statt.

(2) ¹Zuständigkeiten und Verfahren richten sich nach den Rechtsvorschriften über das Planfeststellungsverfahren, das für diejenige Anlage vorgeschrieben ist, die einen größeren Kreis öffentlich-rechtlicher Beziehungen berührt. ²Bestehen Zweifel, welche Rechtsvorschrift anzuwenden ist, so entscheidet, falls nach den in Betracht kommenden Rechtsvorschriften mehrere Landesbehörden in den Geschäftsbereichen mehrerer oberster Landesbehörden zuständig sind, die Landesregierung, sonst die zuständige oberste Landesbehörde. ³Bestehen Zweifel, welche Rechtsvorschrift anzuwenden ist, und sind nach den in Betracht kommenden Rechtsvorschriften eine Bundesbehörde und eine Landesbehörde zuständig, so führen, falls sich die obersten Bundes- und Landesbehörden nicht einigen, die Bundesregierung und die Landesregierung das Einvernehmen darüber herbei, welche Rechtsvorschrift anzuwenden ist.

### § 7 Übergangsvorschrift
Soweit in anderen Rechtsvorschriften des Landes auf das Verwaltungsverfahrensgesetz für das Land Sachsen-Anhalt in der Fassung der Bekanntmachung vom 7. Januar 1999 (GVBl. LSA S. 2), zuletzt geändert durch Artikel 10 des Gesetzes vom 7. Dezember 2001 (GVBl. LSA S. 540, 542) und durch Nummer 34 der Anlage des Gesetzes vom 19. März 2002 (GVBl. LSA S. 130, 135), oder dessen Vorschriften verwiesen wird, tritt an deren Stelle § 1 Abs. 1 Satz 1 dieses Gesetzes in Verbindung mit dem Verwaltungsverfahrensgesetz oder dessen entsprechenden Vorschriften.

# Verwaltungszustellungsgesetz des Landes Sachsen-Anhalt (VwZG-LSA)

Vom 9. Oktober 1992 (GVBl. LSA S. 715)
(BS LSA 2010.1)
zuletzt geändert durch § 1 ÄndG vom 17. Januar 2008 (GVBl. LSA S. 2)

### § 1 Festlegung des Geltungsbereiches

(1) Auf das Zustellungsverfahren der Behörden des Landes Sachsen-Anhalt sowie der unter der Aufsicht des Landes stehenden Körperschaften, Anstalten und Stiftungen des öffentlichen Rechts mit Ausnahme der Landesfinanzbehörden finden die §§ 2 bis 10 des Verwaltungszustellungsgesetzes vom 12. August 2005 (BGBl. I S. 2354) in der jeweils geltenden Fassung Anwendung.

(2) [1]Absatz 1 gilt nicht für Zustellungen durch die Justizbehörden. [2]Auf diese finden die Vorschriften der Zivilprozessordnung über die Zustellung von Amts wegen Anwendung, soweit keine besonderen Vorschriften bestehen.

### § 2 Erfordernis der Zustellung

Zugestellt wird, soweit dies durch Rechtsvorschrift oder behördliche Anordnung bestimmt ist.

### §§ 3 und 4 (aufgehoben)

### § 5 Inkrafttreten

Dieses Gesetz tritt vierzehn Tage nach seiner Verkündung[1] in Kraft.

---

1) Verkündet am 14. 10. 1992.

# Verwaltungsvollstreckungsgesetz des Landes Sachsen-Anhalt (VwVG LSA)

In der Fassung der Bekanntmachung vom 20. Februar 2015[1]) (GVBl. LSA S. 50)
(BS LSA 2011.1)

## Inhaltsübersicht

§ 1 Anwendungsbereich

**Teil 1
Vollstreckung wegen Geldforderungen**

**Abschnitt 1
Allgemeine Vorschriften**

§ 2 Vollstreckungsgegenstand, Vollstreckungsurkunden, Vollstreckungsschuldner
§ 3 Voraussetzungen der Vollstreckung
§ 4 Mahnung
§ 5 Vertretung der Vollstreckungsgläubiger
§ 6 Vollstreckungsbehörden
§ 7 Vollstreckungshilfe
§ 7a Vollstreckung von Rundfunkbeiträgen und von Rundfunkgebühren
§ 7b Kosten der Vollstreckungshilfe
§ 7c (weggefallen)
§ 8 Vollstreckungsbeamte/ Vollstreckungsauftrag
§ 9 Durchsuchung von Wohnungen und sonstigem Besitztum
§ 10 Widerstand gegen die Vollstreckung
§ 11 Hinzuziehung von Zeugen
§ 12 Vollstreckung zur Nachtzeit und an Sonn- und Feiertagen
§ 13 Niederschrift
§ 14 Aufforderungen und Mitteilungen der Vollstreckungsbeamten
§ 15 Vollstreckung gegen Ehegatten oder eingetragene Lebenspartner
§ 16 Vollstreckung gegen Nießbraucher
§ 17 Vollstreckung nach dem Tode der Vollstreckungsschuldner
§ 18 Vollstreckung gegen Erben
§ 19 Sonstige Fälle beschränkter Haftung
§ 20 Vollstreckung gegen Personenvereinigungen
§ 21 Vollstreckung gegen juristische Personen des öffentlichen Rechts
§ 21a Vermögensermittlung
§ 22 Vermögensauskunft gegenüber Gerichtsvollziehern
§ 22a Vermögensauskunft gegenüber der Vollstreckungsbehörde
§ 23 Einstellung der Vollstreckung und Aufhebung von Vollstreckungsmaßnahmen
§ 24 Vorläufiger Vollstreckungsschutz
§ 25 Erteilung von Urkunden
§ 26 Rechte Dritter

**Abschnitt 2
Vollstreckung in das bewegliche Vermögen**

Unterabschnitt 1
**Allgemeine Vorschriften**

§ 27 Pfändung
§ 28 Wirkung der Pfändung
§ 29 Pfand- und Vorzugsrechte Dritter
§ 30 Ausschluss von Gewährleistungsansprüchen

Unterabschnitt 2
**Vollstreckung in Sachen**

§ 31 Verfahren bei der Pfändung
§ 32 Ungetrennte Früchte
§ 33 Anschlusspfändung
§ 34 Verwertung durch Versteigerung, Zahlungswirkung der Geldpfändung
§ 35 Versteigerungstermin
§ 36 Zuschlag
§ 37 Mindestgebot
§ 38 Einstellung der Versteigerung
§ 39 Wertpapiere
§ 40 Namenspapiere
§ 41 Versteigerung ungetrennter Früchte
§ 42 Besondere Verwertung
§ 43 Vollstreckung in Ersatzteile von Luftfahrzeugen
§ 44 Verwertung bei mehrfacher Pfändung

Unterabschnitt 3
**Vollstreckung in Forderungen und andere Vermögensrechte**

§ 45 Pfändung einer Geldforderung
§ 46 Pfändung einer durch Hypothek gesicherten Forderung
§ 47 Pfändung einer durch Schiffshypothek oder Registerpfandrecht an einem Luftfahrzeug gesicherten Forderung
§ 48 Pfändung einer Forderung aus indossablen Papieren
§ 49 Pfändung fortlaufender Bezüge
§ 50 Einziehungsverfügung
§ 51 Wirkung der Einziehungsverfügung
§ 52 Erklärungspflicht der Drittschuldner

---

[1]) Neubekanntmachung des Verwaltungsvollstreckungsgesetzes des Landes Sachsen-Anhalt v. 23. Juni 1994 (GVBl. LSA S. 710) in der ab 1. 1. 2015 geltenden Fassung.

| | | | | |
|---|---|---|---|---|
| § 53 | Andere Art der Verwertung | | § 72 | Besondere Vorschriften für die Herausgabe von Sachen |
| § 54 | Ansprüche auf Herausgabe oder Leistung von Sachen | | § 73 | Öffentlich-rechtliche Verträge |
| § 55 | Unpfändbarkeit von Forderungen | | | |
| § 56 | Mehrfache Pfändung einer Forderung | | Teil 3 | |
| § 57 | Vollstreckung in andere Vermögensrechte | | **Kosten** | |
| | | | § 74 | Kosten der Vollstreckung wegen Geldforderungen |
| Abschnitt 3 | | | | |
| **Vollstreckung in das unbewegliche Vermögen** | | | § 74a | Kosten der Erzwingung von Handlungen, Duldungen und Unterlassungen |
| § 58 | Verfahren | | | |
| § 59 | Vollstreckung gegen Rechtsnachfolger | | § 74b | Verordnungsermächtigung |
| Abschnitt 4 | | | Teil 4 | |
| **Ergänzende Vorschriften** | | | **Schlussvorschriften** | |
| §§ 60 bis 63 (weggefallen) | | | § 75 | Einschränkung von Grundrechten |
| § 64 | Dinglicher Arrest | | § 76 | Entscheidungen der ordentlichen Gerichte |
| § 65 | Verwertung von Sicherheiten | | § 77 | Verweisungen |
| § 66 | Rechtsbehelfe | | § 78 | Übergangsvorschriften |
| §§ 67 bis 70 (weggefallen) | | | § 79 | (weggefallen) |
| | | | § 80 | Außerkrafttreten |
| Teil 2 | | | | |
| **Erzwingung von Handlungen, Duldungen und Unterlassungen** | | | | |
| § 71 | Anwendung des Gesetzes über die öffentliche Sicherheit und Ordnung des Landes Sachsen-Anhalt | | | |

## § 1 Anwendungsbereich

(1) Dieses Gesetz regelt die Vollstreckung von Ansprüchen des Landes, eines Landkreises, einer Gemeinde oder einer sonstigen der Aufsicht des Landes unterstehenden Körperschaft, Anstalt oder Stiftung des öffentlichen Rechts aus
1. Leistungsbescheiden gemäß § 2 Abs. 1 Satz 1, Bescheiden, die gemäß § 2 Abs. 1 Satz 2 zur Duldung einer Vollstreckung verpflichten, und weiteren Vollstreckungsurkunden gemäß § 2 Abs. 2 über Geldforderungen und
2. Verwaltungsakten und öffentlich-rechtlichen Verträgen, soweit sich daraus gemäß den §§ 71 bis 73 Verpflichtungen zur Vornahme einer Handlung, zur Duldung oder zur Unterlassung ergeben.

(2) Die Vorschriften dieses Gesetzes über die Vollstreckung wegen Geldforderungen gelten auch,
1. soweit die Länder in Bundesgesetzen ermächtigt sind zu bestimmen, dass für die Vollstreckung wegen Geldforderungen die landesrechtlichen Vorschriften anzuwenden sind, und
2. wenn ein Gericht eine Vollstreckungsbehörde zur Ausführung einer Vollstreckung wegen einer Geldforderung in Anspruch nimmt und die Vollstreckung nach landesrechtlichen Vorschriften durchzuführen ist.

*Teil 1*
**Vollstreckung wegen Geldforderungen**

*Abschnitt 1*
**Allgemeine Vorschriften**

## § 2 Vollstreckungsgegenstand, Vollstreckungsurkunden, Vollstreckungsschuldner

(1) ¹Ein Verwaltungsakt, der zu einer Geldleistung verpflichtet (Leistungsbescheid), wird nach den Vorschriften dieses Teils vollstreckt. ²Ein Bescheid, der zur Duldung der Vollstreckung wegen einer Geldforderung verpflichtet, steht einem Leistungsbescheid gleich.

(2) Die Vorschriften dieses Teils gelten auch für die Vollstreckung von Geldforderungen, welche sich aus den folgenden weiteren Vollstreckungsurkunden ergeben:
1. Erklärungen einer Person, die aufgrund einer Rechtsvorschrift eine von ihr zu erbringende Geldleistung selbst zu berechnen hat,
2. Beitragsnachweise der Arbeitgeber nach § 28f Abs. 3 des Vierten Buches Sozialgesetzbuch,

3. öffentlich-rechtliche Verträge, soweit sich darin die Schuldner der sofortigen Vollstreckung wegen einer Geldleistung unterworfen haben,
4. Zahlungsaufforderungen wegen einer privatrechtlichen Geldforderung, wenn durch Verordnung nach Absatz 3 zugelassen ist, dass solche Geldforderungen im Verwaltungszwangsverfahren vollstreckt werden dürfen,
5. andere Urkunden, deren Vollstreckung im Verwaltungszwangsverfahren durch Rechtsvorschrift des Landes besonders zugelassen ist.

(3) ¹Die Landesregierung wird ermächtigt, durch Verordnung zu bestimmen, welche privatrechtlichen Geldforderungen der in § 1 Abs. 1 genannten Stellen im Verwaltungszwangsverfahren vollstreckt werden können. ²Die Geldforderungen müssen entstanden sein aus
1. der Inanspruchnahme öffentlicher Einrichtungen,
2. der Nutzung öffentlichen Vermögens oder dem Erwerb von Früchten öffentlichen Vermögens oder
3. der lnanspruchnahme öffentlicher Mittel für öffentlich geförderte, insbesondere soziale Zwecke.
³Die Sätze 1 und 2 gelten nicht für Forderungen öffentlich-rechtlicher Versicherungsunternehmen, die am Wettbewerb teilnehmen, und für öffentlich-rechtliche Bank- und Kreditinstitute einschließlich der Sparkassen.
(4) Vollstreckungsschuldner sind
1. bei Leistungsbescheiden diejenigen Personen, gegen die die Leistungsbescheide gerichtet sind,
2. bei Vollstreckungsurkunden gemäß Absatz 2 die darin genannten zahlungspflichtigen Personen,
3. bei Bescheiden nach Absatz 1 Satz 2 diejenigen Personen, die zur Duldung der Vollstreckung verpflichtet sind.

## § 3 Voraussetzungen der Vollstreckung
(1) Die Vollstreckung darf erst beginnen, wenn
1. gegen den Leistungsbescheid oder gegen die Vollstreckungsurkunde gemäß § 2 Abs. 2 kein Rechtsbehelf mit aufschiebender Wirkung eingelegt werden kann,
2. die Geldforderung fällig ist,
3. den Vollstreckungsschuldnern die Vollstreckung durch eine Mahnung angedroht worden ist, es sei denn, dass diese nach § 4 nicht erforderlich ist, und
4. die in der Mahnung bestimmte Zahlungsfrist oder in den Fällen des § 4 Abs. 3 und 4 Nr. 1 drei Tage, gerechnet vom Zeitpunkt der Fälligkeit, verstrichen sind.

(2) ¹Nebenforderungen wie Säumniszuschläge, Zinsen und Kosten können mit der Hauptforderung vollstreckt werden, wenn die Vollstreckung wegen der Hauptforderung eingeleitet und im Leistungsbescheid oder in der Vollstreckungsurkunde gemäß § 2 Abs. 2 auf diese Nebenforderungen dem Grunde nach hingewiesen worden ist. ²Die Vollstreckung der in Satz 1 genannten Forderungen ist auch dann ohne gesonderte Festsetzung zulässig, wenn die Hauptforderung nach der Mahnung und vor Einleitung der Vollstreckung beglichen wurde.

## § 4 Mahnung
(1) ¹Die Vollstreckungsschuldner sind unter Einräumung einer Zahlungsfrist von mindestens einer Woche zu mahnen. ²Die Mahnung ist in schriftlicher Form zu übermitteln. ³Sie muss die Vollstreckungsbehörde oder die Behörde, die den Leistungsbescheid oder die Vollstreckungsurkunde gemäß § 2 Abs. 2 erlassen hat, bezeichnen. ⁴Als Mahnung gilt auch ein Postnachnahmeauftrag.
(2) Die Mahnung ist erst nach Ablauf einer Woche seit der Fälligkeit der Geldforderung zulässig.
(3) Einer Mahnung bedarf es nicht, wenn
1. die Vollstreckungsschuldner spätestens eine Woche vor Eintritt der Fälligkeit an die Zahlung erinnert wurden; die Erinnerung kann auch durch öffentliche Bekanntmachung allgemein erfolgen,
2. Tatsachen die Annahme rechtfertigen, dass
   a) der Erfolg der Vollstreckung durch die Mahnung gefährdet würde oder
   b) die Mahnung infolge eines in der Person der Vollstreckungsschuldner liegenden Grundes diesen nicht zur Kenntnis kommen wird,
   oder

3. in den Fällen des § 1 Abs. 2 eine Erinnerung oder Mahnung nach bundesrechtlichen Vorschriften erfolgt ist und die danach bestimmte Frist abgelaufen ist.
(4) Ohne Mahnung können vollstreckt werden:
1. Zwangsgelder und Kosten einer Ersatzvornahme,
2. Nebenforderungen im Sinne des § 3 Abs. 2 Satz 1, wenn die Vollstreckung wegen der Hauptforderung eingeleitet worden ist.

### § 5 Vertretung der Vollstreckungsgläubiger
[1]Die Vollstreckungsgläubiger werden durch die Behörde vertreten, die den Leistungsbescheid erlassen hat oder die in der Vollstreckungsurkunde gemäß § 2 Abs. 2 genannt ist. [2]In den Fällen des § 2 Abs. 2 Nrn. 1, 2 oder 5 vertritt die Behörde die Vollstreckungsgläubiger, der gegenüber die Erklärung in der Vollstreckungsurkunde abzugeben war.

### § 6 Vollstreckungsbehörden
(1) [1]Zur Vollstreckung sind befugt:
1. die Gemeinden, mit Ausnahme der Mitgliedsgemeinden von Verbandsgemeinden, und die Verbandsgemeinden,
2. die Landkreise,
3. das Finanzamt Dessau-Roßlau, Landeshauptkasse Sachsen-Anhalt,
4. die Abfall-, Wasser- und Abwasserzweckverbände im Rahmen des Verbandszwecks,
5. die Kommunalunternehmen und die gemeinsamen Kommunalunternehmen nach dem Anstaltsgesetz im Rahmen der ihnen übertragenen Aufgaben und
6. die landesunmittelbaren gesetzlichen Krankenkassen und Kassenverbände.
[2]Zur Vollstreckung befugt sind auch die nach anderen Gesetzen des Landes Sachsen-Anhalt für die Vollstreckung von Geldforderungen bestimmten Vollstreckungsbehörden.
(2) Die Landesregierung wird ermächtigt, durch Verordnung weitere Vollstreckungsbehörden zu bestimmen.
(3) Die nach Absatz 1 Satz 1 Nrn. 3 und 6 sowie die nach Absatz 2 bestimmten Vollstreckungsbehörden des Landes sind im gesamten Landesgebiet zur Vollstreckung befugt.

### § 7 Vollstreckungshilfe
(1) [1]Die Vollstreckungsbehörden leisten Behörden, die nicht selbst Vollstreckungsbehörde sind, Vollstreckungshilfe. [2]Die Vorschriften über die Amtshilfe gelten entsprechend, soweit in diesem Gesetz nichts anderes bestimmt ist. [3]Die ersuchende Behörde hat der Vollstreckungsbehörde zu bescheinigen, dass der Leistungsbescheid oder die Vollstreckungsurkunde gemäß § 2 Abs. 2 vollstreckbar ist.
(1a) Als Vollstreckungshilfe gilt nicht die Vollstreckung von Geldforderungen durch Verbandsgemeinden für ihre Mitgliedsgemeinden.
(2) Die Vollstreckungshilfe ist für juristische Personen des öffentlichen Rechts, die der Aufsicht des Landes unterstehen, eine Aufgabe des eigenen Wirkungskreises.
(3) Bei einem Ersuchen, das mit Hilfe automatischer Einrichtungen erstellt wird, können Unterschrift und Namenswiedergabe fehlen.

### § 7a Vollstreckung von Rundfunkbeiträgen und von Rundfunkgebühren
Für die Vollstreckung der Bescheide über rückständige Rundfunkbeiträge und rückständige Rundfunkgebühren sind die Gemeinden, mit Ausnahme der Mitgliedsgemeinden von Verbandsgemeinden, und die Verbandsgemeinden zuständig.

### § 7b Kosten der Vollstreckungshilfe
(1) [1]Leistet die Vollstreckungsbehörde einer anderen Behörde Vollstreckungshilfe, stehen ihr die hierauf entfallenden Vollstreckungskosten (Gebühren und Auslagen) zu. [2]Kostenansprüche der ersuchten Behörde gehen Kostenansprüchen der ersuchenden Behörde vor.
(2) [1]Leistet die Vollstreckungsbehörde einer anderen Vollstreckungsbehörde Vollstreckungshilfe und können die Vollstreckungskosten bei Vollstreckungsschuldnern nicht beigetrieben werden, so hat die ersuchende Behörde, wenn sie nicht demselben Rechtsträger angehört wie die ersuchte Behörde, der Vollstreckungsbehörde die Auslagen zu erstatten, wenn diese im Einzelfall 35 Euro übersteigen. [2]Soweit Gegenseitigkeit nicht besteht, kann entsprechend Absatz 3 Satz 1 verfahren werden. [3]Gegenseitigkeit liegt auch dann nicht vor, wenn bei länderübergreifender Vollstreckungshilfe nach dem Recht

der ersuchenden Vollstreckungsbehörde eine von Satz 1 abweichende, für Vollstreckungsbehörden im Sinne des § 6 nachteilige Kostenregelung besteht.
(3) ¹Leistet die Vollstreckungsbehörde einer anderen Behörde, die nicht selbst Vollstreckungsbehörde ist, Vollstreckungshilfe, hat die ersuchende Behörde, wenn sie nicht demselben Rechtsträger angehört wie die Vollstreckungsbehörde, der Vollstreckungsbehörde
a) je Ersuchen für dessen Erledigung einen Betrag zum Ausgleich des durch Vollstreckungskosten nicht gedeckten Verwaltungsaufwandes und
b) die bei Vollstreckungsschuldnern nicht beigetriebenen Vollstreckungskosten
zu zahlen. ²Die Landesregierung wird ermächtigt, durch Verordnung den Betrag nach Satz 1 Buchst. a entsprechend dem durchschnittlichen tatsächlichen, durch Gebühren und Auslagen nicht gedeckten Verwaltungsaufwand festzusetzen. ³Dabei kann nach Art und Höhe der beizutreibenden Forderung sowie nach der Art der zu erbringenden Vollstreckungshandlung differenziert werden.
(4) Die Kostenregelungen nach Absätzen 1 und 3 gelten auch, wenn die Vollstreckungszuständigkeit auf Grund einer gesetzlichen Bestimmung für den Vollstreckungsgläubiger wahrgenommen wird.
(5) Zahlungen nach Absatz 3 Satz 1 Buchst. a gelten nicht als Auslagen der ersuchenden Behörde.
(6) Soweit eine ersuchende Behörde gegenüber der Vollstreckungsbehörde Ersatz leistet, geht die Kostenforderung gegen die Vollstreckungsschuldner auf die ersuchende Behörde über.

§ 7c (weggefallen)

§ 8 Vollstreckungsbeamte/Vollstreckungsauftrag
(1) Die Vollstreckungsbehörde führt Vollstreckungshandlungen, die Vollstreckungsbeamten zugewiesen sind, durch besonderes bestellte Bedienstete aus.
(2) Vollstreckungsbeamte müssen bei der Ausübung ihrer Tätigkeit einen Dienstausweis mit sich führen und ihn auf Verlangen vorzeigen.
(3) Vollstreckungsschuldnern und Dritten gegenüber werden Vollstreckungsbeamte durch schriftlichen Auftrag der Vollstreckungsbehörde zur Vollstreckung ermächtigt; der Auftrag ist vorzuzeigen.
(4) Vollstreckungsbeamte gelten als bevollmächtigt, Zahlungen oder sonstige Leistungen für den Vollstreckungsgläubiger in Empfang zu nehmen.
(5) ¹Wenn das für Zivilrecht zuständige Ministerium zugelassen hat, dass für bestimmte Vollstreckungsbehörden Vollstreckungshandlungen, die Vollstreckungsbeamten zugewiesen sind, durch Gerichtsvollzieher ausgeführt werden, sind diese Vollstreckungshandlungen nach den Vorschriften über die Zwangsvollstreckung in bürgerlichen Rechtsstreitigkeiten und den hierzu geltenden Kostenvorschriften durchzuführen; an die Stelle der vollstreckbaren Ausfertigung des Schuldtitels tritt der schriftliche Auftrag der Vollstreckungsbehörde. ²Der Vollstreckungsauftrag wird nicht zugestellt und nicht ausgehändigt. ³Er ist den Vollstreckungsschuldnern durch die Gerichtsvollzieher vorzuzeigen.
(6) ¹Der Vollstreckungsauftrag muss enthalten:
1. die Bezeichnung der Vollstreckungsbehörde sowie die Unterschrift der Person, die die Behörde leitet, ihres Vertreters oder ihres Beauftragten,
2. die Angabe der beizutreibenden Geldforderung und des Schuldgrundes. Hat die Vollstreckungsbehörde Vollstreckungsschuldner durch Kontoauszüge über Entstehung, Fälligkeit und Tilgung der Schulden fortlaufend unterrichtet, so genügt es, wenn die Vollstreckungsbehörde die Art der Forderung und die Höhe des beizutreibenden Betrages angibt und auf den Kontoauszug Bezug nimmt, der den Rückstand ausweist,
3. die Bezeichnung der Person des Vollstreckungsschuldners,
4. die Bezeichnung der Person des Vollstreckungsgläubigers,
5. die Bestätigung, dass die Voraussetzungen der Vollstreckung im Sinne des § 3 vorliegen,
6. in Fällen des Absatzes 5 den Abdruck des Dienstsiegels der Vollstreckungsbehörde.
²Bei einem Vollstreckungsauftrag, der mit Hilfe automatischer Einrichtungen erlassen wird, können Unterschrift und Dienstsiegel fehlen.

§ 9 Durchsuchung von Wohnungen und sonstigem Besitztum
(1) Soweit der Zweck der Vollstreckung es erfordert, dürfen Vollstreckungsbeamte die Wohnung und das sonstige Besitztum der Vollstreckungsschuldner durchsuchen sowie verschlossene Türen und Behältnisse öffnen oder öffnen lassen.

(2) ¹Die Wohnung darf ohne Einwilligung der Vollstreckungsschuldner nur aufgrund einer richterlichen Anordnung durchsucht werden. ²Zuständig ist das Amtsgericht, in dessen Bezirk die Durchsuchung erfolgen soll. ³Dies gilt nicht bei Gefahr im Verzuge. ⁴Die Anordnung nach Satz 1 ist bei der Vollstreckung vorzuzeigen.

(3) ¹Wenn die Vollstreckungsschuldner in die Durchsuchung eingewilligt haben oder eine richterliche Anordnung vorliegt oder entbehrlich ist, haben Personen, die Mitgewahrsam an der Wohnung der Vollstreckungsschuldner haben, die Durchsuchung zu dulden. ²Unbillige Härten gegenüber diesen Personen sind zu vermeiden.

(4) ¹Soweit der Zweck der Vollstreckung es erfordert, haben im Beisein der Vollstreckungsbeamten auch hinzugezogene Zeugen, Verwaltungsvollzugsbeamte, Polizeibeamte, Sachverständige und Hilfspersonen das Recht zum Betreten. ²Sachverständige müssen sich, Hilfspersonen sollen sich durch einen schriftlichen Auftrag der Vollstreckungsbehörde ausweisen können. ³§ 8 Abs. 6 Satz 2 gilt entsprechend.

### § 10 Widerstand gegen die Vollstreckung

(1) ¹Soweit der Zweck der Vollstreckung es erfordert, können Vollstreckungsbeamte unmittelbaren Zwang anwenden und hierzu die Polizei um Unterstützung ersuchen. ²Bei der Anwendung unmittelbaren Zwanges gegen Personen dürfen sie Waffen nicht gebrauchen. ³Die Ausübung des unmittelbaren Zwanges richtet sich nach dem Gesetz über die öffentliche Sicherheit und Ordnung des Landes Sachsen-Anhalt.

(2) Hat die Vollstreckungsbehörde Verwaltungsvollzugsbeamte bestellt, so sind diese berechtigt, die Vollstreckungsbeamten im Rahmen ihrer Befugnisse zu unterstützen.

### § 11 Hinzuziehung von Zeugen

Wird der Vollstreckung Widerstand entgegengesetzt oder sind bei einer Vollstreckungshandlung in der Wohnung der Vollstreckungsschuldner weder Vollstreckungsschuldner noch ein erwachsener Familienangehöriger, eine in der Familie beschäftigte Person oder ein erwachsener ständiger Mitbewohner anwesend, so haben Vollstreckungsbeamte eine beamtete Person der Gemeinde, der Verbandsgemeinde oder der Polizei oder ausnahmsweise zwei andere erwachsene Personen als Zeugen hinzuzuziehen.

### § 12 Vollstreckung zur Nachtzeit und an Sonn- und Feiertagen

(1) ¹Zur Nachtzeit sowie an Sonn- und Feiertagen darf eine Vollstreckungshandlung nicht vorgenommen werden, wenn dies für die Vollstreckungsschuldner und die Mitgewahrsamsinhaber eine unbillige Härte darstellt oder der zu erwartende Erfolg in einem Missverhältnis zu dem Eingriff steht. ²In Wohnungen darf eine Vollstreckungshandlung zur Nachtzeit sowie an Sonn- und Feiertagen nur aufgrund einer besonderen richterlichen Anordnung erfolgen. ³Zuständig ist das Amtsgericht, in dessen Bezirk die Durchsuchung erfolgen soll. ⁴Die Anordnung nach Satz 1 ist bei der Vollstreckung vorzuzeigen.

(2) Die Nachtzeit umfasst die Stunden von 21 Uhr bis 6 Uhr.

### § 13 Niederschrift

(1) Vollstreckungsbeamte haben über jede Vollstreckungshandlung eine Niederschrift aufzunehmen.
(2) Die Niederschrift muss enthalten:
1. Ort und Zeit der Aufnahme,
2. den Gegenstand der Vollstreckung unter Erwähnung der wesentlichen Vorgänge,
3. die Namen der Personen, mit denen verhandelt worden ist,
4. die Unterschrift der Personen zu Nummer 3 und die Bemerkung, dass nach Vorlesung oder Durchsicht und nach Genehmigung unterzeichnet worden sei,
5. die Unterschrift des Vollstreckungsbeamten oder der Vollstreckungsbeamtin.
(3) Konnte einem der Erfordernisse nach Absatz 2 Nr. 4 nicht genügt werden, so ist der Grund anzugeben.

### § 14 Aufforderungen und Mitteilungen der Vollstreckungsbeamten

¹Die Aufforderungen und die sonstigen Mitteilungen, die zu den Vollstreckungshandlungen gehören, sind von den Vollstreckungsbeamten den erschienenen Beteiligten mündlich bekannt zu geben und vollständig in die Niederschrift aufzunehmen. ²Soweit die Beteiligten nicht erschienen sind, werden

Aufforderungen und Mitteilungen durch Übersendung einer Abschrift der Niederschrift bekannt gegeben.

### § 15 Vollstreckung gegen Ehegatten oder eingetragene Lebenspartner
Für die Vollstreckung gegen Ehegatten oder, soweit die Bestimmungen bei eingetragenen Lebenspartnerschaften anwendbar sind, eingetragene Lebenspartner gelten die §§ 739, 740, 741, 743, 745 und 860 der Zivilprozessordnung entsprechend; in Fällen des § 744a der Zivilprozessordnung gelten die §§ 740, 741, 743 und 860 der Zivilprozessordnung entsprechend.

### § 16 Vollstreckung gegen Nießbraucher
Für die Vollstreckung in Gegenstände, die dem Nießbrauch an einem Vermögen unterliegen, gilt § 737 der Zivilprozessordnung entsprechend.

### § 17 Vollstreckung nach dem Tode der Vollstreckungsschuldner
(1) Eine Vollstreckung, die vor dem Tode der Vollstreckungsschuldner begonnen hat, kann in den Nachlass fortgesetzt werden.
(2) ¹Ist bei einer Vollstreckungshandlung die Hinzuziehung von Vollstreckungsschuldnern erforderlich, so hat, wenn die Erbschaft noch nicht angenommen worden ist oder wenn Erben unbekannt sind oder wenn es ungewiss ist, ob die Erbschaft angenommen ist, die Vollstreckungsbehörde den Erben einstweilige besondere Vertreter zu bestellen. ²Die Bestellung hat zu unterbleiben, wenn Nachlasspfleger bestellt worden sind oder die Verwaltung des Nachlasses Testamentsvollstreckern zusteht.

### § 18 Vollstreckung gegen Erben
(1) Für die Vollstreckung gegen Erben gelten die §§ 747, 748, 778, 781 bis 784 und 863 der Zivilprozessordnung entsprechend.
(2) ¹Einwendungen nach den §§ 781 bis 784 der Zivilprozessordnung können die Erben im Streitfall durch Klage gegen Vollstreckungsgläubiger vor dem ordentlichen Gericht, in dessen Bezirk vollstreckt wird, geltend machen. ²Das Gericht kann vorläufige Maßnahmen in entsprechender Anwendung der §§ 769 und 770 der Zivilprozessordnung treffen.

### § 19 Sonstige Fälle beschränkter Haftung
¹Auf die nach § 1489 des Bürgerlichen Gesetzbuches eintretende beschränkte Haftung sind die §§ 781 bis 784 der Zivilprozessordnung, auf die nach §§ 1480, 1504 und 2187 des Bürgerlichen Gesetzbuches eintretende beschränkte Haftung ist § 781 der Zivilprozessordnung entsprechend anzuwenden. ²§ 18 Abs. 2 gilt entsprechend.

### § 20 Vollstreckung gegen Personenvereinigungen
¹Für die Vollstreckung in das Vermögen nicht rechtsfähiger Personenvereinigungen genügt ein Leistungsbescheid gegen die Personenvereinigung oder eine Vollstreckungsurkunde gemäß § 2 Abs. 2, nach der die Personenvereinigung zahlungspflichtig ist. ²Entsprechendes gilt für Zweckvermögen und sonstige einer juristischen Person ähnliche Gebilde.

### § 21 Vollstreckung gegen juristische Personen des öffentlichen Rechts
(1) ¹Die Vollstreckung gegen juristische Personen des öffentlichen Rechts ist zulässig, soweit diese dadurch nicht an der Erfüllung ihrer öffentlichen Aufgaben gehindert werden. ²Der Vollstreckungsgläubiger hat seine Absicht, die Vollstreckung zu betreiben, der Aufsichtsbehörde der juristischen Person, gegen die sich die Vollstreckung richten soll, anzuzeigen, es sei denn, es handelt sich um die Verfolgung dinglicher Rechte. ³Die Vollstreckung darf erst einen Monat nach Zugang der Anzeige beginnen ⁴Die Vollstreckung ist unzulässig in Sachen, deren Veräußerung ein öffentliches Interesse entgegensteht.
(2) Für öffentlich-rechtliche Versicherungsunternehmen, die am Wettbewerb teilnehmen, und für öffentlich-rechtliche Bank- und Kreditinstitute einschließlich der Sparkassen gelten die Beschränkungen des Absatzes 1 nicht.

### § 21a Vermögensermittlung
(1) ¹Die Vollstreckungsbehörde kann zur Vorbereitung der Vollstreckung wegen einer Geldforderung die Vermögens- und Einkommensverhältnisse der Vollstreckungsschuldner ermitteln. ²Andere Personen als die Vollstreckungsschuldner sollen erst dann um Auskunft gebeten werden, wenn die Sachverhaltsaufklärung durch die Vollstreckungsschuldner nicht zum Ziel führt oder keinen Erfolg verspricht.

(2) Die Vollstreckungsbehörde darf ihr bekannte, nach § 30 der Abgabenordnung geschützte Daten, die sie bei der Vollstreckung wegen Steuern und steuerlicher Nebenleistungen verwenden darf, auch bei der Vollstreckung wegen anderer Geldleistungen als Steuern und steuerlicher Nebenleistungen verwenden.

### § 22 Vermögensauskunft gegenüber Gerichtsvollziehern
(1) Die Vollstreckungsschuldner sind verpflichtet, auf Verlangen der Vollstreckungsgläubiger oder der Vollstreckungsbehörde gegenüber Gerichtsvollziehern Auskunft über ihr Vermögen zu erteilen, wenn sie die Forderung nicht binnen zwei Wochen begleichen, nachdem sie die Vollstreckungsbehörde unter Hinweis auf die Verpflichtung zur Abgabe der Vermögensauskunft zur Zahlung aufgefordert hat.
(2) (weggefallen)
(3) Für das Verfahren gelten die §§ 802c bis 802j und § 807 der Zivilprozessordnung und die hierzu geltenden Kostenvorschriften entsprechend.

### § 22a Vermögensauskunft gegenüber der Vollstreckungsbehörde
(1) [1]Die Vollstreckungsbehörde kann, statt Auskunft nach § 22 Abs. 1 zu verlangen, fordern, dass die Vollstreckungsschuldner die Auskunft über ihr Vermögen gegenüber der Vollstreckungsbehörde erteilen. [2]§ 284 Abs. 1 bis 4 und Abs. 6 bis 11 der Abgabenordnung und § 1 Abs. 1 Satz 1 des Verwaltungsverfahrensgesetzes Sachsen-Anhalt in Verbindung mit § 27 Abs. 4 und 5 des Verwaltungsverfahrensgesetzes sowie § 24 Abs. 2 sind entsprechend anzuwenden.
(2) Zur Abnahme der Vermögensauskunft sind die in § 1 Abs. 1 Satz 1 des Verwaltungsverfahrensgesetzes Sachsen-Anhalt in Verbindung mit § 27 Abs. 2 des Verwaltungsverfahrensgesetzes bezeichneten Personen befugt.

### § 23 Einstellung der Vollstreckung und Aufhebung von Vollstreckungsmaßnahmen
(1) Die Vollstreckung ist einzustellen oder zu beschränken, wenn oder soweit
1. der Leistungsbescheid, aus dem vollstreckt wird, aufgehoben worden ist,
2. die Vollstreckung oder eine Vollstreckungsmaßnahme gerichtlich für unzulässig erklärt worden ist,
3. die Einstellung gerichtlich angeordnet worden ist,
4. der Anspruch auf die Leistung erloschen ist oder
5. die Leistung gestundet worden ist.

(2) [1]In den Fällen des Absatzes 1 Nrn. 1, 2 und 4 sind bereits getroffene Vollstreckungsmaßnahmen aufzuheben, sobald die Entscheidung unanfechtbar geworden oder die Leistungspflicht in voller Höhe erloschen ist. [2]Im Übrigen bleiben die Vollstreckungsmaßnahmen bestehen, soweit nicht ihre Aufhebung ausdrücklich angeordnet worden ist.
(3) Die Vollstreckungsbehörde ist in den Fällen der Vollstreckungshilfe und der Amtshilfe zur Einstellung, Beschränkung oder Aufhebung nur verpflichtet, wenn und soweit ihr Tatsachen nachgewiesen worden sind, aus denen sich die Pflicht dazu ergibt.
(4) [1]Die Vollstreckung einer Zahlungsaufforderung nach § 2 Abs. 2 Nr. 4 ist einzustellen, sobald Vollstreckungsschuldner bei der Vollstreckungsbehörde gegen die Forderung als solche schriftlich oder zur Niederschrift Einwendungen erheben. [2]Die Vollstreckungsschuldner sind hierüber zu belehren. [3]Bereits getroffene Vollstreckungsmaßnahmen sind unverzüglich aufzuheben, wenn
1. Gläubiger nicht binnen eines Monats nach Geltendmachung der Einwendungen wegen ihrer Ansprüche vor den ordentlichen Gerichten Klage erhoben oder den Erlass eines Mahnbescheides beantragt haben oder
2. Gläubiger mit der Klage rechtskräftig abgewiesen worden sind.

[4]Ist die Vollstreckung eingestellt worden, so kann sie nur nach Maßgabe der Zivilprozessordnung fortgesetzt werden.

### § 24 Vorläufiger Vollstreckungsschutz
(1) [1]Die Vollstreckungsbehörde kann die Vollstreckung bis zur Entscheidung von Vollstreckungsgläubigern ganz oder teilweise einstellen, wenn die Vollstreckung auch unter Berücksichtigung der öffentlichen Belange für die Vollstreckungsschuldner wegen besonderer Umstände eine unbillige Härte bedeuten würde. [2]Betrifft die Maßnahme ein Tier, so hat die Vollstreckungsbehörde bei ihrer Entscheidung auch die Verantwortung des Menschen für das Tier zu berücksichtigen.

(2) ¹Die Vollstreckungsbehörde kann, soweit die Vollstreckungsgläubiger dies nicht ausgeschlossen haben, während des Vollstreckungsverfahrens jederzeit den Vollstreckungsschuldnern eine Zahlungsfrist einräumen oder eine Tilgung durch nach Höhe und Zeitpunkt festzusetzende Teilleistungen (Zahlungsplan) gestatten, wenn die Vollstreckungsschuldner glaubhaft darlegen, die Zahlungen erbringen zu können. ²Die Tilgung soll binnen zwölf Monaten abgeschlossen sein. ³Soweit ein Zahlungsplan festgesetzt wird, ist die Vollstreckung einstweilig einzustellen.

(3) ¹Die Vollstreckungsbehörde unterrichtet die Vollstreckungsgläubiger unverzüglich über den Zahlungsplan und die einstweilige Einstellung der Vollstreckung. ²Widersprechen Vollstreckungsgläubiger unverzüglich, so wird der Zahlungsplan mit der Unterrichtung der Vollstreckungsschuldner hinfällig; zugleich endet die einstweilige Einstellung der Vollstreckung. ³Dieselben Wirkungen treten ein, wenn Vollstreckungsschuldner mit einer festgesetzten Zahlung ganz oder teilweise länger als zwei Wochen in Rückstand geraten.

### § 25 Erteilung von Urkunden
Bedürfen die Vollstreckungsgläubiger zum Zwecke der Vollstreckung eines Erbscheins oder einer anderen Urkunde, die Vollstreckungsschuldnern auf Antrag von Behörden, Beamten oder Notaren zu erteilen ist, so können sie die Erteilung an Stelle der Vollstreckungsschuldner verlangen.

### § 26 Rechte Dritter
¹Behaupten Dritte, dass ihnen an dem Gegenstand der Vollstreckung ein die Veräußerung hinderndes Recht zustehe, so ist § 771 der Zivilprozessordnung entsprechend anzuwenden. ²Entsprechendes gilt in den Fällen der §§ 772 bis 774 der Zivilprozessordnung. ³Für die Klage ist das ordentliche Gericht ausschließlich zuständig, in dessen Bezirk vollstreckt worden ist.

*Abschnitt 2*
**Vollstreckung in das bewegliche Vermögen**

*Unterabschnitt 1*
**Allgemeine Vorschriften**

### § 27 Pfändung
(1) Die Vollstreckung in das bewegliche Vermögen erfolgt durch Pfändung.
(2) Die Pfändung darf nicht weiter ausgedehnt werden, als es zur Deckung der beizutreibenden Geldbeträge und der Kosten der Vollstreckung erforderlich ist.
(3) Die Pfändung unterbleibt, wenn die Verwertung der pfändbaren Gegenstände einen Überschuss über die Kosten der Vollstreckung nicht erwarten lässt.

### § 28 Wirkung der Pfändung
(1) Durch die Pfändung erwerben die Vollstreckungsgläubiger ein Pfandrecht an den gepfändeten Gegenständen.
(2) Das Pfandrecht gewährt den Vollstreckungsgläubigern im Verhältnis zu anderen Gläubigern dieselben Rechte wie ein Pfandrecht im Sinne des Bürgerlichen Gesetzbuches; es geht Pfand- und Vorzugsrechten vor, die im Insolvenzverfahren diesem Pfandrecht nicht gleichgestellt sind.
(3) Das durch eine frühere Pfändung begründete Pfandrecht geht demjenigen vor, das durch eine spätere Pfändung begründet wird.

### § 29 Pfand- und Vorzugsrechte Dritter
¹Machen Dritte ein Pfand- oder Vorzugsrecht an einer gepfändeten Sache geltend, ohne in deren Besitz zu sein, so ist § 805 der Zivilprozessordnung entsprechend anzuwenden. ²Für die Klage ist das ordentliche Gericht ausschließlich zuständig, in dessen Bezirk gepfändet worden ist.

### § 30 Ausschluss von Gewährleistungsansprüchen
Wird ein Gegenstand aufgrund der Pfändung veräußert, so steht Erwerbern wegen eines Mangels im Recht oder wegen eines Mangels der veräußerten Sache ein Anspruch auf Gewährleistung nicht zu.

*Unterabschnitt 2*
**Vollstreckung in Sachen**

**§ 31 Verfahren bei der Pfändung**
(1) Sachen, die im Gewahrsam von Vollstreckungsschuldnern sind, pfänden Vollstreckungsbeamte dadurch, dass sie diese in Besitz nehmen.
(2) [1]Andere Sachen als Geld, Kostbarkeiten und Wertpapiere sind im Gewahrsam der Vollstreckungsschuldner zu lassen, wenn die Befriedigung hierdurch nicht gefährdet wird. [2]Bleiben die Sachen im Gewahrsam der Vollstreckungsschuldner, so ist die Pfändung nur wirksam, wenn sie durch Anlegung von Siegeln oder in sonstiger Weise ersichtlich gemacht ist.
(3) Die Vollstreckungsbeamten haben den Vollstreckungsschuldnern die Pfändung mitzuteilen.
(4) Diese Vorschriften gelten auch für die Pfändung von Sachen im Gewahrsam von Dritten, die zu ihrer Herausgabe bereit sind.
(5) [1]Die §§ 811 bis 813 Abs. 1 bis 3 der Zivilprozessordnung gelten entsprechend. [2]Die Vollstreckungsbeamten können vorläufigen Vollstreckungsschutz gewähren.

**§ 32 Ungetrennte Früchte**
(1) [1]Früchte, die vom Boden noch nicht getrennt sind, können gepfändet werden, solange sie nicht durch Vollstreckung in das unbewegliche Vermögen in Beschlag genommen worden sind. [2]Sie dürfen nicht früher als einen Monat vor der gewöhnlichen Zeit der Reife gepfändet werden.
(2) Die Gläubiger, die ein Recht auf Befriedigung aus dem Grundstück haben, können der Pfändung nach § 26 widersprechen, wenn nicht für einen Anspruch gepfändet ist, der bei der Vollstreckung in das Grundstück vorgeht.

**§ 33 Anschlusspfändung**
(1) [1]Zur Pfändung bereits gepfändeter Sachen genügt die in die Niederschrift aufzunehmende Erklärung von Vollstreckungsbeamten, dass die Sache für die zu bezeichnende Forderung gepfändet wird. [2]Den Vollstreckungsschuldnern ist die weitere Pfändung mitzuteilen.
(2) [1]Sind die ersten Pfändungen durch Vollstreckungsbeamte anderer Vollstreckungsbehörden oder Gerichtsvollzieher erfolgt, so ist diesen eine Abschrift der Niederschrift zu übersenden. [2]Die gleiche Pflicht haben Gerichtsvollzieher, die eine Sache pfänden, die bereits im Auftrag einer Vollstreckungsbehörde gepfändet ist.

**§ 34 Verwertung durch Versteigerung, Zahlungswirkung der Geldpfändung**
(1) [1]Die gepfändeten Sachen sind auf schriftliche Anordnung der Vollstreckungsbehörde durch Vollstreckungsbeamte öffentlich zu versteigern. [2]Die öffentliche Versteigerung kann über die Versteigerung vor Ort oder die Versteigerung im Internet erfolgen. [3]Kostbarkeiten sind vor der Versteigerung durch Sachverständige abzuschätzen.
(1a) [1]Die Landesregierung wird ermächtigt, durch Verordnung nähere Bestimmungen zur Versteigerung im Internet zu treffen über
1. die Versteigerungsplattform,
2. den Zeitpunkt der Inbetriebnahme der Versteigerungsplattform,
3. die Zulassung zur und den Ausschluss von der Teilnahme an der Versteigerung,
4. Beginn, Ende und Abbruch der Versteigerung,
5. die Versteigerungsbedingungen und die sonstigen rechtlichen Folgen der Versteigerung einschließlich der Belehrung über den Gewährleistungsausschluss nach § 30,
6. die Anonymisierung der Angaben zur Person von Vollstreckungsschuldnern vor ihrer Veröffentlichung und die Möglichkeit der Anonymisierung der Daten der bietenden Personen und
7. das sonstige Verfahren.
[2]Soweit die Zulassung zur oder der Ausschluss von der Teilnahme an der Versteigerung nach Satz 1 Nr. 1 einen Identitätsnachweis natürlicher Personen vorsieht, soll die Nutzung des elektronischen Identitätsnachweises nach § 18 des Personalausweisgesetzes ermöglicht werden.
(2) Bei Pfändung von Geld gilt die Wegnahme als Zahlung der Vollstreckungsschuldner.

**§ 35 Versteigerungstermin**
(1) Die gepfändeten Sachen dürfen nicht vor Ablauf einer Woche seit dem Tag der Pfändung versteigert werden, sofern sich nicht die Vollstreckungsschuldner mit einer früheren Versteigerung einverstanden

erklären oder diese erforderlich ist, um die Gefahr einer beträchtlichen Wertverringerung abzuwenden oder unverhältnismäßige Kosten längerer Aufbewahrung zu vermeiden.
(2) ¹Zeit und Ort der Versteigerung sind öffentlich bekannt zu machen; dabei sind die Sachen, die versteigert werden sollen, allgemein zu bezeichnen. ²Auf Ersuchen der Vollstreckungsbehörde hat eine bedienstete Person der Gemeinde oder der Verbandsgemeinde bei der Versteigerung anwesend zu sein. ³Die Sätze 1 und 2 gelten nicht für eine Versteigerung im Internet.
(3) ¹Die Vollstreckungsgläubiger und die Eigentümer dürfen bei der Versteigerung mitbieten. ²Das Gebot der Eigentümer darf zurückgewiesen werden, wenn der Betrag nicht bar hinterlegt wird; das Gleiche gilt für das Gebot der Vollstreckungsschuldner, wenn das Pfand für eine fremde Schuld haftet.

### § 36 Zuschlag

(1) ¹Bei der Versteigerung vor Ort soll dem Zuschlag an die meistbietende Person ein dreimaliger Aufruf vorausgehen. ²Bei einer Versteigerung im Internet ist der Zuschlag der Person erteilt, die am Ende der Versteigerung das höchste Gebot abgegeben hat. ³Das Gebot nach Satz 2 muss wenigstens das Mindestgebot nach § 37 erreicht haben. ⁴Die Person ist von dem Zuschlag nach Satz 2 zu benachrichtigen. ⁵ § 156 des Bürgerlichen Gesetzbuchs gilt entsprechend.
(2) ¹Die Aushändigung einer zugeschlagenen Sache darf nur gegen bare Zahlung geschehen. ²Der Barzahlung steht die Gutschrift auf dem Konto der Vollstreckungsbehörde gleich. ³Wird die zugeschlagene Sache auf Wunsch den Erstehern übersandt, so gilt die Aushändigung mit der Übergabe an die zur Ausführung der Versendung bestimmte Person als bewirkt.
(3) ¹Hat die meistbietende Person nicht zu der in den Versteigerungsbedingungen bestimmten Zeit oder in Ermangelung einer solchen Bestimmung nicht vor dem Schluss des Versteigerungstermins die Aushändigung gegen Zahlung des Kaufgeldes verlangt, so wird die Sache anderweitig versteigert. ²Die meistbietende Person wird zu einem weiteren Gebot nicht zugelassen; sie haftet für den Ausfall, auf den Mehrerlös hat sie keinen Anspruch.
(4) ¹Wird der Zuschlag Vollstreckungsgläubigern erteilt, so sind diese von der Verpflichtung zur baren Zahlung soweit befreit, als der Erlös nach Abzug der Kosten der Vollstreckung zu ihrer Befriedigung zu verwenden ist. ²Soweit Vollstreckungsgläubiger von der Verpflichtung zur baren Zahlung befreit sind, gilt der Betrag als von den Vollstreckungsschuldnern an die Vollstreckungsgläubiger gezahlt.

### § 37 Mindestgebot

(1) ¹Der Zuschlag darf nur auf ein Gebot erteilt werden, das mindestens die Hälfte des gewöhnlichen Verkaufswertes der Sache erreicht (Mindestgebot). ²Der gewöhnliche Verkaufswert und das Mindestgebot sollen bei dem Ausbieten bekanntgegeben werden.
(2) ¹Wird der Zuschlag nicht erteilt, weil ein das Mindestgebot erreichendes Gebot nicht abgegeben worden ist, so bleibt das Pfandrecht bestehen. ²Die Vollstreckungsbehörde kann jederzeit einen neuen Versteigerungstermin bestimmen oder eine anderweitige Verwertung der gepfändeten Sachen nach § 42 anordnen. ³Wird die anderweitige Verwertung angeordnet, so gilt Absatz 1 entsprechend.
(3) ¹Gold- und Silbersachen dürfen auch nicht unter ihrem Gold- oder Silberwert zugeschlagen werden. ²Wird ein den Zuschlag gestattendes Gebot nicht abgegeben, so können die Sachen auf Anordnung der Vollstreckungsbehörde aus freier Hand verkauft werden. ³Der Verkaufspreis darf den Gold- oder Silberwert und die Hälfte des gewöhnlichen Verkaufswertes nicht unterschreiten.

### § 38 Einstellung der Versteigerung

(1) Die Versteigerung wird eingestellt, sobald der Erlös zur Deckung der beizutreibenden Beträge einschließlich der Kosten der Vollstreckung ausreicht.
(2) ¹Soweit Vollstreckungsbeamte den Erlös in Empfang nehmen, gilt dies als Zahlung der Vollstreckungsschuldner, es sei denn, dass der Erlös gemäß § 44 Abs. 4 hinterlegt wird. ²Als Zahlung im Sinne von Satz 1 gilt bei einer Versteigerung im Internet auch der Eingang des Erlöses auf dem Konto der Vollstreckungsbehörde.

### § 39 Wertpapiere

Gepfändete Wertpapiere, die einen Börsen- oder Marktpreis haben, sind aus freier Hand zum Tageskurs zu verkaufen; andere Wertpapiere sind nach den allgemeinen Vorschriften zu versteigern.

### § 40 Namenspapiere
Lautet ein gepfändetes Wertpapier auf einen Namen, so ist die Vollstreckungsbehörde berechtigt, die Umschreibung auf den Namen der Käufer oder, wenn es sich um ein auf einen Namen umgeschriebenes Inhaberpapier handelt, die Rückverwandlung in ein Inhaberpapier zu erwirken und die hierzu erforderlichen Erklärungen an Stelle der Vollstreckungsschuldner abzugeben.

### § 41 Versteigerung ungetrennter Früchte
[1]Gepfändete Früchte, die vom Boden nicht getrennt sind, dürfen erst nach der Reife versteigert werden. [2]Vollstreckungsbeamte haben die Früchte abernten zu lassen, wenn diese nicht vor der Trennung versteigert werden.

### § 42 Besondere Verwertung
[1]Auf Antrag der Vollstreckungsschuldner oder aus besonderen Zweckmäßigkeitsgründen kann die Vollstreckungsbehörde anordnen, dass eine gepfändete Sache in anderer Weise, als in den vorstehenden Paragraphen bestimmt ist, zu verwerten oder durch eine andere Person als Vollstreckungsbeamte zu versteigern sei. [2]Die Vollstreckungsschuldner sollen rechtzeitig davon unterrichtet werden.

### § 43 Vollstreckung in Ersatzteile von Luftfahrzeugen
(1) Für die Vollstreckung in Ersatzteile, auf die sich ein Registerpfandrecht an einem Luftfahrzeug nach § 71 des Gesetzes über Rechte an Luftfahrzeugen erstreckt, gilt § 100 des Gesetzes über Rechte an Luftfahrzeugen; an die Stelle von Gerichtsvollziehern treten Vollstreckungsbeamte.
(2) Absatz 1 gilt für die Vollstreckung in Ersatzteile, auf die sich das Recht an einem ausländischen Luftfahrzeug erstreckt, mit der Maßgabe, dass die Vorschriften des § 106 Abs. 1 Nr. 2 und Abs. 4 des Gesetzes über Rechte an Luftfahrzeugen zu berücksichtigen sind.

### § 44 Verwertung bei mehrfacher Pfändung
(1) Wird dieselbe Sache mehrfach durch Vollstreckungsbeamte oder durch Vollstreckungsbeamte und Gerichtsvollzieher gepfändet, so begründet ausschließlich die erste Pfändung die Zuständigkeit zur Verwertung.
(2) Betreiben Gläubiger die Verwertung, so wird für alle beteiligten Gläubiger verwertet.
(3) Der Erlös wird nach der Reihenfolge der Pfändungen oder nach abweichender Vereinbarung der beteiligten Gläubiger verteilt.
(4) [1]Reicht der Erlös zur Deckung der Forderungen nicht aus und verlangen Gläubiger, für die die zweite oder eine spätere Pfändung erfolgt ist, ohne Zustimmung der übrigen beteiligten Gläubiger eine andere Verteilung als nach der Reihenfolge der Pfändungen, so ist die Sachlage unter Hinterlegung des Erlöses dem Amtsgericht, in dessen Bezirk gepfändet ist, anzuzeigen. [2]Der Anzeige sind die Schriftstücke, die sich auf das Verfahren beziehen, beizufügen. [3]Für das Verteilungsverfahren gelten die §§ 873 bis 882 der Zivilprozessordnung entsprechend.
(5) Wird für verschiedene Gläubiger gleichzeitig gepfändet, so finden die Vorschriften der Absätze 2 bis 4 mit der Maßgabe Anwendung, dass der Erlös nach dem Verhältnis der Forderungen verteilt wird.

*Unterabschnitt 3*
**Vollstreckung in Forderungen und andere Vermögensrechte**

### § 45 Pfändung einer Geldforderung
(1) [1]Soll eine Geldforderung gepfändet werden, so hat die Vollstreckungsbehörde den Drittschuldnern schriftlich zu verbieten, an die Vollstreckungsschuldner zu zahlen, und den Vollstreckungsschuldnern schriftlich zu gebieten, sich jeder Verfügung über die Forderung, insbesondere ihrer Einziehung, zu enthalten (Pfändungsverfügung). [2]Der Erlass einer Pfändungsverfügung in elektronischer Form ist ausgeschlossen.
(2) [1]Die Pfändung ist bewirkt, wenn die Pfändungsverfügung den Drittschuldnern zugestellt ist. [2]Die an die Drittschuldner zuzustellenden Pfändungsverfügungen bezeichnen den beizutreibenden Geldbetrag ohne Angabe des Schuldgrundes. [3]Die Zustellung ist den Vollstreckungsschuldnern mitzuteilen.
(2a) [1]Bei der Pfändung des Guthabens eines Kontos der Vollstreckungsschuldner bei einem Kreditinstitut gelten die §§ 833a und 850l der Zivilprozessordnung entsprechend. [2]Abweichend von § 77 sind Anträge nach § 850l der Zivilprozessordnung bei dem nach § 828 Abs. 2 der Zivilprozessordnung zuständigen Vollstreckungsgericht zu stellen.

(3) Die Vollstreckungsbehörden können im gesamten Landesgebiet Pfändungsverfügungen ohne Rücksicht auf den Wohnsitz, Sitz oder gewöhnlichen Aufenthaltsort der Vollstreckungsschuldner und Drittschuldner selbst erlassen und ihre Zustellung selbst bewirken.
(4) Absatz 3 gilt entsprechend, wenn
1. die Vollstreckungsbehörden ihren Sitz außerhalb des Landes, jedoch innerhalb der Bundesrepublik Deutschland haben oder
2. die Vollstreckungsschuldner oder die Drittschuldner außerhalb des Landes, jedoch innerhalb der Bundesrepublik Deutschland ihren Wohnsitz, Sitz oder gewöhnlichen Aufenthaltsort haben und das dort geltende Recht die Vollstreckung zulässt.

### § 46 Pfändung einer durch Hypothek gesicherten Forderung
(1) ¹Zur Pfändung einer Forderung, für die eine Hypothek besteht, ist außer der Pfändungsverfügung die Aushändigung des Hypothekenbriefes an die Vollstreckungsbehörde erforderlich. ²Die Übergabe gilt als erfolgt, wenn Vollstreckungsbeamte den Brief wegnehmen. ³Ist die Erteilung des Hypothekenbriefes ausgeschlossen, so muss die Pfändung in das Grundbuch eingetragen werden; die Eintragung erfolgt auf Grund der Pfändungsverfügung auf Ersuchen der Vollstreckungsbehörde.
(2) Wird die Pfändungsverfügung vor der Übergabe des Hypothekenbriefes oder der Eintragung der Pfändung den Drittschuldnern zugestellt, so gilt die Pfändung diesen gegenüber mit der Zustellung als bewirkt.
(3) ¹Diese Vorschriften gelten nicht, soweit Ansprüche auf die in § 1159 des Bürgerlichen Gesetzbuches bezeichneten Leistungen gepfändet werden. ²Das Gleiche gilt bei einer Sicherungshypothek im Fall des § 1187 des Bürgerlichen Gesetzbuches von der Pfändung der Hauptforderung.

### § 47 Pfändung einer durch Schiffshypothek oder Registerpfandrecht an einem Luftfahrzeug gesicherten Forderung
(1) Die Pfändung einer Forderung, für die eine Schiffshypothek besteht, bedarf der Eintragung in das Schiffsregister oder das Schiffsbauregister.
(2) Die Pfändung einer Forderung, für die ein Registerpfandrecht an einem Luftfahrzeug besteht, bedarf der Eintragung in das Register für Pfandrechte an Luftfahrzeugen.
(3) ¹Die Pfändung nach den Absätzen 1 und 2 wird aufgrund der Pfändungsverfügung auf Ersuchen der Vollstreckungsbehörde eingetragen. ²§ 46 Abs. 2 gilt entsprechend.
(4) ¹Die Absätze 1 bis 3 sind nicht anzuwenden, soweit es sich um die Pfändung der Ansprüche auf die in § 53 des Gesetzes über Rechte an eingetragenen Schiffen und Schiffsbauwerken und auf die in § 53 des Gesetzes über Rechte an Luftfahrzeugen bezeichneten Leistungen handelt. ²Das Gleiche gilt, wenn bei einer Schiffshypothek für eine Forderung aus einer Schuldverschreibung auf die Inhaber, aus einem Wechsel oder aus einem anderen durch Indossament übertragbaren Papier die Hauptforderung gepfändet ist.
(5) Für die Pfändung von Forderungen, für die ein Recht an einem ausländischen Luftfahrzeug besteht, gilt § 106 Abs. 1 Nr. 3 und Abs. 5 des Gesetzes über Rechte an Luftfahrzeugen.

### § 48 Pfändung einer Forderung aus indossablen Papieren
Forderungen aus Wechseln und anderen Papieren, die durch Indossament übertragen werden können, werden dadurch gepfändet, dass Vollstreckungsbeamte die Papiere in Besitz nehmen.

### § 49 Pfändung fortlaufender Bezüge
(1) ¹Das Pfandrecht, das durch die Pfändung von Gehaltsforderungen oder ähnlichen in fortlaufenden Bezügen bestehenden Forderungen erworben wird, erstreckt sich auch auf die Beträge, die später fällig werden. ²Die Pfändung von Diensteinkommen trifft auch die Einkommen, die Vollstreckungsschuldner bei Versetzung in ein anderes Amt, Übertragung eines neuen Amts oder einer Gehaltserhöhung zu beziehen haben. ³Dies gilt nicht bei Dienstherrenwechsel.
(1a) Endet das Arbeits- oder Dienstverhältnis und begründen die Vollstreckungsschuldner und die Drittschuldner innerhalb von neun Monaten ein solches neu, so erstreckt sich die Pfändung auf die Forderung aus dem neuen Arbeits- oder Dienstverhältnis.
(2) ¹Sind nach dem Leistungsbescheid oder der Vollstreckungsurkunde gemäß §·2 Abs. 2 wiederkehrende Leistungen zu erbringen, so kann eine Forderung im Sinne des Absatzes·1 zugleich mit der Pfändung wegen einer vollstreckbaren Leistung auch wegen fällig gewordener und künftig fällig werdender Leistungen gepfändet werden, soweit Tatsachen die Annahme rechtfertigen, dass auch künftig

nicht freiwillig gezahlt werden wird. ²Insoweit bedarf die Pfändung keiner vorausgehenden Mahnung.
³Bei künftig fällig werdenden Leistungen wird die Pfändung jeweils erst am Tage nach der Fälligkeit der Leistungen wirksam.

### § 50 Einziehungsverfügung

(1) ¹Die Vollstreckungsbehörde überweist den Vollstreckungsgläubigern die gepfändete Forderung zur Einziehung. ²§ 45 Abs. 1 Satz 2, Abs. 2, 3 und 4 gilt entsprechend.
(2) Die Einziehungsverfügung kann mit der Pfändungsverfügung verbunden werden.
(3) ¹Wird ein bei einem Kreditinstitut gepfändetes Guthaben natürlicher Personen, die Vollstreckungsschuldner sind, Vollstreckungsgläubigern überwiesen, so darf erst vier Wochen nach der Zustellung der Einziehungsverfügung an die Drittschuldner aus dem Guthaben an die Vollstreckungsgläubiger geleistet oder der Betrag hinterlegt werden. ²Wird künftiges Guthaben gepfändet, so gilt § 835 Abs. 3 Satz 2 Halbsatz 2 und Abs. 4 der Zivilprozessordnung entsprechend.
(4) Absatz 3 Satz 1 gilt entsprechend, wenn den Vollstreckungsgläubigern Vergütungen natürlicher Personen, die Vollstreckungsschuldner sind, für persönlich geleistete Arbeiten oder Dienste oder sonstige Einkünfte überwiesen werden, die nicht wiederkehrend zahlbar und kein Arbeitseinkommen sind.

### § 51 Wirkung der Einziehungsverfügung

(1) ¹Die Einziehungsverfügung ersetzt die förmlichen Erklärungen der Vollstreckungsschuldner, von denen nach bürgerlichem Recht die Berechtigung zur Einziehung abhängt. ²Dies gilt auch bei einer Forderung, für die eine Hypothek, eine Schiffshypothek oder ein Registerpfandrecht an einem Luftfahrzeug besteht. ³Zugunsten der Drittschuldner gilt eine zu Unrecht ergangene Einziehungsverfügung den Vollstreckungsschuldnern gegenüber so lange als rechtmäßig, bis sie aufgehoben ist und die Drittschuldner hiervon erfahren.
(2) ¹Die Vollstreckungsschuldner sind verpflichtet, die zur Geltendmachung der Forderung nötige Auskunft zu erteilen. ²Erteilen die Vollstreckungsschuldner die Auskunft nicht, so sind sie auf Antrag der Vollstreckungsbehörde verpflichtet, gegenüber den Gerichtsvollziehern die Auskunft zu Protokoll zu geben und die Angaben an Eides statt zu versichern. ³Die §§ 802c bis 802j und § 807 der Zivilprozessordnung und die hierzu geltenden Kostenvorschriften gelten entsprechend.
(3) ¹Die Vollstreckungsschuldner sind verpflichtet, die über die Forderung vorhandenen Urkunden herauszugeben. ²Die Vollstreckungsbehörde kann die Urkunden durch Vollstreckungsbeamte wegnehmen lassen oder ihre Herausgabe durch Zwangsgeld erzwingen. ³Werden die Urkunden nicht vorgefunden, so haben die Vollstreckungsschuldner auf Antrag der Vollstreckungsgläubiger oder der Vollstreckungsbehörde gegenüber Gerichtsvollziehern zu Protokoll an Eides statt zu versichern, dass sie die Urkunden nicht besitzen und auch nicht wissen, wo sie sich befinden. ⁴Das Gericht kann beschließen, dass die eidesstattliche Versicherung in einer von Satz 3 abweichenden, der Sachlage entsprechenden Fassung abgegeben werden darf. ⁵Die §§ 802c bis 802j und § 807 der Zivilprozessordnung und die hierzu geltenden Kostenvorschriften gelten entsprechend.
(4) Haben Dritte die Urkunden, so können Vollstreckungsgläubiger oder Vollstreckungsbehörden auch den Anspruch der Vollstreckungsschuldner auf Herausgabe geltend machen.
(5) Die Vollstreckungsbehörde kann die eidesstattliche Versicherung nach Absatz 2 Satz 2 und Absatz 3 Satz 3 nach Maßgabe des § 22a selbst abnehmen und sie entsprechend Absatz 3 Satz 4 ändern.

### § 52 Erklärungspflicht der Drittschuldner

(1) ¹Auf Verlangen der Vollstreckungsbehörde haben ihr die Drittschuldner binnen zwei Wochen, von der Zustellung der Pfändungsverfügung an gerechnet, schriftlich zu erklären,
1. ob und inwieweit sie die Forderung als begründet anerkennen und bereit seien zu zahlen,
2. ob und welche Ansprüche andere Personen an die Forderung erheben und
3. ob und wegen welcher Ansprüche die Forderung bereits für andere Gläubiger gepfändet sei.
²Wird ein Kontoguthaben gepfändet, so ist in die Erklärung nach Satz 1 auch aufzunehmen,
1. ob innerhalb der letzten zwölf Monate im Hinblick auf dieses Konto gemäß oder entsprechend § 850l der Zivilprozessordnung die Unpfändbarkeit des Guthabens angeordnet worden ist und
2. ob es sich bei diesem Konto um ein Pfändungsschutzkonto im Sinne von § 850k Abs. 7 der Zivilprozessordnung handelt.
³Die Erklärung der Drittschuldner nach Satz 1 Nr. 1 gilt nicht als Schuldanerkenntnis.

(2) ¹Die Aufforderung zur Abgabe dieser Erklärung muss in die Pfändungsverfügung aufgenommen werden. ²Die Drittschuldner haften den Vollstreckungsgläubigern für den Schaden, der aus der Nichterfüllung ihrer Verpflichtung entsteht. ³Sie können zur Abgabe der Erklärung durch Zwangsgeld angehalten werden; die Ersatzzwangshaft ist nicht zulässig. ⁴Das einzelne Zwangsgeld darf 2500 Euro nicht übersteigen.
(3) Die §§ 841 bis 843 der Zivilprozessordnung gelten entsprechend.

### § 53 Andere Art der Verwertung

¹Ist die gepfändete Forderung bedingt oder betagt oder ihre Einziehung schwierig, so kann die Vollstreckungsbehörde anordnen, dass sie in anderer Weise zu verwerten ist; § 51 Abs. 1 gilt entsprechend. ²Die Vollstreckungsschuldner sind vorher zu hören, sofern nicht eine Bekanntgabe der Anordnung nach Satz 1 außerhalb der Bundesrepublik Deutschland oder eine öffentliche Bekanntmachung erforderlich ist.

### § 54 Ansprüche auf Herausgabe oder Leistung von Sachen

(1) Für die Vollstreckung in Ansprüche auf Herausgabe oder Leistung von Sachen gelten außer den §§ 45 bis 53 die nachstehenden Vorschriften.
(2) ¹Bei der Pfändung eines Anspruchs, der eine bewegliche Sache betrifft, ordnet die Vollstreckungsbehörde an, dass die Sache an Vollstreckungsbeamte herauszugeben sei. ²Die Sache wird wie eine gepfändete Sache verwertet.
(3) ¹Bei Pfändung eines Anspruchs, der eine unbewegliche Sache betrifft, ordnet die Vollstreckungsbehörde an, dass die Sache an Treuhänder herauszugeben sei. ²Die Treuhänder werden vom Amtsgericht der belegenen Sache auf Antrag der Vollstreckungsbehörde bestellt. ³Ist der Anspruch auf Übertragung des Eigentums gerichtet, so hat die Auflassung an die Treuhänder als Vertreter der Vollstreckungsschuldner zu erfolgen. ⁴Mit dem Übergang des Eigentums auf die Vollstreckungsschuldner erlangen die Vollstreckungsgläubiger eine Sicherungshypothek für die Forderung. ⁵Die Treuhänder haben die Eintragung der Sicherungshypothek zu bewilligen. ⁶Die Vollstreckung in die herausgegebene Sache wird nach den Vorschriften über die Vollstreckung in unbewegliche Sachen bewirkt.
(4) Absatz 3 gilt entsprechend, wenn der Anspruch ein im Schiffsregister eingetragenes Schiff, ein Schiffsbauwerk oder Schwimmdock, das im Schiffsbauregister eingetragen ist oder in dieses Register eingetragen werden kann, oder ein Luftfahrzeug betrifft, das in der Luftfahrzeugrolle eingetragen ist oder nach Löschung in der Luftfahrzeugrolle noch in dem Register für Pfandrechte an Luftfahrzeugen eingetragen ist.

### § 55 Unpfändbarkeit von Forderungen

¹Die §§ 850 bis 852 der Zivilprozessordnung gelten entsprechend. ²Wird die Vollstreckung wegen eines Zwangsgeldes, eines Bußgeldes, eines Ordnungsgeldes oder wegen einer Forderung aufgrund der für die Einweisung in eine Unterkunft wegen Obdachlosigkeit gezahlten Nutzungsentschädigung betrieben, so kann die Vollstreckungsbehörde den pfändbaren Teil des Arbeitseinkommens ohne Rücksicht auf die in § 850c der Zivilprozessordnung vorgesehene Beschränkung bestimmen; den Vollstreckungsschuldnern ist jedoch so viel zu belassen, wie sie für ihren notwendigen Unterhalt und zur Erfüllung ihrer laufenden gesetzlichen Unterhaltspflichten bedürfen. ³Bei Pfändungsschutzkonten, die nach § 850k Abs. 7 der Zivilprozessordnung eingerichtet werden, kann die Vollstreckungsbehörde wegen Forderungen nach Satz 2 abweichende pfändungsfreie Beträge festsetzen.

### § 56 Mehrfache Pfändung einer Forderung

(1) Ist eine Forderung durch mehrere Vollstreckungsbehörden oder durch eine Vollstreckungsbehörde und ein Gericht gepfändet, so sind die §§ 853 bis 856 der Zivilprozessordnung und § 99 Abs. 1 Satz 1 des Gesetzes über die Rechte an Luftfahrzeugen entsprechend anzuwenden.
(2) Fehlt es an einem Amtsgericht, das nach den §§ 853 und 854 der Zivilprozessordnung zuständig wäre, so ist bei dem Amtsgericht zu hinterlegen, in dessen Bezirk die Vollstreckungsbehörde ihren Sitz hat, deren Pfändungsverfügung Drittschuldnern zuerst zugestellt worden ist.

### § 57 Vollstreckung in andere Vermögensrechte

(1) Für die Vollstreckung in andere Vermögensrechte, die nicht Gegenstand der Vollstreckung in das unbewegliche Vermögen sind, gelten die vorstehenden Vorschriften entsprechend.

(2) Sind keine Drittschuldner vorhanden, so ist die Pfändung bewirkt, wenn Vollstreckungsschuldnern das Gebot, sich jeder Verfügung über das Recht zu enthalten, zugestellt ist.
(3) Ein unveräußerliches Recht ist, wenn nichts anderes bestimmt ist, insoweit pfändbar, als die Ausübung anderen überlassen werden kann.
(4) Die Vollstreckungsbehörde kann bei der Vollstreckung in unveräußerliche Rechte, deren Ausübung anderen überlassen werden kann, besondere Anordnungen erlassen, insbesondere bei der Vollstreckung in Nutzungsrechte eine Verwaltung anordnen; in diesem Fall wird die Pfändung durch Übergabe der zu benutzenden Sache an Verwalter bewirkt, sofern sie nicht durch Zustellung der Pfändungsverfügung schon vorher bewirkt ist.
(5) Ist die Veräußerung des Rechts zulässig, so kann die Vollstreckungsbehörde die Veräußerung anordnen.
(6) Für die Vollstreckung in eine Reallast, eine Grundschuld oder eine Rentenschuld gelten die Vorschriften über die Vollstreckung in eine Forderung, für die eine Hypothek besteht.
(7) Die §§ 858 bis 860 und 863 der Zivilprozessordnung gelten sinngemäß.

*Abschnitt 3*
**Vollstreckung in das unbewegliche Vermögen**

### § 58 Verfahren

(1) [1]Der Vollstreckung in das unbewegliche Vermögen unterliegen außer den Grundstücken die Berechtigungen, für welche die sich auf Grundstücke beziehenden Vorschriften gelten, die im Schiffsregister eingetragenen Schiffe, die Schiffsbauwerke und Schwimmdocks, die im Schiffsbauregister eingetragen sind oder in dieses Register eingetragen werden können, sowie die Luftfahrzeuge, die in der Luftfahrzeugrolle eingetragen sind oder nach Löschung in der Luftfahrzeugrolle noch in dem Register für Pfandrechte an Luftfahrzeugen eingetragen sind. [2]Auf die Vollstreckung sind die für die gerichtliche Zwangsvollstreckung geltenden Vorschriften, namentlich die §§ 864 bis 871 der Zivilprozessordnung und das Gesetz über die Zwangsversteigerung und die Zwangsverwaltung anzuwenden. [3]Bei Stundung und Aussetzung der Vollziehung geht eine im Wege der Vollstreckung eingetragene Sicherungshypothek jedoch nur dann nach § 868 der Zivilprozessordnung auf Eigentümer über und erlischt eine Schiffshypothek oder ein Registerpfandrecht an einem Luftfahrzeug jedoch nur dann nach § 870a Abs. 3 der Zivilprozessordnung sowie § 99 Abs. 1 des Gesetzes über Rechte an Luftfahrzeugen, wenn zugleich die Aufhebung der Vollstreckungsmaßnahme angeordnet wird.
(2) Für die Vollstreckung in ausländische Schiffe gilt § 171 des Gesetzes über die Zwangsversteigerung und die Zwangsverwaltung, für die Vollstreckung in ausländische Luftfahrzeuge § 106 Abs. 1 und 2 des Gesetzes über Rechte an Luftfahrzeugen sowie die §§ 171h bis 171n des Gesetzes über die Zwangsversteigerung und die Zwangsverwaltung.
(3) [1]Die für die Vollstreckung in das unbewegliche Vermögen erforderlichen Anträge der Gläubiger stellt die Vollstreckungsbehörde. [2]Sie hat hierbei zu bestätigen, dass die gesetzlichen Voraussetzungen für die Vollstreckung vorliegen. [3]Diese Fragen unterliegen nicht der Beurteilung des Vollstreckungsgerichts oder des Grundbuchamts. [4]Anträge auf Eintragung einer Sicherungshypothek, einer Schiffshypothek oder eines Registerpfandrechts an einem Luftfahrzeug sind Ersuchen im Sinne des § 38 Grundbuchordnung und des § 45 der Schiffsregisterordnung.
(3a) [1]Absatz 3 gilt nicht, soweit die Vollstreckungsbehörde im Rahmen der Vollstreckungshilfe tätig wird. [2]Hier finden, soweit keine abweichende Regelung getroffen ist, die §§ 866 bis 871 der Zivilprozessordnung entsprechend Anwendung. [3]Antragsberechtigt ist der Gläubiger der Forderung.
(4) Zwangsversteigerung und Zwangsverwaltung soll die Vollstreckungsbehörde nur beantragen, wenn festgestellt ist, dass der Geldbetrag durch Vollstreckung in das bewegliche Vermögen nicht beigetrieben werden kann.
(5) Soweit der zu vollstreckende Anspruch nach § 10 Abs. 1 Nr. 3 des Gesetzes über die Zwangsversteigerung und die Zwangsverwaltung den Rechten am Grundstück im Rang vorgeht, kann eine Sicherungshypothek unter der aufschiebenden Bedingung in das Grundbuch eingetragen werden, dass das Vorrecht wegfällt.

### § 59 Vollstreckung gegen Rechtsnachfolger

¹Ist nach § 58 eine Sicherungshypothek, eine Schiffshypothek oder ein Registerpfandrecht an einem Luftfahrzeug eingetragen worden, so bedarf es zur Zwangsversteigerung aus diesem Recht nur dann eines Bescheides nach § 2 Abs. 1 Satz 2 auf Duldung der Vollstreckung, wenn nach der Eintragung dieses Rechts ein Eigentumswechsel eingetreten ist. ²Satz 1 gilt sinngemäß für die Zwangsverwaltung aus einer nach § 58 eingetragenen Sicherungshypothek.

## Abschnitt 4
### Ergänzende Vorschriften

### §§ 60 bis 63 (weggefallen)

### § 64 Dinglicher Arrest

(1) ¹Zur Sicherung der Vollstreckung von Geldforderungen kann das Amtsgericht, in dessen Bezirk sich der mit Arrest zu belegende Gegenstand befindet, auf Antrag von Vollstreckungsgläubigern den Arrest in das bewegliche oder unbewegliche Vermögen von Vollstreckungsschuldnern anordnen, wenn zu befürchten ist, dass sonst die Beitreibung vereitelt oder wesentlich erschwert wird. ²Das Amtsgericht kann den Arrest auch dann anordnen, wenn die Forderung nicht zahlenmäßig feststeht oder wenn sie bedingt oder betagt ist. ³In der Arrestanordnung ist ein Geldbetrag zu bestimmen, bei dessen Hinterlegung die Vollziehung des Arrestes gehemmt ist und die getroffenen Vollzugsmaßnahmen aufzuheben sind.

(2) ¹Die Vollstreckungsbehörde stellt die Arrestanordnung zu und vollzieht den Arrest. ²Die elektronische Übermittlung der Arrestanordnung ist ausgeschlossen. ³Die §§ 27 bis 59 dieses Gesetzes, § 929 Abs. 2 und 3 und die §§ 930 bis 932 der Zivilprozessordnung sowie § 99 Abs. 2 und § 106 Abs. 1, 3 und 5 des Gesetzes über Rechte an Luftfahrzeugen finden entsprechende Anwendung.

### § 65 Verwertung von Sicherheiten

(1) ¹Wird eine Geldforderung, die nach diesem Gesetz bereits vollstreckt werden darf, bei Fälligkeit nicht erfüllt, können Vollstreckungsgläubiger Sicherheiten, die ihnen zur Sicherung dieser Forderung gestellt sind oder die sie zu diesem Zwecke sonst erlangt haben, durch die Vollstreckungsbehörde nach den Vorschriften dieses Teils verwerten. ²Soweit zur Verwertung Erklärungen der Vollstreckungsschuldner erforderlich sind, werden sie durch Erklärungen der Vollstreckungsgläubiger ersetzt.

(2) Die Sicherheiten dürfen erst verwertet werden, wenn den Vollstreckungsschuldnern die Verwertungsabsicht bekanntgegeben und seit der Bekanntgabe mindestens eine Woche verstrichen ist.

### § 66 Rechtsbehelfe

¹Wegen Vollstreckungsmaßnahmen nach diesem Teil, die Verwaltungsakte sind, findet ein Widerspruchsverfahren nicht statt. ²§ 9 des Gesetzes zur Ausführung der Verwaltungsgerichtsordnung über den Ausschluss der aufschiebenden Wirkung der Klage bleibt unberührt; § 80 Abs. 4 bis 8 der Verwaltungsgerichtsordnung ist entsprechend anzuwenden.

### §§ 67 bis 70 (weggefallen)

## Teil 2
### Erzwingung von Handlungen, Duldungen und Unterlassungen

### § 71 Anwendung des Gesetzes über die öffentliche Sicherheit und Ordnung des Landes Sachsen-Anhalt

(1) Verwaltungsakte, die auf die Herausgabe einer Sache oder auf eine sonstige Handlung oder eine Duldung oder Unterlassung gerichtet sind und die nicht unter § 2 Abs. 1 fallen, werden, auch wenn sie nicht der Gefahrenabwehr dienen, nach dem Vierten Teil des Gesetzes über die öffentliche Sicherheit und Ordnung des Landes Sachsen-Anhalt durchgesetzt.

(2) ¹Für die Durchsetzung eines Verwaltungsaktes ist die Verwaltungsbehörde zuständig, die für seinen Erlass zuständig ist. ²Soweit Verwaltungsakte nicht von den in § 6 genannten Behörden erlassen werden, wird das für Verwaltungsvollstreckungsrecht zuständige Ministerium ermächtigt, im Einvernehmen mit dem Fachministerium durch Verordnung die Zuständigkeit abweichend zu regeln.

(3) Hat die Verwaltungsbehörde Verwaltungsvollzugsbeamte bestellt, so sind diese im Rahmen ihrer Befugnisse auch zur Durchsetzung von Verwaltungsakten berechtigt, die nicht der Gefahrenabwehr dienen.

### § 72 Besondere Vorschriften für die Herausgabe von Sachen

(1) ¹Wird die Herausgabe oder Räumung eines Grundstücks, eines Raumes oder eines Schiffes durchgesetzt, so sind bewegliche Sachen, die nicht Gegenstand der Vollstreckung sind, der betroffenen Person oder, wenn diese nicht anwesend ist, ihrem Vertreter oder einer zu der Familie der betroffenen Person gehörigen oder in deren Wohnung beschäftigten erwachsenen Person zu übergeben. ²Andernfalls sind die Sachen zu verwahren. ³Die betroffene Person ist aufzufordern, die Sachen binnen einer bestimmten Frist abzuholen. ⁴Kommt sie der Aufforderung nicht nach, so kann die Verwaltungsbehörde die Sachen nach den Vorschriften dieses Gesetzes über die Verwertung gepfändeter Sachen verkaufen und den Erlös verwahren.

(2) ¹Soll die Herausgabe einer beweglichen Sache durchgesetzt werden und wird die Sache bei der betroffenen Person nicht vorgefunden, so hat sie auf Antrag der Verwaltungsbehörde gegenüber den Gerichtsvollziehern zu Protokoll an Eides statt zu versichern, dass sie die Sache nicht besitze und auch nicht wisse, wo sich die Sache befinde. ²Das Gericht kann beschließen, dass die eidesstattliche Versicherung in einer von Satz 1 abweichenden, der Sachlage entsprechenden Fassung abgegeben werden darf. ³Dem Antrag der Verwaltungsbehörde ist eine beglaubigte Abschrift des Verwaltungsakts beizufügen. ⁴Für das Verfahren gelten die §§ 478 bis 480, 802f Abs. 4, die §§ 802g bis 802i und 802j Abs. 1 und 2 der Zivilprozessordnung entsprechend.

### § 73 Öffentlich-rechtliche Verträge

Die §§ 71 und 72 gelten entsprechend für öffentlich-rechtliche Verträge, in denen Schuldner sich zu einer Handlung, Duldung oder Unterlassung verpflichten und der sofortigen Vollstreckung unterworfen haben.

*Teil 3*
**Kosten**

### § 74 Kosten der Vollstreckung wegen Geldforderungen

(1) ¹Für Amtshandlungen nach Teil 1 werden Kosten (Gebühren und Auslagen) erhoben. ²Kostengläubiger ist der Rechtsträger, dessen Behörde die Amtshandlungen vornimmt, bei Auslagen auch der Rechtsträger, bei dessen Behörde die Auslagen entstanden sind.

(2) ¹Die Kosten tragen die Vollstreckungsschuldner. ²Mehrere Vollstreckungsschuldner haften als Gesamtschuldner.

(3) ¹Die Gebührenschuld entsteht, sobald Schritte zur Ausführung der Amtshandlung unternommen worden sind, bei schriftlichen oder in elektronischer Form vorgenommenen Amtshandlungen jedoch erst mit der Absendung des Schriftstücks oder des elektronischen Dokuments. ²Die Verpflichtung zur Erstattung der Auslagen entsteht mit der Aufwendung des zu erstattenden Betrages.

(4) ¹Die Kostenschuld ist sofort fällig. ²Sie kann ohne besonderen Leistungsbescheid mit der Hauptforderung beigetrieben werden.

(5) ¹Im Übrigen gelten die §§ 9, 12 und 14 des Verwaltungskostengesetzes des Landes Sachsen-Anhalt entsprechend. ²Auslagen sind insbesondere auch solche Beträge im Sinne des § 14 Abs. 2 Nr. 6 des Verwaltungskostengesetzes des Landes Sachsen-Anhalt, die von Vollstreckungsbehörden oder von Vollstreckungsgläubigern Gerichtsvollziehern nach dem Justizkostengesetz zu zahlen sind.

### § 74a Kosten der Erzwingung von Handlungen, Duldungen und Unterlassungen

(1) Für ihre Amtshandlungen zur Durchsetzung von Handlungen, Duldungen oder Unterlassungen, die nicht unter § 2 Abs. 1 und 2 fallen, erheben die in § 1 genannten Behörden Kosten (Gebühren und Auslagen).

(2) ¹Die Kosten schuldet die Person, gegen die sich die Amtshandlung richtet. ²Richtet sich die Amtshandlung gegen mehrere Personen, so haften diese als Gesamtschuldner.

(3) ¹§ 7b Abs. 2 und 6 sowie § 74 Abs. 3 gelten entsprechend. ²Im Übrigen sind die §§ 4 und 7 Abs. 1 sowie die §§ 9, 12 bis 14 des Verwaltungskostengesetzes des Landes Sachsen-Anhalt entsprechend anzuwenden.

## § 74b Verordnungsermächtigung

(1) Das für Verwaltungsvollstreckungsrecht zuständige Ministerium wird ermächtigt, im Einvernehmen mit dem für Verwaltungskostenrecht zuständigen Ministerium die einzelnen Amtshandlungen, für die Gebühren erhoben werden sollen, und die Höhe der Gebühren durch Verordnung zu bestimmen.
(2) ¹Für die Vollstreckung wegen Geldforderungen sind feste Gebühren oder Vomhundertsätze festzulegen. ²Mahn-, Pfändungs-, Wegnahme- und Verwertungsgebühren können abweichend von § 3 Abs. 2 Satz 2 des Verwaltungskostengesetzes des Landes Sachsen-Anhalt so bemessen werden, dass sie einerseits den Verwaltungsaufwand berücksichtigen und andererseits in einem angemessenen Verhältnis zur Höhe der Forderung oder dem Wert der Sache stehen, die gepfändet oder verwertet werden soll.
(3) Für die Erzwingung von Handlungen, Duldungen und Unterlassungen sind die Gebührensätze nach dem Verwaltungsaufwand oder nach dem Wert des Gegenstandes der Amtshandlungen zu bemessen.

*Teil 4*
**Schlussvorschriften**

## § 75 Einschränkung von Grundrechten
Durch dieses Gesetz werden die Grundrechte auf Schutz personenbezogener Daten (Artikel 2 Abs. 1 in Verbindung mit Artikel 1 Abs. 1 des Grundgesetzes und Artikel 6 Abs. 1 Satz 1 der Verfassung des Landes Sachsen-Anhalt), auf körperliche Unversehrtheit und Freiheit der Person (Artikel 2 Abs. 2 des Grundgesetzes und Artikel 5 Abs. 2 der Verfassung des Landes Sachsen-Anhalt) und der Unverletzlichkeit der Wohnung (Artikel 13 des Grundgesetzes und Artikel 17 der Verfassung des Landes Sachsen-Anhalt) eingeschränkt.

## § 76 Entscheidungen der ordentlichen Gerichte
Soweit dieses Gesetz den ordentlichen Gerichten und den Gerichtsvollziehern Aufgaben zuweist, gelten vorbehaltlich abweichender Regelungen für das Verfahren und für die Anfechtung ihrer Entscheidungen sowie für die Rechtsbehelfe gegen Maßnahmen der Gerichtsvollzieher die Zivilprozessordnung und das Gerichtsverfassungsgesetz.

## § 77 Verweisungen
Soweit in diesem Gesetz auf Vorschriften der Zivilprozessordnung verwiesen wird und nicht etwas anderes bestimmt ist, treten an die Stelle des Vollstreckungsgerichts die Vollstreckungsbehörde und an die Stelle eines nach der Zivilprozessordnung erforderlichen vollstreckbaren Titels die in § 2 Abs. 1 und 2 genannten Vollstreckungsurkunden, soweit für sie die Vollstreckungsvoraussetzungen des § 3 vorliegen.

## § 78 Übergangsvorschriften
(1) Regelungen des Verwaltungsvollstreckungsgesetzes des Landes Sachsen-Anhalt, die auf Verbandsgemeinden und ihre Bediensteten anzuwenden sind, gelten entsprechend für Verwaltungsgemeinschaften.
(2) Vollstreckungsverfahren nach dem Verwaltungsvollstreckungsgesetz des Landes Sachsen-Anhalt, die vor dem allgemeinen Inkrafttreten des Gesetzes zur Änderung verwaltungsvollstreckungs- und verwaltungsverfahrensrechtlicher Vorschriften eingeleitet waren, werden nach den bis dahin geltenden Regelungen abgewickelt, sofern sich nicht aus § 39 des Gesetzes betreffend die Einführung der Zivilprozessordnung Abweichendes ergibt.
(3) Bis zum Inkrafttreten der Verordnung nach § 74b Abs. 1 des Verwaltungsvollstreckungsgesetzes des Landes Sachsen-Anhalt werden Gebühren nach dem vor dem allgemeinen Inkrafttreten des Gesetzes zur Änderung verwaltungsvollstreckungs- und verwaltungsverfahrensrechtlicher Vorschriften geltenden Regelungen erhoben.

## § 79 (weggefallen)

## § 80 Außerkrafttreten
§ 78 Abs. 3 tritt im Zeitpunkt des Inkrafttretens der auf Grundlage des § 74b Abs. 1 erlassenen Verordnung außer Kraft.

# Verwaltungskostengesetz des Landes Sachsen-Anhalt (VwKostG LSA)

Vom 27. Juni 1991 (GVBl. LSA S. 154)
(BS LSA 2013.1)
zuletzt geändert durch Art. 1 G zur Anpassung landesrechtl. Verjährungsvorschriften vom 18. Mai 2010 (GVBl. LSA S. 340)

Der Landtag von Sachsen-Anhalt hat das folgende Gesetz beschlossen, das hiermit verkündet wird:

## § 1 Verwaltungskosten

(1) ¹Für Amtshandlungen
1. in Angelegenheiten der Landesverwaltung und
2. im übertragenen Wirkungskreis der Gebietskörperschaften und anderer Körperschaften des öffentlichen Rechts

werden nach diesem Gesetz Kosten (Gebühren und Auslagen) erhoben, wenn die Beteiligten zu der Amtshandlung Anlaß gegeben haben. ²Kosten sind auch zu erheben, wenn ein auf Vornahme einer kostenpflichtigen Amtshandlung gerichteter Antrag abgelehnt oder zurückgenommen wird. ³Verwaltungsgebühren werden auch erhoben, wenn eine Genehmigung, Erlaubnis oder sonstige Berechtigung nach Ablauf einer bestimmten Frist aufgrund einer Rechtsvorschrift durch eine Behörde als erteilt gilt.

(2) Wird auf Grund dieses Gesetzes eine Amtshandlung für gebührenpflichtig oder für gebührenfrei erklärt, so dürfen Gebühren auf Grund anderer Rechtsvorschriften für dieselbe Amtshandlung nicht erhoben werden.

(3) Die Vorschriften dieses Gesetzes sind entsprechend anzuwenden, wenn nach anderen Rechtsvorschriften Kosten erhoben werden und nichts Abweichendes bestimmt ist.

## § 2 Gebührenfreie Amtshandlungen

(1) Gebühren werden nicht erhoben für Amtshandlungen, zu denen
1. eine Landesbehörde Anlaß gegeben hat oder zu denen in Ausübung öffentlicher Gewalt eine andere Behörde im Lande, eine Behörde des Bundes oder die Behörde eines anderen Landes,
2. Kirchen, sonstige Religions- und Weltanschauungsgemeinschaften, soweit sie die Rechtsstellung einer Körperschaft des öffentlichen Rechts haben, einschließlich ihrer Gemeinden und Gliederungen sowie öffentlich-rechtlichen Verbände, Anstalten und Stiftungen

Anlaß gegeben haben, es sei denn, daß die Gebühr einem Dritten zur Last zu legen ist.

(2) Von der Erhebung einer Gebühr kann ganz oder teilweise abgesehen werden, wenn daran ein öffentliches Interesse besteht.

(3) Absätze 1 und 2 werden nicht angewendet
1. bei Amtshandlungen und Leistungen der Vermessungs- und Katasterverwaltung sowie der Gutachterausschüsse für Grundstückswerte,
2. bei Amtshandlungen, die auf Grund eines Gesetzes auch von Privaten (beliehene Unternehmen) vorgenommen werden können,
3. bei Entscheidungen über förmliche Rechtsbehelfe (Widerspruch).

## § 3 Gebührenordnungen

(1) ¹Die einzelnen Amtshandlungen, für die Gebühren erhoben werden sollen, und die Höhe der Gebühren sind in Gebührenordnungen zu bestimmen. ²Für Auslagen gilt § 14 dieses Gesetzes.

(2) ¹Die Gebühren sind in den Gebührenordnungen so festzusetzen, daß ihr Aufkommen den auf die Amtshandlungen entfallenden durchschnittlichen Aufwand des Verwaltungszweiges, soweit er nicht durch Erstattung der Auslagen gedeckt ist, nicht übersteigt. ²Sie sind nach dem Maß des Verwaltungsaufwandes, dem Wert des Gegenstandes der Amtshandlung, dem Nutzen oder der Bedeutung der Amtshandlung für den Gebührenschuldner zu bemessen.

(3) ¹Die gebührenpflichtigen Amtshandlungen und die Höhe der Gebühren sind in einer Allgemeinen Gebührenordnung zu bestimmen, die das Ministerium der Finanzen im Einvernehmen mit den jeweils zuständigen Ministerien erläßt. ²Die zuständigen Ministerien werden ermächtigt, im Einvernehmen

mit dem Ministerium der Finanzen für bestimmte Verwaltungsbereiche besondere Gebührenordnungen zu erlassen, soweit eine Regelung in der Allgemeinen Gebührenordnung nicht erfolgt ist.

## § 4 Berechtigter für die Kostenerhebung

(1) Das Aufkommen an Kosten steht der Körperschaft zu, deren Behörde oder Organ die Amtshandlung vornimmt.

(2) Das Ministerium der Finanzen kann im Einvernehmen mit den beteiligten Ministerien durch Verordnung bestimmen, daß an den vereinnahmten Kosten diejenigen Körperschaften beteiligt werden, deren Dienststellen bei der Vorbereitung der Amtshandlung wesentlich mitgewirkt haben.

(3) Abweichend von Absatz 1 steht den beliehenen Unternehmen das Aufkommen an Kosten für von ihnen vorgenommene Amtshandlungen zu.

## § 5 Kostenschuldner

(1) [1]Kostenschuldner ist derjenige, der zu der Amtshandlung Anlaß gegeben hat. [2]Mehrere Kostenschuldner haften als Gesamtschuldner.

(2) Kosten einer Amtshandlung, die im förmlichen Verwaltungsverfahren vorgenommen wird, können durch Bescheid oder Beschluß einem anderen Beteiligten auferlegt werden, soweit er sie durch unbegründete Einwendungen oder durch Anträge auf Beweiserhebungen und Rechtsbehelfe verursacht hat, die ohne Erfolg geblieben sind.

## § 6 Entstehung der Kostenschuld

(1) Die Gebührenschuld entsteht mit der Beendigung der Amtshandlung oder mit der Rücknahme des Antrages.

(2) Die Verpflichtung zur Erstattung der Auslagen entsteht mit der Aufwendung des zu erstattenden Betrages.

## § 7 Fälligkeit

(1) Kosten werden mit der Bekanntgabe der Kostenentscheidung an den Kostenschuldner fällig, wenn nicht die Behörde einen späteren Zeitpunkt bestimmt.

(2) [1]Eine Amtshandlung kann von der vorherigen Zahlung der Kosten oder von der Zahlung oder Sicherstellung eines angemessenen Kostenvorschusses abhängig gemacht werden. [2]Soweit der Vorschuß die endgültige Kostenschuld übersteigt, ist er zu erstatten.

## § 8 Säumniszuschlag

(1) [1]Werden die Kosten nicht bis zum Ablauf eines Monats nach dem Fälligkeitstag entrichtet, so kann für jeden angefangenen Monat der Säumnis ein Säumniszuschlag von eins vom Hundert des rückständigen Betrages erhoben werden, wenn dieser 50 Euro übersteigt. [2]Für die Berechnung des Säumniszuschlages ist der rückständige Betrag auf 50 Euro nach unten abzurunden.

(2) Als Tag, an dem eine Zahlung entrichtet worden ist, gilt
1. bei Übergabe oder Übersendung von Zahlungsmitteln an die für den Kostengläubiger zuständige Kasse oder Zahlstelle der Tag des Eingangs;
2. bei Überweisung oder Einzahlung auf ein Konto der für den Kostengläubiger zuständigen Kasse oder Zahlstelle der Tag, an dem der Betrag der Kasse oder Zahlstelle gutgeschrieben wird.

## § 9 Verjährung

(1) [1]Durch Verjährung erlischt der Kostenanspruch. [2]Das gleiche gilt für den Erstattungsanspruch (§ 7 Abs. 2 Satz 2). [3]Was zur Befriedigung oder Sicherung eines verjährten Anspruchs geleistet ist, kann jedoch nicht zurückgefordert werden.

(2) [1]Die Verjährung beginnt mit dem Ablauf des Jahres, in dem die Kostenschuld entstanden ist. [2]Die Verjährungsfrist beträgt drei Jahre.

(3) [1]Durch schriftliche Zahlungsaufforderung, durch Zahlungsaufschub, durch Stundung und durch Vollstreckungsaufschub wird die Verjährung gehemmt. [2]Die Hemmung endet sechs Monate nach
1. Zugang der Zahlungsaufforderung,
2. Ablauf des Zahlungsaufschubes,
3. Ablauf der Stundung oder
4. Ablauf des Vollstreckungsaufschubes.

(4) Die Verjährung wird nur in Höhe des Betrages gehemmt, auf den sich die jeweilige Handlung nach Absatz 3 Satz 1 bezieht.

(5) Wird eine Kostenentscheidung angefochten, verjähren Ansprüche aus ihr nicht vor Ablauf von sechs Monaten, nachdem die Kostenentscheidung unanfechtbar geworden ist oder das Verfahren sich auf andere Weise erledigt hat.

(6) Artikel 229 § 6 des Einführungsgesetzes zum Bürgerlichen Gesetzbuche ist mit der Maßgabe entsprechend anzuwenden, dass an die Stelle des 1. Januar 2002 der 1. Juni 2010 und an die Stelle des 31. Dezember 2001 der 31. Mai 2010 tritt.

### § 10 Bemessungsgrundsätze

(1) Ist für den Ansatz einer Gebühr durch die Gebührenordnung ein Rahmen bestimmt, so hat die Behörde, soweit die Gebührenordnung nichts anderes vorschreibt, bei Festsetzung der Gebühr das Maß des Verwaltungsaufwandes, den Wert des Gegenstandes der Amtshandlung, den Nutzen oder die Bedeutung der Amtshandlung für den Gebührenschuldner zu berücksichtigen.

(2) Ist eine Gebühr nach dem Wert des Gegenstandes zu berechnen, so ist der Wert zur Zeit der Beendigung der Amtshandlung maßgebend.

### § 11 Pauschgebühren

Die Gebühr für regelmäßig wiederkehrende Amtshandlungen kann auf Antrag für einen im voraus bestimmten Zeitraum, jedoch nicht länger als ein Jahr, durch einen Pauschbetrag abgegolten werden; bei der Bemessung des Pauschbetrages ist der geringere Umfang des Verwaltungsaufwandes zu berücksichtigen.

### § 12 Billigkeitsmaßnahmen

(1) Kosten, die dadurch entstanden sind, daß die Behörde die Sache unrichtig behandelt hat, sind zu erlassen.

(2) [1]Die Behörde kann die von ihr festgesetzten Kosten stunden, wenn die sofortige Einziehung für den Schuldner mit erheblichen Härten verbunden ist und wenn der Anspruch durch die Stundung nicht gefährdet wird. [2]Sie kann die Kosten ermäßigen oder von der Erhebung absehen, wenn dies im Einzelfall mit Rücksicht auf die wirtschaftlichen Verhältnisse des Kostenschuldners oder sonst aus Billigkeitsgründen geboten ist.

(3) Wird ein Antrag auf Vornahme einer Amtshandlung
1. ganz oder teilweise abgelehnt,
2. zurückgenommen, bevor die Amtshandlung beendet ist,

so kann die Gebühr bis auf ein Viertel des vollen Betrages ermäßigt werden.

(4) Wird ein Antrag wegen Unzuständigkeit abgelehnt oder beruht ein Antrag auf unverschuldeter Unkenntnis, so kann die Gebühr außer Ansatz bleiben.

(5) Das zuständige Ministerium kann im Einvernehmen mit dem Ministerium der Finanzen bestimmen, daß für besondere Arten von Amtshandlungen eine Gebühr ganz oder teilweise nicht zu erheben ist, wenn die Erhebung der Gebühr unbillig ist oder dem öffentlichen Interesse widerspricht.

### § 13 Kosten des Widerspruchs

(1) [1]Soweit ein Widerspruch erfolgreich ist, sind nur die Kosten für die vorzunehmende Amtshandlung zu erheben. [2]Widerspruchskosten werden auch dann nicht erhoben, wenn der Widerspruch nur deshalb keinen Erfolg hat, weil die Verletzung einer Verfahrens- oder Formvorschrift nach § 45 des Verwaltungsverfahrensgesetzes für das Land Sachsen-Anhalt unbeachtlich ist.

(2) [1]Soweit der Widerspruch erfolglos geblieben ist, beträgt die Gebühr für die Entscheidung über den Widerspruch das Eineinhalbfache der Gebühr, die für die angefochtene Entscheidung anzusetzen war, mindestens jedoch 10 Euro. [2]War für die angefochtene Entscheidung keine Gebühr anzusetzen, beträgt die Gebühr für die Entscheidung über den Widerspruch 10 bis 500 Euro.

(3) Absatz 2 gilt nicht, wenn der Widerspruch gegen einen Verwaltungsakt eingelegt wird, der im Rahmen
1. eines bestehenden oder früheren öffentlich-rechtlichen Dienst- oder Amtsverhältnisses oder
2. einer bestehenden oder früheren gesetzlichen Dienstpflicht oder einer Tätigkeit, die an Stelle der gesetzlichen Dienstpflicht geleistet werden kann,

erlassen wurde.

(4) ¹Wird eine Amtshandlung auf einen Widerspruch hin, der nicht von dem Kostenpflichtigen eingelegt worden ist, im Widerspruchsverfahren oder durch gerichtliches Urteil aufgehoben, so ist eine bereits gezahlte Gebühr insoweit zurückzuzahlen, als sie die für eine Ablehnung des Antrages zu entrichtende Gebühr übersteigt. ²Das gleiche gilt, wenn ein Gericht nach § 113 der Verwaltungsgerichtsordnung in der Fassung vom 19. März 1991 (Bundesgesetzbl. I S. 686) die Rechtswidrigkeit der Amtshandlung festgestellt hat. ³Die Zurückzahlung ist ausgeschlossen, wenn die Amtshandlung auf Grund von unrichtigen oder unvollständigen Angaben des Antragstellers vorgenommen wurde.

## § 14 Auslagen
(1) ¹Werden bei der Vorbereitung oder bei der Vornahme einer Amtshandlung Auslagen notwendig, die nicht bereits mit der Gebühr abgegolten sind, so hat der Kostenschuldner sie zu erstatten; dies gilt auch, wenn eine Gebühr nicht zu entrichten ist. ²Auslagen hat der Kostenschuldner auch dann zu erstatten, wenn sie bei einer anderen am Verfahren beteiligten Behörde entstanden sind; in diesen Fällen findet ein Ausgleich zwischen den Behörden nur statt, wenn die Auslagen im Einzelfall 25 Euro übersteigen. ³Beim Verkehr der Behörden untereinander werden Auslagen nur erstattet, wenn sie im Einzelfall 25 Euro übersteigen und die Behörden verschiedenen Rechtsträgern angehören.
(2) Als Auslagen werden insbesondere erhoben
1. die Postgebühren für Zustellungen und für die Ladung von Zeugen und Sachverständigen,
2. die Fernsprechgebühren im Fernverkehr, Telegrafen- und Fernschreibgebühren,
3. die Kosten öffentlicher Bekanntmachungen,
4. die Entschädigungen für Zeugen- und Sachverständige,
5. die bei Dienstgeschäften entstehenden Reisekosten,
6. die Beträge, die anderen Behörden oder anderen Personen für ihre Tätigkeit zu zahlen sind,
7. Kosten der Beförderung oder Verwahrung von Sachen,
8. Schreibgebühren für weitere Ausfertigungen, Abschriften, Fotokopien und Auszüge; dafür können durch Gebührenordnungen Pauschbeträge festgesetzt werden; § 3 Abs. 2 und 3 gilt entsprechend.

## § 15 Benutzungen und Leistungen
(1) ¹Für die Benutzung öffentlicher Einrichtungen und Gegenstände, die sich im Eigentum oder in der Verwaltung des Landes befinden, können Benutzungsgebühren und für Leistungen, die von Behörden des Landes bewirkt werden, ohne daß sie Amtshandlungen sind, können Leistungsgebühren erhoben werden. ²Auslagen sind zu erstatten. ³§ 14 Abs. 1 Satz 2 und 3 findet keine Anwendung.
(2) Im übrigen finden die Vorschriften dieses Gesetzes über Kosten entsprechende Anwendung.

## § 16 Kosten der Justizverwaltung
Dieses Gesetz findet auf die Kosten der Justizverwaltung keine Anwendung.

## § 17 (aufgehoben)

## § 18 Außer Kraft tretende Rechtsvorschriften
(1) Die diesem Gesetz entgegenstehenden Rechtsvorschriften sowie alle Rechtsvorschriften gleichen Inhalts treten für das Land Sachsen-Anhalt außer Kraft.
(2) Bestimmungen über Befreiung von Gebühren, die in anderen Gesetzen oder in anderen als der in Absatz 1 Satz 2 Nr. 1 aufgeführten Verordnung enthalten sind, werden durch dieses Gesetz nicht berührt.

## § 19 Sprachliche Gleichstellung
Personen- und Funktionsbezeichnungen in diesem Gesetz gelten jeweils in männlicher und weiblicher Form.

## § 20 Inkrafttreten
Dieses Gesetz tritt am Tage nach seiner Verkündung[1]) in Kraft.

---
1) Verkündet am 9. 7. 1991.

# Gesetz zur Regelung von Entschädigungsansprüchen im Lande Sachsen-Anhalt

In der Fassung der Bekanntmachung vom 1. Januar 1997[1] (GVBl. LSA S. 2, 17) (BS LSA 14.0.1) zuletzt geändert durch Art. 3 Erstes Rechts- und VerwaltungsvereinfachungsG vom 18. November 2005 (GVBl. LSA S. 698)

*Erster Abschnitt*
**Voraussetzungen und Umfang der Haftung**

### § 1 Voraussetzungen der Haftung

(1) Für den Vermögensnachteil, der einer natürlichen oder juristischen Person des Privatrechts durch einen unmittelbaren hoheitlichen Eingriff in ihr Eigentum von Mitarbeitern oder Beauftragten eines Trägers öffentlicher Gewalt rechtswidrig zugefügt wird, hat der jeweilige Hoheitsträger nach diesem Gesetz eine angemessene Entschädigung zu leisten, sofern nicht besondere Rechtsvorschriften für den Schadensausgleich bestehen.

(2) Ein Entschädigungsanspruch gegen den Mitarbeiter ist ausgeschlossen.

(3) ¹Schadensersatzansprüche aus Amtspflichtverletzung (§ 839 des Bürgerlichen Gesetzbuches, Artikel 34 des Grundgesetzes) bleiben unberührt. ²Gleiches gilt für Entschädigungsansprüche aus Aufopferung eines anderen als vermögenswerten Rechtsguts und für an ihre Stelle tretende gesetzliche Ansprüche. ³Die Schadensersatzpflicht des Trägers öffentlicher Gewalt als Teilnehmer am Zivilrechtsverkehr bestimmt sich nach den Vorschriften des Zivilrechts.

(4) Für den Ersatz von Schäden, die einer natürlichen oder einer juristischen Person durch eine gerichtliche Entscheidung rechtswidrig zugefügt werden, gelten die dafür bestehenden Gesetze oder anderen Rechtsvorschriften.

### § 2 Pflicht zur Abwendung des Schadens

(1) ¹Geschädigte haben alle ihnen möglichen und zumutbaren Maßnahmen zu ergreifen, um einen Schaden zu verhindern oder zu mindern. ²Verletzen sie diese Pflicht schuldhaft, so wird die Haftung des Trägers öffentlicher Gewalt entsprechend eingeschränkt oder ausgeschlossen.

(2) ¹Eine Entschädigung entfällt, wenn der Geschädigte es unterläßt, den Schaden durch Gebrauch eines förmlichen Rechtsbehelfs einschließlich der gerichtlichen Klageerhebung und des vorläufigen Rechtsschutzes oder eines sonstigen ordentlichen gesetzlichen Verfahrensmittels zur Überprüfung der Rechtmäßigkeit des Handelns des Trägers öffentlicher Gewalt abzuwenden. ²Dies gilt nicht, wenn der Geschädigte den Gebrauch des Rechtsbehelfs oder des sonstigen Verfahrensmittels aus von ihm nicht zu vertretenden Gründen versäumt hat, oder soweit eine Entschädigung zur Abwendung einer besonderen Härte geboten ist.

### § 3 Art und Umfang der Entschädigung

(1) ¹Die Entschädigung ist in Geld zu leisten. ²Der Träger öffentlicher Gewalt kann den Vermögensnachteil auch durch Wiederherstellung des Zustandes, der vor dem Eingriff bestand, oder durch Herstellung eines gleichwertigen Zustandes ausgleichen.

(2) Ein Entschädigungsanspruch besteht insoweit nicht, als ein Ersatz des Schadens auf andere Weise erlangt werden kann.

### § 4 (aufgehoben)

*Zweiter Abschnitt*
**Verfahrensbestimmungen**

### §§ 5 und 6 (weggefallen)

---

[1] Neubekanntmachung des G v. 16. 11. 1993 (GVBl. LSA S. 720) in der ab 1. 1. 1997 geltenden Fassung.

## § 6a Rechtsweg

¹Für Streitigkeiten nach diesem Gesetz ist der Rechtsweg zu den ordentlichen Gerichten gegeben. ²Ohne Rücksicht auf den Wert des Streitgegenstandes ist das Landgericht zuständig, in dessen Bezirk das Organ seinen Sitz hat, aus dessen Verhalten der Anspruch hergeleitet wird.

## § 7 (aufgehoben)

## § 8 Übergangsvorschriften

(1) Ausgleichsleistungen wegen rechtswidriger hoheitlicher Schadenszufügung, die nach den für sie bisher geltenden Rechtsvorschriften bestandskräftig zuerkannt worden sind, bleiben unberührt.

(2) Ansprüche nach diesem Gesetz bestehen nicht bei hoheitlichem Handeln zur Durchführung der Rechtsvorschriften zur Investitionsförderung und zur Regelung offener Vermögensfragen einschließlich der Verordnung über den Verkehr mit Grundstücken und der Verordnung über die Anmeldung vermögensrechtlicher Ansprüche.

*Dritter Abschnitt*
**Schlußbestimmungen**

## §§ 9 bis 11 (weggefallen)
## § 12[1] (Inkrafttreten)

---

1) Das G in seiner ursprünglichen Fassung ist am 19. 5. 1969 in Kraft getreten.

# Beamtengesetz des Landes Sachsen-Anhalt (Landesbeamtengesetz – LBG LSA)[1)][2)]

Vom 15. Dezember 2009 (GVBl. LSA S. 648)
(BS LSA 2030.77)

zuletzt geändert durch Art. 6 G zum Abbau verzichtbarer Anordnungen der Schriftform im Verwaltungsrecht des LSA vom 7. Juli 2020 (GVBl. LSA S. 372)

## Inhaltsübersicht

**Kapitel 1**
**Allgemeine Vorschriften**
- § 1 Geltungsbereich
- § 2 Verleihung der Dienstherrnfähigkeit durch Satzung (§ 2 BeamtStG)
- § 3 Begriffsbestimmungen

**Kapitel 2**
**Beamtenverhältnis**
- § 4 Vorbereitungsdienst
- § 5 Beamtinnen auf Probe und Beamte auf Probe in Ämtern mit leitender Funktion (§§ 4, 22 BeamtStG)
- § 6 Ehrenbeamtinnen und Ehrenbeamte (§ 5 BeamtStG)
- § 7 Beamtinnen auf Zeit und Beamte auf Zeit (§§ 4, 6 BeamtStG)
- § 8 Zuständigkeiten, Wirkung der Ernennung (§ 8 BeamtStG)
- § 8a Einstellungsaltersgrenzen
- § 9 Stellenausschreibung
- § 10 Feststellung der gesundheitlichen Eignung, Sprachkenntnisse
- § 11 Feststellung der Nichtigkeit der Ernennung, Verbot der Führung der Dienstgeschäfte (§ 11 BeamtStG)
- § 12 Rücknahme der Ernennung (§ 12 BeamtStG)

**Kapitel 3**
**Laufbahn**
- § 13 Laufbahn
- § 14 Zugangsvoraussetzungen zu den Laufbahnen
- § 15 Horizontaler Laufbahnwechsel
- § 16 Laufbahnwechsel bei abgeschlossenem Hochschulstudium
- § 17 Erwerb der Laufbahnbefähigung aufgrund der Richtlinie 2005/36/EG und in Drittstaaten erworbener Berufsqualifikationen
- § 18 Andere Bewerberinnen und andere Bewerber
- § 19 Einstellung im Beamtenverhältnis auf Probe
- § 20 Probezeit
- § 21 Dienstliche Beurteilung
- § 22 Beförderung
- § 23 Beförderungssperre zwischen zwei Mandaten
- § 24 Aufstieg
- § 25 Fortbildung
- § 26 Benachteiligungsverbot
- § 27 Laufbahnverordnungen
- § 28 Ausbildungs- und Prüfungsverordnungen

**Kapitel 4**
**Abordnung, Versetzung und Körperschaftsumbildung**
- § 29 Grundsatz
- § 30 Abordnung
- § 31 Versetzung
- § 32 Umbildung von Körperschaften
- § 32a Neu- und Umbildung von Behörden

**Kapitel 5**
**Beendigung des Beamtenverhältnisses**

*Abschnitt 1*
**Entlassung und Verlust der Beamtenrechte**
- § 33 Entlassung kraft Gesetzes (§ 22 BeamtStG)
- § 34 Entlassung durch Verwaltungsakt (§ 23 BeamtStG)
- § 35 Zuständigkeit, Verfahren und Wirkung der Entlassung
- § 36 Ausscheiden bei Wahlen

---

1) **Amtl. Anm.:** § 10 Abs. 2 und § 17 dieses Gesetzes dienen der Umsetzung der Richtlinie 2005/36/EG des Europäischen Parlaments und des Rates vom 7. September 2005 über die Anerkennung von Berufsqualifikationen (ABl. L 255 vom 30.9.2005, S. 22, ABl. L 271 vom 16.10.2007, S. 18, ABl. L 93 vom 4.4.2008, S. 28, ABl. L 33 vom 3.2.2009, S. 49), zuletzt geändert durch die Verordnung (EG) Nr. 279/2009 (ABl. L 93 vom 7.4.2009, S. 11).

§ 83 Abs. 3 dieses Gesetzes dient der Umsetzung der Richtlinie 94/33/EG des Rates vom 22. Juni 1994 über den Jugendarbeitsschutz (ABl. L 216 vom 20.8.1994, S. 12), geändert durch Artikel 2 Abs. 4 und Artikel 3 Nr. 15 der Richtlinie 2007/30/EG (ABl. L 165 vom 27.6.2007, S. 21).

2) Verkündet als Art. 1 G zur Neuordnung des Landesbeamtenrechts v. 15.12.2009 (SaAnhGVBl. S. 648); Inkrafttreten gem. Art. 7 dieses G am 1.2.2010, mit Ausnahme der §§ 17, 27, 28, 105 und 118, die bereits am 22.12.2009 in Kraft getreten sind.

| § 37 | Wirkung des Verlustes der Beamtenrechte und eines Wiederaufnahmeverfahrens (§ 24 BeamtStG) |
| --- | --- |
| § 38 | Gnadenrecht |

**Abschnitt 2**
**Ruhestand und einstweiliger Ruhestand**

| § 39 | Ruhestand wegen Erreichens der Altersgrenze (§ 25 BeamtStG) |
| --- | --- |
| § 40 | Ruhestand auf Antrag |
| § 41 | Einstweiliger Ruhestand (§ 30 BeamtStG) |
| § 42 | Einstweiliger Ruhestand bei Umbildung von Körperschaften (§ 18 BeamtStG) |
| § 43 | Einstweiliger Ruhestand bei Umbildung und Auflösung von Behörden (§ 31 BeamtStG) |
| § 44 | Beginn des einstweiligen Ruhestandes |

**Abschnitt 3**
**Dienstunfähigkeit**

| § 45 | Verfahren bei Dienstunfähigkeit (§ 26 BeamtStG) |
| --- | --- |
| § 46 | Begrenzte Dienstfähigkeit (§ 27 BeamtStG) |
| § 47 | Ruhestand bei Beamtenverhältnis auf Probe (§ 28 BeamtStG) |
| § 48 | Erhaltung und Wiederherstellung der Dienstfähigkeit (§ 29 BeamtStG) |
| § 49 | Ärztliche Untersuchung |

**Abschnitt 4**
**Gemeinsame Bestimmungen**

| § 50 | Wartezeit, Versetzung in den Ruhestand (§ 32 BeamtStG) |
| --- | --- |

**Kapitel 6**
**Rechtliche Stellung im Beamtenverhältnis**

**Abschnitt 1**
**Allgemeines**

| § 51 | Verschwiegenheitspflicht, Aussagegenehmigung (§ 37 BeamtStG) |
| --- | --- |
| § 52 | Diensteid (§ 38 BeamtStG) |
| § 53 | Verbot der Führung der Dienstgeschäfte (§ 39 BeamtStG) |
| § 54 | Verbot der Annahme von Belohnungen, Geschenken und sonstigen Vorteilen (§ 42 BeamtStG) |
| § 55 | Dienstvergehen von Ruhestandsbeamtinnen und Ruhestandsbeamten (§ 47 BeamtStG) |
| § 56 | Schadensersatz (§ 48 BeamtStG) |
| § 57 | Befreiung und Ausschluss von Amtshandlungen |
| § 58 | Wohnungswahl, Dienstwohnung |
| § 59 | Aufenthalt in erreichbarer Nähe |
| § 60 | Dienstkleidungsvorschriften |
| § 61 | Amtsbezeichnung |
| § 62 | Dienstzeugnis |

**Abschnitt 2**
**Arbeitszeit und Urlaub**

| § 63 | Arbeitszeit |
| --- | --- |
| § 64 | Teilzeitbeschäftigung (§ 43 BeamtStG) |
| § 65 | Teilzeitbeschäftigung und Beurlaubung aus familiären Gründen |
| § 65a | Familienpflegezeit |
| § 66 | Altersteilzeit |
| § 67 | Urlaub ohne Besoldung |
| § 67a | Urlaub zum Erwerb der Zugangsvoraussetzungen zu einer Laufbahn oder zur Ableistung einer Probezeit |
| § 68 | Höchstdauer von Beurlaubung und unterhälftiger Teilzeit |
| § 69 | Hinweispflicht und Benachteiligungsverbot |
| § 70 | Fernbleiben vom Dienst, Erkrankung |
| § 71 | Urlaub (§ 44 BeamtStG) |
| § 72 | Wahlvorbereitungs- und Mandatsurlaub |

**Abschnitt 3**
**Nebentätigkeit und Tätigkeit nach Beendigung des Beamtenverhältnisses (§§ 40, 41 BeamtStG)**

| § 73 | Nebentätigkeiten |
| --- | --- |
| § 74 | Pflicht zur Übernahme von Nebentätigkeiten |
| § 75 | Anzeigefreie Nebentätigkeiten |
| § 76 | Verbot einer Nebentätigkeit |
| § 77 | Ausübung von Nebentätigkeiten während der Arbeitszeit |
| § 78 | Verfahren |
| § 79 | Regressanspruch für die Haftung aus angeordneten Nebentätigkeiten |
| § 80 | Erlöschen der mit dem Hauptamt verbundenen Nebentätigkeiten |
| § 81 | Tätigkeiten nach Beendigung des Beamtenverhältnisses |

**Abschnitt 4**
**Fürsorge (§ 45 BeamtStG)**

| § 82 | Mutterschutz und Elternzeit |
| --- | --- |
| § 83 | Arbeitsschutz |
| § 83a | Erfüllungsübernahme von Schmerzensgeldansprüchen |

**Abschnitt 5**
**Personalakten (§ 50 BeamtStG)**

| § 84 | Personalakte |
| --- | --- |
| § 85 | Beihilfeunterlagen |
| § 86 | Anhörung |
| § 87 | Auskunft |
| § 88 | Übermittlung von Personalakten und Auskünfte an Dritte |
| § 89 | Entfernung von Unterlagen aus Personalakten |
| § 90 | Aufbewahrungsfristen |
| § 91 | Automatisierte Verarbeitung von Personalaktendaten |

**Kapitel 7**
**Beteiligung der Spitzenorganisationen**
§ 92 Beteiligung der Spitzenorganisationen der Gewerkschaften (§ 53 BeamtStG)

**Kapitel 8**
**Landespersonalausschuss**
§ 93 Aufgaben des Landespersonalausschusses
§ 94 Mitglieder
§ 95 Rechtsstellung der Mitglieder
§ 96 Geschäftsordnung und Verfahren
§ 97 Beschlüsse
§ 98 Beweiserhebung, Amtshilfe
§ 99 Geschäftsstelle

**Kapitel 9**
**Beschwerdeweg und Rechtsschutz**
§ 100 Anträge und Beschwerden
§ 101 Vertretung des Dienstherrn (§ 54 BeamtStG)
§ 102 Zustellung von Verfügungen und Entscheidungen

**Kapitel 10**
**Besondere Vorschriften für einzelne Beamtengruppen**
§ 103 Allgemeines

**Abschnitt 1**
**Beamtinnen und Beamte beim Landtag**
§ 104 Zuständigkeiten

**Abschnitt 2**
**Polizeivollzugsbeamtinnen und Polizeivollzugsbeamte**
§ 105 Laufbahnen
§ 106 Altersgrenze
§ 107 Polizeidienstunfähigkeit
§ 108 Gemeinschaftsunterkunft und -verpflegung
§ 109 Dienstausrüstung
§ 110 Dienstkleidung
§ 111 Betreuung bei Übungen und besonderen Einsätzen

§ 112 (weggefallen)
§ 113 Verbot der politischen Betätigung in Uniform

**Abschnitt 3**
**Beamtinnen und Beamte des feuerwehrtechnischen Dienstes**
§ 114 Altersgrenze, Dienstausrüstung und Dienstkleidung

**Abschnitt 4**
**Beamtinnen und Beamte des Justizvollzugsdienstes**
§ 115 Altersgrenze

**Abschnitt 5**
**Politische Beamtinnen und politische Beamte**
§ 116 Zuständigkeiten

**Abschnitt 6**
**Mitglieder des Landesrechnungshofs**
§ 117 Anwendung von Vorschriften

**Abschnitt 7**
**Steuerverwaltung**
§ 118 Beamtinnen und Beamte der Steuerverwaltung

**Kapitel 11**
**Finanzielles Dienstrecht**
§§ 119–121 *[aufgehoben]*
§ 122 Inanspruchnahme von Einrichtungen, Personal oder Material, Ablieferungspflicht

**Kapitel 12**
**Übergangs- und Schlussvorschriften**
§ 123 Übergangsregelung für Beamtinnen auf Probe und Beamte auf Probe
§ 124 Zuordnung der Laufbahngruppen
§ 125 (weggefallen)

**Kapitel 1**
**Allgemeine Vorschriften**

**§ 1 Geltungsbereich**
Dieses Gesetz gilt für die Beamtinnen und Beamten des Landes, der Gemeinden, der Verbandsgemeinden, der Landkreise und der der Aufsicht des Landes unterstehenden anderen Körperschaften, Anstalten und Stiftungen des öffentlichen Rechts, soweit durch Gesetz nichts anderes bestimmt ist.

**§ 2 Verleihung der Dienstherrnfähigkeit durch Satzung (§ 2 BeamtStG)**
¹Dienstherrnfähigkeit darf durch Satzung verliehen werden. ²Die Satzung bedarf der vorherigen Genehmigung der obersten Aufsichtsbehörde, die im Einvernehmen mit dem für Beamtenrecht zuständigen Ministerium entscheidet.

**§ 3 Begriffsbestimmungen**
(1) ¹Beamtinnen und Beamte, die das Land zum Dienstherrn haben, sind unmittelbare Landesbeamtinnen und unmittelbare Landesbeamte. ²Alle übrigen Beamtinnen und Beamten sind mittelbare Landesbeamtinnen und mittelbare Landesbeamte.

(2) ¹Oberste Dienstbehörde ist die oberste Behörde des Dienstherrn, in dessen Dienstbereich die Beamtin oder der Beamte ein Amt bekleidet. ²Als oberste Dienstbehörde einer Ruhestandsbeamtin oder eines Ruhestandsbeamten, einer oder eines sonstigen Versorgungsberechtigten oder einer früheren Beamtin oder eines früheren Beamten gilt die Behörde, die zuletzt oberste Dienstbehörde der Beamtin oder des Beamten war.

(3) ¹Dienstvorgesetzte oder Dienstvorgesetzter ist, wer für beamtenrechtliche Entscheidungen über die persönlichen Angelegenheiten der Beamtin oder des Beamten zuständig ist. ²Nach Beendigung des Beamtenverhältnisses nimmt diese Aufgaben die oder der letzte Dienstvorgesetzte wahr.

(4) Vorgesetzte oder Vorgesetzter ist, wer der Beamtin oder dem Beamten für die dienstliche Tätigkeit Anordnungen erteilen kann.

(5) ¹Wer Dienstvorgesetzte oder Dienstvorgesetzter und wer Vorgesetzte oder Vorgesetzter ist, richtet sich nach dem Aufbau der öffentlichen Verwaltung. ²Ist eine Dienstvorgesetzte oder ein Dienstvorgesetzter nicht vorhanden und ist nicht durch gesetzliche Regelung geregelt, wer diese Aufgaben wahrnimmt, so bestimmt für die unmittelbaren Landesbeamtinnen und unmittelbaren Landesbeamten die zuständige oberste Dienstbehörde, im Übrigen die oberste Aufsichtsbehörde, wer für die beamtenrechtlichen Entscheidungen in Bezug auf die Beamtin oder den Beamten zuständig ist.

(6) Fachministerium im Sinne dieses Gesetzes ist die oberste Landesbehörde, der die in der jeweiligen Laufbahn überwiegend zu erledigende Fachaufgabe als Ressortzuständigkeit zugewiesen ist.

(7) Aufsichtsbehörde im Sinne dieses Gesetzes ist die jeweilige Rechtsaufsichtsbehörde.

*Kapitel 2*
**Beamtenverhältnis**

### § 4 Vorbereitungsdienst

(1) Der Vorbereitungsdienst kann entweder im Beamtenverhältnis auf Widerruf oder in einem öffentlich-rechtlichen Ausbildungsverhältnis abgeleistet werden.

(2) ¹Für Beamtinnen auf Widerruf und Beamte auf Widerruf finden die §§ 64, 66, 67 und 72 keine Anwendung. ²Die §§ 65 und 65a gelten mit der Maßgabe, dass die Teilzeitbeschäftigung oder die Beurlaubung nach der Struktur der Ausbildung möglich ist und der Erfolg der Ausbildung nicht gefährdet wird.

(3) ¹Auf die Auszubildenden, die ihren Vorbereitungsdienst in einem öffentlich-rechtlichen Ausbildungsverhältnis ableisten, sind mit Ausnahme von § 7 Abs. 1 Nr. 2 und § 33 Abs. 1 Satz 3 des Beamtenstatusgesetzes sowie § 3 des Besoldungs- und Versorgungsrechtsergänzungsgesetzes des Landes Sachsen-Anhalt die für Beamtinnen auf Widerruf und Beamte auf Widerruf geltenden Vorschriften entsprechend anzuwenden, soweit durch gesetzliche Regelung nichts anderes bestimmt wird. ²Wer sich gegen die freiheitlich demokratische Grundordnung im Sinne des Grundgesetzes betätigt, darf nicht in den Vorbereitungsdienst aufgenommen werden. ³Anstelle des Diensteides ist eine Verpflichtung im Sinne des § 1 des Verpflichtungsgesetzes abzugeben.

### § 5 Beamtinnen auf Probe und Beamte auf Probe in Ämtern mit leitender Funktion (§§ 4, 22 BeamtStG)

(1) ¹Ein Amt mit leitender Funktion wird zunächst unter Berufung in das Beamtenverhältnis auf Probe übertragen. ²Die regelmäßige Probezeit dauert zwei Jahre. ³Zeiten, in denen die Beamtin oder der Beamte die leitende Funktion bereits wahrgenommen hat, können auf die Probezeit angerechnet werden. ⁴Die Probezeit kann auch neben einer Anrechnung nach Satz 3 verkürzt werden; die Mindestprobezeit beträgt ein Jahr. ⁵Eine Verlängerung der Probezeit ist nicht zulässig.

(2) ¹Ämter mit leitender Funktion im Sinne des Absatzes 1 sind die Ämter
1. der Abteilungsleiterinnen und Abteilungsleiter der obersten Landesbehörden,
2. der Leiterinnen und Leiter der Landesbehörden, wenn diese mindestens in die Besoldungsgruppe A 16 eingestuft sind, und
3. der stellvertretenden Leiterinnen und stellvertretenden Leiter der den obersten Landesbehörden unmittelbar nachgeordneten Behörden, wenn diese der Besoldungsordnung B angehören.

²Satz 1 gilt nicht für die Ämter von Mitgliedern des Landesrechnungshofs sowie für die in § 41 genannten Ämter.

(3) In ein Amt mit leitender Funktion darf nur berufen werden, wer
1. sich in einem Beamtenverhältnis auf Lebenszeit oder in einem Richterverhältnis auf Lebenszeit zum selben Dienstherrn befindet und
2. in dieses Amt auch als Beamtin auf Lebenszeit oder Beamter auf Lebenszeit berufen werden könnte.

(4) ¹Das Beamtenverhältnis auf Lebenszeit oder das Richterverhältnis auf Lebenszeit besteht neben dem Beamtenverhältnis auf Probe fort. ²Vom Tage der Ernennung an ruhen für die Dauer der Probezeit die Rechte und Pflichten aus dem Amt, das der Beamtin oder dem Beamten zuletzt im Beamtenverhältnis auf Lebenszeit oder im Richterverhältnis auf Lebenszeit übertragen worden ist, mit Ausnahme der Pflicht zur Verschwiegenheit und des Verbotes der Annahme von Belohnungen, Geschenken und sonstigen Vorteilen. ³Dienstvergehen, die mit Bezug auf das Beamtenverhältnis auf Lebenszeit oder das Richterverhältnis auf Lebenszeit oder das Beamtenverhältnis auf Probe begangen worden sind, werden so verfolgt, als stünde die Beamtin oder der Beamte nur im Beamtenverhältnis auf Lebenszeit oder im Richterverhältnis auf Lebenszeit.

(5) ¹Wird die Beamtin oder der Beamte während der Probezeit in ein anderes Amt mit leitender Funktion versetzt oder umgesetzt, das in dieselbe Besoldungsgruppe eingestuft ist wie das zuletzt übertragene Amt mit leitender Funktion, so läuft die Probezeit weiter. ²Wird der Beamtin oder dem Beamten ein höher eingestuftes Amt mit leitender Funktion übertragen, so beginnt eine erneute Probezeit.

(6) ¹Mit dem erfolgreichen Abschluss der Probezeit ist der Beamtin oder dem Beamten das Amt mit leitender Funktion im Beamtenverhältnis auf Lebenszeit zu übertragen. ²Einer Richterin oder einem Richter darf das Amt mit leitender Funktion im Beamtenverhältnis auf Lebenszeit nur übertragen werden, wenn sie oder er die Entlassung aus dem Richterverhältnis schriftlich verlangt. ³Wird nach Ablauf der Probezeit das Amt mit leitender Funktion nicht auf Dauer übertragen, so endet der Anspruch auf Besoldung aus diesem Amt. ⁴Auch weitere Ansprüche aus diesem Amt bestehen nicht.

### § 6 Ehrenbeamtinnen und Ehrenbeamte (§ 5 BeamtStG)

(1) Für Ehrenbeamtinnen und Ehrenbeamte gilt dieses Gesetz nach Maßgabe der Absätze 2 bis 5.

(2) ¹Nach Erreichen der Altersgrenze nach § 39 Abs. 1 Satz 1 können Ehrenbeamtinnen und Ehrenbeamte verabschiedet werden. ²Sie sind zu verabschieden, wenn sie dienstunfähig sind oder als dienstunfähig angesehen werden können. ³Das Ehrenbeamtenverhältnis endet auch ohne Verabschiedung durch Zeitablauf, wenn es für eine bestimmte Amtszeit begründet worden ist. ⁴Es endet ferner durch Abberufung, wenn diese durch gesetzliche Regelung zugelassen ist.

(3) Auf Ehrenbeamtinnen und Ehrenbeamte sind die Vorschriften über das Erlöschen privatrechtlicher Arbeitsverhältnisse (§ 8 Abs. 9), die Laufbahnen (§§ 13 bis 28), die Abordnung und Versetzung (§§ 29 bis 31), die Ernennung und Entlassung nach Erreichen der Altersgrenze (§ 23 Abs. 1 Satz 1 Nr. 5 des Beamtenstatusgesetzes), den Aufenthalt in erreichbarer Nähe (§ 59), die Arbeitszeit (§ 63), die Nebentätigkeiten (§§ 75, 76 und 122), den Arbeitsschutz (§ 83) sowie die sonstigen mit der Rechtsnatur des Ehrenbeamtenverhältnisses unvereinbaren allgemeinen Regelungen nicht anzuwenden.

(4) Die Ernennung einer Ehrenbeamtin oder eines Ehrenbeamten ist nichtig, wenn die oder der Ernannte im Zeitpunkt der Ernennung nach einer gesetzlichen Regelung über die Unvereinbarkeit des Ehrenamtes mit einer anderen Tätigkeit nicht ernannt werden durfte.

(5) ¹Ehrenbeamtinnen und Ehrenbeamte sind entlassen, wenn sie nach der Ernennung eine Tätigkeit aufnehmen, die nach einer gesetzlichen Regelung mit dem Ehrenamt unvereinbar ist. ²§ 33 Abs. 1 gilt entsprechend.

(6) Im Übrigen regeln sich die Rechtsverhältnisse nach den für die Ehrenbeamtinnen und Ehrenbeamten geltenden besonderen gesetzlichen Regelungen.

### § 7 Beamtinnen auf Zeit und Beamte auf Zeit (§§ 4, 6 BeamtStG)

(1) ¹Ein Beamtenverhältnis auf Zeit kann nur begründet werden, wenn dies durch Gesetz bestimmt ist. ²Die Vorschriften des Kapitels 3 finden keine Anwendung.

(2) ¹Soweit durch Gesetz nichts anderes bestimmt ist, tritt die Beamtin auf Zeit oder der Beamte auf Zeit vor Erreichen der Altersgrenze mit Ablauf der Zeit, für die sie oder er ernannt ist, in den Ruhestand. ²Wird sie oder er entlassen, endet das Beamtenverhältnis mit dem Zeitpunkt der Entlassung. ³Das Beamtenverhältnis auf Zeit endet nicht, wenn die Beamtin auf Zeit oder der Beamte auf Zeit im Anschluss an ihre oder seine Amtszeit für eine weitere Amtszeit erneut in ein Beamtenverhältnis auf Zeit

berufen wird. ⁴Eine Beamtin auf Zeit oder ein Beamter auf Zeit im einstweiligen Ruhestand befindet sich mit Ablauf der Amtszeit dauernd im Ruhestand.

### § 8 Zuständigkeiten, Wirkung der Ernennung (§ 8 BeamtStG)

(1) ¹Die Ministerpräsidentin oder der Ministerpräsident ist zuständig für die Ernennung und Entlassung der unmittelbaren Landesbeamtinnen und unmittelbaren Landesbeamten einschließlich deren Versetzung in den Ruhestand. ²Die Ministerpräsidentin oder der Ministerpräsident kann die Ausübung dieser Befugnisse übertragen.

(2) Für die nicht in Absatz 1 genannten dienstrechtlichen Maßnahmen ist die oder der Dienstvorgesetzte zuständig, soweit durch gesetzliche Regelungen nichts anderes bestimmt ist.

(3) Die oberste Dienstbehörde kann durch allgemeine Anordnung Zuständigkeiten, die der oder dem Dienstvorgesetzten obliegen, der oder dem höheren Dienstvorgesetzten übertragen oder sich vorbehalten.

(4) ¹Die mittelbaren Landesbeamtinnen und mittelbaren Landesbeamten werden von der obersten Dienstbehörde ernannt, entlassen und in den Ruhestand versetzt, soweit durch gesetzliche Regelung nichts anderes bestimmt ist. ²Für die nicht in Satz 1 genannten dienstrechtlichen Maßnahmen ist die oder der Dienstvorgesetzte zuständig, soweit nichts anderes bestimmt ist.

(5) Ausnahmen nach § 7 Abs. 3 des Beamtenstatusgesetzes lässt die oberste Dienstbehörde zu.

(6) Einer Ernennung bedarf es auch bei der Verleihung eines anderen Amtes mit anderer Amtsbezeichnung beim Wechsel der Laufbahngruppe.

(7) Eine Ernennung in elektronischer Form ist ausgeschlossen.

(8) Die Ernennung wird mit dem Tag der Aushändigung der Ernennungsurkunde wirksam, wenn nicht in der Urkunde ausdrücklich ein späterer Tag bestimmt ist.

(9) ¹Mit der Begründung des Beamtenverhältnisses erlischt ein privatrechtliches Arbeitsverhältnis zum Dienstherrn. ²Das Arbeitsverhältnis lebt wieder auf, falls die Rücknahme der Ernennung nicht nach § 12 Abs. 1 Nrn. 1 und 2 des Beamtenstatusgesetzes erfolgt ist.

### § 8a Einstellungsaltersgrenzen

¹Bei der Einstellung in ein Beamtenverhältnis auf Probe oder auf Lebenszeit dürfen Bewerberinnen und Bewerber das Lebensjahr, das 22 Jahre vor dem für die jeweilige Laufbahn gesetzlich festgelegten Zeitpunkt des Eintritts in den Ruhestand wegen Erreichens der Altersgrenze liegt, noch nicht vollendet haben. ²Satz 1 gilt nicht

1. für Inhaberinnen und Inhaber eines Eingliederungs- oder Zulassungsscheins nach § 9 Abs. 1 und 2 des Soldatenversorgungsgesetzes und in den Fällen des § 7 Abs. 6 des Soldatenversorgungsgesetzes,
2. bei der Übernahme aus einem Beamten- oder Richterverhältnis zu einem anderen Dienstherrn, sofern die Versorgungslasten vom abgebenden Dienstherrn abgefunden werden,
3. bei der Übernahme aus einem Richterverhältnis zum Land in ein Beamtenverhältnis zum Land,
4. bei einer erneuten Berufung in das Beamtenverhältnis nach einer Versetzung in den Ruhestand gemäß § 18 Abs. 2, § 26 oder § 31 des Beamtenstatusgesetzes,
5. für die in § 41 genannten Beamtinnen und Beamten,
6. für Professorinnen und Professoren bis zur Vollendung des 52. Lebensjahres,
7. bei einer Verlängerung des Vorbereitungsdienstes im Einzelfall, wenn die Bewerberin oder der Bewerber im Geltungsbereich dieses Gesetzes bereits im Beamtenverhältnis auf Widerruf oder in einem öffentlich-rechtlichen Ausbildungsverhältnis stand und innerhalb von 30 Tagen in ein Beamtenverhältnis auf Probe berufen wird.

### § 9 Stellenausschreibung

¹Bewerberinnen und Bewerber sind durch Stellenausschreibung zu ermitteln. ²Dies gilt nicht für die in § 5 Abs. 2 und § 41 genannten Ämter und für die Stellen mittelbarer Landesbeamtinnen und mittelbarer Landesbeamten.

### § 10 Feststellung der gesundheitlichen Eignung, Sprachkenntnisse

(1) ¹Die gesundheitliche Eignung für die Berufung in
1. das Beamtenverhältnis auf Lebenszeit oder
2. ein anderes Beamtenverhältnis mit dem Ziel der späteren Verwendung in dem Beamtenverhältnis auf Lebenszeit

zum Land ist aufgrund eines Gutachtens der zentralen ärztlichen Untersuchungsstelle festzustellen. ²Die oberste Dienstbehörde oder die von ihr bestimmte Behörde kann ärztliche Gutachten von Amtsärztinnen oder Amtsärzten oder anderen als Gutachterinnen oder Gutachter beauftragten Ärztinnen oder Ärzten zulassen. ³Die begutachtende Ärztin oder der begutachtende Arzt kann erforderlichenfalls Fachärztinnen oder Fachärzte hinzuziehen. ⁴Für die Berufung als mittelbare Landesbeamtin oder mittelbarer Landesbeamter gelten die Sätze 1 bis 3 mit der Maßgabe, dass die gesundheitliche Eignung in der Regel aufgrund eines amtsärztlichen Gutachtens festzustellen ist. ⁵Die Kosten der Untersuchungen zur Feststellung der gesundheitlichen Eignung trägt der Dienstherr.
(2) Die deutsche Sprache muss in dem für die Wahrnehmung der Amtsaufgaben erforderlichen Maß beherrscht werden.

## § 11 Feststellung der Nichtigkeit der Ernennung, Verbot der Führung der Dienstgeschäfte (§ 11 BeamtStG)

(1) ¹Die Nichtigkeit der Ernennung wird von der obersten Dienstbehörde oder der von ihr bestimmten Behörde festgestellt. ²Die Feststellung der Nichtigkeit ist der Beamtin oder dem Beamten oder den versorgungsberechtigten Hinterbliebenen schriftlich bekannt zu geben.
(2) ¹Sobald der Grund für die Nichtigkeit bekannt wird, kann der oder dem Ernannten jede weitere Führung der Dienstgeschäfte verboten werden, im Falle der Nichtigkeit der Ernennung zur Begründung des Beamtenverhältnisses ist sie zu verbieten. ²Das Verbot der Führung der Dienstgeschäfte darf nur ausgesprochen werden, soweit die Ernennung nicht nach § 11 Abs. 2 des Beamtenstatusgesetzes von Anfang an wirksam ist.
(3) Die bis zum Verbot der Führung der Dienstgeschäfte vorgenommenen Amtshandlungen sind gültig.
(4) Leistungen, die der oder dem Ernannten gewährt wurden, können belassen werden.

## § 12 Rücknahme der Ernennung (§ 12 BeamtStG)

(1) ¹Die Rücknahme der Ernennung wird von der für die Ernennung zuständigen Behörde erklärt. ²Die Erklärung ist der Beamtin oder dem Beamten schriftlich, aber nicht in elektronischer Form bekannt zu geben. ³In den Fällen des § 12 Abs. 1 Nrn. 3 und 4 des Beamtenstatusgesetzes soll die Rücknahme innerhalb einer Frist von sechs Monaten erfolgen; sie beginnt, wenn die für die Ernennung zuständige Stelle Kenntnis von der Ablehnung der nachträglichen Erteilung einer Ausnahme durch die nach § 8 Abs. 5 zuständige Stelle oder der Ablehnung der Nachholung der Mitwirkung durch den Landespersonalausschuss hat. ⁴Die Rücknahme der Ernennung ist auch nach Beendigung des Beamtenverhältnisses zulässig.
(2) § 11 Abs. 3 und 4 gilt entsprechend.

*Kapitel 3*
**Laufbahn**

## § 13 Laufbahn

(1) Eine Laufbahn umfasst alle Ämter, die derselben Fachrichtung und derselben Laufbahngruppe angehören.
(2) ¹Die Laufbahnen werden den Laufbahngruppen 1 oder 2 zugeordnet. ²Zur Laufbahngruppe 2 gehören alle Laufbahnen, die einen Hochschulabschluss oder einen gleichwertigen Bildungsstand voraussetzen. ³Zur Laufbahngruppe 1 gehören alle übrigen Laufbahnen. ⁴In den Laufbahngruppen werden abhängig von der Vor- und Ausbildung unterschiedliche Einstiegsämter festgelegt.
(3) ¹In der Laufbahngruppe 1 sind die ersten Einstiegsämter der Besoldungsgruppe A 4 und die zweiten Einstiegsämter der Besoldungsgruppe A 6 zugeordnet. ²Endämter der Laufbahngruppe 1 sind diejenigen der Besoldungsgruppe A 9. ³In der Laufbahngruppe 2 sind die ersten Einstiegsämter der Besoldungsgruppe A 9 und die zweiten Einstiegsämter der Besoldungsgruppe A 13 zugeordnet. ⁴Endämter der Laufbahngruppe 2 sind diejenigen der Besoldungsgruppe B 9. ⁵Die Sätze 1 und 3 gelten, soweit im Landesbesoldungsgesetz nichts anderes bestimmt ist.
(4) ¹In den Laufbahnverordnungen sind die Laufbahnen, die regelmäßig zu durchlaufenden Ämter und für einzelne Laufbahnen von Absatz 3 abweichende Einstiegsämter und Endämter zu bestimmen. ²Die Bestimmung abweichender Einstiegsämter ist nur möglich, wenn in den Einstiegsämtern Anforde-

rungen gestellt werden, die bei sachgerechter Bewertung die Zuweisung in eine höhere Besoldungsgruppe erfordern.

## § 14 Zugangsvoraussetzungen zu den Laufbahnen

(1) Für den Zugang zu Laufbahnen der Laufbahngruppe 1 sind für das erste Einstiegsamt mindestens zu fordern
1. als Bildungsvoraussetzung der Hauptschulabschluss oder ein als gleichwertig anerkannter Bildungsstand und
2. als sonstige Voraussetzung ein abgeschlossener Vorbereitungsdienst oder eine abgeschlossene für die Laufbahn qualifizierende Berufsausbildung, bei Laufbahnen mit besonderen Anforderungen ein abgeschlossener Vorbereitungsdienst und eine für die Laufbahn qualifizierende abgeschlossene Berufsausbildung.

(2) Für den Zugang zu Laufbahnen der Laufbahngruppe 1 sind für das zweite Einstiegsamt mindestens zu fordern
1. als Bildungsvoraussetzung
   a) der Realschulabschluss,
   b) der Hauptschulabschluss und eine abgeschlossene für die Laufbahn qualifizierende Berufsausbildung,
   c) der Hauptschulabschluss und eine Ausbildung in einem öffentlich-rechtlichen Ausbildungsverhältnis oder
   d) ein als gleichwertig anerkannter Bildungsstand und
2. als sonstige Voraussetzung
   a) eine abgeschlossene für die Laufbahn qualifizierende Berufsausbildung und eine für die Laufbahn qualifizierende hauptberufliche Tätigkeit,
   b) ein mit einer Laufbahnprüfung abgeschlossener Vorbereitungsdienst oder eine inhaltlich dessen Anforderungen entsprechende abgeschlossene berufliche Ausbildung oder Fortbildung oder
   c) bei Laufbahnen mit besonderen Anforderungen eine abgeschlossene für die Laufbahn qualifizierende Berufsausbildung und ein abgeschlossener Vorbereitungsdienst.

(3) Für den Zugang zu Laufbahnen der Laufbahngruppe 2 sind für das erste Einstiegsamt mindestens zu fordern
1. als Bildungsvoraussetzung ein zum Hochschulstudium berechtigender Bildungsstand und
2. als sonstige Voraussetzung
   a) ein mit einer Laufbahnprüfung abgeschlossener Vorbereitungsdienst,
   b) ein mit einem Bachelorgrad oder einem gleichwertigen Abschluss abgeschlossenes Hochschulstudium, das die wissenschaftlichen Erkenntnisse und Methoden sowie die berufspraktischen Fähigkeiten und Kenntnisse vermittelt, die zur Erfüllung der Aufgaben in der Laufbahn erforderlich sind, oder
   c) ein mit einem Bachelorgrad oder einem gleichwertigen Abschluss abgeschlossenes Hochschulstudium und eine für die Laufbahn qualifizierende hauptberufliche Tätigkeit oder ein mit einer Laufbahnprüfung abgeschlossener Vorbereitungsdienst.

(4) [1]Für den Zugang zu Laufbahnen der Laufbahngruppe 2 sind für das zweite Einstiegsamt mindestens zu fordern
1. als Bildungsvoraussetzung ein mit einem Mastergrad oder einem gleichwertigen Abschluss abgeschlossenes Hochschulstudium und
2. als sonstige Voraussetzung eine für die Laufbahn qualifizierende hauptberufliche Tätigkeit oder ein mit einer Laufbahnprüfung abgeschlossener Vorbereitungsdienst.

[2]Die Voraussetzungen nach Satz 1 Nr. 2 entfallen, wenn das Hochschulstudium die wissenschaftlichen Erkenntnisse und Methoden sowie die berufspraktischen Fähigkeiten und Kenntnisse vermittelt, die zur Erfüllung der Aufgaben in der Laufbahn erforderlich sind. [3]Abweichend von Satz 1 wird die Befähigung für das zweite Einstiegsamt in der Laufbahn des allgemeinen Verwaltungsdienstes der Laufbahngruppe 2 auch durch einen Ausbildungsgang nach § 5 des Deutschen Richtergesetzes erworben.

(5) ¹Das Berufsqualifikationsfeststellungsgesetz Sachsen-Anhalt findet hinsichtlich seiner §§ 14b, 18 und 21 sinngemäß Anwendung. ²Die den in Artikel 56a Abs. 1 der Richtlinie 2005/36/EG genannten Berufen entsprechenden Laufbahnen sind in den Laufbahnverordnungen zu bezeichnen.
(6) ¹Die Verpflichtung zur Unterrichtung gemäß § 14b Abs. 1 des Berufsqualifikationsfeststellungsgesetzes Sachsen-Anhalt liegt vor, wenn
1. das Gericht gemäß § 57 Abs. 2 Satz 2 Nr. 1 des Disziplinargesetzes Sachsen-Anhalt auf Entfernung aus dem Dienst gemäß § 5 Abs. 1 Nr. 5 des Disziplinargesetzes Sachsen-Anhalt erkennt,
2. das Beamtenverhältnis gemäß § 24 Abs. 1 des Beamtenstatusgesetzes endet,
3. die Ernennung gemäß § 12 Abs. 1 Nr. 2 des Beamtenstatusgesetzes zurückgenommen wird oder
4. die für die Erhebung der Disziplinarklage zuständige Behörde eine vorläufige Dienstenthebung nach § 38 Abs. 1 Satz 1 des Disziplinargesetzes Sachsen-Anhalt verfügt
und der Entscheidung ein Verhalten der Beamtin oder des Beamten zugrunde liegt, das mit der Ausübung der beruflichen Tätigkeit nach Artikel 56a Abs. 1 der Richtlinie 2005/36/EG im Zusammenhang steht. ²Zuständige Stelle für die Entgegennahme einer Vorwarnung ist das jeweilige Fachministerium für die Laufbahn. ³Zuständige Stelle für Mitteilungen über Entscheidungen zu Satz 1 Nrn. 2 bis 4 ist der Dienstvorgesetzte.

### § 15 Horizontaler Laufbahnwechsel

(1) Bewerberinnen und Bewerber, die nach den Vorschriften eines Landes oder des Bundes die Befähigung für eine Laufbahn erworben haben, besitzen die Befähigung für eine andere Laufbahn, wenn die Laufbahnen einander entsprechen oder gleichwertig sind.
(2) Laufbahnen entsprechen einander, wenn ihre Zugangsvoraussetzungen und die Art und der Inhalt der Ausbildung nur geringfügig voneinander abweichen.
(3) Laufbahnen sind einander gleichwertig, wenn die Einstiegsämter vergleichbar sind und die Befähigung für die neue Laufbahn aufgrund der bisherigen Laufbahnbefähigung und Tätigkeit vorhanden ist oder durch eine Einführung erworben werden kann.
(4) ¹Das für die neue Laufbahn zuständige Fachministerium stellt im Einzelfall auf Antrag der obersten Dienstbehörde, in deren Bereich die Bewerberin oder der Bewerber versetzt, eingestellt oder künftig verwendet werden soll, fest, ob die Voraussetzungen der Absätze 2 oder 3 vorliegen. ²Es kann bei gleichwertigen Laufbahnen bestimmen, dass eine Einführung in die Aufgaben der neuen Laufbahn zu erfolgen hat; in diesem Fall legt es im Einvernehmen mit dem für Beamtenrecht zuständigen Ministerium die Einzelheiten fest. ³Erst wenn die festgelegte Einführung absolviert wurde, ist die Übertragung eines Amtes der neuen Laufbahn zulässig.
(5) Das zuständige Fachministerium kann auch durch allgemeine Anordnung feststellen, dass Laufbahnen einander entsprechen oder gleichwertig sind.

### § 16 Laufbahnwechsel bei abgeschlossenem Hochschulstudium

(1) ¹Beamtinnen und Beamte, die neben ihrer bisherigen Laufbahnbefähigung über ein für eine andere Laufbahn der Laufbahngruppe 2 erforderliches abgeschlossenes Hochschulstudium verfügen, können zum Erwerb der für die andere Laufbahn notwendigen weiteren Befähigung nach § 14 Abs. 3 oder 4 zugelassen werden, sofern ein dienstliches Interesse besteht. ²Die Zulassung setzt die erfolgreiche Teilnahme an einem Auswahlverfahren voraus.
(2) ¹Die ausgewählten Beamtinnen und Beamten nehmen an dem für die andere Laufbahn und das jeweilige Einstiegsamt eingerichteten Vorbereitungsdienst teil und legen die Laufbahnprüfung ab. ²Wenn kein Vorbereitungsdienst eingerichtet ist, leisten sie die vorgeschriebene hauptberufliche Tätigkeit. ³Während dieser Zeit verbleiben sie in ihrer bisherigen beamtenrechtlichen Stellung. ⁴In den Fällen des Satzes 2 ist die Befähigung durch das Fachministerium im Einvernehmen mit dem für das Beamtenrecht zuständigen Ministerium festzustellen.
(3) ¹Die Beamtinnen und Beamten können das jeweilige Einstiegsamt der anderen Laufbahn versetzt werden, wenn sie sich nach dem Erwerb der Befähigung in der Wahrnehmung von Aufgaben der neuen Laufbahn bewährt haben. ²Die Bewährungszeit beträgt sechs Monate. ³§ 19 Satz 2 gilt entsprechend.

## § 17 Erwerb der Laufbahnbefähigung aufgrund der Richtlinie 2005/36/EG und in Drittstaaten erworbener Berufsqualifikationen

¹Die Laufbahnbefähigung kann auch aufgrund
1. der Richtlinie 2005/36/EG des Europäischen Parlaments und des Rates vom 7. September 2005 über die Anerkennung von Berufsqualifikationen (ABl. L 255 vom 30.9.2005, S. 22, ABl. L 271 vom 16.10.2007, S. 18, ABl. L 93 vom 4.4.2008, S. 28, ABl. L 33 vom 3.2.2009, S. 49), zuletzt geändert durch die Richtlinie 2013/55/EU (ABl. L 354 vom 28.12.2013, S. 132), oder
2. einer auf eine Tätigkeit in einer öffentlichen Verwaltung vorbereitenden Berufsqualifikation, die in einem von § 7 Abs. 1 Nr. 1 des Beamtenstatusgesetzes nicht erfassten Drittstaat erworben worden ist,

erworben werden. ²Das Nähere regeln die Laufbahnverordnungen.

## § 18 Andere Bewerberinnen und andere Bewerber

(1) ¹In das Beamtenverhältnis kann auch berufen werden, wer, ohne die vorgeschriebenen Zugangsvoraussetzungen zu erfüllen, die Befähigung für die Laufbahn durch Lebens- und Berufserfahrung innerhalb oder außerhalb des öffentlichen Dienstes erworben hat (andere Bewerberin oder anderer Bewerber). ²Dies gilt nicht, wenn eine bestimmte Vorbildung, Ausbildung oder Prüfung durch gesetzliche Regelung vorgeschrieben ist.

(2) ¹Die Befähigung von anderen Bewerberinnen oder anderen Bewerbern ist auf Antrag der obersten Dienstbehörde durch den Landespersonalausschuss festzustellen. ²Für Bewerberinnen und Bewerber, die sich zum Zeitpunkt der Feststellung der Befähigung nach Satz 1 in einem Beamtenverhältnis befinden, kann der Landespersonalausschuss eine Verkürzung der Probezeit aufgrund der in diesem Beamtenverhältnis absolvierten Probezeit zulassen. ³§ 20 Abs. 2 Satz 2 findet keine Anwendung.

## § 19 Einstellung im Beamtenverhältnis auf Probe

¹Eine Ernennung unter Begründung eines Beamtenverhältnisses auf Probe erfolgt grundsätzlich im Einstiegsamt. ²Bei entsprechenden beruflichen Erfahrungen oder sonstigen Qualifikationen, die zusätzlich zu den in § 14 geregelten Zugangsvoraussetzungen erworben wurden, oder bei erheblichem dienstlichen Interesse kann abweichend von Satz 1 im Einzelfall auch eine Einstellung in das Beamtenverhältnis auf Probe im jeweils ersten Beförderungsamt vorgenommen werden; das Nähere hinsichtlich der beruflichen Erfahrung und sonstiger Qualifikationen bestimmen die Laufbahnverordnungen. ³Der Landespersonalausschuss entscheidet über Ausnahmen bei Einstellungen über das erste Beförderungsamt hinaus und bei Einstellungen in besonderen Fällen, in denen die beruflichen Voraussetzungen im Sinne des Satzes 2 nicht vorliegen.

## § 20 Probezeit

(1) ¹Probezeit ist die Zeit im Beamtenverhältnis auf Probe, während der sich die Beamtinnen und Beamten bewähren sollen. ²§ 10 des Beamtenstatusgesetzes ist auch erfüllt, wenn die Beamtinnen und Beamten sich in einer gleichwertigen Laufbahn bewährt haben.

(2) ¹Die regelmäßige Probezeit dauert drei Jahre. ²Zeiten hauptberuflicher Tätigkeit innerhalb oder außerhalb des öffentlichen Dienstes können auf die Probezeit angerechnet werden, wenn die Tätigkeit nach Art und Bedeutung der Tätigkeit in der Laufbahn gleichwertig ist. ³Tätigkeiten innerhalb und außerhalb des öffentlichen Dienstes, die bereits auf den Vorbereitungsdienst angerechnet oder als hauptberufliche Tätigkeit nach § 14 berücksichtigt wurden, werden nicht auf die Probezeit angerechnet. ⁴Die Mindestprobezeit beträgt in der Laufbahngruppe 1 sechs Monate und in der Laufbahngruppe 2 ein Jahr. ⁵Der Landespersonalausschuss kann Ausnahmen von den Sätzen 1 und 4 zulassen.

(3) Eignung, Befähigung und fachliche Leistung der Beamtinnen und Beamten sind wiederholt zu beurteilen.

(4) Die Probezeit kann bis zu einer Höchstdauer von fünf Jahren verlängert werden.

(5) Beamtinnen und Beamte im Sinne des § 41 leisten keine Probezeit.

## § 21 Dienstliche Beurteilung

(1) ¹Eignung, Befähigung und fachliche Leistung der Beamtinnen und Beamten sind regelmäßig zu beurteilen. ²Sie können beurteilt werden, wenn es ein besonderer Anlass erfordert.

(2) ¹Das Nähere bestimmen die obersten Dienstbehörden für die Beamtinnen und Beamten ihres Geschäftsbereiches durch allgemeine Anordnung. ²Dabei können auch Ausnahmen von der Beurteilungspflicht für bestimmte Gruppen von Beamtinnen und Beamten vorgesehen werden.

## § 22 Beförderung

(1) ¹Beförderung ist eine Ernennung, durch die der Beamtin oder dem Beamten ein anderes Amt mit höherem Endgrundgehalt verliehen wird. ²Einer Beförderung steht es gleich, wenn der Beamtin oder dem Beamten eine Amtszulage nach § 40 Abs. 1 des Landesbesoldungsgesetzes gewährt wird. ³Die Verleihung von Ämtern ab der Besoldungsgruppe A 8 setzt für Beamtinnen und Beamte der Laufbahngruppe 1 eine besondere Qualifizierung voraus, wenn die Zugangsvoraussetzungen für das zweite Einstiegsamt der Laufbahngruppe 1 nicht vorliegen. ⁴Die Verleihung von Ämtern ab der Besoldungsgruppe B 2 setzt für Beamtinnen und Beamte der Laufbahngruppe 2 eine besondere Qualifizierung voraus, wenn die Zugangsvoraussetzungen für das zweite Einstiegsamt der Laufbahngruppe 2 nicht vorliegen. ⁵Die Anforderungen an diese Qualifizierung sind in den Laufbahnverordnungen allgemein festzulegen. ⁶Die Zuständigkeit für diese Regelungen kann in den Laufbahnverordnungen ganz oder teilweise auf die Fachministerien übertragen werden.

(2) Eine Beförderung ist nicht zulässig
1. während der Probezeit,
2. vor Ablauf eines Jahres seit Beendigung der Probezeit, es sei denn, die Beamtin oder der Beamte hat während der Probezeit die Leistungsanforderungen in einem außergewöhnlichen Maße übertroffen,
3. vor Feststellung der Eignung für einen höher bewerteten Dienstposten in einer Erprobungszeit von mindestens sechs Monaten Dauer; dies gilt nicht für die Beamtinnen und Beamten, die sich in Tätigkeiten eines Dienstpostens der höheren Bewertung bereits bewährt haben, für die Beamtinnen und Beamten nach § 41 sowie für die Mitglieder des Landesrechnungshofes,
4. vor Ablauf eines Jahres seit der letzten Beförderung, es sei denn, dass das derzeitige Amt nicht regelmäßig durchlaufen zu werden braucht.

(3) ¹Ämter, die regelmäßig zu durchlaufen sind, dürfen nicht übersprungen werden. ²Der Landespersonalausschuss kann Ausnahmen von Satz 1 und Absatz 2 zulassen.

## § 23 Beförderungssperre zwischen zwei Mandaten

¹Legen Beamtinnen oder Beamte, deren Rechte und Pflichten aus dem Dienstverhältnis ruhen oder die ohne Besoldung beurlaubt sind, ihr Mandat nieder und bewerben sie sich zu diesem Zeitpunkt erneut um ein Mandat im Europäischen Parlament, im Deutschen Bundestag oder in der gesetzgebenden Körperschaft eines Landes, ist eine Beförderung und eine Übertragung eines anderen Amtes beim Wechsel der Laufbahngruppe nicht zulässig. ²Satz 1 gilt entsprechend für die Zeit zwischen zwei Wahlperioden.

## § 24 Aufstieg

¹Beamtinnen und Beamte mit der Befähigung für eine Laufbahn der Laufbahngruppe 1 können auch ohne Erfüllung der für die Laufbahn vorgeschriebenen Zugangsvoraussetzungen durch Aufstieg eine Befähigung für eine Laufbahn der Laufbahngruppe 2 erwerben. ²Für den Aufstieg ist die erfolgreiche Ablegung einer Prüfung zu verlangen. ³Nach Maßgabe der Laufbahnverordnungen kann auch eine auf Ämter oder Verwendungsbereiche eingeschränkte Befähigung (Verwendungsaufstieg) erworben werden. ⁴Beim Verwendungsaufstieg kann auf die Ablegung einer Prüfung verzichtet werden.

## § 25 Fortbildung

¹Die Beamtinnen und Beamten sind verpflichtet, an der dienstlichen Fortbildung teilzunehmen und sich darüber hinaus selbst fortzubilden. ²Die berufliche Entwicklung in der Laufbahn und der Aufstieg setzen die erforderliche Fortbildung voraus. ³Der Dienstherr hat durch geeignete Maßnahmen für die Fortbildung der Beamtinnen und Beamten zu sorgen.

## § 26 Benachteiligungsverbot

(1) ¹Schwangerschaft, Mutterschutz, Elternzeit und die Betreuung von Kindern oder die Pflege einer oder eines pflegebedürftigen Angehörigen dürfen sich bei der Einstellung und der beruflichen Entwicklung nach Maßgabe der Absätze 2 und 3 nicht nachteilig auswirken. ²Die Pflegebedürftigkeit ist durch Vorlage einer Bescheinigung der Pflegekasse oder des Medizinischen Dienstes der Krankenversicherung nachzuweisen. ³Bei in der privaten Pflege-Pflichtversicherung versicherten Pflegebedürftigen ist ein entsprechender Nachweis zu erbringen.

(2) ¹Verzögert sich wegen der Geburt eines Kindes eine Bewerbung um Einstellung in den öffentlichen Dienst und haben sich nach der Geburt des Kindes oder während der Zeit seiner Betreuung die fach-

lichen Einstellungsvoraussetzungen erhöht, so ist die fachliche Eignung anhand der Anforderungen zu prüfen, die zum Zeitpunkt einer möglichen Bewerbung vor der Geburt des Kindes bestanden haben. ²Satz 1 gilt nur, wenn die Bewerbung vor Vollendung des dritten Lebensjahres des Kindes gestellt wird. ³Für die Berechnung des Zeitraums der Verzögerung sind die Fristen nach § 4 Abs. 1 des Bundeselterngeld- und Elternzeitgesetzes sowie nach § 3 Abs. 2 des Mutterschutzgesetzes zugrunde zu legen. ⁴Die Sätze 1 bis 3 gelten im Fall der Verzögerung einer Einstellung wegen der tatsächlichen Pflege einer oder eines nach ärztlichem Gutachten pflegebedürftigen sonstigen Angehörigen entsprechend.

(3) ¹Zum Ausgleich beruflicher Verzögerungen infolge
1. der Geburt oder der tatsächlichen Betreuung oder tatsächlichen Pflege eines Kindes unter 18 Jahren oder
2. der tatsächlichen Pflege einer oder eines nach ärztlichem Gutachten pflegebedürftigen sonstigen Angehörigen

kann die Beamtin oder der Beamte ohne Mitwirkung des Landespersonalausschusses abweichend von § 22 Abs. 2 während der Probezeit und vor Ablauf eines Jahres seit Beendigung der Probezeit befördert werden. ²Das Ableisten der vorgeschriebenen Probezeit bleibt unberührt.

(4) Die Absätze 2 und 3 sind für ehemalige Soldatinnen und ehemalige Soldaten, für ehemalige Zivildienstleistende und für Entwicklungshelferinnen und Entwicklungshelfer entsprechend anzuwenden.

## § 27 Laufbahnverordnungen

¹Die Landesregierung regelt durch Verordnung die Laufbahnen. ²Dabei sind insbesondere zu regeln
1. die Einrichtung und die Gestaltung der Laufbahnen sowie die Festlegung der regelmäßig zu durchlaufenden Ämter und der abweichenden Einstiegsämter und Endämter (§ 13),
2. besondere, für einzelne Laufbahnen fachlich bedingte Zugangsvoraussetzungen und den Erwerb der Laufbahnbefähigung,
3. das Rechtsverhältnis der oder des Betroffenen während der Ausbildung (§ 4), die Ausgestaltung und die Dauer eines Vorbereitungsdienstes sowie die Festsetzung der Dienstbezeichnungen während des Vorbereitungsdienstes,
4. die abzulegenden Laufbahnprüfungen, die Grundsätze der Bewertung von Prüfungsleistungen und sonstigen Leistungsnachweisen, die Wiederholung von Prüfungen und die Rechtsfolgen des Nichtbestehens; in den Laufbahnverordnungen kann die Zuständigkeit für diese Regelungen ganz oder teilweise auf die Fachministerien übertragen werden,
5. die Voraussetzungen für die Einstellung im jeweils ersten Beförderungsamt (§ 19),
6. die Ausgestaltung der Probezeit, die Voraussetzungen für ihre Verlängerung und der Umfang der Anrechnung von Zeiten hauptberuflicher Tätigkeit auf die Probezeit (§ 20),
7. die Voraussetzungen für Beförderungen (§ 22),
8. die Voraussetzungen für die Zulassung zum Aufstieg, die Gestaltung des Aufstiegsverfahrens und der Prüfung, den Erwerb der neuen Laufbahnbefähigung, die Übertragung eines Amtes der neuen Laufbahn sowie die Befähigungseinschränkungen beim Verwendungsaufstieg (§ 24) und die Durchführung und den Abschluss von nach bisherigem Recht bereits begonnenen Aufstiegsverfahren; in den Laufbahnverordnungen kann diese Zuständigkeit ganz oder teilweise auf die Fachministerien übertragen werden,
9. die Grundsätze der Fortbildung (§ 25),
10. die Einzelheiten des Benachteiligungsverbotes (§ 26),
11. den Nachteilsausgleich zugunsten von schwerbehinderten und diesen gleichgestellten Beamtinnen und Beamten und
12. die Laufbahnen, für die ein Befähigungserwerb nach § 17 Satz 1 Nr. 2 zulässig ist, sowie das Verfahren und die Voraussetzungen zum Erwerb der Laufbahnbefähigung; in den Laufbahnverordnungen kann die Zuständigkeit zur Regelung des Verfahrens und der Voraussetzungen auf die Fachministerien übertragen werden.

## § 28 Ausbildungs- und Prüfungsverordnungen

(1) ¹Das Fachministerium trifft im Einvernehmen mit dem für Beamtenrecht zuständigen Ministerium durch Verordnung Vorschriften über die Ausbildung und Prüfung. ²Dabei sollen insbesondere geregelt werden
1. die Voraussetzungen für die Zulassung zur Ausbildung,
2. die Ausgestaltung der Ausbildung, einschließlich der theoretischen und praktischen Ausbildung,
3. die Anrechnung von Zeiten einer für die Ausbildung förderlichen berufspraktischen Tätigkeit sowie sonstiger förderlicher Zeiten auf die Dauer der Ausbildung und
4. die Ausgestaltung von Prüfungen, insbesondere deren Abnahme, die Bewertung von Prüfungsleistungen, das Bestehen und Nichtbestehen sowie die Wiederholung von Prüfungen, Rechtsfolgen des Nichtbestehens, die Folgen von Versäumnissen und Unregelmäßigkeiten.

(2) ¹In der Verordnung nach Absatz 1 können für die Einstellung in ein Beamtenverhältnis auf Widerruf nach den besonderen Erfordernissen der Laufbahn Einstellungsaltersgrenzen festgelegt werden, wenn die Besonderheit der Laufbahn und die wahrzunehmenden Tätigkeiten dies erfordern. ²Die Festlegung ist so zu gestalten, dass eine Einstellung in ein Beamtenverhältnis auf Probe nach Beendigung des Vorbereitungsdienstes noch möglich ist. ³Dies gilt nicht, wenn die Ablegung einer Laufbahnprüfung Voraussetzung für die Aufnahme einer beruflichen Tätigkeit außerhalb eines Beamtenverhältnisses ist.

(3) Die zeitweise oder dauerhafte Zusammenarbeit mit geeigneten Bildungseinrichtungen anderer Dienstherren auch außerhalb des Landes zur teilweisen oder vollständigen Durchführung der Ausbildung und Prüfung auf der Grundlage der nach Absatz 1 zu treffenden Vorschriften ist zulässig, wenn und soweit dies in der Verordnung nach Absatz 1 Satz 1 vorgesehen ist.

## Kapitel 4
### Abordnung, Versetzung und Körperschaftsumbildung

## § 29 Grundsatz

¹Abordnungen und Versetzungen werden von der abgebenden Stelle verfügt. ²Ist mit der Abordnung oder Versetzung ein Wechsel des Dienstherrn verbunden, darf sie nur nach schriftlichem oder elektronisch erteiltem Einverständnis des aufnehmenden Dienstherrn verfügt werden.

## § 30 Abordnung

(1) Beamtinnen und Beamte können aus dienstlichen Gründen vorübergehend ganz oder teilweise zu einer ihrem Amt entsprechenden Tätigkeit an eine andere Dienststelle desselben oder eines anderen Dienstherrn abgeordnet werden.

(2) ¹Aus dienstlichen Gründen ist eine Abordnung vorübergehend ganz oder teilweise auch zu einer nicht dem Amt entsprechenden Tätigkeit zulässig, wenn der Beamtin oder dem Beamten die Wahrnehmung der neuen Tätigkeit aufgrund der Vorbildung oder Berufsausbildung zuzumuten ist. ²Dabei ist auch die Abordnung zu einer Tätigkeit, die nicht einem Amt mit demselben Endgrundgehalt entspricht, zulässig. ³Die Abordnung nach den Sätzen 1 und 2 bedarf der Zustimmung der Beamtin oder des Beamten, wenn sie die Dauer von zwei Jahren übersteigt.

(3) ¹Die Abordnung zu einem anderen Dienstherrn bedarf der Zustimmung der Beamtin oder des Beamten. ²Abweichend von Satz 1 ist die Abordnung auch ohne Zustimmung zulässig, wenn die neue Tätigkeit einem Amt mit demselben Endgrundgehalt entspricht und die Abordnung die Dauer von fünf Jahren nicht übersteigt.

(4) Werden Beamtinnen oder Beamte zu einem anderen Dienstherrn abgeordnet, finden auf sie die für den Bereich des aufnehmenden Dienstherrn geltenden Vorschriften über die Rechte und Pflichten der Beamtinnen und Beamten entsprechende Anwendung, soweit zwischen den Dienstherren nichts anderes vereinbart ist oder das den beamtenrechtlichen Status erfassende Grundverhältnis der Beamtin oder des Beamten nicht berührt ist.

## § 31 Versetzung

(1) Beamtinnen und Beamte können auf ihren Antrag oder aus dienstlichen Gründen in ein Amt einer Laufbahn versetzt werden, für die sie die Befähigung besitzen.

(2) ¹Aus dienstlichen Gründen können Beamtinnen und Beamte auch ohne ihre Zustimmung in ein Amt mit mindestens demselben Endgrundgehalt derselben oder einer anderen Laufbahn, auch im Bereich eines anderen Dienstherrn, versetzt werden. ²Besitzen die Beamtinnen und Beamten nicht die Befähigung für die andere Laufbahn, sind sie verpflichtet, an Maßnahmen für den Erwerb der neuen Befähigung teilzunehmen.

(3) ¹Bei der Auflösung oder einer wesentlichen Änderung des Aufbaus oder der Aufgaben einer Behörde oder der Verschmelzung von Behörden können Beamtinnen oder Beamte, deren Aufgabengebiete davon berührt sind, auch ohne ihre Zustimmung in ein anderes Amt derselben oder einer anderen Laufbahn mit geringerem Endgrundgehalt im Bereich desselben Dienstherrn versetzt werden, wenn eine dem bisherigen Amt entsprechende Verwendung nicht möglich ist. ²Das Endgrundgehalt muss mindestens dem des Amtes entsprechen, das die Beamtin oder der Beamte vor dem bisherigen Amt innehatte. ³Ämter der Besoldungsordnung A gelten dabei als durchlaufen. ⁴Absatz 2 Satz 2 gilt entsprechend.

(4) Wird die Beamtin oder der Beamte in ein Amt im Bereich eines anderen Dienstherrn versetzt, wird das Beamtenverhältnis mit dem neuen Dienstherrn fortgesetzt.

### § 32 Umbildung von Körperschaften

(1) Für die Umbildung von Körperschaften gelten die §§ 16 bis 19 des Beamtenstatusgesetzes entsprechend, soweit durch Gesetz nichts anderes bestimmt ist.

(2) ¹Die aufnehmende oder neue Körperschaft kann, wenn die Zahl der bei ihr nach der Umbildung vorhandenen Beamtinnen und Beamten den tatsächlichen Bedarf übersteigt, innerhalb einer Frist von sechs Monaten Beamtinnen auf Lebenszeit und Beamte auf Lebenszeit oder Beamtinnen auf Zeit und Beamte auf Zeit in den einstweiligen Ruhestand versetzen, wenn deren Aufgabengebiet von der Umbildung berührt wurde und Planstellen aus Anlass der Auflösung oder der Umbildung wegfallen. ²Die Frist des Satzes 1 beginnt im Falle des § 16 Abs. 1 des Beamtenstatusgesetzes mit dem Übertritt, in den Fällen des § 16 Abs. 2 und 3 des Beamtenstatusgesetzes mit der Bestimmung derjenigen Beamtinnen und Beamten, zu deren Übernahme die Körperschaft verpflichtet ist; Entsprechendes gilt in den Fällen des § 16 Abs. 4 des Beamtenstatusgesetzes.

(3) § 31 Abs. 3 gilt entsprechend.

### § 32a Neu- und Umbildung von Behörden

¹Wird aus Behörden oder Organisationseinheiten eine neue Behörde gebildet oder werden Behörden oder Organisationseinheiten in eine oder mehrere Behörden eingegliedert, so gehen die davon betroffenen Beamtinnen und Beamten im Zeitpunkt des Wirksamwerdens der Neu- oder Umbildung auf die neu- oder umgebildete Behörde über. ²§ 31 des Beamtenstatusgesetzes und § 31 Abs. 3 finden Anwendung.

*Kapitel 5*
**Beendigung des Beamtenverhältnisses**

*Abschnitt 1*
**Entlassung und Verlust der Beamtenrechte**

### § 33 Entlassung kraft Gesetzes (§ 22 BeamtStG)

(1) Die oberste Dienstbehörde oder die von ihr bestimmte Behörde entscheidet darüber, ob die Voraussetzungen des § 22 Abs. 1, 2 oder 3 des Beamtenstatusgesetzes vorliegen und stellt den Tag der Beendigung des Beamtenverhältnisses fest.

(2) Für die Anordnung der Fortdauer des Beamtenverhältnisses nach § 22 Abs. 2 des Beamtenstatusgesetzes ist die oberste Dienstbehörde zuständig.

(3) Im Falle des § 22 Abs. 3 des Beamtenstatusgesetzes kann die oberste Dienstbehörde die Fortdauer des Beamtenverhältnisses neben dem Beamtenverhältnis auf Zeit anordnen.

(4) ¹Beamtinnen auf Widerruf und Beamte auf Widerruf, die den Vorbereitungsdienst ableisten, sind mit Ablauf des Tages aus dem Beamtenverhältnis entlassen, an dem ihnen

1. das Bestehen der für die Laufbahn vorgeschriebenen Prüfung oder
2. das endgültige Nichtbestehen der für die Laufbahn vorgeschriebenen Prüfung oder Zwischenprüfung

bekannt gegeben worden ist. ²Im Falle des Satzes 1 Nr. 1 endet das Beamtenverhältnis jedoch frühestens nach Ablauf der für den Vorbereitungsdienst im Allgemeinen oder im Einzelfall festgesetzten Zeit.

### § 34 Entlassung durch Verwaltungsakt (§ 23 BeamtStG)

(1) Beamtinnen und Beamte sind zu entlassen, wenn sie zur Zeit der Ernennung als Inhaberin oder Inhaber eines Amtes, das kraft Gesetzes mit dem Mandat unvereinbar ist, Mitglied des Deutschen Bundestages oder des Europäischen Parlaments oder der gesetzgebenden Körperschaft eines Landes waren und nicht innerhalb der von der obersten Dienstbehörde gesetzten angemessenen Frist ihr Mandat niederlegen.

(2) ¹Die Erklärung nach § 23 Abs. 1 Satz 1 Nr. 4 des Beamtenstatusgesetzes kann, solange die Entlassungsverfügung der Beamtin oder dem Beamten noch nicht zugegangen ist, innerhalb von zwei Wochen nach Zugang bei der oder dem Dienstvorgesetzten zurückgenommen werden, mit Zustimmung der für die Entlassung zuständigen Behörde auch nach Ablauf dieser Frist. ²Die Entlassung ist für den beantragten Zeitpunkt auszusprechen. ³Sie kann jedoch so lange hinausgeschoben werden, bis die Beamtinnen und Beamten ihre Amtsgeschäfte ordnungsgemäß erledigt haben, längstens aber drei Monate, bei Schulleiterinnen und Schulleitern sowie Lehrerinnen und Lehrern bis zum Ende des laufenden Schulhalbjahres, bei dem wissenschaftlichen und künstlerischen Personal an Hochschulen bis zum Ablauf des Semesters oder Trimesters.

(3) ¹Die Frist für die Entlassung nach § 23 Abs. 3 Satz 1 Nrn. 2 und 3 des Beamtenstatusgesetzes beträgt bei einer Beschäftigungszeit von
1. bis zu drei Monaten zwei Wochen zum Monatsschluss,
2. mehr als drei Monaten einen Monat zum Monatsschluss,
3. mindestens einem Jahr sechs Wochen zum Schluss eines Kalendervierteljahres.

²Als Beschäftigungszeit gilt die Zeit ununterbrochener Tätigkeit im Beamtenverhältnis auf Probe bei demselben Dienstherrn.

(4) ¹Im Falle des § 23 Abs. 3 Satz 1 Nr. 1 des Beamtenstatusgesetzes gelten die §§ 21 bis 29, 38 bis 40, 61 und 65 Abs. 3 des Disziplinargesetzes Sachsen-Anhalt entsprechend. ²Die Entlassung kann ohne Einhaltung einer Frist erfolgen.

(5) Für Beamtinnen auf Widerruf und Beamte auf Widerruf gelten die Absätze 3 und 4 entsprechend.

### § 35 Zuständigkeit, Verfahren und Wirkung der Entlassung

(1) ¹Die Entlassung nach § 23 des Beamtenstatusgesetzes wird von der Behörde verfügt, die für die Ernennung zuständig ist. ²Die Verfügung ist der Beamtin oder dem Beamten schriftlich, aber nicht in elektronischer Form zuzustellen. ³Soweit durch Gesetz nichts anderes bestimmt ist und in der Entlassungsverfügung kein späterer Zeitpunkt genannt ist, tritt die Entlassung im Falle des § 23 Abs. 1 Satz 1 Nr. 1 des Beamtenstatusgesetzes mit der Zustellung, im Übrigen mit Ablauf des Monats ein, der auf den Monat folgt, in dem der Beamtin oder dem Beamten die Entlassungsverfügung zugeht. ⁴Die Entlassung tritt mit der Zustellung ein, wenn sie im Falle des § 23 Abs. 1 Satz 1 Nr. 2 des Beamtenstatusgesetzes für eine Beamtin oder einen Beamten im Sinne des § 41 ausgesprochen wird.

(2) ¹Nach der Entlassung haben frühere Beamtinnen und frühere Beamte keinen Anspruch auf Leistungen des früheren Dienstherrn, soweit durch Gesetz nichts anderes bestimmt ist. ²Sie dürfen die Amtsbezeichnung und die im Zusammenhang mit dem Amt verliehenen Titel nur führen, wenn ihnen die Erlaubnis nach § 61 Abs. 4 erteilt worden ist.

### § 36 Ausscheiden bei Wahlen

Werden Beamtinnen oder Beamte in die gesetzgebende Körperschaft eines anderen Landes gewählt und ist deren Amt nach dem Recht des anderen Landes mit dem Mandat unvereinbar, gelten § 21 Abs. 3 und die §§ 35 bis 37 und 40 des Abgeordnetengesetzes Sachsen-Anhalt entsprechend.

### § 37 Wirkung des Verlustes der Beamtenrechte und eines Wiederaufnahmeverfahrens (§ 24 BeamtStG)

(1) ¹Endet das Beamtenverhältnis nach § 24 Abs. 1 des Beamtenstatusgesetzes, so haben frühere Beamtinnen und frühere Beamte keinen Anspruch auf Leistungen des früheren Dienstherrn, soweit durch

Gesetz nichts anderes bestimmt ist. ²Sie dürfen die Amtsbezeichnung und die im Zusammenhang mit dem Amt verliehenen Titel nicht führen.
(2) ¹Wird eine Entscheidung über den Verlust der Beamtenrechte in einem Wiederaufnahmeverfahren aufgehoben, so hat die Beamtin oder der Beamte, sofern sie oder er die Altersgrenze noch nicht erreicht hat und noch dienstfähig ist, Anspruch auf Übertragung eines Amtes derselben oder einer mindestens gleichwertigen Laufbahn und mit mindestens demselben Endgrundgehalt wie das bisherige Amt. ²Bis zur Übertragung des neuen Amtes erhält die Beamtin oder der Beamte, auch für die zurückliegende Zeit, die Leistungen des Dienstherrn, die ihr oder ihm aus dem bisherigen Amt zugestanden hätten. ³Die Sätze 1 und 2 gelten entsprechend für Beamtinnen auf Widerruf und Beamte auf Widerruf. ⁴Ist das frühere Amt einer Beamtin auf Zeit oder eines Beamten auf Zeit inzwischen neu besetzt, so hat sie oder er für die restliche Dauer der Amtszeit Anspruch auf rechtsgleiche Verwendung in einem anderen Amt; steht ein solches Amt nicht zur Verfügung, stehen ihr oder ihm nur die in Satz 2 geregelten Ansprüche zu.
(3) ¹Ist aufgrund des im Wiederaufnahmeverfahren festgestellten Sachverhaltes oder aufgrund eines rechtskräftigen Strafurteils, das nach der früheren Entscheidung ergangen ist, ein Disziplinarverfahren mit dem Ziel der Entfernung aus dem Beamtenverhältnis eingeleitet worden, verliert die Beamtin oder der Beamte die ihr oder ihm nach Absatz 2 zustehenden Ansprüche, wenn auf Entfernung aus dem Beamtenverhältnis erkannt wird; bis zur rechtskräftigen Entscheidung können die Ansprüche nicht geltend gemacht werden. ²Satz 1 gilt entsprechend in Fällen der Entlassung von Beamtinnen auf Probe und Beamten auf Probe oder von Beamtinnen auf Widerruf und Beamten auf Widerruf wegen eines Verhaltens der in § 23 Abs. 3 Satz 1 Nr. 1 des Beamtenstatusgesetzes bezeichneten Art.

### § 38 Gnadenrecht

(1) ¹Der Ministerpräsidentin oder dem Ministerpräsidenten steht hinsichtlich des Verlustes der Beamtenrechte (§ 24 Abs. 1 des Beamtenstatusgesetzes und § 37 Abs. 1) das Gnadenrecht zu. ²Die Ministerpräsidentin oder der Ministerpräsident kann die Ausübung dieser Befugnis übertragen.
(2) Wird im Gnadenweg der Verlust der Beamtenrechte in vollem Umfang beseitigt, gelten von diesem Zeitpunkt ab § 24 Abs. 2 des Beamtenstatusgesetzes und § 37 Abs. 2 und 3 entsprechend.

*Abschnitt 2*
**Ruhestand und einstweiliger Ruhestand**

### § 39 Ruhestand wegen Erreichens der Altersgrenze (§ 25 BeamtStG)

(1) ¹Beamtinnen auf Lebenszeit und Beamte auf Lebenszeit erreichen mit Vollendung des 67. Lebensjahres die Altersgrenze, soweit durch Gesetz nichts anderes bestimmt ist. ²Beamtinnen auf Lebenszeit und Beamte auf Lebenszeit treten mit Ablauf des Monats in den Ruhestand, in dem sie die Altersgrenze erreichen. ³Abweichend hiervon treten Schulleiterinnen und Schulleiter sowie Lehrerinnen und Lehrer mit Ablauf des letzten Monats des Schulhalbjahres, das wissenschaftliche und künstlerische Personal an Hochschulen mit Ablauf des letzten Monats des Semesters oder Trimesters, in welchem die Altersgrenze erreicht wird, in den Ruhestand.
(2) Soweit gesetzlich nichts anderes bestimmt ist, erreichen Beamtinnen auf Lebenszeit und Beamte auf Lebenszeit, die vor dem 1. Januar 1954 geboren sind, die Altersgrenze mit Vollendung des 65. Lebensjahres. Für Beamtinnen auf Lebenszeit und Beamte auf Lebenszeit, die nach dem 31. Dezember 1953 und vor dem 1. Januar 1964 geboren sind, wird die bis zum allgemeinen Inkrafttreten des Gesetzes zur Änderung dienstrechtlicher Vorschriften geltende Altersgrenze, soweit gesetzlich nichts anderes bestimmt ist, wie folgt angehoben:

| Geburtsjahr | Anhebung um Monate |
|---|---|
| 1954 | 2 |
| 1955 | 4 |
| 1956 | 6 |
| 1957 | 8 |
| 1958 | 10 |
| 1959 | 12 |

| Geburtsjahr | Anhebung um Monate |
|---|---|
| 1960 | 14 |
| 1961 | 16 |
| 1962 | 18 |
| 1963 | 21 |

(3) ¹Die bis zum allgemeinen Inkrafttreten des Gesetzes zur Änderung dienstrechtlicher Vorschriften geltende Altersgrenze bleibt bestehen, wenn Altersteilzeitbeschäftigung vor dem 1. Februar 2010 bewilligt wurde oder die Beamtin oder der Beamte innerhalb von drei Monaten nach dem allgemeinen Inkrafttreten des Gesetzes zur Änderung dienstrechtlicher Vorschriften in die Freistellungphase eintritt. ²Soweit Lehrkräften eine Altersteilzeitbeschäftigung in Form des Blockmodells mit Beginn des Ruhestands abweichend vom Schulhalbjahresende bewilligt wurde und diese in die Freistellungphase eingetreten sind, bleibt die im Zeitpunkt der Bewilligung der Altersteilzeitbeschäftigung geltende Altersgrenze bestehen.

(4) ¹Die für die Versetzung der Beamtin oder des Beamten in den Ruhestand zuständige Behörde kann mit Zustimmung oder auf Antrag der Beamtin oder des Beamten den Eintritt in den Ruhestand um bis zu jeweils einem Jahr und insgesamt bis zu drei Jahren hinausschieben, sofern hierfür ein dienstliches Interesse besteht. ²Die Beamtin oder der Beamte kann jederzeit verlangen, unter Einhaltung einer Frist von sechs Wochen zum Schluss eines Kalendermonats in den Ruhestand versetzt zu werden. ³Absatz 1 Satz 3 gilt entsprechend. ⁴Der Antrag nach Satz 1 kann nur bis spätestens sechs Monate vor dem Eintritt in den Ruhestand nach den Absätzen 1 und 2 gestellt werden.

(5) Beamtinnen auf Lebenszeit und Beamte auf Lebenszeit, denen bis zum allgemeinen Inkrafttreten des Gesetzes zur Änderung dienstrechtlicher Vorschriften Urlaub ohne Besoldung nach § 67 Abs. 1 Nr. 2 bewilligt worden ist, erreichen die Altersgrenze unabhängig vom Geburtsjahr mit Vollendung des 65. Lebensjahres, sofern der Urlaub ohne Besoldung nicht vor Vollendung des 65. Lebensjahres nach § 67 Abs. 2 in Verbindung mit § 64 Abs. 3 Satz 2 beendet wird oder wurde.

### § 40 Ruhestand auf Antrag
(1) Beamtinnen auf Lebenszeit und Beamte auf Lebenszeit können auf Antrag in den Ruhestand versetzt werden, wenn sie das 63. Lebensjahr vollendet haben.

(2) Beamtinnen auf Lebenszeit und Beamte auf Lebenszeit, die schwerbehindert im Sinne des § 2 Abs. 2 des Neunten Buches Sozialgesetzbuch sind, können auf Antrag in den Ruhestand versetzt werden, wenn sie das 60. Lebensjahr vollendet haben.

(3) ¹Der Eintritt in den Ruhestand erfolgt zum Ablauf eines Monats. ²§ 39 Abs. 1 Satz 3 gilt entsprechend, für Schulleiterinnen und Schulleiter sowie Lehrerinnen und Lehrer mit der Maßgabe, dass der Antrag spätestens ein Jahr vor dem beabsichtigten Beginn des Ruhestands zu stellen ist.

### § 41 Einstweiliger Ruhestand (§ 30 BeamtStG)
Folgende Ämter sind Ämter im Sinne von § 30 Abs. 1 Satz 1 des Beamtenstatusgesetzes:
1. Staatssekretärin oder Staatssekretär,
2. Präsidentin oder Präsident sowie Vizepräsidentin oder Vizepräsident des Landesverwaltungsamtes,
3. Leiterin oder Leiter des Presse- und Informationsamtes der Landesregierung und
4. Leiterin oder Leiter der für den Verfassungsschutz zuständigen Abteilung im Ministerium des Innern.

### § 42 Einstweiliger Ruhestand bei Umbildung von Körperschaften (§ 18 BeamtStG)
Für die Frist, innerhalb derer Beamtinnen und Beamte nach § 18 Abs. 2 Satz 1 des Beamtenstatusgesetzes in den einstweiligen Ruhestand versetzt werden können, gilt § 32 Abs. 2 entsprechend.

### § 43 Einstweiliger Ruhestand bei Umbildung und Auflösung von Behörden (§ 31 BeamtStG)
(1) Beamtinnen auf Lebenszeit und Beamte auf Lebenszeit können im Falle des § 31 Abs. 1 Satz 1 des Beamtenstatusgesetzes nur in den einstweiligen Ruhestand versetzt werden, wenn die Auflösung der Behörde auf landesrechtlicher Vorschrift beruht.

(2) ¹Eine Versetzung in den einstweiligen Ruhestand ist nur zulässig, soweit aus Anlass der Auflösung oder Umbildung Planstellen wegfallen. ²Die Versetzung in den einstweiligen Ruhestand kann nur innerhalb einer Frist von sechs Monaten nach Auflösung oder Umbildung der Behörde erfolgen.

(3) Von einer erneuten Berufung in das Beamtenverhältnis einer oder eines nach den Absätzen 1 und 2 in den einstweiligen Ruhestand versetzten Beamtin oder Beamten, die weniger als fünf Jahre vor Erreichen der Altersgrenze wirksam wird, ist abzusehen.

### § 44 Beginn des einstweiligen Ruhestandes
¹Der einstweilige Ruhestand beginnt mit dem Zeitpunkt, in dem die Versetzung in den einstweiligen Ruhestand der Beamtin oder dem Beamten bekannt gegeben wird. ²Ein späterer Zeitpunkt kann festgesetzt werden; in diesem Falle beginnt der einstweilige Ruhestand spätestens mit dem Ende der drei Monate, die auf den Monat der Bekanntgabe folgen. ³Die Verfügung kann bis zum Beginn des einstweiligen Ruhestandes zurückgenommen werden.

## Abschnitt 3
## Dienstunfähigkeit

### § 45 Verfahren bei Dienstunfähigkeit (§ 26 BeamtStG)
(1) ¹Bestehen Zweifel an der dauernden Dienstfähigkeit der Beamtin oder des Beamten, ist sie oder er verpflichtet, sich nach Weisung der oder des Dienstvorgesetzten ärztlich untersuchen und, falls dies aus ärztlicher Sicht für erforderlich gehalten wird, auch beobachten zu lassen. ²Kommt die Beamtin oder der Beamte trotz wiederholter schriftlicher Aufforderung ohne hinreichenden Grund dieser Verpflichtung nicht nach, kann sie oder er so behandelt werden, als ob Dienstunfähigkeit vorläge.
(2) Die Frist nach § 26 Abs. 1 Satz 2 des Beamtenstatusgesetzes beträgt sechs Monate.
(3) ¹Die oder der Dienstvorgesetzte stellt aufgrund des ärztlichen Gutachtens im Sinne des § 49 die Dienstunfähigkeit der Beamtin oder des Beamten fest. ²Die über die Versetzung in den Ruhestand entscheidende Behörde ist an die Erklärung der oder des Dienstvorgesetzten nicht gebunden; sie kann auch andere Beweise erheben.
(4) Werden Rechtsbehelfe gegen die Verfügung über die Versetzung in den Ruhestand eingelegt, so werden mit Beginn des auf die Zustellung der Verfügung folgenden Monats die Dienstbezüge einbehalten, die das Ruhegehalt übersteigen.

### § 46 Begrenzte Dienstfähigkeit (§ 27 BeamtStG)
(1) Von einer eingeschränkten Verwendung nach § 27 Abs. 2 des Beamtenstatusgesetzes soll abgesehen werden, wenn der Beamtin oder dem Beamten nach § 26 Abs. 2 und 3 des Beamtenstatusgesetzes ein anderes Amt oder eine geringerwertige Tätigkeit übertragen werden kann.
(2) ¹Die §§ 45 und 49 gelten entsprechend. ²§ 76 Abs. 1 Satz 3 gilt mit der Maßgabe, dass von der wöchentlichen Arbeitszeit gemäß § 63 Abs. 1 Satz 1 unter Berücksichtigung der verminderten Arbeitszeit nach § 27 Abs. 2 des Beamtenstatusgesetzes auszugehen ist.

### § 47 Ruhestand bei Beamtenverhältnis auf Probe (§ 28 BeamtStG)
¹In den Fällen des § 28 Abs. 2 des Beamtenstatusgesetzes trifft die Entscheidung die für die Versetzung in den Ruhestand zuständige Behörde
1. bei unmittelbaren Landesbeamtinnen und unmittelbaren Landesbeamten im Einvernehmen mit dem Ministerium der Finanzen und
2. bei mittelbaren Landesbeamtinnen und mittelbaren Landesbeamten im Einvernehmen mit der obersten Aufsichtsbehörde.

²Bei Beamtinnen und Beamten der Gemeinden, der Verbandsgemeinden, der Verwaltungsgemeinschaften und der Landkreise ist die beabsichtigte Maßnahme abweichend von Satz 1 Nr. 2 der Aufsichtsbehörde anzuzeigen.

### § 48 Erhaltung und Wiederherstellung der Dienstfähigkeit (§ 29 BeamtStG)
(1) ¹Beamtinnen und Beamte sind verpflichtet, zur Vermeidung einer Versetzung in den Ruhestand wegen Dienstunfähigkeit oder zur Vermeidung einer begrenzten Dienstfähigkeit an geeigneten und zumutbaren gesundheitlichen und beruflichen Rehabilitationsmaßnahmen teilzunehmen; ihnen können entsprechende Weisungen erteilt werden. ²Aufwendungen für Rehabilitationsmaßnahmen nach Satz 1 oder § 29 Abs. 4 des Beamtenstatusgesetzes trägt der Dienstherr, wenn sie aufgrund der Ergebnisse der ärztlichen Untersuchung im Sinne des § 49 vom Dienstherrn entweder angeordnet oder zuvor genehmigt wurden. ³Für die Dauer der angeordneten oder zuvor genehmigten Rehabilitationsmaßnahme ist Dienstbefreiung zu gewähren.

(2) Die Frist nach § 29 Abs. 1 des Beamtenstatusgesetzes beträgt fünf Jahre ab Eintritt in den Ruhestand.

(3) Nach Ablauf von zehn Jahren seit Eintritt in den Ruhestand ist eine erneute Berufung in das Beamtenverhältnis nur mit Zustimmung der Ruhestandsbeamtin oder des Ruhestandsbeamten zulässig.

### § 49 Ärztliche Untersuchung

(1) Für die nach den §§ 26, 27 und 29 des Beamtenstatusgesetzes sowie § 45 Abs. 1 und § 107 zu treffende Entscheidung gilt § 10 Abs. 1 entsprechend.

(2) ¹Wird eine ärztliche Untersuchung nach Absatz 1 durchgeführt, teilt die Ärztin oder der Arzt der oder dem Dienstvorgesetzten die tragenden Feststellungen und Gründe des Ergebnisses der ärztlichen Untersuchung und die in Frage kommenden Maßnahmen zur Wiederherstellung der Dienstfähigkeit mit, soweit deren Kenntnis für die zu treffende Entscheidung erforderlich ist. ²Die Mitteilung nach Satz 1 ist in einem gesonderten und verschlossenen Umschlag zu übersenden; sie ist verschlossen zur Personalakte zu nehmen. ³Die nach Satz 1 übermittelten Daten dürfen nur für die nach den §§ 26, 27 und 29 des Beamtenstatusgesetzes sowie § 45 Abs. 1 und § 107 zu treffende Entscheidung verarbeitet oder genutzt werden.

(3) ¹Zu Beginn der Untersuchung ist die Beamtin oder der Beamte auf den Zweck der Untersuchung und die Mitteilungspflicht gegenüber der Dienstvorgesetzten oder dem Dienstvorgesetzten hinzuweisen. ²Die Ärztin oder der Arzt übermittelt der Beamtin oder dem Beamten auf Wunsch oder, soweit dem ärztliche Gründe entgegenstehen, einer zu ihrer oder seiner Vertretung befugten Person eine Kopie der Mitteilung an die Dienstvorgesetzte oder den Dienstvorgesetzten nach Absatz 2.

*Abschnitt 4*
**Gemeinsame Bestimmungen**

### § 50 Wartezeit, Versetzung in den Ruhestand (§ 32 BeamtStG)

(1) ¹Der Eintritt oder die Versetzung in den Ruhestand setzt eine Wartezeit von fünf Jahren nach Maßgabe des § 10 Abs. 1 des Landesbeamtenversorgungsgesetzes Sachsen-Anhalt voraus. ²Die Wartezeit gilt als erfüllt, wenn Beamtinnen auf Lebenszeit und Beamte auf Lebenszeit in den Ruhestand zu versetzen sind, weil sie infolge Krankheit, Verwundung oder sonstiger Beschädigung, die sie sich ohne grobes Verschulden bei Ausübung oder aus Veranlassung des Dienstes zugezogen haben, dienstunfähig geworden sind; § 26 Abs. 1 Satz 3, Abs. 2 und 3 und § 27 des Beamtenstatusgesetzes sowie § 46 gelten entsprechend.

(2) Die Verfügung ist der Beamtin oder dem Beamten schriftlich, aber nicht in elektronischer Form zuzustellen; sie kann bis zum Beginn des Ruhestandes zurückgenommen werden.

(3) ¹Wird eine Beamtin oder ein Beamter in den Ruhestand versetzt, so beginnt der Ruhestand, soweit durch Gesetz nichts anderes bestimmt ist, mit Ablauf des Monats, in dem die Verfügung über die Versetzung in den Ruhestand der Beamtin oder dem Beamten zugestellt worden ist. ²Auf Antrag oder mit ausdrücklicher Zustimmung der Beamtin oder des Beamten kann ein anderer Zeitpunkt festgesetzt werden.

*Kapitel 6*
**Rechtliche Stellung im Beamtenverhältnis**

*Abschnitt 1*
**Allgemeines**

### § 51 Verschwiegenheitspflicht, Aussagegenehmigung (§ 37 BeamtStG)

(1) ¹Für die Erteilung und die Versagung der Genehmigung nach § 37 Abs. 3 des Beamtenstatusgesetzes ist abweichend von § 8 Abs. 2 bei unmittelbaren Landesbeamtinnen und Landesbeamten die oberste Dienstbehörde zuständig, wenn nach Einschätzung der antragstellenden Staatsanwaltschaft andernfalls der Erfolg des Ermittlungsverfahrens gefährdet werden könnte. ²Für mittelbare Landesbeamtinnen und Landesbeamte gilt Satz 1 mit der Maßgabe entsprechend, dass anstelle der obersten Dienstbehörde die Aufsichtsbehörde zuständig ist.

(2) Über die Versagung der Genehmigung nach § 37 Abs. 4 und 5 des Beamtenstatusgesetzes entscheidet die oberste Dienstbehörde oder die von ihr bestimmte Behörde, soweit in Absatz 1 nichts anderes bestimmt ist.
(3) ¹Sind Aufzeichnungen im Sinne des § 37 Abs. 6 des Beamtenstatusgesetzes auf Bild-, Ton- oder Datenträgern gespeichert, die körperlich nicht herausgegeben werden können oder bei denen eine Herausgabe nicht zumutbar ist, so sind diese Aufzeichnungen auf Verlangen dem Dienstherrn zu übermitteln und zu löschen. ²Die Beamtin oder der Beamte hat auf Verlangen über die nach Satz 1 zu löschenden Aufzeichnungen Auskunft zu geben.

### § 52 Diensteid (§ 38 BeamtStG)
(1) Beamtinnen und Beamte haben folgenden Diensteid zu leisten: „Ich schwöre, meine Kraft dem Volk und dem Land Sachsen-Anhalt zu widmen, das Grundgesetz für die Bundesrepublik Deutschland und die Verfassung des Landes Sachsen-Anhalt zu wahren und zu verteidigen, Gerechtigkeit gegenüber jedermann zu üben und meine Amtspflichten gewissenhaft zu erfüllen."
(2) Der Eid kann mit der religiösen Bekräftigung: „So wahr mir Gott helfe" geleistet werden.
(3) Erklärt eine Beamtin oder ein Beamter, dass sie oder er aus Glaubens- oder Gewissensgründen keinen Eid leisten wolle, kann sie oder er anstelle der Worte „Ich schwöre" eine andere Beteuerungsformel sprechen.
(4) ¹In den Fällen, in denen nach § 7 Abs. 3 des Beamtenstatusgesetzes eine Ausnahme von § 7 Abs. 1 Nr. 1 des Beamtenstatusgesetzes zugelassen worden ist, kann von einer Eidesleistung abgesehen werden. ²Die Beamtin oder der Beamte hat, soweit durch Gesetz nichts anderes bestimmt ist, zu geloben, dass sie oder er ihre oder seine Amtspflichten gewissenhaft erfüllen wird.

### § 53 Verbot der Führung der Dienstgeschäfte (§ 39 BeamtStG)
Wird einer Beamtin oder einem Beamten die Führung ihrer oder seiner Dienstgeschäfte verboten, so können ihr oder ihm auch das Tragen der Dienstkleidung und Ausrüstung, der Aufenthalt in den Diensträumen oder dienstlichen Unterkünften und die Führung der dienstlichen Ausweise und Abzeichen untersagt werden.

### § 54 Verbot der Annahme von Belohnungen, Geschenken und sonstigen Vorteilen (§ 42 BeamtStG)
(1) ¹Die Zustimmung zu Ausnahmen nach § 42 Abs. 1 des Beamtenstatusgesetzes erteilt die oberste Dienstbehörde oder die zuletzt zuständige oberste Dienstbehörde. ²Die Befugnis kann auf andere Behörden übertragen werden.
(2) ¹Für den Umfang des Herausgabeanspruchs nach § 42 Abs. 2 des Beamtenstatusgesetzes gelten die Vorschriften des Bürgerlichen Gesetzbuches über die Herausgabe einer ungerechtfertigten Bereicherung entsprechend. ²Die Herausgabepflicht nach Satz 1 umfasst auch die Pflicht, dem Dienstherrn Auskunft über Art, Umfang und Verbleib des Erlangten zu geben.

### § 55 Dienstvergehen von Ruhestandsbeamtinnen und Ruhestandsbeamten (§ 47 BeamtStG)
Bei Ruhestandsbeamtinnen und Ruhestandsbeamten gilt als Dienstvergehen auch, wenn sie
1. entgegen § 29 Abs. 2 oder 3 des Beamtenstatusgesetzes oder § 30 Abs. 3 in Verbindung mit § 29 Abs. 2 des Beamtenstatusgesetzes einer erneuten Berufung in das Beamtenverhältnis schuldhaft nicht nachkommen oder
2. ihre Verpflichtung nach § 29 Abs. 4 oder Abs. 5 Satz 1 des Beamtenstatusgesetzes verletzen.

### § 56 Schadensersatz (§ 48 BeamtStG)
(1) ¹Ansprüche nach § 48 des Beamtenstatusgesetzes verjähren nach den Verjährungsvorschriften des Bürgerlichen Gesetzbuchs, soweit sich nicht aus Satz 2 oder 3 etwas anderes ergibt. ²Hat der Dienstherr Dritten Schadensersatz geleistet, gilt als der Zeitpunkt, in dem der Dienstherr Kenntnis im Sinne der Verjährungsvorschriften des Bürgerlichen Gesetzbuches erlangt, der Zeitpunkt, in dem der Ersatzanspruch gegenüber dem Dritten vom Dienstherrn anerkannt oder dem Dienstherrn gegenüber rechtskräftig festgestellt wird. ³Ohne Rücksicht auf die Kenntniserlangung durch den Dienstherrn verjähren die Ansprüche nach § 48 des Beamtenstatusgesetzes in zehn Jahren vom Zeitpunkt der Vollendung der Dienstpflichtverletzung an.
(2) Leistet die Beamtin oder der Beamte dem Dienstherrn Ersatz und hat dieser einen Ersatzanspruch gegen einen Dritten, so geht der Ersatzanspruch auf die Beamtin oder den Beamten über.

## § 57 Befreiung und Ausschluss von Amtshandlungen

(1) Beamtinnen und Beamte sind von Amtshandlungen zu befreien, die sich gegen sie selbst oder einen der in § 52 Abs. 1 der Strafprozessordnung bezeichneten Angehörigen richten würden.

(2) Gesetzliche Vorschriften, nach denen Beamtinnen und Beamte von einzelnen Amtshandlungen ausgeschlossen sind, bleiben unberührt.

## § 58 Wohnungswahl, Dienstwohnung

(1) Beamtinnen und Beamte haben ihre Wohnung so zu nehmen, dass sie in der ordnungsgemäßen Wahrnehmung ihrer Dienstgeschäfte nicht beeinträchtigt werden.

(2) Wenn die dienstlichen Verhältnisse es erfordern, kann die Beamtin oder der Beamte angewiesen werden, dass die Wohnung innerhalb einer bestimmten Entfernung von der Dienststelle zu nehmen oder eine Dienstwohnung zu beziehen ist.

## § 59 Aufenthalt in erreichbarer Nähe

[1]Wenn und solange besondere dienstliche Verhältnisse es [2]dringend erfordern, kann die Beamtin oder der Beamte angewiesen werden, sich während der dienstfreien Zeit in erreichbarer Nähe ihres oder seines Dienstortes aufzuhalten.

## § 60 Dienstkleidungsvorschriften

[1]Beamtinnen und Beamte sind verpflichtet Dienstkleidung zu tragen, wenn dies bei der Ausübung des Dienstes üblich oder erforderlich ist. [2]Das Fachministerium wird ermächtigt, durch Verordnung nähere Bestimmungen über das Tragen von Dienstkleidung oder das äußere Erscheinungsbild seiner Beamtinnen und Beamten zu treffen. [3]In der mittelbaren Landesverwaltung kann die jeweilige oberste Dienstbehörde nähere Bestimmungen über das Tragen von Dienstkleidung oder das äußere Erscheinungsbild ihrer Beamtinnen und Beamten treffen.

## § 61 Amtsbezeichnung

(1) [1]Beamtinnen und Beamte führen im Dienst die Amtsbezeichnung des ihnen übertragenen Amtes. [2]Diese dürfen sie auch außerhalb des Dienstes führen. [3]Nach dem Wechsel in ein anderes Amt dürfen sie die bisherige Amtsbezeichnung nicht mehr führen. [4]Ist das neue Amt mit einem geringeren Endgrundgehalt verbunden, darf neben der neuen Amtsbezeichnung die des früheren Amtes mit dem Zusatz „außer Dienst" oder „a. D." geführt werden.

(2) [1]Abweichend von Absatz 1 führen Beamtinnen und Beamte aus den Laufbahnen des Polizeivollzugsdienstes für die Zeit ihrer Verwendung in der Verfassungsschutzbehörde im Dienst die ihrer Amtsbezeichnung vergleichbare Amtsbezeichnung der Laufbahnen des allgemeinen Verwaltungsdienstes; bei einer Verwendung in einer Justizvollzugsanstalt führen sie im Dienst die ihrer Amtsbezeichnung vergleichbare Amtsbezeichnung der Laufbahn des allgemeinen Justizvollzugsdienstes. [2]Im Übrigen bleibt ihre Rechtsstellung unberührt.

(3) [1]Ruhestandsbeamtinnen und Ruhestandsbeamte dürfen die ihnen bei der Versetzung in den Ruhestand zustehende Amtsbezeichnung mit dem Zusatz „außer Dienst" oder „a. D." und die im Zusammenhang mit dem Amt verliehenen Titel weiter führen. [2]Ändert sich die Bezeichnung des früheren Amtes, so darf die geänderte Amtsbezeichnung geführt werden.

(4) [1]Einer entlassenen Beamtin oder einem entlassenen Beamten kann die für sie oder ihn zuletzt zuständige oberste Dienstbehörde die Erlaubnis erteilen, die Amtsbezeichnung mit dem Zusatz „außer Dienst" oder „a. D." sowie die im Zusammenhang mit dem Amt verliehenen Titel zu führen. [2]Die Erlaubnis kann widerrufen werden, wenn die frühere Beamtin oder der frühere Beamte sich ihrer als nicht würdig erweist.

(5) Nach dem Besoldungsrecht erforderliche oder zulässige Zusätze zu den Grundamtsbezeichnungen werden vom Fachministerium im Einvernehmen mit dem für das Beamtenrecht zuständigen Ministerium und dem für Finanzen zuständigen Ministerium durch allgemeine Anordnung festgelegt.

(6) [1]Eine Amtsbezeichnung des bisherigen einfachen Dienstes darf in der Laufbahngruppe 1 nicht mehr verwendet werden, wenn es in derselben Fachrichtung und Besoldungsgruppe eine Amtsbezeichnung des bisherigen mittleren Dienstes gibt. [2]Eine Amtsbezeichnung des bisherigen gehobenen Dienstes darf in der Laufbahngruppe 2 nicht mehr verwendet werden, wenn es in derselben Fachrichtung und Besoldungsgruppe eine Amtsbezeichnung des bisherigen höheren Dienstes gibt. [3]Amtsbezeichnungen, die nach den Sätzen 1 und 2 nicht mehr verwendet werden dürfen, werden weiter geführt,

wenn das betroffene Amt vor dem 1. Februar 2010 verliehen wurde und die Beamtin oder der Beamte nichts Gegenteiliges beantragt.

**§ 62 Dienstzeugnis**
¹Beamtinnen und Beamten wird auf Antrag ein Dienstzeugnis über Art und Dauer der bekleideten Ämter erteilt, wenn sie daran ein berechtigtes Interesse haben oder das Beamtenverhältnis beendet ist. ²Das Dienstzeugnis muss auf Verlangen auch über die ausgeübte Tätigkeit und die erbrachten Leistungen Auskunft geben.

## Abschnitt 2
### Arbeitszeit und Urlaub

**§ 63 Arbeitszeit**
(1) ¹Die Dauer der wöchentlichen Arbeitszeit beträgt für Beamtinnen und Beamte regelmäßig 40 Stunden. ²Die Landesregierung wird ermächtigt, durch Verordnung unter Beachtung der Richtlinie 2003/88/EG des Europäischen Parlaments und des Rates vom 4. November 2003 über bestimmte Aspekte der Arbeitszeitgestaltung (ABl. L 299 vom 18.11.2003, S. 9) Näheres über die Arbeitszeit der Beamtinnen und Beamten zu regeln. ³Dabei soll sie insbesondere Bestimmungen treffen über
1. die abweichende Dauer der wöchentlichen Arbeitszeit für bestimmte Gruppen von Beamtinnen und Beamten,
2. die Möglichkeiten und Grenzen der flexiblen Ausgestaltung der Arbeitszeit,
3. die Verteilung der Arbeitszeit und
4. die Ruhepausen und sonstigen Ruhezeiten.

(2) ¹Beamtinnen und Beamte sind verpflichtet, ohne Ausgleich über die individuelle wöchentliche Arbeitszeit hinaus Dienst zu tun, wenn zwingende dienstliche Verhältnisse dies erfordern und sich die Mehrarbeit auf Ausnahmefälle beschränkt. ²Werden sie durch eine dienstlich angeordnete oder genehmigte Mehrarbeit im Umfang von mehr als einem Achtel der individuellen wöchentlichen Arbeitszeit im Monat beansprucht, ist ihnen innerhalb eines Jahres für die über die individuelle wöchentliche Arbeitszeit hinaus geleistete Mehrarbeit entsprechende Dienstbefreiung zu gewähren. ³Ist die Dienstbefreiung aus zwingenden dienstlichen Gründen nicht möglich, können an ihrer Stelle Beamtinnen und Beamte in Besoldungsgruppen mit aufsteigenden Gehältern für einen Umfang von bis zu 480 Stunden geleisteter Mehrarbeit im Jahr eine Mehrarbeitsvergütung erhalten.

(3) ¹Lehrerinnen und Lehrern an öffentlichen Schulen im Geschäftsbereich des für Bildung zuständigen Ministeriums wird bei dienstlich angeordneter oder genehmigter Mehrarbeit für Unterrichtstätigkeit ab Inkrafttreten des Zweiten Gesetzes zur Änderung dienstrechtlicher Vorschriften bis zum 31. Januar 2025 anstelle von Dienstbefreiung eine Mehrarbeitsvergütung nach den §§ 4 bis 6 der Mehrarbeitsvergütungsverordnung des Landes Sachsen-Anhalt vom 22. Dezember 2011 (GVBl. LSA S. 885), zuletzt geändert durch Artikel 2 der Verordnung vom 21. Juni 2018 (GVBl. LSA S. 182), in der jeweils geltenden Fassung, gewährt. ²Auf Antrag einer Lehrerin oder eines Lehrers wird Dienstbefreiung gewährt.

**§ 64 Teilzeitbeschäftigung (§ 43 BeamtStG)**
(1) Beamtinnen und Beamten kann auf Antrag Teilzeitbeschäftigung mit mindestens der Hälfte der wöchentlichen Arbeitszeit gemäß § 63 Abs. 1 Satz 1 und bis zur jeweils beantragten Dauer bewilligt werden, soweit dienstliche Belange nicht entgegenstehen.
(2) ¹Während der Teilzeitbeschäftigung nach Absatz 1 dürfen Nebentätigkeiten nur in dem Umfang ausgeübt werden, wie es vollzeitbeschäftigten Beamtinnen und vollzeitbeschäftigten Beamten gestattet ist. ² § 76 Abs. 1 Satz 3 gilt entsprechend. ³Ausnahmen können zugelassen werden, soweit durch die Tätigkeiten dienstliche Pflichten nicht verletzt werden.
(3) ¹Die Dauer der Teilzeitbeschäftigung kann nachträglich beschränkt oder der Umfang der zu leistenden Arbeitszeit erhöht werden, soweit zwingende dienstliche Belange dies erfordern. ²Eine Änderung des Umfangs der Teilzeitbeschäftigung oder der Übergang zur Vollzeitbeschäftigung soll zugelassen werden, wenn der Beamtin oder dem Beamten die Teilzeitbeschäftigung im bisherigen Umfang nicht mehr zugemutet werden kann und dienstliche Belange nicht entgegenstehen.
(4) Wenn dienstliche Belange nicht entgegenstehen, kann die nach diesem Gesetz zulässige Teilzeitbeschäftigung auch in der Weise bewilligt werden, dass während des einen Teils des Bewilligungs-

zeitraumes die Arbeitszeit erhöht (Ansparphase) und diese angesparte Arbeitszeit während des anderen Teils des Bewilligungszeitraumes durch eine ununterbrochene volle Freistellung vom Dienst (Freistellungsphase) ausgeglichen wird (Blockmodell).

(5) ¹Die Bewilligung der Teilzeitbeschäftigung kann abweichend von § 1 Abs. 1 Satz 1 des Verwaltungsverfahrensgesetzes Sachsen-Anhalt in Verbindung mit § 49 des Verwaltungsverfahrensgesetzes auch mit Wirkung für die Vergangenheit widerrufen werden, wenn während des Bewilligungszeitraumes
1. das Beamtenverhältnis endet,
2. eine Versetzung zu einem anderen Dienstherrn erfolgt,
3. ein Urlaub nach § 67 Abs. 1 Nr. 2 oder ein langfristiger Urlaub nach einer anderen Vorschrift bewilligt wird oder
4. dienstliche Gründe dies erfordern und die Beamtin oder der Beamte zustimmt oder
5. ein besonderer Härtefall eintritt, sodass der Beamtin oder dem Beamten die Fortsetzung der Teilzeitbeschäftigung nicht mehr zuzumuten ist und die Beamtin oder der Beamte den Widerruf beantragt.

²Ein Widerruf des Blockmodells während der Ansparphase erfolgt mit Wirkung für den gesamten Bewilligungszeitraum unter Neufestsetzung der Arbeitszeit in dem bis zum Zeitpunkt des Widerrufs tatsächlich geleisteten Umfang. ³Ein Widerruf des Blockmodells während der Freistellungsphase erfolgt nur für den Zeitraum der Ansparphase, der nicht durch eine Freistellung vom Dienst ausgeglichen wurde; dabei gelten die unmittelbar vor dem Eintritt in die Freistellungsphase liegenden Ansparzeiten durch die Freistellung vom Dienst als ausgeglichen. ⁴Die Arbeitszeit wird entsprechend dem in der Ansparphase geleisteten und nicht durch eine Freistellung vom Dienst ausgeglichenen Arbeitszeitumfang festgesetzt.

### § 65 Teilzeitbeschäftigung und Beurlaubung aus familiären Gründen

(1) ¹Beamtinnen und Beamten ist auf Antrag
1. Teilzeitbeschäftigung mit mindestens einem Viertel der wöchentlichen Arbeitszeit gemäß § 63 Abs. 1 Satz 1 oder
2. Urlaub ohne Besoldung

zu bewilligen, wenn sie mindestens ein Kind unter 18 Jahren oder eine pflegebedürftige Angehörige oder einen pflegebedürftigen Angehörigen tatsächlich betreuen oder pflegen. ²Die Pflegebedürftigkeit ist durch Vorlage einer Bescheinigung der Pflegekasse oder des Medizinischen Dienstes der Krankenversicherung nachzuweisen. ³Bei in der privaten Pflege-Pflichtversicherung versicherten Pflegebedürftigen ist ein entsprechender Nachweis zu erbringen. ⁴Die Beamtin oder der Beamte ist verpflichtet, jede Änderung der Tatsachen mitzuteilen, die für die Bewilligung maßgeblich sind.

(2) ¹§ 64 Abs. 2 ist für eine Freistellung vom Dienst nach Absatz 1 entsprechend anzuwenden. ²Es dürfen nur solche Nebentätigkeiten ausgeübt werden, die dem Zweck der Freistellung nicht zuwiderlaufen.

(3) ¹Während der Zeit der Beurlaubung nach Absatz 1 Satz 1 Nr. 2 besteht ein Anspruch auf Leistungen der Krankenfürsorge in entsprechender Anwendung der Beihilfevorschriften für Beamtinnen und Beamte mit Dienstbezügen oder Anwärtergrundbetrag. ²Dies gilt nicht, wenn die Beamtin oder der Beamte berücksichtigungsfähige Angehörige oder berücksichtigungsfähiger Angehöriger einer oder eines Beihilfeberechtigten wird oder in der gesetzlichen Krankenversicherung nach § 10 Abs. 1 des Fünften Buches Sozialgesetzbuch versichert ist.

(4) Absatz 3 gilt für Beamtinnen und Beamte, die Anspruch auf Gewährung von Heilfürsorge haben, entsprechend mit der Maßgabe, dass an die Stelle der Beihilfevorschriften die Heilfürsorgevorschriften treten.

(5) § 64 Abs. 3 Satz 2 gilt entsprechend.

(6) Der Dienstherr hat durch geeignete Maßnahmen den aus familiären Gründen Beurlaubten die Verbindung zum Beruf und den beruflichen Wiedereinstieg zu erleichtern.

### § 65a Familienpflegezeit

(1) Beamtinnen und Beamten ist längstens für 48 Monate Teilzeitbeschäftigung zur Pflege einer oder eines pflegebedürftigen Angehörigen zu bewilligen (Familienpflegezeit).

(2) ¹Der Antrag nach Absatz 1 muss spätestens acht Wochen vor Beginn der Familienpflegezeit schriftlich oder elektronisch gegenüber dem Dienstvorgesetzten gestellt werden; gleichzeitig muss darin erklärt werden, für welchen Zeitraum und in welchem Umfang Teilzeitbeschäftigung in Anspruch genommen werden soll. ²§ 64 Abs. 2, § 65 Abs. 1 Satz 2 bis 4 und Abs. 2 Satz 2 gelten entsprechend.
(3) ¹Die Teilzeitbeschäftigung wird als Teilzeitbeschäftigung im Blockmodell entsprechend § 64 Abs. 4 in der Weise bewilligt, dass sich die Ansparphase (Nachpflegephase) an die Freistellungsphase (Pflegephase) anschließt. ²Dabei wird während der Pflegephase von längstens 24 Monaten die Arbeitszeit reduziert und diese reduzierte Arbeitszeit in der Nachpflegephase, die genauso lange dauert wie die Pflegephase, höchstens bis zur Dauer der wöchentlichen Arbeitszeit gemäß § 63 Abs. 1 Satz 1 ausgeglichen. ³Die wöchentliche Arbeitszeit in der Pflegephase muss mindestens 15 Stunden betragen.
(4) ¹Die Pflegephase endet vorzeitig mit Ablauf des Monats, der auf den Monat folgt, in dem die Voraussetzungen der Pflege einer oder eines pflegebedürftigen Angehörigen wegfallen. ²Die Dauer der Nachpflegephase ist entsprechend anzupassen.
(5) ¹Ist die Pflegephase für weniger als 24 Monate bewilligt worden, kann sie nachträglich bis zur Dauer von 24 Monaten verlängert werden, wenn die Voraussetzungen des Absatzes 1 und die Maßgaben des Absatzes 3 vorliegen. ²Die Dauer der Nachpflegephase ist entsprechend anzupassen.
(6) ¹Die Familienpflegezeit ist mit Wirkung für die Vergangenheit zu widerrufen,
1. bei Beendigung des Beamtenverhältnisses in den Fällen des § 21 des Beamtenstatusgesetzes,
2. bei einem auf Antrag der Beamtin oder des Beamten erfolgten Wechsel des Dienstherrn,
3. wenn Umstände eintreten, welche die vorgesehene Abwicklung unmöglich machen oder wesentlich erschweren, oder
4. in besonderen Härtefällen, wenn der Beamtin oder dem Beamten die Fortsetzung der Teilzeitbeschäftigung nicht mehr zuzumuten ist und dienstliche Belange nicht entgegenstehen.
²Gleichzeitig mit dem Widerruf wird die Teilzeitbeschäftigung für den Zeitraum bis zum Widerruf in Höhe des tatsächlich geleisteten durchschnittlichen Arbeitsumfangs neu festgesetzt.
(7) Die Familienpflegezeit wird vom Dienstvorgesetzten anstelle des Widerrufs auf Antrag der Beamtin oder des Beamten
1. im Falle einer Beurlaubung aus familiären Gründen von mehr als einem Monat nach § 65 Abs. 1 Satz 1 Nr. 2 oder
2. im Falle einer Elternzeit
unterbrochen und wird mit der restlichen Pflegephase oder mit einer entsprechend verkürzten Nachpflegephase fortgesetzt.
(8) Eine neue Familienpflegezeit kann erst für die Zeit nach Beendigung der Nachpflegephase bewilligt werden.

## § 66 Altersteilzeit

(1) ¹Beamtinnen und Beamten kann auf Antrag, der sich auf die Zeit bis zum Beginn des Ruhestandes erstrecken muss, Teilzeitbeschäftigung als Altersteilzeit mit der Hälfte der bisherigen Arbeitszeit, höchstens der Hälfte der in den letzten zwei Jahren vor Beginn der Altersteilzeit durchschnittlich zu leistenden Arbeitszeit, bewilligt werden, wenn
1. sie das 50. Lebensjahr vollendet haben,
2. sie in den letzten fünf Jahren vor Beginn der Altersteilzeitbeschäftigung drei Jahre mindestens teilzeitbeschäftigt waren,
3. die Altersteilzeitbeschäftigung vor dem 1. Januar 2017 beginnt und
4. dringende dienstliche Belange nicht entgegenstehen.
²Dringende dienstliche Belange stehen einer Bewilligung insbesondere dann entgegen, wenn im Falle der Durchführung der Altersteilzeitbeschäftigung im Blockmodell die Notwendigkeit der Wiederbesetzung der Planstelle während der Freistellungsphase nicht ausgeschlossen werden kann. ³Altersteilzeitbeschäftigung mit weniger als der Hälfte der wöchentlichen Arbeitszeit gemäß § 63 Abs. 1 Satz 1 kann nur im Blockmodell bewilligt werden; die Beamtinnen und Beamten haben während der Ansparphase mit mindestens der Hälfte der wöchentlichen Arbeitszeit gemäß § 63 Abs. 1 Satz 1 Dienst zu leisten. ⁴Im Fall des § 65 Abs. 1 Satz 1 Nr. 1 oder einer Teilzeitbeschäftigung während der Elternzeit müssen die Beamtinnen und Beamten mindestens im Umfang der bisherigen Teilzeitbeschäftigung

Dienst leisten; geringfügige Unterschreitungen des notwendigen Umfangs der Arbeitszeit bleiben außer Betracht.
(2) Beamtinnen und Beamten, die das 60. Lebensjahr vollendet haben, ist Altersteilzeit nach Maßgabe des Absatzes 1 zu bewilligen.
(3) § 64 Abs. 2 gilt entsprechend.
(4) [1]Für Beamtinnen und Beamte, für die die Altersgrenze nach § 39 Abs. 1 und 2 oder § 106 Abs. 1 bis 3 in der Fassung nach dem allgemeinen Inkrafttreten des Gesetzes zur Änderung dienstrechtlicher Vorschriften gilt und denen nach dem 31. Januar 2010 Altersteilzeitbeschäftigung bewilligt wurde, ändert sich der Bewilligungszeitraum entsprechend. [2]Für Beamtinnen und Beamte mit einer Altersteilzeitbeschäftigung in Form des Blockmodells nach § 64 Abs. 4 ist die Dauer der Anspar- und Freistellungsphase entsprechend anzugleichen, soweit diese nach drei Monaten nach dem allgemeinen Inkrafttreten des Gesetzes zur Änderung dienstrechtlicher Vorschriften in die Freistellungsphase eintreten. [3]§ 39 Abs. 3 findet Anwendung.
(5) [1]Erfolgt nach der Bewilligung einer Altersteilzeitbeschäftigung ein Wechsel in eine Laufbahn, für die eine andere Altersgrenze gilt, ändert sich der Bewilligungszeitraum entsprechend. [2]Absatz 4 gilt entsprechend.

### § 67 Urlaub ohne Besoldung
(1) Beamtinnen und Beamten kann auf Antrag Urlaub ohne Besoldung
1. bis zu einem Umfang von insgesamt sechs Jahren oder
2. nach Vollendung des 50. Lebensjahres für den Zeitraum, der sich auf die Zeit bis zum Beginn des Ruhestandes erstrecken muss,

bewilligt werden, wenn dienstliche Belange nicht entgegenstehen.
(2) § 64 Abs. 2 und 3 Satz 2 und § 65 Abs. 3 und 4 gelten entsprechend.

### § 67a Urlaub zum Erwerb der Zugangsvoraussetzungen zu einer Laufbahn oder zur Ableistung einer Probezeit
(1) Beamtinnen und Beamten kann auf Antrag Urlaub ohne Besoldung bewilligt werden
1. zum Erwerb der Befähigung für eine andere Laufbahn oder zum Erwerb der Zugangsvoraussetzungen für ein anderes Einstiegsamt für die Dauer eines Vorbereitungsdienstes oder einer für den Erwerb der Laufbahnbefähigung vorgeschriebenen hauptberuflichen Tätigkeit,
2. zur Ableistung einer Probezeit nach § 20.
(2) Urlaub darf nur bewilligt werden, wenn
1. dienstliche Gründe der Beurlaubung nicht entgegenstehen und
2. ein dienstliches Interesse für eine Beschäftigung in der anderen Laufbahn oder in· einem anderen Einstiegsamt von der obersten Dienstbehörde, in deren Bereich die Beamtin oder der Beamte später verwendet werden will, festgestellt wird.
(3) § 64 Abs. 2 und 3 Satz 2 und § 65 Abs. 2 Satz 2 gelten entsprechend.

### § 68 Höchstdauer von Beurlaubung und unterhälftiger Teilzeit
(1) [1]Teilzeitbeschäftigung mit weniger als der Hälfte der wöchentlichen Arbeitszeit (unterhälftige Teilzeit) oder Urlaub ohne Besoldung dürfen insgesamt einen Umfang von 17 Jahren nicht überschreiten. [2]Dabei bleibt eine unterhälftige Teilzeitbeschäftigung während einer Elternzeit unberücksichtigt.
(2) Der Bewilligungszeitraum kann bei Schulleiterinnen und Schulleitern sowie Lehrerinnen und Lehrern bis zum Ende des laufenden Schulhalbjahres, bei wissenschaftlichem und künstlerischem Personal an staatlichen Hochschulen bis zum Ende des laufenden Semesters oder Trimesters ausgedehnt werden.

### § 69 Hinweispflicht und Benachteiligungsverbot
(1) Wird eine Reduzierung der Arbeitszeit oder eine langfristige Beurlaubung nach den §§ 64 bis 67 beantragt, ist die Beamtin oder der Beamte auf die Folgen reduzierter Arbeitszeit oder langfristiger Beurlaubungen hinzuweisen, insbesondere auf die Folgen für Ansprüche aufgrund beamtenrechtlicher Regelungen.
(2) [1]Die Reduzierung der Arbeitszeit nach den § 64 Abs. 1, § 65 Abs. 1 Satz 1 oder § 65a Abs. 1 darf das berufliche Fortkommen nicht beeinträchtigen. [2]Eine unterschiedliche Behandlung von Beamtinnen

und Beamten mit reduzierter Arbeitszeit gegenüber Beamtinnen und Beamten mit wöchentlicher Arbeitszeit gemäß § 63 Abs. 1 Satz 1 ist nur zulässig, wenn zwingende sachliche Gründe sie rechtfertigen.

### § 70 Fernbleiben vom Dienst, Erkrankung

(1) [1]Beamtinnen und Beamte dürfen dem Dienst nicht ohne Genehmigung fernbleiben. [2]Dienstunfähigkeit infolge Krankheit ist auf Verlangen nachzuweisen.

(2) Verliert die Beamtin oder der Beamte wegen unentschuldigten Fernbleibens vom Dienst nach § 9 des Landesbesoldungsgesetzes ihren oder seinen Anspruch auf Besoldung, so wird dadurch die Durchführung eines Disziplinarverfahrens nicht ausgeschlossen.

(3) [1]Können Beamtinnen und Beamte nach lang andauernder Krankheit durch eine gestufte Wiederaufnahme ihres Dienstes (Wiedereingliederung) voraussichtlich wieder in den Dienstbetrieb eingegliedert werden, so kann die regelmäßig zu leistende Arbeitszeit nach Vorlage einer entsprechenden ärztlichen Bescheinigung mit Einverständnis der Beamtin oder des Beamten abweichend von § 63 Abs. 1 Satz 1 widerruflich und befristet abgesenkt werden (Wiedereingliederungsplan). [2]Soweit der Wiedereingliederungsplan dies erfordert, kann der Beamtin oder dem Beamten während einer Wiedereingliederung auch eine gegenüber dem innegehabten Amt geringerwertige Tätigkeit übertragen werden. [3]Während einer Wiedereingliederung erbrachte Leistungen der Beamtin oder des Beamten sind in dienstlichen Beurteilungen unberücksichtigt zu lassen. [4]§ 6 Abs. 1 des Landesbesoldungsgesetzes findet keine Anwendung.

### § 71 Urlaub (§ 44 BeamtStG)

(1) [1]Beamtinnen und Beamte, die während des gesamten Kalenderjahres tätig sind, haben einen Anspruch auf einen Erholungsurlaub von mindestens vier Wochen. [2]Die Landesregierung regelt durch Verordnung die Einzelheiten der Bewilligung des Erholungsurlaubs und eines Zusatzurlaubs zur Abgeltung der mit der Dienstausübung verbundenen besonderen Erschwernisse. [3]Hierbei kann sie insbesondere Bestimmungen treffen über die näheren Voraussetzungen der Urlaubsbewilligung, die Urlaubsdauer, die Berechnung des Urlaubsanspruchs und das Verfahren sowie ob und in welcher Höhe eine finanzielle Abgeltung von krankheitsbedingt nicht in Anspruch genommenen Urlaubs erfolgt.

(2) [1]Beamtinnen und Beamten kann unbeschadet des § 72 Urlaub aus anderen Anlässen (Sonderurlaub) bewilligt werden. [2]Die Landesregierung regelt durch Verordnung die Einzelheiten der Bewilligung von Sonderurlaub, insbesondere die Voraussetzungen und die Dauer des Sonderurlaubs, das Verfahren sowie ob und inwieweit die Besoldung, die Beihilfe oder die Heilfürsorge während eines Sonderurlaubs zu belassen ist.

### § 72 Wahlvorbereitungs- und Mandatsurlaub

(1) [1]Stimmt eine Beamtin oder ein Beamter ihrer oder seiner Aufstellung als Bewerberin oder Bewerber für die Wahl zum Europäischen Parlament, zum Deutschen Bundestag oder zu der gesetzgebenden Körperschaft eines Landes zu, ist ihr oder ihm auf Antrag innerhalb der letzten zwei Monate vor dem Wahltag zur Vorbereitung ihrer oder seiner Wahl Urlaub ohne Besoldung zu bewilligen. [2]§ 65 Abs. 3 und 4 gilt entsprechend.

(2) [1]Beamtinnen und Beamte, die in die gesetzgebende Körperschaft eines anderen Landes gewählt werden und deren Amt nach dem Recht des anderen Landes mit dem Mandat vereinbar ist, ist zur Ausübung des Mandats auf Antrag
1. die Arbeitszeit bis auf 40 v.H. der wöchentlichen Arbeitszeit gemäß § 63 Abs. 1 Satz 1 zu ermäßigen oder
2. Urlaub ohne Besoldung zu gewähren.

[2]Der Antrag soll jeweils für einen Zeitraum von mindestens sechs Monaten gestellt werden. [3]§ 21 Abs. 3 des Abgeordnetengesetzes Sachsen-Anhalt gilt entsprechend. [4]Auf Beamtinnen und Beamte, denen nach Satz 1 Nr. 2 Urlaub ohne Besoldung bewilligt wird, ist § 37 Abs. 3 und 4 des Abgeordnetengesetzes Sachsen-Anhalt entsprechend anzuwenden.

(3) [1]Für die Tätigkeit als Mitglied einer kommunalen Vertretung oder eines nach den Vorschriften der Kommunalverfassungsgesetze gebildeten Ausschusses ist Beamtinnen und Beamten der erforderliche Urlaub mit Besoldung zu bewilligen. [2]Dies gilt auch für die von einer kommunalen Vertretung berufenen Mitglieder von Ausschüssen, die aufgrund besonderer gesetzlicher Regelungen gebildet worden sind.

*Abschnitt 3*
**Nebentätigkeil und Tätigkeit nach Beendigung des Beamtenverhältnisses (§§ 40, 41 BeamtStG)**

### § 73 Nebentätigkeiten
(1) Nebentätigkeit ist die Wahrnehmung eines Nebenamtes oder einer Nebenbeschäftigung.
(2) Nebenamt ist ein nicht zu einem Hauptamt gehörender Kreis von Aufgaben, der aufgrund eines öffentlich-rechtlichen Dienst- oder Amtsverhältnisses wahrgenommen wird.
(3) Nebenbeschäftigung ist jede sonstige, nicht zu einem Hauptamt gehörende Tätigkeit innerhalb oder außerhalb des öffentlichen Dienstes.
(4) [1]Als Nebentätigkeit gilt nicht die Wahrnehmung öffentlicher Ehrenämter sowie einer unentgeltlichen Vormundschaft, Betreuung oder Pflegschaft einer oder eines Angehörigen. [2]Die Übernahme eines öffentlichen Ehrenamtes ist schriftlich oder elektronisch mitzuteilen.
(5) Öffentliche Ehrenämter im Sinne des Absatzes 4 sind die als solche in gesetzlichen Regelungen bezeichneten Tätigkeiten, im Übrigen jede behördlich bestellte oder auf Wahl beruhende unentgeltliche Mitwirkung bei der Erfüllung öffentlicher Aufgaben.

### § 74 Pflicht zur Übernahme von Nebentätigkeiten
(1) Beamtinnen und Beamte sind verpflichtet, auf schriftliches Verlangen der oder des Dienstvorgesetzten eine Nebentätigkeit im
1. öffentlichen Dienst,
2. Vorstand, Aufsichtsrat, Verwaltungsrat oder in einem sonstigen Organ einer Gesellschaft, Genossenschaft oder eines in einer anderen Rechtsform betriebenen Unternehmens, wenn dies im öffentlichen Interesse liegt,

zu übernehmen und fortzuführen, wenn diese Tätigkeit ihrer Vorbildung oder Ausbildung entspricht und sie nicht über Gebühr in Anspruch nimmt.
(2) [1]Nebentätigkeit im öffentlichen Dienst im Sinne des Absatzes 1 Nr. 1 ist jede Tätigkeit
1. für den Bund, ein Land oder eine andere Körperschaft, Anstalt oder Stiftung des öffentlichen Rechts oder für deren Verbände,
2. für Vereinigungen, Einrichtungen oder Unternehmen, deren Kapital (Grundkapital, Stammkapital) sich zumindest überwiegend in öffentlicher Hand befindet oder die zumindest überwiegend aus öffentlichen Mitteln unterhalten werden,
3. bei zwischenstaatlichen und überstaatlichen Einrichtungen, an denen eine juristische Person oder ein Verband im Sinne der Nummer 1 durch Zahlung von Beiträgen oder Zuschüssen oder in anderer Weise beteiligt ist,
4. bei natürlichen und juristischen Personen, die der Wahrung von Belangen einer juristischen Person oder eines Verbandes im Sinne der Nummer 1 dienen.

[2]Davon ausgenommen ist eine Tätigkeit für öffentlich-rechtliche Religionsgemeinschaften oder für deren Verbände.

### § 75 Anzeigefreie Nebentätigkeiten
(1) Der Anzeigepflicht nach § 40 Satz 1 des Beamtenstatusgesetzes unterliegen nicht
1. Nebentätigkeiten, zu deren Übernahme die Beamtin oder der Beamte nach § 74 verpflichtet ist,
2. die Verwaltung eigenen oder der Nutznießung der Beamtin oder des Beamten unterliegenden Vermögens,
3. die Tätigkeit zur Wahrung von Berufsinteressen in Gewerkschaften und Berufsverbänden oder in Organen von Selbsthilfeeinrichtungen der Beamtinnen und Beamten und
4. unentgeltliche Nebentätigkeiten, ausgenommen:
   a) Wahrnehmung eines nicht unter Nummer 1 fallenden Nebenamtes,
   b) Übernahme einer Testamentsvollstreckung oder einer anderen als in § 73 Abs. 4 genannten Vormundschaft, Betreuung oder Pflegschaft,
   c) gewerbliche oder freiberufliche Tätigkeiten oder die Mitarbeit bei einer dieser Tätigkeiten oder
   d) der Eintritt in den Vorstand, Aufsichtsrat, Verwaltungsrat oder ein ähnliches Organ eines Unternehmens mit Ausnahme einer Genossenschaft.

(2) Die Beamtin oder der Beamte hat auf Verlangen über eine ausgeübte anzeigefreie Nebentätigkeit, insbesondere über deren Art und Umfang sowie über die Entgelte und geldwerten Vorteile hieraus, Auskunft zu erteilen.

### § 76 Verbot einer Nebentätigkeit
(1) ¹Eine Nebentätigkeit ist auch nach deren Übernahme zu untersagen, soweit sie geeignet ist, dienstliche Interessen zu beeinträchtigen. ²Eine Beeinträchtigung der dienstlichen Interessen liegt insbesondere vor, wenn eine Nebentätigkeit
1. nach Art und Umfang die Arbeitskraft so stark in Anspruch nimmt, dass die ordnungsgemäße Erfüllung der dienstlichen Pflichten behindert werden kann,
2. die Beamtin oder den Beamten in einen Widerstreit mit den dienstlichen Pflichten bringen kann,
3. in einer Angelegenheit ausgeübt wird, in der die Behörde, der die Beamtin oder der Beamte angehört, tätig wird oder tätig werden kann,
4. die Unparteilichkeit oder Unbefangenheit der Beamtin oder des Beamten bei der dienstlichen Tätigkeit beeinflussen kann,
5. zu einer wesentlichen Einschränkung der künftigen dienstlichen Verwendbarkeit führen kann oder
6. dem Ansehen der Verwaltung abträglich sein kann.

³Die Voraussetzung des Satzes 2 Nr. 1 liegt in der Regel vor, wenn die zeitliche Beanspruchung durch eine oder mehrere Nebentätigkeiten in der Woche ein Fünftel der wöchentlichen Arbeitszeit gemäß § 63 Abs. 1 Satz 1 überschreitet.

(2) Schriftstellerische, wissenschaftliche, künstlerische oder Vortragstätigkeiten sowie die mit Lehr- oder Forschungsaufgaben zusammenhängende selbständige Gutachtertätigkeit von wissenschaftlichem Hochschulpersonal dürfen nur untersagt werden, soweit die konkrete Gefahr besteht, dass bei ihrer Ausübung dienstliche Pflichten verletzt werden.

### § 77 Ausübung von Nebentätigkeiten während der Arbeitszeit
¹Eine Nebentätigkeit darf nur außerhalb der Arbeitszeit ausgeübt werden, es sei denn, sie wurde auf Verlangen, Vorschlag oder Veranlassung der oder des Dienstvorgesetzten übernommen oder die oder der Dienstvorgesetzte hat ein dienstliches Interesse an der Wahrnehmung der Nebentätigkeit anerkannt. ²Das dienstliche Interesse ist aktenkundig zu machen. ³Ausnahmen dürfen nur in besonders begründeten Fällen, insbesondere im öffentlichen Interesse, zugelassen werden, wenn dienstliche Gründe nicht entgegenstehen und die versäumte Arbeitszeit vor- oder nachgeleistet wird.

### § 78 Verfahren
¹Anzeigen, Anträge und Entscheidungen, die die Übernahme oder Ausübung einer Nebentätigkeit betreffen, bedürfen der Schriftform. ²Die Beamtin oder der Beamte hat dabei die für die Entscheidung erforderlichen Nachweise über Art und Umfang der Nebentätigkeit sowie die Entgelte und geldwerten Vorteile hieraus vorzulegen; jede Änderung ist unverzüglich anzuzeigen.

### § 79 Regressanspruch für die Haftung aus angeordneten Nebentätigkeiten
¹Beamtinnen und Beamte, die aus einer auf Verlangen, Vorschlag oder Veranlassung der oder des Dienstvorgesetzten ausgeübten Tätigkeit im Vorstand, Aufsichtsrat, Verwaltungsrat oder in einem sonstigen Organ einer Gesellschaft, Genossenschaft oder eines in einer anderen Rechtsform betriebenen Unternehmens haftbar gemacht werden, haben gegen den Dienstherrn Anspruch auf Ersatz des ihnen entstandenen Schadens. ²Ist der Schaden vorsätzlich oder grob fahrlässig herbeigeführt worden, ist der Dienstherr nur dann ersatzpflichtig, wenn die Beamtin oder der Beamte die zum Schaden führende Handlung auf Verlangen einer oder eines Vorgesetzten vorgenommen hat.

### § 80 Erlöschen der mit dem Hauptamt verbundenen Nebentätigkeiten
Endet das Beamtenverhältnis, so enden, wenn im Einzelfall nichts anderes bestimmt wird, auch die Nebentätigkeiten, die im Zusammenhang mit dem Hauptamt übertragen oder auf Verlangen, Vorschlag oder Veranlassung der oder des Dienstvorgesetzten übernommen worden sind.

### § 81 Tätigkeiten nach Beendigung des Beamtenverhältnisses
(1) ¹Die Anzeigepflicht für die Aufnahme einer Tätigkeit nach § 41 Satz 1 des Beamtenstatusgesetzes besteht für einen Zeitraum von fünf Jahren nach Beendigung des Beamtenverhältnisses, wenn es sich um eine Erwerbstätigkeit oder sonstige Beschäftigung handelt, die mit der dienstlichen Tätigkeit in den letzten fünf Jahren vor Beendigung des Beamtenverhältnisses im Zusammenhang steht. ²Abwei-

chend von Satz 1 besteht die Anzeigepflicht für Ruhestandsbeamtinnen und Ruhestandsbeamte, die mit Erreichen der Regelaltersgrenze oder zu einem späteren Zeitpunkt in den Ruhestand treten, für einen Zeitraum von drei Jahren nach Beendigung des Beamtenverhältnisses. ³Die Anzeige hat gegenüber der oder dem zuletzt zuständigen Dienstvorgesetzten zu erfolgen.
(2) Das Verbot nach § 41 Satz 2 des Beamtenstatusgesetzes wird durch die zuletzt zuständige Dienstvorgesetzte oder den zuletzt zuständigen Dienstvorgesetzten ausgesprochen.

*Abschnitt 4*
**Fürsorge (§ 45 BeamtStG)**

### § 82 Mutterschutz und Elternzeit
(1) Die Landesregierung regelt durch Verordnung die der Eigenart des öffentlichen Dienstes entsprechende Anwendung der Vorschriften
1. des Mutterschutzgesetzes auf Beamtinnen,
2. des Bundeselterngeld- und Elternzeitgesetzes über die Elternzeit auf Beamtinnen und Beamte.
(2) Bis zum Inkrafttreten der Verordnung nach Absatz 1 gelten die für die Beamtinnen und Beamten des Bundes jeweils geltenden Vorschriften zum Mutterschutz und zur Elternzeit weiter.

### § 83 Arbeitsschutz
(1) ¹Die im Bereich des Arbeitsschutzes aufgrund der §§ 18 und 19 des Arbeitsschutzgesetzes vom 7. August 1996 (BGBl. I S. 1246), zuletzt geändert durch Artikel 427 der Verordnung vom 31. August 2015 (BGBl. I S. 1474, 1537), erlassenen Verordnungen gelten für die Beamtinnen und Beamten entsprechend. ²Die Landesregierung wird ermächtigt, durch Verordnung abweichende Regelungen zu treffen, soweit die Eigenart des öffentlichen Dienstes dies erfordert.
(2) ¹Die Landesregierung kann durch Verordnung bestimmen, dass für bestimmte Tätigkeiten des öffentlichen Dienstes, insbesondere bei der Polizei, der Feuerwehr oder den Zivil- und Katastrophenschutzdiensten, die Vorschriften des Arbeitsschutzgesetzes ganz oder zum Teil nicht anzuwenden sind, soweit öffentliche Belange dies zwingend erfordern, insbesondere zur Aufrechterhaltung oder Wiederherstellung der öffentlichen Sicherheit. ²In der Verordnung ist gleichzeitig festzulegen, wie die Sicherheit und der Gesundheitsschutz bei der Arbeit unter Berücksichtigung der Ziele des Arbeitsschutzgesetzes auf andere Weise gewährleistet werden.
(3) ¹Das Jugendarbeitsschutzgesetz vom 12. April 1976 (BGBl. I S. 965), zuletzt geändert durch Artikel 13 des Gesetzes vom 10. März 2017 (BGBl. I S. 420, 422), gilt für jugendliche Beamtinnen und jugendliche Beamte entsprechend. ²Soweit die Eigenart des Polizeivollzugsdienstes und die Belange der inneren Sicherheit es erfordern, kann die Landesregierung durch Verordnung Ausnahmen von den Vorschriften des Jugendarbeitsschutzgesetzes für jugendliche Polizeivollzugsbeamtinnen und jugendliche Polizeivollzugsbeamte bestimmen.

### § 83a Erfüllungsübernahme von Schmerzensgeldansprüchen
(1) ¹Hat die Beamtin oder der Beamte wegen eines tätlichen rechtswidrigen Angriffs, den sie oder er in Ausübung des Dienstes oder außerhalb des Dienstes wegen der Eigenschaft als Beamtin oder Beamter erleidet, einen rechtskräftig festgestellten Anspruch auf Schmerzensgeld gegen einen Dritten, kann die oberste Dienstbehörde oder die von ihr bestimmte Stelle auf Antrag die Erfüllung dieses Anspruchs bis zur Höhe des festgestellten Schmerzensgeldbetrages übernehmen, soweit dies zur Vermeidung einer unbilligen Härte notwendig ist. ²Der rechtskräftigen Feststellung steht ein Vergleich nach § 794 Abs. 1 Nr. 1 der Zivilprozessordnung gleich, sobald er unwiderruflich und der Höhe nach angemessen ist.
(2) ¹Eine unbillige Härte liegt insbesondere vor, wenn die Vollstreckung über einen Betrag von mindestens 250 Euro erfolglos geblieben ist. ²Die Übernahme der Erfüllung kann verweigert werden, wenn aufgrund desselben Sachverhalts Zahlungen als Unfallausgleich gewährt werden oder wenn eine Zahlung als einmalige Unfallentschädigung oder als Schadensausgleich in besonderen Fällen gewährt wird.
(3) ¹Die Übernahme der Erfüllung ist innerhalb einer Ausschlussfrist von zwei Jahren nach Eintreten der Rechtskraft der den Anspruch feststellenden Entscheidung schriftlich oder elektronisch unter Nachweis der Vollstreckungsversuche zu beantragen. ²Soweit die Erfüllung übernommen wurde, ge-

hen die Ansprüche gegen Dritte auf den Dienstherrn über. ³Der Übergang der Ansprüche kann nicht zum Nachteil des oder der Geschädigten geltend gemacht werden.

(4) Für Schmerzensgeldansprüche, für die vor dem allgemeinen Inkrafttreten des Gesetzes zur Änderung dienstrechtlicher Vorschriften ein Vollstreckungstitel erlangt wurde, der nicht älter als drei Jahre ist, kann der Antrag innerhalb einer Ausschlussfrist von sechs Monaten ab dem allgemeinen Inkrafttreten des Gesetzes zur Änderung dienstrechtlicher Vorschriften gestellt werden.

## Abschnitt 5
## Personalakten (§ 50 BeamtStG)

### § 84 Personalakte

(1) ¹Für jede Beamtin und jeden Beamten ist eine Personalakte zu führen. ²Sie ist vertraulich zu behandeln und durch technische und organisatorische Maßnahmen vor unbefugter Einsichtnahme zu schützen. ³Die Akte kann in Teilen oder vollständig in elektronischer Form geführt werden. ⁴Zur Personalakte gehören alle Unterlagen, die die Beamtin oder den Beamten betreffen, soweit sie mit ihrem oder seinem Dienstverhältnis in einem unmittelbaren inneren Zusammenhang stehen (Personalaktendaten). ⁵Andere Unterlagen dürfen in die Personalakte nicht aufgenommen werden. ⁶Nicht Bestandteil der Personalakte sind Unterlagen, die besonderen, von der Person und dem Dienstverhältnis sachlich zu trennenden Zwecken dienen, insbesondere Prüfungs-, Sicherheits- und Kindergeldakten. ⁷Kindergeldakten können mit Besoldungs- und Versorgungsakten verbunden geführt werden, wenn diese von der übrigen Personalakte getrennt sind und von einer von der Personalverwaltung getrennten Organisationseinheit bearbeitet werden.

(2) ¹Die Personalakte kann nach sachlichen Gesichtspunkten in Grundakte und Teilakten gegliedert werden. ²Teilakten können bei der für den betreffenden Aufgabenbereich zuständigen Behörde geführt werden. ³Unterlagen, die sich auch in der Grundakte oder in den Teilakten befinden (Nebenakten) dürfen nur geführt werden, wenn die personalverwaltende Behörde nicht zugleich Beschäftigungsbehörde ist oder wenn mehrere personalverwaltende Behörden für die Beamtin oder den Beamten zuständig sind; sie dürfen nur solche Unterlagen enthalten, deren Kenntnis zur rechtmäßigen Aufgabenerledigung der betreffenden Behörde erforderlich ist. ⁴In die Grundakte ist ein vollständiges Verzeichnis aller Teil- und Nebenakten aufzunehmen. ⁵Wird die Personalakte weder vollständig in Schriftform noch vollständig in elektronischer Form geführt, so muss sich aus dem Verzeichnis nach Satz 4 ergeben, welche Teile der Personalakte in welcher Form geführt werden.

(3) ¹Personalaktendaten dürfen ohne Einwilligung der Beamtin oder des Beamten nur für Zwecke der Personalverwaltung oder Personalwirtschaft verarbeitet werden, sowie nichts anderes bestimmt ist. ²Zugang zur Personalakte darf in erforderlichem Umfang nur haben, wer im Rahmen der Personalverwaltung oder Personalwirtschaft mit der Bearbeitung von Personalangelegenheiten beauftragt ist. ³Abweichend davon ist eine Kenntnisnahme von Personalaktendaten zulässig, soweit diese bei Nutzung eines automatisierten Personalverwaltungssystems im Rahmen der Datensicherung oder Sicherung des ordnungsgemäßen Betriebs nach dem Stand der Technik nicht oder nur mit unverhältnismäßigem Aufwand zu vermeiden wäre.

(4) ¹Der Dienstherr darf personenbezogene Daten über Bewerberinnen, Bewerber, Beamtinnen und Beamte sowie über ehemalige Beamtinnen und ehemalige Beamte nur erheben, soweit dies zur Begründung, Durchführung, Beendigung oder Abwicklung des Dienstverhältnisses oder zur Durchführung organisatorischer, personeller oder sozialer Maßnahmen, insbesondere auch zu Zwecken der Personalplanung oder des Personaleinsatzes, erforderlich ist oder eine Rechtsvorschrift dies erlaubt. ²Fragebögen, mit denen solche personenbezogenen Daten erhoben werden, bedürfen der vorherigen Genehmigung durch die oberste Dienstbehörde.

### § 85 Beihilfeunterlagen

(1) ¹Unterlagen über Beihilfen sind als Teilakte zu führen. ²Diese ist von der übrigen Personalakte getrennt aufzubewahren. ³Sie soll in einer von der übrigen Personalverwaltung getrennten Organisationseinheit bearbeitet werden. ⁴Zugang zu den Beihilfeunterlagen sollen nur Beschäftigte dieser Organisationseinheit haben.

(2) ¹Personenbezogene Daten dürfen ohne Einwilligung für Beihilfezwecke verarbeitet werden, soweit die Daten für diese Zwecke erforderlich sind. ²Für andere Zwecke dürfen personenbezogene Daten aus der Beihilfeakte verarbeitet werden, wenn sie erforderlich sind
1. für die Einleitung oder Durchführung eines behördlichen oder gerichtlichen Verfahrens, das in. einem Zusammenhang mit einem Beihilfeantrag steht, oder
2. zur Abwehr erheblicher Nachteile für das Gemeinwohl, zur Abwehr einer sonst unmittelbar drohenden Gefahr für die öffentliche Sicherheit oder zur Abwehr einer schwerwiegenden Beeinträchtigung der. Rechte einer anderen Person.
³Die erforderlichen personenbezogenen Daten aus Arzneimittelverordnungen im Sinne des § 1 des Gesetzes über Rabatte für Arzneimittel dürfen an den Treuhänder ausschließlich zum Zweck der Prüfung gemäß § 3 des Gesetzes über Rabatte für Arzneimittel übermittelt werden.
(3) Die Absätze 1 und 2 gelten entsprechend für Unterlagen über Heilfürsorge und Heilverfahren.
(4) ¹Personenbezogene Daten aus der Beihilfeakte dürfen ohne Einwilligung verarbeitet oder an eine andere Behörde übermittelt werden, soweit sie für die Festsetzung und Berechnung der Besoldung oder Versorgung oder für die Prüfung der Kindergeldberechtigung erforderlich sind. ²Dies gilt auch für personenbezogene Daten aus der Besoldungsakte und der Versorgungsakte, soweit sie für die Festsetzung und Berechnung der Beihilfe erforderlich sind.

### § 86 Anhörung
¹Beamtinnen und Beamte sind zu Beschwerden, Behauptungen und Bewertungen, die für sie ungünstig sind oder ihnen nachteilig werden können, vor deren Aufnahme in die Personalakte zu hören, soweit die Anhörung nicht nach anderen Rechtsvorschriften erfolgt. ²Ihre Äußerung ist zur Personalakte zu nehmen.

### § 87 Auskunft
(1) ¹Das Recht der Beamtin oder des Beamten auf Auskunft gemäß Artikel 15 der Verordnung (EU) 2016/679 umfasst auch das Recht auf Einsicht in die vollständige Personalakte. ²Dies gilt auch nach Beendigung des Beamtenverhältnisses. ³Der Beamtin oder dem Beamten ist auf Verlangen eine vollständige Kopie oder ein Auszug aus der· Personalakte zur Verfügung zu stellen. ⁴Dies gilt entsprechend für automatisiert gespeichert Personalaktendaten.
(2) ¹Die Beamtin oder der Beamte hat ein Recht auf Auskunft auch über personenbezogene Daten über sie oder ihn, die in anderen Akten enthalten sind und für ihr oder sein Dienstverhältnis verarbeitet werden, soweit gesetzlich nichts anderes bestimmt ist. ²Das Recht auf Auskunft umfasst auch das Recht auf Einsicht in die Akten. ³Keine Einsicht wird gewährt, soweit die anderen Akten personenbezogene Daten Dritter oder geheimhaltungsbedürftige nicht personenbezogene Daten enthalten, die mit den Daten der Beamtin oder des Beamten derart verbunden sind, dass eine Trennung nicht oder nur mit unverhältnismäßig großem Aufwand möglich ist. ⁴Nicht der Auskunft unterliegen Sicherheitsakten.
(3) ¹Bevollmächtigten der Beamtin oder des Beamten ist Auskunft aus der Personalakte und aus Akten nach Absatz 2 zu erteilen. ²Das Recht auf Auskunft umfasst auch das Recht auf Einsicht in die vollständige Personalakte. ³Die Absätze 1 und 2 gelten entsprechend.
(4) ¹Hinterbliebenen der Beamtin oder des Beamten und Bevollmächtigten der Hinterbliebenen ist Auskunft aus der Personalakte zu erteilen, wenn ein berechtigtes Interesse glaubhaft gemacht wird. ²Absatz 1 gilt entsprechend.
(5) Für Fälle der Einsichtnahme bestimmt die aktenführende Behörde, wo die Einsicht gewährt wird.

### § 88 Übermittlung von Personalakten und Auskünfte an Dritte
(1) ¹Ohne Einwilligung der Beamtin oder des Beamten ist es zulässig, die Personalakte für Zwecke der Personalverwaltung oder Personalwirtschaft der obersten Dienstbehörde, dem Landespersonalausschuss, einer im Rahmen der Dienstaufsicht weisungsbefugten Behörde oder einer Personalvermittlungsstelle der Landesverwaltung im Rahmen ihrer Aufgabenzuweisung zu übermitteln. ²Das Gleiche gilt für andere Behörden desselben oder eines anderen Dienstherrn, soweit diese an einer Personalentscheidung mitzuwirken haben. ³Ohne Einwilligung der Beamtin oder des Beamten ist es zulässig, die Personalakte einer Aufsichtsbehörde zur Wahrnehmung einer in einer Rechtsvorschrift vorgesehenen Rechtsaufsicht zu übermitteln. ⁴Ärztinnen und Ärzten sowie Psychologinnen und Psychologen, die im Auftrag der personalverwaltenden Behörde ein Gutachten erstellen, darf die Perso-

nalakte ebenfalls ohne Einwilligung übermittelt werden. [5]Für Auskünfte aus der Personalakte gelten die Sätze 1 bis 4 entsprechend. [6]Soweit eine Auskunft ausreicht, ist von einer Übermittlung abzusehen.
(2) [1]Auskünfte an Dritte dürfen ohne Einwilligung der Beamtin oder des Beamten übermittelt werden, wenn dies erforderlich ist
1. für die Abwehr einer erheblichen Beeinträchtigung des Gemeinwohls oder
2. für den Schutz berechtigter, höherrangiger Interessen der oder des Dritten.
[2]In diesen Fällen wird keine Akteneinsicht gewährt. [3]Inhalt und Empfängerin oder Empfänger der Auskunft sind der Beamtin oder dem Beamten schriftlich mitzuteilen.
(3) Übermittlung und Auskunft sind auf den jeweils erforderlichen Umfang zu beschränken.

### § 89 Entfernung von Unterlagen aus Personalakten

(1) [1]Unterlagen über Beschwerden, Behauptungen und Bewertungen, auf die § 16 Abs. 3 und 4 Satz 1 des Disziplinargesetzes Sachsen-Anhalt nicht anzuwenden ist, sind,
1. falls sie sich als unbegründet oder falsch erwiesen haben, mit Zustimmung der Beamtin oder des Beamten unverzüglich aus der Personalakte zu entfernen und zu vernichten oder
2. falls sie für die Beamtin oder den Beamten ungünstig sind oder ihr oder ihm nachteilig werden können, auf Antrag nach zwei Jahren zu entfernen und zu vernichten; dies gilt nicht für dienstliche Beurteilungen.
[2]Die Frist nach Satz 1 Nr. 2 beginnt erneut, wenn neue Sachverhalte im Sinne dieser Vorschrift vorliegen oder ein Straf- oder Disziplinarverfahren eingeleitet worden ist. [3]Satz 2 gilt nicht, wenn sich der erneute Vorwurf als unbegründet oder falsch herausstellt.
(2) [1]Mitteilungen in Strafsachen, soweit sie nicht Bestandteil einer Disziplinarakte sind, sowie Auskünfte aus dem Bundeszentralregister sind mit Zustimmung der Beamtin oder des Beamten nach zwei Jahren zu entfernen und zu vernichten. [2]Absatz 1 Satz 2 und 3 gilt entsprechend.

### § 90 Aufbewahrungsfristen

(1) [1]Personalakten sind nach ihrem Abschluss von der personalaktenführenden Behörde fünf Jahre aufzubewahren. [2]Personalakten sind abgeschlossen,
1. wenn die Beamtin oder der Beamte ohne Versorgungsansprüche aus dem öffentlichen Dienst ausgeschieden ist, mit Ablauf des Jahres der Vollendung der Regelaltersgrenze, in den Fällen des § 24 Abs. 1 des Beamtenstatusgesetzes und des § 10 des Disziplinargesetzes Sachsen-Anhalt jedoch erst, wenn mögliche Versorgungsempfänger oder Versorgungsempfängerinnen nicht mehr vorhanden sind,
2. wenn die Beamtin oder der Beamte ohne versorgungsberechtigte Hinterbliebene verstorben ist, mit Ablauf des Todesjahres,
3. wenn nach dem Tod der Beamtin oder des Beamten versorgungsberechtigte Hinterbliebene vorhanden sind, mit Ablauf des Jahres, in dem die letzte Versorgungsverpflichtung entfallen ist.
[3]Kann der maßgebliche Zeitpunkt nach Satz 2 Nrn. 2 und 3 nicht festgestellt werden, findet § 10 Abs. 3 Satz 2 Halbsatz 2 des Archivgesetzes Sachsen-Anhalt entsprechende Anwendung.
(2) [1]Zahlungsbegründende Unterlagen über Beihilfen, Heilfürsorge, Heilverfahren, Unterstützungen, Erholungsurlaub, Erkrankungen, Umzugs- und Reisekosten und Trenngeld sind sechs Jahre, Unterlagen über Erholungsurlaub sind drei Jahre nach Ablauf des Jahres, in dem die Bearbeitung des einzelnen Vorgangs abgeschlossen wurde, aufzubewahren. [2]Unterlagen, aus denen die Art einer Erkrankung ersichtlich ist, sind unverzüglich zurückzugeben oder zu vernichten, wenn sie für den Zweck, zu dem sie vorgelegt worden sind, nicht mehr benötigt werden. [3]Als Zweck, zu dem die Unterlagen vorgelegt worden sind, gelten auch Verfahren, mit denen Rabatte oder Erstattungen geltend gemacht werden.
(3) Versorgungsakten sind sechs Jahre nach Ablauf des Jahres, in dem die letzte Versorgungszahlung geleistet worden ist, aufzubewahren; besteht die Möglichkeit eines Wiederauflebens des Anspruchs, sind die Akten 30 Jahre aufzubewahren.
(4) Nach Ablauf der Aufbewahrungsfristen sind die Personalakten zu vernichten, sofern sie nicht nach Maßgabe des Archivgesetzes Sachsen-Anhalt dem zuständigen öffentlichen Archiv anzubieten und zu übergeben sind.

## § 91 Automatisierte Verarbeitung von Personalaktendaten

(1) ¹Personalaktendaten dürfen in automatisierten Verfahren nur für Zwecke der Personalverwaltung oder der Personalwirtschaft verarbeitet und genutzt werden. ²Ihre Übermittlung ist nur nach § 88 zulässig. ³Ein automatisierter Datenabruf durch andere Behörden ist unzulässig, soweit durch besondere Rechtsvorschrift nichts anderes bestimmt ist.

(2) Personalaktendaten im Sinne des § 85 dürfen nur im Rahmen ihrer Zweckbestimmung und nur von den übrigen Personalaktendaten technisch und organisatorisch getrennt automatisiert verarbeitet und genutzt werden.

(3) Von den Unterlagen über medizinische oder psychologische Untersuchungen und Tests dürfen im Rahmen der Personalverwaltung nur die Ergebnisse automatisiert verarbeitet oder genutzt werden, soweit sie die Eignung betreffen und ihre Verarbeitung oder Nutzung dem Schutz der Beamtin oder des Beamten dient.

(4) Eine beamtenrechtliche Entscheidung darf nur dann auf einer ausschließlich automatisierten Verarbeitung von personenbezogenen Daten beruhen, wenn weder ein Ermessen noch ein Beurteilungsspielraum besteht.

(5) ¹Bei erstmaliger Speicherung ist den Beamtinnen und Beamten die Art der über sie nach Absatz 1 Satz 1 gespeicherten Daten mitzuteilen, bei wesentlichen Änderungen sind sie zu benachrichtigen. ²Ferner sind die Verarbeitungs- und Nutzungsformen automatisierter Personalverwaltungsverfahren zu dokumentieren und einschließlich des jeweiligen Verwendungszweckes sowie der regelmäßigen Empfängerinnen oder Empfänger und des Inhalts automatisierter Datenübermittlung allgemein bekannt zu geben.

### Kapitel 7
### Beteiligung der Spitzenorganisationen

## § 92 Beteiligung der Spitzenorganisationen der Gewerkschaften (§ 53 BeamtStG)

(1) Die Spitzenorganisationen der zuständigen Gewerkschaften auf Landesebene sind bei der Vorbereitung allgemeiner Regelungen der beamtenrechtlichen Verhältnisse durch die obersten Landesbehörden zu beteiligen.

(2) ¹Die obersten Landesbehörden und die Spitzenorganisationen der Gewerkschaften kommen regelmäßig zu Gesprächen über allgemeine und grundsätzliche Fragen des Beamtenrechts zusammen. ²Darüber hinaus können aus besonderem Anlass weitere Gespräche vereinbart werden.

(3) ¹Die Entwürfe allgemeiner beamtenrechtlicher Regelungen durch die obersten Landesbehörden werden den Spitzenorganisationen mit einer angemessenen Frist zur Stellungnahme zugeleitet. ²Daneben kann auch eine mündliche Erörterung erfolgen. ³Vorschläge der Spitzenorganisationen, die in Gesetzentwürfen keine Berücksichtigung gefunden haben, werden dem Landtag in der Vorlage unter Angabe der Gründe mitgeteilt.

(4) ¹Das Beteiligungsverfahren mit den obersten Landesbehörden soll auf Verlangen der Spitzenorganisationen durch Vereinbarung ausgestaltet werden. ²Dabei sollen insbesondere der Zeitpunkt und die Frist der Beteiligung an den Entwürfen nach Absatz 3 Satz 1, die Anzahl der regelmäßigen Gespräche nach Absatz 2 Satz 1 bezogen auf einen festzulegenden Zeitraum und die jeweils daran teilnehmenden Funktionsebenen der Verwaltung sowie die Behandlung von Vorschlägen der Spitzenorganisationen zu allgemeinen beamtenrechtlichen Regelungen durch die obersten Landesbehörden vereinbart werden.

### Kapitel 8
### Landespersonalausschuss

## § 93 Aufgaben des Landespersonalausschusses

(1) ¹Der Landespersonalausschuss wirkt an Personalentscheidungen mit dem Ziel mit, die einheitliche Durchführung der beamtenrechtlichen Vorschriften sicherzustellen. ²Er übt seine Tätigkeit unabhängig und in eigener Verantwortung aus.

(2) ¹Der Landespersonalausschuss hat neben den im Gesetz geregelten Zuständigkeiten die Befugnis, Empfehlungen zur Beseitigung von Mängeln in der Handhabung der beamtenrechtlichen Vorschriften

zu geben und hierzu Vorschläge zur Änderung, Ergänzung oder Neufassung zu unterbreiten. ²Weitere Aufgaben können ihm durch gesetzliche Regelungen übertragen werden.
(3) Über die Durchführung seiner Aufgaben erstattet der Landespersonalausschuss der Landesregierung Bericht.

### § 94 Mitglieder
(1) Der Landespersonalausschuss besteht aus sieben ordentlichen und sieben stellvertretenden Mitgliedern.
(2) ¹Ständige ordentliche Mitglieder sind
1. die Präsidentin oder der Präsident des Landesrechnungshofs als Vorsitzende oder Vorsitzender,
2. die Leiterin oder der Leiter der Dienstrechtsabteilung des für Beamtenrecht zuständigen Ministeriums und
3. die Leiterin oder der Leiter der für die fachministeriellen Aufgaben der Laufbahnen des allgemeinen Verwaltungsdienstes zuständigen Abteilung des Fachministeriums für den allgemeinen Verwaltungsdienst.

²Sie werden jeweils durch ihre Vertreterin oder ihren Vertreter im Hauptamt vertreten.
(3) ¹Vier weitere ordentliche Mitglieder werden von der Landesregierung für die Dauer von vier Jahren berufen,
1. davon zwei Mitglieder aufgrund von Vorschlägen der kommunalen Spitzenverbände und
2. zwei Mitglieder aufgrund von Vorschlägen des Deutschen Gewerkschaftsbundes und des Deutschen Beamtenbundes als Spitzenorganisationen der Gewerkschaften auf Landesebene.

²Für die weiteren Mitglieder sind entsprechend den vorstehenden Vorschriften Stellvertreterinnen oder Stellvertreter zu berufen.

### § 95 Rechtsstellung der Mitglieder
(1) ¹Die Mitglieder des Landespersonalausschusses sind unabhängig und nur dem Gesetz unterworfen. ²Sie üben ihre Tätigkeit innerhalb dieser Schranken in eigener Verantwortung aus.
(2) Die Mitglieder dürfen wegen ihrer Tätigkeit nicht dienstlich gemaßregelt, benachteiligt oder bevorzugt werden.
(3) Die Mitgliedschaft im Landespersonalausschuss endet
1. durch Zeitablauf,
2. für Mitglieder nach § 94 Abs. 2 Satz 1 mit dem Zeitpunkt des Ausscheidens aus dem Hauptamt,
3. durch Abberufung durch die Landesregierung auf Vorschlag der kommunalen Spitzenverbände oder der Spitzenorganisationen der Gewerkschaften auf Landesebene oder
4. wenn das Mitglied in einem Strafverfahren rechtskräftig zu einer Freiheitsstrafe verurteilt oder gegen das Mitglied in einem Disziplinarverfahren eine Disziplinarmaßnahme, die über einen Verweis hinausgeht, unanfechtbar ausgesprochen worden ist.

### § 96 Geschäftsordnung und Verfahren
(1) Der Landespersonalausschuss gibt sich eine Geschäftsordnung.
(2) Die Sitzungen des Landespersonalausschusses sind nicht öffentlich.
(3) ¹Die oder der Vorsitzende des Landespersonalausschusses oder die oder der stellvertretende Vorsitzende des Landespersonalausschusses leitet die Sitzungen. ²Sind beide verhindert, tritt an ihre Stelle das dienstälteste ständige ordentliche Mitglied.
(4) Beauftragten der beteiligten obersten Dienstbehörde kann Gelegenheit zur Stellungnahme in der Sitzung gegeben werden.

### § 97 Beschlüsse
(1) Soweit dem Landespersonalausschuss eine Entscheidungsbefugnis eingeräumt ist, binden seine Beschlüsse die beteiligten Verwaltungen.
(2) ¹Beschlüsse werden mit Stimmenmehrheit gefasst; zur Beschlussfähigkeit ist die Anwesenheit von mindestens sechs Mitgliedern erforderlich. ²Bei Stimmengleichheit entscheidet die Stimme der oder des Vorsitzenden.
(3) Der Landespersonalausschuss hat das Recht, Beschlüsse von allgemeiner Bedeutung zu veröffentlichen.

### § 98 Beweiserhebung, Amtshilfe
(1) Der Landespersonalausschuss kann zur Durchführung seiner Aufgaben in entsprechender Anwendung der Vorschriften der Verwaltungsgerichtsordnung Beweise erheben.
(2) Alle Dienststellen haben dem Landespersonalausschuss unentgeltlich Amtshilfe zu leisten, auf Verlangen Auskünfte zu erteilen und Akten vorzulegen, soweit dies zur Durchführung seiner Aufgaben erforderlich ist.

### § 99 Geschäftsstelle
Beim für Beamtenrecht zuständigen Ministerium wird eine Geschäftsstelle eingerichtet, die die Sitzungen des Landespersonalausschusses vorbereitet und seine Beschlüsse ausführt.

## Kapitel 9
## Beschwerdeweg und Rechtsschutz

### § 100 Anträge und Beschwerden
(1) [1]Beamtinnen und Beamte können Anträge und Beschwerden vorbringen; hierbei haben sie den Dienstweg einzuhalten. [2]Der Beschwerdeweg bis zur obersten Dienstbehörde steht offen.
(2) Beschwerden gegen die unmittelbare Vorgesetzte oder den unmittelbaren Vorgesetzten können bei der oder dem nächsthöheren Vorgesetzten unmittelbar eingereicht werden.

### § 101 Vertretung des Dienstherrn (§ 54 BeamtStG)
(1) [1]Bei Klagen aus dem Beamtenverhältnis wird der Dienstherr durch die oberste Dienstbehörde vertreten, der die Beamtin oder der Beamte untersteht oder bei Beendigung des Beamtenverhältnisses unterstanden hat. [2]Bei Klagen über die Auslegung der §§ 35, 67 bis 75 des Landesbeamtenversorgungsgesetzes Sachsen-Anhalt wird der Dienstherr durch die oberste Dienstbehörde vertreten, deren sachlicher Weisung die Regelungsbehörde untersteht.
(2) Besteht die oberste Dienstbehörde nicht mehr und ist eine andere Dienstbehörde nicht bestimmt, so tritt an ihre Stelle das für Beamtenrecht zuständige Ministerium.
(3) Die oberste Dienstbehörde kann die Vertretung durch allgemeine Anordnung anderen Behörden übertragen; die Anordnung ist zu veröffentlichen.

### § 102 Zustellung von Verfügungen und Entscheidungen
Verfügungen und Entscheidungen, die Beamtinnen und Beamten oder Versorgungsberechtigten nach den Vorschriften dieses Gesetzes bekannt zu geben sind, sind zuzustellen, wenn durch sie eine Frist in Lauf gesetzt wird oder Rechte der Beamtinnen und Beamten oder Versorgungsberechtigten durch sie berührt werden.

## Kapitel 10
## Besondere Vorschriften für einzelne Beamtengruppen

### § 103 Allgemeines
Für die in diesem Kapitel genannten Beamtengruppen gelten die Vorschriften dieses Gesetzes nach Maßgabe der folgenden Bestimmungen.

## Abschnitt 1
## Beamtinnen und Beamte beim Landtag

### § 104 Zuständigkeiten
(1) [1]Beamtinnen und Beamte beim Landtag sind Landesbeamtinnen und Landesbeamte. [2]Sie werden von der Präsidentin oder vom Präsidenten des Landtages ernannt, entlassen oder in den Ruhestand versetzt. [3]Oberste Dienstbehörde der Beamtinnen und Beamten beim Landtag ist die Präsidentin oder der Präsident des Landtages.
(2) Der Landtag ist Fachministerium im Sinne dieses Gesetzes.

## Abschnitt 2
## Polizeivollzugsbeamtinnen und Polizeivollzugsbeamte

### § 105 Laufbahnen
Abweichend von § 27 Satz 1 wird das Fachministerium ermächtigt, für die Polizeivollzugsbeamtinnen und Polizeivollzugsbeamten durch Verordnung die Laufbahnen der Polizei zu regeln und, soweit die besonderen Verhältnisse des Polizeivollzugsdienstes es erfordern, besondere gesundheitliche und physische Zugangsvoraussetzungen zu bestimmen.

### § 106 Altersgrenze
(1) ¹Polizeivollzugsbeamtinnen und Polizeivollzugsbeamte erreichen die Altersgrenze mit Vollendung des 62. Lebensjahres. ²Polizeivollzugsbeamtinnen und Polizeivollzugsbeamte, die vor dem 1. Januar 1959 geboren sind, erreichen die Altersgrenze mit Vollendung des 60. Lebensjahres.
(2) Für Polizeivollzugsbeamtinnen und Polizeivollzugsbeamte, die nach dem 31. Dezember 1958 und vor dem 1. Januar 1969 geboren sind, wird die bis zum allgemeinen Inkrafttreten des Gesetzes zur Änderung dienstrechtlicher Vorschriften geltende Altersgrenze wie folgt angehoben:

| Geburtsjahr | Anhebung um Monate |
|---|---|
| 1959 | 2 |
| 1960 | 4 |
| 1961 | 6 |
| 1962 | 8 |
| 1963 | 10 |
| 1964 | 12 |
| 1965 | 14 |
| 1966 | 16 |
| 1967 | 18 |
| 1968 | 21 |

(3) ¹Polizeivollzugsbeamtinnen und Polizeivollzugsbeamte können auf Antrag abweichend von der Altersgrenze nach Absatz 1 Satz 1 und Absatz 2 für jedes Dienstjahr, beginnend mit dem achten Jahr, in dem sie Schicht- oder Wechselschichtdienst geleistet haben, einen Monat früher in den Ruhestand versetzt werden, jedoch frühestens mit Ablauf des Monats, in dem sie das 60. Lebensjahr vollendet haben. ²Für die Berechnung der Dienstjahre nach Satz 1 werden auch die Zeiten in einem Spezialeinsatzkommando, in einem mobilen Einsatzkommando, als ständiges Besatzungsmitglied in der Polizeihubschrauberstaffel, als Polizeitaucher, im Personenschutz oder als verdeckter Ermittler berücksichtigt. ³Zeiten einer Teilzeitbeschäftigung werden entsprechend ihrem Verhältnis zur regelmäßigen Arbeitszeit berücksichtigt. ⁴Zeiten eines mutterschutzrechtlichen Beschäftigungsverbots sowie einer Freistellung vom Dienst, Beurlaubung oder Teilzeitbeschäftigung zum Zwecke der Kinderbetreuung oder der Betreuung pflegebedürftiger Angehöriger jeweils bis zu drei Jahren werden berücksichtigt, wenn durch das Beschäftigungsverbot oder die Freistellung vom Dienst, Beurlaubung oder Teilzeitbeschäftigung die Tätigkeit im Sinne der Sätze 1 und 2 unterbrochen oder aus diesem Grund nicht mehr aufgenommen wurde. ⁵Für die Berechnung der Dienstjahre sind jeweils geleistete Zeiträume auf volle Kalendermonate aufzurunden, wobei nach der Gesamtaddition Zeiträume unter zwölf Monaten unberücksichtigt bleiben. ⁶Der Antrag nach Satz 1 ist spätestens sechs Monate vor dem Zeitpunkt des beabsichtigten Beginns des Ruhestands zu stellen.
(4) § 39 Abs. 1 Satz 2 und 3, Abs. 3 bis 5 sowie § 40 Abs. 2 und 3 gelten entsprechend.

### § 107 Polizeidienstunfähigkeit
Polizeivollzugsbeamtinnen und Polizeivollzugsbeamte sind dienstunfähig, wenn sie den besonderen gesundheitlichen Anforderungen für den Polizeivollzugsdienst nicht mehr genügen und nicht zu erwarten ist, dass sie ihre volle Verwendungsfähigkeit innerhalb von zwei Jahren wiedererlangen (Polizeidienstunfähigkeit), es sei denn, die auszuübende Funktion erfordert bei Beamtinnen auf Lebenszeit oder Beamten auf Lebenszeit diese besonderen gesundheitlichen Anforderungen auf Dauer nicht mehr uneingeschränkt.

## § 108 Gemeinschaftsunterkunft und -verpflegung

¹Polizeivollzugsbeamtinnen und Polizeivollzugsbeamte sind auf Anordnung verpflichtet, in einer Gemeinschaftsunterkunft zu wohnen und an einer Gemeinschaftsverpflegung teilzunehmen. ²Polizeivollzugsbeamtinnen und Polizeivollzugsbeamte, die im Beamtenverhältnis auf Lebenszeit stehen, können dazu nur verpflichtet werden, wenn Übungen, besondere Einsätze oder Lehrgänge die Zusammenfassung erfordern.

## § 109 Dienstausrüstung

Für Polizeivollzugsbeamtinnen und Polizeivollzugsbeamte kann angeordnet werden, dass sie außer Dienstkleidung eine Dienstausrüstung tragen.

## § 110 Dienstkleidung

(1) Polizeivollzugsbeamtinnen und Polizeivollzugsbeamte erhalten die Bekleidung und die Ausrüstung, die die besondere Art ihres Dienstes erfordert.

(2) Polizeivollzugsbeamtinnen und Polizeivollzugsbeamten im Kriminaldienst kann als Aufwandsentschädigung ein Bekleidungszuschuss und ein Bewegungsgeld gewährt werden.

## § 111 Betreuung bei Übungen und besonderen Einsätzen

¹Beamtinnen und Beamte, die zur wirtschaftlichen, technischen oder ärztlichen Betreuung von Polizeieinheiten bei Übungen oder besonderen Einsätzen herangezogen werden, sind auf Anordnung verpflichtet, in einer Gemeinschaftsunterkunft zu wohnen und an einer Gemeinschaftsverpflegung teilzunehmen. ²Ihnen wird für die Dauer der Heranziehung Schutzbekleidung zur Verfügung gestellt und Heilfürsorge gewährt.

## § 112 *[aufgehoben]*

## § 113 Verbot der politischen Betätigung in Uniform

¹Polizeivollzugsbeamtinnen und Polizeivollzugsbeamte dürfen sich in der Öffentlichkeit in Dienstkleidung nicht politisch betätigen. ²Das gilt nicht für die Ausübung des aktiven Wahlrechts.

### Abschnitt 3
### Beamtinnen und Beamte des feuerwehrtechnischen Dienstes

## § 114 Altersgrenze, Dienstausrüstung und Dienstkleidung

(1) Beamtinnen und Beamte der Laufbahnen des feuerwehrtechnischen Dienstes, die im Brandbekämpfungs- und Hilfeleistungsdienst (Einsatzdienst) stehen, erreichen die Altersgrenze mit Vollendung des 60. Lebensjahres.

(2) ¹Die übrigen Beamtinnen und Beamten der Laufbahnen des feuerwehrtechnischen Dienstes können auf Antrag mit Ablauf des Monats in den Ruhestand treten, in dem sie das 62. Lebensjahr vollendet haben, wenn sie mindestens sieben Jahre im Einsatzdienst des feuerwehrtechnischen Dienstes gestanden haben. ²§ 106 Abs. 3 gilt entsprechend.

(3) Für die Beamtinnen und Beamten nach Absatz 1 und 2 gelten § 39 Abs. 1 Satz 2, Abs. 4 Satz 1, 2 und 4 sowie § 40 Abs. 2 und 3 Satz 1 entsprechend.

(4) Für alle Beamtinnen und Beamten der Laufbahnen des feuerwehrtechnischen Dienstes sowie für Ehrenbeamtinnen und Ehrenbeamte, die nach den Bestimmungen des Brandschutzgesetzes zu solchen ernannt wurden, gelten die §§ 109 und 110 Abs. 1 entsprechend.

### Abschnitt 4
### Beamtinnen und Beamte des Justizvollzugsdienstes

## § 115 Altersgrenze

Für die Beamtinnen und Beamten der Laufbahnen des allgemeinen Justizvollzugsdienstes der Laufbahngruppe 1 und des Werkdienstes im Justizvollzug der Laufbahngruppe 1 gilt § 106 entsprechend.

## Abschnitt 5
### Politische Beamtinnen und politische Beamte

**§ 116 Zuständigkeiten**
Für die Beamtinnen und Beamten im Sinne des § 41 tritt an die Stelle des Landespersonalausschusses die Landesregierung.

## Abschnitt 6
### Mitglieder des Landesrechnungshofs

**§ 117 Anwendung von Vorschriften**
Für die Mitglieder des Landesrechnungshofes gilt dieses Gesetz, soweit durch Gesetz nichts anderes bestimmt ist.

## Abschnitt 7
### Steuerverwaltung

**§ 118 Beamtinnen und Beamte der Steuerverwaltung**
Abweichend von § 27 Satz 1 wird das Fachministerium ermächtigt, durch Verordnung die Einzelheiten über die Laufbahnen der Steuerverwaltung zu regeln und nach Maßgabe der gesetzlichen Vorschriften des Bundes über die Ausbildung der Beamtinnen und Beamten der Steuerverwaltung von § 13 Abs. 2 und § 14 Abweichendes zu bestimmen.

# Kapitel 11
## Finanzielles Dienstrecht

**§§ 119–121** *[aufgehoben]*

**§ 122 Inanspruchnahme von Einrichtungen, Personal oder Material, Ablieferungspflicht**
(1) [1]Bei der Ausübung von Nebentätigkeiten dürfen Einrichtungen, Personal oder Material des Dienstherrn nur bei Vorliegen eines öffentlichen oder wissenschaftlichen Interesses mit dessen vorheriger schriftlicher Genehmigung und gegen Entrichtung eines angemessenen Entgelts in Anspruch genommen werden. [2]Die Landesregierung bestimmt durch Verordnung, unter welchen Voraussetzungen Beamtinnen und Beamte bei der Ausübung einer Nebentätigkeit Einrichtungen, Personal oder Material des Dienstherrn in Anspruch nehmen dürfen und in welcher Höhe hierfür ein Entgelt an den Dienstherrn zu entrichten ist; das Entgelt kann pauschaliert und in einem Vomhundertsatz des aus der Nebentätigkeit erzielten Bruttoeinkommens festgelegt werden und bei unentgeltlich ausgeübter Nebentätigkeit oder bei Nebentätigkeiten, die auf Verlangen oder sonstige Veranlassung der oder des Dienstvorgesetzten ausgeübt werden, entfallen. [3]Es hat sich nach den dem Dienstherrn entstehenden Kosten zu richten und muss den besonderen Vorteil berücksichtigen, der den Beamtinnen und Beamten durch die Inanspruchnahme entsteht. [4]Es kann bestimmt werden, dass die Entgeltsätze auch durch Vereinbarung festgesetzt werden können.

(2) [1]Beamtinnen und Beamte können verpflichtet werden, nach Ablauf eines jeden Kalenderjahres der oder dem Dienstvorgesetzten die ihnen zugeflossenen Entgelte oder geldwerten Vorteile aus einer im öffentlichen Dienst ausgeübten oder auf Verlangen, Vorschlag oder Veranlassung der oder des Dienstvorgesetzten übernommenen Nebentätigkeit anzugeben und eine erhaltene Vergütung ganz oder teilweise an den Dienstherrn abzuführen. [2]Die Landesregierung bestimmt durch Verordnung, ob und inwieweit die für eine im öffentlichen Dienst ausgeübte oder auf Verlangen, Vorschlag oder Veranlassung der oder des Dienstvorgesetzten übernommene Nebentätigkeit erhaltene Vergütung abzuführen ist.

## Kapitel 12
## Übergangs- und Schlussvorschriften

### § 123 Übergangsregelung für Beamtinnen auf Probe und Beamte auf Probe

(1) ¹Für Beamtinnen und Beamte, die vor dem 1. Februar 2010 in ein Beamtenverhältnis auf Probe berufen worden sind, findet anstelle des § 20 der § 22 des Beamtengesetzes Sachsen-Anhalt weiterhin Anwendung. ²Die nach bisherigem Recht allgemein oder im Einzelfall festgesetzte Probezeit bleibt unverändert.

(2) Beamtinnen auf Probe und Beamten auf Probe, denen zum 1. April 2009 noch kein Amt verliehen war, ist mit diesem Zeitpunkt das Amt verliehen, das ihnen nach bisherigem Recht mit der Anstellung verliehen worden wäre.

(3) Auf Beamtinnen und Beamte, denen vordem 1. April 2009 ein Amt in leitender Funktion in einem Beamtenverhältnis auf Probe übertragen worden ist, ist § 112c des Beamtengesetzes Sachsen-Anhalt anzuwenden.

### § 124 Zuordnung der Laufbahngruppen

¹Beamtinnen und Beamte sowie Bewerberinnen und Bewerber im Geltungsbereich dieses Gesetzes, die die Laufbahnbefähigung nach bisherigem Recht erworben haben oder erwerben, besitzen die Befähigung für eine Laufbahn nach § 13. ²Dabei entspricht
1. die Laufbahngruppe des einfachen Dienstes der Laufbahngruppe 1 mit dem ersten Einstiegsamt,
2. die Laufbahngruppe des mittleren Dienstes der Laufbahngruppe 1 mit dem zweiten Einstiegsamt,
3. die Laufbahngruppe des gehobenen Dienstes der Laufbahngruppe 2 mit dem ersten Einstiegsamt und
4. die Laufbahngruppe des höheren Dienstes der Laufbahngruppe 2 mit dem zweiten Einstiegsamt.

### § 125 *[weggefallen]*

# Gesetz zur Ausführung der Verordnung (EU) 2016/679 und zur Anpassung des allgemeinen Datenschutzrechts in Sachsen-Anhalt (Datenschutz-Grundverordnungs-Ausfüllungsgesetz Sachsen-Anhalt – DSAG LSA)[1)]

Vom 18. Februar 2020 (GVBl. LSA S. 25)
(BS LSA 204.4)
zuletzt geändert durch Art. 8 G zur Parlamentsreform 2020 vom 20. März 2020 (GVBl. LSA S. 64)

## Inhaltsübersicht

**Abschnitt 1**
**Allgemeine Bestimmungen**
§ 1 Zweck des Gesetzes
§ 2 Anwendungsbereich
§ 3 Anwendung der Verordnung (EU) 2016/679 auf Tätigkeiten, die nicht in den Anwendungsbereich der Verordnung (EU) 2016/679 fallen

**Abschnitt 2**
**Ergänzende Vorschriften zur Rechtmäßigkeit der Datenverarbeitung** (zu den Artikeln 5, 6 und 9 der Verordnung (EU) 2016/679)
§ 4 Zulässigkeit der Verarbeitung personenbezogener Daten
§ 5 Erhebung personenbezogener Daten bei anderen Personen
§ 6 Übermittlung personenbezogener Daten
§ 7 Zweckbindung, Zweckänderung
§ 8 Optisch-elektronische Beobachtung
§ 9 Zulässigkeit der Verarbeitung besonderer Kategorien personenbezogener Daten

**Abschnitt 3**
**Beschränkung der Informationspflicht, des Auskunftsrechts und des Rechts auf Löschung** (zu den Artikeln 13 bis 15 und 17 der Verordnung (EU) 2016/679)
§ 10 Beschränkung der Informationspflicht bei der Erhebung von personenbezogenen Daten nach den Artikeln 13 und 14 der Verordnung (EU) 2016/679
§ 11 Beschränkung des Auskunftsrechts der betroffenen Person nach Artikel 15 der Verordnung (EU) 2016/679
§ 12 Beschränkung des Rechts auf Löschung nach Artikel 17 der Verordnung (EU) 2016/679

**Abschnitt 4**
**Verantwortlicher und Auftragsverarbeiter** (zu den Artikeln 25, 26, 32 und 34 der Verordnung (EU) 2016/679)
§ 13 Datengeheimnis

§ 14 Schutzmaßnahmen bei der Verarbeitung besonderer Kategorien personenbezogener Daten
§ 15 Automatisierte Verfahren, gemeinsame Dateisysteme, Vertragspflichten
§ 16 Beschränkung der Benachrichtigungspflicht nach Artikel 34 der Verordnung (EU) 2016/679

**Abschnitt 5**
**Datenschutzbeauftragter** (zu den Artikeln 32 bis 34 der Richtlinie (EU) 2016/680 und den Artikeln 37 bis 39 der Verordnung (EU) 2016/679)
§ 17 Geltungsbereich
§ 18 Bestellung
§ 19 Stellung
§ 20 Aufgaben

**Abschnitt 6**
**Unabhängige Aufsichtsbehörde** (zu den Artikeln 51 bis 59 der Verordnung (EU) 2016/679 und den Artikeln 41 bis 49 der Richtlinie (EU) 2016/680)
§ 21 Berufung des Landesbeauftragten für den Datenschutz
§ 22 Rechtsstellung, Geschäftsstelle
§ 23 Aufgaben und Befugnisse
§ 24 Rechte und Pflichten

**Abschnitt 7**
**Ergänzende Vorschriften für besondere Datenverarbeitungssituationen** (zu den Artikeln 85, 88 und 89 der Verordnung (EU) 2016/679)
§ 25 Vorschriften für die Datenverarbeitung zu journalistischen, künstlerischen oder literarischen Zwecken nach Artikel 85 der Verordnung (EU) 2016/679
§ 26 Vorschriften für die Datenverarbeitung im Beschäftigungskontext nach Artikel 88 der Verordnung (EU) 2016/679
§ 27 Ausnahmen in Bezug auf die Datenverarbeitung zu wissenschaftlichen oder historischen Forschungszwecken und zu statistischen Zwecken nach Artikel 89 der Verordnung (EU) 2016/679

---

1) Verkündet als Art. 1 G v. 18.2.2020 (GVBl. LSA S. 25); Inkrafttreten gem. Art. 16 dieses G am 26.2.2020.

**Abschnitt 8**
**Vorschriften für die Verarbeitung personenbezogener Daten außerhalb des Anwendungsbereichs des Unionsrechts**

§ 28  Öffentliche Auszeichnungen und Ehrungen
§ 29  Begnadigungsverfahren

**Abschnitt 9**
**Rechtsbehelfe und Sanktionen (zu den Artikeln 78, 83 und 84 der Verordnung (EU) 2016/679 und Artikel 53 der Richtlinie (EU) 2016/680)**

§ 30  Gerichtlicher Rechtsschutz
§ 31  Anwendung der Vorschriften über das Bußgeld- und Strafverfahren
§ 32  Ordnungswidrigkeiten
§ 33  Straftaten

**Abschnitt 10**
**Schlussbestimmungen**

§ 34  Übergangsvorschriften
§ 35  Sprachliche Gleichstellung
§ 36  Einschränkung von Grundrechten

*Abschnitt 1*
**Allgemeine Bestimmungen**

**§ 1  Zweck des Gesetzes**

(1) Dieses Gesetz trifft ergänzende und beschränkende Regelungen zur Durchführung der Verordnung (EU) 2016/679 des Europäischen Parlaments und des Rates vom 27. April 2016 zum Schutz natürlicher Personen bei der Verarbeitung personenbezogener Daten, zum freien Datenverkehr und zur Aufhebung der Richtlinie 95/46/EG (Datenschutz-Grundverordnung) (ABl. L 119 vom 4.5.2016, S. 1; L 314 vom 22.11.2016, S. 72; L 127 vom 23.5.2018, S. 2).

(2) ¹Daneben setzt dieses Gesetz in den Abschnitten 5, 6 und 9 die Artikel 32 bis 34, 41 bis 49 und 53 der Richtlinie (EU) 2016/680 des Europäischen Parlaments und des Rates vom 27. April 2016 zum Schutz natürlicher Personen bei der Verarbeitung personenbezogener Daten durch die zuständigen Behörden zum Zwecke der Verhütung, Ermittlung, Aufdeckung oder Verfolgung von Straftaten oder der Strafvollstreckung sowie zum freien Datenverkehr und zur Aufhebung des Rahmenbeschlusses 2008/977/JI des Rates (ABl. L 119 vom 4.5.2016, S. 89; L 127 vom 23.5.2018, S. 9) um. ²Im Übrigen wird die Richtlinie (EU) 2016/680 im Datenschutzrichtlinienumsetzungsgesetz Sachsen-Anhalt sowie in den jeweiligen Fachgesetzen umgesetzt.

(3) Ferner trifft dieses Gesetz Regelungen für die Verarbeitung personenbezogener Daten, die nicht in den Anwendungsbereich des Unionsrechts im Sinne von Artikel 2 Abs. 2 Buchst. a der Verordnung (EU) 2016/679 fallen.

**§ 2  Anwendungsbereich**

(1) ¹Dieses Gesetz gilt für die Verarbeitung personenbezogener Daten durch öffentliche Stellen. ²§ 25 gilt auch für die Verarbeitung personenbezogener Daten durch nicht öffentliche Stellen, es sei denn, die Verarbeitung erfolgt durch natürliche Personen zur Ausübung ausschließlich persönlicher oder familiärer Tätigkeiten.

(2) ¹Öffentliche Stellen im Sinne dieses Gesetzes sind Behörden, Organe der Rechtspflege und andere öffentlich-rechtlich organisierte Einrichtungen und Stellen des Landes, der Gemeinden, der Verbandsgemeinden, der Landkreise und sonstiger der Aufsicht des Landes unterstehender juristischer Personen des öffentlichen Rechts sowie deren Vereinigungen, ungeachtet ihrer Rechtsform. ²Nimmt eine nicht öffentliche Stelle hoheitliche Aufgaben der öffentlichen Verwaltung wahr, ist sie insoweit öffentliche Stelle im Sinne dieses Gesetzes.

(3) Die Vorschriften dieses Gesetzes finden keine Anwendung, soweit das Recht der Europäischen Union, im Besonderen die Verordnung (EU) 2016/679, unmittelbar gilt.

(4) Soweit die Tätigkeit öffentlicher Stellen dem Anwendungsbereich der Richtlinie (EU) 2016/680 unterfällt, gilt dieses Gesetz nur, soweit nach § 1 Abs. 2 Regelungen zur Umsetzung der Richtlinie (EU) 2016/680 getroffen werden.

(5) ¹Soweit andere Rechtsvorschriften des Bundes oder des Landes auf die Verarbeitung personenbezogener Daten anzuwenden sind, gehen sie den Vorschriften dieses Gesetzes vor. ²Regeln sie einen Sachverhalt, für den dieses Gesetz gilt, nicht oder nicht abschließend, finden die Vorschriften dieses Gesetzes Anwendung. ³Die Verpflichtung zur Wahrung gesetzlicher Geheimhaltungspflichten oder von Berufs- oder besonderen Amtsgeheimnissen, die nicht auf gesetzlichen Vorschriften beruhen, findet Anwendung.

(6) Die Vorschriften dieses Gesetzes gehen denen des Verwaltungsverfahrensgesetzes für das Land Sachsen-Anhalt vor, soweit bei der Ermittlung des Sachverhalts personenbezogene Daten verarbeitet werden.
(7) Bei der Anwendung dieses Gesetzes gelten folgende Einschränkungen:
1. ¹Soweit öffentliche Stellen als öffentlich-rechtliche Unternehmen am Wettbewerb teilnehmen, gelten für sie und ihre Vereinigungen die §§ 17 bis 20, 23, 24 und 26. ²Im Übrigen gelten die Vorschriften des Bundesdatenschutzgesetzes, die für nicht öffentliche Stellen zur Ausfüllung der Verordnung (EU) 2016/679 gelten, mit Ausnahme der §§ 5 bis 16 und 38 des Bundesdatenschutzgesetzes.
2. ¹Für öffentlich-rechtliche Kreditinstitute und öffentlich-rechtliche Versicherungsanstalten sowie deren Vereinigungen gilt § 2. ²Im Übrigen gelten anstelle dieses Gesetzes die für nicht öffentliche Stellen zur Ausfüllung der Verordnung (EU) 2016/679 geltenden Vorschriften des Bundesdatenschutzgesetzes.
3. Für Organe der Rechtspflege gilt dieses Gesetz nur, soweit sie in Verwaltungsangelegenheiten tätig werden.
4. Für den Landesrechnungshof gilt dieses Gesetz nur, soweit er Verwaltungsangelegenheiten wahrnimmt.

## § 3 Anwendung der Verordnung (EU) 2016/679 auf Tätigkeiten, die nicht in den Anwendungsbereich der Verordnung (EU) 2016/679 fallen

(1) Abweichend von Artikel 2 Abs. 1 der Verordnung (EU) 2016/679 finden die Regelungen der Verordnung (EU) 2016/679 mit Ausnahme der Artikel 30, 35 und 36 auch Anwendung auf die nicht automatisierte Verarbeitung personenbezogener Daten, die in einem Dateisystem weder gespeichert sind, noch gespeichert werden sollen.
(2) ¹Abweichend von Artikel 2 Abs. 2 Buchst. a der Verordnung (EU) 2016/679 finden die Regelungen der Verordnung (EU) 2016/679 entsprechende Anwendung auf die Verarbeitung personenbezogener Daten
1. zum Zweck der Vorbereitung öffentlicher Auszeichnungen und Ehrungen, soweit in § 28 nichts anderes bestimmt ist,
2. in Begnadigungsverfahren, soweit in § 29 nichts anderes bestimmt ist, und
3. im Rahmen einer sonstigen, nicht in den sachlichen Anwendungsbereich des Unionsrechts fallenden Tätigkeit, die nicht unter Artikel 2 Abs. 2 Buchst. b bis d der Verordnung (EU) 2016/679 fällt, soweit in § 34 nichts anderes bestimmt ist oder soweit die Datenverarbeitung durch Rechtsvorschrift nicht speziell geregelt ist.
²Die Artikel 30, 35 und 36 der Verordnung (EU) 2016/679 finden nur Anwendung, soweit die Verarbeitung der personenbezogenen Daten automatisiert erfolgt oder die personenbezogenen Daten in einem Dateisystem gespeichert sind oder gespeichert werden sollen.

*Abschnitt 2*
**Ergänzende Vorschriften zur Rechtmäßigkeit der Datenverarbeitung**
**(zu den Artikeln 5, 6 und 9 der Verordnung (EU) 2016/679)**

## § 4 Zulässigkeit der Verarbeitung personenbezogener Daten
¹Die Verarbeitung personenbezogener Daten ist zulässig, soweit sie erforderlich ist zur Erfüllung
1. einer rechtlichen Verpflichtung, der der Verantwortliche unterliegt, oder
2. einer in der Zuständigkeit des Verantwortlichen liegenden Aufgabe, deren Wahrnehmung im öffentlichen Interesse liegt oder die in Ausübung öffentlicher Gewalt, die dem Verantwortlichen übertragen wurde, erfolgt.
²Im Übrigen bestimmt sich die Zulässigkeit der Datenverarbeitung nach Artikel 6 Abs. 1 der Verordnung (EU) 2016/679.

## § 5 Erhebung personenbezogener Daten bei anderen Personen
¹Werden personenbezogene Daten nicht bei der betroffenen Person, sondern bei einer anderen Person erhoben, so ist dieser anderen Person auf Verlangen der Erhebungszweck mitzuteilen, soweit dadurch schutzwürdige Interessen der betroffenen Person nicht beeinträchtigt werden. ²Soweit eine Auskunftspflicht besteht, ist sie hierauf, sonst auf die Freiwilligkeit ihrer Angaben hinzuweisen.

## § 6 Übermittlung personenbezogener Daten

(1) ¹Die Verantwortung für die Zulässigkeit der Übermittlung personenbezogener Daten trägt die übermittelnde Stelle. ²Erfolgt die Übermittlung aufgrund eines Ersuchens einer öffentlichen Stelle, trägt diese die Verantwortung. ³Die übermittelnde Stelle hat dann lediglich zu prüfen, ob sich das Übermittlungsersuchen im Rahmen der Aufgaben der ersuchenden Stelle hält. ⁴Die Rechtmäßigkeit des Ersuchens prüft sie nur, wenn im Einzelfall hierzu Anlass besteht; die ersuchende Stelle hat der übermittelnden Stelle die für diese Prüfung erforderlichen Angaben zu machen. ⁵Erfolgt die Übermittlung durch automatisierten Abruf nach § 15, so trägt die Verantwortung für die Rechtmäßigkeit des Abrufs der Empfänger.

(2) Sind mit personenbezogenen Daten weitere personenbezogene Daten der betroffenen Person oder einer anderen Person so verbunden, dass eine Trennung nicht oder nur mit unvertretbarem Aufwand möglich ist, so ist die Übermittlung auch dieser Daten an öffentliche Stellen zulässig, soweit nicht berechtigte Interessen der betroffenen Person oder der anderen Person an deren Geheimhaltung offensichtlich überwiegen; eine weitere Verarbeitung dieser Daten ist unzulässig.

## § 7 Zweckbindung, Zweckänderung

(1) Zu dem Zweck einer Verarbeitung personenbezogener Daten zählt auch die Verarbeitung
1. zur Wahrnehmung von Aufsichts- und Kontrollbefugnissen, zur Rechnungsprüfung und zur Durchführung von Organisationsuntersuchungen sowie
2. zu Aus-, Fort-, Weiterbildungs-, Lehr- und Prüfungszwecken, soweit nicht berechtigte Interessen der betroffenen Person an der Geheimhaltung der Daten überwiegen.

(2) Eine Verarbeitung von personenbezogenen Daten zu einem anderen Zweck als dem, für den die Daten erhoben wurden, ist zulässig, soweit und solange
1. die Datenverarbeitung zur Abwehr erheblicher Nachteile für das Gemeinwohl oder einer sonstigen gegenwärtigen erheblichen Gefahr für die öffentliche Sicherheit erforderlich ist,
2. die Datenverarbeitung zur Verfolgung von Straftaten oder Ordnungswidrigkeiten, zur Vollstreckung oder zum Vollzug von Strafen oder Maßnahmen im Sinne des § 11 Abs. 1 Nr. 8 des Strafgesetzbuches oder von Erziehungsmaßregeln oder Zuchtmitteln im Sinne des Jugendgerichtsgesetzes oder zur Vollstreckung von Geldbußen erforderlich ist,
3. die Datenverarbeitung zur Abwehr einer schwerwiegenden Beeinträchtigung der Rechte und Freiheiten einer anderen Person erforderlich ist,
4. die Datenverarbeitung zur Überprüfung von Angaben der betroffenen Person erforderlich ist, weil tatsächliche Anhaltspunkte für deren Unrichtigkeit bestehen,
5. die Datenverarbeitung zum Schutz der betroffenen Person erforderlich ist und kein Grund zu der Annahme besteht, dass sie in Kenntnis des anderen Zwecks ihre Einwilligung verweigern würde,
6. die Daten aus allgemein zugänglichen Quellen entnommen werden können oder die datenverarbeitende Stelle sie veröffentlichen dürfte, es sei denn, dass schutzwürdige Interessen der betroffenen Person der Datenverarbeitung offensichtlich entgegenstehen, oder
7. offensichtlich ist, dass die Verarbeitung personenbezogener Daten durch öffentliche Stellen im Rahmen ihrer Aufgabenerfüllung im Interesse der betroffenen Person liegt und kein Grund zu der Annahme besteht, dass sie in Kenntnis des anderen Zwecks ihre Einwilligung verweigern würde.

(3) Absatz 2 findet keine Anwendung auf personenbezogene Daten, die
1. einem Berufsgeheimnis oder einem besonderen Amtsgeheimnis unterliegen und der datenverarbeitenden Stelle von der zur Verschwiegenheit verpflichteten Person in Ausübung ihrer Berufs- oder Amtspflicht übermittelt worden sind oder
2. ausschließlich zu Zwecken der Datenschutzkontrolle, der Gewährleistung der Datensicherheit oder des ordnungsgemäßen Betriebes einer Datenverarbeitungsanlage gespeichert werden.

(4) Eine Information der betroffenen Person nach Artikel 13 Abs. 3 und Artikel 14 Abs. 4 der Verordnung (EU) 2016/679 über die Datenverarbeitung nach Absatz 2 Nrn. 1 bis 4 erfolgt nicht, soweit und solange hierdurch der Zweck der Verarbeitung gefährdet würde.

## § 8 Optisch-elektronische Beobachtung

(1) Die Verarbeitung personenbezogener Daten aus öffentlich zugänglichen Bereichen durch optisch-elektronische Einrichtungen ist zulässig, soweit dies

1. zur Wahrnehmung des Hausrechts,
2. zum Schutz des Eigentums oder Besitzes oder
3. zur Kontrolle von Zugangsberechtigungen, insbesondere in Durchführung technischer und organisatorischer Maßnahmen zum Schutz personenbezogener Daten,

erforderlich ist und keine Anhaltspunkte bestehen, dass schutzwürdige Interessen der Personen, die sich im Aufnahmebereich der Einrichtung befinden, überwiegen.

(2) ¹Die Möglichkeit der Beobachtung muss für betroffene Personen, die sich im Aufnahmebereich der optisch-elektronischen Einrichtung befinden, erkennbar sein. ²Zudem ist auf den Namen und die Kontaktdaten des Verantwortlichen sowie auf die Möglichkeit, bei dem Verantwortlichen die Informationen nach Artikel 13 der Verordnung (EU) 2016/679 zu erhalten, hinzuweisen.

(3) Die Daten dürfen für einen anderen Zweck nur verarbeitet werden, soweit dies zur Abwehr von Gefahren für die öffentliche Sicherheit oder zur Verfolgung von Straftaten erforderlich ist.

(4) Der Einsatz von Attrappen ist unter entsprechender Anwendung der Absätze 1 und 2 zulässig.

### § 9 Zulässigkeit der Verarbeitung besonderer Kategorien personenbezogener Daten

¹Die Verarbeitung besonderer Kategorien personenbezogener Daten im Sinne des Artikels 9 Abs. 1 der Verordnung (EU) 2016/679 ist zulässig, soweit und solange es erforderlich ist
1. zur Wahrnehmung von Rechten und Pflichten, die aus dem Recht der sozialen Sicherheit und des Sozialschutzes folgen,
2. zur Wahrnehmung von Rechten und Pflichten der öffentlichen Stellen auf dem Gebiet des Dienst- und Arbeitsrechts,
3. zum Zweck der Gesundheitsvorsorge oder der Arbeitsmedizin, für die Beurteilung der Arbeitsfähigkeit von beschäftigten Personen, für die medizinische Diagnostik, die Versorgung oder Behandlung im Gesundheits- oder Sozialbereich oder für die Verwaltung von Systemen und Diensten im Gesundheits- und Sozialbereich oder aufgrund eines Vertrags der betroffenen Person mit einem Angehörigen eines Gesundheitsberufs, wenn diese Daten von ärztlichem Personal oder durch sonstige Personen, die einer Geheimhaltungspflicht unterliegen, oder unter deren Verantwortung verarbeitet werden,
4. aus Gründen des öffentlichen Interesses im Bereich der öffentlichen Gesundheit und des Infektionsschutzes, wie dem Schutz vor schwerwiegenden grenzüberschreitenden Gesundheitsgefahren oder zur Gewährleistung hoher Qualitäts- und Sicherheitsstandards bei der Gesundheitsversorgung und bei Arzneimitteln und Medizinprodukten,
5. zur Abwehr erheblicher Nachteile für das Gemeinwohl oder einer gegenwärtigen erheblichen Gefahr für die öffentliche Sicherheit oder
6. zur Verfolgung von Straftaten oder Ordnungswidrigkeiten, zur Vollstreckung oder zum Vollzug von Strafen oder Maßnahmen im Sinne des § 11 Abs. 1 Nr. 8 des Strafgesetzbuches oder von Erziehungsmaßregeln oder Zuchtmitteln im Sinne des Jugendgerichtsgesetzes oder zur Vollstreckung von Geldbußen.

²Ist die Verarbeitung besonderer Kategorien personenbezogener Daten nach Satz 1 zulässig, so kann die Verarbeitung besonderer Kategorien personenbezogener Daten auch für die in § 7 Abs. 1 genannten Zwecke erfolgen.

*Abschnitt 3*
**Beschränkung der Informationspflicht, des Auskunftsrechts und des Rechts auf Löschung (zu den Artikeln 13 bis 15 und 17 der Verordnung (EU) 2016/679)**

### § 10 Beschränkung der Informationspflicht bei der Erhebung von personenbezogenen Daten nach den Artikeln 13 und 14 der Verordnung (EU) 2016/679

(1) Die Verantwortlichen können von der Erteilung der Information nach Artikel 13 Abs. 1 bis 3 und Artikel 14 Abs. 1 bis 4 der Verordnung (EU) 2016/679 absehen, soweit und solange
1. die Information die öffentliche Sicherheit gefährden oder sonst dem Wohle des Bundes oder eines Landes Nachteile bereiten würde,
2. die Information die Verfolgung von Straftaten oder Ordnungswidrigkeiten gefährden würde oder
3. die Information dazu führen würde, dass ein Sachverhalt, der nach einer Rechtsvorschrift oder wegen der Rechte und Freiheiten einer anderen Person geheim zu halten ist, aufgedeckt wird.

(2) ¹Die Gründe für ein Absehen von der Erteilung der Information sind zu dokumentieren. ²Die Erteilung der Information ist nachzuholen, wenn die Gründe für ein Absehen von der Erteilung der Information nicht mehr bestehen.

## § 11 Beschränkung des Auskunftsrechts der betroffenen Person nach Artikel 15 der Verordnung (EU) 2016/679

(1) ¹Bezieht sich eine nach Artikel 15 der Verordnung (EU) 2016/679 verlangte Auskunft auf personenbezogene Daten, die an Verfassungsschutzbehörden, den Bundesnachrichtendienst, den Militärischen Abschirmdienst oder, soweit die Sicherheit des Bundes berührt wird, das Bundesministerium der Verteidigung oder eine Behörde seines nachgeordneten Bereichs übermittelt wurden, so ist sie nur mit Zustimmung dieser Stelle zulässig. ²Wird die Zustimmung nicht erteilt, so ist hierüber der Landesbeauftragte für den Datenschutz zu unterrichten.

(2) ¹Die Verantwortlichen können die Erteilung einer Auskunft ablehnen, soweit und solange
1. die Auskunft die öffentliche Sicherheit gefährden oder sonst dem Wohle des Bundes oder eines Landes Nachteile bereiten würde oder
2. die Auskunft die Verfolgung von Straftaten oder Ordnungswidrigkeiten gefährden würde oder
3. die Auskunft dazu führen würde, dass ein Sachverhalt, der nach einer Rechtsvorschrift oder wegen der Rechte und Freiheiten einer anderen Person geheim zu halten ist, aufgedeckt wird.

²Weiterhin kann die Erteilung einer Auskunft über personenbezogene Daten, die ausschließlich zu Zwecken der Datensicherung oder der Datenschutzkontrolle verarbeitet werden und durch geeignete technische und organisatorische Maßnahmen gegen eine Verarbeitung zu anderen Zwecken geschützt sind, abgelehnt werden, wenn die Erteilung der Auskunft einen unverhältnismäßigen Aufwand erfordern würde. ³Die Erteilung einer Auskunft unterbleibt, wenn die betroffene Person keine Angaben macht, die das Auffinden der Daten ermöglichen, oder der für die Erteilung der Auskunft erforderliche Aufwand außer Verhältnis zu dem von der betroffenen Person geltend gemachten Informationsinteresse steht.

(3) ¹Die Ablehnung der Auskunftserteilung bedarf keiner Begründung, soweit durch die Mitteilung der tatsächlichen und rechtlichen Gründe, auf die die Entscheidung gestützt wird, der mit der Auskunftsverweigerung verfolgte Zweck gefährdet würde. ²In diesem Fall ist die betroffene Person darauf hinzuweisen, dass sie sich an den Landesbeauftragten für den Datenschutz wenden kann.

(4) ¹Wird der betroffenen Person keine Auskunft erteilt, so ist sie auf ihr Verlangen dem Landesbeauftragten für den Datenschutz zu erteilen, soweit nicht die jeweils zuständige oberste Landesbehörde im Einzelfall feststellt, dass dadurch die Sicherheit des Bundes oder eines Landes gefährdet würde. ²Die Mitteilung des Landesbeauftragten für den Datenschutz an die betroffene Person darf keine Rückschlüsse auf den Erkenntnisstand des Verantwortlichen zulassen, sofern dieser nicht einer weitergehenden Auskunft zustimmt.

## § 12 Beschränkung des Rechts auf Löschung nach Artikel 17 der Verordnung (EU) 2016/679

(1) ¹Ist eine Löschung im Fall der nicht automatisierten Datenverarbeitung wegen der besonderen Art der Speicherung nicht oder nur mit unverhältnismäßig hohem Aufwand möglich und ist das Interesse der betroffenen Person an der Löschung als gering anzusehen, besteht kein Recht der betroffenen Person auf und keine Verpflichtung des Verantwortlichen zur Löschung personenbezogener Daten gemäß Artikel 17 Abs. 1 der Verordnung (EU) 2016/679. ²In diesem Fall tritt an die Stelle einer Löschung die Einschränkung der Verarbeitung gemäß Artikel 18 der Verordnung (EU) 2016/679.

(2) ¹Soweit öffentliche Stellen nach einer Rechtsvorschrift verpflichtet sind, Unterlagen einem öffentlichen Archiv zur Übernahme anzubieten, ist eine Löschung personenbezogener Daten abweichend von Artikel 17 Abs. 1 Buchst. a der Verordnung (EU) 2016/679 erst zulässig, nachdem die Unterlagen dem zuständigen Archiv angeboten worden sind und von diesem die Feststellung erfolgt ist, dass es sich nicht um Archivgut handelt, oder die Feststellung nicht innerhalb von zwölf Monaten getroffen worden ist. ²Während dieser Zeit sind die personenbezogenen Daten bei der anbietenden Stelle in der Verarbeitung einzuschränken. ³Eine Löschung personenbezogener Daten ist auch zulässig, wenn das zuständige öffentliche Archiv wegen offensichtlich geringer Bedeutung der Daten grundsätzlich auf deren Anbietung verzichtet hat.

*Abschnitt 4*
**Verantwortlicher und Auftragsverarbeiter**
(zu den Artikeln 25, 26, 32 und 34 der Verordnung (EU) 2016/679)

## § 13 Datengeheimnis

¹Mit Datenverarbeitung befasste Personen dürfen personenbezogene Daten nicht unbefugt verarbeiten (Datengeheimnis). ²Sie sind bei der Aufnahme ihrer Tätigkeit auf das Datengeheimnis zu verpflichten. ³Das Datengeheimnis besteht auch nach Beendigung der Tätigkeit fort.

## § 14 Schutzmaßnahmen bei der Verarbeitung besonderer Kategorien personenbezogener Daten

(1) Werden im Rahmen der Datenverarbeitung nach den §§ 8 und 26 bis 29 besondere Kategorien personenbezogener Daten im Sinne von Artikel 9 Abs. 1 der Verordnung (EU) 2016/679 verarbeitet, sind von den Verantwortlichen und den Auftragsverarbeitern zur Wahrung der Grundrechte und der Interessen der betroffenen Person folgende Maßnahmen zu treffen:
1. Sicherstellung, dass nachträglich festgestellt werden kann, ob und von wem personenbezogene Daten verarbeitet worden sind,
2. Beschränkung der Befugnisse für den Zugriff auf personenbezogene Daten auf das erforderliche Maß sowie die Dokumentation der Befugnisse und
3. Sensibilisierung der Personen, die Zugang zu den personenbezogenen Daten haben.

(2) ¹Soweit es zum Schutz besonderer Kategorien personenbezogener Daten erforderlich ist, haben die Verantwortlichen und die Auftragsverarbeiter ergänzend zu Absatz 1 weitere angemessene und spezifische Maßnahmen zu treffen. ²Als Maßnahmen kommen insbesondere in Betracht:
1. Sicherstellung, dass die personenbezogenen Daten zur Verarbeitung nur im Vier-Augen-Prinzip freigegeben werden,
2. Sicherstellung, dass auf die personenbezogenen Daten nur nach einer Zwei-Faktor-Authentisierung zugegriffen wird,
3. Sicherstellung, dass die elektronische Übermittlung von personenbezogenen Daten nur mit einer Ende-zu-Ende-Verschlüsselung erfolgt,
4. Sicherstellung, dass in einem vernetzten IT-System die personenbezogenen Daten nur mit einer Verschlüsselung gespeichert werden,
5. Sicherstellung, dass durch eine redundante Auslegung der Systeme, der Energieversorgung und der Datenübertragungseinrichtungen ein Datenverlust vermieden wird,
6. Sicherstellung, dass Daten nicht unbefugt verändert werden und ihre Integrität gewahrt ist, etwa durch den Einsatz einer elektronischen Signatur,
7. Schulung der Personen, die Zugang zu personenbezogenen Daten haben.

(3) Art und Umfang der Maßnahmen nach den Absätzen 1 und 2 richten sich nach dem Stand der Technik und den Implementierungskosten, nach der Art, dem Umfang, den Umständen und dem Zweck der Datenverarbeitung sowie nach der Eintrittswahrscheinlichkeit und der Schwere der mit der Datenverarbeitung verbundenen Risiken für die Grundrechte und Interessen der betroffenen Person.

## § 15 Automatisierte Verfahren, gemeinsame Dateisysteme, Vertragspflichten

(1) Die Einrichtung eines automatisierten Abrufverfahrens oder eines gemeinsamen automatisierten Dateisystems, in oder aus dem mehrere datenverarbeitende Stellen personenbezogene Daten verarbeiten, ist zulässig, soweit dies unter Berücksichtigung der Rechte und Freiheiten der betroffenen Personen und der Aufgaben der beteiligten Stellen angemessen ist und durch technische und organisatorische Maßnahmen Risiken für die Rechte und Freiheiten der betroffenen Personen vermieden werden können.

(2) Werden personenbezogene Daten im Auftrag eines Verantwortlichen durch eine andere Stelle verarbeitet und sind auf den Auftragsverarbeiter die Vorschriften dieses Gesetzes nicht anwendbar, so ist der Verantwortliche verpflichtet, vertraglich sicherzustellen, dass der Auftragsverarbeiter die Bestimmungen dieses Gesetzes befolgt und sich der Kontrolle durch den Landesbeauftragten für den Datenschutz unterwirft.

## § 16 Beschränkung der Benachrichtigungspflicht nach Artikel 34 der Verordnung (EU) 2016/679

(1) Die Verantwortlichen können von der Benachrichtigung nach Artikel 34 der Verordnung (EU) 2016/679 absehen, soweit und solange
1. die Benachrichtigung die öffentliche Sicherheit gefährden oder sonst dem Wohle des Bundes oder eines Landes Nachteile bereiten würde,
2. die Benachrichtigung die Verfolgung von Straftaten oder Ordnungswidrigkeiten gefährden würde,
3. die Benachrichtigung dazu führen würde, dass ein Sachverhalt, der nach einer Rechtsvorschrift oder wegen der Rechte und Freiheiten einer anderen Person geheim zu halten ist, aufgedeckt wird, oder
4. die Benachrichtigung die Sicherheit von automatisierten Informationssystemen gefährden würde.

(2) § 10 Abs. 2 gilt entsprechend.

*Abschnitt 5*
**Datenschutzbeauftragter (zu den Artikeln 32 bis 34 der Richtlinie (EU) 2016/680 und den Artikeln 37 bis 39 der Verordnung (EU) 2016/679)**

## § 17 Geltungsbereich

(1) Die Vorschriften dieses Abschnitts gelten für die Bestellung, Stellung und Aufgaben des Datenschutzbeauftragten im Anwendungsbereich der Richtlinie (EU) 2016/680 bei öffentlichen Stellen, die für die Verhütung, Ermittlung, Aufdeckung, Verfolgung oder Ahndung von Straftaten oder Ordnungswidrigkeiten oder die Strafvollstreckung einschließlich des Schutzes vor und der Abwehr von Gefahren für die öffentliche Sicherheit zuständig sind, soweit sie Daten zum Zweck der Erfüllung dieser Aufgaben verarbeiten.

(2) Für die Stellung des Datenschutzbeauftragten im Anwendungsbereich der Verordnung (EU) 2016/679 gilt § 19 Abs. 4, Abs. 5 Satz 2 und Abs. 6 entsprechend.

## § 18 Bestellung

(1) [1]Öffentliche Stellen im Sinne des § 17 Abs. 1 bestellen einen Datenschutzbeauftragten. [2]Für mehrere öffentliche Stellen kann unter Berücksichtigung ihrer Organisationsstruktur und ihrer Größe ein gemeinsamer Datenschutzbeauftragter bestellt werden. [3]Als Datenschutzbeauftragter bestellt werden kann auch die Person, die nach Artikel 37 der Verordnung (EU) 2016/679 von der öffentlichen Stelle als Datenschutzbeauftragter bestellt worden ist.

(2) Der Datenschutzbeauftragte wird auf der Grundlage seiner beruflichen Qualifikation und insbesondere seines Fachwissens bestellt, das er auf dem Gebiet des Datenschutzrechts und der Datenschutzpraxis besitzt, sowie auf der Grundlage seiner Fähigkeit zur Erfüllung der in § 20 genannten Aufgaben.

(3) Der Datenschutzbeauftragte kann Beschäftigter der öffentlichen Stelle sein oder seine Aufgaben auf der Grundlage eines Dienstleistungsvertrages erfüllen.

(4) Die öffentliche Stelle veröffentlicht die Kontaktdaten des Datenschutzbeauftragten und teilt diese Daten dem Landesbeauftragten für den Datenschutz mit.

## § 19 Stellung

(1) Die öffentliche Stelle im Sinne des § 17 Abs. 1 stellt sicher, dass der Datenschutzbeauftragte ordnungsgemäß und frühzeitig in alle mit dem Schutz personenbezogener Daten zusammenhängenden Fragen eingebunden wird.

(2) Die öffentliche Stelle unterstützt den Datenschutzbeauftragen bei der Erfüllung seiner Aufgaben gemäß § 20, indem sie die für die Erfüllung dieser Aufgaben erforderlichen Ressourcen und den Zugang zu den personenbezogenen Daten und Verarbeitungsvorgängen sowie die zur Erhaltung seines Fachwissens erforderlichen Ressourcen zur Verfügung stellt.

(3) [1]Die öffentliche Stelle stellt sicher, dass der Datenschutzbeauftragte bei der Erfüllung seiner Aufgaben keine Anweisungen bezüglich der Ausübung dieser Aufgabe erhält. [2]Der Datenschutzbeauftragte berichtet unmittelbar der höchsten Leitungsebene der öffentlichen Stelle. [3]Der Datenschutzbeauftragte darf von der öffentlichen Stelle wegen der Erfüllung seiner Aufgaben nicht abberufen oder benachteiligt werden.

(4) ¹Die Abberufung des Datenschutzbeauftragten ist nur in entsprechender Anwendung des § 626 des Bürgerlichen Gesetzbuchs zulässig. ²Die Kündigung des Arbeitsverhältnisses ist unzulässig, es sei denn, dass Tatsachen vorliegen, welche die öffentliche Stelle zur Kündigung aus wichtigem Grund ohne Einhaltung einer Kündigungsfrist berechtigen. ³Nach dem Ende der Tätigkeit als Datenschutzbeauftragter ist die Kündigung des Arbeitsverhältnisses innerhalb eines Jahres unzulässig, es sei denn, dass die öffentliche Stelle zur Kündigung aus wichtigem Grund ohne Einhaltung einer Kündigungsfrist berechtigt ist.

(5) ¹Betroffene Personen können den Datenschutzbeauftragten zu allen mit der Verarbeitung ihrer personenbezogenen Daten und mit der Wahrnehmung ihrer Rechte im Anwendungsbereich der Richtlinie (EU) 2016/680 und der zu ihrer Umsetzung ergangenen Rechtsvorschriften im Zusammenhang stehenden Fragen zu Rate ziehen. ²Der Datenschutzbeauftragte ist zur Verschwiegenheit über die Identität der betroffenen Person sowie über Umstände, die Rückschlüsse auf die betroffene Person zulassen, verpflichtet, soweit er nicht davon durch die betroffene Person befreit wird.

(6) ¹Wenn der Datenschutzbeauftragte bei seiner Tätigkeit Kenntnis von Daten erhält, für die der Leitung oder einer bei der öffentlichen Stelle beschäftigten Person aus beruflichen Gründen ein Zeugnisverweigerungsrecht zusteht, steht dieses Recht auch dem Datenschutzbeauftragten und den ihm unterstellten Beschäftigten zu. ²Über die Ausübung dieses Rechts entscheidet die Person, der das Zeugnisverweigerungsrecht aus beruflichen Gründen zusteht, es sei denn, dass diese Entscheidung in absehbarer Zeit nicht herbeigeführt werden kann. ³Soweit das Zeugnisverweigerungsrecht des Datenschutzbeauftragten reicht, unterliegen seine Akten einem Beschlagnahmeverbot.

## § 20 Aufgaben

(1) Dem Datenschutzbeauftragten obliegen zumindest folgende Aufgaben:
1. Unterrichtung und Beratung der öffentlichen Stelle im Sinne des § 17 Abs. 1 und der Beschäftigten, die personenbezogene Daten verarbeiten, hinsichtlich ihrer Pflichten nach den zur Umsetzung der Richtlinie (EU) 2016/680 erlassenen Rechtsvorschriften und sonstiger Vorschriften über den Datenschutz,
2. Überwachung der Einhaltung der zur Umsetzung der Richtlinie (EU) 2016/680 erlassenen Rechtsvorschriften, sonstiger Rechtsvorschriften über den Datenschutz sowie der Strategie der öffentlichen Stelle für den Schutz personenbezogener Daten einschließlich der Zuweisung von Zuständigkeiten, der Sensibilisierung und der Schulung der Beschäftigten, die personenbezogene Daten verarbeiten, und der diesbezüglichen Überprüfungen,
3. Beratung im Zusammenhang mit der Datenschutz-Folgenabschätzung gemäß Artikel 27 der Richtlinie (EU) 2016/680 und der Überwachung ihrer Durchführung,
4. Zusammenarbeit mit dem Landesbeauftragten für den Datenschutz,
5. Tätigkeit als Anlaufstelle für den Landesbeauftragten für den Datenschutz in mit der Verarbeitung personenbezogener Daten zusammenhängenden Fragen, einschließlich der vorherigen Konsultation gemäß Artikel 28 der Richtlinie (EU) 2016/680, und gegebenenfalls Beratung zu allen sonstigen Fragen.

(2) ¹Der Datenschutzbeauftragte kann andere Aufgaben und Pflichten wahrnehmen. ²Die öffentliche Stelle stellt sicher, dass derartige Aufgaben und Pflichten nicht zu einer Interessenkollision führen.
(3) Der Datenschutzbeauftragte trägt bei der Erfüllung seiner Aufgaben dem mit den Verarbeitungsvorgängen verbundenen Risiko gebührend Rechnung, wobei er die Art, den Umfang, die Umstände und die Zwecke der Verarbeitung berücksichtigt.

*Abschnitt 6*
**Unabhängige Aufsichtsbehörde (zu den Artikeln 51 bis 59 der Verordnung (EU) 2016/679 und den Artikeln 41 bis 49 der Richtlinie (EU) 2016/680)**

## § 21 Berufung des Landesbeauftragten für den Datenschutz

(1) ¹Der Landtag wählt gemäß Artikel 63 Abs. 2 der Verfassung des Landes Sachsen-Anhalt den Landesbeauftragten für den Datenschutz; die einmalige Wiederwahl ist zulässig. ²Der Landesbeauftragte für den Datenschutz muss die Befähigung für den Zugang zu Laufbahnen der Laufbahngruppe 2 unter den Voraussetzungen des § 14 Abs. 4 des Landesbeamtengesetzes erworben haben und über die zur Erfüllung seiner Aufgaben und zur Ausübung seiner Befugnisse erforderliche Qualifikation, Erfahrung

und Sachkunde, insbesondere im Bereich des Schutzes personenbezogener Daten, verfügen. ³Bewerber für das Amt des Landesbeauftragten für den Datenschutz sind vor jeder Wahl durch öffentliche Stellenausschreibung zu ermitteln.

(2) ¹Der Landesbeauftragte für den Datenschutz ist Beamter auf Zeit und wird vom Präsidenten des Landtages auf die Dauer von fünf Jahren berufen. ²Er tritt trotz Erreichens der Altersgrenze nach § 39 Abs. 1 Satz 1 und Abs. 2 des Landesbeamtengesetzes erst nach Ablauf seiner Amtszeit in den Ruhestand. ³Der Lamlesbeauftragte für den Datenschulz ist verpflichtet, das Amt bis zur Bestellung eines Nachfolgers, längstens jedoch für zwölf Monate nach Ablauf der Amtszeit weiterzuführen; die Amtszeit gilt als entsprechend verlängert. ⁴Kommt er der Verpflichtung nach Satz 3 nicht nach, ist er zu entlassen.

(3) ¹Eine Abwahl des Landesbeauftragten für den Datenschutz vor Ablauf seiner Amtszeit ist zulässig, wenn dieser eine schwere Verfehlung begangen hat oder die Voraussetzungen für die Wahrnehmung seiner Aufgaben nicht mehr erfüllt. ²Die Abwahl bedarf der Zustimmung einer Mehrheit von zwei Dritteln der Mitglieder des Landtages. ³Die Abwahl wird mit der Zustellung oder Aushändigung der Entlassungsurkunde des Präsidenten des Landtages wirksam.

### § 22 Rechtsstellung, Geschäftsstelle

(1) Der Landesbeauftragte für den Datenschutz ist Aufsichtsbehörde im Sinne von Artikel 4 Nr. 21 in Verbindung mit Artikel 51 der Verordnung (EU) 2016/679 sowie Aufsichtsbehörde im Sinne von Artikel 3 Nr. 15 in Verbindung mit Artikel 41 der Richtlinie (EU) 2016/680; er ist in Ausübung seines Amtes völlig unabhängig und nur den geltenden Rechtsvorschriften unterworfen.

(2) ¹Beim Landesbeauftragten für den Datenschutz wird eine Geschäftsstelle eingerichtet. ²Dem Landesbeauftragten für den Datenschutz ist die für die Erfüllung seiner Aufgaben notwendige Personal- und Sachausstattung zur Verfügung zu stellen; sie ist im Haushalt des Landes in einem eigenen Einzelplan auszuweisen. ³Die Geschäftsstelle wird durch den Landesbeauftragten für den Datenschutz geleitet. ⁴Der Landesbeauftragte für den Datenschutz übt die Dienstaufsicht über alle Bediensteten der Geschäftsstelle aus; er ist Vorgesetzter, Dienstvorgesetzter, höherer Dienstvorgesetzter und oberste Dienstbehörde des Direktors der Geschäftsstelle und der Bediensteten der Geschäftsstelle. ⁵Der Direktor der Geschäftsstelle überwacht den ordnungsgemäßen Geschäftsablauf innerhalb der Geschäftsstelle; er muss die Befähigung nach § 5 des Deutschen Richtergesetzes besitzen.

(3) ¹Der Landesbeauftragte für den Datenschutz wird durch den Direktor der Geschäftsstelle vertreten, wenn er
1. an der Ausübung seines Amtes verhindert ist,
2. im Fall des § 21 Abs. 2 Satz 4 entlassen ist oder
3. nach § 21 Abs. 3 abgewählt ist.

²Die Vertretungsregelung nach Satz 1 gilt auch, wenn nach Ablauf der Frist des § 21 Abs. 2 Satz 3 kein Nachfolger bestellt ist. ³Für die Dauer der Vertretung hat der Direktor der Geschäftsstelle die Befugnisse des Landesbeauftragten für den Datenschutz.

(4) Für den Landesbeauftragten für den Datenschutz gilt § 13 Abs. 1, 2 und 4 Satz 1 bis 4 sowie Abs. 5 des Bundesdatenschutzgesetzes entsprechend.

(5) ¹Der Landesbeauftragte für den Datenschutz gilt für den Bereich seiner Geschäftsstelle als oberste Dienstbehörde im Sinne des § 96 der Strafprozessordnung und als oberste Aufsichtsbehörde im Sinne des § 99 der Verwaltungsgerichtsordnung, des § 119 des Sozialgerichtsgesetzes sowie des § 86 der Finanzgerichtsordnung; er trifft die Entscheidungen nach § 51 des Landesbeamtengesetzes für sich, seine Vorgänger im Amt und seine Bediensteten in eigener Verantwortung. ²Er gilt in Wahrnehmung seiner Aufgabe nach § 23 Abs. 4 als oberste Landesbehörde im Sinne des § 68 Abs. 1 Satz 2 Nr. 1 der Verwaltungsgerichtsordnung. ³Er gilt als oberste Landesbehörde im Sinne des Landesbesoldungsrechts. ⁴Im Übrigen untersteht er der Dienstaufsicht des Präsidenten des Landtages nur, soweit nicht seine Unabhängigkeit beeinträchtigt wird. ⁵Auf ihn sind die für Richter des Landes geltenden Vorschriften über die Dienstaufsicht, zur Amtsenthebung und zum Disziplinarrecht entsprechend anzuwenden. ⁶Für ein Disziplinarverfahren gegen den Landesbeauftragten für den Datenschutz ist der Dienstgerichtshof für Richter bei dem Oberverwaltungsgericht des Landes Sachsen-Anhalt zuständig. ⁷Die nichtständigen Beisitzer müssen der Verwaltungsgerichtsbarkeit angehören.

(6) ¹Der Landesbeauftragte für den Datenschutz kann Aufgaben der Personalverwaltung auf eine andere Stelle des Landes übertragen, wenn diese zustimmt; die Unabhängigkeit des Landesbeauftragten

für den Datenschutz darf hierdurch nicht beeinträchtigt werden. ²Dieser Stelle dürfen personenbezogene Daten der Bediensteten übermittelt werden, soweit die Kenntnis der personenbezogenen Daten zur Erfüllung der übertragenen Aufgaben erforderlich ist.

### § 23 Aufgaben und Befugnisse

(1) ¹Der Landesbeauftragte für den Datenschutz erfüllt im Anwendungsbereich der Verordnung (EU) 2016/679 gegenüber allen öffentlichen Stellen die Aufgaben aus Artikel 57 der Verordnung (EU) 2016/679. ²Dazu stehen ihm die Befugnisse aus Artikel 58 der Verordnung (EU) 2016/679 zu. ³Die Gerichte unterliegen seiner Kontrolle nur, soweit sie in Verwaltungsangelegenheiten tätig werden.

(2) Für die Verarbeitung personenbezogener Daten außerhalb des Anwendungsbereichs der Verordnung (EU) 2016/679 gelten die Artikel 57 bis 59 der Verordnung (EU) 2016/679 entsprechend, soweit nicht dieses Gesetz oder andere Gesetze abweichende Regelungen enthalten.

(3) ¹Zusätzlich zu den Befugnissen nach Artikel 58 Abs. 1 bis 3 der Verordnung (EU) 2016/679 kann der Landesbeauftragte für den Datenschutz im Falle der Annahme von Verstößen gegen Vorschriften der Verordnung (EU) 2016/679, dieses Gesetzes oder gegen andere datenschutzrechtliche Bestimmungen den Verantwortlichen oder den Auftragsverarbeiter auffordern, innerhalb einer bestimmten Frist Stellung zu nehmen. ²Bei Gemeinden, Verbandsgemeinden, Landkreisen und sonstigen der Aufsicht des Landes unterstehenden Körperschaften, Anstalten und staatlichen Stiftungen des öffentlichen Rechts sowie bei Vereinigungen solcher Körperschaften, Anstalten und Stiftungen ist gleichzeitig auch die zuständige Aufsichtsbehörde zu unterrichten. ³Die Stellungnahme nach Satz 1 soll auch Maßnahmen darstellen, durch die Verstöße beseitigt werden sollen. ⁴Die in Satz 2 genannten Stellen leiten der zuständigen Aufsichtsbehörde eine Abschrift ihrer Stellungnahme zu.

(4) ¹Der Landesbeauftragte für den Datenschutz ist Aufsichtsbehörde nach § 40 des Bundesdatenschutzgesetzes; in dieser Eigenschaft kommen nach diesem Gesetz nur Absatz 5 sowie § 22 und § 24 Abs. 4 bis 6 zur Anwendung. ²Im Anwendungsbereich des § 25 findet Artikel 58 Abs. 1 Buchst. b, c, e und f sowie Abs. 2 Buchst. c bis j der Verordnung (EU) 2016/679 keine Anwendung.

(5) ¹Der Landesbeauftragte für den Datenschutz ist im Rahmen der ihm durch die Verordnung (EU) 2016/679 und durch Absatz 4 sowie der nach nationalem Recht zugewiesenen Aufgaben zuständige Behörde für die Verfolgung und Ahndung von Ordnungswidrigkeiten. ²Er ist hilfeleistende Behörde nach Artikel 13 Abs. 2 Buchst. a des Übereinkommens zum Schutz des Menschen bei der automatischen Verarbeitung personenbezogener Daten vom 28. Januar 1981 (BGBl. II 1985 S. 538, 539) in Verbindung mit Artikel 2 des Gesetzes zu dem Übereinkommen vom 28. Januar 1981 zum Schutz des Menschen bei der automatischen Verarbeitung personenbezogener Daten vom 13. März 1985 (BGBl. II S. 538).

(6) ¹Die Erfüllung der Aufgaben des Landesbeauftragten für den Datenschutz ist für die betroffene Person verwaltungskostenfrei. ²Bei offenkundig unbegründeten oder, insbesondere im Fall von häufiger Wiederholung, excessiven Anfragen kann der Landesbeauftragte für den Datenschutz eine Gebühr verlangen oder sich weigern, aufgrund der Anfrage tätig zu werden. ³In diesem Fall trägt der Landesbeauftragte für den Datenschutz die Beweislast für den offenkundig unbegründeten oder exzessiven Charakter.

(7) ¹Jedermann kann sich an den Landesbeauftragten für den Datenschutz wenden, wenn er tatsächliche Anhaltspunkte für den Verstoß oder das unmittelbare Bevorstehen eines Verstoßes gegen Vorschriften dieses Gesetzes oder eine andere Rechtsvorschrift über den Datenschutz durch eine öffentliche Stelle hat. ²Niemand darf wegen der Anrufung nach Satz 1 benachteiligt oder gemaßregelt werden.

### § 24 Rechte und Pflichten

(1) ¹Die Behörden und sonstigen öffentlichen Stellen sind verpflichtet, den Landesbeauftragten für den Datenschutz bei der Erfüllung seiner Aufgaben zu unterstützen. ²Im Rahmen der Befugnisse des Landesbeauftragten für den Datenschutz haben die Behörden oder sonstigen öffentlichen Stellen jederzeit Zugang zu den Diensträumen, einschließlich aller Datenverarbeitungsanlagen und -geräte, sowie zu allen personenbezogenen Daten und Informationen, die zur Erfüllung seiner Aufgaben notwendig sind, zu gewährleisten.

(2) Für personenbezogene Daten, die dem Landesbeauftragten für den Datenschutz und seinen Bediensteten im Rahmen ihrer Aufgabenstellung nach diesem Gesetz bekannt werden, gilt § 7 Abs. 3 Nr. 2 entsprechend.

(3) ¹Der Landesbeauftragte für den Datenschutz ist rechtzeitig über grundlegende Planungen des Landes zum Aufbau und zur Änderung von automatisierten Verfahren zur Verarbeitung von personenbezogenen Daten zu unterrichten. ²Er ist vor dem Erlass von Rechts- und Verwaltungsvorschriften, die den Umgang mit personenbezogenen Daten betreffen, zu hören.

(4) Der Landesbeauftragte für den Datenschutz kann Empfehlungen zur Verbesserung des Datenschutzes geben, insbesondere kann er den Landtag, die Landesregierung und die sonstigen öffentlichen Stellen in Fragen des Datenschutzes beraten.

(5) Auf Ersuchen des Landtages, seiner Ausschüsse oder der Landesregierung kann der Landesbeauftragte für den Datenschutz Hinweisen auf Angelegenheiten und Vorgänge, die seinen Aufgabenbereich unmittelbar betreffen, nachgehen.

(6) Der Landtag, seine Ausschüsse und die Landesregierung können den Landesbeauftragten für den Datenschutz um die Erstattung von Gutachten und Stellungnahmen ersuchen.

*Abschnitt 7*
**Ergänzende Vorschriften für besondere Datenverarbeitungssituationen**
**(zu den Artikeln 85, 88 und 89 der Verordnung (EU) 2016/679)**

**§ 25 Vorschriften für die Datenverarbeitung zu journalistischen, künstlerischen oder literarischen Zwecken nach Artikel 85 der Verordnung (EU) 2016/679**

(1) ¹Werden personenbezogene Daten zu journalistischen, künstlerischen oder literarischen Zwecken verarbeitet, stehen den betroffenen Personen nur die in Absatz 2 genannten Rechte zu. ²Im Übrigen gelten für die Verarbeitung im Sinne des Satzes 1 die Kapitel I, VIII, X und XI der Verordnung (EU) 2016/679 sowie Artikel 5 Abs. 1 Buchst. f, Artikel 24 und 32 der Verordnung (EU) 2016/679. ³Artikel 82 der Verordnung (EU) 2016/679 gilt mit der Maßgabe, dass nur für unzureichende Maßnahmen nach Artikel 5 Abs. 1 Buchst. f, Artikel 24 und 32 der Verordnung (EU) 2016/679 gehaftet wird.

(2) Wer bei einer journalistischen, künstlerischen oder literarischen Offenlegung personenbezogener Daten von hierauf bezogenen Maßnahmen wie Gegendarstellungen, Verpflichtungserklärungen, Gerichtsentscheidungen oder Widerrufen betroffen ist, hat diese Maßnahmen zu den gespeicherten Daten zu nehmen und sie dort für dieselbe Zeitdauer aufzubewahren wie die Daten selbst und sie bei einer Übermittlung der Daten gemeinsam mit diesen zu übermitteln.

**§ 26 Vorschriften für die Datenverarbeitung im Beschäftigungskontext nach Artikel 88 der Verordnung (EU) 2016/679**

(1) Die beamtenrechtlichen Vorschriften über die Führung von Personalakten gemäß § 50 des Beamtenstatusgesetzes und den §§ 84 bis 91 des Landesbeamtengesetzes sind für alle nicht in einem Beamtenverhältnis stehenden Arbeitnehmer und Auszubildenden einer öffentlichen Stelle entsprechend anzuwenden, soweit tarifvertraglich nichts anderes geregelt ist.

(2) ¹Werden Feststellungen über die Eignung eines Bewerbers für ein Dienst- oder Arbeitsverhältnis durch ärztliche oder psychologische Untersuchungen oder Tests getroffen, so darf die Einstellungsbehörde vom untersuchenden Arzt oder Psychologen in der Regel nur das Ergebnis der Eignungsuntersuchung und Feststellungen über Faktoren anfordern, welche die gesundheitliche Eignung beeinträchtigen können. ²Weitere personenbezogene Daten darf sie nur anfordern, wenn sie den Bewerber zuvor schriftlich über die Gründe dafür unterrichtet hat.

(3) Es gelten entsprechend
1. für unmittelbare und mittelbare Beamte des Landes sowie für Richter des Landes die für Beschäftigte geltenden Vorschriften,
2. für Bewerber für ein öffentlich-rechtliches Dienstverhältnis oder Personen, deren öffentlich-rechtliches Dienstverhältnis beendet ist, die für Bewerber für ein Beschäftigungsverhältnis oder Personen, deren Beschäftigungsverhältnis beendet ist, geltenden Vorschriften und
3. für das Land, die Gemeinden, Verbandsgemeinden, Landkreise und die der Aufsicht des Landes unterstehenden anderen Körperschaften, Anstalten und staatlichen Stiftungen des öffentlichen Rechts, die Dienstherrnfähigkeit besitzen, die für Arbeitgeber geltenden Vorschriften des Gendiagnostikgesetzes vom 31. Juli 2009 (BGBl. I S. 2529, 3672), zuletzt geändert durch Artikel 2 Abs. 1 des Gesetzes vom 4. November 2016 (BGBl. I S. 2460, 2461).

## § 27 Ausnahmen in Bezug auf die Datenverarbeitung zu wissenschaftlichen oder historischen Forschungszwecken und zu statistischen Zwecken nach Artikel 89 der Verordnung (EU) 2016/679

(1) ¹Werden personenbezogene Daten zu wissenschaftlichen oder historischen Forschungszwecken oder zu statistischen Zwecken verarbeitet, sind diese zu anonymisieren, sobald dies nach dem Forschungszweck oder dem statistischen Zweck möglich ist. ²Bis dahin sind die Merkmale, mit deren Hilfe ein Personenbezug hergestellt werden kann, getrennt zu speichern. ³Diese Merkmale dürfen mit den Einzelangaben nur zusammengeführt werden, soweit der Forschungszweck oder der statistische Zweck dies erfordert.

(2) Im Rahmen von wissenschaftlichen oder historischen Forschungsvorhaben dürfen personenbezogene Daten nur veröffentlicht werden, wenn die betroffene Person eingewilligt hat oder dies für die Darstellung von Forschungsergebnissen über Ereignisse der Zeitgeschichte unerlässlich ist.

(3) Eine Übermittlung von personenbezogenen Daten zu wissenschaftlichen oder historischen Forschungszwecken oder zu statistischen Zwecken an Empfänger, auf die dieses Gesetz keine Anwendung findet, ist zulässig, wenn sich die Empfänger verpflichten, die personenbezogenen Daten nur für das von ihnen zu bezeichnende Forschungs- oder Statistikvorhaben und nach Maßgabe der Absätze 1 und 2 zu verarbeiten.

(4) ¹Die Verarbeitung besonderer Kategorien personenbezogener Daten im Sinne von Artikel 9 Abs. 1 der Verordnung (EU) 2016/679 für wissenschaftliche oder historische Forschungszwecke oder für statistische Zwecke ist zulässig, wenn der Zweck der Forschung oder der statistische Zweck auf andere Weise nicht oder nur mit unverhältnismäßigem Aufwand erreicht werden kann und wenn das öffentliche Interesse an der Durchführung des Forschungs- oder Statistikvorhabens das Interesse der betroffenen Person am Unterbleiben der Verarbeitung erheblich überwiegt. ²Das Ergebnis der Abwägung und dessen Begründung sind zu dokumentieren. ³Über die Verarbeitung ist der Datenschutzbeauftragte nach Artikel 37 der Verordnung (EU) 2016/679 zu unterrichten.

(5) ¹Ein Anspruch auf Auskunft nach Artikel 15 der Verordnung (EU) 2016/679, auf Berichtigung nach Artikel 16 der Verordnung (EU) 2016/679, auf Einschränkung der Verarbeitung nach Artikel 18 der Verordnung (EU) 2016/679 und auf Widerspruch nach Artikel 21 der Verordnung (EU) 2016/679 besteht nicht, soweit die Inanspruchnahme dieser Rechte voraussichtlich die Verwirklichung der wissenschaftlichen oder historischen Forschungszwecke oder der statistischen Zwecke unmöglich macht oder ernsthaft beeinträchtigt und der Ausschluss dieser Rechte für die Erfüllung der Zwecke notwendig ist. ²Das Ergebnis der Abwägung und dessen Begründung sind zu dokumentieren.

*Abschnitt 8*
**Vorschriften für die Verarbeitung personenbezogener Daten außerhalb des Anwendungsbereichs des Unionsrechts**

## § 28 Öffentliche Auszeichnungen und Ehrungen

(1) ¹Zur Vorbereitung öffentlicher Auszeichnungen und Ehrungen dürfen die zuständigen Stellen die dazu erforderlichen personenbezogenen Daten einschließlich besonderer Kategorien personenbezogener Daten im Sinne von Artikel 9 Abs. 1 der Verordnung (EU) 2016/679 verarbeiten, es sei denn, dass der zuständigen Stelle bekannt ist, dass die betroffene Person ihrer öffentlichen Auszeichnung oder Ehrung oder der damit verbundenen Datenverarbeitung widersprochen hat. ²Auf Anforderung der in Satz 1 genannten Stelle dürfen öffentliche Stellen die erforderlichen Daten übermitteln. ³Eine Verarbeitung der personenbezogenen Daten für andere Zwecke ist nur mit Einwilligung der betroffenen Person zulässig; § 7 Abs. 2 findet keine Anwendung.

(2) Die Artikel 13 bis 15, 19 und 21 Abs. 4 der Verordnung (EU) 2016/679 finden keine Anwendung.

## § 29 Begnadigungsverfahren

¹In Begnadigungsverfahren dürfen die zuständigen Stellen die für eine Begnadigung erforderlichen Daten einschließlich besonderer Kategorien personenbezogener Daten im Sinne von Artikel 9 Abs. 1 der Verordnung (EU) 2016/679 verarbeiten. ²Die Datenverarbeitung unterliegt nicht der Kontrolle des Landesbeauftragten für den Datenschutz. ³In Begnadigungsverfahren gelten nur die Artikel 5 bis 7 sowie Kapitel IV mit Ausnahme der Artikel 31 und 33 der Verordnung (EU) 2016/679.

## Abschnitt 9
## Rechtsbehelfe und Sanktionen (zu den Artikeln 78, 83 und 84 der Verordnung (EU) 2016/679 und Artikel 53 der Richtlinie (EU) 2016/680)

### § 30 Gerichtlicher Rechtsschutz
(1) Dem Verwaltungsgericht Magdeburg werden für die Bezirke aller Verwaltungsgerichte des Landes die Rechtsstreitigkeiten nach Artikel 78 Abs. 1 und 2 der Verordnung (EU) 2016/679 und Artikel 53 Abs. 1 und 2 der Richtlinie (EU) 2016/680 zugewiesen.
(2) Ein Vorverfahren findet nicht statt.
(3) Auch eine Landesbehörde kann gegen eine sie betreffende Anordnung des Landesbeauftragten für den Datenschutz Anfechtungsklage erheben.
(4) Beachtet die öffentliche Stelle eine sie betreffende Anordnung des Landesbeauftragten für den Datenschutz nicht und geht sie nicht innerhalb eines Monats nach Bekanntgabe der Anordnung des Landesbeauftragten für den Datenschutz gerichtlich gegen diese vor, kann der Landesbeauftragte für den Datenschutz die gerichtliche Feststellung der Rechtmäßigkeit der getroffenen Anordnung beantragen.
(5) Die Absätze 1 bis 4 gelten entsprechend, wenn sich der Landesbeauftragte für den Datenschutz nicht mit einer Beschwerde nach Artikel 57 Abs. 1 Buchst. f der Verordnung (EU) 2016/679 oder Artikel 46 Abs. 1 Buchst. f der Richtlinie (EU) 2016/680 befasst oder den Beschwerdeführer nicht innerhalb von drei Monaten über den Stand oder das Ergebnis der Beschwerde in Kenntnis setzt.
(6) Die Absätze 1 bis 5 gelten entsprechend für Anordnungen oder Unterlassungen des Landesbeauftragten für den Datenschutz, die ihre Grundlage außerhalb des Anwendungsbereichs der Verordnung (EU) 2016/679 und der Richtlinie (EU) 2016/680 in anderen Rechtsvorschriften des Bundes oder des Landes haben.
(7) [1]Für Klagen betroffener Personen gegen einen Verantwortlichen oder Auftragsverarbeiter wegen eines Verstoßes gegen datenschutzrechtliche Bestimmungen im Anwendungsbereich der Verordnung (EU) 2016/679 oder der darin enthaltenen Rechte der betroffenen Person findet § 44 des Bundesdatenschutzgesetzes entsprechende Anwendung. [2]Satz 1 gilt im Anwendungsbereich der Richtlinie (EU) 2016/680 entsprechend.

### § 31 Anwendung der Vorschriften über das Bußgeld- und Strafverfahren
(1) Für Verstöße nach Artikel 83 Abs. 4 bis 6 der Verordnung (EU) 2016/679 gilt, soweit dieses Gesetz nichts anderes bestimmt, § 41 Abs. 1 Satz 1 und 2 sowie Abs. 2 des Bundesdatenschutzgesetzes entsprechend.
(2) [1]Geldbußen können durch den Landesbeauftragten für den Datenschutz gegenüber öffentlichen Stellen nicht verhängt werden. [2]Satz 1 gilt nicht, soweit öffentliche Stellen als öffentlich-rechtliche Unternehmen am Wettbewerb teilnehmen.

### § 32 Ordnungswidrigkeiten
(1) Ordnungswidrig handelt, wer
1. bei einer öffentlichen Stelle oder deren Auftragsverarbeiter dienstlichen Zugang zu nicht allgemein zugänglichen personenbezogenen Daten hat oder hatte und diese Daten zu einem anderen als einem zur dienstlichen Aufgabenerfüllung gehörenden Zweck verarbeitet oder
2. personenbezogene Daten, die in dem Anwendungsbereich dieses Gesetzes verarbeitet werden und nicht allgemein zugänglich sind, durch Vortäuschung falscher Tatsachen sich oder einer anderen Person verschafft oder sich oder einer anderen Person durch Übermittlung, Verbreitung oder anderer Form der Bereitstellung offenlegen lässt.
(2) Die Ordnungswidrigkeit kann mit einer Geldbuße bis zu fünfzigtausend Euro geahndet werden.

### § 33 Straftaten
(1) [1]Wer gegen Entgelt oder in der Absicht, sich oder einen anderen zu bereichern oder einen anderen zu schädigen, eine in § 32 Abs. 1 genannte Handlung begeht, wird mit Freiheitsstrafe bis zu zwei Jahren oder mit Geldstrafe bestraft. [2]Ebenso wird bestraft, wer unter den in Satz 1 genannten Voraussetzungen Einzelangaben über persönliche oder sachliche Verhältnisse einer nicht mehr bestimmbaren Person zusammenführt und die Person dadurch wieder bestimmbar macht.
(2) Der Versuch ist strafbar.

(3) ¹Die Tat wird nur auf Antrag verfolgt, es sei denn, dass die Strafverfolgungsbehörde wegen des besonderen öffentlichen Interesses an der Strafverfolgung ein Einschreiten von Amts wegen für geboten hält. ²Antragsberechtigt sind die betroffene Person, der Verantwortliche, der Auftragsverarbeiter und der Landesbeauftragte für den Datenschutz.

*Abschnitt 10*
**Schlussbestimmungen**

**§ 34 Übergangsvorschriften**
(1) Die in der bis zum 5. Mai 2018 beim Präsidenten des Landtags von Sachsen-Anhalt eingerichteten Geschäftsstelle des Landesbeauftragten für den Datenschutz geltenden Dienstvereinbarungen nach dem Landespersonalvertretungsgesetz Sachsen-Anhalt gelten in der als Behörde verselbständigten Geschäftsstelle des Landesbeauftragten für den Datenschutz fort, wenn sie nicht durch Zeitablauf, Kündigung oder Aufhebungsvereinbarung außer Kraft treten.
(2) ¹Die am 24. Mai 2018 im Amt befindlichen Datenschutzbeauftragten gelten als nach Artikel 37 der Verordnung (EU) 2016/679 und § 18 bestellt. ²Ihre Stellung sowie ihre Aufgaben richten sich nach den Vorschriften der Verordnung (EU) 2016/679 und nach diesem Gesetz.
(3) Bis zum Inkrafttreten einer gesetzlichen Datenschutzregelung für die Prüftätigkeit des Landesrechnungshofs findet auf die Verarbeitung personenbezogener Daten für den Bereich der Prüftätigkeit des Landesrechnungshofs das Datenschutzgesetz Sachsen-Anhalt in der Fassung der Bekanntmachung vom 13. Januar 2016 (GVBl. LSA S. 24), geändert durch Artikel 1 des Gesetzes vom 21. Februar 2018 (GVBl. LSA S. 10), mit Ausnahme des § 22 Abs. 1 Satz 2 Anwendung, soweit dieser auf Artikel 58 Abs. 2 Buchst. c bis j der Verordnung (EU) 2016/679 verweist.
(4) Bis zum Inkrafttreten einer Anpassung der gesetzlichen Datenschutzregelung für den Bereich der Sicherheitsüberprüfung nach dem Sicherheitsüberprüfungs- und Geheimschutzgesetz findet auf die Verarbeitung personenbezogener Daten bei der Durchführung von Sicherheitsüberprüfungsverfahren durch die zuständige Stelle ergänzend zum Sicherheitsüberprüfungs- und Geheimschutzgesetz das Datenschutzgesetz Sachsen-Anhalt in der Fassung der Bekanntmachung vom 13. Januar 2016 (GVBl. LSA S. 24), geändert durch Artikel 1 des Gesetzes vom 21. Februar 2018 (GVBl. LSA S. 10), mit Ausnahme des § 22 Abs. 1 Satz 2 Anwendung, soweit dieser auf Artikel 58 Abs. 2 Buchst. c bis j der Verordnung (EU) 2016/679 verweist.

**§ 35 Sprachliche Gleichstellung**
Personen- und Funktionsbezeichnungen in diesem Gesetz gelten jeweils in weiblicher und männlicher Form.

**§ 36 Einschränkung von Grundrechten**
Durch dieses Gesetz wird das Grundrecht auf Schutz personenbezogener Daten im Sinne des Artikels 2 Abs. 1 in Verbindung mit Artikel 1 Abs. 1 des Grundgesetzes und des Artikels 6 Abs. 1 Satz 1 der Verfassung des Landes Sachsen-Anhalt eingeschränkt.

# Informationszugangsgesetz Sachsen-Anhalt (IZG LSA)

Vom 19. Juni 2008 (GVBl. LSA S. 242)
(BS LSA 2010.7)
zuletzt geändert durch Art. 4 G zur Anpassung des Datenschutzrechts in LSA an das Recht der EU vom 18. Februar 2020 (GVBl. LSA S. 25)

**Nichtamtliche Inhaltsübersicht**

| § 1 | Grundsatz | § 10 | Verwaltungskosten |
| § 2 | Begriffsbestimmungen | § 11 | Veröffentlichungspflichten |
| § 3 | Schutz von besonderen öffentlichen Belangen | § 11a | Informationsregister |
|     |           | § 12 | Landesbeauftragter für die Informationsfreiheit |
| § 4 | Schutz des behördlichen Entscheidungsprozesses | § 13 | Sprachliche Gleichstellung |
| § 5 | Schutz personenbezogener Daten | § 14 | Einschränkung von Grundrechten |
| § 6 | Schutz des geistigen Eigentums und von Betriebs- und Geschäftsgeheimnissen | § 15 | Überprüfung der Auswirkungen des Gesetzes |
| § 7 | Antrag und Verfahren | § 15a | Übergangsvorschrift |
| § 8 | Verfahren bei Beteiligung Dritter | § 16 | Inkrafttreten |
| § 9 | Ablehnung des Antrags; Rechtsweg |   |   |

**§ 1 Grundsatz**
(1) ¹Jeder hat nach Maßgabe dieses Gesetzes einen Anspruch auf Zugang zu amtlichen Informationen gegenüber
1. den Behörden
   a) des Landes,
   b) der Gemeinden, Verbandsgemeinden und Landkreise sowie
   c) der der Aufsicht des Landes unterstehenden Körperschaften, Anstalten und Stiftungen des öffentlichen Rechts und
2. den sonstigen Organen und Einrichtungen des Landes, soweit sie öffentlich-rechtliche Verwaltungsaufgaben wahrnehmen.
²Einer Behörde im Sinne dieser Vorschrift steht eine natürliche Person oder juristische Person des Privatrechts gleich, soweit eine Behörde sich dieser Person zur Erfüllung ihrer öffentlich-rechtlichen Aufgaben bedient.
(2) ¹Die Stelle nach Absatz 1 Satz 1 kann Auskunft erteilen, Akteneinsicht gewähren oder Informationen in sonstiger Weise zur Verfügung stellen. ²Begehrt der Antragsteller eine bestimmte Art des Informationszugangs, so darf dieser nur aus wichtigem Grund auf andere Art gewährt werden. ³Als wichtiger Grund gilt insbesondere ein deutlich höherer Verwaltungsaufwand.
(3) ¹Regelungen in anderen Rechtsvorschriften über den Zugang zu amtlichen Informationen gehen vor. ²Dies gilt nicht in den Fällen nach § 1 Abs. 1 Satz 1 des Verwaltungsverfahrensgesetzes Sachsen-Anhalt in Verbindung mit § 29 des Verwaltungsverfahrensgesetzes.

**§ 2 Begriffsbestimmungen**
Im Sinne dieses Gesetzes ist
1. amtliche Information: jede amtlichen Zwecken dienende Aufzeichnung, unabhängig von der Art ihrer Speicherung. Entwürfe und Notizen, die nicht Bestandteil eines Vorgangs werden sollen, gehören nicht dazu;
2. Dritter: jeder, über den personenbezogene Daten oder sonstige Informationen vorliegen;
3. Informationsregister: ein zentral geführtes, elektronisches, allgemein zugängliches Register.

**§ 3 Schutz von besonderen öffentlichen Belangen**
(1) Der Anspruch auf Informationszugang besteht nicht,
1. wenn das Bekanntwerden der Information nachteilige Auswirkungen haben kann auf

a) internationale Beziehungen, Beziehungen zum Bund oder einem Land,
b) Belange der inneren oder äußeren Sicherheit,
c) Kontroll- oder Aufsichtsaufgaben der Finanz-, Versicherungsaufsichts-, Wettbewerbs- und Regulierungsbehörden,
d) Angelegenheiten der externen Finanzkontrolle,
e) die Durchführung eines anhängigen Gerichtsverfahrens, den Anspruch einer Person auf ein faires Verfahren oder die Durchführung strafrechtlicher, ordnungswidrigkeitsrechtlicher oder disziplinarischer Ermittlungen,
2. wenn das Bekanntwerden der Information die öffentliche Sicherheit gefährden kann,
3. wenn und solange die Beratungen von Behörden beeinträchtigt werden,
4. wenn die Information einer durch Rechtsvorschrift oder durch die Verschlusssachenanweisung für das Land Sachsen-Anhalt geregelten Geheimhaltungs- oder Vertraulichkeitspflicht oder einem Berufs- oder besonderen Amtsgeheimnis unterliegt,
5. hinsichtlich vorübergehend beigezogener Information einer anderen öffentlichen Stelle, die nicht Bestandteil der eigenen Vorgänge werden soll,
6. wenn das Bekanntwerden der Information geeignet wäre, fiskalische Interessen der in § 1 Abs. 1 Satz 1 genannten Stellen im Wirtschaftsverkehr oder wirtschaftliche Interessen der Sozialversicherungen zu beeinträchtigen,
7. bei vertraulich erhobener oder übermittelter Information, soweit das Interesse des Dritten an einer vertraulichen Behandlung im Zeitpunkt des Antrags auf Informationszugang noch fortbesteht,
8. gegenüber der Verfassungsschutzbehörde, mit Ausnahme ihrer Aufgabenerfüllung gemäß § 1 Abs. 3 und § 15 des Gesetzes über den Verfassungsschutz im Land Sachsen-Anhalt in der Fassung der Bekanntmachung vom 6. April 2006 (GVBl. LSA S. 236), zuletzt geändert durch Artikel 2 des Gesetzes vom 3. Juli 2015 (GVBl. LSA S. 314, 317), in der jeweils geltenden Fassung sowie gegenüber anderen in § 1 Abs. 1 Satz 1 genannten Stellen, soweit sie sicherheitsempfindliche Aufgaben im Sinne von § 2 Abs. 1 Nr. 3 und Abs. 2 des Sicherheitsüberprüfungs- und Geheimschutzgesetzes vom ·26. Januar 2006 (GVBl. LSA S. 12, 14), geändert durch Artikel 3 des Gesetzes vom 3. Juli 2015 (GVBl. LSA S. 314, 317), in der jeweils geltenden Fassung wahrnehmen,
9. gegenüber Hochschulen, Universitätskliniken und Forschungseinrichtungen, einschließlich solcher Einrichtungen, die zum Transfer von Forschungsergebnissen gegründet wurden, soweit sie wissenschaftlich tätig sind,
10. gegenüber der Medienanstalt Sachsen-Anhalt, soweit es die Aufsicht über die Rundfunkveranstalter betrifft, und gegenüber den öffentlich-rechtlichen Rundfunkveranstaltern in Bezug auf journalistisch-redaktionelle Informationen sowie
11. gegenüber Finanzbehörden im Sinne des § 2 des Finanzverwaltungsgesetzes, soweit sie in Verfahren in Steuersachen tätig werden.

(2) Der Antrag auf Informationszugang soll abgelehnt werden, wenn in anderen als in Absatz 1 oder § 4 geregelten Fällen die ordnungsgemäße Erfüllung der Aufgaben der öffentlichen Stellen erheblich beeinträchtigt würde, es sei denn, dass das Interesse an der Einsichtnahme das entgegenstehende öffentliche Interesse im Einzelfall überwiegt.

## § 4 Schutz des behördlichen Entscheidungsprozesses

(1) ¹Der Antrag auf Informationszugang soll für Entwürfe zu Entscheidungen sowie Arbeiten und Beschlüsse zu ihrer unmittelbaren Vorbereitung abgelehnt werden, soweit und solange durch die vorzeitige Bekanntgabe der Informationen der Erfolg der Entscheidung oder bevorstehender behördlicher Maßnahmen vereitelt würde. ²Nicht der unmittelbaren Entscheidungsvorbereitung nach Satz 1 dienen in der Regel Ergebnisse der Beweiserhebung und Gutachten oder Stellungnahmen Dritter.

(2) Der Antragsteller soll über den Abschluss des jeweiligen Verfahrens informiert werden.

## § 5 Schutz personenbezogener Daten

(1) ¹Zugang zu personenbezogenen Daten darf nur gewährt werden, soweit das Informationsinteresse des Antragstellers das schutzwürdige Interesse des Dritten am Ausschluss des Informationszugangs überwiegt oder der Dritte eingewilligt hat. ²Besondere Kategorien personenbezogener Daten im Sinne von Artikel 9 Abs. 1 der Verordnung (EU) 2016/679 des Europäischen Parlaments und des Rates vom 27. April 2016 zum Schutz natürlicher Personen bei der Verarbeitung personenbezogener Daten, zum

freien Datenverkehr und zur Aufhebung der Richtlinie 95/46/EG (Datenschutz-Grundverordnung) (ABl. L 119 vom 4. 5. 2016, S. 1; L 314 vom 22. 11. 2016, S. 72; L 127 vorn 23. 5. 2018, S. 2) dürfen nur zugänglich gemacht werden, wenn die betroffene Person eingewilligt hat.

(2) Das Informationsinteresse des Antragstellers überwiegt nicht bei Informationen aus Unterlagen, soweit sie mit dem Dienst- oder Amtsverhältnis oder einem Mandat des Dritten in Zusammenhang stehen, und bei Informationen, die einem Berufs- oder Amtsgeheimnis unterliegen.

(3) Das Informationsinteresse des Antragstellers überwiegt das schutzwürdige Interesse des Dritten am Ausschluss des Informationszugangs in der Regel dann, wenn sich die Angabe auf Name, Titel, akademischen Grad, Berufs- und Funktionsbezeichnung, Büroanschrift und -telekommunikationsnummer beschränkt und der Dritte als Gutachter, Sachverständiger oder in vergleichbarer Weise eine Stellungnahme in einem Verfahren abgegeben hat oder abgeben soll.

(4) Name, Titel, akademischer Grad, Berufs- und Funktionsbezeichnung, Büroanschrift und -telekommunikationsnummer von Bearbeitern sind vom Informationszugang nicht ausgeschlossen, soweit sie Ausdruck und Folge der amtlichen Tätigkeit sind und kein Ausnahmetatbestand erfüllt ist.

### § 6 Schutz des geistigen Eigentums und von Betriebs- und Geschäftsgeheimnissen

[1]Der Anspruch auf Informationszugang besteht nicht, soweit der Schutz geistigen Eigentums entgegensteht. [2]Zugang zu Betriebs- oder Geschäftsgeheimnissen darf nur gewährt werden, soweit der Betroffene eingewilligt hat.

### § 7 Antrag und Verfahren

(1) [1]Über den Antrag auf Informationszugang entscheidet die Stelle nach § 1 Abs. 1 Satz 1, die zur Verfügung über die begehrten Informationen berechtigt ist. [2]Im Falle des § 1 Abs. 1 Satz 2 ist der Antrag an die Stelle nach § 1 Abs. 1 Satz 1 zu richten, die sich der natürlichen oder juristischen Person des Privatrechts zur Erfüllung ihrer öffentlich-rechtlichen Aufgaben bedient. [3]Betrifft der Antrag Daten Dritter im Sinne von § 5 Abs. 1 und 2 oder § 6, muss er begründet werden. [4]Bei gleichförmigen Anträgen von mehr als 50 Personen gilt § 1 Abs. 1 Satz 1 des Verwaltungsverfahrensgesetzes Sachsen-Anhalt in Verbindung mit den §§ 17 bis 19 des Verwaltungsverfahrensgesetzes entsprechend.

(2) [1]Besteht ein Anspruch auf Informationszugang zum Teil, ist dem Antrag in dem Umfang stattzugeben, in dem der Informationszugang ohne Preisgabe der nach den §§ 3 bis 6 nicht zugänglich zu machenden Informationen oder ohne unverhältnismäßigen Verwaltungsaufwand möglich ist. [2]Entsprechendes gilt, wenn sich der Antragsteller in den Fällen, in denen Belange Dritter berührt sind, mit einer Unkenntlichmachung der diesbezüglichen Informationen einverstanden erklärt.

(3) [1]Auskünfte können mündlich, schriftlich oder elektronisch erteilt werden. [2]Die Stelle nach § 1 Abs. 1 Satz 1 ist nicht verpflichtet, die inhaltliche Richtigkeit der Information zu prüfen.

(4) [1]Im Fall der Einsichtnahme in amtliche Informationen kann sich der Antragsteller Notizen machen oder Ablichtungen und Ausdrucke fertigen lassen. [2]§ 6 Satz 2 bleibt unberührt.

(5) [1]Die Information ist dem Antragsteller unter Berücksichtigung seiner Belange unverzüglich zugänglich zu machen. [2]Der Informationszugang soll innerhalb eines Monats erfolgen. [3]§ 8 bleibt unberührt.

### § 8 Verfahren bei Beteiligung Dritter

(1) Die Stelle nach § 1 Abs. 1 Satz 1 gibt einem Dritten, dessen Belange durch den Antrag auf Informationszugang berührt sind, schriftlich Gelegenheit zur Stellungnahme innerhalb eines Monats, sofern Anhaltspunkte dafür vorliegen, dass er ein schutzwürdiges Interesse am Ausschluss des Informationszugangs haben kann.

(2) [1]Die Entscheidung nach § 7 Abs. 1 Satz 1 ergeht schriftlich und ist auch dem Dritten bekannt zu geben. [2]Der Informationszugang darf erst erfolgen, wenn die Entscheidung dem Dritten gegenüber bestandskräftig ist oder die sofortige Vollziehung angeordnet worden ist und seit der Bekanntgabe der Anordnung an den Dritten zwei Wochen verstrichen sind. [3]§ 9 Abs. 3 gilt entsprechend.

### § 9 Ablehnung des Antrags; Rechtsweg

(1) Die Bekanntgabe einer Entscheidung, mit der der Antrag ganz oder teilweise abgelehnt wird, hat innerhalb der Frist nach § 7 Abs. 5 Satz 2 und 3 schriftlich zu erfolgen.

(2) Der Antrag kann abgelehnt werden, wenn der Antragsteller bereits über die begehrten Informationen verfügt oder sich diese in zumutbarer Weise aus allgemein zugänglichen Quellen beschaffen kann.

(3) ¹Gegen die ablehnende Entscheidung sind Widerspruch und Verpflichtungsklage zulässig. ²Ein Widerspruchsverfahren nach den Vorschriften des 8. Abschnitts der Verwaltungsgerichtsordnung ist auch dann durchzuführen, wenn die Entscheidung von einer obersten Landesbehörde getroffen wurde. ³§ 8a des Gesetzes zur Ausführung der Verwaltungsgerichtsordnung und des Bundesdisziplinargesetzes findet keine Anwendung.

## § 10 Verwaltungskosten

(1) ¹Für die Durchführung dieses Gesetzes werden Verwaltungskosten (Gebühren und Auslagen) erhoben. ²§ 1 Abs. 1 Satz 2, § 2 Abs. 2, § 3 Abs. 2, die §§ 4 bis 10 sowie die §§ 12 bis 14 des Verwaltungskostengesetzes des Landes Sachsen-Anhalt gelten entsprechend, soweit nachstehend nichts Abweichendes bestimmt ist.

(2) Die Gebühr schließt Verwaltungskosten oder Entgelte, die für eine Weiterverwendung im Sinne des § 2 Nr. 3 des Informationsweiterverwendungsgesetzes vom 13. Dezember 2006 (BGBl. I S. 2913) in der jeweils geltenden Fassung erhoben werden können, nicht ein.

(2a) ¹Betragen die Verwaltungskosten für eine Amtshandlung nicht mehr als 50 Euro, werden sie nicht festgesetzt. ²Die dadurch entstehende Mehrbelastung der Gemeinden, Verbandsgemeinden und Landkreise wird vom Land über eine pauschale Finanzzuweisung an jede Gemeinde, Verbandsgemeinde und jeden Landkreis in Höhe von 200 Euro je Haushaltsjahr ausgeglichen. ³Darüber hinausgehende Mehrbelastungen werden auf Einzelnachweis vom Land ausgeglichen.

(3) Das Ministerium des Innern wird ermächtigt, im Einvernehmen mit dem Ministerium der Finanzen für Amtshandlungen nach diesem Gesetz die Gebührentatbestände und Gebührensätze sowie die Pauschalbeträge für Auslagen im Sinne des § 14 Abs. 2 Nr. 8 des Verwaltungskostengesetzes des Landes Sachsen-Anhalt durch Verordnung zu bestimmen.

## § 11 Veröffentlichungspflichten

(1) Die Stellen nach § 1 Abs. 1 Satz 1 sollen Verzeichnisse führen, aus denen sich die vorhandenen Informationssammlungen und -zwecke erkennen lassen.

(2) Organisations- und Aktenpläne ohne Angabe personenbezogener Daten sind nach Maßgabe dieses Gesetzes allgemein zugänglich zu machen.

(3) Die Stellen nach § 1 Abs. 1 Satz 1 sollen die in den Absätzen 1 und 2 genannten Pläne und Verzeichnisse sowie andere geeignete Informationen in elektronischer Form allgemein zugänglich machen.

## § 11a Informationsregister

(1) ¹Die Stellen nach § 1 Abs. 1 Satz 1 Nr. 1 Buchst. a stellen folgende Informationen in einem Informationsregister bereit:
1. Gesetze, Verordnungen und Verwaltungsvorschriften des Landes in der aktuellen Fassung,
2. Gutachten, Studien und Beraterverträge, soweit sie von der Landesregierung oder einem Ministerium bei einer natürlichen Person oder juristischen Person des Privatrechts in Auftrag gegeben wurden und in die behördliche auf Außenwirkung gerichtete Entscheidung eingeflossen sind oder ihrer Vorbereitung dienten; ausgenommen sind solche Leistungen mit einem Auftragswert von weniger als 5 000 Euro ohne Umsatzsteuer,
3. amtliche Statistiken,
4. öffentliche Tätigkeitsberichte, Broschüren und Faltblätter, soweit sie durch Gesetz bestimmt oder durch die Landesregierung oder ein Ministerium veranlasst worden sind, und
5. Geodaten nach Maßgabe des Geodateninfrastrukturgesetzes für das Land Sachsen-Anhalt vom 14. Juli 2009 (GVBl. LSA S. 368) in der jeweils geltenden Fassung.

²Die Veröffentlichung unterbleibt, soweit ein Antrag auf Informationszugang nach diesem Gesetz oder anderen Rechtsvorschriften abzulehnen wäre. ³Das Informationsregister wird innerhalb des Landesportals angeboten. ⁴Die Stellen nach § 1 Abs. 1 Satz 1 Nr. 1 Buchst. b und c bestimmen jeweils ein Portal, über das sie die Informationen entsprechend Satz 1 anbieten können; sie können dazu auch das Informationsregister innerhalb des Landesportals nutzen.

(2) Der Zugang zum Informationsregister ist kostenlos und anonym.

(3) ¹Die Nutzung, Weiterverwendung und Verbreitung der Informationen ist zulässig, sofern höherrangiges Recht oder spezialgesetzliche Regelungen nichts anderes bestimmen. ²Das gilt auch für Gutachten, Studien, Beraterverträge und andere Dokumente. ³Nutzungsrechte, die einer freien Nutzung,

Weiterverwendung und Verbreitung entgegenstehen, sind abzubedingen. ⁴Auf die Veröffentlichungspflicht nach Absatz 1 Satz 1 Nr. 2 sollen die Landesregierung oder die Ministerien vor Abschluss eines Vertrages hinweisen.
(4) An das Informationsregister gemeldete Informationen sollen spätestens innerhalb eines Monats dort nachgewiesen werden.
(5) Die über das Informationsregister bereitgestellten Informationen sind regelmäßig zu aktualisieren.

### § 12 Landesbeauftragter für die Informationsfreiheit

(1) Jeder kann den Landesbeauftragten für die Informationsfreiheit anrufen, wenn er sich in seinen Rechten nach diesem Gesetz verletzt sieht.
(2) Die Aufgabe des Landesbeauftragten für die Informationsfreiheit wird vom Landesbeauftragten für den Datenschutz wahrgenommen.
(3) § 22 Abs. 2 bis 6 des Datenschutz-Grundverordnungs-Ausfüllungsgesetzes Sachsen-Anhalt gilt entsprechend.
(4) ¹Der Landesbeauftragte für die Informationsfreiheit kontrolliert bei den Stellen nach § 1 Abs. 1 Satz 1 die Einhaltung der Vorschriften dieses Gesetzes. ²Stellt er Verstöße gegen Vorschriften dieses Gesetzes fest, so beanstandet er diese
1. bei der Landesverwaltung gegenüber der zuständigen obersten Landesbehörde,
2. bei den Gemeinden, Verbandsgemeinden, Landkreisen und den sonstigen der Aufsicht des Landes unterstehenden Körperschaften, Anstalten und Stiftungen des öffentlichen Rechts sowie bei Vereinigungen solcher Körperschaften, Anstalten und Stiftungen gegenüber dem vertretungsberechtigten Organ

und fordert zur Stellungnahme innerhalb einer von ihm zu bestimmenden Frist auf. ³In dem Fall von Satz 2 Nr. 2 unterrichtet der Landesbeauftragte für die Informationsfreiheit gleichzeitig die zuständige Aufsichtsbehörde. ⁴Mit der Beanstandung kann der Landesbeauftragte für die Informationsfreiheit Vorschläge zur Beseitigung der Mängel und zur sonstigen Verbesserung der Umsetzung dieses Gesetzes verbinden. ⁵Er kann vori einer Beanstandung absehen oder auf eine Stellungnahme der betroffenen Stelle verzichten, insbesondere wenn es sich um unerhebliche oder inzwischen beseitigte Mängel handelt. ⁶Die gemäß Satz 2 abzugebende Stellungnahme soll auch eine Darstellung der Maßnahmen enthalten, die aufgrund der Beanstandung des Landesbeauftragten für die Informationsfreiheit getroffen worden sind. ⁷Die in Satz 2 Nr. 2 genannten Stellen leiten der zuständigen Aufsichtsbehörde eine Abschrift ihrer Stellungnahme an den Landesbeauftragten für die Informationsfreiheit zu. ⁸Der Landesbeauftragte für die Informationsfreiheit teilt das Ergebnis seiner Kontrolle der betroffenen Stelle mit.
(5) ¹Die Stellen nach § 1 Abs. 1 Satz 1 sind verpflichtet, den Landesbeauftragten für die Informationsfreiheit und die von ihm schriftlich Beauftragten bei der Erfüllung ihrer Aufgaben zu unterstützen. ²Ihnen ist dabei insbesondere
1. Auskunft zu ihren Fragen sowie Einsicht in alle Unterlagen und Akten, die im Zusammenhang mit Ansprüchen auf einen Informationszugang stehen; und
2. jederzeit Zutritt in alle Diensträume

zu gewähren. ³Satz 2 gilt für die Stellen nach § 1 Abs. 1 Satz 1 nicht, soweit die oberste Landesbehörde im Einzelfall feststellt, dass die Auskunft oder Einsicht die Sicherheit des Bundes oder eines Landes gefährden würde.
(6) Der Landesbeauftragte für die Informationsfreiheit ist berechtigt, die für die Erfüllung seiner durch dieses Gesetz zugewiesenen Aufgaben· erforderlichen personenbezogenen Daten unter den Voraussetzungen der Verordnung (EU) 2016/679 zu verarbeiten.
(7) ¹Der Landesbeauftragte für die Informationsfreiheit kann die Stellen nach§ 1 Abs. 1 Satz 1 beraten und Empfehlungen aussprechen. ²Er kann auf Ersuchen des Landtages oder der Landesregierung in Fragen der Informationsfreiheit Gutachten und Stellungnahmen erstatten und Hinweisen auf Angelegenheiten und Vorgänge, die seinen Aufgabenbereich unmittelbar betreffen, nachgehen.
(8) ¹Der Landesbeauftragte für die Informationsfreiheit arbeitet mit den öffentlichen Stellen zusammen, die für die Kontrolle der Einhaltung der Vorschriften über den Informationszugang im Bund und in den Ländern zuständig sind. ²Er leistet den anderen Kontrollstellen in den Mitgliedstaaten der Europäischen Union auf Ersuchen ergänzende Hilfe.

(9) ¹Der Landesbeauftragte für die Informationsfreiheit erstattet dem Landtag alle zwei Jahre einen Tätigkeitsbericht. ²Die Landesregierung legt hierzu dem Landtag ihre Stellungnahme vor. ³Der Landesbeauftragte für die Informationsfreiheit informiert mit dem Bericht oder auf andere Weise die Öffentlichkeit zu Fragen der Informationsfreiheit in seinem Kontrollbereich.

(10) Vor dem Erlass von Rechts- und Verwaltungsvorschriften, die das Recht auf Akteneinsicht und Informationszugang betreffen, ist der Landesbeauftragte für die Informationsfreiheit zu hören.

### § 13 Sprachliche Gleichstellung
Personen- und Funktionsbezeichnungen gelten jeweils in weiblicher und männlicher Form.

### § 14 Einschränkung von Grundrechten
Durch dieses Gesetz wird das Recht auf Schutz personenbezogener Daten im Sinne des Artikels 6 Abs. 1 Satz 1 der Verfassung des Landes Sachsen-Anhalt eingeschränkt.

### § 15 Überprüfung der Auswirkungen des Gesetzes
¹Die Auswirkungen dieses Gesetzes werden nach einem Erfahrungszeitraum von fünf Jahren durch die Landesregierung unter Mitwirkung der kommunalen Spitzenverbände und gegebenenfalls weiterer Sachverständiger überprüft. ²Die Landesregierung berichtet dem Landtag über das Ergebnis der Evaluierung.

### § 15a Übergangsvorschrift
Studien, Gutachten und Beraterverträge im Sinne von § 11a Abs. 1 Satz 1 Nr. 2, die vor dem Inkrafttreten des Gesetzes zur Änderung des Informationszugangsgesetzes Sachsen-Anhalt vertraglich vereinbart wurden, unterliegen nicht der Veröffentlichungspflicht.

### § 16 Inkrafttreten
(1) Dieses Gesetz tritt vorbehaltlich des Absatzes 2 am ersten Tage des vierten auf die Verkündung[1] folgenden Kalendermonats in Kraft.

(2) § 10 Abs. 3 tritt am Tage nach der Verkündung[1] in Kraft.

---

1) Verkündet am 26.6.2008.

# Kommunalverfassungsgesetz des Landes Sachsen-Anhalt (Kommunalverfassungsgesetz – KVG LSA)[1)]

Vom 17. Juni 2014 (GVBl. LSA S. 288)
(BS LSA 2020.95)

zuletzt geändert durch Art. 2 G zur Abschaffung der Straßenausbaubeiträge vom 15. Dezember 2020 (GVBl. LSA S. 712)

## Inhaltsübersicht

**Teil 1**
**Grundlagen der Kommunalverfassung**

- § 1 Selbstverwaltung
- § 2 Gemeinden, Verbandsgemeinden
- § 3 Landkreise
- § 4 Aufgabenerfüllung
- § 5 Eigener Wirkungskreis
- § 6 Übertragener Wirkungskreis
- § 7 Organe
- § 8 Satzungen
- § 9 Bekanntmachung von Satzungen
- § 10 Hauptsatzung
- § 11 Anschluss- und Benutzungsregelungen
- § 12 Gemeindearten

**Teil 2**
**Benennung und Hoheitszeichen**

- § 13 Name
- § 14 Bezeichnungen
- § 15 Wappen, Flaggen, Dienstsiegel

**Teil 3**
**Gebiete**

- § 16 Gebietsbestand
- § 17 Gebietsänderungen
- § 18 Verfahren
- § 19 Vereinbarungen und Bestimmungen zur Gebietsänderung
- § 20 Rechtswirkungen der Gebietsänderung

**Teil 4**
**Einwohner und Bürger**

- § 21 Begriffsbestimmung
- § 22 Ehrenbürgerrecht, Ehrenbezeichnung
- § 23 Wahlrecht, Stimmrecht
- § 24 Rechte und Pflichten der Einwohner
- § 25 Einwohnerantrag
- § 26 Bürgerbegehren
- § 27 Bürgerentscheid
- § 28 Beteiligung der Einwohner und Bürger
- § 29 Hilfe bei Verwaltungsangelegenheiten
- § 30 Ehrenamtliche Tätigkeit
- § 31 Ablehnungsgründe
- § 32 Pflichten ehrenamtlich Tätiger
- § 33 Mitwirkungsverbot
- § 34 Haftung
- § 35 Entschädigung

**Teil 5**
**Innere Kommunalverfassung**

**Abschnitt 1**
**Vertretung**

- § 36 Rechtsstellung und Zusammensetzung
- § 37 Zahl der ehrenamtlichen Mitglieder
- § 38 Wahl, Wahlperiode
- § 39 Wahlgebiet
- § 40 Wählbarkeit
- § 41 Hinderungsgründe
- § 42 Ausscheiden, Nachrücken, Ergänzungswahl
- § 43 Rechtsstellung der Mitglieder der Vertretung
- § 44 Fraktionen
- § 45 Aufgaben der Vertretung
- § 46 Ausschüsse der Vertretung
- § 47 Bildung und Zusammensetzung der Ausschüsse
- § 48 Beschließende Ausschüsse
- § 49 Beratende Ausschüsse
- § 50 Vertretung des Hauptverwaltungsbeamten in den Ausschüssen der Vertretung
- § 51 Ausschüsse nach besonderen Rechtsvorschriften
- § 52 Öffentlichkeit der Sitzungen
- § 53 Einberufung der Vertretung und der Ausschüsse
- § 54 Sitzungen der Vertretung und der Ausschüsse
- § 55 Beschlussfähigkeit
- § 56 Abstimmung und Wahlen
- § 56a Abstimmungen in außergewöhnlichen Notsituationen
- § 57 Verhandlungsleitung
- § 58 Niederschrift
- § 59 Geschäftsordnung

**Abschnitt 2**
**Hauptverwaltungsbeamter**

- § 60 Rechtsstellung
- § 61 Wahl, Amtszeit

---

[1)] Verkündet als Art. 1 Kommunalrechtsreformgesetz v. 17.6.2014 (GVBl. LSA S. 288); Inkrafttreten gem. Art. 23 dieses G am 1.7.2014, mit Ausnahme des § 82 Abs. 1 und 2 und § 88 Abs. 1, die am 1. Juli 2018 in Kraft treten, des § 86, der am 1. Juli 2019 in Kraft tritt und des § 42 Abs. 1 Nr. 6, der am 27.6.2014 in Kraft getreten ist.

| § | 62 | Wählbarkeit, Hinderungsgründe |
|---|---|---|
| § | 63 | Zeitpunkt der Wahl, Stellenausschreibung |
| § | 64 | Abwahl |
| § | 65 | Rechtsstellung in der Vertretung und in den Ausschüssen |
| § | 66 | Aufgaben in der Verwaltung |
| § | 67 | Allgemeine Vertretung |
| § | 68 | Beigeordnete |
| § | 69 | Wahl, Abwahl der Beigeordneten |
| § | 70 | Hinderungsgründe |
| § | 71 | Besondere Dienstpflichten |
| § | 72 | Beauftragung Dritter |
| § | 73 | Verpflichtungsgeschäfte |
| § | 74 | Bestellter Hauptverwaltungsbeamter |

**Abschnitt 3**
**Beschäftigte**

| § | 75 | Notwendigkeit bestimmter Fachkräfte |
|---|---|---|
| § | 76 | Stellenplan und Rechtsverhältnisse der Beschäftigten |
| § | 77 | Personalübergang |
| § | 78 | Gleichstellungsbeauftragte |
| § | 79 | Interessenvertreter, Beauftragte, Beiräte |
| § | 80 | Beteiligung gesellschaftlicher Gruppen |

**Abschnitt 4**
**Ortschaftsverfassung**

| § | 81 | Bildung von Ortschaften |
|---|---|---|
| § | 82 | Wahl des Ortsvorstehers und des Ortschaftsrates |
| § | 83 | Ortschaftsrat |
| § | 84 | Aufgaben des Ortschaftsrates |
| § | 85 | Ortsbürgermeister |
| § | 86 | Ortsvorsteher |
| § | 87 | Aufhebung und Änderung von Ortschaften |
| § | 88 | Rechtsfolgen von gescheiterten Wahlen des Ortschaftsrates oder Ortsvorstehers |

**Teil 6**
**Verbandsgemeinden**

**Abschnitt 1**
**Grundlagen und Aufgaben**

| § | 89 | Grundsatz |
|---|---|---|
| § | 90 | Aufgaben |
| § | 91 | Wahrnehmung der Aufgaben |
| § | 92 | Eigentum |
| § | 93 | Verhältnis zu den Mitgliedsgemeinden |
| § | 94 | Umbildung einer Verbandsgemeinde |

**Abschnitt 2**
**Mitgliedsgemeinden der Verbandsgemeinde**

| § | 95 | Gemeinderat |
|---|---|---|
| § | 96 | Bürgermeister |
| § | 97 | Verwaltung |

**Teil 7**
**Wirtschaft der Kommunen**

**Abschnitt 1**
**Haushaltswirtschaft**

| § | 98 | Allgemeine Haushaltsgrundsätze |
|---|---|---|
| § | 99 | Grundsätze der Finanzmittelbeschaffung |
| § | 100 | Haushaltssatzung |
| § | 101 | Haushaltsplan |
| § | 102 | Erlass der Haushaltssatzung |
| § | 103 | Nachtragshaushaltssatzung |
| § | 104 | Vorläufige Haushaltsführung |
| § | 105 | Über- und außerplanmäßige Aufwendungen und Auszahlungen |
| § | 106 | Mittelfristige Ergebnis- und Finanzplanung |
| § | 107 | Verpflichtungsermächtigungen |
| § | 108 | Kreditaufnahmen |
| § | 109 | Sicherheiten zugunsten Dritter, Gewährleistung |
| § | 110 | Liquiditätskredite |
| § | 111 | Rücklagen, Rückstellungen |
| § | 112 | Erwerb und Verwaltung von Vermögen |
| § | 113 | Inventur, Inventar und Vermögensbewertung |
| § | 114 | Eröffnungsbilanz |
| § | 115 | Veräußerung von Vermögen |
| § | 116 | Kommunalkasse und Buchführung |
| § | 117 | Übertragung von Kassengeschäften |
| § | 118 | Jahresabschluss |
| § | 119 | Gesamtabschluss |
| § | 120 | Beschluss über den Jahresabschluss und den Gesamtabschluss, Entlastung |

**Abschnitt 2**
**Sondervermögen und Treuhandvermögen**

| § | 121 | Sondervermögen |
|---|---|---|
| § | 122 | Treuhandvermögen |
| § | 123 | Sonderkassen |
| § | 124 | Kommunalgliedervermögen |
| § | 125 | Verwaltung von Stiftungen |
| § | 126 | Satzungsänderung, Zweckänderung und Aufhebung von nichtrechtsfähigen Stiftungen |
| § | 127 | Bildung von Stiftungsvermögen |

**Abschnitt 3**
**Unternehmen und Beteiligungen**

| § | 128 | Zulässigkeit wirtschaftlicher Unternehmen |
|---|---|---|
| § | 129 | Unternehmen in Privatrechtsform |
| § | 130 | Offenlegung und Beteiligungsbericht, Beteiligungsmanagement |
| § | 131 | Vertretung der Kommune in Unternehmen in Privatrechtsform |
| § | 132 | Monopolmissbrauch |
| § | 133 | Planung, Jahresabschluss und dessen Prüfung bei Unternehmen in Privatrechtsform |
| § | 134 | Veräußerung von Unternehmen und Beteiligungen |
| § | 135 | Vorlage- und Anzeigepflicht |

**Abschnitt 4**
**Prüfungswesen**

| § | 136 | Örtliche Prüfung |
|---|---|---|
| § | 137 | Überörtliche Prüfung |
| § | 138 | Rechnungsprüfungsämter |
| § | 139 | Rechtsstellung des Rechnungsprüfungsamtes |
| § | 140 | Aufgaben des Rechnungsprüfungsamtes |

§ 141 Inhalt der Prüfung
§ 142 Prüfung bei Eigenbetrieben und Anstalten des öffentlichen Rechts

**Teil 8**
**Aufsicht**
§ 143 Grundsatz, Aufgaben der Aufsicht, Modellvorhaben
§ 144 Kommunalaufsichtsbehörden
§ 145 Unterrichtungsrecht
§ 146 Beanstandungsrecht
§ 147 Anordnungsrecht
§ 148 Ersatzvornahme
§ 149 Bestellung eines Beauftragten
§ 150 Genehmigungen
§ 151 Geltendmachung von Ansprüchen, Verträge mit der Kommune
§ 152 Zwangsvollstreckung
§ 153 Vorzeitige Beendigung der Amtszeit des Hauptverwaltungsbeamten
§ 154 Rechtsschutz in Angelegenheiten der Kommunalaufsicht

§ 155 Fachaufsichtsbehörden, Befugnisse der Fachaufsicht

**Teil 9**
**Übergangs- und Schlussbestimmungen**

Abschnitt 1
**Übergangsbestimmung**
§ 156 Übergangsvorschrift

Abschnitt 2
**Schlussbestimmungen**
§ 157 Weiterentwicklung der kommunalen Selbstverwaltung
§ 158 Maßgebende Einwohnerzahl
§ 159 Sprachliche Gleichstellung
§ 160 Beteiligung der kommunalen Spitzenverbände
§ 161 Ausführung des Gesetzes

*Teil 1*
**Grundlagen der Kommunalverfassung**

### § 1 Selbstverwaltung
(1) Die Gemeinden, Verbandsgemeinden und Landkreise (Kommunen im Sinne dieses Gesetzes) verwalten ihre Angelegenheiten im Rahmen der Gesetze in eigener Verantwortung mit dem Ziel, das Wohl ihrer Einwohner zu fördern.
(2) In die Rechte der Kommunen darf nur aufgrund eines Gesetzes eingegriffen werden.

### § 2 Gemeinden, Verbandsgemeinden
(1) Die Gemeinden sind Grundlage und Glied des demokratischen Staates.
(2) Die Gemeinden sind Gebietskörperschaften und in ihrem Gebiet die ausschließlichen Träger der gesamten öffentlichen Aufgaben, soweit die Gesetze nicht ausdrücklich etwas anderes bestimmen.
(3) [1]Die Verbandsgemeinden sind Gebietskörperschaften. [2]Sie erfüllen neben ihren Mitgliedsgemeinden öffentliche Aufgaben im Rahmen der Vorschriften des Teils 6 Abschnitt 1.

### § 3 Landkreise
(1) Die Landkreise sind Gebietskörperschaften.
(2) [1]Die Landkreise sind, soweit die Gesetze nichts anderes bestimmen, in ihrem Gebiet die Träger der öffentlichen Aufgaben, die von überörtlicher Bedeutung sind oder deren zweckmäßige Erfüllung die Verwaltungs- oder Finanzkraft der ihnen angehörenden Gemeinden und Verbandsgemeinden übersteigt. [2]Sie unterstützen die ihnen angehörenden Gemeinden und Verbandsgemeinden bei der Erfüllung ihrer Aufgaben und sorgen für einen angemessenen Ausgleich der gemeindlichen Lasten.
(3) [1]Der Landkreis soll die Selbstverwaltung der kreisangehörigen Gemeinden ergänzen und fördern. [2]Der Landkreis und die kreisangehörigen Gemeinden sollen im Zusammenwirken alle Aufgaben der bürgerschaftlichen Selbstverwaltung erfüllen.

### § 4 Aufgabenerfüllung
[1]Die Kommunen erfüllen ihre Aufgaben im eigenen oder im übertragenen Wirkungskreis. [2]Sie stellen in den Grenzen ihrer Leistungsfähigkeit die für ihre Einwohner erforderlichen sozialen, kulturellen und wirtschaftlichen öffentlichen Einrichtungen bereit.

### § 5 Eigener Wirkungskreis
(1) Zum eigenen Wirkungskreis gehören
1. bei den Gemeinden alle Angelegenheiten der örtlichen Gemeinschaft,
2. bei den Landkreisen die von ihnen im Rahmen ihres Aufgabenbereichs freiwillig übernommenen Aufgaben,

3. bei den Gemeinden und Landkreisen die Aufgaben, die ihnen aufgrund von Artikel 87 Abs. 3 der Verfassung des Landes Sachsen-Anhalt durch Gesetz als Pflichtaufgaben zur Erfüllung in eigener Verantwortung zugewiesen sind,
4. bei den Verbandsgemeinden die Aufgaben, die sie nach § 90 Abs. 1 und 3 Satz 1 anstelle ihrer Mitgliedsgemeinden erfüllen.
(2) Im eigenen Wirkungskreis sind die Kommunen nur an die Rechtsvorschriften gebunden.

## § 6 Übertragener Wirkungskreis
(1) ¹Zum übertragenen Wirkungskreis gehören
1. bei den Gemeinden und Landkreisen die Aufgaben, die ihnen durch Gesetz als staatliche Aufgaben zur Erfüllung nach Weisung übertragen sind; dabei sind die erforderlichen Mittel zur Verfügung zu stellen,
2. bei den Verbandsgemeinden die Aufgaben, die sie nach § 90 Abs. 2 für ihre Mitgliedsgemeinden erfüllen.

²Die Landkreise und die kreisfreien Städte erfüllen die Aufgaben des übertragenen Wirkungskreises als untere Verwaltungsbehörde.
(2) Aufgaben, die einer Gemeinde mit mehr als 10 000 Einwohnern übertragen wurden, gelten den Gemeinden, die keiner Verbandsgemeinde angehören, unabhängig von ihrer Einwohnergröße als übertragen.
(3) Aufgaben der Kommunen aufgrund von Bundesgesetzen, die das Land im Auftrag des Bundes ausführt oder zu deren Ausführung die Bundesregierung Einzelweisungen erteilen kann, gehören zum übertragenen Wirkungskreis.
(4) ¹Die Kommune stellt die Dienstkräfte und Einrichtungen zur Verfügung, die für die Erfüllung der Aufgaben des übertragenen Wirkungskreises erforderlich sind. ²Ihr fließen die mit diesen Aufgaben verbundenen Einnahmen zu.
(5) Hat die Kommune bei der Erfüllung von Aufgaben des übertragenen Wirkungskreises eine Maßnahme aufgrund einer Weisung der Fachaufsichtsbehörde getroffen und wird die Maßnahme aus rechtlichen oder tatsächlichen Gründen aufgehoben, so erstattet das Land der Kommune alle notwendigen Kosten, die ihr durch die Ausführung der Weisung entstanden sind.
(6) Die Kommune ist zur Geheimhaltung aller Angelegenheiten verpflichtet, deren Geheimhaltung allgemein vorgeschrieben oder im Einzelfall von der dazu befugten staatlichen Behörde angeordnet ist.

## § 7 Organe
(1) Organe der Kommunen sind die Vertretung und der Hauptverwaltungsbeamte.
(2) Die Organe tragen folgende Bezeichnungen:
1. in Gemeinden:
   Gemeinderat und Bürgermeister,
2. in Verbandsgemeinden:
   Verbandsgemeinderat und Verbandsgemeindebürgermeister,
3. in Landkreisen:
   Kreistag und Landrat.

## § 8 Satzungen
(1) ¹Die Kommunen können ihre eigenen Angelegenheiten durch Satzung regeln. ²Im übertragenen Wirkungskreis können Satzungen nur aufgrund besonderer gesetzlicher Ermächtigung erlassen werden.
(2) ¹Satzungen sind der Kommunalaufsichtsbehörde mitzuteilen. ²Sie bedürfen der Genehmigung der Kommunalaufsichtsbehörde nur, soweit dies gesetzlich bestimmt ist.
(3) ¹Ist eine Satzung unter Verletzung von Verfahrens- oder Formvorschriften, die in diesem Gesetz enthalten oder aufgrund dieses Gesetzes erlassen worden sind, zustande gekommen, so ist diese Verletzung unbeachtlich, wenn sie nicht schriftlich innerhalb eines Jahres seit Bekanntmachung der Satzung gegenüber der Kommune geltend gemacht worden ist. ²Dabei sind die verletzte Vorschrift und die Tatsache, den Mangel ergibt, zu bezeichnen. ³Satz 1 gilt nicht, wenn die Vorschriften über die Genehmigung oder die öffentliche Bekanntmachung der Satzung verletzt worden sind.

(4) Satzungen treten, wenn kein anderer Zeitpunkt bestimmt ist, am Tag nach der öffentlichen Bekanntmachung in Kraft.
(5) Jede Person hat das Recht, Satzungen einschließlich aller Anlagen und Pläne innerhalb der öffentlichen Sprechzeiten der Verwaltung einzusehen und sich gegen Erstattung der dadurch entstehenden Kosten Kopien geben zu lassen.
(6) [1]Ordnungswidrig handelt, wer vorsätzlich oder fahrlässig einem Gebot oder Verbot einer Satzung zuwiderhandelt, soweit die Satzung für einen bestimmten Tatbestand auf diese Bußgeldvorschrift verweist. [2]Die Ordnungswidrigkeit kann mit einer Geldbuße bis zu fünftausend Euro geahndet werden. [3]Verwaltungsbehörde im Sinne des § 36 Abs. 1 Nr. 1 des Gesetzes über Ordnungswidrigkeiten ist die Kommune, der die Ausführung der Rechtsvorschrift oder die Überwachung der Einhaltung der Rechtsvorschrift obliegt, gegen die sich die Zuwiderhandlung richtet.
(7) Die Absätze 3 bis 5 gelten entsprechend für Verordnungen der Kommune und für die Erteilung von Genehmigungen für den Flächennutzungsplan, soweit gesetzlich nichts anderes bestimmt ist.

### § 9 Bekanntmachung von Satzungen

(1) [1]Satzungen sind vom Hauptverwaltungsbeamten zu unterzeichnen und öffentlich bekannt zu machen. [2]Die öffentliche Bekanntmachung kann durch Aushang, in einem amtlichen Bekanntmachungsblatt, in einer oder mehreren Zeitungen oder im Internet erfolgen, soweit gesetzlich nichts anderes bestimmt ist. [3]Die ortsübliche Form der öffentlichen Bekanntmachung ist in der Hauptsatzung zu bestimmen. [4]In der Hauptsatzung ist darauf hinzuweisen, dass in der Kommunalverwaltung Satzungen eingesehen und kostenpflichtig Kopien gefertigt werden können. [5]Erfolgt die öffentliche Bekanntmachung durch Aushang, in einem amtlichen Bekanntmachungsblatt oder in einer oder mehreren Zeitungen, soll der Text bekannt gemachter Satzungen auch über das Internet zugänglich gemacht werden.
(2) [1]Die öffentliche Bekanntmachung im Internet erfolgt durch Bereitstellung der Satzung auf einer Internetadresse der Kommune unter Angabe des Bereitstellungstages. [2]Satzungen sind, mit ihrer Bereitstellung nach Satz 1 öffentlich bekannt gemacht. [3]Die Kommune hat auf die Internetadresse, unter der die Bereitstellung der Satzung erfolgt ist, unverzüglich durch Aushang, im amtlichen Bekanntmachungsblatt oder in einer Zeitung nachrichtlich hinzuweisen. [4]Die Form der Bekanntmachung des Hinweises nach Satz 3 und die Internetadresse sind in der Hauptsatzung zu bestimmen. [5]Satzungen, die durch das Internet bekannt gemacht wurden, sind für die Dauer ihrer Gültigkeit im Internet bereitzustellen und in der bekannt gemachten Fassung durch technische und organisatorische Maßnahmen zu sichern. [6]Die Bereitstellung im Internet darf nur auf einer ausschließlich in der Verantwortung der Kommune betriebenen Internetadresse erfolgen; die Kommune darf sich zur Einrichtung und Pflege dieser Internetadresse eines Dritten bedienen.
(3) [1]Sind Pläne, Karten oder Zeichnungen sowie Begründungen oder Erläuterungsberichte Bestandteile von Satzungen, so kann die öffentliche Bekanntmachung dieser Teile dadurch ersetzt werden, dass sie bei der Kommune während der öffentlichen Sprechzeiten der Verwaltung öffentlich ausgelegt werden und in der Bekanntmachung des textlichen Teils der Satzung auf die Dauer und den Ort der Auslegung hingewiesen wird (Ersatzbekanntmachung). [2]Die Ersatzbekanntmachung ist nur zulässig, wenn der Inhalt der Satzlingsbestandteile nach Satz 1 im textlichen Teil der Satzung hinreichend beschrieben wird.
(4) Die Absätze 1 bis 3 gelten entsprechend für Verordnungen und sonstige öffentliche Bekanntmachungen der Kommunen sowie für Bekanntmachungen von Genehmigungen des Flächennutzungsplanes, soweit gesetzlich nichts anderes bestimmt ist.

### § 10 Hauptsatzung

(1) [1]Jede Kommune muss eine Hauptsatzung erlassen. [2]In ihr ist zu regeln, was nach den Vorschriften dieses Gesetzes der Hauptsatzung vorbehalten ist. [3]Soweit andere für die Verfassung der Kommune wesentliche Angelegenheiten geregelt werden sollen, hat dies in der Hauptsatzung zu erfolgen.
(2) [1]Die Hauptsatzung und ihre Änderung werden mit der Mehrheit der Mitglieder der Vertretung beschlossen. [2]Ihr Erlass und ihre Änderung bedürfen der Genehmigung der Kommunalaufsichtsbehörde. [3]Regelungen in der Hauptsatzung nach § 46 Abs. 1 Satz 2, § 48 Abs. 1, Abs. 2 Satz 2 und Abs. 4 Satz 3 sowie § 49 Abs. 2 Satz 2 sind von der Genehmigungspflicht ausgenommen; diese Regelungen sind unmittelbar nach der Beschlussfassung ortsüblich bekannt zu machen.

## § 11 Anschluss- und Benutzungsregelungen

(1) ¹Die Kommunen können im eigenen Wirkungskreis durch Satzung
1. für die Grundstücke ihres Gebietes den Anschluss
   a) an die öffentliche Wasserversorgung, die Abwasserbeseitigung, die Abfallentsorgung, die Straßenreinigung und die Fernwärmeversorgung und
   b) an ähnliche der Gesundheit der Bevölkerung dienende Einrichtungen
   
   anordnen (Anschlusszwang) sowie
2. die Benutzung
   a) der in Nummer 1 genannten Einrichtungen,
   b) der öffentlichen Begräbnisstätten und Bestattungseinrichtungen und
   c) der Schlachthöfe
   
   vorschreiben (Benutzungszwang),

wenn sie ein dringendes öffentliches Bedürfnis dafür feststellen. ²Die Satzung kann Ausnahmen vom Anschluss- oder Benutzungszwang zulassen und den Zwang auf bestimmte Gebietsteile der Kommune und auf bestimmte Gruppen von Personen oder Grundstücken beschränken.

(2) Die Kommunen können die Benutzung ihres Eigentums und ihrer öffentlichen Einrichtungen regeln und Gebühren für die Benutzung festsetzen.

## § 12 Gemeindearten

(1) ¹Die Gemeinden, die nicht die Rechtsstellung einer kreisfreien Stadt haben (kreisangehörige Gemeinde), und die Verbandsgemeinden gehören einem Landkreis an. ²Kreisangehörige Gemeinden sind Einheitsgemeinden und die Mitgliedsgemeinden von Verbandsgemeinden. ³Auf Mitgliedsgemeinden von Verbandsgemeinden sind die für Gemeinden geltenden Vorschriften dieses Gesetzes entsprechend anzuwenden, soweit nicht ausdrücklich etwas anderes bestimmt ist oder die Vorschriften des Teils 6 Abschnitt 2 Abweichendes regeln.

(2) Kreisfreie Städte sind die Städte Dessau-Roßlau, Halle (Saale) und Magdeburg.

*Teil 2*
**Benennung und Hoheitszeichen**

## § 13 Name

(1) ¹Jede Gemeinde und jede Verbandsgemeinde führt den Namen, den sie am 30. Juni 2014 innehatte, fort. ²Bewohnte Gemeindeteile (Ortsteile) führen jeweils die Benennung, die sie am 30. Juni 2014 innehatten, fort. ³Jeder Landkreis führt den Namen, den er am 30. Juni 2014 innehatte, fort.

(2) ¹Die Kommunalaufsichtsbehörde kann auf Antrag der Gemeinde den Namen der Gemeinde ändern. ²Vor der Antragstellung sind die betroffenen Bürger zu hören. ³Die oberste Kommunalaufsichtsbehörde kann auf Antrag des Landkreises den Kreisnamen ändern; Satz 2 gilt entsprechend.

(3) Über die Benennung oder die Änderung der Benennung von Ortsteilen entscheidet die Gemeinde nach Anhörung der betroffenen Bürger.

(4) Verbandsgemeinden können ihren Namen durch Änderung der Verbandsgemeindevereinbarung ändern.

## § 14 Bezeichnungen

(1) ¹Die Bezeichnung Stadt führt die Gemeinde, der diese Bezeichnung nach dem bis zum 30. Juni 2014 geltenden Recht zusteht. ²Die Kommunalaufsichtsbehörde kann auf Antrag der Gemeinde die Bezeichnung Stadt einer solchen Gemeinde verleihen, die nach Einwohnerzahl, Siedlungsform und Wirtschaftsverhältnissen städtisches Gepräge trägt.

(2) ¹Wird eine Gemeinde mit der Bezeichnung Stadt in eine andere Gemeinde eingegliedert oder mit anderen Gemeinden zu einer neuen Gemeinde vereinigt, kann diese Bezeichnung für den entsprechenden Ortsteil der aufnehmenden oder neu gebildeten Gemeinde weitergeführt werden. ²Die übernehmende oder neu gebildete Gemeinde kann die Bezeichnung Stadt als eigene Bezeichnung führen. ³Ortsteilen, die vor einer Gebietsänderung als ehemalige Gemeinden die Bezeichnung Stadt geführt hatten, kann die Kommunalaufsichtsbehörde auf Antrag der Gemeinde, des Ortschaftsrates oder des Ortsvorstehers das Recht verleihen, diese Bezeichnung wieder führen zu dürfen. ⁴Dies gilt nicht, wenn der Name des Ortsteils mit dem der Gemeinde identisch ist und diese bereits die Bezeichnung Stadt führt.

(3) ¹Die Gemeinde kann auch sonstige überkommene Bezeichnungen weiterführen. ²Wird eine Gemeinde mit einer sonstigen überkommenen Bezeichnung in eine andere Gemeinde eingegliedert oder mit anderen Gemeinden zu einer neuen Gemeinde vereinigt, kann diese Bezeichnung für den entsprechenden Ortsteil der aufnehmenden oder neu gebildeten Gemeinde weitergeführt werden. ³Die Kommunalaufsichtsbehörde kann auf Antrag der Gemeinde Bezeichnungen, die auf der geschichtlichen Vergangenheit, der heutigen Eigenart oder Bedeutung der Gemeinde beruhen, verleihen oder ändern. ⁴Ortsteilen, die vor einer Gebietsänderung als ehemalige Gemeinden eine sonstige Bezeichnung geführt hatten, kann die Kommunalaufsichtsbehörde auf Antrag der Gemeinde, des Ortschaftsrates oder des Ortsvorstehers das Recht verleihen, diese Bezeichnung wieder führen zu dürfen. ⁵Dies gilt nicht, wenn der Name des Ortsteils mit dem der Gemeinde identisch ist und diese bereits die sonstige Bezeichnung führt.
(4) Magdeburg führt die Bezeichnung Landeshauptstadt.

### § 15 Wappen, Flaggen, Dienstsiegel

(1) ¹Die Kommunen führen die Wappen und Flaggen, die sie bis zum 30. Juni 2014 geführt haben, weiter. ²Sie sind berechtigt, diese zu ändern oder neue anzunehmen. ³Die Annahme neuer Wappen und Flaggen oder ihre Änderung bedarf der Genehmigung der Kommunalaufsichtsbehörde. ⁴Ortsteile von Gemeinden sind berechtigt, die Wappen und Flaggen, die sie bis zum 30. Juni 2014 geführt haben, weiterzuführen.
(2) ¹Die Kommunen führen ein Dienstsiegel. ²Haben sie ein Wappen, so ist dieses Bestandteil des Dienstsiegels. ³Kommunen ohne eigenes Wappen können in ihrem Dienstsiegel das Landeswappen verwenden.

*Teil 3*
**Gebiete**

### § 16 Gebietsbestand

(1) ¹Das Gebiet der Gemeinde bilden die Grundstücke, die nach geltendem Recht zu ihr gehören. ²Das Gebiet der Verbandsgemeinde besteht aus dem Gebiet ihrer Mitgliedsgemeinden. ³Das Gebiet des Landkreises besteht aus den Gebieten der kreisangehörigen Gemeinden. ⁴Über Grenzstreitigkeiten entscheidet die Kommunalaufsichtsbehörde.
(2) Das Gebiet der Gemeinde soll so bemessen sein, dass die örtliche Verbundenheit der Einwohner gewahrt und die Leistungsfähigkeit der Gemeinde zur Erfüllung ihrer Aufgaben gesichert ist.
(3) Das Gebiet des Landkreises soll so bemessen sein, dass die Verbundenheit mit den Einwohnern und mit den kreisangehörigen Gemeinden gewahrt und die Leistungsfähigkeit des Landkreises zur Erfüllung seiner Aufgaben gesichert ist.

### § 17 Gebietsänderungen

(1) Aus Gründen des Gemeinwohls können Gemeinden oder Landkreise aufgelöst, in ihren Grenzen geändert oder neu gebildet und Gebietsteile von Gemeinden oder von Landkreisen umgegliedert werden (Gebietsänderungen).
(2) ¹Gebietsänderungen von Landkreisen sind nur durch Gesetz oder aufgrund eines Gesetzes zulässig. ²Vor der Gebietsänderung müssen die beteiligten Landkreise und Gemeinden gehört werden.
(3) Werden durch eine Gebietsänderung Gemeindegrenzen geändert, die zugleich Landkreisgrenzen sind, so bewirkt die Änderung der Gemeindegrenzen unmittelbar auch die Änderung der Landkreisgrenzen.

### § 18 Verfahren

(1) ¹Gemeinden können über die Änderung ihres Gebiets Vereinbarungen treffen (Gebietsänderungsvertrag). ²Der Gebietsänderungsvertrag bedarf der Genehmigung der Kommunalaufsichtsbehörde. ³Bei der Erteilung der Genehmigung ist in der Regel davon auszugehen, dass im Fall einer Gebietsänderung zu Gemeinden mit mindestens 10 000 Einwohnern das Interesse an der Bildung oder Vergrößerung dem Gemeinwohl entspricht. ⁴Daneben sollen Gesichtspunkte der Raumordnung und Landesplanung sowie die örtlichen Zusammenhänge, insbesondere wirtschaftliche und naturräumliche Verhältnisse wie auch historische und landsmannschaftliche Verbundenheiten, berücksichtigt werden. ⁵Der Gebietsänderungsvertrag muss von den Gemeinderäten der beteiligten Gemeinden mit der Mehrheit der Mitglieder beschlossen werden. ⁶Vor der Beschlussfassung über den Gebietsänderungsvertrag

sind die Bürger der Gemeinden zu hören, deren gemeindliche Zugehörigkeit durch die Gebietsänderung wechselt. [7]Die Bürgeranhörung entfällt, wenn über die Eingliederung einer Gemeinde in eine andere Gemeinde oder die Neubildung einer Gemeinde durch Vereinigung von Gemeinden ein Bürgerentscheid durchgeführt wird.
(2) [1]Soweit durch einen Gebietsänderungsvertrag Gemeindegrenzen geändert werden, die zugleich Kreisgrenzen sind, obliegt die Genehmigung der oberen Kommunalaufsichtsbehörde. [2]Die Kreiszugehörigkeit und die Landkreisgrenzen ändern sich zum Zeitpunkt des Inkrafttretens des Gebietsänderungsvertrages. [3]Kommt eine einvernehmliche Regelung zur Kreiszugehörigkeit nicht zustande oder stimmt einer der beteiligten Landkreise einem Kreiswechsel nicht zu, wird das für Kommunalangelegenheiten zuständige Ministerium ermächtigt, durch Verordnung eine Zuordnung zu einem der beteiligten Landkreise vorzunehmen.
(3) [1]Gebietsänderungen gegen den Willen der beteiligten Gemeinden bedürfen eines Gesetzes. [2]Vor Erlass des Gesetzes müssen die beteiligten Gemeinden und die Bürger gehört werden, die in den von der Gebietsänderung unmittelbar betroffenen Gebieten wohnen. [3]Die Durchführung der Anhörung der Bürger obliegt den Gemeinden als Aufgabe des übertragenen Wirkungskreises.
(4) Vor jeder Gebietsänderung von Gemeinden, die eine Änderung der Landkreisgrenzen nach § 17 Abs. 3 bewirkt, sind die beteiligten Landkreise zu hören.
(5) [1]Das für Kommunalangelegenheiten zuständige Ministerium wird ermächtigt, Gebietsänderungen nach Absatz 3 Satz 1, die nur Gebietsteile betreffen, durch deren Umgliederung der Bestand der beteiligten Gemeinden nicht gefährdet wird, durch Verordnung vorzunehmen. [2]Absatz 3 Satz 2 und 3 sowie Absatz 4 gelten entsprechend.

### § 19 Vereinbarungen und Bestimmungen zur Gebietsänderung
(1) [1]Die Gemeinden können in dem Gebietsänderungsvertrag Vereinbarungen insbesondere über die Auseinandersetzung, die Rechtsnachfolge, das neue Ortsrecht, die Einführung von Ortschaften und die Änderungen in der Verwaltung treffen, soweit nicht eine Regelung durch Gesetz oder Verordnung erfolgt. [2]Findet eine Neuwahl statt, so sollen sie ferner vereinbaren, wer bis zur Neuwahl die Befugnisse der Organe wahrnimmt.
(2) [1]Wird aufgrund eines Gebietsänderungsvertrages die Ortschaftsverfassung mit einem Ortschaftsrat eingeführt, kann vereinbart werden, dass der Gemeinderat einer aufzulösenden Gemeinde für den Rest der Wahlperiode als Ortschaftsrat fortbesteht. [2]Anstelle der Vereinbarung nach Satz 1 kann bestimmt werden, dass die in einer aufzulösenden Gemeinde bestehenden Ortschaftsräte für den Rest der Wahlperiode als Ortschaftsrat fortbestehen oder die in der aufzulösenden Gemeinde bestehenden Ortsvorsteher für den Rest der Wahlperiode ihr Amt als Ortsvorsteher fortführen. [3]Wird bei der Eingemeindung einer Gemeinde in eine andere Gemeinde eine einzelne Neuwahl nach § 46 Abs. 1 des Kommunalwahlgesetzes für das Land Sachsen-Anhalt vereinbart, kann ferner bestimmt werden, dass entweder der Gemeinderat der aufnehmenden Gemeinde für den Rest der Wahlperiode als Ortschaftsrat fortbesteht oder die in der aufnehmenden Gemeinde bestehenden Ortschaftsräte für den Rest der Wahlperiode als Ortschaftsrat fortbestehen oder die in der aufnehmenden Gemeinde bestehenden Ortsvorsteher für den Rest der Wahlperiode ihr Amt als Ortsvorsteher fortführen.
(3) [1]Bei Einführung einer Ortschaftsverfassung mit Ortsvorsteher aufgrund eines Gebietsänderungsvertrages kann vereinbart werden, dass der ehrenamtliche Bürgermeister einer aufzulösenden Gemeinde bis zum Ablauf seiner Wahlperiode Ortsvorsteher wird. [2]Im Fall der Eingemeindung in eine andere Gemeinde gilt Absatz 2 Satz 3 entsprechend.
(4) [1]Vereinbaren mehrere Gemeinden mit hauptamtlichen Bürgermeistern die Neubildung einer Gemeinde, kann im Gebietsänderungsvertrag festgelegt werden, welcher der bisherigen hauptamtlichen Bürgermeister das Amt des hauptamtlichen Bürgermeisters der neu gebildeten Gemeinde wahrnimmt. [2]Weitere hauptamtliche Bürgermeister werden Beigeordnete; die Reihenfolge der Vertretung nach § 67 kann festgelegt werden. [3]Die Beschränkungen des § 68 Abs. 1 und 2 finden im Hinblick auf diese Personen keine Anwendung. [4]Die Dienstverhältnisse der bisherigen hauptamtlichen Bürgermeister bestehen bis zum jeweiligen Ablauf ihrer ursprünglichen Amtszeit fort.
(5) [1]Findet bei Eingemeindung einer Gemeinde in eine andere Gemeinde eine einzelne Neuwahl des Gemeinderates nicht statt, kann der Gebietsänderungsvertrag Bestimmungen über die vorläufige Vertretung der eingemeindeten Gemeinde im Gemeinderat der aufnehmenden Gemeinde bis zur nächsten allgemeinen Neuwahl treffen. [2]In diesem Fall sind in den Gemeinderat der aufnehmenden Gemeinde

mindestens ein Mitglied, höchstens fünf Mitglieder des Gemeinderates der einzugemeindenden Gemeinde zu entsenden, die dem Gemeinderat der aufnehmenden Gemeinde bis zur nächsten allgemeinen Neuwahl angehören. [3]Bei der Bestimmung der Anzahl der Mitglieder des Gemeinderates der einzugemeindenden Gemeinde im Gemeinderat der aufnehmenden Gemeinde sollen die örtlichen Verhältnisse und der Bevölkerungsanteil berücksichtigt werden. [4]Die Zahl der Mitglieder des Gemeinderates der aufnehmenden Gemeinde erhöht sich entsprechend. [5]Der Gemeinderat der einzugemeindenden Gemeinde wählt vor seiner Auflösung aus seinen Mitgliedern eine oder mehrere zu entsendende Personen. [6]Nicht gewählte Bewerber sind vom Gemeinderat der einzugemeindenden Gemeinde in der Reihenfolge ihres Ergebnisses als Ersatzpersonen festzustellen. [7]Scheidet ein Mitglied des Gemeinderates der eingemeindeten Gemeinde vorzeitig aus dem Gemeinderat der aufnehmenden Gemeinde aus, rückt die nach Satz 6 nächste festgestellte Ersatzperson nach.

(6) [1]Sind in einem Gebietsänderungsvertrag weitere Angelegenheiten zu regeln oder kann wegen einzelner Bestimmungen die Genehmigung nicht erteilt werden, ersucht die Kommunalaufsichtsbehörde die beteiligten Gemeinden, die Mängel binnen angemessener Frist zu beseitigen. [2]Kommen die beteiligten Gemeinden einem solchen Ersuchen innerhalb der gesetzten Frist nicht oder nicht ausreichend nach, so trifft die Kommunalaufsichtsbehörde die erforderlichen Bestimmungen.

(7) [1]Die Rechtsfolgen und die Auseinandersetzung einer Gebietsänderung von Landkreisen werden durch Gesetz geregelt. [2]Das Gesetz kann dies auch der Regelung durch Vereinbarung der beteiligten Landkreise überlassen, die der Genehmigung der Kommunalaufsichtsbehörde bedarf. [3]Findet eine Neuwahl statt, so ist zu bestimmen, wer bis zur Neuwahl die Befugnisse der Organe wahrnimmt. [4]Für die Vereinbarung nach Satz 2 gilt Absatz 6 entsprechend.

(8) [1]Die Kommunalaufsichtsbehörde hat den Gebietsänderungsvertrag und ihre Genehmigung einschließlich der von ihr erteilten Bestimmungen nach den für ihre Satzungen geltenden Vorschriften öffentlich bekannt zu machen. [2]Entsprechendes gilt für die Vereinbarung nach Absatz 7 Satz 2 mit der Maßgabe, dass die öffentliche Bekanntmachung durch die beteiligten Landkreise erfolgt.

## § 20 Rechtswirkungen der Gebietsänderung

(1) [1]Die Gebietsänderung, der Gebietsänderungsvertrag, die Regelungen nach § 19 Abs. 6 sowie die Bestimmungen der Kommunalaufsichtsbehörde begründen Rechte und Pflichten der Beteiligten. [2]Sie bewirken den Übergang, die Beschränkung oder die Aufhebung von dinglichen Rechten. [3]Die Kommunalaufsichtsbehörde ersucht die zuständigen Behörden um die Berichtigung des Grundbuchs, des Wasserbuchs und anderer öffentlicher Bücher.

(2) [1]Werden aufgrund eines Gebietsänderungsvertrages für eine bisher selbstständige Gemeinde die Ortschaftsverfassung eingeführt und Vereinbarungen nach § 19 Abs. 2 Satz 1 und 3 getroffen, ist der bisherige ehrenamtliche Bürgermeister Ortsbürgermeister dieser Ortschaft für den Rest seiner ursprünglichen Wahlperiode, längstens für die erste Wahlperiode des Ortschaftsrates nach der Eingemeindung oder Neubildung. [2]Er ist für diese Zeit zusätzliches Mitglied des Ortschaftsrates. [3]Für ihn findet § 64 entsprechende Anwendung. [4]Mit Ablauf seiner Wahlperiode scheidet der bisherige ehrenamtliche Bürgermeister aus seinem Amt als Ortsbürgermeister und dem Ortschaftsrat aus.

(3) [1]Werden aufgrund eines Gebietsänderungsvertrages für eine bisher selbstständige Gemeinde die Ortschaftsverfassung eingeführt und Vereinbarungen nach § 19 Abs. 3 getroffen, ist der bisherige ehrenamtliche Bürgermeister Ortsvorsteher dieser Ortschaft für den Rest seiner ursprünglichen Wahlperiode. [2]Für ihn findet § 64 entsprechende Anwendung. [3]Der bisherige ehrenamtliche Bürgermeister scheidet, soweit seine Wahlperiode während der Wahlperiode des Gemeinderates endet, aus seinem Amt als Ortsvorsteher aus.

(4) Soweit mehrere Gemeinden, von denen eine einen hauptamtlichen Bürgermeister hat, die Neubildung einer Gemeinde vereinbart haben, nimmt der bisherige hauptamtliche Bürgermeister bis zum Ablauf seiner Amtszeit das Amt des hauptamtlichen Bürgermeisters der neu gebildeten Gemeinde wahr.

(5) [1]Rechts- und Verwaltungshandlungen, die aus Anlass der Gebietsänderung erforderlich werden, sind frei von öffentlichen Abgaben und Gebühren, soweit diese auf Landesrecht beruhen. [2]Das Gleiche gilt für Berichtigungen, Eintragungen und Löschungen in öffentlichen Büchern.

(6) [1]Soweit das Wohnen in der Gemeinde Voraussetzung für Rechte und Pflichten ist, gilt das Wohnen in der früheren Gemeinde vor der Gebietsänderung als Wohnen in der neuen Gemeinde. [2]Das Gleiche gilt für Landkreise.

(7) Öffentliche Bekanntmachungen einer neu gebildeten Gemeinde erfolgen bis zum Inkrafttreten von Satzungsbestimmungen nach § 9 Abs. 1 Satz 3 gegen Kostenerstattung durch die Kommunalaufsichtsbehörde nach den für Satzungen geltenden Vorschriften.

*Teil 4*
**Einwohner und Bürger**

### § 21 Begriffsbestimmung

(1) Einwohner einer Kommune ist, wer in dieser Kommune wohnt.

(2) [1]Bürger einer Kommune sind die Einwohner, die Deutsche im Sinne des Artikels 116 des Grundgesetzes sind oder die Staatsangehörigkeit eines anderen Mitgliedstaates der Europäischen Union besitzen, das 16. Lebensjahr vollendet haben und seit mindestens drei Monaten in dieser Kommune wohnen. [2]Einwohner mehrerer Kommunen sind Bürger nur der Kommune, in der sie ihre Hauptwohnung haben.

### § 22 Ehrenbürgerrecht, Ehrenbezeichnung

(1) Die Kommune kann lebenden Personen, die sich um sie besonders verdient gemacht haben, das Ehrenbürgerrecht verleihen.

(2) Eine Kommune kann Personen, die über einen längeren Zeitraum ehrenamtlich tätig gewesen und in Ehren ausgeschieden sind, sowie anderen, die sich um die Kommune verdient gemacht haben, eine Ehrenbezeichnung verleihen.

(3) [1]Die Kommune kann das Ehrenbürgerrecht und die Ehrenbezeichnung wegen unwürdigen Verhaltens wieder entziehen. [2]Das Ehrenbürgerrecht und die Ehrenbezeichnung erlöschen mit dem Tod des Geehrten.

(4) Die Hauptsatzung kann vorsehen, dass die Verleihung oder Aberkennung des Ehrenbürgerrechts oder der Ehrenbezeichnung einer Mehrheit von zwei Dritteln der stimmberechtigten Mitglieder der Vertretung bedarf.

### § 23 Wahlrecht, Stimmrecht

(1) [1]Die Bürger sind im Rahmen der Gesetze zu den Kommunalwahlen wahlberechtigt, die Bürger und Einwohner in sonstigen Angelegenheiten der Kommunen stimmberechtigt. [2]Bei der Berechnung der Dreimonatsfrist nach § 21 Abs. 2 Satz 1 ist der Tag der Wohnsitz- oder Aufenthaltsnahme mitzurechnen.

(2) Ausgeschlossen vom Wahlrecht und vom Stimmrecht sind Bürger, die infolge Richterspruchs das Wahlrecht oder Stimmrecht nicht besitzen.

(3) Für das Stimmrecht der Einwohner gilt Absatz 2 entsprechend.

### § 24 Rechte und Pflichten der Einwohner

(1) Die Einwohner sind im Rahmen der bestehenden Rechtsvorschriften berechtigt, die öffentlichen Einrichtungen der Kommune zu benutzen, und verpflichtet, die Lasten der Kommune mitzutragen.

(2) [1]Grundbesitzer und Gewerbetreibende, die nicht in der Kommune wohnen, sind in gleicher Weise berechtigt, die öffentlichen Einrichtungen zu benutzen, die in der Kommune für Grundbesitzer und Gewerbetreibende bestehen. [2]Sie sind verpflichtet, für ihren Grundbesitz oder Gewerbebetrieb im Gebiet der Kommune die Kosten für die Einrichtungen mitzutragen, soweit dies Rechtsvorschriften bestimmen.

(3) Die Absätze 1 und 2 gelten entsprechend für juristische Personen und Personenvereinigungen.

### § 25 Einwohnerantrag

(1) [1]Einwohner der Kommune, die das 14. Lebensjahr vollendet haben, können beantragen, dass die Vertretung bestimmte Angelegenheiten berät (Einwohnerantrag). [2]Einwohneranträge dürfen nur Angelegenheiten des eigenen Wirkungskreises der Kommune zum Gegenstand haben, die in der gesetzlichen Zuständigkeit der Vertretung liegen und zu denen innerhalb der letzten zwölf Monate nicht bereits ein zulässiger Einwohnerantrag gestellt wurde. [3]Einwohneranträge, die ein gesetzeswidriges Ziel verfolgen, sind unzulässig.

(2) [1]Der Einwohnerantrag muss ein bestimmtes Begehren mit Begründung enthalten und soll bis zu drei Personen benennen, die berechtigt sind, die Unterzeichnenden zu vertreten. [2]Die Verwaltung ist

in den Grenzen ihrer Verwaltungskraft ihren Einwohnern bei der Einleitung des Einwohnerantrages behilflich.
(3) Der Einwohnerantrag muss von mindestens 3 v.H. der stimmberechtigten Einwohner unterzeichnet sein, höchstens jedoch in Kommunen
1. mit bis zu 10 000 Einwohnern
   von 240 stimmberechtigten Einwohnern,
2. mit mehr als 10 000 bis zu 20 000 Einwohnern
   von 360 stimmberechtigten Einwohnern,
3. mit mehr als 20 000 bis zu 30 000 Einwohnern
   von 480 stimmberechtigten Einwohnern,
4. mit mehr als 30 000 bis zu 50 000 Einwohnern
   von 540 stimmberechtigten Einwohnern,
5. mit mehr als 50 000 bis zu 100 000 Einwohnern
   von 900 stimmberechtigten Einwohnern,
6. mit mehr als 100 000 bis zu 200 000 Einwohnern
   von 2 000 stimmberechtigten Einwohnern,
7. mit mehr als 200 000 Einwohnern
   von 2 500 stimmberechtigten Einwohnern.
(4) [1]Der Einwohnerantrag ist mit den zu seiner Unterstützung erforderlichen Unterschriften bei der Kommune schriftlich einzureichen; die elektronische Form ist ausgeschlossen. [2]Richtet sich der Einwohnerantrag gegen einen Beschluss der Vertretung oder eines beschließenden Ausschusses, muss er innerhalb von zwei Monaten nach der ortsüblichen Bekanntgabe des Beschlusses eingereicht werden.
(5) [1]Die Vertretung stellt die Zulässigkeit des Einwohnerantrages in öffentlicher Sitzung fest. [2]Ist der Einwohnerantrag zulässig, so hat die Vertretung innerhalb einer Frist von drei Monaten nach Eingang des Antrages über diesen zu beraten. [3]Die Vertretungsberechtigten des Einwohnerantrages sind bei der Beratung zu hören; sie haben ein Anwesenheits- und Anhörungsrecht in allen Sitzungen der Vertretung, in denen der Einwohnerantrag beraten wird. [4]Die Beratungen der Vertretung und ihrer Ausschüsse zum Einwohnerantrag sind öffentlich; § 52 Abs. 2 findet Anwendung. [5]Das Ergebnis der Beratung oder die Gründe für die Entscheidung, den Einwohnerantrag für unzulässig zu erklären, sind ortsüblich bekannt zu machen.
(6) [1]Gegen die Zurückweisung eines Einwohnerantrages kann jeder Unterzeichner den Verwaltungsrechtsweg beschreiten. [2]Über den Widerspruch im Vorverfahren entscheidet die Kommunalaufsichtsbehörde kostenfrei.
(7) Das Nähere regelt das Kommunalwahlgesetz für das Land Sachsen-Anhalt.

### § 26 Bürgerbegehren
(1) Die Bürger können mit einem Bürgerbegehren beantragen, dass sie über eine Angelegenheit der Kommune selbst entscheiden.
(2) [1]Gegenstand eines Bürgerbegehrens können Angelegenheiten des eigenen Wirkungskreises der Kommune sein, die in der Entscheidungszuständigkeit der Vertretung liegen und zu denen nicht innerhalb der letzten zwei Jahre ein Bürgerentscheid durchgeführt worden ist. [2]Ein Bürgerbegehren ist unzulässig über
1. die innere Organisation der Verwaltung der Kommune,
2. die Rechtsverhältnisse der ehrenamtlichen Mitglieder der Vertretung, des Hauptverwaltungsbeamten, des Bürgermeisters der Mitgliedsgemeinde einer Verbandsgemeinde und der Beschäftigten der Kommune,
3. die Haushaltssatzung, einschließlich der Haushaltspläne oder der Wirtschaftspläne der Eigenbetriebe, die kommunalen Abgaben und die Tarife der Versorgungs- und Verkehrsbetriebe der Kommune,
4. die Feststellung des Jahresabschlusses der Kommune und der Jahresabschlüsse der Eigenbetriebe und des Gesamtabschlusses,
5. Entscheidungen über Rechtsbehelfe und Rechtsstreitigkeiten,
6. die Aufstellung, Änderung, Ergänzung und Aufhebung von Bauleitplänen und sonstigen Satzungen nach dem Baugesetzbuch,

7. Angelegenheiten, die im Rahmen eines Planfeststellungsverfahrens, eines förmlichen Verwaltungsverfahrens mit Öffentlichkeitsbeteiligung oder eines abfallrechtlichen, immissionsschutzrechtlichen, wasserrechtlichen oder vergleichbaren Zulassungsverfahrens zu entscheiden sind, sowie
8. Angelegenheiten, die ein gesetzeswidriges Ziel verfolgen.

(3) ¹Das Bürgerbegehren muss die begehrte Sachentscheidung in Form einer mit Ja oder Nein zu beantwortenden Frage und eine Begründung mit Kostenschätzung enthalten; es soll bis zu drei Personen benennen, die berechtigt sind, das Bürgerbegehren und die Unterzeichnenden zu vertreten. ²Die Verwaltung der Kommune ist in den Grenzen ihrer Verwaltungskraft ihren Bürgern bei der Einleitung eines Bürgerbegehrens behilflich. ³Sie teilt den Initiatoren des Bürgerbegehrens schriftlich ihre Einschätzung der mit der Durchführung der verlangten Maßnahme verbundenen Kosten mit und erteilt Auskünfte zur Sach- und Rechtslage.

(4) Das Bürgerbegehren muss von mindestens 10 v.H. der stimmberechtigten Bürger unterzeichnet sein, höchstens jedoch in Kommunen
1. mit bis zu 20 000 Einwohnern
   von 1 000 stimmberechtigten Bürgern,
2. mit mehr als 20 000 bis zu 40 000 Einwohnern
   von 2 000 stimmberechtigten Bürgern,
3. mit mehr als 40 000 bis zu 100 000 Einwohnern
   von 3 000 stimmberechtigten Bürgern,
4. mit mehr als 100 000 bis zu 200 000 Einwohnern
   von 5 000 stimmberechtigten Bürgern,
5. mit mehr als 200 000 Einwohnern
   von 7 500 stimmberechtigten Bürgern.

(5) ¹Das Bürgerbegehren ist mit den zu seiner Unterstützung erforderlichen Unterschriften bei der Kommune schriftlich einzureichen; die elektronische Form ist ausgeschlossen. ²Richtet sich das Bürgerbegehren gegen einen Beschluss der Vertretung, muss es innerhalb von zwei Monaten nach der ortsüblichen Bekanntgabe des Beschlusses eingereicht sein.

(6) ¹Über die Zulässigkeit des Bürgerbegehrens entscheidet die Vertretung nach Anhörung der Vertretungsberechtigten des Bürgerbegehrens unverzüglich, spätestens innerhalb von sechs Wochen nach Eingang aller für die Zulässigkeit des Bürgerbegehrens erforderlichen Unterlagen, in öffentlicher Sitzung. ²Die Vertretungsberechtigten des Bürgerbegehrens haben ein Anwesenheits- und Anhörungsrecht in allen Sitzungen der Vertretung und ihrer Ausschüsse, in denen das Bürgerbegehren beraten wird. ³Die Beratungen der Vertretung und ihrer Ausschüsse zum Bürgerbegehren sind öffentlich; § 52 Abs. 2 findet Anwendung. ⁴Die Entscheidung der Vertretung über die Zulässigkeit des Bürgerbegehrens ist ortsüblich bekannt zu geben. ⁵§ 25 Abs. 6 gilt entsprechend. ⁶Ist die Zulässigkeit des Bürgerbegehrens festgestellt, dürfen bis zur Durchführung des Bürgerentscheids eine dem Begehren entgegenstehende Entscheidung nicht mehr getroffen und dem Begehren entgegenstehende Vollzugshandlungen nicht vorgenommen werden, es sei denn, dass zu diesem Zeitpunkt rechtliche Verpflichtungen der Kommune hierzu bestanden haben.

## § 27 Bürgerentscheid

(1) ¹Ist das Bürgerbegehren nach § 26 zulässig, so ist innerhalb von drei Monaten der Bürgerentscheid durchzuführen. ²Soweit dies zur Zusammenlegung der Durchführung des Bürgerentscheids mit einer Wahl erforderlich ist, kann die Vertretung die Frist nach Satz 1 im Benehmen mit den Vertretungsberechtigten des Bürgerbegehrens um bis zu drei Monate verlängern; in allen anderen Fällen ist für eine Fristverlängerung das Einvernehmen mit den Vertretungsberechtigten des Bürgerbegehrens erforderlich. ³Der Bürgerentscheid entfällt, wenn die Vertretung die Durchführung der mit dem Bürgerbegehren verlangten Maßnahme beschließt. ⁴Der Bürgerentscheid entfällt auch, wenn die Vertretung das Begehren in einer veränderten Form, die jedoch dem Grundanliegen des Bürgerbegehrens entspricht, annimmt und die Vertretung auf Antrag der Vertretungsberechtigten des Bürgerbegehrens die Erledigung des Bürgerbegehrens feststellt.

(2) ¹Ein Bürgerentscheid findet auch statt, wenn die Vertretung mit einer Mehrheit von zwei Dritteln der Mitglieder beschließt, dass eine Angelegenheit der Kommune der Entscheidung der Bürger unterstellt wird. ²§ 26 Abs. 2 gilt entsprechend.

(2a) ¹Spätestens am 25. Tag vor dem Bürgerentscheid hat die Kommune den stimmberechtigten Bürgern die Auffassung der Vertretung und die Auffassung der Vertretungsberechtigten des Bürgerbegehrens zum Gegenstand des Bürgerbegehrens durch eine öffentliche Bekanntmachung oder Zusendung einer schriftlichen Information darzulegen. ²Wird ein Bürgerentscheid aufgrund eines Beschlusses der Vertretung nach Absatz 2 durchgeführt, beschränkt sich die Darlegung nach Satz 1 auf die Auffassung der Vertretung.

(3) ¹Bei dem Bürgerentscheid kann über die zu entscheidende Frage nur mit Ja oder Nein abgestimmt werden. ²Bei einem Bürgerentscheid ist die gestellte Frage in dem Sinne entschieden, in dem sie von der Mehrheit der gültigen Stimmen mit Ja beantwortet wurde und diese Mehrheit mindestens 20 v.H. der stimmberechtigten Bürger beträgt. ³Bei Stimmengleichheit gilt die Frage als mit Nein beantwortet. ⁴Ist die nach Satz 2 erforderliche Mehrheit nicht erreicht worden, hat die Vertretung die Angelegenheit zu entscheiden.

(4) ¹Ein Bürgerentscheid, der die nach Absatz 3 Satz 2 erforderliche Mehrheit erreicht hat, hat die Wirkung eines Beschlusses der Vertretung. ²§ 65 Abs. 3 findet keine Anwendung. ³Vor Ablauf von zwei Jahren kann er nur durch einen neuen Bürgerentscheid abgeändert oder aufgehoben werden, es sei denn, dass sich die dem Bürgerentscheid zugrunde liegende Sach- und Rechtslage wesentlich geändert hat.

(5) Das Nähere regelt das Kommunalwahlgesetz für das Land Sachsen-Anhalt.

### § 28 Beteiligung der Einwohner und Bürger

(1) ¹Über allgemein bedeutsame Angelegenheiten der Kommune soll der Hauptverwaltungsbeamte die betroffenen Einwohner in geeigneter Form unterrichten. ²In Gemeinden und Verbandsgemeinden kann der Hauptverwaltungsbeamte zu diesem Zweck eine Einwohnerversammlung einberufen; diese kann auf Teile des Gemeindegebietes oder Verbandsgemeindegebietes beschränkt werden.

(2) ¹Bei öffentlichen Sitzungen der Vertretung und ihrer beschließenden Ausschüsse ist Einwohnern die Möglichkeit einzuräumen, in Angelegenheiten der Kommune Fragen zu stellen (Einwohnerfragestunde). ²Bei öffentlichen Sitzungen der beratenden Ausschüsse können Einwohnerfragestunden durchgeführt werden. ³Einzelheiten regelt die Geschäftsordnung. ⁴Die Geschäftsordnung kann vorsehen, Fragen zu Beratungsgegenständen zu ermöglichen.

(3) ¹Die Vertretung kann beschließen, zu Angelegenheiten des eigenen Wirkungskreises der Kommune eine Befragung der Bürger durchzuführen. ²Satz 1 gilt nicht in Angelegenheiten nach § 26 Abs. 2 Satz 2 Nrn. 4 bis 8. ³Die Befragung hat in anonymisierter Form zu erfolgen. ⁴Die Abstimmung kann auch als Onlineabstimmung erfolgen, soweit hinreichend sichere Vorkehrungen gegen Missbrauch und zur Sicherung der Integrität der Ergebnisermittlung getroffen werden. ⁵Die Teilnahme ist freiwillig. ⁶Einzelheiten sind in der Hauptsatzung zu regeln.

### § 29 Hilfe bei Verwaltungsangelegenheiten

(1) Die Kommunen sind ihren Einwohnern in den Grenzen ihrer Verwaltungskraft dabei behilflich, Verwaltungsverfahren einzuleiten, auch wenn sie für deren Durchführung nicht zuständig sind.

(2) Die Kommunen haben Vordrucke für Anträge, Anzeigen und Meldungen, die ihnen von anderen Behörden überlassen werden, für ihre Einwohner bereitzuhalten.

(3) ¹Die Kommunen haben Anträge, die bei einer anderen Kommune des Landes oder bei einer Landesbehörde einzureichen sind, entgegenzunehmen und unverzüglich an die zuständige Behörde weiterzuleiten. ²Die Einreichung bei der Kommune gilt als Antragstellung bei der zuständigen Behörde, soweit Bundesrecht nicht entgegensteht. ³Rechtsbehelfe sind keine Anträge im Sinne dieses Gesetzes.

(4) Andere Rechtsvorschriften über die Verpflichtung der Kommunen zur Auskunftserteilung und zur Entgegennahme und Weiterleitung von Anträgen in Verwaltungsverfahren, für deren Durchführung sie nicht zuständig sind oder an deren Durchführung sie nur mitwirken, finden Anwendung.

### § 30 Ehrenamtliche Tätigkeit

(1) ¹Die Bürger sind verpflichtet, Ehrenämter und sonstige ehrenamtliche Tätigkeiten für die Kommune zu übernehmen und auszuüben. ²Die Kommunen können Ehrenämter und sonstige ehrenamtliche Tätigkeiten auch anderen Personen als Bürgern übertragen, soweit diese ihr Einverständnis erklären.

(2) ¹Die Berufung zu einem Ehrenamt oder einer sonstigen ehrenamtlichen Tätigkeit kann, wenn sie nicht auf Zeit erfolgt ist, jederzeit zurückgenommen werden. ²Sie erlischt mit dem Verlust des Bürgerrechts.

(3) ¹Wer zu einem Ehrenamt oder einer sonstigen ehrenamtlichen Tätigkeit berufen wird, ist vor Aufnahme der Tätigkeit durch den Hauptverwaltungsbeamten auf die ihm nach den §§ 32 und 33 obliegenden Pflichten sowie auf die Regelungen des § 34 hinzuweisen. ²Der Hinweis ist aktenkundig zu machen.

### § 31 Ablehnungsgründe

(1) ¹Der Bürger kann aus wichtigem Grund die Übernahme eines Ehrenamtes oder einer sonstigen ehrenamtlichen Tätigkeit ablehnen oder seine Abberufung verlangen. ²Ein wichtiger Grund liegt vor, wenn ihm das Amt oder die Tätigkeit wegen seines Alters, der Berufs- oder Familienverhältnisse, seines Gesundheitszustandes oder wegen sonstiger in seiner Person liegenden Umstände nicht zugemutet werden kann.

(2) ¹Wer ohne einen wichtigen Grund die Übernahme eines Ehrenamtes oder einer sonstigen ehrenamtlichen Tätigkeit ablehnt oder ihre Ausübung verweigert, handelt ordnungswidrig. ²Die Ordnungswidrigkeit kann mit einer Geldbuße geahndet werden. ³Zuständige Behörde nach § 36 Abs. 1 Nr. 1 des Gesetzes über Ordnungswidrigkeiten ist die Kommune, der die Ausführung der Rechtsvorschrift oder die Überwachung der Einhaltung der Rechtsvorschrift obliegt, gegen die sich die Zuwiderhandlung richtet. ⁴Ob eine Ordnungswidrigkeit vorliegt und geahndet wird, entscheidet bei Mitgliedern der Vertretung die Vertretung. ⁵Im Übrigen trifft der Hauptverwaltungsbeamte die erforderlichen Maßnahmen.

### § 32 Pflichten ehrenamtlich Tätiger

(1) Der in ein Ehrenamt oder zu einer sonstigen ehrenamtlichen Tätigkeit Berufene hat die ihm übertragenen Geschäfte uneigennützig und verantwortungsbewusst zu führen.

(2) ¹Der in ein Ehrenamt oder zu einer sonstigen ehrenamtlichen Tätigkeit Berufene ist über alle Angelegenheiten, deren Geheimhaltung gesetzlich vorgeschrieben, besonders angeordnet oder ihrer Natur nach erforderlich ist, zur Verschwiegenheit verpflichtet. ²Er darf die Kenntnis von geheim zu haltenden Angelegenheiten nicht unbefugt verwerten. ³Diese Verpflichtungen bestehen auch nach Beendigung des Ehrenamtes oder der sonstigen ehrenamtlichen Tätigkeit fort. ⁴Die Geheimhaltung kann nur aus Gründen des öffentlichen Wohls oder zum Schutz berechtigter Interessen Einzelner besonders angeordnet werden. ⁵Die Anordnung ist aufzuheben, sobald sie nicht mehr gerechtfertigt ist.

(3) ¹Der in ein Ehrenamt Berufene hat eine besondere Treuepflicht gegenüber der Kommune, für die er das Ehrenamt ausübt. ²Er darf Dritte nicht vertreten, wenn diese ihre Ansprüche und Interessen gegenüber der Kommune geltend machen; hiervon ausgenommen sind Fälle der gesetzlichen Vertretung. ³Das Vertretungsverbot nach Satz 2 gilt auch für zu einer sonstigen ehrenamtlichen Tätigkeit Berufene, wenn die vertretenen Ansprüche oder Interessen mit der ehrenamtlichen Tätigkeit in Zusammenhang stehen. ⁴Ob die Voraussetzungen eines Vertretungsverbots vorliegen, entscheidet bei Mitgliedern der Vertretung, Ortschaftsräten und Ortsvorstehern die Vertretung, im Übrigen der Hauptverwaltungsbeamte.

(4) Für durch die Verbandsgemeinde in ein Ehrenamt oder zu einer sonstigen ehrenamtlichen Tätigkeit Berufene gilt das Vertretungsverbot nach Absatz 3 auch für Angelegenheiten der Mitgliedsgemeinden.

(5) Übt ein in ein Ehrenamt oder zu einer sonstigen ehrenamtlichen Tätigkeit Berufener dieses Amt oder diese Tätigkeit nicht aus oder verletzt er seine Pflichten nach Absatz 1 gröblich oder handelt er seiner Verpflichtung nach Absatz 2 zuwider oder übt er entgegen der Entscheidung der Vertretung oder des Hauptverwaltungsbeamten eine Vertretung nach Absatz 3 aus, gilt § 31 Abs. 2.

### § 33 Mitwirkungsverbot

(1) ¹Der in ein Ehrenamt oder zu sonstiger ehrenamtlicher Tätigkeit Berufene darf weder beratend noch entscheidend mitwirken, wenn die Entscheidung einer Angelegenheit
1. ihm selbst,
2. seinem Ehegatten oder seinem eingetragenen Lebenspartner,
3. seinen Verwandten bis zum dritten oder seinen Verschwägerten bis zum zweiten Grad während des Bestehens der Ehe oder der eingetragenen Lebenspartnerschaft oder
4. einer von ihm kraft Gesetzes oder Vollmacht vertretenen Person

einen unmittelbaren Vorteil oder Nachteil bringen kann. ²Unmittelbar ist der Vorteil oder Nachteil, der sich aus der Entscheidung selbst ergeben würde, ohne dass, abgesehen von der Ausführung von Beschlüssen, weitere Ereignisse eintreten oder Maßnahmen getroffen werden müssen. ³Satz 1 gilt nicht, wenn der in ein Ehrenamt oder zu sonstiger ehrenamtlicher Tätigkeit Berufene an der Entschei-

dung der Angelegenheit lediglich als Angehöriger einer Berufs- oder Bevölkerungsgruppe beteiligt ist, deren gemeinsame Interessen durch die Angelegenheit berührt werden.
(2) Das Mitwirkungsverbot nach Absatz 1 Satz 1 und 2 gilt auch für in ein Ehrenamt oder zu sonstiger ehrenamtlicher Tätigkeit Berufene, die
1. in anderer als öffentlicher Eigenschaft in der Angelegenheit ein Gutachten abgegeben haben oder beratend oder entgeltlich tätig geworden sind,
2. bei einer natürlichen oder juristischen Person oder einer Vereinigung, die an der Entscheidung der Angelegenheit ein wirtschaftliches oder besonderes persönliches Interesse hat, gegen Entgelt beschäftigt sind,
3. Mitglied des Vorstandes, des Aufsichtsrates oder eines vergleichbaren Organs einer juristischen Person oder einer Vereinigung sind, die an der Entscheidung der Angelegenheit ein wirtschaftliches oder besonderes persönliches Interesse hat, es sei denn, sie gehören den genannten Organen als Vertreter der Kommune oder auf deren Vorschlag an, oder
4. Gesellschafter einer Kapital- oder Personengesellschaft sind, die an der Entscheidung der Angelegenheit ein wirtschaftliches oder besonderes persönliches Interesse hat.
(3) Das Mitwirkungsverbot nach Absatz 1 Satz 1 und 2 gilt nicht für Beschlüsse und Wahlen,
1. durch die jemand als Vertreter der Kommune in Organe der in Absatz 2 Nr. 3 genannten Art entsandt oder aus ihnen abberufen wird,
2. welche die Berufung in ein Ehrenamt oder zu einer sonstigen ehrenamtlichen Tätigkeit oder die Abberufung aus ihnen betreffen.
(4) [1]Wer annehmen muss, nach den Vorschriften der Absätze 1 und 2 an der Beratung und Entscheidung einer Angelegenheit gehindert zu sein, hat dies unaufgefordert der zuständigen Stelle vorher anzuzeigen und den Beratungsraum zu verlassen. [2]Bei einer öffentlichen Sitzung kann er sich in dem für die Zuhörer bestimmten Teil des Beratungsraumes aufhalten. [3]Er gilt in diesem Fall als nicht anwesend im Sinne dieses Gesetzes. [4]Ob die Voraussetzungen der Absätze 1 und 2 vorliegen, entscheidet in Zweifelsfällen in Abwesenheit des Betroffenen bei Mitgliedern der Vertretung und bei Ehrenbeamten die Vertretung, bei Mitgliedern von Ausschüssen der Ausschuss, im Übrigen der Hauptverwaltungsbeamte.
(5) [1]Ein Beschluss, der unter Verletzung der Vorschriften der Absätze 1 und 2 gefasst worden ist, ist unwirksam. [2]§ 8 Abs. 3 Satz 1 und 2 gilt jedoch entsprechend. [3]Sofern eine öffentliche Bekanntmachung des Beschlusses nicht erforderlich ist, beginnt die Frist nach § 8 Abs. 3 Satz 1 mit dem Tag der Beschlussfassung.

## § 34 Haftung

(1) Verletzt ein in ein Ehrenamt oder zu sonstiger ehrenamtlicher Tätigkeit Berufener vorsätzlich oder grob fahrlässig die ihm obliegenden Pflichten, so hat er der Kommune den daraus entstehenden Schaden zu ersetzen, soweit die Kommune nicht auf andere Weise Ersatz zu erlangen vermag.
(2) Soweit nicht § 151 Abs. 1 Anwendung findet, entscheidet über die Geltendmachung von Schadensersatzansprüchen bei von der Vertretung zur ehrenamtlichen Tätigkeit Verpflichteten die Vertretung, im Übrigen der Hauptverwaltungsbeamte.
(3) [1]Die Geltendmachung von Schadensersatzansprüchen steht im Ermessen der nach Absatz 2 zuständigen Stelle. [2]Soweit ein auf grob fahrlässigem Handeln des in ein Ehrenamt oder zu sonstiger ehrenamtlicher Tätigkeit Berufenen beruhender Schadensersatzanspruch das Fünffache der durchschnittlichen jährlichen Höhe der Aufwandsentschädigungen nach § 35 Abs. 2 übersteigt, soll die Geltendmachung dieses Anspruchs hierauf beschränkt werden. [3]Wird keine Aufwandsentschädigung gezahlt, ist für die Berechnung nach Satz 2 eine nach Art und Umfang der Tätigkeit angemessene Aufwandsentschädigung zugrunde zu legen.
(4) [1]Für Ansprüche nach Absatz 1 gelten die Verjährungsvorschriften des Bürgerlichen Gesetzbuches. [2]Hat die Kommune einem Dritten Schadensersatz geleistet, so tritt an die Stelle des Zeitpunktes, in dem die Kommune von dem Schaden Kenntnis erlangt, der Zeitpunkt, in dem der Ersatzanspruch des Dritten diesem gegenüber von der Kommune anerkannt oder der Kommune gegenüber rechtskräftig festgestellt wird. [3]Im Anwendungsbereich des § 151 Abs. 1 tritt an die Stelle der Kenntnis der Kommune die Kenntnis der Kommunalaufsichtsbehörde.

## § 35 Entschädigung

(1) ¹Wer ein Ehrenamt oder eine sonstige ehrenamtliche Tätigkeit ausübt, hat Anspruch auf Ersatz seiner Auslagen und seines Verdienstausfalls. ²Bei Personen, die keinen Verdienst haben oder die Höhe des Verdienstausfalls nicht nachweisen können, wird als Ersatz für die aufgewendete Zeit eine angemessene Pauschale gewährt. ³Einzelheiten sind durch Satzung zu regeln.

(2) ¹Den in ein Ehrenamt oder zu sonstiger ehrenamtlicher Tätigkeit Berufenen können angemessene Aufwandsentschädigungen nach Maßgabe einer Satzung gewährt werden. ²Mit der Gewährung einer Aufwandsentschädigung ist der Anspruch auf Ersatz von Auslagen mit Ausnahme der Kosten für Dienstreisen außerhalb des Dienst- oder Wohnortes sowie der zusätzlichen Kosten für die Betreuung von Kindern und Pflegebedürftigen abgegolten. ³Die Aufwandsentschädigung soll in Form einer monatlichen Pauschale gewährt werden. ⁴Aufwandsentschädigungen unterliegen nicht den Zwecken der Haushaltskonsolidierung. ⁵Soweit es dem Wesen des Ehrenamtes oder der sonstigen ehrenamtlichen Tätigkeit entspricht, kann neben oder anstelle einer monatlichen Pauschale auch eine anlassbezogene Pauschale gewährt werden. ⁶In ein Ehrenamt oder zu sonstiger ehrenamtlicher Tätigkeit Berufene haben Anspruch auf Ersatz ihrer tatsächlich entstandenen und nachgewiesenen Fahrtkosten zum Sitzungsort, höchstens jedoch in Höhe der Kosten der Fahrt von der Wohnung zum Sitzungsort und zurück. ⁷Das Gleiche gilt für Fahrten im Zuständigkeitsbereich der Vertretung, soweit diese in der Ausübung des Mandats begründet sind und mit Zustimmung des Vorsitzenden der Vertretung oder eines Ausschusses erfolgen. ⁸Die Reisekostenvergütung erfolgt nach den für Landesbeamte geltenden Vorschriften.

(3) Die Ansprüche auf Leistungen nach den Absätzen 1 und 2 sind nicht übertragbar; auf sie kann nicht verzichtet werden.

(4) Das für Kommunalangelegenheiten zuständige Ministerium wird ermächtigt, durch Verordnung Regelungen über die Anspruchsvoraussetzungen für den Ersatz des Verdienstausfalls und die Aufwandsentschädigungen zu treffen und Höchstbeträge festzusetzen.

(5) Erleidet ein ehrenamtliches Mitglied einer Vertretung einen Dienstunfall, hat es dieselben Rechte wie ein Ehrenbeamter.

*Teil 5*
**Innere Kommunalverfassung**

*Abschnitt 1*
**Vertretung**

## § 36 Rechtsstellung und Zusammensetzung

(1) ¹Die Vertretung ist das Hauptorgan der Kommune. ²Mitglieder der Vertretung sind der Hauptverwaltungsbeamte und die ehrenamtlichen Mitglieder. ³Die ehrenamtlichen Mitglieder sind in den Gemeinden die Gemeinderäte, in den Verbandsgemeinden die Verbandsgemeinderäte und in den Landkreisen die Kreistagsmitglieder. ⁴In Städten tragen Gemeinderäte die Bezeichnung Stadträte.

(2) ¹Die Vertretung wählt aus dem Kreis der ehrenamtlichen Mitglieder ihren Vorsitzenden und einen oder mehrere Stellvertreter. ²Die Abwahl bedarf der Mehrheit der Mitglieder der Vertretung; § 56 Abs. 4 Satz 2 bis 4 findet keine Anwendung.

## § 37 Zahl der ehrenamtlichen Mitglieder

(1) Die Zahl der Gemeinderäte beträgt in Gemeinden

| | | | | |
|---|---|---|---|---|
| mit | bis zu 1 000 Einwohnern | | | 10, |
| mit | 1 001 | bis | 2 000 Einwohnern | 12, |
| mit | 2 001 | bis | 3 000 Einwohnern | 14, |
| mit | 3 001 | bis | 5 000 Einwohnern | 16, |
| mit | 5 001 | bis | 10 000 Einwohnern | 20, |
| mit | 10 001 | bis | 20 000 Einwohnern | 28, |
| mit | 20 001 | bis | 30 000 Einwohnern | 36, |
| mit | 30 001 | bis | 50 000 Einwohnern | 40, |
| mit | 50 001 | bis | 150 000 Einwohnern | 50, |

| | | |
|---|---|---|
| mit 150 001 bis | 300 000 Einwohnern | 56, |
| mit mehr als 300 000 Einwohnern | | 60. |

(2) ¹Die Zahl der Verbandsgemeinderäte beträgt in Verbandsgemeinden

| | |
|---|---|
| mit insgesamt bis zu 12 000 Einwohnern | 20, |
| mit insgesamt 12 001 bis 15 000 Einwohnern | 22, |
| mit insgesamt 15 001 bis 20 000 Einwohnern | 26, |
| mit insgesamt 20 001 bis 25 000 Einwohnern | 30. |

²In Verbandsgemeinden mit insgesamt mehr als 25 000 Einwohnern erhöht sich je weitere angefangene 5 000 Einwohner die Zahl der Verbandsgemeinderäte um zwei.

(3) Die Zahl der Kreistagsmitglieder beträgt in Landkreisen

| | |
|---|---|
| mit bis zu 100 000 Einwohnern | 42, |
| mit 100 001 bis 150 000 Einwohnern | 48, |
| mit 150 001 bis 200 000 Einwohnern | 54, |
| mit mehr als 200 000 Einwohnern | 60. |

(4) Änderungen der für die Zahl der ehrenamtlichen Mitglieder der Vertretung maßgeblichen Einwohnerzahl bleiben während der laufenden Wahlperiode außer Betracht.

### § 38 Wahl, Wahlperiode

(1) Die Vertretung wird nach den Vorschriften des Kommunalwahlgesetzes für das Land Sachsen-Anhalt von den wahlberechtigten Bürgern für die Dauer von fünf Jahren gewählt.

(2) ¹Die Amtszeit der Vertretung endet mit dem Zusammentritt der neu gewählten Vertretung. ²Die Vertretung führt nach Ablauf der Wahlperiode gemäß § 5 Abs. 1 des Kommunalwahlgesetzes für das Land Sachsen-Anhalt die Geschäfte bis zum Zusammentritt der neu gewählten Vertretung weiter.

(3) ¹Die Vertretung kann sich vorzeitig auflösen, wenn nach Unanfechtbarkeit der Wahlprüfungsentscheidung ein schwerwiegender Rechtsverstoß nach den §§ 107a und 107b sowie nach den §§ 108 bis 108b des Strafgesetzbuches gerichtlich unanfechtbar festgestellt ist, aufgrund dessen die Wahl im Wahlprüfungsverfahren nach § 52 Abs. 1 Nr. 4 des Kommunalwahlgesetzes für das Land Sachsen-Anhalt für ungültig hätte erklärt werden müssen. ²Für den Beschluss ist eine Mehrheit von drei Vierteln der Vertretung erforderlich. ³Den Tag der Neuwahl bestimmt die Kommunalaufsichtsbehörde. ⁴Die Neuwahl muss spätestens vier Monate nach dem Beschluss über die Auflösung der Vertretung stattfinden. ⁵Die Neuwahl erfolgt abweichend von Absatz 1 für die Zeit bis zum Ende der Wahlperiode. ⁶Findet die Neuwahl innerhalb von zwölf Monaten vor Ablauf der Wahlperiode statt, so endet die Wahlperiode mit dem Ende der nächsten Wahlperiode.

### § 39 Wahlgebiet

Das Gebiet der Kommune bildet das Wahlgebiet.

### § 40 Wählbarkeit

(1) ¹Wählbar in die Vertretung der Kommunen sind Bürger, die am Wahltag das 18. Lebensjahr vollendet haben. ²§ 23 Abs. 1 Satz 2 gilt entsprechend.

(2) Nicht wählbar sind Bürger, die
1. vom Wahlrecht ausgeschlossen sind,
2. infolge Richterspruchs die Wählbarkeit oder die Fähigkeit zur Bekleidung öffentlicher Ämter verloren haben,
3. Staatsangehörige anderer Mitgliedstaaten der Europäischen Union sind, wenn ein derartiger Ausschluss oder Verlust nach den Rechtsvorschriften des Staates besteht, dessen Staatsangehörigkeit sie besitzen.

### § 41 Hinderungsgründe

(1) Gemeinderäte einer Gemeinde können nicht sein
1. der Bürgermeister dieser Gemeinde,
2. hauptamtliche Beschäftigte der Gemeinde, ausgenommen nicht leitende Beschäftigte in Einrichtungen der Jugendhilfe und Jugendpflege, der Sozialhilfe, des Bildungswesens und der Kulturpflege, des Gesundheitswesens, des Forst-, Gartenbau- und Friedhofsdienstes, der Eigenbetriebe und in ähnlichen Einrichtungen,

3. hauptamtliche Beschäftigte einer Verbandsgemeinde, der die Gemeinde angehört, ausgenommen nicht leitende Beschäftigte in Einrichtungen der Jugendhilfe und Jugendpflege, der Sozialhilfe, des Bildungswesens und der Kulturpflege, des Gesundheitswesens, des Forst-, Gartenbau- und Friedhofsdienstes, der Eigenbetriebe und in ähnlichen Einrichtungen,
4. leitende Beschäftigte im Dienst des Landkreises, dem die Gemeinde angehört,
5. leitende Beschäftigte eines Zweckverbandes, dessen Mitglied die Gemeinde ist,
6. leitende Beschäftigte einer juristischen Person oder einer Vereinigung, wenn die Gemeinde in einem beschließenden Organ mehr als die Hälfte der Stimmen hat,
7. Beschäftigte, die vorbereitend oder entscheidend unmittelbar Aufgaben der Rechts- oder Fachaufsicht oder der Rechnungsprüfung über die Gemeinde wahrnehmen.

(2) Auf Verbandsgemeinderäte ist Absatz 1 entsprechend anzuwenden mit der Maßgabe, dass auch eine entsprechende hauptamtliche Tätigkeit im Dienst einer Mitgliedsgemeinde erfasst ist.

(3) Kreistagsmitglieder eines Landkreises können nicht sein
1. der Landrat dieses Landkreises,
2. hauptamtliche Beschäftigte des Landkreises, ausgenommen nicht leitende Beschäftigte in Einrichtungen der Jugendhilfe und Jugendpflege, der Sozialhilfe, des Bildungswesens und der Kulturpflege, des Gesundheitswesens, der Eigenbetriebe und in ähnlichen Einrichtungen,
3. leitende Beschäftigte einer kommunalen Körperschaft, deren Mitglied der Landkreis ist,
4. leitende Beschäftigte einer juristischen Person oder einer Vereinigung, wenn der Landkreis in einem beschließenden Organ mehr als die Hälfte der Stimmen hat,
5. Beschäftigte, die vorbereitend oder entscheidend unmittelbar Aufgaben der Rechts- oder Fachaufsicht über den Landkreis wahrnehmen,
6. leitende Beschäftigte der obersten Kommunalaufsichtsbehörde und des Landesrechnungshofes.

(4) Die Absätze 1 bis 3 gelten nicht für Arbeitnehmer, die überwiegend körperliche Arbeit verrichten.

## § 42[1] Ausscheiden, Nachrücken, Ergänzungswahl

(1) Ein ehrenamtliches Mitglied der Vertretung verliert während der Wahlperiode sein Mandat, wenn
1. es auf das Mandat verzichtet; der Verzicht ist gegenüber dem Vorsitzenden der Vertretung schriftlich zu erklären und kann mit Wirkung ab einem bestimmten späteren Zeitpunkt erklärt werden; die Verzichtserklärung darf nicht in elektronischer Form abgegeben werden und kann nicht widerrufen werden,
2. die Wählbarkeit nach § 40 verloren geht oder sich nachträglich ergibt, dass das ehrenamtliche Mitglied zum Zeitpunkt der Wahl nicht wählbar war,
3. ein Hinderungsgrund nach § 41 Abs. 1, 2 oder 3 bereits zum Zeitpunkt der Annahme der Wahl vorliegt oder im Laufe der Wahlperiode eintritt,
4. die unanfechtbare Berichtigung des Wahlergebnisses oder seine Neufeststellung nach § 52 Abs. 1 Nr. 4 Satz 3 Buchst. a des Kommunalwahlgesetzes für das Land Sachsen-Anhalt dies ergeben hat,
5. durch eine unanfechtbare Entscheidung im Wahlprüfungsverfahren nach § 52 Abs. 1 Nr. 4 Satz 3 Buchst. b des Kommunalwahlgesetzes für das Land Sachsen-Anhalt die Wahl der Vertretung oder des ehrenamtlichen Mitgliedes
   a) ganz ungültig oder
   b) teilweise ungültig
   ist,
6. die Vertretung einen Beschluss über die vorzeitige Auflösung der Vertretung nach § 38 Abs. 3 fasst,
7. eine Partei oder die Teilorganisation einer Partei durch das Bundesverfassungsgericht nach Artikel 21 Abs. 2 Satz 2 des Grundgesetzes für verfassungswidrig erklärt wird, sofern das ehrenamtliche Mitglied der Vertretung dieser Partei oder Teilorganisation zu irgendeinem Zeitpunkt zwischen der Antragstellung gemäß § 43 des Bundesverfassungsgerichtsgesetzes und der Verkündung der Entscheidung gemäß § 46 des Bundesverfassungsgerichtsgesetzes angehört hat oder

---

1) § 42 Abs. 1 Nr. 6 ist gem. Art. 23 Abs. 4 des Kommunalrechtsreformgesetz v. 17.6.2014 (GVBl. LSA S. 288) bereits am 27.6.2014 in Kraft getreten.

aufgrund eines Wahlvorschlages dieser Partei gewählt worden ist; dies gilt entsprechend für die Feststellung, dass eine Partei oder ein Teil einer Partei eine verbotene Ersatzorganisation ist.
(2) ¹Die Vertretung stellt unverzüglich fest, ob eine der Voraussetzungen nach Absatz 1 Nrn. 2 und 3 vorliegt, soweit diese nicht bereits durch unanfechtbaren Richterspruch eingetreten ist. ²Dem Betroffenen ist Gelegenheit zur Stellungnahme zu geben. ³Die Entscheidung der Vertretung nach Satz 1 ist dem ehrenamtlichen Mitglied der Vertretung durch den Hauptverwaltungsbeamten binnen einer Frist von zwei Wochen schriftlich mit Begründung zuzustellen. ⁴Gegen die Entscheidung der Vertretung ist der Verwaltungsrechtsweg nach Maßgabe des 8. Abschnitts der Verwaltungsgerichtsordnung gegeben.
(3) ¹Das ehrenamtliche Mitglied der Vertretung scheidet aus der Vertretung aus
1. im Fall des Absatzes 1 Nr. 1 mit dem in der Verzichtserklärung bestimmten Zeitpunkt, im Übrigen mit dem Zugang der Verzichtserklärung beim Vorsitzenden der Vertretung,
2. in den Fällen des Absatzes 1 Nrn. 2 und 3 mit der Unanfechtbarkeit der Feststellung der Vertretung,
3. in den Fällen des Absatzes 1 Nrn. 4, 5 Buchst. a und Nr. 7 mit der Unanfechtbarkeit der Entscheidung der Vertretung im Wahlprüfungsverfahren oder der gerichtlichen Entscheidung,
4. in den Fällen des Absatzes 1 Nr. 5 Buchst. b nach erfolgter Teilwiederholungswahl mit der Feststellung des Wahlergebnisses für das gesamte Wahlgebiet durch den Wahlausschuss,
5. in den Fällen des Absatzes 1 Nr. 6 mit der Beschlussfassung der Vertretung über ihre Auflösung.
²Durch das Ausscheiden eines ehrenamtlichen Mitglieds der Vertretung wird die Rechtswirksamkeit seiner bisherigen Tätigkeit nicht berührt.
(4) Soweit ein Gewählter nicht in die Vertretung eintritt, im Laufe der Wahlperiode stirbt oder aus der Vertretung ausscheidet, rückt der nächste festgestellte Bewerber nach.
(5) ¹Ist die Zahl der ehrenamtlichen Mitglieder der Vertretung auf weniger als zwei Drittel der gesetzlichen Mitgliederzahl herabgesunken, weil ehrenamtliche Mitglieder der Vertretung ihr Amt nicht angetreten haben oder vorzeitig ausgeschieden sind, ist eine Ergänzungswahl für den Rest der Wahlperiode nach den für die Hauptwahl geltenden Vorschriften durchzuführen. ²Eine Ergänzungswahl findet auch dann statt, wenn bei der Neuwahl der Vertretung weniger als zwei Drittel der gesetzlichen Mitgliederzahl in die Vertretung gewählt worden sind. ³Von einer Ergänzungswahl nach Satz 1 kann abgesehen werden, wenn die Durchführung der regulären Neuwahl der Vertretung innerhalb der nächsten neun Monate bevorsteht. ⁴Die Kommunalaufsichtsbehörde stellt die Voraussetzungen nach Satz 1 fest und entscheidet über die Anwendung der Möglichkeit nach Satz 3.

### § 43 Rechtsstellung der Mitglieder der Vertretung

(1) ¹Die ehrenamtlichen Mitglieder der Vertretung üben ihr Ehrenamt im Rahmen der Gesetze nach ihrer freien, dem Gemeinwohl verpflichteten Überzeugung aus. ²Sie sind an Aufträge und Weisungen nicht gebunden.
(2) ¹Kein Bürger darf gehindert werden, sich um das Amt eines ehrenamtlichen Mitglieds der Vertretung zu bewerben, es zu übernehmen und auszuüben. ²Eine Kündigung oder Entlassung aus einem Dienst- oder Arbeitsverhältnis, eine Versetzung an einen anderen Beschäftigungsort und jede sonstige berufliche Benachteiligung aus diesem Grund sind unzulässig. ³Dies gilt auch für den Zeitraum von sechs Monaten nach Beendigung des Mandats. ⁴Dem ehrenamtlichen Mitglied der Vertretung ist die für seine Tätigkeit erforderliche freie Zeit zu gewähren.
(3) ¹Jedes Mitglied der Vertretung hat das Recht, in der Vertretung und in den Ausschüssen, denen es angehört, Anträge zu stellen, ohne der Unterstützung durch andere Mitglieder der Vertretung zu bedürfen. ²Jedes ehrenamtliche Mitglied der Vertretung kann zur eigenen Unterrichtung in allen Angelegenheiten der Kommune und ihrer Verwaltung von den Hauptverwaltungsbeamten Auskunft verlangen; ihm muss durch den Hauptverwaltungsbeamten Auskunft erteilt werden. ³Kann der Hauptverwaltungsbeamte Anfragen nicht unverzüglich mündlich beantworten, hat er die Auskunft binnen einer Frist von in der Regel einem Monat schriftlich zu erteilen. ⁴Ausnahmen hiervon sowie nähere Einzelheiten regelt die Hauptsatzung.
(4) ¹Die ehrenamtlichen Mitglieder der Vertretung sind berechtigt, an allen Sitzungen der Ausschüsse der Vertretung, denen sie nicht als Mitglieder angehören, als Zuhörer teilzunehmen. ²Ihnen kann das Wort erteilt werden. ³In diesem Fall steht ihnen kein Anspruch auf Auslagenersatz, Ersatz des Verdienstausfalles und Aufwandsentschädigung zu.

## § 44 Fraktionen

¹Ehrenamtliche Mitglieder der Vertretung, die derselben Partei, politischen Vereinigung oder politischen Gruppierung angehören, können sich zu einer Fraktion zusammenschließen. ²Eine Fraktion kann auch aus Mitgliedern mehrerer Parteien, politischer Vereinigungen oder politischer Gruppierungen gebildet werden. ³Eine Fraktion muss in Gemeinden und Verbandsgemeinden aus mindestens zwei ehrenamtlichen Mitgliedern der Vertretung, in Landkreisen und Gemeinden mit mehr als 50 000 Einwohnern aus mindestens drei ehrenamtlichen Mitgliedern der Vertretung bestehen.

## § 45 Aufgaben der Vertretung

(1) ¹Die Vertretung ist im Rahmen der Gesetze für alle Angelegenheiten der Kommune zuständig, soweit nicht der Hauptverwaltungsbeamte kraft Gesetzes zuständig ist oder ihm die Vertretung bestimmte Angelegenheiten übertragen hat. ²Sie überwacht die Ausführung ihrer Beschlüsse und sorgt dafür, dass in der Verwaltung auftretende Missstände durch den Hauptverwaltungsbeamten beseitigt werden.

(2) Die Entscheidung über folgende Angelegenheiten kann die Vertretung nicht übertragen:
1. den Erlass, die Änderung und Aufhebung von Satzungen,
2. die Geschäftsordnung,
3. die Bildung und Zusammensetzung der Ausschüsse,
4. den Erlass und die Änderung der Haushaltssatzung nach § 100 Abs. 2, die Zustimmung zu nach Umfang und Bedeutung in der Hauptsatzung festzulegenden erheblichen über- und außerplanmäßigen Verpflichtungsermächtigungen, die Entgegennahme des Jahresabschlusses und die Entlastung des Hauptverwaltungsbeamten für die Haushaltsdurchführung,
5. die Stellungnahme zum Prüfungsergebnis der überörtlichen Prüfung sowie eine Stellungnahme zum Prüfungsbericht über die Jahresabschlussprüfung der Eigenbetriebe und den Gesamtabschluss,
6. die Festsetzung allgemein geltender öffentlicher Abgaben und privatrechtlicher Entgelte,
7. die Verfügung über das Vermögen der Kommune, insbesondere Schenkungen und Darlehen, und die Veräußerung oder Belastung von Grundstücken, ausgenommen Rechtsgeschäfte, deren Vermögenswert eine in der Hauptsatzung bestimmte Wertgrenze nicht übersteigt,
8. die Verpachtung von Unternehmen und sonstigen Einrichtungen der Kommune und solchen, an denen die Kommune beteiligt ist, sowie die Übertragung der Betriebsführung dieser Unternehmen und Einrichtungen auf Dritte,
9. die Errichtung, Übernahme, wesentliche Erweiterung, Einschränkung oder Auflösung kommunaler Einrichtungen und Unternehmen, die Beteiligung an Unternehmen in einer Rechtsform des Privatrechts und die Änderung der Beteiligungsverhältnisse sowie die Umwandlung der Rechtsform kommunaler Einrichtungen und Unternehmen,
10. die Aufnahme von Krediten, Übernahme von Bürgschaften, Abschluss von Gewährtverträgen, Bestellung sonstiger Sicherheiten sowie wirtschaftlich gleichzustellender Rechtsgeschäfte, soweit eine von der Vertretung allgemein festgesetzte Wertgrenze überschritten wird,
11. die Zweckänderung, Zusammenlegung, Zulegung und Aufhebung sowie die Verwendung des Stiftungsvermögens von Stiftungen im Sinne von § 121 Abs. 1 Nr. 2 und § 122 Abs. 1, soweit der Stifterwille nicht entgegensteht,
12. die Bestellung und Abberufung von weiteren Vertretern der Kommune in Eigengesellschaften und anderen Unternehmen, an denen die Kommune beteiligt ist,
13. Verträge der Kommune mit ehrenamtlichen Mitgliedern der Vertretung, sonstigen Mitgliedern von Ausschüssen, von Ortschaftsräten, mit dem Ortsvorsteher oder mit dem Hauptverwaltungsbeamten, es sei denn, es handelt sich um Verträge aufgrund einer förmlichen Ausschreibung oder um Geschäfte der laufenden Verwaltung, deren Vermögenswert einen in der Hauptsatzung bestimmten Betrag nicht übersteigt,
14. den Namen, das Wappen, die Flagge und das Dienstsiegel der Kommune,
15. Vereinbarungen und die Mitwirkung bei Gebietsänderungen,
16. den Verzicht auf Ansprüche der Kommune und den Abschluss oder die Ablehnung von Vergleichen, soweit eine von der Vertretung allgemein festgesetzte Wertgrenze überschritten wird,
17. die Mitgliedschaft in Zweckverbänden und den Abschluss von Zweckvereinbarungen,
18. die Verleihung und Entziehung des Ehrenbürgerrechts und von Ehrenbezeichnungen,

19. die Führung von Rechtsstreitigkeiten von erheblicher Bedeutung,
20. die Übernahme neuer Aufgaben, für die keine gesetzliche Verpflichtung besteht,
21. Angelegenheiten, über die kraft Gesetzes die Vertretung entscheidet.

(3) Der Gemeinderat kann über die Angelegenheiten nach Absatz 2 hinaus folgende Angelegenheiten nicht übertragen:
1. die Bestimmung einer Bezeichnung der Gemeinde sowie die Benennung von Ortsteilen, Straßen und Plätzen,
2. die Bildung, Änderung und Aufhebung von Ortschaften,
3. die Mitgliedschaft in einer Verbandsgemeinde und das Ausscheiden aus einer Verbandsgemeinde, die Übertragung von Aufgaben zur Erfüllung auf die Verbandsgemeinde sowie das Verlangen nach deren Rückübertragung,
4. die Aufstellung, Änderung, Ergänzung und Aufhebung von Bauleitplänen.

(4) Der Verbandsgemeinderat kann über die Angelegenheiten nach Absatz 2 hinaus die Aufstellung, Änderung, Ergänzung und Aufhebung des Flächennutzungsplanes nach § 90 Abs. 1 Satz 1 Nr. 1 und Satz 2 bis 5 nicht übertragen.

(5) [1]Die Vertretung ist Dienstvorgesetzte, höhere Dienstvorgesetzte und oberste Dienstbehörde des Hauptverwaltungsbeamten. [2]Die Vertretung oder ein beschließender Ausschuss beschließt im Einvernehmen mit dem Hauptverwaltungsbeamten über die
1. Ernennung, Einstellung, Versetzung in den Ruhestand und Entlassung mit Ausnahme der Entlassung innerhalb oder mit Ablauf der Probezeit von Beschäftigten der Kommune, soweit durch Hauptsatzung dem Hauptverwaltungsbeamten nicht die Entscheidung übertragen wurde oder diese zur laufenden Verwaltung gehört; das Gleiche gilt für die nicht nur vorübergehende Übertragung einer anders bewerteten Tätigkeit bei einem Arbeitnehmer sowie die Festsetzung des Entgelts, sofern kein Anspruch aufgrund eines Tarifvertrages besteht,
2. Mitgliedschaft in kommunalen Verbänden und Vereinigungen sowie die Aufnahme partnerschaftlicher Beziehungen zu anderen Kommunen.

(6) [1]Ein Zehntel der ehrenamtlichen Mitglieder der Vertretung, in Gemeinden und Verbandsgemeinden mindestens jedoch zwei ehrenamtliche Mitglieder der Vertretung oder eine Fraktion kann in allen Angelegenheiten der Kommune und ihrer Verwaltung verlangen, dass der Hauptverwaltungsbeamte die Vertretung unterrichtet. [2]Auf Antrag der in Satz 1 bezeichneten Mehrheiten ist der Vertretung oder einem von ihr bestellten Ausschuss Akteneinsicht zu gewähren. [3]Die Antragsteller müssen in dem Ausschuss vertreten sein.

(7) Absatz 6 gilt nicht, soweit spezialgesetzliche Vorschriften entgegenstehen, und nicht für Angelegenheiten, die im Sinne von § 6 Abs. 6 der Geheimhaltung unterliegen.

### § 46 Ausschüsse der Vertretung

(1) [1]Die Vertretung kann zur Erfüllung ihrer Aufgaben ständige oder zeitweilige Ausschüsse bilden, die als beschließende oder als beratende Ausschüsse tätig werden. [2]Ständige Ausschüsse und ihre Größe sind in der Hauptsatzung festzulegen; sollen zusätzlich sachkundige Einwohner nach § 49 Abs. 3 berufen werden, so ist deren Zahl gesondert auszuweisen.

(2) Die Vertretung kann jede Angelegenheit an sich ziehen und Beschlüsse der beschließenden Ausschüsse, solange sie noch nicht vollzogen sind, ändern oder aufheben.

### § 47 Bildung und Zusammensetzung der Ausschüsse

(1) [1]Die Ausschüsse werden in der Weise gebildet, dass die von der Vertretung festgelegten Sitze auf die Vorschläge der Fraktionen der Vertretung entsprechend dem Verhältnis der Mitgliederzahl der einzelnen Fraktionen zur Mitgliederzahl aller Fraktionen verteilt werden. [2]Dabei erhält jede Fraktion zunächst so viele Sitze, wie sich für sie ganze Zahlen ergeben. [3]Sind danach noch Sitze zu vergeben, so sind sie in der Reihenfolge der höchsten Zahlenbruchteile, die sich bei der Berechnung nach Satz 1 ergeben, auf die Fraktionen zu verteilen. [4]Bei gleichem Zahlenbruchteil entscheidet das Los, das der Vorsitzende der Vertretung zu ziehen hat. [5]Die Fraktionen benennen die Mitglieder der Ausschüsse; der Hauptverwaltungsbeamte bleibt unberücksichtigt.

(2) Die Fraktionen, auf die bei der Sitzverteilung nach Absatz 1 in einem Ausschuss kein Sitz entfällt, sind berechtigt, ein Mitglied mit beratender Stimme in den Ausschuss zu entsenden.

(3) ¹Die Vertretung stellt die sich nach den Absätzen 1 und 2 ergebende Sitzverteilung und Ausschussbesetzung durch Beschluss fest. ²Ausschussmitglieder können im Verhinderungsfall durch Mitglieder derselben Fraktion vertreten werden.
(4) ¹Ein Ausschuss muss auf Antrag einer Fraktion neu besetzt werden, wenn seine Zusammensetzung nicht mehr dem Verhältnis der Stärke der Fraktionen der Vertretung entspricht. ²Absatz 3 gilt entsprechend.

### § 48 Beschließende Ausschüsse
(1) Die Vertretung kann durch Hauptsatzung bestimmte Angelegenheiten, mit Ausnahme der in § 45 Abs. 2 bis 4 genannten, den Ausschüssen zur Beschlussfassung übertragen.
(2) ¹Der Vorsitzende der beschließenden Ausschüsse ist in der Regel der Hauptverwaltungsbeamte. ²In der Hauptsatzung kann festgelegt werden, dass ein ehrenamtliches Mitglied der Vertretung einem beschließenden Ausschuss, der ausdrücklich zu bezeichnen ist, vorsitzt.
(3) ¹Angelegenheiten, deren Entscheidung der Vertretung vorbehalten ist, sollen den beschließenden Ausschüssen innerhalb ihres Aufgabengebietes zur Vorberatung überwiesen werden. ²Auf Antrag des Vorsitzenden der Vertretung, eines Fünftels der Mitglieder der Vertretung oder einer Fraktion müssen Anträge, die nicht vorberaten worden sind, den zuständigen beschließenden Ausschüssen zur Vorberatung überwiesen werden.
(4) ¹Im Rahmen ihrer Zuständigkeit entscheiden die beschließenden Ausschüsse selbstständig anstelle der Vertretung. ²Ergibt sich, dass eine Angelegenheit für die Kommune von besonderer Bedeutung ist, können die beschließenden Ausschüsse die Angelegenheit der Vertretung zur Beschlussfassung unterbreiten. ³In der Hauptsatzung kann festgelegt werden, dass ein Viertel der Mitglieder eines beschließenden Ausschusses eine Angelegenheit der Vertretung zur Beschlussfassung unterbreiten kann. ⁴Lehnt die Vertretung eine Behandlung ab, weil sie die Voraussetzungen für die Verweisung als nicht gegeben ansieht, entscheidet der zuständige beschließende Ausschuss.

### § 49 Beratende Ausschüsse
(1) Zur Vorberatung ihrer Verhandlungen oder einzelner Verhandlungsgegenstände kann die Vertretung beratende Ausschüsse bestellen.
(2) ¹Der Vorsitzende der beratenden Ausschüsse ist in der Regel der Hauptverwaltungsbeamte. ²In der Hauptsatzung kann festgelegt werden, dass ein ehrenamtliches Mitglied der Vertretung einem beratenden Ausschuss, der ausdrücklich zu bezeichnen ist, vorsitzt.
(3) ¹Die Vertretung kann in die beratenden Ausschüsse sachkundige Einwohner widerruflich als Mitglieder mit beratender Stimme berufen; die §§ 41 und 47 Abs. 1 gelten entsprechend. ²Mitglieder der Vertretung und Beschäftigte der Kommune können nicht als sachkundige Einwohner berufen werden. ³Ist die Berufung in dem Verfahren nach § 47 Abs. 1 erfolgt, stellt die Vertretung die Mitgliedschaft der sachkundigen Einwohner durch Abstimmung fest. ⁴Ihre Zahl darf die der Mitglieder der Vertretung in den einzelnen Ausschüssen nicht erreichen. ⁵Die sachkundigen Einwohner sind ehrenamtlich tätig; die §§ 30 bis 35 und § 43 Abs. 1 und 2 sind entsprechend anzuwenden. ⁶Eine Aufwandsentschädigung soll jedoch, soweit sie pauschal gewährt wird, ausschließlich als Sitzungsgeld gewährt werden.

### § 50 Vertretung des Hauptverwaltungsbeamten in den Ausschüssen der Vertretung
¹In den Ausschüssen kann der Hauptverwaltungsbeamte seinen allgemeinen Vertreter oder einen Beigeordneten mit seiner Vertretung beauftragen. ²Ist der allgemeine Vertreter oder der Beigeordnete verhindert, so bestimmt der Ausschuss aus dem Kreis seiner stimmberechtigten Mitglieder die Person, die den Hauptverwaltungsbeamten im Vorsitz vertritt. ³Der allgemeine Vertreter und der Beigeordnete haben kein Stimmrecht.

### § 51 Ausschüsse nach besonderen Rechtsvorschriften
¹Die §§ 46 bis 49 sind auf Ausschüsse der Vertretung anzuwenden, die auf besonderen Rechtsvorschriften beruhen, soweit diese die Zusammensetzung, die Form der Bildung, die Auflösung, den Vorsitz oder das Verfahren nicht im Einzelnen regeln. ²Die nicht der Vertretung angehörenden Mitglieder solcher Ausschüsse besitzen eine beratende Stimme, soweit sich aus den besonderen Rechtsvorschriften nichts anderes ergibt.

### § 52 Öffentlichkeit der Sitzungen
(1) Sitzungen der Vertretung und ihrer Ausschüsse sind öffentlich.

(2) ¹Die Öffentlichkeit ist auszuschließen, wenn das öffentliche Wohl oder berechtigte Interessen Einzelner, insbesondere bei Personalangelegenheiten, der Ausübung des Vorkaufsrechts, Grundstücksangelegenheiten und Vergabeentscheidungen, dies erfordern. ²Über Gegenstände, bei denen diese Voraussetzungen vorliegen, ist nicht öffentlich zu verhandeln. ³In nicht öffentlicher Sitzung gefasste Beschlüsse sind nach Wiederherstellung der Öffentlichkeit oder, wenn dies ungeeignet ist, in der nächsten öffentlichen Sitzung bekannt zu geben, sofern nicht das öffentliche Wohl oder berechtigte Interessen Einzelner entgegenstehen.

(3) Die ehrenamtlichen Mitglieder der Vertretung sind zur Verschwiegenheit über alle in nicht öffentlicher Sitzung behandelten Angelegenheiten so lange Verpflichtet, wie sie der Hauptverwaltungsbeamte nicht von der Schweigepflicht entbindet Dies gilt nicht für Beschlüsse, soweit sie nach Absatz 2 Satz 3 bekannt gegeben worden sind.

(4) Zeit, Ort und Tagesordnung der Sitzungen sind rechtzeitig ortsüblich bekannt zu machen.

(5) ¹In öffentlichen Sitzungen der Vertretung und ihrer Ausschüsse sind Ton- und Bildübertragungen sowie Ton- und Bildaufzeichnungen durch Presse, Rundfunk und ähnliche Medien zulässig. ²Gleiches gilt für von der Vertretung und ihren Ausschüssen selbst veranlasste Ton- und Bildübertragungen sowie Ton- und Bildaufzeichnungen. ³Näheres ist in der Geschäftsordnung zu regeln.

## § 53 Einberufung der Vertretung und der Ausschüsse

(1) ¹Die Vertretung tritt spätestens einen Monat nach erfolgter Wahl, jedoch nicht vor Beginn der Wahlperiode zur konstituierenden Sitzung zusammen; zu ihr kann bereits vor Beginn der Wahlperiode einberufen werden. ²Die Einberufung erfolgt durch den Hauptverwaltungsbeamten.

(2) ¹Die ehrenamtlichen Mitglieder der Vertretung werden in der ersten Sitzung auf die gewissenhafte Erfüllung ihrer Amtspflichten verpflichtet, nachrückende ehrenamtliche Mitglieder bei ihrem Eintritt. ²Die Verpflichtung in der ersten Sitzung wird von dem an Jahren ältesten ehrenamtlichen Mitglied der Vertretung, im Übrigen von dem Vorsitzenden durchgeführt.

(3) ¹Die Vertretung und die Ausschüsse sind einzuberufen, sooft es die Geschäftslage erfordert. ²Die Geschäftsordnung kann einen Zeitraum vorsehen, nach dem die Vertretung einzuberufen ist.

(4) ¹Die Festlegung der Tagesordnung und die Einberufung der Sitzung erfolgen im Einvernehmen mit dem Hauptverwaltungsbeamten für Sitzungen der Vertretung durch deren Vorsitzenden, für Sitzungen der Ausschüsse durch deren Vorsitzende. ²Die Einberufung hat schriftlich oder elektronisch in einer angemessenen Frist, mindestens jedoch eine Woche vor der Sitzung, unter Mitteilung der Verhandlungsgegenstände zu erfolgen. ³Dabei sind die für die Verhandlung erforderlichen Unterlagen grundsätzlich beizufügen. ⁴Von der Übersendung ist abzusehen, wenn das öffentliche Wohl oder berechtigte Interessen Einzelner dem entgegenstehen. ⁵In dringenden Angelegenheiten, die keinen Aufschub dulden, kann die Vertretung ohne Frist, formlos und nur unter Angabe der Verhandlungsgegenstände einberufen werden. ⁶Einzelheiten zur Einberufung zu den Sitzungen kann die Geschäftsordnung regeln.

(5) ¹Die Vertretung ist unverzüglich einzuberufen, wenn es ein Viertel ihrer Mitglieder unter Angabe des Verhandlungsgegenstandes verlangt oder wenn die letzte Sitzung länger als drei Monate zurückliegt und ein Mitglied der Vertretung die Einberufung unter Angabe des Verhandlungsgegenstandes beantragt. ²Auf Antrag eines Viertels der Mitglieder der Vertretung oder einer Fraktion ist ein Verhandlungsgegenstand auf die Tagesordnung spätestens der übernächsten Sitzung der: Vertretung zu setzen. ³Ein Einvernehmen mit dem Hauptverwaltungsbeamten ist in diesen Fällen nicht erforderlich. ⁴Die Sätze 1 und 2 gelten nicht, wenn die Vertretung den gleichen Verhandlungsgegenstand innerhalb der letzten sechs Monate bereits verhandelt hat. ⁵Die Verhandlungsgegenstände müssen zum Aufgabengebiet der Vertretung gehören.

## § 54 Sitzungen der Vertretung und der Ausschüsse

¹Die ehrenamtlichen Mitglieder der Vertretung sind verpflichtet, an den Sitzungen, Abstimmungen und Wahlen teilzunehmen und die ihnen zugewiesenen Aufgaben zu übernehmen. ²Über Gegenstände einfacher Art können die Vertretung und ihre Ausschüsse im Wege der Offenlegung oder im schriftlichen oder elektronischen Verfahren beschließen. ³Ein hierbei gestellter Antrag ist angenommen, wenn kein stimmberechtigtes Mitglied widerspricht.

### § 55 Beschlussfähigkeit

(1) ¹Die Vertretung und die Ausschüsse sind beschlussfähig, wenn nach ordnungsgemäßer Einberufung die Mehrheit der stimmberechtigten Mitglieder anwesend ist. ²Bei einer Verletzung der Vorschriften über die Einberufung sind die Vertretung und die Ausschüsse beschlussfähig, wenn alle stimmberechtigten Mitglieder anwesend sind und keines der fehlerhaft geladenen Mitglieder den Einberufungsfehler rügt. ³Sofern der Ladung die für die Verhandlung erforderlichen Unterlagen nicht beigefügt waren, soll sich die Rüge auf die hiervon betroffenen Tagesordnungspunkte beschränken; in diesem Fall gilt der jeweilige Tagesordnungspunkt als von der Tagesordnung abgesetzt. ⁴Der Vorsitzende stellt die Beschlussfähigkeit zu Beginn der Sitzung fest. ⁵Die Vertretung und die Ausschüsse gelten sodann, auch wenn sich die Zahl der anwesenden stimmberechtigten Mitglieder im Laufe der Sitzung verringert, als beschlussfähig, solange nicht ein stimmberechtigtes Mitglied Beschlussunfähigkeit wegen Unterschreitens der erforderlichen Mitgliederzahl geltend macht; dieses zählt zu den Anwesenden.

(2) Ist eine Angelegenheit wegen Beschlussunfähigkeit zurückgestellt worden und werden die Vertretung und die Ausschüsse zur Verhandlung über den gleichen Gegenstand zum zweiten Mal einberufen, so sind sie ohne Rücksicht auf die Zahl der anwesenden stimmberechtigten Mitglieder beschlussfähig, wenn in der Ladung zur zweiten Sitzung ausdrücklich hierauf hingewiesen worden ist.

(3) ¹Besteht bei mehr als der Hälfte der stimmberechtigten Mitglieder ein gesetzlicher Grund, der ihrer Anwesenheit oder Mitwirkung entgegensteht, so sind die Vertretung und die Ausschüsse ohne Rücksicht auf die Zahl der anwesenden stimmberechtigten Mitglieder beschlussfähig. ²In diesem Fall bedürfen die Beschlüsse der Vertretung der Genehmigung der Kommunalaufsichtsbehörde und die Beschlüsse der beschließenden Ausschüsse der Bestätigung durch die Vertretung.

### § 56 Abstimmungen und Wahlen

(1) ¹Die Vertretung und die Ausschüsse beschließen durch Abstimmungen und Wahlen. ²Der Hauptverwaltungsbeamte hat Stimmrecht in der Vertretung und in den Ausschüssen, soweit er diesen vorsitzt.

(2) ¹Die Abstimmungen erfolgen offen. ²Abstimmungen im Rahmen von Präsenzsitzungen können auch im Wege der elektronischen Form erfolgen; die Einzelheiten regelt die Geschäftsordnung. ³Beschlüsse werden mit der Mehrheit der auf Ja oder Nein lautenden Stimmen gefasst, soweit das Gesetz oder in Angelegenheiten des Verfahrens die Geschäftsordnung nichts anderes bestimmt. ⁴Bei Stimmengleichheit ist ein Antrag abgelehnt.

(3) ¹Wahlen werden nur in den gesetzlich ausdrücklich genannten Fällen durchgeführt. ²Sie werden geheim mit Stimmzetteln vorgenommen; es kann offen gewählt werden, wenn kein Mitglied widerspricht.

(4) ¹Gewählt ist die Person, die im ersten Wahlgang die Stimmen der Mehrheit der anwesenden stimmberechtigten Mitglieder erhalten hat. ²Wird diese Mehrheit nicht erreicht, so findet ein zweiter Wahlgang statt. ³Im zweiten Wahlgang ist die Person gewählt, die die meisten Stimmen erhalten hat. ⁴Ergibt sich im zweiten Wahlgang Stimmengleichheit, so entscheidet das Los, das der Vorsitzende zieht. ⁵Soweit im ersten Wahlgang nur eine Person zur Wahl stand und diese Person die erforderliche Mehrheit nicht erreicht hat, finden die Sätze 2 bis 4 keine Anwendung.

(5) ¹Sind mehrere Personen zu wählen, können die Wahlen in einem Wahlvorgang durchgeführt werden, indem alle Bewerber auf einem Stimmzettel erfasst werden und je zu besetzende Stelle eine Stimme vergeben werden kann. ²Gewählt sind die Bewerber in der Reihenfolge der Zahl der für sie abgegebenen gültigen Stimmen, wenn zugleich die Mehrheit der anwesenden stimmberechtigten Mitglieder erreicht ist. ³Bei Stimmengleichheit entscheidet das Los, das der Vorsitzende zieht. ⁴Leere Stimmzettel, Stimmzettel mit Zusätzen und Stimmzettel, die den Willen des Stimmberechtigten nicht zweifelsfrei erkennen lassen oder bei denen mehr als eine Stimme für einen Bewerber abgegeben wurden, sind ungültig.

(6) ¹Ist zur Besetzung einer Stelle eine Person durch Abstimmung zu bestellen, gilt Absatz 4 entsprechend. ²Sind zur Besetzung mehrerer Stellen mehrere Personen durch Abstimmung zu bestellen, findet Absatz 5 entsprechende Anwendung mit der Maßgabe, dass in alphabetischer Reihenfolge der Namen abgestimmt wird.

### § 56a Abstimmungen in außergewöhnlichen Notsituationen

(1) ¹Soweit eine Naturkatastrophe, eine epidemische oder pandemische Lage oder eine sonstige außergewöhnliche Notsituation die ordnungsgemäße Durchführung der Sitzungen der Vertretung und

ihrer Ausschüsse unzumutbar macht, finden die Regelungen der Absätze 2 bis 6 Anwendung. ²Die Kommunalaufsichtsbehörde stellt die Notsituation im Sinne von Satz 1 fest und bestimmt den Zeitraum der Anwendbarkeit der Regelungen. ³Die kommunalaufsichtliche Feststellung entfällt, soweit und solange eine landesweite epidemische oder pandemische Lage durch den Landtag nach § 161 Abs. 2 Satz 2 bis 4 festgestellt wird. ⁴Die Kommune hat sicherzustellen, dass die Öffentlichkeit in geeigneter Weise Kenntnis über die in Anspruch genommenen Abweichungsmöglichkeiten nach den Absätzen 2 bis 6 erhält.

(2) ¹Zur Sicherstellung der Beratungen und Abstimmungen können notwendige Sitzungen der Vertretung und ihrer Ausschüsse ohne persönliche Anwesenheit der Mitglieder in einem Sitzungsraum als Videokonferenz durch zeitgleiche Übertragung von Bild und Ton durchgeführt werden. ²Das Nähere zur Durchführung der Videokonferenz regelt die Geschäftsordnung. ³In einer Videokonferenzsitzung dürfen Wahlen im Sinne von § 56 Abs. 3 nicht durchgeführt werden; im Übrigen sind die für den Geschäftsgang der Sitzungen der Vertretung und Ausschüsse geltenden Bestimmungen entsprechend anzuwenden. ⁴Die Kommune hat sicherzustellen, dass die technischen Anforderungen und die datenschutzrechtlichen Bestimmungen für eine ordnungsgemäße Durchführung der Videokonferenzsitzung einschließlich Beratung und Abstimmung eingehalten werden. ⁵Bei öffentlichen Videokonferenzsitzungen ist mindestens zu gewährleisten, dass Presse, Rundfunk und ähnliche Medien und die interessierte Öffentlichkeit in öffentlich zugänglichen Räumlichkeiten die Sitzung zeitgleich verfolgen können. ⁶Zeit und Tagesordnung einer Videokonferenzsitzung sind rechtzeitig ortsüblich bekannt zu machen; dabei ist die Öffentlichkeit darauf hinzuweisen, in welcher Weise die öffentliche Videokonferenzsitzung verfolgt werden kann.

(3) ¹Die Vertretung und ihre Ausschüsse können über Verhandlungsgegenstände im Wege eines schriftlichen oder elektronischen Verfahrens abstimmen, soweit sich vier Fünftel der Mitglieder der Vertretung oder des Ausschusses mit diesem Verfahren einverstanden erklären. ²Im schriftlichen oder elektronischen Verfahren dürfen Wahlen im Sinne von § 56 Abs. 3 nicht durchgeführt werden. ³Vor der Abstimmung im schriftlichen oder elektronischen Verfahren ist der Verhandlungsgegenstand grundsätzlich mittels geeigneter technischer Hilfsmittel, insbesondere in Form einer Telefonkonferenz oder einer Videokonferenz, zu beraten. ⁴Hierauf kann verzichtet werden, wenn der Verhandlungsgegenstand in einer Präsenzsitzung bereits behandelt oder im Rahmen einer Präsenzsitzung auf eine Vorberatung verzichtet wurde. ⁵Der Zeitpunkt der Beschlussfassung im schriftlichen oder elektronischen Verfahren und die Zusammenstellung der Abstimmungsgegenstände sind rechtzeitig ortsüblich bekannt zu machen. ⁶Für die Abstimmung im schriftlichen oder elektronischen Verfahren ist jedem Mitglied eine Beschlussvorlage zur Verfügung zu stellen, die alle zur Abstimmung erforderlichen Informationen und eine Frist enthält, bis zu der die Stimme abzugeben ist; für die Abstimmung gilt § 56 Abs. 2 Satz 3 und 4. ⁷Beschlüsse, die im schriftlichen oder elektronischen Verfahren gefasst wurden, oder ihr wesentlicher Inhalt sowie das jeweilige Abstimmungsvotum der Mitglieder sind in ortsüblicher Weise der Öffentlichkeit zugänglich zu machen; § 52 Abs. 2 gilt entsprechend. ⁸Die Vertretung oder der Ausschuss setzt die im schriftlichen oder elektronischen Verfahren gefassten Beschlüsse auf die Tagesordnung seiner nächsten Präsenzsitzung und kann diese aufheben oder ändern, soweit sie noch nicht erledigt oder nicht bereits Rechte Dritter entstanden sind. ⁹Beschlüsse von Ausschüssen, die zur Vorberatung der Verhandlungen oder einzelner Verhandlungsgegenstände der Vertretung im schriftlichen oder elektronischen Verfahren gefasst wurden und die von der Vertretung behandelt wurden, können nur von der Vertretung aufgehoben oder geändert werden.

(4) Die Beteiligung der beschließenden Ausschüsse nach § 48 Abs. 3 Satz 1 bei der Vorbereitung der Beschlüsse der Vertretung kann unterbleiben.

(5) Die Regelung zur Einberufung der Vertretung nach § 53 Abs. 5 Satz 1, 2. Alternative findet keine Anwendung.

(6) Im Rahmen der Anhörung nach § 84 Abs. 2 kann anstelle des Ortschaftsrates der Ortsbürgermeister angehört werden, soweit der Ortsbürgermeister hierzu sein Einverständnis erklärt.

### § 57 Verhandlungsleitung

(1) ¹Der Vorsitzende leitet die Verhandlungen der Vertretung oder des Ausschusses im Rahmen der Geschäftsordnung. ²Er handhabt die Ordnung und übt das Hausrecht aus.

(2) ¹Der Vorsitzende kann ein Mitglied der Vertretung bei grober Ungebühr oder wiederholten Verstößen gegen die Ordnung aus dem Sitzungsraum verweisen. ²Mit dieser Anordnung ist der Verlust

des Anspruchs auf die auf den Sitzungstag entfallende Entschädigung verbunden. ³Bei wiederholten Verstößen kann die Vertretung ein Mitglied für mehrere, höchstens jedoch vier Sitzungen ausschließen.
(3) ¹Zuhörer und zu den Beratungen hinzugezogene sachkundige Einwohner oder Sachverständige, die die Ordnung stören, kann der Vorsitzende aus dem Sitzungsraum verweisen. ²Absatz 2 Satz 2 und 3 gilt entsprechend.

### § 58 Niederschrift
(1) ¹Über jede Sitzung der Vertretung ist eine Niederschrift aufzunehmen. ²Die Niederschrift muss mindestens
1. die Zeit und den Ort der Sitzung,
2. die Namen der Teilnehmer,
3. die Tagesordnung,
4. den Wortlaut der Anträge und Beschlüsse und
5. das Ergebnis der Abstimmungen

enthalten. ³Auf Verlangen des Vorsitzenden und jedes Mitglieds der Vertretung ist ihre Erklärung wörtlich in der Niederschrift festzuhalten. ⁴Die Niederschrift muss vom Vorsitzenden und vom Protokollführer unterzeichnet werden. ⁵Sie soll innerhalb von 30 Tagen, spätestens zur nächsten Sitzung, vorliegen.
(2) ¹Über die Niederschrift stimmt die Vertretung ab. ²Das Nähere regelt die Geschäftsordnung.
(3) ¹Die Einsichtnahme in die Niederschriften über die öffentlichen Sitzungen ist zu gestatten. ²Das Nähere regelt die Geschäftsordnung.
(4) ¹Für Ausschüsse gelten die Absätze 1 bis 3 entsprechend. ²Die Niederschrift ist zu unterzeichnen.

### § 59 Geschäftsordnung
Die Vertretung gibt sich mit der Mehrheit ihrer Mitglieder im Rahmen dieses Gesetzes eine Geschäftsordnung zur Regelung ihrer inneren Angelegenheiten.

*Abschnitt 2*
**Hauptverwaltungsbeamter**

### § 60 Rechtsstellung
(1) Der Hauptverwaltungsbeamte ist Beamter auf Zeit und Leiter der Verwaltung.
(2) Der Hauptverwaltungsbeamte vertritt und repräsentiert die Kommune.
(3) ¹In Gemeinden mit mehr als 25 000 Einwohnern führen die Hauptverwaltungsbeamten die Amtsbezeichnung Oberbürgermeister. ²Der Beigeordnete, der den Oberbürgermeister als erster vertritt, führt die Amtsbezeichnung Bürgermeister.

### § 61 Wahl, Amtszeit
(1) ¹Der Hauptverwaltungsbeamte wird von den wahlberechtigten Bürgern nach den Vorschriften des Kommunalwahlgesetzes für das Land Sachsen-Anhalt gewählt. ²Die Amtszeit beträgt sieben Jahre.
(2) ¹Die Amtszeit des Hauptverwaltungsbeamten beginnt mit dem Amtsantritt. ²Im Fall der Wiederwahl schließt sich die neue Amtszeit an das Ende der vorangegangenen an. ³Der Hauptverwaltungsbeamte tritt trotz Erreichens der Altersgrenze des § 39 Abs. 1 Satz 1 und Abs. 2 des Landesbeamtengesetzes erst nach Ablauf seiner Amtszeit in den Ruhestand. ⁴Nach Erreichen dieser Altersgrenze ist der Hauptverwaltungsbeamte auf seinen Antrag jederzeit in den Ruhestand zu versetzen. ⁵Sofern die Voraussetzungen des § 10 Abs. 1 des Landesbeamtenversorgungsgesetzes Sachsen-Anhalt nicht erfüllt sind, ist er zu entlassen. ⁶Der Hauptverwaltungsbeamte führt nach Ablauf seiner Amtszeit die Geschäfte bis zum Amtsantritt des neu gewählten Hauptverwaltungsbeamten weiter; sein Amts- und Dienstverhältnis besteht so lange fort.
(3) Das Weiterführen der Geschäfte bis zum Amtsantritt des neu gewählten Hauptverwaltungsbeamten entfällt, wenn der Hauptverwaltungsbeamte
1. vor dem Ablauf seiner Amtszeit der Vertretung schriftlich mitgeteilt hat, dass er die Weiterführung der Geschäfte ablehnt,

2. des Dienstes vorläufig enthoben ist oder wenn gegen ihn Anklage wegen eines Verbrechens erhoben ist oder
3. ohne Rücksicht auf Wahlprüfung und Wahlanfechtung nach Feststellung des Wahlausschusses nicht wiedergewählt ist.

(4) Der Vorsitzende der Vertretung ernennt, vereidigt und verpflichtet den Hauptverwaltungsbeamten in öffentlicher Sitzung im Namen der Vertretung.

## § 62 Wählbarkeit, Hinderungsgründe

(1) [1]Wählbar zum Hauptverwaltungsbeamten sind Deutsche im Sinne des Artikels 116 des Grundgesetzes und Staatsangehörige anderer Mitgliedstaaten der Europäischen Union, die die Gewähr dafür bieten, dass sie jederzeit für die freiheitlich demokratische Grundordnung im Sinne des Grundgesetzes und der Verfassung des Landes Sachsen-Anhalt eintreten. [2]Die Bewerber dürfen nicht nach § 40 Abs. 2 von der Wählbarkeit ausgeschlossen sein. [3]Der Hauptverwaltungsbeamte muss am Wahltag das 21. Lebensjahr vollendet, darf aber noch nicht die Altersgrenze nach § 39 Abs. 1 Satz 1 des Landesbeamtengesetzes erreicht haben. [4]Der Tag der Stichwahl bleibt bei der Berechnung außer Betracht.

(2) [1]Die in § 41 Abs. 1 Nrn. 2 bis 7, Abs. 2 und Abs. 3 Nrn. 2 bis 6 Genannten können nicht gleichzeitig Hauptverwaltungsbeamter dieser Kommune sein. [2]Der Bürgermeister einer Gemeinde kann nicht gleichzeitig Mitglied des Ortschaftsrates oder Ortsvorsteher einer Ortschaft derselben Gemeinde sein. [3]Der Verbandsgemeindebürgermeister kann nicht gleichzeitig Bürgermeister oder Gemeinderat einer Mitgliedsgemeinde einer Verbandsgemeinde sein.

## § 63 Zeitpunkt der Wahl, Stellenausschreibung

(1) [1]Die Wahl des Hauptverwaltungsbeamten hat frühestens sechs Monate und spätestens einen Monat vor Ablauf der Amtszeit zu erfolgen. [2]In anderen Fällen des Freiwerdens der Stelle erfolgt die Wahl spätestens drei Monate nach Freiwerden der Stelle. [3]Wird eine Gemeinde neu gebildet, erfolgt die Wahl unverzüglich nach Wirksamkeit der Gebietsänderung, wenn nicht von der Möglichkeit Gebrauch gemacht wird, die Wahl vor Wirksamkeit der Gebietsänderung nach Maßgabe der §§ 58 bis 65 des Kommunalwahlgesetzes für das Land Sachsen-Anhalt durchzuführen. [4]Die Wahl kann in den Fällen der Sätze 1 und 2 bis zu einem Jahr nach Freiwerden der Stelle aufgeschoben werden, wenn die Auflösung der Gemeinde bevorsteht.

(2) [1]Die Ausschreibung der Stelle des Hauptverwaltungsbeamten hat spätestens zwei Monate vor dem Wahltag zu erfolgen. [2]Bewerbern, die nach den wahlrechtlichen Vorschriften zugelassen worden sind, ist Gelegenheit zu geben, sich den Bürgern in mindestens einer öffentlichen Versammlung vorzustellen. [3]Im Falle des Vorliegens einer außergewöhnlichen Notsituation im Sinne von § 56a Abs. 1 kann die Vorstellung der Bewerber nach Satz 2 im Wege einer Videokonferenz erfolgen; § 56a Abs. 2 ist entsprechend anzuwenden. [4]Das Nähere regelt das Kommunalwahlgesetz für das Land Sachsen-Anhalt.

## § 64 Abwahl

(1) [1]Ein Hauptverwaltungsbeamter kann von den Bürgern der Kommune vorzeitig abgewählt werden. [2]Zur Einleitung des Abwahlverfahrens bedarf es eines von mindestens zwei Dritteln der Mitglieder der Vertretung, die nicht an der Mitwirkung gehindert sind, gestellten Antrages und eines mit einer Mehrheit von drei Vierteln der Mitglieder der Vertretung, die nicht an der Mitwirkung gehindert sind, zu fassenden Beschlusses. [3]Der Beschluss darf frühestens drei Tage nach Antragstellung in der Vertretung gefasst werden. [4]Das Nähere regelt das Kommunalwahlgesetz für das Land Sachsen-Anhalt.

(2) [1]Der Hauptverwaltungsbeamte gilt als abgewählt, soweit er innerhalb einer Woche nach dem Beschluss der Vertretung, das Abwahlverfahren einzuleiten, auf die Durchführung des Abwahlverfahrens verzichtet. [2]Der Verzicht ist schriftlich gegenüber dem Vorsitzenden der Vertretung zu erklären.

(3) Der Hauptverwaltungsbeamte scheidet mit Ablauf des Tages, an dem der Wahlleiter die Abwahl bekannt gibt oder an dem die Verzichtserklärung nach Absatz 2 dem Vorsitzenden der Vertretung zugeht, aus dem Amt aus.

## § 65 Rechtsstellung in der Vertretung und in den Ausschüssen

(1) Der Hauptverwaltungsbeamte bereitet die Beschlüsse der Vertretung und ihrer Ausschüsse vor und führt sie aus.

(2) [1]Der Hauptverwaltungsbeamte hat die Vertretung über alle wichtigen die Kommune und ihre Verwaltung betreffenden Angelegenheiten zu unterrichten. [2]Bei wichtigen Planungen ist die Vertretung

möglichst frühzeitig über die Absichten und Vorstellungen der Verwaltung und laufend über den Stand und den Inhalt der Planungsarbeiten zu unterrichten.
(3) [1]Der Hauptverwaltungsbeamte muss Beschlüssen der Vertretung widersprechen, wenn er der Auffassung ist, dass diese rechtswidrig sind. [2]Er kann Beschlüssen widersprechen, wenn diese für die Kommune nachteilig sind. [3]Der Widerspruch muss binnen zwei Wochen ab Kenntnis schriftlich gegenüber dem Vorsitzenden der Vertretung eingelegt und begründet werden. [4]Er hat aufschiebende Wirkung. [5]Verbleibt die Vertretung bei erneuter Befassung bei diesem Beschluss und ist dieser nach Auffassung des Hauptverwaltungsbeamten rechtswidrig, muss er erneut widersprechen und unverzüglich die Entscheidung der Kommunalaufsichtsbehörde einholen. [6]Die Sätze 3 und 4 gelten entsprechend. [7]Für Beschlüsse, die durch beschließende Ausschüsse gefasst werden, gilt Entsprechendes mit der Maßgabe, dass die Vertretung über den Widerspruch zu entscheiden hat. [8]Unterlässt der Hauptverwaltungsbeamte den Widerspruch gegen rechtswidrige Beschlüsse vorsätzlich oder grob fahrlässig, so hat er der Kommune den daraus entstehenden Schaden zu ersetzen.
(4) [1]In dringenden Angelegenheiten der Vertretung, deren Erledigung nicht bis zu einer nach § 53 Abs. 4 Satz 5 einberufenen Sitzung der Vertretung aufgeschoben werden kann, entscheidet der Hauptverwaltungsbeamte anstelle der Vertretung. [2]Er hat den ehrenamtlichen Mitgliedern der Vertretung die Gründe für die Eilentscheidung sowie die Erledigung unverzüglich mitzuteilen. [3]Die Angelegenheit ist in die Tagesordnung der nächsten Sitzung aufzunehmen. [4]Das Gleiche gilt für Angelegenheiten, für deren Entscheidung ein beschließender Ausschuss zuständig ist.

### § 66 Aufgaben in der Verwaltung

(1) [1]Der Hauptverwaltungsbeamte leitet die Verwaltung der Kommune. [2]Er ist für die sachgemäße Erledigung der Aufgaben und den ordnungsgemäßen Gang der Verwaltung verantwortlich und regelt ihre innere Organisation. [3]Er erledigt in eigener Verantwortung die Geschäfte der laufenden Verwaltung.
(2) Der Hauptverwaltungsbeamte regelt in eigener Zuständigkeit
1. die den Kommunen durch Gesetz oder aufgrund eines Gesetzes übertragenen hoheitlichen Aufgaben in Angelegenheiten der Verteidigung einschließlich des Wehrersatzwesens und des Schutzes der Zivilbevölkerung, soweit nicht für haushalts- und personalrechtliche Entscheidungen die Vertretung zuständig ist,
2. die Angelegenheiten, die im Interesse der Sicherheit der Bundesrepublik Deutschland und eines ihrer Länder geheim zu halten sind.
(3) [1]Die Vertretung kann dem Hauptverwaltungsbeamten durch Hauptsatzung weitere Angelegenheiten zur selbstständigen Erledigung übertragen. [2]Hiervon ausgenommen sind Angelegenheiten, die die Vertretung nach § 45 Abs. 2 bis 4 nicht übertragen kann. [3]Die Vertretung kann jede Angelegenheit, die sie nach Satz 1 übertragen hat, für den Einzelfall an sich ziehen, solange der Hauptverwaltungsbeamte noch nicht entschieden hat.
(4) Aufgaben des übertragenen Wirkungskreises erledigt der Hauptverwaltungsbeamte in eigener Zuständigkeit, soweit gesetzlich nichts anderes bestimmt ist.
(5) Der Hauptverwaltungsbeamte ist Vorgesetzter, Dienstvorgesetzter, höherer Dienstvorgesetzter und oberste Dienstbehörde der Beigeordneten und Beschäftigten der Kommune.

### § 67 Allgemeine Vertretung

(1) In Kommunen ohne Beigeordnete wählt die Vertretung einen Beschäftigten als Vertreter des Hauptverwaltungsbeamten für den Verhinderungsfall.
(2) [1]In Kommunen mit einem Beigeordneten ist dieser der allgemeine Vertreter des Hauptverwaltungsbeamten. [2]In Kommunen mit mehreren Beigeordneten legt die Vertretung die Reihenfolge der Vertreter in gesonderten Wahlgängen fest.
(3) [1]Die Vertretung kann aus dem Kreis der Beschäftigten weitere Vertreter des Hauptverwaltungsbeamten für den Verhinderungsfall wählen. [2]Absatz 2 Satz 2 gilt entsprechend.

### § 68 Beigeordnete

(1) Gemeinden und Verbandsgemeinden mit mehr als 25 000 Einwohnern können außer dem Hauptverwaltungsbeamten einen, Landkreise und kreisfreie Städte mehrere Beigeordnete in das Beamtenverhältnis auf Zeit berufen, wenn die Hauptsatzung dies vorsieht.

(2) Einer der Beigeordneten muss die Befähigung zur Laufbahn des allgemeinen Verwaltungsdienstes der Laufbahngruppe 2, zweites Einstiegsamt, oder zum Richteramt haben, sofern nicht der Hauptverwaltungsbeamte oder ein leitender Beschäftigter der Kommune diese Voraussetzung erfüllt.

(3) ¹Die Beigeordneten vertreten den Hauptverwaltungsbeamten ständig in ihrem Geschäftskreis. ²Der Hauptverwaltungsbeamte kann ihnen allgemein oder im Einzelfall Weisungen erteilen.

### § 69 Wahl, Abwahl der Beigeordneten

(1) ¹Beigeordnete sind auf die Dauer von sieben Jahren als hauptamtliche Beamte zu bestellen. ²Die Beigeordneten werden im Benehmen mit dem Hauptverwaltungsbeamten von der Vertretung je in einem besonderen Wahlgang gewählt. ³§ 39 Abs. 4 des Landesbeamtengesetzes findet keine Anwendung.

(2) ¹Für die Wahl gilt § 63 Abs. 1 und 2 Satz 1 entsprechend. ²Die Vertretung kann im Einvernehmen mit dem Hauptverwaltungsbeamten beschließen, von der Ausschreibung abzusehen, wenn der bisherige Stelleninhaber bereit ist, sich erneut zur Wahl zu stellen. ³Im Fall der Wiederwahl gilt § 61 Abs. 2 Satz 2 entsprechend.

(3) ¹Beigeordnete können aufgrund eines von mindestens zwei Dritteln der Mitglieder der Vertretung gestellten Antrages und eines mit einer Mehrheit von mindestens drei Vierteln der Mitglieder der Vertretung zu fassenden Beschlusses vorzeitig abgewählt werden. ²§ 56 Abs. 4 Satz 2 bis 4 findet keine Anwendung. ³Der Beschluss über die Abwahl darf frühestens drei Tage nach der Antragstellung in der Vertretung gefasst werden.

### § 70 Hinderungsgründe

¹Beigeordnete dürfen weder miteinander noch mit dem Hauptverwaltungsbeamten in einem familienrechtlichen Verhältnis als Ehegatte, Eltern, Kinder oder Geschwister stehen oder eine eingetragene Lebenspartnerschaft führen oder als persönlich haftende Gesellschafter an derselben Handelsgesellschaft beteiligt sein. ²Entsteht ein solches Verhältnis zwischen dem Hauptverwaltungsbeamten und einem Beigeordneten oder zwischen Beigeordneten, ist der Beigeordnete, im Übrigen der an Dienstjahren Jüngere in den einstweiligen Ruhestand zu versetzen.

### § 71 Besondere Dienstpflichten

Die besonderen Dienstpflichten nach den §§ 32 und 33 gelten für den Hauptverwaltungsbeamten und die Beigeordneten entsprechend.

### § 72 Beauftragung Dritter

(1) ¹Der Hauptverwaltungsbeamte kann Beschäftigte mit seiner Vertretung auf bestimmten Aufgabengebieten oder in einzelnen Angelegenheiten der Verwaltung der Kommune beauftragen. ²Diese Befugnis kann er auf Beigeordnete für deren Geschäftskreis übertragen.

(2) ¹Der Hauptverwaltungsbeamte kann in einzelnen Angelegenheiten rechtsgeschäftliche Vollmacht erteilen. ²Absatz 1 Satz 2 gilt entsprechend.

### § 73 Verpflichtungsgeschäfte

(1) ¹Erklärungen, durch welche die Kommune verpflichtet werden soll, bedürfen der Schriftform. ²Sie sind, sofern sie nicht gerichtlich oder notariell beurkundet werden, nur rechtsverbindlich, wenn sie vom Hauptverwaltungsbeamten handschriftlich unterzeichnet wurden oder von ihm in elektronischer Form mit der dauerhaften qualifizierten elektronischen Signatur versehen sind.

(2) Im Fall der Vertretung des Hauptverwaltungsbeamten müssen Erklärungen durch dessen Stellvertreter, den vertretungsberechtigten Beigeordneten oder durch zwei vertretungsberechtigte Beschäftigte handschriftlich unterzeichnet werden oder von ihnen in elektronischer Form mit der dauerhaften qualifizierten elektronischen Signatur versehen sein.

(3) Den Unterschriften soll die Amtsbezeichnung und im Fall des Absatzes 2 ein das Vertretungsverhältnis kennzeichnender Zusatz beigefügt werden.

(4) Die Formvorschriften der Absätze 1 bis 3 gelten nicht für Erklärungen in Geschäften der laufenden Verwaltung oder aufgrund einer in der Form der Absätze 1 bis 3 ausgestellten Vollmacht.

### § 74 Bestellter Hauptverwaltungsbeamter

¹Ein zum Hauptverwaltungsbeamten der Kommune gewählter Bewerber kann nach Feststellung der Gültigkeit seiner Wahl auf einen Wahleinspruch hin mit der Mehrheit der ehrenamtlichen Mitglieder der Vertretung zum Hauptverwaltungsbeamten der Kommune bestellt werden. ²Der bestellte Haupt-

verwaltungsbeamte ist als hauptamtlicher Beamter auf Zeit zu berufen. ³Seine Amtszeit beträgt zwei Jahre, Wiederbestellung ist zulässig. ⁴Die Amtszeit endet vorzeitig mit der Unanfechtbarkeit der gerichtlichen Entscheidung über die Aufhebung der Gültigkeit der Wahl. ⁵Im Übrigen endet die Amtszeit als bestellter Hauptverwaltungsbeamter mit der Ernennung zum Hauptverwaltungsbeamten. ⁶Die Amtszeit des Hauptverwaltungsbeamten verkürzt sich um die Amtszeit, die er als bestellter Hauptverwaltungsbeamter tätig war.

## Abschnitt 3
## Beschäftigte

### § 75 Notwendigkeit bestimmter Fachkräfte

(1) ¹Die Kommunen sind verpflichtet, die zur Erfüllung ihrer Aufgaben erforderlichen geeigneten Beschäftigten einzustellen. ²Hoheitliche Aufgaben sind in der Regel durch Beamte zu erfüllen.

(2) Unbeschadet der Verpflichtung nach Absatz 1 muss

1. in Landkreisen, Verbandsgemeinden und Gemeinden mit mehr als 25 000 Einwohnern mindestens ein Beamter mit der Befähigung für die Laufbahn des allgemeinen Verwaltungsdienstes der Laufbahngruppe 2, zweites Einstiegsamt oder mit der Befähigung für das Richteramt im Dienst der Kommune stehen, wenn nicht der Hauptverwaltungsbeamte oder ein Beigeordneter diese Befähigung besitzt,
2. in den übrigen Gemeinden, mit Ausnahme der Mitgliedsgemeinden von Verbandsgemeinden, mindestens ein Beamter mit der Befähigung für die Laufbahn des allgemeinen Verwaltungsdienstes der Laufbahngruppe 2, erstes Einstiegsamt im Dienst der Gemeinde stehen, wenn nicht der Hauptverwaltungsbeamte diese Befähigung besitzt.

(3) Bei der Ausbildung der im Vorbereitungsdienst befindlichen Beamten für den Dienst in der Verwaltung des Landes und der Träger der Selbstverwaltung wirken die Kommunen mit den zuständigen Landesbehörden zusammen.

(4) Im Einvernehmen mit den in Absatz 2 Nr. 1 genannten Kommunen sollen Landesbeamte zur Dienstleistung zu diesen Kommunen abgeordnet werden.

### § 76 Stellenplan und Rechtsverhältnisse der Beschäftigten

(1) ¹Die Kommunen bestimmen im Stellenplan die Stellen ihrer Beamten sowie ihrer nicht nur vorübergehend beschäftigten Arbeitnehmer, die für die Erfüllung der Aufgaben im Haushaltsjahr erforderlich sind. ²Für Sondervermögen, für die Sonderrechnungen geführt werden, sind besondere Stellenpläne aufzustellen. ³Beamte in Einrichtungen solcher Sondervermögen sind auch im Stellenplan nach Satz 1 aufzuführen und dort besonders zu kennzeichnen.

(2) ¹Auf die Beschäftigten sind die gesetzlichen und tarifrechtlichen Vorschriften anzuwenden. ²Abweichungen von tariflichen Vorschriften sind zulässig, soweit sie unmittelbar und nachweisbar zu einer Verringerung von Stellen im Stellenplan nach Absatz 1 Satz 1 führen.

(3) Maßnahmen nach Absatz 2 Satz 2 sind der Kommunalaufsichtsbehörde einen Monat vor ihrer Durchführung anzuzeigen.

(4) Die oberste Kommunalaufsichtsbehörde kann weitere Ausnahmen von der Anwendung tariflicher Vorschriften zulassen, soweit besondere Umstände dies erfordern.

### § 77 Personalübergang

(1) Bei Neu- oder Umbildung einer Kommune oder bei einem Aufgabenübergang nach § 32 des Landesbeamtengesetzes in Verbindung mit § 16 Abs. 4 des Beamtenstatusgesetzes findet auf Beamte im Dienst einer Kommune § 32 des Landesbeamtengesetzes nach Maßgabe der Absätze 2 bis 4 Anwendung.

(2) ¹Wurde im Gebietsänderungsvertrag eine Vereinbarung nach § 19 Abs. 4 nicht getroffen, wählt der Gemeinderat der neu gebildeten Gemeinde einen der bisherigen und hierzu bereiten hauptamtlichen Bürgermeister zum hauptamtlichen Bürgermeister der neu gebildeten Gemeinde. ²Weitere bisherige hauptamtliche Bürgermeister sind Beigeordnete. ³Die Reihenfolge der Vertretung nach § 67 bestimmt sich nach der Zahl der für sie abgegebenen gültigen Stimmen.

(3) ¹Die bisherigen Beigeordneten werden Beigeordnete in der aufnehmenden oder der neu gebildeten Kommune. ²Die Beschränkungen nach § 68 Abs. 1 finden im Hinblick auf diese Personen keine Anwendung. ³Wurden im Gebietsänderungsvertrag oder in der Vereinbarung nach § 19 Abs. 7 Satz 2

keine Regelungen getroffen, legt die Vertretung der aufnehmenden oder neu gebildeten Kommune die Reihenfolge der Vertretung nach § 67 fest; diese hat in den Fällen des Absatzes 2 Satz 2 und 3 der Vertretungsregelung hinsichtlich der bisherigen hauptamtlichen Bürgermeister nachzugehen.
(4) Die Dienstverhältnisse der bisherigen Beamten auf Zeit bestehen bis zum jeweiligen Ablauf ihrer ursprünglichen Amtszeit fort.
(5) [1]Auf Arbeitnehmer im Dienst einer Kommune findet Absatz 1 entsprechende Anwendung. [2]Für die Auszubildenden bei einer Kommune gilt Satz 1 entsprechend.
(6) Daneben gelten die tarifrechtlichen Bestimmungen.

### § 78 Gleichstellungsbeauftragte
(1) Kommunen, die nicht Mitgliedsgemeinden von Verbandsgemeinden sind, haben zur Verwirklichung des Grundrechts der Gleichberechtigung von Frauen und Männern eine Gleichstellungsbeauftragte zu bestellen; das Nähere regelt die Hauptsatzung.
(2) [1]In Kommunen mit mindestens 25 000 Einwohnern ist die Gleichstellungsbeauftragte hauptamtlich tätig. [2]In Kommunen mit weniger als 25 000 Einwohnern wird eine in der Verwaltung hauptberuflich Tätige mit der Gleichstellungsarbeit betraut, die zur Wahrnehmung dieser Aufgabe von ihren sonstigen Arbeitsaufgaben entsprechend zu entlasten ist. [3]In Mitgliedsgemeinden von Verbandsgemeinden werden die Aufgaben der Gleichstellungsbeauftragten von der Gleichstellungsbeauftragten der Verbandsgemeinde wahrgenommen.
(3) [1]Die Gleichstellungsbeauftragte ist unmittelbar dem Hauptverwaltungsbeamten unterstellt. [2]Bei der Ausübung ihrer Tätigkeit ist sie nicht weisungsgebunden.
(4) [1]Die Hauptsatzung hat zu bestimmen, dass die Gleichstellungsbeauftragte an den Sitzungen der Vertretung und der Ausschüsse teilnehmen kann, soweit ihr Aufgabenbereich betroffen ist. [2]Ihr ist in Angelegenheiten ihres Aufgabenbereiches auf Verlangen das Wort zu erteilen.

### § 79 Interessenvertreter, Beauftragte, Beiräte
Die Kommunen können für bestimmte Aufgabenbereiche besondere Interessenvertreter und Beauftragte bestellen sowie Beiräte bilden.

### § 80 Beteiligung gesellschaftlicher Gruppen
[1]Die Kommunen sollen Kinder und Jugendliche, Senioren, Menschen mit Behinderungen, Zuwanderer und andere gesellschaftlich bedeutsame Gruppen bei Planungen und Vorhaben, die deren spezifische Interessen berühren, in angemessener Weise beteiligen. [2]Hierzu können geeignete Verfahren entwickelt, Beiräte gebildet oder Beauftragte bestellt werden. [3]Das Nähere, insbesondere zur Bildung, zu den Aufgaben und zu den Mitgliedern der Beiräte, wird durch kommunale Satzung bestimmt.

*Abschnitt 4*
**Ortschaftsverfassung**

### § 81 Bildung von Ortschaften
(1) [1]In einer Gemeinde können durch die Hauptsatzung Gebietsteile zu Ortschaften bestimmt und die Ortschaftsverfassung befristet oder unbefristet geregelt werden. [2]In der Hauptsatzung ist die Abgrenzung der Ortschaften zu bestimmen und zugleich festzulegen, ob ein Ortschaftsrat oder ein Ortsvorsteher gewählt wird.
(2) [1]Schließen sich Gemeinden zusammen, kann die Ortschaftsverfassung durch Gebietsänderungsvertrag befristet oder unbefristet geregelt werden. [2]In dem Gebietsänderungsvertrag sind die Grenzen der Ortschaften festzulegen und zugleich zu bestimmen, ob ein Ortschaftsrat oder ein Ortsvorsteher gewählt wird. [3]Die Vereinbarungen des Gebietsänderungsvertrages sind in die Hauptsatzung der aufnehmenden oder neu gebildeten Gemeinde zu übernehmen.
(3) Die Absätze 1 und 2 gelten nicht für Mitgliedsgemeinden von Verbandsgemeinden.
(4) [1]Soweit in diesem Abschnitt nichts Abweichendes bestimmt ist, gelten für die Ortschaftsräte die Vorschriften über die Gemeinderäte und für das Verfahren im Ortschaftsrat die Vorschriften über das Verfahren im Gemeinderat mit Ausnahme von § 41 Abs. 1 Nrn. 2 bis 7 und § 45 Abs. 2 Nrn. 1, 4 bis 21, Abs. 3 entsprechend. [2]§ 55 Abs. 3 gilt mit der Maßgabe entsprechend, dass die Beschlüsse des Ortschaftsrates der Bestätigung durch den Gemeinderat bedürfen. [3]Einzelheiten der Zusammenarbeit

des Ortschaftsrates oder des Ortsvorstehers mit dem Gemeinderat und den Ausschüssen kann der Gemeinderat in der Geschäftsordnung regeln.

### § 82[1)] Wahl des Ortsvorstehers und des Ortschaftsrates

(1) [1]Der Ortsvorsteher wird ab Beginn der Wahlperiode 2019 zugleich mit den Gemeinderäten für die Dauer von fünf Jahren, in den Fällen des § 86 Abs. 7 für den Rest der Wahlperiode des Gemeinderates, von den in der Ortschaft wohnenden wahlberechtigten Bürgern der Gemeinde entsprechend den Vorschriften über die Wahl des Hauptverwaltungsbeamten gewählt, soweit sich aus den Bestimmungen dieses Gesetzes und des Kommunalwahlgesetzes für das Land Sachsen-Anhalt nichts anderes ergibt. [2]Die Amtszeit des Ortsvorstehers endet mit der Wahlperiode des Gemeinderates.
(2) [1]Die ehrenamtlichen Mitglieder des Ortschaftsrates (Ortschaftsräte) werden zugleich nach den für die Wahl der Gemeinderäte geltenden Vorschriften für die Dauer von fünf Jahren gewählt. [2]Die Amtszeit des Ortschaftsrates endet mit dem Zusammentritt des neu gewählten Ortschaftsrates.
(3) [1]Soweit eine Ortschaft während der laufenden Wahlperiode des Gemeinderates neu eingerichtet wird, wird der Ortschaftsrat erstmals nach der Errichtung der Ortschaft für die Dauer der restlichen Wahlperiode des Gemeinderates gewählt. [2]Entsprechendes gilt für die Wahl des Ortsvorstehers.
(4) [1]Wahlgebiet ist die Ortschaft. [2]Die in der Ortschaft wohnenden Bürger der Gemeinde sind wahlberechtigt. [3]Sie sind wählbar, wenn sie am Wahltag das 18. Lebensjahr vollendet haben.

### § 83 Ortschaftsrat

(1) [1]Die Zahl der Ortschaftsräte wird durch die Hauptsatzung bestimmt. [2]Der Ortschaftsrat besteht aus mindestens drei und höchstens neun Ortschaftsräten, in Ortschaften mit mehr als 5 000 Einwohnern aus höchstens 19 Ortschaftsräten.
(2) [1]Der Bürgermeister bereitet die Beschlüsse des Ortschaftsrates vor und führt sie aus. [2]Die Widerspruchspflicht und das Widerspruchsrecht des Bürgermeisters nach § 65 Abs. 3 gelten für Beschlüsse des Ortschaftsrates entsprechend.
(3) [1]Nimmt der Bürgermeister an den Sitzungen des Ortschaftsrates teil, ist ihm vom Vorsitzenden auf Verlangen jederzeit das Wort zu erteilen. [2]Gemeinderäte, die in der Ortschaft wohnen und nicht Ortschaftsräte sind, können an den Verhandlungen des Ortschaftsrates mit beratender Stimme teilnehmen. [3]Die Ortschaftsräte haben das Recht, auch an nicht öffentlichen Sitzungen des Gemeinderates und seiner Ausschüsse als Zuhörer teilzunehmen, soweit Belange der Ortschaft berührt sind.
(4) [1]§ 58 gilt entsprechend mit der Maßgabe, dass die Sitzungsniederschrift in der Regel durch einen Beschäftigten der Verwaltung gefertigt wird. [2]Der Bürgermeister kann mit Zustimmung des Ortschaftsrates Abweichendes regeln.

### § 84 Aufgaben des Ortschaftsrates

(1) [1]Der Ortschaftsrat vertritt die Interessen der Ortschaft und wirkt auf ihre gedeihliche Entwicklung innerhalb der Gemeinde hin. [2]Er hat ein Vorschlagsrecht in allen Angelegenheiten, die die Ortschaft betreffen. [3]Hierüber hat das zuständige Gemeindeorgan innerhalb von drei Monaten zu entscheiden. [4]Soweit der Gemeinderat oder ein beschließender Ausschuss zuständig ist, hat er spätestens in seiner übernächsten Sitzung, jedoch nicht später als drei Monate nach Eingang des Vorschlags zu beraten und zu entscheiden. [5]Der Bürgermeister hat den Ortschaftsrat über die Entscheidung zu unterrichten.
(2) [1]Der Ortschaftsrat ist zu wichtigen Angelegenheiten, die die Ortschaft betreffen, mit Ausnahme der Fälle des § 53 Abs. 4 Satz 5 und 6 und dem Bürgermeister kraft Gesetzes obliegenden Aufgaben, rechtzeitig vor der Beschlussfassung des Gemeinderates oder des zuständigen Ausschusses zu hören. [2]Die Einzelheiten des Verfahrens kann der Gemeinderat regeln. [3]Dies hat in der Hauptsatzung zu erfolgen. [4]Das Anhörungsrecht gilt insbesondere in folgenden Angelegenheiten:
1. Veranschlagung der Haushaltsmittel, soweit es sich um Ansätze für den Ortschaftsrat handelt,
2. Bestimmung und wesentliche Änderung der Zuständigkeiten des Ortschaftsrates durch Hauptsatzung,
3. Aufstellung, wesentliche Änderung und Aufhebung von Bauleitplänen sowie die Durchführung von Bodenordnungsmaßnahmen und Maßnahmen nach dem Baugesetzbuch, soweit sie sich auf die Ortschaft erstrecken,

---
1) § 82 Abs. 1 und 2 treten gem. Art. 23 Abs. 2 des Kommunalrechtsreformgesetz v. 17.6.2014 (GVBl. LSA S. 288) am 1.7.2018 in Kraft.

4. Planung, Errichtung, wesentliche Änderung und Aufhebung öffentlicher Einrichtungen in der Ortschaft,
5. Um- und Ausbau sowie die Benennung von Gemeindestraßen, Wegen und Plätzen in der Ortschaft, soweit keine Entscheidungszuständigkeit nach Absatz 3 Satz 3 Nr. 2 besteht,
6. Erlass, wesentliche Änderung und Aufhebung von Ortsrecht, soweit es unmittelbar die Ortschaft betrifft,
7. Veräußerung, Vermietung und Verpachtung von in der Ortschaft gelegenen Grundstücken der Gemeinde, sofern es sich bei Vermietungen und Verpachtungen nicht um Geschäfte der laufenden Verwaltung handelt,
8. Planung und Durchführung von Investitionsvorhaben in der Ortschaft.

[5]Ist der Ortschaftsrat tatsächlich oder wegen Beschlussunfähigkeit in mehr als zwei aufeinanderfolgenden Sitzungen innerhalb eines Monats, in Angelegenheiten, die wegen besonderer Dringlichkeit keinen Aufschub dulden, innerhalb der vom Gemeinderat oder zuständigen Ausschuss gesetzten angemessenen Frist, an der Wahrnehmung seines Anhörungsrechts gehindert, so gilt die Anhörung des Ortschaftsrates nach Satz 1 als erfolgt.

(3) [1]Durch Hauptsatzung kann der Gemeinderat dem Ortschaftsrat bestimmte die Ortschaft betreffende Angelegenheiten, mit Ausnahme der Aufgaben nach § 45 Abs. 2 und 3 und der dem Bürgermeister kraft Gesetzes obliegenden Aufgaben, zur Entscheidung übertragen, soweit im Haushaltsplan entsprechende Mittel veranschlagt werden. [2]Der Gemeinderat kann in der Hauptsatzung bestimmen, dass dem Ortschaftsrat zur Erfüllung der ihm obliegenden Aufgaben auf Antrag die Haushaltsmittel als Budget zugewiesen werden. [3]Zu den die Ortschaft betreffenden Angelegenheiten nach Satz 1 können insbesondere gehören:
1. Unterhaltung, Ausstattung und Benutzung der in der Ortschaft gelegenen öffentlichen Einrichtungen, deren Bedeutung nicht über die Ortschaft hinausgeht, einschließlich der Gemeindestraßen,
2. Festlegung der Reihenfolge der Arbeiten zum Um- und Ausbau sowie Unterhaltung und Instandsetzung von Straßen, Wegen und Plätzen, deren Bedeutung nicht über den Bereich der Ortschaft hinausgeht, einschließlich der Beleuchtungseinrichtungen,
3. Pflege des Ortsbildes sowie Teilnahme an Dorfverschönerungswettbewerben,
4. Förderung und Durchführung von Veranstaltungen der Heimatpflege, des örtlichen Brauchtums und der kulturellen Tradition sowie Entwicklung des kulturellen Lebens in der Ortschaft,
5. Förderung von Vereinen, Verbänden und sonstigen Vereinigungen in der Ortschaft,
6. Verträge über die Nutzung von in der Ortschaft gelegenen Grundstücken oder beweglichem Vermögen, sofern es sich nicht um Geschäfte der laufenden Verwaltung handelt, im Rahmen der in der Hauptsatzung festgelegten Wertgrenzen,
7. Veräußerung von beweglichem Vermögen in der Ortschaft im Rahmen der in der Hauptsatzung festgelegten Wertgrenzen,
8. Vergabe der Lieferungen und Leistungen für die Bauausführung bei der Errichtung oder wesentlichen Erweiterung der in der Ortschaft gelegenen öffentlichen Einrichtungen, deren Bedeutung über die Ortschaft nicht hinausgeht,
9. Pflege vorhandener Partnerschaften.

(4) [1]Ist der Ortschaftsrat tatsächlich oder wegen Beschlussunfähigkeit in mehr als zwei aufeinanderfolgenden Sitzungen innerhalb eines Monats an der Ausübung seines Entscheidungsrechts nach Absatz 3 gehindert, so tritt an seine Stelle für die Zeit der Verhinderung der Gemeinderat. [2]Er entscheidet mit der Mehrheit seiner Mitglieder.

(5) [1]Für die in der Ortschaft wohnenden Einwohner der Gemeinde sind nach Maßgabe der Beschlussfassung des Ortschaftsrates Fragestunden bei öffentlichen Sitzungen des Ortschaftsrates und seiner beschließenden Ausschüsse vorzusehen. [2]Entsprechend der Beschlussfassung des Ortschaftsrates ist das Verfahren der Durchführung von Fragestunden in der Hauptsatzung der Gemeinde zu regeln.

### § 85 Ortsbürgermeister

(1) [1]Der Ortschaftsrat wählt in der ersten Sitzung aus seiner Mitte für die Dauer seiner Wahlperiode den Ortsbürgermeister und einen oder mehrere Stellvertreter. [2]Die Amtszeit des Ortsbürgermeisters beginnt mit seiner Ernennung zum Ehrenbeamten auf Zeit. [3]Die Amtszeit und das Ehrenbeamtenverhältnis enden mit der Amtszeit des Ortschaftsrates. [4]Bis zur Ernennung des Ortsbürgermeisters nimmt das älteste anwesende und hierzu bereite Mitglied des Ortschaftsrates die Aufgaben des Ortsbürger-

meisters als Vorsitzender des Ortschaftsrates wahr. ⁵Der Bürgermeister ist Vorgesetzter, Dienstvorgesetzter, höherer Dienstvorgesetzter und oberste Dienstbehörde des Ortsbürgermeisters.

(2) ¹Der Ortsbürgermeister ist Vorsitzender des Ortschaftsrates. ²Die Festlegung der Tagesordnung und die Einberufung des Ortschaftsrates erfolgen im Einvernehmen mit dem Bürgermeister durch den Ortsbürgermeister. ³Ist das Amt des Ortsbürgermeisters unbesetzt und auch eine Vertretung durch gewählte Stellvertreter nicht sichergestellt, nimmt der Bürgermeister die Aufgaben des Ortsbürgermeisters als Vorsitzender des Ortschaftsrates bis zur Wahl eines neuen Ortsbürgermeisters nach Absatz 7 Satz 2, längstens jedoch bis zu zwei Monaten nach Freiwerden des Amtes des Ortsbürgermeisters wahr. ⁴Nach Ablauf von zwei Monaten nimmt das älteste und hierzu bereite Mitglied des Ortschaftsrates die Aufgaben des Ortsbürgermeisters bis zur Wahl eines neuen Ortsbürgermeisters wahr. ⁵Für den Ortsbürgermeister gilt § 65 Abs. 3 Satz 1 bis 7 entsprechend und § 65 Abs. 3 Satz 8 unter der Maßgabe des § 34.

(3) ¹Der Ortsbürgermeister kann in allen Angelegenheiten, die die Ortschaft betreffen, von dem Bürgermeister Auskünfte verlangen. ²Aufgrund eines Beschlusses des Ortschaftsrates ist dem Ortsbürgermeister in allen Angelegenheiten, die die Ortschaft betreffen, Akteneinsicht zu gewähren.

(4) ¹Der Ortsbürgermeister kann an Verhandlungen des Gemeinderates und seiner Ausschüsse mit beratender Stimme teilnehmen. ²Auf Beschluss des Ortschaftsrates hat er das Recht, in der Sitzung in allen Angelegenheiten, die die Ortschaft betreffen, Anträge zu stellen; § 43 Abs. 3 gilt entsprechend. ³Hierüber ist spätestens in der übernächsten Sitzung des Gemeinderates oder des Ausschusses, jedoch nicht später als drei Monate nach Stellung des Antrages zu beraten und zu entscheiden,

(5) ¹Bei Beschlüssen des Gemeinderates oder seiner beschließenden Ausschüsse, die wichtige Angelegenheiten der Ortschaft betreffen, kann der Ortsbürgermeister in der ersten Wahlperiode nach einer Gebietsänderung verlangen, dass das Anliegen nochmals beraten und beschlossen wird (Zweitbeschlussverlangen). ²Dies gilt nicht für die Haushaltssatzung einschließlich der Wirtschaftspläne der Eigenbetriebe, die kommunalen Abgaben und die Tarife der Versorgungs- und Verkehrsbetriebe der Gemeinde. ³Das Zweitbeschlussverlangen muss binnen zwei Wochen nach der Beschlussfassung schriftlich eingelegt und begründet werden. ⁴Es hat aufschiebende Wirkung. ⁵Die nochmalige Beratung darf frühestens zwei Wochen nach dem Zweitbeschlussverlangen angesetzt werden und muss innerhalb von drei Monaten erfolgen. ⁶Hinsichtlich des Beschlusses über das Zweitbeschlussverlangen ist ein erneutes Zweitbeschlussverlangen unzulässig. ⁷In dringenden Angelegenheiten, deren Erledigung nicht aufgeschoben werden kann, entscheidet der Gemeinderat oder der beschließende Ausschuss abweichend von Satz 4 und 5. ⁸§ 53 Abs. 5 Satz 5 gilt entsprechend.

(6) ¹Der Ortschaftsrat kann aufgrund eines mit einer Mehrheit seiner Mitglieder gestellten Antrages den Ortsbürgermeister aus seinem Amt als Ortsbürgermeister mit einer Mehrheit von zwei Dritteln seiner Mitglieder abwählen. ²§ 56 Abs. 4 Satz 2 bis 4 findet keine Anwendung. ³Der Beschluss über die Abwahl darf frühestens drei Tage nach der Antragstellung im Ortschaftsrat gefasst werden. ⁴Im Falle einer Abwahl enden die Amtszeit und das Ehrenbeamtenverhältnis des Ortsbürgermeisters; die Mitgliedschaft im Ortschaftsrat bleibt unberührt.

(7) ¹Die Amtszeit und das Ehrenbeamtenverhältnis des Ortsbürgermeisters enden vor Ende der Wahlperiode des Ortschaftsrates zu dem Zeitpunkt, in dem er auf sein Amt verzichtet oder aus dem Ortschaftsrat ausscheidet. ²Endet die Amtszeit des Ortsbürgermeisters nach Satz 1 oder im Falle einer Abwahl vorzeitig, hat der Ortschaftsrat binnen zwei Monaten nach Freiwerden des Amtes einen neuen Ortsbürgermeister für den Rest seiner Wahlperiode aus seiner Mitte zu wählen. ³Bis zum Amtsantritt des neu gewählten Ortsbürgermeisters nimmt der Stellvertreter das Amt des Ortsbürgermeisters wahr.

## § 86[1]) Ortsvorsteher

(1) ¹Die Amtszeit des Ortsvorstehers beginnt mit dem Amtsantritt. ²Der Gemeinderat wählt für die Dauer der Amtszeit des Ortsvorstehers auf Vorschlag einzelner oder mehrerer seiner Mitglieder einen oder mehrere Stellvertreter aus dem Kreis der Bürger der Ortschaft, die nach den für die Wahl der Ortschaftsräte geltenden Vorschriften wählbar und hierzu bereit sind. ³Der Ortsvorsteher ist zum Ehrenbeamten auf Zeit zu ernennen. ⁴Seine Amtszeit endet mit der Wahlperiode des Gemeinderates.

(2) ¹Der Ortsvorsteher vertritt die Interessen der Ortschaft und wirkt auf ihre gedeihliche Entwicklung innerhalb der Gemeinde hin. ²Er nimmt die nach § 84 Abs. 1 und 2 dem Ortschaftsrat obliegenden

---
1) § 86 tritt gem. Art. 23 Abs. 3 des Kommunalrechtsreformgesetz am 1.7.2019 in Kraft.

Aufgaben wahr. ³Die Vorschriften über das Vorschlags- und Anhörungsrecht des Ortschaftsrates gelten entsprechend.

(3) ¹Der Ortsvorsteher kann an den Verhandlungen des Gemeinderates und seiner Ausschüsse mit beratender Stimme teilnehmen; er hat das Recht, in allen Angelegenheiten, die die Ortschaft betreffen, Anträge zu stellen. ²Hierüber ist spätestens in der übernächsten Sitzung des Gemeinderates oder des Ausschusses, jedoch nicht später als drei Monate nach Stellung des Antrages zu beraten und zu entscheiden. ³Der Ortsvorsteher kann in allen Angelegenheiten, die die Ortschaft betreffen, von dem Bürgermeister Auskünfte verlangen oder Akteneinsicht nehmen.

(4) ¹Bei Beschlüssen des Gemeinderates oder seiner beschließenden Ausschüsse, die wichtige Angelegenheiten der Ortschaft betreffen, kann der Ortsvorsteher in der ersten Wahlperiode nach einer Gebietsänderung verlangen, dass das Anliegen nochmals beraten und beschlossen wird (Zweitbeschlussverlangen). ²Dies gilt nicht für die Haushaltssatzung einschließlich der Wirtschaftspläne der Eigenbetriebe, die kommunalen Abgaben und die Tarife der Versorgungs- und Verkehrsbetriebe der Gemeinde. ³Das Zweitbeschlussverlangen muss binnen zwei Wochen nach der Beschlussfassung schriftlich eingelegt und begründet werden. ⁴Es hat aufschiebende Wirkung. ⁵Die nochmalige Beratung darf frühestens zwei Wochen nach dem Zweitbeschlussverlangen angesetzt werden und muss innerhalb von drei Monaten erfolgen. ⁶Hinsichtlich des Beschlusses über das Zweitbeschlussverlangen ist ein erneutes Zweitbeschlussverlangen unzulässig. ⁷In dringenden Angelegenheiten, deren Erledigung nicht aufgeschoben werden kann, entscheidet der Gemeinderat oder der beschließende Ausschuss abweichend von Satz 4 und 5. ⁸§ 53 Abs. 5 Satz 5 gilt entsprechend.

(5) ¹Der Ortsvorsteher kann von den Bürgern der Ortschaft entsprechend dem vom Gemeinderat eingeleiteten Verfahren nach § 64 Abs. 1 vorzeitig abgewählt werden. ²§ 64 Abs. 2 gilt entsprechend. ³Der Ortsvorsteher scheidet mit Ablauf des Tages, an dem der Wahlleiter die Abwahl bekannt gibt oder an dem die Verzichtserklärung entsprechend § 64 Abs. 2 dem Vorsitzenden des Gemeinderates zugeht, aus dem Amt und dem Ehrenbeamtenverhältnis aus.

(6) ¹Nach Ablauf seiner Amtszeit führt der Ortsvorsteher seine Tätigkeit bis zum Amtsantritt des neu gewählten Ortsvorstehers weiter; sein Amts- und Dienstverhältnis besteht so lange fort. ²§ 61 Abs. 3 gilt entsprechend. ³Die Sätze 1 und 2 finden auf den oder die Stellvertreter des Ortsvorstehers sinngemäß Anwendung.

(7) ¹Soweit die Voraussetzungen des § 42 Abs. 1 Nrn. 1, 2 und 4 bis 6 vorliegen, scheidet der Ortsvorsteher mit dem in der Verzichtserklärung bestimmten Zeitpunkt oder mit dem Zugang der Verzichtserklärung beim Vorsitzenden des Gemeinderates, mit der Unanfechtbarkeit des Feststellungsbeschlusses des Gemeinderates oder mit der Rechtskraft der Entscheidung aus seinem Amt und dem Ehrenbeamtenverhältnis aus. ²Scheidet der Ortsvorsteher vor Ablauf seiner Amtszeit aus oder wird er vorzeitig abgewählt, so findet eine Neuwahl für den Rest der Wahlperiode des Gemeinderates spätestens drei Monate nach Ausscheiden aus dem Amt statt. ³Die Wahl kann aufgeschoben werden, wenn die Wahlperiode des Gemeinderates innerhalb von sechs Monaten nach Freiwerden des Amtes enden wird.

### § 87 Aufhebung und Änderung von Ortschaften

(1) ¹Durch Änderung der Hauptsatzung kann der Gemeinderat mit der Mehrheit seiner Mitglieder Ortschaften aufheben oder in ihren Grenzen ändern sowie die Frage, ob ein Ortschaftsrat oder ein Ortsvorsteher gewählt wird, neu regeln. ²Die Aufhebung einer nach § 81 Abs. 2 eingeführten Ortschaft bedarf der Zustimmung des Ortschaftsrates mit der Mehrheit seiner Mitglieder oder des Ortsvorstehers. ³In den übrigen Fällen sind der Ortschaftsrat oder der Ortsvorsteher anzuhören.

(2) ¹Die in Absatz 1 Satz 1 genannten Maßnahmen sind nur zum Ende der Wahlperiode des Gemeinderates zulässig. ²Der Beschluss des Gemeinderates über die entsprechende Änderung der Hauptsatzung und die Zustimmung oder die Anhörung des Ortschaftsrates oder des Ortsvorstehers nach Absatz 1 sollen spätestens sechs Monate vor dem Wahltag vorliegen und sind dem Wahlleiter anzuzeigen.

### § 88¹⁾ Rechtsfolgen von gescheiterten Wahlen des Ortschaftsrates oder Ortsvorstehers

(1) ¹Scheitert bei zwei aufeinanderfolgenden Wahlen die Wahl des Ortsvorstehers, findet keine weitere Wahl statt. ²In diesem Fall nimmt der Gemeinderat die Aufgaben des Ortsvorstehers für den Rest der Wahlperiode wahr.

---

1) § 88 Abs. 1 tritt gem. Art. 23 Abs. 2 des Kommunalrechtsreformgesetz am 1.7.2018 in Kraft.

(2) ¹Werden bei zwei aufeinanderfolgenden Wahlen weniger als drei Ortschaftsräte gewählt, findet keine weitere Wahl statt. ²In diesem Fall wählt der Gemeinderat für den Rest der Wahlperiode einen Ortsvorsteher und Stellvertreter aus dem Kreis der gewählten und hierzu bereiten Personen. ³Mit Ausnahme der Regelungen zur vorzeitigen Abwahl gelten für den nach Satz 2 gewählten Ortsvorsteher und seinen Stellvertreter die Bestimmungen für Ortsvorsteher nach § 88a der Gemeindeordnung bis zum 30. Juni 2019 und nach diesem Gesetz ab dem 1. Juli 2019 entsprechend. ⁴Soweit nach Satz 2 keine Person zum Ortsvorsteher gewählt werden kann, nimmt der Gemeinderat die Aufgaben des Ortschaftsrates für den Rest der Wahlperiode wahr.

(3) ¹Sinkt die Zahl der Ortschaftsräte im Laufe der Wahlperiode auf weniger als zwei Drittel der in der Hauptsatzung bestimmten Zahl, findet eine Ergänzungswahl nach § 42 Abs. 5 statt. ²Kann hierbei die in der Hauptsatzung bestimmte Zahl der Ortschaftsräte nicht erreicht werden, findet keine weitere Ergänzungswahl statt. ³Der Ortschaftsrat besteht für den Rest der Wahlperiode aus der tatsächlichen Zahl der Ortschaftsräte, mindestens jedoch aus drei Ortschaftsräten. ⁴Die Sätze 2 und 3 gelten entsprechend, wenn bei zwei aufeinanderfolgenden Wahlen mindestens drei Ortschaftsräte, jedoch weniger als zwei Drittel der in der Hauptsatzung bestimmten Zahl, gewählt worden sind.

(4) ¹Sinkt die Zahl der Ortschaftsräte im Laufe der Wahlperiode unter die gesetzliche Mindestzahl eines Ortschaftsrates von drei Ortschaftsräten, findet eine Ergänzungswahl nach § 42 Abs. 5 statt. ²Kann hierbei die gesetzliche Mindestzahl eines Ortschaftsrates von drei Ortschaftsräten nicht erreicht werden, findet keine weitere Ergänzungswahl statt. ³Der Gemeinderat wählt aus dem Kreis der restlichen und hierzu bereiten Ortschaftsräte einen Ortsvorsteher und Stellvertreter für den Rest der Wahlperiode. ⁴Mit Ausnahme der Regelungen zur vorzeitigen Abwahl gelten für den nach Satz 3 gewählten Ortsvorsteher und seinen Stellvertreter die Bestimmungen für Ortsvorsteher nach § 88a der Gemeindeordnung bis zum 30. Juni 2019 und nach diesem Gesetz ab dem 1. Juli 2019 entsprechend. ⁵Soweit nach Satz 3 keine Person zum Ortsvorsteher gewählt werden kann, nimmt der Gemeinderat die Aufgaben des Ortschaftsrates für den Rest der Wahlperiode wahr.

(5) In den Fällen von Absatz 1, Absatz 2 Satz 4 und Absatz 4 Satz 5 wird die Ortschaft für den Rest der Wahlperiode zur Ortschaft, die weder von einem Ortsvorsteher noch von einem Ortschaftsrat vertreten wird.

(6) ¹Der Gemeinderat kann eine Ortschaft, die weder von einem Ortsvorsteher noch von einem Ortschaftsrat und Ortsbürgermeister vertreten wird, zum Ende der Wahlperiode durch Änderung der Hauptsatzung mit der Mehrheit seiner Mitglieder aufheben. ²Der Beschluss des Gemeinderates über die entsprechende Änderung der Hauptsatzung soll spätestens sechs Monate vor dem Wahltag gefasst und dem Wahlleiter angezeigt werden.

*Teil 6*
**Verbandsgemeinden**

*Abschnitt 1*
**Grundlagen und Aufgaben**

### § 89 Grundsatz

(1) ¹Eine Verbandsgemeinde ist eine Gebietskörperschaft, deren Gebiet aus dem Gemeindegebiet ihrer Mitgliedsgemeinden besteht. ²Sie soll drei bis acht Mitgliedsgemeinden umfassen.

(2) Die Verbandsgemeindevereinbarung muss insbesondere bestimmen:
1. die Mitgliedsgemeinden,
2. den Namen der Verbandsgemeinde und den Sitz ihrer Verwaltung,
3. die Aufgaben, die der Verbandsgemeinde nach § 90 Abs. 3 von den Mitgliedsgemeinden zur Erfüllung übertragen worden sind.

(3) ¹Änderungen der Verbandsgemeindevereinbarung werden vom Verbandsgemeinderat mit der Mehrheit seiner Mitglieder beschlossen und bedürfen des Benehmens der von der Änderung unmittelbar betroffenen Mitgliedsgemeinden und der Genehmigung der Kommunalaufsichtsbehörde. ²Sie sind mit der Genehmigung der Kommunalaufsichtsbehörde im Amtsblatt des Landkreises zu veröffentlichen. ³Gibt der Landkreis kein eigenes Amtsblatt heraus, erfolgt die Veröffentlichung im Amtsblatt des Landesverwaltungsamtes.

## § 90 Aufgaben

(1) ¹Die Verbandsgemeinde erfüllt anstelle ihrer Mitgliedsgemeinden folgende Aufgaben des eigenen Wirkungskreises:
1. Aufstellung, Änderung, Ergänzung oder Aufhebung der Flächennutzungspläne;
2. Trägerschaft der allgemeinbildenden öffentlichen Schulen nach Maßgabe des Schulgesetzes des Landes Sachsen-Anhalt;
3. Errichtung und Unterhaltung von überörtlichen Sozial-, Sport-, Spiel- und Freizeiteinrichtungen, die mehreren Mitgliedsgemeinden dienen und denen im Bereich der Verbandsgemeinde eine zentrale Funktion zukommt;
4. Aufgaben nach dem Kinderförderungsgesetz;
5. Straßenbaulast für die Gemeindestraßen, die nach Maßgabe des Straßengesetzes für das Land Sachsen-Anhalt dem nachbarlichen Verkehr zwischen den Gemeinden oder dem weiteren Anschluss von Gemeinden oder räumlich getrennten Ortsteilen an überörtliche Verkehrswege dienen oder zu dienen bestimmt sind;
6. Aufgaben nach dem Wassergesetz für das Land Sachsen-Anhalt, insbesondere die Trinkwasserversorgung und die Abwasserbeseitigung;
7. Aufgaben nach dem Schiedsstellen- und Schlichtungsgesetz;
8. Aufgaben nach dem Brandschutzgesetz;
9. Hilfe bei Verwaltungsangelegenheiten im Sinne von § 29.

²Die endgültige Entscheidung des Verbandsgemeinderates über die Aufstellung, Änderung, Ergänzung oder Aufhebung des Flächennutzungsplanes bedarf der Zustimmung der Mitgliedsgemeinden. ³Die Zustimmung gilt als erteilt, wenn mehr als die Hälfte der Mitgliedsgemeinden zugestimmt hat und in diesen mehr als zwei Drittel der Einwohner der die Verbandsgemeinde bildenden Mitgliedsgemeinden wohnen. ⁴Sofern Änderungen und Ergänzungen des Flächennutzungsplanes die Grundzüge der Gesamtplanung nicht betreffen, bedürfen sie nur der Zustimmung derjenigen Mitgliedsgemeinden, die selbst oder als Nachbargemeinden von den Änderungen oder Ergänzungen berührt werden. ⁵Kommt eine Zustimmung nach den Sätzen 3 und 4 nicht zustande, so entscheidet der Verbandsgemeinderat mit einer Mehrheit von zwei Dritteln seiner Mitglieder.

(2) ¹Die Verbandsgemeinde erfüllt die Aufgaben des übertragenen Wirkungskreises der Mitgliedsgemeinden, soweit nicht Bundesrecht oder Landesrecht entgegensteht. ²Sie erfüllt auch diejenigen Aufgaben des übertragenen Wirkungskreises, deren Wahrnehmung an eine bestimmte Einwohnergröße von Gemeinden gebunden ist, sofern die Verbandsgemeinde selbst diese Größe aufweist. ³Unabhängig von der Gesamtzahl der Einwohner der Mitgliedsgemeinden nimmt die Verbandsgemeinde zumindest die Aufgaben wahr, die einer Gemeinde mit mehr als 10 000 Einwohnern obliegen würden.

(3) ¹Die Verbandsgemeinde erfüllt ferner die Aufgaben des eigenen Wirkungskreises, die ihr von allen Mitgliedsgemeinden oder mit ihrem Einvernehmen von einzelnen Mitgliedsgemeinden zur Erfüllung übertragen werden. ²Bei einer Aufgabenübertragung von nur einzelnen Mitgliedsgemeinden sind die damit verbundenen finanziellen Folgen durch Vereinbarungen zu regeln. ³Die nach Satz 1 auf die Verbandsgemeinde übertragenen Aufgaben sind zurück zu übertragen, wenn alle oder bei Einzelübertragung einer Aufgabe die betroffenen Mitgliedsgemeinden dies beantragen, die Verbandsgemeinde zustimmt und Gründe des Gemeinwohls nicht entgegenstehen. ⁴Der Antrag der Mitgliedsgemeinde auf Rückübertragung und die Zustimmung der Verbandsgemeinde bedürfen jeweils der Mehrheit von zwei Dritteln der Mitglieder des Gemeinderates und des Verbandsgemeinderates.

## § 91 Wahrnehmung der Aufgaben

(1) ¹Die Verbandsgemeinde nimmt die ihr nach § 90 Abs. 1 und 2 obliegenden und die ihr von den Mitgliedsgemeinden nach § 90 Abs. 3 zur Erfüllung übertragenen Aufgaben im eigenen Namen wahr. ²Soweit für die in § 90 bezeichneten Aufgaben eine Mitgliedschaft in einem Zweckverband besteht, gilt § 15 Abs. 1 des Gesetzes über kommunale Gemeinschaftsarbeit entsprechend.

(2) ¹Die Verbandsgemeindeverwaltung führt die Verwaltungsgeschäfte aller Aufgaben des eigenen Wirkungskreises der Mitgliedsgemeinden in deren Namen und in deren Auftrag, sofern diese der Verbandsgemeinde nicht nach § 90 Abs. 3 zur Erfüllung übertragen wurden. ²Sie ist dabei an Beschlüsse der Gemeinderäte und an Grundsatzentscheidungen der Bürgermeister der Mitgliedsgemeinden gebunden. ³In diesem Rahmen vertritt die Verbandsgemeinde ihre Mitgliedsgemeinden in allen Rechts- und Verwaltungsgeschäften und in gerichtlichen Verfahren mit Ausnahme von Rechtsstreitigkeiten

einer Mitgliedsgemeinde mit der Verbandsgemeinde oder zwischen Mitgliedsgemeinden derselben Verbandsgemeinde; die Kosten des Verfahrens trägt die Mitgliedsgemeinde. [4]Zu den Verwaltungsgeschäften zählen insbesondere nicht:
1. die Wahrnehmung der Aufgaben des Bürgermeisters als Repräsentant und Vertreter der Mitgliedsgemeinde nach außen,
2. die Ausfertigung von Satzungen,
3. die Unterzeichnung von Verpflichtungserklärungen nach § 73.

(3) [1]Absatz 2 gilt auch für die Verwaltungsgeschäfte der gemeindlichen Unternehmen, Einrichtungen, Stiftungen im Sinne von § 121 Abs. 1 Nr. 2 und § 122 Abs. 1 und der Zweckverbände, soweit bei diesen keine eigene Verwaltung eingerichtet ist. [2]Unternehmen einer Mitgliedsgemeinde haben der Verbandsgemeinde auf Verlangen die Aufwendungen für die Führung ihrer Verwaltungsgeschäfte durch die Verbandsgemeinde zu ersetzen.

## § 92 Eigentum

(1) [1]Das Eigentum der Mitgliedsgemeinden an den Einrichtungen und Vermögensgegenständen, die überwiegend zur Erfüllung der in § 90 Abs. 1 bezeichneten Aufgaben bestimmt sind, ist zum Zeitpunkt der Wirksamkeit der Bildung der Verbandsgemeinde mit den Verbindlichkeiten auf die Verbandsgemeinde übergegangen, soweit in der Verbandsgemeindevereinbarung keine abweichenden Bestimmungen getroffen worden sind. [2]Das Gleiche gilt für Einrichtungsgegenstände, Arbeitsmittel, Geräteausstattung und dergleichen, soweit keine Grundstücke übertragen wurden. [3]Wenn die öffentliche Nutzung durch die Verbandsgemeinde entfällt, fällt das Eigentum auf Verlangen der jeweiligen Mitgliedsgemeinde an diese zurück. [4]Wird durch den Eigentumsübergang eine Berichtigung des Grundbuchs oder anderer öffentlicher Bücher erforderlich, genügt zum Nachweis des Eigentumsüberganges eine Bestätigung der Kommunalaufsichtsbehörde. [5]Die zuständigen Behörden sind verpflichtet, die öffentlichen Bücher zu berichtigen. [6]Die hierzu erforderlichen Rechtshandlungen sind frei von öffentlichen Abgaben und Verwaltungskosten. [7]Im Fall der Rückübertragung regeln die Beteiligten die Auseinandersetzung durch Vereinbarung, die der Genehmigung der Kommunalaufsichtsbehörde bedarf.
(2) [1]Nach Bildung der Verbandsgemeinde gilt Absatz 1 entsprechend, soweit die Mitgliedsgemeinde mit der Verbandsgemeinde den unentgeltlichen Übergang ihres Eigentums an den Einrichtungen und Vermögensgegenständen, die überwiegend zur Erfüllung der in § 90 Abs. 1 bezeichneten Aufgaben bestimmt sind, mit den Verbindlichkeiten vereinbart. [2]§ 115 Abs. 1 findet keine Anwendung.
(3) [1]Die Verbandsgemeinde ist berechtigt, Einrichtungen und Vermögensgegenstände, die nach Absatz 1 im Eigentum ihrer Mitgliedsgemeinden stehen, zur Erfüllung der ihr obliegenden Aufgaben zu nutzen und die erforderlichen Investitions-, Instandsetzungs- und Unterhaltungsmaßnahmen vorzunehmen. [2]Für Investitions-, Instandsetzungs- und Unterhaltungsmaßnahmen ist die Mitgliedsgemeinde unabhängig von ihrer Aufgabenträgerschaft und der Eigentümerstellung berechtigt, Fördermittel und bei entsprechender Leistungsfähigkeit eigene Finanzmittel einzubringen. [3]Die Einzelheiten zur Nutzung und Durchführung der Maßnahmen nach den Sätzen 1 und 2 sowie deren Finanzierung sind durch Vereinbarung zwischen der Verbandsgemeinde und der Mitgliedsgemeinde zu regeln. [4]Der Entwurf der Vereinbarung über Investitionen und ihrer Änderungen sind der Kommunalaufsichtsbehörde unverzüglich anzuzeigen und dürfen erst sechs Wochen nach der Anzeige vollzogen werden. [5]Die Sätze 1, 3 und 4 gelten entsprechend für die Mitgliedsgemeinden hinsichtlich der Einrichtungen und Vermögensgegenstände, die im Eigentum der Verbandsgemeinde stehen.
(4) Im Fall einer Übertragung oder einer Rückübertragung von Aufgaben nach § 90 Abs. 3 gelten die Absätze 1 bis 3 hinsichtlich des Eigentums entsprechend.

## § 93 Verhältnis zu den Mitgliedsgemeinden

(1) [1]Die Verbandsgemeinde und ihre Mitgliedsgemeinden haben bei der Erfüllung ihrer Aufgaben unter Beachtung der beiderseitigen Verantwortungsbereiche vertrauensvoll zusammenzuarbeiten. [2]Die Mitgliedsgemeinden haben die Verbandsgemeinde über alle Beschlüsse des Gemeinderates und über alle Entscheidungen des Bürgermeisters von grundsätzlicher Bedeutung zu unterrichten und sich in Angelegenheiten von grundsätzlicher oder besonderer wirtschaftlicher Bedeutung der fachlichen Beratung durch die Verbandsgemeinde zu bedienen. [3]Der Bürgermeister hat vor der Unterzeichnung von Verpflichtungserklärungen im Sinne des § 73 den Verbandsgemeindebürgermeister zu unterrichten.

(2) ¹Der Verbandsgemeindebürgermeister berät und unterstützt die Mitgliedsgemeinden bei der Erfüllung ihrer Aufgaben; ihm stehen keine Weisungsbefugnisse gegenüber den Mitgliedsgemeinden zu. ²Er hat ferner die Bürgermeister der Mitgliedsgemeinden über alle Angelegenheiten von grundsätzlicher oder besonderer wirtschaftlicher Bedeutung, welche die Belange der Mitgliedsgemeinden unmittelbar berühren, insbesondere über die Ausführung des Haushaltsplans der einzelnen Mitgliedsgemeinden, rechtzeitig zu unterrichten.

### § 94 Umbildung einer Verbandsgemeinde

(1) ¹Soweit Gründe des Gemeinwohls nicht entgegenstehen, können die Mitgliedsgemeinden eine Einheitsgemeinde bilden und kann die Verbandsgemeinde aufgrund übereinstimmender Beschlüsse der Gemeinderäte der Mitgliedsgemeinden und des Verbandsgemeinderates aufgelöst werden. ²Die Beschlüsse der Gemeinderäte der Mitgliedsgemeinden und des Verbandsgemeinderates bedürfen der Mehrheit ihrer Mitglieder.
(2) ¹Wird eine Verbandsgemeinde während der Wahlperiode der Verbandsgemeinderäte in eine Einheitsgemeinde umgebildet, so nimmt der Verbandsgemeinderat bis zum Ende seiner Wahlperiode die Aufgaben des Gemeinderates der neuen Gemeinde wahr. ²Der Verbandsgemeindebürgermeister der bisherigen Verbandsgemeinde nimmt bis zum Ablauf seiner Wahlperiode die Aufgaben des Bürgermeisters der neuen Gemeinde wahr.
(3) ¹Wird eine Mitgliedsgemeinde in eine Gemeinde, die der Verbandsgemeinde nicht angehört, eingemeindet oder mit ihr zu einer neuen Gemeinde zusammengeschlossen, so scheidet sie aus der Verbandsgemeinde aus. ²Die Kommunalaufsichtsbehörde kann bestimmen, dass das Ausscheiden erst nach Ablauf eines bestimmten Zeitraumes erfolgt, wenn dies zur Anpassung der Verbandsgemeinde an die geänderte Situation aus Gründen des Gemeinwohls erforderlich ist.
(4) ¹Im Fall der Auflösung der Verbandsgemeinde oder des Ausscheidens von Mitgliedsgemeinden haben die Beteiligten die Rechtsfolgen durch eine Vereinbarung zu regeln, die der Genehmigung der Kommunalaufsichtsbehörde bedarf. ²Kommt eine Vereinbarung innerhalb angemessener Frist nicht zustande, wird sie nicht genehmigt oder sind weitere Angelegenheiten zu regeln, so trifft die Kommunalaufsichtsbehörde die erforderlichen Bestimmungen.

### Abschnitt 2
### Mitgliedsgemeinden der Verbandsgemeinde

### § 95 Gemeinderat

(1) ¹Der Gemeinderat besteht aus den ehrenamtlichen Mitgliedern und dem Bürgermeister. ²Bei der Berechnung der Quoren in § 44 Satz 3, § 45 Abs. 6 Satz 1 und § 47 Abs. 1 bleibt der Bürgermeister unberücksichtigt.
(2) ¹Die Festlegung der Tagesordnung und die Einberufung der Sitzung erfolgen im Einvernehmen mit dem Verbandsgemeindebürgermeister für Sitzungen des Gemeinderates durch den Bürgermeister, für Sitzungen der Ausschüsse durch deren Vorsitzende; § 53 Abs. 5 gilt entsprechend. ²Der Verbandsgemeindebürgermeister kann verlangen, dass ein bestimmter Beratungsgegenstand auf die Tagesordnung des Gemeinderates oder eines seiner Ausschüsse gesetzt wird. ³Zeitpunkt und Führung der Niederschrift der Sitzungen des Gemeinderates und seiner Ausschüsse sind rechtzeitig mit dem Verbandsgemeindebürgermeister abzustimmen. ⁴Die Sätze 1 bis 3 gelten auch für die Einberufung des Gemeinderates zur konstituierenden Sitzung nach § 53 Abs. 1.
(3) ¹Der Verbandsgemeindebürgermeister bereitet im Einvernehmen mit dem jeweiligen Bürgermeister die Beschlüsse des Gemeinderates und seiner Ausschüsse der Mitgliedsgemeinden vor. ²Der Verbandsgemeindebürgermeister oder ein von ihm beauftragter Beschäftigter der Verbandsgemeinde kann an den Sitzungen der Gemeinderäte der Mitgliedsgemeinden und ihrer Ausschüsse mit beratender Stimme teilnehmen; er hat das Recht, Anträge nach § 43 Abs. 3 zu stellen. ³Er unterliegt nicht der Ordnungsbefugnis des Vorsitzenden des Gemeinderates der Mitgliedsgemeinde und der Vorsitzenden seiner Ausschüsse. ⁴§ 33 gilt für den Verbandsgemeindebürgermeister und die von ihm beauftragten Beschäftigten der Verbandsgemeinde bei Teilnahme an den Sitzungen der Gemeinderäte und ihrer Ausschüsse entsprechend; die Entscheidung in Zweifelsfällen obliegt dem Gemeinderat oder seinen Ausschüssen. ⁵Die Sätze 2 bis 4 und Absatz 2 Satz 2 gelten für Einwohnerversammlungen sinngemäß.

(4) [1]Der Verbandsgemeindebürgermeister ist verpflichtet, den Gemeinderat der Mitgliedsgemeinde über die Ausführung der von ihm gefassten Beschlüsse schriftlich zu unterrichten. [2]Er hat dem Gemeinderat einer Mitgliedsgemeinde auf Verlangen der Mehrheit seiner Mitglieder mündlich zu berichten.

(5) [1]Der Verbandsgemeindebürgermeister muss Beschlüssen des Gemeinderates und Maßnahmen der Bürgermeister der Mitgliedsgemeinden widersprechen, wenn er der Auffassung ist, dass diese gesetzeswidrig sind. [2]Der Widerspruch muss binnen zwei Wochen schriftlich eingelegt und begründet werden; er hat aufschiebende Wirkung. [3]Verbleibt die Mitgliedsgemeinde bei erneuter Verhandlung bei dem Beschluss oder der Maßnahme und ist nach Ansicht des Verbandsgemeindebürgermeisters auch dieses gesetzeswidrig, so muss er erneut widersprechen und unverzüglich die Entscheidung der Kommunalaufsichtsbehörde einholen. [4]Für Beschlüsse, die durch beschließende Ausschüsse des Gemeinderates der Mitgliedsgemeinden gefasst werden, gilt Entsprechendes mit der Maßgabe, dass der Gemeinderat über den Widerspruch zu entscheiden hat.

### § 96 Bürgermeister

(1) [1]Der Bürgermeister wird von den wahlberechtigten Bürgern nach den Vorschriften des Kommunalwahlgesetzes für das Land Sachsen-Anhalt gewählt. [2]Die Amtszeit beträgt sieben Jahre. [3]§ 61 Abs. 2 und 3 gilt entsprechend.

(2) [1]Wählbar zum Bürgermeister sind Deutsche im Sinne des Artikels 116 des Grundgesetzes und Staatsangehörige anderer Mitgliedstaaten der Europäischen Union, die nicht nach § 40 Abs. 2 von der Wählbarkeit ausgeschlossen sind. [2]Der Bürgermeister muss am Wahltag das 18. Lebensjahr vollendet haben. [3]§ 43 Abs. 2 gilt entsprechend. [4]Die in § 41 Abs. 1 Nrn. 2 bis 6 und Abs. 2 Genannten können nicht gleichzeitig Bürgermeister einer Mitgliedsgemeinde sein. [5]Eine Person darf nicht in mehreren Mitgliedsgemeinden Bürgermeister sein. [6]Für die Wahl und Abwahl des Bürgermeisters gelten die §§ 63 und 64 entsprechend. [7]§ 74 ist entsprechend mit der Maßgabe anzuwenden, dass der bestellte Bürgermeister als Ehrenbeamter auf Zeit zu berufen ist.

(3) [1]Der Bürgermeister ist in das Ehrenbeamtenverhältnis auf Zeit zu berufen. [2]Für die Berufung von Staatsangehörigen anderer Mitgliedstaaten der Europäischen Union in das Beamtenverhältnis auf Zeit gelten die Anforderungen des § 7 Abs. 2 des Beamtenstatusgesetzes als erfüllt. [3]Der an Jahren älteste Gemeinderat ernennt, vereidigt und verpflichtet den Bürgermeister in öffentlicher Sitzung im Namen des Gemeinderates. [4]Die besonderen Dienstpflichten nach den §§ 32 und 33 gelten für den Bürgermeister entsprechend.

(4) [1]Der Bürgermeister ist Organ der Mitgliedsgemeinde. [2]Er vertritt und repräsentiert die Mitgliedsgemeinde und ist Vorsitzender des Gemeinderates. [3]Der Gemeinderat wählt aus seiner Mitte einen oder mehrere Stellvertreter des Bürgermeisters für den Verhinderungsfall. [4]Sie vertreten den Bürgermeister auch beim Vorsitz im Gemeinderat. [5]Das Nähere regelt die Hauptsatzung. [6]Der Bürgermeister ist in der Regel Vorsitzender der Ausschüsse. [7]In der Hauptsatzung kann festgelegt werden, dass ein Gemeinderat einem Ausschuss, der ausdrücklich zu bezeichnen ist, vorsitzt. [8]Der Ausschuss bestimmt aus dem Kreis seiner stimmberechtigten Mitglieder die Person, die den Bürgermeister im Vorsitz vertritt. [9]Für die Rechtsstellung des Bürgermeisters im Gemeinderat und in den Ausschüssen gelten § 65 Abs. 2, 3 Satz 1 bis 7 und Abs. 4 entsprechend sowie § 65 Abs. 3 Satz 8 unter der Maßgabe von § 34.

(5) [1]Der Bürgermeister kann an den Sitzungen des Verbandsgemeinderates und seiner Ausschüsse, in denen Belange seiner Mitgliedsgemeinde berührt sind, mit beratender Stimme teilnehmen. [2]Die Pflichten nach § 33 gelten entsprechend; die Entscheidung in Zweifelsfällen obliegt dem Verbandsgemeinderat oder seinen Ausschüssen.

### § 97 Verwaltung

[1]Die Aufgaben der Gemeindeverwaltung werden in Mitgliedsgemeinden von Verbandsgemeinden ausschließlich von der Verbandsgemeindeverwaltung erledigt. [2]Der Mitgliedsgemeinde ist auf ihren Antrag eine Bürokraft zur Unterstützung des Bürgermeisters zur Verfügung zu stellen. [3]Die Mitgliedsgemeinde erstattet der Verbandsgemeinde die Personalkosten aus dieser Verwendung. [4]Soweit eine Bürokraft mehreren Mitgliedsgemeinden zur Verfügung gestellt wird, sind die Personalkosten von den Mitgliedsgemeinden anteilig zu tragen. [5]Der Einsatz der Bürokraft erfolgt im Einvernehmen zwischen dem Verbandsgemeindebürgermeister und dem Bürgermeister; der Bürgermeister ist hinsichtlich der Gemeindeangelegenheiten Vorgesetzter der Bürokraft.

## Teil 7
## Wirtschaft der Kommunen

### Abschnitt 1
### Haushaltswirtschaft

### § 98 Allgemeine Haushaltsgrundsätze

(1) ¹Die Kommunen haben ihre Haushaltswirtschaft so zu planen und zu führen, dass die stetige Erfüllung ihrer Aufgaben gesichert ist. ²Dabei ist den Erfordernissen des gesamtwirtschaftlichen Gleichgewichts grundsätzlich Rechnung zu tragen.

(2) ¹Die Haushaltswirtschaft ist sparsam und wirtschaftlich zu führen. ²Spekulative Finanzgeschäfte sind verboten.

(3) ¹Der Haushalt ist in jedem Haushaltsjahr in Planung und Rechnung der Erträge und Aufwendungen (Ergebnishaushalt) auszugleichen. ²Er ist ausgeglichen, wenn die Erträge die Höhe der Aufwendungen mindestens erreichen. ³Satz 1 gilt als erfüllt, wenn ein Fehlbetrag in Planung und Rechnung durch die Inanspruchnahme von Rücklagen gedeckt werden kann.

(4) Die Kommune hat ihre Zahlungsfähigkeit einschließlich der Finanzierung der Investitionen und Investitionsfördermaßnahmen durch das Vorhalten von Liquiditätsreserven sicherzustellen.

(5) ¹Die Kommune darf sich nicht überschulden. ²Sie ist überschuldet, wenn nach der Haushaltsplanung das Eigenkapital im Haushaltsjahr aufgebraucht wird oder in der Vermögensrechnung ein „Nicht durch Eigenkapital gedeckter Fehlbetrag" auszuweisen ist.

### § 99 Grundsätze der Finanzmittelbeschaffung

(1) Die Kommunen erheben Abgaben nach den gesetzlichen Vorschriften.

(2) ¹Die Kommunen haben die zur Erfüllung ihrer Aufgaben erforderlichen Finanzmittel
1. aus Entgelten für ihre Leistungen, soweit dies vertretbar und geboten ist,
2. im Übrigen aus Steuern

zu beschaffen, soweit die sonstigen Finanzmittel nicht ausreichen. ²Sie haben dabei auf die wirtschaftlichen Kräfte ihrer Abgabepflichtigen Rücksicht zu nehmen. ³Von der Verpflichtung nach Satz 1, Entgelte vorrangig zu erheben, sind Beiträge, die auf der Grundlage des § 18a Abs. 1 des Kommunalabgabengesetzes erhoben werden, ausgenommen.

(3) ¹Der Landkreis erhebt, soweit seine sonstigen Erträge und Einzahlungen nicht ausreichen, von den kreisangehörigen Gemeinden nach den hierfür geltenden Vorschriften eine Umlage (Kreisumlage), um seinen erforderlichen Bedarf zu decken. ²Die Umlagesätze sind in der Haushaltssatzung für jedes Haushaltsjahr festzusetzen. ³Eine genehmigungspflichtige Erhöhung der Umlagesätze ist nur zulässig, wenn in angemessenem Umfang die anderen Möglichkeiten, den Kreishaushalt auszugleichen, ausgeschöpft sind. ⁴Mit dem Ziel, eine Rückführung der Umlagesätze zu erreichen, kann die Aufsichtsbehörde die Genehmigung mit Auflagen und Bedingungen für die Gestaltung der Haushaltswirtschaft des Landkreises verbinden.

(4) Die Verbandsgemeinde erhebt, soweit ihre sonstigen Erträge und Einzahlungen nicht ausreichen, von den Mitgliedsgemeinden nach den hierfür geltenden Vorschriften eine Umlage (Verbandsgemeindeumlage), um ihren erforderlichen Bedarf zu decken.

(5) Die Kommunen dürfen Kredite nur aufnehmen, wenn eine andere Finanzierung nicht möglich ist oder wirtschaftlich unzweckmäßig wäre.

(6) ¹Die Kommune darf zur Erfüllung einzelner Aufgaben nach § 4 Spenden, Schenkungen und ähnliche Zuwendungen einwerben und annehmen oder an Dritte vermitteln, die sich an der Erfüllung von Aufgaben nach § 4 beteiligen. ²Die Einwerbung und die Entgegennahme des Angebotes einer Zuwendung obliegen dem Hauptverwaltungsbeamten. ³Über die Annahme oder Vermittlung entscheidet die Vertretung. ⁴Abweichend von Satz 3 kann die Vertretung die Entscheidung über die Annahme oder Vermittlung bei geringfügigen Zuwendungen auf den Hauptverwaltungsbeamten oder einen beschließenden Ausschuss übertragen. ⁵Die Wertgrenzen nach Satz 4 sind in der Hauptsatzung zu bestimmen. ⁶Die Kommune erstellt jährlich einen Bericht, in welchem die Geber, die Zuwendungen und die Zuwendungszwecke anzugeben sind, und übersendet ihn der Kommunalaufsichtsbehörde.

## § 100 Haushaltssatzung

(1) ¹Die Kommunen haben für jedes Haushaltsjahr eine Haushaltssatzung zu erlassen. ²Die Haushaltssatzung tritt mit Beginn des Haushaltsjahres in Kraft und gilt für das Haushaltsjahr. ³Sie kann Festsetzungen für zwei Haushaltsjahre, nach Jahren getrennt, enthalten. ⁴Haushaltsjahr ist das Kalenderjahr, soweit durch Gesetz oder Verordnung nichts anderes bestimmt ist. ⁵Zur Behebung von Fehlern kann die Haushaltssatzung auch nach Ablauf des Haushaltsjahres geändert oder erlassen werden.

(2) ¹Die Haushaltssatzung enthält die Festsetzung

1. des Haushaltsplans
   a) im Ergebnisplan unter Angabe des Gesamtbetrags der Erträge und Aufwendungen des Haushaltsjahres,
   b) im Finanzplan unter Angabe des Gesamtbetrags der Einzahlungen und Auszahlungen aus laufender Verwaltungstätigkeit, des Gesamtbetrags der Einzahlungen und Auszahlungen aus Investitionstätigkeit und aus der Finanzierungstätigkeit des Haushaltsjahres,
2. der vorgesehenen Kreditaufnahme für Investitionen und Investitionsfördermaßnahmen (Kreditermächtigung),
3. der vorgesehenen Ermächtigungen zum Eingehen von Verpflichtungen, die künftige Haushaltsjahre mit Auszahlungen für Investitionen und Investitionsfördermaßnahmen belasten (Verpflichtungsermächtigung),
4. des Höchstbetrags der Liquiditätskredite,
5. der Steuersätze, wenn sie nicht in einer Steuersatzung festgelegt sind,
6. der Umlagehebesätze für Landkreise oder Verbandsgemeinden.

²Sie kann weitere Vorschriften enthalten, die sich auf die Erträge und Aufwendungen, Einzahlungen und Auszahlungen, den Stellenplan für das Haushaltsjahr und das Haushaltskonsolidierungskonzept beziehen.

(3) ¹Kann der Haushaltsausgleich entgegen den Grundsätzen des § 98 Abs. 3 nicht erreicht werden, ist ein Haushaltskonsolidierungskonzept aufzustellen. ²Das Haushaltskonsolidierungskonzept dient dem Ziel, die künftige, dauernde Leistungsfähigkeit der Kommune zu erreichen. ³Der Haushaltsausgleich ist zum nächstmöglichen Zeitpunkt wiederherzustellen, spätestens jedoch im fünften Jahr, das auf die mittelfristige Ergebnis- und Finanzplanung folgt. ⁴Im Haushaltskonsolidierungskonzept ist der Zeitraum festzulegen, innerhalb dessen der Haushaltsausgleich wieder erreicht werden kann. ⁵Dabei sind die Maßnahmen darzustellen, durch die der Haushaltsausgleich gemäß § 98 Abs. 3 wieder erreicht, ein in der Vermögensrechnung ausgewiesener Fehlbetrag abgebaut und das Entstehen eines neuen Fehlbetrages in künftigen Jahren vermieden werden soll.

(4) ¹Ein Haushaltskonsolidierungskonzept ist auch aufzustellen, wenn die Kommune den Haushaltsausgleich gemäß § 98 Abs. 3 erreicht, aber gemäß § 98 Abs. 5 Satz 2 überschuldet ist. ²Das Haushaltskonsolidierungskonzept dient dem Ziel, den „Nicht durch Eigenkapital gedeckten Fehlbetrag" vollständig abzubauen. ³Im Haushaltskonsolidierungskonzept sind der erforderliche Zeitraum und die Maßnahmen für den Abbau des Fehlbetrages zum nächstmöglichen Zeitpunkt festzulegen.

(5) ¹Ein Haushaltskonsolidierungskonzept ist ebenfalls aufzustellen, wenn die Kommune nicht mehr in der Lage ist, innerhalb des mittelfristigen Finanzplanungszeitraumes ihren bestehenden Zahlungsverpflichtungen ohne Überschreiten der Genehmigungsgrenze nach § 110 Abs. 2 nachzukommen. ²Im Haushaltskonsolidierungskonzept sind der erforderliche Zeitraum und die Maßnahmen festzulegen, um die Zahlungsfähigkeit innerhalb des mittelfristigen Finanzplanungszeitraumes ohne Überschreiten der Genehmigungsgrenze nach § 110 Abs. 2 wiederherzustellen.

(6) ¹Die dargestellten Maßnahmen gemäß den Absätzen 3 bis 5 sind für die Kommune grundsätzlich verbindlich. ²Abweichungen von diesen bindenden Festlegungen und die jährlichen Fortschreibungen des Haushaltskonsolidierungskonzeptes sind nur zulässig, wenn das Haushaltskonsolidierungsziel auf andere Weise erreicht wird oder sich die Planungsgrundlagen rechtlich oder tatsächlich ändern. ³Das Haushaltskonsolidierungskonzept ist spätestens mit der Haushaltssatzung von der Vertretung zu beschließen und der Kommunalaufsichtsbehörde mit der Haushaltssatzung vorzulegen.

## § 101 Haushaltsplan

(1) ¹Der Haushaltsplan ist Teil der Haushaltssatzung. ²Er enthält alle im Haushaltsjahr für die Erfüllung der Aufgaben der Kommune voraussichtlich

1. anfallenden Erträge und eingehenden Einzahlungen,
2. entstehenden Aufwendungen und zu leistenden Auszahlungen,
3. notwendigen Verpflichtungsermächtigungen.

[3]Der Haushaltsplan enthält ferner den Stellenplan nach § 76.

(2) Der Haushaltsplan ist in einen Ergebnisplan und einen Finanzplan sowie in Teilpläne zu gliedern.

(3) [1]Der Haushaltsplan ist nach Maßgabe dieses Gesetzes und der aufgrund dieses Gesetzes erlassenen Vorschriften für die Führung der Haushaltswirtschaft verbindlich. [2]Ansprüche und Verbindlichkeiten werden durch ihn weder begründet noch aufgehoben.

### § 102 Erlass der Haushaltssatzung

(1) Die Haushaltssatzung ist von der Vertretung nach öffentlicher Beratung zu beschließen und der Kommunalaufsichtsbehörde vorzulegen.

(2) [1]Mit der öffentlichen Bekanntmachung der Haushaltssatzung ist der Haushaltsplan mit seinen Anlagen an sieben Tagen öffentlich auszulegen; in der Bekanntmachung ist auf die Auslegung hinzuweisen. [2]Enthält die Haushaltssatzung genehmigungspflichtige Teile, darf sie erst nach der Genehmigung öffentlich bekannt gemacht werden.

### § 103 Nachtragshaushaltssatzung

(1) [1]Die Haushaltssatzung kann nur durch Nachtragshaushaltssatzung geändert werden, die bis zum Ablauf des Haushaltsjahres zu beschließen ist; § 100 Abs. 1 Satz 5 findet keine Anwendung. [2]Das für die Nachtragshaushaltssatzung entsprechend geltende Verfahren nach § 102 muss bis zum 31. Dezember des Haushaltsjahres abgeschlossen sein.

(2) Die Kommune hat unverzüglich eine Nachtragshaushaltssatzung zu erlassen, wenn
1. sich zeigt, dass trotz Ausnutzung jeder Sparmöglichkeit ein erheblicher Fehlbetrag entstehen wird und der Haushaltsausgleich nur durch eine Änderung der Haushaltssatzung erreicht werden kann,
2. bisher nicht veranschlagte oder zusätzliche Aufwendungen oder Auszahlungen bei einzelnen Haushaltsposten in einem im Verhältnis zu den Gesamtaufwendungen oder Gesamtauszahlungen des Haushaltsplans erheblichen Umfang geleistet werden müssen,
3. Auszahlungen für bisher nicht veranschlagte Investitionen oder Investitionsfördermaßnahmen geleistet werden sollen,
4. Beschäftigte eingestellt, angestellt, befördert oder in eine höhere Entgeltgruppe eingestuft werden sollen und der Stellenplan die entsprechenden Stellen nicht enthält.

(3) Keine Anwendung findet Absatz 2 Nrn. 2 bis 4 auf
1. geringfügige Investitionen und Investitionsfördermaßnahmen sowie unabweisbare Aufwendungen und Auszahlungen,
2. die Umschuldung von Krediten,
3. Abweichungen vom Stellenplan und die Leistung höherer Personalausgaben, die sich unmittelbar aus einer Änderung des Besoldungs- oder Tarifrechts ergeben,
4. eine Vermehrung oder Hebung von Stellen für Beamte im Rahmen der Besoldungsgruppen A 4 bis A 10 und für Arbeitnehmer, wenn sie im Verhältnis zur Gesamtzahl der Stellen für diese Beschäftigten unerheblich ist.

### § 104 Vorläufige Haushaltsführung

(1) Ist die Haushaltssatzung bei Beginn des Haushaltsjahres noch nicht erlassen, darf die Kommune
1. Aufwendungen entstehen lassen und Auszahlungen leisten, zu deren Leistung sie rechtlich verpflichtet ist oder die für die Weiterführung notwendiger Aufgaben unaufschiebbar sind; sie darf insbesondere Bauten, Beschaffungen und sonstige Investitionsleistungen, für die im Haushaltsplan eines Vorjahres Finanzposten oder Verpflichtungsermächtigungen vorgesehen waren, fortsetzen,
2. Abgaben vorläufig nach den Sätzen des Vorjahres erheben,
3. Kredite umschulden.

(2) [1]Reichen die Finanzmittel für die Fortsetzung von Bauten, Beschaffungen und sonstigen Investitionsleistungen des Finanzhaushaltes nach Absatz 1 Nr. 1 oder für den Beginn von unaufschiebbaren Investitionsmaßnahmen nicht aus, darf die Kommune mit Genehmigung der Kommunalaufsichtsbehörde Kredite für Investitionen und Investitionsfördermaßnahmen bis zur Hälfte des durchschnittlichen

Betrags der Kreditermächtigungen für die beiden Vorjahre aufnehmen. ²§ 108 Abs. 2 Satz 2 gilt entsprechend.

(3) Der Stellenplan des Vorjahres gilt weiter, bis die Haushaltssatzung für das neue Jahr erlassen ist.

### § 105 Über- und außerplanmäßige Aufwendungen und Auszahlungen

(1) ¹Über- und außerplanmäßige Aufwendungen und Auszahlungen sind nur zulässig, wenn die Aufwendungen und Auszahlungen unabweisbar sind und die Deckung gewährleistet ist. ²Sind die Aufwendungen und Auszahlungen nach Umfang oder Bedeutung erheblich, bedürfen sie der Zustimmung der Vertretung. ³Im Übrigen kann die Hauptsatzung bestimmen, dass die Zustimmung zu erheblichen über- und außerplanmäßigen Aufwendungen und Auszahlungen bis zu bestimmten Wertgrenzen ein beschließender Ausschuss trifft. ⁴§ 103 Abs. 2 findet Anwendung.

(2) Für Investitionen und Investitionsfördermaßnahmen, die im folgenden Jahr fortgesetzt werden, sind überplanmäßige Auszahlungen auch dann zulässig, wenn ihre Deckung im folgenden Jahr gewährleistet ist; sie bedürfen der Zustimmung der Vertretung.

(3) Für Maßnahmen, durch die über- oder außerplanmäßige Aufwendungen und Auszahlungen entstehen können, gelten die Absätze 1 und 2 entsprechend.

(4) Eine Zustimmung der Vertretung nach Absatz 1 Satz 2 ist bei über- und außerplanmäßigen Aufwendungen, die erst bei der Aufstellung des Jahresabschlusses festgestellt werden können und nicht zu Auszahlungen führen, entbehrlich.

### § 106 Mittelfristige Ergebnis- und Finanzplanung

¹Die Kommune hat ihrer Haushaltswirtschaft eine fünfjährige mittelfristige Ergebnis- und Finanzplanung zugrunde zu legen und in ihren Haushaltsplan einzubeziehen. ²Das erste Planungsjahr ist das laufende Haushaltsjahr. ³Die mittelfristige Ergebnis- und Finanzplanung ist jährlich der Entwicklung anzupassen und fortzuführen.

### § 107 Verpflichtungsermächtigungen

(1) Verpflichtungen zur Leistung von Auszahlungen für Investitionen und Investitionsfördermaßnahmen in künftigen Jahren dürfen unbeschadet des Absatzes 5 nur eingegangen werden, wenn der Haushaltsplan hierzu ermächtigt.

(2) Die Verpflichtungsermächtigungen dürfen zulasten der dem Haushaltsjahr folgenden drei Jahre veranschlagt werden, erforderlichenfalls bis zum Abschluss einer Maßnahme; sie sind nur zulässig, wenn durch sie der Ausgleich künftiger Haushalte nicht gefährdet wird.

(3) Verpflichtungsermächtigungen gelten weiter, bis die Haushaltssatzung für das folgende Jahr erlassen ist.

(4) Der Gesamtbetrag der Verpflichtungsermächtigungen bedarf im Rahmen der Haushaltssatzung insoweit der Genehmigung der Kommunalaufsichtsbehörde, als in den Jahren, in denen voraussichtlich Auszahlungen aus den Verpflichtungen zu leisten sind, Kreditaufnahmen vorgesehen sind.

(5) Verpflichtungen im Sinne des Absatzes 1 dürfen überplanmäßig oder außerplanmäßig eingegangen werden, wenn sie unvorhergesehen und unabweisbar sind und der in der Haushaltssatzung festgesetzte Gesamtbetrag der Verpflichtungsermächtigungen nicht überschritten wird.

### § 108 Kreditaufnahmen

(1) ¹Kredite dürfen unter den Voraussetzungen des § 99 Abs. 5 nur für Investitionen, Investitionsfördermaßnahmen und zur Umschuldung aufgenommen werden. ²Die daraus übernommenen Verpflichtungen müssen mit der dauernden Leistungsfähigkeit der Kommune in Einklang stehen.

(2) ¹Der Gesamtbetrag der vorgesehenen Kreditaufnahmen für Investitionen und Investitionsfördermaßnahmen bedarf im Rahmen der Haushaltssatzung der Genehmigung der Kommunalaufsichtsbehörde (Gesamtgenehmigung). ²Die Genehmigung soll nach den Grundsätzen einer geordneten Haushaltswirtschaft erteilt oder versagt werden; sie kann unter Bedingungen und Auflagen erteilt werden. ³Sie ist in der Regel zu versagen, wenn die Kreditverpflichtungen mit der dauernden Leistungsfähigkeit der Kommune nicht in Einklang stehen.

(3) Die Kreditermächtigung gilt weiter, bis die Haushaltssatzung für das übernächste Jahr erlassen ist.

(4) ¹Die Aufnahme der einzelnen Kredite, deren Gesamtbetrag nach Absatz 2 genehmigt worden ist, bedarf der Genehmigung der Kommunalaufsichtsbehörde (Einzelgenehmigung), soweit nach § 19 des Gesetzes zur Förderung der Stabilität und des Wachstums der Wirtschaft die Kreditaufnahmen be-

schränkt worden sind. ²Die Einzelgenehmigung kann nach Maßgabe der Kreditbeschränkungen versagt werden.

(5) Der Abschluss von Derivatgeschäften oder vergleichbaren Finanzgeschäften bedarf der Genehmigung der oberen Kommunalaufsichtsbehörde.

(6) ¹Die Begründung einer Zahlungsverpflichtung, die wirtschaftlich einer Kreditaufnahme gleichkommt, bedarf der Genehmigung der Kommunalaufsichtsbehörde. ²Absatz 2 Satz 2 und 3 gilt entsprechend. ³Eine Genehmigung ist nicht erforderlich für die Begründung von Zahlungsverpflichtungen im Rahmen der laufenden Verwaltung. ⁴Das für Kommunalangelegenheiten zuständige Ministerium kann die Genehmigung für Rechtsgeschäfte, die zur Erfüllung bestimmter Aufgaben dienen oder den Haushalt der Kommune nicht besonders belasten, allgemein erteilen.

(7) ¹Die Kommune darf zur Sicherung des Kredits keine Sicherheiten bestellen. ²Die Kommunalaufsichtsbehörde kann Ausnahmen zulassen, wenn die Bestellung von Sicherheiten der Verkehrsübung entspricht.

### § 109 Sicherheiten zugunsten Dritter, Gewährleistung

(1) ¹Die Kommune darf keine Sicherheiten zugunsten Dritter bestellen. ²Die Kommunalaufsichtsbehörde kann Ausnahmen zulassen.

(2) ¹Die Kommune darf Bürgschaften und Verpflichtungen aus Gewährverträgen nur zur Erfüllung ihrer Aufgaben übernehmen. ²Die Rechtsgeschäfte bedürfen der Genehmigung der Kommunalaufsichtsbehörde.

(3) Absatz 2 gilt entsprechend für Rechtsgeschäfte, die den in Absatz 2 genannten Rechtsgeschäften wirtschaftlich gleichkommen, insbesondere für die Zustimmung zu Rechtsgeschäften Dritter, aus denen der Kommune Aufwendungen entstehen und in künftigen Haushaltsjahren Verpflichtungen zur Leistung von Auszahlungen erwachsen können.

(4) Das für Kommunalangelegenheiten zuständige Ministerium kann die Genehmigung allgemein erteilen für Rechtsgeschäfte, die
1. von der Kommune zur Förderung des Städte- und Wohnungsbaus eingegangen werden,
2. den Haushalt der Kommune nicht besonders belasten.

### § 110 Liquiditätskredite

(1) ¹Zur rechtzeitigen Leistung ihrer Auszahlungen kann die Kommune Kredite bis zu dem in der Haushaltssatzung festgesetzten Höchstbetrag aufnehmen, soweit dafür keine anderen Mittel zur Verfügung stehen. ²Die Ermächtigung gilt weiter, bis die Haushaltssatzung für das folgende Jahr erlassen ist.

(2) Der Höchstbetrag der Liquiditätskredite bedarf im Rahmen der Haushaltssatzung der Genehmigung der Kommunalaufsichtsbehörde, wenn er ein Fünftel der Einzahlungen aus laufender Verwaltungstätigkeit im Finanzplan übersteigt.

### § 111 Rücklagen, Rückstellungen

(1) ¹Rücklagen sind durch Zuführung der Überschüsse der Ergebnisrechnung zu bilden. ²Weitere zweckgebundene Rücklagen sind zulässig.

(2) Rückstellungen sind in erforderlicher Höhe zu bilden.

### § 112 Erwerb und Verwaltung von Vermögen

(1) Die Kommune soll Vermögensgegenstände nur erwerben, soweit dies zur Erfüllung ihrer Aufgaben in absehbarer Zeit erforderlich ist.

(2) ¹Die Vermögensgegenstände sind pfleglich und wirtschaftlich zu verwalten und ordnungsgemäß nachzuweisen. ²Bei Geldanlagen ist auf eine ausreichende Sicherheit zu achten; sie sollen einen angemessenen Ertrag bringen.

(3) Besondere Rechtsvorschriften für die Bewirtschaftung des Waldes der Kommune finden Anwendung.

### § 113 Inventur, Inventar und Vermögensbewertung

(1) Die Kommune hat zum Schluss eines jeden Haushaltsjahres sämtliche Vermögensgegenstände, ihre Verbindlichkeiten und Rechnungsabgrenzungsposten in einer Inventur unter Beachtung der Grundsätze ordnungsmäßiger Inventur vollständig aufzunehmen und dabei den Wert der einzelnen Vermögensgegenstände und Verbindlichkeiten anzugeben (Inventar).

(2) ¹Für die im Jahresabschluss auszuweisenden Wertansätze sind
1. Vermögensgegenstände mit den Anschaffungs- oder Herstellungskosten, vermindert um die planmäßigen und außerplanmäßigen Abschreibungen,
2. Verbindlichkeiten zu ihrem Rückzahlungsbetrag, Rentenverpflichtungen, für die eine Gegenleistung nicht mehr zu erwarten ist, zu ihrem Barwert und Rückstellungen nur in Höhe des Betrages, der voraussichtlich notwendig ist,

anzusetzen. ²Die Bewertung ist unter Anwendung der Grundsätze ordnungsmäßiger Buchführung, soweit dieses Gesetz nichts anderes vorsieht, vorzunehmen.

## § 114 Eröffnungsbilanz

(1) ¹Die Kommune hat zu Beginn des Haushaltsjahres, in dem sie erstmals ihre Geschäftsvorfälle nach dem System der doppelten Buchführung erfasst, eine Eröffnungsbilanz unter Beachtung der Grundsätze ordnungsmäßiger Buchführung aufzustellen, soweit durch Gesetz oder Verordnung nichts anderes bestimmt ist. ²§ 120 Abs. 1 Satz 2 und 3 sowie Abs. 2 ist entsprechend anzuwenden. ³Die Eröffnungsbilanz wird durch einen Anhang ergänzt. ⁴Ihr sind Übersichten über das Anlagevermögen, die Forderungen und die Verbindlichkeiten als Anlage beizufügen.

(2) Die Eröffnungsbilanz hat zum Bilanzstichtag ein den tatsächlichen Verhältnissen entsprechendes Bild der Vermögenslage der Kommune zu vermitteln.

(3) ¹Die Ermittlung der Wertansätze für die Eröffnungsbilanz ist auf der Grundlage der Anschaffungs- oder Herstellungskosten, vermindert um die Abschreibungen, vorzunehmen. ²Soweit Anschaffungs- oder Herstellungskosten nicht ermittelt werden können oder deren Ermittlung in keinem Verhältnis zum Wert steht, sind vorsichtig geschätzte Zeitwerte zugrunde zu legen. ³Die in der Eröffnungsbilanz angesetzten Werte für die Vermögensgegenstände gelten für die künftigen Haushaltsjahre als Anschaffungs- oder Herstellungskosten, soweit nicht Wertberichtigungen nach Absatz 7 vorgenommen werden.

(4) ¹Die Eröffnungsbilanz ist dahingehend zu prüfen, ob sie ein den tatsächlichen Verhältnissen entsprechendes Bild der Lage der Kommune unter Beachtung der Grundsätze ordnungsmäßiger Buchführung vermittelt. ²Die Prüfung erstreckt sich darauf, ob die gesetzlichen Vorschriften und die sie ergänzenden Bestimmungen beachtet worden sind.

(5) ¹Die Eröffnungsbilanz unterliegt der örtlichen Prüfung. ²Die Inventur, das Inventar und die Übersicht über örtlich festgelegte Restnutzungsdauern der Vermögensgegenstände sind in die Prüfung einzubeziehen. ³Über Art und Umfang der Prüfung sowie über das Ergebnis der Prüfung ist ein Prüfungsbericht zu erstellen. ⁴Der Bestätigungsvermerk oder der Vermerk über seine Versagung ist in den Prüfungsbericht aufzunehmen. ⁵§ 139 Abs. 3 und 4 und § 141 Abs. 1 Nr. 2 finden entsprechende Anwendung.

(6) Die Eröffnungsbilanz unterliegt der überörtlichen Prüfung nach § 137.

(7) ¹Ergibt sich bei der Aufstellung späterer Jahresabschlüsse, dass in der Eröffnungsbilanz Vermögensgegenstände, Sonderposten, Rückstellungen oder Verbindlichkeiten fehlerhaft angesetzt worden sind, so ist der Wertansatz zu berichtigen oder nachzuholen, soweit es sich um einen wesentlichen Betrag handelt. ²Die Eröffnungsbilanz gilt dann als geändert. ³Eine Berichtigung kann letztmals mit dem für das Haushaltsjahr 2018 zu erstellenden Jahresabschluss vorgenommen werden. ⁴Vorherige Jahresabschlüsse sind nicht zu berichtigen.

## § 115 Veräußerung von Vermögen

(1) ¹Die Kommune darf Vermögensgegenstände, die sie zur Erfüllung ihrer Aufgaben in absehbarer Zeit nicht braucht, veräußern. ²Vermögensgegenstände dürfen in der Regel nur zu ihrem vollen Wert veräußert werden.

(2) ¹Für die Überlassung der Nutzung eines Vermögensgegenstandes gilt Absatz 1 entsprechend. ²§ 52 Satz 2 der Landeshaushaltsordnung des Landes Sachsen-Anhalt gilt entsprechend; anstelle der Landesregierung entscheidet die oberste Kommunalaufsichtsbehörde.

## § 116 Kommunalkasse und Buchführung

(1) ¹Die Kommunalkasse erledigt alle Kassengeschäfte der Kommune. ²§ 123 ist zu beachten. ³Die Buchführung kann von den Kassengeschäften abgetrennt werden. ⁴Sie muss unter Beachtung der Grundsätze ordnungsmäßiger Buchführung so beschaffen sein, dass innerhalb einer angemessenen Zeit ein Überblick über die wirtschaftliche Lage der Kommune gegeben werden kann.

(2) Die Kommune hat einen Kassenverwalter und einen Stellvertreter zu bestellen.
(3) Die anordnungsbefugten Beschäftigten der Kommune sowie der Leiter und die Prüfer des Rechnungsprüfungsamtes können nicht gleichzeitig die Stellung eines Kassenverwalters oder seines Stellvertreters innehaben.
(4) ¹Der Kassenverwalter, sein Stellvertreter und andere Beschäftigte der Kommunalkasse dürfen untereinander und mit dem Hauptverwaltungsbeamten, einem Beigeordneten, einem Stellvertreter des Hauptverwaltungsbeamten, dem Leiter des Finanzwesens (Kämmerer) der Kommune sowie dem Leiter und den Prüfern des Rechnungsprüfungsamtes nicht bis zum dritten Grade verwandt oder bis zum zweiten Grade verschwägert oder durch die Ehe oder eine eingetragene Lebenspartnerschaft verbunden sein. ²Entsteht der Hinderungsgrund im Laufe der Amtszeit, so sind die Amtsgeschäfte anderweitig zu verteilen. ³Der Hinderungsgrund der Schwägerschaft entfällt mit der Auflösung der sie begründenden Ehe oder der Aufhebung der sie begründenden eingetragenen Lebenspartnerschaft.
(5) Der Kassenverwalter, sein Stellvertreter und die Beschäftigten der Kommunalkasse sind nicht befugt, Auszahlungen anzuordnen.
(6) ¹Der Hauptverwaltungsbeamte überwacht die Führung der Kommunalkasse. ²Er kann die ihm obliegende Kassenaufsicht einem sonstigen Beschäftigten der Kommune (Kassenaufsichtsbeamten) übertragen, der nicht Kassenverwalter oder dessen Stellvertreter sein darf.

### § 117 Übertragung von Kassengeschäften

(1) ¹Die Kommune kann ihre Kassengeschäfte ganz oder zum Teil von einer Stelle außerhalb ihrer Verwaltung besorgen lassen, wenn die ordnungsgemäße Erledigung und Prüfung nach den für die Kommune geltenden Vorschriften gewährleistet sind. ²Die Besorgung der Zwangsvollstreckung durch private Dritte ist unzulässig. ³Der Beschluss hierüber ist der Kommunalaufsichtsbehörde anzuzeigen.
(2) Lässt die Kommune ihre Kassengeschäfte durch eine Stelle außerhalb ihrer Verwaltung besorgen, findet § 116 Abs. 2 keine Anwendung.

### § 118 Jahresabschluss

(1) ¹Die Kommune hat für den Schluss eines jeden Haushaltsjahres einen Jahresabschluss aufzustellen. ²Er ist nach den Grundsätzen ordnungsmäßiger Buchführung aufzustellen und muss klar und übersichtlich sein. ³Im Jahresabschluss sind, soweit durch Rechtsvorschrift nichts anderes bestimmt ist, sämtliche Vermögensgegenstände, Verbindlichkeiten, Rechnungsabgrenzungsposten, Erträge, Aufwendungen, Einzahlungen und Auszahlungen sowie die tatsächliche Vermögens-, Ertrags- und Finanzlage der Kommune darzustellen.
(2) Der Jahresabschluss besteht aus
1. einer Ergebnisrechnung,
2. einer Finanzrechnung,
3. einer Vermögensrechnung (Bilanz),
4. einem Anhang.
(3) Der Jahresabschluss ist durch einen Rechenschaftsbericht, der als Anlage beizufügen ist, zu erläutern.
(4) Dem Jahresabschluss sind insbesondere folgende weitere Anlagen beizufügen:
1. Übersichten über das Anlagevermögen, die Forderungen und die Verbindlichkeiten sowie
2. eine Übersicht über die in das folgende Jahr zu übertragenden Ermächtigungen für Aufwendungen und Auszahlungen sowie Verpflichtungsermächtigungen gemäß § 107 Abs. 3.

### § 119 Gesamtabschluss

(1) ¹Der Jahresabschluss der Kommune ist mit den Jahresabschlüssen
1. der Sondervermögen, für die Sonderrechnungen geführt werden,
2. der Unternehmen und Einrichtungen mit eigener Rechtspersönlichkeit, ausgenommen die Sparkassen und Sparkassenzweckverbände, an denen die Kommune beteiligt ist; für mittelbare Beteiligungen gilt § 290 des Handelsgesetzbuches,
3. der Zweckverbände und Arbeitsgemeinschaften nach dem Gesetz über kommunale Gemeinschaftsarbeit, bei denen die Kommune Mitglied ist,
zusammenzufassen (Gesamtabschluss). ²Die Jahresabschlüsse der in Satz 1 genannten Aufgabenträger brauchen nicht in den Gesamtabschluss einbezogen zu werden, wenn sie für die kommunale Haushaltswirtschaft von untergeordneter Bedeutung sind.

(2) Eine Kommune ist von der Verpflichtung, einen Gesamtabschluss aufzustellen, befreit, wenn bis zum Ende des Haushaltsjahres und zum Ende des vorausgegangenen Haushaltsjahres
1. die zusammengefassten Bilanzsummen der nach Absatz 1 einzubeziehenden Aufgabenträger 20 v.H. der in der jeweiligen Vermögensrechnung der Kommune ausgewiesenen Bilanzsumme oder
2. die zusammengefassten Rückstellungen und Verbindlichkeiten der nach Absatz 1 einzubeziehenden Aufgabenträger 20 v.H. der in der jeweiligen Bilanz der Kommune ausgewiesenen Rückstellungen und Verbindlichkeiten

nicht übersteigen.

(3) Aufgabenträger nach Absatz 1 Satz 1 unter beherrschendem Einfluss der Kommune sind entsprechend den §§ 300, 301, 303 bis 305 und 307 bis 309 des Handelsgesetzbuches mit der Maßgabe zusammenzufassen, dass die jeweiligen Buchwerte in den Abschlüssen dieser Aufgabenträger berücksichtigt werden; solche unter maßgeblichem Einfluss der Kommune werden entsprechend den §§ 311 und 312 des Handelsgesetzbuches zusammengefasst.

(4) Die Kommune hat bei den in den Gesamtabschluss einzubeziehenden Aufgabenträgern darauf hinzuwirken, dass ihr das Recht eingeräumt wird, von diesen alle Informationen und Unterlagen zu verlangen, die sie für die Aufstellung des Gesamtabschlusses für erforderlich hält.

(5) Der Gesamtabschluss ist durch einen zusammenfassenden Bericht zu erläutern.

(6) Der Gesamtabschluss ist erstmals für das Haushaltsjahr 2023 zu erstellen.

### § 120 Beschluss über den Jahresabschluss und den Gesamtabschluss, Entlastung

(1) [1]Der Jahresabschluss ist innerhalb von vier Monaten und der Gesamtabschluss innerhalb von 18 Monaten nach Ende des Haushaltsjahres aufzustellen. [2]Der Hauptverwaltungsbeamte stellt jeweils die Vollständigkeit und Richtigkeit der Abschlüsse fest und übergibt diese dem Rechnungsprüfungsamt. [3]Anschließend legt der Hauptverwaltungsbeamte die Abschlüsse unverzüglich mit dem jeweiligen Prüfungsbericht des Rechnungsprüfungsamtes und seiner Stellungnahme zu diesem Bericht der Vertretung vor. [4]Die Vertretung beschließt über den Jahresabschluss der Kommune bis spätestens 31. Dezember des auf das Haushaltsjahr folgenden Jahres und über den Gesamtabschluss bis spätestens 31. Dezember des zweiten auf das Haushaltsjahr folgenden Jahres. [5]Mit der Bestätigung des Jahresabschlusses entscheidet die Vertretung zugleich über die Entlastung des Hauptverwaltungsbeamten. [6]Verweigert die Vertretung die Entlastung oder spricht sie diese mit Einschränkungen aus, so hat sie dafür die Gründe anzugeben.

(2) [1]Die Beschlüsse über den Jahresabschluss, den Gesamtabschluss und die Entlastung sind der Kommunalaufsichtsbehörde unverzüglich mitzuteilen und ortsüblich bekannt zu machen. [2]Im Anschluss an die Bekanntmachung sind der Jahresabschluss mit dem Rechenschaftsbericht und der Gesamtabschluss mit dem zusammenfassenden Bericht an sieben Tagen öffentlich auszulegen; in der Bekanntmachung ist auf die Auslegung hinzuweisen.

*Abschnitt 2*
**Sondervermögen und Treuhandvermögen**

### § 121 Sondervermögen

(1) Sondervermögen der Kommunen sind
1. das Kommunalgliedervermögen im Sinne des § 124 Abs. 1,
2. das Vermögen der nichtrechtsfähigen Stiftungen des bürgerlichen Rechts, die entsprechend dem in Stiftungsgeschäft und Stiftungssatzung zum Ausdruck kommenden Stifterwillen von der Kommune verwaltet werden,
3. das Vermögen der Eigenbetriebe,
4. rechtlich unselbstständige Versorgungs- und Versicherungseinrichtungen.

(2) [1]Sondervermögen nach Absatz 1 Nrn. 1 und 2 unterliegen den Vorschriften über die Haushaltswirtschaft. [2]Sie sind im Haushalt der Kommune gesondert nachzuweisen.

(3) [1]Für Sondervermögen nach Absatz 1 Nr. 3 gelten die Vorschriften über die Haushaltswirtschaft mit der Maßgabe, dass besondere Haushaltspläne aufzustellen und Sonderrechnungen zu führen sind. [2]Anstelle eines Haushaltsplanes kann ein Wirtschaftsplan aufgestellt werden und die Wirtschaftsführung und das Rechnungswesen entsprechend den §§ 15 bis 19 des Eigenbetriebsgesetzes gestaltet

werden. ³In diesem Fall gelten die §§ 98, 99 Abs. 1 bis 5, 102 Abs. 1, die §§ 104, 107 bis 110, 112 und 115 entsprechend; § 99 Abs. 6 gilt unmittelbar.
(4) ¹Für Sondervermögen nach Absatz 1 Nr. 4 sind besondere Haushaltspläne aufzustellen und Sonderrechnungen zu führen. ²Die Vorschriften über die Haushaltswirtschaft gelten entsprechend mit der Maßgabe, dass an die Stelle der Haushaltssatzung der Beschluss über den Haushaltsplan tritt und von der ortsüblichen Bekanntgabe und Auslegung nach § 120 Abs. 2 abgesehen werden kann.

### § 122 Treuhandvermögen

(1) ¹Für die rechtsfähigen Stiftungen des bürgerlichen Rechts, die entsprechend dem in Stiftungsgeschäft und Stiftungssatzung zum Ausdruck kommenden Stifterwillen von der Kommune verwaltet werden, sind besondere Haushaltspläne aufzustellen und Sonderrechnungen zu führen. ²§ 121 Abs. 4 Satz 2 gilt entsprechend, soweit nicht das Stiftungsgesetz Sachsen-Anhalt oder der Stifterwille entgegenstehen.
(2) Absatz 1 Satz 1 gilt entsprechend für Vermögen, die die Kommune nach besonderem Recht treuhänderisch zu verwalten hat.
(3) Unbedeutendes Treuhandvermögen kann im Haushalt der Kommune gesondert nachgewiesen werden; es unterliegt den Vorschriften über die Haushaltswirtschaft.
(4) Mündelvermögen sind abweichend von den Absätzen 1 bis 3 nur im Jahresabschluss gesondert nachzuweisen.

### § 123 Sonderkassen

¹Für Sondervermögen und Treuhandvermögen, für die Sonderrechnungen geführt werden, können Sonderkassen eingerichtet werden. ²Sie sollen mit der Kommunalkasse verbunden werden. ³§ 117 gilt entsprechend.

### § 124 Kommunalgliedervermögen

(1) Für die Nutzung des Kommunalvermögens, dessen Ertrag aufgrund bisherigen Rechts nicht den Kommunen, sondern anderen Berechtigten zusteht (Kommunalgliedervermögen), bleiben die bisherigen Vorschriften und Gewohnheiten in Kraft.
(2) ¹Kommunalgliedervermögen darf nicht in Privatvermögen der Nutzungsberechtigten umgewandelt werden. ²Es kann in freies Kommunalvermögen umgewandelt werden, wenn die Umwandlung aus Gründen des Gemeinwohls geboten erscheint. ³Den Betroffenen ist eine angemessene Entschädigung in Geld oder in Grundbesitz oder mit ihrem Einverständnis in anderer Weise zu gewähren.
(3) Kommunalvermögen darf nicht in Kommunalgliedervermögen umgewandelt werden.

### § 125 Verwaltung von Stiftungen

Soweit durch Gesetz, insbesondere durch das Stiftungsgesetz Sachsen-Anhalt, oder den Stifter nichts anderes bestimmt ist, sind für die Verwaltung von Stiftungen im Sinne von § 121 Abs. 1 Nr. 2 und § 122 Abs. 1 die Vorschriften dieses Gesetzes anzuwenden.

### § 126 Satzungsänderung, Zweckänderung und Aufhebung von nichtrechtsfähigen Stiftungen

(1) Bei Stiftungen im Sinne des § 121 Abs. 1 Nr. 2 kann die Kommune entsprechend den Vorschriften des § 87 Abs. 1 des Bürgerlichen Gesetzbuches oder des § 9 des Stiftungsgesetzes Sachsen-Anhalt den Stiftungszweck ändern, die Stiftung mit einer anderen Stiftung im Sinne des § 121 Abs. 1 Nr. 2 zusammenlegen, zu einer anderen Stiftung im Sinne des § 121 Abs. 1 Nr. 2 zulegen oder sie aufheben, sofern der Stifter oder die Stiftungssatzung nichts anderes bestimmt hat.
(2) Ist im Stiftungsgeschäft oder der Stiftungssatzung eine anfallberechtigte Stelle nicht bestimmt, fällt das Vermögen der Stiftungen im Sinne des § 121 Abs. 1 Nr. 2 an die Kommune.

### § 127 Bildung von Stiftungsvermögen

(1) Kommunalvermögen darf mit Genehmigung der Kommunalaufsichtsbehörde nur im Rahmen der Aufgabenerfüllung der Kommune und nur dann in Stiftungsvermögen eingebracht werden, wenn
1. der mit der Stiftung verfolgte Zweck auf andere Weise nicht erreicht werden kann und
2. bereits im Stiftungsgeschäft nachweisbar ist, dass
    a) private Dritte sich verbindlich zu Zuwendungen verpflichtet haben, die mindestens die Höhe jenes Betrages ausmachen, den die Kommune in die Stiftung überführt, oder
    b) von öffentlich-rechtlichen Zuwendungsgebern Absichtserklärungen über die Zuwendung von Drittmitteln gegeben worden sind.

(2) Befindet sich die Kommune in der Haushaltskonsolidierung und sind die Aufwendungen und Erträge sowie die Auszahlungen und Einzahlungen nicht ausgeglichen geplant, darf eine Kommune keine Vermögenswerte in das Grundstockvermögen einer Stiftung überführen.
(3) [1]Sofern einer Kommune Vermögen von Dritten mit der Auflage, es in eine Stiftung einzubringen, übertragen worden ist, kann sie dieses abweichend von Absatz 1 und 2 in Stiftungen einbringen. [2]Die Kommune darf an diesen Dritten auch mittelbar nicht beteiligt sein, diese nicht tragen oder mittragen oder nicht Mitglied in ihnen sein.

*Abschnitt 3*
**Unternehmen und Beteiligungen**

**§ 128 Zulässigkeit wirtschaftlicher Unternehmen**
(1) [1]Die Kommune darf sich in Angelegenheiten der örtlichen Gemeinschaft auch außerhalb ihrer öffentlichen Verwaltung in den Rechtsformen des Eigenbetriebes, der Anstalt des öffentlichen Rechts oder in einer Rechtsform des Privatrechts wirtschaftlich betätigen, wenn
1. ein öffentlicher Zweck die Betätigung rechtfertigt,
2. wirtschaftliche Betätigungen nach Art und Umfang in einem angemessenen Verhältnis zur Leistungsfähigkeit der Kommune und zum voraussichtlichen Bedarf stehen und
3. der Zweck nicht besser und wirtschaftlicher durch einen anderen erfüllt wird oder erfüllt werden kann.

[2]Alle Tätigkeiten oder Tätigkeitsbereiche, mit denen die Kommune an dem vom Wettbewerb beherrschten Wirtschaftsleben teilnimmt, um ausschließlich Gewinn zu erzielen, entsprechen keinem öffentlichen Zweck. [3]Dienstleistungen, die mit der wirtschaftlichen Betätigung verbunden sind, sind zulässig, wenn ihnen im Vergleich zum Hauptzweck eine untergeordnete Bedeutung zukommt und die Voraussetzung des Satzes 1 Nr. 3 vorliegt.
(2) Betätigungen in den Bereichen der Strom-, Gas- und Wärmeversorgung, der Wasserversorgung, Abfallentsorgung, Abwasserbeseitigung, Breitbandversorgung, Wohnungswirtschaft und des öffentlichen Verkehrs dienen einem öffentlichen Zweck und sind unter der Voraussetzung des Absatzes 1 Satz 1 Nr. 2 zulässig.
(3) [1]Die wirtschaftliche Betätigung in den Bereichen der Strom-, Gas- und Wärmeversorgung außerhalb des Gebietes der Kommune dient einem öffentlichen Zweck und ist zulässig, wenn sie nach Art und Umfang in einem angemessenen Verhältnis zur Leistungsfähigkeit der Kommune steht, die Voraussetzung des Absatzes 1 Satz 1 Nr. 3 vorliegt und die berechtigten Interessen der betroffenen Kommune gewahrt sind. [2]Bei Aufgaben, die im Wettbewerb wahrgenommen werden, gelten Interessen nur so weit als berechtigt, als der jeweilige Ordnungsrahmen eine Einschränkung des Wettbewerbs zulässt. [3]Die betroffene Kommune ist so rechtzeitig vor der Aufnahme der wirtschaftlichen Tätigkeit in ihrem Gebiet zu informieren, dass sie ihre berechtigten Interessen geltend machen kann.
(4) [1]Wirtschaftliche Betätigungen in allen anderen als den in Absatz 3 genannten Wirtschaftsbereichen außerhalb des Gebietes der Kommune sind nur in begründeten Ausnahmefällen zulässig, wenn ein öffentlicher Zweck die Betätigung rechtfertigt, die Betätigung nach Art und Umfang in einem angemessenen Verhältnis zur Leistungsfähigkeit der Kommune steht und die berechtigten Interessen der betroffenen Kommune gewahrt sind. [2]Bei Aufgaben, die im Wettbewerb wahrgenommen werden, gelten Interessen nur so weit als berechtigt, als der jeweilige Ordnungsrahmen eine Einschränkung des Wettbewerbs zulässt. [3]Die betroffene Kommune ist so rechtzeitig vor der Aufnahme der wirtschaftlichen Tätigkeit in ihrem Gebiet zu informieren, dass sie ihre berechtigten Interessen geltend machen kann.
(5) Die Aufnahme einer wirtschaftlichen Betätigung im Ausland bedarf der Genehmigung.
(6) [1]Bankunternehmen darf die Kommune weder betreiben noch sich an ihnen beteiligen. [2]Für das öffentliche Sparkassenwesen verbleibt es bei den besonderen Vorschriften.

**§ 129 Unternehmen in Privatrechtsform**
(1) Die Kommune darf ein Unternehmen in einer Rechtsform des Privatrechts nur unterhalten, errichten, übernehmen, wesentlich erweitern oder sich daran beteiligen, wenn die Voraussetzungen des § 128 vorliegen und

1. der öffentliche Zweck des Unternehmens nicht ebenso durch einen Zweckverband, einen Eigenbetrieb oder eine Anstalt des öffentlichen Rechts erfüllt wird oder erfüllt werden kann,
2. durch die Ausgestaltung des Gesellschaftsvertrages oder der Satzung sichergestellt ist, dass der öffentliche Zweck des Unternehmens erfüllt wird,
3. die Kommune einen angemessenen Einfluss, insbesondere im Aufsichtsrat oder in einem entsprechenden Überwachungsorgan des Unternehmens, erhält und dieser durch Gesellschaftsvertrag, Satzung oder in anderer Weise gesichert wird,
4. die Haftung der Kommune auf einen ihrer Leistungsfähigkeit angemessenen Betrag begrenzt wird,
5. die Einzahlungsverpflichtungen der Kommune in einem angemessenen Verhältnis zu ihrer Leistungsfähigkeit stehen,
6. die Kommune sich nicht zur Übernahme von Verlusten in unbestimmter oder unangemessener Höhe verpflichtet.

(2) ¹Die Regelungen des Absatzes 1 Nrn. 2 bis 6 gelten entsprechend, wenn ein Unternehmen in einer Rechtsform des Privatrechts, an dem eine Kommune allein oder zusammen mit anderen kommunalen Körperschaften mit mehr als 50 v.H. beteiligt ist, eine Gesellschaft oder eine andere Vereinigung in einer Rechtsform des privaten Rechts unterhalten, errichten, übernehmen, wesentlich erweitern, sich daran beteiligen oder eine Beteiligung aufrechterhalten will. ²Bei einer geringeren Beteiligung als der in Satz 1 genannten hat die Kommune darauf hinzuwirken, dass die Regelungen des Absatzes 1 Nrn. 2 bis 6 umgesetzt werden.

### § 130 Offenlegung und Beteiligungsbericht, Beteiligungsmanagement

(1) ¹Führt eine Kommune ein Unternehmen in den Rechtsformen des Eigenbetriebes oder der Anstalt des öffentlichen Rechts, so hat sie den Beschluss über die Feststellung des Jahresabschlusses zusammen mit dem Ergebnis der Prüfung des Jahresabschlusses und des Rechenschaftsberichts oder des Lageberichts sowie der beschlossenen Verwendung des Jahresüberschusses oder der Behandlung des Jahresfehlbetrages unbeschadet der bestehenden gesetzlichen Offenlegungspflichten öffentlich bekannt zu machen. ²Mit der Bekanntmachung sind der Jahresabschluss und Rechenschaftsbericht oder der Lagebericht an sieben Werktagen öffentlich auszulegen; in der Bekanntmachung ist auf die Auslegung hinzuweisen.

(2) ¹Mit dem Entwurf der Haushaltssatzung ist der Vertretung ein Bericht über die unmittelbare und mittelbare Beteiligung an Unternehmen in einer Rechtsform des öffentlichen Rechts und des Privatrechts, an denen die Kommune mit mindestens 5 v.H. beteiligt ist, vorzulegen. ²Der Beteiligungsbericht hat insbesondere Angaben zu enthalten über:
1. den Gegenstand des Unternehmens, die Beteiligungsverhältnisse, die Besetzung der Organe und die Beteiligungen des Unternehmens,
2. den Stand der Erfüllung des öffentlichen Zwecks durch das Unternehmen,
3. die Grundzüge des Geschäftsverlaufs, die Lage des Unternehmens, die wichtigsten Kennzahlen der Vermögens-, Finanz- und Ertragslage des Unternehmens, die Kapitalzuführungen und -entnahmen durch die Kommune und die Auswirkungen auf die Haushaltswirtschaft für das jeweilige letzte Geschäftsjahr sowie im Vergleich mit den Werten des vorangegangenen Geschäftsjahres die durchschnittliche Zahl der beschäftigten Arbeitnehmer,
4. die Gesamtbezüge nach § 285 Nr. 9 Buchst. a des Handelsgesetzbuches, die den Mitgliedern der Organe des Unternehmens zugeflossen sind; § 286 Abs. 4 des Handelsgesetzbuches findet sinngemäß Anwendung.

³Der Beteiligungsbericht ist in der Vertretung in öffentlicher Sitzung zu erörtern; § 52 Abs. 2 findet Anwendung.

(3) Die Kommune hat die Einwohner über den Beteiligungsbericht in geeigneter Form zu unterrichten.

(4) Ist eine Kommune im Sinne des Absatzes 2 Satz 1 beteiligt, hat sie ein Beteiligungsmanagement zu gewährleisten, das sowohl die Mitglieder der Vertretung, die Vertreter der Kommune in den Gremien der Beteiligungen als auch die Beschäftigten der Kommune fachlich unterstützt und ausreichende Informationen bereithält.

### § 131 Vertretung der Kommune in Unternehmen in Privatrechtsform

(1) ¹Der Hauptverwaltungsbeamte vertritt die Kommune in der Gesellschafterversammlung oder in dem entsprechenden Organ der Unternehmen in einer Rechtsform des Privatrechts, an denen die Kom-

mune beteiligt ist; er kann einen Beschäftigten der Kommune mit seiner Vertretung beauftragen. ²Bei Mitgliedsgemeinden von Verbandsgemeinden vertritt der Bürgermeister die Gemeinde in der Gesellschafterversammlung, der Gemeinderat wählt aus seiner Mitte einen oder mehrere Stellvertreter des Bürgermeisters für den Verhinderungsfall. ³Die Kommune kann weitere Vertreter entsenden, die über die jeweils notwendige wirtschaftliche Erfahrung und Sachkunde verfügen sollen. ⁴Sie kann die Entsendung jederzeit zurücknehmen. ⁵Sind zwei oder mehr Vertreter zu entsenden und kommt eine Einigung über deren Entsendung nicht zustande, finden die Vorschriften über das Verfahren zur Bildung beschließender Ausschüsse der Vertretung Anwendung. ⁶Die Kommune kann ihren Vertretern Weisungen erteilen. ⁷Der Hauptverwaltungsbeamte, der Bürgermeister oder die Vertreter nach den Sätzen 1 bis 3 haben die Kommune über alle Angelegenheiten des Unternehmens von besonderer Bedeutung frühzeitig zu unterrichten. ⁸Die Vertreter nach den Sätzen 1 bis 3 erstatten dabei dem Hauptverwaltungsbeamten oder Bürgermeister Bericht, der in jedem Fall einen beschließenden, nicht öffentlichen Ausschuss der Vertretung oder die Vertretung über diese Angelegenheiten informiert. ⁹Die Sätze 6 bis 8 gelten nur, soweit durch Vorgaben des Gesellschaftsrechts nichts anderes bestimmt ist.
(2) Die Vertretung der Kommune durch eine Person in einem Vorstand eines Unternehmens sowie deren Beauftragung mit der Geschäftsführung ist mit der Vertretung der Kommune in der Gesellschafterversammlung, dem Aufsichtsrat oder einem entsprechenden Gremium durch diese Person nicht vereinbar.
(3) ¹Absatz 1 gilt entsprechend, wenn der Kommune das Recht eingeräumt ist, in den Vorstand, den Aufsichtsrat oder ein gleichartiges Organ einer Gesellschaft Mitglieder zu entsenden. ²Im Falle seiner Entsendung kann der Hauptverwaltungsbeamte die Wahrnehmung der Aufgaben in diesen Gremien einem geeigneten Beschäftigten übertragen. ³Die Pflichten des Hauptverwaltungsbeamten nach Absatz 1 Satz 7 und 8 gelten für diesen Beschäftigten entsprechend. ⁴Ist der Hauptverwaltungsbeamte Mitglied des Aufsichtsrates einer Gesellschaft, so wird er in der Gesellschafterversammlung bei der Entscheidung über die Entlastung des Aufsichtsrates von seinem Stellvertreter im Amt vertreten. ⁵Die Mitgliedschaft der Vertreter der Kommune endet, soweit durch Gesetz nichts anderes bestimmt ist, mit ihrem Ausscheiden aus dem Haupt- oder Ehrenamt der Kommune.
(4) ¹Werden Vertreter der Kommune aus ihrer Tätigkeit in einem Organ eines Unternehmens in einer Rechtsform des privaten Rechts haftbar gemacht, hat ihnen die Kommune den Schaden zu ersetzen, es sei denn, dass sie ihn vorsätzlich oder grob fahrlässig herbeigeführt haben. ²Auch in diesem Fall ist die Kommune schadensersatzpflichtig, wenn ihre Vertreter nach Weisung gehandelt haben.

**§ 132 Monopolmissbrauch**
Bei Unternehmen im Sinne des § 128 Abs. 1, für die kein Wettbewerb gleichartiger Privatunternehmen besteht, dürfen der Anschluss und die Belieferung nicht davon abhängig gemacht werden, dass auch andere Leistungen oder Lieferungen abgenommen werden.

**§ 133 Planung, Jahresabschluss und dessen Prüfung bei Unternehmen in Privatrechtsform**
(1) Gehören der Kommune an einem Unternehmen Anteile in dem in § 53 des Haushaltsgrundsätzegesetzes bezeichneten Umfang, hat sie dafür zu sorgen, dass
1. für jedes Wirtschaftsjahr ein Ergebnis- und Finanzplan, eine Stellenübersicht und eine mittelfristige Planung aufgestellt und der Kommune zur Kenntnis gebracht werden,
2. die Feststellung des Jahresabschlusses, die Verwendung des Ergebnisses sowie das Ergebnis der Prüfung des Jahresabschlusses und des Lageberichts ortsüblich bekannt gegeben werden, gleichzeitig der Jahresabschluss und der Lagebericht ausgelegt werden und in der Bekanntgabe auf die Auslegung hingewiesen wird,
3. in der Satzung oder im Gesellschaftsvertrag die Aufstellung des Jahresabschlusses und des Lageberichts in entsprechender Anwendung der Vorschriften des Dritten Buchs des Handelsgesetzbuches für große Kapitalgesellschaften und deren Prüfung in entsprechender Anwendung dieser Vorschriften oder der Vorschriften über die Jahresabschlussprüfung bei Eigenbetrieben vorgeschrieben werden, sofern nicht die Vorschriften des Handelsgesetzbuches bereits unmittelbar gelten oder weitergehende gesetzliche Vorschriften gelten oder andere gesetzliche Vorschriften entgegenstehen,
4. ihr der Prüfungsbericht des Abschlussprüfers übersandt wird, sofern dies nicht bereits gesetzlich vorgesehen ist.

(2) ¹Ist eine Beteiligung der Kommune keine Mehrheitsbeteiligung im Sinne des § 53 des Haushaltsgrundsätzegesetzes, so soll die Kommune, soweit ihr Interesse dies erfordert, darauf hinwirken, dass ihr im Gesellschaftsvertrag oder in der Satzung die Befugnisse nach Absatz 1 eingeräumt werden. ²Bei mittelbaren Minderheitsbeteiligungen gilt dies nur, wenn die Beteiligung den vierten Teil der Anteile übersteigt und einer Gesellschaft zusteht, an der die Kommune allein oder zusammen mit anderen Gebietskörperschaften mit Mehrheit im Sinne des § 53 des Haushaltsgrundsätzegesetzes beteiligt ist.

(3) Wird der Jahresabschluss nach anderen Vorschriften als denen über die Jahresabschlussprüfung bei Eigenbetrieben geprüft, soll die Kommune im Fall des Absatzes 1 die Rechte nach § 53 Abs. 1 Nrn. 1 und 2 des Haushaltsgrundsätzegesetzes ausüben, und kann die Kommunalaufsichtsbehörde verlangen, dass die Kommune ihr den Prüfungsbericht mitteilt.

### § 134 Veräußerung von Unternehmen und Beteiligungen

(1) Die Veräußerung eines Unternehmens, von Teilen eines solchen oder einer Beteiligung an einem Unternehmen sowie andere Rechtsgeschäfte, durch welche die Kommune ihren Einfluss auf das Unternehmen verliert oder vermindert, sind nur zulässig, wenn die Erfüllung der Aufgaben der Kommune nicht beeinträchtigt wird.

(2) Absatz 1 gilt entsprechend, wenn eine Gesellschaft, an der die Kommune allein oder zusammen mit anderen Gebietskörperschaften mit mehr als 50 v.H. beteiligt ist, Veräußerungen oder andere Rechtsgeschäfte im Sinne des Absatzes 1 vornehmen will.

### § 135 Vorlage- und Anzeigepflicht

(1) ¹Beabsichtigt die Kommune, ein Unternehmen in einer Rechtsform des öffentlichen Rechts oder des Privatrechts zu errichten, zu übernehmen oder wesentlich zu erweitern oder seine Rechtsform innerhalb des Privatrechts zu ändern, so hat der Hauptverwaltungsbeamte eine Analyse zu erstellen, in der die Vor- und Nachteile der öffentlichen und der privatrechtlichen Organisationsformen im konkreten Einzelfall dargestellt werden. ²Dabei sind die organisatorischen, personalwirtschaftlichen, mitbestimmungsrechtlichen sowie die wirtschaftlichen, finanziellen, haftungsrechtlichen und steuerlichen Unterschiede und die Auswirkungen auf den Haushalt der Kommune sowie die Entgeltgestaltung gegenüberzustellen. ³Die Analyse ist der beschließenden Vertretung zur Vorbereitung der Entscheidung, der Kommunalaufsichtsbehörde jedoch unverzüglich, spätestens sechs Wochen vor der Entscheidung vorzulegen. ⁴Satz 3 gilt entsprechend, wenn zur Herstellung der beihilferechtlichen Zulässigkeit von Ausgleichszahlungen ein Betrauungsakt gemäß dem Beschluss 2012/21/EU der Kommission vom 20. Dezember 2011 über die Anwendung von Artikel 106 Abs. 2 des Vertrags über die Arbeitsweise der Europäischen Union über staatliche Beihilfen in Form von Ausgleichsleistungen zugunsten bestimmter Unternehmen, die mit der Erbringung von Dienstleistungen von allgemeinem wirtschaftlichem Interesse betraut sind (ABl. L 7 vom 11.1.2012, S. 3) erforderlich sein sollte. ⁵Die Sätze 1 bis 3 gelten bei einer wesentlichen Änderung des Gesellschaftsvertrags oder der Satzung entsprechend. ⁶Beabsichtigt die Kommune, sich an einem Unternehmen, das an einem gesetzlich liberalisierten Markt in den Bereichen Strom-, Gas- und Wärmeversorgung tätig ist, mit mehr als dem 20. Teil der Anteile des Unternehmens mittelbar zu beteiligen, hat sie die geplante Beteiligung möglichst frühzeitig, spätestens einen Monat vor der Beschlussfassung, der Kommunalaufsichtsbehörde anzuzeigen und das Vorliegen der gesetzlichen Voraussetzungen zu begründen. ⁷Die Vorlagepflicht nach Absatz 2 Satz 1 Nr. 2 entfällt.

(2) ¹Entscheidungen der Kommune über
1. die Errichtung, Auflösung, Übernahme und wesentliche Erweiterung sowie die Änderung der Rechtsform des öffentlichen Zwecks von Unternehmen der Kommune,
2. die unmittelbare oder mittelbare Beteiligung der Kommune an Unternehmen,
3. die gänzliche oder teilweise Veräußerung von Unternehmen oder Beteiligungen der Kommune

sind einschließlich des Gesellschaftsvertrags oder der Satzung der Kommunalaufsichtsbehörde rechtzeitig, mindestens aber sechs Wochen vor ihrem Vollzug vorzulegen. ²Im Falle des Satzes 1 Nr. 2 besteht die Vorlagepflicht auch bei wesentlichen Änderungen des Gesellschaftsvertrags oder der Satzung. ³In den Fällen des Satzes 1 Nrn. 2 und 3 besteht keine Anzeigepflicht, wenn die Entscheidung weniger als den 20. Teil der Anteile des Unternehmens betrifft. ⁴Aus der Vorlage muss zu ersehen sein, ob die gesetzlichen Voraussetzungen erfüllt sind und ob die Deckung der Kosten tatsächlich und rechtlich gesichert ist.

(3) Der gemäß § 130 aufzustellende Beteiligungsbericht ist mit der von der Vertretung beschlossenen Haushaltssatzung der Kommunalaufsichtsbehörde vorzulegen.

*Abschnitt 4*
**Prüfungswesen**

### § 136 Örtliche Prüfung

Die Kommunen und Zweckverbände sowie die Anstalten des öffentlichen Rechts unterliegen der Prüfung durch kommunale Prüfeinrichtungen (örtliche Prüfung) nach den §§ 138 bis 142.

### § 137 Überörtliche Prüfung

(1) [1]Die überörtliche Prüfung der kreisangehörigen Gemeinden und Verbandsgemeinden obliegt dem Rechnungsprüfungsamt des Landkreises als Gemeindeprüfungsamt. [2]Die überörtliche Prüfung der Kommunen mit mehr als 25 000 Einwohnern sowie der Zweckverbände obliegt dem Landesrechnungshof. [3]Darüber hinaus kann der Landesrechnungshof auf Ersuchen der Kommunalaufsichtsbehörde oder der oberen Kommunalaufsichtsbehörde auch andere kreisangehörige Gemeinden und Verbandsgemeinden überörtlich prüfen.

(2) [1]Der Landesrechnungshof legt im Benehmen mit dem für Kommunalangelegenheiten zuständigen Ministerium im Rahmen der Gesetze die allgemeinen Grundsätze zum Prüfungsverfahren, die zu prüfenden Kommunen sowie die Zusammenarbeit mit den Kommunalaufsichtsbehörden fest. [2]Der Landesrechnungshof leitet die Prüfungsberichte den Kommunalaufsichtsbehörden zu. [3]Diese veranlassen die geprüften Kommunen zur Erledigung von Beanstandungen.

(3) Die Rechnungsprüfungsämter der Kommunen und die mit der Durchführung überörtlicher Prüfungen beauftragten Prüfer sind bei der sachlichen Beurteilung der Prüfungsvorgänge unabhängig und insoweit an Weisungen nicht gebunden.

(4) Die überörtliche Prüfung stellt fest, ob
1. die Haushalts- und Wirtschaftsführung der Kommunen den Gesetzen und den zur Erfüllung von Aufgaben ergangenen Weisungen entspricht und die zweckgebundenen Zuschüsse Dritter bestimmungsgemäß verwendet sind (Ordnungsprüfung),
2. das Kassenwesen zuverlässig eingerichtet ist (Kassenprüfung),
3. die Verwaltung der Kommune wirtschaftlich und zweckmäßig durchgeführt wird (Wirtschaftlichkeits- und Organisationsprüfung).

(5) Das Ergebnis der überörtlichen Prüfung wird in Form eines Prüfungsberichtes
1. der geprüften Kommune,
2. der Kommunalaufsichtsbehörde,
3. den Fachaufsichtsbehörden, soweit ihre Zuständigkeit berührt ist,
4. dem Landesrechnungshof, soweit dieser nicht selbst geprüft hat,
zugeleitet.

(6) Der Hauptverwaltungsbeamte leitet den Prüfungsbericht mit seiner Stellungnahme an die Vertretung weiter.

### § 138 Rechnungsprüfungsämter

(1) [1]Landkreise und Gemeinden mit mehr als 25 000 Einwohnern müssen ein Rechnungsprüfungsamt als besonderes Amt einrichten, sofern sie sich nicht eines anderen kommunalen Rechnungsprüfungsamtes bedienen. [2]Andere Gemeinden und Verbandsgemeinden können ein Rechnungsprüfungsamt einrichten, wenn die Kosten in einem angemessenen Verhältnis zum Umfang der Verwaltung stehen.

(2) In Gemeinden oder Verbandsgemeinden, in denen ein Rechnungsprüfungsamt nicht eingerichtet ist und die sich nicht eines anderen kommunalen Rechnungsprüfungsamtes bedienen, obliegt die Rechnungsprüfung im Rahmen des § 140 Abs. 1 dem Rechnungsprüfungsamt des Landkreises auf Kosten der Gemeinde oder der Verbandsgemeinde.

(3) Zweckverbände werden durch das gemäß § 8 Abs. 2 Nr. 6 des Gesetzes über kommunale Gemeinschaftsarbeit in der Verbandssatzung zu bestimmende Rechnungsprüfungsamt örtlich geprüft.

### § 139 Rechtsstellung des Rechnungsprüfungsamtes

(1) ¹Das Rechnungsprüfungsamt ist bei der Erfüllung der ihm zugewiesenen Prüfungsaufgaben unabhängig und an Weisungen nicht gebunden. ²Es untersteht im Übrigen dem Hauptverwaltungsbeamten unmittelbar.

(2) ¹Der Leiter des Rechnungsprüfungsamtes muss hauptamtlicher Beamter sein. ²Er muss die für sein Amt erforderliche Erfahrung und Eignung besitzen. ³Die Kommunalaufsichtsbehörde darf in besonderen Fällen Ausnahmen von Satz 1 zulassen.

(3) ¹Der Leiter und die Prüfer des Rechnungsprüfungsamtes dürfen mit dem Hauptverwaltungsbeamten, dessen Stellvertreter, den Beigeordneten, dem für das Finanzwesen zuständigen Beschäftigten sowie dem Kassenverwalter, dessen Stellvertreter und mit den anderen Beschäftigten der Kommunalkasse nicht bis zum dritten Grade verwandt, bis zum zweiten Grade verschwägert oder durch Ehe oder eine eingetragene Lebenspartnerschaft verbunden sein. ²Entsteht der Hinderungsgrund im Laufe der Amtszeit, so sind die Amtsgeschäfte anderweitig zu verteilen. ³Der Hinderungsgrund der Schwägerschaft entfällt mit der Auflösung der sie begründenden Ehe oder der Aufhebung der sie begründenden eingetragenen Lebenspartnerschaft.

(4) ¹Der Leiter und die Prüfer des Rechnungsprüfungsamtes dürfen nicht zu gleicher Zeit eine andere Stellung in der Kommune innehaben. ²Sie dürfen außerdem Zahlungen durch die Kommune weder anordnen noch ausführen.

(5) ¹Die Leitung des Rechnungsprüfungsamtes kann einem Beamten nur durch Beschluss der Vertretung entzogen werden. ²Die Abberufung bedarf der Zustimmung der Kommunalaufsichtsbehörde.

### § 140 Aufgaben des Rechnungsprüfungsamtes

(1) Dem Rechnungsprüfungsamt obliegen folgende Aufgaben:
1. die Prüfung des Jahresabschlusses und des Gesamtabschlusses,
2. die Prüfung der Jahresabschlüsse der Eigenbetriebe und Anstalten des öffentlichen Rechts nach Maßgabe des § 142,
3. die laufende Prüfung der Kassenvorgänge und Belege zur Vorbereitung der Prüfung des Jahresabschlusses,
4. die Überwachung des Zahlungsverkehrs der Kommune und ihrer Sondervermögen,
5. die Prüfung von Vergaben,
6. die Prüfung der Eröffnungsbilanz nach § 114.

(2) Die Vertretung kann dem Rechnungsprüfungsamt, im Fall des § 138 Abs. 2 durch entsprechende Vereinbarung, weitere Aufgaben übertragen, insbesondere
1. die Prüfung der Organisation, Zweckmäßigkeit und Wirtschaftlichkeit der Verwaltung,
2. die Prüfung der Vorräte und Vermögensbestände der Kommune und der Eigenbetriebe,
3. die Prüfung der Wirtschaftsführung der Sondervermögen,
4. die Prüfung der Betätigung der Kommune als Gesellschafter oder Aktionär in Unternehmen mit eigener Rechtspersönlichkeit,
5. die Buch-, Betriebs- und Kassenprüfungen, die sich die Kommune bei einer Beteiligung, bei der Hingabe eines Darlehens oder sonst vorbehalten hat.

(3) Gehören einer Kommune an einem Unternehmen mit eigener Rechtspersönlichkeit Anteile in dem in § 53 des Haushaltsgrundsätzegesetzes bezeichneten Umfang, hat sie darauf hinzuwirken, dass den für sie zuständigen Prüfungseinrichtungen die in § 54 des Haushaltsgrundsätzegesetzes vorgesehenen Befugnisse eingeräumt werden.

(4) Ist eine Kommune allein oder zusammen mit anderen Gebietskörperschaften an einem Unternehmen mit eigener Rechtspersönlichkeit nicht in dem in § 53 des Haushaltsgrundsätzegesetzes bezeichneten Umfang beteiligt, so soll die Kommune, soweit ihr Interesse dies erfordert, darauf hinwirken, dass ihr die Rechte nach § 53 Abs. 1 des Haushaltsgrundsätzegesetzes sowie ihr und den für sie zuständigen Prüfungseinrichtungen die Befugnisse nach § 54 des Haushaltsgrundsätzegesetzes eingeräumt werden.

### § 141 Inhalt der Prüfung
(1) Das Rechnungsprüfungsamt prüft den Jahresabschluss und den Gesamtabschluss mit allen Unterlagen daraufhin, ob
1. bei den Erträgen, Einzahlungen, Aufwendungen und Auszahlungen sowie bei der Verwaltung des Vermögens und der Verbindlichkeiten nach dem Gesetz und den bestehenden Vorschriften verfahren worden ist,
2. die einzelnen Rechnungsbeträge sachlich und rechnerisch in vorschriftsmäßiger Weise begründet und belegt sind,
3. der Haushaltsplan eingehalten worden ist,
4. die Anlagen zum Jahresabschluss und die dem Gesamtabschluss nach Maßgabe von § 119 Abs. 5 beizufügenden Unterlagen vollständig und richtig sind.

(2) Das Rechnungsprüfungsamt prüft den Jahresabschluss und den Gesamtabschluss mit allen Unterlagen daraufhin, ob sie ein den tatsächlichen Verhältnissen entsprechendes Bild der Ertrags-, Finanz- und Vermögenslage der Kommune darstellen.

(3) ¹Das Rechnungsprüfungsamt fasst das Ergebnis seiner Prüfung in einem Prüfungsbericht zusammen. ²Der Prüfungsbericht hat einen Bestätigungsvermerk zu enthalten. ³Dieser muss, soweit er nicht einzuschränken oder zu versagen ist, bestätigen, dass der Jahresabschluss nach pflichtgemäßer Prüfung den gesetzlichen Vorschriften entspricht und unter Beachtung der Grundsätze ordnungsmäßiger Buchführung ein den tatsächlichen Verhältnissen entsprechendes Bild der Kommune vermittelt.

(4) Das Rechnungsprüfungsamt kann zur Prüfung des Jahresabschlusses und des Gesamtabschlusses einen Wirtschaftsprüfer hinzuziehen.

### § 142 Prüfung bei Eigenbetrieben und Anstalten des öffentlichen Rechts
(1) ¹Der Jahresabschluss, der Rechenschaftsbericht oder der Lagebericht und die Buchführung der Eigenbetriebe und der Anstalten des öffentlichen Rechts sind daraufhin zu prüfen, ob sie den gesetzlichen Vorschriften entsprechen. ²Des Weiteren sind zu prüfen
1. die Ordnungsmäßigkeit der Geschäftsführung; dabei ist auch zu prüfen, ob das Unternehmen wirtschaftlich geführt wird,
2. die Entwicklung der Vermögens- und Ertragslage sowie die Liquidität und Rentabilität,
3. die verlustbringenden Geschäfte und die Ursachen der Verluste,
4. die Ursachen eines in der Ergebnisrechnung oder in der Gewinn- und Verlustrechnung ausgewiesenen Jahresfehlbetrages.

(2) Das Rechnungsprüfungsamt kann sich hierzu eines Wirtschaftsprüfers bedienen.

*Teil 8*
**Aufsicht**

### § 143 Grundsatz, Aufgaben der Aufsicht, Modellvorhaben
(1) ¹Die Aufsicht ist so auszuüben, dass die Rechte der Kommunen geschützt und die Erfüllung ihrer Pflichten gesichert werden. ²Sie hat die Entschlusskraft und Verantwortungsbereitschaft der Kommunen zu fördern sowie Erfahrungen bei der Lösung kommunaler Aufgaben zu vermitteln.

(2) Die Aufsicht in den Selbstverwaltungsangelegenheiten hat sicherzustellen, dass die Verwaltung der Kommunen im Einklang mit den Gesetzen erfolgt und die Rechte der Organe der Kommune und von deren Teilen geschützt werden (Kommunalaufsicht).

(3) Die Aufsicht über die Erfüllung der Aufgaben des übertragenen Wirkungskreises bestimmt sich nach den hierfür geltenden Gesetzen und erstreckt sich auf die rechtmäßige und zweckmäßige Wahrnehmung der Aufgaben (Fachaufsicht).

(4) Die oberste Kommunalaufsichtsbehörde kann im Benehmen mit der Fachaufsicht zur Erprobung neuer Lösungen bei der kommunalen Aufgabenerledigung für einen vorgeschriebenen Zeitraum einzelne Kommunen auf Antrag von der Einhaltung landesgesetzlicher und von der Fachaufsicht generell vorgegebener Rechtsvorschriften und von Standards befreien, wenn die grundsätzliche Erfüllung des Gesetzesauftrages sichergestellt ist.

### § 144 Kommunalaufsichtsbehörden
(1) ¹Kommunalaufsichtsbehörde für die Gemeinden und Verbandsgemeinden ist der Landkreis, für kreisfreie Städte das Landesverwaltungsamt. ²Obere Kommunalaufsichtsbehörde ist das Landesver-

waltungsamt. ³Oberste Kommunalaufsichtsbehörde ist das für Kommunalangelegenheiten zuständige Ministerium.
(2) Ist in einer vom Landkreis als Kommunalaufsichtsbehörde zu entscheidenden Angelegenheit der Landkreis zugleich als Gebietskörperschaft beteiligt, so tritt an seine Stelle das Landesverwaltungsamt als obere Kommunalaufsichtsbehörde.
(3) ¹Kommunalaufsichtsbehörde und obere Kommunalaufsichtsbehörde für den Landkreis ist das Landesverwaltungsamt. ²Oberste Kommunalaufsichtsbehörde ist das für Kommunalangelegenheiten zuständige Ministerium.

### § 145 Unterrichtungsrecht

¹Soweit es zur Erfüllung ihrer Aufgaben erforderlich ist, kann sich die Kommunalaufsichtsbehörde über einzelne Angelegenheiten der Kommune in geeigneter Weise unterrichten. ²Sie kann insbesondere mündliche, schriftliche oder elektronische Berichte anfordern sowie Akten und sonstige Unterlagen einsehen.

### § 146 Beanstandungsrecht

(1) ¹Die Kommunalaufsichtsbehörde kann Beschlüsse und andere Maßnahmen der Kommune, die das Gesetz verletzen, beanstanden und verlangen, dass sie von der Kommune binnen einer angemessenen Frist aufgehoben werden. ²Sie kann ferner verlangen, dass bereits getroffene Maßnahmen rückgängig gemacht werden. ³Die Beanstandung hat aufschiebende Wirkung.
(2) Ein Beschluss der Kommune, der nach gesetzlicher Vorschrift der Kommunalaufsichtsbehörde vorzulegen ist, darf erst vollzogen werden, wenn die Kommunalaufsichtsbehörde die Gesetzmäßigkeit bestätigt oder den Beschluss nicht innerhalb eines Monats beanstandet hat.

### § 147 Anordnungsrecht

Erfüllt die Kommune die ihr gesetzlich obliegenden Pflichten nicht, kann die Kommunalaufsichtsbehörde anordnen, dass die Kommune innerhalb einer angemessenen Frist die notwendigen Maßnahmen durchführt.

### § 148 Ersatzvornahme

Kommt die Kommune einer Anordnung der Kommunalaufsichtsbehörde nach den §§ 145 bis 147 nicht innerhalb der bestimmten Frist nach, kann die Kommunalaufsichtsbehörde die Anordnung anstelle und auf Kosten der Kommune selbst durchführen oder die Durchführung einem Dritten übertragen.

### § 149 Bestellung eines Beauftragten

¹Soweit und solange die Verwaltung der Kommune in erheblichem Umfang nicht den Erfordernissen einer gesetzmäßigen Verwaltung entspricht und die Befugnisse der Kommunalaufsichtsbehörde nach den §§ 145 bis 148 nicht ausreichen, die Gesetzmäßigkeit der Verwaltung der Kommune zu sichern, kann die Kommunalaufsichtsbehörde einen Beauftragten bestellen, der alle oder einzelne Aufgaben der Kommune auf deren Kosten wahrnimmt. ²Die Beauftragung kann zur Wahrnehmung aller oder einzelner Aufgaben eines Organs oder mehrerer Organe der Kommune erfolgen. ³Der Beauftragte hat im Rahmen seines Auftrages die Stellung eines Organs der Kommune.

### § 150 Genehmigungen

(1) ¹Satzungen, Beschlüsse und andere Maßnahmen der Kommune, die der Genehmigung der Kommunalaufsichtsbehörde bedürfen, werden erst mit der Genehmigung wirksam. ²Die Genehmigung nach diesem Gesetz gilt als erteilt, wenn über sie nicht binnen zwei Monaten, bei Haushaltssatzungen binnen eines Monats, nach Eingang des Genehmigungsantrages bei der für die Genehmigung zuständigen Kommunalaufsichtsbehörde entschieden ist und die Kommune einer Fristverlängerung nicht zugestimmt hat. ³Satz 2 gilt nicht für die Zulassung von Ausnahmen und in den Fällen der §§ 18, 19 und 89.
(2) ¹Gegen die Versagung einer Genehmigung kann die Kommune unmittelbar verwaltungsgerichtliche Klage erheben. ²Dies gilt nicht für die Versagung einer Genehmigung, die freiwillige Gebietsänderungen oder die Änderung der Verbandsgemeindevereinbarung zum Gegenstand hat.
(3) ¹Die Vorschriften in den Absätzen 1 und 2 gelten auch für die Geschäfte des bürgerlichen Rechtsverkehrs, die der Genehmigung der Kommunalaufsichtsbehörde bedürfen. ²Hat die Kommunalaufsichtsbehörde die Genehmigung versagt und ist die Versagung noch nicht rechtskräftig, so ist der andere Teil zum Rücktritt berechtigt.

(4) Das für Kommunalangelegenheiten zuständige Ministerium wird ermächtigt, durch Verordnung Beschlüsse, Rechtsgeschäfte und andere Maßnahmen der Kommune, die der Genehmigung der Kommunalaufsichtsbehörde bedürfen, von dem Genehmigungserfordernis allgemein oder unter bestimmten Voraussetzungen freizustellen und stattdessen vorzuschreiben, dass diese Maßnahmen vorher der Kommunalaufsichtsbehörde anzuzeigen sind.

### § 151 Geltendmachung von Ansprüchen, Verträge mit der Kommune

(1) [1]Über Ansprüche der Kommune gegen ehrenamtliche Mitglieder der Vertretung und gegen Hauptverwaltungsbeamte ist die Kommunalaufsichtsbehörde zu benachrichtigen. [2]Entsprechendes gilt, wenn das ehrenamtliche Mitglied der Vertretung oder der Hauptverwaltungsbeamte nach der Anspruchsbegründung aus dem Amt ausscheidet. [3]Ansprüche werden von der Kommunalaufsichtsbehörde nach Herstellung des Benehmens mit der Kommune geltend gemacht. [4]Die Kommunalaufsichtsbehörde handelt dabei in gesetzlicher Prozessstandschaft. [5]Zuständige Widerspruchsbehörde nach § 73 Abs. 1 Satz 2 Nr. 1 der Verwaltungsgerichtsordnung ist das Landesverwaltungsamt. [6]Die Kommunalaufsichtsbehörde kann in begründeten Fällen, insbesondere im Fall des Absatzes 2 Satz 2, die Entscheidung der Kommune übertragen. [7]Die Kosten der Rechtsverfolgung trägt die Kommune.
(2) [1]Beschlüsse über Verträge der Kommune mit einem ehrenamtlichen Mitglied der Vertretung oder dem Hauptverwaltungsbeamten sind der Kommunalaufsichtsbehörde vorzulegen. [2]Dies gilt nicht für Beschlüsse über Verträge, die nach feststehendem Tarif abgeschlossen werden oder die für die Kommune nicht von erheblicher wirtschaftlicher Bedeutung sind.

### § 152 Zwangsvollstreckung

[1]Zur Einleitung der Zwangsvollstreckung gegen eine Kommune wegen einer Geldforderung bedarf der Gläubiger einer Zulassungsverfügung der Kommunalaufsichtsbehörde, es sei denn, dass es sich um die Verfolgung dinglicher Rechte handelt. [2]Die Kommunalaufsichtsbehörde hat die Zulassungsverfügung zu erteilen, in ihr die Vermögensgegenstände zu bestimmen, in welche die Zwangsvollstreckung zugelassen wird, und über den Zeitpunkt zu befinden, in dem sie stattfinden soll. [3]Die Zulassung der Zwangsvollstreckung in solche Vermögensgegenstände, die für den geordneten Gang der Verwaltung oder für die Versorgung der Bevölkerung unentbehrlich sind, sowie in Vermögensgegenstände, die durch Stiftungsakt zweckgebunden sind, ist ausgeschlossen. [4]Die Zwangsvollstreckung wird nach den Vorschriften der Zivilprozessordnung durchgeführt. [5]Die §§ 147 und 148 finden daneben Anwendung.

### § 153 Vorzeitige Beendigung der Amtszeit des Hauptverwaltungsbeamten

(1) Wird der Hauptverwaltungsbeamte den Anforderungen seines Amtes nicht gerecht und treten dadurch so erhebliche Missstände in der Verwaltung ein, dass eine Weiterführung des Amtes im öffentlichen Interesse nicht vertretbar ist, kann, wenn andere Maßnahmen nicht ausreichen, die Amtszeit des Hauptverwaltungsbeamten für beendet erklärt werden.
(2) [1]Die Erklärung der vorzeitigen Beendigung der Amtszeit erfolgt in einem förmlichen Verfahren, das von der oberen Kommunalaufsichtsbehörde eingeleitet wird. [2]Auf dieses Verfahren finden die Vorschriften über das Disziplinarverfahren und die vorläufige Dienstenthebung entsprechende Anwendung. [3]Die dem Hauptverwaltungsbeamten erwachsenen notwendigen Auslagen trägt die Kommune.
(3) Bei vorzeitiger Beendigung seiner Amtszeit wird der Hauptverwaltungsbeamte besoldungs- und versorgungsrechtlich so gestellt, als wäre er abgewählt worden.

### § 154 Rechtsschutz in Angelegenheiten der Kommunalaufsicht

Gegen Verfügungen auf dem Gebiet der Kommunalaufsicht kann die Kommune nach Maßgabe des 8. Abschnitts der Verwaltungsgerichtsordnung Anfechtungs- oder Verpflichtungsklage erheben.

### § 155 Fachaufsichtsbehörden, Befugnisse der Fachaufsicht

(1) Die Zuständigkeit zur Ausübung der Fachaufsicht bestimmt sich nach den hierfür geltenden besonderen Gesetzen.
(2) [1]Den Fachaufsichtsbehörden steht im Rahmen ihrer Zuständigkeit ein Unterrichtungsrecht nach den Vorschriften des § 145 zu. [2]Für Aufsichtsmaßnahmen nach den Vorschriften der §§ 146 bis 149, die erforderlich sind, um die ordnungsgemäße Durchführung der Aufgaben des übertragenen Wirkungskreises sicherzustellen, ist nur die Kommunalaufsichtsbehörde zuständig, soweit gesetzlich nicht anderes bestimmt ist.

(3) ¹Wird ein Bundesgesetz vom Land im Auftrag des Bundes ausgeführt, können die Fachaufsichtsbehörden auch im Einzelfall Weisungen erteilen. ²Werden Einzelweisungen der Bundesregierung auf Grundlage des Artikels 84 Abs. 5 des Grundgesetzes erteilt, können die Fachaufsichtsbehörden insoweit Weisungen erteilen, als dies zum Vollzug der Einzelweisungen der Bundesregierung erforderlich ist; ein durch Landesgesetz begründetes weitergehendes Weisungsrecht ist zu beachten.
(4) ¹Wird eine Weisung der Fachaufsichtsbehörde nicht oder nicht innerhalb der von ihr bestimmten Frist befolgt, kann die Fachaufsichtsbehörde selbst anstelle und auf Kosten der Kommune tätig werden (Selbsteintrittsrecht). ²§ 6 Abs. 5 gilt entsprechend.

*Teil 9*
**Übergangs- und Schlussbestimmungen**

*Abschnitt 1*
**Übergangsbestimmung**

### § 156 Übergangsvorschrift
(1) Auf ehrenamtliche Mitglieder des Gemeinderates und des Ortschaftsrates sowie auf Hauptverwaltungsbeamte, ehrenamtliche Bürgermeister, Ortsbürgermeister sowie Ortsvorsteher finden § 41 Abs. 1, § 62 Abs. 2 Satz 1 und § 96 Abs. 2 Satz 4 bis zum Ablauf ihrer jeweiligen Wahlperiode keine Anwendung, soweit der Hinderungsgrund allein infolge einer Gebietsänderung nachträglich eingetreten ist.
(2) Für Kommunen, die ihre Geschäftsvorfälle nach dem System der Kameralistik bewirtschaften, finden die Vorschriften der Gemeindeordnung in der Fassung der Bekanntmachung vom 10. August 2009 (GVBl. LSA S. 383), zuletzt geändert durch Artikel 1 des Gesetzes vom 18. Oktober 2013 (GVBl. LSA S. 498), weiterhin Anwendung.
(3) § 9 Abs. 1 Satz 3 und § 10 Abs. 1 Satz 3 finden auf die bis zum 30. Juni 2014 erlassenen Rechtsvorschriften keine Anwendung.

*Abschnitt 2*
**Schlussbestimmungen**

### § 157 Weiterentwicklung der kommunalen Selbstverwaltung
(1) Zur Erprobung neuer Steuerungsmodelle und zur Weiterentwicklung der kommunalen Selbstverwaltung kann das für Kommunalangelegenheiten zuständige Ministerium im Einzelfall zeitlich begrenzte Ausnahmen von organisations- und haushaltsrechtlichen Vorschriften oder den zur Durchführung ergangenen Verordnungen zulassen.
(2) Ausnahmen können zugelassen werden von den Regelungen über die Haushaltssatzung, den Haushaltsplan, den Jahresabschluss, den Gesamtabschluss, die Rechnungsprüfung und von Regelungen zum Gesamtdeckungsprinzip, zur Deckungsfähigkeit, zur Übertragbarkeit und zur Buchführung sowie anderen Regelungen, die hiermit im Zusammenhang stehen.
(3) Voraussetzung für die Genehmigung ist, dass die Vergleichbarkeit des kommunalen Rechtsvollzuges auch im Rahmen der Erprobung nach Möglichkeit gewahrt und die Ergebnisse der Erprobung für andere Kommunen nutzbar gemacht werden können.

### § 158 Maßgebende Einwohnerzahl
Soweit nach diesem Gesetz oder aufgrund dieses Gesetzes erlassener Verordnung die Einwohnerzahl von rechtlicher Bedeutung ist und nichts anderes bestimmt ist, ist die Einwohnerzahl maßgebend, die das Statistische Landesamt Sachsen-Anhalt am 31. Dezember des vorletzten Jahres ermittelt hat.

### § 159 Sprachliche Gleichstellung
Personen- und Funktionsbezeichnungen in diesem Gesetz gelten jeweils in männlicher und weiblicher Form.

### § 160 Beteiligung der kommunalen Spitzenverbände
Die Landesregierung hat die Verbindung zu den kommunalen Spitzenverbänden des Landes zu wahren und sie bei der Vorbereitung von Rechtsvorschriften und von Verwaltungsvorschriften von grundsätzlicher Bedeutung, die unmittelbar die Belange der Kommunen berühren, rechtzeitig zu hören.

## § 161 Ausführung des Gesetzes

(1) Das für Kommunalangelegenheiten zuständige Ministerium wird ermächtigt, durch Verordnung Vorschriften zu erlassen über

1. Inhalt und Gestaltung des Haushaltsplanes einschließlich der mittelfristigen Ergebnis- und Finanzplanung und des Investitionsprogramms sowie über die Haushaltsführung und die Haushaltsüberwachung; dabei kann es bestimmen, dass Erträge und Aufwendungen sowie Einzahlungen und Auszahlungen, für die ein Dritter Kostenträger ist oder die von einer zentralen Stelle angenommen oder ausgezahlt werden, nicht im Haushalt der Kommunen abgewickelt werden und dass für Sanierungs-, Entwicklungs- und Umlegungsmaßnahmen Sonderrechnungen zu führen sind,
2. die Haushaltsführung von Kommunen in Haushaltskonsolidierung,
3. die Veranschlagung von Erträgen, Aufwendungen und Verpflichtungsermächtigungen für einen vom Haushaltsjahr abweichenden Wirtschaftszeitraum,
4. die Bildung und Verwendung von Rücklagen und Rückstellungen,
5. die Erfassung, den Nachweis, die Bewertung und die Abschreibung der Vermögensgegenstände und der Verbindlichkeiten,
6. die Geldanlagen und ihre Sicherung,
7. die Stundung, die Niederschlagung und den Erlass von Ansprüchen sowie die Behandlung von Kleinbeträgen,
8. Inhalt und Gestaltung der Eröffnungsbilanz, des Jahresabschlusses und des Gesamtabschlusses sowie die Abdeckung von Fehlbeträgen,
9. die Aufgaben und die Organisation der Kommunalkasse mit den Sonderkassen, deren Beaufsichtigung und Prüfung sowie die Abwicklung des Zahlungsverkehrs und die Buchführung; dabei kann auch die Einrichtung von Zahlstellen bei einzelnen Dienststellen der Kommunen sowie die Gewährung von Handvorschüssen geregelt werden,
10. die Anwendung der Vorschriften zur Durchführung des kommunalen Wirtschaftsrechts auf das Sondervermögen und das Treuhandvermögen der Kommunen,
11. die Zuständigkeit bei der Prüfung, wenn mehrere Kommunen Gesellschafter sind, die Befreiung von der Prüfungspflicht, wenn der geringe Umfang des Unternehmens oder des Versorgungsgebietes dies rechtfertigt, die Grundsätze des Prüfungsverfahrens sowie die Bestätigung des Prüfungsergebnisses.

(2) ¹Im Falle des Vorliegens einer landesweiten epidemischen oder pandemischen Lage wird das für Kommunalangelegenheiten zuständige Ministerium zum Zweck der Sicherung der kommunalen Haushaltsaufstellung und Haushaltsführung ermächtigt, durch Verordnung die Kommunen zeitweilig von folgenden Verpflichtungen freizustellen:

1. von der Verpflichtung, in einem Haushaltsjahr, in dem eine landesweite epidemische oder pandemische Lage festgestellt wird, ein Haushaltskonsolidierungskonzept aufzustellen (§ 100 Abs. 3 bis 6),
2. von der Verpflichtung, mit der öffentlichen Bekanntmachung der Haushaltssatzung den Haushaltsplan mit seinen Anlagen an sieben Tagen öffentlich auszulegen (§ 102 Abs. 2 Satz 1 Halbsatz 1),
3. von der Verpflichtung, dass über- und außerplanmäßige Aufwendungen und Auszahlungen nur getätigt werden, wenn deren Deckung gewährleistet ist (§ 105 Abs. 1 Satz 1),
4. von der Verpflichtung, in einem Haushaltsjahr, in dem eine landesweite epidemische oder pandemische Lage festgestellt wird, eine mittelfristige Ergebnis- und Finanzplanung aufzustellen, jährlich der Entwicklung anzupassen und fortzuführen (§ 106),
5. von der Verpflichtung, während der Dauer einer festgestellten landesweiten epidemischen oder pandemischen Lage Kredite nur bis zu dem in der Haushaltssatzung festgesetzten Höchstbetrag aufzunehmen (§ 110 Abs. 1 Satz 1).

²Das Vorliegen einer Lage nach Satz 1 stellt der Landtag fest. ³Die Feststellung gilt für drei Monate; sie kann bei Fortbestehen ihrer Voraussetzungen um jeweils drei Monate durch den Landtag verlängert werden. ⁴Der Landtag hebt die von ihm getroffene Feststellung wieder auf, wenn die Voraussetzungen nicht mehr vorliegen. ⁵Die durch Verordnung nach Satz 1 Nrn. 1 und 4 erlassenen abweichenden

Regelungen gelten auch nach der Aufhebung durch den Landtag nach Satz 4 bis zum Ablauf des Haushaltsjahres, in dem die Feststellung nach Satz 2 erfolgte, fort.

(3) Die Kommunen sind verpflichtet, Muster zu verwenden, die das für Kommunalangelegenheiten zuständige Ministerium aus Gründen der Vergleichbarkeit der Haushalte für verbindlich erklärt hat, insbesondere für
1. die Haushaltssatzung und die Nachtragshaushaltssatzung,
2. die Form und die Darstellung des Haushaltsplans und seiner Anlagen einschließlich der mittelfristigen Ergebnis- und Finanzplanung,
3. die Gliederung, die Gruppierung und die Form der Vermögensnachweise,
4. die Buchführung, den Jahresabschluss, den zusammengefassten Gesamtabschluss und die zugehörigen Anlagen.

(4) ¹Die Kommunen sind verpflichtet, zur Feststellung und Sicherung ihrer dauernden Leistungsfähigkeit der zuständigen Kommunalaufsichtsbehörde und dem Statistischen Landesamt Sachsen-Anhalt die erforderlichen Haushaltseckdaten zur Verfügung zu stellen. ²Das für Kommunalangelegenheiten zuständige Ministerium wird ermächtigt, das Nähere über die Erhebung der Haushaltseckdaten durch Verordnung unter Beteiligung der kommunalen Spitzenverbände zu regeln.

(5) Das Statistische Landesamt Sachsen-Anhalt gibt den Kommunen im Einvernehmen mit dem für Kommunalangelegenheiten zuständigen Ministerium einen Kontenrahmenplan und einen Produktrahmenplan sowie die dazu erforderlichen Zuordnungskriterien vor.

# Gesetz über kommunale Gemeinschaftsarbeit (GKG-LSA)

In der Fassung der Bekanntmachung vom 26. Februar 1998[1] (GVBl. LSA S. 81)
(BS LSA 2020.7)
zuletzt geändert durch § 1 Viertes ÄndG zum Gemeinschaftsarbeitsgesetz vom 14. Juli 2020 (GVBl. LSA S. 384)

## Nichtamtliche Inhaltsübersicht

Erster Teil
**Grundsätze**

- § 1 Zweck kommunaler Gemeinschaftsarbeit
- § 2 Formen kommunaler Zusammenarbeit

Zweiter Teil
**Zweckvereinbarung**

- § 3 Inhalt, Zustandekommen, Rechtsaufsicht
- § 4 Aufgabenübergang
- § 5 Änderung und Auflösung

Dritter Teil
**Zweckverband**

- § 6 Voraussetzungen
- § 7 Rechtsstellung
- § 8 Bildung
- § 8a Rückwirkende Bildung von Zweckverbänden
- § 8b Pflichtverband
- § 9 Rechtsfolgen
- § 10 Organe
- § 11 Verbandsversammlung
- § 12 Verbandsgeschäftsführer, Verwaltung des Zweckverbandes
- § 12a Bedienstete des Zweckverbandes
- § 12b Verpflichtungsgeschäfte
- § 13 Deckung des Finanzbedarfs
- § 14 Änderung und Auflösung
- § 15 Wegfall von Verbandsmitgliedern
- § 15a Formwechsel eines Zweckverbandes
- § 16 Anzuwendende Vorschriften
- § 17 Aufsicht

Vierter Teil
**Allgemeine Sonderregelungen**

- § 18 Übergangsregelung
- § 19 Übergangsvorschrift Kameralistik
- § 20 Deckung des Finanzbedarfs – Kameralistik
- § 21 Anzuwendende Vorschriften – Kameralistik

*Erster Teil*
**Grundsätze**

### § 1 Zweck kommunaler Gemeinschaftsarbeit

¹Gemeinden und Landkreise können Aufgaben gemeinschaftlich oder füreinander wahrnehmen, um ihre Verwaltungskraft besser auszuschöpfen oder Aufgaben durchzuführen, die über das eigene Gebiet hinaus wirken. ²Dies gilt auch für Verwaltungsgemeinschaften, Verbandsgemeinden und Zweckverbände für ihren Aufgabenbereich, soweit dieses Gesetz nichts anderes bestimmt.

### § 2 Formen kommunaler Zusammenarbeit

(1) Öffentlich-rechtliche Formen kommunaler Gemeinschaftsarbeit sind die Zweckvereinbarung und der Zweckverband.
(2) ¹Gemeinden und Landkreise können eine Arbeitsgemeinschaft bilden. ²An ihr können sich auch sonstige Körperschaften, Anstalten und Stiftungen des öffentlichen Rechts, ferner natürliche und juristische Personen des Privatrechts beteiligen. ³Arbeitsgemeinschaften können insbesondere zur Abstimmung des Tätigwerdens der Mitglieder zur effektiveren und wirtschaftlicheren Erfüllung einer Aufgabe, die von überörtlicher Bedeutung ist, eingerichtet werden. ⁴Durch die Beteiligung an einer Arbeitsgemeinschaft werden die Rechte und Pflichten der Beteiligten als Träger von Aufgaben und Befugnissen nicht berührt.
(3) Die Befugnis, sich bei der gemeinsamen Wahrnehmung von Aufgaben der Rechtsformen des Privatrechts zu bedienen, bleibt unberührt.

---

[1] Neubekanntmachung des G über kommunale Gemeinschaftsarbeit v. 9.10.1992 (GVBl. LSA S. 730) in der ab 9.10.1997 geltenden Fassung.

(4) Soweit in diesem Gesetz keine besonderen Regelungen getroffen sind, sind die allgemeinen kommunalrechtlichen Bestimmungen ergänzend anzuwenden.
(5) Besondere Regelungen in Staatsverträgen über eine grenzüberschreitende Zusammenarbeit bleiben unberührt.

## Zweiter Teil
## Zweckvereinbarung

### § 3 Inhalt, Zustandekommen, Rechtsaufsicht

(1) [1]Kommunale Körperschaften können durch öffentlich-rechtlichen Vertrag befristet oder unbefristet vereinbaren, dass eine von ihnen bestimmte Aufgaben zugleich für die übrigen Beteiligten erfüllt oder besorgt (Zweckvereinbarung). [2]Eine Körperschaft kann auch gestatten, dass die übrigen eine von ihr betriebene Einrichtung oder Verwaltung mitbenutzen. [3]Gemeinden derselben Verwaltungsgemeinschaft oder Verbandsgemeinde dürfen eine Zweckvereinbarung nicht schließen.
(2) [1]Aufgrund einer Zweckvereinbarung können eine einzelne oder mehrere Aufgaben, zu deren Wahrnehmung die beteiligten Körperschaften berechtigt oder gesetzlich verpflichtet sind, übertragen werden. [2]Die Zweckvereinbarung kann auch bestimmen, dass die kommunale Körperschaft lediglich die Besorgung der Aufgabe überträgt. [3]Ferner kann die Übernahme auf sachlich oder örtlich begrenzte Teile von Aufgaben beschränkt werden.
(3) [1]Die Zweckvereinbarung bedarf der Genehmigung der Kommunalaufsichtsbehörde, soweit gesetzlich zugewiesene Aufgaben des eigenen oder Aufgaben des übertragenen Wirkungskreises erfüllt werden sollen. [2]Ist eine gesetzlich zugewiesene Aufgabe des eigenen Wirkungskreises Gegenstand der Zweckvereinbarung, so ist die Genehmigung zu erteilen, wenn die Zweckvereinbarung den gesetzlichen Vorschriften entspricht. [3]Handelt es sich um Aufgaben des übertragenen Wirkungskreises, so entscheidet die Kommunalaufsichtsbehörde im Einvernehmen mit der Fachaufsichtsbehörde über die Genehmigung nach pflichtgemäßem Ermessen.
(4) Für die Zuständigkeiten der Kommunalaufsichtsbehörden gilt § 17 entsprechend.
(5) [1]Die beteiligten kommunalen Körperschaften haben die Zweckvereinbarung nach den für ihre Satzungen geltenden Vorschriften öffentlich bekanntzumachen. [2]Die Zweckvereinbarung wird am Tage nach der letzten Bekanntmachung wirksam, sofern nicht ein anderer Zeitpunkt bestimmt ist.

### § 4 Aufgabenübergang

(1) [1]Mit der Wirksamkeit der Zweckvereinbarung gehen das Recht und die Pflicht, die Aufgabe zu erfüllen, auf die übernehmende Körperschaft über sowie die mit der Erfüllung der Aufgabe verbundenen Rechte und Pflichten. [2]Die übrigen Beteiligten können sich in der Zweckvereinbarung Mitwirkungsrechte an bestimmten Angelegenheiten vorbehalten. [3] § 3 Abs. 2 Satz 2 bleibt unberührt.
(2) [1]Die zur Erfüllung der Aufgabe verpflichtete Körperschaft kann im Rahmen der übertragenen Aufgabengebiete Satzungen oder Verordnungen erlassen, die für das gesamte Gebiet der Beteiligten gelten, und alle zur Durchführung erforderlichen Maßnahmen treffen, soweit zwischen den Beteiligten nichts Abweichendes vereinbart ist. [2]Die zur Erfüllung der Aufgabe verpflichtete Körperschaft hat Satzungen oder Verordnungen, die sie auch für das Gebiet der übrigen Beteiligten erlässt, in den Bekanntmachungsorganen aller beteiligten Körperschaften öffentlich bekannt zu machen.

### § 5 Änderung und Auflösung

(1) In der Zweckvereinbarung sind Bestimmungen über deren Änderung oder Auflösung sowie den Austritt von Mitgliedern zu treffen.
(2) § 15 gilt für die Beteiligten einer Zweckvereinbarung entsprechend.
(3) [1]Änderungen der Zweckvereinbarung sind gemäß § 3 Abs. 3 genehmigungspflichtig, soweit sie den Kreis der Beteiligten oder die Übertragung von Aufgaben betreffen. [2]Die übrigen Änderungen sind anzeigepflichtig.
(4) [1]Wird eine Zweckvereinbarung aufgelöst oder scheidet ein Beteiligter durch Austritt oder Ausschluss aus, so hat eine Auseinandersetzung stattzufinden, soweit das erforderlich ist. [2]Die Zweckvereinbarung soll hierüber das Nähere bestimmen. [3]Kommt innerhalb angemessener Frist eine Einigung über die Auseinandersetzung nicht zustande, so trifft die Kommunalaufsichtsbehörde die erforderlichen Bestimmungen.

(5) Jede genehmigungspflichtige Änderung und die Auflösung einer Zweckvereinbarung sind entsprechend § 3 Abs. 5 öffentlich bekanntzugeben.

## Dritter Teil
## Zweckverband

### § 6 Voraussetzungen

(1) [1]Kommunale Gebietskörperschaften können sich zur gemeinsamen Erfüllung einzelner Aufgaben zu einem Zweckverband zusammenschließen (Freiverband). [2]Neben kommunalen Gebietskörperschaften können auch andere Körperschaften, Anstalten und Stiftungen des öffentlichen Rechts Verbandsmitglieder sein, soweit nicht die für sie geltenden besonderen Vorschriften eine Beteiligung ausschließen oder beschränken. [3]Natürliche und juristische Personen des Privatrechts können Verbandsmitglieder sein, wenn es für die Erreichung des Zwecks von besonderer Bedeutung ist. [4]Die kommunalen Gebietskörperschaften müssen die Mehrheit der Verbandsmitglieder stellen und die Mehrheit der Stimmen in der Verbandsversammlung des Zweckverbandes haben. [5]Die Mitgliedschaft von Zweckverbänden und Verwaltungsgemeinschaften ist ausgeschlossen.

(2) [1]Die kommunalen Gebietskörperschaften können dem Zweckverband einzelne oder mehrere sachlich verbundene Aufgaben des eigenen Wirkungskreises zur gemeinschaftlichen Erfüllung übertragen. [2]Die Übertragung kann auf sachlich und/oder örtlich begrenzte Teile von Aufgaben beschränkt werden.

(3) Ein Zweckverband darf nur errichtet werden, wenn die Aufgaben nicht ebenso wirkungsvoll und wirtschaftlich von einer Verwaltungsgemeinschaft oder Verbandsgemeinde oder im Rahmen einer Zweckvereinbarung wahrgenommen werden können.

### § 7 Rechtsstellung

[1]Der Zweckverband ist eine Körperschaft des öffentlichen Rechts; er besitzt Dienstherrnfähigkeit. [2]Als Körperschaften öffentlichen Rechts entstanden gelten rückwirkend auch diejenigen Zweckverbände, die vor dem 16. Oktober 1992 gegründet worden sind; dabei aufgetretene Gründungsmängel gelten nach Maßgabe von § 8a Abs. 1 als geheilt.

### § 8 Bildung

(1) Zur Bildung eines Zweckverbandes haben die Beteiligten eine Verbandssatzung zu vereinbaren.

(2) Die Verbandssatzung muß bestimmen
1. die Verbandsmitglieder,
2. den Namen und den Sitz des Zweckverbandes,
3. die Aufgaben des Zweckverbandes,
4. die Art und Weise der öffentlichen Bekanntmachungen des Zweckverbandes,
5. die Grundlagen für die Bemessung der Verbandsumlage,
6. das für die örtliche Prüfung zuständige Rechnungsprüfungsamt,
7. die Abwicklung bei Auflösung des Zweckverbandes.

(3) Im übrigen soll die Verbandssatzung die sonstigen Rechtsverhältnisse des Zweckverbandes, insbesondere das Verfahren seiner Organe, die Voraussetzungen und das Verfahren bei Beitritt eines weiteren Mitglieds oder bei Ausschluss oder Austritt (Kündigung) eines Mitglieds oder die Voraussetzungen für die Auflösung des Zweckverbandes, regeln, soweit dieses Gesetz ihre Regelung in der Verbandssatzung zuläßt oder keine Vorschriften darüber enthält.

(4) Die Verbandssatzung bedarf der Genehmigung der Kommunalaufsichtsbehörde.

(5) [1]Die Kommunalaufsichtsbehörde hat die Verbandssatzung und ihre Genehmigung in ihrem amtlichen Bekanntmachungsblatt bekannt zu machen; gibt die Kommunalaufsichtsbehörde kein eigenes amtliches Bekanntmachungsblatt heraus, hat die öffentliche Bekanntmachung im amtlichen Bekanntmachungsblatt des Landesverwaltungsamtes zu erfolgen. [2]Die Gemeinden, Verbandsgemeinden und Landkreise haben in der für die Bekanntmachung ihrer Satzungen vorgesehenen Form auf die Veröffentlichung hinzuweisen. [3]Der Zweckverband entsteht durch die öffentliche Bekanntmachung der Verbandssatzung und ihrer Genehmigung nach Satz 1 am Tage nach dieser Bekanntmachung, soweit nicht in der Verbandssatzung ein späterer Zeitpunkt bestimmt ist.

## § 8a Rückwirkende Bildung von Zweckverbänden

(1) ¹Wegen Gründungsfehlern nicht gebildete Zweckverbände gelten rückwirkend ab dem Tage nach der öffentlichen Bekanntmachung ihres Statuts oder ihrer Verbandssatzung als gebildet, sofern nicht ein späterer Zeitpunkt bestimmt ist. ²Sind Statut oder Verbandssatzung nicht öffentlich bekannt gemacht, gilt als Zeitpunkt der Bildung des Verbandes der Tag nach der öffentlichen Bekanntmachung der Genehmigungsverfügung, spätestens der Tag nach der öffentlichen Bekanntmachung der ersten Abgabensatzung des Verbandes. ³Diese Abgabensatzung ist nicht deshalb rechtswidrig, weil Beschlußfassung und öffentliche Bekanntmachung zu einem Zeitpunkt vor Bildung des Verbandes liegen. ⁴Die öffentliche Bekanntmachung einer Satzung nach den Sätzen 1 und 2 ist nicht deshalb fehlerhaft, weil sie in einer anderen als der durch Rechtsvorschrift vorgeschriebenen Bekanntmachungsform erfolgt ist.

(2) ¹Kommunale Gebietskörperschaften, die Statut oder Verbandssatzung des Zweckverbandes nicht durch das zuständige Organ beschlossen haben, sind berechtigt, innerhalb von drei Monaten nach Inkrafttreten dieser Vorschrift gegenüber dem Zweckverband ihren Austritt zu erklären. ²Verfahrens- oder Formfehler im Zusammenhang mit einer Beschlußfassung über Statut oder Verbandssatzung sind hierbei unbeachtlich. ³§ 5 Abs. 4 gilt entsprechend.

(3) ¹Das Landesverwaltungsamt stellt den Austritt fest, wenn die gesetzlichen Voraussetzungen vorliegen und die Abwicklung des Austritts geregelt ist. ²Die Feststellung kann aus wichtigem Grund verweigert werden. ³§ 150 des Kommunalverfassungsgesetzes findet keine Anwendung. ⁴§ 14 Abs. 3 sowie § 8 Abs. 5 gelten sinngemäß.

(4) ¹Absatz 1 gilt für Fehler bei der Anpassung von Verbandssatzungen nach dem bis zum 5. August 1997 geltenden § 29 entsprechend, auch wenn die darin genannte Frist versäumt wurde oder die Anpassung von einem nicht zuständigen Gremium der Gemeinde oder des Verbandes beschlossen wurde. ²Entsprechendes gilt für Änderungen von Verbandssatzungen.

(5) Die Absätze 1, 2 und 4 finden auf Zweckverbände, die nach Inkrafttreten dieser Vorschrift gebildet werden, keine Anwendung.

(6) ¹Ist die öffentliche Bekanntmachung der Verbandssatzung und ihrer Genehmigung nach § 8 Abs. 5 Satz 1 in einer anderen als der vorgeschriebenen Bekanntmachungsform erfolgt, ist dieser Verstoß für die vor dem 9. Juli 2019 erfolgten öffentlichen Bekanntmachungen unbeachtlich. ²Der Zweckverband gilt rückwirkend ab dem Tage nach der öffentlichen Bekanntmachung der Verbandssatzung und ihrer Genehmigung als gebildet, soweit nicht in der Verbandssatzung ein späterer Zeitpunkt bestimmt ist. ³Die Sätze 1 und 2 gelten für die öffentliche Bekanntmachung von Änderungen der Verbandssatzung und ihrer Genehmigung nach § 14 Abs. 2 in Verbindung mit § 8 Abs. 5 Satz 1 entsprechend.

## § 8b Pflichtverband

(1) Besteht für die Bildung eines Zweckverbandes zur Erfüllung bestimmter Pflichtaufgaben des eigenen Wirkungskreises ein dringendes öffentliches Bedürfnis, so kann die Kommunalaufsichtsbehörde den zu beteiligenden Gemeinden, Verbandsgemeinden und Landkreisen eine angemessene Frist zur Bildung eines Zweckverbandes setzen.

(2) ¹Wird der Zweckverband innerhalb der gesetzten Frist nicht gebildet, verfügt die Kommunalaufsichtsbehörde die Bildung eines Zweckverbandes und erlässt gleichzeitig die Verbandssatzung. ²Vor dieser Entscheidung sind die Beteiligten zu hören.

(3) Für die Übertragung bestimmter Pflichtaufgaben des eigenen Wirkungskreises auf einen bestehenden Zweckverband und für den Anschluss von Gemeinden, Verbandsgemeinden und Landkreisen zur Erfüllung bestimmter Pflichtaufgaben des eigenen Wirkungskreises an einen bestehenden Zweckverband gelten die Absätze 1 und 2 entsprechend mit der Maßgabe, dass die Satzung nach Absatz 2 durch die Kommunalaufsicht nur im erforderlichen Umfang geändert werden darf.

(4) Die Vorschriften über den Freiverband gelten für den Pflichtverband entsprechend.

(5) ¹Nach § 14 Abs. 2 genehmigungsbedürftige Änderungen sind nur dann genehmigungsfähig, wenn das dringende öffentliche Bedürfnis nach Absatz 1 weggefallen ist oder nicht entgegensteht. ²Sonstige Änderungen der Verbandssatzung des Pflichtverbandes müssen der Kommunalaufsichtsbehörde sechs Wochen im Voraus angezeigt werden. ³Die Kommunalaufsichtsbehörde kann die Änderung beanstanden, wenn diese insbesondere dem dringenden öffentlichen Bedürfnis entgegensteht, das Anlass für die Errichtung des Pflichtverbandes war.

## § 9 Rechtsfolgen

(1) ¹Mit der Entstehung des Zweckverbandes gehen das Recht und die Pflicht der beteiligten kommunalen Gebietskörperschaften, die übertragenen Aufgaben zu erfüllen und die dazu notwendigen Befugnisse auszuüben, auf den Zweckverband über. ²Dies schließt die Befugnis ein, für die betreffenden Aufgaben Satzungen oder Verordnungen zu erlassen. ³Die Sätze 1 und 2 gelten für den Fall des Beitritts eines weiteren Verbandsmitglieds entsprechend. ⁴Der Übergang von Rechten und Pflichten gilt auch für diejenigen Zweckverbände als von Anfang an eingetreten, die nach § 7 Satz 2 als Körperschaft des öffentlichen Rechts entstanden gelten.
(2) Die Zweckverbände sind Verwaltungsbehörden im Sinne von § 36 Abs. 1 Nr. 1 des Gesetzes über Ordnungswidrigkeiten bei Zuwiderhandlungen gegen ihre Satzungen.

## § 10 Organe

Organe des Zweckverbandes sind die Verbandsversammlung und der Verbandsgeschäftsführer.

## § 11 Verbandsversammlung

(1) ¹Die Verbandsversammlung ist das Hauptorgan des Zweckverbandes. ²Sie besteht aus je einem Vertreter der Verbandsmitglieder. ³Jeder Vertreter hat in der Verbandsversammlung eine Stimme, sofern nicht nach Absatz 4 etwas anderes bestimmt wird. ⁴Der Verbandsgeschäftsführer ist Mitglied mit beratender Stimme. ⁵Die Vertreter der Verbandsmitglieder sind ehrenamtlich tätig. ⁶Die Verbandsversammlung nimmt gegenüber einem mit Dienstvertrag beschäftigten Verbandsgeschäftsführer die Aufgaben des Arbeitgebers wahr. ⁷Gegenüber einem beamteten Verbandsgeschäftsführer ist sie Dienstvorgesetzter, höherer Dienstvorgesetzter und oberste Dienstbehörde.
(2) ¹Die Vertretungen der kommunalen Gebietskörperschaften wählen einen Vertreter zum Mitglied der Verbandsversammlung. ²Die Verbandssatzung kann die Wahl von Stellvertretern vorsehen. ³Der Vertreter kann jederzeit abgewählt werden. ⁴Mitglieder der Verbandsversammlung können nicht sein:
1. hauptamtliche Beamte und Angestellte des Zweckverbandes,
2. leitende Beamte und leitende Angestellte einer juristischen Person oder sonstigen Organisation des öffentlichen oder des Privatrechts, wenn der Zweckverband in einem beschließenden Organ dieser Organisation mehr als die Hälfte der Stimmen hat,
3. Beamte und Angestellte, die vorbereitend oder entscheidend unmittelbare Aufgaben der Kommunal- oder Fachaufsicht über den Zweckverband wahrnehmen.
(3) ¹Der Vertreter einer kommunalen Gebietskörperschaft ist an die Beschlüsse des ihn entsendenden Verbandsmitglieds gebunden. ²Er hat die ihn entsendende Vertretung über alle wesentlichen Angelegenheiten des Zweckverbandes zu unterrichten.
(4) ¹Die Verbandssatzung kann abweichend von Absatz 1 vorsehen, daß Verbandsmitglieder mehrere Stimmen haben und zur Ausübung des Stimmrechts einen Vertreter oder eine entsprechende Anzahl von Vertretern entsenden. ²Die Vertreter der kommunalen Gebietskörperschaften werden nach dem für die Bildung der Ausschüsse des Gemeinderates vorgeschriebenen Verfahren bestimmt. ³Die Stimmen eines Verbandsmitgliedes sind einheitlich abzugeben. ⁴Hierfür legt die Vertretung des Verbandsmitgliedes durch Beschluss einen namentlich bestimmten Vertreter und einen namentlich bestimmten Stellvertreter fest. ⁵Die Verbandssatzung kann die Übertragbarkeit des Stimmrechts auf einen anderen Vertreter des Verbandsmitgliedes vorsehen.
(5) ¹Die Verbandsversammlung ist beschlußfähig, wenn nach ordnungsgemäßer Einberufung mehr als die Hälfte der Verbandsmitglieder und mehr als die Hälfte der satzungsmäßigen Stimmen vertreten sind. ²Bei einer Verletzung der Vorschriften über die Einberufung ist die Verbandsversammlung beschlussfähig, wenn alle satzungsmäßigen Verbandsmitglieder anwesend sind und keines der fehlerhaft geladenen Verbandsmitglieder den Einberufungsfehler rügt. ³Im Übrigen findet § 55 des Kommunalverfassungsgesetzes entsprechende Anwendung.
(6) ¹Die Verbandsversammlung wählt aus ihrer Mitte den Vorsitzenden der Verbandsversammlung. ²Die Verbandssatzung regelt das Nähere zu seiner Stellvertretung.
(7) Die Kommunalaufsichtsbehörde beruft die Verbandsversammlung zu ihrer ersten Sitzung nach der Bildung des Zweckverbandes ein.

## § 12 Verbandsgeschäftsführer, Verwaltung des Zweckverbandes

(1) ¹Der Verbandsgeschäftsführer vertritt den Zweckverband. ²Er leitet die Verwaltung des Zweckverbandes, erledigt in eigener Verantwortung die Geschäfte der laufenden Verwaltung und entscheidet

in Angelegenheiten, die ihm durch Verbandssatzung oder Beschluss der Verbandsversammlung zugewiesen sind. ³Der Verbandsgeschäftsführer ist Vorgesetzter, Dienstvorgesetzter, höherer Dienstvorgesetzter und oberste Dienstbehörde der Bediensteten des Zweckverbandes.
(2) ¹Der Verbandsgeschäftsführer wird von der Verbandsversammlung gewählt. ²Er ist hauptberuflich tätig. ³Soweit erforderlich, kann die Verbandssatzung einen ehrenamtlichen Verbandsgeschäftsführer vorsehen. ⁴Dieser soll aus dem Kreis der Hauptverwaltungsbeamten der kommunalen Verbandsmitglieder gewählt werden. ⁵Die Verbandssatzung regelt die Vertretung des Verbandsgeschäftsführers im Verhinderungsfall. ⁶Der Vertreter des Verbandsgeschäftsführers soll ein Bediensteter aus der Verwaltung des Zweckverbandes sein.
(3) ¹Der Verbandsgeschäftsführer wird für die Dauer von sieben Jahren gewählt; eine mehrmalige Wiederwahl ist möglich. ²Er kann in ein Beamtenverhältnis auf Zeit berufen werden; § 39 Abs. 1 und 2 des Landesbeamtengesetzes ist anzuwenden. ³§ 39 Abs. 4 des Landesbeamtengesetzes findet keine Anwendung. ⁴Wird der hauptberufliche Verbandsgeschäftsführer mit einem Anstellungsvertrag beschäftigt, finden folgende Regelungen Anwendung:
1. Im Anstellungsvertrag ist festzulegen, wann der Gewählte die Stelle als Geschäftsführer antritt und dass seine Anstellung mit Ablauf der Wahlperiode oder mit Ablauf des Tages, an dem er vorzeitig abgewählt wird, endet.
2. Der Verbandsgeschäftsführer scheidet mit Ablauf der Wahlperiode aus seiner Funktion aus, es sei denn, er wurde wiedergewählt.
3. Die §§ 2, 6 und 7 der Kommunalbesoldungsverordnung des Landes Sachsen-Anhalt sind entsprechend anzuwenden.

⁵Unabhängig davon scheidet der Verbandsgeschäftsführer mit Ablauf des Tages aus seiner Funktion aus, an dem er abgewählt wurde. ⁶In diesem Fall gelten § 78 Abs. 6 Satz 1 des Landesbeamtenversorgungsgesetzes Sachsen-Anhalt und § 10 Abs. 1 Satz 1 und 2 des Landesbesoldungsgesetzes entsprechend.
(4) ¹Die vorzeitige Abwahl des Verbandsgeschäftsführers ist auf Antrag der Mehrheit der satzungsmäßigen Stimmenzahl der Verbandsversammlung möglich; der Antrag bedarf der Begründung. ²Der Beschluss über die Abwahl darf frühestens vier Wochen nach Antragstellung erfolgen. ³Dem Verbandsgeschäftsführer ist Gelegenheit zur Stellungnahme zu geben. ⁴Über den Antrag ist ohne Aussprache geheim abzustimmen. ⁵Der Beschluss über die Abwahl bedarf einer Mehrheit von zwei Dritteln der satzungsgemäßen Stimmenzahl der Verbandsversammlung.
(5) ¹Der Verbandsgeschäftsführer muss mindestens über die Befähigung zur Laufbahn des allgemeinen Verwaltungsdienstes der Laufbahngruppe 2, erstes Einstiegsamt, oder über einen den Anforderungen des Zweckverbandes entsprechenden Fachhochschulabschluss verfügen. ²Die Stelle des hauptamtlichen Verbandsgeschäftsführers ist öffentlich auszuschreiben; davon kann bei einer erneuten Bestellung durch Beschluss mit der Mehrheit der satzungsmäßigen Stimmenzahl der Verbandsversammlung abgesehen werden.

### § 12a Bedienstete des Zweckverbandes
¹Gehen Aufgaben eines Zweckverbandes wegen Auflösung oder aus anderen Gründen ganz oder teilweise auf andere juristische Personen des öffentlichen Rechts mit Dienstherrnfähigkeit über, so gelten für die Übernahme und die Rechtsstellung der Beamten und Versorgungsempfänger des Zweckverbandes die § 32 des Landesbeamtengesetzes und § 131 des Beamtenrechtsrahmengesetzes in der bis zum 31. März 2009 geltenden Fassung. ²Im Übrigen gilt § 77 Abs. 5 und 6 des Kommunalverfassungsgesetzes. ³Die Verbandssatzung eines Zweckverbandes, der Dienstherr von Beamten werden soll, muss Bestimmungen darüber enthalten, wer die Beamten und Versorgungsempfänger zu übernehmen hat, wenn der Zweckverband aufgelöst wird, ohne dass seine bisherigen Aufgaben auf andere juristische Personen des öffentlichen Rechts mit Dienstherrnfähigkeit übergehen.

### § 12b Verpflichtungsgeschäfte
(1) ¹Erklärungen, durch welche der Zweckverband verpflichtet werden soll, bedürfen der Schriftform. ²Sie sind, sofern sie nicht gerichtlich oder notariell beurkundet werden, nur rechtsverbindlich, wenn sie handschriftlich vom Verbandsgeschäftsführer unterzeichnet sind.
(2) Die Formvorschrift des Absatzes 1 gilt nicht für Erklärungen in Geschäften der laufenden Verwaltung oder aufgrund einer in der Form des Absatzes 1 ausgestellten Vollmacht.

### § 13 Deckung des Finanzbedarfs

(1) Der Zweckverband erhebt eine allgemeine Umlage, wenn die Erträge einschließlich der besonderen Umlagen die Aufwendungen nicht decken.

(2) [1]Soweit im Rahmen der Aufgabenerfüllung des Zweckverbandes die Übernahme und Tilgung besonderer Verbindlichkeiten zu Gunsten einzelner Zweckverbandsmitglieder erforderlich wird oder soweit die Aufgabenwahrnehmung einzelnen Zweckverbandsmitgliedern besondere Vorteile vermittelt, kann der Zweckverband auch von einzelnen Mitgliedern besondere Umlagen erheben. [2]Die besonderen Umlagen müssen in einem angemessenen Verhältnis zu den Leistungen des Zweckverbandes für seine Mitgliedsgemeinden stehen.

(3) [1]Die Umlagen sind in der Haushaltssatzung festzusetzen. [2]Die nach dem Kommunalverfassungsgesetz genehmigungspflichtigen Teile der Haushaltssatzung bedürfen der Genehmigung durch die Kommunalaufsichtsbehörde.

### § 14 Änderung und Auflösung

(1) [1]Änderungen, die den Mitgliederbestand des Zweckverbandes (Beitritt eines weiteren Verbandsmitglieds, Ausschluss oder Austritt eines Verbandsmitglieds) sowie den Bestand des Zweckverbandes (Auflösung) betreffen, bedürfen einer Mehrheit von mindestens zwei Dritteln der satzungsmäßigen Stimmen der Verbandsversammlung und der Mehrheit der Verbandsmitglieder.

(2) [1]Änderungen nach Absatz 1 sowie Änderungen, die den Bestand an Aufgaben des Zweckverbandes oder die Grundlagen für die Bemessung der Verbandsumlage betreffen, bedürfen der Genehmigung der Kommunalaufsichtsbehörde. [2]§ 8 Abs. 5 gilt entsprechend.

(3) Die Kommunalaufsichtsbehörde kann die Genehmigung zur Auflösung eines Zweckverbandes, zum Ausschluss oder zum Austritt eines Verbandsmitgliedes mit der Maßgabe erteilen, dass die Auflösung, der Ausschluss oder der Austritt erst nach Ablauf eines in der Genehmigung bestimmten Zeitraumes wirksam wird, wenn dies zur Anpassung des Zweckverbandes oder der Verbandsmitglieder an die Änderungen aus Gründen öffentlichen Wohls erforderlich ist.

(4) [1]Der Zweckverband gilt nach seiner Auflösung als fortbestehend, solange und soweit der Zweck der Abwicklung dies erfordert. [2]Zum Zweck der Abwicklung ist der Zweckverband berechtigt, Forderungen auf einen Rechts- oder Aufgabennachfolger zu übertragen. [3]Die Vorschriften des Bürgerlichen Gesetzbuches zur Übertragung einer Forderung finden entsprechende Anwendung. [4]Der neue Gläubiger ist zur Vollstreckung der Forderungen berechtigt. [5]Die Entscheidung über die Übertragung einer Forderung nach Satz 2 ist der Kommunalaufsichtsbehörde unverzüglich anzuzeigen und darf erst sechs Wochen nach der Anzeige vollzogen werden. [6]Für die Abwicklung gelten die Bestimmungen der Verbandssatzung. [7]Dies gilt auch im Falle des Ausschlusses oder des Austritts eines Verbandsmitglieds, sofern die Verbandssatzung hierzu Regelungen über die Auseinandersetzung enthält. [8]§ 5 Abs. 4 gilt entsprechend.

### § 15 Wegfall von Verbandsmitgliedern

(1) Fallen Gemeinden, Verbandsgemeinden oder Landkreise, die Verbandsmitglieder sind, durch Eingliederung in eine andere Körperschaft, durch Zusammenschluß mit einer anderen Körperschaft, durch Auflösung oder aus einem sonstigen Grunde weg, tritt die Körperschaft des öffentlichen Rechts, in die das Verbandsmitglied eingegliedert oder zu der es zusammengeschlossen wird, in die Rechtsstellung des weggefallenen Verbandsmitglieds ein.

(2) [1]Wenn Gründe des öffentlichen Wohls nicht entgegenstehen, kann der Zweckverband binnen drei Monaten vom Wirksamwerden der Änderung an die neue Körperschaft ausschließen; in gleicher Weise kann diese ihren Austritt aus dem Zweckverband erklären. [2]Ausschluß und Austritt bedürfen der Genehmigung der Kommunalaufsichtsbehörde. [3]§ 14 Abs. 3 sowie § 8 Abs. 5 gelten sinngemäß.

(3) Absatz 1 und 2 gelten entsprechend beim Wegfall sonstiger Mitglieder.

### § 15a Formwechsel eines Zweckverbandes

(1) [1]Führt der Wegfall von Verbandsmitgliedern dazu, dass nur noch eine Gemeinde als Verbandsmitglied verbleibt, kann das verbleibende Verbandsmitglied den Formwechsel des Zweckverbandes in eine Anstalt des öffentlichen Rechts oder eine Kapitalgesellschaft beschließen. [2]Bei einem Formwechsel des Zweckverbandes ist § 135 des Kommunalverfassungsgesetzes anzuwenden.

(2) [1]Bei einem Formwechsel in eine Anstalt des öffentlichen Rechts sind die Vorschriften des Anstaltsgesetzes und die allgemeinen Vorschriften des kommunalen Wirtschaftsrechts zu beachten. [2]Der

Beschluss des Formwechsels und die Anstaltssatzung sind der Kommunalaufsichtsbehörde anzuzeigen und von dieser in ihrem amtlichen Bekanntmachungsblatt bekannt zu machen; gibt die Kommunalaufsichtsbehörde kein eigenes amtliches Bekanntmachungsblatt heraus, hat die öffentliche Bekanntmachung im amtlichen Bekanntmachungsblatt des Landesverwaltungsamtes zu erfolgen. ³Die Gemeinden, Verbandsgemeinden und Landkreise haben in der für die Bekanntmachung ihrer Satzungen vorgesehenen Form auf die Veröffentlichung hinzuweisen. ⁴Der Formwechsel in eine Anstalt des öffentlichen Rechts wird am Tage nach der öffentlichen Bekanntmachung des Beschlusses und der Anstaltssatzung nach Satz 2 wirksam, soweit nicht in der Anstaltssatzung ein späterer Zeitpunkt bestimmt ist. ⁵§ 8a Abs. 6 gilt entsprechend.

(3) ¹Der Formwechsel eines Zweckverbandes in eine Kapitalgesellschaft ist zulässig. ²Die §§ 302 bis 304 des Umwandlungsgesetzes sind entsprechend anzuwenden.

### § 16 Anzuwendende Vorschriften

(1) ¹Soweit dieses Gesetz nicht etwas anderes bestimmt, gelten für den Zweckverband die Vorschriften für Gemeinden sinngemäß. ²Dabei treten als Organe des Zweckverbandes an die Stelle des Gemeinderates die Verbandsversammlung und an die Stelle des hauptamtlichen Bürgermeisters der Verbandsgeschäftsführer. ³An die Stelle der Mitglieder des Gemeinderates treten die Vertreter der Verbandsmitglieder, an die Stelle des Vorsitzenden des Gemeinderates tritt der Vorsitzende der Verbandsversammlung. ⁴§ 150 Abs. 1 Satz 2 des Kommunalverfassungsgesetzes findet keine Anwendung für die Genehmigung der Verbandssatzung und ihrer Änderungen.

(2) ¹In der Verbandssatzung kann bestimmt werden, dass die Vorschriften über die Wirtschaftsführung und das Rechnungswesen der Eigenbetriebe für den Zweckverband entsprechend gelten. ²Ist in der Verbandssatzung die entsprechende Geltung der Vorschriften über die Wirtschaftsführung und das Rechnungswesen der Eigenbetriebe in Verbindung mit der Anwendung der §§ 15 bis 19 des Eigenbetriebsgesetzes bestimmt worden, dürfen keine Rückstellungen für Pensionsverpflichtungen nach den beamtenrechtlichen Bestimmungen und für Beihilfeverpflichtungen gegenüber Versorgungsempfängern gebildet werden. ³Ausgenommen sind Rückstellungen für Beamte auf Zeit, soweit der Kommunale Versorgungsverband Sachsen-Anhalt nur 50 v. H. der den Beamten zustehenden Ruhegehaltsbezüge übernimmt.

(3) ¹Auf die Entschädigung der nach diesem Gesetz ehrenamtlich Tätigen finden die Bestimmungen über den Auslagenersatz und die Aufwandsentschädigung bei ehrenamtlicher Tätigkeit für die Gemeinde in Abhängigkeit vom Umfang des Aufgabenbestandes entsprechende Anwendung. ²Das für Kommunalangelegenheiten zuständige Ministerium wird ermächtigt, durch Verordnung Regelungen über die Anspruchsvoraussetzungen für den Ersatz des Verdienstausfalls und die Aufwandsentschädigungen zu treffen und Höchstbeträge festzusetzen.

### § 17 Aufsicht

(1) Kommunalaufsichtsbehörde für den Zweckverband ist
1. der Landkreis, wenn dem Zweckverband nur Gemeinden und Verbandsgemeinden desselben Landkreises angehören und dieser nicht selbst beteiligt ist,
2. das Landesverwaltungsamt oder die von ihm bestimmte Behörde, wenn die beteiligten Gemeinden und Verbandsgemeinden verschiedenen Landkreisen angehören oder wenn mindestens ein Landkreis oder eine kreisfreie Stadt beteiligt ist.

(2) ¹Obere Kommunalaufsichtsbehörde ist das Landesverwaltungsamt. ²Oberste Kommunalaufsichtsbehörde ist das Ministerium des Innern.

(3) ¹Die Zuständigkeiten der Fachaufsichtsbehörden bleiben grundsätzlich unberührt. ²Fachaufsichtsbehörde ist in den Fällen des Absatzes 1 Nr. 2 das Landesverwaltungsamt oder diejenige Fachbehörde, die die Fachaufsicht über die Landkreise ausübt.

*Vierter Teil*
**Allgemeine Sonderregelungen**

### § 18 Übergangsregelung

(1) ¹Bestehende Zweckvereinbarungen und Verbandssatzungen von Zweckverbänden bleiben wirksam. ²Sie sind innerhalb von zwei Jahren nach In-Kraft-Treten des Zweiten Gesetzes zur Änderung des Gesetzes über kommunale Gemeinschaftsarbeit an die neue Rechtslage anzupassen.

(2) Im Zeitpunkt des In-Kraft-Tretens des Zweiten Gesetzes zur Änderung des Gesetzes über kommunale Gemeinschaftsarbeit bestehende Zweckverbände, denen Aufgaben des übertragenen Wirkungskreises übertragen wurden, erhalten für diesen Aufgabenbestand Bestandsschutz.

### § 19 Übergangsvorschrift Kameralistik
Soweit in den §§ 20 und 21 keine besonderen Regelungen getroffen wurden, gelten für kommunale Verbände, deren Haushalt kameralistisch geführt wird, bis zur Umstellung ihres Haushalts- und Rechnungswesens nach dem System der doppelten Buchführung oder nach der Wirtschaftsführung und dem Rechnungswesen nach den Vorschriften des Eigenbetriebsgesetzes die übrigen Bestimmungen dieses Gesetzes.

### § 20 Deckung des Finanzbedarfs – Kameralistik
(1) Der Zweckverband erhebt eine allgemeine Umlage, wenn die sonstigen Einnahmen, die speziellen Entgelte einschließlich der besonderen Umlagen seinen Finanzbedarf nicht decken.
(2) ¹Soweit im Rahmen der Aufgabenerfüllung des Zweckverbandes die Übernahme und Tilgung besonderer Verbindlichkeiten zugunsten einzelner Zweckverbandsmitglieder erforderlich wird oder soweit die Aufgabenwahrnehmung einzelnen Zweckverbandsmitgliedern besondere Vorteile vermittelt, kann der Zweckverband auch von einzelnen Mitgliedern besondere Umlagen erheben. ²Die besonderen Umlagen müssen in einem angemessenen Verhältnis zu den Leistungen des Zweckverbandes für seine Mitgliedsgemeinden stehen.
(3) ¹Die Umlagen sind in der Haushaltssatzung festzusetzen. ²Die nach dem Kommunalverfassungsgesetz genehmigungspflichtigen Teile der Haushaltssatzung bedürfen der Genehmigung durch die Kommunalaufsichtsbehörde.

### § 21 Anzuwendende Vorschriften – Kameralistik
(1) ¹Soweit dieses Gesetz nicht etwas anderes bestimmt, gelten für den Zweckverband die Vorschriften für Gemeinden sinngemäß. ²Dabei treten als Organe des Zweckverbandes an die Stelle des Gemeinderates die Verbandsversammlung und an die Stelle des hauptamtlichen Bürgermeisters der Verbandsgeschäftsführer. ³An die Stelle der Mitglieder des Gemeinderates treten die Vertreter der Verbandsmitglieder, an die Stelle des Vorsitzenden des Gemeinderates tritt der Vorsitzende der Verbandsversammlung. ⁴§ 150 Abs. 1 Satz 2 des Kommunalverfassungsgesetzes findet keine Anwendung für die Genehmigung der Verbandssatzung und ihrer Änderungen.
(2) ¹Für Zweckverbände, die der Wasserversorgung, der Abwasserbeseitigung oder der Abfallentsorgung dienen, gelten die Vorschriften über die Wirtschaftsführung und das Rechnungswesen der Eigenbetriebe entsprechend. ²Im Übrigen kann die Verbandssatzung bestimmen, dass die Vorschriften über die Wirtschaftsführung und das Rechnungswesen der Eigenbetriebe für den Zweckverband entsprechend gelten.
(3) Auf die Entschädigung der nach diesem Gesetz ehrenamtlich Tätigen finden die Bestimmungen über den Auslagenersatz und die Aufwandsentschädigung bei ehrenamtlicher Tätigkeit für die Gemeinde in Abhängigkeit vom Umfang des Aufgabenbestandes entsprechende Anwendung.

# Kommunalwahlgesetz für das Land Sachsen-Anhalt (KWG LSA)

In der Fassung der Bekanntmachung vom 27. Februar 2004[1] (GVBl. LSA S. 92)
(BS LSA 2020.13)
zuletzt geändert durch Art. 3 G zur Änd. des KommunalverfassungsG und wahlrechtlicher Vorschriften vom 2. November 2020 (GVBl. LSA S. 630)

## Inhaltsübersicht

### I. Allgemeines

| | |
|---|---|
| § 1 | Anzuwendende Rechtsvorschriften |
| § 2 | Begriffsbestimmungen |
| § 3 | Wahlgrundsätze |
| § 4 | Ausübung des Wahlrechts |
| § 5 | Wahltag, Wahlzeit und Wahlperiode |
| § 6 | Bekanntmachung der Wahl |
| § 7 | Wahlbereiche bei Vertretungswahlen |
| § 8 | Wahlbezirke |

### II. Wahlorgane und Wahlehrenämter

| | |
|---|---|
| § 8a | Wahlorgane |
| § 9 | Wahlleiter |
| § 10 | Wahlausschuss |
| § 10a | Mitwirkung der Verbandsgemeinden |
| § 11 | Wahlvorsteher |
| § 12 | Wahlvorstand |
| § 13 | Wahlehrenämter |

### III. Wahlvorbereitung und Wahlvorschläge

| | |
|---|---|
| § 14 | Zentrale Wahlaufgaben |
| § 15 | Bekanntmachungen des Wahlleiters |
| § 16 | Abgrenzung der Wahlbezirke und Bestimmung der Wahllokale |
| § 17 | (weggefallen) |
| § 18 | Führung der Wählerverzeichnisse, Einsichtnahme |
| § 19 | Berichtigung des Wählerverzeichnisses |
| § 20 | Wahlschein |
| § 21 | Einreichung und Inhalt der Wahlvorschläge für die Wahl zu den Vertretungen |
| § 22 | Wahlanzeigen |
| § 23 | Beschränkungen hinsichtlich der Wahlvorschläge |
| § 24 | Bestimmung der Bewerber |
| § 25 | Rücktritt und Tod von Bewerbern |
| § 26 | Änderung und Zurückziehung von Wahlvorschlägen; Zurückziehung von Wahlvorschlagsverbindungen |
| § 27 | Vorprüfung der Wahlvorschläge und Wahlvorschlagsverbindungen; Mängelbeseitigung |
| § 28 | Zulassung und Bekanntgabe der Wahlvorschläge und Wahlvorschlagsverbindungen |
| § 29 | Stimmzettel |

### IV. Bewerbungen zur Bürgermeister-, Ortsvorsteher- und Landratswahl, Abwahl

| | |
|---|---|
| § 30 | Bürgermeister-, Ortsvorsteher- und Landratswahl |
| § 30a | Stichwahl |
| § 31 | Abwahl des Bürgermeisters und Landrates |

### V. Wahlhandlung

| | |
|---|---|
| § 32 | Stimmabgabe |
| § 33 | Briefwahl |
| § 34 | Wahlurnen |
| § 35 | Öffentlichkeit der Wahl, unzulässige Wahlbeeinflussung |

### VI. Feststellung und Bekanntgabe des Wahlergebnisses

| | |
|---|---|
| § 36 | Feststellung des Wahlergebnisses in den Wahlbezirken |
| § 37 | Feststellung des Ergebnisses der Bürgermeister-, Ortsvorsteher- und Landratswahl im Wahlgebiet |
| § 38 | Feststellung des Wahlergebnisses in den Wahlbereichen |
| § 39 | Feststellung des Wahlergebnisses im Wahlgebiet mit einem Wahlbereich |
| § 40 | Feststellung des Wahlergebnisses im Wahlgebiet mit mehreren Wahlbereichen |
| § 41 | Nächst festgestellter Bewerber |
| § 42 | Bekanntgabe des Wahlergebnisses, Feststellung des Scheiterns von Wahlen |
| § 43 | Annahme der Wahl |

### VII. Nachwahl, Wiederholungswahl und einzelne Neuwahl

| | |
|---|---|
| § 44 | Nachwahl |
| § 45 | Wiederholungswahl |
| § 46 | Einzelne Neuwahl |

### VIII. Ersatz von Vertretern und Ausscheiden von nächst festgestellten Bewerbern

| | |
|---|---|
| § 47 | Ersatz von Vertretern |
| § 48 | Ausscheiden von nächst festgestellten Bewerbern |
| § 49 | Ergänzungswahl |

### IX. Wahlprüfung und Wahlkosten

| | |
|---|---|
| § 50 | Wahleinspruch |
| § 51 | Entscheidung über die Gültigkeit der Wahl |

---

1) Neubekanntmachung des KommunalwahlG v. 22.12.1993 (GVBl. LSA S. 818) in der ab 31.1.2004 geltenden Fassung.

| § 52 | Inhalt der Entscheidung |
| § 53 | Zustellung der Entscheidung und Rechtsmittel |
| § 54 | Wahlkosten |

**X. Anhörung der Bürger, Bürgerentscheid, Bürgerbegehren, Einwohnerantrag**

| § 55 | Anhörung der Bürger bei Gebietsänderungen |
| § 56 | Einwohnerantrag und Bürgerbegehren |
| § 57 | Bürgerentscheid |

**XI. Sondervorschriften für die Wahlen in neu zu bildenden Gemeinden und Landkreisen**

| § 58 | Anwendbarkeit von Rechtsvorschriften |
| § 58a | Wahltag, Zusammentritt der neu gewählten Vertretungen |
| § 59 | Wahlberechtigung |
| § 60 | Wahlgebiet bei neu zu bildenden Kommunen |
| § 61 | Wahlbereich bei Gemeindewahlen |
| § 62 | Vertretung in neu zu bildenden Kommunen, Wahlkommission |
| § 63 | Wahlleiter |
| § 64 | Wahlausschuss |
| § 65 | Einreichung der Wahlvorschläge |

**XII. Schlussvorschriften**

| § 65a | Versicherungen an Eides statt |
| § 65b | Übermittlung personenbezogener Daten aus dem Pass- und Personalausweisregister |
| § 66 | Wahlstatistik |
| § 67 | Maßgebende Einwohnerzahl |
| § 68 | Verordnungsermächtigungen |
| § 68a | Fristen, Termine und Form |
| § 69 | Sprachliche Gleichstellung |
| § 69a | Anwendungs- und Übergangsvorschriften |
| § 70 | Einschränkung von Grundrechten |
| § 71 | In-Kraft-Treten |

## I. Allgemeines

### § 1 Anzuwendende Rechtsvorschriften

¹Für die Wahl der Gemeinderäte, der Ortschaftsräte und die Wahl und Abwahl des Bürgermeisters und des Ortsvorstehers nach § 82 Abs. 1 und 86 des Kommunalverfassungsgesetzes (Gemeindewahlen), die Wahl des Kreistages, die Wahl und Abwahl des Landrates (Kreiswahlen) sowie für die Durchführung von Einwohnerantrag, Bürgerbegehren, Bürgerentscheid und die Anhörung von Bürgern bei Gebietsänderungen gelten dieses Gesetz und die Vorschriften des Kommunalverfassungsgesetzes. ²Soweit sich aus den Bestimmungen dieses Gesetzes nichts anderes ergibt, gelten für die Wahl der Verbandsgemeinderäte und des Verbandsgemeindebürgermeisters (Verbandsgemeindewahlen) die Bestimmungen für Gemeindewahlen sinngemäß.

### § 2 Begriffsbestimmungen

(1) Vertretungen im Sinne dieses Gesetzes sind der Gemeinderat, der Ortschaftsrat und der Kreistag.
(2) Vertreter im Sinne dieses Gesetzes sind die Gemeinderäte, die Ortschaftsräte und die Mitglieder des Kreistages.
(3) Wahlgebiet im Sinne dieses Gesetzes ist bei der Wahl der Ortschaftsräte und der Ortsvorsteher das Gebiet der Ortschaft, bei den übrigen Gemeindewahlen das Gebiet der Gemeinde und bei den Kreiswahlen das Gebiet des Landkreises.
(4) Wahlbereiche im Sinne dieses Gesetzes sind die Teile des Wahlgebiets, die bei den Vertretungswahlen für die Einreichung von Wahlvorschlägen und die Sitzverteilung (§ 21 Abs. 3, § 40) gebildet werden.
(5) Wahlbezirke im Sinne dieses Gesetzes sind die Teile eines Wahlbereiches, die zur Abgrenzung der Einzugsbereiche der Wahlberechtigten bei der Stimmabgabe gebildet werden.
(6) ¹Kommunalwahlen sind Gemeinde-, Verbandsgemeinde- und Kreiswahlen im Sinne von § 1. ²Verbundene Wahlen sind mehrere Gemeinde-, Verbandsgemeinde- oder Kreiswahlen, die gleichzeitig in einer Kommune stattfinden.

### § 3 Wahlgrundsätze

(1) Die Wahl ist allgemein, unmittelbar, frei, gleich und geheim.
(2) ¹Die Vertreter werden auf Grund von Wahlvorschlägen unter Berücksichtigung der Grundsätze der Verhältniswahl, der Bürgermeister, der Ortsvorsteher und der Landrat nach den Grundsätzen der Mehrheitswahl gewählt. ²Wird bei den Wahlen zu den Vertretungen nur ein gültiger Wahlvorschlag eingereicht, so findet Mehrheitswahl statt.
(3) ¹Der Wähler hat zur Wahl der Vertretungen je drei Stimmen. ²Zur Wahl des Bürgermeisters, des Ortsvorstehers und des Landrates hat der Wähler je eine Stimme.

## § 4 Ausübung des Wahlrechts

(1) Wählen kann nur der Wahlberechtigte, der in ein Wählerverzeichnis eingetragen ist oder einen Wahlschein hat.
(2) Wer im Wählerverzeichnis eingetragen ist, kann nur in dem Wahlbezirk wählen, in dessen Wählerverzeichnis er eingetragen ist.
(3) Wer einen Wahlschein hat, kann an der Wahl seines Wahlbereiches durch Stimmabgabe in einem beliebigen Wahlbezirk des Wahlbereiches oder durch Briefwahl teilnehmen.
(4) Jeder Wahlberechtigte kann sein Wahlrecht nur einmal und nur persönlich ausüben.

## § 5 Wahltag, Wahlzeit und Wahlperiode

(1) [1]Die Neuwahl der Vertretung muss vor Ablauf der Wahlperiode stattfinden. [2]Die reguläre Wahlperiode der gewählten Vertretung endet am 30. Juni jedes fünften auf das Jahr 2014 folgenden Jahres. [3]Soweit die Neuwahl wegen der gleichzeitigen Durchführung der Europawahl mit der Kommunalwahl nicht vor Ablauf der regulären Wahlperiode der Vertretung erfolgt, endet die jeweils laufende Wahlperiode am 31. Juli.
(2) [1]Die Landesregierung bestimmt den Wahltag der allgemeinen Neuwahlen der Vertretungen und der Ortsvorsteher einheitlich für alle Gemeinden, Ortschaften und Landkreise. [2]Den Wahltag für die Wahl des Bürgermeisters und des Landrates bestimmt die Vertretung, für die Wahl des Ortsvorstehers während der laufenden Wahlperiode nach § 86 Abs. 7 des Kommunalverfassungsgesetzes der Gemeinderat.
(3) [1]Der Tag einer Wahl oder Abwahl muss ein Sonntag sein. [2]Die Wahlzeit dauert von 8 Uhr bis 18 Uhr.

## § 6 Bekanntmachung der Wahl

(1) Die Wahl der Vertretungen hat der jeweilige Wahlleiter spätestens am 120. Tag vor dem Wahltag öffentlich bekanntzumachen.
(2) [1]Die Bürgermeisterwahl, die Ortsvorsteherwahl und die Landratswahl sind von dem jeweiligen Wahlleiter spätestens zwei Monate vor dem Wahltag öffentlich bekanntzumachen. [2]Gleichzeitig ist der Tag einer eventuell notwendig werdenden Stichwahl des Bürgermeisters, Ortsvorstehers oder Landrates bekanntzumachen. [3]Bei der Berechnung der Zweimonatsfrist ist der Tag der Bekanntmachung mitzurechnen.

## § 7 Wahlbereiche bei Vertretungswahlen

(1) [1]Bei der Wahl zu den Ortschafts- und Gemeinderäten bildet das Wahlgebiet einen Wahlbereich. [2]In kreisangehörigen Gemeinden mit mehr als 3000 Einwohnern kann der Gemeinderat, sobald der Wahltag feststeht, das Wahlgebiet in Wahlbereiche von annähernd gleicher Größe einteilen. [3]Dabei soll jeder Wahlbereich mindestens 1500 Einwohner umfassen. [4]Absatz 2 gilt entsprechend.
(2) [1]Bei der Wahl zu den Gemeinderäten in kreisfreien Städten und zu den Verbandsgemeinderäten und bei der Wahl zu den Kreistagen wird das Wahlgebiet in mehrere Wahlbereiche eingeteilt. [2]Die jeweilige Vertretung beschließt ihre Anzahl und Abgrenzung, sobald der Wahltag feststeht. [3]Die Wahlbereiche des Wahlgebiets sollen annähernd die gleiche Größe haben. [4]Die Einwohnerzahl eines jeden Wahlbereichs soll von der durchschnittlichen Einwohnerzahl aller Wahlbereiche des Wahlgebiets nicht um mehr als 25 v.H. nach oben oder nach unten abweichen. [5]Bei der Abgrenzung der Wahlbereiche sollen die örtlichen Verhältnisse und für die Wahlen zu den Kreistagen möglichst die Grenzen von Gemeinden und Verbandsgemeinden berücksichtigt werden.

## § 8 Wahlbezirke

[1]Für die Stimmabgabe werden Wahlbezirke gebildet. [2]Kleinere Gemeinden bilden einen Wahlbezirk, größere Gemeinden werden in mehrere Wahlbezirke eingeteilt.

*II.*
**Wahlorgane und Wahlehrenämter**

## § 8a Wahlorgane

(1) Wahlorgane sind
1. der Wahlleiter (Gemeindewahlleiter oder Kreiswahlleiter) und der Wahlausschuss (Gemeindewahlausschuss oder Kreiswahlausschuss) für das Wahlgebiet,

2. der Wahlvorsteher und der Wahlvorstand für jeden Wahlbezirk,
3. die Wahlkommission im Falle einer Wahl in neue Strukturen (§§ 58 bis 65).

(2) ¹Die Wahlorgane werden vor jeder allgemeinen Neuwahl und längstens für die Dauer einer Wahlperiode der Vertretung bestimmt. ²Sie üben ihr Amt bis zur Berufung der neuen Wahlorgane aus. ³In diesem Zeitraum sind sie für alle stattfindenden Kommunalwahlen zuständig. ⁴Für die Ortschaftsratswahl und die Wahl des Ortsvorstehers sind die Wahlorgane der Gemeinde zuständig. ⁵Bei verbundenen Wahlen gilt Folgendes:
1. Für alle verbundenen Gemeindewahlen sind nur ein Gemeindewahlleiter und ein gemeinsamer Gemeindewahlausschuss zu berufen.
2. Für alle verbundenen Kreiswahlen sind nur ein Kreiswahlleiter und ein gemeinsamer Kreiswahlausschuss zu berufen.
3. Für alle verbundenen Kommunalwahlen sind ein gemeinsamer Wahlvorsteher und ein gemeinsamer Wahlvorstand zu berufen.

⁶Sofern in den Fällen des Satzes 5 Nrn. 2 oder 3 für eine der verbundenen Wahlen § 9 Abs. 2 oder 3 erfüllt ist, ist die jeweilige Person auch für die andere Wahl als Wahlleiter oder als Stellvertreter des Wahlleiters ausgeschlossen.
(3) Die Wahlorgane sind überparteilich und an Aufträge und Weisungen nicht gebunden.

## § 9 Wahlleiter

(1) ¹Wahlleiter ist in den Gemeinden der Bürgermeister (Gemeindewahlleiter), in den Landkreisen der Landrat (Kreiswahlleiter). ²Stellvertreter ist jeweils der Vertreter im Amt. ³Die Vertretung der Gemeinde kann einen anderen Beschäftigten der Gemeinde, die Vertretung des Landkreises einen anderen Beschäftigten des Landkreises zum Wahlleiter und Stellvertreter berufen. ⁴Die Berufung gilt bis auf Widerruf für die Dauer der Wahlperiode; in einem laufenden Wahlprüfungsverfahren ist die Abberufung des Wahlleiters und Stellvertreters nur aus den in Absatz 4 Satz 2 aufgeführten Gründen mit Zustimmung der Kommunalaufsichtsbehörde möglich.
(1a) ¹Ein Beschäftigter der Gemeinde kann auch dann zum Gemeindewahlleiter oder zu seinem Stellvertreter sowie zum Wahlvorsteher oder zu einem Beisitzer des Wahlausschusses oder des Wahlvorstandes berufen werden, wenn er nicht im Wahlgebiet wohnt. ²Gleiches gilt für den Beschäftigten eines Landkreises bei der Kreiswahl.
(2) ¹Bewirbt sich zur Bürgermeister- und Landratswahl eine Person, die zugleich die Funktion des Wahlleiters nach Absatz 1 für diese Wahl innehat, so nimmt an ihrer Stelle der Stellvertreter im Amt die Funktion des Wahlleiters wahr. ²In diesem Fall ist der Stellvertreter des Wahlleiters von der jeweiligen Vertretung zu berufen. ³Absatz 1a gilt entsprechend.
(3) ¹Sonstige Wahlbewerber und Vertrauenspersonen können nicht gleichzeitig Wahlleiter oder Stellvertreter sein. ²In diesem Fall ist von der jeweiligen Vertretung eine andere Person zu berufen. ³Absatz 1a gilt entsprechend.
(4) ¹Die Person des Wahlleiters und seines Stellvertreters sind der Kommunalaufsichtsbehörde unverzüglich anzuzeigen. ²Diese kann anordnen, dass die Gemeinde oder der Landkreis einen geeigneten Wahlleiter oder einen geeigneten Stellvertreter beruft, wenn begründete Anhaltspunkte dafür vorliegen, dass die gemeldete Person nicht in der Lage ist, das Amt des Wahlleiters oder seines Stellvertreters ordnungsgemäß wahrzunehmen oder die Gründe des Absatzes 2 oder 3 entgegenstehen. ³Sie kann einen geeigneten Wahlleiter oder seinen Stellvertreter im Wege der Ersatzvornahme bestellen, wenn es die Vertretung binnen einer gesetzten Frist unterlässt, einer entsprechenden Aufforderung der Kommunalaufsichtsbehörde nachzukommen. ⁴Die Kommunalaufsichtsbehörde kann im Wege der Ersatzvornahme auch aus dem Kreis ihrer Beschäftigten Personen zum Wahlleiter oder Stellvertreter bestellen.
(5) ¹Der Wahlleiter ist für die ordnungsgemäße Vorbereitung und Durchführung der Wahl zuständig. ²Der Wahlleiter sowie der Stellvertreter haben bei der Ausübung ihrer Funktion das Gebot der Neutralität und Objektivität zu wahren. ³Sie sind als unabhängiges Wahlorgan bei der Wahrnehmung ihrer gesetzlichen Aufgaben an Aufträge und Weisungen nicht gebunden.

## § 10 Wahlausschuss

(1) ¹Für Gemeindewahlen wird ein Gemeindewahlausschuss, für Kreiswahlen wird ein Kreiswahlausschuss gebildet. ²Der Wahlausschuss besteht aus dem Wahlleiter als Vorsitzendem und zwei bis

sechs Beisitzern sowie ihren Stellvertretern, die der Wahlleiter aus den Wahlberechtigten des Wahlgebietes oder nach Absatz 1a oder § 9 Abs. 1a beruft; § 10a Abs. 1 bleibt unberührt. ³Bei der Berufung der Beisitzer sollen Vorschläge der im Wahlgebiet vertretenen Parteien und Wählergruppen berücksichtigt werden.

(1a) ¹Zu Beisitzern der Wahlausschüsse können auch unbefristet Beschäftigte der im Wahlgebiet ansässigen Behörden und Einrichtungen des Landes oder einer der Aufsicht des Landes unterstehenden juristischen Person des öffentlichen Rechts bestimmt werden, wenn sich nicht genügend Wahlberechtigte finden lassen. ²Bei der gleichzeitigen Durchführung von Landtags-, Bundestags- oder Europawahlen mit Kommunalwahlen können auch unbefristet Beschäftigte von sonstigen Landesbehörden zu Beisitzern bestellt werden. ³Die Bestellung erfolgt im Einvernehmen mit der jeweiligen Behördenleitung.

(2) ¹Dem Wahlausschuss obliegt die Vorbereitung und Leitung der Wahl sowie die Feststellung und Nachprüfung des Wahlergebnisses im Wahlgebiet. ²Der Wahlausschuss fasst seine Beschlüsse mit Stimmenmehrheit in öffentlicher Sitzung. ³Bei Stimmengleichheit gibt die Stimme des Vorsitzenden den Ausschlag. ⁴Stimmberechtigt sind der Wahlleiter und die anwesenden Beisitzer; die Stellvertreter sind nur dann stimmberechtigt, wenn der Vertretungsfall eingetreten ist.

(3) Der Wahlausschuß ist beschlussfähig, wenn außer dem Vorsitzenden oder seinem Stellvertreter mindestens zwei Beisitzer oder ihre Stellvertreter anwesend sind.

(4) Über jede Sitzung des Wahlausschusses wird eine Niederschrift gefertigt.

(5) ¹Der Wahlausschuss kann seine Beschlüsse abändern, wenn ein begründeter Anlass besteht und der jeweilige Stand des Wahlverfahrens dies gebietet. ²Eine Abänderung der Feststellung des Wahlergebnisses muss binnen einer Woche nach der ersten Beschlussfassung erfolgen.

### § 10a Mitwirkung der Verbandsgemeinden

(1) ¹Alle oder einzelne Mitgliedsgemeinden einer Verbandsgemeinde können die Aufgaben des Gemeindewahlleiters insgesamt auf den Verbandsgemeindebürgermeister und zugleich die Aufgaben des Gemeindewahlausschusses insgesamt auf einen vom Verbandsgemeinderat zu berufenden Wahlausschuss übertragen; dieser ist in diesem Fall Gemeindewahlausschuss. ²Die Übertragung erfolgt durch einheitlichen Beschluss des Gemeinderates. ³Der Wahlausschuss nach Satz 1 besteht aus mindestens vier Beisitzern und dem Verbandsgemeindebürgermeister als Vorsitzendem. ⁴Zu Beisitzern oder stellvertretenden Beisitzern in den Wahlausschuss sollen möglichst nur Wahlberechtigte aus den Mitgliedsgemeinden berufen werden, die die Aufgaben nach Satz 1 auf die Verbandsgemeinde übertragen haben. ⁵Der Wahlausschuss ist gemeinsamer Wahlausschuss für diese Gemeinden. ⁶§ 9 Abs. 1 gilt entsprechend.

(2) ¹Treffen die Voraussetzungen des § 9 Abs. 2 oder 3 auf den Verbandsgemeindebürgermeister oder dessen Stellvertreter zu, ist dieser daran gehindert, die Aufgaben des Wahlleiters wahrzunehmen. ²In diesem Fall wählt der Verbandsgemeinderat eine andere Person zum Wahlleiter oder Stellvertreter.

(3) ¹Jede Mitgliedsgemeinde kann eine Rückübertragung der nach Absatz 1 Satz 1 übertragenen Aufgaben vornehmen. ²Die Rückübertragung erfolgt durch Beschluss des Gemeinderates der Mitgliedsgemeinde.

(4) Das Weitere regelt die Kommunalwahlordnung für das Land Sachsen-Anhalt.

### § 11 Wahlvorsteher

Der Gemeindewahlleiter beruft für jeden Wahlbezirk einen Wahlvorsteher und einen Stellvertreter.

### § 12 Wahlvorstand

(1) ¹Für jeden Wahlbezirk wird vom Wahlleiter ein Wahlvorstand gebildet. ²Der Wahlvorstand leitet und überwacht die Wahlhandlung. ³Der Wahlvorstand besteht aus dem Wahlvorsteher als Vorsitzendem und zwei bis acht Beisitzern. ⁴Der Wahlvorsteher sowie die Beisitzer werden von dem Gemeindewahlleiter aus den Wahlberechtigten berufen. ⁵Bei der Berufung der Beisitzer sollen Vorschläge der im Wahlgebiet vertretenen Parteien und Wählergruppen berücksichtigt werden. ⁶§ 10 Abs. 1a gilt entsprechend.

(1a) ¹In Gemeinden mit nur einem Wahlbezirk, die die Aufgabe nicht nach § 10a Abs. 1 auf die Verbandsgemeinde übertragen haben, sind die Beisitzer des Wahlausschusses zugleich Beisitzer des Wahlvorstandes und der Wahlleiter zugleich Wahlvorsteher, die stellvertretenden Beisitzer des Wahlausschusses zugleich stellvertretende Beisitzer des Wahlvorstandes und der stellvertretende Wahlleiter

zugleich stellvertretender Wahlvorsteher. ²Sofern der Wahlvorstand mehr Beisitzer haben soll als der Wahlausschuss, beruft der Wahlleiter weitere Wahlberechtigte zu Beisitzern des Wahlvorstandes.
(2) ¹Der Wahlvorstand fasst seine Beschlüsse mit Stimmenmehrheit in öffentlicher Sitzung. ²Bei Stimmengleichheit gibt die Stimme des Vorsitzenden den Ausschlag.
(3) Der Wahlvorstand ist beschlussfähig, wenn außer dem Vorsitzenden mindestens zwei Beisitzer anwesend sind.
(4) ¹Zur Feststellung des Briefwahlergebnisses können in jedem Wahlgebiet ein oder mehrere besondere Wahlvorstände (Briefwahlvorstände) gebildet werden. ²Die Mitglieder der Briefwahlvorstände werden vom Wahlleiter berufen.
(5) ¹Auf Ersuchen der Kommunen im Sinne des § 1 Abs. 1 des Kommunalverfassungsgesetzes sind zur Sicherstellung der Wahldurchführung die im Wahlgebiet ansässigen Behörden und Einrichtungen des Landes oder einer der Aufsicht des Landes unterstehenden juristischen Person des öffentlichen Rechts verpflichtet, aus dem Kreis ihrer Beschäftigten unter Angabe von Name, Vorname, Geburtsdatum und Anschrift zum Zweck der Berufung als Mitglieder der Wahlvorstände Personen zu benennen, die im Gebiet der ersuchenden Kommune im Sinne des § 1 Abs. 1 des Kommunalverfassungsgesetzes wohnen. ²Die ersuchte Stelle hat die betroffene Person über die übermittelten Daten und den Empfänger zu benachrichtigen.
(6) ¹Die Kommunen im Sinne des § 1 Abs. 1 des Kommunalverfassungsgesetzes sind befugt, personenbezogene Daten von Wahlberechtigten zum Zweck ihrer Berufung zu Mitgliedern von Wahlvorständen zu verarbeiten. ²Zu diesem Zweck dürfen personenbezogene Daten von Wahlberechtigten, die zur Tätigkeit in Wahlvorständen geeignet sind, auch für künftige Wahlen verarbeitet werden, sofern die betroffene Person der Verarbeitung nicht widersprochen hat. ³Die betroffene Person ist über das Widerspruchsrecht zu unterrichten. ⁴Im Einzelnen dürfen folgende Daten verarbeitet werden:
1. Name,
2. Vorname,
3. Geburtsdatum,
4. Anschrift,
5. Telefonnummern sowie
6. die Zahl der Berufungen zu einem Mitglied der Wahlvorstände und die dabei ausgeübte Funktion.

## § 13 Wahlehrenämter

(1) ¹Die Beisitzer der Wahlausschüsse und der Wahlvorstände sind ehrenamtlich tätig. ²Die §§ 30 bis 32 des Kommunalverfassungsgesetzes gelten entsprechend.
(2) Wahlbewerber und Vertrauenspersonen für Wahlvorschläge können ein Wahlehrenamt nicht innehaben.
(3) ¹Die Ablehnung der Übernahme eines oder das Ausscheiden aus einem Wahlehrenamt richten sich nach § 31 des Kommunalverfassungsgesetzes. ²Ein wichtiger Grund im Sinne dieser Vorschriften liegt in der Regel nur vor für:
1. die Mitglieder des Bundestages und der Bundesregierung sowie des Landtages und der Landesregierung,
2. die im öffentlichen Dienst Beschäftigten, die amtlich mit der Vorbereitung und Durchführung der Wahl oder mit der Aufrechterhaltung der öffentlichen Sicherheit und Ordnung betraut sind,
3. Wahlberechtigte, die am Wahltag das 67. Lebensjahr vollendet haben,
4. Wahlberechtigte, die glaubhaft machen, dass ihnen die Fürsorge für ihre Familie die Ausübung des Amtes in besonderer Weise erschwert,
5. Wahlberechtigte, die glaubhaft machen, dass sie aus dringendem beruflichen Grunde oder durch Krankheit oder Gebrechen verhindert sind, das Amt ordnungsgemäß auszuüben,
6. Wahlberechtigte, die sich am Wahltag aus zwingenden Gründen außerhalb ihres Wohnortes aufhalten,
7. Wahlberechtigte, die aus politischen oder religiösen Gründen die Beteiligung an Wahlen ablehnen.
(4) ¹Inhaber von Wahlehrenämtern haben Anspruch auf Ersatz ihres Aufwandes und ihres Verdienstausfalles nach diesem Gesetz. ²Die Vorschriften des Kommunalverfassungsgesetzes über Auslagenersatz und Aufwandsentschädigung sind nicht anwendbar.

*III.*

**Wahlvorbereitung und Wahlvorschläge**

**§ 14 Zentrale Wahlaufgaben**
(1) ¹Der nach dem Wahlgesetz des Landes Sachsen-Anhalt berufene Landeswahlleiter nimmt bei Kommunalwahlen zentrale Wahlaufgaben wahr. ²Ihm obliegen
1. die ihm durch dieses Gesetz und die Kommunalwahlordnung übertragenen Aufgaben,
2. Regelungen, die für den einheitlichen oder für den ordnungsgemäßen Ablauf der Wahlen von Bedeutung sind oder zu einer Erleichterung des Wahlablaufes beitragen.

(2) Der nach dem Wahlgesetz des Landes Sachsen-Anhalt gebildete Landeswahlausschuss wirkt bei den Wahlen zu den Vertretungen nach Maßgabe dieses Gesetzes mit.

**§ 15 Bekanntmachungen des Wahlleiters**
¹Für die Wahl zu den Vertretungen gibt der Wahlleiter die Zahl der Vertreter, die Höchstzahl der auf einem Wahlvorschlag zu benennenden Bewerber (§ 21 Abs. 4 und 5) die Zahl der Unterschriften für Wahlvorschläge (§ 21 Abs. 9) und für die Wahl zu den Kreistagen und zu den Gemeinderäten in den kreisfreien Städten und in den kreisangehörigen Gemeinden, die von der Möglichkeit nach § 7 Abs. 1 Satz 2 Gebrauch gemacht haben, auch die Zahl und Abgrenzung der Wahlbereiche öffentlich bekannt. ²Die Bekanntmachung soll zugleich mit der Bekanntmachung des Wahltages (§ 6 Abs. 1), spätestens aber am 120. Tag vor der Wahl erfolgen. ³Die Bekanntmachung der Wahl des Ortschaftsrates darf nach Maßgabe des § 87 Abs. 2 des Kommunalverfassungsgesetzes frühestens sechs Monate vor der Wahl erfolgen.

**§ 16 Abgrenzung der Wahlbezirke und Bestimmung der Wahllokale**
(1) Der Bürgermeister grenzt die Wahlbezirke ab.
(2) Der Bürgermeister bestimmt die Räume, in denen die Wahl stattfindet (Wahllokale).
(3) Finden Gemeinde- und Kreiswahlen gleichzeitig statt, so müssen die Wahlbezirke und Wahllokale für beide Wahlen dieselben sein.

**§ 17 (aufgehoben)**

**§ 18 Führung der Wählerverzeichnisse, Einsichtnahme**
(1) ¹Die Führung der Wählerverzeichnisse ist Aufgabe der Gemeinden. ²Alle am Wahltag Wahlberechtigten sind in Wählerverzeichnisse für die einzelnen Wahlbezirke einzutragen.
(2) ¹Jeder Wahlberechtigte hat das Recht, an den Werktagen vom 20. bis zum 16. Tag vor der Wahl Einsicht in das Wählerverzeichnis zu nehmen und die Richtigkeit oder Vollständigkeit der zu seiner Person im Wählerverzeichnis eingetragenen Daten zu überprüfen. ²Macht er hiervon keinen Gebrauch und ergibt sich, dass er im Wählerverzeichnis nicht aufgeführt ist, so ist ein aus diesem Grund eingelegter Wahleinspruch (§ 50) unbegründet. ³Eine öffentliche Auslegung des Wählerverzeichnisses findet nicht statt.
(3) ¹Für die Stichwahl des Bürgermeisters, des Ortsvorstehers oder des Landrates nach § 30a ist das Wählerverzeichnis der ersten Wahl maßgebend. ²Wer erst für die Stichwahl wahlberechtigt wird, erhält auf Antrag einen Wahlschein.

**§ 19 Berichtigung des Wählerverzeichnisses**
(1) Anträge auf Berichtigung des Wählerverzeichnisses können bis zum 16. Tag vor dem Wahltag von jedem Wahlberechtigten beim Bürgermeister schriftlich gestellt oder zur Niederschrift gegeben werden.
(2) Hält der Bürgermeister den Antrag für nicht begründet, so hat er die Entscheidung des Gemeindewahlausschusses herbeizuführen, finden ausschließlich Kreiswahlen statt, die Entscheidung des Kreiswahlausschusses.

**§ 20 Wahlschein**
(1) Ein Wahlberechtigter, der verhindert ist, in dem Wahlbezirk zu wählen, in dessen Wählerverzeichnis er eingetragen ist, oder aus einem von ihm nicht zu vertretenden Grunde in das Wählerverzeichnis nicht aufgenommen worden ist, erhält auf Antrag einen Wahlschein.
(2) Die Wahlscheine werden von den Gemeinden ausgegeben.
(3) Bei Versagung des Wahlscheines und der Briefwahlunterlagen gilt § 19 Abs. 2 entsprechend.

## § 21 Einreichung und Inhalt der Wahlvorschläge für die Wahl zu den Vertretungen

(1) ¹Wahlvorschläge für die Wahl zu den Vertretungen können von Parteien im Sinne des Artikels 21 des Grundgesetzes, von Gruppen von Wahlberechtigten (Wählergruppen) und von Einzelpersonen (Einzelbewerbern) eingereicht werden. ²Die eingereichten Wahlvorschläge können für das Wahlgebiet miteinander verbunden werden. ³Entsprechende Erklärungen der Parteien, Wählergruppen oder Einzelbewerber sind bis zum Ablauf der Frist zur Einreichung der Wahlvorschläge dem Wahlleiter gegenüber schriftlich und übereinstimmend abzugeben. ⁴Sie müssen von den für das Wahlgebiet zuständigen Parteiorganen, den Vertretungsberechtigten der Wählergruppen oder den Einzelbewerbern unterzeichnet sein.

(2) ¹Wahlvorschläge für die Gemeindewahl sind beim Gemeindewahlleiter, Wahlvorschläge für die Kreiswahl sind beim Kreiswahlleiter einzureichen. ²Die Einreichungsfrist endet am 69. Tag vor der Wahl um 18 Uhr.

(3) ¹Ein Wahlvorschlag gilt für die Wahl im gesamten Wahlgebiet nur dann, wenn dieses einen einzigen Wahlbereich bildet. ²Ist das Wahlgebiet in mehrere Wahlbereiche eingeteilt, so gilt der Wahlvorschlag nur für die Wahl in einem Wahlbereich.

(4) ¹Der Wahlvorschlag einer Partei oder Wählergruppe darf mehrere Bewerber enthalten. ²Die Höchstzahl der auf ihm zu benennenden Bewerber liegt in Wahlgebieten mit nur einem Wahlbereich um fünf höher als die Zahl der zu wählenden Vertreter. ³In den übrigen Wahlgebieten wird sie in der Weise ermittelt, daß die Zahl der zu wählenden Vertreter durch die Zahl der Wahlbereiche geteilt und die sich daraus ergebende Zahl um drei erhöht wird; Bruchteile einer Zahl werden aufgerundet. ⁴Die Reihenfolge der Bewerber (§ 24 Abs. 1 und 2) muss aus dem Wahlvorschlag ersichtlich sein.

(5) Der Wahlvorschlag eines Einzelbewerbers (Einzelwahlvorschlag) darf nur den Namen dieses Bewerbers enthalten.

(6) Der Wahlvorschlag muss enthalten:
1. Familiennamen, Vornamen, Beruf, Tag der Geburt, Wohnort und Wohnung eines jeden Bewerbers;
2. Namen der Partei, wenn der Wahlvorschlag von einer Partei eingereicht wird; der im Wahlvorschlag angegebene Name der Partei muss mit dem Namen übereinstimmen, den die Partei im Lande führt;
3. Kennwort der Wählergruppe, wenn der Wahlvorschlag von einer Wählergruppe eingereicht wird; aus dem Kennwort muss hervorgehen, dass es sich um eine Wählergruppe im Wahlgebiet handelt; das Kennwort einer Wählergruppe muss in allen Wahlbereichen des Wahlgebietes übereinstimmen; das Kennwort einer Wählergruppe darf nicht den Namen von Parteien im Sinne des Artikels 21 des Grundgesetzes oder deren Kurzbezeichnung enthalten;
4. Wahlgebiet und Wahlbereich, wenn das Wahlgebiet in mehrere Wahlbereiche eingeteilt worden ist.

(7) Die Bewerber auf dem Wahlvorschlag einer Partei müssen Mitglied dieser Partei oder parteilos sein.

(8) In einen Wahlvorschlag kann nur aufgenommen werden, wer seine Zustimmung schriftlich erklärt hat.

(9) ¹Der Wahlvorschlag für die Wahl zu den Vertretungen muss von mindestens 1 v. H. der zur letzten allgemeinen Neuwahl der Vertretung Wahlberechtigten, jedoch nicht mehr als von 100 Wahlberechtigten des Wahlbereiches, persönlich und handschriftlich unterzeichnet sein. ²Dabei bleiben Zahlenbruchteile außer Betracht. ³Die Wahlberechtigung der Unterzeichner muss im Zeitpunkt der Unterzeichnung gegeben sein und ist bei der Einreichung des Wahlvorschlages nachzuweisen. ⁴Es dürfen nur solche Unterstützungserklärungen berücksichtigt werden, die zwischen dem Zeitpunkt der Bekanntmachung nach § 15 und dem Ende der Einreichungsfrist abgegeben worden sind. ⁵Jeder Wahlberechtigte darf nur einen Wahlvorschlag unterzeichnen. ⁶Hat er mehrere Wahlvorschläge unterzeichnet, so sind seine Unterschriften auf Wahlvorschlägen, die bei der Gemeinde nach der ersten Bescheinigung des Wahlrechts eingehen, ungültig.

(10) ¹Unterschriften nach Absatz 9 Satz 1 sind nicht erforderlich
1. bei einer Partei oder Wählergruppe, die am Tage der Bestimmung des Wahltages in der Vertretung des jeweiligen Wahlgebietes durch mindestens ein Mitglied vertreten ist, das auf Grund eines Wahlvorschlages dieser Partei oder Wählergruppe gewählt worden ist,

2. bei einer Partei, die am Tage der Bestimmung des Wahltages im Landtag des Landes Sachsen-Anhalt durch mindestens einen Abgeordneten vertreten ist, der auf Grund eines Wahlvorschlages dieser Partei gewählt worden ist,
3. bei einer Partei, die am Tage der Bestimmung des Wahltages im Bundestag durch mindestens einen im Lande Sachsen-Anhalt gewählten Abgeordneten vertreten ist, der auf Grund eines Wahlvorschlages dieser Partei gewählt worden ist,
4. bei einem Einzelbewerber, der am Tag der Bestimmung des Wahltages der Vertretung des Wahlgebietes angehört und seinen Sitz bei der letzten Wahl aufgrund eines Einzelwahlvorschlages erhalten hat.

²Dies gilt nicht für Parteien, Wählergruppen und Einzelbewerber, die in der jeweiligen Vertretung nicht aufgrund eines eigenen Wahlvorschlages ununterbrochen bis zum Tag der Bestimmung des Wahltages vertreten waren; diese sind neue Wahlvorschlagsträger.

(11) ¹Auf dem Wahlvorschlag sollen eine Vertrauensperson und eine stellvertretende Vertrauensperson angegeben sein. ²Fehlt diese Angabe, so gilt der erste Unterzeichner des Wahlvorschlages als Vertrauensperson, der zweite Unterzeichner des Wahlvorschlages als stellvertretende Vertrauensperson. ³In Fällen des Absatzes 10 gilt das für das Wahlgebiet zuständige Parteiorgan, der Vertretungsberechtigte der Wählergruppe oder der Einzelbewerber als Vertrauensperson, wenn nicht in dem Wahlvorschlag eine Vertrauensperson benannt ist.

(12) Wer durch eine Wahl eine Unvereinbarkeit von Amt und Mandat nach § 41 des Kommunalverfassungsgesetzes begründen würde, ist verpflichtet, dem Wahlvorschlag eine Erklärung darüber beizufügen, ob er im Fall des Wahlerfolgs aus dem Arbeits- oder Dienstverhältnis ausscheidet oder auf das Mandat verzichten will.

### § 22 Wahlanzeigen

(1) ¹Parteien, die die Voraussetzung des § 21 Abs. 10 Satz 1 Nrn. 2 und 3 nicht erfüllen, können als solche nur dann Wahlvorschläge einreichen, wenn sie spätestens am 97. Tag, 18 Uhr, vor der Wahl dem Landeswahlleiter ihre Beteiligung an der Wahl angezeigt haben und der Landeswahlausschuss ihre Parteieigenschaft festgestellt hat. ²Die Anzeige muss von mindestens drei Mitgliedern des Landesvorstandes, darunter dem Vorsitzenden oder seinem Stellvertreter, persönlich und handschriftlich unterzeichnet sein. ³Hat eine Partei keinen Landesvorstand, so tritt der Vorstand der jeweils obersten Parteiorganisation an die Stelle des Landesvorstandes, soweit nicht die Satzung hierfür Regelungen enthält. ⁴Bei mehreren gleichrangigen Parteiorganisationen genügt die Unterschrift eines Vorstandes, wenn er innerhalb der Einreichungsfrist eine schriftliche, dem Satz 2 entsprechende Vollmacht der anderen beteiligten Vorstände beibringt. ⁵Der Anzeige sind die schriftliche Satzung und das schriftliche Programm der Partei sowie der Nachweis über einen satzungsgemäß bestellten Landesvorstand oder in den Fällen des Satzes 3 über den handelnden Vorstand beizufügen. ⁶Der Anzeige sollen Nachweise über die Parteieigenschaft nach § 2 Abs. 1 Satz 1 des Parteiengesetzes beigefügt werden.

(2) Der Landeswahlausschuss stellt spätestens am 79. Tag vor der Wahl fest, welche Vereinigungen, die nach Absatz 1 ihre Beteiligung angezeigt haben, für die Wahl als Parteien anzuerkennen sind.

### § 23 Beschränkungen hinsichtlich der Wahlvorschläge

(1) ¹Ein Wahlberechtigter darf nur in jeweils einem Wahlvorschlag für die Ortschaftsrats-, Gemeinderats- und die Kreiswahl als Bewerber benannt werden. ²Ist er in mehreren Gemeinden oder Landkreisen wahlberechtigt, so darf er sich nur in einer Gemeinde und in einem Landkreis bewerben. ³Bewirbt er sich für die Gemeinderatswahl, so muss er bei Einreichung des Wahlvorschlages versichern, dass er sich in keiner anderen Gemeinde um einen Sitz bewirbt. ⁴Entsprechendes gilt bei der Bewerbung zur Kreiswahl.

(2) Eine Partei oder Wählergruppe darf in jedem Wahlbereich nur einen Wahlvorschlag einreichen.

(3) Eine Partei, eine Wählergruppe oder ein Einzelbewerber darf sich im Wahlgebiet nur an einer Verbindung von Wahlvorschlägen beteiligen.

### § 24 Bestimmung der Bewerber

(1) ¹Die Bewerber auf Wahlvorschlägen von Parteien und ihre Reihenfolge müssen von den im Zeitpunkt ihres Zusammentretens wahlberechtigten Mitgliedern der Partei in geheimer Abstimmung bestimmt worden sein. ²Dies kann auch durch Delegierte geschehen, die von den Mitgliedern (Satz 1) aus ihrer Mitte in geheimer Wahl zur Bestimmung der Bewerber gewählt worden sind. ³Bestehen im

Wahlgebiet mehrere Wahlbereiche, so sind die Bewerber und ihre Reihenfolge für alle Wahlvorschläge der Partei in einer für das Wahlgebiet einheitlichen Versammlung der Mitglieder oder ihrer Delegierten zu bestimmen. [4]Sofern in einem Wahlgebiet keine Parteiorganisation vorhanden ist, bestimmen die wahlberechtigten Mitglieder oder ihre Delegierten der nach der Satzung dieser Partei nächsthöheren Parteiorganisation die Bewerber und ihre Reihenfolge für die jeweiligen Wahlgebiete. [5]Die Versammlung der Delegierten (Satz 4) kann diese Aufgaben für einzelne Gemeinden einer aus ihrer Mitte gebildeten Teilversammlung übertragen, die aus mindestens drei im Wahlgebiet wahlberechtigten Mitgliedern bestehen muss.

(2) Für die Bestimmung der Bewerber auf Wahlvorschlägen von Wählergruppen durch deren wahlberechtigte Anhänger gilt Absatz 1 entsprechend.

(3) [1]Eine Abschrift der Niederschrift über die Bestimmung der Bewerber ist dem Wahlvorschlag beizufügen. [2]Diese hat mindestens Angaben über Ort und Zeit der Versammlung, die Form der Einladung und die Zahl der erschienenen Teilnehmer zu enthalten. [3]Vom Leiter der Versammlung und einem von diesem bestimmten Teilnehmer ist gegenüber dem Wahlleiter eidesstattlich zu versichern, dass die Aufstellung der Bewerber in geheimer Abstimmung und nach demokratischen Grundsätzen erfolgt ist. [4]Der Wahlleiter ist für die Abnahme einer solchen Versicherung an Eides statt zuständig.

(4) Soll eine Wahlvorschlagsverbindung eingegangen werden, so haben hierüber die Mitglieder oder ihre Delegierten ebenfalls nach den Absätzen 1 bis 3 zu bestimmen.

### § 25 Rücktritt und Tod von Bewerbern

(1) [1]Ein Bewerber auf einem eingereichten Wahlvorschlag kann von der Bewerbung zurücktreten. [2]Der Rücktritt ist dem Wahlleiter schriftlich zu erklären und kann nicht widerrufen werden.

(2) [1]Tritt ein Bewerber vor Ablauf der Frist zur Einreichung der Wahlvorschläge von der Bewerbung zurück oder stirbt er vor diesem Zeitpunkt, so wird er auf dem Wahlvorschlag gestrichen. [2]Ist außer ihm kein weiterer Bewerber auf dem Wahlvorschlag benannt, so gilt der Wahlvorschlag als nicht eingereicht.

(3) [1]Tritt ein Bewerber nach Ablauf der Frist zur Einreichung der Wahlvorschläge von der Bewerbung zurück oder stirbt er nach diesem Zeitpunkt, so ist der Rücktritt oder Tod auf die Durchführung der Wahl ohne Einfluss. [2]Bei der Zuweisung der Sitze an die Bewerber (§§ 39 und 40) scheidet der zurückgetretene oder verstorbene Bewerber aus.

### § 26 Änderung und Zurückziehung von Wahlvorschlägen; Zurückziehung von Wahlvorschlagsverbindungen

(1) [1]Eingereichte Wahlvorschläge können bis zum Ablauf der Frist zur Einreichung der Wahlvorschläge geändert oder zurückgezogen werden. [2]Derartige Erklärungen sind beim Wahlleiter schriftlich einzureichen, sie können nicht widerrufen werden. [3]Sie sind nur wirksam, wenn sie von mindestens zwei Dritteln der Unterzeichner des Wahlvorschlages abgegeben werden. [4]§ 21 Abs. 10 und § 24 gelten entsprechend.

(2) [1]Erklärungen über die Verbindung von Wahlvorschlägen können bis zum Ablauf der Frist zur Einreichung der Wahlvorschläge zurückgezogen werden. [2]Die Zurückziehung muss dem Wahlleiter gegenüber schriftlich erklärt werden; für die Unterzeichnung gilt § 21 Abs. 1 Satz 4 entsprechend. [3]Zieht bei einer Verbindung von mehr als zwei Wahlvorschlägen einer der Beteiligten seine Erklärung zurück, so bleibt die Verbindung im Übrigen bestehen.

### § 27 Vorprüfung der Wahlvorschläge und Wahlvorschlagsverbindungen; Mängelbeseitigung

(1) [1]Der Wahlleiter hat die Wahlvorschläge sofort nach Eingang zu prüfen. [2]Stellt er Mängel fest, so fordert er die Vertrauensperson unverzüglich zu ihrer Beseitigung auf. [3]Enthalten Erklärungen über die Verbindung von Wahlvorschlägen Mängel, so fordert der Wahlleiter die Unterzeichner der Erklärungen unverzüglich zu einer Beseitigung der Mängel auf.

(2) [1]Nach Ablauf der Frist für die Einreichung der Wahlvorschläge können Mängel in der Zahl und Reihenfolge der Bewerber sowie Mängel in Erklärungen über Wahlvorschlagsverbindungen nicht mehr beseitigt werden. [2]Das gleiche gilt für Mängel in der Benennung eines Bewerbers, die Zweifel an dessen Identität begründen. [3]Fehlende Unterschriften nach § 21 Abs. 1 Satz 4, Abs. 9 und 10 können nach Fristablauf nicht mehr beigebracht werden.

(3) Sonstige Mängel, die die Gültigkeit der Wahlvorschläge berühren, können bis zur Entscheidung über die Zulassung der Wahlvorschläge (§ 28) beseitigt werden.

## § 28 Zulassung und Bekanntgabe der Wahlvorschläge und Wahlvorschlagsverbindungen

(1) Der Wahlausschuss beschließt über die Zulassung der Wahlvorschläge und der Wahlvorschlagsverbindungen.

(1a) [1]Soweit der Wahlausschuss feststellt, dass kein Wahlvorschlag zur Wahl zu den Vertretungen eingereicht worden ist, ist der Wahltermin für die betreffende Wahl zu den Vertretungen abzusetzen. [2]Der Wahlleiter gibt die Absage des Wahltermins unverzüglich öffentlich bekannt und weist zugleich auf eine später stattfindende einzelne Neuwahl hin.

(2) [1]Wahlvorschläge und Wahlvorschlagsverbindungen, die den Vorschriften dieses Gesetzes und der Kommunalwahlordnung nicht entsprechen, sind unbeschadet der Vorschriften in den Absätzen 3 bis 5 nicht zuzulassen. [2]In Fällen höherer Gewalt oder bei unabwendbaren Zufällen kann kurzfristig Nachsicht geübt werden.

(3) Betreffen die Mängel eines Wahlvorschlages, der mehrere Bewerber enthält, nur einen oder mehrere, so ist die Zulassung nur hinsichtlich des einen oder der mehreren Bewerber zu versagen.

(4) Enthält der Wahlvorschlag mehr Bewerber als nach § 21 Abs. 4 und 5 zulässig ist, so sind die über die Höchstzahl hinausgehenden, auf dem Wahlvorschlag zuletzt aufgeführten Bewerber zu streichen.

(5) Enthalten Erklärungen über die Verbindung von Wahlvorschlägen, an denen mehr als zwei Parteien, Wählergruppen oder Einzelbewerber beteiligt sind, Mängel, so ist die Wahlvorschlagsverbindung in dem Umfange zuzulassen, der sich aus den gültigen Erklärungen ergibt.

(6) [1]Die Entscheidung über die Zulassung der Wahlvorschläge und Wahlvorschlagsverbindungen muss unbeschadet des § 10 Abs. 5 spätestens am 58. Tag vor der Wahl getroffen werden. [2]Die Entscheidung ist in der Sitzung des Wahlausschusses bekannt zu geben.

(6a) [1]Weist der Wahlausschuss einen Wahlvorschlag oder eine Wahlvorschlagsverbindung ganz oder teilweise zurück, so kann die Vertrauensperson binnen drei Tagen nach der Bekanntgabe nach Absatz 6 Satz 2 Beschwerde erheben. [2]Über die Beschwerde entscheidet der Wahlausschuss spätestens am 52. Tag vor der Wahl; die erschienenen Beteiligten sind zu hören. [3]Seine Entscheidung ist vorbehaltlich einer anderen Entscheidung im Wahlprüfungsverfahren endgültig.

(7) [1]Der Wahlleiter gibt die zugelassenen Wahlvorschläge und Wahlvorschlagsverbindungen unverzüglich öffentlich bekannt. [2]Dabei macht er auch die Erklärung nach § 21 Abs. 12 bekannt.

## § 29 Stimmzettel

(1) Die Stimmzettel für die Wahl werden amtlich hergestellt.

(2) Die Gestaltung der Stimmzettel für die Wahl zu den Vertretungen bestimmt sich nach den Absätzen 3 bis 5.

(3) [1]Sie enthalten die für den Wahlbereich zugelassenen Wahlvorschläge mit Parteibezeichnung oder Kennwort und den Namen der Bewerber. [2]Wahlvorschlagsverbindungen sind anzugeben. [3]Ein Bewerber darf nur dann die Parteibezeichnung einer Partei oder das Kennwort einer Wählergruppe führen, wenn er aufgrund des Wahlvorschlags dieser Partei oder Wählergruppe zugelassen wurde; auf die Zugehörigkeit zu dieser Partei oder Wählergruppe kommt es dabei nicht an.

(4) [1]Die Reihenfolge der Wahlvorschläge richtet sich nach den bei der letzten Wahl zum Landtag des Landes Sachsen-Anhalt erzielten Zweitstimmen. [2]Für andere Parteien, Wählergruppen und Einzelbewerber regelt sich die Reihenfolge nach den Stimmenzahlen bei der letzten Wahl der Vertretung des Wahlgebietes. [3]Wird von diesen Parteien und Wählergruppen kein Wahlvorschlag eingereicht oder treten diese Einzelbewerber nicht wieder an, bleibt deren Listennummer für die betreffende Wahl unbesetzt. [4]Im Übrigen ist die Reihenfolge alphabetisch.

(5) [1]Finden Kreis- und Gemeindewahlen gleichzeitig statt, so gilt für die an der Kreiswahl teilnehmenden Parteien, Wählergruppen und Einzelbewerber die Reihenfolge, die sich bei ihnen für die Kreiswahl aus Absatz 4 ergibt, auch für die Gemeindewahl in den zum Landkreis gehörenden Gemeinden. [2]Für die übrigen Wahlvorschläge bestimmt sich die Reihenfolge bei der Gemeindewahl auch in diesem Fall nach Absatz 4.

(6) Die einheitliche Reihenfolge bei gleichzeitigen Kreis- und Gemeindewahlen (Absatz 5) gilt für diejenigen an der Kreiswahl teilnehmenden Wählergruppen, die mit Wählergruppen in den zum Landkreis gehörenden Gemeinden identisch oder mit ihnen organisatorisch zusammengeschlossen sind.

(7) [1]Die Stimmzettel für die Bürgermeister-, Ortsvorsteher- und Landratswahl enthalten die Namen der Bewerber in der nach § 30 Abs. 6 festgelegten Reihenfolge. [2]Absatz 3 Satz 3 gilt entsprechend.

³Bei einer gemeinsamen Bewerbung nach § 30 Abs. 2 Satz 2 können alle die den Bewerber unterstützenden Parteien und Wählergruppen in alphabetischer Reihenfolge aufgeführt werden.

*IV.*
**Bewerbungen zur Bürgermeister-, Ortsvorsteher- und Landratswahl, Abwahl**

### § 30 Bürgermeister-, Ortsvorsteher- und Landratswahl

(1) ¹Bewerbungen um das Amt des Bürgermeisters, des Ortsvorstehers und des Landrates sind innerhalb der Einreichungsfrist schriftlich einzureichen; sie können nur innerhalb dieser Frist zurückgenommen werden. ²Die Einreichungsfrist beginnt am Tag nach der Stellenausschreibung. ³Das Ende der Einreichungsfrist darf von der Vertretung frühestens auf den 27. Tag vor dem Wahltag festgesetzt werden. ⁴Die Einreichungsfrist endet spätestens am 20. Tag vor dem Wahltag.
(2) ¹§ 24 Abs. 1 bis 3 findet für die Unterstützung von Bewerbern zur Bürgermeister-, Ortsvorsteher- und Landratswahl durch Parteien und Wählergruppen entsprechende Anwendung. ²Die Aufstellung gemeinsamer Bewerber ist zulässig. ³Wird eine Person von mehreren Parteien oder Wählergruppen als gemeinsamer Bewerber benannt, ist sie hierzu in geheimer Abstimmung entweder in einer gemeinsamen Mitgliederversammlung oder in getrennten Versammlungen zu wählen. ⁴Die unterstützenden Parteien und Wählergruppen des gemeinsamen Bewerbers dürfen keinen anderen als den gemeinsamen Bewerber wählen und zur Wahl vorschlagen.
(3) ¹Die Bewerbung für die Wahl zum Bürgermeister und Landrat muss von mindestens 1 v. H. der zur letzten allgemeinen Neuwahl der Vertretung Wahlberechtigten, jedoch nicht mehr als von 100 Wahlberechtigten des Wahlgebietes persönlich und handschriftlich unterzeichnet sein; § 21 Abs. 9 Satz 2 bis 6 gilt entsprechend. ²Bewerbungen für die Wahl zum Ortsvorsteher sind von der Beibringung von Unterstützungsunterschriften nach Satz 1 befreit. ³Gleiches gilt für Amtsinhaber, die sich erneut um das Amt des Bürgermeisters oder Landrates bewerben. ⁴Für Bewerber, die durch eine Partei oder Wählergruppe unterstützt werden, gilt § 21 Abs. 10 Satz 1 entsprechend, wenn für den Bewerber eine Unterstützungserklärung in einem Verfahren nach § 24 abgegeben wurde.
(4) ¹Die letzte vom Landeswahlausschuss vor allgemeinen Neuwahlen nach § 22 Abs. 2 getroffene Feststellung über die Anerkennung als Partei gilt auch für die Wahl des Bürgermeisters, Ortsvorstehers und Landrates. ²§ 46 Abs. 2 Satz 2 gilt entsprechend.
(5) ¹Der Wahlausschuss beschließt über die Zulassung der Bewerbungen spätestens am 18. Tag vor der Wahl. ²Er darf eine Bewerbung nur zurückweisen, wenn die Form oder die Frist des Absatzes 1 Satz 1 nicht gewahrt, der Bewerber nicht wählbar ist oder seine Person nicht feststeht. ³Die Entscheidung ist in der Sitzung des Wahlausschusses bekannt zu geben. ⁴Weist der Wahlausschuss eine Bewerbung zurück, kann der Bewerber binnen zwei Tagen nach Bekanntgabe der Entscheidung Beschwerde an den Wahlausschuss richten. ⁵Über die Beschwerde eines Bewerbers gegen die Zurückweisung seiner Bewerbung entscheidet der Wahlausschuss spätestens bis zum Tag vor der Bekanntmachung der zugelassenen Bewerber nach Absatz 6; die erschienenen Beteiligten sind zu hören. ⁶Die Entscheidung des Wahlausschusses ist vorbehaltlich einer anderen Entscheidung im Wahlprüfungsverfahren endgültig.
(6) Die zugelassenen Bewerbungen sind vom jeweiligen Wahlleiter spätestens am 14. Tag vor dem Wahltag in alphabetischer Reihenfolge des Namens und des Vornamens öffentlich bekanntzumachen.
(7) ¹Wird festgestellt, dass bei der Wahl des Bürgermeisters, Ortsvorstehers und Landrates
1. keine Bewerbung fristgerecht eingereicht oder zugelassen worden ist,
2. nur ein Bewerber zugelassen wurde und dieser verstirbt oder
3. der gewählte Bewerber die Wahl nicht annimmt,
stellt der Wahlausschuss das Scheitern der Wahl fest. ²In den Fällen des Satzes 1 Nrn. 1 und 2 ist der Wahltermin abzusagen. ³Vorbehaltlich der Regelung des § 88 Abs. 1 des Kommunalverfassungsgesetzes für die Wahl des Ortsvorstehers ist in allen Fällen eine neue Wahl durchzuführen. ⁴Der Wahlleiter hat die Feststellung und ihre Folgen öffentlich bekannt zu machen.
(8) Gewählt ist, wer mehr als die Hälfte der abgegebenen gültigen Stimmen erhalten hat.

### § 30a Stichwahl

(1) ¹Erfüllt kein Bewerber die Voraussetzung des § 30 Abs. 8, so findet eine Stichwahl zwischen den beiden Bewerbern statt, die die meisten Stimmen auf sich vereinigen konnten. ²Bei Stimmengleichheit

entscheidet das vom Wahlleiter zu ziehende Los, wer an der Stichwahl teilnimmt. ³Für die Stichwahl gelten die Grundsätze der ersten Wahl.

(2) ¹Der Wahlausschuss beschließt über die Zulassung der Bewerbungen für die Stichwahl entsprechend § 30 Abs. 5 spätestens am 9. Tag vor dem Wahltag. ²Die zugelassenen Bewerbungen für die Stichwahl sind spätestens am 8. Tag vor dem Wahltag entsprechend § 30 Abs. 6 bekannt zu machen. ³§ 30 Abs. 7 gilt entsprechend.

(3) Die Stichwahl findet frühestens am zweiten und spätestens am vierten Sonntag nach der Wahl statt.

### § 31 Abwahl des Bürgermeisters und Landrates

(1) Die Abwahl des Bürgermeisters, des Ortsvorstehers und des Landrates hat spätestens drei Monate nach der Beschlussfassung der Vertretung gemäß § 64 und § 86 Abs. 5 des Kommunalverfassungsgesetzes zu erfolgen.

(2) Die Vertretung bestimmt den Wahltag und die Wahlzeit für die Abwahl entsprechend § 5 Abs. 2 Satz 2 und Abs. 3.

(3) Der Wahlleiter hat unverzüglich nach der Bestimmung des Wahltages und der Wahlzeit den Tag der Abwahl öffentlich bekanntzumachen.

(4) ¹Die Stimmzettel müssen die zu entscheidende Abwahlfrage enthalten und auf „ja" und „nein" lauten. ²Zusätze sind unzulässig.

(5) Der Bürgermeister, Ortsvorsteher und Landrat ist abgewählt, wenn sich für die Abwahl eine Mehrheit der gültigen Stimmen ergibt, sofern diese Mehrheit mindestens 30 v. H. der Wahlberechtigten beträgt.

(6) Im Übrigen gelten die Vorschriften über die Wahl des Bürgermeisters, des Ortsvorstehers und des Landrates in diesem Gesetz sowie nach dem Kommunalverfassungsgesetz entsprechend.

*V.*
**Wahlhandlung**

### § 32 Stimmabgabe

(1) ¹Der Wähler gibt seine Stimme in der Weise ab, dass er durch Ankreuzen oder auf andere Weise eindeutig kenntlich macht, wem die Stimme gelten soll. ²Anstelle von Stimmzetteln können zugelassene Wahlgeräte benutzt werden. ³Das Nähere wird durch Verordnung bestimmt (§ 68 Abs. 3).

(2) ¹Bei der Wahl zu den Vertretungen kann der Wähler einem Bewerber bis zu drei Stimmen geben. ²Gibt der Wähler weniger als drei Stimmen ab, so wird die Gültigkeit der Stimmabgabe dadurch nicht berührt. ³Er kann seine Stimmen auch Bewerbern verschiedener Wahlvorschläge geben. ⁴Bei der Abgabe seiner Stimmen ist der Wähler nicht an die Reihenfolge gebunden, in der die Bewerber innerhalb eines Wahlvorschlages aufgeführt sind.

(3) ¹Eine Vertretung bei der Stimmabgabe ist unzulässig. ²Ein Wähler, der des Lesens unkundig oder aufgrund einer körperlichen Beeinträchtigung gehindert ist, den Stimmzettel zu kennzeichnen, zu falten und in die Urne zu werfen, kann sich der Hilfe einer anderen Person bedienen.

### § 33 Briefwahl

(1) Bei der Briefwahl hat der Wähler dem Gemeindewahlleiter der Gemeinde, in der der Wahlschein ausgestellt worden ist, im verschlossenen Wahlbriefumschlag
1. seinen Wahlschein,
2. seinen Stimmzettel im Stimmzettelumschlag

so rechtzeitig zu übersenden, dass der Wahlbrief spätestens am Wahltage bis zum Ende der Wahlzeit eingeht.

(2) ¹Auf dem Wahlschein hat der Wähler gegenüber dem Wahlleiter eidesstattlich zu versichern, dass er den Stimmzettel persönlich gekennzeichnet hat. ²Hat sich ein Wähler zur Kennzeichnung des Stimmzettels einer anderen Person bedient (§ 32 Abs. 3 Satz 2), so hat die andere Person gegenüber dem Wahlleiter eidesstattlich zu versichern, dass sie den Stimmzettel gemäß dem erklärten Willen des Wählers gekennzeichnet hat. ³Der Wahlleiter ist für die Entgegennahme einer solchen Versicherung an Eides statt zuständig.

(3) Zur Erleichterung der Abgabe und Zählung der Briefwahlstimmen kann der Wahlleiter entsprechend § 36 Abs. 3 bestimmen, dass die Aufnahme und Auszählung der Briefwahlstimmen durch zugelassene Wahlgeräte vorgenommen wird.

## § 34 Wahlurnen
Wenn die Stimmabgabe mit Stimmzetteln erfolgt, sind bei der Wahl Wahlurnen zu benutzen.

## § 35 Öffentlichkeit der Wahl, unzulässige Wählerbeeinflussung
(1) [1]Die Wahlhandlung und die Ermittlung des Wahlergebnisses im Wahlbezirk sind öffentlich. [2]Der Wahlvorstand kann Personen, die die öffentliche Sicherheit und Ordnung stören, aus dem Wahllokal verweisen.
(2) Während der Wahlzeit sind in und an dem Gebäude, in dem sich das Wahllokal befindet, sowie unmittelbar vor dem Zugang zu dem Gebäude jede Beeinflussung der Wähler durch Wort, Ton, Schrift oder Bild sowie jede Unterschriftensammlung verboten.

*VI.*
### Feststellung und Bekanntgabe des Wahlergebnisses

## § 36 Feststellung des Wahlergebnisses in den Wahlbezirken
(1) Nach Beendigung der Wahlhandlung zu der Wahl der Vertretungen stellt der Wahlvorstand für den Wahlbezirk fest, wie viele Stimmen
1. auf jeden Bewerber und
2. auf jeden Wahlvorschlag
entfallen sind.
(2) Nach Beendigung der Wahlhandlung zu der Wahl des Bürgermeisters, Ortsvorstehers und Landrates stellt der Wahlvorstand für den Wahlbezirk fest, wieviele Stimmen auf jeden Bewerber entfallen sind.
(3) [1]Das Briefwahlergebnis wird in das Wahlergebnis eines vom Gemeindewahlleiter zu bestimmenden Wahlbezirkes des jeweiligen Wahlbereiches einbezogen. [2]Es darf gesondert festgestellt werden, wenn dadurch das Wahlgeheimnis nicht gefährdet wird.
(4) [1]Eine Stimmabgabe ist ungültig, wenn sie einen eindeutigen Wählerwillen nicht erkennen lässt oder mit einem sonstigen wesentlichen Mangel behaftet ist. [2]Bei der Briefwahl ist sie außerdem ungültig, wenn wesentliche Verfahrensvorschriften für die Briefwahl nicht eingehalten worden sind.
(5) Ein wesentlicher Mangel im Sinne von Absatz 4 ist insbesondere dann gegeben, wenn der Stimmzettel
1. nicht amtlich hergestellt oder für einen anderen Wahlbereich gültig ist,
2. keine Kennzeichnung enthält,
3. einen Zusatz oder einen Vorbehalt enthält.
(6) Die Stimmabgabe eines Wählers, der an der Briefwahl teilgenommen hat, wird nicht dadurch ungültig, dass er vor dem Wahltag stirbt, sein Wahlrecht verliert oder aus dem Wahlgebiet verzieht.
(7) [1]Der Wahlvorstand entscheidet über die Gültigkeit der Stimmen. [2]Der Wahlausschuss hat das Recht der Nachprüfung.

## § 37 Feststellung des Ergebnisses der Bürgermeister-, Ortsvorsteher- und Landratswahl im Wahlgebiet
Der Wahlausschuss stellt als Ergebnis der Bürgermeister-, Ortsvorsteher- und Landratswahl im Wahlgebiet fest, wieviele Stimmen auf jeden Bewerber entfallen sind und welcher Bewerber gewählt ist.

## § 38 Feststellung des Wahlergebnisses in den Wahlbereichen
Der Wahlausschuss stellt für jeden Wahlbereich fest, wie viele Stimmen
1. auf jeden Bewerber und
2. auf jeden Wahlvorschlag
entfallen sind.

## § 39 Feststellung des Wahlergebnisses im Wahlgebiet mit einem Wahlbereich
(1) Der Wahlausschuss stellt
1. die nach § 38 festgestellten Stimmenzahlen und
2. die Zahl der auf jede Wahlvorschlagsverbindung entfallenden Stimmen
als Wahlergebnis im Wahlgebiet fest.
(2) [1]Die im Wahlgebiet zu vergebenden Sitze werden vom Wahlausschuss nach den folgenden Sätzen 2 bis 5 auf die Wahlvorschläge verteilt. [2]Die Gesamtzahl der Sitze, vervielfacht mit der Zahl der

Stimmen, die ein Wahlvorschlag erhalten hat, wird durch die Stimmenzahl aller Wahlvorschläge geteilt. ³Jeder Wahlvorschlag erhält zunächst so viele Sitze, wie ganze Zahlen auf ihn entfallen. ⁴Danach zu vergebende Sitze sind den Wahlvorschlägen in der Reihenfolge der höchsten Zahlenbruchteile, die sich bei der Berechnung nach Satz 2 ergeben, zuzuteilen. ⁵Bei gleichen Zahlenbruchteilen entscheidet das vom Wahlleiter zu ziehende Los.

(3) ¹Erhält bei der Verteilung der Sitze nach Absatz 2 der Wahlvorschlag einer Partei oder Wählergruppe, auf den mehr als die Hälfte der Stimmenzahl aller Wahlvorschläge entfallen ist, nicht mehr als die Hälfte der insgesamt zu vergebenden Sitze, so wird ihm von den nach Zahlenbruchteilen zu vergebenden Sitzen abweichend von Absatz 2 Satz 4 und 5 ein weiterer Sitz zugeteilt. ²Danach zu vergebende Sitze werden nach Absatz 2 Satz 4 und 5 zugeteilt.

(4) ¹Verbundene Wahlvorschläge gelten mit der nach Absatz 1 Nr. 2 festgestellten Stimmenzahl bei der Sitzverteilung nach den Absätzen 2 und 3 im Verhältnis zu den übrigen Wahlvorschlägen als ein Wahlvorschlag. ²Die auf sie insgesamt entfallenden Sitze werden den beteiligten Parteien, Wählergruppen und Einzelbewerbern entsprechend dem Verfahren nach Absatz 2 zugeteilt.

(5) ¹Die auf den Wahlvorschlag einer Partei oder Wählergruppe nach den Absätzen 2 bis 4 entfallenen Sitze erhalten die Bewerber dieses Wahlvorschlages mit den höchsten Stimmenzahlen. ²Bei gleichen Stimmenzahlen entscheidet die Reihenfolge der Bewerber auf dem Wahlvorschlag (§ 21 Abs. 4 Satz 4).

(6) ¹Ergibt die Berechnung nach den Absätzen 2 bis 4 mehr Sitze für einen Wahlvorschlag als Bewerber mit Stimmenzahlen auf ihm vorhanden sind, so erhalten die übrigen Sitze die Bewerber ohne Stimmenzahlen. ²Sind mehr Bewerber ohne Stimmenzahlen vorhanden als noch Sitze zu vergeben sind, so entscheidet die Reihenfolge der Bewerber auf dem Wahlvorschlag.

(7) Ergibt die Berechnung nach den Absätzen 2 bis 4 mehr Sitze für einen Wahlvorschlag als Bewerber auf ihm vorhanden sind, so bleiben die übrigen Sitze bis zum Ablauf der Wahlperiode oder bis zu einer Ergänzungswahl gemäß § 49 unbesetzt.

(8) Der Wahlausschuss stellt fest, auf welche Bewerber Sitze entfallen sind.

## § 40 Feststellung des Wahlergebnisses im Wahlgebiet mit mehreren Wahlbereichen

(1) Auf Grund der Wahlergebnisse nach § 38 stellt der Wahlausschuss
1. die Gesamtstimmenzahl einer jeden Partei oder Wählergruppe,
2. die Stimmenzahl eines jeden Einzelwahlvorschlages (Einzelbewerbers) und
3. die Zahl der auf jede Wahlvorschlagsverbindung entfallenen Stimmen
als Wahlergebnis im Wahlgebiet fest.

(2) ¹Die im Wahlgebiet zu vergebenden Sitze werden den Parteien, Wählergruppen und Einzelbewerbern auf Grund ihrer Gesamtstimmenzahl (Absatz 1) nach dem Verfahren gemäß § 39 Abs. 2 und 3 zugeteilt. ²Bei verbundenen Wahlvorschlägen gilt § 39 Abs. 4.

(3) Die einer Partei oder Wählergruppe nach Absatz 2 im Wahlgebiet zugefallenen Sitze werden ihren Wahlvorschlägen in den einzelnen Wahlbereichen nach dem Verfahren gemäß § 39 Abs. 2 zugeteilt.

(4) Die Zuweisung der nach Absatz 3 auf den Wahlvorschlag einer Partei oder Wählergruppe entfallenen Sitze an die Bewerber dieses Wahlvorschlages richtet sich nach § 39 Abs. 5 und 6.

(5) ¹Ergibt die Berechnung nach Absatz 3 mehr Sitze für einen Wahlvorschlag als Bewerber auf ihm vorhanden sind, so erhalten die übrigen Sitze diejenigen Bewerber auf den Wahlvorschlägen dieser Partei oder Wählergruppe in den anderen Wahlbereichen, die dort keinen Sitz erhalten. ²Die Sitze werden an diese Bewerber in der Reihenfolge der höchsten Stimmenzahlen vergeben. ³Bei gleichen Stimmenzahlen entscheidet die Reihenfolge der Bewerber auf dem Wahlvorschlag.

(6) Der Wahlausschuss stellt fest, auf welche Bewerber Sitze entfallen sind.

## § 41 Nächst festgestellter Bewerber

(1) Die nicht gewählten Bewerber des Wahlvorschlages einer Partei oder Wählergruppe, auf den mindestens ein Sitz entfallen ist, sind die nächst festgestellten Bewerber dieses Wahlvorschlages.

(2) ¹Die Reihenfolge der nächst festgestellten Bewerber richtet sich nach der Höhe der auf sie entfallenen Stimmenzahlen; bei gleichen Stimmenzahlen entscheidet die Reihenfolge der Bewerber auf dem Wahlvorschlag. ²Bewerber ohne Stimmenzahlen schließen sich in ihrer Reihenfolge auf dem Wahlvorschlag an.

(3) Der Wahlausschuss stellt die Reihenfolge der nächst festgestellten Bewerber fest.

## § 42 Bekanntgabe des Wahlergebnisses, Feststellung des Scheiterns von Wahlen

(1) Der Wahlleiter gibt das Wahlergebnis, die Namen der gewählten Bewerber sowie bei den Wahlen zu den Vertretungen auch die Namen der nächst festgestellten Bewerber in der festgestellten Reihenfolge öffentlich bekannt.

(2) [1]Stellt der Wahlausschuss bei der Wahl des Gemeinderates, Ortschaftsrates und Kreistages fest, dass

1. kein gültiger Wahlvorschlag zur Wahl zu den Vertretungen eingereicht oder zugelassen worden ist,
2. alle gewählten Bewerber und die nächst festgestellten Ersatzbewerber die Wahl nicht annehmen oder
3. beim Ortschaftsrat nicht die gesetzliche Mindestzahl eines Ortschaftsrates von drei Mitgliedern nach § 83 Abs. 1 Satz 2 des Kommunalverfassungsgesetzes erreicht wurde,

erklärt er die Wahl für gescheitert. [2]Im Fall des Scheiterns nach Satz 1 Nr. 1 ist § 28 Abs. 1a zu beachten. [3]Der Wahlleiter hat die Feststellung und ihre Folgen öffentlich bekannt zu machen.

## § 43 Annahme der Wahl

(1) [1]Der Wahlleiter benachrichtigt die gewählten Bewerber über ihre Wahl mit dem Ersuchen, ihm binnen einer Woche schriftlich mitzuteilen, ob sie die Wahl annehmen. [2]Gibt der Gewählte bis zum Ablauf der gesetzlichen Frist keine Erklärung ab, so gilt die Wahl mit Beginn des folgenden Tages als angenommen. [3]Eine Erklärung unter Vorbehalt gilt als Ablehnung. [4]Eine Ablehnung kann nicht widerrufen werden.

(2) Bei einer Benachrichtigung des gewählten Bewerbers vor Beginn der Wahlperiode oder bei einem Verzicht eines Mandatsträgers mit Wirkung ab einem bestimmten späteren Zeitpunkt nach § 42 Abs. 1 Nr. 1 des Kommunalverfassungsgesetzes tritt der Sitzerwerb abweichend von Absatz 1 frühestens mit dem Beginn der Wahlperiode oder frühestens mit dem Ausscheiden des ehrenamtlichen Mitgliedes ein.

### *VII.*
### Nachwahl, Wiederholungswahl und einzelne Neuwahl

## § 44 Nachwahl

(1) Ist im Wahlgebiet oder in einem Wahlbereich oder in einem Wahlbezirk die Wahl infolge höherer Gewalt nicht durchgeführt worden, so ist sie nachzuholen (Nachwahl).

(1a) [1]Wird während der Vorbereitung der Wahl ein offenkundiger, vor der Wahl nicht mehr behebbarer Mangel festgestellt, aufgrund dessen die Wahl im Fall ihrer Durchführung im Wahlprüfungsverfahren für ungültig erklärt werden müsste, hat die Kommunalaufsichtsbehörde die Wahl abzusagen und gleichzeitig eine Nachwahl anzuordnen. [2]Der Wahlleiter hat die Wahlabsage unverzüglich öffentlich bekannt zu machen und hierbei darauf hinzuweisen, dass zu einem späteren Zeitpunkt eine Nachwahl stattfinden wird.

(2) [1]Die Nachwahl nach Absatz 1 muss spätestens vier Wochen nach der Hauptwahl stattfinden. [2]In den Fällen einer abgesagten Wahl nach Absatz 1a erfolgt die Nachwahl unverzüglich, spätestens vier Monate nach der Hauptwahl. [3]Den Tag der Nachwahl bestimmt die Kommunalaufsichtsbehörde.

(3) [1]Bei der Nachwahl wird nach den Wahlvorschlägen, den Wahlvorschlagsverbindungen, den Bewerbungen um das Amt des Bürgermeisters, Ortsvorstehers und Landrates und den Wählerverzeichnissen der Hauptwahl gewählt. [2]Die für die nicht durchgeführte Wahl bereits beschafften Stimmzettel behalten ihre Gültigkeit auch für die Nachwahl. [3]In den Fällen der Nachwahl nach Absatz 1a ist das Verfahren auf die Berichtigung des konkreten Wahlfehlers zu beschränken und im jeweils entsprechend erforderlichen Umfang zu erneuern.

(4) [1]Im Falle einer Nachwahl in einem Teil des Wahlgebietes ist das vorläufige Ergebnis der Hauptwahl unmittelbar im Anschluss an die Wahlhandlung der Hauptwahl auf der Grundlage der erfolgten Stimmabgaben zu ermitteln, festzustellen und bekannt zu geben. [2]Nach erfolgter Nachwahl in einem Teil des Wahlgebietes wird entsprechend ihrem Ergebnis das Wahlergebnis für das gesamte Wahlgebiet nach den bei der Hauptwahl anzuwendenden Grundsätzen festgestellt.

(5) Für die Nachwahl gelten im übrigen die Vorschriften dieses Gesetzes.

### § 45 Wiederholungswahl

(1) ¹Wird im Wahlgebiet oder in einem Wahlbereich oder in einem Wahlbezirk die Wahl im Wahlprüfungsverfahren (§§ 50) für ungültig erklärt, so ist sie in dem in der Entscheidung bestimmten Umfange zu wiederholen (Wiederholungswahl). ²Die Vertretung kann die Wiederholungswahl auf einen Teil des Wahlgebietes oder auf die Briefwahl beschränken, wenn die zur Teilungültigkeit führenden Wahlrechtsverstöße sich nur dort ausgewirkt haben.

(2) ¹Die Wiederholungswahl muss spätestens vier Monate nach rechtskräftigem Abschluss des Wahlprüfungsverfahrens stattfinden. ²Den Tag der Wiederholungswahl bestimmt die Kommunalaufsichtsbehörde.

(3) ¹Findet die Wiederholungswahl binnen sechs Monaten nach der Hauptwahl statt, so wird vorbehaltlich einer anderen Entscheidung im Wahlprüfungsverfahren nach den Wahlvorschlägen, den Wahlvorschlagsverbindungen, den Bewerbungen um das Amt des Bürgermeisters, Ortsvorstehers und Landrates und den Wählerverzeichnissen der Hauptwahl gewählt. ²Liegt die Hauptwahl mehr als sechs Monate zurück, so wird die Wiederholungswahl in ihrem gesamten Wahlgebiet durchgeführt und das Wahlverfahren in allen Teilen erneuert; eine Beschränkung auf die Briefwahl ist nicht zulässig.

(4) Findet die Wiederholungswahl nur in einem Teil des Wahlgebietes oder ausschließlich als Briefwahl statt, so wird entsprechend ihrem Ergebnis das Wahlergebnis für das gesamte Wahlgebiet nach den bei der Hauptwahl anzuwendenden Grundsätzen neu festgestellt.

(5) ¹Eine Wiederholungswahl im gesamten Wahlgebiet erfolgt abweichend von § 38 Abs. 1 des Kommunalverfassungsgesetzes für die Zeit bis zum Ende der Wahlperiode. ²Findet die Wiederholungswahl innerhalb von 12 Monaten vor Ablauf der Wahlperiode statt, so endet die Wahlperiode mit dem Ende der nächsten Wahlperiode.

(6) Für die Wiederholungswahl gelten im übrigen die Vorschriften dieses Gesetzes.

### § 46 Einzelne Neuwahl

(1) ¹Eine einzelne Neuwahl zu den Vertretungen findet statt, wenn während der Wahlperiode eine Gemeinde oder ein Landkreis neu gebildet wird oder wenn im Zusammenhang mit einer Gebietsänderung Vereinbarungen der Gebietskörperschaften oder Bestimmungen der Kommunalaufsichtsbehörde über eine Neuwahl getroffen werden. ²Den Tag der einzelnen Neuwahl bestimmt die Kommunalaufsichtsbehörde.

(1a) ¹Eine einzelne Neuwahl zu den Vertretungen ist auch bei einem Scheitern der Wahl aus den in § 42 Abs. 2 Satz 1 Nrn. 1 und 2 genannten Gründen durchzuführen. ²Für die Neuwahl des Ortschaftsrates ist § 88 Abs. 2 des Kommunalverfassungsgesetzes zu beachten. ³Den Tag der einzelnen Neuwahl bestimmt die Kommunalaufsichtsbehörde.

(2) ¹Die vom Landeswahlausschuss vor den allgemeinen Neuwahlen nach § 22 Abs. 2 getroffene Feststellung über die Anerkennung als Partei gilt, wenn sie nicht widerrufen wird, für die Dauer der Wahlperiode auch bei einzelnen Neuwahlen. ²Im übrigen gilt § 22 bei einzelnen Neuwahlen mit der Maßgabe, dass die Feststellung gemäß § 22 Abs. 2
1. durch den Landeswahlleiter allein erfolgen kann, wenn Zweifel nicht bestehen,
2. mit der Wirkung getroffen werden kann, dass sie auch für alle weiteren einzelnen Neuwahlen bis zur Bestimmung des Wahltages für die nächsten allgemeinen Neuwahlen gilt.

(3) ¹§ 45 Abs. 5 gilt entsprechend. ²Findet eine einzelne Neuwahl nach dem 1. Januar 2005 und vor dem 1. Juli 2008 statt, so endet die Wahlperiode mit dem Ende der nächsten Wahlperiode.

(4) Für die einzelne Neuwahl gelten im Übrigen die Vorschriften dieses Gesetzes.

*VIII.*
**Ersatz von Vertretern und Ausscheiden von nächst festgestellten Bewerbern**

### § 47 Ersatz von Vertretern

(1) ¹Das Nachrücken eines nächst festgestellten Bewerbers bestimmt sich nach § 42 Abs. 4 des Kommunalverfassungsgesetzes. ²Ein Nachrücken findet nicht statt, wenn der nächst festgestellte Bewerber nach der Wahl aus der Partei ausgeschieden ist oder rechtskräftig ausgeschlossen wurde und wenn die Partei das Ausscheiden oder den Ausschluss vor dem Freiwerden des Sitzes dem Wahlleiter schriftlich mitgeteilt hat. ³Dies gilt entsprechend für Bewerber, die auf Listen von Parteien kandidiert haben und

nach der Wahl einer Partei beigetreten sind, die für das Wahlgebiet einen konkurrierenden Wahlvorschlag eingereicht hatte.
(2) Wird ein Sitz dadurch frei, dass eine Partei oder die Teilorganisation einer Partei durch das Bundesverfassungsgericht gemäß Artikel 21 Abs. 2 des Grundgesetzes für verfassungswidrig erklärt worden ist, so kann er nicht auf einen nächst festgestellten Bewerber übergehen,
1. der nächst festgestellte Bewerber eines Wahlvorschlages dieser Partei oder Teilorganisation ist oder
2. der Partei oder Teilorganisation im Zeitpunkt der Verkündung der Entscheidung des Bundesverfassungsgerichts angehört hat.
(3) [1]Ist ein nächst festgestellter Bewerber auf dem Wahlvorschlag einer Partei oder Wählergruppe nicht oder nicht mehr vorhanden, so gilt in einem Wahlgebiet mit mehreren Wahlbereichen § 40 Abs. 5 entsprechend. [2]Ist für die Partei oder Wählergruppe im Wahlgebiet kein nächst festgestellter Bewerber mehr vorhanden, so bleibt der Sitz bis zum Ablauf der Wahlperiode oder bis zu einer Ergänzungswahl (§ 49) unbesetzt. [3]Das gleiche gilt, wenn ein Einzelbewerber die Wahl ablehnt oder stirbt oder seinen Sitz verliert.
(4) [1]Die Feststellung nach den Absätzen 1 bis 3 trifft der Wahlausschuss. [2]Sie kann durch den Wahlleiter allein erfolgen, wenn Zweifel über die zu treffende Feststellung nicht bestehen.
(5) [1]Der Wahlleiter benachrichtigt den nächst festgestellten Bewerber und gibt den Übergang des Sitzes öffentlich bekannt. [2]§ 43 gilt entsprechend.

### § 48 Ausscheiden von nächst festgestellten Bewerbern

(1) [1]Lehnt ein nächst festgestellter Bewerber die Annahme eines Sitzes ab, so scheidet er als nächst festgestellter Bewerber aus. [2]Das gleiche gilt in den Fällen des § 47 Abs. 1 und 2.
(2) [1]Ein nächst festgestellter Bewerber kann jederzeit auf die ihm als nächst festgestellter Bewerber zustehenden Rechte verzichten. [2]Er scheidet damit als nächst festgestellter Bewerber aus. [3]Der Verzicht ist dem Wahlleiter schriftlich zu erklären und kann nicht widerrufen werden.
(3) [1]Verliert ein nächst festgestellter Bewerber die Wählbarkeit oder wird ihr Fehlen zur Zeit der Wahl nachträglich festgestellt, so scheidet er als nächst festgestellter Bewerber aus. [2]Das gleiche gilt, wenn ein nächst festgestellter Bewerber von einer Neufeststellung oder Berichtigung des Wahlergebnisses betroffen wird.
(4) [1]Die Feststellung, ob die Voraussetzungen nach den Absätzen 1 bis 3 gegeben sind, trifft der Wahlausschuss. [2]Sie kann durch den Wahlleiter allein erfolgen, wenn Zweifel über die zu treffende Feststellung nicht bestehen.

### § 49 Ergänzungswahl

(1) Findet eine Ergänzungswahl nach § 42 Abs. 5 des Kommunalverfassungsgesetzes statt, so setzt die Kommunalaufsichtsbehörde den Tag der Ergänzungswahl fest.
(2) [1]Gewählt werden so viele Vertreter, wie zur Erreichung der gesetzlichen Zahl der Mitglieder der Vertretung erforderlich sind. [2]Für Ortschaftsräte gilt Satz 1 entsprechend; § 88 Abs. 3 und 4 des Kommunalverfassungsgesetzes ist maßgeblich.
(3) § 28 Abs. 1a sowie § 46 Abs. 2 gelten entsprechend.

### IX.
### Wahlprüfung und Wahlkosten

### § 50 Wahleinspruch

(1) [1]Jeder Wahlberechtigte des Wahlgebietes, jede Partei oder Wählergruppe, die einen Wahlvorschlag eingereicht hat, und der für das Wahlgebiet zuständige Wahlleiter sowie die für das Wahlgebiet zuständige Kommunalaufsichtsbehörde können gegen die Gültigkeit der Wahl Einspruch erheben (Wahleinspruch) mit der Begründung, dass die Wahl nicht den Wahlrechtsvorschriften entsprechend vorbereitet oder durchgeführt oder in anderer unzulässiger Weise in ihrem Ergebnis beeinflusst worden ist. [2]Gegen die Gültigkeit einer Direktwahl können auch Bewerber, die an der Direktwahl teilgenommen haben, sowie Bewerber nicht zugelassener Wahlvorschläge Wahleinspruch erheben.
(2) Der Wahleinspruch ist bei dem für das Wahlgebiet zuständigen Wahlleiter binnen zwei Wochen nach Bekanntgabe des Wahlergebnisses, im Falle einer erforderlichen Stichwahl nach der Bekanntgabe

des Ergebnisses der Stichwahl, mit Begründung schriftlich einzureichen oder zur Niederschrift zu erklären; der Wahleinspruch des Wahlleiters selbst ist an die Vertretung zu richten.

(3) [1]Der Wahleinspruch gegen eine Feststellung oder Entscheidung, die auf Grund dieses Gesetzes oder der Kommunalwahlordnung nach Bekanntgabe des Wahlergebnisses getroffen wird, ist binnen zwei Wochen nach ihrer Bekanntgabe zulässig; dies gilt nicht für Feststellungen und Entscheidungen im Wahlprüfungsverfahren. [2]Ist die Feststellung oder Entscheidung dem Einspruchsberechtigten zugestellt worden, so beginnt die Wahleinspruchsfrist für ihn mit dem Tage der Zustellung. [3]Im Übrigen gilt Absatz 2 entsprechend.

(4) Entscheidungen und Maßnahmen, die sich unmittelbar auf das Wahlverfahren beziehen, können nur mit den in diesem Gesetz vorgesehenen Rechtsbehelfen angefochten werden.

(5) [1]Der Wahleinspruch hat keine aufschiebende Wirkung. [2]§ 74 des Kommunalverfassungsgesetzes findet Anwendung.

(6) Der Wahlleiter legt die bei ihm eingereichten Einsprüche mit seiner Stellungnahme unverzüglich der neugewählten Vertretung vor.

### § 51 Entscheidung über die Gültigkeit der Wahl

(1) [1]Die neugewählte Vertretung entscheidet über die Wahleinsprüche und über die Gültigkeit der Wahl. [2]Der Gemeinderat entscheidet über die Wahleinsprüche und über die Gültigkeit der Ortschaftsratswahlen und der Ortsvorsteherwahlen. [3]Über die Gültigkeit einer während der Wahlperiode der Vertretung stattfindenden Bürgermeister- oder Landratswahl entscheidet die bestehende Vertretung, im Falle einer erforderlichen Stichwahl nach der Bekanntgabe des Ergebnisses der Stichwahl. [4]Die Verhandlung und Beschlussfassung haben in öffentlicher Sitzung zu erfolgen.

(2) [1]In der Verhandlung sind die Beteiligten auf Antrag zu hören. [2]Beteiligt sind der Wahlleiter, die Person, die den Wahleinspruch erhoben hat, und die Person, gegen deren Wahl der Wahleinspruch unmittelbar gerichtet ist.

(3) Eine Person, die nach Absatz 2 Satz 2 Beteiligter ist, darf an der Beschlussfassung nicht teilnehmen.

### § 52 Inhalt der Entscheidung

(1) [1]Die Vertretung trifft nach Ablauf der in § 50 Abs. 2 bezeichneten Frist durch Beschluss mit der Mehrheit der auf Ja oder Nein lautenden Stimmen folgende Entscheidung:
1. Einwendungen gegen die Wahl liegen nicht vor. Die Wahl ist gültig; oder
2. die Einwendungen gegen die Wahl sind unzulässig oder zulässig, aber nicht begründet und werden zurückgewiesen. Die Wahl ist gültig; oder
3. die Einwendungen gegen die Wahl sind begründet. Die ihnen zugrunde liegenden Tatbestände haben das Wahlergebnis nicht oder nur unwesentlich beeinflusst. Die Wahl ist gültig; oder
4. die Einwendungen gegen die Wahl sind sämtlich oder zum Teil begründet. Die den begründeten Einwendungen zugrunde liegenden Tatbestände sind so schwerwiegend, dass bei einwandfreier Durchführung der Wahl ein wesentlich anderes Wahlergebnis zustande gekommen oder festgestellt worden wäre. Dabei wird
   a) das Wahlergebnis neu festgestellt oder berichtigt oder
   b) die Wahl ganz oder teilweise für ungültig erklärt.

[2]Dabei wird
a) das Wahlergebnis neu festgestellt oder berichtigt oder
b) die Wahl ganz oder teilweise für ungültig erklärt.

(2) Bei Wahleinsprüchen nach § 50 Abs. 3 entscheidet die Vertretung durch Beschluss,
1. ob die Einwendungen begründet sind,
2. ob die Feststellung oder Entscheidung rechtens ist.

(3) Die Beschlüsse zu Absatz 1 Nrn. 2 bis 4 sowie Absatz 2 sind zu begründen.

### § 53 Zustellung der Entscheidung und Rechtsmittel

(1) Die Entscheidung der Vertretung über den Wahleinspruch ist den Beteiligten binnen einer Frist von zwei Wochen schriftlich mit Begründung und Rechtsmittelbelehrung (Absatz 2) zuzustellen, der Kommunalaufsichtsbehörde auch dann, wenn sie keinen Wahleinspruch erhoben hat.

(2) [1]Gegen die Entscheidung der Vertretung ist innerhalb eines Monats nach Zustellung Klage vor dem Verwaltungsgericht zulässig. [2]Der Wahlleiter und die Kommunalaufsichtsbehörde sind auch dann klageberechtigt, wenn der Wahleinspruch nicht von ihnen erhoben worden ist.

(3) Die Absätze 1 und 2 gelten nicht für Entscheidungen im Sinne des § 52 Abs. 1 Nr. 1.
(4) ¹Ist die Entscheidung der Vertretung nach § 52 rechtskräftig aufgehoben worden, so hat die Vertretung unter Beachtung der gerichtlichen Entscheidung unverzüglich eine neue Entscheidung nach § 52 zu treffen. ²Die Anfechtung dieser neuen Entscheidung ist nur insoweit zulässig, als diese von der rechtskräftigen gerichtlichen Aufhebungsentscheidung abweicht.

### § 54 Wahlkosten
(1) Die Gemeinde trägt die ihr entstehenden Kosten der Gemeindewahl, die Verbandsgemeinde die ihr entstehenden Kosten der Verbandsgemeindewahl.
(2) Der Landkreis trägt die ihm entstehenden Kosten der Kreiswahl.
(3) ¹Der Landkreis erstattet den Gemeinden die durch die Kreiswahl, die Verbandsgemeinden erstatten den Gemeinden die durch die Verbandsgemeindewahl veranlaßten notwendigen Ausgaben durch einen festen Betrag je Wahlberechtigten. ²Ein Teil der Ausgaben kann unabhängig von der Zahl der Wahlberechtigten durch einen Grundbetrag abgegolten werden. ³Bei der Festsetzung werden laufende und sächliche Kosten und Kosten für die Benutzung von Räumen und Einrichtungen der Gemeinden nicht berücksichtigt. ⁴Finden Gemeinde-, Verbandsgemeinde- oder Kreiswahlen am gleichen Tage statt, so gelten die Wahlkosten der Gemeinden als je zu gleichen Teilen durch die Gemeinde-, Verbandsgemeinde- oder Kreiswahl entstanden.
(4) Die Kosten des Wahlprüfungsverfahrens, soweit sie bei der Vertretung entstehen, gehören zu den Wahlkosten nach den Absätzen 1 und 2.

*X.*
### Anhörung der Bürger, Bürgerentscheid, Bürgerbegehren, Einwohnerantrag

### § 55 Anhörung der Bürger bei Gebietsänderungen
¹Die Durchführung der Anhörung der Bürger bei Gebietsänderungen nach dem Kommunalverfassungsgesetz obliegt der Gemeinde. ²Auf sie finden die Bestimmungen für die Wahl des Bürgermeisters und des Landrates mit Ausnahme der §§ 50 bis 53 dieses Gesetzes entsprechende Anwendung. ³An die Stelle des Wählerverzeichnisses tritt ein besonderes Verzeichnis der Anhörungsberechtigten, in welches die Bürger eingetragen werden, die in dem von der Gebietsänderung unmittelbar betroffenen Gebiet wohnen und nicht vom Wahlrecht ausgeschlossen sind. ⁴Sind nur die Bürger eines Gemeindeteiles anzuhören, kann der Bürgermeister einen Beamten der Gemeinde mit seiner Vertretung im Vorsitz des Wahlausschusses beauftragen. ⁵Für mehrere an dem selben Tag durchzuführende Anhörungen sind der Wahlausschuss und der Wahlvorstand dieselben. ⁶Sind weniger als 100 Bürger anhörungsberechtigt, kann der Gemeinderat die Abstimmungszeit verkürzen; sie muss jedoch mindestens drei Stunden betragen. ⁷Der Stimmzettel enthält die vom Gemeinderat beschlossene Frage und die Antwortmöglichkeiten „ja" und „nein". ⁸Im Fall des § 18 Abs. 3 und 5 des Kommunalverfassungsgesetzes kann die Kommunalaufsichtsbehörde den Zeitpunkt für die Anhörung der Bürger bestimmen.

### § 56 Einwohnerantrag und Bürgerbegehren
¹Der Einwohnerantrag kann nur von Einwohnern, das Bürgerbegehren nur von Bürgern unterzeichnet werden, die am Tag des Eingangs des Antrages stimmberechtigt sind. ²Bei der Unterzeichnung sind Name, Vorname, Anschrift und Tag der Geburt anzugeben. ³Für die Feststellung der Zahl der gültigen Unterschriften ist das Einwohner- beziehungsweise Wählerverzeichnis vom Stande dieses Tages maßgebend; die Verzeichnisse werden zu diesem Zwecke nicht ausgelegt.

### § 57 Bürgerentscheid
¹Auf die Durchführung des Bürgerentscheides finden die Bestimmungen für die Wahl des Bürgermeisters und des Landrates mit Ausnahme der §§ 50 bis 53 entsprechende Anwendung. ²Der Stimmzettel muss die zu entscheidende Frage enthalten und auf „Ja" und „Nein" lauten.

*XI.*
### Sondervorschriften für die Wahlen in neu zu bildenden Gemeinden und Landkreisen

### § 58 Anwendbarkeit von Rechtsvorschriften
¹Sollen in Gemeinden oder Landkreisen Wahlen in neue, zum Wahltag noch nicht bestehende Gebietsstrukturen erfolgen, finden die allgemeinen Regelungen dieses Gesetzes, des Kommunalverfas-

sungsgesetzes sowie der aufgrund dieses Gesetzes erlassenen Verordnung Anwendung, soweit im Folgenden nichts Abweichendes bestimmt ist. [2]Gleiches gilt bei Eingemeindungen und Wahlen des Bürgermeisters.

### § 58a Wahltag, Zusammentritt der neu gewählten Vertretungen
(1) Die Wahl in neue, am Wahltag noch nicht bestehende Gebietsstrukturen soll frühestens sechs Monate vor der Wirksamkeit der Bildung der Kommune stattfinden.

(2) [1]Die neu gewählte Vertretung nach Absatz 1 tritt spätestens einen Monat nach Wirksamkeit der Bildung der Kommune zur konstituierenden Sitzung zusammen. [2]Die Einberufung erfolgt durch das an Jahren älteste und dazu bereite Mitglied der neu gewählten Vertretung. [3]Diesem obliegt auch die Sitzungsleitung bis zur Wahl des Vorsitzenden der neu gewählten Vertretung.

### § 59 Wahlberechtigung
Soweit das Wohnen im Wahlgebiet Voraussetzung für Rechte und Pflichten ist, gilt das Wohnen in einer beteiligten Kommune als Wohnen in der neu zu bildenden Kommune.

### § 60 Wahlgebiet bei neu zu bildenden Kommunen
Wahlgebiet ist das Gebiet der neu zu bildenden Kommune.

### § 61 Wahlbereiche bei Gemeindewahlen
(1) [1]Abweichend von § 7 Abs. 1 kann das Wahlgebiet bei Gemeindewahlen in mehrere Wahlbereiche eingeteilt werden. [2]Dabei bildet jede an einem Zusammenschluss beteiligte Gemeinde einen Wahlbereich. [3]Die an einem Zusammenschluss beteiligten Gemeinden können sich durch Beschluss ihrer Vertretung zu einem Wahlbereich zusammenschließen, wenn dies der Größenangleichung der Wahlbereiche im Wahlgebiet dient.

(2) Weisen die zusammenzuschließenden Gemeinden erheblich unterschiedliche Einwohnergrößen aus, gilt Folgendes:
1. Bei Überschreiten des Durchschnitts der zwischen den Gemeinden bestehenden Einwohnerzahl um mehr als 50 v.H. ist die bisher selbständige Gemeinde in mehrere Wahlbereiche einzuteilen.
2. Bei Unterschreiten der durchschnittlichen Einwohnerzahl um mehr als 50 v.H. ist die bisher selbständige Gemeinde mit anderen zu einem Wahlbereich zusammenzuschließen.

### § 62 Vertretung in neu zu bildenden Kommunen, Wahlkommission
[1]Die Befugnisse der Vertretung einer neu zu bildenden Kommune bei der Vorbereitung und Durchführung der Wahl obliegen der Wahlkommission. [2]Die Vertretung jeder beteiligten Kommune bestimmt aus ihrer Mitte je zwei Mitglieder und für jedes Mitglied einen Stellvertreter in die Wahlkommission. [3]Die Wahlkommission ist selbständiges Wahlorgan. [4]Ihre Entscheidungen sind bindend.

### § 63 Wahlleiter
[1]Gemeindewahlleiter ist der Bürgermeister der einwohnerstärksten beteiligten Gemeinde, Kreiswahlleiter der Landrat des einwohnerstärksten beteiligten Landkreises, sofern die Wahlkommission keine andere Person entsprechend den allgemeinen Regelungen bestimmt. [2]Im Übrigen gelten die allgemeinen Regelungen dieses Gesetzes.

### § 64 Wahlausschuss
[1]Dem zuständigen Wahlausschuss können abweichend von § 10 Abs. 1 Satz 2 bis zu zehn Beisitzer angehören. [2]Die Beisitzer und ihre Stellvertreter werden von dem Wahlleiter aus der Gruppe der im Wahlgebiet Wahlberechtigten berufen. [3]Der Wahlleiter soll jede der beteiligten Kommunen ausgewogen berücksichtigen. [4]Er soll darauf hinwirken, dass jede Kommune möglichst durch einen Wahlberechtigten vertreten ist; darüber hinaus sollen nach Möglichkeit auch die Größenverhältnisse der Kommunen angemessen berücksichtigt werden.

### § 65 Einreichung der Wahlvorschläge
Für die Einreichung der Wahlvorschläge gilt § 21 mit der Maßgabe, dass als Vertretung des Wahlgebietes im Sinne von § 21 Abs. 10 bei neu zu bildenden Kommunen die Vertretungen der bisherigen Kommunen gelten, die ganz oder zum Teil Bestandteil der neu zu bildenden Kommune werden.

## XII.
## Schlussvorschriften

### § 65a Versicherungen an Eides statt
Soweit in diesem Gesetz eine Zuständigkeit zur Abnahme von Versicherungen an Eides statt begründet ist, ist das jeweilige Wahlorgan Behörde im Sinne des § 156 des Strafgesetzbuches.

### § 65b Übermittlung personenbezogener Daten aus dem Pass- und Personalausweisregister
Der Wahlleiter ist zum Zweck der Prüfung von Unterschriften und zum Lichtbildabgleich berechtigt, die Pass- und Personalausweisbehörden um Datenübermittlung aus den Pass- und Personalausweisregistern zu ersuchen, soweit diese Daten zur Erfüllung der in seiner Zuständigkeit liegenden öffentlichen Aufgaben im Rahmen der Vorbereitung und Durchführung der Wahl erforderlich sind.

### § 66 Wahlstatistik
(1) [1]Die Ergebnisse der Gemeinde- und Kreiswahlen sind statistisch zu bearbeiten. [2]Das Nähere hierzu bestimmt der Landeswahlleiter.

(2) [1]Der Landeswahlleiter kann bestimmen, dass in den von ihm zu benennenden Wahlbezirken auch Statistiken über Geschlechts- und Altersgliederung der Wahlberechtigten und Wähler unter Berücksichtigung der Stimmabgabe für die einzelnen Wahlvorschläge aufzustellen sind. [2]Die Trennung der Wahl nach Altersgruppen und Geschlechtern ist nur zulässig, wenn die Stimmabgabe der einzelnen Wähler dadurch nicht erkennbar wird.

### § 67 Maßgebende Einwohnerzahl
Als Einwohnerzahl im Sinne dieses Gesetzes gilt für das Wahlgebiet diejenige Einwohnerzahl, die nach den Vorschriften des Kommunalverfassungsgesetzes für die Zahl der Vertreter maßgebend ist.

### § 68 Verordnungsermächtigungen
(1) [1]Das für Kommunalangelegenheiten zuständige Ministerium wird ermächtigt, durch Verordnung die zur Ausführung dieses Gesetzes erforderlichen Vorschriften (Kommunalwahlordnung) zu erlassen. [2]In der Kommunalwahlordnung sind zu regeln:
1. Bildung und Verfahren der Wahlorgane, Berufung in ein Wahlehrenamt, Entschädigung der Inhaber von Wahlehrenämtern (§§ 9 bis 13); dabei kann vorgesehen werden, dass für die Briefwahl besondere Wahlvorstände gebildet werden; für die Entschädigung der Inhaber von Wahlehrenämtern können Durchschnittssätze bestimmt werden,
2. Einteilung der Wahlbezirke und Ausstattung der Wahllokale (§ 16), Bekanntmachung der Wahl, der Wahlbezirke und der Wahllokale,
3. Führung der Wählerverzeichnisse, Wahlbenachrichtigung, Eintragung in die Wählerverzeichnisse und das Verfahren bei Einsichtnahme und Anträgen auf Berichtigung (§§ 18 und 19),
4. Ausgabe von Wahlscheinen (§ 20),
5. Einreichung von Wahlvorschlägen und Wahlvorschlagsverbindungen sowie das Verfahren für ihre Prüfung, Mängelbeseitigung, Zulassung und Bekanntgabe (§§ 21 bis 28),
6. Form und Inhalt des Stimmzettels (§ 29),
7. Vorbereitung und Durchführung der Wahl in Kranken- und Pflegeanstalten,
8. Verhinderung von Wahlbeeinflussung, Stimmabgabe, Briefwahl, Wahlurnen und Wahlschutzvorrichtungen (§§ 32 bis 35),
9. Feststellung, Meldung und Bekanntgabe des Wahlergebnisses einschließlich der Tatbestände für eine ungültige Stimmabgabe (§§ 36 bis 43),
10. Vorbereitung und Durchführung von Nachwahlen, Wiederholungswahlen, einzelner Neuwahlen und Ergänzungswahlen (§§ 44 bis 46, 49); für einzelne Neuwahlen können besondere Regelungen zur Anpassung an die Grundsätze für allgemeine Neuwahlen vorgesehen werden,
11. Verfahren beim Ersatz von Vertretern und beim Ausscheiden von Ersatzpersonen (§§ 47 und 48),
12. Maßnahmen zur Ermittlung der Wahlstatistik (§ 66),
13. Vorbereitung und Durchführung der Wahl der Bürgermeister, Ortsvorsteher und Landräte (§§ 30 und 30a).

(2) Das für Kommunalangelegenheiten zuständige Ministerium wird ermächtigt, den Ersatz der den Gemeinden nach § 54 Abs. 3 zu erstattenden Kosten durch Verordnung zu regeln.

(3) [1]Das für Kommunalangelegenheiten zuständige Ministerium wird ermächtigt, die allgemeine Zulassung von Wahlgeräten nach § 32 Abs. 1 Satz 2 und 3 und die Genehmigung der Verwendung bei einzelnen Wahlen durch Verordnung zu regeln. [2]Im Einzelnen sind dies:
1. die durch die Verwendung von Wahlgeräten bedingten Besonderheiten im Zusammenhang mit der Wahl,
2. die Voraussetzungen der allgemeinen Zulassung (Bauart, Bedienung und Anwendung von Wahlgeräten) einschließlich von Nebenbestimmungen, welche die Geeignetheit der Wahlgeräte insbesondere unter Beachtung der Wahlgrundsätze feststellt,
3. das Verfahren der allgemeinen Zulassung sowie die Rücknahme und den Widerruf der Zulassung,
4. das Verfahren für die Prüfung eines Wahlgerätes auf die der amtlich zugelassenen Bauart entsprechende Ausführung,
5. eine praktische Erprobung vor der allgemeinen Zulassung,
6. die Voraussetzungen und das Verfahren der Genehmigung der Verwendung von Wahlgeräten bei einzelnen Wahlen einschließlich von Nebenbestimmungen, welche den einzelnen Einsatz unter Einhaltung der Wahlrechtsgrundsätze und Funktion der Geräte sicherstellt, sowie die Rücknahme und den Widerruf der Genehmigung.

(4) Das für Kommunalangelegenheiten zuständige Ministerium wird ermächtigt, im Falle eines Ereignisses höherer Gewalt durch Verordnung von den Bestimmungen dieses Gesetzes über die Ausgabe von Wahlscheinen, die Stimmabgabe in Wahllokalen und die Durchführung der Briefwahl abweichende Regelungen zu treffen, um soweit erforderlich die Durchführung der Wahl im Wege der Briefwahl zu ermöglichen, wenn der Landeswahlleiter im Hinblick auf diese Wahl feststellt, dass die Stimmabgabe in Wahllokalen wegen einer Gefahr für Leben oder Gesundheit ganz oder teilweise unmöglich ist.

### § 68a Fristen, Termine und Form

(1) [1]Die in diesem Gesetz und in den aufgrund dieses Gesetzes erlassenen Verordnungen vorgesehenen Fristen und Termine sind Ausschlussfristen. [2]Sie verlängern und ändern sich auch nicht dadurch, dass der letzte Tag der Frist oder ein Termin auf einen Sonnabend, einen Sonntag oder einen gesetzlichen Feiertag fällt. [3]Eine Wiedereinsetzung in den vorigen Stand ist ausgeschlossen.

(2) Das für Kommunalangelegenheiten zuständige Ministerium wird ermächtigt, für den Fall einer vorzeitigen Beendigung der Wahlperiode die in diesem Gesetz bestimmten Fristen und Termine durch Verordnung abzukürzen.

(3) Soweit in diesem Gesetz oder in den aufgrund dieses Gesetzes erlassenen Verordnungen nichts anderes bestimmt ist, müssen die vorgeschriebenen Erklärungen persönlich und handschriftlich unterzeichnet sein und bei der zuständigen Stelle im Original vorliegen.

### § 69 Sprachliche Gleichstellung

Personen- und Funktionsbezeichnungen in diesem Gesetz gelten jeweils in männlicher und weiblicher Form.

### § 69a Anwendungs- und Übergangsvorschriften

(1) Die erstmalige Wahl der Ortsvorsteher nach § 82 Abs. 1 sowie § 86 des Kommunalverfassungsgesetzes findet zeitgleich mit der allgemeinen Neuwahl der Vertretungen im Jahr 2019 statt.

(2) Ist der Wahltag für die Wahl der Vertretung oder die Wahl des Bürgermeisters oder des Landrates im Zeitpunkt des allgemeinen Inkrafttretens des Gesetzes zur Änderung des Kommunalverfassungsgesetzes und anderer kommunalrechtlicher Vorschriften bereits festgesetzt und hat der Wahlleiter die Wahl gemäß § 6 bereits öffentlich bekannt gemacht, so finden die Wahl der Vertretung oder die Wahl des Bürgermeisters und Landrates sowie die Stichwahl nach den am Tag vor dem allgemeinen Inkrafttreten des Gesetzes zur Änderung des Kommunalverfassungsgesetzes und anderer kommunalrechtlicher Vorschriften geltenden Bestimmungen statt.

## § 70 Einschränkung von Grundrechten
Durch dieses Gesetz wird das Grundrecht auf den Schutz personenbezogener Daten im Sinne von Artikel 2 Abs. 1 in Verbindung mit Artikel 1 Abs. 1 des Grundgesetzes und Artikel 6 Abs. 1 der Verfassung des Landes Sachsen-Anhalt eingeschränkt.

## § 71 (In-Kraft-Treten)[1]

---

1) Das G in seiner ursprünglichen Fassung ist teils am 1.1.1994, teils am 1.9.1994 in Kraft getreten.

# Kommunalwahlordnung für das Land Sachsen-Anhalt (KWO LSA)

Vom 24. Februar 1994 (GVBl. LSA S. 338, ber. S. 435)
(BS LSA 2020.15)
zuletzt geändert durch § 1 Neunte ÄndVO vom 21. September 2018 (GVBl. LSA S. 314)

Auf Grund des § 68 Abs. 1 des Kommunalwahlgesetzes für das Land Sachsen-Anhalt (KWG LSA) vom 22. Dezember 1993 (GVBl. LSA S. 818) wird verordnet:

## Inhaltsübersicht

**Teil 1**
**Allgemeines**
§ 1  Geltungsbereich
§ 2  Hauptwahlen

**Teil 2**
**Wahlorgane und Wahlehrenämter**
**(zu §§ 9 bis 13 KWG LSA)**
§ 3  Wahlleiter
§ 4  Bildung der Wahlausschüsse
§ 5  Tätigkeit der Wahlausschüsse
§ 6  Wahlvorsteher und Wahlvorstand
§ 7  Beweglicher Wahlvorstand
§ 8  Neubesetzung von Wahlämtern
§ 9  Entschädigung für Inhaber von Wahlehrenämtern

**Teil 3**
**Wahlvorbereitung und Wahlvorschläge**
**(zu §§ 14 bis 29 KWG LSA)**

Abschnitt 1
**Wahlbereiche, Wahlbezirke und Wahllokale**
**(zu §§ 7 und 16 KWG LSA)**
§ 10  Wahlbereiche
§ 11  Allgemeine Wahlbezirke
§ 12  Sonderwahlbezirke
§ 13  Wahllokale

Abschnitt 2
**Wählerverzeichnis (zu §§ 18 und 19 KWG LSA)**
§ 14  Anlegung und Führung des Wählerverzeichnisses
§ 15  Eintragung der Wahlberechtigten
§ 16  Benachrichtigung der Wahlberechtigten
§ 17  Bekanntmachung über die Möglichkeit der Einsichtnahme in das Wählerverzeichnis und die Erteilung von Wahlscheinen
§ 18  Einsicht in das Wählerverzeichnis
§ 19  Anträge auf Berichtigung des Wählerverzeichnisses
§ 20  Berichtigung des Wählerverzeichnisses
§ 21  Abschluß des Wählerverzeichnisses

Abschnitt 3
**Wahlscheine (zu § 20 KWG LSA)**
§ 22  Voraussetzungen für die Erteilung von Wahlscheinen
§ 23  Zuständige Behörde, Gestaltung des Wahlscheines
§ 24  Wahlscheinanträge
§ 25  Erteilung von Wahlscheinen
§ 26  Wahlscheine für bestimmte Personengruppen
§ 27  Vermerk im Wählerverzeichnis
§ 28  Beschwerde gegen die Versagung eines Wahlscheines

Abschnitt 4
**Wahlbekanntmachung, Wahlvorschläge, Stimmzettel, Briefwahlunterlagen**
**(zu §§ 15 und 21 bis 29 KWG LSA)**
§ 29  Einreichung der Wahlvorschläge
§ 30  Inhalt und Form der Wahlvorschläge
§ 31  Vertrauenspersonen
§ 32  Wahlanzeige
§ 33  Rücktritt von Bewerbern, Änderung und Zurückziehung von Wahlvorschlägen, Zurückziehung von Wahlvorschlagsverbindungen
§ 34  Vorprüfung der Wahlvorschläge und Wahlvorschlagsverbindungen
§ 35  Zulassung der Wahlvorschläge und Wahlvorschlagsverbindungen
§ 36  Bekanntmachung der Wahlvorschläge und Wahlvorschlagsverbindungen
§ 37  Stimmzettel und Briefwahlunterlagen
§ 38  Wahlbekanntmachung der Gemeinde

**Teil 4**
**Bewerbungen zur Bürgermeister- und Landratswahl**
§ 38a  Wahlbekanntmachung zur Bürgermeister- und Landratswahl und Bewerbungen von Staatsangehörigen anderer Mitgliedstaaten der Europäischen Union
§ 39  Bewerbungen zur Bürgermeister- und Landratswahl

Teil 5
**Wahlhandlung (zu §§ 32 bis 35 KWG LSA)**

Abschnitt 1
**Allgemeine Vorschriften**
- § 40 Ausstattung des Wahlvorstandes
- § 41 Wahlkabine
- § 42 Wahlurnen
- § 43 Wahltisch
- § 44 Eröffnung der Wahlhandlung
- § 45 Öffentlichkeit, Ordnung im Wahllokal
- § 46 Stimmabgabe
- § 47 Stimmabgabe von Wählern mit einer körperlichen Beeinträchtigung
- § 48 Vermerk über die Stimmabgabe
- § 49 Stimmabgabe mit Wahlschein
- § 50 Schluß der Wahlhandlung

Abschnitt 2
**Besondere Regelungen**
- § 51 Wahl in Sonderwahlbezirken
- § 52 Stimmabgabe in kleineren Krankenhäusern, kleineren Alten- oder Pflegeheimen
- § 53 Stimmabgabe in Klöstern
- § 54 Stimmabgabe in sozialtherapeutischen Anstalten und Justizvollzugsanstalten
- § 55 *[aufgehoben]*
- § 56 Briefwahl

Teil 6
**Feststellung und Bekanntgabe des Wahlergebnisses (zu §§ 36 bis 43 KWG LSA)**
- § 57 Feststellung des Wahlergebnisses im Wahlbezirk
- § 58 Zählung der Wähler
- § 59 Zählung der Stimmen
- § 60 Ungültige Stimmabgabe, Auslegungsregeln
- § 61 Zähllisten
- § 62 Behandlung der Wahlbriefe, Vorbereitung der Feststellung des Briefwahlergebnisses
- § 63 Einbeziehung des Briefwahlergebnisses in das Wahlergebnis des Wahlbezirkes
- § 64 Gesonderte Feststellung des Briefwahlergebnisses
- § 65 Bekanntgabe des Wahlergebnisses im Wahlbezirk und des Briefwahlergebnisses
- § 66 Schnellmeldungen, vorläufige Wahlergebnisse
- § 67 Wahlniederschrift

- § 68 Übergabe und Verwahrung von Wahlunterlagen
- § 69 Feststellung des endgültigen Wahlergebnisses in den Wahlbereichen und im Wahlgebiet
- § 70 Gesamtergebnis der allgemeinen Neuwahlen
- § 71 Überprüfung der Wahl durch die Wahlleiter

Teil 7
**Nachwahl, Wiederholungswahl und einzelne Neuwahl (zu §§ 44 bis 46 KWG LSA)**
- § 72 Nachwahl
- § 73 Wiederholungswahl
- § 74 Einzelne Neuwahl

Teil 8
**Ersatz von Vertretern, Ausscheiden von nächst festgestellten Bewerbern und Ergänzungswahl (zu §§ 47 bis 49 KWG LSA)**
- § 75 Ersatz von Vertretern
- § 76 Ausscheiden von nächst festgestellten Bewerbern
- § 76a Ergänzungswahl

Teil 9
*[aufgehoben]*
- §§ 77–79 *[aufgehoben]*

Teil 10
**Schlußvorschriften**
- § 80 Öffentliche Bekanntmachungen
- § 81 Zustellungen
- § 82 Beschaffung von Stimmzetteln und Vordrucken
- § 83 Hilfskräfte und Hilfsmittel
- § 84 Sicherung der Wahlunterlagen
- § 85 Wahlstatistische Auszählungen
- § 86 Vernichtung und Löschung von Wahlunterlagen
- § 87 Erstattung von Wahlkosten
- § 88 Mitwirkung der Verbandsgemeinden
- § 89 *[aufgehoben]*
- § 90 Mitwirkung des Landeswahlausschusses
- § 91 Ergänzende Vorschriften für die Wahl des Ortschaftsrates
- § 92 Sprachliche Gleichstellung
- § 93 Inkrafttreten

Anlagen 1–33

*Teil 1*
**Allgemeines**

## § 1 Geltungsbereich

[1]Diese Verordnung gilt für
1. die Wahl der Gemeinderäte, der Ortschaftsräte und die Wahl und Abwahl des Bürgermeisters und Ortsvorstehers nach § 82 Abs. 1 und § 86 des Kommunalverfassungsgesetzes (Gemeindewahlen),
2. für die Wahl der Verbandsgemeinderäte sowie die Wahl und Abwahl des Verbandsgemeindebürgermeisters (Verbandsgemeindewahlen),

3. die Wahl des Kreistages und die Wahl und Abwahl des Landrates (Kreiswahlen) sowie
4. für die Durchführung von Einwohnerantrag, Bürgerbegehren, Bürgerentscheid und die Anhörung von Bürgern bei Gebietsänderungen, die nach den Vorschriften des Kommunalwahlgesetzes für das Land Sachsen-Anhalt durchzuführen sind.
[2]Soweit sich aus den Bestimmungen dieser Verordnung nichts anderes ergibt, gelten für die Wahl der Verbandsgemeinderäte sowie die Wahl und Abwahl des Verbandsgemeindebürgermeisters die Bestimmungen für die Wahl der Gemeinderäte und die Wahl und Abwahl des Bürgermeisters sinngemäß.
[3]Gleiches gilt für die Wahl der Ortschaftsräte und Ortsvorsteher.

### § 2 Hauptwahlen
Hauptwahlen im Sinne des Gesetzes sind
1. allgemeine Neuwahlen (§ 6 Abs. 1 KWG LSA),
2. Wahl und Abwahl des Bürgermeisters, Ortsvorstehers und Landrates (§ 6 Abs. 2 KWG LSA),
3. einzelne Neuwahlen (§ 46 KWG LSA),
4. Wiederholungswahlen (§ 45 KWG LSA), wenn sie im gesamten Wahlgebiet durchgeführt werden und das Wahlverfahren in allen Teilen erneuert wird.

*Teil 2*
**Wahlorgane und Wahlehrenämter (zu §§ 9 bis 13 KWG LSA)**

### § 3 Wahlleiter
(1) Nachdem der Tag der Hauptwahl bestimmt ist, macht die Gemeinde die Namen und Dienstanschriften des Gemeindewahlleiters und seines Stellvertreters, die Verbandsgemeinde die Namen und Dienstanschriften des Verbandsgemeindewahlleiters und seines Stellvertreters, der Landkreis die Namen und Dienstanschriften des Kreiswahlleiters und seines Stellvertreters öffentlich bekannt.
(2) [1]Unabhängig von der Meldung nach § 9 Abs. 4 KWG LSA teilen die kreisangehörige Gemeinde und die Verbandsgemeinde über den Landkreis der oberen Kommunalaufsichtsbehörde die Namen und Dienstanschriften des Wahlleiters und seines Stellvertreters mit. [2]Die kreisfreie Stadt und der Landkreis teilen dem Landeswahlleiter und der oberen Kommunalaufsichtsbehörde die Namen und die Dienstanschriften des Wahlleiters und seines Stellvertreters mit. [3]In den Fällen der Berufung oder Bestellung eines Wahlleiters oder seines Stellvertreters nach § 9 Abs. 4 Satz 2 bis 4 KWG LSA macht die Gemeinde die Veränderungen hinsichtlich der Namen und Dienstanschriften des Gemeindewahlleiters und seines Stellvertreters und der Landkreis die Veränderungen hinsichtlich der Namen und Dienstanschriften des Kreiswahlleiters und seines Stellvertreters öffentlich bekannt und weist darauf hin, dass diese nunmehr anstelle der ursprünglich mit der mit Datum anzugebenden Bekanntmachung benannten Personen treten.

### § 4 Bildung der Wahlausschüsse
(1) [1]Nachdem der Tag der Hauptwahl bestimmt ist, entscheidet der Wahlleiter zunächst über die Anzahl der Beisitzer, die zur Aufgabenerfüllung des Wahlausschusses des Wahlgebietes notwendig sind, nach seinem Ermessen im vorgegebenen gesetzlichen Rahmen. [2]Er fordert die im Wahlgebiet vertretenen Parteien und Wählergruppen auf, innerhalb einer von ihm zu setzenden angemessenen Frist Wahlberechtigte des Wahlgebietes als Beisitzer sowie ihre Stellvertreter des Wahlausschusses vorzuschlagen. [3]In der Aufforderung, die als öffentliche Bekanntmachung ergehen muß, soll auf § 13 Abs. 1 bis 3 KWG LSA sowie § 9 Abs. 1a und § 10 Abs. 1a KWG LSA hingewiesen werden.
(2) Nach Ablauf der Vorschlagsfrist beruft der Wahlleiter unverzüglich die Beisitzer und ihre Stellvertreter in den Wahlausschuss.
(3) [1]Die Beisitzer und ihre Stellvertreter sind aus den Wahlberechtigten des jeweiligen Wahlgebietes zu berufen. [2]Bei der Auswahl der Beisitzer und ihrer Stellvertreter sollen in der Regel die im Wahlgebiet vertretenen Parteien und Wählergruppen in der Reihenfolge der Stimmenzahlen, die sie bei der letzten Wahl der Vertretung erhalten haben, angemessen berücksichtigt werden. [3]Lassen sich nicht genügend Wahlberechtigte als Beisitzer und Stellvertreter finden, erfolgt die Berufung nach § 9 Abs. 1a und § 10 Abs. 1a KWG LSA.
(4) Der Wahlleiter macht die Zusammensetzung des Wahlausschusses unverzüglich nach Berufung der Beisitzer und ihrer Stellvertreter öffentlich bekannt.

(5) Soweit eine Gemeinde von der Möglichkeit der Übertragung der Aufgaben des Gemeindewahlleiters auf den Verbandsgemeindebürgermeister nach § 10a Abs. 1 KWG LSA Gebrauch gemacht hat, stehen dem Leiter des gemeinsamen Verwaltungsamtes die Befugnisse des jeweiligen Wahlleiters entsprechend zu.

### § 5 Tätigkeit der Wahlausschüsse

(1) Die Wahlausschüsse verhandeln und entscheiden in öffentlicher Sitzung.

(2) [1]Der Wahlleiter oder sein Stellvertreter bestimmt Ort und Zeit der Sitzungen. [2]Er lädt die Beisitzer zu den Sitzungen und weist dabei auf § 10 Abs. 3 KWG LSA hin. [3]Die Ladungen zu den Sitzungen sollen den Beisitzern mit einer Frist von mindestens 24 Stunden unter Übersendung der Tagesordnung zugehen. [4]Im Falle der Abänderung eines Beschlusses (§ 10 Abs. 5 KWG LSA) kann unter kürzerer Fristsetzung geladen werden.

(3) Zeit, Ort und Gegenstand der Verhandlungen sind öffentlich bekanntzumachen mit dem Hinweis, daß jedermann Zutritt zu der Sitzung hat.

(4) Der Wahlleiter oder sein Stellvertreter bestellt einen Schriftführer; dieser ist nur stimmberechtigt, wenn er zugleich Beisitzer ist.

(5) Der Wahlleiter oder sein Stellvertreter verpflichtet die Beisitzer und ihre Stellvertreter und den Schriftführer zur unparteiischen Wahrnehmung ihres Amtes und zur Verschwiegenheit über die ihnen bei ihrer amtlichen Tätigkeit bekanntgewordenen Tatsachen, insbesondere über alle dem Wahlgeheimnis unterliegenden Angelegenheiten.

(6) Der Wahlleiter oder sein Stellvertreter ist befugt, Personen, die die Ruhe und Ordnung stören, aus dem Sitzungsraum zu verweisen.

(7) Über jede Sitzung wird eine Niederschrift angefertigt; sie ist vom Wahlleiter oder seinem Stellvertreter, von den anwesenden Beisitzern oder ihren Stellvertretern und vom Schriftführer zu unterzeichnen.

### § 6 Wahlvorsteher und Wahlvorstand

(1) Vor jeder Hauptwahl beruft der Gemeindewahlleiter für jeden Wahlbezirk einen Wahlvorsteher und seinen Stellvertreter.

(1a) [1]In Gemeinden, die nur einen Wahlbezirk bilden, übt der Gemeindewahlleiter das Amt des Wahlvorstehers selbst aus; im übrigen ist nach § 12 Abs. 1a KWG LSA zu verfahren. [2]Eine gesonderte Berufung der Mitglieder des Wahlvorstandes findet außer in den Fällen der Erhöhung der Zahl der Beisitzer nach § 12 Abs. 1a Satz 2 KWG LSA nicht statt.

(2) [1]Vor der Berufung der Beisitzer sowie ihrer Stellvertreter setzt der Gemeindewahlleiter gemäß § 12 Abs. 1 KWG LSA oder der Wahlleiter gemäß § 12 Abs. 1a Satz 2 KWG LSA zunächst die Anzahl der zu berufenden Beisitzer nach seinem Ermessen fest. [2]Danach fordert er die im Wahlgebiet vertretenen Parteien und Wählergruppen auf, innerhalb einer angemessenen Frist Wahlberechtigte als Beisitzer oder ihre Stellvertreter vorzuschlagen. [3]Die Aufforderung ergeht als öffentliche Bekanntmachung unter Hinweis auf § 13 Abs. 1 bis 3 KWG LSA sowie § 9 Abs. 1a und § 10 Abs. 1a KWG LSA. [4]Die Parteien und Wählergruppen der Vertretung sind darüber hinaus schriftlich aufzufordern, Vorschläge abzugeben.

(3) [1]Der Gemeindewahlleiter beruft aus den eingereichten Vorschlägen nach seinem Ermessen die Beisitzer sowie ihre Stellvertreter. [2]Werden von den Parteien und Wählergruppen nicht genügend Beisitzer vorgeschlagen, so beruft der Gemeindewahlleiter die weiteren Beisitzer und ihre Stellvertreter nach seinem Ermessen aus den Reihen der Wahlberechtigten oder nach § 9 Abs. 1a und § 10 Abs. 1a KWG LSA. [3]Es ist zulässig, Beisitzer eines Wahlausschusses als Mitglieder des Wahlvorstandes zu berufen.

(4) Der Gemeindewahlleiter bestellt aus den Beisitzern den Stellvertreter des Wahlvorstehers, den Schriftführer und dessen Stellvertreter.

(5) [1]Für größere Wahlbezirke werden im Falle des § 13 Abs. 3 mehrere Wahlvorstände gebildet. [2]Bei der Bildung von Wahlvorständen für die Briefwahl ist nach § 62 Abs. 4 zu verfahren. [3]Vorbehaltlich § 72 Abs. 4 Satz 2 gilt für die Nachwahl § 72 Abs. 4 Satz 1 Nr. 4, für die Wiederholungswahl § 73 Abs. 4 Satz 1 und 2 Nr. 2.

(6) [1]Der Wahlvorsteher wird, wenn er nicht schon für sein Hauptamt verpflichtet ist, vom Gemeindewahlleiter zur unparteiischen Wahrnehmung seines Amtes und zur Verschwiegenheit über die ihm bei

seiner amtlichen Tätigkeit bekanntgewordenen Tatsachen, insbesondere über alle dem Wahlgeheimnis unterliegenden Angelegenheiten, verpflichtet. ²Die Mitglieder des Wahlvorstandes dürfen während ihrer Tätigkeit kein auf eine politische Überzeugung hinweisendes Zeichen sichtbar tragen.

(7) Der Gemeindewahlleiter sorgt dafür, daß die Mitglieder des Wahlvorstandes vor der Wahl so über ihre Aufgaben unterrichtet werden, daß ein ordnungsgemäßer Ablauf der Wahlhandlung und der Ermittlung des Wahlergebnisses gesichert ist.

(8) ¹Der Wahlvorstand wird vom Gemeindewahlleiter oder in seinem Auftrag vom Wahlvorsteher einberufen. ²Er tritt am Wahltage rechtzeitig vor Beginn der Wahlzeit im Wahllokal zusammen.

(9) ¹Der Wahlvorstand sorgt für die ordnungsgemäße Durchführung der Wahl. ²Der Wahlvorsteher leitet die Tätigkeit des Wahlvorstandes.

(10) Der Wahlvorstand verhandelt und entscheidet in öffentlicher Sitzung.

(11) ¹Während der Wahlhandlung und bei der Ermittlung und Feststellung des Wahlergebnisses müssen immer mindestens drei Mitglieder des Wahlvorstandes, darunter der Wahlvorsteher und der Schriftführer oder ihre Stellvertreter, anwesend sein. ²Bei der Ermittlung und Feststellung des Wahlergebnisses sollen alle Mitglieder des Wahlvorstandes anwesend sein. ³Fehlende Beisitzer kann der Wahlvorsteher auch durch anwesende Wahlberechtigte ersetzen. ⁴Dies muß geschehen, wenn es mit Rücksicht auf die Beschlußfähigkeit (§ 12 Abs. 3 KWG LSA) und die Mindestbesetzung (Satz 1) erforderlich ist.

### § 7 Beweglicher Wahlvorstand

(1) ¹Für die Stimmabgabe in kleineren Krankenhäusern, kleineren Alten- oder Pflegeheimen, Klöstern, sozialtherapeutischen Anstalten und Justizvollzugsanstalten soll der Gemeindewahlleiter bei entsprechendem Bedürfnis und soweit möglich, bewegliche Wahlvorstände einsetzen. ²Der bewegliche Wahlvorstand besteht aus dem Wahlvorsteher des zuständigen Wahlbezirkes oder seinem Stellvertreter und mindestens zwei Beisitzern des Wahlvorstandes.

(2) ¹Der Gemeindewahlleiter kann auch den beweglichen Wahlvorstand eines anderen Wahlbezirkes mit der Entgegennahme der Stimmzettel beauftragen. ²Bestehen in der Gemeinde mehrere Wahlbereiche, so kann ein beweglicher Wahlvorstand nur in den Wahlbezirken des jeweiligen Wahlbereiches eingesetzt werden.

### § 8 Neubesetzung von Wahlämtern

(1) Wird ein Wahlausschußbeisitzer, dessen Vertreter oder ein Wahlvorstandsmitglied als Wahlbewerber vorgeschlagen oder mit seinem Einverständnis als Vertrauensperson oder als stellvertretende Vertrauensperson eines Wahlvorschlags benannt, so ist das Wahlehrenamt unverzüglich neu zu besetzen.

(2) Das Amt des Wahlleiters oder seines Stellvertreters ist neu zu besetzen, wenn der Inhaber des Amtes als Wahlbewerber vorgeschlagen oder mit seinem Einverständnis als Vertrauensperson oder als stellvertretende Vertrauensperson eines Wahlvorschlags benannt wird.

(3) Verbundene Wahlen gelten im Hinblick auf die Absätze 1 und 2 als einheitliche Wahl.

### § 9 Entschädigung für Inhaber von Wahlehrenämtern

(1) ¹Für den Ersatz des Aufwandes der Inhaber von Wahlehrenämtern gelten folgende Mindestsätze:
1. 16 Euro für die Beisitzer der Wahlausschüsse je Sitzung,
2. 16 Euro für die Mitglieder der Wahlvorstände für den Tag der Wahl.

²Der Kreistag kann für die Beisitzer des Kreiswahlausschusses, der Verbandsgemeinderat für die Beisitzer des Verbandsgemeindewahlausschusses, der Gemeinderat für die Beisitzer des Gemeindewahlausschusses und die Mitglieder des Wahlvorstandes höhere Sätze beschließen.

(2) Notwendige Auslagen, die den Inhabern von Wahlehrenämtern in Ausübung des Ehrenamtes durch Fahrkosten außerhalb des Wohnortes oder durch Fernsprechkosten entstanden sind, werden auf Antrag gesondert ersetzt.

(3) Ein in Ausübung des Ehrenamtes nachweislich entstandener Verdienstausfall wird auf Antrag bis zum Höchstbetrag von 16 Euro je Stunde ersetzt.

*Teil 3*
**Wahlvorbereitung und Wahlvorschläge (zu §§ 14 bis 29 KWG LSA)**

*Abschnitt 1*
**Wahlbereiche, Wahlbezirke und Wahllokale (zu §§ 7 und 16 KWG LSA)**

**§ 10 Wahlbereiche**
(1) Für die in § 7 KWG LSA bezeichneten Wahlgebiete bestimmt die Vertretung die Zahl und die Abgrenzung der Wahlbereiche, sobald der Tag der Hauptwahl feststeht.
(2) ¹Der Wahlleiter eines in § 7 KWG LSA bezeichneten Wahlgebietes teilt die Zahl und die Abgrenzung der Wahlbereiche unter Angabe der Einwohnerzahlen der für das Wahlgebiet zuständigen Aufsichtsbehörde mit. ²Der Wahlleiter eines Landkreises oder einer kreisfreien Stadt unterrichtet außerdem den Landeswahlleiter.
(3) Der Kreiswahlleiter unterrichtet die Gemeindewahlleiter der zum Landkreis gehörenden Gemeinden über die Abgrenzung der Wahlbereiche für die Kreiswahl.

**§ 11 Allgemeine Wahlbezirke**
(1) ¹Gemeinden mit nicht mehr als 2 500 Einwohnern bilden in der Regel einen Wahlbezirk. ²Größere Gemeinden werden in mehrere Wahlbezirke eingeteilt. ³Mehrere Ortschaften einer Gemeinde können zu einem Wahlbezirk zusammengefasst werden.
(2) ¹Die Grenzen der Wahlbezirke sind auf räumliche Merkmale zu beziehen; dabei müssen die Grenzen der Wahlbereiche eingehalten werden. ²Die Wahlbezirke sollen nach den örtlichen Verhältnissen so abgegrenzt werden, daß allen Wahlberechtigten die Teilnahme an der Wahl möglichst erleichtert wird. ³Die Zahl der Wahlberechtigten eines Wahlbezirkes darf nicht so gering sein, daß erkennbar wird, wie einzelne Wahlberechtigte gewählt haben.

**§ 12 Sonderwahlbezirke**
(1) ¹Für Krankenhäuser, Altenheime, Altenwohnheime, Pflegeheime und gleichartige Einrichtungen mit einer größeren Anzahl von Wahlberechtigten, die kein Wahllokal außerhalb der Einrichtung aufsuchen können, sollen bei entsprechendem Bedürfnis Sonderwahlbezirke gebildet werden. ²§ 11 Abs. 2 Satz 3 gilt entsprechend.
(2) Mehrere Einrichtungen können innerhalb der Wahlbereichsgrenze zu einem Sonderwahlbezirk zusammengefaßt werden.
(3) Wird ein Sonderwahlbezirk nicht gebildet, gilt § 7 entsprechend.

**§ 13 Wahllokale**
(1) ¹Der Bürgermeister bestimmt für jeden Wahlbezirk ein Wahllokal. ²Soweit möglich, stellt er Wahllokale in Gemeindegebäuden zur Verfügung.
(2) Die Wahllokale sollen so gelegen sein, daß den Wahlberechtigten die Teilnahme an der Wahl möglichst erleichtert wird und der Zugang auch Personen mit einer körperlichen Beeinträchtigung möglich ist.
(3) ¹In größeren Wahlbezirken, in denen sich die Wählerverzeichnisse teilen lassen, kann gleichzeitig in verschiedenen Gebäuden oder in verschiedenen Räumen desselben Gebäudes oder an verschiedenen Tischen des Wahllokales gewählt werden. ²Für jedes Wahllokal oder jeden Tisch wird ein Wahlvorstand gebildet. ³Sind mehrere Wahlvorstände in einem Wahllokal tätig, so bestimmt der Gemeindewahlleiter, welcher Wahlvorstand für Ruhe und Ordnung im Wahllokal sorgt.

*Abschnitt 2*
**Wählerverzeichnis (zu §§ 18 und 19 KWG LSA)**

**§ 14 Anlegung und Führung des Wählerverzeichnisses**
(1) ¹Die Gemeinde legt vor jeder Wahl für jeden Wahlbezirk ein Verzeichnis der Wahlberechtigten nach Familiennamen, Vornamen, Geburtsdatum und Anschrift (Hauptwohnung) an und führt dieses fort. ²Gehört die Gemeinde einer Verbandsgemeinde an, legt diese das Wählerverzeichnis an und führt dieses fort. ³Das Wählerverzeichnis kann auch im automatisierten Verfahren geführt werden. ⁴Bei verbundenen Wahlen wird ein gemeinsames Wählerverzeichnis geführt.

(2) ¹Das Wählerverzeichnis wird unter fortlaufenden Nummern in der Buchstabenfolge der Familiennamen, bei gleichen Familiennamen der Vornamen angelegt. ²Es kann auch nach Ortsteilen, Straßen und Hausnummern gegliedert werden. ³Es enthält die erforderliche Zahl an Spalten für Vermerke über die Stimmabgabe und eine Spalte für Bemerkungen.

(3) Die Gemeinde sorgt dafür, daß die Unterlagen für die Wählerverzeichnisse jederzeit so vollständig vorhanden sind, daß diese vor Wahlen rechtzeitig angelegt werden können.

### § 15 Eintragung der Wahlberechtigten

(1) In das Wählerverzeichnis eines Wahlbezirkes werden von Amts wegen alle Wahlberechtigten eingetragen, die am 42. Tag vor der Wahl (Stichtag) eine Wohnung im Sinne des Melderechts, bei mehreren Wohnungen die Hauptwohnung innehaben.

(1a) ¹Wahlberechtigte, die am Stichtag in keiner Gemeinde gemeldet sind, werden auf Antrag (§ 19) in das Wählerverzeichnis des Wahlbezirkes eingetragen, für den sie sich bis zum 21. Tag vor der Wahl anmelden. ²Gleiches gilt für Wahlberechtigte, die ohne eine Wohnung innezuhaben sich im Wahlgebiet sonst gewöhnlich aufgehalten haben.

(2) ¹In das Wählerverzeichnis eines Sonderwahlbezirkes können außer den im Sonderwahlbezirk angemeldeten Wahlberechtigten auch Wahlberechtigte anderer Wahlbezirke der Gemeinde eingetragen werden, wenn sie als Insassen oder Bedienstete der Einrichtung im Sonderwahlbezirk wählen wollen; dabei sind die Wahlbereichsgrenzen einzuhalten. ²Werden sie in das Wählerverzeichnis eines Sonderwahlbezirkes eingetragen, so sind sie in das für sie sonst maßgebende Wählerverzeichnis nicht einzutragen oder darin zu streichen. ³Absatz 2 gilt entsprechend.

(3) ¹Wird das Wählerverzeichnis für verbundene Wahlen aufgestellt und ist eine Person nicht für jede Wahl wahlberechtigt, so ist neben dem Namen des Wahlberechtigten in der Spalte „Bemerkungen" ein entsprechender Vermerk einzutragen. ²Gleichzeitig soll in der entsprechenden Spalte für Vermerke über die Stimmabgabe ein Sperrvermerk angebracht werden.

(4) ¹Ist der Wahltag bestimmt worden und verlegt ein für die Kreiswahl Wahlberechtigter innerhalb von drei Monaten vor der Wahl, jedoch spätestens am 42. Tag vor der Wahl seine Wohnung, bei mehreren Wohnungen seine Hauptwohnung, innerhalb des Kreisgebietes und meldet er sich vor Beginn der Auslegungsfrist für das Wählerverzeichnis bei der Zuzugsgemeinde an, so wird er dort nur auf Antrag in das Wählerverzeichnis eingetragen. ²Der Wahlberechtigte ist bei der Anmeldung darüber zu unterrichten, daß er aufgrund der Stichtagsregelung des Absatzes 1 in keinem Wählerverzeichnis für die Kreiswahl eingetragen ist, er jedoch auf Antrag in das Wählerverzeichnis der Zuzugsgemeinde eingetragen werden kann. ³Vor der Eintragung in das Wählerverzeichnis erkundigt sich die Zuzugsgemeinde unabhängig vom melderechtlichen Rückmeldeverfahren bei der Fortzugsgemeinde, ob dort eine Meldung über den Ausschluss vom Wahlrecht vorliegt. ⁴Erfolgt aufgrund des Antrages die Eintragung in das Wählerverzeichnis nach den Vorschriften der Absätze 1 bis 4, so benachrichtigt die Zuzugsgemeinde hiervon unverzüglich die Fortzugsgemeinde. ⁵Geht eine Mitteilung über den Ausschluss vom Wahlrecht nachträglich bei der Fortzugsgemeinde ein, so benachrichtigt sie hiervon unverzüglich die Zuzugsgemeinde, die den Wahlberechtigten in ihrem Wählerverzeichnis streicht. ⁶Die betroffene Person ist von der Streichung zu unterrichten. ⁷Gegebenenfalls ist nach § 19 oder § 22 Abs. 2 Nr. 1 zu verfahren.

(5) ¹Verzieht ein nach Absatz 1 Satz 1 in das Wählerverzeichnis eingetragener Wahlberechtigter nach dem 42. Tag vor der Wahl in einen anderen Wahlbezirk des Wahlgebietes, so ist dies für seine Eintragung in das Wählerverzeichnis ohne Bedeutung, bei verbundenen Wahlen ist unbeschadet des § 20 Abs. 2 gegebenenfalls nach Absatz 4 zu verfahren. ²Der Wahlberechtigte soll bei der Anmeldung auf § 22 Abs. 1 Nr. 2 hingewiesen werden.

(6) Bevor eine Person in das Wählerverzeichnis eingetragen wird, ist zu prüfen, ob sie nach den Vorschriften des Kommunalverfassungsgesetzes die Wahlrechtsvoraussetzungen erfüllt und ob sie nicht vom Wahlrecht ausgeschlossen ist.

### § 16 Benachrichtigung der Wahlberechtigten

(1) ¹Spätestens am 21. Tag vor der Wahl benachrichtigt die Gemeinde jeden Wahlberechtigten, der in das Wählerverzeichnis eingetragen ist, nach dem Muster der Anlage 1. ²Die Mitteilung (Wahlbenachrichtigung) soll enthalten

1. den Familiennamen, den Vornamen und die Anschrift des Wahlberechtigten,
2. die Angabe des Wahllokals und seiner Barrierefreiheit,
3. die Angabe die[1] Wahlzeit,
4. die Nummer, unter der der Wahlberechtigte in das Wählerverzeichnis eingetragen ist,
5. die Aufforderung, die Wahlbenachrichtigung bei der Wahl mitzubringen und seinen Personalausweis oder Reisepaß bereitzuhalten,
5a. die Belehrung, dass nach § 4 Abs. 4 KWG LSA jeder Wahlberechtigte sein Wahlrecht nur einmal und nur persönlich ausüben kann,
6. den Hinweis, daß die Wahlbenachrichtigung einen Wahlschein nicht ersetzt und daher die Stimmabgabe nur in dem angegebenen Wahllokal zuläßt,
7. wo Wahlberechtigte Informationen über barrierefreie Wahlräume erhalten können,
8. eine Belehrung über die Beantragung eines Wahlscheines und über die Übersendung von Briefwahlunterlagen; sie muss mindestens Hinweise darüber enthalten,
    a) dass der Wahlscheinantrag nur auszufüllen ist, wenn der Wähler in einem anderen Wahlbezirk seines Wahlbereiches oder durch Briefwahl wählen will,
    b) unter welchen Voraussetzungen ein Wahlschein erteilt wird (§§ 22 und 24) und
    c) dass der Wahlschein von einem anderen als dem Wahlberechtigten nur beantragt werden kann, wenn die Berechtigung zur Antragstellung durch Vorlage einer schriftlichen Vollmacht nachgewiesen wird (§ 24 Abs. 3).

³Sie muß mindestens Hinweise darüber enthalten,
a) daß der Wahlscheinantrag nur auszufüllen ist, wenn der Wähler in einem anderen Wahlbezirk seines Wahlbereiches oder durch Briefwahl wählen will,
b) unter welchen Voraussetzungen ein Wahlschein erteilt wird (§§ 22 und 24) und
c) daß der Wahlschein von einem anderen als dem Wahlberechtigten nur beantragt werden kann, wenn die Berechtigung zur Antragstellung durch Vorlage einer schriftlichen Vollmacht nachgewiesen wird (§ 24 Abs. 3).

⁴Ist das Wählerverzeichnis für verbundene Wahlen aufgestellt und ist eine Person nicht für jede Wahl wahlberechtigt, so ist in der Wahlbenachrichtigung zu vermerken, für welche Wahl sie gilt.
(2) Auf der Rückseite der Wahlbenachrichtigung ist ein Vordruck für einen Antrag auf Ausstellung eines Wahlscheines nach dem Muster Anlage 2 aufzudrucken.
(3) Sind für die Bürgermeister-, Ortsvorsteher- und Landratswahl mehrere Bewerber zugelassen, so ist in der Wahlbenachrichtigung auf den Tag einer etwaigen Stichwahl und darauf hinzuweisen, dass mit dem auf der Rückseite der Wahlbenachrichtigung aufgedruckten Wahlscheinantrag neben dem Wahlschein für die erste Wahl gleichzeitig ein Wahlschein für die Stichwahl beantragt werden kann.

### § 17 Bekanntmachung über die Möglichkeit der Einsichtnahme in das Wählerverzeichnis und die Erteilung von Wahlscheinen

Die Gemeinde macht spätestens am 24. Tage vor der Wahl bekannt,
1. wo, wie lange und zu welchen Tagesstunden das Wählerverzeichnis einzusehen ist (§ 18 Abs. 2 Satz 1 KWG LSA) und Informationen zur Barrierefreiheit des Ortes der Einsichtnahme; die Möglichkeit der Einsichtnahme endet am 16. Tag vor dem Wahltag (§ 19 Abs. 1 KWG LSA),
2. wo innerhalb dieser Frist schriftlich oder durch Erklärung zur Niederschrift eine Berichtigung des Wählerverzeichnisses beantragt werden kann (§ 19),
3. daß den Wahlberechtigten, die in das Wählerverzeichnis eingetragen sind, eine Wahlbenachrichtigung zugeht,
4. wo, in welcher Zeit und unter welchen Voraussetzungen Wahlscheine beantragt werden können (§§ 22 und 24),
5. daß Inhaber von Wahlscheinen in einem beliebigen Wahlbezirk ihres Wahlbereiches oder durch Briefwahl (§ 33 KWG LSA, § 56) wählen können.

### § 18 Einsicht in das Wählerverzeichnis

(1) ¹Die Gemeinde hält das Wählerverzeichnis mindestens am Ort der Gemeindeverwaltung während der allgemeinen Öffnungszeiten und an einem Tag bis mindestens 18 Uhr für jeden Wahlberechtigten zur Einsichtnahme und Überprüfung der zu seiner Person eingetragenen Daten bereit. ²Zur Überprü-

---
1) Richtig wohl: „der".

fung der Richtigkeit oder Vollständigkeit der Daten von anderen im Wählerverzeichnis eingetragenen Personen haben Wahlberechtigte nur dann ein Recht auf Einsicht in das Wählerverzeichnis, wenn sie Tatsachen glaubhaft machen, aus denen sich eine Unrichtigkeit oder Unvollständigkeit des Wählerverzeichnisses ergeben kann. [3]Ein Recht zur Überprüfung nach Satz 2 besteht nicht in Fällen, in denen im Melderegister ein Sperrvermerk gemäß § 51 Abs. 1 des Bundesmeldegesetzes eingetragen ist. [4]Bei Führung im automatisierten Verfahren kann die Einsichtnahme des Wählerverzeichnisses auch in der Weise erfolgen, daß die Einsichtnahme durch ein Datensichtgerät ermöglicht wird. [5]Es ist sicherzustellen, daß Bemerkungen (§ 20 Abs. 3) gelesen werden können. [6]Das Datensichtgerät darf nur von einem Bediensteten der Gemeinde bedient werden.

(2) Nach Abschluß der Einsichtnahmemöglichkeit teilt die kreisangehörige Gemeinde unverzüglich, spätestens am 13. Tage vor der Wahl, dem Kreiswahlleiter die Zahl der für die Kreiswahl eingetragenen Wahlberechtigten mit.

(3) [1]Innerhalb der Frist, Einsicht zu nehmen, ist das Anfertigen von Auszügen aus dem Wählerverzeichnis durch Wahlberechtigte zulässig, soweit dies im Zusammenhang mit der Prüfung des Wahlrechts einzelner bestimmter Personen steht. [2]Die Auszüge dürfen nur für diesen Zweck verwendet und unbeteiligten Dritten nicht zugänglich gemacht werden.

### § 19 Anträge auf Berichtigung des Wählerverzeichnisses

(1) [1]Wer einen Antrag auf Berichtigung des Wählerverzeichnisses stellt (§ 19 Abs. 1 KWG LSA), hat die erforderlichen Beweismittel beizubringen, sofern die behaupteten Tatsachen nicht offenkundig sind. [2]Ein Antrag nach § 15 Abs. 4 für die Kreiswahl gilt innerhalb der Antragsfrist als Berichtigungsantrag.

(2) [1]Hält der Bürgermeister den Berichtigungsantrag für begründet, so gibt er ihm unverzüglich statt. [2]Andernfalls legt er ihn mit den vorhandenen Beweismitteln und seiner Stellungnahme unverzüglich dem Gemeindewahlleiter vor, der die Entscheidung des Gemeindewahlausschusses herbeiführt. [3]Der Gemeindewahlleiter teilt dem Beteiligten rechtzeitig Ort und Zeit der Verhandlung mit. [4]Der Gemeindewahlausschuß entscheidet nach mündlicher Verhandlung. [5]Sind die Beteiligten nicht erschienen, so entscheidet er auf Grund der vorliegenden Unterlagen.

(3) Einem Antrag auf Streichung einer in der Gemeinde wohnhaften Person darf erst stattgegeben werden, nachdem ihr Gelegenheit zur Äußerung gegeben worden ist.

(4) [1]Die Entscheidung über den Berichtigungsantrag ist den Beteiligten von der entscheidenden Stelle spätestens am 4. Tage vor der Wahl bekanntzugeben. [2]Wird auf Grund eines Berichtigungsantrages ein Wahlberechtigter in das Wählerverzeichnis nachgetragen, so erhält er eine Wahlbenachrichtigung.

(5) Der Gemeindewahlleiter teilt die Entscheidungen des Gemeindewahlausschusses über Berichtigungsanträge, die sich auf die Verbandsgemeindewahl oder Kreiswahl beziehen, unverzüglich dem Verbandsgemeindewahlleiter oder Kreiswahlleiter mit.

(6) [1]Die Entscheidung über den Berichtigungsantrag ist vorbehaltlich einer Nachprüfung im Wahlprüfungsverfahen endgültig. [2]§ 10 Abs. 5 KWG LSA bleibt unberührt.

(7) [1]Finden ausschließlich Kreiswahlen statt, gelten die Absätze 2 bis 6 für die Entscheidungen des Kreiswahlausschusses entsprechend. [2]Finden ausschließlich Verbandsgemeindewahlen statt, gelten die Absätze 2 bis 6 für die Entscheidung des Verbandsgemeindewahlausschusses entsprechend.

### § 20 Berichtigung des Wählerverzeichnisses

(1) Nach Eröffnung der Möglichkeit, Einsicht in das Wählerverzeichnis nehmen zu können, ist die Eintragung oder Streichung von Personen sowie die Vornahme sonstiger Änderungen im Wählerverzeichnis nur zulässig
1. auf Grund einer Entscheidung über einen Berichtigungsantrag (§ 19 Abs. 1 KWG LSA, § 19 Abs. 1 Satz 2),
2. in den Fällen der §§ 27 und 44 Abs. 2,
3. von Amts wegen außerdem, wenn das Wählerverzeichnis offensichtlich unrichtig oder unvollständig ist und ein Berichtigungsantrag nicht gestellt ist; § 19 Abs. 3, 4 und 6 gilt entsprechend.

(2) Ein Wahlberechtigter, der einen Wahlschein mit Briefwahlunterlagen erhalten hat, braucht nicht im Wählerverzeichnis gestrichen zu werden, wenn er vor dem Wahltage stirbt, sein Wahlrecht verliert (§ 23 Abs. 2 des Kommunalverfassungsgesetzes) oder aus dem Wahlgebiet verzieht (§ 36 Abs. 6 KWG LSA).

(3) Alle nach Eröffnung der Einsichtnahmemöglichkeit vorgenommenen Änderungen sind in der Spalte „Bemerkungen" zu erläutern und mit Datum und Unterschrift des vollziehenden Bediensteten, im automatisierten Verfahren anstelle der Unterschrift mit einem Hinweis auf den verantwortlichen Bediensteten zu versehen.
(4) Nach Abschluß darf das Wählerverzeichnis nur noch nach Absatz 1 Nr. 3 und § 44 Abs. 2 berichtigt, sonst jedoch nicht mehr geändert werden.

### § 21 Abschluß des Wählerverzeichnisses
(1) [1]Das Wählerverzeichnis ist spätestens am Tage vor der Wahl, jedoch nicht früher als am dritten Tage vor der Wahl, durch die Gemeinde abzuschließen. [2]Sie stellt dabei die Zahl der Wahlberechtigten des Wahlbezirkes fest. [3]Der Abschluß wird nach dem Muster der Anlage 3 beurkundet. [4]Bei automatisierter Führung des Wählerverzeichnisses ist vor der Beurkundung ein Ausdruck herzustellen.
(2) [1]Die Stichwahl wird auf der Grundlage des Wählerverzeichnisses der ersten Wahl durchgeführt. [2]Für Personen, die erst für die Stichwahl wahlberechtigt sind, findet § 18 Abs. 3 Satz 2 KWG LSA Anwendung. [3]Gleiches gilt entsprechend für Wahlberechtigte, die nicht im Wählerverzeichnis eingetragen sind und für die erste Wahl einen Wahlschein erhalten haben.

*Abschnitt 3*
*Wahlscheine (zu § 20 KWG LSA)*

### § 22 Voraussetzungen für die Erteilung von Wahlscheinen
(1) Ein Wahlberechtigter, der in das Wählerverzeichnis eingetragen ist, erhält auf Antrag einen Wahlschein.
(2) Ein Wahlberechtigter, der nicht in das Wählerverzeichnis eingetragen ist, erhält auf Antrag einen Wahlschein,
1. wenn er nachweist, daß er ohne sein Verschulden die Antragsfrist für die Berichtigung des Wählerverzeichnisses versäumt hat; das gilt hinsichtlich der Kreiswahl auch, wenn er den Antrag nach § 15 Abs. 4 entschuldbar erst nach Ablauf der Antragsfrist vorlegt,
2. wenn sein Recht auf Teilnahme an der Wahl erst nach Ablauf der Antragsfrist entstanden ist.

### § 23 Zuständige Behörde, Gestaltung des Wahlscheines
(1) Der Wahlschein wird von der Gemeinde erteilt, in deren Wählerverzeichnis der Wahlberechtigte eingetragen ist oder hätte eingetragen werden müssen.
(2) Ist das Wahlgebiet in mehrere Wahlbereiche eingeteilt, so ist auf dem Wahlschein anzugeben, für welchen Wahlbereich er gilt.
(3) [1]Bei verbundenen Wahlen wird für diese nur ein Wahlschein erteilt. [2]Ist der Wahlberechtigte nicht für jede Wahl wahlberechtigt, so muß dies aus dem Wahlschein hervorgehen.
(4) Für die Gestaltung des Wahlscheines gilt das Muster der Anlage 4.

### § 24 Wahlscheinanträge
(1) [1]Der Wahlschein kann schriftlich oder mündlich bei der Gemeinde beantragt werden. [2]Die Schriftform gilt auch durch Telegramm, Fernschreiben, Telefax, E-Mail oder durch sonstige dokumentierbare elektronische Übermittlung als gewahrt. [3]Eine telefonische Antragstellung ist unzulässig. [4]Ein Wahlberechtigter mit einer körperlichen Beeinträchtigung kann sich bei der Antragstellung der Hilfe einer anderen Person bedienen, § 47 gilt entsprechend. [5]Ein behinderter Wahlberechtigter kann sich bei der Antragstellung der Hilfe einer anderen Person bedienen, § 47 gilt entsprechend.
(2) Der Antragsteller muss Familiennamen, Vornamen, Geburtsdatum und seine Wohnanschrift (Straße, Hausnummer, Postleitzahl, Ort) angeben.
(3) Wer den Antrag für einen anderen stellt, muß durch Vorlage einer schriftlichen Vollmacht nachweisen, daß er dazu berechtigt ist.
(4) Bei verbundenen Wahlen gilt der Wahlscheinantrag für jede Wahl, für die der Antragsteller wahlberechtigt ist.
(5) [1]Wahlscheine können bis zum zweiten Tage vor der Wahl, 18 Uhr, beantragt werden. [2]In den Fällen des § 22 Abs. 2 können Wahlscheine noch bis zum Wahltage, 15 Uhr, beantragt werden. [3]Gleiches gilt, wenn der Wahlberechtigte schriftlich erklärt, wegen einer plötzlichen Erkrankung das Wahllokal

nicht oder nur unter nicht zumutbaren Schwierigkeiten aufsuchen zu können. ⁴Hierzu ist es erforderlich, dass die Besetzung der Dienststellen bis zu den genannten Zeitpunkten gewährleistet ist.
(6) Verspätet eingegangene schriftliche Anträge sind unbeschadet des Absatzes 5 Satz 2 unbearbeitet mit den dazugehörigen Briefumschlägen zu verpacken und aufzubewahren, bis ihre Vernichtung zugelassen ist.

### § 25 Erteilung von Wahlscheinen

(1) Wahlscheine dürfen nicht vor Zulassung der Wahlvorschläge durch den Wahlausschuss nach § 28 KWG LSA erteilt werden.
(2) ¹Der Wahlschein muß von dem mit der Erteilung beauftragten Bediensteten eigenhändig unterschrieben werden und mit dem Dienstsiegel versehen sein. ²Das Dienstsiegel kann eingedruckt werden. ³Wird der Wahlschein mit Hilfe automatisierter Einrichtungen erstellt, kann abweichend von Satz 1 die Unterschrift fehlen; in diesem Fall muss der Name des beauftragten Bediensteten eingedruckt werden und ist im Original zu siegeln.
(3) ¹Dem Wahlschein sind beizufügen
1. ein Stimmzettel des Wahlbereiches,
2. ein Stimmzettelumschlag,
3. ein Wahlbriefumschlag,
4. ein Merkblatt zur Briefwahl.

²Der Wahlberechtigte kann diese Unterlagen nachträglich bis spätestens am Wahltag, 15 Uhr, anfordern.
(4) ¹Auf dem Wahlbriefumschlag sind anzugeben
1. die vollständige Anschrift des Gemeindewahlleiters,
2. die Nummer des Wahlscheines,
3. der für den Wahlberechtigten zuständige Wahlbereich, wenn im Wahlgebiet mehrere Wahlbereiche bestehen,
4. der Vermerk „Wahlbrief".

²Der Wahlbriefumschlag ist von der Gemeinde freizumachen; dies entfällt, wenn der Wahlberechtigte bei persönlicher Abholung der Briefwahlunterlagen die Briefwahl nach § 56 Abs. 5 an Ort und Stelle ausübt oder ihm die Briefwahlunterlagen an einen außerhalb der Bundesrepublik Deutschland liegenden Ort übersandt werden.
(5) ¹Bei verbundenen Wahlen erhält der Wahlberechtigte für jede Wahl, für die er wahlberechtigt ist, einen Stimmzettel, für alle Wahlen aber nur einen Stimmzettelumschlag und einen Wahlbriefumschlag. ²Auf dem Wahlbriefumschlag wird der Wahlbereich der Gemeinde angegeben, wenn das Wahlgebiet der Gemeinde in mehrere Wahlbereiche eingeteilt ist.
(6) ¹Wahlschein und Briefwahlunterlagen werden dem Wahlberechtigten an seine Wohnanschrift übersandt oder amtlich überbracht, soweit sich aus dem Antrag keine andere Anschrift oder die Abholung der Unterlagen ergibt. ²Wird die Versendung an eine andere Anschrift in einer Form nach § 24 Abs. 1 Satz 2 und 3 beantragt, gehört zur Versendung der Briefwahlunterlagen die gleichzeitige Versendung einer Mitteilung an die Wohnanschrift. ³Postsendungen sind von der Gemeinde freizumachen. ⁴Die Gemeinde übersendet dem Wahlberechtigten Wahlschein und Briefwahlunterlagen mit Luftpost, wenn sich aus seinem Antrag ergibt, dass er aus einem außereuropäischen Gebiet wählen will, oder wenn die Verwendung der Luftpost sonst geboten erscheint.
(6a) ¹An einen anderen als den Wahlberechtigten persönlich dürfen Wahlschein und Briefwahlunterlagen nur ausgehändigt werden, wenn die bevollmächtigte Person vom Wahlberechtigten bereits auf dem Wahlscheinantrag benannt wurde oder die Berechtigung zum Empfang, etwa im Fall des § 24 Abs. 5 Satz 3, durch Vorlage einer schriftlichen Vollmacht nachgewiesen wird. ²§ 24 Abs. 1 Satz 5 gilt entsprechend. ³Von der Vollmacht kann nur Gebrauch gemacht werden, wenn die bevollmächtigte Person nicht mehr als vier Wahlberechtigte vertritt; dies hat sie der Gemeinde vor der Empfangnahme der Unterlagen schriftlich zu versichern. ⁴Auf Verlangen hat sich die bevollmächtigte Person auszuweisen. ⁵Die ausgebende Behörde vermerkt dies auf dem Wahlscheinantrag. ⁶Mit Aushändigung der Unterlagen an eine andere Person erfolgt eine Mitteilung hierüber an die Wohnanschrift des Wahlberechtigten unter Angabe des Namens der bevollmächtigten Person und des Datums der Ausgabe. ⁷Zur Umsetzung der Regelung des Satzes 3 sind Gemeinden und Verbandsgemeinden befugt, personenbe-

zogene Daten von bevollmächtigten Personen und Wahlberechtigten zu verarbeiten. [8]Im Einzelnen dürfen folgende Daten verarbeitet werden:
1. Name, Vorname, Geburtsdatum und Anschrift der bevollmächtigten Person,
2. die Anzahl der vertretenen Wahlberechtigten sowie
3. Name, Vorname, Geburtsdatum und Anschrift des jeweils vertretenen Wahlberechtigten.
(7) [1]Über die erteilten Wahlscheine führt die Gemeinde ein Verzeichnis, in dem die Fälle des § 22 Abs. 1 und 2 getrennt gehalten werden (allgemeines Wahlscheinverzeichnis). [2]Das Verzeichnis wird als Liste oder als Sammlung der Durchschriften der Wahlscheine geführt. [3]Auf dem Wahlschein wird die Nummer eingetragen, unter der er in dem Verzeichnis vermerkt ist, sowie die Nummer, unter der der Wahlberechtigte im Wählerverzeichnis geführt wird. [4]Bei nicht in das Wählerverzeichnis eingetragenen Wahlberechtigten wird auf dem Wahlschein vermerkt, daß dessen Erteilung nach § 22 Abs. 2 erfolgt ist und welchem Wahlbezirk der Wahlberechtigte zugeordnet wird. [5]Werden nach Abschluß des Wählerverzeichnisses noch Wahlscheine erteilt, so ist darüber ein besonderes Wahlscheinverzeichnis (zweifach) nach Satz 1 bis 3 zu führen. [6]Ist bei verbundenen Wahlen ein Wahlscheininhaber nicht für jede Wahl wahlberechtigt, so ist das im Wahlscheinverzeichnis zu vermerken.
(8) [1]Ist das Wahlgebiet der Gemeinde in mehrere Wahlbereiche eingeteilt, so ist das allgemeine Wahlscheinverzeichnis nach Wahlbereichen getrennt anzulegen; es kann auch nach Wahlbezirken gegliedert werden. [2]Das besondere Wahlscheinverzeichnis ist in der Aufgliederung nach Wahlbezirken zu führen.
(9) [1]Wird ein Wahlberechtigter, der bereits einen Wahlschein erhalten hat, im Wählerverzeichnis ganz oder bei verbundenen Wahlen für eine bestimmte Wahl gestrichen, so ist der Wahlschein von der Gemeinde insgesamt oder für die betroffene Wahl für ungültig zu erklären. [2]Die Gemeinde führt darüber ein Verzeichnis, in das der Name des Wahlberechtigten, die Nummer des für ungültig erklärten Wahlscheines und bei verbundenen Wahlen die betroffene Wahl aufzunehmen ist; sie hat das Wahlscheinverzeichnis zu berichtigen. [3]Die Gemeinde verständigt den Gemeindewahlleiter, der alle Wahlvorstände des Wahlbereiches über die Ungültigkeit des Wahlscheines unterrichtet. [4]Bei Verbandsgemeindewahlen verständigt er außerdem den Verbandsgemeindewahlleiter, der alle übrigen Wahlvorstände des Wahlbereiches für die Verbandsgemeindewahl unterrichtet. [5]Bei Kreiswahlen verständigt er außerdem den Kreiswahlleiter, der alle übrigen Wahlvorstände des Wahlbereiches für die Kreiswahl unterrichtet.
(10) Nach Abschluß des Wählerverzeichnisses übergibt die Gemeinde dem Gemeindewahlleiter auf schnellstem Weg das Verzeichnis nach Absatz 9 Satz 2 und Nachträge zu diesem Verzeichnis oder eine Mitteilung, daß Wahlscheine nicht für ungültig erklärt worden sind, so rechtzeitig, daß sie dort spätestens am Wahltage vormittags eingehen.
(11) [1]Die Gemeinde übergibt das zweite Exemplar des besonderen Wahlscheinverzeichnisses dem Wahlvorsteher des zuständigen Wahlbezirkes. [2]Sie teilt ihm in Fällen des § 24 Abs. 5 Satz 3 die Ausgabe von Wahlscheinen ergänzend mit. [3]Aus dem zweiten Exemplar des besonderen Wahlscheinverzeichnisses und der ergänzenden Mitteilung muß zu ersehen sein, ob der Wahlberechtigte Briefwahlunterlagen erhalten hat. [4]Die Gemeinde verständigt den Wahlvorsteher außerdem, wenn an einen Wahlberechtigten gemäß Absatz 3 Satz 2 Briefwahlunterlagen nach Abschluß des Wählerverzeichnisses ausgegeben worden sind.
(12) [1]Verlorene oder nicht rechtzeitig zugegangene Wahlscheine werden nicht ersetzt. [2]Versichert ein Wahlberechtigter glaubhaft, dass ihm der beantragte Wahlschein nicht zugegangen ist, kann ihm bis zum Tag vor der Wahl, 12 Uhr, ein neuer Wahlschein erteilt werden. [3]§ 24 Abs. 5 Satz 4 gilt entsprechend. [4]Absätze 9 und 10 gelten entsprechend.
(13) Für den Ersatz verschriebener oder unbrauchbar gewordener Stimmzettel gilt § 46 Abs. 7 entsprechend.

### § 26 Wahlscheine für bestimmte Personengruppen
(1) Die Gemeinde veranlaßt am 13. Tage vor der Wahl die Leitungen
1. der Einrichtungen, für die Sonderwahlbezirke gebildet worden sind,
2. der Einrichtungen, für deren Wahlberechtigte die Stimmabgabe vor einem beweglichen Wahlvorstand vorgesehen ist,

die wahlberechtigten Personen, die sich in der Einrichtung befinden oder dort beschäftigt sind und die nicht in das Wählerverzeichnis eines Sonderwahlbezirkes eingetragen sind, darauf hinzuweisen,

a) daß Wahlberechtigte, die in den Wählerverzeichnissen des für die Einrichtung zuständigen Wahlbereiches geführt werden, in der Einrichtung nur wählen können, wenn sie sich von der Gemeinde, in deren Wählerverzeichnis sie eingetragen sind, einen Wahlschein beschafft haben,
b) daß Wahlberechtigte, die in anderen Wahlbereichen wahlberechtigt sind, ihr Wahlrecht nur durch Briefwahl in ihrem zuständigen Wahlbereich ausüben können und sich dafür von der Gemeinde, in deren Wählerverzeichnis sie eingetragen sind, einen Wahlschein mit Briefwahlunterlagen beschaffen müssen.

(2) Die Gemeinde veranlaßt spätestens am 13. Tage vor der Wahl die in ihrem Gebiet stationierten Truppenteile, die wahlberechtigten Soldaten, die außerhalb der Gemeinde wohnen, im Sinne des Absatzes 1 zu verständigen.

(3) [1]Die Gemeinde fordert spätestens am 8. Tage vor der Wahl von den Leitungen der in Absatz 1 bezeichneten Einrichtungen ein Verzeichnis der wahlberechtigten Personen aus der Gemeinde, die sich in der Einrichtung befinden oder dort beschäftigt sind, in der Einrichtung wählen wollen und nicht in das Wählerverzeichnis eines Sonderwahlbezirkes eingetragen sind. [2]Sie stellt für diese Wahlberechtigten Wahlscheine aus und übersendet sie der Leitung der Einrichtung zur unverzüglichen Aushändigung.

### § 27 Vermerk im Wählerverzeichnis
[1]Hat ein Wahlberechtigter nach § 22 Abs. 1 einen Wahlschein erhalten, so wird im Wählerverzeichnis in der Spalte für den Vermerk über die Stimmabgabe der Sperrvermerk „Wahlschein" oder „W" eingetragen. [2]Der Vermerk wird bis zum Abschluß des Wählerverzeichnisses durch die Gemeinde, nach diesem Zeitpunkt durch den Wahlvorsteher eingetragen.

### § 28 Beschwerde gegen die Versagung eines Wahlscheines
[1]Gegen die Versagung eines Wahlscheines kann Beschwerde beim Bürgermeister erhoben werden. [2]Hält der Bürgermeister die Beschwerde für begründet, erteilt er einen Wahlschein. [3]Hält der Bürgermeister die Beschwerde für nicht begründet, so führt er die Entscheidung des Gemeindewahlausschusses herbei; in Eilfällen entscheidet der Gemeindewahlleiter anstelle des Gemeindewahlausschusses. [4]Die Entscheidung ist unverzüglich zu treffen und dem Beschwerdeführer sowie dem Bürgermeister mitzuteilen. [5]Sie ist vorbehaltlich einer Nachprüfung im Wahlprüfungsverfahren endgültig; § 10 Abs. 5 KWG LSA bleibt unberührt.

*Abschnitt 4*
**Wahlbekanntmachung, Wahlvorschläge, Stimmzettel, Briefwahlunterlagen**
*(zu §§ 15 und 21 bis 29 KWG LSA)*

### § 29 Einreichung der Wahlvorschläge
(1) [1]Der Landeswahlleiter macht rechtzeitig vor der Wahl öffentlich bekannt, für welche Parteien die Voraussetzung des § 21 Abs. 10 Satz 1 Nrn. 2 und 3 KWG LSA zutrifft. [2]Er fordert die unter § 22 Abs. 1 KWG LSA fallenden Parteien durch öffentliche Bekanntmachung auf, ihm spätestens am 97. Tag vor der Wahl die Wahlanzeige mit den erforderlichen Unterlagen einzureichen.

(2) [1]Der Wahlleiter erläßt spätestens am 120. Tag vor der Wahl die Wahlbekanntmachung nach § 15 KWG LSA. [2]Die Bekanntmachung der Wahl des Ortschaftsrates nach § 15 Satz 3 KWG LSA kann frühestens sechs Monate vor Ablauf der regulären Wahlperiode des Gemeinderates erfolgen (§ 87 Abs. 2 des Kommunalverfassungsgesetzes); sie hat spätestens am 120. Tag vor der Wahl zu erfolgen. [3]Der Wahlleiter fordert zur möglichst frühzeitigen Einreichung der Wahlvorschläge auf und gibt bekannt, wo und bis zu welchem Zeitpunkt die Wahlvorschläge und Erklärungen über die Verbindung von Wahlvorschlägen eingereicht werden müssen. [4]Dabei weist er auf die Vorschriften über Inhalt und Form der Wahlvorschäge und über die Verbindung von Wahlvorschlägen sowie für die unter § 22 Abs. 1 KWG LSA fallenden Parteien auf das Erfordernis der Wahlanzeige hin. [5]In der Bekanntmachung soll ferner angegeben sein, für welche Parteien, Wählergruppen und Einzelbewerber die Voraussetzungen des § 21 Abs. 10 KWG LSA zutrifft; dabei wird die Bekanntmachung nach Absatz 1 Satz 1 berücksichtigt.

(2a) [1]In der Bekanntmachung nach Absatz 2 ist darauf hinzuweisen, daß Staatsangehörige aus anderen Mitgliedstaaten der Europäischen Union nach den für Deutsche geltenden Voraussetzungen wahlberechtigt und wählbar sind. [2]Ferner ist darauf hinzuweisen, daß sie nicht wählbar sind, wenn sie nach den deutschen oder den Rechtsvorschriften des Staates, dessen Staatsangehörigkeit sie besitzt, vom Wahlrecht ausgeschlossen sind oder sie infolge Richterspruchs die Wählbarkeit oder die Fähigkeit zur Bekleidung öffentlicher Ämter verloren haben.

(3) ¹Eine in der Vertretung des Wahlgebiets vertretene Partei oder Wählergruppe kann beim Wahlleiter die Feststellung des Wahlausschusses beantragen, ob für sie die Voraussetzung des § 21 Abs. 10 Satz 1 Nr. 1 KWG LSA zutrifft. ²Die Feststellung trifft der Wahlausschuß unverzüglich. ³Sie ist vorbehaltlich einer Nachprüfung im Wahlprüfungsverfahren endgültig; § 10 Abs. 5 KWG LSA bleibt unberührt.

(4) ¹Ein Einzelbewerber kann beim Wahlleiter die Feststellung des Wahlausschusses beantragen, ob für ihn die Voraussetzung des § 21 Abs. 10 Satz 1 Nr. 4 KWG LSA zutrifft. ²Absatz 3 Satz 2 und 3 gilt entsprechend.

### § 30 Inhalt und Form der Wahlvorschläge

(1) ¹Der Wahlvorschlag soll nach dem Muster der Anlage 5 eingereicht werden. ²Er muß die in § 21 Abs. 6 KWG LSA bezeichneten Angaben über die Personalien eines jeden Bewerbers, den Namen der Partei oder das Kennwort der Wählergruppe und gegebenenfalls deren Kurzbezeichnung sowie das Wahlgebiet und den Wahlbereich enthalten. ³Die Namen der Bewerber müssen in erkennbarer Reihenfolge aufgeführt sein. ⁴Neben dem Namen der Partei sind außer deren Kurzbezeichnung keine Zusätze (z.B. Angabe des örtlich zuständigen Parteiorgans) zulässig. ⁵Das gleiche gilt für das Kennwort einer Wählergruppe.

(2) ¹Der Wahlvorschlag soll Namen und Anschrift der Vertrauensperson und ihres Stellvertreters enthalten. ²Es ist zulässig, als Vertrauensperson oder ihren Stellvertreter einen Bewerber zu benennen.

(3) ¹Unbeschadet des § 21 Abs. 9 KWG LSA muß der Wahlvorschlag einer Partei von dem nach ihrer Satzung für das Wahlgebiet zuständigen Parteiorgan, der Wahlvorschlag einer Wählergruppe von dem Vertretungsberechtigten der Wählergruppe oder von der Vertrauensperson, der Einzelwahlvorschlag vom Einzelbewerber oder von der Vertrauensperson unterzeichnet sein. ²Der Vertretungsberechtigte einer Wählergruppe hat dem Wahlleiter die Vertretungsberechtigung auf Verlangen nachzuweisen.

(4) Unterschriften Wahlberechtigter (§ 21 Abs. 9 KWG LSA) sind auf amtlichen Formblättern nach Anlage 6 unter Beachtung folgender Vorschriften zu erbringen:

1. Die Formblätter werden auf Anforderung vom Wahlleiter kostenfrei geliefert; der Wahlleiter kann sie auch als Druckvorlage oder elektronisch bereitstellen. Bei der Anforderung sind der Name der einreichenden Partei oder das Kennwort der einreichenden Wählergruppe und, sofern sie eine Kurzbezeichnung verwenden, auch diese oder der Name des einreichenden Einzelbewerbers anzugeben. Parteien und Wählergruppen haben ferner zu bestätigen, daß die Bewerber bereits nach § 24 Abs. 1 KWG LSA aufgestellt worden sind. Der Wahlleiter hat die im Satz 2 genannten Angaben im Kopf der Formblätter zu vermerken und die Ausgabe der Formblätter zu bescheinigen.
2. Die Wahlberechtigten, die einen Wahlvorschlag unterstützen, müssen die Erklärung auf dem Formblatt persönlich und handschriftlich unterzeichnen. Neben der Unterschrift sind Familienname, Vorname, Geburtsdatum und Anschrift (Hauptwohnung) des Unterzeichners sowie der Tag der Unterzeichnung anzugeben. Mit der Unterschrift wird vom Wahlberechtigten gleichzeitig bestätigt, dass nur ein Wahlvorschlag unterzeichnet wird.
3. Für jeden Unterzeichner ist auf dem Formblatt nach Anlage 6 oder gesondert nach dem Muster der Anlage 7 eine Bescheinigung der Gemeinde beizufügen, daß er im Zeitpunkt der Unterzeichnung in dem betreffenden Wahlbereich wahlberechtigt ist, für den der Wahlvorschlag aufgestellt ist. Wer für einen anderen eine Bescheinigung des Wahlrechts beantragt, muß nachweisen, daß die betreffende Person den Wahlvorschlag unterstützt.
4. Ein Wahlberechtigter darf nur einen Wahlvorschlag für die Gemeindewahl und nur einen Wahlvorschlag für die Kreiswahl unterzeichnen; entsprechendes gilt für andere Wahlen. Hat jemand mehr als einen Wahlvorschlag für die Gemeindewahl unterzeichnet, so ist seine Unterschrift auf Wahlvorschlägen, die bei der Gemeinde nach der ersten Bescheinigung des Wahlrechts eingehen, ungültig; entsprechendes gilt für die Kreiswahl.
5. Für Wahlvorschläge von Parteien und Wählergruppen dürfen Unterschriften erst nach Aufstellung der Bewerber gesammelt werden. Vorher geleistete Unterschriften sind ungültig.

(5) ¹Dem Wahlvorschlag sind beizufügen
1. die Erklärung eines jeden Bewerbers nach dem Muster der Anlage 8a, daß er seiner Aufstellung zustimmt und
   a) beim Wahlvorschlag für die Gemeindewahl:
      daß er für keinen weiteren Wahlvorschlag für die Gemeindewahl,
   b) beim Wahlvorschlag für die Kreiswahl:
      daß er für keinen weiteren Wahlvorschlag für die Kreiswahl
   seine Zustimmung zur Bestimmung als Bewerber gegeben hat; Staatsangehörige aus anderen Mitgliedstaaten der Europäischen Union haben bei Gemeinderatswahlen gegenüber der Gemeinde, bei Verbandsgemeindewahlen gegenüber der Verbandsgemeinde, bei Kreiswahlen gegenüber dem Landkreis ferner eine Versicherung an Eides statt abzugeben, daß sie nach den Rechtsvorschriften des Staates, dessen Staatsangehörigkeit sie besitzen, nicht vom Wahlrecht ausgeschlossen sind oder infolge Richterspruchs die Wählbarkeit oder die Fähigkeit zur Bekleidung öffentlicher Ämter verloren haben,
2. für jeden Bewerber eine Bescheinigung der nach § 14 Abs. 1 zuständigen Stelle über die Wählbarkeit nach dem Muster der Anlage 9,
2a. eine Erklärung eines jeden Bewerbers, der durch die Wahl eine Unvereinbarkeit von Amt und Mandat nach § 41 des Kommunalverfassungsgesetzes begründen würde, ob er im Falle des Wahlerfolgs aus dem Arbeits- oder Dienstverhältnis ausscheidet oder auf das Mandat verzichten will nach dem Muster der Anlage 9a (§ 21 Abs. 12 des Kommunalwahlgesetzes für das Land Sachsen-Anhalt).
3. eine Ausfertigung der Niederschrift über die Bestimmung der Bewerber und ihrer Reihenfolge nach § 24 KWG LSA und dem Muster der Anlage 10a,
4. bei Wahlvorschlägen für die Gemeindewahl, deren Bewerber nach § 24 Abs. 1 Satz 4 oder 5 KWG LSA bestimmt worden sind, eine Bescheinigung des für das Wahlgebiet zuständigen Parteiorgans, daß in der Gemeinde keine Parteiorganisation vorhanden ist,
5. für jeden Bewerber, der der Partei angehört, eine Bescheinigung des für das Wahlgebiet zuständigen Parteiorgans über seine Parteimitgliedschaft,
6. für jeden Bewerber, der der Partei nicht angehört, eine von ihm unterzeichnete Erklärung, daß er parteilos ist,
7. die erforderliche Zahl von Unterstützungsunterschriften nebst Bescheinigungen des Wahlrechts der Unterzeichner (Absatz 4 Nrn. 2 und 3), sofern Unterstützungsunterschriften beizubringen sind.
²Die Unterlagen nach Satz 1 Nrn. 4 bis 6 entfallen für Wahlvorschläge von Wählergruppen, die Unterlagen nach Satz 1 Nrn. 3 bis 6 entfallen für Einzelwahlvorschläge.
(6) ¹Wahlrecht und Wählbarkeit (Absatz 4 Nr. 3 und Absatz 5 Satz 1 Nr. 2) werden kostenfrei bescheinigt. ²Die Gemeinde darf für jeden Wahlberechtigten die Bescheinigung des Wahlrechts nur einmal zu einem Wahlvorschlag für die jeweilige Wahl erteilen;·dabei darf sie nicht festhalten, für welchen Wahlvorschlag die erteilte Bescheinigung bestimmt ist. ³Wer für einen anderen die Bescheinigung der Wählbarkeit einholt, muß auf Verlangen nachweisen, daß er dazu berechtigt ist.
(7) Die Bescheinigungen und Erklärungen nach Absatz 5 Satz 1 Nrn. 1, 2, 5 und 6 können für mehrere Bewerber zusammengefaßt werden.
(8) ¹Das für das Wahlgebiet zuständige Parteiorgan kann für die Unterzeichnung des Wahlvorschlags einen Bevollmächtigten bestimmen. ²Die Vollmacht ist dem Wahlvorschlag beizufügen. ³Sie gilt, wenn nicht ausdrücklich anders bestimmt, auch für die Bescheinigungen nach Absatz 5 Satz 1 Nrn. 1 und 5.
(9) Für Erklärungen über die Verbindung von Wahlvorschlägen nach dem Muster der Anlage 10b (§ 21 Abs. 1 Satz 2 und 4 KWG LSA) gelten Absatz 3 Satz 2 und Absatz 8 Satz 1 und 2 entsprechend.

### § 31 Vertrauenspersonen
(1) ¹Die Vertrauensperson und ihr Stellvertreter (§ 21 Abs. 11 KWG LSA) sind, jeweils für sich, berechtigt, verbindliche Erklärungen zum Wahlvorschlag abzugeben und entgegenzunehmen. ²Die besonders bestimmten Zuständigkeiten anderer Stellen im Zusammenhang mit der Einreichung des Wahlvorschlages bleiben unberührt.

(2) In Fällen des § 30 Abs. 8 gilt der Bevollmächtigte der Partei als Vertrauensperson, wenn im Wahlvorschlag keine Vertrauensperson angegeben ist.

### § 32 Wahlanzeige

(1) [1]Der Landeswahlleiter vermerkt auf jeder Wahlanzeige (§ 22 KWG LSA) den Tag des Einganges und prüft unverzüglich, ob der Anzeige die notwendigen Unterlagen beigefügt sind. [2]Stellt er Mängel fest, so benachrichtigt er sofort die anzeigende Vereinigung und fordert sie auf, die Mängel rechtzeitig zu beseitigen. [3]Nach der Feststellung gemäß § 22 Abs. 2 KWG LSA ist jede Mängelbeseitigung ausgeschlossen.

(2) [1]Der Landeswahlleiter lädt die Vereinigungen, die ihre Beteiligung an der Wahl angezeigt haben, zu der Sitzung, in der über ihre Anerkennung als Partei für die Wahl entschieden wird, ein. [2]In der Ladung weist er auf die Bekanntgabe der Entscheidung in der Sitzung und die Rechtsfolgen hin. [3]Er legt dem Landeswahlausschuss die eingegangenen Wahlanzeigen vor und berichtet über das Ergebnis der Vorprüfung nach Absatz 1. [4]Vor der Beschlussfassung des Landeswahlausschusses ist den erschienenen Beteiligten Gelegenheit zur Äußerung zu geben.

(3) [1]Der Landeswahlleiter verkündet die Feststellung des Landeswahlausschusses nach § 22 Abs. 2 KWG LSA im Anschluß an die Beschlußfassung unter kurzer Angabe der Gründe und weist darauf hin, dass die Entscheidung des Landeswahlausschusses vorbehaltlich einer Nachprüfung im Wahlprüfungsverfahren endgültig ist; § 10 Abs. 5 KWG LSA bleibt unberührt. [2]Die Entscheidung ist vom Landeswahlleiter öffentlich bekannt zu machen. [3]Über die Sitzung wird eine Niederschrift angefertigt.

### § 33 Rücktritt von Bewerbern, Änderung und Zurückziehung von Wahlvorschlägen, Zurückziehung von Wahlvorschlagsverbindungen

(1) Tritt ein Bewerber eines eingereichten Wahlvorschlages von der Bewerbung zurück (§ 25 KWG LSA), so unterrichtet der Wahlleiter die Vertrauensperson des Wahlvorschlages unverzüglich.

(2) Für eine Erklärung über die Änderung oder Zurückziehung eines Wahlvorschlages (§ 26 Abs. 1 KWG LSA) gilt § 30 sinngemäß.

(3) Für die Zurückziehung von Erklärungen über die Verbindung von Wahlvorschlägen (§ 26 Abs. 2 KWG LSA) gilt § 30 Abs. 3 Satz 2 und Abs. 8 Satz 1 und 2 entsprechend.

### § 34 Vorprüfung der Wahlvorschläge und Wahlvorschlagsverbindungen

(1) [1]Der Wahlleiter vermerkt auf jedem Wahlvorschlag den Tag des Eingangs und bei Eingang am letzten Tag der Einreichungsfrist zusätzlich die Uhrzeit. [2]Er prüft unverzüglich, ob die eingegangenen Wahlvorschläge vollständig sind und den Erfordernissen des Kommunalwahlgesetzes für das Land Sachsen-Anhalt und dieser Verordnung entsprechen. [3]Stellt er bei der Prüfung eines rechtzeitig eingegangenen Wahlvorschlages Mängel fest, so verfährt er nach § 27 Abs. 1 Satz 2 KWG LSA. [4]Die Aufforderung zur Beseitigung der Mängel ist aktenkundig zu machen.

(2) [1]Ist der Wahlvorschlag von einer Vereinigung eingereicht worden, für die die Feststellung des Landeswahlausschusses über die Anerkennung als Partei (§ 22 Abs. 2 KWG LSA) nicht vorliegt, so weist der Wahlleiter die Vertrauensperson darauf hin, daß für diesen Wahlvorschlag ein Kennwort (§ 21 Abs. 6 Nr. 3 KWG LSA) anzugeben ist, wenn er als Wahlvorschlag einer Wählergruppe zugelassen werden soll. [2]Das Kennwort muß bis zur Entscheidung über die Zulassung des Wahlvorschlags angegeben sein.

(3) [1]Wird dem Gemeindewahlleiter bekannt, daß ein für die Gemeindewahl vorgeschlagener Bewerber noch in einer anderen Gemeinde vorgeschlagen worden ist, so weist er den Gemeindewahlleiter der anderen Gemeinde auf die Doppelbewerbung hin. [2]Der Kreiswahlleiter verfährt entsprechend, wenn ihm eine Doppelbewerbung für die Kreiswahl bekanntgegeben wird. [3]Die Sätze 1 und 2 gelten für andere Wahlen entsprechend.

(4) Für die Vorprüfung der Erklärungen über die Verbindung von Wahlvorschlägen gilt Absatz 1 entsprechend mit der Maßgabe, daß bei Mängeln in den Erklärungen nach § 27 Abs. 1 Satz 3 KWG LSA zu verfahren ist.

### § 35 Zulassung der Wahlvorschläge und Wahlvorschlagsverbindungen

(1) Der Wahlleiter lädt die Vertrauenspersonen der Wahlvorschläge und die Unterzeichner der Erklärungen über die Verbindung von Wahlvorschlägen zu der Sitzung, in der über die Zulassung der Wahlvorschläge und Wahlvorschlagsverbindungen entschieden wird.

(2) Der Wahlleiter legt dem Wahlausschuß die eingegangenen Wahlvorschläge und Erklärungen über Wahlvorschlagsverbindungen vor und berichtet ihm über das Ergebnis der Vorprüfung.

(3) ¹Der Wahlausschuß entscheidet über die Zulassung der Wahlvorschläge und Wahlvorschlagsverbindungen nach den Vorschriften des § 28 Abs. 1 bis 6a KWG LSA. ²Weist ein Wahlvorschlag oder eine Erklärung über Wahlvorschlagsverbindungen Mängel auf, so ist § 27 Abs. 2 und 3 KWG LSA zu beachten. ³Vor einer Entscheidung ist der erschienenen Vertrauensperson des betroffenen Wahlvorschlags oder den erschienenen Unterzeichnern von Erklärungen über die Verbindung von Wahlvorschlägen Gelegenheit zur Äußerung zu geben.

(4) ¹Bewerber, für die nach § 28 Abs. 3 KWG LSA die Zulassung versagt wird, werden in der Sitzung des Wahlauschusses im Wahlvorschlag spätestens am 52. Tag vor der Wahl durch den Wahlausschuss gestrichen. ²Die Nummerierung der verbliebenen Bewerber ist anzupassen. ³Werden alle Bewerber eines Wahlvorschlages gestrichen, so wird der Wahlvorschlag nicht zugelassen.

(5) ¹Geben die Parteibezeichnungen oder Kennworte mehrerer Wahlvorschläge oder deren Kurzbezeichnungen zu Verwechslungen Anlaß, so fügt der Wahlausschuß einem der Wahlvorschläge eine Unterscheidungsbezeichnung bei. ²Trifft bei verbundenen Wahlen der Kreiswahlausschuß für den Wahlvorschlag einer Partei eine Unterscheidungsregelung, so gilt diese auch für die Gemeindewahlen und andere Wahlen im Landkreis. ³Finden verbundene Wahlen ohne Kreiswahlen statt, so trifft der Verbandsgemeindewahlausschuss die Entscheidung nach Satz 2.

(6) ¹Ist der Wahlvorschlag einer Wählergruppe mit einem Kennwort eingereicht worden, aus dem nicht hervorgeht, daß es sich um eine Wählergruppe im Wahlgebiet handelt (§ 21 Abs. 6 Nr. 3 KWG LSA), so erweitert der Wahlausschuß das Kennwort durch einen Zusatz, der dieser Anforderung entspricht. ²Sind in dem Kennwort des Wahlvorschlags einer Wählergruppe Namen oder Kurzbezeichnungen von Parteien im Sinne des Artikels 21 des Grundgesetzes enthalten, so werden diese gestrichen, es sei denn, daß der Vertretungsberechtigte der Wählergruppe das Kennwort nach entsprechender Aufforderung rechtzeitig ändert.

(7) ¹Der Wahlausschuß stellt die zugelassenen Wahlvorschläge in der in § 30 Abs. 1 vorgeschriebenen Form mit der maßgebenden Reihenfolge der Bewerber fest. ²Er stellt ferner die zugelassenen Wahlvorschlagsverbindungen fest.

(8) Der Wahlleiter verkündet die Entscheidung des Wahlausschusses im Anschluß an die Beschlußfassung unter kurzer Angabe der Gründe und weist darauf hin, daß die Entscheidung vorbehaltlich einer Nachprüfung im Wahlprüfungsverfahren endgültig ist; § 10 Abs. 5 KWG LSA bleibt unberührt.

(9) ¹Über die Sitzung wird eine Niederschrift nach dem Muster der Anlage 11 angefertigt. ²Der Niederschrift sind die zugelassenen Wahlvorschläge in der vom Wahlausschuß festgestellten Form beizufügen.

### § 36 Bekanntmachung der Wahlvorschläge und Wahlvorschlagsverbindungen

(1) ¹Der Wahlleiter ordnet die zugelassenen Wahlvorschläge unter fortlaufenden Nummern in der nach § 37 Abs. 2 maßgebenden Reihenfolge und macht sie unverzüglich öffentlich bekannt. ²Die Bekanntmachung enthält für jeden Wahlvorschlag die in § 21 Abs. 6 KWG LSA bezeichneten Angaben; statt dem Tag der Geburt ist nur das Geburtsjahr der Bewerber, statt der Anschrift ist die Postleitzahl und der Wohnort (Hauptwohnung) anzugeben. ³Bei der Wahl der Gemeinderäte ist zusätzlich der in der Hauptsatzung bestimmte Ortsteil anzugeben. ⁴Weist ein Bewerber bis zum Ablauf der Einreichungsfrist gegenüber dem Wahlleiter nach, dass für ihn im Melderegister eine Auskunftssperre nach § 51 Abs. 1 des Bundesmeldegesetzes eingetragen ist, kann auf Verlangen des Bewerbers statt des Wohnortes der Ort der Erreichbarkeitsanschrift verwendet werden. ⁵Die Bekanntmachung enthält ferner die zugelassenen Wahlvorschlagsverbindungen in der Reihenfolge nach § 37 Abs. 3.

(2) Der Kreiswahlleiter und der Gemeindewahlleiter der kreisfreien Stadt teilen für ihr Wahlgebiet dem Landeswahlleiter und der oberen Kommunalaufsichtsbehörde nach dem Muster der Anlage 12 unverzüglich mit
1. die Zahl der zugelassenen Wahlvorschläge, aufgegliedert nach den Wahlvorschlägen der einzelnen Parteien und Wählergruppen sowie der Gesamtheit der Einzelbewerber,
2. die Zahl der auf den zugelassenen Wahlvorschlägen insgesamt benannten Bewerber, aufgegliedert nach den Wahlvorschlägen der einzelnen Parteien und Wählergruppen sowie der Gesamtheit der Einzelbewerber,

3. die Zahl der zugelassenen Wahlvorschlagsverbindungen, aufgegliedert nach den beteiligten Parteien, Wählergruppen und Einzelbewerbern.

(3) Der Gemeindewahlleiter der kreisangehörigen Gemeinde und der Verbandsgemeindewahlleiter der Verbandsgemeinde teilen die in Absatz 2 bezeichneten Angaben unverzüglich dem Kreiswahlleiter mit.

(4) Der Kreiswahlleiter teilt dem Landeswahlleiter und der oberen Kommunalaufsichtsbehörde für die zum Landkreis gehörenden Gemeinden und Verbandsgemeinden nach den Mustern der Anlagen 13a und 13b unverzüglich mit
1. die Zahl der Gemeinden, in denen die Gemeinderatswahl stattfindet (Anlage 13a),
2. die Zahl der Verbandsgemeinden, in denen Verbandsgemeinderatswahlen und die Zahl der Mitgliedsgemeinden der Verbandsgemeinden, in denen Gemeinderatswahlen stattfinden (Anlage 13b),
3. die Zahlen der zugelassenen Wahlvorschläge und der auf ihnen insgesamt benannten Bewerber, aufgegliedert nach den Wahlvorschlägen der einzelnen Parteien, der Gesamtheit der Wählergruppen und der Gesamtheit der Einzelbewerber,
4. die Zahl der zugelassenen Wahlvorschlagsverbindungen, aufgegliedert nach den beteiligten Parteien, Wählergruppen und Einzelbewerbern,
5. die Zahl der Gemeinden, in denen die Gemeinderatswahl unterbleibt, weil in den letzten zwölf Monaten vor Ablauf der allgemeinen Wahlperiode eine einzelne Neuwahl oder eine Wiederholungswahl stattgefunden hat (Anlage 13a),
6. die Zahl der Verbandsgemeinden, in denen die Verbandsgemeinderatswahl und die Zahl der Mitgliedsgemeinden der Verbandsgemeinden, in denen die Gemeinderatswahl unterbleibt, weil in den letzten zwölf Monaten vor Ablauf der allgemeinen Wahlperiode eine einzelne Neuwahl oder eine Wiederholungswahl stattgefunden hat (Anlage 13b).

## § 37 Stimmzettel und Briefwahlunterlagen

(1) [1]Der Stimmzettel für die Vertretungswahlen enthält nach dem Muster der **Anlagen 14** und **15** die für den Wahlbereich zugelassenen Wahlvorschläge; ihre Reihenfolge und Numerierung erfolgt nach Absatz 2. [2]Wahlvorschläge von Parteien tragen als Überschrift die Parteibezeichnung, dabei ist § 29 Abs. 3 Satz 3 KWG LSA zu berücksichtigen, Wahlvorschläge von Wählergruppen das Kennwort; sofern Parteien oder Wählergruppen eine Kurzbezeichnung verwenden, wird auch diese aufgeführt. [3]Einzelwahlvorschläge tragen die Bezeichnung „Einzelbewerber" und den Familiennamen des Einzelbewerbers; bei Gleichheit der Familiennamen von Einzelbewerbern wird zur Unterscheidung der Vorname oder ein sonst geeigneter Zusatz hinzugefügt. [4]Die Bewerber eines jeden Wahlvorschlages werden in der zugelassenen Reihenfolge mit Familiennamen, Vornamen, Geburtsjahr, Beruf oder Stand, der Postleitzahl und dem Wohnort (Hauptwohnung) aufgeführt. [5]Bei Wahlen der Gemeinderäte ist zusätzlich der in der Hauptsatzung bestimmte Ortsteil aufzuführen; die Angabe der Postleitzahl und des Wohnortes können unterbleiben. [6]Jeder Bewerber erhält auf dem Stimmzettel ein abgegrenztes Feld gleicher Größe. [7]Bei einem Nachweis nach § 36 Abs. 1 Satz 4 kann auf Verlangen des Bewerbers anstelle des Wohnortes (Hauptwohnung) der Ort der Erreichbarkeitsanschrift verwendet werden. [8]Die Angabe mehrerer Vornamen ist zulässig. [9]Zusätzlich kann ein eingetragener Ordens- oder Künstlername angegeben werden, wenn sich dieser aus dem Melderegister, Personalausweis oder Pass ergibt.

(1a) [1]Die Stimmzettel für die Bürgermeister-, Ortsvorsteher- und Landratswahl sind nach dem Muster der **Anlage 16** zu erstellen. [2]Die Bewerber werden mit Familiennamen, Vornamen, Geburtsjahr, Beruf oder Stand und Wohnort (Hauptwohnung) aufgeführt. [3]Absatz 1 Satz 6 bis 9 gilt entsprechend. [4]Die Reihenfolge der Bewerber erfolgt nach § 29 Abs. 7 KWG LSA in alphabetischer Reihenfolge des Namens. [5]Die Zulässigkeit der Angabe der Parteibezeichnung einer oder mehrerer Parteien oder das Kennwort einer oder mehrerer Wählergruppen richtet sich nach § 29 Abs. 7 Satz 2 und 3 KWG LSA.

(2) [1]Die Reihenfolge der Wahlvorschläge für Vertretungswahlen richtet sich nach § 29 Abs. 4 KWG LSA. [2]In dieser Reihenfolge werden die Wahlvorschläge unter fortlaufenden Nummern (Wahlvorschlagsnummern) aufgeführt. [3]Dabei gilt folgende Regelung: Die ersten Wahlvorschlagsnummern erhalten die Wahlvorschläge der in § 29 Abs. 4 Satz 1 KWG LSA bezeichneten Parteien und Einzelbewerber in der Reihenfolge der Stimmenzahlen der bei der letzten Wahl zum Landtag des Landes Sachsen-Anhalt erzielten Zweitstimmen. [4]Ihnen schließen sich die Wahlvorschläge anderer Parteien, Wählergruppen und Einzelbewerber in der Reihenfolge der bei der letzten Wahl der Vertretung des Wahl-

gebietes erzielten Stimmen an. ⁵Wird von diesen Parteien und Wählergruppen kein Wahlvorschlag eingereicht oder treten diese Einzelbewerber nicht wieder an, bleibt deren Listennummer für die betreffende Wahl unbesetzt. ⁶Im übrigen ist die Reihenfolge alphabetisch. ⁷Für gleichzeitig stattfindende Kreis- und Gemeindewahlen ist für die Reihenfolge der Wahlvorschläge § 29 Abs. 5 KWG LSA maßgeblich.

(3) ¹Die für das Wahlgebiet zugelassenen Wahlvorschlagsverbindungen sind auf dem Stimmzettel unter Angabe der beteiligten Parteien, Wählergruppen und Einzelbewerber aufzuführen. ²Die Reihenfolge der Wahlvorschlagsverbindungen richtet sich nach den Wahlvorschlagsnummern (Absatz 2); dabei ist jeweils die niedrigste Wahlvorschlagsnummer maßgebend, die eine an der Wahlvorschlagsverbindung beteiligte Partei oder Wählergruppe oder ein an ihr beteiligter Einzelbewerber führt.

(4) ¹Die Stimmzettel sind von undurchsichtigem Papier. ²Sie müssen einseitig schwarz bedruckt und in jedem Wahlbezirk von gleicher Beschaffenheit sein. ³Schriftart, Schriftgröße und Kontrast sollen so gewählt werden, dass die Lesbarkeit erleichtert wird. ⁴Für wahlstatistische Auszählungen können Unterscheidungsbezeichnungen aufgedruckt werden. ⁵Bei verbundenen Wahlen müssen die Stimmzettel folgende Farben haben:
1. Bei den Wahlen zu den Vertretungen ist für
    a) die Wahl zu den Kreistagen und Gemeinderäten der kreisfreien Städte ein grüner,
    b) die Wahl der Gemeinderäte in den kreisangehörigen Gemeinden ein gelber,
    c) die Wahl zu den Verbandsgemeinderäten ein lavendel und
    d) für die Wahl zu den Ortschaftsräten ein rosa
    Farbton zu verwenden.
2. Bei den Bürgermeister-, Verbandsgemeindebürgermeister-, Ortsvorsteher- und Landratswahlen ist für
    a) die Wahl des Landrates und für die Wahl des Oberbürgermeisters der kreisfreien Städte ein grauer,
    b) die Wahl des Bürgermeisters in kreisangehörigen Gemeinden ein oranger,
    c) die Wahl des Verbandsgemeindebürgermeisters ein beiger und
    d) für die Wahl des Ortsvorstehers ein rosa
    Farbton zu verwenden.

⁶Die Farbtöne sind so zu gestalten, daß bei schwarzem Druck die Lesbarkeit des Textes nicht beeinträchtigt ist.

(5) ¹Bei der Briefwahl werden Stimmzettelumschläge und Wahlbriefumschläge verwendet, die amtlich beschafft werden. ²Die Stimmzettelumschläge und die Wahlbriefumschläge müssen undurchsichtig und durch Klebung verschließbar sein. ³Der Stimmzettelumschlag muß groß genug sein, um den Stimmzettel, bei verbundenen Wahlen alle Stimmzettel, in gefaltetem Zustand aufzunehmen. ⁴Der Stimmzettelumschlag hat die Farbe des Stimmzettels, bei verbundenen Wahlen jedoch rot (Muster der **Anlage 17**). ⁵Der Wahlbriefumschlag muß größer sein als der Stimmzettelumschlag (Muster der **Anlage 18**). ⁶Die Umschläge müssen innerhalb einer Gemeinde einheitlich sein. ⁷Der Wahlbriefumschlag hat die Farbe hellblau. ⁸Im übrigen gelten die Muster der Anlagen 17 und 18.

(6) ¹Bei zeitgleichen Europa- und Kommunalwahlen ist auf der Vorderseite des Stimmzettelumschlages für die Briefwahl die Bezeichnung „Stimmzettelumschlag für die Briefwahl bei der Kommunalwahl" anzugeben (Muster der Anlage 17). ²Im Übrigen kann der Landeswahlleiter bei zeitgleichen Wahlen Unterscheidungsmerkmale für die Stimmzettel, Stimmzettelumschläge und Wahlumschläge festlegen.

(7) ¹Der Wahlleiter weist der Gemeinde die Stimmzettel, Stimmzettelumschläge und Wahlbriefumschläge zu. ²Bei verbundenen Wahlen obliegt die Zuweisung der Stimmzettelumschläge und der Wahlbriefumschläge den Gemeindewahlleitern.

### § 38 Wahlbekanntmachung der Gemeinde

(1) ¹Der Bürgermeister macht spätestens am 6. Tage vor der Wahl Beginn und Ende der Wahlzeit sowie die Wahlbezirke und die Wahllokale öffentlich bekannt. ²Anstelle der Aufzählung der Wahlbezirke mit ihrer Abgrenzung und ihren Wahllokalen kann auf die Angaben in der Wahlbenachrichtigung verwiesen werden. ³In der Bekanntmachung weist die Gemeinde darauf hin,

1. wieviele Stimmen der Wähler hat,
2. daß die Stimmzettel amtlich hergestellt und im Wahllokal bereitgehalten werden,
3. daß der Stimmzettel die im Wahlbereich zugelassenen Wahlvorschläge und die zugelassenen Wahlvorschlagsverbindungen für die Wahl zu den Vertretungen beziehungsweise die zugelassenen Bewerbungen zur Bürgermeister-, Ortsvorsteher- und Landratswahl enthält,
4. daß der Wähler bei der Wahl zu den Vertretungen
   a) auf dem Stimmzettel die Namen der Bewerber, denen er seine Stimme geben will, durch Ankreuzen oder in sonstiger Weise zweifelsfrei kennzeichnen muß,
   b) einem Bewerber bis zu drei Stimmen geben kann,
   c) seine Stimmen auch verschiedenen Bewerbern eines Wahlvorschlags geben kann, ohne an die Reihenfolge innerhalb des Wahlvorschlags gebunden zu sein,
   d) seine Stimmen Bewerbern verschiedener Wahlvorschläge geben kann,
5. daß auf dem Stimmzettel der Name des Bewerbers zur Bürgermeister- und Landratswahl, dem er seine Stimme geben will, durch Ankreuzen oder in sonstiger Weise zweifelsfrei gekennzeichnet werden muß,
6. die Möglichkeit einer Stichwahl besteht und an welchem Tag die Stichwahl stattfinden würde,
7. dass Wahlberechtigte, die für die Wahl des Bürgermeisters, Ortsvorstehers und Landrates eine Wahlbenachrichtigung erhalten haben, für die Stichwahl keine neue Wahlbenachrichtigung erhalten,
8. dass Personen, die nicht im Wählerverzeichnis eingetragen sind und nach § 20 KWG LSA für die erste Wahl einen Wahlschein erhalten haben und Personen, die erst für die Stichwahl wahlberechtigt sind, auf Antrag einen Wahlschein erhalten,
9. daß der Wähler sich auf Verlangen des Wahlvorstandes über seine Person auszuweisen hat,
10. daß der Wähler, der keinen Wahlschein besitzt, seine Stimme nur in dem für ihn zuständigen Wahllokal abgeben kann,
11. daß der Wähler, der einen Wahlsschein besitzt, an der Wahl im Wahlbereich, für der den Wahlschein gilt,
    a) durch Stimmabgabe in einem beliebigen Wahlbezirk dieses Wahlbereiches oder
    b) durch Briefwahl
    teilnehmen kann,
12. in welcher Weise die Briefwahl ausgeübt wird,
13. daß die Wahl öffentlich ist und jedermann zum Wahllokal Zutritt hat, soweit das ohne Störung des Wahlgeschäfts möglich ist,
14. dass nach § 107a Abs. 1 und 3 des Strafgesetzbuches mit Freiheitsstrafe bis zu fünf Jahren oder mit Geldstrafe bestraft wird, wer unbefugt wählt oder sonst ein unrichtiges Ergebnis einer Wahl herbeiführt oder das Ergebnis verfälscht oder eine solche Tat versucht.

[4]Soweit eine Gemeinde von der Möglichkeit der Übertragung der Aufgaben des Gemeindewahlleiters auf den Verbandsgemeindebürgermeister nach § 10a Abs. 3 KWG LSA Gebrauch gemacht hat, stehen dem Verbandsgemeindebürgermeister die Befugnisse des jeweiligen Bürgermeisters entsprechend zu.
(2) [1]Ein Abdruck der Wahlbekanntmachung ist vor Beginn der Wahlhandlung am oder im Eingang des Gebäudes, in dem sich das Wahllokal befindet, anzubringen. [2]Dem Abdruck ist der für den Wahlbereich maßgebende Stimmzettel beizufügen, bei verbundenen Wahlen je ein Stimmzettel für jede Wahl. [3]Diese Stimmzettel müssen durch Aufdruck oder Überschrift deutlich als Muster gekennzeichnet sein.

*Teil 4*
**Bewerbungen zur Bürgermeister- und Landratswahl**

**§ 38a Wahlbekanntmachung zur Bürgermeister- und Landratswahl und Bewerbungen von Staatsangehörigen anderer Mitgliedstaaten der Europäischen Union**
(1) [1]In der Bekanntmachung nach § 6 Abs. 2 KWG LSA ist darauf hinzuweisen, daß Staatsangehörige aus anderen Mitgliedstaaten der Europäischen Union nach den für Deutsche geltenden Voraussetzungen wahlberechtigt und wählbar sind. [2]Ferner ist darauf hinzuweisen, daß sie nicht wählbar sind, wenn sie nach den deutschen oder den Rechtsvorschriften des Staates, dessen Staatsangehörigkeit sie besitzen, vom Wahlrecht ausgeschlossen sind oder sie infolge Richterspruchs die Wählbarkeit oder die

Fähigkeit zur Bekleidung öffentlicher Ämter verloren haben. ³Die Bekanntmachung muß einen Hinweis auf die Verpflichtung zur Vorlage einer Versicherung mit dem in Absatz 2 bestimmten Inhalt für die Bewerber zur Bürgermeister- oder Landratswahl enthalten.
(2) Bewerben sich Staatsangehörige aus anderen Mitgliedstaaten der Europäischen Union zur Bürgermeister- oder Landratswahl, so haben sie mit der Bewerbung
1. um das Amt des Bürgermeisters und Ortsvorstehers gegenüber der Gemeinde,
2. um das Amt des Verbandsgemeindebürgermeisters gegenüber der Verbandsgemeinde,
3. um das Amt des Landrates gegenüber dem Landkreis
eine Versicherung nach dem Muster der Anlage 8b abzugeben, daß sie nach den Rechtsvorschriften des Staates, dessen Staatsangehörigkeit sie besitzen, nicht vom Wahlrecht ausgeschlossen sind oder infolge Richterspruchs die Wählbarkeit oder die Fähigkeit zur Bekleidung öffentlicher Ämter verloren haben.

### § 39 Bewerbungen zur Bürgermeister- und Landratswahl
(1) ¹Bewerbungen können bis 18 Uhr des letzten Tages der Einreichungsfrist schriftlich eingereicht und zurückgenommen werden. ²Auf den Bewerbungen ist der Zeitpunkt des Einganges zu vermerken.
(2) ¹Die öffentliche Bekanntmachung der zugelassenen Bewerbungen nach § 30 Abs. 6 KWG LSA soll Namen, Vornamen, Beruf oder Stand, Geburtsjahr und die Postleitzahl und den Wohnort (Hauptwohnung) des Bewerbers enthalten. ²Weist ein Bewerber bis zum Ablauf der Einreichungsfrist gegenüber dem Wahlleiter nach, dass für ihn im Melderegister eine Auskunftssperre nach § 51 Abs. 1 des Bundesmeldegesetzes eingetragen ist, ist anstelle des Wohnortes der Ort der Erreichbarkeitsanschrift anzugeben.

*Teil 5*
**Wahlhandlung (zu §§ 32 bis 35 KWG LSA)**

*Abschnitt 1*
**Allgemeine Vorschriften**

### § 40 Ausstattung des Wahlvorstandes
Der Bürgermeister übergibt dem Wahlvorsteher eines jeden Wahlbezirkes vor Beginn der Wahlhandlung
1. das Wählerverzeichnis,
2. das besondere Wahlscheinverzeichnis (§ 25 Abs. 7),
3. Stimmzettel in genügender Zahl,
4. Vordrucke der Wahlniederschrift und der Zählliste,
5. Vordruck der Schnellmeldung,
6. Abdrucke des Kommunalwahlgesetzes für das Land Sachsen-Anhalt und der Kommunalwahlordnung für das Land Sachsen-Anhalt, die die Anlagen nicht zu enthalten braucht,
7. Abdruck der Wahlbekanntmachung,
8. Verschluß- und Siegelmaterial für die Wahlurne,
9. Verpackungs- und Siegelmaterial zum Verpacken der Stimmzettel und Wahlscheine.

### § 41 Wahlkabine
(1) ¹In jedem Wahllokal richtet der Bürgermeister eine oder mehrere Wahlkabinen mit Tischen ein, in denen der Wähler seinen Stimmzettel unbeobachtet kennzeichnen kann. ²Als Wahlkabine kann auch ein nur durch das Wahllokal zugänglicher Nebenraum dienen, wenn dessen Eingang vom Wahltisch aus übersehen werden kann.
(2) In der Wahlkabine sollen Schreibstifte gleicher Farbe bereit liegen.

### § 42 Wahlurnen
Die von den Wählern abgegebenen Stimmzettel werden in Wahlurnen gesammelt.
(2) ¹Die Wahlurne muß mit einem Deckel versehen sein. ²Ihre innere Höhe soll in der Regel 90 cm, der Abstand jeder Wand von der gegenüberliegenden mindestens 35 cm betragen. ³Im Deckel muß die Wahlurne einen Spalt haben, der nicht weiter als 2 cm sein darf. ⁴Sie muß verschließbar sein.
(3) Für die Stimmabgabe in Sonderwahlbezirken und vor einem beweglichen Wahlvorstand können kleine Wahlurnen verwendet werden.

(4) Die Wahlurnen werden von der Gemeinde beschafft.

### § 43 Wahltisch
¹Der Tisch, an dem der Wahlvorstand Platz nimmt, muß von allen Seiten zugänglich sein. ²An oder auf *diesem*[1]) Tisch wird die Wahlurne gestellt.

### § 44 Eröffnung der Wahlhandlung
(1) ¹Der Wahlvorsteher eröffnet die Wahlhandlung damit, daß er seinen Stellvertreter und die übrigen Beisitzer zur unparteiischen Wahrnehmung ihres Amtes und zur Verschwiegenheit über die ihnen bei ihrer amtlichen Tätigkeit bekanntgewordenen Tatsachen, insbesondere über alle dem Wahlgeheimnis unterliegenden Angelegenheiten, verpflichtet und so den Wahlvorstand bildet. ²Falls es erforderlich ist, ersetzt der fehlende Beisitzer durch anwesende Wahlberechtigte (§ 6 Abs. 11), die er ebenfalls nach Satz 1 verpflichtet.
(2) ¹Vor Beginn der Stimmabgabe berichtigt der Wahlvorsteher das Wählerverzeichnis nach dem besonderen Wahlscheinverzeichnis (§ 25 Abs. 7), in dem er bei den in diesem Verzeichnis aufgeführten Wahlberechtigten in der für den Stimmabgabevermerk vorgesehenen Spalte des Wählerverzeichnisses den Vermerk „W" einträgt. ²Er berichtigt dementsprechend die Abschlußbescheinigung des Wählerverzeichnisses und bescheinigt die Berichtigung. ³Bei einer ergänzenden Mitteilung der Gemeinde über die Ausstellung von Wahlscheinen nach § 25 Abs. 11 Satz 2 oder die Ausgabe von Briefwahlunterlagen nach § 25 Abs. 11 Satz 4 gelten Satz 1 und 2 entsprechend.
(3) ¹Der Wahlvorstand überzeugt sich vor Beginn der Stimmabgabe davon, daß die Wahlurne leer ist. ²Der Wahlvorsteher verschließt die Wahlurne. ³Sie darf bis zum Schluß der Wahlhandlung nicht mehr geöffnet werden.

### § 45 Öffentlichkeit, Ordnung im Wahllokal
¹Während der Wahlhandlung sowie der Ermittlung und Feststellung des Wahlergebnisses hat jedermann zum Wahlraum Zutritt, soweit das ohne Störung des Wahlgeschäftes möglich ist. ²Der Wahlvorstand sorgt für Ruhe und Ordnung im Wahlraum. ³Er ordnet bei Andrang den Zutritt zum Wahlraum.

### § 46 Stimmabgabe
(1) ¹Im Wahllokal geht der Wähler zum Tisch des Wahlvorstandes und gibt seine Wahlbenachrichtigung ab. ²Auf Verlangen, insbesondere wenn er eine Wahlbenachrichtigung nicht vorlegt, hat er sich über seine Person auszuweisen.
(1a) Ist für die Bürgermeister-, Ortsvorsteher- und Landratswahl mehr als ein Bewerber zugelassen, so gibt der Wahlvorstand die Wahlbenachrichtigung nach Feststellung der Wahlberechtigung des Wahlberechtigten für eine etwaige Stichwahl zurück.
(2) ¹Sobald der Schriftführer den Namen des Wählers im Wählerverzeichnis gefunden hat und die Wahlberechtigung festgestellt worden ist, erhält der Wähler einen amtlichen Stimmzettel. ²Bei verbundenen Wahlen erhält der Wähler für jede Wahl, für die er wahlberechtigt ist, einen Stimmzettel. ³Die Mitglieder des Wahlvorstandes sind, wenn nicht die Feststellung der Wahlberechtigung es erfordert, nicht befugt, Angaben zur Person des Wählers so zu verlautbaren, daß sie von sonstigen im Wahllokal Anwesenden zur Kenntnis genommen werden können.
(3) ¹Der Wähler begibt sich in die Wahlkabine, kennzeichnet dort seinen Stimmzettel und faltet ihn so zusammen, daß bei der Abgabe von Umstehenden nicht erkannt werden kann, wie er gewählt hat. ²Danach tritt er wieder an den Tisch des Wahlvorstandes und legt den Stimmzettel in die Wahlurne.
(4) ¹Der Wahlvorstand hat darüber zu wachen, daß das Wahlgeheimnis gewahrt bleibt. ²Er achtet insbesondere darauf, daß sich immer nur ein Wähler in der Wahlkabine aufhält. ³In der Wahlkabine darf nicht gefilmt oder fotografiert werden.
(5) ¹Der Wahlvorstand hat einen Wähler zurückzuweisen, der
1. nicht in das Wählerverzeichnis eingetragen ist und keinen Wahlschein besitzt,
2. keinen Wahlschein vorlegt, obwohl sich im Wählerverzeichnis ein Wahlscheinvermerk befindet, es sei denn, es wird festgestellt, dass er nicht im Wahlscheinverzeichnis eingetragen ist,
3. bereits einen Stimmabgabevermerk im Wählerverzeichnis hat, es sei denn, er weist nach, dass er noch nicht gewählt hat,
4. seinen Stimmzettel außerhalb der Wahlkabine gekennzeichnet oder zusammengefaltet hat,

---

1) Richtig wohl: „diesen".

5. seinen Stimmzettel so gefaltet hat, dass seine Stimmabgabe erkennbar ist, oder ihn mit äußerlich sichtbaren, das Wahlgeheimnis offensichtlich gefährdenden Kennzeichen, versehen hat,
6. für den Wahlvorstand erkennbar in der Wahlkabine fotografiert oder gefilmt hat, oder
7. für den Wahlvorstand erkennbar mehrere oder einen nicht amtlich hergestellten Stimmzettel abgeben oder mit dem Stimmzettel einen weiteren Gegenstand in die Wahlurne werfen will.

²Ein Wähler, bei dem die Voraussetzungen des Satzes 1 Nr. 1 vorliegen und der im Vertrauen auf die ihm übersandte Benachrichtigung, dass er im Wählerverzeichnis eingetragen ist, keinen Antrag auf Berichtigung des Wählerverzeichnisses gestellt hat, ist gegebenenfalls bei der Zurückweisung darauf hinzuweisen, dass er bei der Gemeinde bis 15 Uhr einen Wahlschein beantragen kann.

(6) ¹Glaubt der Wahlvorsteher, das Wahlrecht einer im Wählerverzeichnis eingetragenen Person beanstanden zu müssen oder werden sonst aus der Mitte des Wahlvorstandes Bedenken gegen die Zulassung eines Wählers zur Stimmabgabe erhoben, so beschließt der Wahlvorstand über die Zulassung oder Zurückweisung. ²Der Beschluß ist in der Wahlniederschrift zu vermerken.

(7) ¹Hat der Wähler seinen Stimmzettel verschrieben oder versehentlich unbrauchbar gemacht oder wird er nach Absatz 5 Satz 1 Nrn. 4 bis 7 zurückgewiesen, so ist ihm auf Verlangen ein neuer Stimmzettel auszuhändigen, nachdem er den alten Stimmzettel im Beisein eines Wahlvorstandsmitgliedes zerrissen hat. ²Der zerrissene Stimmzettel darf nicht in die Wahlurne gelegt werden.

### § 47 Stimmabgabe von Wählern mit einer körperlichen Beeinträchtigung

(1) ¹Ein Wähler, der des Lesens unkundig oder durch eine körperliche Beeinträchtigung gehindert ist, den Stimmzettel zu kennzeichnen und in die Wahlurne zu legen oder das Wahlgerät selbständig zu bedienen, bestimmt eine Person, deren Hilfe er sich bei der Stimmabgabe bedienen will und teilt dies dem Wahlvorsteher mit. ²Auf Wunsch des Wählers kann ein Mitglied des Wahlvorstandes Hilfe leisten.

(2) ¹Die Hilfeleistung hat sich auf die Erfüllung der Wünsche des Wählers zu beschränken. ²Die Hilfsperson darf gemeinsam mit dem Wähler die Wahlkabine aufsuchen, soweit das zur Hilfeleistung erforderlich ist.

(3) Erscheint dem Wahlvorsteher die vom Wähler in Aussicht genommene Person nach dem Lebensalter oder sonstigen persönlichen Umständen zur Hilfeleistung nicht geeignet, so teilt er dies dem Wähler mit und weist auf Absatz 1 Satz 2 hin.

(4) Die Hilfsperson ist zur Geheimhaltung der Kenntnisse verpfliechet, die sie bei der Hilfeleistung von der Wahl eines anderen erlangt hat.

### § 48 Vermerk über die Stimmabgabe

¹Der Schriftführer vermerkt die Stimmabgabe neben dem Namen des Wählers im Wählerverzeichnis in der dafür bestimmten Spalte. ²Bei verbundenen Wahlen muß für jede Wahl eine Spalte benutzt werden.

### § 49 Stimmabgabe mit Wahlschein

(1) ¹Der Inhaber eines Wahlscheines weist sich aus und übergibt den Wahlschein dem Wahlvorsteher. ²Dieser prüft den Wahlschein. ³Entstehen Zweifel über seine Gültigkeit oder über den rechtmäßigen Besitz, so klärt sie der Wahlvorstand nach Möglichkeit und beschließt über die Zulassung oder Zurückweisung des Inhabers. ⁴Der Vorgang ist in der Wahlniederschrift zu vermerken. ⁵Der Wahlvorsteher behält den Wahlschein auch im Falle der Zurückweisung ein.

(2) Ergibt die Prüfung, daß der Wahlschein für einen anderen Wahlbereich gilt, so gibt der Wahlvorsteher ihn dem Inhaber mit einem entsprechenden Hinweis zurück.

(3) Bei verbundenen Wahlen gelten folgende ergänzende Regelungen:
1. Der Wahlvorsteher prüft, ob der Wahlschein für alle Wahlen oder nur für einzelne Wahlen gilt. Nach dem Ergebnis dieser Prüfung erhält der Inhaber des Wahlscheines für jede Wahl, für die er wahlberechtigt ist, einen Stimmzettel.
2. Gilt der vom Wähler vorgelegte Wahlschein im jeweiligen Wahlbereich wohl für die Kreiswahl, nicht aber für die Gemeindewahl und erklärt die[1]) Wähler, nur an der Kreiswahl teilnehmen zu wollen, so erhält er einen Stimmzettel für diese Wahl. Entsprechendes gilt für andere Wahlen. Der Wahlvorsteher trägt auf dem Wahlschein einen entsprechenden Vermerk ein.

(4) Im übrigen gelten die Vorschriften des[1]) §§ 46 und 47.

---

1) Richtig wohl: „der".

## § 50 Schluß der Wahlhandlung

¹Sobald die Wahlzeit abgelaufen ist, wird dies vom Wahlvorsteher bekanntgegeben. ²Von da ab dürfen nur noch Wähler zur Stimmabgabe zugelassen werden, die sich im Wahllokal befinden. ³Der Zutritt zum Wahllokal ist solange zu sperren, bis die anwesenden Wähler ihr Wahlrecht ausgeübt haben; § 35 Abs. 1 KWG LSA ist zu beachten. ⁴Sodann erklärt der Wahlvorsteher die Wahlhandlung für geschlossen.

## Abschnitt 2
### Besondere Regelungen

## § 51 Wahl in Sonderwahlbezirken

(1) Zur Stimmabgabe in Sonderwahlbezirken wird jeder in der Einrichtung anwesende Wahlberechtigte zugelassen, der im Wählerverzeichnis des Sonderwahlbezirkes eingetragen ist oder einen für den Wahlbereich gültigen Wahlschein hat.

(2) Es ist zulässig, für die verschiedenen Teile eines Sonderwahlbezirkes verschiedene Personen als Beisitzer des Wahlvorstandes zu berufen.

(3) ¹Der Bürgermeister bestimmt im Einvernehmen mit der Leitung der Einrichtung ein geeignetes Wahllokal. ²Für die verschiedenen Teile eines Sonderwahlbezirkes können verschiedene Wahllokale bestimmt werden. ³Der Bürgermeister richtet das Wahllokal her und sorgt für Wahlurnen und Sichtschutzvorrichtungen.

(4) Sind für den Sonderwahlbezirk mehrere Wahllokale bestimmt worden, so bestimmt der Bürgermeister im Einvernehmen mit der Leitung der Einrichtung die Zeit der Stimmabgabe für jedes Wahllokal im Rahmen der allgemeinen Wahlzeit nach dem tatsächlichen Bedürfnis.

(5) Die Leitung der Einrichtung gibt den Wahlberechtigten das Wahllokal und die Zeit der Stimmabgabe am Tage vor der Wahl bekannt und weist auf die Möglichkeit der Stimmabgabe nach Absatz 6 hin.

(6) ¹Der Wahlvorsteher oder sein Stellvertreter und zwei Beisitzer können sich zur Durchführung der Wahl unter Mitnahme einer verschlossenen Wahlurne und der erforderlichen Stimmzettel in die Krankenzimmer und an die Krankenbetten begeben. ²Dabei muß auch bettlägerigen Wahlberechtigten Gelegenheit gegeben werden, ihre Stimmzettel unbeobachtet zu kennzeichnen. ³Der Wahlvorsteher oder sein Stellvertreter weist Wähler, die sich bei der Stimmabgabe der Hilfe einer anderen Person bedienen wollen, darauf hin, dass sie auch ein von ihnen bestimmtes Mitglied des Wahlvorstandes in Anspruch nehmen können (§ 47). ⁴Nach Schluß der Stimmabgabe ist die verschlossene Wahlurne in das Wahllokal des Sonderwahlbezirkes zu bringen. ⁵Dort bleibt die Wahlurne bis zum Schluß der allgemeinen Stimmabgabe verschlossen. ⁶Ihr Inhalt wird mit dem der Wahlurne des Sonderwahlbezirkes vermengt und zusammen mit den übrigen Stimmen des Sonderwahlbezirkes ausgezählt. ⁷Der Vorgang wird in der Wahlniederschrift vermerkt.

(7) Die Öffentlichkeit soll nach Möglichkeit durch die Anwesenheit anderer Wahlberechtigter gewährleistet werden.

(8) Die Leitung der Einrichtung ist für die Absonderung von Kranken verantwortlich, die mit ansteckenden Krankheiten behaftet sind.

(9) ¹Der Wahlvorstand kann die Wahlhandlung im Sonderwahlbezirk vor Ablauf der allgemeinen Wahlzeit schließen, wenn keine Wahlberechtigten mehr zur Stimmabgabe zu erwarten sind. ²In diesem Falle bringt der Wahlvorstand die verschlossene Wahlurne, das Wählerverzeichnis des Sonderwahlbezirkes, die einbehaltenen Wahlscheine und die nicht benutzten Stimmzettel in das Wahllokal eines von dem Bürgermeister zu bestimmenden allgemeinen Wahlbezirkes; dies wird in der Wahlniederschrift vermerkt. ³Der Wahlvorstand des allgemeinen Wahlbezirkes verwahrt die in Satz 2 genannten Gegenstände bis zur Feststellung des Wahlergebnisses durch den Wahlvorstand des Sonderwahlbezirkes.

(10) Das Wahlergebnis des Sonderwahlbezirkes darf nicht vor Schluß der allgemeinen Wahlzeit ermittelt werden.

(11) Im übrigen gelten die allgemeinen Bestimmungen.

## § 52 Stimmabgabe in kleineren Krankenhäusern, kleineren Alten- oder Pflegeheimen

(1) Der Gemeindewahlleiter soll bei entsprechendem Bedürfnis und soweit möglich im Benehmen mit der Leitung eines kleineren Krankenhauses oder eines kleineren Alten- oder Pflegeheimes zulassen,

daß dort anwesende Wahlberechtigte, die einen für den Wahlbereich gültigen Wahlschein besitzen, in dieser Einrichtung vor einem beweglichen Wahlvorstand wählen.

(2) ¹Der Bürgermeister vereinbart mit der Leitung der Einrichtung die Zeit der Stimmabgabe innerhalb der allgemeinen Wahlzeit. ²Die Leitung der Einrichtung stellt, soweit erforderlich, ein geeignetes Wahllokal bereit. ³Der Bürgermeister richtet es her. ⁴Die Leitung der Einrichtung gibt den Wahlberechtigten Ort und Zeit der Stimmabgabe bekannt.

(3) ¹Der bewegliche Wahlvorstand begibt sich unter Mitnahme einer verschlossenen Wahlurne und der erforderlichen Stimmzettel in die Einrichtung und nimmt die Wahlscheine sowie die Stimmzettel entgegen; § 51 Abs. 6 Satz 1 bis 3 gilt entsprechend. ²Nach Schluß der Stimmabgabe bringt er die verschlossene Wahlurne und die Wahlscheine in das Wahllokal seines Wahlbezirkes, dort bleibt die Wahlurne bis zum Schluß der allgemeinen Stimmabgabe verschlossen. ³Ihr Inhalt wird mit dem Inhalt der allgemeinen Wahlurne vermengt und zusammen mit den Stimmen des Wahlbezirkes ausgezählt. ⁴Der Vorgang wird in der Wahlniederschrift vermerkt. ⁵In dem Vermerk wird die Zahl der vom beweglichen Wahlvorstand eingenommenen Wahlscheine angegeben.

(4) ¹§ 51 Abs. 7 und 8 findet entsprechende Anwendung. ²Im übrigen gelten die allgemeinen Bestimmungen.

### § 53 Stimmabgabe in Klöstern

Bei entsprechendem Bedürfnis und soweit möglich im Benehmen mit der Leistung eines Klosters soll die Stimmabgabe im Kloster entsprechend § 52 geregelt werden.

### § 54 Stimmabgabe in sozialtherapeutischen Anstalten und Justizvollzugsanstalten

(1) In sozialtherapeutischen Anstalten und Justizvollzugsanstalten soll der Gemeindewahlleiter bei entsprechendem Bedürfnis und soweit möglich den in der Anstalt anwesenden Wahlberechtigten, die einen für den Wahlbereich gültigen Wahlschein besitzen, Gelegenheit geben, in der Anstalt vor einem beweglichen Wahlvorstand zu wählen.

(2) ¹Der Bürgermeister vereinbart mit der Anstaltsleitung die Zeit der Stimmabgabe innerhalb der allgemeinen Wahlzeit. ²Die Anstaltsleitung stellt ein Wahllokal bereit. ³Der Bürgermeister richtet es her. ⁴Die Anstaltsleitung gibt den Wahlberechtigten Ort und Zeit der Stimmabgabe bekannt und sorgt dafür, daß sie zur Stimmabgabe das Wahllokal aufsuchen können.

(3) ¹§ 51 Abs. 7 und 8 findet entsprechende Anwendung. ²Im übrigen gelten die allgemeinen Bestimmungen.

### § 55 *[aufgehoben]*

### § 56 Briefwahl

(1) Für die Stimmabgabe durch Briefwahl gilt folgende Regelung:
1. Der Wähler kennzeichnet persönlich und unbeobachtet seinen Stimmzettel. Dabei soll er möglichst einen dokumentenechten Stift verwenden.
2. Er legt den Stimmzettel unbeachtet in den amtlichen Stimmzettelumschlag und verschließt diesen.
3. Er unterschreibt unter Angabe des Ortes und des Tages die auf dem Wahlschein vorgedruckte Versicherung an Eides statt zur Briefwahl gegenüber dem Wahlleiter.
4. Er legt den verschlossenen amtlichen Stimmzettelumschlag und den unterschriebenen Wahlschein in den amtlichen Wahlbriefumschlag.
5. Er verschließt den Wahlbriefumschlag.
6. Er übersendet den Wahlbrief durch ein Postunternehmen an den auf dem Wahlbriefumschlag angegebenen Gemeindewahlleiter. Der Wahlbrief kann auch in der Dienststelle des zuständigen Gemeindewahlleiters abgegeben werden. Nach Eingang des Wahlbriefes beim zuständigen Gemeindewahlleiter darf er nicht mehr zurückgegeben werden.

(2) Bei verbundenen Wahlen benutzt der Wähler für alle Wahlen nur einen Stimmzettelumschlag und nur einen Wahlbriefumschlag.

(3) In Krankenhäusern, Altenheimen, Altenwohnheimen, Pflegeheimen, Erholungsheimen, sozialtherapeutischen Anstalten und Justizvollzugsanstalten sowie in Gemeinschaftsunterkünften ist Vorsorge zu treffen, daß der Stimmzettel unbeobachtet gekennzeichnet und in den Stimmzettelumschlag gelegt werden kann.

(4) ¹Für die Stimmabgabe von Wählern mit einer körperlichen Beeinträchtigung gilt § 47 sinngemäß; hat der Wähler den Stimmzettel durch eine Hilfsperson kennzeichnen lassen, so hat diese durch Un-

terschreiben der Versicherung an Eides statt zur Briefwahl gegenüber dem Wahlleiter zu bestätigen, daß sie den Stimmzettel nach dem erklärten Willen des Wählers gekennzeichnet hat. ²Die Hilfsperson muss das 16. Lebensjahr vollendet haben.

(5) ¹Holt der Wahlberechtigte persönlich den Wahlschein und die Briefwahlunterlagen bei der Gemeinde ab, so soll ihm Gelegenheit gegeben werden, die Briefwahl an Ort und Stelle auszuüben. ²Die Gemeinde hat zu diesem Zweck eine oder mehrere Wahlkabinen aufzustellen oder einen besonderen Raum verfügbar zu halten, damit der Stimmzettel unbeobachtet gekennzeichnet und in den Stimmzettelumschlag gelegt werden kann. ³Die Gemeinde nimmt die Wahlbriefe entgegen, hält sie unter Verschuß und übergibt sie spätestens am Vormittag des Wahltags dem Gemeindewahlleiter. ⁴Der Gemeindewahlleiter nimmt die eidesstattliche Versicherung gemäß § 33 Abs. 2 Satz 3 KWG LSA entgegen.

*Teil 6*
**Feststellung und Bekanntgabe des Wahlergebnisses (zu §§ 36 bis 43 KWG LSA)**

### § 57 Feststellung des Wahlergebnisses im Wahlbezirk
(1) ¹Im Anschluß an die Wahlbehandlung ermittelt der Wahlvorstand ohne Unterbrechung das Wahlergebnis im Wahlbezirk. ²Er stellt fest
1. die Zahl der Wahlberechtigten,
2. die Zahl der Wähler,
3. die Zahlen der gültigen und ungültigen Stimmzettel,
4. die Zahlen der für jeden Bewerber und für jeden Wahlvorschlag abgegebenen gültigen Stimmen,
5. die Gesamtzahl der gültigen Stimmen.

(2) In das Wahlergebnis des Wahlbezirkes wird das Ergebnis der Briefwahl einbezogen, wenn der Gemeindewahlleiter es angeordnet hat (§ 62 Abs. 3 Satz 1).

(3) Bei verbundenen Wahlen wird das Wahlergebnis für jede Wahl getrennt festgestellt.

### § 58 Zählung der Wähler
¹Vor dem Öffnen der Wahlurne werden alle nicht benutzten Stimmzettel vom Wahltisch entfernt. ²Sodann werden die Stimmzettel der Wahlurne entnommen und gezählt. ³Zugleich werden die Stimmabgabevermerke im Wählerverzeichnis und die einbehaltenen Wahlscheine gezählt. ⁴Ergibt sich dabei auch nach wiederholter Zählung keine Übereinstimmung, so ist dies in der Wahlniederschrift anzugeben und, soweit möglich, zu erläutern. ⁵In diesem Falle gilt die Zahl der in der Wahlurne enthaltenen Stimmzettel als Zahl der Wähler.

### § 59 Zählung der Stimmen
(1) ¹Nachdem die Zahl der Wähler ermittelt worden ist, werden die abgegebenen Stimmen gezählt. ²Der Wahlvorsteher oder ein von ihm bestimmter Beisitzer liest aus jedem Stimmzettel vor, für welche Bewerber die Stimmen abgegeben worden sind; ein Vorsortieren gleichartig gekennzeichneter Stimmzettel ist zulässig. ³Ausgesondert und bei diesem Zählvorgang nicht berücksichtigt werden:
1. Stimmzettel, die nach § 60 Abs. 1 ungültig sind oder deren Gültigkeit nicht zweifelsfrei ist,
2. Stimmzettel, auf denen eine einzelne Stimmabgabe zweifelhaft erscheint (§ 60 Abs. 2).

⁴Die Beisitzer sammeln die Stimmzettel in der Aufgliederung nach Satz 2 (ausgezählte Stimmzettel) und Satz 3 (ausgesonderte Stimmzettel) und behalten sie bis zum Abschluß der Zählung unter ihrer Aufsicht.

(2) Das Vorlesen der Stimmen und gegebenenfalls das Vorsortieren der Stimmzettel nach Absatz 1 Satz 2 sowie das Aussondern der Stimmzettel nach Absatz 1 Satz 3 wird durch einen vom Wahlvorsteher zu bestimmenden Beisitzer laufend kontrolliert.

(3) ¹Anschließend entscheidet der Wahlvorstand über die Gültigkeit der ausgesonderten Stimmzettel und die Gültigkeit der auf ihnen abgegebenen Stimmen. ²Der Wahlvorsteher gibt die Entscheidung mündlich bekannt. ³Er vermerkt auf der Rückseite des Stimmzettels, ob er für gültig oder für ungültig erklärt worden ist. ⁴Ist er für gültig erklärt worden, so ist anzugeben, für welche Bewerber die Stimmen lauten.

(4) Die Stimmzettel, über die der Wahlvorstand nach Absatz 3 entschieden hat, sind mit fortlaufenden Nummern zu versehen und der Wahlniederschrift beizufügen.

(5) ¹Ergeben sich bei der Stimmenzählung nach den Absätzen 1 und 3 unter Einbeziehung der Zähllisten (§ 61) rechnerische Unstimmigkeiten, so ist der Zählvorgang ganz oder teilweise zu wiederholen. ²Das gleiche gilt, wenn ein Mitglied des Wahlvorstandes vor der Unterzeichnung der Wahlniederschrift eine erneute Zählung beantragt. ³Die Gründe für die erneute Zählung sind in der Wahlniederschrift zu vermerken.

### § 60 Ungültige Stimmabgabe, Auslegungsregeln
(1) Ein Stimmzettel ist ungültig,
1. wenn er nicht amtlich hergestellt oder für einen anderen Wahlbereich gültig ist,
2. wenn er bei der Wahl zu einer Vertretung mehr als drei Kennzeichnungen oder bei der Bürgermeister-, Ortsvorsteher- oder Landratswahl mehr als eine Kennzeichnung enthält,
3. wenn er, weil der Wille des Wählers aus der Art der Kennzeichnung nicht zweifelsfrei erkennbar ist, nicht wenigstens eine gültige Stimme enthält,
4. wenn er einen Zusatz oder Vorbehalt enthält,
5. wenn er keine Kennzeichnung enthält.

(2) ¹Auf einem an sich gültigen Stimmzettel ist eine einzelne Stimmabgabe ungültig, wenn nach der Art der Kennzeichnung eines Bewerbers der Wille des Wählers nicht zweifelsfrei erkennbar ist. ²Die Gültigkeit der übrigen Stimmen bleibt unberührt.

(3) Bei der Briefwahl gelten folgende ergänzende Regelungen:
1. Der Wahlbrief ist zurückzuweisen, wenn
   a) der Wahlbrief nicht rechtzeitig eingegangen ist,
   b) dem Wahlbriefumschlag kein Stimmzettelumschlag beigefügt ist,
   c) dem Wahlbriefumschlag kein oder kein gültiger Wahlschein beigefügt ist,
   d) der Wähler oder die Hilfsperson die vorgeschriebene Versicherung an Eides statt zur Briefwahl auf dem Wahlschein nicht unterschrieben hat,
   e) weder der Wahlbriefumschlag noch der Stimmzettelumschlag verschlossen ist,
   f) der Wahlbriefumschlag mehrere Stimmzettelumschläge, aber nicht eine gleiche Anzahl gültiger und mit der vorgeschriebenen Versicherung an Eides statt versehener Wahlscheine enthält; bei verbundenen Wahlen gilt dies nur, wenn die Wahlscheine für dieselben Wahlen gelten,
   g) kein amtlicher Stimmzettelumschlag benutzt worden ist,
   h) ein Stimmzettelumschlag benutzt worden ist, der offensichtlich in einer das Wahlgeheimnis gefährdenden Weise von den übrigen abweicht oder einen deutlich fühlbaren Gegenstand enthält.

Die Einsender zurückgewiesener Wahlbriefe werden nicht als Wähler gezählt; ihre Stimmen gelten als nicht abgegeben.
2. Enthält der Stimmzettelumschlag mehrere Stimmzettel derselben Wahl, so gilt folgendes:
   a) Wird das Briefwahlergebnis in das Wahlergebnis des Wahlbezirkes einbezogen (§ 63), so gelten diese Stimmzettel als ein ungültiger Stimmzettel.
   b) Wird das Briefwahlergebnis gesondert festgestellt (§ 64), so gelten diese Stimmzettel als ein Stimmzettel, wenn sie gleichlautend oder nur einer von ihnen gekennzeichnet ist; sonst gelten sie als ein ungültiger Stimmzettel.
3. Ist der Stimmzettelumschlag leer, so gilt der nicht abgegebene Stimmzettel als ungültig. Bei verbundenen Wahlen gilt dies für jede Wahl, für die der Wähler wahlberechtigt ist.
4. Ist ein Wähler bei verbundenen Wahlen für mehrere Wahlen wahlberechtigt und enthält sein Stimmzettelumschlag nicht für jede dieser Wahlen einen Stimmzettel, so gilt der nicht abgegebene Stimmzettel als ungültig.

### § 61 Zähllisten
(1) ¹Es wird eine Zählliste für die gültigen Stimmen und die ungültigen Stimmzettel von einem dafür bestimmten Mitglied des Wahlvorstandes geführt. ²Die Zählliste soll nach dem Muster der Anlage 19 oder 20 angelegt sein.
(2) Der Listenführer verzeichnet jede aufgerufene gültige Stimme und jeden aufgerufenen ungültigen Stimmzettel in der in Betracht kommenden Spalte der Zählliste.
(3) Der Wahlleiter kann anordnen, daß Gegenzähllisten geführt werden.

(4) Die Zähllisten werden vom Wahlvorsteher und vom Listenführer unterschrieben.

**§ 62 Behandlung der Wahlbriefe, Vorbereitung der Feststellung des Briefwahlergebnisses**
(1) [1]Der Gemeindewahlleiter sammelt die Wahlbriefe ungeöffnet und hält sie unter Verschluß. [2]Er vermerkt auf jedem am Wahltage nach Schluß der Wahlzeit eingehenden Wahlbrief Tag und Uhrzeit des Eingangs, auf den vom nächsten Tag an eingehenden Wahlbriefen nur den Eingangstag.
(2) *[aufgehoben]*
(3) [1]Der Gemeindewahlleiter bestimmt für jeden Wahlbereich den Wahlbezirk, in dessen Wahlergebnis das Ergebnis der Briefwahl einbezogen wird. [2]Dabei darf es sich nicht um Wahlbezirke nach § 85 handeln. [3]Er kann für den Wahlbereich eine gesonderte Feststellung des Briefwahlergebnisses anordnen, wenn mehr als 50 Wahlbriefe eingegangen sind.
(4) [1]Wird ein Briefwahlergebnis gesondert festgestellt, so bestimmt der Gemeindewahlleiter vor der Berufung der Mitglieder der Briefwahlvorstände, wie viele Briefwahlvorstände gebildet werden müssen, um das Ergebnis der Briefwahl noch am Wahltage feststellen zu können. [2]Für die Bildung und die Tätigkeit der Briefwahlvorstände gelten sinngemäß die allgemeinen Vorschriften, jedoch mit der Maßgabe, daß der Gemeindewahlleiter Ort und Zeit des Zusammentritts des Briefwahlvorstandes bekanntmacht sowie für die Bereitstellung und Ausstattung des Wahllokales sorgt. [3]Auf die nach § 6 Abs. 2 Satz 2 vorgeschlagenen Personen kann zurückgegriffen werden.
(5) Der Gemeindewahlleiter übergibt den Wahlvorständen der nach Absatz 3 Satz 1 bestimmten Wahlbezirke oder den nach Absatz 4 gebildeten Briefwahlvorständen die nach Wahlbereichen beordneten Wahlbriefe und das Verzeichnis über die für ungültig erklärten Wahlscheine sowie die Nachträge dazu oder die Mitteilung, daß keine Wahlscheine für ungültig erklärt worden sind (§ 25 Abs. 10).
(6) [1]Verspätet eingegangene Wahlbriefe werden vom Gemeindewahlleiter angenommen, mit den in Absatz 1 vorgeschriebenen Vermerken versehen und ungeöffnet verpackt. [2]Das Paket wird von ihm versiegelt, mit Inhaltsangabe versehen und verwahrt, bis die Vernichtung der Wahlbriefe zugelassen ist. [3]Er hat sicherzustellen, daß das Paket Unbefugten nicht zugänglich ist.
(7) [1]Wenn der Landeswahlleiter feststellt, daß infolge von Naturkatastrophen oder ähnlichen Ereignissen höherer Gewalt die regelmäßige Beförderung von Wahlbriefen gestört war, gelten die dadurch betroffenen Wahlbriefe, die nach dem Poststempel spätestens am Tage vor der Wahl zur Post gegeben worden sind, als rechtzeitig eingegangen. [2]In einem solchen Falle werden, sobald die Auswirkungen des Ereignisses behoben sind, spätestens am 21. Tage nach der Wahl, die durch das Ereignis betroffenen Wahlbriefe ausgesondert und dem Wahlvorstand zur nachträglichen Feststellung des Wahlergebnisses überwiesen. [3]Die nachträgliche Feststellung erfolgt nach § 64. [4]Sie unterbleibt, wenn für sie nicht mindestens 50 Wahlbriefe eines Wahlbereichs vorliegen.

**§ 63 Einbeziehung des Briefwahlergebnisses in das Wahlergebnis des Wahlbezirkes**
(1) Der Wahlvorstand des nach § 62 Abs. 3 Satz 1 bestimmten Wahlbezirkes behandelt die ihm nach § 62 Abs. 5 übergebenen Wahlbriefe nach Ablauf der Wahlzeit, bevor die Wahlurne geöffnet wird, wie folgt:
1. Die Wahlbriefe werden einzeln geöffnet. Ihnen werden der Wahlschein und der Stimmzettelumschlag entnommen.
2. Ist der Wahlschein in einem Verzeichnis für ungültig erklärter Wahlscheine aufgeführt oder werden Bedenken gegen die Gültigkeit des Wahlscheines erhoben, so sind die betroffenen Wahlbriefe samt Inhalt unter Kontrolle des Wahlvorstehers auszusondern und später entsprechend Absatz 2 zu behandeln. Die aus den übrigen Wahlbriefen entnommenen Stimmzettelumschläge werden geöffnet und die Stimmzettel uneingesehen in gefaltetem Zustand in die Wahlurne gelegt. Die Wahlscheine werden gesammelt.

(2) [1]Der Wahlbrief ist zu beanstanden, wenn nach § 60 Abs. 3 Nr. 1 Satz 1 Buchst. b bis h Bedenken gegen eine Zulassung bestehen. [2]Der Wahlvorstand beschließt über die Zulassung oder Zurückweisung der beanstandeten Wahlbriefe. [3]Die Zahlen der beanstandeten, oder nach besonderer Beschlussfassung zugelassenen und der zurückgewiesenen Wahlbriefe sind in der Ergänzung zur Wahlniederschrift des Wahlbezirkes zu vermerken. [4]Die zurückgewiesenen Wahlbriefe sind mit Inhalt auszusondern, mit einem Vermerk über den Zurückweisungsgrund zu versehen, wieder zu verschließen, fortlaufend zu nummerieren und der Ergänzung zur Wahlniederschrift in einem versiegelten Paket beizufügen.

(3) ¹Enthält bei verbundenen Wahlen der Stimmzettelumschlag den Stimmzettel einer Wahl, für die der Wahlschein nicht gilt, so ist dieser Stimmzettel auszusondern. ²Er ist uneingesehen in den Stimmzettelumschlag zu legen. ³Dieser ist mit einem Vermerk über den Grund der Aussonderung zu versehen, wieder zu verschließen und in das in Absatz 2 Satz 4 genannte Paket einzubeziehen. ⁴Im Falle des § 60 Abs. 3 Nr. 2 Buchst. a ist entsprechend zu verfahren. ⁵Die Zahl der nach § 60 Abs. 3 Nrn. 2 bis 4 als ungültig geltenden Stimmzettel ist in die Ergänzung zur Wahlniederschrift einzubeziehen.
(4) Der Gemeindewahlleiter kann zulassen, dass der Wahlvorstand die ihm übergebenen Wahlbriefe schon vor Ablauf der Wahlzeit nach den Absätzen 1 bis 3 behandelt, wenn dies nach der Zahl der Wahlbriefe geboten erscheint und den ungestörten Ablauf der Wahlhandlung nicht beeinträchtigt.

### § 64 Gesonderte Feststellung des Briefwahlergebnisses
(1) ¹Der nach § 62 Abs. 4 gebildete Briefwahlvorstand verfährt nach § 63 Abs. 1 und 2 mit der Maßgabe, daß die Stimmzettelumschläge ungeöffnet in die Wahlurne gelegt werden. ²Die in § 63 Abs. 2 Satz 3 bezeichneten Angaben sind in der Wahlniederschrift über die Feststellung des Briefwahlergebnisses zu vermerken, der das Paket mit den zurückgewiesenen Wahlbriefen beigefügt wird.
(2) ¹Nachdem die Stimmzettelumschläge den Wahlbriefen entnommen und in die Wahlurne gelegt worden sind, jedoch nicht vor Schluß der allgemeinen Wahlzeit, stellt der Wahlvorstand das Wahlergebnis mit den in § 57 Abs. 1 Satz 2 Nrn. 2 bis 5 bezeichneten Angaben fest. ²Dabei sind die allgemeinen Vorschriften entsprechend anzuwenden.
(3) ¹Gilt bei verbundenen Wahlen der Wahlschein nicht für alle Wahlen, so wird der Stimmzettelumschlag nach der Behandlung des Wahlbriefs gemäß Absatz 1 nicht in die Wahlurne gelegt, sondern von einem dafür bestimmten Mitglied des Wahlvorstandes verwahrt. ²Der Stimmzettel wird vor der Stimmenzählung (Absatz 2) dem Stimmzettelumschlag entnommen und uneingesehen in gefaltetem Zustand in die geleerte Wahlurne gelegt. ³Er wird mit etwa 50 anderen Stimmzetteln derselben Wahl, die den Stimmzettelumschlägen entnommen und wieder in die Wahlurne gelegt worden sind, vermengt. ⁴§ 63 Abs. 3 Satz 1 und 2 findet entsprechende Anwendung, auch für die nach § 60 Abs. 3 Nr. 2 Buchst. b als ungültig geltenden Stimmzettel. ⁵Die Zahl der nach § 60 Abs. 3 Nrn. 2 bis 4 als ungültig geltenden Stimmzettel ist in die Wahlniederschrift einzubeziehen.
(4) ¹Der Gemeindewahlleiter kann zulassen, daß die Stimmzettelumschläge vor dem Einlegen in die Wahlurne geöffnet werden, wenn dies nach der Zahl der Wahlbriefe geboten erscheint, um nach Ablauf der Wahlzeit die Zählung der Stimmen zu erleichtern. ²Vor dem Einlegen oder beim Einlegen der geöffneten Stimmzettelumschläge in die Wahlurne dürfen diese nicht eingesehen und die Stimmzettel nicht entnommen werden.

### § 65 Bekanntgabe des Wahlergebnisses im Wahlbezirk und des Briefwahlergebnisses
¹Der Wahlvorsteher gibt das Wahlergebnis im Wahlbezirk oder das gesondert festgestellte Briefwahlergebnis im Anschluß an die Feststellungen mündlich bekannt. ²Es darf vor Unterzeichnung der Wahlniederschrift von den Mitgliedern des Wahlvorstandes außer dem Gemeindewahlleiter anderen Stellen nicht mitgeteilt werden.

### § 66 Schnellmeldungen, vorläufige Wahlergebnisse
(1) ¹Sobald das Wahlergebnis im Wahlbezirk festgestellt worden ist, meldet es der Wahlvorsteher auf dem schnellsten Wege dem Gemeindewahlleiter; für diese Schnellmeldung gilt das Muster der Anlage 21. ²Bei verbundenen Wahlen ist das Ergebnis jeder Wahl dem Gemeindewahlleiter sogleich nach seiner Feststellung mitzuteilen. ³Für gesondert festgestellte Briefwahlergebnisse ist entsprechend zu verfahren.
(2) ¹Der Gemeindewahlleiter der kreisangehörigen Gemeinde ermittelt nach den Schnellmeldungen der Wahlvorsteher das vorläufige Ergebnis der Verbandsgemeindewahl oder der Kreiswahl in der Gemeinde und teilt es auf dem schnellsten Wege nach dem Muster der Anlage 21 dem Verbandsgemeindewahlleiter oder dem Kreiswahlleiter mit. ²Das vorläufige Ergebnis der Kreiswahl ist nach Wahlbereichen zu gliedern, wenn Teile der Gemeinde zu verschiedenen Wahlbereichen der Kreiswahl gehören.
(3) ¹Der Kreiswahlleiter ermittelt nach den Schnellmeldungen der Gemeindewahlleiter das vorläufige Ergebnis der Kreiswahl. ²Er teilt danach auf dem schnellsten Wege das vorläufige Ergebnis der Kreistagswahl dem Landeswahlleiter mit.

(4) Der Gemeindewahlleiter der kreisfreien Stadt ermittelt nach den Schnellmeldungen der Wahlvorsteher das vorläufige Ergebnis der Gemeindewahl und teilt es auf dem schnellsten Wege dem Landeswahlleiter mit.
(5) ¹Der Gemeindewahlleiter der kreisangehörigen Gemeinde ermittelt nach den Schnellmeldungen der Wahlvorsteher das vorläufige Ergebnis der Gemeindewahl und teilt es auf dem schnellsten Wege dem Kreiswahlleiter mit. ²Der Verbandsgemeindewahlleiter ermittelt nach den Schnellmeldungen der Gemeindewahlleiter das vorläufige Ergebnis der Verbandsgemeindewahl und teilt es auf dem schnellsten Weg dem Kreiswahlleiter mit. ³Auf besondere Aufforderung hin übermittelt der Kreiswahlleiter als Schnellmeldung dem Landeswahlleiter das vorläufige Ergebnis einzelner Gemeinderatswahlen in kreisangehörigen Gemeinden oder Verbandsgemeinderatswahlen.
(6) ¹In den Schnellmeldungen nach den Absätzen 3 bis 5 werden angegeben
1. die Zahl der Wahlberechtigten,
2. die Zahl der Wähler,
3. die Zahl der ungültigen Stimmzettel,
4. die Zahl der gültigen Stimmzettel,
5. die Zahl der gültigen Stimmen,
6. die Zahl der Sitze,
7. die Zahlen der für jede Partei, für die Gesamtheit der Wählergruppen und für die Gesamtheit der Einzelwahlvorschläge beziehungsweise die für jeden Bewerber zur Bürgermeister-, Ortsvorsteher-, Verbandsgemeindebürgermeister- und Landratswahl abgegebenen Stimmen,
8. die Zahlen der jeder Partei, der Gesamtheit der Wählergruppen und der Gesamtheit der Einzelwahlvorschläge voraussichtlich zustehenden Sitze.
²Die Schnellmeldungen werden nach dem Muster der Anlage 22 erstattet, bei verbundenen Wahlen für jede Wahl getrennt.
(6a) Der Landeswahlleiter kann Art und Weise der Übermittlung der Schnellmeldungen der Wahlvorstände, Gemeindewahlleiter und Kreiswahlleiter festlegen.
(7) Der Wahlleiter macht das vorläufige Wahlergebnis in geeigneter Weise bekannt.
(8) Bei allgemeinen Neuwahlen ermittelt der Landeswahlleiter die vorläufigen zahlenmäßigen Gesamtergebnisse der Kreistagswahlen für das Land und macht sie in geeigneter Weise bekannt.

### § 67 Wahlniederschrift
(1) ¹Über die Wahlhandlung und die Feststellung des Wahlergebnisses im Wahlbezirk wird vom Schriftführer eine Wahlniederschrift nach dem Muster der Anlage 23 aufgenommen und von allen anwesenden Mitgliedern des Wahlvorstandes unterzeichnet. ²Verweigert ein Mitglied des Wahlvorstandes die Unterschrift, so ist der Grund hierfür in der Niederschrift zu vermerken. ³Beschlüsse nach § 46 Abs. 6, § 49 Abs. 1 Satz 3 und § 59 Abs. 3 sowie Beschlüsse über Beanstandungen bei der Wahlhandlung oder bei der Ermittlung des Wahlergebnisses sind in der Niederschrift zu vermerken. ⁴Dieser werden beigefügt
1. die Zähllisten (soweit vorhanden auch die Gegenzähllisten),
2. die Stimmzettel, über die der Wahlvorstand nach § 59 Abs. 3 besonders beschlossen hat,
3. Wahlscheine, über die der Wahlvorstand nach § 49 Abs. 1 besonders beschlossen hat.
(2) ¹Ist das Ergebnis der Briefwahl in das Wahlergebnis des Wahlbezirkes einbezogen worden, so wird zur Wahlniederschrift eine Ergänzung nach dem Muster der Anlage 24 aufgenommen und von allen anwesenden Mitgliedern des Wahlvorstandes unterzeichnet. ²Beschlüsse nach § 63 Abs. 2 sind in der Ergänzung zur Wahlniederschrift zu vermerken. ³Ihr werden beigefügt
1. das in § 63 Abs. 2 Satz 4 bezeichnete Paket mit den zurückgewiesenen Wahlbriefen,
2. die Wahlscheine, über die der Wahlvorstand besonders beschlossen hat, ohne daß die Wahlbriefe zurückgewiesen wurden.
(3) ¹Über die gesonderte Feststellung des Briefwahlergebnisses wird eine Wahlniederschrift nach dem Muster der Anlage 25 aufgenommen und von allen anwesenden Mitgliedern des Briefwahlvorstandes unterzeichnet. ²Beschlüsse nach § 64 Abs. 1 Satz 1 in Verbindung mit § 63 Abs. 2 sind in der Wahlniederschrift zu vermerken. ³Ihr werden beigefügt
1. die Zähllisten (ggf. auch die Gegenzähllisten),
2. das in § 64 Abs. 1 Satz 2 bezeichnete Paket mit den zurückgewiesenen Wahlbriefen,

3. die Wahlscheine, über die der Wahlvorstand besonders beschlossen hat, ohne daß die Wahlbriefe zurückgewiesen wurden,
4. die Stimmzettel, über die der Wahlvorstand nach § 59 Abs. 3 besonders beschlossen hat.

(4) [1]Bei verbundenen Wahlen ist für jede Wahl eine gesonderte Wahlniederschrift anzufertigen. [2]Wahlscheine, über die der Wahlvorstand nach § 49 Abs. 1 besonders beschlossen hat, und das Paket mit den zurückgewiesenen Wahlbriefen (§ 63 Abs. 2 Satz 4, § 64 Abs. 1 Satz 2) werden der Wahlniederschrift über die Kreiswahl beigefügt. [3]Finden verbundene Wahlen ohne Kreiswahlen statt, erfolgt die Beifügung nach Satz 2 an die Wahlniederschrift über die Verbandsgemeindewahl.

(5) [1]Der Wahlvorsteher übergibt die Wahlniederschrift mit den Anlagen unverzüglich der Gemeinde, die sie sofort dem Gemeindewahlleiter zuleitet. [2]Der Wahlvorsteher des Briefwahlvorstandes übergibt die Unterlagen dem Gemeindewahlleiter unmittelbar.

(6) [1]Der Gemeindewahlleiter übersendet dem Verbandsgemeindewahlleiter die Wahlniederschriften über die Verbandsgemeindewahl und dem Kreiswahlleiter die Wahlniederschriften über die Kreiswahl mit den Anlagen auf dem schnellsten Wege. [2]Besteht die Gemeinde aus mehreren Wahlbezirken oder ist das Ergebnis der Briefwahl gesondert festgestellt worden, so fügt er eine Zusammenstellung der Wahlergebnisse der einzelnen Wahlbezirke einschließlich des Briefwahlergebnisses nach dem Muster der Anlagen 26 und 27 bei.

(7) Die Wahlniederschriften über die Verbandsgemeindewahl bei der Verbandsgemeinde und über die Gemeindewahl verbleiben bei der Gemeinde, die Wahlniederschriften über die Kreiswahl beim Landkreis.

(8) Die Übersendung und den Verbleib der Niederschriften über die Durchführung von Einwohnerantrag, Bürgerbegehren, Bürgerentscheid und die Anhörung von Bürgern bei Gebietsänderungen regelt die zuständige Gemeinde oder der zuständige Landkreis.

(9) Wahlvorsteher, Wahlleiter, Gemeinde, Verbandsgemeinde und Landkreis haben sicherzustellen, daß die Wahlniederschriften mit den Anlagen Unbefugten nicht zugänglich sind.

### § 68 Übergabe und Verwahrung von Wahlunterlagen

(1) [1]Hat der Wahlvorstand seine Aufgaben erledigt, so verpackt der Wahlvorsteher jeweils getrennt
1. die gültigen Stimmzettel,
2. die einbehaltenen Wahlscheine,

soweit sie nicht der Wahlniederschrift beigefügt sind, versiegelt die einzelnen Pakete, versieht sie mit Inhaltsangabe und übergibt sie der Gemeinde. [2]Bei verbundenen Wahlen sind die Stimmzettel der einzelnen Wahlen getrennt zu halten. [3]Bis zur Übergabe an die Gemeinde hat der Wahlvorsteher sicherzustellen, daß die unter Satz 1 Nrn. 1 und 2 aufgeführten Unterlagen Unbefugten nicht zugänglich sind.

(2) [1]Die Gemeinde verwahrt die Pakete, bis die Vernichtung der Wahlunterlagen (§ 86) zugelassen ist. [2]Sie hat sicherzustellen, daß die Pakete Unbefugten nicht zugänglich sind.

(3) Der Wahlvorsteher übergibt der Gemeinde das Wählerverzeichnis und die von ihr zur Verfügung gestellten Ausstattungsgegenstände sowie die einbehaltenen Wahlbenachrichtigungen.

(4) [1]Fordert der zuständige Wahlleiter nach § 71 Abs. 3 von der Gemeinde nur Teile eines Paketes der in Absatz 1 genannten Unterlagen an, so wird das Paket in Gegenwart von zwei Zeugen geöffnet und nach Entnahme der angeforderten Teile erneut versiegelt. [2]Über den Vorgang ist eine Niederschrift anzufertigen.

### § 69 Feststellung des endgültigen Wahlergebnisses in den Wahlbereichen und im Wahlgebiet

(1) [1]Der Wahlleiter prüft die Wahlniederschriften auf Vollständigkeit und Ordnungsmäßigkeit. [2]Er stellt nach den Wahlniederschriften das endgültige Wahlergebnis für das Wahlgebiet in der Aufgliederung nach Wahlbezirken und nach Wahlbereichen einschließlich gesondert festgestellter Briefwahlergebnisse zusammen. [3]Ergeben sich aus der Wahlniederschrift oder aus sonstigen Gründen Bedenken gegen die Ordnungsmäßigkeit des Wahlgeschäfts, so klärt sie der Wahlleiter soweit wie möglich auf. [4]Er erstellt die für die Sitzverteilung (§ 39 und § 40 KWG LSA) erforderlichen Berechnungen.

(2) [1]Nach Berichterstattung durch den Wahlleiter ermittelt der Wahlausschuß das Gesamtergebnis der Wahl. [2]Er stellt unter Berücksichtigung der §§ 37 bis 41 KWG LSA fest:
1. die Zahl der Wahlberechtigten,
2. die Zahl der Wähler,

3. die Zahlen der gültigen und ungültigen Stimmzettel,
4. die Stimmenverteilung nach §§ 37, 38 und 39 Abs. 1 oder § 40 Abs. 1 KWG LSA einschließlich der Gesamtzahl der gültigen Stimmen.
5. die Verteilung der Sitze auf die Wahlvorschläge einschließlich der Wahlvorschlagsverbindungen und auch die Bewerber beziehungsweise die nach § 37 KWG LSA gewählten Bewerber,
6. die nächst festgestellten Bewerber und ihre Reihenfolge.
³Ist eine Losentscheidung erforderlich, so zieht der Wahlleiter das Los.
(3) ¹Der Wahlausschuß ist berechtigt, rechnerische Feststellungen des Wahlvorstandes und fehlerhafte Zuordnungen gültig abgegebener Stimmen zu berichtigen sowie über die Gültigkeit abgegebener Stimmen abweichend zu beschließen. ²Ungeklärte Bedenken werden in der Sitzungsniederschrift vermerkt.
(4) ¹Über die Feststellung des Wahlergebnisses wird eine Niederschrift nach den Mustern der Anlagen 28 bis 31 angefertigt. ²Der Niederschrift werden die Zusammenstellung über das Wahlergebnis (Absatz 1 Satz 2) und die Berechnungen für die Sitzverteilung (Absatz 1 Satz 4) beigefügt. ³Der Gemeindewahlleiter der kreisangehörigen Gemeinde und der Verbandsgemeindewahlleiter der Verbandsgemeinde übersenden dem Kreiswahlleiter unverzüglich eine Ausfertigung der Niederschrift.
(5) ¹Der Wahlleiter benachrichtigt die gewählten Bewerber durch Zustellung und weist sie auf § 43 KWG LSA hin. ²Bei einer Benachrichtigung vor Beginn der Wahlperiode weist er ferner darauf hin, daß nach den Vorschriften des Kommunalverfassungsgesetzes und nach § 43 Abs. 2 KWG LSA der Sitzerwerb frühestens mit dem Beginn der Wahlperiode eintritt.
(6) ¹Der Wahlleiter macht das Wahlergebnis öffentlich bekannt und gibt der für das Wahlgebiet zuständigen Kommunalaufsichtsbehörde von der Bekanntmachung Kenntnis. ²Die Bekanntmachung muß mindestens enthalten
1. die Zahlen der Wahlberechtigten und der Wähler sowie der gültigen und ungültigen Stimmzettel,
2. die Stimmen- und Sitzverteilung,
3. die Namen der gewählten Bewerber,
4. die Namen der nächst festgestellten Bewerber in der festgestellten Reihenfolge.
(7) ¹Nach dem Muster der Anlage 32 fertigt der Gemeindewahlleiter der kreisfreien Stadt je eine Hauptzusammenstellung über das Ergebnis der Gemeinderatswahl und der Bürgermeisterwahl sowie der Kreiswahlleiter eine Hauptzusammenstellung über die Ergebnisse der Kreiswahl. ²Nach dem Muster der Anlage 33 fertigt der Kreiswahlleiter je eine Hauptzusammenstellung der Gemeinderatswahlen und der Bürgermeisterwahlen sowie der Verbandsgemeinderatswahlen und Verbandsgemeindebürgermeisterwahlen in den zum Landkreis gehörenden Gemeinden und Verbandsgemeinden an. ³Dabei werden, soweit möglich unter Einschluss der Briefwähler, Zwischensummen für die Wahlbereiche und Gemeinden gebildet. ⁴Der Gemeindewahlleiter fertigt eine Hauptzusammenstellung über die Ortschaftsratswahlen und Ortsvorsteherwahlen von den zur Gemeinde gehörenden Ortschaften. ⁵Bei den Wahlen der ehrenamtlichen Bürgermeister und Ortsvorsteher sind lediglich die Namen der gewählten Bewerber oder die Namen der Bewerber, die an einer Stichwahl teilnehmen, in die Hauptzusammenstellung aufzunehmen. ⁶Die in den Sätzen 1 und 2 genannten Wahlleiter übersenden dem Landeswahlleiter unverzüglich die Hauptzusammenstellungen.

### § 70 Gesamtergebnis der allgemeinen Neuwahlen
Der Landeswahlleiter stellt die Zahlen des Gesamtergebnisses der allgemeinen Neuwahlen zusammen und macht sie in der Aufgliederung nach Landkreisen und kreisfreien Städten öffentlich bekannt.

### § 71 Überprüfung der Wahl durch die Wahlleiter
(1) ¹Die Wahlleiter prüfen, ob die Wahl nach den Vorschriften des Kommunalwahlgesetzes für das Land Sachsen-Anhalt und dieser Verordnung durchgeführt worden ist. ²Nach dem Ergbnis der Prüfung entscheiden sie, ob Einspruch gegen die Wahl einzulegen ist (§ 50 Abs. 1 und 2 KWG LSA).
(2) Ergeben sich bei der Prüfung nach Absatz 1 Satz 1 für den Gemeindewahlleiter einer kreisangehörigen Gemeinde Beanstandungen oder Bedenken hinsichtlich der ordnungsgemäßen Durchführung der Kreiswahl, so unterrichtet er unverzüglich den Kreiswahlleiter.
(3) ¹Auf Anforderungen haben die Gemeinden den Wahlleitern die bei ihnen vorhandenen Wahlunterlagen zu überlassen. ²Der Kreiswahlleiter kann die Wahlunterlagen der Gemeindewahlleiter und der

Gemeindewahlausschüsse der zum Landkreis gehörenden Gemeinden jederzeit zur Einsichtnahme anfordern.

## Teil 7
### Nachwahl, Wiederholungswahl und einzelne Neuwahl (zu §§ 44 bis 46 KWG LSA)

### § 72 Nachwahl

(1) [1]Sobald feststeht, daß die Wahl infolge höherer Gewalt nicht durchgeführt werden kann, sagt der Wahlleiter die Wahl ab und gibt bekannt, daß eine Nachwahl spätestens vier Wochen nach der Hauptwahl stattfinden wird. [2]In den Fällen einer abgesagten Wahl nach § 44 Abs. 1a KWG LSA erfolgt die Nachwahl spätestens vier Monate nach der Hauptwahl. [3]Der Wahlleiter unterrichtet unverzüglich die für das Wahlgebiet zuständige Kommunalaufsichtsbehörde.

(2) [1]Die Kommunalaufsichtsbehörde bestimmt in den Fällen der Nachwahl nach § 44 Abs. 1 und 1a KWG LSA rechtzeitig den Tag der Nachwahl, teilt ihn dem für das Wahlgebiet zuständigen Wahlleiter mit und unterrichtet den Landeswahlleiter. [2]Ist der Tag der Nachwahl vom Landkreis bestimmt worden, so unterrichtet dieser auch die obere Kommunalaufsichtsbehörde.

(3) Der Wahlleiter macht den Tag der Nachwahl und die Wahlzeit unverzüglich öffentlich bekannt.

(4) [1]Bei der Nachwahl wird
1. mit den für die Hauptwahl aufgestellten Wählerverzeichnissen,
2. nach den für die Hauptwahl zugelassenen Wahlvorschlägen und Wahlvorschlagsverbindungen,
3. in den für die Hauptwahl bestimmten Wahlbereichen, Wahlbezirken und Wahllokalen und
4. vor den für die Hauptwahl gebildeten Wahlvorständen gewählt.

[2]Dies gilt nicht soweit der Mangel nach § 44 Abs. 1a KWG LSA durch Satz 1 Nrn. 1 bis 4 verursacht wurde. [3]In diesen Fällen ist das Verfahren im entsprechend erforderlichen Umfang nach Satz 1 Nrn. 1 bis 4 zu erneuern. [4]Ist das Verfahren hinsichtlich der Wahlvorschläge nach Satz 1 Nr. 2 zu erneuern, gilt die vom Landeswahlausschuss vor den allgemeinen Wahlen nach § 22 Abs. 2 KWG LSA getroffene Feststellung über die Anerkennung als Partei, wenn sie nicht widerrufen wird, für die Dauer der Wahlperiode. [5]§ 46 Abs. 2 Satz 2 KWG LSA gilt entsprechend.

(5) [1]Die für die Hauptwahl erteilten Wahlscheine behalten für die Nachwahl Gültigkeit; das gilt nicht insoweit, als der Mangel nach § 44 Abs. 1a KWG LSA durch die Wahlscheine verursacht wird. [2]Neue Wahlscheine dürfen nur von Gemeinden, in denen die Nachwahl stattfindet, ausgestellt werden.

(6) [1]Abweichend von § 44 Abs. 3 Satz 2 KWG LSA behalten die bereits beschafften Stimmzettel für die Nachwahl dann nicht ihre Gültigkeit, wenn der Mangel nach § 44 Abs. 1a KWG LSA durch die Stimmzettel verursacht wird. [2]Neue Stimmzettel dürfen nur von dem nach § 82 Abs. 1 dafür zuständigen Wahlleiter beschafft werden.

(7) Der Landeswahlleiter kann im Einzelfall Regelungen zur Anpassung an besondere Verhältnisse treffen.

### § 73 Wiederholungswahl

(1) Sobald feststeht, daß eine Wiederholungswahl stattfinden muß, unterrichtet der Wahlleiter die für das Wahlgebiet zuständige Kommunalaufsichtsbehörde.

(2) [1]Die Kommunalaufsichtsbehörde bestimmt rechtzeitig den Tag der Wiederholungswahl, teilt ihn dem für das Wahlgebiet zuständigen Wahlleiter mit und unterrichtet den Landeswahlleiter. [2]Ist der Tag der Wiederholungswahl vom Landkreis bestimmt worden, so unterrichtet dieser auch die obere Kommunalaufsichtsbehörde.

(3) Der Wahlleiter macht den Tag der Wiederholungswahl und die Wahlzeit unverzüglich öffentlich bekannt.

(4) [1]Findet die Wiederholungswahl vor Ablauf von sechs Monaten nach der Hauptwahl statt, so ist das Verfahren nur insoweit zu erneuern, als dies nach der Entscheidung im Wahlprüfungsverfahren und nach § 45 KWG LSA erforderlich ist. [2]Dabei gelten folgende Regelungen:
1. Wird die Wahl nur in einzelnen Wahlbereichen oder Wahlbezirken wiederholt, so darf die Abgrenzung dieser Wahlbereiche und Wahlbezirke nicht geändert werden. Auch sonst soll die Wahl vorbehaltlich der Wahlprüfungsentscheidung möglichst in denselben Wahlbereichen und Wahlbezirken wie bei der Hauptwahl wiederholt werden.
2. Wahlvorstände können neu gebildet und Wahllokale neu bestimmt werden.

3. Findet die Wiederholungswahl infolge von Unregelmäßigkeiten bei der Aufstellung und Behandlung von Wählerverzeichnissen statt, so ist in den betroffenen Wahlbezirken das Verfahren der Aufstellung, Einsichtnahme, Berichtigung und des Abschlusses des Wählerverzeichnisses neu durchzuführen, sofern sich aus der Wahlprüfungsentscheidung keine Einschränkungen ergeben.
4. Wähler, die seit der Hauptwahl ihr Wahlrecht verloren haben, werden im Wählerverzeichnis gestrichen. Wahlberechtigte, die für die Hauptwahl einen Wahlschein erhalten haben, können nur dann an der Wahl teilnehmen, wenn sie ihren Wahlschein in einem Wahlbezirk abgegeben haben, in dem die Wahl wiederholt wird.
5. Wahlscheine dürfen nur für das Gebiet, in dem die Wiederholungswahl stattfindet, erteilt werden. Wird die Wiederholungswahl nur in einem Teil des Wahlgebietes durchgeführt, so erhalten Wahlberechtigte, die bei der Hauptwahl in einem zu diesem Gebietsteil gehörenden Wahlbezirk mit Wahlschein gewählt haben, auf Antrag ihren Wahlschein mit Gültigkeitsvermerk zur Wiederholungswahl zurück, wenn sie inzwischen aus dem Gebiet der Wiederholungswahl verzogen sind und ihr Wahlrecht weiterhin besteht. Dies gilt auch für Wahlberechtigte, deren briefliche Stimmabgabe bei der Hauptwahl in das Wahlergebnis eines Wahlbezirkes einbezogen worden ist, in dem die Wiederholungswahl stattfindet. Den nach Satz 3 maßgebenden Wahlbezirk macht der Wahlleiter öffentlich bekannt.
6. Neue Wahlvorschläge können nur eingereicht und Wahlvorschläge, die für die Hauptwahl zugelassen waren, können nur geändert werden, soweit sich dies aus der Wahlprüfungsentscheidung ergibt. Von Amts wegen sind die Bewerber auf den Wahlvorschlägen zu streichen, die zwischen dem Tag der für ungültig erklärten Wahl und dem Tag der Wiederholungswahl versterben oder ihre Wählbarkeit verlieren.
7. Erklärungen über die Verbindung von Wahlvorschlägen können nur dann neu eingereicht oder geändert werden, wenn sich dies aus der Wahlprüfungsentscheidung ergibt oder wenn nach Nummer 6 neue Wahlvorschläge eingereicht werden.
8. Wurde die Wiederholungswahl auf die Briefwahl beschränkt, ist nur wahlberechtigt, wer bei der ungültig erklärten Wahl einen Wahlschein hatte.

(5) [1]Die vom Landeswahlausschuss vor den allgemeinen Wahlen nach § 22 Abs. 2 KWG LSA getroffene Feststellung über die Anerkennung als Partei gilt, wenn sie nicht widerrufen wird, für die Dauer der Wahlperiode auch bei Wiederholungswahlen, die nach Ablauf von sechs Monaten nach der Hauptwahl stattfinden. [2]§ 46 Abs. 2 Satz 2 KWG LSA gilt entsprechend.
(6) Der Landeswahlleiter kann im Rahmen der Wahlprüfungsentscheidung Regelungen zur Anpassung des Wiederholungswahlverfahrens an besondere Verhältnisse treffen.

## § 74 Einzelne Neuwahl

(1) Die einzelne Neuwahl soll spätestens vier Monate nach Eintritt ihrer Voraussetzung stattfinden.
(2) [1]Die Kommunalaufsichtsbehörde bestimmt rechtzeitig den Tag der einzelnen Neuwahl, teilt ihn dem für das Wahlgebiet zuständigen Wahlleiter mit und unterrichtet den Landeswahlleiter. [2]Ist der Tag der einzelnen Neuwahl vom Landkreis bestimmt worden, so unterrichtet dieser auch die obere Kommunalaufsichtsbehörde.
(3) Der Wahlleiter macht den Tag der einzelnen Neuwahl und die Wahlzeit unverzüglich öffentlich bekannt.
(4) Für die einzelne Neuwahl nach Auflösung der Vertretung gilt § 21 Abs. 10 KWG LSA entsprechend mit der Maßgabe, daß der letzte Tag vor der Auflösung der Vertretung an die Stelle des Tages der Bestimmung des Wahltages tritt.
(5) Für die einzelne Neuwahl nach Neubildung einer Gemeinde oder eines Landkreises gelten folgende Regelungen:
1. Die für die Zahl der Vertreter maßgebende Einwohnerzahl bestimmt sich nach dem Gebietsbestand des neuen Wahlgebiets. Ist für einen Gebietsteil des neuen Wahlgebiets die Einwohnerzahl nicht gesondert festgelegt worden, so ist sie vom Statistischen Landesamt durch einen Annäherungswert zu ermitteln. Das Statistische Landesamt kann diese Aufgabe der für das Wahlgebiet zuständigen Kommunalaufsichtsbehörde übertragen.
2. Enthält der Gebietsänderungsvertrag keine Regelung über die Wahrnehmung der Befugnisse der Organe der Gemeinde (des Landkreises), so beruft die Kommunalaufsichtsbehörde den Wahlleiter und seinen Stellvertreter. Sie macht deren Namen und Anschriften öffentlich bekannt.

3. Zu Vorschlägen für die Berufung der Beisitzer des Wahlausschusses sind alle Parteien und Wählergruppen berechtigt, die bei der letzten Wahl in einem Wahlgebiet, das ganz oder teilweise dem neuen Wahlgebiet zugehört, mindestens einen Sitz errungen haben. Ergeben sich nach Satz 1 mehr als sechs Vorschlagsberechtigte, so erhöht sich die Zahl der Beisitzer entsprechend der Zahl der Vorschlagsberechtigten, die dem Wahlleiter bis zum Ablauf der gesetzten Frist einen Beisitzer benennen.
4. Die Zahl und Abgrenzung der Wahlbereiche nach § 7 KWG LSA bestimmt ein besonderer Ausschuß, der nach folgenden Grundsätzen gebildet wird:
   a) Die Zahl der Ausschußmitglieder entspricht der Zahl der im neuen Wahlgebiet zu wählenden Vertreter.
   b) Die Ausschußmitglieder werden von der Kommunalaufsichtsbehörde auf Vorschlag der in Nr. 3 Satz 1 bezeichneten Parteien und Wählergruppen berufen. Sie müssen im neuen Wahlgebiet wählbar sein.
   c) Eine vorschlagsberechtigte Partei oder Wählergruppe kann so viele Ausschußmitglieder vorschlagen, wie sich aus ihrer nach dem Gebietsbestand des neuen Wahlgebiets zusammengefaßten Stimmenzahl bei den in Nr. 3 Satz 1 genannten Wahlen nach dem Berechnungsverfahren nach § 39 Abs. 2 und 3 KWG LSA ergeben. Die Partei oder Wählergruppe hat bei ihren Vorschlägen zunächst ihre Vertreter in den bisherigen Wahlgebieten, danach deren nächst festgestellte Bewerber zu berücksichtigen. Sind nicht genügend nächst festgestellte Bewerber vorhanden, so kann die Partei oder Wählergruppe andere im neuen Wahlgebiet wählbare Personen vorschlagen. Macht eine Partei oder Wählergruppe von ihrem Vorschlagsrecht bis zum Ablauf der von der Kommunalaufsichtsbehörde gesetzten Frist keinen oder nicht den vollen Gebrauch, so bleibt die entsprechende Zahl der Sitze im Ausschuß unbesetzt.
   d) Die Kommunalaufsichtsbehörde soll darauf hinwirken, daß die Parteien und Wählergruppen bei ihren Vorschlägen zur Bildung des Ausschusses nach Möglichkeit jedes der in Nr. 3 Satz 1 bezeichneten Wahlgebiete berücksichtigen.
5. Der nach Nr. 4 gebildete Ausschuß wird von der Kommunalaufsichtsbehörde einberufen. Er wählt aus seiner Mitte einen Vorsitzenden. Für die Arbeitsweise des Ausschusses gelten die für den Wahlausschuß maßgebenden Vorschriften.
6. Als Vertretung im Sinne des § 21 Abs. 10 KWG LSA gilt die Vertretung eines jeden bisherigen Wahlgebiets, das ganz oder teilweise dem neuen Wahlgebiet zugehört. Hat ein Wahlgebiet zu bestehen aufgehört, bevor der Tag der einzelnen Neuwahl bestimmt worden ist, so gilt § 21 Abs. 10 KWG LSA entsprechend mit der Maßgabe, daß der letzte Tag des Bestehens des Wahlgebiets an die Stelle des Tages der Bestimmung des Wahltages tritt.
7. Die nach § 29 Abs. 4 KWG LSA maßgebende Stimmenzahl bestimmt sich nach dem Gebietsbestand des neuen Wahlgebietes. Ist für ein Gebietsteil des neuen Wahlgebietes die Stimmenverteilung der letzten Wahl der Vertretung nicht gesondert festgestellt worden, so ist sie vom Statistischen Landesamt durch einen Annäherungswert zu ermitteln; Nr. 1 Satz 3 gilt entsprechend. Die Zusammenfassung der Stimmen verschiedener Wählergruppen hat zur Voraussetzung, daß bei der letzten Wahl zwischen ihnen ein organisatorischer Zusammenhang bestand. Satz 2 und 3 ist auch für das Vorschlagsrecht der Parteien und Wählergruppen bei der Bildung des in Nr. 4 bezeichneten Ausschusses maßgebend.

(6) [1]Für die einzelne Neuwahl nach einer Gebietsänderung, die nicht mit der Neubildung einer Gemeinde oder eines Landkreises verbunden ist, gilt Absatz 5 Nrn. 1, 3 bis 5, 6 Satz 1 und Nr. 7 entsprechend. [2]Absatz 5 Nrn. 4 und 5 entfällt, wenn der Gebietsänderungsvertrag eine andere Regelung über die Zuständigkeit für die Bildung der Wahlbereiche enthält.

(7) [1]Für die Feststellung des Landeswahlausschusses über die Anerkennung als Partei oder deren Widerruf im Zusammenhang mit einer einzelnen Neuwahl gilt § 32 entsprechend. [2]Trifft der Landeswahlleiter die Feststellung allein (§ 46 Abs. 2 Satz 2 KWG LSA), so teilt er sie den betroffenen Vereinigung und dem Wahlleiter mit. [3]Gilt die Anerkennung als Partei auch für künftige einzelne Neuwahlen, so macht er sie außerdem öffentlich bekannt. [4]Für den Widerruf einer Anerkennung als Partei bedarf es eines Beschlusses des Landeswahlausschusses, wenn dieser die zu widerrufende Feststellung getroffen hat.

(8) Der Landeswahlleiter kann im Einzelfall Regelungen zur Anpassung an besondere Verhältnisse treffen.

*Teil 8*
**Ersatz von Vertretern, Ausscheiden von nächst festgestellten Bewerbern und Ergänzungswahl**
(zu §§ 47 bis 49 KWG LSA)

**§ 75 Ersatz von Vertretern**
(1) [1]Der Wahlleiter benachrichtigt den nächst festgestellten Bewerber, auf den ein Sitz übergeht, durch Zustellung und weist ihn auf die Vorschriften des § 43 KWG LSA hin. [2]Der Zeitpunkt des Sitzüberganges bestimmt sich nach § 43 KWG LSA. [3]Er teilt dies dem Vorsitzenden der Vertretung unverzüglich mit und macht öffentlich bekannt, auf welchen nächst festgestellten Bewerber der Sitz übergeht.
(2) Ist beim Freiwerden eines Sitzes für den nächst festgestellten Bewerber die Voraussetzung nach § 47 Abs. 1 oder 2 KWG LSA gegeben und ist sein Ausscheiden auch nicht nach § 48 KWG LSA festgestellt, so ist ihm vor der Feststellung des Sitzübergangs Gelegenheit zu geben, sich innerhalb einer angemessenen Frist zu äußern.
(3) Bleibt ein Sitz nach § 47 Abs. 3 Satz 2 oder 3 KWG LSA unbesetzt, so teilt der Wahlleiter dies dem Vorsitzenden der Vertretung mit und macht es öffentlich bekannt.

**§ 76 Ausscheiden von nächst festgestellten Bewerbern**
(1) [1]Der Wahlleiter benachrichtigt den ausgeschiedenen nächst festgestellten Bewerber durch Zustellung. [2]Er teilt das Ausscheiden dem Vorsitzenden der Vertretung unverzüglich mit und macht es öffentlich bekannt.
(2) Einem nächst festgestellten Bewerber, für den die Voraussetzung nach § 47 Abs. 1 oder 2 KWG LSA vorliegt, ist vor der Feststellung über sein Ausscheiden Gelegenheit zu geben, sich innerhalb einer angemessenen Frist zu äußern.

**§ 76a Ergänzungswahl**
Die Ergänzungswahl soll innerhalb von vier Monaten nach Feststellung ihrer Voraussetzungen (§ 42 Abs. 5 Satz 4 des Kommunalverfassungsgesetzes) stattfinden.

*Teil 9*
*[aufgehoben]*

**§§ 77–79** *[aufgehoben]*

*Teil 10*
**Schlußvorschriften**

**§ 80 Öffentliche Bekanntmachungen**
(1) Die nach dem Kommunalwahlgesetz für das Land Sachsen-Anhalt und dieser Verordnung vorgeschriebenen öffentlichen Bekanntmachungen veröffentlichen den Landeswahlleiter im Ministerialblatt für das Land Sachsen-Anhalt, die Kreiswahlleiter und Landkreise sowie die Gemeindewahlleiter und Gemeinden in ortsüblicher Weise.
(2) Bekanntmachungen des Gemeindewahlleiters und der Gemeinde können zusammengefaßt werden.
(3) Für die öffentliche Bekanntmachung nach § 5 Abs. 3 genügt ein Aushang am oder im Eingang des Sitzungsgebäudes.
(4) [1]Der Inhalt der nach dem Kommunalwahlgesetz für das Land Sachsen-Anhalt und dieser Verordnung vorgeschriebenen öffentlichen Bekanntmachungen kann zusätzlich im Internet veröffentlicht werden. [2]Dabei sind die Unversehrtheit, Vollständigkeit und Ursprungszuordnung der Veröffentlichung nach aktuellem Stand der Technik zu gewährleisten. [3]Personenbezogene Daten in Internetveröffentlichungen von öffentlichen Bekanntmachungen der Wahlvorschläge und Wahlvorschlagsverbindungen (§ 36) sind spätestens sechs Monate nach Bekanntgabe des endgültigen Wahlergebnisses, von öffentlichen Bekanntmachungen des endgültigen Wahlergebnisses (§ 69 Abs. 6) spätestens sechs Monate nach dem Ende der Wahlperiode zu löschen.

## § 81 Zustellungen

Zustellungen werden nach den Vorschriften des Verwaltungszustellungsgesetzes des Landes Sachsen-Anhalt vom 9. Oktober 1992 (GVBl. LSA S. 715) in der jeweils geltenden Fassung vorgenommen.

## § 82 Beschaffung von Stimmzetteln und Vordrucken

(1) [1]Der Kreiswahlleiter beschafft für die Kreiswahl, der Verbandsgemeindewahlleiter für die Verbandsgemeindewahl, der Gemeindewahlleiter für die Gemeindewahl
1. die Wahlscheinvordrucke (Anlage 4),
2. die Formblätter für die Übersichten über die zugelassenen Wahlvorschläge (Anlagen 12 und 13),
3. die Stimmzettel (Anlagen 14, 15 und 16),
4. die Stimmzettelumschläge für die Briefwahl (Anlage 17),
5. die Wahlbriefumschläge (Anlage 18) und
6. die Hauptzusammenstellungen (Anlagen 32 und 33).

[2]Bei verbundenen Wahlen beschafft der Gemeindewahlleiter die Wahlscheinvordrucke, die Stimmzettelumschläge und die Wahlbriefumschläge für alle Wahlen.

(2) [1]Die Gemeinde beschafft die für die Wahlvorstände erforderlichen Vordrucke. [2]Sonstige Vordrucke beschafft diejenige Stelle, die sie benötigt. [3]Der Kreiswahlleiter kann für die zum Landkreis gehörenden Gemeinden auf deren Kosten die Beschaffung der Vordrucke übernehmen.

(3) Für die Beschaffung und Gestaltung der Wahlvordrucke kann der Landeswahlleiter im Rahmen des § 14 Abs. 1 Satz 2 Nr. 2 KWG LSA besondere Regelungen treffen.

## § 83 Hilfskräfte und Hilfsmittel

[1]Den Wahlausschüssen und den Wahlvorständen sind die für ihre Tätigkeit erforderlichen Hilfskräfte zur Verfügung zu stellen. [2]Für Hilfskräfte und Hilfsmittel der Wahlausschüsse sorgen die Wahlleiter, für Hilfskräfte und Hilfsmittel der Wahlvorstände die Gemeinden.

## § 84 Sicherung der Wahlunterlagen

(1) Die Wählerverzeichnisse, die Wahlscheinverzeichnisse, die Verzeichnisse nach § 12 Abs. 6 KWG LSA, § 25 Abs. 6a Satz 7 und Abs. 9 Satz 2 und § 26 Abs. 3 Satz 1, die Formblätter mit Unterstützungsunterschriften für Wahlvorschläge sowie einbehaltene Wahlbenachrichtigungen sind so zu verwahren, daß sie gegen Einsichtnahme durch Unbefugte geschützt sind.

(2) [1]Auskünfte aus Wählerverzeichnissen, Wahlscheinverzeichnissen und Verzeichnissen nach § 12 Abs. 6 KWG LSA, § 25 Abs. 6a Satz 7 und Abs. 9 Satz 2 sowie § 26 Abs. 3 Satz 1 dürfen nur Behörden, Gerichten und sonstigen amtlichen Stellen in der Bundesrepublik Deutschland und nur dann erteilt werden, wenn sie für den Empfänger im Zusammenhang mit der Wahl erforderlich sind. [2]Ein solcher Anlaß liegt insbesondere bei Verdacht von Wahlstraftaten, Wahlprüfungsangelegenheiten und wahlstatistischen Arbeiten vor.

(3) Mitglieder von Wahlorganen, Amtsträger und für den öffentlichen Dienst besonders Verpflichtete dürfen Auskünfte über Unterstützungsunterschriften für Wahlvorschläge nur Behörden, Gerichten und sonstigen amtlichen Stellen in der Bundesrepublik Deutschland und nur dann erteilen, wenn die Auskunft zur Durchführung der Wahl oder eines Wahlprüfungsverfahrens oder zur Aufklärung des Verdachts einer Wahlstraftat erforderlich ist.

## § 85 Wahlstatistische Auszählungen

(1) [1]Die repräsentativen Wahlstatistiken nach § 66 Abs. 2 KWG LSA erfassen bei der Wahl zu den Kreistagen und zu den Stadträten in kreisfreien Städten Sachsen-Anhalts in Stichprobenwahlbezirken
1. die Wahlberechtigten und die Beteiligung an der Wahl nach Geschlecht und Geburtsjahrsgruppen
2. die Wähler und ihre Stimmabgabe für die einzelnen Wahlvorschläge nach Geschlecht und Geburtsjahrsgruppen sowie die Gründe für die Ungültigkeit von Stimmen.

[2]Die Statistik nach Satz 1 Nr. 2 kann unter Verwendung zugelassener Wahlgeräte oder unter Verwendung amtlicher Stimmzettel, welche zudem Unterscheidungsmerkmale nach Geschlecht und Geburtsjahrsgruppen enthalten, durchgeführt werden. [3]Briefwähler sind von den repräsentativen Wahlstatistiken ausgeschlossen.

(2) [1]Die Zahl der Stichprobenwahlbezirke, die in die repräsentativen Wahlstatistiken einzubeziehen sind, darf einen Auswahlsatz von fünf vom Hundert der Wahlbezirke des Landes nicht überschreiten. [2]Ein für die repräsentativen Wahlstatistiken ausgewählter Wahlbezirk muss mindestens 400 Wahlberechtigte umfassen. [3]Der Landeswahlleiter teilt dem Kreiswahlleiter mit, welche Wahlbezirke des

Wahlkreises aufgrund § 66 Abs. 2 KWG LSA in die repräsentativen Wahlstatistiken einbezogen werden. [4]Der Kreiswahlleiter unterrichtet die betroffenen Gemeinden. [5]Die Gemeinden setzen die zuständigen Wahlvorstände in Kenntnis und sichern die Information der Wahlberechtigen über Zweck und Inhalt der repräsentativen Wahlstatistiken. [6]Das dazu erforderliche Informationsmaterial stellt das Statistische Landesamt Sachsen-Anhalt zur Verfügung.

(3) [1]Erhebungsmerkmale für die Statistik nach Absatz 1 Satz 1 Nr. 1 sind Wahlberechtigte, Wahlscheinvermerk, Gemeinde, Beteiligung an der Wahl, Geburtsjahresgruppe und Geschlecht. [2]Erhebungsmerkmale für die Statistik nach Absatz 1 Satz 1 Nr. 2 sind abgegebene Stimmen, ungültige Stimmen, Gemeinde, Geburtsjahresgruppe und Geschlecht. [3]Hilfsmerkmale für beide Statistiken sind Wahlkreis und Wahlbezirk.

(4) Für die Statistik nach Absatz 1 Satz 1 Nr. 1 dürfen höchstens elf Geburtsjahresgruppen, für die Statistik nach Absatz 1 Satz 1 Nr. 2 höchstens fünf Geburtsjahresgruppen gebildet werden.

(5) [1]Die Durchführung der repräsentativen Wahlstatistiken darf die Feststellung des Wahlergebnisses im Wahlbezirk nicht verzögern. [2]Die Statistik nach Absatz 1 Satz 1 Nr. 1 wird von dem Wahlvorstand des ausgewählten Wahlbezirkes durch Auszählung des Wählerverzeichnisses durchgeführt. [3]Das Ergebnis ist dem Statistischen Landesamt Sachsen-Anhalt über den Kreiswahlleiter zu übermitteln. [4]Die Statistik nach Absatz 1 Satz 1 Nr. 2 wird vom Statistischen Landesamt durchgeführt. [5]Dazu leiten die Gemeinden die verpackten und versiegelten Stimmzettel oder Ergebnisaufzeichnungen von Wahlgeräten der für die Statistik ausgewählten Wahlbezirke ungeöffnet und getrennt nach Wahlbezirken über den Kreiswahlleiter zur Auswertung dem Statistischen Landesamt zu. [6]Nach der Auswertung sind die Wahlunterlagen unverzüglich an die Gemeinden zurückzugeben und von diesen entsprechend den wahlrechtlichen Bestimmungen zu bebehandeln. [7]Wählerverzeichnisse und gekennzeichnete Stimmzettel oder Ergebnisaufzeichnungen von Wahlgeräten dürfen nicht zusammengeführt werden.

(6) [1]Gemeinden dürfen mit Zustimmung des zuständigen Wahlleiters außer in den nach Absatz 2 ausgewählten in weiteren Wahlbezirken für eigene statistische Zwecke wahlstatistische Auszählungen unter Verwendung gekennzeichneter Stimmzettel oder zugelassener Wahlgeräte durchführen. [2]Der Auswahlsatz in einer Gemeinde darf hierfür insgesamt 15 vom Hundert der in ihr gelegenen Wahlbezirke nicht überschreiten. [3]Absatz 2 Satz 2 sowie die Absätze 3 und 4 gelten entsprechend. [4]Die wahlstatistischen Auszählungen dürfen nur in Gemeinden mit einer kommunalen Statistikstelle, welche die Voraussetzungen des § 7 des Landesstatistikgesetzes Sachsen-Anhalt erfüllt, vorgenommen werden. [5]Wählerverzeichnisse und gekennzeichnete Stimmzettel oder Ergebnisaufzeichnungen von Wahlgeräten dürfen nicht zusammengeführt werden.

(7) [1]Die Veröffentlichung von Ergebnissen der repräsentativen Wahlstatistik nach Absatz 1 ist dem Statistischen Landesamt Sachsen-Anhalt vorbehalten und nur für das Land insgesamt gestattet. [2]Ergebnisse der wahlstatistischen Auszahlungen nach Absatz 6 dürfen nur für die Ebene der Gemeinde insgesamt veröffentlicht werden. [3]Ergebnisse einzelner Wahlbezirke dürfen nicht bekannt gegeben werden. [4]Zur Ergänzung der Ergebnisse nach Absatz 6 und zur zusammengefassten Veröffentlichung können unter Sicherung des Wahlgeheimnisses den Gemeinden Ergebnisse der repräsentativen Wahlstatistiken nach Absatz 1 vom Statistischen Landesamt überlassen werden.

### § 86 Vernichtung und Löschung von Wahlunterlagen

(1) [1]Die einbehaltenen Wahlbenachrichtigungen, Stimmzettelumschläge und Wahlbriefumschläge – soweit sie nicht der Wahlniederschrift nach § 67 beigefügt werden – sind unverzüglich nach Feststellung des endgültigen Wahlergebnisses zu vernichten. [2]Wählerverzeichnisse, Wahlscheinverzeichnisse, Verzeichnisse nach § 25 Abs. 6a Satz 7 und Abs. 9 Satz 2 sowie § 26 Abs. 3 Satz 1, Anträge auf Berichtigung des Wählerverzeichnisses oder Beschwerden gegen die Versagung von Wahlscheinen, Vollmachten für die Beantragung und Abholung von Wahlscheinen, Formblätter mit Unterstützungsunterschriften für Wahlvorschläge, Wahlvorschläge mit Anlagen, Stimmzettel, Wahlscheinanträge und Wahlscheine sowie Daten nach § 65b KWG LSA sind nach Ablauf von sechs Monaten seit der Wahl zu vernichten, wenn nicht ein Wahlleiter mit Rücksicht auf ein schwebendes Wahlprüfungsverfahren etwas anderes anordnet oder sie für die Strafverfolgungsbehörde zur Ermittlung einer Wahlstraftat von Bedeutung sein können.

(2) Die nicht von Absatz 1 erfassten Wahlunterlagen sind 60 Tage vor der Wahl der neuen Vertretung oder des neuen Bürgermeisters, Ortsvorstehers oder Landrates zu vernichten.

(3) Der Landeswahlleiter kann zulassen, daß die nach Absatz 2 Satz 1 zur Vernichtung in Betracht kommenden Unterlagen früher vernichtet werden, soweit sie nicht für ein schwebendes Wahlprüfungsverfahren oder für die Strafverfolgungsbehörde zur Ermittlung einer Wahlstraftat von Bedeutung sein können.
(4) Soweit Daten in elektronischer Form gespeichert werden, gelten die Absätze 1 bis 3 entsprechend für die Speicherung und Löschung dieser Daten.
(5) Für die Vernichtung von Abstimmungsunterlagen gelten die Absätze 1 bis 4 entsprechend mit der Maßgabe, dass die Abstimmungsunterlagen nach Absatz 2 ein Jahr nach der Abstimmung vernichtet werden können.

### § 87 Erstattung von Wahlkosten
Der Landkreis erstattet den zu seinem Wahlgebiet gehörenden Gemeinden im Rahmen des § 54 Abs. 3 KWG LSA die Kosten der Kreiswahl, sobald die Wahl durchgeführt worden ist.

### § 88 Mitwirkung der Verbandsgemeinden
[1]Für die Mitwirkung von Verbandsgemeinden bei den den Gemeinden nach dem Kommunalwahlgesetz für das Land Sachsen-Anhalt und dieser Verordnung obliegenden Aufgaben gelten nachfolgende Regelungen:
1. Die Verbandsgemeinde soll ihre Tätigkeit unter Berücksichtigung der örtlichen Verhältnisse so einrichten, daß die Vorbereitung und Durchführung der Wahl möglichst erleichtert wird.
2. Die Verbandsgemeinde besorgt für ihre Mitgliedsgemeinden die dem Bürgermeister und der Gemeinde nach dem Kommunalwahlgesetz für das Land Sachsen-Anhalt und dieser Verordnung obliegenden Aufgaben.
3. Gemeindewahlleiter oder dessen Stellvertreter kann bei Mitgliedsgemeinden von Verbandsgemeinden auch ein Bediensteter der Verbandsgemeinde sein. Dieser gilt insoweit als Bediensteter der Gemeinde im Sinne von § 9 Abs. 1a Satz 1 KWG LSA.
4. Die Regelung der Nr. 3 gilt auch für die Berufung des Wahlvorstehers und seines Stellvertreters nach § 11 KWG LSA und für die Berufung der Beisitzer des Wahlvorstandes nach § 12 Abs. 1 Satz 4 KWG LSA.
5. Die im Kommunalwahlgesetz für das Land Sachsen-Anhalt und in dieser Verordnung begründeten Zuständigkeiten des Gemeinderates, des Gemeindewahlleiters und des Gemeindewahlausschusses bleiben unberührt.
6. Die Verbandsgemeinde veröffentlicht die die Wahl betreffenden Bekanntmachungen in den Mitgliedsgemeinden in der jeweils ortsüblichen Art.
7. Die Verbandsgemeinde kann die Einsichtnahme in die Wählerverzeichnisse für die Wahlbezirke der Mitgliedsgemeinden auf den Sitz der Verbandsgemeinde beschränken.
8. Die Verbandsgemeinde kann im Einvernehmen mit der Mitgliedsgemeinde bestimmen, daß einzelne Aufgaben von der Mitgliedsgemeinde erfüllt werden. Macht sie von dieser Möglichkeit Gebrauch, so hat sie es in der Mitgliedsgemeinde ortsüblich bekanntzumachen.
9. Der Landeswahlleiter kann im Einzelfall Regelungen zur Anpassung an besondere Verhältnisse einer Verbandsgemeinde treffen.

[2]§ 10a KWG LSA bleibt von den Regelungen des Satzes 1 unberührt.

### § 89 *[aufgehoben]*

### § 90 Mitwirkung des Landeswahlausschusses
(1) Für die Wahrnehmung zentraler Wahlaufgaben durch den Landeswahlausschuß gelten die Verfahrensvorschriften der Landeswahlordnung.
(2) Die Entschädigung der Beisitzer des Landeswahlausschusses bestimmt sich nach den Vorschriften der Landeswahlordnung.

### § 91 Ergänzende Vorschriften für die Wahl des Ortschaftsrates
(1) Für die Wahl des Ortschaftsrates gelten folgende ergänzende Regelungen:
1. Die Wahlvorschlagsnummern der Wahlvorschläge der an der Gemeindewahl teilnehmenden Parteien, Wählergruppen und Einzelbewerber gelten auch für die Wahl der Mitglieder des Ortschaftsrates. Für die übrigen Wahlvorschläge bestimmt sich die Reihenfolge nach § 37 Abs. 2.

2. Bei den allgemeinen Neuwahlen findet § 70 für die Ergebnisse der Wahlen zu den Ortschaftsräten keine Anwendung.
3. Als Vertretung im Sinne des § 21 Abs. 10 KWG LSA gilt bei der erstmaligen Wahl des Ortschaftsrates der Gemeinderat; fällt dabei diese Wahl mit der einzelnen Neuwahl des Gemeinderates zusammen, ist § 74 Abs. 5 Nrn. 6 und 7 entsprechend anzuwenden.
4. Die für die Gemeindewahl zuständigen Parteimitglieder oder deren Delegierte können auch die Bewerber und ihre Reihenfolge für die Wahl des Ortschaftsrates bestimmen, sofern in der Ortschaft keine Parteiorganisation vorhanden ist.

(2) Der Landeswahlleiter kann besondere Regelungen für den Ablauf des Wahlverfahrens treffen.

### § 92 Sprachliche Gleichstellung
Personen- und Funktionsbezeichnungen in dieser Verordnung gelten jeweils in weiblicher und männlicher Form.

### § 93 Inkrafttreten
Diese Verordnung tritt am Tage nach ihrer Verkündung[1] in Kraft.

**Anlagen 1 bis 33**
(hier nicht wiedergegeben)

---

1) Verkündet am 2.3.1994.

# Kommunalabgabengesetz (KAG-LSA)

In der Fassung der Bekanntmachung vom 13. Dezember 1996[1] (GVBl. LSA S. 405) (BS LSA 2022.1)
zuletzt geändert durch Art. 1 G zur Abschaffung der Straßenausbaubeiträge vom 15. Dezember 2020 (GVBl. LSA S. 712)

## Nichtamtliche Inhaltsübersicht

**Erster Teil**
**Allgemeine Vorschriften**

§ 1 Kommunale Abgaben
§ 2 Rechtsgrundlage für kommunale Abgaben

**Zweiter Teil**
**Die einzelnen Abgaben**

§ 3 Steuern
§ 4 Verwaltungsgebühren
§ 5 Benutzungsgebühren
§ 6 Beiträge
§ 6a
§ 6b Grundstück
§ 6c Abgrenzung von Teilflächen bei der Beitragsbemessung, weitere Beitragspflichten
§ 6d Beteiligung der Beitragspflichtigen
§ 7 Besondere Wegebeiträge
§ 8 Erstattung der Kosten für Grundstücksanschlüsse
§ 9 Gästebeiträge
§ 9a

**Dritter Teil**
**Verfahrensvorschriften**

§ 10 Berechtigung und Verpflichtung Dritter
§ 11 Abgabenbescheide
§ 12 Öffentliche Bekanntmachung
§ 13 Anwendung der Abgabenordnung
§ 13a Billigkeitsmaßnahmen
§ 13b Zeitliche Obergrenze für den Vorteilsausgleich
§ 13c Aufschiebende Wirkung von Rechtsbehelfen
§ 14 Kleinbeträge, Abrundung, Festsetzung

**Vierter Teil**
**Straf- und Bußgeldvorschriften**

§ 15 Abgabenhinterziehung
§ 16 Leichtfertige Abgabenverkürzung und Abgabengefährdung
§ 17 Einschränkung von Grundrechten

**Fünfter Teil**
**Übergangs- und Schlußvorschriften**

§ 18 Übergangsvorschriften
§ 18a Übergangsvorschriften zum Gesetz zur Abschaffung der Straßenausbaubeiträge
§ 19 Inkrafttreten, Übergangsregelungen

## Erster Teil
## Allgemeine Vorschriften

### § 1 Kommunale Abgaben

(1) Landkreise und Gemeinden sind berechtigt, nach Maßgabe dieses Gesetzes kommunale Abgaben (Steuern, Gebühren, Beiträge) zu erheben, soweit nicht Bundes- oder Landesrecht etwas anderes bestimmt.
(2) Dieses Gesetz gilt auch für Steuern, Gebühren und Beiträge, die von den Landkreisen und Gemeinden auf Grund anderer Gesetze erhoben werden, soweit diese keine Bestimmungen treffen.
(3) Satzungen im Sinne dieses Gesetzes sind wirksame Satzungen, soweit nicht ausdrücklich auf Satzungen ohne Rücksicht auf ihre Wirksamkeit Bezug genommen wird.

### § 2 Rechtsgrundlage für kommunale Abgaben

(1) ¹Kommunale Abgaben dürfen nur auf Grund einer Satzung erhoben werden. ²Die Satzung muß den Kreis der Abgabeschuldner, den die Abgabe begründenden Tatbestand, den Maßstab und den Satz der Abgabe sowie die Entstehung und den Zeitpunkt der Fälligkeit der Schuld bestimmen.
(2) ¹Satzungen können nur innerhalb der verfassungsrechtlichen Grenzen rückwirkend erlassen werden. ²Eine Satzung kann insbesondere rückwirkend erlassen werden, wenn sie ausdrücklich eine Sat-

---

[1] Neubekanntmachung des KommunalabgabenG v. 11.6.1991 (GVBl. LSA S. 105) in der ab 20.6.1996 geltenden Fassung.

zung ohne Rücksicht auf deren Wirksamkeit ersetzt, die eine gleiche oder gleichartige Abgabe regelte. ³Die Rückwirkung kann bis zu dem Zeitpunkt ausgedehnt werden, zu dem die zu ersetzende Satzung in Kraft getreten war oder in Kraft treten sollte. ⁴Durch die rückwirkend erlassene Satzung darf die Gesamtheit der Abgabepflichtigen nicht ungünstiger gestellt werden als nach der ersetzten Satzung.

(3) Wird innerhalb eines Jahres nach Inkrafttreten einer neuen Abgabesatzung eine Heranziehung, die auf Grund der bisherigen Abgabesatzung ergangen und nicht unanfechtbar geworden ist, durch eine Heranziehung auf Grund der neuen Abgabesatzung ersetzt, so gilt die neue Heranziehung im Sinne der Verjährungsvorschriften als im Zeitpunkt der früheren Heranziehung vorgenommen.

## Zweiter Teil
## Die einzelnen Abgaben

### § 3 Steuern

(1) ¹Landkreise und Gemeinden können Steuern erheben. ²Die Besteuerung desselben Steuergegenstandes durch eine kreisangehörige Gemeinde und den Landkreis ist unzulässig.

(2) Jagdsteuern werden nicht erhoben.

(3) ¹Die Verwaltung der Gewerbesteuer und der Grundsteuer obliegt den Gemeinden; dies gilt nicht für die Festsetzung und Zerlegung der Steuermeßbeträge. ²Das Finanzamt kann für die Bekanntgabe der Meßbescheide die Hilfe der hebeberechtigten Gemeinde in Anspruch nehmen.

### § 4 Verwaltungsgebühren

(1) Landkreise und Gemeinden erheben im eigenen Wirkungskreis Verwaltungsgebühren als Gegenleistung für Amtshandlungen und sonstige Verwaltungstätigkeiten, wenn die Beteiligten hierzu Anlaß gegeben haben.

(2) Gebühren dürfen nicht erhoben werden für Amtshandlungen und sonstige Verwaltungstätigkeiten, zu denen in Ausübung öffentlicher Gewalt eine andere Behörde im Lande, eine Behörde des Bundes oder die Behörde eines anderen Bundeslandes Anlaß gegeben hat, es sei denn, daß die Gebühr einem Dritten zur Last zu legen ist.

(3) Von der Erhebung einer Gebühr kann ganz oder teilweise abgesehen werden, wenn daran ein öffentliches Interesse besteht.

(3a) Eine Gebühr für einen Widerspruchsbescheid darf nur erhoben werden, wenn und soweit der Widerspruch zurückgewiesen wird.

(4) ¹Im übrigen gelten die Vorschriften des Verwaltungskostengesetzes des Landes Sachsen-Anhalt vom 27. Juni 1991 (GVBl. LSA S. 154), zuletzt geändert durch § 77 Abs. 1 Nr. 4 des Verwaltungsvollstreckungsgesetzes des Landes Sachsen-Anhalt vom 23. Juni 1994 (GVBl. LSA S. 710), in ihrer jeweils geltenden Fassung, soweit Regelungen dieses Gesetzes nicht ausdrücklich entgegenstehen, sinngemäß. ²§ 14 Abs. 1 Sätze 2 und 3 des Verwaltungskostengesetzes gilt auch für den Verkehr der Gebietskörperschaften untereinander.

### § 5 Benutzungsgebühren

(1) ¹Landkreise und Gemeinden erheben als Gegenleistung die für die Inanspruchnahme öffentlicher Einrichtungen erforderlichen Benutzungsgebühren, soweit nicht ein privatrechtliches Entgelt gefordert wird. ²Das Gebührenaufkommen soll die Kosten der jeweiligen Einrichtung decken, jedoch nicht überschreiten; Landkreise und Gemeinden können niedrigere Gebühren erheben oder von Gebühren absehen, soweit daran ein öffentliches Interesse besteht. ³Kosten, die aufgrund ungenutzter, die Sicherheitsreserve überschreitender Kapazitäten entstanden sind, dürfen nicht in die Gebührenberechnung einbezogen werden.

(2) Die Kosten der Einrichtung sind nach betriebswirtschaftlichen Grundsätzen zu ermitteln.

(2a) ¹Zu den Kosten gehören auch Aufwendungen für Roh-, Hilfs- und Betriebsstoffe sowie Personalkosten, ferner Entgelte für in Anspruch genommene Fremdleistungen, Abschreibungen von den Anschaffungs- oder Herstellungswerten sowie Zinsen auf Fremdkapitalien; eine angemessene Verzinsung des von den kommunalen Gebietskörperschaften aufgewandten Eigenkapitals kann in Ansatz gebracht werden. ²Die Abschreibungen sind nach der mutmaßlichen Nutzungsdauer oder Leistungsmenge gleichmäßig zu bemessen; Berechnungsgrundlage sind die Anschaffungs- und Herstellungskosten oder der Wiederbeschaffungszeitwert, jeweils vermindert um Beiträge oder ähnliche Entgelte sowie Zuwendungen Dritter. ³Die Verzinsung des Eigenkapitals richtet sich nach den für Kommunal-

kredite geltenden Zinsen. [4]Bei der Bemessung des Eigenkapitals bleibt der durch Beiträge und ähnliche Entgelte oder Zuwendungen Dritter aufgebrachte Anteil außer Betracht.
(2b) [1]Die Kostenermittlung kann für einen Kalkulationszeitraum erfolgen, der drei Jahre nicht übersteigen soll. [2]Weichen am Ende eines Kalkulationszeitraumes die tatsächlichen von den kalkulierten Kosten ab, so sind Kostenüberdeckungen innerhalb der nächsten drei Jahre auszugleichen; Kostenunterdeckungen sollen innerhalb dieser drei Jahre ausgeglichen werden.
(3) [1]Die Bemessung der Gebühren erfolgt unter Berücksichtigung von Art und Umfang der Inanspruchnahme. [2]Sie kann nach einem Wahrscheinlichkeitsmaßstab erfolgen; seine Anwendung darf nicht dazu führen, daß die Gebühr in einem offensichtlichen Mißverhältnis zu der damit abgegoltenen Leistung steht. [3]Landkreise und Gemeinden dürfen bei der Gebührenbemessung und bei der Festlegung der Gebührensätze auch zugunsten bestimmter Gruppen von Gebührenpflichtigen soziale Gesichtspunkte berücksichtigen, soweit daran ein öffentliches Interesse besteht. [4]Sie können für die Einrichtungen der Wasserversorgung und Abwasserbeseitigung Grenzwerte für eine vertretbare Gebührenbelastung festsetzen. [5]Die Erhebung einer Grundgebühr neben der Gebühr nach Satz 1 oder 2 sowie die Erhebung einer Mindestgebühr von bis zu 25 v.H. der verbrauchsabhängigen Kostenanteile bei der Wasserversorgung und Abwasserbeseitigung sowie der Abfallentsorgung ist zulässig.
(3a) [1]Bei Einrichtungen und Anlagen, die auch dem Schutz der natürlichen Lebensgrundlagen des Menschen dienen oder bei deren Inanspruchnahme die natürlichen Lebensgrundlagen des Menschen gefährdet werden können, kann die Benutzungsgebühr für die Leistungen so bemessen werden, dass sie Anreize zu einem umweltschonenden Verhalten bietet. [2]Benutzungsgebühren können insoweit degressiv bemessen werden, als bei zunehmender Leistungsmenge nachweislich eine Kostendegression eintritt.
(4) [1]Für die Inanspruchnahme einer öffentlichen Einrichtung, die von der Gemeinde oder dem Landkreis ständig bereitgestellt wird, kann die Satzung eine Jahresgebühr vorsehen, die zu Beginn des Erhebungszeitraumes entsteht. [2]Entfallen oder ändern sich die Voraussetzungen für die Erhebung der Jahresgebühr während des Erhebungszeitraumes, so ist der Gebührenbescheid von Amts wegen aufzuheben oder zu berichtigen. [3]Auf Gebühren können anteilig für einzelne Abschnitte des Erhebungszeitraums Abschlagzahlungen verlangt werden. [4]Diese sind entsprechend der Inanspruchnahme der Einrichtung im letzten oder vorletzten Erhebungszeitraum, hilfsweise nach der Inanspruchnahme der Einrichtung in vergleichbaren Fällen, zu bemessen.
(5) [1]Gebührenschuldner ist, wer die mit der öffentlichen Einrichtung gebotene Leistung in Anspruch nimmt (Benutzer). [2]Die Satzung kann auch die Eigentümer sowie die sonst dinglich Nutzungsberechtigten der Grundstücke zu Gebührenschuldnern bestimmen. [3]Sie kann ferner festlegen, daß Mieter und Pächter für den ihnen zurechenbaren Anteil der Gebühr haften.
(6) Soweit die Umsätze von Einrichtungen der Umsatzsteuer unterliegen, können Landkreise und Gemeinden die Umsatzsteuer den Gebührenpflichtigen auferlegen.

## § 6 Beiträge

(1) [1]Die Landkreise und Gemeinden können zur Deckung ihres Aufwandes für die erforderliche Herstellung, Anschaffung, Erweiterung, Verbesserung und Erneuerung ihrer öffentlichen leitungsgebundenen Einrichtungen Beiträge von den Beitragspflichtigen im Sinne des Absatzes 8 erheben, denen durch die Inanspruchnahme oder die Möglichkeit der Inanspruchnahme dieser Einrichtungen ein Vorteil entsteht, soweit nicht privatrechtliche Entgelte gefordert werden. [2]Zum Aufwand rechnen auch die Kosten, die einem Dritten, dessen sich die Gemeinde oder der Landkreis bedient, entstehen, soweit sie dem Dritten von der Gemeinde oder dem Landkreis geschuldet werden.
(2) Beiträge können auch für den Grunderwerb, die Freilegung und für nutzbare Teile einer Einrichtung erhoben werden (Aufwandspaltung).
(3) [1]Der Aufwand kann nach den tatsächlichen Aufwendungen oder nach Einheitssätzen ermittelt werden. [2]Die Einheitssätze sind nach den Aufwendungen festzusetzen, die in dem Landkreis oder in der Gemeinde üblicherweise durchschnittlich für vergleichbare Einrichtungen aufgebracht werden müssen. [3]Der Aufwand umfaßt auch den Wert, den die von der Gemeinde oder dem Landkreis für die Einrichtung bereitgestellten eigenen Grundstücke im Zeitpunkt der Bereitstellung haben. [4]Bei leitungsgebundenen Einrichtungen kann der durchschnittliche Aufwand für die gesamte Einrichtung nur dann veranschlagt und zugrunde gelegt werden, wenn die Einrichtung nach den allgemein anerkannten Regeln der Technik nicht überdimensioniert ist; sollen Beiträge für Teileinrichtungen erhoben werden,

ist der für sie erforderliche Aufwand zugrunde zu legen. ⁵Der Aufwand, der erforderlich ist, um das Grundstück eines Anschlußnehmers an Versorgungs- und Abwasseranlagen anzuschließen, kann in die Kosten der Einrichtung einbezogen werden. ⁶Es ist aber auch zulässig, einen besonderen Beitrag zu erheben.

(4) Der Aufwand kann auch für Abschnitte einer Einrichtung, wenn diese selbständig in Anspruch genommen werden können, ermittelt werden.

(5) ¹Die Beiträge sind nach den Vorteilen zu bemessen. ²Dabei können Gruppen von Beitragspflichtigen mit annähernd gleichen Vorteilen zusammengefaßt werden. ³Wird eine Beitragssatzung für mehrere gleichartige Einrichtungen erlassen und kann der Beitragssatz für die einzelnen Einrichtungen in ihr nicht festgelegt werden, so genügt es, wenn in der Satzung die Maßnahmen, für die Beiträge erhoben werden, nach Art und Umfang bezeichnet werden und der umzulegende Teil der Gesamtkosten bestimmt wird. ⁴Wenn die Einrichtungen erfahrungsgemäß auch von der Allgemeinheit oder von dem Landkreis oder der Gemeinde selbst in Anspruch genommen werden, bleibt bei der Ermittlung des Beitrages in dem besonderen Vorteil der Allgemeinheit oder der Gebietskörperschaft entsprechender Teil des Aufwandes außer Ansatz. ⁵Zuwendungen Dritter können, soweit der Zuwendungsgeber nichts anderes bestimmt hat, hälftig zur Deckung dieses Betrages verwendet werden. ⁶Für die Einrichtungen der Wasserversorgung und der Abwasserbeseitigung können die Landkreise und Gemeinden Grenzwerte für eine vertretbare Beitragsbelastung festsetzen.

(6) ¹Wird ein Beitrag für leitungsgebundene Einrichtungen erhoben, entsteht die Beitragspflicht, sobald das Grundstück an die Einrichtung angeschlossen werden kann, frühestens jedoch mit dem Inkrafttreten der Satzung. ²Investitionen, die vor Inkrafttreten dieses Gesetzes abgeschlossen wurden, fallen nicht unter diese Regelung. ³Die Satzung kann einen späteren Zeitpunkt bestimmen.

(6a) *[aufgehoben]*

(7) ¹Auf die künftige Beitragsschuld können angemessene Vorausleistungen verlangt werden, sobald mit der Durchführung der Maßnahme begonnen worden ist. ²Die Vorausleistung ist mit der endgültigen Beitragsschuld zu verrechnen, auch wenn der Vorausleistende nicht beitragspflichtig ist. ³Ist die Beitragsschuld drei Jahre nach Bekanntgabe des Vorausleistungsbescheides noch nicht entstanden, kann die Vorausleistung zurückverlangt werden, wenn die Einrichtung bis zu diesem Zeitpunkt noch nicht benutzbar ist. ⁴Der Rückzahlungsanspruch ist ab Erhebung der Vorausleistung mit zwei Prozentpunkten über dem Basiszinssatz nach § 247 des Bürgerlichen Gesetzbuchs jährlich zu verzinsen. ⁵Die Satzung kann Bestimmungen über die Ablösung des Beitrages im Ganzen vor Entstehung der Beitragspflicht treffen.

(8) ¹Beitragspflichtig ist, wer im Zeitpunkt der Bekanntgabe des Beitragsbescheides Eigentümer des Grundstückes ist. ²Ist das Grundstück mit einem Erbbaurecht belastet, so ist anstelle des Eigentümers der Erbbauberechtigte beitragspflichtig. ³Ist das Grundstück mit einem dinglichen Nutzungsrecht nach Artikel 233 § 4 des Einführungsgesetzes zum Bürgerlichen Gesetzbuche in der Fassung vom 21. September 1994 (BGBl. I S. 2494), zuletzt geändert durch Artikel 3 des Gesetzes vom 8. Juli 2014 (BGBl. I S. 1218, 1219), belastet, so ist anstelle des Eigentümers der Inhaber dieses Rechts beitragspflichtig. ⁴Mehrere Beitragspflichtige haften als Gesamtschuldner, bei Wohnungs- und Teileigentum sind die einzelnen Wohnungs- und Teileigentümer nur entsprechend ihrem Miteigentumsanteil beitragspflichtig.

(9) Der Beitrag ruht als öffentliche Last auf dem Grundstück, bei Bestehen eines Erbbaurechts oder von Wohnungs- oder Teileigentum auf diesem.

### § 6a *[aufgehoben]*

### § 6b Grundstück

(1) ¹Ist ein vermessenes und im Bestandsverzeichnis des Grundbuchs unter einer eigenen Nummer eingetragenes Grundstück nicht vorhanden, so gilt die von dem Beitragspflichtigen zusammenhängend genutzte Fläche als Grundstück. ²Der Beitragspflichtige ist in diesem Fall verpflichtet, die Grundstücksgröße nachprüfbar, insbesondere durch amtlich beglaubigte Dokumente, nachzuweisen.

(2) Durch nachträgliche katastermäßige Vermessungen eintretende Veränderungen der Bemessungsgrundlagen bleiben unberücksichtigt.

## § 6c Abgrenzung von Teilflächen bei der Beitragsbemessung, weitere Beitragspflichten

(1) In der Beitragssatzung kann bestimmt werden, daß Grundstücke bis zu ihrer Bebauung oder gewerblichen Nutzung nur mit dem auf die Grundstücksgröße entfallenden Betrag herangezogen werden.

(2) ¹Übergroße Grundstücke, die nach der tatsächlichen Nutzung vorwiegend Wohnzwecken dienen, sind nur begrenzt zu veranlagen oder heranzuziehen. ²Als übergroß gelten mindestens solche Wohngrundstücke, die 30 v.H. oder mehr über der Durchschnittsgröße liegen. ³Die Begrenzungsregelung soll ausgehend von der Durchschnittsgröße der Wohngrundstücke unter Berücksichtigung der örtlichen Verhältnisse in der Satzung festgelegt werden.

(3) In der Beitragssatzung für leitungsgebundene Einrichtungen soll ferner bestimmt werden, daß Gebäude oder selbständige Gebäudeteile, die nach der Art ihrer Nutzung keinen Bedarf nach Anschluß an die gemeindliche Einrichtung auslösen oder nicht angeschlossen werden dürfen, beitragsfrei bleiben; das gilt nicht für Gebäude oder Gebäudeteile, die tatsächlich angeschlossen sind.

(4) Ändern sich die für die Beitragsbemessung maßgebenden Umstände nachträglich und erhöht sich dadurch der Vorteil, so entsteht ein zusätzlicher Beitrag.

## § 6d Beteiligung der Beitragspflichtigen

¹Die Gemeinden haben die später Beitragspflichtigen spätestens einen Monat vor der Entscheidung über die beitragsauslösende Maßnahme über das beabsichtigte Vorhaben sowie über die zu erwartende Kostenbelastung zu unterrichten, damit ihnen Gelegenheit bleibt, sich in angemessener Weise gegenüber der Gemeinde zu äußern. ²Im Falle der unterbliebenen Beteiligung haben die Beitragspflichtigen einen Anspruch auf Nachholung der Anhörung, sofern vertragliche Bindungen zur Durchführung der Maßnahme noch nicht bestehen.

## § 7 Besondere Wegebeiträge

¹Müssen Straßen und Wege, die nicht dem öffentlichen Verkehr gewidmet sind, kostspieliger hergestellt oder ausgebaut werden, als dies sonst notwendig wäre, weil sie im Zusammenhang mit der Nutzung oder Ausbeutung von Grundstücken oder im Zusammenhang mit einem gewerblichen Betrieb außergewöhnlich beansprucht werden, so kann die Gemeinde oder der Landkreis zum Ersatz der Mehraufwendungen von den Eigentümern dieser Grundstücke oder von den Unternehmern der gewerblichen Betriebe besondere Wegebeiträge erheben. ²Die Beiträge sind nach den Mehraufwendungen zu bemessen, die der Beitragspflichtige verursacht; § 6 Abs. 3 Satz 3, Abs. 4, und 7 ist entsprechend anzuwenden. ³Die Beitragspflicht entsteht mit der Beendigung der beitragsauslösenden Maßnahme, in den Fällen des § 6 Abs. 2 mit der Beendigung der Teilmaßnahme und in den Fällen des § 6 Abs. 4 mit der Beendigung des Abschnitts, sofern zum Zeitpunkt der Entscheidung über die beitragsauslösende Maßnahme eine Satzung in Kraft getreten ist. ⁴§ 6 Abs. 6 Satz 2 und 3 gilt entsprechend.

## § 8 Erstattung der Kosten für Grundstücksanschlüsse

¹Landkreise und Gemeinden können bestimmen, daß ihnen die Aufwendungen für die Herstellung, Erneuerung, Veränderung und Beseitigung sowie die Kosten für die Unterhaltung eines Grundstücksanschlusses an Versorgungsleitungen und Abwasseranlagen in der tatsächlich entstandenen Höhe oder nach Einheitssätzen erstattet werden. ²Dies gilt unabhängig davon, ob der Grundstücksanschluß durch Satzung zum Bestandteil der öffentlichen Einrichtung bestimmt wurde. ³Landkreise und Gemeinden können ferner bestimmen, daß Versorgungs- und Abwasserleitungen, die nicht in der Mitte der Straße verlaufen, als in der Straßenmitte verlaufend gelten. ⁴Für den Erstattungsanspruch gelten die Vorschriften dieses Gesetzes entsprechend.

## § 9 Gästebeiträge

(1) ¹Gemeinden können zur Deckung ihres Aufwandes einen Gästebeitrag erheben
1. für die Herstellung, Anschaffung, Erweiterung, Verbesserung, Erneuerung und Unterhaltung ihrer Einrichtungen, die dem Tourismus dienen,
2. für die zu Zwecken des Tourismus durchgeführten Veranstaltungen sowie
3. für die den beitragspflichtigen Personen im Sinne von Absatz 2 Satz 1 eingeräumte Möglichkeit, Verkehrsleistungen im öffentlichen Personennahverkehr kostenlos in Anspruch zu nehmen, auch wenn die Verkehrsleistungen im Rahmen eines Verkehrsverbundes im Sinne von § 8b Abs. 3 des Gesetzes über den öffentlichen Personennahverkehr im Land Sachsen-Anhalt angeboten werden.

²Zum Aufwand im Sinne des Satzes 1 rechnen auch die Kosten, die einem Dritten entstehen, dessen sich die Gemeinde bedient, soweit sie dem Dritten von der Gemeinde geschuldet werden. ³§ 5 bleibt unberührt.

(2) ¹Beitragspflichtig sind alle Personen, die sich in den Gemeinden nach Absatz 1 oder in Teilen von ihnen zu Kur- oder Erholungszwecken oder allgemein touristischen Zwecken aufhalten, ohne dort eine alleinige Wohnung oder eine Hauptwohnung im Sinne des Bundesmeldegesetzes zu haben, und denen die Möglichkeit
1. zur Benutzung der Einrichtungen, die dem Tourismus dienen,
2. zur Teilnahme an den zu Zwecken des Tourismus durchgeführten Veranstaltungen oder
3. zur kostenlosen Inanspruchnahme von Verkehrsleistungen im öffentlichen Personennahverkehr

geboten wird. ²Beitragspflichtig ist nicht, wer sich nur zur Berufsausübung in der Gemeinde aufhält. ³Die Satzung kann vollständige oder teilweise Befreiung aus wichtigen Gründen von der Beitragspflicht vorsehen.

(3) ¹In staatlich anerkannten Kur- und Erholungsorten ist das Gemeindegebiet, in dem sie einen Gästebeitrag erheben, durch die staatliche Anerkennung bestimmt. ²Gemeinden, die nicht als Kur- oder Erholungsorte staatlich anerkannt sind oder deren staatliche Anerkennung sich auf Gemeindegebietsteile beschränkt, bestimmen durch Satzung das Gemeindegebiet oder weitere Gemeindegebietsteile, in denen sie einen Gästebeitrag erheben, nach ihren örtlichen Verhältnissen.

(4) ¹Wer Personen beherbergt, ihnen Wohnraum zur vorübergehenden Nutzung überläßt, einen Campingplatz, Wochenendplatz oder Bootsliegeplatz betreibt, kann durch Satzung verpflichtet werden, der Gemeinde die bei ihm gegen Entgelt oder Kostenerstattung verweilenden beitragspflichtigen Personen zu melden. ²Er kann ferner verpflichtet werden, den Gästebeitrag einzuziehen und an die Gemeinde abzuliefern; er haftet insoweit für die rechtzeitige Einziehung und vollständige Ablieferung des Gästebeitrages. ³Dies gilt für die Inhaber der Sanatorien, Kuranstalten und ähnlichen Einrichtungen auch, soweit der Gästebeitrag von Personen erhoben wird, die diese Einrichtungen benutzen, ohne in der den Gästebeitrag erhebenden Gemeinde eine Unterkunft im Sinne des Absatzes 2 Satz 1 zu haben.

(5) Gemeinden, die ganz oder teilweise als Kur- oder Erholungsorte staatlich anerkannt sind, können in dem staatlich anerkannten Gemeindegebiet den Gästebeitrag unter der Bezeichnung „Kurtaxe" erheben.

(6) Das für Wirtschaft zuständige Ministerium wird ermächtigt, im Einvernehmen mit dem für Gesundheit zuständigen Ministerium durch Verordnung zu bestimmen, welche natürlichen und hygienischen Bedingungen sowie öffentlichen Einrichtungen für die staatliche Anerkennung als Kurort, Luftkurort oder Erholungsort vorhanden sein müssen, und das Anerkennungsverfahren zu regeln.

### § 9a *[aufgehoben]*

*Dritter Teil*
**Verfahrensvorschriften**

### § 10 Berechtigung und Verpflichtung Dritter

(1) ¹Die Gemeinden und Landkreise können in der Satzung bestimmen, daß die Ermittlung von Berechnungsgrundlagen, die Abgabenberechnung, die Ausfertigung und Versendung von Abgabebescheiden sowie die Entgegennahme der zu entrichtenden Abgaben von einem damit beauftragten Dritten wahrgenommen werden. ²Die Ermächtigung darf nur erteilt werden, wenn die ordnungsgemäße Erledigung und Prüfung nach den für die Landkreise und Gemeinden geltenden Vorschriften gewährleistet sind. ³Die Landkreise und Gemeinden können sich zur Erledigung der in Satz 1 genannten Aufgaben auch der ADV-Anlagen Dritter bedienen; dies setzt auch voraus, daß von den für die Prüfung zuständigen Stellen die Unbedenklichkeit der Programme vor ihrer Anwendung festgestellt wurde.

(2) ¹Landkreise und Gemeinden können durch Satzung ferner bestimmen, daß ihnen Dritte, die nicht Beteiligte des Abgabenverfahrens sind, anstelle der Beteiligten die zur Abgabenfestsetzung oder -erhebung erforderlichen Berechnungsgrundlagen gegen Kostenerstattung mitzuteilen haben. ²Als Dritte können nur Personen verpflichtet werden, die in engen rechtlichen oder wirtschaftlichen Beziehungen zum Gegenstand der Abgabenerhebung oder zu einem Sachverhalt stehen, an den der Abgabegegenstand oder die Abgabepflicht anknüpft.

### § 11 Abgabenbescheide

(1) Werden mehrere Abgaben von demselben Abgabenschuldner geschuldet, können die Gemeinden und Landkreise diese Abgaben durch zusammengefaßten Bescheid festsetzen und erheben.

(2) [1]In Bescheiden über Abgaben, die für einen bestimmten Zeitabschnitt ergehen, kann bestimmt werden, daß diese Bescheide auch für die folgenden Zeitabschnitte gelten, solange sich die Berechnungsgrundlagen oder der Abgabenbetrag nicht ändern. [2]Der Bescheid ist von Amts wegen aufzuheben oder zu berichtigen, wenn die Abgabepflicht entfällt oder sich die Höhe der Abgaben ändert.

### § 12 Öffentliche Bekanntmachung

(1) [1]Für Abgabenschuldner, für die die Abgabenberechnungsgrundlagen und der Abgabenbetrag auch für einen künftigen Zeitabschnitt unverändert bleiben, können die Abgaben durch öffentliche Bekanntmachung festgesetzt werden. [2]Für die Abgabenschuldner treten mit dem Tag der öffentlichen Bekanntmachung die gleichen Rechtswirkungen ein, als wenn ihnen an diesem Tage ein schriftlicher Abgabenbescheid zugegangen wäre.

(2) Eine Festsetzung durch öffentliche Bekanntmachung ist nicht zulässig, wenn die Abgabenpflicht neu begründet wird, der Abgabenschuldner wechselt oder sich die Abgabenberechnungsgrundlagen ändern.

### § 13 Anwendung der Abgabenordnung

(1) Auf kommunale Abgaben sind die folgenden Bestimmungen der Abgabenordnung entsprechend anzuwenden, soweit nicht dieses Gesetz oder andere Bundes- oder Landesgesetze besondere Vorschriften enthalten:
1. Aus dem Ersten Teil (Einleitende Vorschriften)
   a) über den Vorrang völkerrechtlicher Vereinbarungen § 2,
   b) über die steuerlichen Begriffsbestimmungen § 3 Abs. 1 und 4, §§ 4, 5, 7 bis 15,
   c) über das Steuergeheimnis § 30 mit folgenden Maßgaben:
      aa) Die Vorschrift gilt nur für kommunale Steuern; die bei der Verwaltung dieser Abgaben erlangten Erkenntnisse dürfen auch bei der Verwaltung anderer Kommunalabgaben desselben Abgabepflichtigen verwertet werden.
      bb) Bei der Hundesteuer darf in Schadensfällen Auskunft über Namen und Anschrift des Hundehalters an Behörden und Schadensbeteiligte gegeben werden. Zur Erfüllung der Aufgaben nach § 17 Abs. 1 Satz 1 des Hundegesetzes dürfen die Steuerdaten übermittelt werden, die zur Erfüllung der Aufgaben erforderlich sind. Zur Sicherung der Besteuerung dürfen die Gemeinden Mitteilungen über die An- und Abmeldung sowie den Erwerb und die Veräußerung von Hunden austauschen. Die Mitteilung darf Angaben über den Zeitpunkt der Veränderung sowie über Namen und Anschrift der Betroffenen enthalten. Die Betroffenen sind über die Mitteilung zu unterrichten.
      cc) Die Entscheidung nach § 30 Abs. 4 Nr. 5 Buchst. c trifft die Körperschaft, der die Abgabe zusteht.
   d) über die Mitteilungen zur Bekämpfung der illegalen Beschäftigung und des Leistungsmissbrauchs § 31a,
   e) über die Haftungsbeschränkung für Amtsträger § 32.
2. Aus dem Zweiten Teil (Steuerschuldrecht)
   a) über die Steuerpflichtigen §§ 33 bis 36,
   b) über das Steuerschuldverhältnis §§ 37 bis 50,
   c) über steuerbegünstigte Zwecke §§ 51 bis 68,
   d) über die Haftung §§ 69 bis 71 ohne die Wörter „oder eine Steuerhehlerei", 73 bis 75 und 77.
3. Aus dem Dritten Teil (Allgemeine Verfahrensvorschriften)
   a) über die Verfahrensgrundsätze §§ 78 bis 81, 82 Abs. 1 und 2, § 83 Abs. 1 mit der Maßgabe, daß in den Fällen des Satzes 2 die Vertretung der Körperschaft, der die Abgabe zusteht, die Anordnung trifft, §§ 85 bis 99, 101 bis 110, 111 Abs. 1 bis 3 und 5, §§ 112 bis 115, 117 Abs. 1, 2 und 4,
   b) über die Verwaltungsakte §§ 118 bis 133; § 126 Abs. 2 und § 132 mit der Maßgabe, daß an die Stelle des Wortes „finanzgerichtlichen" jeweils das Wort „gerichtlichen" tritt.

4. Aus dem Vierten Teil (Durchführung der Besteuerung)
   a) über die Mitwirkungspflichten §§ 140, 145 bis 149, 150 Abs. 1 bis 5, §§ 151 bis 153,
   b) über das Festsetzungs- und Feststellungsverfahren §§ 155, 156 Abs. 2, §§ 157 bis 160, 162, 163 Abs. 1 Satz 1 und 3, §§ 164, 165 Abs. 1 und 2, §§ 166, 167, 169 mit der Maßgabe, daß die Festsetzungsfrist nach Absatz 2 Satz 1 einheitlich vier Jahre beträgt und daß die Festsetzungsfrist nicht abläuft, solange der Beitragspflichtige nach § 6 Abs. 8 und § 18 nicht feststellbar ist. Sie endet frühestens drei Monate, nachdem die Ungewißheit über den Beitragspflichtigen beseitigt ist oder hätte beseitigt sein können. § 170 Abs. 1 bis 3, § 171 Abs. 1 bis 3 und Abs. 3a mit der Maßgabe, daß in Satz 3 an die Stelle der Worte „§ 100 Abs. 1 Satz 1, Abs. 2 Satz 2, Abs. 3 Satz 1, § 101 der Finanzgerichtsordnung" die Worte „§ 113 Abs. 1 Satz 1 und Abs. 5 der Verwaltungsgerichtsordnung" treten, ferner § 171 Abs. 4, 7 bis 15, §§ 191, 192 und nur für kommunale Steuern §§ 193, 194, 195 Satz 1, §§ 196 bis 203.
5. Aus dem Fünften Teil (Erhebungsverfahren)
   a) (weggefallen)
   b) über die Verzinsung und die Säumniszuschläge §§ 233; 234 Abs. 1 und 2, §§ 235, 236 mit der Maßgabe, daß in Absatz 3 an die Stelle der Worte „§ 137 Satz 1 der Finanzgerichtsordnung" die Worte „§ 155 Abs. 5 der Verwaltungsgerichtsordnung" treten, § 237 Abs. 1, 2 und 4 mit der Maßgabe, daß in Absatz 1 Satz 1 an die Stelle der Worte „eine Einspruchsentscheidung" die Worte „einen Widerspruchsbescheid" treten sowie in Absatz 4 an die Stelle der Worte „und 3 gelten" das Wort „gilt" tritt, §§ 238 bis 240 mit der Maßgabe, dass die Höhe der Zinsen abweichend von § 238 Abs. 1 Satz 1 zwei Prozentpunkte über dem Basiszinssatz nach§ 247 des Bürgerlichen Gesetzbuches jährlich beträgt,
   c) über die Sicherheitsleistung §§ 241 bis 248.
6. Aus dem Sechsten Teil (Vollstreckung)
   a) über die Allgemeinen Vorschriften § 251 Abs. 2 und 3, § 254 Abs. 1 und 2,
   b) über die Niederschlagung § 261.

(2) Die Vorschriften des Absatzes 1 gelten entsprechend für Verspätungszuschläge, Zinsen und Säumniszuschläge (abgabenrechtliche Nebenleistungen).
(3) Bei der Anwendung der im Absatz 1 genannten Vorschriften treten jeweils an die Stelle
1. der Finanzbehörde oder des Finanzamtes die Körperschaft, der die Abgabe zusteht,
2. des Wortes „Steuer(n)" – allein oder in Wortzusammensetzung – das Wort „Abgabe(n)",
3. des Wortes „Besteuerung" die Worte „Heranziehung zu Abgaben".

## § 13a Billigkeitsmaßnahmen

(1) ¹Ansprüche aus dem Abgabeschuldverhältnis können ganz oder teilweise gestundet werden, wenn die Einziehung bei Fälligkeit eine erhebliche Härte für den Schuldner bedeuten würde und der Anspruch durch die Stundung nicht gefährdet erscheint. ²Ist deren Einziehung nach Lage des Einzelfalles unbillig, können sie ganz oder zum Teil erlassen werden. ³Die Satzung und der Bescheid müssen auf diese Möglichkeiten hinweisen. ⁴Die Entscheidung über Billigkeitsmaßnahmen steht unter dem Vorbehalt, nach Beurteilung der wirtschaftlichen Leistungsfähigkeit im Einzelfall zu sozialverträglichen Belastungen zu gelangen. ⁵Für die Verwirklichung, die Fälligkeit und das Erlöschen von Ansprüchen aus dem Abgabeschuldverhältnis gelten die §§ 218 bis 223, 224 Abs. 1 und 2, §§ 225, 226, 227, §§ 228 bis 232 der Abgabenordnung entsprechend.
(1a) ¹Beitrags- und Gebührengläubiger sowie Beitrags- und Gebührenschuldner können einen Vergleichsvertrag schließen, durch den eine bei verständiger Würdigung des Sachverhalts oder der Rechtslage bestehende Ungewissheit durch gegenseitiges Nachgeben beseitigt wird. ²Voraussetzung hierfür ist, dass der Gläubiger nach Satz 1 den Abschluss des Vergleichsvertrages zur Beseitigung der Ungewissheit nach pflichtgemäßem Ermessen für zweckmäßig hält.
(2) Besondere Wegebeiträge können, ohne daß die Voraussetzungen nach Absatz 1 vorliegen, für die ersten fünf Jahre nach Entstehen der Beitragsschuld zinslos gestundet werden.
(3) ¹Werden Grundstücke landwirtschaftlich im Sinne des § 201 des Baugesetzbuches oder als Wald genutzt, ist der Beitrag so lange zinslos zu stunden, wie das Grundstück zur Erhaltung der Wirtschaftlichkeit des landwirtschaftlichen Betriebes genutzt werden muß. ²Satz 1 gilt auch für die Fälle der Nutzungsüberlassung und Betriebsübergabe an Angehörige. ³Bei bebauten und tatsächlich angeschlossenen Grundstücken und Teilflächen eines Grundstücks im Sinne von Satz 1 gilt dies nur, wenn

1. die Bebauung ausschließlich der landwirtschaftlichen Nutzung dient und
2. die öffentliche Einrichtung nicht in Anspruch genommen wird. Eine Entsorgung von Niederschlagswasser in durchschnittlich unbedeutender Menge bleibt unberücksichtigt.

[4]Satz 3 Nr. 1 gilt für die Stundung von besonderen Wegebeiträgen landwirtschaftlich genutzter Grundstücke entsprechend.

(4) Der Beitrag ist auch zinslos zu stunden, solange
1. Grundstücke als Kleingärten im Sinne des Bundeskleingartengesetzes vom 28. Februar 1983 (BGBl. I S. 210), zuletzt geändert durch Artikel 5 des Schuldrechtsänderungsgesetzes vom 21. September 1994 (BGBl. I S. 2457), genutzt werden oder
2. Grundstücke oder Teile von Grundstücken aus Gründen des Naturschutzes mit einer Veränderungssperre belegt sind.

(5) [1]Die Gemeinden können zur Vermeidung sozialer Härten im Einzelfall zulassen, daß der Beitrag nach § 6 in Form einer Rente gezahlt wird. [2]In diesem Fall ist der Beitrag durch Bescheid in eine Schuld umzuwandeln, die in höchstens 20 Jahresleistungen zu entrichten ist. [3]In dem Bescheid sind Höhe und Zeitpunkt der Fälligkeit der Jahresleistung zu bestimmen. [4]Der jeweilige Restbetrag ist jährlich mit zwei Prozentpunkten über dem Basiszinssatz nach § 247 des Bürgerlichen Gesetzbuchs zu verzinsen. [5]Die Jahresleistungen stehen wiederkehrenden Leistungen im Sinne des § 10 Abs. 1 Nr. 3 des Gesetzes über die Zwangsversteigerung und die Zwangsverwaltung in der im BGBl. III Gliederungsnummer 310-14 veröffentlichten bereinigten Fassung, zuletzt geändert durch Artikel 2 § 2 des Schuldrechtsänderungsgesetzes vom 21. September 1994 (BGBl. I S. 2457), gleich.

(6) [1]Beitragspflichtige, die auf Grundlage einer unwirksamen Satzung bestandskräftig zu Beiträgen herangezogen worden sind, müssen nicht erneut zu Beiträgen herangezogen werden, wenn die unwirksame Satzung durch eine Satzung ersetzt wird, nach der zur Vorteilsabgeltung höhere Beiträge zu erheben sind, als in der unwirksamen Satzung vorgesehen waren. [2]Dies gilt nicht, wenn durch den Verzicht auf eine Beitragserhebung im Sinne des Satzes 1 eine Finanzierung durch Beiträge oder Gebühren nicht mehr gewährleistet ist.

### § 13b  Zeitliche Obergrenze für den Vorteilsausgleich

[1]Eine Abgabenfestsetzung ist unabhängig vom Entstehen einer Abgabenpflicht zum Vorteilsausgleich mit Ablauf des zehnten Kalenderjahres, das auf den Eintritt der Vorteilslage folgt, ausgeschlossen. [2]§ 169 Abs. 1 Satz 3 und § 171 der Abgabenordnung gelten in der in § 13 Abs. 1 Nr. 4 Buchst. b angeordneten Weise entsprechend.

### § 13c  Aufschiebende Wirkung von Rechtsbehelfen

Die Vollziehung von Verwaltungsakten, die nach Maßgabe der zeitlichen Übergangsregelung des § 18 Abs. 2 ergangen sind, kann von der Unanfechtbarkeit des Verwaltungsaktes abhängig gemacht werden.

### § 14  Kleinbeträge, Abrundung, Festsetzung

(1) Es kann davon abgesehen werden, kommunale Abgaben festzusetzen, zu erheben, nachzufordern oder zu erstatten, wenn der Betrag niedriger als zehn Euro ist.

(2) Centbeträge können bei der Festsetzung von kommunalen Abgaben auf volle Euro abgerundet und bei der Erstattung auf volle Euro aufgerundet werden.

(3) Kommunale Abgaben, die ratenweise erhoben werden, können bei der Festsetzung so abgerundet werden, daß gleichhohe Raten entstehen.

*Vierter Teil*
**Straf- und Bußgeldvorschriften**

### § 15  Abgabenhinterziehung

(1) Mit Freiheitsstrafe bis zu zwei Jahren oder mit Geldstrafe wird bestraft, wer
1. der Körperschaft, die die Abgabe festsetzt und erhebt, oder einer anderen Behörde über Tatsachen, die für die Erhebung oder Bemessung von Abgaben erheblich sind, unrichtige oder unvollständige Angaben macht oder
2. die Körperschaft, die die Abgabe festsetzt und erhebt, pflichtwidrig über abgabenrechtlich erhebliche Tatsachen in Unkenntnis läßt

und dadurch Abgaben verkürzt oder nicht gerechtfertigte Abgabenvorteile für sich oder einen anderen erlangt.
(2) Der Versuch ist strafbar.
(3) § 370 Abs. 4, §§ 371 und 376 der Abgabenordnung gelten entsprechend.
(4) Für das Strafverfahren gelten die §§ 385, 391, 393, 395 bis 398 und 407 der Abgabenordnung entsprechend.

**§ 16 Leichtfertige Abgabenverkürzung und Abgabengefährdung**
(1) ¹Ordnungswidrig handelt, wer als Abgabenpflichtiger oder bei Wahrnehmung der Angelegenheiten eines Abgabenpflichtigen eine der in § 15 Abs. 1 bezeichneten Taten leichtfertig begeht (leichtfertige Abgabenverkürzung). ²§ 370 Abs. 4 der Abgabenordnung gilt entsprechend.
(2) Ordnungswidrig handelt auch, wer vorsätzlich oder leichtfertig
1. Belege ausstellt, die in tatsächlicher Hinsicht unrichtig sind, oder
2. den Vorschriften einer Abgabensatzung zur Sicherung der Abgabenerhebung, insbesondere zur Anmeldung und Anzeige von Tatsachen, zur Führung von Aufzeichnungen oder Nachweisen, zur Kennzeichnung oder Vorlegung von Gegenständen oder zur Erhebung und Abführung von Abgaben, soweit die Satzung auf diese Bußgeldvorschrift verweist, zuwiderhandelt
und es dadurch ermöglicht, Abgaben zu verkürzen oder nicht gerechtfertigte Abgabenvorteile zu erlangen (Abgabengefährdung).
(3) Die Ordnungswidrigkeit kann mit einer Geldbuße bis zu zehntausend Euro geahndet werden.
(4) Für das Bußgeldverfahren gelten außer den Vorschriften des Gesetzes über Ordnungswidrigkeiten § 378 Abs. 3, §§ 391, 393, 396, 397, 407 und 411 der Abgabenordnung entsprechend.
(5) Verwaltungsbehörde im Sinne des § 36 Absatz 1 Nr. 1 des Gesetzes über Ordnungswidrigkeiten in der Fassung vom 19. Februar 1987 (Bundesgesetzbl. I S. 602), zuletzt geändert durch Artikel 2 des Ersten Gesetzes zur Förderung des Jugendgerichtsgesetzes vom 30. August 1990 (Bundesgesetzbl. I S. 1853), ist die Körperschaft, die die Abgabe festsetzt und erhebt.

**§ 17 Einschränkung von Grundrechten**
Die Grundrechte auf körperliche Unversehrtheit und Freiheit der Person (Artikel 2 Abs. 2 des Grundgesetzes, Artikel 5 Abs. 2 der Verfassung des Landes Sachsen-Anhalt) und der Unverletzlichkeit der Wohnung (Artikel 13 des Grundgesetzes, Artikel 17 der Verfassung des Landes Sachsen-Anhalt) werden nach Maßgabe dieses Gesetzes eingeschränkt.

*Fünfter Teil*
**Übergangs- und Schlußvorschriften**

**§ 18 Übergangsvorschriften**
(1) Für Grundstücke und Gebäude, die im Grundbuch noch als Eigentum des Volkes eingetragen sind, tritt an die Stelle des Eigentümers der Verfügungsberechtigte im Sinne von § 8 Abs. 1 des Vermögenszuordnungsgesetzes in der Fassung vom 29. März 1994 (BGBl. I S. 709).
(2) Die nach Maßgabe von § 13b zu bestimmende Ausschlussfrist endet nicht vor dem Ablauf des Jahres 2015.

**§ 18a Übergangsvorschriften zum Gesetz zur Abschaffung der Straßenausbaubeiträge**
(1) ¹Für die Erhebung von Beiträgen in Bezug auf Verkehrsanlagen gilt dieses Gesetz in der bis zum 31. Dezember 2019 geltenden Fassung, soweit die Beitragspflichten bis spätestens 31. Dezember 2019 entstanden sind. ²Für die Erhebung von wiederkehrenden Beiträgen in Bezug auf Verkehrsanlagen gilt dieses Gesetz in der bis zum 31. Dezember 2019 geltenden Fassung, wenn die Beitragsschuld spätestens mit Ablauf des 31. Dezember 2019 entstanden ist. ³In den Fällen des Satzes 1 und in den Fällen des Satzes 2 gilt § 6 Abs. 1 Satz 2 in der bis zum 31. Dezember 2019 geltenden Fassung mit der Maßgabe, dass die Gemeinden für die erforderlichen Maßnahmen in Bezug auf Verkehrsanlagen Beiträge, die sie noch nicht erhoben haben, erheben können.
(2) ¹Bescheide über Beiträge in Bezug auf Verkehrsanlagen, für die die Beitragspflichten nach dem 31. Dezember 2019 entstanden sind, werden von den Gemeinden von Amts wegen aufgehoben ² Die auf der Grundlage eines solchen Bescheides gezahlten Beiträge werden von den Gemeinden unverzinst an denjenigen erstattet, auf dessen Rechnung die Zahlung bewirkt worden ist. ³Die Erstattung erfolgt

bis spätestens 31. Dezember 2021. ⁴Die Sätze 1 bis 3 gelten für wiederkehrende Beiträge, die die Gemeinden anstelle einmaliger Beiträge in Bezug auf Verkehrsanlagen erhoben haben, entsprechend.

(3) ¹Hatte die Gemeinde für Beiträge in Bezug auf Verkehrsanlagen Vorausleistungen auf den Beitrag verlangt, den endgültigen Beitrag hingegen noch nicht festgesetzt, hebt sie die Vorausleistungsbescheide von Amts wegen auf und erstattet bereits gezahlte Vorausleistungen unverzinst an denjenigen, auf dessen Rechnung die Zahlung bewirkt worden ist. ²Dies gilt nicht, wenn die Beitragspflicht bis einschließlich 31. Dezember 2019 entstanden ist. ³Die Erstattung erfolgt bis spätestens 31. Dezember 2021. ⁴Die Sätze 1 bis 3 gelten für Vorausleistungen auf zu zahlende wiederkehrende Beiträge, die die Gemeinden ani;telle einmaliger Beiträge in Bezug auf Verkehrsanlagen erhoben haben, entsprechend.

(4) ¹Das Land erstattet den Gemeinden auf Antrag diejenigen Beträge, die ihnen unmittelbar dadurch entgehen, dass sie für bereits begonnene erforderliche Maßnahmen infolge des Gesetzes zur Abschaffung der Straßenausbaubeiträge Beiträge in Bezug auf Verkehrsanlagen oder wiederkehrende Beiträge in Bezug auf Verkehrsanlagen nicht mehr erheben dürfen oder Erstattungen nach den Absätzen 2 und 3 vorzunehmen haben. ²Eine Erstattung nach Satz 1 erfolgt, wenn
1. die Beitragspflichten entstanden sind,
2. die Beitragspflichten nach diesem Gesetz in der bis zum 31. Dezember 2019 geltenden Fassung und der gemeindlichen Beitragssatzung entstanden wären oder
3. in den Fällen der Absätze 2 und 3 eine Erstattung durch die Gemeinde erfolgt ist.

³Ein Erstattungsanspruch nach Satz 1 setzt voraus, dass die Gemeinde
1. spätestens am 9. September 2020 das Vergabeverfahren für die Bauleistung eingeleitet hat und
2. den Antrag auf Erstattung spätestens am 31. Dezember 2025
beim Landesverwaltungsamt gestellt hat.

(5) Hinsichtlich der Erstattungsansprüche nach Absatz 4 wird die Landesregierung ermächtigt, durch Verordnung das Verfahren der Antragstellung, Fälligkeit und Auszahlung der Erstattungsleistungen sowie die Auskunftspflichten der Gemeinden zur Ermittlung der Erstattungsansprüche näher zu regeln.

### § 19 Inkrafttreten, Übergangsregelungen
(1) (Inkrafttreten)[1]
(2) ¹Die diesem Gesetz entgegenstehenden Vorschriften werden aufgehoben. ²Soweit in Rechtsvorschriften auf aufgehobene Vorschriften verwiesen wird, treten die entsprechenden Vorschriften dieses Gesetzes an deren Stelle.

---

1) Das G in seiner ursprünglichen Fassung ist am 15.6.1991 in Kraft getreten.

## Allgemeine Zuständigkeitsverordnung für die Gemeinden und Landkreise zur Ausführung von Bundesrecht (AllgZustVO-Kom)

Vom 7. Mai 1994 (GVBl. LSA S. 568)
(BS LSA 2020.18)
zuletzt geändert durch § 1 ÄndG der Kommunale Bundesrecht-Ausführungsverordnung vom 25. September 2020 (GVBl. LSA S. 560)

Auf Grund
1. des § 99a der Kommunalverfassung vom 17. Mai 1990 (GBl. I S. 255), zuletzt geändert durch Artikel 2 des Gesetzes zur Änderung des Gesetzes über kommunale Gemeinschaftsarbeit und anderer kommunalrechtlicher Vorschriften vom 3. Februar 1994 (GVBl. LSA S. 164),
2. des § 1 Nrn. 1 und 2 des Gesetzes über die Regelung von Zuständigkeiten im Bereich des Verkehrsrechts vom 6. Juli 1993 (GVBl. LSA S. 334),
3. des § 16 Abs. 1 Satz 2 und des § 23 Abs. 1 Satz 3 des Reichs- und Staatsangehörigkeitsgesetzes in der im BGBl. III Gliederungsnummer 102-1 veröffentlichten bereinigten Fassung, zuletzt geändert durch Artikel 4 des Gesetzes zur Änderung asylverfahrens-, ausländer- und staatsangehörigkeitsrechtlicher Vorschriften vom 30. Juni 1993 (BGBl. I S. 1062),
4. des § 3 Abs. 1 Satz 4 der Verordnung über den Anschluß von Behörden und Betrieben an den Luftschutzwarndienst vom 20. Juli 1961 (BGBl. I S. 1037), geändert durch Artikel 7 der Zuständigkeitslockerungsverordnung vom 18. April 1975 (BGBl. I S. 967),
5. des § 13a Satz 1 des Gesetzes über die Änderung von Familiennamen und Vornamen in der im BGBl. III Gliederungsnummer 401-1 veröffentlichten bereinigten Fassung, zuletzt geändert durch Artikel 7 § 30 des Betreuungsgesetzes vom 12. September 1990 (BGBl. I S. 2002),
6. des Artikels I § 2 Abs. 3 Satz 1 der Ersten Verordnung zur Durchführung des Gesetzes über die Änderung von Familiennamen und Vornamen in der im BGBl. III Gliederungsnummer 401-1-1 veröffentlichten bereinigten Fassung, geändert durch Artikel 11 der Zuständigkeitslockerungsverordnung vom 18. April 1975 (BGBl. I S. 967),
7. des § 26 Abs. 1 Satz 4 des Wassersicherstellungsgesetzes vom 24. August 1965 (BGBl. I S. 1225), zuletzt geändert durch Artikel 6 Abs. 80 des Eisenbahnneuordnungsgesetzes vom 27. Dezember 1993 (BGBl. I S. 2378),
8. des § 92 Satz 2 des Vierten Buches Sozialgesetzbuch – Gemeinsame Vorschriften für die Sozialversicherung – vom 23. Dezember 1976 (BGBl. I S. 3845), zuletzt geändert durch Artikel 6 Abs. 100 des Eisenbahnneuordnungsgesetzes vom 27. Dezember 1993 (BGBl. I S. 2378),
9. des § 47 Abs. 3 Satz 2 und des § 51 Abs. 1 Satz 3 des Personenbeförderungsgesetzes in der Fassung vom 8. August 1990 (BGBl. I S. 1690), zuletzt geändert durch Artikel 6 Abs. 116 des Eisenbahnneuordnungsgesetzes vom 27. Dezember 1993 (BGBl. I S. 2378),
10. des § 8 Satz 3 des Gräbergesetzes in der Fassung vom 29. Januar 1993 (BGBl. I S. 178) und
11. des § 4 Satz 1 Nrn. 1 und 4 des Gesetzes über die Festlegung eines vorläufigen Wohnortes für Spätaussiedler vom 6. Juli 1989 (BGBl. I S. 1378), zuletzt geändert durch Artikel 9 des Kriegsfolgenbereinigungsgesetzes vom 21. Dezember 1992 (BGBl. I S. 2094),

wird verordnet:

### § 1 Zuständigkeit der Landkreise und kreisfreien Städte
(1) Die Landkreise und kreisfreien Städte sind zuständig für
1. folgende Aufgaben aus dem Staatsangehörigkeits- und Einbürgerungsrecht:
   a) Einbürgerungen, auf die ein Rechtsanspruch besteht,
   b) Ausstellung von Staatsangehörigkeitsausweisen und Ausweisen über die Rechtsstellung als Deutscher ohne deutsche Staatsangehörigkeit,
   c) Genehmigungen zur Beibehaltung der deutschen Staatsangehörigkeit,
   d) Entgegennahme von Erklärungen über den Erwerb der deutschen Staatsangehörigkeit,
   e) Entlassungen und Genehmigungen des Verzichts,

f) Entgegennahme von Erklärungen über die Ausschlagung der deutschen Staatsangehörigkeit,
g) Ausstellung sonstiger Bescheinigungen über die Staatsangehörigkeit;
2. die Ausstellung von Ersatzurkunden nach § 9 Abs. 1 und die Erteilung der Genehmigungen nach § 14 Abs. 2 Satz 2 des Gesetzes über Titel, Orden und Ehrenzeichen in der im BGBl. III Gliederungsnummer 1132-1 veröffentlichten bereinigten Fassung, zuletzt geändert durch Anlage I Kapitel II Sachgebiet A Abschnitt II Nr. 2 zum Einigungsvertrag vom 31. August 1990 in Verbindung mit Artikel 1 des Einigungsvertragsgesetzes vom 23. September 1990 (BGBl. II S. 885);
3. *[aufgehoben]*
4. die Aufgaben der nach Landesrecht zuständigen Stelle nach § 4 Abs. 1 des Lebensmittelspezialitätengesetzes vom 29. Oktober 1993 (BGBl. I S. 1814), geändert durch Artikel 3 des Gesetzes über die Errichtung einer Bundesanstalt für Landwirtschaft und Ernährung und zur Änderung von Vorschriften auf den Gebieten der Land- und Ernährungswirtschaft vom 2. August 1994 (BGBl. I S. 2018);
5. *[aufgehoben]*
6. Anordnungen zur Aufenthaltsregelung nach § 10 Abs. 1 des Zivilschutzgesetzes vom 25. März 1997 (BGBl. I S. 726);
7. die Durchführung des Asylbewerberleistungsgesetzes vom 30. Juni 1993 (BGBl. I S. 1074), geändert durch Artikel 9 des Zweiten Gesetzes zur Umsetzung des Spar-, Konsolidierungs- und Wachstumsprogramms vom 21. Dezember 1993 (BGBl. I S. 2374), und die Gewährung von Leistungen nach diesem Gesetz, soweit nicht Leistungen unmittelbar durch das Land gewährt werden; die Landkreise können zur Erledigung der Aufgaben kreisangehörige Gemeinden durch Verwaltungsvereinbarung oder öffentlich-rechtlichen Vertrag heranziehen; § 4 des Gesetzes zur Ausführung des Bundessozialhilfegesetzes vom 30. April 1991 (GVBl. LSA S. 31) gilt entsprechend;
8. *[aufgehoben]*
9. folgende Aufgaben nach dem Zweiten Wohnungsbaugesetz in der Fassung vom 14. August 1990 (BGBl. I S. 1730), zuletzt geändert durch Artikel 2 des Gesetzes zur Aufhebung des Reichsheimstättengesetzes vom 17. Juni 1993 (BGBl. I S. 912):
    a) Entgegennahme, Prüfung und Weiterleitung von Anträgen auf Bewilligung von Wohnungsbauförderungsmitteln,
    b) Entscheidung über Anträge auf Anerkennung von Wohnungen als steuerbegünstigt nach § 83 Abs. 1 Satz 1,
    c) Erteilung einer Bescheinigung, daß die Voraussetzungen für eine Steuerbegünstigung vorliegen (§ 93 Abs. 1 Buchst. c),
    d) Erteilung einer Bescheinigung über die Nutzungsberechtigung geförderten Wohnraums und Benennung von nutzungsberechtigten Wohnungssuchenden,
    e) Überwachung der Einhaltung der Förderungsvoraussetzungen nach Bewilligung von Förderungsmitteln,
    f) Überprüfung der Voraussetzungen für die Weitergewährung und Verzinsung von Förderungsmitteln;
10. die Aufgaben als zuständige Stelle nach dem Wohnungsbindungsgesetz in der Fassung vom 22. Juli 1982 (BGBl. I S. 972), zuletzt geändert durch Artikel 2 des Gesetzes zur Änderung des Gesetzes zur Verbesserung des Mietrechts und zur Begrenzung des Mietanstiegs sowie zur Regelung von Ingenieur- und Architektenleistungen, des Wohnungsbindungsgesetzes und des Belegungsrechtsgesetzes vom 24. August 1993 (BGBl. I S. 1525), mit Ausnahme der Aufgaben als zuständige Stelle nach §§ 2a, 8 Abs. 3 Satz 2 und Abs. 4 Satz 2 sowie § 9 Abs. 3 und Abs. 6 Satz 3 des Gesetzes;
11. die Anerkennung, die Prüfung und den Widerruf der kleingärtnerischen Gemeinnützigkeit nach § 2 des Bundeskleingartengesetzes vom 28. Februar 1983 (BGBl. I S. 210), zuletzt geändert durch Anlage I Kapitel XIV Abschnitt II Nr. 4 zum Einigungsvertrag vom 31. August 1990 in Verbindung mit Artikel 1 des Einigungsvertragsgesetzes vom 23. September 1990 (BGBl. II S. 885);

12. folgende Aufgaben des Rechts der Vertriebenen, Aussiedler und Spätaussiedler:
    a) die Durchführung von Eingliederungsmaßnahmen nach § 7 Abs. 1 des Bundesvertriebenengesetzes, soweit es sich nicht um von der Arbeitsverwaltung geförderte Maßnahmen handelt;
    b) die Durchführung des Vertriebenenzuwendungsgesetzes vom 27. September 1994 (BGBl. I S. 2624); die Auszahlung der Zuwendung erfolgt durch die Deutsche Ausgleichsbank;
13. aufenthalts- und paßrechtliche Maßnahmen und Entscheidungen der Ausländerbehörde im Sinne des § 71 Abs. 1 Satz 1 des Aufenthaltsgesetzes vom 30. Juli 2004 (BGBl. I S. 1950), geändert durch Artikel 1 des Gesetzes vom 14. März 2005 (BGBl. I S. 721); das Landesverwaltungsamt ist als Ausländerbehörde gemäß § 71 Abs. 1 Satz 2 des Aufenthaltsgesetzes für das gesamte Gebiet des Landes Sachsen-Anhalt bei Maßnahmen für die Unterstützung der Ausländerbehörden zur Vorbereitung und Durchführung von Zurückschiebungen und Abschiebungen (§§ 57 und 58 des Aufenthaltsgesetzes[1])) zuständig; für den Erlass von Wohnsitzverpflichtungen gemäß § 12a Abs. 2 des Aufenthaltsgesetzes ist bei nach § 50 Abs. 1 des Asylgesetzes und § 1 Abs. 3 des Aufnahmegesetzes noch nicht verteilten Ausländern die Zentrale Anlaufstelle für Asylbewerber als Ausländerbehörde gemäß § 71 Abs. 1 Satz 2 des Aufenthaltsgesetzes für das gesamte Gebiet des Landes Sachsen-Anhalt zuständig;
14. die Aufgaben der zuständigen Verwaltungsbehörde für die Beantragung der Aufhebung einer Ehe nach § 1316 Abs. 1 Nr. 1 Satz 1 des Bürgerlichen Gesetzbuches;
15. folgende Aufgaben des Namenrechts:
    a) die Änderung von Familiennamen und Vornamen nach § 6 Satz 1 und § 11 des Gesetzes über die Änderung von Familiennamen und Vornamen sowie
    b) die Veröffentlichungsbefugnisse nach Artikel I § 2 Abs. 1 und 2 der Ersten Verordnung zur Durchführung des Gesetzes über die Änderung von Familiennamen und Vornamen
    die verbindliche Feststellung von Familiennamen nach § 8 Abs. 1 Satz 1 des Gesetzes über die Änderung von Familiennamen und Vornamen obliegt dem Landesverwaltungsamt;
16. *[aufgehoben]*
17. folgende Aufgaben nach dem Bundesleistungsgesetz in der im BGBl. III Gliederungsnummer 54-1 veröffentlichten bereinigten Fassung, zuletzt geändert durch Artikel 6 Abs. 48 des Eisenbahnneuordnungsgesetzes vom 27. Dezember 1993 (BGBl. I S. 2378):
    a) die Aufgaben der zuständigen Behörden nach § 66 Abs. 2 Satz 3 und § 69 Satz 1 und 4 für Übungen von Gruppen oder Einheiten bis zur Stärke eines Bataillons oder für Übungen mit nicht mehr als 1000 Teilnehmern; für die Aufgaben der zuständigen Behörde nach § 69 Satz 1 jedoch nur, soweit sich das Übungsgebiet über nicht mehr als zwei Landkreise erstreckt;
    b) die ortsübliche Bekanntmachung nach § 69 Satz 3;
18. die Aufgaben der Festsetzungsbehörde nach § 17 des Schutzbereichsgesetzes in der im BGBl. III Gliederungsnummer 54-2 veröffentlichten bereinigten Fassung, zuletzt geändert durch § 32 des Bundesnaturschutzgesetzes vom 20. Dezember 1976 (BGBl. I S. 3574);
19. die Durchführung des Landwirtschafts-Gasölverwendungsgesetzes vom 22. Dezember 1967 (BGBl. I S. 1339), zuletzt geändert durch Anlage I Kapitel IV Sachgebiet B Abschnitt II Nr. 13 zum Einigungsvertrag vom 31. August 1990 in Verbindung mit Artikel 1 des Einigungsvertragsgesetzes vom 23. September 1990 (BGBl. II S. 885);
20. folgende Aufgaben nach dem Wassersicherstellungsgesetz:
    a) Entscheidungen über die Leistungspflicht (§ 5 Abs. 1 Satz 1),
    b) Erteilung der Zustimmung zur anderweitigen Verwendung der Anlagen (§ 8 Satz 1),
    c) Leistung von Aufwendungsersatz (§ 10 Abs. 1 Satz 2),
    d) Festsetzung einer Entschädigung (§ 19 Abs. 1),
    e) Festsetzung eines Härteausgleichs (§ 21 Abs. 1);
    ist die kommunale Körperschaft in eigener Sache beteiligt, so ist das Regierungspräsidium zuständig;

---

[1] Richtig wohl: „Aufenthaltsgesetzes".

21. die Zulassung von Ausnahmen nach § 11 Abs. 1 Nr. 3 der Verordnung über Heizkostenabrechnung in der Fassung vom 20. Januar 1989 (BGBl. I S. 115) in Verbindung mit § 7 Abs. 1 des Energieeinsparungsgesetzes vom 22. Juli 1976 (BGBl. I S. 1873), geändert durch Gesetz vom 20. Juni 1980 (BGBl. I S. 701);
22. *[aufgehoben]*
23. die Aufgaben der zuständigen Behörde nach § 4 der Ernährungswirtschaftsmeldeverordnung vom 1. Dezember 1994 (BGBl. I S. 3674);
24. die Aufgaben
    a) der nach Landesrecht zuständigen Stelle nach § 4 Abs. 3,
    b) der zuständigen Behörde nach § 5 Satz 1
    der Bundeswildschutzverordnung vom 25. Oktober 1985 (BGBl. I S. 2040);
25. die Erteilung von Auskünften über alle sozialen Angelegenheiten nach § 15 des Ersten Buches Sozialgesetzbuch – Allgemeiner Teil – vom 11. Dezember 1975 (BGBl. I S. 3015), zuletzt geändert durch Artikel 6 Abs. 99 des Eisenbahnneuordnungsgesetzes vom 27. Dezember 1993 (BGBl. I S. 2378);
26. die Aufgaben der Versicherungsämter nach § 93 des Vierten Buches Sozialgesetzbuch – Gemeinsame Vorschriften für die Sozialversicherung –;
27. die Aufgaben der Erlaubnisbehörde
    a) für die Erteilung, die Rücknahme und den Widerruf der Fahrlehrerlaubnis,
    b) für die Erteilung, die Rücknahme und den Widerruf der Fahrschulerlaubnis, der Zweigstellenerlaubnis und der Nachschulungserlaubnis sowie
    c) für die Überwachung der Fahrschulen
    nach dem Fahrlehrergesetz vom 25. August 1969 (BGBl. I S. 1336), zuletzt geändert durch Artikel 2 des Gesetzes zur Änderung des Straßenverkehrsgesetzes und anderer Gesetze vom 24. April 1998 (BGBl. I S. 747);
28. folgende Aufgaben nach der Fahrerlaubnis-Verordnung vom 18. August 1998 (BGBl. I S. 2214), zuletzt geändert durch Artikel 3 der Verordnung vom 26. März 2009 (BGBl. I S. 734, 735), in der jeweils geltenden Fassung:
    a) die Anerkennung von Trägern der Mofa-Ausbildung in öffentlichen Schulen oder privaten Ersatzschulen nach § 5 Abs. 3 der Fahrerlaubnis-Verordnung,
    b) die Zulassung von Ausnahmen nach § 74 Abs. 1 Nr. 1 der Fahrerlaubnis-Verordnung von den Regelungen des § 10 Abs. 1 der Fahrerlaubnis-Verordnung,
    c) die Genehmigung von Ausnahmen nach § 74 Abs. 1 Nr. 1 der Fahrerlaubnis-Verordnung von den Regelungen des § 16 Abs. 3 Satz 2 der Fahrerlaubnis-Verordnung, § 17 Abs. 1 Satz 4 der Fahrerlaubnis-Verordnung und § 18 Abs. 1 und 2 der Fahrerlaubnis-Verordnung;
    der Landkreis Saalekreis ist abweichend von § 73 Abs. 3 der Fahrerlaubnis-Verordnung im gesamten Gebiet des Landes Sachsen-Anhalt zuständige Fahrerlaubnisbehörde für Maßnahmen nach den §§ 3 und 46 der Fahrerlaubnis-Verordnung.
29. folgende Aufgaben nach dem Personenbeförderungsgesetz:
    a) für den Gelegenheitsverkehr mit Kraftfahrzeugen (§ 46) die nach diesem Gesetz und nach Verordnungen auf Grund dieses Gesetzes der Genehmigungsbehörde zugewiesenen Aufgaben einschließlich der Entscheidungen nach § 52 Abs. 3 Satz 3,
    b) die Zulassung von Ausnahmen nach § 3 Abs. 2 Satz 2 im sachlichen Umfang der Zuständigkeit nach Buchstabe a,
    c) für den Verkehr mit Taxen (§ 47) die Regelung des Umfangs der Betriebspflicht, der Ordnung auf Taxenständen sowie der Einzelheiten des Dienstbetriebs (§ 47 Abs. 3 Satz 1) und die Festsetzung von Beförderungsentgelten und -bedingungen (§ 51 Abs. 1 Satz 1);
30. die Genehmigung von Ausnahmen nach § 43 Abs. 1 der Verordnung über den Betrieb von Kraftfahrunternehmen im Personenverkehr vom 21. Juni 1975 (BGBl. I S. 1573), zuletzt geändert durch Artikel 6 Abs. 118 des Eisenbahnneuordnungsgesetzes vom 27. Dezember 1993 (BGBl. I S. 2378);
31. die Aufgaben der nach Landesrecht zuständigen Behörde nach der Verordnung über die Krankenfürsorge auf Kauffahrteischiffen vom 25. April 1972 (BGBl. I S. 734), geändert durch Verordnung vom 8. Dezember 1987 (BGBl. I S. 2553).

(2) Das Fachministerium kann die in Absatz 1 Nrn. 12, 13, 16 und 19 genannten Aufgaben ganz oder teilweise einem oder mehreren Landkreisen oder einer oder mehreren kreisfreien Städten übertragen.

## § 2 Zuständigkeit der Gemeinden
Die Gemeinden sind zuständig für
1. die Durchführung der Zustellungen auf Ersuchen der zentralen Behörde nach § 3 des Gesetzes zur Ausführung des Europäischen Übereinkommens vom 24. November 1977 über die Zustellung von Schriftstücken in Verwaltungssachen im Ausland und des Europäischen Übereinkommens vom 15. März 1978 über die Erlangung von Auskünften und Beweisen in Verwaltungssachen im Ausland vom 20. Juli 1981 (BGBl. I S. 665);
2. die Durchführung des Paßgesetzes vom 19. April 1986 (BGBl. I S. 537), geändert durch Artikel 7 § 7 des Betreuungsgesetzes vom 12. September 1990 (BGBl. I S. 2002), soweit nicht nach § 19 Abs. 1 Satz 2, Abs. 2 oder Abs. 4 bis 6 des Paßgesetzes die Zuständigkeit anderen Behörden oder Beamten übertragen ist;
2a. die Durchführung des Personalausweisgesetzes vom 18. Juni 2009 (BGBl. I S. 1346), zuletzt geändert durch Artikel 4 Abs. 1 des Gesetzes vom 7. August 2013 (BGBl. I S. 3154, 3200), soweit nicht nach § 7 des Personalausweisgesetzes die Zuständigkeit anderen Behörden übertragen ist;
2b. die Durchführung des eID-Karte-Gesetzes vom 21. Juni 2019 (BGBl. I S. 846), soweit nicht nach § 6 Abs. 1 Nr. 2 und Abs. 2 oder 3 des eID-Karte-Gesetzes die Zuständigkeit anderen Behörden übertragen ist;
3. *[aufgehoben]*
4. die Erteilung von Einzelerlaubnissen zum Verlassen des jeweiligen Aufenthaltsortes oder zum Betreten eines bestimmten Gebietes im Falle einer Aufenthaltsregelung nach § 12 Abs. 1 Nr. 1 des Gesetzes über die Erweiterung des Katastrophenschutzes;
5. folgende Aufgaben nach dem Gräbergesetz:
    a) die Feststellung der Gräber der Opfer von Krieg und Gewaltherrschaft (§ 5 Abs. 1),
    b) die Auskunftserteilung (§ 5 Abs. 2),
    c) die Erhaltung der Gräber (§ 5 Abs. 3), soweit nicht den Regierungspräsidien die Pflege und Instandsetzung einzelner Begräbnisstätten übertragen worden ist,
    d) die Zustimmung zur Verlegung von Gräbern (§ 6 Abs. 1 Satz 1);
    den Regierungspräsidien obliegt die Aufgabe der obersten Landesbehörde nach § 8 Satz 1 des Gräbergesetzes;
6. die Aufgaben der zuständigen Behörde nach § 965 Abs. 2 Satz 1, § 966 Abs. 2 Satz 2, §§ 967, 973 Abs. 1 Satz 1 und Abs. 2 Satz 3, § 974 Satz 1, §§ 975 und 976 des Bürgerlichen Gesetzbuches;
7. die Entgegennahme des Antrages auf Änderung eines Familiennamens oder eines Vornamens (§§ 5 und 11 des Gesetzes über die Änderung von Familiennamen und Vornamen);
8. die Aufgaben der Ortspolizeibehörde nach § 1553 Abs. 1 Satz 4 bis Abs. 3, §§ 1559, 1560, 1563 bis 1565, 1567 Abs. 1 und § 1580 Abs. 2 der Reichsversicherungsordnung in der im BGBl. III Gliederungsnummer 820-1 veröffentlichten bereinigten Fassung, zuletzt geändert durch Artikel 6 Abs. 92 des Eisenbahnneuordnungsgesetzes vom 27. Dezember 1993 (BGBl. I S. 2378).

## § 3 Besondere Zuständigkeiten
(1) Die Landkreise und die Gemeinden sind zuständig für folgende Aufgaben nach dem Zehnten Buch Sozialgesetzbuch – Verwaltungsverfahren – vom 18. August 1980 (BGBl. I S. 1469), zuletzt geändert durch Artikel 7 des Rentenüberleitungs-Ergänzungsgesetzes vom 24. Juni 1993 (BGBl. I S. 1038), im Rahmen der Wahrnehmung von Aufgaben nach dem Sozialgesetzbuch:
1. die Beglaubigung von Abschriften, Ablichtungen, Vervielfältigungen, Negativen und Ausdrucken von auf Datenträgern gespeicherten Daten nach § 29 Abs. 1 Satz 2 und Abs. 4,
2. die Beglaubigung von Unterschriften und Handzeichen nach § 30 Abs. 1 Satz 1 und Abs. 4.

(2) Die Landkreise und Gemeinden, die die Aufgaben des Meldewesens wahrnehmen, sind zuständig für die Bestätigung der Identität beziehungsweise des Nachweises der Vertretungsmacht gemäß § 12 Abs. 1 Satz 2 des Stasi-Unterlagen-Gesetzes vom 20. Dezember 1991 (BGBl. I S. 2272).

(3) ¹Die Landkreise, kreisfreien Städte und Gemeinden ab 20 000 Einwohner sind für die Durchführung
1. des Wohngeldgesetzes in der Fassung vom 1. Februar 1993 (BGBl. I S. 183), zuletzt geändert durch Artikel 2 des Zweiten Gesetzes zur Änderung des Wohngeldsondergesetzes und des Wohngeldgesetzes vom 22. Dezember 1993 (BGBl. I S. 2438),
2. des Wohngeldsondergesetzes in der Fassung vom 16. Dezember 1992 (BGBl. I S. 2406), zuletzt geändert durch Artikel 1 des Zweiten Gesetzes zur Änderung des Wohngeldsondergesetzes und des Wohngeldgesetzes vom 22. Dezember 1993 (BGBl. I S. 2438),

zuständig. ²§ 2 Abs. 2 Satz 1 gilt entsprechend. ³Die zuständigen Behörden sollen sich für die Berechnung und Zahlbarmachung der Rechenleistung des Landesamtes für Landesvermessung und Datenverarbeitung Sachsen-Anhalt bedienen, soweit die sachgerechte Erledigung dieser Tätigkeiten nicht durch eine eigene Organisationseinheit oder einen Auftragnehmer gewährleistet ist.

### § 4 Regelung des Finanzausgleichs

(1) Soweit durch diese Verordnung den Landkreisen oder den Gemeinden Kosten entstehen, die nicht durch Erstattungen des Bundes oder durch Verwaltungsgebühren gedeckt sind, werden die Kosten im Rahmen des kommunalen Finanzausgleichs abgegolten.

(2) Abweichend von Absatz 1 erstattet das Land
1. *[aufgehoben]*
2. den Landkreisen und kreisfreien Städten die durch die Durchführung des Vertriebenenzuwendungsgesetzes entstehenden notwendigen Verwaltungskosten als Pauschalbetrag in Höhe von 30 DM pro Antragsteller.

### § 5 Inkrafttreten, Außerkrafttreten

(1) Diese Verordnung tritt am Tage nach ihrer Verkündigung¹⁾ in Kraft.

(2) Abweichend von Absatz 1 tritt
1. § 3 Abs. 5 Satz 1 Nr. 1 hinsichtlich der Zuständigkeit der Landkreise und kreisfreien Städte für die Durchführung des Wohngeldgesetzes im Falle der Aufhebung des Artikels IV des Gemeindefinanzierungsgesetzes vom 22. April 1991 (GVBl. LSA S. 28), geändert durch § 17 Abs. 1 Satz 2 des Gemeindefinanzierungsgesetzes 1992 vom 22. Mai 1991 (GVBl. LSA S. 358),
2. § 4 Abs. 2 Nr. 2 am ersten des auf die Verkündung folgenden Monats

in Kraft.

---

1) Verkündet am 11.5.1994.

# Gesetz
# über die kommunalen Eigenbetriebe im Land Sachsen-Anhalt
# (Eigenbetriebsgesetz – EigBG)

Vom 24. März 1997 (GVBl. LSA S. 446)
(BS LSA 2020.24)
zuletzt geändert durch Art. 6 G zur Änd. des KommunalverfassungsG und anderer kommunalrechtlicher Vorschriften vom 22. Juni 2018 (GVBl. LSA S. 166)

## Nichtamtliche Inhaltsübersicht

§ 1 Anwendungsbereich
§ 2 Rechtsgrundlagen
§ 3 Zusammenfassung von Unternehmen
§ 4 Betriebssatzung
§ 5 Betriebsleitung
§ 6 Aufgaben der Betriebsleitung
§ 7 Vertretungsberechtigung der Betriebsleitung
§ 8 Betriebsausschuß
§ 9 Aufgaben des Betriebsausschusses
§ 10 Aufgaben des Gemeinderates
§ 11 Bedienstete beim Eigenbetrieb
§ 12 Vermögen des Eigenbetriebes
§ 13 Maßnahmen zur Erhaltung des Vermögens und der Leistungsfähigkeit
§ 14 Wirtschaftsjahr
§ 15 Wirtschaftsführung, Rechnungswesen und Kostenrechnung
§ 16 Wirtschaftsplan
§ 17 Finanzplanung
§ 18 Gewinn- und Verlustrechnung, Erfolgsübersicht
§ 19 Jahresabschluss und Lagebericht
§ 20 Sonderregelungen für Krankenhäuser und Pflegeeinrichtungen
§ 21 Verordnungsermächtigung

### § 1 Anwendungsbereich
¹Kommunen im Sinne von § 1 Abs. 1 des Kommunalverfassungsgesetzes können Unternehmen ohne eigene Rechtspersönlichkeit als Eigenbetriebe nach Maßgabe des § 128 des Kommunalverfassungsgesetzes führen, wenn deren Art und Umfang eine selbständige Wirtschaftsführung rechtfertigen. ²Gemeinden betreffende Regelungen dieses Gesetzes gelten für die übrigen Kommunen im Sinne von § 1 Abs. 1 des Kommunalverfassungsgesetzes entsprechend.

### § 2 Rechtsgrundlagen
¹Soweit in diesem Gesetz oder aufgrund dieses Gesetzes durch Verordnung keine besonderen Regelungen getroffen sind, sind für die Eigenbetriebe die Bestimmungen des Kommunalverfassungsgesetzes sowie die sonstigen für die Kommunen im Sinne von § 1 Abs. 1 des Kommunalverfassungsgesetzes maßgebenden Vorschriften sinngemäß anzuwenden. ²Die §§ 15 bis 19 gelten nicht für Eigenbetriebe, die ihre Wirtschaftsführung und ihr Rechnungswesen gemäß § 121 Abs. 3 des Kommunalverfassungsgesetzes nach dem System der doppelten Buchführung führen.

### § 3 Zusammenfassung von Unternehmen
Mehrere Unternehmen eines Trägers im Sinne des § 1 können zu einem Eigenbetrieb zusammengefaßt werden.

### § 4 Betriebssatzung
(1) ¹Die Rechtsverhältnisse des Eigenbetriebes sind durch Betriebssatzung zu regeln. ²Sie muß insbesondere Vorschriften über Gegenstand und Namen des Eigenbetriebes, die Höhe des Stammkapitals, die Zusammensetzung und die Entscheidungsbefugnisse der Betriebsleitung und des Betriebsausschusses enthalten. ³In der Betriebssatzung ist festzulegen, ob die Wirtschaftsführung und das Rechnungswesen des Eigenbetriebes nach den Bestimmungen des Kommunalverfassungsgesetzes oder nach den Vorschriften des Dritten Buches des Handelsgesetzbuches erfolgen.
(2) Die Betriebssatzung wird mit der Mehrheit der Mitglieder des Gemeinderates beschlossen.

### § 5 Betriebsleitung
(1) ¹Der Gemeinderat bestimmt die Betriebsleitung auf Vorschlag des Betriebsausschusses im Einvernehmen mit dem Bürgermeister oder der Bürgermeisterin. ²Die Bestellung kann zeitlich begrenzt werden. ³Aus wichtigem Grund ist eine Abberufung von Mitgliedern der Betriebsleitung zulässig. ⁴Für die Abberufung gilt Satz 1 entsprechend.

(2) ¹Die Betriebsleitung besteht aus einer oder mehreren Personen. ²Besteht die Betriebsleitung aus mehreren Personen, bestellt der Gemeinderat im Einvernehmen mit dem Bürgermeister oder der Bürgermeisterin eine von ihnen zum Ersten Betriebsleiter oder zur Ersten Betriebsleiterin.
(3) ¹Die Geschäftsverteilung innerhalb der Betriebsleitung regelt die Geschäftsordnung. ²Die Geschäftsordnung beinhaltet eine bindende Vertretungsregelung für die Mitglieder der Betriebsleitung. ³Die sonstige Geschäftsverteilung regelt die Betriebsleitung.

### § 6 Aufgaben der Betriebsleitung
(1) ¹Die Betriebsleitung leitet den Eigenbetrieb, soweit in diesem Gesetz oder auf Grund dieses Gesetzes nichts anderes bestimmt ist. ²Ihr obliegt insbesondere die laufende Betriebsführung. ³Im Rahmen ihrer Zuständigkeit ist sie für die wirtschaftliche Führung des Eigenbetriebes verantwortlich. ⁴Näheres ist durch die Betriebssatzung zu regeln.
(2) ¹Die Betriebsleitung vollzieht die Beschlüsse des Gemeinderates und des Betriebsausschusses. ²Sie hat den Betriebsausschuß, in Eilfällen das vorsitzende Mitglied des Betriebsausschusses, über alle wichtigen Angelegenheiten rechtzeitig zu unterrichten.

### § 7 Vertretungsberechtigung der Betriebsleitung
(1) ¹Die Betriebsleitung vertritt die Gemeinde in den Angelegenheiten des Eigenbetriebes. ²Besteht die Betriebsleitung aus mehreren Personen, sind zwei von ihnen gemeinschaftlich vertretungsberechtigt.
(2) ¹Die Betriebsleitung kann Bedienstete in bestimmtem Umfang mit ihrer Vertretung beauftragen; in einzelnen Angelegenheiten kann sie rechtsgeschäftliche Vollmacht erteilen. ²Die Vertretungsberechtigten zeichnen unter dem Namen des Eigenbetriebes.
(3) ¹Verpflichtungserklärungen nach § 73 des Kommunalverfassungsgesetzes müssen durch zwei Vertretungsberechtigte handschriftlich unterzeichnet werden; besteht die Betriebsleitung aus einer Person, unterzeichnet diese allein. ²§ 73 Abs. 4 des Kommunalverfassungsgesetzes gilt mit der Maßgabe, daß die Geschäfte der laufenden Betriebsführung den Geschäften der laufenden Verwaltung gleichstehen.
(4) Sind in Angelegenheiten des Eigenbetriebes Erklärungen Dritter gegenüber der Gemeinde abzugeben, genügt die Abgabe gegenüber einem Mitglied der Betriebsleitung

### § 8 Betriebsausschuß
(1) Für die Angelegenheiten des Eigenbetriebes ist ein beschließender Ausschuß (Betriebsausschuß) zu bilden.
(2) ¹Der Betriebsausschuß besteht aus den nach Maßgabe des § 47 des Kommunalverfassungsgesetzes zu bestimmenden Mandatsträgern sowie mindestens einer beim Eigenbetrieb beschäftigten Person. ²Die Zahl der Beschäftigten darf jedoch ein Drittel aller Mandatsträger des Betriebsausschusses nicht übersteigen. ³Das Nähere bestimmt die Betriebssatzung. ⁴Bei Eigenbetrieben mit weniger als fünf Beschäftigten kann auf einen Vertreter der Beschäftigten im Betriebsausschuss verzichtet werden. ⁵Der Bürgermeister oder die Bürgermeisterin oder ein von ihm oder ihr namentlich bestimmter Vertreter oder eine von ihm oder ihr namentlich bestimmte Vertreterin ist stimmberechtigter Vorsitzender oder stimmberechtigte Vorsitzende des Betriebsausschusses.
(3) ¹Die beim Eigenbetrieb beschäftigten Vertreter oder Vertreterinnen der Bediensteten werden durch die Personalvertretung vorgeschlagen und vom Gemeinderat bestellt. ²Kommt eine Einigung über deren Bestellung nicht zustande, finden die Vorschriften über die Bestimmung der Mandatsträger nach Absatz 2 entsprechende Anwendung. ³Die von der Personalvertretung eingereichte Vorschlagsliste umfaßt mindestens doppelt soviel Vorschläge wie Vertreter oder Vertreterinnen zu bestellen sind. ⁴Der Gemeinderat kann die Vorschlagsliste ergänzen.
(4) ¹Der Bürgermeister oder die Bürgermeisterin muß Beschlüssen des Betriebsausschusses widersprechen, wenn er oder sie der Auffassung ist, daß diese rechtswidrig sind. ²Der Bürgermeister oder die Bürgermeisterin kann ihnen widersprechen, wenn übergeordnete Belange der Gemeinde entgegenstehen. ³Der Widerspruch ist innerhalb von 14 Tagen schriftlich einzulegen und zu begründen. ⁴Er hat aufschiebende Wirkung. ⁵Die Angelegenheit ist daraufhin unverzüglich dem Gemeinderat zur Entscheidung vorzulegen. ⁶Unbeschadet dessen richtet sich die Beschlußfassung und das weitere Verfahren im Betriebsausschuß nach den Vorschriften des Kommunalverfassungsgesetzes.
(5) Für mehrere Eigenbetriebe der Gemeinde kann ein gemeinsamer Betriebsausschuß gebildet werden.

(6) ¹Die Betriebsleitung nimmt an den Sitzungen des Betriebsausschusses mit beratender Stimme teil. ²Sie ist auf Verlangen verpflichtet, zu den Beratungsangelegenheiten Stellung zu nehmen und Auskünfte zu erteilen.

## § 9 Aufgaben des Betriebsausschusses

(1) ¹Der Betriebsausschuß bereitet alle Angelegenheiten des Eigenbetriebes vor, die der Entscheidung des Gemeinderates vorbehalten sind. ²Er überwacht die Geschäftsführung des Eigenbetriebes durch die Betriebsleitung.

(2) ¹Soweit nicht nach § 10 der Gemeinderat oder nach § 6 die Betriebsleitung zuständig ist, entscheidet der Betriebsausschuß. ²Insbesondere verbleibt beim Betriebsausschuß die Entscheidung über
1. die Festsetzung von Tarifen; § 45 Abs. 2 Nr. 6 des Kommunalverfassungsgesetzes finden insoweit keine Anwendung,
2. den Abschluß von Verträgen, ausgenommen einfache Geschäfte der laufenden Betriebsführung,
3. die Verfügung über Vermögen des Eigenbetriebes innerhalb der gemäß § 45 Abs. 2 Nr. 7 des Kommunalverfassungsgesetzes festgelegten Grenzen,
4. die Festsetzung der allgemeinen Lieferbedingungen,
5. Vorschlag des Wirtschaftsprüfers oder der Wirtschaftsprüferin nach § 142 Abs. 2 des Kommunalverfassungsgesetzes,
6. die Geschäftsordnung nach § 5 Abs. 3,
7. sonstige wichtige Angelegenheiten des Eigenbetriebes.

Die in Satz 2 Nrn. 2 bis 6 genannten Gegenstände sind in nichtöffentlicher Sitzung zu behandeln.

(3) Durch Betriebssatzung können
1. die Zuständigkeiten des Betriebsausschusses näher bestimmt,
2. Aufgaben nach Absatz 2 Satz 2 Nrn. 2 und 3 ganz oder teilweise der Betriebsleitung übertragen,
3. Aufgaben nach Absatz 2 Satz 2 Nrn. 1, 4, 5 und 7 der Entscheidung des Gemeinderates vorbehalten werden.

## § 10 Aufgaben des Gemeinderates

Neben den in § 45 Abs. 2 und 3 des Kommunalverfassungsgesetzes genannten Angelegenheiten kann der Gemeinderat die Entscheidung über folgende Angelegenheiten nicht übertragen:
1. die Entlastung der Betriebsleitung,
2. die Verwendung des Jahresgewinns oder die Behandlung des Jahresverlustes.

## § 11 Bedienstete beim Eigenbetrieb

(1) ¹Der Betriebsausschuß entscheidet im Einvernehmen mit der Betriebsleitung über die Einstellung und Entlassung der beim Eigenbetrieb beschäftigten Angestellten und Lohnempfänger der Gemeinde, soweit durch die Betriebssatzung diese Entscheidung nicht der Betriebsleitung übertragen worden ist. ²Dies gilt auch hinsichtlich der personalrechtlichen Befugnisse. ³Die Zuständigkeit für die Ernennung und Entlassung der beim Eigenbetrieb beschäftigten Beamten richtet sich nach den Vorschriften des Kommunalverfassungsgesetzes. ⁴Werden Beamte oder Beamtinnen beim Eigenbetrieb beschäftigt, sind sie im Stellenplan der Gemeinde zu führen und in der Stellenübersicht nachrichtlich anzugeben.

(2) ¹Der Gemeinderat ist oberste Dienstbehörde der Betriebsleitung. ²Der Bürgermeister oder die Bürgermeisterin ist oberste Dienstbehörde der sonstigen Bediensteten des Eigenbetriebes und Dienstvorgesetzter oder Dienstvorgesetzte der Betriebsleitung. ³Dienstvorgesetzter oder Dienstvorgesetzte der sonstigen Bediensteten ist die Betriebsleitung. ⁴Der Bürgermeister oder die Bürgermeisterin entscheidet im Einvernehmen mit der Betriebsleitung über Umsetzungen von der allgemeinen Gemeindeverwaltung zum Eigenbetrieb und vom Eigenbetrieb in die allgemeine Gemeindeverwaltung.

## § 12 Vermögen des Eigenbetriebes

(1) ¹Der Eigenbetrieb ist finanzwirtschaftlich als Sondervermögen der Gemeinde zu verwalten und nachzuweisen. ²Dabei sind die Belange der gesamten Gemeindewirtschaft zu berücksichtigen.

(2) ¹Der Eigenbetrieb ist mit einem angemessenen Stammkapital auszustatten, dessen Höhe in der Betriebssatzung festzusetzen ist; Sacheinlagen sind angemessen zu bewerten. ²Für Unternehmen, zu deren Betrieb die Gemeinde gesetzlich verpflichtet ist, für Betriebe des Unterrichts-, Erziehungs- und Bildungswesens, der Kultur, des Sports, der Erholung, der Gesundheits-, Kranken- und Wohlfahrtspflege sowie solche ähnlicher Art sowie für Hilfsbetriebe, die ausschließlich zur Deckung des Eigenbedarfs der Gemeinde dienen, kann von der Festsetzung eines Stammkapitals abgesehen werden.

(3) Auf die Erhaltung des Sondervermögens ist zu achten.

### § 13 Maßnahmen zur Erhaltung des Vermögens und der Leistungsfähigkeit

(1) ¹Sämtliche Lieferungen, Leistungen und Kredite zwischen dem Eigenbetrieb und dem Aufgabenträger sowie anderen Eigenbetrieben oder Eigengesellschaften des Aufgabenträgers einschließlich Gesellschaften, an denen der Aufgabenträger beteiligt ist, sind angemessen zu vergüten. ²Der Eigenbetrieb kann jedoch abweichend von Satz 1
1. Wasser für den Brandschutz, für die Reinigung von Straßen und Abwasseranlagen sowie für öffentliche Zier- und Straßenbrunnen unentgeltlich oder verbilligt liefern,
2. Anlagen für die Löschwasserversorgung unentgeltlich oder verbilligt zur Verfügung stellen,
3. auf die Tarifpreise für Leistungen von Elektrizität, Gas, Wasser und Wärme einen Preisnachlass gewähren, soweit dieser steuerrechtlich anerkannt ist.

(2) ¹Für die technische und wirtschaftliche Weiterentwicklung des Eigenbetriebes und für Erneuerungen, soweit die Abschreibungen dafür nicht ausreichen, sollen aus dem Jahresgewinn Rücklagen gebildet werden. ²Eigenkapital und Fremdkapital sollen in einem angemessenen Verhältnis zueinander stehen. ³Erfolggefährdende Mehraufwendungen bedürfen der Zustimmung des Betriebsausschusses, sofern sie nicht unabweisbar sind. ⁴Das Gleiche gilt für Mehrauszahlungen des Finanzierungsplans, die für einzelne Vorhaben erheblich sind.

(3) Das Eigenkapital darf zum Zwecke der Rückzahlung nur dann vermindert werden, wenn dadurch die Erfüllung der Aufgabe und die zukünftige Entwicklung des Eigenbetriebes nicht beeinträchtigt werden.

(4) Der Jahresgewinn des Eigenbetriebes soll so hoch sein, dass neben angemessenen Rücklagen nach Absatz 3 mindestens eine marktübliche Verzinsung des Eigenkapitals erwirtschaftet wird.

(5) ¹Ein etwaiger Jahresverlust kann nur dann auf neue Rechnung vorgetragen werden, wenn nach der Finanzplanung Gewinne zu erwarten sind. ²Die Gewinne der folgenden fünf Jahre sind zunächst zur Verlusttilgung zu verwenden. ³Ein nach Ablauf von fünf Jahren nicht getilgter Verlustvortrag kann durch Inanspruchnahme von Rücklagen ausgeglichen werden, wenn die Eigenkapitalausstattung dies zulässt; anderenfalls ist der Verlust aus Haushaltsmitteln des Aufgabenträgers auszugleichen.

(6) ¹Sind nach der Finanzplanung Gewinne nicht zu erwarten, kann die Kommunalaufsichtsbehörde abweichend von Absatz 5 Satz 1 zulassen, dass der nicht ausgabewirksame Teil des Jahresverlustes auf neue Rechnung vorgetragen wird, wenn ein Ausgleich innerhalb der folgenden fünf Jahre erfolgen wird und nach der Finanzplanung ausgabewirksame Jahresverluste nicht zu erwarten sind. ²Bei Vorliegen eines wichtigen Grundes kann die Frist bis zum Ausgleich des Verlustvortrages um weitere fünf Jahre verlängert werden. ³Die Ausnahmezulassungen ergehen auf Antrag; dieser ist jeweils zu begründen.

### § 14 Wirtschaftsjahr

¹Wirtschaftsjahr des Eigenbetriebes ist das Haushaltsjahr der Gemeinde. ²Wenn die Art des Eigenbetriebes es erfordert, kann durch Betriebssatzung ein hiervon abweichendes Wirtschaftsjahr bestimmt werden.

### § 15 Wirtschaftsführung, Rechnungswesen und Kostenrechnung

(1) ¹Der Eigenbetrieb führt seine Rechnung nach den Regeln der kaufmännischen doppelten Buchführung. ²Die Buchführung muss den Vorschriften des Dritten Buches des Handelsgesetzbuches entsprechen.

(2) Alle Zweige des Rechnungswesens sind einheitlich zu leiten.

(3) ¹Zur Ermittlung von Kosten- und Leistungsinformationen hat der Eigenbetrieb eine Kosten- und Leistungsrechnung zu erstellen und die erforderlichen Unterlagen zu führen. ²Die Ausgestaltung der Kostenrechnung bestimmt der Eigenbetrieb entsprechend seinem Bedarf. ³Für die Kalkulation von Gebühren und Entgelten ist eine Kosten- und Leistungsrechnung in Form einer Vollkostenrechnung durchzuführen.

### § 16 Wirtschaftsplan

(1) ¹Für jedes Wirtschaftsjahr ist rechtzeitig vor dessen Beginn ein Wirtschaftsplan aufzustellen. ²Dieser ist dem Haushaltsplan der Gemeinde beizufügen. ³Der Wirtschaftsplan besteht
1. aus dem Erfolgsplan, der alle voraussehbaren Erträge und Aufwendungen enthält und mindestens entsprechend der Gewinn- und Verlustrechnung nach § 275 des Handelsgesetzbuches zu gliedern

ist mit der Maßgabe, dass nach ordentlichen und außerordentlichen Positionen zu differenzieren ist,
2. aus dem Vermögensplan, der alle vermögenswirksamen Einnahmen und Ausgaben aus Anlageänderungen und aus der Kreditwirtschaft im Wirtschaftsjahr sowie die notwendigen Verpflichtungsermächtigungen enthält,
3. aus der Stellenübersicht, die alle im Wirtschaftsjahr erforderlichen Stellen für Angestellte und Arbeiter enthält; werden Beamte beim Eigenbetrieb beschäftigt, so sind sie im Stellenplan der Gemeinde zu führen und in der Stellenübersicht nachrichtlich anzugeben.
(2) Der Wirtschaftsplan ist unverzüglich zu ändern, wenn sich im Laufe des Wirtschaftsjahres zeigt, dass trotz Ausnutzung von Sparmöglichkeiten
1. das Jahresergebnis sich gegenüber dem Erfolgsplan erheblich verschlechtern wird und diese Verschlechterung eine Änderung des Vermögensplanes bedingt oder zu einer Inanspruchnahme der kommunalen Gebietskörperschaft führt,
2. zum Ausgleich des Vermögensplanes erheblich höhere Kredite erforderlich werden,
3. im Vermögensplan weitere Verpflichtungsermächtigungen vorgesehen werden sollen oder
4. eine erhebliche Vermehrung oder Hebung der in der Stellenübersicht vorgesehenen Stellen erforderlich wird; dies gilt nicht für eine vorübergehende Einstellung von Aushilfskräften.
(3) Der an den Haushalt der Gemeinde abzuführende Jahresgewinn oder der aus dem Haushalt der Gemeinde abzudeckende Jahresverlust ist in den Haushaltsplan der Gemeinde aufzunehmen.
(4) [1]Der Wirtschaftsplan ist mit dem Teil im Bekanntmachungsorgan des Eigenbetriebes bekannt zu machen, der die Festsetzungen des Gesamtbetrages der Erträge und Aufwendungen des Erfolgsplanes, der Einnahmen und Ausgaben des Vermögensplanes sowie der Kredit- und Verpflichtungsermächtigungen, des Höchstbetrages des Kassenkredites, des Zweckverbandsumlagebedarfes und der Verteilung der Zweckverbandsumlagen auf die Zweckverbandsmitglieder enthält. [2]Der gesamte Wirtschaftsplan einschließlich des Erfolgs- und Vermögensplanes sowie der Stellenübersicht ist an sieben Tagen öffentlich auszulegen; in der Bekanntmachung ist auf die Auslegung hinzuweisen. [3]Enthält der Wirtschaftsplan genehmigungspflichtige Teile, darf er erst nach der Genehmigung öffentlich bekannt gemacht werden.

### § 17 Finanzplanung
(1) Der fünfjährige Finanzplan besteht aus
1. einer nach Jahren gegliederten Übersicht über die Entwicklung der Finanzierungsmittel und des Finanzierungsbedarfes des Vermögensplanes entsprechend der für diesen vorgeschriebenen Ordnung und
2. einer Übersicht über die Entwicklung der Einnahmen und Ausgaben des Eigenbetriebes, die sich auf die Haushalts- und Finanzplanung des Aufgabenträgers auswirken.
(2) [1]Dem Finanzplan ist eine Investitionsplanung zugrunde zu legen. [2]Die vorgesehenen Investitionen und Investitionsförderungsmaßnahmen sind getrennt nach Jahresabschnitten mit den auf das betreffende Jahr entfallenden Teilbeträgen aufzunehmen.

### § 18 Gewinn- und Verlustrechnung, Erfolgsübersicht
(1) [1]Die Gewinn- und Verlustrechnung ist mindestens entsprechend den Vorschriften des Handelsgesetzbuches aufzustellen. [2]Ist durch den Gegenstand des Betriebes eine abweichende Gliederung bedingt, so muss diese der Gliederung nach Satz 1 gleichwertig sein.
(2) Bei Ver- und Entsorgungsunternehmen muss der Ertrag aus Energie- und Wasserlieferungen sowie aus der Durchführung der Abwasserbeseitigung in jedem Wirtschaftsjahr 365, in Schaltjahren 366 Tage umfassen und auf den Bilanzstichtag abgegrenzt sein.
(3) [1]Eigenbetriebe mit mehr als einem Betriebszweig haben zum Ende eines jeden Wirtschaftsjahres außerdem eine Erfolgsübersicht aufzustellen, die horizontal nach den Betriebszweigen und vertikal nach den Ertrags- und Aufwendungsarten zu gliedern ist. [2]Die Gliederung nach Verwaltung und Vertrieb, Sonstige sowie nach Betriebszweigen und aktivierter Eigenleistung ist grundsätzlich einzuhalten. [3]Dabei sind gemeinsame Aufwendungen und Erträge sachgerecht auf die Unternehmenszweige aufzuteilen, soweit Lieferungen und Leistungen nicht gesondert verrechnet werden.

## § 19 Jahresabschluss und Lagebericht

(1) Die Betriebsleitung hat für den Schluss eines jeden Wirtschaftsjahres einen aus der Bilanz, der Gewinn- und Verlustrechnung und dem Anhang bestehenden Jahresabschluss sowie einen Lagebericht nach den Vorschriften des Dritten Buches des Handelsgesetzbuches aufzustellen.

(2) [1]Jahresabschluss und Lagebericht sind innerhalb von vier Monaten nach Ende des Wirtschaftsjahres aufzustellen und dem Bürgermeister oder der Bürgermeisterin vorzulegen. [2]Eigenbetriebe mit einer Bilanzsumme bis 2 600 000 Euro pro Jahr oder mit Erträgen bis zu 520 000 Euro pro Jahr sowie bis zu 20 Arbeitnehmern laut Stellenübersicht brauchen den Lagebericht nicht aufzustellen, wenn sie mindestens zwei der drei Merkmale nicht überschreiten; sie dürfen den Jahresabschluss auch später aufstellen, wenn dies einem ordnungsgemäßen Geschäftsgang entspricht, jedoch innerhalb der ersten sechs Monate des Geschäftsjahres. [3]Der Bürgermeister oder die Bürgermeisterin leitet die Unterlagen unverzüglich an das Rechnungsprüfungsamt weiter.

(3) [1]Das Rechnungsprüfungsamt prüft den Jahresabschluss mit allen Unterlagen daraufhin, ob er ein den tatsächlichen Verhältnissen entsprechendes Bild der Ertrags-, Finanz- und Vermögenslage sowie der Verbindlichkeiten des Eigenbetriebes darstellt. [2]§ 142 des Kommunalverfassungsgesetzes gilt entsprechend. [3]Die Jahresabschlussprüfung soll innerhalb von neun Monaten nach Ende des Wirtschaftsjahres abgeschlossen sein.

(4) [1]Der Bürgermeister oder die Bürgermeisterin hat den Jahresabschluss und den Lagebericht zusammen mit dem Bericht über die Jahresabschlussprüfung zunächst dem Betriebsausschuss zur Vorberatung und sodann mit dem Ergebnis der Vorberatung dem Gemeinderat zur Feststellung zuzuleiten. [2]Der Gemeinderat stellt den Jahresabschluss innerhalb eines Jahres nach Ende des Wirtschaftsjahres fest und beschließt dabei über

1. die Verwendung des Jahresgewinns oder die Behandlung des Jahres Verlustes; der Jahresgewinn soll in Höhe der Verzinsung des vom Haushalt der Gemeinde aufgebrachten Eigenkapitals an diesen abgeführt werden,
2. die Verwendung der für das Wirtschaftsjahr für den Haushalt der Gemeinde eingeplanten Finanzierungsmittel,
3. die Entlastung der Betriebsleitung; versagt er die Entlastung, hat er dafür Gründe anzugeben.

(5) [1]Der Beschluss über die Feststellung des Jahresabschlusses und die Entlastung der Betriebsleitung ist ortsüblich bekannt zu machen. [2]Dabei sind die beschlossene Verwendung des Gewinns oder die Behandlung des Verlustes, der Prüfungsvermerk des Abschlussprüfers oder der Abschlussprüferin sowie der Feststellungsvermerk des Rechnungsprüfungsamtes über die Jahresabschlussprüfung oder dessen Einschränkung oder Versagung wiederzugeben. [3]Gleichzeitig sind der Jahresabschluss, der Lagebericht und die Erfolgsübersicht an sieben Tagen öffentlich auszulegen; in der Bekanntmachung ist auf die Auslegung hinzuweisen.

## § 20 Sonderregelungen für Krankenhäuser und Pflegeeinrichtungen

Für Krankenhäuser und Pflegeeinrichtungen, die als Eigenbetriebe geführt werden, gilt dieses Gesetz, soweit nicht in dem Krankenhausfinanzierungsgesetz in der Fassung der Bekanntmachung vom 10. April 1991 (BGBl. I S. 886), zuletzt geändert durch Artikel 2 des Gesetzes vom 22. Juni 2005 (BGBl. I S. 1720, 1723), und in dem Elften Buch Sozialgesetzbuch – Soziale Pflegeversicherung – (Artikel 1 des Gesetzes vom 26. Mai 1994, BGBl. I S. 1014, 1015), zuletzt geändert durch Artikel 3b des Gesetzes vom 8. Juni 2005 (BGBl. I S. 1530, 1532), oder in den aufgrund dieser Gesetze ergangenen Rechtsvorschriften Abweichendes bestimmt ist.

## § 21 Verordnungsermächtigung

Das für Kommunalangelegenheiten zuständige Ministerium wird ermächtigt, durch Rechtsverordnung
1. Vorschriften über
    a) den Nachweis und die Erhaltung des Sondervermögens, die Kassenwirtschaft und die Grundsätze für die Aufstellung, Gliederung und den Inhalt des Wirtschaftsplanes sowie dessen Ausführung,

§ 87 Gefahrenabwehr außerhalb der Dienstzeit

**Siebenter Teil**
**Zuständigkeiten**
§ 88 Örtliche Zuständigkeit, außerordentliche örtliche Zuständigkeit
§ 89 Sachliche Zuständigkeit
§ 90 Außerordentliche sachliche Zuständigkeit
§ 91 Amtshandlungen von Polizeivollzugsbeamten anderer Länder, des Bundes und des Auslandes
§ 92 Amtshandlungen von Polizeibeamten Sachsen-Anhalts außerhalb des Zuständigkeitsbereiches des Landes Sachsen-Anhalt

**Achter Teil**
**Gefahrenabwehrverordnungen**
§ 93 Anwendung
§ 94 Verordnungsermächtigung
§ 94a Sperrzeit
§ 95 Verhältnis zu anderen Rechtsvorschriften
§ 96 Inhalt
§ 97 Formvorschriften
§ 98 Ordnungswidrigkeiten
§ 99 Inkrafttreten von Gefahrenabwehrverordnungen

§ 100 Geltungsdauer
§ 101 Beteiligung anderer Behörden und Dienststellen; Änderung und Aufhebung von Gefahrenabwehrverordnungen
§ 102 Gebietsänderungen; Neubildung von Behörden

**Neunter Teil**
**Kosten; Sachleistungen**
§ 103 Kosten
§ 104 Sachleistungen
§ 105 Entschädigung für Sachleistungen

**Zehnter Teil**
**Straf-, Ordnungswidrigkeiten-, Übergangs- und Schlussvorschriften**
§ 106 Störung einer elektronischen Aufenthaltsermittlung
§ 107 Ordnungswidrigkeiten
§ 108 Übergangsvorschrift für § 68a
§ 109 Übergangsvorschrift für Verwaltungsgemeinschaften
§ 109a Übergangsvorschrift für die Verarbeitung personenbezogener Daten durch die Polizei
§ 110 Sprachliche Gleichstellung
§ 111 Befristung

## Erster Teil
## Aufgaben und allgemeine Vorschriften

### § 1 Aufgaben der Sicherheitsbehörden und der Polizei

(1) ¹Die Sicherheitsbehörden und die Polizei haben die gemeinsame Aufgabe der Gefahrenabwehr, soweit dieses Gesetz nichts anderes bestimmt. ²Sie haben im Rahmen dieser Aufgabe auch die erforderlichen Vorbereitungen für die Hilfeleistung und das Handeln in Gefahrenfällen zu treffen. ³Sie haben bei der Gefahrenabwehr zusammenzuarbeiten. ⁴Insbesondere haben sie sich unverzüglich gegenseitig über Vorgänge, deren Kenntnis für die Aufgabenerfüllung der anderen Behörde bedeutsam erscheint, zu unterrichten. ⁵Die Vorschriften über den Schutz personenbezogener Daten (§§ 14 bis 34) bleiben unberührt.

(2) Der Schutz privater Rechte obliegt den Sicherheitsbehörden und der Polizei nach diesem Gesetz nur dann, wenn gerichtlicher Schutz nicht rechtzeitig zu erlangen ist und wenn ohne sicherheitsbehördliche oder polizeiliche Hilfe die Verwirklichung des Rechts vereitelt oder wesentlich erschwert werden würde.

(3) Die Sicherheitsbehörden und die Polizei haben ferner die ihnen durch andere Rechtsvorschriften zugewiesenen weiteren Aufgaben zu erfüllen.

### § 2 Aufgaben der Polizei

(1) ¹Die Polizei hat im Rahmen der Gefahrenabwehr auch zu erwartende Straftaten zu verhüten (vorbeugende Bekämpfung von Straftaten). ²Die Vorsorge für die Verfolgung von Straftaten obliegt der Polizei nach diesem Gesetz nur, wenn die folgenden Vorschriften des Zweiten Teils dies besonders regeln.

(2) Die Polizei wird in Erfüllung der Aufgaben der Gefahrenabwehr außer in den Fällen des Absatzes 1 nur tätig, soweit die Gefahrenabwehr durch die Sicherheitsbehörden nicht oder nicht rechtzeitig möglich erscheint.

(3) Die Polizei leistet anderen Behörden Vollzugshilfe (§§ 50 bis 52).

| | | | | |
|---|---|---|---|---|
| § | 27 | Datenübermittlung innerhalb des öffentlichen Bereiches | § | 54 | Zwangsmittel |

| | | |
|---|---|---|
| § 27 | Datenübermittlung innerhalb des öffentlichen Bereiches |
| § 27a | Datenübermittlung an Mitgliedstaaten der Europäischen Union |
| § 28 | Datenübermittlung an nichtöffentliche Stellen |
| § 29 | Datenübermittlungen zum Zweck von Zuverlässigkeitsüberprüfungen |
| § 30 | Datenabgleich |
| § 31 | Rasterfahndung |
| § 32 | Anbietungspflicht |
| § 32a | Aussonderungsprüffristen und Löschfristen |
| § 32b | Berichtigung personenbezogener Daten sowie Einschränkung der Verarbeitung in Akten sowie Vernichtung von Akten |
| § 32c | Rechte der betroffenen Person bei der Verarbeitung personenbezogener Daten |
| § 33 | Unterbrechung und Verhinderung von Kommunikationsverbindungen |
| § 34 | (weggefallen) |
| § 35 | Vorladung |
| § 35a | Meldeauflage |
| § 36 | Platzverweisung |
| § 36a | Aufenthaltsanordnung und Kontaktverbot |
| § 36b | Überwachung von Aufenthaltsanordnungen und Kontaktverboten |
| § 36c | Elektronische Aufenthaltsermittlung |
| § 37 | Gewahrsam |
| § 38 | Richterliche Entscheidung |
| § 39 | Behandlung festgehaltener Personen |
| § 40 | Dauer der Freiheitsentziehung |
| § 41 | Durchsuchung und Untersuchung von Personen |
| § 42 | Durchsuchung von Sachen |
| § 43 | Betreten und Durchsuchung von Wohnungen |
| § 44 | Verfahren bei der Durchsuchung von Wohnungen |
| § 45 | Sicherstellung |
| § 46 | Verwahrung |
| § 47 | Verwertung, Unbrauchbarmachung und Vernichtung |
| § 48 | Herausgabe sichergestellter Sachen oder des Erlöses; Kosten |
| § 48a | Zeugenschutz |

Dritter Teil
**Vollzug**

| | |
|---|---|
| § 49 | Verwaltungsvollzugsbeamte |
| § 50 | Vollzugshilfe |
| § 51 | Verfahren bei Vollzugshilfeersuchen |
| § 52 | Vollzugshilfe bei Freiheitsentziehung |

Vierter Teil
**Zwang**

Erster Abschnitt
**Erzwingung von Handlungen, Duldungen und Unterlassungen**

| | |
|---|---|
| § 53 | Zulässigkeit des Verwaltungszwanges |
| § 54 | Zwangsmittel |
| § 55 | Ersatzvornahme |
| § 56 | Zwangsgeld |
| § 57 | Ersatzzwangshaft |
| § 58 | Unmittelbarer Zwang |
| § 59 | Androhung der Zwangsmittel |

Zweiter Abschnitt
**Ausübung unmittelbaren Zwanges**

| | |
|---|---|
| § 60 | Rechtliche Grundlagen |
| § 61 | Handeln auf Anordnung |
| § 62 | Hilfeleistung für Verletzte |
| § 63 | Androhung unmittelbaren Zwanges |
| § 64 | Fesselung von Personen |
| § 65 | Allgemeine Vorschriften für den Schusswaffengebrauch |
| § 66 | Schusswaffengebrauch gegen Personen |
| § 67 | Schusswaffengebrauch gegen Personen in einer Menschenmenge |
| § 68 | Sprengmittel |

Dritter Abschnitt
**Kosten des Zwanges**

| | |
|---|---|
| § 68a | Kosten |

Fünfter Teil
**Schadensausgleich, Erstattungs- und Ersatzansprüche**

| | |
|---|---|
| § 69 | Zum Schadensausgleich verpflichtende Tatbestände |
| § 70 | Art und Umfang des Schadensausgleichs |
| § 71 | Ansprüche mittelbar Geschädigter |
| § 72 | Verjährung des Ausgleichsanspruchs |
| § 73 | Ausgleichspflichtiger; Erstattungsansprüche |
| § 74 | Rückgriff gegen den Verantwortlichen |
| § 75 | Rechtsweg |

Sechster Teil
**Organisation der Polizei und der Sicherheitsbehörden**

Erster Abschnitt
**Polizei**

| | |
|---|---|
| § 76 | Polizeibehörden, nachgeordnete Dienststellen |
| § 77 | Polizeiinspektion Zentrale Dienste Sachsen-Anhalt |
| § 78 | Polizeiinspektionen |
| § 79 | Landeskriminalamt |
| § 80 | Besondere Polizeibehörden; besondere Aufgabenzuweisungen |
| § 81 | Polizeieinrichtungen |
| § 82 | Aufsicht über die Polizeibehörden und die Polizeieinrichtung |
| § 83 | Hilfspolizeibeamte |

Zweiter Abschnitt
**Sicherheitsbehörden**

| | |
|---|---|
| § 84 | Allgemeine Sicherheitsbehörden |
| § 85 | Besondere Sicherheitsbehörden |
| § 86 | Aufsicht über die Sicherheitsbehörden |

# Gesetz über die öffentliche Sicherheit und Ordnung des Landes Sachsen-Anhalt (SOG LSA)

In der Fassung der Bekanntmachung vom 20. Mai 2014[1)] (GVBl. LSA S. 182) (BS LSA 205.2)
zuletzt geändert durch § 1 Neuntes ÄndG des Öffentliche Sicherheit und OrdnungsG vom 8. Dezember 2020 (GVBl. LSA S. 682)

## Inhaltsübersicht

**Erster Teil**
**Aufgaben und allgemeine Vorschriften**

- § 1 Aufgaben der Sicherheitsbehörden und der Polizei
- § 2 Aufgaben der Polizei
- § 2 Aufgaben der Gefahrenvorsorge
- § 3 Begriffsbestimmungen
- § 4 Geltungsbereich
- § 5 Grundsatz der Verhältnismäßigkeit
- § 6 Ermessen, Wahl der Mittel
- § 7 Verantwortlichkeit für das Verhalten von Personen
- § 8 Verantwortlichkeit für den Zustand von Tieren und Sachen
- § 9 Unmittelbare Ausführung einer Maßnahme
- § 10 Inanspruchnahme nicht verantwortlicher Personen
- § 11 Einschränkung von Grundrechten
- § 12 Legitimations- und Kennzeichnungspflicht

**Zweiter Teil**
**Allgemeine und besondere Befugnisse**

- § 13 Allgemeine Befugnisse
- § 13a Geltung anderer Vorschriften zum Schutz personenbezogener Daten und Durchführung der Vorabkontrolle bei automatisierten Verfahren
- § 13b Zweckbindung, Grundsatz der hypothetischen Datenneuerhebung
- § 13c Informationssystem der Polizei
- § 13d Kennzeichnung personenbezogener Daten
- § 13e Regelung von Zugriffsberechtigungen für das Informationssystem der Polizei
- § 13f Verordnungsermächtigungen zur Sicherstellung erforderlicher organisatorischer und technischer Vorkehrungen im Informationssystem der Polizei
- § 14 Befragung und Auskunftspflicht
- § 15 Erhebung personenbezogener Daten
- § 16 Datenerhebung bei öffentlichen Veranstaltungen und Ansammlungen sowie an gefährlichen Orten und an oder in besonders gefährdeten Objekten sowie zur Eigensicherung
- § 17 Datenerhebung durch Observation und Einsatz technischer Mittel
- § 17a Erhebung von Telekommunikations- und Telemedienbestandsdaten
- § 17b Erhebung von Telekommunikationsinhalten und -umständen
- § 17c [aufgehoben]
- § 18 Datenerhebung durch Einsatz von Personen, deren Zusammenarbeit mit der Polizei Dritten nicht bekannt ist, und durch Einsatz Verdeckter Ermittler
- § 19 Kontrollspeicherung und -meldung
- § 20 Identitätsfeststellung und Prüfung von Berechtigungsscheinen
- § 20a Molekulargenetische Untersuchungen zur Identitätsfeststellung
- § 21 Erkennungsdienstliche Maßnahmen
- § 22 Grundsätze des Verarbeitens personenbezogener Daten
- § 23 Weiterverarbeiten von personenbezogenen Daten aus strafrechtlichen Ermittlungsverfahren; Daten zu Verurteilten, Beschuldigten, Tatverdächtigen, sonstigen Anlasspersonen und anderen Personen
- § 23a Verarbeiten von personenbezogenen Daten, die von Strafverfolgungsbehörden der Mitgliedstaaten der Europäischen Union an die Polizei übermittelt worden sind
- § 23b Aufzeichnung von Telefon- und Funkgesprächen
- § 23c Ermittlung des Aufenthaltsorts gefährdeter Personen
- § 23d Speicherung von DNA-Identifizierungsmustern zur Erkennung von DNA-Trugspuren
- § 24 Benachrichtigung beim Speichern von personenbezogenen Daten von Kindern
- § 25 Weiterverarbeiten für die wissenschaftliche Forschung
- § 25a Weiterverarbeiten von Daten zur Aus- und Fortbildung sowie zu statistischen Zwecken
- § 26 Allgemeine Regeln der Datenübermittlung

---

[1)] Neubekanntmachung des SOG LSA idF der Bek. v. 23.09.2003 (GVBl. LSA S. 214, ber. GVBl. LSA 2014 S. 380) in der ab 17.10.2013 geltenden Fassung.

b) den Jahresabschluss, die Grundsätze der Prüfung des Jahresabschlusses und die Anforderungen an den Inhalt der Beschlüsse zur Feststellung des Jahresgewinns oder die Behandlung des Jahresverlustes
zu erlassen;
2. die Anwendung der Bestimmungen dieses Gesetzes auf die örtlichen Stiftungen anzuordnen.

## § 2a Aufgaben der Gefahrenvorsorge
Die Gefahrenvorsorge obliegt den Gemeinden und dem für öffentliche Sicherheit und Ordnung zuständigen Ministerium nach diesem Gesetz nur, wenn die folgenden Vorschriften des Achten Teils dies besonders regeln.

## § 3 Begriffsbestimmungen
Im Sinne dieses Gesetzes ist
1. Öffentliche Sicherheit:
    die Unverletzlichkeit der Rechtsordnung, der subjektiven Rechte und Rechtsgüter des Einzelnen sowie des Bestandes, der Einrichtungen und Veranstaltungen des Staates oder sonstiger Träger der Hoheitsgewalt;
2. Öffentliche Ordnung:
    die Gesamtheit der im Rahmen der verfassungsmäßigen Ordnung liegenden ungeschriebenen Regeln für das Verhalten des Einzelnen in der Öffentlichkeit, deren Beachtung nach den jeweils herrschenden Anschauungen als unerlässliche Voraussetzung eines geordneten staatsbürgerlichen Zusammenlebens betrachtet wird;
3. 
    a) Gefahr:
        eine konkrete Gefahr, das heißt eine Sachlage, bei der im einzelnen Falle die hinreichende Wahrscheinlichkeit besteht, dass in absehbarer Zeit ein Schaden für die öffentliche Sicherheit oder Ordnung eintreten wird;
    b) gegenwärtige Gefahr:
        eine Gefahr, bei der das schädigende Ereignis bereits begonnen hat oder unmittelbar oder in allernächster Zeit mit einer an Sicherheit grenzenden Wahrscheinlichkeit bevorsteht;
    c) erhebliche Gefahr:
        eine Gefahr für ein bedeutsames Rechtsgut, wie Leben, Gesundheit, Freiheit, wesentliche Vermögenswerte oder der Bestand des Staates;
    d) Gefahr für Leib oder Leben:
        eine Gefahr, bei der eine nicht nur leichte Körperverletzung oder der Tod einzutreten droht;
    e) Gefahr einer schwerwiegenden Verletzung der körperlichen Unversehrtheit:
        eine Gefahr, bei der eine schwere Körperverletzung (§ 226 des Strafgesetzbuches) einzutreten droht;
    f) abstrakte Gefahr (vgl. § 94):
        eine nach allgemeiner Lebenserfahrung oder den Erkenntnissen fachkundiger Stellen mögliche Sachlage, die im Falle ihres Eintritts eine Gefahr gemäß den Buchstaben a bis e darstellt;
4. Straftat von erheblicher Bedeutung:
    Straftaten von erheblicher Bedeutung sind insbesondere Verbrechen sowie die in § 138 des Strafgesetzbuches (Nichtanzeige geplanter Straftaten) genannten Vergehen, Vergehen nach § 129 des Strafgesetzbuches (Bildung krimineller Vereinigungen) und gewerbs- oder bandenmäßig begangene Vergehen nach
    a) den §§ 243 (Besonders schwerer Fall des Diebstahls), 244 (Diebstahl mit Waffen; Bandendiebstahl; Wohnungseinbruchsdiebstahl), 253 (Erpressung), 260 (Gewerbsmäßige Hehlerei; Bandenhehlerei), 263a (Computerbetrug), 265b (Kreditbetrug), 266 (Untreue), 283 (Bankrott), 283a (Besonders schwerer Fall des Bankrotts), 291 (Wucher) oder nach dem 29. Abschnitt (Straftaten gegen die Umwelt) des Strafgesetzbuches,
    b) § 52 Abs. 1 Satz 1 Nrn. 1 oder 2 des Waffengesetzes,
    c) § 29 Abs. 3 Satz 2 Nr. 1 des Betäubungsmittelgesetzes,
    d) § 96 Abs. 1 und 3 des Aufenthaltsgesetzes.
    Andere als die in Satz 1 aufgeführten Vergehen sind Straftaten von erheblicher Bedeutung, wenn sie ihnen auf Grund des betroffenen Rechtsgutes, ihrer Begehungsweise oder ihrer Dauer in ihrer Bedeutung gleichkommen.
5. terroristische Straftat:
    Terroristische Straftaten sind Vergehen oder Verbrechen nach
    a) § 89a, § 89b, § 89c, § 129a, § 129b, § 211, § 212, § 224, § 226, § 227, § 239a, § 239b, § 303b, § 305, § 305a, §§ 306 bis 306c, § 307 Abs. 1 bis 3, § 308 Abs. 1 bis 4, § 309 Abs. 1 bis 5,

§ 310 Abs. 1 oder 2, § 313, § 314, § 315 Abs. 1, 3 oder 4, § 316b Abs. 1 oder 3, § 316c Abs. 1 bis 3, § 317 Abs. 1, § 328 Abs. 1 oder 2 oder § 330a Abs. 1 bis 3 des Strafgesetzbuches,
b) § 19 Abs. 1 bis 3, § 20 Abs. 1 oder 2, § 20a Abs. 1 bis 3, § 19 Abs. 2 Nr. 2 oder Abs. 3 Nr. 2, § 20 Abs. 1 oder 2 oder § 20a Abs. 1 bis 3, jeweils auch in Verbindung mit § 21, oder nach § 22a Abs. 1 bis 3 des Gesetzes über die Kontrolle von Kriegswaffen,
c) § 51 Abs. 1 bis 3 des Waffengesetzes oder
d) §§ 6 bis 12 des Völkerstrafgesetzbuches,
bei Begehung im In- und Ausland, wenn diese Straftaten dazu bestimmt sind,
a) die Bevölkerung auf erhebliche Weise einzuschüchtern,
b) eine Behörde oder eine internationale Organisation rechtswidrig mit Gewalt oder durch Drohung mit Gewalt zu nötigen oder
c) die politischen, verfassungsrechtlichen, wirtschaftlichen oder sozialen Grundstrukturen eines Staates, eines Landes oder einer internationalen Organisation zu beseitigen oder erheblich zu beeinträchtigen
und durch die Art ihrer Begehung oder ihre Auswirkungen einen Staat, ein Land oder eine internationale Organisation erheblich schädigen können.
6. Gefahrenabwehr:
die Aufgabe der Sicherheitsbehörden und der Polizei, Gefahren gemäß der Nummer 3 durch Maßnahmen (Gefahrenabwehrverordnungen, Verwaltungsakte und andere Eingriffe) sowie durch sonstiges Handeln abzuwehren;
7. Gefahr im Verzuge:
eine Sachlage, bei der ein Schaden eintreten würde, wenn nicht an Stelle der zuständigen Behörde oder Person eine andere Behörde oder Person tätig wird;
8. Sicherheitsbehörde:
die allgemeine oder die besondere Sicherheitsbehörde (§§ 84 und 85) sowie für sie die Verwaltungsvollzugsbeamten;
9. Verwaltungsvollzugsbeamter:
ein Bediensteter einer Sicherheitsbehörde oder ein anderer Weisungsabhängiger, der allgemein oder im Einzelfall zum Vollzug von Aufgaben der Gefahrenabwehr durch Bestellung ermächtigt ist;
10. Polizei:
die Polizeibehörden (§ 76) sowie für sie die Polizeidienststellen (§ 76), Polizeibeamten (Nummer 11) und Hilfspolizeibeamten (§ 83);
11. Polizeibeamter:
ein Beamter im Polizeivollzugsdienst, der allgemein oder im Einzelfall zur Wahrnehmung polizeilicher Aufgaben ermächtigt ist;
12. Beauftragter:
Ein Beamter oder Polizeibeamter, der mindestens das zweite Einstiegsamt der Laufbahngruppe 2 innehat und über die Befähigung zum Richteramt verfügt, oder ein Polizeibeamter, der mindestens das zweite Einstiegsamt der Laufbahngruppe 2 innehat und die Befähigung hierfür durch ein mit einem Mastergrad abgeschlossenes Studium an der Deutschen Hochschule der Polizei oder nach bisherigem Recht (§ 124 Satz 2 Nr. 4 des Landesbeamtengesetzes) erworben hat.

## § 4 Geltungsbereich

(1) ¹Die Vorschriften dieses Gesetzes finden Anwendung bei der Erfüllung von Aufgaben der Gefahrenabwehr und weiterer Aufgaben nach den §§ 1 und 2. ²Vorschriften des Bundes- oder des Landesrechts, in denen die Gefahrenabwehr und die weiteren Aufgaben besonders geregelt sind, gehen diesem Gesetz vor. ³Soweit die besonderen Rechtsvorschriften keine abschließenden Regelungen enthalten, ist dieses Gesetz ergänzend anzuwenden.

(2) Bei der Erforschung und Verfolgung von Straftaten und Ordnungswidrigkeiten sind die Vorschriften des § 35 Abs. 5 über die Entschädigung von Personen und der §§ 61 bis 68 über die Art und Weise der Anwendung unmittelbaren Zwanges anzuwenden, soweit die Strafprozessordnung keine abschließenden Regelungen enthält.

## § 5 Grundsatz der Verhältnismäßigkeit

(1) Von mehreren möglichen und geeigneten Maßnahmen haben die Sicherheitsbehörden oder die Polizei diejenigen Maßnahmen zu treffen, die den Einzelnen und die Allgemeinheit voraussichtlich am wenigsten beeinträchtigen.
(2) Eine Maßnahme darf nicht zu einem Nachteil führen, der zu dem erstrebten Erfolg erkennbar außer Verhältnis steht.
(3) Eine Maßnahme ist nur so lange zulässig, bis ihr Zweck erreicht ist oder sich zeigt, dass er nicht erreicht werden kann.

## § 6 Ermessen, Wahl der Mittel

(1) Die Sicherheitsbehörden und die Polizei treffen ihre Maßnahmen nach pflichtgemäßem Ermessen.
(2) ¹Kommen zur Gefahrenabwehr mehrere Mittel in Betracht, so genügt es, wenn eines davon bestimmt wird. ²Der betroffenen Person ist auf Antrag zu gestatten, ein anderes, ebenso wirksames Mittel anzuwenden, sofern die Allgemeinheit dadurch nicht stärker beeinträchtigt wird.
(3) Niemand darf wegen seines Geschlechts, seiner Abstammung, seiner Rasse, seiner Ethnie, seiner Behinderung, seiner sexuellen Identität, seiner Sprache, seiner Heimat und Herkunft, seines Glaubens, seiner religiösen oder politischen Anschauungen, seiner Gewerkschaftszugehörigkeit benachteiligt werden.

## § 7 Verantwortlichkeit für das Verhalten von Personen

(1) Verursacht eine Person eine Gefahr, so sind die Maßnahmen gegen diese Person zu richten.
(2) ¹Ist die Person noch nicht vierzehn Jahre alt, so können die Maßnahmen auch gegen die Person gerichtet werden, die zur Aufsicht über sie verpflichtet ist. ²Ist für die Person ein Betreuer bestellt, so können die Maßnahmen auch gegen den Betreuer im Rahmen seines Aufgabenkreises gerichtet werden.
(3) Verursacht eine Person, die zu einer Verrichtung bestellt ist, die Gefahr in Ausführung der Verrichtung, so können Maßnahmen auch gegen denjenigen gerichtet werden, der die andere Person zu der Verrichtung bestellt hat.

## § 8 Verantwortlichkeit für den Zustand von Tieren und Sachen

(1) ¹Geht von einem Tier oder einer Sache eine Gefahr aus, so sind die Maßnahmen gegen den Inhaber der tatsächlichen Gewalt zu richten. ²Die nachfolgenden für Sachen geltenden Vorschriften sind auch auf Tiere anzuwenden.
(2) ¹Maßnahmen können auch gegen den Eigentümer oder einen anderen Berechtigten gerichtet werden. ²Dies gilt nicht, wenn der Inhaber der tatsächlichen Gewalt diese ohne den Willen des Eigentümers oder Berechtigten ausübt.
(3) Geht die Gefahr von einer herrenlosen Sache aus, so können die Maßnahmen gegen denjenigen gerichtet werden, der das Eigentum an der Sache aufgegeben hat.

## § 9 Unmittelbare Ausführung einer Maßnahme

(1) ¹Die Sicherheitsbehörden und die Polizei können eine Maßnahme selbst oder durch einen beauftragten Dritten unmittelbar ausführen, wenn der Zweck der Maßnahme durch Inanspruchnahme der nach den §§ 7 oder 8 Verantwortlichen nicht oder nicht rechtzeitig erreicht werden kann. ²Die von der Maßnahme betroffene Person ist unverzüglich zu unterrichten.
(2) ¹Entstehen den Sicherheitsbehörden oder der Polizei durch die unmittelbare Ausführung einer Maßnahme Kosten, so sind die nach den §§ 7 oder 8 Verantwortlichen zum Ersatz verpflichtet. ²Mehrere Verantwortliche haften als Gesamtschuldner. ³Soweit Sachen in Verwahrung genommen werden, gelten die §§ 46 bis 48 entsprechend. ⁴Die Kosten können im Verwaltungsvollstreckungsverfahren beigetrieben werden.

## § 10 Inanspruchnahme nicht verantwortlicher Personen

(1) Die Sicherheitsbehörden und die Polizei können Maßnahmen gegen andere Personen als die nach den §§ 7 oder 8 Verantwortlichen richten, wenn
1. eine gegenwärtige erhebliche Gefahr abzuwehren ist,
2. Maßnahmen gegen die nach §§ 7 oder 8 Verantwortlichen nicht oder nicht rechtzeitig möglich sind oder keinen Erfolg versprechen,

3. die Sicherheitsbehörden oder die Polizei die Gefahr nicht oder nicht rechtzeitig selbst oder durch beauftragte Dritte abwehren können und
4. die Personen ohne erhebliche eigene Gefährdung und ohne Verletzung höherwertiger Pflichten in Anspruch genommen werden können.

(2) Die Maßnahmen nach Absatz 1 dürfen nur aufrechterhalten werden, solange die Abwehr der Gefahr nicht auf andere Weise möglich ist.

## § 11 Einschränkung von Grundrechten
Auf Grund dieses Gesetzes können die Grundrechte auf
1. Leben und körperliche Unversehrtheit (Artikel 2 Abs. 2 Satz 1 des Grundgesetzes, Artikel 5 Abs. 2 Satz 1 der Verfassung des Landes Sachsen-Anhalt),
2. Freiheit der Person (Artikel 2 Abs. 2 Satz 2 des Grundgesetzes, Artikel 5 Abs. 2 Satz 2 der Verfassung des Landes Sachsen-Anhalt),
3. Freizügigkeit (Artikel 11 Abs. 1 des Grundgesetzes, Artikel 15 Abs. 1 der Verfassung des Landes Sachsen-Anhalt),
4. Unverletzlichkeit der Wohnung (Artikel 13 des Grundgesetzes, Artikel 17 der Verfassung des Landes Sachsen-Anhalt),
5. Schutz personenbezogener Daten (Artikel 2 Abs. 1 in Verbindung mit Artikel 1 Abs. 1 des Grundgesetzes, Artikel 6 der Verfassung des Landes Sachsen-Anhalt),
6. Unverletzlichkeit des Briefgeheimnisses sowie des Post- und Fernmeldegeheimnisses (Artikel 10 Abs. 1 des Grundgesetzes, Artikel 14 Abs. 1 der Verfassung des Landes Sachsen-Anhalt),
7. Versammlungsfreiheit (Artikel 8 Abs. 1 des Grundgesetzes, Artikel 12 Abs. 1 der Verfassung des Landes Sachsen-Anhalt)

eingeschränkt werden.

## § 12 Legitimations- und Kennzeichnungspflicht
(1) Auf Verlangen der von einer Maßnahme betroffenen Person hat der Polizeibeamte sich auszuweisen, soweit der Zweck der Maßnahme dadurch nicht beeinträchtigt ist.

(2) [1]Polizeibeamte des Landes Sachsen-Anhalt tragen bei Amtshandlungen in Sachsen-Anhalt an ihrer Dienstkleidung ein Namensschild (namentliche Kennzeichnungspflicht). [2]Die namentliche Kennzeichnungspflicht gilt nicht, soweit im Einzelfall der Zweck der Amtshandlung oder überwiegende schutzwürdige Belange des Polizeibeamten dadurch beeinträchtigt werden könnten. [3]In diesen Fällen tragen die Polizeibeamten anstelle des Namensschildes ein Schild mit einer zur nachträglichen Identifizierung geeigneten fünfstelligen Dienstnummer (Dienstnummernschild).

(3) [1]Polizeibeamte in Einsatzeinheiten tragen anstelle des Namensschildes und des Dienstnummernschildes eine zur nachträglichen Identifizierung geeignete taktische Kennzeichnung. [2]Die taktische Kennzeichnung besteht aus der Buchstabenfolge „ST" und einer fünfstelligen Ziffernfolge.

(4) [1]Die personenbezogenen Daten eines Polizeibeamten des Landes Sachsen-Anhalt sind mit der Vergabe und vor der Benutzung von Dienstnummern und taktischen Kennzeichnungen zu erheben und zu speichern. [2]Zweck der Erhebung ist die Sicherstellung einer nachträglichen Identifizierung eines Polizeibeamten des Landes Sachsen-Anhalt bei der Durchführung von Amtshandlungen. [3]Diese personenbezogenen Daten dürfen nur genutzt werden, wenn
1. tatsächliche Anhaltspunkte die Annahme rechtfertigen, dass bei der Durchführung einer Amtshandlung eine strafbare Handlung oder eine nicht unerhebliche Dienstpflichtverletzung begangen worden und die Identifizierung auf andere Weise nicht oder nur unter erheblichen Schwierigkeiten möglich ist, oder
2. dies zur Abwehr einer gegenwärtigen Gefahr für Leib, Leben oder Freiheit einer Person erforderlich ist.

[4]Die personenbezogenen Daten sind drei Monate nach dem Abschluss der tatsächlichen oder eingeräumten Benutzung der dienstlich zur Verfügung gestellten Dienstnummer oder taktischen Kennzeichnung zu löschen, sofern sie nicht für den Erhebungszweck weiterhin erforderlich sind. [5]Die §§ 25, 25a, 32 und 32b Abs. 2 Satz 3 und 4 sowie § 14 Abs. 3 und 5 des Datenschutzrichtlinienumsetzungsgesetzes Sachsen-Anhalt finden Anwendung.

(5) [1]Das für Polizei zuständige Ministerium wird ermächtigt, Inhalt, Umfang und Ausnahmen von den Verpflichtungen nach den Absätzen 2 bis 4 durch Verordnung zu bestimmen. [2]Ausnahmen können für

bestimmte Amtshandlungen zugelassen werden, wenn die Art und Weise der Amtshandlung oder die dabei zu tragende Dienstkleidung dies erfordert und eine nachträgliche Identifizierung auf andere geeignete Weise möglich ist.

## Zweiter Teil
### Allgemeine und besondere Befugnisse

### § 13 Allgemeine Befugnisse
Die Sicherheitsbehörden und die Polizei können die erforderlichen Maßnahmen treffen, um eine Gefahr abzuwehren, soweit nicht die folgenden Vorschriften des Zweiten Teils die Befugnisse der Sicherheitsbehörden und der Polizei besonders regeln.

### § 13a Geltung anderer Vorschriften zum Schutz personenbezogener Daten und Durchführung der Vorabkontrolle bei automatisierten Verfahren
(1) ¹Bei der Verarbeitung personenbezogener Daten gelten, soweit dieses Gesetz nichts anderes bestimmt, die Vorschriften über den Schutz personenbezogener Daten im unmittelbar geltenden Recht der Europäischen Union, das Datenschutz-Grundverordnungs-Ausführungsgesetz Sachsen-Anhalt und das Datenschutzrichtlinienumsetzungsgesetz Sachsen-Anhalt. ²Besondere Datenschutzvorschriften des Bundes und des Landes gehen dem Datenschutz-Grundverordnungs-Ausführungsgesetz Sachsen-Anhalt, dem Datenschutzrichtlinienumsetzungsgesetz Sachsen-Anhalt und diesem Gesetz vor.
(2) ¹Im Anwendungsbereich des Datenschutzrichtlinienumsetzungsgesetzes Sachsen-Anhalt ist ein automatisiertes Verfahren, soweit
1. es sich um ein Abrufverfahren oder ein gemeinsames Verfahren nach § 5 Abs. 2 des Datenschutzrichtlinienumsetzungsgesetzes Sachsen-Anhalt handelt,
2. besondere Kategorien personenbezogener Daten (§ 4 des Datenschutzrichtlinienumsetzungsgesetzes Sachsen-Anhalt) verarbeitet werden, oder
3. das Verfahren dazu bestimmt ist, die Persönlichkeit der betroffenen Person zu bewerten, einschließlich ihrer Kompetenz, ihrer Leistung oder ihres Verhaltens,

vor der Freigabe oder wesentlichen Änderung zu überprüfen, ob es datenschutzrechtlich zulässig ist und die nach § 20 des Datenschutzrichtlinienumsetzungsgesetzes Sachsen-Anhalt vorgesehenen technischen und organisatorischen Maßnahmen ausreichend sind. ²Die Vorabkontrolle ist durch den Datenschutzbeauftragten bei der Stelle vorzunehmen, die über die Freigabe oder wesentliche Änderung des Verfahrens entscheidet.

### § 13b Zweckbindung, Grundsatz der hypothetischen Datenneuerhebung
(1) ¹Die Polizei kann personenbezogene Daten, die sie selbst erhoben hat, weiterverarbeiten
1. zur Erfüllung derselben Aufgabe und
2. zum Schutz derselben Rechtsgüter oder zur Verhütung derselben Straftaten.

²Beim Weiterverarbeiten von personenbezogenen Daten, die aus Maßnahmen nach § 17 Abs. 4 oder § 17b Abs. 1 erlangt wurden, muss im Einzelfall eine Gefahr im Sinne des § 17 Abs. 4 oder § 17b Abs. 1 vorliegen.
(2) ¹Die Polizei kann zur Erfüllung ihrer Aufgaben personenbezogene Daten zu anderen Zwecken, als denjenigen, zu denen sie erhoben worden sind, weiterverarbeiten, wenn
1. mindestens
   a) vergleichbar schwerwiegende Straftaten verhütet, aufgedeckt oder verfolgt oder
   b) vergleichbar bedeutsame Rechtsgüter geschützt werden sollen und
2. sich im Einzelfall
   a) konkrete Ermittlungsansätze zur Verhütung, Aufdeckung oder Verfolgung solcher Straftaten ergeben oder
   b) tatsächliche Anhaltspunkte zur Abwehr von Gefahren für mindestens vergleichbar bedeutsame Rechtsgüter erkennen lassen.

²§ 22 Abs. 5 und die §§ 25 und 25a bleiben unberührt.
(3) ¹Für das Weiterverarbeiten von personenbezogenen Daten, die durch Maßnahmen nach § 17 Abs. 4 oder § 17b Abs. 1 erlangt wurden, gilt Absatz 2 Satz 1 Nr. 2 Buchst. b mit der Maßgabe entsprechend, dass im Einzelfall eine Gefahr im Sinne des § 17 Abs. 4 oder § 17b Abs. 1 vorliegen muss.
²Personenbezogene Daten, die durch Herstellung von Bildaufzeichnungen über eine Person im Wege

eines verdeckten Einsatzes technischer Mittel in oder aus Wohnungen erlangt wurden, dürfen nicht zu Strafverfolgungszwecken weiterverarbeitet werden.
(4) Abweichend von Absatz 2 kann die Polizei die vorhandenen Grunddaten im Sinne des § 23 Abs. 2 Nr. 1 Buchst. a weiterverarbeiten, um diese Person zu identifizieren.
(5) Beim Weiterverarbeiten von personenbezogenen Daten stellt die verantwortliche Polizeibehörde durch organisatorische und technische Vorkehrungen sicher, dass die Absätze 1 bis 4 beachtet werden.

## § 13c  Informationssystem der Polizei
¹Die Polizei betreibt zur Strafverfolgung, vorbeugenden Bekämpfung von und Vorsorge für die Verfolgung von Straftaten und zur Gefahrenabwehr ein Informationssystem. ²Es erfüllt insbesondere folgende Grundfunktionen:
1. Unterstützung bei polizeilichen Ermittlungen,
2. Unterstützung bei Ausschreibungen von sowie Fahndungen nach Personen und Sachen,
3. Unterstützung bei der polizeilichen Informationsverdichtung durch Abklärung von Hinweisen und Spurenansätzen,
4. Durchführung von Abgleichen von personenbezogenen Daten,
5. Unterstützung bei der Erstellung von strategischen Analysen und Statistiken.

## § 13d  Kennzeichnung personenbezogener Daten
(1) ¹Bei der Speicherung im Informationssystem der Polizei sind personenbezogene Daten wie folgt zu kennzeichnen:
1. Angabe des Mittels der Erhebung der Daten einschließlich der Angabe, ob die Daten offen oder verdeckt erhoben wurden,
2. Angabe der Kategorie nach § 23 bei Personen, zu denen Grunddaten angelegt wurden,
3. Angabe der
   a) Rechtsgüter, deren Schutz die Erhebung dient, oder
   b) Straftaten, deren Verfolgung oder Verhütung die Erhebung dient,
4. Angabe der Stelle, die sie erhoben hat.

²Die Kennzeichnung nach Satz 1 Nr. 1 kann auch durch Angabe der Rechtsgrundlage der jeweiligen Mittel der Datenerhebung ergänzt werden.
(2) Personenbezogene Daten, die nicht entsprechend den Anforderungen des Absatzes 1 gekennzeichnet sind, dürfen so lange nicht weiterverarbeitet oder übermittelt werden, bis eine Kennzeichnung entsprechend den Anforderungen des Absatzes 1 erfolgt ist.
(3) Nach einer Übermittlung an eine andere Stelle ist die Kennzeichnung nach Absatz 1 durch diese Stelle aufrechtzuerhalten.

## § 13e  Regelung von Zugriffsberechtigungen für das Informationssystem der Polizei
(1) Die Polizei hat bei der Erteilung von Zugriffsberechtigungen der Nutzer des Informationssystems der Polizei sicherzustellen, dass
1. auf Grundlage der nach § 13d Abs. 1 vorzunehmenden Kennzeichnungen die Vorgaben des § 13b bei der Nutzung des Informationssystems beachtet werden und
2. der Zugriff nur auf diejenigen personenbezogenen Daten und Erkenntnisse möglich ist, deren Kenntnis für die Erfüllung der jeweiligen dienstlichen Pflichten erforderlich ist.

(2) Die Polizei hat darüber hinaus sicherzustellen, dass Änderungen, Berichtigungen und Löschungen von personenbezogenen Daten im Informationssystem nur durch eine hierzu befugte Person erfolgen können.
(3) ¹Die Polizei trifft hierzu alle erforderlichen organisatorischen und technischen Vorkehrungen, die dem Stand der Technik entsprechen. ²Die Vergabe von Zugriffsberechtigungen auf die im Informationssystem gespeicherten Daten erfolgt auf der Grundlage eines abgestuften Rechte- und Rollenkonzeptes, das die Umsetzung der Maßgaben der Absätze 1 und 2 technisch und organisatorisch sicherstellt. ³Die Erstellung und Fortschreibung des abgestuften Rechte- und Rollenkonzeptes erfolgt im Benehmen mit dem Landesbeauftragten für den Datenschutz.
(4) Das Informationssystem der Polizei ist so zu gestalten, dass eine weitgehende Standardisierung der nach § 32 Abs. 1 des Datenschutzrichtlinienumsetzungsgesetzes Sachsen-Anhalt zu protokollierenden Abfragegründe im Rahmen der Aufgaben der Polizei erfolgt.

## § 13f Verordnungsermächtigungen zur Sicherstellung erforderlicher organisatorischer und technischer Vorkehrungen im Informationssystem der Polizei

¹Das für öffentliche Sicherheit und Ordnung zuständige Ministerium wird ermächtigt, durch Verordnung einer Polizeibehörde Pflichten einer anderen verantwortlichen Polizeibehörde zur Sicherstellung organisatorischer und technischer Vorkehrungen nach § 13b Abs. 5 oder § 13e Abs. 3 oder 4 zu übertragen, wenn dies zur sachgerechten Erfüllung der Pflichten erforderlich ist. ²Es kann dabei auch die Weisungsbefugnis gegenüber anderen Polizeibehörden regeln.

## § 14 Befragung und Auskunftspflicht

(1) ¹Die Sicherheitsbehörden und die Polizei können eine Person befragen, wenn tatsächliche Anhaltspunkte die Annahme rechtfertigen, dass die Person sachdienliche Angaben zur Aufklärung des Sachverhaltes in einer bestimmten sicherheitsbehördlichen oder polizeilichen Angelegenheit machen kann. ²Für die Dauer der Befragung kann sie angehalten werden.

(2) ¹Eine Auskunftspflicht besteht für die in den §§ 7 und 8 genannten, unter den Voraussetzungen des § 10 auch für die dort genannten Personen. ²Unter den in den §§ 52 bis 55 der Strafprozessordnung genannten Voraussetzungen ist die betroffene Person zur Verweigerung der Auskunft berechtigt. ³Die betroffene Person ist über ihr Recht zur Verweigerung der Auskunft zu belehren.

(3) ¹Die Polizei kann zur vorbeugenden Bekämpfung der grenzüberschreitenden Kriminalität eine auf einer Bundesfernstraße, einem Autohof sowie der Straßenverbindung zwischen Autobahn und Autohof angetroffene Person kurzzeitig anhalten, befragen und verlangen, dass mitgeführte Ausweispapiere zur Prüfung ausgehändigt werden, sowie mitgeführte Sachen in Augenschein nehmen. ²Maßnahmen nach Satz 1 sind nur zulässig, wenn auf Grund von Lageerkenntnissen anzunehmen ist, dass Straftaten von erheblicher Bedeutung begangen werden sollen. ³Ort, Zeit und Umfang der Maßnahmen ordnet der Behördenleiter oder ein von ihm Beauftragter an. ⁴Die nach Satz 1 befragte Person ist zur Auskunft über Name, Vorname, Tag und Ort der Geburt, Wohnanschrift und Staatsangehörigkeit verpflichtet.

(4) (weggefallen)

(5) § 136a der Strafprozessordnung gilt entsprechend.

## § 15 Erhebung personenbezogener Daten

(1) Die Sicherheitsbehörden und die Polizei können personenbezogene Daten zur Erfüllung ihrer Aufgaben erheben, wenn
1. die Person in Kenntnis des Zwecks der Erhebung eingewilligt hat oder tatsächliche Anhaltspunkte die Annahme rechtfertigen, dass dies im Interesse der Person liegt und sie in Kenntnis des Zwecks einwilligen würde,
2. die Daten allgemein zugänglichen Quellen entnommen werden können,
3. es zur Abwehr einer Gefahr, zur Vorbereitung für die Hilfeleistung und das Handeln in Gefahrenfällen, zur Erfüllung der ihnen durch andere Rechtsvorschriften zugewiesenen weiteren Aufgaben (§ 1 Abs. 3) oder zum Schutz privater Rechte (§ 1 Abs. 2) erforderlich ist, auch über andere als die in den §§ 7 und 8 genannten Personen, oder
4. eine andere Rechtsvorschrift dies erlaubt.

(2) Die Polizei kann ferner personenbezogene Daten erheben, wenn
1. tatsächliche Anhaltspunkte die Annahme rechtfertigen, dass die Person Straftaten von erheblicher Bedeutung begehen wird,
2. tatsächliche Anhaltspunkte die Annahme rechtfertigen, dass die Person mit einer in Nummer 1 genannten Person in einer Weise in Verbindung steht oder treten wird, die die Erhebung ihrer personenbezogenen Daten zur Verhütung von Straftaten von erheblicher Bedeutung erfordert,
3. die Person sich im räumlichen Umfeld einer Person aufhält, die in besonderem Maße als gefährdet erscheint, und tatsächliche Anhaltspunkte die Maßnahmen zum Schutz der gefährdeten Person rechtfertigen, oder
4. dies zur Leistung von Vollzugshilfe (§ 2 Abs. 3) erforderlich ist.

(3) (weggefallen)

(4) ¹Die Erhebung zu unbestimmten oder noch nicht bestimmbaren Zwecken ist unzulässig. ²Die Erhebung nicht gefahren- oder tatbezogener persönlicher Merkmale wie über Erkrankungen oder besondere Verhaltensweisen ist nur soweit zulässig, als dies für Identifizierungszwecke oder zum Schutz der Person oder der Bediensteten der Sicherheitsbehörden und der Polizei erforderlich ist. ³Die Ver-

arbeitung dieser personenbezogenen Daten für andere Zwecke ohne Zustimmung der betroffenen Person ist unzulässig.
(5) ¹Personenbezogene Daten sind mit Ausnahme der Fälle des Absatzes 1 Nrn. 1 und 2 grundsätzlich bei der betroffenen Person zu erheben. ²Ohne deren Mitwirkung können sie bei öffentlichen Stellen oder von Dritten erhoben werden, wenn sonst die Erfüllung sicherheitsbehördlicher oder polizeilicher Aufgaben gefährdet oder erheblich erschwert würde; besondere gesetzliche Übermittlungsregelungen bleiben unberührt.
(6) ¹Personenbezogene Daten sind grundsätzlich offen zu erheben. ²Eine Datenerhebung, die nicht als sicherheitsbehördliche oder polizeiliche Maßnahme erkennbar sein soll, ist nur soweit zulässig, als auf andere Weise die Erfüllung sicherheitsbehördlicher oder polizeilicher Aufgaben erheblich gefährdet werden würde oder wenn anzunehmen ist, dass dies dem überwiegenden Interesse der betroffenen Person entspricht.
(7) ¹Werden die personenbezogenen Daten bei der betroffenen Person oder Dritten erhoben, sind diese auf die Freiwilligkeit der Auskunft oder auf eine bestehende Auskunftspflicht hinzuweisen. ²Erfolgt die Erhebung bei der betroffenen Person, ist die beabsichtigte Verwendung mitzuteilen. ³Die Hinweise und die Mitteilung können im Einzelfall unterbleiben, wenn sie die Erfüllung der sicherheitsbehördlichen oder polizeilichen Aufgaben gefährden oder erheblich erschweren würden; die Gründe für das Unterbleiben der Hinweise und der Mitteilung sind aktenkundig zu machen. ⁴Nach dem Wegfall der Hinderungsgründe sind die Hinweise und Mitteilungen nachzuholen, soweit dies zur Wahrung schutzwürdiger Interessen der betroffenen Person oder Dritter erforderlich erscheint.

## § 16 Datenerhebung bei öffentlichen Veranstaltungen und Ansammlungen sowie an gefährlichen Orten und an oder in besonders gefährdeten Objekten sowie zur Eigensicherung

(1) ¹Die Polizei kann bei oder im unmittelbaren Zusammenhang mit öffentlichen Veranstaltungen oder Ansammlungen, die nicht dem Landesversammlungsgesetz unterliegen, personenbezogene Daten, auch durch den Einsatz technischer Mittel zur Anfertigung von Bild- und Tonaufzeichnungen, über Teilnehmer erheben, wenn tatsächliche Anhaltspunkte die Annahme rechtfertigen, dass dabei Straftaten begangen werden. ²Dabei dürfen auch personenbezogene Daten über andere Personen erhoben werden, soweit dies erforderlich ist, um eine Datenerhebung nach Satz 1 durchführen zu können.
(2) ¹Die Polizei kann an oder in den in § 20 Abs. 2 Nr. 3 genannten Objekten Bild- und Tonaufnahmen oder -aufzeichnungen über die für eine Gefahr Verantwortlichen anfertigen, soweit tatsächliche Anhaltspunkte die Annahme rechtfertigen, dass an solche Art Straftaten begangen werden sollen, durch die Personen, diese Objekte oder darin befindliche Sachen gefährdet sind. ²Die Polizei kann ferner an den in § 20 Abs. 2 Nr. 1 genannten Orten Bildaufnahmen oder -aufzeichnungen anfertigen. ³Absatz 1 Satz 2 gilt entsprechend. ⁴Über die nach Satz 2 getroffenen, bereits abgeschlossenen Maßnahmen hat das für öffentliche Sicherheit und Ordnung zuständige Ministerium im Abstand von zwei Jahren einen schriftlichen Bericht an den Landtag vorzulegen.
(3) ¹Die Polizei kann bei Personen- oder Fahrzeugkontrollen im öffentlichen Verkehrsraum personenbezogene Daten durch den Einsatz technischer Mittel zur Anfertigung von Bildaufzeichnungen erheben, wenn aufgrund von tatsächlichen Anhaltspunkten anzunehmen ist, dass dies zur Abwehr einer Gefahr für Leib oder Leben der Polizeibeamten erforderlich ist. ²Absatz 1 Satz 2 und § 14 Abs. 3 Satz 3 gelten entsprechend.
(4) Auf den Einsatz technischer Mittel ist bei Erhebungen nach Absatz 3 stets und bei Erhebungen nach den Absätzen 1 und 2 dann hinzuweisen, wenn dies tatsächlich möglich ist und soweit dadurch nicht der Zweck der Maßnahme gefährdet wird.
(5) ¹Die Aufzeichnungen sind nach Ablauf des Zeitraumes, der für die Feststellung ausreicht, ob die Aufzeichnungen im Sinne des Satzes 3 benötigt werden, zu löschen. ²Im Übrigen sind Bild- und Tonaufzeichnungen sowie in einem Dateisystem gespeicherte personenbezogene Daten spätestens einen Monat nach der Datenerhebung zu löschen oder zu vernichten. ³Dies gilt nicht, wenn die Daten zur Verfolgung von Straftaten benötigt werden oder tatsächliche Anhaltspunkte die Annahme rechtfertigen, dass die Person künftig Straftaten begehen wird und die Aufbewahrung zur vorbeugenden Bekämpfung von Straftaten von erheblicher Bedeutung erforderlich ist. ⁴In den in Satz 3 genannten Fällen müssen personenbezogene Daten unbeteiligter Personen gelöscht oder unkenntlich gemacht

werden, soweit dies ohne unverhältnismäßig hohen Aufwand möglich ist. [5]§ 15 Abs. 7 Satz 3 Halbsatz 2 gilt entsprechend. [6]Die §§ 25 und 25a bleiben unberührt.

## § 17 Datenerhebung durch Observation und Einsatz technischer Mittel

(1) Im Sinne dieser Bestimmung ist
1. Observation
die planmäßig angelegte Beobachtung, die innerhalb einer Woche länger als 24 Stunden oder über den Zeitraum einer Woche hinaus vorgesehen ist oder tatsächlich durchgeführt wird;
2. Einsatz technischer Mittel
ihre für die betroffene Person nicht erkennbare Anwendung, insbesondere zur Anfertigung von Bildaufnahmen oder -aufzeichnungen sowie zum Abhören oder Aufzeichnen des gesprochenen Wortes.

(2) [1]Die Polizei kann durch Observation oder den Einsatz technischer Mittel personenbezogene Daten nur erheben, wenn tatsächliche Anhaltspunkte die Annahme rechtfertigen, dass eine Straftat von erheblicher Bedeutung begangen werden soll. [2]Die Maßnahmen sind nur zulässig, wenn die Verhütung der Straftat oder eine dafür wesentliche Aufklärung auf andere Weise wesentlich erschwert oder entscheidend verzögert werden würde. [3]Die Anordnung der Maßnahme erfolgt durch den Behördenleiter oder einen von ihm Beauftragten, soweit nach Absatz 5 nicht eine Anordnung des Richters erforderlich ist. [4]Für eine Observation über einen Zeitraum von mehr als drei Monaten ist die Zustimmung des für öffentliche Sicherheit und Ordnung zuständigen Ministeriums oder einer von ihm benannten Stelle erforderlich. [5]§ 15 Abs. 7 Satz 3 Halbsatz 2 gilt entsprechend.

(3) [1]Personenbezogene Daten können durch Observation oder den Einsatz technischer Mittel erhoben werden über
1. Personen, bei denen tatsächliche Anhaltspunkte die Annahme rechtfertigen, dass von ihnen Straftaten von erheblicher Bedeutung begangen werden,
2. andere Personen, wenn tatsächliche Anhaltspunkte die Annahme rechtfertigen, dass sie mit einer der in Nummer 1 genannten Personen in einer Weise in Verbindung stehen, die erwarten lässt, dass die Maßnahme zur Verhütung der Straftat beitragen wird, oder
3. jede Person, soweit dies zur Abwehr einer Gefahr für Leib, Leben oder Freiheit einer Person unerlässlich ist und die Voraussetzungen nach § 10 Abs. 1 Nr. 4 vorliegen.

[2]Die Erhebungen können auch durchgeführt werden, wenn dritte Personen unvermeidbar betroffen werden.

(4) In oder aus Wohn- und Nebenräumen sowie Arbeits-, Betriebs- und Geschäftsräumen kann die Polizei ohne Kenntnis der betroffenen Person Daten nur erheben, wenn dies zur Abwehr einer gegenwärtigen Gefahr für Leib oder Leben einer Person unerlässlich ist.

(4a) [1]Die Datenerhebung durch Observation oder Einsatz technischer Mittel darf nur angeordnet werden, soweit aufgrund tatsächlicher Anhaltspunkte anzunehmen ist, dass Äußerungen, die dem Kernbereich privater Lebensgestaltung zuzurechnen sind, nicht erfasst werden. [2]Abzustellen ist dabei insbesondere auf die Art der Räumlichkeiten und Orte und das Verhältnis der dort anwesenden Personen zueinander.

(4b) [1]Die Datenerhebung durch Observation oder Einsatz technischer Mittel sowie die Auswertung der erhobenen Daten durch die Polizei sind unverzüglich zu unterbrechen, sofern sich tatsächliche Anhaltspunkte dafür ergeben, dass Daten, die dem Kernbereich privater Lebensgestaltung zuzurechnen sind, erfasst werden. [2]Satz 1 gilt nicht für die automatisierte Speicherung der Daten. [3]Ist die Datenerhebung nach Satz 1 unterbrochen worden, so dürfen die Maßnahmen unter den in Absatz 4a Satz 1 genannten Voraussetzungen fortgeführt werden.

(4c) [1]Die Datenerhebung durch Observation oder Einsatz technischer Mittel, die in den Kernbereich der privaten Lebensgestaltung eingreift, ist unzulässig. [2]Die erhobenen Daten sind unverzüglich zu löschen und Erkenntnisse über solche Daten dürfen nicht verwertet werden. [3]Die Tatsache der Erfassung der Daten und ihrer Löschung sind zu dokumentieren.

(4d) [1]Die Datenerhebung durch Observation oder Einsatz technischer Mittel in ein durch ein Amts- oder Berufsgeheimnis geschütztes Vertrauensverhältnis im Sinne der §§ 53 und 53a der Strafprozessordnung ist unzulässig. [2]Absatz 4c Satz 2 und 3 gilt entsprechend.

(5) [1]Maßnahmen nach Absatz 4 sowie das Abhören oder Aufzeichnen des nicht öffentlich gesprochenen Wortes dürfen außer bei Gefahr im Verzuge nur durch den Richter angeordnet werden. [2]Für das

Verfahren gilt § 44 Abs. 1 mit der Maßgabe, dass, soweit es sich nicht um Maßnahmen nach Absatz 4 handelt, das Amtsgericht zuständig ist, in dessen Bezirk die antragstellende Polizeidienststelle ihren Sitz hat. ³Die Anordnung ergeht schriftlich. ⁴Sie muss die Personen, gegen die sich die Maßnahmen richten sollen, so genau bezeichnen, wie dies nach den zur Zeit der Anordnung vorhandenen Erkenntnissen möglich ist. ⁵Art und Dauer der Maßnahmen sind festzulegen. ⁶Die Anordnung ist auf höchstens drei Monate zu befristen und, soweit möglich, räumlich zu begrenzen. ⁷Eine dreimalige Verlängerung um jeweils höchstens drei weitere Monate ist zulässig, soweit die Voraussetzungen fortbestehen. ⁸Hat die Polizei bei Gefahr im Verzuge die Anordnung getroffen, so beantragt sie unverzüglich die richterliche Bestätigung der Anordnung. ⁹Die Anordnung tritt außer Kraft, wenn sie nicht binnen drei Tagen von dem Richter bestätigt wird.

(5a) ¹Der anordnende Richter ist fortlaufend über den Verlauf und die Ergebnisse der Datenerhebungen sowie über die darauf beruhenden Maßnahmen zu unterrichten. ²Sofern die Voraussetzungen der Anordnung nicht mehr vorliegen, ist die Datenerhebung unverzüglich zu beenden; die Beendigung ist dem Richter unverzüglich mitzuteilen. ³Der Richter kann die Datenerhebung sowie die Auswertung der erhobenen Daten durch die Polizei jederzeit aufheben, ändern oder anordnen. ⁴Soweit ein Verwertungsverbot nach Absatz 4c Satz 1 in Betracht kommt, hat die Polizei unverzüglich eine Entscheidung des anordnenden Richters über die Verwertbarkeit der erlangten Erkenntnis herbeizuführen.

(6) ¹Die Absätze 2, 3, 4, 5 und 5a gelten nicht für den Einsatz technischer Mittel, wenn dieser zur Abwehr einer Gefahr für Leib oder Leben einer bei einem polizeilichen Einsatz tätigen Person erfolgt. ²Den Einsatz technischer Mittel in oder aus Wohnungen ordnet der Einsatzleiter an. ³Eine anderweitige Verwertung der auf Grund von Anordnungen nach Satz 2 erlangten Erkenntnisse ist nur zulässig, wenn zuvor die Rechtmäßigkeit der Maßnahme richterlich festgestellt worden ist; bei Gefahr im Verzuge ist die richterliche Entscheidung unverzüglich nachzuholen. ⁴Zuständig ist das Amtsgericht, in dessen Bezirk die antragstellende Polizeidienststelle ihren Sitz hat; für das Verfahren gilt § 44 Abs. 1 Satz 3.

(6a) Durch eine planmäßig angelegte Beobachtung einer Person, die sich nicht über den in Absatz 1 Nr. 1 genannten Zeitraum erstreckt, darf die Polizei personenbezogene Daten nur erheben, soweit dies zum Zwecke der Gefahrenabwehr erforderlich ist und ohne diese Maßnahme die Erfüllung der polizeilichen Aufgabe gefährdet wird.

(7) ¹Nach Abschluss der Maßnahmen ist diejenige Person, gegen die die Maßnahme angeordnet worden ist, zu benachrichtigen, soweit dies ohne Gefährdung des Zwecks der Maßnahme geschehen kann. ²Eine Benachrichtigung unterbleibt wenn
1. sich an den auslösenden Sachverhalt ein strafrechtliches Ermittlungsverfahren gegen die betroffene Person anschließt,
2. die Daten allgemein zugänglichen Quellen entnommen worden sind,
3. zur Durchführung der Benachrichtigung noch weitere personenbezogene Daten über die betroffene Person erhoben werden müssten

oder

4. die Daten unverzüglich nach Beendigung der Maßnahme vernichtet werden.

(8) ¹Sind Unterlagen, die durch Maßnahmen der im Absatz 5 Satz 1 genannten Art erlangt worden sind, für den der Anordnung zugrunde liegenden Zweck, zur Strafverfolgung oder zur Strafvollstreckung nicht mehr erforderlich, so sind sie zu vernichten. ²Sind die Unterlagen für Zwecke der Strafverfolgung oder der Strafvollstreckung verwendet worden, so ist vor ihrer Vernichtung die Zustimmung der Staatsanwaltschaft herbeizuführen. ³Über die Vernichtung ist eine Niederschrift anzufertigen. ⁴Eine Verwendung für andere gesetzlich nicht zugelassene Zwecke ist unzulässig.

(9) Die Befugnis der Sicherheitsbehörden und der Polizei, bestimmte Mittel zur Überwachung der Einhaltung der Straßenverkehrsvorschriften zu verwenden, bleibt unberührt.

## § 17a Erhebung von Telekommunikations- und Telemedienbestandsdaten
(1) ¹Die Polizei kann
1. zur Abwehr einer Gefahr oder zum Schutz privater Rechte im Sinne des § 1 Abs. 2,
2. unter den Voraussetzungen des § 15 Abs. 2 Nrn. 1, 2 oder 3 oder
3. im Rahmen der Leistung von Vollzugshilfe zur Abwehr einer Gefahr

von einem Diensteanbieter im Sinne von § 3 Nr. 6 des Telekommunikationsgesetzes oder § 2 Nr. 1 des Telemediengesetzes Auskunft über die nach den §§ 95 und 111 des Telekommunikationsgesetzes erhobenen Daten (§ 113 Abs. 1 Satz 1 des Telekommunikationsgesetzes) oder die nach § 14 Abs. 1 des

Telemediengesetzes erhobenen Daten (§ 14 Abs. 2 des Telemediengesetzes) verlangen. ²Die Auskunft nach Satz 1 darf auch anhand einer zu einem bestimmten Zeitpunkt zugewiesenen Internetprotokoll-Adresse verlangt werden (§ 113 Abs. 1 Satz 3 des Telekommunikationsgesetzes). ³Im Falle einer Auskunft nach Satz 2 gilt § 17 Abs. 7 und 8 entsprechend.

(2) ¹Daten, mittels derer der Zugriff auf Endgeräte oder auf Speichereinrichtungen, die in diesen Endgeräten oder hiervon räumlich getrennt eingesetzt werden, geschützt wird (§ 113 Abs. 1 Satz 2 des Telekommunikationsgesetzes), dürfen nur verlangt werden, wenn dies zur Abwehr einer gegenwärtigen Gefahr für Leib, Leben oder Freiheit einer Person unerlässlich ist. ²Erhebungen nach Satz 1 dürfen außer bei Gefahr im Verzuge nur durch den Richter angeordnet werden. ³§ 17 Abs. 5 Satz 2 bis 9, Abs. 7 und 8 gilt entsprechend.

(3) ¹Ein Diensteanbieter im Sinne von § 3 Nr. 6 des Telekommunikationsgesetzes oder § 2 Nr. 1 des Telemediengesetzes hat der Polizei auf Anordnung unverzüglich Auskunft über die nach Absatz 1 oder 2 verlangten Daten zu erteilen. ²Für die Entschädigung oder Vergütung der Diensteanbieter ist § 23 des Justizvergütungs- und -entschädigungsgesetzes entsprechend anzuwenden; die Vorschriften über die Verjährung in § 2 Abs. 1 und 4 des Justizvergütungs- und -entschädigungsgesetzes finden entsprechend Anwendung.

### § 17b Erhebung von Telekommunikationsinhalten und -umständen

(1) Die Polizei kann ohne Kenntnis der betroffenen Person personenbezogene Telekommunikationsinhalte und -umstände durch den Einsatz technischer Mittel nur erheben, wenn dies zur Abwehr einer gegenwärtigen Gefahr für Leib oder Leben einer Person unerlässlich ist.

(2) ¹Unter den Voraussetzungen des Absatzes 1 können auch Verkehrsdaten im Sinne von § 3 Nr. 30 des Telekommunikationsgesetzes erhoben werden. ²Die Erhebung von Verkehrsdaten kann sich auch auf Zeiträume vor deren Anordnung erstrecken.

(3) ¹Personenbezogene Daten nach den Absätzen 1 und 2 können erhoben werden über
1. Personen, die eine Gefahr nach Absatz 1 verursachen,
2. Personen, von denen aufgrund bestimmter Tatsachen anzunehmen ist, dass sie für die Personen nach Nummer 1 bestimmte oder von ihnen herrührende Mitteilungen entgegennehmen oder weitergeben oder dass die Personen nach Nummer 1 ihren Anschluss benutzen,
3. jede Person, soweit dies zur Abwehr einer Gefahr nach Absatz 1 unerlässlich ist und die Voraussetzungen nach § 10 Abs. 1 Nr. 4 vorliegen.

²Die Erhebungen können auch durchgeführt werden, wenn dritte Personen unvermeidbar betroffen werden.

(4) ¹Erhebungen personenbezogener Daten nach den Absätzen 1 und 2 dürfen außer bei Gefahr im Verzuge nur durch den Richter angeordnet werden. ²¹⁾§ 17 Abs. 2 Satz 3, Abs. 5 Satz 2 bis 9, Abs. 7 und 8 gilt entsprechend.

(5) ¹Die Datenerhebung darf nur angeordnet werden, soweit aufgrund tatsächlicher Anhaltspunkte anzunehmen ist, dass Äußerungen, die dem Kernbereich privater Lebensgestaltung zuzurechnen sind, nicht erfasst werden. ²Bei der Datenerhebung ist, soweit technisch möglich, sicherzustellen, dass Daten, die den Kernbereich privater Lebensgestaltung betreffen, nicht erhoben werden. ³§ 13b Abs. 3 und § 17 Abs. 4b bis 4d und 5a gilt entsprechend.

(6) ¹Ein Diensteanbieter im Sinne von § 3 Nr. 6 des Telekommunikationsgesetzes hat der Polizei auf Anordnung unverzüglich Auskunft über die näheren Umstände der durchgeführten Telekommunikation zu erteilen, Sendungen, die ihm zur Übermittlung auf dem Telekommunikationsweg anvertraut sind, auszuhändigen sowie die Erhebung der Telekommunikationsinhalte und -umstände zu ermöglichen. ²§ 17a Abs. 3 Satz 2 gilt entsprechend.

### § 17c *[aufgehoben]*

---

1) § 17b Abs. 4 Satz 2 ist gem. Urt. des LVG – 9/13 – v. 11.11.2014 (GVBl. LSA S. 547) mit der Verfassung unvereinbar, soweit er nur auf § 17 Abs. 5 SOG LSA, nicht aber auf § 17 Abs. 2 S. 3 SOG LSA Bezug nimmt und damit eine Eilentscheidungskompetenz zugunsten jedes Polizeibeamten begründet. Die Regelung kann bis zum 31.12.2015 mit der Maßgabe angewendet werden, dass nur der Behördenleiter oder eine von ihm benannte Person die Eilentscheidung bei Gefahr in Verzug trifft; erfolgt bis zum 31.12.2015 keine Neuregelung, ist § 17b Abs. 4 Satz 2 SOG LSA nichtig.

## § 18 Datenerhebung durch Einsatz von Personen, deren Zusammenarbeit mit der Polizei Dritten nicht bekannt ist, und durch Einsatz Verdeckter Ermittler

(1) ¹Die Polizei kann durch Personen, deren Zusammenarbeit mit ihr Dritten nicht bekannt ist (V-Personen), über Personen personenbezogene Daten erheben, wenn tatsächliche Anhaltspunkte die Annahme rechtfertigen, dass diese Personen Straftaten von erheblicher Bedeutung begehen werden sowie über die im § 15 Abs. 2 Nrn. 2 und 3 genannten Personen, wenn die Datenerhebung zur Verhütung dieser Straftaten erforderlich ist. ²Dabei können auch personenbezogene Daten über andere Personen erhoben werden, soweit dies unvermeidlich ist, um eine Datenerhebung nach Satz 1 durchführen zu können.

(2) Die Polizei kann durch Polizeibeamte, die unter einer ihnen verliehenen, auf Dauer angelegten, veränderten Identität (Legende) eingesetzt werden (Verdeckte Ermittler), personenbezogene Daten auch über andere als die in den §§ 7 und 8 genannten Personen erheben, wenn tatsächliche Anhaltspunkte die Annahme rechtfertigen, dass Straftaten von erheblicher Bedeutung begangen werden sollen und dies zur Verhütung dieser Straftaten erforderlich ist.

(3) ¹Soweit es für den Aufbau oder zur Aufrechterhaltung der Legende oder zur Geheimhaltung der Zusammenarbeit einer V-Person mit der Polizei unerlässlich ist, dürfen entsprechende Urkunden hergestellt, verändert oder gebraucht werden. ²Verdeckte Ermittler dürfen unter der Legende zur Erfüllung ihres Auftrages am Rechtsverkehr teilnehmen.

(4) ¹Verdeckte Ermittler dürfen unter ihrer Legende mit Zustimmung der berechtigten Person deren Wohnung betreten. ²Die Zustimmung darf nicht durch ein über die Nutzung der Legende hinausgehendes Vortäuschen eines Zutrittsrechts herbeigeführt werden. ³Eine heimliche Durchsuchung ist unzulässig. ⁴Im Übrigen richten sich die Befugnisse Verdeckter Ermittler nach diesem Gesetz oder anderen Rechtsvorschriften.

(4a) ¹Werden der V-Person oder dem Verdeckten Ermittler personenbezogene Daten aus dem Kernbereich privater Lebensgestaltung bekannt, so dürfen diese nicht verarbeitet oder genutzt werden. ²Entsprechende Aufzeichnungen sind unverzüglich zu löschen; die Löschung der Daten ist zu dokumentieren.

(5) ¹Der Einsatz von V-Personen darf nur durch den Behördenleiter oder einen von ihm Beauftragten angeordnet werden. ²Der Einsatz von Verdeckten Ermittlern bedarf der Zustimmung der Staatsanwaltschaft. ³Als Verdeckte Ermittler sind nur besonders überprüfte und geschulte Polizeibeamte einzusetzen. ⁴Für den Einsatz von V-Personen und Verdeckten Ermittlern über einen Zeitraum von mehr als drei Monaten ist die Zustimmung des für öffentliche Sicherheit und Ordnung zuständigen Ministeriums oder einer von ihm benannten Stelle erforderlich.

(6) ¹§ 17 Abs. 7 und 8 gilt entsprechend. ²Eine Benachrichtigung ist auch dann nicht geboten, wenn dadurch der weitere Einsatz der V-Personen, der Verdeckten Ermittler oder Leib oder Leben von Personen gefährdet wird.

### § 19 Kontrollspeicherung und -meldung

(1) Die Polizei kann die Personalien einer Person sowie das amtliche Kennzeichen und sonstige Merkmale des von ihr benutzten oder eingesetzten Kraftfahrzeuges in einem als Teil des polizeilichen Fahndungsbestandes geführten Dateisystem zur polizeilichen Kontrolle speichern (Ausschreibung zur polizeilichen Kontrolle), damit die Polizei des Landes, die Polizeibehörden und -dienststellen des Bundes und der anderen Länder sowie, soweit sie Aufgaben der Grenzkontrolle wahrnehmen, die Zollbehörden das Antreffen der Person oder des Fahrzeuges melden können, wenn dies bei Gelegenheit einer Überprüfung aus anderem Anlass festgestellt wird.

(2) Die Ausschreibung zur polizeilichen Kontrolle ist zulässig, wenn
1. die Gesamtwürdigung der Person und ihrer bisherigen Straftaten erwarten lassen, dass sie auch künftig Straftaten von erheblicher Bedeutung begehen wird, oder
2. die Voraussetzungen für die Anordnung einer Observation (§ 17 Abs. 2 Satz 1 und 2 und Abs. 3 Satz 1) gegeben sind

und tatsächliche Anhaltspunkte die Annahme rechtfertigen, dass die auf Grund der Ausschreibung gemeldeten Erkenntnisse über Ort und Zeit des Antreffens der Person, etwaiger Begleitpersonen, des Kraftfahrzeuges und des Führers des Kraftfahrzeuges sowie über mitgeführte Sachen, Verhalten, Vorhaben und sonstige Umstände des Antreffens für die Verhütung von Straftaten von erheblicher Bedeutung erforderlich sind.

(3) Gegen eine Person, die unter polizeilicher Kontrolle steht oder ein nach Absatz 1 ausgeschriebenes Kraftfahrzeug führt, sind beim Antreffen andere Maßnahmen nur zulässig, wenn jeweils die besonderen rechtlichen Voraussetzungen für diese Maßnahmen erfüllt sind.
(4) ¹Die Ausschreibung darf nur durch den Behördenleiter oder einen von ihm Beauftragten angeordnet werden. ²Die Anordnung ergeht schriftlich und ist auf höchstens neun Monate zu befristen. ³Sie muss die Person, die ausgeschrieben werden soll, so genau bezeichnen, wie dies nach den zur Zeit der Anordnung vorhandenen Erkenntnissen möglich ist. ⁴Spätestens nach Ablauf von jeweils drei Monaten ist zu prüfen, ob die Voraussetzungen für die Anordnung noch bestehen; das Ergebnis dieser Prüfung ist aktenkundig zu machen.
(5) ¹Zur Verlängerung der Laufzeit über neun Monate hinaus bedarf es einer Anordnung durch den Richter. ²Für das Verfahren gilt § 44 Abs. 1 mit der Maßgabe, dass das Amtsgericht zuständig ist, in dessen Bezirk die ausschreibende Polizeidienststelle ihren Sitz hat.
(6) Liegen die Voraussetzungen für die Anordnung nicht mehr vor, ist der Zweck der Maßnahme erreicht oder zeigt sich, dass er nicht erreicht werden kann, ist die Ausschreibung zur polizeilichen Kontrolle unverzüglich zu löschen.
(7) § 17 Abs. 7 und 8 gilt entsprechend; dies gilt auch für Begleitpersonen.

### § 20 Identitätsfeststellung und Prüfung von Berechtigungsscheinen

(1) Die Sicherheitsbehörden und die Polizei können die Identität einer Person feststellen, wenn dies zur Abwehr einer Gefahr, zur Erfüllung der ihnen durch andere Rechtsvorschriften zugewiesenen weiteren Aufgaben (§ 1 Abs. 3) oder zum Schutz privater Rechte (§ 1 Abs. 2) erforderlich ist.
(2) Die Polizei kann die Identität einer Person feststellen, wenn
1. die Person sich an einem Ort aufhält, von dem auf Grund tatsächlicher Anhaltspunkte erfahrungsgemäß anzunehmen ist, dass dort
   a) Personen Straftaten verabreden, vorbereiten oder verüben oder
   b) sich Straftäter verbergen,
2. dies zur Leistung von Vollzugshilfe (§ 2 Abs. 3) erforderlich ist,
3. die Person sich in einer Verkehrs- oder Versorgungsanlage oder -einrichtung, einem öffentlichen Verkehrsmittel, Amtsgebäude oder an einem anderen besonders gefährdeten Objekt oder in dessen unmittelbarer Nähe aufhält und tatsächliche Anhaltspunkte die Annahme rechtfertigen, dass in oder an diesen Objekten Straftaten begangen werden sollen, durch die in oder an diesen Objekten befindliche Personen oder diese Objekte selbst unmittelbar gefährdet sind und dies auf Grund der Gefährdungslage oder auf die Person bezogener Anhaltspunkte erforderlich ist,
4. die Person, die sich im räumlichen Umfeld einer Person aufhält, die in besonderem Maße als gefährdet erscheint und tatsächliche Anhaltspunkte die Maßnahme zum Schutz der Person rechtfertigen,
5. die Person sich in einem Fahrzeug befindet, das nach Artikel 99 Abs. 1, 2, 3 und 5 Satz 1 des Schengener Durchführungsübereinkommens zur gezielten Kontrolle ausgeschrieben ist, und tatsächliche Anhaltspunkte dafür vorliegen, dass die Maßnahme zur Abwehr einer Gefahr erforderlich ist, oder
6. die Person an einer Kontrollstelle angetroffen wird, die von der Polizei auf öffentlichen Straßen oder Plätzen oder an anderen öffentlich zugänglichen Orten eingerichtet worden ist, um
   a) eine Straftat von erheblicher Bedeutung oder
   b) eine Straftat nach § 26 Abs. 1 und 2 Nr. 3 Buchst. a des Landesversammlungsgesetzes
   zu verhüten. Die Einrichtung der Kontrollstelle ist nur mit Zustimmung des für öffentliche Sicherheit und Ordnung zuständigen Ministeriums oder einer von ihm benannten Stelle zulässig, es sei denn, dass Gefahr im Verzuge vorliegt.
(3) ¹Die Sicherheitsbehörden und die Polizei können die zur Feststellung der Identität erforderlichen Maßnahmen treffen. ²Sie können insbesondere die Person anhalten, den Ort der Kontrolle absperren, die Person nach ihren Personalien befragen, verlangen, dass die Person mitgeführte Ausweispapiere aushändigt und erkennungsdienstliche Maßnahmen anordnen.
(4) Die Polizei kann die Person festhalten, sie und die von ihr mitgeführten Sachen nach Gegenständen durchsuchen, die zur Identitätsfeststellung dienen, sowie die Person zur Feststellung der Identität zur Dienststelle bringen.

(5) ¹Erkennungsdienstliche Maßnahmen können nur angeordnet und Maßnahmen nach Absatz 4 nur durchgeführt werden, wenn die Identität auf andere Weise nicht oder nur unter erheblichen Schwierigkeiten festgestellt werden kann. ²Gegen eine Person, die nicht nach den §§ 7 und 8 verantwortlich ist, können erkennungsdienstliche Maßnahmen gegen ihren Willen nicht durchgeführt werden, es sei denn, dass sie Angaben über die Identität verweigert oder bestimmte Tatsachen den Verdacht einer Täuschung über die Identität begründen.

(6) Werden die Personalien bei der betroffenen Person erhoben, ist diese auf den Grund für die Identitätsfeststellung hinzuweisen, sofern der Zweck der Maßnahmen hierdurch nicht beeinträchtigt wird.

(7) Die Sicherheitsbehörden und die Polizei können verlangen, dass Berechtigungsscheine, Bescheinigungen, Nachweise oder sonstige Urkunden zur Prüfung ausgehändigt werden, wenn die betroffene Person auf Grund einer Rechtsvorschrift verpflichtet ist, diese Urkunde mitzuführen.

### § 20a Molekulargenetische Untersuchungen zur Identitätsfeststellung

(1) ¹Die Polizei kann zur Identitätsfeststellung DNA-Identifizierungsmuster einer Person, die sich erkennbar in einem die freie Willensbestimmung ausschließenden Zustand oder sonst in hilfloser Lage befindet (hilflose Person), oder einer Leiche mit denjenigen einer vermissten Person abgleichen, wenn die Feststellung der Identität auf andere Weise nicht oder nur unter erheblichen Schwierigkeiten möglich ist. ²Zu diesem Zweck sind die Entnahme und molekulargenetische Untersuchung von Körperzellen der hilflosen Person oder der Leiche sowie die molekulargenetische Untersuchung von Spurenmaterial der vermissten Person zulässig. ³Die Untersuchung nach Satz 2 hat sich auf die Feststellung des DNA-Identifizierungsmusters und des Geschlechts zu beschränken. ⁴Entnommene Körperzellen sind unverzüglich zu vernichten, wenn sie für die Untersuchung nach Satz 2 nicht mehr benötigt werden. ⁵Die DNA-Identifizierungsmuster können zum Zweck des Abgleichs in einem Dateisystem gespeichert werden. ⁶Sie sind unverzüglich zu löschen, wenn sie zur Identitätsfeststellung nach Satz 1 nicht mehr benötigt werden.

(2) ¹Molekulargenetische Untersuchungen werden auf Antrag der Polizei durch das Amtsgericht angeordnet, in dessen Bezirk die antragstellende Polizeidienststelle ihren Sitz hat. ²Für das gerichtliche Verfahren gelten die Vorschriften des Gesetzes über das Verfahren in Familiensachen und in den Angelegenheiten der freiwilligen Gerichtsbarkeit entsprechend. ³Für die Durchführung gilt § 81f Abs. 2 der Strafprozessordnung entsprechend.

### § 21 Erkennungsdienstliche Maßnahmen

(1) Erkennungsdienstliche Maßnahmen sind
1. die Abnahme von Fingerabdrücken und Abdrücken anderer Körperpartien,
2. die Aufnahme von Abbildungen,
3. Messungen und Feststellungen äußerer körperlicher Merkmale.

(2) Die Polizei kann erkennungsdienstliche Maßnahmen vornehmen, wenn dies
1. nach § 20 Abs. 3 und 5 zur Feststellung der Identität angeordnet ist oder
2. zur Verhütung von Straftaten erforderlich ist, weil die betroffene Person verdächtig ist, eine Straftat begangen zu haben und wegen der Art oder Ausführung der Tat die Gefahr der Wiederholung besteht.

(3) ¹Ist die Identität festgestellt und die weitere Aufbewahrung der angefallenen Unterlagen auch nach Absatz 2 Nr. 2 nicht erforderlich oder sind die Voraussetzungen nach Absatz 2 Nr. 2 entfallen, sind die angefallenen Unterlagen zu vernichten, es sei denn, ihre weitere Aufbewahrung ist nach anderen Rechtsvorschriften zulässig. ²Sind die Unterlagen an andere Stellen übermittelt worden, so sind diese über die erforderliche Vernichtung zu unterrichten.

(4) ¹Die betroffene Person ist bei Vornahme der erkennungsdienstlichen Maßnahme über die Vernichtungspflicht nach Absatz 3 Satz 1 zu unterrichten. ²Sind die Unterlagen ohne Wissen der betroffenen Person angefertigt worden, so ist ihr mitzuteilen, welche Unterlagen aufbewahrt werden, sobald dies ohne Gefährdung des Zwecks der Maßnahme geschehen kann.

### § 22 Grundsätze des Verarbeitens personenbezogener Daten

(1) ¹Die Sicherheitsbehörden und die Polizei können erhobene personenbezogene Daten in Akten oder Dateisystemen verarbeiten, soweit dies zur Erfüllung ihrer Aufgaben erforderlich ist. ²Dies gilt auch für personenbezogene Daten, die die Sicherheitsbehörden und die Polizei unaufgefordert durch Dritte erlangt haben.

(2) ¹Die Sicherheitsbehörden und die Polizei können personenbezogene Daten über andere als die in § 15 Abs. 2 Nr. 1 genannten Personen nur zu dem Zweck verarbeiten, zu dem sie die Daten erlangt haben. ²Das Verarbeiten zu einem anderen Zweck ist zulässig, soweit die Sicherheitsbehörden und die Polizei die Daten auch zu diesem Zweck hätten erheben können.
(3) ¹Die Protokollierung nach § 32 des Datenschutzrichtlinienumsetzungsgesetzes Sachsen-Anhalt erfolgt zu Verarbeitungsvorgängen im Informationssystem der Polizei ergänzend zu den in § 32 des Datenschutzrichtlinienumsetzungsgesetzes Sachsen-Anhalt genannten Anforderungen in einer Weise, dass die Protokolle
1. den Datenschutzbeauftragten und dem Landesbeauftragten für den Datenschutz in elektronisch auswertbarer Form für die Überprüfung der Rechtmäßigkeit der Datenverarbeitung zur Verfügung stehen und
2. eine Überprüfung ermöglichen, dass Zugriffe auf personenbezogene Daten im Informationssystem der Polizei innerhalb der Zugriffsberechtigungen nach § 13e erfolgen.
²Es sind insbesondere der Zeitpunkt, die Angaben, die die Feststellung der aufgerufenen Datensätze ermöglichen, und die für den Zugriff verantwortliche Dienststelle zu protokollieren.
(4) *[aufgehoben]*
(5) Die Sicherheitsbehörden und die Polizei können zur Vorgangsverwaltung oder zur befristeten Dokumentation behördlichen Handelns personenbezogene Daten verarbeiten; die Absätze 1 bis 3 sowie die §§ 23 und 23a finden insoweit keine Anwendung
(6) Werden Bewertungen in Dateisystemen gespeichert, muss feststellbar sein, bei welcher Stelle die Unterlagen geführt werden, die der Bewertung zugrunde liegen.

**§ 23 Weiterverarbeiten von personenbezogenen Daten aus strafrechtlichen Ermittlungsverfahren; Daten zu Verurteilten, Beschuldigten, Tatverdächtigen, sonstigen Anlasspersonen und anderen Personen**

(1) Die Polizei kann personenbezogene Daten, die sie im Rahmen von strafrechtlichen Ermittlungsverfahren gewonnen hat, zur Abwehr einer Gefahr, vorbeugenden Bekämpfung von Straftaten oder Vorsorge für die Verfolgung von Straftaten weiterverarbeiten von
1. Verurteilten,
2. Beschuldigten,
3. Personen, die einer Straftat verdächtig sind, sofern das Weiterverarbeiten der Daten erforderlich ist, weil wegen der Art oder Ausführung der Tat, der Persönlichkeit der betroffenen Person oder sonstiger Erkenntnisse Grund zu der Annahme besteht, dass zukünftig Strafverfahren gegen sie zu führen sind, und
4. Personen, bei denen Anlass zum Weiterverarbeiten der Daten besteht, weil tatsächliche Anhaltspunkte dafür vorliegen, dass die betroffenen Personen in naher Zukunft Straftaten von erheblicher Bedeutung begehen werden (Anlasspersonen).
(2) Die Polizei kann weiterverarbeiten:
1. von Personen nach Absatz 1 Nrn. 1 bis 4
    a) die Grunddaten wie insbesondere Namen, Geschlecht, Geburtsdatum, Geburtsort, Staatsangehörigkeit und Anschrift und
    b) soweit erforderlich, andere zur Identifizierung geeignete Merkmale,
    c) die kriminalaktenführende Polizeidienststelle und die Kriminalaktennummer,
    d) die Tatzeiten und Tatorte,
    e) die Tatvorwürfe durch Angabe der gesetzlichen Vorschriften und die nähere Bezeichnung der Straftaten;
2. von Personen nach Absatz 1 Nrn. 1 und 2 weitere personenbezogene Daten, soweit das Weiterverarbeiten der Daten erforderlich ist, weil wegen der Art oder Ausführung der Tat, der Persönlichkeit der betroffenen Person oder sonstiger Erkenntnisse Grund zu der Annahme besteht, dass zukünftig Strafverfahren gegen sie zu führen sind;
3. von Personen nach Absatz 1 Nrn. 3 und 4 weitere personenbezogene Daten.
(3) ¹Die Polizei kann personenbezogene Daten weiterverarbeiten, um festzustellen, ob die betreffenden Personen die Voraussetzungen nach Absatz 1 erfüllen. ²Die Daten dürfen ausschließlich zu diesem Zweck weiterverarbeitet werden und sind im Informationssystem der Polizei gesondert zu speichern.

³Die Daten sind nach Abschluss der Prüfung, spätestens jedoch nach zwölf Monaten zu löschen, soweit nicht festgestellt wurde, dass die betreffende Person die Voraussetzungen nach Absatz 1 erfüllt.
(4) ¹Die Polizei kann personenbezogene Daten weiterverarbeiten, soweit dies erforderlich ist zum Zweck des Nachweises von Personen, die wegen des Verdachts oder des Nachweises einer rechtswidrigen Tat einer richterlich angeordneten Freiheitsentziehung unterliegen. ²Die Löschung von Daten, die allein zu diesem Zweck weiterverarbeitet werden, erfolgt nach zwei Jahren.
(5) Wird der Beschuldigte rechtskräftig freigesprochen, die Eröffnung des Hauptverfahrens gegen ihn unanfechtbar abgelehnt oder das Verfahren nicht nur vorläufig eingestellt, so ist das Weiterverarbeiten unzulässig, wenn sich aus den Gründen der Entscheidung ergibt, dass die betroffene Person die Tat nicht oder nicht rechtswidrig begangen hat.
(6) ¹Soweit es zur Abwehr einer erheblichen Gefahr, vorbeugenden Bekämpfung von Straftaten oder Vorsorge für die Verfolgung einer Straftat mit erheblicher Bedeutung erforderlich ist, kann die Polizei zur Erfüllung ihrer Aufgaben nach § 2 personenbezogene Daten von Personen weiterverarbeiten, bei denen tatsächliche Anhaltspunkte dafür vorliegen, dass
1. sie bei einer künftigen Strafverfolgung als Zeugen in Betracht kommen,
2. sie als Opfer einer künftigen Straftat in Betracht kommen,
3. sie mit in Absatz 1 Nrn. 1 bis 3 bezeichneten Personen nicht nur flüchtig oder in zufälligem Kontakt und in einer Weise in Verbindung stehen, die erwarten lässt, dass Hinweise für die Verfolgung oder vorbeugende Bekämpfung dieser Straftaten gewonnen werden können, weil Tatsachen die Annahme rechtfertigen, dass die Personen von der Planung oder der Vorbereitung der Straftaten oder der Verwertung der Tatvorteile Kenntnis haben oder daran mitwirken, oder
4. es sich um Hinweisgeber und sonstige Auskunftspersonen handelt.
²Das Weiterverarbeiten nach Satz 1 ist zu beschränken auf die in Absatz 2 Nr. 1 Buchst. a bis c bezeichneten Daten sowie auf die Angabe, in welcher Eigenschaft der Person und in Bezug auf welchen Sachverhalt die Speicherung der Daten erfolgt. ³Personenbezogene Daten über Personen nach Satz 1 Nrn. 1, 2 und 4 dürfen nur mit Einwilligung der betroffenen Person gespeichert werden. ⁴Die Einwilligung ist nicht erforderlich, wenn das Bekanntwerden der Speicherungsabsicht den mit der Speicherung verfolgten Zweck gefährden würde.
(7) ¹Die Polizei kann personenbezogene Daten weiterverarbeiten von Vermissten, unbekannten Personen und unbekannten Toten
1. zu Zwecken der Identifizierung,
2. zur Abwehr einer erheblichen Gefahr für die genannten Personen.
²Entsprechendes gilt, soweit es sonst zur Erfüllung ihrer Aufgaben erforderlich ist, weil tatsächliche Anhaltspunkte dafür vorliegen, dass es sich um Täter, Opfer oder Zeugen im Zusammenhang mit einer Straftat handelt.
(8) ¹Die Polizei kann personenbezogene Daten weiterverarbeiten, um festzustellen, ob die betreffenden Personen die Voraussetzungen nach Absatz 6 oder Absatz 7 erfüllen. ²Die Daten dürfen ausschließlich zu diesem Zweck weiterverarbeitet werden und sind im Informationssystem der Polizei gesondert zu speichern. ³Die Daten sind nach Abschluss der Prüfung, spätestens jedoch nach zwölf Monaten zu löschen, soweit nicht festgestellt wurde, dass die betreffende Person die Voraussetzungen nach Absatz 6 oder Absatz 7 erfüllt.

### § 23a Verarbeiten von personenbezogenen Daten, die von Strafverfolgungsbehörden der Mitgliedstaaten der Europäischen Union an die Polizei übermittelt worden sind

¹Daten, die von Strafverfolgungsbehörden der Mitgliedstaaten der Europäischen Union an die Polizei übermittelt worden sind, dürfen nur für die Zwecke, für die sie übermittelt wurden, oder zur Abwehr einer gegenwärtigen und erheblichen Gefahr für die öffentliche Sicherheit verarbeitet werden. ²Für einen anderen Zweck oder als Beweismittel in einem gerichtlichen Verfahren dürfen sie nur verarbeitet werden, wenn der übermittelnde Staat zugestimmt hat. ³Von dem übermittelnden Staat für die Verarbeitung der Daten gestellte Bedingungen sind zu beachten. ⁴Die Polizei erteilt dem übermittelnden Staat auf dessen Ersuchen zu Zwecken der Datenschutzkontrolle Auskunft darüber, wie die übermittelten Daten verarbeitet wurden.

## § 23b Aufzeichnung von Telefon- und Funkgesprächen

¹Die Lage- und Führungsstellen der Polizei haben in dieser Funktion Telefon- und Funkgespräche aufzuzeichnen. ²Im Übrigen ist eine Aufzeichnung durch die Polizei nur zulässig, soweit sie im Einzelfall zur polizeilichen Aufgabenerfüllung erforderlich ist. ³Aufzeichnungen sind spätestens nach einem Monat in der Verarbeitung einzuschränken, es sei denn, sie werden zur Verfolgung von Straftaten oder Ordnungswidrigkeiten benötigt oder Tatsachen rechtfertigen die Annahme, dass die anrufende Person künftig Straftaten begehen wird, und die Aufbewahrung zur vorbeugenden Bekämpfung von Straftaten von erheblicher Bedeutung erforderlich ist. ⁴In der Verarbeitung eingeschränkte Aufzeichnungen sind zwölf Monate nach ihrer Erhebung zu löschen. ⁵Die §§ 25, 25a, 32 und 32b Abs. 2 Satz 3 und 4 sowie § 14 Abs. 3 und 5 des Datenschutzrichtlinienumsetzungsgesetzes Sachsen-Anhalt bleiben unberührt.

## § 23c Ermittlung des Aufenthaltsorts gefährdeter Personen

(1) ¹Die Polizei kann zur Abwehr einer gegenwärtigen Gefahr für Leib oder Leben einer vermissten, suizidgefährdeten oder einen Notruf auslösenden Person (gefährdete Person) von einem Diensteanbieter im Sinne von § 3 Nr. 6 des Telekommunikationsgesetzes oder § 2 Nr. 1 des Telemediengesetzes Auskünfte über
1. Standortdaten der gefährdeten Person im Sinne von § 3 Nr. 19 und § 96 Abs. 1 des Telekommunikationsgesetzes,
2. Daten der gefährdeten Person, die nach den §§ 95 und 111 des Telekommunikationsgesetzes erhoben werden (§ 113 Abs. 1 des Telekommunikationsgesetzes), oder
3. Daten der gefährdeten Person, die nach § 14 Abs. 1 des Telemediengesetzes erhoben werden (§ 14 Abs. 2 des Telemediengesetzes),

verlangen, wenn die Ermittlung des Aufenthaltsortes auf andere Weise aussichtslos oder wesentlich erschwert wäre. ²§ 17a Abs. 3 gilt entsprechend.

(2) ¹Unter den Voraussetzungen des Absatzes 1 kann die Polizei technische Mittel einsetzen, um den Standort eines von der gefährdeten Person mitgeführten Mobilfunkendgerätes zu ermitteln.

(3) ¹Die Anordnung der Maßnahmen nach Absatz 1 erfolgt durch den Behördenleiter oder einen von ihm Beauftragten. ²Bei Maßnahmen nach Absatz 1 oder Absatz 2 dürfen personenbezogene Daten Dritter nur erhoben werden, wenn dies aus technischen Gründen unvermeidbar ist. ³Sämtliche nach Absatz 1 oder Absatz 2 erhobenen personenbezogenen Daten sind nach Beendigung der Maßnahme unverzüglich zu löschen. ⁴Personen, gegen die sich die Datenerhebungen nach Absatz 1 richten oder die von ihr sonst betroffen wurden, sind nach Beendigung der Maßnahme darüber zu benachrichtigen.

## § 23d Speicherung von DNA-Identifizierungsmustern zur Erkennung von DNA-Trugspuren

(1) ¹Die Polizei kann auf Grundlage einer schriftlichen Einwilligung von bei ihr Beschäftigten, die Umgang mit Spurenmaterial haben oder die Bereiche in ihren Liegenschaften und Einrichtungen betreten müssen, in denen mit Spurenmaterial umgegangen oder dieses gelagert wird,
1. mittels eines Mundschleimhautabstrichs oder einer hinsichtlich ihrer Eingriffsintensität vergleichbaren Methode Körperzellen entnehmen,
2. diese zur Feststellung des DNA-Identifizierungsmusters molekulargenetisch untersuchen und
3. die festgestellten DNA-Identifizierungsmuster mit den an Spurenmaterial festgestellten DNA-Identifizierungsmustern automatisiert abgleichen, um zur Erkennung von DNA-Trugspuren festzustellen, ob an Spurenmaterial festgestellte DNA-Identifizierungsmuster von diesen Personen stammen.

²Die entnommenen Körperzellen dürfen nur für die in Satz 1 genannte molekulargenetische Untersuchung verwendet werden; sie sind unverzüglich zu vernichten, sobald sie hierfür nicht mehr erforderlich sind. ³Bei der Untersuchung dürfen andere Feststellungen als diejenigen, die zur Ermittlung des DNA-Identifizierungsmusters erforderlich sind, nicht getroffen werden; hierauf gerichtete Untersuchungen sind unzulässig.

(2) Untersuchungen und Abgleiche nach Absatz 1 bei sonstigen Personen, die Umgang mit Spurenmaterial haben oder die Bereiche in Liegenschaften und Einrichtungen betreten müssen, in denen mit Spurenmaterial umgegangen oder dieses gelagert wird, dürfen nur mit deren schriftlicher Einwilligung erfolgen.

(3) ¹Die nach den Absätzen 1 und 2 erhobenen Daten sind zu pseudonymisieren und darüber hinaus im Informationssystem der Polizei gesondert zu speichern. ²Eine Verwendung dieser Daten zu anderen als den in den Absätzen 1 und 2 genannten Zwecken ist unzulässig. ³Die DNA-Identifizierungsmuster sind zu löschen, wenn sie für die genannten Zwecke nicht mehr erforderlich sind. ⁴Die Löschung hat spätestens drei Jahre nach dem letzten Umgang der betreffenden Person mit Spurenmaterial oder dem letzten Zutritt zu einem in Absatz 1 Satz 1 genannten Bereich zu erfolgen. ⁵Betroffene Personen sind schriftlich über den Zweck und die Speicherung sowie die Löschung der erhobenen Daten zu informieren.

### § 24 Benachrichtigung beim Speichern von Personenbezogenen Daten von Kindern
¹Werden personenbezogene Daten von Kindern, die ohne Kenntnis der Sorgeberechtigten erhoben worden sind, gespeichert, sind die Sorgeberechtigten zu benachrichtigen, sobald die Aufgabenerfüllung dadurch nicht mehr erheblich gefährdet oder erheblich erschwert wird. ²Von der Benachrichtigung kann abgesehen werden, solange zu besorgen ist, dass die Unterrichtung zu erheblichen Nachteilen für das Kind führt.

### § 25 Weiterverarbeiten für die wissenschaftliche Forschung
(1) ¹Die Polizei kann im Rahmen ihrer Aufgaben bei ihr vorhandene personenbezogene Daten, wenn dies für bestimmte wissenschaftliche Forschungsarbeiten erforderlich ist, weiterverarbeiten, soweit eine Weiterverarbeitung anonymisierter Daten zu diesem Zweck nicht möglich ist und das öffentliche Interesse an der Forschungsarbeit das schutzwürdige Interesse der betroffenen Person erheblich überwiegt. ²Das Weiterverarbeiten von personenbezogenen Daten, die aus in § 13b Abs. 3 genannten Maßnahmen erlangt wurden, ist ausgeschlossen.
(2) ¹Die Polizei kann personenbezogene Daten an Hochschulen, andere Einrichtungen, die wissenschaftliche Forschung betreiben, und öffentliche Stellen übermitteln, soweit
1. dies für die Durchführung bestimmter wissenschaftlicher Forschungsarbeiten erforderlich ist,
2. ein Weiterverarbeiten anonymisierter Daten zu diesem Zweck nicht möglich ist und
3. das öffentliche Interesse an der Forschungsarbeit das schutzwürdige Interesse der betroffenen Person an dem Ausschluss der Übermittlung erheblich überwiegt.

²Eine Übermittlung von personenbezogenen Daten im Sinne des Absatzes 1 Satz 2 ist ausgeschlossen.
(3) ¹Die Übermittlung der Daten erfolgt durch Erteilung von Auskünften, wenn hierdurch der Zweck der Forschungsarbeit erreicht werden kann und die Erteilung keinen unverhältnismäßigen Aufwand erfordert. ²Andernfalls kann auch Akteneinsicht gewährt werden. ³Einsicht in elektronische Akten wird durch Bereitstellen des Inhalts der Akte zum Abruf gewährt. ⁴Ein Aktenausdruck oder ein Datenträger mit dem Inhalt der elektronischen Akten wird auf besonders zu begründenden Antrag nur übermittelt, wenn die antragstellende Person hieran ein berechtigtes Interesse hat. ⁵Einsicht in Akten, die in Papierform vorliegen, wird durch Bereitstellen des Inhalts der Akte zur Einsichtnahme in Diensträumen gewährt. ⁶Auf besonderen Antrag wird die Einsicht in Akten, die in Papierform vorliegen, durch Übersendung von Kopien, durch Übergabe zur Mitnahme oder durch Übersendung der Akten gewährt.
(4) ¹Personenbezogene Daten werden nur an solche Personen übermittelt, die Amtsträger oder für den öffentlichen Dienst besonders Verpflichtete sind oder die zur Geheimhaltung verpflichtet worden sind.
²§ 1 Abs. 2, 3 und 4 Nr. 2 des Verpflichtungsgesetzes findet auf die Verpflichtung zur Geheimhaltung entsprechende Anwendung.
(5) ¹Die personenbezogenen Daten dürfen nur für die Forschungsarbeit weiterverarbeitet werden, für die sie übermittelt worden sind. ²Das Weiterverarbeiten für andere Forschungsarbeiten oder die Weitergabe richtet sich nach den Absätzen 2 bis 4 und bedarf der Zustimmung der Stelle, die die Daten übermittelt hat.
(6) Durch organisatorische und technische Maßnahmen hat die wissenschaftliche Forschung betreibende Stelle zu gewährleisten, dass die Daten gegen unbefugte Kenntnisnahme geschützt sind.
(7) ¹Sobald der Forschungszweck es erlaubt, sind die personenbezogenen Daten zu anonymisieren. ²Solange dies noch nicht möglich ist, sind die Merkmale gesondert aufzubewahren, mit denen Einzelangaben über persönliche oder sachliche Verhältnisse einer bestimmten oder bestimmbaren Person zugeordnet werden können. ³Sie dürfen mit den Einzelangaben nur zusammengeführt werden, soweit der Forschungszweck dies erfordert.

(8) Wer nach den Absätzen 2 bis 4 personenbezogene Daten erhalten hat, darf diese nur veröffentlichen, wenn dies für die Darstellung von Forschungsergebnissen über Ereignisse der Zeitgeschichte unerlässlich ist und das Landeskriminalamt zugestimmt hat.

### § 25a Weiterverarbeiten von Daten zur Aus- und Fortbildung sowie zu statistischen Zwecken
¹Die Polizei kann bei ihr vorhandene personenbezogene Daten zur polizeilichen Aus- und Fortbildung oder zu statistischen Zwecken weiterverarbeiten, soweit das Weiterverarbeiten anonymisierter Daten zu diesem Zweck nicht möglich ist. ²Entsprechendes gilt für die Übermittlung an das Bundeskriminalamt zu kriminalstatistischen Zwecken. ³Die Daten sind zum frühestmöglichen Zeitpunkt zu anonymisieren. ⁴§ 25 Abs. 1 Satz 2 und Abs. 2 Satz 2 gilt entsprechend.

### § 26 Allgemeine Regeln der Datenübermittlung
(1) ¹Die Sicherheitsbehörden und die Polizei können personenbezogene Daten, soweit nachstehend nichts anderes bestimmt ist, nur zu dem Zweck übermitteln, zu dem sie die Daten erlangt haben. ²Bei der Übermittlung personenbezogener Daten ist ein Nachweis zu führen, aus dem der Dritte, an den übermittelt wird, der Tag sowie der wesentliche Inhalt der Übermittlung ersichtlich sind; dies gilt nicht für automatisierte Verfahren auf Abruf.

(2) ¹Unterliegen die personenbezogenen Daten einem Berufs- oder besonderen Amtsgeheimnis und sind sie den Sicherheitsbehörden oder der Polizei von der zur Verschwiegenheit verpflichteten Person oder Stelle in Ausübung ihrer Berufs- oder Amtspflicht übermittelt worden, so ist die Übermittlung durch Sicherheitsbehörden oder der Polizei nur zulässig, wenn der Dritte, an den übermittelt wird, die Daten zur Erfüllung des gleichen Zwecks benötigt, zu dem sie die Sicherheitsbehörde oder die Polizei erhoben hat oder hätte erheben können. ²In die Übermittlung an nichtöffentliche Stellen muss die zur Verschwiegenheit verpflichtete Person oder Stelle einwilligen.

(3) ¹Bewertungen (§ 22 Abs. 6) dürfen anderen als den Sicherheitsbehörden und der Polizei nicht übermittelt werden. ²Dies gilt nicht, soweit Fahndungsaufrufe mit einer Warnung verbunden sind.

(4) Die Übermittlung darf nicht zu einer Erweiterung des Kreises der Stellen nach den §§ 41 und 61 des Bundeszentralregistergesetzes führen, die von Eintragungen, die in ein Führungszeugnis nicht aufgenommen werden, Kenntnis erhalten, und muss das Verwertungsverbot im Bundeszentralregister getilgter oder zu tilgender Eintragungen nach den §§ 51, 52 und 63 des Bundeszentralregistergesetzes berücksichtigen.

(5) ¹Die Übermittlung unterbleibt, wenn für die Sicherheitsbehörden oder die Polizei erkennbar ist, dass unter Berücksichtigung der Art der Daten und ihrer Erhebung die schutzwürdigen Interessen des Betroffenen das Allgemeininteresse an der Übermittlung überwiegen. ²Die Übermittlung an ausländische öffentliche sowie an über- und zwischenstaatliche Stellen unterbleibt ferner, soweit, auch unter Berücksichtigung des besonderen öffentlichen Interesses an der Datenübermittlung, im Einzelfall schutzwürdige Interessen der betroffenen Person an dem Ausschluss der Übermittlung überwiegen. ³Zu den schutzwürdigen Interessen der betroffenen Person gehört auch das Vorhandensein eines angemessenen Datenschutzes im Empfängerstaat. ⁴Die schutzwürdigen Interessen der betroffenen Person können auch dadurch gewahrt werden, dass der Empfängerstaat oder die empfangende zwischen- oder überstaatliche Stelle im Einzelfall einen angemessenen Schutz der übermittelten Daten garantiert.

### § 27 Datenübermittlung innerhalb des öffentlichen Bereiches
(1) ¹Zwischen den Polizeidienststellen können personenbezogene Daten übermittelt werden, soweit sie diese in Erfüllung ihrer Aufgaben nach den §§ 1 und 2 erlangt haben und die Datenübermittlung zur Erfüllung dieser Aufgaben erforderlich ist. ²Dies gilt auch für die Übermittlung personenbezogener Daten an Polizeibehörden und -dienststellen des Bundes und der anderen Länder. ³Zwischen den Sicherheitsbehörden und der Polizei können personenbezogene Daten übermittelt werden, soweit die Kenntnis dieser Daten zur Erfüllung der Aufgaben des Dritten, an den übermittelt wird, erforderlich erscheint. ⁴§ 22 Abs. 2 gilt entsprechend. ⁵Liegen die Voraussetzungen nach den Sätzen 1 bis 4 nicht vor, ist Absatz 2 anzuwenden.

(2) ¹Im Übrigen können die Sicherheitsbehörden und die Polizei personenbezogene Daten an öffentliche Stellen übermitteln, soweit dies erforderlich ist
1. zur Erfüllung sicherheitsbehördlicher oder polizeilicher Aufgaben,
2. zur Abwehr einer Gefahr durch den Dritten, an den übermittelt wird,

3. auf Grund tatsächlicher Anhaltspunkte zur Wahrnehmung einer sonstigen Gefahrenabwehraufgabe durch den Dritten, an den übermittelt wird,
4. zur Verhütung oder Beseitigung erheblicher Nachteile für das Gemeinwohl oder
5. zur Verhütung oder Beseitigung einer schwerwiegenden Beeinträchtigung der Rechte einer anderen Person, insbesondere zur Abwehr von Gefahren für Leib, Leben, Gesundheit, persönliche Freiheit oder erhebliche Vermögenswerte.

²In den Fällen des Satzes 1 Nr. 5 ist die Person, deren Daten übermittelt worden sind, zu benachrichtigen, sobald der Zweck der Übermittlung dem nicht mehr entgegensteht.

(3) Die Sicherheitsbehörden oder die Polizei können personenbezogene Daten an ausländische öffentliche sowie an über- und zwischenstaatliche Stellen übermitteln, soweit dies zur
1. Erfüllung einer Aufgabe der übermittelnden Sicherheitsbehörde oder Polizei oder
2. Abwehr einer erheblichen Gefahr durch den Dritten, an den übermittelt wird,
erforderlich ist.

(3a) Die Polizei kann personenbezogene Daten einschließlich nicht gefahren- oder tatbezogener persönlicher Merkmale von Personen, die nach diesem Gesetz oder anderen Rechtsvorschriften von ihr festgehalten werden, an Stellen, die aufgrund völkerrechtlicher Übereinkommen zur Überprüfung der Einhaltung der Rechte festgehaltener Personen zuständig sind, übermitteln.

(4) Abweichend von § 26 Abs. 1 Satz 1 und Abs. 3 können die Sicherheitsbehörden und die Polizei personenbezogene Daten nach Maßgabe der Absätze 2 und 3 übermitteln, soweit dies zur Abwehr einer Gefahr unerlässlich ist und der Dritte, an den übermittelt wird, die Daten auf andere Weise, obwohl berechtigt, nicht oder nicht rechtzeitig oder nur mit unverhältnismäßig hohem Aufwand erlangen kann.

(5) ¹Andere Behörden und sonstige öffentliche Stellen können personenbezogene Daten an die Sicherheitsbehörden und die Polizei übermitteln, soweit dies zur Erfüllung sicherheitsbehördlicher oder polizeilicher Aufgaben erforderlich erscheint und die von der übermittelnden Stelle zu beachtenden Rechtsvorschriften dem nicht entgegenstehen. ²Sie sind zur Übermittlung verpflichtet, wenn es für die Abwehr von Gefahren für Leib, Leben oder Freiheit einer Person erforderlich ist.

## § 27a Datenübermittlung an Mitgliedstaaten der Europäischen Union

(1) ¹Auf ein Ersuchen einer Polizeibehörde oder einer sonstigen für die Verhütung und Verfolgung von Straftaten zuständigen öffentlichen Stelle eines Mitgliedstaates der Europäischen Union kann die Polizei personenbezogene Daten zum Zweck der Verhütung von Straftaten übermitteln. ²Für die Übermittlung dieser Daten gilt § 26 Abs. 1 Satz 2, Abs. 2, 3 und 5 Satz 1 entsprechend.

(2) Die Übermittlung personenbezogener Daten nach Absatz 1 ist nur zulässig, wenn das Ersuchen mindestens folgende Angaben enthält:
1. die Bezeichnung und die Anschrift der ersuchenden Behörde,
2. die Bezeichnung der Straftat, zu deren Verhütung die Daten benötigt werden,
3. die Beschreibung des Sachverhalts, der dem Ersuchen zugrunde liegt,
4. die Benennung des Zwecks, zu dem die Daten erbeten werden,
5. den Zusammenhang zwischen dem Zweck, zu dem die Informationen oder Erkenntnisse erbeten werden, und der Person, auf die sich diese Informationen beziehen,
6. Einzelheiten zur Identität der betroffenen Person, sofern sich das Ersuchen auf eine bekannte Person bezieht, und
7. Gründe für die Annahme, dass sachdienliche Informationen und Erkenntnisse im Land Sachsen-Anhalt vorliegen.

(3) ¹Die Polizei kann auch ohne Ersuchen personenbezogene Daten an eine Polizeibehörde oder eine sonstige für die Verhütung und Verfolgung von Straftaten zuständige öffentliche Stelle eines Mitgliedstaates der Europäischen Union übermitteln, wenn im Einzelfall die Gefahr der Begehung einer Straftat im Sinne des Artikels 2 Abs. 2 des Rahmenbeschlusses 2002/584/JI des Rates vom 13. Juni 2002 über den Europäischen Haftbefehl und die Übergabeverfahren zwischen den Mitgliedstaaten (ABl. L 190 vom 18.7.2002, S. 1), zuletzt geändert durch den Rahmenbeschluss 2009/299/JI (ABl. L 81 vom 27.3.2009, S. 24), besteht und tatsächliche Anhaltspunkte dafür vorliegen, dass die Übermittlung dieser personenbezogenen Daten dazu beitragen könnte, eine solche Straftat zu verhindern. ²Für die Übermittlung dieser Daten gilt § 26 Abs. 1 Satz 2, Abs. 2, 3 und 5 Satz 1 entsprechend.

(4) Die Übermittlung personenbezogener Daten durch die Polizei an eine Polizeibehörde oder eine sonstige für die Verhütung und Verfolgung von Straftaten zuständige öffentliche Stelle eines Mitgliedstaates der Europäischen Union ist auch auf Grundlage von § 27 Abs. 3 oder besonderer völkerrechtlicher Vereinbarungen zulässig.

(5) Die Datenübermittlung unterbleibt über die in § 26 Abs. 5 genannten Gründe hinaus auch dann, wenn
1. hierdurch wesentliche Sicherheitsinteressen des Bundes oder der Länder beeinträchtigt würden,
2. die Übermittlung der Daten zu den in der Charta der Grundrechte der Europäischen Union enthaltenen Rechten, Freiheiten und Grundsätzen in Widerspruch stünde,
3. die zu übermittelnden Daten bei der ersuchten Behörde nicht vorhanden sind und nur durch das Ergreifen von Zwangsmaßnahmen erlangt werden können oder
4. die Übermittlung der Daten unverhältnismäßig wäre oder die Daten für die Zwecke, für die sie übermittelt werden sollen, nicht erforderlich sind.

(6) Die Datenübermittlung kann über die in Absatz 6 und § 26 Abs. 5 genannten Gründe hinaus auch dann unterbleiben, wenn
1. die zu übermittelnden Daten bei der Polizei nicht vorhanden sind, jedoch ohne das Ergreifen von Zwangsmaßnahmen erlangt werden können,
2. hierdurch der Erfolg laufender Ermittlungen oder Leib, Leben oder Freiheit einer Person gefährdet würde oder
3. die Tat, zu deren Verhütung die Daten übermittelt werden sollen, nach deutschem Recht mit einer Freiheitsstrafe von im Höchstmaß einem Jahr oder weniger bedroht ist.

(7) Die Absätze 1 bis 6 finden auch Anwendung auf die Übermittlung von personenbezogenen Daten an Polizeibehörden oder sonstige für die Verhütung und Verfolgung von Straftaten zuständige öffentliche Stellen der Staaten, welche die Bestimmungen des Schengen-Besitzstandes aufgrund eines Assoziierungsabkommens mit der Europäischen Union über die Umsetzung, Anwendung und Entwicklung des Schengen-Besitzstandes anwenden.

### § 28 Datenübermittlung an nichtöffentliche Stellen

(1) Die Sicherheitsbehörden und die Polizei können personenbezogene Daten an nichtöffentliche Stellen übermitteln, soweit dies zur
1. Erfüllung sicherheitsbehördlicher oder polizeilicher Aufgaben,
2. Verhütung oder Beseitigung erheblicher Nachteile für das Gemeinwohl oder
3. Verhütung oder Beseitigung einer schwerwiegenden Beeinträchtigung der Rechte einer anderen Person

erforderlich ist.

(2) [1]Die Übermittlung personenbezogener Daten zu einem anderen als dem in § 26 Abs. 1 Satz 1 festgelegten Zweck und von Bewertungen (§ 22 Abs. 6) ist nur zulässig, soweit dies zur Abwehr einer Gefahr unerlässlich ist und der Dritte, an den übermittelt wird, die Daten auf andere Weise nicht oder nicht rechtzeitig oder nur mit unverhältnismäßig hohem Aufwand erlangen kann. [2]§ 27 Abs. 2 Satz 2 gilt entsprechend.

(3) Die Polizei kann personenbezogene Daten, die der Kontaktaufnahme zu einer Person dienen, zum Zweck der persönlichen Beratung dieser Person an nichtöffentliche Stellen übermitteln, wenn die betroffene Person oder ein Sorgeberechtigter in Kenntnis des Zwecks der Datenübermittlung eingewilligt hat.

(4) [1]Über die Übermittlung ist ein besonderes Verzeichnis zu führen, aus dem die Person des Übermittlers, der Zweck der Übermittlung, die Aktenfundstelle und der Dritte, an den übermittelt wird, hervorgehen. [2]Es ist am Ende des Kalenderjahres, das dem Jahr seiner Erstellung folgt, zu vernichten.

### § 29 Datenübermittlungen zum Zweck von Zuverlässigkeitsüberprüfungen

(1) [1]Die Polizei kann zum Zweck der Durchführung einer Zuverlässigkeitsüberprüfung auf der Grundlage der Einwilligung der betroffenen Person ihre nach § 23 Abs. 1 im Informationssystem der Polizei des Landes Sachsen-Anhalt gespeicherten oder im polizeilichen Informationsverbund zwischen Bund und Ländern zum Abruf durch die Polizei bereitstehenden personenbezogenen Daten weiterverarbeiten. [2]Die Polizei kann die Identität der Person feststellen, deren Zuverlässigkeit überprüft werden soll,

und zu diesem Zweck von ihr vorgelegte Ausweisdokumente kopieren oder Kopien von Ausweisdokumenten anfordern.
(2) ¹Eine Zuverlässigkeitsüberprüfung kann insbesondere zu folgenden Zwecken durchgeführt werden:
1. privilegierter Zutritt zu einer Veranstaltung in öffentlicher oder nichtöffentlicher Trägerschaft, wenn
   a) tatsächliche Anhaltspunkte die Annahme rechtfertigen, dass in oder an Veranstaltungsobjekten Straftaten begangen werden sollen, durch die in oder an diesen Objekten befindliche Personen oder diese Objekte selbst unmittelbar gefährdet sind, und wenn dies aufgrund der Gefährdungslage oder auf die Veranstaltung bezogener Anhaltspunkte erforderlich ist, oder
   b) sich bei der Veranstaltung eine Person aufhält, die in besonderem Maße als gefährdet erscheint, und tatsächliche Anhaltspunkte die Maßnahme zum Schutz der Person rechtfertigen,
   (besonders gefährdete Veranstaltung),
2. privilegierter Zutritt zu einem Amtsgebäude oder einem anderen gefährdeten Objekt, sofern dies aufgrund der Gefährdungslage erforderlich ist,
3. Erbringung selbständiger Dienstleistungen zur Unterstützung von Vollzugsaufgaben,
4. Einstellung in den Polizeivollzugsdienst.
²Die Vorschriften des Bundes, oder Landes zur Durchführung von Sicherheitsüberprüfungen bleiben unberührt.
(3) ¹Das Ergebnis einer Zuverlässigkeitsüberprüfung kann einer öffentlichen oder nichtöffentlichen Stelle übermittelt werden. ²Ist der Empfänger eine nichtöffentliche Stelle, beschränkt sich die Datenübermittlung auf die Einschätzung, ob tatsächliche Anhaltspunkte die Annahme rechtfertigen, dass die betroffene Person unzuverlässig ist. ³Die Polizei hat den Empfänger der personenbezogenen Daten der betroffenen Person schriftlich zu verpflichten, die Zweckbestimmung einzuhalten und eine Löschung der personenbezogenen Daten spätestens nach Wegfall des Zwecks vorzunehmen. ⁴Beabsichtigt der nichtöffentliche Empfänger der überprüften Person trotz Sicherheitsbedenken den privilegierten Zugang zu einer besonders gefährdeten Veranstaltung zu gewähren, teilt er dies der Polizei unverzüglich mit.

### § 30 Datenabgleich

(1) ¹Die Polizei kann personenbezogene Daten der in den §§ 7 und 8 sowie § 15 Abs. 2 Nr. 1 genannten Personen mit dem Inhalt polizeilicher Dateisysteme abgleichen. ²Personenbezogene Daten anderer Personen kann die Polizei nur abgleichen, wenn dies auf Grund tatsächlicher Anhaltspunkte zur Erfüllung einer bestimmten polizeilichen Aufgabe erforderlich erscheint. ³Ferner kann die Polizei im Rahmen ihrer Aufgabenerfüllung erlangte personenbezogene Daten mit dem Fahndungsbestand abgleichen. ⁴Die betroffene Person kann angehalten und für die Dauer des Datenabgleichs festgehalten werden. ⁵§ 20 bleibt unberührt.
(2) Die Sicherheitsbehörden können personenbezogene Daten mit dem Inhalt ihrer Dateisysteme unter den Voraussetzungen des § 22 abgleichen.
(3) Besondere Rechtsvorschriften über den Datenabgleich bleiben unberührt.

### § 31 Rasterfahndung

(1) Das Landeskriminalamt kann von öffentlichen und nichtöffentlichen Stellen die Übermittlung von personenbezogenen Daten bestimmter Personengruppen aus Dateien zum Zwecke des automatisierten Abgleichs mit anderen Datenbeständen verlangen, wenn dies zur Abwehr einer Gefahr für den Bestand oder die Sicherheit des Bundes oder eines Landes oder für Leib, Leben oder Freiheit einer Person erforderlich ist.
(2) ¹Das Übermittlungsersuchen ist auf Namen, Anschriften, Tag und Ort der Geburt sowie auf im einzelnen Falle festzulegende erforderliche Merkmale zu beschränken. ²Werden wegen technischer Schwierigkeiten, die mit angemessenem Zeit- oder Kostenaufwand nicht beseitigt werden können, weitere Daten übermittelt, dürfen diese nicht verwendet werden.
(3) ¹Ist der Zweck der Maßnahme erreicht oder zeigt sich, dass er nicht erreicht werden kann, sind die übermittelten und im Zusammenhang mit der Maßnahme zusätzlich angefallenen Daten und den Datenträger zu löschen und die Unterlagen, soweit sie nicht für ein mit dem Sachverhalt zusammenhängendes Verfahren erforderlich sind, unverzüglich zu vernichten. ²Über die getroffenen Maßnahmen ist eine Niederschrift anzufertigen. ³Diese Niederschrift ist gesondert aufzubewahren, durch technische

und organisatorische Maßnahmen zu sichern und am Ende des Kalenderjahres, das dem Jahr der Vernichtung der Unterlagen nach Satz 1 folgt, zu vernichten.
(4) [1]Die Maßnahme nach Absatz 1 bedarf der schriftlich begründeten Anordnung durch den Behördenleiter oder seinen Stellvertreter und der Zustimmung des für öffentliche Sicherheit und Ordnung zuständigen Ministers, im Falle seiner Verhinderung der des Staatssekretärs. [2]Von der Maßnahme ist der Landesbeauftragte für den Datenschutz unverzüglich zu unterrichten.
(5) [1]Personen, gegen die nach Abschluss des Abgleichs weitere Maßnahmen durchgeführt werden, sind hierüber durch die Polizei zu benachrichtigen, sobald dies ohne Gefährdung des Zweckes der weiteren Datenverwendung erfolgen kann. [2]§ 17 Abs. 7 gilt entsprechend.
(6) Die Landesregierung berichtet dem Landtag zum 1. Juni eines jeden Jahres, erstmals im Jahre 2004, über abgeschlossene Maßnahmen.

### § 32 Anbietungspflicht

[1]Vor der Löschung oder Vernichtung von Dateisystemen oder Akten, die personenbezogene Daten enthalten, bei denen nach einer zu einer bestimmten Frist vorzunehmenden Überprüfung oder aus Anlass einer Einzelfallbearbeitung festgestellt wird, dass ihre Kenntnis für die verantwortliche Stelle zur Erfüllung der in ihrer Zuständigkeit liegenden Aufgaben nicht mehr erforderlich ist, sind diese nach Maßgabe des Archivgesetzes Sachsen-Anhalt dem zuständigen öffentlichen Archiv anzubieten und zu übergeben. [2]Solange eine fristgerechte Entscheidung über die Archivwürdigkeit aussteht, dürfen die angebotenen Akten und Dateisysteme nur nach Maßgabe des Archivgesetzes Sachsen-Anhalt oder zur Abwehr einer gegenwärtigen Gefahr für Leib, Leben oder Freiheit einer Person genutzt werden.

### § 32a Aussonderungsprüffristen und Löschfristen

(1) [1]Die Polizei prüft nach § 31 des Datenschutzrichtlinienumsetzungsgesetzes Sachsen-Anhalt bei der Einzelfallbearbeitung und nach festgesetzten Fristen, ob gespeicherte personenbezogene Daten zu berichtigen oder zu löschen sind. [2]Die Aussonderungsprüffristen nach § 31 Abs. 4 des Datenschutzrichtlinienumsetzungsgesetzes Sachsen-Anhalt dürfen bei im Informationssystem der Polizei verarbeiteten personenbezogenen Daten bei Erwachsenen zehn Jahre, bei Jugendlichen fünf Jahre und bei Kindern zwei Jahre nicht überschreiten, wobei nach Zweck der Speicherung sowie Art und Schwere des Sachverhalts zu unterscheiden ist. [3]Die Beachtung der Aussonderungsprüffristen ist durch geeignete technische Vorkehrungen zu gewährleisten.
(2) [1]In den Fällen des § 23 Abs. 6 dürfen die Aussonderungsprüffristen bei Erwachsenen fünf Jahre und bei Jugendlichen drei Jahre nicht überschreiten. [2]Personenbezogene Daten der in § 23 Abs. 6 Satz 1 Nrn. 1 bis 4 bezeichneten Personen können ohne Zustimmung der betroffenen Person nur für die Dauer eines Jahres gespeichert werden. [3]Die Speicherung für jeweils ein weiteres Jahr ist zulässig, soweit die Voraussetzungen des § 23 Abs. 6 weiterhin vorliegen. [4]Die maßgeblichen Gründe für die Aufrechterhaltung der Speicherung nach Satz 3 sind aktenkundig zu machen. [5]Die Speicherung nach Satz 2 darf jedoch insgesamt drei Jahre und bei der Verhütung und Verfolgung von Straftaten nach § 129a, auch in Verbindung mit § 129b Abs. 1 des Strafgesetzbuchs sowie nach den §§ 6 bis 13 des Völkerstrafgesetzbuchs fünf Jahre nicht überschreiten.
(3) Die Fristen für die in den Absätzen 1 und 2 geregelten Fälle beginnen mit dem Tag, an dem das letzte Ereignis eingetreten ist, das zur Speicherung der Daten geführt hat, jedoch nicht vor Entlassung der betroffenen Person aus einer Justizvollzugsanstalt oder Beendigung einer mit Freiheitsentziehung verbundenen Maßregel der Besserung und Sicherung.
(4) In den in Absatz 1 geregelten Fällen kann die Speicherung über die in Absatz 1 Satz 2 genannten Fristen hinaus auch allein für Zwecke der Vorgangsverwaltung aufrechterhalten werden, sofern dies erforderlich ist; in diesem Falle können die Daten nur noch für diesen Zweck oder zur Behebung einer bestehenden Beweisnot verwendet werden.

### § 32b Berichtigung personenbezogener Daten sowie Einschränkung der Verarbeitung in Akten sowie Vernichtung von Akten

(1) [1]Stellt die Polizei die Unrichtigkeit personenbezogener Daten in Akten fest, ist die Berichtigungspflicht nach § 31 Abs. 1 des Datenschutzrichtlinienumsetzungsgesetzes Sachsen-Anhalt dadurch zu erfüllen, dass dies in der Akte vermerkt oder auf sonstige Weise festgehalten wird. [2]Bestreitet die betroffene Person die Richtigkeit sie betreffender personenbezogener Daten und lässt sich weder die

Richtigkeit noch die Unrichtigkeit feststellen, sind die Daten entsprechend zu kennzeichnen, um eine Verarbeitungseinschränkung nach § 14 Abs. 1 Satz 3 des Datenschutzrichtlinienumsetzungsgesetzes Sachsen-Anhalt zu ermöglichen.
(2) ¹Die Polizei hat die Verarbeitung personenbezogener Daten in Akten einzuschränken, wenn
1. die Verarbeitung unzulässig ist oder
2. aus Anlass einer Einzelfallbearbeitung festgestellt wird, dass die Kenntnis der Daten zur Erfüllung der der Polizei obliegenden Aufgaben nicht mehr erforderlich ist oder eine Löschungsverpflichtung nach § 32a besteht.
²Die Akte ist zu vernichten, wenn sie insgesamt zur Erfüllung der Aufgaben der Polizei nicht mehr erforderlich ist. ³Die Vernichtung unterbleibt, wenn
1. Grund zu der Annahme besteht, dass andernfalls schutzwürdige Interessen der betroffenen Person beeinträchtigt würden, oder
2. die personenbezogenen Daten für Zwecke eines gerichtlichen Verfahrens weiter aufbewahrt werden müssen.
⁴In diesen Fällen ist die Verarbeitung der Daten einzuschränken und sind die Unterlagen mit einem entsprechenden Einschränkungsvermerk zu versehen.
(3) In ihrer Verarbeitung eingeschränkte Daten dürfen nur für den Zweck verarbeitet werden, für den die Vernichtung der Akte unterblieben ist; sie dürfen auch verarbeitet werden, wenn dies zur Behebung einer bestehenden Beweisnot unerlässlich ist oder die betroffene Person einwilligt.
(4) § 31 Abs. 4 und 5 des Datenschutzrichtlinienumsetzungsgesetzes Sachsen-Anhalt gilt entsprechend.

### § 32c Rechte der betroffenen Person bei der Verarbeitung personenbezogener Daten

(1) ¹Über die in den §§ 13 und 14 des Datenschutzrichtlinienumsetzungsgesetzes Sachsen-Anhalt enthaltenen Rechte der betroffenen Person hinaus gilt für die Verarbeitung im polizeilichen Informationssystem die Besonderheit, dass bei Daten, die dort verarbeitet werden, das Landeskriminalamt die Auskunft nach § 13 des Datenschutzrichtlinienumsetzungsgesetzes Sachsen-Anhalt im Einvernehmen mit der Stelle, die die datenschutzrechtliche Verantwortung trägt, erteilt. ²Bei der Berichtigung, Löschung und Verarbeitungseinschränkung personenbezogener Daten findet Satz 1 entsprechende Anwendung bei Daten, die im polizeilichen Informationssystem verarbeitet werden.
(2) ¹Sind die Daten der betroffenen Person im polizeilichen Informationssystem gespeichert und ist die betroffene Person nicht in der Lage festzustellen, welche Stelle die Daten gespeichert hat, so kann sie sich zur Geltendmachung ihrer Rechte an das Landeskriminalamt wenden. ²Dieses ist verpflichtet, das Vorbringen der betroffenen Person an die Stelle, die die Daten gespeichert hat, weiterzuleiten. ³Die betroffene Person ist über die Weiterleitung und jene Stelle zu unterrichten. ⁴Das Landeskriminalamt kann statt der betroffenen Person den Landesbeauftragten für den Datenschutz unterrichten. ⁵Das weitere Verfahren richtet sich nach § 13 Abs. 7 Satz 3 und 6 des Datenschutzrichtlinienumsetzungsgesetzes Sachsen-Anhalt.
(3) ¹Bei der Datenverarbeitung im polizeilichen Informationssystem gilt das Landeskriminalamt gegenüber einer betroffenen Person als allein Verantwortlicher im Sinne von § 39 Abs. 1 des Datenschutzrichtlinienumsetzungsgesetzes Sachsen-Anhalt. ²§ 39 Abs. 3 des Datenschutzrichtlinienumsetzungsgesetzes Sachsen-Anhalt ist nicht anzuwenden.

### § 33 Unterbrechung und Verhinderung von Kommunikationsverbindungen

(1) ¹Die Polizei kann von jedem Diensteanbieter im Sinne von § 3 Nr. 6 des Telekommunikationsgesetzes verlangen, Kommunikationsverbindungen zu unterbrechen oder zu verhindern, wenn dies zur Abwehr einer gegenwärtigen Gefahr für den Bestand oder die Sicherheit des Bundes oder eines Landes oder für Leib, Leben oder Freiheit einer Person erforderlich ist. ²Die Unterbrechung oder Verhinderung der Kommunikation ist unverzüglich herbeizuführen und für die Dauer der Anordnung aufrechtzuerhalten.
(2) Unter den Voraussetzungen des Absatzes 1 kann die Polizei technische Mittel einsetzen, um Kommunikationsverbindungen zu unterbrechen oder zu verhindern.
(3) ¹Kommunikationsverbindungen Dritter dürfen unter den Voraussetzungen des Absatzes 1 nur unterbrochen oder verhindert werden, wenn dies nach den Umständen unvermeidbar ist. ²Örtlichen Bereich, Zeit und Umfang der Maßnahmen ordnet der Behördenleiter oder ein von ihm Beauftragter an.

³Die Polizei beantragt unverzüglich eine richterliche Bestätigung über die Fortdauer der Kommunikationsverbindungsunterbrechung oder -verhinderung. ⁴Die Anordnung tritt außer Kraft, wenn nicht binnen zwei Tagen vom Richter die Fortdauer der Maßnahme bestätigt wird. ⁵Zuständig ist das Amtsgericht, in dessen Bezirk die antragstellende Polizeidienststelle ihren Sitz hat. ⁶Für das gerichtliche Verfahren gelten die Vorschriften des Gesetzes über das Verfahren in Familiensachen und in den Angelegenheiten der freiwilligen Gerichtsbarkeit entsprechend. ⁷Zielte die Maßnahme auf die Unterbrechung oder Verhinderung bestimmter Kommunikationsverbindungen, findet § 17 Abs. 7 entsprechend Anwendung.

(4) Für die Entschädigung oder Vergütung der Diensteanbieter ist § 23 des Justizvergütungs- und -entschädigungsgesetzes entsprechend anzuwenden.

### § 34 (weggefallen)

### § 35 Vorladung

(1) ¹Die Sicherheitsbehörden und die Polizei können eine Person schriftlich oder mündlich vorladen, wenn Tatsachen die Annahme rechtfertigen, dass die Person sachdienliche Angaben machen kann, die für die Erfüllung einer bestimmten sicherheitsbehördlichen oder polizeilichen Aufgabe erforderlich sind. ²Die Polizei kann eine Person ferner schriftlich oder mündlich vorladen, wenn dies zur Durchführung erkennungsdienstlicher Maßnahmen erforderlich ist.

(2) ¹Bei der Vorladung soll deren Grund angegeben werden. ²Bei der Festsetzung des Zeitpunkts soll auf den Beruf und die sonstigen Lebensverhältnisse der Person Rücksicht genommen werden.

(3) Leistet eine betroffene Person der Vorladung ohne hinreichenden Grund keine Folge, so kann sie zwangsweise durchgesetzt werden,
1. wenn ihre Angaben zur Abwehr einer Gefahr für Leib, Leben oder Freiheit einer Person erforderlich sind, oder
2. zur Durchführung erkennungsdienstlicher Maßnahmen.

(4) ¹Die zwangsweise Vorführung darf außer bei Gefahr im Verzuge nur durch den Richter angeordnet werden. ²Für das Verfahren gilt § 38 Abs. 2 Satz 1 und 2 mit der Maßgabe, dass das Amtsgericht zuständig ist, in dessen Bezirk die Sicherheitsbehörde oder die Polizei ihren Sitz hat.

(5) Für die Entschädigung oder Vergütung von Personen, die auf Vorladung als Zeugen erscheinen oder die als Sachverständige, Dolmetscher, Übersetzer oder Dritte im Sinne des § 23 des Justizvergütungs- und -entschädigungsgesetzes herangezogen werden, gilt das Justizvergütungs- und -entschädigungsgesetz entsprechend.

### § 35a Meldeauflage

¹Die Polizei kann gegenüber einer Person schriftlich anordnen, sich an bestimmten Tagen zu bestimmten Zeiten bei einer bestimmten Polizeidienststelle zu melden (Meldeauflage), wenn Tatsachen die Annahme rechtfertigen, dass die Person eine Straftat begehen wird und die Meldeauflage zur vorbeugenden Bekämpfung dieser Straftat erforderlich ist. ²§ 35 Abs. 2 Satz 2 findet Anwendung. ³Die Meldeauflage ist auf höchstens einen Monat zu befristen. ⁴Eine Verlängerung um jeweils nicht mehr als denselben Zeitraum ist zulässig, sofern die Voraussetzungen der Anordnung weiterhin vorliegen. ⁵Die Verlängerung der Maßnahme darf nur durch den Richter angeordnet werden. ⁶Für das gerichtliche Verfahren gelten die Vorschriften des Gesetzes über das Verfahren in Familiensachen und in den Angelegenheiten der freiwilligen Gerichtsbarkeit mit der Maßgabe entsprechend, dass das Amtsgericht zuständig ist, in dessen Bezirk die antragstellende Polizeidienststelle ihren Sitz hat.

### § 36 Platzverweisung

(1) ¹Die Sicherheitsbehörden und die Polizei können zur Abwehr einer Gefahr eine Person vorübergehend von einem Ort verweisen oder ihr vorübergehend das Betreten eines Ortes verbieten. ²Die Platzverweisung kann ferner gegen eine Person angeordnet werden, die den Einsatz der Feuerwehr oder andere Hilfs- oder Rettungsmaßnahmen behindert.

(2) ¹Rechtfertigen Tatsachen die Annahme, dass eine Person in einem bestimmten örtlichen Bereich eine Straftat begehen wird, so kann ihr von den Sicherheitsbehörden oder der Polizei für die zur Verhütung der Straftat erforderliche Zeit verboten werden, diesen Bereich zu betreten oder sich dort aufzuhalten, es sei denn, sie hat dort ihre Wohnung. ²Die Platzverweisung nach Satz 1 darf nicht mehr als zwölf Monate betragen. ³Örtlicher Bereich im Sinne des Satzes 1 ist ein Ort oder ein Gebiet in-

nerhalb einer Gemeinde oder auch ein gesamtes Gemeindegebiet. ⁴Absatz 3 sowie die Vorschriften des Versammlungsrechts bleiben unberührt.
(3) ¹Die Sicherheitsbehörden und die Polizei können eine Person bis zu einer richterlichen Entscheidung über zivilrechtliche Schutzmöglichkeiten ihrer Wohnung und des unmittelbar angrenzenden Bereichs verweisen, wenn dies erforderlich ist, um eine von ihr ausgehende gegenwärtige Gefahr für Leib, Leben oder Freiheit von Bewohnern derselben Wohnung abzuwehren. ²Unter den gleichen Voraussetzungen kann ein Betretungsverbot angeordnet werden. ³Eine Maßnahme nach Satz 1 oder 2 darf die Dauer von 14 Tagen nicht überschreiten.

### § 36a Aufenthaltsanordnung und Kontaktverbot

(1) ¹Zur Abwehr einer Gefahr für den Bestand oder die Sicherheit des Bundes oder eines Landes oder für Leib, Leben oder Freiheit einer Person kann das Landeskriminalamt einer Person untersagen, sich ohne Erlaubnis des Landeskriminalamtes von ihrem Wohn- oder Aufenthaltsort oder aus einem bestimmten Bereich zu entfernen (Aufenthaltsgebot) oder sich an bestimmten Orten aufzuhalten (Aufenthaltsverbot), wenn
1. bestimmte Tatsachen die Annahme rechtfertigen, dass diese Person in absehbarer Zeit auf eine zumindest ihrer Art nach konkretisierte Weise eine terroristische Straftat begehen wird, oder
2. das individuelle Verhalten dieser Person die konkrete Wahrscheinlichkeit begründet, dass sie in absehbarer Zeit eine terroristische Straftat begehen wird.
²§ 35 Abs. 2 Satz 2 findet Anwendung.
(2) Unter den Voraussetzungen des Absatzes 1 kann das Landeskriminalamt einer Person auch den Kontakt mit bestimmten Personen oder Personen einer bestimmten Gruppe untersagen (Kontaktverbot).
(3) Gegenüber einer Person,
1. der nach § 8 des Passgesetzes in Verbindung mit § 7 Abs. 1 Nr. 1 oder Nr. 10 des Passgesetzes der Pass entzogen wurde,
2. gegen die eine Anordnung nach § 6 Abs. 7 des Personalausweisgesetzes in Verbindung mit § 7 Abs. 1 Nr. 1 oder Nr. 10 des Passgesetzes ergangen ist oder
3. der die Ausreise nach § 46 Abs. 2 Satz 1 des Aufenthaltsgesetzes in Verbindung mit § 10 Abs. 1 Satz 1 und § 7 Abs. 1 Nr. 1 oder Nr. 10 des Passgesetzes untersagt wurde,
kann das Landeskriminalamt unter den Voraussetzungen des Absatzes 1 ein Aufenthaltsverbot für bestimmte Verkehrsanlagen anordnen, in denen eine Ausreise in das Ausland möglich ist, sofern konkrete Tatsachen die Annahme rechtfertigen, dass diese Person das Ausreiseverbot nicht beachten wird.
(4) ¹Maßnahmen nach den Absätzen 1 bis 3 dürfen außer bei Gefahr im Verzuge nur durch den Richter angeordnet werden. ²Zuständig ist das Amtsgericht, in dessen Bezirk das Landeskriminalamt seinen Sitz hat. ³Für das gerichtliche Verfahren gelten die Vorschriften des Gesetzes über das Verfahren in Familiensachen und in den Angelegenheiten der freiwilligen Gerichtsbarkeit entsprechend. ⁴Die Rechtsbeschwerde ist ausgeschlossen. ⁵Die Anordnung der Maßnahme bei Gefahr im Verzuge erfolgt durch den Behördenleiter oder einen von ihm Beauftragten. ⁶Die Anordnung tritt außer Kraft, wenn nicht binnen zwei Tagen vom Richter die Fortdauer der Maßnahme bestätigt wird. ⁷Ein Rechtsbehelf gegen eine Anordnung des Landeskriminalamtes hat keine aufschiebende Wirkung.
(5) Im Antrag an das Gericht sind anzugeben:
1. die Person, gegen die sich die Maßnahme richtet, mit Name und Anschrift,
2. Art, Umfang und Dauer der Maßnahme einschließlich
    a) im Fall des Aufenthaltsgebots eine Bezeichnung der Orte, von denen sich die Person ohne Erlaubnis des Landeskriminalamtes nicht entfernen darf, oder im Fall des Aufenthaltsverbots eine Bezeichnung der Orte, an denen sich die Person ohne Erlaubnis des Landeskriminalamtes nicht aufhalten darf,
    b) im Fall des Kontaktverbots die Personen oder die Gruppe, mit denen oder mit der der betroffenen Person der Kontakt untersagt ist, soweit möglich mit Name und Anschrift,
3. der Sachverhalt und
4. eine Begründung.

(6) ¹In der Anordnung sind anzugeben:
1. die Person, gegen die sich die Maßnahme richtet, mit Name und Anschrift,
2. Art, Umfang und Dauer der Maßnahme, einschließlich
   a) im Fall des Aufenthaltsgebots eine Bezeichnung der Orte, von denen sich die Person ohne Erlaubnis des Landeskriminalamtes nicht entfernen darf, oder im Fall des Aufenthaltsverbots eine Bezeichnung der Orte, an denen sich die Person ohne Erlaubnis des Landeskriminalamtes nicht aufhalten darf,
   b) im Fall des Kontaktverbots die Personen oder die Gruppe, mit denen oder mit der der betroffenen Person der Kontakt untersagt ist, soweit möglich mit Name und Anschrift, sowie
3. die wesentlichen Gründe.

²Die Anordnung ergeht schriftlich.

(7) ¹Aufenthaltsgebote und Aufenthaltsverbote sowie Kontaktverbote sind auf den zur Abwehr einer Gefahr für den Bestand oder die Sicherheit des Bundes oder eines Landes oder für Leib, Leben oder Freiheit einer Person erforderlichen Umfang zu beschränken. ²Sie sind auf höchstens drei Monate zu befristen. ³Eine Verlängerung um jeweils nicht mehr als drei Monate ist möglich, soweit ihre Voraussetzungen fortbestehen; die Absätze 4 bis 6 gelten entsprechend. ⁴Liegen die Voraussetzungen nicht mehr vor, ist die Maßnahme unverzüglich zu beenden.

### § 36b  Überwachung von Aufenthaltsanordnungen und Kontaktverboten
¹Das Landeskriminalamt kann vollzieh- oder vollstreckbare Aufenthaltsgebote, Aufenthaltsverbote oder Kontaktverbote durch die Erhebung von Telekommunikations- oder Telemedienbestandsdaten oder Telekommunikationsinhalten oder -umständen überwachen, sofern tatsächliche Anhaltspunkte die Annahme rechtfertigen, dass die betroffene Person ohne die Überwachung den vorgenannten Ge- oder Verboten zuwiderhandeln wird. ²§ 17a Abs. 1 und 3, § 17b Abs. 1 bis 3, 5 und 6 sowie § 36a Abs. 4 bis 7 gelten entsprechend.

### § 36c  ¹⁾ *[aufgehoben]*

### § 37  Gewahrsam
(1) Die Polizei kann eine Person in Gewahrsam nehmen, wenn dies
1. zum Schutz der Person gegen eine Gefahr für Leib oder Leben erforderlich ist, insbesondere bei einer hilflosen Person,
2. unerlässlich ist, um die unmittelbar bevorstehende Begehung oder Fortsetzung einer Straftat oder einer Ordnungswidrigkeit von erheblicher Bedeutung für die Allgemeinheit zu verhindern; die Annahme, dass eine Person eine solche Tat begehen oder zu ihrer Begehung beitragen wird, kann sich insbesondere darauf stützen, dass
   a) sie die Begehung der Tat angekündigt oder dazu aufgefordert hat oder Transparente oder sonstige Gegenstände mit einer solchen Aufforderung mit sich führt; dieses gilt auch für Flugblätter solchen Inhalts, soweit sie in einer Menge mitgeführt werden, die zur Verteilung geeignet ist, oder
   b) bei ihr Waffen, Werkzeuge oder sonstige Gegenstände aufgefunden werden, die ersichtlich zur Tatbegehung bestimmt sind oder erfahrungsgemäß bei derartigen Taten verwendet werden, oder ihre Begleitperson solche Gegenstände mit sich führt und sie den Umständen nach hiervon Kenntnis haben musste, oder
   c) sie bereits in der Vergangenheit mehrfach aus vergleichbarem Anlass bei der Begehung von Straftaten oder Ordnungswidrigkeiten von erheblicher Bedeutung für die Allgemeinheit als Störer betroffen worden ist und nach den Umständen eine Wiederholung dieser Verhaltensweise zu erwarten ist, oder
3. unerlässlich ist, um eine Platzverweisung nach § 36 durchzusetzen.

(2) Die Polizei kann Minderjährige, die sich der Obhut der Sorgeberechtigten entzogen haben, in Gewahrsam nehmen, um sie den Sorgeberechtigten oder dem Jugendamt zuzuführen.

(3) Die Polizei kann eine Person, die aus dem Vollzug von Untersuchungshaft, Freiheitsstrafen oder freiheitsentziehenden Maßregeln der Besserung und Sicherung oder einer sonstigen durch richterliche Entscheidung angeordneten oder genehmigten Freiheitsentziehung entwichen ist, oder sich sonst ohne

---
1) § 36c ist gem. § 111 Abs. 2 am 1.1.2021 außer Kraft getreten.

Erlaubnis außerhalb der Einrichtung aufhält, in Gewahrsam nehmen und in die Einrichtung zurückbringen.

### § 38 Richterliche Entscheidung

(1) [1]Wird eine Person auf Grund § 20 Abs. 4, § 30 Abs. 1 Satz 4 oder § 37 festgehalten, hat die Polizei unverzüglich eine richterliche Entscheidung über Zulässigkeit und Fortdauer der Freiheitsentziehung herbeizuführen. [2]Der Herbeiführung der richterlichen Entscheidung bedarf es nicht, wenn anzunehmen ist, dass die Entscheidung des Richters erst nach Wegfall des Grundes der polizeilichen Maßnahme ergehen würde.

(2) [1]Das Verfahren richtet sich nach den Vorschriften des Buches 7 des Gesetzes über das Verfahren in Familiensachen und in den Angelegenheiten der freiwilligen Gerichtsbarkeit. [2]Für die Gerichtskosten gelten, soweit nichts anderes bestimmt ist, die Vorschriften über die Kostenerhebung in Angelegenheiten der freiwilligen Gerichtsbarkeit entsprechend. [3]Die richterliche Entscheidung kann ohne persönliche Anhörung der in Gewahrsam genommenen Person ergehen, wenn diese rauschbedingt außerstande ist, den Gegenstand der persönlichen Anhörung durch das Gericht ausreichend zu erfassen und in der Anhörung zur Feststellung der entscheidungserheblichen Tatsachen beizutragen. [4]Sofern eine persönliche Anhörung durch das Gericht erforderlich ist, kann sie im Bereitschaftsdienst auch telefonisch durchgeführt werden. [5]Die richterliche Entscheidung wird mit Erlass wirksam; sie bedarf zu ihrer Wirksamkeit nicht der Bekanntgabe an die in Gewahrsam genommene Person. [6]Die Entscheidung kann im Bereitschaftsdienst auch mündlich ergehen; in diesem Fall ist sie unverzüglich schriftlich niederzulegen und zu begründen. [7]Für die Beschwerde gelten die Vorschriften des Buches 1 Abschn. 5 Unterabschn. 1 des Gesetzes über das Verfahren in Familiensachen und in den Angelegenheiten der freiwilligen Gerichtsbarkeit entsprechend. [8]Dauert die Freiheitsentziehung länger als bis zum Ende des Tages nach dem Ergreifen, ist in den Fällen des Satzes 3 unverzüglich eine erneute richterliche Entscheidung herbeizuführen. [9]Ist eine Anhörung hierbei nicht möglich, hat sich das Gericht einen persönlichen Eindruck von der in Gewahrsam genommenen Person zu verschaffen.

### § 39 Behandlung festgehaltener Personen

(1) Wird eine Person auf Grund § 20 Abs. 4, § 30 Abs. 1 Satz 4 oder § 37 festgehalten, ist ihr unverzüglich der Grund bekanntzugeben.

(2) [1]Der festgehaltenen Person ist unverzüglich Gelegenheit zu geben, einen Angehörigen oder eine Person ihres Vertrauens zu benachrichtigen, soweit dadurch der Zweck der Freiheitsentziehung nicht gefährdet wird. [2]Unberührt bleibt die Benachrichtigungspflicht bei einer richterlichen Freiheitsentziehung. [3]Die Polizei soll die Benachrichtigung übernehmen, wenn die festgehaltene Person nicht in der Lage ist, von dem Recht nach Satz 1 Gebrauch zu machen und die Benachrichtigung ihrem mutmaßlichen Willen nicht widerspricht. [4]Ist die festgehaltene Person minderjährig oder ist für sie ein Betreuer bestellt, so ist in jedem Fall unverzüglich derjenige zu benachrichtigen, dem die Sorge für die Person oder die Betreuung der Person nach dem ihm übertragenen Aufgabengebiet obliegt.

(3) [1]Die festgehaltene Person soll gesondert, insbesondere ohne ihre Einwilligung nicht in demselben Raum mit Straf- oder Untersuchungsgefangenen oder solchen Personen, von denen Gefährdungen für Leib oder Leben für die festgehaltene Person zu besorgen sind, untergebracht werden. [2]Männer und Frauen sollen getrennt untergebracht werden. [3]Der festgehaltenen Person dürfen nur solche Beschränkungen auferlegt werden, die der Zweck der Freiheitsentziehung oder die Ordnung im Gewahrsam erfordert.

(4) [1]Die festgehaltene Person kann mittels Bildaufnahmen beobachtet werden, wenn tatsächliche Anhaltspunkte die Annahme rechtfertigen, dass diese Maßnahme zum Schutz der Person erforderlich ist. [2]Sie ist auf den Einsatz von Bildaufnahmegeräten hinzuweisen.

(5) Wird der Gewahrsam nach § 37 Abs. 1 im Wege der Amtshilfe in einer Justizvollzugsanstalt vollzogen, so gelten die §§ 171, 173 bis 175 und 178 Abs. 2 Satz 1 des Strafvollzugsgesetzes entsprechend.

### § 40 Dauer der Freiheitsentziehung

(1) Die festgehaltene Person ist zu entlassen,
1. sobald der Grund für die Maßnahme der Sicherheitsbehörde oder der Polizei weggefallen ist,
2. wenn die Fortdauer der Freiheitsentziehung durch richterliche Entscheidung für unzulässig erklärt wird oder

3. in jedem Fall spätestens bis zum Ende des Tages nach dem Ergreifen, wenn nicht vorher die Fortdauer der Freiheitsentziehung durch richterliche Entscheidung angeordnet ist. In der richterlichen Entscheidung ist die höchstzulässige Dauer der Freiheitsentziehung zu bestimmen; sie darf nicht mehr als vier Tage betragen.

(2) Eine Freiheitsentziehung zum Zwecke der Feststellung der Identität darf die Dauer von insgesamt zwölf Stunden nicht überschreiten.

### § 41 Durchsuchung und Untersuchung von Personen

(1) Die Sicherheitsbehörden und die Polizei können eine Person durchsuchen, wenn
1. Tatsachen die Annahme rechtfertigen, dass sie Sachen mit sich führt, die sichergestellt werden dürfen, oder
2. es sich um eine hilflose Person handelt.

(2) Die Polizei kann, außer in den Fällen des § 20 Abs. 4, eine Person durchsuchen, wenn sie
1. nach diesem Gesetz oder anderen Rechtsvorschriften festgehalten werden kann,
2. sich an einem der in § 20 Abs. 2 Nr. 1 genannten Orte aufhält,
3. sich in einem Objekt im Sinne des § 20 Abs. 2 Nr. 3 oder in dessen unmittelbarer Nähe aufhält und tatsächliche Anhaltspunkte die Annahme rechtfertigen, dass in oder an diesen Objekten Straftaten begangen werden sollen, durch die in oder an diesen Objekten befindliche Personen oder diese Objekte selbst unmittelbar gefährdet sind, und dies auf Grund der Gefährdungslage oder auf die Person bezogener Anhaltspunkte erforderlich ist,
4. nach Artikel 99 Abs. 1, 2, 3 und 5 Satz 1 des Schengener Durchführungsübereinkommens zur gezielten Kontrolle ausgeschrieben ist und tatsächliche Anhaltspunkte dafür vorliegen, dass die Maßnahme zur Abwehr einer Gefahr erforderlich ist, oder
5. sich im räumlichen Umfeld einer Person aufhält, die in besonderem Maße gefährdet erscheint und tatsächliche Anhaltspunkte die Maßnahme zum Schutz der Person rechtfertigen.

(3) [1]Die Polizei kann eine Person, deren Identität nach diesem Gesetz oder anderen Rechtsvorschriften festgestellt werden soll, nach Waffen, anderen gefährlichen Werkzeugen und Explosivmitteln durchsuchen, wenn dies nach den Umständen zum Schutz von Polizeibeamten oder Dritten gegen eine Gefahr für Leib oder Leben erforderlich ist. [2]Dasselbe gilt, wenn eine Person nach anderen Rechtsvorschriften vorgeführt oder zur Durchführung einer Maßnahme an einen anderen Ort gebracht werden soll.

(4) Personen dürfen nur von Personen gleichen Geschlechts oder Ärzten durchsucht werden; dies gilt nicht, wenn die sofortige Durchsuchung zum Schutz gegen eine Gefahr für Leib oder Leben erforderlich ist.

(5) [1]Bei Gefahr für Leib, Leben oder Freiheit einer Person kann diese körperlich untersucht werden. [2]Die körperliche Untersuchung darf außer bei Gefahr im Verzuge nur durch den Richter angeordnet werden. [3]Für das gerichtliche Verfahren gelten die Vorschriften des Gesetzes über das Verfahren in Familiensachen und in den Angelegenheiten der freiwilligen Gerichtsbarkeit mit der Maßgabe entsprechend, dass das Amtsgericht zuständig ist, in dessen Bezirk die antragstellende Polizeidienststelle ihren Sitz hat. [4]Bei Gefahr im Verzug darf die Anordnung auch durch die Polizei erfolgen. [5]Die körperliche Untersuchung darf nur von Ärzten durchgeführt werden.

(6) [1]Eine Person kann körperlich untersucht werden, wenn Tatsachen die Annahme rechtfertigen, dass von ihr eine Gefahr für Leib oder Leben einer anderen Person ausgegangen ist, weil es zu einer Übertragung besonders gefährlicher Krankheitserreger gekommen sein kann, die Kenntnis des Untersuchungsergebnisses zur Abwehr der Gefahr erforderlich ist und kein Nachteil für die Gesundheit der oder des Betroffenen zu befürchten ist. [2]Die Untersuchung darf nur durch den Richter angeordnet werden; Absatz 5 Satz 3 und 5 gilt entsprechend. [3]Eine Verwendung der Untersuchungsdaten ist nur für den in Satz 1 bezeichneten Zweck zulässig. [4]Die Untersuchungsdaten sind unverzüglich zu löschen, wenn sie zu dem in Satz 1 bezeichneten Zweck nicht mehr benötigt werden.

### § 42 Durchsuchung von Sachen

(1) Die Sicherheitsbehörden und die Polizei können eine Sache durchsuchen, wenn
1. sie von einer Person mitgeführt wird, die nach § 41 durchsucht werden darf,
2. Tatsachen die Annahme rechtfertigen, dass sich in ihr eine Person befindet, die widerrechtlich festgehalten wird oder hilflos ist, oder

3. Tatsachen die Annahme rechtfertigen, dass sich in ihr oder an ihr eine andere Sache befindet, die sichergestellt werden darf.

(2) ¹Die Polizei kann, außer in den Fällen des § 20 Abs. 4, eine Sache durchsuchen, wenn
1. Tatsachen die Annahme rechtfertigen, dass sich in ihr eine Person befindet, die in Gewahrsam genommen werden darf,
2. sie sich an einem der in § 20 Abs. 2 Nr. 1 genannten Orte befindet,
3. sie sich in einem Objekt im Sinne des § 20 Abs. 2 Nr. 3 oder in dessen unmittelbarer Nähe befindet und Tatsachen die Annahme rechtfertigen, dass in oder an diesen Objekten Straftaten begangen werden sollen, durch die in oder an diesen Objekten befindliche Personen oder diese Objekte selbst unmittelbar gefährdet sind und dies auf Grund der Gefährdungslage oder auf die Person bezogener Anhaltspunkte erforderlich ist,
4. es sich um ein Land-, Wasser- oder Luftfahrzeug handelt, in dem sich eine Person befindet, deren Identität an einer Kontrollstelle festgestellt werden darf, oder
5. es sich um ein Fahrzeug handelt, das nach Artikel 99 Abs. 1, 2, 3 und 5 Satz 1 des Schengener Durchführungsübereinkommens zur gezielten Kontrolle ausgeschrieben und tatsächliche Anhaltspunkte dafür vorliegen, dass die Durchsuchung zur Abwehr einer Gefahr erforderlich ist.

²In den Fällen des Satzes 1 Nrn. 4 und 5 kann sich die Durchsuchung auch auf die in oder an dem Fahrzeug befindlichen Sachen erstrecken.

(3) ¹Bei der Durchsuchung von Sachen hat der Inhaber der tatsächlichen Gewalt das Recht, anwesend zu sein. ²Ist er abwesend, so ist, wenn möglich, sein Vertreter oder ein anderer Zeuge hinzuzuziehen. ³Dem Inhaber der tatsächlichen Gewalt ist auf Verlangen eine Bescheinigung über die Durchsuchung und ihren Grund zu erteilen.

### § 43 Betreten und Durchsuchung von Wohnungen

(1) Die Wohnung umfasst die Wohn- und Nebenräume, Arbeits-, Betriebs- und Geschäftsräume sowie anderes befriedetes Besitztum, das mit diesen Räumen in Verbindung steht.

(2) Die Sicherheitsbehörden und die Polizei können eine Wohnung ohne Einwilligung des Inhabers betreten und durchsuchen, wenn
1. Tatsachen die Annahme rechtfertigen, dass sich in ihr eine Sache befindet, die nach § 45 Nr. 1 sichergestellt werden darf, oder
2. dies zur Abwehr einer gegenwärtigen Gefahr für Leib, Leben oder Freiheit einer Person oder für Sachen von bedeutendem Wert erforderlich ist.

(3) Die Polizei kann eine Wohnung ohne Einwilligung des Inhabers betreten und durchsuchen, wenn Tatsachen die Annahme rechtfertigen, dass sich in ihr eine Person aufhält, die nach § 35 Abs. 4 vorgeführt oder nach § 37 in Gewahrsam genommen werden darf.

(4) Rechtfertigen Tatsachen die Annahme, dass sich in einem Gebäude eine Person befindet, die widerrechtlich festgehalten wird oder hilflos ist und für die dadurch Gefahr für Leib oder Leben besteht, so kann die Polizei die in diesem Gebäude befindlichen Wohnungen ohne Einwilligung der Inhaber betreten und durchsuchen, wenn die Gefahr auf andere Weise nicht beseitigt werden kann.

(5) Während der Nachtzeit (§ 104 Abs. 3 der Strafprozessordnung) ist das Betreten und Durchsuchen einer Wohnung nur in den Fällen des Absatzes 2 Nr. 2 und des Absatzes 4 zulässig.

(6) ¹Wohnungen dürfen jedoch zum Zwecke der Abwehr dringender Gefahren jederzeit betreten werden, wenn auf Grund tatsächlicher Anhaltspunkte erfahrungsgemäß anzunehmen ist, dass dort
a) Personen Straftaten verabreden, vorbereiten oder verüben oder
b) sich Straftäter verbergen.

²Ist der Wohnungsinhaber abwesend, ist er über das Betreten in Kenntnis zu setzen, sobald dadurch der Zweck der Maßnahme nicht mehr gefährdet wird.

(7) Arbeits-, Betriebs- und Geschäftsräume sowie andere Räume und Grundstücke, die der Öffentlichkeit zugänglich sind oder zugänglich waren und den Anwesenden zum weiteren Aufenthalt zur Verfügung stehen, dürfen zum Zwecke der Gefahrenabwehr während der Arbeits-, Geschäfts- oder Aufenthaltszeit betreten werden.

### § 44 Verfahren bei der Durchsuchung von Wohnungen

(1) ¹Durchsuchungen dürfen, außer bei Gefahr im Verzuge, nur durch den Richter angeordnet werden. ²Zuständig ist das Amtsgericht, in dessen Bezirk die Wohnung liegt. ³Für das Verfahren gelten die

Vorschriften des Gesetzes über das Verfahren in Familiensachen und in den Angelegenheiten der freiwilligen Gerichtsbarkeit entsprechend.
(2) ¹Bei der Durchsuchung einer Wohnung hat der Wohnungsinhaber das Recht, anwesend zu sein. ²Ist er abwesend und ist seine Anwesenheit nicht ohne unverhältnismäßig hohen Aufwand herbeizuführen, so ist, wenn möglich, sein Vertreter oder ein erwachsener Angehöriger, ansonsten ein Hausgenosse oder Nachbar hinzuzuziehen.
(3) Dem Wohnungsinhaber oder seinem Vertreter ist der Grund der Durchsuchung unverzüglich bekanntzugeben, soweit dadurch der Zweck der Maßnahme nicht gefährdet wird.
(4) ¹Über die Durchsuchung ist eine Niederschrift zu fertigen. ²Sie muss die verantwortliche Behörde, den Grund, die Zeit, den Ort und das Ergebnis der Durchsuchung enthalten. ³Die Niederschrift ist von einem durchsuchenden Bediensteten und dem Wohnungsinhaber oder der hinzugezogenen Person zu unterzeichnen. ⁴Wird die Unterschrift verweigert, so ist hierüber ein Vermerk aufzunehmen. ⁵Dem Wohnungsinhaber oder seinem Vertreter ist auf Verlangen eine Durchschrift der Niederschrift auszuhändigen.
(5) ¹Ist die Anfertigung der Niederschrift oder die Aushändigung einer Durchschrift nach den besonderen Umständen des Falles nicht möglich oder würde sie den Zweck der Durchsuchung gefährden, so sind der betreffenden Person lediglich die Durchsuchung unter Angabe der verantwortlichen Behörde sowie Zeit und Ort der Durchsuchung schriftlich zu bestätigen. ²Ist der Zweck der Durchsuchung nicht mehr gefährdet, ist dem Wohnungsinhaber eine Durchschrift der Niederschrift nachzureichen.

## § 45 Sicherstellung
Sicherheitsbehörden und die Polizei können eine Sache sicherstellen,
1. um eine gegenwärtige Gefahr abzuwehren,
2. um den Eigentümer oder den rechtmäßigen Inhaber der tatsächlichen Gewalt vor Verlust oder Beschädigung einer Sache zu schützen,
3. wenn sie von einer Person mitgeführt wird, die nach diesem Gesetz oder anderen Rechtsvorschriften festgehalten wird, und sie oder ein anderer die Sache verwenden kann, um
    a) sich zu töten oder zu verletzen,
    b) Leben oder Gesundheit anderer zu schädigen,
    c) fremde Sachen zu beschädigen oder
    d) die Flucht zu ermöglichen oder zu erleichtern, oder
4. wenn tatsächliche Anhaltspunkte die Annahme rechtfertigen, dass sie zur Begehung einer Straftat oder Ordnungswidrigkeit gebraucht oder verwertet werden soll.

## § 46 Verwahrung
(1) ¹Sichergestellte Sachen sind in Verwahrung zu nehmen. ²Lässt die Beschaffenheit der Sachen dies nicht zu oder erscheint die Verwahrung bei der Sicherheitsbehörde oder der Polizei unzweckmäßig, so sind die Sachen auf andere geeignete Weise aufzubewahren oder zu sichern. ³In diesem Falle kann die Verwahrung auch einem Dritten übertragen werden.
(2) ¹Der betroffenen Person ist eine Bescheinigung auszustellen, die den Grund der Sicherstellung erkennen lässt und die sichergestellten Sachen bezeichnet. ²Kann nach den Umständen des Falles eine Bescheinigung nicht ausgestellt werden, so ist über die Sicherstellung eine Niederschrift aufzunehmen, die auch erkennen lässt, warum eine Bescheinigung nicht ausgestellt worden ist. ³Der Eigentümer oder der rechtmäßige Inhaber der tatsächlichen Gewalt ist unverzüglich zu unterrichten.
(3) ¹Wird eine sichergestellte Sache verwahrt, so hat die Sicherheitsbehörde oder die Polizei nach Möglichkeit Wertminderungen vorzubeugen. ²Dies gilt nicht, wenn die Sache durch einen Dritten auf Verlangen einer berechtigten Person verwahrt wird.
(4) Die verwahrten Sachen sind zu verzeichnen und so zu kennzeichnen, dass Verwechslungen vermieden werden.

## § 47 Verwertung, Unbrauchbarmachung und Vernichtung
(1) Die Verwertung einer sichergestellten Sache ist zulässig, wenn
1. ihr Verderb oder eine wesentliche Wertminderung droht,
2. ihre Verwahrung, Pflege oder Erhaltung mit unverhältnismäßig hohen Kosten oder mit unverhältnismäßig großen Schwierigkeiten verbunden ist,

3. sie in Folge ihrer Beschaffenheit nicht so verwahrt werden kann, dass weitere Gefahren für die öffentliche Sicherheit oder Ordnung ausgeschlossen sind,
4. sie nach einer Frist von einem Jahr nicht an einen Berechtigten herausgegeben werden kann, ohne dass die Voraussetzungen der Sicherstellung erneut eintreten würden, oder
5. der Berechtigte sie nicht innerhalb einer ausreichend bemessenen Frist abholt, obwohl ihm eine Mitteilung über die Frist mit dem Hinweis zugestellt worden ist, dass die Sache verwertet wird, wenn sie nicht innerhalb der Frist abgeholt wird.

(2) [1]Die betroffene Person, der Eigentümer und andere Personen, denen ein Recht an der Sache zusteht, sollen vor der Anordnung der Verwertung gehört werden. [2]Die Anordnung sowie Zeit und Ort der Verwertung sind ihnen mitzuteilen, soweit die Umstände und der Zweck der Maßnahmen es erlauben.
(3) [1]Die Sache wird durch öffentliche Versteigerung verwertet, § 383 Abs. 3 und § 979 Abs. 1 Satz 2 des Bürgerlichen Gesetzbuches gelten entsprechend. [2]Bleibt die Versteigerung erfolglos, erscheint sie von vornherein aussichtslos oder würden die Kosten der Versteigerung voraussichtlich den zu erwartenden Erlös übersteigen, so kann die Sache freihändig verkauft werden. [3]Lässt sich innerhalb angemessener Frist kein Käufer finden, so kann die Sache einem gemeinnützigen Zweck zugeführt werden.
(4) [1]Sichergestellte Sachen können unbrauchbar gemacht oder vernichtet werden, wenn
1. im Falle einer Verwertung die Gründe, die zu ihrer Sicherstellung berechtigen, fortbestehen oder Sicherstellungsgründe erneut entstehen würden oder
2. die Verwertung aus anderen Gründen nicht möglich ist.
[2]Absatz 2 gilt entsprechend.
(5) [1]Maßnahmen nach den Absätzen 2 bis 4 darf nur der Behördenleiter anordnen. [2]Er darf diese Befugnis übertragen.

### § 48 Herausgabe sichergestellter Sachen oder des Erlöses; Kosten

(1) [1]Sobald die Voraussetzungen für die Sicherstellung weggefallen sind, sind die Sachen an diejenige Person herauszugeben, bei der sie sichergestellt worden sind. [2]Ist die Herausgabe an sie nicht möglich, können sie an eine andere Person herausgegeben werden, die ihre Berechtigung glaubhaft macht. [3]Die Herausgabe ist ausgeschlossen, wenn dadurch erneut die Voraussetzungen für eine Sicherstellung eintreten würden.
(2) [1]Sind die Sachen verwertet worden, ist der Erlös herauszugeben. [2]Ist eine berechtigte Person nicht vorhanden oder nicht zu ermitteln, ist der Erlös nach den Vorschriften des Bürgerlichen Gesetzbuches zu hinterlegen. [3]Der Anspruch auf Herausgabe des Erlöses erlischt drei Jahre nach Ablauf des Jahres, in dem die Sache verwertet worden ist.
(3) [1]Die Kosten der Sicherstellung einschließlich der Kosten der Verwertung, Unbrauchbarmachung und Vernichtung sichergestellter Sachen fallen den nach den §§ 7 und 8 Verantwortlichen zur Last. [2]Mehrere Verantwortliche haften als Gesamtschuldner. [3]Es kann bestimmt werden, dass die betroffene Person die voraussichtlichen Kosten der Sicherstellung im Voraus zu zahlen hat. [4]Die Herausgabe der Sache kann von der Zahlung der Kosten oder der voraussichtlichen Kosten abhängig gemacht werden. [5]Ein Dritter, dem die Verwahrung übertragen worden ist, kann ermächtigt werden, Zahlungen der voraussichtlichen Kosten für die Sicherheitsbehörde oder die Polizei in Empfang zu nehmen. [6]Ist eine Sache verwertet worden, können die Kosten aus dem Erlös gedeckt werden. [7]Die Kosten können im Verwaltungsvollstreckungsverfahren beigetrieben werden.
(4) § 983 des Bürgerlichen Gesetzbuches bleibt unberührt.

### § 48a Zeugenschutz

Zur Abwehr einer erheblichen Gefahr für eine Person, bei der Maßnahmen nach dem Zeugenschutz-Harmonisierungsgesetz beendet wurden oder bei der erst nach rechtskräftigem Verfahrensabschluss Schutzmaßnahmen erforderlich werden, können zum Aufbau oder zur Aufrechterhaltung einer vorübergehend geänderten Identität Urkunden oder sonstige Dokumente hergestellt oder vorübergehend verändert sowie die geänderten Daten verarbeitet werden, wenn sich die Person für Schutzmaßnahmen eignet.

*Dritter Teil*
**Vollzug**

**§ 49 Verwaltungsvollzugsbeamte**
(1) ¹Die Sicherheitsbehörden vollziehen ihre Aufgaben grundsätzlich selbst. ²Hierzu haben Sie nach Maßgabe der in Absatz 2 genannten Verordnung Verwaltungsvollzugsbeamte zu bestellen.
(2) Das für öffentliche Sicherheit und Ordnung zuständige Ministerium wird ermächtigt, im Einvernehmen mit dem Fachministerium durch Verordnung zu regeln
1. die Aufgaben, für die die Sicherheitsbehörden Verwaltungsvollzugsbeamte zu bestellen haben;
2. die Aufgaben, für die die Sicherheitsbehörden über ihre Verpflichtung nach Nummer 1 hinaus berechtigt sind, Verwaltungsvollzugsbeamte zu bestellen;
3. die allgemeinen Voraussetzungen und das Verfahren für die Bestellung von Verwaltungsvollzugsbeamten sowie die Notwendigkeit der Bestätigung durch die Fachaufsichtsbehörde in bestimmten Fällen;
4. die Befugnisse (§§ 13 bis 48) und die Zwangsbefugnisse (§§ 53 bis 68), die die Verwaltungsvollzugsbeamten besitzen.

**§ 50 Vollzugshilfe**
(1) Die Polizei leistet anderen Behörden auf Ersuchen Vollzugshilfe, wenn unmittelbarer Zwang anzuwenden ist und die anderen Behörden nicht über die hierzu erforderlichen Dienstkräfte verfügen.
(2) Die Polizei ist nur für die Art und Weise der Durchführung verantwortlich.
(3) Die Verpflichtung zur Amtshilfe bleibt unberührt.

**§ 51 Verfahren bei Vollzugshilfeersuchen**
(1) Vollzugshilfeersuchen sind schriftlich zu stellen, sie haben den Grund und die Rechtsgrundlage der Maßnahme zu enthalten.
(2) ¹In Eilfällen kann das Ersuchen formlos gestellt werden. ²Es ist jedoch auf Verlangen unverzüglich schriftlich zu bestätigen.
(3) Die ersuchende Behörde ist von der Ausführung des Ersuchens zu unterrichten.

**§ 52 Vollzugshilfe bei Freiheitsentziehung**
(1) Hat das Vollzugshilfeersuchen eine Freiheitsentziehung zum Inhalt, so ist auch die richterliche Entscheidung über die Zulässigkeit der Freiheitsentziehung vorzulegen oder in dem Ersuchen zu bezeichnen.
(2) Ist eine vorherige richterliche Entscheidung nicht ergangen, so hat die Polizei die festgehaltene Person zu entlassen, wenn die ersuchende Behörde diese nicht übernimmt oder die richterliche Entscheidung nicht unverzüglich nachträglich beantragt.
(3) Die §§ 39 und 40 gelten entsprechend.

*Vierter Teil*
**Zwang**

*Erster Abschnitt*
**Erzwingung von Handlungen, Duldungen und Unterlassungen**

**§ 53 Zulässigkeit des Verwaltungszwanges**
(1) Der sicherheitsbehördliche oder polizeiliche Verwaltungsakt, der auf die Vornahme einer Handlung oder auf Duldung oder Unterlassung gerichtet ist, kann mit Zwangsmitteln durchgesetzt werden, wenn er unanfechtbar ist oder wenn ein Rechtsbehelf keine aufschiebende Wirkung hat.
(2) Der Verwaltungszwang kann ohne vorausgehenden sicherheitsbehördlichen oder polizeilichen Verwaltungsakt angewendet werden, wenn dies zur Abwehr einer Gefahr erforderlich ist, insbesondere weil Maßnahmen gegen Personen nach den §§ 7 bis 10 nicht oder nicht rechtzeitig möglich sind oder keinen Erfolg versprechen und die Sicherheitsbehörde oder die Polizei hierbei innerhalb ihrer Befugnisse handelt.
(3) ¹Für die Anwendung von Zwangsmitteln ist die Sicherheits- oder Polizeibehörde zuständig, die für den Erlass des Verwaltungsaktes zuständig ist. ²Soweit Verwaltungsakte von obersten Landesbehörden oder von besonderen Sicherheitsbehörden erlassen werden, wird das für öffentliche Sicherheit und

Ordnung zuständige Ministerium ermächtigt, im Einvernehmen mit dem Fachministerium durch Verordnung die Zuständigkeit abweichend zu regeln.
(4) ¹Rechtsbehelfe gegen die selbständige Androhung und Festsetzung von Zwangsmitteln haben keine aufschiebende Wirkung. ²§ 80 Abs. 4 bis 8 der Verwaltungsgerichtsordnung ist entsprechend anzuwenden.

### § 54 Zwangsmittel
(1) Zwangsmittel sind:
1. Ersatzvornahme (§ 55),
2. Zwangsgeld (§ 56),
3. unmittelbarer Zwang (§ 58).

(2) Sie sind nach Maßgabe der §§ 59 und 63 anzudrohen.
(3) Die Zwangsmittel können auch neben einer Strafe oder Geldbuße angewandt und solange wiederholt und gewechselt werden, bis der Verwaltungsakt befolgt worden ist oder sich auf andere Weise erledigt hat.

### § 55 Ersatzvornahme → § 59 Abs. 4
(1) ¹Wird die Verpflichtung, eine Handlung vorzunehmen, deren Vornahme durch einen anderen möglich ist (vertretbare Handlung), nicht erfüllt, so können die Sicherheitsbehörden und die Polizei auf Kosten der betroffenen Person die Handlung selbst oder durch einen beauftragten Dritten ausführen. ²Soweit Sachen in Verwahrung genommen werden, gelten die §§ 46 bis 48 entsprechend.
(2) ¹Es kann bestimmt werden, dass die betroffene Person die voraussichtlichen Kosten der Ersatzvornahme im Voraus zu zahlen hat. ²Zahlt die betroffene Person die Kosten der Ersatzvornahme nicht fristgerecht, so können sie im Verwaltungsvollstreckungsverfahren beigetrieben werden. ³Die Beitreibung der voraussichtlichen Kosten unterbleibt, sobald die betroffene Person die gebotene Handlung ausführt.

### § 56 Zwangsgeld → § 59 Abs. 5
(1) Zwangsgeld wird von der Sicherheitsbehörde oder der Polizei auf mindestens fünf und höchstens 500 000 Euro schriftlich festgesetzt.
(2) Mit der Festsetzung des Zwangsgeldes ist der betroffenen Person eine angemessene Frist zur Zahlung einzuräumen.
(3) ¹Zahlt die betroffene Person das Zwangsgeld nicht fristgerecht, so wird es im Verwaltungsvollstreckungsverfahren beigetrieben. ²Die Beitreibung unterbleibt, sobald die betroffene Person die gebotene Handlung ausführt oder die zu duldende Maßnahme gestattet.

### § 57 Ersatzzwangshaft
(1) ¹Ist das Zwangsgeld uneinbringlich, so kann das Verwaltungsgericht auf Antrag der Sicherheitsbehörde oder der Polizei Ersatzzwangshaft anordnen, wenn bei Androhung des Zwangsgeldes hierauf hingewiesen worden ist. ²Die Ersatzzwangshaft beträgt mindestens einen Tag, höchstens sechs Monate.
(2) Die Ersatzzwangshaft ist auf Antrag der Sicherheitsbehörde oder der Polizei von der Justizverwaltung nach den Bestimmungen der § 802g Abs. 2 und § 802h der Zivilprozessordnung zu vollstrecken.

### § 58 Unmittelbarer Zwang
(1) Unmittelbarer Zwang ist die Einwirkung auf Personen oder Sachen durch körperliche Gewalt, durch ihre Hilfsmittel und durch Waffen.
(2) Körperliche Gewalt ist jede unmittelbare körperliche Einwirkung auf Personen oder Sachen.
(3) Hilfsmittel der körperlichen Gewalt sind insbesondere Fesseln, Wasserwerfer, technische Sperren, Diensthunde, Dienstpferde, Dienstfahrzeuge, Reiz- und Betäubungsstoffe sowie zum Sprengen bestimmte explosionsfähige Stoffe (Sprengmittel).
(4) ¹Als Waffen sind Schlagstock, Pistole, Revolver, Gewehr und Maschinenpistole zugelassen. ²Zur Abwehr einer gegenwärtigen Gefahr für Leib oder Leben können erforderlichenfalls auch andere Waffen, die eine geringere Wirkung als Schusswaffen haben, eingesetzt werden.
(5) Wird die Bundespolizei im Land Sachsen-Anhalt zur Unterstützung der Polizei nach § 91 Abs. 3 Satz 1 in Verbindung mit § 91 Abs. 1 Satz 1 Nr. 2 in den Fällen des Artikels 35 Abs. 2 Satz 1 oder des

Artikels 91 Abs. 1 des Grundgesetzes eingesetzt, so dürfen von dieser nur die nach Absatz 4 zugelassenen Waffen eingesetzt werden.
(6) Die Sicherheitsbehörden oder die Polizei können unmittelbaren Zwang anwenden, wenn andere Zwangsmittel nicht in Betracht kommen oder keinen Erfolg versprechen oder unzweckmäßig sind.
(7) Unmittelbarer Zwang zur Abgabe einer Erklärung ist ausgeschlossen.
(8) ¹Unmittelbaren Zwang dürfen die Polizeibeamten, Verwaltungsvollzugsbeamten und sonstigen Personen, denen die Anwendung unmittelbaren Zwanges durch ein Gesetz oder auf Grund eines Gesetzes gestattet ist, anwenden, wenn sie hierzu ermächtigt sind. ²Die Ermächtigung zum Gebrauch von Maschinenpistolen und Sprengmitteln darf nur Polizeibeamten, die Ermächtigung zum Gebrauch anderer Waffen im Sinne von Absatz 4 nur Polizeibeamten, Forstbeamten, bestätigten Jagdaufsehern oder Personen erteilt werden, denen der Gebrauch solcher Waffen durch ein Gesetz oder auf Grund eines Gesetzes gestattet ist. ³Zuständig für die Erteilung der Ermächtigung sind das für öffentliche Sicherheit und Ordnung zuständige Ministerium im Einvernehmen mit dem Fachministerium oder die von ihnen bestimmten Stellen.

### § 59 Androhung der Zwangsmittel

(1) ¹Zwangsmittel sind anzudrohen. ²Die Androhung soll möglichst schriftlich erfolgen. ³Der betroffenen Person ist in der Androhung zur Erfüllung der Verpflichtung eine angemessene Frist zu bestimmen; eine Frist braucht nicht bestimmt zu werden, wenn eine Duldung oder Unterlassung erzwungen werden soll. ⁴Von der Androhung kann abgesehen werden, wenn die Umstände sie nicht zulassen, insbesondere wenn die sofortige Anwendung des Zwangsmittels zum Zwecke der Gefahrenabwehr notwendig ist.
(2) ¹Die Androhung kann mit dem sicherheitsbehördlichen oder polizeilichen Verwaltungsakt verbunden werden, durch den die Handlung, Duldung oder Unterlassung aufgegeben wird. ²Sie soll mit ihm verbunden werden, wenn ein Rechtsbehelf keine aufschiebende Wirkung hat.
(3) ¹Die Androhung muss sich auf bestimmte Zwangsmittel beziehen. ²Werden mehrere Zwangsmittel angedroht, so ist anzugeben, in welcher Reihenfolge sie angewandt werden sollen.
(4) Wird Ersatzvornahme angedroht, so sollen in der Androhung die voraussichtlichen Kosten angegeben werden.
(5) Das Zwangsgeld ist in bestimmter Höhe anzudrohen.
(6) ¹Die Androhung ist zuzustellen. ²Dies gilt auch dann, wenn sie mit dem zugrunde liegenden sicherheitsbehördlichen oder polizeilichen Verwaltungsakt verbunden ist und für diesen keine Zustellung vorgeschrieben ist.

*Zweiter Abschnitt*
**Ausübung unmittelbaren Zwanges**

### § 60 Rechtliche Grundlagen

(1) Für die Art und Weise der Anwendung unmittelbaren Zwanges gelten die §§ 61 bis 68 und, soweit sich aus diesen nicht Abweichendes ergibt, die übrigen Vorschriften dieses Gesetzes.
(2) Die zivil- und strafrechtlichen Wirkungen nach den Vorschriften über Notwehr und Notstand bleiben unberührt.

### § 61 Handeln auf Anordnung

(1) ¹Die zur Anwendung unmittelbaren Zwanges befugten Personen sind verpflichtet, unmittelbaren Zwang anzuwenden, der von einem Weisungsberechtigten angeordnet wird. ²Dies gilt nicht, wenn die Anordnung die Menschenwürde verletzt oder nicht zu dienstlichen Zwecken erteilt worden ist.
(2) ¹Eine Anordnung darf nicht befolgt werden, wenn dadurch eine Straftat begangen würde. ²Befolgt die zur Anwendung unmittelbaren Zwanges befugte Person die Anordnung trotzdem, so trifft sie eine Schuld nur, wenn sie erkennt oder wenn es nach den ihr bekannten Umständen offensichtlich ist, dass dadurch eine Straftat begangen wird.
(3) Bedenken gegen die Rechtmäßigkeit der Anordnung sind dem Anordnenden gegenüber vorzubringen, soweit dies nach den Umständen möglich ist.
(4) § 36 Abs. 2 und 3 des Beamtenstatusgesetzes ist nicht anzuwenden.

## § 62 Hilfeleistung für Verletzte

Wird unmittelbarer Zwang angewendet, ist Verletzten, soweit die Lage es zulässt, der nötige Beistand zu leisten und ärztliche Hilfe zu verschaffen.

## § 63 Androhung unmittelbaren Zwanges

(1) [1]Unmittelbarer Zwang ist vor seiner Anwendung anzudrohen. [2]Von der Androhung kann abgesehen werden, wenn die Umstände dies nicht zulassen, insbesondere wenn die sofortige Anwendung des Zwangsmittels zur Abwehr einer Gefahr notwendig ist. [3]Als Androhung des Schusswaffengebrauchs gilt auch die Abgabe eines Warnschusses.

(2) Schusswaffen dürfen nur dann ohne Androhung gebraucht werden, wenn dies zur Abwehr einer gegenwärtigen Gefahr für Leib oder Leben erforderlich ist.

(3) [1]Gegenüber einer Menschenmenge ist die Anwendung unmittelbaren Zwanges möglichst so rechtzeitig anzudrohen, dass sich Unbeteiligte noch entfernen können. [2]Der Gebrauch von Schusswaffen gegen Personen in einer Menschenmenge ist stets anzudrohen. [3]Die Androhung ist vor dem Gebrauch zu wiederholen.

(4) Die Anwendung von technischen Sperren und der Einsatz von Dienstpferden zu Absperrzwecken brauchen nicht angedroht zu werden.

## § 64 Fesselung von Personen

Eine Person, die nach diesem Gesetz oder anderen Rechtsvorschriften festgehalten wird, darf gefesselt werden, wenn Tatsachen die Annahme rechtfertigen, dass sie

1. Polizeibeamte oder Dritte angreifen, Widerstand leisten oder Sachen beschädigen wird,
2. fliehen wird oder befreit werden soll oder
3. sich töten oder verletzen wird.

## § 65 Allgemeine Vorschriften für den Schusswaffengebrauch

(1) [1]Schusswaffen dürfen nur gebraucht werden, wenn andere Maßnahmen des unmittelbaren Zwanges erfolglos angewendet worden sind oder offensichtlich keinen Erfolg versprechen. [2]Gegen Personen ist ihr Gebrauch nur zulässig, wenn der Zweck nicht durch Schusswaffengebrauch gegen Sachen erreicht werden kann.

(2) [1]Schusswaffen dürfen gegen Personen nur gebraucht werden, um angriffs- oder fluchtunfähig zu machen. [2]Ein Schuss, der mit an Sicherheit grenzender Wahrscheinlichkeit tödlich wirken wird, ist nur zulässig, wenn er das einzige Mittel zur Abwehr einer gegenwärtigen Lebensgefahr oder der gegenwärtigen Gefahr einer schwerwiegenden Verletzung der körperlichen Unversehrtheit ist.

(3) [1]Gegen Personen, die dem äußeren Eindruck nach noch nicht vierzehn Jahre alt sind, oder gegen erkennbar Schwangere dürfen Schusswaffen nicht gebraucht werden. [2]Dies gilt nicht, wenn der Schusswaffengebrauch das einzige Mittel zur Abwehr einer gegenwärtigen Lebensgefahr ist.

(4) [1]Der Schusswaffengebrauch ist unzulässig, wenn für den Polizeibeamten erkennbar Unbeteiligte mit hoher Wahrscheinlichkeit gefährdet werden. [2]Dies gilt nicht, wenn der Schusswaffengebrauch das einzige Mittel zur Abwehr einer gegenwärtigen Gefahr für Leib oder Leben ist.

## § 66 Schusswaffengebrauch gegen Personen

(1) Schusswaffen dürfen gegen Personen nur gebraucht werden,
1. um eine gegenwärtige Gefahr für Leib oder Leben abzuwenden,
2. um eine unmittelbar bevorstehende Begehung oder Fortsetzung eines Verbrechens oder eines Vergehens unter Anwendung oder Mitführung von Schusswaffen oder Explosivmitteln zu verhindern,
3. um eine Person anzuhalten, die sich der Festnahme oder Identitätsfeststellung durch Flucht zu entziehen versucht, wenn sie
    a) eines Verbrechens dringend verdächtig ist oder
    b) eines Vergehens dringend verdächtig ist und Tatsachen die Annahme rechtfertigen, dass sie Schusswaffen oder Explosivmittel mit sich führt,
4. zur Vereitelung der Flucht oder zur Ergreifung einer Person, die in amtlichem Gewahrsam zu halten oder ihm zuzuführen ist, auf Grund richterlicher Entscheidung wegen eines
    a) Verbrechens oder auf Grund des dringenden Verdachts eines Verbrechens oder
    b) Vergehens oder auf Grund des dringenden Verdachts eines Vergehens, sofern Tatsachen die Annahme rechtfertigen, dass sie Schusswaffen oder Explosivmittel mit sich führt, oder

5. um die gewaltsame Befreiung einer Person aus amtlichem Gewahrsam zu verhindern oder in sonstigen Fällen des § 96 Abs. 5 Satz 1 Nrn. 1 und 2 sowie Abs. 6 des Justizvollzugsgesetzbuches Sachsen-Anhalt.
(2) Schusswaffen dürfen nach Absatz 1 Nr. 4 nicht gebraucht werden, wenn es sich um den Vollzug eines Jugendarrestes oder eines Strafarrestes handelt oder wenn die Flucht aus einer offenen Anstalt verhindert werden soll.

### § 67 Schusswaffengebrauch gegen Personen in einer Menschenmenge

(1) [1]Der Schusswaffengebrauch gegen Personen in einer Menschenmenge ist unzulässig, wenn für den Polizeibeamten erkennbar Unbeteiligte mit hoher Wahrscheinlichkeit gefährdet werden. [2]Dies gilt nicht, wenn der Schusswaffengebrauch das einzige Mittel zur Abwehr einer gegenwärtigen Lebensgefahr ist.
(2) Unbeteiligte sind nicht Personen in einer Menschenmenge, die Gewalttaten begeht oder durch Handlungen erkennbar billigt oder unterstützt, wenn diese Personen sich aus der Menschenmenge trotz wiederholter Androhung nach § 63 Abs. 3 nicht entfernen, obwohl ihnen dieses möglich ist.

### § 68 Sprengmittel

Sprengmittel dürfen gegen Personen nicht angewandt werden.

### *Dritter Abschnitt*
### Kosten des Zwanges

### § 68a Kosten

Für Amtshandlungen nach dem Ersten und dem Zweiten Abschnitt des Vierten Teils dieses Gesetzes werden Kosten nach den §§ 74 bis 74b des Verwaltungsvollstreckungsgesetzes des Landes Sachsen-Anhalt erhoben.

### *Fünfter Teil*
### Schadensausgleich, Erstattungs- und Ersatzansprüche

### § 69 Zum Schadensausgleich verpflichtende Tatbestände

(1) [1]Erleidet jemand infolge einer rechtmäßigen Inanspruchnahme nach § 10 einen Schaden, so ist ihm ein angemessener Ausgleich zu gewähren. [2]Das Gleiche gilt, wenn jemand durch eine rechtswidrige Maßnahme der Sicherheitsbehörden oder der Polizei einen Schaden erleidet.
(2) Ein Ersatzanspruch besteht nicht, soweit die erforderliche Maßnahme zum Schutz der Person oder des Vermögens des Geschädigten getroffen worden ist.
(3) Der Ausgleich ist auch Personen zu gewähren, die mit Zustimmung der Sicherheitsbehörden oder der Polizei bei der Erfüllung von Aufgaben der Sicherheitsbehörden oder der Polizei freiwillig mitgewirkt oder Sachen zur Verfügung gestellt haben und dadurch einen Schaden erlitten haben.
(4) Weitergehende Ersatzansprüche, insbesondere aus Amtspflichtverletzung, bleiben unberührt.

### § 70 Art und Umfang des Schadensausgleichs

(1) [1]Der Ausgleich nach § 69 wird grundsätzlich nur für Vermögensschaden gewährt. [2]Für entgangenen Gewinn, der über den Ausfall des gewöhnlichen Verdienstes oder Nutzungsentgelts hinausgeht und für Nachteile, die nicht in unmittelbarem Zusammenhang mit der Maßnahme der Sicherheitsbehörde oder der Polizei stehen, ist ein Ausgleich nur zu gewähren, wenn und soweit dies zur Abwendung unbilliger Härten geboten erscheint.
(2) Bei einer Verletzung des Körpers, einer Beeinträchtigung der Gesundheit oder bei einer Freiheitsentziehung ist auch der Schaden, der nicht Vermögensschaden ist, angemessen auszugleichen.
(3) [1]Der Ausgleich wird in Geld gewährt. [2]Hat die zum Ausgleich verpflichtende Maßnahme die Aufhebung oder Minderung der Erwerbsfähigkeit oder eine Vermehrung der Bedürfnisse oder den Verlust oder die Beeinträchtigung eines Rechts auf Unterhalt zur Folge, so ist der Ausgleich durch Entrichtung einer Rente zu gewähren. [3]§ 760 des Bürgerlichen Gesetzbuches ist anzuwenden. [4]Statt der Rente kann eine Abfindung in Kapital verlangt werden, wenn ein wichtiger Grund vorliegt. [5]Der Anspruch wird nicht dadurch ausgeschlossen, dass ein anderer dem Geschädigten Unterhalt zu gewähren hat.

(4) Stehen dem Geschädigten Ansprüche gegen Dritte zu, so ist, soweit diese Ansprüche nach Inhalt und Umfang dem Ausgleichsanspruch entsprechen, der Ausgleich nur gegen Abtretung dieser Ansprüche zu gewähren.

(5) ¹Bei der Bemessung des Ausgleichs sind alle Umstände zu berücksichtigen, insbesondere Art und Vorhersehbarkeit des Schadens und ob der Geschädigte oder sein Vermögen durch die Maßnahme der Sicherheitsbehörde oder der Polizei geschützt worden ist. ²Hinsichtlich des Mitverschuldens des Geschädigten beim Entstehen des Schadens gilt § 254 des Bürgerlichen Gesetzbuches entsprechend.

### § 71 Ansprüche mittelbar Geschädigter

(1) Im Falle der Tötung sind im Rahmen des § 70 Abs. 5 die Kosten der Bestattung demjenigen auszugleichen, dem die Verpflichtung obliegt, diese Kosten zu tragen.

(2) ¹Stand der Getötete zur Zeit der Verletzung zu einem Dritten in einem Verhältnis, auf Grund dessen er diesem gegenüber kraft Gesetzes unterhaltspflichtig war oder unterhaltspflichtig werden konnte, und ist dem Dritten infolge der Tötung das Recht auf den Unterhalt entzogen, so kann der Dritte im Rahmen des § 70 Abs. 5 insoweit einen angemessenen Ausgleich verlangen, als der Getötete während der mutmaßlichen Dauer seines Lebens zur Gewährung des Unterhalts verpflichtet gewesen wäre. ²§ 70 Abs. 3 Satz 3 bis 5 ist entsprechend anzuwenden. ³Der Ausgleich kann auch dann verlangt werden, wenn der Dritte zur Zeit der Verletzung gezeugt, aber noch nicht geboren war.

### § 72 Verjährung des Ausgleichsanspruchs

(1) Der Anspruch auf den Ausgleich verjährt in drei Jahren.

(2) Die Vorschriften des Bürgerlichen Gesetzbuches hinsichtlich Beginn, Hemmung, Ablaufhemmung, Neubeginn und Rechtsfolgen der Verjährung gelten entsprechend.

(3) Artikel 229 § 6 des Einführungsgesetzes zum Bürgerlichen Gesetzbuche ist mit der Maßgabe entsprechend anzuwenden, dass an die Stelle des 1. Januar 2002 der 1. Juni 2010 und an die Stelle des 31. Dezember 2001 der 31. Mai 2010 tritt.

### § 73 Ausgleichspflichtiger; Erstattungsansprüche

(1) Ausgleichspflichtig ist die Körperschaft, in deren Dienst derjenige steht, der die Maßnahme getroffen hat (Anstellungskörperschaft).

(2) Hat er für die Behörde einer anderen Körperschaft gehandelt, so ist diese Körperschaft ausgleichspflichtig.

(3) Ist in den Fällen des Absatzes 2 ein Ausgleich nur wegen der Art und Weise der Durchführung der Maßnahme zu gewähren, so kann die ausgleichspflichtige Körperschaft von der Anstellungskörperschaft Erstattung ihrer Aufwendungen verlangen, es sei denn, dass sie selbst die Verantwortung für die Art und Weise der Durchführung trägt.

### § 74 Rückgriff gegen den Verantwortlichen

(1) Die nach § 73 ausgleichspflichtige Körperschaft kann von den nach §§ 7 oder 8 Verantwortlichen Ersatz ihrer Aufwendungen verlangen, wenn sie auf Grund des § 69 Abs. 1 Satz 1 oder Abs. 3 einen Ausgleich gewährt hat.

(2) Sind mehrere Personen nebeneinander verantwortlich, so haften sie als Gesamtschuldner.

### § 75 Rechtsweg

Für Ansprüche auf Schadensausgleich ist der ordentliche Rechtsweg, für die Ansprüche auf Erstattung und Ersatz von Aufwendungen nach § 73 Abs. 3 oder § 74 der Verwaltungsrechtsweg gegeben.

*Sechster Teil*
**Organisation der Polizei und der Sicherheitsbehörden**

*Erster Abschnitt*
**Polizei**

### § 76 Polizeibehörden, nachgeordnete Dienststellen

(1) Die Polizei ist eine Angelegenheit des Landes.

(2) Polizeibehörden sind:
1. die Polizeiinspektion Zentrale Dienste Sachsen-Anhalt,
2. die Polizeiinspektionen,

3. das Landeskriminalamt und
4. die vom für öffentliche Sicherheit und Ordnung zuständige Ministerium durch Verordnung bezeichneten Polizeidienststellen.
(3) Nachgeordnete Polizeidienststellen der Polizeiinspektionen sind die Polizeireviere.

### § 77 Polizeiinspektion Zentrale Dienste Sachsen-Anhalt
Die Polizeiinspektion Zentrale Dienste Sachsen-Anhalt nimmt die ihr durch andere Rechtsvorschriften zugewiesenen Aufgaben wahr und dient durch Ausbildung von Polizeibeamten, durch Bereithaltung von Personal, durch Beschaffung und Bereithaltung von Material oder durch innerdienstliche oder schlichthoheitliche Tätigkeiten der Erfüllung polizeilicher Aufgaben.

### § 78 Polizeiinspektionen
(1) Das für öffentliche Sicherheit und Ordnung zuständige Ministerium wird ermächtigt, durch Verordnung Polizeiinspektionen einzurichten und ihren Bezirk festzulegen.
(2) Die Polizeiinspektionen nehmen in ihren Bezirken die polizeilichen Aufgaben mit Ausnahme der Aufgaben wahr, die nach § 79 Abs. 1 oder auf Grund einer Verordnung nach § 80 einer anderen Polizeibehörde übertragen sind.

### § 79 Landeskriminalamt
(1) ¹Das Landeskriminalamt nimmt kriminalpolizeiliche Aufgaben auf Landesebene wahr und führt Ermittlungen in schwierigen oder besonders gelagerten kriminalpolizeilichen Einzelfällen von überregionaler Bedeutung durch. ²Es ist zentrale Dienststelle der Kriminalpolizei des Landes im Sinne von § 1 Abs. 2 Satz 1 des Bundeskriminalamtgesetzes vom 7. Juli 1997 (BGBl. I S. 1650) in der jeweils geltenden Fassung.
(2) Der Bezirk des Landeskriminalamtes erstreckt sich auf das Gebiet des Landes.

### § 80 Besondere Polizeibehörden; besondere Aufgabenzuweisungen
(1) Das für öffentliche Sicherheit und Ordnung zuständige Ministerium wird ermächtigt, durch Verordnung Polizeidienststellen als Polizeibehörden einzurichten, wenn dies zur sachgerechten Erfüllung der Aufgaben erforderlich ist, und dabei
1. ihre Bezeichnung zu bestimmen,
2. ihnen Aufgaben abweichend von § 78 Abs. 2 zuzuweisen,
3. ihren Bezirk festzulegen,
4. die Aufsicht zu regeln.
(2) ¹Das für öffentliche Sicherheit und Ordnung zuständige Ministerium wird ermächtigt, durch Verordnung einer Polizeibehörde einzelne polizeiliche Aufgaben für das ganze Land oder für bestimmte Landesteile zuzuweisen, wenn dies zur sachgerechten Erfüllung der Aufgaben erforderlich ist. ²Es kann dabei auch die Weisungsbefugnis gegenüber anderen Polizeibehörden regeln.

### § 81 Polizeieinrichtung
¹Die Fachhochschule Polizei Sachsen-Anhalt ist eine Polizeieinrichtung. ²Sie dient durch die Ausbildung von Polizeibeamten der Erfüllung polizeilicher Aufgaben.

### § 82 Aufsicht über die Polizeibehörden und die Polizeieinrichtung
(1) Dienstaufsichtsbehörden sind:
1. für die Polizeiinspektion Zentrale Dienste Sachsen-Anhalt, die Polizeiinspektionen, das Landeskriminalamt und die Polizeieinrichtung nach § 81:
   das für öffentliche Sicherheit und Ordnung zuständige Ministerium;
2. für die Polizeibehörden nach § 76 Abs. 2 Nr. 4:
   die vom für öffentliche Sicherheit und Ordnung zuständigen Ministerium nach § 80 Abs. 1 Nr. 4 bestimmten Behörden.
(2) Fachaufsichtsbehörden sind:
1. für die Polizeiinspektionen, soweit diese nach § 1 Abs. 3 die ihnen durch andere Rechtsvorschriften zugewiesenen weiteren Aufgaben der Gefahrenabwehr wahrnehmen:
   das Landesverwaltungsamt und das für öffentliche Sicherheit und Ordnung zuständige Ministerium,
2. für die Polizeiinspektion Zentrale Dienste Sachsen-Anhalt, die Polizeiinspektionen, soweit sie sonstige Aufgaben wahrnehmen, das Landeskriminalamt und die Polizeieinrichtung nach § 81:

das für öffentliche Sicherheit und Ordnung zuständige Ministerium,
3. für die Polizeibehörden nach § 76 Abs. 2 Nr. 4:
die vom für öffentliche Sicherheit und Ordnung zuständigen Ministerium nach § 80 Abs. 1 Nr. 4 bestimmten Behörden.
(3) ¹Die Dienstaufsicht erstreckt sich auf die innere Ordnung, die allgemeine Geschäftsführung und die Personalangelegenheiten. ²Die Fachaufsicht erstreckt sich auf die rechtmäßige und zweckmäßige Wahrnehmung der Aufgaben.
(4) Das für öffentliche Sicherheit und Ordnung zuständige Ministerium wird ermächtigt, durch Verordnung einzelne, ihm obliegende Aufgaben der Fachaufsicht in Angelegenheiten der Kriminalitätsbekämpfung dem Landeskriminalamt zur Ausübung zu übertragen.

### § 83 Hilfspolizeibeamte

(1) ¹Die zuständige Behörde kann Personen mit deren Einwilligung
a) zur Überwachung und Regelung des Straßenverkehrs,
b) zur Unterstützung der Polizei bei Notfällen, die durch Naturereignisse, Seuchen, Brände, Explosionen, Unfälle oder ähnliche Vorkommnisse verursacht worden sind,
zu Hilfspolizeibeamten bestellen. ²Die Bestellung hat nur hinsichtlich solcher Personen zu erfolgen, die persönlich zuverlässig und geeignet sind. ³Die Bestellung ist widerruflich. ⁴Sie ist zu widerrufen, wenn die sachlichen oder persönlichen Voraussetzungen entfallen.
(2) ¹Hilfspolizeibeamte haben im Rahmen ihrer Aufgaben die den Polizeibeamten zustehenden Befugnisse. ²Dies gilt jedoch nicht für die Befugnis zum Gebrauch von Schusswaffen. ³Zur Anwendung unmittelbaren Zwangs sind sie nur befugt, wenn sie hierzu auf Grund einer Verordnung des für öffentliche Sicherheit und Ordnung zuständigen Ministeriums ermächtigt werden. ⁴Die Ermächtigung ist nur insoweit zu erteilen, als es zur Aufgabenerfüllung durch den Hilfspolizeibeamten erforderlich ist. ⁵Die Ermächtigung ist widerruflich. ⁶Sie ist zu widerrufen, wenn die sachlichen oder persönlichen Voraussetzungen entfallen.
(3) In der in Absatz 2 genannten Verordnung regelt das für öffentliche Sicherheit und Ordnung zuständige Ministerium
1. die allgemeinen Voraussetzungen für die Bestellung von Hilfspolizeibeamten,
2. die Aufgabenbereiche, zu deren Wahrnehmung die Ermächtigung zur Ausübung unmittelbaren Zwanges erteilt werden darf.

*Zweiter Abschnitt*
**Sicherheitsbehörden**

### § 84 Allgemeine Sicherheitsbehörden

(1) Aufgaben der Gefahrenabwehr nehmen
1. die Gemeinden,
2. die Landkreise und
3. das Landesverwaltungsamt
als allgemeine Sicherheitsbehörden wahr.
(2) Bezirk der Gemeinde ist das Gemeindegebiet, Bezirk der Verbandsgemeinde das Gebiet ihrer Mitgliedsgemeinden, Bezirk des Landkreises das Kreisgebiet, Bezirk des Landesverwaltungsamtes das Gebiet des Landes Sachsen-Anhalt.
(3) Den Gemeinden und Landkreisen obliegen die Aufgaben nach § 1 im übertragenen Wirkungskreis.

### § 85 Besondere Sicherheitsbehörden

Besondere Sicherheitsbehörden sind Behörden, die nicht allgemeine Sicherheitsbehörden sind und denen durch Rechtsvorschrift bestimmte Zuständigkeiten für Aufgaben der Gefahrenabwehr übertragen sind.

### § 86 Aufsicht über die Sicherheitsbehörden

(1) Die Fachaufsicht führen
1. über die kreisangehörigen Gemeinden, Verbandsgemeinden:
   die Landkreise, das Landesverwaltungsamt und die Fachministerien,
2. über die Landkreise, kreisfreien Städte:

das Landesverwaltungsamt und die Fachministerien,
3. über das Landesverwaltungsamt:
die Fachministerien,
4. über die besonderen Sicherheitsbehörden:
die durch Gesetz oder von der Landesregierung bestimmten Behörden.

(2) Die Fachaufsicht erstreckt sich auf die rechtmäßige und zweckmäßige Wahrnehmung der Aufgaben der Sicherheitsbehörden.

### § 87 Gefahrenabwehr außerhalb der Dienstzeit

Die Sicherheitsbehörden haben sicherzustellen, dass die Aufgaben der Gefahrenabwehr auch außerhalb der Dienstzeit wahrgenommen werden können.

*Siebenter Teil*
**Zuständigkeiten**

### § 88 Örtliche Zuständigkeit, außerordentliche örtliche Zuständigkeit

(1) ¹Die Zuständigkeit der Sicherheitsbehörden und der Polizeibehörden ist grundsätzlich auf ihren Bezirk beschränkt. ²Örtlich zuständig ist die Behörde, in deren Bezirk die zu schützenden Interessen verletzt oder gefährdet werden. ³Wird eine Gefahr, die sich in anderen Bezirken auswirkt, von einer Person verursacht, so ist auch die Behörde zuständig, in deren Bezirk die Person wohnt, sich aufhält oder ihren Sitz hat.

(2) ¹Erfordert die Wahrnehmung von Aufgaben auch Maßnahmen in anderen Bezirken, so wirkt die Sicherheitsbehörde oder die Polizeibehörde des anderen Bezirks auf Ersuchen der nach Absatz 1 zuständigen Behörde mit; schriftliche Verwaltungsakte erlässt die zuständige Behörde stets selbst. ²Die nach Absatz 1 zuständige Behörde kann die Maßnahmen im anderen Bezirk auch ohne Mitwirkung der Sicherheitsbehörde oder der Polizeibehörde des anderen Bezirks treffen
1. bei Gefahr im Verzuge,
2. zur Fortsetzung einer im eigenen Bezirk begonnenen Maßnahme oder
3. mit Zustimmung der für den anderen Bezirk zuständigen Behörde.
³In den Fällen des Satzes 2 Nrn. 1 und 2 unterrichtet sie unverzüglich die für den anderen Bezirk zuständige Behörde.

(3) ¹Kann eine Aufgabe, die die Bezirke mehrerer Sicherheitsbehörden oder Polizeibehörden berührt, zweckmäßig nur einheitlich wahrgenommen werden, so bestimmt die den beteiligten Sicherheitsbehörden oder Polizeibehörden gemeinsam vorgesetzte Fachaufsichtsbehörde die zuständige Sicherheitsbehörde oder Polizeibehörde. ²Fehlt eine gemeinsame Aufsichtsbehörde, so treffen die fachlich zuständigen Aufsichtsbehörden die Entscheidung gemeinsam.

(4) ¹Die Polizeibeamten sind im Gebiet des Landes Sachsen-Anhalt befugt, Amtshandlungen auch außerhalb des Bezirks der Polizeibehörde, der sie angehören, vorzunehmen
1. bei Gefahr im Verzuge,
2. auf Anforderung oder mit Zustimmung der zuständigen Behörde,
3. aus Anlass der Begleitung oder Bewachung von Personen oder Sachen,
4. zur Verfolgung von Straftaten und Ordnungswidrigkeiten oder
5. zur Verfolgung und Wiederergreifung Entwichener.
²Für Polizeibeamte, die keiner Polizeibehörde angehören, gilt Satz 1 entsprechend.

(5) ¹In den Fällen des Absatzes 4 nehmen die Polizeibeamten die Amtshandlungen für die Sicherheitsbehörde oder Polizeibehörde wahr, in deren Bezirk sie tätig werden. ²Sie haben diese Behörde unverzüglich zu unterrichten, soweit es sich nicht um abschließende Handlungen von geringfügiger Bedeutung handelt. ³Soweit in den Fällen des Absatzes 4 Satz 1 Nrn. 4 und 5 Maßnahmen schon von anderen Sicherheitsbehörden oder Polizeibehörden eingeleitet worden sind, nehmen die Polizeibeamten die Aufgaben für diese Behörden wahr.

### § 89 Sachliche Zuständigkeit

(1) Die Abgrenzung der sachlichen Zuständigkeit innerhalb der Polizei regelt das für öffentliche Sicherheit und Ordnung zuständige Ministerium.

(2) Zuständige Sicherheitsbehörden für Aufgaben auf Grund dieses Gesetzes und für Aufgaben der Gefahrenabwehr auf Grund anderer Rechtsvorschriften sind die Gemeinden, soweit keine besonderen

Zuständigkeitsregelungen durch Rechtsvorschriften des Bundes oder des Landes getroffen worden sind.

(3) Das für öffentliche Sicherheit und Ordnung zuständige Ministerium wird ermächtigt, im Einvernehmen mit dem Fachministerium durch Verordnung bestimmte Zuständigkeiten im Sinne des Absatzes 2

1. den Landkreisen und kreisfreien Städten,
2. dem Landesverwaltungsamt oder
3. anderen als den in § 84 Abs. 1 genannten Behörden

zu übertragen, wenn die Wahrnehmung durch die Gemeinden einen unverhältnismäßigen Verwaltungsaufwand mit sich bringen würde oder aus anderen Gründen unzweckmäßig ist.

(4) [1]Das für öffentliche Sicherheit und Ordnung zuständige Ministerium wird ermächtigt, im Einvernehmen mit dem Fachministerium durch Verordnung bestimmte Zuständigkeiten im Sinne des Absatzes 2 den Polizeibehörden oder einzelnen Polizeibehörden zu übertragen, wenn dies zur sachgerechten Erfüllung der Aufgaben erforderlich ist. [2]In diesem Fall haben die Polizeibehörden die Stellung von Sicherheitsbehörden.

(5) [1]Die Landesregierung wird ermächtigt, durch Verordnung einem Ministerium Zuständigkeiten im Sinne des Absatzes 2 zu übertragen, wenn es sich um Aufgaben handelt, die ihrem Wesen nach nur von einer obersten Landesbehörde wahrgenommen werden können. [2]In diesem Fall hat das Ministerium die Stellung einer Sicherheitsbehörde im Sinne dieses Gesetzes.

(6) Für die Zuständigkeit zum Erlass von Gefahrenabwehrverordnungen gilt § 94 Abs. 1.

### § 90 Außerordentliche sachliche Zuständigkeit

(1) [1]Die Fachaufsichtsbehörden können in ihrem Bezirk einzelne Maßnahmen zur Gefahrenabwehr anstelle und auf Kosten der sachlich zuständigen Sicherheitsbehörde oder Polizeibehörde treffen, wenn dies zur sachgerechten Erfüllung der Aufgaben erforderlich ist. [2]Sie haben die zuständige Sicherheits- oder Polizeibehörde unverzüglich zu unterrichten.

(2) [1]Sachlich nicht zuständige Sicherheitsbehörden oder Polizeibehörden oder die Fachministerien können bei Gefahr im Verzuge einzelne Maßnahmen zur Abwehr einer gegenwärtigen erheblichen Gefahr anstelle und auf Kosten der zuständigen Sicherheitsbehörde oder Polizeibehörde treffen. [2]Absatz 1 Satz 2 gilt entsprechend.

(3) [1]Das für öffentliche Sicherheit und Ordnung zuständige Ministerium kann Aufgaben der Polizei (§§ 1 und 2) vorübergehend übernehmen oder einer anderen Polizeibehörde übertragen, wenn es zur sachgerechten Erfüllung dieser Aufgaben geboten ist. [2]Übernimmt das für öffentliche Sicherheit und Ordnung zuständige Ministerium polizeiliche Aufgaben, so hat es insoweit die Stellung einer Polizeibehörde.

### § 91 Amtshandlungen von Polizeivollzugsbeamten anderer Länder, des Bundes und des Auslandes

(1) [1]Polizeivollzugsbeamte eines anderen Landes können im Gebiet des Landes Sachsen-Anhalt Amtshandlungen vornehmen
1. auf Anforderung oder mit Zustimmung der zuständigen Behörde,
2. in den Fällen des Artikels 35 Abs. 2 und 3 und des Artikels 91 Abs. 1 des Grundgesetzes,
3. zur Abwehr einer gegenwärtigen erheblichen Gefahr, zur Verfolgung von Straftaten auf frischer Tat sowie zur Verfolgung und Wiederergreifung Entwichener, wenn die zuständige Behörde die erforderlichen Maßnahmen nicht rechtzeitig treffen kann,
4. zur Erfüllung polizeilicher Aufgaben bei Gefangenentransporten oder
5. zur Verfolgung von Straftaten und Ordnungswidrigkeiten sowie zur Gefahrenabwehr in den durch Verwaltungsabkommen mit anderen Ländern geregelten Fällen.

[2]In den Fällen des Satzes 1 Nrn. 3 bis 5 ist die zuständige Polizeibehörde unverzüglich zu unterrichten.

(2) [1]Werden Polizeivollzugsbeamte eines anderen Landes nach Absatz 1 tätig, so haben sie die gleichen Befugnisse wie die des Landes Sachsen-Anhalt. [2]Ihre Maßnahmen gelten als Maßnahmen derjenigen Polizeibehörde, in deren örtlichem und sachlichem Zuständigkeitsbereich sie tätig geworden sind; sie unterliegen insoweit auch deren Weisungen.

(3) [1]Die Absätze 1 und 2 gelten für Polizeivollzugsbeamte des Bundes und für Vollzugsbeamte der Zollverwaltung, denen der Gebrauch von Schusswaffen bei Anwendung des unmittelbaren Zwanges

nach dem Gesetz über den unmittelbaren Zwang bei Ausübung öffentlicher Gewalt durch Vollzugsbeamte des Bundes gestattet ist, entsprechend. ²Die Absätze 1 und 2 gelten auch für Bedienstete ausländischer Polizeibehörden und -dienststellen entsprechend, wenn völkerrechtliche Verträge dies vorsehen oder das zuständige Ministerium Amtshandlungen dieser Polizeibehörden oder -dienststellen allgemein oder im Einzelfall zustimmt. ³Zuständig ist für Amtshandlungen, die auf eine ausdrückliche Veranlassung einer Justizbehörde oder eines Gerichts zurückgehen oder zu deren Erledigung strafprozessuale Maßnahmen zu erwarten sind, das für den Justizvollzug zuständige Ministerium; im Übrigen das für öffentliche Sicherheit und Ordnung zuständige Ministerium.

§ 92 Amtshandlungen von Polizeibeamten Sachsen-Anhalts außerhalb des Zuständigkeitsbereiches des Landes Sachsen-Anhalt
(1) ¹Die Polizeibeamten des Landes dürfen im Zuständigkeitsbereich eines anderen Landes der Bundesrepublik Deutschland oder des Bundes nur in den Fällen des § 91 Abs. 1 Satz 1 Nrn. 1 bis 5 und des Artikels 91 Abs. 2 des Grundgesetzes und nur dann tätig werden, wenn das jeweilige Landesrecht oder das Bundesrecht es vorsieht. ²Sie dürfen ferner im Zuständigkeitsbereich ausländischer Polizeibehörden oder -dienststellen tätig werden, wenn es das Recht des jeweiligen Staates vorsieht. ³Dabei dürfen sie die ihnen nach Landes- oder Bundesrecht eingeräumten Befugnisse nicht überschreiten.
(2) Einer Anforderung von Polizeibeamten durch ein anderes Land der Bundesrepublik Deutschland oder den Bund ist zu entsprechen, soweit nicht die Verwendung der Beamten im eigenen Land dringender ist als die Unterstützung der Polizeibehörden oder -dienststellen des anderen Landes oder des Bundes.

*Achter Teil*
**Gefahrenabwehrverordnungen**

§ 93 Anwendung
¹Die Vorschriften des Achten Teils finden Anwendung auf Gefahrenabwehrverordnungen nach den §§ 94 und 94a. ²Werden Gefahrenabwehrverordnungen aufgrund der §§ 94 oder 94a und zugleich aufgrund anderer Rechtsgrundlagen erlassen, so gilt Satz 1 nur für die auf die §§ 94 und 94a gestützten Vorschriften dieser Gefahrenabwehrverordnungen.

§ 94 Verordnungsermächtigung
(1) Zur Abwehr abstrakter Gefahren werden zum Erlass von Gefahrenabwehrverordnungen ermächtigt:
1. die Gemeinden und Verbandsgemeinden
   für ihren Bezirk oder für Teile ihres Bezirkes,
2. die Landkreise
   für ihren Bezirk oder für Teile des Bezirkes, an denen mehr als eine Gemeinde oder Verbandsgemeinde beteiligt ist,
3. das Landesverwaltungsamt, das für öffentliche Sicherheit und Ordnung zuständige Ministerium und im Einvernehmen mit ihm die Fachministerien für das Land oder für Teile des Landes, an denen mehr als ein Landkreis oder eine kreisfreie Stadt beteiligt ist.
(2) Die Landkreise, Gemeinden und Verbandsgemeinden erlassen die Gefahrenabwehrverordnungen nach den für Satzungen geltenden Vorschriften.

§ 94a Sperrzeit
¹Das für öffentliche Sicherheit und Ordnung, Sperrzeitrecht und Glücksspiele zuständige Ministerium kann im Einvernehmen mit dem für Wirtschaftsrecht zuständigen Ministerium zur Abwehr abstrakter Gefahren oder zur Gefahrenvorsorge durch Gefahrenabwehrverordnung für Schank- und Speisewirtschaften sowie für öffentliche Vergnügungsstätten eine Sperrzeit allgemein festsetzen. ²In dieser Gefahrenabwehrverordnung ist zu bestimmen, dass die Sperrzeit bei Vorliegen eines öffentlichen Bedürfnisses oder besonderer örtlicher Verhältnisse allgemein oder für einzelne Betriebe verlängert, verkürzt oder aufgehoben werden kann.

## § 95 Verhältnis zu anderen Rechtsvorschriften

(1) Gefahrenabwehrverordnungen dürfen nicht mit gesetzlichen Regelungen oder mit Regelungen, die in Gefahrenabwehrverordnungen übergeordneter Behörden enthalten sind, im Widerspruch stehen oder solche Regelungen wiederholen.

(2) Ist eine Angelegenheit durch eine Gefahrenabwehrverordnung einer übergeordneten Behörde geregelt, so dürfen ergänzende Regelungen in einer Gefahrenabwehrverordnung nur getroffen werden, wenn die Gefahrenabwehrverordnung der übergeordneten Behörde dieses ausdrücklich zulässt.

## § 96 Inhalt

(1) Der Inhalt der Gefahrenabwehrverordnungen muss bestimmt sein.

(2) Auf Regelungen außerhalb der Gefahrenabwehrverordnung darf nur verwiesen werden, wenn sie in anderen Gefahrenabwehrverordnungen derselben Behörde, in Gefahrenabwehrverordnungen übergeordneter Behörden oder in Gesetzen enthalten sind.

## § 97 Formvorschriften

Eine Gefahrenabwehrverordnung muss
1. eine ihren Inhalt kennzeichnende Überschrift tragen,
2. in der Überschrift als Gefahrenabwehrverordnung bezeichnet sein,
3. die Behörde bezeichnen, die sie erlassen hat,
4. die Rechtsgrundlage angeben,
5. den räumlichen Geltungsbereich angeben,
6. den Zeitpunkt des Inkrafttretens enthalten,
7. unterzeichnet sein und das Datum der Ausfertigung enthalten.

## § 98 Ordnungswidrigkeiten

(1) Ordnungswidrig handelt, wer vorsätzlich oder fahrlässig den Geboten oder Verboten einer Gefahrenabwehrverordnung zuwiderhandelt, soweit die Gefahrenabwehrverordnung für einen bestimmten Tatbestand auf diese Bußgeldvorschrift verweist.

(2) Die Ordnungswidrigkeit kann mit einer Geldbuße bis zu 5000 Euro geahndet werden.

(3) Gegenstände, auf die sich die Ordnungswidrigkeit bezieht oder die zu ihrer Vorbereitung oder Begehung verwendet worden sind, können eingezogen werden, soweit die Gefahrenabwehrverordnung für einen bestimmten Tatbestand auf diese Bestimmung verweist.

(4) [1]Verwaltungsbehörde im Sinne des § 36 Abs. 1 Nr. 1 des Gesetzes über Ordnungswidrigkeiten ist die Sicherheitsbehörde, die die Einhaltung der Gefahrenabwehrverordnung überwacht. [2]Ist eine Zuständigkeit hierfür nicht bestimmt, so ist die Gemeinde zuständig.

## § 99 Inkrafttreten von Gefahrenabwehrverordnungen

[1]Die Gefahrenabwehrverordnungen können frühestens eine Woche nach ihrer Verkündung in Kraft treten. [2]Bei gegenwärtiger erheblicher Gefahr kann eine Gefahrenabwehrverordnung mit ihrer Verkündung in Kraft treten.

## § 100 Geltungsdauer

[1]Die Gefahrenabwehrverordnungen sollen eine Beschränkung ihrer Geltungsdauer enthalten. [2]Sie treten spätestens zehn Jahre nach ihrem Inkrafttreten außer Kraft.

## § 101 Beteiligung anderer Behörden und Dienststellen; Änderung und Aufhebung von Gefahrenabwehrverordnungen

(1) [1]Die Gefahrenabwehrverordnungen der Landkreise, Gemeinden und Verbandsgemeinden sind im Entwurf, nachdem zuvor der zuständigen Polizeidienststelle Gelegenheit zur Stellungnahme gegeben worden ist, der Fachaufsichtsbehörde vorzulegen. [2]Die Gefahrenabwehrverordnungen dürfen erst erlassen werden, wenn die Fachaufsichtsbehörde nicht innerhalb von zwei Monaten nach der Vorlage widersprochen oder vorher zugestimmt hat. [3]Bei Gefahr im Verzuge dürfen die Gefahrenabwehrverordnungen abweichend von den Sätzen 1 und 2 unmittelbar durch die Landkreise, Gemeinden und Verbandsgemeinden in Kraft gesetzt werden; sie sind unverzüglich nach ihrem Erlass den Fachaufsichtsbehörden vorzulegen.

(2) [1]Die Fachaufsichtsbehörden können verlangen, dass Gefahrenabwehrverordnungen geändert oder aufgehoben werden. [2]Sie können Gefahrenabwehrverordnungen auch ganz oder teilweise aufheben.

(3) Die Aufhebung beziehungsweise das Außerkrafttreten (§ 100 Satz 2) ist wie die aufgehobene beziehungsweise außer Kraft gesetzte Gefahrenabwehrverordnung zu veröffentlichen.
(4) Gefahrenabwehrverordnungen nachgeordneter Behörden können in Gefahrenabwehrverordnungen übergeordneter Behörden, die denselben Gegenstand regeln, geändert oder aufgehoben werden.

### § 102 Gebietsänderungen; Neubildung von Behörden
(1) ¹Werden die Bezirke von Sicherheitsbehörden durch Eingliederung von Gebietsteilen erweitert, so treten von diesem Zeitpunkt an in den eingegliederten Gebietsteilen die Gefahrenabwehrverordnungen in Kraft, die in dem Bezirk der aufnehmenden Sicherheitsbehörde gelten; die in den eingegliederten Gebietsteilen bisher geltenden Gefahrenabwehrverordnungen treten außer Kraft. ²Eine abweichende Regelung kann durch eine mit der Eingliederung in Kraft tretende Gefahrenabwehrverordnung der gemeinsamen Fachaufsichtsbehörde getroffen werden.
(2) ¹Wird aus Gemeinden, Verbandsgemeinden, Landkreisen oder dem Landesverwaltungsamt oder Teilen von ihnen eine neue Sicherheitsbehörde gebildet, so treten in diesem Bezirk die Gefahrenabwehrverordnungen der betroffenen Behörden spätestens ein Jahr nach der Neubildung außer Kraft. ²Dies gilt nicht für Gefahrenabwehrverordnungen von Landkreisen, Gemeinden und Verbandsgemeinden, deren Bezirk durch die Zusammenlegung nicht verändert wird.
(3) Die Erweiterung des Geltungsbereiches und das Außerkrafttreten von Gefahrenabwehrverordnungen sind bekannt zu machen.

## Neunter Teil
## Kosten; Sachleistungen

### § 103 Kosten
(1) Die Kosten, die den Sicherheitsbehörden und der Polizei bei Aufgaben der Gefahrenabwehr entstehen, trägt die Körperschaft, deren Behörde für die Erfüllung der Aufgaben zuständig ist.
(2) Die Kosten, die den Landkreisen und Gemeinden nach diesem Gesetz entstehen, werden im Rahmen des Finanzausgleichs gedeckt.
(3) ¹Die Kosten, die der Polizei durch Leistung von Vollzugshilfe entstehen, sind von der ersuchenden Behörde zu erstatten. ²Dies gilt nicht, wenn es sich um eine Landesbehörde handelt. ³Nicht zu erstatten sind Kosten unter 25 Euro, Personalkosten, Schulungskosten sowie Kosten für Aufgaben, für die die Sicherheitsbehörden nicht zur Bestellung eigener Verwaltungsvollzugsbeamter berechtigt sind, es sei denn, dass die Kosten von einem Dritten erhoben werden können.
(4) Sind mit der Tätigkeit der Sicherheitsbehörden oder der Polizei Einnahmen verbunden, so fließen sie dem Kostenträger zu.

### § 104 Sachleistungen
(1) ¹Die Polizeibehörden können zur Erfüllung polizeilicher Aufgaben notwendige Leistungen im Umfang des § 2 des Bundesleistungsgesetzes anfordern. ²Sie können auch zur Durchführung polizeilicher Übungen, die vom für öffentliche Sicherheit und Ordnung zuständigen Ministerium angeordnet worden sind, notwendige Leistungen im Umfang des § 71 Abs. 1 bis 3 und des § 72 Satz 1 des Bundesleistungsgesetzes anfordern. ³Für die Durchführung solcher polizeilichen Übungen gelten ferner die §§ 66 und 68 bis 70 des Bundesleistungsgesetzes. ⁴Die Leistungen dürfen nur angefordert werden, wenn der Bedarf auf andere Weise nicht oder nicht rechtzeitig oder nur mit unverhältnismäßigen Mitteln gedeckt werden kann. ⁵Leistungspflichtig sind die in § 9 Abs. 1 und § 74 des Bundesleistungsgesetzes bezeichneten Personen.
(2) Für die rechtlichen Wirkungen einer Leistungsanforderung gelten die §§ 11 bis 14 des Bundesleistungsgesetzes entsprechend.

### § 105 Entschädigung für Sachleistungen
(1) ¹Entstehen durch die Anforderung von Leistungen nach § 104 Abs. 1 Vermögensnachteile, so hat das Land auf Antrag eine Entschädigung in Geld zu leisten. ²Für die Bemessung und Zahlung der Entschädigung finden die §§ 20 bis 23, 25, 26, 28 bis 32, 34 und 76 bis 78 des Bundesleistungsgesetzes entsprechende Anwendung.
(2) Für das Verfahren zur Festsetzung der Entschädigung gelten die §§ 49 bis 55, 58 und 62 des Bundesleistungsgesetzes entsprechend.

*Zehnter Teil*
**Straf-, Ordnungswidrigkeiten-, Übergangs- und Schlussvorschriften**

**§ 106** *[aufgehoben]*[1)]

**§ 107 Ordnungswidrigkeiten**
(1) Ordnungswidrig handelt, wer vorsätzlich oder fahrlässig
1. einer vollzieh- oder vollstreckbaren Meldeauflage nach § 35a zuwiderhandelt,
2. einem vollziehbaren Platzverweis, Aufenthaltsverbot oder Wohnungsverweis nach § 36 zuwiderhandelt,
3. einem vollzieh- oder vollstreckbaren Aufenthaltsgebot, Aufenthaltsverbot oder Kontaktverbot nach § 36a zuwiderhandelt,
4. als Inhaber einer Schankwirtschaft, Speisewirtschaft oder öffentlichen Vergnügungsstätte duldet, dass ein Gast nach Beginn der Sperrzeit in den Betriebsräumen verweilt,
5. als Gast in den Räumen einer Schankwirtschaft, einer Speisewirtschaft oder einer öffentlichen Vergnügungsstätte über den Beginn der Sperrzeit hinaus verweilt, obwohl der Gewerbetreibende, ein in seinem Betrieb Beschäftigter oder ein Beauftragter der zuständigen Behörde ihn ausdrücklich aufgefordert hat, sich zu entfernen,
6. eine nach § 104 Abs. 1 angeforderte Leistung nicht, nicht vollständig, nicht ordnungsgemäß oder nicht rechtzeitig erbringt oder einer ihm auferlegten Duldungs- oder Unterlassungspflicht zuwiderhandelt.

(2) Die Ordnungswidrigkeiten nach Absatz 1 können mit einer Geldbuße bis zu fünftausend Euro geahndet werden.
(3) Verwaltungsbehörde im Sinne des § 36 Abs. 1 Nr. 1 des Gesetzes über Ordnungswidrigkeiten ist bei Zuwiderhandlungen nach Absatz 1
1. Nr. 1:
   die Polizeibehörde, die die Anordnung nach § 35a getroffen hat,
2. Nr. 2:
   die Polizeibehörde oder Sicherheitsbehörde, die die Anordnung nach § 36 getroffen hat,
3. Nr. 3:
   das Landeskriminalamt,
4. Nrn. 4 und 5:
   die Gemeinde,
5. Nr. 6:
   die Polizeibehörde, die eine Leistung nach § 104 Abs. 1 angefordert hat.

**§ 108 Übergangsvorschrift für § 68a**
Bis zum Inkrafttreten der Verordnung nach § 74b Abs. 1 des Verwaltungsvollstreckungsgesetzes des Landes Sachsen-Anhalt werden Gebühren nach den vor dem allgemeinen Inkrafttreten des Gesetzes zur Änderung verwaltungsvollstreckungs- und verwaltungsverfahrensrechtlicher Vorschriften geltenden Regelungen erhoben.

**§ 109 Übergangsvorschrift für Verwaltungsgemeinschaften**
Die für Verbandsgemeinden geltenden Vorschriften dieses Gesetzes finden für Verwaltungsgemeinschaften entsprechend Anwendung.

**§ 109a Übergangsvorschrift für die Verarbeitung personenbezogener Daten durch die Polizei**
Bis zum 31. Dezember 2025 ist abweichend von § 13d Abs. 2 das Verarbeiten personenbezogener Daten mit Hilfe automatisierter Verfahren auch zulässig nach den Bestimmungen des für die Daten am Tag vor dem Inkrafttreten des Artikels 4 des Gesetzes zur Umsetzung der Richtlinie (EU) 2016/680 und zur Anpassung von bereichsspezifischen Datenschutzvorschriften an die Richtlinie (EU) 2016/680 sowie zur Regelung der Datenschutzaufsicht im Bereich des Verfassungsschutzes jeweils geltenden Verfahrensverzeichnisses nach § 14 Abs. 3 des Datenschutzgesetzes Sachsen-Anhalt in der Fassung der Bekanntmachung vom 13. Februar 2016 (GVBl. LSA S. 24), geändert durch Artikel 1 des Gesetzes vom 21. Februar 2018 (GVBl. LSA S. 10).

---
1) § 106 ist gem. § 111 Abs. 2 am 1.1.2021 außer Kraft getreten.

**§ 110 Sprachliche Gleichstellung**
Personen- und Funktionsbezeichnungen in diesem Gesetz gelten jeweils in männlicher und weiblicher Form.

**§ 111 Befristung**
Die §§ 36c und 106 treten am 1. Januar 2023 außer Kraft.

# Gesetz des Landes Sachsen-Anhalt über Versammlungen und Aufzüge (Landesversammlungsgesetz – VersammlG LSA)

Vom 3. Dezember 2009 (GVBl. LSA S. 558)
(BS LSA 2180.1)

## Inhaltsübersicht

**Abschnitt 1**
**Allgemeines**
§ 1 Versammlungsfreiheit
§ 2 Einladung, Störungs- und Bewaffnungsverbot
§ 3 Uniformierungsverbot

**Abschnitt 2**
**Öffentliche Versammlungen in geschlossenen Räumen**
§ 4 Verbot einer öffentlichen Versammlung
§ 5 Beschränkung des Teilnehmerkreises
§ 6 Versammlungsleiter
§ 7 Rechte und Pflichten des Versammlungsleiters
§ 8 Ordner
§ 9 Teilnehmerpflichten
§ 10 Ausschlussrecht
§ 11 Auflösung einer Versammlung

**Abschnitt 3**
**Öffentliche Versammlungen unter freiem Himmel und Aufzüge**
§ 12 Anmeldepflicht
§ 13 Beschränkungen, Verbote, Auflösung
§ 14 Erinnerungsorte und Erinnerungstage

§ 15 Bewaffnungs- und Vermummungsverbot
§ 16 Durchführung einer Versammlung unter freiem Himmel
§ 17 Durchführung eines Aufzugs
§ 18 Bild- und Tonaufzeichnungen
§ 19 Einschränkung von Grundrechten

**Abschnitt 4**
**Straf- und Bußgeldvorschriften**
§ 20 Störung von Versammlungen
§ 21 Störung der Versammlungsleitung
§ 22 Öffentliche Aufforderung zur Teilnahme an einer verbotenen Versammlung
§ 23 Einsatz bewaffneter Ordner
§ 24 Missachtung von Beschränkungen
§ 25 Missachtung von Verbots- oder Auflösungsverfügungen
§ 26 Missachtung des Bewaffnungs- oder Vermummungsverbots
§ 27 Missachtung des Uniformierungsverbots
§ 28 Ordnungswidrigkeiten
§ 29 Voraussetzungen der Einziehung

**Abschnitt 5**
**Schlussbestimmungen**
§ 30 Inkrafttreten

*Abschnitt 1*
*Allgemeines*

### § 1 Versammlungsfreiheit

(1) Jeder hat das Recht, öffentliche Versammlungen und Aufzüge zu veranstalten und an solchen Veranstaltungen teilzunehmen.
(2) Dieses Recht hat nicht,
1. wer das Grundrecht der Versammlungsfreiheit gemäß Artikel 18 des Grundgesetzes verwirkt hat,
2. wer mit der Durchführung oder Teilnahme an einer solchen Veranstaltung die Ziele einer nach Artikel 21 Abs. 2 des Grundgesetzes durch das Bundesverfassungsgericht für verfassungswidrig erklärten Partei oder Teil- oder Ersatzorganisation einer Partei fördern will,
3. eine Partei, die nach Artikel 21 Abs. 2 des Grundgesetzes durch das Bundesverfassungsgericht für verfassungswidrig erklärt worden ist, oder
4. eine Vereinigung, die nach Artikel 9 Abs. 2 des Grundgesetzes, Artikel 13 Abs. 2 der Verfassung des Landes Sachsen-Anhalt verboten ist.

### § 2 Einladung, Störungs- und Bewaffnungsverbot

(1) Wer zu einer öffentlichen Versammlung oder zu einem Aufzug einlädt, muss als Veranstalter in der Einladung seinen Namen angeben.
(2) Bei öffentlichen Versammlungen und Aufzügen hat jeder Störungen zu unterlassen, die bezwecken, die ordnungsgemäße Durchführung zu verhindern.

(3) ¹Niemand darf bei öffentlichen Versammlungen oder Aufzügen Waffen oder sonstige Gegenstände, die ihrer Art nach zur Verletzung von Personen oder zur Beschädigung von Sachen geeignet und bestimmt sind, mit sich führen, ohne dazu behördlich ermächtigt zu sein. ²Ebenso ist es verboten, ohne behördliche Ermächtigung Waffen oder die in Satz 1 genannten Gegenstände auf dem Weg zu öffentlichen Versammlungen oder Aufzügen mit sich zu führen, zu derartigen Veranstaltungen hinzuschaffen oder sie zur Verwendung bei derartigen Veranstaltungen bereitzuhalten oder zu verteilen.

## § 3 Uniformierungsverbot
Es ist verboten, in einer öffentlichen Versammlung Uniformen, Uniformteile oder uniformähnliche Kleidungsstücke als Ausdruck einer gemeinsamen politischen Gesinnung zu tragen, sofern davon eine einschüchternde Wirkung ausgeht.

*Abschnitt 2*
**Öffentliche Versammlungen in geschlossenen Räumen**

## § 4 Verbot einer öffentlichen Versammlung
Das Abhalten einer Versammlung in einem geschlossenen Raum kann nur im Einzelfall und nur dann verboten werden, wenn
1. der Veranstalter unter die Vorschriften des § 1 Abs. 2 Nrn. 1 bis 4 fällt und im Falle von § 1 Abs. 2 Nr. 4 das Verbot durch die zuständige Behörde festgestellt worden ist,
2. der Veranstalter oder Leiter der Versammlung Teilnehmern Zutritt gewährt, die Waffen oder sonstige Gegenstände im Sinne von § 2 Abs. 3 mit sich führen,
3. Tatsachen festgestellt sind, aus denen sich ergibt, dass der Veranstalter oder sein Anhang einen gewalttätigen oder aufrührerischen Verlauf der Versammlung anstreben,
4. Tatsachen festgestellt sind, aus denen sich ergibt, dass der Veranstalter oder sein Anhang Ansichten vertreten oder Äußerungen dulden werden, die ein Verbrechen oder ein von Amts wegen zu verfolgendes Vergehen zum Gegenstand haben.

## § 5 Beschränkung des Teilnehmerkreises
(1) Bestimmte Personen oder Personenkreise können in der Einladung von der Teilnahme an einer Versammlung ausgeschlossen werden.
(2) Pressevertreter können nicht ausgeschlossen werden; sie haben sich dem Leiter der Versammlung gegenüber durch ihren Presseausweis ordnungsgemäß auszuweisen.

## § 6 Versammlungsleiter
(1) ¹Jede öffentliche Versammlung muss einen Leiter haben. ²Dies gilt nicht für Spontanversammlungen nach § 12 Abs. 1 Satz 2.
(2) ¹Leiter der Versammlung ist der Veranstalter. ²Wird die Versammlung von einer Vereinigung veranstaltet, so ist ihr Vorsitzender der Leiter.
(3) Der Veranstalter kann die Leitung einer anderen Person übertragen.
(4) Der Leiter übt das Hausrecht aus.

## § 7 Rechte und Pflichten des Versammlungsleiters
¹Der Leiter bestimmt den Ablauf der Versammlung. ²Er hat während der Versammlung für Ordnung zu sorgen. ³Er kann die Versammlung jederzeit unterbrechen oder schließen. ⁴Er bestimmt, wann eine unterbrochene Versammlung fortgesetzt wird.

## § 8 Ordner
(1) ¹Der Leiter kann sich bei der Durchführung seiner Rechte aus § 7 der Hilfe einer angemessenen Zahl ehrenamtlicher Ordner bedienen. ²Diese dürfen keine Waffen oder sonstigen Gegenstände im Sinne von § 2 Abs. 3 mit sich führen. ³Sie müssen geeignet und durch Armbinden, die nur die Bezeichnung „Ordner" tragen dürfen, kenntlich sein.
(2) ¹Der Leiter ist verpflichtet, die Zahl der von ihm bestellten Ordner auf Anfordern mitzuteilen. ²Die zuständige Behörde kann die Zahl der Ordner angemessen beschränken.

## § 9 Teilnehmerpflichten
Alle Versammlungsteilnehmer sind verpflichtet, die zur Aufrechterhaltung der Ordnung getroffenen Anweisungen des Leiters oder der von ihm bestellten Ordner zu befolgen.

## § 10 Ausschlussrecht
(1) Der Leiter kann Teilnehmer, welche die Ordnung gröblich stören, von der Versammlung ausschließen.
(2) Wer aus der Versammlung ausgeschlossen wird, hat sie sofort zu verlassen.

## § 11 Auflösung einer Versammlung
(1) ¹Die Polizei kann die Versammlung nur dann und unter Angabe des Grundes auflösen, wenn
1. der Veranstalter unter die Vorschriften des § 1 Abs. 2 Nrn. 1 bis 4 fällt und im Falle von § 1 Abs. 2 Nr. 4 das Verbot durch die zuständige Behörde festgestellt worden ist,
2. die Versammlung einen gewalttätigen oder aufrührerischen Verlauf nimmt oder unmittelbare Gefahr für Leben und Gesundheit der Teilnehmer besteht,
3. der Leiter Personen, die Waffen oder sonstige Gegenstände im Sinne von § 2 Abs. 3 mit sich führen, nicht sofort ausschließt und für die Durchführung des Ausschlusses sorgt,
4. durch den Verlauf der Versammlung gegen Strafgesetze verstoßen wird, die ein Verbrechen oder von Amts wegen zu verfolgendes Vergehen zum Gegenstand haben, oder wenn in der Versammlung zu solchen Straftaten aufgefordert oder angereizt wird und der Leiter dies nicht unverzüglich unterbindet.

²In den Fällen von Satz 1 Nrn. 2 bis 4 ist die Auflösung nur zulässig, wenn andere polizeiliche Maßnahmen, insbesondere eine Unterbrechung, nicht ausreichen.
(2) Sobald eine Versammlung für aufgelöst erklärt ist, haben alle Teilnehmer sich sofort zu entfernen.

*Abschnitt 3*
**Öffentliche Versammlungen unter freiem Himmel und Aufzüge**

## § 12 Anmeldepflicht
(1) ¹Wer die Absicht hat, eine öffentliche Versammlung unter freiem Himmel oder einen Aufzug zu veranstalten, hat dies spätestens 48 Stunden vor der Bekanntgabe der zuständigen Behörde unter Angabe des Gegenstandes der Versammlung oder des Aufzuges anzumelden. ²Dies gilt nicht für Versammlungen, die sich aus aktuellem Anlass augenblicklich und ohne Veranstalter bilden (Spontanversammlungen), und für Versammlungen, bei denen der mit der Versammlung verfolgte Zweck bei Einhaltung der Anmeldefrist nicht erreicht werden kann (Eilversammlungen).
(2) In der Anmeldung ist anzugeben, welche Person für die Leitung der Versammlung oder des Aufzuges verantwortlich sein soll.
(3) ¹Die zuständige Behörde erörtert mit dem Veranstalter Einzelheiten der Durchführung der Versammlung, insbesondere geeignete Maßnahmen zur Wahrung der öffentlichen Sicherheit, und wirkt auf eine ordnungsgemäße Durchführung der Versammlung hin. ²Dem Veranstalter ist Gelegenheit zu geben, sich zu äußern und sachdienliche Fragen zu stellen. ³Der Veranstalter soll mit den zuständigen Behörden kooperieren, insbesondere Auskunft über Art, Umfang und vorgesehenen Ablauf der Veranstaltung geben.

## § 13 Beschränkungen, Verbote, Auflösung
(1) Die zuständige Behörde kann die Versammlung oder den Aufzug von bestimmten Beschränkungen abhängig machen oder verbieten, wenn nach den zur Zeit des Erlasses der Verfügung erkennbaren Umständen die öffentliche Sicherheit bei Durchführung der Versammlung oder des Aufzuges unmittelbar gefährdet ist.
(2) ¹Eine Versammlung unter freiem Himmel oder ein Aufzug kann insbesondere auch dann von bestimmten Beschränkungen abhängig gemacht oder verboten werden, wenn
1. die Versammlung oder der Aufzug an einem Ort oder Tag stattfindet, der in besonderer Weise an
   a) Menschen, die unter der nationalsozialistischen Gewaltherrschaft aus rassischen, religiösen oder politischen Gründen oder wegen einer Behinderung Opfer menschenunwürdiger Behandlung waren,
   b) Menschen, die Widerstand gegen die nationalsozialistische Gewaltherrschaft geleistet haben,
   c) die zivilen oder militärischen Opfer des zweiten Weltkrieges,
   d) die Opfer der schweren Menschenrechtsverletzungen während der Zeiten der sowjetischen Besatzung und der SED-Diktatur

erinnert und
2. nach den zur Zeit des Erlasses der Verfügung konkret feststellbaren Umständen zu besorgen ist, dass durch die Art und Weise der Durchführung der Versammlung oder des Aufzuges die Gefahr einer erheblichen Verletzung ethischer und sozialer Grundanschauungen besteht, insbesondere die Würde oder Ehre von Personen im Sinne von Satz 1 Nr. 1 verletzt wird.

²Gleiches gilt, wenn die Versammlung oder der Aufzug an einem Tag stattfindet, der
1. an die Schrecken der nationalsozialistischen Gewaltherrschaft erinnert oder
2. unter dieser besonders begangen wurde.

(3) Eine Versammlung oder ein Aufzug verletzt die ethischen und sozialen Grundanschauungen in erheblicher Weise regelmäßig dann, wenn die Versammlung oder der Aufzug
1. die nationalsozialistische Gewaltherrschaft billigt, verherrlicht, rechtfertigt oder verharmlost, auch durch das Gedenken an führende Repräsentanten des Nationalsozialismus, und dadurch die Gefahr einer Beeinträchtigung der Würde oder Ehre der Opfer besteht,
2. durch die Art und Weise der Durchführung ein Klima der Gewaltdemonstration oder potentieller Gewaltbereitschaft erzeugt oder durch das Gesamtgepräge an die Riten und Symbole der nationalsozialistischen Gewaltherrschaft anknüpft und Dritte hierdurch eingeschüchtert werden,
3. das friedliche Zusammenleben der Völker stört oder
4. die Menschenrechtsverletzungen nach Absatz 2 Satz 1 Nr. 1 Buchst. d verharmlost oder leugnet und dadurch die Gefahr einer Beeinträchtigung der Würde oder Ehre der Opfer besteht.

(4) ¹Die zuständige Behörde kann eine Versammlung oder einen Aufzug auflösen, wenn die Voraussetzungen zu einem Verbot nach Absatz 1 oder 2 gegeben sind. ²Sie kann eine Versammlung oder einen Aufzug, die oder der nach Maßgabe von § 12 Abs. 1 Satz 1 anzumelden war, darüber hinaus auflösen, wenn
1. keine Anmeldung erfolgte,
2. von den Angaben der Anmeldung abgewichen wird oder
3. den Beschränkungen zuwidergehandelt wird und andere Maßnahmen nicht ausreichen.

(5) Eine verbotene Versammlung ist aufzulösen.

## § 14 Erinnerungsorte und Erinnerungstage

(1) ¹Orte nach § 13 Abs. 2 Satz 1 sind:
1. die KZ-Gedenkstätte Lichtenburg Prettin,
2. die Gedenkstätte für Opfer der NS-„Euthanasie" Bernburg,
3. die Gedenkstätte Langenstein-Zwieberge,
4. die Gedenkstätte „Roter Ochse" Halle (Saale),
5. das Mahnmal in Dolle für ermordete Häftlinge des KZ Mittelbau-Dora,
6. die Mahn- und Gedenkstätte Feldscheune Isenschnibbe Gardelegen,
7. die Mahn- und Gedenkstätte Veckenstedter Weg Wernigerode,
8. die Gedenkstätte Moritzplatz Magdeburg,
9. die Gedenkstätte Deutsche Teilung Marienborn.

²Die räumliche Abgrenzung der in Satz 1 Nrn. 1 bis 9 genannten Orte ergibt sich aus den Anlagen zu diesem Gesetz.

(2) ¹Tage nach § 13 Abs. 2 Satz 2 Nr. 1 sind der 27. und 30. Januar, der 8. Mai, der 20. Juli, der 1. September sowie der 9. November. ²Tag nach § 13 Abs. 2 Satz 2 Nr. 2 ist der 20. April.

(3) Das Gesetz über die Sonn- und Feiertage in der Fassung der Bekanntmachung vom 25. August 2004 (GVBl. LSA S. 538), geändert durch § 13 Abs. 1 des Gesetzes vom 22. November 2006 (GVBl. LSA S. 528), bleibt unberührt.

## § 15 Bewaffnungs- und Vermummungsverbot

(1) Es ist verboten, bei öffentlichen Versammlungen unter freiem Himmel oder bei Aufzügen oder auf dem Weg dorthin Gegenstände, die als Schutzwaffen geeignet und den Umständen nach dazu bestimmt sind, Vollstreckungsmaßnahmen eines Trägers von öffentlich-rechtlichen Befugnissen abzuwehren, mit sich zu führen.

(2) Es ist auch verboten,
1. an derartigen Veranstaltungen in einer Aufmachung, die geeignet und den Umständen nach darauf gerichtet ist, die Feststellung der Identität zu verhindern, teilzunehmen oder den Weg zu derartigen Veranstaltungen in einer solchen Aufmachung zurückzulegen,
2. bei derartigen Veranstaltungen oder auf dem Weg dorthin Gegenstände mit sich zu führen, die geeignet und den Umständen nach dazu bestimmt sind, die Feststellung der Identität zu verhindern.
(3) ¹Die zuständige Behörde soll Ausnahmen von den Verboten der Absätze 1 und 2 zulassen, wenn eine Gefährdung der Friedlichkeit nicht zu besorgen ist. ²Sie kann zur Durchsetzung der Verbote der Absätze 1 und 2 Anordnungen treffen. ³Sie kann insbesondere Personen, die diesen Verboten zuwiderhandeln, von der Veranstaltung ausschließen.

### § 16 Durchführung einer Versammlung unter freiem Himmel
(1) Für Versammlungen unter freiem Himmel sind § 6 Abs. 1, die §§ 7, 8 Abs. 1, die §§ 9, 10 Abs. 2 und § 11 Abs. 2 entsprechend anzuwenden.
(2) ¹Die Verwendung von Ordnern bedarf der Genehmigung. ²Sie ist bei der Anmeldung zu beantragen.
(3) Die Polizei kann Teilnehmer, welche die Ordnung gröblich stören, von der Versammlung ausschließen.

### § 17 Durchführung eines Aufzugs
(1) ¹Der Leiter des Aufzuges hat für den ordnungsmäßigen Ablauf zu sorgen. ²Er kann sich der Hilfe ehrenamtlicher Ordner bedienen, für welche § 8 Abs. 1 und § 16 gelten.
(2) Die Teilnehmer sind verpflichtet, die zur Aufrechterhaltung der Ordnung getroffenen Anordnungen des Leiters oder der von ihm bestellten Ordner zu befolgen.
(3) Vermag der Leiter sich nicht durchzusetzen, so ist er verpflichtet, den Aufzug für beendet zu erklären.
(4) Die Polizei kann Teilnehmer, welche die Ordnung gröblich stören, von dem Aufzug ausschließen.

### § 18 Bild- und Tonaufzeichnungen
(1) ¹Die Polizei darf Bild- und Tonaufzeichnungen von Teilnehmern bei oder im Zusammenhang mit öffentlichen Versammlungen nur anfertigen, wenn tatsächliche Anhaltspunkte die Annahme rechtfertigen, dass von ihnen erhebliche Gefahren für die öffentliche Sicherheit ausgehen. ²Die Maßnahmen dürfen auch durchgeführt werden, wenn Dritte unvermeidbar betroffen werden.
(2) ¹Die Unterlagen sind nach Beendigung der öffentlichen Versammlung oder zeitlich und sachlich damit unmittelbar im Zusammenhang stehender Ereignisse unverzüglich zu vernichten, soweit sie nicht benötigt werden
1. für die Verfolgung von Straftaten von Teilnehmern oder
2. im Einzelfall zur Gefahrenabwehr, weil die betroffene Person verdächtigt ist, Straftaten bei oder im Zusammenhang mit der öffentlichen Versammlung vorbereitet oder begangen zu haben, und deshalb zu besorgen ist, dass von ihr erhebliche Gefahren für künftige öffentliche Versammlungen oder Aufzüge ausgehen.
²Unterlagen, die aus den in Satz 1 Nr. 2 aufgeführten Gründen nicht vernichtet wurden, sind in jedem Fall spätestens nach Ablauf von drei Monaten seit ihrer Entstehung zu vernichten, es sei denn, sie würden inzwischen zu dem in Satz 1 Nr. 1 aufgeführten Zweck benötigt.
(3) Die Befugnisse zur Erhebung personenbezogener Informationen nach Maßgabe der Strafprozessordnung und des Gesetzes über Ordnungswidrigkeiten bleiben unberührt.
(4) Für Bild- und Tonaufnahmen von Teilnehmern gilt Absatz 1 entsprechend.

### § 19 Einschränkung von Grundrechten
¹Die §§ 12 bis 18 schränken das Grundrecht der Versammlungsfreiheit (Artikel 8 Abs. 1 des Grundgesetzes, Artikel 12 Abs. 1 der Verfassung des Landes Sachsen-Anhalt) ein. ²§ 18 schränkt das Grundrecht auf den Schutz personenbezogener Daten (Artikel 2 Abs. 1 in Verbindung mit Artikel 1 Abs. 1 des Grundgesetzes, Artikel 6 Abs. 1 der Verfassung des Landes Sachsen-Anhalt) ein.

*Abschnitt 4*
**Straf- und Bußgeldvorschriften**

**§ 20 Störung von Versammlungen**
Wer in der Absicht, nicht verbotene öffentliche Versammlungen oder Aufzüge zu verhindern oder zu sprengen oder sonst ihre Durchführung zu vereiteln, Gewalttätigkeiten vornimmt oder androht oder grobe Störungen verursacht, wird mit Freiheitsstrafe bis zu zwei Jahren oder mit Geldstrafe bestraft.

**§ 21 Störung der Versammlungsleitung**
Wer bei einer öffentlichen Versammlung oder einem Aufzug dem Leiter oder einem Ordner in der rechtmäßigen Ausübung seiner Ordnungsbefugnisse mit Gewalt oder Drohung mit Gewalt Widerstand leistet oder ihn während der rechtmäßigen Ausübung seiner Ordnungsbefugnisse tätlich angreift, wird mit Freiheitsstrafe bis zu einem Jahr oder mit Geldstrafe bestraft.

**§ 22 Öffentliche Aufforderung zur Teilnahme an einer verbotenen Versammlung**
Wer öffentlich, in einer Versammlung oder durch Verbreiten von Schriften, Ton- oder Bildträgern, Abbildungen oder anderen Darstellungen zur Teilnahme an einer öffentlichen Versammlung oder einem Aufzug auffordert, nachdem die Durchführung durch ein vollziehbares Verbot untersagt oder die Auflösung angeordnet worden ist, wird mit Freiheitsstrafe bis zu einem Jahr oder mit Geldstrafe bestraft.

**§ 23 Einsatz bewaffneter Ordner**
Wer als Leiter einer öffentlichen Versammlung oder eines Aufzuges Ordner verwendet, die Waffen oder sonstige Gegenstände, die ihrer Art nach zur Verletzung von Personen oder Beschädigung von Sachen geeignet und bestimmt sind, mit sich führen, wird mit Freiheitsstrafe bis zu einem Jahr oder mit Geldstrafe bestraft.

**§ 24 Missachtung von Beschränkungen**
Wer als Leiter einer öffentlichen Versammlung unter freiem Himmel oder eines Aufzuges
1. die Versammlung oder den Aufzug wesentlich anders durchführt, als die Veranstalter bei der Anmeldung angegeben haben, oder
2. vollziehbaren Beschränkungen nach § 13 Abs. 1, 2 oder 4 nicht nachkommt,

wird mit Freiheitsstrafe bis zu sechs Monaten oder mit Geldstrafe bis zu einhundertachtzig Tagessätzen bestraft.

**§ 25 Missachtung von Verbots- oder Auflösungsverfügungen**
Wer als Veranstalter oder Leiter eine öffentliche Versammlung oder einen Aufzug trotz vollziehbaren Verbots durchführt oder trotz Auflösung oder Unterbrechung durch die Polizei fortsetzt, wird mit Freiheitsstrafe bis zu einem Jahr oder mit Geldstrafe bestraft.

**§ 26 Missachtung des Bewaffnungs- oder Vermummungsverbots**
(1) [1]Wer bei öffentlichen Versammlungen oder Aufzügen Waffen oder sonstige Gegenstände, die ihrer Art nach zur Verletzung von Personen oder Beschädigung von Sachen geeignet und bestimmt sind, mit sich führt, ohne dazu behördlich ermächtigt zu sein, wird mit Freiheitsstrafe bis zu einem Jahr oder mit Geldstrafe bestraft. [2]Ebenso wird bestraft, wer ohne behördliche Ermächtigung Waffen oder sonstige Gegenstände im Sinne des Satzes 1 auf dem Weg zu öffentlichen Versammlungen oder Aufzügen mit sich führt, zu derartigen Veranstaltungen hinschafft oder sie zur Verwendung bei derartigen Veranstaltungen bereithält oder verteilt.
(2) Wer
1. entgegen § 15 Abs. 1 bei öffentlichen Versammlungen unter freiem Himmel oder bei Aufzügen oder auf dem Weg dorthin Schutzwaffen oder Gegenstände, die als Schutzwaffen geeignet und den Umständen nach dazu bestimmt sind, Vollstreckungsmaßnahmen eines Trägers von öffentlich-rechtlichen Befugnissen abzuwehren, mit sich führt,

2. entgegen § 15 Abs. 2 Nr. 1 an derartigen Veranstaltungen in einer Aufmachung, die geeignet und den Umständen nach darauf gerichtet ist, die Feststellung der Identität zu verhindern, teilnimmt oder den Weg zu derartigen Veranstaltungen in einer solchen Aufmachung zurücklegt oder
3. sich im Anschluss an oder sonst im Zusammenhang mit derartigen Veranstaltungen mit anderen zusammenrottet und dabei
   a) Waffen oder sonstige Gegenstände, die ihrer Art nach zur Verletzung von Personen oder Beschädigung von Sachen geeignet und bestimmt sind, mit sich führt,
   b) Schulzwaffen oder sonstige in Nummer 1 bezeichnete Gegenstände mit sich führt oder
   c) in der in Nummer 2 bezeichneten Weise aufgemacht ist,
wird mit Freiheitsstrafe bis zu einem Jahr oder mit Geldstrafe bestraft.

### § 27 Missachtung des Uniformierungsverbots
Wer der Vorschrift des § 3 zuwiderhandelt, wird mit Freiheitsstrafe bis zu sechs Monaten oder mit Geldstrafe bestraft.

### § 28 Ordnungswidrigkeiten
(1) Ordnungswidrig handelt, wer
1. an einer öffentlichen Versammlung oder einem Aufzug teilnimmt, deren Durchführung durch vollziehbares Verbot untersagt ist,
2. eine öffentliche Versammlung unter freiem Himmel oder einen Aufzug ohne die nach § 12 Abs. 1 Satz 1 erforderliche Anmeldung durchführt,
3. entgegen § 15 Abs. 2 Nr. 2 bei einer öffentlichen Versammlung unter freiem Himmel oder einem Aufzug oder auf dem Weg dorthin Gegenstände, die geeignet und den Umständen nach dazu bestimmt sind, die Feststellung der Identität zu verhindern, mit sich führt,
4. sich trotz Auflösung einer öffentlichen Versammlung oder eines Aufzuges durch die zuständige Behörde nicht unverzüglich entfernt,
5. als Teilnehmer einer öffentlichen Versammlung unter freiem Himmel oder eines Aufzuges einer vollziehbaren Beschränkung nach § 13 Abs. 1 oder 2 nicht nachkommt,
6. trotz wiederholter Zurechtweisung durch den Leiter oder einen Ordner fortfährt, den Ablauf einer öffentlichen Versammlung oder eines Aufzuges zu stören,
7. sich nicht unverzüglich nach seiner Ausschließung aus einer öffentlichen Versammlung oder einem Aufzug entfernt,
8. der Aufforderung, die Zahl der von ihm bestellten Ordner mitzuteilen, nicht nachkommt oder eine unrichtige Zahl mitteilt (§ 8 Abs. 2) oder
9. als Leiter oder Veranstalter einer öffentlichen Versammlung oder eines Aufzuges eine größere Zahl von Ordnern verwendet, als zugelassen oder genehmigt wurde (§ 8 Abs. 2, § 16 Abs. 2), oder Ordner verwendet, die anders gekennzeichnet sind, als es nach § 8 Abs. 1 zulässig ist.

(2) Die Ordnungswidrigkeit kann mit einer Geldbuße bis eintausendfünfhundert Euro geahndet werden.

### § 29 Voraussetzungen der Einziehung
¹Gegenstände, auf die sich eine Straftat nach § 26 oder § 27 oder eine Ordnungswidrigkeit nach § 28 Abs. 1 Nr. 3 oder 4 bezieht, können eingezogen werden. ²§ 74a des Strafgesetzbuches und § 23 des Gesetzes über Ordnungswidrigkeiten sind anzuwenden.

*Abschnitt 5*
**Schlussbestimmungen**

### § 30 Inkrafttreten
Dieses Gesetz tritt am Tage nach seiner Verkündung[1] in Kraft.

**Anlagen 1 bis 9 a (hier nicht wiedergegeben)**

---

1) Verkündet am 11. 12. 2009.

# Verordnung über die Zuständigkeiten auf verschiedenen Gebieten der Gefahrenabwehr (ZustVO SOG)

Vom 31. Juli 2002 (GVBl. LSA S. 328)
(BS LSA 205.22)
zuletzt geändert durch Art. 3 Zweite Polizeistrukturreformrerordnung vom 18. Dezember 2018 (GVBl. LSA S. 443)

### Nichtamtliche Inhaltsübersicht

| | | | | |
|---|---|---|---|---|
| § 1 | Versammlungswesen, Vereinswesen, polizeiliche Soforthilfe | | § 9 | Futtermittelwesen |
| § 2 | Jugendschutz, Schulpflicht | | § 10 | Tierschutz |
| § 3 | (aufgehoben) | | § 11 | Fleischhygiene und Geflügelfleischhygiene |
| § 4 | Apotheken-, Arzneimittel- und sonstiges Gesundheitswesen | | § 12 | (aufgehoben) |
| | | | § 13 | Erfassung schutzbedürftiger Objekte |
| § 5 | Tierarzneimittelwesen | | § 14 | Luftverkehr und Luftsicherheit |
| § 6 | Tierseuchenbekämpfung, Verarbeitung und Beseitigung tierischer Nebenprodukte | | § 15 | Polizeiliche Zuständigkeit im öffentlichen Verkehrsraum |
| § 7 | Überwachung von Lebensmitteln, Tabakerzeugnissen, kosmetischen Mitteln und sonstigen Bedarfsgegenständen | | § 16 | Kommunale Zuständigkeiten im öffentlichen Verkehrsraum |
| | | | §§ 17, 18 | (aufgehoben) |
| § 8 | Rindfleischetikettierung, Fischetikettierung | | § 19 | Verweisungsvorschrift |
| | | | § 20 | In-Kraft-Treten, Außer-Kraft-Treten |

Aufgrund des § 89 Abs. 3 und 4 Satz 1 des Gesetzes über die öffentliche Sicherheit und Ordnung des Landes Sachsen-Anhalt in der Fassung der Bekanntmachung vom 16. November 2000 (GVBl. LSA S. 594), zuletzt geändert durch Artikel 26 des Dritten Rechtsbereinigungsgesetzes vom 7. Dezember 2001 (GVBl. LSA S. 540), wird im Einvernehmen mit dem Ministerium für Gesundheit und Soziales, dem Kultusministerium, dem Ministerium für Wirtschaft und Arbeit, dem Ministerium für Landwirtschaft und Umwelt und dem Ministerium für Bau und Verkehr verordnet:

### § 1 Versammlungswesen, Vereinswesen, polizeiliche Soforthilfe

(1) Zuständig für die Aufgaben nach dem Versammlungsrecht sind
1. die Landkreise und die kreisfreie Stadt Dessau-Roßlau,
2. die jeweilige Polizeiinspektion anstelle der kreisfreien Städte Halle (Saale) und Magdeburg,
3. die jeweilige Polizeiinspektion anstelle der Landkreise und der kreisfreien Stadt Dessau-Roßlau, wenn sie vom Landesverwaltungsamt im Einzelfall dazu bestimmt wird.

(2) Zuständig für die Aufgaben nach dem öffentlichen Vereinsrecht im Zusammenhang mit der Anmeldung von Ausländervereinen und ausländischen Vereinen sind die Landkreise und kreisfreien Städte.

(3) Zuständig für die Soforthilfe für unaufschiebbare Sozialarbeit im Zusammenhang mit polizeilichem Aufgabenvollzug sind jeweils in ihren Bezirken die Polizeiinspektionen.

### § 2 Jugendschutz, Schulpflicht

(1) Zuständig für die Aufgaben des Jugendschutzes sind die Gemeinden, die ein Jugendamt errichtet haben, im Übrigen die Landkreise und kreisfreien Städte.

(2) Zuständig für die Durchsetzung der Schulpflicht sind die Landkreise und kreisfreien Städte.

### § 3 (aufgehoben)

### § 4 Apotheken-, Arzneimittel- und sonstiges Gesundheitswesen

(1) Zuständige Behörde nach den bundesrechtlichen Vorschriften über
1. das Apothekenwesen und über den Betrieb von Apotheken, mit Ausnahme der Vorschriften über die Dienstbereitschaft von Apotheken und über Rezeptsammelstellen,

2. die Entwicklung, die Herstellung und den Verkehr mit Arzneimitteln, mit Ausnahme der Vorschriften über die Überwachung des Einzelhandels mit Arzneimitteln außerhalb von Apotheken,
3. den Verkehr mit Betäubungsmitteln,
4. die Gewinnung von Blut und Blutbestandteilen sowie die Anwendung von Blutprodukten und
5. die Werbung auf dem Gebiet des Heilwesens

ist das Landesverwaltungsamt, soweit die Aufgaben nicht der Apothekerkammer Sachsen-Anhalt aufgrund des § 72 Abs. 1 des Gesetzes über die Kammern für Heilberufe Sachsen-Anhalt zugewiesen sind.

(2) Zuständige Behörde für die Überwachung des Einzelhandels mit Arzneimitteln außerhalb von Apotheken sind die Landkreise und kreisfreien Städte.

## § 5 Tierarzneimittelwesen

Zuständig für die Einhaltung tierarzneimittelrechtlicher und betäubungsmittelrechtlicher Vorschriften sind
1. soweit tierärztliche Hausapotheken, Tierärzte, Tierkliniken und Hersteller von Fütterungsarzneimitteln betroffen sind das Landesverwaltungsamt,
2. im Übrigen hinsichtlich tierarzneimittelrechtlicher Vorschriften die Landkreise und kreisfreien Städte.

## § 6 Tierseuchenbekämpfung, Verarbeitung und Beseitigung tierischer Nebenprodukte

(1) Zuständig für die Überwachung der Einhaltung von Vorschriften über die Tierseuchenbekämpfung und Verarbeitung und Beseitigung tierischer Nebenprodukte sind
1. das Landesverwaltungsamt hinsichtlich
   a) der Überwachung der Einhaltung von Vorschriften über Sera, Impfstoffe, Antigene,
   b) der Erteilung erforderlicher Erlaubnisse, Genehmigungen und Freistellungen und die Zulassung von Ausnahmen in Bezug auf Herstellung, Zulassung, Erwerb, Abgabe und Anwendung von Sera, Impfstoffen, Antigenen oder Mitteln einschließlich der Überwachung diesbezüglicher Anzeige- und Nachweispflichten und der Beteiligung anderer Stellen,
   c) des Treffens von Anordnungen in Bezug auf die Vornahme von Behandlungen und die Durchführung von Impfungen gegen bestimmte Tierkrankheiten, insbesondere die Zulassung von Ausnahmen von Impfpflichten, Impfverboten, Verboten über Heilversuche und diagnostische Maßnahmen, von der Art zu verwendender Impfstoffe oder zum Zwecke ihrer Prüfung, ausgenommen Fischbestände,
   d) der Einholung von Gutachten, um den Ausbruch einer Tierseuche tierärztlich feststellen zu lassen einschließlich der Regelung des weiteren Verfahrens,
   e) der Anordnung der Untersuchung von Tierbeständen auf bestimmte Tierseuchen einschließlich der Zulassung von Ausnahmen,
   f) der Genehmigung von Plätzen, auf denen während des Transportes von Süßwasserfischen Wasser aus den Fahrzeugen oder Behältnissen gewechselt werden darf einschließlich der Unterrichtung des Bundesministeriums über die zugelassenen Plätze,
   g) der Zulassung von Gebieten und von Fischhaltungsbetrieben,
   h) der Festlegung von Sperrbezirken und Beobachtungsgebieten oder gefährdeten Bezirken und Überwachungsgebieten, wenn der Ausbruch einer Tierseuche amtlich festgestellt wurde und mehr als ein Landkreis oder kreisfreie Stadt davon betroffen ist,
   i) der Bestimmung eines Schlachthofes, in dem ansteckungsverdächtige Tiere geschlachtet werden dürfen und der Zulassung von Ausnahmen bei der Behandlung ihrer Teile und Rohstoffe, wenn mehr als ein Landkreis oder eine kreisfreie Stadt betroffen ist,
   j) der Anordnung von Verboten oder Beschränkungen bei Auftreten einer Tierseuche, sofern das verdächtige oder gefährdete Gebiet mehr als einen Landkreis oder eine kreisfreie Stadt umfasst,
   k) der Zulassung von Ausnahmen von Sperren für Tiere oder Tierbestände in Gehöften oder sonstigen Standorten nach amtlich festgestelltem Ausbruch einer Deckinfektion,
   l) der Zulassung von künstlichen Besamungen durch andere Personen als Tierärzte bei amtlich festgestellter Deckinfektion, soweit das betroffene Gebiet mehr einen Landkreis oder eine kreisfreie Stadt umfasst,

m) der Überwachung der Arbeit und des Verkehrs mit Tierseuchenerregern, einschließlich der Erlaubnis sowie der Beschränkung oder des Verbots solcher Tätigkeiten,
n) der Zulassung und Validierung von Betrieben und Anlagen zur Zwischenbehandlung, Lagerung, Beseitigung und Verarbeitung von tierischen Nebenprodukten sowie der Zulassung von Betrieben und Anlagen, die bestimmte Arten von Küchen- und Speiseabfällen zur Herstellung von Futtermitteln verwenden,
o) der Zulassung von Kennzeichnungselementen und Kennzeichnungsverfahren von Haustieren, Vieh und Heimtieren, insbesondere von Papageien und Sittichen einschließlich der Mitteilung der Zulassung an andere Stellen,
p) der Überwachung der Zuteilung von und des Verkehrs mit Ohrmarken zur Kennzeichnung von Tieren, insbesondere von Vieh,
q) der Erstellung von Risikoanalysen für die Bestimmung von Mindestkontrollen zur Durchführung des Systems der Kennzeichnung und Registrierung von Rindern und anderem Vieh,
r) der Überwachung von regionalen Stellen des Landes bei der Durchführung der ihnen übertragenen Aufgaben nach den Vorschriften über das System zur Kennzeichnung, Registrierung und Herkunftssicherung von Tieren einschließlich der Ausstellung von Pässen für Vieh und Viehbegleitpapieren sowie der Bearbeitung von Widersprüchen gegen Entscheidungen der regionalen Stellen,
s) der Erteilung von Genehmigungen in Bezug auf das innergemeinschaftliche Verbringen sowie die Einfuhr, Durchfuhr und Ausfuhr lebender und toter Tiere, von Waren und Gegenständen, die Träger von Ansteckungsstoffen sein können sowie von Tierseuchenerregern,
t) der Zulassung, des Ruhens der Zulassung und der Registrierung von Schlachtstätten nach dem Fleischhygiene- oder Tierseuchenrecht, von Viehhandels- und Viehtransportunternehmen, von Sammelstellen, Betrieben, Lager- und Sortierbetrieben, in die aus einem Drittland oder einem anderen Mitgliedstaat oder aus denen in einen anderen Mitgliedstaat Waren oder lebende oder getötete oder verendete Tiere oder Tierkörperteile unmittelbar verbracht werden dürfen,
u) der Zulassung von Lagern für Waren, die nicht den Anforderungen an die Einfuhr entsprechen,
v) der Übertragung der Beseitigungspflicht von tierischen Nebenprodukten auf Dritte und der Genehmigung von Ausnahmen von der Beseitigungspflicht,
w) der Verpflichtung des Inhabers eines Betriebes oder einer Anlage zur Verarbeitung oder Beseitigung von tierischen Nebenprodukten, vorübergehend die Mitbenutzung einem anderen Beseitigungspflichtigen zu gestatten,
x) der Erstellung und Führung der Liste der nach Buchstabe n zugelassenen Betriebe,
2. im Übrigen die Landkreise und kreisfreien Städte.
(2) Vorschriften des Bundes und der Länder, nach denen weitere behördliche Entscheidungen eine der unter Absatz 1 Nr. 1 genannten Zulassungen einschließen, bleiben unberührt.

## § 7 Überwachung von Lebensmitteln, Tabakerzeugnissen, kosmetischen Mitteln und sonstigen Bedarfsgegenständen

Zuständig für die Überwachung der Einhaltung von Vorschriften über Lebensmittel, Tabakerzeugnisse, kosmetische Mittel und sonstige Bedarfsgegenstände sind
1. das Landesamt für Verbraucherschutz des Landes Sachsen-Anhalt hinsichtlich
    a) der Untersuchung und Beurteilung von Proben und der Übermittlung dabei gewonnener Daten an andere Stellen,
    b) der Überwachung weinrechtlicher Vorschriften neben den Landkreisen und kreisfreien Städten nach Nummer 3,
    c) der Durchführung von Sachkundeprüfungen bei Personen, die für die Herstellung von Lebensmitteln, Tabakerzeugnissen, kosmetischen Mitteln und sonstigen Bedarfsgegenständen in Unternehmen oder Betrieben verantwortlich sind,
2. das Landesverwaltungsamt hinsichtlich
    a) der Zulassung von Ausnahmen von Vorschriften über das Herstellen, Behandeln, Abgeben und In-Verkehr-Bringen von Lebensmitteln, Tabakerzeugnissen, kosmetischen Mitteln und sonstigen Bedarfsgegenständen,

b) der Aus- und Fortbildung von Personen, die den Verkehr mit Lebensmitteln, Tabakerzeugnissen, kosmetischen Mitteln und sonstigen Bedarfsgegenständen überwachen,
c) der Entgegennahme von Nachweisen über die erforderliche berufliche Befähigung von Personen zum Betrieb eines Unternehmens zur Be- oder Verarbeitung von Lebensmitteln,
d) der Erteilung erforderlicher Zulassungen, Genehmigungen, amtlicher Anerkennungen oder Registrierungen in Bezug auf das Gewinnen, Herstellen, Behandeln, Be- und Verarbeiten, Abgeben und In-Verkehr-Bringen von Lebensmitteln, Tabakerzeugnissen, kosmetischen Mitteln und sonstigen Bedarfsgegenständen einschließlich der Abgabe von gesetzlich vorgesehenen Mitteilungen darüber an andere Behörden oder Stellen,
e) der Verhängung vorübergehender Verbringungsverbote und des Verlangens erforderlicher Nachweise bei der Ausfuhr von Lebensmitteln, Tabakerzeugnissen, kosmetischen Mitteln und sonstigen Bedarfsgegenständen,
3. im Übrigen die Landkreise und kreisfreien Städte.

### § 8 Rindfleischetikettierung, Fischetikettierung

(1) Zuständig für die Überwachung der Rindfleischetikettierung sind
1. das Landesverwaltungsamt hinsichtlich
    a) der Erstellung von Risikoanalysen als Grundlage für Stichprobenkontrollen der Etikettierung von Rindfleisch und Rindfleischerzeugnissen,
    b) der Zusammenarbeit mit Behörden anderer Länder, des Bundes und anderer Mitgliedstaaten bei der Überwachung der Etikettierung von Rindfleisch und Rindfleischerzeugnissen einschließlich der Erteilung von Auskünften und der Übermittlung von Daten an diese Behörden,
2. im Übrigen die Landkreise und kreisfreien Städte.

(2) Zuständig für die Überwachung der Fischetikettierung sind die Landkreise und kreisfreien Städte.

### § 9 Futtermittelwesen

Zuständig für die Überwachung der Einhaltung futtermittelrechtlicher und verfütterungsverbotsrechtlicher Vorschriften sind
1. das Landesverwaltungsamt hinsichtlich
    a) der Zulassung von Futtermittelunternehmen, einschließlich der Änderung, der Aussetzung und des Entzuges der Zulassung,
    b) der Registrierung von Futtermittelunternehmen, die Hersteller aus Drittländern vertreten,
    c) der Entgegennahme der Anzeige von Futtermittelunternehmen,
    d) der Erteilung, Änderung und Aufhebung der Genehmigung von Ausnahmen nach futtermittelrechtlichen und verfütterungsverbotsrechtlichen Vorschriften mit Ausnahme derer von landwirtschaftlichen Betrieben,
2. im Übrigen die Landkreise und kreisfreien Städte.

### § 10 Tierschutz

Zuständig für die Überwachung der Einhaltung tierschutzrechtlicher Vorschriften sind
1. das Landesverwaltungsamt hinsichtlich
    a) der Zulassung von Ausnahmen von bestimmten Betäubungs- oder Tötungsverfahren,
    b) der Erteilung einer Ausnahmegenehmigung für ein Schlachten ohne Betäubung (Schlächten),
    c) der Genehmigung und Untersagung von Tierversuchen sowie der Entgegennahme von Anzeigen über genehmigungsfreie Tierversuche und Eingriffe,
    d) der Überwachung der Bestellung und Qualifikation von Tierschutzbeauftragten in Einrichtungen, in denen Tierversuche an Wirbeltieren durchgeführt werden,
    e) der Zulassung von Ausnahmen bezüglich der erforderlichen Fachkenntnisse von Personen, die Tierversuche oder Eingriffe an Wirbeltieren vornehmen,
    f) der Zulassung von Ausnahmen hinsichtlich der für Tierversuche zu verwendenden Tiere und der Art der zulässigen oder durchgeführten Eingriffe,
    g) der Berufung und Unterrichtung von Tierschutzkommissionen im Zusammenhang mit Tierversuchen,
    h) der Zulassung eines Aufenthaltsortes, an dem Nutztiere während des Transportes entladen und versorgt werden müssen,
2. im Übrigen die Landkreise und kreisfreien Städte.

## § 11 Fleischhygiene und Geflügelfleischhygiene
Zuständig für die Überwachung der Einhaltung fleisch- und geflügelfleischhygienerechtlicher Vorschriften sind
1. das Landesverwaltungsamt hinsichtlich
   a) der Zulassung der Betriebe für die Ausfuhr von Fleisch,
   b) der Zulassung von Schlacht-, Zerlegungs-, Herstellungs- und Verarbeitungsbetrieben sowie der Zulassung von Umpackbetrieben und von Abgabestellen von Isolierschlachtbetrieben,
2. im Übrigen die Landkreise und kreisfreien Städte.

## § 12 (aufgehoben)

## § 13 Erfassung schutzbedürftiger Objekte
Zuständig für die Aufgaben der Erfassung schutzbedürftiger ziviler Objekte mit Bedeutung für die zivile Verteidigung, die sich aus dem Zivilschutzgesetz vom 25. März 1997 (BGBl. I S. 726), zuletzt geändert durch Artikel 11 des Sechsten Euro-Einführungsgesetzes vom 3. Dezember 2001 (BGBl. I S. 3306), ergeben, sind
1. das Landesverwaltungsamt hinsichtlich der Bewertung der Einstufung,
2. die Landkreise und kreisfreien Städte hinsichtlich der Erfassung einschließlich der Erstellung von Objektkarteien und deren Fortschreibung sowie die Abgabe von Bewertungsvorschlägen.

## § 14 Luftverkehr und Luftsicherheit
(1) Zuständig für die Aufgaben nach den luftverkehrsrechtlichen Vorschriften ist das Landesverwaltungsamt.
(2) Zuständig für die Aufgaben der Luftsicherheitsbehörde nach den luftsicherheitsrechtlichen Vorschriften ist das Landesverwaltungsamt.

## § 15 Polizeiliche Zuständigkeit im öffentlichen Verkehrsraum
Zuständig ist im öffentlichen Verkehrsraum auch die Polizei hinsichtlich
1. der Überwachung der Einhaltung der den §§ 6 bis 10 zu Grunde liegenden Vorschriften,
2. der Überwachung der Einhaltung von Vorschriften über die sichere und ordnungsgemäße Beförderung von Personen mit Straßenbahnen, Oberleitungsbussen und mit Kraftfahrzeugen einschließlich der Vorschriften über Beförderungspflichten, -entgelte und -bedingungen und Fahrpläne sowie von Vorschriften über die Ausrüstung und Beschaffenheit der genannten Fahrzeuge,
3. der Überwachung der Einhaltung von Vorschriften über Fahrlehrer, Fahrschulen und die Ausbildung von Fahrlehreranwärtern und Fahrschülern.

## § 16 Kommunale Zuständigkeiten im öffentlichen Verkehrsraum
(1) Die Gemeinden sind in ihrem Gebiet neben der Polizei zuständig für die Überwachung des ruhenden Verkehrs.
(2) [1]Ohne Übergang nach § 90 Abs. 2 Satz 2 des Kommunalverfassungsgesetzes sind die kreisfreien Städte und Gemeinden mit mehr als 20 000 Einwohnern in ihrem Gebiet, im Übrigen die Landkreise für ihr Gebiet in Bereichen innerhalb geschlossener Ortschaften, neben der Polizei für die Überwachung der Einhaltung zulässiger Höchstgeschwindigkeiten und der Befolgung von Lichtzeichenanlagen im Straßenverkehr zuständig. [2]Dies gilt nicht für die Überwachung auf Autobahnen.
(3) Sinkt die Einwohnerzahl einer Gemeinde unter 20 000, so bleibt die Zuständigkeit der Gemeinde gemäß Absatz 2 unberührt.

## §§ 17, 18 (aufgehoben)

## § 19 Verweisungsvorschrift
Soweit in dieser Verordnung auf Rechtsvorschriften verwiesen wird, beziehen sich diese auf die Vorschriften in ihrer jeweils geltenden Fassung.

## § 20 In-Kraft-Treten, Außer-Kraft-Treten
(1) Diese Verordnung tritt am Tage nach ihrer Verkündung[1]) in Kraft.
(2) Gleichzeitig tritt die Verordnung über die Zuständigkeiten auf verschiedenen Gebieten der Gefahrenabwehr vom 22. März 1995 (GVBl. LSA S. 85), zuletzt geändert durch Nummer 122 der Anlage zum Vierten Rechtsbereinigungsgesetz vom 19. März 2002 (GVBl. LSA S. 130, 142), außer Kraft.

---
1) Verkündet am 6.8.2002.

# Verordnung
# über die Regelung von Zuständigkeiten im Immissionsschutz-, Gewerbe- und Arbeitsschutzrecht sowie in anderen Rechtsgebieten (ZustVO GewAIR)

Vom 14. Juni 1994 (GVBl. S. 636, ber. S. 889),
(BS LSA 7100.7)
zuletzt geändert durch § 1 Siebente ÄndVO vom 10. Dezember 2019 (GVBl. LSA S. 988)

Auf Grund
des § 1 des Gesetzes über die Regelung von Zuständigkeiten im Immissions-, Gewerbe- und Arbeitsschutzrecht sowie in anderen Rechtsgebieten vom 8. Mai 1991 (GVBl. LSA S. 81),
des § 99a der Kommunalverfassung vom 17. Mai 1990 (GBl. I S. 255), zuletzt geändert durch Artikel 2 des Gesetzes zur Änderung des Gesetzes über kommunale Gemeinschaftsarbeit und anderer kommunalrechtlicher Vorschriften vom 3. Februar 1994 (GVBl. LSA S. 163),
des § 38 Satz 2, des § 56 Abs. 2 Satz 2 Halbsatz 2 und des § 67 Abs. 2 Satz 2 der Gewerbeordnung in der Fassung vom 1. Januar 1987 (BGBl. I S. 425), zuletzt geändert durch Artikel 39 der Fünften Zuständigkeitsanpassungs-Verordnung vom 26. Februar 1993 (BGBl. I S. 278),
des § 4 Abs. 4 Satz 1, des § 16 Abs. 3 Satz 4, des § 49 Abs. 3 Satz 2 und des § 113 Abs. 2 Satz 4 der Handwerksordnung in der Fassung vom 28. Dezember 1965 (BGBl. 1966 I S. 1), zuletzt geändert durch Artikel 1 der Sechsten Verordnung zur Änderung der Anlage A zur Handwerksordnung vom 9. Dezember 1991 (BGBl. I S. 2169),
des § 4 Abs. 3 Satz 2, des § 14 Satz 3, des § 18 Abs. 1 Satz 3, des § 21 Abs. 2 Satz 2 und des § 30 des Gaststättengesetzes vom 5. Mai 1970 (BGBl. I S. 465), zuletzt geändert durch Artikel 2 des Zweiten Rechtsbereinigungsgesetzes vom 16. Dezember 1986 (BGBl. I S. 2441),
des § 10 Abs. 1 des Blindenwarenvertriebsgesetzes vom 9. April 1965 (BGBl. I S. 311), zuletzt geändert durch Artikel 40 der Fünften Zuständigkeitsanpassungs-Verordnung vom 26. Februar 1993 (BGBl. I S. 278),
des § 50 Abs. 1 des Waffengesetzes in der Fassung vom 8. März 1976 (BGBl. I S. 432), zuletzt geändert durch § 2 Abs. 2 des Sechsten Überleitungsgesetzes vom 25. September 1990 (BGBl. I S. 2106),
des § 11 Abs. 1 des Eichgesetzes in der Fassung vom 23. März 1992 (BGBl. I S. 711), geändert durch Artikel 4 des Gesetzes zur Änderung von Gesetzen auf dem Gebiet des Rechts der Wirtschaft vom 21. Dezember 1992 (BGBl. I S. 2133),
des § 5 des Gesetzes über Einheiten im Meßwesen in der Fassung vom 22. Februar 1985 (BGBl. I S. 408),
des § 2 Abs. 4 Satz 2 des Güterkraftverkehrsgesetzes in der Fassung vom 10. März 1983 (BGBl. I S. 256), zuletzt geändert durch Artikel 1 des Gesetzes vom 21. Februar 1992 (BGBl. I S. 287),
des § 55 Abs. 5 Satz 3 Halbsatz 2 und des § 55a Abs. 3 Satz 2 des Versicherungsaufsichtsgesetzes in der Fassung vom 17. Dezember 1992 (BGBl. 1993 I S. 2),
des § 6 der Gefahrgutverordnung Straße in der Fassung vom 13. November 1990 (BGBl. I S. 2453), zuletzt geändert durch Artikel 1 der 4. Straßen-Gefahrgutänderungsverordnung vom 13. April 1993 (BGBl. I S. 448),
des § 3 Abs. 3 Satz 2, des § 9 Abs. 2, des § 30 Abs. 2 Satz 3 Halbsatz 2 und Abs. 4 des Börsengesetzes in der im BGBl. III Gliederungsnummer 4110-1 veröffentlichten bereinigten Fassung, zuletzt geändert durch Gesetz vom 11. Juli 1989 (BGBl. I S. 1412),
des § 27 Abs. 4 Satz 2 und 3 und Abs. 6 der Arbeitszeitordnung in der im BGBl. III Gliederungsnummer 8050-1 veröffentlichten bereinigten Fassung, zuletzt geändert durch Artikel 21 des Zuständigkeitslockerungsgesetzes vom 10. März 1975 (BGBl. I S. 685),
der Nr. 47 Satz 4 der Ausführungsverordnung zur Arbeitszeitordnung in der im BGBl. III Gliederungsnummer 8050-1-1 veröffentlichten bereinigten Fassung, zuletzt geändert durch Artikel 24 der Zuständigkeitslockerungsverordnung vom 18. April 1975 (BGBl. I S. 967),
des § 4 Abs. 2 Satz 3 und des § 10 Abs. 2 Satz 2 des Gesetzes über die Arbeitszeit in Bäckereien und Konditoreien in der im BGBl. III Gliederungsnummer 8050-8 veröffentlichten bereinigten Fassung,

zuletzt geändert durch Artikel 2 Nr. 3 des Gesetzes zur Änderung des Gesetzes über das Fahrpersonal im Straßenverkehr vom 14. Juli 1976 (BGBl. I S. 1801),
des § 8 der Verordnung über die Arbeitszeit in Krankenpflegeanstalten in der im BGBl. III Gliederungsnummer 8050-2 veröffentlichten bereinigten Fassung, geändert durch Artikel 241 des Einführungsgesetzes zum Strafgesetzbuch vom 2. März 1974 (BGBl. I S. 469),
des § 28 des Gesetzes über den Ladenschluß vom 28. November 1956 (BGBl. I S. 875), zuletzt geändert durch Artikel 2 des Gesetzes zur Einführung eines Dienstleistungsabends vom 10. Juli 1989 (BGBl. I S. 1382),
wird verordnet:

## § 1 [Zuständigkeit]

(1) Für die Ausführung der in den Anlagen 1 und 2 zu dieser Verordnung bezeichneten Rechtsvorschriften sowie der Maßnahmen sind die dort genannten Stellen zuständig.

(2) ¹Die für die Erteilung einer Erlaubnis, Genehmigung, Konzession oder sonstigen Berechtigung für eine Festsetzung, öffentliche Bestellung oder für die Ausstellung eines Befähigungszeugnisses zuständige Stelle entscheidet auch über deren Versagung, Rücknahme, Widerruf, Entziehung, Änderung, Aufhebung oder Ablehnung. ²Sie entscheidet auch über die Ausübung eines Gewerbebetriebes durch einen Stellvertreter.

(3) Ändern sich Zuständigkeiten nach dieser Verordnung, so führen die bisher zuständigen Stellen die bei ihnen anhängigen Verfahren zu Ende.

(4) Die Mittelbehörde ist zuständig, soweit nach dieser Verordnung und ihren Anlagen eine bestimmte Stelle nicht bezeichnet ist.

(5) Abweichend von Absatz 1 bis 4 ist die Polizeiinspektion Zentrale Dienste Sachsen-Anhalt bei der Erfüllung der dem Kampfmittelbeseitigungsdienst nach *§ 4 der Gefahrenabwehrverordnung zur Verhütung von Schäden durch Kampfmittel*[1] vom 5. Mai 1995 (GVBl. LSA S. 118), geändert durch Artikel 1 der Verordnung vom 27. Mai 1997 (GVBl. LSA S. 549), obliegenden Aufgaben für die Ausführung der Rechtsvorschriften im Bereich des Immissionsschutzrechts, des Chemikalienrechts und des Gefahrstoffrechts zuständig, soweit es nicht um den Schutz der Arbeitnehmer geht.

## § 2 [Kosten]

(1) Die den Landkreisen und Gemeinden entstehenden Kosten werden im Rahmen des Finanzausgleichs abgegolten.

(2) Die Apothekerkammer, die Ärztekammer, die Tierärztekammer und die Zahnärztekammer decken die ihnen entstehenden Kosten aus der Übertragung der Aufgaben durch Erhebung von Gebühren und Auslagen.

## § 3 [Inkrafttreten]

Diese Verordnung tritt am ersten Tage des auf die Verkündung[2] folgenden Monats in Kraft.

---

1) VO aufgeh. durch VO v. 27.4.2005 (GVBl. LSA S. 240).
2) Verkündet am 17.6.1994.

# Anlage 1
(zu § 1 Abs. 1)

**Übersicht zum nachfolgenden Verzeichnis**
1. Gewerbeordnung (ohne Arbeitsschutz)
2. Auf die Gewerbeordnung gestützte Verordnungen (ohne Arbeitsschutz)
3. Sonstiges Gewerberecht
4. Wirtschaftsrecht und andere Rechtsgebiete

**Erläuterungen zu den Verzeichnissen**

In den Verzeichnissen werden folgende Kurzbezeichnungen verwendet:

| | |
|---|---|
| Gem | Gemeinde |
| HWK | Handwerkskammer |
| IHK | Industrie- und Handelskammer |
| LAU | Landesamt für Umweltschutz |
| LEA | Landeseichamt |
| Lkr | Landkreis/kreisfreie Stadt |
| Lkr/St | Landkreis/kreisfreie Stadt beziehungsweise Städte und Gemeinden mit mehr als 10 000 Einwohnern |
| LVwA | Landesverwaltungsamt |
| MI | Ministerium des Innern |
| MW | Ministerium für Wirtschaft und Arbeit |

| Lfd. Nr. | Rechtsgrundlage | Maßnahme | Stelle |
|---|---|---|---|
| | | **Verzeichnis** | |
| 1. | | **Gewerbeordnung in der Fassung der Bekanntmachung vom 22. Februar 1999 (BGBl. I S. 202), zuletzt geändert durch** Artikel 5 Abs. 11 des Gesetzes vom 21. Juni 2019 (BGBl. I S. 846) | |
| 1.1. | § 14 | Entgegennahme der Gewerbeanzeigen | Gem |
| 1.2. | § 15 Abs. 1 | Ausstellung von Empfangsbescheinigungen | Gem |
| 1.3. | § 15 Abs. 2 | Verhinderung der Fortsetzung nicht zugelassener Gewerbebetriebe oder des Gewerbebetriebes ausländischer juristischer Personen, deren Rechtsfähigkeit im Inland nicht anerkannt wird | Gem |
| 1.4. | § 15a Abs. 4 Satz 2, § 15b Abs. 1, 2 | Anordnung der Namensangabe aller beteiligten Gewerbetreibenden, Namensangabe im Schriftverkehr | Gem |
| 1.5. | § 30 Abs. 1, 2 | Konzession für Privatkranken- und Privatentbindungsanstalten sowie für Privatnervenkliniken | Lkr nach Anhörung von Gem und Lkr |
| 1.6. | | [aufgehoben] | |
| 1.7. | | [aufgehoben] | |
| 1.8. | § 33c Abs. 3 Satz 1 | Bestätigung der Geeignetheit eines Aufstellungsortes für Spielgeräte | Gem |
| 1.9. | | [aufgehoben] | |
| 1.10. | | [aufgehoben] | |
| 1.11. | | [aufgehoben] | |
| 1.12. | § 34 Abs. 1 (vgl. auch lfd. Nr. 2.1) | Erlaubnis zum Betrieb des Pfandleihgewerbes | Lkr/St |
| 1.13. | § 34a Abs. 1 (vgl. auch lfd. Nr. 2.2) | Erlaubnis zum Betrieb des Bewachungsgewerbes | Lkr/St |

# Anlage 1 ZustVO GewAIR 44

| Lfd. Nr. | Rechtsgrundlage | Maßnahme | Stelle |
|---|---|---|---|
| 1.14. | § 34b Abs. 1, 2 (vgl. auch lfd. Nr. 2.3) | Erlaubnis zum Betrieb des Versteigerergewerbes | Lkr/St |
| 1.15. | § 34b Abs. 1, 3 (vgl. auch Nr. 2.3) | Erlaubnis zum Betrieb des Versteigerungsgewerbes | Lkr/St |
| 1.16. | § 34c Abs. 1 (vgl. auch lfd. Nr. 2.4) | Erlaubnis zum Betrieb eines Maklergewerbes oder sonstigen hier aufgezählten Gewerbes | Lkr/St |
| 1.17. | § 35 | Untersagung der Gewerbeausübung wegen Unzuverlässigkeit, Gestattung der Fortführung des Gewerbebetriebes durch einen Stellvertreter, Verhinderung der Gewerbeausübung durch Schließung der Betriebs- oder Geschäftsräume usw., Gestattung der Wiederaufnahme des untersagten Gewerbes, Verlangen auf Auskunft im Gewerbeuntersagungsverfahren | Lkr/St |
| 1.18. | § 38 Satz 1 | Erlaß von Verordnungen über die Ausübung einzelner Gewerbe | MW |
| 1.19. | § 46 Abs. 3 | Gestattung zum Betreiben eines Gewerbes in den Fällen der Absätze 1 und 2 | Lkr/St |
| 1.20. | § 51 Satz 1 | Untersagung der Benutzung gefährlicher Anlagen | Lkr/St |
| 1.21. | § 55 Abs. 2 | Erteilung der Erlaubnis zur Ausübung des Reisegewerbes (Erteilung von Reisegewerbekarten) | Gem |
| 1.22. | § 55a Abs. 1 Nr. 1 | Erlaubnis zum Feilbieten von Waren im Reisegewerbe gelegentlich der Veranstaltung von Messen und andere | Gem |
| 1.23. | § 55a Abs. 2 | Zulassung von Ausnahmen von dem Erfordernis einer Reisegewerbekarte bei besonderen Veranstaltungen | Gem |
| 1.24. | § 55b Abs. 2 | Ausstellung von Gewerbelegitimationskarten | Gem |
| 1.25. | § 55c | Entgegennahme der Anzeigen über reisegewerbekartenfreie Tätigkeiten und Ausstellung der Empfangsbescheinigungen | Gem |
| 1.26. | § 55e Abs. 2 | Zulassung von Ausnahmen von dem Verbot, das Reisegewerbe an Sonn- und Feiertagen auszuüben | Gem |
| 1.27. | § 56 Abs. 1 Nr. 3 Buchst. b | Zulassung von Ausnahmen von dem Verbot des Feilbietens geistiger Getränke im Reisegewerbe | Gem |
| 1.28. | § 29 | Auskunft und Nachschau | Gem, Lkr/St, Lkr, LVwA, IHK, Polizei |
| 1.29. | § 56 Abs. 2 Satz 2 Halbsatz 1 | Erlaß von Verordnungen über Ausnahmen von den in § 56 Abs. 1 aufgeführten Beschränkungen | MW |
| 1.30. | § 56 Abs. 2 Satz 3 | Zulassung von Ausnahmen im Einzelfall von den in § 56 Abs. 1 aufgeführten Beschränkungen | Gem |
| 1.31. | § 56a Abs. 2, 3 | Entgegennahme der Anzeige und Untersagung eines Wanderlagers | Gem |
| 1.32. | § 59 | Untersagung der Ausübung reisegewerbekartenfreier Tätigkeiten | Gem |
| 1.33. | § 60a Abs. 2 Satz 2 | Erlaubnis zur Veranstaltung anderer Gewinnspiele im Reisegewerbe | Lkr/St |

| Lfd. Nr. | Rechtsgrundlage | Maßnahme | Stelle |
|---|---|---|---|
| 1.34. | § 60a Abs. 3 | Erlaubnis zum Betrieb von Spielhallen oder ähnlichen Unternehmen im Reisegewerbe | Lkr/St |
| 1.35. | § 60a Abs. 4 | Erlaß von Verordnungen für das Verfahren bei Erteilung von Unbedenklichkeitsbescheinigungen durch das Landeskriminalamt | MI im Einvernehmen mit MW |
| 1.36. | § 60b Abs. 2 in Verbindung mit §§ 69, 69b | Festsetzung von Volksfesten nach Gegenstand, Zeit, Öffnungszeiten und Platz, von der Festsetzung abweichende Regelungen der Zeit, der Öffnungszeiten und des Platzes in dringenden Fällen | Gem |
| 1.37. | | *[aufgehoben]* | |
| 1.38. | § 60c Abs. 1 | Verlangen auf Vorzeigen der Reisegewerbekarte, auf Einstellung der Tätigkeit sowie auf Vorlage geführter Waren | Gem, Lkr |
| 1.39. | § 60c Abs. 2 | Ausstellung der Zweitschriften von Reisegewerbekarten | Gem |
| 1.40. | § 60d | Verhinderung der Ausübung des Reisegewerbes | Gem |
| 1.41. | § 67 Abs. 2 | Erlaß einer Verordnung über die Gegenstände des Wochenmarktverkehrs | MW mit der Befugnis zur Weiterübertragung auf andere Behörden |
| 1.42. | § 69 Abs. 1 | Festsetzung nach Gegenstand, Zeit, Öffnungszeiten und Platz von Veranstaltungen | siehe 1.45. |
| 1.43. | § 69a Abs. 2 | Erteilung von Auflagen im öffentlichen Interesse | siehe 1.45. |
| 1.44. | § 69b Abs. 1 | Vorübergehende Änderung von Zeit, Öffnungszeiten und Platz in dringenden Fällen | siehe 1.45. |
| 1.45. | § 69b Abs. 3 | Änderung und Aufhebung der Festsetzung auf Antrag des Veranstalters von | |
| | | a) Messen (§ 64) | Lkr |
| | | b) Ausstellungen (§ 65) | Lkr |
| | | c) Großmärkten (§ 66) | Lkr |
| | | d) Spezialmärkten (§ 68 Abs. 1) | Gem |
| | | e) Jahrmärkten (§ 68 Abs. 2) | Gem |
| | | f) Volksfesten (§ 60b) | Gem |
| | | g) Wochenmärkten (§ 67) | Gem |
| 1.46. | § 69 Abs. 3 | Entgegennahme der Anzeigen über die Nichtdurchführung von | |
| | | a) Messen | Lkr |
| | | b) Ausstellungen | Lkr |
| | | c) Großmärkten | Lkr |
| | | d) Volksfesten | Gem |
| 1.47. | § 70a, § 60b Abs. 2 in Verbindung mit § 70a | Untersagung der Teilnahme als Aussteller oder Anbieter an einer bestimmten Veranstaltung oder einer oder mehreren Arten von Veranstaltungen wegen Unzuverlässigkeit | Gem |
| 1.48. | § 150 Abs. 2 | Entgegennahme des Antrages auf Auskunftserteilung | Meldebehörde bei der der Antragsteller mit einer Wohnung gemeldet ist |

# Anlage 1 ZustVO GewAIR 44

| Lfd. Nr. | Rechtsgrundlage | Maßnahme | Stelle |
|---|---|---|---|
| 2. | **Auf die Gewerbeordnung gestützte Verordnungen** (ohne Arbeitsschutz) | | |
| 2.1. | Pfandleiherverordnung in der Fassung vom 1. Juni 1976 (BGBl. I S. 1334), zuletzt geändert durch Artikel 3 der Dritten Verordnung zur Änderung gewerberechtlicher Vorschriften vom 7. November 1990 (BGBl. I S. 2476) | | |
| 2.1.1. | § 2 | Entgegennahme der Anzeige über die für den Geschäftsbetrieb benutzten Räume | Lkr/St |
| 2.1.2. | § 4 | Verlangen auf Auskunftserteilung und Einsichtnahme (Nachschau) in den Geschäftsbetrieb zum Zweck der Überwachung | Lkr/St |
| 2.1.3. | § 5 Abs. 1 in Verbindung mit § 11 Satz 1 Halbsatz 1 | Entgegennahme der Überschüsse aus Pfandverwertung | Lkr/St |
| 2.1.4. | § 9 Abs. 2 Satz 2, § 11 Satz 1 Halbsatz 2 | Verlängerung der Pfandverwertungsfrist und der Ablieferungsfrist für die Überschüsse | Lkr/St |
| 2.2. | Bewachungsverordnung in der Fassung der Bekanntmachung vom 10. Juli 2003 (BGBl. I S. 1378) | | |
| 2.2.1. | § 9 Abs. 1 Satz 2 und Abs. 2 Satz 2 | Überprüfung der Zuverlässigkeit der Wachpersonen | Lkr/St |
| 2.2.2. | § 9 Abs. 3 | Entgegennahme der Unterlagen über Wachpersonen | Lkr/St |
| 2.2.3. | § 11 Abs. 3 | Verlangen auf Vorzeigen des Ausweises | Lkr/St/Polizei |
| 2.2.4. | § 13 Abs. 2 | Entgegennahme der Anzeige über den Gebrauch der Schusswaffe | Lkr/St/Polizei |
| 2.3. | Versteigererverordnung vom 24. Juni 2003 (BGBl. I S. 547) | | |
| 2.3.1. | § 3 Abs. 1 | Entgegennahme der Anzeigen über Versteigerung und Abkürzung der Anzeigefrist | Lkr/St |
| 2.3.2. | § 3 Abs. 4 | Anforderung weiterer Unterlagen | Lkr/St |
| 2.3.3. | § 4 | Zulassung von Ausnahmen hinsichtlich der Gelegenheit zur Besichtigung des Versteigerungsgutes | Lkr/St |
| 2.3.4. | § 6 | Zulassung von Ausnahmen von dem Verbot der Versteigerung von Handelswaren und von dem Verbot, das Versteigerungsgut in eine andere Gemeinde zu verbringen | Lkr/St |
| 2.3.5. | § 9 | Untersagung, Aufhebung und Unterbrechung von Versteigerungen | Lkr/St |
| 2.4. | Makler- und Bauträgerverordnung in der Fassung vom 7. November 1990 (BGBl. I S. 2479) | | |
| 2.4.1. | § 9 | Entgegennahme der Anzeige über die jeweils mit der Leitung des Betriebes oder einer Zweigniederlassung beauftragten Person sowie über die Berufung anderer Vertretungsberechtigter bei juristischen Personen nach Erteilung der Erlaubnis | Lkr/St |
| 2.4.2. | § 14 Abs. 2 Satz 2 | Verlangen auf kostenlose Vorlage der erforderlichen Anzahl lesbarer Reproduktionen und Bereithaltung der erforderlichen Lesegeräte | Lkr/St |
| 2.4.3. | | [aufgehoben] | |
| 2.4.4. | § 16 Abs. 1, 2, 3 | Entgegennahme des Prüfberichts und Anordnung einer besonderen Überprüfung der Gewerbetreibenden auf deren Kosten sowie Betrauung von Prüfern nach Maßgabe des Absatzes 3 | Lkr/St |

| Lfd. Nr. | Rechtsgrundlage | Maßnahme | Stelle |
|---|---|---|---|
| 2.5. | Schaustellerhaftpflichtverordnung vom 17. Dezember 1984 (BGBl. I S. 1598) | | |
| 2.5.1. | § 2 | Verlangen auf Vorzeigen der Haftpflichtversicherungsunterlagen | Gem, Lkr |
| **3.** | **Sonstiges Gewerberecht** | | |
| 3.1. | | *[aufgehoben]* | |
| 3.1.1. | | *[aufgehoben]* | |
| 3.1.2. | § 4 Abs. 3 Satz 1, § 30 | Erlaß einer Verordnung über Mindestanforderungen an die zum Betrieb eines Gaststättengewerbes bestimmten Räume und über die zuständigen Behörden zur Ausführung dieser Verordnung | MW |
| 3.1.3. | | *[aufgehoben]* | |
| 3.1.4. | | *[aufgehoben]* | |
| 3.1.5. | | *[aufgehoben]* | |
| 3.1.6. | | *[aufgehoben]* | |
| 3.1.7. | § 12 Abs. 1 | Vorübergehende Gestattung zum Betrieb eines Gaststättengewerbes aus besonderem Anlaß | Gem |
| 3.1.8. | §§ 14, 30 | Erlaß einer Verordnung über die persönlichen und räumlichen Voraussetzungen für den Ausschank sowie über Menge und Jahrgang des zum Ausschank bestimmten Weines oder Apfelweines und das Verabreichen von Speisen zum Verzehr in Straußwirtschaften sowie über die Art der Betriebsführung von Straußwirtschaften und über die zuständigen Behörden zur Ausführung dieser Verordnung | MW |
| 3.1.9. | | *[aufgehoben]* | |
| 3.1.10. | | *[aufgehoben]* | |
| 3.1.11. | | *[aufgehoben]* | |
| 3.1.12. | § 21 Abs. 2 Satz 1, § 30 | Erlaß einer Verordnung über Zulassung, das Verhalten sowie die Art der Tätigkeit und Entlohnung der Beschäftigten in Gaststättenbetrieben und über die zuständigen Behörden zur Ausführung dieser Verordnung | MW |
| 3.1.13. | | *[aufgehoben]* | |
| 3.1.14. | § 34 Abs. 3 | Entgegennahme der Anzeige | Lkr/St |
| 3.2. | Blindenwarenvertriebsgesetz vom 9. April 1965 (BGBl. I S. 311), zuletzt geändert durch Artikel 40 der Fünften Zuständigkeitsanpassungs-Verordnung vom 26. Februar 1993 (BGBl. I S. 278) | | |
| 3.2.1. | § 5 Abs. 1 | Anerkennung als Blindenwerkstätte oder als Zusammenschluß von Blindenwerkstätten | Lkr |
| 3.2.2. | § 5 Abs. 5 | Errichtung eines Blindenwarenvertriebsausschusses | Lkr |
| 3.2.3. | § 6 Abs. 1, 2 | Erteilung von Blindenwarenvertriebsausweisen | Lkr/St |
| 3.2.4. | § 6 Abs. 5 | Verlangen auf Vorzeigen des Blindenwarenvertriebsausweises sowie Vorlage mitgeführter Waren oder Warenkataloge und auf Einstellung der Tätigkeit | Gem, Lkr |
| 3.3. | Handwerksordnung in der Fassung der Bekanntmachung vom 24. September 1996 (BGBl. I S. 3047), zuletzt geändert durch Artikel 35b des Gesetzes vom 24. Dezember 2003 (BGBl. I S. 2954, 2992) | | |

# Anlage 1 ZustVO GewAIR 44

| Lfd. Nr. | Rechtsgrundlage | Maßnahme | Stelle |
|---|---|---|---|
| 3.3.1. | § 4 Abs. 1 | Anordnung der Leitung eines Handwerksbetriebes durch einen den Voraussetzungen des § 7 genügenden Handwerker zur Verhütung von Gefahren für die öffentliche Sicherheit | Lkr/St |
| 3.3.2. | § 7a | Ausübungsberechtigte für andere Gewerbe | HWK |
| 3.3.3. | § 7b | Ausübungsberechtigung für zulassungspflichtige Handwerke | HWK |
| 3.3.4. | § 8 | Ausnahmebewilligung | HWK |
| 3.3.5. | § 9 | Ausnahmebewilligungen für Angehörige der EWG-Mitgliedsstaaten | HWK |
| 3.3.6. | § 16 Abs. 3 Satz 1, Abs. 4 | Untersagung der Fortsetzung eines gesetzwidrig ausgeübten Handwerksbetriebes; Verhinderung der Ausübung des untersagten Gewerbes durch Schließung der Betriebs- und Geschäftsräume oder durch andere geeignete Maßnahmen | Lkr/St |
| 3.3.7. | § 49 Abs. 3 Satz 2 | Erlaß von Bestimmungen über die Anrechnung eines Fachschulbesuchs auf die Gesellentätigkeit | MW |
| 3.3.8. | § 113 Abs. 3 Satz 3 und 4 | Erlass einer Verordnung über die Zulassung anderer Formen der Beitragseinziehung und Beitragsbeitreibung | MW |
| 3.3.9. | § 113 Abs. 4 Satz 2 | Erlass einer Verordnung über die Zulassung anderer Formen der Gebührenbeitreibung | MW |
| 3.4. | Gesetz über den Hufbeschlag vom 20. Dezember 1940 (RGBl. 1941 I S. 3), geändert durch Artikel 176 des Einführungsgesetzes zum Strafgesetzbuch vom 2. März 1975 (BGBl. I S. 469); Hufbeschlagverordnung vom 14. Dezember 1965 (BGBl. I S. 2095), zuletzt geändert durch Artikel 20 des Ersten Gesetzes zur Bereinigung des Verwaltungsverfahrensrechts vom 18. Februar 1986 (BGBl. I S. 265) | | LVwA |
| 3.5. | Eichgesetz in der Fassung der Bekanntmachung vom 23. März 1992 (BGBl. I S. 711), zuletzt geändert durch Artikel 115 der Verordnung vom 25. November 2003 (BGBl. I S. 2304, 2317) | | |
| 3.5.1. | §§ 16, 18 | Verlangen auf Auskunft, Nachschau sowie Abwehr und Unterbindung von Zuwiderhandlungen | Lkr/St |
| 3.6. | Gesetz über Einheiten im Meßwesen in der Fassung vom 22. Februar 1985 (BGBl. I S. 408) | | |
| 3.6.1. | § 6 | Verlangen auf Auskunft, Nachschau sowie Abwehr und Unterbindung von Zuwiderhandlungen in Betrieben, die Waren an Letztverbraucher abgeben | Lkr/St |
| 3.7. | Fertigpackungsverordnung vom 18. Dezember 1981 (BGBl. I S. 1585), zuletzt geändert durch Artikel 7 der Fünften Verordnung zur Änderung der Lebensmittel-Kennzeichnungsverordnung und anderer lebensmittelrechtlicher Verordnungen vom 18. Dezember 1992 (BGBl. I S. 2423) | | |
| 3.7.1. | § 34 | Recht zur Nachschau | LEA |
| 3.8. | Verordnung über Orderlagerscheine in der im BGBl. III, Gliederungsnummer 4102-1, veröffentlichten bereinigten Fassung | | |
| 3.8.1. | § 1 in Verbindung mit § 3, § 4 Abs. 2, 4, § 5 Abs. 2, § 7 Abs. 1, § 9 Abs. 2, | Ermächtigung zur Ausstellung von Orderlagerscheinen sowie sonstige Maßnahmen und Befugnisse der Ermächtigungsbehörde | Lkt/St |

# 44 ZustVO GewAIR Anlage 1

| Lfd. Nr. | Rechtsgrundlage | Maßnahme | Stelle |
|---|---|---|---|
| | § 10 Abs. 2,<br>§ 11,<br>§ 13 Abs. 1, 2, 3, 4,<br>§ 14 Abs. 3, 4,<br>§ 19 Abs. 3, 4 | | |
| 3.9. | | *[aufgehoben]* | |
| 3.10. | | *[aufgehoben]* | |
| 3.11. | | *[aufgehoben]* | |
| 3.12. | Preisangabengesetz vom 3. Dezember 1984 (BGBl. I S. 1429) | | |
| 3.12.1. | | *[aufgehoben]* | |
| 3.13. | Milch- und Margarinegesetz vom 25. Juli 1990 (BGBl. I S. 1471), geändert durch Artikel 51 der Fünften Zuständigkeitsanpassungs-Verordnung vom 26. Februar 1993 (BGBl. I S. 278) | | |
| 3.13.1. | §§ 4, 5, 6 | Erlaubnis zum Betrieb eines milchwirtschaftlichen Unternehmens, Stellvertretererlaubnis und Weiterführung | Lkr |
| 3.14. | | *[aufgehoben]* | |
| 4. | **Wirtschaftsrecht und andere Rechtsgebiete** | | |
| 4.1. | Versicherungsaufsichtsgesetz in der Fassung der Bekanntmachung vom 17. Dezember 1992 (BGBl. I 1993 S. 2), zuletzt geändert durch Artikel 6 des Gesetzes vom 5. April 2004 (BGBl. I S. 502, 504) | | |
| 4.1.1. | § 55 Abs. 2, § 55a Abs. 3 Satz 1 | Erlass einer Verordnung über die Rechnungslegung der unter Landesaufsicht stehenden Versicherungseinrichtungen | MW |
| 4.2. | Börsengesetz in der im BGBl. III, Gliederungsnummer 4110-1, veröffentlichten bereinigten Fassung, zuletzt geändert durch Artikel 1 des Gesetzes vom 11. Juli 1989 (BGBl. I S. 1412) | | MW |
| 4.3. | Gesetz betreffend die gemeinsamen Rechte der Besitzer von Schuldverschreibungen in der im BGBl. III, Gliederungsnummer 4134-1, veröffentlichten bereinigten Fassung, zuletzt geändert durch Artikel 133 des Einführungsgesetzes zum Strafgesetzbuch vom 2. März 1974 (BGBl. I S. 469) | | MW |
| 4.4. | § 50 Nr. 9 des Geldwäschegesetzes vom 23. Juni 2017 (BGBl. I S. 1822), zuletzt geändert durch Artikel 5 Abs. 12 des Gesetzes vom 21. Juni 2019 (BGBl. I S. 846) | Aufsicht über die Verpflichteten nach § 2 Abs. 1 Nrn. 6, 8, 11, 13 14 und 16 des Geldwäschegesetzes | LVwA |

# Anlage 2 ZustVO GewAIR 44

**Anlage 2**
(zu § 1 Abs. 1)

### Übersicht zum nachfolgenden Verzeichnis

1. Gewerbeordnung
   (Arbeitsschutz)
2. Auf die Gewerbeordnung gestützte Verordnungen
   (Arbeitsschutz)
3. Recht der Geräte- und Anlagensicherheit, der Arbeitssicherheit und des Gesundheitsschutzes
4. Arbeitszeit- und Ladenschlußrecht, Arbeitsschutzrecht für bestimmte Personengruppen
5. Chemikalien- und Gefahrstoffrecht, Gefahrguttransport
6. Sprengstoffrecht
7. Atom- und Strahlenschutzrecht
8. Gentechnikrecht
9. Immissionsschutzrecht

### Erläuterungen zu den Verzeichnissen

In den Verzeichnissen werden folgende Kurzbezeichnungen verwendet:

| | |
|---|---|
| Gem | Gemeinde |
| GGIZ | Gemeinsames Gift- und Informationszentrum Erfurt |
| IHK | Industrie- und Handelskammer |
| LAGB | Landesamt für Geologie und Bergwesen |
| LAU | Landesamt für Umweltschutz |
| LAV | Landesamt für Verbraucherschutz |
| Lkr/St | Landkreis/kreisfreie Stadt beziehungsweise Städte und Gemeinden mit mehr als 10 000 Einwohnern |
| LLG | Landesanstalt für Landwirtschaft und Gartenbau |
| LStB | Landesamt für Straßenbau |
| LVwA | Landesverwaltungsamt |
| MBV | Ministerium für Bau und Verkehr |
| MI | Ministerium des Innern |
| MLU | Ministerium für Landwirtschaft und Umwelt |
| MS | Ministerium für Gesundheit und Soziales |
| MW | Ministerium für Wirtschaft und Arbeit |
| ZLS | Zentralstelle der Länder für Sicherheitstechnik |

| Lfd. Nr. | Rechtsgrundlage | Maßnahme | Stelle |
|---|---|---|---|
| 1. | *[aufgehoben]* | | |
| 2. | | **Auf die Gewerbeordnung gestützte Verordnungen** (Arbeitsschutz) | |
| 2.1. | *[aufgehoben]* | | |
| 2.1.1. | *[aufgehoben]* | | |
| 2.1.1.1. | *[aufgehoben]* | | |
| 2.1.1.2. | *[aufgehoben]* | | |
| 2.1.2. | *[aufgehoben]* | | |
| 2.1.2.1. | *[aufgehoben]* | | |
| 2.1.3. | *[aufgehoben]* | | |
| 2.1.3.1. | *[aufgehoben]* | | |
| 2.2. | *[aufgehoben]* | | |
| 2.2.1. | *[aufgehoben]* | | |
| 2.2.1.1. | *[aufgehoben]* | | |
| 2.2.2. | *[aufgehoben]* | | |

# 44 ZustVO GewAIR Anlage 2

| Lfd. Nr. | Rechtsgrundlage | Maßnahme | Stelle |
|---|---|---|---|
| 2.2.3. | **Druckluftverordnung vom 4. Oktober 1972 (BGBl. I S. 1909), zuletzt geändert durch Artikel 6 der Verordnung vom 18. Dezember 2008 (BGBl. I S. 2768)** | | |
| 2.2.3.1. | § 3 Abs. 1 und 3 | Entgegennahme der Anzeige | LAV/LAGB |
| 2.2.3.2. | § 4 Abs. 3 | Verlangen des Nachweises der Gleichwertigkeit von Arbeitskammern | LAV/LAGB |
| 2.2.3.3. | § 5 | Anordnung von über § 4 hinausgehenden Anforderungen | LAV/LAGB |
| 2.2.3.4. | § 6 | Zulassung von Ausnahme | LAV/LAGB |
| 2.2.3.5. | § 7 Abs. 4 | Anordnung außerordentlicher Prüfungen | LAV/LAGB |
| 2.2.3.6. | § 12 Abs. 1 | Zulassung von Ausnahmen | LAV/LAGB |
| 2.2.3.7. | § 13 | Ermächtigung von Ärzten | LAV |
| 2.2.3.8. | § 17 Abs. 1 | Zulassung eines Raumes | LAV/LAGB |
| 2.2.3.9. | § 18 Abs. 2 | Erteilung von Befähigungsscheinen | LAV/LAGB |
| 2.2.3.10. | Anhang 2 Abs. 2 | Erteilung von Ausnahmen | LAV/LAGB |
| 2.2.4. | *[aufgehoben]* | | |
| 2.2.4.1 | *[aufgehoben]* | | |
| 2.2.4.2. | *[aufgehoben]* | | |
| 2.2.4.3. | *[aufgehoben]* | | |
| 2.3. | Verordnungen auf Grund der §§ 139b und 139g Gewerbeordnung | | |
| 2.3.1. | Verordnung über die Verpflichtung der Arbeitgeber zu Mitteilungen an die für die Gewerbeaufsicht zuständigen Landesbehörden vom 16. August 1968 (BGBl. I S. 981) | | |
| 2.3.1.1. | § 1 Abs. 1 | Entgegennahme der Mitteilung und Bestimmung des Abgabetermins | LAV |
| 2.3.1.2. | § 2 Abs. 1 | Bestimmung der Form der Mitteilung, des Stichtages und eines von § 1 Abs. 1 abweichenden Zeitabstandes | MS |
| 2.3.1.3. | § 3 | Verlangen jederzeitiger Auskunftserteilung | LAV |
| 3. | *[aufgehoben]* | | |
| 4. | **Arbeitszeit- und Ladenschlußrecht** | | |
| 4.1. | *[aufgehoben]* | | |
| 4.2. | *[aufgehoben]* | | |
| 4.3. | *[aufgehoben]* | | |
| 4.4. | *[aufgehoben]* | | |
| 4.5. | *[aufgehoben]* | | |
| 4.6. | *[aufgehoben]* | | |
| 4.7. | Gesetz über den Ladenschluss in der Fassung der Bekanntmachung vom 2. Juni 2003 (BGBl. I S. 744) | | |
| 4.7.1. | § 4 Abs. 2 Satz 1 | Anordnung der Ladenschlusszeiten für Apotheken | Apothekerkammer Sachsen-Anhalt |
| 4.7.2. | § 10 Abs. 1 Satz 2 | Festsetzung der Öffnungszeiten an Sonn- und Feiertagen in besonderen Orten | Lkr |
| 4.7.3. | § 11 | Zulassung erweiterter Verkaufszeiten an Sonn- und Feiertagen | Lkr |
| 4.7.4. | § 12 Abs. 2 | Bestimmung über zugelassene Verkaufszeiten an Sonn- und Feiertagen | Lkr/St |
| 4.7.5. | § 14 Abs. 1 Satz 2 | Freigabe weiterer Verkaufssonntage | Lkr/St |
| 4.7.6. | *[aufgehoben]* | | |
| 4.7.7. | *[aufgehoben]* | | |

# Anlage 2  ZustVO GewAIR  44

| Lfd. Nr. | Rechtsgrundlage | Maßnahme | Stelle |
|---|---|---|---|
| 4.7.8. | § 19 Abs. 1 | Zulassung besonderer Verkaufszeiten auf Groß- und Wochenmärkten | Lkr/St |
| 4.7.9. | § 20 Abs. 2a | Zulassung des Feilhaltens bestimmter Waren außerhalb von Verkaufsstellen | Lkr/St |
| 4.7.10. | § 22 Abs. 1 1. Halbsatz | Aufsicht über Ausführung des Gesetzes und der auf ihm beruhenden Vorschriften | LAV |
| 4.7.11. | § 22 Abs. 1 | Aufsicht über die Ausführung der §§ 3 bis 6, 10 bis 12, 14, 15, 20 Abs. 1, 2, 2a sowie § 21 Abs. 1 Nr. 1 neben dem Landesamt für Verbraucherschutz | Lkr |
| 4.7.12. | § 23 Abs. 1 | Ausnahmen im öffentlichen Interesse | Lkr |
| 4.8. | [aufgehoben] | | |
| 4.8.1. | [aufgehoben] | | |
| 4.9. | | Arbeitsschutzrecht für bestimmte Personengruppen | |
| 4.9.1. | [aufgehoben] | | |
| 4.9.2. | [aufgehoben] | | |
| 4.9.3. | [aufgehoben] | | |
| 4.9.4. | [aufgehoben] | | |
| 4.9.4.1. | § 2 | Ausgabe von Untersuchungsberechtigungsscheinen | Lkr |
| 4.9.5. | [aufgehoben] | | |
| 4.9.6. | [aufgehoben] | | |
| 4.9.7. | [aufgehoben] | | |
| 4.9.8. | [aufgehoben] | | |
| 5. | | Chemikalien- und Gefahrstoffrecht, Gefahrguttransport | |
| 5.1.–5.1.14 | [aufgehoben] | | |
| 5.2.–5.2.29 | [aufgehoben] | | |
| 5.3.–5.3.3. | [aufgehoben] | | |
| 5.4.–5.4.1. | [aufgehoben] | | |
| 5.5.–5.5.7. | [aufgehoben] | | |
| 5.6.–5.6.2.2. | [aufgehoben] | | |
| 5.7.–5.9 | [aufgehoben] | | |
| 6. | [aufgehoben] | | |
| 7. | [aufgehoben] | | |
| 8. | [aufgehoben] | | |
| 9. | [aufgehoben] | | |

# Gaststättengesetz des Landes Sachsen-Anhalt (GastG LSA)[1)]

Vom 7. August 2014 (GVBl. LSA S. 386, ber. S. 443)
(BS LSA 7130.3)
zuletzt geändert durch Art. 1 G zur Änd. und zur Aufhebung gewerbe-, verfahrens- und ingenieurrechtlicher Regelungen vom 8. Dezember 2016 (GVBl. LSA S. 360)

## § 1 Gaststättengewerbe und Anwendungsbereich

(1) Ein Gaststättengewerbe betreibt, wer gewerbsmäßig Getränke oder Speisen zum Verzehr an seiner gewerblichen Niederlassung verabreicht.
(2) [1]Die Vorschriften dieses Gesetzes finden keine Anwendung auf Kantinen für Betriebsangehörige sowie auf Betreuungseinrichtungen der Bundeswehr, der Bundespolizei, des Zolls oder der in Gemeinschaftsunterkünften untergebrachten Polizei und Feuerwehr. [2]Gleiches gilt für Luftfahrzeuge, Personenwagen von Eisenbahnunternehmen und anderen Schienenbahnen, Schiffe und Reisebusse, in denen anlässlich der Beförderung von Personen gastgewerbliche Leistungen erbracht werden.
(3) Auf das Gaststättengewerbe finden die Vorschriften der Gewerbeordnung Anwendung, sofern in diesem Gesetz keine besonderen Bestimmungen getroffen worden sind.

## § 2 Anzeigeverfahren

(1) [1]Wer ein Gaststättengewerbe betreiben will, hat dies der für den Ort der Betriebsstätte zuständigen Behörde spätestens vier Wochen vor Beginn des Betriebes schriftlich anzuzeigen. [2]In der Anzeige sind Name, Vorname und Anschrift des Betreibers, der Ort und die Zeit des Betriebsbeginns sowie die Art der zum Verkauf vorgesehenen Getränke und Speisen anzugeben. [3]Die Anzeigepflicht gilt entsprechend für den Betrieb von Zweigniederlassungen, einer unselbständigen Zweigstelle, die Verlegung der Betriebsstätte, die Erweiterung des Angebotes und die Aufgabe des Betriebes. [4]Änderungen gegenüber der erstatteten Anzeige sind der zuständigen Behörde unverzüglich schriftlich anzuzeigen. [5]Die Behörde bescheinigt den Empfang der Anzeige.
(2) [1]Wer aus besonderem Anlass und nur vorübergehend ein Gaststättengewerbe betreiben will, hat dies der zuständigen Behörde rechtzeitig, spätestens zwei Wochen vor Beginn des Betriebes unter Angabe der Dauer des Betriebes und des besonderen Anlasses schriftlich anzuzeigen. [2]Absatz 1 Satz 2 und 4 gilt entsprechend. [3]Ein besonderer Anlass im Sinne von Satz 1 liegt vor, wenn die gastronomische Tätigkeit an ein kurzzeitiges, nicht häufig auftretendes Ereignis anknüpft, das außerhalb der gastronomischen Tätigkeit selbst liegt. [4]Nicht anzeigepflichtig nach Satz 1 ist, wer für das anzuzeigende Gaststättengewerbe eine Reisegewerbekarte besitzt.
(3) [1]Die zuständige Behörde hat die Angaben in den Anzeigen nach den Absätzen 1 und 2 sowie nach § 3 jeweils unverzüglich an die zuständige Bauaufsichtsbehörde sowie an die für die Lebensmittelüberwachung, den Immissionsschutz, den Gesundheitsschutz und den Jugendschutz zuständigen Behörden zu übermitteln. [2]Im Falle des vorübergehenden Gaststättenbetriebs nach Absatz 2 hat die Übermittlung zusätzlich an die zuständige Finanzbehörde und zur Wahrnehmung der Aufgaben nach dem Schwarzarbeitsbekämpfungsgesetz vom 23. Juli 2004 (BGBl. I S. 1842), zuletzt geändert durch Artikel 7 des Gesetzes vom 21. Juli 2012 (BGBl. I S. 1566, 1573), in der jeweils geltenden Fassung an die zuständige Behörde der Zollverwaltung zu erfolgen.

## § 3 Straußwirtschaft

(1) [1]Wer eine Straußwirtschaft betreiben will, hat dies der zuständigen Behörde zwei Wochen vor Beginn des Betriebes schriftlich anzuzeigen. [2]Straußwirtschaft ist der Ausschank selbst erzeugten Weins oder Apfelweins am Ort des Herstellerbetriebes für die Dauer von höchstens vier zusammenhängenden Monaten oder in zwei zusammenhängenden Zeitabschnitten von insgesamt höchstens vier Monaten im Jahr. [3]Der zuständigen Behörde sind mit der Anzeige der Ort und der Zeitraum des beabsichtigten Ausschanks sowie der Ort des Herstellerbetriebes mitzuteilen.

---

1) **Amtl. Anm.:** § 6 Abs. 2 und 3 dient der Umsetzung der Richtlinie 2006/123/EG des Europäischen Parlaments und des Rates vom 12. Dezember 2006 über Dienstleistungen im Binnenmarkt (ABl. L 376 vom 27. 12. 2006, S. 36).

(2) ¹Speisen dürfen nur angeboten werden, wenn es sich um kalte und einfach zubereitete warme Speisen handelt. ²Dies ist in der Anzeige gemäß Absatz 1 schriftlich mitzuteilen.

### § 4 Vereine und Gesellschaften
¹Die Vorschriften dieses Gesetzes finden mit Ausnahme der Anzeigepflicht nach § 2 Abs. 1 oder 2 oder § 3 und der Zuverlässigkeitsüberprüfung nach § 8 auch auf Vereine und Gesellschaften, die nicht gewerbsmäßig Getränke oder Speisen verabreichen, Anwendung. ²Dieses Gesetz gilt nicht, wenn Getränke oder Speisen an Arbeitnehmer dieser Vereine oder Gesellschaften verabreicht werden.

### § 5 Nebenleistungen
¹Im Gaststättengewerbe dürfen der Gewerbetreibende und in seinem Betrieb beschäftigtes Personal außerhalb der zulässigen Ladenöffnungszeiten als Nebenleistungen Zubehörwaren an Gäste abgeben und ihnen Zubehörleistungen erbringen. ²Außerhalb einer Sperrzeit nach § 94a des Gesetzes über die öffentliche Sicherheit und Ordnung des Landes Sachsen-Anhalt dürfen die Gewerbetreibenden zum unmittelbaren Verzehr oder Verbrauch Getränke oder Speisen, die sie in ihren Betrieben ausschenken oder zubereiten, sowie Flaschenbier, alkoholfreie Getränke und Tabak- und Süßwaren an jedermann über die Straße abgeben.

### § 6 Anerkennung, grenzüberschreitende Dienstleistungserbringung und Verfahren über den einheitlichen Ansprechpartner
(1) ¹Wer beabsichtigt, ein Gaststättengewerbe im Land Sachsen-Anhalt zu betreiben, und den Nachweis erbringt, dass in einem anderen Bundesland die Zuverlässigkeit im Sinne des § 8 behördlich abschließend überprüft worden ist, bedarf keiner weiteren Zuverlässigkeitsüberprüfung. ²Der Nachweis darf nicht älter als ein Jahr sein.
(2) Wer ein Gaststättengewerbe von einer Niederlassung in einem anderen Mitgliedstaat der Europäischen Union oder einem anderen Vertragsstaat des Abkommens über den Europäischen Wirtschaftsraum aus im Land Sachsen-Anhalt vorübergehend selbstständig ausübt, ist nicht anzeigepflichtig im Sinne des § 2 Abs. 1 oder 2 und bedarf keiner Zuverlässigkeitsüberprüfung nach § 8.
(3) Verwaltungsverfahren nach diesem Gesetz können über den einheitlichen Ansprechpartner im Sinne von § 2 des Einheitlicher-Ansprechpartner-Gesetzes nach § 1 Abs. 1 Satz 1 des Verwaltungsverfahrensgesetzes Sachsen-Anhalt in Verbindung mit den §§ 71a bis 71e des Verwaltungsverfahrensgesetzes abgewickelt werden.

### § 7 Zuständige Stellen
¹Für die Ausführung dieses Gesetzes sind die Gemeinden zuständig. ²Die Fachaufsicht bestimmt sich nach § 86 Abs. 1 Nrn. 1 bis 3 des Gesetzes über die öffentliche Sicherheit und Ordnung des Landes Sachsen-Anhalt. ³Oberste Fachaufsichtsbehörde ist das für Wirtschaftsrecht zuständige Ministerium.

### § 8 Zuverlässigkeitsüberprüfung
(1) ¹Ist der Ausschank alkoholischer Getränke oder die Abgabe dieser über die Straße beabsichtigt, hat die zuständige Behörde unverzüglich nach der gemäß § 2 Abs. 1 erstatteten Anzeige die Zuverlässigkeit des Gewerbetreibenden zu überprüfen. ²Zu diesem Zweck sind mit der Anzeige nach § 2 Abs. 1 folgende Unterlagen vorzulegen:
1. ein Nachweis über das beantragte Führungszeugnis zur Vorlage bei der Behörde nach § 30 Abs. 5 des Bundeszentralregistergesetzes in der Fassung der Bekanntmachung vom 21. September 1984 (BGBl. I S. 1229, 1985 I S. 195), zuletzt geändert durch Artikel 1 des Gesetzes vom 6. September 2013 (BGBl. I S. 3556), in der jeweils geltenden Fassung,
2. ein Nachweis über die beantragte Auskunft aus dem Gewerbezentralregister zur Vorlage bei der Behörde nach § 150 Abs. 5 der Gewerbeordnung,
3. eine Auskunft aus dem vom Insolvenzgericht nach § 26 Abs. 2 Satz 1 der Insolvenzordnung vom 5. Oktober 1994 (BGBl. I S. 2866), zuletzt geändert durch Artikel 6 des Gesetzes vom 31. August 2013 (BGBl. I S. 3533, 3537), in der jeweils geltenden Fassung und vom Vollstreckungsgericht nach § 882h Abs. 1 der Zivilprozessordnung zu führenden Verzeichnis und
4. eine steuerliche Unbedenklichkeitsbescheinigung.

³Die zuständige Behörde kann von der Vorlage absehen. ⁴Auf Verlangen des Gewerbetreibenden bescheinigt die zuständige Behörde die Ergebnisse aus der Überprüfung. ⁵Die Überprüfung gemäß Satz 1 wird nicht durchgeführt, wenn mit der Anzeige eine behördliche Bescheinigung über eine gewerberechtliche Zuverlässigkeit vorgelegt wird, die nicht älter als ein Jahr ist.

(2) Die Überprüfung gemäß Absatz 1 erfolgt nicht beim Ausschank alkoholischer Getränke
1. in kleinen Mengen als unentgeltliche Nebenleistung oder unentgeltliche Kostprobe oder
2. an Hausgäste in Verbindung mit einem Beherbergungsbetrieb.
(3) Unzuverlässig im Sinne des § 35 Abs. 1 der Gewerbeordnung ist insbesondere derjenige Gewerbetreibende, bei dem Tatsachen die Annahme rechtfertigen, dass er regelmäßig Alkohol missbraucht oder dem Alkoholmissbrauch oder der Begehung von Straftaten oder Ordnungswidrigkeiten Vorschub leistet.

### § 9 Auskunft und Nachschau

(1) Gewerbetreibende, mit der Leitung des Betriebes beauftragte Personen und im Betrieb beschäftigtes Personal (Auskunftspflichtige) haben der zuständigen Behörde auf Verlangen die für die Überwachung des Gaststättengewerbes erforderlichen mündlichen und schriftlichen Auskünfte unentgeltlich zu erteilen.

(2) [1]Die von der zuständigen Behörde mit der Überwachung des Betriebes beauftragten Personen sind befugt, Grundstücke und Geschäftsräume der Auskunftspflichtigen zu betreten, dort Prüfungen und Besichtigungen vorzunehmen, sich die geschäftlichen Unterlagen vorlegen zu lassen und in diese Einsicht zu nehmen. [2]Auskunftspflichtige haben die Maßnahmen nach Satz 1 zu dulden.

(3) Auskunftspflichtige können die Auskunft auf solche Fragen verweigern, deren Beantwortung sie selbst oder einen der in § 383 Abs. 1 Nrn. 1 bis 3 der Zivilprozessordnung bezeichneten Angehörigen der Gefahr strafrechtlicher Verfolgung oder eines Verfahrens nach dem Gesetz über Ordnungswidrigkeiten aussetzen würde.

### § 10 Anordnungen

Die zuständige Behörde kann jederzeit Anordnungen erlassen, soweit dies zum Schutz der Gäste oder der im Betrieb Beschäftigten oder gegen Gefahren für Leben und Gesundheit erforderlich ist.

### § 11 Untersagung

(1) § 35 der Gewerbeordnung findet für die Untersagung auch vor Beginn des Betriebes eines Gaststättengewerbes entsprechende Anwendung.

(2) [1]Die zuständige Behörde kann den Betrieb untersagen, wenn die Anzeige nach § 2 Abs. 1 oder 2 oder § 3 nicht, nicht rechtzeitig, nicht wahrheitsgemäß oder nicht vollständig erstattet wird. [2]Dies gilt auch, wenn entgegen § 6 Abs. 2 die gaststättengewerbliche Tätigkeit aus einem anderen Mitgliedstaat der Europäischen Union oder aus einem anderen Vertragsstaat des Abkommens über den Europäischen Wirtschaftsraum nicht nur vorübergehend, sondern zur Umgehung der Anzeigepflicht und der Zuverlässigkeitsüberprüfung erbracht wird. [3]Eine Umgehung liegt insbesondere dann vor, wenn ein Gewerbetreibender von einem anderen Mitgliedstaat der Europäischen Union oder einem anderen Vertragsstaat des Abkommens über den Europäischen Wirtschaftsraum aus ganz oder vorwiegend im Land Sachsen-Anhalt tätig wird.

(3) [1]Die zuständige Behörde kann den Ausschank alkoholischer Getränke oder die Abgabe dieser über die Straße ganz oder teilweise untersagen, wenn die Unterlagen nach § 8 Abs. 1 Satz 2 Nrn. 1 bis 4 nicht, nicht rechtzeitig oder nicht vollständig vorgelegt werden. [2]Widerspruch und Anfechtungsklage gegen diese Untersagung haben keine aufschiebende Wirkung.

(4) Die zuständige Behörde kann die Beschäftigung einer Person im Gaststättengewerbe dem Gewerbetreibenden untersagen, wenn Tatsachen die Annahme rechtfertigen, dass diese Person die für ihre Tätigkeit erforderliche Zuverlässigkeit nicht oder nicht mehr besitzt.

(5) Die zuständige Behörde kann aus besonderem Anlass den Ausschank alkoholischer Getränke oder die Abgabe dieser über die Straße vorübergehend für eine bestimmte Zeit und für einen bestimmten örtlichen Bereich ganz oder teilweise untersagen, wenn dies zur Aufrechterhaltung der öffentlichen Sicherheit und Ordnung oder der Wahrung des Gesundheitsschutzes erforderlich ist.

### § 12 Allgemeine Verbote

(1) Es ist verboten,
1. Branntwein, branntweinhaltige Getränke oder Lebensmittel, die Branntwein in nicht nur geringfügiger Menge enthalten, durch Automaten auszuschenken oder abzugeben,
2. in Ausübung eines Gewerbes alkoholische Getränke an erkennbar Betrunkene auszuschenken oder über die Straße abzugeben,

3. das Verabreichen von Speisen von der Bestellung von Getränken abhängig zu machen oder bei der Nichtbestellung von Getränken die Preise zu erhöhen,
4. den Ausschank alkoholfreier Getränke von der Bestellung alkoholischer Getränke abhängig zu machen oder bei Nichtbestellung alkoholischer Getränke die Preise zu erhöhen,
5. alkoholische Getränke in einer Art und Weise anzubieten, die darauf gerichtet ist, zu übermäßigem Alkoholkonsum zu verleiten.

(2) [1]Beim Ausschank alkoholischer Getränke sind auch alkoholfreie Getränke zum Verzehr an Ort und Stelle anzubieten. [2]Davon ist mindestens ein alkoholfreies Getränk nicht teurer anzubieten als das preiswerteste alkoholische Getränk. [3]Der Preisvergleich erfolgt hierbei auf der Grundlage des hochgerechneten Preises für einen Liter der betreffenden Getränke. [4]Die zuständige Behörde kann für den Ausschank aus Automaten Ausnahmen zulassen. [5]Die Sätze 1 bis 3 gelten für die Abgabe von alkoholischen Getränken über die Straße entsprechend.

## § 13 Ordnungswidrigkeiten

(1) Ordnungswidrig handelt, wer vorsätzlich oder fahrlässig
1. entgegen § 2 Abs. 1 oder 2 oder § 3 die Anzeige nicht oder nicht wahrheitsgemäß erstattet und das Gaststättengewerbe betreibt,
2. entgegen § 2 Abs. 1 die Anzeige nicht oder nicht wahrheitsgemäß erstattet, obwohl er entgegen § 6 Abs. 2 die gaststättengewerbliche Tätigkeit aus einem anderen Mitgliedstaat der Europäischen Union oder aus einem anderen Vertragsstaat des Abkommens über den Europäischen Wirtschaftsraum nicht nur vorübergehend, sondern zur Umgehung der Anzeigepflicht und der Zuverlässigkeitsüberprüfung erbringt,
3. entgegen § 2 Abs. 1 Satz 4 und § 2 Abs. 2 Satz 2 Änderungen gegenüber der erstatteten Anzeige nicht unverzüglich schriftlich anzeigt,
4. über den in § 5 erlaubten Umfang hinaus Waren abgibt oder Leistungen erbringt,
5. entgegen § 9 Abs. 1 eine Auskunft nicht, nicht richtig, nicht vollständig oder nicht rechtzeitig erteilt,
6. entgegen § 9 Abs. 2 den Zutritt zu den für den Betrieb genutzten Grundstücken und Geschäftsräumen nicht gestattet oder die Einsicht in geschäftliche Unterlagen nicht gewährt,
7. einer Anordnung nach § 10 nicht, nicht vollständig oder nicht rechtzeitig nachkommt,
8. entgegen einer Untersagung nach § 11 Abs. 1 oder 2 ein Gaststättengewerbe betreibt,
9. entgegen einer Untersagung nach § 11 Abs. 3 alkoholische Getränke ausschenkt oder über die Straße abgibt,
10. Personen beschäftigt, deren Beschäftigung ihm nach § 11 Abs. 4 untersagt ist,
11. entgegen einer Untersagung nach § 11 Abs. 5 alkoholische Getränke ausschenkt oder über die Straße abgibt,
12. entgegen einem Verbot nach § 12 Abs. 1 Nr. 1 Branntwein, branntweinhaltige Getränke oder Lebensmittel, die Branntwein in nicht nur geringfügiger Menge enthalten, durch Automaten ausschenkt oder abgibt,
13. entgegen einem Verbot nach § 12 Abs. 1 Nr. 2 in Ausübung eines Gewerbes alkoholische Getränke an erkennbar Betrunkene ausschenkt oder über die Straße abgibt,
14. entgegen einem Verbot nach § 12 Abs. 1 Nr. 3 das Verabreichen von Speisen von der Bestellung von Getränken abhängig macht oder bei der Nichtbestellung von Getränken die Preise erhöht,
15. entgegen einem Verbot nach § 12 Abs. 1 Nr. 4 den Ausschank alkoholfreier Getränke von der Bestellung alkoholischer Getränke abhängig macht oder bei der Nichtbestellung alkoholischer Getränke die Preise erhöht,
16. entgegen einem Verbot nach § 12 Abs. 1 Nr. 5 alkoholische Getränke in einer Art und Weise anbietet, die darauf gerichtet ist, zu übermäßigem Alkoholkonsum zu verleiten, oder
17. entgegen § 12 Abs. 2 nicht mindestens ein alkoholfreies Getränk preiswerter als das preiswerteste alkoholische Getränk anbietet.

(2) Die Ordnungswidrigkeit kann mit einer Geldbuße bis zu fünftausend Euro geahndet werden.
(3) Verwaltungsbehörden im Sinne des § 36 Abs. 1 Nr. 1 des Gesetzes über Ordnungswidrigkeiten sind die Gemeinden.

## § 14 Übergangsvorschrift

¹Wer beim Inkrafttreten dieses Gesetzes ein Gaststättengewerbe rechtmäßig ausübt, hat dieses nicht erneut nach § 2 Abs. 1 anzuzeigen. ²Bis zum Inkrafttreten dieses Gesetzes erteilte gültige Gaststättenerlaubnisse nach § 2 Abs. 1 des Gaststättengesetzes in der Fassung der Bekanntmachung vom 20. November 1998 (BGBl. I S. 3418), zuletzt geändert durch Artikel 10 des Gesetzes vom 7. September 2007 (BGBl. I S. 2246, 2257), gelten im Sinne von § 55a Abs. 1 Nr. 7 der Gewerbeordnung fort. ³Nach § 5 des Gaststättengesetzes erteilte Auflagen gelten fort.

## § 15 Sprachliche Gleichstellung

Personen- und Funktionsbezeichnungen in diesem Gesetz gelten jeweils in männlicher und weiblicher Form.

## § 16 Einschränkung von Grundrechten

(1) Das Grundrecht auf Schutz personenbezogener Daten im Sinne von Artikel 2 Abs. 1 in Verbindung mit Artikel 1 Abs. 1 des Grundgesetzes und des Artikels 6 Abs. 1 Satz 1 der Verfassung des Landes Sachsen-Anhalt wird durch § 2 Abs. 3 und § 9 Abs. 1 eingeschränkt.

(2) Das Grundrecht der Unverletzlichkeit der Wohnung im Sinne von Artikel 13 des Grundgesetzes und Artikel 17 der Verfassung des Landes Sachsen-Anhalt wird durch § 9 Abs. 2 eingeschränkt.

## § 17 Folgeänderungen

(hier nicht wiedergegeben)

## § 18 Inkrafttreten, Außerkrafttreten

(1) ¹Dieses Gesetz tritt am Tag nach der Verkündung¹⁾ in Kraft. ²Gleichzeitig tritt die Gaststättenverordnung vom 15. Oktober 1994 (GVBl. LSA S. 975), zuletzt geändert durch Artikel 17 des Gesetzes vom 2. Februar 2011 (GVBl. LSA S. 58, 59), außer Kraft.

(2) Die Verordnung über die Festsetzung der Sperrzeit für Schank- und Speisewirtschaften sowie für öffentliche Vergnügungsstätten vom 21. Oktober 1991 (GVBl. LSA S. 375), zuletzt geändert durch Artikel 18 des Gesetzes vom 17. Juni 2014 (GVBl. LSA S. 288, 341), tritt am 31. Dezember 2014 außer Kraft.

---

1) Verkündet am 15. 8. 2014.

# Gesetz
## zur Wahrung des Nichtraucherschutzes im Land Sachsen-Anhalt
## (Nichtraucherschutzgesetz)

Vom 19. Dezember 2007 (GVBl. LSA S. 464)
(BS LSA 212.1)
zuletzt geändert durch § 17 Abs. 2 GaststättenG LSA vom 7. August 2014 (GVBl. LSA S. 386)

### § 1 Zweck des Gesetzes

¹Zweck des Gesetzes ist die Wahrung und Stärkung des Schutzinteresses aller Nichtraucherinnen und Nichtraucher gerade auch von Kindern und Jugendlichen vor den durch passives Rauchen bedingten gesundheitlichen Beeinträchtigungen. ²Hierbei stehen der Schutz gesundheitlich besonders sensibler Personengruppen wie der Kranken, Kinder, Pflegebedürftigen, Menschen mit Behinderungen sowie die Unterstützung des Jugendschutzes im Vordergrund.

### § 2 Begriffsbestimmungen

Gebäude im Sinne dieses Gesetzes sind:
1. Bauten der öffentlichen Verwaltung des Landes, die der Unterbringung einer Behörde oder Einrichtung, eines Gerichts, einer Dienststelle, Stiftung, Anstalt oder Körperschaft des öffentlichen Rechts dienen, und der Landtag von Sachsen-Anhalt,
2. Krankenhäuser, Vorsorge- und Rehabilitationseinrichtungen in öffentlicher oder freier Trägerschaft, hierbei alle Bauten, die der Heilfürsorge oder der Wiederherstellung der Gesundheit von Kranken dienen einschließlich Kantinen, Cafeterien, Schulen und Werkstätten,
3. allgemeinbildende und berufsbildende Schulen in öffentlicher und freier Trägerschaft, einschließlich dazugehöriger Internate und Wohnheime,
4. stationäre Einrichtungen im Sinne des Wohn- und Teilhabegesetzes,
5. Tageseinrichtungen nach § 4 Abs. 1 des Kinderförderungsgesetzes und Räume, die der Tagespflege nach § 4 Abs. 2 des Kinderförderungsgesetzes dienen, Einrichtungen der Erziehungshilfe, der Kinder- und Jugendfreizeit sowie der Kinder- und Jugendbildung in öffentlicher oder freier Trägerschaft,
6. Bildungseinrichtungen wie Fachhochschulen, Hochschulen, Universitäten und Einrichtungen der Erwachsenenbildung, unabhängig von der Trägerschaft, einschließlich dazugehöriger Wohnheime,
7. Sporteinrichtungen wie Sporthallen, Hallenbäder und sonstige geschlossene Räumlichkeiten, die der Ausübung von Sport dienen, einschließlich der Aufenthaltsräume,
8. Kultureinrichtungen als Einrichtungen, die der Bewahrung, Vermittlung, Aufführung und Ausstellung künstlerischer oder historischer Inhalte oder Werke dienen, unabhängig von ihrer Trägerschaft, soweit sie der Öffentlichkeit zugänglich sind, sowie in sonstigen Aufenthaltsräumen,
9. Hotels, Gaststättengewerbe, unabhängig von der Konzession, Einkaufszentren und andere Gebäude oder Räume, in denen derartige Dienstleistungen erbracht werden,
10. Diskotheken.

### § 3 Allgemeines Rauchverbot

(1) ¹Zur Wahrung des Nichtraucherschutzes ist in Gebäuden im Sinne dieses Gesetzes das Rauchen grundsätzlich verboten. ²Bei allgemeinbildenden Schulen nach § 2 Nr. 3 und bei Tageseinrichtungen nach § 4 Abs. 2 des Kinderförderungsgesetzes und Räumen, die der Tagespflege nach § 4 Abs. 3 des Kinderförderungsgesetzes dienen, gilt dies auch für Grundstücke, auf denen sie errichtet sind.
(2) ¹Ferner gilt das Rauchverbot in Gebäuden, die von Gesellschaften des privaten Rechts genutzt werden, an denen das Land mit mindestens 51 v. H. beteiligt ist. ²Im Übrigen ist im Rahmen der Beteiligungsrechte auf entsprechende Regelungen hinzuwirken.
(3) Der durch die Arbeitsstättenverordnung verankerte Schutz der nicht rauchenden Mitarbeiterinnen und Mitarbeiter, sonstige dem Nichtraucherschutz dienende Vorschriften sowie Vorschriften des Brandschutzes bleiben hiervon unberührt.

## § 4 Ausnahmeregelungen

(1) Das allgemeine Rauchverbot gilt nicht:
1. in Gebäuden, Räumen und auf Grundstücken, soweit sie der privaten Nutzung zu Wohnzwecken dienen,
2. in mit einem Krankenhaus oder einer Rehabilitationseinrichtung verbundenen Wohnungen oder Zimmern von Wohnheimen, die den Bewohnerinnen und Bewohnern zur alleinigen Nutzung überlassen sind,
3. in den Zimmern von stationären Einrichtungen im Sinne des Wohn- und Teilhabegesetzes, die den Bewohnerinnen und Bewohnern zur alleinigen Nutzung überlassen sind,
4. in Justizvollzugsanstalten für die Haftträume der Häftlinge und
5. in Patientenzimmern in Einrichtungen des Maßregelvollzuges.

(2) ¹In Einrichtungen nach § 2 Nr. 9 dürfen abgeschlossene Räume eingerichtet werden, in denen das Rauchen gestattet ist. ²Voraussetzung hierfür ist eine derartig räumlich wirksame Abtrennung, dass eine Gefährdung durch passives Rauchen verhindert und der Schutzzweck dieses Gesetzes nicht beeinträchtigt wird.

(3) In inhabergeführten Gaststättengewerben, die aus einem Raum bestehen und deren Gastfläche einschließlich des für den Gast zugänglichen Thekenbereiches weniger als 75 Quadratmeter beträgt und in denen eine Abgabe von zubereiteten Speisen nicht oder lediglich als untergeordnete Nebenleistung erfolgt, darf geraucht werden, sofern Personen unter 18 Jahren keinen Zutritt haben.

(4) ¹Diskotheken, zu denen Personen unter 18 Jahren keinen Zutritt haben, dürfen Rauchernebenräume schaffen, sofern in diesem Raum das Tanzen untersagt ist. ²Voraussetzung hierfür ist eine derartig räumlich wirksame Abtrennung, dass eine Gefährdung durch passives Rauchen verhindert und der Schutzzweck dieses Gesetzes nicht beeinträchtigt wird.

(5) ¹In Gebäuden nach § 2 Nrn. 1, 4 und 6 dürfen besondere Räume vorgehalten werden, zu denen Personen unter 18 Jahren keinen Zutritt haben, in denen das Rauchen gestattet ist. ²Voraussetzung hierfür ist eine derartig räumlich wirksame Abtrennung, dass eine Gefährdung durch passives Rauchen verhindert und der Schutzzweck dieses Gesetzes nicht beeinträchtigt wird.

## § 5 Hinweispflichten

(1) Auf das Rauchverbot und auf nach diesem Gesetz bestehende Ausnahmen ist an öffentlichen Zugängen zu den Gebäuden und am Eingang zu den Räumen, in denen das Rauchen erlaubt ist, deutlich sichtbar hinzuweisen.

(2) Auf ein Zutrittsverbot für Personen unter 18 Jahren ist an den öffentlichen Zugängen der betroffenen Gebäude oder am Eingang der betroffenen Räume deutlich sichtbar hinzuweisen.

## § 6 Entscheidungen über personenbezogene Ausnahmen

¹Die obersten Landesbehörden oder die von ihnen bestimmten Stellen für ihren Geschäftsbereich können von dem Verbot in § 3 Abs. 1 und 2 allgemein oder im Einzelfall Ausnahmen zulassen, insbesondere, wenn Personen oder Personengruppen ein Verlassen der Räumlichkeiten nicht erlaubt oder möglich oder für sie aus medizinischen oder therapeutischen Gründen nicht angezeigt ist. ²Räumlichkeiten, in denen geraucht werden darf, sollen so gelegen und beschaffen sein, dass sie den Schutzzweck dieses Gesetzes nicht beeinträchtigen.

## § 7 Maßnahmen zur Umsetzung des Rauchverbots

¹Die Leiterinnen und Leiter beziehungsweise Inhaberinnen und Inhaber der in § 2 genannten Einrichtungen sind gemäß ihres Hausrechts für die Einhaltung des Rauchverbots und für die Zulassung von Ausnahmen nach § 4 Abs. 2 bis 5 verantwortlich und haben durch geeignete Maßnahmen, wie beispielsweise entsprechende Aufklärung, Hinweise und Informationen sowie gegebenenfalls disziplinarrechtliche Schritte für die Umsetzung des Nichtraucherschutzes Sorge zu tragen. ²Soweit ihnen Verstöße gegen das Rauchverbot bekannt werden, haben sie Maßnahmen zu ergreifen, um weitere Verstöße zu verhindern.

## § 8 Ordnungswidrigkeiten

(1) Ordnungswidrig handelt, wer vorsätzlich oder fahrlässig
1. entgegen § 3 Abs. 1 oder 2 in Gebäuden im Sinne dieses Gesetzes oder in Gebäuden, die von Gesellschaften des privaten Rechts genutzt werden und an denen das Land mit mindestens 51 v.H. beteiligt ist, oder auf Grundstücken, auf denen allgemeinbildende Schulen, Tageseinrichtungen

und Räume errichtet sind, die der Tagespflege dienen, raucht, ohne dass eine Ausnahme nach § 4 oder § 6 vorliegt, oder
2. entgegen § 5 der Hinweispflicht auf das Rauchverbot und auf nach diesem Gesetz bestehende Ausnahmen nicht nachkommt oder
3. entgegen § 7 Satz 2 keine Maßnahmen ergreift, um weitere Verstöße gegen das Rauchverbot zu verhindern.

(2) Die Ordnungswidrigkeit kann mit einer Geldbuße geahndet werden.

(3) Zuständige Verwaltungsbehörden für die Verfolgung und Ahndung von Ordnungswidrigkeiten nach Absatz 1 sowie nach § 5 des Bundesnichtraucherschutzgesetzes, die in Verkehrsmitteln des öffentlichen Personenverkehrs im Sinne des § 2 Nr. 2 Buchst. b und d des Bundesnichtraucherschutzgesetzes begangen werden, sind die kreisfreien Sädte, Einheitsgemeinden und Verbandsgemeinden.

### § 9 Berichterstattung

¹Drei Jahre nach dem Inkrafttreten dieses Gesetzes hat eine Evaluation des Gesetzes bezüglich seiner Umsetzung und Wirksamkeit zu erfolgen. ²Dem Landtag ist Bericht durch das für Gesundheit zuständige Ministerium zu erstatten.

### § 10 Inkrafttreten

(1) Das Gesetz tritt am 1. Januar 2008 in Kraft.
(2) Abweichend von Absatz 1 tritt § 8 am 1. Juli 2008 in Kraft.

# Gesetz
# über die Ladenöffnungszeiten im Land Sachsen-Anhalt
# (Ladenöffnungszeitengesetz Sachsen-Anhalt – LÖffzeitG LSA)

Vom 22. November 2006 (GVBl. LSA S. 528)
(BS LSA 8050.4)
zuletzt geändert durch Art. 5 G zur Änd. des G über die Kammern für Heilberufe und anderer Gesetze[1]) vom 20. Januar 2015 (GVBl. LSA S. 28)

## § 1 Zweck des Gesetzes

¹Dieses Gesetz regelt die Öffnungszeiten der Verkaufsstellen in Sachsen-Anhalt, insbesondere an den Sonn- und Feiertagen und am Heiligabend. ²Es dient weiterhin dem Schutz der Arbeitnehmer sowie kleinerer Betriebe mit dem Grundsatz der Wettbewerbsneutralität.

## § 2 Begriffsbestimmungen

(1) ¹Verkaufsstellen sind Ladengeschäfte aller Art, Kioske, sonstige Verkaufsstände und ähnliche Einrichtungen, in denen regelmäßig Waren an jedermann verkauft werden können. ²Dem Verkauf steht das Zeigen von Mustern, Proben und Ähnlichem gleich, wenn Warenbestellungen in der Einrichtung entgegengenommen werden.
(2) Feiertage im Sinne dieses Gesetzes sind die durch § 2 des Gesetzes über die Sonn- und Feiertage in der Fassung der Bekanntmachung vom 25. August 2004 (GVBl. LSA S. 538) in seiner jeweiligen Fassung staatlich anerkannten Tage.
(3) Reisebedarf sind Zeitungen, Zeitschriften, Straßenkarten, Stadtpläne, Reiselektüre, Schreibmaterialien, Tabakwaren, Schnittblumen, Reisetoilettenartikel, Verbrauchsmaterial für Film- und Fotozwecke, Tonträger, Bedarf für Reiseapotheken, Reiseandenken, Spielzeug geringeren Wertes, Lebens- und Genussmittel in kleineren Mengen sowie ausländische Geldsorten.

## § 3 Öffnungszeiten

¹An Werktagen dürfen Verkaufsstellen von Montag bis Freitag von 0 bis 24 Uhr und am Samstag von 0 bis 20 Uhr geöffnet sein. ²Verkaufsstellen dürfen an Sonn- und Feiertagen für den geschäftlichen Verkehr mit Kunden nicht geöffnet sein, soweit im Folgenden nichts Abweichendes bestimmt ist. ³Satz 2 gilt entsprechend am Heiligabend ab 14 Uhr, wenn dieser Tag auf einen Werktag fällt.

## § 4 Öffnung bestimmter Verkaufsstellen

(1) Apotheken dürfen abweichend von § 3 auch für Zeiten geöffnet sein, für die eine Dienstbereitschaft eingerichtet ist.
(2) An Sonn- und Feiertagen sowie an Samstagen zwischen 20 und 24 Uhr dürfen geöffnet sein:
1. Tankstellen für den Verkauf von Betriebsstoffen, notwendigen Ersatzteilen für Kraftfahrzeuge und von Reisebedarf,
2. Verkaufsstellen auf Bahnhöfen, Flughäfen und Schiffsanlegestellen für den Verkauf von Reisebedarf, am Heiligabend jedoch nur bis 17 Uhr.

## § 5 Öffnung zum Verkauf bestimmter Waren

(1) An Sonn- und Feiertagen dürfen zum Verkauf angeboten werden
1. Bäcker- oder Konditorwaren von Bäckereien und Konditoreien,
2. Blumen vom Blumengeschäft,
3. Zeitungen und Zeitschriften sowie
4. überwiegend selbst erzeugte oder verarbeitete land-, wein-, fisch- und forstwirtschaftliche Produkte

---

1) **Amtl. Anm.:** Dieses Gesetz dient der Umsetzung der Richtlinie 2011/24/EU des Europäischen Parlaments und des Rates vom 9. März 2011 (ABl. L 88 vom 4. 4. 2011, S. 45) über die Ausübung der Patientenrechte in der grenzüberschreitenden Gesundheitsversorgung, geändert durch Richtlinie 2013/64/EU (ABl. L 353 vom 28. 12. 2013, S. 8), sowie der Richtlinie 2013/55/EU des Europäischen Parlaments und des Rates vom 20. November 2013 (ABl. L 354 vom 28. 12. 2013, S. 132) zur Änderung der Richtlinie 2005/36/EG über die Anerkennung von Berufsqualifikationen und der Verordnung (EU) Nr. 1024/2012 über die Verwaltungszusammenarbeit mit Hilfe des Binnenmarkt-Informationssystems („IMI-Verordnung").

jeweils für die Dauer von fünf zusammenhängenden Stunden nach der Entscheidung der Handeltreibenden, am Heiligabend längstens bis 14 Uhr.
(2) Fällt der Heiligabend auf einen Sonntag, dürfen Verkaufsstellen nach Absatz 1 und Verkaufsstellen für den Verkauf von Weihnachtsbäumen während höchstens drei Stunden und längstens bis 14 Uhr geöffnet sein.

## § 6 Öffnung in Kur- und Erholungsorten sowie in Ausflugsorten
(1) [1]An Sonn- und Feiertagen dürfen Verkaufsstellen in anerkannten Kur- und Erholungsorten sowie in Ausflugsorten mit besonders starkem Fremdenverkehr für den Verkauf von Reisebedarf sowie der Waren, die den Charakter des Ortes kennzeichnen, geöffnet sein. [2]Die Handeltreibenden entscheiden, ob sie
1. an 40 Sonn- und Feiertagen im Jahr jeweils acht Stunden oder
2. an allen Sonn- und Feiertagen im Jahr für jeweils sechs Stunden
in der Zeit von 11 bis 20 Uhr ihre Verkaufsstellen öffnen. [3]Dabei ist auf die Zeit des Hauptgottesdienstes Rücksicht zu nehmen.
(2) [1]Von einer Öffnung ausgenommen sind der Karfreitag, der Ostersonntag, der Volkstrauertag und der Totensonntag. [2]Fällt der Heiligabend auf einen Sonntag, dürfen Verkaufsstellen nur bis 14 Uhr geöffnet sein.
(3) Das für die Ladenöffnungszeiten zuständige Ministerium wird ermächtigt, die Ausflugsorte mit besonders starkem Fremdenverkehr durch Verordnung festzulegen.

## § 7 Öffnung an weiteren Samstagen sowie Sonn- und Feiertagen
(1) [1]Die Gemeinde kann erlauben, dass Verkaufsstellen aus besonderem Anlass an höchstens vier Sonn- und Feiertagen geöffnet werden. [2]Von der Öffnung ausgenommen sind der Neujahrstag, der Karfreitag, der Ostersonntag, der Ostermontag, der Volkstrauertag, der Totensonntag, der 1. und 2. Weihnachtsfeiertag sowie der Heiligabend, soweit dieser auf einen Sonntag fällt.
(2) [1]Die Öffnung kann auf bestimmte Bezirke oder Handelszweige beschränkt werden und darf fünf zusammenhängende Stunden in der Zeit von 11 bis 20 Uhr nicht überschreiten. [2]Dabei ist auf die Zeit des Hauptgottesdienstes Rücksicht zu nehmen.
(3) Die Erlaubnis nach Absatz 1 Satz 1 kann auf den unmittelbar vorhergehenden Samstag von 0 bis 24 Uhr erstreckt werden.

## § 8 Öffnung im öffentlichen Interesse
In Einzelfällen kann das Landesverwaltungsamt erlauben, dass Verkaufsstellen an Sonn- und Feiertagen geöffnet werden, wenn dies im öffentlichen Interesse notwendig ist.

## § 9 Arbeitszeit
(1) Für die Arbeitnehmer in Verkaufsstellen gelten die Vorschriften des Arbeitszeitgesetzes, soweit Absatz 2 keine abweichenden Regelungen trifft.
(2) [1]Arbeitnehmer in Verkaufsstellen dürfen an Sonn- und Feiertagen während der zugelassenen Öffnungszeit und höchstens 30 Minuten zur Vor- und Nachbereitung beschäftigt werden. [2]Es müssen mindestens 20 Sonntage im Jahr beschäftigungsfrei bleiben. [3]Die Dauer der Beschäftigungszeit des einzelnen Arbeitnehmers an Sonn- und Feiertagen darf acht Stunden nicht überschreiten.

## § 10 Vollzugsbestimmungen
(1) Der Arbeitgeber ist verpflichtet, einen Abdruck dieses Gesetzes sowie der dazu erlassenen Verordnung an geeigneter Stelle in der Verkaufsstelle auszulegen, auszuhängen oder anderweitig den Beschäftigten bekannt zu geben.
(2) [1]Die Entscheidung über die Öffnungszeiten nach § 5 Abs. 1 und über die Öffnungszeiten und -tage nach § 6 Abs. 1 ist durch den Handeltreibenden der Gemeinde mitzuteilen. [2]Die Öffnungszeiten sind deutlich sichtbar an der Eingangstür der Verkaufsstelle bekannt zu machen.

## § 11 Aufsicht
[1]Die Gemeinden nehmen die Aufgaben dieses Gesetzes als Aufgaben des übertragenen Wirkungskreises wahr. [2]Das Landesamt für Verbraucherschutz übt die Aufsicht zur Einhaltung der §§ 9 und 10 aus.

## § 12 Ordnungswidrigkeiten
(1) Ordnungswidrig handelt, wer vorsätzlich oder fahrlässig
1. entgegen den §§ 3 bis 5 und entgegen § 6 Abs. 1 und 2 Verkaufsstellen öffnet oder Waren zum gewerblichen Verkauf anbietet,
2. entgegen § 9 Abs. 2 einen Arbeitnehmer an Sonn- oder Feiertagen beschäftigt und
3. entgegen § 10 Abs. 2 seine Entscheidung über die Öffnungszeiten nicht mitteilt oder die Öffnungszeiten an seiner Eingangstür nicht oder nicht ordnungsgemäß bekannt macht.

(2) Die Ordnungswidrigkeit nach Absatz 1 kann mit einer Geldbuße bis zu fünfzehntausend Euro geahndet werden.

## § 13 (nicht wiedergegebene Änderungsvorschriften)

## § 14 Sonderregelung für das Jahr 2006
Abweichend von § 7 Abs. 1 Satz 1 dürfen im Jahr 2006 Verkaufsstellen aus besonderem Anlass an höchstens fünf Sonn- und Feiertagen geöffnet werden.

## § 15 In-Kraft-Treten
Dieses Gesetz tritt am 30. November 2006 in Kraft.

# Gefahrenabwehrverordnung
# über die Festsetzung der Sperrzeit für Schank- und Speisewirtschaften sowie für öffentliche Vergnügungsstätten
# (Sperrzeit GAVO)[1]

Vom 16. Dezember 2014 (GVBl. LSA S. 543)
(BS LSA 205.36)

Aufgrund des § 94a Abs. 1 des Gesetzes über die öffentliche Sicherheit und Ordnung des Landes Sachsen-Anhalt in der Fassung der Bekanntmachung vom 20. Mai 2014 (GVBl. LSA S. 182), geändert durch Artikel 9 des Gesetzes vom 17. Juni 2014 (GVBl. LSA S. 288, 340), in Verbindung mit Abschnitt II Nr. 2 des Beschlusses der Landesregierung über den Aufbau der Landesregierung Sachsen-Anhalt und die Abgrenzung der Geschäftsbereiche vom 3. Mai 2011 (MBl. LSA S. 217), zuletzt geändert durch Beschluss vom 14. Oktober 2014 (MBl. LSA S. 511), wird im Einvernehmen mit dem Ministerium für Wissenschaft und Wirtschaft verordnet:

### § 1 Sperrzeit für bestimmte Betriebsarten

(1) ¹Die Sperrzeit beginnt für
1. öffentliche Vergnügungsstätten auf Jahrmärkten und Volksfesten sowie für sonstige öffentliche Vergnügungsstätten, in denen Veranstaltungen nach § 60a der Gewerbeordnung stattfinden, um 22 Uhr,
2. Musik-, Tanz-, Theater- oder Filmveranstaltungen im Freien und in Festzelten unter freiem Himmel um 1 Uhr,
3. von der Nutzung für den Betrieb von Schank- und Speisewirtschaften mit umfasste Freiflächen sowie sonstige Schank- und Speisewirtschaften im Freien und in Festzelten unter freiem Himmel um 1 Uhr.

²Sie endet jeweils um 6 Uhr.

(2) Die Vorschriften über die Sperrzeit finden keine Anwendung auf
1. den Betrieb der Schank- und Speisewirtschaften in Kraftfahrzeugen und Schiffen, wenn sich der Betrieb auf die Bewirtung der Fahrgäste beschränkt und
2. Nebenbetriebe im Sinne des § 15 Abs. 1 des Bundesfernstraßengesetzes; Alkoholhaltige Getränke dürfen dort in der Zeit von 0 Uhr bis 7 Uhr weder ausgeschenkt noch verkauft werden.

### § 2 Allgemeine Ausnahmen

Bei Vorliegen eines öffentlichen Bedürfnisses oder besonderer örtlicher Verhältnisse können die Gemeinden, Verbandsgemeinden, Landkreise und das Landesverwaltungsamt entsprechend § 94 Abs. 1 des Gesetzes über die öffentliche Sicherheit und Ordnung des Landes Sachsen-Anhalt die Sperrzeit durch Gefahrenabwehrverordnung allgemein festsetzen, verlängern, verkürzen oder aufheben.

### § 3 Ausnahmen für einzelne Betriebe

¹Die Gemeinden können bei Vorliegen eines öffentlichen Bedürfnisses oder besonderer örtlicher Verhältnisse für einzelne Betriebe den Beginn der Sperrzeit bis frühestens 20 Uhr vorverlegen oder das Ende der Sperrzeit bis spätestens 10 Uhr hinausschieben oder die Sperrzeit befristet und widerruflich verkürzen oder aufheben. ²Die Befristung ist längstens auf ein Jahr zu begrenzen. ³Die Verkürzung oder Aufhebung der Sperrzeit kann mit Auflagen verbunden werden.

### § 4 Verhältnis zu anderen Rechtsvorschriften, Übergangsvorschrift

(1) Unberührt bleiben insbesondere die Bestimmungen des Gaststätten- und Gewerberechts, des Sonn- und Feiertagsrechts, des Immissionsschutzrechts, des Bauordnungsrechts, des Spielhallenrechts und des Spielbankrechts sowie des § 117 des Gesetzes über Ordnungswidrigkeiten.
(2) Sperrzeitausnahmen für einzelne Betriebe sowie Allgemeine Ausnahmen gelten bis zum Ablauf der Befristung oder bis auf Widerruf fort.

---

1) Die VO tritt mit Ablauf des 31. 12. 2024 außer Kraft., vgl. § 5 Satz 2.

## § 5 Inkrafttreten, Außerkrafttreten

¹Diese Verordnung tritt am 1. Januar 2015 in Kraft. ²Sie tritt mit Ablauf des 31. Dezember 2024 außer Kraft.

# Abfallgesetz des Landes Sachsen-Anhalt (AbfG LSA)

Vom 1. Februar 2010[1] (GVBl. LSA S. 44)
(BS LSA 2129.11)
zuletzt geändert durch § 1 Zweites ÄndG vom 10. Dezember 2015 (GVBl. LSA S. 610)

## Inhaltsübersicht

**Teil 1**
**Grundsätze der Abfallwirtschaft**
§ 1 Ziel des Gesetzes
§ 2 Pflichten öffentlicher Stellen

**Teil 2**
**Pflichten der öffentlich-rechtlichen Entsorgungsträger**
§ 3 Öffentlich-rechtliche Entsorgungsträger
§ 4 Entsorgungssatzung
§ 5 Ausschluss von Abfällen
§ 6 Gebührensatzung
§ 7 Informationsmaßnahmen
§ 8 Abfallwirtschaftskonzept
§ 9 Abfallbilanz
§ 10 Schadstoffhaltige Kleinmengen
§ 11 Verbotswidrig abgelagerte Abfälle auf Grundstücken im Wald oder der übrigen freien Landschaft
§ 11a Verbotswidrig abgelagerte Abfälle auf anderen Grundstücken
§ 11b Vorrang anderer Pflichten

**Teil 3**
**Organisation der Entsorgung von gefährlichen Abfällen**
§ 12 (weggefallen)
§ 13 Andienungsstellen für gefährliche Abfälle
§ 14 Andienung und Zuweisung von gefährlichen Abfällen
§ 15 Kostenerhebung

**Teil 4**
**Planung der Abfallwirtschaft**
§ 16 Abfallwirtschaftspläne

§ 17 Verbindlichkeitserklärung von Abfallwirtschaftsplänen
§§ 18, 19 (weggefallen)

**Teil 5**
**Abfallbeseitigungsanlagen und Überwachung**
§ 20 Entschädigung für Vermögensnachteile bei Flächenerkundungen
§ 21 Veränderungssperre
§ 22 Enteignung
§ 23 Genehmigung und Überwachung von Deponien
§ 24 Kosten für Genehmigung und Überwachung
§ 25 Eigenüberwachung
§ 26 (weggefallen)

**Teil 6**
**Altlasten**
§§ 27–29 (weggefallen)

**Teil 7**
**Behörden, Zuständigkeiten**
§ 30 Abfallbehörden, technische Fachbehörden
§ 31 Aufgaben der Abfallbehörden
§ 32 Sachliche Zuständigkeit
§ 33 Örtliche Zuständigkeit

**Teil 8**
**Ordnungswidrigkeiten, Übergangs- und Schlussvorschriften**
§ 34 Ordnungswidrigkeiten
§ 35 (weggefallen)
§ 36 Sprachliche Gleichstellung
§ 37 Inkrafttreten, Außerkrafttreten

*Teil 1*
**Grundsätze der Abfallwirtschaft**

### § 1 Ziel des Gesetzes

(1) ¹Ziel des Gesetzes ist es, im Einklang mit dem Kreislaufwirtschaftsgesetz die abfallarme Kreislaufwirtschaft zu fördern und die umweltverträgliche Abfallbeseitigung zu sichern. ²Dazu gehört insbesondere
1. die Entstehung von Abfällen in ihrer Menge so gering wie möglich zu halten (Abfallvermeidung),
2. die Schädlichkeit von Abfällen soweit wie möglich zu vermeiden oder zu vermindern (Schadstoffverminderung),

---

[1] Neubekanntmachung des AbfallG v. 10. 3. 1998 (GVBl. LSA S. 112) in der ab 13. 11. 2009 geltenden Fassung.

3. nicht vermiedene Abfälle einer ordnungsgemäßen und schadlosen Verwertung zuzuführen (Abfallverwertung),
4. nicht verwertete Abfälle so zu behandeln, dass anfallende Energie oder Abfälle soweit wie möglich genutzt werden können (Abfallbehandlung),
5. nicht verwertbare oder nicht weiter zu behandelnde Abfälle gemeinwohlverträglich zu beseitigen (Abfallbeseitigung),
6. nicht verwertbare Abfälle in geeigneten Anlagen möglichst in der Nähe ihres Entstehungsortes zu beseitigen und
7. die Einhaltung des Standes der Technik bei Maßnahmen der Abfallvermeidung, Abfallverwertung und Abfallbeseitigung.

(2) Jede einzelne Person hat durch ihr Verhalten dazu beizutragen, dass die Ziele der Kreislaufwirtschaft verwirklicht werden und das Wohl der Allgemeinheit nicht beeinträchtigt wird.

## § 2 Pflichten öffentlicher Stellen

(1) Land, Gemeinden, Landkreise und die sonstigen der Aufsicht des Landes unterliegenden juristischen Personen des öffentlichen Rechts sind verpflichtet, bei der Erfüllung ihrer Aufgaben, vor allem im Beschaffungs- und Auftragswesen und bei Bauvorhaben, im Rahmen des wirtschaftlich Zumutbaren Erzeugnisse zu bevorzugen, die
1. aus Abfällen hergestellt sind,
2. in rohstoffschonenden oder abfallarmen Produktionsverfahren hergestellt sind,
3. aus nachwachsenden Rohstoffen hergestellt sind,
4. sich durch Langlebigkeit, Reparaturfreundlichkeit und Wiederverwendbarkeit auszeichnen,
5. im Vergleich zu anderen Erzeugnissen zu weniger oder schadstoffärmeren Abfällen führen oder
6. sich in besonderem Maße zur Verwertung oder gemeinwohlverträglichen Abfallbeseitigung eignen,
sofern keine anderen Rechtsvorschriften entgegenstehen.

(2) Arbeitsabläufe und sonstige Handlungen sind so zu organisieren, dass die in § 1 Abs. 1 genannten Ziele der Kreislaufwirtschaft erreicht werden, insbesondere durch
1. Maßnahmen zur Abfallvermeidung und
2. die Getrenntmaßnahmen zur Abfallvermeidung und die Getrenntmaßnahmen zur Abfallvermeidung und

(2) Arbeitsabläufe und sonstige Handlungen sind so zu organisieren, dass die in § 1 Abs. 1 genannten Ziele der Kreislaufwirtschaft erreicht werden, insbesondere durch
1. Maßnahmen zur Abfallvermeidung und
2. die Getrenntmaßnahmen nicht vermeidbarer Abfälle, soweit sie für eine schadlose und der Art und Beschaffenheit des Abfalls entsprechende hochwertige Verwertung oder für eine gemeinwohlverträgliche Beseitigung nicht verwertbarer Abfälle erforderlich ist.

(3) [1]Die nach Absatz 1 Verpflichteten haben Dritte, denen sie ihre Einrichtungen oder Grundstücke zur Verfügung stellen, auf die Einhaltung der Vorgaben in den Absätzen 1 und 2 vertraglich zu verpflichten. [2]Bei Sondernutzungen von Straßen im Sinne des § 18 des Straßengesetzes für das Land Sachsen-Anhalt ist die Einhaltung dieser Verpflichtungen durch Auflagen zu den Sondernutzungserlaubnissen sicherzustellen.

(4) Die nach Absatz 1 Verpflichteten wirken darauf hin, dass Gesellschaften des privaten Rechts, an denen sie beteiligt sind, die Verpflichtungen nach den Absätzen 1 und 2 beachten.

*Teil 2*
**Pflichten der öffentlich-rechtlichen Entsorgungsträger**

## § 3 Öffentlich-rechtliche Entsorgungsträger

(1) [1]Zuständige Körperschaften nach § 17 Abs. 1 des Kreislaufwirtschaftsgesetzes sind, soweit sich aus Absatz 2 nichts anderes ergibt, die Landkreise und kreisfreien Städte (öffentlich-rechtliche Entsorgungsträger). [2]Ihre Aufgaben richten sich nach § 20 des Kreislaufwirtschaftsgesetzes und gehören zum eigenen Wirkungskreis.

(2) [1]Öffentlich-rechtliche Entsorgungsträger können sich zur Erfüllung einzelner oder sämtlicher Aufgaben nach Absatz 1 zu Zweckverbänden zusammenschließen. [2]Die obere Abfallbehörde soll einem öffentlich-rechtlichen Entsorgungsträger die Beteiligung an einem Zweckverband aufgeben, wenn andernfalls die ordnungsgemäße Abfallentsorgung gefährdet wäre.

(3) Öffentlich-rechtliche Entsorgungsträger können sich zuverlässiger Dritter bedienen, wenn dadurch eine umweltgerechtere und kostengünstigere Entsorgung ermöglicht wird.

(4) ¹Die Landkreise können den kreisangehörigen Gemeinden auf deren Antrag die stoffliche Verwertung von zu überlassenden Abfällen sowie das Einsammeln und Befördern von Abfällen übertragen, wenn das Wohl der Allgemeinheit nicht beeinträchtigt wird und die obere Abfallbehörde der Übertragung zustimmt. ²Soweit Aufgaben nach Satz 1 übertragen werden, gilt Absatz 1 Satz 2 entsprechend.

(5) Öffentlich-rechtliche Entsorgungsträger wirken auf eine der Art und Beschaffenheit des Abfalls entsprechende hochwertige Verwertung der in ihrem Gebiet anfallenden Abfälle hin.

### § 4 Entsorgungssatzung

(1) ¹Die öffentlich-rechtlichen Entsorgungsträger regeln die Abfallentsorgung durch Satzung. ²Die Satzung muss insbesondere Vorschriften darüber enthalten, unter welchen Voraussetzungen Abfälle als angefallen gelten, welche Abfälle getrennt zu halten und in welcher Weise, an welchem Ort und zu welcher Zeit dem öffentlich-rechtlichen Entsorgungsträger die Abfälle zu überlassen sind. ³In der Satzung kann geregelt werden, dass für einzelne Abfallfraktionen mindestens ein bestimmtes Behältervolumen vorzuhalten ist.

(2) Die Satzung kann nach § 17 Abs. 1 bis 3 des Kreislaufwirtschaftsgesetzes den Anschluss- und Benutzungszwang nach § 11 des Kommunalverfassungsgesetzes vorschreiben.

(3) ¹Die öffentlich-rechtlichen Entsorgungsträger können Anordnungen im Einzelfall erlassen, um die Einhaltung der satzungsrechtlichen Vorschriften und auferlegten Verpflichtungen sicherzustellen, und diese Anordnungen zwangsweise durchsetzen. ²§ 47 Abs. 2 bis 6 des Kreislaufwirtschaftsgesetzes gilt entsprechend; aufgrund dieser Bestimmung kann das Grundrecht auf Unverletzlichkeit der Wohnung (Artikel 13 des Grundgesetzes) eingeschränkt werden.

### § 5 Ausschluss von Abfällen

(1) ¹Abfälle können allgemein durch Satzung oder im Einzelfall durch schriftliche Entscheidung des öffentlich-rechtlichen Entsorgungsträgers nach § 20 Abs. 2 des Kreislaufwirtschaftsgesetzes aus der Entsorgungspflicht ausgeschlossen werden. ²Der Ausschluss kann sich auf einzelne oder sämtliche Entsorgungshandlungen erstrecken. ³Jede einzelne Abfallart, die aus der Entsorgungspflicht ausgeschlossen wird, ist in der Satzung oder Entscheidung unter Angabe des Abfallschlüssels, der Bezeichnung und der Herkunft gemäß der Abfallverzeichnis-Verordnung vom 10. Dezember 2001 (BGBl. I S. 3379), zuletzt geändert durch Artikel 5 Abs. 22 des Gesetzes vom 24. Februar 2012 (BGBl. I S. 212, 257), unter Angabe der jeweils ausgeschlossenen Entsorgungshandlungen und erforderlichenfalls unter Angabe der Abfallmenge, für die der Ausschluss nicht gilt, aufzuführen.

(2) ¹Hat der öffentlich-rechtliche Entsorgungsträger gefährliche Abfälle aus anderen Herkunftsbereichen als privaten Haushalten nicht von der Entsorgung ausgeschlossen, so sind Erzeuger oder Besitzer solcher Abfälle, bei denen insgesamt mindestens 2 000 Kilogramm gefährliche Abfälle jährlich anfallen, auf der Grundlage von § 26 der Nachweisverordnung vom 20. Oktober 2006 (BGBl. I S. 2298; 2007 S. 2316), zuletzt geändert durch Artikel 4 der Verordnung vom 5. Dezember 2013 (BGBl. I S. 4043, 4060), für diese Abfälle von den Nachweispflichten des Teiles 2 der Nachweisverordnung, mit Ausnahme des § 16 der Nachweisverordnung, zu befreien. ²Werden gefährliche Abfälle dem öffentlich-rechtlichen Entsorgungsträger überlassen, hat dieser als Abfallbesitzer die Nachweispflichten nach der Nachweisverordnung zu erfüllen.

### § 6 Gebührensatzung

(1) ¹Für die Leistungen der kommunalen Abfallentsorgung erheben die öffentlich-rechtlichen Entsorgungsträger auf der Grundlage von Satzungen nach den Vorschriften des Kommunalabgabengesetzes und unter Beachtung der nachfolgenden Absätze Gebühren, soweit nicht ein privatrechtliches Entgelt gefordert wird. ²Zu Gebührenschuldnern können in der Satzung auch die Eigentümer oder die sonst dinglich Nutzungsberechtigten derjenigen Grundstücke bestimmt werden, die dem von dem öffentlich-rechtlichen Entsorgungsträger angeordneten Anschluss- und Benutzungszwang (§ 4 Abs. 2) unterliegen.

(2) ¹Zu den ansatzfähigen Kosten im Sinne des Kommunalabgabengesetzes rechnen alle Aufwendungen für die von dem öffentlich-rechtlichen Entsorgungsträger selbst oder im Auftrag wahrgenommenen abfallwirtschaftlichen Aufgaben. ²Hierzu gehören insbesondere Aufwendungen für
1. das Einsammeln, Befördern und Entsorgen von

a) in Haushalten anfallenden Abfällen, einschließlich solcher nach § 10,
b) in Gewerbebetrieben, sonstigen wirtschaftlichen Unternehmen oder öffentlichen Einrichtungen anfallenden Abfällen zur Beseitigung,
c) organischen Abfällen, die in Gärten, Parks, auf Friedhöfen sowie an Straßen, Wegen und Plätzen anfallen und
d) Abfällen, die im Sinne des § 11 verbotswidrig abgelagert worden sind, einschließlich Fahrzeugen gemäß § 20 Abs. 3 des Kreislaufwirtschaftsgesetzes;
2. die Vermarktung von verwertbaren Stoffen aus Abfällen, soweit die Aufwendungen die Einnahmen übersteigen;
3. die Erfüllung der Beratungspflichten nach § 46 Abs. 1 des Kreislaufwirtschaftsgesetzes;
4. die Planung, die Errichtung, den Betrieb, die Nachsorge, Rekultivierung und Renaturierung von Abfallverwertungs- und Abfallbeseitigungsanlagen, einschließlich der Aufwendungen für Maßnahmen zum Ausgleich oder Ersatz oder zur Beseitigung von Eingriffen in Natur und Landschaft;
5. die Bildung von Rücklagen für die vorhersehbaren späteren Kosten der Stilllegung und der Nachsorge bei Abfallverwertungs- und Abfallbeseitigungsanlagen; diese Kosten sind periodenbezogen in Ansatz zu bringen;
6. die Stilllegung von Abfallverwertungs- und Abfallbeseitigungsanlagen und die Nachsorge hierfür, soweit für diese Aufwendungen keine ausreichenden Rücklagen gebildet wurden.
[3]Alle abfallwirtschaftlichen Anlagen des öffentlich-rechtlichen Entsorgungsträgers bilden gebührenrechtlich eine Einrichtung. [4]Dazu zählen auch stillgelegte Anlagen, solange für sie nicht der Abschluss der Nachsorge gemäß § 40 Abs. 5 des Kreislaufwirtschaftsgesetzes festgestellt ist.
(3) (aufgehoben)
(4) (aufgehoben)
(5) [1]Für die Ablagerung von Abfällen auf einer Deponie oder für Entsorgungsleistungen, welche die Ablagerung umfassen, haben die öffentlich-rechtlichen Entsorgungsträger Gebühren zu erheben, die alle Kosten für die Errichtung und den Betrieb der Deponie abdecken. [2]Zu den Kosten zählen auch die Aufwendungen für eine vom öffentlich-rechtlichen Entsorgungsträger zu leistende Sicherheit oder für ein zu erbringendes gleichwertiges Sicherungsmittel sowie die Zuführung von Rücklagen für die vorhersehbaren späteren Kosten der Stilllegung und der Nachsorge für einen Zeitraum von mindestens 30 Jahren. [3]Die Verpflichtung gilt sowohl für private wie für öffentlich-rechtliche Deponiebetreiber, die ein Deponieentgelt oder eine Deponiegebühr erheben.

### § 7 Informationsmaßnahmen
Die nach § 46 des Kreislaufwirtschaftsgesetzes zur Abfallberatung Verpflichteten sind befugt, öffentlich Empfehlungen und Hinweise zur Vermeidung und Verwertung von Abfällen auszusprechen, soweit die in § 1 Abs. 1 genannten Ziele der Kreislaufwirtschaft dies erfordern.

### § 8 Abfallwirtschaftskonzept
(1) [1]Jeder öffentlich-rechtliche Entsorgungsträger stellt unter Berücksichtigung der Abfallwirtschaftspläne für sein Gebiet ein Abfallwirtschaftskonzept gemäß § 21 Satz 1 des Kreislaufwirtschaftsgesetzes auf. [2]Es ist mindestens alle sechs Jahre fortzuschreiben. [3]Die zuständige Behörde kann die Vorlage zu einem früheren Zeitpunkt verlangen, wenn die Abfallwirtschaftsplanung dies erforderlich macht.
(2) [1]Das Abfallwirtschaftskonzept gibt eine Übersicht über den Stand der öffentlichen Abfallentsorgung. [2]Es enthält mindestens
1. Angaben über Art, Menge und Verbleib der in dem Entsorgungsgebiet anfallenden Abfälle,
2. Darstellung und Begründung der getroffenen und geplanten Maßnahmen zur Vorbereitung zur Wiederverwendung, des Recyclings, der sonstigen Verwertung und zur Beseitigung von Abfällen,
3. die begründete Festlegung der Abfälle, die durch Satzung von der Entsorgungspflicht ausgeschlossen sind,
4. den Nachweis einer zehnjährigen Entsorgungssicherheit,
5. Angaben über die zeitliche Abfolge geplanter Maßnahmen und die geschätzten Bau- und Betriebskosten der zur Abfallentsorgung im jeweiligen Gebiet notwendigen Abfallentsorgungsanlagen.
(3) Die oberste Abfallbehörde wird ermächtigt, Einzelheiten der Form und des Inhalts durch Verordnung zu regeln.

(4) ¹Bei der Aufstellung, wesentlicher Änderung oder Fortschreibung des Abfallwirtschaftskonzepts sind die kreisangehörigen Gemeinden und die obere Abfallbehörde zu beteiligen. ²Verbänden, Kammern und Organisationen, deren Aufgaben oder satzungsgemäßen Interessen durch das Abfallwirtschaftskonzept berührt werden, ist Gelegenheit zur Stellungnahme zu geben. ³Anregungen und Bedenken sind mit ihnen zu erörtern.

(5) ¹Das Abfallwirtschaftskonzept und seine Fortschreibungen bedürfen zu ihrer Wirksamkeit eines Beschlusses des Stadtrates, des Kreistages oder des entsprechenden Vertretungsorgans des öffentlich-rechtlichen Entsorgungsträgers. ²Es ist der oberen Abfallbehörde vorzulegen und der Öffentlichkeit in geeigneter Form zugänglich zu machen.

### § 9 Abfallbilanz

¹Jeder öffentlich-rechtliche Entsorgungsträger erstellt für sein Gebiet eine Abfallbilanz gemäß § 21 Satz 1 des Kreislaufwirtschaftsgesetzes. ²Die Abfallbilanz ist der zuständigen Behörde für jedes Kalenderjahr bis zum 31. März des folgenden Jahres unter Verwendung eines vorgegebenen elektronischen Erfassungsprogramms vorzulegen. ³Die aufgewendeten Kosten der Abfallentsorgung sind darzustellen. ⁴Die zuständige Behörde wertet die übermittelten Abfallbilanzen aus und erstellt auf deren Grundlage eine zusammenfassende Bilanz des Landes. ⁵Die oberste Abfallbehörde wird ermächtigt, die Form und den Inhalt der Abfallbilanzen durch Verordnung zu regeln.

### § 10 Schadstoffhaltige Kleinmengen

¹Die öffentlich-rechtlichen Entsorgungsträger haben überlassene gefährliche Abfälle getrennt von den sonstigen Abfällen einzusammeln, zu befördern, zu lagern und einer ordnungsgemäßen und schadlosen Verwertung oder einer gemeinwohlverträglichen Beseitigung zuzuführen. ²Die hierfür erforderlichen Voraussetzungen und Einrichtungen sind zu schaffen.

### § 11 Verbotswidrig abgelagerte Abfälle auf Grundstücken im Wald oder der übrigen freien Landschaft

(1) Abfälle, die auf einem Grundstück im Wald oder der übrigen freien Landschaft, das nicht im Eigentum von juristischen Personen des öffentlichen Rechts steht, verbotswidrig abgelagert oder durch Naturereignisse auf dem Grundstück abgesetzt sind, sind von dem öffentlich-rechtlichen Entsorgungsträger, zu dessen Gebiet das Grundstück gehört, auf eigene Kosten einzusammeln und zu entsorgen, wenn
1. Maßnahmen gegen die verursachende Person nicht hinreichend erfolgversprechend erscheinen,
2. keine andere Person aufgrund eines bestehenden Rechtsverhältnisses verpflichtet ist und
3. die Abfälle wegen ihrer Art oder Menge das Wohl der Allgemeinheit beeinträchtigen.

(2) ¹Ist ein Grundstück betroffen, das im Eigentum einer juristischen Person des öffentlichen Rechts steht, so hat diese die Abfälle auf eigene Kosten einzusammeln und an der nächsten öffentlichen Straße bereitzustellen. ²Der öffentlich-rechtliche Entsorgungsträger hat die eingesammelten Abfälle unentgeltlich abzunehmen und zu entsorgen.

(3) ¹Die Absätze 1 und 2 gelten hinsichtlich der unentgeltlichen Übernahme und Entsorgung nicht, wenn das Grundstück der Allgemeinheit rechtlich oder tatsächlich nicht frei zugänglich ist. ²In diesem Fall trägt der Grundstückseigentümer die mit dem Einsammeln und der Entsorgung der Abfälle verbundenen Kosten.

(4) ¹Ist ein land- oder forstwirtschaftlich genutztes Grundstück betroffen, das rechtlich oder tatsächlich nicht frei zugänglich ist, so hat der Besitzer der Abfälle im Sinne des § 3 Abs. 9 des Kreislaufwirtschaftsgesetzes die Abfälle auf eigene Kosten einzusammeln und an der nächsten öffentlichen Straße zur Entsorgung bereitzustellen. ²Der öffentlich-rechtliche Entsorgungsträger hat die bereitgestellten Abfälle unentgeltlich abzunehmen und zu entsorgen.

(5) Sofern der Grundstückseigentümer oder der Besitzer der Abfälle im Sinne des § 3 Abs. 9 des Kreislaufwirtschaftsgesetzes seine Pflicht zum Einsammeln der Abfälle verletzt, kann der öffentlich-rechtliche Entsorgungsträger dies auf Kosten des Grundstückseigentümers oder des Besitzers der Abfälle selbst vornehmen.

(6) ¹Die Pflichten nach den Absätzen 1 bis 4 gelten auch bei Kraftfahrzeugen oder Anhängern ohne gültige amtliche Kennzeichen, soweit die in § 20 Abs. 3 des Kreislaufwirtschaftsgesetzes genannten Voraussetzungen vorliegen. ²Die öffentlich-rechtlichen Entsorgungsträger können die Aufgabe der

Feststellung der Voraussetzungen des § 20 Abs. 3 des Kreislaufwirtschaftsgesetzes sowie der Anbringung der dort genannten Aufforderung den Gemeinden übertragen.

**§ 11a Verbotswidrig abgelagerte Abfälle auf anderen Grundstücken**
(1) Abfälle, die auf einem anderen Grundstück verbotswidrig abgelagert worden sind, sind dem öffentlich-rechtlichen Entsorgungsträger, in dessen Gebiet das Grundstück liegt, nach Maßgabe der Satzung (§ 4) zur Entsorgung zu überlassen.
(2) Es gelten die Voraussetzungen gemäß § 11 Abs. 1 entsprechend.

**§ 11b Vorrang anderer Pflichten**
Außerhalb dieses Gesetzes durch Rechtsvorschrift, aufgrund einer Rechtsvorschrift oder durch Vereinbarung begründete Unterhaltungs-, Verkehrssicherungs- oder Reinigungspflichten bleiben unberührt und gehen den Pflichten nach den §§ 11 oder 11a vor.

### Teil 3
### Organisation der Entsorgung von gefährlichen Abfällen

**§ 12 (weggefallen)**

**§ 13 Andienungsstellen für gefährliche Abfälle**
(1) Die oberste Abfallbehörde wird ermächtigt, durch Verordnung eine oder mehrere Andienungsstellen für gefährliche Abfälle (Andienungsstellen) zu bestimmen, die die Organisation der Entsorgung der gefährlichen Abfälle durchführen, und das Andienungsverfahren zu regeln.
(2) ¹Die Verordnung nach Absatz 1 kann auch ein Unternehmen einer Rechtsform des Privatrechts bestimmen, das mit den Aufgaben der Andienungsstellen beauftragt werden kann, wenn das Unternehmen
1. durch seine Kapitalausstattung, innere Organisation, Fach- und Sachkunde des Personals sowie durch Zuverlässigkeit Gewähr für eine ordnungsgemäße Aufgabenwahrnehmung bietet und
2. dem Land Sachsen-Anhalt durch eine Beteiligung von mindestens 51 v.H. einen bestimmenden Einfluss auf den Geschäftsbetrieb eingeräumt hat.
²Im Falle des Absatzes 2 sind die Aufgaben der Andienungsstellen dauerhaft getrennt vom sonstigen Geschäftsbetrieb des Unternehmens zu erledigen.
(3) ¹Mit der Verordnung nach Absatz 1 können den Andienungsstellen bei der Organisation der Entsorgung von gefährlichen Abfällen hoheitliche Aufgaben übertragen werden. ²Dabei kann es sich insbesondere handeln um
1. Aufgaben nach § 14 sowie solche im Zusammenhang mit der grenzüberschreitenden Verbringung nach § 4 des Abfallverbringungsgesetzes und
2. die Auskunftspflicht über vorhandene geeignete Abfallbeseitigungs- und Abfallverwertungsanlagen.
(4) Die Andienungsstellen unterliegen bei der Wahrnehmung ihrer Aufgaben der Fachaufsicht der obersten Abfallbehörde.

**§ 14 Andienung und Zuweisung von gefährlichen Abfällen**
(1) ¹In der Verordnung nach § 13 Abs. 1 ist die Organisation der Entsorgung von gefährlichen Abfällen durch Andienungsstellen zu regeln. ²Durch diese Verordnung kann insbesondere bestimmt werden,
1. dass alle gefährlichen Abfälle, die im Land Sachsen-Anhalt erzeugt und von dem öffentlich-rechtlichen Entsorgungsträger gemäß § 20 Abs. 2 des Kreislaufwirtschaftsgesetzes ausgeschlossen worden sind oder die im Land Sachsen-Anhalt behandelt, gelagert, verwertet oder abgelagert werden sollen, den Andienungsstellen von Erzeugern oder Besitzern der Abfälle anzudienen sind, soweit dies zur ordnungsgemäßen und schadlosen Verwertung oder zur gemeinwohlverträglichen Beseitigung erforderlich ist;
2. dass für Abfälle, die bei Erzeugern oder Besitzern nur in kleineren Mengen anfallen, die Andienungspflicht auf diejenigen übergeht, die die Abfälle einsammeln und befördern;
3. dass gefährliche Abfälle, die in einer in Sachsen-Anhalt gelegenen betriebseigenen Entsorgungsanlage von Andienungspflichtigen entsorgt werden oder deren Entsorgung insbesondere wegen ihrer Art, geringen Menge oder Beschaffenheit einer Organisation durch die Andienungsstellen

nicht bedarf, durch die oberste Abfallbehörde allgemein oder im Einzelfall von der Andienungspflicht ausgenommen werden können;
4. dass die Andienungsstellen die ihr ordnungsgemäß angedienten Abfälle einer dafür zugelassenen Entsorgungsanlage zuzuweisen haben, wobei bei der Zuweisung der von Andienungspflichtigen zu erbringende Nachweis einer annahmebereiten Entsorgungsanlage zu berücksichtigen ist;
5. dass Zuweisungen nach Nummer 4 insbesondere unter Berücksichtigung der gesetzlichen Ziele der Kreislauf- und Abfallwirtschaft, der Abfallwirtschaftsplanung des Landes, des Grundsatzes der erzeugernahen Entsorgung sowie der ökologischen Anforderungen an moderne Entsorgungsanlagen unter Beachtung der sich fortentwickelnden Anforderungen an den Stand der Technik und der ökonomischen Interessen der Abfallbesitzerinnen oder der Abfallbesitzer vorzunehmen sind, wobei eine vorrangige Zuweisung von Abfällen in Anlagen, die im Land Sachsen-Anhalt gelegen sind, nicht zwingend vorgegeben ist;
6. dass die Andienungspflichtigen die angedienten Abfälle der zugewiesenen Entsorgungsanlage zuzuführen haben;
7. dass die Andienungsstellen den Andienungspflichtigen aufgeben können, wie Abfälle der zugewiesenen Abfallentsorgungsanlage zuzuführen sind und
8. dass Betreiber von Abfallentsorgungsanlagen verpflichtet sind, keine andienungspflichtigen Abfälle ohne Zuweisung anzunehmen.

(2) ¹Ist die Zuweisung in eine Entsorgungsanlage durch die Andienungsstelle im Sinne des § 13 erforderlich, so gilt diese in der Regel als erteilt, wenn sie nicht innerhalb von zwei Monaten nach Eingang der vollständigen Antragsunterlagen versagt wird. ²Sie ist in der Regel auf fünf Jahre zu befristen.
(3) Die Andienungsstellen sind befugt, andienungspflichtigen Abfällen auf Kosten von Andienungspflichtigen Proben zu entnehmen oder entnehmen zu lassen und Analysen zu deren Beurteilung von Andienungspflichtigen zu verlangen oder durch Dritte anfertigen zu lassen.

### § 15 Kostenerhebung

(1) ¹Die Andienungsstellen erheben von Andienungspflichtigen für die ihnen entstehenden Aufwendungen Gebühren und den Ersatz von Auslagen. ²In einer Verordnung nach Absatz 2 kann vorgesehen werden, dass die Andienungsstellen Gebühren und Auslagen auch für die Entsorgung der Abfälle in der zugewiesenen Anlage erheben, sofern nicht ein privatrechtliches Entgelt gefordert wird. ³Das Aufkommen an Gebühren sowie der Ersatz von Auslagen stehen den Andienungsstellen zu.
(2) ¹Die oberste Abfallbehörde wird ermächtigt, durch Verordnung die gebührenpflichtigen Tatbestände nach Absatz 1 näher zu bestimmen. ²Soweit in der Verordnung nichts Abweichendes bestimmt ist, gelten für die Erhebung der Gebühren und den Ersatz der Auslagen sowie deren Beitreibung die allgemeinen Bestimmungen des Landes Sachsen-Anhalt.

*Teil 4*
**Planung der Abfallwirtschaft**

### § 16 Abfallwirtschaftspläne

(1) (weggefallen)
(2) (weggefallen)
(3) ¹Die Abfallwirtschaftspläne sind nach den Vorgaben der §§ 30 bis 33 des Kreislaufwirtschaftsgesetzes zu erstellen und bestehen aus zeichnerischen und textlichen Darstellungen. ²Sie können in räumlichen oder sachlichen Teilabschnitten aufgestellt werden.
(4) ¹Bei der Aufstellung oder wesentlichen Änderung von Abfallwirtschaftsplänen sind die Entsorgungsträger im Sinne des § 20 des Kreislaufwirtschaftsgesetzes, die berührten Träger öffentlicher Belange, insbesondere die Gemeinden, in deren Gebiet Standorte für ortsfeste Beseitigungsanlagen ausgewiesen werden sollen, die vom Land anerkannten Naturschutzvereinigungen, die nach ihrer Satzung landesweit tätig sind sowie benachbarte Länder nach Maßgabe des § 31 Abs. 1 des Kreislaufwirtschaftsgesetzes unter Überlassung der Planentwürfe zu beteiligen. ²Ihnen ist eine angemessene Frist zur Äußerung einzuräumen. ³Innerhalb der Frist vorgebrachte Anregungen und Bedenken sind mit den Beteiligten zu erörtern.
(5) ¹Die in den Abfallwirtschaftskonzepten der öffentlich-rechtlichen Entsorgungsträger dargestellten Maßnahmen sind im Abfallwirtschaftsplan aufzunehmen, soweit sie dies verlangen und keine zwin-

genden Gründe entgegenstehen. ²Auf Antrag der öffentlich-rechtlichen Entsorgungsträger wird der Abfallwirtschaftsplan fortgeschrieben, sofern das Abfallwirtschaftskonzept dies erforderlich macht oder konkrete Entscheidungen über Abfallwirtschaftsmaßnahmen der öffentlich-rechtlichen Entsorgungsträger dies erfordern.
(6) Die Abfallwirtschaftspläne sind gemäß § 32 Abs. 5 des Kreislaufwirtschaftsgesetzes zu veröffentlichen.

### § 17 Verbindlichkeitserklärung von Abfallwirtschaftsplänen

(1) ¹Die zuständige Abfallbehörde wird ermächtigt, durch Verordnung die Festlegungen in dem von ihr aufgestellten Abfallwirtschaftsplan nach Maßgabe des § 30 Abs. 4 des Kreislaufwirtschaftsgesetzes ganz oder teilweise für die Beseitigungspflichten für verbindlich zu erklären. ²Die zuständige Abfallbehörde erlässt die Verordnung im Einvernehmen mit der für die Bergaufsicht zuständigen Landesbehörde, soweit sich die Verbindlichkeitserklärung auf Abfallbeseitigungsanlagen erstreckt, die der Bergaufsicht unterstehen. ³Die Verordnung kann hinsichtlich bestimmter Abfallarten oder für einzelne Gruppen von Beseitigungspflichtigen Ausnahmen von der Verpflichtung zulassen, sich einer in dem Plan ausgewiesenen Abfallbeseitigungsanlage zu bedienen. ⁴Die zuständige Abfallbehörde kann auf Antrag Ausnahmen von den verbindlichen Festlegungen des Abfallwirtschaftsplanes zulassen, wenn dies mit den Zielen und Grundsätzen des Planes vereinbar ist und das Wohl der Allgemeinheit nicht entgegensteht.
(2) ¹Die Verordnung nach Absatz 1 kann geeignete Flächen für Abfallbeseitigungsanlagen und Einzugsgebiete zeichnerisch in Karten bestimmen. ²Werden die Karten nicht im Verkündungsblatt abgedruckt, haben die Abfallbehörde, welche die Verordnung erlässt, und die Gemeinden und Landkreise, deren Gebiet betroffen ist, Ausfertigungen der Karten aufzubewahren und jedem auf Verlangen kostenlos Einsicht zu gewähren. ³Hierauf ist in der Verordnung hinzuweisen. ⁴Geeignete Flächen für Abfallbeseitigungsanlagen und Einzugsgebiete im Sinne von Satz 1 sind im Text der Verordnung grob zu beschreiben.

### §§ 18 und 19 (weggefallen)

*Teil 5*
### Abfallbeseitigungsanlagen und Überwachung

### § 20 Entschädigung für Vermögensnachteile bei Flächenerkundungen

(1) ¹Das Erkunden geeigneter Standorte für Abfallbeseitigungsanlagen richtet sich nach § 34 des Kreislaufwirtschaftsgesetzes. ²Entstehen bei diesen Maßnahmen den Eigentümern oder den Nutzungsberechtigten unmittelbar Vermögensnachteile, ist dafür eine angemessene Entschädigung in Geld zu leisten. ³Der Entschädigungsanspruch richtet sich gegen den öffentlich-rechtlichen Entsorgungsträger, wenn dessen Bedienstete oder Beauftragte die Arbeiten durchgeführt haben, in den anderen Fällen gegen das Land. ⁴Das Land kann von denjenigen Erstattung der gezahlten Entschädigung verlangen, die für den erkundeten Standort einen Antrag auf Zulassung einer Abfallbeseitigungsanlage stellen.
(2) ¹Kommt eine Einigung über die Höhe der Entschädigung nicht zustande, so wird die Entschädigung auf Antrag der Eigentümer oder Nutzungsberechtigten, bei Erkundungen durch Bedienstete oder Beauftragte des öffentlich-rechtlichen Entsorgungsträgers von der oberen Abfallbehörde, im Übrigen von der obersten Abfallbehörde, festgesetzt. ²Für die Kosten des Verfahrens gilt Absatz 1 Satz 3 entsprechend.
(3) Für die Entschädigung gelten die Vorschriften des Enteignungsgesetzes des Landes Sachsen-Anhalt entsprechend.
(4) Absätze 1 bis 3 gelten entsprechend, wenn eine bestehende Abfallbeseitigungsanlage erweitert oder wesentlich geändert werden soll.

### § 21 Veränderungssperre

(1) ¹Vom Beginn der Auslegung der Pläne im Planfeststellungsverfahren oder von dem Zeitpunkt an, zu dem den Betroffenen Gelegenheit gegeben wird, den Plan einzusehen, dürfen auf den vom Plan betroffenen Flächen wesentlich wertsteigernde oder die Errichtung der geplanten Deponie erheblich erschwerende Veränderungen nicht vorgenommen werden (Veränderungssperre). ²Veränderungen, die in rechtlich zulässiger Weise vorher begonnen worden sind, Unterhaltungsarbeiten und die Fortführung einer bisher rechtmäßig ausgeübten Nutzung werden hiervon nicht berührt.

(2) ¹Dauert die Veränderungssperre länger als vier Jahre, so können die Eigentümer oder sonstige Nutzungsberechtigte für dadurch entstehende Vermögensnachteile vom Träger des Vorhabens eine angemessene Entschädigung in Geld verlangen. ²Die Eigentümer können ferner die Übernahme der vom Plan betroffenen Flächen verlangen, wenn es ihnen wegen der Veränderungssperre wirtschaftlich nicht zuzumuten ist, die Grundstücke in der bisherigen oder einer anderen zulässigen Art zu nutzen. ³Kommt eine Einigung über die Übernahme nicht zustande, können die Eigentümer die Entziehung des Eigentums verlangen. ⁴Im Übrigen gelten die Vorschriften des Enteignungsgesetzes des Landes Sachsen-Anhalt entsprechend.

(3) ¹Ab Beginn der Auslegung der Pläne im Raumordnungsverfahren kann die zuständige Behörde für die von dem Plan betroffenen Flächen eine Veränderungssperre anordnen, wenn diese zur Sicherung des Standortes erforderlich ist. ²Absatz 1 gilt entsprechend.

(4) Die zuständige Behörde hat auf Antrag Ausnahmen von der Veränderungssperre zuzulassen, wenn überwiegende öffentliche Belange nicht entgegenstehen.

### § 22 Enteignung

(1) Die Enteignung ist zulässig, soweit sie zur Ausführung eines nach § 35 Abs. 2 des Kreislaufwirtschaftsgesetzes unanfechtbar festgestellten Planes notwendig ist.

(2) Der festgestellte Plan ist dem Enteignungsverfahren zugrunde zu legen und für die Enteignungsbehörde bindend.

(3) Im Übrigen gilt das Enteignungsgesetz des Landes Sachsen-Anhalt.

### § 23 Genehmigung und Überwachung von Deponien

(1) bis (4) (aufgehoben)

(5) ¹Bei abfallrechtlichen Genehmigungsverfahren soll die zuständige Behörde mit dem Träger des Vorhabens entsprechend dem jeweiligen Planungsstand und auf der Grundlage geeigneter, vom Träger des Vorhabens vorgelegter Unterlagen die für das geplante Vorhaben erheblichen Fragen erörtern (Antragskonferenz). ²Hierzu können andere Behörden, Sachverständige und Dritte hinzugezogen werden. ³Zur Vorbereitung der Erörterung kann die zuständige Behörde die erforderlichen Unterlagen auch Dritten zur Stellungnahme übersenden.

(6) Die oberste Abfallbehörde wird ermächtigt, durch Verordnung die Regelungen
1. nach § 12 Abs. 5 Satz 2 der Deponieverordnung vom 27. April 2009 (BGBl. I S. 900), zuletzt geändert durch Artikel 7 der Verordnung vom 2. Mai 2013 (BGBl. I S. 973, 1017), und
2. nach § 13 Abs. 5 Satz 2 der Deponieverordnung

zu treffen.

### § 24 Kosten für Genehmigung und Überwachung

¹Die Kosten, die durch Prüfungen im Zulassungs- und Nachweisverfahren entstehen, trägt der Antragsteller. ²Die Kosten von Überwachungsmaßnahmen aufgrund des Kreislaufwirtschaftsgesetzes, des Abfallverbringungsgesetzes und dieses Gesetzes trägt der Betreiber der Deponie oder anderen Anlage oder derjenige, der die überwachte Tätigkeit ausübt. ³Dies gilt auch für die Kosten von beauftragten Sachverständigen gemäß § 14 Abs. 1 und Abs. 2 Nr. 4 des Verwaltungskostengesetzes des Landes Sachsen-Anhalt.

### § 25 Eigenüberwachung

(1) Die Betreiber von Deponien haben sach- und fachkundiges, zuverlässiges Personal zu beschäftigen, das in der Lage ist, den Betrieb der Anlage ordnungsgemäß zu führen und insbesondere die Anlieferung von Abfällen wirksam zu kontrollieren.

(2) ¹Der Betreiber hat den Zustand und den Betrieb der Deponie sowie ihre Auswirkungen auf die Umgebung auf eigene Kosten fortlaufend zu überwachen (Eigenüberwachung). ²Er kann sich dabei Dritter bedienen. ³Er hat die Anlage nach näherer Bestimmung durch die zuständige Behörde mit den dafür erforderlichen Einrichtungen und Geräten auszurüsten, Untersuchungen durchzuführen und ihre Ergebnisse aufzuzeichnen. ⁴Die Aufzeichnungen sind der zuständigen Behörde auf Verlangen vorzulegen. ⁵Die zuständige Behörde kann die Hinzuziehung von Sachverständigen bei der Eigenüberwachung vorschreiben. ⁶Der Betreiber hat Störungen des Anlagenbetriebs der zuständigen Behörde unverzüglich anzuzeigen, wenn eine Beeinträchtigung des Wohls der Allgemeinheit zu besorgen ist.

(3) [1]Eigentümer sowie Nutzungsberechtigte von Grundstücken im Einwirkungsbereich einer Deponie sind verpflichtet, jederzeit den Zugang und die Zufahrt zu den Grundstücken zu ermöglichen und Untersuchungen nach Absatz 2 zu dulden. [2]§ 20 gilt entsprechend.

### § 26 (aufgehoben)

*Teil 6*
**Altlasten**

### §§ 27 bis 29 (weggefallen)

*Teil 7*
**Behörden, Zuständigkeiten**

### § 30 Abfallbehörden, technische Fachbehörden
(1) Oberste Abfallbehörde ist das für das Abfallgesetz zuständige Ministerium.
(2) Obere Abfallbehörde ist das Landesverwaltungsamt.
(3) Untere Abfallbehörden sind die Landkreise und kreisfreien Städte.
(4) Das Landesamt für Umweltschutz ist technische Fachbehörde für die oberste Abfallbehörde.

### § 31 Aufgaben der Abfallbehörden
[1]Soweit nichts anderes bestimmt ist, obliegt es den Abfallbehörden, das Kreislaufwirtschaftsgesetz, das Abfallverbringungsgesetz und dieses Gesetz sowie die aufgrund dieser Gesetze erlassenen Verordnungen und sonstige abfallrechtliche Vorschriften zu vollziehen und ergänzende Maßnahmen nach dem allgemeinen Recht der Gefahrenabwehr zu treffen. [2]Bei den unteren Abfallbehörden gehören diese Aufgaben zum übertragenen Wirkungskreis.

### § 32 Sachliche Zuständigkeit
(1) [1]Die unteren Abfallbehörden sind zuständig, soweit dieses Gesetz nichts anderes vorschreibt. [2]Die oberste Abfallbehörde wird ermächtigt, durch Verordnung für bestimmte Arten von Angelegenheiten vorzuschreiben, dass die oberen Abfallbehörden oder andere Landesbehörden zuständig sind. [3]Die oberen Abfallbehörden und die oberste Abfallbehörde üben die Fachaufsicht über die ihnen nachgeordneten Abfallbehörden aus. [4]Eine Fachaufsichtsbehörde kann anstelle einer nachgeordneten Behörde und auf deren Kosten tätig werden, wenn diese eine Weisung nicht fristgerecht befolgt oder wenn Gefahr in Verzug ist.
(2) Ist die untere Abfallbehörde in eigener Sache beteiligt, so ist die obere Abfallbehörde zuständig.
(3) [1]Werden Abfälle in einer der Bergaufsicht unterliegenden Anlage entsorgt, obliegen die Entscheidungen und andere Maßnahmen aufgrund des Kreislaufwirtschaftsgesetzes, des Abfallverbringungsgesetzes, dieses Gesetzes sowie der aufgrund dieser Gesetze erlassenen Verordnungen und sonstiger abfallrechtlicher Vorschriften der zuständigen Abfallbehörde, die im Einvernehmen mit der sonst zuständigen Bergbehörde handelt. [2]Bei der Entsorgung von Abfällen in untertägigen Anlagen obliegen die in Satz 1 genannten Entscheidungen und Maßnahmen der zuständigen Bergbehörde, die im Einvernehmen mit der sonst zuständigen Behörde handelt.

### § 33 Örtliche Zuständigkeit
(1) [1]Örtlich zuständig ist die Behörde, in deren Gebiet oder Bezirk die Anlage zur Verwertung oder Beseitigung von Abfällen ihren Standort oder Einsatzort hat, oder, wenn eine Anlage nicht Gegenstand der Entscheidung ist, die Verwertung oder Beseitigung durchgeführt wird. [2]Für die Entscheidung über die Erfüllung der Entsorgungspflicht nach § 20 des Kreislaufwirtschaftsgesetzes sowie die damit zusammenhängenden Entscheidungen ist die Behörde örtlich zuständig, in deren Gebiet oder Bezirk die zu verwertenden oder zu beseitigenden Abfälle anfallen.
(2) Ist für dieselbe Sache auch eine Behörde eines anderen Landes zuständig, so kann die oberste Abfallbehörde die Zuständigkeit mit der zuständigen Behörde dieses Landes vereinbaren.

*Teil 8*
**Ordnungswidrigkeiten, Übergangs- und Schlussvorschriften**

**§ 34 Ordnungswidrigkeiten**
(1) Ordnungswidrig handelt, wer vorsätzlich oder fahrlässig einer Verordnung nach § 13 Abs. 1 zuwiderhandelt, soweit sie für einen bestimmten Tatbestand auf diese Bußgeldvorschrift verweist.
(2) Die Ordnungswidrigkeit kann mit einer Geldbuße bis zu fünfhunderttausend Euro geahndet werden.
(3) Verwaltungsbehörde im Sinne des § 36 Abs. 1 Nr. 1 des Gesetzes über Ordnungswidrigkeiten ist die obere Abfallbehörde, in deren Bezirk Andienungspflichtige ihre Niederlassung haben.

**§ 35 (aufgehoben)**

**§ 36 Sprachliche Gleichstellung**
Personen- und Funktionsbezeichnungen in diesem Gesetz gelten jeweils in männlicher und weiblicher Form.

**§ 37 (Inkrafttreten, Außerkrafttreten)**

# Zuständigkeitsverordnung für das Abfallrecht (AbfZustVO)

Vom 6. März 2013 (GVBl. LSA S. 107)
(BS LSA 2129.24)
zuletzt geändert durch § 1 Zweite ÄndVO vom 19. Juni 2017 (GVBl. LSA S. 105)

Aufgrund des § 32 Abs. 1 Satz 2 in Verbindung mit § 30 Abs. 1 des Abfallgesetzes des Landes Sachsen-Anhalt in der Fassung der Bekanntmachung vom 1. Februar 2010 (GVBl. LSA S. 44), geändert durch § 38 Abs. 1 des Gesetzes vom 10. Dezember 2010 (GVBl. LSA S. 569, 577), in Verbindung mit Abschnitt II Nr. 8 des Beschlusses der Landesregierung über den Aufbau der Landesregierung Sachsen-Anhalt und die Abgrenzung der Geschäftsbereiche vom 3. Mai 2011 (MBl. LSA S. 217), zuletzt geändert durch Beschluss vom 18. September 2012 (MBl. LSA S. 535), wird verordnet:

## § 1 Zuständigkeit der oberen Abfallbehörde

(1) Die obere Abfallbehörde ist zuständige Behörde für den Vollzug des Kreislaufwirtschaftsgesetzes vom 24. Februar 2012 (BGBl. I S. 212) für

1. das Anzeigeverfahren für Sammlungen nach § 18,
2. die Erteilung der Zustimmung zum Ausschluss von Abfällen aus der Entsorgung sowie zum Widerruf nach § 20 Abs. 2,
3. die Entgegennahme von Anzeigen nach § 26 Abs. 2, die Freistellung nach § 26 Abs. 3 Satz 1 sowie die Feststellung nach § 26 Abs. 6,
4. die Verpflichtung zur Gestattung der Anlagenmitbenutzung, die Entgeltfestsetzung und das Vorlageverlangen nach § 29 Abs. 1 Satz 1, 2 und 5, die Übertragung der Abfallbeseitigung nach § 29 Abs. 2 Satz 1 sowie die Verpflichtung und Kostenfestsetzung nach § 29 Abs. 3 Satz 1 und 3,
5. die Abfallwirtschaftsplanung nach den §§ 30 bis 32 in Verbindung mit den §§ 16 und 17 des Abfallgesetzes des Landes Sachsen-Anhalt,
6. die Erkundung geeigneter Standorte nach § 34 sowie die Planfeststellung und Genehmigung nach § 35 Abs. 2 Satz 1 und Abs. 3 Satz 1 und 2 einschließlich Entscheidungen, Prüfungen und Verlangen nach den §§ 36 und 37 für Deponien der Klassen II und III gemäß § 2 Nrn. 8 und 9 der Deponieverordnung vom 27. April 2009 (BGBl. I S. 900), zuletzt geändert durch Artikel 5 Abs. 28 des Gesetzes vom 24. Februar 2012 (BGBl. I S. 212, 259),
7. die Anordnung von Befristungen, Bedingungen und Auflagen sowie die Untersagung nach § 39 für Deponien der Klassen II und III gemäß § 2 Nrn. 8 und 9 der Deponieverordnung,
8. die Entgegennahme von Anzeigen nach § 40 Abs. 1 Satz 1, den Erlass von Verfügungen nach § 40 Abs. 2 Satz 1, die Feststellung der endgültigen Stilllegung nach § 40 Abs. 3 sowie die Feststellung des endgültigen Abschlusses der Nachsorge nach § 40 Abs. 5 für Deponien der Klassen II und III gemäß § 2 Nrn. 8 und 9 der Deponieverordnung,
9. die Überwachung der Entsorgung von Abfällen nach den §§ 47, 49 bis 51
    a) in Anlagen zur Ablagerung von Abfällen der Deponieklassen II und III gemäß § 2 Nrn. 8 und 9 der Deponieverordnung, einschließlich der Überwachung der Entsorgung der in diesen Anlagen anfallenden Abfälle,
    b) in Anlagen, die der Verfahrensart G in Spalte c des Anhangs 1 der Verordnung über genehmigungsbedürftige Anlagen vom 2. Mai 2013 (BGBl. I S. 973, 3756) zuzuordnen sind, soweit diese Anlagen der Nummer 8 in Spalte a des Anhangs 1 der Verordnung über genehmigungsbedürftige Anlagen zuzuordnen sind einschließlich der Überwachung der Entsorgung der in diesen Anlagen erzeugten Abfälle,
    c) bei der Beförderung auf öffentlichen Straßen in Sachsen-Anhalt,
10. die Verlängerung bestehender Pflichtenübertragungen nach § 72 Abs. 1 Satz 2.

(2) Soweit die Zuständigkeit der oberen Abfallbehörde nach Absatz 1 Nr. 9 Buchst. a oder b gegeben ist, ist sie auch zuständig für
1. die Freistellung oder Anordnung nach § 26 Abs. 1 Satz 1 und Abs. 2 der Nachweisverordnung vom 20. Oktober 2006 (BGBl. I S. 2298, 2007 S. 2316), zuletzt geändert durch Artikel 5 Abs. 27 des Gesetzes vom 24. Februar 2012 (BGBl. I S. 212, 259),
2. die Entgegennahme der Angaben nach § 4 Abs. 1 der PCB/PCT-Abfallverordnung vom 26. Juni 2000 (BGBl. I S. 932), zuletzt geändert durch Artikel 5 Abs. 21 des Gesetzes vom 24. Februar 2012 (BGBl. I S. 212, 257),
3. die Anordnung von Untersuchungen und die Entgegennahme von Unterrichtungen nach § 6 Abs. 6 Satz 4 und 5 der Altholzverordnung vom 15. August 2002 (BGBl. I S. 3302), zuletzt geändert durch Artikel 5 Abs. 26 des Gesetzes vom 24. Februar 2012 (BGBl. I S. 212, 258) sowie das Vorlageverlangen nach § 12 Abs. 3 der Altholzverordnung,
4. die Entgegennahme von Anzeigen und Mitteilungen nach § 58 Abs. 1 Satz 1 und Abs. 2 des Kreislaufwirtschaftsgesetzes sowie die Anordnung nach § 59 Abs. 2 des Kreislaufwirtschaftsgesetzes,
5. den Vollzug des Artikels 7 Abs. 4 Buchst. b der Verordnung (EG) Nr. 850/2004 des Europäischen Parlaments und des Rates vom 29. April 2004 über persistente organische Schadstoffe und zur Änderung der Richtlinie 79/117/EWG (ABl. L 158 vom 30.4.2004, S. 7; ABl. L 229 vom 29.6.2004, S. 5; ABl. 204 vom 4.8.2007, S. 28), zuletzt geändert durch Verordnung (EU) Nr. 519/2012 vom 19. Juni 2012 (ABl. L 159 vom 20.6.2012, S. 1),
6. den Vollzug der Altölverordnung in der Fassung der Bekanntmachung vom 16. April 2002 (BGBl. I S. 1368), zuletzt geändert durch Artikel 5 Abs. 14 des Gesetzes vom 24. Februar 2012 (BGBl. I S. 212, 250).

(3) Die obere Abfallbehörde ist ferner zuständig für
1. den Vollzug der Nachweisverordnung, ausgenommen § 26 Abs. 1 Satz 1 und Abs. 2 und § 28 Abs. 1 der Nachweisverordnung; dies gilt nicht, soweit Abfallerzeuger, ausgenommen die in Absatz 1 Nr. 9 genannten Abfallerzeuger, oder Abfallbeförderer im Sinne des § 1 Abs. 1 Nrn. 1 und 2 der Nachweisverordnung betroffen sind,
2. den Vollzug des Abfallverbringungsgesetzes vom 19. Juli 2007 (BGBl. I S. 1462), geändert durch Artikel 5 Abs. 34 des Gesetzes vom 24. Februar 2012 (BGBl. I S. 212, 262), sowie der Verordnung (EG) Nr. 1013/2006 des Europäischen Parlaments und des Rates vom 14. Juni 2006 über die Verbringung von Abfällen (ABl. L 190 vom 12.7.2006, S. 1; ABl. L 318 vom 28.11.2008, S. 15), zuletzt geändert durch Verordnung (EG) Nr. 135/2012 vom 16. Februar 2012 (ABl. L 46 vom 17.2.2012, S. 30) und der darauf aufbauenden Rechtsvorschriften.

## § 2 Zuständigkeit der technischen Fachbehörde
Die technische Fachbehörde ist zuständig für
1. die Anerkennung von Trägern der Qualitätssicherung nach § 12 Abs. 5 Satz 2 des Kreislaufwirtschaftsgesetzes,
2. die Auskunft über geeignete Beseitigungsanlagen nach § 46 Abs. 2 des Kreislaufwirtschaftsgesetzes,
3. die Zustimmung zu Überwachungsverträgen nach § 56 Abs. 5 Satz 3 des Kreislaufwirtschaftsgesetzes in Verbindung mit der Entsorgungsfachbetriebeverordnung vom 10. September 1996 (BGBl. I S. 1421), zuletzt geändert durch Artikel 5 Abs. 17 des Gesetzes vom 24. Februar 2012 (BGBl. I S. 212, 254), die Anerkennung von Entsorgergemeinschaften nach § 56 Abs. 6 Satz 2 des Kreislaufwirtschaftsgesetzes in Verbindung mit der Entsorgergemeinschaftenrichtlinie vom 9. September 1996 (BAnz. S. 10 909) sowie den Entzug von Zertifikaten und Berechtigungen zum Führen des Überwachungszeichens und der Bezeichnung „Entsorgungsfachbetrieb" sowie Untersagung der weiteren Verwendung der Bezeichnung nach § 56 Abs. 8 des Kreislaufwirtschaftsgesetzes,
4. die Anerkennung von Lehrgängen nach
   a) § 4 Abs. 3 Satz 1 und Abs. 5 sowie § 5 Abs. 1 Satz 1 Nr. 2 und Abs. 3 Satz 2 der Anzeige- und Erlaubnisverordnung vom 5. Dezember 2013 (BGBl. I S. 4043),
   b) § 9 Abs. 2 Satz 2 Nr. 3 der Entsorgungsfachbetriebeverordnung und
   c) § 4 Nr. 2 der Deponieverordnung,

5. die Erteilung der Identifikations-, Erzeuger-, Beförderer- und Entsorgernummern nach § 28 Abs. 1 der Nachweisverordnung,
6. die Erhebung der Abfälle, über die Nachweise zu führen sind nach § 4 in Verbindung mit § 14 Abs. 2 Nr. 2 des Umweltstatistikgesetzes vom 16. August 2005 (BGBl. I S. 2446), zuletzt geändert durch Artikel 5 Abs. 1 des Gesetzes vom 24. Februar 2012 (BGBl. I S. 212, 248), sowie nach Artikel 3 der Verordnung (EG) Nr. 2150/2002 des Europäischen Parlaments und des Rates vom 25. November 2002 zur Abfallstatistik (ABl. L 332 vom 9.12.2002, S. 1), zuletzt geändert durch Verordnung (EU) 849/2010 vom 27. September 2010 (ABl. L 253 vom 28.9.2010, S. 2),
7. alle Maßnahmen im Zusammenhang mit der Anerkennung und Überwachung einschließlich der Bekanntgabe staatlich anerkannter Stellen nach
   a) § 3 Abs. 2, Abs. 5 Satz 1 und Abs. 6 Satz 3 in Verbindung mit § 3 Abs. 11 und 12 der Klärschlammverordnung vom 15. April 1992 (BGBl I S. 912), zuletzt geändert durch Artikel 5 Abs. 12 des Gesetzes vom 24. Februar 2012 (BGBl. I S. 212, 249),
   b) § 3 Abs. 8 Satz 1 in Verbindung mit § 3 Abs. 8a und 8b, § 4 Abs. 9 Satz 1 in Verbindung mit § 4 Abs. 10, § 9 Abs. 2 Satz 6 in Verbindung mit § 9 Abs. 2a der Bioabfallverordnung in der Fassung der Bekanntmachung vom 4. April 2013 (BGBl. I S. 658), zuletzt geändert durch Artikel 5 der Verordnung vom 5. Dezember 2013 (BGBl. I S. 4043, 4063),
   c) § 6 Abs. 6 Satz 1 in Verbindung mit § 6 Abs. 7 und 8 der Altholzverordnung,
8. Auswertung der nach § 9 Satz 2 des Abfallgesetzes des Landes Sachsen-Anhalt vorzulegenden Abfallbilanzen der öffentlich-rechtlichen Entsorgungsträger und Erstellung einer zusammenfassenden Bilanz des Landes nach § 9 Satz 4 des Abfallgesetzes des Landes Sachsen-Anhalt,
9. alle Maßnahmen im Zusammenhang mit der Feststellung von Systemen nach § 6 Abs. 5 der Verpackungsverordnung vom 21. August 1998 (BGBl. I S. 2379), zuletzt geändert durch Artikel 5 Abs. 19 des Gesetzes vom 24. Februar 2012 (BGBl. I S. 212, 255), sowie der Prüfung branchenbezogener Selbstentsorgerlösungen gemäß § 6 Abs. 2 der Verpackungsverordnung.

### § 3 Zuständigkeit des Landesamtes für Geologie und Bergwesen
(1) Das Landesamt für Geologie und Bergwesen ist zuständig für die Überwachung der Entsorgung der in Betrieben des Untertagebergbaus über und unter Tage anfallenden Abfälle, bis zu deren Übergabe an einen Dritten, nach den §§ 47, 49 bis 51 des Kreislaufwirtschaftsgesetzes.
(2) ¹Soweit in der Bergaufsicht unterliegenden Anlagen Deponien ohne die erforderliche abfallrechtliche Zulassung nach § 35 des Kreislaufwirtschaftsgesetzes errichtet oder betrieben wurden oder werden, ist das Landesamt für Geologie und Bergwesen auch zuständig für die in diesem Zusammenhang notwendigen abfallrechtlichen Anordnungen, Zulassungen und Maßnahmen der Überwachung sowie für die in § 1 Abs. 2 Nrn. 1 bis 6 genannten Aufgaben. ²§ 6 findet keine Anwendung.

### § 4 Zuständigkeit der Polizei
Die Polizei ist neben den zuständigen Abfallbehörden zuständig für die Überwachung der Einhaltung abfallrechtlicher Vorschriften bei der Verkehrsüberwachung.

### § 5 Gleitende Verweisung
Soweit diese Verordnung auf Rechtsvorschriften verweist, bezieht sich die Verweisung auf die Vorschriften in ihrer jeweils geltenden Fassung.

### § 6 Übergangsregelung
Verfahren, die vor dem Inkrafttreten dieser Verordnung begonnen wurden, werden von der zuständigen Behörde zu Ende geführt, die zum Zeitpunkt des Beginns des Verfahrens als zuständig galt.

### § 7 Inkrafttreten, Außerkrafttreten
(1) Diese Verordnung tritt am Tag nach ihrer Verkündung[1]) in Kraft.
(2) Gleichzeitig tritt die Zuständigkeitsverordnung für das Abfallrecht vom 26. Mai 2004 (GVBl. LSA S. 302), zuletzt geändert durch Verordnung vom 20. Mai 2011 (GVBl. LSA S. 585), außer Kraft.

---

1) Verkündet am 15.3.2013.

# Ausführungsgesetz des Landes Sachsen-Anhalt zum Bundes-Bodenschutzgesetz (Bodenschutz-Ausführungsgesetz Sachsen-Anhalt – BodSchAG LSA)[1)]

Vom 2. April 2002 (GVBl. LSA S. 214)
(BS LSA 2129.16)
zuletzt geändert durch Art. 3 G zur Änd. des G über die Umweltverträglichkeitsprüfung im Land Sachsen-Anhalt und weiterer G[2)] vom 5. Dezember 2019 (GVBl. LSA S. 946)

## Nichtamtliche Inhaltsübersicht

**Teil 1**
**Allgemeine Bestimmungen**
§ 1 Vorsorgegrundsätze
§ 2 Aufgaben und Befugnisse der zuständigen Behörden
§ 3 Mitwirkungspflichten
§ 4 Duldungs- und Gestattungspflichten
§ 5 Ergänzende Vorschriften für schädliche Bodenveränderungen und Verdachtsflächen
§ 6 Sachverständige und Untersuchungsstellen

**Teil 2**
**Gebietsbezogener Bodenschutz**
§ 7 Bodenbelastungsgebiet und Bodenschutzgebiet
§ 8 Bodenschutzplanung

**Teil 3**
**Boden- und Altlasteninformationen sowie Datenschutz**
§ 9 Sammlung von Daten
§ 10 Bodenbeobachtungssystem
§ 11 Bodenschutz- und Altlasteninformationssystem
§ 12 Einschränkung des Grundrechts auf Schutz personenbezogener Daten

**Teil 4**
**Ausgleich, Entschädigungs- und Erstattungsansprüche, Kosten**
§ 13 Ausgleich bei Anordnungen zur Beschränkung der land- und forstwirtschaftlichen Bodennutzung sowie zur Bewirtschaftung von Böden
§ 14 Entschädigungs- und Erstattungsansprüche
§ 15 Kosten

**Teil 5**
**Behörden, Fachaufsicht, Zuständigkeit**
§ 16 Behörden
§ 17 Fachaufsicht
§ 18 Zuständigkeit

**Teil 6**
**Schlussvorschriften**
§ 19 Freistellung
§ 20 Kampfmittel
§ 21 Ordnungswidrigkeiten
§ 22 Kostendeckung
§§ 23 bis 25 (nicht wiedergegebene Änderungsvorschriften)
§ 26 In-Kraft-Treten

*Teil 1*
**Allgemeine Bestimmungen**

### § 1 Vorsorgegrundsätze

(1) [1]Mit Grund und Boden soll sparsam und schonend umgegangen werden, dabei sind Bodenversiegelungen auf das notwendige Maß zu begrenzen. [2]Vorrangig sind bereits versiegelte, sanierte, baulich veränderte oder bebaute Flächen wieder zu nutzen. [3]Böden, die die Bodenfunktionen nach § 2 Abs. 2 Nrn. 1 und 2 des Bundes-Bodenschutzgesetzes vom 17. März 1998 (BGBl. I S. 502), geändert durch Artikel 17 des Gesetzes vom 9. September 2001 (BGBl. I S. 2331, 2334), in der jeweils geltenden Fassung in besonderem Maße erfüllen, sind besonders zu schützen.

---

1) **Amtl. Anm.:** Dieses Gesetz dient der Umsetzung der Richtlinie 2001/42/EG des Europäischen Parlaments und des Rates vom 27. Juni 2001 über die Prüfung der Umweltauswirkungen bestimmter Pläne und Programme (ABl. L 197 vom 21.7.2001, S. 30).
2) **Amtl. Anm.:** Dieses Gesetz dient der Umsetzung der Richtlinie 2011/92/EU des Europäischen Parlaments und des Rates vom 13. Dezember 2011 über die Umweltverträglichkeitsprüfung bei bestimmten öffentlichen und privaten Projekten (ABl. L 26 vom 28.1.2012, S. 1), geändert durch Artikel 1 der Richtlinie 2014/52/EU (ABl. L 124 vom 25. 4. 2014, S. 1).

(2) Nach Maßgabe des Bundes-Bodenschutzgesetzes, dieses Gesetzes sowie der aufgrund dieser Gesetze erlassenen Verordnungen sind
1. Vorsorgemaßnahmen gegen das Entstehen schädlicher Bodenveränderungen, insbesondere durch den Eintrag von schädlichen Stoffen, und die damit verbundenen Störungen der natürlichen Bodenfunktionen zu treffen und
2. die Böden vor Erosion, vor Verdichtung und vor anderen nachteiligen Einwirkungen vorsorglich zu schützen.

### § 2 Aufgaben und Befugnisse der zuständigen Behörden
(1) Die zuständige Behörde hat darüber zu wachen, dass die Vorschriften des Bundes-Bodenschutzgesetzes, dieses Gesetzes sowie der aufgrund dieser Gesetze erlassenen Verordnungen eingehalten und auferlegte Verpflichtungen erfüllt werden.

(2) Zur Erfüllung der sich aus diesem Gesetz und aus den aufgrund dieses Gesetzes erlassenen Verordnungen ergebenden Pflichten kann die zuständige Behörde die erforderlichen Anordnungen treffen.

### § 3 Mitwirkungspflichten
[1]Die in § 4 Abs. 3 und 6 des Bundes-Bodenschutzgesetzes genannten Personen sind auf Verlangen verpflichtet, der zuständigen Behörde und deren Beauftragten alle Auskünfte zu erteilen und Unterlagen vorzulegen, die diese zur Erfüllung ihrer Aufgaben nach dem Bundes-Bodenschutzgesetz, diesem Gesetz und den aufgrund dieser Gesetze erlassenen Verordnungen benötigen. [2]Die Pflichten nach Satz 1 bestehen nicht, soweit sich die Person selbst oder einen der in § 383 Abs. 1 Nrn. 1 bis 3 der Zivilprozessordnung bezeichneten Angehörigen der Gefahr strafrechtlicher Verfolgung oder eines Verfahrens nach dem Gesetz über Ordnungswidrigkeiten in der Fassung der Bekanntmachung vom 19. Februar 1987 (BGBl. I S. 602), zuletzt geändert durch Artikel 24 des Gesetzes vom 13. Dezember 2001 (BGBl. I S. 3574, 3578), aussetzen würde.

### § 4 Duldungs- und Gestattungspflichten
(1) [1]Wer Eigentum an einem Grundstück oder die tatsächliche Gewalt über ein Grundstück hat, ist verpflichtet, den Beauftragten der zuständigen Behörde den Zutritt zu Grundstücken, Geschäfts- und Betriebsräumen, die Entnahme von Boden-, Wasser-, Bodenluft-, Deponiegas- und Pflanzenproben, die Untersuchung von Gegenständen und Stoffen, die Einrichtung und den Betrieb von Sicherungs- und Überwachungseinrichtungen sowie die Vornahme sonstiger technischer Ermittlungen und Prüfungen zu gestatten, soweit dies zur Wahrnehmung der Aufgaben nach dem Bundes-Bodenschutzgesetz, diesem Gesetz und den aufgrund dieser Gesetze erlassenen Verordnungen erforderlich ist. [2]Zur Verhütung dringender Gefahren für die öffentliche Sicherheit und Ordnung ist auch der Zutritt zu Wohnungen zu gestatten. [3]Das Grundrecht der Unverletzlichkeit der Wohnung nach Artikel 13 des Grundgesetzes und Artikel 17 der Verfassung des Landes Sachsen-Anhalt wird insoweit eingeschränkt.

(2) Betroffene nach § 12 des Bundes-Bodenschutzgesetzes sind verpflichtet, die in Absatz 1 genannten Maßnahmen sowie, soweit es zu deren Durchführung erforderlich ist, die dem Personenkreis nach § 9 Abs. 2 Satz 1 des Bundes-Bodenschutzgesetzes auferlegten Untersuchungen zur Gefährdungsabschätzung zu dulden.

### § 5 Ergänzende Vorschriften für schädliche Bodenveränderungen und Verdachtsflächen
[1]Bei schädlichen Bodenveränderungen, bei denen aufgrund von Art, Ausbreitung oder Menge der Schadstoffe in besonderem Maße Gefahren, erhebliche Nachteile oder erhebliche Belästigungen für den Einzelnen oder die Allgemeinheit ausgehen, kann die zuständige Behörde Sanierungsuntersuchungen, die Erstellung eines Sanierungsplans sowie die Durchführung von Eigenkontrollmaßnahmen verlangen. [2]Die §§ 13, 14, 15 Abs. 2 und 3 des Bundes-Bodenschutzgesetzes sowie die aufgrund des Bundes-Bodenschutzgesetzes erlassenen Rechtsverordnungen gelten entsprechend.

### § 6 Sachverständige und Untersuchungsstellen
(1) [1]Die oberste Bodenschutzbehörde wird ermächtigt, durch Rechtsverordnung Einzelheiten zu den Sachverständigen und Untersuchungsstellen, die Aufgaben nach dem Bundes-Bodenschutzgesetz, diesem Gesetz und den aufgrund dieser Gesetze erlassenen Verordnungen wahrnehmen, und die für die Anerkennung zuständigen Behörden zu bestimmen. [2]In einer Rechtsverordnung nach Satz 1 können nen insbesondere geregelt werden:

1. Anforderungen an die Sachkunde, Zuverlässigkeit und gerätetechnische Ausstattung,
2. Art und Umfang der wahrzunehmenden Aufgaben,
3. sonstige Verpflichtungen, die bei Ausübung der Tätigkeit einzuhalten sind,
4. Anforderungen hinsichtlich der Unabhängigkeit,
5. die Vorlage der Ergebnisse der Tätigkeit,
6. die von Sachverständigen oder den Leitern von Untersuchungsstellen zu erfüllenden persönlichen Voraussetzungen,
7. das Anerkennungsverfahren, die Bekanntgabe der anerkannten Sachverständigen und Untersuchungsstellen sowie die Voraussetzungen für Befristung, Widerruf und Erlöschen einer Anerkennung.

(2) Die oberste Bodenschutzbehörde kann die Zuständigkeit für die Anerkennung von Sachverständigen und Untersuchungsstellen durch Beleihung auf Stellen außerhalb der öffentlichen Verwaltung übertragen.

(3) [1]Anerkennungen oder Zulassungen in anderen Ländern gelten auch im Land Sachsen-Anhalt. [2]In der Rechtsverordnung nach Absatz 1 Satz 1 kann auch geregelt werden, dass Anerkennungen oder Zulassungen in anderen Ländern im Land Sachsen-Anhalt nicht gelten, soweit die in anderen Ländern gestellten Anforderungen an die Sachkunde, Zuverlässigkeit, Unabhängigkeit oder gerätetechnische Ausstattung der Sachverständigen oder Untersuchungsstellen sowie an die behördlichen Kontrollen zur Ermittlung dieser Anforderungen erheblich hinter den im Land Sachsen-Anhalt gestellten Anforderungen zurückbleiben.

*Teil 2*
**Gebietsbezogener Bodenschutz**

### § 7 Bodenbelastungsgebiet und Bodenschutzgebiet

(1) Die zuständige Behörde kann ein Gebiet durch Verordnung
1. zu einem Bodenbelastungsgebiet erklären, soweit darin flächenhaft schädliche Bodenveränderungen auftreten oder zu erwarten sind, oder
2. zu einem Bodenschutzgebiet erklären, wenn besonders schutzwürdige Böden nach § 12 Abs. 8 Satz 1 der Bundes-Bodenschutz- und Altlastenverordnung vom 12. Juli 1999 (BGBl. I S. 1554) vor schädlichen Einwirkungen zu schützen sind.

(2) [1]Das Gebiet, der wesentliche Zweck und die erforderlichen Schutzbestimmungen sind festzulegen. [2]Insbesondere kann verordnet werden, dass
1. der Boden auf Dauer oder auf eine bestimmte Zeit nicht oder nur eingeschränkt genutzt werden darf,
2. bestimmte Stoffe nicht eingesetzt werden dürfen,
3. nach Maßgabe einer aufgrund des § 6 des Bundes-Bodenschutzgesetzes erlassenen Rechtsverordnung Materialien nicht auf- oder eingebracht werden dürfen,
4. neben Maßnahmen zur Gefahrenabwehr auch Maßnahmen zur Verhinderung des Entstehens von schädlichen Bodenveränderungen von den in § 4 Abs. 1 genannten Personen zu dulden oder durchzuführen sind.

[3]Die zuständige Behörde entscheidet im Einvernehmen mit der unteren Landwirtschaftsbehörde, soweit die landwirtschaftliche, und im Einvernehmen mit der unteren Forstbehörde, soweit die forstwirtschaftliche Bodennutzung betroffen ist.

(3) [1]Die Verordnung nach Absatz 1 in Verbindung mit Absatz 2 kann Flächen zeichnerisch in Karten bestimmen, die auf der Grundlage der Liegenschaftskarte oder der topographischen Landeskartenwerke zu erstellen sind. [2]Werden die Karten nicht im Verkündungsblatt abgedruckt, haben die zuständige Behörde und die Gemeinden und Landkreise, deren Gebiete betroffen sind, Ausfertigungen der Karten aufzubewahren und jedem auf Verlangen kostenlos Einsicht zu gewähren. [3]In der Verordnung ist auf die Möglichkeit der Einsichtnahme hinzuweisen. [4]Flächen im Sinne von Satz 1 sind textlich anhand der Flurstücke grob zu beschreiben.

(4) [1]Vor dem Erlass einer Verordnung nach Absatz 1 in Verbindung mit Absatz 2 hat die zuständige Behörde den Entwurf der Verordnung den Behörden und Dienststellen, die als Träger öffentlicher Belange von der Verordnung berührt werden können, den im Land Sachsen-Anhalt anerkannten Na-

turschutzverbänden sowie den betroffenen Gemeinden und Landkreisen zur Stellungnahme zuzuleiten. ²Die Stellungnahme ist innerhalb von einem Monat nach Zugang des Entwurfs gegenüber der zuständigen Behörde abzugeben.

(5) ¹Die zuständige Behörde hat den Entwurf der Verordnung, bei Verweisungen auf eine Karte auch diese, für die Dauer eines Monats zur Einsicht während ihrer Sprechzeiten öffentlich auszulegen. ²Ort und Dauer der Auslegung sind mindestens eine Woche vorher öffentlich bekannt zu machen. ³In der Bekanntmachung ist darauf hinzuweisen, dass Bedenken und Anregungen bei der zuständigen Behörde während der Auslegungsfrist vorgebracht werden können.

(6) Auf eine Auslegung kann verzichtet werden, wenn der Kreis der Betroffenen bekannt ist und ihnen innerhalb einer angemessenen Frist Gelegenheit gegeben wird, Stellungnahmen abzugeben.

(7) ¹Die zuständige Behörde teilt das Ergebnis der Prüfung der fristgemäß vorgebrachten, nicht berücksichtigten Einwände oder Anregungen den Einwendern mit. ²Haben mehr als 50 Personen Bedenken oder Anregungen vorgebracht, kann die Mitteilung des Ergebnisses der Prüfung dadurch ersetzt werden, dass den Einwendern Einsicht in das Ergebnis ermöglicht wird. ³Die Stelle, bei der Einsicht genommen werden kann, ist bekannt zu geben.

(8) Das Verfahren richtet sich nicht nach den Absätzen 4 bis 7, soweit eine Verordnung nach Absatz 1 in Verbindung mit Absatz 2 geändert oder neu erlassen wird, ohne dass die Schutzbestimmungen nach Absatz 2 geändert werden oder das Gebiet räumlich verändert wird.

(9) Führt eine Verordnung nach Absatz 1 in Verbindung mit Absatz 2 oder hierauf beruhende Maßnahmen zu einer unbeabsichtigten Härte oder zu unverhältnismäßigen Belastungen der Personen, die Eigentum an den betroffenen Grundstücken haben oder nutzungsberechtigt sind, kann die zuständige Behörde auf Antrag eine Befreiung von Verpflichtungen der Verordnung erteilen.

(10) § 10 Abs. 2 und § 24 des Bundes-Bodenschutzgesetzes und § 13 dieses Gesetzes gelten entsprechend.

**§ 8 Bodenschutzplanung**

(1) ¹Die oberste Bodenschutzbehörde erarbeitet einen Bodenschutzplan und schreibt diesen fort. ²Dieser Plan stellt die Eignung der Böden im Land zur Wahrnehmung der in § 2 Abs. 2 Nrn. 1 und 2 des Bundes-Bodenschutzgesetzes genannten Funktionen dar sowie Grundsätze und Ziele zum Schutz des Bodens auf.

(2) ¹Die oberste Bodenschutzbehörde stellt frühzeitig fest, ob bei dem Bodenschutzplan oder dessen Fortschreibung eine Verpflichtung zur Durchführung einer Strategischen Umweltprüfung besteht; die §§ 33, 34, 35 Abs. 2 bis 4 und § 37 des Gesetzes über die Umweltverträglichkeitsprüfung gelten entsprechend. ²Ist eine Strategische Umweltprüfung durchzuführen, legt die oberste Bodenschutzbehörde den Untersuchungsrahmen fest, erstellt den Umweltbericht, beteiligt die betroffenen Behörden und führt eine Öffentlichkeitsbeteiligung durch; die §§ 39 bis 42, 60, 61 und 64 des Gesetzes über die Umweltverträglichkeitsprüfung gelten entsprechend. ³Nach Abschluss der Behörden- und Öffentlichkeitsbeteiligung ist der Umweltbericht zu überprüfen und das Ergebnis der Überprüfung bei der Aufstellung des Bodenschutzplanes und der Fortschreibung zu berücksichtigen; § 43 des Gesetzes über die Umweltverträglichkeitsprüfung gilt entsprechend. ⁴Der Veröffentlichung des Bodenschutzplanes und der Fortschreibung nach Absatz 3 ist eine zusammenfassende Erklärung zu den Umwelterwägungen und zur Berücksichtigung des Umweltberichts sowie eine Darlegung der Überwachungsmaßnahmen auf der Grundlage des Umweltberichts beizufügen; § 44 Abs. 2 Nrn. 2 und 3 und § 45 des Gesetzes über die Umweltverträglichkeitsprüfung gelten entsprechend.

(3) ¹Die Annahme des Bodenschutzplanes und dessen Fortschreibung ist im Ministerialblatt für das Land Sachsen-Anhalt bekannt zu machen. ²In der Bekanntmachung ist anzugeben, wo und wann die Informationen entsprechend § 44 Abs. 2 Nrn. 1, 2 und 3 des Gesetzes über die Umweltverträglichkeitsprüfung zur kostenlosen Einsicht durch jedermann öffentlich ausgelegt werden.

*Teil 3*
**Boden- und Altlasteninformationen sowie Datenschutz**

**§ 9 Sammlung von Daten**

Die zuständige Behörde führt eine Sammlung personenbezogener und nicht personenbezogener Daten über schädliche Bodenveränderungen, Verdachtsflächen, Altlasten und altlastverdächtigen Flächen, in die die für die Erfüllung ihrer bodenschutz- und altlastengesetzlichen Aufgaben erforderlichen Informationen aufzunehmen sind und die durch automatisierte Verfahren nach bestimmten Merkmalen ausgewertet werden kann.

### § 10 Bodenbeobachtungssystem
[1]Die für Umweltschutz, Geologie, Landwirtschaft und Forstwesen zuständigen Landesfachbehörden beobachten Veränderung der physikalischen, chemischen und biologischen Beschaffenheit von Böden. [2]Dazu werden insbesondere Dauerbeobachtungsflächen eingerichtet und betreut. [3]Neben Angaben über die Beschaffenheit des Bodens sind Lage, Größe, Nutzung und sonstige einwirkende Faktoren sowie Eigentumsverhältnisse dieser Flächen zu dokumentieren. [4]Zur Sicherung und Feststellung über den Zustand des Bodens und zur Beurteilung von Veränderung des Bodens kann Material aus ausgewählten Bodenproben unter Bezeichnung von Ort, Zeitpunkt und Verfahren der Probenentnahme in einer Bodenprobenbank eingelagert werden.

### § 11 Bodenschutz- und Altlasteninformationssystem
(1) [1]Die für Umweltschutz zuständige Landesfachbehörde richtet ein Bodenschutz- und Altlasteninformationssystem ein und führt es. [2]Dieses System dient als Unterstützung bei der Erfüllung bodenschutz- und altlastengesetzlicher Aufgaben sowie weiterer Aufgaben des Bodenschutzes. [3]Zu diesem Zweck sind insbesondere zu registrieren
1. die Behörden und öffentlichen Stellen, die Daten, deren Kenntnis für die Erfüllung bodenschutz- und altlastengesetzlicher Aufgaben von Bedeutung sein können, erheben oder verarbeiten,
2. Art und Umfang dieser Daten,
3. Voraussetzungen und Bedingungen für das Erheben, Verarbeiten und Nutzen dieser Daten sowie
4. Angaben über die Ermittlungs-, Prüfungs-, Untersuchungs- und Auswertungsverfahren, die bei der Gewinnung und Auswertung dieser Daten zugrunde gelegt werden.

(2) Die in Absatz 1 Satz 3 Nr. 1 genannten Behörden und öffentlichen Stellen übermitteln der für Umweltschutz zuständigen Landesfachbehörde auf Anforderung unentgeltlich die Daten, die sie zur Erfüllung der in Absatz 1 genannten Aufgaben benötigt; § 2 Abs. 3 Nr. 1 des Verwaltungskostengesetzes des Landes Sachsen-Anhalt bleibt unberührt.

### § 12 Einschränkung des Grundrechts auf Schutz personenbezogener Daten
Soweit aufgrund dieses Gesetzes oder aufgrund dieses Gesetzes erlassener Verordnungen personenbezogene Daten erhoben, verarbeitet oder genutzt werden, wird das Grundrecht auf Schutz personenbezogener Daten nach Artikel 6 Abs. 1 der Verfassung des Landes Sachsen-Anhalt eingeschränkt.

*Teil 4*
### Ausgleich, Entschädigungs- und Erstattungsansprüche, Kosten

### § 13 Ausgleich bei Anordnungen zur Beschränkung der land- und forstwirtschaftlichen Bodennutzung sowie zur Bewirtschaftung von Böden
(1) [1]Über die Gewährung eines Ausgleichs nach § 10 Abs. 2 des Bundes-Bodenschutzgesetzes entscheidet auf Antrag die zuständige Behörde. [2]Sie trifft die Entscheidung im Benehmen mit der unteren Landwirtschaftsbehörde, wenn die landwirtschaftliche, und im Benehmen mit der unteren Forstbehörde, wenn die forstwirtschaftliche Bodennutzung betroffen ist.
(2) Die zuständige Behörde kann die zur Festsetzung des Ausgleichs erforderlichen Auskünfte und Einsicht in die Betriebsunterlagen verlangen.
(3) [1]Der Ausgleich ist, sofern nichts anderes vereinbart wird, durch eine Geldleistung zu gewähren. [2]Anspruch besteht nicht, soweit die wirtschaftlichen Nachteile durch andere Leistungen aus öffentlichen Haushalten oder von Dritten ausgeglichen werden.
(4) [1]Der Anspruch verjährt in drei Jahren. [2]Die Verjährungsfrist beginnt mit dem Ende des Jahres, für das der Anspruch hätte geltend gemacht werden können.
(5) Für Streitigkeiten steht der Rechtsweg vor den ordentlichen Gerichten offen.

### § 14 Entschädigungs- und Erstattungsansprüche
(1) [1]Entstehen durch Maßnahmen nach den §§ 4 oder 10 Schäden, sind die Betroffenen hierfür zu entschädigen. [2]Dies gilt nicht, wenn die anspruchstellende Person zu den nach § 4 Abs. 2 oder 3 des

Bundes-Bodenschutzgesetzes oder aufgrund von § 9 Abs. 2 des Bundes-Bodenschutzgesetzes Verpflichteten gehört oder Anlass zu den behördlichen Maßnahmen gegeben hat.
(2) Der Anspruch auf Entschädigung verjährt in drei Jahren von dem Zeitpunkt an, in welchem die betroffene Person von dem Schaden Kenntnis erlangt, ohne Rücksicht auf diese Kenntnis in 30 Jahren von dem Eintritt des schädigenden Ereignisses an.
(3) ¹Entschädigungspflichtig ist die Körperschaft, in deren Dienst die Person steht, welche die Maßnahme getroffen hat (Anstellungskörperschaft). ²Sind die entschädigungspflichtigen Maßnahmen durch eine Fachaufsichtsbehörde in Ausübung ihres Selbsteintrittsrechts nach § 17 Abs. 4 durchgeführt worden, ist die Körperschaft entschädigungspflichtig, für deren Behörde gehandelt worden ist. ³Ist in den Fällen des Satzes 2 eine Entschädigung nur wegen der Art und Weise der Durchführung der Maßnahme zu gewähren, kann die entschädigungspflichtige Körperschaft von der Anstellungskörperschaft Erstattung ihrer Aufwendungen verlangen.
(4) Wird Entschädigung an Dritte geleistet, kann die zuständige Behörde von den in § 4 des Bundes-Bodenschutzgesetzes genannten Personen Erstattung verlangen.
(5) Für Ansprüche auf Entschädigung ist der ordentliche Rechtsweg, für die Ansprüche auf Erstattung nach Absatz 3 Satz 3 und Absatz 4 ist der Verwaltungsrechtsweg gegeben.

### § 15 Kosten
Die Kosten der aufgrund dieses Gesetzes angeordneten Maßnahmen tragen die zur Durchführung Verpflichteten; im Übrigen gilt § 24 des Bundes-Bodenschutzgesetzes entsprechend.

*Teil 5*
**Behörden, Fachaufsicht, Zuständigkeit**

### § 16 Behörden
(1) Oberste Bodenschutzbehörde ist das für Bodenschutz und Altlasten zuständige Ministerium.
(2) Obere Bodenschutzbehörde ist die Behörde der allgemeinen staatlichen Mittelinstanz.
(3) Untere Bodenschutzbehörden sind die Landkreise und kreisfreien Städte.
(4) Die Landesanstalt für Altlastenfreistellung nimmt als Behörde im Sinne dieses Gesetzes besondere, ihr nach diesem Gesetz oder nach einer aufgrund dieses Gesetzes erlassenen Verordnung zugewiesene Aufgaben wahr.

### § 17 Fachaufsicht
(1) ¹Die obere und die oberste Bodenschutzbehörde üben die Fachaufsicht über die ihnen nachgeordneten Bodenschutzbehörden aus. ²Soweit die Landesanstalt für Altlastenfreistellung nach diesem Gesetz oder einer aufgrund dieses Gesetzes erlassenen Verordnung zuständig ist, übt die oberste Bodenschutzbehörde die Fachaufsicht aus.
(2) ¹Wer für die Anerkennung im Sinne von § 6 zuständig ist, unterliegt der Fachaufsicht der obersten Bodenschutzbehörde, soweit durch Gesetz oder Verordnung nichts anderes bestimmt wird. ²Diese kann die Aufsicht auf nachgeordnete Behörden übertragen.
(3) Soweit eine Bergbehörde das Bundes-Bodenschutzgesetz, dieses Gesetz oder eine der aufgrund dieser Gesetze erlassenen Verordnungen vollzieht, unterliegt sie der Fachaufsicht des für die Bergverwaltung zuständigen Ministeriums.
(4) ¹Die Fachaufsichtsbehörden können, wenn dies zur sachgerechten Erfüllung der Aufgaben erforderlich ist, anstelle und auf Kosten der sachlich zuständigen Behörde tätig werden. ²Sie haben die zuständige Behörde dann unverzüglich zu unterrichten.

### § 18 Zuständigkeit
(1) Soweit nicht Landesfachbehörden Aufgaben zugewiesen sind und nichts anderes bestimmt ist, obliegt die Wahrnehmung der Aufgaben nach dem Bundes-Bodenschutzgesetz, diesem Gesetz und aufgrund dieser Gesetze erlassenen Verordnungen den unteren Bodenschutzbehörden im übertragenen Wirkungskreis.
(2) ¹Die Landesanstalt für Altlastenfreistellung ist zuständig, wenn
1. eine einem Großprojekt zugehörige Fläche gemäß § 2 des Verwaltungsabkommens über die Regelung der Finanzierung der ökologischen Altlasten (VA-Altlastenfinanzierung) vom 1. Dezem-

ber 1992 (BAnz. 1993 S. 2842), zuletzt geändert durch Verwaltungsabkommen vom 10. Januar 1995 (BAnz. S. 7905), betroffen ist,
2. eine Fläche betroffen ist, auf die sich eine Freistellung gemäß Artikel 1 § 4 Abs. 3 des Umweltrahmengesetzes vom 29. Juni 1990 (GBl. I S. 649), geändert durch Artikel 12 des Gesetzes vom 22. März 1991 (BGBl. I S. 766, 788), bezieht, und nach Entscheidung der Landesanstalt für Altlastenfreistellung die Voraussetzungen für die Durchführung von Sanierungsuntersuchungen und für die Vorlage eines Sanierungsplans nach § 13 Abs. 1 Satz 1 des Bundes-Bodenschutzgesetzes vorliegen.

[2]Die Landesanstalt für Altlastenfreistellung ist auch zuständig bei Gewässerverunreinigungen, schädlichen Bodenveränderungen und sonstigen Gefahren im Sinne von § 2 Abs. 5 des Bundes-Bodenschutzgesetzes sowie bei Gefahren, erheblichen Nachteilen und erheblichen Belästigungen im Sinne von § 2 Abs. 3 des Bundes-Bodenschutzgesetzes, soweit diese Verunreinigungen, Veränderungen, Gefahren, Nachteile oder Belästigungen durch schädliche Bodenveränderungen oder Altlasten verursacht sind, die innerhalb der Flächen liegen, für welche die Landesanstalt für Altlastenfreistellung nach Satz 1 zuständig ist. [3]Sie trifft die zur Erfüllung der bodenschutz- und altlastengesetzlichen Pflichten erforderlichen Maßnahmen im Benehmen mit der Behörde, die anderenfalls nach Absatz 1 zuständig wäre.

(3) [1]Zuständig bei den der Bergaufsicht unterliegenden Betrieben ist die zuständige Bergbehörde. [2]Gleiches gilt bei stillgelegten untertägigen bergbaulichen Betrieben, die nicht der Bergaufsicht unterliegen.

(4) [1]Die Vermittlung der Grundsätze der guten fachlichen Praxis der landwirtschaftlichen Bodennutzung nach § 17 Abs. 1 Satz 2 des Bundes-Bodenschutzgesetzes obliegt der für Landwirtschaft zuständigen Landesfachbehörde. [2]Die untere Landwirtschaftsbehörde stellt fest, ob die sich aus den Grundsätzen der guten fachlichen Praxis ergebenden Anforderungen an die Gefahrenabwehr nach § 17 Abs. 3 des Bundes-Bodenschutzgesetzes eingehalten sind.

(5) Zuständige landwirtschaftliche Fachbehörde im Sinne der Bundes-Bodenschutz- und Altlastenverordnung ist die untere Landwirtschaftsbehörde, soweit die landwirtschaftliche Bodennutzung betroffen ist, und die untere Forstbehörde, soweit die forstwirtschaftliche Bodennutzung betroffen ist.

(6) Fachlich zuständige Behörde im Sinne von § 12 Abs. 8 Satz 3 der Bundes-Bodenschutz- und Altlastenverordnung ist, soweit das Aufbringen und Einbringen von Materialien
1. aus forstfachlicher Sicht erforderlich ist, die untere Forstbehörde,
2. aus naturschutzfachlicher Sicht erforderlich ist, die untere Naturschutzbehörde,
3. zum Schutz des Grundwassers erforderlich ist, die untere Wasserbehörde.

(7) Die Landesregierung wird ermächtigt, durch Rechtsverordnung bestimmte Zuständigkeiten für den Vollzug der Aufgaben nach dem Bundes-Bodenschutzgesetz, nach Artikel 1 § 4 Abs. 3 des Umweltrahmengesetzes und nach diesem Gesetz sowie den aufgrund dieser Gesetze erlassenen Verordnungen anderen Bodenschutzbehörden oder anderen Landesbehörden sowie sonstigen der Aufsicht des Landes unterstehenden Körperschaften, Anstalten und Stiftungen des öffentlichen Rechts zu übertragen.

*Teil 6*
**Schlussvorschriften**

**§ 19 Freistellung**
[1]Ist eine Freistellung nach Artikel 1 § 4 Abs. 3 des Umweltrahmengesetzes erfolgt, bedürfen Maßnahmen der zuständigen Bodenschutzbehörde sowie der zuständigen Bergbehörde, die den Gegenstand der Freistellung berühren, des Einvernehmens der Landesanstalt für Altlastenfreistellung. [2]Ausgenommen sind Maßnahmen bei Gefahr im Verzuge. [3]In diesem Fall ist die Landesanstalt für Altlastenfreistellung unverzüglich zu unterrichten. [4]Die Sätze 1 bis 3 gelten entsprechend, wenn die Freistellung oder damit zusammenhängende Maßnahmen durch öffentlich-rechtlichen Vertrag geregelt werden.

**§ 20 Kampfmittel**
Die Vorschriften dieses Gesetzes gelten nicht hinsichtlich der Belastung oder möglichen Belastung von Flächen mit Kampfmitteln.

## § 21 Ordnungswidrigkeiten

(1) Ordnungswidrig handelt, wer vorsätzlich oder fahrlässig
1. entgegen § 3 Auskünfte nicht, nicht richtig, nicht vollständig oder nicht rechtzeitig erteilt oder Unterlagen nicht vorlegt,
2. entgegen § 4 den Zutritt zu Grundstücken oder Wohnungen nicht gewährt oder die Vornahme von Ermittlungen oder die Entnahme von Proben nicht gestattet oder duldet,
3. einer vollziehbaren Anordnung nach § 5 in Verbindung mit § 13 Abs. 1 des Bundes-Bodenschutzgesetzes oder in Verbindung mit § 15 Abs. 2 Satz 1, 3 oder 4 des Bundes-Bodenschutzgesetzes zuwiderhandelt,
4. entgegen § 5 Satz 2 in Verbindung mit § 15 Abs. 3 Satz 1 Bundes-Bodenschutzgesetz eine Mitteilung nicht, nicht richtig, nicht vollständig oder nicht rechtzeitig macht,
5. einer aufgrund dieses Gesetzes erlassenen Verordnung oder einer vollziehbaren Anordnung aufgrund einer solchen Verordnung zuwiderhandelt, soweit die Verordnung für einen bestimmten Tatbestand auf diese Bußgeldvorschrift verweist.

(2) Ordnungswidrigkeiten nach Absatz 1 Nrn. 3 und 5 können mit einer Geldbuße bis zu 50 000 Euro, Ordnungswidrigkeiten nach Absatz 1 Nrn. 1, 2 und 4 mit einer Geldbuße bis zu 10 000 Euro geahndet werden.

## § 22 Kostendeckung

(1) Die den unteren Bodenschutzbehörden aus der Wahrnehmung ihrer Aufgaben nach diesem Gesetz entstehenden Kosten werden im Rahmen des Finanzausgleichs abgegolten, soweit sie nicht durch Einnahmen gedeckt sind.

(2) [1]Für die von den unteren Bodenschutzbehörden angeordneten Maßnahmen, die zur Beseitigung einer Gefahr für Leib und Gesundheit von Menschen erforderlich sind, trägt das Land im Fall einer Ersatzvornahme die Kosten, soweit die untere Bodenschutzbehörde den fälligen Kostenersatz nicht von dem Kostenpflichtigen erlangen kann und ein Ersatzanspruch auf anderer rechtlicher Grundlage nicht besteht oder nicht durchgesetzt werden kann. [2]Kosten für andere im Wege der Ersatzvornahme von unteren Bodenschutzbehörden durchgeführte Maßnahmen der Sanierung oder Sicherung trägt das Land unter den in Satz 1 genannten Voraussetzungen auf der Grundlage vorheriger Kostenübernahmeerklärungen gegenüber der anordnenden Behörde.

## §§ 23 bis 25 (nicht wiedergegebene Änderungsvorschriften)

## § 26 In-Kraft-Treten

Dieses Gesetz tritt am Tage nach seiner Verkündung[1]) in Kraft.

---

1) Verkündet am 8.4.2002.

# Wassergesetz für das Land Sachsen-Anhalt (WG LSA)[1)2)]

Vom 16. März 2011 (GVBl. LSA S. 492)
(BS LSA 753.31)
zuletzt geändert durch Art. 21 G zum Abbau verzichtbarer Anordnungen der Schriftform im Verwaltungsrecht des LSA vom 7. Juli 2020 (GVBl. LSA S. 372)

## Inhaltsübersicht

**Kapitel 1**
**Allgemeine Bestimmungen, Behörden, Zuständigkeiten**

**Abschnitt 1**
**Allgemeine Bestimmungen**
§ 1 Anwendungsbereich, Begriffsbestimmung (zu den §§ 2 und 3 WHG)
§ 2 Schranken des Grundeigentums (zu § 4 Abs. 5 WHG)
§ 3 Einteilung der oberirdischen Gewässer
§ 4 Gewässer erster Ordnung
§ 5 Gewässer zweiter Ordnung
§ 6 Eigentum an oberirdischen Gewässern (zu § 4 Abs. 5 WHG)
§ 7 Eigentumsgrenzen am und im Gewässer (zu § 4 Abs. 5 WHG)
§ 8 Anlandungen (zu § 4 Abs. 5 WHG)
§ 9 Abschwemmung, Überflutung (zu § 4 Abs. 5 WHG)

**Abschnitt 2**
**Behörden, Zuständigkeiten, Gefahrenabwehr**
§ 10 Behörden
§ 11 Aufgaben und Befugnisse der Wasserbehörden
§ 12 Zuständigkeit
§ 13 Wassergefahr
§ 14 Wasserwehr
§ 15 Hochwassermeldedienst (zu § 79 Abs. 2 WHG)

**Kapitel 2**
**Bewirtschaftung von Gewässern**

**Abschnitt 1**
**Gemeinsame Bestimmungen**
§ 16 Bewirtschaftung nach Flussgebietseinheiten (zu § 7 WHG)

§ 17 Umsetzung durch Verordnung (zu § 23 WHG)
§ 18 Zusammentreffen mehrerer Erlaubnis- oder Bewilligungsanträge
§ 19 Erfordernisse für den Antrag
§ 20 Bewilligung (zu den §§ 10 und 14 WHG)
§ 21 Erlaubnis- und Bewilligungsverfahren (zu § 11 WHG)
§ 22 Aussetzung des Bewilligungsverfahrens
§ 23 Rechtsnachfolge
§ 24 Maßnahmen beim Erlöschen einer Erlaubnis oder einer Bewilligung
§ 25 Maßnahmen beim Erlöschen alter Rechte und alter Befugnisse (zu § 20 WHG)
§ 26 Inhalt und Umfang alter Rechte und alter Befugnisse (zu § 20 WHG)
§ 27 Beweissicherung, Sicherheitsleistung
§ 28 Ausgleichsverfahren (zu § 22 WHG)

**Abschnitt 2**
**Bewirtschaftung oberirdischer Gewässer**

**Unterabschnitt 1**
**Gemeingebrauch**
§ 29 Arten, Zulässigkeit und Einschränkungen des Gemeingebrauchs (zu § 25 WHG)
§ 30 Duldungspflicht der Anlieger (zu § 25 WHG)
§ 31 Benutzungen zu Zwecken des Fischfangs (zu § 25 WHG)

**Unterabschnitt 2**
**Wasserstraßen- und Wasserverkehrsrecht**
§ 32 Schiffbare Gewässer
§ 33 Duldungspflicht der Anlieger, Haftung für Schäden
§ 34 Schifffahrtsanlagen und Fähren
§ 35 Verordnungen und Verwaltungsakte

---

1) Amtl. Anm.: Dieses Gesetz dient der Umsetzung der
   1. Richtlinie 2011/92/EU des Europäischen Parlaments und des Rates vom 13. Dezember 2011 über die Umweltverträglichkeitsprüfung bei bestimmten öffentlichen und privaten Projekten (ABl. L 26 vom 28.1.2012, S. 1).
   2. Richtlinie 2000/60/EG des Europäischen Parlaments und des Rates vom 23. Oktober 2000 zur Schaffung eines Ordnungsrahmens für Maßnahmen der Gemeinschaft im Bereich der Wasserpolitik (ABl. L 327 vom 22.12.2000, S. 1), zuletzt geändert durch die Richtlinie 2009/31/EG (ABl. L 140 vom 5.6.2009, S. 114),
   3. Richtlinie 2006/123/EG des Europäischen Parlaments und des Rates vom 12. Dezember 2006 über Dienstleistungen im Binnenmarkt (ABl. L 376 vom 27.12.2006, S. 36).
2) Das Gesetz weicht in den §§ 17, 20 Abs. 2, 52 Abs. 1 und 3, 66 Abs. 2 und 74 vom Wasserhaushaltsgesetz v. 31.7.2009 (BGBl. I S. 2585) ab, vgl. Hinweis v. 11.4.2011 (BGBl. I S. 567).

# 53 WG LSA

Unterabschnitt 3
**Stauanlagen**
§ 36 Stauanlagen
§ 37 Staumarken
§ 38 Erhaltung der Staumarken
§ 39 Kosten
§ 40 Außerbetriebsetzen und Beseitigen von Stauanlagen, Altanlagen
§ 41 Ablassen aufgestauten Wassers (zu § 36 WHG)
§ 42 Staubewirtschaftung
§ 43 Ausnahmen
§ 44 Talsperren, Wasserspeicher
§ 45 Planfeststellung, Plangenehmigung
§ 46 Plan
§ 47 Aufsicht
§ 48 Andere Stauanlagen und Wasserspeicher

Unterabschnitt 4
**Anlagen in, an, über und unter oberirdischen Gewässern; Aufschüttungen und Abgrabungen**
§ 49 Erfordernis der Genehmigung (zu § 36 WHG)

Unterabschnitt 5
**Gewässerrandstreifen**
§ 50 Gewässerrandstreifen (zu § 38 WHG)
§ 51 Verfahren, Entschädigung, Ausgleich (zu § 38 WHG)

Unterabschnitt 6
**Gewässerunterhaltung**
§ 52 Umfang der Gewässerunterhaltung (zu § 39 WHG)
§ 53 Unterhaltung der Gewässer erster Ordnung (zu § 40 Abs. 1 WHG)
§ 54 Unterhaltung der Gewässer zweiter Ordnung (zu § 40 Abs. 1 WHG)
§ 55 Unterhaltungsverbände
§ 55a Zusammenarbeit von Unterhaltungsverbänden
§ 56 Heranziehung zu den Beiträgen für einen Unterhaltungsverband
§ 56a Heranziehung zu den Kosten für die Unterhaltung der Gewässer erster Ordnung
§ 57 Zuschuss des Landes zur Unterhaltung der Gewässer zweiter Ordnung
§ 58 Übernahme der Unterhaltungspflicht durch das Land
§ 59 Unterhaltung der Sammelbecken von Talsperren (zu § 40 Abs. 1 WHG)
§ 60 Unterhaltung der Anlagen in und an Gewässern
§ 61 Unterhaltung der Häfen, Lande- und Umschlagstellen
§ 62 Unterhaltungspflicht aufgrund besonderen Titels oder behördlicher Entscheidung (zu § 40 Abs. 2 WHG)
§ 63 Ersatzvornahme (zu § 40 Abs. 4 WHG)
§ 64 Ersatz von Mehrkosten
§ 65 Kostenausgleich

§ 66 Besondere Pflichten bei der Gewässerunterhaltung (zu § 41 WHG)
§ 67 Gewässerschau
§ 68 Entscheidung der Wasserbehörde, Unterhaltungsordnungen (zu § 42 WHG)

Abschnitt 3
**Bewirtschaftung des Grundwassers**
§ 69 Erlaubnisfreie Benutzung des Grundwassers (zu § 46 Abs. 3 WHG)

Kapitel 3
**Besondere wasserwirtschaftliche Bestimmungen**

Abschnitt 1
**Öffentliche Wasserversorgung, Wasserschutzgebiete, Heilquellenschutz**

Unterabschnitt 1
**Öffentliche Wasserversorgung**
§ 70 Öffentliche Wasserversorgung (zu § 50 WHG)
§ 71 (weggefallen)
§ 72 Wasseruntersuchungen (zu § 50 Abs. 5 WHG)

Unterabschnitt 2
**Wasserschutzgebiete**
§ 73 Festsetzung von Wasserschutzgebieten (zu § 51 WHG)
§ 74 Besondere Anforderungen in Wasserschutzgebieten (zu § 52 WHG)
§ 75 Ausgleich (zu § 52 Abs. 5 WHG)
§ 76 Kooperativer Gewässerschutz, Zuschussgewährung

Unterabschnitt 3
**Heilquellenschutz**
§ 77 Heilquellenschutz (zu § 53 WHG)

Abschnitt 2
**Abwasserbeseitigung**
§ 78 Pflicht zur Abwasserbeseitigung (zu § 56 WHG)
§ 79 Abwasserbeseitigungskonzepte
§ 79a Ausschluss der Abwasserbeseitigungspflicht
§ 79b Niederschlagswasserbeseitigung
§ 80 Abwasserbeseitigungspläne
§ 81 Zusätzliche Regelungen für Abwasseranlagen (zu den §§ 55, 58 und 60 WHG)
§ 82 Selbstüberwachung bei Abwassereinleitungen und Abwasseranlagen (zu § 61 WHG)

Abschnitt 3
**Zusammenschlüsse von Aufgabenträgern zur Trinkwasserversorgung und Abwasserbeseitigung**
§ 83 Zusammenschlüsse von Aufgabenträgern
§ 84 Pflichtverband

| | | | | |
|---|---|---|---|---|
| § 85 | Neubildung von Zweckverbänden aus bestehenden Zweckverbänden und Eingliederung von Zweckverbänden | | § 103 | Wasserbuch (zu § 87 WHG) |

**Abschnitt 4**
**Umgang mit wassergefährdenden Stoffen**

§ 86 Anzeige von wassergefährdenen Vorfällen
§ 87 Zuständigkeit der Bergbehörde

**Abschnitt 5**
**Gewässerschutzbeauftragte**

§ 88 Gewässerschutzbeauftragter bei Gebietskörperschaften, Zusammenschlüssen und öffentlich-rechtlichen Wasserverbänden (zu den §§ 64 bis 66 WHG)

**Abschnitt 6**
**Gewässerausbau, Deich- und Dammbauten**

§ 89 Verpflichtung zum Ausbau
§ 90 Auflagen
§ 91 Entschädigung, Widerspruch
§ 92 Benutzung von Grundstücken
§ 93 Vorteilsausgleich
§ 94 Ausbau und Unterhaltung, Deichschau
§ 94a Vorzeitige Besitzeinweisung
§ 94b Enteignung
§ 94c Veränderungssperre
§ 95 Duldungspflichten
§ 96 Benutzung der Deiche
§ 97 Schutz der Deiche
§ 97a Planfeststellung und Plangenehmigung (zu den §§ 67 bis 71 WHG)

**Abschnitt 7**
**Hochwasserschutz**

§ 98 Risikobewertung, Gefahrenkarten, Risikokarten, Risikomanagementpläne
§ 99 Überschwemmungsgebiete an oberirdischen Gewässern (zu § 76 WHG)
§ 100 Vorläufige Sicherung (§ 76 Abs. 3 WHG)
§ 101 Besondere Schutzvorschriften für festgesetzte Überschwemmungsgebiete (zu § 78 WHG)

**Abschnitt 8**
**Wasserwirtschaftliche Planung und Dokumentation**

§ 102 Maßnahmenprogramme und Bewirtschaftungspläne (zu den §§ 82, 83 und 85 WHG)

**Abschnitt 9**
**Duldungs- und Gestattungspflichten**

§ 104 Anschluss von Stauanlagen

**Abschnitt 10**
**Entgelt für Wasserentnahmen**

§ 105 Entgelt für Wasserentnahmen

**Kapitel 4**
**Entschädigung, Ausgleich**

§ 106 Verweis auf Bundesrecht
§ 107 Entschädigung in wiederkehrenden Leistungen
§ 108 Entschädigungsverfahren

**Kapitel 5**
**Gewässeraufsicht**

§ 109 Staatlich anerkannte Stellen für Abwasseruntersuchungen
§ 110 Kosten

**Kapitel 6**
**Gewässerkundlicher Landesdienst**

§ 111 Gewässerkundlicher Landesdienst
§ 112 Befugnisse des gewässerkundlichen Landesdienstes
§ 113 Messanlagen

**Kapitel 7**
**Bußgeld- und Schlussvorschriften**

§ 114 Ordnungswidrigkeiten
§ 115 Folgeänderungen
§ 116 Einschränkung eines Grundrechts
§ 117 Sprachliche Gleichstellung
§ 118 Inkrafttreten

Anlage 1 Verzeichnis der Gewässer mit erheblicher Bedeutung für die Wasserwirtschaft (zu § 4 Abs. 1 Nr. 2)
Anlage 2 Verzeichnis der Unterhaltungsverbände (zu § 54 Abs. 1 Satz 1)
Anlage 3 Verzeichnis der Deiche (zu § 94 Abs. 3 Satz 1)

*Kapitel 1*
**Allgemeine Bestimmungen, Behörden, Zuständigkeiten**

*Abschnitt 1*
**Allgemeine Bestimmungen**

**§ 1 Anwendungsbereich, Begriffsbestimmung (zu den §§ 2 und 3 WHG)**

(1) Dieses Gesetz gilt für die in § 2 Abs. 1 des Wasserhaushaltsgesetzes bezeichneten Gewässer.

(2) ¹Die für Gewässer geltenden Bestimmungen des Wasserhaushaltsgesetzes und dieses Gesetzes sind nicht anzuwenden auf
1. Gräben, einschließlich Wege-, Eisenbahn- und Straßenseitengräben, die nicht dazu bestimmt sind, Grundstücke anderer Eigentümer zu bewässern oder zu entwässern,
2. Grundstücke, die zur Fischzucht oder zur Fischhaltung oder zu anderen Zwecken unter Wasser gesetzt werden und mit einem Gewässer nicht oder nur durch künstliche Vorrichtungen zum Füllen oder Ablassen verbunden sind.
²Dies gilt nicht für die Haftung für Gewässerveränderungen nach den §§ 89 und 90 des Wasserhaushaltsgesetzes.
(3) ¹Ein natürliches Gewässer gilt als solches auch nach künstlicher Änderung. ²Im Zweifel ist ein Gewässer, abgesehen von Triebwerks-, Bewässerungs- und Entwässerungskanälen, als ein natürliches anzusehen.

### § 2 Schranken des Grundeigentums (zu § 4 Abs. 5 WHG)
Das Grundeigentum berechtigt nicht zur Erhebung von Entgelten für die Benutzung von Gewässern, ausgenommen für das Entnehmen fester Stoffe aus den oberirdischen Gewässern.

### § 3 Einteilung der oberirdischen Gewässer
(1) Oberirdische Gewässer werden nach ihrer wasserwirtschaftlichen Bedeutung in Gewässer erster Ordnung und in Gewässer zweiter Ordnung eingeteilt.
(2) Soweit nicht Anlage 1 die Zuordnung bestimmt, gehören natürliche oberirdische Gewässer, die von einem natürlichen Gewässer abzweigen und sich wieder mit diesem vereinigen (Nebenarme), sowie Mündungsarme eines natürlichen Gewässers zu der Ordnung, der das Hauptgewässer an der Abzweigungsstelle angehört.

### § 4 Gewässer erster Ordnung
(1) Gewässer erster Ordnung sind die Gewässer, die wegen ihrer erheblichen wasserwirtschaftlichen Bedeutung
1. Binnenwasserstraßen im Sinne des Bundeswasserstraßengesetzes sind oder
2. in dem anliegenden Verzeichnis (Anlage 1) aufgeführt sind.
(2) Das für die Wasserwirtschaft zuständige Ministerium wird ermächtigt, das in Absatz 1 Nr. 2 genannte Verzeichnis durch Verordnung zu ändern, wenn
1. ein Gewässer aufgrund von § 2 des Bundeswasserstraßengesetzes Bundeswasserstraße geworden ist oder die Eigenschaft als Bundeswasserstraße verloren hat,
2. fehlerhafte Angaben in dem Verzeichnis nach Absatz 1 Nr. 2 anzupassen sind.
(3) ¹Das für die Wasserwirtschaft zuständige Ministerium wird ermächtigt, die fertig gestellten und aus der Bergaufsicht entlassenen Tagebaurestseen
1. Concordia Nachterstedt, hervorgehend aus dem Restloch Schadeleben,
2. Geiseltalsee, hervorgehend aus dem Restloch Mücheln,
3. Goitzsche, hervorgehend aus den Restlöchern Mühlbeck, Niemegk, Döbern und Bärenhof,
4. Golpa Nord, hervorgehend aus dem Restloch Golpa Nord,
5. Rösa, hervorgehend aus dem Restloch Rösa,
einschließlich der jeweils bedeutendsten Abläufe aufgrund ihrer erheblichen wasserwirtschaftlichen Bedeutung durch Verordnung in das in Absatz 1 Nr. 2 genannte Verzeichnis aufzunehmen. ²§ 6 Abs. 3 gilt entsprechend für das Eigentum an den Tagebaurestseen und den Abläufen, das bei Inkrafttreten einer Verordnung nach Satz 1 besteht.

### § 5 Gewässer zweiter Ordnung
Gewässer zweiter Ordnung sind die nicht zur ersten Ordnung gehörenden Gewässer.

### § 6 Eigentum an oberirdischen Gewässern (zu § 4 Abs. 5 WHG)
(1) Die Gewässer erster Ordnung sind Eigentum des Landes, soweit sie nicht Bundeswasserstraßen sind.
(2) Die Gewässer zweiter Ordnung gehören den Eigentümern der Ufergrundstücke, sofern das Gewässer kein selbständiges Grundstück bildet.

(3) ¹Eigentum an oberirdischen Gewässern, das bei Inkrafttreten dieses Gesetzes bestand, bleibt unabhängig von der Unterhaltungspflicht aufrechterhalten. ²Auf anderer Rechtsgrundlage bestehende Ansprüche auf Eigentumsübertragung bleiben unberührt.

### § 7 Eigentumsgrenzen am und im Gewässer (zu § 4 Abs. 5 WHG)

(1) ¹Gehören Gewässer und Ufergrundstück verschiedenen Eigentümern, so ist die Eigentumsgrenze zwischen ihnen im Zweifel die Linie des mittleren Wasserstandes. ²Dies gilt entsprechend für die Abgrenzung eines Ufergrundstücks gegenüber einem Gewässer, das in niemandes Eigentum steht.

(2) ¹Mittlerer Wasserstand ist das Mittel der Wasserstände aus der Jahresreihe der 20 Abflussjahre (1. November bis 31. Oktober), die dem Grenzfeststellungsverfahren vorangegangen sind und deren letzte Jahreszahl durch fünf ohne Rest teilbar ist. ²Stehen Wasserstandsbeobachtungen für 20 Jahre nicht zur Verfügung, so gilt das Mittel der Wasserstände der fünf unmittelbar vorangegangenen Abflussjahre. ³Fehlt es auch insoweit an hinreichenden Beobachtungen, so richtet sich die Eigentumsgrenze nach den vorhandenen natürlichen Merkmalen, im Allgemeinen nach der Grenze des Graswuchses.

(3) Ist ein Gewässer zweiter Ordnung Eigentum der Anlieger, so ist es Bestandteil der Ufergrundstücke.

(4) Ist ein Gewässer Bestandteil der Ufergrundstücke und gehören die Ufergrundstücke verschiedenen Eigentümern, so werden die Grundstücksgrenzen im Gewässer im Zweifel gebildet
1. für gegenüberliegende Grundstücke durch eine Linie, die bei mittlerem Wasserstand in der Mitte des Gewässers verläuft,
2. für nebeneinander liegende Grundstücke durch die Verbindungslinie, die vom Endpunkt der Landgrenze am Gewässer auf kürzestem Wege zu der Mittellinie nach Nummer 1 verläuft.

### § 8 Anlandungen (zu § 4 Abs. 5 WHG)

(1) ¹Natürliche Anlandungen und Erdzungen gehören den Anliegern, sobald das Recht zur Wiederherstellung des früheren Zustandes erloschen ist. ²Dasselbe gilt für Verbreiterungen der Ufergrundstücke, die durch natürliche oder künstliche Senkung des Wasserspiegels entstanden sind. ³§ 7 Abs. 4 Nr. 2 gilt entsprechend. ⁴Das Recht zur Wiederherstellung bestimmt sich nach § 9 Abs. 2.

(2) ¹Bei Seen, seeartigen Erweiterungen und Teichen, die nicht Eigentum der Anlieger sind, gehören Anlandungen, Erdzungen und trockengelegte Randflächen innerhalb der bisherigen Eigentumsgrenzen den Eigentümern des Gewässers. ²Diese haben jedoch den früheren Anliegern den Zutritt zu dem See (der seeartigen Erweiterung, dem Teich) zu gestatten, soweit es zur Ausübung des Gemeingebrauchs im bisher geübten Umfange erforderlich ist.

(3) Soweit die Beteiligten nicht etwas anderes vereinbaren, gelten die Absätze 1 und 2 sinngemäß auch für künstliche Anlandungen.

### § 9 Abschwemmung, Überflutung (zu § 4 Abs. 5 WHG)

(1) Wird an einem fließenden Gewässer, das nicht Eigentum der Anlieger ist, durch Abschwemmung, Hebung des Wasserspiegels oder andere natürliche Ereignisse ein Ufergrundstück oder ein dahinterliegendes Grundstück bei mittlerem Wasserstand überflutet, so wächst das Eigentum an den überfluteten Flächen dem Eigentümer des Gewässers entsprechend den Eigentumsgrenzen an den unverändert gebliebenen Gewässerteilen zu, sobald das Recht zur Wiederherstellung des früheren Zustandes erloschen ist.

(2) ¹Zur Wiederherstellung des früheren Zustandes sind die Eigentümer und die Nutzungsberechtigten der betroffenen Grundstücke und des Gewässers und mit deren Zustimmung der Unterhaltungspflichtige berechtigt. ²Das Recht zur Wiederherstellung erlischt, wenn der frühere Zustand nicht binnen drei Jahren wiederhergestellt ist. ³Die Frist beginnt mit Ablauf des Jahres, in dem die Veränderung eingetreten ist. ⁴Solange über das Recht zur Wiederherstellung ein Rechtsstreit anhängig ist, wird der Lauf der Frist für die Prozessbeteiligten gehemmt.

(3) ¹Der frühere Zustand ist von dem Unterhaltungspflichtigen wiederherzustellen, wenn es das Wohl der Allgemeinheit erfordert und die Wasserbehörde es innerhalb von drei Jahren verlangt. ²Die Frist beginnt mit Ablauf des Jahres, in dem die Veränderung eingetreten ist. ³§ 89 Abs. 2 gilt entsprechend.

## Abschnitt 2
## Behörden, Zuständigkeiten, Gefahrenabwehr

### § 10 Behörden
(1) Oberste Wasserbehörde ist das für die Wasserwirtschaft zuständige Ministerium.
(2) Obere Wasserbehörde ist das Landesverwaltungsamt.
(3) Untere Wasserbehörden sind die Landkreise und die kreisfreien Städte.
(4) [1]Das Landesamt für Umweltschutz ist technische Fachbehörde für die oberste Wasserbehörde und unterstützt die obere und die unteren Wasserbehörden auf Anforderung in schwierigen technischen Fragen. [2]Der Landesbetrieb für Hochwasserschutz und Wasserwirtschaft Sachsen-Anhalt nimmt die Aufgaben des gewässerkundlichen Landesdienstes wahr.

### § 11 Aufgaben und Befugnisse der Wasserbehörden
[1]Soweit nichts anderes bestimmt ist, obliegt es den Wasserbehörden, das Wasserhaushaltsgesetz, dieses Gesetz und die aufgrund dieser Gesetze erlassenen Verordnungen sowie die Vorschriften der Europäischen Gemeinschaften und der Europäischen Union aus dem Bereich der Wasserwirtschaft und der hierzu erlassenen Rechtsvorschriften des Bundes und des Landes zu vollziehen und Gefahren für Gewässer abzuwehren. [2]Für die Abwehr von Gefahren, die durch Hochwasser, Eisgang und andere Ereignisse Anlagen oder Einrichtungen des Hochwasserschutzes oder Überschwemmungsgebieten drohen (Wassergefahr), sind die Wasserbehörden zuständig. [3]Zur Wahrnehmung dieser Aufgaben treffen sie nach pflichtgemäßem Ermessen die erforderlichen Maßnahmen. [4]Bei den unteren Wasserbehörden gehören diese Aufgaben zum übertragenen Wirkungskreis.

### § 12 Zuständigkeit
(1) [1]Die unteren Wasserbehörden sind zuständig, soweit dieses Gesetz oder eine Verordnung nach Satz 2 nichts anderes vorschreibt. [2]Das für die Wasserwirtschaft zuständige Ministerium kann durch Verordnung für bestimmte Angelegenheiten vorschreiben, dass die obere Wasserbehörde oder andere Landesbehörden zuständig sind. [3]Die obere Wasserbehörde und die oberste Wasserbehörde üben die Fachaufsicht über die ihnen nachgeordneten Wasserbehörden aus. [4]Eine Fachaufsichtsbehörde kann anstelle einer nachgeordneten Behörde tätig werden, wenn diese eine Weisung nicht fristgerecht befolgt oder wenn Gefahr in Verzug ist.
(2) *[aufgehoben]*
(3) [1]Sind in derselben Sache mehrere Wasserbehörden örtlich zuständig oder ist es zweckmäßig, eine Angelegenheit in benachbarten Landkreisen einheitlich zu regeln, so bestimmt die gemeinsame nächsthöhere Behörde die zuständige Wasserbehörde. [2]Das Gleiche gilt, wenn die Grenze zwischen benachbarten Landkreisen ungewiss ist. [3]Die gemeinsame nächsthöhere Behörde kann sich auch selbst für zuständig erklären.
(4) Ist für dieselbe Sache auch eine Behörde eines anderen Landes zuständig, so kann das für die Wasserwirtschaft zuständige Ministerium die Zuständigkeit mit der zuständigen Behörde dieses Landes vereinbaren.

### § 13 Wassergefahr
(1) Sind zur Abwendung einer entstehenden Wassergefahr Maßnahmen notwendig, so haben alle Gemeinden, auch wenn sie nicht bedroht sind, auf Anforderung der zuständigen Wasserbehörden die erforderliche Hilfe zu leisten.
(2) Alle Bewohner der bedrohten und, wenn nötig, auch der benachbarten Gebiete haben auf Verlangen der zuständigen Wasserbehörden bei den Schutzarbeiten zu helfen, Arbeitsgeräte, Beförderungsmittel und Baustoffe zu stellen und sonstige Hilfe zu leisten.
(3) Auf Verlangen hat die Körperschaft, in deren Interesse Hilfe geleistet wird, den beteiligten Gemeinden und den Bewohnern die bei der Hilfeleistung entstandenen Schäden auszugleichen; für den Schadensausgleich gilt der Fünfte Teil des Gesetzes über die öffentliche Sicherheit und Ordnung des Landes Sachsen-Anhalt.

### § 14 Wasserwehr
[1]Gemeinden, die erfahrungsgemäß von Hochwasser- und Eisgefahr bedroht sind, haben zur Unterstützung der Wasserbehörden bei der Erfüllung von deren Aufgaben nach § 11 Satz 2 dafür zu sorgen, dass ein Wach- und Hilfsdienst für Wassergefahr (Wasserwehr) eingerichtet wird. [2]Sie haben die hier-

für erforderlichen Hilfsmittel bereitzuhalten. ³Die Aufgaben der Wasserwehren können von Freiwilligen Feuerwehren mit deren Zustimmung wahrgenommen werden. ⁴Für die ehrenamtliche Wahrnehmung der Wasserwehren gelten § 30 Abs. 1 und 2 und die §§ 31 und 35 des Kommunalverfassungsgesetzes entsprechend; § 14 des Brandschutzgesetzes findet Anwendung. ⁵Das Nähere regeln die Gemeinden durch Satzung, die der Genehmigung der Wasserbehörde bedarf; § 150 Abs. 1 Satz 1 des Kommunalverfassungsgesetzes gilt entsprechend.

### § 15 Hochwassermeldedienst (zu § 79 Abs. 2 WHG)
(1) Zur Abwehr von Hochwasser- und Eisgefahr wird ein vom Landesbetrieb für Hochwasserschutz und Wasserwirtschaft Sachsen-Anhalt geleiteter Hochwassermeldedienst durch das für Wasserwirtschaft zuständige Ministerium eingerichtet.
(1a) Das für die Wasserwirtschaft zuständige Ministerium hat durch Verordnung festzulegen
1. die häufig Hochwasser führenden Gewässer, für die ein Hochwassermeldedienst durchgeführt wird,
2. Zweck, Inhalt, Aufgaben, Teilnehmer und Organisation des Hochwassermeldedienstes,
3. Alarmstufen und
4. Kostenregelungen.
(2) Die Verordnung kann vorsehen, dass Körperschaften und Anstalten des öffentlichen Rechts, Unternehmer von Wasserbenutzungsanlagen oder sonstigen Anlagen in oder an Gewässern oder Dritte für den Hochwassermeldedienst ihre dafür geeigneten Sachmittel zur Verfügung zu stellen oder Dienst zu leisten haben.

## Kapitel 2
## Bewirtschaftung von Gewässern

### Abschnitt 1
### Gemeinsame Bestimmungen

### § 16 Bewirtschaftung nach Flussgebietseinheiten (zu § 7 WHG)
(1) Der auf Sachsen-Anhalt entfallende Anteil der Flussgebietseinheit Elbe besteht aus
1. dem auf Sachsen-Anhalt entfallenden Anteil des Einzugsgebietes der Elbe und
2. den im Einzugsgebiet nach Nummer 1 liegenden Grundwasserkörpern.
(2) Der auf Sachsen-Anhalt entfallende Anteil der Flussgebietseinheit Weser besteht aus
1. dem auf Sachsen-Anhalt entfallenden Anteil des Einzugsgebietes der Weser und
2. den im Einzugsgebiet nach Nummer 1 liegenden Grundwasserkörpern.

### § 17 Umsetzung durch Verordnung (zu § 23 WHG)
(1) ¹Das für die Wasserwirtschaft zuständige Ministerium wird ermächtigt, solange und soweit die Bundesregierung von der Ermächtigung zum Erlass von Verordnungen nach § 23 Abs. 1 des Wasserhaushaltsgesetzes, auch in Verbindung mit § 46 Abs. 2, § 48 Abs. 1 Satz 2, § 57 Abs. 2, § 58 Abs. 1 Satz 2, § 61 Abs. 3, § 62 Abs. 4 und § 63 Abs. 2 Satz 2 des Wasserhaushaltsgesetzes, keinen Gebrauch gemacht hat, durch Verordnungen entsprechende Vorschriften zu erlassen. ²Anstelle der Anhörung beteiligter Kreise im Sinne des § 23 Abs. 2 des Wasserhaushaltsgesetzes ist eine auf das Land Sachsen-Anhalt beschränkte Verbandsanhörung vor Erlass einer Verordnung durchzuführen.
(2) Das für die Wasserwirtschaft zuständige Ministerium kann Verordnungen, die aufgrund des Absatzes 1 erlassen wurden, aufheben, wenn die Bundesregierung von ihrer Verordnungsermächtigung nach § 23 Abs. 1 des Wasserhaushaltsgesetzes Gebrauch gemacht hat.

### § 18 Zusammentreffen mehrerer Erlaubnis- oder Bewilligungsanträge
¹Treffen Anträge auf Erteilung einer Erlaubnis oder einer Bewilligung für Benutzungen zusammen, die sich auch dann gegenseitig ausschließen, wenn den Anträgen unter Bedingungen und Auflagen stattgegeben wird, so hat das Vorhaben den Vorrang, das dem Wohl der Allgemeinheit am meisten dient. ²Ist hiernach eine Vorrangentscheidung nicht möglich, so gebührt zunächst dem Antrag des Gewässereigentümers der Vorrang, sodann demjenigen Antrag, der zuerst gestellt wurde. ³Anträge, die nach der für Einwendungen bestimmten Frist gestellt werden, sind unzulässig.

## § 19 Erfordernisse für den Antrag

¹Erlaubnis- und Bewilligungsanträge sind mit den zur Beurteilung des gesamten Vorhabens erforderlichen Unterlagen bei der Wasserbehörde einzureichen. ²Soweit die Unterlagen Geschäfts- oder Betriebsgeheimnisse enthalten, sind die Unterlagen zu kennzeichnen und getrennt vorzulegen. ³Ihr Inhalt muss, soweit es ohne Preisgabe des Geheimnisses geschehen kann, so ausführlich dargestellt sein, dass Dritte beurteilen können, ob und in welchem Umfang sie von den Auswirkungen der Benutzung betroffen werden können.

## § 20 Bewilligung (zu den §§ 10 und 14 WHG)

(1) Die Bewilligung gewährt nicht das Recht, Gegenstände, die einem anderen gehören, oder Grundstücke und Anlagen, die im Besitz eines anderen stehen, in Gebrauch zu nehmen.

(2) In den in § 14 Abs. 4 des Wasserhaushaltsgesetzes genannten Fällen ist der Betroffene abweichend von § 14 Abs. 4 Satz 1 des Wasserhaushaltsgesetzes zu entschädigen, wenn die nachteiligen Wirkungen der Bewilligung nicht durch Inhalts- oder Nebenbestimmungen vermieden oder ausgeglichen werden können.

(3) Die Vorschriften des bürgerlichen Rechts für die Ansprüche aus dem Eigentum sind entsprechend auf die Ansprüche aus dem bewilligten Recht anzuwenden.

## § 21 Erlaubnis- und Bewilligungsverfahren (zu § 11 WHG)

(1) ¹Für das Bewilligungsverfahren gelten die Vorschriften nach § 1 Abs. 1 Satz 1 des Verwaltungsverfahrensgesetzes Sachsen-Anhalt in Verbindung mit dem Verwaltungsverfahrensgesetz über das förmliche Verwaltungsverfahren. ²§ 1 Abs. 1 Satz 1 des Verwaltungsverfahrensgesetzes Sachsen-Anhalt in Verbindung mit § 29 des Verwaltungsverfahrensgesetzes gilt mit der Maßgabe, dass Akteneinsicht nach pflichtgemäßem Ermessen zu gewähren ist.

(2) Ergänzend sind anzuwenden:
1. § 1 Abs. 1 Satz 1 des Verwaltungsverfahrensgesetzes Sachsen-Anhalt in Verbindung mit § 73 des Verwaltungsverfahrensgesetzes mit folgenden Maßgaben:
   a) an die Stelle der Anhörungsbehörde und der Planfeststellungsbehörde tritt die Wasserbehörde,
   b) ein Vorhaben wirkt sich im Sinne des § 1 Abs. 1 Satz 1 des Verwaltungsverfahrensgesetzes Sachsen-Anhalt in Verbindung mit § 73 Abs. 2 des Verwaltungsverfahrensgesetzes im Gebiet einer Gemeinde aus, wenn dort Rechte oder rechtlich geschützte Interessen nach § 14 Abs. 4 des Wasserhaushaltsgesetzes betroffen sein können,
   c) in der Bekanntmachung nach § 1 Abs. 1 Satz 1 des Verwaltungsverfahrensgesetzes Sachsen-Anhalt in Verbindung mit § 73 Abs. 5 des Verwaltungsverfahrensgesetzes ist auch darauf hinzuweisen, dass zur Vermeidung des Ausschlusses Einwendungen innerhalb der Frist zu erheben sind und später eingereichte Anträge nicht mehr berücksichtigt werden, Einwendungen wegen nachteiliger Wirkungen der Benutzung später nur nach § 14 Abs. 6 des Wasserhaushaltsgesetzes geltend gemacht werden können und vertragliche Ansprüche durch die Bewilligung nicht ausgeschlossen werden,
2. § 1 Abs. 1 Satz 1 des Verwaltungsverfahrensgesetzes Sachsen-Anhalt in Verbindung mit § 74 Abs. 2 Satz 1 des Verwaltungsverfahrensgesetzes mit der Maßgabe, dass an die Stelle der Anhörungsbehörde und der Planfeststellungsbehörde die Wasserbehörde tritt.

(3) Die Absätze 1 und 2 gelten entsprechend, wenn
1. die Erlaubnis für ein Vorhaben erteilt werden soll, für das eine Umweltverträglichkeitsprüfung vorgeschrieben ist, oder
2. ein förmliches Verfahren eingeleitet wird, weil das beabsichtigte Unternehmen wasserwirtschaftlich bedeutsam ist und Einwendungen zu erwarten sind.

## § 22 Aussetzung des Bewilligungsverfahrens

(1) ¹Die Behörde kann, wenn Einwendungen aufgrund eines Rechts erhoben werden, einen Streit über das Bestehen des Rechts auf den Weg der gerichtlichen Entscheidung verweisen und das Verfahren bis zur Erledigung des Rechtsstreits aussetzen. ²Sie muss es aussetzen, wenn die Bewilligung bei Bestehen des Rechts zu versagen wäre. ³Dem Antragsteller ist eine Frist für die Klage zu setzen. ⁴Wird die Prozessführung ungebührlich verzögert, so kann das Verfahren fortgesetzt werden.

(2) Wird die Bewilligung vor der rechtskräftigen Entscheidung über das Bestehen des Rechts erteilt, so ist die Entscheidung über die Auflagen und über die Entschädigung insoweit vorzubehalten.

### § 23 Rechtsnachfolge
Der Rechtsnachfolger hat den Übergang einer Erlaubnis oder Bewilligung der zuständigen Behörde schriftlich anzuzeigen.

### § 24 Maßnahmen beim Erlöschen einer Erlaubnis oder einer Bewilligung
(1) Ist eine Erlaubnis oder eine Bewilligung ganz oder teilweise erloschen, so kann die Wasserbehörde den Benutzer verpflichten, die Anlagen für die Benutzung des Gewässers auf seine Kosten ganz oder teilweise zu beseitigen und den früheren Zustand wiederherzustellen oder nachteiligen Folgen vorzubeugen.
(2) Wird bei Widerruf einer Bewilligung nach § 18 Abs. 2 des Wasserhaushaltsgesetzes eine Anordnung nach Absatz 1 getroffen, so ist der Benutzer zu entschädigen.
(3) [1]Statt einer Anordnung nach Absatz 1 kann die Wasserbehörde den Benutzer verpflichten, die Anlage ganz oder teilweise einer Körperschaft des öffentlichen Rechts zu übereignen. [2]Der Benutzer ist zu entschädigen.

### § 25 Maßnahmen beim Erlöschen alter Rechte und alter Befugnisse (zu § 20 WHG)
[1]Ist ein altes Recht oder eine alte Befugnis ganz oder teilweise erloschen, so kann die Wasserbehörde die in § 24 Abs. 1 vorgesehene Anordnung treffen. [2]In den Fällen des § 20 Abs. 2 Satz 1 des Wasserhaushaltsgesetzes ist der Benutzer zu entschädigen. [3]§ 24 Abs. 3 gilt sinngemäß.

### § 26 Inhalt und Umfang alter Rechte und alter Befugnisse (zu § 20 WHG)
(1) Inhalt und Umfang der alten Rechte und alten Befugnisse bestimmen sich, wenn sie auf besonderem Titel beruhen, nach diesem, sonst nach den bisherigen Gesetzen.
(2) [1]Stehen Inhalt oder Umfang eines alten Rechts oder einer alten Befugnis nicht oder nur teilweise fest, so werden sie auf Antrag ihres Inhabers von der Wasserbehörde festgestellt. [2]Die Feststellung kann auch von Amts wegen erfolgen. [3]Rechte Dritter werden von der Feststellung nicht berührt.

### § 27 Beweissicherung, Sicherheitsleistung
(1) [1]Zur Sicherung des Beweises von Tatsachen, die für eine Entscheidung der Wasserbehörde von Bedeutung sein können, insbesondere zur Feststellung des Zustands einer Sache, kann die Wasserbehörde auf Antrag oder von Amts wegen die erforderlichen Maßnahmen anordnen, wenn andernfalls die Feststellung unmöglich oder wesentlich erschwert werden würde. [2]Antragsberechtigt ist, wer ein rechtliches Interesse an der Feststellung hat.
(2) [1]Die Wasserbehörde kann die Leistung einer Sicherheit verlangen, soweit diese erforderlich ist, um die Erfüllung von Bedingungen, Auflagen oder sonstigen Verpflichtungen zu sichern. [2]Der Bund, das Land und Körperschaften und Anstalten des öffentlichen Rechts sind von der Sicherheitsleistung frei. [3]Auf die Sicherheitsleistung sind die §§ 232, 234 bis 240 des Bürgerlichen Gesetzbuches anzuwenden.

### § 28 Ausgleichsverfahren (zu § 22 WHG)
Die Kosten des Ausgleichsverfahrens tragen die Beteiligten nach ihrem zu schätzenden Vorteil aus der Gewässerbenutzung.

*Abschnitt 2*
**Bewirtschaftung oberirdischer Gewässer**

*Unterabschnitt 1*
**Gemeingebrauch**

### § 29 Arten, Zulässigkeit und Einschränkungen des Gemeingebrauchs (zu § 25 WHG)
(1) [1]Jedermann darf die natürlichen fließenden Gewässer zum Baden, zum Tränken an Tränkstellen, Schwemmen, Schöpfen mit Handgefäßen, zum Eissport, zum Tauchsport und zum Befahren mit kleinen Fahrzeugen ohne Eigenantrieb benutzen, soweit nicht Rechte anderer entgegenstehen und soweit Befugnisse oder der Eigentümergebrauch anderer dadurch nicht beeinträchtigt werden. [2]Mit derselben Beschränkung darf jeder Grund-, Quell- und Niederschlagswasser einleiten, wenn es nicht durch gemeinsame Anlagen geschieht, die eingeleitete Wassermenge nicht zu Beeinträchtigungen der ökolo-

gischen Funktion des Gewässers führt und das eingeleitete Wasser nicht Stoffe enthält, die geeignet sind, dauernd oder in einem nicht nur unerheblichen Ausmaß schädliche Veränderungen der physikalischen, chemischen oder biologischen Beschaffenheit des Wassers herbeizuführen.

(2) Die Wasserbehörde kann im Benehmen mit der Naturschutzbehörde das Befahren von Gewässern mit kleinen Fahrzeugen, die durch Motorkraft angetrieben werden, gestatten.

(3) Die Absätze 1 und 2 gelten nicht für Gewässer, die in Hofräumen, Betriebsgrundstücken, Gärten und Parkanlagen liegen und Eigentum der Anlieger sind.

(4) [1]An Talsperren und Wasserspeichern, an stehenden und an künstlichen Gewässern kann die Wasserbehörde mit Zustimmung des Eigentümers und des Unterhaltungspflichtigen den Gemeingebrauch (Absätze 1 und 2) zulassen. [2]Die Zulassung kann auf einzelne Arten des Gemeingebrauchs beschränkt werden. [3]Sie gilt als erteilt, soweit der Gemeingebrauch am 8. September 1993 ausgeübt worden ist.

(5) Die Wasserbehörde kann aus Gründen des Wohls der Allgemeinheit, insbesondere aus Gründen der Ordnung des Wasserhaushalts, den Gemeingebrauch nach Art oder Umfang durch Verordnung oder Verwaltungsakt zeitlich oder örtlich beschränken oder verbieten.

### § 30 Duldungspflicht der Anlieger (zu § 25 WHG)

Die Anlieger eines Gewässers haben zu dulden, dass kleine Fahrzeuge ohne Eigenantrieb um eine Stauanlage herumgetragen werden, soweit nicht einzelne Grundstücke von der Wasserbehörde ausgenommen sind.

### § 31 Benutzungen zu Zwecken des Fischfangs (zu § 25 WHG)

Zu Zwecken des Fischfangs dürfen Fischköder, Fischfanggeräte und dergleichen in oberirdische Gewässer ohne Erlaubnis oder Bewilligung eingebracht werden, wenn dadurch keine signifikanten nachteiligen Auswirkungen auf den Gewässerzustand zu erwarten sind.

*Unterabschnitt 2*
**Wasserstraßen- und Wasserverkehrsrecht**

### § 32 Schiffbare Gewässer

(1) [1]Schiffbare Gewässer darf jedermann zur Schifffahrt nutzen. [2]Welche Gewässer schiffbar sind, bestimmt das für den Verkehr zuständige Ministerium im Einvernehmen mit dem für die Wasserwirtschaft zuständigen Ministerium durch Verordnung. [3]Auf anderen Gewässern kann die für den Wasserverkehr zuständige Behörde im Einvernehmen mit der Wasserbehörde die Schifffahrt allgemein oder im Einzelfall widerruflich zulassen.

(2) Schiffe im Sinne dieses Gesetzes sind alle Wasserfahrzeuge, soweit durch Gesetz oder Verordnung nichts anderes bestimmt ist.

### § 33 Duldungspflicht der Anlieger, Haftung für Schäden

(1) [1]Die Anlieger der zur Schifffahrt genutzten Gewässer haben das Landen und Befestigen der Schiffe zu dulden. [2]Das gilt in Notfällen auch für private Ein- und Ausladestellen; die Anlieger haben dann auch das zeitweilige Aussetzen der Ladung zu dulden.

(2) Dem Anlieger entstandene Schäden nach Absatz 1 hat neben dem Verursacher auch der Schiffseigner als Gesamtschuldner zu ersetzen.

### § 34 Schifffahrtsanlagen und Fähren

(1) [1]Das Einrichten und Betreiben sowie die wesentliche Änderung der Anlagen und des Betriebes von
1. Häfen, Lade-, Lösch- und Umschlagstellen und sonstigen Anlagen, die zum Be- und Entladen von Binnenschiffen bestimmt sind (Schifffahrtsanlagen), und
2. Fähren

an Gewässern, die nicht Bundeswasserstraßen sind, bedürfen der Genehmigung durch die für den Wasserverkehr zuständige Behörde. [2]§ 19 gilt entsprechend.

(2) Die Genehmigung ist zu versagen, wenn Gründe des öffentlichen Verkehrsinteresses oder die Sicherheit des Betriebes entgegenstehen oder wenn der Unternehmer unzuverlässig ist.

(3) [1]Die Unternehmer von Schifffahrtsanlagen und Fähren sind verpflichtet, den Betrieb sicher zu führen. [2]Das für Verkehr zuständige Ministerium kann den Unternehmer auf Antrag von der Betriebspflicht befreien. [3]Die Befreiung ist zu erteilen, wenn ihm die Fortführung des Betriebes nicht zumutbar ist.

(4) Die am 22. April 2005 rechtmäßig betriebenen Schifffahrtsanlagen und Fähren gelten als genehmigt im Sinne des Absatzes 1.

## § 35 Verordnungen und Verwaltungsakte

(1) ¹Das für Verkehr zuständige Ministerium wird ermächtigt, im Interesse der Sicherheit oder Leichtigkeit des Verkehrs unter Beachtung insbesondere des Umwelt- und Naturschutzes, der Belange der Wasserwirtschaft, der öffentlichen Sicherheit und Ordnung und der Fischerei Verordnungen oder Verwaltungsakte zu erlassen

1. zur Ausübung, Regelung oder Beschränkung der Schifffahrt und des Fährverkehrs auf schiffbaren Gewässern sowie auf anderen Gewässern, auf denen Schifffahrt im Rahmen des Gemeingebrauchs stattfindet oder allgemein oder im Einzelfall zugelassen ist;
2. zum Verhalten in Häfen und an Lande- und Umschlagstellen einschließlich des Güterumschlags und zur Unterhaltung von Häfen- und Umschlaganlagen;
3. zur Registrierung und Kennzeichnung von Schiffen;
4. zum Erfordernis einer Zulassung für Schiffe und über die Erteilung und den Entzug der Zulassungen; die Zulassung kann von baulichen oder sonstigen Anforderungen, insbesondere an die Lautstärke der Motoren, die Betriebsart der Motoren, die Abgase, die technische Ausrüstung und Sicherheitseinrichtungen, abhängig gemacht werden;
5. zur Einführung einer Fahrerlaubnis zum Führen von Schiffen und über die Eignung und Befähigung zum Führen von Schiffen, die Erteilung und den Entzug von Fahrerlaubnissen sowie über das Prüfungsverfahren;
6. über die Voraussetzungen, unter denen eine Genehmigung nach § 34 Abs. 1 erteilt oder widerrufen wird, sowie über den Nachweis dieser Voraussetzungen einschließlich des Verfahrens der Zulassung;
7. über die Befugnis der zuständigen Behörden, Auskünfte zu verlangen, Unterlagen einzusehen sowie Schiffe, Schwimmkörper, Häfen, Fähranlagen und sonstige Anlagen zu betreten.

²Die Verordnungen und Verwaltungsakte nach Satz 1 Nrn. 1 und 4 sind im Einvernehmen mit dem für die Wasserwirtschaft zuständigen Ministerium zu erlassen. ³Zu den Verordnungen und Verwaltungsakten nach Satz 1 Nrn. 2, 3, 5, 6 und 7 ist das Benehmen mit dem für die Wasserwirtschaft zuständigen Ministerium herzustellen.

(2) Mit der Wahrnehmung der Aufgaben der für den Wasserverkehr zuständigen Behörde, insbesondere der Erteilung von Genehmigungen oder sonstigen Zulassungen, der Abnahme von Prüfungen und der Erteilung von Fahrerlaubnissen können natürliche oder juristische Personen beauftragt oder beliehen werden.

*Unterabschnitt 3*
**Stauanlagen**

## § 36 Stauanlagen

Für Anlagen im Gewässer, die durch Hemmen des Wasserabflusses den Wasserspiegel heben oder Wasser ansammeln sollen (Stauanlagen), gelten, außer wenn sie nur vorübergehend bestehen, die §§ 37 bis 48.

## § 37 Staumarken

(1) Jede Stauanlage ist mit Staumarken zu versehen, die deutlich anzeigen, auf welchen Stauhöhen und etwa festgelegten Mindesthöhen der Wasserstand im Sommer und im Winter zu halten ist.
(2) Die Höhenpunkte sind durch Beziehung auf amtliche Festpunkte zu sichern.
(3) ¹Die Wasserbehörde setzt und beurkundet die Staumarken. ²Der Betreiber der Stauanlage und, soweit tunlich, auch die anderen Beteiligten sind hinzuzuziehen.

## § 38 Erhaltung der Staumarken

(1) ¹Der Betreiber der Stauanlage hat dafür zu sorgen, dass die Staumarken und Festpunkte erhalten, sichtbar und zugänglich bleiben. ²Er hat jede Beschädigung und Änderung unverzüglich der Wasserbehörde anzuzeigen und bei amtlichen Prüfungen unentgeltlich Arbeitshilfe zu stellen.
(2) ¹Die Änderung oder Beeinflussung von Staumarken oder Festpunkten bedarf der Genehmigung der Wasserbehörde. ²Für das Erneuern, Versetzen und Berichtigen von Staumarken gilt § 37 Abs. 3 sinngemäß.

## § 39 Kosten
Die Kosten des Setzens oder Versetzens, der Erhaltung und Erneuerung einer Staumarke trägt der Betreiber.

## § 40 Außerbetriebsetzen und Beseitigen von Stauanlagen, Altanlagen
(1) Stauanlagen dürfen nur mit Genehmigung der Wasserbehörde dauernd außer Betrieb gesetzt oder beseitigt werden.

(2) Die Genehmigung darf nur versagt werden, wenn sich ein anderer, der durch das Außerbetriebsetzen oder die Beseitigung der Stauanlage geschädigt würde, verpflichtet, dem Betreiber nach dessen Wahl die Kosten der Erhaltung zu ersetzen oder die Stauanlage zu erhalten.

(3) [1]Auf Antrag des Betreibers hat die Wasserbehörde eine Frist zu bestimmen, in welcher der andere die Verpflichtung nach Absatz 2 übernommen haben muss; andernfalls wird die Genehmigung erteilt. [2]Die Frist ist ortsüblich bekannt zu machen; die Kosten trägt der Betreiber.

(4) Für Stauanlagen, die vor dem 8. September 1993 errichtet worden sind und deren wasserrechtliche Zulassung nicht nachgewiesen worden ist und für die die Eigentümer oder Nutznießer bis zum 31. Dezember 1999 die erforderliche Gestattung (Bewilligung, Erlaubnis) nicht bei der Wasserbehörde beantragt hatten, führt die Wasserbehörde das Verfahren von Amts wegen durch.

## § 41 Ablassen aufgestauten Wassers (zu § 36 WHG)
Aufgestautes Wasser darf nicht so abgelassen werden, dass Gefahren oder Nachteile für fremde Grundstücke oder Anlagen entstehen, die Ausübung von Wasserbenutzungsrechten und -befugnissen oder die Fischerei beeinträchtigt oder die Unterhaltung des Gewässers erschwert wird.

## § 42 Staubewirtschaftung
(1) Wenn Hochwasser zu erwarten ist, kann die Wasserbehörde dem Betreiber aufgeben, die beweglichen Teile der Stauanlage zu öffnen und alle Hindernisse (Treibzeug, Eis, Geschiebe und dergleichen) wegzuräumen, um das aufgestaute Wasser unter die Höhe der Staumarken zu senken und den Wasserstand möglichst auf dieser Höhe zu halten, bis das Hochwasser fällt.

(2) [1]Bei Niedrigwasser kann die Wasserbehörde dem Betreiber aufgeben, das aufgestaute Wasser nicht abzusenken. [2]Die Einhaltung der Festlegungen zum Mindestabfluss an der Stauanlage sind zu gewährleisten.

## § 43 Ausnahmen
Die Wasserbehörde kann im Einzelfall durch Verwaltungsakt Ausnahmen von den §§ 37 bis 42 zulassen.

## § 44 Talsperren, Wasserspeicher
Für Stauanlagen, deren Stauwerk von der Gründungssohle des Absperrbauwerks bis zur Krone höher als fünf Meter ist und deren Sammelbecken bei Höchststau mehr als 100 000 Kubikmeter fasst (Talsperren), sowie für Wasserspeicher, die mehr als 100 000 Kubikmeter fassen oder bei gleicher Größenordnung in Verbindung mit einer Talsperre stehen (Pumpspeicherwerke), gelten die §§ 45 bis 47.

## § 45 Planfeststellung, Plangenehmigung
(1) [1]Die Errichtung, Beseitigung oder wesentliche Änderung einer Anlage nach § 44 bedarf der vorherigen Durchführung eines Planfeststellungsverfahrens. [2]Ein Vorhaben kann ohne vorherige Durchführung eines Planfeststellungsverfahrens genehmigt werden (Plangenehmigung), wenn es keiner Umweltverträglichkeitsprüfung bedarf. [3]Für das Planfeststellungs- und Plangenehmigungsverfahren gelten § 67 Abs. 1, § 68 Abs. 3 und die §§ 69 bis 71 des Wasserhaushaltsgesetzes sowie die §§ 90 bis 93 dieses Gesetzes entsprechend.

(2) Der Planfeststellung oder Plangenehmigung nach Absatz 1 unterliegen solche Anlagen nicht, die in einem bergbehördlich geprüften Betriebsplan zugelassen werden.

## § 46 Plan
Anlagen nach § 44 dürfen nur nach einem Plan angelegt oder geändert werden; er muss genaue Angaben über die gesamte Anlage, den Bau, die Unterhaltung und den Betrieb enthalten und alle Einrichtungen vorsehen, die Nachteile oder Gefahren für andere verhüten.

## § 47 Aufsicht
¹Die Wasserbehörde überwacht Bau, Unterhaltung und Betrieb der Anlage. ²Sie kann dem Betreiber auch nach Ausführung des Planes Sicherheitsmaßregeln aufgeben, die zum Schutze gegen Gefahren notwendig sind.

## § 48 Andere Stauanlagen und Wasserspeicher
(1) ¹Die §§ 45 bis 47 gelten auch für andere als die in § 44 bezeichneten Stauanlagen und Wasserspeicher, wenn die Wasserbehörde feststellt, dass bei einem Bruch der Anlage erhebliche Gefahren drohen. ²Die Feststellung ist dem Betreiber mitzuteilen und im Amtsblatt der Wasserbehörde sowie ortsüblich bekannt zu machen.
(2) Die §§ 45 bis 47 gelten auch entsprechend für andere als die in § 44 und in Absatz 1 bezeichneten Stauanlagen, wenn eine Umweltverträglichkeitsprüfung vorgeschrieben ist.

### Unterabschnitt 4
### Anlagen in, an, über und unter oberirdischen Gewässern; Aufschüttungen und Abgrabungen

## § 49 Erfordernis der Genehmigung (zu § 36 WHG)
(1) ¹Die Herstellung und die wesentliche Änderung von Anlagen nach § 36 des Wasserhaushaltsgesetzes, auch von Aufschüttungen oder Abgrabungen in und an oberirdischen Gewässern, bedürfen der Genehmigung der Wasserbehörde. ²Dies gilt nicht, wenn sie einer gestattungsbedürftigen Benutzung oder der Unterhaltung eines Gewässers dienen oder beim Ausbau eines Gewässers hergestellt werden.
(2) ¹Die Genehmigung darf nur erteilt werden, wenn keine schädlichen Gewässerveränderungen zu erwarten sind und die Gewässerunterhaltung nicht mehr erschwert wird, als es den Umständen nach unvermeidbar ist. ²Auf die der Schifffahrt dienenden Häfen und die Belange der Fischerei ist bei der Entscheidung Rücksicht zu nehmen.
(3) § 27 gilt sinngemäß.
(4) ¹Bedarf eine Maßnahme nach Absatz 1 einer Genehmigung nach Bau-, Gewerbe- oder Immissionsschutzrecht, so entscheidet die für die andere Genehmigung zuständige Behörde auch über die Genehmigung nach Absatz 1. ²Sie erteilt die Genehmigung im Einvernehmen mit der Wasserbehörde.

### Unterabschnitt 5
### Gewässerrandstreifen

## § 50 Gewässerrandstreifen (zu § 38 WHG)
(1) Die Gewässerrandstreifen betragen im Außenbereich nach § 35 des Baugesetzbuches entgegen § 38 Abs. 3 Satz 1 des Wasserhaushaltsgesetzes zehn Meter bei Gewässern erster Ordnung und fünf Meter bei Gewässern zweiter Ordnung.
(2) ¹Im Gewässerrandstreifen ist es verboten, nicht standortgebundene bauliche Anlagen, Wege und Plätze zu errichten. ²Bäume und Sträucher außerhalb von Wald dürfen nur beseitigt werden, wenn dies für den Ausbau oder die Unterhaltung der Gewässer, den Hochwasserschutz oder zur Gefahrenabwehr zwingend erforderlich ist.
(3) Die Wasserbehörde kann im Einzelfall Ausnahmen vom Verbot des Absatzes 2 zulassen, soweit ein überwiegendes öffentliches oder privates Interesse dies erfordert und nachteilige negative Auswirkungen auf den Naturhaushalt nicht zu erwarten sind.
(4) Soweit dies im Hinblick auf die Funktionen des Gewässerrandstreifens nach § 38 Abs. 1 des Wasserhaushaltsgesetzes erforderlich ist, kann die Wasserbehörde
1. anordnen, dass Gewässerrandstreifen mit standortgerechten Gehölzen bepflanzt oder sonst mit einer geschlossenen Pflanzendecke versehen werden,
2. die Art der Bepflanzung und die Pflege der Gewässerrandstreifen regeln,
3. die Verwendung von Dünge- und Pflanzenschutzmitteln auf Gewässerrandstreifen untersagen,
4. anordnen, dass eine intensive Beweidung im Gewässerrandstreifen des Einvernehmens der Naturschutzbehörde bedarf.

## § 51 Verfahren, Entschädigung, Ausgleich (zu § 38 WHG)
(1) ¹Entscheidungen der Wasserbehörde nach § 38 des Wasserhaushaltsgesetzes und nach § 50 dieses Gesetzes können im Einzelfall als Verwaltungsakt oder für bestimmte Gebiete, Gewässer oder Ge-

wässerabschnitte als Verordnung ergehen. ²Für Verordnungen gelten § 73 Abs. 1 und 2 dieses Gesetzes und § 1 Abs. 1 Satz 1 des Verwaltungsverfahrensgesetzes Sachsen-Anhalt in Verbindung mit § 73 des Verwaltungsverfahrensgesetzes entsprechend.
(2) ¹Entscheidungen der Wasserbehörde nach § 50 Abs. 4 sind entschädigungs- oder ausgleichspflichtig. ²§ 52 Abs. 4 des Wasserhaushaltsgesetzes und die §§ 97, 98 des Wasserhaushaltsgesetzes gelten entsprechend. ³§ 52 Abs. 5 des Wasserhaushaltsgesetzes sowie § 75 dieses Gesetzes gelten entsprechend mit der Maßgabe, dass der Ausgleich vom Land zu leisten ist. ⁴Vor einer Entscheidung ist eine Vereinbarung mit den Beteiligten zu suchen. ⁵Eine Entschädigung oder ein Ausgleich entfällt, soweit mit der Entscheidung die Wiederherstellung eines Zustandes aufgegeben wird, der am 1. September 1991 bestanden hat.

*Unterabschnitt 6*
*Gewässerunterhaltung*

**§ 52 Umfang der Gewässerunterhaltung (zu § 39 WHG)**
(1) ¹Abweichend von § 39 Abs. 1 des Wasserhaushaltsgesetzes umfasst die Unterhaltung eines Gewässers die Erhaltung eines ordnungsgemäßen Abflusses und an schiffbaren Gewässern die Erhaltung der Schiffbarkeit. ²Die Unterhaltung umfasst auch die Pflege und Entwicklung. ³Maßnahmen der Gewässerunterhaltung sind insbesondere:
1. die Reinigung, die Räumung, die Freihaltung und der Schutz des Gewässerbetts einschließlich seiner Ufer,
2. die Erhaltung und Anpflanzung standortgerechter Ufergehölze und die Erneuerung des Baumbestandes,
3. die Pflege von im Eigentum des Unterhaltungspflichtigen stehenden Flächen entlang der Ufer, soweit andernfalls eine sachgerechte Unterhaltung des Gewässers nicht gewährleistet ist,
4. die Unterhaltung und der Betrieb der Anlagen, die der Abführung des Wassers dienen; hierzu zählen auch Anlagen, die als Bestandteil des Gewässers dessen Ausbauzustand bestimmen und sichern.

(2) ¹Die Erhaltung der Schiffbarkeit erstreckt sich nur auf das dem öffentlichen Schiffsverkehr dienende Fahrwasser. ²Sie umfasst nicht die besonderen Zufahrtsstraßen zu den Häfen.
(3) Abweichend von § 39 Abs. 3 des Wasserhaushaltsgesetzes gelten für die Unterhaltung ausgebauter Gewässer neben § 39 Abs. 2 des Wasserhaushaltsgesetzes die vorstehenden Absätze 1 und 2, soweit nicht in einem Planfeststellungsbeschluss oder in einer Plangenehmigung nach § 68 des Wasserhaushaltsgesetzes etwas anderes bestimmt ist.

**§ 53 Unterhaltung der Gewässer erster Ordnung (zu § 40 Abs. 1 WHG)**
(1) Die Unterhaltung der Gewässer erster Ordnung obliegt dem Land, soweit nicht dem Bund die Unterhaltung der Bundeswasserstraßen obliegt und soweit nicht in einer Entscheidung nach § 62 Abs. 2 Abweichendes festgelegt wird.
(2) Die nach bisherigem Recht begründete Pflicht, zu den Kosten der Unterhaltung eines schon bisher vom Lande zu unterhaltenden Gewässers erster Ordnung beizutragen, bleibt bestehen.

**§ 54 Unterhaltung der Gewässer zweiter Ordnung (zu § 40 Abs. 1 WHG)**
(1) ¹Die Unterhaltung der Gewässer zweiter Ordnung obliegt den in der **Anlage 2** genannten Unterhaltungsverbänden, soweit sich nicht aus den §§ 58, 61 und 62 Abs. 1 oder einer Entscheidung nach § 62 Abs. 2 etwas anderes ergibt. ²Die Unterhaltungsverbände stellen ein Verzeichnis der in ihrer Unterhaltungspflicht befindlichen Gewässer zweiter Ordnung auf. ³Das Verzeichnis und etwaige Änderungen sind der Aufsichtsbehörde vorzulegen.
(2) ¹Verbandsgebiet ist das in der Anlage 2 festgelegte Niederschlagsgebiet, das in Kartenwerken des gewässerkundlichen Landesdienstes bezeichnet ist. ²Diese Kartenwerke sind durch den gewässerkundlichen Landesdienst jährlich zu aktualisieren und den Verbänden jeweils zum 30. September digital zur Verfügung zu stellen.
(3) ¹Mitglieder dieser Verbände sind die Gemeinden im jeweiligen Niederschlagsgebiet, die nicht einer Verbandsgemeinde angehören, und die Verbandsgemeinden im jeweiligen Niederschlagsgebiet (Verbandsmitglieder). ²Die Verbandsmitglieder entsenden jeweils einen Vertreter, der zu ihrer Vertretung nach den Bestimmungen des Kommunalverfassungsrechts befugt ist, oder einen durch den Gemein-

derat oder den Verbandsgemeinderat bestimmten Einwohner aus dem jeweiligen Gemeindegebiet oder Verbandsgemeindegebiet in die Verbandsversammlung. ³Zur Wahl der ständigen Verbandsausschussmitglieder können die Verbandsmitglieder Vertreter, die zu ihrer Vertretung nach den Bestimmungen des Kommunalverfassungsrechts befugt sind, oder Einwohner, die durch den Gemeinderat oder den Verbandsgemeinderat bestimmt werden, aus dem Verbandsgebiet vorschlagen. ⁴Die Verbandsmitglieder sind verpflichtet, die Unterhaltungsverbände bei der ordnungsgemäßen und wirtschaftlichen Aufgabenerfüllung zu unterstützen. ⁵Die Verbandssatzung kann abweichend von Satz 2 vorsehen, dass Verbandsmitglieder mehrere Stimmen haben und dass das Stimmrecht eines Verbandsmitgliedes durch eine entsprechende Zahl von Vertretern ausgeübt wird. ⁶Die Vertreter der Verbandsmitglieder werden nach dem für die Bildung der Ausschüsse des Gemeinderates vorgeschriebenen Verfahren gemäß § 47 des Kommunalverfassungsgesetzes bestimmt. ⁷Die Stimmen eines Verbandsmitgliedes können nur einheitlich abgegeben werden. ⁸Die Verbandssatzung kann die Übertragbarkeit des Stimmrechts auf einen anderen Vertreter des Verbandsmitgliedes vorsehen. ⁹Die Verbandsmitglieder unterliegen bei der Ausübung der Mitgliedschaftsrechte keiner Zweckmäßigkeitskontrolle.

(4) Die Unterhaltungsverbände unterliegen der Rechtsaufsicht durch die zuständigen Wasserbehörden.

(5) ¹Die Rechtsaufsichtsbehörde kann Beschlüsse und Anordnungen des Unterhaltungsverbandes rechtlich beanstanden und verlangen, dass sie von dem Unterhaltungsverband binnen einer angemessenen Frist aufgehoben werden. ²Sie kann ferner verlangen, dass Maßnahmen, die aufgrund derartiger Beschlüsse oder Anordnungen getroffen wurden, rückgängig gemacht werden. ³Die Beanstandung hat aufschiebende Wirkung.

(6) Erfüllt der Unterhaltungsverband die ihm gesetzlich obliegenden Pflichten nicht, kann die Rechtsaufsichtsbehörde anordnen, dass der Unterhaltungsverband innerhalb einer angemessenen Frist die notwendigen Maßnahmen durchführt.

## § 55 Unterhaltungsverbände

(1) Die Unterhaltungsverbände sind Wasser- und Bodenverbände im Sinne des Wasserverbandsgesetzes; für sie gelten die Vorschriften des Wasserverbandsgesetzes, soweit nicht in diesem Gesetz etwas anderes bestimmt ist.

(2) ¹Die Unterhaltungsverbände haben Eigentümer und Nutzer der zum Verbandsgebiet gehörenden Grundstücke in die Verbandsversammlung oder in den Verbandsausschuss zu berufen. ²Die Berufung soll nach der von den Interessenverbänden der Eigentümer und Nutzer zuvor eingeholten gemeinsamen Vorschlagsliste erfolgen. ³Das nähere Verfahren, die Zahl der Berufenen und deren Stimmanteil, der mindestens 45 v.H. der satzungsmäßigen Stimmen betragen muss, regelt die Satzung. ⁴Die Stimmausübung ist dahin gehend zu begrenzen, dass die anwesenden Berufenen zusammen weniger Stimmen auf sich vereinigen als die übrigen in den jeweiligen Verbandsversammlungen oder dem Verbandsausschuss anwesenden Stimmberechtigten. ⁵Ist ein Berufener an der Teilnahme der Sitzung des Verbandsausschusses oder der Verbandsversammlung verhindert, wird er durch einen Stellvertreter in der Sitzung vertreten. ⁶Der Stellvertreter ist in der gemeinsamen Vorschlagsliste zu benennen. ⁷Die Berufenen haben die gleichen Informations- und Einsichtsrechte wie die sonstigen Vertreter der Verbandsmitglieder.

(3) ¹Für die Verbandsbeiträge gelten die Vorschriften des Dritten Teils des Wasserverbandsgesetzes mit der Maßgabe, dass sich die Beiträge für die Gewässerunterhaltung nach
1. dem Verhältnis der Fläche, mit dem die Mitglieder am Verbandsgebiet beteiligt sind (Flächenbeitrag), und
2. dem Verhältnis der Einwohnerzahlen der Gemeinden, die nicht einer Verbandsgemeinde angehören, oder der Verbandsgemeinde im Verbandsgebiet gemäß § 158 des Kommunalverfassungsgesetzes zur Gesamteinwohnerzahl als Maßstab für die Erschwerung der Gewässerunterhaltung durch versiegelte Flächen (Erschwernisbeitrag)

bestimmen. ²Der Anteil der Erschwernisbeiträge der Mitglieder beträgt unter Beachtung des Verhältnisses von Bodenfläche zu Siedlungs- und Verkehrsfläche im Verbandsgebiet mindestens 10 v.H. des Gesamtbeitrags; er ist in der Satzung festzulegen. ³Zur Vermeidung besonderer Härten bei der Beitragserhebung kann in der Satzung eine Höchstgrenze für den Erschwernisbeitrag festgelegt werden. ⁴Eine besondere Härte liegt insbesondere vor, wenn der Verbandsbeitrag des Mitgliedes um mehr als 100 v.H. über dem Verbandsbeitrag liegt, der ohne einen Erschwernisbeitrag zu zahlen wäre.

(3a) ¹Die zur Beitragskalkulation erforderlichen Geobasisdaten sind, soweit im Geobasisinformationssystem im Sinne des § 19 des Vermessungs- und Geoinformationsgesetzes Sachsen-Anhalt vorhanden, den Unterhaltungsverbänden kostenfrei zu überlassen. ²Die erforderlichen Nutzungsrechte und Genehmigungen sind ihnen kostenfrei zu erteilen.

(4) ¹Die Unterhaltungsverbände haben rechtzeitig vor Beginn des Haushaltsjahres ihren Mitgliedern eine nach Kostenarten gegliederte Beitragskalkulation vorzulegen. ²Kosten sind nur beitragsfähig, soweit sie ausschließlich der Gewässerunterhaltung dienen. ³Die Kosten, die der Unterhaltungsverband gemäß §,56a Abs. 1 an das Land zu zahlen hat, gehören zu den beitragsfähigen Kosten.

(5) ¹Eine Erweiterung der Aufgaben und Umgestaltung der Verbände ist zulässig. ²Sie richten sich nach den Vorschriften des Wasserverbandsgesetzes. ³Eine Umgestaltung der Verbände in Bezug auf die in § 54 Abs. 1 bis 3 enthaltenen Festlegungen ist unzulässig.

(6) ¹Die Unterhaltungsverbände haben zur Sicherung des Haushalts Rücklagen zu bilden. ²Überschüsse der Jahresrechnung sind den Rücklagen zuzuführen. ³Die Höhe der Rücklagen darf 50 v. H. der jährlichen Gesamteinnahmen nicht übersteigen.

(7) ¹Die Unterhaltungsverbände haben für den Schluss eines jeden Haushaltsjahres eine Jahresrechnung einschließlich einer Einschätzung der Geschäftsführung zur gegenwärtigen Situation und zur zukünftigen Entwicklung des Verbandes aufzustellen. ²Die Jahresrechnung wird von einer unabhängigen Prüfstelle geprüft, die aus dem örtlich zuständigen Rechnungsprüfungsamt oder einem Wirtschaftsprüfer oder einer Wirtschaftsprüfungsgesellschaft besteht. ³Die Bestellung der Prüfstelle erfolgt jährlich durch die Verbandsversammlung, soweit die Satzung kein anderes Verbandsorgan bestimmt. ⁴Eine erneute Bestellung derselben Prüfstelle ist zulässig, soll aber auf fünf Haushaltsjahre hintereinander begrenzt sein. ⁵Die Prüfung schließt die Haushalts- und Rechnungsführung, die Ordnungsmäßigkeit der Geschäftsführung, die Rechtmäßigkeit der Beitrags- und Mehrkostenermittlung, die Rechtmäßigkeit der Beitragserhebung und Mehrkostenrechnungslegung sowie die sachgerechte Aufgabenwahrnehmung ein. ⁶Die Kosten trägt der jeweilige Unterhaltungsverband.

(8) ¹Hat sich ein Niederschlagsgebiet und mit ihm die Grenze eines Verbandsgebietes geändert, so sind die von der Änderung betroffenen Verbandsmitglieder aus dem einen Unterhaltungsverband zu entlassen und dem anderen Unterhaltungsverband zuzuweisen. ²Für das Verfahren gelten die §§ 23 bis 25 des Wasserverbandsgesetzes entsprechend.

### § 55a Zusammenarbeit von Unterhaltungsverbänden

¹Unterhaltungsverbände können bei der Aufgabenwahrnehmung zusammenarbeiten, um ihre Verwaltungskraft besser auszuschöpfen. ²Die Unterhaltungsverbände sollen durch öffentlich-rechtlichen Vertrag befristet oder unbefristet vereinbaren, dass ein Unterhaltungsverband bestimmte Aufgaben zugleich für die übrigen Unterhaltungsverbände wahrnimmt. ³Ein Unterhaltungsverband soll auch gestatten, dass die übrigen Unterhaltungsverbände eine von ihm betriebene Einrichtung oder Verwaltung mitbenutzen. ⁴Der Vertrag ist der Rechtsaufsichtsbehörde anzuzeigen.

### § 56 Heranziehung zu den Beiträgen für einen Unterhaltungsverband

(1) ¹Ist eine Gemeinde, die nicht einer Verbandsgemeinde angehört, oder eine Verbandsgemeinde Mitglied eines Unterhaltungsverbandes, kann sie, soweit sie sich nicht für eine andere Art der Finanzierung entscheidet, die Verbandsbeiträge für Grundstücke, die nicht im Eigentum der Gemeinde oder der Verbandsgemeinde stehen, einschließlich der Kosten, die der Unterhaltungsverband an das Land abzuführen hat, sowie die bei der Umlegung der Verbandsbeiträge entstehenden Verwaltungskosten vorrangig auf die Eigentümer, Erbbauberechtigten oder ersatzweise auf die Nutzer der im Gemeindegebiet oder im Verbandsgemeindegebiet gelegenen, zum Verbandsgebiet gehörenden Grundstücke umlegen. ²Dabei sind der Flächenbeitrag auf alle Grundstücke nach Satz 1 und der Erschwernisbeitrag zusätzlich auf die Grundstücke nach Satz 1, die nicht der Grundsteuer A unterliegen oder durch Satzung nach Satz 3 ausgenommen sind, zu ermitteln und zu verteilen; die Umlage erfolgt jeweils entsprechend § 55 Abs. 3 Satz 1 Nr. 1 nach dem Verhältnis der Fläche. ³Aufgrund einer Satzung der Gemeinde oder der Verbandsgemeinde dürfen solche Grundstücke von der Umlage des Erschwernisbeitrages ausgenommen werden, deren Flächen unwesentlich versiegelt sind, die für gemeinnützige oder mildtätige Zwecke genutzt werden und deren Nutzung und Finanzierung in keinem öffentlich-rechtlichen Zusammenhang stehen.

(2) Die Umlagen werden wie Gebühren nach dem Kommunalabgabengesetz erhoben.

**§ 56a Heranziehung zu den Kosten für die Unterhaltung der Gewässer erster Ordnung**
(1) Für Grundstücke, die nicht in Bundeswasserstraßen oder in Gewässer zweiter Ordnung entwässern, erstattet der örtlich zuständige Unterhaltungsverband dem Land die Kosten für die Unterhaltung der Gewässer erster Ordnung, soweit die Kosten dem jeweiligen Verbandsgebiet zuzuordnen sind.
(2) [1]Der Kostensatz für die Erstattung nach Absatz 1 ergibt sich aus dem jeweiligen Flächenbetrag und Erschwernisbetrag, den der Unterhaltungsverband nach Maßgabe des § 55 Abs. 3 für die Flächen, die in die Gewässer zweiter Ordnung entwässern, ermittelt. [2]Die Höhe der Kostenerstattung errechnet sich aus der Summe der Multiplikation des Flächenbeitrages nach Satz 1 mit den Flächen, die in die Gewässer erster Ordnung entwässern, und der Multiplikation des Erschwernisbeitrages nach Satz 1 mit der Einwohnerzahl auf diesen Flächen. [3]Das Land erstattet dem Unterhaltungsverband die Verwaltungskosten, die dem Unterhaltungsverband bei der Ermittlung und Erhebung der Verbandsbeiträge entstehen und die den Flächen, die nicht zum Niederschlagsgebiet eines Gewässers zweiter Ordnung gehören, zuzuordnen sind.
(3) [1]Die Kosten werden durch den Landesbetrieb für Hochwasserschutz und Wasserwirtschaft Sachsen-Anhalt je Jahr in Rechnung gestellt. [2]Die Unterhaltungsverbände teilen dem Landesbetrieb für Hochwasserschutz und Wasserwirtschaft Sachsen-Anhalt spätestens zum 30. Januar für das laufende Jahr den Kostensatz nach Absatz 2 Satz 1 mit.
(4) Hinsichtlich der Überlassung der für die Heranziehung zu den Kosten für die Unterhaltung der Gewässer erster Ordnung erforderlichen Geobasisdaten und die Erteilung von Nutzungsrechten und Genehmigungen gilt § 55 Abs. 3a entsprechend.

**§ 57 Zuschuss des Landes zur Unterhaltung der Gewässer zweiter Ordnung**
(1) [1]Das Land gewährt im Rahmen der zur Verfügung stehenden Haushaltsmittel den Unterhaltungsverbänden auf Antrag einen Zuschuss zu ihren Aufwendungen für die Unterhaltung der Gewässer zweiter Ordnung. [2]Der Zuschuss beträgt insgesamt höchstens 50 v.H. der in den jeweils letzten fünf Jahren für die Unterhaltung der Gewässer zweiter Ordnung im Lande erbrachten durchschnittlichen Aufwendungen pro Jahr.
(2) [1]Das für die Wasserwirtschaft zuständige Ministerium wird ermächtigt, die Verteilung des Zuschusses durch Verordnung zu regeln. [2]Bei der Regelung der Höhe des Zuschusses ist von den zur Verfügung stehenden Haushaltsmitteln, von der Länge der Gewässer zweiter Ordnung, von der beitragspflichtigen Fläche sowie von dem durchschnittlichen Unterhaltungsaufwand im Sinne des Absatzes 1 auszugehen.
(3) Zu den zuschussfähigen Unterhaltungsaufwendungen im Sinne dieser Vorschrift gehören nicht die Verwaltungskosten, die Erschwernisbeiträge und diejenigen Aufwendungen, für die besondere Beiträge erhoben oder Mehrkosten geltend gemacht werden können,

**§ 58 Übernahme der Unterhaltungspflicht durch das Land**
(1) [1]Die Landesregierung kann die Unterhaltung eines Gewässers zweiter Ordnung, wenn sie besonders schwierig und kostspielig ist, mit Zustimmung des Landtages auf das Land übernehmen. [2]Die Übernahme kann insbesondere davon abhängig gemacht werden, dass der Unterhaltungsverband dem Land unentgeltlich das Eigentum an dem Gewässer verschafft. [3]Der Unterhaltungsverband wird zu den Kosten der Unterhaltung herangezogen; der Kostenanteil des Unterhaltungsverbandes bemisst sich nach dem durchschnittlichen Unterhaltungsaufwand des Vorjahres in Euro pro Kilometer für die vom Verband unterhaltenen Gewässer zweiter Ordnung, multipliziert mit der Länge der vom Land übernommenen Gewässerstrecke.
(2) In den Fällen des Absatzes 1 sind für die Flächen der Gewässer, die vom Land unterhalten werden, keine Beiträge zu erheben.

**§ 59 Unterhaltung der Sammelbecken von Talsperren (zu § 40 Abs. 1 WHG)**
[1]Die Unterhaltung der Sammelbecken von Talsperren und von Anlagen, für die eine Feststellung nach § 48 getroffen ist, kann die Wasserbehörde auf den Betreiber der Talsperre oder Anlage mit öffentlich-rechtlicher Wirkung übertragen, wenn die Betroffenen zustimmen. [2]Unter derselben Voraussetzung kann sie auf den im Übrigen gesetzlich Unterhaltungspflichtigen zurückübertragen werden.

**§ 60 Unterhaltung der Anlagen in und an Gewässern**
(1) Anlagen in und an Gewässern hat der Eigentümer der Anlage oder, falls dieser nicht ermittelt werden kann, der Nutznießer zu unterhalten.

(2) [1]Der Landesbetrieb für Hochwasserschutz und Wasserwirtschaft Sachsen-Anhalt kann für die Wartung von wasserwirtschaftlichen Anlagen, die in der Unterhaltungspflicht des Landes stehen, geeignete Personen als ehrenamtliche Anlagenwärter bestellen. [2]§ 111 Abs. 5 Satz 2 gilt entsprechend.

### § 61 Unterhaltung der Häfen, Lande- und Umschlagstellen
Die Unterhaltung der Häfen, Lande- und Umschlagstellen obliegt dem, der sie betreibt.

### § 62 Unterhaltungspflicht aufgrund besonderen Titels oder behördlicher Entscheidung (zu § 40 Abs. 2 WHG)

(1) [1]Ist beim Inkrafttreten dieses Gesetzes ein anderer als der durch die §§ 53 bis 61 Bezeichnete aufgrund eines besonderen Rechtstitels zur Unterhaltung von Gewässerstrecken oder von Bauwerken (Anlagen) im und am Gewässer verpflichtet, so tritt er an die Stelle des nach den §§ 53 bis 61 Unterhaltungspflichtigen. [2]Wenn die Betroffenen zustimmen, kann die Wasserbehörde die Verpflichtung mit öffentlich-rechtlicher Wirkung auf denjenigen übertragen, der nach diesen Vorschriften unterhaltungspflichtig wäre.

(2) [1]In der Entscheidung über einen Gewässerausbau oder über die Errichtung einer Anlage im oder am Gewässer kann die für die Entscheidung zuständige Behörde die Unterhaltungspflicht für das Gewässer oder für die Anlage mit öffentlich-rechtlicher Wirkung abweichend von den §§ 53 bis 61 ganz oder teilweise auf einen anderen, insbesondere auf den Ausbauunternehmer übertragen, wenn der Gewässerausbau oder die Errichtung der Anlage vorwiegend dessen Interessen dient; dies gilt nicht für Anlagen, solange sie der Bergaufsicht unterliegen. [2]Die Übertragung der Unterhaltungspflicht kann auch nach Erlass der Entscheidung über den Ausbau oder über die Errichtung der Anlage vorgenommen werden; sie kann in der Ausbauentscheidung oder in der Errichtungsgenehmigung vorbehalten werden. [3]Die Entscheidung nach Satz 1 oder Satz 2 ergeht auf Antrag oder von Amts wegen. [4]Ist für die Entscheidung über den Gewässerausbau oder über die Errichtung der Anlage nicht die Wasserbehörde zuständig, so bedarf die zuständige Behörde für eine Entscheidung nach Satz 1 oder Satz 2 des Einvernehmens mit der Wasserbehörde. [5]Anstelle einer Entscheidung nach Satz 1 oder Satz 2 kann die zuständige Behörde festlegen, dass dem nach den §§ 53 bis 61 zur Unterhaltung Verpflichteten die Kosten zu erstatten sind.

### § 63 Ersatzvornahme (zu § 40 Abs. 4 WHG)
[1]Wird die Unterhaltungspflicht nach den §§ 59 bis 62 von den Unterhaltungspflichtigen nicht oder nicht genügend erfüllt und will die Wasserbehörde die Erfüllung der Unterhaltungspflicht mit dem Zwangsmittel der Ersatzvornahme durchsetzen, so kann sie mit den erforderlichen Unterhaltungsarbeiten, falls sie die Arbeiten nicht selber ausführen lässt, auch einen Wasser- und Bodenverband oder eine andere geeignete Körperschaft des öffentlichen Rechts beauftragen. [2]Die Kosten der Ersatzvornahme trägt der Unterhaltungspflichtige.

### § 64 Ersatz von Mehrkosten
(1) [1]Erhöhen sich die Kosten der Unterhaltung, weil ein Grundstück in seinem Bestand besonders gesichert werden muss oder weil eine Anlage im oder am Gewässer sie erschwert, so hat der Eigentümer des Grundstücks oder der Anlage die Mehrkosten zu ersetzen. [2]Dazu ist auch verpflichtet, wer die Unterhaltung durch Einleiten oder Einbringen von Stoffen erschwert. [3]Der Unterhaltungspflichtige hat die Mehrkosten nachzuweisen und zu erheben; § 68 findet keine Anwendung. [4]Mehrkosten werden durch den Unterhaltungspflichtigen mit Verwaltungsakt erhoben. [5]Ein Vorverfahren nach § 68 der Verwaltungsgerichtsordnung entfällt. [6]Eine Klage hat keine aufschiebende Wirkung. [7]Zu den Mehrkosten der Unterhaltung gehören auch die zur Ermittlung der Mehrkosten aufgewendeten Verwaltungskosten. [8]Die Verwaltungskosten dürfen 15 v. H. der Mehrkosten nicht übersteigen. [9]Der Unterhaltungspflichtige kann statt der tatsächlichen Mehrkosten jährliche Leistungen entsprechend den durchschnittlichen Mehrkosten, die durch Erschwernisse gleicher Art verursacht werden, erheben. [10]Eine annähernde Ermittlung der Mehrkosten genügt. [11]Die Unterhaltungsverbände weisen die Höhe und die Ermittlung der Mehrkosten im Haushaltsplan aus. [12]Die Unterhaltungsverbände führen und pflegen ein Verzeichnis über die Grundstücke, Anlagen, Einleitungen und Einbringungen, die Mehrkosten verursachen. [13]Die Geltendmachung von Mehrkosten kann unterbleiben, wenn feststeht, dass die Einziehung keinen Erfolg haben wird, oder wenn die Kosten der Einziehung einschließlich der Festsetzung außer Verhältnis zu dem Betrag stehen. [14]Davon ist grundsätzlich auszugehen, wenn der Betrag 30 Euro unterschreitet. [15]Die nicht geltend gemachten Mehrkosten sind beitragsfähig.

(2) Soweit Arbeiten erforderlich sind, um Schäden zu beseitigen oder zu verhüten, die durch die Schifffahrt oder durch Ausbaumaßnahmen an den Ufergrundstücken entstanden sind, kann kein Ersatz der Mehrkosten verlangt werden.
(3) Die Bestimmungen für Wasser- und Bodenverbände bleiben unberührt.
(4) Hinsichtlich der Überlassung der für die Mehrkostenkalkulation erforderlichen Geobasisdaten und die Erteilung von Nutzungsrechten und Genehmigungen gilt § 55 Abs. 3a entsprechend.

### § 65 Kostenausgleich
[1]Ein Unterhaltungsverband hat zu den Aufwendungen eines benachbarten Verbandes beizutragen, die aus der Unterhaltung und dem Betrieb besonderer Anlagen erwachsen, die der gemeinsamen Abführung des Wassers dienen. [2]Die gemeinsamen Kosten sind nach dem Verhältnis der Flächengrößen der Verbandsgebiete zu verteilen, es sei denn, dass dies nach Lage des Einzelfalles offenbar unbillig ist. [3]Die Verbände können die Kostenbeteiligung durch Vereinbarung regeln; dabei sind sie an Satz 2 nicht gebunden. [4]Soweit es sich um die Kostenbeteiligung handelt, hat der belastete Verband das Recht, an den Ausschusssitzungen und den Verbandsversammlungen des anderen Verbandes mit beratender Stimme teilzunehmen.

### § 66 Besondere Pflichten bei der Gewässerunterhaltung (zu § 41 WHG)
(1) [1]Anlieger und Hinterlieger müssen das Einebnen des Aushubs auf ihren Grundstücken dulden, wenn es die bisherige Nutzung nicht dauernd beeinträchtigt. [2]§ 41 Abs. 4 des Wasserhaushaltsgesetzes gilt entsprechend.
(2) Abweichend von § 41 Abs. 4 des Wasserhaushaltsgesetzes haben auch die Inhaber von Rechten und Befugnissen an Gewässern einen Anspruch auf Schadenersatz, wenn die gemäß § 41 Abs. 1 Satz 1 Nr. 4 des Wasserhaushaltsgesetzes zu duldenden Arbeiten zur Gewässerunterhaltung zu einer dauernden oder unverhältnismäßig großen Benachteiligung führen.

### § 67 Gewässerschau
(1) [1]Zweck der Gewässerschau ist es, zu prüfen, ob die oberirdischen Gewässer ordnungsgemäß unterhalten werden. [2]Die Gewässer erster und zweiter Ordnung sind regelmäßig zu schauen.
(2) [1]Die Wasserbehörden können den Unterhaltungsverbänden mit deren Zustimmung die Schau der in ihrem Verbandsgebiet gelegenen Gewässer zweiter Ordnung übertragen. [2]Setzen diese Stellen Beauftragte ein, so gilt auch für die Schaubeauftragten § 101 Abs. 1 bis 3 des Wasserhaushaltsgesetzes sinngemäß.
(3) [1]Der Schautermin ist in den Gemeinden ortsüblich bekannt zu machen. [2]Im Übrigen kann die Wasserbehörde die Gewässerschau durch Verordnung (Schauordnung) regeln, insbesondere die Zahl und Auswahl der Schaubeauftragten, die Schautermine und die Teilnehmer an diesen. [3]Je ein Vertreter der unteren Naturschutzbehörde, des Amtes für Landwirtschaft, Flurneuordnung und Forsten; der unteren Forstbehörde, der land- und forstwirtschaftlichen Berufsverbände sowie der vom Land anerkannten Naturschutzvereinigungen, die nach ihrer Satzung landesweit tätig sind, ist zur Gewässerschau durch den Unterhaltungspflichtigen hinzuzuziehen.
(4) [1]Für jede Gewässerschau ist ein Protokoll anzufertigen, das binnen sechs Wochen nach Beendigung des Schautermins der zuständigen Wasserbehörde, den Verbandsmitgliedern und den Berufenen zu übersenden ist. [2]Das Protokoll ist der Verbandsversammlung oder dem Verbandsausschuss rechtzeitig zuzuleiten. [3]Es ist der Unterhaltungsplanung mit zugrunde zu legen.

### § 68 Entscheidung der Wasserbehörde, Unterhaltungsordnungen (zu § 42 WHG)
(1) Ergänzend zu § 42 des Wasserhaushaltsgesetzes kann die Wasserbehörde im Streitfall bestimmen, wem und in welchem Umfang die Unterhaltung, eine Kostenbeteiligung oder eine besondere Pflicht im Interesse der Unterhaltung obliegt.
(2) Wird ein Gewässer von einem anderen als dem zu seiner Unterhaltung Verpflichteten ausgebaut, so hat der Ausbauunternehmer das ausgebaute Gewässer, wenn die Unterhaltungspflicht streitig ist, so lange selbst zu unterhalten, bis durch unanfechtbare Entscheidung bestimmt ist, wem die Unterhaltungspflicht obliegt.
(3) Die Wasserbehörde kann Regelungen nach § 42 Abs. 1 des Wasserhaushaltsgesetzes durch Verordnung treffen (Unterhaltungsordnung).

*Abschnitt 3*
**Bewirtschaftung des Grundwassers**

### § 69 Erlaubnisfreie Benutzung des Grundwassers (zu § 46 Abs. 3 WHG)

(1) Eine Erlaubnis oder Bewilligung für das Einleiten von Niederschlagswasser in das Grundwasser ist nicht erforderlich, wenn das Niederschlagswasser auf Dach-, Hof- oder Wegeflächen von Wohngrundstücken anfällt und auf dem Grundstück versickert werden soll; für die Einleitung des auf den Hofflächen anfallenden Niederschlagswassers gilt dies jedoch nur, soweit die Versickerung über die belebte Bodenzone erfolgt.

(2) ¹Das für die Wasserwirtschaft zuständige Ministerium kann darüber hinaus allgemein oder für einzelne Gebiete durch Verordnung bestimmen, dass das Einleiten von Niederschlagswasser in das Grundwasser zum Zwecke der Versickerung keiner Erlaubnis bedarf, wenn eine schädliche Verunreinigung des Grundwassers oder eine sonstige nachteilige Veränderung seiner Eigenschaften nicht zu besorgen ist; dabei sind die Niederschlagsflächen und die Anforderungen an das schadlose Versickern festzulegen. ²Das für die Wasserwirtschaft zuständige Ministerium kann diese Befugnis für einzelne Gebiete durch Verordnung auf die Wasserbehörden übertragen.

(3) Eine Erlaubnis oder Bewilligung ist ferner nicht erforderlich für das Entnehmen, Zutagefördern, Zutageleiten oder Ableiten von Grundwasser in geringen Mengen für den Gartenbau und die Fischzucht.

(4) ¹Das für die Wasserwirtschaft zuständige Ministerium kann allgemein, die Wasserbehörde für einzelne Gebiete durch Verordnung bestimmen, dass das Entnehmen, Zutageleiten oder Ableiten von Grundwasser in geringen Mengen für die Land- oder Forstwirtschaft oder für gewerbliche Betriebe über die in § 46 Abs. 1 des Wasserhaushaltsgesetzes bezeichneten Zwecke hinaus einer Erlaubnis oder Bewilligung nicht bedarf. ²Dabei ist zu bestimmen, welche Mengen als gering anzusehen sind.

*Kapitel 3*
**Besondere wasserwirtschaftliche Bestimmungen**

*Abschnitt 1*
**Öffentliche Wasserversorgung, Wasserschutzgebiete, Heilquellenschutz**

*Unterabschnitt 1*
**Öffentliche Wasserversorgung**

### § 70 Öffentliche Wasserversorgung (zu § 50 WHG)

(1) ¹Die Wasserbehörde kann die Gemeinde auf Antrag ganz oder teilweise von der Aufgabe, die Bevölkerung und die gewerblichen und sonstigen Einrichtungen in ihrem Gebiet mit Trinkwasser zu versorgen, befreien, wenn
1. die Versorgung im Außenbereich nur mit einem unverhältnismäßig hohen Aufwand möglich ist,
2. gewerbliche Verbraucher nicht zwingend Trinkwasser benötigen und eine andere Versorgung mit Rücksicht auf das Trinkwasserdargebot zumutbar ist oder
3. gewerbliche Verbraucher eine ausreichende Trinkwasserversorgung haben und Gründe des Wasserhaushalts nicht entgegenstehen.

²Der Antrag kann von der Gemeinde oder vom Verbraucher gestellt werden.

(2) ¹Die Gemeinden können sich zur Erfüllung ihrer Aufgaben Dritter bedienen. ²Die Dritten können von den Benutzern privatrechtliche Entgelte im eigenen Namen und auf eigene Rechnung fordern.

### § 71 *[aufgehoben]*

### § 72 Wasseruntersuchungen (zu § 50 Abs. 5 WHG)

(1) Unternehmen der öffentlichen Wasserversorgung sind verpflichtet, die Beschaffenheit des zur Trinkwasserversorgung gewonnenen Wassers (Rohwasser) auf ihre Kosten durch eine Stelle untersuchen zu lassen, die die Anforderungen nach § 15 Abs. 4 der Trinkwasserverordnung in der Fassung der Bekanntmachung vom 28. November 2011 (BGBl. I S. 2370), geändert durch Artikel 2 Abs. 19 des Gesetzes vom 22. Dezember 2011 (BGBl. I S. 3044, 3047), in der jeweils geltenden Fassung, erfüllt.

(2) Die Wasserbehörde kann allgemein durch Verordnung oder im Einzelfall Art, Umfang und Häufigkeit der Untersuchung näher bestimmen.

(3) [1]Rechtfertigen Tatsachen die Annahme, dass es zu nachteiligen Veränderungen der Grundwasserbeschaffenheit kommen kann, so sind die Unternehmen der öffentlichen Trinkwasserversorgung verpflichtet, zur frühzeitigen Erkennung dieser Veränderungen Messstellen im Einzugsbereich ihrer Grundwasserentnahmen (Vorfeldmessstellen) zu errichten und zu betreiben; § 110 Abs. 2 gilt zugunsten der Unternehmen der öffentlichen Trinkwasserversorgung entsprechend. [2]Die Wasserbehörde kann Anzahl und Lage der erforderlichen Vorfeldmessstellen sowie Art und Umfang der Messungen näher bestimmen. [3]Bereits vorhandene Vorfeldmessstellen sind dabei zu berücksichtigen. [4]Soweit dies nach Satz 1 erforderlich ist, kann die Wasserbehörde den Eigentümer sowie den Besitzer oder den zur Nutzung des Grundstücks Berechtigten verpflichten, auf dem Grundstück die Errichtung und den Betrieb der Vorfeldmessstelle durch das Unternehmen der öffentlichen Trinkwasserversorgung zu dulden und Handlungen zu unterlassen, die die Messergebnisse beeinflussen können. [5]§ 113 Abs. 1 Satz 2 und Abs. 2 gilt entsprechend.

(4) Die Untersuchungsergebnisse sind der Wasserbehörde und dem gewässerkundlichen Landesdienst auf Verlangen vorzulegen.

*Unterabschnitt 2*
**Wasserschutzgebiete**

### § 73 Festsetzung von Wasserschutzgebieten (zu § 51 WHG)

(1) [1]Die Wasserbehörde setzt Wasserschutzgebiete nach § 51 Abs. 1 Satz 1 des Wasserhaushaltsgesetzes durch Verordnung fest. [2]Vor dem Erlass der Verordnung ist ein Anhörungsverfahren durchzuführen. [3]Jeder, dessen Belange durch das Vorhaben berührt werden, kann bis zwei Wochen nach Abschluss des Anhörungsverfahrens schriftlich oder zur Niederschrift bei der Wasserbehörde oder bei der Gemeinde Anregungen oder Bedenken gegen die Festsetzung vortragen; im Übrigen gilt § 1 Abs. 1 Satz 1 des Verwaltungsverfahrensgesetzes Sachsen-Anhalt in Verbindung mit § 73 des Verwaltungsverfahrensgesetzes entsprechend. [4]§ 27 gilt sinngemäß. [5]Bekannt zu machen sind auch die beabsichtigten Schutzbestimmungen nach § 52 Abs. 1 des Wasserhaushaltsgesetzes. [6]Diejenigen, deren Anregungen und Bedenken nicht berücksichtigt werden, sind über die Gründe zu unterrichten.

(2) [1]Die Verordnung kann das Wasserschutzgebiet und seine Zonen zeichnerisch in Karten bestimmen. [2]Werden die Karten nicht im ortsüblich amtlichen Verkündungsblatt bekannt gemacht, so haben die Wasserbehörde, die die Verordnung erlässt, und die Gemeinden, deren Gebiet betroffen ist, Ausfertigungen der Karten aufzubewahren und jedermann kostenlos Einsicht zu gewähren. [3]Hierauf ist in der Verordnung hinzuweisen. [4]Außerdem sind in der Verordnung die nach Satz 1 zu verkündenden Bestandteile unter Hinweis auf ihren wesentlichen Inhalt zu bezeichnen.

(3) [1]Im Liegenschaftskataster ist ein Hinweis auf das festgesetzte Wasserschutzgebiet einzutragen. [2]Die Wasserbehörde übersendet dem Landesamt für Vermessung und Geoinformation Sachsen-Anhalt die dafür erforderlichen Unterlagen.

(4) [1]Die Kosten für die Festsetzung eines Wasserschutzgebietes trägt derjenige, welcher durch die Festsetzung unmittelbar begünstigt wird. [2]Ist kein unmittelbar Begünstigter vorhanden, trägt die Kosten das Land.

(5) [1]Die für die Festsetzung eines Wasserschutzgebietes nach § 51 Abs. 1 Nr. 1 des Wasserhaushaltsgesetzes erforderlichen Unterlagen, insbesondere Karten, Pläne und Gutachten, sind von dem durch die Festsetzung unmittelbar Begünstigten vorzulegen. [2]Kommt dieser seiner Verpflichtung nicht nach, so hat er der Wasserbehörde die für die Erstellung der Unterlagen entstehenden Kosten zu erstatten.

(6) Die Absätze 1 bis 5 gelten auch für die Änderung festgesetzter Wasserschutzgebiete.

(7) Die Wasserschutzgebiete sind in die Raumordnungsplanung aufzunehmen.

(8) [1]Am 1. April 2011 bestehende Wasserschutzgebiete oder gleichgestellte Gebiete, die nicht aus den in § 51 Abs. 1 des Wasserhaushaltsgesetzes genannten Gründen erforderlich sind, sind aufgehoben. [2]Die aufgehobenen Wasserschutzgebiete werden von der Wasserbehörde ortsüblich öffentlich bekannt gemacht. [3]In Zweifelsfällen stellt die Wasserbehörde auf Antrag oder von Amts wegen das Vorliegen der Voraussetzung des Satzes 1 fest.

## § 74 Besondere Anforderungen in Wasserschutzgebieten (zu § 52 WHG)
Abweichend von § 52 Abs. 1 Satz 1 des Wasserhaushaltsgesetzes kann das für die Wasserwirtschaft zuständige Ministerium durch Verordnung auch Schutzbestimmungen für alle oder mehrere Wasserschutzgebiete treffen.

## § 75 Ausgleich (zu § 52 Abs. 5 WHG)
¹Der Ausgleich bemisst sich nach den durchschnittlichen Ertragseinbußen und Mehraufwendungen, gemessen an den Erträgen und Aufwendungen einer ordnungsgemäßen land- oder forstwirtschaftlichen Nutzung. ²Ein Anspruch besteht nicht, soweit der wirtschaftliche Nachteil anderweitig ausgeglichen ist. ³Das für die Wasserwirtschaft zuständige Ministerium kann durch Verordnung Vorschriften erlassen über die Berechnung, über Geringfügigkeitsgrenzen, über die Fälligkeit des Ausgleichs und über die Frist, innerhalb derer ein Antrag auf Zahlung gestellt werden muss.

## § 76 Kooperativer Gewässerschutz, Zuschussgewährung
(1) ¹Das Land gewährt den Unternehmen der öffentlichen Wasserversorgung für Entschädigungs-, Ausgleichs- und sonstige Leistungen, die sie den bodenbewirtschaftenden Personen für Einschränkungen der land- und forstwirtschaftlichen Grundstücksnutzung und für sonstige Maßnahmen einer Zusammenarbeit aufgrund freiwilliger Vereinbarungen zukommen lassen, einen Zuschuss im Rahmen der zur Verfügung stehenden Haushaltsmittel. ²Die zwischen Unternehmen der öffentlichen Wasserversorgung und den bodenbewirtschaftenden Personen vereinbarten Maßnahmen einer Zusammenarbeit in festgesetzten Wasserschutzgebieten oder in Gebieten, die die Voraussetzungen einer Festsetzung nach § 51 Abs. 1 Satz 1 des Wasserhaushaltsgesetzes erfüllen, müssen den Vorgaben der Richtlinie nach Absatz 2 entsprechen.
(2) ¹Das für die Wasserwirtschaft zuständige Ministerium regelt die Voraussetzungen für die Zuschussgewährung, die Kriterien für die Festlegung der Zuschusshöhe und das Verfahren durch eine Richtlinie. ²Die Zuschussgewährung wird durch Vertrag mit den Unternehmen der öffentlichen Wasserversorgung festgelegt. ³Kündigt das Land einen Vertrag aus wichtigem Grund, den das Unternehmen der öffentlichen Wasserversorgung zu vertreten hat, kann eine erneute Zuschussgewährung befristet oder auf Dauer ausgeschlossen werden.
(3) Die Absätze 1 und 2 gelten nur, falls ein Wasserentnahmeentgelt nach § 105 erhoben wird.

### Unterabschnitt 3
### Heilquellenschutz

## § 77 Heilquellenschutz (zu § 53 WHG)
(1) ¹Für die Anerkennung und den Widerruf von staatlich anerkannten Heilquellen nach § 53 Abs. 2 des Wasserhaushaltsgesetzes ist die Wasserbehörde zuständig. ²Vor der Entscheidung sind die zuständige Gesundheitsbehörde und die Gemeinde zu hören, in deren Gebiet die Heilquelle liegt.
(2) Für die Festsetzung von Heilquellenschutzgebieten nach § 53 Abs. 4 des Wasserhaushaltsgesetzes gelten die §§ 73 bis 76 dieses Gesetzes entsprechend.
(3) ¹Die aufgrund bisherigen Rechts geschützten oder anerkannten Heilquellen sind staatlich anerkannte Heilquellen im Sinne dieses Gesetzes. ²Die aufgrund bisherigen Rechts festgesetzten Schutzgebiete gelten als Heilquellenschutzgebiete im Sinne des Wasserhaushaltsgesetzes. ³Bis zum Erlass einer Verordnung nach § 53 Abs. 4 des Wasserhaushaltsgesetzes gelten die bisherigen Schutzbestimmungen.
(4) Auf Arbeiten, die aufgrund des Bergrechts untersagt werden können, sind die Vorschriften über den Heilquellenschutz nicht anzuwenden.

### Abschnitt 2
### Abwasserbeseitigung

## § 78 Pflicht zur Abwasserbeseitigung (zu § 56 WHG)
(1) ¹Die Gemeinden haben das gesamte auf ihrem Gebiet anfallende Abwasser einschließlich des in Kleinkläranlagen anfallenden Schlamms und des in abflusslosen Gruben gesammelten Abwassers zu beseitigen, soweit sich aus den folgenden Vorschriften nichts anderes ergibt. ²Die Abwasserbeseitigung nehmen die Gemeinden im eigenen Wirkungskreis wahr. ³Soweit die Gemeinden zur Erfüllung

ihrer Abwasserbeseitigungspflicht die Einhaltung des von ihnen erlassenen Satzungsrechts oder sonstigen öffentlichen Rechts überwachen oder ihre darauf beruhenden Entscheidungen ausführen, bestehen ihnen gegenüber die Verpflichtungen entsprechend § 101 des Wasserhaushaltsgesetzes. [4]Bedienen sich die zur Abwasserbeseitigung Verpflichteten gemäß § 56 Satz 3 des Wasserhaushaltsgesetzes zur Erfüllung ihrer Pflichten Dritter, können diese privatrechtliche Entgelte im eigenen Namen und auf eigene Rechnung erheben.

(2) Soweit es im Interesse einer ordnungsgemäßen Abwasserbeseitigung erforderlich ist, können die Gemeinden bestimmen oder vereinbaren, dass das Abwasser
1. nur in bestimmter Zusammensetzung, insbesondere frei von bestimmten Stoffen,
2. erst nach Vorbehandlung,
3. nur zu bestimmten Zeiten oder nur in bestimmten Höchstmengen innerhalb eines Zeitraums
in öffentliche Abwasseranlagen einzuleiten ist.

(3) Abwasser ist von dem Verfügungsberechtigten über das Grundstück, auf dem das Abwasser anfällt, dem zur Abwasserbeseitigung Verpflichteten zu überlassen.

(4) [1]Zur Abwasserbeseitigungspflicht der Gemeinden gehört darüber hinaus die Überwachung der Selbstüberwachung und der Wartung von Kleinkläranlagen. [2]Die Kosten dieser Überwachung sind Kosten im Sinne von § 5 Abs. 2 und 2a des Kommunalabgabengesetzes.

(5) Das für die Wasserwirtschaft zuständige Ministerium wird ermächtigt, durch Verordnung Regelungen über Art, Umfang und Häufigkeit der Überwachung der Selbstüberwachung und Wartung von Kleinkläranlagen zu treffen.

(6) [1]Die Gemeinden können gestatten, dass in die Kanalisation Wasser, das kein Abwasser ist, eingeleitet werden kann, soweit dem weder öffentlich-rechtliche Vorschriften noch wasserwirtschaftliche Belange entgegenstehen. [2]Sie können Benutzungsgebühren und Kostenerstattungen für Grundstücksanschlüsse erheben und die Anschluss- und Benutzungsbedingungen durch Satzung regeln. [3]Ein Anschluss- und Benutzungszwang besteht nicht. [4]Das Kommunalabgabengesetz gilt entsprechend.

## § 79 Abwasserbeseitigungskonzepte

(1) [1]Die Gemeinden stellen bis zum 1. April 2014 für ihr gesamtes Gebiet schriftlich oder elektronisch in getrennten Konzepten dar, wie das im Gebiet anfallende Schmutz- und Niederschlagswasser beseitigt wird. [2]Beide Konzepte können in einem Dokument dargestellt werden. [3]Liegt die Genehmigung der bisherigen Konzepte weniger als drei Jahre zu der in Satz 1 genannten Frist zurück, sind die Konzepte bis zum 1. Januar 2016 aufzustellen.

(2) Das Schmutzwasserbeseitigungskonzept enthält einen Erläuterungsbericht, Tabellen sowie Lage- und Übersichtspläne in einem prüffähigen Maßstab mit Angaben
1. über vorhandene und geplante Anlagen der öffentlichen Abwasserbeseitigung und deren Einzugsgebiete; bei den geplanten Anlagen ist der Zeitpunkt der voraussichtlichen Fertigstellung und Inbetriebnahme anzugeben,
2. über die grundstücksgenaue Benennung der Teile des Gemeindegebiets, von denen das Abwasser nicht mit Abwasserbeseitigungsanlagen der Gemeinde, sondern insbesondere über Kleinkläranlagen oder über abflusslose Sammelgruben beseitigt wird; insoweit sind auch die Einrichtungen zur Aufnahme und Behandlung des Schlamms aus Kleinkläranlagen und des Abwassers aus abflusslosen Gruben zu benennen,
3. über die grundstücksgenaue Benennung der Teile des Gemeindegebietes, für die gewerbliches oder industrielles Abwasser nicht durch die Abwasserbeseitigungsanlagen der Gemeinde beseitigt werden, oder der Gebiete nach § 79a Abs. 1 Satz 2 und
4. über Tatsachen, die das Vorliegen eines Ausschlussgrundes nach § 79a belegen, sofern die Übernahme von Abwasser deswegen ausgeschlossen werden soll.

(3) [1]Das Schmutzwasserbeseitigungskonzept bedarf der Genehmigung durch die Wasserbehörde. [2]Die Genehmigung darf nur versagt werden, wenn es
1. gegen Rechtsvorschriften verstößt,
2. gegen Festlegungen des für das Gemeindegebiet geltenden Abwasserbeseitigungsplans verstößt oder
3. in Einzelfällen zu vermeidbar unwirtschaftlichem Aufwand führt.

³Die Genehmigung des Schmutzwasserbeseitigungskonzepts kann mit Nebenbestimmungen erteilt werden. ⁴Das Schmutzwasserbeseitigungskonzept ist regelmäßig in Abständen von fünf Jahren, gerechnet vom Datum der letzten Genehmigung, sowie bei wesentlichen Änderungen der bisher vorgesehenen Abwasserbeseitigung fortzuschreiben. ⁵Die Fortschreibung kann auf die Teile des Konzepts beschränkt werden, die von einer Änderung betroffen sind; die Sätze 3 und 4 gelten für die Fortschreibung entsprechend.
(4) ¹Das Niederschlagswasserbeseitigungskonzept erläutert, wie in dem Gemeindegebiet das Niederschlagswasser aus dem Bereich von bebauten oder befestigten Flächen beseitigt wird. ²In dem Konzept sind die vorhandenen und geplanten öffentlichen Anlagen der Niederschlagswasserbeseitigung sowie die Teile des Gemeindegebiets anzugeben, die gegenwärtig an eine öffentliche Einrichtung angeschlossen sind oder zukünftig an eine solche Einrichtung angeschlossen werden sollen. ³Niederschlagswasser soll in geeigneten Fällen ortsnah versickert, verrieselt oder direkt in ein Gewässer eingeleitet werden. ⁴Sollen Teile des Gemeindegebietes zukünftig an eine öffentliche Einrichtung angeschlossen werden, hat die Gemeinde bei der Aufstellung des Niederschlagswasserbeseitigungskonzeptes zunächst die Möglichkeit der ortsnahen Beseitigung von Niederschlagswasser zu prüfen. ⁵Das Konzept ist der Wasserbehörde anzuzeigen. ⁶Absatz 3 Satz 4 und 5 Halbsatz 1 findet entsprechende Anwendung.

### § 79a Ausschluss der Abwasserbeseitigungspflicht

(1) ¹Die Gemeinde schließt auf der Grundlage des Schmutzwasserbeseitigungskonzepts durch Satzung Abwasser oder Schlamm aus ihrer Beseitigungspflicht ganz oder teilweise aus, wenn
1. das Abwasser wegen seiner Art oder Menge nicht zusammen mit dem in Haushaltungen anfallenden Abwasser beseitigt werden kann,
2. eine Übernahme des Abwassers oder des Schlamms wegen technischer Schwierigkeiten, wegen des unverhältnismäßig hohen Aufwandes oder aufgrund der Siedlungsstruktur nicht angezeigt ist oder
3. dies aus anderen Gründen des überwiegenden öffentlichen Interesses geboten ist

und eine gesonderte Beseitigung des Abwassers oder des Schlamms das Wohl der Allgemeinheit nicht beeinträchtigt. ²Die Gemeinde kann auf der Grundlage des Schmutzwasserbeseitigungskonzepts durch Satzung auch Abwasser aus ihrer Beseitigungspflicht ganz oder teilweise ausschließen, wenn das Abwasser überwiegend gewerbliche oder industrielle Anteile aufweist, es in einem Gebiet über eine technisch selbstständige Einrichtung zur Abwasserbeseitigung beseitigt wird und die Übernahme des Abwassers in gemeindliche Abwasseranlagen nicht erforderlich ist. ³Die Übernahme und Beseitigung des in abflusslosen Gruben gesammelten Abwassers darf die Gemeinde nicht ausschließen; das Gleiche gilt für Schlamm aus Absetz- und Ausfaulgruben sowie die Überwachung der Selbstüberwachung und der Wartung von Kleinkläranlagen. ⁴Die Gemeinde überlässt der Wasserbehörde ein Exemplar der Satzung. ⁵Die Satzung soll innerhalb von drei Monaten nach Bestandskraft der Genehmigung des Schmutzwasserbeseitigungskonzeptes in Kraft treten.
(2) ¹Hat die Gemeinde Schmutzwasser oder Schlamm wirksam aus ihrer Beseitigungspflicht ausgeschlossen, ist im Umfange des Ausschlusses derjenige zur Beseitigung verpflichtet, bei dem das Abwasser oder der Schlamm anfällt. ²In der Satzung nach Absatz 1 ist auf diese Rechtsfolge hinzuweisen. ³Abwasser oder Schlamm, das oder der bis zum Inkrafttreten einer Satzung nach Absatz 1 auf einem nicht an eine öffentliche Abwasseranlage angeschlossenen bebauten Grundstück anfällt, ist von dem Verfügungsberechtigten des Grundstücks zu beseitigen. ⁴Soll vor Inkrafttreten oder Änderung einer Satzung nach Absatz 1
1. ein nicht an eine öffentliche Abwasseranlage angeschlossenes Grundstück so bebaut werden, dass dort künftig Abwasser anfällt, oder
2. gewerbliches oder industrielles Abwasser aus der Beseitigungspflicht der Gemeinde ausgeschlossen werden,

entscheidet die Wasserbehörde auf Antrag und im Einvernehmen mit der Gemeinde über die Erfüllung der Abwasserbeseitigungspflicht. ⁵Das Einvernehmen der Gemeinde gilt als erteilt, wenn es nicht binnen zwei Monaten nach Eingang des Ersuchens der Wasserbehörde verweigert wird. ⁶Zur Übernahme und Beseitigung des in Absetz- und Ausfaulgruben angefallenen Schlamms und des in abflusslosen Gruben gesammelten Abwassers sowie zur Überwachung der Selbstüberwachung und der Wartung von Kleinkläranlagen bleibt die Gemeinde verpflichtet.

(3) ¹Die Gemeinde kann, soweit nachfolgend nicht anders geregelt, durch Satzung den Ausschluss des Abwassers oder des Schlamms aus ihrer Abwasserbeseitigungspflicht aufheben. ²Liegt ein Grundstück in einem Gebiet, für das das Schmutzwasserbeseitigungskonzept der Gemeinde den Anschluss an eine öffentliche Abwasseranlage innerhalb der nächsten zehn Jahre nicht vorsieht, so ist die Gemeinde gehindert, vor Ablauf von 15 Jahren, gerechnet ab dem Datum der Genehmigung des Schmutzwasserbeseitigungskonzepts, den Anschluss des Grundstücks an eine öffentliche Abwasseranlage und deren Benutzung vorzuschreiben.

(4) Für Dritte, die auf der Grundlage des § 151 Abs. 8 des Wassergesetzes für das Land Sachsen-Anhalt in der Fassung der Bekanntmachung vom 12. April 2006 (GVBL LSA S. 248), zuletzt geändert durch § 38 Abs. 11 des Gesetzes vom 10. Dezember 2010 (GVBl. LSA S. 569, 578), zur Abwasserbeseitigung verpflichtet sind, findet § 151 Abs. 8 des Wassergesetzes für das Land Sachsen-Anhalt in der am 31. März 2011 geltenden Fassung weiterhin Anwendung.

### § 79b  Niederschlagswasserbeseitigung

(1) ¹Zur Beseitigung des Niederschlagswassers ist anstelle der Gemeinde der Grundstückseigentümer verpflichtet, soweit nicht die Gemeinde den Anschluss an eine öffentliche Abwasseranlage und deren Benutzung vorschreibt oder ein gesammeltes Fortleiten erforderlich ist, um eine Beeinträchtigung des Wohls der Allgemeinheit zu verhüten. ²Die Eigentümer von privaten Niederschlagswasserbeseitigungsanlagen sind vom Anschluss- und Benutzungszwang nach Satz 1 befreit, wenn das Niederschlagswasser schadlos beseitigt wurde und der Befreiung wasserwirtschaftliche Gründe nicht entgegenstehen.

(2) Den Trägern der öffentlichen Verkehrsanlagen obliegt die Entwässerung ihrer Anlagen.

### § 80  Abwasserbeseitigungspläne

(1) ¹Die Wasserbehörden können für Einzugsgebiete von Gewässern oder Teilen davon Pläne zur Abwasserbeseitigung nach überörtlichen Gesichtspunkten aufstellen (Abwasserbeseitigungspläne). ²In diesen Plänen können insbesondere die Standorte für bedeutsame Anlagen zur Behandlung von Abwasser, ihr Einzugsbereich, Grundzüge für die Abwasserbehandlung, die Gewässer, in die eingeleitet werden soll, sowie die Träger der Maßnahmen festgelegt werden. ³Die Ziele der Raumordnung und Landesplanung sind zu beachten.

(2) ¹Bei der Aufstellung der Abwasserbeseitigungspläne sollen neben dem gewässerkundlichen Landesdienst die Körperschaften, Verbände, Vereinigungen und Behörden beteiligt werden, deren Aufgabenbereiche von den Plänen berührt werden. ²Mit den nach den § 84 verpflichteten öffentlich-rechtlichen Körperschaften ist das Benehmen herzustellen. ³Die Abwasserbeseitigungspläne sind im Amtsblatt des Landesverwaltungsamtes bekannt zu machen.

### § 81  Zusätzliche Regelungen für Abwasseranlagen (zu den §§ 55, 58 und 60 WHG)

(1) ¹Über die Entsorgung flüssiger Abfälle im Sinne des § 55 Abs. 3 des Wasserhaushaltsgesetzes in eine öffentliche oder private Abwasseranlage entscheidet die für die Einleitung aus dieser öffentlichen oder privaten Abwasseranlage zuständige Behörde. ²In dieser Entscheidung können zur Vermeidung schädlicher Gewässerveränderungen oder im Hinblick auf den ordnungsgemäßen Betrieb der Abwasseranlage entsprechende Regelungen getroffen werden.

(2) Das für die Wasserwirtschaft zuständige Ministerium wird ermächtigt, eine Genehmigungspflicht für die Einleitung von Stoffen aus Herkunftsbereichen festzulegen, deren Behandlung nach dem Stand der Technik in einer öffentlichen Abwasserbehandlungsanlage nicht möglich ist oder deren Einleitung zu schädlichen Gewässerverunreinigungen führen kann.

(3) ¹Bedarf ein Vorhaben nach § 60 Abs. 3 des Wasserhaushaltsgesetzes einer Genehmigung, enthält diese alle sonstigen Genehmigungen, die nach dem Wasserhaushaltsgesetz oder diesem Gesetz für die Anlage vorgeschrieben sind, sowie die Baugenehmigung. ²Soweit eine Baugenehmigung erforderlich ist, darf die Genehmigung auch versagt oder mit Bedingungen oder Auflagen versehen werden, wenn die Voraussetzungen für die Erteilung der Baugenehmigung nicht vorliegen. ³Für das Genehmigungsverfahren gilt § 21 Abs. 1 und 2 entsprechend.

### § 82  Selbstüberwachung bei Abwassereinleitungen und Abwasseranlagen (zu § 61 WHG)

(1) ¹Wer eine Abwasseranlage betreibt, hat die Anlage mit den dafür erforderlichen Einrichtungen und Geräten auszurüsten, Untersuchungen durchzuführen und ihre Ergebnisse aufzuzeichnen. ²Die Auf-

zeichnungen sind der Wasserbehörde und dem gewässerkundlichen Landesdienst auf Verlangen vorzulegen.

(2) Die Wasserbehörde kann die Einrichtungen, die Geräte und Untersuchungen vorschreiben, mit denen der Zustand und die Wirkung der Abwasseranlagen sowie die Beschaffenheit und Menge des Abwassers festzustellen sind.

## Abschnitt 3
## Zusammenschlüsse von Aufgabenträgern zur Trinkwasserversorgung und Abwasserbeseitigung

### § 83 Zusammenschlüsse von Aufgabenträgern

(1) [1]Die Gemeinden sollen zur Erfüllung ihrer Aufgaben zur Trinkwasserversorgung und Abwasserbeseitigung Zweckverbände bilden, wenn eine Aufgabenerfüllung erst dadurch zu vertretbaren Bedingungen möglich wird (Freiverband). [2]Sie können gemäß § 84 zu einem Zweckverband zusammengeschlossen werden (Pflichtverband). [3]Die Aufgabe der Trinkwasserversorgung und der Abwasserbeseitigung geht auf den Zweckverband über. [4]Die Vorschriften des Gesetzes über kommunale Gemeinschaftsarbeit gelten, soweit nichts anderes bestimmt ist.

(2) [1]Auf Antrag einer Gemeinde kann ein Landkreis die Trinkwasserversorgung und Abwasserbeseitigung ganz oder teilweise übernehmen. [2]Soweit ein Landkreis die Trinkwasserversorgung und Abwasserbeseitigung übernommen hat oder nach Satz 1 übernimmt, ist er anstelle dieser Gemeinde zur Trinkwasserversorgung und Abwasserbeseitigung verpflichtet.

(3) Die Trinkwasserversorgung und Abwasserbeseitigung sollen von einer öffentlich-rechtlichen Körperschaft gemeinsam erfüllt werden, wenn damit Vorteile verbunden sind.

### § 84 Pflichtverband

(1) Die obere Wasserbehörde kann im Benehmen mit der oberen Kommunalaufsichtsbehörde Gemeinden zur gemeinsamen Wahrnehmung von Aufgaben der Trinkwasserversorgung und der Abwasserbeseitigung zu einem Zweckverband zusammenschließen oder einem bestehenden Zweckverband anschließen, wenn für den Zusammenschluss oder Anschluss ein dringendes öffentliches Bedürfnis besteht.

(2) [1]Die obere Wasserbehörde unterrichtet die Beteiligten über ihr Vorhaben und gibt ihnen auf, sich innerhalb einer bestimmten angemessenen Frist zu einigen. [2]Einigen sich die Beteiligten innerhalb der Frist nicht, kann die obere Wasserbehörde den Zusammenschluss der Beteiligten zu einem Zweckverband oder den Anschluss an einen bestehenden Zweckverband verfügen. [3]Sie erlässt gleichzeitig die Verbandssatzung oder im Falle des Anschlusses an einen bestehenden Zweckverband deren Änderung. [4]Vor ihrer Entscheidung hat die obere Wasserbehörde den Beteiligten Gelegenheit zu geben, ihre Auffassung in einer mündlichen Verhandlung darzulegen.

(3) [1]Für den Pflichtverband gelten die Vorschriften über Freiverbände, soweit nichts anderes bestimmt ist. [2]Erforderlichenfalls hat die Verbandssatzung eines Pflichtverbandes dessen Ausstattung mit Dienstkräften und Verwaltungseinrichtungen zu regeln.

(4) Für einen Pflichtverband kann die obere Wasserbehörde den Ausgleich von Vor- und Nachteilen, die sich aus der Bildung des Zweckverbandes ergeben, regeln, wenn sie einen solchen für erforderlich hält und die betreffenden Beteiligten sich nicht innerhalb einer von der oberen Wasserbehörde gesetzten angemessenen Frist einigen.

### § 85 Neubildung von Zweckverbänden aus bestehenden Zweckverbänden und Eingliederung von Zweckverbänden

(1) [1]Zweckverbände, denen die Aufgabe der Trinkwasserversorgung und der Abwasserbeseitigung oder eine der beiden Aufgaben obliegt, können sich zu einem neuen Zweckverband zusammenschließen, wenn die Verbandsversammlungen übereinstimmende Beschlüsse hierzu gefasst haben. [2]Verbandsversammlungen, die mit dem Tagesordnungspunkt des Zusammenschlusses einberufen werden, sind nur beschlussfähig, wenn mindestens zwei Drittel der satzungsmäßigen Stimmen der Verbandsversammlung anwesend sind. [3]Für den Zusammenschluss ist eine Mehrheit von mindestens zwei Dritteln der satzungsmäßigen Stimmen der Verbandsversammlung und der Mehrheit der Verbandsmitglieder erforderlich. [4]Unter den Voraussetzungen der Sätze 1 bis 3 kann die Eingliederung von einem

oder mehreren Zweckverbänden in einen anderen Zweckverband beschlossen werden; Absatz 3 Satz 1 und 2 gilt nicht.

(2) Die obere Wasserbehörde kann im Benehmen mit der oberen Kommunalaufsichtsbehörde Zweckverbände zur gemeinsamen Wahrnehmung von Aufgaben der Trinkwasserversorgung und der Abwasserbeseitigung zu einem neuen Zweckverband zusammenschließen oder einen Zweckverband in einen anderen eingliedern, wenn es aus Gründen des öffentlichen Wohls dringend geboten ist und die Aufgabe ohne den Zusammenschluss oder die Eingliederung nicht oder nur unwirtschaftlich wirksam erfüllt werden kann; § 84 Abs. 2 gilt entsprechend.

(3) [1]In den Beschlüssen nach Absatz 1 ist festzulegen, wer die Rechte des Vorsitzenden der Verbandsversammlung sowie des Verbandsgeschäftsführers des neuen Zweckverbandes bis zu ihrer erstmaligen, unverzüglich durchzuführenden Wahl oder Bestellung wahrnimmt. [2]Zugleich ist die Verbandssatzung des neuen Zweckverbandes festzulegen. [3]§ 83 gilt entsprechend.

(4) [1]Der aus dem Zusammenschluss hervorgehende neue Zweckverband und der aufnehmende Zweckverband sind Rechtsnachfolger der bisherigen Zweckverbände. [2]Die bisherigen Zweckverbände gelten mit dem Zeitpunkt der Entstehung des neuen Zweckverbandes öder mit der Eingliederung in den aufnehmenden Zweckverband als aufgelöst. [3]Eine Abwicklung gemäß § 8 Abs. 2 Nr. 7 des Gesetzes über kommunale Gemeinschaftsarbeit in Verbindung mit den jeweiligen Satzungsregelungen findet nicht statt. [4]In den Fällen der Absätze 1 und 2 haben die Gemeinden, die dem Zusammenschluss oder der Eingliederung nicht zugestimmt haben, innerhalb einer Frist von drei Monaten nach Bekanntgabe des Beschlusses zum Zusammenschluss oder der Eingliederung die Möglichkeit, aus dem neu gegründeten oder aufnehmenden Zweckverband auszutreten. [5]Die Sätze 1 bis 4 gelten für eingegliederte Zweckverbände sinngemäß. [6]§ 8a Abs. 3 des Gesetzes über kommunale Gemeinschaftsarbeit gilt entsprechend. [7]Über den Austritt entscheidet die obere Wasserbehörde.

*Abschnitt 4*
**Umgang mit wassergefährdenden Stoffen**

### § 86 Anzeige von wassergefährdenden Vorfällen

(1) [1]Das Austreten wassergefährdender Stoffe im Sinne des § 62 Abs. 3 des Wasserhaushaltsgesetzes in nicht nur unbedeutender Menge aus Rohrleitungen, Anlagen zum Lagern, Abfüllen, Herstellen, Behandeln, Umschlagen oder Verwenden wassergefährdender Stoffe oder aus Fahrzeugen oder Schiffen ist unverzüglich der Wasserbehörde, bei Anlagen, die der Bergaufsicht unterliegen, der Bergbehörde, anzuzeigen. [2]Dies gilt auch dann, wenn lediglich der Verdacht besteht, dass wassergefährdende Stoffe im Sinne des Satzes 1 ausgetreten sind. [3]Die Anzeigepflicht kann auch gegenüber der nächsten Polizeidienststelle erfüllt werden.

(2) Anzeigepflichtig ist, wer eine Rohrleitung, eine Anlage im Sinne des Absatzes 1, ein Fahrzeug oder ein Schiff betreibt, befüllt, entleert, instand hält, instand setzt, reinigt, überwacht oder prüft oder wer das Austreten wassergefährdender Stoffe verursacht hat.

### § 87 Zuständigkeit der Bergbehörde

[1]Soweit Anlagen im Sinne des § 62 Abs. 1 des Wasserhaushaltsgesetzes im Rahmen eines bergrechtlichen Betriebsplanes errichtet und betrieben werden, ist für die Entscheidungen
1. nach § 63 Abs. 1 des Wasserhaushaltsgesetzes,
2. nach § 64 Abs. 2 Nr. 3 des Wasserhaushaltsgesetzes,
3. über den Abschluss eines Überwachungsvertrages des Betreibers mit einem Fachbetrieb nach Wasserrecht, wenn er selbst nicht die erforderliche Sachkunde besitzt oder nicht über sachkundiges Personal verfügt, und
4. über Maßnahmen des Betreibers zur Beobachtung der Gewässer und des Bodens, soweit dies für ein frühzeitiges Erkennen von Verunreinigungen, die von Anlagen im Sinne des § 62 Abs. 1 des Wasserhaushaltsgesetzes ausgehen können, erforderlich ist,

die Bergbehörde zuständig. [2]Die Entscheidungen nach Satz 1 sind im Einvernehmen mit der Wasserbehörde zu treffen.

## Abschnitt 5
### Gewässerschutzbeauftragte

**§ 88 Gewässerschutzbeauftragter bei Gebietskörperschaften, Zusammenschlüssen und öffentlich-rechtlichen Wasserverbänden (zu den §§ 64 bis 66 WHG)**
Gewässerschutzbeauftragter bei Gebietskörperschaften, bei Zusammenschlüssen, die aus Gebietskörperschaften gebildet werden, und bei öffentlich-rechtlichen Wasserverbänden ist der für die Abwasseranlagen zuständige Betriebsleiter oder ein sonstiger Beauftragter.

## Abschnitt 6
### Gewässerausbau, Deich- und Dammbauten

**§ 89 Verpflichtung zum Ausbau**
(1) [1]Bei Gewässern zweiter Ordnung kann die Wasserbehörde, wenn es das Wohl der Allgemeinheit erfordert, den Unterhaltungspflichtigen zum Ausbau eines Gewässers und seiner Ufer verpflichten. [2]Die Aufgabe nach Satz 1 ist eine öffentlich-rechtliche Verpflichtung.
(2) Die Wasserbehörde kann bestimmen, dass der zur Unterhaltung eines Gewässers zweiter Ordnung Verpflichtete ein nicht naturnah ausgebautes Gewässer in einem angemessenen Zeitraum wieder in einen naturnahen Zustand zurückführt.
(3) Legt die Ausbauverpflichtung, die nicht unter Absatz 4 fällt, dem Unterhaltungspflichtigen Lasten auf, die in keinem Verhältnis zu dem ihm dadurch erwachsenen Vorteil oder zu seiner Leistungsfähigkeit stehen, so kann der Ausbau nur erzwungen werden, wenn das Land sich an der Aufbringung der Kosten angemessen beteiligt und der Verpflichtete hierdurch ausreichend entlastet wird.
(4) [1]Das für die Wasserwirtschaft zuständige Ministerium wird ermächtigt, Ausbaumaßnahmen nach Absatz 2 für verbindlich zu erklären, soweit Haushaltsmittel für eine Erstattung der Kosten zur Verfügung stehen. [2]Diese Ausbaumaßnahmen sind als öffentlich-rechtliche Verpflichtung von den Unterhaltungspflichtigen umzusetzen. [3]Mit dem zur Gewässerunterhaltung Verpflichteten ist über Art und Umfang der Maßnahmen Einvernehmen herzustellen. [4]Das Land erstattet die Kosten des Ausbaus. [5]Die Ermächtigung nach Satz 1 kann auf eine andere Stelle übertragen werden.

**§ 90 Auflagen**
(1) [1]Der Ausbauunternehmer ist zu verpflichten, die Kosten zu tragen, die dadurch entstehen, dass infolge des Ausbaus öffentliche Verkehrs- und Versorgungsanlagen geändert werden müssen. [2]Dies gilt auch für die Unterhaltungskosten, soweit sie sich durch die Änderung erhöhen.
(2) Der Ausbauunternehmer kann verpflichtet werden, Einrichtungen herzustellen und zu unterhalten, die nachteilige Wirkungen auf das Recht eines anderen oder der in § 14 Abs. 4 des Wasserhaushaltsgesetzes bezeichneten Art ausschließen.
(3) Dem Unternehmer können angemessene Beiträge zu den Kosten von Maßnahmen auferlegt werden, die eine Körperschaft des öffentlichen Rechts trifft oder treffen wird, um eine mit dem Ausbau verbundene Beeinträchtigung zum Wohl der Allgemeinheit zu verhüten oder auszugleichen.

**§ 91 Entschädigung, Widerspruch**
(1) [1]Von einer Auflage nach § 90 Abs. 2 ist abzusehen, wenn Einrichtungen der dort genannten Art wirtschaftlich nicht gerechtfertigt oder nicht mit dem Ausbau vereinbar sind. [2]In diesem Fall ist der Benachteiligte zu entschädigen; er kann dem Ausbau widersprechen, wenn dieser nicht dem Wohl der Allgemeinheit dient.
(2) Dient der Ausbau dem Wohl der Allgemeinheit, so ist der Betroffene wegen nachteiliger Änderungen des Wasserstandes nur zu entschädigen, wenn der Schaden erheblich ist.
(3) [1]§ 41 Abs. 1 Satz 1 Nr. 4 des Wasserhaushaltsgesetzes gilt entsprechend. [2]Der Betroffene ist zu entschädigen, wenn die Arbeiten zu einer dauernden oder unverhältnismäßig großen Benachteiligung führen.

**§ 92 Benutzung von Grundstücken**
(1) [1]Soweit es zur Vorbereitung oder Ausführung des Unternehmens erforderlich ist, darf der Ausbauunternehmer oder sein Beauftragter nach vorheriger Ankündigung Grundstücke betreten und vorübergehend benutzen; dies gilt nicht für Grundstücke, die öffentlichen Zwecken gewidmet sind. [2]Im Streitfall entscheidet auf Antrag die für das Planfeststellungsverfahren zuständige Wasserbehörde. [3]Ist

der Antrag gestellt, so ist die Ausübung des Rechts aus Satz 1 bis zur Entscheidung der Wasserbehörde unzulässig. ⁴Gegen die Entscheidung der Wasserbehörde findet der Rechtsweg zu den Gerichten der Verwaltungsgerichtsbarkeit nach den Vorschriften der Verwaltungsgerichtsordnung statt.
(2) ¹Entstehen durch die Inanspruchnahme des Grundstücks Schäden, so hat der Geschädigte Anspruch auf Schadenersatz. ²Für die Geltendmachung des Anspruchs sind die ordentlichen Gerichte zuständig.

### § 93 Vorteilsausgleich
¹Hat ein anderer von dem Ausbau oder von den in § 90 Abs. 2 genannten Einrichtungen einen Vorteil, so kann er nach dem Maße seines Vorteils zu den Kosten herangezogen werden. ²Im Streitfall setzt die Wasserbehörde den Kostenanteil nach Anhörung der Beteiligten fest.

### § 94 Ausbau und Unterhaltung, Deichschau
(1) ¹Eine Planfeststellung und eine Plangenehmigung entfallen, soweit es sich um die Wiederherstellung des nach den anerkannten Regeln der Technik ordnungsgemäßen Zustandes eines Deiches oder Dammes auf der vorhandenen Trasse handelt. ²Dies gilt auch für Wiederherstellungsmaßnahmen, wenn sich der Trassenverlauf oder der Trassenzuschnitt unwesentlich ändert und die Flächenverfügbarkeit gesichert ist. ³Ein Fall einer unwesentlichen Änderung liegt insbesondere vor, wenn
1. es sich bei dem Vorhaben nicht um ein Vorhaben handelt, für das nach dem Gesetz über die Umweltverträglichkeitsprüfung im Land Sachsen-Anhalt eine Umweltverträglichkeitsprüfung durchzuführen ist,
2. Rechte anderer nicht verletzt werden oder mit den vom Vorhaben Betroffenen entsprechende Vereinbarungen getroffen worden sind und
3. öffentliche Belange nicht berührt werden oder die erforderlichen behördlichen Entscheidungen vorliegen und sie dem Vorhaben nicht entgegenstehen.

(1a) ¹Zum Deich gehören der Deichkörper, der Deichverteidigungsweg, die beidseitigen Deichschutzstreifen und die Sicherungsbauwerke wie Fußbermen, Qualmdeiche, Deichseitengräben, Fuß- und Böschungssicherungen sowie Siele und Deichrampen. ²Die Deichschutzstreifen grenzen in einer Breite von fünf Metern am Deichkörper an; die Breite ist ausgehend vom Deichfuß zu messen.
(2) Abweichend von § 1 Abs. 1 Satz 1 des Verwaltungsverfahrensgesetzes Sachsen-Anhalt in Verbindung mit § 75 Abs. 4 des Verwaltungsverfahrensgesetzes kann die Geltungsdauer eines Planfeststellungsbeschlusses von der Planfeststellungsbehörde auf Antrag des Vorhabenträgers nach Absatz 3 Satz 1 und 2 um bis zu fünf Jahre verlängert werden.
(3) ¹Der Ausbau und die Unterhaltung der in der Anlage 3 aufgeführten Deiche sowie der Bau und die Unterhaltung der dazugehörigen Hochwasserschutzanlagen obliegen dem Land. ²Bei Inkrafttreten dieses Gesetzes bestehende Ausbau- und Unterhaltungsverpflichtungen bleiben unberührt. ³Die Aufgabe nach Satz 1 ist eine öffentlich-rechtliche Verpflichtung. ⁴Das für die Wasserwirtschaft zuständige Ministerium wird ermächtigt, durch Verordnung
1. die in der Anlage 3 genannten Anfangs- und Endpunkte von Deichen und Deichlängen anzupassen, soweit sie fehlerhaft sind oder fehlerhaft geworden sind,
2. die in der Anlage 3 genannten Anfangs- und Endpunkte von Deichen und Deichlängen aufgrund der Schließung von Deichlücken anzupassen oder
3. neue Deiche, die aufgrund eines Beschlusses der Landesregierung zu einer Hochwasserschutzkonzeption des Landes errichtet wurden, in die Anlage 3 aufzunehmen.

(3a) ¹Der Landesbetrieb für Hochwasserschutz und Wasserwirtschaft Sachsen-Anhalt hat die in der Anlage 3 aufgeführten Deiche in einem Deichregister zu erfassen und fortzuführen. ²Das Deichregister hat alle Angaben für eine eindeutige Zuordnung der Deiche zu enthalten, insbesondere die örtliche Lage sowie die Anfangs- und Endpunkte. ³Das Deichregister ergänzt das Verzeichnis der Deiche in der Anlage 3 und ist in der jeweils aktuellen Fassung auf Dauer öffentlich auszulegen; die Stellen, bei denen die öffentliche Auslegung erfolgt, sind zu veröffentlichen.
(4) ¹Ist ein Deich durch Naturgewalt oder fremdes Eingreifen ganz oder teilweise beschädigt oder zerstört worden, so kann die obere Wasserbehörde den Unterhaltungspflichtigen anhalten, den Deich wiederherzustellen. ²Satz 1 gilt nicht, sofern das Land zur Deichunterhaltung verpflichtet ist.
(5) Mit Zustimmung der oberen Wasserbehörde können andere als die nach Absatz 3 Verpflichteten die Unterhaltungslast übernehmen.

(5a) ¹Das Land kann den Bau und die Unterhaltung von Hochwasserschutzanlagen, die nicht zu einem der in der Anlage 3 aufgeführten Deiche gehören, mit Zustimmung der Landesregierung übernehmen. ²Die Aufgabe nach Satz 1 ist für den Fall der Übernahme eine öffentlich-rechtliche Verpflichtung. ³Der Landesbetrieb für Hochwasserschutz und Wasserwirtschaft Sachsen-Anhalt hat diese Anlagen im Deichregister nach Absatz 3a zu erfassen und fortzuführen.
(6) ¹Die Unterhaltung des Deiches umfasst insbesondere die Pflege der Grasnarbe, die Freihaltung von Strauchwerk und Bäumen, die Einschränkung schädlicher Beschattung, die Kontrolle auf Schadstellen und deren Beseitigung sowie die Erhaltung des Deichprofils und der zum Deich gehörenden Anlagen. ²Die Pflege der Grasnarbe und der Deichschutzstreifen soll grundsätzlich durch das Beweiden mit Schafen erfolgen. ³Bestehen Zweifel über Art oder Umfang der Unterhaltung, so entscheidet die obere Wasserbehörde auf Antrag eines Beteiligten oder von Amts wegen. ⁴Die obere Wasserbehörde bestimmt Art und Umfang der Unterhaltung von Teilschutzdeichen.
(7) ¹Der ordnungsgemäße Zustand der in der Anlage 3 aufgeführten Deiche ist vom Unterhaltungspflichtigen mindestens einmal im Jahr auf einer Deichschau zu prüfen. ²Zu der Deichschau sind die unteren Wasserbehörden, die Ämter für Landwirtschaft, Flurneuordnung und Forsten, die jeweiligen Unterhaltungsverbände, die Gemeinden sowie je ein Vertreter der unteren Naturschutzbehörde, der unteren Forstbehörde, der land- und forstwirtschaftlichen Berufsverbände und der vom Land anerkannten Naturschutzvereinigungen, die nach ihrer Satzung landesweit tätig sind, hinzuzuziehen; erforderliche Maßnahmen sind so weit wie möglich während der Deichschau zwischen den Beteiligten abzustimmen und in eine Niederschrift entsprechend § 1 Abs. 1 Satz 1 des Verwaltungsverfahrensgesetzes Sachsen-Anhalt in Verbindung mit § 68 Abs. 4 des Verwaltungsverfahrensgesetzes aufzunehmen. ³Über das Ergebnis der Deichschau ist der oberen Wasserbehörde schriftlich zu berichten; bei festgestellten Mängeln ist der Bericht mit einem Vorschlag zur Behebung der Mängel zu verbinden.

## § 94a Vorzeitige Besitzeinweisung

(1) ¹Ist der sofortige Beginn von Bauarbeiten für eine Maßnahme des öffentlichen Hochwasserschutzes geboten und weigert sich der Eigentümer oder Besitzer, den Besitz eines für diese Maßnahme benötigten Grundstücks durch Vereinbarung unter Vorbehalt aller Entschädigungsansprüche zu überlassen, so hat die Enteignungsbehörde den Träger der Hochwasserschutzmaßnahme auf Antrag nach Feststellung des Plans oder Erteilung der Plangenehmigung in den Besitz vorzeitig einzuweisen. ²Der Planfeststellungsbeschluss oder die Plangenehmigung müssen vollziehbar sein. ³Weiterer Voraussetzungen bedarf es nicht.
(2) ¹Die Enteignungsbehörde hat spätestens sechs Wochen nach Eingang des Antrages auf vorzeitige Besitzeinweisung mit den Beteiligten mündlich zu verhandeln. ²Hierzu sind der Träger der Hochwasserschutzmaßnahme und die Betroffenen zu laden. ³Dabei ist den Betroffenen der Antrag auf vorzeitige Besitzeinweisung mitzuteilen. ⁴Die Ladungsfrist beträgt drei Wochen. ⁵Mit der Ladung sind die Betroffenen aufzufordern, etwaige Einwendungen gegen den Antrag möglichst vor der mündlichen Verhandlung bei der Enteignungsbehörde einzureichen. ⁶Sie sind außerdem darauf hinzuweisen, dass auch bei Nichterscheinen über den Antrag auf vorzeitige Besitzeinweisung und andere im Verfahren zu erledigende Anträge entschieden werden kann.
(3) ¹Soweit der Zustand des Grundstücks von Bedeutung ist, hat ihn die Enteignungsbehörde vor der vorzeitigen Besitzeinweisung in einer Niederschrift festzustellen oder durch einen Sachverständigen ermitteln zu lassen. ²Den Beteiligten ist eine Abschrift der Niederschrift oder des Ermittlungsergebnisses zu übersenden.
(4) ¹Der Beschluss über die vorzeitige Besitzeinweisung ist dem Antragsteller und den Betroffenen spätestens zwei Wochen nach der mündlichen Verhandlung zuzustellen. ²Die vorzeitige Besitzeinweisung wird in dem von der Enteignungsbehörde bezeichneten Zeitpunkt wirksam. ³Dieser Zeitpunkt soll auf höchstens zwei Wochen nach Zustellung des Beschlusses über die vorzeitige Besitzeinweisung an den unmittelbaren Besitzer festgesetzt werden. ⁴Durch die vorzeitige Besitzeinweisung wird dem Besitzer der Besitz entzogen und der Träger der Hochwasserschutzmaßnahme Besitzer. ⁵Der Träger der Hochwasserschutzmaßnahme darf auf dem Grundstück das im Antrag auf vorzeitige Besitzeinweisung bezeichnete Bauvorhaben ausführen und die dafür erforderlichen Maßnahmen treffen.
(5) ¹Der Träger der Hochwasserschutzmaßnahme hat für die durch die vorzeitige Besitzeinweisung entstehenden Vermögensnachteile Entschädigung zu leisten, soweit die Nachteile nicht durch die Verzinsung der Geldentschädigung für die Entziehung oder Beschränkung des Eigentums oder eines an-

deren Rechts ausgeglichen werden. ²Art und Höhe der Entschädigung sind von der Enteignungsbehörde in einem Beschluss festzusetzen.

(6) ¹Wird der festgestellte Plan oder die Plangenehmigung aufgehoben, so ist auch die vorzeitige Besitzeinweisung aufzuheben und der vorherige Besitzer wieder in den Besitz einzuweisen. ²Der Träger der Hochwasserschutzmaßnahme hat für alle durch die vorzeitige Besitzeinweisung entstandenen besonderen Nachteile Entschädigung zu leisten. ³Art und Höhe der Entschädigung sind von der Enteignungsbehörde in einem Beschluss festzusetzen.

(7) ¹§ 39 Abs. 1 und 2 des Enteignungsgesetzes des Landes Sachsen-Anhalt gilt entsprechend. ²Der Antrag auf Anordnung der aufschiebenden Wirkung nach § 39 Abs. 2 Satz 1 des Enteignungsgesetzes des Landes Sachsen-Anhalt in Verbindung mit § 224 des Baugesetzbuches und § 80 Abs. 5 Satz 1 der Verwaltungsgerichtsordnung kann nur innerhalb eines Monats nach der Zustellung des Beschlusses über die vorzeitige Besitzeinweisung gestellt und begründet werden.

### § 94b Enteignung

(1) ¹Der Träger der Hochwasserschutzmaßnahme hat zur Erfüllung seiner Aufgaben das Enteignungsrecht. ²Die Enteignung ist zulässig, soweit sie zur Ausführung eines planfestgestellten oder plangenehmigten Vorhabens notwendig ist. ³Der Planfeststellungsbeschluss oder die Plangenehmigung müssen vollziehbar sein. ⁴Einer weiteren Feststellung der Zulässigkeit der Enteignung bedarf es nicht.
(2) Der vollziehbare festgestellte oder genehmigte Plan ist dem Enteignungsverfahren zugrunde zu legen und für die Enteignungsbehörde bindend.
(3) Hat sich ein Beteiligter mit der Übertragung oder Beschränkung des Eigentums oder eines an deren Rechts schriftlich einverstanden erklärt, kann das Entschädigungsverfahren unmittelbar durchgeführt werden.
(4) Im Übrigen gilt das Enteignungsgesetz des Landes Sachsen-Anhalt.

### § 94c Veränderungssperre

(1) ¹Vom Beginn der Auslegung des Plans im Planfeststellungsverfahren oder von dem Zeitpunkt an, zu dem den Betroffenen nach§ 1 Abs. 1 Satz 1 des Verwaltungsverfahrensgesetzes Sachsen-Anhalt in Verbindung mit § 73 Abs. 3 Satz 2 des Verwaltungsverfahrensgesetzes Gelegenheit gegeben wird, den Plan einzusehen, dürfen auf den vom Plan betroffenen Flächen bis zu ihrer Übernahme durch den Ausbaupflichtigen nach § 94 Abs. 3 Satz 1 und 2 wesentlich wertsteigernde oder das geplante Vorhaben erheblich erschwerende Veränderungen nicht vorgenommen werden. ²Veränderungen, die in rechtlich zulässiger Weise vorher begonnen worden sind, Unterhaltungsarbeiten und die Fortführung einer bisher ausgeübten Nutzung werden hiervon nicht berührt.
(2) ¹Auf Antrag des Ausbaupflichtigen ordnet die Anhörungsbehörde an, dass die Veränderungssperre nach Absatz 1 nicht eintritt. ²Diese Anordnung ist zusammen mit der Bekanntmachung über die Auslegung des Plans ortsüblich bekannt zu machen.
(3) ¹Dauert die Veränderungssperre länger als vier Jahre, so können die Eigentümer für die dadurch entstandenen Vermögensnachteile vom Ausbaupflichtigen eine angemessene Entschädigung in Geld verlangen. ²Sie können ferner die Übernahme der vom Plan betroffenen Flächen verlangen, wenn es ihnen mit Rücksicht auf die Veränderungssperre wirtschaftlich nicht zuzumuten ist, die Grundstücke in der bisherigen oder einer anderen zulässigen Art zu benutzen. ³Kommt eine Einigung über die Übernahme nicht zustande, so können die Eigentümer die Entziehung des Eigentums an den Flächen verlangen. ⁴Im Übrigen gilt § 94b.
(4) Ausnahmen von der Veränderungssperre können durch die Anhörungsbehörde zugelassen werden, wenn überwiegende Belange nicht entgegenstehen.

### § 95 Duldungspflichten

(1) ¹Soweit es der Ausbau oder die Unterhaltung eines Deiches oder einer Hochwasserschutzanlage nach § 94 Abs. 5a verlangt, haben die Eigentümer und Besitzer von Grundstücken nach vorheriger Ankündigung zu dulden, dass die zum Ausbau oder zur Unterhaltung Verpflichteten oder deren Beauftragte die Grundstücke betreten, vorübergehend benutzen und aus ihnen gegen Entschädigung Bestandteile für den Ausbau oder die Unterhaltung entnehmen, wenn diese anderweitig nur mit unverhältnismäßig hohen Kosten beschafft werden können. ²Soweit es zur ordnungsgemäßen Durchführung der Deichschau erforderlich ist, gilt die in Satz 1 geregelte Duldungspflicht entsprechend gegenüber

den Unterhaltungspflichtigen, ihren Beauftragten und den zur Deichschau nach § 94 Abs. 7 Satz 2 hinzugezogenen Beteiligten.
(2) [1]Gebäude und das unmittelbar dazugehörende befriedete Besitztum dürfen nur mit Einwilligung des Nutzungsberechtigten betreten und vorübergehend benutzt werden. [2]Sie dürfen ohne Einwilligung betreten und vorübergehend benutzt werden
1. zur ordnungsgemäßen Durchführung der Deichschau, soweit sich ein Gebäude oder ein befriedetes Besitztum auf den Deich oder auf Teile des Deiches erstreckt,
2. zur Verhütung einer gegenwärtigen Gefahr für die öffentliche Sicherheit und Ordnung,
3. soweit sie zu Arbeits- und Geschäftsräumen gehören, während der jeweiligen Arbeits- und Betriebszeit.

[3]Die Nutzungsberechtigten sind unter Angabe der Gründe unverzüglich zu informieren.
(3) Entstehen beim Betreten oder vorübergehenden Benutzen der Grundstücke Schäden, so hat der Geschädigte Anspruch auf Entschädigung.

### § 96 Benutzung der Deiche

(1) [1]Jede Benutzung des Deiches (Nutzung und Benutzen), außer zum Zweck der Deichunterhaltung durch den dazu Verpflichteten, ist verboten. [2]Das gilt entsprechend für natürliche Bodenerhebungen, die im Zuge eines Deiches liegen und dessen Zweck erfüllen. [3]Deichverteidigungswege dürfen betreten und mit Fahrrädern ohne Motorkraft befahren werden, soweit der zur Deichunterhaltung Verpflichtete dies durch Beschilderung erlaubt; § 11 des Feld- und Forstordnungsgesetzes gilt entsprechend.
(2) [1]Der zur Deichunterhaltung Verpflichtete kann mit Interessierten abweichend vom Verbot des Absatzes 1 eine Benutzung vereinbaren, sofern nicht die Wasserbehörde nach § 97 Abs. 3 Satz 2 zuständig ist. [2]Mit den Eigentümern und Nutzungsberechtigten von in Deichschutzstreifen gelegenen Grundstücken gilt die Benutzung für diesen Teil des Deiches im Rahmen der gewöhnlichen Grundstücksnutzung als vereinbart; Gleiches gilt für die Zulassung der beim Inkrafttreten dieser Vorschrift bestehenden Gebäude und sonstigen Anlagen. [3]Eine Benutzung und Zulassung nach Satz 1 und 2 ist ausgeschlossen, wenn die Sicherheit des Deiches nicht gewährleistet ist; insbesondere das Pflügen des Bodens ist unzulässig.
(3) [1]Die Vereinbarung zur Benutzung ist kündbar. [2]Sie muss gekündigt werden, wenn die Benutzung den Bestand des Deiches gefährdet.
(4) [1]Bei Kündigung der Vereinbarung hat deren Inhaber keinen Anspruch auf Entschädigung. [2]Er hat auf seine Kosten Anlagen zu beseitigen und den alten Zustand wiederherzustellen, wenn es der zur Deichunterhaltung Verpflichtete verlangt.
(5) Werden die Abmessungen des Deiches geändert, so gilt Absatz 4 entsprechend.
(6) Baugenehmigungen oder nach anderen Vorschriften notwendige Genehmigungen für die Errichtung oder wesentliche Änderung von Bauanlagen dürfen nur erteilt werden, wenn die Benutzung nach Absatz 2 vereinbart ist.
(7) Ist für eine Anlage eine Benutzung vereinbart worden, so hat deren Inhaber dem zur Deichunterhaltung Verpflichteten alle Kosten zu ersetzen, die diesem durch die Anlage zusätzlich entstehen; dies gilt auch, wenn die Abmessungen des Deiches geändert werden.
(8) Wird die Alarmstufe III oder IV gemäß § 8 Abs. 1 Satz 1 Nrn. 3 oder 4 der Verordnung über den Hochwassermeldedienst vom 18. August 1997 (GVBl. LSA S. 778), geändert durch § 4 der Verordnung vom 5. Dezember 2001 (GVBl. LSA S. 536) in der jeweils geltenden Fassung, ausgerufen, ist das Betreten und Befahren der Deiche nur Einsatzkräften, die mit der Abwehr der Wassergefahr betraut sind, erlaubt.

### § 97 Schutz der Deiche

(1) [1]Maßnahmen, die die Deichunterhaltung unmöglich machen oder wesentlich erschweren oder die Sicherheit des Deiches beeinträchtigen können, sind verboten. [2]Soweit die in der Anlage 3 genannten Deiche betroffen sind, stellt der Landesbetrieb für Hochwasserschutz und Wasserwirtschaft Sachsen-Anhalt, in den übrigen Fällen die Wasserbehörde, die Befolgung des Verbotes nach Satz 1 sicher. [3]In Gebieten mit Schutzstatus nach dem Naturschutzrecht hat die Unterhaltung der Deiche zur Sicherung ihrer Schutzfunktion Vorrang vor naturschutzfachlichen Zielstellungen; Gleiches gilt grundsätzlich für den Deichausbau. [4]Artenschutzrechtliche Bestimmungen bleiben unberührt.

(2) ¹Anlagen der Ver- und Entsorgung, der Be- und Entwässerung sowie Anlagen des Verkehrs dürfen in einer Entfernung bis zu zehn Metern, ausgehend von der jeweiligen wasser- und landseitigen Grenze des Deiches, nicht errichtet oder wesentlich geändert werden; für sonstige Anlagen jeder Art gilt dies in einer Entfernung bis zu 50 Metern und für Anlagen des Bodenabbaus in einer Entfernung bis zu 150 Metern. ²Die Wasserbehörde wird ermächtigt, durch Verordnung die Entfernungen abweichend von Satz 1 festzulegen. ³Die bis zum 22. April 2005 abweichend verordneten Entfernungen bleiben insoweit bestehen, als diese über die in Satz 1 festgelegten Entfernungen hinausgehen. ⁴Für Anlagen, die am 22. April 2005 vorhanden waren, gilt die widerrufliche Ausnahmegenehmigung nach Absatz 3 als erteilt.

(3) ¹Die Wasserbehörde kann zur Befreiung vom Verbot des Absatzes 2 Ausnahmen genehmigen, wenn Anlagen der Ver- oder Entsorgung, der Be- oder Entwässerung oder des Verkehrs betroffen sind oder wenn das Verbot im Einzelfall zu einer offenbar nicht beabsichtigten Härte führen würde und die Ausnahme mit den Belangen der Deichsicherheit vereinbar ist. ²Die Wasserbehörde ist zuständig für eine Zulassung der Benutzung und deren Widerruf entsprechend § 96 Abs. 2 Satz 1 und Abs. 3, sofern die Zulassung nur einheitlich mit der Ausnahmegenehmigung nach Satz 1 ergehen kann; § 96 Abs. 4 bis 7 bleibt unberührt. ³Mit dem zur Deichunterhaltung Verpflichteten ist Einvernehmen herzustellen. ⁴Die Ausnahmegenehmigung ist widerruflich. ⁵§ 96 Abs. 6 gilt entsprechend.

(4) ¹Die Wasserbehörde wird ermächtigt, durch Verordnung in dem in Absatz 2 geregelten Bereich Nutzungsbeschränkungen festzulegen, wenn dies zum Schutz von Deichen notwendig ist. ²In der Verordnung kann der Bereich der Nutzungsbeschränkungen abweichend von Absatz 2 bemessen werden. ³Die bis zum 22. April 2005 vorhandenen Nutzungsbeschränkungen gelten bis zu ihrer Aufhebung oder Änderung durch eine Verordnung nach den Sätzen 1 und 2 fort. ⁴Für Entschädigungs- und Ausgleichsansprüche gilt § 52 Abs. 4 und 5 des Wasserhaushaltsgesetzes entsprechend.

### § 97a Planfeststellung und Plangenehmigung (zu den §§ 67 bis 71 WHG)

(1) Die Entschädigungspflicht gemäß § 14 Abs. 3 Satz 3 des Wasserhaushaltsgesetzes entfällt, wenn der Ausbau
1. die Ausübung von Wasserbenutzungsrechten oder Befugnissen beeinträchtigt oder unmöglich macht, die ohne Entschädigung beschränkt oder aufgehoben werden können,
2. Bauten oder sonstige Anlagen beeinträchtigt, deren Beseitigung ohne Entschädigung angeordnet werden kann.

(2) ¹Die Herstellung, wesentliche Änderung oder Beseitigung eines Flutungspolders bedarf der Planfeststellung oder Plangenehmigung. ²Ein Flutungspolder ist ein Polder, der bei extremem Hochwasser als Überflutungsfläche genutzt werden kann und dessen Füllung entweder ungesteuert oder gesteuert erfolgt. ³Die §§ 68 bis 71 des Wasserhaushaltsgesetzes und die §§ 94a bis 94c gelten entsprechend. ⁴Mit der Planfeststellung für Flutungspolder sind für Maßnahmen, die die Sozialbindung des Eigentums überschreiten, Regelungen für den Ausgleich gemäß § 78 Abs. 5 Satz 2 des Wasserhaushaltsgesetzes in Verbindung mit § 52 Abs. 4 und 5 des Wasserhaushaltsgesetzes auf der Grundlage einheitlicher Kriterien, die durch das für die Wasserwirtschaft zuständige Ministerium nach Anhörung der berufsständischen Vertreter erarbeitet wurden, im Falle der gesteuerten Füllung zu treffen.

(3) § 16 Abs. 2 und 3 des Wasserhaushaltsgesetzes gilt entsprechend für alle Planfeststellungs- und Plangenehmigungsverfahren gemäß § 68 des Wasserhaushaltsgesetzes und Absatz 2 Satz 1.

*Abschnitt 7*
**Hochwasserschutz**

### § 98 Risikobewertung, Gefahrenkarten, Risikokarten, Risikomanagementpläne

(1) Zuständig für die Bewertung von Hochwasserrisiken und Bestimmung von Risikogebieten nach § 73 Abs. 1 des Wasserhaushaltsgesetzes, für die Zuordnung nach § 73 Abs. 3 Satz 2 des Wasserhaushaltsgesetzes und für die Erstellung von Gefahren- und Risikokarten nach § 74 des Wasserhaushaltsgesetzes ist das für die Wasserwirtschaft zuständige Ministerium oder die von ihm bestimmte Stelle.

(2) ¹Risikomanagementpläne nach § 75 des Wasserhaushaltsgesetzes sind als Fachpläne vom für die Wasserwirtschaft zuständigen Ministerium oder der von ihr bestimmten Stelle aufzustellen. ²Die Behörden und sonstigen Träger öffentlicher Belange, deren Aufgabenbereich davon berührt wird, sind zu beteiligen.

(3) Der Landesbetrieb für Hochwasserschutz und Wasserwirtschaft Sachsen-Anhalt erarbeitet die fachlichen Grundlagen.
(4) Das für die Wasserwirtschaft zuständige Ministerium oder die von ihm bestimmte Stelle ist für den Vollzug des § 79 Abs. 1 des Wasserhaushaltsgesetzes zuständig.
(5) Zuständig für die nach § 80 Abs. 2 des Wasserhaushaltsgesetzes erforderliche Koordinierung der Erstellung und Aktualisierung der Risikomanagementpläne mit den Bewirtschaftungsplänen ist das für die Wasserwirtschaft zuständige Ministerium oder die von ihm bestimmte Stelle.

### § 99 Überschwemmungsgebiete an oberirdischen Gewässern (zu § 76 WHG)
(1) [1]Überschwemmungsgebiete im Sinne des § 76 Abs. 2 des Wasserhaushaltsgesetzes müssen, die sonstigen Überschwemmungsgebiete können von der Wasserbehörde durch Verordnung festgesetzt werden. [2]Nach früherem Recht festgesetzte Überschwemmungsgebiete gelten fort. [3]Als festgesetzt gelten auch die dem Hochwasserschutz dienenden Gebiete zwischen der Uferlinie und dem Hauptdeich oder dem Hochufer sowie Flutungspolder.
(2) [1]Vor der Festsetzung der Überschwemmungsgebiete ist der Verordnungsentwurf bei der Wasserbehörde für die Dauer von einem Monat zur Einsicht auszulegen. [2]Der Hinweis auf die Auslegung und darauf, sich zum Entwurf der Verordnung bis zwei Wochen nach Ablauf der Auslegungsfrist schriftlich oder zur Niederschrift bei der Wasserbehörde äußern zu können, ist im amtlichen Veröffentlichungsblatt der Wasserbehörde bekannt zu machen. [3]Diejenigen, deren Anregungen und Bedenken nicht berücksichtigt werden, sind über die Gründe zu unterrichten.
(3) Das für die Wasserwirtschaft zuständige Ministerium wird ermächtigt, durch Verordnung die Einrichtung eines Überschwemmungsgebietsregisters anzuordnen und Bestimmungen zum Inhalt, zur Führung, zur zuständigen Stelle und zur Veröffentlichung zu treffen.
(4) § 73 Abs. 2, 3 und 7 gilt entsprechend.

### § 100 Vorläufige Sicherung (§ 76 Abs. 3 WHG)
(1) [1]Überschwemmungsgebiete im Sinn des § 76 Abs. 2 des Wasserhaushaltsgesetzes, die noch nicht als Überschwemmungsgebiete festgesetzt worden sind, gelten als vorläufig gesicherte Überschwemmungsgebiete, wenn diese Gebiete in Arbeitskarten der zuständigen Wasserbehörden, die auf der Grundlage der Ermittlungen des Landesbetriebes für Hochwasserschutz und Wasserwirtschaft Sachsen-Anhalt erstellt wurden, dargestellt und öffentlich bekannt gemacht worden sind. [2]In der Bekanntmachung ist darauf hinzuweisen, dass Ausfertigungen der Karten bei der Wasserbehörde aufbewahrt werden und jedermann kostenlos Einsicht gewährt wird.
(2) Die vorläufige Sicherung endet, sobald die Verordnung zur Festsetzung des Überschwemmungsgebiets in Kraft tritt oder das Festsetzungsverfahren eingestellt wird.

### § 101 Besondere Schutzvorschriften für festgesetzte Überschwemmungsgebiete (zu § 78 WHG)
(1) Für Genehmigungen und Zulassungen nach § 78 Abs. 3 und 4 des Wasserhaushaltsgesetzes gilt § 27 sinngemäß.
(2) Ein Aufwuchs von Bäumen und Sträuchern ist in den Teilen der Überschwemmungsgebiete, die dem Hochwasserabfluss dienen, im notwendigen Umfang frühzeitig zu beseitigen.

*Abschnitt 8*
**Wasserwirtschaftliche Planung und Dokumentation**

### § 102 Maßnahmenprogramme und Bewirtschaftungspläne (zu den §§ 82, 83 und 85 WHG)
(1) [1]Für jede Flussgebietseinheit, an der das Land Sachsen-Anhalt Anteile hat, erstellt das für die Wasserwirtschaft zuständige Ministerium oder die von ihm bestimmte Stelle Beiträge für die aufzustellenden Maßnahmenprogramme und Bewirtschaftungspläne. [2]Das für die Wasserwirtschaft zuständige Ministerium oder die von ihm bestimmte Stelle koordiniert diese Beiträge mit den übrigen an der Flussgebietseinheit beteiligten Ländern sowie bei der Flussgebietseinheit Elbe, die auch im Hoheitsgebiet anderer Mitgliedstaaten der Europäischen Union liegt, mit den zuständigen Behörden dieser Staaten. [3]Die Koordinierung erfolgt im Benehmen und, soweit auch Verwaltungskompetenzen des Bundes berührt sind, im Einvernehmen mit den zuständigen Bundesbehörden. [4]Das Einvernehmen der zuständigen Bundesbehörden ist auch erforderlich, soweit die Pflege der Beziehungen zu auswärtigen Staaten nach Artikel 32 des Grundgesetzes berührt ist. [5]Das für die Wasserwirtschaft zuständige Mi-

nisterium kann die Koordinierung der Maßnahmenprogramme und Bewirtschaftungspläne durch Verwaltungsvereinbarung mit den übrigen an der Flussgebietseinheit beteiligten Ländern und Staaten regeln; bestehende Regelungen und gemeinsame Einrichtungen können einbezogen werden.
(2) Die Maßnahmenprogramme und die Bewirtschaftungspläne sind für die Entscheidungen der Behörden verbindlich.
(3) Zuständige Behörde im Vollzug des § 83 Abs. 4 und des § 85 des Wasserhaushaltsgesetzes ist das für die Wasserwirtschaft zuständige Ministerium oder die von ihm bestimmte Stelle.

### § 103 Wasserbuch (zu § 87 WHG)
(1) Das für die Wasserwirtschaft zuständige Ministerium bestimmt die Einrichtung und Führung der Wasserbücher.
(2) In das Wasserbuch sind über die in § 87 Abs. 2 Satz 1 Nrn. 1 bis 3 des Wasserhaushaltsgesetzes genannten Angaben hinaus folgende Angaben einzutragen:
1. festgesetzte Heilquellenschutzgebiete,
2. Duldungs- und Gestattungsverpflichtungen (§§ 92 bis 94 des Wasserhaushaltsgesetzes sowie § 104 dieses Gesetzes); § 87 Abs. 2 Satz 2 des Wasserhaushaltsgesetzes gilt entsprechend.
(3) Ist ein Recht im Grundbuch eingetragen, so ist es in Übereinstimmung mit diesem in das Wasserbuch einzutragen.
(4) [1]Urkunden, auf die eine Eintragung sich gründet oder Bezug nimmt, hat die für das Führen des Wasserbuches zuständige Behörde in Urschrift oder beglaubigter Abschrift aufzubewahren. [2]Auszüge aus dem Wasserbuch sind bei der unteren Wasserbehörde niederzulegen.
(5) [1]Jedermann kann auf seine Kosten Auskunft über Eintragungen im Wasserbuch und über Urkunden, auf die in den Eintragungen Bezug genommen wird, verlangen sowie einen beglaubigten Auszug aus dem Wasserbuch fordern. [2]Dies gilt nicht für Urkunden, die Geschäfts- oder Betriebsgeheimnisse enthalten.

### Abschnitt 9
### Duldungs- und Gestattungspflichten

### § 104 Anschluss von Stauanlagen
[1]Will ein Anlieger aufgrund einer Erlaubnis oder einer Bewilligung eine Stauanlage errichten, so kann die Wasserbehörde die Eigentümer der gegenüberliegenden Grundstücke verpflichten, den Anschluss zu dulden. [2]§ 95 des Wasserhaushaltsgesetzes gilt entsprechend. [3]Für das Verfahren gelten § 14 Abs. 5 und 6 des Wasserhaushaltsgesetzes sowie die §§ 19 und 27 dieses Gesetzes entsprechend.

### Abschnitt 10
### Entgelt für Wasserentnahmen

### § 105 Entgelt für Wasserentnahmen
(1) [1]Das Land kann nach Maßgabe dieser Bestimmung und der Verordnung nach Absatz 3 für das Entnehmen oder Ableiten von Wasser aus oberirdischen Gewässern und das Entnehmen, Zutagefördern, Zutageleiten oder Ableiten von Grundwasser ein Entgelt (Wasserentnahmeentgelt) erheben. [2]Dies gilt nicht für erlaubnis- oder bewilligungsfreie Benutzungen. [3]Die zuständige Behörde kann den Entgeltpflichtigen auf Antrag von der Pflicht zur Entrichtung des Wasserentnahmeentgelts ganz oder teilweise befreien, wenn er für gewerbliche, landwirtschaftliche oder forstwirtschaftliche Zwecke Wasser in so großem Umfang benötigt, dass er durch die Entrichtung des Entgeltes nachhaltig erheblich in seiner Wettbewerbsfähigkeit beeinträchtigt wäre. [4]Satz 3 ist auch anzuwenden, wenn wichtige wasserwirtschaftliche, ökologische oder sonstige öffentliche Belange dies erfordern.
(2) [1]Das Wasserentnahmeentgelt steht dem Land zu. [2]Aus dem Aufkommen des Wasserentnahmeentgelts ist vorab der Verwaltungsaufwand zu decken, der dem Land durch den Vollzug der für das Wasserentnahmeentgelt maßgebenden Rechtsvorschriften entsteht. [3]Das verbleibende Aufkommen ist für wasserwirtschaftliche Zwecke zu verwenden, insbesondere zur Sicherung und Verbesserung der quantitativen und qualitativen Bereitstellung von Wasser sowie für Zuschussgewährungen nach § 76. [4]Klagen gegen Festsetzungsbescheide haben keine aufschiebende Wirkung.

(3) Die Landesregierung wird ermächtigt, durch Verordnung festzulegen
1. die entgeltpflichtigen Tatbestände (Absatz 1 Satz 1),
2. die näheren Voraussetzungen, bei deren Vorliegen von der Pflicht zur Entrichtung des Wasserentnahmeentgelts Befreiung erteilt werden kann (Absatz 1 Satz 3 und 4),
3. die Höhe des Wasserentnahmeentgelts, bezogen auf die entgeltpflichtigen Tatbestände,
4. den Veranlagungszeitraum und das Veranlagungsverfahren,
5. die Erfassung der Wasserentnahmen,
6. die Verwendung von Daten für Zwecke der Erhebung des Wasserentnahmeentgelts,
7. das Beitreibungs- und Vollstreckungsverfahren und
8. den Zeitpunkt des Beginns der Entgeltpflicht.

*Kapitel 4*
**Entschädigung, Ausgleich**

**§ 106 Verweis auf Bundesrecht**
Für Entschädigungen oder Ausgleichsleistungen nach diesem Gesetz gelten die §§ 96 bis 99 des Wasserhaushaltsgesetzes entsprechend, soweit sich aus diesem Gesetz nichts anderes ergibt.

**§ 107 Entschädigung in wiederkehrenden Leistungen**
[1]Die Entschädigung in Geld kann in wiederkehrenden Leistungen bestehen. [2]Haben sich die tatsächlichen Verhältnisse, die der Festsetzung der Entschädigung zugrunde lagen, wesentlich geändert, so kann die Behörde die Höhe der wiederkehrenden Leistungen auf Antrag neu festsetzen, wenn dies notwendig ist, um eine offenbare Unbilligkeit zu vermeiden.

**§ 108 Entschädigungsverfahren**
(1) [1]Eine Einigung nach § 98 Abs. 2 Satz 1 des Wasserhaushaltsgesetzes ist zu beurkunden. [2]Den Beteiligten ist auf Antrag eine Ausfertigung der Urkunde zuzustellen; der Entschädigungspflichtige, der Entschädigungsberechtigte sowie Art und Maß der Entschädigung sind zu nennen. [3]Zuständig ist diejenige Behörde, die für die Entscheidung zuständig ist, welche die Entschädigung auslöst.
(2) [1]Ergeht eine Entscheidung nach § 98 Abs. 2 Satz 2 des Wasserhaushaltsgesetzes (Entschädigungsbescheid), so trägt der Entschädigungspflichtige die Verwaltungskosten. [2]§ 5 Abs. 2 des Verwaltungskostengesetzes des Landes Sachsen-Anhalt bleibt unberührt.

*Kapitel 5*
**Gewässeraufsicht**

**§ 109 Staatlich anerkannte Stellen für Abwasseruntersuchungen**
[1]Das für die Wasserwirtschaft zuständige Ministerium wird ermächtigt, durch Verordnung zu regeln, dass Untersuchungen im Rahmen der behördlichen Überwachung bei der Abwasserbeseitigung auch durch staatlich anerkannte Stellen durchgeführt werden können. [2]In der Verordnung sind insbesondere die Anforderungen an die Fachkunde, an die Zuverlässigkeit, an die betriebliche Ausstattung der Stellen und an deren Unabhängigkeit von den zu Überwachenden, das Verfahren zur Anerkennung einschließlich der Befristung und des Erlöschens der Anerkennung, der Ausschluss von Interessenkollisionen, die Vergütung und die Auslagenerstattung sowie die Fachaufsicht über die Stellen einschließlich der Teilnahme an Ringversuchen und anderer Maßnahmen zur analytischen Qualitätssicherung zu regeln.

**§ 110 Kosten**
(1) [1]Wer der Gewässeraufsicht nach § 101 des Wasserhaushaltsgesetzes unterliegt, trägt die Kosten seiner behördlichen Überwachung. [2]Dies gilt nicht für denjenigen, der ausschließlich als Eigentümer oder Besitzer von Grundstücken der Überwachung unterliegt. [3]Zu den Kosten der Überwachung gehören auch die Kosten von Untersuchungen, die außerhalb des Betriebes und der Grundstücke des Benutzers, insbesondere in den benutzten und in gefährdeten Gewässern, erforderlich sind. [4]Die Kosten können als Pauschbeträge erhoben werden.
(2) [1]Werden Maßnahmen der Gewässeraufsicht dadurch veranlasst, dass jemand ein Gewässer unbefugt oder in Abweichung von festgesetzten Auflagen oder Bedingungen benutzt oder Pflichten aus

dem Wasserhaushaltsgesetz, diesem Gesetz oder zu diesen Gesetzen ergangenen Vorschriften verletzt, so trägt er die Kosten dieser Maßnahmen. ²Dazu zählen auch die Kosten für Maßnahmen zur Gefahrerforschung, zur Ermittlung der Ursache, des Verursachers und des Ausmaßes der Gefahr.

*Kapitel 6*
**Gewässerkundlicher Landesdienst**

**§ 111 Gewässerkundlicher Landesdienst**
(1) Zur Ermittlung, Sammlung, Aufbereitung, Bewertung und Darstellung der qualitativen, hydromorphologischen und quantitativen Gewässerdaten, die für wasserwirtschaftliche Planungen, Maßnahmen und Entscheidungen erforderlich sind, unterhält das Land einen gewässerkundlichen Landesdienst.
(2) ¹Aufgabe des gewässerkundlichen Landesdienstes ist es insbesondere,
1. in dem vom für die Wasserwirtschaft zuständigen Ministerium festzulegenden Umfang an Messstellen in oberirdischen Gewässern physikalische, chemische und biologische und im Grundwasser physikalische und chemische Gewässerdaten zu ermitteln sowie die Messergebnisse auszuwerten, zu beurteilen und zu veröffentlichen,
2. die Auswirkungen von Benutzungen auf die Gewässer zu untersuchen und zu beurteilen,
3. die Auswirkungen von wasserbaulichen Maßnahmen als Eingriff in den ökologischen Zustand zu untersuchen und zu beurteilen,
4. die Einstufungen des Zustandes der Gewässer vorzunehmen, die Defizite nach Art und Ausmaß aufzuzeigen und Maßnahmen zur Erfüllung der Umweltziele vorzuschlagen,
5. die Ökosysteme einschließlich der Wechselwirkungen zwischen Gewässern und den gewässerabhängigen Landökosystemen sowie den ökologischen Zustand der oberirdischen Gewässer integriert zu bewerten sowie
6. ein Grundwasserkataster über das in unterirdischen Einzugsgebieten vorhandene Grundwasserdargebot nach Menge und Beschaffenheit aufzustellen und fortzuschreiben.
²Der gewässerkundliche Landesdienst unterstützt insoweit die oberste Wasserbehörde und die technische Fachbehörde bei der Erfüllung ihrer Aufgaben.
(3) ¹Der gewässerkundliche Landesdienst hat die Wasserbehörden zu beraten. ²Er ist bei allen Planungen, Entscheidungen und sonstigen Maßnahmen durch die Wasserbehörden zu beteiligen, es sei denn, dass wesentliche Auswirkungen auf den Wasserhaushalt nicht zu erwarten sind. ³Im Rahmen seiner Tätigkeit nach den Sätzen 1 und 2 soll der gewässerkundliche Landesdienst
1. zusätzlich erforderliche hydrologische Daten ermitteln oder ermitteln lassen und aufbereiten sowie
2. die zuständigen Behörden bei der Gewässeraufsicht unterstützen.
(4) Die juristischen Personen, die der Aufsicht der öffentlichen Hand unterstehen, haben dem gewässerkundlichen Landesdienst die für seine Aufgabenerfüllung erforderlichen Daten auf Verlangen zu übermitteln.
(5) ¹Der Landesbetrieb für Hochwasserschutz und Wasserwirtschaft Sachsen-Anhalt kann für die Beobachtung von gewässerkundlichen Messanlagen geeignete Personen als ehrenamtliche Beobachter bestellen. ²Das für die Wasserwirtschaft zuständige Ministerium wird ermächtigt, durch Verordnung das Bestellungsverfahren, die Aufgaben und Pflichten der ehrenamtlich Tätigen und deren Entschädigung zu regeln.

**§ 112 Befugnisse des gewässerkundlichen Landesdienstes**
(1) Soweit die Erfüllung der Aufgaben des gewässerkundlichen Landesdienstes es erfordert, steht dessen Bediensteten und Beauftragten das Recht zu,
1. Betriebsgrundstücke und -räume während der Betriebszeit zu betreten,
2. Grundstücke und Anlagen, die nicht zum unmittelbar angrenzenden befriedeten Besitztum von Betriebsgrundstücken und -räumen gehören, jederzeit zu betreten,
2a. Gewässer zu befahren,
3. Wasser-, Boden-, Flüssigkeits- und Feststoffproben zu entnehmen,
4. Bohrungen und Pumpversuche durchzuführen,
5. Geräte und Stoffe zu Messungen und Untersuchungen einzubringen.

6. von den zur Unterhaltung der Gewässer Verpflichteten, den Benutzern der Gewässer sowie den an eine Abwasseranlage angeschlossenen Betrieben Auskünfte und Aufzeichnungen zu verlangen.

(2) Bei außergewöhnlichen Verunreinigungen eines Gewässers sind die Bediensteten und Beauftragten des gewässerkundlichen Landesdienstes auch befugt, im Wege der Funktionskontrolle jederzeit den Reinigungsprozess in Abwasserbehandlungsanlagen zu verfolgen, um ihren Wirkungsgrad festzustellen und die Ursachen von Funktionsstörungen aufzuklären.

(3) Persönliche oder sachliche Verhältnisse, die den Bediensteten und Beauftragten des gewässerkundlichen Landesdienstes bei der Ausübung ihrer Befugnisse bekannt werden, sind geheim zu halten.

(4) [1]Entstehen durch Maßnahmen nach den Absätzen 1 und 2 Schäden oder Nachteile, so ist der Betroffene zu entschädigen. [2]Dies gilt nicht, soweit der Betroffene zu den Maßnahmen Anlass gegeben hat.

### § 113 Messanlagen

(1) [1]Soweit die Erfüllung der Aufgaben des gewässerkundlichen Landesdienstes es erfordert, kann die Wasserbehörde den Eigentümer eines Grundstücks oder einer baulichen Anlage sowie den zum Besitz oder zur Nutzung des Grundstücks oder der Anlage Berechtigten verpflichten, die Errichtung und den Betrieb von Messanlagen (Pegeln, Gütemessstationen, Grundwasser- und anderen Messstellen) auf dem Grundstück oder der Anlage zu dulden und Handlungen zu unterlassen, die die Messergebnisse beeinflussen können. [2]Entstehen Schäden oder Nachteile, so ist der Verpflichtete zu entschädigen.

(2) Auf die Messstellen des gewässerkundlichen Landesdienstes ist bei der Entscheidung über einen Antrag auf Erteilung einer Erlaubnis, einer Bewilligung oder einer Genehmigung und im Planfeststellungsverfahren Rücksicht zu nehmen.

(3) Die Absätze 1 und 2 gelten für die Änderung und den Betrieb von Messanlagen, die vor dem 8. September 1993 errichtet worden sind, entsprechend.

## Kapitel 7
## Bußgeld- und Schlussvorschriften

### § 114 Ordnungswidrigkeiten

(1) Ordnungswidrig handelt, wer vorsätzlich oder fahrlässig
1. entgegen § 23 den Übergang einer Erlaubnis oder Bewilligung nicht anzeigt,
2. entgegen § 29 ein nicht schiffbares oberirdisches Gewässer befährt, auf dem dies nicht als Gemeingebrauch gestattet oder auf dem die Schifffahrt nicht allgemein oder im Einzelfall zugelassen ist,
3. entgegen § 34 Abs. 1 einen Hafen, eine Umschlagstelle oder eine Fähre ohne Genehmigung betreibt,
4. entgegen § 38
   a) als Betreiber einer Stauanlage nicht dafür sorgt, dass die Staumarken und Festpunkte erhalten, sichtbar und zugänglich bleiben, oder eine Beschädigung oder Änderung der Staumarken und Festpunkte nicht unverzüglich der Wasserbehörde anzeigt,
   b) Staumarken oder Festpunkte ohne Genehmigung der Wasserbehörde ändert oder beeinflusst,
5. entgegen § 40 Abs. 1 Stauanlagen ohne Genehmigung der Wasserbehörde dauernd außer Betrieb setzt oder beseitigt,
6. als Betreiber einer Stauanlage entgegen § 42 Abs. 2 das aufgestaute Wasser unter die Höhe senkt, auf der das Oberwasser bleiben muss,
7. entgegen § 49 Abs. 1 eine Anlage nach § 36 des Wasserhaushaltsgesetzes oder eine Aufschüttung oder Abgrabung in oder an einem oberirdischen Gewässer ohne die erforderliche Genehmigung herstellt oder wesentlich ändert,
8. entgegen § 82 Abs. 1 Satz 1 als Betreiber einer Abwasseranlage die erforderlichen Untersuchungen nicht durchführt oder ihre Ergebnisse nicht aufzeichnet oder entgegen § 82 Abs. 1 Satz 2 die Aufzeichnungen auf Verlangen der amtlichen Stellen nicht vorlegt,
9. entgegen § 86 als Anzeigepflichtiger das Austreten wassergefährdender Stoffe nicht unverzüglich anzeigt,

| | |
|---|---|
| 10. | entgegen § 96 Abs. 1 den Deich benutzt, insbesondere Anlagen jeder Art errichtet oder ändert, |
| 10a. | entgegen § 49 Abs. 1 Satz 1 oder Abs. 2 des Wasserhaushaltsgesetzes Bohrungen nicht oder nicht rechtzeitig anzeigt, |
| 11. | entgegen § 97 Abs. 1 Satz 1 die Deichunterhaltung unmöglich macht, wesentlich erschwert oder die Sicherheit des Deiches beeinträchtigt oder entgegen § 97 Abs. 2 dort genannte Anlagen errichtet oder wesentlich ändert, |
| 12. | entgegen § 96 Abs. 8 den Deich betritt oder befährt. |

(2) Ist eine Handlung, die ohne eine vorgeschriebene Erlaubnis, Bewilligung oder Genehmigung vorgenommen wird, nach Absatz 1 Nrn. 3, 4 Buchst. b, Nrn. 5 und 7 ordnungswidrig, so gilt dies auch, wenn von der Erlaubnis, Bewilligung oder Genehmigung abgewichen oder gegen eine ihr beigefügte Auflage verstoßen wird.

(3) Ordnungswidrig handelt, wer vorsätzlich oder fahrlässig einer aufgrund dieses Gesetzes oder des Wasserhaushaltsgesetzes ergangenen Verordnung des Landes zuwiderhandelt, soweit die Verordnung für bestimmte Tatbestände auf diese Bußgeldvorschrift verweist.

(4) Die Ordnungswidrigkeit kann mit einer Geldbuße bis zu fünfzigtausend Euro geahndet werden.

### § 115 *[hier nicht wiedergegebene Folgeänderungen]*

### § 116 Einschränkung eines Grundrechts

Dieses Gesetz schränkt das Grundrecht der Unverletzlichkeit der Wohnung im Sinne des Artikels 13 des Grundgesetzes und des Artikels 17 der Verfassung des Landes Sachsen-Anhalt ein.

### § 117 Sprachliche Gleichstellung

Personen- und Funktionsbezeichnungen in diesem Gesetz gelten jeweils in männlicher und weiblicher Form.

### § 118 Inkrafttreten

(1) ¹Dieses Gesetz tritt vorbehaltlich des Absatzes 2 am 1. April 2011 in Kraft. ²Gleichzeitig tritt das Wassergesetz für das Land Sachsen-Anhalt in der Fassung der Bekanntmachung vom 12. April 2006 (GVBl. LSA S. 248), zuletzt geändert durch § 38 Abs. 11 des Gesetzes vom 10. Dezember 2010 (GVBl. LSA S. 569), außer Kraft.

(2) § 12 Abs. 1 Satz 2 und § 17 treten am Tag nach der Verkündung in Kraft.

(3) Die aufgrund des Wassergesetzes für das Land Sachsen-Anhalt in der Fassung der Bekanntmachung vom 12. April 2006 (GVBl. LSA S. 248), zuletzt geändert durch § 38 Abs. 11 des Gesetzes vom 10. Dezember 2010 (GVBl. LSA S. 569), erlassenen Verordnungen können durch Verordnung des für die Wasserwirtschaft zuständigen Ministeriums aufgehoben werden.

## Anlage 1
(zu § 4 Abs. 1 Nr. 2)

### Verzeichnis der Gewässer mit erheblicher Bedeutung für die Wasserwirtschaft[1)]
### Fließgewässer

| Lfd. Nr. | Name des Gewässers | Anfangspunkt | Endpunkt | Länge (km) | Bemerkungen |
|---|---|---|---|---|---|
| 1 | Aga | Landesgrenze Freistaat Thüringen | Mündung in die Weiße Elster | 10,4 | |
| 2 | Aland/Biese | Einmündung der Unteren Milde | Landesgrenze Niedersachsen | 61,8 | einschließlich Hochwasserumfluter Osterburg und Alandumfluter Seehausen |
| 3 | Aller | Autobahn A 2 | Landesgrenze Niedersachsen | 41,0 | einschließlich Aller-Hochwasserentlaster II |
| 4 | Allerkanal | Abschlag Aller-Hochwasserentlaster II | Mündung in die Ohre | 21,7 | |
| 5 | Alte Dumme | Abschlagwehr Tylsen | Landesgrenze Niedersachsen | 8,7 | |
| 6 | Bach | Landesgrenze Freistaat Sachsen | Mündung in die Luppe | 16,8 | einschließlich Durchstichgraben zur Saale |
| 7 | Beber | Einmündung der Rie | Mündung in die Ohre | 16,8 | |
| 8 | Biberbach | Zusammenfluss von Steinbach und Saubach | Mündung in die Unstrut | 7,3 | |
| 9 | Bode | Zusammenfluss Warme Bode und Kalte Bode | Mündung in die Saale | 160,8 | einschließlich Hochwasserumfluter Espenlake, Mühlenbode Egeln, Alte Bode Egeln, Mühlengraben Neugattersleben, ohne Nebenarme Mühlengraben Quedlinburg mit seinen Nebenarmen, Mühlengraben Gröningen, Mühlengraben Hadmersleben, Mühlengraben Nienburg |
| 10 | Böse Sieben | Zusammenfluss Vietzbach und Dippelsbach | Mündung in den Süßen See | 15,2 | |
| 11 | Boner Nuthe | unterhalb Brücke Dorfstraße in Bonitz | Mündung in die Hauptnuthe | 7,8 | |
| 12 | Ecker | Eckersprung | Landesgrenze Niedersachsen | 22,0 | davon 19 km grenzbildend |
| 13 | Ehle | unterhalb Straßenbrücke Zerbster Straße in der OL Dannigkow oberhalb des Pegels | Mündung in die Umflutehle | 11,2 | einschließlich Nebenarm Alte Ehle Gommern |
| 14 | Eine | Einmündung des Grabens vom Hainberg | Mündung in die Wipper | 34,8 | |
| 15 | Elbumflut | Abzweig bei Elbe – km 300,7 | Mündung der Ehle in die Umflutehle | 11,0 | |
| 16 | Entlaster VI | Friedrichskanal | Ohre | 3,0 | |
| 17 | Fiener Hauptvorfluter | Verteiler Pferdeloch Fienerode | Mündung in den Elbe-Havel-Kanal | 6,2 | |

---

1) **Amtl. Anm.:** Soweit die Fließgewässer stehende Gewässer durchfließen, die nicht im Verzeichnis aufgeführt sind, gehören nur die Durchflussrinnen zu den Fließgewässern.

# Anlage 1  WG LSA  53

| Lfd. Nr. | Name des Gewässers | Anfangspunkt | Endpunkt | Länge (km) | Bemerkungen |
|---|---|---|---|---|---|
| 18 | Fließgraben | Wachsdorfer Wehr | Mündung in die Elbe | 25,6 | einschließlich Graben zum Schöpfwerk Boos |
| 19 | Flötgraben | Einmündung des Jeggauer Fleets | Mündung in den Friedrichskanal | 8,4 | |
| 20 | Floßgraben | Landesgrenze Freistaat Thüringen | Mündung in den Bach | 41,1 | ohne Gewässerabschnitt im Freistaat Sachsen |
| 21 | Friedrichskanal | Einmündung des Flötgrabens | Mündung in die Ohre | 14,6 | |
| 22 | Fuhne | Einmündung der Riede | Mündung in die Saale | 31,2 | |
| 23 | Geisel | Quelle in Mücheln | Mündung in den Gotthardteich | 21,7 | einschließlich Hochwasserentlaster Beuna und Einlauf der Geisel zum Geiseltalsee vom Viadukt Mücheln |
| 24 | Gonna | Einmündung des Hohensteintals | Mündung in die Helme | 13,8 | |
| 25 | Graben Sandau/Wulkau | Siel Polderdeich Trübengraben | Mündung in die Havel | 5,6 | |
| 26 | Grimmer Nuthe | Einmündung Mührobach | Mündung in die Lindauer Nuthe | 8,2 | |
| 27 | Große Schnauder | Landesgrenze Freistaat Thüringen | Landesgrenze Freistaat Thüringen | 12,1 | |
| 28 | Großer Graben | Zusammenfluss von Deersheimer Aue und Schiffgraben Ost | Mündung in die Bode | 40,7 | davon 14,1 km grenzbildend; einschließlich Mühlgraben Oschersleben und Bodeabschlag |
| 29 | Grützer Vorfluter | Landesgrenze Brandenburg | Mündung in die Havel | 6,5 | |
| 30 | Hauptnuthe | Vereinigung von Lindauer Nuthe und Boner Nuthe | Mündung in die Elbe | 17,0 | |
| 31 | Hauptseegraben | Einmündung des Grabens aus Wilsleben | Mündung in die Selke | 15,5 | einschließlich Abschlagsgraben zum Königsauer See |
| 32 | Helme | Landesgrenze Freistaat Thüringen | Landesgrenze Freistaat Thüringen | 69,2 | einschließlich Nebenarme Soolgraben Kelbra, Mühlgraben Roßla, Mühlgraben Bennungen, Mühlgraben Hohlstedt, Kleine Helme, Mühlgraben Oberröblingen und Thüringische Kleine Helme |
| 33 | Holtemme | Einmündung der Kleinen Holtemme | Mündung in die Bode | 47,4 | einschließlich Hochwasserentlaster Halberstadt und Flutmulde Nienhagen (von Abschlag Holtemme bis Mündung in den Salzgraben) |
| 34 | Ihle | Einmündung in den Kammerforthgraben | Mündung in den Elbe-Havel-Kanal | 11,8 | einschließlich Hochwasserentlaster Burg |
| 35 | Ilse | Pegel Ilsenburg | Landesgrenze Niedersachsen | 21,3 | |
| 36 | Jeetze | unterhalb Straßenbrücke K 1381 oberhalb der Dambecker Mühle | Landesgrenze Niedersachsen | 16,4 | einschließlich Nebenarm Stammjeetze Salzwedel |

| Lfd. Nr. | Name des Gewässers | Anfangspunkt | Endpunkt | Länge (km) | Bemerkungen |
|---|---|---|---|---|---|
| 37 | Kalte Bode | Bodesprung | Zusammenfluss Warme Bode und Kalte Bode | 17,7 | |
| 38 | Kapengraben | Bundesstraße B 107 | Mündung in die Mulde | 14,1 | |
| 39 | Klia | Ablaufwehr Gotthardteich | Mündung in die Saale | 2,2 | |
| 40 | Landgraben | Einmündung des Laufgrabens | Mündung in die Taube | 7,4 | |
| 41 | Laucha | Quelle oberhalb Schafstädt | Mündung in die Saale | 20,3 | |
| 42 | Leine | Einmündung Erlbach | Mündung in die Helme | 15,6 | einschließlich Erlbach von Ablauf Speicher Wettelrode bis Einmündung in die Leine |
| 43 | Liethe | Abschlagwehr Wipper | Mündung in die Bode | 8,8 | |
| 44 | Lindauer Nuthe | Einmündung der Lietzoer Nuthe | Vereinigung von Lindauer Nuthe und Boner Nuthe (Beginn der Hauptnuthe) | 9,1 | |
| 45 | Luppe | Landesgrenze Freistaat Sachsen | Mündung in die Saale | 24,6 | einschließlich Mühlgraben Horburg-Maßlau, Mühlgraben Zöschen und Mühlgraben Wallendorf |
| 46 | Milde | unterhalb der Straßenbrücke Salzwedeler Torstraße (L 27) in Gardelegen | Einmündung der Unteren Milde | 34,3 | einschließlich Nebenarm Hochwasserumfluter Königsgraben |
| 47 | Mittelgraben | Zusammenfluss Hornburger Graben und Stollengraben | Pumpwerk Wansleben | 6,7 | |
| 48 | Mulde | Landesgrenze Freistaat Sachsen | Mündung in die Elbe | 54,4 | einschließlich Nebenarme Jonitzer Mulde und Libehnaer Mulde |
| 49 | Neue Dosse | Landesgrenze Brandenburg | Mündung in die Havel | 2,6 | |
| 50 | Neue Jäglitz | Straße Voigtsbrügge-Kümmernitz | Mündung in die Havel | 8,2 | |
| 51 | Neugraben | Landesgrenze Brandenburg | Mündung in die Schwarze Elster | 22,4 | |
| 52 | Neuwerbener Durchstich | Abzweig bei Elbe – km 428 | Wehr Neuwerben | 0,6 | |
| 53 | Ohre | Verteilerwehr bei Buchhorst | Mündung in die Elbe | 75,6 | einschließlich Ohre-Hochwasserentlaster |
| 54 | Oker | Landesgrenze Niedersachsen | Landesgrenze Niedersachsen | 2,4 | |
| 55 | Olbe | Straße Mammendorf-Schackensleben | Mündung in die Beber | 12,6 | |
| 56 | Pierengraben | Siel Polderdeich Trübengraben | Mündung in den Graben Sandau-Wulkau | 5,7 | einschließlich Graben zum Schöpfwerk Havelberg |
| 57 | Polstrine | unterhalb Straßenbrücke B 1 bei Gerwisch | Mündung in die Umflutehle | 2,3 | |
| 58 | Querne | Einmündung des Leimbacher Grabens | Zusammenfluss mit dem Weidenbach | 5,8 | |

# Anlage 1 WG LSA 53

| Lfd. Nr. | Name des Gewässers | Anfangspunkt | Endpunkt | Länge (km) | Bemerkungen |
|---|---|---|---|---|---|
| 59 | Reide | Straße Braschwitz-Zöberitz | Mündung in die Weiße Elster | 14,4 | |
| 60 | Rippach | Quelle | Mündung in die Saale | 28,1 | |
| 61 | Rohne | Einmündung des Sandgrabens | Landesgrenze Freistaat Thüringen | 17,6 | |
| 62 | Rollsdorfer Mühlgraben | Ablauf des Süßen Sees, Nordschleuse | Mündung in den Bindersee | 2,5 | |
| 63 | Rossel | Einmündung Lehmitzbach | Mündung in die Elbe | 23,0 | einschließlich Hochwasserentlaster in Roßlau und Meinsdorf |
| 64 | Rütschgraben | Brockholzschleuse | Mündung in den Trübengraben | 2,6 | |
| 65 | Saale | Einmündung der Ilm | Bad Dürrenberg (km 124,16) | 72,3 | einschließlich Nebenarme Kleine Saale Naumburg und Alte Saale Merseburg, ohne Altarm Lobitzsch, Altarm Beyers Loch, Altarm Pferdeschwemme, Altarm Fährhaus Leißling, Altarm Sportplatz Leißling, Altarm Weißenfels (Hufeisen), Altarm Tepnitz |
| 66 | Salza | Straße von Wansleben zur Straße Seeburg-Langenbogen | Mündung in die Saale | 10,9 | |
| 67 | Salzwedler Dumme | Abschlagwehr Tylsen | Mündung in die Stammjeetze Salzwedel | 9,6 | |
| 68 | Schölecke | Ablauf des Schäferteiches Hörsingen | Mündung in die Aller | 8,5 | |
| 69 | Schrote | Ablauf des Rückhaltebeckens Schrote | Mündung in die Ohre | 13,2 | |
| 70 | Schwarze Elster | Landesgrenze Brandenburg | Mündung in die Elbe | 29,0 | |
| 71 | Schweinitzer Fließ | Landesgrenze Brandenburg | Mündung in die Schwarze Elster | 12,8 | |
| 72 | Seege/Schaugraben | Siel linker Flutmuldendeich | Landesgrenze Niedersachsen | 5,0 | |
| 73 | Selke | Ablauf des Mühlenteiches Güntersberge | Mündung in die Bode | 64,4 | |
| 74 | Spetze | Ablauf des Schloßteiches Flechtingen | Mündung in die Aller | 15,5 | |
| 75 | Spittelwasser | Dessauer Straße in Jeßnitz | Mündung in die Mulde | 7,0 | |
| 76 | Südlicher Ringkanal | Einleitungsstelle Firma ROMONTA | Mündung in die Salza | 5,0 | |
| 77 | Taube | 700 m unterhalb der Einmündung des Libbesdorfer Landgrabens | Mündung in die Saale | 29,3 | einschließlich Graben zum Schöpfwerk Aken |
| 78 | Thyra | Zusammenfluss von Lude und Große Wilde (im Oberlauf Schmaler Lude) | Mündung in die Helme | 18,4 | einschließlich Flutmulde Bösenrode und Flutmulde Uftrungen |
| 79 | Trübengraben | Ablauf des Klietzer Sees | Mündung in die Stromhavel | 21,0 | |

| Lfd. Nr. | Name des Gewässers | Anfangspunkt | Endpunkt | Länge (km) | Bemerkungen |
|---|---|---|---|---|---|
| 80 | Tuchheim-Parchener Bach | Einmündung des Ringelsdorfer Bachs | Mündung in den Elbe-Havel-Kanal | 23,6 | |
| 81 | Uchte | Straße Tornau – Döbbelin | Einmündung in die Biese | 34,8 | |
| 82 | Umflutehle | Einmündung der Ehle | Mündung in die Elbe | 18,0 | |
| 83 | Unstrut | Landesgrenze Freistaat Thüringen | Mündung in die Saale | 46,3 | einschließlich Nebenarm Mühlgraben Tröbsdorf, ohne Nebenarme Mühlengraben Wendelstein und Mühlengraben Laucha |
| 84 | Unstrut-Flutkanal | Landesgrenze Freistaat Thüringen | Mündung in die Unstrut | 3,0 | |
| 85 | Verbindungsgraben | Ablauf des Süßen Sees, Südschleuse | Pumpwerk Wansleben | 2,1 | |
| 86 | Vereinigter Tanger | Einmündung des Mahlwinkler Tanger | Hafenschleuse Tangermünde | 10,3 | |
| 87 | Wanneweh | Einmündung des Brückengrabens | Mündung in die Ohre | 5,3 | |
| 88 | Warme Bode | Einmündung der Bremke | Zusammenfluss Warme Bode und Kalte Bode | 15,0 | davon 4 km grenzbildend |
| 89 | Warnauer Vorfluter | Einlasswehr bei Molkenberg | Mündung in die Havel | 10,3 | einschließlich Druckwassergraben Warnau |
| 90 | Weida | Zusammenfluss von Querne und Weidenbach | Mündung in den Mittelgraben | 16,8 | einschließlich Umfluter Schraplau |
| 91 | Weiße Elster | Landesgrenze Freistaat Thüringen | Mündung in die Saale | 56,9 | einschließlich Mittelgraben der Auslauftrompete des Umfluters Döllnitz sowie Mahlbusen der Schöpfwerke Predel, Profen, Oberthau, Raßnitz und Lochau; ohne Nebenarm Profen, Markgraben, Steinlache/ Gerwische des Umfluters Döllnitz sowie Gräben zu den Schöpfwerken |
| 92 | Wethau | Landesgrenze Freistaat Thüringen | Mündung in die Saale | 24,2 | |
| 93 | Wilder Graben | Bundesstraße B 180 oberhalb Volkstedt | Mündung in die Böse Sieben | 10,7 | einschließlich Umfluter Wilder Graben |
| 94 | Wilhelmskanal | Entlaster VI | Mündung in die Ohre | 10,4 | |
| 95 | Wipper | Ablauf der Talsperre Wippra | Mündung in die Saale | 74,7 | einschließlich Mühlgraben Zörnitzer Mühle und Flutmulde Osmarsleben |
| 96 | Zahna | Straße Zahna-Rahnsdorf | Mündung in die Elbe | 16,1 | einschließlich Hochwasserumfluter Greybach |
| 97 | Zillierbach | Zufluss Wormsgraben | Mündung in die Holtemme | 16,3 | einschließlich Wormsgraben (ab Abschlagwehr Wormke bis Einmündung in den Zillierbach) |

# Anlage 1 WG LSA 53

**Stehende Gewässer**

| Lfd. Nr. | Name des Gewässers | Lage | Fläche (ha) | Bemerkungen (Fließgewässer) |
|---|---|---|---|---|
| 1 | Arendsee | | 510,0 | |
| 2 | Bergrat-Müller-Teich | Friedrichsbrunn | 1,3 | Friedenstalbach |
| 3 | Bindersee | östlich von Seeburg | 25,0 | Verbindungsgraben |
| 4 | Birnbaumteich | Neudorf | 4,5 | Bach vom Birnbaumteich |
| 5 | Bremer Teich | Gernrode | 3,7 | Bach vom Bremer Teich |
| 6 | Erichsburger Teich | Harzgerode | 1,1 | Friedenstalbach |
| 7 | Frankenteich | Straßberg | 11,0 | Rödelbach |
| 8 | Fürstenteich | Silberhütte | 2,5 | Teufelsbach |
| 9 | Gondelteich | Friedrichsbrunn | 4,2 | Uhlenbach |
| 10 | Gotthardteich | Merseburg | 6,8 | Geisel |
| 11 | Großer Siebersteinteich | Ballenstedt | 4,2 | Siebersteinbach |
| 12 | Hochwasserschutzbecken Kalte Bode | Königshütte | 58,9 | Kalte Bode |
| 13 | Kernersee | östlich von Seeburg | 17,0 | Verbindungsgraben |
| 14 | Kiliansteich | Straßberg | 17,3 | Büschengraben, Rödelbach |
| 15 | Kleiner Siebersteinteich | Ballenstedt | 1,8 | Siebersteinbach |
| 16 | Kunstteich | Ballenstedt | 3,0 | Garnwinde, Sauerbach |
| 17 | Kunstteich | Neudorf | 4,2 | |
| 18 | Muldestausee | Friedersdorf, Mühlbeck, Pouch | 605,0 | Mulde |
| 19 | Mühlenteich | Güntersberge | 7,1 | Selke |
| 20 | Neuer Teich | Gernrode | 2,4 | Hagentalsbach |
| 21 | Rappbodetalsperre | Hasselfelde | 390,0 | Rappbode, Hassel |
| 22 | Rückhaltebecken Gleinaer Grund | südwestlich von Mücheln | 6,3 | Geisel |
| 23 | Rückhaltebecken Schrote | westlich von Magdeburg | 10,0 | Schrote |
| 24 | Rückhaltebecken Stöbnitz | nordöstlich von Öchlitz | 21,5 | Stöbnitz |
| 25 | Speicher Kötzschau | nördlich Bad Dürrenberg | 24,8 | Bach |
| 26 | Speicher Schmon | westlich von Schmon | 2,2 | Schmoner Bach |
| 27 | Speicher Wettelrode | westlich von Wettelrode | 4,0 | Erlbach |
| 28 | Süßer See | Seeburg | 247,0 | Böse Sieben |
| 29 | Talsperre Kelbra | Kelbra | 1430,0 | Helme |
| 30 | Talsperre Wendefurth | Wendefurth | 78,0 | Bode |
| 31 | Talsperre Wippra | Wippra | 38,5 | Wipper |
| 32 | Teufelsteich | Harzgerode | 19,9 | Teufelsbach |
| 33 | Überleitungssperre | Königshütte | 29,0 | Bode |
| 34 | Vorsperre Hassel | Hasselfelde | 25,0 | Hassel |
| 35 | Vorsperre Rappbode | Trautenstein | 24,3 | Rappbode |
| 36 | Zillierbachtalsperre | Wernigerode | 23,0 | Zillierbach |

**Anlage 2**
(zu § 54 Abs. 1 Satz 1)

### Verzeichnis der Unterhaltungsverbände

| Nr. des Unterhaltungsverbandes | Name des Verbandes | Verbandsgebiet: Niederschlagsgebiet der nachstehenden Gewässer | Bemerkungen |
|---|---|---|---|
| 1 | Jeetze | Jeetze | einschließlich der in die Ise (Teileinzugsgebiet der Aller) und Aue (Teileinzugsgebiet der Ilmenau) entwässernden Flächen |
| 2 | Seege/Aland | Seege, Biese/Aland ab Einmündung der Uchte und Elbe linksseitig von unterhalb Arneburg (Elb-km 404) bis zur Landesgrenze Niedersachsen | |
| 3 | Milde/Biese | Milde/Biese | |
| 4 | Uchte | Uchte, Elbe linksseitig von Mündung Tanger bis unterhalb Arneburg (Elb-km 404) | |
| 5 | Obere Ohre | Ohre bis Straßenbrücke L 25 in Calvörde, ausschließlich Graben Ca 21 | einschließlich der in den Mittellandkanal entwässernden Flächen |
| 6 | Aller | Aller | |
| 7 | Untere Ohre | Ohre ab Straßenbrücke L 25 in Calvörde, einschließlich Graben Ca 21 und Elbe linksseitig von Magdeburg (Elb-km 326) bis Mündung Ohre | einschließlich der in den Mittellandkanal entwässernden Flächen |
| 8 | Tanger | Tanger, Elbe linksseitig von Mündung Ohre bis Mündung Tanger | |
| 9 | Großer Graben | Großer Graben/Lehnertgraben | einschließlich der in die Schunter entwässernden Flächen |
| 10 | Ilse/Holtemme | Ilse, Holtemme, Goldbach, Bode beidseitig bis zur Staumauer der Talsperre Wendefurth und Bode linksseitig von Selke bis Holtemme | einschließlich der in die Oker, Ecker und Zorge entwässernden Flächen |
| 11 | Untere Bode | Bode rechtsseitig ab Einmündung der Selke bis Holtemme und Bode beidseitig von Holtemme bis Mündung in die Saale, Saale linksseitig von km 31 bis Wedlitz (Saale-km 25) | |
| 12 | Elbaue | Elbe linksseitig von der Saalemündung bis Magdeburg (Elb-km 326) und Saale linksseitig ab Wedlitz (Saale-km 25) | |
| 13 | Trübengraben | Trübengraben, Havel, Elbe rechtsseitig von Elb-km 381 bis zur alten Havelmündung (Elb-km 431) | |
| 14 | Stremme/Fiener Bruch | Hauptstremme, Elbe-Havel-Kanal ab Einmündung der Ihle bis zur Landesgrenze Brandenburg und Elbe rechtsseitig von Schartau (Elb-km 349) bis Elb-km 381 | einschließlich der in die Havel entwässernden Flächen |
| 15 | Ehle/Ihle | Ehle, Elbumflut, Umflutehle, Ihle, Elbe-Havel-Kanal ab Elbe bis Einmündung der Ihle und Elbe rechtsseitig von Dornburg (Elb-km 300) bis Schartau (Elb-km 349) | |

Anlage 2 WG LSA 53

| Nr. des Unter-haltungsverbandes | Name des Verbandes | Verbandsgebiet: Niederschlagsgebiet der nachstehenden Gewässer | Bemerkungen |
|---|---|---|---|
| 16 | Nuthe/Rossel | Nuthe/Rossel, Elbe rechtsseitig von Piesteritz (Elb-km 220) bis Dornburg (Elb-km 300) | |
| 17 | Taube/Landgraben | Taube, Landgraben, Elbe linksseitig von Mündung Mulde bis zur Saalemündung und Saale rechtsseitig ab Dröbel (Saale-km 33) | |
| 18 | Selke/Obere Bode | Selke, Bode beidseitig von der Staumauer der Talsperre Wendefurth bis zur Einmündung der Selke | |
| 19 | Wipper/Weida | Wipper, Eine, Böse Sieben und Weida | |
| 20 | Helme | Helme und Kleine Helme | |
| 21 | Untere Unstrut | Unstrut | einschließlich der in die Ilm entwässernden Flächen |
| 22 | Untere Saale | Saale von der Einmündung der Weißen Elster (Saale-km 102,55) bis unterhalb Rothenburg (Saale-km 58,45) und Reide | |
| 23 | Westliche Fuhne, Ziethe | Westliche Fuhne, Ziethe, Saale von unterhalb Rothenburg (Saale-km 58,45) bis Dröbel (Saale-km 33) beidseitig, von Dröbel bis Saale-km 31 linksseitig | |
| 24 | Mulde | Mulde, Elbe linksseitig von Vockerode (Elb-km 245) bis Mündung Mulde | |
| 25 | Fläming/Elbaue | Zahna, Fließgraben, Elbe rechtsseitig von Elb-km 207 bis Piesteritz (Elb-km 220) sowie Elbe linksseitig von Priesitz (Elb-km 179,5) bis Vockerode (Elb-km 245) | |
| 26 | Schwarze Elster | Schwarze Elster, Elbe beidseitig von der Landesgrenze Freistaat Sachsen (Elb-km 168,4) bis Priesitz (Elb-km 179,5) sowie Elbe rechtsseitig von Priesitz bis Elb-km 207 | |
| 27 | Mittlere Saale/Weiße Elster | Saale von der Landesgrenze Freistaat Thüringen bis zur Einmündung der Weißen Elster (Saale-km 102,55) und Weiße Elster ab Landesgrenze Freistaat Sachsen | |
| ·28 | Weiße Elster | Weiße Elster von der Landesgrenze Freistaat Thüringen bis zur Landesgrenze Freistaat Sachsen und Große Schnauder | |

## Anlage 3
(zu § 94 Abs. 3 Satz 1)

### Verzeichnis der Deiche

| Lfd. Nr. | Gewässer | Bezeichnung | von | bis | Länge (km) |
|---|---|---|---|---|---|
| 1 | Aland | Alanddeiche links und rechts (einschließlich Polderdeiche) | Seehausen | Wischedeich | 65,87 |
| 2 | Biese | Biesedeiche links und rechts | Osterburg, Merseburger Straße | Einmündung Tauber Aland | 16,07 |
| 3 | Bode einschließlich Espenlake | Bodedeiche links und rechts, Espenlakedeiche links und rechts | Neinstedt | Saale | 69,50 |
| 4 | Böse Sieben | Verwaltung links und rechts | Eisleben | Süßer See | 6,55 |
| 5 | Elbe | Elbedeiche links und rechts (Winter-, Sommer-, Schloss- und Polderdeiche, Leitdämme) | Landesgrenze | Landesgrenze | 516,59 |
| 6 | Elbumflut/Ehle | Elbumflutdeiche links und rechts sowie Ehle-Rückstaudeiche links und rechts | Pretziener Wehr | Ortslage Gerwisch | 37,08 |
| 7 | Großer Graben | Deiche am Großen Graben links und rechts | Oberhalb Einmündung Deersheimer Aue | Oschersleben | 46,75 |
| 8 | Havel | Haveldeiche links und rechts (Winter-, Sommer- und Polderdeiche) | Molkenberg | Havelberg | 94,60 |
| 9 | Helme | Helmedeiche links und rechts | Talsperre Kelbra | Landesgrenze | 53,77 |
| 10 | Hollebener Mühlgraben | Beuchlitzer Sommerdeich links | Holleben | Wörmlitz | 5,67 |
| 11 | Holtemme | Holtemmedeiche links und rechts | Mahndorf | Nienhagen | 23,10 |
| 12 | Ilse | Ilsedeiche links und rechts | Berßel | Hoppenstedt | 8,61 |
| 13 | Liethe | Liethedeiche links und rechts | Amesdorf | Bode | 16,79 |
| 14 | Mulde | Muldedeiche links und rechts | Landesgrenze | Elbe | 83,19 |
| 15 | Ohre | Ohredeiche links und rechts | Wolmirstedt | Elbe | 30,74 |
| 16 | Oker | Okerdeiche rechts | Landesgrenze | Wülperode | 0,67 |
| 17 | Saale | Saaledeiche links und rechts (Winter- und Sommerdeiche) | Landesgrenze | Elbe | 100,82 |
| 18 | Schwarze Elster | Deiche links und rechts | Landesgrenze | Elbe | 51,03 |
| 19 | Seege | Seegedeich rechts | bei Deutsch | Landesgrenze | 7,82 |
| 20 | Selke | Selkedeich rechts | Mühlgraben Gatersleben | Gatersleben, Mühlenweg | 0,35 |
| 21 | Südlicher Ringkanal | Deiche links | Nullschleuse Röblingen | Salza | 6,13 |
| 22 | Uchte | Uchtedeiche links links rechts | Walsleben bei 380 KV Leitung | südöstlich Osterburg | 2,68 |
| 23 | Unstrut | Unstrutdeiche links und rechts | Landesgrenze | Memleben | 7,30 |
| 24 | Unstrut-Flutkanal | Flutkanaldeiche links und rechts | Landesgrenze | Unstrut | 5,69 |
| 25 | Weida | Weidadeiche links und rechts | Röblingen | Brücke Schmiergraben (Weida) | 1,26 |
| 26 | Weiße Elster | Deiche links und rechts | Landesgrenze | Landesgrenze | 24,90 |

Anlage 3 WG LSA

| Lfd. Nr. | Gewässer | Bezeichnung | von | bis | Länge (km) |
|---|---|---|---|---|---|
| 27 | Weiße Elster-Flutrinne | Nord- und Süddeich | Autobahn A 9 | Flutbrücke Collenbey | 29,31 |
| 28 | Wilder Graben | Deiche links und rechts | Mündung in Freßbach | Eisleben Gerbstedter Straße | 4,92 |
| 29 | Wipper | Wipperdeiche links und rechts | Leimbach | Saale | 20,65 |

# Verordnung
# über abweichende Zuständigkeiten auf dem Gebiet des Wasserrechts (Wasser-ZustVO)

Vom 23. November 2011 (GVBl. LSA S. 809)
(BS LSA 753.33)
zuletzt geändert durch § 1 Dritte ÄndVO vom 16. Dezember 2019 (GVBl. LSA S. 1019)

Aufgrund des § 12 Abs. 1 Satz 2 des Wassergesetzes für das Land Sachsen-Anhalt vom 16. März 2011 (GVBl. LSA S. 492) in Verbindung mit Abschnitt II Nr. 8 des Beschlusses der Landesregierung über den Aufbau der Landesregierung Sachsen-Anhalt und die Abgrenzung der Geschäftsbereiche vom 3. Mai 2011 (MBl. LSA S. 217), geändert durch Beschluss vom 30. August 2011 (MBl. LSA S. 439), werden die §§ 1 bis 5 und aufgrund des § 118 Abs. 3 des Wassergesetzes für das Land Sachsen-Anhalt in Verbindung mit Abschnitt II Nr. 8 des Beschlusses der Landesregierung über den Aufbau der Landesregierung Sachsen-Anhalt und die Abgrenzung der Geschäftsbereiche wird § 6 Satz 2 verordnet:

## § 1 Zuständigkeit des Landesverwaltungsamtes als obere Wasserbehörde

(1) Das Landesverwaltungsamt ist zuständige Behörde für:
1. Entscheidung über folgende Benutzungen
   a) Aufstauen und Absenken von oberirdischen Gewässern erster Ordnung (§ 9 Abs. 1 Nr. 2 WHG und § 4 Abs. 1 WG LSA),
   b) Einbringen und Einleiten von Stoffen in Gewässer (§ 9 Abs. 1 Nr. 4 WHG), soweit es sich um Abwasser handelt,
      aa) das aus Abwasserbehandlungsanlagen mit einem Bemessungswert von größer als 6 000 Kilogramm pro Tag $BSB_5$ (roh) oder größer als 4 000 Kilogramm pro Tag $BSB_5$ (sedimentiert) stammt,
      bb) das dem Anwendungsbereich der Anhänge 19, 22, 28, 29, 33, 36 bis 39, 41, 42, 45, 48, 54 und 56 der Abwasserverordnung in der Fassung der Bekanntmachung vom 17. Juni 2004 (BGBl. I S. 1108, 2625), zuletzt geändert durch Artikel 20 des Gesetzes vom 31. Juli 2009 (BGBl. I S. 2585, 2619), in der jeweils geltenden Fassung, unterliegt oder
      cc) dessen Schmutzfracht im Wesentlichen aus der Herstellung von Soda stammt,
   c) Einbringen und Einleiten radioaktiver Stoffe im Sinne des Atomrechts in Gewässer,
   d) Entnehmen und Ableiten von Wasser aus sowie Einbringen und Einleiten von Stoffen in Talsperren oder Wasserspeicher im Sinne der §§ 44 und 48 WG LSA,
   einschließlich der im Zusammenhang damit stehenden Maßnahmen (Absatz 3);
2. Verlangen nach Wiederherstellung des früheren Zustandes eines Grundstücks an einem Gewässer erster Ordnung nach Überflutung (§ 9 Abs. 2 und 3 WG LSA);
3. Entscheidungen zu alten Rechten und alten Befugnissen (§ 20 WHG und §§ 25 und 26 WG LSA), sofern sie nach Nummer 1 über die Benutzung zu entscheiden hätten;
4. Ausgleichsverfahren nach § 22 WHG und § 28 WG LSA;
5. Maßnahmen nach den §§ 32, 45, 48, 59, 68 WG LSA sowie § 36 WHG und § 49 WG LSA bezüglich Stauanlagen und Wasserspeicher im Sinne der §§ 44 und 48 WG LSA;
6. Aufsicht gemäß § 47 WG LSA über die Stauanlagen und Wasserspeicher im Sinne der §§ 44 und 48 WG LSA;
7. Genehmigung von Abwasserbehandlungsanlagen nach § 60 Abs. 3 WHG in Verbindung mit § 81 Abs. 3 WG LSA;
8. Entscheidungen und Regelungen bei Gewässern erster Ordnung sowie bei den nach § 58 Abs. 1 WG LSA in die Unterhaltungspflicht des Landes übernommenen Gewässern zweiter Ordnung
   a) zur Unterhaltung (§ 39 WHG und § 52 WG LSA, § 42 WHG und § 68 WG LSA),
   b) zur Gewässerschau durch Verordnung (Schauordnung nach § 67 Abs. 3 Satz 2 WG LSA),
   c) zum Ausbau (§ 68 WHG);

9. Planfeststellung oder Plangenehmigung (§ 68 WHG) zur Herstellung eines stehenden Gewässers ab zehn Hektar Wasseroberfläche;
10. Entscheidungen und Regelungen bei Deichen sowie den dazugehörigen Hochwasserschutzanlagen im Sinne des § 94 Abs. 3 WG LSA
    a) zum Ausbau (§§ 67 und 68 WHG und § 94 Abs. 1 WG LSA),
    b) zur Wiederherstellung und Unterhaltung (§ 94 Abs. 4 und 6 WG LSA),
    c) zur Duldungspflicht (§ 95 WG LSA),
    d) *[aufgehoben]*
    e) zum Schutz sowie zu den Schutzstreifen (§ 97 WG LSA);
11. Bestimmung über die Erlaubnis- oder Bewilligungspflicht oder -freiheit bei Grundwasserbenutzungen für einzelne Gebiete durch Verordnung (§ 46 Abs. 1 und 3 WHG und § 69 Abs. 4 WG LSA);
12. Aufstellen von Abwasserbeseitigungsplänen nach § 80 WG LSA;
13. Festsetzung von Überschwemmungsgebieten (§ 76 Abs. 2 WHG und § 99 Abs. 1 und 2 WG LSA);
13a. Festsetzung und Einziehung des Wasserentnahmeentgelts (§ 105 WG LSA);
14. Entscheidung über die Verpflichtung zur Duldung oder Unterlassung von Handlungen in Bezug auf die Errichtung oder den Betrieb von Messanlagen nach § 113 WG LSA.

(2) ¹Für die Aufgaben gemäß Absatz 1 Nr. 1 Buchst. a Nrn. 2, 5 und 8 Buchst. a und b sind für die Gewässer
1. Maibach und Aga der Burgenlandkreis,
2. Mühlgraben und Wilde Saale die Stadt Halle (Saale),
3. Hauptstremme, Schlagenthiner Stremme, Oberlauf der Ihle bis Einmündung Kammerfortgraben der Landkreis Jerichower Land,
4. Klinke, Große Sülze, Faule Renne und Furtlake die Landeshauptstadt Magdeburg,
5. Uchte, Biese, Trübengraben und Tanger der Landkreis Stendal
zuständig. ²Die Zuständigkeit nach Nummer 5 wird zur Erprobung, befristet bis zum 31. Dezember 2013, übertragen.

(3) Zu den mit Benutzungsentscheidungen im Zusammenhang stehenden Maßnahmen im Sinne des Absatzes 1 Nr. 1 gehören insbesondere folgende Aufgaben:
1. nachträgliche Entscheidungen (§ 14 Abs. 5 und 6 WHG);
2. Widerruf der Bewilligung und der Erlaubnis (§ 18 WHG);
3. Zulassung vorzeitigen Beginns (§ 17 WHG);
4. Maßnahmen beim Erlöschen einer Erlaubnis oder einer Bewilligung (§ 24 WG LSA);
5. Anordnungen zur Beweissicherung, Sicherheitsleistung (§ 27 WG LSA);
6. Entscheidungen und Maßnahmen in Bezug auf die Selbstüberwachung (§ 50 Abs. 5 Satz 1 und 2 WHG in Verbindung mit § 72 WG LSA sowie § 61 WHG in Verbindung mit § 82 WG LSA);
7. Entscheidungen über Anpassungsmaßnahmen bei vorhandenen Einleitungen (§ 57 Abs. 3 WHG);
8. Entscheidungen über Anpassungsmaßnahmen bei vorhandenen Abwasserbehandlungsanlagen (§ 60 Abs. 2 WHG);
9. Entscheidungen und Maßnahmen zu Betriebsbeauftragten für Gewässerschutz (§§ 64 Abs. 2 und 65 Abs. 3 WHG);
10. Entscheidungen über Duldungs- und Gestattungspflichten (§§ 91 bis 95 WHG, § 104 WG LSA);
11. Festsetzen einer Entschädigung (§§ 96 bis 98 WHG);
12. Überwachung (§§ 100 bis 101 WHG);
13. Entscheidungen und Maßnahmen in Bezug auf Staumarken und Stauanlagen (§§ 37 bis 43 WG LSA).

## § 2 Zuständigkeit des Landesverwaltungsamtes als zuständige Stelle im Sinne des § 98 Abs. 2, 4 und 5 WG LSA

Das Landesverwaltungsamt ist zuständige Stelle für:
1. Aufstellung von Risikomanagementplänen (§ 75 WHG und § 98 Abs. 2 WG LSA);
2. Information und Förderung der aktiven Beteiligung (§ 79 WHG und § 98 Abs. 4 WG LSA);
3. Koordinierung mit den Bewirtschaftungsplänen (§ 80 WHG und § 98 Abs. 5 WG LSA).

## § 2a Zuständigkeit des Landesbetriebes für Hochwasserschutz und Wasserwirtschaft Sachsen-Anhalt als zuständige Stelle im Sinne des § 98 Abs. 1 WG LSA

Der Landesbetrieb für Hochwasserschutz und Wasserwirtschaft Sachsen-Anhalt ist zuständige Stelle für:
1. Bewertung von Hochwasserrisiken und Bestimmung von Risikogebieten nach § 73 Abs. 1 WHG (§ 73 WHG und § 98 Abs. 1 WG LSA);
2. Erstellung von Gefahren- und Risikokarten (§ 74 WHG und § 98 Abs. 1 WG LSA).

## § 3 Zuständigkeiten des Landesbetriebes für Hochwasserschutz und Wasserwirtschaft Sachsen-Anhalt

Der Landesbetrieb für Hochwasserschutz und Wasserwirtschaft Sachsen-Anhalt ist zuständige Behörde für:
1. Erfüllung der Unterhaltungspflichten des Landes für Anlagen in, an, über und unter oberirdischen Gewässern (§ 36 WHG und § 60 WG LSA);
2. Erfüllung der Gewässerausbau- und Gewässerunterhaltungspflichten des Landes gemäß § 39 WHG und § 52 WG LSA hinsichtlich der in Anlage 1 des WG LSA genannten Gewässer sowie der Gewässer zweiter Ordnung, die gemäß § 58 Abs. 1 WG LSA in die Unterhaltungspflicht des Landes übernommen werden;
3. Schau (§ 67 WG LSA) der Gewässer erster Ordnung sowie der Gewässer zweiter Ordnung, die in die Unterhaltungspflicht des Landes übernommen worden sind (§ 58 Abs. 1 WG LSA);
4. Erfüllung der Ausbau- und Unterhaltungspflichten des Landes nach § 94 Abs. 3 Satz 1 und 2, Abs. 5 und 5a WG LSA.

## § 4 Zuständigkeit der Bergbehörde

[1]Die Bergbehörde ist zuständige Behörde für
1. Entscheidungen und Maßnahmen in Bezug auf Staumarken und Stauanlagen (§§ 36 bis 43 WG LSA), sofern die Stauanlagen in einem bergbehördlich geprüften Betriebsplan vorgesehen sind;
2. die Gewässeraufsicht (§ 100 WHG) in Bezug auf die Überwachung von Benutzungen, Anlagen, Einrichtungen und Vorgängen, wenn die Bergbehörde für die Erlaubnis der Benutzung oder die Genehmigung zuständig ist.

[2]Die Entscheidungen und Maßnahmen werden im Einvernehmen mit der Wasserbehörde getroffen.
[3]Sind vorhandene Benutzungen oder vorhandene Anlagen betroffen, so ist die Bergbehörde zuständig, wenn sie zum Zeitpunkt der Entscheidung über eine neue Zulassung (Benutzung, Anlagengenehmigung) zu befinden hätte.

## § 5 Zuständigkeit der obersten Wasserbehörde

Die oberste Wasserbehörde ist zuständige Behörde für:
1. Anerkennung von Sachverständigenorganisationen (§ 52 der Verordnung über Anlagen zum Umgang mit wassergefährdenden Stoffen vom 18. April 2017 (AwSV) (BGBl. I S. 905));
2. Widerruf der Anerkennung von Sachverständigenorganisationen (§ 54 Abs. 1 AwSV) und erneute Anerkennung im Fall der Eröffnung des Insolvenzverfahrens (§ 54 Abs. 2 Satz 2 AwSV);
3. Entgegennahme der Anzeige der Bestellung, des Erlöschens der Bestellung der Sachverständigen und deren Tätigkeitsberichte durch die Sachverständigenorganisation (§ 55 Nr. 2 AwSV);
4. Entgegennahme der Mitteilung eines Wechsels der vertretungsberechtigten Person durch die Sachverständigenorganisation (§ 55 Nr. 7 AwSV);
5. Entgegennahme der Mitteilung der Auflösung der Sachverständigenorganisation durch die Sachverständigenorganisation (§ 55 Nr. 10 AwSV);
6. Vorlage des Prüftagebuchs des Sachverständigen (§ 56 Abs. 1 Satz 2 AwSV);
7. Anerkennung von Güte- und Überwachungsgemeinschaften (§ 57 AwSV).

8. Erteilung der Zustimmung zur Abweichung hinsichtlich der Anforderungen an die Fachkunde und die Erfahrung der Fachprüfer (§ 58 Abs. 2 AwSV);
9. Widerruf der Anerkennung der Güte- und Überwachungsgemeinschaft (§ 59 Abs. 1 AwSV) und erneute Anerkennung im Fall der Eröffnung des Insolvenzverfahrens (§ 59 Abs. 2 Satz 2 AwSV);
10. Anordnung der Aufhebung der Bestellung eines Fachprüfers (§ 60 Abs. 1 Nr. 1 Buchst. c AwSV);
11. Entgegennahme der Anzeige der Bestellung, des Erlöschens der Bestellung der Fachprüfer und deren Tätigkeitsberichte (§ 60 Abs. 1 Nr. 2 AwSV);
12. Entgegennahme der Mitteilung der Anzeige eines Wechsels der vertretungsberechtigten Person durch die Güte- und Überwachungsgemeinschaft (§ 60 Nr. 4 AwSV);
13. Entgegennahme der Mitteilung der Auflösung der Güte- und Überwachungsgemeinschaft (§ 60 Nr. 9 AwSV);
14. Entgegennahme der gewonnenen Erkenntnisse der Sachverständigenorganisationen (§ 61 Abs. 1 Satz 1 Nr. 3 AwSV);
15. Entgegennahme des Nachweises der Fachbetriebseigenschaft der Fachbetriebe (§ 64 Satz 2 und 4 AwSV) und
16. Verfolgung von Ordnungswidrigkeiten (§ 65 Nr. 34 AwSV).

## § 6 Überleitung von Verfahren

Soweit Zuständigkeiten von der oberen Wasserbehörde auf die untere Wasserbehörde oder von der unteren Wasserbehörde auf die obere Wasserbehörde oder jeweils auf eine andere Behörde übergehen, kann die obere Wasserbehörde unter Berücksichtigung des Verfahrensstandes bestimmen, dass die bisher zuständige Wasserbehörde das Verfahren zu Ende führt.

## § 7 Inkrafttreten, Außerkrafttreten

¹Diese Verordnung tritt am Tag nach ihrer Verkündung[1] in Kraft. ²Gleichzeitig tritt die Verordnung über abweichende Zuständigkeiten auf dem Gebiet des Wasserrechts vom 16. September 1997 (GVBl. LSA S. 847), zuletzt geändert durch Verordnung vom 17. Januar 2011 (GVBl. LSA S. 23), außer Kraft.

---
1) Verkündet am 30.11.2011.

# Naturschutzgesetz des Landes Sachsen-Anhalt (NatschG LSA)[1)2)]

Vom 10. Dezember 2010 (GVBl. LSA S. 569)
(BS LSA 791.22)
zuletzt geändert durch Art. 1 G zur Unterschutzstellung des Grünen Bandes auf dem Gebiet des Landes Sachsen-Anhalt vom 28. Oktober 2019 (GVBl. LSA S. 346)

## Inhaltsübersicht

| § 1 | Naturschutzbehörden, Zuständigkeiten, Aufgaben und Befugnisse (zu § 3 Abs. 1 Nr. 1 des Bundesnaturschutzgesetzes) |
| --- | --- |
| § 2 | Fachbehörde für Naturschutz (zu § 3 Abs. 1 Nr. 1 des Bundesnaturschutzgesetzes) |
| § 3 | Naturschutzbeiräte, Naturschutzbeauftragte |
| § 4 | Zusammenarbeit der Behörden (zu § 3 Abs. 5 und 7 des Bundesnaturschutzgesetzes) |
| § 5 | Landschaftsplanung (zu den §§ 10 und 11 Abs. 5 des Bundesnaturschutzgesetzes) |
| § 6 | Eingriffe in Natur und Landschaft (zu § 14 des Bundesnaturschutzgesetzes) |
| § 7 | Kompensationsmaßnahmen (zu § 15 des Bundesnaturschutzgesetzes) |
| § 8 | Ersatzzahlung (zu § 15 Abs. 7 des Bundesnaturschutzgesetzes) |
| § 9 | Ökokonto (zu § 16 Abs. 2 des Bundesnaturschutzgesetzes) |
| § 10 | Verfahren bei Eingriffen in Natur und Landschaft (zu § 17 Abs. 4 und 10 des Bundesnaturschutzgesetzes) |
| § 11 | Abbau von Bodenschätzen |
| § 12 | Antrag auf Genehmigung |
| § 13 | Genehmigungsverfahren |
| § 14 | Vorbescheid |
| § 15 | Erklärung zum geschützten Teil von Natur und Landschaft (zu § 22 Abs. 2 des Bundesnaturschutzgesetzes) |
| § 16 | Pflegekonzepte |
| § 17 | Einstweilige Sicherstellung (zu § 22 Abs. 2 und 3 des Bundesnaturschutzgesetzes) |
| § 18 | Naturschutzregister, Kompensationsverzeichnis, Liegenschaftskataster (zu § 17 Abs. 6, § 22 Abs. 4 und § 30 Abs. 7 des Bundesnaturschutzgesetzes) |
| § 19 | Schutz von Bezeichnungen (zu § 22 Abs. 4 des Bundesnaturschutzgesetzes) |
| § 20 | Biosphärenreservate (zu § 25 des Bundesnaturschutzgesetzes) |
| § 21 | Schutz der Alleen (zu § 29 Abs. 3 des Bundesnaturschutzgesetzes) |
| § 22 | Gesetzlich geschützte Biotope (zu § 30 des Bundesnaturschutzgesetzes) |
| § 23 | „Natura 2000" (zu § 32 des Bundesnaturschutzgesetzes) |
| § 24 | Verträglichkeit und Unzulässigkeit von Projekten (zu § 34 des Bundesnaturschutzgesetzes) |
| § 25 | Allgemeiner Schutz wild lebender Tiere und Pflanzen (zu § 39 Abs. 2 Satz 2 des Bundesnaturschutzgesetzes) |
| § 26 | Zoos (zu § 42 des Bundesnaturschutzgesetzes) |
| § 27 | Tiergehege (zu § 43 Abs. 4 des Bundesnaturschutzgesetzes) |
| § 28 | Horstschutz (zu § 54 Abs. 7 Satz 2 des Bundesnaturschutzgesetzes) |

---

1) Amtl. Anm.: Dieses Gesetz dient der Umsetzung der
   1. Richtlinie 2009/147/EG des Europäischen Parlaments und des Rates vom 30. November 2009 über die Erhaltung der wildlebenden Vogelarten (ABl. L 20 vom 26.1.2010, S. 7),
   2. Richtlinie 92/43/EWG des Rates vom 21. Mai 1992 zur Erhaltung der natürlichen Lebensräume sowie der wildlebenden Tiere und Pflanzen (ABl. L 206 vom 22.7.1992, S. 7, ABl. L 176 vom 20.7.1993, S. 29, ABl. L 59 vom 8.3.1996, S. 63, ABl. L 31 vom 6.2.1998, S. 30, ABl. L 218 vom 23.8.2007, S. 15), zuletzt geändert durch die Richtlinie 2006/105/EG (ABl. L 363 vom 20.12.2006, S. 368),
   3. Richtlinie 1999/22/EG des Rates vom 29. März 1999 über die Haltung von Wildtieren in Zoos (ABl. L 94 vom 9.4.1999, S. 24),
   4. Richtlinie 2001/42/EG des Europäischen Parlaments und des Rates vom 27. Juni 2001 über die Prüfung der Umweltauswirkungen bestimmter Pläne und Programme (ABl. L 197 vom 21.7. 2001, S. 30),
   5. Richtlinie 85/337/EWG des Rates vom 27. Juni 1985 über die Umweltverträglichkeitsprüfung bei bestimmten öffentlichen und privaten Projekten (ABl. L 175 vom 5.7.1985, S. 40), zuletzt geändert durch die Richtlinie 2009/31/EG (ABl. L 140 vom 5.6.2009, S. 114).
2) Das Gesetz weicht in einzelnen Punkten vom Bundesgesetz ab; vgl. Hinweis v. 3.3.2015 (BGBl. I S. 183).

| § 29 | Anerkennung von Naturschutzvereinigungen, Mitwirkungsrechte von anerkannten Naturschutzvereinigungen (zu § 3 Abs. 3 des Umwelt-Rechtsbehelfsgesetzes und § 63 Abs. 4 des Bundesnaturschutzgesetzes) | § 33 | Härteausgleich; Ausgleichszahlung für Schäden durch Großraubtiere (zu § 68 Abs. 4 des Bundesnaturschutzgesetzes) |
|---|---|---|---|
| | | § 34 | Bußgeldvorschriften (zu § 69 Abs. 7 des Bundesnaturschutzgesetzes) |
| | | § 35 | Einziehung |
| | | § 36 | Einschränkung von Grundrechten |
| § 30 | Betretensrecht (zu § 65 Abs. 3 des Bundesnaturschutzgesetzes) | § 37 | Übergangsvorschriften |
| | | § 38 | Folgeänderungen |
| § 31 | Vorkaufsrecht (zu § 66 des Bundesnaturschutzgesetzes) | § 39 | Inkrafttreten, Außerkrafttreten |
| § 32 | Entschädigung für Nutzungsbeschränkungen (zu § 68 Abs. 2 des Bundesnaturschutzgesetzes) | | |

## § 1 Naturschutzbehörden, Zuständigkeiten, Aufgaben und Befugnisse (zu § 3 Abs. 1 Nr. 1 des Bundesnaturschutzgesetzes)

(1) Die für Naturschutz und Landschaftspflege zuständigen Behörden (Naturschutzbehörden) sind
1. das für Naturschutz und Landschaftspflege zuständige Ministerium als oberste Naturschutzbehörde,
2. das Landesverwaltungsamt als obere Naturschutzbehörde,
3. die Landkreise und kreisfreien Städte als untere Naturschutzbehörden.

(2) [1]Die unteren Naturschutzbehörden sind für die Ausführung des Bundesnaturschutzgesetzes, dieses Gesetzes und der aufgrund dieser Gesetze erlassenen Rechtsvorschriften zuständig, soweit durch gesetzliche Regelungen nichts anderes bestimmt ist. [2]Das für Naturschutz zuständige Ministerium wird ermächtigt, bestimmte Zuständigkeiten im Sinne des Satzes 1 durch Verordnung
1. der oberen Naturschutzbehörde,
2. der obersten Naturschutzbehörde,
3. der Fachbehörde für Naturschutz oder
4. anderen Stellen, die für die Wahrnehmung der jeweiligen Aufgabe besonders geeignet sind,

zu übertragen.

(3) [1]Die Naturschutzbehörden haben dafür Sorge zu tragen, dass die Vorschriften des Rechts des Naturschutzes und der Landschaftspflege eingehalten werden. [2]Sie sind befugt, die im Einzelfall erforderlichen Maßnahmen und Anordnungen zur Durchführung dieser Vorschriften und zur Abwehr von Gefahren für Natur und Landschaft zu treffen. [3]Sind Teile von Natur und Landschaft rechtswidrig zerstört, beschädigt oder verändert worden, ordnet die zuständige Behörde die nach § 15 Abs. 2 und 6 des Bundesnaturschutzgesetzes vorgesehenen Maßnahmen an. [4]Eine Anordnung, die ein Grundstück betrifft und sich an den Eigentümer oder Nutzungsberechtigten richtet, ist auch für dessen Rechtsnachfolger verbindlich.

(4) [1]Die oberste Naturschutzbehörde und die obere Naturschutzbehörde üben die Fachaufsicht über die jeweils nachgeordneten Naturschutzbehörden aus, soweit nichts anderes bestimmt ist. [2]Eine Fachaufsichtsbehörde kann anstelle einer nachgeordneten Behörde tätig werden, wenn diese eine Weisung nicht fristgemäß befolgt oder wenn Gefahr im Verzug ist.

(5) [1]Die obere Naturschutzbehörde bestimmt die Zuständigkeit, wenn eine Angelegenheit in den Zuständigkeitsbereich mehrerer Naturschutzbehörden fällt oder wenn dieses aus anderen Gründen zweckdienlich erscheint, insbesondere wenn die Naturschutzbehörde in eigener Sache beteiligt ist. [2]Wenn neben der oberen Naturschutzbehörde gleichzeitig eine untere Naturschutzbehörde zuständig ist, ist die obere Naturschutzbehörde zuständig. [3]Bei Maßnahmen, die der Kampfmittelbeseitigung dienen, trifft die für den Kampfmittelbeseitigungsdienst zuständige Behörde die Entscheidungen über die erforderlichen Ausgleichs- oder Ersatzmaßnahmen im Benehmen mit der oberen Naturschutzbehörde.

## § 2 Fachbehörde für Naturschutz (zu § 3 Abs. 1 Nr. 1 des Bundesnaturschutzgesetzes)

[1]Fachbehörde für Naturschutz ist das für Naturschutz zuständige Landesamt. [2]Die Fachbehörde führt die ihr durch die oberste Naturschutzbehörde übertragenen Aufgaben aus. [3]Die Fachbehörde hat insbesondere

1. Untersuchungen zur Verwirklichung der Ziele des Naturschutzes und der Landschaftspflege durchzuführen,
2. die Naturschutzbehörden in Fragen des Naturschutzes und der Landschaftspflege zu beraten,
3. die Öffentlichkeit über Naturschutz und Landschaftspflege zu unterrichten,
4. die Aufgaben des Landes auf dem Gebiet der Beobachtung von Natur und Landschaft wahrzunehmen, soweit durch gesetzliche Regelungen nichts anderes bestimmt ist.

### § 3 Naturschutzbeiräte, Naturschutzbeauftragte

(1) [1]Zur wissenschaftlichen und fachlichen Beratung sollen bei den Naturschutzbehörden unabhängige Beiräte aus Sachverständigen und fachkundigen Personen gebildet werden. [2]Die Naturschutzbehörden sollen im Vorfeld grundlegender Entscheidungen die Beratung durch die Beiräte nutzen. [3]Die Beiräte können Anträge stellen und sind auf Verlangen zu hören. [4]Sie sind bei der Naturschutzbehörde, bei der sie gebildet sind, über alle wesentlichen Vorgänge rechtzeitig zu unterrichten.

(2) [1]Die oberste Naturschutzbehörde wird ermächtigt, durch Verordnung das Nähere über die Zusammensetzung und die Tätigkeit der Beiräte, die Berufung, die Amtsdauer und die Entschädigung der Beiratsmitglieder zu regeln. [2]Die Höhe der Entschädigung der Beiratsmitglieder bei den unteren Naturschutzbehörden regeln die unteren Naturschutzbehörden selbst.

(3) [1]Die Naturschutzbehörden und die Fachbehörde für Naturschutz können von ehrenamtlichen Naturschutzbeauftragten unterstützt werden. [2]Die Naturschutzbeauftragten müssen die erforderlichen Sachkenntnisse und Fähigkeiten besitzen und dürfen nicht Beschäftigte der bestellenden Behörde sein. [3]Sie sind während der Ausübung ihres Dienstes Angehörige der Naturschutzbehörde im Außendienst. [4]Das für Naturschutz zuständige Ministerium wird ermächtigt, die Voraussetzungen der Bestellung sowie die Aufgaben, Befugnisse und Verpflichtungen der Naturschutzbeauftragten durch Verordnung zu regeln.

### § 4 Zusammenarbeit der Behörden (zu § 3 Abs. 5 und 7 des Bundesnaturschutzgesetzes)

[1]Die Beteiligungspflicht der Behörden des Bundes und der Länder nach § 3 Abs. 5 Satz 1 des Bundesnaturschutzgesetzes obliegt auch den Kommunen und sonstigen öffentlichen Planungsträgern.
[2]§ 3 Abs. 5 Satz 2 des Bundesnaturschutzgesetzes gilt entsprechend, soweit Planungen und Maßnahmen des Naturschutzes und der Landschaftspflege den Aufgabenbereich der Kommunen und sonstigen öffentlichen Planungsträger berühren können.

### § 5 Landschaftsplanung (zu den §§ 10 und 11 Abs. 5 des Bundesnaturschutzgesetzes)

(1) Sofern Landschaftsprogramme nach § 10 Abs. 2 Satz 1 des Bundesnaturschutzgesetzes aufgestellt oder fortgeschrieben werden, ist die oberste Naturschutzbehörde zuständig.

(2) [1]Die unteren Naturschutzbehörden haben jeweils für ihr Gebiet einen Landschaftsrahmenplan aufzustellen und fortzuschreiben. [2]Soweit der Landschaftsplan nach § 11 des Bundesnaturschutzgesetzes auch den Ansprüchen des Landschaftsrahmenplanes genügt, können die kreisfreien Städte abweichend von § 10 Abs. 2 Satz 2 des Bundesnaturschutzgesetzes von einer gesonderten Landschaftsrahmenplanung absehen. [3]Landschaftsrahmenpläne sind der oberen Naturschutzbehörde anzuzeigen.

(3) Die raumbedeutsamen Erfordernisse und Maßnahmen des Landschaftsprogramms und des Landschaftsrahmenplans sind unter Abwägung mit den anderen raumbedeutsamen Planungen und Maßnahmen in den Landesentwicklungsplan, die Regionalen Entwicklungspläne und Teilgebietsentwicklungspläne aufzunehmen.

(4) [1]Die Gemeinden sind zuständig für Maßnahmen nach § 11 Abs. 2 des Bundesnaturschutzgesetzes. [2]Die Aufstellung erfolgt im Benehmen mit der unteren Naturschutzbehörde.

### § 6 Eingriffe in Natur und Landschaft (zu § 14 des Bundesnaturschutzgesetzes)

(1) [1]Abweichend von § 14 Abs. 1 des Bundesnaturschutzgesetzes ist in der Regel kein Eingriff, wenn auf Flächen, die in der Vergangenheit rechtmäßig bebaut oder für verkehrliche Zwecke genutzt worden sind und die erneut genutzt werden, Biotope, die durch Sukzession oder Pflege entstanden sind, beseitigt werden oder das Landschaftsbild verändert wird. [2]Nach Ablauf einer Sukzession von 25 Jahren kann von der Regelvermutung nicht mehr ausgegangen werden.

(2) [1]Abweichend von § 14 Abs. 3 des Bundesnaturschutzgesetzes ist in der Regel auch kein Eingriff, wenn
1. an Deichen, Dämmen und anderen Hochwasserschutzanlagen Pflege- und Unterhaltungsmaßnahmen vorgenommen werden sowie nach einem Schadensfall auf der vorhandenen Trasse ein ordnungsgemäßer Zustand wiederhergestellt wird oder
2. in vorhandenen Garten- und Parkanlagen sowie auf Friedhöfen Restaurierungs-, Pflege- und Unterhaltungsmaßnahmen durchgeführt werden, soweit solche Maßnahmen aus denkmalschutzrechtlichen Gründen geboten sind.

[2]Satz 1 Nr. 1 gilt auch für Wiederherstellungsmaßnahmen, wenn sich der Trassenverlauf oder der Trassenzuschnitt unwesentlich ändert. [3]Ein Fall einer unwesentlichen Änderung liegt insbesondere vor, wenn
1. es sich bei dem Vorhaben nicht um ein Vorhaben handelt, für das nach dem Gesetz über die Umweltverträglichkeitsprüfung im Land Sachsen-Anhalt eine Umweltverträglichkeitsprüfung durchzuführen ist,
2. Rechte anderer nicht verletzt werden oder mit den vom Vorhaben Betroffenen entsprechende Vereinbarungen getroffen worden sind und
3. öffentliche Belange nicht berührt werden oder die erforderlichen behördlichen Entscheidungen vorliegen und sie dem Vorhaben nicht entgegenstehen.

**§ 7 Kompensationsmaßnahmen (zu § 15 des Bundesnaturschutzgesetzes)**
(1) Bei der Auswahl und Durchführung von Ausgleichs- und Ersatzmaßnahmen sind solche vorrangig, die
1. keine zusätzlichen land- und forstwirtschaftlich genutzten Flächen in Anspruch nehmen,
2. im Rahmen eines Ökokontos bereits durchgeführt und anerkannt sind,
3. auf die Renaturierung versiegelter Flächen gerichtet sind oder diese Flächen der natürlichen Entwicklung überlassen,
4. bei einer Beeinträchtigung von Waldfunktionen in waldreichen Gebieten
   a) eine Waldvermehrung in waldarmen Gebieten oder
   b) ortsnah einen Umbau von Waldbeständen in einen naturnäheren Zustand vorsehen oder
   c) ortsnah andere Biotope im Rahmen des Biotopverbundes entwickeln,
5. zugleich auch der Durchführung von Maßnahmen in Maßnahmenprogrammen im Sinne des § 82 des Wasserhaushaltsgesetzes dienen,
6. als Bewirtschaftungs- und Pflegemaßnahmen der dauerhaften Aufwertung des Naturhaushalts oder des Landschaftsbildes dienen oder
7. der Wiedervernetzung von Lebensräumen dienen.

(2) [1]Bei der Anrechnung einer Ökokontomaßnahme als Kompensationsmaßnahme gelten die Voraussetzungen von § 15 Abs. 2 des Bundesnaturschutzgesetzes als erfüllt. [2]Ökokontomaßnahmen erfüllen die Voraussetzungen für die Funktionalität nach § 15 Abs. 2 des Bundesnaturschutzgesetzes.
(3) [1]Abweichend von § 15 Abs. 4 Satz 3 des Bundesnaturschutzgesetzes kann die für die Zulassung des Eingriffs zuständige Behörde die Verantwortung für die Ausführung, Unterhaltung und Sicherung der Ausgleichs- und Ersatzmaßnahmen mit befreiender Wirkung für den Verursacher des Eingriffs auf Dritte übertragen. [2]Die Übertragung ist nur auf solche Dritte zulässig, die zuvor von der obersten Naturschutzbehörde anerkannt worden sind. [3]Eine Anerkennung setzt voraus, dass der Dritte
1. sein Tätigkeitsfeld im Natur- und Umweltschutz hat,
2. die Gewähr für eine ordnungsgemäße Durchführung der Ausgleichs- und Ersatzmaßnahmen bietet,
3. die dauerhafte Sicherung der Maßnahmen gewährleistet.

[4]Das Nähere dazu regelt eine Verordnung des für Naturschutz zuständigen Ministeriums.
(4) [1]Vorgezogene Ausgleichsmaßnahmen im Sinne des § 44 Abs. 5 des Bundesnaturschutzgesetzes können der für die Zulassung des Eingriffs zuständigen Behörde vor Eröffnung des Verfahrens angezeigt werden. [2]Diese erklärt die Verwendbarkeit als vorgezogene Ausgleichsmaßnahme, soweit die Maßnahme fachlich geeignet ist. [3]Hierdurch entsteht kein Rechtsanspruch auf eine spätere Zulassung im jeweils vorgeschriebenen Verfahren.

### § 8 Ersatzzahlung (zu § 15 Abs. 7 des Bundesnaturschutzgesetzes)

Das für Naturschutz zuständige Ministerium wird ermächtigt, auch in Abweichung zu § 15 Abs. 7 Nr. 2 des Bundesnaturschutzgesetzes durch Verordnung das Erhebungsverfahren, die Berechnung der Höhe, die Verwendung und die Verwaltung der Mittel aus den Ersatzzahlungen näher zu regeln.

### § 9 Ökokonto (zu § 16 Abs. 2 des Bundesnaturschutzgesetzes)

(1) ¹Wer vorgezogene Ausgleichs- und Ersatzmaßnahmen durchführt, kann eine Anrechnung als Ökokontomaßnahme verlangen, wenn die untere Naturschutzbehörde der Maßnahme vorher zugestimmt hat. ²Die Ökokontomaßnahmen können für künftig vorgesehene eigene Eingriffe genutzt oder Dritten zur Verfügung gestellt werden. ³Die Ökokontomaßnahmen und weitere für Ausgleichs- und Ersatzmaßnahmen geeignete Flächen sollen zweckentsprechend zu Maßnahmen- und Flächenpools zusammengefasst werden. ⁴Werden für die Ökokontomaßnahmen Fördermittel eingesetzt, erfolgt die Anrechnung nur entsprechend der prozentualen Höhe des Eigenanteils.

(2) Das für Naturschutz zuständige Ministerium wird ermächtigt, nähere Einzelheiten, insbesondere zum Verfahren, zu den Zuständigkeiten, den Bewertungs- und Anrechnungsgrundsätzen und den Grundsätzen über den Handel sowie zu Maßnahmen- und Flächenpools und einer Übertragung der Verantwortung für die Unterhaltung und Sicherung der vorgezogenen Ausgleichs- und Ersatzmaßnahmen auf Dritte, durch Verordnung festzulegen.

### § 10 Verfahren bei Eingriffen in Natur und Landschaft (zu § 17 Abs. 4 und 10 des Bundesnaturschutzgesetzes)

(1) Abweichend von § 17 Abs. 4 Satz 1 Nr. 2 des Bundesnaturschutzgesetzes können Maßnahmen nach § 15 Abs. 2 des Bundesnaturschutzgesetzes bei von öffentlich-rechtlichen Auftraggebern durchzuführenden Maßnahmen zum Hochwasserschutz auch nachträglich festgestellt werden, sofern eine Kompensation der Eingriffsfolgen grundsätzlich möglich ist.

(2) Die zur Durchführung des § 15 des Bundesnaturschutzgesetzes erforderlichen Entscheidungen und Maßnahmen sind im Benehmen mit der zuständigen Naturschutzbehörde der gleichen Verwaltungsstufe zu treffen.

(3) § 17 Abs. 10 des Bundesnaturschutzgesetzes gilt entsprechend für Vorhaben nach Anlage 1 des Gesetzes über die Umweltverträglichkeitsprüfung im Land Sachsen-Anhalt.

### § 11 Abbau von Bodenschätzen

¹Der Abbau von Bodenschätzen, der weder dem Bergrecht noch dem Wasserrecht unterliegt, wie insbesondere von Sand, Kies, Mergel, Lehm, Ton, Kalk- und sonstigem Gestein, Gips sowie Torf und Mudden, bedarf, wenn die abzubauende Fläche größer als 100 Quadratmeter ist, der Genehmigung. ²Inhalt und Verfahren einschließlich der zu leistenden Vermeidungs-, Ausgleichs- oder Ersatzmaßnahmen sowie Ersatzzahlungen und Sicherheiten richten sich nach den Vorschriften der §§ 13 bis 18 des Bundesnaturschutzgesetzes und den §§ 6 bis 10 dieses Gesetzes, soweit die Vorschriften der §§ 12 bis 14 dieses Gesetzes nichts Abweichendes regeln.

### § 12 Antrag auf Genehmigung

(1) ¹Dem Antrag auf eine Genehmigung nach § 11 sind eine naturschutzfachliche Bestandserfassung der für den Abbau vorgesehenen Flächen einschließlich der Betriebsflächen sowie ein fachgerecht ausgearbeiteter Plan beizufügen. ²Aus dem Antrag sollen alle wesentlichen Einzelheiten des Abbauvorhabens ersichtlich sein, insbesondere
1. die Lage, Umgebung und räumliche Ausdehnung des Abbaus,
2. die durchgeführten Untersuchungen,
3. die Art und Weise des Abbaus,
4. die Nebenanlagen,
5. die Nutzung der für den Abbau und die Nebenanlagen in Anspruch genommenen Flächen nach dem Abbau,
6. die Herrichtung und Nutzbarmachung der Flächen,
7. soweit erforderlich, die Vermeidungs-, Ausgleichs- oder Ersatzmaßnahmen,
8. ein Zeitplan für den Abbau und die Vermeidungs-, Ausgleichs- oder Ersatzmaßnahmen.

(2) Der Antragsteller hat die Zustimmung des Eigentümers und der sonstigen dinglichen Nutzungsberechtigten der vorgesehenen Flächen nachzuweisen.

## § 13 Genehmigungsverfahren

(1) Die Genehmigung ist zu erteilen, wenn gewährleistet ist, dass das Abbauvorhaben mit dem Naturschutzrecht, dem öffentlichen Baurecht und sonstigem öffentlichen Recht vereinbar ist.

(2) Der Beginn der einzelnen Abschnitte des Abbaus kann davon abhängig gemacht werden, dass Vermeidungs-, Ausgleichs- und Ersatzmaßnahmen für andere Abschnitte fertig gestellt sind oder in ausreichender Höhe Sicherheit gemäß § 17 Abs. 5 des Bundesnaturschutzgesetzes geleistet wurde.

(3) [1]Die Genehmigung erlischt, wenn nicht innerhalb von drei Jahren nach ihrer Erteilung mit dem Abbau begonnen oder wenn der Abbau länger als drei Jahre unterbrochen wird. [2]Die Frist kann auf Antrag einmalig um höchstens zwei Jahre verlängert werden.

(4) Im Genehmigungsverfahren finden die Vorschriften des Gesetzes über die Umweltverträglichkeitsprüfung im Land Sachsen-Anhalt Anwendung.

## § 14 Vorbescheid

[1]Über einzelne Fragen, über die in dem Genehmigungsverfahren zu entscheiden wäre, kann auf Antrag durch Vorbescheid entschieden werden. [2]Der Vorbescheid erlischt, wenn nicht innerhalb eines Jahres nach seiner Erteilung die Genehmigung beantragt wird. [3]Wird der Vorbescheid angefochten, beginnt die Frist mit der Unanfechtbarkeit der Entscheidung. [4]Die Frist kann auf Antrag um ein weiteres Jahr verlängert werden.

## § 15 Erklärung zum geschützten Teil von Natur und Landschaft (zu § 22 Abs. 2 des Bundesnaturschutzgesetzes)

(1) [1]Teile von Natur und Landschaft können
1. durch Gesetz. zum
   a) Nationalpark,
   b) Nationalen Naturmonument,
2. durch Verordnung der zuständigen Naturschutzbehörde zum
   a) Naturschutzgebiet,
   b) *[aufgehoben]*
   c) Biosphärenreservat,
   d) Landschaftsschutzgebiet,
   e) Naturpark,
   f) Naturdenkmal,
3. durch Verordnung der unteren Naturschutzbehörde oder durch Satzung der Gemeinde zum geschützten Landschaftsbestandteil

erklärt werden. [2]Geschützte Landschaftsbestandteile innerhalb im Zusammenhang bebauter Ortsteile im Sinne des § 34 des Baugesetzbuches werden durch Satzung der Gemeinde im Rahmen der Aufgaben des eigenen Wirkungskreises, im Übrigen durch Verordnung festgesetzt. [3]Die Gemeinde ist auch zuständig, soweit die untere Naturschutzbehörde keine Verordnung erlässt.

(2) [1]Die Verordnungen und Satzungen können bestimmte Handlungen oder Nutzungen von einer Genehmigung abhängig machen. [2]Die Genehmigung darf nur erteilt werden, wenn die beabsichtigte Handlung oder Nutzung dem besonderen Schutzzweck nicht oder nur unerheblich zuwiderläuft.

(3) [1]Die Entwicklung und Pflege des Naturparks kann auch einem Träger überantwortet werden. [2]Die Grundzüge dazu sind in der Verordnung nach Absatz 1 Satz 1 Nr. 2 Buchst. e zu regeln.

(4) [1]Vor der Unterschutzstellung von Teilen von Natur und Landschaft sind die Eigentümer und sonstigen Nutzungsberechtigten der voraussichtlich betroffenen Grundstücke in geeigneter Weise über die Bedeutung und die Auswirkungen der Unterschutzstellung zu informieren. [2]Ihnen ist Gelegenheit zur Stellungnahme zu geben. [3]Die land- und forstwirtschaftlichen Berufsvertretungen sowie die Behörden und sonstigen Träger öffentlicher Belange, die von der Unterschutzstellung betroffen sind, sind zu hören.

## § 16 Pflegekonzepte

(1) [1]Die für die Unterschutzstellung zuständige Naturschutzbehörde stellt Pflegekonzepte für Naturschutzgebiete und Naturdenkmäler auf; sie kann Pflegekonzepte für Landschaftsschutzgebiete, Biosphärenreservate und geschützte Landschaftsbestandteile aufstellen. [2]Sie setzt die Pflegekonzepte um.

(2) ¹Die Aufstellung von Pflegekonzepten unterbleibt, wenn das Schutzziel durch eine natürliche Entwicklung erreicht werden kann. ²Von einer Aufstellung eines Pflegekonzeptes für ein Naturdenkmal kann abgesehen werden, sofern es sich um Einzelschöpfungen der Natur handelt.
(3) Bei der Aufstellung der Pflegekonzepte sollen die Eigentümer und sonstigen Nutzungsberechtigten der betroffenen Grundstücke in geeigneter Weise beteiligt werden.

### § 17 Einstweilige Sicherstellung (zu § 22 Abs. 2 und 3 des Bundesnaturschutzgesetzes)
(1) ¹Teile von Natur und Landschaft, deren Schutz als Naturschutzgebiet, Biosphärenreservat, Landschaftsschutzgebiet, Naturdenkmal oder geschützter Landschaftsbestandteil beabsichtigt ist, kann die für die Unterschutzstellung zuständige Behörde entsprechend § 15 Abs. 1 einstweilig sicherstellen. ²Für einzelne Grundstücke kann die einstweilige Sicherstellung auch durch Verwaltungsakt erfolgen.
(2) ¹Die Verordnung, die Satzung oder der Verwaltungsakt muss neben der Begründung für die einstweilige Sicherstellung Bestimmungen enthalten über
1. den räumlichen Geltungsbereich,
2. die während der Sicherstellung unzulässigen Veränderungen und sonstigen Handlungen,
3. die Dauer der Sicherstellung.

²Außerdem ist auf die Möglichkeit einer Verlängerung der Sicherstellung hinzuweisen.

### § 18 Naturschutzregister, Kompensationsverzeichnis, Liegenschaftskataster (zu § 17 Abs. 6, § 22 Abs. 4 und § 30 Abs. 7 des Bundesnaturschutzgesetzes)
(1) ¹Die Naturschutzbehörden führen jeweils ein Naturschutzregister aller in ihre Zuständigkeit fallenden Flächen mit rechtlichen Bindungen zu Gunsten des Naturschutzes auf der Grundlage des Liegenschaftskatasters. ²Die Fachbehörde für Naturschutz führt ein Naturschutzregister für das Land Sachsen-Anhalt.
(2) ¹Die Naturschutzbehörden führen das Kompensationsverzeichnis nach § 17 Abs. 6 des Bundesnaturschutzgesetzes auf der Grundlage des Liegenschaftskatasters. ²Abweichend von § 17 Abs. 6 des Bundesnaturschutzgesetzes werden auch Flächen, auf denen Maßnahmen für ein Ökokonto anerkannt und erbracht wurden, erfasst. ³Das Verzeichnis ist laufend fortzuschreiben. ⁴Personenbezogene Daten werden nur insoweit erfasst, als der Betroffene einwilligt und dies für die Zuordnung im Rahmen des Ökokontos erforderlich ist. ⁵Die Fachbehörde für Naturschutz führt ein Kompensationsverzeichnis für das Land Sachsen-Anhalt.
(3) ¹Naturschutzregister und Kompensationsverzeichnis können kostenfrei eingesehen werden. ²Auszüge können gegen Kostenerstattung angefordert werden.
(4) ¹Im Liegenschaftskataster ist ein Hinweis auf alle rechtlichen Bindungen zu Gunsten des Naturschutzes einzutragen. ²Die Naturschutzbehörde übersendet dafür der Vermessungs- und Geoinformationsbehörde des Landes geeignete Unterlagen.

### § 19 Schutz von Bezeichnungen (zu § 22 Abs. 4 des Bundesnaturschutzgesetzes)
Die Bezeichnungen „Naturschutzgebiet", „Nationalpark", „Nationales Naturmonument", „Naturpark", „Biosphärenreservat", „Landschaftsschutzgebiet", „Naturdenkmal", „geschützter Landschaftsbestandteil" und „gesetzlich geschütztes Biotop" sowie die für ihre Kennzeichnung von der obersten Naturschutzbehörde bestimmten amtlichen Schilder dürfen nur für die nach dem Bundesnaturschutzgesetz geschützten Teile von Natur und Landschaft verwendet werden.

### § 20 Biosphärenreservate (zu § 25 des Bundesnaturschutzgesetzes)
Abweichend von § 25 Abs. 1 des Bundesnaturschutzgesetzes können zu Biosphärenreservaten nur Gebiete erklärt werden, die zusätzlich zu den in der Bestimmung genannten Voraussetzungen die strukturellen und funktionalen Bewertungskriterien für die Anerkennung und Überprüfung von Biosphärenreservaten der UNESCO in Deutschland, die vom Deutschen Nationalkomitee für das UNESCO Programm „Der Mensch und die Biosphäre" (MAB) im Jahre 2007 in Bonn herausgegeben wurden und die unter der Signatur BONN Nf 451 in der Bibliothek des Bundesamtes für Naturschutz, Konstantinstraße 110 in Bonn eingesehen werden können, erfüllen.

### § 21 Schutz der Alleen (zu § 29 Abs. 3 des Bundesnaturschutzgesetzes)
(1) ¹Alleen und einseitige Baumreihen an öffentlichen oder privaten Verkehrsflächen und Feldwegen sind gesetzlich geschützt. ²Die Beseitigung von Alleen oder einseitigen Baumreihen sowie alle Handlungen, die zu deren Zerstörung, Beschädigung oder nachteiligen Veränderungen führen können, sind

verboten. ³Dies gilt nicht für die Pflege und Rekultivierung vorhandener Garten- und Parkanlagen entsprechend dem Denkmalschutzrecht.

(2) ¹Bei Befreiungen von dem Verbot nach Absatz 1 Satz 2 aus Gründen der Verkehrssicherheit liegen Gründe des überwiegenden öffentlichen Interesses in der Regel erst dann vor, wenn die Maßnahme aus Gründen der Verkehrssicherheit zwingend erforderlich ist und die Verkehrssicherheit nicht auf andere Weise verbessert werden kann. ²Der Träger der Straßenbaulast hat die notwendige Unterhaltung in Abstimmung mit der Naturschutzbehörde vorzunehmen.

(3) ¹Um den Alleenbestand nachhaltig zu sichern, hat die zuständige Behörde, insbesondere im Rahmen von Ausgleichs- und Ersatzmaßnahmen, rechtzeitig und in ausreichendem Umfang Neuanpflanzungen vorzunehmen oder für deren Durchführung zu sorgen. ²Dabei sind bevorzugt standortgerechte und einheimische Baumarten einschließlich einheimischer Wildobstbaumarten zu verwenden. ³Die Neuanpflanzungen sind dem Landschaftsbild anzupassen und sollen gleichzeitig einen Bezug zur örtlichen Landeskultur haben.

### § 22 Gesetzlich geschützte Biotope (zu § 30 des Bundesnaturschutzgesetzes)

(1) ¹Gesetzlich geschützte Biotope im Sinne des § 30 Abs. 2 Satz 2 des Bundesnaturschutzgesetzes sind zusätzlich:
1. temporäre Flutrinnen in Überschwemmungsgebieten und Auen,
2. hochstaudenreiche Nasswiesen,
3. planar-kolline Frischwiesen,
4. naturnahe Bergwiesen,
5. Halbtrockenrasen,
6. natürliche Höhlen, aufgelassene Stollen und Steinbrüche,
7. Streuobstwiesen,
8. Hecken und Feldgehölze außerhalb erwerbsgärtnerisch genutzter Flächen sowie
9. Reihen von Kopfbäumen.

²§ 39 Abs. 5 Satz 1 Nr. 2 Halbsatz 2 des Bundesnaturschutzgesetzes gilt entsprechend.

(2) ¹Abweichend von § 30 Abs. 5 und 6 des Bundesnaturschutzgesetzes gilt § 30 Abs. 2 des Bundesnaturschutzgesetzes auch nicht für Maßnahmen und Handlungen zur Unterhaltung und Aufrechterhaltung der Funktionsfähigkeit von Deichen und Dämmen. ²Soweit vorhandene gesetzlich geschützte Biotope die Funktionsfähigkeit von Deichen und Dämmen nicht beeinträchtigen, sind diese zu erhalten.

(3) ¹Die untere Naturschutzbehörde gibt den Eigentümern der betroffenen Grundstücke die Eintragung gesetzlich geschützter Biotope in das Naturschutzregister bekannt. ²Die Eigentümer sind verpflichtet, die sonstigen Nutzungsberechtigten hierüber in Kenntnis zu setzen.

### § 23 „Natura 2000" (zu § 32 des Bundesnaturschutzgesetzes)

(1) Die Landesregierung wählt auf Vorschlag des für Naturschutz zuständigen Ministeriums die Gebiete aus, die der Kommission nach Artikel 4 Abs. 1 der Richtlinie 92/43/EWG des Rates vom 21. Mai 1992 zur Erhaltung der natürlichen Lebensräume sowie der wildlebenden Tiere und Pflanzen (ABl. L 206 vom 22.7.1992, S. 7, ABl. L 176 vom 20.7.1993, S. 29, ABl. L 59 vom 8.3.1996, S. 63, ABl. L 31 vom 6.2.1998, S. 30, ABl. L 218 vom 23.8.2007, S. 15), zuletzt geändert durch die Richtlinie 2013/17/EU (ABl. L 158 vom 10.6.2013, S. 193), und Artikel 4 Abs. 1 und 2 der Richtlinie 2009/147/EG des Europäischen Parlaments und des Rates vom 30. November 2009 über die Erhaltung der wildlebenden Vogelarten (ABl. L 20 vom 26.1.2010, S. 7), geändert durch die Richtlinie 2013/17/EU (ABl. L 158 vom 10.6.2013, S. 193), zu benennen sind.

(2) ¹Die obere Naturschutzbehörde wird ermächtigt, durch Verordnung die in die Liste nach Artikel 4 Abs. 2 Unterabs. 3 der Richtlinie 92/43/EWG aufgenommenen Gebiete und die nach Artikel 4 Abs. 1 und 2 der Richtlinie 2009/147/EG benannten Gebiete festzulegen und die zu schützenden Lebensraumtypen und Lebensräume der Tier- und Pflanzenarten sowie der in den Gebieten lebenden Vogelarten zu bestimmen. ²Die Ermächtigung umfasst außerdem die Festlegung der Schutz- und Erhaltungsziele, der erforderlichen Erhaltungs- und Wiederherstellungsmaßnahmen sowie geeigneter Gebote und auf den jeweiligen Schutzzweck ausgerichtete Verbote. ³Ergänzend können Bestimmungen zu Bewirtschaftungsplänen, Auflagen und Anordnungen durch Verwaltungsakt erlassen werden. ⁴Bei der Schutzgebietsausweisung ist darauf hinzuweisen, dass es sich um Natura 2000-Gebiete handelt. ⁵§ 15 Abs. 4 gilt entsprechend.

(3) Die Karten über die in Absatz 2 Satz 1 genannten Gebiete werden abweichend von § 3 des Gesetzes über die Verkündung von Verordnungen dadurch verkündet, dass sie bei der oberen Naturschutzbehörde und bei den unteren Naturschutzbehörden, auf deren örtlichen Zuständigkeitsbereich sich der Geltungsbereich der Verordnung erstreckt, auf Dauer zur kostenlosen Einsicht durch jedermann während der Sprechzeiten öffentlich ausgelegt werden.

### § 24 Verträglichkeit und Unzulässigkeit von Projekten (zu § 34 des Bundesnaturschutzgesetzes)
Die für die Entscheidungen nach § 34 Abs. 1 bis 5 des Bundesnaturschutzgesetzes zuständige Behörde trifft ihre Entscheidungen im Benehmen mit der zuständigen Naturschutzbehörde der gleichen Verwaltungsstufe.

### § 25 Allgemeiner Schutz wild lebender Tiere und Pflanzen (zu § 39 Abs. 2 Satz 2 des Bundesnaturschutzgesetzes)
Die zuständige Naturschutzbehörde kann Ausnahmen von dem Verbot des § 39 Abs. 2 Satz 1 des Bundesnaturschutzgesetzes unter den Voraussetzungen des § 45 Abs. 7 des Bundesnaturschutzgesetzes oder des Artikels 14 der Richtlinie 92/43/EWG zulassen.

### § 26 Zoos (zu § 42 des Bundesnaturschutzgesetzes)
(1) ¹Die Genehmigung nach § 42 Abs. 2 Satz 1 des Bundesnaturschutzgesetzes schließt die Erlaubnis nach § 11 Abs. 1 Satz 1 Nrn. 2a und 3 Buchst. d des Tierschutzgesetzes sowie die baurechtliche Genehmigung ein. ²Das Benehmen mit der zuständigen Bauaufsichtsbehörde ist herzustellen.
(2) Die untere Naturschutzbehörde ist zuständige Landesbehörde im Sinne von § 4 Nr. 20 Buchst. a Satz 2 des Umsatzsteuergesetzes.

### § 27 Tiergehege (zu § 43 Abs. 4 des Bundesnaturschutzgesetzes)
Die Anzeigepflicht nach § 43 Abs. 3 Satz 1 des Bundesnaturschutzgesetzes gilt nicht für
1. Tiergehege, die eine Grundfläche von insgesamt 50 Quadratmetern nicht überschreiten und in denen
    a) keine Tiere besonders geschützter Arten,
    b) Tiere der in Anlage 5 der Bundesartenschutzverordnung vom 16. Februar 2005 (BGBl. I S. 258, 896), zuletzt geändert durch Artikel 10 des Gesetzes vom 21. Januar 2013 (BGBl. I S. 95, 99), genannten Arten oder
    c) Tiere der in Anhang X der Verordnung (EG) Nr. 865/2006 der Kommission vom 4. Mai 2006 mit Durchführungsbestimmungen zur Verordnung (EG) Nr. 338/97 des Rates über den Schutz von Exemplaren wild lebender Tier- und Pflanzenarten durch Überwachung des Handels (ABl. L 166 vom 19.6.2006, S. 1), geändert durch Durchführungsverordnung (EU) Nr. 792/2012 (ABl. L 242 vom 7.9.2012, S. 13), aufgeführten Arten
    gehalten werden,
2. Auswilderungsgehege für dem Jagdrecht unterliegende Tierarten, in denen die Tiere jeweils nicht länger als einen Monat verbleiben,
3. Tiergehege, in denen nicht mehr als fünf Tiere der dem Bundesjagdgesetz unterliegenden Arten Rothirsch, Damhirsch, Reh, Mufflon oder Wildschwein gehalten werden.

### § 28 Horstschutz (zu § 54 Abs. 7 Satz 2 des Bundesnaturschutzgesetzes)
¹Zum Schutz der besonders störungsempfindlichen und in ihrem Bestand gefährdeten Arten ist es nicht gestattet, Bruten von Schwarzstorch, Adlerarten, Rotmilan, Wanderfalke und Kranich durch störende Handlungen wie Aufsuchen, Filmen oder Fotografieren zu beeinträchtigen oder zu gefährden. ²Brut- und Aufzucht störende Handlungen sind in einem Umkreis von 300 Metern zu unterlassen. ³Die Niststätten dieser Arten dürfen in einem Umkreis von 100 Metern, im Fortpflanzungszeitraum in einem Umkreis von 300 Metern, durch den Charakter des unmittelbaren Horstbereiches verändernde Maßnahmen, insbesondere durch Freistellen von Brutbäumen oder Anlegen von Sichtschneisen, nicht beeinträchtigt oder gefährdet werden. ⁴Die zuständigen Naturschutzbehörden können Ausnahmen unter den Voraussetzungen des § 45 Abs. 7 des Bundesnaturschutzgesetzes zulassen.

## § 29 Anerkennung von Naturschutzvereinigungen, Mitwirkungsrechte von anerkannten Naturschutzvereinigungen (zu § 3 Abs. 3 des Umwelt-Rechtsbehelfsgesetzes und § 63 Abs. 4 des Bundesnaturschutzgesetzes)

(1) Die zuständige Behörde nach § 3 Abs. 3 des Umwelt-Rechtsbehelfsgesetzes für die Anerkennung und den Widerruf der Anerkennung von Vereinigungen, die im Schwerpunkt die Ziele des Naturschutzes und der Landschaftspflege fördern, wird durch Verordnung des für Naturschutz zuständigen Ministeriums bestimmt.

(2) In den Fällen, in denen Auswirkungen auf Natur und Landschaft nicht oder nur im geringfügigen Umfang zu erwarten sind, kann im Einvernehmen mit der Naturschutzbehörde der gleichen Verwaltungsebene von einer Mitwirkung der vom Land anerkannten Naturschutzvereinigungen, die nach ihrer Satzung landesweit tätig sind, abgesehen werden.

## § 30 Betretensrecht (zu § 65 Abs. 3 des Bundesnaturschutzgesetzes)

[1]Die Beschäftigten und Naturschutzbeauftragten der Naturschutzbehörden und der Fachbehörde für Naturschutz dürfen, soweit dies zur Erfüllung ihrer Aufgaben erforderlich ist,
1. Grundstücke außerhalb von Wohngebäuden und Betriebsräumen sowie des unmittelbar angrenzenden befriedeten Besitztums jederzeit und
2. Betriebsräume sowie das unmittelbar angrenzende Besitztum während der Betriebszeiten betreten. [2]Sie dürfen dort Prüfungen, Vermessungen, Bodenuntersuchungen und sonstige Arbeiten und Besichtigungen vornehmen. [3]Maßnahmen nach den Sätzen 1 und 2 sind rechtzeitig anzukündigen, wenn dadurch deren Zweck nicht gefährdet wird.

## § 31 Vorkaufsrecht (zu § 66 des Bundesnaturschutzgesetzes)

(1) Dem Land steht anders als nach § 66 Abs. 1 Satz 1 des Bundesnaturschutzgesetzes ein Vorkaufsrecht zu an Grundstücken,
1. die in einem Nationalpark, einem Nationalen Naturmonument, einem Naturschutzgebiet oder als solchem einstweilig gesicherten Gebiet liegen oder die Bestandteil eines Großschutzgebietes sind, insbesondere dann, wenn diese Grundstücke zur Bildung von Kernzonen erforderlich sind,
2. auf denen sich ein Naturdenkmal befindet oder
3. auf denen sich oberirdische Gewässer befinden.

(2) [1]Das Vorkaufsrecht wird durch die untere Naturschutzbehörde ausgeübt, der gegenüber auch die Mitteilung des Inhaltes des Kaufvertrages zu erfolgen hat. [2]Das Vorkaufsrecht kann nur innerhalb von zwei Monaten nach Empfang der Mitteilung ausgeübt werden. [3]Das Vorkaufsrecht wird durch Verwaltungsakt gegenüber dem Verkäufer ausgeübt.

(3) Anders als nach § 66 Abs. 3 Satz 5 des Bundesnaturschutzgesetzes ist das Vorkaufsrecht ausgeschlossen, wenn
1. der Bund, ein Land oder eine Kommune an dem Rechtsgeschäft beteiligt ist,
2. das Grundstück im Geltungsbereich eines Bebauungsplanes liegt,
3. der Eigentümer das Grundstück an seinen Ehegatten, seinen Eingetragenen Lebenspartner oder an eine Person verkauft, die mit ihm in gerader Linie verwandt oder verschwägert oder in der Seitenlinie bis zum dritten Grad verwandt ist, oder
4. das Grundstück mit einem landwirtschaftlichen Betrieb verkauft wird und mit diesem eine Einheit bildet.

## § 32 Entschädigung für Nutzungsbeschränkungen (zu § 68 Abs. 2 des Bundesnaturschutzgesetzes)

(1) [1]Zur Entschädigung nach § 68 Abs. 1 und 2 des Bundesnaturschutzgesetzes ist das Land verpflichtet. [2]Die Kommunen sollen zu dem Entschädigungsaufwand des Landes beitragen, wenn die entschädigungspflichtige Maßnahme überwiegend einem örtlichen Interesse an Naturschutz und Landschaftspflege oder an der Erholung in Natur und Landschaft Rechnung trägt. [3]Hat eine Satzung nach § 15 Abs. 1 Nr. 3 dieses Gesetzes Auswirkungen im Sinne von § 68 Abs. 1 des Bundesnaturschutzgesetzes, so ist die Gemeinde zur Entschädigung verpflichtet.

(2) Die Vorschriften des Enteignungsgesetzes des Landes Sachsen-Anhalt zu Art und Umfang der Entschädigung gelten entsprechend.

(3) Über den Antrag auf Entschädigung oder Übernahme eines Grundstücks entscheidet die für die in § 68 Abs. 1 des Bundesnaturschutzgesetzes genannten Vorschriften zuständige Behörde.

## § 33 Härteausgleich; Ausgleichszahlung für Schäden durch Großraubtiere (zu § 68 Abs. 4 des Bundesnaturschutzgesetzes)

(1) Eigentümern oder sonstigen Nutzungsberechtigten, denen aufgrund der in § 68 Abs. 4 des Bundesnaturschutzgesetzes genannten Vorschriften die bestehende land-, forst- oder fischereiwirtschaftliche Bewirtschaftung eines Grundstücks erheblich und nicht nur vorübergehend erschwert wird oder eine sonstige unbillige Härte zugefügt wird, ohne dass eine Entschädigung nach § 68 Abs. 1 und 2 des Bundesnaturschutzgesetzes zu gewähren ist, kann auf Antrag ein angemessener Geldausgleich nach Maßgabe des Haushalts gezahlt werden.

(2) Das für Naturschutz zuständige Ministerium wird ermächtigt, das Verfahren sowie die Anrechnung von Ansprüchen, die für dasselbe Grundstück aus anderem Grund bestehen, durch Verordnung zu regeln.

(3) ¹Werden durch wild lebende Tiere der Arten Wolf (Canis lupus), Braunbär (Ursus arctos) oder Luchs (Lynx lynx) Sachschäden verursacht, so kann dem Betroffenen nach Maßgabe des Haushalts auf Antrag ein Schadensausgleich gezahlt werden. ²Die Zahlung erfolgt nur, wenn der Betroffene alle zumutbaren Vorkehrungen gegen den Schadenseintritt vorgenommen hat.

## § 34 Bußgeldvorschriften (zu § 69 Abs. 7 des Bundesnaturschutzgesetzes)

(1) Ordnungswidrig handelt, wer vorsätzlich oder fahrlässig
1. einer aufgrund dieses Gesetzes erlassenen Verordnung oder Satzung zuwiderhandelt, soweit sie für einen bestimmten Tatbestand auf diese Bußgeldvorschrift verweist,
2. entgegen § 23 Abs. 2 Satz 1 des Bundesnaturschutzgesetzes in Verbindung mit einer Verordnung nach § 15 Handlungen vornimmt, die zu einer Zerstörung, Beschädigung, Veränderung oder nachhaltigen Störung eines Naturschutzgebietes oder seiner wesentlichen Bestandteile führen können,
3. entgegen § 26 Abs. 2 des Bundesnaturschutzgesetzes in Verbindung mit einer Verordnung nach § 15 Handlungen vornimmt, die den Charakter eines Landschaftsschutzgebietes verändern oder dem besonderen Schutzzweck zuwiderlaufen,
4. entgegen § 28 Abs. 2 des Bundesnaturschutzgesetzes in Verbindung mit einer Verordnung nach § 15 ein Naturdenkmal beseitigt oder Handlungen vornimmt, die zu einer Zerstörung, Beschädigung oder Veränderung des Naturdenkmals führen können,
5. entgegen § 29 Abs. 2 Satz 1 des Bundesnaturschutzgesetzes in Verbindung mit einer Verordnung oder einer Satzung nach § 15 einen geschützten Landschaftsbestandteil beseitigt oder Handlungen vornimmt, die zu einer Zerstörung, Beschädigung oder Veränderung eines geschützten Landschaftsbestandteils führen können,
6. entgegen § 65 Abs. 1 Satz 1 des Bundesnaturschutzgesetzes eine dort bezeichnete Maßnahme nicht duldet oder behindert,
7. eine amtliche Beschilderung oder sonstige Kennzeichnung eines Schutzgebietes oder Schutzgegenstandes nach § 19 entfernt oder unbefugt verwendet,
8. entgegen § 22 Abs. 1 ein dort genanntes Biotop zerstört oder sonst erheblich beeinträchtigt,
9. entgegen § 28 Satz 1 bis 3 störende Handlungen vornimmt oder Niststätten beeinträchtigt oder gefährdet,
10. den Verboten einer fortgeltenden Verordnung zuwiderhandelt.

(2) Die Ordnungswidrigkeit kann mit einer Geldbuße
1. in den Fällen des Absatzes 1 Nrn. 2 und 3 bis zu hunderttausend Euro,
2. in den Fällen des Absatzes 1 Nrn. 4, 5 und 8 bis zu fünfzigtausend Euro,
3. in den Fällen des Absatzes 1 Nrn. 1, 6, 7, 9 und 10 bis zu zehntausend Euro

geahndet werden.

## § 35 Einziehung

¹Die durch eine Ordnungswidrigkeit nach diesem Gesetz hervorgebrachten oder zu ihrer Begehung oder Vorbereitung gebrauchten oder dazu bestimmten Gegenstände einschließlich der bei der Ordnungswidrigkeit verwendeten Verpackungs- und Beförderungsmittel können eingezogen werden. ²Es können auch Gegenstände eingezogen werden, auf die sich die Ordnungswidrigkeit bezieht. ³§ 23 des Gesetzes über Ordnungswidrigkeiten ist anzuwenden.

## § 36 Einschränkung von Grundrechten

Durch dieses Gesetz wird das Grundrecht auf Schutz personenbezogener Daten im Sinne von Artikel 2 Abs. 1 in Verbindung mit Artikel 1 Abs. 1 des Grundgesetzes und Artikel 6 Abs. 1 der Verfassung des Landes Sachsen-Anhalt und das Grundrecht auf Unverletzlichkeit der Wohnung im Sinne von Artikel 13 Abs. 1 des Grundgesetzes und Artikel 17 Abs. 1 der Verfassung des Landes Sachsen-Anhalt eingeschränkt.

## § 37 Übergangsvorschriften

(1) Die aufgrund des Naturschutzgesetzes des Landes Sachsen-Anhalt vom 23. Juli 2004 (GVBl. LSA S. 454), zuletzt geändert durch Artikel 7 des Gesetzes vom 16. Dezember 2009 (GVBl. LSA S. 708, 716), erlassenen Allgemeinverfügungen über die Erklärung von Biosphärenreservaten und Naturparken zu geschützten Teilen von Natur und Landschaft gelten, sofern diese nach Inkrafttreten dieses Gesetzes durch Verordnung der zuständigen Naturschutzbehörde geändert werden, jeweils als Verordnung fort, sobald eine Verkündung der jeweiligen Allgemeinverfügung sowie der Änderung nach den Vorschriften des Gesetzes über die Verkündung von Verordnungen erfolgt ist.

(2) Die aufgrund des Naturschutzgesetzes des Landes Sachsen-Anhalt vom 23. Juli 2004 (GVBl. LSA S. 454), zuletzt geändert durch Artikel 7 des Gesetzes vom 16. Dezember 2009 (GVBl. LSA S. 708, 716), erlassenen Verordnungen können, soweit deren Ermächtigung nicht fortwirkt, durch Verordnung des für Naturschutz zuständigen Ministeriums aufgehoben oder geändert werden.

(2a) Soweit nach Inkrafttreten des Gesetzes zur Änderung des Naturschutzgesetzes des Landes Sachsen-Anhalt eine Verordnungsermächtigung von der obersten auf die obere Naturschutzbehörde übertragen wird, ist die oberste Naturschutzbehörde berechtigt, die Verordnung über die Errichtung des ökologischen Netzes Natura 2000 vom 23. März 2007 (GVBl. LSA S. 82) aufzuheben.

(3) Verfahren, die aufgrund der bisher geltenden naturschutzrechtlichen Vorschriften eingeleitet wurden und bei Inkrafttreten dieses Gesetzes noch nicht abgeschlossen sind, werden nach den Vorschriften dieses Gesetzes und des Bundesnaturschutzgesetzes zu Ende geführt.

(4) ¹Für Eingriffe, die vor dem 1. März 2010 rechtmäßig begonnen wurden oder aufgrund einer Genehmigung, eines entsprechenden Verwaltungsaktes, einer Anzeige oder eines Planfeststellungsbeschlusses begonnen werden durften, finden die Regelungen des Naturschutzgesetzes des Landes Sachsen-Anhalt vom 23. Juli 2004 (GVBl. LSA S. 454), zuletzt geändert durch Artikel 7 des Gesetzes vom 16. Dezember 2009 (GVBl. LSA S. 708, 716), Anwendung, soweit § 13 des Bundesnaturschutzgesetzes einer Anwendung nicht entgegen steht[1]. ²Die Vergabe von Bauarbeiten gilt als Beginn des Eingriffs.

## § 38 *[nicht wiedergegebene Änderungsvorschriften]*

## § 39 Inkrafttreten, Außerkrafttreten

¹Dieses Gesetz tritt am Tag nach seiner Verkündung[2] in Kraft. ²Gleichzeitig tritt das Naturschutzgesetz des Landes Sachsen-Anhalt vom 23. Juli 2004 (GVBl. LSA S. 454), zuletzt geändert durch Artikel 7 des Gesetzes vom 16. Dezember 2009 (GVBl. LSA S. 708, 716), außer Kraft.

---

1) Richtig wohl: „entgegensteht".
2) Verkündet am 16.12.2010.

# Bauordnung des Landes Sachsen-Anhalt (BauO LSA)

In der Fassung der Bekanntmachung vom 10. September 2013[1] (GVBl. LSA S. 440) (BS LSA 213.37)
zuletzt geändert durch § 1 Drittes ÄndG der Bauordnung vom 18. November 2020 (GVBl. LSA S. 660)

## Inhaltsübersicht

**Teil 1**
**Allgemeine Vorschriften**
§ 1 Anwendungsbereich
§ 2 Begriffe
§ 3 Allgemeine Anforderungen

**Teil 2**
**Das Grundstück und seine Bebauung**
§ 4 Bebauung der Grundstücke mit Gebäuden
§ 5 Zugänge und Zufahrten auf den Grundstücken
§ 6 Abstandsflächen, Abstände
§ 7 Teilung von Grundstücken
§ 8 Kinderspielplätze, nicht überbaute Flächen der bebauten Grundstücke

**Teil 3**
**Bauliche Anlagen**

*Abschnitt 1*
**Gestaltung**
§ 9 Gestaltung
§ 10 Anlagen der Außenwerbung, Warenautomaten

*Abschnitt 2*
**Allgemeine Anforderungen an die Bauausführung und das Brandverhalten von Baustoffen und Bauteilen**
§ 11 Baustelle
§ 12 Standsicherheit
§ 13 Schutz gegen schädliche Einflüsse
§ 14 Brandschutz, Brandschutzanforderungen an das Brandverhalten von Baustoffen und Bauteilen
§ 15 Wärme-, Schall-, Erschütterungsschutz
§ 16 Verkehrssicherheit
§ 16a Bauarten

*Abschnitt 3*
**Bauprodukte**
§ 16b Allgemeine Anforderungen an die Verwendung von Bauprodukten
§ 16c Anforderungen an die Verwendung von CE-gekennzeichneten Bauprodukten
§ 17 Verwendbarkeitsnachweise
§ 18 Allgemeine bauaufsichtliche Zulassung
§ 19 Allgemeines bauaufsichtliches Prüfzeugnis

§ 20 Nachweis der Verwendbarkeit von Bauprodukten im Einzelfall
§ 21 Übereinstimmungsbestätigung
§ 22 Übereinstimmungserklärung des Herstellers
§ 23 Zertifizierung
§ 24 Prüf-, Zertifizierungs- und Überwachungsstellen
§ 25 Besondere Sachkunde- und Sorgfaltsanforderungen

*Abschnitt 4*
**Wände, Decken, Dächer**
§ 26 Tragende und aussteifende Wände, Stützen
§ 27 Außenwände
§ 28 Trennwände
§ 29 Brandwände
§ 30 Decken
§ 31 Dächer

*Abschnitt 5*
**Rettungswege, Öffnungen, Umwehrungen**
§ 32 Erster und zweiter Rettungsweg
§ 33 Treppen
§ 34 Notwendige Treppenräume, Ausgänge
§ 35 Notwendige Flure, offene Gänge
§ 36 Fenster, Türen, sonstige Öffnungen
§ 37 Umwehrungen

*Abschnitt 6*
**Technische Gebäudeausrüstung**
§ 38 Aufzüge
§ 39 Leitungsanlagen, Installationsschächte und Installationskanäle
§ 40 Lüftungsanlagen
§ 41 Feuerungsanlagen, sonstige Anlagen zur Wärmeerzeugung und Brennstoffversorgung
§ 42 Sanitäre Anlagen
§ 43 Kleinkläranlagen, Gruben
§ 44 Aufbewahrung fester Abfallstoffe
§ 45 Blitzschutzanlagen

*Abschnitt 7*
**Nutzungsbedingte Anforderungen**
§ 46 Aufenthaltsräume
§ 47 Wohnungen

---

[1] Neubekanntmachung der Bauordnung v. 20.12.2005 (GVBl. LSA S. 769) in der ab 1.9.2013 geltenden Fassung.

| § 48 | Notwendige Stellplätze, Garagen und Abstellplätze für Fahrräder |
|---|---|
| § 49 | Barrierefreies Bauen |
| § 50 | Sonderbauten |

**Teil 4**
**Die am Bau Beteiligten**

| § 51 | Grundpflichten |
|---|---|
| § 52 | Bauherr oder Bauherrin |
| § 53 | Entwurfsverfasser oder Entwurfsverfasserin |
| § 54 | Unternehmer oder Unternehmerin |
| § 55 | Bauleiter oder Bauleiterin |

**Teil 5**
**Bauaufsichtsbehörden, Verfahren**

**Abschnitt 1**
**Bauaufsichtsbehörden**

| § 56 | Aufbau und Zuständigkeiten der Bauaufsichtsbehörden |
|---|---|
| § 57 | Aufgaben und Befugnisse der Bauaufsichtsbehörden |

**Abschnitt 2**
**Genehmigungspflicht, Genehmigungsfreiheit**

| § 58 | Grundsatz |
|---|---|
| § 59 | Vorrang anderer Gestattungsverfahren |
| § 60 | Verfahrensfreie Bauvorhaben, Beseitigung von Anlagen |
| § 61 | Genehmigungsfreistellung |

**Abschnitt 3**
**Genehmigungsverfahren**

| § 62 | Vereinfachtes Baugenehmigungsverfahren |
|---|---|
| § 63 | Baugenehmigungsverfahren |
| § 64 | Bauvorlageberechtigung |
| § 65 | Bautechnische Nachweise |
| § 66 | Abweichungen |
| § 67 | Bauantrag, Bauvorlagen |
| § 68 | Behandlung des Bauantrags |
| § 69 | Beteiligung der Nachbarn und der Öffentlichkeit |
| § 70 | Ersetzung des gemeindlichen Einvernehmens |
| § 71 | Baugenehmigung, Baubeginn |
| § 71a | Typengenehmigung |
| § 72 | Geltungsdauer der Genehmigung |
| § 73 | Teilbaugenehmigung |
| § 74 | Vorbescheid |
| § 75 | Genehmigung Fliegender Bauten |
| § 76 | Bauaufsichtliche Zustimmung |

**Abschnitt 4**
**Bauaufsichtliche Maßnahmen**

| § 77 | Verbot unrechtmäßig gekennzeichneter Bauprodukte |
|---|---|
| § 78 | Einstellung von Arbeiten |
| § 79 | Beseitigung von Anlagen, Nutzungsuntersagung |

**Abschnitt 5**
**Bauüberwachung**

| § 80 | Bauüberwachung |
|---|---|
| § 81 | Bauzustandsanzeigen, Aufnahme der Nutzung |

**Abschnitt 6**
**Baulasten**

| § 82 | Baulasten, Baulastenverzeichnis |
|---|---|

**Teil 6**
**Schlussvorschriften**

| § 83 | Ordnungswidrigkeiten |
|---|---|
| § 84 | Verordnungsermächtigungen |
| § 85 | Örtliche Bauvorschriften |
| § 85a | Technische Baubestimmungen |
| § 86 | Bestehende bauliche Anlagen |
| § 87 | Übergangsvorschriften |

*Teil 1*
**Allgemeine Vorschriften**

## § 1 Anwendungsbereich

(1) ¹Dieses Gesetz gilt für bauliche Anlagen und Bauprodukte. ²Es gilt auch für Grundstücke sowie für andere Anlagen und Einrichtungen, an die in diesem Gesetz oder aufgrund dieses Gesetzes erlassener Vorschriften Anforderungen gestellt werden.
(2) Dieses Gesetz gilt nicht für
1. Anlagen des öffentlichen Verkehrs einschließlich Zubehör, Nebenanlagen und Nebenbetrieben, mit Ausnahme von Gebäuden,
2. Anlagen, die der Bergaufsicht unterliegen, mit Ausnahme von Gebäuden,
3. Anlagen zur Gewinnung von Bodenschätzen, mit Ausnahme von Gebäuden,
4. Leitungen, die der öffentlichen Versorgung mit Wasser, Gas, Elektrizität, Wärme, der öffentlichen Abwasserbeseitigung oder der Telekommunikation dienen,
5. Rohrleitungen, die dem Ferntransport von Stoffen dienen,
6. Krane, mit Ausnahme von Kranbahnträgern und deren Unterstützungen, sowie
7. Messestände in Messe- und Ausstellungsgebäuden.

## § 2 Begriffe

(1) ¹Anlagen sind bauliche Anlagen sowie andere Anlagen und Einrichtungen im Sinne des § 1 Abs. 1 Satz 2. ²Bauliche Anlagen sind mit dem Erdboden verbundene, aus Bauprodukten hergestellte Anlagen. ³Eine Verbindung mit dem Boden besteht auch dann, wenn die Anlage durch eigene Schwere auf dem Boden ruht oder auf ortsfesten Bahnen begrenzt beweglich ist oder wenn die Anlage nach ihrem Verwendungszweck dazu bestimmt ist, überwiegend ortsfest genutzt zu werden. ⁴Bauliche Anlagen sind auch
1. Aufschüttungen und Abgrabungen,
2. Lagerplätze, Abstellplätze und Ausstellungsplätze,
3. Sport- und Spielflächen,
4. Campingplätze, Wochenendplätze und Zeltplätze,
5. Freizeit- und Vergnügungsparks,
6. Stellplätze für Kraftfahrzeuge,
7. Gerüste,
8. Hilfseinrichtungen zur statischen Sicherung von Bauzuständen.

(2) ¹Gebäude sind selbstständig nutzbare, überdeckte bauliche Anlagen, die von Menschen betreten werden können und geeignet oder bestimmt sind, dem Schutz von Menschen, Tieren oder Sachen zu dienen. ²Windkraftanlagen gelten nicht als Gebäude im Sinne dieses Gesetzes.

(3) ¹Gebäude werden in folgende Gebäudeklassen eingeteilt:
1. Gebäudeklasse 1:
   a) freistehende Gebäude mit einer Höhe bis zu 7 m und nicht mehr als zwei Nutzungseinheiten von insgesamt nicht mehr als 400 m² Grundfläche und
   b) freistehende land- oder forstwirtschaftlich genutzte Gebäude,
2. Gebäudeklasse 2:
   Gebäude mit einer Höhe bis zu 7 m und nicht mehr als zwei Nutzungseinheiten von insgesamt nicht mehr als 400 m² Grundfläche,
3. Gebäudeklasse 3:
   sonstige Gebäude mit einer Höhe bis zu 7 m,
4. Gebäudeklasse 4:
   Gebäude mit einer Höhe bis zu 13 m und Nutzungseinheiten mit jeweils nicht mehr als 400 m² Grundfläche,
5. Gebäudeklasse 5:
   sonstige Gebäude einschließlich unterirdischer Gebäude.

²Höhe im Sinne des Satzes 1 ist das Maß der Fußbodenoberkante des höchstgelegenen Geschosses, in dem ein Aufenthaltsraum möglich ist, über der Geländeoberfläche im Mittel. ³Die Grundflächen der Nutzungseinheiten im Sinne dieses Gesetzes sind die Brutto-Grundflächen; bei der Berechnung der Grundflächen nach Satz 1 bleiben Flächen in Kellergeschossen außer Betracht.

(4) Sonderbauten sind Anlagen und Räume besonderer Art oder Nutzung, die einen der nachfolgenden Tatbestände erfüllen:
1. Gebäude mit einer Höhe nach Absatz 3 Satz 2 von mehr als 22 m (Hochhäuser),
2. bauliche Anlagen mit einer Höhe von mehr als 30 m,
3. Gebäude mit mehr als 1 600 m² Grundfläche des Geschosses mit der größten Ausdehnung, mit Ausnahme von Wohngebäuden und Garagen,
4. Verkaufsstätten, deren Verkaufsräume und Ladenstraßen eine Grundfläche von insgesamt mehr als 800 m² haben,
5. Gebäude mit Räumen, die einer Büro- oder Verwaltungsnutzung dienen und einzeln eine Grundfläche von mehr als 400 m² haben,
6. Gebäude mit Räumen, die einzeln für die Nutzung durch mehr als 100 Personen bestimmt sind,
7. Versammlungsstätten
   a) mit Versammlungsräumen, die insgesamt mehr als 200 Personen fassen, wenn diese Versammlungsräume gemeinsame Rettungswege haben,
   b) im Freien mit Szenenflächen sowie Freisportanlagen jeweils mit Tribünen, die keine Fliegenden Bauten sind und insgesamt mehr als 1 000 Besucher und Besucherinnen fassen,

8. Schank- und Speisegaststätten mit mehr als 40 Gastplätzen, Beherbergungsstätten mit mehr als zwölf Betten und Spielhallen mit mehr als 150 m² Grundfläche,
9. Gebäude mit Nutzungseinheiten zum Zwecke der Pflege oder Betreuung von Personen mit Pflegebedürftigkeit oder Behinderungen, deren Selbstrettungsfähigkeit eingeschränkt ist, wenn die Nutzungseinheiten
    a) einzeln für mehr als acht Personen,
    b) für Personen mit Intensivpflegebedarf oder
    c) einen gemeinsamen Rettungsweg haben und für insgesamt mehr als zwölf Personen bestimmt sind,
10. Krankenhäuser,
11. sonstige Einrichtungen zur Unterbringung von Personen, wie Gemeinschaftsunterkünfte für Asylbewerber und Asylbewerberinnen, sowie Wohnheime,
12. Tageseinrichtungen einschließlich Tagespflegestellen für mehr als zehn Kinder sowie Einrichtungen der Tages- und Nachtpflege für Menschen mit Behinderungen und ältere Menschen,
13. Schulen, Hochschulen und ähnliche Einrichtungen,
14. Justizvollzugsanstalten und bauliche Anlagen für den Maßregelvollzug,
15. Campingplätze, Wochenendplätze und Zeltplätze,
16. Freizeit- und Vergnügungsparks,
17. Fliegende Bauten, soweit sie einer Ausführungsgenehmigung bedürfen,
18. Regallager mit einer Oberkante Lagerguthöhe von mehr als 7,50 m,
19. bauliche Anlagen, deren Nutzung durch Umgang oder Lagerung von Stoffen mit Explosions- oder erhöhter Brandgefahr verbunden ist, und
20. Anlagen und Räume, die in den Nummern 1 bis 19 nicht aufgeführt und deren Art oder Nutzung mit vergleichbaren Gefahren verbunden sind.

(5) Aufenthaltsräume sind Räume, die nicht nur zum vorübergehenden Aufenthalt von Menschen bestimmt oder geeignet sind.

(6) ¹Geschosse sind oberirdische Geschosse, wenn ihre Deckenoberkanten im Mittel mehr als 1,60 m über die Geländeroberfläche hinausragen; im Übrigen sind sie Kellergeschosse. ²Hohlräume zwischen der obersten Decke und der Bedachung, in denen Aufenthaltsräume nicht möglich sind, sind keine Geschosse.

(7) ¹Stellplätze sind Flächen, die dem Abstellen von Kraftfahrzeugen außerhalb der öffentlichen Verkehrsflächen dienen. ²Garagen sind Gebäude oder Gebäudeteile zum Abstellen von Kraftfahrzeugen. ³Ausstellungs-, Verkaufs-, Werk- und Lagerräume für Kraftfahrzeuge sind keine Stellplätze oder Garagen.

(8) Feuerstätten sind in oder an Gebäuden ortsfest genutzte Anlagen oder Einrichtungen, die dazu bestimmt sind, durch Verbrennung Wärme zu erzeugen.

(9) Barrierefrei sind bauliche Anlagen, soweit sie für Menschen mit Behinderungen in der allgemein üblichen Weise, ohne besondere Erschwernis und grundsätzlich ohne fremde Hilfe zugänglich und nutzbar sind (Barrierefreiheit).

(10) Bauprodukte sind
1. Produkte, Baustoffe, Bauteile und Anlagen sowie Bausätze gemäß Artikel 2 Nr. 2 der Verordnung (EU) Nr. 305/2011 des Europäischen Parlaments und des Rates vom 9. März 2011 zur Festlegung harmonisierter Bedingungen für die Vermarktung von Bauprodukten und zur Aufhebung der Richtlinie 89/106/EWG des Rates (ABl. L 88 vom 4.4.2011, S. 5, L 103 vom 12.4.2013, S. 10), zuletzt geändert durch die Delegierte Verordnung (EU) Nr. 574/2014 (ABl. L 159 vom 28.5.2014, S. 41), die hergestellt werden, um dauerhaft in bauliche Anlagen eingebaut zu werden,
2. aus Produkten, Baustoffen, Bauteilen sowie Bausätzen gemäß Artikel 2 Nr. 2 der Verordnung (EU) Nr. 305/2011 vorgefertigte Anlagen, die hergestellt werden, um mit dem Erdboden verbunden zu werden,

und deren Verwendung sich auf die Anforderungen nach § 3 Satz 1 auswirken kann.

(11) Bauart ist das Zusammenfügen von Bauprodukten zu baulichen Anlagen oder Teilen von baulichen Anlagen.

## § 3 Allgemeine Anforderungen

¹Anlagen sind so anzuordnen, zu errichten, zu ändern und instand zu halten, dass die öffentliche Sicherheit und Ordnung, insbesondere Leben, Gesundheit und die natürlichen Lebensgrundlagen, nicht gefährdet werden; dabei sind die Grundanforderungen an Bauwerke gemäß Anhang I der Verordnung (EU) Nr. 305/2011 zu berücksichtigen. ²Dies gilt auch für die Beseitigung von Anlagen und bei der Änderung ihrer Nutzung.

*Teil 2*
*Das Grundstück und seine Bebauung*

## § 4 Bebauung der Grundstücke mit Gebäuden

(1) Gebäude dürfen nur errichtet werden, wenn das Grundstück in angemessener Breite an einer befahrbaren öffentlichen Verkehrsfläche liegt oder wenn das Grundstück eine befahrbare, rechtlich gesicherte Zufahrt zu einer befahrbaren öffentlichen Verkehrsfläche hat.

(2) Die Anordnung eines Gebäudes auf mehreren Grundstücken ist nur zulässig, wenn öffentlich-rechtlich gesichert ist, dass dadurch keine Verhältnisse entstehen können, die den Anforderungen dieses Gesetzes oder den aufgrund dieses Gesetzes erlassenen Vorschriften widersprechen.

## § 5 Zugänge und Zufahrten auf den Grundstücken

(1) ¹Von öffentlichen Verkehrsflächen ist insbesondere für die Feuerwehr ein geradliniger Zu- oder Durchgang zu rückwärtigen Gebäuden zu schaffen; zu anderen Gebäuden ist er zu schaffen, wenn der zweite Rettungsweg dieser Gebäude über Rettungsgeräte der Feuerwehr führt. ²Zu Gebäuden, bei denen die Oberkante der Brüstung der zur Rettung über Geräte der Feuerwehr bestimmten Fenster oder Stellen mehr als 8 m über Gelände liegt, ist in den Fällen des Satzes 1 anstelle eines Zu- oder Durchgangs eine Zu- oder Durchfahrt zu schaffen. ³Ist für die Personenrettung der Einsatz von Hubrettungsfahrzeugen erforderlich, so sind die dafür erforderlichen Aufstell- und Bewegungsflächen vorzusehen. ⁴Bei Gebäuden, die ganz oder mit Teilen mehr als 50 m von einer öffentlichen Verkehrsfläche entfernt sind, sind Zu- oder Durchfahrten nach Satz 2 zu den vor und hinter den Gebäuden gelegenen Grundstücksteilen und Bewegungsflächen herzustellen, wenn sie aus Gründen des Feuerwehreinsatzes erforderlich sind.

(2) ¹Zu- und Durchfahrten, Aufstell- und Bewegungsflächen müssen für Feuerwehrfahrzeuge ausreichend befestigt und tragfähig sein; sie sind als solche zu kennzeichnen und ständig freizuhalten; die Kennzeichnung von Zufahrten muss von der öffentlichen Verkehrsfläche aus sichtbar sein. ²Fahrzeuge dürfen auf den Flächen nach Satz 1 nicht abgestellt werden.

## § 6 Abstandsflächen, Abstände

(1) ¹Vor den Außenwänden von Gebäuden sind Abstandsflächen von oberirdischen Gebäuden freizuhalten. ²Satz 1 gilt entsprechend für Anlagen, von denen Wirkungen wie von Gebäuden ausgehen, gegenüber Gebäuden und Grundstücksgrenzen. ³Eine Abstandsfläche ist nicht erforderlich vor Außenwänden, die an Grundstücksgrenzen errichtet werden, wenn nach planungsrechtlichen Vorschriften an die Grenze gebaut werden muss oder gebaut werden darf.

(2) ¹Abstandsflächen sowie Abstände nach § 29 Abs. 2 Nr. 1 und § 31 Abs. 2 müssen auf dem Grundstück selbst liegen. ²Sie dürfen auch auf öffentlichen Verkehrs-, Grün- und Wasserflächen liegen, jedoch nur bis zu deren Mitte. ³Abstandsflächen sowie Abstände im Sinne des Satzes 1 dürfen sich ganz oder teilweise auf andere Grundstücke erstrecken, wenn öffentlich-rechtlich gesichert ist, dass sie nicht überbaut werden; Abstandsflächen dürfen auf die auf diesen Grundstücken erforderlichen Abstandsflächen nicht angerechnet werden.

(3) Die Abstandsflächen dürfen sich nicht überdecken; dies gilt nicht für
1. Außenwände, die in einem Winkel von mehr als 75 Grad zueinander stehen,
2. Außenwände zu einem fremder Sicht entzogenen Gartenhof bei Wohngebäuden der Gebäudeklassen 1 und 2 und
3. Gebäude und andere bauliche Anlagen, die in den Abstandsflächen zulässig sind.

(4) ¹Die Tiefe der Abstandsflächen bemisst sich nach der Wandhöhe; sie wird senkrecht zur Wand gemessen. ²Wandhöhe ist das Maß von der Geländeoberfläche bis zum Schnittpunkt der Wand mit der Dachhaut oder bis zum oberen Abschluss der Wand. ³Die Höhe von Dächern mit einer Neigung von weniger als 70 Grad wird zu einem Drittel der Wandhöhe hinzugerechnet. ⁴Andernfalls wird die Höhe

des Daches voll hinzugerechnet. [5]Die Sätze 1 bis 4 gelten für Dachaufbauten entsprechend. [6]Das sich ergebende Maß ist H.
(5) [1]Die Tiefe der Abstandsflächen beträgt 0,4 H, mindestens 3 m. [2]In Gewerbe- und Industriegebieten genügt eine Tiefe von 0,2 H, mindestens 3 m. [3]Vor den Außenwänden von Wohngebäuden der Gebäudeklassen 1 und 2 mit nicht mehr als drei oberirdischen Geschossen genügt als Tiefe der Abstandsfläche 3 m. [4]Werden von einer städtebaulichen Satzung oder einer Satzung nach § 85 Außenwände zugelassen oder vorgeschrieben, vor denen Abstandsflächen größerer oder geringerer Tiefe als nach den Sätzen 1 bis 3 liegen müssten, finden die Sätze 1 bis 3 keine Anwendung, es sei denn, die Satzung ordnet die Geltung dieser Vorschriften an.
(6) Bei der Bemessung der Abstandsflächen bleiben außer Betracht
1. vor die Außenwand vortretende Bauteile wie Gesimse und Dachüberstände bis zu 0,80m,
2. Vorbauten, wenn sie
   a) insgesamt nicht mehr als ein Drittel der Breite der jeweiligen Außenwand in Anspruch nehmen,
   b) nicht mehr als 1,50 m vor diese Außenwand vortreten und
   c) mindestens 2 m von der gegenüberliegenden Nachbargrenze entfernt bleiben, und
3. bei Gebäuden an der Grundstücksgrenze die Seitenwände von Vorbauten und Dachaufbauten, auch wenn sie nicht an die Grundstücksgrenze errichtet werden.
(7) Bei der Bemessung der Abstandsflächen bleiben Maßnahmen zum Zwecke der Energieeinsparung und Solaranlagen an bestehenden Gebäuden unabhängig davon, ob diese den Anforderungen der Absätze 2 bis 6 entsprechen, außer Betracht, wenn sie
1. eine Stärke von nicht mehr als 0,25 m aufweisen und
2. mindestens 2,75 m von der Nachbargrenze zurückbleiben.
(8) [1]Für Windkraftanlagen gelten der Absatz 2 Satz 2 und die Absätze 4 bis 6 nicht. [2]Bei diesen Anlagen bemisst sich die Tiefe der Abstandsfläche nach der größten Höhe der Anlage. [3]Die größte Höhe errechnet sich bei Anlagen mit Horizontalachse aus der Höhe der Rotorachse über der Geländeoberfläche in der geometrischen Mitte des Mastes zuzüglich des Rotorradius. [4]Die Abstandsfläche ist ein Kreis um den geometrischen Mittelpunkt des Mastes. [5]Abweichend von Satz 1 beträgt beim Repowering im Sinne des § 2a Nr. 16 Buchst. b des Landesplanungsgesetzes des Landes Sachsen-Anhalt ab dem 1. September 2013 die Tiefe der Abstandsflächen 0,4 H, mindestens 3 m.
(9) [1]In den Abstandsflächen eines Gebäudes sowie ohne eigene Abstandsflächen, auch wenn sie nicht an die Grundstücksgrenze oder an das Gebäude angebaut werden, zulässig
1. Garagen und Gebäude ohne Aufenthaltsräume und Feuerstätten mit einer mittleren Wandhöhe bis zu 3 m und einer Gesamtlänge je Grundstücksgrenze von 9 m,
2. gebäudeunabhängige Solaranlagen mit einer Höhe bis zu 3 m und einer Gesamtlänge je Grundstücksgrenze von 9 m und
3. Stützmauern und geschlossene Einfriedungen in Gewerbe- und Industriegebieten, außerhalb dieser Baugebiete mit einer Höhe bis zu 2 m.
[2]Die Länge der die Abstandsflächentiefe gegenüber den Grundstücksgrenzen nicht einhaltenden Bebauung nach Satz 1 Nrn. 1 und 2 darf auf einem Grundstück insgesamt 15 m nicht überschreiten.

### § 7 Teilung von Grundstücken
Durch die Teilung eines Grundstücks, das bebaut oder dessen Bebauung genehmigt ist, dürfen keine Verhältnisse geschaffen werden, die den Anforderungen dieses Gesetzes oder den aufgrund dieses Gesetzes erlassenen Vorschriften widersprechen.

### § 8 Kinderspielplätze, nicht überbaute Flächen der bebauten Grundstücke
(1) [1]Bei der Errichtung von Gebäuden mit mehr als drei Wohnungen ist auf dem Baugrundstück oder in unmittelbarer Nähe auf einem anderen geeigneten Grundstück, dessen dauerhafte Nutzung für diesen Zweck rechtlich gesichert sein muss, ein ausreichend großer, barrierefrei erreichbarer Spielplatz für Kleinkinder anzulegen. [2]Dies gilt nicht, wenn in unmittelbarer Nähe eine Gemeinschaftsanlage oder ein sonstiger für die Kinder nutzbarer Spielplatz geschaffen wird, vorhanden oder ein solcher Spielplatz wegen der Art und der Lage der Wohnungen nicht erforderlich ist. [3]Bei bestehenden Gebäuden nach Satz 1 kann die Herstellung von barrierefrei erreichbaren Spielplätzen für Kleinkinder verlangt werden, wenn dies die Gesundheit oder der Schutz der Kinder erfordern.

(2) ¹Die nicht mit Gebäuden oder vergleichbaren baulichen Anlagen überbauten Flächen der bebauten Grundstücke sind
1. wasseraufnahmefähig zu belassen oder herzustellen und
2. zu begrünen oder zu bepflanzen,

soweit dem nicht die Erfordernisse einer anderen zulässigen Verwendung der Flächen entgegenstehen. ²Satz 1 findet keine Anwendung, soweit Bebauungspläne oder andere Satzungen Festsetzungen zu den nicht überbauten Flächen treffen.

*Teil 3*
**Bauliche Anlagen**

*Abschnitt 1*
**Gestaltung**

### § 9 Gestaltung
¹Bauliche Anlagen müssen nach Form, Maßstab, Verhältnis der Baumassen und Bauteile zueinander, Werkstoff und Farbe so gestaltet sein, dass sie nicht verunstaltet wirken. ²Bauliche Anlagen dürfen das Straßen-, Orts- und Landschaftsbild nicht verunstalten.

### § 10 Anlagen der Außenwerbung, Warenautomaten
(1) ¹Anlagen der Außenwerbung (Werbeanlagen) sind alle ortsfesten Einrichtungen, die der Ankündigung, Anpreisung oder als Hinweis auf Gewerbe oder Beruf dienen und vom öffentlichen Verkehrsraum aus sichtbar sind. ²Hierzu zählen insbesondere Schilder, Beschriftungen, Bemalungen, Lichtwerbungen, Schaukästen sowie für Zettel- und Bogenanschläge oder Lichtwerbung bestimmte Säulen, Tafeln und Flächen.
(2) ¹Für Werbeanlagen, die bauliche Anlagen sind, gelten die in diesem Gesetz an bauliche Anlagen gestellten Anforderungen. ²Werbeanlagen, die keine baulichen Anlagen sind, dürfen weder bauliche Anlagen noch das Straßen-, Orts- und Landschaftsbild verunstalten oder die Sicherheit und Leichtigkeit des Verkehrs gefährden. ³Die störende Häufung von Werbeanlagen ist unzulässig.
(3) ¹Im Außenbereich sind Werbeanlagen unzulässig. ²Ausgenommen sind, soweit in anderen Vorschriften nichts anderes bestimmt ist,
1. Werbeanlagen an der Stätte der Leistung,
2. einzelne Hinweiszeichen an Verkehrsstraßen und Wegabzweigungen, die auf außerhalb der Ortsdurchfahrten liegende Betriebe oder versteckt liegende Stätten aufmerksam machen,
3. Schilder, die Inhaber und Art gewerblicher Betriebe kennzeichnen (Hinweisschilder), wenn sie vor Ortsdurchfahrten auf einer Tafel zusammengefasst sind,
4. Werbeanlagen an und auf Flugplätzen, Sportanlagen und Versammlungsstätten, soweit sie nicht in die freie Landschaft wirken, und
5. Werbeanlagen auf Ausstellungs- und Messegeländen.

(4) Die Absätze 1 bis 3 gelten für Warenautomaten entsprechend.
(5) ¹In Kleinsiedlungsgebieten, Dorfgebieten, reinen und allgemeinen Wohngebieten sind Werbeanlagen nur zulässig an der Stätte der Leistung. ²Zulässig in diesen Gebieten sind auch Anlagen für amtliche Mitteilungen und zur Unterrichtung der Bevölkerung über kirchliche, kulturelle, politische, sportliche und ähnliche Veranstaltungen; die jeweils freie Fläche dieser Anlagen darf auch für andere Werbung verwendet werden. ³In reinen Wohngebieten darf an der Stätte der Leistung nur mit Hinweisschildern geworben werden.
(6) Die Vorschriften dieses Gesetzes sind nicht anzuwenden auf
1. Anschläge und Lichtwerbung an dafür genehmigten Säulen, Tafeln und Flächen,
2. Werbemittel an Zeitungs- und Zeitschriftenverkaufsstellen,
3. Auslagen und Dekorationen in Fenstern und Schaukästen und
4. Werbung, die vorübergehend für öffentliche Wahlen oder Verfahren nach den Artikeln 80 oder 81 der Verfassung des Landes Sachsen-Anhalt angebracht oder aufgestellt wird.

*Abschnitt 2*
**Allgemeine Anforderungen an die Bauausführung und das Brandverhalten von Baustoffen und Bauteilen**

### § 11 Baustelle
(1) Baustellen sind so einzurichten, dass bauliche Anlagen ordnungsgemäß errichtet, geändert oder beseitigt werden können und Gefahren oder vermeidbare Belästigungen nicht entstehen.
(2) [1]Bei Bauarbeiten, durch die unbeteiligte Personen gefährdet werden können, ist die Gefahrenzone abzugrenzen oder durch Warnzeichen zu kennzeichnen. [2]Soweit erforderlich, sind Baustellen mit einem Bauzaun abzugrenzen, mit Schutzvorrichtungen gegen herabfallende Gegenstände zu versehen und zu beleuchten.
(3) Bei der Ausführung nicht verfahrensfreier Bauvorhaben hat der Bauherr oder die Bauherrin an der Baustelle ein Schild, das die Bezeichnung des Bauvorhabens, die Namen und Anschriften des Entwurfsverfassers oder der Entwurfsverfasserin, des Bauleiters oder der Bauleiterin und des Unternehmers oder der Unternehmerin für den Rohbau enthalten muss, dauerhaft und von der öffentlichen Verkehrsfläche aus sichtbar anzubringen.

### § 12 Standsicherheit
(1) [1]Jede bauliche Anlage muss im Ganzen und in ihren einzelnen Teilen für sich allein standsicher sein. [2]Die Standsicherheit anderer Anlagen und die Tragfähigkeit des Baugrundes der Nachbargrundstücke dürfen nicht gefährdet werden.
(2) Die Verwendung gemeinsamer Bauteile für mehrere bauliche Anlagen ist zulässig, wenn öffentlich-rechtlich gesichert ist, dass die gemeinsamen Bauteile bei der Beseitigung der baulichen Anlage bestehen bleiben können.

### § 13 Schutz gegen schädliche Einflüsse
[1]Anlagen müssen so angeordnet, beschaffen und gebrauchstauglich sein, dass durch Wasser, Feuchtigkeit, pflanzliche und tierische Schädlinge sowie andere chemische, physikalische oder biologische Einflüsse, Gefahren oder unzumutbare Belästigungen nicht entstehen. [2]Dies schließt in belasteten Gebieten die Prüfung auf Kampfmittel ein. [3]Baugrundstücke müssen für bauliche Anlagen geeignet sein.

### § 14 Brandschutz, Brandschutzanforderungen an das Brandverhalten von Baustoffen und Bauteilen
(1) Bauliche Anlagen sind so anzuordnen, zu errichten, zu ändern und instand zu halten, dass der Entstehung eines Brandes und der Ausbreitung von Feuer und Rauch (Brandausbreitung) vorgebeugt wird und bei einem Brand die Rettung von Menschen und Tieren sowie wirksame Löscharbeiten möglich sind.
(2) [1]Baustoffe werden nach den Anforderungen an ihr Brandverhalten unterschieden in
1. nichtbrennbare,
2. schwerentflammbare und
3. normalentflammbare.

[2]Baustoffe, die nicht mindestens normalentflammbar sind (leicht entflammbar), dürfen nicht verwendet werden; dies gilt nicht, wenn sie in Verbindung mit anderen Baustoffen mindestens normalentflammbar sind.
(3) [1]Bauteile werden nach den Anforderungen an ihre Feuerwiderstandsfähigkeit unterschieden in
1. feuerbeständige,
2. hochfeuerhemmende und
3. feuerhemmende;

die Feuerwiderstandsfähigkeit bezieht sich bei tragenden und aussteifenden Bauteilen auf deren Standsicherheit im Brandfall, bei raumabschließenden Bauteilen auf deren Widerstand gegen die Brandausbreitung. [2]Bauteile werden zusätzlich nach dem Brandverhalten ihrer Baustoffe unterschieden in
1. Bauteile aus nichtbrennbaren Baustoffen,
2. Bauteile, deren tragende und aussteifende Teile aus nichtbrennbaren Baustoffen bestehen und die bei raumabschließenden Bauteilen zusätzlich eine Bauteilebene durchgehende Schicht aus nichtbrennbaren Baustoffen haben,

3. Bauteile, deren tragende und aussteifende Teile aus brennbaren Baustoffen bestehen und die allseitig eine brandschutztechnisch wirksame Bekleidung aus nichtbrennbaren Baustoffen (Brandschutzbekleidung) und Dämmstoffe aus nichtbrennbaren Baustoffen haben und
4. Bauteile aus brennbaren Baustoffen.
³Soweit in diesem Gesetz oder in Vorschriften aufgrund dieses Gesetzes nichts anderes bestimmt ist, müssen
1. Bauteile, die feuerbeständig sein müssen, mindestens den Anforderungen des Satzes 2 Nr. 2
2. Bauteile, die hochfeuerhemmend sein müssen, mindestens den Anforderungen des Satzes 2 Nr. 3 entsprechen. ⁴Abweichend von Satz 3 sind Bauteile, die feuerbeständig oder hochfeuerhemmend sein müssen, aus brennbaren Baustoffen zulässig, sofern sie den Technischen Baubestimmungen nach § 85a entsprechen. ⁵Satz 4 gilt nicht für Wände nach § 29 Abs. 3 Satz 1 und Wände nach § 34 Abs. 4 Satz 1 Nr. 1.

## § 15 Wärme-, Schall-, Erschütterungsschutz
(1) Gebäude müssen einen ihrer Nutzung und den klimatischen Verhältnissen entsprechenden Wärmeschutz haben.
(2) ¹Gebäude müssen einen ihrer Nutzung entsprechenden Schallschutz haben. ²Geräusche, die von ortsfesten Einrichtungen in baulichen Anlagen oder auf Baugrundstücken ausgehen, sind so zu dämmen, dass Gefahren oder unzumutbare Belästigungen nicht entstehen.
(3) Erschütterungen oder Schwingungen, die von ortsfesten Einrichtungen in baulichen Anlagen oder auf Baugrundstücken ausgehen, sind so zu dämmen, dass Gefahren oder unzumutbare Belästigungen nicht entstehen.

## § 16 Verkehrssicherheit
(1) Bauliche Anlagen und die dem Verkehr dienenden nicht überbauten Flächen von bebauten Grundstücken müssen verkehrssicher sein.
(2) Die Sicherheit und Leichtigkeit des öffentlichen Verkehrs darf durch bauliche Anlagen oder deren Nutzung nicht gefährdet werden.

## § 16a Bauarten
(1) Bauarten dürfen nur angewendet werden, wenn bei ihrer Anwendung die baulichen Anlagen bei ordnungsgemäßer Instandhaltung während einer dem Zweck entsprechenden angemessenen Zeitdauer die Anforderungen dieses Gesetzes oder aufgrund dieses Gesetzes erlassener Vorschriften erfüllen und die Bauarten für ihren Anwendungszweck tauglich sind.
(2) ¹Bauarten, die von Technischen Baubestimmungen nach § 85a Abs. 2 Nr. 2 oder Nr. 3 Buchst. a wesentlich abweichen oder für die es allgemein anerkannte Regeln der Technik nicht gibt, dürfen bei der Errichtung, Änderung und Instandhaltung baulicher Anlagen nur angewendet werden, wenn für sie
1. eine allgemeine Bauartgenehmigung durch das Deutsche Institut für Bautechnik oder
2. eine vorhabenbezogene Bauartgenehmigung durch die oberste Bauaufsichtsbehörde
erteilt worden ist. ²§ 18 gilt entsprechend.
(3) ¹Anstelle einer allgemeinen Bauartgenehmigung genügt ein allgemeines bauaufsichtliches Prüfzeugnis für Bauarten, wenn die Bauart nach allgemein anerkannten Prüfverfahren beurteilt werden kann. ²Diese Bauarten werden mit der Angabe der maßgebenden technischen Regeln für diese Prüfverfahren in der Verwaltungsvorschrift nach § 85a Abs. 5 bekannt gemacht. ³§ 19 Abs. 2 gilt entsprechend.
(4) Ist eine Gefährdung im Sinne des § 3 Satz 1 nicht zu erwarten, kann die oberste Bauaufsichtsbehörde im Einzelfall oder für genau begrenzte Fälle allgemein festlegen, dass eine Bauartgenehmigung nicht erforderlich ist.
(5) ¹Bauarten bedürfen einer Bestätigung ihrer Übereinstimmung mit den Technischen Baubestimmungen nach § 85a Abs. 2, den allgemeinen Bauartgenehmigungen, den allgemeinen bauaufsichtlichen Prüfzeugnissen für Bauarten oder den vorhabenbezogenen Bauartgenehmigungen; als Übereinstimmung gilt auch eine Abweichung, die nicht wesentlich ist. ²§ 21 Abs. 2 gilt für den Anwender der Bauart entsprechend.
(6) ¹Bei Bauarten, deren Anwendung in außergewöhnlichem Maß von der Sachkunde und Erfahrung der damit betrauten Personen oder von einer Ausstattung mit besonderen Vorrichtungen abhängt, kann

in der Bauartgenehmigung oder durch Verordnung der obersten Bauaufsichtsbehörde vorgeschrieben werden, dass der Anwender über solche Fachkräfte und Vorrichtungen verfügt und den Nachweis hierüber gegenüber einer Prüfstelle entsprechend § 24 Satz 1 Nr. 6 zu erbringen hat. [2]In der Verordnung können dazu Mindestanforderungen an die Ausbildung, die durch Prüfung nachzuweisende Befähigung und die Ausbildungsstätten, einschließlich der erforderlichen Voraussetzungen zur Anerkennung als Ausbildungsstätte, gestellt werden.

(7) Für Bauarten, die einer außergewöhnlichen Sorgfalt bei Ausführung oder Instandhaltung bedürfen, kann in der Bauartgenehmigung oder durch Verordnung der obersten Bauaufsichtsbehörde die Überwachung dieser Tätigkeiten durch eine Überwachungsstelle entsprechend § 24 Satz 1 Nr. 5 vorgeschrieben werden.

## Abschnitt 3
**Bauprodukte**

### § 16b Allgemeine Anforderungen an die Verwendung von Bauprodukten

(1) Bauprodukte dürfen nur verwendet werden, wenn bei ihrer Verwendung die bauliche Anlage bei ordnungsgemäßer Instandhaltung während einer dem Zweck entsprechenden angemessenen Zeitdauer die Anforderungen dieses Gesetzes oder aufgrund dieses Gesetzes erlassener Vorschriften erfüllt und gebrauchstauglich ist.

(2) Bauprodukte, die den in Vorschriften anderer Vertragsstaaten des Abkommens über den Europäischen Wirtschaftsraum genannten technischen Anforderungen entsprechen, dürfen verwendet werden, wenn eine Gefährdung im Sinne des § 3 Satz 1 gleichermaßen dauerhaft nicht zu erwarten ist.

### § 16c Anforderungen an die Verwendung von CE-gekennzeichneten Bauprodukten

[1]Ein Bauprodukt, das die CE-Kennzeichnung trägt, darf verwendet werden, wenn die erklärten Leistungen den in diesem Gesetz oder aufgrund dieses Gesetzes festgelegten Anforderungen für diese Verwendung entsprechen. [2]Die §§ 17 bis 25 Abs. 1 gelten nicht für Bauprodukte, die die CE-Kennzeichnung aufgrund der Verordnung (EU) Nr. 305/2011 tragen.

### § 17 Verwendbarkeitsnachweise

(1) Ein Verwendbarkeitsnachweis nach den §§ 18 bis 20 ist für ein Bauprodukt erforderlich, wenn
1. es keine Technische Baubestimmung und keine allgemein anerkannte Regel der Technik gibt,
2. das Bauprodukt von einer Technischen Baubestimmung nach § 85a Abs. 2 Nr. 3 wesentlich abweicht oder
3. eine Verordnung nach § 84 Abs. 4a es vorsieht.

(2) Ein Verwendbarkeitsnachweis ist nicht erforderlich für ein Bauprodukt,
1. das von einer allgemein anerkannten Regel der Technik abweicht oder
2. das für die Erfüllung der Anforderungen dieses Gesetzes oder aufgrund dieses Gesetzes erlassener Vorschriften nur eine untergeordnete Bedeutung hat.

(3) Die Technischen Baubestimmungen nach § 85a enthalten eine nicht abschließende Liste von Bauprodukten, die keines Verwendbarkeitsnachweises nach Absatz 1 bedürfen.

### § 18 Allgemeine bauaufsichtliche Zulassung

(1) Das Deutsche Institut für Bautechnik erteilt unter den Voraussetzungen des § 17 Abs. 1 auf Antrag eine allgemeine bauaufsichtliche Zulassung für nicht geregelte Bauprodukte, wenn deren Verwendbarkeit im Sinne des § 16b Abs. 1 nachgewiesen ist.

(2) [1]Die zur Begründung des Antrags erforderlichen Unterlagen sind beizufügen. [2]Soweit erforderlich, sind Probestücke vom Antragsteller zur Verfügung zu stellen oder durch Sachverständige, die das Deutsche Institut für Bautechnik bestimmen kann, zu entnehmen oder Probeausführungen unter Aufsicht der Sachverständigen herzustellen. [3]§ 68 Abs. 2 gilt entsprechend.

(3) Das Deutsche Institut für Bautechnik kann für die Durchführung der Prüfung die sachverständige Stelle und für Probeausführungen die Ausführungsstelle und Ausführungszeit vorschreiben.

(4) [1]Die allgemeine bauaufsichtliche Zulassung wird widerruflich und für eine bestimmte Frist erteilt, die in der Regel fünf Jahre beträgt. [2]Die Zulassung kann mit Nebenbestimmungen erteilt werden. [3]Sie kann auf schriftlichen Antrag in der Regel um fünf Jahre verlängert werden; § 72 Abs. 2 Satz 2 gilt entsprechend.

(5) Die Zulassung wird unbeschadet der privaten Rechte Dritter erteilt.
(6) Das Deutsche Institut für Bautechnik macht die von ihm erteilten allgemeinen bauaufsichtlichen Zulassungen nach Gegenstand und wesentlichem Inhalt öffentlich bekannt.
(7) Allgemeine bauaufsichtliche Zulassungen nach dem Recht anderer Länder gelten auch im Land Sachsen-Anhalt.

### § 19 Allgemeines bauaufsichtliches Prüfzeugnis

(1) [1]Bauprodukte, die nach allgemein anerkannten Prüfverfahren beurteilt werden, bedürfen anstelle einer allgemeinen bauaufsichtlichen Zulassung nur eines allgemeinen bauaufsichtlichen Prüfzeugnisses. [2]Dies wird mit der Angabe der maßgebenden technischen Regeln in den Technischen Baubestimmungen nach § 85a bekannt gemacht.
(2) [1]Ein allgemeines bauaufsichtliches Prüfzeugnis wird von einer Prüfstelle nach § 24 Satz 1 Nr. 1 für nicht geregelte Bauprodukte nach Absatz 1 erteilt, wenn deren Verwendbarkeit im Sinne des § 16b Abs. 1 nachgewiesen ist. [2]§ 18 Abs. 2 und 4 bis 7 gilt entsprechend. [3]Die Behörde, die nach § 24 Satz 1 Nr. 1 oder § 84 Abs. 4 Nr. 2 für die Anerkennung von Prüf-, Zertifizierungs- und Überwachungsstellen zuständig ist, kann allgemeine bauaufsichtliche Prüfzeugnisse zurücknehmen oder widerrufen; § 1 Abs. 1 Satz 1 des Verwaltungsverfahrensgesetzes Sachsen-Anhalt in Verbindung mit den §§ 48 und 49 des Verwaltungsverfahrensgesetzes findet Anwendung.

### § 20 Nachweis der Verwendbarkeit von Bauprodukten im Einzelfall

[1]Mit Zustimmung der obersten Bauaufsichtsbehörde dürfen unter den Voraussetzungen des § 17 Abs. 1 im Einzelfall Bauprodukte verwendet werden, wenn ihre Verwendbarkeit im Sinne des § 16b Abs. 1 nachgewiesen ist. [2]Wenn Gefahren im Sinne des § 3 Satz 1 nicht zu erwarten sind, kann die oberste Bauaufsichtsbehörde im Einzelfall erklären, dass ihre Zustimmung nicht erforderlich ist.

### § 21 Übereinstimmungsbestätigung

(1) Bauprodukte bedürfen einer Bestätigung ihrer Übereinstimmung mit den Technischen Baubestimmungen nach § 85a Abs. 2, den allgemeinen bauaufsichtlichen Zulassungen, den allgemeinen bauaufsichtlichen Prüfzeugnissen oder den Zustimmungen im Einzelfall; als Übereinstimmung gilt auch eine Abweichung, die nicht wesentlich ist.
(2) Die Bestätigung der Übereinstimmung erfolgt durch Übereinstimmungserklärung des Herstellers nach § 22.
(3) Die Übereinstimmungserklärung hat der Hersteller durch Kennzeichnung der Bauprodukte mit dem Übereinstimmungszeichen (Ü-Zeichen) unter Hinweis auf den Verwendungszweck abzugeben.
(4) Das Ü-Zeichen ist auf dem Bauprodukt, auf einem Beipackzettel oder auf seiner Verpackung oder, wenn dies Schwierigkeiten bereitet, auf dem Lieferschein oder auf einer Anlage zum Lieferschein anzubringen.
(5) Ü-Zeichen aus anderen Ländern und aus anderen Staaten gelten auch im Land Sachsen-Anhalt.

### § 22 Übereinstimmungserklärung des Herstellers

(1) Der Hersteller darf eine Übereinstimmungserklärung nur abgeben, wenn er durch werkseigene Produktionskontrolle sichergestellt hat, dass das von ihm hergestellte Bauprodukt den maßgebenden technischen Regeln, der allgemeinen bauaufsichtlichen Zulassung, dem allgemeinen bauaufsichtlichen Prüfzeugnis oder der Zustimmung im Einzelfall entspricht.
(2) [1]In den Technischen Baubestimmungen nach § 85a, in den allgemeinen bauaufsichtlichen Zulassungen, in den allgemeinen bauaufsichtlichen Prüfzeugnissen oder in den Zustimmungen im Einzelfall kann eine Prüfung der Bauprodukte durch eine Prüfstelle vor Abgabe der Übereinstimmungserklärung vorgeschrieben werden, wenn dies zur Sicherung einer ordnungsgemäßen Herstellung erforderlich ist. [2]In diesen Fällen hat die Prüfstelle das Bauprodukt daraufhin zu überprüfen, ob es den maßgebenden technischen Regeln, der allgemeinen bauaufsichtlichen Zulassung, dem allgemeinen bauaufsichtlichen Prüfzeugnis oder der Zustimmung im Einzelfall entspricht.
(3) [1]In den Technischen Baubestimmungen nach § 85a, in den allgemeinen bauaufsichtlichen Zulassungen oder in den Zustimmungen im Einzelfall kann eine Zertifizierung vor Abgabe der Übereinstimmungserklärung vorgeschrieben werden, wenn dies zum Nachweis einer ordnungsgemäßen Herstellung eines Bauproduktes erforderlich ist. [2]Die oberste Bauaufsichtsbehörde kann im Einzelfall die Verwendung von Bauprodukten ohne Zertifizierung gestatten, wenn nachgewiesen ist, dass diese

Bauprodukte den technischen Regeln, Zulassungen, Prüfzeugnissen oder Zustimmungen nach Absatz 1 entsprechen.

(4) Bauprodukte, die nicht in Serie hergestellt werden, bedürfen nur einer Übereinstimmungserklärung nach Absatz 1, sofern nichts anderes bestimmt ist.

## § 23 Zertifizierung

(1) Dem Hersteller ist ein Übereinstimmungszertifikat von einer Zertifizierungsstelle nach § 24 zu erteilen, wenn das Bauprodukt
1. den Technischen Baubestimmungen nach § 85a Abs. 2, der allgemeinen bauaufsichtlichen Zulassung, dem allgemeinen bauaufsichtlichen Prüfzeugnis oder der Zustimmung im Einzelfall entspricht und
2. einer werkseigenen Produktionskontrolle sowie einer Fremdüberwachung nach Maßgabe des Absatzes 2 unterliegt.

(2) ¹Die Fremdüberwachung ist von Überwachungsstellen nach § 24 durchzuführen. ²Die Fremdüberwachung hat regelmäßig zu überprüfen, ob das Bauprodukt den Technischen Baubestimmungen nach § 85a Abs. 2, der allgemeinen bauaufsichtlichen Zulassung; dem allgemeinen bauaufsichtlichen Prüfzeugnis oder der Zustimmung im Einzelfall entspricht.

## § 24 Prüf-, Zertifizierungs- und Überwachungsstellen

¹Die oberste Bauaufsichtsbehörde kann eine natürliche oder juristische Person als
1. Prüfstelle für die Erteilung allgemeiner bauaufsichtlicher Prüfzeugnisse nach § 19 Abs. 2,
2. Prüfstelle für die Überprüfung von Bauprodukten vor Abgabe der Übereinstimmungserklärung nach § 22 Abs. 2,
3. Zertifizierungsstelle nach § 23 Abs. 1,
4. Überwachungsstelle für die Fremdüberwachung nach § 23 Abs. 2,
5. Überwachungsstelle für die Überwachung nach § 16a Abs. 7 und § 25 Abs. 2 oder
6. Prüfstelle für die Überprüfung nach § 16a Abs. 6 und § 25 Abs. 1

anerkennen, wenn sie oder die bei ihr Beschäftigten nach ihrer Ausbildung, Fachkenntnis, persönlichen Zuverlässigkeit, ihrer Unparteilichkeit und ihren Leistungen die Gewähr dafür bieten, dass diese Aufgaben den öffentlich-rechtlichen Vorschriften entsprechend wahrgenommen werden, und wenn sie über die erforderlichen Vorrichtungen verfügen. ²Satz 1 ist entsprechend auf Behörden anzuwenden, wenn sie ausreichend mit geeigneten Fachkräften besetzt und mit den erforderlichen Vorrichtungen ausgestattet sind. ³Die Anerkennung von Prüf-, Zertifizierungs- und Überwachungsstellen anderer Länder gilt auch im Land Sachsen-Anhalt.

## § 25 Besondere Sachkunde und Sorgfaltsanforderungen

(1) ¹Bei Bauprodukten, deren Herstellung in außergewöhnlichem Maß von der Sachkunde und Erfahrung der damit betrauten Personen oder von einer Ausstattung mit besonderen Vorrichtungen abhängt, kann in der allgemeinen bauaufsichtlichen Zulassung, in der Zustimmung im Einzelfall oder durch Verordnung der obersten Bauaufsichtsbehörde bestimmt werden, dass der Hersteller über solche Fachkräfte und Vorrichtungen verfügt und den Nachweis hierüber gegenüber einer Prüfstelle nach § 24 Satz 1 Nr. 6 zu erbringen hat. ²In der Verordnung können dazu Mindestanforderungen an die Ausbildung, die durch Prüfung nachzuweisende Befähigung und die Ausbildungsstätten, einschließlich der erforderlichen Voraussetzungen zur Anerkennung als Ausbildungsstätte, gestellt werden.

(2) Für Bauprodukte, die wegen ihrer besonderen Eigenschaften oder ihres besonderen Verwendungszwecks einer außergewöhnlichen Sorgfalt bei Einbau, Transport, Instandhaltung oder Reinigung bedürfen, kann in der allgemeinen bauaufsichtlichen Zulassung, in der Zustimmung im Einzelfall oder durch Verordnung der obersten Bauaufsichtsbehörde die Überwachung dieser Tätigkeiten durch eine Überwachungsstelle nach § 24 Satz 1 Nr. 5 vorgeschrieben werden, soweit diese Tätigkeiten nicht bereits durch die Verordnung (EU) Nr. 305/2011 erfasst sind.

*Abschnitt 4*
**Wände, Decken, Dächer**

**§ 26 Tragende und aussteifende Wände, Stützen**
(1) [1]Tragende und aussteifende Wände und Stützen müssen im Brandfall ausreichend lang standsicher sein. [2]Sie müssen
1. in Gebäuden der Gebäudeklasse 5 feuerbeständig,
2. in Gebäuden der Gebäudeklasse 4 hochfeuerhemmend und
3. in Gebäuden der Gebäudeklassen 2 und 3 feuerhemmend
sein. [3]Satz 2 gilt
1. für Geschosse im Dachraum nur, wenn darüber noch Aufenthaltsräume möglich sind; § 28 Abs. 3 bleibt unberührt, und
2. nicht für Balkone, ausgenommen offene Gänge, die als notwendige Flure dienen.
(2) Im Kellergeschoss müssen tragende und aussteifende Wände und Stützen
1. in Gebäuden der Gebäudeklassen 3 bis 5 feuerbeständig und
2. in Gebäuden der Gebäudeklassen 1 und 2 feuerhemmend
sein.

**§ 27 Außenwände**
(1) Außenwände und Außenwandteile wie Brüstungen und Schürzen sind so auszubilden, dass eine Brandausbreitung auf und in diesen Bauteilen ausreichend lang begrenzt ist.
(2) [1]Nichttragende Außenwände und nichttragende Teile tragender Außenwände müssen aus nichtbrennbaren Baustoffen bestehen; sie sind aus brennbaren Baustoffen zulässig, wenn sie als raumabschließende Bauteile feuerhemmend sind. [2]Satz 1 gilt nicht für
1. Türen und Fenster,
2. Fugendichtungen und
3. brennbare Dämmstoffe in nichtbrennbaren geschlossenen Profilen der Außenwandkonstruktionen.
(3) [1]Oberflächen von Außenwänden sowie Außenwandbekleidungen müssen einschließlich der Dämmstoffe und Unterkonstruktionen schwerentflammbar sein; Unterkonstruktionen aus normalentflammbaren Baustoffen sind zulässig, wenn die Anforderungen nach Absatz 1 erfüllt sind. [2]Balkonbekleidungen, die über die erforderliche Umwehrungshöhe hinaus hochgeführt werden,[1)] und mehr als zwei Geschosse überbrückende technische Anlagenteile an Außenwänden müssen schwerentflammbar sein. [3]Baustoffe in Bauteilen nach Satz 1 Halbsatz 1 und Satz 2, die schwerentflammbar sein müssen, dürfen nicht brennend abfallen oder abtropfen.
(4) [1]Bei Außenwandkonstruktionen mit geschossübergreifenden Hohl- oder Lufträumen wie hinterlüfteten Außenwandbekleidungen sind gegen die Brandausbreitung besondere Vorkehrungen zu treffen. [2]Satz 1 gilt für Doppelfassaden entsprechend.
(5) [1]Die Absätze 2, 3 und 4 Satz 1 gelten nicht für Gebäude der Gebäudeklassen 1 bis 3; Absatz 4 Satz 2 gilt nicht für Gebäude der Gebäudeklassen 1 und 2. [2]Abweichend von Absatz 3 sind hinterlüftete Außenwandbekleidungen, mit Ausnahme der Dämmstoffe, aus normalentflammbaren Baustoffen zulässig, sofern sie den Technischen Baubestimmungen nach § 85a entsprechen.

**§ 28 Trennwände**
(1) [1]Trennwände sind raumabschließende Bauteile von Räumen oder Nutzungseinheiten innerhalb von Geschossen. [2]Sie sind erforderlich
1. zwischen Nutzungseinheiten sowie zwischen Nutzungseinheiten und anders genutzten Räumen, ausgenommen notwendigen Fluren,
2. zum Abschluss von Räumen mit Explosions- oder erhöhter Brandgefahr und
3. zwischen Aufenthaltsräumen und anders genutzten Räumen im Kellergeschoss.
[3]Trennwände nach Satz 2 müssen ausreichend lang widerstandsfähig gegen die Brandausbreitung sein.
(2) [1]Trennwände nach Absatz 1 Satz 2 Nrn. 1 und 3 müssen die Feuerwiderstandsfähigkeit der tragenden und aussteifenden Bauteile des Geschosses haben, jedoch mindestens feuerhemmend sein. [2]Trennwände nach Absatz 1 Satz 2 Nr. 2 müssen feuerbeständig sein.

---
1) Nichtamtliche Zeichensetzung.

(3) Die Trennwände nach Absatz 1 Satz 2 sind bis zur Rohdecke, im Dachraum bis unter die Dachhaut zu führen; werden in Dachräumen Trennwände nur bis zur Rohdecke geführt, sind diese Decken als raumabschließendes Bauteil einschließlich der sie tragenden und aussteifenden Bauteile feuerhemmend herzustellen.
(4) Öffnungen in Trennwänden nach Absatz 1 Satz 2 sind nur zulässig, wenn sie auf die für die Nutzung erforderliche Zahl und Größe beschränkt sind; sie müssen feuerhemmende, dicht- und selbstschließende Abschlüsse haben.
(5) Die Absätze 1 bis 4 gelten nicht für Wohngebäude der Gebäudeklassen 1 und 2.

## § 29 Brandwände

(1) Brandwände müssen als raumabschließende Bauteile zum Abschluss von Gebäuden (Gebäudeabschlusswand) oder zur Unterteilung von Gebäuden in Brandabschnitte (innere Brandwand) ausreichend lang die Brandausbreitung auf andere Gebäude oder Brandabschnitte verhindern.
(2) Brandwände sind erforderlich
1. als Gebäudeabschlusswand, ausgenommen von Gebäuden ohne Aufenthaltsräume und ohne Feuerstätten mit nicht mehr als 50 m$^3$ Brutto-Rauminhalt, wenn diese Abschlusswände an oder mit einem Abstand von weniger als 2,50 m gegenüber der Grundstücksgrenze errichtet werden, es sei denn, dass ein Abstand von mindestens 5 m zu bestehenden oder nach den baurechtlichen Vorschriften zulässigen künftigen Gebäuden gesichert ist,
2. als innere Brandwand zur Unterteilung ausgedehnter Gebäude in Abständen von nicht mehr als 40 m,
3. als innere Brandwand zur Unterteilung landwirtschaftlich genutzter Gebäude in Brandabschnitte von nicht mehr als 10 000 m$^3$ Brutto-Rauminhalt,
4. als Gebäudeabschlusswand zwischen Wohngebäuden und angebauten landwirtschaftlich genutzten Gebäuden sowie als innere Brandwand zwischen dem Wohnteil und dem landwirtschaftlich genutzten Teil eines Gebäudes.

(3) [1]Brandwände müssen auch unter zusätzlicher mechanischer Beanspruchung feuerbeständig sein und aus nichtbrennbaren Baustoffen bestehen. [2]Anstelle von Brandwänden sind in den Fällen des Absatzes 2 Nrn. 1 bis 3 zulässig
1. für Gebäude der Gebäudeklasse 4 Wände, die auch unter zusätzlicher mechanischer Beanspruchung hochfeuerhemmend sind,
2. für Gebäude der Gebäudeklassen 1 bis 3 hochfeuerhemmende Wände,
3. für Gebäude der Gebäudeklassen 1 bis 3 Gebäudeabschlusswände, die jeweils von innen nach außen die Feuerwiderstandsfähigkeit der tragenden und aussteifenden Teile des Gebäudes, mindestens jedoch feuerhemmende Bauteile, und von außen nach innen die Feuerwiderstandsfähigkeit feuerbeständiger Bauteile haben.

[3]In den Fällen des Absatzes 2 Nr. 4 sind anstelle von Brandwänden feuerbeständige Wände zulässig, wenn der Brutto-Rauminhalt des landwirtschaftlich genutzten Gebäudes oder Gebäudeteils nicht größer als 2 000 m$^3$ ist.

(4) [1]Brandwände müssen bis zur Bedachung durchgehen und in allen Geschossen übereinander angeordnet sein. [2]Abweichend davon dürfen anstelle innerer Brandwände Wände geschossweise versetzt angeordnet werden, wenn
1. die Wände im Übrigen Absatz 3 Satz 1 entsprechen,
2. die Decken, soweit sie in Verbindung mit diesen Wänden stehen, feuerbeständig sind, aus nichtbrennbaren Baustoffen bestehen und keine Öffnungen haben,
3. die Bauteile, die diese Wände und Decken unterstützen, feuerbeständig sind und aus nichtbrennbaren Baustoffen bestehen,
4. die Außenwände in der Breite des Versatzes in dem Geschoss oberhalb oder unterhalb des Versatzes feuerbeständig sind und
5. Öffnungen in den Außenwänden im Bereich des Versatzes so angeordnet oder andere Vorkehrungen so getroffen sind, dass eine Brandausbreitung in andere Brandabschnitte nicht zu befürchten ist.

(5) [1]Brandwände sind 0,30 m über die Bedachung zu führen oder in Höhe der Dachhaut mit einer beiderseits 0,50 m auskragenden feuerbeständigen Platte aus nichtbrennbaren Baustoffen abzuschließen; darüber dürfen brennbare Teile des Daches nicht hinweggeführt werden. [2]Bei Gebäuden der Ge-

bäudeklassen 1 bis 3 sind Brandwände mindestens bis unter die Dachhaut zu führen. ³Verbleibende Hohlräume sind vollständig mit nichtbrennbaren Baustoffen auszufüllen.

(6) Müssen Gebäude oder Gebäudeteile, die über Eck zusammenstoßen, durch eine Brandwand getrennt werden, so muss der Abstand dieser Wand von der inneren Ecke mindestens 5 m betragen; das gilt nicht, wenn der Winkel der inneren Ecke mehr als 120 Grad beträgt oder mindestens eine Außenwand auf 5 m Länge als öffnungslose feuerbeständige Wand aus nichtbrennbaren Baustoffen, bei Gebäuden der Gebäudeklassen 1 bis 4 als öffnungslose hochfeuerhemmende Wand, ausgebildet ist.

(7) ¹Bauteile mit brennbaren Baustoffen dürfen über Brandwände nicht hinweggeführt werden. ²Bei Außenwandkonstruktionen, die eine seitliche Brandausbreitung begünstigen können, wie hinterlüftete Außenwandbekleidungen oder Doppelfassaden, sind gegen die Brandausbreitung im Bereich der Brandwände besondere Vorkehrungen zu treffen. ³Außenwandbekleidungen von Gebäudeabschlusswänden müssen einschließlich der Dämmstoffe und Unterkonstruktionen nichtbrennbar sein. ⁴Bauteile dürfen in Brandwände nur so weit eingreifen, als deren Feuerwiderstandsfähigkeit nicht beeinträchtigt wird; für Leitungen, Leitungsschlitze und Schornsteine gilt dies entsprechend.

(8) ¹Öffnungen in Brandwänden sind unzulässig. ²Sie sind in inneren Brandwänden nur zulässig, wenn sie auf die für die Nutzung erforderliche Zahl und Größe beschränkt sind; die Öffnungen müssen feuerbeständige, dicht- und selbstschließende Abschlüsse haben.

(9) In inneren Brandwänden sind feuerbeständige Verglasungen nur zulässig, wenn sie auf die für die Nutzung erforderliche Zahl und Größe beschränkt sind.

(10) Absatz 2 Nr. 1 gilt nicht für seitliche Wände von Vorbauten im Sinne des § 6 Abs. 6 Nr. 2, wenn sie von dem Nachbargebäude oder der Nachbargrenze einen Abstand einhalten, der ihrer eigenen Ausladung entspricht, mindestens jedoch 1 m beträgt.

(11) Die Absätze 4 bis 10 gelten entsprechend auch für Wände, die nach Absatz 3 Satz 2 und 3 anstelle von Brandwänden zulässig sind.

### § 30 Decken

(1) ¹Decken müssen als tragende und raumabschließende Bauteile zwischen Geschossen im Brandfall ausreichend lang standsicher und widerstandsfähig gegen die Brandausbreitung sein. ²Sie müssen
1. in Gebäuden der Gebäudeklasse 5 feuerbeständig,
2. in Gebäuden der Gebäudeklasse 4 hochfeuerhemmend und
3. in Gebäuden der Gebäudeklassen 2 und 3 feuerhemmend
sein. ³Satz 2 gilt
1. für Geschosse im Dachraum nur, wenn darüber Aufenthaltsräume möglich sind; § 28 Abs. 3 bleibt unberührt,
2. nicht für Balkone, ausgenommen offene Gänge, die als notwendige Flure dienen.

(2) Im Kellergeschoss müssen Decken
1. in Gebäuden der Gebäudeklassen 3 bis 5 feuerbeständig und
2. in Gebäuden der Gebäudeklassen 1 und 2 feuerhemmend
sein.

(3) Decken müssen feuerbeständig sein
1. unter und über Räumen mit Explosions- oder erhöhter Brandgefahr, ausgenommen in Wohngebäuden der Gebäudeklassen 1 und 2,
2. zwischen dem land- oder forstwirtschaftlich genutzten Teil und dem Wohnteil eines Gebäudes.

(4) Der Anschluss der Decken an die Außenwand ist so herzustellen, dass er den Anforderungen nach Absatz 1 Satz 1 genügt.

(5) Öffnungen in Decken, für die eine Feuerwiderstandsfähigkeit vorgeschrieben ist, sind nur zulässig
1. in Gebäuden der Gebäudeklassen 1 und 2,
2. innerhalb derselben Nutzungseinheit mit nicht mehr als insgesamt 400 m² Grundfläche in nicht mehr als zwei Geschossen und
3. im Übrigen, wenn sie auf die für die Nutzung erforderliche Zahl und Größe beschränkt sind und Abschlüsse mit der Feuerwiderstandsfähigkeit der Decke haben.

### § 31 Dächer

(1) Bedachungen müssen gegen eine Brandbeanspruchung von außen durch Flugfeuer und strahlende Wärme ausreichend lang widerstandsfähig sein (harte Bedachung).

(2) ¹Bedachungen, die die Anforderungen nach Absatz 1 nicht erfüllen, sind zulässig bei Gebäuden der Gebäudeklassen 1 bis 3, wenn die Gebäude
1. einen Abstand von der Grundstücksgrenze von mindestens 12 m,
2. von Gebäuden auf demselben Grundstück mit harter Bedachung einen Abstand von mindestens 15 m,
3. von Gebäuden auf demselben Grundstück mit Bedachungen, die die Anforderungen nach Absatz 1 nicht erfüllen, einen Abstand von mindestens 24 m und
4. von Gebäuden auf demselben Grundstück ohne Aufenthaltsräume und ohne Feuerstätten mit nicht mehr als 50 m³ Brutto-Rauminhalt einen Abstand von mindestens 5 m
einhalten. ²Soweit Gebäude nach Satz 1 Abstand halten müssen, genügt bei Wohngebäuden der Gebäudeklassen 1 und 2 in den Fällen
1. der Nummer 1 ein Abstand von mindestens 6 m,
2. der Nummer 2 ein Abstand von mindestens 9 m und
3. der Nummer 3 ein Abstand von mindestens 12 m.
(3) Die Absätze 1 und 2 gelten nicht für
1. Gebäude ohne Aufenthaltsräume und ohne Feuerstätten mit nicht mehr als 50 m³ Brutto-Rauminhalt,
2. lichtdurchlässige Bedachungen aus nichtbrennbaren Baustoffen; brennbare Fugendichtungen und brennbare Dämmstoffe in nichtbrennbaren Profilen sind zulässig,
3. Dachflächenfenster, Lichtkuppeln und Oberlichte von Wohngebäuden,
4. Eingangsüberdachungen und Vordächer aus nichtbrennbaren Baustoffen und
5. Eingangsüberdachungen aus brennbaren Baustoffen, wenn die Eingänge nur zu Wohnungen führen.
(4) Abweichend von den Absätzen 1 und 2 sind
1. lichtdurchlässige Teilflächen aus brennbaren Baustoffen in Bedachungen nach Absatz 1 und
2. begrünte Bedachungen
zulässig, wenn eine Brandentstehung bei einer Brandbeanspruchung von außen durch Flugfeuer und strahlende Wärme nicht zu befürchten ist oder Vorkehrungen hiergegen getroffen werden.
(5) ¹Dachüberstände, Dachgesimse und Dachaufbauten, lichtdurchlässige Bedachungen, Dachflächenfenster, Lichtkuppeln, Oberlichte und technische Anlagenteile sind so anzuordnen und herzustellen, dass Feuer nicht auf andere Gebäudeteile und Nachbargrundstücke übertragen werden kann. ²Von Brandwänden und von Wänden, die anstelle von Brandwänden zulässig sind, müssen mindestens 1,25 m entfernt sein
1. Dachflächenfenster, Oberlichte, Lichtkuppeln und Öffnungen in der Bedachung, wenn diese Wände nicht mindestens 0,30 m über die Bedachung geführt sind,
2. technische Anlagenteile, Dachgauben und ähnliche Dachaufbauten aus brennbaren Baustoffen, wenn sie nicht durch diese Wände gegen Brandübertragung geschützt sind.
(6) ¹Dächer von traufseitig aneinandergebauten Gebäuden müssen als raumabschließende Bauteile für eine Brandbeanspruchung von innen nach außen einschließlich der sie tragenden und aussteifenden Bauteile feuerhemmend sein. ²Öffnungen in diesen Dachflächen müssen waagerecht gemessen mindestens 2 m von der Brandwand oder der Wand, die anstelle der Brandwand zulässig ist, entfernt sein.
(7) ¹Die Dächer von Anbauten, die an Außenwände mit Öffnungen oder ohne Feuerwiderstandsfähigkeit anschließen, müssen innerhalb eines Abstands von 5 m von diesen Wänden als raumabschließende Bauteile für eine Brandbeanspruchung von innen nach außen einschließlich der sie tragenden und aussteifenden Bauteile die Feuerwiderstandsfähigkeit der Decken des Gebäudeteils haben, an den sie angebaut werden. ²Dies gilt nicht für Anbauten an Wohngebäude der Gebäudeklassen 1 bis 3.
(8) Dächer an Verkehrsflächen und über Eingängen müssen Vorrichtungen zum Schutz gegen das Herabfallen von Schnee und Eis haben, wenn dies die Verkehrssicherheit erfordert.
(9) Für vom Dach aus vorzunehmende Arbeiten sind sicher nutzbare Vorrichtungen anzubringen.

*Abschnitt 5*
**Rettungswege, Öffnungen, Umwehrungen**

**§ 32 Erster und zweiter Rettungsweg**
(1) Für Nutzungseinheiten mit mindestens einem Aufenthaltsraum, wie Wohnungen, Praxen, selbstständige Betriebsstätten, müssen in jedem Geschoss mindestens zwei voneinander unabhängige Rettungswege ins Freie vorhanden sein; beide Rettungswege dürfen jedoch innerhalb des Geschosses über denselben notwendigen Flur oder über denselben Ausgang führen.
(2) [1]Für Nutzungseinheiten nach Absatz 1, die nicht zu ebener Erde liegen, muss der erste Rettungsweg über eine notwendige Treppe führen. [2]Der zweite Rettungsweg kann eine weitere notwendige Treppe oder eine mit Rettungsgeräten der Feuerwehr erreichbare Stelle der Nutzungseinheit sein. [3]Ein zweiter Rettungsweg ist nicht erforderlich, wenn die Rettung über einen sicher erreichbaren Treppenraum möglich ist, in den Feuer und Rauch nicht eindringen können (Sicherheitstreppenraum).
(3) [1]Gebäude, deren zweiter Rettungsweg über Rettungsgeräte der Feuerwehr führt und bei denen die Oberkante der Brüstung der zur Rettung über Geräte der Feuerwehr bestimmten Fenster oder Stellen mehr als 8 m über der Geländeoberfläche liegt, dürfen nur errichtet werden, wenn die Feuerwehr über die erforderlichen Rettungsgeräte wie Hubrettungsfahrzeuge verfügt. [2]Der zweite Rettungsweg über Rettungsgeräte der Feuerwehr ist nur zulässig, wenn keine Bedenken wegen der Personenrettung bestehen.

**§ 33 Treppen**
(1) [1]Jedes nicht zu ebener Erde liegende Geschoss und der nutzbare Dachraum eines Gebäudes müssen über mindestens eine Treppe zugänglich sein (notwendige Treppe). [2]Statt notwendiger Treppen sind Rampen mit flacher Neigung zulässig.
(2) [1]Einschiebbare Treppen und Rolltreppen sind als notwendige Treppen unzulässig. [2]In Gebäuden der Gebäudeklassen 1 und 2 sind einschiebbare Treppen und Leitern als Zugang zu einem Dachraum ohne Aufenthaltsraum zulässig.
(3) [1]Notwendige Treppen sind in einem Zuge zu allen angeschlossenen Geschossen zu führen; sie müssen mit den Treppen zum Dachraum unmittelbar verbunden sein. [2]Dies gilt nicht für Treppen
1. in Gebäuden der Gebäudeklassen 1 bis 3 und
2. nach § 34 Abs. 1 Satz 3 Nr. 2.
(4) [1]Die tragenden Teile notwendiger Treppen müssen
1. in Gebäuden der Gebäudeklasse 5 feuerhemmend und aus nichtbrennbaren Baustoffen,
2. in Gebäuden der Gebäudeklasse 4 aus nichtbrennbaren Baustoffen und
3. in Gebäuden der Gebäudeklasse 3 aus nichtbrennbaren Baustoffen oder feuerhemmend
sein. [2]Tragende Teile von Außentreppen nach § 34 Abs. 1 Satz 3 Nr. 3 für Gebäude der Gebäudeklassen 3 bis 5 müssen aus nichtbrennbaren Baustoffen bestehen.
(5) Die nutzbare Breite der Treppenläufe und Treppenabsätze notwendiger Treppen muss für den größten zu erwartenden Verkehr ausreichen.
(6) [1]Treppen müssen einen festen und griffsicheren Handlauf haben. [2]Für Treppen sind Handläufe auf beiden Seiten und Zwischenhandläufe vorzusehen, soweit die Verkehrssicherheit dies erfordert.
(7) Eine Treppe darf nicht unmittelbar hinter einer Tür beginnen, die in Richtung der Treppe aufschlägt; zwischen Treppe und Tür ist ein ausreichender Treppenabsatz anzuordnen.

**§ 34 Notwendige Treppenräume, Ausgänge**
(1) [1]Jede notwendige Treppe muss zur Sicherstellung der Rettungswege aus den Geschossen ins Freie in einem eigenen, durchgehenden Treppenraum (notwendiger Treppenraum) liegen. [2]Notwendige Treppenräume müssen so angeordnet und ausgebildet sein, dass die Nutzung der notwendigen Treppen im Brandfall ausreichend lang möglich ist. [3]Notwendige Treppen sind ohne eigenen Treppenraum zulässig

1. in Gebäuden der Gebäudeklassen 1 und 2,
2. für die Verbindung von höchstens zwei Geschossen innerhalb derselben Nutzungseinheit von insgesamt nicht mehr als 200 m² Grundfläche, wenn in jedem Geschoss ein anderer Rettungsweg erreicht werden kann, und
3. als Außentreppe, wenn ihre Nutzung ausreichend sicher ist und im Brandfall nicht gefährdet werden kann.

(2) ¹Von jeder Stelle eines Aufenthaltsraumes sowie eines Kellergeschosses muss mindestens ein Ausgang in einen notwendigen Treppenraum oder ins Freie in höchstens 35 m Entfernung erreichbar sein. ²Übereinanderliegende Kellergeschosse müssen jeweils mindestens zwei Ausgänge in notwendige Treppenräume oder ins Freie haben. ³Sind mehrere notwendige Treppenräume erforderlich, müssen sie so verteilt sein, dass sie möglichst entgegengesetzt liegen und dass die Rettungswege möglichst kurz sind.

(3) ¹Jeder notwendige Treppenraum muss einen unmittelbaren Ausgang ins Freie haben. ²Sofern der Ausgang eines notwendigen Treppenraumes nicht unmittelbar ins Freie führt, muss der Raum zwischen dem notwendigen Treppenraum und dem Ausgang ins Freie
1. mindestens so breit sein wie die dazugehörigen Treppenläufe,
2. Wände haben, die die Anforderungen an die Wände des Treppenraumes erfüllen,
3. rauchdichte und selbstschließende Abschlüsse zu notwendigen Fluren haben und
4. ohne Öffnungen zu anderen Räumen, ausgenommen zu notwendigen Fluren, sein.

(4) ¹Die Wände notwendiger Treppenräume müssen als raumabschließende Bauteile
1. in Gebäuden der Gebäudeklasse 5 die Bauart von Brandwänden haben,
2. in Gebäuden der Gebäudeklasse 4 auch unter zusätzlicher mechanischer Beanspruchung hochfeuerhemmend und
3. in Gebäuden der Gebäudeklasse 3 feuerhemmend

sein. ²Dies ist nicht erforderlich für Außenwände von Treppenräumen, die aus nichtbrennbaren Baustoffen bestehen und durch andere an diese Außenwände anschließende Gebäudeteile im Brandfall nicht gefährdet werden können. ³Der obere Abschluss notwendiger Treppenräume muss als raumabschließendes Bauteil die Feuerwiderstandsfähigkeit der Decken des Gebäudes haben; dies gilt nicht, wenn der obere Abschluss das Dach ist und die Treppenraumwände bis unter die Dachhaut reichen.

(5) In notwendigen Treppenräumen und in Räumen nach Absatz 3 Satz 2 müssen
1. Bekleidungen, Putze, Dämmstoffe, Unterdecken und Einbauten aus nichtbrennbaren Baustoffen bestehen,
2. Wände und Decken aus brennbaren Baustoffen eine Bekleidung aus nichtbrennbaren Baustoffen in ausreichender Dicke haben und
3. Bodenbeläge, ausgenommen Gleitschutzprofile, aus mindestens schwerentflammbaren Baustoffen bestehen.

(6) ¹In notwendigen Treppenräumen müssen Öffnungen
1. zu Kellergeschossen, zu nicht ausgebauten Dachräumen, Werkstätten, Läden, Lager- und ähnlichen Räumen sowie zu sonstigen Räumen und Nutzungseinheiten mit einer Grundfläche von mehr als 200 m², ausgenommen Wohnungen, mindestens feuerhemmende, rauchdichte und selbstschließende Abschlüsse,
2. zu notwendigen Fluren rauchdichte und selbstschließende Abschlüsse und
3. zu sonstigen Räumen und Nutzungseinheiten mindestens dicht- und selbstschließende Abschlüsse

haben. ²Die Feuerschutz- und Rauchschutzabschlüsse dürfen lichtdurchlässige Seitenteile und Oberlichte enthalten, wenn der Abschluss insgesamt nicht breiter als 2,50 m ist.

(7) ¹Notwendige Treppenräume müssen zu beleuchten sein. ²Notwendige Treppenräume ohne Fenster müssen in Gebäuden mit einer Höhe nach § 2 Abs. 3 Satz 2 von mehr als 13 m eine Sicherheitsbeleuchtung haben.

(8) ¹Notwendige Treppenräume müssen belüftet und zur Unterstützung wirksamer Löscharbeiten entraucht werden können. ²Sie müssen
1. in jedem oberirdischen Geschoss unmittelbar ins Freie führende Fenster mit einem freien Querschnitt von mindestens 0,50 m² haben, die geöffnet werden können, oder
2. an der obersten Stelle eine Öffnung zur Rauchableitung haben.

³In den Fällen des Satzes 2 Nr. 1 ist in Gebäuden der Gebäudeklasse 5 an der obersten Stelle eine Öffnung zur Rauchableitung erforderlich; in den Fällen des Satzes 2 Nr. 2 sind in Gebäuden der Gebäudeklassen 4 und 5, soweit dies zur Erfüllung der Anforderungen nach Satz 1 erforderlich ist, besondere Vorkehrungen zu treffen. ⁴Öffnungen zur Rauchableitung nach den Sätzen 2 und 3 müssen in jedem Treppenraum einen freien Querschnitt von mindestens 1 m² und Vorrichtungen zum Öffnen ihrer Abschlüsse haben, die vom Erdgeschoss sowie vom obersten Treppenabsatz aus bedient werden können.

### § 35 Notwendige Flure, offene Gänge

(1) ¹Flure, über die Rettungswege aus Aufenthaltsräumen oder aus Nutzungseinheiten mit Aufenthaltsräumen zu Ausgängen in notwendige Treppenräume oder ins Freie führen (notwendige Flure), müssen so angeordnet und ausgebildet sein, dass die Nutzung im Brandfall ausreichend lang möglich ist. ²Notwendige Flure sind nicht erforderlich
1. in Wohngebäuden der Gebäudeklassen 1 und 2,
2. in sonstigen Gebäuden der Gebäudeklassen 1 und 2, ausgenommen in Kellergeschossen,
3. innerhalb von Nutzungseinheiten mit nicht mehr als 200 m² Grundfläche und innerhalb von Wohnungen,
4. innerhalb von Nutzungseinheiten, die einer Büro- oder Verwaltungsnutzung dienen, mit nicht mehr als 400 m² Grundfläche; dies gilt auch für Teile größerer Nutzungseinheiten, wenn diese Teile eine Fläche von 400 m² nicht überschreiten, Trennwände nach § 28 Abs. 1 Satz 2 Nr. 1 haben und jeder Teil unabhängig von anderen Teilen Rettungswege nach § 32 Abs. 1 hat.

(2) ¹Notwendige Flure müssen so breit sein, dass sie für den größten zu erwartenden Verkehr ausreichen. ²In den Fluren ist eine Folge von weniger als drei Stufen unzulässig.

(3) ¹Notwendige Flure sind durch nichtabschließbare, rauchdichte und selbstschließende Abschlüsse in Rauchabschnitte zu unterteilen. ²Die Rauchabschnitte sollen nicht länger als 30 m sein. ³Die Abschlüsse sind bis an die Rohdecke zu führen; sie dürfen bis an die Unterdecke der Flure geführt werden, wenn die Unterdecke feuerhemmend ist. ⁴Notwendige Flure mit nur einer Fluchtrichtung, die zu einem Sicherheitstreppenraum führen, dürfen nicht länger als 15 m sein. ⁵Die Sätze 1 bis 4 gelten nicht für offene Gänge nach Absatz 5.

(4) ¹Die Wände notwendiger Flure müssen als raumabschließende Bauteile feuerhemmend, in Kellergeschossen, deren tragende und aussteifende Bauteile feuerbeständig sein müssen, feuerbeständig sein. ²Die Wände sind bis an die Rohdecke zu führen. ³Sie dürfen bis an die Unterdecke der Flure geführt werden, wenn die Unterdecke feuerhemmend und ein demjenigen nach Satz 1 vergleichbarer Raumabschluss sichergestellt ist. ⁴Türen in diesen Wänden müssen dicht schließen; Öffnungen zu Lagerbereichen im Kellergeschoss müssen feuerhemmende, dicht- und selbstschließende Abschlüsse haben.

(5) ¹Für Wände und Brüstungen notwendiger Flure mit nur einer Fluchtrichtung, die als offene Gänge vor den Außenwänden angeordnet sind, gilt Absatz 4 entsprechend. ²Fenster sind in diesen Außenwänden ab einer Brüstungshöhe von 0,90 m zulässig.

(6) In notwendigen Fluren sowie in offenen Gängen nach Absatz 5 müssen
1. Bekleidungen, Putze, Unterdecken und Dämmstoffe aus nichtbrennbaren Baustoffen bestehen und
2. Wände und Decken aus brennbaren Baustoffen eine Bekleidung aus nichtbrennbaren Baustoffen in ausreichender Dicke haben.

### § 36 Fenster, Türen, sonstige Öffnungen

(1) Können die Fensterflächen nicht gefahrlos vom Erdboden, vom Innern des Gebäudes, von Loggien oder Balkonen aus gereinigt werden, so sind Vorrichtungen wie Aufzüge, Halterungen oder Stangen anzubringen, die eine Reinigung von außen ermöglichen.

(2) ¹Glastüren und andere Glasflächen, die bis zum Fußboden allgemein zugänglicher Verkehrsflächen herabreichen, sind so zu kennzeichnen, dass sie leicht erkannt werden können. ²Weitere Schutzmaßnahmen sind für größere Glasflächen vorzusehen, wenn dies die Verkehrssicherheit erfordert.

(3) Eingangstüren von Wohnungen, die über Aufzüge erreichbar sein müssen, müssen eine lichte Durchgangsbreite von mindestens 0,90 m haben.

(4) ¹Jedes Kellergeschoss ohne Fenster muss mindestens eine Öffnung ins Freie haben, um eine Rauchableitung zu ermöglichen. ²Gemeinsame Kellerlichtschächte für übereinanderliegende Kellergeschosse sind unzulässig
(5) ¹Fenster, die als Rettungswege nach § 32 Abs. 2 Satz 2 dienen, müssen im Lichten mindestens 0,90 m x 1,20 m groß und nicht höher als 1,20 m über der Fußbodenoberkante angeordnet sein. ²Liegen diese Fenster in Dachschrägen oder Dachaufbauten, so darf ihre Unterkante oder ein davor liegender Austritt von der Traufkante horizontal gemessen nicht mehr als 1 m entfernt sein.

### § 37 Umwehrungen
(1) In, an und auf baulichen Anlagen sind zu umwehren oder mit Brüstungen zu versehen:
1. Flächen, die im Allgemeinen zum Begehen bestimmt sind und unmittelbar an mehr als 1 m tiefer liegende Flächen angrenzen; dies gilt nicht, wenn die Umwehrung dem Zweck der Flächen widerspricht, wie bei Verladerampen, Kais und Schwimmbecken,
2. nicht begehbare Oberlichte und Glasabdeckungen in Flächen, die im Allgemeinen zum Begehen bestimmt sind, wenn sie weniger als 0,50 m aus diesen Flächen herausragen,
3. Dächer oder Dachteile, die zum auch nur zeitweiligen Aufenthalt von Menschen bestimmt sind,
4. Öffnungen in begehbaren Decken sowie in Dächern oder Dachteilen nach Nummer 3, wenn sie nicht sicher abgedeckt sind,
5. nicht begehbare Glasflächen in Decken sowie in Dächern oder Dachteilen nach Nummer 3,
6. die freien Seiten von Treppenläufen, Treppenabsätzen und Treppenöffnungen (Treppenaugen) und
7. Kellerlichtschächte und Betriebsschächte, die an Verkehrsflächen liegen, wenn sie nicht verkehrssicher abgedeckt sind.

(2) ¹In Verkehrsflächen liegende Kellerlichtschächte und Betriebsschächte sind in Höhe der Verkehrsfläche verkehrssicher abzudecken. ²An und in Verkehrsflächen liegende Abdeckungen müssen gegen unbefugtes Abheben gesichert sein. ³Fenster, die unmittelbar an Treppen liegen und deren Brüstungen unter der notwendigen Umwehrungshöhe liegen, sind zu sichern.
(3) ¹Fensterbrüstungen von Flächen mit einer Absturzhöhe bis zu 12 m müssen mindestens 0,80 m, von Flächen mit mehr als 12 m Absturzhöhe mindestens 0,90 m hoch sein. ²Geringere Brüstungshöhen sind zulässig, wenn durch andere Vorrichtungen, wie Geländer, die nach Absatz 4 vorgeschriebenen Mindesthöhen eingehalten werden.
(4) Andere notwendige Umwehrungen müssen folgende Mindesthöhen haben:
1. Umwehrungen zur Sicherung von Öffnungen in begehbaren Decken und Dächern sowie Umwehrungen von Flächen mit einer Absturzhöhe von 1 m bis zu 12 m 0,90 m und
2. Umwehrungen von Flächen mit mehr als 12 m Absturzhöhe 1,10 m.

### Abschnitt 6
### Technische Gebäudeausrüstung

### § 38 Aufzüge
(1) ¹Aufzüge im Innern von Gebäuden müssen eigene Fahrschächte haben, um eine Brandausbreitung in andere Geschosse ausreichend lang zu verhindern. ²In einem Fahrschacht dürfen bis zu drei Aufzüge liegen. ³Aufzüge ohne eigene Fahrschächte sind zulässig
1. innerhalb eines notwendigen Treppenraumes, ausgenommen in Hochhäusern,
2. innerhalb von Räumen, die Geschosse überbrücken,
3. zur Verbindung von Geschossen, die offen miteinander in Verbindung stehen dürfen, und
4. in Gebäuden der Gebäudeklassen 1 und 2.
⁴Diese müssen sicher umkleidet sein.
(2) ¹Die Fahrschachtwände müssen als raumabschließende Bauteile
1. in Gebäuden der Gebäudeklasse 5 feuerbeständig und aus nichtbrennbaren Baustoffen,
2. in Gebäuden der Gebäudeklasse 4 hochfeuerhemmend und
3. in Gebäuden der Gebäudeklasse 3 feuerhemmend
sein; Fahrschachtwände aus brennbaren Baustoffen müssen schachtseitig eine Bekleidung aus nichtbrennbaren Baustoffen in ausreichender Dicke haben. ²Fahrschachttüren und andere Öffnungen in

Fahrschachtwänden mit erforderlicher Feuerwiderstandsfähigkeit sind so herzustellen, dass die Anforderungen nach Absatz 1 Satz 1 nicht beeinträchtigt werden.

(3) [1]Fahrschächte müssen zu lüften sein und eine Öffnung zur Rauchableitung mit einem freien Querschnitt von mindestens 2,5 v.H. der Fahrschachtgrundfläche, mindestens jedoch 0,10 m$^2$ haben. [2]Diese Öffnung darf einen Abschluss haben, der im Brandfall selbsttätig öffnet und von mindestens einer geeigneten Stelle aus bedient werden kann. [3]Die Lage der Rauchaustrittsöffnungen muss so gewählt werden, dass der Rauchaustritt durch Windeinfluss nicht beeinträchtigt wird.

(4) [1]Gebäude mit einer nach § 2 Abs. 3 Satz 2 ermittelten Höhe von mehr als 13 m müssen Aufzüge in ausreichender Zahl haben. [2]Von diesen Aufzügen muss mindestens ein Aufzug Kinderwagen, Rollstühle, Krankentragen und Lasten aufnehmen können und Haltestellen in allen Geschossen haben. [3]Dieser Aufzug muss von allen Wohnungen in dem Gebäude und von der öffentlichen Verkehrsfläche aus stufenlos erreichbar sein. [4]Haltestellen im obersten Geschoss, im Erdgeschoss und in den Kellergeschossen sind nicht erforderlich, wenn sie nur unter besonderen Schwierigkeiten hergestellt werden können.

(5) [1]Fahrkörbe zur Aufnahme einer Krankentrage müssen eine nutzbare Grundfläche von mindestens 1,10 m x 2,10 m, zur Aufnahme eines Rollstuhls von mindestens 1,10 m x 1,40 m haben; Türen müssen eine lichte Durchgangsbreite von mindestens 0,90 m haben. [2]In einem Aufzug für Rollstühle und Krankentragen darf der für Rollstühle nicht erforderliche Teil der Fahrkorbgrundfläche durch eine verschließbare Tür abgesperrt werden. [3]Vor den Aufzügen muss eine ausreichende Bewegungsfläche vorhanden sein.

## § 39 Leitungsanlagen, Installationsschächte und Installationskanäle

(1) Leitungen dürfen durch raumabschließende Bauteile, für die eine Feuerwiderstandsfähigkeit vorgeschrieben ist, nur hindurchgeführt werden, wenn eine Brandausbreitung ausreichend lang nicht zu befürchten ist oder Vorkehrungen hiergegen getroffen sind; dies gilt nicht
1. für Gebäude der Gebäudeklassen 1 und 2,
2. innerhalb von Wohnungen und
3. innerhalb derselben Nutzungseinheit mit einer Fläche von nicht mehr als insgesamt 400 m$^2$ in nicht mehr als zwei Geschossen.

(2) In notwendigen Treppenräumen, in Räumen nach § 34 Abs. 3 Satz 2 und in notwendigen Fluren sind Leitungsanlagen nur zulässig, wenn eine Nutzung als Rettungsweg im Brandfall ausreichend lang möglich ist.

(3) Für Installationsschächte und -kanäle gelten Absatz 1 sowie § 40 Abs. 2 Satz 1 und Abs. 3 entsprechend.

## § 40 Lüftungsanlagen

(1) Lüftungsanlagen müssen betriebssicher und brandsicher sein; sie dürfen den ordnungsgemäßen Betrieb von Feuerungsanlagen nicht beeinträchtigen.

(2) [1]Lüftungsleitungen sowie deren Bekleidungen und Dämmstoffe müssen aus nichtbrennbaren Baustoffen bestehen; brennbare Baustoffe sind zulässig, wenn ein Beitrag der Lüftungsleitung zur Brandentstehung und Brandweiterleitung nicht zu befürchten ist. [2]Lüftungsleitungen dürfen raumabschließende Bauteile, für die eine Feuerwiderstandsfähigkeit vorgeschrieben ist, nur überbrücken, wenn eine Brandausbreitung ausreichend lang nicht zu befürchten ist oder wenn Vorkehrungen hiergegen getroffen sind.

(3) [1]Lüftungsanlagen sind so herzustellen, dass sie Gerüche und Staub nicht in andere Räume übertragen. [2]Sie müssen leicht und sicher zu reinigen sein.

(4) [1]Lüftungsanlagen dürfen nicht in Abgasanlagen eingeführt werden; die gemeinsame Nutzung von Lüftungsleitungen zur Lüftung und zur Ableitung der Abgase von Feuerstätten ist zulässig, wenn keine Bedenken wegen der Betriebssicherheit und des Brandschutzes bestehen. [2]Die Abluft ist ins Freie zu führen. [3]Nicht zur Lüftungsanlage gehörende Einrichtungen sind in Lüftungsleitungen unzulässig.

(5) Die Absätze 2 und 3 gelten nicht
1. für Gebäude der Gebäudeklassen 1 und 2,
2. innerhalb von Wohnungen und
3. innerhalb derselben Nutzungseinheit mit einer Fläche von nicht mehr als 400 m$^2$ in nicht mehr als zwei Geschossen.

(6) Für raumlufttechnische Anlagen und Warmluftheizungen gelten die Absätze 1 bis 5 entsprechend.

### § 41 Feuerungsanlagen, sonstige Anlagen zur Wärmeerzeugung und Brennstoffversorgung
(1) Feuerstätten und Abgasanlagen (Feuerungsanlagen) müssen betriebssicher und brandsicher sein.
(2) Feuerstätten dürfen in Räumen nur aufgestellt werden, wenn nach der Art der Feuerstätte und nach Lage, Größe, baulicher Beschaffenheit und Nutzung der Räume Gefahren nicht entstehen.
(3) [1]Abgase von Feuerstätten sind durch Abgasleitungen, Schornsteine und Verbindungsstücke (Abgasanlagen) so abzuführen, dass keine Gefahren oder unzumutbaren Belästigungen entstehen. [2]Abgasanlagen sind in solcher Zahl und Lage und so herzustellen, dass die Feuerstätten des Gebäudes ordnungsgemäß angeschlossen werden können. [3]Sie müssen leicht gereinigt werden können.
(4) [1]Behälter und Rohrleitungen für brennbare Gase und Flüssigkeiten müssen betriebssicher und brandsicher sein. [2]Diese Behälter sowie feste Brennstoffe sind so aufzustellen oder zu lagern, dass keine Gefahren oder unzumutbaren Belästigungen entstehen.
(5) Für die Aufstellung von ortsfesten Verbrennungsmotoren, Blockheizkraftwerken, Brennstoffzellen und Verdichtern sowie die Ableitung ihrer Verbrennungsgase gelten die Absätze 1 bis 3 entsprechend.

### § 42 Sanitäre Anlagen
Fensterlose Bäder und Toiletten sind nur zulässig, wenn eine wirksame Lüftung gewährleistet ist.

### § 43 Kleinkläranlagen, Gruben
[1]Kleinkläranlagen und Gruben müssen wasserdicht und ausreichend groß sein. [2]Sie müssen eine dichte und sichere Abdeckung sowie Reinigungs- und Entleerungsöffnungen haben. [3]Diese Öffnungen dürfen nur vom Freien aus zugänglich sein. [4]Die Anlagen sind so zu entlüften, dass Gesundheitsschäden oder unzumutbare Belästigungen nicht entstehen. [5]Die Zuleitungen zu diesen Anlagen müssen geschlossen, dicht und, soweit erforderlich, zum Reinigen eingerichtet sein.

### § 44 Aufbewahrung fester Abfallstoffe
Feste Abfallstoffe dürfen innerhalb von Gebäuden vorübergehend aufbewahrt werden, in Gebäuden der Gebäudeklassen 3 bis 5 jedoch nur, wenn die dafür bestimmten Räume
1. Trennwände und Decken als raumabschließende Bauteile mit der Feuerwiderstandsfähigkeit der tragenden Wände und
2. Öffnungen vom Gebäudeinnern zum Aufstellraum mit feuerhemmenden, dicht- und selbstschließenden Abschlüssen haben,
3. unmittelbar vom Freien entleert werden können und
4. eine ständig wirksame Lüftung haben.

### § 45 Blitzschutzanlagen
Bauliche Anlagen, bei denen nach Lage, Bauart und Nutzung Blitzschlag leicht eintreten oder zu schweren Folgen führen kann, sind mit dauernd wirksamen Blitzschutzanlagen zu versehen.

*Abschnitt 7*
**Nutzungsbedingte Anforderungen**

### § 46 Aufenthaltsräume
(1) [1]Aufenthaltsräume müssen eine lichte Raumhöhe von mindestens 2,40 m haben. [2]Dies gilt nicht für Aufenthaltsräume in Wohngebäuden der Gebäudeklassen 1 und 2 sowie für Aufenthaltsräume im Dachraum.
(2) [1]Aufenthaltsräume müssen ausreichend belüftet und mit Tageslicht belichtet werden können. [2]Sie müssen Fenster mit einem Rohbaumaß der Fensteröffnungen von mindestens einem Achtel der Netto-Grundfläche des Raumes einschließlich der Netto-Grundfläche verglaster Vorbauten und Loggien haben.
(3) Aufenthaltsräume, deren Nutzung eine Belichtung mit Tageslicht verbietet, sowie Verkaufsräume, Schank- und Speisegaststätten, ärztliche Behandlungs-, Sport-, Spiel- und Werkräume und ähnliche Räume sind ohne Fenster zulässig.

### § 47 Wohnungen
(1) [1]Jede Wohnung muss eine Küche oder Kochnische haben. [2]Fensterlose Küchen oder Kochnischen sind zulässig, wenn eine wirksame Lüftung gewährleistet ist.

(2) In Wohngebäuden der Gebäudeklassen 3 bis 5 sind leicht erreichbare und gut zugängliche Abstellräume für Kinderwagen und Fahrräder sowie für jede Wohnung ein ausreichend großer Abstellraum herzustellen.
(3) Jede Wohnung muss ein Bad mit Badewanne oder Dusche sowie eine Toilette haben.
(4) [1]In Wohnungen müssen Schlafräume und Kinderzimmer sowie Flure, über die Rettungswege aus Aufenthaltsräumen führen, jeweils mindestens einen Rauchwarnmelder haben. [2]Die Rauchwarnmelder müssen so angebracht und betrieben werden, dass Brandrauch frühzeitig erkannt und gemeldet wird. [3]Die Rauchwarnmelder sind auf Verlangen für Menschen mit nachgewiesener Gehörlosigkeit mit optischen Signalen auszustatten. [4]Bestehende Wohnungen sind bis zum 31. Dezember 2015 dementsprechend auszustatten.

### § 48 Notwendige Stellplätze, Garagen und Abstellplätze für Fahrräder
(1) [1]Werden bauliche Anlagen errichtet, bei denen ein Zugangs- und Abgangsverkehr mit Kraftfahrzeugen oder Fahrrädern zu erwarten ist, sind Stellplätze für Kraftfahrzeuge (notwendige Stellplätze) sowie Abstellplätze für Fahrräder auf dem Baugrundstück oder in zumutbarer Entfernung davon auf einem geeigneten Grundstück, dessen Nutzung für diesen Zweck öffentlich-rechtlich gesichert ist, herzustellen, soweit dies durch eine örtliche Bauvorschrift nach § 85 Abs. 1 Satz 4 bestimmt ist. [2]Bei Änderungen oder bei Änderungen der Nutzung baulicher Anlagen dürfen nur Stellplätze für den Mehrbedarf verlangt werden. [3]Die Flächen für notwendige Stellplätze können auch in Garagen angeordnet werden.
(2) [1]Ist die Herstellung von notwendigen Stellplätzen nicht oder nur unter großen Schwierigkeiten möglich, so kann die Gemeinde verlangen, dass statt dessen der zur Herstellung Verpflichtete einen Geldbetrag zur Ablösung zahlt. [2]Der Geldbetrag darf 60 v.H. der durchschnittlichen Herstellungskosten von Parkeinrichtungen einschließlich der Kosten des Grunderwerbs im Gemeindegebiet oder in bestimmten Teilen des Gemeindegebietes nicht übersteigen. [3]Bei der Ermittlung des Geldbetrages bleiben die ersten acht Stellplätze außer Betracht.
(3) Die Gemeinde hat den Geldbetrag für die Ablösung von Stellplätzen zu verwenden für
1. die Herstellung zusätzlicher oder die Instandhaltung, die Instandsetzung oder die Modernisierung bestehender Parkeinrichtungen und Fahrradabstellanlagen,
2. sonstige Maßnahmen zur Entlastung der Straßen vom ruhenden Verkehr einschließlich investiver Maßnahmen des öffentlichen Personennahverkehrs oder
3. die Herstellung zusätzlicher oder die Instandhaltung, die Instandsetzung oder die Modernisierung bestehender Ladestationen für Elektromobilität.

### § 49 Barrierefreies Bauen
(1) [1]In Gebäuden mit mehr als zwei Wohnungen müssen die Wohnungen eines Geschosses barrierefrei nutzbar und zugänglich sein; diese Verpflichtung kann auch durch die Anordnung barrierefreier Wohnungen in entsprechendem Umfang in mehreren Geschossen erfüllt werden. [2]§ 38 Abs. 4 bleibt unberührt.
(2) [1]Bauliche Anlagen, die öffentlich zugänglich sind, müssen in den dem allgemeinen Besucher- und Benutzerverkehr dienenden Teilen barrierefrei sein. [2]Dies gilt insbesondere für
1. Einrichtungen der Kultur und des Bildungswesens,
2. Sport- und Freizeitstätten,
3. Einrichtungen des Gesundheitswesens,
4. Büro-, Verwaltungs- und Gerichtsgebäude,
5. Verkaufs-, Gast- und Beherbergungsstätten und
6. Stellplätze, Garagen und Toilettenanlagen.

[3]Für die der zweckentsprechenden Nutzung dienenden Räume und Anlagen genügt es, wenn sie in dem erforderlichen Umfang barrierefrei sind. [4]Toilettenräume und notwendige Stellplätze für Besucher und Besucherinnen sowie Benutzer und Benutzerinnen müssen in der erforderlichen Anzahl barrierefrei sein.

(2a) Bauliche Anlagen, die überwiegend von Menschen mit Behinderungen oder älteren Menschen genutzt werden, wie
1. Tagesstätten, Werkstätten und Heime für Menschen mit Behinderungen,
2. Altenheime, Altenwohnheime, Pflegeheime und Altenbegegnungsstätten,
3. Einrichtungen zur Frühförderung behinderter Kinder und Förderschulen,
müssen in den dem allgemeinen Besucher- und Benutzerverkehr dienenden Teilen barrierefrei sein.

(3) ¹Die Absätze 1 und 2 gelten nicht, soweit die Anforderungen wegen schwieriger Geländeverhältnisse, wegen des Einbaus eines sonst nicht erforderlichen Aufzugs, wegen ungünstiger vorhandener Bebauung oder im Hinblick auf die Sicherheit der Menschen mit Behinderungen nur mit einem unverhältnismäßigen Mehraufwand erfüllt werden können. ²Satz 1 gilt nicht für die Errichtung von Schulen und Kindertageseinrichtungen.

## § 50 Sonderbauten

¹An Sonderbauten können im Einzelfall zur Verwirklichung der allgemeinen Anforderungen nach § 3 Satz 1 Halbsatz 1 besondere Anforderungen gestellt werden. ²Erleichterungen können gestattet werden, soweit es der Einhaltung von Vorschriften wegen der besonderen Art oder Nutzung baulicher Anlagen oder Räume oder wegen besonderer Anforderungen nicht bedarf. ³Die Anforderungen und Erleichterungen nach den Sätzen 1 und 2 können sich insbesondere erstrecken auf
1. die Anordnung der baulichen Anlagen auf dem Grundstück,
2. die Abstände von Nachbargrenzen, von anderen baulichen Anlagen auf dem Grundstück und von öffentlichen Verkehrsflächen sowie auf die Größe der freizuhaltenden Flächen der Grundstücke,
3. die Öffnungen nach öffentlichen Verkehrsflächen und nach angrenzenden Grundstücken,
4. die Anlage von Zu- und Abfahrten,
5. die Anlage von Grünstreifen, Baumpflanzungen und anderen Pflanzungen sowie die Begrünung oder Beseitigung von Halden und Gruben,
6. die Bauart und Anordnung aller für die Stand- und Verkehrssicherheit, den Brand-, Wärme-, Schall-, Erschütterungs- oder Gesundheitsschutz wesentlichen Bauteile und die Verwendung von Baustoffen,
7. die Brandschutzanlagen, -einrichtungen und -vorkehrungen,
8. die Löschwasserrückhaltung,
9. die Anordnung und Herstellung von Aufzügen, Treppen, Treppenräumen, Fluren, Ausgängen und sonstigen Rettungswegen,
10. die Beleuchtung und Energieversorgung,
11. die Lüftung und Rauchableitung,
12. die Feuerungsanlagen, Aufstell- und Heizräume,
13. die Wasserversorgung,
14. die Aufbewahrung und Beseitigung von Abwasser und festen Abfallstoffen,
15. die Stellplätze, Garagen und Abstellplätze für Fahrräder,
16. die Barrierefreiheit,
17. die zulässige Zahl der nutzenden Personen, Anordnung und Zahl der zulässigen Sitz- und Stehplätze insbesondere bei Versammlungsstätten, Tribünen und Fliegenden Bauten,
18. die Zahl der Toiletten für Besucher und Besucherinnen,
19. den Umfang, den Inhalt und die Zahl besonderer Bauvorlagen, insbesondere eines Brandschutzkonzepts,
20. weitere zu erbringende Bescheinigungen,
21. die Bestellung und Qualifikation des Bauleiters oder der Bauleiterin und des Fachbauleiter oder der Fachbauleiterin,
22. den Betrieb und die Nutzung einschließlich der Bestellung und der Qualifikation des oder der Brandschutzbeauftragten und
23. die Erst-, Wiederholungs- und Nachprüfungen und die Bescheinigungen, die hierüber zu erbringen sind.

*Teil 4*
### Die am Bau Beteiligten

### § 51 Grundpflichten
Bei der Errichtung, Änderung, Nutzungsänderung und der Beseitigung von Anlagen sind der Bauherr oder die Bauherrin und im Rahmen ihres Wirkungskreises die anderen am Bau Beteiligten dafür verantwortlich, dass die öffentlich-rechtlichen Vorschriften eingehalten werden.

### § 52 Bauherr oder Bauherrin
(1) [1]Der Bauherr oder die Bauherrin hat zur Vorbereitung, Überwachung und Ausführung eines nicht verfahrensfreien Bauvorhabens sowie zur Beseitigung von Anlagen geeignete Beteiligte nach Maßgabe der §§ 53 bis 55 zu bestellen, soweit er oder sie nicht selbst zur Erfüllung der Verpflichtungen nach diesen Vorschriften geeignet ist. [2]Dem Bauherrn oder der Bauherrin obliegen außerdem die nach den öffentlich-rechtlichen Vorschriften erforderlichen Anträge, Anzeigen und Nachweise. [3]Er oder sie hat die zur Erfüllung der Anforderungen dieses Gesetzes oder aufgrund dieses Gesetzes erlassener Vorschriften erforderlichen Nachweise und Unterlagen zu den verwendeten Bauprodukten und den angewandten Bauarten zu erbringen und bereitzuhalten. [4]Werden Bauprodukte verwendet, die die CE-Kennzeichnung nach der Verordnung (EU) Nr. 305/2011 tragen, ist die Leistungserklärung bereitzuhalten. [5]Der Bauherr oder die Bauherrin hat vor Baubeginn den Namen des Bauleiters oder der Bauleiterin und während der Bauausführung einen Wechsel dieser Person unverzüglich der Bauaufsichtsbehörde schriftlich mitzuteilen. [6]Wechselt der Bauherr oder die Bauherrin, hat der neue Bauherr oder die neue Bauherrin dies der Bauaufsichtsbehörde unverzüglich schriftlich mitzuteilen.

(2) [1]Treten bei einem Bauvorhaben mehrere Personen als Bauherr oder Bauherrin auf, so kann die Bauaufsichtsbehörde verlangen, dass ihr gegenüber ein Vertreter oder eine Vertreterin bestellt wird, der oder die die dem Bauherrn oder der Bauherrin nach den öffentlich-rechtlichen Vorschriften obliegenden Verpflichtungen zu erfüllen hat. [2]Im Übrigen findet das Verwaltungsverfahrensgesetz Sachsen-Anhalt entsprechende Anwendung.

### § 53 Entwurfsverfasser oder Entwurfsverfasserin
(1) [1]Der Entwurfsverfasser oder die Entwurfsverfasserin muss nach Sachkunde und Erfahrung zur Vorbereitung des jeweiligen Bauvorhabens geeignet sein. [2]Er oder sie ist für die Vollständigkeit und Brauchbarkeit seines oder ihres Entwurfs verantwortlich. [3]Der Entwurfsverfasser oder die Entwurfsverfasserin hat dafür zu sorgen, dass die für die Ausführung notwendigen Einzelzeichnungen, Einzelberechnungen und Anweisungen den öffentlich-rechtlichen Vorschriften entsprechen.

(2) [1]Hat der Entwurfsverfasser oder die Entwurfsverfasserin auf einzelnen Fachgebieten nicht die erforderliche Sachkunde und Erfahrung, so sind geeignete Fachplaner oder Fachplanerinnen heranzuziehen. [2]Diese sind für die von ihnen gefertigten Unterlagen, die sie zu unterzeichnen haben, verantwortlich. [3]Für das ordnungsgemäße Ineinandergreifen aller Fachplanungen bleibt der Entwurfsverfasser oder die Entwurfsverfasserin verantwortlich.

### § 54 Unternehmer oder Unternehmerin
(1) [1]Jeder Unternehmer und jede Unternehmerin ist für die mit den öffentlich-rechtlichen Anforderungen übereinstimmende Ausführung der von ihm oder ihr übernommenen Arbeiten und insoweit für die ordnungsgemäße Einrichtung und den sicheren Betrieb der Baustelle verantwortlich. [2]Er oder sie hat die zur Erfüllung der Anforderungen dieses Gesetzes oder aufgrund dieses Gesetzes erforderlichen Nachweise und Unterlagen zu den verwendeten Bauptodukten und den angewandten Bauarten zu erbringen und auf der Baustelle bereitzuhalten. [3]Bei Bauprodukten, die die CE-Kennzeichnung nach der Verordnung (EU) Nr. 305/2011 tragen, ist die Leistungserklärung bereitzuhalten.

(2) Jeder Unternehmer und jede Unternehmerin hat auf Verlangen der Bauaufsichtsbehörde für Arbeiten, bei denen die Sicherheit der Anlage in außergewöhnlichem Maße von der besonderen Sachkenntnis und Erfahrung des Unternehmers oder der Unternehmerin oder von einer Ausstattung des Unternehmens mit besonderen Vorrichtungen abhängt, nachzuweisen, dass er oder sie für diese Arbeiten geeignet ist und über die erforderlichen Vorrichtungen verfügt.

### § 55 Bauleiter oder Bauleiterin
(1) [1]Der Bauleiter oder die Bauleiterin hat darüber zu wachen, dass die Baumaßnahme entsprechend den öffentlich-rechtlichen Anforderungen durchgeführt wird, und die dafür erforderlichen Weisungen

zu erteilen. ²Er oder sie hat im Rahmen dieser Aufgabe auf den sicheren bautechnischen Betrieb der Baustelle, insbesondere auf das gefahrlose Ineinandergreifen der Arbeiten der Unternehmen, zu achten. ³Die Verantwortlichkeit der Unternehmer und Unternehmerinnen bleibt unberührt.
(2) ¹Der Bauleiter oder die Bauleiterin muss über die für seine oder ihre Aufgabe erforderliche Sachkunde und Erfahrung verfügen. ²Verfügt er oder sie auf Teilgebieten nicht über die erforderliche Sachkunde, so sind geeignete Fachbauleiter oder Fachbauleiterinnen heranzuziehen. ³Diese treten insoweit an die Stelle des Bauleiters oder der Bauleiterin. ⁴Der Bauleiter oder die Bauleiterin hat seine oder ihre Tätigkeit mit der Tätigkeit der Fachbauleiter oder Fachbauleiterinnen und deren Tätigkeit untereinander abzustimmen.

*Teil 5*
**Bauaufsichtsbehörden, Verfahren**

*Abschnitt 1*
**Bauaufsichtsbehörden**

### § 56 Aufbau und Zuständigkeiten der Bauaufsichtsbehörden
(1) ¹Bauaufsichtsbehörden sind
1. die Landkreise und kreisfreien Städte als untere Bauaufsichtsbehörden,
2. das Landesverwaltungsamt als obere Bauaufsichtsbehörde und
3. das für die Bauaufsicht zuständige Ministerium als oberste Bauaufsichtsbehörde.

²Für den Vollzug dieses Gesetzes sowie anderer öffentlich-rechtlicher Vorschriften für die Errichtung, Änderung, Nutzungsänderung und Beseitigung sowie die Nutzung und die Instandhaltung von Anlagen ist die untere Bauaufsichtsbehörde zuständig, soweit nichts anderes bestimmt ist.
(2) ¹Die Bauaufsichtsbehörden sind zur Durchführung ihrer Aufgaben ausreichend mit geeigneten Fachkräften zu besetzen und mit den erforderlichen Vorrichtungen auszustatten. ²Den Bauaufsichtsbehörden müssen insbesondere Bedienstete, die die Laufbahnbefähigung der Laufbahngruppe 2 zweites Einstiegsamt des technischen Verwaltungsdienstes, Fachrichtung Hochbau/Städtebau, und die erforderlichen Kenntnisse der Bautechnik, der Baugestaltung und des öffentlichen Baurechts haben, und Bedienstete, die die Befähigung zum Richteramt oder die Laufbahnbefähigung der Laufbahngruppe 2 zweites Einstiegsamt des allgemeinen Verwaltungsdienstes haben oder Diplomjuristen oder Diplomjuristinnen sind, angehören. ³Die oberste Bauaufsichtsbehörde kann Ausnahmen gestatten.

### § 57 Aufgaben und Befugnisse der Bauaufsichtsbehörden
(1) Die unteren Bauaufsichtsbehörden werden im übertragenen Wirkungskreis tätig.
(2) ¹Die Bauaufsichtsbehörden haben bei der Errichtung, der Änderung, der Nutzung, der Nutzungsänderung, der Instandhaltung und der Beseitigung von Anlagen darüber zu wachen, dass die öffentlich-rechtlichen Vorschriften und die aufgrund dieser Vorschriften erlassenen Anordnungen eingehalten werden, soweit nicht andere Behörden zuständig sind. ²Sie können in Wahrnehmung dieser Aufgaben die erforderlichen Maßnahmen treffen.
(2a) Die Bauaufsichtsbehörden haben bei Kenntnis darauf hinzuweisen, dass das Baugrundstück bereits schädlichen Einflüssen gemäß § 13 ausgesetzt war, diesen gegenwärtig ausgesetzt ist oder zukünftig ausgesetzt sein könnte.
(3) Bauaufsichtliche Genehmigungen und sonstige Maßnahmen gelten auch für und gegen Rechtsnachfolger.
(4) ¹Die mit dem Vollzug dieses Gesetzes beauftragten Personen sind berechtigt, in Ausübung ihres Amtes Grundstücke und Anlagen einschließlich der Wohnungen zu betreten. ²Sind die Wohnungen in Gebrauch genommen, so dürfen sie gegen den Willen der Betroffenen nur betreten werden, wenn dies zur Abwehr einer erheblichen Gefahr für die öffentliche Sicherheit oder Ordnung erforderlich ist. ³Das Grundrecht der Unverletzlichkeit der Wohnung (Artikel 13 des Grundgesetzes und Artikel 17 der Verfassung des Landes Sachsen-Anhalt) wird insoweit eingeschränkt.
(5) ¹Die oberste Bauaufsichtsbehörde übt die Fachaufsicht über die obere und unteren Bauaufsichtsbehörden aus; sie kann einzelne Befugnisse, die ihr nach diesem Gesetz zustehen, auf andere Behörden des Landes übertragen. ²Die obere Bauaufsichtsbehörde übt die Fachaufsicht über die unteren Bauaufsichtsbehörden aus.

(6) Eine Fachaufsichtsbehörde kann anstelle einer nachgeordneten Behörde tätig werden, wenn diese eine Weisung der Fachaufsichtsbehörde innerhalb einer bestimmten Frist nicht befolgt oder wenn Gefahr im Verzuge ist.

*Abschnitt 2*
**Genehmigungspflicht, Genehmigungsfreiheit**

### § 58 Grundsatz

(1) Die Errichtung, Änderung und Nutzungsänderung von Anlagen bedürfen der Baugenehmigung, soweit in den §§ 59 bis 61, 75 und 76 nichts anderes bestimmt ist.

(2) Die Genehmigungsfreiheit nach den §§ 59 bis 61, 75 Abs. 2 Satz 2 und § 76 Abs. 1 Satz 1 und 4 sowie die Beschränkung der bauaufsichtlichen Prüfung nach den § 62, 63, 65 Abs. 4 und § 76 Abs. 3 entbinden nicht von der Verpflichtung zur Einhaltung der Anforderungen, die durch öffentlich-rechtliche Vorschriften an Anlagen gestellt werden, und lassen die bauaufsichtlichen Eingriffsbefugnisse unberührt.

(3) Bei der Durchführung dieses Gesetzes sowie der aufgrund dieses Gesetzes erlassenen Vorschriften ist die Übermittlung elektronischer Dokumente zulässig, soweit dies durch eine Verordnung bestimmt wird.

### § 59 Vorrang anderer Gestattungsverfahren

(1) Einer Baugenehmigung, Abweichung, Genehmigungsfreistellung, Zustimmung und Bauüberwachung nach diesem Gesetz bedürfen nicht
1. nach anderen Rechtsvorschriften zulassungsbedürftige Anlagen in oder an oberirdischen Gewässern und Anlagen, die dem Ausbau, der Unterhaltung oder der Nutzung eines Gewässers dienen oder als solche gelten, ausgenommen Gebäude, die Sonderbauten sind,
2. nach anderen Rechtsvorschriften zulassungsbedürftige Anlagen für die öffentliche Versorgung mit Elektrizität, Gas, Wärme, Wasser und für die öffentliche Verwertung oder Beseitigung von Abwässern, ausgenommen Gebäude, die Sonderbauten sind,
3. Werbeanlagen, soweit sie nach dem Straßenverkehrsrecht einer Ausnahmegenehmigung oder nach dem Straßenrecht einer Zulassung oder einer Ausnahmegenehmigung bedürfen,
4. Anlagen, die nach dem Kreislaufwirtschafts- und Abfallrecht einer Genehmigung bedürfen,
5. Anlagen, die einer Errichtungsgenehmigung nach dem Atomgesetz bedürfen,
6. Zoos, die einer Genehmigung nach § 42 Abs. 2 Satz 1 des Bundesnaturschutzgesetzes in Verbindung mit § 26 Abs. 1 des Naturschutzgesetzes des Landes Sachsen-Anhalt bedürfen, und
7. Anlagen, die nach dem Produktsicherheitsrecht, dem Betriebssicherheitsrecht oder nach dem Sprengstoffrecht einer Genehmigung oder Erlaubnis bedürfen und keine Sonderbauten sind.

(2) Für Anlagen, bei denen ein Gestattungsverfahren nach anderen Vorschriften durchgeführt wird und das die Baugenehmigung, die Abweichung nach § 66 oder die Zustimmung nach § 76 einschließt, erhält die nach § 56 Abs. 1 Satz 1 Nr. 1 und § 87 Abs. 3 zuständige Bauaufsichtsbehörde für ihre Leistungen die Gebühren und Auslagen nach der Baugebührenverordnung vom 4. Mai 2006 (GVBl. LSA S. 315), zuletzt geändert durch Verordnung vom 28. Oktober 2008 (GVBl. LSA S. 385).

### § 60 Verfahrensfreie Bauvorhaben, Beseitigung von Anlagen

(1) Verfahrensfrei ist die Errichtung, Änderung oder Aufstellung für
1. Gebäude:
   a) eingeschossige Gebäude mit einer Grundfläche bis zu 10 m², außer im Außenbereich, auch soweit sie nachfolgend von der Genehmigungsfreiheit ausgenommen sind,
   b) Garagen einschließlich überdachter Stellplätze mit einer mittleren Wandhöhe bis zu 3 m und einer Grundfläche bis zu 50 m², außer im Außenbereich, auch soweit sie nachfolgend von der Genehmigungsfreiheit ausgenommen sind,
   c) Gebäude ohne Feuerungsanlagen mit einer traufseitigen Wandhöhe bis zu 6 m, die einem land- oder forstwirtschaftlichen Betrieb im Sinne des § 35 Abs. 1 Nrn. 1 und 2 des Baugesetzbuches in Verbindung mit § 201 des Baugesetzbuches dienen, höchstens 100 m² Grundfläche haben und nur zur Unterbringung von Sachen oder zum vorübergehenden Schutz von Tieren bestimmt sind,

d) Gebäude ohne Feuerungsanlagen mit einer Höhe bis zu 8 m, die einem land- oder forstwirtschaftlichen Betrieb im Sinne des § 35 Abs. 1 Nr. 1 oder 2 oder einem Betrieb der Tierhaltung nach § 35 Abs. 1 Nr. 4 des Baugesetzbuches dienen, höchstens 500 m² Grundfläche haben und nur zur Unterbringung von Sachen oder zum vorübergehenden Schutz von Tieren bestimmt sind, wenn der Bauherr oder die Bauherrin der Gemeinde das beabsichtigte Vorhaben durch Einreichen der erforderlichen Unterlagen zur Kenntnis gegeben hat und die Gemeinde nicht innerhalb von zwei Wochen eine vorläufige Untersagung nach § 15 Abs. 1 Satz 2 des Baugesetzbuches beantragt; teilt die Gemeinde dem Bauherrn oder der Bauherrin vor Ablauf der Frist schriftlich mit, dass sie eine vorläufige Untersagung nach § 15 Abs. 1 Satz 2 des Baugesetzbuches nicht beantragen wird, darf mit der Ausführung des Vorhabens bereits vor Ablauf der Frist begonnen werden,

e) Kulturgewächshäuser mit einer Firsthöhe bis zu 6 m und höchstens 100 m² Grundfläche, die einem landwirtschaftlichen Betrieb im Sinne des § 35 Abs. 1 Nrn. 1 und 2 des Baugesetzbuches in Verbindung mit § 201 des Baugesetzbuches dienen,

f) Kulturgewächshäuser mit einer Firsthöhe bis zu 6 m und höchstens 1 600 m² Grundfläche, die einem landwirtschaftlichen Betrieb im Sinne des § 35 Abs. 1 Nrn. 1 und 2 des Baugesetzbuches in Verbindung mit § 201 des Baugesetzbuches dienen, wenn der Bauherr oder die Bauherrin der Gemeinde das beabsichtigte Vorhaben durch Einreichen der erforderlichen Unterlagen zur Kenntnis gegeben hat und die Gemeinde nicht innerhalb einer Frist von zwei Wochen eine vorläufige Untersagung nach § 15 Abs. 1 Satz 2 des Baugesetzbuches beantragt; teilt die Gemeinde dem Bauherrn oder der Bauherrin vor Ablauf der Frist schriftlich mit, dass sie eine vorläufige Untersagung nach § 15 Abs. 1 Satz 2 des Baugesetzbuches nicht beantragen wird, darf mit der Ausführung des Vorhabens bereits vor Ablauf der Frist begonnen werden,

g) Fahrgastunterstände, die dem öffentlichen Personenverkehr oder der Schülerbeförderung dienen,

h) Schutzhütten für Wanderer, die jedermann zugänglich sind und keine Aufenthaltsräume haben,

i) Terrassenüberdachungen mit einer Fläche bis zu 30 m² und einer Tiefe bis zu 3 m,

j) Gartenlauben in Kleingartenanlagen im Sinne des § 1 Abs. 1 des Bundeskleingartengesetzes vom 28. Februar 1983 (BGBl. I S. 210), zuletzt geändert durch Artikel 11 des Gesetzes vom 19. September 2006 (BGBl. I S. 2146, 2147), und

k) Wochenendhäuser auf genehmigten Wochenendplätzen;

2. Anlagen der technischen Gebäudeausrüstung, ausgenommen freistehende Abgasanlagen mit einer Höhe von mehr als 10m;

3. Anlagen zur Nutzung erneuerbarer Energien:
   a) Solaranlagen in, an und auf Dach- und Außenwandflächen ausgenommen bei Hochhäusern sowie die damit verbundene Änderung der Nutzung oder der äußeren Gestalt des Gebäudes,
   b) Windkraftanlagen bis zu einer Gesamthöhe von 10 m und einem Rotordurchmesser bis zu 3 m in Gewerbe- und Industriegebieten, wobei sich die Gesamthöhe nach § 6 Abs. 8 Satz 3 bestimmt,

4. Anlagen der Ver- und Entsorgung:
   a) Brunnen und
   b) Anlagen, die der Telekommunikation, der öffentlichen Versorgung mit Elektrizität, Gas, Öl, Wärme und Wasser oder der Abwasserbeseitigung dienen, mit einer Höhe bis zu 5 m und einer Grundfläche bis zu 20 m²;

5. Masten, Antennen und ähnliche Anlagen:
   a) unbeschadet der Nummer 4 Buchst. b Antennen einschließlich deren Masten mit einer Höhe bis zu 10 m auf Gebäuden gemessen ab dem Schnittpunkt der Anlage mit der Dachhaut, im Außenbereich freistehend mit einer Höhe bis zu 15 m und zugehöriger Versorgungseinheiten mit einem Brutto-Rauminhalt bis zu 10 m³ sowie, soweit sie in, auf oder an einer bestehenden baulichen Anlage errichtet werden, die damit verbundene Änderung der Nutzung oder der äußeren Gestalt der Anlage,

- b) Masten und Unterstützungen für Fernsprechleitungen, für Leitungen zur Versorgung mit Elektrizität, für Seilbahnen und für Leitungen sonstiger Verkehrsmittel, für Sirenen und für Fahnen,
- c) Masten, die aus Gründen des Brauchtums errichtet werden,
- d) Signalhochbauten für die Landesvermessung und
- e) Flutlichtmasten mit einer Höhe bis zu 10 m;

6. Behälter:
   - a) ortsfeste Behälter für Flüssiggas mit einem Fassungsvermögen von weniger als 3 t, für nicht verflüssigte Gase mit einem Brutto-Rauminhalt bis zu 6 m$^3$,
   - b) ortsfeste Behälter für brennbare oder wassergefährdende Flüssigkeiten mit einem Brutto-Rauminhalt bis zu 10 m$^3$,
   - c) ortsfeste Behälter sonstiger Art mit einem Brutto-Rauminhalt bis zu 50 m$^3$ und einer Höhe bis zu 3 m,
   - d) Gärfutterbehälter mit einer Höhe bis zu 10 m und Schnitzelgruben,
   - e) Fahrsilos, Kompostanlagen und ähnliche Anlagen und
   - f) Wasserbecken bis 100 m$^3$ Beckeninhalt;

7. Mauern und Einfriedungen:
   - a) Mauern einschließlich Stützmauern und Einfriedungen mit einer Höhe bis zu 2 m, außer im Außenbereich, und
   - b) offene, sockellose Einfriedungen für Grundstücke, die einem land- oder forstwirtschaftlichen Betrieb im Sinne des § 35 Abs. 1 Nrn. 1 und 2 des Baugesetzbuches in Verbindung mit § 201 des Baugesetzbuches dienen;

8. private Verkehrsanlagen einschließlich Brücken und Durchlässen mit einer lichten Weite bis zu 5 m und Untertunnelungen mit einem Durchmesser bis zu 3 m;

9. Aufschüttungen und Abgrabungen mit einer Höhe oder Tiefe bis zu 3 m und einer Grundfläche bis zu 30 m$^2$, im Außenbereich bis zu 300 m$^2$ ;

10. Anlagen in Gärten und zur Freizeitgestaltung:
    - a) Schwimmbecken mit einem Beckeninhalt bis zu 100 m$^3$ einschließlich dazugehöriger luftgetragener Überdachungen, außer im Außenbereich,
    - b) Sprungschanzen, Sprungtürme und Rutschbahnen mit einer Höhe bis zu 10 m sowie Skipisten,
    - c) Anlagen, die der zwecksprechenden Einrichtung von Spiel-, Abenteuerspiel-, Bolz- und Sportplätzen, Reit- und Wanderwegen, Trimm- und Lehrpfaden dienen, ausgenommen Gebäude und Tribünen,
    - d) Wohnwagen, Zelte und Anlagen, die keine Gebäude sind, auf Camping-, Zelt- und Wochenendplätzen und
    - e) Anlagen, die der Gartennutzung, der Gartengestaltung oder der zwecksprechenden Einrichtung von Gärten dienen, wie Bänke, Sitzgruppen oder Pergolen, ausgenommen Gebäude und Einfriedungen, unbeschadet der Nummer 7;

11. tragende und nichttragende Bauteile:
    - a) nichttragende und nichtaussteifende Bauteile in baulichen Anlagen,
    - b) die Änderung tragender oder aussteifender Bauteile innerhalb von Wohngebäuden der Gebäudeklassen 1 und 2,
    - c) Fenster und Türen sowie die dafür bestimmten Öffnungen,
    - d) Außenwandbekleidungen einschließlich Maßnahmen der Wärmedämmung, ausgenommen bei Hochhäusern, Verblendungen und Verputz baulicher Anlagen und
    - e) Bedachung einschließlich Maßnahmen der Wärmedämmung, ausgenommen bei Hochhäusern;

12. Werbeanlagen, Warenautomaten, Schilder und Tafeln:
    - a) Werbeanlagen mit einer Ansichtsfläche bis zu 1 m$^2$,
    - b) Warenautomaten,
    - c) Werbeanlagen, die nach ihrem erkennbaren Zweck nur vorübergehend für höchstens zwei Monate angebracht werden, außer im Außenbereich,
    - d) Schilder im Sinne von § 10 Abs. 3 Satz 2 Nrn. 2 und 3,

e) Werbeanlagen in durch Bebauungsplan festgesetzten Gewerbe-, Industrie- und vergleichbaren Sondergebieten an der Stätte der Leistung mit einer Höhe bis zu 10 m sowie, soweit sie in, auf oder an einer bestehenden baulichen Anlage errichtet werden, die damit verbundene Änderung der Nutzung oder der äußeren Gestalt der Anlage und
f) Orientierungs- und Bildtafeln über Wanderwege, Forst- und Fischereilehrpfade und über die nach dem Bundesnaturschutzgesetz und dem Naturschutzgesetz des Landes Sachsen-Anhalt geschützten Teile von Natur und Landschaft;

13. vorübergehend aufgestellte oder nutzbare Anlagen:
    a) Baustelleneinrichtungen einschließlich der Lagerhallen, Schutzhallen und Unterkünfte,
    b) Gerüste,
    c) Toilettenwagen,
    d) Behelfsbauten, die der Landesverteidigung, dem Katastrophenschutz oder der Unfallhilfe dienen,
    e) bauliche Anlagen, die für höchstens drei Monate auf genehmigtem Messe- und Ausstellungsgelände errichtet werden, ausgenommen Fliegende Bauten,
    f) Verkaufsstände und andere bauliche Anlagen auf Straßenfesten, Volksfesten und Märkten, ausgenommen Fliegende Bauten, und
    g) Imbiss- und Verkaufswagen auf öffentlichen Verkehrsflächen;

14. Plätze:
    a) unbefestigte Lager- und Abstellplätze, die einem land- oder forstwirtschaftlichen Betrieb im Sinne des § 35 Abs. 1 Nrn. 1 und 2 des Baugesetzbuches in Verbindung mit § 201 des Baugesetzbuches dienen,
    b) befestigte Lager- und Abstellplätze mit einer Fläche bis zu 500 m², die einem land- oder forstwirtschaftlichen Betrieb im Sinne des § 35 Abs. 1 Nrn. 1 oder 2 oder einem Betrieb der Tierhaltung nach § 35 Abs. 1 Nr. 4 des Baugesetzbuches dienen, wenn der Bauherr oder die Bauherrin der Gemeinde das beabsichtigte Vorhaben durch Einreichen der erforderlichen Unterlagen zur Kenntnis gegeben hat und die Gemeinde nicht innerhalb von zwei Wochen eine vorläufige Untersagung nach § 15 Abs. 1 Satz 2 des Baugesetzbuches beantragt; teilt die Gemeinde dem Bauherrn oder der Bauherrin vor Ablauf der Frist schriftlich mit, dass sie eine vorläufige Untersagung nach § 15 Abs. 1 Satz 2 des Baugesetzbuches nicht beantragen wird, darf mit der Ausführung des Vorhabens bereits vor Ablauf der Frist begonnen werden,
    c) nicht überdachte Stellplätze mit einer Fläche bis zu 50 m² und deren Ab- und Zufahrten und
    d) Kinderspielplätze;

15. folgende sonstige Anlagen:
    a) Fahrradabstellanlagen,
    b) Regale mit einer Höhe bis zu 7,50 m Oberkante Lagergut,
    c) Grabdenkmale auf Friedhöfen, Feldkreuze, Denkmäler und sonstige Kunstwerke jeweils mit einer Höhe bis zu 4 m,
    d) Gaststättenerweiterungen um eine Außenbewirtschaftung, wenn die für die Erweiterung in Anspruch genommene Grundfläche 100 m² nicht überschreitet,
    e) Ladestationen für Elektromobilität und die damit verbundene Änderung der Nutzung,
    f) ortsveränderlich genutzte und fahrbereit aufgestellte Geflügelställe zum Zweck der Freilandhaltung oder der ökologisch-biologischen Geflügelhaltung, wenn diese einem landwirtschaftlichen Betrieb dienen, auf einer landwirtschaftlichen Fläche aufgestellt werden und jeweils nicht mehr als 120 m³ Brutto-Rauminhalt sowie eine Ausflauffläche haben, die mindestens 7 m² je Kubikmeter Brutto-Rauminhalt beträgt, und
    g) unbedeutende Anlagen oder unbedeutende Teile von Anlagen wie Hauseingangsüberdachungen, Markisen, Rollläden, Terrassen, Maschinenfundamente, Fahrzeugwaagen, Pergolen, Jägerstände, Fütterungs- und Melkstände, Bienenfreistände, Taubenhäuser, Hofeinfahrten und Vorrichtungen zum Teppichklopfen und Wäschetrocknen.

(2) Verfahrensfrei ist die Änderung der Nutzung von Anlagen, wenn
1. für die neue Nutzung keine anderen öffentlich-rechtlichen Anforderungen nach den §§ 63 und 65 als für die bisherige Nutzung in Betracht kommen oder
2. die Errichtung oder Änderung der Anlagen nach Absatz 1 verfahrensfrei wäre.
(3) [1]Verfahrensfrei ist die Beseitigung von
1. Anlagen nach Absatz 1,
2. freistehenden Gebäuden der Gebäudeklassen 1 und 3,
3. sonstigen Anlagen, die keine Gebäude sind, mit einer Höhe bis zu 10 m.
[2]Im Übrigen ist die beabsichtigte Beseitigung von Anlagen mindestens einen Monat vor Beginn der Beseitigung der Bauaufsichtsbehörde anzuzeigen. [3]Bei nicht freistehenden Gebäuden muss die Standsicherheit des Gebäudes oder der Gebäude, an die das zu beseitigende Gebäude angebaut ist, durch einen qualifizierten Tragwerksplaner oder eine qualifizierte Tragwerksplanerin im Sinne des § 65 Abs. 2 beurteilt und im erforderlichen Umfang nachgewiesen werden; die Beseitigung ist, soweit notwendig, durch den qualifizierten Tragwerksplaner oder die qualifizierte Tragwerksplanerin zu überwachen. [4]Satz 3 gilt nicht, soweit an verfahrensfreie Gebäude angebaut ist. [5]§ 71 Abs. 6 Nr. 3 und Abs. 8 gilt entsprechend.
(4) Verfahrensfrei sind Instandhaltungsarbeiten.
(5) Verfahrensfreie Baumaßnahmen müssen den öffentlich-rechtlichen Vorschriften entsprechen.
(6) Die Verfahrensfreiheit lässt § 85 und andere öffentlich-rechtliche Vorschriften, nach denen eine Genehmigung, Erlaubnis oder Bewilligung erforderlich ist, unberührt.

## § 61 Genehmigungsfreistellung

(1) [1]Einer Baugenehmigung bedarf unter den Voraussetzungen des Absatzes 2 nicht die Errichtung, Änderung und Nutzungsänderung von
1. Wohngebäuden der Gebäudeklassen 1 bis 3,
2. sonstigen Gebäuden der Gebäudeklassen 1 und 2,
3. sonstigen baulichen Anlagen, die keine Gebäude sind, und
4. Nebengebäuden und Nebenanlagen zu Bauvorhaben nach den Nummern 1 bis 3,
ausgenommen Sonderbauten. [2]Satz 1 gilt nicht für die Errichtung, Änderung oder Nutzungsänderung
1. eines Gebäudes oder mehrerer Gebäude, wenn dadurch, ungeachtet einer Schaffung sonstiger Flächen, dem Wohnen dienende Nutzungseinheiten mit einer Größe von insgesamt mehr als 5000 m² Brutto-Grundfläche geschaffen werden, und
2. baulicher Anlagen, die öffentlich zugänglich sind, wenn durch die Errichtung die gleichzeitige Nutzung durch mehr als 100 Besucher oder durch die Änderung oder Nutzungsänderung die gleichzeitige Nutzung durch mehr als 100 zusätzliche Besucher ermöglicht wird,
die innerhalb des angemessenen Sicherheitsabstandes zu einem Betriebsbereich im Sinne des § 3 Abs. 5a und 5c des Bundes-Immissionsschutzgesetzes in der Fassung der Bekanntmachung vom 17. Mai 2013 (BGBl. I S. 1274), zuletzt geändert durch Artikel 3 des Gesetzes vom 18. Juli 2017 (BGBl. I S. 2771, 2773), liegen.
(2) [1]Nach Absatz 1 ist ein Bauvorhaben genehmigungsfrei gestellt, wenn
1. es im Geltungsbereich eines Bebauungsplans im Sinne des § 30 Abs. 1 des Baugesetzbuches oder der §§ 12 und 30 Abs. 2 des Baugesetzbuches liegt,
2. es den Festsetzungen des Bebauungsplans nicht widerspricht oder notwendige Ausnahmen oder Befreiungen erteilt sind,
3. die Erschließung im Sinne des Baugesetzbuches gesichert ist und
4. die Gemeinde nicht innerhalb der Frist nach Absatz 3 Satz 2 erklärt, dass das vereinfachte Baugenehmigungsverfahren durchgeführt werden soll, oder eine vorläufige Untersagung nach § 15 Abs. 1 Satz 2 des Baugesetzbuches beantragt.
[2]Der Bauherr oder die Bauherrin kann durch Einreichung eines Bauantrages bestimmen, dass für die genannten Vorhaben das Baugenehmigungsverfahren durchgeführt wird.
(3) [1]Der Bauherr oder die Bauherrin hat die erforderlichen Unterlagen bei der Gemeinde einzureichen; die Gemeinde legt, soweit sie nicht selbst Bauaufsichtsbehörde ist, eine Fertigung der Unterlagen unverzüglich der unteren Bauaufsichtsbehörde vor. [2]Mit dem Bauvorhaben darf einen Monat nach Vorlage der erforderlichen Unterlagen bei der Gemeinde begonnen werden. [3]Teilt die Gemeinde dem

Bauherrn oder der Bauherrin vor Ablauf der Frist schriftlich mit, dass kein Baugenehmigungsverfahren durchgeführt werden soll und sie eine Untersagung nach § 15 Abs. 1 Satz 2 des Baugesetzbuches nicht beantragen wird, darf der Bauherr oder die Bauherrin mit der Ausführung des Bauvorhabens beginnen. ⁴Von der Mitteilung nach Satz 3 hat die Gemeinde die Bauaufsichtsbehörde unverzüglich zu unterrichten. ⁵Sind Anlagen im Sinne des § 71 Abs. 3 Satz 2 genehmigungsfrei gestellt, so hat der Bauherr oder die Bauherrin vor Baubeginn der Bauaufsichtsbehörde eine von ihr festgesetzte Sicherheitsleistung nachzuweisen, durch die die Finanzierung der Kosten des Rückbaus der Anlagen bei dauerhafter Aufgabe der Nutzung gesichert wird. ⁶Will der Bauherr oder die Bauherrin mit der Ausführung des Bauvorhabens mehr als drei Jahre, nachdem die Bauausführung nach den Sätzen 2 und 3 zulässig geworden ist, beginnen, gelten die Sätze 1 bis 4 entsprechend.

(4) ¹Die Erklärung der Gemeinde nach Absatz 2 Satz 1 Nr. 4 kann insbesondere deshalb erfolgen, weil sie eine Überprüfung der sonstigen Voraussetzungen des Absatzes 2 oder des Bauvorhabens aus anderen Gründen für erforderlich hält. ²Es besteht kein Rechtsanspruch darauf, dass die Gemeinde von ihrer Erklärungsmöglichkeit keinen Gebrauch macht. ³Erklärt die Gemeinde, dass das vereinfachte Baugenehmigungsverfahren durchgeführt werden soll, hat sie dem Bauherrn oder der Bauherrin die vorgelegten Unterlagen zurückzugeben. ⁴Hat der Bauherr oder die Bauherrin bei der Vorlage der Unterlagen bestimmt, dass seine oder ihre Vorlage im Fall der Erklärung nach Absatz 2 Satz 1 Nr. 4 als Bauantrag zu behandeln ist, leitet sie die Unterlagen gleichzeitig mit der Erklärung an die Bauaufsichtsbehörde weiter.

(5) ¹§ 65 bleibt unberührt. ²§ 67 Abs. 2 Satz 1, Abs. 4 Satz 1 und 2, § 71 Abs. 6 Nrn. 2 und 3, Abs. 7 und 8 sind entsprechend anzuwenden. ³Die Rechtmäßigkeit eines Vorhabens nach Absatz 1 wird durch die spätere Feststellung der Nichtigkeit des Bebauungsplans nicht berührt.

*Abschnitt 3*
**Genehmigungsverfahren**

### § 62 Vereinfachtes Baugenehmigungsverfahren
¹Die Bauaufsichtsbehörde prüft bei
1. Wohngebäuden der Gebäudeklassen 1 bis 3,
2. sonstigen Gebäuden der Gebäudeklassen 1 und 2,
3. sonstigen baulichen Anlagen, die keine Gebäude sind,
4. Nebengebäuden und Nebenanlagen zu Bauvorhaben nach den Nummern 1 bis 3 und
5. Werbeanlagen,

ausgenommen Sonderbauten,
a) die Übereinstimmung mit den Vorschriften über die Zulässigkeit der baulichen Anlagen nach den §§ 29 bis 38 des Baugesetzbuches,
b) die Einhaltung der Anforderungen nach diesem Gesetz und der aufgrund dieses Gesetzes erlassenen Vorschriften und
c) die Einhaltung der anderen öffentlich-rechtlichen Vorschriften.

²Auf Antrag des Bauherrn oder der Bauherrin prüft die Bauaufsichtsbehörde abweichend von Satz 1 Buchst. b und c
1. die Zulässigkeit beantragter Abweichungen im Sinne des § 66 Abs. 1 und 2 Satz 2 und
2. die Einhaltung der anderen öffentlich-rechtlichen Anforderungen, soweit wegen der Baugenehmigung eine Entscheidung nach anderen öffentlich-rechtlichen Vorschriften entfällt oder ersetzt wird.

³§ 65 bleibt unberührt.

### § 63 Baugenehmigungsverfahren
¹Bei genehmigungsbedürftigen baulichen Anlagen, die nicht unter § 62 fallen, prüft die Bauaufsichtsbehörde die
1. Übereinstimmung mit den Vorschriften über die Zulässigkeit der baulichen Anlagen nach den §§ 29 bis 38 des Baugesetzbuches,
2. Einhaltung der Anforderungen dieses Gesetzes oder aufgrund dieses Gesetzes erlassener Vorschriften und
3. Einhaltung der anderen öffentlich-rechtlichen Anforderungen.

²Auf Antrag des Bauherrn oder der Bauherrin prüft die Bauaufsichtsbehörde abweichend von Satz 1 Nr. 3 die Einhaltung der anderen öffentlich-rechtlichen Anforderungen, soweit wegen der Baugenehmigung eine Entscheidung nach anderen öffentlich-rechtlichen Vorschriften entfällt oder ersetzt wird. ³§ 65 bleibt unberührt.

## § 64 Bauvorlageberechtigung

(1) ¹Bauvorlagen für die nicht verfahrensfreie Errichtung und Änderung von Gebäuden müssen von einem Entwurfsverfasser oder einer Entwurfsverfasserin unterschrieben sein, der oder die bauvorlageberechtigt ist. ²Dies gilt nicht für
1. Bauvorlagen, die üblicherweise von Fachkräften mit anderer Ausbildung als nach Absatz 2 verfasst werden, und
2. geringfügige oder technisch einfache Bauvorhaben.

(2) Bauvorlageberechtigt ist, wer
1. die Berufsbezeichnung „Architekt" oder „Architektin" führen darf,
2. in die von der Ingenieurkammer Sachsen-Anhalt geführte Liste der bauvorlageberechtigten Ingenieure eingetragen ist; Eintragungen in anderen Bundesländern gelten auch im Land Sachsen-Anhalt,
3. die Berufsbezeichnung „Innenarchitekt" oder „Innenarchitektin" führen darf, für die mit der Berufsaufgabe des Innenarchitekten oder der Innenarchitektin verbundenen baulichen Änderungen von Gebäuden, oder
4. einen berufsqualifizierenden Hochschulabschluss eines Studiums der Fachrichtung Architektur, Hochbau oder des Bauingenieurwesens nachweist, danach mindestens zwei Jahre auf dem Gebiet der Entwurfsplanung von Gebäuden praktisch tätig gewesen ist und Bediensteter oder Bedienstete einer juristischen Person des öffentlichen Rechts ist, für die dienstliche Tätigkeit.

(2a) ¹Bauvorlageberechtigt für die Gebäudeklassen 1 und 2 ist auch, wer
1. einen berufsqualifizierenden Hochschulabschluss eines Studiums der Fachrichtung Architektur, Hochbau oder des Bauingenieurwesens nachweist,
2. Meister oder Meisterin des Maurer-, Betonbauer- oder des Zimmerer-Handwerks ist oder diesen nach § 7 Abs. 3, 7 oder 9 der Handwerksordnung gleichgestellt ist,
3. staatlich geprüfter Techniker oder staatlich geprüfte Technikerin der Fachrichtung Bautechnik mit dem Schwerpunkt Hochbau ist,
4. in einem Mitgliedstaat der Europäischen Union, in einem anderen Vertragsstaat des Abkommens über den Europäischen Wirtschaftsraum oder einem durch Abkommen gleichgestellten Staat einen Ausbildungsnachweis erworben hat, der aufgrund einer schulrechtlichen Rechtsvorschrift als gleichwertig mit dem Abschluss zum staatlich geprüften Techniker oder zur staatlich geprüften Technikerin der Fachrichtung Bautechnik mit dem Schwerpunkt Hochbau anerkannt ist, oder
5. in einem der in Nummer 4 genannten Staaten zur Erbringung von Entwurfsleistungen nach den Nummern 1 bis 3 rechtmäßig niedergelassen ist und diese Leistungen nur vorübergehend und gelegentlich in Sachsen-Anhalt erbringt; die Absätze 4 bis 6 gelten entsprechend.

²Die Bauvorlageberechtigten nach Satz 1 sind verpflichtet, sich eigenverantwortlich im Bereich des öffentlichen Baurechts fortzubilden. ³Sie haben sich ausreichend gegen Haftpflichtansprüche zu versichern, die aus ihrer eigenverantwortlichen Tätigkeit herrühren können. ⁴Es ist eine Nachhaftung des Versicherers für mindestens fünf Jahre nach Beendigung des Versicherungsvertrages zu vereinbaren. ⁵Die Mindestversicherungssumme beträgt für jeden Versicherungsfall 1,5 Millionen Euro für Personenschäden und 300 000 Euro für Sach- und Vermögensschäden. ⁶Als Jahreshöchstleistung für alle in einem Versicherungsjahr verursachten Schäden muss der dreifache Betrag der Mindestversicherungssumme veranschlagt sein.

(3) ¹In die Liste der bauvorlageberechtigten Ingenieure nach Absatz 2 Nr. 2 ist auf Antrag von der Ingenieurkammer Sachsen-Anhalt einzutragen, wer
1. aufgrund eines berufsqualifizierenden Hochschulabschlusses eines Studiums der Fachrichtung des Bauingenieurwesens die Berufsbezeichnung „Ingenieur" oder „Ingenieurin" führen darf oder einen berufsqualifizierenden Hochschulabschluss eines Studiums der Fachrichtung Hochbau nachweist und
2. danach mindestens zwei Jahre auf dem Gebiet der Entwurfsplanung von Gebäuden praktisch tätig gewesen ist.

²Dem Antrag sind die zur Beurteilung erforderlichen Unterlagen beizufügen. ³§ 1 Abs. 1 Satz 1 des Verwaltungsverfahrensgesetzes Sachsen-Anhalt in Verbindung mit § 42a des Verwaltungsverfahrensgesetzes findet Anwendung.

(4) ¹Personen, die in einem anderen Mitgliedstaat der Europäischen Union oder einem nach dem Recht der Europäischen Gemeinschaften gleichgestellten Staat als Bauvorlageberechtigte niedergelassen sind, sind ohne Eintragung in die Liste nach Absatz 3 bauvorlageberechtigt, wenn sie
1. eine vergleichbare Berechtigung besitzen und
2. dafür dem Absatz 3 Satz 1 Nrn. 1 und 2 vergleichbare Anforderungen erfüllen mussten.

²Sie haben das erstmalige Tätigwerden als Bauvorlageberechtigte vorher der Ingenieurkammer Sachsen-Anhalt anzuzeigen und mit der Anzeige
1. eine Bescheinigung darüber, dass sie in einem Mitgliedstaat der Europäischen Union oder einem nach dem Recht der Europäischen Gemeinschaften gleichgestellten Staat rechtmäßig zur Erstellung und Einreichung von Bauvorlagen niedergelassen sind und ihnen die Ausübung dieser Tätigkeiten zum Zeitpunkt der Vorlage der Bescheinigung nicht, auch nicht vorübergehend, untersagt ist, und
2. einen Nachweis darüber, dass sie im Staat ihrer Niederlassung für die Tätigkeit als Bauvorlageberechtigte mindestens die Voraussetzungen des Absatzes 3 Satz 1 Nrn. 1 und 2 erfüllen mussten,

vorzulegen; sie sind in einem Verzeichnis zu führen. ³Die Ingenieurkammer Sachsen-Anhalt hat auf Antrag zu bestätigen, dass die Anzeige nach Satz 2 erfolgt ist; sie kann das Tätigwerden als Bauvorlageberechtigte untersagen und die Eintragung in das Verzeichnis nach Satz 2 Halbsatz 2 löschen, wenn die Voraussetzungen des Satzes 1 nicht erfüllt sind.

(5) ¹Personen, die in einem anderen Mitgliedstaat der Europäischen Union oder einem nach dem Recht der Europäischen Gemeinschaften gleichgestellten Staat als Bauvorlageberechtigte niedergelassen sind, ohne im Sinne des Absatzes 4 Satz 1 Nr. 2 vergleichbar zu sein, sind bauvorlageberechtigt, wenn ihnen die Ingenieurkammer Sachsen-Anhalt bescheinigt hat, dass sie die Anforderungen des Absatzes 3 Satz 1 Nrn. 1 und 2 erfüllen; sie sind in einem Verzeichnis zu führen. ²Die Bescheinigung wird auf Antrag erteilt. ³Absatz 3 Satz 2 und 3 ist entsprechend anzuwenden.

(6) ¹Anzeigen und Bescheinigungen nach den Absätzen 4 und 5 sind nicht erforderlich, wenn bereits in einem anderen Bundesland eine Anzeige erfolgt ist oder eine Bescheinigung erteilt wurde; eine weitere Eintragung in die von der Ingenieurkammer Sachsen-Anhalt geführten Verzeichnisse erfolgt nicht. ²Verfahren nach den Absätzen 3 bis 5 können über eine einheitliche Stelle nach § 1 Abs. 1 Satz 1 des Verwaltungsverfahrensgesetzes Sachsen-Anhalt in Verbindung mit den §§ 71a bis 71e des Verwaltungsverfahrensgesetzes abgewickelt werden.

## § 65 Bautechnische Nachweise

(1) ¹Die Einhaltung der Anforderungen an die Standsicherheit, den Brand-, Schall-, Wärme- und Erschütterungsschutz ist nach Maßgabe der aufgrund dieses Gesetzes erlassenen Verordnung nachzuweisen (bautechnische Nachweise); dies gilt nicht für verfahrensfreie Bauvorhaben, einschließlich der Beseitigung von Anlagen, soweit nicht in diesem Gesetz oder aufgrund einer Verordnung erlassener Vorschriften anderes bestimmt ist. ²Die Bauvorlageberechtigung nach § 64 Abs. 2 Nrn. 1, 2 und 4 schließt die Berechtigung zur Erstellung der bautechnischen Nachweise ein, soweit nicht nachfolgend etwas anderes bestimmt ist.

(2) ¹Bei
1. Gebäuden der Gebäudeklassen 1 bis 3 und
2. sonstigen baulichen Anlagen, die keine Gebäude sind,

muss der Standsicherheitsnachweis von
a) einer Person mit einem berufsqualifizierenden Hochschulabschluss eines Studiums der Fachrichtung Architektur, Hochbau oder des Bauingenieurwesens mit einer mindestens dreijährigen Berufserfahrung in der Tragwerksplanung, die in einer von der Ingenieurkammer Sachsen-Anhalt zu führenden Liste eingetragen ist; § 1 Abs. 1 Satz 1 des Verwaltungsverfahrensgesetzes Sachsen-Anhalt in Verbindung mit § 42a des Verwaltungsverfahrensgesetzes findet Anwendung; Eintragungen in anderen Bundesländern gelten auch im Land Sachsen-Anhalt, oder
b) einem Prüfingenieur oder einer Prüfingenieurin für Standsicherheit

erstellt sein. ²Soweit dieser Standsicherheitsnachweis nicht von Personen nach Satz 1 erstellt ist, muss er bauaufsichtlich geprüft sein. ³Auch bei anderen Bauvorhaben darf der Standsicherheitsnachweis von Personen nach Satz 1 erstellt werden. ⁴Bei Bauvorhaben der Gebäudeklasse 4, ausgenommen Sonderbauten sowie Mittel- und Großgaragen im Sinne der Verordnung nach § 84 Abs. 1 Nr. 3, muss der Brandschutznachweis erstellt sein von
1. einem oder einer für das Bauvorhaben Bauvorlageberechtigten, der oder die die erforderlichen Kenntnisse des Brandschutzes nachgewiesen hat,
2. a) einem oder einer Angehörigen der Fachrichtung Architektur, Hochbau, Bauingenieurwesen oder eines Studiengangs mit Schwerpunkt Brandschutz, der oder die ein Studium an einer deutschen Hochschule oder ein gleichwertiges Studium an einer ausländischen Hochschule abgeschlossen hat, oder
   b) einem Absolventen oder einer Absolventin einer Laufbahnausbildung für den feuerwehrtechnischen Dienst, Laufbahngruppe 2,
   der oder die nach Abschluss der Ausbildung mindestens zwei Jahre auf dem Gebiet der brandschutztechnischen Planung und Ausführung von Gebäuden oder der Prüfung der brandschutztechnischen Planung und Ausführung von Gebäuden praktisch tätig gewesen ist und die erforderlichen Kenntnisse des Brandschutzes nachgewiesen hat, oder
3. einem Prüfingenieur oder einer Prüfingenieurin für Brandschutz.
⁵Die in Satz 4 Nrn. 1 und 2 genannten Personen müssen in einer von der Architektenkammer Sachsen-Anhalt zu führenden Liste eingetragen sein; § 1 Abs. 1 Satz 1 des Verwaltungsverfahrensgesetzes Sachsen-Anhalt in Verbindung mit § 42a des Verwaltungsverfahrensgesetzes findet Anwendung; Eintragungen anderer Länder gelten auch im Land Sachsen-Anhalt. ⁶Soweit dieser Brandschutznachweis nicht von Personen nach Satz 4 erstellt ist, muss er bauaufsichtlich geprüft sein. ⁷Auch bei anderen Bauvorhaben darf der Brandschutznachweis von Personen nach Satz 4 erstellt werden. ⁸Für Personen, die in einem anderen Mitgliedstaat der Europäischen Union oder einem nach dem Recht der Europäischen Gemeinschaften gleichgestellten Staat zur Erstellung von Standsicherheits- oder Brandschutznachweisen niedergelassen sind, gilt § 64 Abs. 4 bis 6 mit der Maßgabe, dass die Anzeige oder der Antrag auf Erteilung einer Bescheinigung bei der nach Satz 1 Buchst. a Halbsatz 1 oder Satz 4 Nr. 1 Halbsatz 2 zuständigen Stelle einzureichen ist.
(3) ¹Der Standsicherheitsnachweis muss bauaufsichtlich geprüft sein
1. bei Sonderbauten und Gebäuden der Gebäudeklassen 4 und 5,
2. bei unterirdischen Mittelgaragen und bei Großgaragen im Sinne der Verordnung nach § 84 Abs. 1 Nr. 3 und,
3. wenn dies nach Maßgabe eines in der Verordnung nach § 84 Abs. 3 geregelten Kriterienkatalogs erforderlich ist, bei
   a) Gebäuden der Gebäudeklassen 1 bis 3,
   b) Behältern, Brücken, Stützmauern, Tribünen und
   c) sonstigen baulichen Anlagen, die keine Gebäude sind, mit einer Höhe von mehr als 10 m; dies gilt nicht für Wohngebäude der Gebäudeklassen 1 und 2 sowie deren Nebengebäude und Nebenanlagen, soweit es sich nicht um Anlagen nach Nummer 2 handelt.
²Auf Antrag des Bauherrn oder der Bauherrin ist der Kriterienkatalog bauaufsichtlich zu prüfen. ³Der Brandschutznachweis muss bauaufsichtlich geprüft sein bei
1. Sonderbauten,
2. Mittel- und Großgaragen im Sinne der Verordnung nach § 84 Abs. 1 Nr. 3 und
3. Gebäuden der Gebäudeklasse 5.
(4) ¹Außer in den Fällen des Absatzes 3 und vorbehaltlich des Absatzes 2 Satz 2 und 6 werden bautechnische Nachweise nicht geprüft; § 66 bleibt unberührt. ²Einer bauaufsichtlichen Prüfung bedarf es ferner nicht, soweit für das Bauvorhaben Standsicherheitsnachweise vorliegen, die von der obersten Bauaufsichtsbehörde oder einer von ihr bestimmten Stelle (Prüfamt für Standsicherheit) allgemein geprüft sind (Typenprüfung); Typenprüfungen anderer Länder gelten auch im Land Sachsen-Anhalt.

**§ 66 Abweichungen**
(1) ¹Die Bauaufsichtsbehörde kann Abweichungen von Anforderungen dieses Gesetzes und aufgrund dieses Gesetzes erlassener Vorschriften zulassen, wenn sie unter Berücksichtigung des Zwecks der jeweiligen Anforderung und unter Würdigung der öffentlich-rechtlich geschützten nachbarlichen Be-

lange mit den öffentlichen Belangen, insbesondere den Anforderungen des § 3 Satz 1 vereinbar sind. ²§ 85a Abs. 1 Satz 4 bleibt unberührt.

(2) ¹Die Zulassung von Abweichungen nach Absatz 1, von Ausnahmen und Befreiungen von den Festsetzungen eines Bebauungsplans oder einer sonstigen städtebaulichen Satzung oder von Regelungen der Baunutzungsverordnung in der Fassung der Bekanntmachung vom 23. Januar 1990 (BGBl. I S. 132), zuletzt geändert durch Artikel 3 des Gesetzes vom 22. April 1993 (BGBl. I S. 466, 479), in der jeweils geltenden Fassung, ist gesondert schriftlich zu beantragen; der Antrag ist zu begründen. ²Für Anlagen, die einer Genehmigung nicht bedürfen, sowie für Abweichungen von Vorschriften, die im Genehmigungsverfahren nicht geprüft werden, gilt Satz 1 entsprechend.

## § 67 Bauantrag, Bauvorlagen

(1) ¹Der Bauantrag ist schriftlich bei der unteren Bauaufsichtsbehörde einzureichen. ²Sind die technischen Voraussetzungen gegeben, ist eine elektronische Antragstellung entsprechend § 84 Abs. 7 zulässig.

(2) ¹Mit dem Bauantrag sind alle für die Beurteilung des Bauvorhabens und die Bearbeitung des Bauantrags erforderlichen Unterlagen (Bauvorlagen) einzureichen. ²Es kann gestattet werden, dass einzelne Bauvorlagen nachgereicht werden.

(3) In besonderen Fällen kann zur Beurteilung der Einwirkung des Bauvorhabens auf die Umgebung verlangt werden, dass es in geeigneter Weise auf dem Baugrundstück dargestellt wird.

(4) ¹Der Bauherr oder die Bauherrin und der Entwurfsverfasser oder die Entwurfsverfasserin haben den Bauantrag, der Entwurfsverfasser oder die Entwurfsverfasserin die Bauvorlagen zu unterschreiben. ²Die von Fachplanern oder Fachplanerinnen nach § 53 Abs. 2 bearbeiteten Unterlagen müssen auch von diesen unterschrieben sein. ³Ist der Bauherr oder die Bauherrin nicht Grundstückseigentümer oder Grundstückseigentümerin, so kann die Zustimmung des Grundstückseigentümers oder der Grundstückseigentümerin zu dem Bauvorhaben gefordert werden.

## § 68 Behandlung des Bauantrags

(1) ¹Die Bauaufsichtsbehörde hört zum Bauantrag die Gemeinde und diejenigen Stellen, deren Beteiligung oder Anhörung für die Entscheidung über den Bauantrag durch Rechtsvorschrift vorgeschrieben ist oder ohne deren Stellungnahme die Genehmigungsfähigkeit des Bauantrags nicht beurteilt werden kann. ²Die Beteiligung oder Anhörung entfällt, wenn die Gemeinde oder die jeweilige Stelle dem Bauantrag bereits vor Einleitung des Baugenehmigungsverfahrens zugestimmt oder auf eine Beteiligung verzichtet hat. ³Bedarf die Erteilung der Baugenehmigung der Zustimmung oder des Einvernehmens einer anderen Körperschaft, Behörde oder sonstigen Stelle, so gilt diese als erteilt, wenn sie nicht einen Monat nach Eingang des Ersuchens verweigert wird; von der Frist nach Halbsatz 1 abweichende Regelungen finden Anwendung. ⁴Stellungnahmen bleiben unberücksichtigt, wenn sie nicht innerhalb eines Monats nach Aufforderung zur Stellungnahme bei der Bauaufsichtsbehörde eingehen, es sei denn, die verspätete Stellungnahme ist für die Rechtmäßigkeit der Entscheidung über den Bauantrag von Belang.

(2) ¹Die Bauaufsichtsbehörde kontrolliert den Bauantrag innerhalb von zwei Wochen auf Vollständigkeit und teilt dem Bauherrn oder der Bauherrin den Eingang des Antrags mit. ²Ist der Bauantrag unvollständig oder weist er sonstige erhebliche Mängel auf, fordert die Bauaufsichtsbehörde den Bauherrn oder die Bauherrin mit der Eingangsbestätigung zur Behebung der Mängel innerhalb einer angemessenen Frist auf. ³Werden die Mängel innerhalb der Frist nicht behoben, gilt der Antrag als zurückgenommen.

(3) Die Bauaufsichtsbehörde hat frühzeitig vor Baubeginn auf das Erfordernis der Erteilung anderer öffentlich-rechtlicher Genehmigungen oder Erlaubnisse hinzuweisen.

(4) ¹Die Bauaufsichtsbehörde entscheidet innerhalb von drei Monaten über den Bauantrag. ²Die Frist nach Satz 1 beginnt mit dem bestätigten Eingangsdatum nach Absatz 2 Satz 1. ³Sie kann bei Vorliegen eines wichtigen Grundes um höchstens zwei Monate verlängert werden. ⁴Wird die Frist verlängert, ist dies dem Bauherrn oder der Bauherrin unter Nennung der Gründe und unter Angabe des voraussichtlichen Zeitpunkts der Entscheidung mitzuteilen.

(5) ¹Im vereinfachten Verfahren nach § 62 gilt die Genehmigung als erteilt, wenn die Bauaufsichtsbehörde nicht innerhalb der Frist des Absatzes 4 Satz 1 über den Bauantrag entschieden hat. ²Die Bauaufsichtsbehörde hat auf Antrag des Bauherrn oder der Bauherrin darüber ein Zeugnis auszustellen.

³Das Zeugnis steht der Genehmigung gleich. ⁴§ 65 findet Anwendung. ⁵Satz 1 gilt nicht, wenn die Bauaufsichtsbehörde zu dem beantragten Bauvorhaben eine Bekanntmachung nach § 69 Abs. 4 vornimmt.

### § 69 Beteiligung der Nachbarn und der Öffentlichkeit

(1) ¹Die Bauaufsichtsbehörde soll die Eigentümer oder Eigentümerinnen benachbarter Grundstücke (Nachbarn) vor der Zulassung von Abweichungen und Befreiungen benachrichtigen, wenn zu erwarten ist, dass öffentlich-rechtlich geschützte nachbarliche Belange berührt werden. ²Einwendungen sind innerhalb von zwei Wochen nach Zugang der Benachrichtigung bei der Bauaufsichtsbehörde schriftlich oder zur Niederschrift vorzubringen.

(2) Die Benachrichtigung entfällt, wenn die zu benachrichtigenden Nachbarn die Lagepläne und Bauzeichnungen unterschrieben oder dem Bauvorhaben schriftlich zugestimmt haben.

(3) ¹Haben die Nachbarn dem Bauvorhaben nicht zugestimmt, ist ihnen die Baugenehmigung zuzustellen. ²Bei Bauvorhaben, die einer Genehmigung nicht bedürfen, ist ihnen die Entscheidung über die Zulassung von Abweichungen und Befreiungen zuzustellen.

(4) ¹Bei baulichen Anlagen, die aufgrund ihrer Beschaffenheit oder ihres Betriebs geeignet sind, die Allgemeinheit oder die Nachbarschaft zu gefährden, zu benachteiligen oder zu belästigen, kann die Bauaufsichtsbehörde auf Antrag des Bauherrn oder der Bauherrin das Bauvorhaben in einem amtlichen Bekanntmachungsblatt und außerdem entweder im Internet oder in örtlichen Tageszeitungen, die im Bereich des Standorts der Anlage verbreitet sind, öffentlich bekannt machen. ²Bei der Errichtung, Änderung oder Nutzungsänderung
1. eines Gebäudes oder mehrerer Gebäude, wenn dadurch, ungeachtet einer Schaffung sonstiger Flächen, dem Wohnen dienende Nutzungseinheiten mit einer Größe von insgesamt mehr als 5 000 m² Brutto-Grundfläche geschaffen werden,
2. baulicher Anlagen, die öffentlich zugänglich sind, wenn durch die Errichtung die gleichzeitige Nutzung durch mehr als 100 Besucher oder durch die Änderung oder Nutzungsänderung die gleichzeitige Nutzung durch mehr als 100 zusätzliche Besucher ermöglicht wird, und
3. baulicher Anlagen, die nach Durchführung des Bauvorhabens Sonderbauten nach § 2 Abs. 4 Nrn. 9 bis 13, 15 oder 16 sind,

ist das Bauvorhaben nach Satz 1 bekannt zu machen, wenn es innerhalb des angemessenen Sicherheitsabstandes zu einem Betriebsbereich im Sinne des § 3 Abs. 5a und 5c des Bundes-Immissionsschutzgesetzes liegt. ³Satz 2 gilt nicht, wenn die Bauaufsichtsbehörde zu dem Ergebnis kommt, dass dem Gebot, den angemessenen Sicherheitsabstand zu wahren, bereits in einem Bebauungsplan Rechnung getragen ist. ⁴Erfolgt eine Bekanntmachung nach Satz 1 oder 2, finden die Absätze 1 bis 3 keine Anwendung.

(5) ¹In der Bekanntmachung nach Absatz 4 Satz 1 und 2 ist über Folgendes zu informieren:
1. über den Gegenstand des Vorhabens,
2. über die für die Genehmigung zuständige Behörde, bei der der Antrag nebst Unterlagen zur Einsicht ausgelegt wird, sowie wo und wann Einsicht genommen werden kann,
3. darüber, dass Personen, deren Belange berührt sind, und Vereinigungen, welche die Anforderungen von § 3 Abs. 1 oder § 2 Abs. 2 des Umwelt-Rechtsbehelfsgesetzes erfüllen, (betroffene Öffentlichkeit) Einwendungen bei einer in der Bekanntmachung bezeichneten Stelle bis zu zwei Wochen nach Ablauf der Auslegungsfrist erheben können; dabei ist darauf hinzuweisen, dass mit Ablauf der Frist alle öffentlich-rechtlichen Einwendungen ausgeschlossen sind und der Ausschluss von umweltbezogenen Einwendungen nur für das Genehmigungsverfahren gilt, und
4. darüber, dass die Zustellung der Entscheidung über die Einwendungen durch öffentliche Bekanntmachung ersetzt werden kann.

²Bei der Bekanntmachung nach Absatz 4 Satz 2 ist zusätzlich über Folgendes zu informieren:
1. gegebenenfalls die Feststellung der Verpflichtung zur Durchführung einer Umweltverträglichkeitsprüfung für das Vorhaben nach § 5 des Gesetzes über die Umweltverträglichkeitsprüfung,
2. die Art möglicher Entscheidungen oder, soweit vorhanden, den Entscheidungsentwurf und
3. gegebenenfalls weitere Einzelheiten des Verfahrens zur Unterrichtung der Öffentlichkeit und Anhörung der betroffenen Öffentlichkeit.

(6) ¹Nach der Bekanntmachung sind der Antrag und die Bauvorlagen sowie die entscheidungserheblichen Berichte und Empfehlungen, die der Bauaufsichtsbehörde im Zeitpunkt der Bekanntmachung

vorliegen, einen Monat zur Einsicht auszulegen. ²Bauvorlagen, die Geschäfts- oder Betriebsgeheimnisse enthalten, sind nicht auszulegen; für sie gilt § 10 Abs. 2 des Bundes-Immissionsschutzgesetzes entsprechend. ³Bis zwei Wochen nach Ablauf der Auslegungsfrist kann die betroffene Öffentlichkeit gegenüber der zuständigen Behörde schriftlich Einwendungen erheben; mit Ablauf dieser Frist sind alle öffentlich-rechtlichen Einwendungen ausgeschlossen. ⁴Satz 3 gilt für umweltbezogene Einwendungen nur für das Genehmigungsverfahren.

(7) ¹Bei mehr als 20 Nachbarn, denen die Baugenehmigung nach Absatz 3 Satz 1 zuzustellen ist, kann die Zustellung durch öffentliche Bekanntmachung ersetzt werden. ²Wurde die Bekanntmachung des Bauvorhabens nach Absatz 4 Satz 1 durchgeführt, ist der Genehmigungsbescheid öffentlich bekannt zu machen. ³Die öffentliche Bekanntmachung des Bescheides wird dadurch bewirkt, dass der verfügende Teil des Bescheides und die Rechtsbehelfsbelehrung in einem amtlichen Bekanntmachungsblatt und außerdem entweder im Internet oder in örtlichen Tageszeitungen, die im Bereich des Standorts der Anlage verbreitet sind, bekannt gemacht werden; auf Auflagen ist hinzuweisen. ⁴Zudem ist anzugeben, wo und wann der Bescheid und seine Begründung nach Satz 6 angefordert und nach Satz 7 eingesehen werden können. ⁵§ 71 Abs. 2 findet Anwendung. ⁶Nach der öffentlichen Bekanntmachung können der Bescheid und seine Begründung bis zum Ablauf der Widerspruchsfrist von den Personen, die Einwendungen erhoben haben, schriftlich oder elektronisch angefordert werden. ⁷Eine Ausfertigung des gesamten Bescheides ist vom Tag nach der Bekanntmachung an zwei Wochen zur Einsicht auszulegen. ⁸Mit dem Ende der Auslegungsfrist gilt der Bescheid auch Dritten gegenüber, die keine Einwendungen erhoben haben, als zugestellt; darauf ist in der Bekanntmachung hinzuweisen. ⁹Wurde die Bekanntmachung des Bauvorhabens nach Absatz 4 Satz 2 durchgeführt, finden die Sätze 2 bis 8 entsprechende Anwendung; in die Begründung des Bescheides sind die wesentlichen tatsächlichen und rechtlichen Gründe, die die Behörde zu ihrer Entscheidung bewogen haben, die Behandlung der Einwendungen sowie Angaben über das Verfahren zur Beteiligung der Öffentlichkeit aufzunehmen.

## § 70 Ersetzung des gemeindlichen Einvernehmens

(1) Hat eine Gemeinde ihr nach § 14 Abs. 2 Satz 2, § 22 Abs. 5 Satz 1, § 36 Abs. 1 Satz 1 und 2 des Baugesetzbuches erforderliches Einvernehmen rechtswidrig versagt, hat die zuständige Bauaufsichtsbehörde das fehlende Einvernehmen nach Maßgabe der Absätze 2 bis 4 zu ersetzen.

(2) § 146 des Kommunalverfassungsgesetzes findet keine Anwendung.

(3) ¹Die Genehmigung gilt zugleich als Ersatzvornahme. ²Sie ist insoweit zu begründen. ³Widerspruch und Anfechtungsklage haben auch insoweit keine aufschiebende Wirkung, als die Genehmigung als Ersatzvornahme gilt.

(4) ¹Die Gemeinde ist vor Erlass der Genehmigung zu hören. ²Dabei ist ihr Gelegenheit zu geben, binnen angemessener Frist erneut über das gemeindliche Einvernehmen zu entscheiden.

## § 71 Baugenehmigung, Baubeginn

(1) ¹Die Baugenehmigung ist zu erteilen, wenn dem Bauvorhaben keine öffentlich-rechtlichen Vorschriften entgegenstehen, die im bauaufsichtlichen Genehmigungsverfahren zu prüfen sind. ²Die durch eine Umweltverträglichkeitsprüfung ermittelten, beschriebenen und bewerteten Umweltauswirkungen sind nach Maßgabe der hierfür geltenden Vorschriften zu berücksichtigen.

(2) Die Baugenehmigung bedarf der Schriftform; sie ist nur insoweit zu begründen, als Abweichungen oder Befreiungen von nachbarschützenden Vorschriften zugelassen werden und die Nachbarn nicht nach § 69 Abs. 2 zugestimmt haben.

(3) ¹Die Baugenehmigung kann unter Auflagen, Bedingungen und dem Vorbehalt der nachträglichen Aufnahme, Änderung oder Ergänzung einer Auflage sowie befristet erteilt werden. ²Die Bauaufsichtsbehörde hat bei Anlagen,
1. die nur befristet genehmigt werden oder
2. die ausschließlich einem Zweck dienen und bei denen üblicherweise anzunehmen ist, dass wirtschaftliche Interessen an einer Folgenutzung der zu genehmigenden Anlage nicht bestehen, wie Behelfsbauten, Einzelhandelsmärkte, Windkraftanlagen, Freiflächenphotovoltaikanlagen oder vorübergehend aufzustellende Anlagen,

die Erteilung der Baugenehmigung von der Leistung eines geeigneten Sicherungsmittels abhängig zu machen, durch das die Finanzierung der Kosten des Rückbaus der Anlagen bei dauerhafter Aufgabe der Nutzung gesichert wird. ³Auf Vorhaben nach § 61 findet Satz 2 entsprechende Anwendung.

(4) Die Baugenehmigung wird unbeschadet der Rechte Dritter erteilt.

(5) [1]Die Gemeinde ist von der Erteilung, der Verlängerung, der Ablehnung, der Rücknahme und dem Widerruf einer Baugenehmigung, einer Teilbaugenehmigung, eines Vorbescheids, einer Zustimmung, einer Abweichung, einer Ausnahme oder einer Befreiung zu unterrichten. [2]Eine Ausfertigung des Bescheids ist beizufügen.

(6) Mit der Bauausführung oder mit der Ausführung des jeweiligen Bauabschnitts darf erst begonnen werden, wenn
1. die Baugenehmigung dem Bauherrn oder der Bauherrin zugegangen ist,
2. die Prüfung bautechnischer Nachweise erfolgt ist und
3. die Anzeige des Baubeginns gemäß Absatz 8 der Bauaufsichtsbehörde vorliegt.

(7) [1]Vor Baubeginn müssen die Grundrissfläche der baulichen Anlage abgesteckt und ihre Höhenlage festgelegt sein. [2]Baugenehmigungen, Bauvorlagen sowie bautechnische Nachweise, soweit es sich nicht um Bauvorlagen handelt, müssen an der Baustelle von Baubeginn an vorliegen.

(8) Der Bauherr oder die Bauherrin hat den Baubeginn genehmigungsbedürftiger Vorhaben und die Wiederaufnahme der Bauarbeiten nach einer Unterbrechung von mehr als drei Monaten mindestens eine Woche vorher der Bauaufsichtsbehörde schriftlich mitzuteilen.

## § 71a Typengenehmigung

(1) [1]Für bauliche Anlagen, die in derselben Ausführung an mehreren Stellen errichtet werden sollen, wird auf Antrag eine Typengenehmigung durch die obere Bauaufsichtsbehörde erteilt, wenn die baulichen Anlagen oder Teile von baulichen Anlagen den Anforderungen nach diesem Gesetz oder aufgrund dieses Gesetzes erlassenen Vorschriften entsprechen. [2]Eine Typengenehmigung kann auch für bauliche Anlagen erteilt werden, die in unterschiedlicher Ausführung, aber nach einem bestimmten System und aus bestimmten Bauteilen an mehreren Stellen errichtet werden sollen; in der Typengenehmigung ist die zulässige Veränderbarkeit festzulegen. [3]Für Fliegende Bauten wird eine Typengenehmigung nicht erteilt.

(2) [1]Die Typengenehmigung gilt fünf Jahre. [2]Die Frist kann auf Antrag jeweils bis zu fünf Jahren verlängert werden; § 72 Abs. 2 Satz 2 gilt entsprechend.

(3) Typengenehmigungen anderer Länder gelten auch im Land Sachsen-Anhalt, wenn die obere Bauaufsichtsbehörde die Einhaltung der Anforderung dieses Gesetzes oder aufgrund dieses Gesetzes erlassener Vorschriften bescheinigt hat.

(4) [1]Eine Typengenehmigung entbindet nicht von der Verpflichtung, ein bauaufsichtliches Verfahren durchzuführen. [2]Die in der Typengenehmigung entschiedenen Fragen sind von der Bauaufsichtsbehörde nicht mehr zu prüfen.

## § 72 Geltungsdauer der Genehmigung

(1) Die Baugenehmigung und die Teilbaugenehmigung erlöschen, wenn innerhalb von drei Jahren nach ihrer Erteilung mit der Ausführung des Bauvorhabens nicht begonnen oder die Bauausführung länger als ein Jahre unterbrochen worden ist.

(2) [1]Die Frist nach Absatz 1 kann auf schriftlichen Antrag jeweils bis zu einem Jahr verlängert werden. [2]Sie kann auch rückwirkend verlängert werden, wenn der Antrag vor Fristablauf bei der Bauaufsichtsbehörde eingegangen ist.

## § 73 Teilbaugenehmigung

[1]Ist ein Bauantrag eingereicht, kann der Beginn der Bauarbeiten für die Baugrube und für einzelne Bauteile oder Bauabschnitte auf schriftlichen Antrag schon vor Erteilung der Baugenehmigung gestattet werden (Teilbaugenehmigung). [2]§ 71 gilt entsprechend.

## § 74 Vorbescheid

[1]Vor Einreichung des Bauantrags ist auf schriftlichen Antrag des Bauherrn oder der Bauherrin zu einzelnen Fragen des Bauvorhabens ein Vorbescheid zu erteilen. [2]Der Vorbescheid gilt drei Jahre. [3]Die Frist kann auf schriftlichen Antrag jeweils bis zu einem Jahr verlängert werden. [4]Die §§ 67 bis 69, 71 Abs. 1 bis 4 und § 72 Abs. 2 Satz 2 gelten entsprechend.

## § 75 Genehmigung Fliegender Bauten

(1) ¹Fliegende Bauten sind bauliche Anlagen, die geeignet und bestimmt sind, an verschiedenen Orten wiederholt aufgestellt und zerlegt zu werden. ²Baustelleneinrichtungen und Baugerüste sind keine Fliegenden Bauten.

(2) ¹Fliegende Bauten bedürfen, bevor sie erstmals aufgestellt und in Gebrauch genommen werden, einer Ausführungsgenehmigung. ²Dies gilt nicht für
1. Fliegende Bauten mit einer Höhe bis zu 5 m, die nicht dazu bestimmt sind, von Besuchern oder Besucherinnen betreten zu werden,
2. Fliegende Bauten mit einer Höhe bis zu 5 m, die für Kinder betrieben werden und eine Geschwindigkeit von höchstens 1 m/s haben,
3. Bühnen, die Fliegende Bauten sind, einschließlich Überdachungen und sonstiger Aufbauten mit einer Höhe bis zu 5 m, einer Grundfläche bis zu 100 m² und einer Fußbodenhöhe bis zu 1,50 m,
4. erdgeschossige Zelte und Verkaufsstände, die von Besuchern und Besucherinnen betreten werden können, die Fliegende Bauten sind, jeweils mit einer Grundrissfläche bis zu 75 m² und
5. aufblasbare Spielgeräte mit einer Höhe des betretbaren Bereichs bis zu 5 m oder mit überdachten Bereichen, bei denen die Entfernung zum Ausgang nicht mehr als 3 m oder, sofern ein Absinken der Überdachung konstruktiv verhindert wird, nicht mehr als 10 m beträgt.

(3) ¹Die Ausführungsgenehmigung wird von der oberen Bauaufsichtsbehörde erteilt. ²Die Genehmigung wird für eine bestimmte Frist erteilt, die höchstens fünf Jahre betragen soll. ³Sie kann auf schriftlichen Antrag jeweils bis zu fünf Jahren verlängert werden; § 72 Abs. 2 Satz 2 gilt entsprechend. ⁴Die Genehmigungen und die Verlängerungen werden in ein Prüfbuch eingetragen, dem eine Ausfertigung der mit einem Genehmigungsvermerk zu versehenden Bauvorlagen beizufügen ist. ⁵Ausführungsgenehmigungen anderer Länder gelten auch im Land Sachsen-Anhalt. ⁶Die Ausführungsgenehmigung kann vorschreiben, dass der Fliegende Bau vor jeder Inbetriebnahme oder in bestimmten zeitlichen Abständen jeweils vor einer Inbetriebnahme von einem Sachverständigen abgenommen wird.

(4) ¹Der Inhaber oder die Inhaberin der Ausführungsgenehmigung hat den Wechsel der Hauptwohnung oder der gewerblichen Niederlassung oder die Übertragung eines Fliegenden Baus an Dritte der Stelle anzuzeigen, die die Ausführungsgenehmigung erteilt hat. ²Die obere Bauaufsichtsbehörde hat die Änderungen in das Prüfbuch einzutragen und sie, wenn mit den Änderungen ein Wechsel der Zuständigkeit verbunden ist, der nunmehr zuständigen Stelle mitzuteilen.

(5) ¹Fliegende Bauten, die nach Absatz 2 Satz 1 einer Ausführungsgenehmigung bedürfen, dürfen unbeschadet anderer Vorschriften nur in Gebrauch genommen werden, wenn ihre Aufstellung der Bauaufsichtsbehörde des Aufstellungsortes unter Vorlage des Prüfbuches angezeigt ist. ²Die Bauaufsichtsbehörde kann die Inbetriebnahme dieser Fliegenden Bauten von einer Gebrauchsabnahme abhängig machen. ³Das Ergebnis der Abnahme ist in das Prüfbuch einzutragen. ⁴In der Ausführungsgenehmigung kann bestimmt werden, dass Anzeigen nach Satz 1 nicht erforderlich sind, wenn eine Gefährdung im Sinne des § 3 Satz 1 Halbsatz 1 nicht zu erwarten ist.

(6) ¹Die für die Erteilung der Gebrauchsabnahme zuständige Bauaufsichtsbehörde kann Auflagen erteilen oder die Aufstellung oder den Gebrauch Fliegender Bauten untersagen, soweit dies nach den örtlichen Verhältnissen oder zur Abwehr von Gefahren erforderlich ist, insbesondere weil die Betriebssicherheit oder Standsicherheit nicht oder nicht mehr gewährleistet ist oder weil von der Ausführungsgenehmigung abgewichen wird. ²Wird die Aufstellung oder der Gebrauch untersagt, ist dies in das Prüfbuch einzutragen. ³Die für die Erteilung der Ausführungsgenehmigung zuständige Stelle ist zu benachrichtigen, das Prüfbuch ist einzuziehen und der für die Erteilung der Ausführungsgenehmigung zuständigen Stelle zuzuleiten, wenn die Herstellung ordnungsgemäßer Zustände innerhalb angemessener Frist nicht zu erwarten ist.

(7) ¹Bei Fliegenden Bauten, die von Besuchern und Besucherinnen betreten und längere Zeit an einem Aufstellungsort betrieben werden, kann die für die Gebrauchsabnahme zuständige Bauaufsichtsbehörde aus Gründen der Sicherheit Nachabnahmen durchführen. ²Das Ergebnis der Nachabnahme ist in das Prüfbuch einzutragen.

(8) § 67 Abs. 1, 2 und 4, § 80 Abs. 1, 4 und 5 gelten entsprechend.

## § 76 Bauaufsichtliche Zustimmung

(1) ¹Nicht verfahrensfreie Bauvorhaben bedürfen keiner Genehmigung, Genehmigungsfreistellung und Bauüberwachung, wenn
1. die Leitung der Entwurfsarbeiten und die Bauüberwachung einer Baudienststelle des Bundes oder eines Landes übertragen ist und
2. die Baudienststelle mit mindestens einem oder einer Bediensteten mit der Laufbahnbefähigung der Laufbahngruppe 2 zweites Einstiegsamt des technischen Verwaltungsdienstes, Fachrichtung Hochbau/Städtebau, und ausreichend mit sonstigen geeigneten Fachkräften besetzt ist.

²Solche Bauvorhaben bedürfen jedoch der Zustimmung der oberen Bauaufsichtsbehörde. ³Die Zustimmung entfällt, wenn die Gemeinde nicht widerspricht und, soweit ihre öffentlich-rechtlich geschützten Belange von Abweichungen, Ausnahmen und Befreiungen berührt sein können, die Nachbarn dem Bauvorhaben zustimmen. ⁴Einer Genehmigung, Genehmigungsfreistellung oder Zustimmung bedürfen unter den Voraussetzungen des Satzes 1 nicht Baumaßnahmen in oder an bestehenden Gebäuden, soweit sie nicht zu einer Erweiterung des Bauvolumens oder zu einer nicht verfahrensfreien Nutzungsänderung führen, sowie die Beseitigung von Anlagen. ⁵Satz 3 gilt nicht für bauliche Anlagen, für die nach § 69 Abs. 4 eine Öffentlichkeitsbeteiligung durchzuführen ist.

(2) Der Antrag auf Zustimmung ist bei der oberen Bauaufsichtsbehörde einzureichen.

(3) ¹Die obere Bauaufsichtsbehörde prüft
1. die Übereinstimmung mit den Vorschriften über die Zulässigkeit der baulichen Anlagen nach den §§ 29 bis 38 des Baugesetzbuches und
2. andere öffentlich-rechtliche Anforderungen, soweit wegen der Zustimmung eine Entscheidung nach anderen öffentlich-rechtlichen Vorschriften entfällt oder ersetzt wird.

²Sie führt bei den in Absatz 1 Satz 5 genannten baulichen Anlagen die Öffentlichkeitsbeteiligung nach § 69 Abs. 4 bis 7 durch. ³Die obere Bauaufsichtsbehörde entscheidet über Ausnahmen, Befreiungen und Abweichungen von den nach Satz 1 zu prüfenden sowie von anderen Vorschriften, soweit sie nachbarschützend sind und die Nachbarn nicht zugestimmt haben. ⁴Im Übrigen bedarf die Zulässigkeit von Ausnahmen, Befreiungen und Abweichungen nicht einer bauaufsichtlichen Entscheidung.

(4) ¹Die Gemeinde ist vor Erteilung der Zustimmung zu hören. ²§ 36 Abs. 2 Satz 2 Halbsatz 1 des Baugesetzbuches gilt entsprechend. ³Im Übrigen sind die Vorschriften über das Baugenehmigungsverfahren entsprechend anzuwenden.

(5) ¹Anlagen, die der Landesverteidigung, dienstlichen Zwecken der Bundespolizei oder dem zivilen Bevölkerungsschutz dienen, sind abweichend von den Absätzen 1 bis 4 der oberen Bauaufsichtsbehörde vor Baubeginn in geeigneter Weise zur Kenntnis zu geben. ²Im Übrigen wirken die Bauaufsichtsbehörden nicht mit. ³§ 75 Abs. 2 bis 8 findet auf Fliegende Bauten, die der Landesverteidigung, dienstlichen Zwecken der Bundespolizei oder dem zivilen Bevölkerungsschutz dienen, keine Anwendung.

(6) Der öffentliche Bauherr trägt die Verantwortung, dass Entwurf, Ausführung und Zustand der Anlagen den öffentlich-rechtlichen Vorschriften entsprechen.

*Abschnitt 4*
**Bauaufsichtliche Maßnahmen**

### § 77 Verbot unrechtmäßig gekennzeichneter Bauprodukte

Sind Bauprodukte entgegen § 21 mit dem Ü-Zeichen gekennzeichnet, kann die Bauaufsichtsbehörde die Verwendung dieser Bauprodukte untersagen und deren Kennzeichnung entwerten oder beseitigen lassen.

### § 78 Einstellung von Arbeiten

(1) ¹Werden Anlagen im Widerspruch zu öffentlich-rechtlichen Vorschriften errichtet, geändert oder beseitigt, kann die Bauaufsichtsbehörde die Einstellung der Arbeiten anordnen. ²Dies gilt auch dann, wenn
1. die Ausführung eines Vorhabens entgegen den Vorschriften des § 71 Abs. 6 und 8 begonnen wurde oder

2. bei der Ausführung
   a) eines genehmigungsbedürftigen Bauvorhabens von den genehmigten Bauvorlagen oder
   b) eines genehmigungsfreigestellten Bauvorhabens von den eingereichten Unterlagen abgewichen wird,
3. Bauprodukte verwendet werden, die entgegen der Verordnung (EU) Nr. 305/2011 keine CE-Kennzeichnung oder entgegen § 21 kein Ü-Zeichen tragen, oder
4. Bauprodukte verwendet werden, die unberechtigt mit der CE-Kennzeichnung oder dem Ü-Zeichen nach § 21 Abs. 3 gekennzeichnet sind.

(2) Werden unzulässige Arbeiten trotz einer schriftlich oder mündlich verfügten Einstellung fortgesetzt, kann die Bauaufsichtsbehörde die Baustelle versiegeln oder die an der Baustelle vorhandenen Bauprodukte, Geräte, Maschinen und Bauhilfsmittel in amtlichen Gewahrsam bringen.

## § 79 Beseitigung von Anlagen, Nutzungsuntersagung

¹Werden Anlagen im Widerspruch zu öffentlich-rechtlichen Vorschriften errichtet oder geändert, kann die Bauaufsichtsbehörde die teilweise oder vollständige Beseitigung der Anlagen anordnen, wenn nicht auf andere Weise rechtmäßige Zustände hergestellt werden können. ²Werden Anlagen im Widerspruch zu öffentlich-rechtlichen Vorschriften genutzt, kann diese Nutzung untersagt werden.

*Abschnitt 5*
**Bauüberwachung**

## § 80 Bauüberwachung

(1) Die Bauaufsichtsbehörde kann die Einhaltung der öffentlich-rechtlichen Vorschriften und Anforderungen und die ordnungsgemäße Erfüllung der Pflichten der am Bau Beteiligten überprüfen.

(2) ¹Die Bauaufsichtsbehörde überwacht nach Maßgabe der Verordnung nach § 84 Abs. 2 die Bauausführung bei baulichen Anlagen
1. nach § 65 Abs. 2 Satz 2 und Abs. 3 Satz 1 hinsichtlich des von ihr bauaufsichtlich geprüften Standsicherheitsnachweises,
2. nach § 65 Abs. 2 Satz 6 und Abs. 3 Satz 3 hinsichtlich des von ihr bauaufsichtlich geprüften Brandschutznachweises.

²Bei Gebäuden der Gebäudeklasse 4, ausgenommen Sonderbauten sowie Mittel- und Großgaragen im Sinne der Verordnung nach § 84 Abs. 1 Nr. 3, ist die mit dem Brandschutznachweis übereinstimmende Bauausführung vorbehaltlich des Satzes 1 Nr. 2 von Personen im Sinne des § 65 Abs. 2 Satz 4 zu bestätigen.

(3) Die Bauaufsichtsbehörde und die von ihr beauftragten Personen können Proben von Bauprodukten, soweit erforderlich auch aus fertigen Bauteilen, entnehmen und prüfen lassen.

(4) Den mit der Überwachung beauftragten Personen ist jederzeit Einblick in die Genehmigungen, Zulassungen, Prüfzeugnisse, Übereinstimmungszertifikate, Überwachungsnachweise, Zeugnisse und Aufzeichnungen über die Prüfungen von Bauprodukten, in die CE-Kennzeichnungen und Leistungserklärungen nach der Verordnung (EU) Nr. 305/2011, in die Bautagebücher und andere vorgeschriebene Aufzeichnungen zu gewähren.

(5) Die Bauaufsichtsbehörde soll, soweit sie im Rahmen der Bauüberwachung Erkenntnisse über Rechtsverstöße gegen die Verordnung (EU) Nr. 305/2011 erlangt, diese der für die Marktüberwachung zuständigen Stelle mitteilen.

## § 81 Bauzustandsanzeigen, Aufnahme der Nutzung

(1) ¹Die Bauaufsichtsbehörden und die von ihr beauftragten Personen können verlangen, dass ihnen Beginn und Beendigung bestimmter Bauarbeiten angezeigt werden. ²Die Bauarbeiten dürfen erst fortgesetzt werden, wenn die Bauaufsichtsbehörden oder die von ihr beauftragten Personen der Fortführung der Bauarbeiten zugestimmt haben.

(2) ¹Der Bauherr hat mindestens zwei Wochen vorher die beabsichtigte Aufnahme der Nutzung einer nicht verfahrensfreien baulichen Anlage der Bauaufsichtsbehörde anzuzeigen. ²Mit der Anzeige nach Satz 1 ist in den Fällen des § 80 Abs. 2 Satz 2 die jeweilige Bestätigung der Bauaufsichtsbehörde vorzulegen. ³Eine bauliche Anlage darf erst genutzt werden, wenn sie selbst, Zufahrtswege, Wasserversorgungs- und Abwasserbeseitigungsanlagen in dem erforderlichen Umfang sicher nutzbar sind, nicht jedoch vor dem in Satz 1 bezeichneten Zeitpunkt. ⁴Feuerstätten dürfen erst in Betrieb genommen

werden, wenn der bevollmächtigte Bezirksschornsteinfeger oder die bevollmächtigte Bezirksschornsteinfegerin die Tauglichkeit und die sichere Nutzbarkeit der Abgasanlagen bescheinigt hat; Verbrennungsmotoren und Blockheizkraftwerke dürfen erst dann in Betrieb genommen werden, wenn er oder sie die Tauglichkeit und sichere Nutzbarkeit der Leitungen zur Abführung von Verbrennungsgasen bescheinigt hat.

*Abschnitt 6*
**Baulasten**

### § 82 Baulasten, Baulastenverzeichnis

(1) [1]Durch Erklärung gegenüber der Bauaufsichtsbehörde können Grundstückseigentümer und Grundstückseigentümerinnen öffentlich-rechtliche Verpflichtungen zu einem ihrer Grundstücke betreffenden Tun, Dulden oder Unterlassen übernehmen, die sich nicht schon aus öffentlich-rechtlichen Vorschriften ergeben. [2]Baulasten werden unbeschadet der Rechte Dritter mit der Eintragung in das Baulastenverzeichnis wirksam und wirken auch gegenüber Rechtsnachfolgern und Rechtsnachfolgerinnen.

(2) Die Erklärung nach Absatz 1 bedarf der Schriftform; die Unterschrift muss öffentlich beglaubigt oder vor der Bauaufsichtsbehörde geleistet oder vor ihr anerkannt werden.

(3) [1]Die Baulast geht durch schriftlichen Verzicht der Bauaufsichtsbehörde unter. [2]Der Verzicht ist zu erklären, wenn ein öffentliches Interesse an der Baulast nicht mehr besteht. [3]Vor dem Verzicht sollen der oder die Verpflichtete und die durch die Baulast Begünstigten angehört werden. [4]Der Verzicht wird mit der Löschung der Baulast im Baulastenverzeichnis wirksam.

(4) [1]Das Baulastenverzeichnis wird von der Bauaufsichtsbehörde geführt. [2]In das Baulastenverzeichnis können auch eingetragen werden
1. andere baurechtliche Verpflichtungen des Grundstückseigentümers oder der Grundstückseigentümerin zu einem sein oder ihr Grundstück betreffenden Tun, Dulden oder Unterlassen und
2. Auflagen, Bedingungen, Befristungen und Widerrufsvorbehalte.

(5) [1]Wer ein berechtigtes Interesse darlegt, kann in das Baulastenverzeichnis Einsicht nehmen oder sich Abschriften erteilen lassen. [2]Notare und Notarinnen sowie Rechtsanwälte und Rechtsanwältinnen, die im nachgewiesenen Auftrag eines Notars oder einer Notarin das Baulastenverzeichnis einsehen wollen, sowie Öffentlich bestellte Vermessungsingenieure und Öffentlich bestellte Vermessungsingenieurinnen sind befugt, das Baulastenverzeichnis einzusehen und eine Abschrift zu verlangen, ohne dass es der Darlegung eines berechtigten Interesses bedarf.

*Teil 6*
**Schlussvorschriften**

### § 83 Ordnungswidrigkeiten

(1) [1]Ordnungswidrig handelt, wer vorsätzlich oder fahrlässig
1. einer nach § 16a Abs. 6, § 25 und § 84 Abs. 1 bis 3 und 4a erlassenen Verordnung zuwiderhandelt, sofern die Verordnung für einen bestimmten Tatbestand auf diese Bußgeldvorschrift verweist,
2. einer vollziehbaren schriftlichen Anordnung der Bauaufsichtsbehörde zuwiderhandelt, die nach diesem Gesetz oder nach Vorschriften aufgrund dieses Gesetzes ergangen ist, sofern die Anordnung auf die Bußgeldvorschrift verweist,
3. ohne Baugenehmigung nach § 58 Abs. 1, ohne die Zulassung der Abweichung nach § 66 oder ohne Teilbaugenehmigung nach § 73 oder abweichend davon oder abweichend von den nach § 61 Abs. 3 Satz 1 eingereichten Unterlagen Anlagen errichtet, ändert oder nutzt,
3a. entgegen § 60 Abs. 3 Satz 2 und 3 die Beseitigung von Anlagen nicht rechtzeitig anzeigt und bei nicht freistehenden Gebäuden die Standsicherheit des Gebäudes oder der Gebäude, an die das zu beseitigende Gebäude angebaut ist, nicht durch einen qualifizierten Tragwerksplaner oder eine qualifizierte Tragwerksplanerin beurteilen lässt und im erforderlichen Umfang nachweist,
4. entgegen § 61 Abs. 3 Satz 2, 3 und 6 mit der Ausführung eines Bauvorhabens ohne Einhaltung der Frist beginnt,
5. Fliegende Bauten ohne Ausführungsgenehmigung nach § 75 Abs. 2 oder ohne Anzeige und Abnahme nach § 75 Abs. 5 in Gebrauch nimmt,

6. entgegen § 60 Abs. 3 Satz 5 in Verbindung mit § 71 Abs. 6 Nr. 3 und Abs. 8 die Beseitigung von Anlagen und die Wiederaufnahme der Beseitigungsarbeiten nach einer Unterbrechung von mehr als drei Monaten nicht rechtzeitig der Bauaufsichtsbehörde schriftlich mitteilt,
6a. entgegen § 71 Abs. 6 mit Bauarbeiten beginnt, wenn die Baugenehmigung nicht zugegangen ist, die Prüfung bautechnischer Nachweise nicht erfolgt ist und die Anzeige des Baubeginns nicht rechtzeitig vorliegt,
6b. entgegen § 81 Abs. 1 Satz 2 ohne Zustimmung Bauarbeiten fortsetzt,
6c. entgegen § 81 Abs. 2 Satz 1 und 2 ohne die rechtzeitige Anzeige der Aufnahme der Nutzung und in den Fällen des § 80 Abs. 2 Satz 2 ohne die Vorlage der Bestätigung eine nicht verfahrensfreie bauliche Anlage nutzt,
7. die Anzeige des Baubeginns oder der Wiederaufnahme nach § 71 Abs. 8 nicht oder nicht fristgerecht erstattet,
8. Bauprodukte mit dem Ü-Zeichen kennzeichnet, ohne dass dafür die Voraussetzungen nach § 21 Abs. 3 vorliegen,
9. Bauprodukte entgegen § 21 Abs. 3 ohne das Ü-Zeichen verwendet,
10. Bauarten entgegen § 16a ohne Bauartgenehmigung oder allgemeines bauaufsichtliches Prüfzeugnis für Bauarten anwendet,
11. als Bauherr oder Bauherrin, Entwurfsverfasser oder Entwurfsverfasserin, Unternehmer oder Unternehmerin, Bauleiter oder Bauleiterin sowie als deren Vertreter oder Vertreterin den Vorschriften der § 52 Abs. 1 Satz 1 bis 3 sowie 5 und 6, § 53 Abs. 1 Satz 3, § 54 Abs. 1 Satz 1 und 2 oder § 55 Abs. 1 zuwiderhandelt,
12. entgegen § 5 Abs. 2 Zu- oder Durchfahrten sowie Aufstell- und Bewegungsflächen nicht ständig freihält oder Fahrzeuge dort abstellt,
13. entgegen § 71 Abs. 7 Satz 2 die erforderlichen Unterlagen an der Baustelle nicht vorliegen hat ,oder
14. entgegen § 11 Abs. 3 das erforderliche Bauschild nicht oder nicht ausreichend sichtbar auf der Baustelle anbringt.

²Ist eine Ordnungswidrigkeit nach Satz 1 Nrn. 8 bis 10 begangen worden, können Gegenstände, auf die sich die Ordnungswidrigkeit bezieht, eingezogen werden; § 23 des Gesetzes über Ordnungswidrigkeiten ist anzuwenden.

(2) Ordnungswidrig handelt auch, wer wider besseres Wissen
1. unrichtige Angaben macht oder unrichtige Pläne oder Unterlagen vorlegt, um einen nach diesem Gesetz vorgesehenen Verwaltungsakt zu erwirken oder zu verhindern,
2. als Prüfingenieur oder Prüfingenieurin im Sinne der Verordnung aufgrund des § 84 Abs. 2 Satz 1 Nr. 1 unrichtige Prüfberichte erstellt oder als Prüfsachverständiger oder Prüfsachverständige im Sinne der Verordnung aufgrund des § 84 Abs. 2 Satz 1 Nr. 2 unrichtige Bescheinigungen über die Einhaltung bauordnungsrechtlicher Anforderungen ausstellt oder
3. unrichtige Angaben in dem Kriterienkatalog nach § 65 Abs. 3 Satz 1 Nr. 3 macht.

(3) Die Ordnungswidrigkeit kann mit einer Geldbuße bis zu fünfhunderttausend Euro geahndet werden.
(4) Verwaltungsbehörde im Sinne des § 36 Abs. 1 Nr. 1 des Gesetzes über Ordnungswidrigkeiten ist in den Fällen des Absatzes 1 Satz 1 Nrn. 8 bis 10 die oberste Bauaufsichtsbehörde, in den übrigen Fällen die untere Bauaufsichtsbehörde.

## § 84 Verordnungsermächtigungen

(1) Zur Verwirklichung der in § 3 Satz 1, § 16a Abs. 1 und § 16b Abs. 1 bezeichneten Anforderungen wird die oberste Bauaufsichtsbehörde ermächtigt, durch Verordnung Vorschriften zu erlassen über
1. die Konkretisierung der an das Grundstück und seine Bebauung, an bauliche Anlagen, allgemeine Anforderungen an die Bauausführung, an Bauprodukte und Bauarten, an Wände, Decken und Dächer, an Rettungswege, Öffnungen und Umwehrungen, an die technische Gebäudeausrüstung sowie an die nutzungsbedingten Anforderungen gestellten Bedingungen nach den §§ 4 bis 47 und 49,
2. die näheren Bestimmungen über Anforderungen für Feuerungsanlagen, sonstige Anlagen zur Wärmeerzeugung und Brennstoffversorgung nach § 41,
3. die Anforderungen an Garagen nach § 2 Abs. 7 Satz 2,

4. die besonderen Anforderungen oder Erleichterungen, die sich aus der besonderen Art oder Nutzung der baulichen Anlagen für Errichtung, Änderung, Unterhaltung, Betrieb und Nutzung ergeben nach § 50, sowie über die Anwendung solcher Anforderungen auf bestehende bauliche Anlagen dieser Art,
5. die Erst-, Wiederholungs- und Nachprüfung von Anlagen, die zur Verhütung erheblicher Gefahren oder Nachteile ständig ordnungsgemäß unterhalten werden müssen, und die Erstreckung dieser Nachprüfungspflicht auf bestehende Anlagen und
6. die Anwesenheit fachkundiger Personen beim Betrieb technisch schwieriger baulicher Anlagen und Einrichtungen, wie Bühnenbetriebe und technisch schwieriger Fliegender Bauten, einschließlich des Nachweises der Befähigung dieser Personen.
(2) ¹Die oberste Bauaufsichtsbehörde wird ermächtigt, durch Verordnung Vorschriften zu erlassen über
1. Prüfingenieure, Prüfingenieurinnen und Prüfämter, denen bauaufsichtliche Prüfaufgaben einschließlich der Bauüberwachung und der Bauzustandsbesichtigung übertragen werden, sowie
2. Prüfsachverständige, die im Auftrag des Bauherrn, der Bauherrin oder des sonstigen nach Bauordnungsrecht Verantwortlichen die Einhaltung bauordnungsrechtlicher Anforderungen prüfen und bescheinigen.
²Die Verordnungen nach Satz 1 regeln, soweit erforderlich,
1. die Fachbereiche und die Fachrichtungen, in denen Prüfingenieure, Prüfingenieurinnen und Prüfämter im Sinne der Verordnung nach Satz 1 Nr. 1 oder Prüfsachverständige im Sinne der Verordnung nach Satz 1 Nr. 2 tätig werden,
2. die Anerkennungsvoraussetzungen und das Anerkennungsverfahren,
3. das Erlöschen, die Rücknahme und den Widerruf der Anerkennung einschließlich der Festlegung einer Altersgrenze,
4. die Aufgabenerledigung und
5. die Vergütung.
(3) ¹Die oberste Bauaufsichtsbehörde wird ermächtigt, durch Verordnung Vorschriften zu erlassen über
1. Umfang, Inhalt und Zahl der erforderlichen Unterlagen einschließlich der Vorlagen bei der Anzeige der beabsichtigten Beseitigung von Anlagen nach § 60 Abs. 3 Satz 1 und bei der Genehmigungsfreistellung nach § 61 Abs. 3,
2. die erforderlichen Anträge, Anzeigen, Nachweise, Bescheinigungen und Bestätigungen, auch bei verfahrensfreien Bauvorhaben,
3. das bauordnungsrechtliche Verfahren im Einzelnen.
²Sie kann dabei für verschiedene Arten von Bauvorhaben unterschiedliche Anforderungen und Verfahren festlegen.
(4) Die oberste Bauaufsichtsbehörde wird ermächtigt, durch Verordnung
1. die Zuständigkeit für die vorhabenbezogene Bauartgenehmigung nach § 16a Abs. 2 Satz 1 Nr. 2 und den Verzicht darauf im Einzelfall nach § 16a Abs. 4 sowie die Zustimmung und den Verzicht auf Zustimmung im Einzelfall nach § 20
   a) auf unmittelbar der obersten Bauaufsichtsbehörde nachgeordnete Behörden oder auf eine Behörde eines anderen Landes, die der Aufsicht einer obersten Bauaufsichtsbehörde untersteht oder an deren Willensbildung die oberste Bauaufsichtsbehörde mitwirkt,
   b) für Bauprodukte, die in Baudenkmalen nach dem Denkmalschutzgesetz des Landes Sachsen-Anhalt verwendet werden sollen, allgemein oder für bestimmte Bauprodukte auf die untere Bauaufsichtsbehörde
   zu übertragen,
2. die Zuständigkeit für die Anerkennung von Prüf-, Zertifizierungs- und Überwachungsstellen nach § 24 auf andere Behörden zu übertragen; die Zuständigkeit kann auch auf eine Behörde eines anderen Landes übertragen werden, die der Aufsicht einer obersten Bauaufsichtsbehörde untersteht oder an deren Willensbildung die oberste Bauaufsichtsbehörde mitwirkt,
3. das Ü-Zeichen festzulegen und zu diesem Zeichen zusätzliche Angaben zu verlangen,

4. das Anerkennungsverfahren nach § 24, die Voraussetzungen für die Anerkennung, ihre Rücknahme, ihren Widerruf und ihr Erlöschen zu regeln, insbesondere auch Altersgrenzen festzulegen, sowie eine ausreichende Haftpflichtversicherung zu fordern.

(4a) Die oberste Bauaufsichtsbehörde wird ermächtigt, durch Verordnung zu bestimmen, dass für bestimmte Bauprodukte und Bauarten, auch soweit sie Anforderungen nach anderen Rechtsvorschriften unterliegen, hinsichtlich dieser Anforderungen § 16a Abs. 2 und die §§ 17 bis 25 ganz oder teilweise anwendbar sind, wenn die anderen Rechtsvorschriften dies verlangen oder zulassen.

(5) Die oberste Bauaufsichtsbehörde wird ermächtigt, durch Verordnung für bestimmte Fliegende Bauten die Aufgaben der Bauaufsichtsbehörde nach § 75 Abs. 1 bis 8 ganz oder teilweise auf andere Stellen auch außerhalb des Landes Sachsen-Anhalt zu übertragen und die Vergütung dieser Stellen zu regeln.

(6) [1]Die oberste Bauaufsichtsbehörde wird ermächtigt, durch Verordnung zu bestimmen, dass die Anforderungen der aufgrund des § 34 des Produktsicherheitsgesetzes und des § 49 Abs. 4 des Energiewirtschaftsgesetzes erlassenen Verordnungen entsprechend für Anlagen gelten, die weder gewerblichen noch wirtschaftlichen Zwecken dienen und in deren Gefahrenbereich auch keine Arbeitnehmer beschäftigt werden. [2]Sie kann auch die Verfahrensvorschriften dieser Gesetze und Verordnungen für anwendbar erklären oder selbst das Verfahren bestimmen sowie Zuständigkeiten und Gebühren regeln. [3]Dabei kann sie auch vorschreiben, dass danach zu erteilende Erlaubnisse die Baugenehmigung oder die Zustimmung nach § 76 einschließlich der zugehörigen Abweichungen nach § 66 einschließen sowie dass § 35 Abs. 2 des Produktsicherheitsgesetzes insoweit Anwendung findet.

(7) Die oberste Bauaufsichtsbehörde wird ermächtigt, durch Verordnung die Zulässigkeit der elektronischen Form in Verfahren nach diesem Gesetz und aufgrund dieses Gesetzes erlassener Vorschriften zu regeln.

## § 85 Örtliche Bauvorschriften

(1) [1]Die Gemeinden können örtliche Bauvorschriften erlassen, wenn dies für die Weiterentwicklung einer schon vorhandenen und besonders gestalteten Ortslage erforderlich ist und die Gemeinde diese Vorgaben bei der Gestaltung im öffentlichen Verkehrsraum berücksichtigt, über
1. besondere Anforderungen an die äußere Gestaltung baulicher Anlagen, Werbeanlagen und Warenautomaten zur Erhaltung und Gestaltung von Ortsbildern,
2. das Verbot von Werbeanlagen und Warenautomaten aus ortsgestalterischen Gründen,
3. von § 6 abweichende Maße der Abstandsflächentiefe, soweit dies zur Gestaltung des Ortsbildes oder zur Verwirklichung einer städtebaulichen Satzung erforderlich ist und eine ausreichende Belichtung sowie der Brandschutz gewährleistet sind, und
4. die Begrünung von baulichen Anlagen.

[2]Darüber hinaus können Gemeinden örtliche Bauvorschriften erlassen, die den besonderen Charakter oder die Gestaltung des Ortsbildes und der Baukultur regeln (Gestaltungssatzung). [3]Gemeinden sollen örtliche Bauvorschriften erlassen, wenn Teile der Gemeinde von schädlichen Einflüssen gemäß § 13 betroffen sind. [4]Gemeinden können außerdem örtliche Bauvorschriften erlassen über
1. Zahl, Größe und Beschaffenheit der notwendigen Stellplätze sowie Abstellplätze für Fahrräder nach § 48 Abs. 1, die unter Berücksichtigung der Sicherheit und Leichtigkeit des Verkehrs, der Bedürfnisse des ruhenden Verkehrs und der Erschließung durch Einrichtungen des öffentlichen Personennahverkehrs für bauliche Anlagen erforderlich sind, einschließlich des Mehrbedarfs bei Änderungen oder Nutzungsänderungen der baulichen Anlagen, und
2. die Ablösung der Herstellungspflicht und die Höhe der Ablösebeträge im Rahmen des § 48 Abs. 2 und 3, die nach Art der Nutzung und Lage der baulichen Anlage unterschiedlich geregelt werden kann.

(2) [1]Die Gemeinde erlässt die örtlichen Bauvorschriften als Satzung im eigenen Wirkungskreis. [2]Die Gemeinde kann in den örtlichen Bauvorschriften bestimmen, dass die Errichtung und die Änderung von Anlagen, an die die örtlichen Bauvorschriften nach Absatz 1 Satz 1 Nrn. 1, 2 und 4 Anforderungen stellen, insoweit einer schriftlichen Genehmigung der Gemeinde bedürfen. [3]Über Abweichungen von den örtlichen Bauvorschriften nach Satz 2 entscheidet die Gemeinde. [4]Ist eine baurechtliche Genehmigung oder an ihrer Stelle eine baurechtliche Zustimmung erforderlich, schließt diese die nach örtlichen Bauvorschrift erforderliche Genehmigung oder Abweichung ein, die Genehmigung oder die Abweichung wird im Einvernehmen mit der Gemeinde erteilt.

(3) ¹Örtliche Bauvorschriften können auch durch Bebauungsplan oder, soweit das Baugesetzbuch dies vorsieht, durch andere Satzungen nach den Vorschriften des Baugesetzbuches erlassen werden. ²Bei der Aufstellung und Änderung von örtlichen Bauvorschriften sind die Vorschriften der §§ 1 bis 4c, §§ 8 bis 10 und 14 bis 18 sowie die §§ 214 und 215 des Baugesetzbuches entsprechend anzuwenden.

(4) ¹Anforderungen nach den Absätzen 1 und 2 können innerhalb der örtlichen Bauvorschriften auch in Form zeichnerischer Darstellungen gestellt werden. ²Ihre Bekanntgabe kann dadurch ersetzt werden, dass dieser Teil der örtlichen Bauvorschriften bei der Gemeinde zur Einsicht ausgelegt wird; hierauf ist in den örtlichen Bauvorschriften hinzuweisen.

### § 85a Technische Baubestimmungen

(1) ¹Die Anforderungen nach § 3 werden durch erforderliche Technische Baubestimmungen konkretisiert. ²Die Technischen Baubestimmungen sind zu beachten. ³Dies gilt insbesondere für Regeln zur Barrierefreiheit. ⁴Von den in den Technischen Baubestimmungen enthaltenen Planungs-, Bemessungs- und Ausführungsregelungen kann abgewichen werden, wenn mit einer anderen Lösung in gleichem Maße die Anforderungen erfüllt werden und in der Technischen Baubestimmung eine Abweichung nicht ausgeschlossen ist. ⁵§ 16a Abs. 2, § 17 Abs. 1 und § 66 Abs. 1 finden Anwendung.

(2) Die Konkretisierungen im Sinne des Absatzes 1 können durch Bezugnahmen auf Fundstellen technischer Regeln oder auf andere Weise erfolgen, insbesondere in Bezug auf:
1. bestimmte bauliche Anlagen oder ihre Teile,
2. die Planung, Bemessung und Ausführung baulicher Anlagen und ihrer Teile,
3. die Leistung von Bauprodukten in bestimmten baulichen Anlagen oder ihren Teilen, insbesondere:
   a) Planung, Bemessung und Ausführung baulicher Anlagen bei Einbau eines Bauprodukts,
   b) Merkmale von Bauprodukten, die sich für einen Verwendungszweck auf die Erfüllung der Anforderungen nach § 3 Satz 1 auswirken,
   c) Verfahren für die Feststellung der Leistung eines Bauproduktes im Hinblick auf Merkmale, die sich für einen Verwendungszweck auf die Erfüllung der Anforderungen nach § 3 Satz 1 auswirken,
   d) zulässige oder unzulässige besondere Verwendungszwecke,
   e) die Festlegung von Klassen und Stufen in Bezug auf bestimmte Verwendungszwecke,
   f) die für einen bestimmten Verwendungszweck anzugebende oder erforderliche und anzugebende Leistung in Bezug auf ein Merkmal, das sich für einen Verwendungszweck auf die Erfüllung der Anforderungen nach § 3 Satz 1 auswirkt, soweit vorgesehen in Klassen und Stufen,
4. die Bauarten und die Bauprodukte, die nur eines allgemeinen bauaufsichtlichen Prüfzeugnisses nach § 16a Abs. 3 und § 19 Abs. 1 bedürfen,
5. Voraussetzungen zur Abgabe der Übereinstimmungserklärung für ein Bauprodukt nach § 22 und
6. die Art, den Inhalt und die Form technischer Dokumentation.

(3) Die Technischen Baubestimmungen sollen nach den Grundanforderungen gemäß Anhang I der Verordnung (EU) Nr. 305/2011 gegliedert sein.

(4) Die Technischen Baubestimmungen enthalten die in § 17 Abs. 3 genannte Liste.

(5) ¹Die oberste Bauaufsichtsbehörde macht nach Anhörung der beteiligten Kreise, insbesondere der fachlich berührten Verbände, Vereine, Kammern und Einrichtungen, durch das Deutsche Institut für Bautechnik zur Durchführung dieses Gesetzes und aufgrund dieses Gesetzes erlassener Vorschriften die Technischen Baubestimmungen als Verwaltungsvorschrift im Ministerialblatt für das Land Sachsen-Anhalt öffentlich bekannt. ²Bei der Bekanntmachung kann hinsichtlich ihres Inhalts auf die Fundstelle verwiesen werden.

### § 86 Bestehende bauliche Anlagen

(1) Werden in diesem Gesetz oder aufgrund dieses Gesetzes erlassener Vorschriften andere Anforderungen als nach früherem Rechte gestellt, so kann verlangt werden, dass bestehende oder nach genehmigten Bauvorlagen bereits begonnene bauliche Anlagen angepasst werden, wenn dies wegen der Sicherheit oder Gesundheit erforderlich ist.

(2) Sollen bauliche Anlagen wesentlich geändert werden, so kann gefordert werden, dass auch die nicht unmittelbar berührten Teile der baulichen Anlage die Anforderungen dieses Gesetzes oder die Anforderungen der aufgrund dieses Gesetzes erlassenen Vorschriften erfüllen, wenn

1. die Bauteile, die diesen Vorschriften nicht mehr entsprechen, mit den beabsichtigten Arbeiten in einem konstruktiven Zusammenhang stehen und
2. die Durchführung dieser Vorschriften bei den von den Arbeiten nicht berührten Teilen der baulichen Anlage keine unzumutbaren Mehrkosten verursacht.

### § 87 Übergangsvorschriften

(1) ¹Die Verwendung des Ü-Zeichens auf Bauprodukten, die die CE-Kennzeichnung aufgrund der Verordnung (EU) Nr. 305/2011 tragen, ist ab dem 15. Oktober 2016 nicht mehr zulässig. ²Sind bereits in Verkehr gebrachte Bauprodukte, die die CE-Kennzeichnung aufgrund der Verordnung (EU) Nr. 305/2011 tragen, mit dem Ü-Zeichen gekennzeichnet, verliert das Ü-Zeichen ab dem 15. Oktober 2016 seine Gültigkeit.

(2) ¹Solange § 20 Abs. 1 der Baunutzungsverordnung zur Begriffsbestimmung des Vollgeschosses auf Landesrecht verweist, gelten Geschosse als Vollgeschosse, wenn deren Deckenoberfläche im Mittel mehr als 1,60 m über die Geländeoberfläche hinausragt und sie über mindestens zwei Drittel ihrer Grundfläche eine lichte Höhe von mindestens 2,30 m haben. ²Zwischendecken oder Zwischenböden, die unbegehbare Hohlräume von einem Geschoss abtrennen, bleiben bei der Anwendung des Satzes 1 unberücksichtigt. ³In Wohngebäuden der Gebäudeklassen 1 und 2 gelten Geschosse, die über mindestens zwei Drittel ihrer Grundfläche eine für Aufenthaltsräume in solchen Gebäuden erforderliche lichte Höhe haben, als Vollgeschosse.

(3) Für Städte und Gemeinden, denen bis zum Inkrafttreten dieses Gesetzes nach Artikel 6 Abs. 2 Satz 1 des Dritten Investitionserleichterungsgesetzes nach § 63 Abs. 1 Satz 2 der Bauordnung Sachsen-Anhalt die Aufgaben der unteren Bauaufsichtsbehörde ganz oder teilweise übertragen sind, ist § 63 Abs. 1 Satz 1 der Bauordnung Sachsen-Anhalt in der bis zum Inkrafttreten dieses Gesetzes geltenden Fassung weiterhin anzuwenden.

(4) Bis zum Ablauf des 14. Oktober 2016 für Bauarten erteilte allgemeine bauaufsichtliche Zulassungen oder Zustimmungen im Einzelfall gelten als Bauartgenehmigung nach § 16a Abs. 2 fort.

(5) ¹Bestehende Anerkennungen von Prüf-, Überwachungs- und Zertifizierungsstellen bleiben in dem bis zum Ablauf des 14. Oktober 2016 geregelten Umfang wirksam. ²Bis zum Ablauf des 14. Oktober 2016 gestellte Anträge auf Anerkennung von Prüf-, Überwachungs- und Zertifizierungsstellen gelten als Anträge nach § 24 in Verbindung mit § 84 Abs. 4 Nr. 4 in der ab 15. Oktober 2016 geltenden Fassung fort.

(6) Für Verfahren, die vor dem Zeitpunkt des allgemeinen Inkrafttretens nach § 2 Satz 1 des Dritten Gesetzes zur Änderung der Bauordnung des Landes Sachsen-Anhalt eingeleitet wurden, sind die durch das Dritte Gesetz zur Änderung der Bauordnung des Landes Sachsen-Anhalt geänderten Vorschriften nur anzuwenden, wenn der Antragsteller oder die Antragstellerin dies bestimmt.

# Nachbarschaftsgesetz (NbG)

Vom 13. November 1997 (GVBl. LSA S. 958)
(BS LSA 40.8)
zuletzt geändert durch Art. 6 G zur Anpassung landesrechtl. Verjährungsvorschriften vom 18. Mai 2010 (GVBl. LSA S. 340)

## Inhaltsübersicht

**Abschnitt 1**
**Allgemeine Vorschriften**
§ 1   Grundsätze
§ 2   Anwendungsbereich
§ 3   Anzeige von Vorhaben, Einwendungen
§ 4   Verjährung

**Abschnitt 2**
**Nachbarwand**
§ 5   Errichtung
§ 6   Anbau, Anzeige
§ 7   Vergütung
§ 6   Erhöhen
§ 9   Beseitigung vor dem Anbau
§ 10  Unterhaltung, Abbruch

**Abschnitt 3**
**Grenzwand**
§ 11  Begriff
§ 12  Errichtung einer ersten Grenzwand
§ 13  Anbau
§ 14  Errichtung einer zweiten Grenzwand
§ 15  Abbruch eines Gebäudes
§ 16  Übergreifende Bauteile

**Abschnitt 4**
**Bodenveränderungen**
§ 17  Verbot der Schädigung des benachbarten Grundstücks

**Abschnitt 5**
**Hammerschlags- und Leiterrecht**
§ 18  Inhalt und Umfang
§ 19  Nutzungsentschädigung
§ 20  Schadensersatz

**Abschnitt 6**
**Höherführen von Abgasanlagen, Lüftungsleitungen und Antennenanlagen**
§ 21  Duldungspflichten

**Abschnitt 7**
**Einfriedung der Grundstücke**
§ 22  Einfriedungspflicht

§ 23  Anforderungen an Grundstückseinfriedungen
§ 24  Standort der Einfriedung
§ 25  Gemeinsame Einfriedung
§ 26  Ausnahmen
§ 27  Anzeigepflicht
§ 28  Beseitigungsanspruch

**Abschnitt 8**
**Wasserrechtliches Nachbarschaftsrecht**
§ 29  Veränderung des Grundwasserspiegels
§ 30  Wild abfließendes Wasser
§ 31  Hinderung des Zuflusses
§ 32  Wiederherstellung des früheren Zustandes

**Abschnitt 9**
**Traufwasser, Abwässer**
§ 33  Störungsverbot

**Abschnitt 10**
**Grenzabstände für Pflanzen**
§ 34  Grenzabstände für Bäume, Sträucher und einzelne Rebstöcke
§ 35  Ausnahmen
§ 36  Berechnung des Abstandes
§ 37  Grenzabstände im Weinbau
§ 38  Grenzabstände für Wald
§ 39  Beseitigung, Zurückschneiden
§ 40  Ausschluß des Anspruchs auf Beseitigung und auf Zurückschneiden
§ 41  Ersatzanpflanzungen
§ 42  Nachträgliche Änderungen

**Abschnitt 11**
**Schlußvorschriften**
§ 43  Übergangsvorschriften und Bestandsschutz
§ 44  Außerkrafttreten von Vorschriften
§ 45  Inkrafttreten

*Abschnitt 1*
## Allgemeine Vorschriften
**§ 1 Grundsätze**
(1) Die nachbarschaftlichen Rechtsbeziehungen im räumlichen Einwirkungsbereich der Grundstücksbenutzungen bestimmen sich nach dem Bürgerlichen Gesetzbuch und nach diesem Gesetz.
(2) Nachbar oder Nachbarin im Sinne dieses Gesetzes ist
1. der Eigentümer oder die Eigentümerin eines Grundstücks,
2. im Falle der Belastung des Grundstücks mit einem Erbbaurecht statt dessen der oder die Erbbauberechtigte,
3. der Inhaber oder die Inhaberin eines fortbestehenden selbständigen Gebäudeeigentums oder dinglichen Nutzungsrechts nach Artikel 233 § 4 Abs. 1 des Einführungsgesetzes zum Bürgerlichen Gesetzbuch.

(3) Soweit dies besonders bestimmt ist, gelten Rechte und Pflichten nach diesem Gesetz auch für diejenigen, die ein fremdes Grundstück auf Grund sonstiger Berechtigung ganz oder teilweise besitzen und in ihrem Besitz berührt sind.

**§ 2 Anwendungsbereich**
(1) Die §§ 5 bis 43 dieses Gesetzes gelten nur, soweit die Beteiligten keine von diesen Vorschriften abweichenden Vereinbarungen treffen oder zwingende öffentlich-rechtliche Vorschriften oder bestandskräftige Verwaltungsakte nicht entgegenstehen.
(2) Ist in diesem Gesetz die Schriftform vorgesehen, darf davon nicht abgewichen werden.

**§ 3 Anzeige von Vorhaben, Einwendungen**
(1) [1]Ist nach diesem Gesetz ein Vorhaben anzuzeigen, so ist die Anzeige an den Nachbarn oder die Nachbarin und an den unmittelbaren Besitzer oder die unmittelbare Besitzerin des Grundstücks zu richten. [2]Die Anzeige an den unmittelbaren Besitzer oder die unmittelbare Besitzerin genügt, wenn der Aufenthalt des Nachbarn oder der Nachbarin nur unter unverhältnismäßigen Schwierigkeiten feststellbar ist oder die Anzeige im Ausland erfolgen müßte und im Inland niemand zum Empfang von Erklärungen bevollmächtigt ist.
(2) [1]Soweit nichts anderes bestimmt ist, ist das Vorhaben schriftlich unter Mitteilung der näheren Einzelheiten seines Inhalts und seiner Durchführung spätestens acht Wochen vor Beginn der Bauarbeiten oder sonstigen Maßnahmen anzuzeigen. [2]Einwendungen gegen das Vorhaben sind unverzüglich zu erheben. [3]Mit den Bauarbeiten oder sonstigen Maßnahmen darf vor Fristablauf nur begonnen werden, wenn sich der Nachbar oder die Nachbarin und der unmittelbare Besitzer oder die unmittelbare Besitzerin mit dem früheren Beginn einverstanden erklärt haben.

**§ 4 Verjährung**
(1) Ansprüche auf Schadensersatz sowie andere Ansprüche nach diesem Gesetz, die auf Zahlung von Geld gerichtet sind, verjähren in drei Jahren.
(2) Die Vorschriften des Bürgerlichen Gesetzbuches hinsichtlich Beginn, Hemmung, Ablaufhemmung, Neubeginn und Rechtsfolgen der Verjährung gelten entsprechend.
(3) Artikel 229 § 6 des Einführungsgesetzes zum Bürgerlichen Gesetzbuche ist mit der Maßgabe entsprechend anzuwenden, dass an die Stelle des 1. Januar 2002 der 1. Juni 2010 und an die Stelle des 31. Dezember 2001 der 31. Mai 2010 tritt.
(4) Im Übrigen unterliegen die Ansprüche nach diesem Gesetz nicht der Verjährung, soweit in diesem Gesetz nichts anderes bestimmt ist.

*Abschnitt 2*
## Nachbarwand

**§ 5 Errichtung**
(1) Nachbarwand ist die auf der Grenze zweier Grundstücke errichtete Wand, die den auf diesen Grundstücken errichteten oder zu errichtenden Gebäuden als Abschlußwand oder zur Unterstützung oder Aussteifung dient oder dienen soll.

(2) ¹Eine Nachbarwand darf nur errichtet werden, wenn der Nachbar oder die Nachbarin in ihre Errichtung, ihre Anordnung auf den Grundstücken und in ihre Bauart und Bemessung, insbesondere ihre Höhe, Stärke und Gründungstiefe, schriftlich einwilligt. ²Die Einwilligung ist unwiderruflich.

### § 6 Anbau, Anzeige

(1) ¹Der Nachbar oder die Nachbarin ist berechtigt, an die Nachbarwand anzubauen. ²Anbau ist die Mitbenutzung der Wand als Abschlußwand oder zur Unterstützung oder Aussteifung des neuen Gebäudes.

(2) Die Einzelheiten des beabsichtigten Anbaues sind dem Nachbarn oder der Nachbarin und dem unmittelbaren Besitzer oder der unmittelbaren Besitzerin des zuerst bebauten Grundstücks unter Beifügung des Bauantrages und der Bauvorlagen anzuzeigen; im übrigen gilt § 3.

(3) ¹Schäden, die in Ausübung des Rechts nach Absatz 1 dem Nachbarn, der Nachbarin, dem unmittelbaren Besitzer oder der unmittelbaren Besitzerin des zuerst bebauten Grundstücks entstehen, sind ohne Rücksicht auf Verschulden zu ersetzen. ²Auf Verlangen ist Sicherheit in Höhe des voraussichtlichen Schadens zu leisten; das Recht darf dann erst nach Leistung der Sicherheit ausgeübt werden.

### § 7 Vergütung

(1) ¹Wer anbaut, hat dem Nachbarn oder der Nachbarin, die die Nachbarwand errichtet haben, beziehungsweise deren Rechtsnachfolgern ihren halben Wert zu vergüten. ²Dabei ist von den im Zeitpunkt der Errichtung üblichen Baukosten auszugehen und das Alter sowie der bauliche Zustand der Nachbarwand zu berücksichtigen.

(2) Die Vergütung ermäßigt sich angemessen, wenn die besondere Bauart oder Bemessung der Wand nicht erforderlich oder nur für das zuerst errichtete Bauwerk erforderlich ist; sie ist angemessen zu erhöhen, wenn die besondere Bauart oder Bemessung im Hinblick auf Interessen des anbauenden Nachbarn oder der anbauenden Nachbarin gewählt worden ist.

(3) Die Vergütung wird mit der Rohbauabnahme des Anbaues fällig.

### § 8 Erhöhen

(1) ¹Jeder Nachbar oder jede Nachbarin darf die Nachbarwand auf eigene Kosten nach den allgemein anerkannten Regeln der Baukunst erhöhen, wenn dadurch keine erhebliche Beeinträchtigung für den anderen Nachbarn oder die andere Nachbarin zu erwarten ist. ²Das Vorhaben ist entsprechend § 6 Abs. 2 anzuzeigen.

(2) ¹Wer höher baut, darf, soweit erforderlich, auf das Nachbardach einschließlich des Dachtragwerks einwirken. ²Das Nachbardach ist auf Kosten des oder der Einwirkenden mit der erhöhten Nachbarwand ordnungsgemäß zu verbinden.

(3) ¹Für den erhöhten Teil der Nachbarwand gelten § 6 Abs. 1, §§ 7, 9 und 10 entsprechend. ²Für Schäden, die in Ausübung des Rechts nach Absatz 1 und 2 entstehen, gilt § 6 Abs. 3 entsprechend.

### § 9 Beseitigung vor dem Anbau

(1) Solange und soweit noch nicht angebaut worden ist, darf die Nachbarwand vom Erbauer oder von der Erbauerin beziehungsweise deren Rechtsnachfolgern beseitigt werden, wenn der Nachbar oder die Nachbarin der Beseitigung nicht widerspricht.

(2) Die Absicht, die Nachbarwand zu beseitigen, ist anzuzeigen; § 6 Abs. 2 gilt entsprechend.

(3) ¹Der Widerspruch des Nachbarn oder der Nachbarin muß binnen acht Wochen nach Zugang der Anzeige schriftlich erhoben werden. ²Der Widerspruch wird unbeachtlich, wenn
1. der Nachbar oder die Nachbarin nicht innerhalb von sechs Monaten nach Empfang der Anzeige einen Antrag auf Genehmigung des Anbaues bei der Baugenehmigungsbehörde einreicht oder
2. der Antrag auf Erteilung der Baugenehmigung bestandskräftig abgelehnt ist oder
3. von der Baugenehmigung nicht innerhalb eines Jahres nach Erteilung Gebrauch gemacht wird.

(4) Beseitigen der Erbauer oder die Erbauerin der Nachbarwand beziehungsweise deren Rechtsnachfolger diese ganz oder teilweise, ohne hierzu nach den Absätzen 1 bis 3 berechtigt zu sein, so ist dem anbauberechtigten Nachbarn oder der anbauberechtigten Nachbarin Ersatz für den durch die völlige oder teilweise Beseitigung der Anbaumöglichkeit zugefügten Schaden zu leisten; der Anspruch entsteht mit der Fertigstellung des Rohbaus des späteren Bauwerks.

## § 10 Unterhaltung, Abbruch
(1) Bis zum Anbau an die Nachbarwand fallen die Unterhaltungskosten ihrem Erbauer oder ihrer Erbauerin beziehungsweise deren Rechtsnachfolgern allein zur Last.
(2) Nach dem Anbau tragen beide Seiten die Unterhaltungskosten für den gemeinsam genutzten Teil der Nachbarwand zu gleichen Teilen.
(3) [1]Wird eines der beiden Gebäude abgebrochen und nicht neu errichtet, sind der Bauherr oder die Bauherrin beziehungsweise deren Rechtsnachfolger verpflichtet, die durch den Abbruch entstandenen Schäden zu beseitigen und die Außenfläche des bisher gemeinsam genutzten Teiles der Wand auf eigene Kosten in einen für eine Außenwand geeigneten Zustand zu versetzen. [2]Die Kosten der künftigen Unterhaltung fallen dem anderen Nachbarn oder der anderen Nachbarin allein zur Last.

*Abschnitt 3*
**Grenzwand**

## § 11 Begriff
Grenzwand ist die unmittelbar an der Grenze zum benachbarten Grundstück, jedoch ausschließlich auf dem Grundstück des Erbauers oder der Erbauerin errichtete Wand.

## § 12 Errichtung einer ersten Grenzwand
(1) [1]Wer eine Grenzwand errichten will, hat dies dem Nachbarn oder der Nachbarin anzuzeigen. [2]§ 6 Abs. 2 gilt entsprechend.
(2) [1]Der Nachbar oder die Nachbarin kann innerhalb von acht Wochen nach Zugang der Anzeige eine solche Gründung der Grenzwand verlangen, daß bei der späteren Durchführung des eigenen Bauvorhabens erschwerende Baumaßnahmen, wie insbesondere ein Unterfangen der zuerst gebauten Wand, vermieden werden. [2]Mit den Arbeiten zur Errichtung der Grenzwand darf erst nach Ablauf der Frist begonnen werden.
(3) [1]Der Nachbar oder die Nachbarin hat die nach Absatz 2 entstehenden Mehrkosten zu erstatten. [2]In Höhe der voraussichtlich erwachsenden Mehrkosten ist auf Verlangen binnen vier Wochen Vorschuß oder Sicherheit zu leisten; der Anspruch auf besondere Gründung erlischt, wenn der Vorschuß oder eine Sicherheit nicht fristgerecht geleistet wird.
(4) Soweit der Erbauer oder die Erbauerin der Grenzwand beziehungsweise deren Rechtsnachfolger die besondere Gründung auch zum Vorteil des eigenen Gebäudes nutzen, beschränkt sich die Erstattungspflicht des Nachbarn oder der Nachbarin auf den angemessenen Kostenanteil; darüber hinaus bereits erbrachte Leistungen können zurückgefordert werden.

## § 13 Anbau
(1) [1]Der Nachbar oder die Nachbarin darf eine Grenzwand durch Anbau (§ 6 Abs. 1 Satz 2) nutzen, wenn ihr Erbauer oder ihre Erbauerin beziehungsweise deren Rechtsnachfolger schriftlich einwilligen. [2]Die Einwilligung ist unwiderruflich. [3]Für die Pflicht zur Anzeige des Vorhabens und die Pflicht, Schadensersatz zu leisten, gilt § 6 Abs. 2 und 3 entsprechend.
(2) Wer ohne eigene Grenzwand anbaut, hat dem Nachbarn oder der Nachbarin eine angemessene Vergütung entsprechend seiner Kostenersparnis zu zahlen.
(3) Nach dem Anbau tragen beide Seiten die Unterhaltungskosten der Grenzwand zu gleichen Teilen.

## § 14 Errichtung einer zweiten Grenzwand
(1) Wenn eine Grenzwand neben einer schon vorhandenen Grenzwand errichtet werden soll, gilt für die Pflicht zur Anzeige des Vorhabens und zur Schadensersatzleistung § 6 Abs. 2 und 3 entsprechend.
(2) [1]Der Nachbar oder die Nachbarin hat auf eigene Kosten die zweite Grenzwand dicht anzuschließen und erforderlichenfalls eine Fuge zwischen den Grenzwänden auszufüllen und zu verschließen. [2]Er oder sie kann auf eigene Kosten durch übergreifende Abdeckungen einen Anschluß an das bestehende Gebäude herstellen. [3]Der Anschluß ist von ihm oder ihr zu unterhalten. [4]Werden die Grenzwände gleichzeitig errichtet, tragen beide Seiten die Kosten des Anschlusses zu gleichen Teilen.
(3) [1]Muß der Nachbar oder die Nachbarin zur Ausführung des Bauvorhabens die eigene Grenzwand tiefer als die zuerst errichtete Grenzwand gründen, so darf er oder sie diese auf eigene Kosten unterfangen, wenn das nach den allgemein anerkannten Regeln der Baukunst unumgänglich ist oder nur mit unverhältnismäßig hohen Kosten vermieden werden könnte und keine erhebliche Schädigung des zu-

erst errichteten Gebäudes zu erwarten ist. ²Für die Verpflichtung zum Schadensersatz und zur Leistung von Sicherheit gilt § 6 Abs. 3 entsprechend.

**§ 15 Abbruch eines Gebäudes**
¹Wird nach Errichtung eines Anbaues oder einer zweiten Grenzwand eines der beiden Gebäude abgerissen, so gilt § 10 Abs. 3 entsprechend. ²Für die Pflicht zur Anzeige gilt § 6 Abs. 2 entsprechend.

**§ 16 Übergreifende Bauteile**
Bauteile, die in den Luftraum eines anderen Grundstücks übergreifen, sind zu dulden, wenn
1. nach den öffentlich-rechtlichen Vorschriften nur auf dem benachbarten Grundstück bis an die Grenze gebaut werden darf,
2. die übergreifenden Bauteile öffentlich-rechtlich zulässig sind,
3. sie die Benutzung des anderen Grundstücks nicht oder nur unwesentlich beeinträchtigen und
4. sie nicht zur Vergrößerung der Nutzfläche des Bauwerks dienen.

*Abschnitt 4*
**Bodenveränderungen**

**§ 17 Verbot der Schädigung des benachbarten Grundstücks**
(1) Der Boden eines Grundstücks darf nicht über die Geländeoberfläche des benachbarten Grundstücks erhöht oder vertieft (§ 909 BGB) werden, es sei denn, es wird ein solcher Abstand zur Grundstücksgrenze eingehalten oder es werden solche Vorkehrungen getroffen und unterhalten, daß eine Schädigung des benachbarten Grundstücks insbesondere durch Absturz, Abschwemmung oder Pressung des Bodens ausgeschlossen ist.
(2) Geländeoberfläche ist die natürliche Geländeoberfläche, soweit nicht gemäß § 9 Abs. 2 des Baugesetzbuches oder in der Baugenehmigung eine andere Geländeoberfläche festgesetzt ist.

*Abschnitt 5*
**Hammerschlags- und Leiterrecht**

**§ 18 Inhalt und Umfang**
(1) Der Nachbar oder die Nachbarin und der unmittelbare Besitzer oder die unmittelbare Besitzerin eines Grundstücks müssen dulden, daß ihr Grundstück einschließlich der Bauwerke zur Vorbereitung und Durchführung von Bau-, Instandsetzungs- und Unterhaltungsarbeiten auf dem benachbarten Grundstück vorübergehend betreten und benutzt wird, wenn und soweit
1. die Arbeiten anders nur mit unverhältnismäßig hohen Kosten und Erschwerungen durchgeführt werden könnten,
2. die mit der Duldung verbundenen Nachteile oder Belästigungen nicht außer Verhältnis zu dem von der berechtigten Person erstrebten Vorteil stehen und
3. das Vorhaben öffentlich-rechtlich zulässig ist.
(2) Das Recht zur Benutzung umfaßt auch die Befugnis, auf oder über dem Grundstück Gerüste und Geräte aufzustellen sowie die zu den Arbeiten erforderlichen Baustoffe über das Grundstück zu bringen.
(3) ¹Art, Umfang und voraussichtliche Dauer der Benutzung des benachbarten Grundstücks sind mindestens vier Wochen vor Beginn der Benutzung dem Nachbarn oder der Nachbarin und dem unmittelbaren Besitzer oder der unmittelbaren Besitzerin schriftlich anzuzeigen. ²Satz 1 gilt nicht, wenn die Ausübung des Rechts zur Abwendung einer gegenwärtigen erheblichen Gefahr notwendig ist.
(4) ¹Das Recht ist so zügig und schonend wie möglich auszuüben. ²Es darf nicht zur Unzeit geltend gemacht werden.

**§ 19 Nutzungsentschädigung**
¹Wer ein Grundstück länger als zwei Wochen gemäß § 18 benutzt, hat an den unmittelbaren Besitzer oder die unmittelbare Besitzerin für die ganze Zeit der Benutzung eine Nutzungsentschädigung in Höhe der ortsüblichen Miete für die benutzten Bauwerksteile oder für einen dem benutzten unbebauten Grundstücksteil vergleichbaren Lagerplatz zu zahlen. ²Die Nutzungsentschädigung ist jeweils zum Ende eines Kalendermonats fällig. ³§ 20 bleibt unberührt.

## § 20 Schadensersatz
¹Ein bei der Ausübung des Rechts auf dem benachbarten Grundstück entstehender Schaden ist ohne Rücksicht auf Verschulden zu ersetzen. ²Auf Verlangen ist Sicherheit in Höhe des voraussichtlichen Schadens zu leisten; das Recht darf dann erst nach Leistung der Sicherheit ausgeübt werden.

*Abschnitt 6*
**Höherführen von Abgasanlagen, Lüftungsleitungen und Antennenanlagen**

## § 21 Duldungspflichten
(1) Der Nachbar oder die Nachbarin und der unmittelbare Besitzer oder die unmittelbare Besitzerin müssen dulden, daß an ihrem höheren Gebäude der andere Nachbar oder die andere Nachbarin und der unmittelbare Besitzer oder die unmittelbare Besitzerin des angrenzenden niedrigeren Gebäudes ihre Abgasanlagen, Lüftungsleitungen und Antennenanlagen befestigen, wenn
1. die Höherführung der Abgasanlagen und Lüftungsleitungen für deren Betriebsfähigkeit erforderlich ist und sie anders nur mit erheblichen technischen Nachteilen oder unverhältnismäßig hohen Kosten höhergeführt werden könnten,
2. die Antennenanlage für einen einwandfreien Empfang von Sendungen erforderlich ist,
3. das betroffene Grundstück nicht erheblich beeinträchtigt wird und
4. die Erhöhung und Befestigung öffentlich-rechtlich zulässig ist.

(2) Der Nachbar oder die Nachbarin und der unmittelbare Besitzer oder die unmittelbare Besitzerin müssen ferner dulden, daß
1. die höhergeführten Abgasanlagen, Lüftungsleitungen und Antennenanlagen von ihrem Grundstück aus unterhalten werden, wenn dies ohne Benutzung ihres Grundstücks nicht oder nur mit unverhältnismäßig hohen Kosten möglich ist und
2. die hierzu erforderlichen Anlagen auf ihrem Grundstück angebracht werden; sie können die berechtigte Person darauf verweisen, an dem höheren Gebäude auf eigene Kosten außen eine Steigleiter anzubringen, wenn dadurch die Unterhaltungsarbeiten ermöglicht werden.

(3) Absätze 1 und 2 gelten für Antennenanlagen nicht, wenn der berechtigten Person die Mitbenutzung einer dazu geeigneten Antennenanlage des höheren Gebäudes gestattet wird.

(4) Die Absicht, die Rechte nach den Absätzen 1 und 2 auszuüben, ist dem Nachbarn oder der Nachbarin und dem unmittelbaren Besitzer oder der unmittelbaren Besitzerin anzuzeigen; im übrigen gilt § 3.

(5) Für die Verpflichtung zum Schadensersatz gilt § 20 entsprechend.

*Abschnitt 7*
**Einfriedung der Grundstücke**

## § 22 Einfriedungspflicht
(1) Auf Verlangen des Nachbarn oder der Nachbarin ist ein Grundstück einzufrieden, wenn dies zum Schutze des benachbarten Grundstücks vor nicht nur unwesentlichen Beeinträchtigungen, die von dem anderen Grundstück ausgehen, erforderlich ist.
(2) ¹Für die Beschaffenheit der Einfriedung gilt § 23. ²Bietet eine dem § 23 entsprechende Einfriedung keinen angemessenen Schutz vor nicht hinzunehmenden Beeinträchtigungen, so ist sie in dem erforderlichen Umfang zu verstärken, zu erhöhen oder zu vertiefen.

## § 23 Anforderungen an Grundstückseinfriedungen
¹Wird ein Grundstück eingefriedet, so muß die Einfriedung ortsüblich sein. ²Läßt sich eine ortsübliche Einfriedung nicht feststellen, so darf ein bis zu 2,0 Meter hoher Zaun errichtet werden. ³Schreiben öffentlich-rechtliche Vorschriften eine andere Art der Einfriedung vor, so tritt diese nach Art und Ausmaß an die Stelle der in Satz 1 und 2 bezeichneten Einfriedung.

## § 24 Standort der Einfriedung
(1) Eine Einfriedung ist an der Grenze zum benachbarten Grundstück zu errichten.
(2) ¹Von der Grenze eines landwirtschaftlich genutzten Grundstücks, das außerhalb eines im Zusammenhang bebauten Ortsteils liegt und nicht in einem Bebauungsplan als Bauland ausgewiesen ist, müssen Einfriedungen auf Verlangen des Nachbarn oder der Nachbarin 0,5 Meter zurückbleiben. ²Dies

gilt nicht gegenüber Grundstücken, für die nach Lage, Größe oder sonstiger Beschaffenheit eine den Grenzabstand erfordernde Art der Bodenbearbeitung nicht in Betracht kommt.
(3) Die Einfriedung darf auf die Grenze gesetzt werden,
a) wenn der Nachbar oder die Nachbarin einwilligt,
b) in den Fällen des § 25.

### § 25 Gemeinsame Einfriedung
[1]Sind Nachbarn an einem Grenzabschnitt nach § 22 gegenseitig zur Einfriedung verpflichtet, so können sie voneinander verlangen, daß eine gemeinsame Einfriedung auf die Grenze gesetzt wird. [2]Die Kosten der Errichtung und Unterhaltung der gemeinsamen Einfriedung sind von beiden Seiten je zur Hälfte zu tragen.

### § 26 Ausnahmen
[1]§§ 22 bis 25 gelten nicht für die Eigentümer oder Eigentümerinnen und unmittelbaren Besitzer oder unmittelbaren Besitzerinnen von öffentlichen Verkehrsflächen, öffentlichen Grünflächen und oberirdischen Gewässern. [2]Sie gelten auch nicht für Inhaber oder Inhaberinnen eines Erbbaurechts an öffentlichen Verkehrsflächen oder öffentlichen Grünflächen.

### § 27 Anzeigepflicht
(1) Die Absicht, eine Einfriedung zu errichten, zu beseitigen, durch eine andere zu ersetzen oder wesentlich zu verändern, ist dem Nachbarn oder der Nachbarin und dem unmittelbaren Besitzer oder der unmittelbaren Besitzerin der angrenzenden Grundstücke unter Mitteilung der Einzelheiten des Vorhabens mindestens vier Wochen vor Beginn der Arbeiten schriftlich anzuzeigen; im übrigen gilt § 3.
(2) Die Anzeigepflicht besteht auch dann, wenn die andere Seite weder die Einfriedung verlangen kann noch zu den Kosten beizutragen hat.

### § 28 Beseitigungsanspruch
[1]Der Anspruch auf Änderung oder Beseitigung einer Einfriedung, die den §§ 22 bis 24 nicht entspricht, ist ausgeschlossen, wenn der Nachbar oder die Nachbarin nicht binnen Jahresfrist Klage erhoben hat. [2]Die Frist beginnt mit dem Schluß des Kalenderjahres der Errichtung oder, wenn eine solche Einfriedung erneuert wird, ihrer Erneuerung.

*Abschnitt 8*
## Wasserrechtliches Nachbarschaftsrecht

### § 29 Veränderung des Grundwasserspiegels
(1) Der Nachbar oder die Nachbarin und der unmittelbare Besitzer oder die unmittelbare Besitzerin eines Grundstücks dürfen auf dessen Untergrund nicht in einer Weise einwirken, daß der Grundwasserspiegel steigt oder sinkt; soweit dadurch auf einem benachbarten Grundstück erhebliche Beeinträchtigungen hervorgerufen werden.
(2) Bewilligungen und Planfeststellungen nach öffentlich-rechtlichen Vorschriften bleiben hiervon unberührt.

### § 30 Wild abfließendes Wasser
(1) Wild abfließendes Wasser ist oberirdisch außerhalb eines Bettes abfließendes Quell- oder Niederschlagswasser.
(2) Der Nachbar oder die Nachbarin und der unmittelbare Besitzer oder die unmittelbare Besitzerin eines Grundstücks dürfen nicht
1. den Abfluß wild abfließenden Wassers auf andere Grundstücke verstärken,
2. den Zufluß wild abfließenden Wassers von anderen Grundstücken auf ihr Grundstück verhindern,
wenn dadurch die anderen Grundstücke erheblich beeinträchtigt werden.
(3) Der Nachbar oder die Nachbarin und der unmittelbare Besitzer oder die unmittelbare Besitzerin dürfen den Abfluß wild abfließenden Wassers von ihrem Grundstück auf andere Grundstücke mindern oder unterbinden.

### § 31 Hinderung des Zuflusses
[1]Anlagen, die den Zufluß wild abfließenden Wassers verhindern (§ 30 Abs. 2 Nr. 2), können bestehen bleiben, wenn sie bei Inkrafttreten dieses Gesetzes rechtmäßig vorhanden sind. [2]Sie sind jedoch zu

beseitigen, wenn der Nachbar oder die Nachbarin das wild abfließende Wasser durch Anlagen auf dem höher gelegenen Grundstück nicht oder nur mit unverhältnismäßig hohen Kosten abführen kann.

### § 32 Wiederherstellung des früheren Zustandes

(1) [1]Haben Überschwemmungen oder ähnliche Naturereignisse erhebliche Veränderungen des Abflusses oder Zuflusses (§ 30 Abs. 2) bewirkt, so darf der Nachbar oder die Nachbarin und der unmittelbare Besitzer oder die unmittelbare Besitzerin des beeinträchtigten Grundstücks den früheren Zustand des anderen Grundstücks, auf dem die Veränderungen eingetreten sind, auf eigene Kosten wiederherstellen. [2]Die Genannten und deren Beauftragte dürfen zu diesem Zweck das Grundstück betreten und die erforderlichen Arbeiten durchführen.

(2) [1]Das Recht nach Absatz 1 kann nur bis zum Ende des auf den Eintritt der Veränderung folgenden Kalenderjahres ausgeübt werden. [2]Während der Dauer eines Rechtsstreits über die Pflicht zur Duldung der Wiederherstellung ist der Lauf der Frist für die Prozeßbeteiligten gehemmt.

(3) [1]Die Absicht, das Recht nach Absatz 1 auszuüben, ist dem Nachbarn oder der Nachbarin und dem unmittelbaren Besitzer oder der unmittelbaren Besitzerin schriftlich unter Angabe der im einzelnen beabsichtigten Maßnahmen mindestens vier Wochen vor Beginn der Arbeiten anzuzeigen. [2]Die Absicht, das betroffene Grundstück zur Besichtigung oder wegen geringfügiger Arbeiten zu betreten, braucht nur drei Tage zuvor dem unmittelbaren Besitzer oder der unmittelbaren Besitzerin angezeigt zu werden. [3]Im übrigen gilt § 3.

(4) [1]Schäden, die bei Ausübung des Rechts nach Absatz 1 entstehen, sind ohne Rücksicht auf Verschulden zu ersetzen. [2]Hat die geschädigte Person den Schaden mitverursacht, so hängt die Ersatzpflicht sowie der Umfang der Ersatzleistung von den Umständen ab, insbesondere davon, inwieweit der Schaden vorwiegend von dem einen oder anderen Teil verursacht worden ist. [3]Auf Verlangen ist Sicherheit in Höhe des möglichen Schadens zu leisten, wenn mit einem Schaden von mehr als 1000 Euro zu rechnen ist; in einem solchen Falle darf das Recht erst nach Leistung der Sicherheit ausgeübt werden.

(5) Ist die Ausübung des Rechts nach Absatz 1 zur Abwendung einer gegenwärtigen erheblichen Gefahr erforderlich, brauchen bei der Anzeige nach Absatz 3 die dort bestimmten Fristen nicht eingehalten zu werden.

*Abschnitt 9*
**Traufwasser, Abwässer**

### § 33 Störungsverbot

Der Nachbar oder die Nachbarin und der unmittelbare Besitzer oder die unmittelbare Besitzerin eines Grundstücks haben bauliche Anlagen so einzurichten, daß Traufwasser, Abwässer oder andere Flüssigkeiten nicht auf das benachbarte Grundstück übertreten.

*Abschnitt 10*
**Grenzabstände für Pflanzen**

### § 34 Grenzabstände für Bäume, Sträucher und einzelne Rebstöcke

(1) Mit Bäumen, Sträuchern und einzelnen Rebstöcken sind je nach ihrer Höhe mindestens folgende Abstände von den benachbarten Grundstücken einzuhalten:

| | | |
|---|---|---|
| a) bis zu | 1,50 Meter Höhe | 0,50 Meter |
| b) bis zu | 3 Meter Höhe | 1 Meter |
| c) bis zu | 5 Meter Höhe | 1,25 Meter |
| d) bis zu | 15 Meter Höhe | 3 Meter |
| e) über | 15 Meter Höhe | 6 Meter. |

(2) [1]Die in Absatz 1 bestimmten Abstände gelten auch für Hecken, falls die Hecke nicht gemäß § 24 Abs. 3 auf der Grenze gepflanzt wird. [2]Sie gelten auch für ohne menschliches Zutun gewachsene Pflanzen.

(3) [1]An Grenzen zu landwirtschaftlich genutzten Grundstücken ist ein Streifen von 0,5 Meter von Anpflanzungen freizuhalten. [2]Dies gilt nicht gegenüber Grundstücken, für die nach Lage, Größe oder

sonstiger Beschaffenheit eine den Grenzabstand erfordernde Art der Bodenbearbeitung nicht in Betracht kommt.

### § 35 Ausnahmen
(1) § 34 gilt nicht für
1. Anpflanzungen hinter einer Wand oder einer undurchsichtigen Einfriedung, wenn sie diese nicht oder nicht erheblich überragen,
2. Anpflanzungen an den Grenzen zu öffentlichen Verkehrsflächen, zu öffentlichen Grünflächen und Gewässern,
3. Anpflanzungen auf öffentlichen Straßen und auf Uferböschungen.

(2) [1]Außerhalb der im Zusammenhang bebauten Ortsteile genügt ein Grenzabstand von 1 Meter für alle Anpflanzungen. [2]§ 38 bleibt unberührt.

### § 36 Berechnung des Abstandes
Der Abstand wird in der gedachten Waagerechten von der Mitte des Baumstammes, des Strauches, der Hecke oder des Rebstocks bis zur Grenze gemessen, und zwar an der Stelle, an der die Pflanze aus dem Boden austritt.

### § 37 Grenzabstände im Weinbau
(1) Bei der Anpflanzung von Rebstöcken auf einem dem Weinbau dienenden Grundstück sind folgende Abstände von der Grundstücksgrenze einzuhalten:
1. gegenüber den parallel zu den Rebzeilen verlaufenden Grenzen die Hälfte des geringsten Zeilenabstandes, gemessen zwischen den Mittellinien der Rebzeilen, mindestens aber 0,75 Meter;
2. gegenüber den sonstigen Grenzen, gerechnet vom äußersten Rebstock oder der äußersten Verankerung der Erziehungsvorrichtung an, mindestens 1 Meter.

(2) Absatz 1 gilt nicht für die Anpflanzung von Rebstöcken an Grundstücksgrenzen, die durch Stützmauern gebildet werden, sowie in den in § 35 Abs. 1 genannten Fällen.

### § 38 Grenzabstände für Wald
(1) Mit Wald sind von den benachbarten Grundstücken mit Ausnahme von Ödland, öffentlichen Verkehrsflächen, öffentlichen Grünflächen, Gewässern und anderem Wald folgende Abstände einzuhalten:
1. mit Gehölzen, die erfahrungsgemäß bis zu 2 Meter Höhe erreichen können, 1 Meter,
2. mit Gehölzen, die erfahrungsgemäß bis zu 4 Meter Höhe erreichen können, 2 Meter,
3. mit Gehölzen, die erfahrungsgemäß über 4 Meter Höhe erreichen können, 8 Meter.

(2) § 36 ist entsprechend anzuwenden.

### § 39 Beseitigung, Zurückschneiden
(1) [1]Der Nachbar oder die Nachbarin und der unmittelbare Besitzer oder die unmittelbare Besitzerin können die Beseitigung oder das Zurückschneiden einer Anpflanzung verlangen, die den vorgeschriebenen Mindestabstand nicht einhält. [2]Beseitigung kann nicht verlangt werden, wenn die Anpflanzung zurückgeschnitten und auf diese Weise ein den Vorschriften dieses Gesetzes entsprechender Zustand hergestellt werden kann; in diesem Fall kann nur verlangt werden, die Anpflanzung zurückzuschneiden.

(2) [1]Das Beseitigen oder Zurückschneiden kann nur verlangt werden, soweit zwingende naturschutzrechtliche Vorschriften nicht entgegenstehen. [2]In der Zeit vom 1. März bis zum 30. September braucht nicht zurückgeschnitten zu werden.

### § 40 Ausschluß des Anspruchs auf Beseitigung und auf Zurückschneiden
(1) Der Anspruch nach diesem Gesetz auf Beseitigung von Anpflanzungen, die die vorgeschriebenen Mindestabstände nicht einhalten, ist ausgeschlossen, wenn nicht bis zum Ablauf des fünften Kalenderjahres, das auf das Jahr folgt, in dem die Anpflanzungen die nach diesem Gesetz zulässige Höhe ununterbrochen überschritten haben, Klage auf Beseitigung erhoben worden ist.

(2) Der Anspruch auf Zurückschneiden von Anpflanzungen ist ausgeschlossen, wenn die Anpflanzungen über die nach diesem Gesetz zulässige Höhe hinauswachsen und nicht spätestens bis zum Ablauf des zehnten auf die ununterbrochene Überschreitung folgenden Kalenderjahres Klage auf Zurückschneiden erhoben worden ist.

## § 41 Ersatzanpflanzungen
[1]Werden für Anpflanzungen, bei denen der Anspruch auf Beseitigung nach § 40 Abs. 1 ausgeschlossen ist, Ersatzanpflanzungen oder Nachpflanzungen vorgenommen, so sind die nach diesem Gesetz vorgeschriebenen Abstände einzuhalten. [2]Jedoch dürfen in geschlossenen Anlagen einzelne Bäume, Sträucher oder Rebstöcke und in einer geschlossenen Hecke einzelne abgestorbene Heckenpflanzen nachgepflanzt werden und zur Höhe der übrigen heranwachsen.

## § 42 Nachträgliche Änderungen
(1) Die Rechtmäßigkeit des Abstandes und der Höhe einer Anpflanzung wird durch nachträgliche Grundstücksteilungen oder Grenzfeststellungen nicht berührt; jedoch gilt § 41 entsprechend.
(2) Bei Änderungen der Nutzungsart eines Grundstücks gilt Absatz 1 entsprechend.

*Abschnitt 11*
**Schlußvorschriften**

## § 43 Übergangsvorschriften und Bestandsschutz
(1) Der Umfang von Rechten, die bei Inkrafttreten dieses Gesetzes auf Grund des bisherigen Rechts bestehen, richtet sich nach den Vorschriften dieses Gesetzes.
(2) Vor Inkrafttreten dieses Gesetzes errichtete Wände sind Nachbarwände im Sinne dieses Gesetzes, wenn sie den Voraussetzungen des § 5 Abs. 1 entsprechen und der Nachbar oder die Nachbarin ihrer Errichtung zugestimmt hat.
(3) [1]Der Anspruch auf Beseitigung von Einfriedungen und Anpflanzungen, die bei Inkrafttreten dieses Gesetzes vorhanden sind und den Vorschriften dieses Gesetzes nicht entsprechen, ist ausgeschlossen, wenn sie mit dem bisherigen Recht vereinbar sind. [2]Für Wald ist auch der Anspruch auf Zurückschneiden ausgeschlossen.
(4) Ansprüche auf Zahlung von Geld auf Grund der Vorschriften dieses Gesetzes bestehen nur, wenn das den Anspruch begründende Ereignis nach Inkrafttreten dieses Gesetzes eingetreten ist; andernfalls behält es bei dem bisherigen Recht sein Bewenden.

## § 44 Außerkrafttreten von Vorschriften
Das diesem Gesetz entgegenstehende oder gleichlautende Recht wird aufgehoben.

## § 45 Inkrafttreten
Dieses Gesetz tritt am 1. Januar 1998 in Kraft.

# Landesentwicklungsgesetz Sachsen-Anhalt (LEntwG LSA)

Vom 23. April 2015 (GVBl. LSA S. 170)
(BS LSA 230.11)
zuletzt geändert durch § 1, § 2 ÄndG vom 30. Oktober 2017 (GVBl. LSA S. 203)

## Inhaltsübersicht

**Teil 1**
**Allgemeine Vorschriften**
§ 1  Aufgaben und Ziele
§ 2  Wahrnehmung der Aufgaben
§ 3  Aufsicht
§ 4  Grundsätze der Raumordnung zur Landesentwicklung
§ 5  Zentrale Orte
§ 6  Instrumente der Landesentwicklung

**Teil 2**
**Landesentwicklungsplanung**
§ 7  Planungsebenen und allgemeine Vorschriften
§ 8  Landesentwicklungsplan
§ 9  Regionale Entwicklungspläne
§ 10  Regionale Teilgebietsentwicklungspläne

**Teil 3**
**Sicherung der Landesentwicklung**
§ 11  Durchführung von Zielabweichungsverfahren
§ 12  Untersagung raumbedeutsamer Planungen und Maßnahmen
§ 13  Abstimmung raumbedeutsamer Planungen und Maßnahmen

§ 14  Durchführung des Raumordnungsverfahrens

**Teil 4**
**Amtliches Raumordnungs-Informationssystem**
§ 15  Zweck
§ 16  Raumordnungskataster und Raumbeobachtung
§ 17  Führung als integriertes Geoinformationssystem
§ 18  Vorlage von Unterlagen
§ 19  Bereitstellung
§ 20  Raumbeobachtungsbericht

**Teil 5**
**Regionale Planungsgemeinschaften**
§ 21  Regionale Planungsgemeinschaft
§ 22  Regionalversammlung und Verbandsvorsitz
§ 23  Finanzierung

**Teil 6**
**Schlussvorschriften**
§ 24  Kommunale Gebietsänderungen
§ 25  Übergangsregelung
§ 26  Sprachliche Gleichstellung
§ 27  Inkrafttreten, Außerkrafttreten

*Teil 1*
**Allgemeine Vorschriften**

### § 1  Aufgaben und Ziele

(1) Der Landesentwicklung dienen insbesondere die Landesentwicklungsplanung mit der Planung auf Landesebene und der Regionalplanung nach diesem Gesetz unter Berücksichtigung der Grundsätze der Raumordnung nach dem Raumordnungsgesetz vom 22. Dezember 2008 (BGBl. I S. 2986), zuletzt geändert durch Artikel 1 des Gesetzes vom 23. Mai 2017 (BGBl. I S. 1245), in der jeweils geltenden Fassung, und der Grundsätze der Raumordnung zur Landesentwicklung nach § 4 sowie die Instrumente zur Sicherung der Landesentwicklung und das Amtliche Raumordnungs-Informationssystem (ARIS).
(2) ¹Der Gesamtraum des Landes Sachsen-Anhalt und seine Teilräume sind im Sinne der Leitvorstellung einer nachhaltigen Raumentwicklung nach § 1 Abs. 2 des Raumordnungsgesetzes durch zusammenfassende, überörtliche und fachübergreifende Raumordnungspläne, durch raumordnerische Zusammenarbeit und durch Abstimmung raumbedeutsamer Planungen und Maßnahmen zu entwickeln, zu ordnen und zu sichern. ²Dabei sind
1. unterschiedliche Anforderungen an den Raum aufeinander abzustimmen und die auf der jeweiligen Planungsebene auftretenden Konflikte auszugleichen,
2. Vorsorge für einzelne Raumfunktionen und Raumnutzungen zu treffen,

3. die demografische Entwicklung sowie
4. der Klima- und Hochwasserschutz in besonderer Weise zu berücksichtigen und ist
5. die unterirdische Raumordnung Gegenstand der Regelungen dieses Gesetzes.

## § 2 Wahrnehmung der Aufgaben

(1) Die Aufgaben der Landesentwicklung werden von den Landesentwicklungsbehörden und den Trägern der Regionalplanung wahrgenommen.

(2) ¹Oberste Landesentwicklungsbehörde ist das für Landesentwicklung zuständige Ministerium. ²Der obersten Landesentwicklungsbehörde obliegt:
1. die Aufstellung des Landesentwicklungsplans,
2. die Abstimmung der Planung auf Landesebene mit dem Bund und anderen Bundesländern und die Mitwirkung an der Raumordnung des Bundes,
3. die Zusammenarbeit mit dem Bund an einer Raumordnung in der Europäischen Gemeinschaft und im größeren europäischen Raum,
4. die Führung des Amtlichen Raumordnungs-Informationssystems einschließlich des Raumordnungskatasters sowie die Raumbeobachtung und die Erarbeitung von prognostischen Grundlagen für die Landesentwicklung,
5. die Entscheidung über die Abweichung von einem Ziel der Raumordnung im Landesentwicklungsplan,
6. die Erarbeitung von Vorgaben für inhaltliche Definitionen und die Form der Pläne nach § 7 Abs. 1,
7. die Festlegung von Planungsräumen,
8. die Untersagung von raumbedeutsamen Planungen und Maßnahmen,
9. die Durchführung von Raumordnungsverfahren, soweit nicht die unteren Landesentwicklungsbehörden zuständig sind,
10. die Abgabe von landesplanerischen Stellungnahmen im Rahmen von öffentlich-rechtlichen Verfahren für raumbedeutsame Planungen und Maßnahmen.

(3) ¹Untere Landesentwicklungsbehörden sind die Landkreise und kreisfreien Städte. ²Ihnen obliegt:
1. die Abgabe von Stellungnahmen im Rahmen öffentlich-rechtlicher Verfahren für raumbedeutsame Planungen und Maßnahmen,
2. die Durchführung von Raumordnungsverfahren, deren räumliche Auswirkungen sich auf das Gebiet eines Landkreises beschränken und die durch die oberste Landesentwicklungsbehörde übertragen werden,
3. die Beratung über Erfordernisse der Raumordnung.

(4) ¹Träger der Regionalplanung sind die Landkreise und kreisfreien Städte. ²Ihnen obliegt die Aufstellung, Änderung, Ergänzung und Fortschreibung des Regionalen Entwicklungsplans und von Regionalen Teilgebietsentwicklungsplänen. ³Sie erledigen diese Aufgabe in Regionalen Planungsgemeinschaften als Zweckverbände nach Maßgabe des Gesetzes über kommunale Gemeinschaftsarbeit, soweit dieses Gesetz keine abweichenden Regelungen trifft.

## § 3 Aufsicht

(1) Die unteren Landesentwicklungsbehörden unterstehen der Rechts- und Fachaufsicht der obersten Landesentwicklungsbehörde.

(2) ¹Der obersten Landesentwicklungsbehörde obliegt die Rechtsaufsicht über die Regionalen Planungsgemeinschaften sowie die Rechts- und Fachaufsicht über die von den Regionalen Planungsgemeinschaften verfügten Untersagungen. ²Für die Durchführung der Rechtsaufsicht und der Fachaufsicht gilt Teil 8 des Kommunalverfassungsgesetzes entsprechend.

## § 4 Grundsätze der Raumordnung zur Landesentwicklung

Neben den Grundsätzen der Raumordnung nach dem Raumordnungsgesetz gelten für die Landesentwicklung folgende weitere Grundsätze der Raumordnung als Vorgaben für Abwägungs- und Ermessensentscheidungen:
1. a) Im Gesamtraum des Landes Sachsen-Anhalt ist die Siedlungs- und Freiraumstruktur so zu entwickeln, dass die Eigenart des Landes, seiner Teilräume, Städte und Dörfer erhalten wird. Dabei ist insbesondere die demografische Entwicklung zu berücksichtigen.

b) Die Funktionsfähigkeit des Naturhaushalts im besiedelten und unbesiedelten Bereich ist zu sichern. In den jeweiligen Teilräumen sind ausgeglichene wirtschaftliche, infrastrukturelle, soziale, ökologische und kulturelle Verhältnisse anzustreben.

2. a) Die Raumstruktur Sachsen-Anhalts ist gekennzeichnet durch den ländlichen Raum, die Verdichtungsräume Halle und Magdeburg und Wachstumsräume außerhalb der Verdichtungsräume.

b) Für den Ordnungsraum (Verdichtungsraum und der den Verdichtungsraum umgebende Raum) sind verstärkt ordnende Maßnahmen im Sinne einer stärkeren planerischen Steuerung der räumlichen Nutzung erforderlich.

c) Die Verdichtungsräume sind in ihren zentralen Funktionen insbesondere für Innovations- und internationale Wettbewerbsfähigkeit, als internationale Verkehrs- und Kommunikationsknotenpunkte, als Arbeitsmarktschwerpunkte und als Zentren der Wissenschaft, Bildung und Kultur zu stärken.

d) Der ländliche Raum ist als Lebens- und Wirtschaftsraum mit eigenständiger Bedeutung zu entwickeln.

e) Der ländliche Raum einschließlich seiner Wachstumsräume außerhalb der Verdichtungsräume hat gemeinsam mit den Verdichtungsräumen zu einer ausgewogenen Entwicklung des Landes beizutragen.

f) Die Wachstumsräume außerhalb der Verdichtungsräume sind in ihrer bisherigen Entwicklung zu eigenständigen Lebens- und Wirtschaftsräumen zu unterstützen und zu stärken. Auch in den ländlichen Räumen sind Wachstumsräume erkennbar, die ein eigenständiges zukunftsfähiges Profil aufweisen und über dynamische Wirtschaftsstandorte verfügen. Diese Räume sind insbesondere hinsichtlich ihrer Entwicklung weiter zu stärken, um eine Potenzialfunktion für den ländlichen Raum wahrnehmen zu können. Die Zentralen Orte im ländlichen Raum sollen hierbei als Träger der Entwicklung wirken.

3. a) In Sachsen-Anhalt sind durch die Festlegung eines Systems der Zentralen Orte in allen Landesteilen gleichwertige Lebensbedingungen für die Bevölkerung zu entwickeln.

b) Die Zentralen Orte wirken als Kerne der öffentlichen Daseinsvorsorge. Sie haben über ihren eigenen örtlichen Bedarf hinaus für ihren Verflechtungsbereich bei zumutbarer Erreichbarkeit Mindeststandards der Versorgungsfunktionen insbesondere in den Bereichen Wohnen und Arbeiten, Bildung, Handel und Dienstleistungen, Kultur, Sport und Freizeit, Gesundheit und soziale Versorgung sowie Verwaltung zu gewährleisten.

c) Allen Bevölkerungsgruppen ist der gleichberechtigte und diskriminierungsfreie Zugang zu Versorgungsangeboten, zu Leistungen des Bildungswesens, zu kulturellen und sportlichen Angeboten sowie zu sozialen und technischen Infrastruktureinrichtungen zu gewährleisten.

d) Für ländliche Räume mit geringer Einwohnerdichte (weniger als 70 Einwohner/km$^2$) sind im Rahmen des Zentrale-Orte-Systems spezifische Lösungen zur Sicherung der Daseinsvorsorge zu entwickeln.

e) Die Zentralen Orte sind entsprechend ihrer Funktionen besonders zu fördern.

4. a) Die Siedlungsentwicklung ist auf Zentrale Orte auszurichten. Bei der Siedlungsentwicklung ist der städtebaulichen Innenentwicklung, der Wohnungsmodernisierung, der städtebaulichen Erneuerung und der Verbesserung des Wohnumfeldes Vorrang vor der Neuausweisung von Flächen im Außenbereich einzuräumen.

b) Eine weitere Zersiedelung der Landschaft ist zu vermeiden.

5. a) Die wirtschaftliche Entwicklung ist durch die Beseitigung bestehender Beschäftigungs- und Strukturprobleme in Sachsen-Anhalt zu stärken. Ziel ist eine nachhaltige Sicherung des Angebots an Arbeitsplätzen und eine Verstetigung des Wirtschaftswachstums. Dazu sind angemessene und bedarfsgerechte Voraussetzungen in allen Teilräumen zu schaffen und vorzuhalten.

b) In allen Teilräumen des Landes ist die Leistungsfähigkeit der Wirtschaft zu stärken und zu entwickeln. Die Standortvoraussetzungen der Wirtschaft des Landes sind im Rahmen einer nachhaltigen Gesamtentwicklung durch:
   aa) den Ausbau der Infrastruktur,
   bb) eine zielgerichtete Entwicklung der Innovationspotenziale,

cc) die gezielte Förderung von industriellen Ansiedlungen,
dd) die Schaffung von dauerhaften Arbeitsplätzen,
ee) die Entwicklung produktionsorientierter Dienstleistungen,
ff) die Stärkung kleiner und mittlerer Betriebe,
gg) die Sanierung alter Industriestandorte einschließlich der Beseitigung vorhandener Altlasten sowie einer am Bedarf orientierten Revitalisierung der Standorte und der Ausweisung neuer Standorte
zu entwickeln.
c) Es ist dabei der Aufbau einer räumlich ausgewogenen, modernen und technologieorientierten Wirtschaftsstruktur anzustreben, die Sachsen-Anhalt im nationalen und internationalen Wettbewerb positioniert und dazu beiträgt, den wirtschaftlichen Höchststand anderer Regionen zu erreichen. Die Entstehung und weitere Ausprägung von wirtschaftsstrukturellen Verflechtungen ist in allen Teilräumen zu sichern und weiterzuentwickeln.
d) Wachstumsräume außerhalb der Verdichtungsräume weisen besondere Potenziale und Entwicklungsverläufe auf, die weiterzuentwickeln sind. Diesen Räumen kommt insbesondere bei der wirtschaftlichen Stabilisierung des ländlichen Raums große Bedeutung zu.
e) Die Bildungs-, Forschungs-, Technologie- und Wissenschaftseinrichtungen in Sachsen-Anhalt sind als wichtige Wachstumsfaktoren weiterzuentwickeln. Es ist ein leistungsfähiges und hochwertiges Angebot zu sichern.
f) Mit der Weiterentwicklung und Profilierung der bestehenden Ausbildungs- und Qualifikationszentren, der wirtschaftsnahen Forschungs- und Entwicklungsinfrastruktur sowie von Technologietransfereinrichtungen sind günstige Rahmenbedingungen für die Gründung selbstständiger Existenzen und für innovative Weiterentwicklungen in den Unternehmen vorzuhalten.
6. Räume mit besonderen Entwicklungsaufgaben sind bei Planungen und Maßnahmen des ländlichen Raums besonders zu berücksichtigen. Dies gilt insbesondere bei Maßnahmen zur Verbesserung der Infrastruktur, der Wirtschaftsstruktur und der wirtschaftlichen Leistungsfähigkeit.
7. a) Der Tourismus ist als Wirtschaftszweig nachhaltig, umwelt- und sozialverträglich unter Berücksichtigung des Prinzips der Barrierefreiheit zu stärken und auszubauen.
b) Als Kernland deutscher Geschichte mit Baudenkmälern von herausragender Bedeutung ist in Sachsen-Anhalt der Kulturtourismus zu stärken und zu sichern.
8. a) Die Voraussetzungen für eine nachhaltige Land- und Forstwirtschaft sind im Land Sachsen-Anhalt zu sichern. Die Land- und Forstwirtschaft ist für die Sicherstellung der Ernährung der Bevölkerung, die Bereitstellung nachwachsender Rohstoffe zur stofflichen und energetischen Verwertung und als wichtiger Gestalter der Kulturlandschaft flächendeckend im Land zu erhalten. Die Land- und Ernährungswirtschaft sowie die Forstwirtschaft sind in diesem Sinne weiterzuentwickeln und zu stärken, um Beschäftigungs- und Einkommensmöglichkeiten zu erhalten und zu schaffen.
b) Die Unterstützung der Land- und Forstwirtschaft durch das Land ist insbesondere auf die Beratung, Aus- und Weiterbildung, die praxisnahe Forschung und Entwicklung, die Modernisierung der Betriebe mit dem Schwerpunkt der Erhöhung der Wertschöpfung, das Agrarmarketing zur Stärkung des Regionalbezugs, den Aufbau und den Schutz des Netzes „Natura 2000" sowie die Umsetzung der Klima-, Natur- und Umweltschutzziele auszurichten.
9. Zur besseren Einbindung Sachsen-Anhalts in den europäischen Wirtschaftsraum und zur Stärkung der Wettbewerbsfähigkeit des Landes sind die Entwicklungsachsen zwischen und in den Oberzentren und ihren Verdichtungsräumen weiterzuentwickeln. Die transeuropäischen Netze sind dabei von besonderer Bedeutung. Raumordnung und Landesentwicklung wirken darauf hin, dass die Oberzentren Sachsen-Anhalts in das Netz der europäischen Metropolregionen einbezogen werden. Die Einbindung und die Entwicklung des ländlichen Raumes und der großen Erholungsräume sind zu sichern.
10. Die Verkehrsinfrastruktur ist als wesentlicher Bestandteil eines innerhalb des Landes und über die Landesgrenzen hinaus vernetzten Wirtschaftsraumes als Voraussetzung für Mobilität, Wachstum und Beschäftigung in allen Teilräumen des Landes zu sichern und auszubauen. Die Verkehrssysteme sind zur Sicherung von Standortattraktivität und Lebensqualität in allen Landestei-

len bedarfsgerecht zu gestalten. Dabei müssen die Zentralen Orte mit öffentlichen Verkehrsmitteln gut erreichbar sein.
11. a) Die Kulturlandschaft Sachsen-Anhalts ist in ihrer Vielfalt und mit den sie prägenden Merkmalen sowie mit ihren Kultur- und Naturdenkmälern zu erhalten und weiterzuentwickeln. Historische Landschaften, die auch städtische und industriell gewerbliche Gebiete umfassen, sind zu bewahren.
    b) Darüber hinaus ist ein harmonisches Nebeneinander unterschiedlicher Landschaftstypen anzustreben, bei dem ihre ökologischen, ökonomischen, sozialen und kulturellen Funktionen dauerhaft erhalten bleiben und keine dieser Funktionen gänzlich zulasten der anderen entwickelt wird.
12. Sparsamer Umgang mit Grund und Boden hat zur Minimierung der Inanspruchnahme von Flächen für Siedlungs- und Verkehrszwecke und insbesondere der Minimierung der Versiegelung von Böden beizutragen.
13. Zur Sicherung der Funktions- und Regenerationsfähigkeit der Naturgüter Boden, Luft, Wasser sowie der Pflanzen- und Tierwelt ist die Inanspruchnahme des Freiraumes durch Siedlungen, Einrichtungen und Trassen der Infrastruktur, gewerbliche Anlagen, Anlagen zur Rohstoffgewinnung und andere Nutzungen auf das notwendige Maß zu beschränken. Planungen, die mit Inanspruchnahme von Freiraum verbunden sind, bedürfen besonderer Umsicht.
14. Dem vorbeugenden Hochwasserschutz ist verstärkte Aufmerksamkeit zu widmen. Zum Schutz von Leben und Gesundheit der Bevölkerung sowie zur Vermeidung wirtschaftlicher Schäden sind Gebiete zum vorbeugenden Hochwasserschutz zu erhalten oder zu schaffen.
15. Für Oberflächengewässer und das Grundwasser ist ein guter ökologischer und chemischer Zustand zu erhalten oder zu erreichen. Die Trinkwasserversorgung ist durch eine nachhaltige Nutzung der Ressourcen zu gewährleisten.
16. a) In allen Teilen des Landes sind entsprechend ihrer Eignung Voraussetzungen für eine versorgungssichere, rationelle und umweltschonende Energieversorgung unter Berücksichtigung des Einsatzes erneuerbarer Energien zu schaffen.
    b) Die Regionalplanung hat geeignete Flächen für die Nutzung der Windenergie festzulegen. Die Entwicklung der Windenergiekapazität ist auf die Erneuerung bisheriger Windenergieanlagen mit dem Ziel einer Leistungskraftsteigerung (Repowering) bestehender Anlagen (Altanlagen) in den Eignungs- und Vorranggebieten für die Nutzung der Windenergie zu konzentrieren. In diesem Fall darf eine neue Anlage errichtet werden, wenn
        aa) sie mindestens zwei Altanlagen ersetzt, die sich in demselben Landkreis oder in derselben kreisfreien Stadt, einem der angrenzenden Landkreise oder einer angrenzenden kreisfreien Stadt wie der Standort der neuen Anlage befinden, oder wenn sie mindestens eine Altanlage außerhalb eines Vorrang- oder Eignungsgebietes innerhalb des Landes Sachsen-Anhalt ersetzt, sowie
        bb) die Altanlagen einschließlich ihrer Fundamente vollständig, frühestens fünf Jahre vor und spätestens bis zu der Inbetriebnahme der neuen Anlagen abgebaut werden und der Bauherr sich dazu gegenüber der Genehmigungsbehörde ausdrücklich verpflichtet.
17. Rohstoffgewinnung hat sich im Rahmen einer räumlich geordneten Gesamtentwicklung des Landes zu vollziehen. Unter Beachtung der Standortgebundenheit zur Rohstoffgewinnung sind Rohstofflagerstätten zu sichern, um eine langfristige Versorgung der Volkswirtschaft zu gewährleisten.
18. Zum Schutz der Erdatmosphäre und des Klimas sind im Sinne langfristiger Vorsorge die Möglichkeiten zur Eindämmung des Treibhauseffektes und der damit verbundenen Folgen für Mensch und Natur zu nutzen.
19. Regionale Folgen des Klimawandels sowie Möglichkeiten der Anpassung an den Klimawandel sind zu betrachten.

### § 5 Zentrale Orte
(1) Das System der Zentralen Orte dient der räumlichen Organisation der Daseinsvorsorge.
(2) ¹Zentraler Ort ist ein im Zusammenhang bebauter Ortsteil als zentrales Siedlungsgebiet einer Gemeinde einschließlich seiner Erweiterungen im Rahmen einer geordneten städtebaulichen Entwicklung. ²Der Zentrale Ort ist im Raumordnungsplan durch den Träger der Planung festzulegen. ³Dabei

sind insbesondere die wirtschaftliche Tragfähigkeit des Zentralen Ortes und die Erreichbarkeit für die Einwohner seines Verflechtungsbereiches zu berücksichtigen.
(3) ¹Als Zentrale Orte sind in einem dreistufigen System in den Raumordnungsplänen Oberzentren, Mittelzentren und Grundzentren festzulegen. ²Oberzentren und Mittelzentren sind, im Landesentwicklungsplan, Grundzentren im Regionalen Entwicklungsplan festzulegen.

### § 6 Instrumente der Landesentwicklung
(1) Instrumente der Landesentwicklung sind insbesondere die Landesentwicklungsplanung, die Sicherung der Landesentwicklung und das Amtliche Raumordnungs-Informationssystem.
(2) Die Landesentwicklungsplanung umfasst den Landesentwicklungsplan, die Regionalen Entwicklungspläne und die Regionalen Teilgebietsentwicklungspläne.
(3) Der Sicherung der Landesentwicklung dienen Zielabweichungsverfahren, die Untersagung raumbedeutsamer Planungen und Maßnahmen, die Abstimmung raumbedeutsamer Planungen und Maßnahmen sowie Raumordnungsverfahren.
(4) Das Amtliche Raumordnungs-Informationssystem umfasst das Raumordnungskataster und die Ergebnisse der Raumbeobachtung.

*Teil 2*
**Landesentwicklungsplanung**

### § 7 Planungsebenen und allgemeine Vorschriften
(1) Die Landesentwicklungsplanung legt die Ziele und Grundsätze der Raumordnung für
1. das Landesgebiet im Landesentwicklungsplan,
2. die Gebiete der Regionalen Planungsgemeinschaften in Regionalen Entwicklungsplänen und
3. bestimmte Teilräume in Regionalen Teilgebietsentwicklungsplänen

fest.
(2) ¹Das Aufstellungsverfahren leitet die oberste Landesentwicklungsbehörde für den Landesentwicklungsplan und die Regionale Planungsgemeinschaft für den Regionalen Entwicklungsplan ein, indem sie die allgemeine Planungsabsicht mit dem Hinweis darauf, dass hierzu Anregungen und Bedenken vorgebracht werden können, den in ihren Belangen berührten öffentlichen Stellen im Sinne des § 3 Abs. 1 Nr. 5 des Raumordnungsgesetzes und den Personen des Privatrechts im Sinne des § 4 Abs. 1 Satz 2 des Raumordnungsgesetzes bekannt macht. ²Die Öffentlichkeit ist zu unterrichten.
(3) Die Ziele und Grundsätze der Raumordnung sind in den Plänen nach Absatz 1 in beschreibender und, soweit möglich, auch durch kartografische Darstellung festzulegen.
(4) Die kartografischen Darstellungen nach Absatz 3 sind auf der Grundlage des Geobasisinformationssystems des Landes nach den §§ 19 bis 21 des Vermessungs- und Geoinformationsgesetzes Sachsen-Anhalt zu erarbeiten.
(5) ¹Den in ihren Belangen berührten öffentlichen Stellen, den Personen des Privatrechts sowie der Öffentlichkeit ist gemäß § 9 des Raumordnungsgesetzes Gelegenheit zur Stellungnahme zum Entwurf, zur Begründung und zum Umweltbericht zu geben. ²Gleichzeitig ist der Entwurf in das Internet einzustellen. ³Rechtsansprüche werden durch die Einbeziehung der Öffentlichkeit nicht begründet.
(6) Zur Festlegung von Umfang und Detaillierungsgrad des Umweltberichts sind für den Landesentwicklungsplan Stellungnahmen der in ihrem umwelt- und gesundheitsbezogenen Aufgabenbereich betroffenen obersten Landesbehörden, für Regionale Entwicklungspläne Stellungnahmen der in ihrem umwelt- und gesundheitsbezogenen Aufgabenbereich betroffenen unteren oder, sofern diese nicht vorhanden sind, sonst zuständigen Landesbehörden einzuholen.
(7) Werden durch Änderungen oder Ergänzungen eines Plans nach Absatz 1 die Grundzüge der Planung nicht berührt, kann ein Verfahren durchgeführt werden, in dem nur den in ihren Belangen berührten öffentlichen Stellen und den Personen des Privatrechts, für die eine Beachtenspflicht nach § 4 des Raumordnungsgesetzes begründet werden soll, Gelegenheit gegeben wird, innerhalb eines Monats Stellung zu nehmen.
(8) Das für die Landesentwicklung zuständige Ministerium legt Vorgaben für inhaltliche Definitionen und die Form der Entwicklungspläne fest.

## § 8 Landesentwicklungsplan

(1) Der Landesentwicklungsplan enthält die landesbedeutsamen Ziele und Grundsätze der Raumordnung, die der Entwicklung, Ordnung und Sicherung der nachhaltigen Raumentwicklung des Landes Sachsen-Anhalt zugrunde zu legen sind.

(2) Die Festlegungen zur Raumstruktur sollen insbesondere enthalten:
1. zur anzustrebenden Siedlungsstruktur, soweit erforderlich
   a) Zentrale Orte der oberen und mittleren Stufe,
   b) Verdichtungsräume und
   c) überregionale Achsen,
2. zur anzustrebenden Freiraumstruktur
   a) schutzbezogene Festlegungen für Natur und Landschaft sowie für Hochwasserschutz,
   b) nutzungsbezogene Festlegungen für Wassergewinnung, Rohstoffgewinnung, Landwirtschaft, Tourismus und Erholung,
3. zu sichernde Standorte und Trassen für
   a) Verkehrsinfrastruktur und Umschlaganlagen von Gütern,
   b) Ver- und Entsorgungsinfrastruktur,
   c) Standorte für überregional bedeutsame Industrieansiedlungen.

(3) Der Entwurf des Landesentwicklungsplans wird von der obersten Landesentwicklungsbehörde unter Beteiligung aller Ministerien erarbeitet.

(4) Die Landesregierung beschließt den Landesentwicklungsplan durch Verordnung und stellt vor dem Beschluss das Einvernehmen mit dem Landtag her.

(5) Der Landesentwicklungsplan kann bei den Landesentwicklungsbehörden nach den Maßgaben von § 19 von jedermann eingesehen werden.

## § 9 Regionale Entwicklungspläne

(1) In den Regionalen Entwicklungsplänen sind, soweit erforderlich, insbesondere festzulegen:
1. die Zentralen Orte der unteren Stufe (Grundzentren),
2. die räumliche Konkretisierung und Ergänzung der im Landesentwicklungsplan ausgewiesenen schutz- und nutzungsbezogenen Festlegungen zur Freiraumstruktur, insbesondere zu
   a) Natur und Landschaft unter maßgeblicher Berücksichtigung des Ökologischen Verbundsystems und des Netzes „Natura 2000",
   b) Landwirtschaft,
   c) Rohstoffsicherung,
   d) Wassergewinnung,
   e) Tourismus und Erholung,
   f) Kultur- und Denkmalpflege,
   g) Hochwasserschutz einschließlich Schutz vor Vernässungen,
   h) Erstaufforstung,
   i) Gebieten zur Sanierung und Entwicklung von Raumfunktionen,
3. zu sichernde Standorte und Trassen für
   a) regional bedeutsame Verkehrsstrassen,
   b) regional bedeutsame Standorte für Industrie und Gewerbe,
   c) regional bedeutsame Standorte für Verkehrsanlagen,
   d) regional bedeutsame Standorte für Ver- und Entsorgungsanlagen,
   e) regional bedeutsame Standorte für großflächige Freizeitanlagen,
   f) regional bedeutsame Standorte für militärische Anlagen,
   g) regional bedeutsame Standorte für sonstige Anlagen,
4. weitere, im Landesentwicklungsplan bestimmte, aber den Regionalen Entwicklungsplänen vorbehaltene Festlegungen, insbesondere
   a) Gebiete zur Nutzung der Windenergie als Vorranggebiete mit der Wirkung von Eignungsgebieten,
   b) Gebiete für Repowering von Windenergieanlagen als Vorranggebiete mit der Wirkung von Eignungsgebieten,
   c) Siedlungsbeschränkungsgebiete im Bereich von Flugplätzen.

(2) Die Regionalen Entwicklungspläne sind nach Form und Inhalt einheitlich mit einer kartografischen Darstellung im Maßstab 1 : 100 000 zu erarbeiten.

(3) ¹Der Regionale Entwicklungsplan ist von der Regionalversammlung zu beschließen. ²Er bedarf der Genehmigung der obersten Landesentwicklungsbehörde. ³Die Genehmigung darf nur versagt werden, wenn der Regionale Entwicklungsplan nicht ordnungsgemäß zustande gekommen ist oder dem Raumordnungsgesetz, diesem Gesetz, den aufgrund dieses Gesetzes erlassenen oder sonstigen Rechtsvorschriften widerspricht. ⁴Die Genehmigung gilt als erteilt, wenn sie nicht innerhalb einer Frist von drei Monaten versagt wird.

(4) ¹Die Gemeinde kann einen Antrag auf Festlegung eines Vorranggebietes für die Nutzung der Windenergie mit der Wirkung eines Eignungsgebietes oder eines Eignungsgebietes für die Nutzung von Windenergie für zulässigerweise außerhalb von Vorranggebieten oder Eignungsgebieten errichtete Windenergieanlagen, für die ein Repowering vorgesehen ist, bei der Regionalen Planungsgemeinschaft stellen. ²Die Regionale Planungsgemeinschaft hat den Antrag in einem Verfahren zur Änderung des Regionalen Entwicklungsplans zu prüfen.

### § 10 Regionale Teilgebietsentwicklungspläne

(1) ¹Für Gebiete, in denen Braunkohleaufschluss- oder -abschlussverfahren durchgeführt werden sollen, sind Regionale Teilgebietsentwicklungspläne als Teilregionalpläne aufzustellen. ²Für die Aufstellung gelten die Vorschriften über die Aufstellung eines Regionalen Entwicklungsplans entsprechend.

(2) Die Planungsräume für Regionale Teilgebietsentwicklungspläne werden durch die oberste Landesentwicklungsbehörde in Abstimmung mit der Regionalen Planungsgemeinschaft festgelegt.

(3) ¹Regionale Teilgebietsentwicklungspläne legen die Ziele und Grundsätze der Raumordnung fest, die für eine geordnete Braunkohlen- und Sanierungsplanung erforderlich sind. ²Das sind insbesondere Festlegungen zu Abbaugrenzen und Sicherheitslinien des Abbaus, zu Haldenflächen und deren Sicherheitslinien, zu erforderlichen Umsiedlungen und zur Gestaltung der Bergbaufolgelandschaft.

(4) Die Einholung der für die Erarbeitung von Regionalen Teilgebietsentwicklungsplänen erforderlichen Unterlagen zur Beurteilung der sozialen und ökologischen Verträglichkeit des Vorhabens erfolgt auf Kosten des Vorhabenbegünstigten.

*Teil 3*
**Sicherung der Landesentwicklung**

### § 11 Durchführung von Zielabweichungsverfahren

(1) ¹Der Antrag auf Abweichung von einem Ziel des Landesentwicklungsplans ist bei der obersten Landesentwicklungsbehörde zu stellen. ²Die oberste Landesentwicklungsbehörde gibt der Regionalen Planungsgemeinschaft, den betroffenen öffentlichen sowie den sonstigen fachlich berührten Stellen innerhalb eines Monats Gelegenheit zur Stellungnahme. ³In Fällen von erheblicher Bedeutung oder wenn mit betroffenen obersten Landesbehörden kein Einvernehmen hergestellt werden kann, hat die Landesregierung zu entscheiden. ⁴Die Entscheidung zur Abweichung vom Landesentwicklungsplan ist der Regionalen Planungsgemeinschaft mitzuteilen.

(2) ¹Der Antrag auf Abweichung von einem Ziel des Regionalen Entwicklungsplans ist bei der Geschäftsstelle der Regionalen Planungsgemeinschaft zu stellen. ²Sie gibt den betroffenen öffentlichen sowie den sonstigen fachlich berührten Stellen Gelegenheit, innerhalb eines Monats Stellung zu nehmen. ³Die Regionalversammlung entscheidet über den Abweichungsantrag und teilt die Entscheidung dem Antragsteller, der obersten Landesentwicklungsbehörde und den Beteiligten nach Satz 2 unverzüglich mit. ⁴Die oberste Landesentwicklungsbehörde kann die Entscheidung der Regionalversammlung innerhalb eines Monats, nachdem ihr die Entscheidung mitgeteilt wurde, beanstanden.

### § 12 Untersagung raumbedeutsamer Planungen und Maßnahmen

(1) Untersagungen von Planungen und Maßnahmen sowie von Entscheidungen über deren Zulässigkeit nach § 12 des Raumordnungsgesetzes, die den Plänen nach § 7 Abs. 1 entgegenstehen, können, jeweils im Benehmen mit dem für die Planung oder Maßnahme fachlich zuständigen Ministerium, erlassen werden

1. bezüglich der Ziele der Raumordnung, die im Landesentwicklungsplan festgelegt sind, durch die oberste Landesentwicklungsbehörde,

2. bezüglich der Ziele der Raumordnung, die in einem Regionalen Entwicklungsplan oder einem Regionalen Teilgebietsentwicklungsplan festgesetzt sind, durch die zuständige Regionale Planungsgemeinschaft.

(2) ¹Absatz 1 gilt entsprechend für den Fall, dass sich ein Raumordnungsplan in Aufstellung befindet und zu befürchten ist, dass die Planung oder Maßnahme die Verwirklichung der vorgesehenen Ziele der Raumordnung unmöglich machen oder wesentlich erschweren würde. ²Die Dauer der Untersagung beträgt bis zu zwei Jahre. ³Die Untersagung kann um ein weiteres Jahr verlängert werden.

(3) ¹Den Regionalen Planungsgemeinschaften obliegen die Aufgaben nach Absatz 1 und 2 im übertragenen Wirkungskreis. ²Ein Vorverfahren nach § 68 der Verwaltungsgerichtsordnung findet nicht statt.

(4) Aufgrund einer befristeten Untersagung hat die zuständige öffentliche Stelle im Sinne des § 4 des Raumordnungsgesetzes die Entscheidung über die Zulässigkeit von Vorhaben für den Zeitraum der Befristung auszusetzen.

## § 13 Abstimmung raumbedeutsamer Planungen und Maßnahmen

(1) ¹Die öffentlichen Stellen und Personen des Privatrechts haben ihre raumbedeutsamen Planungen und Maßnahmen aufeinander und untereinander abzustimmen. ²Sie sind verpflichtet, ihre raumbedeutsamen Planungen und Maßnahmen möglichst frühzeitig der obersten Landesentwicklungsbehörde mitzuteilen und die erforderlichen Auskünfte zu geben. ³Raumbedeutsame Planungen und Maßnahmen anderer Planungsträger hat die öffentliche Stelle mitzuteilen, die für die Entgegennahme der Anzeige oder die Erteilung einer Genehmigung zuständig ist.

(2) ¹Die oberste Landesentwicklungsbehörde entscheidet innerhalb einer Frist von vier Wochen nach Einreichung der hierfür erforderlichen Unterlagen, ob zur landesplanerischen Abstimmung der mitgeteilten raumbedeutsamen Planung oder Maßnahme die Durchführung eines Raumordnungsverfahrens oder eine landesplanerische Stellungnahme geboten ist. ²Das Ergebnis der Prüfung ist dem Planungsträger mitzuteilen.

## § 14 Durchführung des Raumordnungsverfahrens

(1) ¹Vor Einleitung des Raumordnungsverfahrens ist die Öffentlichkeit bei einem Ortstermin in jeder durch die Planung berührten Gemeinde über das Vorhaben zu unterrichten. ²Dabei sollen der Planungsträger über die raumbedeutsame Planung oder Maßnahme und die möglichen Auswirkungen, die Landesentwicklungsbehörde über den Verfahrensablauf und die im Verfahren zu prüfenden Sachverhalte Auskunft geben.

(2) Im Raumordnungsverfahren bezieht die zuständige Landesentwicklungsbehörde die Öffentlichkeit durch die Gemeinden ein, indem
1. sie die Planung oder Maßnahme in einer Kurzbeschreibung nach Standort, Art und Umfang sowie ihrer allgemeinen Zielstellung in den Gemeinden, in denen sie sich auswirkt, auf Kosten des Planungsträgers durch ortsüblichen Aushang oder örtliche Tageszeitung öffentlich bekannt macht,
2. die Verfahrensunterlagen während eines angemessenen Zeitraumes eingesehen werden können,
3. Gelegenheit zur Äußerung gegenüber der Gemeinde gegeben wird.

(3) ¹Vor Abschluss des Raumordnungsverfahrens ist eine Erörterung durchzuführen. ²Über die Ergebnisse ist die Öffentlichkeit durch die Gemeinde zu unterrichten.

(4) ¹Das Raumordnungsverfahren endet mit einer landesplanerischen Beurteilung. ²Sie ist dem Träger der Planung oder Maßnahme und den Verfahrensbeteiligten zuzuleiten. ³In den durch die Planung berührten Gemeinden ist der Öffentlichkeit Gelegenheit zu geben, sich über das Ergebnis des Raumordnungsverfahrens zu unterrichten.

*Teil 4*
**Amtliches Raumordnungs-Informationssystem**

## § 15 Zweck

(1) ¹Die Daten der Landesentwicklung sind Grundlage und maßgebliche Informationsquelle der Landesentwicklungsbehörden, der übrigen Landesverwaltung, der anderen Fachplanungsträger, der Regionalen Planungsgemeinschaften und der Kommunen. ²Sie sind die Basis für die Abstimmung und Beurteilung von raumbedeutsamen Planungen und Maßnahmen sowie für Entscheidungen zur Landesentwicklung.

(2) Daneben sind sie Grundlage für Maßnahmen zur demografischen Entwicklung des Landes und zur Infrastrukturentwicklung, insbesondere für die raumstrukturelle Bevölkerungsentwicklung, die Siedlungs- und Versorgungsinfrastruktur, die technische Infrastruktur für Verkehr, Energie und Freiraumstruktur sowie für Umweltbelange und das Brachflächenkataster.

(3) Die Daten der Landesentwicklung sind wesentlicher Bestandteil des Flächenmanagements und Grundlage der Bodenordnung.

## § 16 Raumordnungskataster und Raumbeobachtung

(1) Das von der obersten Landesentwicklungsbehörde geführte Raumordnungskataster weist die raumbedeutsamen Planungen und Maßnahmen aller Ebenen und Bereiche im Land Sachsen-Anhalt nach.

(2) Das Raumordnungskataster beinhaltet die Planungen und Maßnahmen insbesondere folgender Bereiche:
1. Bauleitplanung und kommunale Siedlungsentwicklung,
2. Naturschutz und Landschaftspflege,
3. Land- und Forstwirtschaft,
4. Wasserwirtschaft,
5. Boden, Abfall, Altlasten, Immissionsschutz und technischer Umweltschutz,
6. Bergbau,
7. Energieversorgung,
8. Verkehrs- und Telekommunikationswesen,
9. Wirtschaft,
10. Archäologie und Denkmalschutz,
11. Bildungswesen,
12. Freizeit, Sport, Erholung und Fremdenverkehr,
13. Gesundheits- und Sozialwesen,
14. Landesverteidigung, öffentliche Ordnung und Sicherheit,
15. Regionalplanung.

(3) Die Landesentwicklungsbehörden und die Regionalen Planungsgemeinschaften erfassen, strukturieren und bewerten fortlaufend die für das Land Sachsen-Anhalt raumbedeutsamen Tatbestände und Entwicklungen einschließlich der Überwachung der erheblichen Auswirkungen aus der Umsetzung der Landesentwicklungsplanung auf die Umwelt (Raumbeobachtung).

(4) Raumbedeutsame Tatbestände und Entwicklungen als Inhalt der Raumbeobachtung sind:
1. Ziele und Grundsätze zur Entwicklung der Raumstruktur: Kulturlandschaften, Planungsregionen, Ordnungsräume, Verdichtungsräume, der die Verdichtungsräume umgebende Raum, ländliche Räume, Entwicklungsachsen, Metropolregionen;
2. Ziele und Grundsätze zur Entwicklung der Siedlungsstruktur: Zentrale Orte, Sicherung und Entwicklung der Daseinsvorsorge, Bildung und Kultur, Kinder und Jugendliche, Gesundheit, Pflege, Betreuung und Sport, Dienstleistungen, großflächiger Einzelhandel;
3. Ziele und Grundsätze zur Entwicklung der Standortpotenziale und der technischen Infrastruktur: Wirtschaft, Wissenschaft und Forschung, Verkehr, Logistik, Schienenverkehr, Straßenverkehr, Wasserstraßen und Binnenhäfen, Luftverkehr, öffentlicher Personennahverkehr, Rad- und Fußgängerverkehr, Energie;
4. Ziele und Grundsätze zur Entwicklung der Freiraumstruktur: Schutz des Freiraums, Natur und Landschaft, Hochwasserschutz, Gewässerschutz, Klimaschutz, Klimawandel, Bodenschutz und Flächenmanagement, Freiraumnutzung, Landwirtschaft, Forstwirtschaft, Rohstoffsicherung, Wassergewinnung, Abwasserbeseitigung, Tourismus und Erholung, Kultur und Denkmalpflege, militärische Nutzung.

## § 17 Führung als integriertes Geoinformationssystem

(1) Das Raumordnungskataster und die Ergebnisse der Raumbeobachtung werden integriert und aufeinander abgestimmt als Amtliches Raumordnungs-Informationssystem nach § 6 Abs. 1 und 4 digital und für das Internet geeignet geführt.

(2) Das Amtliche Raumordnungs-Informationssystem basiert auf dem Geobasisinformationssystem des Landes nach den §§ 19 bis 21 des Vermessungs- und Geoinformationsgesetzes Sachsen-Anhalt

und ist nach den Vorgaben des Geodateninfrastrukturgesetzes für das Land Sachsen-Anhalt vom 14. Juli 2009 (GVBl. LSA S. 368) in der jeweils geltenden Fassung strukturiert und standardisiert.
(3) [1]Durch die oberste Landesentwicklungsbehörde werden landesweit einheitliche Austauschformate im Einvernehmen mit den datenhaltenden Fachplanungsbehörden festgelegt. [2]Für alle Geofachdaten ist der Ortsbezug durch eine Georeferenzierung im Amtlichen Bezugssystem oder durch administrative Angaben zu gewährleisten.

## § 18 Vorlage von Unterlagen
[1]Die Landesentwicklungsbehörden, die Regionalen Planungsgemeinschaften, die Landkreise, Gemeinden und Verbandsgemeinden sowie die anderen Träger raumbedeutsamer Planungen und Maßnahmen stellen ihre Daten und Unterlagen zur Führung des Amtlichen Raumordnungs-Informationssystems zeitnah in einer dafür geeigneten Form zur Verfügung. [2]Diese Geofachdaten werden dabei bedarfsweise abgerufen. [3]Dies gilt auch für die für die Landesentwicklung bedeutsamen Daten der amtlichen Statistik. [4]Soweit fachgesetzlich nicht anders geregelt, sind die Daten und Unterlagen mindestens zum 31. Dezember jedes Jahres durch die zuständige Fachbehörde inhaltlich zu aktualisieren. [5]Die Metadaten sind durch die datenhaltenden Fachplanungsbehörden zu führen.

## § 19 Bereitstellung
(1) Auszüge aus dem Amtlichen Raumordnungs-Informationssystem werden in definierten Standards mit den Geodatendiensten des Landes über das Geodatenportal und das Geodatennetzwerk des Landes bereitgestellt.
(2) [1]Jedermann kann Auszüge und Auskünfte aus dem Amtlichen Raumordnungs-Informationssystem zweckbezogen erhalten und Einsicht nehmen, soweit öffentliche Belange dem nicht entgegenstehen. [2]Auskünfte werden durch die für die Führung des Amtlichen Raumordnungs-Informationssystems zuständige Landesentwicklungsbehörde gegeben. [3]Eine Vervielfältigung und Verbreitung ist nur mit Erlaubnis der für die Führung des Amtlichen Raumordnungs-Informationssystems zuständigen Landesentwicklungsbehörde gestattet. [4]Einer Erlaubnis bedarf es nicht bei eigener, nicht gewerblicher Nutzung.
(3) [1]Zur Sicherung der Erfordernisse der Landesentwicklung sollen die Träger raumbedeutsamer Planungen und Maßnahmen das Amtliche Raumordnungs-Informationssystem bereits in einem frühen Stadium der Vorbereitung von Planungen oder Maßnahmen nutzen. [2]Die für die Führung des Amtlichen Raumordnungs-Informationssystems zuständige Landesentwicklungsbehörde teilt dem Träger einer raumbedeutsamen Planung oder Maßnahme auf Anfrage mit, ob andere Planungen berührt werden.

## § 20 Raumbeobachtungsbericht
Über die Ergebnisse der Raumbeobachtung, insbesondere über den Stand der Verwirklichung des Landesentwicklungsplanes, ist der Landtag mindestens in jedem zweiten Kalenderjahr zu unterrichten.

*Teil 5*
**Regionale Planungsgemeinschaften**

## § 21 Regionale Planungsgemeinschaft
(1) Es werden folgende Regionale Planungsgemeinschaften gebildet:
1. Altmark
   mit dem Altmarkkreis Salzwedel und dem Landkreis Stendal,
2. Magdeburg
   mit dem Landkreis Börde, dem Landkreis Jerichower Land, dem Landkreis Salzlandkreis und der kreisfreien Stadt Magdeburg,
3. Anhalt-Bitterfeld-Wittenberg
   mit dem Landkreis Anhalt-Bitterfeld, dem Landkreis Wittenberg und der kreisfreien Stadt Dessau-Roßlau,
4. Halle
   mit dem Landkreis Burgenlandkreis, dem Landkreis Saalekreis und der kreisfreien Stadt Halle (Saale) sowie dem Landkreis Mansfeld-Südharz mit den Städten Lutherstadt Eisleben, Arnstein, Gerbstedt, Hettstedt und Mansfeld, der Gemeinde Seegebiet Mansfelder Land und der Verbandsgemeinde Mansfelder Grund-Helbra,

5. Harz
mit dem Landkreis Harz sowie dem Landkreis Mansfeld-Südharz mit den Städten Sangerhausen und Allstedt, der Gemeinde Südharz und der Verbandsgemeinde Goldene Aue.

(2) Organe der Regionalen Planungsgemeinschaft sind die Regionalversammlung und der Verbandsgeschäftsführer, welcher die Bezeichnung Vorsitzender führt.

## § 22 Regionalversammlung und Verbandsvorsitz

(1) Die Verbandsversammlung der Regionalen Planungsgemeinschaft führt die Bezeichnung Regionalversammlung.

(2) [1]Die Regionalversammlung besteht aus den Hauptverwaltungsbeamten der Landkreise, der kreisfreien Städte und der Mittelzentren sowie weiteren Vertretern. [2]Die Regionalversammlung hat mindestens zwölf Mitglieder; wird diese Zahl in Anwendung des Verfahrens nach den Absätzen 3 und 4 nicht erreicht, beträgt die nach Absatz 3 Satz 1 zugrunde zu legende Zahl 10 000 Einwohner.

(3) [1]Die Landkreise und kreisfreien Städte im Gebiet der Regionalen Planungsgemeinschaft entsenden für je angefangene 20 000 Einwohner einen weiteren Vertreter in die Regionalversammlung. [2]Maßgebend ist die Einwohnerzahl, die für den letzten Termin vor Beginn der Wahlzeit vom Statistischen Landesamt festgestellt wurde. [3]Hauptverwaltungsbeamte der Landkreise, der kreisfreien Städte und der Mittelzentren werden insoweit angerechnet.

(4) [1]Die weiteren Vertreter in der Regionalversammlung sowie deren Stellvertreter werden in den kreisfreien Städten vom Stadtrat, in den Landkreisen von den Kreistagen für die Dauer der kommunalen Wahlperiode gewählt. [2]Dabei wählen die Kreistage ein Viertel der weiteren Vertreter auf Vorschlag der Gemeinden. [3]Wählbar zum Vertreter ist, wer seit mindestens sechs Monaten seinen Hauptwohnsitz im Gebiet der Regionalen Planungsgemeinschaft hat. [4]Nicht wählbar ist, wer in einer Landesentwicklungsbehörde tätig ist.

(5) [1]Absatz 3 gilt für den Landkreis Mansfeld-Südharz entsprechend seiner Teilung und Zuordnung zu den Regionalen Planungsgemeinschaften nach § 21 Abs. 1 Nrn. 4 und 5. [2]Der Landrat des Landkreises Mansfeld-Südharz ist Mitglied der Regionalversammlung der Regionalen Planungsgemeinschaften Halle und Harz. [3]Abweichend von Absatz 9 Satz 1 kann der Landrat des Landkreises Mansfeld-Südharz nicht zu dem Vorsitzenden der Regionalversammlung gewählt werden.

(6) [1]Jeder Vertreter in der Regionalversammlung hat eine Stimme. [2]Er ist an Aufträge oder Weisungen nicht gebunden. [3]Seine Tätigkeit ist ehrenamtlich. [4]§ 35 des Kommunalverfassungsgesetzes gilt entsprechend.

(7) [1]Die Stellvertretung des Hauptverwaltungsbeamten erfolgt durch seinen allgemeinen Vertreter. [2]Der Hauptverwaltungsbeamte kann sich durch seinen fachlich zuständigen Beigeordneten vertreten lassen.

(8) [1]Die Regionalversammlung kann zur Erfüllung ihrer Aufgaben einen Regionalausschuss bilden. [2]Die Regionalversammlung kann bestimmte Angelegenheiten, mit Ausnahme der in den §§ 9 und 10 genannten, durch Satzung dem Regionalausschuss zur Beschlussfassung übertragen. [3]Der Regionalausschuss besteht aus den Landräten und Oberbürgermeistern, die Mitglied der Regionalversammlung sind; die Satzung kann bestimmen, dass ihm weitere Mitglieder der Regionalversammlung angehören. [4]Der Vorsitzende nach Absatz 9 sitzt dem Regionalausschuss vor.

(9) [1]Ihren Vorsitzenden wählt die Regionalversammlung aus dem Kreise der ihr angehörenden Landräte und Oberbürgermeister der kreisfreien Städte. [2]Der Vorsitzende ist Verbandsgeschäftsführer im Sinne des § 12 des Gesetzes über kommunale Gemeinschaftsarbeit. [3]Er ist ehrenamtlich tätig. [4]Er bedient sich einer hauptamtlich geleiteten Geschäftsstelle.

## § 23 Finanzierung

Zur Erfüllung ihrer Aufgaben nach diesem Gesetz erhalten die Regionalen Planungsgemeinschaften vom Land jährlich folgende Finanzierungsbeträge:

1. Regionale Planungsgemeinschaft
   Altmark                                              84 000 Euro,
2. Regionale Planungsgemeinschaft
   Anhalt-Bitterfeld-Wittenberg                         76 000 Euro,
3. Regionale Planungsgemeinschaft Halle                 77 000 Euro,
4. Regionale Planungsgemeinschaft Harz                  71 000 Euro,

5. Regionale Planungsgemeinschaft
   Magdeburg 92 000 Euro.

*Teil 6*
**Schlussvorschriften**

**§ 24 Kommunale Gebietsänderungen**
Ergibt sich nach einer Gebietsänderung eines Landkreises ein Gebiet, für das ein Regionaler Entwicklungsplan nicht vorliegt, wird die Planung für dieses Gebiet durch die zuständige Regionale Planungsgemeinschaft fortgeführt.

**§ 25 Übergangsregelung**
In Aufstellung befindliche Pläne nach § 7 Abs. 1 werden nach den Vorschriften dieses Gesetzes fortgeführt; für bereits durchgeführte Verfahrensschritte gilt bis zum Inkrafttreten dieses Gesetzes das Landesplanungsgesetz des Landes Sachsen-Anhalt vom 28. April 1998 (GVBl. LSA S. 255), zuletzt geändert durch Gesetz vom 19. Dezember 2007 (GVBl. LSA S. 466).

**§ 26 Sprachliche Gleichstellung**
Personen- und Funktionsbezeichnungen in diesem Gesetz gelten jeweils in weiblicher und männlicher Form.

**§ 27 Inkrafttreten, Außerkrafttreten**
[1]Dieses Gesetz tritt am 1. Juli 2015 in Kraft. [2]Gleichzeitig tritt das Landesplanungsgesetz des Landes Sachsen-Anhalt vom 28. April 1998 (GVBl. LSA S. 255), zuletzt geändert durch Gesetz vom 19. Dezember 2007 (GVBl. LSA S. 466), außer Kraft.

# Enteignungsgesetz des Landes Sachsen-Anhalt (EnteigG LSA)[1]

Vom 13. April 1994 (GVBl. LSA S. 508, ber. S. 759)
(BS LSA 214.2)
zuletzt geändert durch Art. 5 G zur Änd. des Landesrechts aufgrund des G zur Reform des Verfahrens in Familiensachen und in den Angelegenheiten der freiwilligen Gerichtsbarkeit vom 13. April 2010 (GVBl. LSA S. 192)

## Inhaltsübersicht

**Abschnitt 1**
**Allgemeine Vorschriften**

§ 1 Geltungsbereich
§ 2 Enteignungszweck
§ 3 Gegenstand der Enteignung
§ 4 Zulässigkeit der Enteignung
§ 5 Art und Umfang der Enteignung
§ 6 Vorarbeiten auf Grundstücken

**Abschnitt 2**
**Entschädigung**

§ 7 Entschädigungsgrundsätze
§ 8 Entschädigungsberechtigter und Entschädigungsverpflichteter
§ 9 Entschädigung für den Rechtsverlust
§ 10 Entschädigung für andere Vermögensnachteile
§ 11 Entschädigung der Nebenberechtigten
§ 12 Härteausgleich
§ 13 Schuldübergang
§ 14 Entschädigung in Geld
§ 15 Entschädigung in Land

**Abschnitt 3**
**Verfahren**

§ 16 Enteignungsbehörde
§ 17 Enteignungsantrag
§ 18 Offensichtliche Unzulässigkeit
§ 19 Vorbereitendes Verfahren
§ 20 Beteiligte

§ 21 Bestellung eines Vertreters von Amts wegen
§ 22 Erforschung des Sachverhalts
§ 23 Planfeststellungsverfahren
§ 24 Einleitung des Enteignungsverfahrens
§ 25 Genehmigungsbedürftige Maßnahmen
§ 26 Einigung
§ 27 Teileinigung
§ 28 Entscheidung der Enteignungsbehörde
§ 29 Teilentscheidung, Vorabentscheidung
§ 30 Lauf der Verwirklichungsfrist
§ 31 Vorzeitige Besitzeinweisung
§ 32 Ausführungsanordnung
§ 33 Hinterlegung
§ 34 Verteilungsverfahren
§ 35 Aufhebung des Enteignungsbeschlusses
§ 36 Wiedereinsetzung in den vorigen Stand
§ 37 Vollstreckbare Titel
§ 38 Kosten
§ 39 Rechtsbehelfe

**Abschnitt 4**
**Rückenteignung**

§ 40 Rückenteignung
§ 41 Entschädigung für die Rückenteignung

**Abschnitt 5**
**Übergangs- und Schlußvorschriften**

§§ 42 bis 43 (aufgehoben)

*Abschnitt 1*
**Allgemeine Vorschriften**

### § 1 Geltungsbereich
Dieses Gesetz gilt für alle Enteignungen, soweit nicht bundesrechtliche oder besondere landesrechtliche Vorschriften anzuwenden sind.

### § 2 Enteignungszweck
Nach diesem Gesetz kann enteignet werden, um
1. Vorhaben zu verwirklichen, für die andere Gesetze die Enteignung ausdrücklich zulassen,
2. andere Vorhaben zu verwirklichen, die dem Wohle der Allgemeinheit dienen, insbesondere um

---

[1] Verkündet als Art. 1 G zum EnteignungsG des Landes Sachsen-Anhalt und zur Änderung des DenkmalschutzG und des WasserG v. 13. 4. 1994 (GVBl. LSA S. 508); Inkrafttreten gem. Art. 4 dieses G am 3. 5. 1994.

a) Einrichtungen für die Jugendhilfe, Gesundheits- und Wohlfahrtspflege sowie Sport- und Freizeiteinrichtungen,
b) Einrichtungen für Schulen, Hochschulen und andere Zwecke von Kultur, Wissenschaft und Forschung,
c) Einrichtungen für öffentliche Ver- und Entsorgung,
d) Einrichtungen, die dem Umweltschutz dienen,
e) Einrichtungen zur Aufrechterhaltung der öffentlichen Sicherheit und des Strafvollzugs,
f) Einrichtungen des öffentlichen und nichtöffentlichen Verkehrs,
g) Rohrleitungen zum Transport von Rohstoffen oder Produkten in großen Mengen oder mit gefährlichen Eigenschaften

zu schaffen oder zu ändern,
3. Grundstücke für die Entschädigung in Land zu beschaffen,
4. durch Enteignung entzogene Rechte durch neue Rechte zu ersetzen.

### § 3 Gegenstand der Enteignung
(1) Durch Enteignung können
1. das Eigentum an Grundstücken entzogen oder belastet werden,
2. andere Rechte an Grundstücken entzogen oder belastet werden,
3. persönliche Rechte entzogen werden, die zum Erwerb, zum Besitz oder zur Nutzung von Grundstücken berechtigen oder die den Verpflichteten in der Benutzung von Grundstücken beschränken,
4. soweit es dieses Gesetz vorsieht, Rechte der in Nummer 3 bezeichneten Art begründet werden.

(2) [1]Grundstücksgleiche Rechte stehen den Grundstücken und dem Eigentum an Grundstücken gleich. [2]Grundstücksteile gelten als Grundstücke.

(3) Auf das Zubehör eines Grundstücks sowie auf Sachen, die nur zu einem vorübergehenden Zweck mit dem Grundstück verbunden oder in ein Gebäude eingefügt sind, darf die Enteignung nur nach Maßgabe des § 5 Abs. 4 ausgedehnt werden.

(4) Die für die Entziehung oder Belastung des Eigentums an Grundstücken geltenden Vorschriften sind auf die Entziehung, Belastung oder Begründung der in Absatz 1 Nrn. 2 bis 4 bezeichneten Rechte entsprechend anzuwenden.

### § 4 Zulässigkeit der Enteignung
(1) Die Enteignung ist im einzelnen Fall nur zulässig, wenn das Wohl der Allgemeinheit sie erfordert und der Enteignungszweck auf andere zumutbare Weise, insbesondere aus Grundbesitz des Antragstellers oder einer von ihm beherrschten juristischen Person, nicht erreicht werden kann.

(2) Die Enteignung zu den in § 2 Nrn. 1 und 2 bezeichneten Zwecken setzt voraus, daß der Antragsteller
1. sich nachweislich ernsthaft bemüht hat, das Grundstück zu angemessenen Bedingungen freihändig zu erwerben, und
2. glaubhaft macht, das Grundstück werde innerhalb angemessener Frist zu dem vorgesehenen Zweck dauerhaft verwendet werden.

(3) [1]Die Enteignung zu dem in § 2 Nr. 3 bezeichneten Zweck ist nur zulässig, soweit die Entschädigung in Land (§ 15) vorgesehen ist. [2]Die Enteignung zu dem in § 2 Nr. 4 bezeichneten Zweck ist nur zulässig, soweit der Ersatz entzogener Rechte in § 11 Abs. 2, § 15 Abs. 5 und § 40 Abs. 4 vorgesehen ist. [3]Die Enteignung nach den Sätzen 1 und 2 ist nicht zulässig, wenn die Grundstücke oder ihre Erträge unmittelbar dem Wohl der Allgemeinheit dienen oder zu dienen bestimmt sind.

### § 5 Art und Umfang der Enteignung
(1) [1]Ein Grundstück darf nur in dem Umfang enteignet werden, in dem dies zur Verwirklichung des Enteignungszwecks erforderlich ist. [2]Reicht eine Belastung des Grundstücks mit einem Recht zur Verwirklichung des Enteignungszwecks aus, so ist die Enteignung hierauf zu beschränken.

(2) [1]Soll ein Grundstück mit einem Erbbaurecht belastet werden, so kann der Eigentümer anstelle der Belastung die Entziehung des Eigentums verlangen. [2]Soll ein Grundstück mit einem anderen Recht belastet werden, so kann der Eigentümer die Entziehung des Eigentums verlangen, wenn die Belastung mit dem dinglichen Recht für ihn unbillig ist.

(3) Soll ein Grundstück oder ein räumlich oder wirtschaftlich zusammenhängender Grundbesitz nur zu einem Teil enteignet werden, so kann der Eigentümer die Ausdehnung der Enteignung auf den Rest

des Grundstücks oder des Grundbesitzes insoweit verlangen, als dieser nicht mehr in angemessenem Umfang nach seiner bisherigen Bestimmung genutzt werden kann.

(4) Soll ein Grundstück enteignet werden, so können der Eigentümer, der Nießbraucher und der Pächter verlangen, daß die Enteignung auf die in § 3 Abs. 3 bezeichneten Gegenstände ausgedehnt wird, soweit sie infolge der Enteignung nicht mehr wirtschaftlich genutzt oder auf andere Weise angemessen verwertet werden können.

(5) Anträge nach den Absätzen 2 bis 4 müssen bis zum Schluß der mündlichen Verhandlung (§ 24) schriftlich oder zur Niederschrift bei der Enteignungsbehörde gestellt werden.

## § 6 Vorarbeiten auf Grundstücken

(1) [1]Die Beauftragten der Enteignungsbehörde sind befugt, schon vor Einleitung des Enteignungsverfahrens Grundstücke, deren Enteignung in Betracht kommt, zu betreten und zu vermessen sowie auf den Grundstücken andere Vorarbeiten vorzunehmen, die zur Vorbereitung von Maßnahmen nach diesem Gesetz notwendig sind, insbesondere um die Eignung der Grundstücke für das Vorhaben zu beurteilen. [2]Die gleiche Befugnis kann die Enteignungsbehörde auch dem Träger eines Vorhabens erteilen, dessen Durchführung eine Enteignung erfordern kann. [3]Sie hat die Maßnahmen, die sie zuläßt, genau zu bezeichnen. [4]Die Entscheidung, durch die die Befugnis erteilt wird, ist vorab dem Eigentümer und, wenn dieser nicht unmittelbar Besitzer ist, auch dem Besitzer zuzustellen.

(2) [1]Gebäude und das unmittelbar dazugehörende befriedete Besitztum dürfen nur mit Einwilligung des Nutzungsberechtigten betreten werden. [2]Die Einwilligung ist nicht erforderlich für das Betreten von Arbeits-, Betriebs- und Geschäftsräumen sowie von Räumen, die der Öffentlichkeit zugänglich sind, während der jeweiligen Arbeits-, Geschäfts- oder Aufenthaltszeit.

(3) Eigentümer und unmittelbare Besitzer sind vor dem Betreten der Grundstücke und der Aufnahme der in Absatz 1 Satz 1 bezeichneten Vorarbeiten rechtzeitig zu benachrichtigen, sofern nicht bei ihnen die Voraussetzungen einer öffentlichen Zustellung vorliegen.

(4) [1]Entstehen durch eine nach Absatz 1 zulässige Maßnahme dem Eigentümer oder Besitzer unmittelbare Vermögensnachteile, so hat dafür der Träger des Vorhabens, dessen Durchführung eine Enteignung erfordern kann, unverzüglich eine Entschädigung in Geld zu leisten. [2]Kommt eine Einigung über die Entschädigung nicht zustande, so setzt die Enteignungsbehörde die Entschädigung fest. [3]Vor der Entscheidung sind die Beteiligten zu hören.

*Abschnitt 2*
**Entschädigung**

## § 7 Entschädigungsgrundsätze

(1) Für die Enteignung ist Entschädigung zu leisten.

(2) Die Entschädigung wird gewährt
1. für den durch die Enteignung eintretenden Rechtsverlust,
2. für andere durch die Enteignung eintretende Vermögensnachteile.

(3) [1]Vermögensvorteile, die dem Entschädigungsberechtigten (§ 8 Abs. 1) infolge der Enteignung entstehen, sind bei der Festsetzung der Entschädigung zu berücksichtigen. [2]Hat bei der Entstehung eines Vermögensnachteils ein Verschulden des Entschädigungsberechtigten oder einer Person mitgewirkt, deren Verschulden er zu vertreten hat, so gilt § 254 des Bürgerlichen Gesetzbuchs entsprechend.

(4) [1]Für die Bemessung der Entschädigung ist der Zustand des Grundstücks in dem Zeitpunkt maßgebend, in dem die Enteignungsbehörde über den Enteignungsantrag entscheidet. [2]In den Fällen der vorzeitigen Besitzeinweisung ist der Zustand in dem Zeitpunkt maßgebend, in dem diese wirksam wird.

## § 8 Entschädigungsberechtigter und Entschädigungsverpflichteter

(1) Entschädigung kann verlangen, wer durch die Enteignung in seinem Recht beeinträchtigt wird und dadurch einen Vermögensnachteil erleidet.

(2) [1]Zur Leistung der Entschädigung ist der Enteignungsbegünstigte verpflichtet. [2]Wird Ersatzland enteignet, so ist zur Entschädigung derjenige verpflichtet, der dieses Ersatzland für das zu enteignende Grundstück beschaffen muß.

## § 9 Entschädigung für den Rechtsverlust

(1) ¹Die Entschädigung für den durch die Enteignung eintretenden Rechtsverlust bemißt sich nach dem Verkehrswert des zu enteignenden Grundstücks oder des sonstigen Gegenstandes der Enteignung. ²Maßgebend ist der Verkehrswert nach § 194 des Baugesetzbuches in dem Zeitpunkt, in dem die Enteignungsbehörde über den Enteignungsantrag entscheidet.

(2) Bei der Festsetzung der Entschädigung bleiben unberücksichtigt
1. Werterhöhungen, die durch die Aussicht auf eine Änderung der zulässigen Nutzung des Grundstücks eingetreten sind, sofern die Änderung nicht in absehbarer Zeit zu erwarten ist,
2. Wertänderungen, die infolge der Planung des Vorhabens und der bevorstehenden Enteignung eingetreten sind,
3. Werterhöhungen, die nach dem Zeitpunkt eingetreten sind, in dem der Eigentümer zur Vermeidung der Enteignung ein Kauf- oder Tauschangebot des Trägers des Vorhabens mit angemessenen Bedingungen (§ 4 Abs. 2 Nr. 1) hätte annehmen können, es sei denn, daß der Eigentümer Kapital oder Arbeit für sie aufgewendet hat,
4. wertsteigernde Veränderungen, die während einer Veränderungssperre ohne Genehmigung der zuständigen Behörde vorgenommen worden sind,
5. wertsteigernde Veränderungen, die nach Einleitung des Enteignungsverfahrens ohne behördliche Anordnung oder Zustimmung der Enteignungsbehörde vorgenommen worden sind,
6. Vereinbarungen insoweit, als sie von üblichen Vereinbarungen auffällig abweichen und offensichtlich getroffen worden sind, um eine höhere Entschädigungsleistung zu erlangen.

(3) ¹Für bauliche Anlagen, deren entschädigungsloser Abbruch auf Grund öffentlich-rechtlicher Vorschriften jederzeit gefordert werden kann, ist eine Entschädigung nur zu gewähren, wenn es aus Gründen der Billigkeit geboten ist. ²Kann der Abbruch entschädigungslos erst nach Ablauf einer Frist gefordert werden, so ist die Entschädigung nach dem Verhältnis der restlichen zu der gesamten Frist zu bemessen.

(4) Wird der Wert des Eigentums an dem Grundstück durch Rechte Dritter gemindert, die an dem Grundstück aufrechterhalten, an einem anderen Grundstück neu begründet oder gesondert entschädigt werden, so ist dies bei der Festsetzung der Entschädigung für den Rechtsverlust zu berücksichtigen.

## § 10 Entschädigung für andere Vermögensnachteile

(1) ¹Wegen anderer durch die Enteignung eintretender Vermögensnachteile ist eine Entschädigung nur zu gewähren, soweit diese Vermögensnachteile nicht bei der Bemessung der Entschädigung für den Rechtsverlust berücksichtigt werden. ²Die Entschädigung ist unter gerechter Abwägung der Interessen der Allgemeinheit und der Beteiligten festzusetzen. ³Sie ist insbesondere zu gewähren für
1. den vorübergehenden oder dauernden Verlust, den der bisherige Eigentümer in seiner Berufs- oder Erwerbstätigkeit oder in Erfüllung der im[1)] wesensgemäß obliegenden Aufgaben erleidet, jedoch nur bis zu dem Betrag des Aufwandes, der erforderlich ist, um ein anderes Grundstück in der gleichen Weise wie das zu enteignende Grundstück zu nutzen,
2. die Wertminderung, die
   a) durch die Enteignung eines Grundstücksteils oder eines Teils eines räumlich oder wirtschaftlich zusammenhängenden Grundbesitzes bei dem Rest des Grundstücks oder des Grundbesitzes oder
   b) durch die Enteignung des Rechts an einem Grundstück bei einem anderen Grundstück entsteht, soweit die Wertminderung nicht schon bei der Festsetzung der Entschädigung nach Nummer 1 berücksichtigt wird,
3. die notwendigen Aufwendungen für einen durch die Enteignung erforderlich werdenden Umzug.

(2) Im Falle des Absatzes 1 Satz 3 Nr. 2 ist § 9 Abs. 2 Nr. 3 anzuwenden.

## § 11 Entschädigung der Nebenberechtigten

(1) Rechte an dem zu enteignenden Grundstück sowie persönliche Rechte, die zum Besitz oder zur Nutzung des Grundstücks berechtigen oder den Verpflichteten in der Benutzung des Grundstücks beschränken, können aufrechterhalten werden, soweit dies mit dem Enteignungszweck vereinbar ist.

(2) ¹Als Ersatz für ein Recht an einem Grundstück, das nicht aufrechterhalten wird, kann mit Zustimmung des Rechtsinhabers das Ersatzland oder ein anderes Grundstück des Enteignungsbegünstigten

---

1) Richtig wohl: „ihm".

mit einem gleichen Recht belastet werden. ²Als Ersatz für ein persönliches Recht, das nicht aufrechterhalten wird, kann mit Zustimmung des Rechtsinhabers ein Rechtsverhältnis begründet werden, das ein Recht gleicher Art in bezug auf das Ersatzland oder auf ein anderes Grundstück des Enteignungsbegünstigten gewährt. ³Ist ein öffentliches Verkehrsunternehmen oder ein Träger der öffentlichen Abwasserbeseitigung oder der öffentlichen Versorgung mit Elektrizität, Gas, Wärme oder Wasser zur Erfüllung seiner wesensgemäßen Aufgaben auf bestimmte dingliche oder persönliche Rechte angewiesen, so sind im Falle der Enteignung dieser Rechte auf Antrag des Unternehmens oder des Trägers als Ersatz Rechte gleicher Art zu begründen; soweit dazu Grundstücke des Enteignungsbegünstigten nicht geeignet sind, können zu diesem Zweck auch andere Grundstücke in Anspruch genommen werden. ⁴Aufwendungen, die infolge eines Rechtserwerbs nach den Sätzen 1, 2 und 3 dem Nebenberechtigten entstehen, sind auf dessen Antrag vom Entschädigungspflichtigen zu erstatten. ⁵Anträge nach den Sätzen 3 und 4 müssen bis zum Schluß des ersten Termins der mündlichen Verhandlung (§ 24) schriftlich oder zur Niederschrift bei der Enteignungsbehörde gestellt werden.

(3) Soweit Rechte nicht aufrechterhalten und nicht durch neue Rechte ersetzt werden, sind bei der Enteignung eines Grundstücks gesondert zu entschädigen
1. Erbbauberechtigte, Altenteilsberechtigte sowie Inhaber von Dienstbarkeiten und Erwerbsrechten an dem Grundstück, ferner Inhaber dinglicher Rechte im Sinne des Artikels 233 des Einführungsgesetzes zum Bürgerlichen Gesetzbuch,
2. Inhaber von persönlichen Rechten, die zum Besitz oder zur Nutzung des Grundstücks berechtigen, wenn der Rechtsinhaber im Besitz des Grundstücks ist,
3. Inhaber von persönlichen Rechten, die zum Erwerb des Grundstücks berechtigen oder den Verpflichteten in der Nutzung des Grundstücks beschränken.

(4) ¹Rechtsinhaber, deren Rechte nicht aufrechterhalten, nicht durch neue Rechte ersetzt und nicht gesondert entschädigt werden, haben bei der Enteignung eines Grundstücks Anspruch auf Ersatz des Wertes ihres Rechts aus der Geldentschädigung für das Eigentum an dem Grundstück, soweit sich ihr Recht auf dieses erstreckt. ²Das gilt entsprechend für die Geldentschädigungen, die für den durch die Enteignung eintretenden Rechtsverlust in anderen Fällen oder nach § 10 Abs. 1 Satz 3 Nr. 2 festgesetzt werden.

### § 12 Härteausgleich

(1) ¹Entstehen einem Mieter, Pächter oder sonstigen Nutzungsberechtigten, dessen Vertragsverhältnis oder Nutzungsverhältnis durch eine Enteignung auf Grund dieses Gesetzes oder auf Veranlassung des Trägers des Vorhabens durch Kündigung oder Vereinbarung beendet wird, wirtschaftliche Nachteile, die für ihn in seinen persönlichen Lebensumständen, im wirtschaftlichen oder sozialen Bereich eine besondere Härte bedeuten und für die eine Entschädigung nach diesem Gesetz nicht zu leisten ist und die auch nicht durch sonstige Maßnahmen ausgeglichen werden, hat die Enteignungsbehöre auf Antrag einen Geldausgleich festzusetzen, soweit es der Billigkeit entspricht (Härteausgleich). ²Zur Leistung des Härteausgleichs ist der Träger des Vorhabens verpflichtet. ³Als Härteausgleich kommt auch die Gewährung eines zinsgünstigen Darlehens oder einer Zinsverbilligung für ein Darlehen in Betracht.
(2) Ein Härteausgleich wird nicht gewährt, soweit der Antragsteller es unterlassen hat oder unterläßt, den wirtschaftlichen Nachteil durch zumutbare Maßnahmen, insbesondere unter Einsatz eigener oder fremder Mittel, abzuwenden.
(3) Der Antrag auf Härteausgleich ist innerhalb eines Jahres nach Beendigung des Vertragsverhältnisses zu stellen.

### § 13 Schuldübergang

(1) ¹Haftet bei einer Hypothek, die aufrechterhalten oder durch ein neues Recht an einem anderen Grundstück ersetzt wird, der von der Enteignung Betroffene zugleich persönlich, so geht die Schuld in Höhe der Hypothek auf den Enteignungsbegünstigten über, wenn der Gläubiger dies genehmigt. ²Im übrigen gelten die §§ 415 und 416 des Bürgerlichen Gesetzbuchs entsprechend; als Veräußerer im Sinne des § 416 des Bürgerlichen Gesetzbuchs ist der von der Enteignung Betroffene anzusehen.
(2) Das gleiche gilt, wenn bei einer Grundschuld oder Rentenschuld, die aufrechterhalten oder durch ein neues Recht an einem anderen Grundstück ersetzt wird, der von der Enteignung Betroffene zugleich persönlich haftet, sofern er bis zum Schluß der mündlichen Verhandlung (§ 24) die gegen ihn beste-

hende Forderung unter Angabe ihres Betrages und Grundes angemeldet und auf Verlangen der Enteignungsbehörde oder eines Beteiligten glaubhaft gemacht hat.

### § 14 Entschädigung in Geld
(1) ¹Die Entschädigung ist in einem einmaligen Betrag zu leisten. ²Wenn der Entschädigungszweck anders nicht erreicht werden kann, ist die Entschädigung auf Antrag des Eigentümers in wiederkehrenden Leistungen festzusetzen, wenn dies den übrigen Beteiligten zuzumuten ist und die Entschädigung in einem einmaligen Geldbetrag für den Eigentümer eine unzumutbare Härte darstellen würde.
(2) Als Entschädigung für die Belastung eines Grundstücks mit einem Erbbaurecht ist ein Erbbauzins zu entrichten.
(3) ¹Einmalige Entschädigungsbeträge sind mit zwei Prozentpunkte über dem Basiszinssatz nach § 247 des Bürgerlichen Gesetzbuches jährlich von dem Zeitpunkt an zu verzinsen, in dem die Enteignungsbehörde über den Enteignungsantrag entscheidet. ²Im Falle der vorzeitigen Besitzeinweisung ist der Zeitpunkt maßgebend, in dem diese wirksam wird.

### § 15 Entschädigung in Land
(1) Die Entschädigung ist auf Antrag des Eigentümers in geeignetem Ersatzland festzusetzen, wenn er zur Sicherung seiner Berufstätigkeit, einer Erwerbstätigkeit oder zur Erfüllung der ihm wesensgemäß obliegenden Aufgaben auf Ersatzland angewiesen ist und
1. der Enteignungsbegünstige über geeignetes Ersatzland verfügt, auf das er bei seiner Berufs- oder Erwerbstätigkeit oder zur Erfüllung der ihm wesensgemäß obliegenden Aufgaben nicht angewiesen ist oder
2. der Enteignungsbegünstigte geeignetes Ersatzland nach pflichtgemäßem Ermessen der Enteignungsbehörde freihändig zu angemessenen Bedingungen beschaffen kann oder
3. geeignetes Ersatzland durch Enteignung nach § 4 Abs. 3 Satz 1 und 3 beschafft werden kann.

(2) ¹Unter den Voraussetzungen des Absatzes 1 Nrn. 1 bis 3 ist die Entschädigung auf Antrag des Eigentümers auch dann in geeignetem Ersatzland festzusetzen, wenn ein Grundstück enteignet werden soll, das mit einem Eigenheim oder einer Kleinsiedlung bebaut ist. ²Dies gilt nicht, wenn der entschädigungslose Abbruch des Gebäudes auf Grund öffentlich-rechtlicher Vorschriften jederzeit gefordert werden kann.
(3) Die Entschädigung kann auf Antrag ganz oder teilweise in Ersatzland festgesetzt werden, wenn diese Art der Entschädigung nach pflichtgemäßem Ermessen der Enteignungsbehörde unter gerechter Abwägung der Interessen der Allgemeinheit und der Beteiligten billig ist und die Voraussetzungen des Absatzes 1 Nrn. 1 oder 2 vorliegen.
(4) ¹Für die Bewertung des Ersatzlandes gilt § 9 entsprechend. ²Hierbei ist eine Werterhöhung zu berücksichtigen, die der übrige Grundbesitz des von der Enteignung Betroffenen durch den Erwerb des Ersatzlandes erfährt. ³Hat das Ersatzland einen geringeren Wert als das zu enteignende Grundstück, so ist eine dem Wertunterschied entsprechende zusätzliche Geldentschädigung festzusetzen. ⁴Hat das Ersatzland einen höheren Wert als das zu enteignende Grundstück, so ist zu bestimmen, daß der Entschädigungsberechtigte an den Enteignungsbegünstigten eine dem Wertunterschied entsprechende Ausgleichszahlung zu leisten hat. ⁵Die Ausgleichszahlung wird mit dem nach § 32 Abs. 3 Satz 1 in der Ausführungsanordnung festgesetzten Tage fällig.
(5) ¹Wird die Entschädigung in Land festgesetzt, so sollen dingliche oder persönliche Rechte, soweit sie nicht an dem zu enteignenden Grundstück aufrechterhalten werden, auf Antrag des Rechtsinhabers ganz oder teilweise nach Maßgabe des § 11 Abs. 2 ersetzt werden. ²Soweit dies nicht möglich ist oder nicht ausreicht, sind die Inhaber der Rechte gesondert in Geld zu entschädigen; dies gilt für die in § 11 Abs. 4 bezeichneten Rechtsinhaber nur, soweit der Wert ihrer Rechte nicht aus einer dem Eigentümer gemäß Absatz 4 zu gewährenden zusätzlichen Geldentschädigung ersetzt werden kann.
(6) ¹Statt in Ersatzland kann die Entschädigung in grundstücksgleichen Rechten oder Rechten nach dem Wohnungseigentumsgesetz festgesetzt werden, wenn dadurch der Entschädigungszweck ebenso erreicht wird. ²Die Absätze 1 bis 5 gelten entsprechend. ³Wer die Entschädigung in grundstücksgleichen Rechten oder Rechten nach dem Wohnungseigentumsgesetz ablehnt, ist in Geld zu entschädigen.
(7) Anträge nach den Absätzen 1 bis 3 und 5 müssen bis zum Schluß des ersten Termins der mündlichen Verhandlung (§ 24) schriftlich oder zur Niederschrift bei der Enteignungsbehörde gestellt werden.

(8) ¹Hat der Eigentümer nach Absatz 1 oder 2 einen Anspruch auf Ersatzland und beschafft er sich mit Zustimmung des Enteignungbegünstigten außerhalb des Enteignungverfahrens Ersatzland oder die in Absatz 6 bezeichneten Rechte selbst, so hat er gegen den Enteignungbegünstigten einen Anspruch auf Erstattung der erforderlichen Aufwendungen. ²Der Enteignungsbegünstigte ist nur insoweit zur Erstattung verpflichtet, als er selbst Aufwendungen erspart. ³Kommt eine Einigung über die Erstattung nicht zustande, so entscheidet die Enteignungsbehörde.

*Abschnitt 3*
**Verfahren**

### § 16 Enteignungsbehörde
Die Enteignung wird vom Landesverwaltungsamt durchgeführt (Enteignungsbehörde).

### § 17 Enteignungsantrag
(1) ¹Der Antrag auf Durchführung eines Enteignungsverfahrens ist bei der Enteignungsbehörde schriftlich zu stellen. ²Die zur Beurteilung des Vorhabens und die Bearbeitung des Enteignungsantrages erforderlichen Unterlagen sind beizufügen.

(2) Der Antragsteller hat glaubhaft zu machen, daß er sich ernsthaft um eine rechtsgeschäftliche Erledigung zu angemessenen Bedingungen bemüht hat.

### § 18 Offensichtliche Unzulässigkeit
Ist die Enteignung offensichtlich unzulässig, so weist die Enteignungsbehörde den Antrag ohne weiteres Verfahren zurück.

### § 19 Vorbereitendes Verfahren
(1) ¹In den Fällen des § 2 Nr. 2 holt die Enteignungsbehörde eine Stellungnahme der Gemeinde und aller Behörden ein, deren Aufgabengebiet von der Ausführung des Vorhabens berührt wird. ²Sie klärt, ob öffentlich-rechtliche Vorschriften oder öffentliche Belange, insbesondere die Ziele der Raumordnung und Landesplanung sowie einer geordneten städtebaulichen Entwicklung der Gemeinde, dem Vorhaben entgegenstehen.

(2) Das in Absatz 1 geregelte Verfahren entfällt, wenn ein Planfeststellungsverfahren nach anderen Gesetzen stattgefunden hat, in dem für alle Beteiligten verbindlich über die Zulässigkeit und die Art der Verwirklichung des Vorhabens entschieden worden ist.

### § 20 Beteiligte
(1) In dem Enteignungsverfahren sind Beteiligte
1. der Antragsteller,
2. der Eigentümer und diejenigen, für die ein Recht an dem Grundstück oder an einem das Grundstück belastenden Recht im Grundbuch eingetragen oder durch Eintragung gesichert ist oder für die ein Wasserrecht, eine wasserrechtliche Erlaubnis oder eine wasserrechtliche Befugnis im Wasserbuch eingetragen ist,
3. der Inhaber
    a) eines nicht im Grundbuch eingetragenen Rechts an dem Grundstück oder an einem das Grundstück belastenden Recht,
    b) eines Anspruchs mit dem Recht auf Befriedigung aus dem Grundstück,
    c) eines persönlichen Rechts, das zum Erwerb, zum Besitz oder zur Nutzung des Grundstücks berechtigt oder die Benutzung des Grundstück beschränkt,
4. wenn Ersatzland bereitgestellt wird, dessen Eigentümer und die Inhaber aller in bezug auf das Ersatzland bestehenden Rechte der in den Nummern 2 und 3 genannten Art,
5. die Eigentümer der Grundstücke, die durch eine Enteignung nach § 4 Abs. 3 Satz 2 und 3 betroffen werden,
6. die Gemeinde.

(2) ¹Die in Absatz 1 Nr. 3 bezeichneten Personen werden in dem Zeitpunkt Beteiligte, in dem die Anmeldung ihres Rechts der Enteignungsbehörde zugeht. ²Die Anmeldung kann bis zum Schluß der mündlichen Verhandlung (§ 24) erfolgen. ³Bestehen Zweifel an einem angemeldeten Recht, so hat die Enteignungsbehörde dem Anmeldenden unverzüglich eine Frist zur Glaubhaftmachung seines Rechts

zu setzen. [4]Nach fruchtlosem Ablauf der Frist ist er bis zur Glaubhaftmachung seines Rechts nicht mehr zu beteiligen.
(3) Der im Grundbuch eingetragene Gläubiger einer Hypothek, Grundschuld oder Rentenschuld, für die ein Brief erteilt ist, sowie jeder seiner Rechtsnachfolger hat auf Verlangen der Enteignungsbehörde eine Erklärung darüber abzugeben, ob ein anderer die Hypothek, Grundschuld oder Rentenschuld oder ein Recht daran erworben hat; die Person eines Erwerbers hat er dabei zu bezeichnen.

### § 21 Bestellung eines Vertreters von Amts wegen
Über die Fälle des § 1 Abs. 1 Satz 1 des Verwaltungsverfahrensgesetzes Sachsen-Anhalt in Verbindung mit § 16 Abs. 1 des Verwaltungsverfahrensgesetzes hinaus hat das Betreuungsgericht, für einen minderjährigen Beteiligten das Familiengericht, auf Ersuchen der Enteignungsbehörde auch dann einen geeigneten Vertreter zu bestellen, wenn
1. Gesamthandseigentümer oder
2. Eigentümer nach Bruchteilen oder
3. mehrere Inhaber eines sonstigen Rechts an einem Grundstück oder an einem das Grundstück belastenden Recht

auf Aufforderung der Enteignungsbehörde, einen gemeinsamen Vertreter zu bestellen, innerhalb der ihnen gesetzten Frist nicht nachgekommen sind.

### § 22 Erforschung des Sachverhalts
Die Enteignungsbehörde kann im Rahmen der Ermittlung des Sachverhalts anordnen, daß
1. Beteiligte persönlich erscheinen oder einen Vertreter entsenden, der zur Aufklärung des Sachverhalts in der Lage und zur Abgabe der erforderlichen Erklärungen bevollmächtigt ist,
2. Urkunden und sonstige Unterlagen vorgelegt werden, auf die sich ein Beteiligter bezogen hat,
3. Hypotheken-, Grundschuld- und Rentenschuldgläubiger die in ihrem Besitz befindlichen Hypotheken-, Grundschuld- und Rentenschuldbriefe vorlegen.

### § 23 Planfeststellungsverfahren
(1) [1]Soll die Enteignung für die Verlegung einer Leitung zur Beförderung von Elektrizität oder von gasförmigen, flüssigen oder sonstigen Stoffen durchgeführt werden, so kann die Enteignungsbehörde für das Vorhaben einen Plan feststellen, wenn sie dies für sachdienlich hält und eine Planfeststellung nicht in anderen Gesetzen vorgesehen ist. [2]Mit dem Planfeststellungsverfahren darf erst begonnen werden, wenn die Enteignungsbehörde entschieden hat, daß das Enteignungsverfahren eingeleitet werden soll, oder wenn die nach anderen Gesetzen erforderliche Feststellung über die Zulässigkeit der Enteignung getroffen worden ist.
(2) Das Anhörungsverfahren nach § 1 Abs. 1 Satz 1 des Verwaltungsverfahrensgesetzes Sachsen-Anhalt in Verbindung mit § 73 des Verwaltungsverfahrensgesetzes führt die Enteignungsbehörde durch.
(3) [1]Der unanfechtbar festgestellte Plan ist für das weitere Verfahren nach diesem Gesetz bindend. [2]Gegen Maßnahmen zur Durchführung des Plans können keine Einwendungen geltend gemacht werden, über die durch die Planfeststellung bereits entschieden worden ist oder über die bei rechtzeitiger Geltendmachung hätte entschieden werden können. [3]Die Planfeststellung ersetzt abweichend von § 1 Abs. 1 Satz 1 und § 5 des Verwaltungsverfahrensgesetzes Sachsen-Anhalt in Verbindung mit § 75 Abs. 1 Satz 1 des Verwaltungsverfahrensgesetzes nicht eine Baugenehmigung.

### § 24 Einleitung des Enteignungsverfahrens
(1) [1]Das Enteignungsverfahren wird durch Anberaumung eines Termins zur mündlichen Verhandlung mit den Beteiligten eingeleitet. [2]Die Verhandlung ist grundsätzlich nicht öffentlich; sofern kein Beteiligter widerspricht, kann davon im Einzelfall abgewichen werden. [3]Einzelne Enteignungsverfahren können miteinander verbunden und wieder getrennt werden.
(2) [1]Zu der mündlichen Verhandlung sind die der Enteignungsbehörde bekannten Beteiligten zu laden. [2]Die Ladung ist zuzustellen. [3]Die Ladungsfrist beträgt mindestens einen Monat.
(3) Die Ladung muß enthalten
1. die Bezeichnung des Antragstellers und des betroffenen Grundstücks,
2. den wesentlichen Inhalt des Enteignungsantrags und den Hinweis, daß der Antrag mit den ihm beigefügten Unterlagen bei der Enteignungsbehörde eingesehen werden kann,
3. die Aufforderung, etwaige Einwendungen gegen den Enteignungsantrag möglichst vor der mündlichen Verhandlung schriftlich oder zur Niederschrift bei der Enteignungsbehörde zu erheben, und

4. den Hinweis, daß auch bei Nichterscheinen über den Enteignungsantrag und andere im Verfahren zu erledigende Anträge entschieden werden kann.

(4) Die Ladung von Personen, deren Beteiligung auf einem Antrag auf Entschädigung im Land beruht, muß außer dem in Absatz 3 vorgeschriebenen Inhalt auch die Bezeichnung des Eigentümers, dessen Entschädigung in Land beantragt ist, und des Grundstücks, für das die Entschädigung in Land gewährt werden soll, enthalten.

(5) [1]Die Einleitung des Enteignungsverfahrens ist unter Bezeichnung des betroffenen Grundstücks und des im Grundbuch als Eigentümer Eingetragenen sowie des ersten Termins der mündlichen Verhandlung mit den Beteiligten in der Gemeinde ortsüblich bekanntzumachen. [2]In der Bekanntmachung sind alle Beteiligten aufzufordern, ihre Rechte spätestens in der mündlichen Verhandlung wahrzunehmen. [3]Sie sind zugleich darauf hinzuweisen, daß auch bei Nichterscheinen über den Enteignungsantrag und andere im Verfahren zu erledigende Anträge entschieden werden kann.

(6) [1]Die Enteignungsbehörde teilt dem Grundbuchamt und dem Katasteramt die Einleitung des Enteignungsverfahrens mit. [2]Sie ersucht das Grundbuchamt in das Grundbuch des betreffenden Grundstückes sowie das Katasteramt in die Nachweise des Liegenschaftskatasters einzutragen, daß das Enteignungsverfahren eingeleitet ist (Enteignungsvermerk); ist das Enteignungsverfahren beendet, so ersucht die Enteignungsbehörde das Grundbuchamt und das Katasteramt, den Enteignungsvermerk zu löschen. [3]Das Grundbuchamt hat die Enteignungsbehörde und den Antragsteller von allen Eintragungen zu benachrichtigen, die nach dem Zeitpunkt der Einleitung des Enteignungsverfahrens im Grundbuch des betroffenen Grundstücks vorgenommen worden sind und vorgenommen werden.

(7) Ist im Grundbuch die Anordnung der Zwangsversteigerung oder Zwangsverwaltung eingetragen, so gibt die Enteignungsbehörde dem Vollstreckungsgericht von der Einleitung des Enteignungsverfahrens Kenntnis.

## § 25 Genehmigungsbedürftige Maßnahmen

(1) Soweit nicht Verfügungs- und Veränderungssperren nach anderen Gesetzen bestehen, dürfen von der Bekanntmachung über die Einleitung des Enteignungsverfahrens an, im Falle einer Planfeststellung nach § 23 vom Beginn der Auslegung des Plans an, nur mit schriftlicher Genehmigung der Enteignungsbehörde
1. Grundstücke geteilt oder Verfügungen über ein Grundstück und über Rechte an einem Grundstück getroffen oder Vereinbarungen abgeschlossen werden, durch die einem anderen ein Recht zum Erwerb, zur Nutzung oder Bebauung eines Grundstücks oder Grundstücksteils eingeräumt wird, oder Baulasten neu begründet, geändert oder aufgehoben werden,
2. erhebliche Veränderungen der Erdoberfläche oder wesentlich wertsteigernde sonstige Veränderungen des Grundstücks vorgenommen werden,
3. nicht genehmigungs-, zustimmungs- oder anzeigepflichtige, aber wertsteigernde bauliche Anlagen errichtet oder wertsteigernde Änderungen solcher Anlagen vorgenommen werden,
4. genehmigungs-, zustimmungs- oder anzeigepflichtige bauliche Anlagen errichtet oder geändert werden.

Veränderungen, die in rechtlich zulässiger Weise vorher begonnen worden sind, Unterhaltungsarbeiten und die Fortführung einer bisher ausgeübten Nutzung werden nicht berührt.

(2) [1]Sind nach Absatz 1 genehmigungsbedürftige Maßnahmen vor der Bekanntmachung über die Einleitung des Enteignungsverfahrens oder vor dem Beginn der Auslegung des Plans zu erwarten, so kann die Enteignungsbehörde bereits nach Eingang des Enteignungsantrags anordnen, daß die Maßnahmen ihrer Genehmigung bedürfen. [2]Die Anordnung ist in ortsüblicher Weise bekanntzumachen und dem Grundbuchamt mitzuteilen.

(3) Die Enteignungsbehörde darf die Genehmigung nur versagen, wenn Grund zu der Annahme besteht, daß die Maßnahme die Enteignung oder die Verwirklichung des Enteignungszwecks unmöglich machen oder wesentlich erschweren würde.

(4) § 31 Abs. 6 gilt entsprechend.

## § 26 Einigung

(1) Die Enteignungsbehörde hat auf eine Einigung zwischen den Beteiligten hinzuwirken.

(2) [1]Einigen sich die Beteiligten, so hat die Enteignungsbehörde eine Niederschrift über die Einigung aufzunehmen. [2]Die Niederschrift muß den Erfordernissen des § 28 Abs. 2 entsprechen. [3]Sie ist von

den Beteiligten zu unterschreiben. ⁴Ein Bevollmächtigter des Eigentümers bedarf einer öffentlich oder amtlich beglaubigten Vollmacht.
(3) ¹Die beurkundete Einigung steht einem unanfechtbaren Enteignungsbeschluß gleich. ²§ 28 Abs. 3 ist entsprechend anzuwenden.

## § 27 Teileinigung

(1) ¹Einigen sich die Beteiligten im Enteignungsverfahren nicht in vollem Umfang, so sind § 26 Abs. 2 und § 28 Abs. 3 für die Teileinigung entsprechend anzuwenden. ²Im Falle einer Einigung über den Übergang oder die Belastung des Eigentums an dem zu enteignenden Grundstück oder über sonstige durch die Enteignung zu bewirkende Rechtsänderungen hat die Enteignungsbehörde anzuordnen, daß dem Berechtigten eine Vorauszahlung in Höhe der zu erwartenden Entschädigung zu leisten ist, soweit sich aus der Teileinigung nichts anderes ergibt. ³Im übrigen nimmt das Enteignungsverfahren seinen Fortgang.

(2) ¹Einigen sich die Beteiligten außerhalb des Enteignungsverfahrens über den Übergang oder die Belastung des Enteignungsgegenstandes, jedoch nicht über die Höhe der Entschädigung, so wird auf Antrag eines Beteiligten das Enteignungsverfahren zur Festsetzung der Entschädigung durchgeführt. ²Für das Verfahren gelten die Vorschriften dieses Abschnitts mit Ausnahme der Vorschriften, die sich auf den Übergang oder die Belastung des Enteignungsgegenstandes beziehen. ³Die Enteignungsbehörde kann von der Bekanntmachung (§ 24 Abs. 5) absehen.

(3) Die Anfechtung des Enteignungsbeschlusses ist insoweit ausgeschlossen, als ihm eine Teileinigung nach Absatz 1 Satz 1 zugrunde liegt.

## § 28 Entscheidung der Enteignungsbehörde

(1) ¹Soweit eine Einigung nicht zustande kommt, entscheidet die Enteignungsbehörde auf Grund der mündlichen Verhandlung durch Beschluß über den Enteignungsantrag, die übrigen Anträge und die Einwendungen. ²Ist ein Planfeststellungsverfahren eingeleitet worden, so darf der Beschluß erst erlassen werden, wenn der Plan unanfechtbar festgestellt ist. ³Der Beschluß ist mit einer Rechtsbehelfsbelehrung zu versehen und den Beteiligten zuzustellen.

(2) Gibt die Enteignungsbehörde dem Enteignungsantrag statt, so muß der Enteignungsbeschluß bezeichnen
1. den von der Enteignung Betroffenen und den Enteignungsbegünstigten,
2. die sonstigen Beteiligten,
3. den Enteignungszweck und die Frist, innerhalb deren er zu verwirklichen ist,
4. den Gegenstand der Enteignung, und zwar
   a) wenn das Eigentum an einem Grundstück Gegenstand der Enteignung ist, das Grundstück nach seiner grundbuchmäßigen Bezeichnung, seiner Größe und den übrigen Angaben des Liegenschaftskatasters; bei einem Grundstücksteil ist zu seiner Bezeichnung auf die für die Abschreibung eines Grundstücksteils nach der Grundbuchordnung erforderlichen Unterlagen Bezug zu nehmen,
   b) wenn ein anderes Recht an einem Grundstück Gegenstand einer selbständigen Enteignung ist, dieses Recht nach Inhalt und grundbuchmäßiger Bezeichnung; das gilt unbeschadet des § 3 Abs. 2 Satz 1 entsprechend auch für ein grundstücksgleiches Recht,
   c) wenn ein persönliches Recht, das zum Erwerb, zum Besitz oder zur Nutzung von Grundstücken berechtigt oder den Verpflichteten in der Nutzung von Grundstücken beschränkt, Gegenstand einer selbständigen Enteignung ist, dieses Recht nach seinem Inhalt und dem Grund seines Bestehens,
   d) die in § 3 Abs. 3 bezeichneten Gegenstände, wenn die Enteignung auf sie ausgedehnt wird,
5. bei der Belastung eines Grundstücks mit einem Recht die Art, den Inhalt sowie den Rang des Rechts, den Berechtigten und das Grundstück,
6. bei der Begründung eines Rechts der für in Nummer 4 Buchst. c bezeichneten Art den Inhalt des Rechtsverhältnisses und die daran Beteiligten,
7. die Eigentums- und sonstigen Rechtsverhältnisse vor und nach der Enteignung,
8. die Art und Höhe der Entschädigung und die Höhe der Ausgleichszahlung nach § 11 Abs. 4 mit der Angabe, von wem und an wen sie zu leisten sind; Geldentschädigungen, aus denen andere von

der Enteignung Betroffene nach § 15 Abs. 4 zu entschädigen sind, müssen von den sonstigen Geldentschädigungen getrennt ausgewiesen werden,
9. bei der Entschädigung in Land das Grundstück in der in Nummer 4 Buchst. a bezeichneten Weise,
10. die nach § 15 Abs. 8 festzusetzende Höhe der vom Enteignungsbegünstigten zu erstattenden Aufwendungen.

(3) Ist im Grundbuch die Anordnung der Zwangsversteigerung oder der Zwangsverwaltung eingetragen, so gibt die Enteignungsbehörde dem Vollstreckungsgericht von dem Enteignungsbeschluß Kenntnis.

## § 29 Teilentscheidung, Vorabentscheidung
¹Ist ein Teil der Gegenstände des Enteignungsverfahrens entscheidungsreif, so kann eine Teilentscheidung getroffen werden. ²Auf Antrag des Enteignungsbegünstigten hat die Enteignungsbehörde vorab über den Übergang oder die Belastung des Eigentums an dem zu enteignenden Grundstück oder über sonstige durch die Enteignung zu bewirkende Rechtsänderungen zu entscheiden. ³In diesem Fall hat die Enteignungsbehörde anzuordnen, daß dem Berechtigten eine Vorauszahlung in Höhe der zu erwartenden Entschädigung zu leisten ist. ⁴§ 28 gilt entsprechend.

## § 30 Lauf der Verwirklichungsfrist
(1) Die Frist, innerhalb derer der Enteignungszweck zu verwirklichen ist (§ 28 Abs. 2 Nr. 3), beginnt mit dem Eintritt der Rechtsänderung.
(2) ¹Die Enteignungsbehörde kann diese Frist vor ihrem Ablauf auf Antrag verlängern, wenn
1. der Enteignungsbegünstigte nachweist, daß er den Enteignungszweck ohne Verschulden innerhalb der festgesetzten Frist nicht verwirklichen kann, oder
2. vor Ablauf der Frist eine Gesamtrechtsnachfolge eintritt und der Rechtsnachfolger nachweist, daß er den Enteignungszweck innerhalb der festgesetzten Frist nicht verwirklichen kann.
²Der enteignete frühere Eigentümer ist vor der Entscheidung über die Verlängerung zu hören.
(3) Wenn ein Planfeststellungsverfahren gemäß § 23 stattgefunden hat, endet die Frist spätestens mit dem Außerkrafttreten des Plans.

## § 31 Vorzeitige Besitzeinweisung
(1) ¹Ist die sofortige Ausführung des Vorhabens aus Gründen des Wohls der Allgemeinheit dringend geboten, und ist eine Enteignung mit einer an Sicherheit grenzenden Wahrscheinlichkeit zulässig, so kann die Enteignungsbehörde den Antragsteller nach Einleitung des Enteignungsverfahrens gemäß § 24 Abs. 1 Satz 1 oder, wenn ein Planfeststellungsverfahren durchgeführt worden ist, nach Feststellung des Plans auf Antrag durch Beschluß in den Besitz des betroffenen Grundstücks einweisen. ²Die Besitzeinweisung ist nur zulässig, wenn über sie eine mündliche Verhandlung stattgefunden hat; die Ladungsfrist beträgt mindestens zwei Wochen. ³Einer besonderen mündlichen Verhandlung bedarf es nicht, wenn über die Besitzeinweisung nach vorheriger Ankündigung bereits in einem Termin des Enteignungsverfahrens (§ 24) verhandelt worden ist. ⁴Der Beschluß über die Besitzeinweisung ist dem Antragsteller, dem Eigentümer und dem Besitzer zuzustellen. ⁵Die Besitzeinweisung wird in dem von der Enteignungsbehörde bezeichneten Zeitpunkt wirksam. ⁶Auf Antrag des unmittelbaren Besitzers ist dieser Zeitpunkt auf mindestens zwei Wochen nach Zustellung des Beschlusses über die vorzeitige Besitzeinweisung an ihn festzusetzen, wenn dies nach Abwägung der beiderseitigen Interessen zwingend geboten ist.
(2) ¹Die Enteignungsbehörde kann die vorzeitige Besitzeinweisung von der Leistung einer Sicherheit in Höhe der voraussichtlichen Entschädigung und von der vorherigen Erfüllung anderer Bedingungen abhängig machen. ²Die Anordnung ist dem Antragsteller, dem Eigentümer und dem Besitzer zuzustellen.
(3) ¹Durch die Besitzeinweisung wird dem Besitzer der Besitz entzogen und der Eingewiesene Besitzer. ²Der Eingewiesene darf auf dem Grundstück das von ihm im Enteignungsantrag bezeichnete Vorhaben ausführen und die dafür erforderlichen Maßnahmen treffen. ³Durch die Besitzeinweisung wird ein Recht zur Nutzung des Grundstücks insoweit ausgeschlossen, als die Ausübung der Nutzung mit dem Zweck der Besitzeinweisung nicht vereinbar ist.
(4) ¹Der Eingewiesene hat für die durch die vorzeitige Besitzeinweisung entstehenden Vermögensnachteile Entschädigung zu leisten, soweit die Nachteile nicht durch die Verzinsung der Geldentschädigung (§ 14 Abs. 3) ausgeglichen werden. ²Art und Höhe der Entschädigung werden durch die Ent-

eignungsbehörde spätestens in dem Beschluß nach § 28 festgesetzt. ³Wird der Beschluß über Art und Höhe der Entschädigung vorher erlassen, so ist er den in Absatz 2 Satz 2 bezeichneten Personen zuzustellen. ⁴Ist die Entschädigung für die Besitzeinweisung von der Enteignungsbehörde festgesetzt worden, so gilt sie ohne Rücksicht darauf, ob ein Antrag auf gerichtliche Entscheidung gestellt wird, als seit dem nach Absatz 1 Satz 5 bezeichneten Zeitpunkt fällig.

(5) ¹Auf Antrag einer der in Absatz 2 Satz 2 bezeichneten Personen hat die Enteignungsbehörde den Zustand des Grundstücks vor der Besitzeinweisung in einer Niederschrift feststellen zu lassen, soweit er für die Besitzeinweisungs- oder die Enteignungsentschädigung von Bedeutung ist. ²Den Beteiligten ist eine Abschrift der Niederschrift zu übersenden.

(6) ¹Wird der Enteignungsantrag abgewiesen, so ist die vorzeitige Besitzeinweisung aufzuheben und der vorherige unmittelbare Besitzer wieder in den Besitz einzuweisen. ²Der Eingewiesene hat für alle durch die vorzeitige Besitzeinweisung entstandenen besonderen Nachteile Entschädigung zu leisten. ³Art und Höhe der Entschädigung werden durch die Enteignungsbehörde festgesetzt.

### § 32 Ausführungsanordnung

(1) ¹Ist der Enteignungsbeschluß unanfechtbar, so ordnet auf Antrag eines Beteiligten die Enteignungsbehörde seine Ausführung an (Ausführungsanordnung), wenn der Enteignungsbegünstigte die Geldentschädigung gezahlt oder zulässigerweise unter Verzicht auf das Recht der Rücknahme hinterlegt hat. ²Ist Entschädigung in Land festgesetzt, so kann die Ausführung erst angeordnet werden, nachdem der Berechtigte den Besitz des Ersatzlandes erlangt und der Enteignungsbegünstigte eine festgesetzte zusätzliche Geldentschädigung gezahlt oder zulässigerweise unter Verzicht auf das Recht der Rücknahme hinterlegt hat.

(2) ¹Die Ausführungsanordnung ist allen Beteiligten zuzustellen, deren Rechtsstellung durch den Enteignungsbeschluß betroffen wird. ²§ 28 Abs. 3 gilt entsprechend.

(3) ¹Mit dem in der Ausführungsanordnung festzusetzenden Tag wird der bisherige Rechtszustand durch den im Enteignungsbeschluß geregelten neuen Rechtszustand ersetzt. ²Gleichzeitig entstehen die nach § 28 Abs. 2 Nr. 6 begründeten Rechtsverhältnisse; sie gelten von diesem Zeitpunkt an als zwischen den an dem Rechtsverhältnis Beteiligten vereinbart.

(4) Die Ausführungsanordnung schließt die Einweisung in den Besitz des enteigneten Grundstücks zu dem festgesetzten Tag ein.

(5) Die Enteignungsbehörde übersendet dem Grundbuchamt eine beglaubigte Abschrift des Enteignungsbeschlusses und der Ausführungsanordnung und ersucht es, die Rechtsänderungen in das Grundbuch einzutragen.

(6) ¹Ist bei einer Teileinigung nach § 27 oder einer unanfechtbaren Vorabentscheidung nach § 29 Satz 2 nur noch die Höhe einer Geldentschädigung streitig, so hat die Enteignungsbehörde auf Antrag des Enteignungsbegünstigten die Ausführungsanordnung zu erlassen. ²Die Ausführungsanordnung darf jedoch erst ergehen, wenn der Enteignungsbegünstigte die angeordnete Vorauszahlung geleistet oder in zulässiger Weise unter Verzicht auf das Recht der Rücknahme hinterlegt hat. ³Im übrigen gilt Absatz 1 Satz 2 entsprechend. ⁴Die Enteignungsbehörde kann verlangen, daß der Enteignungsbegünstigte vor Erlaß der Ausführungsanordnung für einen angemessenen Betrag Sicherheit leistet, soweit sich aus einer Teileinigung nicht etwas anderes ergibt. ⁵Für das Verfahren und die Rechtswirkungen gelten die Absätze 2 bis 5 entsprechend.

### § 33 Hinterlegung

(1) ¹Geldentschädigungen, aus denen Rechtsinhaber nach § 11 Abs. 4 zu befriedigen sind, sind unter Verzicht auf das Recht der Rücknahme zu hinterlegen, soweit mehrere Personen auf sie Anspruch haben und eine Einigung über die Auszahlung nicht nachgewiesen ist. ²Die Hinterlegung erfolgt bei dem Amtsgericht, in dessen Bezirk das von der Enteignung betroffene Grundstück liegt; § 2 des Gesetzes über die Zwangsversteigerung und die Zwangsverwaltung in der jeweils geltenden Fassung gilt entsprechend.

(2) Andere Vorschriften, nach denen die Hinterlegung geboten oder statthaft ist, werden hierdurch nicht berührt.

### § 34 Verteilungsverfahren

(1) Nach dem Eintritt des neuen Rechtszustandes kann jeder Beteiligte sein Recht an der hinterlegten Summe gegen einen Mitbeteiligten, der dieses Recht bestreitet, vor den ordentlichen Gerichten geltend machen oder die Einleitung eines gerichtlichen Verteilungsverfahrens beantragen.

(2) Für das Verteilungsverfahren ist das Amtsgericht zuständig, in dessen Bezirk das von der Enteignung betroffene Grundstück liegt; § 2 des Gesetzes über die Zwangsversteigerung und die Zwangsverwaltung gilt entsprechend.

(3) Auf das Verteilungsverfahren sind die Vorschriften über die Verteilung des Erlöses im Falle der Zwangsversteigerung mit folgenden Abweichungen entsprechend anzwenden:
1. Das Verteilungsverfahren ist durch Beschluß zu eröffnen.
2. Die Zustellung des Eröffnungsbeschlusses an den Antragsteller gilt als Beschlagnahme im Sinne des § 13 des Gesetzes über die Zwangsversteigerung und die Zwangsverwaltung. Ist das Grundstück schon in einem Zwangsversteigerungs- oder Zwangsverwaltungsverfahren beschlagnahmt, so verbleibt es dabei.
3. Das Verteilungsgericht hat bei Eröffnung des Verfahrens von Amts wegen das Grundbuchamt um die in § 19 Abs. 2 und 3 des Gesetzes über die Zwangsversteigerung und die Zwangsverwaltung bezeichneten Mitteilungen zu ersuchen. In die beglaubigte Abschrift des Grundbuchblattes sind die zur Zeit der Zustellung des Enteignungsbeschlusses an den Enteigneten vorhandenen Eintragungen sowie die später eingetragenen Veränderungen und Löschungen aufzunehmen.
4. Bei dem Verfahren sind die in § 11 Abs. 4 bezeichneten Entschädigungsberechtigten nach Maßgabe des § 10 des Gesetzes über die Zwangsversteigerung und die Zwangsverwaltung zu berücksichtigen, wegen der Ansprüche auf wiederkehrende Nebenleistungen jedoch nur für die Zeit bis zur Hinterlegung.

### § 35 Aufhebung des Enteignungsbeschlusses

(1) [1]Hat der Enteignungsbegünstigte eine ihm in dem Enteignungsbeschluß auferlegte Zahlung nicht innerhalb eines Monats nach dem Zeitpunkt geleistet, in dem der Beschluß unanfechtbar geworden ist, so kann die Aufhebung des Enteignungsbeschlusses beantragt werden. [2]Antragsberechtigt ist jeder Beteiligte, der eine ihm zustehende Entschädigung noch nicht erhalten hat oder der nach § 11 Abs. 4 aus ihr zu befriedigen ist. [3]Der Antrag ist dem Enteignungsbegünstigten zuzustellen. [4]Wird der Enteignungsbehörde nicht binnen zwei Wochen nach Zustellung des Antrages nachgewiesen, daß die Zahlung inzwischen geleistet worden ist, so ist der Enteignungsbeschluß aufzuheben.

(2) Der Aufhebungsbeschluß ist allen Beteiligten zuzustellen und dem Grundbuchamt mitzuteilen.

### § 36 Wiedereinsetzung in den vorigen Stand

(1) Bei Versäumung einer gesetzlichen oder auf Grund dieses Gesetzes bestimmten Frist für eine Verfahrenshandlung richtet sich die Wiedereinsetzung in den vorigen Stand nach § 1 Abs. 1 Satz 1 des Verwaltungsverfahrensgesetzes Sachsen-Anhalt in Verbindung mit § 32 des Verwaltungsverfahrensgesetzes.

(2) Die Enteignungsbehörde kann nach Wiedereinsetzung in den vorigen Stand an Stelle einer Entscheidung, die den durch das bisherige Verfahren herbeigeführten neuen Rechtszustand ändern würde, eine Entschädigung festsetzen.

### § 37 Vollstreckbare Titel

(1) [1]Die Zwangsvollstreckung nach den Vorschriften der Zivilprozeßordnung über die Vollstreckung von Urteilen in bürgerlichen Rechtsstreitigkeiten findet statt
1. aus der Niederschrift über eine Einigung (§ 26) wegen der in ihr bezeichneten Leistungen,
2. aus einem unanfechtbaren Enteignungsbeschluß (§ 28) wegen der darin festgesetzten Zahlungen,
3. aus einem Beschluß über die vorzeitige Besitzeinweisung, deren Änderung oder Aufhebung wegen der darin festgesetzten Leistungen sowie aus einem gesonderten Beschluß über die Besitzeinweisungsentschädigung (§ 31).

[2]Die Zwangsvollstreckung wegen einer Ausgleichszahlung ist erst zulässig, wenn die Ausführungsanordnung wirksam und unanfechtbar geworden ist.

(2) [1]Die vollstreckbare Ausfertigung wird von dem Urkundsbeamten der Geschäftsstelle des Amtsgericht erteilt, in dessen Bezirk die Enteignungsbehörde ihren Sitz hat. [2]Wenn das Verfahren bei einem Gericht anhängig ist, wird die vollstreckbare Ausfertigung von dem Urkundsbeamten der Geschäfts-

stelle dieses Gerichts erteilt. ³In den Fällen der §§ 731, 767 bis 770, 785, 786 und 791 der Zivilprozeßordnung tritt das Amtsgericht, in dessen Bezirk die Enteignungsbehörde ihren Sitz hat, an die Stelle des Prozeßgericht.

## § 38 Kosten

(1) ¹Der Träger des Vorhabens hat die den Beteiligten aus Anlaß des Verfahrens erwachsenen Kosten zu tragen, soweit sie zur zweckentsprechenden Rechtsverfolgung notwendig waren. ²Wird ein Antrag auf Rückenteignung (§ 40) abgelehnt oder zurückgenommen, so hat der Antragsteller die Kosten des Verfahrens zu tragen. ³Wird ein Antrag eines sonstigen Beteiligten abgelehnt oder zurückgenommen, so können diesem die durch die Behandlung seines Antrags verursachten Kosten auferlegt werden.
(2) ¹Die Entscheidung über die Kosten kann einem besonderen Beschluß vorbehalten werden. ²Über die Kosten ist in einem besonderen Beschluß zu entscheiden, wenn ein Beteiligter dies beantragt und ein berechtigtes Interesse daran geltend macht.
(3) ¹Der Betrag der zu erstattenden Kosten wird auf Antrag von der Enteignungsbehörde in einem Kostenfestsetzungsbeschluß festgesetzt. ²Aus einem unanfechtbaren Kostenfestsetzungsbeschluß findet die Zwangsvollstreckung nach den Vorschriften der Zivilprozeßordnung über die Vollstreckung von Kostenfestsetzungsbeschlüssen statt. ³§ 37 Abs. 2 gilt entsprechend.
(4) Für die Kosten der Enteignungsbehörde gelten die allgemeinen Vorschriften über die Erhebung von Gebühren und Auslagen in der Verwaltung.

## § 39 Rechtsbehelfe

(1) ¹Die in Verfahren nach diesem Gesetz erlassenen Verwaltungsakte der Enteignungsbehörde können nur durch Antrag auf gerichtliche Entscheidung angefochten werden. ²Über den Antrag entscheidet das Landgericht (Kammer für Baulandsachen).
(2) ¹Die Vorschriften der §§ 217 bis 232 des Baugesetzbuchs über das Verfahren vor den Kammern (Senaten) für Baulandsachen sind anzuwenden. ²An die Stelle der Vorschriften des Baugesetzbuchs, auf die in dessen §§ 217 bis 232 Bezug genommen ist, treten die entsprechenden Vorschriften dieses Gesetzes.
(3) Die Absätze 1 und 2 gelten nicht für Verwaltungsakte der Enteignungsbehörde im Planfeststellungsverfahren nach § 23.

*Abschnitt 4*
**Rückenteignung**

## § 40 Rückenteignung

(1) Der enteignete frühere Eigentümer kann verlangen, daß das nach den Vorschriften dieses Gesetzes enteignete Grundstück zu seinen Gunsten wieder enteignet wird (Rückenteignung), wenn der Enteignungsbegünstigte oder sein Rechtsnachfolger das Grundstück nicht innerhalb der festgesetzten Frist (§ 28 Abs. 2 Nr. 3, § 30) zu dem Enteignungszweck verwendet oder die Verwirklichung des Enteignungszwecks vor Ablauf der Frist aufgegeben hat.
(2) ¹Der Antrag auf Rückenteignung ist innerhalb von zwei Jahren nach Entstehung des Anspruchs bei der Enteignungsbehörde zu stellen. ²§ 206 des Bürgerlichen Gesetzbuches gilt entsprechend.
(3) Die Enteignungsbehörde kann die Rückenteignung ablehnen, wenn das Grundstück erheblich verändert oder ganz oder überwiegend Entschädigung in Land gewährt worden ist.
(4) ¹Der frühere Inhaber eines Rechts, das durch Enteignung nach den Vorschriften dieses Gesetzes aufgehoben worden ist, kann unter den in Absatz 1 bezeichneten Voraussetzungen verlangen, daß ein gleiches Recht an dem früher belasteten Grundstück zu seinen Gunsten durch Enteignung wieder begründet wird. ²Die Vorschriften über die Rückenteignung gelten entsprechend.
(5) Für das Verfahren gelten die Vorschriften des Dritten Abschnitts entsprechend.

## § 41 Entschädigung für die Rückenteignung

¹Wird dem Antrag auf Rückenteignung stattgegeben, so hat der Antragsteller dem von der Rückenteignung Betroffenen Entschädigung für den Rechtsverlust zu leisten. ²§ 7 Abs. 2 Nr. 2 ist nicht anzuwenden. ³Ist dem Antragsteller bei der Enteignung eine Entschädigung für andere Vermögensnachteile gewährt worden, so hat er diese Entschädigung insoweit zurückzuzahlen, als die Nachteile auf Grund der Rückenteignung entfallen. ⁴Die dem Eigentümer zu gewährende Entschädigung darf den bei der

Enteignung zugrunde gelegten Verkehrswert des Grundstücks nicht übersteigen, jedoch sind Aufwendungen zu berücksichtigen, die zu einer Werterhöhung des Grundstücks geführt haben. [5]Im übrigen gelten die Vorschriften über die Entschädigung im Zweiten Abschnitt entsprechend.

*Abschnitt 5*
**Übergangs- und Schlußvorschriften**

**§§ 42 bis 43 (aufgehoben)**

# Denkmalschutzgesetz des Landes Sachsen-Anhalt

Vom 21. Oktober 1991 (GVBl. LSA S. 368, ber. 1992 S. 210)
(BS LSA 2242.1)
zuletzt geändert durch Art. 2 Drittes InvestitionserleichterungsG vom 20. Dezember 2005 (GVBl. LSA S. 769)

**Nichtamtliche Inhaltsübersicht**

**I. Abschnitt**
**Grundsätze und Ziele des Denkmalschutzes und der Denkmalpflege**

§ 1 Grundsätze
§ 2 Begriffsbestimmung

**II. Abschnitt**
**Organisation und Zuständigkeiten der Denkmalbehörden**

§ 3 Oberste Denkmalbehörde
§ 4 Denkmalschutzbehörden
§ 5 Denkmalfachamt
§ 6 Ehrenamtliche Beauftragte und Denkmalräte
§ 7 Mitwirkung von Einrichtungen und Vereinigungen
§ 8 Zuständigkeiten

**III. Abschnitt**
**Schutz und Erhaltung**

§ 9 Erhaltungspflicht
§ 10 Grenzen der Eingriffe in Kulturdenkmale
§ 11 Vorkaufsrecht
§ 12 Schatzregal, Ablieferungspflicht
§ 13 Vorübergehende Überlassung

**IV. Abschnitt**
**Verfahrensvorschriften**

§ 14 Genehmigungspflichten

§ 15 Antragstellung
§ 16 Auskunfts- und Duldungspflichten
§ 17 Anzeigepflicht
§ 18 Denkmalverzeichnis

**V. Abschnitt**
**Enteignung und Entschädigung**

§ 19 Enteignung und Entschädigung

**VI. Abschnitt**
**Finanzierung**

§ 20 Finanzierung

**VII. Abschnitt**
**Straftaten und Ordnungswidrigkeiten**

§ 21 Zerstörung eines Kulturdenkmals
§ 22 Ordnungswidrigkeiten

**VIII. Abschnitt**
**Übergangs- und Schlußbestimmungen**

§ 23 (aufgehoben)
§ 24 Inkrafttreten

Der Landtag von Sachsen-Anhalt hat das folgende Gesetz beschlossen, das hiermit verkündet wird:

*I. Abschnitt*
**Grundsätze und Ziele des Denkmalschutzes und der Denkmalpflege**

**§ 1 Grundsätze**

(1) ¹Es ist die Aufgabe von Denkmalschutz und Denkmalpflege, die Kulturdenkmale als Quellen und Zeugnisse menschlicher Geschichte und prägende Bestandteile der Kulturlandschaft nach den Bestimmungen dieses Gesetzes zu schützen, zu erhalten, zu pflegen und wissenschaftlich zu erforschen. ²Der Schutz erstreckt sich auf die gesamte Substanz eines Kulturdenkmals einschließlich seiner Umgebung, soweit diese für die Erhaltung, Wirkung, Erschließung und die wissenschaftliche Forschung von Bedeutung ist.

(2) ¹Bei der Wahrnehmung dieser Aufgaben wirken das Land und die kommunalen Gebietskörperschaften sowie Eigentümer und Besitzer von Kulturdenkmalen zusammen. ²Ihnen obliegt zugleich die besondere Pflicht, die ihnen gehörenden oder von ihnen genutzten Kulturdenkmale zu erhalten.

(3) Bei öffentlichen Planungen und Baumaßnahmen sind die Belange des Denkmalschutzes und die Denkmalpflege rechtzeitig zu berücksichtigen, so daß die Kulturdenkmale möglichst erhalten bleiben und ihre Umgebung angemessen gestaltet werden kann.
(4) Kulturdenkmale sollen im Rahmen des Möglichen und Zumutbaren der Öffentlichkeit zugänglich gemacht werden.

### § 2 Begriffsbestimmung
(1) [1]Kulturdenkmale im Sinne dieses Gesetzes sind gegenständliche Zeugnisse menschlichen Lebens aus vergangener Zeit, die im öffentlichen Interesse zu erhalten sind. [2]Öffentliches Interesse besteht, wenn diese von besonderer geschichtlicher, kulturell-künstlerischer, wissenschaftlicher, kultischer, technisch-wirtschaftlicher oder städtebaulicher Bedeutung sind.
(2) Kulturdenkmale im Sinne dieses Gesetzes sind:
1. Baudenkmale,
   die aus baulichen Anlagen oder Teilen baulicher Anlagen bestehen. Dazu gehören auch Garten-, Park- und Friedhofsanlagen, andere von Menschen gestaltete Landschaftsteile, produktions- und verkehrsbedingte Reliefformen sowie Pflanzen-, Frei- und Wasserflächen. Ausstattungsstücke und Zubehör sind, sofern sie mit einem Baudenkmal eine Einheit von Denkmalwert bilden, wie diese zu behandeln;
2. Denkmalbereiche
   als Mehrheiten baulicher Anlagen. Denkmalbereiche können historische Kulturlandschaften, die in der Liste des Erbes der Welt der UNESCO gemäß Artikel 11 Abs. 2 Satz 1 des Übereinkommens vom 23. November 1972 zum Schutz des Kultur- und Naturerbes der Welt (Bekanntmachung vom 2. Februar 1977, BGBl. II S. 213) aufgeführt sind, Stadtgrundrisse, Stadt- und Ortsbilder sowie -silhouetten, Stadtteile und -viertel, Siedlungen, Gehöftgruppen, Straßenzüge, bauliche Gesamtanlagen und Einzelbauten, einschließlich deren Umgebung, sein, wenn das Bauwerk zu ihr in einer besonderen historischen, funktionalen oder ästhethischen Beziehung steht. Hierzu gehören auch handwerkliche und industrielle Produktionsstätten;
3. archäologische Kulturdenkmale
   als Reste von Lebewesen, Gegenständen und Bauwerken, die im oder auf dem Boden, im Moor und unter Wasser erhalten geblieben sind und die von der Geschichte des Menschen Zeugnis ablegen. Insbesondere sind dies Siedlungen und Wüstungen, Befestigungsanlagen aller Art, Landwehren und markante Grenzverläufe, Produktionsstätten wie Ackerfluren und Werkplätze, Glashütten, Öfen, Steinbrüche, Pingen, Halden, Verkehrsanlagen, Be- und Entwässerungssysteme, Gräberfelder, Grabanlagen, darunter Grabhügel und Großsteingräber, Höhlen, Kultstätten, Denkmale der Rechtsgeschichte und Überreste von Bauwerken sowie Steinmale und Schälchensteine;
4. archäologische Flächendenkmale,
   in denen Mehrheiten archäologischer Kulturdenkmale vorhanden sind;
5. bewegliche Kulturdenkmale
   und Bodenfunde als Einzelgegenstände und Sammlungen, wie Werkzeuge, Geräte, Hausrat, Gefäße, Waffen, Schmuck, Trachtenbestandteile, Bekleidung, Kultgegenstände, Gegenstände der Kunst und des Kunsthandwerkes, Münzen und Medaillen, Verkehrsmittel, Maschinen und technische Aggregate, Teile von Bauwerken, Skelettreste von Menschen und Tieren, Pflanzenreste und andere Hinterlassenschaften;
6. Kleindenkmale
   wie Meilensteine, Obelisken, Steinkreuze, Grenzsteine und andere.

*II. Abschnitt*
**Organisation und Zuständigkeiten der Denkmalbehörden**

### § 3 Oberste Denkmalbehörde
[1]Das für den Denkmalschutz zuständige Ministerium ist die oberste Denkmalbehörde. [2]Es übt die Fachaufsicht über die obere Denkmalschutzbehörde (§ 4 Abs. 2 Satz 1) aus. [3]Darüber hinaus übt das für den Denkmalschutz zuständige Ministerium die Dienst- und Fachaufsicht über das Denkmalfachamt (§ 5 Abs. 1) aus.

## § 4 Denkmalschutzbehörden

(1) Die Denkmalschutzbehörden treffen nach pflichtgemäßem Ermessen die Anordnungen, welche die Durchsetzung dieses Gesetzes gewährleisten.

(2) [1]Obere Denkmalschutzbehörde ist das Landesverwaltungsamt. [2]Es übt die Fachaufsicht über die unteren Denkmalschutzbehörden aus. [3]Es kann an deren Stelle tätig werden, wenn Gefahren für die Erhaltung eines Denkmals bestehen oder wenn eine Weisung innerhalb einer bestimmten Frist nicht befolgt wird. [4]Die zuständige untere Denkmalschutzbehörde ist unverzüglich darüber zu unterrichten.

(3) [1]Städte und Gemeinden, denen die Aufgaben der unteren Bauaufsichtsbehörden übertragen sind, im übrigen die Landkreise und kreisfreien Städte, nehmen die Aufgaben der unteren Denkmalschutzbehörde wahr. [2]Die Aufgaben der unteren Denkmalschutzbehörde gehören zum übertragenen Wirkungskreis. [3]Die unteren Bauaufsichtsbehörden sind in allen Fällen, in denen Belange des Denkmalschutzes und der Denkmalpflege berührt werden, zum Zusammenwirken mit den zuständigen Denkmalschutzbehörden verpflichtet.

(4) [1]Den Kirchenbauämtern und den Kulturstiftungen des Landes können die Rechte und Pflichten der unteren Denkmalschutzbehörden für von ihnen betreute oder verwaltete Kirchen und andere Kulturdenkmale von der obersten Denkmalbehörde auf Antrag übertragen werden. [2]Die Denkmalschutzbehörden sind von diesen Entscheidungen zu unterrichten.

## § 5 Denkmalfachamt

(1) Denkmalfachamt ist das Landesamt für Denkmalpflege und Archäologie (Landesmuseum für Vorgeschichte).

(2) [1]Das Denkmalfachamt nimmt Aufgaben im Rahmen seiner Zuständigkeit für die archäologischen und nichtarchäologischen Kulturdenkmale wahr. [2]Diese Aufgaben sind insbesondere:
1. wissenschaftliche Erfassung, Erforschung und Dokumentation des Bestandes an Kulturdenkmalen in Sachsen-Anhalt;
2. Führung der nachrichtlichen Denkmalverzeichnisse;
3. Abgabe von fachlichen Stellungnahmen auf Verlangen der Behörden sowie Erteilung von Gutachten in allen Angelegenheiten von Denkmalschutz und -pflege;
4. fachliche Unterstützung und Beratung für die Denkmalschutzbehörden, Eigentümer, Besitzer und andere Verfügungsberechtigte von Denkmalen;
5. fachliche Weiterbildung der unteren Denkmalschutzbehörden und der ehrenamtlichen Beauftragten;
6. Ausführung beziehungsweise Mitwirkung bei Restaurierungs- und Konservierungsarbeiten und Durchführung von wissenschaftlichen Ausgrabungen oder deren fachliche Überwachung;
7. Schaffung wissenschaftlicher Grundlagen für die Denkmalpflege sowie die Veröffentlichung wissenschaftlicher Ergebnisse und Erfahrungen über Denkmalbestand und -pflege;
8. Förderung des Verständnisses der Öffentlichkeit für Denkmalschutz und Denkmalpflege;
9. Sicherung von Bodendenkmalen und Funden;
10. Erfassung archäologischer Bodenfunde sowie Sammlung, Erfassung und Bewahrung von archäologischen Kulturdenkmalen im Landesmuseum für Vorgeschichte;
11. Unterhaltung von eigenen wissenschaftlichen Fachbibliotheken und Facharchiven;
12. musterhafte Ausarbeitung von Vorschlägen für Maßnahmen an Kulturdenkmalen und von Fachplanungen.

(3) [1]Das Denkmalfachamt hat bei Gutachten und Bewertungen nur fachliche Gesichtspunkte zu berücksichtigen. [2]Es ist berechtigt, fachliche Gutachten, Stellungnahmen und andere Ausarbeitungen an Behörden und Institutionen zu übermitteln, deren Aufgaben oder Vorhaben davon berührt sind.

## § 6 Ehrenamtliche Beauftragte und Denkmalräte

(1) Durch die unteren Denkmalschutzbehörden sollen im Einvernehmen mit dem Denkmalfachamt ehrenamtliche Beauftragte bestellt werden, die als Sachverständige die bestellende Behörde unterstützen.

(2) Ehrenamtliche Beauftragte für archäologische Denkmalpflege können auch durch das Denkmalfachamt bestellt werden.

(3) [1]Die oberste Denkmalbehörde beruft nach Anhörung des Denkmalfachamtes den ehrenamtlichen tätigen Denkmalrat. [2]Ihm sollen Sachverständige für die Fachgebiete des Denkmalschutzes und der

Denkmalpflege, Vertreter anerkannter Denkmalpflegeorganisationen sowie Vertreter anderer von Denkmalschutz und -pflege im Sinne dieses Gesetzes berührter Bereiche angehören.
(4) ¹Der Denkmalrat bei dem für den Denkmalschutz zuständigen Ministerium ist bei Grundsatzentscheidungen, die den Denkmalschutz und die Denkmalpflege betreffen, zu hören. ²Er ist berechtigt, Anregungen und Empfehlungen auszusprechen.
(5) Einzelheiten der Tätigkeit der ehrenamtlichen Beauftragten und des Denkmalrates sowie die Kostenerstattung können durch Verordnung der obersten Denkmalbehörde geregelt werden.

### § 7 Mitwirkung von Einrichtungen und Vereinigungen
(1) Eingetragenen Vereinen und anderen juristischen Personen, die nach ihrer Satzung und nicht nur vorübergehend die Ziele des Denkmalschutzes und der Denkmalpflege fördern, können mit deren Einverständnis
1. die Betreuung bestimmter durch dieses Gesetz geschützter Kulturdenkmale,
2. bestimmte Aufgaben der Denkmalforschung und Erfassung
sowie sonstige geeignete Aufgaben widerruflich übertragen werden, sofern sie die Gewähr für die sachgerechte Erfüllung der Aufgabe bieten.
(2) ¹Die Entscheidung über die Beauftragung trifft die oberste Denkmalbehörde. ²Das für den Denkmalschutz zuständige Ministerium wird ermächtigt, das Verfahren durch Verordnung zu regeln.

### § 8 Zuständigkeiten
(1) ¹Soweit dieses Gesetz nichts anderes bestimmt, sind die unteren Denkmalschutzbehörden zuständig. ²Sie entscheiden im Benehmen mit dem Denkmalfachamt. ³Die obere Denkmalschutzbehörde entscheidet nach Anhörung des Denkmalfachamtes.
(2) ¹Die Gemeinden sollen nach Anhörung des Denkmalfachamtes Denkmalpflegepläne aufstellen und fortschreiben. ²Der Denkmalpflegeplan enthält die Aufgaben der Denkmalpflege sowie Ziele und Erfordernisse des Denkmalschutzes.
(3) Vorhaben, die innerhalb von Gemeinde-, Gebiets-, Verkehrs- und anderen Planungen Kulturdenkmale nach § 2 berühren, sind den Denkmalfachämtern zur Stellungnahme vorzulegen.
(4) (aufgehoben)
(5) ¹Sollen Entscheidungen über Kulturdenkmale getroffen werden, die unmittelbar gottesdienstlichen Zwecken der Kirchen oder anerkannter Religionsgemeinschaften dienen, so haben die zuständigen Denkmalschutzbehörden die von den kirchlichen Oberbehörden festgestellten kirchlichen Belange zu berücksichtigen. ²Die Kirchen sind am Verfahren zu beteiligen.

*III. Abschnitt*
**Schutz und Erhaltung**

### § 9 Erhaltungspflicht
(1) ¹Die Kulturdenkmale unterliegen dem Schutz dieses Gesetzes. ²Sie sind so zu nutzen, daß ihre Erhaltung auf Dauer gesichert ist. ³Das Land und die kommunalen Gebietskörperschaften sollen die Eigentümer, Besitzer und sonstigen Verfügungsberechtigten von Kulturdenkmalen dabei unterstützen.
(2) ¹Die Eigentümer, Besitzer und anderen Verfügungsberechtigten von Kulturdenkmalen sind verpflichtet, diese im Rahmen der wirtschaftlichen Zumutbarkeit nach denkmalpflegerischen Grundsätzen zu erhalten, zu pflegen, instandzusetzen, vor Gefahren zu schützen und, soweit möglich und zumutbar, der Öffentlichkeit zugänglich zu machen. ²Bei der Zugänglichmachung der im Eigentum von Land oder Kommunen stehenden Kulturdenkmale ist den Belangen von behinderten Menschen Rechnung zu tragen. ³Kulturdenkmale, deren Sinn und Nutzung öffentlicher Bildung dient, sollen schrittweise barrierefrei zu gestalten, es sei denn, das öffentliche Erhaltungsinteresse an dem Denkmal überwiegt.
(3) ¹Wer bei Arbeiten oder bei anderen Maßnahmen in der Erde oder im Wasser Sachen oder Spuren von Sachen findet, bei denen Anlaß zu der Annahme gegeben ist, daß sie Kulturdenkmale sind (archäologische und bauarchäologische Bodenfunde), hat diese zu erhalten und der zuständigen unteren Denkmalschutzbehörde anzuzeigen. ²Der Bodenfund und die Fundstelle sind bis zum Ablauf von einer Woche nach der Anzeige unverändert zu lassen und vor Gefahren für die Erhaltung der Bodenfunde zu schützen. ³Das Denkmalfachamt und von ihm Beauftragte sind berechtigt, die Fundstelle nach archäologischen Befunden zu untersuchen und Bodenfunde zu bergen.

(4) Das Land und die kommunalen Gebietskörperschaften tragen zur Erhaltung der Kulturdenkmale nach Absatz 2 unter Berücksichtigung der verfügbaren Haushaltsmittel durch Zuwendungen bei.

(5) Die Denkmalschutzbehörde kann durch Anordnung abgegrenzte Flächen, in denen archäologische Kulturdenkmale vorhanden sind oder begründete Anhaltspunkte für ihr Vorhandensein existieren, befristet zu Grabungsschutzgebieten erklären.

(6) ¹Kommen Eigentümer, Besitzer und andere Verfügungsberechtigte ihren Verpflichtungen nach diesem Gesetz nicht nach, können die unteren Denkmalschutzbehörden gefahrenabwendende Maßnahmen anordnen oder selbst durchführen. ²Die Eigentümer, Besitzer und Verfügungsberechtigten sind zur Duldung solcher Maßnahmen verpflichtet.

(7) Die unteren Denkmalschutzbehörden können von den Eigentümern, Besitzern und sonstigen Verfügungsberechtigten die Erstattung der nach Absatz 6 entstandenen Kosten verlangen.

(8) Wer ein Kulturdenkmal beschädigt, hat nach Anordnung der Denkmalschutzbehörden die betreffenden Maßnahmen einzustellen und den früheren Zustand wiederherzustellen oder das Kulturdenkmal auf eine andere vorgeschriebene Weise instandzusetzen.

### § 10 Grenzen der Eingriffe in Kulturdenkmale

(1) ¹Eingriffe im Sinne dieses Gesetzes sind Veränderungen in der Substanz oder Nutzung von Kulturdenkmalen, die deren Denkmalqualität erheblich beeinträchtigen können oder zur Zerstörung eines Kulturdenkmals führen. ²Alle Eingriffe in ein Kulturdenkmal sind auf das notwendige Mindestmaß zu beschränken.

(2) Ein Eingriff in ein Kulturdenkmal ist zu genehmigen, wenn
1. der Eingriff aus nachgewiesenen wissenschaftlichen Gründen im öffentlichen Interesse liegt;
2. ein überwiegendes öffentliches Interesse anderer Art den Eingriff verlangt oder
3. die unveränderte Erhaltung des Kulturdenkmals den Verpflichteten unzumutbar belastet.

(3) Sind als Folge eines Eingriffes erhebliche Beeinträchtigungen eines Kulturdenkmals im Sinne des Absatzes 1 zu erwarten, so ist der Eingriff unzulässig, wenn bei der Abwägung aller Anforderungen die Belange des Denkmalschutzes und der Denkmalpflege vorgehen.

(4) ¹Erhaltungsmaßnahmen können nicht verlangt werden, wenn die Erhaltung den Verpflichteten unzumutbar belastet. ²Unzumutbar ist eine wirtschaftliche Belastung insbesondere dann, wenn die Kosten der Erhaltung nicht durch die Erträge oder den Gebrauchswert des Kulturdenkmals aufgewogen und andere Einkünfte des Verpflichteten nicht herangezogen werden können.

(5) ¹Die wirtschaftliche Unzumutbarkeit ist durch den Verpflichteten glaubhaft zu machen. ²Kann der Verpflichtete Zuwendungen aus öffentlichen oder privaten Mitteln oder steuerliche Vorteile in Anspruch nehmen, sind diese anzurechnen. ³Der Verpflichtete kann sich nicht auf die Belastung durch erhöhte Erhaltungskosten berufen, die dadurch verursacht wurden, daß Erhaltungsmaßnahmen diesem Gesetz oder sonstigen öffentlichen Recht zuwider unterblieben sind.

(6) Eingriffe in ein Kulturdenkmal, die es seiner Denkmalqualität berauben oder zu seiner Zerstörung führen, dürfen nur genehmigt werden, wenn alle Möglichkeiten einer Erhaltung ausgeschöpft wurden.

### § 11 Vorkaufsrecht

(1) ¹Wird ein Grundstück, auf dem sich ein unbewegliches, geschütztes Kulturdenkmal befindet, verkauft, steht der Gemeinde, bei überörtlicher Bedeutung auch dem Land, ein Vorkaufsrecht zu. ²Das Vorkaufsrecht des Landes geht dem Vorkaufsrecht der Gemeinde im Range vor. ³Die obere Denkmalschutzbehörde übt das Vorkaufsrecht zugunsten des Landes aus. ⁴Das Vorkaufsrecht darf nur ausgeübt werden, wenn das Wohl der Allgemeinheit dies rechtfertigt, insbesondere wenn dadurch ein unbewegliches geschütztes Kulturdenkmal erhalten wird oder erhebliche Schäden an diesem beseitigt werden. ⁵Das Vorkaufsrecht ist ausgeschlossen, wenn der Eigentümer das Grundstück an seinen Ehegatten, seinen Eingetragenen Lebenspartner oder an eine Person verkauft, die mit ihm in gerader Linie verwandt oder verschwägert oder in der Seitenlinie bis zum dritten Grad verwandt ist.

(2) ¹Die untere Denkmalschutzbehörde leitet eine Anzeige nach § 17, die ein Grundstück betrifft, auf dem sich ein unbewegliches geschütztes Kulturdenkmal befindet, unverzüglich an die Gemeinde weiter. ²Teilt der Eigentümer der Gemeinde nach Abschluß des Kaufvertrages dessen Inhalt schriftlich mit, so kann die Gemeinde nur binnen zwei Monaten das Vorkaufsrecht ausüben. ³Unterläßt der Eigentümer diese Mitteilung, so kann die Gemeinde ihn bis zum Ablauf eines Monats nach Eingang der Anzeige nach Satz 1 hierzu auffordern. ⁴Der Eigentümer ist verpflichtet, dieser Aufforderung unver-

züglich Folge zu leisten. [5]Nach Eingang der Mitteilung gilt die gleiche Zweimonatsfrist wie in Satz 2. [6]Unterläßt die Gemeinde die fristgerechte Aufforderung, so erlischt das Vorkaufsrecht für diesen Verkaufsfall. [7]Die §§ 504, 505 Abs. 2, §§ 506 bis 509, 512, 1098 Abs. 2 und §§ 1099 bis 1102 des Bürgerlichen Gesetzbuches sind anzuwenden. [8]Die Gemeinde kann das Vorkaufsrecht zugunsten einer anderen Person des öffentlichen Rechts ausüben oder zugunsten einer juristischen Person des Privatrechts, wenn die dauernde Erhaltung der in oder auf einem Grundstück liegenden Kulturdenkmale zu den satzungsgemäßen Aufgaben der juristischen Person gehört und bei Berücksichtigung aller Umstände gesichert ist. [9]Die Gemeinde kann das Vorkaufsrecht zugunsten eines anderen nur äußern, wenn ihr die Zustimmung des Begünstigten vorliegt. [10]Die Sätze 1 bis 8 gelten für das Vorkaufsrecht des Landes entsprechend.

### § 12 Schatzregal, Ablieferungspflicht

(1) [1]Bewegliche Kulturdenkmale, die herrenlos sind oder die solange verborgen gewesen sind, daß ihr Eigentümer nicht mehr zu ermitteln ist, werden mit der Entdeckung Eigentum des Landes, wenn sie bei staatlichen Nachforschungen oder in Grabungsschutzgebieten entdeckt werden oder wenn sie einen hervorragenden wissenschaftlichen Wert haben. [2]Denjenigen, die ihrer Ablieferungspflicht nachkommen, kann eine angemessene Belohnung in Geld gewährt werden, die sich am wissenschaftlichen Wert des Fundes orientiert.

(2) Für alle übrigen Kulturdenkmale gilt:
1. Das Land und die kommunalen Gebietskörperschaften sind berechtigt, innerhalb von sechs Monaten nach der Entdeckung die Ablieferung eines in ihrem Gebiet zutage getretenen beweglichen Fundes gegen angemessene Entschädigung zu verlangen. Das Ablieferungsbegehren bedarf der Schriftform.
2. Die Ablieferung kann verlangt werden, wenn Tatsachen vorliegen, nach denen anzunehmen ist, daß sich der Erhaltungszustand des Fundes andernfalls wesentlich verschlechtern wird oder er der wissenschaftlichen Erforschung verlorengeht.
3. Das bewegliche Kulturdenkmal ist an die Körperschaft abzuliefern, die die Ablieferung als Erste verlangt; haben mehrere die Ablieferung gleichzeitig verlangt, ist die Reihenfolge der Nummer 1 Satz 1 maßgebend. Im Ablieferungsverlangen ist auf diese Regelung hinzuweisen. Mit der Ablieferung erlangt die berechtigte Körperschaft das Eigentum an dem Fund.
4. Die Körperschaft, die in den Besitz des beweglichen Kulturdenkmals gelangt ist, hat die in der Reihenfolge nach Nummer 1 Satz 1 bevorrechtigten Körperschaften unverzüglich von der Ablieferung zu informieren. Die berechtigte Körperschaft kann dann innerhalb von einem Monat die Übereignung des Fundes verlangen. Der geleistete Aufwand für Entschädigung und Erhaltungsmaßnahmen ist auszugleichen.
5. Die Entschädigung ist in Geld zu leisten. Sie bemißt sich nach dem Verkehrswert des beweglichen Kulturdenkmals zum Zeitpunkt der Ablieferung. Im Falle der wissenschaftlichen Bearbeitung des beweglichen Kulturdenkmals durch das zuständige Denkmalfachamt ist der Zeitpunkt der Inbesitznahme maßgebend. Einigen sich der Ablieferungspflichtige und die berechtigte Körperschaft nicht über Höhe der Entschädigung, so setzt die berechtigte Körperschaft die Entschädigung fest. Geht das Eigentum auf eine andere Körperschaft über, tritt diese an die Stelle der berechtigten Körperschaft. Die Entschädigung kann mit Einverständnis des Ablieferungspflichtigen in anderer Weise als durch Geld geleistet werden.

### § 13 Vorübergehende Überlassung

Eigentümer und Besitzer von Bodenfunden oder Sammlungen davon sind auf Verlangen der unteren oder oberen Denkmalschutzbehörde verpflichtet, den Bodenfund oder die Sammlung der Behörde oder einer von ihr benannten Stelle zur wissenschaftlichen Auswertung, Konservierung oder Dokumentation befristet zu überlassen.

*IV. Abschnitt*
**Verfahrensvorschriften**

**§ 14 Genehmigungspflichten**
(1) Einer Genehmigung durch die zuständige Denkmalschutzbehörde bedarf, wer ein Kulturdenkmal
1. instandsetzen, umgestalten oder verändern,
2. in seiner Nutzung verändern,
3. durch Errichtung, Wegnahme oder Hinzufügung von Anlagen in seiner Umgebung im Bestand und Erscheinungsbild verändern, beeinträchtigen oder zerstören,
4. von seinem Standort entfernen,
5. beseitigen oder zerstören

will.

(2) [1]Erd- und Bauarbeiten, bei denen begründete Anhaltspunkte bestehen, daß Kulturdenkmäler entdeckt werden, bedürfen der Genehmigung der unteren Denkmalschutzbehörde und sind rechtzeitig anzuzeigen. [2]Wenn die untere Denkmalschutzbehörde nicht innerhalb von zwei Wochen widerspricht, gilt die Genehmigung als erteilt. [3]Verstoßen die Maßnahmen gegen dieses Gesetz, ist die Genehmigung zu versagen. [4]In Grabungsschutzgebieten bedürfen alle Arbeiten, die Kulturdenkmale zutage fördern oder gefährden könnten, einer Genehmigung der zuständigen unteren Denkmalschutzbehörde. [5]Eine gegebene land- und forstwirtschaftliche Nutzung bleibt im bisherigen Umfang ohne weitere Genehmigung zulässig, sofern sie nicht zur Gefährdung der Denkmalsubstanz beiträgt.

(3) [1]Wer Nachforschungen anstellen, insbesondere nach Kulturdenkmalen graben will, bedarf der Genehmigung der unteren Denkmalschutzbehörde. [2]Die Genehmigung kann mit Auflagen verbunden werden. [3]Ausgenommen sind Nachforschungen, die in der Verantwortung des Denkmalfachamtes stattfinden.

(4) [1]Die Genehmigung ist schriftlich zu erteilen. [2]Innerhalb von Denkmalbereichen sind die Schutzziele entsprechend der unterschiedlichen Denkmalwertigkeit der darin gelegenen baulichen Anlagen zu differenzieren und in dieser Abgestuftheit bei der Erteilung von Genehmigungen, Auflagen und Bedingungen entsprechend zu berücksichtigen.

(5) Genehmigungen nach den Absätzen 1 bis 3 sind im Benehmen mit dem Denkmalfachamt zu erteilen, soweit das Vorhaben nicht dem Inhalt eines Denkmalpflegeplans nach § 8 Abs. 2 entspricht.

(6) [1]Vor Zustellung der Genehmigung darf mit den Maßnahmen nicht begonnen werden. [2]Sie dürfen nur so ausgeführt werden, wie sie genehmigt worden sind.

(7) [1]Eine nach diesem Gesetz erteilte Genehmigung erlischt, wenn nicht innerhalb von drei Jahren nach der Erteilung mit der Ausführung der Maßnahme begonnen wurde. [2]Die zuständige untere Denkmalschutzbehörde kann diese Frist verlängern.

(8) [1]Ist für eine Maßnahme eine Baugenehmigung oder eine die Baugenehmigung einschließende oder ersetzende behördliche Entscheidung erforderlich, so umfaßt diese die Genehmigung nach Absatz 1; Absatz 4 gilt entsprechend. [2]Das Denkmalfachamt ist an den Verfahren zu beteiligen.

(9) [1]Die untere Denkmalschutzbehörde kann verlangen, dass der Eigentümer oder der Veranlasser von Veränderungen und Maßnahmen an Kulturdenkmalen diese dokumentiert. [2]Art und Umfang der Dokumentation sind im Rahmen von Auflagen festzulegen. [3]Die Veranlasser von Veränderungen und von Maßnahmen an Denkmalen können im Rahmen des Zumutbaren zur Übernahme der Dokumentationskosten verpflichtet werden.

(10) Muß ein Kulturdenkmal aus zwingenden Gründen zerstört oder weggenommen werden, bedarf dies der Genehmigung durch die obere Denkmalschutzbehörde.

(11) [1]Eine Genehmigung nach den Absätzen 1 bis 3 und 10 gilt als erteilt, wenn die Denkmalschutzbehörde nicht innerhalb von zwei Monaten nach Eingang des Antrags entschieden hat. [2]Die Frist beginnt auch im Falle fehlender oder unvollständiger Antragsunterlagen mit dem Eingang des Antrags, wenn die Denkmalschutzbehörde es unterlässt, dem Antragsteller innerhalb von fünf Arbeitstagen nach Eingang des Antrags schriftlich unter Aufzählung der fehlenden Antragsunterlagen mitzuteilen, dass die Frist erst mit Eingang der noch fehlenden Antragsunterlagen beginnt. [3]Die Denkmalschutzbehörde kann das Verfahren für einen weiteren Monat aussetzen, wenn dadurch die Ablehnung eines Antrages vermieden werden kann.

## § 15 Antragstellung

(1) ¹Der Antrag auf Genehmigung ist schriftlich bei der zuständigen Denkmalschutzbehörde zu stellen. ²Alle für die Bearbeitung erforderlichen Unterlagen sind beizufügen. ³Die oberste Denkmalbehörde wird ermächtigt, durch Verordnung Vorschriften über Umfang, Inhalt und Form der beizufügenden Unterlagen zu erlassen.

(2) ¹Der Antragsteller ist dafür verantwortlich, daß die von ihm veranlaßte Maßnahme dem Denkmalrecht entspricht. ²Er hat Projektbearbeiter und Unternehmer zu bestellen, die eine den Zielen dieses Gesetzes entsprechende Durchführung nach Ausbildung und Berufserfahrung sicherstellen.

(3) Die zuständige Denkmalschutzbehörde kann verlangen, daß für bestimmte Arbeiten die Unternehmer benannt werden.

## § 16 Auskunfts- und Duldungspflichten

(1) ¹Bedienstete und Beauftragte der Denkmalschutzbehörden und des Denkmalfachamtes dürfen nach vorheriger Benachrichtigung Grundstücke, zur Abwendung dringender Gefahr für ein Kulturdenkmal auch Wohnungen, betreten, soweit es zur Durchführung dieses Gesetzes erforderlich ist. ²Sie dürfen Kulturdenkmale besichtigen und die notwendigen wissenschaftlichen Erfassungsmaßnahmen, insbesondere zur Inventarisation, durchführen. ³Das Grundrecht auf Unverletzlichkeit der Wohnung (Artikel 13 des Grundgesetzes) wird insoweit eingeschränkt.

(2) Eigentümer, Besitzer und Verfügungsberechtigte von Kulturdenkmalen haben den Denkmalschutzbehörden und dem Denkmalfachamt sowie ihren Beauftragten die zum Vollzug dieses Gesetzes erforderlichen wahrheitsgemäßen Auskünfte zu erteilen.

(3) ¹Die zuständige Denkmalschutzbehörde kann Eigentümer, Besitzer und Verfügungsberechtigte von Kulturdenkmalen verpflichten, diese zum Zeichen ihres gesetzlichen Schutzes und zur Förderung ihrer geistigen Erschließung kennzeichnen zu lassen. ²Sie haben die Anbringung von Kennzeichen und Interpretationstafeln zu dulden und diese vor Gefährdungen zu schützen. ³Die Kennzeichen und Tafeln dürfen die zulässige Nutzung nicht beeinträchtigen. ⁴Die Kennzeichnung von Denkmalbereichen obliegt der Gemeinde als Eigentümer der Verkehrs- und Freiflächen.

(4) Bestehen begründete Anhaltspunkte, daß in einem Grundstück archäologische Kulturdenkmale von wesentlicher Bedeutung vorhanden sind, so ist das Denkmalfachamt berechtigt, dort nach archäologischen Kulturdenkmalen zu forschen, Ausgrabungen vorzunehmen, Bodenfunde zu bergen und die notwendigen Maßnahmen zur Klärung der Fundumstände sowie zur Sicherung weiterer auf dem Grundstück vorhandener Bodenfunde durchzuführen.

(5) ¹Die Denkmalschutzbehörde kann die wirtschaftliche Nutzung eines Grundstückes oder eines Grundstücksteiles, in dem sich ein Kulturdenkmal befindet, beschränken. ²Entschädigungen werden nach Maßgabe von § 19 Abs. 4 gewährt.

## § 17 Anzeigepflicht

(1) ¹Vor der Veräußerung eines Kulturdenkmals hat dies der Eigentümer unverzüglich der zuständigen Denkmalschutzbehörde anzuzeigen. ²Der Veräußerer ist verpflichtet, den neuen Eigentümer auf den bestehenden Denkmalschutz hinzuweisen.

(2) ¹Eigentümer, Besitzer und Verfügungsberechtigte von Kulturdenkmalen haben Schäden und Mängel, die den Denkmalwert und die Denkmalsubstanz beeinträchtigen oder gefährden, unverzüglich der zuständigen Denkmalschutzbehörde anzuzeigen. ²Dies gilt insbesondere für Schäden, die durch Feuer, Wasser oder andere unvorhersehbare Ereignisse eingetreten sind.

(3) Bodenfunde sind entsprechend § 9 Abs. 3 durch den Finder, Verfügungsberechtigten oder den Leiter der Arbeiten unverzüglich gegenüber der unteren Denkmalschutzbehörde anzuzeigen.

## § 18 Denkmalverzeichnis

(1) ¹Das Denkmalverzeichnis ist nachrichtlich. ²Es werden von dem Denkmalfachamt getrennte Listen für Baudenkmale, bewegliche Kulturdenkmale, archäologische Kulturdenkmale und Grabungsschutzgebiete geführt. ³Die Aufnahme erfolgt auf der Grundlage des § 2 nach Anhörung der unteren Denkmalschutzbehörde. ⁴Der Schutz durch dieses Gesetz ist nicht davon abhängig, daß Kulturdenkmale in das Verzeichnis eingetragen sind.

(2) ¹Die Feststellung der Denkmaleigenschaft nach § 2 Abs. 1 durch das Denkmalfachamt ist dem Eigentümer, Besitzer oder Verfügungsberechtigten mitzuteilen. ²Diese Aufgabe obliegt der zuständigen unteren Denkmalschutzbehörde, die auch einen Auszug aus dem Denkmalverzeichnis für ihr Ge-

biet führt. ³Auf Antrag des Eigentümers, Besitzers oder Verfügungsberechtigten hat die untere Denkmalschutzbehörde durch Verwaltungsakt über die Eigenschaft als Kulturdenkmal innerhalb eines Monats zu entscheiden.

(3) ¹Die Einsicht in das Denkmalverzeichnis ist jedermann gestattet. ²Die Liste der beweglichen Kulturdenkmale dürfen nur die Eigentümer beziehungsweise die sonstigen dinglich Berechtigten oder von diesen ermächtigte Personen einsehen.

(4) Eintragungen in das Denkmalverzeichnis sind zu löschen, wenn nach Feststellung des Denkmalfachamtes die Voraussetzungen entfallen sind.

## V. Abschnitt
## Enteignung und Entschädigung

### § 19 Enteignung und Entschädigung

(1) Die Enteignung eines Kulturdenkmals ist zulässig, soweit sie erforderlich ist, um
1. ein Kulturdenkmal in seinem Bestand oder Erscheinungsbild zu erhalten,
2. Kulturdenkmale auszugraben und wissenschaftlich untersuchen zu können,
3. in einem Grabungsschutzgebiet planmäßige Nachforschungen betreiben zu können.

(2) Antragsberechtigt ist die obere Denkmalschutzbehörde.

(3) ¹Die Enteignung ist zulässig zugunsten des Landes, einer kommunalen Gebietskörperschaft oder einer anderen juristischen Person öffentlichen Rechts oder einer rechtsfähigen Stiftung, wenn der Stiftungszweck auf Denkmalschutz und Denkmalpflege ausgerichtet ist. ²Im übrigen gelten die Vorschriften des Enteignungsgesetzes des Landes Sachsen-Anhalt.

(4) ¹Soweit der Vollzug dieses Gesetzes im Einzelfall eine über den Rahmen der Sozialbindung des Eigentums (Artikel 14 Abs. 2 des Grundgesetzes) hinausgehende enteignende Wirkung hat, hat das Land eine angemessene Entschädigung in Geld zu gewähren. ²Beihilfen und gewährte Steuervorteile, die auf die Denkmaleigenschaft zurückzuführen sind, sind in angemessenem Umfang auf die Entschädigung anzurechnen.

(5) Das Land und die kommunalen Gebietskörperschaften, soweit durch die zugrundeliegende Maßnahme auch deren örtliche Belange begünstigt werden, sollen die Entschädigung gemeinsam tragen.

## VI. Abschnitt
## Finanzierung

### § 20 Finanzierung

(1) Das Land Sachsen-Anhalt trägt, unbeschadet bestehender Verpflichtungen, zu den Kosten der Erhaltung und Instandsetzung von Kulturdenkmalen nach Maßgabe der im Haushalt bereitgestellten Mittel bei.

(2) ¹Von der obersten Denkmalbehörde werden Zuschüsse bereitgestellt, die nach Anhörung des Denkmalfachamtes je nach Dringlichkeit und unter Berücksichtigung der Leistungsfähigkeit der Eigentümer und Verfügungsberechtigten Zuschüsse für die Konservierung, Instandsetzung und Restaurierung von Kulturdenkmalen auf Antrag bewilligt werden können. ²Ein angemessener Anteil dieser Mittel kann für besondere Vorhaben des Denkmalfachamtes zur Verfügung gestellt werden.

(3) Bescheinigungen für die Erlangung von Steuervorteilen werden von den zuständigen unteren Denkmalschutzbehörden auf Antrag erteilt.

(4) Das Land soll anerkannte Denkmalpflege-Organisationen, gemeinnützige Träger und Einzelpersonen, die Aufgaben des Denkmalschutzes und der Denkmalpflege wahrnehmen, entsprechend ihrer Leistungen im Rahmen der verfügbaren Mittel des Landeshaushaltes fördern.

(5) ¹Für Amtshandlungen nach diesem Gesetz werden Kosten erhoben, wenn durch Dritte Leistungen in Anspruch genommen werden, die über den Umfang dieses Gesetzes hinausgehen. ²Das für den Denkmalschutz zuständige Ministerium wird ermächtigt, die Kosten durch gesonderte Gebührenordnung nach Maßgabe des Verwaltungskostengesetzes des Landes Sachsen-Anhalt vom 27. Juni 1991 (GVBl. LSA S. 154) festzulegen.

(6) Die Verwaltungskosten, die den Landkreisen und Gemeinden durch die Ausführung dieses Gesetzes entstehen, werden im Rahmen des kommunalen Finanzausgleiches gedeckt.

## VII. Abschnitt
### Straftaten und Ordnungswidrigkeiten

**§ 21 Zerstörung eines Kulturdenkmals**

(1) Wer vorsätzlich ohne die nach § 14 Abs. 1 und 2 erforderliche Genehmigung ein Kulturdenkmal oder einen wesentlichen Teil eines Kulturdenkmals zerstört oder in seiner Denkmaleigenschaft wesentlich beeinträchtigt, wird mit einer Freiheitsstrafe bis zu zwei Jahren oder mit einer Geldstrafe bestraft.

(2) Kulturdenkmale und Reste von Kulturdenkmalen, die infolge strafbarer oder ordnungswidriger Handlungen wesentlich beschädigt oder zerstört wurden, können vorbehaltlich der Rechte Dritter eingezogen werden.

**§ 22 Ordnungswidrigkeiten**

(1) Ordnungswidrig handelt, wer vorsätzlich oder fahrlässig
1. entgegen § 9 Abs. 3 Satz 1 einen Bodenfund nicht anzeigt und die Fundstelle bis zum Ablauf einer Woche nicht im unveränderten Zustand beläßt;
2. entgegen § 9 Abs. 6 Satz 2 Maßnahmen der Denkmalschutzbehörden und des Denkmalfachamtes zur Abwendung einer Gefahr für den Bestand des Denkmals nicht duldet;
3. entgegen § 13 den zuständigen Denkmalbehörden Bodenfunde oder Sammlungen zu wissenschaftlichen oder restauratorischen Zwecken nicht vorübergehend überläßt;
4. genehmigungspflichtige Maßnahmen entgegen § 14 Abs. 1 und 2 ohne Genehmigung beginnt oder ausführt oder einer von der zuständigen Behörde mit der Genehmigung erteilten Auflage zuwiderhandelt;
5. der Auskunftspflicht nach § 16 Abs. 2 nicht nachkommt oder entgegen § 16 Abs. 1 den Beauftragten der zuständigen Denkmalschutzbehörde bzw. des Denkmalfachamtes das Betreten von Grundstücken oder Besichtigen von Denkmalen nicht gestattet;
6. entgegen § 16 Abs. 5 einer Nutzungsbeschränkung zuwiderhandelt;
7. entgegen § 17 Abs. 1 Satz 1 und Abs. 2 Satz 1 seinen Anzeigepflichten nicht nachkommt.

(2) Ordnungswidrigkeiten können mit einer Geldbuße bis zu 500 000 Euro geahndet werden.

(3) Zuständige Behörde im Sinne des § 36 Abs. 1 Nr. 1 des Gesetzes über Ordnungswidrigkeiten ist die untere Denkmalschutzbehörde.

(4) [1]§ 21 Abs. 2 gilt entsprechend. [2]§ 23 des Gesetzes über Ordnungswidrigkeiten ist anzuwenden.

## VIII. Abschnitt
### Übergangs- und Schlußbestimmungen

**§ 23 (aufgehoben)**

**§ 24 Inkrafttreten**

[1]Dieses Gesetz tritt am Tag nach seiner Verkündung[1)] in Kraft. [2]Ausgenommen davon ist § 19, der erst mit dem Enteignungsgesetz des Landes Sachsen-Anhalt in Kraft tritt[2)].

---

1) Verkündet am 28. 10. 1991.
2) In Kraft seit dem 2. 5. 1994.

# Schiedsstellen- und Schlichtungsgesetz (SchStG)

In der Fassung der Bekanntmachung vom 22. Juni 2001[1] (GVBl. LSA S. 214)
(BS LSA 305.0.1)
zuletzt geändert durch Art. 2 G zur Änd. des JustizkostenG und anderer Gesetze vom 5. Dezember 2014 (GVBl. LSA S. 512)

**Nichtamtliche Inhaltsübersicht**

Erster Abschnitt
**Die Schiedsstelle**

| § 1 | Schiedsstelle |
|---|---|
| § 2 | Schiedsperson |
| § 3 | Voraussetzungen |
| § 4 | Amtszeit |
| § 5 | Bestätigung durch die Leitung des Amtsgerichtes |
| § 6 | Berufung |
| § 7 | Ablehnung der Berufung; Niederlegung des Amtes |
| § 8 | Amtsenthebung |
| § 9 | Beaufsichtigung durch die Leitung des Amtsgerichtes |
| § 10 | Buchführung |
| § 11 | Verschwiegenheitspflicht |
| § 11a | Vertretung |
| § 11b | Wahrnehmung der außerhalb der Verhandlung anfallenden Aufgaben |
| § 12 | Sachkosten; Haftung für Sachschäden; Amtspflichtverletzung |

Zweiter Abschnitt
**Das Schlichtungsverfahren in bürgerlichen Rechtsstreitigkeiten**

| § 13 | Schlichtungsverfahren |
|---|---|
| § 14 | Zweck des Schlichtungsverfahrens |
| § 15 | Zuständigkeit |
| § 16 | Sprache |
| § 17 | Befangenheit der Schiedsperson |
| § 18 | Nichttätigwerden der Schiedsstelle |
| § 19 | Ablehnung der Einleitung eines Schlichtungsverfahrens |
| § 19a | Beschluss |
| § 20 | Tätigwerden außerhalb des Bezirks |
| § 21 | Antrag; Rücknahme eines Antrags |
| § 22 | Schriftformerfordernis; Inhalt des Antrags |
| § 23 | Ort; Zeit; Fristen; Zustellung |
| § 24 | Säumnis |
| § 25 | Wiedereinsetzung in den vorigen Stand |
| § 26 | Berechnung der Fristen |
| § 27 | Verhandlungsvorschriften |
| § 28 | Vertretung natürlicher Personen |
| § 29 | Beistand; Zurückweisung eines Beistands |
| § 30 | Beweismittel |
| § 31 | Protokoll; Vermerk |
| § 32 | Vorlesen des Protokolls; Unterschriften |
| § 33 | Abschriften und Ausfertigungen des Protokolls |
| § 34 | Zwangsvollstreckung |
| § 34a | Zulässigkeit der Klageerhebung |
| § 34b | Sachliche und örtliche Zuständigkeit |
| § 34c | Errichtung von Schlichtungsstellen; Aufgaben; Aufsicht |
| § 34d | Antrag; Verweisung |
| § 34e | Ablauf der Schlichtungsverhandlung |
| § 34f | Formvorschriften; Protokoll |
| § 34g | Zwangsvollstreckung |
| § 34h | Erfolglosigkeitsbescheinigung |
| § 34i | Kosten |

Dritter Abschnitt
**Das Schlichtungsverfahren in Strafsachen. Das Sühneverfahren vor Erhebung der Privatklage**

| § 35 | Vergleichsbehörde im Sinne des § 380 Abs. 1 Strafprozessordnung |
|---|---|
| § 36 | Absehen vom Sühneversuch |
| § 37 | Ablehnung des Sühneversuchs |
| § 38 | Zustellung der Terminnachricht |
| § 39 | Erfolglosigkeitsbescheinigung |

Vierter Abschnitt
**Die Anerkennung weiterer Gütestellen**

| § 40 | Gütestelle im Sinne von § 794 Abs. 1 Nr. 1 der Zivilprozessordnung |
|---|---|
| § 41 | Haftpflichtversicherung |
| § 42 | Handakten |
| § 43 | Rücknahme der Anerkennung als Gütestelle; Widerruf |
| § 44 | Zuständigkeiten |
| § 45 | Rechtmäßigkeit von Anordnungen, Verfügungen oder sonstigen Maßnahmen |

Fünfter Abschnitt
**Kosten**

| § 46 | Kosten |
|---|---|
| § 47 | Kostenschuldner |
| § 48 | Fälligkeit |
| § 49 | Kostenrechnung |
| § 50 | Gebühren |
| § 51 | Auslagen |
| § 52 | Ermäßigung der Kosten; Absehen von der Erhebung der Kosten |
| § 53 | Einwendungen |

1) Neubekanntmachung des SchStG v. 25. 3. 1999 (GVBl. LSA S. 97) in der ab 1. 7. 2001 geltenden Fassung.

§ 54 Kostenempfänger
Sechster Abschnitt
**Übergangs- und Schlussvorschriften**
§ 55 (aufgehoben)

§ 56 Einschränkung von Grundrechten
§ 57 Zwangsvollstreckung bei laufenden Verfahren
§ 58 (In-Kraft-Treten)

Erster Abschnitt
**Die Schiedsstelle**

### § 1 [Schiedsstelle]
(1) [1]Zur Durchführung des Schlichtungsverfahrens über streitige Rechtsangelegenheiten richtet jede Gemeinde eine oder mehrere Schiedsstellen ein und unterhält sie. [2]Innerhalb eines Amtsgerichtsbezirkes können Gemeinden mit anderen Gemeinden eine gemeinsame Schiedsstelle einrichten. [3]Der Bezirk einer Schiedsstelle soll in der Regel nicht mehr als 35 000 Einwohner umfassen. [4]Die Schiedsstelle führt in ihrer Bezeichnung einen Zusatz, der auf die Gemeinde, die Verbandsgemeinde, die Verwaltungsgemeinschaft oder auf den Schiedsstellenbezirk hinweist.
(2) Die Gemeinden erfüllen die ihnen nach diesem Gesetz obliegenden Aufgaben im eigenen Wirkungskreis.

### § 2 [Schiedsperson]
(1) [1]Die Aufgaben der Schiedsstellen werden in der Regel von einer Schiedsfrau oder einem Schiedsmann (Schiedsperson) wahrgenommen. [2]Die Schiedsperson ist ehrenamtlich tätig.
(2) Die Schiedsstelle kann abweichend von Absatz 1 mit einer oder einem Vorsitzenden und bis zu zwei weiteren Schiedspersonen besetzt werden.

### § 3 [Voraussetzungen]
(1) [1]Die Schiedsperson muss nach ihrer Persönlichkeit und ihren Fähigkeiten für das Amt geeignet sein. [2]Sie soll ihre Wohnung im Schiedsstellenbezirk haben.
(2) In das Amt soll nicht berufen werden, wer bei Beginn der Amtsperiode noch nicht das 25. Lebensjahr vollendet hat.
(3) Als Schiedsperson ist ausgeschlossen,
1. wer infolge Richterspruchs die Fähigkeit zur Bekleidung Öffentlicher Ämter nicht besitzt oder wegen einer vorsätzlichen Tat zu einer Freiheitsstrafe von mehr als sechs Monaten verurteilt worden ist,
2. wer wegen einer Tat angeklagt ist, die den Verlust der Fähigkeit zur Bekleidung öffentlicher Ämter zur Folge haben kann,
3. wer in Vermögensverfall geraten ist.
(4) Die Gemeinde und die Leitung des Amtsgerichtes (§ 5 Abs. 1) können personenbezogene Daten der zu wählenden oder zu bestätigenden Personen erheben, soweit dies nach den Absätzen 1 bis 3 erforderlich ist.

### § 4 [Amtszeit]
(1) Die Schiedsperson wird für eine Amtszeit von fünf Jahren gewählt.
(2) Das Amt der Schiedsperson endet vorzeitig, wenn die Schiedsstelle aufgelöst wird.

### § 5 [Bestätigung durch die Leitung des Amtsgerichtes]
(1) Die gewählte Schiedsperson bedarf der Bestätigung durch die Direktorin oder den Direktor oder die Präsidentin oder den Präsidenten des Amtsgerichtes (Leitung des Amtsgerichtes), in dessen Bezirk die Schiedsstelle ihren Sitz hat.
(2) Die Leitung des Amtsgerichtes prüft, ob bei der Wahl der Schiedsperson die gesetzlichen Voraussetzungen gemäß § 3 Abs. 1 Satz 1 und Abs. 3 beachtet worden sind.
(3) Die Bestätigung der Schiedsperson ist der gewählten Person und der Gemeinde, Verbandsgemeinde oder dem gemeinsamen Verwaltungsamt schriftlich mitzuteilen.
(4) Die Entscheidung, durch die die Bestätigung einer Schiedsperson versagt wird, ist zu begründen und der gewählten Person sowie der Gemeinde, Verbandsgemeinde oder dem gemeinsamen Verwaltungsamt schriftlich mitzuteilen.

## § 6 [Berufung]

(1) Die Schiedsperson wird von der Leitung des Amtsgerichtes in ihr Amt berufen und verpflichtet, ihre Aufgaben gewissenhaft und unparteiisch zu erfüllen.

(2) [1]Die Amtszeit der Schiedsperson beginnt mit der Berufung in das Amt. [2]Bis zu ihrem Amtsantritt bleibt die bisherige Schiedsperson tätig.

## § 7 [Ablehnung der Berufung; Niederlegung des Amtes]

(1) Die Berufung zur Schiedsperson kann eine gewählte Person ablehnen, die
1. das 62. Lebensjahr vollendet hat,
2. infolge Krankheit auf voraussichtlich längere Zeit gehindert ist, das Amt auszuüben,
3. aus beruflichen Gründen häufig oder länger von ihrer Wohnung im Sinne von § 3 Abs. 1 Satz 2 abwesend ist,
4. aus sonstigen wichtigen Gründen das Amt nicht ausüben kann.

(2) Absatz 1 Nr. 2 bis 4 gilt entsprechend für die Niederlegung des Amtes.

(3) Über die Befugnis zur Ablehnung oder Niederlegung des Amtes entscheidet die Leitung des Amtsgerichtes.

## § 8 [Amtsenthebung]

(1) [1]Die Schiedsperson ist ihres Amtes zu entheben, wenn die Voraussetzungen für ihre Wahl nach § 3 Abs. 1 nicht mehr vorliegen oder nachträglich Umstände im Sinne des § 3 Abs. 1 Satz 1 oder Abs. 3 bekannt werden, die ihrer Wahl entgegengestanden hätten. [2]Sie kann ferner aus wichtigem Grund ihres Amtes enthoben werden. [3]Ein wichtiger Grund liegt insbesondere vor, wenn die Schiedsperson
1. ihre Pflichten gröblich verletzt hat,
2. sich als unwürdig erwiesen hat,
3. ihr Amt nicht mehr ordnungsgemäß ausüben kann.

(2) Über die Amtsenthebung entscheidet auf Antrag der Leitung des Amtsgerichtes nach Anhörung der Schiedsperson und der zuständigen Gemeinde, der zuständigen Verbandsgemeinde oder des zuständigen gemeinsamen Verwaltungsamtes die Präsidentin oder der Präsident des Landgerichtes.

## § 9 [Beaufsichtigung durch die Leitung des Amtsgerichtes]

(1) [1]Die Tätigkeit der Schiedsperson im Schlichtungsverfahren wird von der Leitung des Amtsgerichtes, insbesondere hinsichtlich ihrer fach- und zeitgerechten Durchführung, beaufsichtigt. [2]Sie trifft die erforderlichen Maßnahmen, um die Schiedsperson zu ordnungsgemäßer und unverzögerter Führung ihrer Amtstätigkeit anzuhalten. [3]Sie kann Weisungen erteilen. [4]Sie bearbeitet Beschwerden über die Schiedsperson.

(2) (aufgehoben)

## § 10 [Buchführung]

(1) [1]Die Schiedsperson führt ein Protokollbuch und ein Kassenbuch sowie eine Sammlung der Kostenrechnungen. [2]Abgeschlossene Bücher sind spätestens nach Ablauf eines Monats bei der Leitung des Amtsgerichtes einzureichen. [3]Die Leitung des Amtsgerichts bringt in den Büchern einen Abschlussvermerk an.

(2) [1]Für das Schriftgut der Schiedsstellen gilt das Gesetz zur Aufbewahrung von Schriftgut der Justiz im Land Sachsen-Anhalt entsprechend. [2]Die Aufbewahrungsfrist beginnt für Protokoll- und Kassenbücher mit dem Ende des Jahres des Abschlussvermerks.

## § 11 [Verschwiegenheitspflicht]

(1) Die Schiedsperson hat, auch nach Beendigung ihrer Amtstätigkeit, über ihre Verhandlungen und die Verhältnisse der Parteien, soweit sie ihr amtlich bekanntgeworden sind, Verschwiegenheit zu wahren.

(2) [1]Über Angelegenheiten, über die Verschwiegenheit zu wahren ist, darf die Schiedsperson nur mit Genehmigung der Leitung des Amtsgerichtes aussagen. [2]§ 37 Abs. 4 Satz 1 und 3 und Abs. 5 des Beamtenstatusgesetzes gilt entsprechend. [3]Die Genehmigung soll erteilt werden, wenn die Parteien des Schlichtungsverfahrens zustimmen.

## § 11a [Vertretung]
(1) Ist eine Schiedsperson vorübergehend oder dauernd verhindert, das Amt auszuüben, so beauftragt die Leitung des Amtsgerichts innerhalb des Amtsgerichtsbezirkes eine Schiedsperson eines benachbarten Schiedsstellenbezirkes, das Amt einstweilen wahrzunehmen.
(2) Ist die Schiedsstelle mit mehreren Schiedspersonen besetzt, so regeln diese die Vertretung untereinander.

## § 11b [Wahrnehmung der außerhalb der Verhandlung anfallenden Aufgaben]
Ist die Schiedsstelle mit mehreren Schiedspersonen besetzt (§ 2 Abs. 2), so nimmt der Vorsitzende die außerhalb der Verhandlung anfallenden Aufgaben wahr.

## § 12 [Sachkosten; Haftung für Sachschäden; Amtspflichtverletzung]
(1) Die Sachkosten der Schiedsstelle trägt die Gemeinde.
(2) Zu den Kosten gehört auch der Ersatz von Sachschäden der Schiedsperson, die durch einen Unfall bei Ausübung ihres Amtes eingetreten sind, soweit die Schiedsperson diesen nicht vorsätzlich oder grob fahrlässig verursacht hat und von Dritten keinen Ersatz zu erlangen vermag.
(3) [1]Für Amtspflichtverletzungen der Schiedsperson im Rahmen des Schlichtungsverfahrens haftet das Land. [2]Der Rückgriff gegen die Schiedsperson ist nur unter den Voraussetzungen, nach denen gegen einen Beamten gemäß § 48 des Beamtenstatusgesetzes Rückgriff genommen werden kann, zulässig.
(4) Bilden mehrere Gemeinden eine gemeinsame Schiedsstelle oder werden gemeindefreie Gebiete dem Bezirk einer Schiedsstelle angeschlossen, so werden die Sachkosten der Schiedsstelle nach Maßgabe der Einwohnerzahl geteilt.

*Zweiter Abschnitt*
**Das Schlichtungsverfahren in bürgerlichen Rechtsstreitigkeiten**

*Unterabschnitt 1*
**Freiwillige außergerichtliche Streitschlichtung**

## § 13 [Schlichtungsverfahren]
[1]In bürgerlichen Rechtsstreitigkeiten wird das Schlichtungsverfahren über vermögensrechtliche Ansprüche sowie über nichtvermögensrechtliche Streitigkeiten wegen Verletzungen der persönlichen Ehre durchgeführt. [2]Das Schlichtungsverfahren findet nicht statt
1. in bürgerlichen Rechtsstreitigkeiten, die in die sachliche Zuständigkeit der Familien- und Arbeitsgerichtsbarkeit fallen,
2. in Streitigkeiten wegen Verletzung der persönlichen Ehre, die in Presse und Rundfunk begangen worden sind, und
3. in Rechtsstreitigkeiten an denen Behörden oder Organe des Bundes, der Länder oder der Gemeinden sowie Körperschaften, Anstalten oder Stiftungen des öffentlichen Rechts beteiligt sind.

## § 14 [Zweck des Schlichtungsverfahrens]
(1) [1]Das Schlichtungsverfahren ist darauf gerichtet, den Rechtsstreit im Wege des Vergleiches beizulegen. [2]Es wird aufgrund eines Antrages einer der am Rechtsstreit beteiligten Personen durchgeführt.
(2) Ist die Schiedsstelle mit mehreren Schiedspersonen besetzt, wird die Verhandlung in der Regel von einer Schiedsperson geführt, es sei denn, der Vorsitzende hält eine Besetzung mit mehreren Schiedspersonen im Interesse der gütlichen Beilegung des Rechtsstreits für geboten.

## § 15 [Zuständigkeit]
(1) Zuständig ist die Schiedsstelle, in deren Bezirk der Antragsgegner oder die Antragsgegnerin wohnen.
(2) Die Parteien können nach dem Entstehen der Streitigkeit schriftlich oder zu Protokoll der Schiedsstelle eines anderen Bezirks vereinbaren, dass das Schlichtungsverfahren vor dieser Schiedsstelle stattfindet.

## § 16 [Sprache]
[1]Das Schlichtungsverfahren wird in deutscher Sprache geführt. [2]Mit Zustimmung der Parteien kann die Verhandlung in einer anderen Sprache geführt werden, wenn die beteiligten Personen alle dieser Sprache mächtig sind.

## § 17 [Befangenheit der Schiedsperson]
Die Schiedsperson ist von der Ausübung ihres Amtes kraft Gesetz ausgeschlossen:
1. in Angelegenheiten, in denen sie selbst Partei ist oder bei denen sie zu einer Partei in dem Verhältnis einer Mitberechtigten, Mitverpflichteten oder Regresspflichtigen steht;
2. in Angelegenheiten ihres Ehegatten oder früherer Ehegatten, ihres Eingetragenen Lebenspartners oder früheren Eingetragenen Lebenspartners;
3. in Angelegenheiten einer Person, die mit ihr in gerader Linie verwandt oder verschwägert, in der Seitenlinie bis zum dritten Grade verwandt oder bis zum zweiten Grade verschwägert ist oder war;
4. in Angelegenheiten, in welchen sie als Prozessbevollmächtigte oder Beistand einer Partei bestellt ist oder war;
5. in Angelegenheiten einer Person, bei der sie gegen Entgelt beschäftigt oder bei der sie als Mitglied des Vorstandes, des Aufsichtsrates oder eines gleichartigen Organs tätig ist oder war.

## § 18 [Nichttätigwerden der Schiedsstelle]
(1) Die Schiedsstelle wird nicht oder nicht weiter tätig, wenn
1. die zu protokollierende Vereinbarung nur in notarieller Form gültig ist;
2. die Parteien auch nach Unterbrechung oder Vertagung der Schlichtungsverhandlung ihre Identität nicht nachweisen;
3. Bedenken gegen die Geschäftsfähigkeit oder Verfügungsfähigkeit der Parteien oder gegen die Legitimation ihrer Vertreter bestehen.

(2) Die Schiedsstelle soll nicht tätig werden, wenn
1. der Rechtsstreit bei Gericht anhängig ist;
2. der Rechtsstreit bei einer von berufstätigen Körperschaften oder vergleichbaren Organisationen eingerichteten Schieds-, Schlichtungs- oder Einigungsstellen anhängig ist.

## § 19 [Ablehnung der Einleitung eines Schlichtungsverfahrens]
Die Schiedsstelle kann den Antrag auf Einleitung eines Schlichtungsverfahrens' ablehnen, wenn
1. die streitige Angelegenheit sachlich oder rechtlich schwierig zu beurteilen ist;
2. wegen der Person eines Verfahrensbeteiligten eine besonders schwierige Verfahrensgestaltung zu erwarten ist;
3. der Antrag erkennbar ohne Einigungsabsicht oder sonst offensichtlich missbräuchlich gestellt ist.

## § 19a [Beschluss]
[1]Die Entscheidungen der Schiedsstelle nach § 18 und § 19 ergehen durch Beschluss, der mit schriftlichen Gründen zu versehen ist. [2]Der Beschluss ist unanfechtbar.

## § 20 [Tätigwerden außerhalb des Bezirks]
Zu einer amtlichen Tätigkeit außerhalb des Bezirks der Schiedsstelle ist die Schiedsperson nur befugt, wenn die Amtsräume außerhalb des Bezirks der Schiedsstelle liegen oder der Augenschein eingenommen werden soll.

## § 21 [Antrag; Rücknahme eines Antrags]
(1) [1]Die Schiedsstelle leitet das Schlichtungsverfahren auf Antrag einer Partei ein. [2]Der Antrag kann zurückgenommen werden, nach Beginn der Schlichtungsverhandlung jedoch nur, wenn der Antragsgegner oder die Antragsgegnerin nicht widerspricht.
(2) [1]Endet das Schlichtungsverfahren nicht mit einem Vergleich (§ 31), so bedarf ein erneuter Antrag in derselben Sache der schriftlichen Zustimmung des Antragsgegners oder der Antragsgegnerin. [2]Die Zustimmung ist bei der Antragstellung vorzulegen.

## § 22 [Schriftformerfordernis; Inhalt des Antrags]
[1]Der Antrag auf Durchführung des Schlichtungsverfahrens sowie dessen Rücknahme sind bei der Schiedsstelle schriftlich einzureichen oder mündlich zu Protokoll zu erklären. [2]Er muss Namen, Vornamen und Anschrift der Parteien, eine allgemeine Angabe des Streitgegenstandes sowie des Begehrens und die Unterschrift der antragstellenden Partei und der oder des Bevollmächtigten enthalten.

## § 23 [Ort; Zeit; Fristen; Zustellung]
(1) Die Schiedsperson hat umgehend Ort und Zeit der Schlichtungsverhandlung zu bestimmen.
(2) [1]Zwischen der Zustellung der Ladung und dem Tag der Schlichtungsverhandlung muss eine Frist von mindestens zwei Wochen liegen (Ladungsfrist). [2]Die Ladungsfrist kann auf eine Woche verkürzt

werden, wenn der Antragsteller oder die Antragstellerin glaubhaft macht, dass die Angelegenheit dringlich ist. ³Eine weitere Verkürzung der Ladungsfrist setzt die Zustimmung beider Parteien voraus.
(3) ¹Die Schiedsperson händigt die Ladung den Parteien persönlich gegen Empfangsbekenntnis aus oder lässt sie durch ein nach § 33 Abs. 1 des Postgesetzes beliehenes Unternehmen (Post) zustellen. ²Der Antragsgegner oder die Antragsgegnerin erhält mit der Ladung eine Abschrift des Antrags. ³Zugleich werden die Parteien auf die Pflicht, persönlich zur Schlichtungsverhandlung zu erscheinen und auf die Folgen hingewiesen, die eine Verletzung dieser Pflicht haben kann. ⁴Hat eine Partei einen gesetzlichen Vertreter, so ist diesem die Ladung zuzustellen.
(4) ¹Eine Partei kann ihr Ausbleiben in dem anberaumten Termin wegen Krankheit, beruflicher Verhinderung, Ortsabwesenheit oder wegen sonstiger wichtiger Gründe entschuldigen. ²Sie hat ihr Nichterscheinen der Schiedsstelle unverzüglich anzuzeigen und dabei die Entschuldigungsgründe glaubhaft zu machen. ³Hebt die Schiedsstelle den Termin nicht auf, so hat sie das der Partei mitzuteilen.

## § 24 [Säumnis]
(1) Die Parteien haben in dem anberaumten Termin persönlich zu erscheinen.
(2) ¹Erscheint eine Partei unentschuldigt nicht zu dem Termin, setzt die Schiedsstelle durch Bescheid ein Ordnungsgeld bis zu 75 Euro fest und bestimmt einen neuen Termin. ²Für diesen Termin gilt § 23 Abs. 2 bis 4 entsprechend.
(3) Der Bescheid ist dem Betroffenen mit einer Belehrung über die Anfechtung nach den Absätzen 4 und 5 zuzustellen.
(4) ¹In dem Fortsetzungstermin kann der Betroffene den Antrag stellen, die Festsetzung des Ordnungsgeldes ganz oder teilweise aufzuheben. ²Er hat hierzu die Tatsachen darzulegen und glaubhaft zu machen, mit denen er seine Abwesenheit in der ersten Schlichtungsverhandlung entschuldigt (§ 23 Abs. 4) oder sich gegen die Höhe des Ordnungsgeldes wendet. ³Die Schiedsstelle stellt neben einer kurzen Begründung zu Protokoll fest, ob sie den Bescheid aufhebt oder das Ordnungsgeld herabsetzt.
(5) ¹Hat die Schiedsstelle dem Antrag nach Absatz 4 Satz 1 nicht entsprochen, kann der Betroffene die Entscheidung bei dem Amtsgericht, in dessen Bezirk die Schiedsstelle ihren Sitz hat, anfechten. ²Die Anfechtung ist binnen zwei Wochen nach dem Fortsetzungstermin schriftlich oder zu Protokoll der Geschäftsstelle des Amtsgerichts zu erklären. ³Absatz 4 Satz 2 gilt entsprechend.
(6) ¹Das Amtsgericht entscheidet über die Anfechtung der Entscheidung der Schiedsstelle ohne mündliche Verhandlung durch Beschluss, der zu begründen ist. ²Der Beschluss ist unanfechtbar. ³Für das Verfahren vor dem Amtsgericht werden Kosten nicht erhoben. ⁴Auslagen der Parteien werden nicht erstattet.
(7) ¹Ist die Partei im Fortsetzungstermin erneut säumig, bestimmt die Schiedsstelle, soweit die andere Partei zustimmt, einen neuen Termin. ²Anderenfalls vermerkt sie die Beendigung des Schlichtungsverfahrens.

## § 25 [Wiedereinsetzung in den vorigen Stand]
(1) War der Betroffene ohne Verschulden gehindert, die Frist nach § 24 Abs. 5 Satz 2 einzuhalten, so ist ihm auf Antrag Wiedereinsetzung in den vorigen Stand zu gewähren.
(2) ¹Der Wiedereinsetzungsantrag ist mit der Anfechtungserklärung innerhalb einer Woche nach Wegfall des Hindernisses bei dem Amtsgericht schriftlich einzureichen. ²Der Betroffene kann ihn auch zu Protokoll der Geschäftsstelle des Amtsgerichts oder zu Protokoll der Schiedsstelle erklären, die den Bescheid erlassen hat. ³Die Tatsachen zur Begründung des Antrags sind bei der Antragstellung glaubhaft zu machen. ⁴Wird der Wiedereinsetzungsantrag zu Protokoll der Schiedsstelle erklärt, so wird er dem Amtsgericht zugeleitet.
(3) ¹Über den Antrag entscheidet das Amtsgericht ohne mündliche Verhandlung durch Beschluss, der zu begründen ist. ²Der Beschluss ist unanfechtbar.
(4) ¹Für das Verfahren werden Kosten nicht erhoben. ²Auslagen der Parteien werden nicht erstattet.

## § 26 [Berechnung der Fristen]
Für die Berechnung der Fristen gilt § 222 der Zivilprozessordnung.

## § 27 [Verhandlungsvorschriften]
¹Die Verhandlung vor der Schiedsstelle ist mündlich und nicht öffentlich. ²Sie ist möglichst ohne Unterbrechung zu Ende zu führen; ein Termin zur Fortsetzung der Verhandlung ist sofort zu bestimmen.

### § 28 [Vertretung natürlicher Personen]
¹Die Vertretung natürlicher Personen durch Bevollmächtigte in der Schlichtungsverhandlung ist nicht zulässig. ²Eltern als gesetzliche Vertreter eines Kindes können einander mit einer schriftlichen Vollmacht vertreten.

### § 29 [Beistand; Zurückweisung eines Beistands]
¹Jede Partei kann vor der Schiedsstelle mit einem Beistand erscheinen. ²In der Schlichtungsverhandlung darf ein Beistand nur zurückgewiesen werden, wenn er durch sein Verhalten die Verhandlung nachhaltig stört und dadurch die Einigungsbemühungen wesentlich erschwert. ³Nicht zurückgewiesen werden dürfen Rechtsanwälte und Beistände von Personen, die nicht lesen oder schreiben können, die die deutsche Sprache nicht beherrschen oder die blind, taub oder stumm sind.

### § 30 [Beweismittel]
(1) ¹Zeugen und Sachverständige, die freiwillig erschienen sind, können gehört werden. ²Mit Zustimmung und in Anwesenheit der Parteien kann auch der Augenschein genommen werden. ³Vorgelegte Urkunden können berücksichtigt werden.

(2) Zur Beeidigung von Zeugen und Sachverständigen, zur eidlichen Parteivernehmung sowie zur Entgegennahme von eidesstattlichen Versicherungen ist die Schiedsperson nicht befugt.

### § 31 [Protokoll; Vermerk]
(1) Kommt ein Vergleich zustande, so ist er zu Protokoll zu nehmen.

(2) Das Protokoll hat zu enthalten:
1. den Ort und die Zeit der Verhandlung,
2. die Namen und Vornamen der erschienenen Parteien, gesetzlichen Vertreter, Bevollmächtigten und Beistände sowie die Angabe, wie diese sich ausgewiesen haben,
3. eine gedrängte Beschreibung des Streitgegenstandes,
4. den Vergleich der Parteien.

(3) Kommt ein Vergleich nicht zustande, so ist hierüber ein kurzer Vermerk aufzunehmen.

### § 32 [Vorlesen des Protokolls; Unterschriften]
(1) ¹Das Protokoll ist den Parteien vorzulesen oder zur Durchsicht vorzulegen und von ihnen zu genehmigen. ²Dies ist in dem Protokoll zu vermerken.

(2) ¹Das Protokoll ist von den Schiedspersonen und den Parteien eigenhändig zu unterschreiben. ²Nach Vollzug der Unterschriften wird ein Vergleich wirksam.

(3) Erklärt eine Partei, dass sie nicht schreiben könne, so muss die Schiedsperson das Handzeichen der schreibunkundigen Person durch einen besonderen Vermerk beglaubigen.

### § 33 [Abschriften und Ausfertigungen des Protokolls]
(1) Die Parteien oder deren Rechtsnachfolger erhalten auf Verlangen Abschriften oder Ausfertigungen des Protokolls.

(2) ¹Die Ausfertigung besteht aus der mit dem Ausfertigungsvermerk versehenen Abschrift des Protokolls. ²Der Ausfertigungsvermerk muss Angaben über den Ort und die Zeit der Ausfertigung sowie die Personen enthalten, für die die Ausfertigung erteilt wird, von der Schiedsperson unterschrieben und mit einem Dienstsiegel versehen werden.

(3) ¹Die Ausfertigung wird von der Schiedsstelle erteilt, die die Urschrift des Protokolls verwahrt. ²Die Schiedsperson hat vor Aushändigung der Ausfertigung auf der Urschrift des Protokolls zu vermerken, wann und für wen die Ausfertigung erteilt worden ist.

(4) Befindet sich das Protokoll in der Verwahrung des Amtsgerichts, so wird die Ausfertigung von dem Urkundsbeamten der Geschäftsstelle erteilt.

### § 34 [Zwangsvollstreckung]
(1) Aus dem vor einer Schiedsstelle geschlossenen Vergleich findet die Zwangsvollstreckung statt.

(2) ¹Die Vorschriften der Zivilprozessordnung über die Zwangsvollstreckung aus Vergleichen, die vor einer durch die Landesjustizverwaltung eingerichteten oder anerkannten Gütestelle abgeschlossen sind, finden entsprechende Anwendung. ²Die Vollstreckungsklausel auf der Ausfertigung erteilt das Amtsgericht, in dessen Bereich die Schiedsstelle ihren Sitz hat.

(3) ¹Auf der Urschrift des Protokolls ist zu vermerken, wann und von wem sowie für und gegen wen die Vollstreckungsklausel erteilt worden ist. ²Das Amtsgericht benachrichtigt die Schiedsstelle von

der Erteilung der Vollstreckungsklausel, wenn es das Protokoll nicht verwahrt. ³Im Falle der Benachrichtigung hat die Schiedsperson die Erteilung der Vollstreckungsklausel auf der Urschrift des Protokolls zu vermerken.

## Unterabschnitt 2
### Obligatorische außergerichtliche Streitschlichtung

**§ 34a [Zulässigkeit der Klageerhebung]**
(1) In folgenden bürgerlichen Rechtsstreitigkeiten ist die Erhebung der Klage erst zulässig, nachdem die Parteien einen Versuch unternommen haben, die Streitigkeiten vor einer in § 34b genannten Stelle gütlich beizulegen:
1. (aufgehoben)
2. in Streitigkeiten aus dem Nachbarrecht wegen
   a) Einwirkungen auf das Nachbargrundstück nach § 906 des Bürgerlichen Gesetzbuches, sofern es sich nicht um Einwirkungen von einem gewerblichen Betrieb handelt,
   b) Überwuchses nach § 910 des Bürgerlichen Gesetzbuches,
   c) Hinüberfalls von Früchten nach § 911 des Bürgerlichen Gesetzbuches,
   d) eines Grenzbaums nach § 923 des Bürgerlichen Gesetzbuches,
   e) der im Nachbarschaftsgesetz des Landes Sachsen-Anhalt geregelten privaten Nachbarrechte, sofern es sich nicht um Einwirkungen von einem gewerblichen Betrieb handelt,
3. in Streitigkeiten über Ansprüche wegen Verletzungen der persönlichen Ehre, die nicht in Presse oder Rundfunk begangen worden sind.

(2) Absatz 1 findet keine Anwendung auf
1. Klagen nach den §§ 323, 323a, 324, 328 der Zivilprozessordnung, Widerklagen und Klagen, die binnen einer gesetzlichen oder gerichtlich angeordneten Frist zu erheben sind,
2. Streitigkeiten in Familiensachen,
3. Wiederaufnahmeverfahren,
4. Ansprüche, die im Urkunden- oder Wechselprozess geltend gemacht werden,
5. die Durchführung des streitigen Verfahrens, wenn ein Anspruch im Mahnverfahren geltend gemacht worden ist,
6. Klagen wegen vollstreckungsrechtlicher Maßnahmen, insbesondere nach dem Achten Buch der Zivilprozessordnung,
7. Adhäsionsverfahren nach den §§ 403 bis 406c der Strafprozessordnung,
8. Klagen, für die nach anderen Vorschriften ein obligatorisches Vorverfahren angeordnet ist,
9. Streitigkeiten, an denen Behörden oder Organe des Bundes, eines Landes, der Gemeinden und Kreise sowie der Körperschaften, Anstalten oder Stiftungen des öffentlichen Rechts beteiligt sind.

(3) Ein Einigungsversuch nach Absatz 1 ist nur erforderlich, wenn alle Parteien ihren Wohnsitz, ihren Sitz oder ihre Niederlassung in Sachsen-Anhalt haben.
(4) Die nach landesrechtlichen Vorschriften bestehenden Ausschlussfristen für die Erhebung der Klage werden durch den Eingang eines Antrags nach § 34d Abs. 1 bei den in § 34b genannten Stellen unterbrochen.

**§ 34b [Sachliche und örtliche Zuständigkeit]**
(1) Zur obligatorischen außergerichtlichen Streitschlichtung sind die Schiedsstellen nach § 1 sowie Schlichtungsstellen berufen, die jede Notarin und jeder Notar sowie diejenige Rechtsanwältin und derjenige Rechtsanwalt, die oder der in die Liste nach § 34c Abs. 2 eingetragen ist, errichtet.
(2) ¹Die Streitschlichtung obliegt der örtlich zuständigen Schlichtungsstelle, sofern nicht die Parteien die Zuständigkeit einer anderen Schieds- oder Schlichtungsstelle schriftlich vereinbart haben. ²Örtlich zuständig ist diejenige Schieds- oder Schlichtungsstelle, in deren Bezirk die antragsgegnerische Partei wohnt oder ihren Sitz oder eine Niederlassung hat. ³Der Bezirk der Schlichtungsstelle wird durch den Bezirk des Amtsgerichts, in dem sich die Geschäftsstelle oder die Kanzlei der Schlichtungsperson befindet, bestimmt. ⁴Unter mehreren örtlich zuständigen Stellen trifft die antragstellende Partei die Wahl.
(3) Die Stellen, die nach Absatz 1 tätig werden, sind Gütestelle im Sinne von § 794 Abs. 1 Nr. 1 der Zivilprozessordnung.

(4) [1]§ 10 Abs. 1 Satz 1, Abs. 2, die §§ 11, 17 und 18 Abs. 1 finden entsprechende Anwendung, soweit in § 34c nichts Abweichendes geregelt ist. [2]Die Schlichtungsperson bringt in den Büchern einen Abschlussvermerk an.

### § 34c [Errichtung von Schlichtungsstellen; Aufgaben; Aufsicht]

(1) [1]Jede Notarin und jeder Notar des Landes errichtet am Amtssitz eine Schlichtungsstelle. [2]Sie können die Durchführung des Schlichtungsverfahrens auch den bei ihnen in der Ausbildung befindlichen Notarassessorinnen und Notarassessoren zur selbständigen Erledigung übertragen.

(2) [1]Die Rechtsanwaltskammer des Landes Sachsen-Anhalt erstellt eine Liste ihrer Mitglieder, die bereit sind, als Schlichtungspersonen tätig zu werden. [2]Die Liste wird jeweils zum 31. Dezember mit Wirkung für das Folgejahr aufgestellt und vom für die Justizverwaltung zuständigen Ministerium im Ministerialblatt für das Land Sachsen-Anhalt veröffentlicht. [3]Die auf den Listen aufgeführten Schlichtungspersonen dürfen ein Tätigwerden nicht ohne ausreichenden Grund verweigern.

(3) [1]Die als Schlichtungspersonen tätigen Notarinnen, Notare, Rechtsanwältinnen und Rechtsanwälte sowie die Notarassessorinnen und Notarassessoren haben ihre Aufgaben gewissenhaft und unparteiisch zu erfüllen. [2]Sie beachten bei der Ausübung des Schlichteramtes ihre allgemeinen standes- und berufsrechtlichen Pflichten. [3]Wer als Schlichter tätig war, kann in derselben Sache keine der Parteien im gerichtlichen Verfahren vertreten.

(4) [1]Die Aufsicht über die Notarinnen und Notare als Schlichtungspersonen üben die in § 92 der Bundesnotarordnung bezeichneten Behörden aus; die Aufsicht über die Rechtsanwältinnen und Rechtsanwälte als Schlichtungspersonen obliegt den für die Entscheidung über die Zulassung zur Rechtsanwaltschaft nach § 6 der Bundesrechtsanwaltsordnung zuständigen Stellen. [2]Die Aufsichtsbehörde kann die hierfür erforderlichen Verwaltungsanordnungen erlassen. [3]Die Aufsichtsbehörden haben darauf zu achten, dass die Schlichter den ihnen nach diesem Gesetz obliegenden Verpflichtungen nachkommen. [4]Sie können jederzeit Auskunft über die Geschäftsführung in diesen Angelegenheiten verlangen. [5]Sie entscheiden über die Frage der Erteilung einer Aussagegenehmigung. [6]Für die Notarinnen und Notare gelten im Übrigen die §§ 93 bis 110a der Bundesnotarordnung und für die Rechtsanwältinnen und Rechtsanwälte die §§ 113 bis 161a der Bundesrechtsanwaltsordnung entsprechend.

### § 34d [Antrag; Verweisung]

(1) [1]Das Schlichtungsverfahren ist darauf gerichtet, den Rechtsstreit im Wege des Vergleichs beizulegen. [2]Es wird auf Antrag einer Partei eingeleitet. [3]§ 22 findet ensprechende Anwendung.

(2) [1]Soweit ein von der antragstellenden Partei zu zahlender Vorschuss (§ 48 Abs. 2 und 3) nicht innerhalb der hierfür bestimmten Frist geleistet wird, gilt der Antrag als zurückgenommen. [2]Auf die Folge ist mit Bestimmung der Frist hinzuweisen.

(3) Die Schlichtungspersonen können die Parteien an eine dazu bereite andere Schlichtungsperson verweisen, wenn das beantragte Schlichtungsverfahren voraussichtlich nicht binnen einer Frist von drei Monaten durchgeführt werden kann.

(4) [1]Schiedspersonen (§ 2) können die Parteien an eine in § 34c Abs. 1 und 2 genannte und dazu bereite Schlichtungsperson verweisen, wenn der Fall rechtlich oder tatsächlich schwierig ist. [2]Für die Verweisung werden Kosten nicht erhoben. [3]Nach Beginn der Schlichtungsverhandlung ist eine Verweisung nur mit Zustimmung der antragstellenden Partei zulässig. [4]Der Beschluss ist unanfechtbar.

(5) Die Schlichtungspersonen können in Streitigkeiten aus dem Nachbarrecht den Antrag auf Einleitung eines Schlichtungsverfahrens ablehnen, wenn der Schwerpunkt im öffentlichen Recht liegt.

### § 34e [Ablauf der Schlichtungsverhandlung]

(1) [1]Die Schlichtungsperson hat umgehend Ort und Zeit der Schlichtungsverhandlung zu bestimmen. [2]§ 23 Abs. 2 bis 4 findet entsprechende Anwendung.

(2) [1]Die Parteien haben in dem anberaumten Termin persönlich zu erscheinen. [2]Dies gilt nicht im Fall der gesetzlichen Vertretung oder des § 51 Abs. 3 der Zivilprozessordnung sowie dann, wenn die Parteien einen Vertreter entsenden, der zur Aufklärung des Sachverhalts in der Lage und zu einem Vergleichsabschluss ausdrücklich ermächtigt ist, und die Schlichtungsperson dem Fernbleiben der Partei vor der Schlichtungsverhandlung zugestimmt hat. [3]§ 28 Satz 2 und § 29 sind entsprechend anzuwenden.

(3) [1]Bleibt die antragstellende Partei im Termin aus, ohne ihr Ausbleiben vor dem Termin oder innerhalb von zwei Wochen nach dem Termin genügend zu entschuldigen, gilt der Antrag als zurückge-

nommen. ²Eine Bescheinigung über die Erfolglosigkeit des Einigungsversuchs (§ 34h) wird nicht erteilt. ³§ 25 gilt entsprechend.
(4) Erscheint die antragsgegnerische Partei nicht zu dem Termin, gelten § 24 Abs. 2 bis 7, § 25 entsprechend.

### § 34f [Formvorschriften; Protokoll]
(1) ¹Die Schlichtungsverhandlung findet in der Regel mündlich und nicht öffentlich statt. ²Sie soll möglichst ohne Unterbrechung zu Ende geführt werden; ein Termin zur Fortsetzung der Verhandlung ist sofort zu bestimmen. ³In geeigneten Fällen sieht die Schlichtungsperson nach Anhörung der Parteien von einem Termin ab und verfährt schriftlich. ⁴Beweise sind nur entsprechend § 30 zu erheben. ⁵Im Übrigen wird der Gang des Verfahrens von der Schlichtungsperson nach freiem Ermessen bestimmt.
(2) ¹Über die Schlichtungsverhandlung ist ein Protokoll in deutscher Sprache aufzunehmen. ²Das Protokoll enthält:
1. den Ort und die Zeit der Verhandlung,
2. den Namen der Schlichtungsperson nebst der Angabe, ob es sich um eine Schiedsperson, eine Notarin oder einen Notar, eine Notarassessorin oder einen Notarassessor, eine Rechtsanwältin oder einen Rechtsanwalt handelt,
3. die Namen und Anschriften der erschienen Parteien, gesetzlichen Vertreterinnen und Vertreter, Bevollmächtigten, Beistände, Dolmetscherinnen und Dolmetscher sowie die Angabe, wie sich diese legitimiert haben,
4. eine gedrängte Beschreibung des Streitgegenstandes,
5. die wesentlichen Vorgänge der Verhandlung.

(3) ¹Kommt ein Vergleich zustande, so ist sein Wortlaut zu Protokoll zu nehmen. ²§ 32 findet entsprechende Anwendung.
(4) ¹Die Parteien oder deren Rechtsnachfolgerinnen oder Rechtsnachfolger erhalten auf Verlangen Abschriften oder Ausfertigungen des Protokolls. ²§ 33 findet entsprechende Anwendung. ³Der Ausfertigungsvermerk einer Schlichtungsstelle nach § 34c Abs. 2 ist anstelle eines Dienstsiegels mit einem anwaltlichen Stempel zu versehen.

### § 34g [Zwangsvollstreckung]
(1) ¹Aus dem in der Schlichtungsverhandlung geschlossenen Vergleich findet die Zwangsvollstreckung statt. ²§ 34 Abs. 2 Satz 1 gilt entsprechend.
(2) ¹Die Vollstreckungsklausel auf einem vor einer Schlichtungsstelle geschlossenen Vergleich erteilt im Falle des § 34c Abs. 1 die Notarin oder der Notar, ansonsten das Amtsgericht. ²§ 34 Abs. 2 Satz 2 und Abs. 3 gilt entsprechend.

### § 34h [Erfolglosigkeitsbescheinigung]
(1) Bleibt der Einigungsversuch erfolglos, ist der antragstellenden Partei hierüber unverzüglich eine Bescheinigung auszustellen (Erfolglosigkeitsbescheinigung).
(2) ¹Die Bescheinigung hat die Namen und die Anschriften der Parteien, eine Angabe des Streitgenstands, Beginn und Ende des Verfahrens sowie Ort und Zeit der Ausstellung zu enthalten. ²Im Falle der Erteilung einer Bescheinigung nach § 15a Abs. 1 Satz 3 des Gesetzes, betreffend die Einführung der Zivilprozessordnung ist dies gesondert zu vermerken.
(3) Das Scheitern eines Einigungsversuchs vor einer anderen Gütestelle im Sinne von § 15a Abs. 3 des Gesetzes, betreffend die Einführung der Zivilprozessordnung ist durch eine Bescheinigung der jeweiligen Gütestelle nachzuweisen, die den Anforderungen des Absatzes 2 entspricht.
(4) Eine Bescheinigung ist auch auszustellen, sofern die Schlichtungsperson den Anwendungsbereich nach § 34a für nicht eröffnet oder einen Fall des § 34d Abs. 5 als gegeben erachtet.

### § 34i [Kosten]
(1) ¹Jede Partei trägt ihre eigenen Kosten. ²Eine Erstattung der Kosten der Parteien findet nicht statt. ³Die Parteien können eine hiervon abweichende Vereinbarung treffen.
(2) Haben die Parteien einen Vergleich geschlossen, ohne dass darin eine Vereinbarung über die Kostentragung enthalten ist, gelten die Kosten als gegeneinander aufgehoben.

*Dritter Abschnitt*
**Das Schlichtungsverfahren in Strafsachen. Das Sühneverfahren vor Erhebung der Privatklage**

### § 35 [Vergleichsbehörde im Sinne des § 380 Abs. 1 Strafprozessordnung]
(1) ¹Die Schiedsstelle nach § 1 ist die Vergleichsbehörde im Sinne des § 380 Abs. 1 Strafprozessordnung. ²Sie ist zuständig für die dort genannten Vergehen.
(2) ¹Der Sühneversuch wird im Rahmen eines Schlichtungsverfahrens durchgeführt. ²Für dieses Verfahren gelten die Vorschriften des Zweiten Abschnitts, soweit in den §§ 36 bis 39 keine abweichenden Bestimmungen getroffen sind.

### § 36 [Absehen vom Sühneversuch]
(1) ¹Das im Falle der Erhebung der Privatklage zuständige Gericht kann auf Antrag gestatten, dass von dem Sühneversuch abgesehen wird, wenn die antragstellende Partei von der Gemeinde, in der die Verhandlung stattfinden müsste, soweit entfernt wohnt, dass ihr nach den Umständen des Falles nicht zugemutet werden kann, zu der Verhandlung zu erscheinen. ²Das Gericht kann stattdessen den Antragsteller oder die Antragstellerin ermächtigen, sich in der Schlichtungsverhandlung vertreten zu lassen; der Vertreter legt der Schiedsstelle einen gerichtlichen Beschluss sowie eine schriftliche Vollmacht vor.
(2) Die Parteien können die Entscheidung des Gerichts mit der sofortigen Beschwerde nach den Vorschriften der Strafprozessordnung anfechten.

### § 37 [Ablehnung des Sühneversuchs]
Die Schiedsstelle darf den Sühneversuch nur ablehnen, wenn die Parteien auch nach Unterbrechung oder Vertagung der Schlichtungsverhandlung ihre Identität nicht nachweisen.

### § 38 [Zustellung der Terminnachricht]
¹Hat der Antragsgegner oder die Antragsgegnerin einen gesetzlichen Vertreter, so stellt die Schiedsstelle auch diesem die Terminnachricht zu. ²Der Vertreter ist als Beistand zur Schlichtungsverhandlung zugelassen.

### § 39 [Erfolglosigkeitsbescheinigung]
(1) ¹Auf Antrag bescheinigt die Schiedsperson die Erfolglosigkeit des Sühneversuchs zum Zwecke der Einreichung der Klage (§ 380 Abs. 1 Satz 2 der Strafprozessordnung), wenn
1. in der Schlichtungsverhandlung eine Einigung nicht zustande gekommen ist oder
2. allein der Antragsgegner oder die Antragsgegnerin dem Schlichtungstermin unentschuldigt ferngeblieben ist oder sich vor dem Schluss der Schlichtungsverhandlung unentschuldigt entfernt hat; wohnen die Parteien in demselben Schiedsstellenbezirk, in dem die Schlichtungsverhandlung stattzufinden hat, so trifft diese Wirkung erst dann ein, wenn die beschuldigte Partei auch in einem zweiten Termin ausbleibt.

²Wurde im Falle des Satzes 1 Nr. 2 gegen den Antragsgegner ein Ordnungsgeld verhängt, so wird die Bescheinigung erst ausgestellt, wenn die Frist zur Anfechtung des Bescheids über das Ordnungsgeld abgelaufen ist und der Bescheid nicht angefochten worden ist, oder die Anfechtung erfolglos geblieben ist.
(2) ¹Die Bescheinigung ist von der Schiedsperson zu unterschreiben und mit einem Dienstsiegel zu versehen. ²Sie hat die Straftat und den Zeitpunkt ihrer Begehung, das Datum der Antragstellung sowie Ort und Datum der Ausstellung zu enthalten.

*Vierter Abschnitt*
**Die Anerkennung weiterer Gütestellen**

### § 40 [Gütestelle im Sinne von § 794 Abs. 1 Nr. 1 der Zivilprozessordnung]
(1) Als Gütestelle im Sinne von § 794 Abs. 1 Nr. 1 der Zivilprozessordnung können Personen oder Vereinigungen auf Antrag anerkannt werden, wenn sie
1. die Gewähr für eine von den Parteien unabhängige und objektive Schlichtung bieten,
2. die Schlichtung als dauerhafte Aufgabe betreiben,
3. nach einer für die Parteien jederzeit zugänglichen Verfahrensordnung vorgehen, die vorsehen muss, dass

a) die Schlichtungstätigkeit nicht ausgeübt wird, wenn ein in § 17 genannter Ausschlussgrund vorliegt und
b) die am Schlichtungsverfahren beteiligten Parteien Gelegenheit erhalten, selbst oder durch von ihnen beauftragte Personen Tatsachen und Rechtsansichten vorzubringen und sich zum Vortrag der jeweils anderen Partei zu äußern.

(2) [1]Natürliche Personen müssen nach ihrer Persönlichkeit und ihren Fähigkeiten für das Amt geeignet sein. [2]§ 3 Abs. 2 und 3 findet Anwendung.
(3) Juristische Personen, die gewährleisten, dass
1. die von ihnen bestellten Schlichtungspersonen die Voraussetzungen des Absatzes 2 erfüllen und
2. sie im Rahem ihrer Schlichtungstätigkeit unabhängig und an Weisungen nicht gebunden sind,
können als Gütestellen anerkannt werden.

## § 41 [Haftpflichtversicherung]

(1) [1]Soweit die Gütestelle nicht von einer öffentlich-rechtlichen Körperschaft oder Anstalt des öffentlichen Rechts getragen wird, muss eine Haftpflichtversicherung für Vermögensschäden bestehen und die Versicherung während der Dauer der Anerkennung als Gütestelle aufrechterhalten bleiben. [2]Die Versicherung muss bei einem im Inland zum Geschäftsbetrieb befugten Versicherungsunternehmen zu den nach Maßgabe des Versicherungsaufsichtsgesetzes eingereichten Allgemeinen Versicherungsbedingungen genommen werden und sich auch auf solche Vermögensschäden erstrecken, für die die Gütestelle nach § 278 oder § 831 des Bürgerlichen Gesetzbuches einzustehen hat.
(2) Der Versicherungsvertrag hat Versicherungsschutz für jede einzelne Pflichtverletzung zu gewähren, die gesetzliche Haftpflichtansprüche privatrechtlichen Inhalts gegen die Gütestelle zur Folge haben könnte.
(3) [1]Die Mindestversicherungssumme beträgt 250 000 Euro für jeden Versicherungsfall. [2]Die Leistungen des Versicherten für alle innerhalb eines Versicherungsjahres verursachten Schäden können auf den vierfachen Betrag der Mindestversicherungssumme begrenzt werden.
(4) Die Vereinbarung eines Selbstbehalts bis zu 1 v. H. der Mindestversicherungssumme ist zulässig.
(5) [1]Im Versicherungsvertrag ist der Versicherer zu verpflichten, der für die Anerkennung als Gütestelle zuständigen Stelle den Beginn und die Beendigung oder Kündigung des Versicherungsvertrages sowie jede Änderung des Versicherungsvertrages, die den vorgeschriebenen Versicherungsschutz beeinträchtigt, unverzüglich mitzuteilen. [2]Ihr sind auch die Umstände im Sinne des § 117 Abs. 2 des Gesetzes über den Versicherungsvertrag anzuzeigen.

## § 42 [Handakten]

(1) [1]Die Gütestelle hat durch die Führung von Handakten einen geordneten Überblick über die von ihr entfaltete Tätigkeit zu ermöglichen. [2]In den Akten muss insbesondere enthalten sein:
1. die Namen und Anschriften der Parteien,
2. die Angabe des Streitgegenstands,
3. der Zeitpunkt der Einreichung des Güteantrags bei der Gütestelle, weiterer Verfahrenshandlungen der Parteien und der Gütestelle sowie der Beendigung des Güteverfahrens,
4. im Falle des Abschlusses eines Vergleichs zwischen den Parteien dessen genauer Wortlaut.
(2) [1]Die Gütestelle hat die Akten für die Dauer von fünf Jahren nach Beendigung des Verfahrens aufzubewahren. [2]Wurde ein Vergleich geschlossen, beträgt die Aufbewahrungsfrist 30 Jahre.
(3) Innerhalb des in Absatz 2 genannten Zeitraums können die Parteien von der Gütestelle gegen Erstattung der hierdurch entstehenden Kosten beglaubigte Ablichtungen der Handakten und Ausfertigungen geschlossener Vergleiche verlangen.

## § 43 [Rücknahme der Anerkennung als Gütestelle; Widerruf]

(1) Die Anerkennung als Gütestelle ist mit Wirkung für die Zukunft zurückzunehmen, wenn Tatsachen nachträglich bekannt werden, bei deren Kenntnis die Zulassung hätte versagt werden müssen.
(2) Die Anerkennung als Gütestelle ist zu widerrufen, wenn
1. ihre Tätigkeit nicht mehr den Anforderungen des § 40 Abs. 1 entspricht,
2. die persönlichen Voraussetzungen für die Anerkennung nach § 40 Abs. 2 und 3 nicht mehr erfüllt sind,
3. die erforderliche Haftpflichtversicherung nach § 41 nicht mehr besteht,

4. die Gütestelle auf die Rechte aus ihrer Anerkennung gegenüber der für die Anerkennung zuständigen Stelle schriftlich verzichtet hat.

### § 44 [Zuständigkeiten]
(1) Zuständig für die Anerkennung als Gütestelle sowie die Rücknahme und den Widerruf der Anerkennung ist das für die Justizverwaltung zuständige Ministerium, das diese Befugnisse auf nachgeordnete Behörden übertragen kann.
(2) ¹Änderungen der für die Anerkennung in den §§ 40 bis 42 maßgeblichen Umstände sind der nach Absatz 1 zuständigen Stelle unverzüglich mitzuteilen. ²Diese kann jederzeit Auskunft über die Geschäftsführung verlangen und anordnen, dass ihr die Handakten (§ 42) in regelmäßigen Abständen vorgelegt werden.
(3) Das für Justizverwaltung zuständige Ministerium oder die von ihm bestimmte Behörde führt ein öffentlich zugängliches Verzeichnis der anerkannten Gütestellen mit dem Namen der Personen oder der Vereinigung, ihrer Anschrift, ihrer Telefonnummer und ihrer Internetadresse.

### § 45 [Rechtmäßigkeit von Anordnungen, Verfügungen oder sonstigen Maßnahmen]
¹Über die Rechtmäßigkeit von Anordnungen, Verfügungen oder sonstigen Maßnahmen nach diesem Gesetz entscheiden auf Antrag die ordentlichen Gerichte. ²Für das Verfahren gelten die Vorschriften der §§ 23 bis 30 des Einführungsgesetzes zum Gerichtsverfassungsgesetz.

*Fünfter Abschnitt*
**Kosten**

### § 46 [Kosten]
(1) Die Schiedsstelle erhebt für ihre Tätigkeit Kosten (Gebühren und Auslagen) nur nach diesem Gesetz.
(2) ¹Dies gilt auch für die Notarinnen, Notare, Rechtsanwältinnen und Rechtsanwälte, soweit sie nach § 34b Abs. 1 und 2 tätig werden. ²Sie haben Anspruch auf Ersatz der auf ihre Kosten entfallenden Umsatzsteuer, sofern diese nicht nach § 19 Abs. 1 des Umsatzsteuergesetzes unerhoben bleibt.

### § 47 [Kostenschuldner]
(1) ¹Zur Zahlung der Kosten ist derjenige verpflichtet, der die Tätigkeit der Schiedsstelle oder der sonstigen Schlichtungsperson veranlasst hat. ²Dies ist auch der Fall, wenn der Antrag zurückgenommen wird oder als zurückgenommen gilt.
(2) Kostenschuldner ist ferner
1. derjenige, der die Kostenschuld durch eine vor der Schiedsstelle oder der sonstigen Schlichtungsperson abgegebene Erklärung oder in einem Vergleich übernommen hat,
2. derjenige, der für die Kostenschuld eines anderen kraft Gesetzes haftet,
3. hinsichtlich der Dokumentenpauschale derjenige, der die Erteilung von Ausfertigungen oder Abschriften beantragt hat.
(3) ¹Mehrere Kostenschuldner haften als Gesamtschuldner. ²Die Haftung des Kostenschuldners nach Absatz 2 Nrn. 1 und 3 geht der Haftung des Kostenschuldners nach Absatz 1 vor.

### § 48 [Fälligkeit]
(1) Gebühren werden mit der Beendigung des gebührenpflichtigen Geschäfts, Auslagen mit ihrem Entstehen fällig.
(2) Die Schiedsstelle oder sonstige Schlichtungsperson soll ihre Tätigkeit grundsätzlich von der vorherigen Zahlung der voraussichtlich entstehenden Gebühren und Auslagen abhängig machen.
(3) (aufgehoben)
(4) Dem Kostenschuldner zu erteilende Bescheinigungen, Ausfertigungen und Abschriften sowie Urkunden, die der Kostenschuldner eingereicht hat, kann die Schiedsstelle oder sonstige Schlichtungsperson zurückhalten, bis die in der Angelegenheit entstandenen Kosten gezahlt sind.
(5) Die Verjährung der Kostenforderung richtet sich nach § 9 des Verwaltungskostengesetzes des Landes Sachsen-Anhalt.

## § 49 [Kostenrechnung]

(1) Die Kosten und Ordnungsgelder werden aufgrund einer von der Schiedsperson oder der sonstigen Schlichtungsperson unterschriebenen und dem Kostenschuldner mitgeteilten Kostenrechnung eingefordert.

(2) Zahlt der Kostenschuldner die Kostenrechnung einer Schieds- oder Schlichtungsperson nicht oder nicht vollständig innerhalb der Zahlungsfrist, werden die Kosten und Ordnungsgelder auf Antrag der Schieds- oder Schlichtungsperson nach dem Verwaltungsvollstreckunsgesetz des Landes Sachsen-Anhalt vollstreckt.

## § 50 [Gebühren]

(1) Für das Schlichtungsverfahren wird eine Gebühr von 25 Euro erhoben; kommt ein Vergleich zustande, so beträgt die Gebühr 50 Euro.

(2) Unter Berücksichtigung der Verhältnisse des Kostenschuldners und des Umfangs und der Schwierigkeit des Falles kann die Gebühr auf höchstens 75 Euro erhöht werden.

(3) Sind auf der Seite einer Partei oder beider Parteien mehrere Personen am Schlichtungsverfahren beteiligt oder ist die antragstellende Partei zugleich Antragsgegnerin, so wird die Gebühr nur einmal erhoben.

## § 51 [Auslagen]

(1) Die Schiedsstelle oder die sonstige Schlichtungsperson erhebt
1. eine Dokumentenpauschale für die Aufnahme von Anträgen, für Mitteilungen an die Parteien sowie für Ausfertigungen und Abschriften von Protokollen und Bescheinigungen; die Höhe der Dokumentenpauschale bestimmt sich nach Anlage 1 Nr. 31000 des Gerichts- und Notarkostengesetzes;
2. die bei der Durchführung einer Amtshandlung entstehenden notwendigen Auslagen in tatsächlicher Höhe.

(2) [1]Die Vergütung eines hinzugezogenen Dolmetschers zählt zu den baren Auslagen. [2]Vor Hinzuziehung eines Dolmetschers hat die Schiedsstelle oder die sonstige Schlichtungsperson grundsätzlich einen die voraussichtlichen Kosten deckenden Vorschuss einzufordern. [3]Wer die Kosten der Inanspruchnahme eines Dolmetschers zu tragen hat, bestimmt sich nach § 47 dieses Gesetzes. [4]Die Höhe der Vergütung richtet sich nach dem Justizvergütungs- und -entschädigungsgesetz. [5]Die Vergütung ist auf Antrag der Schiedsstelle oder der sonstigen Schlichtungsperson oder des Dolmetschers von dem Amtsgericht, in dessen Bezirk die Schiedsstelle oder die sonstige Schlichtungsperson ihren Sitz hat, durch richterlichen Beschluss festzusetzen; § 4 Abs. 3 bis 9 und § 4a des Justizvergütungs- und -entschädigungsgesetzes sind auf das Festsetzungsverfahren entsprechend anzuwenden.

## § 52 [Ermäßigung der Kosten; Absehen von der Erhebung der Kosten]

(1) [1]Die Schiedsstelle oder die sonstige Schlichtungsperson kann ausnahmsweise, wenn das mit Rücksicht auf die wirtschaftlichen Verhältnisse des Zahlungspflichtigen oder sonst aus Billigkeitsgründen geboten erscheint, die Gebühren ermäßigen oder von ihrer Erhebung ganz oder teilweise absehen. [2]Aus denselben Gründen kann von der Erhebung von Auslagen, mit Ausnahme der in § 51 Abs. 2 genannten abgesehen werden.

(2) Den Ausfall der Dokumentenpauschale trägt die Schiedsstelle, während notwendige bare Auslagen von der Gemeinde als Sachkosten der Schiedsstelle zu tragen sind.

(3) Wird der Kostenschuldner nach Absatz 1 von den Gebühren und Auslagen ganz oder teilweise befreit, haftet den nach § 34b Abs. 1 und 2 tätigen Schlichtungspersonen die Landeskasse für den Ausfall.

## § 53 [Einwendungen]

[1]Über Einwendungen des Kostenschuldners gegen die Kostenrechnung oder gegen Maßnahmen nach § 48 Abs. 2 und 4 entscheidet das Amtsgericht, in dessen Bezirk die Schiedsstelle oder die sonstige Schlichtungsperson ihren Sitz hat, durch richterlichen Beschluss. [2]Der Beschluss ist unanfechtbar. [3]Kosten werden nicht erhoben. [4]Auslagen der Parteien werden nicht erstattet.

## § 54 [Kostenempfänger]

(1) Die von der Schiedsstelle erhobenen Gebühren stehen zu gleichen Teilen der Schiedsstelle und der Gemeinde zu.

(2) Die von der Schiedsstelle nach § 51 Abs. 1 Nr. 1 erhobene Pauschale erhält die Schiedsstelle.
(3) Die von der Schiedsstelle und der Schlichtungsstelle (§ 34b) erhobenen Ordnungsgelder stehen der Gemeinde zu.
(4) Den Notarinnen, Notaren, Rechtsanwältinnen und Rechtsanwälten, die nach § 34b Abs. 1 und 2 tätig werden, stehen die von ihnen nach diesem Gesetz erhobenen Kosten zu.

*Sechster Abschnitt*
**Übergangs- und Schlussvorschriften**

**§ 55 (aufgehoben)**

**§ 56 [Einschränkung von Grundrechten]**
Durch § 3 Abs. 4, § 10 Abs. 2, § 34b Abs. 4, § 42 Abs. 2 und § 44 Abs. 3 wird das Grundrecht auf Schutz personenbezogener Daten im Sinne des Artikels 2 Abs. 1 in Verbindung mit Artikel 1 Abs. 1 des Grundgesetzes und des Artikels 6 Abs. 1 Satz 1 der Verfassung des Landes Sachsen-Anhalt eingeschränkt.

**§ 57 [Zwangsvollstreckung bei laufenden Verfahren]**
Aus zum Zeitpunkt des Inkrafttretens dieses Gesetzes für vollstreckbar erklärten Entscheidungen gesellschaftlicher Gerichte findet die Zwangsvollstreckung statt.

**§ 58 (In-Kraft-Treten)**

# Ausführungsgesetz des Landes Sachsen-Anhalt zum Gerichtsverfassungsgesetz (AGGVG LSA)

Vom 24. August 1992 (GVBl. LSA S. 648)
(BS LSA 300.3)
zuletzt geändert durch Art. 4 G zur Änd. und Aufh. von Rechtsvorschriften im Geschäftsbereich des MJ vom 15. Januar 2010 (GVBl. LSA S. 8)

## I. Abschnitt
## Gerichte

### § 1 Errichtung der Gerichte
(1) ¹Zur Ausübung der ordentlichen streitigen Gerichtsbarkeit werden Amtsgerichte, Landgerichte und das Oberlandesgericht als Gerichte des Landes nach dem Gerichtsverfassungsgesetz errichtet. ²Diese Gerichte sind auch zuständig für die ihnen zugewiesenen Angelegenheiten der freiwilligen Gerichtsbarkeit sowie für die ihnen sonst durch Rechtsvorschriften des Bundes oder des Landes übertragenen Aufgaben.
(2) Der Sitz und Bezirk dieser Gerichte wird durch besonderes Gesetz bestimmt (Gerichtsorganisationsgesetz).

### § 2 (aufgehoben)

### § 3 Geschäftsjahr
Das Geschäftsjahr der Gerichte ist das Kalenderjahr.

### § 4 Zahl der Kammern und Senate
Die Präsidenten der Landgerichte und der Präsident des Oberlandesgerichts bestimmen im Rahmen des Stellenplanes nach Anhörung des Präsidiums die Zahl der Spruchkörper ihrer Gerichte.

### § 5 Vertreter der aufsichtführenden Richter und Präsidenten
(1) ¹Der Minister der Justiz kann einen Richter zum ständigen Vertreter des Präsidenten oder aufsichtführenden Richters eines Gerichts bestellen. ²Ist ein Richter in eine für den ständigen Vertreter bestimmte Planstelle eingewiesen, so ist er der ständige Vertreter.
(2) Wer den Präsidenten oder aufsichtführenden Richter eines Gerichts nach Absatz 1 oder nach § 21h des Gerichtsverfassungsgesetzes vertritt, nimmt auch die dem Präsidenten oder aufsichtführenden Richter übertragenen Geschäfte der Dienstaufsicht und der Justizverwaltung wahr.

### § 6 Ausschließliche Zuständigkeit der Landgerichte
Soweit der ordentliche Rechtsweg eröffnet und gesetzlich nichts anderes bestimmt ist, sind für Ansprüche gegen den Staat oder eine Körperschaft des öffentlichen Rechts wegen Verfügungen der Verwaltungsbehörden die Landgerichte ohne Rücksicht auf den Wert des Streitgegenstandes ausschließlich zuständig.

### § 7 Handels- und Genossenschaftsregister
(1) Die Handels- und Genossenschaftsregister werden von den Amtsgerichten geführt, in deren Bezirk das Landgericht seinen Sitz hat.
(2) Das Ministerium der Justiz wird ermächtigt, durch Verordnung einem dieser Amtsgerichte die Geschäfte des Handels- und des Genossenschaftsregisters auch für die Bezirke weiterer in Absatz 1 bezeichneter Amtsgerichte zuzuweisen, wenn dies für eine sachdienliche Erledigung zweckmäßig ist.

### § 8 Handelsrichter
(1) Der Präsident des Oberlandesgerichtes ernennt die Handelsrichter.
(2) Die Zahl der erforderlichen Handelsrichter wird durch den Präsidenten des Landgerichts so bestimmt, daß jeder Handelsrichter im Laufe des Geschäftsjahres voraussichtlich zu nicht weniger als sechs und zu nicht mehr als zwölf Sitzungen herangezogen wird.

### § 9 Ehrenamtliche Richter in Landwirtschaftssachen

(1) ¹Die ehrenamtlichen Richter in Landwirtschaftssachen nach dem Gesetz über das gerichtliche Verfahren in Landwirtschaftssachen in der im Bundesgesetzbl. Teil III Gliederungsnummer 317-1 veröffentlichten bereinigten Fassung, zuletzt geändert durch Artikel 7 Abs. 22 des Rechtspflege-Vereinfachungsgesetzes vom 17. Dezember 1990 (BGBl. I S. 2847), werden vom Präsidenten des Oberlandesgerichts auf Grund von Vorschlagslisten berufen, die das Ministerium für Ernährung, Landwirtschaft und Forsten unter Einbeziehung von Vorschlägen der Kreistage und Fachverbände aufstellt. ²Die Zahl der vorgeschlagenen Personen soll möglichst das Eineinhalbfache der vom Präsidenten des Oberlandesgerichts zu bestimmenden Zahl der erforderlichen ehrenamtlichen Richter betragen. ³Für die Amtsgerichte und das Oberlandesgericht sollen gesonderte Listen vorgelegt werden.

(2) Als ehrenamtliche Richter sind nur Personen vorzuschlagen, die die Anforderungen nach § 4 Abs. 3 des Gesetzes über das gerichtliche Verfahren in Landwirtschaftssachen erfüllen.

(3) ¹Für jeden Vorgeschlagenen sind anzugeben:
1. Name und Vorname,
2. Anschrift,
3. Geburtsdatum und Geburtsort,
4. Stellung im Beruf, insbesondere ob und wieviel Land er als selbst wirtschaftender Eigentümer, als Verpächter oder als Pächter besitzt oder zuletzt besessen hat,
5. für welches Gericht er vorgeschlagen wird,
6. ob und für welches Gericht er bereits früher als ehrenamtlicher Richter im Sinne des Gesetzes über das gerichtliche Verfahren in Landwirtschaftssachen berufen oder vorgeschlagen war.

²Wer zum ehrenamtlichen Richter beim Oberlandesgericht vorgeschlagen wird, soll nicht zugleich zum ehrenamtlichen Richter beim Amtsgericht vorgeschlagen werden.

(4) ¹Reicht für ein Gericht die Zahl der vorgeschlagenen Personen nicht aus, um die erforderliche Anzahl von ehrenamtlichen Richtern zu berufen, so kann der Präsident des Oberlandesgerichts eine Ergänzungsliste anfordern. ²Er bestimmt dabei, wieviele Personen vorzuschlagen sind. ³Im übrigen gelten die Absätze 1 bis 3 für die Aufstellung der Ergänzungsliste entsprechend.

### § 10 Vertrauenspersonen für die Wahl der Schöffen

Die Vertrauenspersonen in den Ausschüssen nach §§ 40 und 77 des Gerichtsverfassungsgesetzes müssen die Voraussetzungen für die Berufung als ehrenamtliche Richter in der Strafgerichtsbarkeit erfüllen.

### § 11 Amtstracht

(1) Berufsrichter, Handelsrichter, die Mitglieder der Berufsgerichtsbarkeiten für Rechtsanwälte und Notare sowie die Vertreter der Staatsanwaltschaft, die Rechtsanwälte, die Urkundsbeamten der Geschäftsstelle und andere Protokollführer tragen in den zur mündlichen Verhandlung, Hauptverhandlung oder zur Verkündung einer Entscheidung bestimmten Sitzungen des Gerichts eine von ihnen zu beschaffende Amtstracht (Robe), sofern nicht in Ausnahmefällen das Interesse der Rechtspflege nach Entscheidung des Gerichts eine andere Handhabung gebietet.

(2) Die Amtstracht ist auch bei anderen richterlichen Amtshandlungen zu tragen, wenn dies mit Rücksicht auf das Ansehen der Rechtspflege angemessen ist; die Entscheidung hierüber obliegt dem Gericht.

(3) ¹Die Art und Ausgestaltung der Amtstracht wird im Rahmen des Herkömmlichen durch allgemeine Verwaltungsvorschriften des Ministeriums der Justiz geregelt. ²Dabei kann bestimmt werden, daß die Amtstracht für Personen, die mit den Aufgaben des Protokollführers, des Sitzungsvertreters der Staatsanwaltschaft oder des Pflichtverteidigers betraut sind, aus Haushaltsmitteln beschafft wird.

*2. Abschnitt*
**Staatsanwaltschaft**

### § 12 Errichtung der Staatsanwaltschaften

(1) ¹Es werden Staatsanwaltschaften nach dem Gerichtsverfassungsgesetz bei den Landgerichten und dem Oberlandesgericht errichtet. ²Die Staatsanwaltschaften bei den Landgerichten nehmen auch die staatsanwaltschaftlichen Geschäfte bei den Amtsgerichten ihres Bezirks wahr.

(2) Die Staatsanwaltschaften haben ihren Sitz am Sitz des Gerichts, bei dem sie bestehen.

## § 13 Vertreter der Staatsanwaltschaft
Beamten des gehobenen und des höheren Justizdienstes können die Aufgaben eines Amtsanwalts übertragen werden.

## § 14 Ausschluß von Amtshandlungen
(1) Ein Beamter, der das Amt der Staatsanwaltschaft ausübt, darf keine Amtshandlungen vornehmen, wenn er
1. in der Sache selbst Verletzter oder Partei ist;
2. Ehegatte oder Eingetragener Lebenspartner, Vormund oder Betreuer des Beschuldigten oder Verletzten oder einer Partei ist oder gewesen ist;
3. mit dem Beschuldigten, dem Verletzten oder einer Partei in gerader Linie verwandt oder verschwägert, in der Seitenlinie bis zum dritten Grade verwandt oder bis zum zweiten Grade verschwägert ist oder war;
4. in der Sache als Richter, als Polizeibeamter, als Vertreter oder Bevollmächtigter des Verletzten oder einer Partei oder als Verteidiger tätig gewesen ist.

(2) Liegen bei einem Beamten, der das Amt der Staatsanwaltschaft ausübt, Tatsachen vor, die die Ablehnung eines Richters wegen Besorgnis der Befangenheit rechtfertigen, so hat er diese Umstände seinem Dienstvorgesetzten anzuzeigen und keine weiteren Amtshandlungen in der Sache vorzunehmen.

### 3. Abschnitt
### Rechtsanwaltschaft beim Oberlandesgericht

## §§ 15 und 16 (aufgehoben)

### 4. Abschnitt
### Grundbuchämter

## § 17 Führung der Grundbücher
¹Die Grundbücher werden von den Amtsgerichten geführt (Grundbuchämter). ²Allein zuständig und unterschriftsberechtigt sind
1. für die Eintragung und ihre Verfügung in den Fällen des § 12c Abs. 2 Nrn. 2 bis 4 der Grundbuchordnung in der Fassung vom 26. Mai 1994 (BGBl. I S. 1114), geändert durch Artikel 24 des Einführungsgesetzes zur Insolvenzordnung vom 5. Oktober 1994 (BGBl. I S. 2911), die Bediensteten, denen die Aufgaben des Urkundsbeamten der Geschäftsstelle übertragen sind,
2. für die anderen Eintragungen und deren Verfügung sowie für die Erteilung von Grundpfandrechtsbriefen die Bediensteten, denen die Führung des Grundbuchs übertragen ist.

³Der Unterschrift eines weiteren Bediensteten bedarf es nicht.

## § 18 Grundbuchbezirke
¹Das Grundbuchamt ist für die im Bezirk des Amtsgerichts liegenden Grundstücke zuständig. ²Das Ministerium der Justiz kann durch Verordnung Zweigstellen außerhalb des Sitzes eines Amtsgerichts errichten und ihnen die Zuständigkeit für bestimmte Teile des Grundbuchbezirks zuweisen, wenn dies nach den örtlichen Verhältnissen zur sachdienlichen Erledigung der Geschäfte zweckmäßig erscheint.

## § 19 Berggrundbuch
(1) ¹Auf die grundbuchmäßige Behandlung des Bergwerkseigentums sind die sich auf Grundstücke beziehenden Vorschriften entsprechend anzuwenden (Berggrundbuch). ²Die §§ 17 und 18 gelten für die Führung der Berggrundbücher entsprechend.
(2) ¹Das Ministerium der Justiz wird ermächtigt, durch Verordnung die näheren Vorschriften über Einrichtung und Führung des Berggrundbuchs zu erlassen. ²Dabei kann bestimmt werden, daß das Berggrundbuch bei einem Amtsgericht für die Bezirke mehrerer Amtsgerichte geführt wird.

## 5. Abschnitt
### Dienstaufsicht und Justizverwaltungsgeschäfte

### § 20 Dienstaufsicht
(1) Die Dienstaufsicht üben aus:
1. der Minister der Justiz über alle Gerichte sowie über die Staatsanwaltschaften und die Justizvollzugsanstalten;
2. der Präsident des Oberlandesgerichts über dieses Gericht und die weiteren Gerichte seines Geschäftsbereichs;
3. der Präsident des Landgerichts über dieses Gericht und die Amtsgerichte seines Bezirks mit Ausnahme des mit einem Präsidenten besetzten Amtsgerichts;
4. der aufsichtführende Richter über das Amtsgericht, jedoch – wenn er nicht Präsident des Amtsgerichts ist – mit Ausnahme der Dienstaufsicht über Richter;
5. der Generalstaatsanwalt über die Staatsanwaltschaft bei dem Oberlandesgericht (Generalstaatsanwaltschaft) und die weiteren Staatsanwaltschaften;
6. der Leiter der Staatsanwaltschaft über diese Behörde und ihre Zweigstellen.

(2) Die Dienstaufsicht erstreckt sich, soweit nichts anderes bestimmt ist, auf die Einrichtung, die innere Ordnung, die allgemeine Geschäftsführung und die Personalangelegenheiten der Gerichte und Behörden.

### § 21 Justizverwaltungsgeschäfte
[1]Die Präsidenten und aufsichtführenden Richter der Gerichte und die Leiter der Staatsanwaltschaften sowie ihre Vertreter sind verpflichtet, die ihnen zugewiesenen Geschäfte der Justizverwaltung zu erledigen. [2]Sie können die ihrer Dienstaufsicht unterstellten Richter und Beamten zu Geschäften der Justizverwaltung heranziehen.

### § 22 Legalisation
Für die Beglaubigung gerichtlicher und notarieller Urkunden zum Zwecke der Legalisation ist der Präsident des Landgerichts, für eine weitere Beglaubigung das Ministerium der Justiz zuständig.

### § 23 (aufgehoben)

## 6. Abschnitt
### Überleitungs- und Schlußvorschriften

### §§ 24 bis 27 (aufgehoben)

### § 28 Inkrafttreten
Dieses Gesetz tritt am ersten Tage des auf seine Verkündung[1] folgenden Kalendermonats in Kraft.

---
1) Verkündet am 28. 8. 1992.

# Gesetz
## über die Organisation der ordentlichen Gerichte im Lande Sachsen-Anhalt (GerOrgG LSA)

Vom 24. August 1992 (GVBl. LSA S. 652)
(BS LSA 31.4)
zuletzt geändert durch § 1 Siebente ÄndVO vom 17. Januar 2014 (GVBl. LSA S. 24)

### § 1 [Oberlandesgericht]
(1) Es wird ein Oberlandesgericht mit Sitz in Naumburg errichtet.
(2) Der Bezirk des Oberlandesgerichts umfaßt das Gebiet des Landes Sachsen-Anhalt.

### § 2 [Landgerichte]
(1) Es werden Landgerichte mit Sitz in Dessau-Roßlau, Halle (Saale), Magdeburg und Stendal errichtet.
(2) Ihre Bezirke bestehen aus den Bezirken folgender Amtsgerichte:
1. Landgericht Dessau-Roßlau:
   Amtsgerichte Bitterfeld-Wolfen, Dessau-Roßlau, Köthen, Wittenberg und Zerbst,
2. Landgericht Halle:
   Amtsgerichte Eisleben, Halle (Saale), Merseburg, Naumburg, Sangerhausen, Weißenfels und Zeitz,
3. Landgericht Magdeburg:
   Amtsgerichte Aschersleben, Bernburg, Halberstadt, Haldensleben, Magdeburg, Oschersleben, Quedlinburg, Schönebeck und Wernigerode,
4. Landgericht Stendal:
   Amtsgerichte Burg, Gardelegen, Salzwedel und Stendal.

### § 3 [Amtsgerichte]
(1) Es werden Amtsgerichte errichtet, die ihren Sitz in den in § 2 Abs. 2 aufgeführten Gemeinden haben.
(2) [1]Die Bezirke der Amtsgerichte bestehen aus den Landkreisen, kreisfreien Städten und Gemeinden, die in der Anlage zu diesem Gesetz bezeichnet sind. [2]Das für die Gerichtsorganisation zuständige Ministerium hat bei der Änderung des Namens eines Landkreises, einer kreisfreien Stadt oder einer Gemeinde oder bei der Verleihung einer Bezeichnung die Anlage durch Rechtsverordnung anzupassen.
(3) [1]Landkreise und Gemeinden, die mit ihrem ganzen Gebiet einheitlich einem Amtsgericht zugeteilt sind, gehören dem Bezirk dieses Gerichts mit ihrem jeweiligen Gebietsumfang an. [2]Neue Gemeinden, die aus Gebieten gebildet werden, die einheitlich einem Amtsgericht zugeteilt sind, gehören dem Bezirk dieses Gerichts an. [3]Das für die Gerichtsorganisation zuständige Ministerium hat im Falle der Gebietsänderungen von Gemeinden innerhalb eines Amtsgerichtsbezirks die Anlage nach Absatz 2 Satz 1 durch Rechtsverordnung anzupassen.
(4) [1]Das für die Gerichtsorganisation zuständige Ministerium hat bei Gebietsänderungen, die Bezirke verschiedener Amtsgerichte berühren, die betroffene Kommune durch Rechtsverordnung, die auch die Anlage nach Absatz 2 Satz 1 zu ändern hat, einem Gerichtsbezirk zuzuordnen. [2]Hierbei ist im Regelfall der Grundsatz der Einräumigkeit der Verwaltung unter Berücksichtigung der örtlichen Verhältnisse zu wahren. [3]Ausnahmen vom Grundsatz der Einräumigkeit der Verwaltung sind nur innerhalb eines Landgerichtsbezirks zulässig und nur, soweit sie erforderlich sind, um eine gleichmäßige Auslastung der Amtsgerichte zu gewährleisten.

### § 4 [Gerichtsnamen]
[1]Die Amts- und Landgerichte führen jeweils den in § 2 Abs. 2 bezeichneten Namen. [2]Das Oberlandesgericht führt den Namen „Oberlandesgericht Naumburg".

### § 5 [Aufnehmendes Gericht bei Aufhebung eines Gerichts]
(1) Das Gericht, dem der Bezirk eines aufgehobenen Gerichts zugelegt worden ist (aufnehmendes Gericht), tritt an die Stelle des aufgehobenen Gerichts.
(2) Ist im Zeitpunkt der Aufhebung eines Gerichts die Hauptverhandlung in einer Strafsache noch nicht beendet, so kann sie vor dem nach Absatz 1 zuständigen Gericht fortgesetzt werden, wenn dieselben Richter weiterhin an ihr teilnehmen.

(3) [1]Ehrenamtliche Richter eines aufgehobenen oder von einer Änderung betroffenen Gerichts werden unter Fortsetzung ihrer Amtszeit ehrenamtliche Richter des entsprechenden Gerichts, in dessen Bezirk sie im Zeitpunkt der Aufhebung oder Änderung ihren Wohnsitz haben. [2]Die bei einem Gericht vorhandenen Schöffen und Hilfsschöffen werden dabei Hilfsschöffen des Gerichts, in dessen Bezirk sie im Zeitpunkt der Aufhebung oder Änderung ihren Wohnsitz haben; für die Bestimmung ihrer Reihenfolge gilt § 52 Abs. 6 Satz 3 des Gerichtsverfassungsgesetzes entsprechend.

(4) [1]Schöffen, die im Zeitpunkt der Änderung des Gerichtsbezirks eines Gerichts in der Hauptverhandlung einer Strafsache mitwirken, bleiben für diese Hauptverhandlung zugleich Schöffen ihres bisherigen Gerichts. [2]Schöffen, die im Zeitpunkt der Aufhebung eines Gerichts in der Hauptverhandlung einer Strafsache mitwirken, gelten für diese Hauptverhandlung als Schöffen des aufnehmenden Gerichts.

(5) [1]Die bei einem aufgehobenen Amtsgericht für die Amtsperiode der Jahre 2009 bis 2013 gewählten Schöffen werden entsprechend ihrer Wahl als Haupt- oder Hilfsschöffen dem Gericht zugewiesen, dem ab dem 1. Januar 2009 der Bezirk des aufgehobenen Gerichts zugelegt ist. [2]Für die Bestimmung der Reihenfolge der Heranziehung der Schöffen und Hilfsschöffen gelten die §§ 44 und 45 Abs. 1 und 2 des Gerichtsverfassungsgesetzes entsprechend.

### § 6 [In-Kraft-Treten]
Dieses Gesetz tritt am 1. September 1992 in Kraft.

### Anlage
(zu § 3 Abs. 2 Satz 1)

**I. Landgericht Dessau-Roßlau**
1. Amtsgericht Bitterfeld-Wolfen
   Folgende Gemeinden des Landkreises Anhalt-Bitterfeld:
   Bitterfeld-Wolfen, Stadt
   Muldestausee
   Raguhn-Jeßnitz, Stadt
   Sandersdorf-Brehna
   Zörbig
2. Amtsgericht Dessau-Roßlau
   Kreisfreie Stadt Dessau-Roßlau
3. Amtsgericht Köthen
   Landkreis Anhalt-Bitterfeld, soweit die Gemeinden nicht dem Amtsgericht Bitterfeld-Wolfen oder dem Amtsgericht Zerbst zugeordnet sind.
4. Amtsgericht Wittenberg
   Landkreis Wittenberg, soweit die Gemeinden nicht dem Amtsgericht Zerbst zugeordnet sind.
5. Amtsgericht Zerbst
   Folgende Gemeinde des Landkreises Anhalt-Bitterfeld:
   Zerbst/Anhalt, Stadt
   und folgende Gemeinden des Landkreises Wittenberg:
   Coswig (Anhalt), Stadt
   Oranienbaum-Wörlitz, Stadt

**II. Landgericht Halle**
1. Amtsgericht Eisleben:
   Folgende Gemeinden des Landkreises Mansfeld-Südharz:
   Ahlsdorf
   Arnstein, Stadt
   Benndorf
   Bornstedt
   Eisleben, Lutherstadt
   Gerbstedt
   Helbra
   Hergisdorf
   Hettstedt, Stadt
   Klostermansfeld
   Mansfeld
   Seegebiet Mansfelder Land

Wimmelburg
2. Amtsgericht Halle (Saale)
Kreisfreie Stadt Halle (Saale) und folgende Gemeinden des Landkreises Saalekreis:
Kabelsketal
Landsberg, Stadt
Wettin-Löbejün, Stadt
Petersberg
Salzatal
Teutschenthal
3. Amtsgericht Merseburg
Landkreis Saalekreis, soweit die Gemeinden nicht dem Amtsgericht Halle (Saale) zugeordnet sind.
4. Amtsgericht Naumburg
Landkreis Burgenlandkreis, soweit die Gemeinden nicht dem Amtsgericht Weißenfels oder dem Amtsgericht Zeitz zugeordnet sind.
5. Amtsgericht Sangerhausen
Landkreis Mansfeld-Südharz, soweit die Gemeinden nicht dem Amtsgericht Eisleben zugeordnet sind.
6. Amtsgericht Weißenfels
Folgende Gemeinden des Landkreises Burgenlandkreis:
Goseck
Hohenmölsen
Lützen, Stadt
Teuchern, Stadt
Weißenfels, Stadt
7. Amtsgericht Zeitz
Folgende Gemeinden des Landkreises Burgenlandkreis:
Meineweh
Droyßig
Elsteraue
Gutenborn
Kretzschau
Osterfeld
Schnaudertal
Wetterzeube
Zeitz, Stadt

**III. Landgericht Magdeburg**
1. Amtsgericht Aschersleben
Folgende Gemeinden des Landkreises Salzlandkreis:
Aschersleben
Bördeaue
Börde-Hakel
Borne
Egeln
Giersleben
Hecklingen, Stadt
Seeland, Stadt
Staßfurt, Stadt
Wolmirsleben
2. Amtsgericht Bernburg
Landkreis Salzlandkreis, soweit die Gemeinden nicht dem Amtsgericht Aschersleben oder dem Amtsgericht Schönebeck zugeordnet sind.
3. Amtsgericht Halberstadt
Landkreis Harz, soweit die Gemeinden nicht dem Amtsgericht Quedlinburg oder dem Amtsgericht Wernigerode zugeordnet sind.
4. Amtsgericht Haldensleben
Landkreis Börde, soweit die Gemeinden nicht dem Amtsgericht Oschersleben zugeordnet sind.
5. Amtsgericht Magdeburg
Kreisfreie Stadt Magdeburg
6. Amtsgericht Oschersleben
Folgende Gemeinden des Landkreises Börde:
Am Großen Bruch

Ausleben
Eilsleben
Gröningen
Harbke
Hötensleben
Kroppenstedt
Oschersleben (Bode), Stadt
Sommersdorf
Sülzetal
Ummendorf
Völpke
Wanzleben-Börde, Stadt
Wefensleben
7. Amtsgericht Quedlinburg
Folgende Gemeinden des Landkreises Harz:
Ballenstedt, Stadt
Ditfurt
Falkenstein/Harz, Stadt
Harzgerode, Stadt
Hedersleben
Quedlinburg, Stadt
Selke-Aue
Thale, Stadt
8. Amtsgericht Schönebeck
Folgende Gemeinden des Landkreises Salzlandkreis:
Barby, Stadt
Bördeland
Calbe (Saale)
Schönebeck (Elbe)
9. Amtsgericht Wernigerode
Folgende Gemeinden des Landkreises Harz:
Blankenburg (Harz) Stadt
Ilsenburg (Harz)
Nordharz
Oberharz am Brocken, Stadt
Wernigerode

IV. **Landgericht Stendal**
1. Amtsgericht Burg
Landkreis Jerichower Land
2. Amtsgericht Gardelegen
Folgende Gemeinden des Landkreises Altmarkkreis Salzwedel:
Gardelegen, Hansestadt
Kalbe (Milde), Stadt
Klötze, Stadt
3. Amtsgericht Salzwedel
Landkreis Altmarkkreis Salzwedel, soweit die Gemeinden nicht dem Amtsgericht Gardelegen zugeordnet sind.
4. Amtsgericht Stendal
Landkreis Stendal

# Gesetz
## über die Gerichte für Arbeitssachen

Vom 23. August 1991 (GVBl. LSA S. 287)
(BS LSA 32.1)
zuletzt geändert durch § 6 Abs. 3 G zur Neuordnung der Gerichtsstrukturen vom 14. Februar 2008 (GVBl. LSA S. 50)

Der Landtag von Sachsen-Anhalt hat das folgende Gesetz beschlossen, das hiermit verkündet wird:

**§ 1 [Sitz der Amtsgerichte]**
(1) Es werden Arbeitsgerichte mit dem Sitz in Dessau-Roßlau, Halle (Saale), Magdeburg und Stendal errichtet.
(2) Es wird ein Landesarbeitsgericht mit dem Sitz in Halle (Saale) errichtet.

**§ 2 [Gerichtsbezirke]**
(1) Die Bezirke der Arbeitsgerichte bestehen aus den Bezirken folgender Gerichte in ihrem jeweiligen Gebietsumfang:
1. Arbeitsgericht Dessau-Roßlau:
   Landgericht Dessau-Roßlau;
2. Arbeitsgericht Halle:
   Landgericht Halle;
3. Arbeitsgericht Magdeburg:
   Landgericht Magdeburg;
4. Arbeitsgericht Stendal:
   Landgericht Stendal.

(2) Der Bezirk des Landesarbeitsgerichts umfaßt das Land Sachsen-Anhalt.

**§ 3 [Gerichtsbenennung]**
[1]Die Arbeitsgerichte führen jeweils den in § 2 Abs. 1 bezeichneten Namen. [2]Das Landesarbeitsgericht führt den Namen „Landesarbeitsgericht Sachsen-Anhalt".

**§ 4 [Anhängige Verfahren]**
Wird der Bezirk eines Arbeitsgerichts aufgehoben oder geändert, findet § 5 Abs. 1 und 3 Satz 1 des Gesetzes über die Organisation der ordentlichen Gerichte im Lande Sachsen-Anhalt entsprechende Anwendung mit der Maßgabe, dass die ehrenamtlichen Richter eines aufgehobenen oder von einer Änderung betroffenen Gerichts unter Fortsetzung ihrer Amtszeit ehrenamtliche Richter des entsprechenden Gerichts, in dessen Bezirk sie im Zeitpunkt der Änderung oder Aufhebung als Arbeitgeber oder Arbeitnehmer tätig sind, werden.

**§ 5 [Zuständige oberste Landesbehörde; Dienstaufsicht]**
(1) Zuständige oberste Landesbehörde im Sinne des Arbeitsgerichtsgesetzes ist das Ministerium der Justiz.
(2) Die Dienstaufsicht üben aus:
1. der Minister oder die Ministerin der Justiz über alle Gerichte für Arbeitssachen;
2. der Präsident oder die Präsidentin des Landesarbeitsgerichts über dieses Gericht und die Arbeitsgerichte;
3. der Direktor oder die Direktorin eines Arbeitsgerichts über dieses Gericht mit Ausnahme der Dienstaufsicht über Richter und Richterinnen.

**§ 6 [Ehrenamtliche Richter und Richterinnen]**
(1) Die ehrenamtlichen Richter und Richterinnen werden von dem Präsidenten oder der Präsidentin des Landesarbeitsgerichts in ihr Amt berufen.
(2) Die Zahl der ehrenamtlichen Richter und Richterinnen am Landesarbeitsgericht und an den Arbeitsgerichten wird durch den Präsidenten oder die Präsidentin des Landesarbeitsgerichts und die Direktoren oder Direktorinnen der Arbeitsgerichte bestimmt.

# 73 G über die Gerichte für Arbeitssachen § 7

## § 7 [In-Kraft-Treten]
Dieses Gesetz tritt am ersten Tage des auf die Verkündung[1] folgenden Monats in Kraft.

---

1) Verkündet am 30. 8. 1991.

# Gesetz zur Ausführung der Verwaltungsgerichtsordnung und des Bundesdisziplinargesetzes (AG VwGO LSA)[1)]

Vom 28. Januar 1992 (GVBl. LSA S. 36)
(BS LSA 34.2)
zuletzt geändert durch Art. 4 G zur Änd. des HochschulzulassungsG Sachsen-Anhalt und anderer G vom 17. Februar 2017 (GVBl. LSA S. 14)

### § 1 Errichtung und Gliederung der Verwaltungsgerichte der Verwaltungsgerichtsbarkeit
(1) Es werden Verwaltungsgerichte mit Sitz in Halle (Saale) und Magdeburg errichtet.
(2) Es wird ein Oberverwaltungsgericht mit Sitz in Magdeburg errichtet.

### § 2 Gerichtsbezirke
(1) Die Bezirke der Verwaltungsgerichte bestehen aus den Bezirken folgender Gerichte in ihrem jeweiligen Gebietsumfang:
1. Verwaltungsgericht Halle:
   Landgerichte Dessau-Roßlau und Halle,
2. Verwaltungsgericht Magdeburg:
   Landgerichte Magdeburg und Stendal.
(2) Der Bezirk des Oberverwaltungsgerichts umfaßt das Land Sachsen-Anhalt.

### § 3 Bezeichnung der Gerichte
[1]Die Verwaltungsgerichte führen jeweils den in § 2 Abs. 1 bezeichneten Namen. [2]Das Oberverwaltungsgericht führt den Namen „Oberverwaltungsgericht des Landes Sachsen-Anhalt".

### § 3a Änderung der Verwaltungsgerichtsorganisation
Wird der Bezirk eines Verwaltungsgerichts aufgehoben oder geändert, findet § 5 Abs. 1 und 3 Satz 1 des Gesetzes über die Organisation der ordentlichen Gerichte im Lande Sachsen-Anhalt entsprechende Anwendung.

### § 4 Besetzung des Oberverwaltungsgerichts
(1) Die Senate des Oberverwaltungsgerichts entscheiden in der Besetzung von drei Richtern und zwei ehrenamtlichen Richtern.
(2) [1]Bei Beschlüssen außerhalb der mündlichen Verhandlung und bei Gerichtsbescheiden (§ 84 der Verwaltungsgerichtsordnung in der Fassung vom 19. März 1991, BGBl. I S. 686) wirken die ehrenamtlichen Richter nicht mit. [2]Dies gilt nicht für Beschlüsse, durch die in Verfahren nach § 47 der Verwaltungsgerichtsordnung in der Hauptsache entschieden wird.

### § 5 Dienstaufsicht
Die Dienstaufsicht üben aus
1. das für Justiz zuständige Ministerium
   über alle Gerichte der Verwaltungsgerichtsbarkeit,
2. der Präsident des Oberverwaltungsgerichts
   über dieses Gericht und die Verwaltungsgerichte,
3. der Präsident eines Verwaltungsgerichts
   über dieses Gericht.

### § 6 Zahl der Kammern und Senate
Der Präsident des Gerichts bestimmt im Rahmen des Stellenplans nach Anhörung des Präsidiums die Zahl der Spruchkörper des Gerichts.

### § 7 Bildung des Ausschusses zur Wahl der ehrenamtlichen Richter
(1) Zur Vorbereitung der Wahl der Vertrauensleute und ihrer Vertreter für den bei jedem Verwaltungsgericht zu bestellenden Ausschuß wählen die Vertretungskörperschaften der Landkreise und

---

1) Verkündet als Art. 1 G zur Ausführung der Verwaltungsgerichtsordnung und zur Anpassung richterrechtlicher Vorschriften v. 28. 1. 1992 (GVBl. LSA S. 36); Inkrafttreten gem. Art. 3 Satz 1 dieses G am 1. 2. 1992.

kreisfreien Städte des Verwaltungsgerichtsbezirkes je einen Wahlbevollmächtigten und seinen Vertreter.

(2) ¹Die Versammlung der Wahlbevollmächtigten wählt aus ihrer Mitte einen Vorsitzenden und seinen Vertreter. ²Der Vorsitzende oder im Falle der Verhinderung sein Vertreter beruft die Versammlung ein. ³Die erstmalige Einberufung erfolgt durch den Wahlbevollmächtigten der nach Absatz 1 beteiligten kommunalen Gebietskörperschaft, in der das Verwaltungsgericht seinen Sitz hat.

(3) Die Versammlung der Wahlbevollmächtigten wählt die Vertrauensleute und ihre Vertreter.

(4) ¹Die Versammlung der Wahlbevollmächtigten ist beschlußfähig, wenn mehr als die Hälfte ihrer Mitglieder anwesend ist. ²Gewählt ist, wer die meisten Stimmen auf sich vereinigt. ³Bei Stimmengleichheit entscheidet das Los.

(5) ¹Die Vertrauensleute und ihre Vertreter werden auf die Dauer von fünf Jahren gewählt; die Amtsperiode beginnt mit dem Tag der Wahl. ²Bis zur Neuwahl bleiben die bisherigen Vertrauensleute und deren Vertreter im Amt. ³Eine Ersatzwahl gilt nur für den Rest der Wahlperiode der bereits gewählten Vertrauensleute.

(6) ¹Für den bei dem Oberverwaltungsgericht zu bestellenden Ausschuß wählt der Landtag oder ein durch ihn bestimmter Landtagsausschuß die Vertrauensleute und ihre Vertreter. ²Absatz 5 gilt entsprechend.

### § 7a Wahl der Beamtenbeisitzer bei den Senaten für Disziplinarsachen

(1) Die Beamtenbeisitzer der Senate für Disziplinarsachen bei dem Oberverwaltungsgericht werden durch den nach §§ 34, 26 der Verwaltungsgerichtsordnung bestellten Wahlausschuss gewählt.

(2) Für die Wahl gelten die §§ 25 und 29 der Verwaltungsgerichtsordnung entsprechend.

(3) ¹Das für Justiz zuständige Ministerium stellt vom Jahr 2010 an alle fünf Jahre eine Vorschlagsliste von Beamtenbeisitzern für die Senate für Disziplinarsachen auf. ²Hierbei ist die doppelte Anzahl der durch den Präsidenten des Oberverwaltungsgerichts als erforderlich bezeichneten Beamtenbeisitzer zugrunde zu legen. ³Die obersten Bundesbehörden und die Spitzenorganisationen der zuständigen Gewerkschaften können Beamte des Bundes für die Listen vorschlagen. ⁴In den Listen sind die Beamten nach Laufbahngruppen und Verwaltungsbereichen gegliedert aufzuführen.

### § 8 Beteiligungsfähigkeit von Behörden

¹Fähig, am Verfahren beteiligt zu sein, sind auch Landesbehörden. ²Die Klage ist gegen die Landesbehörde zu richten, die den angefochtenen Verwaltungsakt erlassen oder den beantragten Verwaltungsakt unterlassen hat.

### § 8a Ausschluss des Vorverfahrens

(1) ¹In den Fällen des § 73 Abs. 1 Satz 2 Nrn. 2 und 3 der Verwaltungsgerichtsordnung entfällt ein Vorverfahren nach § 68 der Verwaltungsgerichtsordnung, wenn diejenige Behörde, die einen Verwaltungsakt erlassen oder den Erlass eines Verwaltungsaktes abgelehnt hat, auch den Widerspruchsbescheid zu erlassen hätte. ²Dies gilt nicht,
1. soweit Bundesrecht die Durchführung eines Vorverfahrens zwingend vorschreibt,
2. für die Bewertung einer Leistung im Rahmen einer berufsbezogenen Prüfung,
3. in den Fällen des § 54 Abs. 1 bis 3 des Beamtenstatusgesetzes,
4. für Entscheidungen in Selbstverwaltungsangelegenheiten
    a) der kreisangehörigen Gemeinden und der Zusammenschlüsse, an denen kreisangehörige Gemeinden beteiligt sind,
    b) nach abgaberechtlichen Vorschriften, die insbesondere Beiträge, Gebühren, kommunale Steuern, steuerliche Nebenleistungen und Entscheidungen über Billigkeitsmaßnahmen betreffen,
5. für kommunalaufsichtliche Entscheidungen,
6. für Entscheidungen des Statistischen Landesamtes über die Gewährung von Leistungen aus dem Finanzausgleichsgesetz und
7. für Entscheidungen nach dem GRW-Gesetz vom 6. Oktober 1969 (BGBl. I S. 1861), zuletzt geändert durch Artikel 269 der Verordnung vom 31. August 2015 (BGBl. I S. 1474, 1513), in der jeweils geltenden Fassung,
8. für Entscheidungen nach dem Bundesausbildungsförderungsgesetz.

(2) In den Fällen des Absatzes 1 Satz 1 entfällt das Vorverfahren auch bei Kostenentscheidungen, Nebenbestimmungen und Maßnahmen der Verwaltungsvollstreckung.
(3) Für die bis zum 1. Dezember 2003 bereits den jeweiligen Adressaten bekannt gegebenen Verwaltungsakte gelten die Absätze 1 und 2 nicht.

### § 9 Ausschluß der aufschiebenden Wirkung
Rechtsbehelfe, die sich gegen Maßnahmen in der Verwaltungsvollstreckung richten, haben keine aufschiebende Wirkung.

### § 10 Zuständigkeit in Normenkontrollverfahren
Das Oberverwaltungsgericht entscheidet im Rahmen seiner Gerichtsbarkeit nach Maßgabe des § 47 der Verwaltungsgerichtsordnung auf Antrag über die Gültigkeit einer im Rang unter dem Landesgesetz stehenden Rechtsvorschrift.

### § 11 Erstinstanzliche Zuständigkeit des Oberverwaltungsgerichts
Das Oberverwaltungsgericht entscheidet im ersten Rechtszug auch über Streitigkeiten, die Besitzeinweisungen in den Fällen des § 48 Satz 1 der Verwaltungsgerichtsordnung betreffen.

### § 12 Prozesskostenhilfe
[1]§ 166 Abs. 2 der Verwaltungsgerichtsordnung findet keine Anwendung. [2]§ 166 Abs. 4 Satz 1 und Abs. 6 der Verwaltungsgerichtsordnung findet keine Anwendung, soweit dort Bezug auf § 166 Abs. 2 der Verwaltungsgerichtsordnung genommen wird.

# Stiftungsgesetz Sachsen-Anhalt (StiftG LSA)

Vom 20. Januar 2011 (GVBl. LSA S. 14)
(BS LSA 40.16)
zuletzt geändert durch Art. 16 KommunalrechtsreformG vom 17. Juni 2014 (GVBl. LSA S. 288)

## Inhaltsübersicht

**Abschnitt 1**
**Allgemeine Vorschriften**
§ 1 Zweck des Gesetzes
§ 2 Anwendungsbereich
§ 3 Begriffsbestimmungen
§ 4 Stiftungsbehörden
§ 5 Stiftungsverzeichnis

**Abschnitt 2**
**Stiftungen des bürgerlichen Rechts**
§ 6 Anerkennung
§ 7 Pflichten der Stiftung
§ 8 Zweckänderung und Aufhebung
§ 9 Satzungsänderung in sonstigen Fällen
§ 10 Befugnisse der Aufsichtsbehörde

**Abschnitt 3**
**Staatliche Stiftungen des öffentlichen Rechts**
§ 11 Errichtung, Pflichten der Stiftung, Befugnisse der Stiftungsaufsicht, Vermögensanfall

**Abschnitt 4**
**Kirchliche Stiftungen**
§ 12 Kirchliche Stiftungen des bürgerlichen Rechts
§ 13 Kirchliche Stiftungen des öffentlichen Rechts

**Abschnitt 5**
**Bußgeld-, Übergangs- und Schlussvorschriften**
§ 14 Ordnungswidrigkeiten
§ 15 Bestehende Stiftungen
§ 16 Klärung von Rechtsverhältnissen
§ 17 Ausschluss der elektronischen Form
§ 18 Sprachliche Gleichstellung
§ 19 Einschränkung von Grundrechten
§ 20 Folgeänderungen
§ 21 Inkrafttreten, Außerkrafttreten

## Abschnitt 1
## Allgemeine Vorschriften

### § 1 Zweck des Gesetzes
Der vorrangige Zweck des Gesetzes ist die Beachtung des Stifterwillens.

### § 2 Anwendungsbereich
Dieses Gesetz gilt für rechtsfähige Stiftungen des bürgerlichen und des öffentlichen Rechts mit Sitz in Sachsen-Anhalt.

### § 3 Begriffsbestimmungen
(1) Stiftungen des bürgerlichen Rechts sind Stiftungen im Sinne der §§ 80 bis 88 des Bürgerlichen Gesetzbuches einschließlich der kirchlichen Stiftungen des bürgerlichen Rechts.
(2) Kirchliche Stiftungen des bürgerlichen Rechts sind Stiftungen,
1. die überwiegend dazu bestimmt sind, kirchliche Aufgaben zu erfüllen,
2. a) die von einer Kirche errichtet oder
   b) die organisatorisch mit einer Kirche verbunden oder
   c) deren Zwecke nur sinnvoll in Verbindung mit einer Kirche zu erfüllen sind oder
   d) die in der Stiftungssatzung der kirchlichen Aufsicht unterstellt sind und
3. die als kirchliche Stiftungen des bürgerlichen Rechts errichtet worden sind.
(3) Stiftungen des öffentlichen Rechts sind die staatlichen und die kirchlichen Stiftungen des öffentlichen Rechts.
(4) Staatliche Stiftungen des öffentlichen Rechts sind Stiftungen, die
1. ausschließlich dazu bestimmt sind, öffentliche Aufgaben zu erfüllen,
2. mit dem Land organisatorisch verbunden sind und
3. vom Land als staatliche Stiftung des öffentlichen Rechts errichtet worden sind.

(5) Kirchliche Stiftungen des öffentlichen Rechts sind Stiftungen, die
1. ausschließlich dazu bestimmt sind, kirchliche Aufgaben zu erfüllen,
2. mit einer kirchlichen Körperschaft des öffentlichen Rechts organisatorisch verbunden sind und
3. von einer Kirche als kirchliche Stiftung des öffentlichen Rechts errichtet worden sind.
(6) Den kirchlichen Stiftungen im Sinne der Absätze 2 und 5 sind Stiftungen von Religions- und Weltanschauungsgemeinschaften gleichgestellt, sofern diese Körperschaften des öffentlichen Rechts sind.

### § 4 Stiftungsbehörden
(1) [1]Für Stiftungen des bürgerlichen Rechts ist das Landesverwaltungsamt Stiftungsbehörde. [2]Oberste Stiftungsbehörde ist das für Stiftungswesen zuständige Ministerium.
(2) Für staatliche Stiftungen des öffentlichen Rechts ist das Ministerium Stiftungsbehörde, in dessen Geschäftsbereich der überwiegende Zweck der Stiftung fällt.
(3) Die Stiftungsbehörde ist zugleich Aufsichtsbehörde, soweit gesetzlich nichts anderes bestimmt ist.

### § 5 Stiftungsverzeichnis
(1) [1]Die Stiftungsbehörde nach § 4 Abs. 1 Satz 1 erfasst alle rechtsfähigen Stiftungen gemäß § 2 in einem elektronischen Stiftungsverzeichnis. [2]Stiftungen gemäß § 3 Abs. 5 werden auf Antrag im Stiftungsverzeichnis aufgenommen. [3]Das Verzeichnis kann von jedermann eingesehen werden und ist zum Abruf im Internet bereitzustellen.
(2) Das Stiftungsverzeichnis enthält folgende Angaben:
1. den Namen und den Sitz der Stiftung,
2. die Anschrift der Geschäftsstelle der Stiftung,
3. das vertretungsberechtigte Organ,
4. den Zweck der Stiftung,
5. die Rechtsnatur der Stiftung und
6. den Zeitpunkt der Entstehung der Stiftung.
(3) Die Stiftungen haben der Stiftungsbehörde nach § 4 Abs. 1 Satz 1 die Angaben nach Absatz 2 unverzüglich mitzuteilen.
(4) Eintragungen im Stiftungsverzeichnis begründen nicht die Vermutung ihrer Richtigkeit.
(5) [1]Die jeweils zuständige Stiftungsbehörde stellt auf Antrag der Stiftung eine Bescheinigung über die angezeigte Vertretungsbefugnis aus. [2]Einem Dritten kann diese Bescheinigung erstellt werden, wenn er ein berechtigtes Interesse glaubhaft macht.
(6) Die behördlichen Unterlagen über die Anerkennung der Rechtsfähigkeit und die Beaufsichtigung der Stiftungen des bürgerlichen Rechts unterliegen nicht dem Anspruch auf Zugang zu amtlichen Informationen nach dem Informationszugangsgesetz Sachsen-Anhalt.

*Abschnitt 2*
**Stiftungen des bürgerlichen Rechts**

### § 6 Anerkennung
(1) Die Stiftungsbehörde ist zuständig für die Anerkennung der Rechtsfähigkeit der Stiftung nach § 80 Abs. 1 des Bürgerlichen Gesetzbuches und für das Erstellen oder Ergänzen der Stiftungssatzung bei testamentarischer Errichtung nach § 83 Satz 2 des Bürgerlichen Gesetzbuches.
(2) Die Anerkennung der Rechtsfähigkeit der Stiftung bedarf der Schriftform.

### § 7 Pflichten der Stiftung
(1) [1]Die Stiftung hat ihr Vermögen im Einklang mit den Rechtsvorschriften und dem in Stiftungsgeschäft und Stiftungssatzung zum Ausdruck kommenden Stifterwillen nach den Regeln ordentlicher Wirtschaftsführung zu verwalten. [2]Die Verwaltung dient der dauernden und nachhaltigen Erfüllung des Stiftungszwecks.
(2) [1]Das Vermögen, das der Stiftung zugewendet wurde, um aus seiner Nutzung den Stiftungszweck nachhaltig zu erfüllen (Grundstockvermögen), ist in seinem Bestand zu erhalten, es sei denn, dass der Stiftungszweck anders nicht zu erfüllen ist. [2]Das Grundstockvermögen ist vom übrigen Vermögen getrennt zu halten. [3]Der Bestand und seine Veränderungen sind gesondert nachzuweisen.

(3) Die Erträge des Grundstockvermögens und diejenigen Zuwendungen Dritter, die nicht ausdrücklich zur Erhöhung des Grundstockvermögens bestimmt sind, sind zur Erfüllung des Stiftungszwecks zu verwenden.
(4) [1]Die Stiftung ist verpflichtet, der Aufsichtsbehörde
1. die Zusammensetzung der Organe,
2. die zur Vertretung Befugten nebst deren ladungsfähigen Anschriften und
3. Änderungen der Angaben nach den Nummern 1 und 2
innerhalb einer Frist von einem Monat nach Eintritt der Wirksamkeit mitzuteilen. [2]Die Stiftung hat der Aufsichtsbehörde ferner jederzeit auf Verlangen Auskünfte zu erteilen sowie Geschäfts- und Kassenbücher, Akten und sonstige Unterlagen zur Einsichtnahme vorzulegen.
(5) Die Stiftung ist verpflichtet, der Aufsichtsbehörde innerhalb von zwölf Monaten nach Ablauf des Geschäftsjahres eine Jahresrechnung mit einer Vermögensübersicht und einen Bericht über die Erfüllung des Stiftungszwecks (Rechnungsabschluss) vorzulegen.
(6) [1]Wird die Stiftung durch einen Wirtschaftsprüfer, einen vereidigten Buchprüfer, eine Wirtschaftsprüfergesellschaft, eine Buchprüfungsgesellschaft, einen Prüfungsverband oder eine Behörde geprüft, so ist anstelle der Jahresrechnung und der Vermögensübersicht der Prüfungsbericht einzureichen. [2]Die Prüfung hat sich auch auf die satzungsgemäße Verwendung der Stiftungsmittel und die Erhaltung des Grundstockvermögens zu erstrecken. [3]Das Ergebnis der Prüfung ist in einem Abschlussvermerk des Prüfers festzuhalten.

### § 8 Zweckänderung und Aufhebung
Die Stiftungsbehörde ist zuständig für die Zweckänderung und die Aufhebung der Stiftung nach § 87 des Bürgerlichen Gesetzbuches.

### § 9 Satzungsänderung in sonstigen Fällen
(1) Soweit die Satzung dies vorsieht oder wenn die Verhältnisse sich seit Errichtung der Stiftung wesentlich geändert haben, kann die Stiftung
1. eine Satzungsänderung oder
2. die Zusammenlegung mit einer anderen Stiftung oder
3. die Zulegung zu einer anderen Stiftung
beschließen, sofern der Stiftungszweck hierdurch nicht oder nur unwesentlich verändert wird und der Stifterwille nicht entgegensteht.
(2) [1]Vor einer Entscheidung nach Absatz 1 soll der Stifter nach Möglichkeit gehört werden. [2]In Rechte derer, die durch die Stiftung begünstigt sind, darf nicht eingegriffen werden.
(3) Maßnahmen nach Absatz 1 bedürfen der Genehmigung der Stiftungsbehörde nach § 4 Abs. 1 Satz 1.
(4) Die Zulegung ist nur zulässig, wenn die aufnehmende Stiftung zugestimmt hat und die Erfüllung ihres Zwecks nicht beeinträchtigt ist.
(5) Eine Stiftung, die außerhalb des Landes entstanden ist und ihren Sitz in das Land Sachsen-Anhalt verlegt, hat die Sitzverlegung unverzüglich anzuzeigen.

### § 10 Befugnisse der Aufsichtsbehörde
(1) [1]Die Stiftungen unterliegen der Rechtsaufsicht des Landes, kirchliche Stiftungen jedoch nur nach Maßgabe des § 12. [2]Die Aufsicht beschränkt sich darauf, zu überwachen, dass die Stiftungsorgane die Rechtsvorschriften und den in Stiftungsgeschäft und Stiftungssatzung zum Ausdruck kommenden Stifterwillen beachten. [3]Die Aufsicht ist so zu führen, dass die Entschlusskraft und die Eigenverantwortung der Stiftungsorgane gefördert werden.
(2) [1]Die Aufsichtsbehörde ist befugt, sich über Angelegenheiten der Stiftung zu unterrichten. [2]Sie kann Einrichtungen der Stiftung besichtigen sowie Geschäfts- und Kassenbücher, Akten und sonstige Unterlagen der Stiftung anfordern.
(3) [1]Die Aufsichtsbehörde kann die satzungsgemäße Verwendung der Stiftungsmittel und die Erhaltung des Grundstockvermögens in dem von ihr für erforderlich gehaltenen Umfang prüfen oder auf Kosten der Stiftung prüfen lassen. [2]Sie kann im Einzelfall zulassen, dass der Rechnungsabschluss für mehrere Jahre zusammengefasst eingereicht wird. [3]Bei Vorliegen besonderer Gründe kann sie eine von § 7 Abs. 5 abweichende Frist bestimmen.
(4) [1]Die Aufsichtsbehörde kann Maßnahmen der Stiftung beanstanden, die Rechtsvorschriften, dem Stiftungsgeschäft oder der Stiftungssatzung widersprechen, und verlangen, dass sie innerhalb einer

bestimmten Frist aufgehoben oder rückgängig gemacht werden. ²Beanstandete Maßnahmen dürfen nicht vollzogen werden.
(5) Die Aufsichtsbehörde kann anordnen, dass durch Rechtsvorschrift oder Stiftungssatzung gebotene Maßnahmen innerhalb einer bestimmten Frist zu vollziehen sind, wenn diese nicht oder nicht rechtzeitig vollzogen werden.
(6) Kommen die Mitglieder der Stiftungsorgane binnen einer ihnen gesetzten Frist den Anordnungen der Aufsichtsbehörde nicht nach, können die Anordnungen nach dem Teil 3 des Verwaltungsvollstreckungsgesetzes des Landes Sachsen-Anhalt durchgesetzt werden.
(7) ¹Die Aufsichtsbehörde kann Mitgliedern eines Stiftungsorgans aus wichtigem Grund, insbesondere wegen grober Pflichtverletzung oder Unfähigkeit zur ordnungsgemäßen Geschäftsführung, die Ausübung ihrer Tätigkeit vorläufig untersagen. ²Darüber hinaus kann sie die Abberufung und Berufung von Mitgliedern der Stiftungsorgane verlangen. ³Kommt die Stiftung dem Verlangen nicht innerhalb der von der Aufsichtsbehörde gesetzten Frist nach, kann die Aufsichtsbehörde das Mitglied des Stiftungsorgans abberufen und ein anderes an seiner Stelle berufen.
(8) Soweit einem Stiftungsorgan die erforderlichen Mitglieder fehlen und keine Bestellung durch das zuständige Amtsgericht erfolgt, kann die Aufsichtsbehörde sie in dringenden Fällen für die Zeit bis zur Behebung des Mangels bestellen.

*Abschnitt 3*
**Staatliche Stiftungen des öffentlichen Rechts**

**§ 11 Errichtung, Pflichten der Stiftung, Befugnisse der Stiftungsaufsicht, Vermögensanfall**
(1) Eine staatliche Stiftung des öffentlichen Rechts kann nur durch Gesetz errichtet oder aufgelöst werden.
(2) Die §§ 7 und 10 Abs. 1 bis 5 und 7 dieses Gesetzes sowie § 148 des Kommunalverfassungsgesetzes gelten für staatliche Stiftungen des öffentlichen Rechts entsprechend, soweit nicht durch Gesetz oder aufgrund eines Gesetzes etwas anderes bestimmt ist.
(3) Ist bei einer staatlichen Stiftung des öffentlichen Rechts eine anfallberechtigte Stelle nicht bestimmt, fällt das Vermögen im Falle ihrer Aufhebung an das Land.

*Abschnitt 4*
**Kirchliche Stiftungen**

**§ 12 Kirchliche Stiftungen des bürgerlichen Rechts**
(1) ¹Eine Stiftung des bürgerlichen Rechts darf nicht ohne Einwilligung der zuständigen Kirchenbehörde als kirchliche Stiftung anerkannt werden. ²Gleiches gilt für die Änderung der Rechtsnatur einer kirchlichen Stiftung des bürgerlichen Rechts.
(2) Kirchliche Stiftungen des bürgerlichen Rechts unterliegen nicht der Rechtsaufsicht des Landes, wenn
1. die betreffende Kirche Rechtsvorschriften erlassen hat, die im Wesentlichen den staatlichen Vorschriften entsprechen, und
2. die Stiftungen entsprechend diesen Vorschriften von der zuständigen Kirchenbehörde beaufsichtigt werden.
(3) Ist bei einer kirchlichen Stiftung des bürgerlichen Rechts eine anfallberechtigte Stelle nicht bestimmt, fällt das Vermögen im Falle ihrer Aufhebung an die aufsichtführende Kirche.

**§ 13 Kirchliche Stiftungen des öffentlichen Rechts**
¹Eine kirchliche Stiftung des öffentlichen Rechts bedarf zur Erlangung der Rechtsfähigkeit der Genehmigung durch das für die Rechtsbeziehungen zwischen Staat und Kirche zuständige Ministerium. ²Die Staatskirchenverträge und das jeweilige kirchliche Recht finden Anwendung.

*Abschnitt 5*
**Bußgeld-, Übergangs- und Schlussvorschriften**

### § 14 Ordnungswidrigkeiten
(1) Ordnungswidrig handelt, wer vorsätzlich oder fahrlässig
1. entgegen § 7 Abs. 4 Satz 1 die Zusammensetzung der Organe, die zur Vertretung Befugten nebst deren ladungsfähigen Anschriften und Änderungen nicht, nicht vollständig, nicht richtig oder nicht rechtzeitig mitteilt,
2. entgegen § 7 Abs. 4 Satz 2 auf Verlangen Auskünfte nicht, nicht vollständig, nicht richtig oder nicht rechtzeitig erteilt oder Geschäfts- und Kassenbücher, Akten und sonstige Unterlagen nicht, nicht vollständig, nicht richtig oder nicht rechtzeitig zur Einsichtnahme vorlegt,
3. entgegen § 7 Abs. 5 den Rechnungsabschluss nicht, nicht vollständig, nicht rechtzeitig oder nicht in der vorgeschriebenen Weise vorlegt,
4. entgegen § 10 Abs. 4 Satz 2 eine beanstandete Maßnahme vollzieht oder
5. gegen eine vollziehbare Untersagung der Geschäftstätigkeit nach § 10 Abs. 7 Satz 1 verstößt.

(2) Absatz 1 findet auf kirchliche Stiftungen des bürgerlichen Rechts und auf Stiftungen des öffentlichen Rechts keine Anwendung.
(3) Die Ordnungswidrigkeit kann mit einer Geldbuße bis zu zweitausendfünfhundert Euro geahndet werden.
(4) Verwaltungsbehörde im Sinne des § 36 Abs. 1 Nr. 1 des Gesetzes über Ordnungswidrigkeiten ist die Stiftungsbehörde.

### § 15 Bestehende Stiftungen
(1) ¹Die bei Inkrafttreten dieses Gesetzes bestehenden Stiftungen bestehen in ihrer Rechtsnatur fort. ²Für ihre künftigen Rechtsverhältnisse sind die Vorschriften dieses Gesetzes anzuwenden.
(2) Die durch einen Stiftungsakt eines Trägers hoheitlicher Gewalt oder durch Beschluss der Landesregierung vor Inkrafttreten dieses Gesetzes errichteten öffentlich-rechtlichen Stiftungen gelten als staatliche Stiftungen des öffentlichen Rechts fort.
(3) ¹Die Stiftungsbehörde nach § 4 Abs. 1 Satz 1 ist ermächtigt, Maßnahmen zur Wiederaufnahme der Tätigkeit nicht aktiver Stiftungen des bürgerlichen Rechts in Sachsen-Anhalt zu ergreifen. ²Diese Ermächtigung erstreckt sich auf die Nachforschung über das rechtliche Schicksal von Stiftungen und deren Vermögen sowie über Möglichkeiten der Wiederaufnahme der Tätigkeit durch Bestellung eines Vorstandes, Zusammenlegung oder sonstiger notwendig erscheinender Maßnahmen.
(4) ¹Eine Stiftung des bürgerlichen Rechts, die keine Satzung oder eine § 81 Abs. 1 Satz 3 des Bürgerlichen Gesetzbuches nicht entsprechende Satzung hat, ist verpflichtet, der Stiftungsbehörde innerhalb einer angemessenen Frist eine Satzung vorzulegen, die die in § 81 Abs. 1 Satz 3 des Bürgerlichen Gesetzbuches vorgeschriebenen Regelungen enthält. ²Die Satzung bedarf der Genehmigung der Stiftungsbehörde.

### § 16 Klärung von Rechtsverhältnissen
(1) ¹Bestehen Zweifel, ob es sich bei einer mit Vermögen ausgestatteten Einrichtung um eine rechtsfähige Stiftung handelt, kann die jeweils zuständige Stiftungsbehörde von Amts wegen Feststellungen zur Rechtsfähigkeit und Rechtsnatur der Einrichtung treffen. ²Auf Antrag hat sie die Feststellungen zu treffen, wenn ein berechtigtes Interesse an der Entscheidung besteht. ³Die Feststellungen bedürfen der Schriftform.
(2) Absatz 1 gilt entsprechend, wenn lediglich Zweifel über die Rechtsnatur einer rechtsfähigen Stiftung bestehen.
(3) ¹Die nach den Absätzen 1 und 2 ergehenden Entscheidungen dürfen öffentlich bekannt gegeben werden, wenn eine Bekanntgabe an die Beteiligten untunlich ist. ²Soweit sie unanfechtbar geworden sind, sind sie für die Beurteilung der Rechtsfähigkeit und der Rechtsnatur einer Stiftung durch andere Behörden und die Gerichte bindend.

### § 17 Ausschluss der elektronischen Form
In den Fällen des § 6 Abs. 2, § 9 Abs. 3, § 13 Satz 1 sowie § 15 Abs. 4 Satz 2 ist die elektronische Form ausgeschlossen.

**§ 18 Sprachliche Gleichstellung**
Personen- und Funktionsbezeichnungen gelten jeweils in weiblicher und männlicher Form.

**§ 19 Einschränkung von Grundrechten**
§ 7 Abs. 4 und § 10 Abs. 2 schränken das Grundrecht auf Schutz personenbezogener Daten im Sinne des Artikels 2 Abs. 1 in Verbindung mit Artikel 1 Abs. 1 des Grundgesetzes und des Artikels 6 Abs. 1 Satz 1 der Verfassung des Landes Sachsen-Anhalt ein.

**§ 20 (hier nicht wiedergegebene Folgeänderungen)**

**§ 21 Inkrafttreten, Außerkrafttreten**
(1) Dieses Gesetz tritt am ersten Tag des auf die Verkündung[1] folgenden Kalendermonats in Kraft.
(2) Gleichzeitig tritt das Stiftungsgesetz in der Fassung der Bekanntmachung vom 1. Januar 1997 (GVBl. LSA S. 2, 144) außer Kraft.

---
1) Verkündet am 26. 1. 2011.

# Mediengesetz des Landes Sachsen-Anhalt (MedienG LSA)

In der Fassung der Bekanntmachung vom 2. Januar 2013[1] (GVBl. LSA S. 2) (BS LSA 2251.28)
zuletzt geändert durch Art. 12 G zur Anpassung des Datenschutzrechts in LSA an das Recht der EU[2] vom 18. Februar 2020 (GVBl. LSA S. 25)

## Inhaltsübersicht

**Abschnitt 1**
**Allgemeine Vorschriften**
- § 1 Anwendungsbereich
- § 2 Begriffsbestimmungen
- § 3 Programmgrundsätze
- § 4 Unzulässige Angebote, Jugendschutz, Gewinnspiele und Verbraucherschutz
- § 5 Kurzberichterstattung, Übertragung von Großereignissen; Informationsrechte
- § 6 Europäische Produktionen, Eigen-, Auftrags- und Gemeinschaftsproduktionen
- § 7 Finanzierung, Werbung, Teleshopping und Sponsoring
- § 8 Regionalfensterprogramme
- § 9 Sicherung der Meinungsvielfalt im bundesweit verbreiteten Fernsehen
- § 10 Sicherung der Meinungsvielfalt im landesweit verbreiteten Rundfunk
- § 11 Datenschutz im Bereich der privaten Medien

**Abschnitt 2**
**Zulassung**
- § 12 Zulassungserfordernis
- § 13 Grundsätze für das Zulassungsverfahren
- § 14 Persönliche Zulassungsvoraussetzungen
- § 15 Sachliche Zulassungsvoraussetzungen
- § 16 Auswahlgrundsätze, Zuweisungsregeln
- § 17 Inhalt der Zulassung
- § 18 Verlängerung der Zulassung
- § 19 Private lokale oder regionale Fernsehprogramme
- § 20 Pilotprojekte zur Erprobung neuer Übertragungstechniken, neuer Rundfunkangebote und neuer Telemedien; Medienforschung

**Abschnitt 3**
**Bürgermedien, Einrichtungs- und Ereignisrundfunk**
- § 21 Offene Kanäle
- § 22 Nicht kommerzieller lokaler Hörfunk
- § 23 Einrichtungs- und Ereignisrundfunk

**Abschnitt 4**
**Pflichten der Rundfunkveranstalter**
- § 24 Verantwortlichkeit für das Rundfunkprogramm
- § 25 Aufzeichnungspflicht
- § 26 Gegendarstellung
- § 27 Auskunftspflicht und Beschwerderecht
- § 28 Verlautbarungspflicht
- § 29 Sendezeit für Dritte
- § 30 Versorgungspflicht
- § 31 Informationspflicht
- § 32 Zulieferung von Beiträgen zu lokalen oder regionalen Sendungen und Beteiligungsmöglichkeiten

**Abschnitt 5**
**Übertragungskapazitäten**
- § 33 Zuordnung und Zuweisung von Übertragungskapazitäten
- § 33a Zuordnung von drahtlosen Übertragungskapazitäten
- § 33b Zuweisung von drahtlosen Übertragungskapazitäten an private Anbieter durch die zuständige Landesmedienanstalt
- § 34 Digitalisierung der terrestrischen Übertragungskapazitäten
- § 35 Nutzung der Kabelübertragungskapazitäten
- § 36 Rangfolge der Kabelkanalbelegung bei der Verbreitung und Weiterverbreitung von Rundfunkprogrammen und Telemedien
- § 37 Weiterverbreitung

---

1) Neubekanntmachung des MedienG idF der Bek. v. 26. April 2010 (GVBl. LSA S. 304) in der ab 1.1.2013 geltenden Fassung.
2) **Amtl. Anm.:** Die Artikel 1, 5 Nr. 3 und Artikel 7 dieses Gesetzes dienen der Umsetzung der Artikel 32 bis 34, 41 bis 49 und 53 der Richtlinie (EU) 2016/680 des Europäischen Parlaments und des Rates vom 27. April 2016 zum Schutz natürlicher Personen bei der Verarbeitung personenbezogener Daten durch die zuständigen Behörden zum Zwecke der Verhütung, Ermittlung, Aufdeckung oder Verfolgung von STraftaten oder der Stafvollstreckung sowie zum freien Datenverkehr znd zur Aufhebung des Rahmenbeschlusses 2008/977/JI des Rates (ABl. L 119 vom 4.5.2016, S. 89; L 127 vom 23.5.2018, S. 9).

| § 38 | Plattformen |
| § 38a | Regelungen für Plattformen |
| § 38b | Belegung von Plattformen |
| § 38c | Technische Zugangsfreiheit |
| § 38d | Entgelte, Tarife |
| § 38e | Vorlage von Unterlagen, Zusammenarbeit mit der Regulierungsbehörde für Telekommunikation |
| § 38f | Maßnahmen durch die zuständige Landesmedienanstalt |
| § 39 | Überprüfungsklausel |

**Abschnitt 6**
**Medienanstalt Sachsen-Anhalt**

| § 40 | Rechtsform, Recht auf Selbstverwaltung, Sitz, Organe und Fachausschüsse |
| § 41 | Aufgaben und Beteiligungen |
| § 42 | Zusammensetzung und Amtszeit der Versammlung |
| § 43 | Aufgaben der Versammlung |
| § 44 | Arbeitsweise der Versammlung |
| § 45 | Zusammensetzung und Amtszeit des Vorstands |
| § 46 | Aufgaben des Vorstands |
| § 47 | Arbeitsweise des Vorstands |
| § 48 | Rechtsstellung der Mitglieder der Versammlung und des Vorstands |
| § 49 | Geschäftsstelle, Direktor, Bedienstete |
| § 50 | Haushalts- und Rechnungswesen |
| § 51 | Finanzierung durch Rundfunkbeiträge und durch Verwaltungskosten |
| § 52 | Finanzierung durch Abgaben der Rundfunkveranstalter |
| § 53 | Satzungen und Richtlinien zu Staatsverträgen und Zusammenarbeit mit anderen Einrichtungen und Behörden |
| § 54 | Rechtsaufsicht über die Medienanstalt Sachsen-Anhalt |

**Abschnitt 7**
**Aufsichtsbefugnisse der Medienanstalt Sachsen-Anhalt gegenüber Rundfunkveranstaltern, Anbietern, Anbietern von Plattformen sowie Betreibern von technischen Übertragungseinrichtungen und Rechtsschutz gegen Maßnahmen der Medienanstalt Sachsen-Anhalt**

| § 55 | Ausübung der Aufsichtsbefugnisse |
| § 56 | Auskunfts- und Vorlagerechte |
| § 57 | Veranstaltung von Rundfunk ohne Zulassung |
| § 58 | Rücknahme der Zulassung |
| § 59 | Beanstandung von Rechtsverstößen bei der Verbreitung von Rundfunk, Ruhen der Zulassung |
| § 60 | Widerruf der Zulassung |
| § 61 | Behandlung von Rechtsverstößen bei der Weiterverbreitung von Rundfunk |
| § 62 | Rechtsschutz gegen Maßnahmen der Medienanstalt Sachsen-Anhalt |

**Abschnitt 8**
**Ordnungswidrigkeiten**

| § 63 | Ordnungswidrigkeiten |

**Abschnitt 9**
**Schlussvorschriften**

| § 64 | Übergangsvorschriften |
| § 65 | Einschränkung von Grundrechten |
| § 66 | Sprachliche Gleichstellung |

*Abschnitt 1*
**Allgemeine Vorschriften**

### § 1 Anwendungsbereich

(1) Dieses Gesetz regelt:
1. Veranstaltung von Rundfunk durch private Rundfunkveranstalter,
2. Verbreitung von Rundfunkprogrammen und von Telemedien,
3. Zuordnung und Zuweisung von Übertragungskapazitäten, die zur Übertragung von Rundfunk und von Telemedien geeignet und bestimmt sind, soweit nicht abweichende gesetzliche oder staatsvertragliche Regelungen bestehen,
4. Pilotprojekte zur Erprobung neuartiger Übertragungstechniken, neuer Rundfunkangebote und neuer Telemedien sowie
5. die Medienanstalt Sachsen-Anhalt (MSA).

(2) Die Anwendbarkeit dieses Gesetzes auf die Telemedien richtet sich nach § 1 Abs. 1 Halbsatz 2 des Rundfunkstaatsvertrages.

(3) [1]Für Fernsehveranstalter, sofern sie nicht bereits aufgrund der Niederlassung deutscher Rechtshoheit unterliegen, gelten die Rechtsvorschriften des Landes Sachsen-Anhalt und der Rundfunkstaatsvertrag auch, wenn eine in Deutschland gelegene Satelliten-Bodenstation für die Aufwärtsstrecke genutzt wird. [2]Im Übrigen kommt § 1 Abs. 3 Satz 2 und 3 des Rundfunkstaatsvertrages zur Anwendung.

(4) Die Anwendbarkeit dieses Gesetzes auf Teleshoppingkanäle richtet sich nach § 1 Abs. 4 des Rundfunkstaatsvertrages.

## § 2 Begriffsbestimmungen
(1) Im Sinne dieses Gesetzes ist
1. Rundfunk:
   ein linearer Informations- und Kommunikationsdienst; er ist die für die Allgemeinheit und zum zeitgleichen Empfang bestimmte Veranstaltung und Verbreitung von Angeboten in Bewegtbild oder Ton entlang eines Sendeplans unter Benutzung elektromagnetischer Schwingungen. Der Begriff schließt Angebote ein, die verschlüsselt verbreitet werden oder gegen besonderes Entgelt empfangbar sind. § 12 Abs. 3 bleibt unberührt;
2. Rundfunkveranstalter:
   wer ein Rundfunkprogramm unter eigener inhaltlicher Verantwortung anbietet; das können Hörfunk- und Fernsehveranstalter sein;
3. Anbieter:
   vorbehaltlich der Regelung zur Begriffsdefinition des Anbieters im Anwendungsbereich des Jugendmedienschutz-Staatsvertrages eine natürliche oder juristische Person oder Personenvereinigung, die ein Programmbouquet vermarktet oder die eigene oder fremde Telemedien zur Nutzung bereithält oder den Zugang zur Nutzung vermittelt;
3a. Anbieter einer Plattform:
   wer auf digitalen Übertragungskapazitäten oder digitalen Datenströmen Rundfunk und vergleichbare Telemedien (Telemedien, die an die Allgemeinheit gerichtet sind) auch von Dritten mit dem Ziel zusammenfasst, diese Angebote als Gesamtangebot zugänglich zu machen, oder wer über die Auswahl für die Zusammenfassung entscheidet; Plattformanbieter ist nicht, wer Rundfunk oder vergleichbare Telemedien ausschließlich vermarktet;
4. Rundfunkprogramm:
   eine nach einem Sendeplan zeitlich geordnete Folge von Inhalten;
5. Vollprogramm:
   ein Rundfunkprogramm mit vielfältigen Inhalten, in welchem Information, Bildung, Beratung und Unterhaltung einen wesentlichen Teil des Gesamtprogramms bilden;
6. Spartenprogramm:
   ein Rundfunkprogramm mit im Wesentlichen gleichartigen Inhalten;
7. Satellitenfensterprogramm:
   ein zeitlich begrenztes Rundfunkprogramm mit bundesweiter Verbreitung im Rahmen eines weiterreichenden Programms (Hauptprogramm);
8. Regionalfensterprogramm:
   ein zeitlich und räumlich begrenztes Rundfunkprogramm mit im Wesentlichen regionalen Inhalten im Rahmen eines Hauptprogramms;
9. Programmbouquet:
   die Bündelung von Rundfunkprogrammen und Telemedien, die in digitaler Technik unter einem elektronischen Programmführer verbreitet werden;
10. Programmschema:
    eine nach Wochentagen gegliederte Übersicht über die Verteilung der täglichen Sendezeit innerhalb der Bereiche Information, Bildung, Beratung und Unterhaltung mit einer Darstellung der vorgesehenen wesentlichen Programminhalte einschließlich der Anteile von Sendungen mit lokalem und regionalem Bezug;
11. Sendung:
    ein inhaltlich zusammenhängender, geschlossener, zeitlich begrenzter Teil eines Rundfunkprogramms;
12. Beitrag:
    ein inhaltlich zusammenhängender und in sich abgeschlossener Teil einer Sendung;
13. Werbung:
    jede Äußerung bei der Ausübung eines Handels, Gewerbes, Handwerks oder freien Berufs, die im Rundfunk von einem öffentlich-rechtlichen oder einem privaten Veranstalter oder einer natürlichen Person entweder gegen Entgelt oder eine ähnliche Gegenleistung oder als Eigenwerbung gesendet wird, mit dem Ziel, den Absatz von Waren oder die Erbringung von Dienstleis-

tungen, einschließlich unbeweglicher Sachen, Rechte und Verpflichtungen, gegen Entgelt zu fördern. § 7 Abs. 2 Satz 1 bleibt unberührt;
14. Schleichwerbung:
die Erwähnung oder Darstellung von Waren, Dienstleistungen, Namen, Marken oder Tätigkeiten eines Herstellers von Waren oder eines Erbringers von Dienstleistungen in Sendungen, wenn sie vom Veranstalter absichtlich zu Werbezwecken vorgesehen ist und mangels Kennzeichnung die Allgemeinheit hinsichtlich des eigentlichen Zweckes dieser Erwähnung oder Darstellung irreführen kann. Eine Erwähnung oder Darstellung gilt insbesondere dann zu Werbezwecken beabsichtigt, wenn sie gegen Entgelt oder eine ähnliche Gegenleistung erfolgt;
15. Produktplatzierung:
die gekennzeichnete Erwähnung oder Darstellung von Waren, Dienstleistungen, Namen, Marken, Tätigkeiten eines Herstellers von Waren oder eines Erbringers von Dienstleistungen in Sendungen gegen Entgelt oder eine ähnliche Gegenleistung mit dem Ziel der Absatzförderung. Die kostenlose Bereitstellung von Waren oder Dienstleistungen ist Produktplatzierung, sofern die betreffende Ware oder Dienstleistung von bedeutendem Wert ist;
16. Teleshopping:
die Sendung direkter Angebote an die Öffentlichkeit für den Absatz von Waren oder die Erbringung von Dienstleistungen, einschließlich unbeweglicher Sachen, Rechte und Verpflichtungen, gegen Entgelt in Form von Teleshoppingkanälen, -fenstern und -spots;
17. Sponsoring:
jeder Beitrag einer natürlichen oder juristischen Person oder einer Personenvereinigung, die an Rundfunktätigkeiten oder an der Produktion audiovisueller Werke nicht beteiligt ist, zur direkten oder indirekten Finanzierung einer Sendung, um den Namen, die Marke, das Erscheinungsbild der Person oder Personenvereinigung, ihre Tätigkeit oder ihre Leistungen zu fördern;
18. Technische Übertragungseinrichtung:
eine technische Einrichtung zur drahtlosen oder leitungsgebundenen Verbreitung oder Weiterverbreitung von Rundfunk oder Telemedien;
19. Kabelanlage:
eine technische Einrichtung zur leitungsgebundenen Verbreitung oder Weiterverbreitung von Rundfunk oder Telemedien;
20. Verbreitungsgebiet:
für landesweite Rundfunkprogramme das Land Sachsen-Anhalt, für andere Rundfunkprogramme das in der Zulassung festgelegte Gebiet;
21. Information:
insbesondere Nachrichten und Zeitgeschehen, politische Information, Wirtschaft, Auslandsberichte, Religiöses, Sport, Regionales, Gesellschaftliches, Service und Zeitgeschichtliches;
22. Bildung:
insbesondere Wissenschaft und Technik, Alltag und Ratgeber, Theologie und Ethik, Tiere und Natur, Gesellschaft, Kinder und Jugend, Erziehung, Geschichte und andere Länder;
23. Kultur:
insbesondere Bühnenstücke, Musik, Fernsehspiele, Fernsehfilme und Hörspiele, bildende Kunst, Architektur, Philosophie und Religion, Literatur und Kino;
24. Unterhaltung:
insbesondere Kabarett und Comedy, Filme, Serien, Shows, Talk-Shows, Spiele, Musik.
(2) Im Sinne dieses Gesetzes sind
1. Programmkategorien:
Vollprogramme, Spartenprogramme, Satellitenfensterprogramme und Regionalfensterprogramme,
2. Übertragungstechniken:
die drahtlose Verbreitung durch erdgebundene Sender (terrestrische Verbreitung), die drahtlose Verbreitung durch Satelliten und die leitungsgebundene Verbreitung durch Kabelanlagen,
3. Übertragungskapazitäten:
Frequenzen, Kanäle und Bit-Raten.

4. Telemedien:
alle elektronischen Informations- und Kommunikationsdienste, soweit sie nicht Telekommunikationsdienste im Sinne von § 3 Nr. 24 des Telekommunikationsgesetzes sind, die ganz in der Übertragung von Signalen über Telekommunikationsnetze bestehen oder telekommunikationsgestützte Dienste im Sinne von § 3 Nr. 25 des Telekommunikationsgesetzes oder Rundfunk nach Absatz 1 Nr. 1 sind.
(3) Kein Rundfunk sind Angebote, die
1. jedenfalls weniger als 500 potentiellen Nutzern zum zeitgleichen Empfang angeboten werden,
2. zur unmittelbaren Wiedergabe aus Speichern von Empfangsgeräten bestimmt sind,
3. ausschließlich persönlichen oder familiären Zwecken dienen,
4. nicht journalistisch-redaktionell gestaltet sind oder
5. aus Sendungen bestehen, die jeweils gegen Einzelentgelt frei geschaltet werden.

### § 3 Programmgrundsätze
(1) [1]Alle Rundfunkveranstalter sind in ihren Rundfunkprogrammen und in ihren Sendungen an die verfassungsmäßige Ordnung gebunden. [2]Sie haben zur Verwirklichung der freiheitlich demokratischen Grundordnung beizutragen. [3]Die Regelungen der §§ 3 und 41 Abs. 1 Satz 1 in Verbindung mit Abs. 3 des Rundfunkstaatsvertrages bleiben unberührt.
(2) [1]Die Rundfunkprogramme dürfen
1. die Würde des Menschen sowie die sittlichen und religiösen Überzeugungen der Bevölkerung nicht verletzen,
2. die Achtung vor Leben, Freiheit und körperlicher Unversehrtheit, vor Ehe und Familie, vor der Gleichstellung von Mann und Frau, vor der sexuellen Identität sowie vor dem Glauben und der Meinung anderer nicht beeinträchtigen und
3. sich nicht gegen die internationale Verständigung, den Frieden und die soziale Gerechtigkeit wenden.
[2]Für bundesweit verbreiteten Rundfunk gilt anstelle des Satzes 1 die Regelung des § 41 Abs. 1 Satz 2 und 3 des Rundfunkstaatsvertrages.
(3) Die Vorschriften der allgemeinen Gesetze und die gesetzlichen Bestimmungen zum Schutz der persönlichen Ehre sind einzuhalten.
(4) Die Rundfunkprogramme sollen zur Darstellung der Vielfalt im deutschsprachigen und europäischen Raum mit einem angemessenen Anteil an Information, Kultur und Bildung beitragen; die Möglichkeit, Spartenprogramme anzubieten, bleibt hiervon unberührt.
(5) Alle Rundfunkveranstalter sind in ihren Sendungen zur Wahrheit verpflichtet.
(6) [1]Berichterstattung und Informationssendungen haben den anerkannten journalistischen Grundsätzen, auch beim Einsatz virtueller Elemente, zu entsprechen. [2]Sie müssen unabhängig und sachlich sein. [3]Nachrichten sind vor ihrer Verbreitung mit der nach den Umständen gebotenen Sorgfalt auf Wahrheit und Herkunft zu prüfen. [4]Kommentare sind von der Berichterstattung deutlich zu trennen und unter Nennung des Verfassers als solche zu kennzeichnen.
(7) Bei der Wiedergabe von Meinungsumfragen, die von Rundfunkveranstaltern durchgeführt werden, ist ausdrücklich anzugeben, ob sie repräsentativ sind.
(8) [1]Alle Rundfunkveranstalter haben sicherzustellen, dass in ihrer Berichterstattung die Auffassungen der wesentlich betroffenen Personen, Gruppen oder Stellen angemessen und fair berücksichtigt werden. [2]Wertende und analysierende Einzelbeiträge haben dem Gebot journalistischer Fairness zu entsprechen. [3]Ziel aller Informationssendungen ist es, sachlich und umfassend zu unterrichten und damit zur selbständigen Urteilsbildung der Bürger beizutragen.

### § 4 Unzulässige Angebote, Jugendschutz, Gewinnspiele und Verbraucherschutz
(1) Die für Rundfunk und Telemedien geltenden Bestimmungen des Jugendmedienschutz-Staatsvertrages finden Anwendung.
(2) [1]Die Medienanstalt Sachsen-Anhalt erstattet der zuständigen obersten Landesbehörde alle zwei Jahre, erstmals zum 31. Dezember 2005, einen Bericht über die Durchführung der Bestimmungen des Jugendmedienschutz-Staatsvertrages in Sachsen-Anhalt. [2]Die zuständige oberste Landesbehörde leitet den Bericht zur Unterrichtung an den Landtag weiter.

(3) ¹Gewinnspielsendungen und Gewinnspiele sind zulässig. ²Sie unterliegen dem Gebot der Transparenz und des Teilnehmerschutzes. ³Sie dürfen nicht irreführen und den Interessen der Teilnehmer nicht schaden. ⁴Insbesondere ist im Programm über die Kosten der Teilnahme, die Teilnahmeberechtigung, die Spielgestaltung sowie über die Auflösung der gestellten Aufgabe zu informieren. ⁵Die Belange des Jugendschutzes sind zu wahren. ⁶Für die Teilnahme darf nur ein Entgelt bis zu 0,50 Euro verlangt werden; § 13 Satz 3 des Rundfunkstaatsvertrages bleibt unberührt. ⁷Der Veranstalter hat der für die Aufsicht zuständigen Stelle auf Verlangen alle Unterlagen vorzulegen und Auskünfte zu erteilen, die zur Überprüfung der ordnungsgemäßen Durchführung der Gewinnspielsendungen und Gewinnspiele erforderlich sind.

(4) ¹Mit Ausnahme der §§ 2, 9 und 12 gelten die Regelungen des EG-Verbraucherschutzdurchsetzungsgesetzes hinsichtlich der Bestimmungen dieses Gesetzes zur Umsetzung der Artikel 10 bis 21 der Richtlinie 89/552/EWG des Rates vom 3. Oktober 1989 zur Koordinierung bestimmter Rechts- und Verwaltungsvorschriften der Mitgliedstaaten über die Ausübung der Fernsehtätigkeit (ABl. EG Nr. L 298 S. 23, ABl. EG Nr. L 331 S. 51), in der Fassung der Richtlinie 97/36/EG des Europäischen Parlaments und des Rates vom 30. Juni 1997 (ABl. EG Nr. L 202 S. 60), bei innergemeinschaftlichen Verstößen entsprechend. ²Satz 1 gilt auch für Teleshoppingkanäle. ³Rundfunkveranstalter haben folgende Informationen im Rahmen ihres Gesamtangebots leicht, unmittelbar und ständig zugänglich zu machen:
1. Name und geografische Anschrift,
2. Angaben, die eine schnelle und unmittelbare Kontaktaufnahme und eine effiziente Kommunikation ermöglichen und
3. zuständige Aufsicht.

### § 5 Kurzberichterstattung, Übertragung von Großereignissen; Informationsrechte
(1) Hinsichtlich der Kurzberichterstattung findet § 5 des Rundfunkstaatsvertrages Anwendung.
(2) Für die Übertragung von Großereignissen gilt § 4 des Rundfunkstaatsvertrages.
(3) Die Informationsrechte von Rundfunkveranstaltern richten sich nach § 9a des Rundfunkstaatsvertrages.

### § 6 Europäische Produktionen, Eigen-, Auftrags- und Gemeinschaftsproduktionen
Europäische Produktionen, Eigen-, Auftrags- und Gemeinschaftsproduktionen richten sich nach § 6 des Rundfunkstaatsvertrages.

### § 7 Finanzierung, Werbung, Teleshopping und Sponsoring
(1) ¹Die Formen der Finanzierung richten sich für private Rundfunkveranstalter nach § 43 des Rundfunkstaatsvertrages. ²Die §§ 51 und 52 bleiben unberührt.
(2) ¹Für Werbung und Teleshopping gelten die §§ 7, 7a und 44 bis 45a des Rundfunkstaatsvertrages und § 6 des Jugendmedienschutz-Staatsvertrages; § 29 bleibt unberührt. ²Für regionale und lokale Fernsehprogramme gilt Satz 1 mit der Maßgabe, dass § 7 Abs. 4 Satz 2, § 7a Abs. 3 und § 45 Abs. 1 des Rundfunkstaatsvertrages keine Anwendung finden.
(3) Sponsoring richtet sich nach § 8 des Rundfunkstaatsvertrages.

### § 8 Regionalfensterprogramme
(1) Regionalfensterprogramme im Land Sachsen-Anhalt richten sich nach § 25 des Rundfunkstaatsvertrages.
(2) ¹Die Verpflichtungen der Veranstalter können durch regelmäßige Übernahme von Programmbestandteilen von einem oder mehreren Veranstaltern privater, lokaler oder regionaler Fernsehprogramme erfüllt werden. ²Dabei sind Programmzulieferungen regelmäßig aus unterschiedlichen Landesteilen zu berücksichtigen.

### § 9 Sicherung der Meinungsvielfalt im bundesweit verbreiteten Fernsehen
Die Sicherung der Meinungsvielfalt im bundesweit verbreiteten Fernsehen richtet sich nach den §§ 25 bis 39a des Rundfunkstaatsvertrages.

### § 10 Sicherung der Meinungsvielfalt im landesweit verbreiteten Rundfunk
(1) ¹Die Rundfunkprogramme, die in Sachsen-Anhalt verbreitet werden, müssen in ihrer Gesamtheit die bedeutsamen politischen, weltanschaulichen und gesellschaftlichen Kräfte und Gruppen angemes-

sen zu Wort kommen lassen. ²Die Gesamtheit der Rundfunkprogramme darf nicht einseitig einer Partei oder Gruppe, einer Interessengemeinschaft, einem Bekenntnis oder einer Weltanschauung dienen.
(2) ¹Jedes einzelne Rundfunkprogramm ist entsprechend der erteilten Zulassung auf eine landesweite Verbreitung auszurichten; Ausnahmen können genehmigt werden. ²§ 19 Abs. 2 bleibt unberührt. ³Es ist zulässig, die technischen Übertragungseinrichtungen für lokale und regionale Bereiche Sachsen-Anhalts auseinander zu schalten und dort unterschiedliche Sendungen zu verbreiten. ⁴Der Anteil dieser Sendungen am Rundfunkprogramm darf nicht mehr als ein Viertel der täglichen Sendezeit betragen. ⁵Die Rundfunkprogramme haben das kulturelle, soziale, wirtschaftliche und politische Leben im Verbreitungsgebiet zu berücksichtigen und die Vielfalt der Meinungen in diesem Gebiet zum Ausdruck zu bringen.
(3) ¹Rundfunkveranstalter dürfen mit analoger Übertragungstechnik nur je zwei Hörfunkprogramme sowie ein Fernsehvollprogramm und ein Fernsehspartenprogramm veranstalten. ²Im Falle der Verbreitung mehrerer Programme durch einen Hörfunkveranstalter gilt Absatz 2 Satz 5 lediglich für eines dieser Programme. ³Rundfunkveranstalter dürfen mit digitaler Übertragungstechnik eine unbegrenzte Anzahl von Programmen veranstalten und verbreiten, es sei denn, dass dadurch im jeweiligen Verbreitungsgebiet oder landesweit der betreffende Rundfunkveranstalter einen vorherrschenden Einfluss auf die Meinungsbildung hat. ⁴Einem Unternehmen sind alle Programme in entsprechender Anwendung des § 28 des Rundfunkstaatsvertrages zuzurechnen. ⁵Während des Simulcastbetriebs (§ 34 Abs. 3) dürfen Rundfunkprogramme gleichzeitig sowohl analog als auch digital verbreitet werden. ⁶Eine Ausdehnung der Sendezeit auf vom Rundfunkveranstalter bereits genutzten Übertragungskapazität darf zugelassen werden. ⁷Ist ein Antragsteller ein Konzernunternehmen im Sinne des Aktienrechts, so sind ihm die Rundfunkprogramme zuzurechnen, die von den mit ihm verbundenen anderen Unternehmen nach diesem Gesetz veranstaltet werden; wirken mehrere Unternehmen aufgrund einer Vereinbarung oder in sonstiger Weise derart zusammen, dass sie gemeinsam einen beherrschenden Einfluss auf ein Unternehmen ausüben können, so gilt jedes von ihnen als herrschendes Unternehmen.
(4) ¹Ein Antragsteller, der im Falle der Erteilung einer Zulassung an ihn jeweils einziger privater Veranstalter von Hörfunk oder Fernsehen in Sachsen-Anhalt sein würde, muss nach seinem Programmschema, nach seinen Programmgrundsätzen und nach der Organisation der Programmgestaltung, insbesondere durch Bildung eines Programmbeirats aus Vertretern der in Sachsen-Anhalt vorhandenen wesentlichen Meinungsrichtungen, die Gewähr dafür bieten, dass in seinem Rundfunkprogramm die bedeutsamen politischen, weltanschaulichen und gesellschaftlichen Kräfte und Gruppen angemessen zu Wort kommen. ²Satz 1 ist nicht anzuwenden, wenn es sich bei dem Rundfunkveranstalter um eine Gesellschaft oder um eine nicht rechtsfähige Vereinigung des Privatrechts handelt, wenn dieser Gesellschaft oder Vereinigung mehrere Personen angehören und wenn durch Vertrag oder Satzung ein vorherrschender Einfluss einer dieser Personen auf den Inhalt des Rundfunkprogramms ausgeschlossen ist.

### § 11 Datenschutz im Bereich der privaten Medien

(1) Soweit in diesem Gesetz nichts anderes bestimmt ist, gelten für private Rundfunkveranstalter sowie für Unternehmen und Hilfsunternehmen der Presse als Anbieter von Telemedien die Datenschutzbestimmungen der §§ 9c und 57 des Rundfunkstaatsvertrages.
(2) ¹Zuständige Aufsichtsbehörde zur Überwachung der Einhaltung der Datenschutzbestimmungen im Anwendungsbereich dieses Gesetzes ist, soweit die Datenverarbeitung nicht ausschließlich zu journalistischen Zwecken erfolgt, die nach § 40 des Bundesdatenschutzgesetzes vom 30. Juni 2017 (BGBl. I S. 2097) in Verbindung mit § 22 Abs. 1 des Datenschutz-Grundverordnungs-Ausführungsgesetzes Sachsen-Anhalt zuständige Aufsichtsbehörde. ²Verstöße gegen Datenschutzbestimmungen teilt die Aufsichtsbehörde der Medienanstalt Sachsen-Anhalt mit.
(3) ¹Private Rundfunkveranstalter sowie Unternehmen und Hilfsunternehmen der Presse als Anbieter von Telemedien haben jeweils einen Beauftragten für den Datenschutz gemäß Artikel 37 der Verordnung (EU) 2016/679 des Europäischen Parlaments und des Rates vom 27. April 2016 zum Schutz natürlicher Personen bei der Verarbeitung personenbezogener Daten, zum freien Datenverkehr und zur Aufhebung der Richtlinie 95/46/EG (Datenschutz-Grundverordnung) (ABl. L 119 vom 4.5.2016, S. 1, L 314 vom 22.11.2016, S. 72) zu bestellen, der im journalistischen Bereich die Einhaltung dieser Vorschrift überwacht. ²§ 38 des Bundesdatenschutzgesetzes gilt entsprechend.

*Abschnitt 2*
**Zulassung**

**§ 12 Zulassungserfordernis**
(1) ¹Wer als privater Rundfunkveranstalter im Land Sachsen-Anhalt Rundfunk veranstalten will, bedarf der Zulassung durch die Medienanstalt Sachsen-Anhalt. ²Die Zulassung eines Veranstalters von bundesweit verbreitetem Rundfunk richtet sich nach den Regelungen der §§ 20a bis 39 des Rundfunkstaatsvertrages.
(2) Absatz 1 gilt für Kirchen und andere öffentlich-rechtliche Religionsgemeinschaften sowie für öffentlich-rechtliche Weltanschauungsgemeinschaften entsprechend.
(3) ¹Wenn und soweit ein elektronischer Informations- und Kommunikationsdienst dem Rundfunk zuzuordnen ist, bedarf der Anbieter eines solchen Dienstes einer Zulassung. ²Stellt die zuständige Landesmedienanstalt fest, dass diese Voraussetzung vorliegt, muss der Anbieter, nachdem die Feststellung ihm bekannt gegeben ist, nach seiner Wahl unverzüglich einen Zulassungsantrag stellen oder innerhalb von drei Monaten den elektronischen Informations- und Kommunikationsdienst so anbieten, dass der Dienst nicht dem Rundfunk zuzuordnen ist. ³Anbieter von elektronischen Informations- und Kommunikationsdiensten sind berechtigt, bei der Medienanstalt Sachsen-Anhalt einen Antrag auf rundfunkrechtliche Unbedenklichkeit zu stellen.
(4) ¹Wer Hörfunk ausschließlich im Internet verbreitet, bedarf keiner Zulassung. ²Er hat das Angebot der zuständigen Landesmedienanstalt anzuzeigen. ³Im Übrigen gilt Absatz 1 Satz 2 in Verbindung mit § 20a des Rundfunkstaatsvertrages entsprechend.

**§ 13 Grundsätze für das Zulassungsverfahren**
(1) Voraussetzung für die Zulassung ist ein schriftlicher Antrag, der bei der Medienanstalt Sachsen-Anhalt zu stellen ist.
(2) ¹Wenn der Medienanstalt Sachsen-Anhalt von der zuständigen obersten Landesbehörde eine terrestrische Übertragungskapazität für die Veranstaltung eines privaten Rundfunkprogramms zur Verfügung gestellt worden ist, fordert die Medienanstalt Sachsen-Anhalt durch öffentliche Bekanntmachung auf, Anträge auf Erteilung einer Zulassung zu stellen und bestimmt hierfür eine Ausschlussfrist. ²Die Aufforderung der Medienanstalt Sachsen-Anhalt wird im Ministerialblatt für das Land Sachsen-Anhalt öffentlich bekannt gemacht. ³Um die Errichtung der erforderlichen technischen Übertragungseinrichtungen zu fördern, ist die Medienanstalt Sachsen-Anhalt berechtigt, das Verfahren nach Satz 1 auch zu einem früheren Zeitpunkt durchzuführen. ⁴Bei einer noch ungenutzten Übertragungskapazität wird das Verfahren nach Satz 1 spätestens zwei Jahre vor Ablauf der erteilten Zulassung eingeleitet.
(3) Eine Zulassung, die als Übertragungstechnik keine terrestrische, sondern eine leitungsgebundene oder eine drahtlose per Satellit vorsieht, setzt keine vorherige öffentliche Bekanntmachung der Übertragungskapazität voraus.
(4) Der Antragsteller hat alle Angaben zu machen, alle Auskünfte zu erteilen und alle Unterlagen vorzulegen, die zur Prüfung des Zulassungsantrags erforderlich sind.
(5) Die Auskunftspflicht und die Verpflichtung zur Vorlage von Unterlagen erstrecken sich insbesondere auf:
1. eine Darstellung der unmittelbaren und mittelbaren Beteiligungen im Sinne des § 28 des Rundfunkstaatsvertrages an dem Antragsteller sowie der Kapital- und Stimmrechtsverhältnisse bei dem Antragsteller und den mit ihm im Sinne des Aktiengesetzes verbundenen Unternehmen,
2. die Angabe über Angehörige im Sinne des § 15 der Abgabenordnung unter den Beteiligten nach Nummer 1; Gleiches gilt für Vertreter der Person oder Personengesellschaft oder des Mitglieds eines Organs einer juristischen Person,
3. den Gesellschaftsvertrag und die satzungsrechtlichen Bestimmungen des Antragstellers,
4. Vereinbarungen, die zwischen an dem Antragsteller unmittelbar oder mittelbar im Sinne von § 28 des Rundfunkstaatsvertrages Beteiligten bestehen und sich auf die gemeinsame Veranstaltung von Rundfunk sowie auf Treuhandverhältnisse und nach den §§ 26 und 28 des Rundfunkstaatsvertrages erhebliche Beziehungen beziehen,

5. das Programmschema und den Finanzplan, aus denen hervorgeht, dass der Antragsteller organisatorisch und finanziell in der Lage sein wird, nach Maßgabe des Antrags ein Rundfunkprogramm entsprechend den gesetzlichen Vorgaben regelmäßig zu veranstalten,
6. Verträge, die den zeitlichen Umfang sowie die Herkunft von Programmzulieferungen beinhalten,
7. eine schriftliche Erklärung des Antragstellers, dass die nach den Nummern 1 bis 6 vorgelegten Unterlagen und Angaben vollständig sind.

(6) ¹Der Antragsteller hat alle Angaben über die nach § 10 Abs. 3 Satz 7 und § 14 Abs. 3 erheblichen Beziehungen zu machen. ²Die Medienanstalt Sachsen-Anhalt kann von dem Antragsteller verlangen, dass er durch das Anmeldeverfahren beim Bundeskartellamt nachweist, dass Vorschriften der Zusammenschlusskontrolle dem Vorhaben nicht entgegenstehen. ³Die Medienanstalt Sachsen-Anhalt kann zur Glaubhaftmachung der Angaben nach den §§ 14 und 15 die Vorlage eidesstattlicher Erklärungen des Antragstellers oder der an ihm unmittelbar oder mittelbar Beteiligten verlangen.

(7) ¹Ist für die Prüfung im Rahmen des Zulassungsverfahrens ein Sachverhalt bedeutsam, der sich auf Vorgänge außerhalb des Geltungsbereichs dieses Gesetzes bezieht, so hat der Antragsteller diesen Sachverhalt aufzuklären und die erforderlichen Beweismittel zu beschaffen. ²Er hat dabei alle für ihn bestehenden rechtlichen und tatsächlichen Möglichkeiten auszuschöpfen. ³Der Antragsteller kann sich nicht darauf berufen, dass er Sachverhalte nicht aufklären oder Beweismittel nicht beschaffen kann, wenn er sich nach Lage des Falles bei der Gestaltung seiner Verhältnisse die Möglichkeit dazu hätte beschaffen oder einräumen lassen können.

(8) Die Verpflichtungen nach den Absätzen 4 bis 7 gelten für natürliche und juristische Personen oder Personengesellschaften, die an dem Antragsteller unmittelbar oder mittelbar im Sinne von § 28 des Rundfunkstaatsvertrages beteiligt sind oder zu ihm im Verhältnis eines verbundenen Unternehmens stehen oder sonstige Einflüsse im Sinne der §§ 26 und 28 des Rundfunkstaatsvertrages auf ihn ausüben können, entsprechend.

(9) Kommt ein Auskunft- oder Vorlagepflichtiger seinen Mitwirkungspflichten nach den Absätzen 4 bis 8 innerhalb einer von der Medienanstalt Sachsen-Anhalt bestimmten Frist nicht nach, kann der Zulassungsantrag abgelehnt werden.

### § 14 Persönliche Zulassungsvoraussetzungen

(1) ¹Die Zulassung darf nur erteilt werden:
1. juristischen Personen des Privatrechts,
2. den Kirchen und den anderen öffentlich-rechtlichen Religionsgemeinschaften oder öffentlich-rechtlichen Weltanschauungsgemeinschaften,
3. Personengesellschaften oder nicht rechtsfähigen Personenvereinigungen des Privatrechts, soweit diese auf Dauer angelegt sind,
4. volljährigen natürlichen Personen.

(2) ¹Die Zulassung nach Absatz 1 setzt voraus, dass der Antragsteller
1. die Fähigkeiten, öffentliche Ämter zu bekleiden, Rechte aus öffentlichen Wahlen zu erlangen und in öffentlichen Angelegenheiten zu wählen oder zu bestimmen, nicht durch Richterspruch verloren hat,
2. seinen Wohnsitz oder Sitz in der Bundesrepublik Deutschland hat und gerichtlich unbeschränkt verfolgt werden kann,
3. kein in Artikel 18 des Grundgesetzes genanntes Grundrecht verwirkt hat,
4. als Vereinigung nicht verboten ist,
5. die Gewähr dafür bietet, dass er das Rundfunkprogramm entsprechend der Zulassung und unter Beachtung der gesetzlichen Vorschriften veranstalten wird und
6. als volljährige natürliche Person nicht im öffentlichen Dienst beschäftigt ist.

²Ausgeschlossen sind natürliche Personen, für die ein Betreuer nicht nur durch einstweilige Anordnung bestellt ist. ³Die Voraussetzungen nach Satz 1 Nrn. 1, 3 und 5 und Satz 2 müssen bei juristischen Personen oder nicht rechtsfähigen Personenvereinigungen von den gesetzlichen oder satzungsmäßigen Vertretern erfüllt sein.

(3) Politischen Parteien und von ihnen wirtschaftlich abhängige Unternehmen und Vereinigungen sowie Personen, die bei einer politischen Partei beschäftigt sind oder Organ einer Partei sind, darf die Zulassung nicht erteilt werden.

## § 15 Sachliche Zulassungsvoraussetzungen

(1) Die Zulassung kann nur erteilt werden, wenn der Antragsteller die organisatorischen und finanziellen Voraussetzungen dafür bietet, ein Rundfunkprogramm der beantragten Programmart und Programmkategorie regelmäßig und professionell entsprechend den Vorgaben dieses Gesetzes zu veranstalten.

(2) ¹Die Zulassung eines Fernsehveranstalters kann versagt werden, wenn
1. sich das Fernsehprogramm des Fernsehveranstalters ganz oder in wesentlichen Teilen an die Bevölkerung eines anderen Staates richtet, der das Europäische Übereinkommen über das grenzüberschreitende Fernsehen vom 5. Mai 1989 (Anlage zum Gesetz vom 7. Dezember 1993, GVBl. LSA S. 739), geändert durch das Protokoll vom 9. September 1998 (Anlage zum Gesetz vom 7. April 2000, GVBl. LSA S. 182), ratifiziert hat,
2. der Fernsehveranstalter sich zu dem Zweck in der Bundesrepublik Deutschland niedergelassen hat, die Bestimmungen des anderen Staates zu umgehen, und
3. die Bestimmungen des anderen Staates, die der Fernsehveranstalter zu umgehen bezweckt, Gegenstand des Europäischen Übereinkommens über das grenzüberschreitende Fernsehen sind.

²Statt der Versagung der Zulassung kann diese auch mit Nebenbestimmungen versehen werden, soweit dies ausreicht, die Umgehung nach Satz 1 auszuschließen.

## § 16 Auswahlgrundsätze, Zuweisungsregeln

(1) Beantragen mehrere Antragsteller die Zulassung für eine von der Medienanstalt Sachsen-Anhalt ausgeschriebene terrestrische Übertragungskapazität, richtet sich die Vergabe nach folgenden Auswahlgrundsätzen:
1. Stärkung der Meinungsvielfalt und Angebotsvielfalt,
2. Darstellung der Ereignisse des politischen, wirtschaftlichen, sozialen und kulturellen Lebens in Sachsen-Anhalt und Verbreitung von Sendungen nach § 10 Abs. 2 Satz 3 mit lokalem oder mit regionalem Bezug,
3. Beantragung der Zulassung für die höchstmögliche Zulassungszeit und
4. voraussichtliche Nachfrage der Rundfunkteilnehmer.

(2) Für die Rangfolge der Einspeisung in Kabelanlagen gelten die §§ 36 und 38b.

## § 17 Inhalt der Zulassung

(1) ¹Die Zulassung legt fest:
1. die Programmart (Hörfunk, Fernsehen),
2. die Programmkategorie,
3. die Übertragungstechniken und Übertragungskapazitäten,
4. das Verbreitungsgebiet,
5. die Beteiligungsverhältnisse des Antragstellers und
6. die Zusammensetzung von Programmbouquets.

²Nachträgliche Änderungen der mit der Zulassung erfolgten Festlegungen im Sinne von Satz 1 bedürfen der Genehmigung der Medienanstalt Sachsen-Anhalt. ³Dies betrifft auch die Simulcastverbreitung im Sinne von § 34 Abs. 3 in Verbindung mit § 34 Abs. 1 Satz 1. ⁴Nachträgliche Änderungen einer Zulassung sind unzulässig, wenn durch die Änderung der Zulassung ein Auswahlgrundsatz beeinträchtigt wird, der für die Auswahlentscheidung im Zulassungsverfahren erheblich war. ⁵Die Medienanstalt Sachsen-Anhalt kann auf Antrag eines in Sachsen-Anhalt zugelassenen Rundfunkveranstalters Änderungen an den diesem Rundfunkveranstalter zugewiesenen terrestrischen Übertragungskapazitäten ohne Ausschreibungsverfahren vornehmen, wenn der Rundfunkveranstalter dadurch die Meinungsvielfalt stärkt oder die Digitalisierung des Rundfunks hierdurch unmittelbar oder mittelbar gefördert wird.

(2) Weiter können in die Zulassung die für die Auswahl nach § 16 maßgeblichen Kriterien aufgenommen werden.

(3) ¹Die Zulassung ist auf höchstens zehn Jahre zu befristen. ²Wenn hinreichende technische Übertragungseinrichtungen für das Rundfunkprogramm bei Zulassungserteilung nicht zur Verfügung stehen, beginnt der Lauf der Frist mit der Bereitstellung der zu nutzenden technischen Übertragungseinrichtungen.

(4) ¹Die Zulassung ist nicht übertragbar. ²Eine unzulässige Übertragung der Zulassung liegt auch vor, wenn innerhalb der festgelegten Dauer der Zulassung mehr als 50 v.H. der Kapital- oder Stimmrechtsanteile auf andere Gesellschafter oder Dritte übertragen werden, es sei denn, dass die Medienanstalt Sachsen-Anhalt die Übertragung nach Abwägung der besonderen Umstände des Einzelfalles unter Berücksichtigung der Anforderungen zur Sicherung der Meinungsvielfalt im Sinne des § 10 genehmigt hat.

### § 18 Verlängerung der Zulassung
(1) ¹Auf Antrag des Rundfunkveranstalters kann seine Zulassung von der Medienanstalt Sachsen-Anhalt frühestens zwei Jahre vor Ablauf der Zulassungsfrist um jeweils bis zu zehn Jahre verlängert werden. ²Der Antrag ist innerhalb von sechs Monaten von der Medienanstalt Sachsen-Anhalt zu entscheiden. ³Wird diese Frist von der Medienanstalt Sachsen-Anhalt nicht eingehalten, so gilt die Zulassung für den beantragten Zeitraum als verlängert.
(2) Sofern dem Rundfunkveranstalter eine terrestrische Übertragungskapazität zur Verfügung gestellt worden ist, die er zum Zeitpunkt des Antrages auf Verlängerung der Zulassung nutzt, kann die Medienanstalt Sachsen-Anhalt diese Übertragungskapazität nach Maßgabe von § 13 ausschreiben.

### § 19 Private lokale oder regionale Fernsehprogramme
(1) ¹Die Veranstaltung privater lokaler Fernsehprogramme richtet sich nach den §§ 12 bis 18 und den Absätzen 2 und 3. ²Für das Verbreitungsgebiet, für das der private lokale Fernsehveranstalter im Kabel zugelassen ist, kann abweichend von § 17 Abs. 1 Satz 1 Nr. 3 eine terrestrische Übertragungskapazität auch befristet zugewiesen werden. ³Die Sätze 1 und 2 gelten für die regionale Verbreitung privater Fernsehprogramme mit der Maßgabe entsprechend, dass regionale Fernsehprogramme von der Medienanstalt Sachsen-Anhalt nur in Ausnahmefällen zugelassen werden dürfen.
(2) ¹Mehrere in Sachsen-Anhalt lokal oder regional zugelassene Fernsehveranstalter können ihre Fernsehprogramme zusätzlich zur jeweiligen lokalen oder regionalen Verbreitung auch unter einem gemeinsamen Namen im Rahmen einer Veranstaltergemeinschaft regional oder landesweit veranstalten. ²Die Veranstaltung setzt eine entsprechende Zulassung der Veranstaltergemeinschaft durch die Medienanstalt Sachsen-Anhalt voraus. ³Die Beteiligung an mehreren Veranstaltergemeinschaften ist nicht zulässig. ⁴Für die Beteiligung an der Veranstaltergemeinschaft und für die Veranstaltung des Fernsehprogramms müssen diskriminierungsfreie Bedingungen vereinbart werden, die von der Medienanstalt Sachsen-Anhalt im Rahmen der Zulassung auf ihre Diskriminierungsfreiheit geprüft werden. ⁵Aufsichtsmaßnahmen der Medienanstalt Sachsen-Anhalt sind an die Veranstaltergemeinschaft zu richten. ⁶Bis zu zwei Veranstaltergemeinschaften unterschiedlicher Verbreitungsgebiete können von der Medienanstalt Sachsen-Anhalt nach Maßgabe der für die Zuweisung terrestrischer Übertragungskapazitäten geltenden Rechtsvorschriften jeweils zusätzliche terrestrische Übertragungskapazitäten zugewiesen werden.
(3) Private lokale oder regionale Fernsehprogramme haben das kulturelle, soziale, wirtschaftliche und politische Leben des Verbreitungsgebietes zu berücksichtigen und die Vielfalt der Meinungen in diesem Gebiet zum Ausdruck zu bringen.

### § 20 Pilotprojekte zur Erprobung neuer Übertragungstechniken, neuer Rundfunkangebote und neuer Telemedien; Medienforschung
(1) ¹Die Medienanstalt Sachsen-Anhalt kann nach Maßgabe ihres Haushaltes Pilotprojekte fördern, die jeweils im Regelfall eine Dauer von zwei Jahren nicht überschreiten sollen. ²Eine Frist von vier Jahren darf nicht überschritten werden. ³Projekte im Sinne von Satz 1 dienen zur Erprobung neuer Übertragungstechniken, neuer Rundfunkangebote und neuer Telemedien. ⁴Nach Abschluss des Projekts hat die Medienanstalt Sachsen-Anhalt einen Abschlussbericht zu erstellen, auszuwerten und zu veröffentlichen. ⁵Fristüberschreitungen nach Satz 1 sind im Abschlussbericht zu begründen.
(2) ¹Wer im Rahmen von Projekten nach Absatz 1 Rundfunkprogramme oder neue Rundfunkangebote veranstalten und verbreiten will, bedarf der Zulassung. ²Diese ist auf die Dauer des Projektes zu befristen. ³Für die Erteilung der Zulassung, für die Kontrolle von Rundfunkprogrammen und von neuen Rundfunkangeboten sowie für die Zuordnung und Zuweisung von Übertragungskapazitäten bei Projekten nach Absatz 1 gelten die §§ 3, 4, 7, 11 bis 17, 24 bis 27, 32 bis 39 und 55 bis 62 entsprechend. ⁴In der öffentlichen Bekanntmachung des Projektes gemäß § 13 Abs. 2 sind auch die Einzelregelungen, die für das Projekt gelten sollen, und das Verbreitungsgebiet anzugeben. ⁵Ein privater Rundfunkver-

anstalter, der sich an einem Projekt mit einem Rundfunkprogramm beteiligen will, für das eine Zulassung nach diesem Gesetz erteilt wurde, bedarf für dieses Rundfunkprogramm keiner Zulassung im Rahmen des Projektes. [6]Satz 5 gilt entsprechend für die Weiterverbreitung von Rundfunkprogrammen und neuen Rundfunkangeboten im Rahmen eines länderübergreifenden Projektes, an dem die Medienanstalt Sachsen-Anhalt beteiligt ist, sofern die Rundfunkprogramme, neuen Rundfunkangebote und neuen Telemedien, die Gegenstand des Projektes nach Absatz 1 sind, in einem an dem Projekt beteiligten Land in rundfunkrechtlich zulässiger Weise veranstaltet werden.

(3) Absatz 2 gilt nicht für öffentlich-rechtliche Rundfunkveranstalter, die aufgrund eines sonstigen Gesetzes des Landes Sachsen-Anhalt Rundfunkprogramme veranstalten und die im Rahmen von Projekten nach Absatz 1 allein oder gemeinsam mit anderen öffentlich-rechtlichen Rundfunkveranstaltern ein Rundfunkprogramm, ein neues Rundfunkangebot oder Telemedien veranstalten oder verbreiten.

(4) Die Medienanstalt Sachsen-Anhalt soll nach Maßgabe ihres Haushalts Aufträge zur Medienforschung vergeben und deren Ergebnisse veröffentlichen.

*Abschnitt 3*
**Bürgermedien, Einrichtungs- und Ereignisrundfunk**

**§ 21 Offene Kanäle**

(1) [1]Offene Kanäle geben Einzelpersonen sowie gesellschaftlichen Gruppen, Organisationen und Institutionen, die nicht Rundfunkveranstalter sind, die chancengleiche Gelegenheit zur Verbreitung eigener selbst gestalteter Beiträge oder Sendungen nach Maßgabe dieses Gesetzes sowie einer von der Medienanstalt Sachsen-Anhalt zu erlassenden Satzung. [2]Die §§ 3 und 4, § 10 Abs. 1 Satz 2, die §§ 24 bis 30, der Abschnitt 5 und die §§ 55 bis 62 gelten entsprechend, soweit nicht in den Absätzen 2 bis 7 eine andere Regelung getroffen ist.

(2) Die Medienanstalt Sachsen-Anhalt hat einen Beitrag oder eine Sendung zu beanstanden, wenn der Beitrag oder die Sendung gegen Bestimmungen dieses Gesetzes verstößt.

(3) [1]Ein Offener Kanal darf nicht zur Erzielung von Einnahmen benutzt werden. [2]Werbung, Teleshopping und Sponsoring sind ausgeschlossen. [3]Beiträge staatlicher Stellen und Beiträge, die der Wahlvorbereitung oder Öffentlichkeitsarbeit politischer Parteien oder an Wahlen beteiligter Vereinigungen und Personen dienen, sind nicht zulässig.

(4) [1]Für den Beitrag und die Sendung ist jeder Nutzungsberechtigte selbst verantwortlich. [2]Die Namen der Nutzungsberechtigten sind am Anfang und am Ende jeden Beitrags und jeder Sendung anzugeben.

(5) [1]Betreiber einer Kabelanlage mit einer Kapazität von mehr als 15 Fernsehkanälen, deren Kabelnetz im ausgewählten Verbreitungsgebiet für die Veranstaltung eines Offenen Kanals gelegen ist, stellen auf Festlegung der Medienanstalt Sachsen-Anhalt hin einen Fernsehkanal unentgeltlich für die Nutzung des Offenen Kanals zur Verfügung. [2]§ 38b Abs. 1 Satz 1 Nr. 1 Buchst. c bleibt unberührt. [3]Die Verpflichtung des Satzes 1 gilt auch für die Verbreitung von nicht kommerziellem lokalen Hörfunk.

(6) [1]Die technische und organisatorische Trägerschaft eines Offenen Kanals soll von einem eingetragenen Verein übernommen werden, dem möglichst viele Nutzer angehören und der angemessene Eigenleistungen für den Betrieb des Offenen Kanals erbringt. [2]Der jeweilige Trägerverein hat hierzu bei Antragstellung entsprechende Nachweise zu erbringen. [3]Die Medienanstalt Sachsen-Anhalt darf Trägervereine im Sinne von Satz 1 nur in dem Fall fördern, dass sie den betreffenden Trägerverein zuvor als förderungswürdig anerkannt hat. [4]Eine solche Anerkennung ist auf drei Jahre befristet. [5]Die Verlängerung um jeweils zwei weitere Jahre ist möglich. [6]Die Medienanstalt Sachsen-Anhalt fördert den Aufbau und den Betrieb Offener Kanäle in Sachsen-Anhalt nach Maßgabe ihres Haushaltes.

(7) [1]Die Medienanstalt Sachsen-Anhalt hat in der von ihr gemäß Absatz 1 zu erlassenden Satzung Ausführungsbestimmungen für Offene Kanäle insbesondere zu folgenden Sachbereichen aufzunehmen:

1. Festlegungen, die den chancengleichen Zugang zu den sende- und produktionstechnischen Einrichtungen und zugewiesenen Übertragungskapazitäten gewährleisten,
2. Beschränkung der Nutzung der zugewiesenen Übertragungskapazitäten auf die Verbreitung selbst gestalteter und selbst verantworteter Beiträge der Nutzer des Offenen Kanals,
3. Festlegung der konkreten Verbreitungsgebiete Offener Kanäle unter Berücksichtigung der vorhandenen Kommunikationsstrukturen und der technischen Gegebenheiten,

4. Verfahrensregelungen für die Ausschreibung der Verbreitungsgebiete zur Nutzung durch Offene Kanäle,
5. Auswahlregelungen bei mehrfacher Antragstellung,
6. Maßgaben zur Sicherung der medienrechtlichen Verantwortung und Ordnung einschließlich entsprechender Sanktionsmöglichkeiten,
7. Festlegung der Voraussetzungen für die Anerkennung als Trägerverein und Regelung des Anerkennungsverfahrens und der Grundsätze einer Nutzungsordnung für Offene Kanäle und
8. Verfahrensregelungen bezüglich der Beanstandung von Beiträgen oder Sendungen.

### § 22 Nicht kommerzieller lokaler Hörfunk

(1) [1]Die Medienanstalt Sachsen-Anhalt kann im Interesse der Meinungsvielfalt auch Veranstalter nicht kommerziellen lokalen Hörfunks zulassen. [2]Die §§ 3 bis 5 Abs. 1, § 10 Abs. 1, die §§ 12 bis 18, 24 bis 30, der Abschnitt 5 und die §§ 55 bis 62 gelten entsprechend, soweit nicht in den Absätzen 2 bis 5 eine andere Regelung getroffen ist.

(2) [1]Die Zulassung wird für die Dauer von drei Jahren nur einer juristischen Person oder einer nicht rechtsfähigen Vereinigung des Privatrechts erteilt, deren Zweck nicht auf Gewinnerzielung angelegt ist und die rechtlich die Gewähr dafür bietet, dass sie unterschiedlichen gesellschaftlichen Kräften Einfluss auf die Programmgestaltung, insbesondere durch Zubilligung von Sendezeiten für selbst gestaltete Programmbeiträge, einräumt. [2]Die Zulassung kann um jeweils zwei Jahre verlängert werden.

(3) Werbung, Teleshopping und Sponsoring sind unzulässig.

(4) Die Medienanstalt Sachsen-Anhalt kann im Einvernehmen mit dem Veranstalter nicht kommerziellen lokalen Hörfunks festlegen, dass die ihm zur Verbreitung seines Programms zugewiesenen terrestrischen Übertragungskapazitäten zu bestimmten Zeiten auch für Offene Kanäle im Hörfunk genutzt werden können.

(5) [1]Die Medienanstalt Sachsen-Anhalt wird ermächtigt, durch Satzung den Umfang finanzieller Förderung von Veranstaltern nicht kommerziellen lokalen Hörfunks nach Maßgabe ihres Haushaltes festzulegen. [2]Hierbei ist für die jeweilige Zulassungsdauer eine Beschränkung der finanziellen Förderung durch die Medienanstalt Sachsen-Anhalt auf die nachgewiesenen Kosten, einschließlich der Kosten für die Verbreitung des Programms, sowie eine angemessene Eigenfinanzierung des Veranstalters anzustreben.

(6) [1]Veranstalter nicht kommerziellen lokalen Hörfunks können mit Genehmigung der Medienanstalt Sachsen-Anhalt Vereinbarungen mit anderen Rundfunkveranstaltern über die Lieferung von Programmteilen treffen, soweit dadurch die inhaltliche Verantwortung des Veranstalters nicht kommerziellen lokalen Hörfunks und die Eigenständigkeit seines Rundfunkprogramms nicht beeinträchtigt werden. [2]Veranstalter nicht kommerziellen lokalen Hörfunks bedürfen vor Abschluss von Verträgen mit Sendernetzbetreibern im Sinne von § 33 Abs. 4 Satz 6 der Zustimmung der Medienanstalt Sachsen-Anhalt.

### § 23 Einrichtungs- und Ereignisrundfunk

(1) Die Medienanstalt Sachsen-Anhalt kann ein vereinfachtes Zulassungsverfahren durchführen, wenn Sendungen
1. im örtlichen Bereich einer öffentlichen Veranstaltung und im zeitlichen Zusammenhang damit veranstaltet und verbreitet werden (Ereignisrundfunk) oder
2. für Einrichtungen angeboten werden, wenn diese für gleiche Zwecke genutzt und Sendungen nur dort empfangen werden können und im funktionellen Zusammenhang mit den in diesen Einrichtungen zu erfüllenden Aufgaben stehen (Einrichtungsrundfunk).

(2) § 3 Abs. 4, die §§ 6, 8 bis 10, § 13 Abs. 2 bis 9, die §§ 15, 16, 17 Abs. 1 bis 3, die §§ 18, 19, 30, § 33 Abs. 2 Satz 1, §§ 35 bis 38f finden keine Anwendung.

(3) Soweit Sendungen terrestrisch verbreitet werden sollen, setzt die Erteilung einer Zulassung voraus, dass die Übertragungskapazitäten für die Verbreitung eines Rundfunkprogramms, für das ein vereinfachtes Zulassungsverfahren nicht gilt, oder für einen Offenen Kanal oder für nicht kommerziellen lokalen Hörfunk benötigt werden.

(4) [1]Die Zulassung wird in den Fällen des Absatzes 1 Nr. 1 für die Dauer des zeitlichen Zusammenhangs mit der Veranstaltung erteilt. [2]In den Fällen des Absatzes 1 Nr. 2 wird sie für längstens drei Jahre erteilt.

*Abschnitt 4*
**Pflichten der Rundfunkveranstalter**

**§ 24 Verantwortlichkeit für das Rundfunkprogramm**
(1) [1]Ein Rundfunkveranstalter, der nicht eine natürliche Person ist, muss mindestens eine für den Inhalt des Rundfunkprogramms verantwortliche natürliche Person bestellen. [2]Werden mehrere Verantwortliche bestellt, nehmen sie ihre Aufgaben gemeinsam wahr.
(2) Zur verantwortlichen natürlichen Person darf nicht bestellt werden, wer nach § 14 Abs. 2 von der Erteilung der Zulassung ausgeschlossen wäre.

**§ 25 Aufzeichnungspflicht**
(1) [1]Alle Sendungen sind von dem Rundfunkveranstalter in Ton und Bild vollständig aufzuzeichnen; die Aufzeichnungen sind verfügbar zu halten. [2]Bei Sendungen, die unter Verwendung einer Aufzeichnung oder eines Filmes verbreitet werden, ist die Aufzeichnung oder der Film verfügbar zu halten. [3]Nach Ablauf von sechs Wochen seit dem Tag der Verbreitung kann der Rundfunkveranstalter Aufzeichnungen löschen oder frei über sie verfügen, soweit bei ihm keine Beanstandung eines Betroffenen vorliegt; wird eine Sendung zum beliebigen zeitlichen Empfang bereitgestellt, so beginnt die Frist mit dem letzten Tag der Bereitstellung. [4]Bei einer Beanstandung darf der Rundfunkveranstalter die Aufzeichnungen erst löschen oder frei über sie verfügen, wenn die Beanstandung durch rechtskräftige gerichtliche Entscheidung, durch gerichtlichen Vergleich oder auf andere Weise erledigt ist. [5]Die Sätze 3 und 4 gelten für Filme entsprechend.
(2) [1]Die Medienanstalt Sachsen-Anhalt kann Ausnahmen von den Pflichten nach Absatz 1 zulassen. [2]Sie kann ferner anordnen, dass einzelne Aufzeichnungen oder Filme länger als sechs Wochen verfügbar zu halten sind.
(3) [1]Wer schriftlich glaubhaft macht, in seinen Rechten berührt zu sein, kann Einsicht in die Aufzeichnungen und Filme verlangen. [2]Auf Verlangen sind ihm gegen Erstattung der Selbstkosten des Rundfunkveranstalters Ausfertigungen, Abzüge oder Abschriften von der Aufzeichnung oder dem Film zu übersenden.
(4) Auf Antrag eines Mitglieds der Versammlung ordnet die Medienanstalt Sachsen-Anhalt an, dass eine Aufzeichnung oder ein Film bis zum Ablauf einer Woche nach der nächsten Sitzung der Versammlung verfügbar zu halten ist.

**§ 26 Gegendarstellung**
(1) [1]Jeder Rundfunkveranstalter ist verpflichtet, eine Gegendarstellung der Person, Gruppe oder Stelle zu verbreiten, die durch eine in der Sendung aufgestellte Tatsachenbehauptung betroffen ist. [2]Die Pflicht zur Verbreitung einer Gegendarstellung besteht nicht, wenn die betroffene Person, Gruppe oder Stelle kein berechtigtes Interesse an der Verbreitung hat oder wenn die Gegendarstellung ihrem Umfang nach nicht angemessen ist. [3]Überschreitet die Gegendarstellung nicht den Umfang des beanstandeten Teils der Sendung, so gilt sie als angemessen.
(2) [1]Die Gegendarstellung muss unverzüglich schriftlich verlangt werden und von dem Betroffenen oder seinem gesetzlichen Vertreter unterzeichnet sein. [2]Die Gegendarstellung muss die beanstandete Sendung und die Tatsachenbehauptung bezeichnen, sich auf tatsächliche Angaben beschränken und darf keinen strafbaren Inhalt haben.
(3) [1]Die Gegendarstellung muss unverzüglich innerhalb der gleichen Programmsparte zu einer Sendezeit verbreitet werden, die der Zeit der beanstandeten Sendung gleichwertig ist. [2]Wird eine Sendung zum beliebigen zeitlichen Empfang bereitgestellt, so ist die Gegendarstellung für die Dauer der Bereitstellung mit der Sendung zu verbinden. [3]Wird die Sendung nicht mehr bereitgestellt oder endet die Bereitstellung vor Ablauf eines Monats nach Aufnahme der Gegendarstellung, so ist die Gegendarstellung an vergleichbarer Stelle so lange bereitzustellen, wie der Betroffene es verlangt, höchstens jedoch insgesamt einen Monat.
(4) [1]Die Gegendarstellung muss ohne Einschaltungen und Weglassungen verbreitet werden. [2]Eine Erwiderung auf die verbreitete Gegendarstellung darf nicht in unmittelbarem Zusammenhang mit dieser stehen und muss sich auf tatsächliche Angaben beschränken.
(5) Die Gegendarstellung wird kostenlos verbreitet.

(6) ¹Für die Geltendmachung des Anspruchs finden die Vorschriften der Zivilprozessordnung über das Verfahren auf Erlass einer einstweiligen Verfügung entsprechende Anwendung. ²Eine Gefährdung des Anspruchs braucht nicht glaubhaft gemacht zu werden.
(7) Die Absätze 1 bis 6 gelten nicht für wahrheitsgetreue Berichte über öffentliche Sitzungen der gesetzgebenden und beschließenden Organe des Bundes, der Länder, der Gemeinden, der sonstigen kommunalen Körperschaften sowie der Gerichte.
(8) Für den Inhalt der Gegendarstellung ist verantwortlich, wer ihre Verbreitung beantragt hat.

### § 27 Auskunftspflicht und Beschwerderecht
(1) Die Medienanstalt Sachsen-Anhalt erteilt auf Verlangen Auskunft über Namen und Anschrift des Rundfunkveranstalters, über das Rundfunkprogramm sowie die für den Inhalt des Rundfunkprogramms Verantwortlichen.
(2) Der Rundfunkveranstalter hat auf Verlangen Namen und Anschrift der für den Inhalt des Rundfunkprogramms Verantwortlichen sowie des für den Inhalt einer Sendung verantwortlichen Redakteurs mitzuteilen.
(3) ¹Jeder Bürger hat das Recht, sich mit einer Beschwerde an den Vorstand der Medienanstalt Sachsen-Anhalt zu wenden. ²Ist der Beschwerdeführer mit der Antwort nicht einverstanden und betrifft die Beschwerde die Verletzung von Programmgrundsätzen, ist die Versammlung der Medienanstalt Sachsen-Anhalt mit der Angelegenheit zu befassen.

### § 28 Verlautbarungspflicht
¹Der Bundesregierung und der Landesregierung ist in Katastrophenfällen oder bei anderen vergleichbaren erheblichen Gefahren für die öffentliche Sicherheit oder Ordnung unverzüglich angemessene Sendezeit für amtliche Verlautbarungen einzuräumen. ²Für Inhalt und Gestaltung der Sendung ist derjenige verantwortlich, dem die Sendezeit eingeräumt worden ist. ³Die Rundfunkveranstalter können eine Entschädigung verlangen, die unter gerechter Abwägung der Interessen der Allgemeinheit und des Rundfunkveranstalters zu bestimmen ist.

### § 29 Sendezeit für Dritte
(1) ¹In Sachsen-Anhalt zugelassene Rundfunkveranstalter haben Parteien und Vereinigungen, für die in Sachsen-Anhalt ein Wahlvorschlag zum Landtag, zum Deutschen Bundestag oder zum Europäischen Parlament zugelassen worden ist, auf Antrag im Rahmen des Programmteils, dessen überwiegendes Verbreitungsgebiet in Sachsen-Anhalt liegt, angemessene Sendezeit und -plätze zur Vorbereitung der betreffenden Wahlen einzuräumen. ²In Offenen Kanälen, im nicht kommerziellen lokalen Hörfunk und im Einrichtungs- und Ereignisrundfunk ist die Einräumung von Sendezeiten im Sinne von Satz 1 unzulässig. ³Kann ein Rundfunkveranstalter innerhalb des von ihm dafür vorgesehenen Sendeumfangs nicht allen an ihn gerichteten Anträgen entsprechen, so ist der Sendeumfang im Sinne des § 5 Abs. 1 des Parteiengesetzes aufzuteilen.
(2) ¹In Sachsen-Anhalt zugelassene Rundfunkveranstalter haben den Kirchen und den anderen in Sachsen-Anhalt bestehenden öffentlich-rechtlichen Religionsgemeinschaften angemessene Sendezeiten und -plätze für die Übertragung gottesdienstlicher Handlungen und Feierlichkeiten sowie sonstiger religiöser Sendungen einzuräumen. ²Diese Verpflichtung gilt nicht für lokale oder regionale Rundfunkprogramme sowie für Offene Kanäle, nicht kommerziellen lokalen Hörfunk und für Einrichtungs- und Ereignisrundfunk. ³Die Rundfunkveranstalter können die Erstattung ihrer Selbstkosten verlangen.
(3) ¹Für den Inhalt und die Gestaltung der Sendungen ist ausschließlich diejenige Person verantwortlich, der die Sendezeit eingeräumt worden ist. ²Wer für ein öffentliches Amt kandidiert, darf binnen vier Wochen vor der Wahl nicht im Mittelpunkt von Werbung stehen.
(4) Für bundesweit verbreiteten privaten Rundfunk gilt § 42 des Rundfunkstaatsvertrages.

### § 30 Versorgungspflicht
(1) Jeder Rundfunkveranstalter hat im Rahmen der ihm zur Verfügung gestellten Übertragungskapazitäten die vollständige und technisch gleichwertige Versorgung der Rundfunkteilnehmer im Verbreitungsgebiet sicherzustellen.
(2) Die Medienanstalt Sachsen-Anhalt kann dem Rundfunkveranstalter auf Antrag unter Berücksichtigung seiner wirtschaftlichen Möglichkeiten angemessene Übergangsfristen einräumen.

## § 31 Informationspflicht

¹Private Rundfunkveranstalter sind verpflichtet, der Medienanstalt Sachsen-Anhalt gemäß Artikel 6 Abs. 2 des Europäischen Übereinkommens über das grenzüberschreitende Fernsehen die dort aufgeführten Informationen auf Verlangen zur Verfügung zu stellen. ²Satz 1 gilt entsprechend, soweit rechtsverbindliche Berichtspflichten des Landes zum Rundfunk gegenüber zwischenstaatlichen Einrichtungen oder internationalen Einrichtungen bestehen. ³Satz 2 gilt auch für Teleshoppingkanäle. ⁴Die Medienanstalt Sachsen-Anhalt ist verpflichtet, diese Informationen an die zuständige oberste Landesbehörde weiterzuleiten. ⁵§ 64 Abs. 7 bleibt unberührt.

## § 32 Zulieferung von Beiträgen zu lokalen oder regionalen Sendungen und Beteiligungsmöglichkeiten

(1) ¹Werden in einem Rundfunkprogramm Sendungen mit lokalem oder regionalem Bezug verbreitet, so dürfen diese nicht zu mehr als der Hälfte von einem Unternehmen zugeliefert werden, das für das Verbreitungsgebiet der Sendungen bestimmte periodisch erscheinende Druckwerke mit einem Anteil von mehr als 20 v.H. der Gesamtauflage aller für das Verbreitungsgebiet bestimmten periodisch erscheinenden Druckwerke verlegt. ²Dieselbe Beschränkung gilt auch für ein Unternehmen, das zu einem Unternehmen nach Satz 1 im Verhältnis eines abhängigen oder herrschenden Unternehmens oder eines Konzernunternehmens im Sinne des Aktienrechts steht; wirken mehrere Unternehmen aufgrund einer Vereinbarung oder in sonstiger Weise derart zusammen, dass sie gemeinsam einen beherrschenden Einfluss auf ein Unternehmen nach Satz 1 ausüben können, so gilt jedes von ihnen als herrschendes Unternehmen.

(2) ¹Presseunternehmen, die in einem Verbreitungsgebiet eine marktbeherrschende Stellung im Zeitungs- oder Zeitschriftenmarkt innehaben, dürfen auf Rundfunkveranstalter weder unmittelbar noch mittelbar einen beherrschenden Einfluss ausüben. ²Dieselbe Beschränkung gilt auch für ein Unternehmen, das zu einem Unternehmen nach Satz 1 im Verhältnis eines abhängigen oder herrschenden Unternehmens oder eines Konzernunternehmens im Sinne des Aktienrechts steht; Absatz 1 Satz 2 Halbsatz 2 gilt entsprechend. ³Zur Verhinderung eines beherrschenden Einflusses im Sinne von Satz 1 sind die Meinungsvielfalt sichernde Maßnahmen vorzusehen. ⁴Insbesondere kommt die Bildung eines Programmbeirates, der aus mindestens fünf Personen bestehen soll, in Betracht, wobei § 32 des Rundfunkstaatsvertrages entsprechende Anwendung findet. ⁵Auch andere die Meinungsvielfalt sichernde Maßnahmen sind möglich. ⁶Die Medienanstalt Sachsen-Anhalt schlägt dem Presseunternehmen solche Maßnahmen vor. ⁷Betreiber der Kabelanlagen oder Anbieter von Plattformen, die ein privates lokales oder regionales Fernsehprogramm im Sinne von § 19 Abs. 1 verbreiten, dürfen zusammen bis zu 25 v.H. mit Kapital und Stimme beteiligt sein.

*Abschnitt 5*
*Übertragungskapazitäten*

## § 33 Zuordnung und Zuweisung von Übertragungskapazitäten

(1) ¹Die Zuordnung von terrestrischen Übertragungskapazitäten erfolgt entweder an einen öffentlich-rechtlichen Rundfunkveranstalter oder an die Medienanstalt Sachsen-Anhalt. ²Im Falle der anteiligen Nutzbarkeit einer terrestrischen Übertragungskapazität erfolgt deren Zuordnung entweder vollständig an einen Zuordnungsempfänger im Sinne von Satz 1 oder anteilig an einen oder mehrere öffentlich-rechtliche Rundfunkveranstalter und die Medienanstalt Sachsen-Anhalt. ³Die Zuordnung einer terrestrischen Übertragungskapazität zur anteiligen Nutzung durch mehrere Rundfunkveranstalter setzt voraus, dass Inhalt und Umfang der anteiligen Nutzung der betreffenden terrestrischen Übertragungskapazität zum Zeitpunkt der Entscheidung der obersten Landesbehörde über die Zuordnung dieser Übertragungskapazität zwischen den Zuordnungsempfängern der betreffenden Übertragungskapazität vertraglich geregelt sind. ⁴Vereinbarungen im Sinne von Satz 3 können von den Vertragsparteien nach erfolgter Zuordnung der betreffenden Übertragungskapazität im Benehmen mit der zuständigen obersten Landesbehörde geändert werden. ⁵Die Zuordnung von terrestrischen Übertragungskapazitäten erfolgt im Rahmen der Vorgaben des Telekommunikationsgesetzes.

(2) ¹Zuordnungen von terrestrischen Übertragungskapazitäten erfolgen für die Dauer von längstens 20 und mindestens fünf Jahren. ²Die Regelungen des Abschnitts 2 finden Anwendung. ³In diesem zeitli-

chen Rahmen dürfen Zuordnungen von analog-terrestrischen Übertragungskapazitäten im Ultrakurzwellenbereich bis längstens zum 31. Dezember 2025 vorgenommen werden.

(3) [1]Beantragen ein öffentlich-rechtlicher Rundfunkveranstalter oder die Medienanstalt Sachsen-Anhalt bei der zuständigen obersten Landesbehörde die Zuordnung einer terrestrischen Übertragungskapazität, die von der Bundesnetzagentur noch nicht koordiniert ist, so haben sie jeweils den Versorgungsbedarf nachzuweisen. [2]Hierbei haben sie Angaben über das Gebiet, in dem die terrestrische Übertragungskapazität genutzt werden soll, zum Zeitraum der vorgesehenen Nutzung, zur Übertragungsqualität und zum Versorgungsumfang zu machen. [3]Die zuständige oberste Landesbehörde teilt der Bundesnetzagentur den Versorgungsbedarf mit. [4]Für den Fall, dass nach Angabe der Bundesnetzagentur der Versorgungsbedarf erfüllbar ist, holt die zuständige oberste Landesbehörde zu dem Antrag auf Zuordnung im Sinne von Satz 1 Stellungnahmen von den öffentlich-rechtlichen Rundfunkveranstaltern und der Medienanstalt Sachsen-Anhalt ein. [5]Die zuständige oberste Landesbehörde wirkt auf eine Verständigung zwischen den öffentlich-rechtlichen Rundfunkveranstaltern und der Medienanstalt Sachsen-Anhalt hin. [6]Die Medienanstalt Sachsen-Anhalt befragt ihrerseits die von ihr zugelassenen Rundfunkveranstalter sowie die nach Kenntnis der Medienanstalt Sachsen-Anhalt an der Verbreitung von Rundfunk oder Telemedien im Verbreitungsgebiet im Sinne von Satz 2 interessierten privaten Rundfunkveranstalter und privaten Anbieter von Telemedien. [7]Kommt eine Verständigung zustande, ordnet die zuständige oberste Landesbehörde mit Zustimmung des für Medien zuständigen Landtagsausschusses die zu koordinierende terrestrische Übertragungskapazität nach Maßgabe der Verständigung unter dem Vorbehalt der abschließenden Koordinierung und Zuteilung der terrestrischen Übertragungskapazität durch die Bundesnetzagentur zu. [8]Kommt eine Verständigung innerhalb angemessener Zeit nicht zustande, entscheidet die zuständige oberste Landesbehörde mit Zustimmung des für Medien zuständigen Landtagsausschusses über die Zuordnung vorbehaltlich der Koordinierung und Zuteilung der betreffenden terrestrischen Übertragungskapazität durch die Bundesnetzagentur. [9]Bei der Zuordnungsentscheidung ist in dem Fall, dass eine Verständigung nicht zustande kommt, die flächendeckende Grundversorgung des Landes Sachsen-Anhalt mit Rundfunkprogrammen öffentlich-rechtlicher Rundfunkveranstalter, die Schaffung eines vielfältigen Rundfunkprogrammangebotes privater Rundfunkveranstalter sowie die Förderung des publizistischen Wettbewerbs zu gewährleisten. [10]Für die öffentlich-rechtlichen Rundfunkprogramme, die für die Verbreitung in Sachsen-Anhalt bestimmt sind, sowie für die Rundfunkprogramme nach § 12 Abs. 1 Satz 1 sind Übertragungskapazitäten vorrangig zur Verfügung zu stellen. [11]Reichen die vorhandenen terrestrischen Übertragungskapazitäten nicht aus, ist zunächst die Grundversorgung durch die für die Verbreitung in Sachsen-Anhalt bestimmten Rundfunkprogramme der öffentlich-rechtlichen Rundfunkveranstalter zu gewährleisten.

(4) [1]Die Medienanstalt Sachsen-Anhalt weist ihr von der zuständigen obersten Landesbehörde zugeordnete terrestrische Übertragungskapazitäten an private Rundfunkveranstalter nach Maßgabe von § 16 Abs. 1 zu. [2]Soweit Übertragungskapazitäten nicht zur Verbreitung von Rundfunkprogrammen, von Offenen Kanälen, von nicht kommerziellem lokalen Hörfunk oder von Sendungen nach § 23 benötigt werden, kann die Medienanstalt Sachsen-Anhalt solche Übertragungskapazitäten privaten Anbietern von Telemedien auf Antrag zuweisen. [3]Die Zuweisung an private Anbieter von Telemedien erfolgt für einen Zeitraum von fünf Jahren und kann auf Antrag um jeweils fünf Jahre verlängert werden. [4]Die Medienanstalt Sachsen-Anhalt hat Zuweisungsentscheidungen für Telemedien unter Beachtung der Grundsätze der Chancengleichheit und des Diskriminierungsverbotes zu treffen. [5]Die Zuweisung erfolgt vorbehaltlich der abschließenden Koordinierung und Zuteilung der terrestrischen Übertragungskapazität durch die Bundesnetzagentur. [6]Im Falle der Zuweisung von terrestrischen Übertragungskapazitäten an private Rundfunkveranstalter oder private Anbieter von Telemedien befragt die Medienanstalt Sachsen-Anhalt den von ihr nach Abschnitt 2 bestimmten Zuweisungsempfänger hinsichtlich der von ihm getroffenen Auswahl des Sendernetzbetreibers. [7]Der Sendernetzbetrieb kann auch von privaten Rundfunkveranstaltern und privaten Anbietern von Telemedien im Sinne von Satz 6 selbst durchgeführt werden. [8]Die Medienanstalt Sachsen-Anhalt teilt der zuständigen obersten Landesbehörde die von ihr getroffene Entscheidung über die Zuweisung von terrestrischen Übertragungskapazitäten und die vom Zuweisungsempfänger erfolgte Auswahl des Sendernetzbetreibers mit.

(5) Ist Zuordnungsempfänger ein öffentlich-rechtlicher Rundfunkveranstalter, teilt dieser der zuständigen obersten Landesbehörde mit, ob und gegebenenfalls welchen Sendernetzbetreiber er ausgewählt hat oder ob er den Sendernetzbetrieb selbst durchführen will.

(6) ¹Die zuständige oberste Landesbehörde teilt der Bundesnetzagentur den im Zuordnungs- und Zuweisungsverfahren zur alleinigen Nutzung der betreffenden terrestrischen Übertragungskapazität bestimmten Veranstalter (Inhalteanbieter), den von ihm ausgewählten Sendernetzbetreiber und die Dauer der medienrechtlichen Zuordnung und Zuweisung der terrestrischen Übertragungskapazität mit. ²Die zuständige oberste Landesbehörde unterrichtet den Zuordnungsempfänger über das Ergebnis der von der Bundesnetzagentur nach Maßgabe des Absatzes 3 vorgenommenen Koordinierung.

(7) Zuordnungen von terrestrischen Übertragungskapazitäten können von der zuständigen obersten Landesbehörde widerrufen werden, wenn öffentlich-rechtliche Rundfunkveranstalter oder die Medienanstalt Sachsen-Anhalt auf ihnen jeweils zugeordnete terrestrische Übertragungskapazitäten verzichten oder diese nicht innerhalb eines Jahres seit der Zuordnung nutzen oder ihre Nutzung veranlasst haben und Übertragungskapazitätsbedarf anderer Bedarfsträger im Sinne von Absatz 1 Satz 1 gegenüber der zuständigen obersten Landesbehörde nachgewiesen wurde.

(8) ¹Zuordnungsentscheidungen sind gebührenpflichtig nach Maßgabe des Verwaltungskostengesetzes des Landes Sachsen-Anhalt vom 27. Juni 1991 (GVBl. LSA S. 154), zuletzt geändert durch Artikel 1 des Gesetzes vom 18. Mai 2010 (GVBl. LSA S. 340), in Verbindung mit der Allgemeinen Gebührenordnung des Landes Sachsen-Anhalt vom 10. Oktober 2012 (GVBl. LSA S. 336), zuletzt geändert durch Verordnung vom 29. August 2014 (GVBl. LSA S. 408), in der jeweils geltenden Fassung. ²Die Höhe der Gebühr im Sinne von Satz 1 soll 500 Euro nicht überschreiten.

(9) ¹Zur Verbesserung der Nutzung vorhandener und zur Gewinnung zusätzlicher terrestrischer Übertragungskapazitäten können durch Vereinbarung mit anderen Bundesländern diese Übertragungskapazitäten verlagert und Standortnutzungen eingeräumt werden. ²Die Medienanstalt Sachsen-Anhalt und die betroffenen öffentlich-rechtlichen Rundfunkveranstalter sind vor Abschluss der Vereinbarung zu beteiligen.

(10) ¹Auf die Zuordnung und Zuweisung von Übertragungskapazitäten für Rundfunkprogramme, die in Sachsen-Anhalt über Satelliten oder in Kabelanlagen verbreitet werden, finden die Regelungen der Absätze 1 bis 9 und des § 34 keine Anwendung. ²Die Belegung von Kabelkanälen richtet sich nach § 19 und nach den §§ 35 bis 39.

(11) Die Regelungen zu den Plattformen in den §§ 38 bis 38f finden Anwendung.

### § 33a  Zuordnung von drahtlosen Übertragungskapazitäten

(1) ¹Über die Anmeldung bei der für Telekommunikation zuständigen Regulierungsbehörde für bundesweite Versorgungsbedarfe an nicht leitungsgebundenen (drahtlosen) Übertragungskapazitäten entscheiden die Länder einstimmig. ²Für länderübergreifende Bedarfsanmeldungen gilt Satz 1 hinsichtlich der betroffenen Länder entsprechend.

(2) Über die Zuordnung von Übertragungskapazitäten für bundesweite Versorgungsbedarfe an die in der ARD zusammengeschlossenen Landesrundfunkanstalten, das ZDF, das Deutschlandradio oder die Landesmedienanstalten entscheiden die Ministerpräsidenten der Länder durch einstimmigen Beschluss.

(3) ¹Für die Zuordnung gelten insbesondere die folgenden Grundsätze:
1. Zur Verfügung stehende freie Übertragungskapazitäten sind den in der ARD zusammengeschlossenen Rundfunkanstalten, dem ZDF oder dem Deutschlandradio und den Landesmedienanstalten bekannt zu machen;
2. reichen die Übertragungskapazitäten für den geltend gemachten Bedarf aus, sind diese entsprechend zuzuordnen;
3. reichen die Übertragungskapazitäten für den geltend gemachten Bedarf nicht aus, wirken die Ministerpräsidenten auf eine Verständigung zwischen den Beteiligten hin; Beteiligte sind für private Anbieter die Landesmedienanstalten;
4. kommt eine Verständigung zwischen den Beteiligten nicht zustande, entscheiden die Ministerpräsidenten, welche Zuordnung unter Berücksichtigung der Besonderheiten der Übertragungskapazität sowie unter Berücksichtigung des Gesamtangebots die größtmögliche Vielfalt des Angebotes sichert; dabei sind insbesondere folgende Kriterien zu berücksichtigen:

a) Sicherung der Grundversorgung mit Rundfunk und Teilhabe des öffentlich-rechtlichen Rundfunks an neuen Techniken und Programmformen,
b) Belange des privaten Rundfunks und der Anbieter von Telemedien.

[2]Die Zuordnung der Übertragungskapazität erfolgt für die Dauer von längstens 20 Jahren.

(4) Der Vorsitzende der Ministerpräsidentenkonferenz ordnet die Übertragungskapazität gemäß der Entscheidung der Ministerpräsidenten nach Absatz 2 zu.

(5) [1]Wird eine zugeordnete Übertragungskapazität nach Ablauf von 18 Monaten nach Zugang der Zuordnungsentscheidung nicht für die Realisierung des Versorgungsbedarfs genutzt, kann die Zuordnungsentscheidung durch Beschluss der Ministerpräsidenten widerrufen werden; eine Entschädigung wird nicht gewährt. [2]Auf Antrag des Zuordnungsempfängers kann die Frist durch Entscheidung der Ministerpräsidenten verlängert werden.

(6) Die Ministerpräsidenten vereinbaren zur Durchführung der Absätze 2 bis 5 Verfahrensregelungen.

## § 33b Zuweisung von drahtlosen Übertragungskapazitäten an private Anbieter durch die zuständige Landesmedienanstalt

(1) Übertragungskapazitäten für drahtlose bundesweite Versorgungsbedarfe privater Anbieter können Rundfunkveranstaltern, Anbietern von vergleichbaren Telemedien oder Plattformanbietern durch die zuständige Landesmedienanstalt zugewiesen werden.

(2) [1]Werden den Landesmedienanstalten Übertragungskapazitäten zugeordnet, bestimmen sie unverzüglich Beginn und Ende einer Ausschlussfrist, innerhalb der schriftlichen Anträge auf Zuweisung von Übertragungskapazitäten gestellt werden können. [2]Beginn und Ende der Antragsfrist, das Verfahren und die wesentlichen Anforderungen an die Antragstellung, insbesondere wie den Anforderungen des Rundfunkstaatsvertrages zur Sicherung der Meinungsvielfalt und Angebotsvielfalt genügt werden kann, sind von den Landesmedienanstalten zu bestimmen und in geeigneter Weise zu veröffentlichen (Ausschreibung).

(3) [1]Kann nicht allen Anträgen auf Zuweisung von Übertragungskapazitäten entsprochen werden, wirkt die zuständige Landesmedienanstalt auf eine Verständigung zwischen den Antragstellern hin. [2]Kommt eine Verständigung zustande, legt sie diese ihrer Entscheidung über die Aufteilung der Übertragungskapazitäten zugrunde, wenn nach den vorgelegten Unterlagen erwartet werden kann, dass in der Gesamtheit der Angebote die Vielfalt der Meinungen und Angebotsvielfalt zum Ausdruck kommt.

(4) [1]Lässt sich innerhalb der von der zuständigen Landesmedienanstalt zu bestimmenden angemessenen Frist keine Einigung erzielen oder entspricht die vorgesehene Aufteilung voraussichtlich nicht dem Gebot der Meinungsvielfalt und Angebotsvielfalt, weist die zuständige Landesmedienanstalt dem Antragsteller die Übertragungskapazität zu, der am ehesten erwarten lässt, dass sein Angebot
1. die Meinungsvielfalt und Angebotsvielfalt fördert,
2. auch das öffentliche Geschehen, die politischen Ereignisse sowie das kulturelle Leben darstellt und
3. bedeutsame politische, weltanschauliche und gesellschaftliche Gruppen zu Wort kommen lässt.

[2]In die Auswahlentscheidung ist ferner einzubeziehen, ob das Angebot wirtschaftlich tragfähig erscheint sowie Nutzerinteressen und -akzeptanz hinreichend berücksichtigt. [3]Für den Fall, dass die Übertragungskapazität einem Anbieter einer Plattform zugewiesen werden soll, ist des Weiteren zu berücksichtigen, ob das betreffende Angebot den Zugang von Fernseh- und Hörfunkveranstaltern sowie Anbietern von vergleichbaren Telemedien einschließlich elektronischer Programmführer zu angemessenen Bedingungen ermöglicht und den Zugang chancengleich und diskriminierungsfrei gewährt.

(5) [1]Die Zuweisung von Übertragungskapazitäten erfolgt für die Dauer von zehn Jahren. [2]Eine einmalige Verlängerung um zehn Jahre ist zulässig. [3]Die Zuweisung ist sofort vollziehbar. [4]Wird eine zugewiesene Übertragungskapazität nach Ablauf von zwölf Monaten nach Zugang der Zuweisungsentscheidung nicht genutzt, kann die zuständige Landesmedienanstalt die Zuweisungsentscheidung nach § 55 Abs. 1 Satz 3 des Gesetzes in Verbindung mit § 38 Abs. 4 Nr. 2b des Rundfunkstaatsvertrages widerrufen. [5]Auf Antrag des Zuweisungsempfängers kann die Frist verlängert werden.

## § 34 Digitalisierung der terrestrischen Übertragungskapazitäten

(1) [1]Spätestens ab dem 1. Januar 2026 erfolgt die terrestrische Übertragung von Rundfunkprogrammen und Telemedien in Sachsen-Anhalt ausschließlich in digitaler Technik. [2]§ 33 Abs. 2 findet Anwen-

dung. ³Die analog-terrestrische Hörfunkverbreitung kann zugunsten der digital-terrestrischen Hörfunkverbreitung vor dem in Satz 1 bestimmten Zeitpunkt eingestellt werden, wenn folgende Voraussetzungen erfüllt sind:

1. ausschließlich digital-terrestrische Nutzung der für Sachsen-Anhalt veranstalteten analog-terrestrischen öffentlich-rechtlichen Hörfunkprogramme und der von der Medienanstalt Sachsen-Anhalt zur landesweiten Verbreitung zugelassenen analog-terrestrischen privaten Hörfunkprogramme in Gebäuden (portable Indoorversorgung) in mindestens 90 v. H. der in Sachsen-Anhalt gelegenen Haushalte und
2. im Einvernehmen mit der zuständigen obersten Landesbehörde Abschluss einer Vereinbarung zwischen den öffentlich-rechtlichen Rundfunkveranstaltern der in Nummer 1 bestimmten Programme, den privaten Rundfunkveranstaltern der in Nummer 1 bestimmten Programme und der Medienanstalt Sachsen-Anhalt über das Vorliegen der Voraussetzungen und über das Verfahren zur Umstellung von der analog-terrestrischen auf die digital-terrestrische Übertragungstechnik in Form eines öffentlich-rechtlichen Vertrages nach Maßgabe von Absatz 2.

⁴Die Fortführung der analog-terrestrischen Verbreitung von Rundfunk und Telemedien nach Maßgabe von Satz 3 kann vorübergehend in Teilgebieten aufrechterhalten werden.

(2) ¹Der Vertrag nach Absatz 1 Satz 3 Nr. 2 kann eine Regelung zur Nutzung der Übertragungskapazitäten enthalten. ²Die gesetzlichen Regelungen zur Zuordnung und Zuweisung von Übertragungskapazitäten finden daneben Anwendung. ³Werden von ihnen Umstellungsmaßnahmen ergriffen, haben die Vertragsparteien die Öffentlichkeit rechtzeitig zu informieren. ⁴Darüber hinaus gibt die zuständige oberste Landesbehörde im Ministerialblatt für das Land Sachsen-Anhalt bekannt, in welchem Gebiet, zu welchem Zeitpunkt und mit welchen Maßgaben die Umstellung auf die digitale Übertragungstechnik erfolgt. ⁵Die Frist zwischen der Bekanntmachung des Umstellungszeitpunktes auf die digitale Übertragungstechnik und der tatsächlichen Einstellung der analog-terrestrischen Verbreitung soll im Regelfall sechs Monate betragen. ⁶Die zuständige oberste Landesbehörde kann in Ausnahmefällen einen anderen Zeitraum festlegen.

(3) Bis zur Einstellung der analog-terrestrischen Rundfunkverbreitung zu dem in Absatz 1 genannten Zeitpunkt ist es im Rahmen der zugewiesenen Übertragungskapazitäten zulässig, Rundfunkprogramme und Telemedien gleichzeitig in analoger und in digitaler Übertragungstechnik terrestrisch zu verbreiten (Simulcast).

(4) ¹Öffentlich-rechtliche Rundfunkveranstalter sowie private Rundfunkveranstalter und Anbieter von Telemedien, die zum Umstellungszeitpunkt auf die digitale Übertragungstechnik im Verbreitungsgebiet im Sinne von Absatz 1 Satz 3 über eine in analoger Übertragungstechnik genutzte terrestrische Übertragungskapazität verfügen, sind bei der erstmaligen Zuordnung oder Zuweisung von digital zu nutzenden terrestrischen Übertragungskapazitäten vorrangig zu berücksichtigen. ²Die technischen Übertragungskapazitäten für diese vorrangig zu verbreitenden Rundfunkprogramme und Telemedien müssen im Verhältnis zu den übrigen terrestrischen digitalen Übertragungskapazitäten gleichwertig sein.

(5) ¹Mit der Zuordnung der digital-terrestrischen Übertragungskapazitäten und der Beendigung eines etwaigen Simulcast nach Maßgabe von Absatz 3 gilt die Zuordnung der entsprechenden analog-terrestrischen Übertragungskapazitäten als widerrufen, ohne dass die Voraussetzungen für einen Widerruf nach § 33 Abs. 7 erfüllt sein müssen. ²Dies gilt auch für diejenigen freien terrestrischen Übertragungskapazitäten, die durch die technische Umstellung von analogem zu digitalem Betrieb entstehen und die für die digitale Verbreitung des bisher analog verbreiteten Rundfunkprogramms der bisher analog verbreiteten Telemedien technisch nicht notwendig sind. ³Die erneute Zuordnung frei gewordener analog-terrestrischer Übertragungskapazitäten an Dritte nach Absatz 6 ist nicht zulässig.

(6) ¹Zuordnungen oder Zuweisungen von terrestrischen Übertragungskapazitäten dürfen die Entwicklung neuer digitaler Nutzungen nicht behindern. ²Analog-terrestrische Hörfunkübertragungskapazitäten dürfen nach Maßgabe von Satz 1 nur noch in folgenden Ausnahmefällen zugeordnet oder zugewiesen werden, wenn

1. dies aufgrund überregionaler, regionaler oder lokaler Besonderheiten im Verbreitungsgebiet erforderlich ist, um eine ausreichende Angebots- und Meinungsvielfalt sicherzustellen, oder
2. der Rundfunkveranstalter im selben Verbreitungsgebiet auch eine digitale terrestrische Verbreitung sicherstellt.

(7) Die Neuzuordnung oder Verlängerung von terrestrischen Übertragungskapazitäten zwischen den öffentlich-rechtlichen Rundfunkveranstaltern einerseits und der Medienanstalt Sachsen-Anhalt andererseits erfolgt auf der Grundlage nachgewiesenen Bedarfs.

(8) ¹Die öffentlich-rechtlichen Rundfunkveranstalter und die Medienanstalt Sachsen-Anhalt haben der zuständigen obersten Landesbehörde in einem gemeinsamen Bericht nach jeweils zwei Jahren, erstmals zum 31. Dezember 2006, über den Sachstand der Umstellungsmaßnahmen zu berichten. ²Die zuständige oberste Landesbehörde leitet den Bericht zur Unterrichtung an den Landtag weiter.

### § 35 Nutzung der Kabelübertragungskapazitäten

(1) ¹Die Übertragungskapazitäten in den Kabelanlagen im Geltungsbereich dieses Gesetzes dienen nach Maßgabe der nachfolgenden Regelungen der Verbreitung oder Weiterverbreitung von Rundfunk und, soweit dadurch der Vorrang der Meinungsvielfalt und Angebotsvielfalt nicht beeinträchtigt wird, in angemessenem Umfang der Verbreitung oder Weiterverbreitung von Telemedien. ²Das Programmsignal muss in vollem Umfang einschließlich programmbegleitender Dienste übertragen werden. ³Der Betreiber einer digitalisierten Kabelanlage darf ohne Zustimmung der jeweiligen Veranstalter deren öffentlich-rechtliche oder private Programmbouquets nicht in ihrem jeweiligen Programm- und Diensteangebot verändern sowie einzelne Rundfunkprogramme oder Inhalte nicht in Programmpakete aufnehmen oder in anderer Weise entgeltlich oder unentgeltlich vermarkten. ⁴Gleiches gilt für eine Verschlüsselung von Programmsignalen.

(2) ¹Kabelanlagen sollen in der Weise errichtet und betrieben werden, dass sie dem Bedarf und dem Stand der Übertragungstechnik entsprechen. ²Jeder Inhaber eines Anschlusses muss zumindest die in § 36 Abs. 1 Satz 1 Nr. 1 bezeichneten Rundfunkprogramme empfangen können. ³Die Aufteilung eines Kabelkanals auf verschiedene Veranstalter privater Fernsehprogramme (Partagierung) bedarf der Zustimmung der Medienanstalt Sachsen-Anhalt. ⁴Diese darf nur erteilt werden, wenn im Vergleich zur Verbreitung oder Weiterverbreitung nur eines der Fernsehprogramme, deren Verbreitung oder Weiterverbreitung Gegenstand der Entscheidung der Medienanstalt Sachsen-Anhalt nach Satz 3 ist, durch die Partagierung ein gesteigerter Beitrag zur Meinungsvielfalt und Angebotsvielfalt zu erwarten ist.

(3) Die Rangfolgeregelung des § 36 in Verbindung mit § 38b gilt auch, wenn die verfügbaren Kanäle der Kabelanlage unterschiedliche Reichweiten haben.

(4) Die Nutzungsbedingungen, die für die Nutzung der jeweiligen Kabelanlage gelten, müssen Rundfunkveranstalter im Rahmen der erteilten Zulassung und Anbieter von Telemedien angemessen und chancengleich behandeln.

(5) ¹Wer in Sachsen-Anhalt eine oder mehrere Kabelanlagen betreibt, durch die allein oder insgesamt mehr als 100 Wohneinheiten versorgt werden, hat dies der Medienanstalt Sachsen-Anhalt mindestens zwei Monate vor der Inbetriebnahme unter Angabe von Art und Ort der Empfangseinrichtungen der Kanalbelegung, der Kapazität der Kabelanlage und der Anzahl der angeschlossenen Wohneinheiten unter Beifügung eines Belegungsplanes und seiner allgemeinen Vertragsbedingungen anzuzeigen. ²Spätere Veränderungen dieser Umstände sind der Medienanstalt Sachsen-Anhalt unverzüglich, Änderungen der Belegung spätestens zwei Monate vor ihrem Beginn unter Beifügung des geänderten Belegungsplanes anzuzeigen. ³Die Regelungen des § 36 Abs. 2 und des § 37 Abs. 2 bleiben unberührt.

(6) Betreiber von Kabelanlagen haben auf eigene Kosten die privaten lokalen oder regionalen Fernsehprogramme im Sinne von § 19, die Programme der offenen Kanäle im Sinne von § 21 und des nicht kommerziellen lokalen Hörfunks im Sinne von § 22 aus dem jeweils vorgesehenen Verbreitungsgebiet an ihre Kabelanlage heranzuführen, sofern eine Heranführung an die Kabelanlage innerhalb des jeweils vorgesehenen Verbreitungsgebietes aus Gründen, die die Rundfunkveranstalter nicht zu vertreten haben, nicht erfolgen kann.

### § 36 Rangfolge der Kabelkanalbelegung bei der Verbreitung und Weiterverbreitung von Rundfunkprogrammen und Telemedien

(1) ¹Werden Rundfunkprogramme durch Kabelanlagen mit analoger Übertragungstechnik verbreitet oder weiterverbreitet, so hat der Betreiber der Kabelanlage die Rundfunkprogramme in folgender Rangfolge den Kabelanschlüssen zuzuführen:
1. die Rundfunkprogramme der nach § 12 zugelassenen Rundfunkveranstalter, die aufgrund eines sonstigen Gesetzes des Landes Sachsen-Anhalt veranstalteten Rundfunkprogramme sowie Offene

Kanäle und nicht kommerziellen lokalen Hörfunk und private lokale und regionale Fernsehprogramme im jeweils zugelassenen Verbreitungsgebiet,
2. die nach § 37 Abs. 1 weiterverbreiteten Rundfunkprogramme. Unter diesen haben Vollprogramme Vorrang vor Spartenprogrammen. Reicht die Kapazität der betreffenden Kabelanlage nicht aus, um alle gleichrangigen Rundfunkprogramme weiterzuverbreiten, richtet sich die Auswahl nach folgenden Kriterien:
 a) dem Beitrag des jeweiligen Rundfunkprogramms zur Meinungsvielfalt und
 b) der Nachfrage der Anschlussinhaber der Kabelanlage nach den zur Auswahl stehenden Rundfunkprogrammen.

[2]Satz 1 Nr. 2 findet keine Anwendung auf Kabelanlagen, an die weniger als 100 Wohneinheiten angeschlossen sind. [3]Das jeweils nachrangige Kriterium kommt erst zur Anwendung, wenn bei Anwendung des jeweils vorrangigen Kriteriums mehrere Rundfunkveranstalter in gleicher Weise für die Auswahlentscheidung in Betracht kommen. [4]Telemedien sind nach Maßgabe von § 35 Abs. 1 Satz 1 angemessen zu berücksichtigen.

(2) [1]Der Betreiber einer mit analoger Übertragungstechnik arbeitenden Kabelanlage entscheidet in eigener Verantwortung auf der Grundlage der gesetzlichen Vorgaben über die Belegung der Kabelkanäle. [2]Der Betreiber einer Kabelanlage hat die Verbreitung von Fernsehprogrammen oder Telemedien der Medienanstalt Sachsen-Anhalt mindestens zwei Monate vor dem Beginn des Betriebs der Kabelanlage unter Vorlage eines Belegungsplanes und seiner Vertragsbedingungen anzuzeigen. [3]Entspricht der Belegungsplan nicht den rechtlichen Anforderungen, erfolgt die Auswahl der zu verbreitenden Rundfunkprogramme und der Telemedien durch die Medienanstalt Sachsen-Anhalt. [4]Zuvor ist dem Betreiber der Kabelanlage eine angemessene Frist zur Erfüllung der gesetzlichen Voraussetzungen zu setzen. [5]Bei Änderungen der Belegung gilt die Regelung der Sätze 1 bis 4 entsprechend.

(3) Die Regelung des § 38d gilt für Kabelanlagen mit analoger Übertragungstechnik entsprechend.

(4) Soweit Fernsehprogramme, Hörfunkprogramme oder Telemedien in digitalisierter Weise verbreitet oder weiterverbreitet werden, richten sich die Rangfolge der Kabelkanalbelegung und verfahrensrechtliche Vorgaben nach § 38b.

## § 37 Weiterverbreitung

(1) [1]Die zeitgleiche und unveränderte Weiterverbreitung von bundesweit empfangbaren Fernsehprogrammen, die in Europa in rechtlich zulässiger Weise und entsprechend den Bestimmungen des Europäischen Übereinkommens über das grenzüberschreitende Fernsehen veranstaltet werden, ist zulässig. [2]Die Weiterverbreitung von Fernsehprogrammen kann unter Beachtung europäischer rundfunkrechtlicher Regelungen ausgesetzt werden.

(2) [1]Veranstalter anderer als der in Absatz 1 genannten Fernsehprogramme haben die Weiterverbreitung mindestens einen Monat vor Beginn bei der Landesmedienanstalt anzuzeigen, in deren Geltungsbereich die Programme verbreitet werden sollen. [2]Die Anzeige kann auch der Anbieter einer Plattform vornehmen. [3]Die Anzeige muss die Nennung eines Programmverantwortlichen, eine Beschreibung des Programms und die Vorlage einer Zulassung oder eines vergleichbaren Dokuments beinhalten. [4]Die Weiterverbreitung ist dem Betreiber der Plattform zu untersagen, wenn das Rundfunkprogramm nicht den Anforderungen des § 3 oder des Jugendmedienschutz-Staatsvertrages entspricht oder wenn der Veranstalter nach dem geltenden Recht des Ursprungslandes zur Veranstaltung von Rundfunk nicht befugt ist oder wenn das Programm nicht inhaltlich unverändert verbreitet wird.

## § 38 Plattformen

(1) [1]Die nachstehenden Regelungen gelten für Plattformen auf allen technischen Übertragungskapazitäten. [2]Mit Ausnahme der §§ 38a und 38f gelten sie nicht für Anbieter von
1. Plattformen in offenen Netzen (Internet, UMTS oder vergleichbaren Netzen), soweit sie dort über keine marktbeherrschende Stellung verfügen,
2. Plattformen, die sich auf die unveränderte Weiterleitung eines Gesamtangebotes beschränken, das den Vorgaben dieses Abschnitts entspricht,
3. drahtgebundenen Plattformen mit in der Regel weniger als 10 000 angeschlossenen Wohneinheiten oder
4. drahtlosen Plattformen mit in der Regel weniger als 20 000 Nutzern.

[3]Die Medienanstalt Sachsen-Anhalt legt in einer Satzung und in Richtlinien nach § 53 Abs. 3 fest, welche Anbieter unter Berücksichtigung der regionalen und lokalen Verhältnisse den Regelungen nach Satz 2 unterfallen.

(2) Eine Plattform darf nur betreiben, wer den Anforderungen des § 12 Abs. 1 Satz 2 dieses Gesetzes in Verbindung mit § 20a Abs. 1 und 2 des Rundfunkstaatsvertrages genügt.

(3) [1]Private Anbieter, die eine Plattform mit Rundfunk und vergleichbaren Telemedien anbieten wollen, müssen dies mindestens einen Monat vor Inbetriebnahme der zuständigen Landesmedienanstalt anzeigen. [2]Die Anzeige hat zu enthalten
1. Angaben entsprechend § 12 Abs. 1 Satz 2 dieses Gesetzes in Verbindung mit § 20a Abs. 1 und 2 des Rundfunkstaatsvertrages und
2. die Darlegung, wie den Anforderungen der §§ 38a bis 38d entsprochen werden soll.

### § 38a Regelungen für Plattformen

(1) [1]Für die Angebote auf Plattformen gilt die verfassungsmäßige Ordnung. [2]Die Vorschriften der allgemeinen Gesetze und die gesetzlichen Bestimmungen zum Schutz der persönlichen Ehre sind einzuhalten.

(2) [1]Plattformanbieter sind für eigene Programme und Dienste verantwortlich. [2]Bei Verfügungen der Aufsichtsbehörden gegen Programme und Dienste Dritter, die über die Plattform verbreitet werden, sind diese zur Umsetzung dieser Verfügung verpflichtet. [3]Sind Maßnahmen gegenüber dem Verantwortlichen von Programmen und Diensten nach Satz 2 nicht durchführbar oder nicht Erfolg versprechend, können Maßnahmen zur Verhinderung des Zugangs von Programmen und Diensten auch gegen den Plattformanbieter gerichtet werden, sofern eine Verhinderung technisch möglich und zumutbar ist.

(3) [1]Der Anbieter einer Plattform darf ohne Zustimmung des jeweiligen Rundfunkveranstalters dessen Programme und vergleichbare Telemedien inhaltlich und technisch nicht verändern sowie einzelne Rundfunkprogramme oder Inhalte nicht in Programmpakete aufnehmen oder in anderer Weise entgeltlich oder unentgeltlich vermarkten. [2]Technische Veränderungen, die ausschließlich einer effizienten Kapazitätsnutzung dienen und die Einhaltung des vereinbarten Qualitätsstandards nicht beeinträchtigen, sind zulässig.

### § 38b Belegung von Plattformen

(1) [1]Für Plattformen privater Anbieter mit Fernsehprogrammen gelten die nachfolgenden Bestimmungen:
1. Der Plattformanbieter hat innerhalb einer technischen Kapazität im Umfang von höchstens einem Drittel der für die digitale Verbreitung von Rundfunk zur Verfügung stehenden Gesamtkapazität sicherzustellen, dass
    a) die erforderlichen Kapazitäten für die bundesweite Verbreitung gesetzlich bestimmten beitragsfinanzierten Programme sowie für die Dritten Programme des öffentlich-rechtlichen Rundfunks einschließlich programmbegleitender Dienste, zur Verfügung stehen; die im Rahmen der Dritten Programme verbreiteten Landesfenster sind nur innerhalb der Länder zu verbreiten, für die sie gesetzlich bestimmt sind,
    b) die Kapazitäten für die privaten Fernsehprogramme, die Regionalfenster gemäß § 9 dieses Gesetzes in Verbindung mit § 25 des Rundfunkstaatsvertrages enthalten, zur Verfügung stehen,
    c) die Kapazitäten für die im jeweiligen Land zugelassenen regionalen und lokalen Fernsehprogramme sowie die Offenen Kanäle zur Verfügung stehen; die Sondervorschriften dieses Gesetzes für Offene Kanäle und vergleichbare Angebote (nicht kommerzieller lokaler Hörfunk und Einrichtungs- und Ereignisrundfunk) bleiben unberührt,
    d) die technischen Kapazitäten nach Buchstabe a bis c im Verhältnis zu anderen digitalen Kapazitäten technisch gleichwertig sind.
2. Innerhalb einer weiteren technischen Kapazität im Umfang der Kapazität nach Nummer 1 trifft der Plattformanbieter die Entscheidung über die Belegung mit in digitaler Technik verbreiteten Fernsehprogrammen und Telemedien, soweit er darin unter Einbeziehung der Interessen der angeschlossenen Teilnehmer eine Vielzahl von Programmveranstaltern sowie ein vielfältiges Programmangebot an Vollprogrammen, nicht entgeltfinanzierten Programmen, Spartenprogrammen

und Fremdsprachenprogrammen einbezieht sowie vergleichbare Telemedien und Teleshoppingkanäle angemessen berücksichtigt.
3. Innerhalb der darüber hinausgehenden technischen Kapazitäten trifft er die Entscheidung über die Belegung allein nach Maßgabe der allgemeinen Gesetze.

²Reicht die Kapazität zur Belegung nach Satz 1 nicht aus, sind die Grundsätze des Satzes 1 entsprechend der zur Verfügung stehenden Gesamtkapazität anzuwenden; dabei haben die für das jeweilige Verbreitungsgebiet gesetzlich bestimmten beitragsfinanzierten Programme und programmbegleitenden Dienste des öffentlich-rechtlichen Rundfunks Vorrang unbeschadet der angemessenen Berücksichtigung der Angebote nach Satz 1 Nr. 1 Buchst. b und c.

(2) ¹Für Plattformen privater Anbieter mit Hörfunkprogrammen gelten die nachfolgenden Bestimmungen:
1. Der Plattformanbieter hat sicherzustellen, dass innerhalb einer technischen Kapazität im Umfang von höchstens einem Drittel der für die digitale Verbreitung von Hörfunk zur Verfügung stehenden Gesamtkapazität die technischen Kapazitäten für die in dem jeweiligen Verbreitungsgebiet gesetzlich bestimmten beitragsfinanzierten Programme und programmbegleitenden Dienste des öffentlich-rechtlichen Rundfunks zur Verfügung stehen.
2. Innerhalb einer weiteren technischen Übertragungskapazität im Umfang nach Nummer 1 trifft der Plattformanbieter die Entscheidung über die Belegung mit in digitaler Technik verbreiteten Hörfunkprogrammen und Telemedien, soweit er darin unter Einbeziehung der Interessen der angeschlossenen Teilnehmer ein vielfältiges Angebot und eine Vielfalt der Anbieter im jeweiligen Verbreitungsgebiet angemessen berücksichtigt.
3. Innerhalb der darüber hinausgehenden technischen Kapazität trifft er die Entscheidung über die Belegung allein nach Maßgabe der allgemeinen Gesetze.

²Absatz 1 Satz 2 gilt entsprechend. ³Werden Hörfunk- und Fernsehprogramme auf einer Plattform verbreitet, sind die Programme nach Satz 1 Nr. 1 im Rahmen der Kapazität nach Absatz 1 Satz 1 Nr. 1 Buchst. a zu berücksichtigen.

(3) Der Plattformanbieter ist von den Anforderungen nach Absatz 1 und 2 befreit, soweit
1. der Anbieter der zuständigen Landesmedienanstalt nachweist, dass er selbst oder ein Dritter den Empfang der entsprechenden Angebote auf einem gleichartigen Übertragungsweg und demselben Endgerät unmittelbar und ohne zusätzlichen Aufwand ermöglicht, oder
2. das Gebot der Meinungsvielfalt und Angebotsvielfalt bereits im Rahmen der Zuordnungs- oder Zuweisungsentscheidung nach § 33a oder § 33b und § 9 dieses Gesetzes in Verbindung mit § 51 oder § 51a des Rundfunkstaatsvertrages berücksichtigt wurde.

(4) ¹Die Entscheidung über die Belegung von Plattformen trifft der Anbieter der Plattform. ²Programme, die dem Plattformanbieter gemäß § 9 dieses Gesetzes in Verbindung mit § 28 des Rundfunkstaatsvertrages zugerechnet werden können oder von ihm exklusiv vermarktet werden, bleiben bei der Erfüllung der Anforderungen nach Absatz 1 Nrn. 1 und 2 außer Betracht. ³Der Anbieter einer Plattform hat die Belegung von Rundfunkprogrammen oder Telemedien der zuständigen Landesmedienanstalt spätestens einen Monat vor ihrem Beginn anzuzeigen. ⁴Werden die Voraussetzungen der Absätze 1 bis 3 nicht erfüllt, erfolgt die Auswahl der zu verbreitenden Rundfunkprogramme nach Maßgabe des Rundfunkstaatsvertrages und dieses Gesetzes durch die zuständige Landesmedienanstalt. ⁵Zuvor ist dem Anbieter einer Plattform eine angemessene Frist zur Erfüllung der gesetzlichen Voraussetzungen zu setzen. ⁶Bei Änderung der Belegungen gelten die Sätze 1 bis 5 entsprechend.

## § 38c Technische Zugangsfreiheit

(1) ¹Anbieter von Plattformen, die Rundfunk und vergleichbare Telemedien verbreiten, haben zu gewährleisten, dass die eingesetzte Technik ein vielfältiges Angebot ermöglicht. ²Zur Sicherung der Meinungsvielfalt und Angebotsvielfalt dürfen Anbieter von Rundfunk und vergleichbaren Telemedien einschließlich elektronischer Programmführer weder unmittelbar noch mittelbar
1. durch Zugangsberechtigungssysteme,
2. durch Schnittstellen für Anwendungsprogramme,
3. durch Benutzeroberflächen, die den ersten Zugriff auf die Angebote herstellen, oder
4. durch sonstige technische Vorgaben zu den Nummern 1 bis 3 auch gegenüber Herstellern digitaler Rundfunkempfangsgeräte

bei der Verbreitung ihrer Angebote unbillig behindert oder gegenüber gleichartigen Anbietern ohne sachlich gerechtfertigten Grund unterschiedlich behandelt werden.
(2) ¹Die Verwendung eines Zugangsberechtigungssystems oder eines Systems nach Absatz 1 Satz 2 Nr. 3 oder einer Schnittstelle für Anwendungsprogramme und die Entgelte hierfür sind der zuständigen Landesmedienanstalt unverzüglich anzuzeigen. ²Satz 1 gilt für Änderungen entsprechend. ³Der zuständigen Landesmedienanstalt sind auf Verlangen die erforderlichen Auskünfte zu erteilen.

### § 38d Entgelte, Tarife
¹Anbieter von Programmen und vergleichbaren Telemedien dürfen durch die Ausgestaltung der Entgelte nicht unbillig behindert oder gegenüber gleichartigen Anbietern ohne sachlich gerechtfertigten Grund unterschiedlich behandelt werden. ²Die Verbreitung von Angeboten im Sinne von § 38b Abs. 1 Satz 1 Nrn. 1 und 2 oder § 38b Abs. 2 in Verbindung mit § 38b Abs. 1 Satz 1 hat zu angemessenen Bedingungen zu erfolgen. ³Entgelte und Tarife für Angebote nach § 38b Abs. 1 Satz 1 oder Abs. 2 Satz 1 sind offenzulegen. ⁴Entgelte und Tarife sind im Rahmen des Telekommunikationsgesetzes so zu gestalten, dass auch regionale und lokale Angebote zu angemessenen und chancengleichen Bedingungen verbreitet werden können. ⁵Die landesrechtlichen Sondervorschriften für Offene Kanäle und vergleichbare Angebote (nicht kommerzieller lokaler Hörfunk sowie Einrichtungs- und Ereignisrundfunk) bleiben unberührt.

### § 38e Vorlage von Unterlagen, Zusammenarbeit mit der Regulierungsbehörde für Telekommunikation
(1) ¹Anbieter von Plattformen sind verpflichtet, die erforderlichen Unterlagen der zuständigen Landesmedienanstalt auf Verlangen vorzulegen. ²Die §§ 21 bis 24 des Rundfunkstaatsvertrages gelten entsprechend.
(2) Ob ein Verstoß gegen § 38c Abs. 1 Satz 2 Nr. 1 oder 2 oder § 38d vorliegt, entscheidet bei Plattformanbietern, die zugleich Anbieter der Telekommunikationsdienstleistung sind, die zuständige Landesmedienanstalt im Benehmen mit der Regulierungsbehörde für Telekommunikation.

### § 38f Maßnahmen durch die zuständige Landesmedienanstalt
Verstößt ein Plattformanbieter gegen die Bestimmungen des Rundfunkstaatsvertrages oder des Jugendmedienschutz-Staatsvertrages, gilt § 38 Abs. 2 des Rundfunkstaatsvertrages entsprechend.

### § 39 Überprüfungsklausel
¹Der V. Abschnitt des Rundfunkstaatsvertrages sowie die ergänzenden landesrechtlichen Regelungen werden regelmäßig alle drei Jahre, erstmals zum 31. August 2011 entsprechend Artikel 31 Abs. 1 der Richtlinie 2002/22/EG des Europäischen Parlaments und des Rates vom 7. März 2002 über den Universaldienst und Nutzerrechte bei elektronischen Kommunikationsnetzen und -diensten (Universaldienstrichtlinie) überprüft. ²Die zuständige oberste Landesbehörde leitet den Bericht zur Unterrichtung an den Landtag weiter.

*Abschnitt 6*
**Medienanstalt Sachsen-Anhalt**

### § 40 Rechtsform, Recht auf Selbstverwaltung, Sitz, Organe und Fachausschüsse
(1) Die Medienanstalt Sachsen-Anhalt ist eine rechtsfähige Anstalt des öffentlichen Rechts mit Sitz in Halle.
(2) ¹Die Medienanstalt Sachsen-Anhalt übt ihre Tätigkeit innerhalb der gesetzlichen Schranken unabhängig und in eigener Verantwortung aus. ²Die Medienanstalt Sachsen-Anhalt hat nach Maßgabe dieses Gesetzes das Recht auf Selbstverwaltung. ³Sie kann im Rahmen ihrer Aufgaben nach diesem Gesetz Satzungen und Richtlinien erlassen. ⁴Die Medienanstalt Sachsen-Anhalt gibt sich eine Hauptsatzung, die der Genehmigung der zuständigen obersten Landesbehörde bedarf. ⁵Satzungen der Medienanstalt Sachsen-Anhalt werden von der zuständigen obersten Landesbehörde im Ministerialblatt für das Land Sachsen-Anhalt veröffentlicht. ⁶Staatliche Aufgaben zur Erfüllung nach Weisung dürfen der Medienanstalt Sachsen-Anhalt nicht übertragen werden.
(3) Sie besitzt Dienstherrenfähigkeit und führt ein Dienstsiegel.

(4) ¹Organe der Medienanstalt Sachsen-Anhalt sind die Versammlung und der Vorstand. ²§ 35 Abs. 2 des Rundfunkstaatsvertrages in Verbindung mit § 36 des Rundfunkstaatsvertrages sowie § 14 Abs. 1 und 2 des Jugendmedienschutz-Staatsvertrages bleiben unberührt.
(5) ¹Die Versammlung kann zur Vorbereitung ihrer Beschlüsse Fachausschüsse bilden. ²Eine Aufgabenzuweisung nach einzelnen Rundfunkveranstaltern ist unzulässig. ³§ 44 Abs. 5 und 6 gilt entsprechend.

### § 41 Aufgaben und Beteiligungen

(1) ¹Die Medienanstalt Sachsen-Anhalt nimmt alle Aufgaben nach diesem Gesetz wahr, soweit nicht ausdrücklich die Zuständigkeit einer anderen Stelle bestimmt ist. ²Hierzu gehören zuzüglich der in den Absätzen 2 bis 5 geregelten Aufgaben unter anderem:
1. Entscheidung über die Zulassung privater Rundfunkveranstalter,
2. Aufsicht über die privaten Rundfunkveranstalter, die privaten Anbieter von Telemedien, die Anbieter, die Anbieter von Plattformen und die Betreiber von technischen Übertragungseinrichtungen,
3. Entscheidungen im Zusammenhang mit der Weiterverbreitung von Rundfunkprogrammen und vergleichbaren Telemedien in Kabelanlagen und auf Plattformen,
4. Entscheidungen über die Förderung der Bürgermedien einschließlich ihrer Verbreitung und über die Förderung von Projekten zur Erweiterung der Medienkompetenz,
5. Unterstützung von Forschungsvorhaben auf dem Gebiet des Rundfunks,
6. Erarbeitung von Lösungsvorschlägen zur Gewinnung zusätzlicher und zur Verbesserung der Nutzung vorhandener Übertragungskapazitäten,
7. Öffentlichkeitsarbeit im Zusammenhang mit den Aufgaben der Nummern 1 bis 6 und der Absätze 2 bis 4,
8. Ausübung der Aufsicht im Bereich des Verbraucherschutzes im Rahmen von Artikel 3 des Zweiten Medienrechtsänderungsgesetzes und
9. Wahrnehmung von sonstigen private Medien betreffenden Aufgaben, soweit diese nicht einer anderen Behörde zugewiesen sind.

³Für bundesweite Angebote richtet sich die Zuständigkeitsverteilung unter den Landesmedienanstalten nach den §§ 20a bis 39 des Rundfunkstaatsvertrages.
(2) Die Medienanstalt Sachsen-Anhalt soll medienpädagogische Maßnahmen unterstützen und sonstige Maßnahmen zur Förderung der Medienkompetenz, des Jugendmedienschutzes und des Medienstandorts Sachsen-Anhalts – besonders durch Förderung von Einrichtungen, Projekten und Veranstaltungen – ergreifen.
(3) Die Medienanstalt Sachsen-Anhalt unterstützt die notwendigen Maßnahmen zur Vorbereitung und Durchführung der Umstellung auf die digitale Übertragungstechnik in Zusammenarbeit mit den betroffenen Rundfunkveranstaltern, Anbietern von Telemedien, Anbietern von Plattformen, Betreibern von Kabelanlagen, sonstigen Betreibern von technischen Übertragungseinrichtungen und der Geräteindustrie und fördert die rundfunktechnische Infrastruktur für digitalisierte Übertragungstechniken und neuartige Übertragungstechniken nach Maßgabe ihres Haushaltes.
(4) ¹Die Medienanstalt Sachsen-Anhalt fördert die Zusammenarbeit mit den übrigen mitteldeutschen Landesmedienanstalten im Rahmen eines Arbeitskreises zur Stärkung der Bedeutung Mitteldeutschlands als länderübergreifender Medienraum. ²Darüber hinaus arbeitet sie mit den anderen Landesmedienanstalten in der Bundesrepublik Deutschland zusammen.
(5) ¹Die Medienanstalt Sachsen-Anhalt kann sich zur Erfüllung ihrer gesetzlichen Aufgaben an privatrechtlichen Unternehmen bis zu einem Drittel der Kapital- und Stimmrechtsanteile beteiligen. ²Die Unternehmen müssen die Rechtsform einer juristischen Person besitzen und deren Satzung einen Aufsichtsrat oder ein entsprechendes Organ vorsehen. ³Bei der Beteiligung soll sich die Medienanstalt Sachsen-Anhalt durch geeignete Abmachungen den nötigen Einfluss auf die Geschäftsführung des Unternehmens, insbesondere eine angemessene Vertretung im Aufsichtsgremium sichern. ⁴Der Landesrechnungshof Sachsen-Anhalt kann bei der Medienanstalt Sachsen-Anhalt ihre Beteiligungen an den Unternehmen prüfen.

## § 42 Zusammensetzung und Amtszeit der Versammlung

(1) ¹Die Versammlung besteht aus mindestens 25 Mitgliedern. ²Von ihnen entsenden
1. fünf Mitglieder die im Landtag vertretenen Parteien oder Gruppierungen entsprechend dem Verhältnis der bei der vorausgegangenen Wahl zum Landtag errungenen Landtagsmandate nach dem Höchstzahlverfahren d'Hondt,
2. je ein Mitglied jede Partei oder Gruppierung, die zu Beginn der Amtszeit der Versammlung mit einer Fraktion im Landtag vertreten ist und nicht bereits nach Nummer 1 ein Mitglied entsendet,
3. ein Mitglied die evangelischen Landeskirchen, die auf dem Territorium des Landes Sachsen-Anhalt bestehen,
4. ein Mitglied die römisch-katholische Kirche,
5. ein Mitglied die jüdischen Gemeinden,
6. ein Mitglied die Vertretungen der Arbeitnehmer,
7. ein Mitglied die Vertretungen der Arbeitgeber,
8. ein Mitglied die Handwerksverbände,
9. ein Mitglied die Bauernverbände,
10. ein Mitglied die Vereinigung der Opfer des Stalinismus,
11. ein Mitglied die Vereinigung der Opfer des Nationalsozialismus,
12. ein Mitglied die Landesfrauenorganisationen,
13. ein Mitglied der Kinder- und Jugendring Sachsen-Anhalt e.V.,
14. ein Mitglied die Landesarbeitsgemeinschaft der Familienverbände Sachsen-Anhalt,
15. acht weitere Mitglieder gesellschaftlich bedeutsame Organisationen, die vom Landtag bestimmt werden.

(2) Mitglied der Versammlung kann nur sein, wer
1. zum Landtag wählbar ist;
2. nicht Mitglied der Bundesregierung oder der Regierung eines deutschen Landes ist;
3. nicht Mitglied des Landtages ist, es sei denn, er wird nach Absatz 1 Satz 2 Nrn. 1 oder 2 entsandt;
4. nicht in einem Arbeits- oder Dienstverhältnis zu einem öffentlich-rechtlichen Rundfunkveranstalter steht oder Mitglied eines Aufsichtsorgans eines solchen Rundfunkveranstalters ist;
5. nicht Rundfunkveranstalter oder Betreiber einer technischen Übertragungseinrichtung ist oder für die Verbreitung oder Weiterverbreitung eines Rundfunkprogramms nach Abschnitt 5 dieses Gesetzes verantwortlich ist;
6. nicht in einem Arbeits- oder Dienstverhältnis zu einem Rundfunkveranstalter, Betreiber oder Verantwortlichen im Sinne von Nummer 5 steht, nicht von diesem abhängig ist und nicht an einem entsprechenden Unternehmen beteiligt ist; veranstaltet eine Organisation oder Gruppe nach Absatz 1 ein Rundfunkprogramm, steht ein Arbeits- oder Dienstverhältnis zu ihr der Mitgliedschaft nicht entgegen;
7. nicht in einem Dienst- oder Arbeitsverhältnis zu einem Gesellschafter eines Rundfunkveranstalters steht, wenn der Rundfunkveranstalter eine Gesellschaft ist, und
8. die für die Aufnahme in den öffentlichen Dienst des Landes geltenden Voraussetzungen erfüllt.

(3) ¹Die Medienanstalt Sachsen-Anhalt schreibt spätestens sechs Monate vor Ablauf der Amtszeit der Versammlung die in der folgenden Amtszeit der Versammlung zu besetzenden Stellen im Ministerialblatt für das Land Sachsen-Anhalt aus. ²Für die Medienanstalt Sachsen-Anhalt besteht keine weitergehende Unterrichtungspflicht der in Absatz 1 Satz 2 Nrn. 1 bis 15 genannten Organisationen, Gruppen und sonstigen Einrichtungen über die Neubesetzung der Versammlung.

(4) ¹Für die in Absatz 1 Satz 2 Nrn. 3 bis 14 genannten Organisationen und Gruppen entsenden die jeweiligen Landesvereinigungen die Mitglieder der Versammlung. ²Die Organisationen und Gruppen nach Absatz 1 Satz 2 Nrn. 3 bis 14 bestimmen jeweils intern das sie in der Versammlung vertretende Mitglied.

(5) ¹Gesellschaftlich bedeutsame Organisationen und Gruppen nach Absatz 1 Satz 2 Nr. 15, die in Sachsen-Anhalt wirken, können sich spätestens vier Monate vor Ablauf der Amtszeit der Versammlung beim Landtag um die Einräumung eines Entsendungsrechts bewerben. ²Auf der Grundlage dieser Bewerbungen benennen die einzelnen Fraktionen jeweils so viele Organisationen oder Gruppen, wie sich nach dem Höchstzahlverfahren d'Hondt aus der Fraktionsstärke ergibt. ³Sie bezeichnen gegenüber dem Präsidenten des Landtags nacheinander in der Reihenfolge der Höchstzahlen jeweils eine Organisation

oder Gruppe. ⁴Das Ergebnis dieses Verfahrens stellt der Landtag durch Beschluss fest. ⁵Das Entsendungsrecht der so bestimmten Organisationen und Gruppen besteht für die gesamte Amtszeit der Versammlung der Medienanstalt Sachsen-Anhalt.
(6) ¹Die Organisationen und Gruppen nach Absatz 1 Satz 2 Nrn. 1 bis 14 teilen der Medienanstalt Sachsen-Anhalt schriftlich mit, wen sie in die Versammlung entsenden. ²Die Benennung der nach Absatz 1 Satz 2 Nr. 15 zu entsendenden Mitglieder erfolgt durch schriftliche Mitteilung des Landtages an die Medienanstalt Sachsen-Anhalt. ³Der Vorsitzende der amtierenden Versammlung stellt die Ordnungsmäßigkeit der Entsendung fest. ⁴Erweist sich eine solche Feststellung nachträglich als unrichtig, so ist Absatz 8 anzuwenden.
(7) ¹Solange und soweit Mitglieder in die Versammlung nicht entsandt werden, verringert sich die Mitgliederzahl entsprechend. ²Scheidet ein Mitglied aus der Versammlung aus, ist für den Rest der Amtszeit ein Nachfolger nach den für die Entsendung des ausscheidenden Mitgliedes geltenden Vorschriften zu bestimmen.
(8) Die Versammlung stellt den Verlust der Mitgliedschaft fest.
(9) ¹Die Amtszeit der Versammlung beträgt sechs Jahre und beginnt mit ihrem ersten Zusammentritt. ²Nach Ablauf der Amtszeit führt die Versammlung die Geschäfte bis zum Zusammentritt der neuen Versammlung weiter.

### § 43 Aufgaben der Versammlung

(1) Die Versammlung ist vorbehaltlich der Zuständigkeiten der Kommission für Zulassung und Aufsicht (ZAK), der Gremienvorsitzendenkonferenz (GVK), der Kommission zur Ermittlung der Konzentration im Medienbereich (KEK) und der Kommission für Jugendmedienschutz (KJM) zuständig
1. für die Aufgabe der Medienanstalt Sachsen-Anhalt als Aufsichtsbehörde über Telemedien nach § 1 Abs. 2 des Gesetzes in Verbindung mit § 59 Abs. 2 und 6 des Rundfunkstaatsvertrages,
2. im Bereich des Jugendmedienschutzes gemäß § 4 Abs. 1 in Verbindung mit:
   a) § 9 Abs. 2 und § 15 Abs. 2 des Jugendmedienschutz-Staatsvertrages mit den übrigen Landesmedienanstalten im Benehmen mit den nach § 19 des Jugendmedienschutz-Staatsvertrages anerkannten Einrichtungen der Freiwilligen Selbstkontrolle, den in der Arbeitsgemeinschaft der öffentlich-rechtlichen Rundfunkanstalten zusammengeschlossenen Landesrundfunkanstalten und dem Zweiten Deutschen Fernsehen übereinstimmende Satzungen und Richtlinien zur Durchführung des Jugendmedienschutz-Staatsvertrages zu erlassen,
   b) § 15 Abs. 2 Satz 2 des Jugendmedienschutz-Staatsvertrages gemeinsam mit den zuständigen Organen der übrigen Landesmedienanstalten mit den nach § 19 des Jugendmedienschutz-Staatsvertrages anerkannten Einrichtungen der Freiwilligen Selbstkontrolle, den in der Arbeitsgemeinschaft der öffentlich-rechtlichen Rundfunkanstalten zusammengeschlossenen Landesrundfunkanstalten, dem Zweiten Deutschen Fernsehen und der KJM einen gemeinsamen Erfahrungsaustausch in der Anwendung des Jugendmedienschutz-Staatsvertrages durchzuführen,
   c) § 17 Abs. 1 des Jugendmedienschutz-Staatsvertrages über die Zuleitung eines Prüffalles an die KJM zu beschließen,
   d) § 17 Abs. 3 des Jugendmedienschutz-Staatsvertrages Berichte der KJM auszuwerten,
   e) sonstigen, die Zuständigkeit der Medienanstalt Sachsen-Anhalt begründenden Regelungen des Jugendmedienschutz-Staatsvertrages Aufgaben des Jugendmedienschutz-Staatsvertrages wahrzunehmen, soweit die Zuständigkeiten des Vorstands nach § 46 und der KJM nicht betroffen sind,
3. dem Landtag über die Durchführung der Bestimmungen des Jugendmedienschutz-Staatsvertrages nach Maßgabe von § 4 Abs. 2 zu berichten,
4. Aufgaben nach § 4 Abs. 3 und 4 wahrzunehmen,
5. die Organisation der Regionalfensterprogramme mit den übrigen Landesmedienanstalten nach § 8 abzustimmen,
6. Zuständigkeiten der Medienanstalt Sachsen-Anhalt nach § 9 wahrzunehmen,
7. über die Zulassung, die Durchführung eines Ausschreibungsverfahrens bei der Verlängerung einer Zulassung, die Verlängerung und das Ruhen einer Zulassung zu entscheiden und nachträgliche Änderungen der mit der Zulassung erfolgten Festlegungen nach § 17 Abs. 1, 2 und 4 Satz 2 zu bewilligen sowie Ausnahmen nach § 10 Abs. 2 zu genehmigen,

8. unbeschadet der Regelungen der §§ 20 bis 39a des Rundfunkstaatsvertrages Feststellungen nach § 12 Abs. 3 Satz 2 in Verbindung mit § 12 Abs. 3 Satz 1 zu treffen und gemäß § 12 Abs. 3 Satz 3 über Anträge auf rundfunkrechtliche Unbedenklichkeit zu entscheiden,
9. zur Bestimmung eines Mitglieds der Medienanstalt Sachsen-Anhalt für den Wahlvorschlag zur Berufung der Mitglieder der KEK nach § 12 Abs. 1 Satz 2 dieses Gesetzes in Verbindung mit § 35 Abs. 5 Satz 1 Nr. 2 und Satz 8 des Rundfunkstaatsvertrages,
10. für die Wahrnehmung der Aufgaben nach § 12 Abs. 1 Satz 2 dieses Gesetzes in Verbindung mit § 35 des Rundfunkstaatsvertrages,
11. für das Zur-Verfügung-Stellen der notwendigen personellen und sachlichen Mittel für die Organe nach § 35 Abs. 2 des Rundfunkstaatsvertrages gemäß § 12 Abs. 1 Satz 2 dieses Gesetzes in Verbindung mit § 35 Abs. 10 Satz 1 des Rundfunkstaatsvertrages,
12. für den Erlass einer Satzung zur Finanzierung und Wirtschaftsführung der Organe nach § 35 Abs. 2 des Rundfunkstaatsvertrages gemäß § 12 Abs. 1 Satz 2 dieses Gesetzes in Verbindung mit § 35 Abs. 10 Satz 4 des Rundfunkstaatsvertrages,
13. für den Erlass einer Satzung zur Kostenerhebung im Rahmen des Regelungsgegenstandes des § 35 Abs. 11 des Rundfunkstaatsvertrages gemäß § 12 Abs. 1 Satz 2 dieses Gesetzes in Verbindung mit § 35 Abs. 11 Satz 2 des Rundfunkstaatsvertrages,
14. Aufgaben der Medienanstalt Sachsen-Anhalt bei Pilotprojekten und der Medienforschung gemäß § 20 wahrzunehmen,
15. eine Satzung über Offene Kanäle nach Maßgabe von § 21 Abs. 1 und 7 zu erlassen,
16. über die Ablehnung von Beiträgen oder Sendungen nach § 21 Abs. 2 zu beschließen,
17. über die Festlegung der unentgeltlichen Nutzung eines Fernsehkanals für einen Offenen Kanal gemäß § 21 Abs. 5 zu beschließen,
18. gemäß § 21 Abs. 6 Satz 6 den Aufbau und den Betrieb Offener Kanäle zu fördern,
19. gemäß § 22 Abs. 4 im Einvernehmen mit dem Veranstalter nicht kommerziellen lokalen Hörfunks die Nutzung des ihm zugewiesenen Übertragungskapazitäten zu bestimmten Zeiten auch für Offene Kanäle festzulegen,
20. eine Satzung zum nicht kommerziellen lokalen Hörfunk nach § 22 Abs. 5 zu erlassen,
21. Vereinbarungen mit anderen Rundfunkveranstaltern über die Lieferung von Programmteilen nach § 22 Abs. 6 Satz 1 und Verträge mit Sendernetzbetreibern nach § 22 Abs. 6 Satz 2 zu genehmigen,
22. Entscheidungen über Ausnahmen von der Aufzeichnungs- und Aufbewahrungspflicht und ihrer Verlängerung nach § 25 Abs. 2 zu treffen,
23. über Beschwerden in den Fällen des § 27 Abs. 3 Satz 2 zu beschließen,
24. in den Fällen des § 32 Abs. 2 Satz 4 in Verbindung mit § 32 Abs. 3 des Rundfunkstaatsvertrages den Programmbeirat zu hören und in den Fällen des § 32 Abs. 2 Satz 4 in Verbindung mit § 32 Abs. 5 des Rundfunkstaatsvertrages Mitteilungen auszuwerten und nach Maßgabe von § 32 Abs. 2 Satz 4 in Verbindung mit § 32 Abs. 6 des Rundfunkstaatsvertrages Entscheidungen zu treffen und sonstige Aufgaben der Medienanstalt Sachsen-Anhalt nach § 32,
25. Übergangsfristen nach § 30 Abs. 2 einzuräumen,
26. über Vereinbarungen zur Zuordnung von Übertragungskapazitäten nach § 33 Abs. 1 Satz 1, 3 und 4 und Abs. 3 Satz 7 in Verbindung mit Satz 5 sowie über Stellungnahmen an die zuständige oberste Landesbehörde nach § 33 Abs. 3, 4, 7 und 9 zu beschließen,
27. über die Abgabe von Anträgen an die zuständige oberste Landesbehörde auf Zuordnung von terrestrischen Übertragungskapazitäten gemäß § 33 Abs. 3 zu beschließen,
28. über die Zuweisung von Übertragungskapazitäten nach Maßgabe von § 19 Abs. 2 Satz 6, § 33 Abs. 4, § 33b und § 35 Abs. 2 Satz 3 und 4 zu beschließen,
29. auf Übertragungskapazitäten nach § 33 Abs. 7 zu verzichten,
30. im Rahmen der Zuständigkeit der Medienanstalt Sachsen-Anhalt Aufgaben nach § 33b wahrzunehmen,
31. nach Maßgabe von § 34 Abs. 1 Satz 3 Nr. 2 in Verbindung mit § 34 Abs. 2 über den Abschluss einer Vereinbarung mit öffentlich-rechtlichen Rundfunkveranstaltern und privaten Rundfunkveranstaltern über das Vorliegen der Voraussetzungen und über die Maßnahmen für eine Umstellung von der analogen auf die digitale Übertragungstechnik zu entscheiden,

32. die Öffentlichkeit über Umstellungsmaßnahmen auf die digitale Übertragungstechnik gemäß § 34 Abs. 2 Satz 3 zu informieren,
33. in einem gemeinsamen Bericht mit den öffentlich-rechtlichen Rundfunkveranstaltern nach jeweils zwei Jahren die zuständige oberste Landesbehörde über den Sachstand der Umstellungsmaßnahmen im Sinne von § 34 Abs. 8 Satz 1 und der Überprüfung der in § 39 bestimmten Regelungen zu informieren,
34. nach Maßgabe der §§ 36, 37 und 38b im Rahmen der Zuständigkeit der Medienanstalt Sachsen-Anhalt über die Belegung der Kabelkanäle und Plattformen mit Rundfunkprogrammen sowie vergleichbaren Telemedien zu entscheiden und hierzu notwendige Auskünfte und Unterlagen von den Antragstellern einzuholen und auszuwerten,
35. im Rahmen der Zuständigkeit der Medienanstalt Sachsen-Anhalt Aufgaben der Landesmedienanstalt nach den §§ 38a bis 38f wahrzunehmen,
36. die Hauptsatzung nach § 40 Abs. 2 Satz 4 und Satzungen nach § 40 Abs. 2 Satz 3 in Verbindung mit § 48 Abs. 2 Satz 1, § 51 Abs. 4 Satz 1 und § 52 Abs. 4 und § 53 Abs. 1 und 3 zu erlassen,
37. die Aufgaben nach § 40 Abs. 5 wahrzunehmen,
38. Wahrnehmung der Aufgaben des § 41 Abs. 1, soweit der Aufgabenbereich des Vorstands nach § 46 nicht betroffen ist,
39. gemäß § 41 Abs. 2 über die Unterstützung medienpädagogischer Maßnahmen und sonstiger Maßnahmen zur Förderung der Medienkompetenz, des Jugendmedienschutzes und des Medienstandorts Sachsen-Anhalt zu beschließen,
40. Mitteldeutschland als länderübergreifenden Medienstandort im Rahmen eines Arbeitskreises der mitteldeutschen Landesmedienanstalten nach Maßgabe von § 41 Abs. 4 zu fördern und mit den übrigen Landesmedienanstalten in der Bundesrepublik Deutschland zusammenzuarbeiten,
41. gemäß § 41 Abs. 5 über die Beteiligung der Medienanstalt Sachsen-Anhalt an privatrechtlichen Unternehmen zu beschließen,
42. den Verlust der Mitgliedschaft nach § 42 Abs. 8 festzustellen,
43. den Haushaltsplan gemäß § 50 Abs. 2 festzustellen,
44. für die Genehmigung der Jahresrechnung und die Entlastung des Vorstands nach § 50 Abs. 3 Satz 1 in Verbindung mit § 109 Abs. 2 und 3 der Landeshaushaltsordnung des Landes Sachsen-Anhalt,
45. die zweijährige Finanzplanung nach § 50 Abs. 5 zu beschließen,
46. Entscheidungen nach § 51 Abs. 1 zu treffen,
47. Richtlinien nach § 53 Abs. 1 zu beschließen,
48. die Aufgaben der Medienanstalt Sachsen-Anhalt nach Abschnitt 7 dieses Gesetzes, unter Berücksichtigung der Regelung des § 19 Abs. 2 Satz 5, unbeschadet der Regelung in § 46 Abs. 1 Satz 1 Nr. 4 und des § 55 wahrzunehmen,
49. Ordnungswidrigkeiten gemäß § 63 Abs. 3 und nach dem Jugendmedienschutz-Staatsvertrag zu ahnden und
50. Bestimmungen nach § 63 Abs. 4 zu treffen.

(2) ¹Die Versammlung ist oberste Dienstbehörde der Beamten der Medienanstalt Sachsen-Anhalt. ²Sie entscheidet über die Ernennung und Entlassung der Beamten und ihre Versetzung in den Ruhestand und beschließt über die Einstellung, Eingruppierung und Entlassung von Angestellten und Arbeitern. ³Die Befugnis kann durch die Hauptsatzung für bestimmte Gruppen von Bediensteten auf den Vorstand übertragen werden.

(3) ¹Die Versammlung bestellt den Direktor. ²Ferner bestimmt die Versammlung vorbehaltlich der Regelungen des § 49 den Aufgabenbereich des Direktors in der Hauptsatzung.

### § 44 Arbeitsweise der Versammlung

(1) Die Versammlung ist beschlussfähig, wenn alle Mitglieder rechtzeitig geladen worden sind und mindestens zwei Drittel ihrer Mitglieder anwesend sind.

(2) Ist eine Angelegenheit wegen Beschlussunfähigkeit zurückgestellt worden und wird die Versammlung zur Behandlung desselben Gegenstands erneut geladen, so ist sie ohne Rücksicht auf die Zahl der Erschienenen beschlussfähig, wenn darauf in der erneuten Ladung hingewiesen worden ist.

(3) Die Versammlung fasst Beschlüsse
1. nach § 43 Abs. 1 Nr. 2 Buchst. a, Nrn. 7, 12, 13, 15, 20, 36, 41 bis 47, 50 mit der Mehrheit ihrer Mitglieder,
2. im Übrigen mit der Mehrheit der abgegebenen Stimmen.
(4) Der Direktor der Medienanstalt Sachsen-Anhalt nimmt an den Sitzungen der Versammlung teil.
(5) ¹Die Rundfunkveranstalter oder deren Vertreter sowie die für den Inhalt des Rundfunkprogramms Verantwortlichen können nach näherer Entscheidung der Versammlung an deren Sitzungen teilnehmen, soweit die von ihnen veranstalteten Rundfunkprogramme betroffen sind. ²Auf Verlangen der Versammlung sind die Rundfunkveranstalter und die für den Inhalt des Rundfunkprogramms Verantwortlichen hierzu verpflichtet.
(6) Die zuständige oberste Landesbehörde ist berechtigt, zu den Sitzungen der Versammlung einen Vertreter zu entsenden, der jederzeit zu hören ist.

### § 45 Zusammensetzung und Amtszeit des Vorstands
¹Die Versammlung wählt aus ihrer Mitte für die Dauer von sechs Jahren einen Vorsitzenden, einen ersten Stellvertreter und einen zweiten Stellvertreter (Vorstand). ²Nach Ablauf der Amtszeit führt der Vorstand die Geschäfte bis zur Bildung eines neuen Vorstands weiter.

### § 46 Aufgaben des Vorstands
(1) ¹Der Vorstand hat vorbehaltlich der Zuständigkeiten der ZAK, der GVK, der KEK und der KJM folgende Aufgaben:
1. Vorbereitung und Ausführung der Beschlüsse der Versammlung,
2. gemäß § 4 Abs. 1 in Verbindung mit
   a) § 17 Abs. 1 des Jugendmedienschutz-Staatsvertrages nach Maßgabe der Beschlussfassung der Versammlung die Zuleitung eines Prüffalles an die KJM zu beantragen,
   b) § 17 Abs. 1 Satz 6, § 19 Abs. 3, § 19b, § 20 Abs. 1 bis 6 des Jugendmedienschutz-Staatsvertrages Entscheidungen der KJM zu vollziehen,
   c) § 24 des Jugendmedienschutz-Staatsvertrages Zuständigkeiten der Medienanstalt Sachsen-Anhalt in Ordnungswidrigkeitsverfahren auszuüben, soweit nicht nach § 16 Satz 2 Nr. 9 des Jugendmedienschutz-Staatsvertrages die KJM zuständig ist.[1)]
3. die Einhaltung der Vorschriften des § 7 zu überwachen und die insoweit erforderlichen Maßnahmen nach § 55 Abs. 2 in Verbindung mit den §§ 59 bis 61 zu treffen,
4. die Durchführung von Verfahren über die Zulassung und deren Verlängerung, Ruhen, Widerruf und Rücknahme, soweit nicht nach § 43 Abs. 1 Nrn. 8 oder 48 die Versammlung zuständig ist,
5. den Vollzug von Beschlüssen der Organe ZAK, KEK, GVK und KJM gemäß § 12 Abs. 1 Satz 2 des Gesetzes in Verbindung mit § 35 Abs. 9 Satz 6 des Rundfunkstaatsvertrages und die Kostenerhebung gegenüber den Verfahrensbeteiligten gemäß § 12 Abs. 1 Satz 2 des Gesetzes in Verbindung mit § 35 Abs. 11 Satz 1 des Rundfunkstaatsvertrages,
6. die Vorlage von Anträgen sowie von vorhandenen Unterlagen nach Maßgabe von § 12 Abs. 1 Satz 2 des Gesetzes in Verbindung mit § 37 Abs. 1 des Rundfunkstaatsvertrages an die ZAK und an die KEK,
7. die Vorlage von Anträgen sowie von vorhandenen Unterlagen an die GVK nach Maßgabe von § 12 Abs. 1 Satz 2 des Gesetzes in Verbindung mit § 37 Abs. 1 und 2 des Rundfunkstaatsvertrages,
8. Anordnungen nach § 25 Abs. 4 zu treffen,
9. Namen und Adressen von Rundfunkveranstaltern sowie der für das Rundfunkprogramm Verantwortlichen nach § 27 Abs. 1 an Dritte mitzuteilen,
10. Beschwerden von Bürgern nach § 27 Abs. 3, im Falle des Satzes 2 nach Maßgabe der Beschlussfassung durch die Versammlung, zu bescheiden,
11. Informationen privater Rundfunkveranstalter nach Maßgabe von § 31 an die zuständige oberste Landesbehörde weiterzuleiten,
12. Stellungnahmen von privaten Rundfunkveranstaltern und Anbietern von Telemedien nach Maßgabe von § 33 Abs. 3 und 4 einzuholen,

---

1) Zeichensetzung amtlich.

13. zur Ausübung der Mitgliedschaft der Medienanstalt Sachsen-Anhalt in der GVK gemäß § 12 Abs. 1 Satz 2 des Gesetzes in Verbindung mit § 35 Abs. 4 Satz 1 des Rundfunkstaatsvertrages,
14. Anzeige der Rechtswidrigkeit eines bundesweit verbreiteten Programms gegenüber der zuständigen Landesmedienanstalt gemäß § 38 Abs. 1 des Rundfunkstaatsvertrages,
15. Einleitung eines rechtsaufsichtlichen Verfahrens nach § 38 Abs. 2 des Rundfunkstaatsvertrages,
16. Vollzug von Entscheidungen nach § 12 Abs. 1 Satz 2 des Gesetzes in Verbindung mit § 36 Abs. 5 des Rundfunkstaatsvertrages,
17. Fristen nach § 36 Abs. 2 Satz 4 und 5 zu setzen,
18. gemäß § 41 Abs. 2 nach Maßgabe der Beschlussfassung der Versammlung medienpädagogische Maßnahmen zu unterstützen und sonstige Maßnahmen zur Förderung der Medienkompetenz, des Jugendmedienschutzes und des Medienstandorts Sachsen-Anhalt zu ergreifen,
19. soweit nicht die Versammlung zuständig ist, gemäß § 41 Abs. 3 die notwendigen Maßnahmen zur Vorbereitung und Durchführung der Umstellung auf die digitale Übertragungstechnik zu unterstützen,
20. gemäß § 50 Abs. 3 Satz 1 in Verbindung mit § 106 Abs. 2 Satz 2 der Landeshaushaltsordnung des Landes Sachsen-Anhalt den Haushaltsplan aufzustellen und diesen der Versammlung zuzuleiten,
21. gemäß § 50 Abs. 3 Satz 1 in Verbindung mit § 109 Abs. 1 der Landeshaushaltsordnung des Landes Sachsen-Anhalt die Jahresrechnung aufzustellen und diese nach ihrer Prüfung durch den Abschlussprüfer der Versammlung vorzulegen,
22. der zuständigen obersten Landesbehörde gemäß § 50 Abs. 2 Satz 4 den von der Versammlung beschlossenen Haushaltsplan und gemäß § 50 Abs. 4 Satz 1 die geprüfte Jahresrechnung vorzulegen,
23. gemäß § 50 Abs. 5 die zweijährige mittelfristige Finanzplanung aufzustellen und der Versammlung zuzuleiten,
24. Verwaltungskosten nach § 51 Abs. 4 sowie Abgaben nach § 52 zu erheben,
25. mit der Regulierungsbehörde für Telekommunikation, dem Bundeskartellamt und den Landeskartellbehörden nach Maßgabe von § 53 Abs. 2 in Verbindung mit § 39a des Rundfunkstaatsvertrages zusammenzuarbeiten,
26. er ist Dienstvorgesetzter der Beamten und nimmt die Befugnisse des Arbeitgebers gegenüber den Angestellten und den Arbeitern wahr,
27. zu den Sitzungen der Versammlung einzuladen, sie zu leiten und die Sitzungsprotokolle zu erstellen und zu versenden.

²Im Übrigen ist der Vorstand zuständig, wenn die Aufgabe nicht der Versammlung oder nach Maßgabe des Rundfunkstaatsvertrages der ZAK, der GVK oder der KEK oder nach Maßgabe des Jugendmedienschutz-Staatsvertrages der KJM zugewiesen ist.
(2) Durch die Hauptsatzung kann der Vorstand ermächtigt werden, in dringenden Programmangelegenheiten, in denen eine Beschlussfassung der Versammlung nicht rechtzeitig herbeigeführt werden kann, vorläufige Entscheidungen zu treffen.
(3) ¹Vorbehaltlich der Regelungen der Sätze 2 und 3 und des § 49 Abs. 2 Satz 4 vertreten der Vorsitzende und ein weiteres Mitglied des Vorstands die Medienanstalt Sachsen-Anhalt gerichtlich und außergerichtlich gemeinsam. ²In der GVK ist der Vorsitzende des Vorstands Vertreter der Medienanstalt Sachsen-Anhalt. ³Weitere Ausnahmen von der gemeinsamen Vertretung können in der Hauptsatzung der Medienanstalt Sachsen-Anhalt geregelt werden.

### § 47 Arbeitsweise des Vorstands

(1) ¹Der Vorstand tritt auf Einladung seines Vorsitzenden zusammen. ²Auf Verlangen jeden Mitglieds des Vorstands ist eine außerordentliche Sitzung des Vorstands einzuberufen.
(2) ¹Der Vorstand tagt in nicht öffentlicher Sitzung. ²Der Direktor der Medienanstalt Sachsen-Anhalt nimmt an den Sitzungen teil.

### § 48 Rechtsstellung der Mitglieder der Versammlung und des Vorstands

(1) ¹Die Mitglieder der Versammlung und die Mitglieder des Vorstands sind ehrenamtlich tätig. ²Sie haben bei der Wahrnehmung ihrer Aufgaben die Interessen der Allgemeinheit zu vertreten. ³Sie sind an Aufträge und Weisungen nicht gebunden.

(2) ¹Die Mitglieder der Versammlung und des Vorstands haben Anspruch auf eine angemessene Aufwandsentschädigung nach Maßgabe einer von der Medienanstalt Sachsen-Anhalt zu erlassenden Entschädigungssatzung sowie auf Fahrkostenerstattung nach dem Bundesreisekostengesetz. ²Die Entschädigungssatzung bedarf der Genehmigung durch die zuständige oberste Landesbehörde.

### § 49 Geschäftsstelle, Direktor, Bedienstete
(1) ¹Die Organe der Medienanstalt Sachsen-Anhalt bedienen sich bei der Erledigung ihrer Aufgaben einer Geschäftsstelle. ²Leiter der Geschäftsstelle ist der Direktor. ³Dieser muss die Befähigung zum Richteramt haben.
(2) ¹Der Direktor führt die laufenden Geschäfte der Medienanstalt Sachsen-Anhalt im Auftrag des jeweils zuständigen Organs der Medienanstalt Sachsen-Anhalt. ²Er bereitet die Beschlussvorlagen der Versammlung und des Vorstands vor und vollzieht deren Beschlüsse. ³Der Direktor unterrichtet fortlaufend Versammlung und Vorstand über laufende Angelegenheiten der Medienanstalt Sachsen-Anhalt. ⁴Er vertritt die Medienanstalt Sachsen-Anhalt in der ZAK, in der KEK und in der KJM.
(3) Weitere Einzelheiten der Aufgabenwahrnehmung regelt die Hauptsatzung der Medienanstalt Sachsen-Anhalt.
(4) ¹Die Rechtsverhältnisse der Angestellten und der Arbeiter der Medienanstalt Sachsen-Anhalt bestimmen sich nach den für Angestellte und Arbeiter im Landesdienst geltenden Rechtsvorschriften. ²Die Eingruppierung und Vergütung der Angestellten und der Arbeiter muss derjenigen der vergleichbaren Angestellten und der vergleichbaren Arbeiter des Landes entsprechen; das Ministerium der Finanzen kann Ausnahmen zulassen. ³Zur Vergütung im Sinne des Satzes 2 gehören auch außer- und übertarifliche sonstige Geldzuwendungen (Geldleistungen und geldwerte Leistungen), welche die Angestellten und die Arbeiter unmittelbar oder mittelbar von der Medienanstalt Sachsen-Anhalt erhalten, auch wenn sie über Einrichtungen geleistet werden, zu denen der Angestellte oder der Arbeiter einen eigenen Beitrag leistet.
(5) ¹Die vorhandenen Stellen sind nach Art und Besoldungs-, Vergütungs- und Lohngruppen gegliedert in einem Stellenplan auszuweisen. ²Der Stellenplan ist einzuhalten; Abweichungen sind nur zulässig, soweit sie aufgrund gesetzlicher oder tarifrechtlicher Vorschriften zwingend erforderlich sind.
(6) ¹Der Wechsel von Bediensteten zwischen der Medienanstalt Sachsen-Anhalt und dem Land ist zu ermöglichen. ²Die Medienanstalt Sachsen-Anhalt soll zur Erledigung eines vorübergehend stärkeren Arbeitsanfalls Bedienstete des Landes anfordern; die Kosten sind dem Land zu erstatten.

### § 50 Haushalts- und Rechnungswesen
(1) Die Medienanstalt Sachsen-Anhalt deckt ihren Finanzbedarf durch einen Anteil am Rundfunkbeitrag, aus Verwaltungskosten (Verwaltungsgebühren und Auslagen), Verwaltungseinnahmen sowie aus Abgaben der Rundfunkveranstalter.
(2) ¹Die Haushalts- und Wirtschaftsführung der Medienanstalt Sachsen-Anhalt bestimmt sich nach dem von der Medienanstalt Sachsen-Anhalt jährlich festzustellenden Haushaltsplan. ²Der Haushaltsplan kann die Bildung von Rücklagen vorsehen, soweit und solange dies zu einer wirtschaftlichen und sparsamen Aufgabenerfüllung erforderlich ist. ³Die Notwendigkeit der Rücklage ist in jedem Haushaltsjahr erneut festzustellen. ⁴Der von der Versammlung festgestellte Haushaltsplan ist der zuständigen obersten Landesbehörde vor Beginn des Haushaltsjahres vorzulegen.
(3) ¹Für das Haushalts- und Rechnungswesen sowie für die Rechnungsprüfung der Medienanstalt Sachsen-Anhalt sind die für das Land Sachsen-Anhalt jeweils geltenden Vorschriften mit Ausnahme von § 108 der Landeshaushaltsordnung des Landes Sachsen-Anhalt entsprechend anzuwenden. ²Die Rechnungsprüfung erfolgt gemäß § 109 Abs. 2 Satz 1 der Landeshaushaltsordnung des Landes Sachsen-Anhalt durch einen sachverständigen Prüfer (Abschlussprüfer). ³Der Landesrechnungshof prüft die Haushaltsführung der Medienanstalt Sachsen-Anhalt.
(4) ¹Die geprüfte Jahresrechnung ist der zuständigen obersten Landesbehörde von der Medienanstalt Sachsen-Anhalt spätestens sechs Monate nach Ablauf des jeweiligen Haushaltsjahres zur Genehmigung vorzulegen. ²Die zuständige oberste Landesbehörde und das Ministerium der Finanzen genehmigen die Jahresrechnung und die Entlastung des Vorstands gemeinsam. ³Die zuständige oberste Landesbehörde veröffentlicht den kassenmäßigen Jahresabschluss und die kassenmäßige Jahresrechnung der geprüften Jahresrechnung im Ministerialblatt für das Land Sachsen-Anhalt. ⁴Werden mehrere Jah-

resrechnungen im Sinne von Satz 1 gemeinsam genehmigt, beschränkt sich die Veröffentlichung nach Maßgabe von Satz 3 auf die dabei letzte Jahresrechnung.
(5) Die Medienanstalt Sachsen-Anhalt erstellt jeweils im zweijährigen Abstand eine mittelfristige Finanzplanung.

## § 51 Finanzierung durch Rundfunkbeiträge und durch Verwaltungskosten

(1) Die Medienanstalt Sachsen-Anhalt kann den in § 10 des Rundfunkfinanzierungsstaatsvertrages in der jeweils geltenden Fassung bestimmten Anteil für die Finanzierung folgender Aufgaben verwenden:
1. Zulassungs- und Aufsichtsfunktionen der Medienanstalt Sachsen-Anhalt einschließlich hierfür notwendiger planerischer, insbesondere technischer Vorarbeiten,
2. die Förderung Offener Kanäle,
3. *[aufgehoben]*
4. *[aufgehoben]*
5. die Förderung von Formen der nicht kommerziellen Veranstaltung von lokalem und regionalem Rundfunk und
6. die Förderung von Projekten zur Erweiterung der Medienkompetenz.

(2) Soweit die Medienanstalt Sachsen-Anhalt den ihr zustehenden Anteil am einheitlichen Rundfunkbeitrag nicht nach Absatz 1 in Anspruch nimmt, steht er dem Mitteldeutschen Rundfunk nach Maßgabe der Regelung des Artikels II Abs. 2 des Gesetzes zum Staatsvertrag über den Rundfunk im vereinten Deutschland vom 12. Dezember 1991 (GVBl. LSA S. 478), zuletzt geändert durch Artikel 40 des Gesetzes vom 18. November 2005 (GVBl. LSA S. 698, 706) in der jeweils geltenden Fassung, zu.

(3) [1]Die Höhe des dem Mitteldeutschen Rundfunk nach Absatz 2 zustehenden Betrages ergibt sich aus der von der zuständigen obersten Landesbehörde und dem Ministerium der Finanzen genehmigten Jahresrechnung der Medienanstalt Sachsen-Anhalt. [2]Der Betrag wird mit der Veröffentlichung der genehmigten Jahresrechnung im Ministerialblatt für das Land Sachsen-Anhalt zur Zahlung fällig. [3]Nach Beschlussfassung der Versammlung über die Jahresrechnung kann der Mitteldeutsche Rundfunk eine angemessene Abschlagszahlung verlangen.

(4) [1]Die Medienanstalt Sachsen-Anhalt erhebt Verwaltungskosten für Amtshandlungen nach diesem Gesetz aufgrund einer von ihr zu erlassenden Kostensatzung. [2]Für Amtshandlungen nach Maßgabe der §§ 35 und 36 des Rundfunkstaatsvertrages und nach Maßgabe der §§ 16 und 20 des Jugendmedienschutz-Staatsvertrages erhebt die Medienanstalt Sachsen-Anhalt Verwaltungskosten auf der Grundlage von ihr nach Maßgabe von § 35 Abs. 10 und 11 des Rundfunkstaatsvertrages zu erlassender Satzungen. [3]Im Übrigen sind die Vorschriften des Verwaltungskostengesetzes des Landes Sachsen-Anhalt mit der Maßgabe entsprechend anzuwenden, dass die Kirchen und die anderen öffentlich-rechtlichen Religionsgemeinschaften und die öffentlich-rechtlichen Weltanschauungsgemeinschaften nicht beitragsbefreit sind. [4]Satzungen der Medienanstalt Sachsen-Anhalt nach den Sätzen 1 und 2 bedürfen der Genehmigung der zuständigen obersten Landesbehörde und des Ministeriums der Finanzen.

## § 52 Finanzierung durch Abgaben der Rundfunkveranstalter

(1) Die Medienanstalt Sachsen-Anhalt kann von den Rundfunkveranstaltern zur Deckung ihrer Kosten jährlich als Umlage eine besondere Abgabe erheben, soweit ihre Kosten nicht durch andere eigene Einnahmen gedeckt sind.

(2) [1]Die Höhe der Abgabe bemisst sich nach dem jeweils für Hörfunk oder Fernsehen entstandenen Verwaltungsaufwand der Medienanstalt Sachsen-Anhalt und dem eingeräumten Sendeumfang. [2]Die Abgabe darf 0,5 v.H. der für die Veranstaltung des Rundfunkprogramms erforderlichen Aufwendungen nicht übersteigen.

(3) [1]Der Rundfunkveranstalter ist zur Mitwirkung bei der Ermittlung der Höhe der für die Veranstaltung des Rundfunkprogramms erforderlichen Aufwendungen nach Absatz 2 Satz 2 verpflichtet. [2]Er hat insbesondere vollständig und wahrheitsgemäß die für die Erhebung der Abgaben erheblichen Tatsachen sowie die ihm bekannten Beweismittel anzugeben.

(4) Das Nähere regelt die von der Medienanstalt Sachsen-Anhalt zu erlassende Abgabensatzung, die der Genehmigung der zuständigen obersten Landesbehörde und des Ministeriums der Finanzen bedarf.

## § 53 Satzungen und Richtlinien zu Staatsverträgen und Zusammenarbeit mit anderen Einrichtungen und Behörden

(1) ¹Die Medienanstalt Sachsen-Anhalt erlässt Satzungen und Richtlinien zur Durchführung des § 4 Abs. 1 dieses Gesetzes in Verbindung mit § 15 Abs. 2 des Jugendmedienschutz-Staatsvertrages, des § 4 Abs. 3 dieses Gesetzes sowie des § 7 in Verbindung mit den §§ 7, 7a, 8, 8a, 44, 45 und 45a des Rundfunkstaatsvertrages und § 6 des Jugendmedienschutz-Staatsvertrages, die mit den entsprechenden Satzungen oder Richtlinien der anderen Landesmedienanstalten übereinstimmen. ²In der Satzung oder Richtlinie zu § 4 Abs. 3 dieses Gesetzes sind insbesondere die Ahndung von Verstößen und die Bedingungen zur Teilnahme Minderjähriger näher zu bestimmen. ³Sie stellt hierbei das Benehmen mit den in der Arbeitsgemeinschaft der öffentlich-rechtlichen Rundfunkanstalten der Bundesrepublik Deutschland zusammengeschlossenen Landesrundfunkanstalten und dem Zweiten Deutschen Fernsehen her. ⁴Hinsichtlich der Satzungen oder Richtlinien zu § 4 Abs. 1 dieses Gesetzes in Verbindung mit § 15 Abs. 2 des Jugendmedienschutz-Staatsvertrages führt die Medienanstalt Sachsen-Anhalt mit den nach § 19 des Jugendmedienschutz-Staatsvertrages anerkannten Einrichtungen der Freiwilligen Selbstkontrolle, den in der Arbeitsgemeinschaft der öffentlich-rechtlichen Rundfunkanstalten zusammengeschlossenen Landesrundfunkanstalten, dem Zweiten Deutschen Fernsehen und den übrigen Landesmedienanstalten unter Einschluss der KJM einen regelmäßigen Erfahrungsaustausch in der Anwendung des Jugendmedienschutzes durch. ⁵Bezüglich der Satzungen oder Richtlinien zu § 4 Abs. 3, §§ 7, 7a, 8, 8a und 45a des Rundfunkstaatsvertrages und § 6 des Jugendmedienschutz-Staatsvertrages führt die Medienanstalt Sachsen-Anhalt mit den übrigen Landesmedienanstalten einen gemeinsamen Erfahrungsaustausch in der Anwendung dieser Satzungen und Richtlinien durch.

(2) ¹Die Zusammenarbeit der Landesmedienanstalten mit der Regulierungsbehörde für Telekommunikation, dem Bundeskartellamt und den Landeskartellbehörden richtet sich nach § 39a des Rundfunkstaatsvertrages. ²Die Regelung des § 38e bleibt unberührt.

(3) ¹Die Medienanstalt Sachsen-Anhalt regelt durch eine Satzung und Richtlinien Einzelheiten zur Konkretisierung der sie betreffenden Bestimmungen des V. Abschnitts des Rundfunkstaatsvertrages mit Ausnahme des § 51 des Rundfunkstaatsvertrages. ²Dabei ist die Bedeutung für die öffentliche Meinungsbildung für den Empfängerkreis in Bezug auf den jeweiligen Übertragungsweg zu berücksichtigen und zu regeln, welche Anbieter unter Berücksichtigung der regionalen und lokalen Verhältnisse den Regelungen nach § 38 Abs. 1 Satz 3 dieses Gesetzes unterfallen.

## § 54 Rechtsaufsicht über die Medienanstalt Sachsen-Anhalt

(1) Die Medienanstalt Sachsen-Anhalt unterliegt der Rechtsaufsicht der zuständigen obersten Landesbehörde.

(2) Die Medienanstalt Sachsen-Anhalt hat der zuständigen obersten Landesbehörde die zur Wahrnehmung ihrer Aufgaben erforderlichen Auskünfte zu erteilen und entsprechende Unterlagen vorzulegen.

(3) ¹Die zuständige oberste Landesbehörde ist berechtigt, die Medienanstalt Sachsen-Anhalt durch schriftliche Mitteilung auf Maßnahmen oder Unterlassungen hinzuweisen, die dieses Gesetz oder die allgemeinen Rechtsvorschriften verletzten, und sie aufzufordern, die Rechtsverletzung zu beseitigen. ²Wird die Rechtsverletzung nicht innerhalb einer angemessenen Frist behoben, weist die zuständige oberste Landesbehörde die Medienanstalt Sachsen-Anhalt an, innerhalb einer bestimmten Frist im Einzelnen festgelegte Maßnahmen durchzuführen. ³Kommt die Medienanstalt Sachsen-Anhalt einer Anweisung nicht innerhalb der Frist nach, so kann die zuständige oberste Landesbehörde die Anordnung an Stelle der Medienanstalt Sachsen-Anhalt selbst durchführen oder durch einen anderen durchführen lassen. ⁴In Rundfunkprogrammangelegenheiten sind Maßnahmen nach den Sätzen 2 und 3 ausgeschlossen.

*Abschnitt 7*
**Aufsichtsbefugnisse der Medienanstalt Sachsen-Anhalt gegenüber Rundfunkveranstaltern, Anbietern, Anbietern von Plattformen sowie Betreibern von technischen Übertragungseinrichtungen und Rechtsschutz gegen Maßnahmen der Medienanstalt Sachsen-Anhalt**

**§ 55 Ausübung der Aufsichtsbefugnisse**
(1) [1]Die Medienanstalt Sachsen-Anhalt beaufsichtigt die Einhaltung der rechtlichen Verpflichtungen, die nach diesem Gesetz für Rundfunkveranstalter, Anbieter, Anbieter von Plattformen sowie für Betreiber von technischen Übertragungseinrichtungen bestehen. [2]Die Medienanstalt Sachsen-Anhalt überwacht ferner nach Maßgabe von § 59 des Rundfunkstaatsvertrages als Aufsichtsbehörde die Einhaltung der Bestimmungen für Telemedien mit Ausnahme des Datenschutzes. [3]Die Organisation der Medienaufsicht für bundesweite Angebote richtet sich nach § 41 Abs. 1 Satz 3 in Verbindung mit den §§ 35 bis 39 des Rundfunkstaatsvertrages. [4]Für bundesweit verbreitete Programme kommen im Rahmen der Zuständigkeit der Medienanstalt Sachsen-Anhalt die Regelungen der §§ 55 bis 62 nur insoweit zur Anwendung, als keine abweichenden Regelungen in den vorrangigen §§ 20a bis 39 des Rundfunkstaatsvertrages getroffen worden sind.
(2) Die Medienanstalt Sachsen-Anhalt ergreift gegenüber Rundfunkveranstaltern, Anbietern, Anbietern von Plattformen sowie Betreibern von technischen Übertragungseinrichtungen zur Einhaltung der rechtlichen Bindungen nach Absatz 1 die nach pflichtgemäßem Ermessen erforderlichen Maßnahmen.

**§ 56 Auskunfts- und Vorlagerechte**
(1) [1]Die Rundfunkveranstalter, die für den Inhalt des Rundfunkprogramms, einer Sendung oder eines Beitrages Verantwortlichen, die Anbieter, Anbieter von Plattformen und die Betreiber von technischen Übertragungseinrichtungen haben der Medienanstalt Sachsen-Anhalt jederzeit auf Verlangen unentgeltlich und unverzüglich die für die Erfüllung ihrer Aufgaben erforderlichen Auskünfte zu erteilen und Aufzeichnungen und sonstige Unterlagen vorzulegen. [2]Dies gilt nach Maßgabe von § 25 auch für Ton- und Bildaufzeichnungen sowie Filme. [3]Rundfunkveranstalter haben auf Verlangen der Medienanstalt Sachsen-Anhalt Namen und Anschrift der für den Inhalt des Rundfunkprogramms Verantwortlichen sowie des für den Inhalt einer Sendung verantwortlichen Redakteurs mitzuteilen.
(2) Der zur Erteilung einer Auskunft Verpflichtete kann die Auskunft auf solche Fragen verweigern, deren Beantwortung ihn selbst oder einen der in § 383 Abs. 1 Nrn. 1 bis 3 der Zivilprozessordnung bezeichneten Angehörigen der Gefahr strafrechtlicher Verfolgung oder eines Verfahrens nach dem Gesetz über Ordnungswidrigkeiten aussetzen würde.
(3) [1]Die im Rahmen des Zulassungsverfahrens Auskunfts- und Vorlagepflichtigen sind verpflichtet, jede Änderung der maßgeblichen Umstände nach Antragstellung oder nach Erteilung der Zulassung unverzüglich der Medienanstalt Sachsen-Anhalt mitzuteilen. [2]§ 13 Abs. 4 bis 9 findet entsprechende Anwendung. [3]§ 29 des Rundfunkstaatsvertrages bleibt unberührt.
(4) Unbeschadet anderweitiger Anzeigepflichten sind der Rundfunkveranstalter und die an ihm unmittelbar oder mittelbar im Sinne des § 28 des Rundfunkstaatsvertrages Beteiligten jeweils nach Ablauf eines Kalenderjahres verpflichtet, unverzüglich der Medienanstalt Sachsen-Anhalt gegenüber eine Erklärung darüber abzugeben, ob und inwieweit innerhalb des abgelaufenen Kalenderjahres bei den nach § 28 des Rundfunkstaatsvertrages maßgeblichen Beteiligungs- und Zurechnungstatbeständen eine Veränderung eingetreten ist.
(5) [1]Betreiber von Kabelanlagen haben der Medienanstalt Sachsen-Anhalt zur Prüfung der ordnungsgemäßen Belegung von Kabelanlagen nach vorheriger schriftlicher Ankündigung den Zutritt zur Kopfstelle der jeweiligen Kabelanlage jederzeit zu gewähren. [2]Die dauerhafte Überprüfbarkeit der nach § 1 Abs. 1 Satz 1 des Verwaltungsverfahrensgesetzes Sachsen-Anhalt vom 18. November 2005 (GVBl. LSA S. 698, 699) in Verbindung mit § 3a Abs. 2 und § 37 Abs. 4 des Verwaltungsverfahrensgesetzes in der Fassung der Bekanntmachung vom 23. Januar 2003 (BGBl. I S. 102), geändert durch Artikel 4 Abs. 8 des Gesetzes vom 5. Mai 2004 (BGBl. I S. 718, 833), in der jeweils geltenden Fassung erforderlichen Signatur wird hiermit vorgeschrieben.
(6) Für Anbieter von Plattformen gelten die Regelungen der §§ 38 bis 38f.
(7) Die Informationspflicht nach § 31 bleibt unberührt.

### § 57 Veranstaltung von Rundfunk ohne Zulassung
Wird Rundfunk ohne Zulassung nach § 12 Abs. 1, § 19 Abs. 1 oder § 20 Abs. 2 veranstaltet, so ordnet die Medienanstalt Sachsen-Anhalt die Einstellung der Veranstaltung an und untersagt den Betreibern der technischen Übertragungseinrichtungen die Verbreitung.

### § 58 Rücknahme der Zulassung
(1) Die Zulassung wird zurückgenommen, wenn
1. der Rundfunkveranstalter die Zulassung durch Täuschung, Drohung oder sonstige rechtswidrige Mittel erlangt hat oder
2. eine Zulassungsvoraussetzung nach den §§ 14 oder 15 von Anfang an nicht vorgelegen hat und auch nach Aufforderung nicht erfüllt wird.

(2) Für einen Vermögensnachteil ist der Rundfunkveranstalter nicht zu entschädigen.
(3) Im Übrigen gelten die Vorschriften des Verwaltungsverfahrensgesetzes Sachsen-Anhalt in Verbindung mit dem Verwaltungsverfahrensgesetz.

### § 59 Beanstandung von Rechtsverstößen bei der Verbreitung von Rundfunk, Ruhen der Zulassung
(1) ¹Die Medienanstalt Sachsen-Anhalt kann eine Beanstandung vornehmen, wenn durch ein Rundfunkprogramm, eine einzelne Sendung oder durch einen Beitrag gegen dieses Gesetz, die auf dessen Grundlage erlassenen Rechtsvorschriften oder gegen Bestimmungen des Zulassungsbescheids verstoßen wird. ²Stellt die Medienanstalt Sachsen-Anhalt einen solchen Verstoß fest, fordert sie den Rundfunkveranstalter und die für das Rundfunkprogramm, die Sendung oder den Beitrag verantwortliche Person unter Androhung einer Untersagung der Veranstaltung und der Verbreitung des Rundfunkprogramms, der Sendung oder des Beitrags auf, den Verstoß zu beheben und künftig zu unterlassen.
(2) ¹Bei Fortdauer des Verstoßes oder bei einer weiteren Rechtsverletzung kann die Medienanstalt Sachsen-Anhalt anordnen, dass die Zulassung für einen bestimmten Zeitraum, der sechs Monate nicht überschreiten darf, ruht. ²Diese Anordnung ist aufzuheben, wenn keine Gefahr von Verstößen mehr besteht.
(3) § 58 Abs. 2 und 3 findet entsprechende Anwendung.

### § 60 Widerruf der Zulassung
(1) Die Zulassung wird widerrufen, wenn
1. eine Zulassungsvoraussetzung nach den §§ 14 oder 15 nachträglich entfällt und auch nach Aufforderung nicht erfüllt wird oder
2. ein Rundfunkveranstalter, der nach Erteilung der Zulassung jeweils der einzige private Veranstalter von Hörfunk oder Fernsehen in Sachsen-Anhalt wird, den Voraussetzungen zur Sicherung der Meinungsvielfalt nach § 10 Abs. 4 nicht genügt und diese auch nach Aufforderung nicht erfüllt oder
3. der Rundfunkveranstalter an der Errichtung oder Inbetriebnahme von technischen Übertragungseinrichtungen nicht innerhalb der ihm gesetzten Frist mitgewirkt hat oder
4. der Rundfunkveranstalter die Veranstaltung des Rundfunkprogramms nicht innerhalb der ihm hierfür gesetzten Frist in dem zugewiesenen Umfang aufgenommen hat oder fortsetzt oder
5. die Veranstaltung des Rundfunkprogramms aus Gründen, die der Rundfunkveranstalter zu vertreten hat, länger als sechs Monate ruht.

(2) Die Zulassung kann widerrufen werden, wenn
1. der Rundfunkveranstalter seinen Angaben im Zulassungsantrag, die für die Auswahlentscheidung nach § 16 Abs. 1 maßgeblich waren und in die Zulassung aufgenommen wurden, nicht nachkommt und auch nach Aufforderung nicht erfüllt,
2. der Rundfunkveranstalter die der Zulassung nach § 17 Abs. 1 und 2 zugrunde liegenden tatsächlichen Verhältnisse ohne Genehmigung der Medienanstalt Sachsen-Anhalt ändert,
3. der Rundfunkveranstalter trotz einer Beanstandung der Medienanstalt Sachsen-Anhalt nach § 59, in welcher der Widerruf der Zulassung angedroht worden war und die einen schwerwiegenden Verstoß gegen Vorschriften oder Bestimmungen dieses Gesetzes zum Gegenstand hatte, erneut schwerwiegend gegen Vorschriften oder Bestimmungen dieses Gesetzes verstößt,
4. der Fernsehveranstalter gegen die Bestimmungen des § 5 Abs. 2 in Verbindung mit § 4 Abs. 3 bis 5 des Rundfunkstaatsvertrages verstößt oder

5. sich das Fernsehprogramm des Fernsehveranstalters ganz oder in wesentlichen Teilen an die Bevölkerung eines anderen Staates richtet, der das Europäische Übereinkommen über das grenzüberschreitende Fernsehen ratifiziert hat und der Fernsehveranstalter sich zu dem Zweck in der Bundesrepublik Deutschland niedergelassen hat, die Bestimmungen des anderen Staates zu umgehen und die Bestimmungen des anderen Staates, die der Fernsehveranstalter zu umgehen bezweckt, Gegenstand des Europäischen Übereinkommens über das grenzüberschreitende Fernsehen sind.

(3) Statt des Widerrufs ist in den Fällen des Absatzes 2 die Zulassung mit Nebenbestimmungen zu versehen, soweit dies ausreicht, den Verstoß zu beseitigen oder im Falle von Absatz 2 Nr. 5 Umgehungen auszuschließen.

(4) § 58 Abs. 2 und 3 findet entsprechende Anwendung.

**§ 61 Behandlung von Rechtsverstößen bei der Weiterverbreitung von Rundfunk**
(1) Verstößt ein inländisches Rundfunkprogramm gegen die Bestimmungen des Rundfunkstaatsvertrages, so beanstandet die Medienanstalt Sachsen-Anhalt den Verstoß gegenüber der für die Zulassung des Rundfunkveranstalters zuständigen Landesmedienanstalt.

(2) Verstößt ein ausländisches Rundfunkprogramm gegen die in § 37 genannten Anforderungen, so beanstandet die Medienanstalt Sachsen-Anhalt dies gegenüber dem Rundfunkveranstalter und den nach europäischen rundfunkrechtlichen Bestimmungen zu beteiligenden Stellen.

(3) Die Medienanstalt Sachsen-Anhalt ist berechtigt, die Weiterverbreitung von Rundfunk nach Maßgabe von § 37 Abs. 1 Satz 2 auszusetzen.

**§ 62 Rechtsschutz gegen Maßnahmen der Medienanstalt Sachsen-Anhalt**
(1) [1]Gegen Maßnahmen der Medienanstalt Sachsen-Anhalt auf dem Gebiet des öffentlichen Rechts kann unmittelbar die verwaltungsgerichtliche Klage erhoben werden. [2]Ein Vorverfahren findet nicht statt.

(2) In einem gerichtlichen Verfahren kann die Revision zum Bundesverwaltungsgericht auch darauf gestützt werden, dass das angefochtene Urteil auf der Verletzung der Bestimmungen des Rundfunkstaatsvertrages beruht.

*Abschnitt 8*
**Ordnungswidrigkeiten**

**§ 63 Ordnungswidrigkeiten**
(1) [1]Ordnungswidrig handelt, wer als Veranstalter von privatem Rundfunk vorsätzlich oder fahrlässig
1. entgegen § 4 Abs. 4 in Verbindung mit § 9b Abs. 2 des Rundfunkstaatsvertrages die dort genannten Informationen im Rahmen des Gesamtangebots nicht leicht, unmittelbar und ständig zugänglich macht,
2. Großereignisse entgegen § 5 Abs. 2 in Verbindung mit § 4 Abs. 1 oder 3 des Rundfunkstaatsvertrages verschlüsselt und gegen besonderes Entgelt ausstrahlt,
3. entgegen § 7 Abs. 2 in Verbindung mit § 7 Abs. 3 Satz 2 des Rundfunkstaatsvertrages in der Werbung oder im Teleshopping Techniken zur unterschwelligen Beeinflussung einsetzt,
4. entgegen § 7 Abs. 2 in Verbindung mit § 7 Abs. 3 Satz 3 des Rundfunkstaatsvertrages Werbung oder Teleshopping nicht dem Medium angemessen durch optische oder akustische Mittel oder räumlich eindeutig von anderen Sendungsteilen absetzt,
5. entgegen § 7 Abs. 2 in Verbindung mit § 7 Abs. 4 des Rundfunkstaatsvertrages eine Teilbelegung des ausgestrahlten Bildes mit Werbung vornimmt, ohne die Werbung vom übrigen Programm eindeutig optisch zu trennen und als solche zu kennzeichnen,
6. entgegen § 7 Abs. 2 in Verbindung mit § 7 Abs. 5 Satz 2 des Rundfunkstaatsvertrages eine Dauerwerbesendung nicht kennzeichnet,
7. entgegen § 7 Abs. 2 in Verbindung mit § 7 Abs. 6 Satz 2 des Rundfunkstaatsvertrages virtuelle Werbung in Sendungen oder beim Teleshopping einfügt,
8. entgegen § 7 Abs. 2 in Verbindung mit § 7 Abs. 6 Satz 1 des Rundfunkstaatsvertrages Schleichwerbung, Themenplatzierung oder entsprechende Praktiken betreibt,
9. entgegen § 7 Abs. 2 in Verbindung mit § 7 Abs. 7 Satz 1 des Rundfunkstaatsvertrages Produktplatzierung betreibt, soweit diese nicht nach § 44 des Rundfunkstaatsvertrages zulässig ist,

10. entgegen § 7 Abs. 2 in Verbindung mit § 7 Abs. 9 des Rundfunkstaatsvertrages Werbung oder Teleshopping politischer, weltanschaulicher oder religiöser Art verbreitet,
11. entgegen § 7 Abs. 2 in Verbindung mit § 7 Abs. 7 Satz 3 oder 4 des Rundfunkstaatsvertrages auf eine Produktplatzierung nicht eindeutig hinweist,
12. entgegen § 7 Abs. 2 in Verbindung mit § 7a Abs. 1 des Rundfunkstaatsvertrages Übertragungen von Gottesdiensten oder Sendungen für Kinder durch Werbung oder Teleshopping-Spots unterbricht,
13. entgegen den in § 7 Abs. 2 in Verbindung mit § 7a Abs. 3 des Rundfunkstaatsvertrages genannten Voraussetzungen Sendungen durch Werbung oder Teleshopping unterbricht,
14. entgegen § 7 Abs. 3 in Verbindung mit § 8 Abs. 1 Satz 1 des Rundfunkstaatsvertrages nicht zu Beginn oder am Ende der gesponserten Sendung auf den Sponsor hinweist,
15. entgegen § 7 Abs. 3 in Verbindung mit § 8 Abs. 3 bis 6 des Rundfunkstaatsvertrages unzulässig gesponserte Sendungen verbreitet,
16. entgegen § 7 Abs. 2 in Verbindung mit § 45 Abs. 1 des Rundfunkstaatsvertrages die zulässige Dauer der Werbung überschreitet,
17. entgegen § 7 Abs. 2 in Verbindung mit § 45a Abs. 1 Satz 1 des Rundfunkstaatsvertrages Teleshopping-Fenster verbreitet, die keine Mindestdauer von 15 Minuten ohne Unterbrechung haben, oder entgegen § 7 Abs. 2 in Verbindung mit § 45a Abs. 1 Satz 2 des Rundfunkstaatsvertrages Teleshopping-Fenster verbreitet, die nicht optisch und akustisch klar als solche gekennzeichnet sind,
18. entgegen § 9 in Verbindung mit § 34 Satz 2 des Rundfunkstaatsvertrages die bei ihm vorhandenen Daten über Zuschaueranteile auf Anforderung der KEK nicht zur Verfügung stellt,
19. *[aufgehoben]*
20. *[aufgehoben]*
21. *[aufgehoben]*
22. *[aufgehoben]*
23. *[aufgehoben]*
24. *[aufgehoben]*
25. entgegen § 12, § 19 Abs. 1 oder § 20 Abs. 2 in Verbindung mit § 20 Abs. 1 Satz 1 oder Abs. 2 Satz 1 des Rundfunkstaatsvertrages ohne Zulassung Rundfunkprogramme veranstaltet,
26. entgegen § 12 Abs. 1 Satz 2 oder Abs. 4, § 19 Abs. 1 oder § 20 Abs. 2 in Verbindung mit § 20b Satz 1 und 2 des Rundfunkstaatsvertrages Hörfunkprogramme ausschließlich im Internet verbreitet und dies der Medienanstalt Sachsen-Anhalt nicht mitteilt,
27. entgegen § 29 Abs. 1 Sendezeiten einräumt,
28. entgegen § 31 Satz 1, § 56 Abs. 1 und 7 in Verbindung mit § 9 Abs. 1 Satz 2 des Rundfunkstaatsvertrages der Informationspflicht nicht nachkommt oder
29. entgegen § 55 Abs. 1 Satz 4 in Verbindung mit § 23 Abs. 2 des Rundfunkstaatsvertrages nicht fristgemäß die Aufstellung der Programmbezugsquellen der Medienanstalt Sachsen-Anhalt mitteilt.

²Ordnungswidrig handelt auch, wer
1. entgegen § 56 Abs. 3 Satz 1 und 2 in Verbindung mit § 21 Abs. 6 des Rundfunkstaatsvertrages eine Änderung der maßgeblichen Umstände nach Antragstellung oder nach Erteilung der Zulassung nicht unverzüglich der Medienanstalt Sachsen-Anhalt mitteilt,
2. entgegen § 56 Abs. 4 in Verbindung mit § 21 Abs. 7 des Rundfunkstaatsvertrages nicht unverzüglich nach Ablauf eines Kalenderjahres der Medienanstalt Sachsen-Anhalt gegenüber eine Erklärung darüber abgibt, ob und inwieweit innerhalb des abgelaufenen Kalenderjahres bei den nach § 28 des Rundfunkstaatsvertrages maßgeblichen Beteiligungs- und Zurechnungstatbeständen eine Veränderung eingetreten ist,
3. entgegen § 56 Abs. 3 Satz 3 in Verbindung mit § 29 Abs. 1 des Rundfunkstaatsvertrages es unterlässt, geplante Veränderungen anzumelden,
4. entgegen § 55 Abs. 1 Satz 4 in Verbindung mit § 23 Abs. 1 des Rundfunkstaatsvertrages seinen Jahresabschluss samt Anhang und Lagebericht nicht fristgerecht erstellt und bekannt macht,

5. einer Satzung nach § 53 Abs. 3 in Verbindung mit § 8a und § 46 Satz 1 des Rundfunkstaatsvertrages zuwiderhandelt, soweit die Satzung für einen bestimmten Tatbestand auf diese Bußgeldvorschrift verweist,
6. entgegen § 37 Abs. 2 Satz 1 oder 3 in Verbindung mit § 51b Abs. 2 Satz 1 oder 3 des Rundfunkstaatsvertrages die Weiterverbreitung von Fernsehprogrammen nicht, nicht rechtzeitig oder nicht vollständig anzeigt und die Anzeige nicht durch den Plattformanbieter vorgenommen wurde,
7. entgegen § 38 Abs. 3 Satz 1 oder 2 in Verbindung mit § 52 Abs. 3 Satz 1 oder 2 des Rundfunkstaatsvertrages den Betrieb einer Plattform mit Rundfunk und vergleichbaren Telemedien nicht, nicht rechtzeitig oder nicht vollständig anzeigt,
8. entgegen § 38a Abs. 3 Satz 1 und 2 in Verbindung mit § 52a Abs. 3 Satz 1 und 2 des Rundfunkstaatsvertrages ohne Zustimmung des jeweiligen Rundfunkveranstalters dessen Programm oder vergleichbare Telemedien inhaltlich und technisch verändert oder einzelne Rundfunkprogramme oder Inhalte in Programmpakete aufnimmt oder in anderer Weise entgeltlich oder unentgeltlich vermarktet,
9. entgegen § 38b Abs. 1 Satz 1 oder § 38b Abs. 2 Satz 2, 3 oder 4 in Verbindung mit § 52b Abs. 1 oder § 52b Abs. 2 Satz 2, 3 oder 4 des Rundfunkstaatsvertrages die erforderlichen Übertragungskapazitäten für die zu verbreitenden Programme nicht oder nicht ausreichendem Umfang oder nicht zu den vorgesehenen Bedingungen zur Verfügung stellt oder entgegen § 38b Abs. 4 Satz 3 oder 6 in Verbindung mit § 52b Abs. 4 Satz 3 oder 6 des Rundfunkstaatsvertrages die Belegung oder die Änderung der Belegung von Plattformen nicht, nicht rechtzeitig oder nicht vollständig anzeigt,
10. entgegen § 38c Abs. 1 Satz 2 in Verbindung mit § 52c Abs. 1 Satz 2 des Rundfunkstaatsvertrages durch die Verwendung eines Zugangsberechtigungssystems oder eines Systems nach § 38c Abs. 1 Satz 2 Nr. 3 in Verbindung mit § 52c Abs. 1 Satz 2 Nr. 3 des Rundfunkstaatsvertrages oder durch Schnittstellen für Anwendungsprogramme oder durch sonstige technische Vorgaben zu § 38c Abs. 1 Satz 2 Nrn. 1 bis 3 in Verbindung mit § 52c Abs. 1 Satz 2 Nrn. 1 bis 3 des Rundfunkstaatsvertrages gegenüber Herstellern digitaler Rundfunkempfangsgeräte Anbieter von Rundfunk oder vergleichbarer Telemedien einschließlich elektronischer Programmführer bei der Verbreitung ihrer Angebote unbillig behindert oder gegenüber gleichartigen Anbietern ohne sachlich gerechtfertigten Grund unterschiedlich behandelt,
11. entgegen § 38c Abs. 2 Satz 1 oder 2 in Verbindung mit § 52c Abs. 2 Satz 1 oder 2 des Rundfunkstaatsvertrages die Verwendung oder Änderung eines Zugangsberechtigungssystems oder eines Systems nach § 38c Abs. 1 Satz 2 Nr. 3 in Verbindung mit § 52c Abs. 1 Satz 2 Nr. 3 des Rundfunkstaatsvertrages oder einer Schnittstelle für Anwendungsprogramme oder die Entgelte hierfür nicht unverzüglich anzeigt oder entgegen § 38c Abs. 2 Satz 3 in Verbindung mit § 52c Abs. 2 Satz 3 des Rundfunkstaatsvertrages der Medienanstalt Sachsen-Anhalt auf Verlangen die erforderlichen Auskünfte nicht erteilt,
12. entgegen § 38d Satz 1 in Verbindung mit § 52d Satz 1 des Rundfunkstaatsvertrages Anbieter von Programmen oder vergleichbaren Telemedien durch die Ausgestaltung der Entgelte oder Tarife unbillig behindert oder gegenüber gleichartigen Anbietern ohne sachlich gerechtfertigten Grund unterschiedlich behandelt oder entgegen § 38d Satz 3 in Verbindung mit § 52d Satz 3 des Rundfunkstaatsvertrages Entgelte oder Tarife für Angebote nach § 38b Abs. 1 Satz 1 oder Abs. 2 Satz 2 in Verbindung mit § 52b Abs. 1 Satz 1 oder Abs. 2 Satz 2 des Rundfunkstaatsvertrages nicht oder nicht vollständig offenlegt,
13. entgegen § 38e Abs. 1 Satz 1 in Verbindung mit § 52e Abs. 1 Satz 1 des Rundfunkstaatsvertrages der Medienanstalt Sachsen-Anhalt auf Verlangen die erforderlichen Unterlagen nicht vorlegt,
14. entgegen § 1 Abs. 2 in Verbindung mit § 55 Abs. 1 des Rundfunkstaatsvertrages bei Telemedien den Namen oder die Anschrift oder bei juristischen Personen den Namen oder die Anschrift des Vertretungsberechtigten nicht oder nicht richtig verfügbar hält,
15. entgegen § 1 Abs. 2 in Verbindung mit § 55 Abs. 2 des Rundfunkstaatsvertrages bei Telemedien mit journalistisch-redaktionell gestalteten Angeboten einen Verantwortlichen nicht oder nicht richtig angibt,

16. entgegen einer vollziehbaren Anordnung durch die Medienanstalt Sachsen-Anhalt nach § 1 Abs. 2 und § 55 Abs. 1 Satz 2 in Verbindung mit § 59 Abs. 3 Satz 2 des Rundfunkstaatsvertrages, auch in Verbindung mit § 59 Abs. 4 Satz 1 des Rundfunkstaatsvertrages, ein Angebot nicht sperrt,
17. entgegen § 1 Abs. 2 und § 55 Abs. 1 Satz 2 in Verbindung mit § 59 Abs. 7 Satz 3 des Rundfunkstaatsvertrages Angebote gegen den Abruf durch die Medienanstalt Sachsen-Anhalt sperrt,
18. entgegen § 1 Abs. 2 in Verbindung mit § 58 Abs. 3 des Rundfunkstaatsvertrages, auch in Verbindung mit § 7 Abs. 3 Satz 2 des Rundfunkstaatsvertrages, in der Werbung oder im Teleshopping Techniken zur unterschwelligen Beeinflussung einsetzt,
19. entgegen § 1 Abs. 2 in Verbindung mit § 58 Abs. 3 des Rundfunkstaatsvertrages, auch in Verbindung mit § 7 Abs. 3 Satz 3 des Rundfunkstaatsvertrages, Werbung oder Teleshopping nicht dem Medium angemessen durch optische oder akustische Mittel oder räumlich eindeutig von anderen Angebotsteilen absetzt,
20. entgegen § 1 Abs. 2 in Verbindung mit § 58 Abs. 3 des Rundfunkstaatsvertrages, auch in Verbindung mit § 7 Abs. 6 Satz 1 des Rundfunkstaatsvertrages, virtuelle Werbung in seine Angebote einfügt,
21. entgegen § 1 Abs. 2 in Verbindung mit § 58 Abs. 3 des Rundfunkstaatsvertrages, auch in Verbindung mit § 7 Abs. 4 des Rundfunkstaatsvertrages, das verbreitete Bewegtbildangebot durch die Einblendung von Werbung ergänzt, ohne die Werbung eindeutig optisch zu trennen und als solche zu kennzeichnen,
22. entgegen § 1 Abs. 2 in Verbindung mit § 58 Abs. 3 des Rundfunkstaatsvertrages, auch in Verbindung mit § 7 Abs. 5 Satz 2 des Rundfunkstaatsvertrages, ein Bewegtbildangebot nicht als Dauerwerbung kennzeichnet,
23. entgegen § 1 Abs. 2 in Verbindung mit § 58 Abs. 3 des Rundfunkstaatsvertrages, auch in Verbindung mit § 7 Abs. 7 Satz 1 des Rundfunkstaatsvertrages, Schleichwerbung, Themenplatzierung oder entsprechende Praktiken betreibt,
24. entgegen § 1 Abs. 2 in Verbindung mit § 58 Abs. 3 des Rundfunkstaatsvertrages, auch in Verbindung mit § 7 Abs. 7 Satz 1 des Rundfunkstaatsvertrages, Produktplatzierung betreibt, soweit diese nicht nach den §§ 15 oder 44 des Rundfunkstaatsvertrages zulässig ist,
25. entgegen § 1 Abs. 2 in Verbindung mit § 58 Abs. 3 des Rundfunkstaatsvertrages, auch in Verbindung mit § 7 Abs. 7 Satz 3 oder 4 des Rundfunkstaatsvertrages, auf eine Produktplatzierung nicht eindeutig hinweist,
26. entgegen § 1 Abs. 2 in Verbindung mit § 58 Abs. 3 des Rundfunkstaatsvertrages, auch in Verbindung mit § 7 Abs. 9 des Rundfunkstaatsvertrages, Werbung oder Teleshopping politischer, weltanschaulicher oder religiöser Art verbreitet,
27. entgegen § 1 Abs. 2 in Verbindung mit § 58 Abs. 3 des Rundfunkstaatsvertrages, auch in Verbindung mit § 7a Abs. 1 des Rundfunkstaatsvertrages, in das Bewegtbildangebot eines Gottesdienstes oder in die Bewegtbildangebote für Kinder Werbung oder Teleshopping-Spots integriert,
28. gemäß den in § 1 Abs. 2 in Verbindung mit § 58 Abs. 3 des Rundfunkstaatsvertrages, auch in Verbindung mit § 7a Abs. 3 des Rundfunkstaatsvertrages, genannten Voraussetzungen in Bewegtbildangebote Werbung oder Teleshopping integriert,
29. entgegen § 1 Abs. 2 in Verbindung mit § 58 Abs. 3 des Rundfunkstaatsvertrages, auch in Verbindung mit § 8 Abs. 1 Satz 1 des Rundfunkstaatsvertrages, bei einem gesponserten Bewegtbildangebot nicht auf den Sponsor hinweist,
30. entgegen § 1 Abs. 2 in Verbindung mit § 58 Abs. 3 des Rundfunkstaatsvertrages, auch in Verbindung mit § 8 Abs. 3 bis 6 des Rundfunkstaatsvertrages, unzulässig gesponserte Bewegtbildangebote verbreitet oder
31. gegen die Pflichten aus § 35 Abs. 5, § 36 Abs. 2 Satz 2 oder § 56 Abs. 1 verstößt.

(2) Die Ordnungswidrigkeit kann mit einer Geldbuße von bis zu 500 000 Euro, im Falle des Absatzes 1 Satz 2 Nrn. 14 und 15 mit einer Geldbuße bis zu 50 000 Euro und im Falle des Absatzes 1 Satz Nrn. 16 und 17 mit Geldbuße bis zu 250 000 Euro geahndet werden.

(3) ¹Zuständige Verwaltungsbehörde im Sinne von § 36 Abs. 1 Nr. 1 des Gesetzes über Ordnungswidrigkeiten ist die Landesmedienanstalt des Landes, in dem die Zulassung erteilt oder beantragt wurde. ²Über die Einleitung eines Verfahrens hat die zuständige Verwaltungsbehörde die übrigen Lan-

desmedienanstalten unverzüglich zu unterrichten. ³Soweit ein Verfahren nach dieser Vorschrift in mehreren Ländern eingeleitet wurde, stimmen sich die beteiligten Behörden über die Frage ab, welche Behörde das Verfahren fortführt.

(4) ¹Hat die Medienanstalt Sachsen-Anhalt einem Veranstalter die Zulassung erteilt oder als zuständige Verwaltungsbehörde nach Absatz 3 Satz 1 gehandelt, so kann die Medienanstalt Sachsen-Anhalt bestimmen, dass Beanstandungen nach einem Rechtsverstoß gegen Regelungen dieses Gesetzes sowie rechtskräftige Entscheidungen in einem Ordnungswidrigkeitsverfahren nach Absatz 1 von dem betroffenen Veranstalter in seinem Rundfunkprogramm verbreitet werden. ²Inhalt und Zeitpunkt der Bekanntgabe sind durch die Medienanstalt Sachsen-Anhalt nach pflichtgemäßem Ermessen festzulegen. ³Absatz 3 Satz 2 und 3 gilt entsprechend.

(5) Die Verfolgung der in Absatz 1 genannten Ordnungswidrigkeiten verjährt in sechs Monaten.

(6) Die Regelungen zu den Ordnungswidrigkeiten in § 24 des Jugendmedienschutz-Staatsvertrages bleiben unberührt.

*Abschnitt 9*
**Schlussvorschriften**

## § 64 Übergangsvorschriften

(1) § 18 Abs. 2 gilt in den ersten zehn Jahren nach Inkrafttreten des Mediengesetzes des Landes Sachsen-Anhalt und Änderung des Landespressegesetzes nicht für solche Zulassungen im Sinne von § 12 Abs. 1, die zum Zeitpunkt des Inkrafttretens des Mediengesetzes des Landes Sachsen-Anhalt vom 31. Juli 2000 (GVBl. LSA S. 462) bereits bestanden haben.

(2) ¹Zulassungsentscheidungen und Entscheidungen über Verlängerungen von Zulassungen, die bis zum Außerkrafttreten des Gesetzes über privaten Rundfunk in Sachsen-Anhalt nach dessen § 47b Abs. 1 ergangen sind, gelten bis zum Ablauf der jeweils erteilten Zulassungsdauer weiter. ²Die Fernsehprogramme der Fernsehveranstalter im Sinne von § 47b des Gesetzes über privaten Rundfunk in Sachsen-Anhalt, deren Zulassung während des Pilotprojektes verlängert worden ist, sind bis zum Ende der jeweiligen Zulassung (Pilotprojekt) in entsprechender Anwendung von § 36 Abs. 1 Satz 1 Nr. 1 zu verbreiten.

(3) Für die Zuordnung und die Zuweisung von terrestrischen Übertragungskapazitäten in zum Zeitpunkt des Inkrafttretens des Gesetzes zur Änderung des Mediengesetzes des Landes Sachsen-Anhalt anhängigen Verfahren im Sinne von § 33 gelten die Regelungen der §§ 33, 43 Abs. 1 Nrn. 26 bis 29 und 33 und § 46 Abs. 1 Satz 1 Nr. 12 des Mediengesetzes des Landes Sachsen-Anhalt in der Fassung der Bekanntmachung vom 2. Januar 2013 (GVBl. LSA S. 2).

(4) ¹Zulassungen, Verlängerungen von Zulassungen sowie Zuordnungen und Zuweisungen von Übertragungskapazitäten, die vor Inkrafttreten des Mediengesetzes des Landes Sachsen-Anhalt und Änderung des Landespressegesetzes erfolgt sind, einschließlich solcher, welche die Förderung von Pilotprojekten zum Gegenstand haben, gelten unbeschadet der Regelung des Absatzes 2 bis zum Ablauf der festgelegten Geltungsdauer weiter. ²Die Möglichkeit einer Beanstandung, eines Widerrufs oder einer Rücknahme nach den Vorschriften dieses Gesetzes bleibt unberührt.

(5) ¹Bestehende Zulassungen, Zuordnungen und Zuweisungen für bundesweite Anbieter gelten bis zu deren Ablauf fort. ²Bestehende Zulassungen und Zuweisungen für Fensterprogrammveranstalter sollen bis zum 31. Dezember 2009 unbeschadet von Vorgaben des § 9 dieses Gesetzes in Verbindung mit § 25 Abs. 4 Satz 4 des Rundfunkstaatsvertrages verlängert werden.

(6) Anbieter von Plattformen, die bei Inkrafttreten des Zehnten Rundfunkänderungsstaatsvertrages bereits in Betrieb sind, müssen die Anzeige nach § 38 Abs. 3 in Verbindung mit § 52 Abs. 3 des Rundfunkstaatsvertrages spätestens sechs Monate nach Inkrafttreten des Zehnten Rundfunkänderungsstaatsvertrages vornehmen.

(7) ¹Teleshoppingkanäle, die im Zeitpunkt des Inkrafttretens des Zwölften Rundfunkänderungsstaatsvertrages am 1. Juni 2009 verbreitet werden, gelten für die Dauer von zehn Jahren als zugelassen. ²Der Betrieb ist der zuständigen Landesmedienanstalt anzuzeigen. ³Zuständig ist die Landesmedienanstalt des Landes, in der der Veranstalter seinen Sitz hat. ⁴Im Übrigen gilt § 1 Abs. 1 Satz 2 in Verbindung mit § 20a des Rundfunkstaatsvertrages, auch in Verbindung mit § 38 des Rundfunkstaatsvertrages, entsprechend.

(8) § 7 Abs. 2 in Verbindung mit § 7 Abs. 7 des Rundfunkstaatsvertrages, auch in Verbindung mit § 44 des Rundfunkstaatsvertrages, gilt nicht für Sendungen, die vor dem 19. Dezember 2009 produziert wurden.

### § 65 Einschränkung von Grundrechten
Durch dieses Gesetz wird das Recht auf Schutz personenbezogener Daten im Sinne des Artikels 6 Abs. 1 Satz 1 der Verfassung des Landes Sachsen-Anhalt und des Artikels 2 des Grundgesetzes eingeschränkt.

### § 66 Sprachliche Gleichstellung
Personen- und Funktionsbezeichnungen gelten jeweils in männlicher und weiblicher Form.

# Pressegesetz für das Land Sachsen-Anhalt (Landespressegesetz)

In der Fassung der Bekanntmachung vom 2. Mai 2013[1] (GVBl. LSA S. 198)
(BS LSA 2250.1)
zuletzt geändert durch Art. 3 Sechstes MedienrechtsänderungsG vom 29. März 2018 (GVBl. LSA S. 22)

**Nichtamtliche Inhaltsübersicht**

| § | | § | |
|---|---|---|---|
| 1 | Freiheit der Presse | 10 | Gegendarstellungsanspruch |
| 2 | Zulassungsfreiheit | 10a | Datenschutz |
| 3 | Öffentliche Aufgabe der Presse | 11 | Ablieferungspflicht |
| 4 | Informationsrecht der Presse | 12 | Strafrechtliche Verantwortung |
| 5 | Sorgfaltspflicht der Presse | 13 | Strafbare Verletzung der Presseordnung |
| 6 | Begriffsbestimmungen | 14 | Ordnungswidrigkeiten |
| 7 | Impressum | 15 | Verjährung |
| 7a | Offenlegungspflicht | 15a | Übergangsregelungen |
| 8 | Persönliche Anforderungen an den verantwortlichen Redakteur | 16 | Rundfunk |
| | | 16a | Einschränkung von Grundrechten |
| 9 | Kennzeichnung entgeltlicher Veröffentlichungen | 16b | Sprachliche Gleichstellung |
| | | 17 | (Inkrafttreten) |

## § 1 Freiheit der Presse
(1) ¹Die Presse ist frei. ²Sie ist der freiheitlich demokratischen Grundordnung verpflichtet.
(2) Die Freiheit der Presse unterliegt nur den Beschränkungen, die durch das Grundgesetz zugelassen sind.
(3) Berufsorganisationen der Presse mit Zwangsmitgliedschaft und eine mit hoheitlicher Gewalt ausgestattete Standesgerichtsbarkeit der Presse sind unzulässig.

## § 2 Zulassungsfreiheit
Die Pressetätigkeit einschließlich der Errichtung eines Verlagsunternehmens oder eines sonstigen Betriebes des Pressegewerbes darf nicht von irgendeiner Zulassung abhängig gemacht werden.

## § 3 Öffentliche Aufgabe der Presse
Die Presse erfüllt eine öffentliche Aufgabe, wenn sie in Angelegenheiten von öffentlichem Interesse Nachrichten beschafft und verbreitet, Stellung nimmt, Kritik übt oder auf andere Weise an der Meinungsbildung mitwirkt.

## § 4 Informationsrecht der Presse
(1) ¹Die Behörden sind verpflichtet, den Vertretern der Presse die der Erfüllung ihrer Aufgabe dienenden Auskünfte zu erteilen. ²Das Recht auf Auskunft kann gegenüber dem Behördenleiter oder dem von ihm Beauftragten geltend gemacht werden.
(2) Auskünfte können verweigert werden, soweit
1. durch sie die sachgemäße Durchführung eines schwebenden Verfahrens vereitelt, erschwert, verzögert oder gefährdet werden könnte oder
2. ihnen Vorschriften über die Geheimhaltung entgegenstehen oder
3. sie ein überwiegendes öffentliches oder ein schutzwürdiges privates Interesse verletzen würden oder
4. ihr Umfang das zumutbare Maß überschreitet.
(3) Der Verleger einer Zeitung oder Zeitschrift kann von den Behörden verlangen, dass ihm deren amtliche Bekanntmachungen nicht später als seinen Mitbewerbern zur Verwendung zugeleitet werden.

---

1) Neubekanntmachung des LandespresseG idF der Bek. v. 26.4.2010 (GVBl. LSA S. 299) in der ab 6.4.2013 geltenden Fassung.

## § 5 Sorgfaltspflicht der Presse

¹Die Presse hat alle Nachrichten vor ihrer Verbreitung mit der nach den Umständen gebotenen Sorgfalt auf Inhalt, Wahrheit und Herkunft zu prüfen. ²Sie ist verpflichtet, Druckwerke von strafbarem Inhalt freizuhalten.

## § 6 Begriffsbestimmungen

(1) Druckwerke im Sinne dieses Gesetzes sind alle mittels eines zur Massenherstellung geeigneten Vervielfältigungsverfahrens hergestellten und zur Verbreitung bestimmten Schriften, Tonträger, bildliche Darstellungen, Musikalien und sonstige Datenträger mit Informationen.

(2) ¹Zu den Druckwerken gehören auch die vervielfältigten Mitteilungen, mit denen Nachrichtenagenturen, Pressekorrespondenzen, Materndienste und ähnliche Unternehmungen die Presse mit Bild oder ähnlicher Weise versorgen. ²Als Druckwerke gelten ferner die von einem presseredaktionellen Hilfsunternehmen gelieferten Mitteilungen ohne Rücksicht auf die technische Form, in der sie geliefert werden.

(3) Den Bestimmungen dieses Gesetzes über Druckwerke unterliegen nicht
1. amtliche Druckwerke, soweit sie ausschließlich amtliche Mitteilungen enthalten,
2. die nur Zwecken des Gewerbes und Verkehrs, des häuslichen und geselligen Lebens dienenden Druckwerke, wie Formulare, Preislisten, Werbedrucksachen, Familienanzeigen, Geschäfts-, Jahres- und Verwaltungsberichte und dergleichen sowie Stimmzettel für Wahlen.

(4) Periodische Druckwerke sind Zeitungen, Zeitschriften und andere Druckwerke, die in ständiger, auch unregelmäßiger Folge und im Abstand von nicht mehr als sechs Monaten erscheinen.

(5) ¹Digitale Publikationen sind Darstellungen in Schrift, Bild oder Ton, die auf Datenträgern oder in unkörperlicher Form in öffentlichen Netzen verbreitet werden. ²Für digitale Publikationen gelten die Regelungen für Druckwerke entsprechend, soweit im Gesetz nichts anderes geregelt ist.

## § 7 Impressum

(1) Auf jedem im Geltungsbereich dieses Gesetzes erscheinenden Druckwerk müssen Name oder Firma und Geschäftsanschrift des Druckers und des Verlegers genannt sein, beim Selbstverlag Name und Geschäftsanschrift des Verfassers oder des Herausgebers.

(2) ¹Auf den periodischen Druckwerken sind ferner Name und Geschäftsanschrift des verantwortlichen Redakteurs anzugeben. ²Sind mehrere Redakteure verantwortlich, so muss das Impressum die in Satz 1 geforderten Angaben für jeden von ihnen enthalten. ³Hierbei ist kenntlich zu machen, für welchen Teil oder sachlichen Bereich des Druckwerks jeder einzelne verantwortlich ist. ⁴Für den Anzeigenteil ist ein Verantwortlicher zu benennen; für diesen gelten die Vorschriften über den verantwortlichen Redakteur entsprechend.

(3) Zeitungen und Anschlusszeitungen, die regelmäßig ganze Seiten des redaktionellen Teils fertig übernehmen, haben im Impressum auch Name und Anschrift des für den übernommenen Teil verantwortlichen Redakteurs anzugeben.

## § 7a Offenlegungspflicht

(1) ¹Der Verleger eines periodischen Druckwerks muss in regelmäßigen Zeitabschnitten im Druckwerk seine Eigentumsverhältnisse und seine Rechtsbeziehungen zu mit ihm verbundenen Unternehmen nach § 15 des Aktiengesetzes sowie seine Beteiligung an Unternehmen, die dabei Herstellung, Vertrieb und Anzeigenakquisition übernehmen, offenlegen. ²Dies ist bei Tageszeitungen in der ersten Ausgabe jedes Kalendervierteljahres im Impressum, bei anderen periodischen Druckwerken in der ersten Ausgabe jedes Kalenderjahres im Impressum bekannt zu machen. ³Änderungen sind unverzüglich bekannt zu machen.

(2) ¹Bei der Offenlegung sind mindestens anzugeben:
1. die Familiennamen und Vornamen der Inhaber,
2. die Familiennamen und Vornamen aller persönlich haftenden Gesellschafter und aller geschäftsführenden Gesellschafter (Beteiligte) und
3. die Namen der weiteren Druckwerke, die der Verlag, seine Inhaber oder die nach Nummer 2 an ihm Beteiligten herausgeben.

²Genossenschaften haben die Familiennamen und Vornamen der Mitglieder des Vorstands und des Vorsitzenden des Aufsichtsrats anzugeben.

## § 8 Persönliche Anforderungen an den verantwortlichen Redakteur

(1) Als verantwortlicher Redakteur darf nicht tätig sein und beschäftigt werden, wer
1. seinen ständigen Aufenthalt außerhalb eines Mitgliedstaates der Europäischen Union oder eines anderen Vertragsstaates des Abkommens über den Europäischen Wirtschaftsraum oder der Schweiz hat,
2. infolge Richterspruchs die Fähigkeit, ein öffentliches Amt zu bekleiden oder Rechte aus öffentlichen Wahlen zu erlangen, oder das Recht, in öffentlichen Angelegenheiten zu wählen oder zu stimmen, nicht besitzt,
3. nicht unbeschränkt geschäftsfähig ist,
4. wegen einer Straftat, die er durch die Presse begangen hat, nicht unbeschränkt gerichtlich verfolgt werden kann.

(2) Die Vorschriften des Absatzes 1 Nr. 3 gelten nicht für Druckwerke, die von Jugendlichen für Jugendliche herausgegeben werden.

(3) [1]Von der Voraussetzung des Absatzes 1 Nr. 1 kann der Minister des Innern in besonderen Fällen auf Antrag Befreiung erteilen. [2]Die Befreiung kann widerrufen werden.

## § 9 Kennzeichnung entgeltlicher Veröffentlichungen

Hat der Verleger oder der Verantwortliche (§ 7 Abs. 2 Satz 4) eines periodischen Druckwerks für eine Veröffentlichung ein Entgelt erhalten, gefordert oder sich versprechen lassen, so muss diese Veröffentlichung, soweit sie nicht schon durch Anordnung und Gestaltung allgemein als Anzeige zu erkennen ist, deutlich mit dem Wort „Anzeige" bezeichnet werden.

## § 10 Gegendarstellungsanspruch

(1) [1]Der verantwortliche Redakteur und der Verleger eines periodischen Druckwerks sind verpflichtet, eine Gegendarstellung der Person oder Stelle zum Abdruck zu bringen, die durch eine in dem Druckwerk aufgestellte Tatsachenbehauptung betroffen ist. [2]Die Verpflichtung erstreckt sich auch auf alle Nebenausgaben des Druckwerks, in denen die Tatsachenbehauptung erschienen ist.

(2) [1]Die Pflicht zum Abdruck einer Gegendarstellung besteht nicht, wenn
1. die Gegendarstellung ihrem Umfang nach nicht angemessen ist oder
2. es sich um eine Anzeige handelt, die ausschließlich dem geschäftlichen Verkehr dient.

[2]Überschreitet die Gegendarstellung nicht den Umfang des beanstandeten Textes, so gilt sie als angemessen. [3]Die Gegendarstellung muss sich auf tatsächliche Angaben beschränken und darf keinen strafbaren Inhalt haben. [4]Sie bedarf der Schriftform. [5]Der Betroffene kann den Abdruck nur verlangen, wenn die Gegendarstellung unverzüglich, spätestens drei Monate nach der Veröffentlichung, dem verantwortlichen Redakteur oder dem Verleger zugeht.

(3) [1]Die Gegendarstellung muss in der dem Zugang der Einsendung folgenden, für den Druck nicht abgeschlossenen Nummer in dem gleichen Teil des Druckwerks und mit gleicher Schrift wie der beanstandete Text ohne Einschaltungen und Weglassungen abgedruckt werden; sie darf nicht gegen den Willen des Betroffenen in der Form eines Leserbriefes erscheinen. [2]Der Abdruck ist kostenfrei, es sei denn, dass der beanstandete Text als Anzeige abgedruckt worden ist. [3]Wer sich zu der Gegendarstellung in derselben Nummer äußert, muss sich auf tatsächliche Angaben beschränken.

(4) [1]Ist der Gegendarstellungsanspruch erfolglos geltend gemacht worden, so ist für seine Darstellung der ordentliche Rechtsweg gegeben. [2]Auf Antrag des Betroffenen kann das Gericht anordnen, dass der verantwortliche Redakteur und der Verleger in der Form des Absatzes 3 eine Gegendarstellung veröffentlichen. [3]Auf dieses Verfahren sind die Vorschriften der Zivilprozessordnung über das Verfahren auf Erlass einer einstweiligen Verfügung entsprechend anzuwenden. [4]Eine Gefährdung des Anspruchs braucht nicht glaubhaft gemacht zu werden. [5]§ 926 der Zivilprozessordnung ist nicht anzuwenden.

(5) Die Absätze 1 bis 4 gelten nicht für wahrheitsgetreue Berichte über öffentliche Sitzungen der gesetzgebenden oder beschließenden Organe des Bundes und der Länder, der Vertretungen der Gebietskörperschaften sowie der Gerichte.

## § 10a Datenschutz

[1]Soweit Unternehmen oder Hilfsunternehmen der Presse personenbezogene Daten zu journalistischen oder literarischen Zwecken verarbeiten, ist es den hiermit befassten Personen untersagt, diese personenbezogenen Daten zu anderen Zwecken zu verarbeiten (Datengeheimnis). [2]Diese Personen sind bei der Aufnahme ihrer Tätigkeit auf das Datengeheimnis zu verpflichten. [3]Die Verpflichtung nach Satz

2 besteht auch nach Beendigung ihrer Tätigkeit fort. ⁴Im Übrigen finden außer den Kapiteln I, VIII, X und XI der Verordnung (EU) 2016/679 des Europäischen Parlaments und des Rates vom 27. April 2016 zum Schutz natürlicher Personen bei der Verarbeitung personenbezogener Daten, zum freien Datenverkehr und zur Aufhebung der Richtlinie 95/46/EG (Datenschutz-Grundverordnung) (ABl. L 119 vom 4.5.2016, S. 1, L 314 vom 22.11.2016, S. 72) nur die Artikel 5 Abs. 1 Buchst. f in Verbindung mit Abs. 2, Artikel 24 und 32 der Verordnung (EU) 2016/679 Anwendung. ⁵Artikel 82 der Verordnung (EU) 2016/679 gilt mit der Maßgabe, dass nur für unzureichende Maßnahmen nach Artikel 5 Abs. 1 Buchst. f, Artikel 24 und 32 der Verordnung (EU) 2016/679 gehaftet wird. ⁶Artikel 82 der Verordnung (EU) 2016/679 gilt entsprechend, wenn gegen das Datengeheimnis nach den Sätzen 1 bis 3 verstoßen wurde. ⁷Kapitel VIII der Verordnung (EU) 2016/679 findet keine Anwendung, soweit Unternehmen und Hilfsunternehmen der Presse der Selbstregulierung durch den Pressekodex und der Beschwerdeordnung des Deutschen Presserates unterliegen.

### § 11 Ablieferungspflicht

(1) ¹Von jedem Druckwerk (§ 6), das im Geltungsbereich dieses Gesetzes verlegt wird oder das als Verlagsort einen Ort innerhalb des Geltungsbereiches neben einem anderen Ort nennt, hat der Verleger ein Stück binnen eines Monats nach dem Erscheinen kostenfrei an die Universitäts- und Landesbibliothek Sachsen-Anhalt in Halle abzuliefern (Pflichtexemplar). ²Satz 1 gilt entsprechend für den Drucker oder sonstige Hersteller, wenn das Druckwerk keinen Verleger hat.
(2) Das für Bibliotheken zuständige Ministerium wird ermächtigt, durch Verordnung Bestimmungen zu treffen über
1. das Verfahren der Ablieferung,
2. die Ablieferungen in Fällen, in denen ein Druckwerk in verschiedenen Ausgaben hergestellt wird,
3. Einschränkungen der Ablieferungspflicht für solche Druckwerke, an deren Sammlung ein wissenschaftliches oder öffentliches Interesse nicht besteht.
(3) ¹Ist die Auflage eines Druckwerkes nicht höher als 500 Stück und beträgt der Ladenpreis eines Stücks der Auflage mindestens 100 Euro, so ist dem Ablieferungspflichtigen abweichend von Absatz 1 die Hälfte des Ladenpreises zu erstatten. ²Bei Druckwerken, die aus zwei oder mehreren einzeln verkäuflichen Teilen bestehen, ist eine Vergütung für jeden dieser Teile zu leisten, deren Ladenpreis den angegebenen Betrag übersteigt. ³Hat das Druckwerk keinen Ladenpreis, so ist das übliche Entgelt für ein Druckwerk dieser Art maßgebend.
(4) ¹Der Anspruch auf Erstattung besteht nur, wenn er spätestens einen Monat nach Ablieferung des Pflichtexemplars schriftlich bei der Universitäts- und Landesbibliothek Sachsen-Anhalt geltend gemacht wird. ²Er verjährt in drei Jahren, beginnend mit dem Schluss des Jahres, in dem das Pflichtexemplar abgeliefert worden ist.
(5) Ein Anspruch auf Erstattung besteht nicht, wenn der Ablieferungspflichtige zur Herstellung des Druckwerkes einen Zuschuss aus öffentlichen Mitteln erhalten hat.
(6) ¹Für digitale Publikationen gilt Absatz 1 mit der Maßgabe entsprechend, dass zur Ablieferung verpflichtet ist, wer den betreffenden Datenträger wie ein Verleger oder gleichgestellter Drucker oder sonstiger Hersteller im Sinne von Absatz 1 verbreitet oder berechtigt ist, die betreffende digitale Publikation öffentlich zugänglich zu machen, und den Sitz, eine Betriebsstätte oder den Hauptwohnsitz in Sachsen-Anhalt hat. ²Die Ablieferung erfolgt nach Maßgabe der Verordnung nach Absatz 2. ³Die Universitäts- und Landesbibliothek Sachsen-Anhalt legt in Abstimmung mit der Deutschen Nationalbibliothek die bei der Ablieferung zu beachtenden technischen Standards fest.
(7) Artikel 229 § 6 des Einführungsgesetzes zum Bürgerlichen Gesetzbuche ist mit der Maßgabe entsprechend anzuwenden, dass an die Stelle des 1. Januar 2002 der 1. Juni 2010 und an die Stelle des 31. Dezember 2001 der 31. Mai 2010 tritt.

### § 12 Strafrechtliche Verantwortung

Ist durch ein Druckwerk eine rechtswidrige Tat begangen worden, die den Tatbestand eines Strafgesetzes verwirklicht, und hat
1. bei periodischen Druckwerken der verantwortliche Redakteur oder
2. bei sonstigen Druckwerken der Verleger

vorsätzlich oder fahrlässig seine Verpflichtung verletzt, Druckwerke von strafbarem Inhalt freizuhalten, so wird er mit Freiheitsstrafe bis zu einem Jahr oder mit Geldstrafe bestraft, soweit er nicht wegen der Tat schon nach den allgemeinen Strafgesetzen als Täter oder Teilnehmer strafbar ist.

### § 13 Strafbare Verletzung der Presseordnung
Mit Freiheitsstrafe bis zu einem Jahr oder mit Geldstrafe wird bestraft, wer
1. als Verleger eine Person zum verantwortlichen Redakteur bestellt, die nicht den Anforderungen des § 8 entspricht,
2. als verantwortlicher Redakteur zeichnet, obwohl er die Voraussetzungen des § 8 nicht erfüllt,
3. als verantwortlicher Redakteur oder Verleger – beim Selbstverlag als Verfasser oder Herausgeber – bei einem Druckwerk strafbaren Inhalts den Vorschriften über das Impressum (§ 7) zuwiderhandelt.

### § 14 Ordnungswidrigkeiten
(1) Ordnungswidrig handelt, wer vorsätzlich oder fahrlässig
1. als verantwortlicher Redakteur oder Verleger – beim Selbstverlag als Verfasser oder Herausgeber – den Vorschriften über das Impressum (§ 7) zuwiderhandelt oder als Unternehmer Druckwerke verbreitet, in denen das Impressum ganz oder teilweise fehlt,
2. als Verleger oder als Verantwortlicher (§ 7 Abs. 2 Satz 4) eine Veröffentlichung gegen Entgelt nicht als Anzeige kenntlich macht oder kenntlich machen lässt (§ 9),
3. als verantwortlicher Redakteur oder Verleger – beim Selbstverlag als Verfasser oder Herausgeber – den Vorschriften über die Offenlegungspflicht nach § 7a zuwiderhandelt oder als Unternehmer Druckwerke verbreitet, in denen die erforderlichen Angaben ganz oder teilweise fehlen,
4. gegen die Verpflichtung aus § 10 Abs. 3 Satz 3 verstößt,
5. gegen § 11 Abs. 1 verstößt.

(2) Ordnungswidrig handelt ferner, wer fahrlässig einen der in § 13 genannten Tatbestände verwirklicht.
(3) Die Ordnungswidrigkeit kann mit einer Geldbuße bis zu fünfzigtausend Euro geahndet werden.
(4) Verwaltungsbehörde im Sinne des § 36 Abs. 1 Nr. 1 des Gesetzes über Ordnungswidrigkeiten ist das Landesverwaltungsamt.

### § 15 Verjährung
(1) ¹Die Verfolgung von Straftaten, die
1. durch die Veröffentlichung oder Verbreitung von Druckwerken strafbaren Inhalts begangen werden oder
2. in diesem Gesetz sonst mit Strafe bedroht sind,

verjährt bei Verbrechen in einem Jahr, bei Vergehen in sechs Monaten. ²Bei Vergehen nach den §§ 86, 86a, 111, 129, 129a Abs. 3, den §§ 130, 131, 184a, 184b Abs. 1 bis 3 und § 184c Abs. 1 bis 3 des Strafgesetzbuches und § 20 Abs. 1 des Vereinsgesetzes gelten die Vorschriften des Strafgesetzbuches über die Verfolgungsverjährung.
(2) Die Verfolgung der in § 14 genannten Ordnungswidrigkeiten verjährt in drei Monaten.
(3) ¹Die Verjährungsfrist beginnt mit der Veröffentlichung oder Verbreitung des Druckwerks. ²Wird das Druckwerk in Teilen veröffentlicht oder verbreitet oder wird es neu aufgelegt, so beginnt die Verjährungsfrist erneut mit der Veröffentlichung oder Verbreitung der weiteren Teile oder Auflagen.

### § 15a Übergangsregelungen
§ 15 Abs. 1 Satz 2 gilt nicht für Taten, deren Verfolgung bei Inkrafttreten des Mediengesetzes des Landes Sachsen-Anhalt und Änderung des Landespressegesetzes bereits verjährt ist.

### § 16 Rundfunk
(1) Für Hörfunk und Fernsehen gelten die § 8 Abs. 1, § 13 Nrn. 1 und 2 und § 15 Abs. 3 entsprechend.
(2) Ist durch eine Sendung des Hörfunks oder des Fernsehens eine rechtswidrige Tat begangen worden, die den Tatbestand eines Strafgesetzes verwirklicht, und hat der Intendant, der Programmdirektor oder derjenige, der für die Sendung sonst verantwortlich ist, vorsätzlich oder fahrlässig seine Verpflichtung verletzt, Sendungen von strafbarem Inhalt freizuhalten, so wird er mit Freiheitsstrafe bis zu einem Jahr oder mit Geldstrafe bestraft, soweit er nicht wegen der Tat schon nach den allgemeinen Strafgesetzen als Täter oder Teilnehmer strafbar ist.

## § 16a Einschränkung von Grundrechten
Durch § 10a wird das Grundrecht auf Schutz personenbezogener Daten im Sinne des Artikels 2 Abs. 1 in Verbindung mit Artikel 1 Abs. 1 des Grundgesetzes und des Artikels 6 Abs. 1 der Verfassung des Landes Sachsen-Anhalt eingeschränkt.

## § 16b Sprachliche Gleichstellung
Personen- und Funktionsbezeichnungen in diesem Gesetz gelten jeweils in männlicher und weiblicher Form.

## § 17 (Inkrafttreten)

# Hochschulgesetz des Landes Sachsen-Anhalt (HSG LSA)

In der Fassung der Bekanntmachung vom 14. Dezember 2010[1] (GVBl. LSA S. 600, ber. 2011 S. 561) (BS LSA 2211.62) zuletzt geändert durch § 1 Zweites ÄndG des Hochschulgesetzes LSA vom 18. Januar 2021 (GVBl. LSA S. 10)

Der Landtag von Sachsen-Anhalt hat das folgende Gesetz beschlossen, das hiermit nach Gegenzeichnung ausgefertigt wird und zu verkünden ist:

## Inhaltsübersicht

**Abschnitt 1**
**Allgemeine Vorschriften**
§ 1 Grundsätze und Geltungsbereich
§ 2 Bezeichnung
§ 3 Aufgaben
§ 4 Freiheit von Kunst und Wissenschaft, Forschung, Lehre und Studium
§ 5 Hochschulstruktur- und Hochschulentwicklungsplanung, Zielvereinbarungen
§ 5a Evaluation

**Abschnitt 2**
**Studium und Lehre**
§ 6 Ziel des Studiums
§ 7 Qualität der Lehre
§ 7a Akkreditierung
§ 8 Studienreform
§ 9 Lehrangebote, Regelstudienzeiten
§ 10 Studienjahr
§ 11 Studienberatung
§ 12 Prüfungen
§ 13 Prüfungsordnungen
§ 14 Vorzeitiges Ablegen der Prüfung
§ 15 Sonstige Leistungsnachweise
§ 16 Weiterbildendes Studium
§ 16a Organisation von Weiterbildungsstudiengängen und -veranstaltungen

**Abschnitt 3**
**Hochschulgrade**
§ 17 Hochschulgrade
§ 18 Promotion, Doktoranden und Doktorandinnen, Promovierendenvertretung, Habilitation
§ 18a Kooperative Promotionsverfahren und Promotionskollegs
§ 19 Führung in- und ausländischer akademischer Grade und staatlicher Grade oder Titel
§ 20 Ausschließlichkeit
§ 21 Entziehung, Widerruf

§ 22 (weggefallen)

**Abschnitt 4**
**Forschung**
§ 23 Aufgaben der Forschung
§ 24 Koordinierung und Evaluierung der Forschung
§ 25 Forschung mit Mitteln Dritter
§ 26 Entwicklungsvorhaben

**Abschnitt 5**
**Studierende**
§ 27 Allgemeine Zulassungsvoraussetzungen
§ 28 Landesstudienkolleg
§ 29 Immatrikulation
§ 30 Exmatrikulation
§ 31 Rechte der Studierenden
§ 32 Besondere Begabtenförderung
§ 32a Zweithörer, Zweithörerinnen, Gasthörer, Gasthörerinnen, Frühstudierende

**Abschnitt 6**
**Personal der Hochschule**
§ 33 Richtlinien für gute Beschäftigungsbedingungen
§ 33a Wissenschaftliches und künstlerisches Personal
§ 34 Aufgaben der Professoren und Professorinnen
§ 35 Berufungsvoraussetzungen für Professoren und Professorinnen
§ 36 Berufungsverfahren
§ 37 Gemeinsame Berufungen
§ 38 Dienstrechtliche Stellung der Professoren und Professorinnen
§ 39 Freistellung und Beurlaubung
§ 40 Einstellungsvoraussetzungen für Juniorprofessoren und Juniorprofessorinnen
§ 41 Dienstrechtliche Stellung der Juniorprofessoren und Juniorprofessorinnen
§ 41a (weggefallen)

---
1) Neubekanntmachung des HochschulG LSA v. 5. Mai 2004 (GVBl. LSA S. 256) in der ab 27.7.2010 geltenden Fassung.

| § | 42 | Wissenschaftliche und künstlerische Mitarbeiter und Mitarbeiterinnen |
|---|---|---|
| § | 43 | Lehrkräfte für besondere Aufgaben |
| § | 44 | Lehrverpflichtungen und Wahrnehmung von Dienstaufgaben an einer anderen Hochschule |
| § | 45 | Nebentätigkeit des hauptberuflichen wissenschaftlichen und künstlerischen Personals |
| § | 46 | Anwendung beamtenrechtlicher und anderer Vorschriften |
| § | 47 | Honorarprofessoren und Honorarprofessorinnen |
| § | 48 | Privatdozenten, Privatdozentinnen, außerplanmäßige Professoren und außerplanmäßige Professorinnen |
| § | 49 | Gastprofessoren, Gastprofessorinnen, Gastdozenten und Gastdozentinnen |
| § | 49a | Vertretungsprofessoren und Vertretungsprofessorinnen |
| § | 50 | Lehrbeauftragte |
| § | 51 | Wissenschaftliche und künstlerische Hilfskräfte, studentische Hilfskräfte |
| § | 52 | Wissenschaftsunterstützendes Personal |
| § | 53 | Unfallfürsorge |

**Abschnitt 7**
**Selbstverwaltung und Staatsverwaltung**

| § | 54 | Rechtsstellung der Hochschulen |
|---|---|---|
| § | 55 | Selbstverwaltungsangelegenheiten |
| § | 56 | Auftragsangelegenheiten |
| § | 57 | (weggefallen) |

**Abschnitt 8**
**Mitgliedschaft und Mitwirkung an der Selbstverwaltung**

| § | 58 | Mitglieder und Angehörige |
|---|---|---|
| § | 59 | Allgemeine Grundsätze der Mitwirkung |
| § | 60 | Bildung von Mitgliedergruppen |
| § | 61 | Mitwirkung |
| § | 62 | Wahlen |
| § | 63 | Beschlussfähigkeit, Beschlussfassung |
| § | 64 | Öffentlichkeit, Verschwiegenheit |
| § | 65 | Studierendenschaft |
| § | 65a | Studentische Vereinigungen |

**Abschnitt 9**
**Organisation der Hochschule**

| § | 66 | Grundsätze der Organisation |
|---|---|---|
| § | 67 | Zusammensetzung des Senats |
| § | 67a | Aufgaben des Senats |
| § | 68 | Rektorat |
| § | 69 | Rektor oder Rektorin, Prorektor oder Prorektorin |
| § | 70 | Andere Formen der Hochschulleitung |
| § | 71 | Kanzler oder Kanzlerin |
| § | 72 | Gleichstellungsbeauftragte |
| § | 73 | Behindertenbeauftragter oder Behindertenbeauftragte |
| § | 74 | Kuratorium |

**Abschnitt 10**
**Fachbereiche oder vergleichbare Organisationseinheiten**

| § | 75 | Gliederung |
|---|---|---|
| § | 76 | Aufgaben des Fachbereiches |
| § | 77 | Fachbereichsrat |
| § | 78 | Dekan oder Dekanin des Fachbereiches |
| § | 79 | Einrichtungen des Fachbereiches |

**Abschnitt 11**
**Hochschulmedizin**

§§ 80–98 (weggefallen)

**Abschnitt 12**
**Sonstige Einrichtungen**

| § | 99 | Zentrale wissenschaftliche Einrichtungen und Betriebseinheiten, interdisziplinäre wissenschaftliche Einrichtungen |
|---|---|---|
| § | 100 | Hochschulbibliotheken |
| § | 101 | Sonderforschungsbereiche |
| § | 102 | Institute an der Hochschule |
| § | 103 | Wissenschaftliche Zusammenarbeit |

**Abschnitt 13**
**Errichtung und Anerkennung von Hochschulen**

| § | 104 | Staatliche Anerkennung als Hochschule |
|---|---|---|
| § | 105 | Voraussetzungen der staatlichen Anerkennung nichtstaatlicher Hochschulen als Hochschule |
| § | 105a | Voraussetzungen der Verleihung des Promotionsrechts und Habilitationsrechts an nichtstaatliche Hochschulen |
| § | 105b | Akkreditierungsverfahren bei nichtstaatlichen Hochschulen |
| § | 105c | Verfahren der staatlichen Anerkennung nichtstaatlicher Hochschulen, Gebühren |
| § | 105d | Niederlassungen von Hochschulen aus anderen Bundesländern oder anderen Mitgliedstaaten der Europäischen Union, Kooperation mit Hochschulen |
| § | 106 | Folgen der staatlichen Anerkennung |
| § | 107 | Verlust der staatlichen Anerkennung |

**Abschnitt 14**
**Verwaltung, Haushalt und Steuerung**

| § | 108 | Verwaltung der Wirtschafts- und Personalangelegenheiten |
|---|---|---|
| § | 109 | Körperschaftsvermögen |
| § | 110 | (weggefallen) |
| § | 111 | Gebühren und Entgelte |
| § | 112 | (weggefallen) |
| § | 113 | Wirtschaftliche Betätigung |
| § | 114 | Finanzwesen |

**Abschnitt 15**
**Allgemeine Übergangsvorschriften**

| § | 115 | Personalrechtliche Übergangsvorschriften |
|---|---|---|
| § | 116 | Mitarbeiter und Mitarbeiterinnen nach bisherigem Recht |
| § | 117 | Erprobungsklausel |
| § | 118 | Ordnungswidrigkeiten |
| § | 119 | Datenschutz |

| § 120 | Anwendung des Verwaltungsverfahrensgesetzes Sachsen-Anhalt |
| § 121 | Verträge mit den Kirchen |
| § 122 | Übergangsvorschriften zum Gesetz zur Änderung des Hochschulgesetzes des Landes Sachsen-Anhalt und anderer Vorschriften |
| § 123 | Vorschriften zur Bewältigung von Krisensituationen |

**Abschnitt 16**
§ 124 (weggefallen)

**Abschnitt 17**
**Schlussvorschriften**
§ 125 Einschränkung von Grundrechten
§ 126 Inkrafttreten, Außerkrafttreten

*Abschnitt 1*
**Allgemeine Vorschriften**

### § 1 Grundsätze und Geltungsbereich
(1) [1]Dieses Gesetz gilt für die staatlichen Hochschulen des Landes Sachsen-Anhalt:
1. Martin-Luther-Universität Halle-Wittenberg,
2. Otto-von-Guericke-Universität Magdeburg,
3. Burg Giebichenstein Kunsthochschule Halle,
4. Hochschulen für angewandte Wissenschaften
   a) Hochschule Anhalt
   b) Hochschule Harz
   c) Hochschule Magdeburg-Stendal
   d) Hochschule Merseburg,
5. Fachhochschule Polizei Sachsen-Anhalt.

[2]Für die Fachhochschule Polizei Sachsen-Anhalt findet dieses Gesetz nach Maßgabe des Gesetzes über die Fachhochschule der Polizei Anwendung. [3]Für staatlich anerkannte Hochschulen, andere nichtstaatliche Hochschulen und nichtstaatliche Bildungseinrichtungen gilt es nur, soweit es gesetzlich bestimmt ist. [4]Die Hochschulen für angewandte Wissenschaften können in der Grundordnung festlegen, dass ihr Name um eine dem Profil der Hochschule für angewandte Wissenschaften entsprechende Bezeichnung ergänzt wird.

(2) [1]Die Aufhebung, Zusammenlegung, Teilung und Gründung einer staatlichen Hochschule erfolgt durch Gesetz. [2]Das gilt nicht für interne Organisationsänderungen einer Hochschule.

### § 2 Bezeichnung
[1]Ministerium im Sinne dieses Gesetzes ist das für Hochschulen zuständige Ministerium. [2]Minister oder Ministerin im Sinne dieses Gesetzes ist der oder die für Hochschulen zuständige Minister oder Ministerin.

### § 3 Aufgaben
(1) [1]Die Hochschulen dienen der Pflege und Entwicklung der Wissenschaften und der Künste durch Forschung und künstlerische Vorhaben sowie durch Lehre, Studium, Weiterbildung und Kunstausübung. [2]Sie fördern den wissenschaftlichen und künstlerischen Nachwuchs.

(2) Die Hochschulen haben die ständige Aufgabe, im Zusammenwirken mit den zuständigen staatlichen Stellen Inhalte und Formen von Lehre und Studium hinsichtlich neuer Entwicklungen in Wissenschaft, Forschung, Technik und Kultur sowie in der beruflichen Praxis zu überprüfen und fortzuführen.

(3) [1]Die Hochschulen wirken bei der Wahrnehmung ihrer Aufgaben auf die tatsächliche Verwirklichung der Gleichstellung der Geschlechter hin. [2]In Forschung, Lehre, Studium und Weiterbildung sowie bei der Gestaltung der Arbeitsabläufe in den genannten Bereichen werden unterschiedliche Lebenswirklichkeiten und Interessen der Geschlechter berücksichtigt. [3]Darüber hinaus ergreifen die Hochschulen insbesondere Maßnahmen zur Beseitigung von bestehenden Nachteilen für Wissenschaftlerinnen, sonstige weibliche Beschäftigte und Studentinnen und zur Erhöhung des Anteils von Frauen und Männern in Bereichen, in denen sie unterrepräsentiert sind.

(4) [1]Die Hochschulen stellen ein diskriminierungsfreies Studium und eine diskriminierungsfreie berufliche oder wissenschaftliche Tätigkeit sicher und wirken im Rahmen ihrer Möglichkeiten auf den Abbau bestehender Benachteiligungen hin. [2]§ 3 Abs. 4, § 7 Abs. 1, § 12 Abs. 1 bis 4 sowie § 13

Abs. 1 des Allgemeinen Gleichbehandlungsgesetzes vom 14. August 2006 (BGBl. I S. 1897), zuletzt geändert durch Artikel 8 des Gesetzes vom 3. April 2013 (BGBl. I S. 610, 615), gelten für Mitglieder und Angehörige der Hochschulen, die keine Beschäftigten der Hochschule sind, entsprechend.

(5) [1]Die Hochschulen berücksichtigen die besonderen Bedürfnisse von Familien und Studierenden mit Kindern. [2]Sie fördern in ihrem Bereich die sportliche und kulturelle Selbstbetätigung.

(6) [1]Die Hochschulen wirken an der sozialen Förderung der Studierenden mit. [2]Sie berücksichtigen die besonderen Bedürfnisse, den Fürsorge- und Betreuungsaufwand von Studierenden und Beschäftigten mit Behinderungen oder chronischen Erkrankungen.

(7) [1]In der Lehre soll auf die Verwendung von eigens hierfür getöteten Tieren verzichtet werden, sofern wissenschaftlich gleichwertige Lehrmethoden und -materialien zur Verfügung stehen und die mit dem Studium bezweckte Berufsbefähigung dies zulässt. [2]Auf Antrag kann der zuständige Prüfungsausschuss im Einzelfall zulassen, dass einzelne in der Prüfungsordnung vorgeschriebene Studien- und Prüfungsleistungen ohne die Verwendung eigens hierfür getöteter Tiere erbracht werden, sofern die Gleichwertigkeit der Prüfung gewährleistet ist; der Antrag ist zu begründen. [3]Wenn die spätere berufliche Anerkennung des Abschlusses gefährdet wird, ist der Antragsteller oder die Antragstellerin vor der Entscheidung über den Antrag darauf hinzuweisen.

(8) [1]Die Hochschulen leisten ihren Beitrag zu einer nachhaltigen, friedlichen und demokratischen Welt. [2]Sie setzen sich mit den möglichen Folgen einer Verbreitung und Nutzung ihrer Forschungsergebnisse auseinander.

(9) [1]Die Hochschulen fördern die internationale, insbesondere die europäische Zusammenarbeit. [2]Sie fördern den Austausch mit ausländischen wissenschaftlichen Einrichtungen. [3]Sie berücksichtigen die besonderen Bedürfnisse der ausländischen Studierenden.

(10) [1]Die Hochschulen wirken bei der Wahrnehmung ihrer Aufgaben untereinander und mit anderen Forschungs-, Bildungs- und Kultureinrichtungen sowie mit Partnern der Wirtschaft zusammen. [2]Bei Aufgaben nach dem Studentenwerksgesetz arbeiten sie mit den Studentenwerken zusammen. [3]Sie fördern die Verbreitung und Nutzung ihrer Forschungsergebnisse im gesellschaftlichen Leben und in der beruflichen Praxis sowie in der praxisorientierten Umweltbildurig. [4]Sie unterstützen den wirtschaftsbezogenen Wissens- und Technologietransfer. [5]Hierzu sollen Transferstellen eingerichtet werden.

(11) [1]Die Hochschulen gewährleisten ein koordiniertes Leistungsangebot zur elektronischen Kommunikation und Informationsverarbeitung, zur wissenschaftlichen Information und zum Einsatz von Medien in Lehre, Forschung und Studium. [2]Sie stellen dafür die institutionelle und organisatorische Infrastruktur bereit.

(12) Die Hochschulen berücksichtigen die besonderen Belange der Spitzensportler und Spitzensportlerinnen im Sinne des § 5 Abs. 7 Satz 1 des Hochschulzulassungsgesetzes Sachsen-Anhalt und unterstützen diese im Rahmen der Gesetze im Bereich der Hochschulzulassung.

(13) [1]Die Hochschulen unterrichten die Öffentlichkeit über die Erfüllung ihrer Aufgaben. [2]Sie berichten regelmäßig über Lehrangebote und Forschungsergebnisse. [3]Sie unterrichten laufend ihre Mitglieder über Angelegenheiten, die der hochschulpolitischen Willensbildung unterliegen.

(14) [1]Die Hochschulen für angewandte Wissenschaften bereiten durch anwendungsbezogene Lehre auf berufliche Tätigkeiten vor, die die Anwendung wissenschaftlicher Erkenntnisse und Methoden oder die Fähigkeit zu künstlerischer Gestaltung erfordern. [2]In diesem Rahmen nehmen die Hochschulen für angewandte Wissenschaften Forschungs- und Entwicklungsaufgaben und künstlerisch-gestalterische Aufgaben wahr.

(15) [1]Den Kunsthochschulen obliegen die Pflege und Weiterentwicklung der Künste und der Grundlagenwissenschaften der Künste. [2]Sie dienen der Vermittlung künstlerischer und kunstwissenschaftlicher Fähigkeiten und bereiten auf kunstpädagogische Berufe vor. [3]Die Vorschriften dieses Gesetzes, die die Forschung betreffen oder für die Forschung bedeutsam sind, gelten für künstlerische und für gestalterische Entwicklungsvorhaben entsprechend.

(16) Die Hochschulen betreiben die Kontaktpflege mit ihren ehemaligen Mitgliedern.

(17) [1]Die Hochschulen können andere als die in diesem Gesetz genannten Aufgaben übernehmen, soweit diese mit ihren gesetzlichen oder aufgrund eines Gesetzes bestimmten Aufgaben zusammenhängen und durch deren Erfüllung die Wahrnehmung der übrigen Aufgaben nicht beeinträchtigt wird. [2]Andere als die in diesem Gesetz genannten Aufgaben dürfen den Hochschulen nur übertragen werden,

wenn sie mit den in Absatz 1 genannten Aufgaben zusammenhängen. ³Das Ministerium wird ermächtigt, im Benehmen mit dem für den Landeshaushalt zuständigen Ministerium durch Verordnung solche Aufgaben zu übertragen.

## § 4 Freiheit von Kunst und Wissenschaft, Forschung, Lehre und Studium

(1) Die Hochschulen sind in Forschung, Lehre und Kunst frei.

(2) Das Land und die Hochschulen stellen sicher, dass die Mitglieder der Hochschule die durch Artikel 10 Abs. 3 der Verfassung des Landes Sachsen-Anhalt und Artikel 5 Abs. 3 des Grundgesetzes garantierten Grundrechte wahrnehmen können.

(3) ¹Entscheidungen der zuständigen Hochschulorgane zur Forschung sind insoweit zulässig, als sie sich auf die Forschungsorganisation, die Förderung und Koordinierung von Forschungsvorhaben und auf die Bildung von Forschungsschwerpunkten beziehen; sie dürfen die Freiheit der Forschung nicht beeinträchtigen. ²Satz 1 gilt entsprechend für künstlerische Entwicklungsvorhaben und für die Kunstausübung. ³Entscheidungen der zuständigen Hochschulorgane zur Lehre sind insoweit zulässig, als sie sich auf die Organisation des Lehrbetriebs und auf die Aufstellung und Einhaltung von Studien- und Prüfungsordnungen beziehen; sie dürfen die Freiheit der Lehre nicht beeinträchtigen. ⁴Entscheidungen der zuständigen Hochschulorgane zum Studium sind nur zulässig, wenn sie sich auf die Organisation und ordnungsgemäße Durchführung des Lehr- und Studienbetriebes und auf die Gewährleistung eines ordnungsgemäßen Studiums beziehen; sie dürfen die Freiheit des Studiums nicht beeinträchtigen. ⁵Die Freiheit des Studiums umfasst unbeschadet der Studien- und Prüfungsordnungen insbesondere die freie Wahl von Lehrveranstaltungen, das Recht, innerhalb eines Studienganges Schwerpunkte nach eigener Wahl zu bestimmen, sowie die Erarbeitung und Äußerung wissenschaftlicher und künstlerischer Meinungen.

(4) Die Wahrnehmung der in Absatz 3 genannten Rechte ist an die soziale und ökologische Verantwortung gegenüber der Gesellschaft sowie an die Öffentlichkeit ihres Wirkens geknüpft und entbindet nicht von der Rücksicht auf die Rechte anderer und von der Beachtung der Regelungen, die das Zusammenleben an der Hochschule ordnen.

(5) ¹Alle an einer Hochschule wissenschaftlich Tätigen sind verpflichtet, die allgemeinen Grundsätze guter wissenschaftlicher Praxis einzuhalten. ²Das Nähere können die Hochschulen durch Satzungen regeln.

## § 5 Hochschulstruktur- und Hochschulentwicklungsplanung, Zielvereinbarungen

(1) ¹Die Hochschulstruktur- und Hochschulentwicklungsplanung ist eine gemeinsame Aufgabe der Hochschulen, der außeruniversitären Forschungseinrichtungen entsprechend ihren Aufgaben und des Landes. ²Sie umfasst einen mehrjährigen Planungszeitraum und hat ein fachlich ausreichendes und regional ausgewogenes Angebot in Lehre und Forschung sowie an Dienstleistungen sicherzustellen, eine hochschulübergreifende Abstimmung zur Profilbildung und Schwerpunktsetzung in Forschung und Lehre zu gewährleisten und zur Begründung der Grundsätze der Finanzierung der Hochschulstrukturen beizutragen. ³Der für Hochschulen zuständige Ausschuss des Landtages ist durch das Ministerium angemessen zu informieren.

(2) ¹Das Ministerium legt in regelmäßigen Abständen einen Hochschulstrukturplan für das Land vor, der hochschulpolitisch begründete und bedarfsorientierte Rahmenvorgaben schafft. ²Die Hochschulen, die betroffenen Ministerien und die außeruniversitären Forschungseinrichtungen sind zu diesen Vorschlägen zu hören. ³Der Hochschulstrukturplan ist in regelmäßigen Abständen zu aktualisieren. ⁴Der Hochschulstrukturplan bildet die Grundlage für die Hochschulentwicklungspläne der einzelnen Hochschulen. ⁵Er stellt insbesondere die hochschulübergreifende Abstimmung sicher und bezieht das Potential außeruniversitärer Forschungseinrichtungen in die Planungen mit ein.

(3) ¹Die Hochschulen legen in regelmäßigen, mit dem Ministerium abzustimmenden Abständen Hochschulentwicklungspläne oder deren Fortschreibung vor. ²Die Fortschreibungen können sich im Einvernehmen mit dem Ministerium auch auf Teilaspekte oder einzelne Themen beziehen. ³Das Ministerium kann für die Aufstellung und Fortschreibung der Hochschulentwicklungspläne Weiteres vorgeben.

(4) ¹Das Ministerium und die Hochschulen wirken mit dem Ziel der Stärkung der Autonomie der Hochschulen zusammen. ²Dazu schließen sie in der Regel Zielvereinbarungen mit mehrjähriger Lauf-

zeit ab. ³Die Laufzeit der Zielvereinbarungen beträgt in der Regel fünf Jahre. ⁴Die Hochschulstrukturplanung gemäß den Absätzen 1 und 2 schafft den erforderlichen Rahmen und legt die Ziele fest.
(5) ¹Das Ministerium und die einzelnen Hochschulen schließen Zielvereinbarungen ab, die die Ziele mehrjähriger Entwicklungen sowie die Höhe und Berechnung der staatlichen Mittelzuweisungen einschließlich der diesbezüglichen Planungssicherheit und weiterer flankierender Maßnahmen im Rahmen dieses Gesetzes umfassen. ²Der für Hochschulen zuständige Ausschuss des Landtages ist vor dem Abschluss der Zielvereinbarungen zu informieren. ³Die Hochschulen berichten dem Ministerium und dem für Hochschulen zuständigen Ausschuss des Landtages jeweils zum Auslaufen der Zielvereinbarungsperiode, jedoch mindestens einmal je Legislaturperiode über die Zielerreichung und die Mittelverwendung. ⁴Art und Umfang der Berichterstattung sind Gegenstand der Zielvereinbarungen. ⁵Weitere Gegenstände der Zielvereinbarungen sind insbesondere die durch den Hochschulstrukturplan sowie zur Einhaltung des Haushaltsgesetzes vorgegebenen Ziele zur Profilbildung, zur Schwerpunktbildung, zu Studienplätzen und zu Studienangeboten sowie die Erfüllung des Gleichstellungsauftrags. ⁶Soweit dies erforderlich ist, können während der laufenden Zielvereinbarungsperiode Ergänzungsvereinbarungen zu Zielvereinbarungen abgeschlossen werden; Satz 2 ist entsprechend anzuwenden.
(6) Soweit Zielvereinbarungen gemäß den Absätzen 4 und 5 nicht zustande kommen, ist der für Hochschulen zuständige Ausschuss des Landtages durch das Ministerium über die Gründe zu informieren.
(7) Mindestens einmal je Legislaturperiode legt das Ministerium dem Landtag einen Bericht zur Situation der Hochschullandschaft in Sachsen-Anhalt bezüglich der Umsetzung und Erfüllung der Hochschulstruktur- und Hochschulentwicklungsplanung sowie der Zielvereinbarungen vor und informiert diesen über die wesentlichen Inhalte.

### § 5a Evaluation
¹Die Hochschulen begutachten und bewerten mit dem Ziel der Qualitätsentwicklung und -sicherung in regelmäßigen Abständen die Erfüllung ihrer Aufgaben durch Hinzuziehung interner oder externer Sachverständiger (Evaluation). ²Sie regeln das Verfahren in einer Ordnung.

*Abschnitt 2*
**Studium und Lehre**

### § 6 Ziel des Studiums
¹Lehre und Studium sollen die Studierenden auf berufliche Tätigkeiten vorbereiten und ihnen die erforderlichen fachlichen Kenntnisse, Fähigkeiten und Methoden für den jeweiligen Studiengang so vermitteln, dass sie zu wissenschaftlicher oder künstlerischer Arbeit, zu selbstständigem Denken und verantwortlichem Handeln in einem freiheitlichen, demokratischen und sozialen Rechtsstaat befähigt werden. ²Lehre und Studium sollen die Grundlage für berufliche Entwicklungsmöglichkeiten und für die Fähigkeit zur eigenverantwortlichen Weiterbildung schaffen. ³Die Hochschulen gewährleisten, dass die Studierenden dieses Ziel im Rahmen der jeweils geltenden Regelstudienzeit erreichen können.

### § 7 Qualität der Lehre
(1) ¹Die Hochschulen ergreifen die notwendigen Maßnahmen zur Qualitätssicherung in der Lehre. ²Die Qualität der Studienangebote sichern die Hochschulleitungen und die Dekane und Dekaninnen im Rahmen ihrer Zuständigkeit insbesondere durch Lehrevaluationen gemäß Absatz 2 und durch Verfahren zur Sicherung und Entwicklung der Qualität in Studium und Lehre nach § 7a.
(2) ¹Den Studierenden ist vor dem Ende jeden Semesters zu ermöglichen, die Qualität von Lehrveranstaltungen anonym zu bewerten (Lehrevaluation). ²Die Hochschulen regeln das Verfahren der Lehrevaluation und die dazu erforderliche Verarbeitung personenbezogener Daten des wissenschaftlichen und künstlerischen Personals in einer Ordnung. ³In anonymisierter Form können die Daten der Lehrevaluation der Hochschulöffentlichkeit bekannt gemacht werden. ⁴In nicht anonymisierter Form sind diese Daten spätestens nach einer Frist von drei Jahren oder einem Semester, nachdem derjenige oder diejenige, dessen oder deren Lehrveranstaltung evaluiert wurde, die Hochschule verlassen hat, zu löschen. ⁵Die Datenerhebungen im Rahmen von Lehrevaluationen sollen nach Geschlecht differenziert werden; Abweichungen zum Schutz der Persönlichkeitsrechte Betroffener sind zulässig.

### § 7a Akkreditierung
(1) ¹Jeder Bachelor-, Master- oder vergleichbare Studiengang sowie seine wesentliche Änderung ist durch eine anerkannte, vom Land und von der Hochschule unabhängige wissenschaftsnahe Einrichtung

qualitativ zu bewerten (Akkreditierung). ²Auf die Akkreditierung einzelner Studiengänge (Programmakkreditierung) kann verzichtet werden, wenn die Hochschule über ein akkreditiertes System zur Qualitätssicherung ihres Studienangebotes verfügt (Systemakkreditierung). ³Der Bewertungsmaßstab, das Verfahren, die Grundsätze einer angemessenen Beteiligung der Wissenschaftler und Wissenschaftlerinnen und alternative Verfahren der Qualitätssicherung richten sich nach dem Studienakkreditierungsstaatsvertrag vom 1. Juni 2017 bis 20. Juni 2017 (GVBl. LSA S. 235, 236; 2018 S. 7). ⁴Das Ministerium erlässt die Verordnung nach Artikel 4 und Artikel 16 Abs. 2 des Studienakkreditierungsstaatsvertrages. ⁵Die Hochschulen regeln die Zuständigkeit für die Qualitätssicherung und Akkreditierung in ihren Ordnungen.
(2) Die Akkreditierung muss spätestens zum Zeitpunkt vorliegen, zu dem Studierende den Studiengang bei seiner erstmaligen Durchführung gemäß Regelstudienzeit beenden würden.
(3) ¹Die Hochschulen berichten dem Ministerium im Rektoratsbericht einmal jährlich über die durchgeführten Akkreditierungen. ²Die Akkreditierungsergebnisse müssen in geeigneter Weise hochschulintern oder unter Verweis auf die Veröffentlichungen des Akkreditierungsrates veröffentlicht werden. ³In den Fällen des § 9 Abs. 4 Satz 2 und 3 ist das Ministerium unverzüglich über die Akkreditierungsentscheidung zu informieren. ⁴Das Ministerium kann Genehmigungen eines Studienganges nach § 9 Abs. 4 Satz 2 und 3 auf der Grundlage der Akkreditierungsentscheidung widerrufen oder mit Auflagen versehen.
(4) Die Hochschulen können nach Maßgabe des Studienakkreditierungsstaatsvertrages und der Verordnung des Ministeriums nach Absatz 1 Satz 4 mit Zustimmung des Ministeriums alternative Akkreditierungsverfahren durchführen.

## § 8 Studienreform

(1) ¹Die Hochschulen haben die Aufgabe, im Zusammenwirken mit dem Ministerium Inhalt und Form des Studiums im Hinblick auf die Entwicklung in Wissenschaft und Kunst, die Bedürfnisse der beruflichen Praxis und die notwendigen Veränderungen in der Berufswelt zu überprüfen und weiter zu entwickeln. ²Die Studienreform soll gewährleisten, dass
1. die Studieninhalte im Hinblick auf Veränderungen in der Berufswelt den Studierenden breite berufliche Entwicklungsmöglichkeiten eröffnen,
2. die Formen der Lehre und des Studiums den jeweils fortgeschrittenen methodischen und didaktischen Erkenntnissen entsprechen,
3. die Studierenden befähigt werden, wissenschaftliche oder künstlerische Inhalte sowohl selbstständig als auch im Zusammenwirken mit anderen zu erarbeiten und deren Bedeutung für die Gesellschaft und die berufliche Praxis zu erkennen,
4. die befähigten Studierenden ihr Wissen durch die Teilnahme an der Bearbeitung von Forschungsaufgaben der Hochschule vertiefen können,
5. die Gleichwertigkeit einander entsprechender Hochschulabschlüsse gewährleistet und die Möglichkeit des Hochschulwechsels gefördert wird,
6. gesellschaftliches, soziales und kulturelles Engagement als Teil des individuellen Entwicklungsprozesses im Rahmen des Studiums gefördert wird.
(2) ¹Zur Erprobung von Reformmodellen können besondere Prüfungsordnungen erlassen werden. ²Die Erprobung von Reformmodellen soll nach einer festgelegten Frist unter der Verantwortung des Senats der Hochschule begutachtet werden.
(3) ¹Die Hochschulen können mit dem Ministerium Vereinbarungen über Modellversuche zu einem Orientierungsstudium oder einer Studieneingangsphase in geeigneten Studiengängen treffen; die Modellversuche sind zu evaluieren. ²Das Nähere zur Ausgestaltung des Orientierungsstudiums oder der Studieneingangsphase, insbesondere zur Zulassung, zur Prüfung, zum Übergang zu einem regulären Bachelorstudium und zur Anerkennung am Orientierungsstudium oder in der Studieneingangsphase erbrachter Leistungen bei Aufnahme eines regulären Bachelorstudiums, regeln die Hochschulen in ihren Ordnungen, die dem Ministerium anzuzeigen sind.
(4) Die Hochschulen treffen die für die Studienreform und für die Förderung der Hochschuldidaktik notwendigen Maßnahmen.

## § 9 Lehrangebote, Regelstudienzeiten

(1) ¹Studiengänge und Studienprogramme können im Präsenz- oder Fernstudium als Vollzeit- oder Teilzeitstudium eingerichtet werden. ²Studiengänge in Kombination dieser Formen sind möglich. ³Die Lehrangebote werden in der Regel modular gegliedert und auf den Bedarf für einen oder mehrere Studiengänge ausgerichtet. ⁴Den Modulen sollen Kreditpunkte zugeordnet werden. ⁵Unbeschadet einer Zuordnung zu bestimmten Studiengängen können geeignete Lehrangebote auch zur Abdeckung einer besonderen individuellen oder regionalen Nachfrage als Studienprogramme ausgewiesen werden. ⁶Die Hochschulen entwickeln in enger Zusammenarbeit mit der Wirtschaft duale Studienangebote. ⁷In die Lehrangebote sind Möglichkeiten zur Nutzung der modernen Informations- und Kommunikationstechnologien einzubeziehen.

(2) ¹Die Hochschulen sollen Studiengänge so einrichten und organisieren, dass ein Studium auch in Teilzeitform möglich ist. ²Die Hochschulen sollen darüber hinaus eine Immatrikulation oder Rückmeldung als Teilzeitstudierende oder Teilzehstudierender zulassen. ³Die Immatrikulation oder Rückmeldung als Teilzeitstudierende oder Teilzeitstudierender soll semesterweise oder für jeweils ein Studienjahr ermöglicht werden.

(3) ¹Studiengänge führen in der Regel zu einem berufsqualifizierenden Abschluss und werden durch Studien- urid Prüfungsordnungen geregelt. ²Als berufsqualifizierend im Sinne dieses Gesetzes gilt auch der Abschluss eines Studienganges, durch den die fachliche Eignung für einen beruflichen Vorbereitungsdienst oder eine berufliche Einführung vermittelt wird. ³Soweit das jeweilige Studienziel eine berufspraktische Tätigkeit erfordert, ist sie mit den übrigen Teilen des Studiums inhaltlich und zeitlich abzustimmen und in den Studiengang einzuordnen.

(4) ¹Die Einrichtung und Schließung von Studiengängen erfolgt auf der Grundlage von Zielvereinbarungen zwischen Ministerium und Hochschule. ²In besonderen Fällen oder wenn Zielvereinbarungen nicht zustande kommen, kann das Ministerium die Einrichtung oder Schließung einzelner Studiengänge genehmigen. ³Die Genehmigung gilt als erteilt, sofern das Ministerium nicht innerhalb eines Monats nach Anzeige der Einrichtung oder Schließung des Studienganges durch die Hochschule unter Beifügung von Studien- und Prüfungsordnungen widerspricht.

(5) Die Hochschulen können in Ordnungen die Mindeststudierendenzahl pro Studiengang und pro Jahr festlegen und die regelmäßige Überprüfung der Auslastung der Studiengänge und die Entscheidung über die Schließung von Studiengängen, die diese Voraussetzungen nicht erfüllen, durch den Senat im Einvernehmen mit dem Ministerium vorgeben.

(6) (weggefallen)

(7) ¹Die Hochschulen sollen Studiengänge einrichten, die zu einem Bachelor- oder Bakkalaureusgrad und zu einem Master- oder Magistergrad führen. ²In begründeten Fällen kann ein Studiengang mit einem Staatsexamen, einem Diplom oder einer kirchlichen Prüfung abschließen.

(8) ¹Die Studienzeiten, in denen in der Regel, bei entsprechender inhaltlicher Gestaltung des Lehrgebotes, ein berufsqualifizierender Abschluss erworben werden kann, sind in den Prüfungsordnungen anzugeben (Regelstudienzeit). ²Die Regelstudienzeit ist maßgebend für die Gestaltung der Studienordnung, für die Sicherstellung des Lehrangebots sowie für die Ermittlung und Festlegung der Ausbildungskapazitäten und die Berechnung von Studierendenzahlen bei der Hochschulplanung.

(9) ¹Für jeden Studiengang ist eine Regelstudienzeit festzulegen. ²Die Regelstudienzeit beträgt bei Studiengängen mit dem Abschluss

1. Bachelor mindestens drei und höchstens vier Jahre,
2. Master mindestens ein und höchstens zwei Jahre,
3. Diplom an Hochschulen für angewandte Wissenschaften höchstens vier, an Universitäten höchstens fünf und an Kunst- und Musikhochschulen grundsätzlich fünf Jahre und
4. Magister höchstens viereinhalb Jahre.

³Bei konsekutiven Studiengängen, die nach einem Bachelorgrad zu einem darauf aufbauenden Mastergrad führen, beträgt die Gesamtregelstudienzeit fünf Jahre. ⁴Davon abweichende Regelstudienzeiten können in begründeten Fällen festgelegt werden. ⁵Dies gilt auch für Studiengänge, die in besonderen Studienformen wie Teilzeitstudiengängen angeboten werden.

(10) ¹Der Fachbereich kann in einer Ordnung, die der Zustimmung des Senates bedarf, das Recht zur Teilnahme an Lehrveranstaltungen beschränken oder den Zugang zu einem Studienabschnitt von dem Erbringen bestimmter Studienleistungen oder dem Bestehen einer Prüfung abhängig machen, wenn

eine ordnungsgemäße Ausbildung ansonsten nicht gewährleistet werden kann oder die Beschränkung aus entsprechend wichtigen Gründen der Forschung, Lehre oder Krankenversorgung erforderlich ist. ²Dieses gilt auch für Studiengänge, die mit einer Staatsprüfung abschließen.
(11) ¹Es besteht keine Anwesenheitspflicht bei Lehrveranstaltungen. ²Die Prüfungsordnungen können festlegen, dass die Studierenden zur Anwesenheit in einzelnen Lehrveranstaltungen verpflichtet sind, soweit dies im Hinblick auf die Art und den Inhalt einer Lehrveranstaltung erforderlich ist.

### § 10 Studienjahr
¹Das Studienjahr besteht in der Regel aus zwei Semestern. ²Beginn und Ende der Vorlesungs- und Veranstaltungszeit sowie begründete Abweichungen von Satz 1 legt der Senat fest.

### § 11 Studienberatung
(1) ¹Die Hochschule berät ihre Studierenden, Studieninteressenten und Studieninteressentinnen sowie ihre Studienbewerber und Studienbewerberinnen in allen Fragen des Studiums mit Ausnahme der Angelegenheiten der Studienfinanzierung, die den Ämtern für Ausbildungsförderung und den Studentenwerken obliegt. ²Sie unterstützt die Studierenden in ihrem Studium durch eine studienbegleitende fachliche Beratung. ³Sie orientiert sich bis zum Ende des ersten Jahres des Studiums über den bisherigen Studienverlauf, informiert die Studierenden und führt gegebenenfalls eine Studienberatung durch.
(2) ¹Die allgemeine Studienberatung kann durch eine in jeder Hochschule oder von mehreren Hochschulen einer Region gemeinsam eingerichteten Beratungsstelle ausgeübt werden. ²Diese Beratungsstellen sollen vor allem mit den für die Berufs- und Arbeitsberatung, den für die staatlichen und kirchlichen Prüfungen zuständigen Stellen sowie mit den berufsständischen Kammern zusammenwirken. ³Die Studienfachberatung erfolgt in den Fachbereichen der Hochschule.
(3) Einzelangaben über persönliche und sachliche Verhältnisse einer bestimmten Person dürfen nicht ohne deren Einverständnis an Dritte weitergegeben werden.
(4) Die Hochschule berät ihre Studierenden mit Behinderungen oder chronischen Erkrankungen gemäß ihres jeweiligen Bedarfs über die Barrierefreiheit eines Studienganges oder Einschränkungen der Studierbarkeit.

### § 12 Prüfungen
(1) Das Studium wird durch den Nachweis der für einen Hochschul-, einen staatlichen oder einen kirchlichen Abschluss geforderten Prüfungen abgeschlossen.
(2) ¹Prüfungen dienen der Feststellung, ob der oder die Studierende bei Beurteilung seiner oder ihrer individuellen Leistung das Ziel des Moduls, des Studienabschnitts oder des Studienganges erreicht hat. ²Auch bei Gemeinschaftsarbeiten müssen die individuellen Leistungen deutlich abgrenzbar und bewertbar sein. ³Hochschulprüfungen werden studienbegleitend oder als Blockprüfung am Ende eines Studienabschnittes oder des Studienganges nach Maßgabe der Prüfungsordnung durchgeführt.
(3) ¹Die Hochschulen und die staatlichen Prüfungsämter sind berechtigt, von den Prüfungskandidaten und Prüfungskandidatinnen eine Versicherung an Eides statt zu verlangen und abzunehmen, dass die Prüfungsleistung von ihnen selbstständig und ohne unzulässige fremde Hilfe und unter Beachtung der allgemeinen Grundsätze guter wissenschaftlicher Praxis erbracht worden ist. ²Näheres regeln die jeweiligen Prüfungsordnungen.
(4) ¹Zur Abnahme von Hochschulprüfungen sind Professoren, Professorinnen, Juniorprofessoren, Juniorprofessorinnen sowie nach Maßgabe der Prüfungsordnungen sonstige Hochschullehrer und Hochschullehrerinnen, wissenschaftliche Mitarbeiter und Mitarbeiterinnen gemäß § 33a Abs. 1 Satz 1 Nrn. 2 und 3, soweit sie Lehraufgaben leisten, Lehrbeauftragte sowie in der beruflichen Praxis und Ausbildung erfahrene Personen berechtigt und verpflichtet. ²Prüfungsleistungen dürfen nur von Personen bewertet werden, die selbst mindestens die durch die Prüfung festzustellende oder eine gleichwertige Qualifikation besitzen.
(5) ¹Prüfungsleistungen in Hochschulprüfungen sowie studienbegleitende Prüfungen, deren Bestehen Voraussetzung für die Fortsetzung des Studiums sind, sind in der Regel von zwei Prüfenden zu bewerten. ²Schriftliche Studienabschlussarbeiten sind von mindestens zwei Prüfenden zu bewerten. ³Mündliche Prüfungen sind von mehreren Prüfenden oder von einem Prüfer oder einer Prüferin in Gegenwart eines sachkundigen Beisitzers oder einer Beisitzerin abzunehmen.

(6) ¹Mit staatlichen Prüfungen wird das Studium in den Studiengängen Medizin, Zahnmedizin, Pharmazie, Lebensmittelchemie und in Lehramtsstudiengängen, mit staatlichen sowie universitären Prüfungen im Studiengang Rechtswissenschaften abgeschlossen. ²Die Durchführung der staatlichen Prüfungen obliegt für die Studiengänge
1. Medizin, Pharmazie, Zahnmedizin und Lebensmittelchemie dem Landesprüfungsamt für Gesundheitsberufe,
2. Rechtswissenschaft dem Landesjustizprüfungsamt und
3. der Lehrämter dem Landesinstitut für Schulqualität und Lehrerbildung Sachsen-Anhalt – Landesprüfungsamt für Lehrämter,

sofern keine Prüfungen oder Prüfungsteile durch die jeweiligen Hochschulen durchgeführt werden. ³Sie erfolgt nach gesonderten Rechtsvorschriften. ⁴Dies gilt entsprechend für kirchliche Prüfungen, die von der Hochschule durchgeführt werden.

(7) ¹Zum Nachweis von Studien- und Prüfungsleistungen ist ein Leistungspunktesystem auf Grundlage des ECTS (European credit transfer system) anzuwenden, das auch die Übertragung erbrachter Leistungen auf andere Studiengänge derselben oder einer anderen Hochschule ermöglicht. ²Ausnahmen sind für den Bereich der künstlerischen Ausbildung sowie für nicht modularisierte Studiengänge, die mit einer Staatsprüfung abschließen, möglich.

(8) Die Mitwirkung an Prüfungen gemäß Absatz 1 gehört zu den Dienstaufgaben der Hochschullehrer und Hochschullehrerinnen sowie der wissenschaftlichen Mitarbeiter und Mitarbeiterinnen (§ 33a Abs. 1 Satz 1 Nrn. 2 und 3) und erfolgt nach gesonderter Beauftragung durch die für die Prüfungen zuständigen Behörden.

(9) ¹Das Prüfungsamt entscheidet über das Vorliegen einer krankheitsbedingten Prüfungsunfähigkeit auf Grundlage einer ärztlichen Bescheinigung. ²Bestehen hinreichende tatsächliche Anhaltspunkte, die eine Prüfungsfähigkeit als wahrscheinlich annehmen und einen anderen Nachweis. für erforderlich erscheinen lassen, ist die Hochschule berechtigt, auf ihre Kosten eine ärztliche Bescheinigung eines Vertrauensarztes oder einer Vertrauensärztin der Hochschule zu verlangen; der oder die Studierende muss zwischen mehreren Vertrauensärzten und Vertrauensärztinnen wählen können. ³Eine Einholung amtlicher Bescheinigungen, Zeugnisse oder Gutachten der unteren Gesundheitsbehörden itn Sinne von § 19 Abs. 2 Satz 3 Halbsatz 1 des Gesundheitsdienstgesetzes findet nicht statt, es sei denn, die betroffene Person hat ausdrücklich in die Verarbeitung besonderer Kategorien personenbezogener Daten zum Zwecke des Nachweises der krankheitsbedingten Prüfungsunfähigkeit eingewilligt.

(10) ¹Zur Erprobung neuer oder effizienter Prüfungsmodelle wird das Ministerium ermächtigt, durch Verordnung vorzusehen, dass Prüfungen, die ihrer Natur nach dafür geeignet sind, elektronisch und ohne die Verpflichtung durchgeführt werden können, persönlich in einem Prüfungsraum anwesend sein zu müssen. ²In der Verordnung sind insbesondere Bestimmungen zu treffen
1. zur Sicherstellung der Einhaltung der datenschutzrechtlichen Vorschriften für die Verarbeitung personenbezogener Daten,
2. zur Sicherstellung der persönlichen Leistungserbringung durch den Prüfungskandidaten oder die Prüfungskandidatin während der gesamten Prüfungsdauer,
3. zur eindeutigen Authentifizierung des Prüfungskandidaten oder der Prüfungskandidatin,
4. zur Verhinderung von Täuschungshandlungen,
5. zum Umgang mit technischen Problemen.

³Das Ministerium evaluiert die Umsetzung, die Wirkungen und die Akzeptanz dieser Bestimmungen sowie der darauf aufbauenden Prüfungsordnungen und Prüfungsregelungen und berichtet hierüber dem Landtag spätestens zum Ende des Jahres 2028.

## § 13 Prüfungsordnungen

(1) ¹Hochschulprüfungen werden aufgrund von Prüfungsordnungen abgelegt, die als Satzungen der Hochschule beschlossen werden und der Genehmigung des Rektors, der Rektorin oder des nach der Grundordnung zuständigen Organs bedürfen. ²Die Genehmigung ist insbesondere zu versagen, wenn die Bestimmungen über die Regelstudienzeit oder über die Ausgestaltung des Studienganges nicht beachtet wurden oder wenn die Studien- und Prüfungsleistungen innerhalb der Regelstudienzeit nicht zweifelsfrei erbracht werden können.

(2) ¹An einer Hochschule im In- oder Ausland erbrachte Studienzeiten, Studien- und Prüfungsleistungen sind von der aufnehmenden Hochschule auf Antrag anlässlich der Aufnahme und Fortsetzung

eines Studiums, der Ablegung von Prüfungen oder der Zulassung zur Promotion anzuerkennen, sofern keine wesentlichen Unterschiede zu den an der aufnehmenden Hochschule nachzuweisenden Kenntnissen bestehen. ²Die Verantwortung für die Bereitstellung hinreichender Informationen im Sinne von Satz 1 obliegt dem Antragsteller oder der Antragstellerin. ³Die Beweislast, dass ein Antrag nicht die entsprechenden Voraussetzungen erfüllt, liegt bei der die Bewertung durchführenden Stelle. ⁴Die Anerkennung einer Prüfungsleistung kann abgelehnt werden, sofern an der Hochschule des oder der immatrikulierten Studierenden für diese Prüfungsleistung bereits ein Prüfungsrechtsverhältnis besteht oder eine Prüfung endgültig nicht bestanden wurde. ⁵Die Prüfungsordnungen sind so zu gestalten, dass die Gleichwertigkeit einander entsprechender Prüfungen und die Anerkennung von an anderen Hochschulen im In- oder Ausland erbrachten Studienzeiten, Studien- und Prüfungsleistungen gewährleistet ist.

(3) ¹Prüfungsordnungen enthalten die Schutzbestimmungen des Mutterschutzgesetzes; sie müssen entsprechend dem Bundeselterngeld- und Elternzeitgesetz in der Fassung der Bekanntmachung vom 27. Januar 2015 (BGBl. I S. 33), zuletzt geändert durch Artikel 36 des Gesetzes vom 12. Dezember 2019 (BGBl. I S. 2451, 2489), Fristen über die Elternzeit sowie entsprechend dem Pflegezeitgesetz vom 28. Mai 2008 (BGBl. I S. 874, 896), zuletzt geändert durch Artikel 7 des Gesetzes vom 21. Dezember 2015 (BGBl. I S. 2424, 2463), und entsprechend dem Familienpflegezeitgesetz vom 6. Dezember 2011 (BGBl. I S. 2564), geändert durch Artikel 1 des Gesetzes vom 23. Dezember 2014 (BGBl. I S. 2462), Fristen für Zeiten der tatsächlichen Pflege eines nahen Angehörigen vorsehen und deren Inanspruchnahme ermöglichen. ²Näheres regeln die Hochschulen in ihren Ordnungen. ³Die Prüfungsordnungen sollen vorsehen, dass Studierende, die wegen familiärer Verpflichtungen beurlaubt worden sind, während der Beurlaubung freiwillig Studien- und Prüfungsleistungen erbringen können. ⁴Auf Antrag der Studierenden ist eine Wiederholung nicht bestandener Prüfungen während des Beurlaubungszeitraumes möglich.

(4) Prüfungsordnungen müssen die besonderen Belange Studierender mit Behinderungen oder chronischen Erkrankungen zur Wahrung ihrer Chancengleichheit berücksichtigen.

## § 14 Vorzeitiges Ablegen der Prüfung

(1) Hochschulprüfungen können vor Ablauf der in den Prüfungsordnungen festgelegten Frist abgelegt werden, sofern die für die Zulassung zur Prüfung erforderlichen Leistungen nachgewiesen sind.

(2) ¹Die Hochschulen haben in den Prüfungsordnungen für alle geeigneten Studiengänge Voraussetzungen zu bestimmen, unter denen eine innerhalb der Regelstudienzeit abgelegte Modulprüfung oder eine andere nach der Prüfungsordnung erforderliche Prüfung im Falle des Nichtbestehens als nicht unternommen gilt (Freiversuch). ²Die Hochschulen können in der Prüfungsordnung vorsehen, dass Studierende, die sich innerhalb der Regelstudienzeit zur ersten berufsqualifizierenden Prüfung angemeldet haben, innerhalb eines Jahres nach Bestehen der Prüfung zur Verbesserung der Noten einen weiteren Prüfungsversuch unternehmen können. ³Soweit die Gesamtnote besser wird, wird ein neues Prüfungszeugnis ausgestellt. ⁴Wird eine Prüfung nach Satz 1 oder 2 nicht bestanden, so wird dieser Prüfungsversuch nicht auf die Gesamtzahl der zulässigen Prüfungsversuche angerechnet.

## § 15 Sonstige Leistungsnachweise

(1) In einer besonderen Hochschulprüfung (Einstufungsprüfung) können Studienbewerber oder Studienbewerberinnen mit Hochschulzugangsberechtigung nachweisen, dass sie über Kenntnisse und Fähigkeiten verfügen, die eine Einstufung in ein höheres Fachsemester rechtfertigen.

(2) Personen, die sich in ihrer Berufspraxis, im Rahmen der Weiterbildung oder durch autodidaktische Studien ein den Prüfungsordnungen entsprechendes Wissen und Können angeeignet haben, können bei einem Prüfungsausschuss die Zulassung zur Hochschulprüfung beantragen.

(3) ¹Die näheren Bestimmungen für die Verfahren nach den Absätzen 1 und 2 können in besonderen Ordnungen getroffen werden. ²Soweit dies nicht der Fall ist, trifft der Dekan oder die Dekanin des Fachbereiches die notwendigen Bestimmungen.

(4) ¹Außerhalb von Hochschulen erworbene Kenntnisse und Fähigkeiten können auf ein Hochschulstudium angerechnet werden, wenn
1. die für den Hochschulzugang geltenden Voraussetzungen erfüllt sind und
2. die anzurechnenden Kenntnisse und Fähigkeiten den Studien- und Prüfungsleistungen, die sie ersetzen sollen, gleichwertig sind.

²Insgesamt dürfen nicht mehr als 50 v.H. des Studiums durch diese außerhalb der Hochschule erworbenen Kenntnisse und Fähigkeiten ersetzt werden. ³Die Hochschulen regeln in der jeweiligen Prüfungsordnung die Kriterien, nach welchen Kenntnisse und Fähigkeiten, die außerhalb der Hochschule erworben wurden, gleichwertig sind und ob und inwieweit diese berücksichtigt werden können. ⁴Die Anrechnung setzt die Überprüfung der Kriterien im Rahmen der Akkreditierung voraus.

### § 16 Weiterbildendes Studium

(1) Die Hochschulen entwickeln und bieten Möglichkeiten der Weiterbildung an, die der wissenschaftlichen Vertiefung und Ergänzung berufspraktischer Erfahrungen dienen.

(2) ¹Weiterbildung kann in eigenen Studiengängen oder einzelnen Studieneinheiten angeboten werden. ²Weiterbildende Studiengänge können mit einem Hochschulgrad, andere Hochschulkurse mit einem Zertifikat abgeschlossen werden.

(3) ¹Die Hochschulen bieten Möglichkeiten der Weiterbildung für die im Land Sachsen-Anhalt tätigen Lehrer und Lehrerinnen, soweit erforderlich, an. ²Die Veranstaltungen sollen aus in sich geschlossenen Abschnitten bestehen und die aus der Schulpraxis entstandenen Bedürfnisse der teilnehmenden Lehrer und Lehrerinnen berücksichtigen sowie die fachwissenschaftlichen Standards gewährleisten. ³Die Weiterbildungsmaßnahmen der Lehrer und Lehrerinnen können durch Teilzeitstudium, insbesondere in Form von berufsbegleitenden Studiengängen, angeboten werden, die mit einer staatlichen Prüfung vor dem Landesprüfungsamt für Lehrämter abschließen, oder in Form von Weiterbildungskursen der Lehrer und Lehrerinnen, die mit einem Zertifikat abschließen.

### § 16a Organisation von Weiterbildungsstudiengängen und -veranstaltungen

(1) ¹Weiterbildungsstudiengänge und -veranstaltungen führen die Hochschulen allein oder in Kooperation mit An-Instituten im Sinne von § 102 oder mit Einrichtungen außerhalb des Hochschulbereichs durch. ²Die Ausgestaltung der Weiterbildungsangebote kann auf privatrechtlicher Grundlage erfolgen. ³Soweit die Hochschulen in der wissenschaftlichen Weiterbildung mit An-Instituten oder Einrichtungen außerhalb des Hochschulbereichs kooperieren, ist durch einen Kooperationsvertrag sicherzustellen, dass die Hochschule

1. die inhaltlichen, didaktischen, strukturellen, kapazitären und zeitlichen Anforderungen im Rahmen der Studien- und Prüfungsordnungen in eigener Verantwortung festlegt, die Dozenten und Dozentinnen auswählt und die Prüfungen durchführt und
2. die durch das An-Institut oder die Einrichtung außerhalb des Hochschulbereichs erbrachte Lehre in die Akkreditierung nach § 7a sowie in die Evaluation der Hochschule nach § 5a einbringt.

⁴Dem kooperierenden An-Institut oder der kooperierenden Einrichtung außerhalb des Hochschulbereichs kann es übertragen werden, die Weiterbildungsangebote zu organisieren, anzubieten und durchzuführen. ⁵Beauftragt die Hochschule eine Personen- oder Kapitalgesellschaft mit der Durchführung der Weiterbildungsstudiengänge und -veranstaltungen, ist sicherzustellen, dass die Hochschule durch ihren Gesellschafteranteil oder auf andere Weise prägenden Einfluss auf die Geschäftstätigkeit besitzt und Gewinne der Hochschule zugutekommen. ⁶Die Hochschulen stellen durch vertragliche Vereinbarungen sicher, dass sie für ihre Leistungen angemessene Entgelte erzielen oder ihnen entsprechende Erträge zufließen.

(2) ¹Die Hochschulen erheben für die Teilnahme an Weiterbildungsstudiengängen und -veranstaltungen Gebühren oder Entgelte gemäß § 111 Abs. 3 und 9. ²Abweichungen sind mit Einwilligung des Ministeriums möglich.

(3) Die Qualitätssicherung aller Weiterbildungsstudienangebote einschließlich der Akkreditierung von Weiterbildungsstudiengängen nach § 7a ist Aufgabe der Hochschulen.

(4) Soweit wissenschaftliches Personal ausschließlich aus Weiterbildungsentgelten finanziert wird, bleibt es bei der Berechnung der Aufnahmekapazität für die grundständigen Studiengänge unberücksichtigt.

*Abschnitt 3*
**Hochschulgrade**

### § 17 Hochschulgrade

(1) ¹Aufgrund der Hochschulprüfung, mit der ein berufsqualifizierender Abschluss erworben wird, verleiht die Hochschule folgende Hochschulgrade:

1. den Bachelorgrad,
2. den Mastergrad,
3. in einem Magisterstudiengang den Magistergrad,
4. in einem Diplomstudiengang den Diplomgrad mit Angabe der Fachrichtung, an Hochschulen für angewandte Wissenschaften mit dem Zusatz (FH).

[2]Die Hochschulen können anstelle der Bezeichnung „Bachelor" die Bezeichnung „Bakkalaureus" oder „Bakkalaurea" und anstelle der Bezeichnung „Master" die Bezeichnung „Magister" oder „Magistra" vorsehen.

(2) [1]Den Urkunden über die Verleihung der akademischen Grade nach Absatz 1 fügen die Hochschulen auf Antrag eine englischsprachige Übersetzung bei. [2]Dem Abschlusszeugnis ist von den Hochschulen ein Diploma Supplement beizulegen.

(3) Die Hochschule kann den Hochschulgrad auch aufgrund einer staatlichen oder kirchlichen Prüfung, mit der ein Hochschulstudium abgeschlossen wird, verleihen.

(4) [1]Für berufsqualifizierende Abschlüsse in künstlerischen Studiengängen können andere als die in Absatz 1 Satz 1 genannten Grade verliehen werden. [2]Aufgrund einer Vereinbarung mit einer ausländischen Hochschule können für den berufsqualifizierenden Abschluss eines Studiums andere akademische Hochschulgrade als die in Absatz 1 Satz 1 genannten Grade verliehen werden. [3]Ein akademischer Hochschulgrad nach Satz 2 kann auch zusätzlich zu einem der in Absatz 1 Satz 1 genannten Grade verliehen werden, wenn
1. mit der ausländischen Hochschule ein fester Studienplan vereinbart ist, der Einzelheiten zur Studiendauer und zu den Studieninhalten enthält,
2. beide Hochschulen einen wesentlichen Teil des Studienganges durchführen,
3. das Prüfungsverfahren abgestimmt ist und
4. die Studien- und Prüfungsanforderungen den Anforderungen für den Erwerb eines Grades nach Absatz 1 Satz 1 entsprechen.

### § 18 Promotion, Doktoranden und Doktorandinnen, Promovierendenvertretung, Habilitation

(1) [1]Die Martin-Luther-Universität Halle-Wittenberg und die Otto-von-Guericke-Universität Magdeburg haben das Promotions- und das Habilitationsrecht. [2]Die Burg Giebichenstein Kunsthochschule Halle besitzt das Promotionsrecht. [3]Darüber hinaus kann einer Hochschule für angewandte Wissenschaften durch besonderen Verleihungsakt des Ministeriums das Promotionsrecht für solche Fachrichtungen und Fachbereiche zuerkannt werden, in denen sie eine ausreichende Forschungsstärke nachgewiesen hat. [4]Die Verleihung kann unter Bedingungen erfolgen. [5]Die Ergebnisse der Verleihung sind nach zehn Jahren zu evaluieren. [6]Das Ministerium wird ermächtigt, Näheres, insbesondere Kriterien und Verfahren zur Feststellung der ausreichenden Forschungsstärke sowie Grundsätze der Evaluierung, durch Verordnung zu regeln.

(2) [1]Die Zulassung zur Promotion setzt ein abgeschlossenes Hochschulstudium voraus. [2]Inhaber und Inhaberinnen eines Bachelorgrades können in besonderen Ausnahmefällen auch ohne Erwerb eines weiteren Grades im Weg eines Eignungsfeststellungsverfahrens zur Promotion zugelassen werden. [3]Die Hochschulen mit Promotionsrecht sollen zur Heranbildung des wissenschaftlichen Nachwuchses gesonderte Promotionsstudiengänge und Graduiertenkollegs einrichten, deren Ziel die Qualifikation für Wissenschaft und Forschung ist; dies gilt auch hochschulübergreifend. [4]Voraussetzung für die Zulassung zum Promotionsstudium oder Graduiertenkolleg ist
1. ein Abschluss nach einem einschlägigen Hochschulstudium mit einer Regelstudienzeit von wenigstens acht Semestern oder
2. ein Abschluss nach einem einschlägigen Hochschulstudium mit einer Regelstudienzeit von wenigstens sechs Semestern und daran anschließende angemessene, auf die Promotion vorbereitende Studien in den Promotionsfächern oder
3. ein einschlägiger Abschluss eines Masterstudienganges.

[5]Die Promotionsordnung soll den Zugang zum Promotionsstudium vom Nachweis eines qualifizierten Abschlusses abhängig machen und kann den Nachweis weiterer Studienleistungen sowie sonstiger Leistungen, die die Eignung für eine Promotion erkennen lassen, verlangen. [6]Die Hochschulen wirken auf die wissenschaftliche Betreuung ihrer Doktoranden und Doktorandinnen hin und gewährleisten den Abschluss von Promotionsvereinbarungen.

(3) ¹Wer die Zulassungsvoraussetzungen nach Absatz 2 Satz 1 und 2 erfüllt und die Anfertigung einer Dissertation beabsichtigt, kann unter Angabe seines in Aussicht genommenen Themas bei dem Fachbereich die Annahme als Doktorand oder Doktorandin beantragen. ²Mit der Annahme wird die grundsätzliche Bereitschaft ausgedrückt, eine solche Dissertation als wissenschaftliche Arbeit zu bewerten und den Doktoranden oder die Doktorandin bei der Erstellung der Arbeit zu unterstützen. ³Doktoranden und Doktorandinnen sollen von einem Professor oder einer Professorin, einem Juniorprofessor oder einer Juniorprofessorin oder einem Privatdozenten oder einer Privatdozentin betreut werden.
(4) ¹Der Doktorgrad wird auf der Grundlage einer schriftlichen wissenschaftlichen Arbeit (Dissertation) mit öffentlicher Verteidigung, die nach Maßgabe der Promotionsordnung durch eine mündliche Prüfung (Rigorosum) ergänzt werden kann, verliehen. ²Die Dissertation wird von mindestens zwei Gutachtern und Gutachterinnen bewertet; einer oder eine davon muss Professor oder Professorin sein. ³Die Bewertung der Dissertation soll spätestens sechs Monate nach Vorlage der Dissertation abgeschlossen sein. ⁴Die Verleihung des Doktorgrades berechtigt zur Führung des Doktorgrades in der durch die Promotionsordnung und die Promotionsurkunde geregelten Form.
(5) Mit der Dissertation weist der Doktorand oder die Doktorandin die Fähigkeit nach, durch selbstständige wissenschaftliche Arbeit Ergebnisse zu erzielen, welche die Entwicklung des Wissenschaftszweiges, seiner Theorien und Methoden fördern.
(6) ¹Die angenommenen Doktoranden und Doktorandinnen wählen die Mitglieder einer Promovierendenvertretung der Hochschule. ²Das Nähere zur Wahl der Promovierendenvertretung regelt die Hochschule in einer Ordnung. ³Die Promovierendenvertretung berät über die Doktoranden und Doktorandinnen betreffende Fragen und gibt hierzu gegenüber den Organen der Hochschule Empfehlungen ab. ⁴Der Fachbereichsrat hat der Promovierendenvertretung Gelegenheit zu geben, zu Entwürfen von Promotionsordnungen Stellung zu nehmen. ⁵Ein Mitglied der Promovierendenvertretung nimmt in der Regel an den Sitzungen des Senats und des Fachbereichsrates beratend teil.
(7) ¹Hochschulen, die den Doktorgrad verleihen, steht auch das Recht zur Verleihung des Doktors oder der Doktorin ehrenhalber (doctor honoris causa) zu. ²Mit der Verleihung dieses Titels werden Personen gewürdigt, die sich besondere Verdienste um Wissenschaft, Technik, Kultur, Kunst oder Gesellschaft erworben haben. ³Über die Verleihung entscheiden ausschließlich die Fachbereiche.
(8) Näheres regeln die Promotionsordnungen der jeweiligen Hochschulen.
(9) ¹Die Habilitation ist der Nachweis, ein Wissenschaftsgebiet auch in seinem Zusammenhang zu angrenzenden Gebieten in Forschung und Lehre selbstständig vertreten zu können. ²Voraussetzung für die Zulassung zur Habilitation ist der mit dem Erwerb des Doktorgrades erfolgte Abschluss der Promotion.
(10) ¹Der Grad „doctor habilitatus" wird nach mehrjähriger wissenschaftlicher Tätigkeit und Lehrtätigkeit auf der Grundlage einer positiv bewerteten schriftlichen wissenschaftlichen Arbeit (Habilitationsschrift), ihrer erfolgreichen Verteidigung sowie einer positiv bewerteten öffentlichen Vorlesung verliehen. ²Eine kumulative Habilitationsschrift ist möglich. ³Die Verleihung des Grades „doctor habilitatus" berechtigt zur Führung des den Wissenschaftszweig kennzeichnenden Zusatzes „Dr. habil." ⁴Mit der Verleihung dieses Grades wird die Lehrbefugnis zuerkannt. ⁵Sie berechtigt zur Führung der Bezeichnung „Privatdozent" oder „Privatdozentin".
(11) Näheres regeln die Habilitationsordnungen der jeweiligen Universitäten.

### § 18a Kooperative Promotionsverfahren und Promotionskollegs

(1) ¹Kooperative Promotionsverfahren unter Leitung einer Hochschule tritt Promotionsrecht können mit außeruniversitären Forschungseinrichtungen, mit Hochschulen für angewandte Wissenschaften und mit ausländischen Forschungseinrichtungen durchgeführt werden. ²Dabei dürfen Absolventen und Absolventinnen von Hochschulen für angewandte Wissenschaften nicht benachteiligt werden. ³In die Promotionsordnungen der Hochschulen mit Promotionsrecht sind Bestimmungen zur Promotion von Absolventen und Absolventinnen von Hochschulen für angewandte Wissenschaften aufzunehmen. ⁴Professoren und Professorinnen einer Hochschule für angewandte Wissenschaften, die nach § 75 Abs. 3 Satz 2 zum Fachbereich einer Universität kooptiert wurden, nehmen gleichberechtigt an Promotionsverfahren teil. ⁵Für sie gelten die Rechte und Pflichten nach der Promotlonsordnung des betreffenden Fachbereiches.
(2) ¹Die Martin-Luther-Universität Halle-Wittenberg und die Otto-von-Guericke-Universität Magdeburg richten zur Bearbeitung fächerübergreifender wissenschaftlicher Fragestellungen und zur Be-

treuung von kooperativen Promotionsvorhaben an der jeweiligen Universität Promotionskollegs ein, in denen Absolventen und Absolventinnen von Universitäten oder diesen gleichgestellten Hochschulen und Hochschulen für angewandte Wissenschaften in strukturierten Programmen mit dem Ziel, den Doktorgrad zu erlangen, zusammenwirken. [2]In den Promotionskollegs sollen Doktoranden und Doktorandinnen von Professoren und Professorinnen von Hochschulen für angewandte Wissenschaften mit entsprechender fachbereichsspezifischer Qualifikation und von Universitätsprofessoren und Universitätsprofessorinnen gemeinsam betreut werden. [3]Das Ziel, die Ausgestaltung, die Organisation, die Zulassungsvoraussetzungen und die Mitglieder des jeweiligen Promotionskollegs regeln die Universitäten in ihren Ordnungen. [4]Absolventen und Absolventinnen nicht staatlicher Hochschulen können ebenfalls zum Promotionskolleg zugelassen werden.

(3) [1]Nach frühestens fünf Jahren stellt das Ministerium durch eine Evaluierung fest, ob die durch Einrichtung der Promotionskollegs verfolgten Ziele erreicht werden können. [2]Gegenstand der Evaluierung sind Erfahrungen in der Anwendung, Wirksamkeit und Akzeptanz des Promotionskollegs. [3]Das Ministerium berichtet dem für Hochschulen zuständigen Ausschuss des Landtages über die Ergebnisse der Evaluierung.

### § 19 Führung in- und ausländischer akademischer Grade und staatlicher Grade oder Titel

(1) [1]Die von deutschen staatlichen und staatlich anerkannten Hochschulen verliehenen akademischen Grade dürfen nur gemäß der Verleihungsurkunde oder in der sonst festgelegten Form geführt werden; wird der Doktorgrad oder akademische Grad eines habilitierten Doktors oder einer habilitierten Doktorin in abgekürzter Form geführt, so muss die Fachrichtung nicht angegeben werden. [2]Entsprechendes gilt für ehrenhalber verliehene akademische Grade.

(2) [1]Ein ausländischer Hochschulgrad, der aufgrund eines nach dem Recht des Herkunftslandes anerkannten Hochschulabschlusses nach einem ordnungsgemäß durch Prüfung abgeschlossenen Studium verliehen worden ist, kann in der Form, in der er verliehen wurde, unter Angabe der verleihenden Hochschule geführt werden. [2]Dabei kann die verliehene Form gegebenenfalls transliteriert und die im Herkunftsland zugelassene oder nachweislich allgemein übliche Abkürzung geführt und eine wörtliche Übersetzung in Klammern hinzugefügt werden. [3]Die Regelungen finden auch Anwendung auf staatliche und kirchliche Grade. [4]Der ausländische Hochschulgrad darf nicht in einen deutschen akademischen Grad umgewandelt werden.

(3) [1]Ein ausländischer Ehrengrad, der von einer nach dem Recht des Herkunftslandes zur Verleihung berechtigten Stelle verliehen wurde, kann in der verliehenen Form unter Angabe der verleihenden Stelle geführt werden. [2]Ausgeschlossen von der Führung sind Ehrengrade, wenn die ausländische Institution kein Recht zur Vergabe des entsprechenden Grades im Sinne von Absatz 2 besitzt.

(4) Die Regelungen der Absätze 2 und 3 gelten entsprechend für Hochschultitel und Hochschultätigkeitsbezeichnungen.

(5) Soweit Vereinbarungen und Abkommen der Bundesrepublik Deutschland mit anderen Staaten über Gleichwertigkeiten im Hochschulbereich und Vereinbarungen der Länder in der Bundesrepublik Deutschland die Inhaber ausländischer Grade abweichend von den Absätzen 2 bis 4 begünstigen, gehen diese Regelungen vor.

(6) [1]Das Ministerium wird ermächtigt, von den Absätzen 2 bis 4 abweichende Regelungen für Gradinhaber und Gradinhaberinnen durch Verordnung zu treffen. [2]Die Verordnung kann den Erlass von Allgemeingenehmigungen für bestimmte ausländische Grade vorsehen.

(7) [1]Eine von den Absätzen 1 bis 6 abweichende Grad- und Titelführung ist untersagt. [2]Durch Titelkauf erworbene Grade dürfen nicht geführt werden. [3]Wer einen Grad, Titel oder eine Hochschultätigkeitsbezeichnung führt, hat auf Verlangen des Ministeriums die Berechtigung hierzu urkundlich nachzuweisen. [4]Sofern die Berechtigung nicht nachgewiesen werden kann, darf der Grad, der Titel oder die Hochschultätigkeitsbezeichnung nicht geführt werden.

### § 20 Ausschließlichkeit

(1) Akademische Grade werden ausschließlich von Hochschulen und dort nur von den nach der Grundordnung zuständigen Gremien verliehen.

(2) Das Ministerium ist zuständig für die Nachdiplomierung als Folge von Artikel 37 Abs. 1 des Einigungsvertrages vom 31. August 1990 (Verfassungsgesetz vom 20. September 1990, GBl. I S. 1627).

(3) Andere Titel, insbesondere Diplome und Berufsbezeichnungen, haben durch die Bezeichnung Verwechslungen mit den Graden gemäß § 17 Abs. 1 und § 18 auszuschließen.

## § 21 Entziehung, Widerruf

¹Der von einer Hochschule des Landes Sachsen-Anhalt verliehene Hochschulgrad kann unbeschadet der im Verwaltungsverfahrensrecht getroffenen Regelungen zum Widerruf eines rechtmäßigen Verwaltungsakts entzogen werden, wenn

1. sich nachträglich herausstellt, dass er durch Täuschung erworben worden ist, oder wenn wesentliche Voraussetzungen für die Verleihung irrigerweise als gegeben angenommen wurden,
2. sich nachträglich herausstellt, dass der Inhaber oder die Inhaberin der Verleihung eines akademischen Grades unwürdig war,
3. sich der Inhaber oder die Inhaberin durch sein oder ihr späteres Verhalten der Führung des Grades als unwürdig erwiesen hat.

²Über die Entziehung entscheidet diejenige Hochschule, die den Grad verliehen hat. ³Besteht diese Hochschule nicht mehr, so entscheidet das Ministerium.

## § 22 *[entfallen]*

### Abschnitt 4
### Forschung

## § 23 Aufgaben der Forschung

¹Die Forschung in den Hochschulen dient der Gewinnung wissenschaftlicher Erkenntnisse, der wissenschaftlichen Grundlegung und Weiterentwicklung von Lehre und Studium sowie der Qualifizierung des wissenschaftlichen Nachwuchses. ²Gegenstand der Forschung in den Hochschulen können unter Berücksichtigung der Aufgaben der Hochschule alle wissenschaftlichen Bereiche sowie die Anwendung wissenschaftlicher Erkenntnisse in der Praxis einschließlich der Folgen sein, die sich aus der Anwendung wissenschaftlicher Erkenntnisse ergeben können.

## § 24 Koordinierung und Evaluierung der Forschung

(1) ¹Forschungsvorhaben und Forschungsschwerpunkte werden von der Hochschule in sachlich gebotener Weise koordiniert. ²Zur gegenseitigen Abstimmung von Forschungsvorhaben und Forschungsschwerpunkten und zur Planung und Durchführung gemeinsamer Forschungsvorhaben wirken die Hochschulen untereinander, mit anderen Forschungseinrichtungen und mit Einrichtungen der überregionalen Forschungsplanung und Forschungsförderung sowie mit ausländischen Einrichtungen zusammen.

(2) ¹Die Hochschulen berichten regelmäßig durch wissenschaftliche Veranstaltungen und Publikationen über die Forschungstätigkeit und Forschungsergebnisse an der Hochschule. ²Sie sichern die Qualität ihrer Forschungstätigkeit durch regelmäßige Eigen- oder Fremdevaluationen. ³Die Hochschulen erlassen Satzungen zur Regelung des Bewertungsverfahrens. ⁴Die Ergebnisse der Bewertung der Forschungstätigkeit werden in einem alle drei Jahre zu erstellenden Forschungsbericht dem Ministerium vorgelegt, der Teil der in den Zielvereinbarungen festzulegenden Berichterstattung ist. ⁵Der Forschungsbericht ist der Öffentlichkeit zugänglich zu machen.

(3) Die Hochschule soll es ermöglichen, wissenschaftliche Arbeiten ihrer Einrichtungen und ihrer Mitarbeiter und Mitarbeiterinnen in geeigneter Weise auch in elektronischer Form über das Internet zu publizieren.

(4) Bei der Veröffentlichung von Forschungsergebnissen sind Mitarbeiter und Mitarbeiterinnen, die einen eigenen wissenschaftlichen oder wesentlichen sonstigen Beitrag geleistet haben, als Mitautoren oder Mitautorinnen zu nennen; soweit möglich, ist ihr Beitrag zu kennzeichnen.

(5) Die Hochschulen sollen einen unbeschränkten Zugang zu wissenschaftlichen Veröffentlichungen in digitaler Form (Open Access) fördern, soweit nicht berechtigte Interessen der Hochschulen oder der betreffenden Wissenschaftler oder Wissenschaftlerinnen entgegenstehen.

## § 25 Forschung mit Mitteln Dritter

(1) ¹Die in der Forschung tätigen Hochschulmitglieder sind berechtigt, solche Forschungsvorhaben durchzuführen, die nicht aus den der Hochschule zur Verfügung stehenden Haushaltsmitteln finanziert werden. ²Wenn sie solche Forschungsaufgaben durchführen, gehören diese zu ihren dienstlichen Auf-

gaben. ³Die Verpflichtung zur Erfüllung der übrigen Dienstaufgaben bleibt unberührt. ⁴Die Durchführung der Vorhaben nach Satz 1 ist Teil der Hochschulforschung.
(2) ¹Ein Hochschulmitglied ist berechtigt, ein Forschungsvorhaben nach Absatz 1 in der Hochschule durchzuführen, wenn die Erfüllung anderer Aufgaben der Hochschule sowie die Rechte und Pflichten anderer Personen dadurch nicht beeinträchtigt werden und entstehende Folgelasten angemessen berücksichtigt sind. ²Die Forschungsergebnisse sollen in der Regel in angemessener Zeit veröffentlicht werden, sofern Verwertungsinteressen der Hochschulen entsprechend § 42 des Gesetzes über Arbeitnehmererfindungen dem nicht entgegenstehen.
(3) ¹Ein Forschungsvorhaben nach Absatz 1 ist anzuzeigen. ²Die Durchführung darf nicht von einer Genehmigung abhängig gemacht werden. ³Die Inanspruchnahme von Personal, Sachmitteln und Einrichtungen der Hochschule darf nur untersagt oder durch Auflagen beschränkt werden, soweit die Voraussetzungen des Absatzes 2 dies erfordern.
(4) ¹Die Hochschule kann auch weiteren Mitgliedern und Angehörigen die Durchführung von Forschungsvorhaben mit Mitteln Dritter erlauben. ²Vorschriften, die für in der Forschung tätige Hochschulmitglieder gelten, finden entsprechende Anwendung.
(5) ¹Die Mittel für Forschungsvorhaben, die in der Hochschule durchgeführt werden, sollen von der Hochschule verwaltet werden. ²Die Mittel sind für den vom Geldgeber bestimmten Zweck zu verwenden und nach dessen Bedingungen zu bewirtschaften, soweit gesetzliche Bestimmungen nicht entgegenstehen. ³Treffen die Bedingungen keine Regelung, so gelten ergänzend die Bestimmungen des Landes.
(6) ¹Aus Mitteln Dritter bezahlte hauptberufliche Mitarbeiter und Mitarbeiterinnen an Forschungsvorhaben, die in der Hochschule durchgeführt werden, sollen als Personal der Hochschule im Arbeitsvertragsverhältnis eingestellt werden. ²Die Einstellung setzt voraus, dass der Mitarbeiter oder die Mitarbeiterin von dem Hochschulmitglied, das das Vorhaben durchführt, vorgeschlagen wurde.
(7) Finanzielle Erträge der Hochschule aus Forschungsvorhaben, die an der Hochschule durchgeführt werden, insbesondere aus Einnahmen, die der Hochschule als Entgelt für die Inanspruchnahme von Personal, Sachmitteln und Einrichtungen zufließen, stehen der Hochschule für die Erfüllung ihrer Aufgaben zur Verfügung.

## § 26 Entwicklungsvorhaben
Die Vorschriften dieses Abschnittes gelten für die Entwicklungsvorhaben im Rahmen angewandter Forschung und für künstlerische Vorhaben sinngemäß.

*Abschnitt 5*
**Studierende**

## § 27 Allgemeine Zulassungsvoraussetzungen
(1) ¹Deutsche im Sinne des Artikels 116 des Grundgesetzes sind zum Studium an den Hochschulen des Landes Sachsen-Anhalt berechtigt, wenn die für das Studium nach den staatlichen Vorschriften erforderliche Qualifikation nachgewiesen wird. ²Rechtsvorschriften, nach denen andere Personen Deutschen gleichgestellt sind, bleiben unberührt.
(2) ¹Die Qualifikation nach Absatz 1 Satz 1 wird für den Zugang zu einem Studium, das zu einem ersten berufsqualifizierenden Abschluss führt, durch
1. die allgemeine Hochschulreife,
2. die fachgebundene Hochschulreife,
3. die Fachhochschulreife,
4. eine vom Ministerium anerkannte vergleichbare andere Vorbildung
nachgewiesen. ²Zur Verbesserung der Chancengleichheit beim Zugang zum Studium an Universitäten kann das Ministerium im Einvernehmen mit dem für allgemein bildendes und berufsbildendes Schulwesen zuständigen Ministerium durch Verordnung regeln, dass und nach welchen Maßstäben die Fachhochschulreife auch zum Studium an Universitäten berechtigt. ³Zum Studium in einem künstlerisch-wissenschaftlichen Studiengang ist berechtigt, wer die Voraussetzungen des Satzes 1 erfüllt und eine besondere künstlerische Befähigung nachweist; auf den Nachweis der Voraussetzungen nach Satz 1 kann bei überragender künstlerischer Befähigung verzichtet werden. ⁴Näheres regelt die Hochschule in einer Ordnung. ⁵Die Nachweise gemäß Satz 1 Nrn. 2 bis 4 berechtigen zum Zugang zu be-

stimmten Hochschulen oder für bestimmte Fachrichtungen. ⁶Das Ministerium wird ermächtigt, die Feststellung der Gleichwertigkeit von Bildungsnachweisen gemäß Satz 1 Nr. 4 durch Verordnung zu regeln.

(3) ¹Nach einem erfolgreich absolvierten Studium von zwei Semestern an einer Hochschule in der Bundesrepublik Deutschland kann das Studium in einem Studiengang der gleichen Fachrichtung an einer Hochschule in Sachsen-Anhalt auch fortgesetzt werden, wenn die Zugangsberechtigung, mit der das Studium begonnen wurde, nicht die Voraussetzungen des Absatzes 2 erfüllt. ²Der Nachweis eines erfolgreichen Hochschulabschlusses an einer Hochschule der Bundesrepublik Deutschland sowie der Deutschen Demokratischen Republik berechtigt zur Aufnahme des Studiums in allen Fachrichtungen; dies gilt nicht, wenn eine Zulassung nach Absatz 2 Satz 3 Halbsatz 2 erfolgt ist.

(4) ¹Beruflich Qualifizierte ohne Hochschulzugangsberechtigung, die über eine durch Bundes- oder Landesrecht geregelte und erfolgreich abgeschlossene mindestens zweijährige Berufsausbildung in einem zum angestrebten Studiengang fachlich verwandten Bereich verfügen und eine mindestens dreijährige hauptberufliche Berufspraxis in einem zum angestrebten Studiengang fachlich verwandten Bereich nachweisen, können auf Probe ein Studium aufnehmen. ²Nach Ablauf des Probestudiums entscheidet die Hochschule anhand der während des Probestudiums erbrachten Leistungen über das Bestehen des Probestudiums und die Einstufung in ein Fachsemester; die während des Probestudiums erbrachten Studien- und Prüfungsleistungen sind anzuerkennen. ³Das Nähere zu dem Probestudium, insbesondere die Dauer des Probestudiums, die Zugangsvoraussetzungen und die während des Probestudiums zu erbringenden Studien- und Prüfungsleistungen, regeln die Hochschulen in einer Ordnung.

(5) ¹Beruflich Qualifizierte ohne Hochschulzugangsberechtigung, die über eine abgeschlossene Berufsausbildung verfügen und mindestens drei Jahre hauptberuflich tätig waren, berechtigt zum Studium in einem bestimmten Studiengang auch das Bestehen einer Eingangsprüfung. ²Das Nähere über die Eingangsprüfung, insbesondere
1. für welche Studiengänge Eingangsprüfungen zugelassen werden,
2. Form und Inhalt der zu erbringenden Prüfungsleistungen,
3. die Zusammensetzung der Prüfungskommission und die Bestimmung der Prüfer für die einzelnen Prüfungsteile und
4. das Prüfungsverfahren,

regeln die Hochschulen in einer Ordnung.

(6) ¹Die Hochschulen können in geeigneten Studiengängen neben der Qualifikation gemäß Absatz 2 die Eignung von Bewerbern und Bewerberinnen für solche Studiengänge in einem Feststellungsverfahren ermitteln. ²Bei von Universitäten und Hochschulen für angewandte Wissenschaften gemeinsam angebotenen Studiengängen ist neben einer Qualifikation nach Absatz 2 Satz 1 der Nachweis der Eignung für diesen Studiengang in einem Feststellungsverfahren zu ermitteln. ³Die Hochschulen stellen die Eignung gemäß den Sätzen 1 und 2 anhand folgender Merkmale, die einzeln oder additiv festgelegt werden können, fest:
1. in der Qualifikation gemäß Absatz 2 ausgewiesene Leistungen in für den betreffenden Studiengang wichtigen Fächern,
2. das Ergebnis eines von der Hochschule durchgeführten Testverfahrens,
3. eine studiengangspezifische Berufsausbildung oder berufspraktische Tätigkeit,
4. fachspezifische Zusatzqualifikationen und außerschulische Leistungen, die über die Eignung für den betreffenden Studiengang Aufschluss geben,
5. das Ergebnis eines Auswahlgesprächs, in dem Motivation und Eignung für den betreffenden Studiengang und die angestrebte berufliche Qualifikation festgestellt werden.

⁴Näheres regeln die Hochschulen durch Satzung oder in der jeweiligen Prüfungsordnung.

(7) ¹Voraussetzung für die Zulassung in einem Bachelor-Studiengang an einer Hochschule ist der Nachweis der Qualifikation gemäß Absatz 2. ²Darüber hinausgehende Zulassungskriterien, die den besonderen Erfordernissen des Studienganges Rechnung tragen sollen, können in den Prüfungsordnungen geregelt werden.

(8) ¹Voraussetzung für die Zulassung in einem Masterstudiengang an einer Hochschule ist der Nachweis eines Bachelorabschlusses, eines Hochschuldiploms oder eines vergleichbaren Abschlusses einer staatlichen oder staatlich anerkannten Berufsakademie, eines Magisterstudienganges oder eines mit

einer staatlichen oder kirchlichen Prüfung abgeschlossenen Studienganges. [2]Darüber hinausgehende Zulassungsvoraussetzungen, die den besonderen Erfordernissen des Studienganges Rechnung tragen sollen, sind in den Prüfungsordnungen zu regeln. [3]Für den Zugang zu weiterbildenden und künstlerischen Masterstudiengängen kann anstelle eines Abschlusses nach Satz 1 auch eine Eingangsprüfung treten. [4]Die Hochschule regelt in einer Ordnung die Eingangsprüfung, die insbesondere die Zugangsvoraussetzungen näher bestimmt. [5]Diese Ordnung bedarf der Genehmigung durch das Ministerium. [6]Die Zugangsvoraussetzungen sind im Rahmen der Akkreditierung zu überprüfen.

(9) [1]Abweichend von Absatz 8 Satz 1 kann die Hochschule bereits vorzeitig in einem Masterstudiengang immatrikulieren, wenn einzelne Prüfungsleistungen der dort genannten Studiengänge fehlen. [2]Voraussetzung für eine Immatrikulation zum Masterstudium nach Satz 1 ist, dass aufgrund einer nach den bislang vorliegenden Prüfungsleistungen ermittelten Durchschnittsnote die Zulassung zum Masterstudium erwartet werden kann. [3]Bei zulassungsbeschränkten Masterstudiengängen ist diese Durchschnittsnote für die Auswahl heranzuziehen.

(10) [1]Die Hochschulen können Bewerber und Bewerberinnen zum Studium zulassen, die nicht über die Zugangsvoraussetzungen nach den Absätzen 1 bis 8 verfügen, aber nach dem erfolgreichen Besuch einer Bildungseinrichtung im Ausland dort zum Studium berechtigt sind und zusätzlich eine studiengangbezogene Zugangsprüfung der Hochschule bestanden haben. [2]Durch die Zugangsprüfung werden die erforderlichen Kenntnisse und Fähigkeiten für das Studium nachgewiesen. [3]Das Nähere regeln die Hochschulen in einer Ordnung.

### § 28 Landesstudienkolleg

(1) [1]Das Landesstudienkolleg ist eine gemeinsame Einrichtung der Martin-Luther-Universität Halle-Wittenberg und der Hochschule Anhalt gemäß § 103. [2]Es vermittelt insbesondere Studierenden ausländischer Herkunft, deren Vorbildungsnachweise einer deutschen Hochschulzugangsberechtigung nicht entsprechen, die erforderlichen Voraussetzungen für ein erfolgreiches Hochschulstudium, einschließlich der hinreichenden Kenntnisse der deutschen Sprache. [3]Mit Genehmigung des Ministeriums können weitere Hochschulen des Landes dieser gemeinsamen Einrichtung beitreten und Außenstellen betreiben.

(2) [1]Die das Kolleg tragenden Hochschulen legen in der Verwaltungsvereinbarung gemäß § 103 fest, dass die Organisation des Landesstudienkollegs, die Zulassung sowie die Rechte und Pflichten der Kollegiaten und Kollegiatinnen in einer Satzung geregelt werden, die der Zustimmung des Ministeriums bedarf. [2]Das Ministerium wird ermächtigt, Lehrinhalte, Prüfungsanforderungen und Prüfungsverfahren in sinngemäßer Anwendung des Schulrechts durch Verordnung zu regeln.

(3) [1]Mitglieder des Landesstudienkollegs sind Studierende der Hochschulen, die das Landesstudienkolleg besuchen. [2]Näheres regeln die Satzung und die Grundordnungen der beteiligten Hochschulen.

(4) [1]Andere Einrichtungen, die Aufgaben nach Absatz 1 Satz 2 wahrnehmen, können als Studienkolleg staatlich anerkannt werden, wenn die Lehrinhalte, die Prüfungsanforderungen und das Prüfungsverfahren gleichwertig sind. [2]Die Gleichwertigkeit stellt das für Hochschulen zuständige Ministerium fest. [3]Das Anerkennungsverfahren kann über eine einheitliche Stelle nach § 1 Abs. 1 Satz 1 des Verwaltungsverfahrensgesetzes Sachsen-Anhalt in Verbindung mit den §§ 71a bis 71e des Verwaltungsverfahrensgesetzes abgewickelt werden. [4]Das Ministerium wird ermächtigt, das Nähere zum Verfahren und zu den Voraussetzungen für die Erteilung der staatlichen Anerkennung gemäß Satz 1 durch Verordnung zu regeln."

(5) [1]Das Landesstudienkolleg kann durch Satzung Gebühren erheben im Zusammenhang mit der Vorbereitung auf das Landesstudienkolleg und mit externen Prüfungsverfahren. [2]Einrichtungen nach Absatz 4 können Auslagenersatz und Entgelte gemäß § 111 Abs. 2 erheben, die für ihre Zwecke zu verwenden sind.

### § 29 Immatrikulation

(1) [1]Studienbewerber und Studienbewerberinnen sind zu immatrikulieren, wenn sie die Voraussetzungen gemäß den §§ 27 und 28 erfüllen und Versagungsgründe für die Immatrikulation nicht vorliegen. [2]Doktoranden und Doktorandinnen können als Promotionsstudierende immatrikuliert werden. [3]Mit der Immatrikulation wird die Mitgliedschaft als Student oder Studentin oder als Doktorand oder Doktorandin in der Hochschule begründet.

(2) Die Immatrikulation muss versagt werden, wenn der Studienbewerber oder die Studienbewerberin
1. in einem zulassungsbeschränkten Studiengang nicht zugelassen wurde,
2. die Zugangsvoraussetzungen zum Studium nicht erfüllt,
3. die für den gewählten Studiengang erforderlichen Qualifikationsvoraussetzungen nicht nachweist,
4. im gewählten Studiengang den Prüfungsanspruch verloren hat,
5. die Erfüllung der im Zusammenhang mit der Immatrikulation entstehenden gesetzlichen Verpflichtungen zur Zahlung von Gebühren oder Beiträgen nicht nachweist.

(3) Die Immatrikulation kann versagt werden, wenn
1. für Studienbewerber oder Studienbewerberinnen ein Betreuer oder eine Betreuerin zur Besorgung aller Angelegenheiten bestellt worden ist,
2. die für die Immatrikulation vorgeschriebenen Formen und Fristen nicht eingehalten werden,
3. keine ausreichende Kenntnis der deutschen Sprache nachgewiesen wird.

(4) Die Immatrikulation ist, soweit nicht eine Exmatrikulation erfolgt, zurückzunehmen, wenn
1. Immatrikulierte in einem zulassungsbeschränkten Studiengang immatrikuliert sind und die Zulassung durch einen unanfechtbaren und sofort vollziehbaren Bescheid zurückgenommen oder widerrufen worden ist,
2. sie durch Zwang, arglistige Täuschung oder Bestechung herbeigeführt wurde,
3. ein Versagungsgrund nach Absatz 2 vorlag oder nachträglich eingetreten ist.

(5) [1]Die Immatrikulation erfolgt in der Regel für einen Studiengang. [2]Die Immatrikulationsordnung der Hochschule regelt insbesondere Verfahren, Formen und Fristen der Immatrikulation, der Versagung und des Widerrufs der Immatrikulation, der Exmatrikulation, Rückmeldung und Beurlaubung sowie die Angaben und Nachweise, die erforderlich sind, damit die Hochschule ihre Aufgaben erfüllen kann.

(6) In begründeten Fällen kann die Immatrikulation mit einer Befristung oder Auflage versehen werden.

### § 30 Exmatrikulation

(1) [1]Die Mitgliedschaft der Studierenden zur Hochschule endet mit der Exmatrikulation. [2]Sie sind zu exmatrikulieren, wenn sie
1. die Abschlussprüfung bestanden oder eine in dem Studiengang nach der Prüfungsordnung erforderliche Prüfung endgültig nicht bestanden haben, sofern sie nicht innerhalb von zwei Monaten die Notwendigkeit der Immatrikulation für die Erreichung eines weiteren Studienzieles nachweisen,
2. selbst einen Antrag stellen,
3. Gebühren und Beiträge einschließlich der Sozialbeiträge zum Studentenwerk trotz schriftlicher Mahnung und Androhung der Exmatrikulation nicht gezahlt haben,
4. im Fall von § 27 Abs. 9 den Nachweis eines Abschlusses nach § 27 Abs. 8 Satz 1 nicht zu einer von der Hochschule festgesetzten Frist eingereicht haben und der oder die Studierende dies zu vertreten hat; das Nähere regelt eine Satzung der Hochschule.

(2) Studierende können exmatrikuliert werden, wenn sie sich nicht fristgerecht zurückgemeldet haben.

(3) [1]Studierende können exmatrikuliert werden, wenn sie gegenüber Mitgliedern, Angehörigen, Gästen oder Frühstudierenden einer Hochschule
1. Gewalt anwenden,
2. eine Bedrohung vornehmen oder
3. eine sexuelle Belästigung im Sinne des § 3 Abs. 4 des Allgemeinen Gleichbehandlungsgesetzes ausüben.

[2]Gleiches gilt, wenn Studierende an den in Satz 1 genannten Handlungen teilnehmen oder wiederholt gegen das Hausrecht verstoßen, die Ordnung der Hochschule oder ihrer Veranstaltungen stören oder die Mitglieder der Hochschule hindern, ihre Rechte, Aufgaben oder Pflichten wahrzunehmen. [3]Studierende können exmatrikuliert werden, wenn sie wiederholten oder besonders schwerwiegenden Täuschungsversuch bei einer Prüfung begangen haben.

(4) [1]Über die Exmatrikulation entscheidet die Leitung der Hochschule in einem durch eine Satzung der Hochschule geregelten Verwaltungsverfahren. [2]Für weniger schwerwiegende Verstöße im Sinne des Absatzes 3 Satz 2 können durch Ordnung der Hochschule Ordnungsmaßnahmen vorgesehen wer-

den. ³Mit der Exmatrikulation nach Absatz 3 ist eine Frist bis zu zwei Jahren festzusetzen, innerhalb derer eine erneute Immatrikulation an der Hochschule ausgeschlossen ist.

## § 31 Rechte der Studierenden
Studierende haben insbesondere das Recht
1. der freien Wahl der Lehrveranstaltungen,
2. die Einrichtungen der Hochschule für ihre Bildung entsprechend den dafür geltenden Vorschriften zu nutzen,
3. sich am wissenschaftlichen, kulturellen und sportlichen Leben der Hochschule zu beteiligen,
4. staatliche Ausbildungsbeihilfen nach den dafür geltenden Rechtsvorschriften zu beantragen,
5. auf eine gerechte Leistungsbewertung,
6. auf ein Studium im Ausland, das auf die Regelstudienzeit nicht angerechnet wird.

## § 32 Besondere Begabtenförderung
¹Die Hochschulen fördern besonders befähigte und leistungsstarke Studierende. ²Sie sollen frühzeitig an der Forschungsarbeit oder an künstlerischen Vorhaben teilnehmen und mit Hochschullehrern und Hochschullehrerinnen zusammenarbeiten können.

## § 32a Zweithörer, Zweithörerinnen, Gasthörer, Gasthörerinnen, Frühstudierende
(1) ¹Immatrikulierte und nicht beurlaubte Studierende anderer Hochschulen können als Zweithörer und Zweithörerinnen mit der Berechtigung zum Besuch von Lehrveranstaltungen und zur Ablegung studienbegleitender Prüfungen zugelassen werden. ²Die Hochschule kann nach Maßgabe der Immatrikulationsordnung die Zulassung von Zweithörern und Zweithörerinnen beschränken.
(2) ¹Zweithörer und Zweithörerinnen können bei Vorliegen der Voraussetzungen des § 27 für das Studium eines weiteren Studienganges zugelassen werden. ²Die Zulassung zu mehreren Studiengängen ist möglich.
(3) ¹Die Hochschulen können zu einzelnen Lehrveranstaltungen Gasthörer und Gasthörerinnen sowie Frühstudierende zulassen, auch wenn diese die Hochschulzugangsberechtigung nach § 27 nicht nachweisen können. ²Näheres regeln die Hochschulen in ihren Grundordnungen.

### Abschnitt 6
### Personal der Hochschule

## § 33 Richtlinien für gute Beschäftigungsbedingungen
(1) ¹Die Hochschulen tragen den berechtigten Interessen ihres Personals an guten Beschäftigungsbedingungen angemessen Rechnung. ²Sie erlassen dazu unter Beteiligung aller Gruppen nach § 60 Richtlinien, die insbesondere Rahmenvorgaben für den Abschluss unbefristeter und befristeter Beschäftigungsverhältnisse sowie Maßnahmen zur besseren Vereinbarkeit von Familie und Beruf, zum Gesundheitsmanagement sowie betreffend die Belange von Mitarbeitern und Mitarbeiterinnen mit Behinderungen oder chronischen Erkrankungen enthalten. ³Für befristete Beschäftigungsverhältnisse enthalten die Richtlinien Regelungen über eine angemessene und sachgerechte Befristungsdauer. ⁴Die Hochschulen unterstützen die Fort- und Weiterbildung ihres Personals. ⁵Sie fördern im Rahmen ihrer Aufgaben den wissenschaftlichen und künstlerischen Nachwuchs und stellen dessen angemessene wissenschaftliche und künstlerische Betreuung sicher. ⁶Die Richtlinien sind durch die Hochschulleitung im Einvernehmen mit dem Personalrat regelmäßig auf ihre Wirksamkeit zu evaluieren.
(2) Zur Verbesserung der Arbeitsbedingungen befristet beschäftigter wissenschaftlicher Mitarbeiter und Mitarbeiterinnen verpflichtet sich die Hochschule zur Einhaltung von Mindeststandards für die Ausgestaltung dieser befristeten Beschäftigungsverhältnisse.

## § 33a Wissenschaftliches und künstlerisches Personal
(1) ¹Das hauptberuflich tätige wissenschaftliche und künstlerische Personal der Hochschule besteht aus:
1. Professoren und Professorinnen, Juniorprofessoren und Juniorprofessorinnen (§§ 34 bis 41),
2. den wissenschaftlichen und künstlerischen Mitarbeitern und Mitarbeiterinnen (§ 42),
3. den Lehrkräften für besondere Aufgaben (§ 43).

²Die in Satz 1 genannten Personen sowie die wissenschaftsunterstützenden Mitarbeiter und Mitarbeiterinnen gemäß § 52 stehen im Dienst des Landes Sachsen-Anhalt.

(2) Das nebenberuflich tätige wissenschaftliche und künstlerische Personal besteht aus:
1. den Honorarprofessoren und Honorarprofessorinnen (§ 47),
2. den Privatdozenten, Privatdozentinnen, außerplanmäßigen Professoren und außerplanmäßigen Professorinnen (§ 48),
3. den Gastprofessoren, Gastprofessorinnen, Gastdozenten und Gastdozentinnen (§ 49),
4. den Lehrbeauftragten (§ 50),
5. den wissenschaftlichen, künstlerischen und studentischen Hilfskräften.

(3) [1]Soweit nicht Berufsqualifikationen nach § 35 Abs. 5 und 7 Voraussetzung für den Berufszugang nach Abschnitt 6 dieses Gesetzes sind, findet das Berufsqualifikationsfeststellungsgesetz Sachsen-Anhalt keine Anwendung. [2]Zuständige Stellen nach § 14 Abs. 5 des Berufsqualifikationsfeststellungsgesetzes Sachsen-Anhalt für Berufsqualifikationen nach § 35 Abs. 5 und 7 sind die nach dem jeweiligen Berufsrecht zuständigen Stellen.

## § 34 Aufgaben der Professoren und Professorinnen

(1) [1]Die Professoren und Professorinnen nehmen die ihrer Hochschule jeweils obliegenden Aufgaben in Wissenschaft und Kunst, Forschung, Lehre und Weiterbildung sowie Krankenversorgung in ihren Fächern nach näherer Ausgestaltung ihres Dienstverhältnisses selbstständig wahr. [2]Für den Bereich der Krankenversorgung können mit den betreffenden Professoren und Professorinnen auf privatrechtlicher Grundlage ergänzende Verträge abgeschlossen werden. [3]Die Professoren und Professorinnen sind verpflichtet, zur Sicherstellung des Lehrangebots in ihren Fächern Lehrveranstaltungen für alle Studiengänge durchzuführen und an Weiterbildungsveranstaltungen mitzuwirken. [4]Sie haben im Rahmen der für ihr Dienstverhältnis geltenden Regelungen die zur Sicherstellung des Lehrangebots gefassten Entscheidungen der Hochschulorgane zu verwirklichen.

(2) [1]Zu den Aufgaben der Professoren und Professorinnen gehören je nach den ihrer Hochschule obliegenden Aufgaben insbesondere die
1. Übernahme von Forschungsprojekten oder künstlerischen Vorhaben beziehungsweise die Mitwirkung an diesen,
2. Abnahme und Mitwirkung an Prüfungen nach Maßgabe der Prüfungsordnungen,
3. Förderung der Studierenden und des wissenschaftlichen und künstlerischen Nachwuchses sowie die Betreuung der ihnen zugeordneten wissenschaftlichen und künstlerischen Mitarbeiter und Mitarbeiterinnen,
4. Mitwirkung bei der Verwaltung, insbesondere der Selbstverwaltung der Hochschule,
5. Mitwirkung in Verfahren zur Berufung von Hochschullehrern und Hochschullehrerinnen,
6. gutachterliche Tätigkeit für das Land Sachsen-Anhalt,
7. Mitwirkung an der Studienreform und Studienfachberatung,
8. Wahrnehmung von Aufgaben in der Krankenversorgung,
9. Mitwirkung an Verfahren zur Auswahl und Festlegung der Eignung der Studienbewerber und Studienbewerberinnen.

[2]Die Tätigkeit eines Professors und einer Professorin in Einrichtungen der Wissenschafts- und Kunstförderung kann auf eigenen Antrag vom Rektor oder von der Rektorin der jeweiligen Hochschule zur Dienstaufgabe erklärt werden; dem Antrag soll entsprochen werden, wenn die Einrichtung überwiegend aus staatlichen Mitteln finanziert wird und wenn diese Tätigkeit mit der Erfüllung der übrigen Aufgaben des Professors und der Professorin vereinbar ist. [3]Die einen geringen Umfang überschreitende Wahrnehmung von Aufgaben der eigenen Hochschule an einer anderen Einrichtung oder an einer Einrichtung im Ausland bedarf der Zustimmung der Leitung der jeweiligen Hochschule.

(3) [1]Art und Umfang der von dem einzelnen Professor und der einzelnen Professorin wahrzunehmenden Aufgaben richten sich unter Beachtung der Absätze 1 und 2 nach der Ausgestaltung des Dienstverhältnisses und der Funktionsbeschreibung der Stelle. [2]Die Festlegung steht unter dem Vorbehalt einer Überprüfung in angemessenen Abständen. [3]Professoren und Professorinnen können für die Dauer von höchstens fünf Jahren Aufgaben ausschließlich oder überwiegend in der Lehre oder der Forschung oder im Rahmen von künstlerischen Entwicklungs- oder Forschungsvorhaben im Bereich der angewandten Forschung übertragen werden, soweit es die Ausgestaltung ihres Dienstverhältnisses zulässt und soweit sie zustimmen. [4]Dabei muss sowohl das Lehrangebot insgesamt aufrechterhalten werden als auch die Wahrnehmung der sonstigen Verpflichtungen sichergestellt werden. [5]Die Verlängerung ist bis zu einer Dauer von fünf Jahren wiederholt möglich; Satz 3 gilt entsprechend. [6]Die Entschei-

dungen nach den Sätzen 3 und 5 trifft die Leitung der Hochschule im Benehmen mit dem Fachbereichsrat.
(4) ¹Die Festlegung oder Veränderung des Dienstverhältnisses und der Funktionsbeschreibung der Stelle eines Professors und einer Professorin sowie die Übertragung von Aufgaben an einer anderen Einrichtung kann auf eigenen Antrag sowie auf Vorschlag des Fachbereichsrates, des Senats oder der Leitung der Hochschule nach Anhörung des Senats erfolgen und ist dem Ministerium anzuzeigen. ²Der jeweilige Fachbereich und der oder die Betroffene sind vorher zu hören.
(5) ¹Professoren und Professorinnen haben ihren Wohnsitz so zu nehmen, dass sie ihre dienstlichen Aufgaben nach dieser Vorschrift, insbesondere in Lehre, Forschung, Studienberatung und Betreuung der Studierenden sowie in Gremien der Selbstverwaltung, ordnungsgemäß wahrnehmen können. ²Die Hochschulen treffen in ihren Grundordnungen oder in besonderen Satzungen, die der Genehmigung des Ministeriums bedürfen, Regelungen zur Präsenz der Professoren und Professorinnen während der Vorlesungszeit und der vorlesungsfreien Zeit, um eine ordnungsgemäße Erfüllung der Lehrverpflichtungen sowie der Prüfungs- und Beratungsaufgaben und anderer Dienstaufgaben zu gewährleisten. ³Auch in der vorlesungsfreien Zeit ist eine angemessene Anwesenheit und Erreichbarkeit der Professoren und Professorinnen sicherzustellen. ⁴Im Übrigen richtet sich die Anwesenheit der Professoren und Professorinnen nach den ihnen obliegenden Dienstaufgaben.
(6) Daten, die im Rahmen der Lehrevaluation erhoben und gespeichert wurden, dürfen von dem Dekan oder der Dekanin des Fachbereiches sowie von der Leitung der Hochschule im Rahmen der von den Hochschulen zu diesem Zweck erlassenen Ordnungen und zur Entscheidung über die Gewährung von Leistungszulagen oder andere mit der Besoldung oder Vergütung von Professoren und Professorinnen zusammenhängende Fragen übermittelt werden.

## § 35 Berufungsvoraussetzungen für Professoren und Professorinnen

(1) Die Berufung ist an das Vorhandensein einer Stelle für einen Professor oder für eine Professorin oder entsprechender Mittel gebunden.
(2) Als Professor oder Professorin kann berufen werden, wer die allgemeinen dienstrechtlichen Voraussetzungen erfüllt und mindestens nachweist
1. ein abgeschlossenes Hochschulstudium,
2. pädagogische Eignung,
3. besondere Befähigung zur wissenschaftlichen Arbeit, die in der Regel durch die Qualität einer Promotion nachgewiesen wird, oder besondere Befähigung zur künstlerischen Arbeit und
4. darüber hinaus je nach Anforderungen der Stelle
   a) zusätzliche wissenschaftliche (Absatz 3) oder künstlerische Leistungen oder
   b) besondere Leistungen bei der Anwendung oder Entwicklung wissenschaftlicher Erkenntnisse und Methoden in einer beruflichen Praxis, von der grundsätzlich drei Jahre außerhalb des Hochschulbereichs ausgeübt werden sollen.
(3) ¹Die zusätzlichen wissenschaftlichen Leistungen nach Absatz 2 Nr. 4 Buchst. a sind im Rahmen einer Juniorprofessur oder durch eine Habilitation oder eine gleichwertige wissenschaftliche, technische oder künstlerische Leistung nachzuweisen. ²Im Übrigen können sie insbesondere im Rahmen einer Tätigkeit als wissenschaftlicher Mitarbeiter oder wissenschaftliche Mitarbeiterin an einer Hochschule oder einer außeruniversitären Forschungseinrichtung oder im Rahmen einer wissenschaftlichen Tätigkeit in der Wirtschaft oder in einem anderen gesellschaftlichen Bereich im In- oder Ausland erbracht werden.
(4) Die Hochschulen berücksichtigen beim Nachweis der Einstellungsvoraussetzungen nach Absatz 2 Nr. 4 Buchst. a und b Schutzfristen nach dem Mutterschutzgesetz, Kindererziehungszeiten im Sinne des § 56 des Sechsten Buches Sozialgesetzbuch sowie Zeiten der tatsächlichen Pflege pflegebedürftiger Angehöriger nach dem Pflegezeitgesetz und nach dem Familienpflegezeitgesetz.
(5) ¹Auf eine Stelle, deren Funktionsbeschreibung die Wahrnehmung erziehungswissenschaftlicher oder fachdidaktischer Aufgaben in der Lehrerbildung vorsieht, soll nur berufen werden, wer eine dreijährige Schulpraxis oder geeignete pädagogische Erfahrung nachweist. ²Ausnahmsweise kann auch eine den Aufgaben entsprechende Erfahrung in der empirischen Forschung anerkannt werden, wenn innerhalb der ersten fünf Jahre nach der Berufung ein Nachweis ausreichender Berufspraxis erbracht wird. ³Professoren und Professorinnen an Hochschulen für angewandte Wissenschaften müssen grundsätzlich die Einstellungsvoraussetzungen nach Absatz 2 Nr. 4 Buchst. b erfüllen. ⁴In besonders be-

gründeten Ausnahmefällen können solche Professoren und Professorinnen berufen werden, wenn sie die Einstellungsvoraussetzungen nach Absatz 2 Nr. 4 Buchst. a erfüllen.

(6) Soweit es der Eigenart des Faches und den Anforderungen der Stelle entspricht, kann abweichend von den Absätzen 2 und 3 als Professor und Professorin eingestellt werden, wer hervorragende fachbezogene Leistungen in der Praxis und pädagogische Eignung nachweist.

(7) Professoren und Professorinnen mit ärztlichen, zahnärztlichen oder tierärztlichen Aufgaben müssen zusätzlich die Anerkennung als Facharzt nachweisen, soweit für das betreffende Fachgebiet im Geltungsbereich dieses Gesetzes eine entsprechende Weiterbildung vorgesehen ist.

### § 36 Berufungsverfahren

(1) ¹Wird eine Stelle für einen Professor oder eine Professorin frei, entscheidet die Leitung der Hochschule nach Anhörung des Fachbereichsrates und nach Stellungnahme des Senats, ob die bestehende Professur beibehalten, deren Funktionsbeschreibung geändert, die Stelle einem anderen Aufgabenbereich zugewiesen oder nicht wiederbesetzt werden soll. ²Die Entscheidung ist dem Ministerium anzuzeigen. ³Das Ministerium erklärt die Freigabe der Entscheidung, wenn diese mit den mit dem Ministerium vereinbarten Zielvereinbarungen und den Strukturentscheidungen der staatlichen Hochschulplanung übereinstimmt. ⁴Sofern vier Wochen nach Anzeige und Nachweis der vollständigen Unterlagen vom Ministerium keine Einwände erhoben werden, gilt die Freigabe als erklärt.

(2) ¹Die Stellen für Professoren und Professorinnen sind öffentlich und in geeigneten Fällen international auszuschreiben. ²Die Ausschreibung muss Art und Umfang der zu erfüllenden Aufgaben beschreiben. ³Von der Ausschreibung einer Professur kann abgesehen werden, wenn

1. ein Professor oder eine Professorin in einem Beamtenverhältnis auf Zeit oder einem befristeten Beschäftigungsverhältnis auf dieselbe Professur in einem Beamtenverhältnis auf Lebenszeit oder einem unbefristeten Beschäftigungsverhältnis berufen werden soll,
2. zur Abwehr eines einer höheren Besoldungsgruppe zugeordneten oder mit einer wesentlich besseren Ausstattung an Personal oder Sachmitteln verbundenen Rufes auf eine externe Professorenstelle von der Hochschule eine gleich- oder höherwertige Professorenstelle angeboten wird; dies gilt mit Zustimmung des Ministeriums auch für die Berufung von Juniorprofessoren oder Juniorprofessorinnen in einem solchen Verfahren,
3. in besonders begründeten Fällen mit Zustimmung des Ministeriums ein Juniorprofessor oder eine Juniorprofessorin auf eine Professur in einem Beamtenverhältnis auf Lebenszeit oder in einem unbefristeten Beschäftigungsverhältnis berufen werden soll; die Zustimmung und das hierfür notwendige Verfahren kann auch in einer Zielvereinbarung oder einer Ergänzungsvereinbarung geregelt werden,
4. eine Professur mit einem Nachwuchswissenschaftler oder einer Nachwuchswissenschaftlerin besetzt werden soll, der oder die durch ein wissenschaftliches Förderprogramm gefördert wird, das seinerseits ein Ausschreibungs- und Begutachtungsverfahren nach wissenschaftsadäquaten Kriterien vorsieht,
5. eine Professur besetzt werden soll, die durch ein wissenschaftliches Förderprogramm finanziert wird, dessen Vergabebestimmungen ein Ausschreibungs- oder ein Bewerbungsverfahren nach wissenschaftsadäquaten Kriterien mit Begutachtung vorsehen, oder
6. eine Professur mit einer in besonders herausragender Weise qualifizierten Person besetzt werden soll, deren Gewinnung im Hinblick auf die Stärkung der Qualität und Profilbildung im besonderen Interesse der Hochschule liegt, und der Zweck der Ausschreibung durch ein gleichwertiges Verfahren gewährleistet ist; dies gilt insbesondere für gemeinsame Berufungsverfahren.

⁴Soll ein Juniorprofessor oder eine Juniorprofessorin, ein Professor oder eine Professorin der eigenen Hochschule in einem Beamtenverhältnis auf Zeit oder einem befristeten Beschäftigungsverhältnis mit der Besoldungsgruppe W 1 oder W 2 auf eine Professur in einem Beamtenverhältnis auf Lebenszeit oder einem unbefristeten Beschäftigungsverhältnis berufen werden, ist von einer Ausschreibung abzusehen, wenn

1. dies in der Ausschreibung der Professur in einem Beamtenverhältnis auf Zeit oder einem befristeten Beschäftigungsverhältnis in Aussicht gestellt wurde und
2. die bereits bei der Ausschreibung ausgewiesenen Anforderungen an Eignung, Befähigung und fachliche Leistung gemäß der Berufungsordnung nach Absatz 11 erfüllt sind (Tenure Track).

(3) ¹Zur Vorbereitung des Berufungsvorschlages wird durch den Fachbereichsrat des Fachbereiches, in dem die Stelle zu besetzen ist, eine Berufungskommission gebildet. ²Ihr sollen mit Stimmrecht angehören
1. der Dekan oder die Dekanin des Fachbereiches oder ein anderer Professor oder eine andere Professorin als Vorsitzender oder Vorsitzende,
2. vier Professoren und Professorinnen oder, soweit sie positiv evaluiert sind, Juniorprofessoren und Juniorprofessorinnen der Hochschule,
3. mindestens ein weiterer Professor oder eine weitere Professorin aus einer anderen Hochschule,
4. zwei wissenschaftliche Mitarbeiter und Mitarbeiterinnen nach § 33a Abs. 1 Satz 1 Nm. 2 und 3,
5. zwei Studierende und
6. der oder die Gleichstellungsbeauftragte des Fachbereiches nach § 72 Abs. 4 Satz 1.

³Mindestens drei stimmberechtigte Mitglieder sollen Frauen sein; eine davon Professorin. ⁴Mitglieder der Berufungskommission nach Satz 2 Nrn. 2 und 3 können im Ruhestand befindliche Professoren und Professorinnen sein, es sei denn, es handelt sich um die Besetzung des Lehrstuhls, den sie vor Eintritt in den Ruhestand selbst innehatten.

(4) ¹Die Mitglieder der Berufungskommission können dem Berufungsvorschlag ein Sondervotum anfügen. ²Das Votum des oder der Gleichstellungsbeauftragten ist dem Berufungsvorschlag beizufügen. ³Der Fachbereichsrat beschließt über den Berufungsvorschlag, bei Berufungen im Bereich des Klinikums im Benehmen mit dem Klinikvorstand des Universitätsklinikums, und leitet ihn dem Vorsitzenden oder der Vorsitzenden des Senats zu.

(5) Der Senat kann bestimmen, dass der Berufungskommission ein vom Senat zu bestimmender Senatsberichterstatter oder eine Senatsberichterstatterin mit beratender Stimme angehört.

(6) Bei der Berufung von Professoren und Professorinnen können die wissenschaftlichen oder künstlerischen Mitarbeiter und Mitarbeiterinnen sowie Juniorprofessoren und Juniorprofessorinnen der eigenen Hochschule in begründeten Ausnahmefällen berücksichtigt werden, wenn sie nach ihrer Promotion die Hochschule gewechselt hatten, mindestens zwei Jahre außerhalb der berufenden Hochschule wissenschaftlich tätig waren oder einen Ruf auf eine externe Professorenstelle erhalten haben.

(7) Die Berufung von Personen, die sich nicht beworben haben, ist nur in besonders begründeten Ausnahmefällen zulässig.

(8) ¹Die Professoren und Professorinnen werden durch den Rektor oder die Rektorin auf den Berufungsvorschlag des Fachbereiches nach Beteiligung des Senats berufen. ²Der Rektor oder die Rektorin kann einen Professor oder eine Professorin abweichend von der Reihenfolge des Berufungsvorschlags des Fachbereiches berufen oder einen neuen Berufungsvorschlag anfordern, soweit er oder sie den Berufungsvorschlag für nicht vereinbar mit rechtlichen Vorschriften, der Hochschulstrukturplanung oder den Zielvereinbarungen hält oder Vorgeschlagene den an sie ergangenen Ruf ablehnen.

(9) Lehnen Vorgeschlagene den Ruf ab oder nehmen ihn innerhalb einer von der Hochschule bestimmten Frist nicht an oder bestehen begründete Bedenken gegen die Erteilung des Rufes, so kann der Rektor oder die Rektorin den Fachbereich zu einem neuen Berufungsvorschlag auffordern.

(10) Liegt der Leitung der Hochschule
1. acht Monate nach Errichtung der Planstelle oder nach Änderung der Denomination,
2. sechs Monate nach der Aufforderung, einen neuen Berufungsvorschlag einzureichen, oder
3. sechs Monate nach Freiwerden der Stelle aus sonstigen Gründen

kein Berufungsvorschlag vor und bestehen keine zwingenden Gründe für die Verzögerung des Vorschlages, beruft die Leitung der Hochschule nach Anhörung des Fachbereiches eine geeignete Person.

(11) Die Hochschule regelt Näheres zum Berufungsverfahren für Professoren und Professorinnen, Juniorprofessoren und Juniorprofessorinnen, insbesondere Zuständigkeiten, Mitwirkung und Verfahren, in einer Berufungsordnung, die Senat als Satzung erlässt und die vom Ministerium zu genehmigen ist.

(12) ¹Die Hochschule darf Zusagen über die Ausstattung des vorgesehenen Aufgabenbereiches im Rahmen der vorhandenen Personal- und Sachmittel machen. ²Die Zusagen sind zeitlich befristet und stehen unter dem Vorbehalt, dass die erforderlichen Haushaltsmittel zur Verfügung stehen. ³Die Zusagen können mit der Verpflichtung verbunden werden, dass der Professor oder die Professorin für eine angemessene, im Einzelnen zu bestimmende Zeit an der Hochschule bleiben wird. ⁴Für den Fall

eines von dem Professor oder der Professorin zu vertretenden vorzeitigen Ausscheidens aus der Hochschule kann eine Erstattung der durch die Hochschule zugesagten Mittel vereinbart werden.

### § 37 Gemeinsame Berufungen

[1]Zur Förderung gemeinsamer Aufgaben in Forschung und Lehre zwischen einer Hochschule und einer Forschungseinrichtung außerhalb des Hochschulbereichs können diese aufgrund öffentlich-rechtlicher Vereinbarungen gemeinsame Berufungsverfahren durchführen. [2]In der Vereinbarung kann insbesondere geregelt werden, dass der Berufungsvorschlag weniger als drei Namen enthält und dass die Berufungskommission abweichend von § 36 Abs. 3 Satz 2 zusammengesetzt wird. [3]Die Gruppe der Professoren und Professorinnen in der Berufungskommission soll sich aus Wissenschaftlern und Wissenschaftlerinnen der Forschungseinrichtung und Professoren und Professorinnen der Hochschule zusammensetzen, die gemeinsam über die Mehrheit der Sitze verfügen müssen. [4]Zur Gruppe der wissenschaftlichen Mitarbeiter- und Mitarbeiterinnen sollen Wissenschaftler und Wissenschaftlerinnen der Forschungseinrichtung hinzutreten.

### § 38 Dienstrechtliche Stellung der Professoren und Professorinnen

(1) [1]Die Professoren und Professorinnen werden in der Regel zu Beamten oder Beamtinnen auf Lebenszeit oder auf Zeit ernannt. [2]Beamtenverhältnisse auf Zeit können für die Dauer von bis zu fünf Jahren begründet werden. [3]Eine erneute Ernennung zum Professor oder zur Professorin auf Zeit ist einmal zulässig. [4]Der Eintritt in den Ruhestand ist für Professoren und Professorinnen im Beamtenverhältnis auf Zeit mit Ablauf der Dienstzeit ausgeschlossen; sie sind mit Ablauf ihrer Dienstzeit entlassen. [5]Die §§ 57 und 79 Abs. 4 des Landesbeamtenversorgungsgesetzes Sachsen-Anhalt sind nicht anwendbar. [6]Im Falle einer Dienstunfähigkeit, die nicht auf einem Dienstunfall beruht, finden die für Beamte auf Lebenszeit geltenden Vorschriften entsprechende Anwendung mit Ausnahme von §§ 78 Abs. 2 bis 4 und § 79 des Landesbeamtenversorgungsgesetzes Sachsen-Anhalt. [7]Vor einer Berufung in ein Beamtenverhältnis auf Lebenszeit können Professoren und Professorinnen auch zu Beamten oder Beamtinnen auf Probe ernannt werden. [8]Die Probezeit kann bis zu drei Jahre betragen. [9]Für Professoren und Professorinnen kann auch ein privatrechtliches Beschäftigungsverhältnis begründet werden. [10]Die Sätze 2, 3, 7 und 8 gelten entsprechend. [11]Ein Beamtenverhältnis auf Zeit oder ein befristetes privatrechtliches Beschäftigungsverhältnis kann auf Antrag des Fachbereichs in ein Beamtenverhältnis auf Lebenszeit oder in ein unbefristetes privatrechtliches Beschäftigungsverhältnis umgewandelt werden. [12]Stellt ein Juniorprofessor oder eine Juniorprofessorin den Antrag nach Satz 11, gilt zusätzlich § 36 Abs. 2 Satz 3 Nr. 3 und Satz 4. [13]Ein erneutes Berufungsverfahren ist nicht erforderlich. [14]Über den Antrag nach Satz 11 entscheidet abschließend der Senat der Hochschule. [15]Das Verfahren ist in einer Ordnung zu regeln, die der Senat beschließt und die dem Ministerium anzuzeigen ist.

(2) [1]Eine Teilzeitprofessur kann vorgesehen werden, wenn im Interesse der Aktualität des Lehrangebotes die Verbindung zur Berufswelt aufrechterhalten bleiben soll. [2]Dies gilt auch für eine Juniorprofessur. [3]Die Teilzeitprofessur kann im privatrechtlichen Beschäftigungsverhältnis oder im Beamtenverhältnis wahrgenommen werden und umfasst mindestens die Hälfte der jeweiligen Aufgaben nach § 34 Abs. 1 und 2. [4]An künstlerischen Fachbereichen kann das Arbeitsverhältnis einen geringeren Umfang haben. [5]§ 76 Abs. 1 Satz 3 des Landesbeamtengesetzes findet keine Anwendung.

(3) [1]Für Professoren und Professorinnen ist ihre Amtsbezeichnung zugleich eine akademische Würde. [2]Sie darf auch nach dem Ausscheiden aus der Hochschule wegen Erreichens der Altersgrenze oder Dienstunfähigkeit ohne den Zusatz „außer Dienst" (a.D.) geführt werden. [3]Bei Ausscheiden aus anderen Gründen darf die akademische Bezeichnung „Professor" oder „Professorin" auf Vorschlag des Fachbereiches mit Zustimmung der Leitung der Hochschule weitergeführt werden, wenn die Person mindestens fünf Jahre ein Professorenamt bekleidet hat. [4]Auf diesen Zeitraum werden Zeiten, die in einem Probeverhältnis gemäß Absatz 1 Satz 8 oder innerhalb einer Juniorprofessur abgeleistet können, angerechnet werden. [5]Die Führungsberechtigung kann auf Vorschlag der Hochschule durch das Ministerium bei Unwürdigkeit entzogen werden.

(4) [1]Der Eintritt in den Ruhestand wegen Erreichens der gesetzlichen Altersgrenze wird zum Ende des Semesters wirksam, in dem der Professor oder die Professorin die gesetzliche Altersgrenze erreicht. [2]Erfolgt die Versetzung in den Ruhestand auf Antrag, so soll sie zum Ende eines Semesters ausgesprochen werden, es sei denn, dass gesundheitliche Gründe entgegenstehen. [3]Eine Entlassung aus dem

Beamtenverhältnis auf Antrag kann bis zum Ende des Semesters hinausgeschoben werden, wenn dienstliche Belange dies erfordern.

(5) ¹Ein privatrechtliches Beschäftigungsverhältnis kann insbesondere dann begründet werden, wenn eine befristete Tätigkeit vorgesehen ist. ²Professoren und Professorinnen, die in einem privatrechtlichen Beschäftigungsverhältnis stehen, können die Amtsbezeichnung der entsprechenden beamteten Professoren oder Professorinnen als Berufsbezeichnung führen.

(6) ¹Den Professoren und Professorinnen stehen nach dem Eintritt in den Ruhestand die mit der Lehrbefugnis verbundenen Rechte zur Abhaltung von Lehrveranstaltungen und zur Beteiligung an Prüfungsverfahren zu. ²Die Lehr- und Forschungseinrichtungen der Hochschule sind den Professoren und Professorinnen im Ruhestand nach Maßgabe der Verwaltungs- und Benutzungsordnungen zugänglich zu machen.

(7) ¹Professoren und Professorinnen können nach Eintritt in den Ruhestand mit der übergangsweisen Wahrnehmung von Aufgaben in Lehre, Forschung, Weiterbildung oder Kunst durch den Rektor oder die Rektorin, von Aufgaben der Krankenversorgung am Universitätsklinikum durch den Klinikumsvorstand befristet beauftragt werden oder diese Aufgaben im Rahmen eines privatrechtlichen Vertragsverhältnisses befristet ausüben. ²Sie können für die Dauer der Wahrnehmung dieser Aufgaben die Bezeichnung „Seniorprofessor" oder „Seniorprofessorin" führen und eine Vergütung erhalten. ³Näheres können die Hochschulen durch Ordnung regeln.

## § 39 Freistellung und Beurlaubung

(1) ¹Zur Durchführung von Forschungsvorhaben, künstlerischen Entwicklungsvorhaben oder von Vorhaben des wirtschaftsbezogenen Wissens- und Technologietransfers können Professoren und Professorinnen in ihrem Fach nach Anhörung des Fachbereiches unter Fortzahlung ihrer Bezüge für ein Semester von anderen Aufgaben freigestellt werden, wenn
1. durch eine Befreiung die vollständige und die ordnungsgemäße Durchführung der Lehre einschließlich der Prüfungen nicht beeinträchtigt wird, insbesondere im normalen Lehrveranstaltungszyklus keine Unterbrechungen eintreten,
2. die Betreuung wissenschaftlicher oder künstlerischer Arbeiten, insbesondere von Doktoranden, Doktorandinnen, Diplomanden und Diplomandinnen, Bachelor- und Master-Abschlussarbeiten, sichergestellt ist und
3. sie seit der letzten Befreiung wenigstens vier Jahre an einer Hochschule als Professor oder Professorin gelehrt haben.

²In begründete Ausnahmefällen, insbesondere bei überdurchschnittlichen Lehrleistungen, kann ein Professor oder eine Professorin unter den Voraussetzungen des Satzes 1 über ein Semester hinaus befreit werden oder eine Befreiung abweichend von der in Satz 1 Nr. 3 bestimmten Frist erfolgen.

(2) Professoren und Professorinnen können unter den Voraussetzungen des Absatzes 1 für die Dauer eines Semesters für eine ihrer Fortbildung dienliche praxisbezogene Tätigkeit freigestellt werden, wenn ein Fach infolge des Fortschritts der Wissenschaft und der Entwicklung der Berufspraxis einem raschen inhaltlichen Wandel unterliegt.

(3) ¹Professoren und Professorinnen, die in der Ausbildung für Lehrer und Lehrerinnen tätig sind und die Befähigung für ein Lehramt besitzen, können für die Dauer eines Schulhalbjahres oder Schuljahres für eine Tätigkeit in der Schule von der Verpflichtung zur Abhaltung von Lehrveranstaltungen und Teilnahme an Prüfungen unter Belassung ihrer Bezüge ganz oder teilweise befreit werden. ²Absatz 1 findet mit der Maßgabe Anwendung, dass die Person bei einer Befreiung für ein Schuljahr seit der letzten Befreiung zur Förderung dienstlicher Forschungstätigkeit oder für eine Tätigkeit in der Schule wenigstens sieben Jahre an einer Hochschule als Professor oder Professorin gelehrt haben muss.

(4) ¹Die Hochschule kann Professoren und Professorinnen nach Anhörung des Fachbereiches für die Durchführung von Vorhaben des wirtschaftsbezogenen Wissens- und Technologietransfers, insbesondere zur Gründung oder Begleitung von Unternehmen in Sachsen-Anhalt, beurlauben, soweit dies der Anwendung und Erprobung wissenschaftlicher Erkenntnisse dient und soweit keine Tätigkeiten ausgeübt werden, die den Interessen der Hochschulen entgegenstehen. ²²Absatz 1 gilt im Übrigen entsprechend.

(5) ¹Über die Freistellung und Beurlaubung entscheidet die Hochschule. ²Das Nähere regelt die Hochschule durch eine Ordnung.

### § 40 Einstellungsvoraussetzungen für Juniorprofessoren und Juniorprofessorinnen

¹Einstellungsvoraussetzungen für Juniorprofessoren und Juniorprofessorinnen sind neben den allgemeinen dienstrechtlichen Voraussetzungen
1. ein abgeschlossenes Hochschulstudium,
2. pädagogische Eignung,
3. besondere Befähigung zu wissenschaftlicher Arbeit, die in der Regel durch die herausragende Qualität einer Promotion nachgewiesen wird.

²Die Zeit zwischen der letzten Prüfungsleistung der Promotion und der Bewerbung auf eine Juniorprofessur soll in der Regel nicht mehr als sechs Jahre betragen. ³Juniorprofessoren und Juniorprofessorinnen mit ärztlichen, zahnärztlichen oder tierärztlichen Aufgaben sollen zusätzlich die Anerkennung als Facharzt oder Fachärztin nachweisen, soweit für das betreffende Fachgebiet eine entsprechende Weiterbildung vorgesehen ist. ⁴§ 35 Abs. 5 Satz 1 gilt entsprechend. ⁵Die Regelungen des Wissenschaftszeitvertragsgesetzes bleiben unberührt.

### § 41 Dienstrechtliche Stellung der Juniorprofessoren und Juniorprofessorinnen

(1) ¹Juniorprofessoren und Juniorprofessorinnen werden für die Dauer von drei Jahren zu Beamten auf Zeit ernannt. ²Das Beamtenverhältnis des Juniorprofessors und der Juniorprofessorin soll mit deren Zustimmung im Laufe des dritten Jahres um weitere drei Jahre vom Rektor auf Vorschlag des Fakultäts- beziehungsweise Fachbereichsrates verlängert werden, wenn er oder sie sich in seinem oder ihrem Amt bewährt hat. ³Die Entscheidung über die Bewährung des Juniorprofessors oder der Juniorprofessorin nach Satz 2 trifft der Senat auf Vorschlag des Fachbereichsrates unter Berücksichtigung einer Lehrevaluation und von zwei Begutachtungen der Leistungen in der Forschung durch Professoren und Professorinnen, die der Hochschule nicht angehören. ⁴Das Verfahren hierzu regelt die Grundordnung. ⁵Anderenfalls kann das Beamtenverhältnis mit Zustimmung des Juniorprofessors oder der Juniorprofessorin um bis zu einem Jahr verlängert werden. ⁶Eine weitere Verlängerung ist abgesehen von den Fällen des § 46 Abs. 4 nicht zulässig; dies gilt auch für eine erneute Einstellung als Juniorprofessor oder Juniorprofessorin. ⁷Ein Eintritt in den Ruhestand nach Ablauf der Amtszeit ist ausgeschlossen; der Juniorprofessor oder die Juniorprofessorin ist mit Ablauf der Amtszeit entlassen. ⁸§ 38 Abs. 1 Satz 5 und 6 gilt entsprechend.

(2) Auf Juniorprofessoren und Juniorprofessorinnen sind die Vorschriften für Beamte auf Lebenszeit entsprechend anwendbar, soweit dieses Gesetz nicht entgegensteht.

(3) ¹Für die Juniorprofessoren und Juniorprofessorinnen kann auch ein privatrechtliches Beschäftigungsverhältnis begründet werden. ²In diesem Fall gilt Absatz 1 entsprechend.

(4) ¹Juniorprofessoren und Juniorprofessorinnen führen die Bezeichnung „Juniorprofessor" oder „Juniorprofessorin". ²Liegen die Voraussetzungen für eine Verlängerung nach Absatz 1 Satz 2 vor, so kann der Juniorprofessor oder die Juniorprofessorin nach Ablauf des Beamten- beziehungsweise des privatrechtlichen Beschäftigungsverhältnisses die Bezeichnung „Privatdozent" oder „Privatdozentin" führen. ³Die Vorschriften des § 48 finden entsprechende Anwendung.

(5) Im Übrigen sind auf Juniorprofessoren und Juniorprofessorinnen die Regelungen dieses Gesetzes für Professoren und Professorinnen entsprechend anwendbar, soweit dieses Gesetz oder aufgrund dieses Gesetzes erlassene Rechtsverordnungen nicht entgegenstehen.

### § 41a *[aufgehoben]*

### § 42 Wissenschaftliche und künstlerische Mitarbeiter und Mitarbeiterinnen

(1) ¹Wissenschaftliche Mitarbeiter und Mitarbeiterinnen sind die den Fachbereichen, den wissenschaftlichen Einrichtungen oder den Betriebseinheiten zugeordneten Beamten, Beamtinnen und privatrechtlich Beschäftigte, denen wissenschaftliche Dienstleistungen obliegen. ²Zu den wissenschaftlichen Dienstleistungen gehört es auch, den Studierenden Fachwissen und praktische Fertigkeiten zu vermitteln und sie in der Anwendung wissenschaftlicher Methoden zu unterweisen, soweit dies zur Gewährleistung des erforderlichen Lehrangebots notwendig ist. ³Im Bereich der Medizin gehören zu den wissenschaftlichen Dienstleistungen auch Tätigkeiten in der Krankenversorgung. ⁴Zu den wissenschaftlichen Mitarbeitern und Mitarbeiterinnen zählen die Personen nicht, die nach dem Anstellungsvertrag ausdrücklich als wissenschaftliche Hilfskraft angestellt sind. ⁵Soweit wissenschaftliche Mitarbeiter und Mitarbeiterinnen Hochschullehrern und Hochschullehrerinnen zugeordnet sind, erbringen sie ihre Dienstleistungen unter deren fachlicher Verantwortung und Betreuung.

(2) ¹Wissenschaftlichen Mitarbeitern und Mitarbeiterinnen, die befristet beschäftigt werden, können auch Aufgaben übertragen werden, die dem Erwerb einer Promotion oder der Erbringung zusätzlicher wissenschaftlicher Leistungen gemäß § 35 Abs. 3 Satz 2 förderlich sind. ²Wenn diesen Aufgaben nach Satz 1 übertragen wurden, muss ihnen im Rahmen ihrer Dienstaufgaben ausreichend Gelegenheit zu eigener wissenschaftlicher oder künstlerischer Qualifikation gegeben werden. ³In diesen Fällen ist ein Zeitanteil von der Hälfte der vertraglich vereinbarten Arbeitszeit zur eigenen wissenschaftlichen oder künstlerischen Qualifikation zu gewähren und eine Qualifizierungsvereinbarung abzuschließen. ⁴Das Nähere regeln die Hochschulen in ihren Ordnungen.

(3) Werden Beamte und Beamtinnen des höheren Dienstes, Richter und Richterinnen an die Hochschule als wissenschaftliche Mitarbeiter oder Mitarbeiterinnen abgeordnet, so soll die Abordnung in der Regel vier Jahre nicht überschreiten; für vergleichbare privatrechtlich Beschäftigte gilt dies entsprechend.

(4) ¹Vorgesetzter oder Vorgesetzte der wissenschaftlichen Mitarbeiter und Mitarbeiterinnen ist der Leiter oder die Leiterin der Hochschuleinrichtung, der sie zugeordnet sind, bei ausschließlicher Zuordnung zu einem Fachbereich der Dekan oder die Dekanin. ²In begründeten Fällen kann wissenschaftlichen Mitarbeitern und Mitarbeiterinnen auch die selbstständige Wahrnehmung von Aufgaben in Forschung und Lehre übertragen werden.

(5) Die Absätze 1 bis 4 gelten für künstlerische Mitarbeiter und Mitarbeiterinnen entsprechend.

(6) ¹Hauptberuflich an der Hochschule tätige Personen mit ärztlichen, zahnärztlichen oder tierärztlichen Aufgaben, die nicht Professor oder Professorin sind, sind in der Regel dienst- und mitgliedschaftsrechtlich den wissenschaftlichen Mitarbeitern und Mitarbeiterinnen gleichgestellt. ²Soweit heilkundliche Tätigkeiten ausgeübt werden, bedarf es der Approbation oder einer Erlaubnis zur vorübergehenden Ausübung des Berufes.

### § 43 Lehrkräfte für besondere Aufgaben

(1) ¹Soweit überwiegend eine Vermittlung von Fertigkeiten und Kenntnissen erforderlich ist, die nicht die Einstellungsvoraussetzungen für Professoren und Professorinnen sowie von Juniorprofessoren und Juniorprofessorinnen erfordert, kann diese hauptberuflich tätigen Lehrkräften für besondere Aufgaben übertragen werden. ²Sie werden in privatrechtlichen Beschäftigungsverhältnissen beschäftigt.

(2) ¹Zu den Einstellungsvoraussetzungen für Lehrkräfte mit besonderen Aufgaben zählt mindestens ein abgeschlossenes Hochschulstudium. ²Einstellungsvoraussetzungen für Lehrkräfte mit besonderen Aufgaben an der Kunsthochschule sind ein abgeschlossenes Hochschulstudium oder die Meisterprüfung sowie gute fachbezogene Leistungen in der Praxis und pädagogische Eignung.

### § 44 Lehrverpflichtungen und Wahrnehmung von Dienstaufgaben an einer anderen Hochschule

(1) ¹Das Ministerium wird ermächtigt, den Umfang der dienstrechtlichen Lehrverpflichtungen für das hauptberufliche wissenschaftliche und künstlerische Personal der Hochschulen durch Verordnung zu regeln. ²Dabei sind die unterschiedlichen Dienstaufgaben sowie der unterschiedliche Zeitaufwand für die verschiedenen Arten von Lehrveranstaltungen zu berücksichtigen.

(2) Angehörige des wissenschaftlichen und künstlerischen Personals gemäß § 33a Abs. 1 Satz 1 Nrn. 2 und 3 mit Lehraufgaben können nach vorheriger Anhörung durch Weisung des nach der Grundordnung zuständigen Organs verpflichtet werden, ihre Lehr- und Prüfungsverpflichtung an einer anderen Hochschule des Landes zu erbringen, wenn an der Hochschule, der sie zugeordnet sind, ein ihrer Lehrverpflichtung entsprechender Lehrbedarf nicht besteht und dies zur Gewährleistung des Lehrangebots an der anderen Hochschule erforderlich ist.

### § 45 Nebentätigkeit des hauptberuflichen wissenschaftlichen und künstlerischen Personals

Das Ministerium wird ermächtigt, für das hauptberuflich tätige wissenschaftliche und künstlerische Personal durch Verordnung zu regeln,
1. welche Nebentätigkeit anzeigepflichtig ist,
2. welche Nebentätigkeit zu untersagen ist,
3. das Anzeigeverfahren der Nebentätigkeit,
4. die Voraussetzungen einschließlich des Verfahrens der Genehmigung und den Umfang der Inanspruchnahme von Einrichtungen, Personal und Material des Dienstherrn sowie Kriterien für die Festsetzung des dafür zu entrichtenden Nutzungsentgeltes,

5. den Freibetrag für die Pflicht zur Ablieferung der Vergütung für eine Nebentätigkeit im öffentlichen Dienst sowie Ausnahmen von der Ablieferungspflicht,
6. für Professoren und Professorinnen im Bereich der Krankenversorgung die Voraussetzungen für die Erteilung des Rechts zur Privatliquidation und
7. dass auch im Zusammenhang mit dem Hauptamt stehende Lehrtätigkeiten im Bereich des weiterbildenden Studiums als Nebenamt übertragen werden können, wenn diese über die dienstlich festgelegte und auch erbrachte Lehrverpflichtung hinausgehen und nicht mit einer Ermäßigung der Lehrverpflichtung verbunden sind.

**§ 46 Anwendung beamtenrechtlicher und anderer Vorschriften**
(1) Auf das beamtete wissenschaftliche und künstlerische Personal finden die Vorschriften des Landesbeamtengesetzes Anwendung, soweit gesetzlich nichts anderes bestimmt ist.
(2) [1]Soweit dieses Gesetz keine besonderen Bestimmungen enthält, sind die Vorschriften über die Laufbahnen, den einstweiligen Ruhestand und die Probezeit auf Professoren, Professorinnen, beamtete wissenschaftliche und künstlerische Mitarbeiter und Mitarbeiterinnen nicht anzuwenden. [2]Die Vorschriften über die Arbeitszeit mit Ausnahme der §§ 64 bis 66 des Landesbeamtengesetzes sind auf Hochschullehrer oder Hochschullehrerinnen nicht anzuwenden; erfordert jedoch der Aufgabenbereich einer Hochschuleinrichtung eine regelmäßige oder planmäßige Anwesenheit der Hochschullehrer oder Hochschullehrerinnen, so kann die Arbeitszeit nach § 63 des Landesbeamtengesetzes geregelt werden. [3]Die Vorschriften über den Verlust der Bezüge wegen nicht genehmigten schuldhaften Fernbleibens vom Dienst sind anzuwenden. [4]Zuständige Behörde im Sinne des § 39 Abs. 4 des Landesbeamtengesetzes ist die Leitung der Hochschule; sie entscheidet im Einvernehmen mit dem Dekan oder der Dekanin der Fakultät, der der Antragsteller oder die Antragstellerin angehört.
(3) [1]Beamtete Professoren und Professorinnen können nur mit ihrer Zustimmung abgeordnet oder versetzt werden. [2]Abordnung und Versetzung in ein Professorenamt an einer anderen Hochschule sind auch ohne Zustimmung des Professors oder der Professorin zulässig, wenn die Hochschule oder die Hochschuleinrichtung, an der diese tätig sind, aufgelöst oder mit einer anderen Hochschule zusammengeschlossen oder wenn der Arbeitsbereich oder die Studien- oder Fachrichtung, in der diese tätig sind, ganz oder teilweise aufgegeben oder an eine andere Hochschule verlegt wird; diese Personen sind vorher zu hören. [3]In diesen Fällen beschränkt sich eine Mitwirkung der aufnehmenden Hochschule oder Hochschuleinrichtung bei der Einstellung dieser Personen auf eine Anhörung. [4]Eine Abordnung oder Versetzung gemäß Satz 2 und 3 ist im Amt an eine andere Einrichtung nur zulässig, wenn sie mit einer Freistellung zum Erwerb auf die Aufgabenwahrnehmung bezogener zusätzlicher Kenntnisse und Erfahrungen verbunden ist. [5]Anstelle oder zur Vorbereitung einer Maßnahme nach den Sätzen 2 und 4 kann § 34 Abs. 4 entsprechende Anwendung finden. [6]Eine Abordnung oder Teilabordnung von Professoren und Professorinnen durch die nach der Grundordnung zuständigen Organe ist ferner zulässig aufgrund einer Kooperationsvereinbarung der betreffenden Hochschulen, insbesondere dann, wenn dies zur Gewährleistung des notwendigen Lehrangebots an der anderen Hochschule oder Hochschuleinrichtung erforderlich ist und an der Hochschule, an der die Professoren und Professorinnen tätig sind, ein ihrer vollen Lehrverpflichtung entsprechender Bedarf nicht besteht.
(4) [1]Soweit Professoren, Professorinnen, Juniorprofessoren, Juniorprofessorinnen, wissenschaftliche und künstlerische Mitarbeiter und Mitarbeiterinnen, Beamte oder Beamtinnen auf Zeit sind, ist das Dienstverhältnis, sofern dienstliche Gründe nicht entgegenstehen, auf Antrag zu verlängern um
1. Zeiten einer Beurlaubung oder einer Ermäßigung der Arbeitszeit um mindestens ein Fünftel der regelmäßigen Arbeitszeit, die für die Betreuung oder Pflege eines oder mehrerer Kinder unter 18 Jahren, auch wenn hinsichtlich des Kindes die Voraussetzungen des § 15 Abs. 1 Satz 1 des Bundeselterngeld- und Elternzeitgesetzes vorliegen, oder pflegebedürftiger sonstiger Angehöriger gewährt worden sind,
2. Zeiten einer Beurlaubung für eine wissenschaftliche oder künstlerische Tätigkeit oder eine außerhalb des Hochschulbereichs oder im Ausland durchgeführte wissenschaftliche, künstlerische oder berufliche Aus-, Fort- oder Weiterbildung,
3. Zeiten einer Inanspruchnahme von Elternzeit und von Schutzfristen oder Beschäftigungsverboten nach § 82 des Landesbeamtengesetzes sowie von Urlaub ohne Besoldung und Teilzeitbeschäftigungen aus familiären Gründen nach § 65 Abs. 1 Satz 1 Nrn. 1 und 2 des Landesbeamtengesetzes

sowie Familienpflegezeiten nach § 65a Abs. 1 des Landesbeamtengesetzes in dem Umfang, in dem jeweils die Freistellung von der Arbeitsleistung erfolgt ist,
4. Zeiten des Grundwehr- und Bundesfreiwilligendienstes,
5. Zeiten einer Freistellung im Umfang von mindestens einem Fünftel der regelmäßigen Arbeitszeit zur Wahrnehmung von Aufgaben in einer Personal- oder Schwerbehindertenvertretung, von Aufgaben eines oder einer Gleichstellungsbeauftragten oder zur Ausübung eines mit dem Amt zu vereinbarenden Mandats,
6. Zeiten einer über sechs Wochen dauernden Berufsunfähigkeit.
²In den Fällen des Satzes 1 Nrn. 1, 2 und 4 soll die Verlängerung die Dauer von jeweils zwei Jahren nicht überschreiten. ³Eine Verlängerung nach Satz 1 wird nicht auf die zulässige Befristungsdauer angerechnet.

(5) ¹Ab 100 Schwerbehinderten wird ein Vertrauensmann oder eine Vertrauensfrau in Umsetzung des § 179 Abs. 4 des Neunten Buches Sozialgesetzbuch in vollem Umfang freigestellt. ²Bei weniger zu betreuenden Schwerbehinderten erfolgt eine entsprechend reduzierte teilweise Freistellung.

(6) *[aufgehoben]*

(7) ¹Professoren und Professorinnen haben ihren Erholungsurlaub während der vorlesungsfreien Zeit im Kalenderjahr oder bis zum 31. März des Folgejahres zu nehmen, es sei denn, dass dienstliche Gründe eine andere Regelung erfordern. ²Das Gleiche gilt für Heilkuren. ³§ 7 Abs. 2 der Urlaubsverordnung Sachsen-Anhalt findet keine Anwendung. ⁴Innerhalb dieses Zeitraumes bestimmen Professoren und Professorinnen unter Berücksichtigung ihrer dienstlichen Aufgaben, zu welchen Zeiten sie ihren Erholungsurlaub nehmen, und zeigen dies dem zuständigen Dekan oder der zuständigen Dekanin an. ⁵Erholungsurlaub verfällt abweichend von § 7 Abs. 3 der Urlaubsverordnung Sachsen-Anhalt nicht, soweit er wegen Erkrankung bis zum Ablauf der Verfallfrist nach Satz 1 nicht genommen werden konnte. ⁶Der Urlaubsanspruch verfällt nach Ablauf weiterer zwölf Monate, wenn er nicht innerhalb dieser Frist angetreten wurde.

(8) Soweit für Professoren und Professorinnen, Juniorprofessoren und Juniorprofessorinnen ein befristetes privatrechtliches Beschäftigungsverhältnis begründet worden ist, gilt Absatz 4 außer in den in den §§ 64 und 65 des Landesbeamtengesetzes geregelten Fällen der Beurlaubung und Teilzeitbeschäftigung entsprechend.

(9) Für nichtbeamtete Mitglieder des hauptberuflichen wissenschaftlichen Personals, die im Interesse ihrer Forschungs- und Lehrtätigkeit beurlaubt worden sind und in Ausübung oder infolge dieser Tätigkeit einen Unfall erleiden, kann Unfallfürsorge entsprechend § 38 Abs. 5 des Landesbeamtenversorgungsgesetzes Sachsen-Anhalt gewährt werden.

(10) ¹Dienstvorgesetzter oder Dienstvorgesetzte der Rektoren, Rektorinnen, Präsidenten, Präsidentinnen, Prorektoren, Prorektorinnen, Mitglieder des Präsidiums, Kanzler und Kanzlerinnen ist der Minister oder die Ministerin. ²Bestimmte Befugnisse des Ministers oder der Ministerin als Dienstvorgesetzter oder Dienstvorgesetzte können allgemein oder im Einzelfall auf die Rektoren, Rektorinnen, Präsidenten oder Präsidentinnen übertragen werden.

(11) ¹Dienstvorgesetzter oder Dienstvorgesetzte des Hochschulpersonals mit Ausnahme des sonstigen Personals ist der Rektor, die Rektorin, der Präsident oder die Präsidentin. ²Dienstvorgesetzter oder Dienstvorgesetzte des sonstigen Personals ist der Kanzler oder die Kanzlerin. ³Die Grundordnung kann vorsehen, dass bestimmte Befugnisse an den Kanzler oder die Kanzlerin oder andere Mitglieder des Rektorates beziehungsweise des Präsidiums übertragen werden können.

(12) ¹Das Recht von Professoren und Professorinnen, aufgrund eines nach § 76 Hochschulrahmengesetzes in der Fassung der Bekanntmachung vom 19. Januar 1999 (BGBl. I S. 18), zuletzt geändert durch Artikel 2 des Gesetzes vom 12. April 2007 (BGBl. I S. 506, 507), ergangenen Gesetzes eines anderen Landes von ihren amtlichen Pflichten entbunden zu werden (Entpflichtung), bleibt bei einem Wechsel in den Dienst des Landes Sachsen-Anhalt unberührt. ²Die Entpflichtung wird mit dem Ende des Monats wirksam, in dem das laufende Semester beendet wird. ³Satz 1 findet auf Antrag des Professors oder der Professorin keine Anwendung; der Antrag kann nur gestellt werden, solange der Professor oder die Professorin noch nicht entpflichtet ist.

### § 47 Honorarprofessoren und Honorarprofessorinnen

(1) ¹Die Hochschule kann Honorarprofessoren und Honorarprofessorinnen bestellen, sofern diese die Einstellungsvoraussetzungen nach § 35 Abs. 2 bis 7 erfüllen. ²Honorarprofessoren und Honorarpro-

fessorinnen sollen Lehrveranstaltungen in ihrem Fachgebiet von in der Regel zwei Semesterwochenstunden durchführen. ³Die Durchführung dieser Veranstaltungen darf nicht von der Bezahlung einer Lehrvergütung abhängig gemacht werden. ⁴Sie können an Prüfungen und an der Forschung beteiligt werden. ⁵Sofern kein anderes Rechtsverhältnis besteht, stehen sie in einem öffentlich-rechtlichen Rechtsverhältnis zur Hochschule. ⁶Für die Dauer ihrer Bestellung sind sie berechtigt, die Bezeichnung „Honorarprofessor" oder „Honorarprofessorin" zu führen; diese Bezeichnung kann in der Form „Professor" oder „Professorin" geführt werden. ⁷Die Bestellung erfolgt durch die Leitung der Hochschule. ⁸Mit der Bestellung zum Honorarprofessor oder zur Honorarprofessorin wird ein beamten- oder privatrechtliches Beschäftigungsverhältnis nicht begründet. ⁹Das Verfahren zur Bestellung und deren Widerruf regelt der Senat durch eine Satzung, die dem Ministerium anzuzeigen ist.

(2) Die Eigenschaft als Honorarprofessor oder Honorarprofessorin erlischt
1. durch schriftlichen Verzicht gegenüber dem Rektorat der Hochschule,
2. durch eine Einweisung in eine Planstelle derselben Hochschule als Professor oder Professorin,
3. durch die Verurteilung in einem ordentlichen Strafverfahren durch ein deutsches Gericht, wenn dieses Urteil bei einem Beamten oder einer Beamtin den Verlust der Beamtenrechte zur Folge hätte.

(3) Die Bestellung zum Honorarprofessor oder zur Honorarprofessorin kann widerrufen werden,
1. wenn aus Gründen, die diese Person zu vertreten hat, zwei Jahre keine Lehrtätigkeit ausgeübt wurde, es sei denn, sie hat das 62. Lebensjahr schon vollendet,
2. wenn eine Handlung begangen wurde, die bei einem Beamten oder einer Beamtin in einem Disziplinarverfahren mindestens eine Kürzung der Dienstbezüge zur Folge hätte,
3. wenn ein Grund vorliegt, der bei einem Beamten oder einer Beamtin die Rücknahme der Ernennung zur Folge hätte.

(4) Arbeiten wissenschaftliche Einrichtungen anderer Träger arbeitsteilig oder ergänzend mit einer Hochschule zusammen, so kann nach Maßgabe der Grundordnung den dort leitenden Wissenschaftlern und Wissenschaftlerinnen mit der Bestellung zum Honorarprofessor oder zur Honorarprofessorin für die Dauer dieser Tätigkeit auch die korporationsrechtliche Stellung eines beamteten Professors oder einer beamteten Professorin übertragen werden mit der Ausnahme des Rechts der Bekleidung eines Amtes als Rektor oder Rektorin, Prorektor oder Prorektorin.

## § 48 Privatdozenten, Privatdozentinnen, außerplanmäßige Professoren und außerplanmäßige Professorinnen

(1) ¹Privatdozenten oder Privatdozentinnen haben die Befugnis zur selbstständigen Lehre für ein bestimmtes Fach an der Universität, an der sie habilitiert worden sind oder Juniorprofessoren beziehungsweise Juniorprofessorinnen waren. ²Die Lehr- und Forschungseinrichtungen der Universität sind Privatdozenten und Privatdozentinnen nach Maßgabe der Verwaltungs- und Benutzungsordnungen zugänglich zu machen. ³Die Tätigkeit von Privatdozenten und Privatdozentinnen kann nur versagt werden, wenn durch sie ein ordnungsgemäßer Lehr- und Forschungsbetrieb im Fachbereich erheblich erschwert würde.

(2) ¹Die Befugnis zur Führung der Bezeichnung „Privatdozent" oder „Privatdozentin" erlischt
1. durch schriftlichen Verzicht gegenüber dem Rektor oder der Rektorin,
2. durch Ernennung zum Professor oder zur Professorin an einer anderen Hochschule,
3. durch Bestellung zum Privatdozenten oder zur Privatdozentin oder durch Verleihung einer entsprechenden Lehrbefugnis an einer anderen Hochschule,
4. durch Verurteilung in einem ordentlichen Strafverfahren durch ein deutsches Gericht, wenn dieses Urteil bei einem Beamten oder einer Beamtin den Verlust der Beamtenrechte zur Folge hätte.

²Besitzt im Fall des Satzes 1 Nr. 2 die Hochschule, an die der Privatdozent oder die Privatdozentin berufen wird, nicht das Promotionsrecht, kann der Fachbereich der Universität auf Antrag die Berechtigung feststellen, weiterhin Lehrveranstaltungen an der Universität durchzuführen und Promotionen zu betreuen. ³Die Befugnis zur Führung der Bezeichnung „Privatdozent" oder „Privatdozentin" kann widerrufen werden, wenn die Erfüllung einer vom Fachbereichsrat beschlossenen Lehrverpflichtung nicht nachgewiesen wird. ⁴Sie ruht, solange ein Privatdozent oder eine Privatdozentin als Professor oder Professorin an der eigenen Universität beschäftigt wird.

(3) ¹An einer Universität oder an der Burg Giebichenstein Kunsthochschule Halle entscheidet der Senat auf Antrag einer Fakultät darüber, einem Privatdozenten oder einer Privatdozentin oder einer Persön-

lichkeit, die in der künstlerischen Lehre tätig ist, nach in der Regel vierjähriger Bewährung in Lehre, Forschung, Entwicklung und künstlerischer Tätigkeit die Bezeichnung „außerplanmäßiger Professor" oder „außerplanmäßige Professorin" zu verleihen. ²Die Bezeichnung kann in der Form „Professor" oder „Professorin" geführt werden. ³Die Verleihung erfolgt durch die Leitung der Hochschule. ⁴Die Verleihung kann widerrufen werden, wenn aus Gründen, die diese Person zu vertreten hat, zwei Jahre keine Lehre und Forschungstätigkeit ausgeübt wurde, es sei denn, sie hat das 62. Lebensjahr vollendet. ⁵Das Verfahren zur Verleihung und deren Widerruf regelt der Senat durch eine Satzung.

### § 49 Gastprofessoren, Gastprofessorinnen, Gastdozenten und Gastdozentinnen

(1) ¹Gastprofessoren und Gastprofessorinnen sind in- oder ausländische Wissenschaftler oder Wissenschaftlerinnen, Künstler oder Künstlerinnen, die auf Vorschlag des Fachbereiches vom Senat der Hochschule bis zu zwei Jahren für eine Tätigkeit in Lehre und Forschung bestellt werden. ²§ 33 Abs. 2 des Beamtenstatusgesetzes gilt entsprechend. ³Die Titelführung „Gastprofessor" beziehungsweise „Gastprofessorin" ist an die Dauer der Gastlehrtätigkeit gebunden.
(2) Absatz 1 gilt entsprechend für Gastdozenten und Gastdozentinnen, die Aufgaben wahrnehmen, die nicht die Qualifikation von Professoren oder Professorinnen erfordern.

### § 49a Vertretungsprofessoren und Vertretungsprofessorinnen

¹Die Hochschule kann zur selbstständigen Lehre geeigneten Personen vorübergehend bis zur endgültigen Besetzung einer Professur oder aus anderen Gründen, insbesondere für Zeiten der Inanspruchnahme von Mutterschutz, Elternzeiten, Pflegezeiten oder für Zeiten krankheitsbedingter Abwesenheit, die Wahrnehmung der mit der Professur verbundenen Aufgaben übertragen. ²Die Bestimmungen des § 36 finden keine Anwendung. ³Die Beschäftigung erfolgt in einem befristeten Arbeitsverhältnis. ⁴ Sie sind mit Zustimmung der Leitung der Hochschule für die Dauer der Vertretung berechtigt, die Bezeichnung „Professor" oder „Professorin" zu führen. ⁵Näheres regelt die Hochschule in einer Ordnung.

### § 50 Lehrbeauftragte

(1) ¹Zur Ergänzung des Lehrangebots können Lehraufträge an Personen erteilt werden, die nach Vorbildung, Fähigkeit und fachlicher Leistung dem für sie vorgesehenen Aufgabengebiet entsprechen. ²An einer Kunsthochschule können Lehraufträge auch zur Sicherstellung des Lehrangebots in einem Fach erteilt werden. ³Die Lehrbeauftragten nehmen die ihnen übertragenen Lehraufgaben selbstständig wahr. ⁴§ 7 Abs. 1 Nr. 2 sowie § 33 Abs. 1 Satz 3 und Abs. 2 des Beamtenstatusgesetzes gelten entsprechend. ⁵Die Hochschulen werden ermächtigt, das Nähere in einer Ordnung zu regeln.
(2) ¹Entgeltliche Lehraufträge dürfen an Hochschullehrer und Hochschullehrerinnen sowie an wissenschaftliche und künstlerische Mitarbeiter und Mitarbeiterinnen und an Lehrkräfte für besondere Aufgaben an der eigenen Hochschule in dem Fachgebiet, für das sie berufen sind, nicht erteilt werden. ²Das gilt nicht für Veranstaltungen der Weiterbildung, die über die dienstlich festgelegte Lehrverpflichtung hinaus abgehalten werden. ³Die Veranstaltungen in der Weiterbildung können vergütet werden. ⁴Das Nähere können die Hochschulen in ihren Ordnungen regeln.

### § 51 Wissenschaftliche und künstlerische Hilfskräfte, studentische Hilfskräfte

(1) ¹Zur Unterstützung des hauptberuflichen wissenschaftlichen Personals, der Honorarprofessoren, Honorarprofessorinnen, Gastprofessoren, Gastprofessorinnen und Lehrbeauftragten bei ihren Aufgaben in Forschung und Lehre können wissenschaftliche und künstlerische Hilfskräfte beschäftigt und diesen zugeordnet werden. ²Ihnen kann auch die Aufgabe übertragen werden, im Rahmen der Studienordnung Studierende und studentische Arbeitsgruppen in ihrem Studium zu unterstützen. ³Die Tätigkeit der wissenschaftlichen und künstlerischen Hilfskräfte steht unter der fachlichen Verantwortung des Mitglieds der Hochschule, dem sie zugeordnet sind. ⁴Der Vorschlag zur Einstellung erfolgt durch den Dekan oder die Dekanin des Fachbereiches im Einvernehmen mit dem Mitglied, dem Leiter oder der Leiterin der Hochschuleinrichtung, dem die wissenschaftlichen und künstlerischen Hilfskräfte zugeordnet werden sollen. ⁵§ 7 Abs. 1 Nr. 2 sowie § 33 Abs. 1 Satz 3 und Abs. 2 des Beamtenstatusgesetzes gelten entsprechend.
(2) ¹Der Umfang der Inanspruchnahme der wissenschaftlichen und künstlerischen Hilfskräfte darf die Hälfte der Arbeitszeit eines wissenschaftlichen oder künstlerischen Mitarbeiters oder einer Mitarbeiterin nicht erreichen. ²Voraussetzung für die Beschäftigung als wissenschaftliche oder künstlerische Hilfskraft ist in der Regel die erfolgreich abgelegte Zwischen-, Vor- oder Modulprüfung.

(3) [1]Studierende können nach einem Studium von in der Regel mindestens zwei Semestern als studentische Hilfskräfte an ihrer oder einer anderen Hochschule beschäftigt werden. [2]In begründeten Einzelfällen kann von dem Erfordernis eines mindestens zweisemestrigen Studiums abgesehen werden. [3]Studentische Hilfskräfte unterstützen das wissenschaftliche und künstlerische Personal bei der Tätigkeiten in Forschung und Lehre durch sonstige Hilfstätigkeiten. [4]Studentische Hilfskräfte werden in befristeten privatrechtlichen Beschäftigungsverhältnissen mit weniger als der Hälfte der regelmäßigen Arbeitszeit der privatrechtlich Beschäftigten beschäftigt.

### § 52 Wissenschaftsunterstützendes Personal
Die Aufgaben der wissenschaftsunterstützenden Mitarbeiter und Mitarbeiterinnen umfassen die Unterstützung des wissenschaftlichen Personals bei der Lösung von Aufgaben der Lehre und Forschung und die Unterstützung des ärztlichen Personals sowie Tätigkeiten zur Organisation, Koordinierung, Abrechnung und Verwaltung.

### § 53 Unfallfürsorge
[1]Erleiden nebenberuflich wissenschaftlich und künstlerisch tätige Personen in Ausübung oder infolge ihrer Tätigkeit an der Hochschule einen Unfall im Sinne von § 38 des Landesbeamtenversorgungsgesetzes Sachsen-Anhalt, so erhalten sie Unfallfürsorgeleistungen in entsprechender Anwendung der §§ 41 und 42 des Landesbeamtenversorgungsgesetzes Sachsen-Anhalt, soweit sie nicht anderweitig Anspruch auf entsprechende Leistungen haben. [2]Das Ministerium kann ihnen im Einvernehmen mit dem Ministerium der Finanzen einen nach billigem Ermessen festzusetzenden Unterhaltsbeitrag bewilligen. [3]Entsprechendes gilt für die Hinterbliebenen einschließlich der hinterbliebenen eingetragenen Lebenspartner.

*Abschnitt 7*
**Selbstverwaltung und Staatsverwaltung**

### § 54 Rechtsstellung der Hochschulen
(1) [1]Die Hochschulen sind Körperschaften des öffentlichen Rechts mit dem Recht der Selbstverwaltung im Rahmen der Gesetze. [2]Sie regeln ihre Angelegenheiten- durch Grundordnungen, Ordnungen und andere Satzungen.
(2) [1]Die Grundordnungen, Ordnungen und anderen Satzungen sind hochschulöffentlich bekannt zu machen, sofern nicht etwas anderes bestimmt ist. [2]Die Grundordnungen werden zusätzlich nach ihrer Genehmigung vom Ministerium im Ministerialblatt für das Land Sachsen-Anhalt veröffentlicht. [3]Das Ministerium wird ermächtigt, durch Verordnung die Möglichkeit der elektronischen Bekanntgabe der Grundordnungen, Ordnungen und anderen Satzungen zu regeln.

### § 55 Selbstverwaltungsangelegenheiten
(1) Die Hochschulen nehmen ihre Aufgaben als eigene Angelegenheiten unter der Rechtsaufsicht des Landes wahr (Selbstverwaltungsangelegenheiten), soweit sie ihnen nicht als staatliche Aufgaben zur Erfüllung im Auftrag des Landes übertragen sind (Auftragsangelegenheiten).
(2) Zu den Selbstverwaltungsangelegenheiten der Hochschule gehören die unmittelbar mit den Aufgaben nach den §§ 3 bis 5 zusammenhängenden Angelegenheiten, insbesondere
1. die Planung, Organisation und Durchführung der Lehre,
2. die Planung und Koordination der Forschung, insbesondere in Forschungsschwerpunkten,
3. die Immatrikulation und die Exmatrikulation,
4. die Hochschulprüfungen und die Verleihung von akademischen Graden,
5. die Verleihung von Ehrungen und Auszeichnungen,
6. die Förderung und Heranbildung des wissenschaftlichen und künstlerischen Nachwuchses,
7. die Berufungen von Hochschullehrern und Hochschullehrerinnen,
8. die Einstellung des wissenschaftlichen, künstlerischen und wissenschaftsunterstützenden Personals,
9. die Unterrichtung der Öffentlichkeit,
10. die Entwicklungsplanung der Hochschule,
11. die Mitwirkung an der Haushaltsplanung.

12. die Regelung der sich aus der Zugehörigkeit zur Hochschule ergebenden Rechte und Pflichten der Mitglieder und Angehörigen der Hochschule,
13. der Erwerb und die Verwaltung des eigenen Vermögens.

(3) [1]Die Hochschulen erlassen die zur Erfüllung ihrer Aufgaben erforderlichen Ordnungen, die nach Maßgabe dieses Gesetzes der Genehmigung durch das Ministerium unterliegen. [2]Die Grundordnungen bedürfen der Genehmigung des Ministeriums. [3]Das Ministerium kann die Genehmigung von Ordnungen außer bei den Grundordnungen nach § 54 dem Rektor oder der Rektorin übertragen. [4]Die Genehmigung einer Ordnung ist zu versagen, wenn die Ordnung gegen das Recht verstößt. [5]Sie kann versagt werden, wenn die Ordnung
1. die Hochschulplanung gefährdet,
2. die Erfüllung der gegenüber dem Bund oder gegenüber anderen Ländern obliegenden Verpflichtungen gefährdet oder ländergemeinsame Empfehlungen nicht berücksichtigt,
3. die Einheitlichkeit und Gleichwertigkeit der Studien- und Lehrbedingungen derart beeinträchtigt, dass erhebliche Nachteile für die Freizügigkeit der Studienbewerber, Studienbewerberinnen und Studierenden oder die überregionale berufliche Anerkennung der Studienabschlüsse zu befürchten sind.

(4) [1]Das Ministerium übt in Selbstverwaltungsangelegenheiten die Rechtsaufsicht aus. [2]Es kann rechtswidrige Beschlüsse und Maßnahmen der Hochschule beanstanden und ihre Aufhebung oder Änderung innerhalb einer angemessenen Frist verlangen [3]Die Beanstandung hat aufschiebende Wirkung. [4]Kommt die Hochschule einer Beanstandung oder Anordnung nicht fristgemäß nach oder erfüllt sie die ihr sonst obliegenden Pflichten nicht innerhalb der vorgeschriebenen oder vom Ministerium gesetzten Frist, kann dieses die notwendigen Maßnahmen an ihrer Stelle treffen sowie die erforderlichen Satzungen und Ordnungen erlassen. [5]Einer Fristsetzung bedarf es nicht, wenn die Hochschule die Befolgung einer Beanstandung oder Anordnung oder die Erfüllung einer ihr obliegenden Pflicht verweigert oder ihre Gremien dauernd beschlussunfähig sind.

## § 56 Auftragsangelegenheiten

(1) Staatliche Angelegenheiten der Hochschule sind
1. Personalverwaltung,
2. Haushalts-, Finanz- und Wirtschaftsverwaltung,
3. Krankenversorgung und besonders übertragene Aufgaben im öffentlichen Gesundheitswesen,
4. andere Verwaltungsaufgaben, die durch Gesetz oder aufgrund Gesetzes übertragen werden,
5. Zulassung zum Studium und Vergabe des Studienplatzes,
6. Ermittlung der Ausbildungskapazität und Festsetzung von Zulassungszahlen,
7. Studienförderung,
8. Mitwirkung bei der Durchführung von staatlichen Prüfungen,
9. Aufgaben der Bibliotheken der Hochschulen, die über die bibliothekarische Versorgung der Hochschule hinausgehen,
10. Hochschulstatistik und Datenschutz,
11. Festlegung des Beginns und des Endes der Vorlesungszeiten,
12. Verwaltung des den Hochschulen dienenden Landesvermögens einschließlich der Grundstücks- und Gebäudeverwaltung,
13. Bauangelegenheiten.

(2) [1]Bei der Wahrnehmung staatlicher Angelegenheiten unterstehen die Hochschulen der Rechts- und Fachaufsicht des Ministeriums. [2]Für die Ausübung der Rechtsaufsicht gilt § 55 Abs. 4 Satz 2 bis 5. [3]Bei der Bauausführung unterstehen die Hochschulen der Fachaufsicht des für Hochschulbau und Hochschulneubau zuständigen Ministeriums. [4]Vor einer Weisung soll der Hochschule Gelegenheit zur Stellungnahme gegeben werden.

(3) [1]Das Ministerium kann sich über alle Angelegenheiten der Hochschulen einschließlich der Selbstverwaltungsangelegenheiten unterrichten. [2]Es kann insbesondere die Hochschule und deren Einrichtungen besichtigen, die Geschäfts- und Kassenführung prüfen sowie sich Berichte und Akten vorlegen lassen.

## § 57 *[aufgehoben]*

## Abschnitt 8
## Mitgliedschaft und Mitwirkung an der Selbstverwaltung

### § 58 Mitglieder und Angehörige

(1) Mitglieder der Hochschule sind nach Maßgabe dieses Gesetzes und der Grundordnung das hauptamtlich oder hauptberuflich an der Hochschule tätige Personal, die Studierenden sowie nach Maßgabe der Grundordnung die Doktoranden und Doktorandinnen und die kooptierten Professoren und Professorinnen.

(2) Die Rechte und Pflichten von Mitgliedern der Hochschule haben auch Personen, die, ohne Mitglieder nach Absatz 1 zu sein, in der Hochschule mit Zustimmung des Senats der Hochschule hauptberuflich tätig sind.

(3) Angehörige der Hochschule sind, ohne Mitglieder zu sein, das nebenberuflich tätige wissenschaftliche und künstlerische Personal, die im Ruhestand befindlichen Professoren und Professorinnen sowie die ehemaligen Mitglieder der Hochschule.

(4) Die Grundordnung kann bestimmen, dass einzelne Angehörige wissenschaftlicher Einrichtungen, die aufgrund gesetzlicher oder vertraglicher Regelungen mit der Hochschule in Forschung und Lehre zusammenwirken, Mitgliedern der Hochschule gleichgestellt werden.

(5) [1]Die Mitglieder der Hochschule sind verpflichtet,
1. die ihnen übertragenen fachlichen Aufgaben wahrzunehmen,
2. sich so zu verhalten, dass die Hochschule und ihre Organe ihre Aufgaben erfüllen können und niemand gehindert wird, seine Pflichten und Rechte an der Hochschule wahrzunehmen,
3. an der Selbstverwaltung mitzuwirken und Funktionen zu übernehmen.

[2]Satz 1 Nrn. 1 und 2 gilt auch für Angehörige der Hochschule mit Ausnahme der ehemaligen Mitglieder der Hochschule.

### § 59 Allgemeine Grundsätze der Mitwirkung

(1) [1]Die Mitwirkung an der Selbstverwaltung der Hochschule ist Recht und Pflicht der Mitglieder. [2]Die Übernahme einer Funktion in der Selbstverwaltung kann nur abgelehnt werden, wenn wichtige Gründe dafür vorliegen. [3]Das Nähere regelt die Grundordnung.

(2) [1]Die Mitglieder eines Gremiums werden, soweit sie dem Gremium nicht kraft Amtes angehören, für eine bestimmte Amtszeit gewählt. [2]Sie sind an Weisungen nicht gebunden.

(3) Bei der Behandlung von Personalangelegenheiten, die der Mitbestimmung der Personalvertretung nach dem Landespersonalvertretungsgesetz Sachsen-Anhalt unterliegen, wirken Mitglieder eines Gremiums, die Aufgaben der Personalvertretung wahrnehmen, nicht stimmberechtigt mit.

(4) [1]Die Mitglieder und Angehörigen der Hochschule nehmen an der hochschulpolitischen Willensbildung teil. [2]Die Mitglieder der Hochschule sind berechtigt, die Einrichtungen der Hochschule für die Teilhabe an der hochschulpolitischen Willensbildung zu nutzen, soweit die Wahrnehmung der übrigen Aufgaben der Hochschule nicht behindert wird.

### § 60 Bildung von Mitgliedergruppen

[1]Für die Vertretung in Gremien bilden grundsätzlich je eine Mitgliedergruppe
1. die Professoren und Professorinnen, Juniorprofessoren und Juniorprofessorinnen sowie Privatdozenten und Privatdozentinnen und außerplanmäßige Professoren und außerplanmäßige Professorinnen, soweit sie hauptberuflich an der Hochschule beschäftigt sind und Aufgaben einer Professur in Lehre und Forschung wahrnehmen (Hochschullehrer und Hochschullehrerinnen); zur Gruppe der Hochschullehrer und Hochschullehrerinnen gehören auch die in einem gemeinsamen Berufungsverfahren berufenen Professoren und Professorinnen, Juniorprofessoren und Juniorprofessorinnen,
2. die Mitarbeiter und Mitarbeiterinnen gemäß § 33a Abs. 1 Satz 1 Nrn. 2 und 3, die Doktoranden und Doktorandinnen nach Maßgabe der Grundordnung, soweit sie nicht Studierende sind,
3. die Studierenden,
4. die wissenschaftsunterstützenden Mitarbeiter und Mitarbeiterinnen gemäß § 52.

[2]Über die Zuordnung der außerplanmäßigen Professoren und außerplanmäßigen Professorinnen und der Privatdozenten und Privatdozentinnen zur Mitgliedergruppe nach Satz 1 Nr. 1 entscheidet der De-

kan oder die Dekanin im Einzelfall im Einvernehmen mit dem Fachbereichsrat und dem Senat. ³Das Nähere kann die Hochschule in einer Satzung regeln.

## § 61 Mitwirkung

(1) ¹Art und Umfang der Mitwirkung sowie die zahlenmäßige Zusammensetzung der Gremien der Hochschule ergeben sich aus der fachlichen Gliederung der Hochschule, den Aufgaben der Gremien sowie nach Qualifikation, Funktion, Verantwortung und Betroffenheit der Mitglieder der Hochschule. ²Die Gremien der Hochschulen müssen Vertreter und Vertreterinnen aller Mitgliedergruppen nach Maßgabe von § 60 Satz 1 umfassen, soweit in diesem Gesetz nichts anderes bestimmt ist.
(2) Die Gruppe der Hochschullehrer und Hochschullehrerinnen nach § 60 Satz 1 Nr. 1 muss in allen Gremien mit Entscheidungsbefugnis in Angelegenheiten der Forschung, der künstlerischen Entwicklungsvorhaben, der Lehre, der Berufung von Professoren oder Professorinnen über die absolute Mehrheit der Sitze und der Stimmen verfügen.
(3) ¹Entscheidungen, die Forschung, künstlerische Entwicklungsvorhaben, Lehre oder die Berufung von Professoren und Professorinnen unmittelbar berühren, bedürfen außer der Mehrheit des Gremiums auch der Mehrheit der dem Gremium angehörenden Professoren oder Professorinnen. ²Kommt danach ein Beschluss auch im zweiten Abstimmungsgang nicht zustande, so genügt für eine Entscheidung die Mehrheit der dem Gremium angehörenden Professoren und Professorinnen. ³Bei Berufungsvorschlägen ist die Mehrheit des Gremiums berechtigt, ihren Vorschlag als weiteren Berufungsvorschlag vorzulegen. ⁴Die Mitglieder haben das Recht des Sondervotums. ⁵Professoren und Professorinnen, die nach § 77 Abs. 5 berechtigt sind, an Entscheidungen über Berufungsvorschläge mitzuwirken, gelten bei der Bestimmung der Mehrheiten nach den Sätzen 1 bis 3 als dem Gremium angehörend, soweit sie an den Entscheidungen mitgewirkt haben.
(4) Stellvertretende Mitglieder nehmen an den Gremienberatungen stimmberechtigt teil, wenn das gewählte Mitglied verhindert ist.
(5) ¹Frauen sollen bei der Besetzung von Organen und Gremien angemessen berücksichtigt werden, sofern nicht durch Gesetz oder Satzung der Hochschule ein Wahlverfahren vorgeschrieben ist; Ausnahmen sind zu begründen. ²Bei der Aufstellung von Listen und Kandidaturen für die nach § 62 Abs. I Satz 1 zu wählenden Kollegialorgane sollen unterrepräsentierte Geschlechter zumindest ihrer Anteile an der jeweiligen Mitgliedergruppe nach berücksichtigt werden.

## § 62 Wahlen

(1) ¹Die Vertreter der Mitgliedergruppen im Senat und im Fachbereichsrat werden in unmittelbarer, freier, gleicher und geheimer Wahl von den jeweiligen Mitgliedergruppen, getrennt und in der Regel nach den Grundsätzen der personalisierten Verhältniswahl gewählt. ²Von der Verhältniswahl kann insbesondere abgesehen werden, wenn wegen einer überschaubaren Zahl von Wahlberechtigten in einer Mitgliedergruppe die Mehrheitswahl angemessen ist.
(2) ¹Wahlen zum Senat und zum Fachbereichsrat können als Briefwahl oder elektronische Wahl durchgeführt werden. ²Durch die Regelung des Wahlverfahrens und die Bestimmung des Zeitpunktes der Wahl sind die Voraussetzungen für eine möglichst hohe Wahlbeteiligung zu schaffen.
(3) ¹Jedes Mitglied der Hochschule kann sein aktives und passives Wahlrecht nur in jeweils einer Mitgliedergruppe und an einem Fachbereich ausüben. ²Ein wahlberechtigtes Mitglied, das mehreren Mitgliedergruppen oder mehr als einem Fachbereich angehört, hat eine Erklärung abzugeben, für welche Gruppe oder in welchem Fachbereich es sein Wahlrecht ausüben will.
(4) ¹Ist bei Ablauf einer Amts- oder Wahlzeit noch kein neues Mitglied bestimmt, so übt das bisherige Mitglied sein Amt weiter aus. ²Das Ende der Amtszeit des nachträglich gewählten Mitgliedes bestimmt sich so, als ob es sein Amt rechtzeitig angetreten hätte.
(5) Wird die Wahl eines Gremiums oder einzelner Mitglieder nach Amtsantritt für ungültig erklärt, so berührt dies nicht die Rechtswirksamkeit der vorher gefassten Beschlüsse des Gremiums, soweit diese vollzogen sind.
(6) Die Hochschulen treffen nähere Bestimmungen zur Durchführung der Wahlen in einer Ordnung, die dem Ministerium anzuzeigen ist.

## § 63 Beschlussfähigkeit, Beschlussfassung

(1) ¹Gremien sind beschlussfähig, wenn die Sitzung ordnungsgemäß einberufen wurde und die Mehrheit der stimmberechtigten Mitglieder anwesend ist. ²Beschlüsse werden mit der Mehrheit der abge-

gebenen gültigen Stimmen gefasst, soweit dieses Gesetz nichts anderes bestimmt. [3]Beschlüsse zu Grundsatz- und Personalangelegenheiten dürfen nur behandelt werden, wenn die wesentlichen Elemente eines Antrages zur Beschlussfassung rechtzeitig mit der Einladung bekannt gegeben werden. [4]Minderheitsmeinungen sind auf Antrag in das Protokoll aufzunehmen. [5]Das Nähere regelt die Geschäftsordnung des jeweiligen Gremiums.
(2) [1]Ausnahmsweise können Sitzungen der Gremien mittels Informations- und Kommunikationstechnologie, wie zum Beispiel Video- und Telefonkonferenzen, erfolgen, wenn eine Präsenzsitzung aus dringenden Gründen nicht möglich ist. [2]Es ist sicherzustellen, dass den Teilnehmern und Teilnehmerinnen hierfür keine zusätzlichen Kosten entstehen. [3]Näheres regelt die Grundordnung oder die jeweilige Geschäftsordnung des Gremiums. [4]Für Gremien der Studierendenschaft gilt die Regelung entsprechend.

## § 64 Öffentlichkeit, Verschwiegenheit

(1) Der Senat und die Fachbereichsräte beschließen generell oder für den Einzelfall, ob sie hochschul- oder fachbereichsöffentlich oder -nichtöffentlich tagen.
(2) [1]Personalangelegenheiten und Entscheidungen in Prüfungssachen werden in nichtöffentlicher Sitzung behandelt. [2]Beschlüsse über Personalangelegenheiten erfolgen in geheimer Abstimmung.
(3) Die an einer Sitzung eines Gremiums Beteiligten sind auch nach Beendigung ihrer Mitgliedschaft in dem Gremium zur Verschwiegenheit über alle in nichtöffentlicher Sitzung behandelten Angelegenheiten verpflichtet, soweit Personal- oder Prüfungsangelegenheiten betroffen sind oder die Pflicht zur Verschwiegenheit besonders beschlossen worden ist.
(4) Über die wesentlichen Beratungsgegenstände und Ergebnisse der Sitzungen des Senats und der Fachbereichsräte ist hochschulöffentlich zu berichten.

## § 65 Studierendenschaft

(1) [1]An den Hochschulen werden Studierendenschaften gebildet. [2]Sie sind rechtsfähige Körperschaften des öffentlichen Rechts und als solche Glied der Hochschule. [3]Studierende können ihren Austritt aus der Studierendenschaft frühestens nach Ablauf eines Semesters erklären. [4]Ein Wiedereintritt ist möglich. [5]Der Austritt aus der Studierendenschaft und der Wiedereintritt sind schriftlich mit der Rückmeldung zu erklären. [6]Die Studierendenschaft untersteht der Rechtsaufsicht der Leitung der jeweiligen Hochschule und des Ministeriums. [7]Sie hat folgende Aufgaben
1. die Meinungsbildung in der Gruppe der Studierenden zu ermöglichen;
2. die Belange ihrer Mitglieder in Hochschule und Gesellschaft wahrzunehmen;
3. an der Erfüllung der Aufgaben der Hochschule (§§ 3 und 4) insbesondere durch Stellungnahmen zu hochschul- oder wissenschaftspolitischen Fragen mitzuwirken;
4. auf der Grundlage der verfassungsmäßigen Ordnung die politische Bildung, das staatsbürgerliche Verantwortungsbewusstsein und die Bereitschaft ihrer Mitglieder zur aktiven Toleranz sowie zum Eintreten für die Grund- und Menschenrechte zu fördern;
5. kulturelle, fachliche, wirtschaftliche und soziale Belange ihrer Mitglieder wahrzunehmen;
6. die Integration ausländischer Studierender zu fördern;
7. den Studentensport zu fördern;
8. die überregionalen und internationalen Studierendenbeziehungen zu pflegen.
[8]Zur Erfüllung ihrer Aufgaben kann die Studierendenschaft insbesondere auch zu solchen Fragen Stellung beziehen, die sich mit der gesellschaftlichen Aufgabenstellung der Hochschulen sowie mit der Anwendung der wissenschaftlichen Erkenntnisse und der Abschätzung ihrer Folgen für die Gesellschaft und die Natur beschäftigen. [9]Die Studierenden und ihre Organe können für die Erfüllung ihrer Aufgaben Medien aller Art nutzen und in diesen Medien auch die Diskussion und Veröffentlichung zu allgemeinen gesellschaftlichen Fragen ermöglichen. [10]Umfang und Kosten der Mediennutzung zu allgemeinen gesellschaftlichen Fragen müssen in einem angemessenen Verhältnis zu Umfang und Kosten aller Aufgaben der Studierendenschaft stehen. [11]Eine überwiegende Nutzung zu allgemeinen gesellschaftlichen Fragen ist unzulässig.
(2) [1]Die Studierendenschaft verwaltet ihre Angelegenheiten im Rahmen der gesetzlichen Bestimmungen selbst. [2]Organe der Studierendenschaft sind der Studierendenrat und die Fachschaftsräte. [3]Der Studierendenrat wählt aus seiner Mitte Sprecher oder Sprecherinnen, die einzelne Aufgaben wahrnehmen, insbesondere für Finanzen. [4]Für die Wahlen zu den Organen der Studierendenschaft gilt § 62

entsprechend. [5]Die Wahlen sollen gleichzeitig mit den Wahlen zu den Kollegialorganen der Hochschule durchgeführt werden.

(3) [1]Die Studierendenschaft gibt sich eine Satzung. [2]Die Satzung wird vom Studierendenrat mit der Mehrheit der abgegebenen gültigen Stimmen beschlossen. [3]Die Satzung trifft Regelungen insbesondere über:
1. die Zusammensetzung, die Wahl, die Befugnisse und die Beschlussfassung der Organe der Studierendenschaft,
2. die Amtszeit der Mitglieder der Organe und die Bekanntgabe der Beschlüsse,
3. die Gliederung in Fachschaften, die auch fachübergreifend gebildet werden können,
4. die Aufstellung und Ausführung des Haushaltsplanes und
5. die Finanz- und Beitragsordnung der Studierendenschaft.

[4]Die Satzung ist hochschulintern zu veröffentlichen. [5]In der Satzung kann geregelt werden, dass an Sitzungen des Studierendenrates auch weitere Studierende beratend teilnehmen dürfen, sofern sie Mitglieder der Hochschule sind.

(4) [1]Die Studierendenschaft erhebt von ihren Mitgliedern zur Erfüllung ihrer Aufgaben Beiträge auf der Grundlage einer vom Studierendenrat beschlossenen Beitragsordnung, die insbesondere Bestimmungen über die Beitragspflicht und die Höhe der Beiträge enthalten muss. [2]Die Beiträge sind für alle Studierenden einer Hochschule in gleicher Höhe festzusetzen. [3]Die Beitragsordnung der Studierendenschaft kann für Studierende in berufsbegleitenden Weiterbildungsstudiengängen Ermäßigungen oder Befreiungen vorsehen. [4]Die Beiträge werden von der für die Hochschule zuständigen Kasse kostenfrei eingezogen. [5]Die Beiträge sind bei der Immatrikulation oder Rückmeldung fällig. [6]Nach Maßgabe der §§ 105 bis 112 der Landeshaushaltsordnung des Landes Sachsen-Anhalt gibt sich die Studierendenschaft eine Finanzordnung. [7]In der Finanzordnung sind die Aufstellung und Ausführung des Haushaltsplanes, die Rechnungslegung sowie die Rechnungsprüfung zu regeln. [8]Im Haushaltsplan sind den Fachschaftsorganen angemessene Haushaltsmittel zur Verfügung zu stellen. [9]Die Haushalts- und Wirtschaftsführung der Studierendenschaft unterliegt der Prüfung durch den Landesrechnungshof.

(5) [1]Für Verbindlichkeiten der Studierendenschaft haftet nur deren Vermögen. [2]Die Studierendenschaft ist berechtigt, zur Abwendung des Haftungsrisikos in Bezug auf Personen-, Sach- und Vermögensschäden Versicherungsverträge abzuschließen. [3]Der Abschluss der Versicherungsverträge ist dem Kanzler oder der Kanzlerin der Hochschule anzuzeigen. [4]Verstößt ein Mitglied eines Studierendenschaftsorgans bei seiner Amtsführung vorsätzlich oder grob fahrlässig gegen Bestimmungen dieses Gesetzes, anderer Gesetze, aufgrund von Gesetzen erlassener Verordnungen oder einer Satzung der Studierendenschaft und entsteht der Studierendenschaft hierdurch ein Schaden, so gelten für den Schadensersatz die allgemeinen Bestimmungen. [5]Die Hochschule unterstützt die Studierendenschaft bei der räumlichen und materiellen Ausstattung. [6]Das Land weist nach Maßgabe des Haushaltsgesetzes den Studierendenschaften jährlich einen Betrag als Grundfinanzierung zu.

(6) [1]Die Studierendenräte der Hochschulen können eine Konferenz der Studierendenräte bilden. [2]Zur Vertretung der Angelegenheiten der Konferenz der Studierendenräte wählt diese einen Sprecherrat.

## § 65a Studentische Vereinigungen

[1]Die Studierenden haben das Recht, sich an den Hochschulen im Rahmen der Gesetze zu studentischen Vereinigungen zusammenzuschließen. [2]Studentische Vereinigungen haben insbesondere die Wahrnehmung fachlicher, hochschulpolitischer und sozialer Interessen der ihnen angehörenden Studierenden zum Ziel. [3]Die Möglichkeit zur Nutzung von Personal und Sachmitteln der Hochschule setzt die Anerkennung als studentische Vereinigung voraus. [4]Näheres zur Mindestmitgliederzahl, zum Verfahren der Anerkennung sowie zu den Rechten und Pflichten der studentischen Vereinigungen im Zusammenhang mit der Nutzung von Personal und Sachmitteln der Hochschule regelt die Hochschule in einer Ordnung, die dem Ministerium anzuzeigen ist.

*Abschnitt 9*
**Organisation der Hochschule**

## § 66 Grundsätze der Organisation

(1) Zentrale Organe der Hochschule sind das Rektorat, der Senat und das Kuratorium.

(2) ¹Die Hochschule gliedert sich in Fachbereiche oder vergleichbare Organisationseinheiten, die möglichst fächerübergreifend die Aufgaben der Hochschule gemäß § 3 erfüllen. ²Die Mindestausstattung von Fachbereichen oder vergleichbaren Organisationseinheiten kann in Zielvereinbarungen zwischen Ministerium und Hochschule festgelegt werden. ³Dies gilt auch für die Zielvereinbarungen des Ministeriums mit den Medizinischen Fakultäten.
(3) Organe der Fachbereiche sind der Dekan oder die Dekanin oder das Dekanat sowie der Fachbereichsrat.
(4) ¹Die Hochschulen können von § 66 bis § 71 und von § 74 bis § 78 abweichende Organisationsformen wählen. ²Diese dürfen nicht die durch dieses Gesetz vorgegebenen Aufgabenzuordnungen der Gremien verändern. ³Die Regelungen in den §§ 58 bis 64 bleiben unberührt. ⁴Die Änderungen müssen in der Grundordnung festgelegt werden. ⁵Andere Organisationsformen müssen die Organisationsebenen nach den Absätzen 1 und 2 beinhalten.

### § 67 Zusammensetzung des Senats
(1) Dem Senat gehören an
1. die Mitglieder des Rektorates mit dem Rektor als Vorsitzendem oder der Rektorin als Vorsitzender mit Stimmrecht und den Prorektoren und Prorektorinnen, sofern sie nicht nach Nummer 2 gewählt wurden, sowie dem Kanzler oder der Kanzlerin als beratende Mitglieder,
2. aufgrund von Wahlen die Vertreter und Vertreterinnen der Gruppen nach § 60 Satz 1 Nrn. 1 bis 4 im Verhältnis von 7:2:2:1 der Sitze und Stimmen mit der Maßgabe, dass die Mitglieder des Senats nach § 60 Satz 1 Nr. 1 über mindestens einen Sitz und eine Stimme mehr als die Mitglieder des Senats nach § 60 Satz 1 Nrn. 2 bis 4 sowie nach Nummer 3 dieses Absatzes verfügen, die Gesamtzahl darf jedoch 24 Mitglieder nicht überschreiten,
3. der oder die Gleichstellungsbeauftragte der Hochschule im Sinne von § 72.

(2) Die Dekane und Dekaninnen der Fachbereiche nehmen an den Sitzungen des Senats mit beratender Stimme teil.
(3) Die Amtszeit der studentischen Mitglieder beträgt ein Jahr, die der übrigen Mitglieder nach Maßgabe der Grundordnung bis zu vier Jahren.
(4) ¹Ist ein Beschluss des Senats in Angelegenheiten des Studiums oder der Prüfungen gegen die Stimmen der Mitglieder der Gruppe der Studierenden gefasst worden, muss die Angelegenheit auf Antrag dieser Gruppe in einer späteren Sitzung erneut beraten werden. ²Der Antrag darf in derselben Angelegenheit nur einmal gestellt werden. ³Satz 1 gilt nicht in unaufschiebbaren Angelegenheiten und bei Personalangelegenheiten einschließlich Berufungsangelegenheiten.

### § 67a Aufgaben des Senats
(1) ¹Der Senat beschließt die Ordnungen der Hochschule, sofern sie nicht nach diesem Gesetz oder der Grundordnung durch die Fachbereiche beschlossen werden. ²Er beschließt die Grundordnung und ihre Änderungen mit einer Mehrheit von zwei Dritteln seiner Mitglieder. ³Der Senat kann zu Selbstverwaltungsangelegenheiten von grundsätzlicher Bedeutung Stellung nehmen. ⁴Das Rektorat ist in Angelegenheiten der Selbstverwaltung in seiner Entscheidungszuständigkeit dem Senat gegenüber rechenschaftspflichtig. ⁵Der Senat kann Kommissionen bilden.
(2) Der Senat hat insbesondere folgende weitere Aufgaben:
1. Entscheidungen treffen
   a) in Forschungsangelegenheiten von grundsätzlicher Bedeutung, insbesondere über die Festlegung von Prioritäten und die Bildung von Forschungsschwerpunkten sowie über die Einrichtung von Sonderforschungsbereichen auf Vorschlag der Fachbereiche,
   b) über den Hochschulentwicklungsplan und den Entwurf der Zielvereinbarung nach § 3 Abs. 5,
2. Beschlüsse fassen
   a) über die Einrichtung, Änderung und Aufhebung von Studiengängen innerhalb der Hochschule auf Vorschlag der Fachbereiche oder des Rektors oder der Rektorin,
   b) über die Einrichtung, Änderung und Aufhebung von Hochschuleinrichtungen und gemeinsamen Kommissionen auf Vorschlag der Fachbereiche oder des Rektors oder der Rektorin,
   c) über Ordnungen für die Verwaltung und Benutzung der Hochschuleinrichtungen,
   d) über den Wirtschaftsplan,

e) über Angelegenheiten von grundsätzlicher Bedeutung für die Heranbildung und Förderung des wissenschaftlichen und künstlerischen Nachwuchses,
f) über Rahmenordnungen zu Studien-, Prüfungs-, Promotions- und Habilitationsordnungen,
g) über Satzungen zur Festsetzung von Zulassungszahlen auf Vorschlag des Rektorates,
h) über Rahmenordnungen zu Satzungen, die das Verfahren und die Kriterien für die Vergabe von Studienplätzen im Hochschulauswahlverfahren regeln,
i) über die Verleihung der Würde eines Ehrensenators oder einer Ehrensenatorin,
j) über Maßnahmen zur Förderung von Frauen mit der Zielvorgabe, den Anteil der Frauen in allen Berufsgruppen, in denen sie bisher unterrepräsentiert sind, und bei der Vergabe von Stipendien und bei anderen Maßnahmen der wissenschaftlichen Nachwuchsförderung zu erhöhen,
k) über die Maßnahmen der Qualitätssicherung, die sich auf Lehre, Forschung, Weiterbildung und Dienstleistungen beziehen, auf Vorschlag des Rektors oder der Rektorin,
3. Stellungnahmen abgeben
a) zu Studien-, Prüfungs-, Promotions- und Habilitationsordnungen,
b) zu Satzungen, die das Verfahren und die Kriterien für die Vergabe von Studienplätzen im Hochschulauswahlverfahren regeln,
c) zur Gründung und Beteiligung an Unternehmen sowie zu Verfügungen über Grundstücke,
d) im Rahmen der Anhörung zu dem Hochschulstrukturplan.

(3) [1]Beschließt der Senat im Fall von Absatz 2 Nr. 1 Buchst. b den Hochschulentwicklungsplan oder den Entwurf der Zielvereinbarung nicht, hat sich das Rektorat mit den Einwänden des Senats zu befassen und dem Senat sein Ergebnis mitzuteilen. [2]Sofern eine Ablehnung durch den Senat erfolgt, kann innerhalb von einem Monat das Kuratorium als Vermittler angerufen werden; kann keine Einigung herbeigeführt werden, entscheidet innerhalb von einem weiteren Monat nach Anrufung das Kuratorium. [3]Für den Fall des Absatzes 2 Nr. 2 Buchst. d gelten die Sätze 1 und 2 entsprechend.

(4) [1]Der Senat hat darüber hinaus über die Vorschläge der Fachbereiche für die Berufung von Professoren und Professorinnen, die Bestellung von Honorarprofessoren und Honorarprofessorinnen sowie über die Verleihung des Titels „außerplanmäßiger Professor" oder „außerplanmäßige Professorin" abschließend zu entscheiden. [2]Der Senat kann den Vorschlag ganz oder mit Auflagen an den Fachbereich zurückverweisen. [3]Der Senat kann zur Vorbereitung seiner Entscheidung eine Berufungsprüfungskommission bilden. [4]Näheres regelt die Grundordnung.

## § 68 Rektorat

(1) [1]Hochschulen werden durch ein Rektorat eigenverantwortlich geleitet. [2]Dem Rektorat gehören an
1. der Rektor als Vorsitzender oder die Rektorin als Vorsitzende,
2. bis zu drei Prorektoren oder Prorektorinnen,
3. der Kanzler oder die Kanzlerin oder der oder die Beauftragte für Haushalt, soweit diese Funktion nicht durch einen Prorektor oder eine Prorektorin ausgeübt wird.

[3]Die Grundordnung kann mit Zustimmung des Ministeriums eine andere Zusammensetzung des Rektorats vorsehen. [4]Das Rektorat gibt sich eine Geschäftsordnung. [5]Dabei ist vorzusehen, dass bei Stimmengleichheit die Stimme des Rektors oder der Rektorin den Ausschlag gibt. [6]Unberührt davon ist das Widerspruchsrecht des Kanzlers oder der Kanzlerin in der Eigenschaft als Beauftragter oder Beauftragte für den Haushalt. [7]Die Amtszeit des Rektors oder der Rektorin und der Prorektoren oder der Prorektorinnen sowie die Möglichkeit der Wiederwahl wird in der Grundordnung festgelegt. [8]Die Amtszeit dauert mindestens vier, höchstens sechs Jahre.

(2) Die Mitglieder des Rektorats sind berechtigt, an den Sitzungen aller Organe teilzunehmen, und haben das Recht, angehört zu werden.

(3) [1]Das Rektorat ist für alle Angelegenheiten zuständig, die nicht durch Gesetz einem anderen Organ zugewiesen sind. [2]Es entscheidet insbesondere über
1. die Verteilung der der Hochschule zugewiesenen Mittel und Stellen nach Erörterung mit dem Senat und den Fachbereichen,
2. die Gliederung eines Fachbereiches auf Vorschlag des jeweiligen Dekans oder der jeweiligen Dekanin,
3. die Zustimmung zu den Entscheidungen des Senats gemäß § 67a Abs. 2 Nr. 2 Buchst. a und b.

(4) ¹Das Rektorat kann in dringenden Fällen den Senat kurzfristig einberufen und die kurzfristige Einberufung jedes anderen Organs veranlassen und verlangen, dass über bestimmte Sachverhalte unter seiner Mitwirkung beraten und in seiner Anwesenheit entschieden wird. ²Kann die Entscheidung nicht rechtzeitig getroffen werden, so trifft das Rektorat die erforderliche Maßnahme selbst und unterrichtet das zuständige Organ unverzüglich über die getroffene Maßnahme.

## § 69  Rektor oder Rektorin, Prorektor oder Prorektorin

(1) ¹Der Rektor oder die Rektorin vertritt die Hochschule, führt den Vorsitz im Rektorat und legt die Richtlinien für das Rektorat fest. ²Er oder sie sorgt für die Vorbereitung und Durchführung der Beschlüsse des Senats. ³Er oder sie übt das Hausrecht aus und ist für die Wahrung der Ordnung an der Hochschule verantwortlich. ⁴Für den Rektor oder die Rektorin muss für den Fall der Abwesenheit oder Verhinderung nach Maßgabe der Grundordnung ein Stellvertreter oder eine Stellvertreterin bestimmt werden, der oder die Mitglied des Rektorates. ist. ⁵Der Rektor oder die Rektorin kann bestimmte Arten von Geschäften ganz oder teilweise zeitlich begrenzt übertragen. ⁶Näheres regelt die Geschäftsordnung des Rektorates.

(2) ¹Der Rektor oder die Rektorin fördert die Zusammenarbeit der Organe und Einrichtungen der Hochschule, der Lehrenden, der Mitarbeiter und Mitarbeiterinnen und der Studierenden. ²Der Rektor oder die Rektorin stellen über den Dekan oder die Dekanin des jeweiligen Fachbereiches sicher, dass die Hochschullehrer und Hochschullehrerinnen sowie die sonstigen zur Lehre verpflichteten Personen ihre Lehr- und Prüfungsverpflichtung ordnungsgemäß erfüllen. ³Dem Rektor oder der Rektorin steht diesbezüglich gegenüber dem Dekan oder der Dekanin des Fachbereiches ein Aufsichts- und Weisungsrecht zu. ⁴Er oder sie informiert den Senat und die Dekane der Fachbereiche über alle für die Leitung der Hochschule wichtigen Angelegenheiten. ⁵Der Rektor oder die Rektorin hat das Recht, von den Dekanen der Fachbereiche über jede Angelegenheit, die die Leitung der Hochschule oder die Rechtsaufsicht betreffen, unverzüglich Auskunft zu erhalten.

(3) ¹Der Rektor oder die Rektorin kann in dringenden Fällen den unverzüglichen Zusammentritt eines Organs zur Beratung einer Angelegenheit verlangen. ²Kann eine solche Entscheidung nicht rechtzeitig herbeigeführt werden, ist der Rektor oder die Rektorin verpflichtet, die notwendigen Maßnahmen zu treffen und das zuständige Organ umgehend zu informieren.

(4) ¹Hält der Rektor oder die Rektorin Maßnahmen und Entscheidungen von Organen, Gremien oder Amtsträgern oder Amtsträgerinnen für rechtswidrig, so hat er oder sie das Recht zur Beanstandung und zur Forderung, Abhilfe zu schaffen. ²Die Beanstandung setzt die Wirksamkeit von Beschlüssen oder anderen Maßnahmen aus. ³Wird die beanstandete Rechtsverletzung nicht behoben, so hat der Rektor oder die Rektorin unverzüglich das Ministerium zu unterrichten.

(5) Der Rektor oder die Rektorin berichtet jährlich dem Senat zur Entwicklung der Hochschule in Forschung, Lehre und Studium sowie über die Verwendung der Mittel und die Entwicklung der Personalstruktur.

(6) ¹Der Rektor oder die Rektorin, der Professor oder Professorin ist, wird vom Senat gemäß Absatz 9 gewählt. ²Der Rektor oder die Rektorin einer Hochschule kann während seiner oder ihrer Amtszeit kein anderes Wahlamt in Organen der Hochschule und der Fachbereiche wahrnehmen.

(7) ¹Der Rektor oder die Rektorin ist hauptberuflich tätig. ²Er oder sie wird für die Dauer der Amtszeit auf Antrag zum Beamten oder zur Beamtin auf Zeit ernannt. ³Sofern ein Beamtenverhältnis zum Land Sachsen-Anhalt besteht, bleibt dieses bestehen. ⁴Wird ein Professor oder eine Professorin in einem privatrechtlichen Beschäftigungsverhältnis vorgeschlagen, so wird für die Dauer des Amtes als Rektor oder Rektorin ein besonderes Dienstverhältnis begründet. ⁵Eine Abwahl ist nur durch konstruktives Misstrauensvotum möglich. ⁶Mit der Wirksamkeit des Beschlusses dieser Abwahl gilt die Amtszeit als abgelaufen und das Beamtenverhältnis auf Zeit oder das besondere Dienstverhältnis ist beendet. ⁷Während der Amtszeit als Rektor oder Rektorin ruhen die Mitgliedschaftsrechte und die Pflichten aus dem Amt als Professor oder Professorin; die Berechtigung zur Forschung und Lehre bleibt bestehen. ⁸§ 5 des Landesbesoldungsgesetzes bleibt unberührt. ⁹Mit Ablauf seiner oder ihrer Amtszeit oder mit der Beendigung seines oder ihres Beamtenverhältnisses auf Lebenszeit als Professor oder Professorin ist der Rektor oder die Rektorin aus dem Beamtenverhältnis auf Zeit entlassen.

(8) ¹Die Prorektoren oder Prorektorinnen werden aus der der Hochschule angehörenden Hochschullehrern und Hochschullehrerinnen nach § 60 Satz 1 Nr. l gewählt. ²Für die Wahl der Prorektoren oder Prorektorinnen hat der Rektor oder die Rektorin das Vorschlagsrecht gegenüber dem Senat. ³Die

Amtszeit der Prorektoren oder Prorektorinnen endet in der Regel mit dem Amt des Rektors oder der Rektorin. [4]Die Prorektoren oder Prorektorinnen können während ihrer Amtszeit kein anderes Wahlamt in Organen der Fachbereiche wahrnehmen.

(9) [1]Der Senat wählt den Rektor oder die Rektorin sowie die Prorektoren und die Prorektorinnen. [2]Der Rektor oder die Rektorin wird vom Senat mit der Mehrheit der Stimmen seiner Mitglieder und mit der Mehrheit der Stimmen der Senatsmitglieder aus der Mitgliedergruppe der Hochschullehrer und Hochschullehrerinnen nach § 60 Satz 1 Nr. 1 gewählt. [3]Zur Vorbereitung der Wahl des Rektors oder der Rektorin bildet der Senat eine Findungskommission, an der auch Vertreter und Vertreterinnen des Kuratoriums zu beteiligen sind. [4]Die Findungskommission legt dem Senat einen Vorschlag vor, der in der Regel mindestens zwei Namen enthalten soll. [5]Näheres regelt die Grundordnung.

(10) [1]Kommt es im Zuge des Wahlverfahrens zu keiner Neubesetzung des Amtes des Rektors oder der Rektorin, führt der bisherige Rektor oder die bisherige Rektorin die Amtsgeschäfte bis zur Neubesetzung fort. [2]Endet die Amtszeit der Prorektoren und Prorektorinnen in diesem Zeitraum, führen diese die Amtsgeschäfte kommissarisch bis zum Ablauf von vier Monaten nach Amtsantritt des neuen Rektors oder der neuen Rektorin fort. [3]Kommt es im Zuge eines Wahlverfahrens oder bei vorzeitigem Ausscheiden eines bisherigen Prorektors oder einer bisherigen Prorektorin zu keiner Neubesetzung, kann die Leitung der Hochschule nach Maßgabe von § 59 Abs. 1 vorübergehend einen Professor oder eine Professorin mit der Wahrnehmung der Funktion beauftragen.

(11) [1]Scheidet der Rektor oder die Rektorin vorzeitig aus dem Amt aus, ist unverzüglich eine Neuwahl einzuleiten. [2]Bis zur Amtsübernahme durch den neu gewählten Rektor oder die neu gewählte Rektorin werden die Amtsgeschäfte durch den Stellvertreter oder die Stellvertreterin des ausgeschiedenen Rektors oder der ausgeschiedenen Rektorin kommissarisch fortgeführt. [3]Absatz 10 Satz 2 gilt entsprechend. [4]Scheiden alle gewählten Mitglieder des Rektorates aus, wählt der Senat ein Interimsrektorat, das bis zur Neuwahl die Amtsgeschäfte kommissarisch führt.

## § 70 Andere Formen der Hochschulleitung

(1) Die Grundordnung kann abweichend von den §§ 68 und 69 vorsehen, dass die Hochschule durch
1. ein Präsidium,
2. einen Präsidenten oder eine Präsidentin oder
3. einen Rektor oder eine Rektorin

geleitet wird.

(2) [1]Bei der Leitung der Hochschule durch ein Präsidium, einen Präsidenten oder eine Präsidentin oder einen Rektor oder eine Rektorin gelten die §§ 68 und 69 entsprechend. [2]Bei der Leitung der Hochschule durch ein Präsidium, einen Präsidenten oder eine Präsidentin ist der Präsident oder die Präsidentin nach § 67 Abs. 1 Nr. 1 Mitglied des Senats mit Stimmrecht. [3]Die für den Rektor oder die Rektorin geltenden Vorschriften sind entsprechend anzuwenden. [4]Ist der Präsident oder die Präsidentin kein Hochschullehrer oder keine Hochschullehrerin, so erhöht sich die Zahl der Gruppenmitglieder nach § 60 Satz 1 Nr. 1 um einen Sitz mit Stimmrecht.

(3) [1]Die Amtszeit für das Präsidium, den Präsidenten oder die Präsidentin sowie den Rektor oder die Rektorin wird durch die Grundordnung festgelegt. [2]Sie soll bei Rektorat und Präsidium vier Jahre nicht unterschreiten; bei der Leitung durch einen Rektor oder eine Rektorin oder einen Präsidenten oder eine Präsidentin beträgt sie bis zu acht Jahren.

(4) [1]Zum Präsidenten oder zur Präsidentin kann bestellt werden, wer ein abgeschlossenes Hochschulstudium besitzt und aufgrund einer mehrjährigen verantwortlichen beruflichen Tätigkeit, insbesondere in Wissenschaft, Wirtschaft, Verwaltung oder Rechtspflege erwarten lässt, dass er oder sie den Aufgaben des Amtes gewachsen ist. [2]Der Präsident oder die Präsidentin wird zum Beamten oder zur Beamtin auf Zeit ernannt; es kann auch ein privatrechtliches Beschäftigungsverhältnis begründet werden. [3]Ist der Präsident oder die Präsidentin Hochschullehrer oder Hochschullehrerin, kann er oder sie im Professorenverhältnis verbleiben.

## § 71 Kanzler und Kanzlerin

(1) [1]Der Kanzler oder die Kanzlerin führt die Geschäfte der Verwaltung der Hochschule. [2]Er oder sie ist Beauftragter oder Beauftragte für den Haushalt gemäß § 9 der Landeshaushaltsordnung des Landes Sachsen-Anhalt. [3]Zu seinem oder ihrem Geschäftsbereich gehört die Wirtschafts- und Personalverwaltung. [4]Der Kanzler oder die Kanzlerin ist Dienstvorgesetzter oder Dienstvorgesetzte des wissen-

schaftsunterstützenden Personals der Hochschule. ⁵Durch die Grundordnung kann der Geschäftsbereich des Kanzlers oder der Kanzlerin näher bestimmt werden. ⁶Sofern die Grundordnung die Position des Kanzlers oder der Kanzlerin nicht vorsieht, sind diese Aufgaben, insbesondere des oder der Beauftragten für den Haushalt, ausdrücklich zuzuweisen. ⁷Für den Kanzler oder die Kanzlerin kann nach Maßgabe der Grundordnung eine Vertretung bestimmt werden.

(2) ¹Der Kanzler oder die Kanzlerin wird vom Senat mit der Mehrheit der Stimmen seiner Mitglieder und mit der Mehrheit der Stimmen der Senatsmitglieder aus der Mitgliedergruppe der Hochschullehrer und Hochschullehrerinnen nach § 60 Satz 1 Nr. 1 auf Grund einer vorausgegangenen Ausschreibung gewählt. ²Zur Vorbereitung der Wahl richtet der Senat eine Findungskommission ein. ³Die Hochschule regelt den Vorsitz, die Zusammensetzung und die Aufgaben der Findungskommission sowie das Verfahren in einer Ordnung. ⁴Die Amtszeit des Kanzlers oder der Kanzlerin beträgt acht Jahre. ⁵Wiederwahlen sind möglich. ⁶Die Bestellung wird von dem Minister oder der Ministerin vorgenommen, der oder die für die Hochschulen zuständig ist.

(3) Gewählt werden kann, wer eine abgeschlossene Hochschulausbildung oder eine entsprechende Qualifikation besitzt und aufgrund einer in der Regel mindestens fünfjährigen beruflichen Tätigkeit in verantwortlicher Stellung mit Personalverantwortung, insbesondere in Wissenschaft, Wirtschaft, Verwaltung, der Hochschulleitung oder Rechtspflege, erwarten lässt, dass er oder sie den Aufgaben des Amtes gewachsen ist.

(4) ¹Der Kanzler oder die Kanzlerin wird für die Dauer seiner oder ihrer Amtszeit in ein Beamtenverhältnis auf Zeit berufen. ²Ein Bediensteter oder eine Bedienstete des Landes gilt im Fall der Ernennung zum Kanzler oder zur Kanzlerin für die Dauer der Wahlzeit unter Fortfall der Besoldung als beurlaubt; im Fall eines privatrechtlichen Arbeitsverhältnisses mit dem Land ist ihm oder ihr Sonderurlaub ohne Fortzahlung des Entgelts zu gewähren. ³§ 8 Abs. 9 Satz 1 des Landesbeamtengesetzes findet keine Anwendung. ⁴Der Kanzler oder die Kanzlerin ist mit Ablauf der Amtszeit aus dem Beamtenverhältnis auf Zeit entlassen, sofern er oder sie nicht im Anschluss an seine oder ihre Amtszeit erneut in dasselbe Amt für eine weitere Amtszeit berufen wird. ⁵Der Kanzler oder die Kanzlerin tritt unbeschadet des Satzes 4 mit Ablauf seiner oder ihrer Amtszeit oder mit Erreichen der gesetzlichen Altersgrenze in den Ruhestand, wenn er oder sie eine Dienstzeit von mindestens zehn Jahren in einem Beamtenverhältnis mit Dienstbezügen zurückgelegt hat oder aus einem Beamtenverhältnis auf Lebenszeit zu einem anderen Dienstherrn zum Beamten oder zur Beamtin auf Zeit ernannt worden war. ⁶Im Übrigen ist er oder sie mit Ablauf der Amtszeit aus dem Beamtenverhältnis auf Zeit entlassen. ⁷Die §§ 57 und 78 Abs. 2 bis 5 des Landesbeamtenversorgungsgesetzes Sachsen-Anhalt sind nicht anwendbar.

(5) ¹Der Kanzler oder die Kanzlerin kann aus wichtigem Grund mit einer Mehrheit von zwei Dritteln der Mitglieder des Senats abgewählt werden. ²Die Abwahl bedarf einer Mehrheit von zwei Dritteln der Stimmen der Senatsmitglieder aus der Mitgliedergruppe der Hochschullehrer und Hochschullehrerinnen nach § 60 Satz 1 Nr. 1. ³Die Bestellung ist durch den Minister oder die Ministerin, der oder die für Hochschulen zuständig ist, zu widerrufen. ⁴Mit der Abwahl endet zugleich die Amtszeit. ⁵Dem abgewählten Kanzler oder der abgewählten Kanzlerin wird ein Übergangsgeld gemäß § 57 des Landesbeamtenversorgungsgesetzes Sachsen-Anhalt gewährt. ⁶§ 78 Abs. 6 des Landesbeamtenversorgungsgesetzes Sachsen-Anhalt findet keine Anwendung.

(6) Für die Zeit nach Ablauf seiner oder ihrer Amtszeit kann vereinbart werden, dass für Kanzler oder die Kanzlerin mindestens mit der Rechtsstellung, die er oder sie zum Zeitpunkt der Ernennung oder der Einstellung als Kanzler oder Kanzlerin hatte, in den Landesdienst zu übernehmen ist.

### § 72 Gleichstellungsbeauftragte

(1) ¹Die Gleichstellungsbeauftragten der Hochschule und der Fachbereiche wirken auf die Herstellung der Chancengleichheit der Geschlechter und auf die Vermeidung von Nachteilen für weibliche Mitglieder und Angehörige der Hochschule hin. ²Zu ihren Aufgaben gehört auch die Verwirklichung des Zieles, dass Frauen in angemessener Weise in den Organen und Gremien der Hochschule vertreten sind. ³Sie fördern die Einbeziehung von Themen der Geschlechterforschung in die wissenschaftliche Arbeit der Hochschulen. ⁴Die Gleichstellungsbeauftragten wirken in allen Angelegenheiten, die die weiblichen Hochschulmitglieder und -angehörigen betreffen, insbesondere bei bevorstehenden Personalmaßnahmen, mit. ⁵Sie sind rechtzeitig und umfassend zu informieren und zu beteiligen; sie können nen Bewerbungsunterlagen einsehen.

(2) ¹Die Gleichstellungsbeauftragten der Hochschulen sind ehrenamtlich tätig. ²Sie sind auf ihren Antrag teilweise, bei Hochschulen mit mehr als 12 000 Hochschulmitgliedern ganz von ihren Dienstaufgaben freizustellen. ³Sie sollen dem hauptberuflichen wissenschaftlichen und künstlerischen Personal angehören. ⁴Die Gleichstellungsbeauftragten der Hochschulen und deren Stellvertretung werden von den weiblichen Mitgliedern und weiblichen Beschäftigten der Hochschule nach Maßgabe der Grundordnung für bis zu sechs Jahre gewählt. ⁵Sie nehmen auch die Aufgaben und Rechte der hauptamtlichen Gleichstellungsbeauftragten entsprechend § 15 des Frauenfördergesetzes wahr und arbeiten bei der Erfüllung ihrer Aufgaben mit den Gleichstellungsbeauftragten der Fachbereiche zusammen. ⁶Sie berichten jährlich hochschulöffentlich über den Stand ihrer Tätigkeit.

(3) ¹Der oder die Gleichstellungsbeauftragte der Hochschule nimmt an allen Sitzungen des Senats mit Stimmrecht teil. ²Er oder sie darf an den Sitzungen der weiteren Kollegialorgane und Kollegialgremien der Hochschule beratend teilnehmen. ³Die Gleichstellungsbeauftragten der Hochschulen können die Befassung mit Angelegenheiten verlangen, die zu ihrem Aufgabengebiet gehören. ⁴In Wahrnehmung ihrer Aufgaben können die Gleichstellungsbeauftragten einer Entscheidung eines Organs, die gegen ihre Stellungnahme getroffen worden ist, binnen zwei Wochen widersprechen. ⁵Das Organ der Hochschule kann seine Entscheidung bestätigen, ändern oder aufheben. ⁶Diese Entscheidung kann frühestens eine Woche nach der Einlegung des Widerspruchs getroffen werden. ⁷Eine Entscheidung, die gegen die Stellungnahme der Gleichstellungsbeauftragten getroffen worden ist, darf von dem Organ der Hochschule erst ausgeführt werden, wenn

1. die Frist für den Widerspruch verstrichen ist, ohne dass die Gleichstellungsbeauftragten der Entscheidung widersprochen haben, oder
2. das Organ der Hochschule die Entscheidung nach einem Widerspruch bestätigt, geändert oder aufgehoben hat.

⁸Die Sätze 6 und 7 gelten nicht in unaufschiebbaren Angelegenheiten. ⁹Im Falle ihrer Verhinderung werden diese Rechte von ihren Vertretern oder Vertreterinnen wahrgenommen.

(4) ¹Die Gleichstellungsbeauftragten der Fachbereiche und deren Stellvertretung werden von den weiblichen Mitgliedern und weiblichen Beschäftigten des Fachbereiches nach Maßgabe der Grundordnung für bis zu sechs Jahre gewählt. ²Die Wahl soll gleichzeitig mit der Wahl zum Fachbereichsrat durchgeführt werden. ³Die Gleichstellungsbeauftragten der Fachbereiche nehmen an allen Sitzungen ihres Fachbereichsrates mit Stimmrecht teil. ⁴Sie dürfen an den Sitzungen der weiteren Kollegialorgane ihres Fachbereiches beratend teilnehmen, soweit dieses Gesetz nicht etwas anderes regelt. ⁵Sie können die Befassung mit Angelegenheiten verlangen, die zu ihrem Aufgabengebiet gehören. ⁶Stellungnahmen der Gleichstellungsbeauftragten der Fachbereiche sind den Unterlagen beizufügen. ⁷Die Gleichstellungsbeauftragten der Fachbereiche können auf ihren Antrag von ihren Dienstaufgaben teilweise freigestellt werden. ⁸Für die weiblichen Beschäftigten, die nicht einem Fachbereich der Hochschule als Mitglied zugeordnet sind, sind ebenfalls Gleichstellungsbeauftragte und deren Stellvertretung zu wählen. ⁹§ 62 Abs. 6 gilt entsprechend.

(5) ¹Die gewählten Gleichstellungsbeauftragten der Hochschule und der Fachbereiche bilden unter Vorsitz der Gleichstellungsbeauftragten der Hochschule die Gleichstellungskommission. ²Sie unterstützt die Gleichstellungsbeauftragten bei ihrer Arbeit.

(6) ¹Die Hochschule stattet die Gleichstellungsbeauftragten nach Maßgabe der gesetzlichen Aufgaben personell und sächlich in angemessenem Umfang aus. ²Hierüber beschließt der Senat.

### § 73 Behindertenbeauftragter oder Behindertenbeauftragte

¹Für Mitglieder und Angehörige der Hochschule mit Behinderungen oder chronischen Erkrankungen ist vom Senat ein Beauftragter oder eine Beauftragte zu bestellen. ²Die Aufgaben des oder der Behindertenbeauftragten umfassen die Mitwirkung bei der Planung und Organisation der Lehr- und Studienbedingungen nach den Bedürfnissen von Mitgliedern und Angehörigen der Hochschule mit Behinderungen oder chronischen Erkrankungen, bei der studien- und berufsvorbereitenden Beratung sowie bei der Ausführung notwendiger behinderungsgerechter technischer und baulicher Maßnahmen. ³Der oder die Behindertenbeauftragte ist berechtigt, an allen Sitzungen der Kollegialorgane und Kollegialgremien beratend teilzunehmen. ⁴Der oder die Behindertenbeauftragte hat das Recht zur notwendigen und sachdienlichen Information, zum Einbringen von Vorschlägen und zur Stellungnahme in allen Angelegenheiten, die die Belange der Mitglieder und Angehörigen der Hochschule mit Behinderungen oder chronischen Erkrankungen unmittelbar berühren. ⁵Die Stelle des oder der Behindertenbeauftrag-

ten ist so auszustatten, dass er oder sie seine oder ihre Aufgaben angemessen wahrnehmen kann. [6]Der oder die Behindertenbeauftragte kann auf seinen oder ihren Antrag teilweise, bei Hochschulen mit mehr als 12 000 Hochschulmitgliedern ganz von seinen oder ihren Dienstaufgaben freigestellt werden, soweit es die Aufgaben als Behindertenbeauftragter oder Behindertenbeauftragte erfordern. [7]Über die Freistellung entscheidet, über die Ausstattung beschließt der Senat.

### § 74 Kuratorium

(1) [1]An jeder Hochschule wird ein Kuratorium gebildet. [2]Das Kuratorium berät und unterstützt die Leitung der Hochschule in allen wichtigen Angelegenheiten und fördert die Hochschule in ihrer Profilbildung, Leistungs- und Wettbewerbsfähigkeit. [3]Es dient auch der Erörterung externer Aspekte der Hochschulentwicklung, berät die Hochschule bei der Arbeit und unterstützt ihre Interessen in der Öffentlichkeit. [4]Zu seinen Aufgaben gehört unter anderem

1. die Beratung und Unterstützung der Hochschulleitung in Angelegenheiten, die eine besondere Bedeutung für die Hochschule im regionalen, nationalen und internationalen Kontext haben,
2. die Stellungnahme zu den Struktur- und Entwicklungsplänen, zur Änderung der Grundordnung, zum Transfer von Forschungsergebnissen in die Praxis und zur Weiterbildung, zur Gründung und Beteiligung an Unternehmen sowie zu Verfügungen über Grundstücke,
3. die Entgegennahme eines jährlichen Berichts des Rektorates; nach seiner Billigung durch das Kuratorium ist dieser Bericht zu veröffentlichen,
4. die Vermittlung zwischen Rektorat und Senat nach § 67a Abs. 3 in Angelegenheiten nach § 67a Abs. 2 Nr. 1 Buchst. b und Nr. 2 Buchst. d oder die Entscheidung hierüber, sofern der jeweilige Vermittlungsversuch erfolglos blieb,
5. die Mitwirkung an der Wahl des Rektors oder der Rektorin nach § 69 Abs. 9 Satz 3 und 4.

[5]Näheres regelt die Grundordnung.

(2) [1]Das Kuratorium besteht aus fünf stimmberechtigten Mitgliedern, die nicht Mitglieder der Hochschule sein dürfen. [2]Die Mitglieder werden durch den Senat gewählt. [3]Gewählt werden können Personen aus Wissenschaft, Kultur, Wirtschaft, Verwaltung oder Politik, die mit dem Hochschulwesen vertraut sein sollen. [4]Eines der Mitglieder soll ein Unternehmer oder eine Unternehmerin oder ein leitender Angestellter oder eine leitende Angestellte aus dem Bereich der Wirtschaft sein. [5]Die Amtszeit kann bis zu fünf Jahre betragen. [6]Die Tätigkeit als Mitglied des Kuratoriums ist ehrenamtlich. [7]Näheres regelt die Grundordnung.

(3) [1]Das Kuratorium gibt sich eine Geschäftsordnung. [2]Die für Gremien geltenden Vorschriften dieses Gesetzes sind auf das Kuratorium nicht anzuwenden.

## Abschnitt 10
### Fachbereiche oder vergleichbare Organisationseinheiten

### § 75 Gliederung

(1) [1]Die Hochschule gliedert sich in Fachbereiche oder vergleichbare Organisationseinheiten. [2]Diese sind die organisatorische Grundeinheit der Hochschule für Forschung und Lehre. [3]Fachbereiche oder vergleichbare Organisationseinheiten müssen nach Größe und Zusammensetzung gewährleisten, dass sie die ihnen obliegenden Aufgaben angemessen erfüllen können. [4]Gleiche oder verwandte Fachgebiete sind in der Regel in einem Fachbereich oder in einer vergleichbaren Organisationseinheit zusammenzufassen; der Verantwortungsbereich soll insbesondere alle fachlich verwandten Studiengänge umfassen.

(2) [1]Die Gliederung der Hochschule in Fachbereiche oder vergleichbare Organisationseinheiten wird in der Grundordnung geregelt. [2]An Hochschulen mit Habilitationsrecht können die Fachbereiche oder die vergleichbaren Organisationseinheiten die Bezeichnung „Fakultät" führen. [3]Werden bislang eigenständige Fakultäten in einem neuen Fachbereich zusammengefasst, so kann die Grundordnung vorsehen, dass die betreffenden Untergliederungen des Fachbereiches beziehungsweise der Fakultät im Außenverhältnis weiterhin die bisherige Fakultätsbezeichnung verwenden. [4]Die Fachbereiche betreffenden Vorschriften dieses Gesetzes sind auf vergleichbare Organisationseinheiten entsprechend anzuwenden.

(3) [1]Mitglied eines Fachbereiches ist, wer in einem Studiengang des Fachbereiches immatrikuliert ist oder wer hauptberuflich in ihm tätig ist. [2]Professoren und Professorinnen können nach näherer Be-

stimmung der Grundordnungen durch Kooptation Mitglied in einem anderen Fachbereich der eigenen oder im Fachbereich einer anderen Hochschule werden. ³Die Kooptation kann widerrufen werden. ⁴Hierzu können die Hochschulen nähere Regelungen in ihren Ordnungen treffen. ⁵Studierende, die in mehreren Fachbereichen studieren, haben sich bei der Immatrikulation sowie bei jeder Rückmeldung für die Mitgliedschaft in einem dieser Fachbereiche zu entscheiden.

### § 76 Aufgaben des Fachbereiches
(1) ¹Der Fachbereich erfüllt für seine Fachgebiete die Aufgaben der Hochschule, soweit durch Gesetz nichts anderes bestimmt ist. ²Zu seinen Aufgaben gehören insbesondere
1. die Organisierung von Studiengängen und die Abnahme von Hochschulprüfungen,
2. die Mitwirkung bei der Zulassung,
3. die Mitwirkung an der Studienberatung und die Durchführung der Studienfachberatung,
4. die Organisation der wissenschaftlichen Forschung,
5. die Förderung des wissenschaftlichen und künstlerischen Nachwuchses,
6. die Mitwirkung bei der Berufung von Hochschullehrern und Hochschullehrerinnen.

³Der Fachbereich ist dafür verantwortlich, dass bei geordnetem Studium die Prüfungen nach der Regelstudienzeit abgelegt werden können. ⁴Er bestimmt, soweit es zur Gewährleistung eines ordnungsgemäßen Lehrangebots erforderlich ist, die Lehraufgaben seiner zur Lehre verpflichteten Mitglieder.
(2) Der Fachbereich regelt seine innere Organisation durch eine Ordnung und erlässt weitere zur Erfüllung der Aufgaben notwendige Ordnungen.
(3) Der Fachbereich verwaltet die ihm zugewiesenen Personal- und Sachmittel.

### § 77 Fachbereichsrat
(1) ¹Der Fachbereichsrat ist das kollegiale Beschlussorgan des Fachbereiches. ²Er ergreift die erforderlichen Maßnahmen und Initiativen zur Reform des Studiums und trägt im Rahmen der vorhandenen Ausstattung dafür Sorge, dass seine Mitglieder und Angehörigen ihre Aufgaben erfüllen können.
(2) ¹Der Fachbereichsrat entscheidet in allen Angelegenheiten des Fachbereiches, für die nicht die Zuständigkeit des Dekans oder der Dekanin gegeben ist. ²Der Fachbereichsrat soll in seinen Beratungen und Entscheidungen insbesondere die grundsätzlichen Angelegenheiten des Fachbereiches behandeln. ³Soweit die Natur der Sache es zulässt, sollen sie dem Dekan oder der Dekanin zur Erledigung zugewiesen werden. ⁴Näheres regelt die Grundordnung. ⁵Der Fachbereichsrat entscheidet insbesondere über
1. die Studien- und Prüfungsordnungen,
2. die Sicherstellung des Lehrangebots,
3. die Setzung von Schwerpunkten und die Koordination von Forschungsvorhaben,
4. den Vorschlag eines Struktur- und Entwicklungsplanes des Fachbereiches und legt diesen dem Rektorat vor,
5. die fachbereichsbezogenen Vorschläge zur Qualitätssicherung und legt diese dem Rektorat vor,
6. die Verleihung von Hochschulgraden,
7. Berufungsvorschläge,
8. Satzungen, die das Verfahren und die Kriterien für die Vergabe von Studienplätzen in Hochschulauswahlverfahren regeln.

(3) ¹Dem Fachbereichsrat gehören an:
1. Vertreter und Vertreterinnen der Gruppe nach § 60 Satz 1 Nr. 1,
2. Vertreter und Vertreterinnen der Gruppe nach § 60 Satz 1 Nr. 2,
3. Vertreter und Vertreterinnen der Gruppe nach § 60 Satz 1 Nr. 3,
4. Vertreter und Vertreterinnen der Gruppe nach § 60 Satz 1 Nr. 4 und
5. der oder die Gleichstellungsbeauftragte im Sinne von § 72 Abs. 4 Satz 1.

²Die Mitglieder nach Satz 1 Nrn. 1 bis 4 gehören dem Fachbereichsrat im Verhältnis 7:2:2:1 der Sitze und Stimmen mit der Maßgabe an, dass die Mitglieder nach Satz 1 Nr. 1 über mindestens einen Sitz und eine Stimme mehr als die Mitglieder des Fachbereichsrates nach Satz 1 Nrn. 2 bis 5 verfügen. ³Der Fachbereichsrat soll jedoch maximal 26 Mitglieder haben. ⁴Die Amtszeit der gewählten Studierenden beträgt ein Jahr, die der übrigen Mitglieder nach Maßgabe der Grundordnung bis zu vier Jahren.
(4) ¹Ist ein Beschluss des Fachbereichsrates in Angelegenheiten des Studiums oder der Prüfungen gegen die Stimmen der Mitglieder aus der Gruppe der Studierenden gefasst worden, so muss die An-

gelegenheit auf Antrag dieser Gruppe in einer späteren Sitzung erneut beraten werden; der Antrag darf in derselben Angelegenheit nur einmal gestellt werden. [2]Satz 1 gilt nicht in unaufschiebbaren Angelegenheiten und bei Personalangelegenheiten einschließlich der Berufungsangelegenheiten.
(5) [1]Bei der Entscheidung über Berufungsvorschläge, für die Durchführung von Habilitationsverfahren und für die Beschlussfassung über Habilitationordnungen wirken alle Professoren und Professorinnen des Fachbereiches sowie Juniorprofessoren und Juniorprofessorinnen des Fachbereiches, soweit sie habilitiert sind, stimmberechtigt mit. [2]An der Beschlussfassung über Promotionsordnungen wirken auch Juniorprofessoren und Juniorprofessorinnen mit, die nicht habilitiert sind.
(6) [1]Der Fachbereichsrat kann zur Vorbereitung seiner Beschlüsse Ausschüsse bilden. [2]Näheres regeln die Grundordnung und die Geschäftsordnung des Fachbereiches.

### § 78  Dekan oder Dekanin des Fachbereiches

(1) [1]Der Dekan oder die Dekanin des Fachbereiches vertritt den Fachbereich. [2]Er oder sie ist Vorsitzender oder Vorsitzende des Fachbereichsrates mit Stimmrecht. [3]Er oder sie bereitet die Sitzungen vor und vollzieht die Beschlüsse. [4]Hält er oder sie einen Beschluss des Fachbereichsrates für rechtswidrig, so hat er oder sie ihn zu beanstanden. [5]Die Beanstandung hat aufschiebende Wirkung. [6]Kommt keine Einigung zustande, ist der Rektor oder die Rektorin zu unterrichten. [7]Der Rektor oder die Rektorin hat das Recht, nach Anhörung des Fachbereichsrates den Beschluss aufzuheben. [8]Der Dekan oder die Dekanin führt die laufenden Geschäfte des Fachbereiches sowie die ihm vom Fachbereichsrat zur Erledigung zugewiesenen Angelegenheiten in eigener Zuständigkeit. [9]Er oder sie kann diese Befugnisse hauptberuflich im Fachbereich tätigen Mitgliedern übertragen. [10]Er oder sie entscheidet nach Anhörung des Fachbereichsrates über die Verteilung der Stellen der Mitarbeiter und Mitarbeiterinnen und deren Verwendung sowie über die Verteilung der Mittel des Fachbereiches, soweit sie nicht einer wissenschaftlichen Einrichtung oder Betriebseinheit mit eigener Leitung oder einem Professor oder einer Professorin zugewiesen sind. [11]Der Dekan oder die Dekanin des Fachbereiches stellt sicher, dass das dem Fachbereich zugeordnete wissenschaftliche Personal und die wissenschaftsunterstützenden Mitarbeiter und Mitarbeiterinnen ihren Verpflichtungen nachkommen. [12]Unbeschadet der Aufgaben des Rektors, der Rektorin oder des nach der Grundordnung zuständigen Organs trägt er oder sie Sorge dafür, dass die Hochschullehrer und Hochschullehrerinnen und die sonstigen zur Lehre verpflichteten Personen ihre Lehr- und Prüfungsverpflichtungen und Aufgaben in der Betreuung der Studierenden ordnungsgemäß erfüllen. [13]Diesbezüglich steht ihm oder ihr ein Aufsichts- und Weisungsrecht zu.
(2) [1]Der Dekan oder die Dekanin des Fachbereiches wird aus der Mitte der dem Fachbereich angehörenden Hochschullehrer und Hochschullehrerinnen vom Fachbereichsrat mit der Mehrheit der Stimmen der anwesenden Stimmberechtigten nach Maßgabe der Grundordnung gewählt. [2]Die Amtszeit soll vier Jahre nicht unterschreiten. [3]Wiederwahlen sind zulässig. [4]Die Grundordnung kann vorsehen, dass der Dekan oder die Dekanin die Amtsbezeichnung „Sprecher des Fachbereiches" oder „Sprecherin des Fachbereiches" trägt. [5]Auf Vorschlag des Dekans oder der Dekanin können nach Maßgabe der Grundordnung maximal zwei Stellvertreter und Stellvertreterinnen aus dem Kreis der Professoren und Professorinnen, Juniorprofessoren und Juniorprofessorinnen des Fachbereiches mit der Mehrheit der Stimmen der anwesenden Stimmberechtigten gewählt werden. [6]Einer der Stellvertreter oder eine der Stellvertreterinnen muss die Aufgaben eines Studiendekans oder einer Studiendekanin wahrnehmen. [7]Die Amtszeit der Stellvertreter und Stellvertreterinnen endet stets mit der Amtszeit des Dekans oder der Dekanin; im Falle des vorzeitigen Ausscheidens des Dekans oder der Dekanin führen sie die Amtsgeschäfte bis zur Neuwahl des Dekans oder der Dekanin fort. [8]Sie vertreten den Dekan oder die Dekanin gemäß den Bestimmungen der Grundordnung und bilden mit ihm den Fachbereichsvorstand. [9]Der Dekan oder die Dekanin sowie seine oder ihre Stellvertreter und Stellvertreterinnen müssen vor ihrer Wahl nicht Mitglieder des Fachbereichsrates sein. [10]Juniorprofessoren und Juniorprofessorinnen sind nicht zum Dekan oder zur Dekanin wählbar. [11]Entsprechendes gilt für kooptierte Professoren und Professorinnen anderer Hochschulen. [12]Kommt es nach Ablauf der Amtszeit oder bei einem vorzeitigen Ausscheiden des Dekans oder der Dekanin im Zuge des Wahlverfahrens zu keiner Neubesetzung des Amtes, kann die Leitung der Hochschule einen Professor oder eine Professorin desselben Fachbereiches vorübergehend mit der Wahrnehmung der Funktion beauftragen.
(3) [1]Die Grundordnung kann vorsehen, dass abweichend von den Absätzen 1 und 2 der Fachbereich durch ein Dekanat geleitet wird. [2]Dem Dekanat gehören der Dekan oder die Dekanin des Fachbereiches sowie maximal zwei weitere Stellvertreter an. [3]Der Dekan oder die Dekanin sitzt dem Dekanat vor,

vertritt den Fachbereich innerhalb der Hochschule und legt die Richtlinien für das Dekanat fest. [4]Die Absätze 1 und 2 gelten entsprechend. [5]Näheres regelt die Grundordnung.

### § 79 Einrichtungen des Fachbereiches

(1) [1]Innerhalb des Fachbereiches können wissenschaftliche Einrichtungen in Form von Departments, Abteilungen, Instituten oder Zentren und zur Ausführung von Dienstleistungen Betriebseinheiten gebildet werden, wenn dies für Aufgaben von Forschung und Lehre notwendig ist. [2]Die Gründung, Teilung, Änderung oder Auflösung dieser Einrichtungen erfolgt auf Beschluss des Senats. [3]Wissenschaftliche Einrichtungen dürfen nur gebildet werden, wenn für ein bestimmtes Arbeitsgebiet in größerem Umfang ständig Personal- und Sachmittel bereitgestellt werden müssen. [4]Die Mindestausstattung soll fünf Stellen für Professoren oder Professorinnen betragen. [5]Die gesamte Ausstattung steht allen Mitgliedern, die selbstständig Aufgaben der wissenschaftlichen Einrichtung wahrnehmen, zur Verfügung.
(2) [1]Wissenschaftliche Einrichtungen werden durch eine kollegiale und befristete Leitung unter Vorsitz eines Professors oder einer Professorin verwaltet. [2]Ein Vertreter oder eine Vertreterin der Gruppe nach § 60 Satz 1 Nr. 2 gehört dem Leitungsgremium mit beratender Stimme an. [3]Es kann ein Institutsrat eingerichtet und gewählt werden. [4]Näheres regelt die Grundordnung. [5]Wird ein Institutsrat gewählt, sollen diesem Vertreter und Vertreterinnen der Mitgliedergruppen nach § 60 Satz 1 Nrn. 1 bis 4 mit jeweils gleicher Anzahl der Sitze und Stimmen angehören; in Angelegenheiten von Lehre, Forschung und Kunst sollen die Vertreter und Vertreterinnen der Gruppe der Hochschullehrer und Hochschullehrerinnen über die Mehrheit der Sitze und Stimmen verfügen. [6]Betriebseinheiten haben in der Regel einen ständigen Leiter oder eine ständige Leiterin. [7]Näheres bestimmt der Senat auf Vorschlag des Fachbereiches durch eine Verwaltungs- und Benutzungsordnung, die dem Ministerium anzuzeigen ist.
[8]§ 78 Abs. 2 Satz 12 gilt für den Vorsitzenden oder die Vorsitzende der Leitung einer wissenschaftlichen Einrichtung und den ständigen Leiter oder die ständige Leiterin einer Betriebseinheit entsprechend.

*Abschnitt 11*

### §§ 80–98 (weggefallen)

*Abschnitt 12*
**Sonstige Einrichtungen**

### § 99 Zentrale wissenschaftliche Einrichtungen und Betriebseinheiten, interdisziplinäre wissenschaftliche Einrichtungen

(1) [1]Wissenschaftliche Einrichtungen können auch außerhalb eines Fachbereiches bestehen oder eingerichtet werden, soweit dies aufgrund der Aufgabe, Größe und Ausstattung zweckmäßig ist. [2]In diese Einrichtungen können außeruniversitäre Forschungseinrichtungen einbezogen werden. [3]Die zentralen wissenschaftlichen Einrichtungen stehen unter der Verantwortung der Leitung der Hochschule. [4]§ 79 gilt entsprechend. [5]Die Grundordnung der Hochschule kann vorsehen, dass für Berufungen, von denen die jeweiligen zentralen wissenschaftlichen Einrichtungen betroffen sind, die Fachbereiche das Einvernehmen mit den betroffenen zentralen wissenschaftlichen Einrichtungen herstellen müssen. [6]Näheres hierzu regelt die Grundordnung.
(2) [1]An Hochschulen können zentrale Betriebseinheiten als Dienstleistungs- und Versorgungseinrichtungen zur unmittelbaren Aufgabenerfüllung der Hochschule bestehen. [2]§ 79 gilt entsprechend. [3]Die zentralen Betriebseinheiten stehen unter der Verantwortung des Kanzlers oder der Kanzlerin. [4]Die Hochschulen können hiervon abweichende Regelungen in ihren Grundordnungen oder Geschäftsordnungen des Rektorates treffen.
(3) [1]Fachbereiche können mit Zustimmung des Senats auf der Grundlage von Forschungsschwerpunkten, Studienbereichen, Graduiertenkollegs und interdisziplinären Zentren gemeinsame wissenschaftliche Einrichtungen als übergreifende Organisationsformen bilden, die befristet sein müssen.
[2]Näheres regelt die Grundordnung.
(4) [1]Zur Erfüllung gemeinsamer Aufgaben können wissenschaftliche Einrichtungen und Betriebseinheiten für mehrere Hochschulen gebildet werden, die ihren Sitz auch in einem anderen Bundesland oder im Ausland haben können. [2]Die Vereinbarung darüber wird zwischen den Leitungen der betei-

ligten Hochschulen geschlossen. ³Außeruniversitäre Forschungseinrichtungen können einbezogen werden. ⁴Die Gründung der Einrichtung oder Betriebseinheit ist dem Ministerium anzuzeigen.

### § 100 Hochschulbibliotheken

(1) ¹Die Hochschulbibliotheken ermöglichen den öffentlichen Zugang zu wissenschaftlicher Information und sichern die Versorgung mit Literatur und anderen Medien durch ein koordiniertes Bibliotheks- und Informationsmanagement. ²Sie umfassen jeweils alle bibliothekarischen Einrichtungen der Hochschule und erfüllen für ihren Bereich die Verpflichtung des Landes Sachsen-Anhalt zum Gemeinsamen Bibliotheksverbund.
(2) ¹Die Universitätsbibliothek der Martin-Luther-Universität Halle-Wittenberg nimmt für das Land Sachsen-Anhalt auch die Aufgaben einer Landesbibliothek wahr. ²Sie führt den Namen „Universitäts- und Landesbibliothek Sachsen-Anhalt".

### § 101 Sonderforschungsbereiche

(1) ¹Sonderforschungsbereiche sind langfristige, aber nicht auf Dauer geplante Forschungsschwerpunkte. ²In ihnen arbeiten Wissenschaftler und Wissenschaftlerinnen im Rahmen eines Forschungsprogramms zusammen. ³An einem Sonderforschungsbereich können auch andere Hochschulen und wissenschaftliche Einrichtungen außerhalb von Hochschulen beteiligt sein.
(2) Die Beantragung von Sonderforschungsbereichen erfolgt durch den Senat.
(3) ¹Sonderforschungsbereiche werden auf der Grundlage von Vereinbarungen zwischen dem Bund und den Ländern gefördert. ²Die Hochschule ist verpflichtet, dem Sonderforschungsbereich nach Maßgabe des Landeshaushaltsplans eine ausreichende Grundausstattung zur Verfügung zu stellen und dafür Sorge zu tragen, dass Wissenschaftler und Wissenschaftlerinnen gewonnen werden, die fähig und bereit sind, im Sonderforschungsbereich mitzuwirken.
(4) ¹Der Sonderforschungsbereich wird durch einen Vorstand und einen Sprecher oder eine Sprecherin geleitet. ²Der Sprecher oder die Sprecherin führt die Geschäfte der laufenden Verwaltung und ist Vorsitzender oder Vorsitzende des Vorstands. ³Der Sprecher oder die Sprecherin und die Mehrheit des Vorstands sollen Professoren oder Professorinnen der Hochschule sein. ⁴Das Nähere über die Organisation des Sonderforschungsbereichs regelt eine Geschäftsordnung, die die Mitgliederversammlung beschließt und die der Zustimmung des Senats bedarf.

### § 102 Institute an der Hochschule

(1) Einer wissenschaftlichen Einrichtung außerhalb der Hochschule im Bereich von Forschung, Entwicklung oder Weiterbildung, an der die Freiheit der Forschung gewährleistet ist, kann die Hochschule als Institut an der Hochschule (An-Institut) anerkennen und ihr die Befugnis verleihen, die Bezeichnung „An-Institut" zu führen.
(2) ¹Die Hochschule und das An-Institut regeln die Zusammenarbeit in den Bereichen Forschung, Lehre oder Weiterbildung vertraglich. ²Leistungen und Gegenleistungen müssen in einem angemessenen Verhältnis stehen. ³Der Vertrag muss beinhalten, dass nach jeweils fünf Jahren die Tätigkeit des An-Instituts zu überprüfen ist und gegebenenfalls die Befugnis zum Führen der Bezeichnung „An-Institut" entzogen werden kann. ⁴Für die Zusammenarbeit in der Weiterbildung gelten § 16a Abs. 1 und § 111 Abs. 2 bis 9 für An-Institute entsprechend.
(3) Das Ministerium kann für Verträge nach Absatz 2 Musterverträge vorgeben.

### § 103 Wissenschaftliche Zusammenarbeit

(1) ¹Die Hochschulen arbeiten zur besseren Erfüllung ihrer Aufgaben und zur Erfüllung besonderer Aufgaben, die der Kooperation bedürfen, über § 99 Abs. 4 hinaus mit anderen Hochschulen und mit Forschungseinrichtungen außerhalb von Hochschulen zusammen. ²Hierfür können gemeinsame Organisationen und Organe gebildet werden. ³Näheres regeln die jeweiligen Grundordnungen und die Vereinbarungen zwischen den Hochschulen und den außeruniversitären Forschungseinrichtungen, die in der Regel öffentlich-rechtliche Verträge sind. ⁴Die Hochschulen im Sinne des § 1 Abs. 1 Satz 1 können mit Hochschulen kooperieren, die ihren Sitz in einem anderen Bundesland oder im Ausland haben. ⁵Außeruniversitäre Forschungseinrichtungen können einbezogen werden. ⁶Die Kooperationen sind dem Ministerium anzuzeigen.
(2) Soweit sich die Kooperationen auf Aufgaben von Forschung und Lehre beziehen, bestimmt sich die Zusammenarbeit nach Maßgabe öffentlich-rechtlicher Vereinbarungen.

(3) ¹Die Hochschulen können im Rahmen der elektronischen Verfahrensführung elektronische Identitätsnachweise im Sinne des § 18 des Personalausweisgesetzes oder den elektronischen Aufenthaltstitel nach § 78 Abs. 5 des Aufenthaltsgesetzes nutzen. ²Das für Hochschulen zuständige Ministerium wird ermächtigt, im Benehmen mit dem für E-Government in der Landesverwaltung zuständigen Ministerium durch Verordnung eine Hochschule zu benennen, die in eigener datenschutzrechtlicher Verantwortung geeignete, dem jeweiligen Stand der Technik entsprechende Verfahren und Mittel anbietet, die der fachunabhängigen oder fachübergreifenden Unterstützung der Verwaltungstätigkeit der übrigen Hochschulen dienen. ³Das für E-Government in der Landesverwaltung zuständige Ministerium wird ermächtigt, im Benehmen mit dem für Hochschulen zuständigen Ministerium durch Verordnung die Anforderungen an die technische und organisatorische Umsetzung der geeigneten, dem jeweiligen Stand der Technik entsprechenden Verfahren und Mittel zu bestimmen.

*Abschnitt 13*
*Errichtung und Anerkennung von Hochschulen*

**§ 104 Staatliche Anerkennung als Hochschule**
(1) ¹Eine nichtstaatliche Hochschule bedarf der staatlichen Anerkennung als Hochschule, um eine entsprechende Bezeichnung führen, Hochschulprüfungen abnehmen und Hochschulgrade oder vergleichbare Bezeichnungen verleihen zu können. ²Die staatliche Anerkennung begründet keinen Anspruch auf eine staatliche Zuwendung.
(2) ¹Träger einer nichtstaatlichen Hochschule ist, wem das Handeln der nichtstaatlichen Hochschule rechtlich zuzurechnen ist. ²Betreiber einer nichtstaatlichen Hochschule sind die den Träger einer nichtstaatlichen Hochschule maßgeblich prägenden natürlichen oder juristischen Personen.

**§ 105 Voraussetzungen der staatlichen Anerkennung nichtstaatlicher Hochschulen als Hochschule**
¹Die staatliche Anerkennung kann erfolgen, wenn
1. die nichtstaatliche Hochschule Lehre, Studium und Forschung oder Kunstausübung auf Hochschulniveau gewährleistet; dazu gehört insbesondere, dass
    a) nur solche Personen zum Studium zugelassen werden, die die Voraussetzungen für die Aufnahme in eine entsprechende staatliche Hochschule des Landes erfüllen,
    b) nur Hochschullehrer und Hochschullehrerinnen beschäftigt werden, die die Einstellungsvoraussetzungen des § 35, § 40 und § 48 erfüllen und die in einem transparenten, wissenschaftlichen Standards entsprechenden Verfahren unter maßgeeblicher Mitwirkung von Hochschullehrern und Hochschullehrerinnen ausgewählt worden sind,
    c) nur Bachelor- und Masterstudiengänge angeboten werden, deren Qualität durch eine Akkreditierung nach Maßgabe des Studienakkreditierungsstaatsvertrages nachgewiesen wird, und
    d) mindestens zwei nebeneinander bestehende oder aufeinander folgende Studiengänge an der nichtstaatlichen Hochschule allein oder im Verbund mit anderen Einrichtungen des Bildungswesens vorhanden sind oder im Rahmen einer Ausbauplanung vorgesehen sind, es sei denn, die Einrichtung einer Mehrzahl von Studiengängen innerhalb einer Fachrichtung ist durch die wissenschaftliche Entwicklung oder das entsprechende beruflicheTätigkeitsfeld nicht sinnvoll,
2. zur Sicherung der Wissenschaftsfreiheit die nichtstaatliche Hochschule sicherstellt, dass
    a) Betreiber, Träger und nichtstaatliche Hochschule unter Trennung ihrer Aufgabenbereiche einen gegenseitigen Interessenausgleich verbindlich absichern; dabei sind die Rechte der kirchlich, religiös oder weltanschaulich bekenntnisgebundenen Träger und Betreiber zu berücksichtigen,
    b) akademische Funktionsträger und akademische Funktionsträgerinnen der nichtstaatlichen Hochschule nicht zugleich Funktionen beim Betreiber wahrnehmen,
    c) die Kompetenzzuweisungen an die Organe der nichtstaatlichen Hochschule transparent und eindeutig geregelt sind,
    d) die Hochschullehrer und Hochschullehrerinnen eigenverantwortlich Lehre, Forschung und Kunstausübung durchführen können,

e) eine akademische Selbstverwaltung besteht, in der Lehre und Forschung sowie, bei entsprechendem Hochschultyp, die Künste unter angemessener Berücksichtigung der verschiedenen Beteiligten eigenverantwortlich organisiert und geregelt werden, und
f) die rechtliche Stellung der Hochschullehrer und Hochschullehrerinnen gesichert ist.

²Ferner soll die nichtstaatliche Hochschule sicherstellen, dass
1. die Hochschulgremien im akademischen Kernbereich von Lehre und Forschung in der Lage sind, ohne Mitwirkung von Funktionsträgern und Funktionsträgerinnen der Betreiber oder des Betreibers zu beraten und zu beschließen, und
2. die Inhaber und Inhaberinnen akademischer Leitungsämter in angemessenen Zeiträumen neu benannt werden.

³Nichtstaatliche Hochschulen müssen die personelle, sächliche und finanzielle Mindestausstattung sicherstellen, die zur Wahrnehmung der Aufgaben nach Satz 1 Nr. 1 erforderlich ist. ⁴Dazu gehört insbesondere, dass die nichtstaatliche Hochschule
1. gewährleistet, dass ihre Lehrangebote von einem dem Hochschultyp angemessenen Anteil von Hochschullehrern und Hochschullehrerinnen, die mit einem mindestens hälftigen Anteil ihrer Arbeitskraft an der nichtstaatlichen Hochschule beschäftigt sind, sowie von einem dem Hochschultyp angemessenen Anteil von anderem wissenschaftlichen und künstlerischen Personal gemäß § 33a Abs. 1 Nrn. 2 und 3 erbracht werden,
2. über eine Anzahl von Hochschullehrern und Hochschuliehrerinnen verfügt, die eine angemessene Erfüllung der Aufgaben der nichtstaatlichen Hochschule ermöglicht,
3. von ihrer Größe und Ausstattung her die Pflege und Entwicklung der Wissenschaften sowie die Auseinandersetzung mit diesen und, bei entsprechendem Hochschultyp, die Pflege und Entwicklung der Künste sowie die Auseinandersetzung mit diesen gemäß § 3 Abs. 1 ermöglicht,
4. nach ihren strukturellen Rahmenbedingungen und ihrer Mindestausstattung eine der Wahrnehmung der Aufgaben nach Satz 1 Nr. 1 angemessene und auf Dauer angelegte Gestaltung und Durchführung des Lehr- und Studienbetriebes sowie von Forschung, Kunstausübung und Verwaltung ermöglicht; dazu gehört insbesondere der ausreichende Zugang zu fachbezogenen Medien, und
5. Vorkehrungen nachweist, mit denen sichergestellt wird, dass den aufgenommenen Studierenden eine geordnete Beendigung ihres Studiums ermöglicht werden kann.

### § 105a Voraussetzungen der Verleihung des Promotionsrechts und Habilitationsrechts an nichtstaatliche Hochschule

(1) Das Promotionsrecht kann einer nichtstaatlichen Hochschule verliehen werden, wenn die Voraussetzungen der staatlichen Anerkennung als Hochschule nach § 105 vorliegen und
1. sie auf der Grundlage von Forschungsschwerpunkten ein erkennbares wissenschaftliches Profil entwickelt hat, das gleichwertig ist mit dem einer staatlichen Hochschule,
2. die an der nichtstaatlichen Hochschule erbrachten Forschungsleistungen der Professoren und Professorinnen sowie die Wissenschaftsorientierung der Studiengänge den für promotionsberechtigte staatliche Hochschulen geltenden Maßstäben entsprechen und
3. die nichtstaatliche Hochschule über ein geregeltes, transparentes Promotionsverfahren verfügt.

(2) Das Habilitationsrecht kann einer nichtstaatlichen Hochschule verliehen werden, wenn die Voraussetzungen des Absatzes 1 entsprechend in der Weise vorliegen, dass ihr Vorliegen sicherstellt, dass mit der Habilitation die wissenschaftliche und pädagogische Eignung zu einem Professor oder zu einer Professorin in einem bestimmten Fachgebiet an Universitäten förmlich festgestellt werden kann.

### § 105b Akkreditierungsverfahren bei nichtstaatlichen Hochschulen

(1) ¹Das Ministerium soll vor der Entscheidung über die staatliche Anerkennung eine gutachterliche Stellungnahme einer Akkreditierungseinrichtung einholen, in der das eingereichte Konzept für die geplante Hochschule anhand der in § 105 genannten Kriterien im Rahmen einer Konzeptprüfung bewertet wird. ²Spätestens nach fünf Jahren ab dem Zeitpunkt der Aufnahme des Studienbetriebes einer staatlich anerkannten Hochschule soll das Ministerium eine gutachterliche Stellungnahme einer Akkreditierungseinrichtung einholen, mit der das Vorliegen der in § 105 genannten Kriterien überprüft wird (institutionelle Akkreditierung); die Überprüfung soll regelmäßig im Abstand von acht Jahren wiederholt werden (institutionelle Reakkreditierung). ³Dies gilt auch bei unbefristet staatlich aner-

kannten Hochschulen. ⁴Das Ministerium soll vor Verleihung des Promotionsrechts und Habilitationsrechts an eine nichtstaatliche Hochschule eine gutachterliche Stellungnahme einer Akkreditierungseinrichtung zur Überprüfung der in § 105a Abs. 1 genannten Kriterien für die Verleihung des Promotionsrechts und der in § 105a Abs. 2 genannten Kriterien für die Verleihung des Habilitationsrechts einholen. ⁵Für die Verfahren nach den Sätzen 1 bis 4 gelten die Absätze 2 bis 4.

(2) Gutachterliche Stellungnahmen nach Absatz 1 werden vom Ministerium nach Anhörung des Trägers der nichtstaatlichen Hochschule bei einer Akkreditierungseinrichtung eingeholt; mit der Beauftragung ist rechtlich sicherzustellen, dass diese
1. eine Gutachterkommission einsetzt, die mehrheitlich mit externen, unabhängigen, fachlich einschlägig qualifizierten Hochschullehrern und Hochschullehrerinnen, darunter mindestens ein Hochschullehrer oder eine Hochschullehrerin einer staatlich anerkannten Hochschule, sowie mit einem Studierenden oder einer Studierenden einer staatlich anerkannten Hochschule besetzt ist,
2. der nichtstaatlichen Hochschule, ihrem Träger, ihrem Betreiber und dem Ministerium Gelegenheit gibt, vor der abschließenden Entscheidung über die Akkreditierung zu dem Gutachten Stellung zu nehmen,
3. für Streitfälle über eine interne Beschwerdestelle verfügt, die mit drei externen Wissenschaftlern und Wissenschaftlerinnen besetzt ist, und das Beschwerdeverfahren einschließlich der einzuhaltenden Fristen regelt,
4. die abschließende Entscheidung über die Akkreditierung mit Zustimmung zumindest eines mehrheitlich mit externen Hochschullehrern und Hochschullehrerinnen besetzen Gremiums der Akkreditierungseinrichtung trifft,
5. in den Fällen des Absatzes 1 Satz 2 und 3 den wesentlichen Inhalt der gutachterlichen Stellungnahme veröffentlicht.

(3) ¹Mit der gutachterlichen Stellungnahme berichtet die, Akkreditierungseinrichtung dem Ministerium, ob die nichtstaatliche Hochschule im Wesentlichen den Voraussetzungen des § 105 oder des § 105a Abs. 1 und 2 entspricht. ²Sie benennt hinreichend bestimmt die Punkte, in denen die nichtstaatliche Hochschule diesen Anforderungen nicht oder nur eingeschränkt gerecht wird. ³Sie kann die institutionelle Akkreditierung oder institutionelle Reakkreditierung von der Behebung von Mängeln innerhalb einer angemessenen Frist abhängig machen. ⁴Institutionelle Akkreditierungen werden in der Regel auf fünf Jahre und institutionelle Reakkreditierungen in der Regel auf acht Jahre befristet.

(4) ¹Die gutachterliche Stellungnahme erweitert durch die im Verfahren erbrachte sachverständige Bewertung die Erkenntnisgrundlagen des Ministeriums. ²Sie nimmt die Entscheidung des Ministeriums über die staatliche Anerkennung oder die Verleihung des Promotionsrechts oder des Habilitationsrechts weder ganz noch teilweise vorweg.

**§ 105c Verfahren der staatlichen Anerkennung nichtstaatlicher Hochschulen, Gebühren**
(1) ¹Das Ministerium entscheidet auf Antrag einer nichtstaatlichen Hochschule über die staatliche Anerkennung als Hochschule und über die Verleihung des Promotionsrechts und des Habilitationsrechts. ²Wird die staatliche Anerkennung als Hochschule erstmalig beantragt, ist mit dem Antrag ein Konzept für die geplante Hochschule einzureichen.
(2) Die staatliche Anerkennung kann mit Auflagen versehen und befristet ausgesprochen werden.
(3) Im Anerkennungsbescheid sind die Studiengänge, auf die sich die staatliche Anerkennung erstreckt, und die Bezeichnung der staatlich anerkannten Hochschule festzulegen.
(4) Das Ministerium erhebt von dem Träger der nichtstaatlichen Hochschule für die Einholung der gutachterlichen Stellungnahmen für die in § 105b Abs. 1 Satz 1 bis 4 genannten Verfahren Gebühren und Auslagen nach den §§ 1 und 3 des Verwaltungskostengesetzes des Landes Sachsen-Anhalt vom 27. Juni 1991 (GVBl. LSA S.154), zuletzt geändert durch Artikel 1 des Gesetzes vom 18. Mai 2010 (GVBl. LSA S. 340).
(5) Die Durchführung der in § 105b Abs. 1 Satz 1 bis 4 genannten Verfahren kann von der Zahlung oder Sicherstellung eines angemessenen Kostenvorschusses auf die Gebühren oder Auslagen nach § 7 Abs. 2 des Verwaltungskostengesetzes des Landes Sachsen-Anhalt abhängig gemacht werden.

## § 105d Niederlassungen von Hochschulen aus anderen Bundesländern oder anderen Mitgliedstaaten der Europäischen Union, Kooperation mit Hochschulen

(1) ¹Niederlassungen von staatlichen oder staatlich anerkannten Hochschulen aus anderen Mitgliedstaaten der Europäischen Union gelten als staatlich anerkannt. ²Ein Finanzierungsanspruch ist damit nicht verbunden. ³Die Einrichtung einer Niederlassung ist dem Ministerium unter Vorlage geeigneter Nachweise über den Rechtsstatus der Hochschule nach Satz 1 anzuzeigen. ⁴Das Ministerium kann Maßgaben festlegen. ⁵Vom Verlust des Rechtsstatus nach Satz 1 in ihren jeweiligen Sitzländern haben die Hochschulen nach Satz 1 das Ministerium unverzüglich zu unterrichten. ⁶Den Studierenden an diesen Niederlassungen steht kein Anspruch auf die Beendigung ihres Studiums gegen das Land Sachsen-Anhalt zu. ⁷§ 106 Abs. 6 und § 107 gelten entsprechend. ⁸Die Sätze 1 bis 7 gelten entsprechend für Niederlassungen von staatlichen oder staatlich anerkannten Hochschulen aus anderen Bundesländern.

(2) ¹Auf Antrag kann nichtstaatlichen Bildungseinrichtungen, die keine Niederlassungen nach Absatz 1 sind, die Durchführung von Hochschulstudiengängen und die Abnahme von Hochschulprüfungen in Kooperation in Form von Franchising mit einer Hochschule nach Absatz 1 Satz 1 gestattet werden, wenn
1. eine dem Studium an staatlichen Hochschulen gleichwertige Ausbildung angeboten wird, wobei das Ministerium verlangen kann, dass das Vorliegen dieser Voraussetzung im Rahmen eines Akkreditierungsverfahrens nach dem Studienakkreditierungsstaatsvertrag nachgewiesen wird,
2. nur solche Personen zum Studium zugelassen werden, die die Voraussetzungen für die Aufnahme in eine entsprechende staatliche Hochschule des Landes erfüllen,
3. die Studiengänge und Prüfungen unter Verantwortung einer Bildungseinrichtung durchgeführt werden, die gemäß den rechtlichen Vorschriften des Sitzlandes der Hochschule nach Absatz 1 Satz 1 und den angebotenen Studiengängen zur Verleihung eines Grades oder Titels berechtigt ist, der entsprechend den Regelungen zur Führung ausländischer Hochschulgrade zur Führung zugelassen ist.

²Absatz 1 Satz 6, § 106 Abs. 6 und § 107 gelten entsprechend. ³Die Sätze 1 und 2 finden keine Anwendung auf unselbständige Niederlassungen von Hochschulen oder anderen Ausbildungseinrichtungen mit gleichwertigem Niveau aus einem Mitgliedstaat der Europäischen Union. ⁴Für diese unselbständigen Niederlassungen gelten die Vorschriften des Absatzes 1 entsprechend.

(3) ¹Die Verfahren nach den Absätzen 1 und 2 können über eine einheitliche Stelle nach § 1 Abs. 1 Satz 1 des Verwaltungsverfahrensgesetzes des Landes Sachsen-Anhalt in Verbindung mit den §§ 71a bis 71e des Verwaltungsverfahrensgesetzes durchgeführt werden. ²§ 1 Abs. 1 Satz 1 des Verwaltungsverfahrensgesetzes Sachsen-Anhalt in Verbindung mit § 42a des Verwaltungsverfahrensgesetzes findet Anwendung.

## § 106 Folgen der staatlichen Anerkennung

(1) Das an einer staatlich anerkannten Hochschule abgeschlossene Studium ist ein abgeschlossenes Studium im Sinne dieses Gesetzes.

(2) ¹Die staatlich anerkannten Hochschulen haben nach Maßgabe der staatlichen Anerkennung das Recht, Hochschulprüfungen abzunehmen, Hochschulgrade zu verleihen und unter den Voraussetzungen des § 105a Promotionen und Habilitationen durchzuführen. ²Die §§ 17 und 18 gelten entsprechend. ³Das Ministerium kann der staatlich anerkannten Hochschule das Recht übertragen, Juniorprofessuren einzurichten.

(3) Die Studien-, Prüfungs-, Promotions- und Habilitationsordnungen bedürfen der Feststellung der Gleichwertigkeit mit den Ordnungen der staatlichen Hochschulen durch das Ministerium.

(4) Die Einstellung von Lehrenden und die Änderung der mit ihnen abgeschlossenen Verträge sind dem Ministerium anzuzeigen.

(5) ¹Das Ministerium kann auf Antrag des Trägers der staatlich anerkannten Hochschule gestatten, dass hauptberuflich Lehrende für die Dauer ihrer Tätigkeit an der Hochschule bei Vorliegen der Voraussetzungen der §§ 35, 40, 48 Abs. 3 und des § 49 Abs. 1 die Bezeichnung „Professor" oder „Professorin" oder „Juniorprofessor" oder „Juniorprofessorin" und nebenberuflich Lehrende bei Vorliegen der Voraussetzungen des § 47 die Bezeichnung „Honorarprofessor" oder „Honorarprofessorin" führen dürfen. ²Die Entscheidung des Ministeriums wird im Einzelfall getroffen. ³Für die nach den Sätzen 1

und 2 gestattete Führung der Bezeichnung „Professor" oder „Professorin" gilt § 38 Abs. 3 entsprechend.

(6) ¹Zur Wahrnehmung der dem Ministerium obliegenden Aufsichtspflichten ist es befugt, sich über die Angelegenheiten der staatlich anerkannten Hochschulen zu unterrichten. ²Das Ministerium kann Beauftragte zu Hochschulprüfungen entsenden.

(7) Auf Antrag ist eine staatlich anerkannte Hochschule in die zentrale Vergabe von Studienplätzen einzubeziehen.

## § 107 Verlust der staatlichen Anerkennung

(1) Die staatliche Anerkennung erlischt, wenn
1. die staatlich anerkannte Hochschule nicht innerhalb einer vom Ministerium zu bestimmenden angemessenen Frist den Studienbetrieb aufnimmt,
2. der Studienbetrieb ein Jahr geruht hat,
3. die institutionelle Akkreditierung oder die institutionelle Reakkreditierung der staatlich anerkannten Hochschule einschließlich der Akkreditierung ihres Studienangebotes erloschen ist und eine weitere institutionelle Akkreditierung oder institutionelle Reakkreditierung nicht erteilt wurde.

(2) ¹Die staatliche Anerkennung ist durch das Ministerium aufzuheben, wenn die Voraussetzungen des § 105 nicht gegeben waren, später weggefallen sind oder Auflagen nicht erfüllt wurden und diesem Mangel trotz Beanstandungen innerhalb einer bestimmten Frist nicht abgeholfen wurde. ²Dies gilt auch, wenn die staatlich anerkannte Hochschule einer ihrer Mitwirkungsverpflichtungen nach § 106 Abs. 6 trotz wiederholter Aufforderung nicht nachkommt. ³Die Möglichkeit einer Rücknahme oder eines Widerrufs der staatlichen Anerkennung nach den Bestimmungen des § 1 Abs. 1 Satz 1 des Verwaltungsverfahrensgesetzes Sachsen-Anhalt in Verbindung mit den §§ 48 bis 50 des Verwaltungsverfahrensgesetzes bleibt bestehen.

*Abschnitt 14*
**Verwaltung, Haushalt und Steuerung**

## § 108 Verwaltung der Wirtschafts- und Personalangelegenheiten

(1) Für die Haushalts- und Wirtschaftsführung sowie für die Personalangelegenheiten und die sonstigen staatlichen Angelegenheiten gelten, soweit durch dieses Gesetz nichts anderes bestimmt ist, die staatlichen Vorschriften.

(2) Das Land weist den Hochschulen die Haushaltsmittel zur Erfüllung ihrer Aufgaben zu, soweit es sie nicht selbst bewirtschaftet.

(3) ¹Das Land kann den Hochschulen Grundstücke und Einrichtungen zur Verfügung stellen. ²Die Landesregierung wird ermächtigt, auf Antrag der Hochschule ihr das Eigentum an den für ihren Betrieb notwendigen Grundstücken unentgeltlich ins Körperschaftsvermögen zu übertragen. ³Der Antrag der Hochschule muss ein grundlegendes Konzept zum Flächen- und Grundstücksmanagement enthalten, das nicht zu zusätzlichen Ausgaben führen darf. ⁴Die Hochschulen sollen zur Bündelung dieser Aufgaben gemeinsame zentrale Einheiten bilden.

(4) ¹Verfügungen der Hochschule über die Grundstücke sind dem Ministerium rechtzeitig vorher anzuzeigen. ²Das Ministerium kann der Verfügung widersprechen.

## § 109 Körperschaftsvermögen

(1) ¹Die Hochschulen können eigenes Vermögen bilden. ²Das Körperschaftsvermögen besteht aus den nichtstaatlichen Mitteln, den nicht mit staatlichen Mitteln erworbenen Gegenständen, dem Vermögen der rechtlich unselbstständigen Stiftungen und den nach § 108 Abs. 3 den Hochschulen übertragenen Grundstücken.

(2) ¹Einnahmen der Körperschaft sind die Zuwendungen Dritter und die Erträge des Vermögens der Körperschaft. ²Das Körperschaftsvermögen und seine Erträge dürfen nur für Aufgaben der Hochschule verwendet werden. ³Die Erträge des Körperschaftsvermögens werden nicht auf die staatlichen Zuwendungen angerechnet. ⁴Zuwendungen Dritter an die Körperschaft dürfen nur entsprechend den bei der Zuwendung gegebenen Zweckbestimmungen verwendet werden.

(3) Das Körperschaftsvermögen wird außerhalb des Landeshaushaltsplans gemäß den §§ 105 bis 112 der Landeshaushaltsordnung des Landes Sachsen-Anhalt verwaltet.

(4) Für den Körperschaftshaushalt gelten die Vorschriften des Landes entsprechend.

**§ 110 (weggefallen)**

**§ 111 Gebühren und Entgelte**

(1) ¹Das Studium bis zum ersten berufsqualifizierenden Hochschulabschluss und das Studium in einem konsekutiven Studiengang, der zu einem weiteren berufsqualifizierenden Hochschulabschluss führt, ist studiengebührenfrei. ²Langzeitstudiengebühren wegen Überschreitung der Regelstudienzeit werden nicht erhoben.

(2) Abweichend von Absatz 1 werden Gebühren und Entgelte nach Maßgabe der folgenden Absätze erhoben.

(3) ¹Die Hochschulen können für Studiengänge und andere Angebote, die
1. der Vertiefung und Ergänzung der beruflichen Praxis dienen,
2. für die speziellen Anforderungen von Wirtschaft und Verwaltung sowie Berufstätiger konzipiert werden,
3. als berufsbegleitende Bachelorstudiengänge konzipiert sind

sowie für ein zweites oder weiteres Studium Gebühren oder Entgelte erheben. ²Hiervon sind Promotionsstudiengänge und gleichwertige Studienangebote ausgenommen. ³Näheres regeln die Hochschulen in Gebührenordnungen. ⁴Sie können in der Gebührenordnung regeln, dass in den Fällen des Satzes 1 Nrn. 1 bis 3 Ermäßigungen oder Befreiungen gewährt werden können, wenn die Studienangebote der beruflichen Qualifizierung dienen und hierfür ein besonderer Bedarf besteht.

(4) ¹Die Hochschulen können von Gasthörern und Gasthörerinnen und von Studierenden, die das 60. Lebensjahr vollendet haben, je Semester eine Gebühr erheben. ²Insbesondere für die Ablegung von Prüfungen wird eine gesonderte Gebühr erhoben. ³Für die Festsetzung dieser Gebühr gilt Absatz 8 entsprechend. ⁴Satz 1 gilt nicht für Gasthörer und Gasthörerinnen, die Studierende einer anderen staatlichen Hochschule im Geltungsbereich dieses Gesetzes sind.

(5) Für die Überlassung von Lernmitteln an Studierende und den Bezug von Fernstudienmaterialien, multimedial aufbereiteten oder telematisch bereitgestellten Studienmaterialien können die Hochschulen Entgelte erheben.

(6) Die Gebühren, die für die Benutzung der Hochschuleinrichtungen erhoben werden, sind in den jeweiligen Benutzungsordnungen festzulegen.

(7) Das Ministerium kann zur Vereinheitlichung der Gebührensätze der Hochschulbibliotheken im Einvernehmen mit dem Ministerium der Finanzen Verwaltungsgebühren, insbesondere für Fernleihe sowie für Mahngebühren, durch Verordnung festlegen.

(8) ¹Die Gebühren und Entgelte sind in der Regel so zu bemessen, dass sie zur Deckung der allgemeinen Ausgaben für das in Anspruch genommene Personal und die genutzten Einrichtungen beitragen. ²Soziale Gesichtspunkte sind hierbei zu berücksichtigen. ³Bei einem staatlichen oder einem hochschulpolitischen Interesse kann von dieser Regelung abgewichen werden. ⁴Sie können auf Antrag ganz oder teilweise erlassen werden, wenn die Einziehung der Gebühr oder die Entrichtung des Entgelts im Einzelfall zu einer unbilligen Härte führen würde, insbesondere in Fällen von Krankheit oder Behinderung. ⁵Die Hochschule kann eine allgemeine Gebührenordnung erlassen, die dem Ministerium anzuzeigen ist.

(9) Die von den Hochschulen erhobenen Gebühren und Entgelte verbleiben den Hochschulen.

**§ 112** *[aufgehoben]*

**§ 113 Wirtschaftliche Betätigung**

(1) ¹Mit Einwilligung des Ministeriums können sich Hochschulen an Unternehmen in einer Rechtsform des privaten Rechts beteiligen oder solche Unternehmen gründen (wirtschaftliche Betätigung), insbesondere für die Bereiche Forschung, Entwicklung und Weiterbildung. ²Die Unternehmen sollen ihren Sitz in Sachsen-Anhalt haben.

(2) ¹Wenn die Hochschule die Mehrheit der Anteile im Sinne des § 53 des Haushaltsgrundsätzegesetzes am Unternehmen hält, ist das Prüfungsrecht des Landesrechnungshofes im Gesellschaftsvertrag, in der Satzung des Unternehmens oder durch eine Prüfungsvereinbarung mit dem Landesrechnungshof sicherzustellen. ²Das Ministerium kann nach vorheriger Zustimmung des für den Landeshaushalt zuständigen Ausschusses des Landtages bei geringfügigen Beteiligungen der Hochschulen an Unternehmen Ausnahmen von § 65 Abs. 1 Nr. 4 der Landeshaushaltsordnung des Landes Sachsen-Anhalt

zulassen, falls die durch die Anwendung von § 65 Abs. 1 Nr. 4 der Landeshaushaltsordnung des Landes Sachsen-Anhalt entstehenden zusätzlichen Kosten im Verhältnis zum Umfang der Beteiligung unverhältnismäßig sind.

(3) Beträgt die in Geld zu erbringende Einlage der Hochschule mehr als 40 000 Euro, gelten die Rechtsfolgen des Absatzes 2 Satz 1 uneingeschränkt.

(4) Bei Beteiligungen der Hochschulen an Unternehmen, die nicht den Absätzen 2 und 3 entsprechen, entfällt das Prüfungsrecht des Landesrechnungshofes.

(5) [1]Die von den Hochschulen durch die wirtschaftliche Betätigung erzielten Einnahmen und Gewinne verbleiben bei den Hochschulen. [2]Sie werden nicht auf die staatlichen Mittelzuweisungen angerechnet.

(6) [1]Die Hochschulen stellen sicher, dass alle fünf Jahre die Gründungen von Unternehmen mit Beteiligung der Hochschulen und ihre Beteiligung an Unternehmen evaluiert werden. [2]Die Ergebnisse sind dem Ministerium und dem für den Landeshaushalt zuständigen Ausschuss des Landtages zu berichten. [3]Eine Personalidentität zwischen einem Beauftragten oder einer Beauftragten für den Haushalt und der Geschäftsführung des jeweiligen Unternehmens ist ausgeschlossen.

(7) [1]Die Hochschulen können zum Zweck des Wissens-, Gestaltungs- und Technologietransfers Unternehmensgründungen ihrer Studierenden und befristet beschäftigten wissenschaftlichen und künstlerischen Mitarbeiter und Mitarbeiterinnen sowie Absolventen, Absolventinnen und ehemaligen Beschäftigten für die Dauer von bis zu drei Jahren nach Maßgabe der jeweiligen vergaberechtlichen und beihilferechtlichen Vorschriften fördern. [2]Die Förderung kann insbesondere durch die unentgeltliche oder verbilligte,
1. Bereitstellung von Räumen und Laboren für den Geschäftszweck,
2. Bereitstellung von IT-Infrastruktur für den Geschäftszweck und
3. Zugangsmöglichkeit zu Hochschulbibliotheken

erfolgen. [3]Die Förderung nach den Sätzen 1 und 2 erfolgt auf der Grundlage einer vorher abzuschließenden schriftlichen Vereinbarung mit dem Rektorat. [4]Für Absolventen und Absolventinnen ist eine Förderung nur innerhalb von fünf Jahren ab dem Datum des letzten Abschlusszeugnisses, für ehemalige Beschäftigte innerhalb von fünf Jahren ab dem Ende des Beschäftigungsverhältnisses möglich. [5]Die Förderung darf die Erfüllung der anderen in diesem Gesetz genannten Aufgaben nicht beeinträchtigen.

(8) § 112 Abs. 2 Satz 1 der Landeshaushaltsordnung des Landes Sachsen-Anhalt findet Anwendung.

## § 114 Finanzwesen

(1) Für die Hochschulen gilt die Landeshaushaltsordnung des Landes Sachsen-Anhalt, soweit in diesem Gesetz nichts anderes bestimmt ist.

(2) [1]Jede Hochschule stellt nach den für die Aufstellung der Haushalte des Landes Sachsen-Anhalt maßgebenden Vorschriften den Vorentwurf des sie betreffenden Kapitels unter Berücksichtigung der Zielvereinbarungen und der Grundsätze nach den §§ 5 und 56 auf. [2]Das Ministerium kann anordnen, dass zusätzliche Aussagen zu bestimmten Angelegenheiten getroffen werden.

(3) [1]Budgets sind unter Berücksichtigung der Festlegungen in § 5 zu bemessen. [2]Sie werden im Haushaltsplan des Landes Sachsen-Anhalt für die einzelnen Hochschulen als Globalzuschüsse in getrennten Kapiteln veranschlagt. [3]Jede Hochschule bewirtschaftet das ihr zugewiesene Haushaltskapitel eigenverantwortlich. [4]Die Bewirtschaftung regelt sich auf der Grundlage von § 17a der Landeshaushaltsordnung des Landes Sachsen-Anhalt. [5]Einzelheiten hierzu werden gemäß § 5 Abs. 5 geregelt. [6]Auf Antrag der Hochschule an das Ministerium können die Haushaltsmittelbudgets zur Selbstbewirtschaftung gemäß § 15 Abs. 2 der Landeshaushaltsordnung des Landes Sachsen-Anhalt zugewiesen werden. [7]Die Voraussetzungen und Bedingungen werden durch Erlass des Ministeriums im Einvernehmen mit dem Ministerium der Finanzen festgelegt.

(4) [1]Das Ministerium weist den Hochschulen die Planstellen zu. [2]Ein Stellenplan ist nicht notwendig. [3]Über die Anzahl der Stellen entscheiden die Hochschulen in eigener Verantwortung.

(5) Die Hochschulen können mit Zustimmung der Landesregierung Bauvorhaben außerhalb der staatlichen Bauverwaltung durchführen, soweit es sich um Pilotprojekte handelt; dabei sind unter betriebswirtschaftlichen Gesichtspunkten auch andere Finanzierungsmodelle möglich.

(6) [1]Die Hochschulen regeln die Annahme, Anzeige und Verwaltung von Geldzuwendungen Dritter zur Förderung von Forschung und Lehre sowie Entgelte aus Aufträgen Dritter (Drittmittel) in eigenen

Satzungen. ²Das Ministerium wird ermächtigt, durch Verordnung Grundsätze oder einen Rahmen hierfür festzulegen.

*Abschnitt 15*
**Allgemeine Übergangsvorschriften**

### § 115 Personalrechtliche Übergangsvorschriften
Eingeleitete Verfahren zur Besetzung von Stellen, für die bei Inkrafttreten des Gesetzes zur Änderung des Hochschulgesetzes des Landes Sachsen-Anhalt und anderer Vorschriften eine Ausschreibung erfolgt ist, insbesondere Berufungsverfahren, werden nach den bisher geltenden Bestimmungen zu Ende geführt.

### § 116 Mitarbeiter und Mitarbeiterinnen nach bisherigem Recht
¹Mit Inkrafttreten dieses Gesetzes ist die Neubegründung von Dienstverhältnissen mit wissenschaftlichen und künstlerischen Assistenten und Assistentinnen, Oberassistenten und Oberassistentinnen, Oberingenieuren und Oberingenieurinnen sowie Hochschuldozenten und Hochschuldozentinnen nicht mehr zulässig. ²Die beim Inkrafttreten dieses Gesetzes vorhandenen wissenschaftlichen und künstlerischen Assistenten und Assistentinnen, Oberassistenten und Oberassistentinnen, Oberingenieuren und Oberingenieurinnen sowie Hochschuldozenten und Hochschuldozentinnen verbleiben in ihren bisherigen Dienstverhältnissen. ³Ihre dienstrechtliche und mitgliedschaftliche Stellung bleibt unverändert. ⁴Nicht mehr vorgesehene Amtsbezeichnungen und Titel können von den Inhabern und Inhaberinnen weitergeführt werden.

### § 117 Erprobungsklausel
(1) ¹Das Ministerium kann auf Antrag einer oder mehrerer Hochschulen durch Verordnung, befristet auf fünf Jahre, im Einzelfall von diesem Gesetz abweichende organisatorische oder haushaltsrechtliche Regelungen zur Erprobung neuer Modelle treffen. ²Dieses gilt auch für die Einführung privatrechtlicher oder anderer Organisationsformen für Hochschulen. ³Sofern zu diesen Zwecken abweichende haushaltsrechtliche Regelungen oder zusätzliche Haushaltsmittel notwendig sind, werden diese Verordnungen im Einvernehmen mit dem Ministerium der Finanzen erlassen.
(2) Stimmen in dem Organ der Hochschule, das für den Erlass der Grundordnung zuständig ist, alle Vertreterinnen und Vertreter einer Mitgliedergruppe nach § 60 Satz 1 gegen einen Antrag nach Absatz 1, so ist für die Annahme des Antrages eine Mehrheit von zwei Dritteln der anwesenden stimmberechtigten Mitglieder erforderlich.
(3) ¹Das Ministerium kann nach Anhörung der Hochschule die befristete Erprobung von Vorschlägen einer Evaluation für neue Organisationsformen und Verfahrensweisen der Arbeit dieser Hochschule, insbesondere für die Bereiche Lehre und Verwaltung, anordnen, wenn die Evaluation gesetzlich angeordnet war. ²Sofern die Evaluation in einer Zielvereinbarung vereinbart wurde, kann die befristete Erprobung der in Satz 1 genannten Vorschläge durch das Ministerium im Benehmen mit der Hochschule in einer Rechtsverordnung umgesetzt werden.

### § 118 Ordnungswidrigkeiten
(1) Ordnungswidrig handelt, wer
1. ohne die nach § 104 Abs. 1 erforderliche staatliche Anerkennung eine nichtstaatliche Hochschule unter Verwendung der Bezeichnung „Universität", „Universitätsklinikum", „Hochschule", „Kunsthochschule" oder „Fachhochschule" oder „Hochschule für angewandte Wissenschaften" betreibt oder eine auf die Bezeichnungen hinweisende oder ihnen zum Verwechseln ähnliche Bezeichnung führt,
2. Hochschulgrade verleiht, ohne hierzu berechtigt zu sein,
3. Bezeichnungen verleiht, die Hochschulgraden zum Verwechseln ähnlich sind, oder
4. ausländische Hochschulgrade, Hochschulbezeichnungen oder Hochschultitel oder entsprechende staatliche Grade, Bezeichnungen oder Titel gegen Entgelt vermittelt,
5. die Anzeige nach § 105d Abs. 1 Satz 3 oder die Unterrichtung nach § 105d Abs. 1 Satz 5 versäumt.
(2) Die Ordnungswidrigkeit kann durch das Ministerium mit einer Geldbuße bis zu einer Million Euro geahndet werden.

## § 119 Datenschutz

(1) ¹Die Hochschulen dürfen von Studienbewerbern und Studienbewerberinnen, Studierenden, Prüfungskandidaten und Prüfungskandidatinnen, auch soweit sie nicht Mitglieder der Hochschulen sind, Promovierenden, ehemaligen Mitgliedern der Hochschulen, sonstigen Mitgliedern und Angehörigen der Hochschulen, Nutzern und Nutzerinnen wissenschaftlicher Einrichtungen und zentraler Betriebseinheiten sowie von Vertragspartnern der Hochschulen im Rahmen der Aufgabenwahrnehmung diejenigen personenbezogenen Daten verarbeiten, die insbesondere für folgende Zwecke erforderlich sind:
1. Zulassung,
2. Immatrikulation,
3. Rückmeldung,
4. Beurlaubung,
5. Exmatrikulation,
6. Teilnahme an Lehrveranstaltungen und Prüfungen,
7. Zulassung zur Promotion und zur Habilitation,
8. Durchführung von Praktika und Auslandssemestern,
9. Nutzung von Hochschuleinrichtungen und Studienberatung,
10. Hochschulplanung, Evaluation und Akkreditierung,
11. Meldung als Gasthörer oder Gasthörerin,
12. Kontaktpflege mit ehemaligen Mitgliedern der Hochschulen,
13. Bereitstellung von Lernmitteln und multimediagestützten Studienangeboten,
14. Berechnung von Gebühren und Entgelten nach § 111 einschließlich der Festsetzung, Stundung und dem vollständigen oder teilweisen Erlass von Studiengebühren,
15. Prüfung und Berechnung von Leistungsbezügen sowie von Forschungs- und Lehrzulagen einschließlich der Entscheidung über die Ruhegehaltsfähigkeit, die Dauer der Gewährung und die Teilnahme an Besoldungsanpassungen gemäß der Hochschulleistungsbezügeverordnung vom 21. Januar 2005 (GVBL LSA S. 21), zuletzt geändert durch Artikel 3 Abs. 16 des Gesetzes vom 8. Februar 2011 (GVBL LSA S. 68, 127), nach Maßgabe der dazu ergangenen Satzungen der Hochschulen,
16. Berechnung, Erhöhung und Ermäßigung der Lehrverpflichtung sowie Nachweis der Erfüllung der Lehrverpflichtung gemäß der Lehrverpflichtungsverordnung vom 6. April 2006 (GVBL LSA S. 232) nach Maßgabe der dazu ergangenen Satzungen der Hochschulen,
17. Vertragsbeziehungen der Hochschulen zu Mitgliedern, Angehörigen und Dritten,
18. Hochschulstatistik,
19. Umsetzung des Gleichstellungsauftrags.

²Die Hochschulen dürfen die Daten nach Satz 1 auch zur Erfüllung ihrer übrigen Aufgaben nach § 3 verarbeiten, soweit dies zur Erfüllung dieser Aufgaben erforderlich ist.

(2) ¹Die Hochschulen dürfen Daten über die Gesundheit der Studienbewerber und Studienbewerberinnen sowie Studierenden verarbeiten, soweit dies zum Zweck der Stundung, Ermäßigung oder des Erlasses von Gebühren und Entgelten nach § 111 Abs. 3 und 4 erforderlich ist. ²Dies gilt auch, soweit die Verarbeitung von Gesundheitsdaten zum Zweck der Inanspruchnahme von Rechten der Personen nach Satz 1 nach diesem oder einem anderen Gesetz oder aufgrund dieses Gesetzes erlassener Regelungen, zum Zweck der Feststellung einer krankheitsbedingten Prüfungsunfähigkeit oder zur Erfüllung von Pflichten der Hochschulen aus dem Mutterschutzgesetz erforderlich ist. ³Eine Verarbeitung von Gesundheitsdaten zu anderen Zwecken ist ausgeschlossen. ⁴Die Hochschulen ergreifen angemessene und spezifische Maßnahmen zur Wahrung der Interessen der betroffenen Personen bei der Verarbeitung von Gesundheitsdaten.

(3) Soweit nach Absatz 1 rechtmäßig erhobene personenbezogene Daten zur Erfüllung der gesetzlichen Aufgaben
1. der Studierendenschaft,
2. der Landesprüfungsämter,
3. des Studentenwerkes,
4. anderer Einrichtungen an der Hochschule,
5. der Kooperationspartner nach § 103,

6. der anerkannten, vom Land und von der Hochschule unabhängigen wissenschaftlichen Einrichtungen nach § 7a oder
7. der Akkreditierungseinrichtungen nach § 105b

benötigt werden, sind diese von der jeweiligen Hochschule je nach Zweck der Aufgabe im erforderlichen Umfang zu übermitteln.

(4) Für Zwecke der Hochschulplanung und für statistische Zwecke sind die nach Absatz 1 erhobenen personenbezogenen Daten zu anonymisieren, sobald dies ohne Gefährdung des Zwecks möglich ist.

(5) Die Hochschulen regeln das Nähere durch Satzung, insbesondere
1. welche Daten nach den Absätzen 1 und 2 verarbeitet werden dürfen und, soweit dies zur Umsetzung gesetzlicher Vorgaben erforderlich ist, die Aufbewahrungsfrist und
2. die personenbezogenen Daten und Funktionen eines maschinenlesbaren Ausweises für Studierende sowie Nutzer und Nutzerinnen von Hochschuleinrichtungen, die in diesem Zusammenhang nötigen Verfahrenshandlungen sowie die personenbezogenen Daten, die zur Erteilung des Ausweises verarbeitet werden dürfen; dabei muss die Ausgestaltung des Ausweiskonzeptes sicherstellen, dass der Zugriff auf die auf dem Ausweis gespeicherten Daten jeweils nur in dem Rahmen möglich ist, die der konkrete Verwendungszweck erfordert.

### § 120 Anwendung des Verwaltungsverfahrensgesetzes Sachsen-Anhalt

(1) [1]Das Verwaltungsverfahrensgesetz Sachsen-Anhalt gilt mit Ausnahme von § 1 Abs. 1 Satz 1 des Verwaltungsverfahrensgesetzes Sachsen-Anhalt in Verbindung mit den §§ 20 und 21 des Verwaltungsverfahrensgesetzes nicht für Berufungen von Professoren und Professorinnen. [2]Auf Hochschulprüfungen, Promotionen und Habilitationen findet es nur Anwendung, soweit die Satzungen der Hochschulen nicht inhaltsgleiche oder entgegenstehende Bestimmungen enthalten. [3]Die Ausstellung von Prüfungszeugnissen, die Verleihung von Hochschulgraden, die Verleihung von Doktorgraden, die Verleihung des Grades „doctor habilitatus" einschließlich der Zuerkennung der Lehrbefugnis, die Entziehung oder der Widerruf verliehener Hochschulgrade sowie die Verleihung der Bezeichnung „außerplanmäßiger Professor" oder „außerplanmäßige Professorin" dürfen nicht in elektronischer Form erfolgen.

(2) § 1 Abs. 1 Satz 1 des Verwaltungsverfahrensgesetzes Sachsen-Anhalt in Verbindung mit den §§ 81 bis 87 des Verwaltungsverfahrensgesetzes gilt nicht für die Mitwirkung an der Verwaltung einer Hochschule.

(3) Minderjährige ab Vollendung des 16. Lebensjahres, die eine Hochschulzugangsberechtigung besitzen, sind für Verfahrenshandlungen zur Aufnahme, Durchführung und Beendigung eines Studiums handlungsfähig im Sinne von § 1 Abs. 1 Satz 1 des Verwaltungsverfahrensgesetzes Sachsen-Anhalt in Verbindung mit § 12 Abs. 1 Nr. 2 des Verwaltungsverfahrensgesetzes; dies gilt entsprechend für Studieninteressierte, die eine Hochschulzugangsberechtigung erst durch eine Prüfung nach § 27 Abs. 5 Satz 1, Abs. 6 und 10 an einer Hochschule erwerben wollen, für die dafür erforderlichen Verfahrenshandlungen.

### § 121 Verträge mit den Kirchen

Durch dieses Gesetz werden die Verträge mit den Kirchen und öffentlich-rechtlichen Religionsgemeinschaften nicht berührt.

### § 122 Übergangsvorschriften zum Gesetz zur Änderung des Hochschulgesetzes des Landes Sachsen-Anhalt und anderer Vorschriften

(1) [1]Soweit Organe der Hochschulen bei Inkrafttreten des Gesetzes zur Änderung des Hochschulgesetzes des Landes Sachsen-Anhalt und anderer Vorschriften auf der Grundlage einer genehmigten Grundordnung im Amt sind, führen diese ihr Amt bis zum Ende der jeweiligen Amtszeit weiter. [2]Bis zu diesem Zeitpunkt sind die Grundordnungen und die sonstigen Satzungen der Hochschulen den Vorschriften des Gesetzes zur Änderung des Hochschulgesetzes des Landes Sachsen-Anhalt und anderer Vorschriften bis zum 31. Dezember 2021 anzupassen.

(2) Bis zum Vorliegen einer vom Ministerium genehmigten und in Kraft getretenen Berufungsordnung der Hochschule nach § 36 Abs. 11 bedarf die Berufung eines Professors oder einer Professorin der Zustimmung des Ministeriums gemäß § 36 Abs. 3 Satz 2 des Hochschulgesetzes des Landes Sachsen-Anhalt in der bis zum Inkrafttreten des Gesetzes zur Änderung des Hochschulgesetzes des Landes Sachsen-Anhalt und anderer Vorschriften geltenden Fassung.

(3) ¹Die bei Inkrafttreten des Gesetzes zur Änderung des Hochschulgesetzes des Landes Sachsen-Anhalt und anderer Vorschriften amtierenden Kanzler und Kanzlerinnen bleiben in ihrem bisherigen Rechtsstatus. ²Dies gilt auch, sofern von der jeweiligen Hochschule vor dem Ausscheiden des jetzigen Stelleninhabers oder der jetzigen Stelleninhaberin durch eine Änderung der Grundordnung die Position eines Kanzlers oder einer Kanzlerin nicht mehr vorgesehen wird. ³Die amtierenden Kanzler und Kanzlerinnen nehmen bis zum Ende ihrer Amtszeit ihre Aufgaben und Pflichten wahr. ⁴Eine Änderung des Geschäftsbereiches im Sinne von § 71 Abs. 1 Satz 3, 5 und 6 ist zulässig.

### § 123 Vorschriften zur Bewältigung von Krisensituationen

(1) ¹Für die im Sommersemester 2020 in einem Studiengang an staatlichen oder staatlich anerkannten Hochschulen immatrikulierten und nicht beurlaubten Studierenden gilt eine von der Regelstudienzeit abweichende, um ein Semester verlängerte besondere Regelstudienzeit. ²Die Hochschulen regeln die Umsetzung in ihren Ordnungen und haben Regelungen zu treffen, wonach
1. auf Antrag des oder der Studierenden nach Satz 1 Studienleistungen und Prüfungen wiederholt, im Fall des Nichtbestehens Prüfungen als nicht unternommen gelten oder Prüfungen zur Notenverbesserung wiederholt werden können und
2. sich die Fristen für fachsemestergebundene Studien- und Prüfungsleistungen in einem Studiengang für die Studierenden nach Satz 1 um ein Semester verlängern.

³Die Hochschulen können in ihren Ordnungen regeln, dass Satz 1 auch für die im Sommersemester 2020 beurlaubten Studierenden gilt.

(2) ¹Abweichend von § 41 Abs. 1 Satz 6 Halbsatz 1 kann das Beamtenverhältnis auf Zeit auf Antrag des Beamten oder der Beamtin um bis zu sechs Monate verlängert werden, wenn das Beamtenverhältnis auf Zeit zwischen dem 1. März 2020 und dem 30. September 2020 bestand; die Verlängerungsmöglichkeiten nach § 41 Abs. 1 Satz 2 und 5 bleiben bestehen. ²Das Ministerium wird ermächtigt, durch Verordnung die Möglichkeit der Verlängerung der Beamtenverhältnisse auf Zeit nach Satz 1 Halbsatz 1 höchstens um weitere sechs Monate zu verlängern, soweit dies aufgrund fortbestehender Auswirkungen der COVID-19-Pandemie in Sachsen-Anhalt geboten erscheint; die Verlängerungsmöglichkeit ist auch auf jene Beamtenverhältnisse auf Zeit zu erstrecken, die nach dem 30. September 2020 und vor Ablauf des in der Verordnung genannten Verlängerungszeitraums begründet werden.

(3) ¹Das Ministerium wird ermächtigt, zur Bewältigung der Auswirkungen der COVID-19-Pandemie und solcher Krisensituationen, die den Studienbetrieb in vergleichbarer Weise beeinträchtigen, durch Verordnung abweichend von den Regelungen des § 9 Abs. 8, § 10 Satz 2, § 13 Abs. 2, § 67 Abs. 3, § 77 Abs. 3 Satz 4 und des § 78 Abs. 2 Satz 2 und 7 Halbsatz 1 Regelungen zu erlassen zu besonderen Regelstudienzeiten, zu Beginn und Ende der Vorlesungs- und Veranstaltungszeit, zur Erleichterung der Anerkennung von Prüfungs- und Studienleistungen oder zur Verlängerung von Amtszeiten, sofern keine Verlängerungen von Beamtenverhältnissen betroffen sind. ²Vor dem Erlass der Verordnung hat das Ministerium den Entwurf der Verordnung dem für Wissenschaft zuständigen Ausschuss des Landtages anzuzeigen; nimmt der für Wissenschaft zuständige Ausschuss des Landtages nicht innerhalb von 14 Tagen Stellung, gilt der Entwurf der Verordnung als gebilligt. ³Die Verordnung ist jeweils auf das Semester zu befristen, in dem sie erlassen wird.

### Abschnitt 16

§ 124 (weggefallen)

### Abschnitt 17
### Schlussvorschriften

### § 125 Einschränkung von Grundrechten
Durch dieses Gesetz wird das Grundrecht auf den Schutz personenbezogener Daten im Sinne von Artikel 2 Abs. 1 in Verbindung mit Artikel 1 Abs. 1 des Grundgesetzes und Artikel 6 Abs. 1 der Verfassung des Landes Sachsen-Anhalt eingeschränkt.

### § 126 (Inkrafttreten, Außerkrafttreten)

# Schulgesetz des Landes Sachsen-Anhalt (SchulG LSA)

In der Fassung der Bekanntmachung vom 9. August 2018[1] (GVBl. LSA S. 68)
(BS LSA 2231.1)
zuletzt geändert durch Art. 2 HaushaltsbegleitG 2020/2021 vom 24. März 2020 (GVBl. LSA S. 108)

## Inhaltsübersicht

**Erster Teil**
**Allgemeine Vorschriften**

*Erster Abschnitt*
**Erziehungs- und Bildungsauftrag, Geltungsbereich**
§ 1 Erziehungs- und Bildungsauftrag der Schule
§ 2 Geltungsbereich

*Zweiter Abschnitt*
**Gliederung des Schulwesens**
§ 3 Gliederung des Schulwesens
§ 4 Grundschule
§ 5 Sekundarschule
§ 5a Gesamtschule
§ 5b Gemeinschaftsschule Sachsen-Anhalt
§ 6 Gymnasium
§ 7 Schulen des zweiten Bildungsweges
§ 8 Förderschule
§ 8a Förderzentren
§ 9 Berufsbildende Schulen
§ 10 Bildungsstandards, Rahmenrichtlinien, Lehrpläne und Stundentafeln
§ 10a Zulassung und Einführung von Lernmitteln
§ 11 Schulversuche
§ 11a Qualitätssicherung
§ 12 Errichtung von Ganztagsschulen, schulische Angebote außerhalb des Unterrichts
§ 13 Jahrgangsübergreifender Unterricht, Bildung von Anfangsklassen

*Dritter Abschnitt*
**Schulen in freier Trägerschaft**
§ 14 Verhältnis zum öffentlichen Schulwesen
§ 15 Bezeichnung der Schulen in freier Trägerschaft
§ 16 Ersatzschulen
§ 16a Lehrkräfte, Schulleiterinnen und Schulleiter sowie Mitglieder der Schulleitung
§ 17 Anerkannte Ersatzschulen
§ 18 Finanzhilfe
§ 18a Umfang der Finanzhilfe
§ 18b Ergänzungsschulen
§ 18c Untersagung der Errichtung oder Fortführung
§ 18d Anerkannte Ergänzungsschulen
§ 18e Verordnungsermächtigungen
§ 18f Finanzielle Förderung
§ 18g Berichtspflicht der Landesregierung

*Vierter Abschnitt*
**Religions- und Ethikunterricht**
§ 19 Religions- und Ethikunterricht
§ 20 Einsichtnahme in den Religionsunterricht
§ 21 Teilnahme am Religions- und Ethikunterricht

*Fünfter Abschnitt*
**Schulentwicklungsplanung, Schuljahr und Ferien**
§ 22 Schulentwicklungsplanung
§ 23 Schuljahr und Ferien

**Zweiter Teil**
**Schulverfassung**
§ 24 Selbstständigkeit und Eigenverantwortung der Schule
§ 25 Entscheidungen der Schule
§ 26 Stellung der Schulleiterin und des Schulleiters
§ 27 Aufgaben der Konferenzen
§ 28 Verteilung der Aufgaben der Konferenzen
§ 29 Zusammensetzung und Verfahren der Konferenzen

**Dritter Teil**
**Lehrerinnen und Lehrer und weitere Mitarbeiterinnen und Mitarbeiter**
§ 30 Allgemeines
§ 30a Fort- und Weiterbildung
§ 31 Besetzung der Stellen der Schulleiterinnen und Schulleiter
§ 32 Weitere Mitarbeiterinnen und Mitarbeiter

**Vierter Teil**
**Schülerinnen und Schüler**
§ 33 Recht auf Bildung
§ 34 Wahl und Wechsel des Bildungsweges
§ 35 Regelung des Bildungsweges

---

[1] Neubekanntmachung des SchulG idF v. 22.2.2013 (GVBl. LSA S. 68) in der ab 1.8.2018 geltenden Fassung.

## Fünfter Teil
## Schulpflicht

| § 36 | Allgemeines |
|---|---|
| § 37 | Beginn der Schulpflicht |
| § 38 | Gesundheitspflege und Prävention |
| § 39 | Besuch von Förderschulen und Sonderunterricht |
| § 40 | Dauer und Ende der Schulpflicht |
| § 41 | Schulbezirke, Schuleinzugsbereiche |
| § 42 | (weggefallen) |
| § 43 | Rechte und Pflichten der Erziehungsberechtigten und Ausbildenden |
| § 44 | Ordnungsmaßnahmen |
| § 44a | Durchsetzung der Schulpflicht |

## Sechster Teil
## Schülervertretung

### Erster Abschnitt
### Schülervertretung in der Schule

| § 45 | Allgemeines |
|---|---|
| § 45a | Schülerinnen- und Schülervertretungen an Grundschulen |
| § 46 | Klassenverband |
| § 47 | Schülerrat |
| § 47a | Die Schülervollversammlung |
| § 48 | Wahlen und Ausscheiden |
| § 49 | Mitwirkung der Schülerinnen und Schüler in der Schule |

### Zweiter Abschnitt
### Schülervertretung in Gemeinden und Landkreisen

| § 50 | Gemeinde- und Kreisschülerräte |
|---|---|
| § 51 | Wahlen und Ausscheiden |
| § 52 | Aufgaben der Gemeinde- und Kreisschülerräte |
| § 53 | Finanzierung der Schülervertretungen |
| § 54 | Herausgabe von Schülerzeitungen |

## Siebenter Teil
## Elternvertretung

### Erster Abschnitt
### Elternvertretung in der Schule

| § 55 | Allgemeines |
|---|---|
| § 56 | Klassenelternschaften und Klassenelternvertretungen |
| § 57 | Schulelternrat |
| § 58 | Wahlen und Ausscheiden |
| § 59 | Mitwirkung der Erziehungsberechtigten in der Schule |

### Zweiter Abschnitt
### Elternvertretung in Gemeinden und Landkreisen

| § 60 | Gemeinde- und Kreiselternräte |
|---|---|
| § 61 | Wahlen und Ausscheiden |
| § 62 | Aufgaben der Gemeinde- und Kreiselternräte |

### Dritter Abschnitt
### Finanzierung der Elternvertretungen

| § 63 | Kosten |
|---|---|

## Achter Teil
## Schulträgerschaft

| § 64 | Schulträgerschaft |
|---|---|
| § 65 | Schulträger |
| § 66 | Zusammenschlüsse von Schulträgern |
| § 67 | (weggefallen) |
| § 68 | (weggefallen) |

## Neunter Teil
## Aufbringung der Kosten

| § 69 | Personalkosten |
|---|---|
| § 70 | Sachkosten |
| § 71 | Schülerbeförderung |
| § 72 | Lernmittelkosten |
| § 72a | Schulspeisung |
| § 73 | Förderung des Schulbaus durch das Land |
| § 74 | Beteiligung der Landkreise an den Schulbaukosten |
| § 74a | Sonstige Kosten |

## Zehnter Teil
## Vertretungen bei der obersten Schulbehörde und Landesschulbeirat

### Erster Abschnitt
### Zusammensetzung und Aufgaben

| § 75 | Allgemeines |
|---|---|
| § 76 | Landeselternrat |
| § 77 | Landesschülerrat |
| § 78 | Landesschulbeirat |

### Zweiter Abschnitt
### Verfahrensvorschriften

| § 79 | Amtsdauer, Wahlen und Ausscheiden |
|---|---|
| § 80 | Verfahren |
| § 81 | Kosten |

## Elfter Teil
## Staatliche Schulbehörden

| § 82 | Schulbehörden |
|---|---|
| § 83 | Aufgaben |

## Zwölfter Teil
## Übergangs- und Schlussvorschriften

| § 84 | Ordnungswidrigkeiten |
|---|---|
| § 84a | Verarbeitung personenbezogener Daten |
| § 84b | Schulbezogene statistische Erhebungen |
| § 84c | Automatisierte zentrale Schülerdatei |
| § 84d | Schülerlaufbahnstatistiken |
| § 84e | Aufbewahrung, Berichtigung, Löschung und Einschränkung der Verarbeitung |
| § 84f | IT-gestütztes Schulverwaltungsverfahren |
| § 84g | Einschränkung von Grundrechten |
| § 85 | Aufhebungsermächtigung |
| § 86 | Übergangsregelungen für die Ersatzschulen |
| § 86a | (weggefallen) |
| § 86b | (weggefallen) |
| § 86c | Übergangsregelung zu § 2 Abs. 4 |
| § 86d | Übergangsvorschrift zu § 79 Abs. 1 |
| § 86e | (weggefallen) |
| § 86f | (weggefallen) |

§ 87 Inkrafttreten

*Erster Teil*
**Allgemeine Vorschriften**

*Erster Abschnitt*
**Erziehungs- und Bildungsauftrag, Geltungsbereich**

**§ 1 Erziehungs- und Bildungsauftrag der Schule**
(1) ¹Der Auftrag der Schule wird bestimmt durch das Grundgesetz der Bundesrepublik Deutschland und die Verfassung des Landes Sachsen-Anhalt. ²Insbesondere hat jeder junge Mensch ohne Rücksicht auf sein Geschlecht, seine Herkunft, seine Ethnie, eine Behinderung, seine sexuelle Identität, seine Religion oder Weltanschauung oder seine wirtschaftliche oder soziale Lage das Recht auf eine seine Begabungen, seine Fähigkeiten und seine Neigung fördernde Erziehung, Bildung und Ausbildung. ³Das schließt die Vorbereitung auf die Wahrnehmung von Verantwortung, Rechten und Pflichten in Staat und Gesellschaft ein.
(2) In Erfüllung dieses Auftrages ist die Schule insbesondere gehalten,
1. die Schülerinnen und Schüler zur Achtung der Würde des Menschen, zur Selbstbestimmung in Verantwortung gegenüber Andersdenkenden, zur Anerkennung und Bindung an ethische Werte, zur Achtung religiöser Überzeugungen, zu verantwortlichem Gebrauch der Freiheit und zu friedlicher Gesinnung zu erziehen,
2. die Schülerinnen und Schüler auf die Übernahme politischer und sozialer Verantwortung im Sinne der freiheitlich-demokratischen Grundordnung vorzubereiten,
3. den Schülerinnen und Schülern Kenntnisse, Fähigkeiten und Fertigkeiten mit dem Ziel zu vermitteln, die freie Entfaltung der Persönlichkeit und Begabung, eigenverantwortliches Handeln und Leistungsbereitschaft zu fördern,
3a. Benachteiligungen von Schülerinnen und Schülern mit Behinderungen zu verhindern und zu beseitigen und dazu beizutragen, dass ihnen eine gleichberechtigte Teilhabe am Leben in der Gesellschaft und eine selbstbestimmte Lebensführung ermöglicht wird,
4. die Schülerinnen und Schüler zu individueller Wahrnehmungs-, Urteils- und Entscheidungsfähigkeit in einer von neuen Medien und Kommunikationstechniken geprägten Informationsgesellschaft zu befähigen,
5. die Schülerinnen und Schüler auf die Anforderungen der Berufs- und Arbeitswelt, des öffentlichen Lebens, der Familie und Freizeit vorzubereiten,
6. den Schülerinnen und Schülern Kenntnisse, Fähigkeiten und Werthaltungen zu vermitteln, welche die Gleichachtung und Gleichberechtigung der Menschen unabhängig von ihrem Geschlecht, ihrer Abstammung, ihrer Rasse, ihrer Behinderung, ihrer sexuellen Identität, ihrer Sprache, ihrer Heimat und Herkunft, ihrem Glauben, ihren religiösen oder politischen Anschauungen fördern, und über Möglichkeiten des Abbaus von Diskriminierungen und Benachteiligungen aufzuklären,
7. die Schülerinnen und Schüler zu verantwortlichem und ökologisch nachhaltigem Handeln in einer von zunehmender gegenseitiger Abhängigkeit und globalen Problemen geprägten Welt für die Bewahrung von Natur, Leben und Gesundheit zu befähigen,
8. die Schülerinnen und Schüler zu Toleranz gegenüber kultureller Vielfalt und zur Völkerverständigung zu erziehen sowie zu befähigen, die Bedeutung der Heimat in einem geeinten Deutschland und einem gemeinsamen Europa zu erkennen.
(3) ¹Die Schule hat die Pflicht, die individuellen Lernvoraussetzungen und Lernbedürfnisse der Schülerinnen und Schüler zu berücksichtigen. ²Schülerinnen und Schüler sind bei Bedarf zusätzlich zu fördern, um einen ihren Fähigkeiten entsprechenden Schulabschluss zu erlangen. ³Inklusive Bildungsangebote für Schülerinnen und Schüler werden in allen Schulformen gefördert, um auf diese Weise zur Verbesserung der Chancengerechtigkeit beizutragen. ⁴Sonderpädagogischer Förderbedarf liegt vor, wenn Schülerinnen und Schüler in ihren Entwicklungs- und Bildungsmöglichkeiten so stark beeinträchtigt oder behindert sind, dass sie ohne zusätzliche, sonderpädagogische Förderung in der allgemeinen Schule nicht oder nicht mehr ausreichend gefördert werden können. ⁵Inklusionspädagogische Inhalte sind verbindlich in die Lehrerbildung aufzunehmen. ⁶Für Schülerinnen und Schüler, die besondere Hilfen benötigen, sind Förderschulen vorzuhalten.

(3a) ¹Schülerinnen und Schüler mit sonderpädagogischem Förderbedarf und ohne sonderpädagogischen Förderbedarf werden gemeinsam unterrichtet, wenn die Erziehungsberechtigten der Schülerinnen und Schüler mit sonderpädagogischem Förderbedarf dies beantragen, die personellen, sächlichen und organisatorischen Möglichkeiten vorhanden sind oder nach Maßgabe der Haushalte geschaffen werden können und mit der gemeinsamen Beschulung und Erziehung dem individuellen Förderbedarf entsprochen werden kann. ²Die Eltern erhalten für ihre Entscheidung über den weiteren Bildungsweg ihrer Kinder eine umfassende Beratung.

(4) Bei Erfüllung des Erziehungsauftrages haben die Schulen das verfassungsmäßige Recht der Eltern auf Erziehung ihrer Kinder zu achten.

(4a) ¹Schulen arbeiten im Rahmen ihrer Aufgaben mit den Trägern der öffentlichen und freien Jugendhilfe sowie anderen Stellen und öffentlichen Einrichtungen, deren Tätigkeit sich wesentlich auf die Lebenssituation junger Menschen auswirkt, insbesondere mit Einrichtungen der Familienbildung und den Familienverbänden sowie Trägern der beruflichen Fort- und Weiterbildung, den Musikschulen, den Volkshochschulen sowie Sport- und anderen Vereinen zusammen. ²Die Schulen können dazu im Einvernehmen mit dem Schulträger Vereinbarungen abschließen. ³Die Schulträger können auf Wunsch der Schulen den Kooperationspartnern Räume und technische Ausstattung zur Nutzung überlassen.

(4b) ¹Schulsozialarbeit ergänzt den schulischen Alltag. ²Sie öffnet Kindern, Jugendlichen und ihren Eltern neue Zugänge zu Unterstützungsangeboten und erweitert ihre präventiven, integrativen und kurativen Handlungsmöglichkeiten. ³Die Schulen arbeiten im Rahmen der Schulsozialarbeit mit anerkannten Einrichtungen der öffentlichen und freien Kinder- und Jugendhilfe zum Schutz des Kindeswohls zusammen.

(5) ¹Das Land und die Kommunen sorgen für ein ausreichendes und vielfältiges öffentliches Schulwesen. ²Das Land fördert Schulen in freier Trägerschaft nach Maßgabe dieses Gesetzes.

## § 2 Geltungsbereich

(1) Dieses Gesetz gilt für die öffentlichen Schulen und, soweit nichts anderes bestimmt wird, für die Schulen in freier Trägerschaft im Lande Sachsen-Anhalt.

(2) ¹Öffentliche Schulen im Sinne dieses Gesetzes sind die in § 3 genannten Schulen, deren Träger die Landkreise, die Gemeinden oder das Land sind. ²Sie sind nichtrechtsfähige öffentliche Anstalten.

(3) Schulen in freier Trägerschaft im Sinne dieses Gesetzes sind die Schulen, deren Träger entweder natürliche oder juristische Personen des privaten Rechts oder Religions- oder Weltanschauungsgemeinschaften sind, die die Rechte einer Körperschaft des öffentlichen Rechts besitzen.

(4) Dieses Gesetz findet keine Anwendung auf Berufsfachschulen für Gesundheitsberufe, mit Ausnahme für folgende Schulen:
1. Berufsfachschule Altenpflege,
2. Berufsfachschule Diätassistenz,
3. Berufsfachschule Ergotherapie,
4. Berufsfachschule Physiotherapie,
5. Berufsfachschule Masseurin und medizinische Bademeisterin/Masseur und medizinischer Bademeister,
6. Berufsfachschule Pharmazeutisch-technische Assistenz.

(5) ¹Keine Schulen im Sinne dieses Gesetzes sind die Ausbildungszentren für Gesundheitsfachberufe der Universitätsklinika an der Otto-von-Guericke-Universität Magdeburg und an der Martin-Luther-Universität Halle-Wittenberg. ²Die Aufsicht über die dortigen Bildungsgänge führt das für Gesundheit zuständige Ministerium im Benehmen mit dem für Schulwesen zuständigen Ministerium.

*Zweiter Abschnitt*
**Gliederung des Schulwesens**

## § 3 Gliederung des Schulwesens

(1) Das Schulwesen gliedert sich in Schulformen und in Schulstufen.
(2) Die Schulformen sind:
1. Allgemeinbildende Schulen

a) die Grundschule,
b) die Sekundarschule,
c) die Gesamtschule,
d) die Gemeinschaftsschule,
e) das Gymnasium,
f) die Förderschule,
g) Schulen des zweiten Bildungsweges: Abendsekundarschule, Abendgymnasium und Kolleg;
2. Berufsbildende Schulen
a) die Berufsschule,
b) die Berufsfachschule,
c) die Fachschule,
d) die Fachoberschule,
e) das Berufliche Gymnasium.
(3) Schulstufen sind:
1. die Primarstufe; sie umfasst den 1. bis 4. Schuljahrgang,
2. die Sekundarstufe I; sie umfasst den 5. bis 10. Schuljahrgang und die Abendsekundarschule,
3. die Sekundarstufe II; sie umfasst an allgemeinbildenden Schulen den 11. bis 13. Schuljahrgang, die berufsbildenden Schulen, das Abendgymnasium und das Kolleg.
(4) Die oberste Schulbehörde kann für Schulen mit inhaltlichen Schwerpunkten Regelungen treffen, die von den Vorschriften für die anderen allgemein bildenden Schulen abweichen.

## § 4 Grundschule

(1) [1]In der Grundschule werden Schülerinnen und Schüler des 1. bis 4. Schuljahrganges unterrichtet. [2]Die Grundschule vermittelt ihren Schülerinnen und Schülern im Unterricht Grundkenntnisse und Grundfertigkeiten und entwickelt die verschiedenen Fähigkeiten in einem für alle Schülerinnen und Schüler gemeinsamen Bildungsgang. [3]Bei der Unterrichtsgestaltung sind die individuellen Voraussetzungen der Schülerinnen und Schüler mit ihren unterschiedlichen kognitiven, sozialen, emotionalen und motorischen Entwicklungen zu beachten.
(2) [1]Die Grundschule wird mit verlässlichen Öffnungszeiten geführt. [2]Die Dauer der Öffnung beträgt schultäglich in der Regel fünf und eine halbe Zeitstunde. [3]Der Besuch der Eingangs- und Ausgangsphase ist freiwillig. [4]Der Unterricht wird durch die Tätigkeit von pädagogischen Mitarbeiterinnen und Mitarbeitern ergänzt und unterstützt. [5]Beginn und Ende der Öffnungszeiten legt die Schulleiterin oder der Schulleiter im Benehmen mit der Gesamtkonferenz unter Berücksichtigung der Belange der Schülerbeförderung und der öffentlichen und freien Jugendhilfe fest. [6]Das Verfahren und den Zeitrahmen der Öffnungszeiten sowie die Gestaltung der Eingangs- und Ausgangsphase regelt die oberste Schulbehörde durch Verordnung.
(3) [1]Der 1. und 2. Schuljahrgang in der Grundschule bilden die Schuleingangsphase. [2]Der Besuch kann entsprechend der Lernentwicklung der Schülerin oder des Schülers ein bis drei Schuljahre dauern. [3]Die oberste Schulbehörde regelt die nähere Ausgestaltung der Schuleingangsphase durch Verordnung.
(4) [1]Grundschulen und Tageseinrichtungen sowie Frühförderstellen sollen bei der Vorbereitung des Schuleintritts zusammenarbeiten. [2]Der Anfangsunterricht an Grundschulen soll an die Grunderfahrungen der Kinder anknüpfen und insbesondere Bildungsbereiche und Grunderfahrungen der Kinder in der vorschulischen Bildungsarbeit in Tageseinrichtungen berücksichtigen.
(5) [1]Die Erziehungsberechtigten erhalten eine Schullaufbahnempfehlung für die Wahl des weiteren Bildungsganges nach dem 4. Schuljahrgang. [2]In den Fächern Deutsch oder Mathematik wird im 4. Schuljahrgang eine Klassenarbeit mit zentral gestellten Aufgaben geschrieben. [3]Die Auswahlentscheidung trifft die oberste Schulbehörde.
(6) [1]Die Grundschule hat wenigstens einen Zug. [2]Die Schulbehörde kann Ausnahmen im Interesse eines wohnortnahen Schulangebots zulassen.
(7) [1]Eine Grundschule außerhalb von Oberzentren oder Mittelzentren im Sinne von § 5 Abs. 3 des Landesentwicklungsgesetzes Sachsen-Anhalt, deren Bestand nach den Festlegungen der Schulentwicklungsplanung nicht mehr gegeben oder gefährdet ist, kann als unselbstständiger Teilstandort mit einer größeren, bestandsfähigen Grundschule als Hauptstandort einen Grundschulverbund bilden. [2]Hauptstandort und Teilstandort bilden zusammen eine Schule. [3]Die Mindestgröße des Teilstandortes beträgt 40 Schülerinnen und Schüler. [4]Die Errichtung eines Teilstandortes ist nur zulässig, wenn an

dem Teilstandort für den Unterricht in den Schuljahrgängen 1 bis 4 mindestens zwei Lerngruppen gebildet werden können. ⁵Dazu kann der Unterricht jahrgangsübergreifend in den Klassen 1 und 2 sowie 3 und 4 erteilt werden. ⁶Für den Unterricht muss ein von der Grundschule erstelltes und zwischen ihr und dem Schulträger abgestimmtes pädagogisches und organisatorisches Konzept zugrunde gelegt werden.

(8) ¹Vier Jahre nach der Errichtung des ersten Grundschulverbundes findet eine externe Evaluation der Arbeit der Schulen in den zu diesem Zeitpunkt bestehenden Grundschulverbünden statt. ²Daneben fertigt die Schulbehörde zeitgleich einen Bericht über die inhaltliche, organisatorische und planerische Gestaltung sowie die personelle Untersetzung der Grundschulverbünde und legt diesen Bericht dem Landtag vor.

## § 5 Sekundarschule

(1) ¹In der Sekundarschule werden Schülerinnen und Schüler des 5. bis 10. Schuljahrganges unterrichtet. ²Die Sekundarschule vermittelt eine allgemeine und berufsorientierte Bildung. ³Sie kann mit Zustimmung der obersten Schulbehörde als Schule mit inhaltlichen Schwerpunkten geführt werden.

(2) ¹In den Schuljahrgängen 5 und 6 werden die Schülerinnen und Schüler in ihren individuellen Fähigkeiten besonders gefördert und in die Lernschwerpunkte, Lernanforderungen und Arbeitsmethoden der Schuljahrgänge 7 bis 10 eingeführt. ²Der Unterricht umfasst für alle Schülerinnen und Schüler gleich verpflichtende Lerninhalte sowie Angebote zur Entwicklung besonderer Interessen und Neigungen und zur Leistungsförderung. ³Die Einstufung in die abschlussbezogenen Klassen oder Kurse am Ende des 6. Schuljahrganges ist von der Erfüllung bestimmter Leistungsvoraussetzungen abhängig. ⁴Im 6. Schuljahrgang wird in einem der Fächer Deutsch, Mathematik oder erste Fremdsprache eine Klassenarbeit mit zentral gestellten Aufgaben geschrieben. ⁵Die Auswahlentscheidung trifft die oberste Schulbehörde.

(3) Ab dem 7. Schuljahrgang beginnt eine auf Abschlüsse bezogene Differenzierung.

(4) ¹Der auf den Hauptschulabschluss bezogene Unterricht umfasst den 7. bis 9. Schuljahrgang. ²Er vermittelt eine grundlegende Allgemeinbildung und schafft solide Grundlagen für eine berufliche Bildung sowie für weiterführende Bildungsgänge. ³Mit dem erfolgreichen Besuch des 9. Schuljahrganges wird der Hauptschulabschluss erworben. ⁴Der qualifizierte Hauptschulabschluss wird durch eine besondere Leistungsfeststellung erworben. ⁵Dieser berechtigt zum Besuch des 10. Schuljahrganges der Sekundarschule.

(5) ¹Der auf den Realschulabschluss bezogene Unterricht umfasst den 7. bis 10. Schuljahrgang. ²Er vermittelt eine erweiterte allgemeine und berufsorientierte Bildung. ³Mit dem erfolgreichen Besuch des 10. Schuljahrganges und bestandener Abschlussprüfung wird der Realschulabschluss erworben. ⁴Bei Erreichen besonderer Leistungen erwerben die Schülerinnen und Schüler den erweiterten Realschulabschluss, der zum Besuch des 10. Schuljahrganges des Gymnasiums und zum Eintritt in das Berufliche Gymnasium berechtigt.

(6) Über Umstufungen zwischen Klassen oder Kursen entscheidet die Klassenkonferenz auf der Grundlage der gezeigten Leistungen und der voraussichtlichen Leistungsentwicklung.

(7) Ab dem 7. Schuljahrgang können neigungsorientierte Wahlpflichtangebote oder wahlfreie Angebote vorgehalten werden.

(8) ¹Die Sekundarschule wird mindestens zweizügig geführt. ²Die Schulbehörde kann Ausnahmen zulassen.

(9) Die oberste Schulbehörde wird ermächtigt, durch Verordnung zu regeln:
1. die Maßgaben, nach denen die Differenzierung gemäß den Absätzen 3 bis 5 zu erfolgen hat;
2. die Leistungsvoraussetzungen für die Einstufung in die abschlussbezogenen Klassen oder Kurse sowie für die Umstufung zwischen den Klassen oder Kursen.

## § 5a Gesamtschule

(1) ¹In der Gesamtschule werden Schülerinnen und Schüler ab dem 5. Schuljahrgang unterrichtet. ²Die Schuljahrgänge 5 und 6 werden entsprechend § 5 Abs. 2 und § 6 Abs. 2 geführt. ³Die Gesamtschule in integrativer Form führt die Schuljahrgänge 11 bis 13 als gymnasiale Oberstufe. ⁴Sofern sie einen gymnasialen Zweig anbietet, bilden für diesen Zweig die Schuljahrgänge 11 und 12 die Qualifikationsphase. ⁵In der Gesamtschule in kooperativer Form bilden die Schuljahrgänge 11 und 12 die Qualifikationsphase der gymnasialen Oberstufe.

(2) ¹Die Gesamtschule vermittelt eine allgemeine und berufsorientierende Bildung und ermöglicht den Schülerinnen und Schülern entsprechend ihren Leistungen und Neigungen eine Schwerpunktbildung, die sie befähigt, ihren Bildungsweg an einer Hochschule, in berufs- oder studienqualifizierenden Bildungsgängen fortzusetzen. ²Sie kann mit Zustimmung der obersten Schulbehörde als Schule mit inhaltlichen Schwerpunkten geführt werden. ³Im 6. Schuljahrgang wird in einem der Fächer Deutsch, Mathematik oder erste Fremdsprache eine Klassenarbeit mit zentral gestellten Aufgaben geschrieben. ⁴Die Auswahlentscheidung trifft die oberste Schulbehörde.

(3) Die Gesamtschule wird als Gesamtschule in integrativer Form oder als Gesamtschule in kooperativer Form geführt.

(4) ¹Die Gesamtschule in integrativer Form bildet eine pädagogische und organisatorische Einheit und ermöglicht in einem differenzierten Unterrichtssystem Bildungsgänge, die ohne Zuordnung zu unterschiedlichen Schulformen zu allen Abschlüssen der Sekundarstufen I und II führen. ²Die Schuljahrgänge 7 bis 10 werden im Klassenverband und in einer mit den Jahrgangsstufen zunehmenden Anzahl von Fächern in Kursen erteilt, die nach Leistung und Neigung der Schülerinnen und Schüler gebildet werden. ³Auf Antrag des Schulleiters kann mit Genehmigung der obersten Schulbehörde ab dem 9. Schuljahrgang ein Gymnasialzweig eingerichtet werden.

(5) ¹Die Gesamtschule in kooperativer Form führt die Sekundarschule und das Gymnasium pädagogisch und organisatorisch zusammen. ²Der Unterricht wird in schulformspezifischen Klassen und in schulformübergreifenden Lerngruppen erteilt, wobei der schulformspezifische Unterricht überwiegen muss.

(5a) ¹Die Qualifikationsphase der gymnasialen Oberstufe schließt mit der Abiturprüfung ab. ²Die oberste Schulbehörde legt fest, in welchen Fächern schriftliche Prüfungen mit zentral gestellten Aufgaben durchgeführt werden. ³Die Bewertung erfolgt auf der Grundlage der zentralen Bewertungshinweise und des Erwartungshorizonts des jeweiligen Fachprüfungsausschusses. ⁴Die Zweitkorrekturen der Prüfungsarbeiten können von der Schulbehörde in einzelnen Fächern der schriftlichen Prüfung Fachlehrkräften einer anderen Gesamtschule oder eines anderen Gymnasiums übertragen werden.

(6) ¹Auf Antrag der Gesamtkonferenz können Gesamtschulen als Ganztagsschulen geführt werden, wenn die personellen, sächlichen und schulorganisatorischen Voraussetzungen dafür vorliegen. ²Die Entscheidung trifft die Schulbehörde im Einvernehmen mit dem Schulträger.

(7) ¹Die oberste Schulbehörde erlässt die Bestimmungen zur Errichtung der Gesamtschulen (§ 64 Abs. 2) sowie die entsprechenden Regelungen gemäß §§ 22, 34 und 35 durch Verordnung. ²Die gymnasiale Oberstufe kann auch in Kooperation mit einer anderen Schule geführt werden. ³Gesamtschulen in integrativer Form sind mindestens vierzügig geführt; die Schulbehörde kann Ausnahmen zulassen. ⁴Bei Gesamtschulen in kooperativer Form sind die beiden Schulzweige jeweils mindestens zweizügig zu führen.

(8) Das für Schulwesen zuständige Ministerium wird ermächtigt, die Maßgaben für die Differenzierung in den Fächern, die Einstufung in die abschlussbezogenen Klassen oder Kurse, die Umstufung zwischen den Klassen und Kursen, die Leistungsvoraussetzungen für den Eintritt in den Gymnasialzweig gemäß Absatz 4 Satz 3, den Wechsel zwischen dem Sekundarschulzweig und dem Gymnasialzweig gemäß Absatz 5, die Ausgestaltung der gymnasialen Oberstufe gemäß Absatz 1 Satz 3 bis 5 und die Abiturprüfung gemäß Absatz 5a durch Verordnung zu regeln.

### § 5b Gemeinschaftsschule Sachsen-Anhalt

(1) ¹In der Gemeinschaftsschule werden Schülerinnen und Schüler ab dem 5. Schuljahrgang unterrichtet. ²Der Unterricht in der Sekundarstufe I erfolgt in der Regel im Klassenverband und verzichtet weitgehend auf eine Unterscheidung nach Bildungsgängen.

(2) ¹Die Gemeinschaftsschule ermöglicht den Erwerb aller Abschlüsse der allgemeinbildenden Schulen. ²Für den Erwerb der Abschlüsse der Sekundarstufe I gelten die Bestimmungen der Sekundarschule oder des Gymnasiums. ³Für den Erwerb der Abschlüsse der Sekundarstufe II gelten die Bestimmungen des Gymnasiums.

(3) ¹Jeder Gemeinschaftsschule liegt ein auf der Analyse der konkreten Schulsituation basierendes pädagogisches und organisatorisches Konzept zugrunde. ²Es muss verbindliche Vorgaben insbesondere über

1. die pädagogische und organisatorische Ausgestaltung des auf eine Differenzierung nach Bildungsgängen verzichtenden Unterrichts,

2. den Zeitpunkt und die Formen äußerer Differenzierung,
3. die vorgesehene Ausbildungsdauer bis zum Abitur sowie
4. praxisbezogene Angebote und Aktivitäten zur Berufs- und Studienorientierung
enthalten. ³Führt die Gemeinschaftsschule keine gymnasiale Oberstufe, hat es außerdem Einzelheiten zur Zusammenarbeit mit einer anderen Schule hinsichtlich des Erwerbs des Abiturs zu enthalten.
(4) ¹Die Gemeinschaftsschule führt eine gymnasiale Oberstufe oder ermöglicht den Erwerb des Abiturs in verbindlich geregelter, konzeptionell untersetzter Zusammenarbeit mit einer anderen Schule. ²Führt die Gemeinschaftsschule eine gymnasiale Oberstufe, umfasst die Qualifikationsphase grundsätzlich die Schuljahrgänge 11 und 12; davon kann mit Zustimmung der Landesregierung abgewichen werden. ³Wandelt sich eine Gesamtschule in integrativer Form in eine Gemeinschaftsschule um, darf sie die Schuljahrgänge 11 und 12 oder 12 und 13 als Qualifikationsphase der gymnasialen Oberstufe führen. ⁴Im Fall der Zusammenarbeit mit einer anderen Schule richtet sich die Ausgestaltung der gymnasialen Oberstufe grundsätzlich nach den für diese andere Schule geltenden Regelungen.
(5) ¹Im 6. Schuljahrgang wird in einem der Fächer Deutsch, Mathematik oder erste Fremdsprache eine Klassenarbeit mit zentral gestellten Aufgaben geschrieben. ²Die Auswahlentscheidung trifft die oberste Schulbehörde.
(6) Die Gemeinschaftsschule wird mindestens zweizügig geführt.
(7) ¹Gemeinschaftsschulen entstehen durch Umwandlung einer bestehenden Schule oder bestehender Schulen auf deren Antrag. ²Es können Schulen der Schulformen Sekundarschule, Gesamtschule und Gymnasium umgewandelt werden. ³Der Antrag ist schriftlich bei der Schulbehörde einzureichen. ⁴Mit dem Antrag ist ein Konzept nach Absatz 3 einzureichen. ⁵Über den Antrag entscheidet die Schulbehörde im Einvernehmen mit dem Schulträger und dem Träger der Schulentwicklungsplanung auf der Grundlage einer Bewertung des Konzepts. ⁶Die Gemeinschaftsschule wird jährlich aufwachsend beginnend mit dem 5. Schuljahrgang entwickelt. ⁷Für den Zeitraum der Umwandlung können an den aufwachsenden und auslaufenden Schulen gemeinsame Konferenzen, Eltern- und Schülervertretungen gebildet werden. ⁸Die Gemeinschaftsschule kann das Konzept im Einvernehmen mit dem Schulträger und dem Träger der Schulentwicklungsplanung mit Genehmigung der Schulbehörde aktualisieren. ⁹Die Umwandlung einer Gemeinschaftsschule in eine andere Schulform erfolgt auf Antrag der Schule im Einvernehmen mit dem Schulträger und dem Träger der Schulentwicklungsplanung mit Genehmigung der Schulbehörde.
(8) ¹Die oberste Schulbehörde wird ermächtigt, die näheren Bestimmungen zu den Einzelheiten des pädagogischen und organisatorischen Konzepts und zur Umwandlung durch Verordnung zu regeln. ²Über die Grundsätze der Verordnung nach Satz 1 sowie der Verordnungen nach den §§ 22 und 35 in Bezug auf die Gemeinschaftsschule ist die Herstellung des Benehmens mit dem für das Schulwesen zuständigen Landtagsausschuss erforderlich.

### § 6 Gymnasium

(1) ¹Im Gymnasium werden Schülerinnen und Schüler des 5. bis 12. Schuljahrganges unterrichtet. ²Das Gymnasium vermittelt eine vertiefte allgemeine Bildung, die befähigt, den Bildungsweg an einer Hochschule fortzusetzen oder auch eine vergleichbare berufliche Ausbildung aufzunehmen. ³Es kann mit Zustimmung der obersten Schulbehörde als Schule mit inhaltlichen Schwerpunkten geführt werden.
(2) ¹Die Schuljahrgänge 5 und 6 führen schrittweise in die Arbeitsmethoden des gymnasialen Bildungsganges ein und orientieren die Schülerinnen und Schüler auf die künftigen Anforderungen. ²Dabei werden die Schülerinnen und Schüler in ihren individuellen Fähigkeiten besonders gefördert. ³Der Unterricht umfasst für alle Schülerinnen und Schüler verpflichtende Lerninhalte sowie Angebote zur Leistungsförderung. ⁴Im 6. Schuljahrgang wird in einem der Fächer Deutsch, Mathematik oder erste Fremdsprache eine Klassenarbeit mit zentral gestellten Aufgaben geschrieben. ⁵Die Auswahlentscheidung trifft die oberste Schulbehörde.
(3) Die Schuljahrgänge 11 und 12 bilden die Qualifikationsphase der gymnasialen Oberstufe.
(4) ¹Das Gymnasium schließt mit der Abiturprüfung ab. ²Die oberste Schulbehörde legt fest, in welchen Fächern schriftliche Prüfungen mit zentral gestellten Aufgaben durchgeführt werden. ³Die Bewertung erfolgt auf der Grundlage der zentralen Bewertungshinweise und des Erwartungshorizonts des jeweiligen Fachprüfungsausschusses. ⁴Die Zweitkorrekturen der Prüfungsarbeiten können von der Schul-

behörde in einzelnen Fächern der schriftlichen Prüfung Fachlehrkräften eines anderen Gymnasiums übertragen werden.
(5) Das Gymnasium wird mindestens dreizügig geführt; die Schulbehörde kann zweizügige Ausnahmen zulassen.
(6) Die oberste Schulbehörde wird ermächtigt, durch Verordnung das Nähere zu den Ausführungen der Absätze 3 und 4 zu regeln.

### § 7 Schulen des zweiten Bildungsweges
(1) Die Abendschule (Abendsekundarschule, Abendgymnasium) ist eine Schule, die Berufstätige im Abendunterricht zu den an der Sekundarschule und am Gymnasium vorgesehenen Abschlüssen führt.
(2) Das Kolleg ist eine Schulform, die Erwachsene, die sich bereits im Berufsleben bewährt haben, zum Abitur führt.
(3) Die oberste Schulbehörde wird ermächtigt, eine Verordnung zu den Schulen des zweiten Bildungsweges zu erlassen.

### § 8 Förderschule
(1) ¹In der Förderschule werden Schülerinnen und Schüler mit sonderpädagogischem Förderbedarf aller Schuljahrgänge unterrichtet. ²Es ist das Ziel, auf der Grundlage einer rehabilitationspädagogischen Einflussnahme eine individuelle, entwicklungswirksame, zukunftsorientierte und liebevolle Förderung zu sichern. ³Für Schülerinnen und Schüler an Förderschulen können nach Maßgabe ihres individuellen Förderbedarfs spezifische therapieorientierte Unterrichtsbestandteile vorgehalten werden. ⁴Pädagogische Mitarbeiterinnen und Mitarbeiter sowie Betreuungskräfte unterstützen und ergänzen den Unterricht sowie die individuelle Förderung der Schülerinnen und Schüler.
(2) ¹Die Förderschule wird von Schülerinnen und Schülern besucht, die wegen der Beeinträchtigung einer oder mehrerer Funktionen auch durch besondere Hilfen in den anderen Schulformen nicht ausreichend gefördert werden können und deshalb für längere Zeit einer besonderen pädagogischen Förderung bedürfen. ²Den individuellen Voraussetzungen entsprechend können alle Abschlüsse der allgemeinbildenden Schulen erworben werden.
(3) Förderschulen sind insbesondere
1. Förderschulen für Blinde und Sehgeschädigte,
2. Förderschulen für Gehörlose und Hörgeschädigte,
3. Förderschulen für Körperbehinderte,
4. Förderschulen für Lernbehinderte,
5. Förderschulen für Sprachentwicklung,
6. Förderschulen mit Ausgleichsklassen,
7. Förderschulen für Geistigbehinderte.

(4) An Förderschulen können Schülerinnen und Schüler mit unterschiedlichen Förderschwerpunkten auch gemeinsam unterrichtet werden, wenn dadurch eine bessere pädagogische Förderung zu erwarten ist.
(5) Förderschulen arbeiten mit anderen allgemein bildenden und berufsbildenden Schulen zusammen.
(6) ¹Förderschulen für Geistigbehinderte unterbreiten Ganztagsangebote. ²Die anderen Förderschulen können Ganztagsangebote unterbreiten, die der Genehmigung der obersten Schulbehörde bedürfen.
(7) ¹An Förderschulen für Blinde und Sehgeschädigte sowie Förderschulen für Gehörlose und Hörgeschädigte können mit Genehmigung der obersten Schulbehörde schulvorbereitende Förder- und Betreuungsangebote unterbreitet werden. ²Die oberste Schulbehörde regelt im Benehmen mit dem für Fragen der Jugendhilfe und Eingliederungshilfe zuständigen Ministerium die Aufnahmevoraussetzungen und das Aufnahmeverfahren durch Verordnung.
(8) Die oberste Schulbehörde regelt die Aufnahmevoraussetzungen, die Ausgestaltung der Bildungswege und die Abschlüsse durch Verordnung.

### § 8a Förderzentren
(1) ¹Förderzentren entstehen durch Kooperationsvereinbarungen zwischen einer Förderschule und anderen allgemein bildenden oder berufsbildenden Schulen. ²Sie befördern in besonderer Weise die Möglichkeiten des gemeinsamen Unterrichts von Schülerinnen und Schülern mit und ohne sonderpädagogischem Förderbedarf. ³Förderzentren sind regional und überregional tätig.

(2) ¹Förderzentren bieten eine umfassende sonderpädagogische Beratung, Diagnostik und Begleitung beim gemeinsamen Unterricht an. ²Sie übernehmen insbesondere Aufgaben in der Prävention durch mobile und ambulante Angebote für Schülerinnen und Schüler mit sonderpädagogischem Förderbedarf, festgestellten Lernbeeinträchtigungen oder Entwicklungsnachteilen. ³Sie sind zugleich Zentren der Elternarbeit und der Fortbildung.
(3) Im Einzelfall kann eine Förderschule zeitweilig mit der Übernahme von bestimmten Aufgaben eines Förderzentrums beauftragt werden.
(4) Die Einrichtung eines Förderzentrums erfolgt im Benehmen der Schulträger der beteiligten Schulen mit Zustimmung der Schulbehörde.

## § 9 Berufsbildende Schulen

(1) ¹Die berufsbildenden Schulen vermitteln berufliche Bildungsinhalte und erweitern die erworbene allgemeine Bildung. ²Sie verleihen berufsbildende oder allgemeinbildende Abschlüsse und Berechtigungen. ³Die berufsbildenden Schulen beteiligen sich an Aufgaben der beruflichen Fort- und Weiterbildung.
(2) ¹Die Berufsschule hat im Rahmen des dualen Systems der Berufsausbildung die Aufgabe, die Schülerinnen und Schüler beruflich zu bilden und zu erziehen. ²Dabei werden die Anforderungen der betrieblichen Ausbildung und der Berufsausübung berücksichtigt. ³An einer Berufsschule werden grundsätzlich Fachklassen für einen Ausbildungsberuf gebildet; ausnahmsweise dürfen auch Fachklassen für verwandte Ausbildungsberufe gebildet werden. ⁴Der Unterricht wird im Regelfall in Form von Teilzeit- oder Vollzeitunterricht in zusammenhängenden Teilabschnitten erteilt. ⁵Dem Schulbesuch kann ein Berufsvorbereitungsjahr mit Vollzeitunterricht vorausgehen.
(3) ¹In der ein- und mehrjährigen Berufsfachschule werden die Schülerinnen und Schüler nach Maßgabe ihrer schulischen Abschlüsse in einen oder mehrere Berufe eingeführt oder für einen Beruf ausgebildet. ²In der Berufsfachschule erwerben die Schülerinnen und Schüler auch schulische Abschlüsse, die sie befähigen, nach Maßgabe dieser Abschlüsse ihren Bildungsweg in anderen Schulen der Sekundarstufe II fortzusetzen.
(4) (weggefallen)
(5) ¹In der Fachschule werden Schülerinnen und Schüler nach Maßgabe ihrer schulischen Abschlüsse nach einer Berufsausbildung oder einer ausreichenden einschlägigen praktischen Berufstätigkeit mit dem Ziel unterrichtet, ihnen eine vertiefte berufliche Weiterbildung zu vermitteln. ²In der Fachschule erwerben die Schülerinnen und Schüler auch schulische Abschlüsse, die sie befähigen, nach Maßgabe dieser Abschlüsse ihren Bildungsweg in anderen Schulen in der Sekundarstufe II oder an einer Fachhochschule fortzusetzen.
(6) ¹In der Fachoberschule werden Schülerinnen und Schüler nach Maßgabe ihrer schulischen Abschlüsse
1. ohne Berufsausbildung in den Schuljahrgängen 11 und 12,
2. nach einer Berufsausbildung im Schuljahrgang 12 unterrichtet.
²Die Fachoberschule ermöglicht den Schülerinnen und Schülern eine fachliche Schwerpunktbildung, die sie befähigt, ihren Bildungsweg an einer Fachhochschule fortzusetzen.
(7) ¹Im Beruflichen Gymnasium werden Schülerinnen und Schüler nach Maßgabe ihrer Abschlüsse in drei Schuljahrgängen unterrichtet. ²Es vermittelt seinen Schülerinnen und Schülern eine vertiefte allgemeine Bildung mit berufsbezogenen Schwerpunkten, die sie befähigt, ihren Bildungsweg an einer Hochschule fortzusetzen. ³Das Beruflichen Gymnasium schließt mit der Abiturprüfung ab. ⁴Die oberste Schulbehörde legt fest, in welchen Fächern schriftliche Prüfungen mit zentral gestellten Aufgaben durchgeführt werden. ⁵Die Bewertung erfolgt auf der Grundlage der zentralen Bewertungshinweise und des Erwartungshorizonts des jeweiligen Fachprüfungsausschusses. ⁶Die Zweitkorrekturen der Prüfungsarbeiten können von der Schulbehörde in einzelnen Fächern der schriftlichen Prüfung Fachlehrkräften eines anderen Beruflichen Gymnasiums oder eines Gymnasiums übertragen werden. ⁷Berufliche Gymnasien können mit Sekundarschulen, Gesamtschulen, Gemeinschaftsschulen und Gymnasien kooperieren.
(8) Schülerinnen und Schüler mit sonderpädagogischem Förderbedarf (§ 1 Abs. 3) können in eigenen Klassen oder in eigenen Schulen unterrichtet werden.

(8a) ¹In den Schulformen werden Bildungsgänge geführt. ²Bildungsgänge sind Bildungsangebote, die nach folgenden Merkmalen bestimmt werden können:
1. Zugangsvoraussetzungen,
2. Ausbildungsdauer,
3. Vollzeit- oder Teilzeitform,
4. Fachrichtung,
5. Schwerpunkt,
6. Ausbildungsberuf und
7. Abschluss.

(9) Das für Schulwesen zuständige Ministerium hat durch Verordnung die nähere Ausgestaltung der Bildungsgänge, insbesondere die Zugangsvoraussetzungen und die möglichen Abschlüsse nebst ihren Berechtigungen, zu regeln.

### § 10 Bildungsstandards, Rahmenrichtlinien, Lehrpläne und Stundentafeln

(1) ¹Die oberste Schulbehörde kann für bestimmte Schulformen, Schuljahrgänge und Abschlüsse Bildungsstandards definieren und vorgeben. ²Sie erlässt die Rahmenrichtlinien oder Lehrpläne für Ziele, Inhalte, Verfahren und Organisation des Unterrichts, die
1. die Erfüllung des Erziehungs- und Bildungsauftrages der Schule (§ 1) sichern,
2. dem Stand der fachwissenschaftlichen und didaktisch-methodischen Forschung entsprechen,
3. dem Erziehungsrecht der Erziehungsberechtigten und den unterschiedlichen Erziehungsmöglichkeiten in Familie und Schule Rechnung tragen,
4. einer gesunden körperlichen, geistigen und seelischen Entwicklung der Kinder und Jugendlichen dienen.

(2) Die oberste Schulbehörde erlässt die Stundentafeln, in denen vor allem die Unterrichtsfächer, Lernfelder und Lernbereiche, ihr Umfang und ihre Verbindlichkeit geregelt werden.

(3) Bevor Rahmenrichtlinien oder Lehrpläne erlassen werden, unterrichtet die oberste Schulbehörde rechtzeitig den Landtag über den Entwurf und die Stellungnahme des Landesschulbeirates.

### § 10a Zulassung und Einführung von Lernmitteln

(1) ¹Schulbücher dürfen in der Schule nur verwendet werden, wenn sie zugelassen sind. ²Sie werden zugelassen, wenn sie mit den Richtlinien vereinbar sind und Rechtsvorschriften nicht entgegenstehen. ³Die Zulassung kann auch versagt werden, wenn die Anschaffung wirtschaftlich nicht vertretbar ist. ⁴Die oberste Schulbehörde regelt das Verfahren der Zulassung.

(2) Über die Einführung eines zugelassenen Schulbuches und anderer an der Schule verwendeter Lernmaterialien (Lernmittel) entscheidet die Schule.

### § 11 Schulversuche

(1) Zur Weiterentwicklung der Schulformen und zur Erprobung neuer pädagogischer und organisatorischer Konzeptionen können Schulversuche durchgeführt werden.

(2) ¹Schulversuche bedürfen der Genehmigung der obersten Schulbehörde. ²Die wissenschaftliche Begleitung und die Dokumentation von Schulversuchen regelt die oberste Schulbehörde.

### § 11a Qualitätssicherung

(1) ¹Die Schulen, die Schulbehörden und das Landesinstitut für Schulqualität und Lehrerbildung Sachsen-Anhalt sind zu kontinuierlicher Qualitätssicherung schulischer Arbeit verpflichtet. ²Diese erstreckt sich auf die Organisation und die gesamte Bildungs- und Erziehungstätigkeit der Schule. ³Die Qualitätssicherung umfasst insbesondere
1. internationale, nationale, landeszentrale und regionale Schulleistungsuntersuchungen,
2. die Einführung nationaler Bildungsstandards,
3. die externe Evaluation; dazu gehören die Evaluation durch Schulbesuch, die Inspektion, zentrale Leistungserhebungen und Schulbefragungen,
4. die interne Evaluation,
5. die Fort- und Weiterbildung der Beschäftigten.

⁴Die Hochschulen unterstützen die Qualitätssicherung.

(2) ¹Dem Landesinstitut für Schulqualität und Lehrerbildung Sachsen-Anhalt obliegen bei der externen Evaluation die Evaluation durch Schulbesuch, die Inspektion und die Schulbefragungen. ²Die zentralen

Leistungserhebungen werden vom Landesinstitut für Schulqualität und Lehrerbildung Sachsen-Anhalt in Zusammenarbeit mit der Schulbehörde durchgeführt.
(3) ¹Die interne Evaluation obliegt der einzelnen Schule. ²Die Schule kann sich der Mitarbeit Dritter bedienen.
(4) Die Kriterien der internen und externen Evaluation sind aufeinander abzustimmen.
(5) ¹Die oberste Schulbehörde veröffentlicht einmal je Wahlperiode einen Bildungsbericht, in dem, differenziert nach Schulformen und Bildungsgängen, über den Entwicklungsstand und die Qualität der Schulen in Sachsen-Anhalt berichtet wird. ²Die Evaluationsergebnisse sind darin in angemessener Weise darzustellen.
(6) ¹Die Absätze 1 bis 5 gelten für Schulen in freier Trägerschaft entsprechend. ²Schulen in freier Trägerschaft können auch Dritte mit der Durchführung einer externen Evaluation beauftragen. ³Dies ist dem Landesinstitut für Schulqualität und Lehrerbildung Sachsen-Anhalt anzuzeigen.

### § 12 Errichtung von Ganztagsschulen, schulische Angebote außerhalb des Unterrichts
(1) ¹Bei Bedarf können Grundschulen, Sekundarschulen, Gesamtschulen, Gemeinschaftsschulen und Gymnasien als Ganztagsschulen organisiert werden. ²Die Gestaltung als Ganztagsschule setzt ein pädagogisches Konzept für eine ganztägige Erziehungs- und Bildungsarbeit der Schule voraus. ³Über dieses pädagogische Konzept entscheidet die Gesamtkonferenz. ⁴Die Gestaltung als Ganztagsschule kann sich auch auf einzelne Schuljahrgänge beschränken. ⁵Die Einrichtung bedarf der Genehmigung der Schulbehörde. ⁶Voraussetzung ist, dass die personellen und sächlichen Bedingungen gegeben sind.
(2) ¹An allen Schulen sollen Bildungs- und Freizeitangebote außerhalb des Unterrichts gemacht werden. ²Voraussetzung ist, dass die personellen und sächlichen Bedingungen gegeben sind.

### § 13 Jahrgangsübergreifender Unterricht, Bildung von Anfangsklassen
(1) Die oberste Schulbehörde kann festlegen, dass der Unterricht bei Unterschreiten einer Mindestschülerzahl in bestimmten Fächern jahrgangsübergreifend erfolgen kann.
(2) ¹Die Bildung von Anfangsklassen ist nur zulässig, wenn an der jeweiligen Schule die erforderliche Mindestjahrgangsstärke erreicht wird. ²Wird keine Anfangsklasse gebildet, weist die Schulbehörde die betroffenen Schülerinnen und Schüler einer anderen Schule derselben Schulform zu. ³Dem Schulträger kann bei Unterschreiten der Mindestjahrgangsstärke eine Ausnahmegenehmigung erteilt werden, wenn besondere Gründe dies rechtfertigen. ⁴Vor der Erteilung einer Ausnahmegenehmigung und der Zuweisung sind die betroffenen Schulträger und die betroffenen Träger der Schulentwicklungsplanung anzuhören. ⁵Die oberste Schulbehörde regelt die Mindestjahrgangsstärke für die einzelnen Schulformen sowie für den Hauptstandort und den Teilstandort eines Grundschulverbundes, die Ausnahmegründe und die erforderlichen Verfahrensbestimmungen durch Verordnung.
(3) Die Schulträger können bei besonderem Landesinteresse im Rahmen der Begabtenförderung Schulen im Sinne von § 5 Abs. 1 Satz 3 und § 6 Abs. 1 Satz 3 in den inhaltlichen Schwerpunkten Sport oder Musik mit Genehmigung der obersten Schulbehörde organisatorisch zusammenfassen.

*Dritter Abschnitt*
**Schulen in freier Trägerschaft**

### § 14 Verhältnis zum öffentlichen Schulwesen
(1) ¹Schulen in freier Trägerschaft wirken neben den öffentlichen Schulen bei der Erfüllung des Bildungsauftrages im Rahmen des Artikels 28 der Verfassung des Landes Sachsen-Anhalt und des Artikels 7 Abs. 4 und 5 des Grundgesetzes eigenverantwortlich mit. ²Sie unterliegen der staatlichen Schulaufsicht. ³Die Schulbehörden haben dabei das Recht, Berichte und Nachweise insbesondere zur Erfüllung der Genehmigungsvoraussetzungen, der Anerkennungsvoraussetzungen und der Voraussetzungen für die Gewährung von Finanzhilfe zu fordern sowie in diesem Zusammenhang Unterrichtsbesuche durchzuführen. ⁴Die Zusammenarbeit zwischen Schulen in freier Trägerschaft und öffentlichen Schulen ist zu fördern.
(2) Den freien Trägern obliegt die Schulgestaltung, insbesondere die Entscheidung über eine besondere pädagogische, religiöse oder weltanschauliche Prägung, die Festlegung der Lehr- und Unterrichtsmethoden und der Lehrinhalte sowie die Organisation des Unterrichts, auch abweichend von den Vorschriften für die staatlichen Schulen, soweit diese nichts anderes bestimmen.

## § 15 Bezeichnung der Schulen in freier Trägerschaft

¹Schulen in freier Trägerschaft haben eine Bezeichnung zu führen, die eine Verwechslung mit öffentlichen Schulen ausschließt. ²Aus der Bezeichnung muss hervorgehen, ob es sich um eine Ersatzschule (§ 16) oder um eine Ergänzungsschule (§ 18b) handelt. ³Ein Zusatz, der auf staatliche Genehmigung oder Anerkennung hinweist, ist zulässig.

## § 16 Ersatzschulen

(1) ¹Schulen in freier Trägerschaft sind Ersatzschulen, wenn sie in ihren Bildungs-, Ausbildungs- und Erziehungszielen öffentlichen Schulen gemäß Zweitem Abschnitt entsprechen. ²Sie können in ihrer inneren und äußeren Gestaltung von den Anforderungen abweichen, die an entsprechende öffentliche Schulen gestellt werden, wenn die Gestaltung der Schule insgesamt als gleichwertig anzusehen ist.

(2) ¹Sie dürfen nur mit vorheriger Genehmigung der Schulbehörde errichtet und betrieben werden. ²Abweichend von Absatz 1 können auch freie Waldorfschulen und berufsbildende Schulen an vom zuständigen Bundesministerium anerkannten Berufsbildungswerken als Ersatzschulen genehmigt werden.

(3) Die Genehmigung ist zu erteilen, wenn
1. die Schule in ihren Lehrzielen und Einrichtungen sowie in der wissenschaftlichen Ausbildung ihrer Lehrerinnen und Lehrer hinter den staatlichen Schulen nicht zurücksteht,
2. eine Sonderung der Schülerinnen und Schüler nach den Besitzverhältnissen der Eltern nicht gefördert wird und
3. die wirtschaftliche und rechtliche Stellung der Lehrkräfte genügend gesichert ist.

(3a) ¹Die Genehmigung erstreckt sich auf die Schulform, den Bildungsgang mit seinen Ausprägungen, insbesondere die Zugangsvoraussetzungen, die Ausbildungsdauer, die Vollzeit- oder Teilzeitform, die Fachrichtung, den Schwerpunkt, den Ausbildungsberuf und den Abschluss, sowie auf den Standort der Schulanlage. ²Änderungen und Erweiterungen bedürfen einer gesonderten Genehmigung. ³Aufgrund fehlender räumlicher Voraussetzungen an dem Standort der Schulanlage kann zur Sicherung der Unterrichtsorganisation eine Außenstelle befristet zugelassen werden.

(3b) ¹Die Genehmigung zur Änderung der Schulform darf einer Ersatzschule bei einer Umwandlung in eine Gemeinschaftsschule nur erteilt werden, wenn die Gemeinschaftsschule jährlich aufwachsend entwickelt wird. ²Die Genehmigung für den Betrieb in der bisherigen Schulform erlischt, wenn der letzte Schuljahrgang, der in der bisherigen Schulform unterrichtet wurde, die Schule verlassen hat.

(4) Wer eine genehmigungspflichtige Schule in freier Trägerschaft errichten, betreiben oder leiten will, muss die verfassungsmäßige Ordnung wahren.

(5) ¹Die Genehmigung ist zu widerrufen, wenn eine der Voraussetzungen gemäß den Absätzen 1, 3, 4 oder gemäß § 16a Abs. 1 entfällt. ²Vor einem Widerruf ist dem Schulträger eine angemessene Frist einzuräumen, um die beanstandeten Mängel beseitigen zu können.

(5a) ¹Die Genehmigung einer Ersatzschule erlischt, wenn die Schule geschlossen wird oder der Schulbetrieb zwei Jahre geruht hat. ²Dies gilt auch, wenn eine Ersatzschule nicht innerhalb eines Jahres ab dem genehmigten Zeitpunkt der Errichtung eröffnet wird. ³Die oberste Schulbehörde kann auf Antrag des Schulträgers die in Satz 2 genannte Frist verlängern, wenn ein wichtiger Grund vorliegt.

(6) Die Einführung des Schulgeldes und Änderungen der Höhe des Schulgeldes sind der Schulbehörde anzuzeigen.

## § 16a Lehrkräfte, Schulleiterinnen und Schulleiter sowie Mitglieder der Schulleitung

(1) ¹Die Anforderungen an die wissenschaftliche Ausbildung der Lehrerinnen und Lehrer sind erfüllt, wenn eine fachliche und pädagogische Ausbildung sowie staatliche oder staatlich anerkannte Prüfungen nachgewiesen werden, die der Ausbildung und den Prüfungen der Lehrerinnen und Lehrer an entsprechenden öffentlichen Schulen im Werte gleichkommen oder in Ausnahmefällen die wissenschaftliche und pädagogische Eignung durch gleichwertige Leistungen nachgewiesen wird. ²Die pädagogische Eignung kann auch im Rahmen der Tätigkeit an der Ersatzschule durch die Schulbehörde festgestellt werden. ³Satz 2 gilt nicht für Lehrkräfte mit dem wissenschaftlichen Studium nach § 30 Abs. 5. ⁴Die Regelungen des § 30 Abs. 5a bleiben unberührt.

(2) ¹Der Schulträger darf nur Schulleiterinnen und Schulleiter, sowie Lehrerinnen und Lehrer beschäftigen, für die eine Unterrichtsgenehmigung erteilt worden ist. ²Die Unterrichtsgenehmigung kann befristet werden. ³Wer zur Schulleiterin oder zum Schulleiter bestellt werden soll, hat in der Regel eine

mindestens dreijährige erfolgreiche Unterrichtstätigkeit nachzuweisen. ⁴Die Schulleitung kann auch aus mehreren Mitgliedern bestehen (kollektive Schulleitung). ⁵Bei einer kollektiven Schulleitung muss mindestens die Hälfte der Mitglieder über die Voraussetzungen zur Bestellung als Schulleiterin oder Schulleiter verfügen. ⁶Die weiteren Mitglieder der Schulleitung sollen über einen geeigneten Hochschulabschluss oder eine mindestens dreijährige, einschlägige Berufserfahrung verfügen. ⁷Der Schulträger bestimmt ein Mitglied der kollektiven Schulleitung, das die Schule nach außen vertritt, soweit er sich die Vertretung nicht selbst vorbehält. ⁸Für Lehrkräfte mit der Befähigung zum Lehramt, einem entsprechenden Abschluss nach dem Recht der Deutschen Demokratischen Republik oder nach § 30 Abs. 7 oder 8 mit festgestellter Befähigung für ein Lehramt oder Lehrbefähigung für ein Unterrichtsfach an anerkannten Ersatzschulen und Ersatzschulen, die Finanzhilfe nach § 18 Abs. 2 erhalten, gilt die Unterrichtsgenehmigung als erteilt. ⁹Der Schulträger hat zur jederzeitigen Prüfung durch die Schulbehörde die entsprechenden Unterlagen gemäß Absatz 1 vorzuhalten. ¹⁰§ 30 Abs. 3 Satz 1 und 2 gilt entsprechend. ¹¹Für Lehrkräfte mit einer Genehmigungsfiktion aus Satz 8 ist für einen Unterrichtseinsatz nach § 30 Abs. 3 Satz 1 und 2 keine gesonderte Unterrichtsgenehmigung erforderlich. ¹²Personen mit anderen wissenschaftlichen Ausbildungen dürfen nach Anzeige des Schulträgers und Vorlage der entsprechenden Unterlagen an der Schule eingesetzt werden. ¹³Die Schulbehörde hat dem Träger der Ersatzschule den Eingang der Anzeige jeweils binnen einer Frist von zwei Wochen schriftlich zu bestätigen. ¹⁴Die Schulbehörde entscheidet binnen drei Monaten über die Erteilung einer Unterrichtsgenehmigung. ¹⁵Für Personen mit einer anderen wissenschaftlichen Ausbildung kann im Ausnahmefall die Erlaubnis für einen Unterrichtseinsatz nach § 30 Abs. 3 Satz 2 erteilt werden. ¹⁶Die Schulbehörde prüft, ob die Voraussetzungen des Absatzes 1 erfüllt sind.

(2a) ¹Wesentliche Änderungen der mit den Schulleiterinnen oder den Schulleitern sowie den Lehrkräften abgeschlossenen Arbeitsverträge, die die Höhe des Gehalts, die regelmäßige Pflichtstundenzahl, den Anspruch auf Urlaub oder die Kündigungsbedingungen betreffen, sind der Schulbehörde anzuzeigen. ²Dies gilt auch für wesentliche Änderungen der mit den pädagogischen Mitarbeiterinnen und Mitarbeitern sowie den Betreuungskräften abgeschlossenen Arbeitsverträge hinsichtlich der Höhe des Gehalts, der regelmäßigen Arbeitszeit, des Anspruchs auf Urlaub und der Kündigungsbedingungen. ³Das für Schulwesen zuständige Ministerium wird ermächtigt, durch Verordnung die Einzelheiten dazu näher zu bestimmen.

(3) ¹Die Unterrichtsgenehmigung gemäß Absatz 2 kann versagt oder widerrufen werden, wenn Tatsachen vorliegen, die bei öffentlichen Schulen einer Einstellung entgegenstehen oder eine Beendigung des Dienstverhältnisses rechtfertigen würden. ²Sind die Voraussetzungen des Absatzes 1 nicht erfüllt, kann die Unterrichtsgenehmigung widerrufen werden.

(4) Träger anerkannter Ersatzschulen können ihren hauptberuflichen Lehrkräften, welche die laufbahnrechtlichen Voraussetzungen für die Verwendung im öffentlichen Schuldienst erfüllen, für die Dauer der Beschäftigung an der Schule das Führen einer der Amtsbezeichnung vergleichbarer Lehrkräfte an öffentlichen Schulen entsprechenden Bezeichnung mit dem Zusatz „im Ersatzschuldienst, (i. E.)" gestatten.

(5) ¹Lehrkräfte öffentlicher Schulen können mit ihrem Einverständnis für die Dauer von bis zu 15 Jahren an eine Ersatzschule beurlaubt werden. ²Die Beurlaubung kann auf Antrag verlängert werden. ³Die Beurlaubung kann als Beurlaubung ohne Bezüge oder als Beurlaubung mit Bezügen ausgesprochen werden. ⁴Die Zeit der Beurlaubung ist bei Anwendung beamtenrechtlicher oder arbeitsrechtlicher Vorschriften einer im öffentlichen Schuldienst des Landes Sachsen-Anhalt verbrachten Beschäftigungszeit gleichzustellen. ⁵Die Personalkosten für die mit Dienstbezügen beurlaubten Lehrkräfte werden auf die Finanzhilfe angerechnet.

## § 17 Anerkannte Ersatzschulen

(1) ¹Einer Ersatzschule, die die Gewähr dafür bietet, dass sie dauernd die Genehmigungsvoraussetzungen erfüllt, ist auf ihren Antrag die Eigenschaft einer anerkannten Ersatzschule zu verleihen. ²Davon ist nach dreijährigem ununterbrochenem Betrieb dieser Ersatzschule auszugehen. ³Die Anerkennung bedarf der Schriftform. ⁴Sie erstreckt sich auf die Schulform, den Bildungsgang mit seinen Ausprägungen, insbesondere die Zugangsvoraussetzungen, die Ausbildungsdauer, die Vollzeit- oder Teilzeitform, die Fachrichtung, den Schwerpunkt, den Ausbildungsberuf und den Abschluss, sowie auf den Standort der Schulanlage.

(2) ¹Die Anerkennung ist zu widerrufen, wenn die Voraussetzungen nach Absatz 1 Satz 1 nicht mehr vorliegen oder die Bestimmungen nach Absatz 3 nicht beachtet werden. ²Vor einem Widerruf ist dem Schulträger eine angemessene Frist einzuräumen, um die beanstandeten Mängel beseitigen zu können.
(3) ¹Anerkannte Ersatzschulen sind verpflichtet, die für öffentliche Schulen geltenden oder staatlich genehmigten Bestimmungen bei der Aufnahme, Versetzung sowie bei Prüfungen und Abschlüssen zu beachten und die Gleichwertigkeit der Leistungsbewertung zu sichern. ²Weitere Bestimmungen sind grundsätzlich zu beachten, soweit sie die innere und äußere Gestaltungsfreiheit nicht berühren. ³Die Schulbehörde bestimmt die Bedingungen der Zusammensetzung der Prüfungsausschüsse. ⁴Mit der Anerkennung erhält die Ersatzschule das Recht, Zeugnisse zu erteilen, die dieselbe Berechtigung verleihen wie die der öffentlichen Schulen. ⁵Auf Antrag kann dieses Recht auf die Abschluss- oder Reifeprüfung beschränkt werden.
(4) Die oberste Schulbehörde wird ermächtigt, durch Verordnung
1. das Nähere zum Verfahren und zu den Voraussetzungen für die Erteilung der Genehmigung für die Errichtung und den Betrieb einer Ersatzschule, insbesondere
    a) unter welchen Voraussetzungen die Schule in freier Trägerschaft als gleichwertig im Sinne von § 16 Abs. 1 anzusehen ist,
    b) unter welchen Bedingungen in der Schule in freier Trägerschaft eine Sonderung der Schülerinnen und Schüler nach den Besitzverhältnissen der Eltern nicht gefördert wird,
    c) zu den im Genehmigungsverfahren einzureichenden Unterlagen,
    d) den Formen und Fristen des Genehmigungsverfahrens und dem Verfahren bei Änderung von Genehmigungsvoraussetzungen,
    e) unter welchen Voraussetzungen die wirtschaftliche und rechtliche Stellung der Lehrkräfte genügend gesichert ist,
2. das Nähere zu den Voraussetzungen, unter denen die gemäß § 16a Abs. 1 Satz 1 nachgewiesene Ausbildung und die nachgewiesenen Prüfungen im Werte der Ausbildung und den Prüfungen der Lehrerinnen und Lehrer an entsprechenden öffentlichen Schulen gleichkommen oder gleichwertige Leistungen vorliegen,
3. das Verfahren zur Anzeige des Schulgeldes gemäß § 16 Abs. 6,
4. das Nähere zu dem Verfahren der Erteilung und des Widerrufs der Unterrichtsgenehmigung, insbesondere zu den Fristen, den einzureichenden Unterlagen und den zuständigen Behörden,
5. das Nähere zum Verfahren und zu den Voraussetzungen gemäß § 16a Abs. 2 Satz 15, unter denen für Personen mit einer anderen wissenschaftlichen Ausbildung die Erlaubnis für einen Unterrichtseinsatz nach § 30 Abs. 3 Satz 2 erteilt werden kann,
6. das Nähere zum Verfahren und den Voraussetzungen gemäß § 16a Abs. 2 Satz 9 und 16, insbesondere den vorzuhaltenden Unterlagen, den Prüfungen und den zuständigen Schulbehörden,
7. das Nähere zum Verfahren des Widerrufs der Genehmigung nach § 16 Abs. 5,
8. das Nähere zum Verfahren der Anerkennung gemäß Absatz 1 und des Widerrufs der Anerkennung gemäß Absatz 2, insbesondere zu den einzureichenden Unterlagen, der zuständigen Schulbehörde und den Fristen, und
9. das Nähere zum Verfahren der Umwandlung einer genehmigten oder anerkannten Ersatzschule gemäß § 16 Abs. 3b
zu regeln.

### § 18 Finanzhilfe

(1) ¹Das Land gewährt den anerkannten Ersatzschulen in freier Trägerschaft auf Antrag eine Finanzhilfe als Zuschuss zu den laufenden Personal- und Sachkosten. ²Die Finanzhilfe kann, wenn der Träger einer Schule die Anerkennungsvoraussetzungen an einer anderen Schule im Land Sachsen-Anhalt bereits erbracht hat, im Rahmen der zur Verfügung stehenden Haushaltsmittel im Einvernehmen mit dem öffentlichen Schulträger vor Ablauf der Dreijahresfrist, jedoch nicht vor Ablauf des ersten Schuljahres, gewährt werden. ³Im zweiten Schuljahr beträgt die Finanzierung 75 v. H. danach 100 v. H. der Finanzhilfe gemäß § 18a.
(2) ¹Die Finanzhilfe erhalten auch Ersatzschulen, die die Gewähr dafür bieten, dass sie dauernd die Genehmigungsvoraussetzungen erfüllen. ²Davon ist nach dreijährigem ununterbrochenen Betrieb der gemäß § 16 Abs. 3a genehmigten Schulen auszugehen.

(3) ¹Die Gewährung der Finanzhilfe setzt die Gemeinnützigkeit des Schulträgers im Sinne des § 52 der Abgabenordnung voraus. ²Der Anspruch auf Finanzhilfe besteht nicht oder erlischt, wenn ein erwerbswirtschaftlicher Gewinn erzielt oder erstrebt wird.
(4) ¹Die staatlichen Zuschüsse gemäß Absatz 1 werden nur insoweit gewährt, als kein Anspruch auf anderweitige öffentliche Finanzhilfe besteht. ²Bei den berufsbildenden Schulen werden für die Berechnung der staatlichen Finanzhilfe diejenigen Schülerinnen und Schüler nicht berücksichtigt, die im Rahmen von Maßnahmen nach dem Dritten Buch Sozialgesetzbuch oder vergleichbaren Maßnahmen anderer Träger, die von der öffentlichen Hand bezuschusst werden, die Schule besuchen. ³Das Gleiche gilt für Schülerinnen und Schüler, die im Rahmen einer Maßnahme der beruflichen Bildung individuell gefördert werden und für die aufgrund eines Gesetzes Lehrgangskosten erstattet werden.

## § 18a Umfang der Finanzhilfe

(1) ¹Der Zuschuss richtet sich nach der Zahl der Schülerinnen und Schüler, die die Schule besuchen. ²Er wird je Schuljahrgang höchstens für die Zahl der Schülerinnen und Schüler gewährt, die das Produkt aus der Anzahl der Klassen im betreffenden Schuljahrgang des Bildungsganges der Ersatzschule und der Klassenfrequenz an entsprechenden öffentlichen Schulen gemäß Absatz 3 Satz 2 Nr. 3 um nicht mehr als 20 v.H. überschreitet. ³Die nach Satz 2 ermittelte Zahl der Schülerinnen und Schüler ist auf einen ganzzahligen Wert abzurunden.
(2) ¹Der Zuschuss wird als jährlicher Pauschalbetrag (Schülerkostensatz) gewährt. ²Er setzt sich aus folgenden Teilbeträgen je Schüler zusammen:
1. den Personalkosten für Lehrkräfte,
2. den Personalkosten für pädagogische Mitarbeiterinnen und Mitarbeiter an Grundschulen sowie für pädagogische Mitarbeiterinnen und Mitarbeiter und Betreuungskräfte an Förderschulen und
3. den Sachkosten.

³In den Sachkosten sind die Kosten für das nicht pädagogisch tätige Personal enthalten. ⁴Die Teilbeträge werden anhand der Absätze 3 bis 5 sowie der Verordnung nach Absatz 8 ermittelt.
(3) ¹Der Personalkostenzuschuss für Lehrkräfte je Schüler berechnet sich wie folgt:

$$\frac{\text{Wochenstundenbedarf je Klasse} \times \text{Jahresentgelt} \times 0{,}92 \times F1 \times F2}{\text{Klassenfrequenz} \times \text{Wochenstundenangebot je Lehrkraft}}$$

²Es gelten folgende Maßgaben:
1. Wochenstundenbedarf je Klasse; dabei wird die für den einzügigen Bildungsgang an entsprechenden öffentlichen Schulen geltende Stundentafel aus den Unterrichtsorganisationsvorgaben des vorangegangenen Schuljahres zugrunde gelegt. Es findet das arithmetische Mittel der Stundenzahlen aller Schuljahrgänge Anwendung. Darüber hinaus gehende zusätzliche Stunden für Klassenteilungen, Lerngruppenbildungen und Zusatzbedarfe, sofern diese Stunden alle entsprechenden öffentlichen Schulen betreffen, werden durch eine festgesetzte Stundenpauschale abgegolten. Die Festsetzung erfolgt für einen Zeitraum von zwei Jahren;
2. Wochenstundenangebot je Lehrkraft; dabei wird die an entsprechenden öffentlichen Schulen geltende Regelstundenzahl des laufenden Schuljahres für die Arbeitszeit der Lehrkräfte verwendet;
3. Klassenfrequenz (Schüler je Klasse); dabei wird der Landesmittelwert der Klassenfrequenz aus der Schulstatistik des jeweils vorangegangenen Schuljahres für die entsprechenden öffentlichen Schulen verwendet. Förderschulen im Sinne von § 8 Abs. 3 mit unterschiedlichen Förderschwerpunkten können zusammengefasst werden. Das gilt auch für Schulformen im Sinne von § 3 Abs. 2 Nr. 2 und für Bildungsgänge im berufsbildenden Bereich;
4. Jahresentgelt ist das Bruttoentgelt einer angestellten Lehrkraft zuzüglich der pauschalierten Arbeitgeberanteile zu den Sozialversicherungszweigen sowie zur Zusatzversorgung an die Versorgungsanstalt des Bundes und der Länder im jeweils laufenden Schuljahr. Maßgeblich für die Festsetzung sind die für Lehrkräfte an den entsprechenden öffentlichen Schulen geltenden Entgeltgruppen gemäß Tarifvertrag für den öffentlichen Dienst der Länder. Bei der Festsetzung können nen je Schulform verschiedene Entgeltgruppen herangezogen werden. Ersatzschulen, die bis zum 1. August 2007 den Schulbetrieb aufgenommen haben, wird bis zum Ende des Schuljahres 2021/2022 ein in gleichmäßigen Teilen abzuschmelzender Ausgleichsbetrag für die für einen Übergangszeitraum gemäß Tarifvertrag zur Überleitung der Beschäftigten der Länder in den Ta-

rifvertrag für den öffentlichen Dienst der Länder und zur Regelung des Übergangsrechts zu zahlenden Besitzstandszulagen bei der Entgeltberechnung gewährt;
5. der Faktor F1 berücksichtigt pauschal Anrechnungen und Ermäßigungen sowie die Zulagen für Funktionsstellen. Er beträgt bei Grundschulen 1,086, Sekundarschulen 1,070, Gesamtschulen und Gemeinschaftsschulen 1,087, Gymnasien 1,103, Förderschulen 1,080 und bei berufsbildenden Schulen 1,090. Der Faktor F2 berücksichtigt pauschal eine Vertretungsreserve und beträgt für alle Schulformen 1,025;
6. für die Qualifikationsphase der gymnasialen Oberstufe wird an Stelle der Größe „Wochenstundenbedarf je Klasse/Klassenfrequenz" die Größe „Lehrerwochenstunden je Schüler" des vorangegangenen Schuljahres der entsprechenden öffentlichen Schule verwendet.

[3]Bei berufsbildenden Schulen wird die Berechnung für den ausschließlich theoretischen Unterricht und den fachpraktischen Unterricht getrennt ausgeführt.

(4) [1]Bei der Ermittlung des Personalkostenzuschusses für pädagogische Mitarbeiterinnen und Mitarbeiter an Grundschulen sowie für pädagogische Mitarbeiterinnen und Mitarbeiter und Betreuungskräfte an Förderschulen wird jeweils ein Anteil von 80 v.H. der im vorangegangenen Schuljahr an den entsprechenden öffentlichen Schulen je Schüler eingesetzten Vollbeschäftigteneinheiten zugrunde gelegt. [2]Für die Ermittlung des Jahresentgeltes gilt die Regelung für Lehrkräfte entsprechend. [3]Vom Jahresentgelt werden 92 v.H. berücksichtigt. [4]Bei Grundschulen wird der Zuschuss nur gewährt, wenn ein Nachweis über den entsprechenden Personaleinsatz erbracht worden ist.

(5) Der Sachkostenzuschuss beträgt 16,5 v.H. des Personalkostenzuschusses, bei Förderschulen 26,5 v.H. des Personalkostenzuschusses.

(6) Ersatzschulen sind an Investitionsförderprogrammen für öffentliche Schulen angemessen zu beteiligen.

(7) Sofern eine Ersatzschule keine Entsprechung im öffentlichen Schulwesen besitzt, werden bei der Berechnung der Finanzhilfe vergleichbare Schulformen, Bildungsgänge und Schulstufen zur Grundlage genommen.

(8) Das für Schulwesen zuständige Ministerium wird ermächtigt, durch Verordnung die näheren Bestimmungen zu erlassen über:
1. die Voraussetzungen für die Gewährung und Ausgestaltung der Finanzhilfe,
2. das Antragsverfahren; dazu gehört die Ermittlung der zu berücksichtigenden Zahl der Schülerinnen und Schüler,
3. die Ermittlung des Wochenstundenbedarfes je Klasse einschließlich der Festsetzung der Stundenpauschale gemäß Absatz 3 Satz 2 Nr. 1,
4. die Ermittlung des Wochenstundenangebotes je Lehrkraft gemäß Absatz 3 Satz 2 Nr. 2,
5. die Ermittlung der Klassenfrequenz gemäß Absatz 3 Satz 2 Nr. 3,
6. die Festsetzung der Entgeltgruppen und der Entwicklungsstufen für die Lehrkräfte, pädagogischen Mitarbeiterinnen und Mitarbeiter und Betreuungskräfte der entsprechenden öffentlichen Schule sowie des Ausgleichsbetrages gemäß Absatz 3 Satz 2 Nr. 4 und Absatz 4 Satz 2; die Bildung von Mittelwerten bei den Entwicklungsstufen ist möglich,
7. die Ermittlung der Lehrerwochenstunden je Schüler gemäß Absatz 3 Satz 2 Nr. 6,
8. die Berücksichtigung der sonderpädagogischen Förderung für Schülerinnen und Schüler im gemeinsamen Unterricht an Ersatzschulen bei der Finanzhilfe,
9. die Festlegung der vergleichbaren Schulformen, Bildungsgänge und Schulstufen gemäß Absatz 7,
10. die Festlegung der Schulformen, Bildungsgänge und Schulstufen, für die als entsprechende öffentliche Schulen Schülerkostensätze berechnet werden,
11. ein Zurückbehaltungsrecht der Finanzhilfe bei nicht fristgerechter Vorlage der erforderlichen Unterlagen und
12. Maßgaben für die zweckentsprechende Verwendung der Finanzhilfe sowie deren Nachweis und Prüfung.

(9) [1]Die Berechnung der Finanzhilfe erfolgt erstmals für das Schuljahr 2008/2009. [2]Die Berechnung der Finanzhilfe für das Schuljahr 2007/2008 erfolgt rückwirkend; sofern dabei der für das Schuljahr 2007/2008 vorläufig festgelegte Schülerkostensatz unterschritten wird, wird der höhere Satz gewährt.

### § 18b Ergänzungsschulen

(1) Schulen in freier Trägerschaft, die nicht Ersatzschulen nach § 16 sind, sind Ergänzungsschulen.
(2) ¹Die Errichtung einer Ergänzungsschule ist der Schulbehörde vor Aufnahme des Unterrichts anzuzeigen. ²Der Anzeige sind der Lehrplan sowie Nachweise über den Schulträger, die Schuleinrichtungen und die Vorbildung der Leiterin oder des Leiters und der Lehrerinnen und Lehrer sowie eine Übersicht über die vorgesehene Schülerzahl beizufügen.
(3) ¹Jeder Wechsel des Schulträgers und der Schulleiterin oder des Schulleiters, jede Einstellung von Lehrerinnen oder Lehrern sowie jede wesentliche Änderung der Schuleinrichtungen sind der Schulbehörde anzuzeigen. ²Bei der Einstellung von Schulleiterinnen und Schulleitern sowie Lehrerinnen und Lehrern sind Nachweise über deren Vorbildung beizufügen.

### § 18c Untersagung der Errichtung oder Fortführung

Die Errichtung oder Fortführung einer Ergänzungsschule ist von der Schulbehörde zu untersagen, wenn Schulträger, Leiterin oder Leiter, Lehrerinnen oder Lehrer oder Einrichtungen der Ergänzungsschule den Anforderungen nicht entsprechen, die zum Schutze der Schülerinnen und Schüler oder der Allgemeinheit an sie zu stellen sind, und den Mängeln trotz Aufforderung der Schulbehörde innerhalb einer bestimmten Frist nicht abgeholfen worden ist.

### § 18d Anerkannte Ergänzungsschulen

(1) ¹Einer Ergänzungsschule kann die Eigenschaft einer anerkannten Schule verliehen werden, wenn der Unterricht nach einem von der Schulbehörde genehmigten Lehrplan erteilt wird. ²Erfolgt die Abschlussprüfung nach einer von der Schulbehörde genehmigten Prüfungsordnung, kann die anerkannte Ergänzungsschule den Absolventinnen und Absolventen der Ausbildung ein Zeugnis erteilen, wonach die durch die Ausbildung erworbene Berufsbezeichnung mit dem Zusatz „staatlich anerkannt" versehen wird.
(2) Die Schulbehörde kann einer anerkannten Ergänzungsschule genehmigen, dass ihr Besuch von der Erfüllung der Schulpflicht befreit.
(3) ¹Die oberste Schulbehörde wird ermächtigt, durch Verordnung Höchstzahlen für die Schülerzahlen in den Klassen oder den entsprechenden organisatorischen Gliederungen zu bestimmen. ²Es dürfen keine höheren Anforderungen als an vergleichbare öffentliche Schulen gestellt werden.

### § 18e Verordnungsermächtigungen

Die oberste Schulbehörde wird ermächtigt, das Nähere der Anzeige gemäß § 18b Abs. 2 und 3, der Untersagung der Errichtung oder Fortführung gemäß § 18c sowie der Anerkennung und des Widerrufs der Anerkennung gemäß § 18d Abs. 1 durch Verordnung zu regeln.

### § 18f Finanzielle Förderung

(1) ¹Ab dem Schuljahr 2018/2019 erhalten Berufsfachschulen für Altenpflege, die kein Schulgeld erheben, auf Antrag eine Förderung. ²Ein Anspruch auf Förderung besteht für jeden Ausbildungsmonat einer Schülerin oder eines Schülers, deren oder dessen Ausbildung vor Ablauf des 31. Dezembers 2019 begann. ³Die Höhe der Förderung orientiert sich an den für eine qualifizierte Ausbildung erforderlichen Kosten, soweit sie nicht durch Finanzhilfe nach § 18 gedeckt sind. ⁴§ 18 Abs. 4 Satz 1 findet keine Anwendung.
(1a) ¹Berufsfachschulen für Altenpflegehilfe, die kein Schulgeld erheben, erhalten auf Antrag eine Förderung. ²Ein Anspruch besteht für jeden Ausbildungsmonat einer Schülerin oder eines Schülers, Absatz 1 Satz 3 und 4 gilt entsprechend.
(2) Das für Schulwesen zuständige Ministerium wird ermächtigt, das Nähere über die Höhe der Förderung nach Absatz 1 und Absatz 1a und das Antrags- und Abrechnungsverfahren durch Verordnung zu regeln.
(3) ¹Berufsfachschulen und Fachschulen in freier Trägerschaft, die in den Schuljahren 2019/2020 bis 2021/2022 von den Schülerinnen und Schülern der Ausbildungsberufe
1. Erzieherin (Staatlich anerkannte) oder Erzieher (Staatlich anerkannter),
2. Kinderpflegerin (Staatlich geprüfte) oder Kinderpfleger (Staatlich geprüfter) und
3. Sozialassistentin (Staatlich geprüfte) oder Sozialassistent (Staatlich geprüfter)

kein Schulgeld erheben oder das bereits für das Schuljahr 2019/2020 erhobene Schulgeld zurückgezahlt haben, erhalten auf Antrag eine Förderung. ²Absatz 1 Satz 3 und 4 gilt entsprechend. ³Das für Kinder-

und Jugendhilfe zuständige Ministerium wird ermächtigt, das Nähere über die Höhe der Förderung und das Antrags- und Abrechnungsverfahren durch Verordnung zu regeln.
(4) ¹Zur Erfüllung der auf der Grundlage des § 4 Satz 2 Nrn. 3 und 5 des KiTa-Qualitäts- und -Teilhabeverbesserungsgesetzes vom 19. Dezember 2018 (BGBl. I S. 2696) bestehenden Verpflichtungen des Landes sind freie Träger von Berufsfachschulen und Fachschulen, die eine Förderung nach Absatz 3 Satz 1 erhalten, verpflichtet, die für die Jahre 2019 bis 2022 erforderlichen Daten dem Landesjugendamt zur Verarbeitung anonymisiert zur Verfügung zu stellen. ²Das Landesjugendamt leitet diese Daten an das für Kinder- und Jugendhilfe zuständige Ministerium zur Verarbeitung einschließlich der Übermittlung an den Bund anonymisiert weiter. ³Das für Kinder- und Jugendhilfe zuständige Ministerium wird ermächtigt, durch Verordnung Inhalt, Umfang und Format der Daten nach den Sätzen 1 und 2 sowie die Empfänger, den Zeitpunkt der Zurverfügungstellung und die Berechtigung der Verarbeitung dieser Daten zu regeln.

### § 18g Berichtspflicht der Landesregierung
Dem Landtag ist einmal je Wahlperiode durch die Landesregierung ein Bericht vorzulegen, in dem – differenziert nach den einzelnen Schulformen – die im öffentlichen Schulwesen tatsächlich entstehenden Kosten den auf Grund der Regelungen dieses Gesetzes jeweils entsprechenden Finanzhilfebeiträgen für Schulen in freier Trägerschaft gegenübergestellt sind.

*Vierter Abschnitt*
**Religionsunterricht, Ethikunterricht**

### § 19 Religions- und Ethikunterricht
(1) Der Religionsunterricht und der Ethikunterricht sind an den öffentlichen Schulen ordentliche Lehrfächer.
(2) Die Schülerinnen und Schüler nehmen entweder am Religionsunterricht oder am Ethikunterricht teil.
(3) ¹Der Religionsunterricht wird in Übereinstimmung mit den Grundsätzen der Religionsgemeinschaften erteilt. ²Die Schulbehörden erlassen die Richtlinien und genehmigen die Lehrbücher im Einvernehmen mit den Religionsgemeinschaften.
(4) Im Fach Ethik werden den Schülerinnen und Schülern das Verständnis für ethische Werte und Normen sowie der Zugang zu philosophischen und religiösen Fragen vermittelt.
(5) Der Unterricht in diesen Fächern wird eingerichtet, sobald hierfür die erforderlichen Unterrichtsangebote entwickelt sind und geeignete Lehrerinnen und Lehrer zur Verfügung stehen.

### § 20 Einsichtnahme in den Religionsunterricht
¹Unbeschadet des staatlichen Aufsichtsrechts haben die Religionsgemeinschaften das Recht, sich davon zu überzeugen, ob der Religionsunterricht in Übereinstimmung mit ihren Grundsätzen erteilt wird. ²Die näheren Umstände der Einsichtnahme sind vorher mit den Schulbehörden abzustimmen.

### § 21 Teilnahme am Religionsunterricht und Ethikunterricht
¹Die Erziehungsberechtigten bestimmen, an welchem Unterricht gemäß § 19 Abs. 1 ihre Kinder teilnehmen. ²Nach Vollendung des 14. Lebensjahres steht dieses Recht den einzelnen Schülerinnen und Schülern zu.

*Fünfter Abschnitt*
**Schulentwicklungsplanung, Schuljahr und Ferien**

### § 22 Schulentwicklungsplanung
(1) ¹Die Schulentwicklungsplanung soll die planerischen Grundlagen für die Entwicklung eines regional ausgeglichenen und leistungsfähigen Bildungsangebotes im Lande und den Planungsrahmen für einen auch langfristig zwecksentsprechenden Schulbau schaffen. ²Schulen in freier Trägerschaft sind im Plan ebenfalls darzustellen.
(2) ¹Die Landkreise und kreisfreien Städte stellen Schulentwicklungspläne für ihr Gebiet im Benehmen mit der Schulbehörde und den kreisangehörigen Gemeinden unter Mitwirkung ihrer Kreiseltern- und Kreisschülerräte oder der Stadteltern- und Stadtschülerräte auf. ²Soweit Grundschulen, Sekundarschulen oder Gemeinschaftsschulen betroffen sind, erfolgt die Aufstellung der Schulentwicklungs-

pläne im Einvernehmen mit der zuständigen kreisangehörigen Gemeinde, wenn diese Schulträger ist. ³Die Schulentwicklungspläne werden durch Kreistags- oder Stadtratsbeschluss festgestellt. ⁴In den Plänen werden der mittelfristige und langfristige Schulbedarf sowie die Schulstandorte ausgewiesen. ⁵Für jeden Schulstandort ist anzugeben, welche Bildungsangebote dort vorhanden sind und für welche räumlichen Bereiche (Bezirke, Einzugsbereiche) sie gelten sollen. ⁶Dabei sind auch die Bildungsbedürfnisse zu berücksichtigen, die durch Schulen für das Gebiet nur eines Landkreises oder einer kreisfreien Stadt nicht sinnvoll befriedigt werden können.

(2a) Bei einer rechtswidrigen Verweigerung des nach Absatz 2 Satz 2 erforderlichen Einvernehmens des Schulträgers kann dieses durch die Schulbehörde ersetzt werden.

(3) Bezüglich des berufsbildenden Schulwesens ist bei der Schulentwicklungsplanung außerdem die Mitwirkung der Sozialpartner, der Wirtschaftsverbände und der zuständigen Agenturen für Arbeit mit dem Ziel zu gewährleisten, ein differenziertes, auswahlfähiges Angebot regional erreichbar vorzuhalten und flexibel auf die Nachfrage reagieren zu können.

(4) ¹Die Schulentwicklungspläne bedürfen der Genehmigung der Schulbehörde. ²Sie kann Schulentwicklungspläne auch unter Erteilung von Auflagen oder räumliche oder sächliche Teile der Schulentwicklungspläne vorab genehmigen. ³Die Schulentwicklungspläne sind mindestens alle fünf Jahre zu überprüfen und fortzuschreiben. ⁴Sie sind unabhängig davon auch dann fortzuschreiben, wenn hinreichende Gründe eine Änderung des vorliegenden genehmigten Schulentwicklungsplanes erfordern. ⁵Ist ein Bildungsangebot nur für einen Einzugsbereich sinnvoll, der über das Gebiet eines Landkreises oder einer kreisfreien Stadt hinausgeht, und lässt sich der Plan insoweit erforderlichen Festlegungen vermissen, so kann ihn die Schulbehörde, anstatt die Genehmigung zu versagen, nach Anhörung des Landkreises oder der kreisfreien Stadt auch unter entsprechender Ergänzung oder Abänderung der Festlegung genehmigen.

(5) ¹Wenn im Zuge der Schulentwicklungsplanung Schulstandorte aufgehoben werden sollen, sind vor der Beschlussfassung die entsprechenden Gemeinden, Schülerräte, Elternräte und die zuständige Personalvertretung der betroffenen Lehrerinnen und Lehrer zu hören. ²Für die Aufhebung eines unselbstständigen Teilstandortes innerhalb eines Grundschulverbundes gilt Satz 1 entsprechend.

(6) Die oberste Schulbehörde wird ermächtigt, durch Verordnung zu regeln,
1. welche Anforderungen unter raumordnerischen Gesichtspunkten an Schulstandorte und Schuleinzugsbereiche oder Schulbezirke zu stellen sind,
2. welche Größe die Schulen oder Teile von Schulen unter Berücksichtigung der Erfordernisse eines differenzierten Unterrichts und regionaler Besonderheiten aufweisen sollen,
3. wie die Einzugsbereiche und Standorte von Schulen der einzelnen Schulformen aufeinander abgestimmt werden sollen,
4. wie bei der Aufstellung und Abstimmung der Schulentwicklungspläne zu verfahren und die Mitwirkung der Beteiligten durchzuführen ist,
5. welche Art der beschreibenden und zeichnerischen Darstellung in den Schulentwicklungsplänen anzuwenden ist.

## § 23 Schuljahr und Ferien

(1) Das Schuljahr beginnt am 1. August jeden Jahres und endet am 31. Juli des folgenden Jahres.
(2) ¹Die oberste Schulbehörde regelt die Schulferien. ²Die Ferienregelung für Schulen in freier Trägerschaft kann von derjenigen für die öffentlichen Schulen abweichen.

*Zweiter Teil*
**Schulverfassung**

## § 24 Selbstständigkeit und Eigenverantwortung der Schule

(1) ¹Die Schulen sind im Rahmen der staatlichen Verantwortung und der Rechts- und Verwaltungsvorschriften selbstständig in Planung und Durchführung des Unterrichts, in der Festlegung pädagogischer Konzepte und Grundsätze im Rahmen dieses Gesetzes, in der Erziehung und in der Verwaltung. ²In diesem Rahmen können sie sich ein eigenes Profil geben. ³Sie wahren hierbei Chancengleichheit, Durchlässigkeit der Bildungsgänge und die Voraussetzungen für die Anerkennung der Abschlüsse. ⁴Die Schulen entscheiden auf der Grundlage des vorhandenen Bedarfs und ihrer personellen, sächlichen und haushaltsmäßigen Möglichkeiten.

(2) ¹Den Schulen werden für ihre pädagogische Arbeit Budgets zur Verwendung in eigener Verantwortung zur Verfügung gestellt. ²Die von den Schulen nicht verbrauchten Budgetmittel dürfen in das nachfolgende Haushaltsjahr übertragen werden. ³Dies ist durch Haushaltsvermerke in den Haushaltsplan aufzunehmen.
(2a) Die Schulleitung darf im Namen des Landes Schulgirokonten bei einem Kreditinstitut einrichten und führen.
(3) ¹Die Schulen können Eltern-Schüler-Vereinbarungen abschließen. ²Die Vereinbarungen sollen die jeweiligen Rechte und Pflichten der am Erziehungsprozess Beteiligten festschreiben und so zur Erreichung der Bildungs- und Erziehungsziele beitragen.
(4) ¹Jede Schule gibt sich ein Schulprogramm. ²In dem Schulprogramm legt die einzelne Schule fest, wie sie den Bildungs- und Erziehungsauftrag und die Grundsätze seiner Verwirklichung ausfüllt. ³Dabei soll sie den besonderen Voraussetzungen ihrer Schülerinnen und Schüler sowie den besonderen Merkmalen der Schule und ihres regionalen Umfelds in angemessener Weise inhaltlich und unterrichtsorganisatorisch Rechnung tragen. ⁴Das Schulprogramm gibt Auskunft darüber, welche Entwicklungsziele und Leitideen die Planung der pädagogischen Arbeit und die Aktivitäten der Schule bestimmen, und ist Grundlage für die Koordinierung der Handlungen der in der Schule tätigen Personen. ⁵Im Programm ist darzulegen, wie die Schule ihrer Verpflichtung zur kontinuierlichen Sicherung der Qualität schulischer Arbeit nachkommt. ⁶Zudem geben Schulen in ihrem Schulprogramm darüber Auskunft, durch welche Maßnahmen sie ein positives Schulklima und einen wertschätzenden Umgang miteinander gezielt fördern und unterstützen. ⁷Das Schulprogramm wird von der Gesamtkonferenz beschlossen. ⁸Es ist regelmäßig fortzuschreiben. ⁹Dabei sind die Ergebnisse der Evaluation zu berücksichtigen. ¹⁰Die Schule berichtet gegenüber der Schulbehörde und dem Schulträger über den Stand der Umsetzung des Schulprogramms und dessen Fortschreibung.

**§ 25 Entscheidungen der Schule**
¹Die Entscheidungen der Schule werden nach Maßgabe der folgenden Vorschriften von der Schulleiterin oder vom Schulleiter und den Konferenzen getroffen. ²Den Schulen werden schrittweise von der obersten Schulbehörde weitere Entscheidungsbefugnisse mit dem Ziel der Erhöhung der Selbstständigkeit der Schulen übertragen.

**§ 26 Stellung der Schulleiterin und des Schulleiters**
(1) ¹Die Schulleiterin oder der Schulleiter vertritt die Schule nach außen, trägt die Gesamtverantwortung für die Schule, führt die laufenden Verwaltungsgeschäfte und nimmt die übrigen nicht den Konferenzen vorbehaltenen Aufgaben wahr. ²Sie sorgen für die Einhaltung der Rechts- und Verwaltungsvorschriften sowie der Schulordnung.
(2) ¹Die Schulleiterin oder der Schulleiter ist Vorsitzende oder Vorsitzender der Gesamtkonferenz. ²Sie bereiten die Sitzungen dieser Konferenz vor und führen die Beschlüsse der Konferenzen aus.
(3) ¹In dringenden Fällen, in denen die vorherige Entscheidung der zuständigen Konferenz nicht eingeholt werden kann, trifft die Schulleiterin oder der Schulleiter die notwendigen Maßnahmen. ²Sie haben die zuständige Konferenz hiervon unverzüglich zu unterrichten.
(4) ¹Verstößt ein Beschluss einer Konferenz nach Überzeugung der Schulleiterin oder des Schulleiters gegen Rechts- oder Verwaltungsvorschriften, gegen eine behördliche Anordnung oder gegen allgemein anerkannte pädagogische Grundsätze oder Bewertungsmaßstäbe, so hat die Schulleiterin oder der Schulleiter innerhalb von drei Tagen Einspruch einzulegen. ²Der Einspruch hat aufschiebende Wirkung. ³Hält die Konferenz den Beschluss aufrecht, so holt die Schulleiterin oder der Schulleiter die Entscheidung der Schulbehörde ein.
(5) ¹Die Schulleiterin oder der Schulleiter ist Vorgesetzter im Sinne des § 3 des Landesbeamtengesetzes der an der Schule tätigen Lehrkräfte, der pädagogischen Mitarbeiterinnen und Mitarbeiter und des Betreuungspersonals. ²Sie sind verpflichtet und berechtigt, Unterrichtsbesuche vorzunehmen und die an der Schule tätigen Lehrkräfte zu beraten. ³§ 30 Abs. 1 Satz 1 bleibt unberührt.
(6) ¹Die Schulleiterin oder der Schulleiter bewirtschaftet die ihnen vom Schulträger überwiesenen Mittel und übt das Hausrecht und die Aufsicht über die Schulanlage im Auftrage des Schulträgers aus. ²Sie sind Vorgesetzte oder Vorgesetzter der an der Schule beschäftigten Mitarbeiterinnen und Mitarbeiter, die im Dienst des Schulträgers stehen.

### § 27 Aufgaben der Konferenzen

(1) ¹Die Konferenzen gestalten und koordinieren die Erziehungs- und Unterrichtsarbeit im Rahmen der gesamten Schule. ²Sie beraten und beschließen über alle wesentlichen Angelegenheiten der Schule, die ein Zusammenwirken von Lehrerinnen und Lehrern, Erziehungsberechtigten sowie Schülerinnen und Schülern erfordern. ³Dazu gehören insbesondere:
1. grundsätzliche Fragen der Erziehungs- und Unterrichtsarbeit der Schule, pädagogische Konzepte und Grundsätze,
2. das Schulprogramm und dessen Fortschreibung,
3. Grundsätze der Leistungsbewertung und Beurteilung,
4. Hilfsmaßnahmen für Schülerinnen und Schüler,
5. die Regelung schulischer Veranstaltungen,
6. allgemeine Regelungen für das Verhalten in der Schule (Hausordnung),
7. Erziehungs- und Ordnungsmaßnahmen,
8. innere Organisation der Schule (Erlass von Geschäftsordnungen, Errichtung von Teilkonferenzen),
9. Grundsätze für Unterrichtsverteilung und Stundenpläne,
10. wichtige Fragen in der Zusammenarbeit mit dem Schulträger,
11. wichtige Fragen der Zusammenarbeit mit den Erziehungsberechtigten,
12. die Entscheidung über die Einführung von Schulbüchern,
13. die Beschaffung und Verteilung von Lehr- und Lernmitteln,
14. Vorschläge für die Ausgestaltung und Ausstattung von Schulanlagen,
15. die Verteilung der der Schule zur Verfügung gestellten Haushaltsmittel,
16. wichtige Fragen der Zusammenarbeit mit außerschulischen Einrichtungen (Behörden, Organisationen der Wirtschaft und Verbänden),
17. die Antragstellung und das Konzept zur Umwandlung zur Gemeinschaftsschule.

(2) Die Konferenzen haben dabei auf die pädagogische Freiheit und Verantwortung der Lehrerin oder des Lehrers (§ 30 Abs. 1 Satz 1) Rücksicht zu nehmen.

### § 28 Verteilung der Aufgaben der Konferenzen

(1) Die Gesamtkonferenz entscheidet über alle Angelegenheiten nach § 27, soweit nicht ausdrücklich die Zuständigkeit einer Konferenz nach den Absätzen 2 bis 3 gegeben ist.

(2) ¹Für Fächer oder Gruppen von Fächern richtet die Gesamtkonferenz Fachkonferenzen ein. ²Diese entscheiden im Rahmen der Beschlüsse der Gesamtkonferenz über die Angelegenheiten, die ausschließlich den jeweiligen fachlichen Bereich betreffen.

(3) ¹Für jede Klasse ist eine Klassenkonferenz zu bilden. ²Diese entscheidet im Rahmen der Beschlüsse der Gesamtkonferenz über die Angelegenheiten, die ausschließlich die Klasse oder einzelne ihrer Schülerinnen und Schüler betreffen. ³Dazu gehören insbesondere:
1. das Zusammenwirken der Fachlehrerinnen und Fachlehrer,
2. die Koordinierung der Hausaufgaben,
3. die Beurteilung des Gesamtverhaltens der Schülerinnen und Schüler,
4. Einstufungen, Umstufungen, Versetzungen, Übergänge, Zeugnisse sowie Abschlüsse, die ohne Prüfung erworben werden.

(4) Soweit keine Klassenverbände bestehen, werden die Aufgaben der Klassenkonferenz von der Jahrgangskonferenz wahrgenommen.

### § 29 Zusammensetzung und Verfahren der Konferenzen

(1) ¹Mitglieder der Gesamtkonferenz sind mit Stimmrecht:
1. die Schulleiterin oder der Schulleiter,
2. die an der Schule tätigen Lehrerinnen und Lehrer sowie Vertreterinnen und Vertreter der an der Schule tätigen pädagogischen Mitarbeiterinnen und Mitarbeiter, wobei je zehn Mitarbeiterinnen und Mitarbeiter ein Vertreter gewählt wird,
3. Elternvertreter und Schülervertreter in einer Anzahl von je der Hälfte der Anzahl der in Nummer 2 genannten Konferenzmitglieder. In Schulen, in denen keine Schülervertretung gebildet

wird, verdoppelt sich die Anzahl der Sitze der Elternvertreter, in Schulen der Sekundarstufe II können weitere Schülervertreter auf die Plätze der Elternvertreter rücken,
4. ein Vertreter des Schulträgers,
mit beratender Stimme:
5. ein Vertreter der pädagogischen Mitarbeiterinnen und Mitarbeiter, wenn an der Schule weniger als zehn Mitarbeiterinnen oder Mitarbeiter tätig sind,
6. ein Vertreter des an der Schule tätigen Betreuungspersonals,
7. ein Vertreter der sonstigen Mitarbeiterinnen und Mitarbeiter,
8. bei berufsbildenden Schulen je zwei Vertreter der Arbeitgeber und Arbeitnehmer,
9. die an der Schule tätigen Lehramtsanwärterinnen und Lehramtsanwärter sowie Referendarinnen und Referendare.

[2]Ergibt sich aus der Anzahl der in Satz 1 Nrn. 1 bis 4 genannten Mitglieder eine Gesamtzahl von über 34, so ist die Gesamtkonferenz auf 34 stimmberechtigte Mitglieder bei Wahrung des Stimmenverhältnisses zu begrenzen. [3]Bei Stimmengleichheit entscheidet die Stimme der Schulleiterin oder des Schulleiters.

(2) Mitglieder der Klassenkonferenzen und Fachkonferenzen sind
mit Stimmrecht:
1. die in dem jeweiligen Bereich tätigen Lehrerinnen und Lehrer sowie Vertreterinnen und Vertreter der pädagogischen Mitarbeiterinnen und Mitarbeiter,
mit beratender Stimme:
2. in den Klassen- und Fachkonferenzen mindestens je drei Elternvertreter und Schülervertreter; ihre Zahl wird durch die Gesamtkonferenz bestimmt,
3. bei berufsbildenden Schulen außerdem je zwei Vertreter der Arbeitgeber und Arbeitnehmer,
4. die im jeweiligen Bereich tätigen Lehramtsanwärterinnen und Lehramtsanwärter sowie der Referendarinnen und Referendare.

(3) [1]Die oberste Schulbehörde regelt die Aufgaben und Verfahren der Konferenzen nach Maßgabe dieser Vorschriften im Einzelnen durch Verordnung. [2]Dazu gehört auch eine Regelung, bei welchen Fragen nur Mitglieder mit Stimmrecht an einer Klassenkonferenz teilnehmen dürfen, welche Fragen vertraulich behandelt werden und die Ausgestaltung des Ersetzens der Elternvertreter nach Absatz 1 Satz 1 Nr. 3.

(4) [1]Die oberste Schulbehörde kann für Schulen der Sekundarstufen I und II auf Antrag befristet und widerruflich eine besondere Konferenzordnung genehmigen. [2]Der Antrag bedarf einer Mehrheit der stimmberechtigten Mitglieder der Gesamtkonferenz. [3]In der besonderen Konferenzordnung kann auch festgelegt werden, dass die Aufgaben der Konferenzen und deren Verteilung von den Bestimmungen der §§ 27 und 28 sowie die Zusammensetzung der Gesamtkonferenz von Absatz 1 abweichen können.

*Dritter Teil*
**Lehrerinnen und Lehrer und weitere Mitarbeiterinnen und Mitarbeiter**

**§ 30 Allgemeines**
(1) [1]Die Lehrerin und der Lehrer erzieht und unterrichtet in eigener pädagogischer Freiheit und Verantwortung. [2]Sie sind an Rechts- und Verwaltungsvorschriften sowie an die Beschlüsse der Konferenzen gebunden.

(2) [1]Die Lehrerinnen und Lehrer an den öffentlichen Schulen stehen in einem unmittelbaren Dienstverhältnis zum Land. [2]Von der Lehrerin und von dem Lehrer wird gefordert, den ihnen anvertrauten Kindern und Jugendlichen die Grundwerte der Verfassung zu vermitteln und sich für den Staat und die Gestaltung der freiheitlich-demokratischen, rechts- und sozialstaatlichen Ordnung einzusetzen.

(2a) Die Lehrerinnen und Lehrer sind verpflichtet, den beratenden und unterstützenden Kontakt zu den Erziehungsberechtigten der Schülerinnen und Schüler zu suchen und sie insbesondere über den schulischen Entwicklungsstand ihrer Kinder zu informieren sowie mit Erziehungsberechtigten, Schülerinnen und Schülern die Zusammenarbeit zu pflegen.

(3) [1]Die Lehrerin oder der Lehrer erteilt Unterricht grundsätzlich in solchen Fächern, Schulstufen und Schulformen, für die sie die Lehrbefähigung erworben haben. [2]Darüber hinaus haben sie Unterricht in anderen Fächern, Schulstufen und Schulformen zu erteilen, wenn es ihnen nach Vorbildung oder bis-

heriger Tätigkeit zugemutet werden kann und für den geordneten Betrieb der Schule erforderlich ist. ³Satz 2 gilt nicht für die Erteilung von Religionsunterricht. ⁴Sie sind verpflichtet, Aufgaben im Rahmen der Eigenverwaltung der Schule und andere schulische Aufgaben außerhalb des Unterrichts zu übernehmen.

(4) ¹Die Lehrerin und der Lehrer aktualisieren ständig ihre Unterrichtsbefähigung und sollen sich auch in der unterrichtsfreien Zeit entsprechend einer sich aus ihrem Abschluss ergebenden Notwendigkeit fortbilden. ²Die Fortbildung soll möglichst und weitgehend außerhalb des Unterrichts stattfinden. ³Die vom Land gemachten Fort- und Weiterbildungsangebote stehen Lehrerinnen und Lehrern an Ersatzschulen in gleicher Weise offen wie Lehrkräften an öffentlichen Schulen. ⁴Lehrkräfte können zur Teilnahme an der Fortbildung verpflichtet werden. ⁵Für pädagogische Mitarbeiterinnen und Mitarbeiter sowie das Betreuungspersonal gelten die Sätze 1 bis 4 entsprechend.

(5) ¹Die Lehrerausbildung erfolgt in schulformbezogenen Studiengängen für das
1. Lehramt an Grundschulen,
2. Lehramt an Sekundarschulen,
3. Lehramt an Förderschulen,
4. Lehramt an Gymnasien,
5. Lehramt an berufsbildenden Schulen

und gliedert sich in ein wissenschaftliches Studium in einer ersten Phase und einen pädagogischen Vorbereitungsdienst in der zweiten Phase. ²Die erste und zweite Phase der Lehrerausbildung sowie berufsbegleitende Studiengänge der Lehrerweiterbildung schließen mit staatlichen Prüfungen vor dem Landesinstitut für Schulqualität und Lehrerbildung Sachsen-Anhalt – Landesprüfungsamt für Lehrämter ab. ³Ein Abschluss mit einem Mastergrad in einem akkreditierten Studiengang, der die Befähigung für die Aufnahme in den Vorbereitungsdienst für ein Lehramt vermittelt, ersetzt die Erste Staatsprüfung. ⁴Ausbildung und Prüfung in der ersten Phase der Lehrerausbildung werden in den Studien- und Prüfungsordnungen der Hochschulen nach Maßgabe von Verordnungen der obersten Schulbehörde geregelt. ⁵Ausbildung und Prüfung in der zweiten Phase der Lehrerausbildung werden durch Verordnung der obersten Schulbehörde geregelt. ⁶Die oberste Schulbehörde wird ermächtigt, die Prüfungsordnungen für die Lehrämter, die Ausbildung innerhalb des Vorbereitungsdienstes und die Abschlüsse durch Verordnung zu regeln. ⁷Lehramtsbezogene Masterabschlüsse und Erste Staatsprüfungen für ein Lehramt, die in anderen Ländern erworben wurden, sind anerkannt. ⁸Sie eröffnen den Zugang zum Vorbereitungsdienst, wenn sie im jeweiligen Land zum Zugang zum Vorbereitungsdienst berechtigen und wenn die Fächer und das jeweilige Lehramt im Land Sachsen-Anhalt ausgebildet werden. ⁹Eine in einem anderen Land abgelegte Zweite Staatsprüfung oder Laufbahnprüfung für ein Lehramt wird im Land Sachsen-Anhalt als Lehramtsbefähigung anerkannt und einem Lehramt gemäß Satz 1 zugeordnet.

(5a) ¹Stehen für ein bestimmtes Fach oder eine bestimmte Fachrichtung nicht genügend Bewerberinnen und Bewerber mit einer Lehramtsbefähigung gemäß Absatz 5 zur Deckung des Lehrkräftebedarfs zur Verfügung, so kann der Vorbereitungsdienst von bereits im Schuldienst Beschäftigten berufsbegleitend abgeleistet werden. ²Zu diesem Zweck können Ausbildungsplätze im Vorbereitungsdienst mit Bewerberinnen und Bewerbern besetzt werden, die über eine Erste Staatsprüfung, über einen an einer Universität oder gleichwertigen Hochschule erworbenen Diplom-, Master- oder Magisterabschluss oder über einen gleichwertigen, in einem akkreditierten Studiengang an einer Fachhochschule erworbenen Masterabschluss verfügen. ³Dabei müssen sich aus dem Abschluss neben einem ersten Fach oder einer Fachrichtung ein zweites Fach oder eine zweite Fachrichtung ableiten lassen. ⁴Ein lehramtsbezogenes Fach lässt sich dann ableiten, wenn die Inhalte des absolvierten Studiums mit den fachwissenschaftlichen Inhalten des entsprechenden Faches im Lehramtsstudium vergleichbar sind. ⁵§ 4 des Landesbeamtengesetzes findet keine Anwendung.

(5b) ¹Sofern es zur Deckung des Lehrkräftebedarfs erforderlich ist, können für ein bestimmtes Fach oder eine bestimmte Fachrichtung Ausbildungsplätze im Vorbereitungsdienst, die nicht gemäß der Absätze 5 und 5a besetzt sind, für Bewerberinnen und Bewerber, die über einen an einer Universität oder gleichwertigen Hochschule erworbenen Diplom-, Master- oder Magisterabschluss oder über einen· gleichwertigen, in einem akkreditierten Studiengang an einer Fachhochschule erworbenen Masterabschluss verfügen, zur Verfügung gestellt werden. ²Dabei müssen sich aus dem Abschluss neben einem ersten Fach oder einer Fachrichtung ein zweites Fach oder eine zweite Fachrichtung

ableiten lassen. ³Ein lehramtsbezogenes Fach lässt sich dann ableiten, wenn die Inhalte des absolvierten Studiums mit den fachwissenschaftlichen Inhalten des entsprechenden Faches im Lehramtsstudium vergleichbar sind.
(6) ¹Die Anzahl der Einstellungen der Lehrkräfte in den Vorbereitungsdienst kann für die jeweiligen Lehrämter und für den jeweiligen Einstellungstermin beschränkt werden, soweit die nach dem für die oberste Schulbehörde geltenden Einzelplan zur Verfügung stehenden Stellen und Haushaltsmittel oder die Ausbildungskapazität nicht ausreichen. ²Bei der Ermittlung der Ausbildungskapazität sind die personellen, räumlichen, sächlichen und fachspezifischen Möglichkeiten auszuschöpfen, wobei die Erfüllung der öffentlichen Aufgaben, die den ausbildenden Stellen obliegen, nicht unzumutbar beeinträchtigt und die sachgerechte Ausbildung nicht gefährdet werden dürfen. ³Übersteigt die Zahl der rechtzeitig eingegangenen Bewerbungen die Zahl der vorhandenen Ausbildungsplätze, so sind vorab bis zu 10 v. H. der Ausbildungsplätze der Lehrämter für außergewöhnliche Härtefälle zu vergeben. ⁴Von den verbleibenden Ausbildungsplätzen der Lehrämter sind
1. bis zu 30 v. H. nach Dauer der Wartezeit und
2. mindestens 70 v. H. nach fachlicher Leistung
zu vergeben. ⁵Aus den Quoten nach Satz 3 und Satz 4 Nr. 1 nicht in Anspruch genommene Ausbildungsplätze werden nach fachlicher Leistung vergeben. ⁶Soweit das Land für eine Ausbildung in bestimmten Fächern, sonderpädagogischen oder beruflichen Fachrichtungen einen besonderen Bedarf hat, dürfen für einen Einstellungstermin bis zu 50 v. H. der insgesamt vorhandenen Ausbildungsplätze für das jeweilige Lehramt gesondert vergeben werden. ⁷Die Vergabe der Ausbildungsplätze nach Satz 6 erfolgt nach fachlicher Leistung. ⁸Die oberste Schulbehörde stellt den besonderen Bedarf und den sich daraus ergebenden Teil der Ausbildungsplätze nach Satz 6 fest und gibt dies zeitnah zum jeweiligen Einstellungstermin bekannt. ⁹Die oberste Schulbehörde wird ermächtigt, durch Verordnung
1. das Bewerbungs- und Zulassungsverfahren einschließlich der zu beachtenden Fristen und der Folgen der Fristversäumung sowie des Verfahrens zur Besetzung frei gebliebener Stellen,
2. die Einzelheiten für die Ermittlung und Verteilung der Ausbildungskapazitäten auf die Lehrämter und Fächer oder Fachrichtungen, insbesondere
   a) die Kriterien zur Ermittlung der Vorhaltung der Seminarleitungen und Fachseminarleitungen,
   b) die Maßstäbe für die Prognose des Bedarfs an Lehrkräften in den verschiedenen Lehrämtern unter Berücksichtigung des besonderen Bedarfs in bestimmten Fächern oder sonderpädagogischen oder beruflichen Fachrichtungen und
   c) die Kriterien zur Feststellung der Eignung von Schulen als Ausbildungsschulen und deren Aufnahmekapazität unter Berücksichtigung der Schülerinteressen an einem ordnungsgemäßen Unterricht,
3. die Kriterien für die Anerkennung als außergewöhnlicher Härtefall und für die Auswahl innerhalb der außergewöhnlichen Härtefälle,
4. das Nähere über die Berechnung der Wartezeit, insbesondere zum Fristbeginn und zu den anrechenbaren Zeiten, und
5. die Kriterien für die Auswahl nach der fachlichen Leistung
zu bestimmen.
(7) Berufsqualifikationen im Lehrerbereich, die in den Mitgliedstaaten der Europäischen Union oder anderen Vertragsstaaten des Abkommens über den Europäischen Wirtschaftsraum oder einem durch Abkommen gleichgestellten Staat erworben wurden, werden aufgrund der Richtlinie 2005/36/EG des Europäischen Parlaments und des Rates vom 7. September 2005 über die Anerkennung von Berufsqualifikationen (ABl. L 255 vom 30.9.2005, S. 22, ABl. L 271 vom 16.10.2007, S. 18, ABl. L 93 vom 4.4.2008, S. 28, ABl. L 33 vom 3.2.2009, S. 49), zuletzt geändert durch die Richtlinie 2013/55/EU (ABl. L 354 vom 28.12.2013, S. 132), anerkannt.
(8) ¹Berufsqualifikationen im Lehrerbereich, die in einem anderen als in Absatz 7 genannten Staat erworben worden sind, werden anerkannt, sofern die Gleichwertigkeit festgestellt wird. ²Wird die Gleichwertigkeit nicht festgestellt, können Ausgleichsmaßnahmen gefordert werden. ³Ausgleichsmaßnahmen sind Anpassungslehrgang mit Abschlussprüfung oder Eignungsprüfung. ⁴Die antragstellende Person kann zwischen den Ausgleichsmaßnahmen wählen.
(9) Die oberste Schulbehörde wird ermächtigt, durch Verordnung im Benehmen mit den zuständigen Ausschüssen des Landtages die Voraussetzungen und das Verfahren für die Anerkennung der Berufs-

qualifikationen im Lehrerbereich sowie die Voraussetzungen und das Verfahren für das Absolvieren von Ausgleichsmaßnahmen zu regeln.
(10) Berufsqualifikation als Lehrerin oder Lehrer im Sinne dieses Gesetzes ist eine akademische Qualifikation, die dokumentiert wird durch:
1. den Nachweis des Hochschulabschlusses,
2. den Befähigungsnachweis, aus dem die Berechtigung zur Ausübung des Berufes als Lehrerin oder Lehrer im Ausbildungsstaat hervorgeht, und
3. soweit vorliegend die staatliche Bescheinigung über eine einschlägige, im Inland oder Ausland erworbene Berufserfahrung.
(11) Das Berufsqualifikationsfeststellungsgesetz Sachsen-Anhalt findet nur hinsichtlich seiner §§ 14b, 18, 21 und 22 sinngemäß Anwendung.

### § 30a Fort- und Weiterbildung

(1) [1]Die Lehrkräfte und die pädagogischen Mitarbeiterinnen und Mitarbeiter an Schulen sind verpflichtet, sich regelmäßig, auch in ihrer unterrichtsfreien Zeit, fortzubilden. [2]Die Fortbildung dient der Vertiefung, Aktualisierung und Erneuerung des für die Berufsausübung erforderlichen Wissens und Könnens. [3]Sie umfasst alle Maßnahmen des Landes und andere als Fortbildungsmaßnahmen für Lehrkräfte und pädagogische Mitarbeiterinnen und Mitarbeiter anerkannte Veranstaltungen auf landesweiter, regionaler oder schulinterner Ebene. [4]Die durch das Kultusministerium vorzugebenden Fortbildungsschwerpunkte orientieren sich im Interesse der Entwicklung pädagogischer Innovationen an den Erfordernissen der Schulen sowie an aktuellen fachlichen, erziehungswissenschaftlichen und didaktischen Erkenntnissen. [5]Die Schulen ermitteln Art und Umfang des Fortbildungsbedarfs unter Berücksichtigung der Ergebnisse der Evaluation der Arbeit der Schule und des Schulprogramms. [6]Ein Fortbildungspass dokumentiert die Teilnahme an der Fortbildung und die Schwerpunkte der Fortbildung.
(2) Das Landesinstitut für Schulqualität und Lehrerbildung Sachsen-Anhalt leistet im Rahmen der Fortbildung von Lehrkräften und pädagogischen Mitarbeiterinnen und Mitarbeitern an Schulen grundlegende Entwicklungsarbeit; es plant, organisiert und führt in Zusammenarbeit mit den Hochschulen des Landes zentrale und regionale Fortbildungsmaßnahmen sowie die Schulung der Fachmoderatorinnen und Fachmoderatoren und der Fachbetreuerinnen und Fachbetreuer durch.
(3) Auf regionaler Ebene sollen die Möglichkeiten der Fachmoderatorinnen und Fachmoderatoren sowie der Fachbetreuerinnen und Fachbetreuer für die Fortbildung genutzt werden.
(4) [1]Weiterbildung dient der Befähigung zur Erteilung von Unterricht in einem weiteren bisher nicht studierten Fach oder in einer nicht studierten Fachrichtung. [2]Weiterbildung erfolgt in Form von berufsbegleitenden Kursen oder Studiengängen.

### § 31 Besetzung der Stellen der Schulleiterinnen und Schulleiter

(1) [1]Zu besetzende Stellen der Schulleiterinnen und Schulleiter werden durch das Land entsprechend den beamtenrechtlichen Bestimmungen öffentlich ausgeschrieben. [2]Die Schulbehörde schlägt der Gesamtkonferenz in der Regel zwei geeignete Bewerberinnen oder Bewerber vor.
(2) Die Schulbehörde hört den Schulträger vor der Einreichung der Vorschläge an.
(3) [1]Die Gesamtkonferenz wählt die Schulleiterin oder den Schulleiter aus dem Kreis der vorgeschlagenen Bewerberinnen und Bewerber. [2]Die Schulbehörde bestellt die Schulleiterin beziehungsweise den Schulleiter entsprechend den beamtenrechtlichen Bestimmungen.

### § 32 Weitere Mitarbeiterinnen und Mitarbeiter

[1]Die pädagogischen Mitarbeiterinnen und Mitarbeiter und das Betreuungspersonal an den öffentlichen Schulen stehen in einem unmittelbaren Dienstverhältnis zum Land. [2]Die anderen Mitarbeiterinnen und Mitarbeiter stehen in einem unmittelbaren Dienstverhältnis zum Schulträger.

*Vierter Teil*
**Schülerinnen und Schüler**

### § 33 Recht auf Bildung

(1) [1]Das Land Sachsen-Anhalt gestaltet und fördert das Schulwesen so, dass die Schülerinnen und Schüler ihr Recht auf Bildung möglichst umfassend verwirklichen können. [2]Unterschiedlichen Bil-

dungschancen und Begabungen soll durch besondere Förderung der betreffenden Schülerinnen und Schüler entsprochen werden.
(2) In Ausübung ihrer verfassungsmäßigen Rechte unterstützen die Erziehungsberechtigten die Schülerinnen und Schüler beim Besuch der ihren Fähigkeiten und Neigungen entsprechenden Bildungsgänge.

### § 34 Wahl und Wechsel des Bildungsweges
(1) [1]Die Erziehungsberechtigten haben im Rahmen der Regelungen des Bildungsweges die Wahl zwischen den Schulformen und Bildungsgängen, die zur Verfügung stehen. [2]Volljährige Schülerinnen und Schüler wählen selbst. [3]Die Schule berät bei der Wahl des Bildungsweges.
(2) Nach dem 4. Schuljahrgang wählen die Erziehungsberechtigten entsprechend den Neigungen und Fähigkeiten ihrer Kinder den weiteren Bildungsgang.
(3) [1]Ein Wechsel der Bildungsgänge oder Schulformen in der Sekundarstufe I kann von der Erfüllung bestimmter Leistungsvoraussetzungen abhängig gemacht werden. [2]Die Schule ist verpflichtet, Schülerinnen und Schüler nach einem Wechsel des Bildungsganges oder der Schulform besonders zu fördern.
(4) [1]Die Aufnahme in die Schulen der Sekundarstufe II kann davon abhängig gemacht werden, dass die Schülerin oder der Schüler einen bestimmten Abschluss oder berufliche Erfahrungen nachweist. [2]Dies gilt nicht für die Aufnahme in die Berufsschule.
(5) [1]Eine Schülerin oder ein Schüler kann den nächsthöheren Schuljahrgang erst besuchen, wenn die Klassenkonferenz entschieden hat, dass von ihnen eine erfolgreiche Mitarbeit in diesem Schuljahrgang erwartet werden kann (Versetzung). [2]Zwischen einzelnen Schuljahrgängen kann von dem Erfordernis der Versetzung abgesehen werden.
(6) [1]Schülerinnen und Schüler der Sekundarstufe I des Gymnasiums sollen bei der zweiten Nichtversetzung an einen geeigneten Bildungsgang überwiesen werden, wenn die Klassenkonferenz beschließt, dass ein erfolgreicher Besuch des Gymnasiums nicht erwartet werden kann. [2]Schülerinnen und Schüler des 5. Schuljahrganges sollen bereits überwiesen werden, wenn eine erfolgreiche Mitarbeit auch nach einer Wiederholung nicht erwartet werden kann.
(7) [1]Wer nach zwei Wiederholungen in der Sekundarschule erneut nicht versetzt wird, soll, sofern die Vollzeitschulpflicht erfüllt ist, an einen geeigneten beruflichen Bildungsgang verwiesen werden. [2]Erfolgt im Fall einer nicht möglichen Versetzung die Zuweisung in einen höheren Schuljahrgang, so ist diese Zuweisung im Sinne von Satz 1 als Wiederholung anzurechnen.
(8) Durch Prüfungen können Nichtschülerinnen und Nichtschüler die Abschlüsse der allgemein bildenden Schulen und der berufsbildenden Schulen erreichen.

### § 35 Regelung des Bildungsweges
(1) Die oberste Schulbehörde wird ermächtigt, durch Verordnung zu regeln:
1. die Aufnahme in den Schulen der Sekundarstufen I und II sowie in die Förderschule,
2. die Übergänge zwischen den Schulformen beziehungsweise Bildungsgängen, einschließlich der Überweisungen in den Fällen des § 34 Abs. 6 und 7,
3. die Versetzung, das Überspringen eines Schuljahres, die freiwillige Wiederholung und das freiwillige Zurücktreten,
4. die Beendigung des Schulverhältnisses (Austritt oder Entlassung), einschließlich der Höchstdauer des Besuchs einer Schulform oder einer Schulstufe,
5. Abschlüsse und ihre Berechtigung einschließlich der Abschlussprüfungen für Schülerinnen und Schüler sowie Nichtschülerinnen und Nichtschüler; dabei kann bestimmt werden, dass eine nicht bestandene Prüfung nur einmal wiederholt werden kann,
6. die Feststellung eines sonderpädagogischen Förderbedarfs, die Einrichtung des gemeinsamen Unterrichts, die Überweisung an eine Förderschule sowie die Verpflichtung zur Teilnahme an einem Sonderunterricht (§ 39 Abs. 3),
7. die Aufnahmevoraussetzungen für Schulen mit einem von der obersten Schulbehörde genehmigten inhaltlichen Schwerpunkt gemäß § 5 Abs. 1 Satz 3, § 5a Abs. 2 Satz 2 und § 6 Abs. 1 Satz 3.

(2) Inhalt und Ausmaß der Verordnungsermächtigung ergeben sich im Übrigen aus dem Erziehungs- und Bildungsauftrag der Schule (§ 1) und der Pflicht, die Entwicklung der einzelnen Schülerin und des einzelnen Schülers ebenso wie die Entwicklung aller Schülerinnen und Schüler zu fördern.

*Fünfter Teil*
**Schulpflicht**

**§ 36 Allgemeines**
(1) Der Besuch einer Schule ist für alle im Lande Sachsen-Anhalt wohnenden Kinder und Jugendlichen verpflichtend (Schulpflicht).
(2) [1]Diese Pflicht wird grundsätzlich durch den Besuch einer öffentlichen Schule oder einer genehmigten Schule in freier Trägerschaft erfüllt. [2]Die Schulbehörde kann Ausnahmen zulassen.

**§ 37 Beginn der Schulpflicht**
(1) [1]Alle Kinder, die bis zum 30. Juni das sechste Lebensjahr vollenden, werden mit Beginn des folgenden Schuljahres schulpflichtig. [2]Kinder, die bis zum 30. Juni das fünfte Lebensjahr vollenden, können auf Antrag der Erziehungsberechtigten mit Beginn des Schuljahres in die Schule aufgenommen werden, wenn sie die für den Schulbesuch erforderlichen körperlichen und geistigen Voraussetzungen besitzen und in ihrem sozialen Verhalten ausreichend entwickelt sind. [3]Diese Kinder werden mit der Aufnahme schulpflichtig.
(2) Vor der Aufnahme in die Schule ist eine amtsärztliche Untersuchung durchzuführen.
(3) [1]Schulpflichtige Kinder, die körperlich, geistig, seelisch oder in ihrem sozialen Verhalten nicht genügend entwickelt sind, um mit Aussicht auf Erfolg am Unterricht teilzunehmen, werden an der Grundschule oder an der Förderschule entsprechend gefördert. [2]Im Einzelfall kann die Aufnahme in die Schule durch die Schulbehörde im Einvernehmen mit den Erziehungsberechtigten um ein Jahr verschoben werden. [3]Diese Kinder werden mit der Aufnahme schulpflichtig.

**§ 38 Gesundheitspflege und Prävention**
(1) [1]Die Schulbehörde ist verpflichtet, Maßnahmen der Gesundheitspflege und Prävention vorzuhalten und entsprechende Voraussetzungen zu gewährleisten. [2]Sie ist im Rahmen des Bildungs- und Erziehungsauftrages zuständig für die Suchtprävention.
(2) Die Schülerinnen und Schüler sind zur Teilnahme an Maßnahmen der amtsärztlichen Schulgesundheitspflege einschließlich der Sucht- und Drogenberatung verpflichtet.
(3) [1]Treten bei einer Schülerin oder einem Schüler erhebliche Verhaltensauffälligkeiten auf, die eine Maßnahme der Jugendhilfe erforderlich erscheinen lassen, oder werden Tatsachen bekannt, die auf Vernachlässigung, Missbrauch oder Misshandlung einer Schülerin oder eines Schülers schließen lassen, unterrichtet die Schule das zuständige Jugendamt. [2]Die Erziehungsberechtigten sind über die Einschaltung des Jugendamtes zu informieren, soweit der wirksame Schutz der Schülerin oder des Schülers dadurch nicht infrage gestellt wird.

**§ 39 Besuch von Förderschulen und Sonderunterricht**
(1) Schülerinnen und Schüler, die einer sonderpädagogischen Förderung bedürfen, sind zum Besuch einer für sie geeigneten Förderschule oder des für sie geeigneten Sonderunterrichts verpflichtet, wenn die entsprechende Förderung nicht in einer Schule einer anderen Schulform erfolgen kann.
(2) [1]Die Schulbehörde entscheidet nach dem Ergebnis eines sonderpädagogischen Feststellungsverfahrens, ob eine Verpflichtung nach Absatz 1 besteht, und bestimmt nach Anhörung der Erziehungsberechtigten, welche Förderschule die Schülerin oder der Schüler besuchen soll. [2]Für die Entscheidung können ärztliche Untersuchungen durchgeführt, anerkannte Testverfahren angewandt und Gutachten von Sachverständigen eingeholt werden.
(3) Schulpflichtigen Kindern und Jugendlichen, die infolge einer längerfristigen Erkrankung die Schule nicht besuchen können, ist Unterricht zu Hause oder im Krankenhaus im angemessenen Umfang zu erteilen.

**§ 40 Dauer und Ende der Schulpflicht**
(1) Die Schulpflicht endet zwölf Jahre nach ihrem Beginn.
(2) Alle Schulpflichtigen besuchen zunächst mindestens neun Jahre Schulen der Primarstufe und der Sekundarstufe I (Vollzeitschulpflicht).
(3) Sofern sie nicht anschließend allgemeinbildende Schulen besuchen, erfüllen sie ihre Schulpflicht durch den Besuch einer berufsbildenden Schule.
(4) [1]Wenn eine Schülerin oder ein Schüler eine berufsbildende Schule mit Vollzeitunterricht mindestens ein Jahr lang besucht, so ist deren Schulpflicht erfüllt. [2]Sie ist auch erfüllt, wenn mindestens ein

Jahr lang ein von der Schulbehörde genehmigtes kooperatives Bildungsangebot besucht wird. ³Wer nach Beendigung der Schulpflicht eine Berufsausbildung nach dem Berufsbildungsgesetz oder der Handwerksordnung beginnt, ist verpflichtet, für die Dauer des Ausbildungsverhältnisses die Berufsschule zu besuchen.

(5) Wer zur Förderung seiner beruflichen Aus- oder Weiterbildung an Maßnahmen nach dem Dritten Buch Sozialgesetzbuch, die von Trägern durchgeführt werden, die dafür anerkannt und zugelassen sind, oder an vergleichbaren Maßnahmen anderer Träger teilnimmt, kann auch nach Beendigung der Schulpflicht in den Bildungsgang einer berufsbildenden Schule aufgenommen werden, wenn die Sach- und Personalkosten erstattet werden.

(6) ¹Auf die Pflicht zum Besuch einer berufsbildenden Schule wird die Zeit als Beamtin oder Beamter im Vorbereitungsdienst angerechnet. ²Die Schulpflicht gilt mit Bestehen der Laufbahnprüfung als erfüllt.

(7) Eine Schülerin ist drei Monate vor und zwei Monate nach der Geburt ihres Kindes nicht verpflichtet, die Schule zu besuchen.

(7a) ¹Die Schulpflicht ruht,
1. wenn eine schulpflichtige Mutter oder ein schulpflichtiger Vater durch den Besuch der Schule daran gehindert würde, ihr oder sein Kind in ausreichendem Maße zu betreuen,
2. wenn Schulpflichtige aus gesundheitlichen Gründen nicht in der Lage sind, eine Schule zu besuchen oder am Sonderunterricht teilzunehmen,
3. wenn Schulpflichtige an berufsvorbereitenden Bildungsmaßnahmen oder an einer Einstiegsqualifizierung nach dem Dritten Buch Sozialgesetzbuch teilnehmen,
4. wenn Schulpflichtige an Freiwilligendiensten aufgrund bundesrechtlicher oder landesrechtlicher Vorschriften teilnehmen,
5. wenn Schulpflichtige eine Berufsfachschule für Gesundheitsberufe besuchen, auf die dieses Gesetz keine Anwendung findet,
6. wenn Schulpflichtige an einer Hochschule immatrikuliert sind oder
7. in weiteren Fällen, in denen eine anderweitige geeignete Ausbildung oder Betreuung gesichert erscheint.

²Voraussetzung für das Ruhen der Schulpflicht nach Satz 1 Nr. 1 ist ein Antrag der schulpflichtigen Mutter oder des schulpflichtigen Vaters und, sofern sie oder er noch nicht volljährig ist, die Zustimmung der Erziehungsberechtigten. ³Die Entscheidung trifft die Schulleiterin oder der Schulleiter. ⁴Über das Ruhen der Schulpflicht nach Satz 1 Nr. 2 entscheidet die Schulbehörde auf Antrag der Erziehungsberechtigten und nach deren Anhörung auf der Grundlage von ärztlichen Unterlagen. ⁵Ein fachärztliches Gutachten kann herangezogen werden. ⁶Die Schulbehörde kann das Verfahren über das Ruhen der Schulpflicht nach Satz 1 Nr. 2 auch ohne Antrag einleiten. ⁷Voraussetzung für ein Ruhen der Schulpflicht nach Satz 1 Nr. 6 ist ein Antrag der schulpflichtigen Schülerin oder des schulpflichtigen Schülers und, sofern sie oder er noch nicht volljährig ist, die Zustimmung der Erziehungsberechtigten.

(8) Die oberste Schulbehörde wird ermächtigt, durch Verordnung nähere Regelungen zu treffen
1. zu der Erfüllung der Schulpflicht; dabei kann festgelegt werden, dass Schülerinnen und Schüler nach Erfüllung der Vollzeitschulpflicht von der weiteren Erfüllung der Schulpflicht befreit werden können,
2. zum Ruhen der Schulpflicht nach Absatz 7a und zur Anrechnung dieser Ruhenszeiten auf die Erfüllung der Schulpflicht,
3. zur vorzeitigen Aufnahme in die Schule nach § 37 Abs. 1 Satz 2 und 3 und zum Verschieben der Aufnahme in die Schule nach § 37 Abs. 3 Satz 2 und 3 und
4. zur Erteilung des Unterrichts nach § 39 Abs. 3.

### § 41 Schulbezirke, Schuleinzugsbereiche

(1) ¹Für Grundschulen und Sekundarschulen legt der Schulträger mit Zustimmung der Schulbehörde Schulbezirke fest. ²Für den Hauptstandort und den Teilstandort eines Grundschulverbundes wird jeweils ein Schulbezirk festgelegt. ³Die Schülerinnen und Schüler haben zur Erfüllung ihrer Schulpflicht die Schule zu besuchen, in deren Schulbezirk sie wohnen. ⁴Über Ausnahmen entscheidet die Schulbehörde.

(1a) ¹Die Schulträger können mit Zustimmung der Schulbehörde ganz oder teilweise auf die Festlegung von Schulbezirken verzichten. ²Soweit keine Schulbezirke festgelegt werden, haben Schülerinnen und Schüler eine Schule im Gebiet des Schulträgers zu besuchen, in dem sie wohnen, es sei denn, der Schulträger hat mit anderen Schulträgern eine Vereinbarung nach § 66 getroffen.
(2) ¹Für andere allgemeinbildende Schulen kann der Schulträger mit Zustimmung der Schulbehörde unter Berücksichtigung der Ziele der Schulentwicklungsplanung Schuleinzugsbereiche festlegen. ²Sofern Schuleinzugsbereiche festgelegt sind, haben die Schülerinnen und Schüler die Schule zu besuchen, in deren Schuleinzugsbereich sie wohnen. ³Über Ausnahmen entscheidet die Schulbehörde.
(2a) ¹Schulträger, die keine Schulbezirke nach Absatz 1a oder keine Schuleinzugsbereiche nach Absatz 2 festlegen, können mit Zustimmung der Schulbehörde für die einzelnen allgemeinbildenden Schulen Kapazitätsgrenzen und Auswahlverfahren durch Satzung festlegen. ²Dabei sind die Vorgaben der Schulentwicklungsplanung, der jeweilige Schulentwicklungsplan und die Notwendigkeiten der Unterrichts- und Erziehungsarbeit zugrunde zu legen. ³Die Sätze 1 und 2 gelten auch für die einzelnen Standorte eines Grundschulverbundes.
(3) ¹Schülerinnen und Schüler, die während des Schulbesuchs ihren Wohnort wechseln, können auf Antrag ihre Schule bis zum Abschluss ihres Bildungsganges weiterbesuchen. ²Gastschulbeiträge (§ 70 Abs. 2) sind in diesen Fällen nicht zu zahlen.
(4) Schülerinnen und Schüler mit sonderpädagogischem Förderbedarf können zum gemeinsamen Unterricht nach § 1 Abs. 3a von der Schulbehörde einer anderen Schule derselben Schulform in zumutbarer Entfernung zugewiesen werden.
(4a) ¹Schülerinnen und Schüler mit Migrationshintergrund, die gemäß § 1 Abs. 3 des Aufnahmegesetzes vom 21. Januar 1998 (GVBl. LSA S. 10), zuletzt geändert durch Artikel 1 des Gesetzes vom 18. Dezember 2015 (GVBl. LSA S. 656), einem Landkreis oder einer kreisfreien Stadt zugewiesen worden sind, werden durch die Schulbehörde auf der Grundlage einer pädagogischen Einzelfallprüfung entsprechend ihrem Alter und ihrer Vorbildung in die erstaufnehmende Schulform der allgemeinbildenden Schulen zugewiesen. ²Die Schulbehörde kann auch nach Zuweisung in eine allgemeinbildende Schulform Schülerinnen und Schüler im Sinne des Satzes 1 insbesondere dann einer anderen Schule gleicher Schulform in zumutbarer Entfernung zuweisen, wenn dort pädagogisch günstigere Bedingungen für die schulische Integration bestehen.
(5) ¹Einzugsbereich einer berufsbildenden Schule ist das Gebiet des Schulträgers oder der Schulträger, die eine Vereinbarung nach § 66 Abs. 1 oder 2 getroffen haben. ²Liegen mehrere berufsbildende Schulen im Gebiet eines Schulträgers, hat er für diese mit Zustimmung der Schulbehörde den Einzugsbereich nach Schulformen, Berufsbereichen, Fachrichtungen und Ausbildungsberufen festzulegen. ³Schülerinnen und Schüler, die eine berufsbildende Schule besuchen, können anderen Schulen zugewiesen werden, wenn an der bisher besuchten Schule eine von der obersten Schulbehörde festgelegte Schülerzahl für eine Klasse eines bestimmten Bildungsganges nicht mehr erreicht wird.
(6) Die oberste Schulbehörde wird ermächtigt, durch Verordnung
1. die Festlegungen und das Verfahren gemäß Absatz 2a,
2. die Einzelheiten des Verfahrens gemäß Absatz 4 und
3. das Verfahren und die Schülerzahlen gemäß Absatz 5 zu regeln sowie
4. für einzelne berufsbildende Schulen, Berufsbereiche, Fachrichtungen und Ausbildungsberufe die Gebiete mehrerer Schulträger im Benehmen mit ihnen zu einem Einzugsbereich zusammenzufassen, um ein regional ausgewogenes, an der wirtschaftlichen Entwicklung orientiertes bestandsfähiges Angebot beruflicher Bildung und dessen personelle und organisatorische Sicherstellung zu gewährleisten.

### § 42 (weggefallen)

### § 43 Rechte und Pflichten der Erziehungsberechtigten und Ausbildenden

(1) ¹Die Erziehungsberechtigten haben das Recht und die Pflicht, an der schulischen Erziehung und Bildung mitzuwirken. ²Die gemeinsame Verantwortung von Erziehungsberechtigten und Schule für die Erziehung und Bildung der Schülerinnen und Schüler erfordert eine vertrauensvolle Zusammenarbeit. ³Erziehungsberechtigte und Schule unterstützen sich bei der Erziehung und Bildung. ⁴Erziehungsberechtigte und diejenigen, denen die Erziehung schulpflichtiger Schülerinnen und Schüler anvertraut ist, haben dafür zu sorgen, dass die Schülerinnen und Schüler am Unterricht sowie den sons-

tigen Veranstaltungen der Schule teilnehmen und ihre Pflichten als Schülerinnen und Schüler erfüllen; sie haben die Schülerinnen und Schüler dafür zweckentsprechend auszustatten.

(1a) ¹Die Lehrkräfte, die Schulleiterinnen und Schulleiter sowie die Mitglieder der Schulleitung sind verpflichtet, schulpflichtige Schüler zum regelmäßigen Schulbesuch anzuhalten. ²Wird die Schulpflicht nicht ordnungsgemäß erfüllt, ist insbesondere durch persönliche Beratung und Hinweise zu den Folgen der Schulpflichtverletzung auf die Schülerinnen und Schüler pädagogisch einzuwirken. ³Die Erziehungsberechtigten sind rechtzeitig einzubeziehen und auf ihre Pflichten hinzuweisen.

(2) ¹Die Erziehungsberechtigten haben gegenüber der Schule ein Recht auf Auskunft über die schulische Entwicklung und den Leistungsstand ihrer Kinder. ²Die Schule hat die Erziehungsberechtigten über wesentliche die Schülerinnen oder Schüler betreffende Vorgänge in geeigneter Weise zu informieren.

(3) ¹Die Informationspflicht der Schule nach Absatz 2 Satz 2 sowie nach § 44 Abs. 5 Satz 1 besteht gegenüber den bisherigen Erziehungsberechtigten auch bis zur Vollendung des 21. Lebensjahres der Schülerin oder des Schülers, sofern die volljährige Schülerin oder der volljährige Schüler dem nicht generell oder im Einzelfall widersprochen hat. ²Über einen Widerspruch informiert die Schule die bisherigen Erziehungsberechtigten.

(4) Ausbildende und ihre Beauftragten haben den Auszubildenden die zur Erfüllung der schulischen Pflichten, zur Mitarbeit in Konferenzen und in der Schülervertretung erforderliche Zeit zu gewähren.

### § 44 Ordnungsmaßnahmen

(1) ¹Die Erfüllung des Bildungs- und Erziehungsauftrages der Schule ist vor allem durch pädagogische Maßnahmen zu gewährleisten. ²In die Lösung von Konflikten sind die beteiligten Personen sowie die Erziehungsberechtigten einzubeziehen.

(2) ¹Ordnungsmaßnahmen können getroffen werden, wenn dies zur Sicherung des Unterrichts- und Erziehungsarbeit oder zum Schutz von Personen oder Sachen erforderlich ist. ²Die Würde der Schülerin oder des Schülers darf durch Ordnungsmaßnahmen nicht verletzt werden.

(3) Ordnungsmaßnahmen können getroffen werden, wenn Schülerinnen oder Schüler
1. gegen eine Rechtsnorm oder die Schulordnung verstoßen oder
2. Anordnungen der Schulleitung oder einzelner Lehrkräfte nicht befolgen, die zur Erfüllung des Bildungs- und Erziehungsauftrages der Schule notwendig sind.

(4) Ordnungsmaßnahmen sind:
1. der schriftliche Verweis,
2. zeitweiliger Ausschluss vom Unterricht von einem bis zu fünf Unterrichtstagen,
3. Überweisung in eine parallele Klasse oder Lerngruppe,
4. Überweisung in eine andere Schule der gleichen Schulform,
5. Verweisung von allen Schulen, wenn die Vollzeitschulpflicht bereits erfüllt wurde.

(5) ¹Vor einer Ordnungsmaßnahme ist die Schülerin oder der Schüler zu hören, vor Ordnungsmaßnahmen nach Absatz 4 Nrn. 2 bis 5 ist den Erziehungsberechtigten Gelegenheit zur Anhörung zu geben. ²In dringenden Fällen ist die Schulleitung befugt, die Schülerin oder den Schüler bis zur Entscheidung vorläufig vom Schulbesuch auszuschließen, wenn auf andere Weise die Aufrechterhaltung eines geordneten Schullebens nicht gewährleistet werden kann.

(5a) ¹Für Wohnheime, die Schulen in Trägerschaft des Landes angegliedert sind, gilt Absatz 4 entsprechend mit der Maßgabe, dass auch bei einem Verstoß gegen die Wohnheimordnung oder eine Anordnung der Schulleiterin oder des Schulleiters oder des Betreuungspersonals eine Ordnungsmaßnahme getroffen werden kann. ²Neben den in Absatz 4 genannten Ordnungsmaßnahmen kann der zeitweilige oder völlige Ausschluss aus dem Wohnheim angeordnet werden.

(6) Die oberste Schulbehörde wird ermächtigt, die Voraussetzungen und das Verfahren durch Verordnung zu regeln.

### § 44a Durchsetzung der Schulpflicht

(1) ¹Beruht eine Verletzung der Schulpflicht auf einer Verletzung der Pflichten nach § 43 Abs. 1 Satz 4 kann gegen die Erziehungsberechtigten ein Zwangsgeld festgesetzt werden. ²Für die Durchführung des Zwangsgeldverfahrens bei Verletzung der Schulpflicht sind die Landkreise und kreisfreien Städte zuständig.

(2) ¹Ein Schulpflichtiger, der ohne berechtigten Grund seinen Verpflichtungen aus § 36 Abs. 1 nicht nachkommt, kann der Schule auch gegen seinen Willen zugeführt werden, wenn andere pädagogische Mittel, insbesondere persönliche Beratung, Hinweise an die Eltern, den Ausbildenden und den Arbeitgeber des Schulpflichtigen sowie die Einbeziehung des zuständigen Jugendamtes, ohne Erfolg geblieben sind. ²Die Zuführung wird von dem für den Wohn- oder Aufenthaltsort des Schulpflichtigen zuständigen Landkreis oder von der zuständigen kreisfreien Stadt angeordnet.

## Sechster Teil
## Schülervertretung

### Erster Abschnitt
### Schülervertretung in der Schule

### § 45 Allgemeines
Die Schülerinnen und Schüler wirken an der Erfüllung des Erziehungs- und Bildungsauftrages in Schulen der Sekundarstufen I und II mit durch:
Klassenverband sowie Klassensprecherinnen und Klassensprecher,
Schülerrat,
Schülersprecherin oder Schülersprecher, Vertreterinnen oder Vertreter der Schülerinnen und Schüler in Konferenzen.

### § 45a Schülerinnen- und Schülervertretungen an Grundschulen
(1) Die Schülerinnen und Schüler wirken an der Gestaltung des Unterrichts und der außerunterrichtlichen Angebote nach § 12 Abs. 1 und 2 an Schulen der Primarstufe durch den Klassenverband und Klassenvertreterinnen oder Klassenvertreter mit.
(2) ¹Die Schülerinnen und Schüler jeder Klasse (Klassenverband) einer Schule in der Primarstufe können je eine Klassenvertreterin oder einen Klassenvertreter sowie eine Stellvertreterin oder einen Stellvertreter wählen. ²Die Wahl erfolgt für ein Schuljahr. ³Für das vorzeitige Ausscheiden einer Schülerin oder eines Schülers aus dem Amt gilt § 48 Abs. 2 entsprechend. ⁴Nach einem vorzeitigen Ausscheiden aus dem Amt sind umgehend Neuwahlen durchzuführen.
(3) § 49 Abs. 1 gilt entsprechend.
(4) ¹Die Schulleiterin oder der Schulleiter, die zuständigen Konferenzen sowie die Lehrerinnen und Lehrer sollen grundsätzliche Fragen der Schulorganisation sowie der Planung und Gestaltung des Unterrichts mit den Klassenverbänden sowie den Klassenvertreterinnen und Klassenvertretern beraten. ²Dabei ist vom Alter der Schülerinnen und Schüler und den jeweiligen spezifischen Bedingungen auszugehen.
(5) Die Klassenvertreterinnen und Klassenvertreter müssen von den zuständigen Konferenzen und von der Schulleiterin oder dem Schulleiter gehört werden, wenn die Klassenverbände oder die Klassenvertreterinnen und Klassenvertreter dies wünschen.

### § 46 Klassenverband
Die Schülerinnen und Schüler jeder Klasse (Klassenverband) ab dem 5. Schuljahrgang wählen die Klassensprecherin oder den Klassensprecher und deren Stellvertreterin oder Stellvertreter sowie die Schülervertreterinnen oder Schülervertreter in der Klassenkonferenz.

### § 47 Schülerrat
¹Die Klassensprecherinnen und Klassensprecher sowie die Schülersprecherin oder der Schülersprecher bilden den Schülerrat der Schule. ²Dieser wählt einen oder mehrere Stellvertreterinnen oder Stellvertreter der Schülersprecherin oder des Schülersprechers aus seiner Mitte sowie die Schülervertreterinnen und Schülervertreter in der Gesamtkonferenz.

### § 47a Die Schülervollversammlung
¹Die Schülervollversammlung der Schule vereint alle Schülerinnen und Schüler der Schule. ²In besonderen Fällen können Schülerversammlungen auch von Schulzweigen oder -stufen gebildet werden. ³Schülervollversammlungen oder Schülerversammlungen haben das Recht, Beschlüsse zu fassen und Anträge an die Gesamtkonferenzen zu stellen, diese Anträge müssen von den Gesamtkonferenzen behandelt werden.

## § 48 Wahlen und Ausscheiden

(1) Die Schülersprecherin oder der Schülersprecher, deren Stellvertreterinnen oder Stellvertreter sowie die Schülervertreterinnen und Schülervertreter in den Konferenzen werden für ein Schuljahr gewählt.
(1a) Nach Entscheidung des Schülerrates erfolgt die Wahl der Schülersprecherin oder des Schülersprechers durch
1. die Schülervollversammlung aus ihrer Mitte,
2. die Schülervollversammlung aus dem Schülerrat,
3. den Schülerrat aus allen Schülerinnen und Schülern der Schule oder
4. den Schülerrat aus seiner Mitte.
(2) Die Sprecherin oder der Sprecher, deren Stellvertreterin oder Stellvertreter und die Schülervertreter in Konferenzen scheiden aus ihrem Amt aus,
1. wenn sie mit einer Mehrheit von zwei Dritteln der Wahlberechtigten abberufen werden oder
2. wenn sie von ihrem Amt zurückgetreten sind oder
3. wenn sie die Schule nicht mehr besuchen.
(3) Schülervertreterinnen oder Schülervertreter sowie die Schülersprecherin oder der Schülersprecher, die die Schule nicht verlassen haben, führen nach Ablauf der Wahlperiode ihr Amt bis zu den Neuwahlen, längstens für einen Zeitraum von drei Monaten, fort.
(4) Die oberste Schulbehörde wird ermächtigt, das Verfahren der Wahlen und des Ausscheidens durch Verordnung näher zu regeln.

## § 49 Mitwirkung der Schülerinnen und Schüler in der Schule

(1) Von den Klassenverbänden und dem Schülerrat sowie in Schülerversammlungen der Schule können alle schulischen sowie alle die Schülerinnen und Schüler in besonderem Maße bewegenden Fragen erörtert werden.
(2) ¹Schülerrat und Klassenverbände sind von der Schulleiterin oder vom Schulleiter oder der zuständigen Konferenz vor grundsätzlichen Entscheidungen, vor allem über die Organisation der Schule und die Leistungsbewertung, zu hören. ²Inhalt, Planung und Gestaltung des Unterrichts sind mit den Klassenverbänden zu erörtern.
(3) ¹Der Schülerrat hat das Recht, Beschlüsse zu fassen und Anträge an die Gesamtkonferenz zu stellen. ²Diese Anträge müssen von der Gesamtkonferenz behandelt werden.
(4) Schulleiterin und Schulleiter sowie Lehrerinnen und Lehrer haben dem Schülerrat und den Klassenverbänden die erforderlichen Auskünfte zu erteilen.
(5) ¹Die Schülersprecherin oder der Schülersprecher vertritt die Schülerinnen und Schüler gegenüber Lehrerinnen und Lehrern und Konferenzen, Schulleiterinnen und Schulleitern sowie Schulbehörden. ²Schülerinnen und Schüler können die Schülersprecherin oder den Schülersprecher und die Schülervertretung mit der Wahrnehmung ihrer Interessen beauftragen.
(6) Die Schülervertreterinnen und Schülervertreter in den Konferenzen berichten dem Schülerrat oder der jeweiligen Klassenschülerschaft regelmäßig über ihre Tätigkeit.
(7) Der Schülerrat kann sich unter den Lehrerinnen und Lehrern der Schule eine oder mehrere Beraterinnen oder Berater wählen.
(8) Soweit keine Klassenverbände bestehen, gelten die Bestimmungen über den Klassenverband entsprechend für die einzelnen Schuljahrgänge.

*Zweiter Abschnitt*
**Schülervertretung in Gemeinden und Landkreisen**

## § 50 Gemeinde- und Kreisschülerräte

(1) ¹In Gemeinden wird ein Gemeindeschülerrat und in Landkreisen ein Kreisschülerrat gebildet. ²In Städten führt der Gemeindeschülerrat die Bezeichnung Stadtschülerrat.
(2) ¹Die Schülerräte der im Gemeindegebiet gelegenen Schulen wählen je ein Mitglied und eine Vertreterin oder einen Vertreter für den Gemeindeschülerrat. ²Liegt in einer Gemeinde nur eine Schule, so bildet der Schülerrat zugleich den Gemeindeschülerrat.
(3) Die Schülerräte der im Kreisgebiet gelegenen Schulen wählen je ein Mitglied und eine Vertreterin oder einen Vertreter für den Kreisschülerrat.

(4) Die oberste Schulbehörde kann ein Verfahren zur Verkleinerung der Kreis- und Stadtschülerräte festlegen.

(5) Der Gemeinde- oder Kreisschülerrat wählt aus seiner Mitte eine oder mehrere Sprecherinnen oder Sprecher.

### § 51 Wahlen und Ausscheiden
¹Die Mitglieder der Gemeinde- und Kreisschülerräte werden für zwei Schuljahre gewählt. ²§ 48 Abs. 2 bis 4 gilt entsprechend.

### § 52 Aufgaben der Gemeinde- und Kreisschülerräte
(1) ¹Die Gemeinde- und Kreisschülerräte können Fragen beraten, die für die Schülerinnen und Schüler der Schulen ihres Gebiets von besonderer Bedeutung sind. ²Schulträger und Schulbehörde haben ihnen für ihre Tätigkeit die notwendigen Auskünfte zu erteilen und Gelegenheit zur Stellungnahme und zu Vorschlägen zu geben.

(2) Die Gemeinde- und Kreisschülerräte haben darauf zu achten, dass die Belange aller im Gemeinde- oder Kreisgebiet vorhandenen Schulen angemessen berücksichtigt werden.

### § 53 Finanzierung der Schülervertretungen
(1) ¹Der Schulträger stellt den Schülervertretungen der einzelnen Schulen (§ 47) den zur Wahrnehmung ihrer Aufgaben notwendigen Geschäftsbedarf und die erforderlichen Einrichtungen zur Verfügung. ²Den Mitgliedern des Schülerrats und den Schülervertreterinnen und Schülervertretern in den Konferenzen ersetzt der Schulträger auf Antrag die notwendigen Fahrtkosten.

(2) ¹Den Gemeindeschülerräten stellt die Gemeinde, den Kreisschülerräten der Landkreis die erforderlichen Einrichtungen und den notwendigen Geschäftsbedarf zur Verfügung. ²Den Mitgliedern dieser Schülerräte ersetzt die Gemeinde oder der Landkreis auf Antrag die notwendigen Fahrtkosten.

(3) Die oberste Schulbehörde wird ermächtigt, die näheren Einzelheiten der Ausstattung der Schülervertretungen mit Geschäftsbedarf und den erforderlichen Einrichtungen sowie der Erstattung der Fahrtkosten durch Verordnung zu regeln.

### § 54 Herausgabe von Schülerzeitungen
(1) Schülerzeitungen sind Zeitungen, die von Schülerinnen und Schülern geschrieben und für Schülerinnen und Schüler einer oder mehrerer Schulen herausgegeben werden.

(2) Schülerzeitungen dürfen auf dem Schulgrundstück angeboten werden.

(3) ¹Schülerzeitungen stehen außerhalb der Verantwortung der Schule und unterliegen den presserechtlichen und sonstigen allgemeinen gesetzlichen Bestimmungen. ²Die herausgebenden Schülerinnen und Schüler sind für die Einhaltung dieser Bestimmungen verantwortlich.

*Siebenter Teil*
**Elternvertretung**

*Erster Abschnitt*
**Elternvertretung in der Schule**

### § 55 Allgemeines
(1) Elternvertretungen sind unabhängige, von den Erziehungsberechtigten selbst gewählte oder gebildete Gremien, die die Erziehungsberechtigten über ihre Arbeit informieren und sie dafür interessieren, an der Verbesserung der inneren und äußeren Schulverhältnisse mitzuarbeiten, diesbezügliche Vorschläge und Anregungen der Erziehungsberechtigten aufnehmen, beraten und an die Schule und den Schulträger herantragen sowie das Verständnis der Öffentlichkeit für die Unterrichts- und Erziehungsarbeit der Schule stärken.

(2) Die Erziehungsberechtigten wirken in der Schule mit durch:
    Klassenelternschaften und Klassenelternvertretungen,
    Schulelternrat,
    Vertreterinnen und Vertreter der Erziehungsberechtigten in Konferenzen.

(3) Die Erziehungsberechtigten haben bei Wahlen und Abstimmungen für jede Schülerin und jeden Schüler zusammen nur eine Stimme.

## § 56 Klassenelternschaften und Klassenelternvertretungen

(1) ¹Die Erziehungsberechtigten der Schülerinnen und Schüler einer Klasse (Klassenelternschaft) wählen die Vorsitzende oder den Vorsitzenden und deren Stellvertreterin oder Stellvertreter. ²Die Klassenelternschaft wählt außerdem die Elternvertreter für die Klassenkonferenz sowie eine entsprechende Anzahl von Stellvertreterinnen und Stellvertretern. ³Die Sätze 1 und 2 gelten nicht für Klassen, die zu mehr als der Hälfte von volljährigen Schülerinnen und Schülern besucht werden.

(2) ¹Die Vorsitzende oder der Vorsitzende lädt die Klassenelternschaft mindestens zweimal im Jahr zu einer Elternversammlung ein und leitet deren Verhandlungen. ²Eine Elternversammlung ist auch dann einzuberufen, wenn ein Drittel der Erziehungsberechtigten, die Schulleiterin beziehungsweise der Schulleiter oder die Klassenlehrerin beziehungsweise der Klassenlehrer es verlangt. ³Im Einvernehmen mit der Vorsitzenden oder dem Vorsitzenden können die Schulleiterin oder der Schulleiter, die in der Klasse tätigen Pädagogen und Schülervertreter an Klassenelternversammlungen teilnehmen.

## § 57 Schulelternrat

(1) Die Vorsitzenden der Klassenelternschaften bilden den Schulelternrat.

(2) Der Schulelternrat wählt aus seiner Mitte einen Vorstand, der aus einer Vorsitzenden oder einem Vorsitzenden, einer oder einem stellvertretenden Vorsitzenden und bis zu drei Beisitzerinnen oder Beisitzern besteht, sowie die Elternvertreter, die die Erziehungsberechtigten in der Gesamtkonferenz vertreten.

## § 58 Wahlen und Ausscheiden

(1) ¹Wahlberechtigt und wählbar sind die Erziehungsberechtigten. ²Nicht wählbar ist, wer an der Schule tätig ist oder die Aufsicht über die Schule führt.

(2) Vorsitzende der Klassenelternschaft und des Schulelternrats, ihre Stellvertreterinnen und Stellvertreter, Beisitzerinnen und Beisitzer im Schulelternrat und Elternvertreter in den Konferenzen werden grundsätzlich für zwei Schuljahre gewählt.

(3) Elternvertreter scheiden aus ihrem Amt aus,
1. wenn sie mit einer Mehrheit von zwei Dritteln der Wahlberechtigten abberufen werden oder
2. mit Ablauf des Schuljahres, in dem ihr Kind volljährig wird, oder
3. wenn sie von ihrem Amt zurücktreten oder
4. wenn ihr Kind die Schule nicht mehr besucht.

(4) Die oberste Schulbehörde wird ermächtigt, das Verfahren der Wahlen und des Ausscheidens durch Verordnung näher zu regeln.

## § 59 Mitwirkung der Erziehungsberechtigten in der Schule

(1) Von den Klassenelternschaften und dem Schulelternrat sowie in Versammlungen aller Erziehungsberechtigten der Schule können alle schulischen Fragen erörtert werden.

(2) ¹Die Elternvertreter in den Konferenzen berichten dem Schulelternrat oder der Klassenelternschaft regelmäßig über ihre Tätigkeit. ²Der Schulelternrat kann in Versammlungen aller Erziehungsberechtigten der Schule über seine Tätigkeit berichten.

(3) ¹Der Schulelternrat hat das Recht, Beschlüsse zu fassen und Anträge an die Gesamtkonferenz zu stellen. ²Diese Anträge müssen von der Gesamtkonferenz behandelt werden.

(4) ¹Schulelternrat und Klassenelternschaften sind von der Schulleitung oder der zuständigen Konferenz vor grundsätzlichen Entscheidungen, vor allem über die Organisation der Schule und die Leistungsbewertung, zu hören. ²Schulleiterin oder Schulleiter und Lehrerinnen und Lehrer haben ihnen die erforderlichen Auskünfte zu erteilen.

(5) ¹Die Lehrerinnen und Lehrer haben Inhalt, Planung und Gestaltung des Unterrichts mit den Klassenelternschaften zu erörtern. ²Dies gilt vor allem für Unterrichtsfächer, durch die das Erziehungsrecht der Erziehungsberechtigten in besonderer Weise berührt wird. ³Dabei sind das Erziehungsrecht der Erziehungsberechtigten und das Persönlichkeitsrecht der Schülerinnen und Schüler zu achten. ⁴Zurückhaltung, Offenheit und Toleranz gegenüber verschiedenen Wertvorstellungen in diesem Bereich sind geboten.

(6) Erziehungsberechtigte haben die Möglichkeit, nach Absprache mit der Schulleiterin oder dem Schulleiter und der Klassenlehrerin oder dem Klassenlehrer im Unterricht zu hospitieren.

(7) Soweit keine Klassenverbände bestehen, gelten die vorstehenden Bestimmungen über die Klassenelternschaften entsprechend für die jeweiligen Schuljahrgangselternschaften.

*Zweiter Abschnitt*
**Elternvertretung in Gemeinden und Landkreisen**

**§ 60 Gemeinde- und Kreiselternräte**
(1) ¹In Gemeinden wird ein Gemeindeelternrat und in Landkreisen ein Kreiselternrat gebildet. ²In Städten führt der Gemeindeelternrat die Bezeichnung Stadtelternrat.
(2) ¹Die Schulelternräte der im Gemeindegebiet gelegenen Schulen wählen je ein Mitglied und eine Vertreterin oder einen Vertreter für den Gemeindeelternrat. ²Liegt in einer Gemeinde nur eine Schule, so bildet der Schulelternrat zugleich den Gemeindeelternrat.
(3) Die Schulelternräte der im Kreisgebiet gelegenen Schulen wählen je ein Mitglied und eine Vertreterin oder einen Vertreter für den Kreiselternrat.
(4) Die oberste Schulbehörde kann ein Verfahren zur Verkleinerung der Kreis- und Stadtelternräte durch Verordnung festlegen.
(5) Der Gemeinde- und Kreiselternrat wählt einen Vorstand, der aus einer Vorsitzenden oder einem Vorsitzenden, einer stellvertretenden Vorsitzenden oder einem stellvertretenden Vorsitzenden und bis zu drei Beisitzerinnen oder Beisitzern besteht.

**§ 61 Wahlen und Ausscheiden**
¹Die Wahlen werden in den Gemeinden und Landkreisen durchgeführt. ²Im Übrigen gilt § 58 Abs. 1 bis 4 entsprechend.

**§ 62 Aufgaben der Gemeinde- und Kreiselternräte**
(1) ¹Die Gemeinde- und Kreiselternräte können Fragen beraten, die für die Schulen ihres Gebietes von besonderer Bedeutung sind. ²Schulträger und Schulbehörde haben ihnen die für ihre Arbeit notwendigen Auskünfte zu erteilen und rechtzeitig Gelegenheit zur Stellungnahme und zu Vorschlägen zu geben.
(2) Die Vorstände der Gemeinde- und Kreiselternräte haben darauf zu achten, dass die Belange aller in ihrem Gebiet befindlichen Schulen angemessen berücksichtigt werden.

*Dritter Abschnitt*
**Finanzierung der Elternvertretungen**

**§ 63 Kosten**
(1) ¹Der Elternvertretung in der Schule sind vom Schulträger zur Wahrnehmung ihrer Aufgaben der notwendige Geschäftsbedarf und die erforderlichen Einrichtungen zur Verfügung zu stellen. ²Den Mitgliedern des Schulelternrats sowie den Elternvertretern in den Konferenzen ersetzt der Schulträger auf Antrag die notwendigen Fahrtkosten.
(2) Den Gemeindeelternräten stellt die Gemeinde, den Kreiselternräten der Landkreis die erforderlichen Einrichtungen und den notwendigen Geschäftsbedarf zur Verfügung.
(3) Die oberste Schulbehörde wird ermächtigt, die näheren Einzelheiten der Ausstattung der Elternvertretungen mit Geschäftsbedarf und den erforderlichen Einrichtungen sowie der Erstattung der Fahrtkosten durch Verordnung zu regeln.

*Achter Teil*
**Schulträgerschaft**

**§ 64 Schulträgerschaft**
(1) ¹Die Schulträger haben das Schulangebot und die Schulanlagen im erforderlichen Umfang vorzuhalten, mit der notwendigen Einrichtung auszustatten und ordnungsgemäß zu unterhalten sowie unter Berücksichtigung der Ziele der Schulentwicklungsplanung aufzuheben oder einzuschränken. ²Zu den erforderlichen Schulanlagen der Schulen mit überregionalem Einzugsbereich können auch Schülerwohnheime gehören, wenn der Bedarf von der Schulbehörde im Einvernehmen mit dem Schulträger festgestellt ist.
(2) ¹Gesamtschulen sind zu errichten, wenn hierfür ein Bedarf besteht. ²Die Bedarfsprüfung erfolgt durch die Schulträger (§ 65 Abs. 2) oder durch die kreisangehörigen Gemeinden, die Schulträger gemäß § 65 Abs. 3 für Gesamtschulen werden wollen.

(2a) ¹Gemeinschaftsschulen ergänzen das Schulangebot nach Absatz 1. ²Nach Umwandlung einer Sekundarschule in eine Gemeinschaftsschule muss eine weitere Sekundarschule nicht mehr vorgehalten werden. ³Nach Umwandlung eines Gymnasiums in eine Gemeinschaftsschule ist ein weiteres Gymnasium vorzuhalten, sofern nicht die Schulbehörde feststellt, dass die demografischen Bedingungen oder die Schulwege dies nicht erfordern. ⁴Eine Schülerin oder ein Schüler mit Wohnsitz im Schuleinzugsbereich dieser Schule kann alternativ ein Gymnasium besuchen.

(3) ¹Die Schulträgerschaft gehört zum eigenen Wirkungskreis der Schulträger. ²Sie sollen ihren Schulen Mittel zur eigenen Bewirtschaftung zuweisen. ³Der Schulträger kann der Schule im Einvernehmen mit der Gesamtkonferenz und der Schulbehörde einen Namen geben.

(4) Die oberste Schulbehörde kann Empfehlungen über den Umfang und die Ausstattung der Schulgrundstücke und Schulanlagen sowie über die Errichtung der Schulgebäude und über die Ausstattung der Schulen vor allem mit Lehr- und Lernmitteln für den Unterricht erlassen.

(5) Die Erziehungsberechtigten oder die volljährigen Schülerinnen und Schüler sind an den Kosten für Unterkunft und Verpflegung in einem Schülerwohnheim zu beteiligen.

## § 65 Schulträger

(1) Schulträger der Grundschulen sind die Gemeinden.

(2) ¹Schulträger der anderen Schulformen sind die Landkreise und die kreisfreien Städte. ²Schulträger der staatlichen agrarwirtschaftlichen Fachschulen ist das für Landwirtschaft zuständige Ministerium, das auch die Dienstaufsicht über diese Schulen ausübt.

(3) ¹Die Schulbehörde hat auf Antrag einer kreisangehörigen Gemeinde nach Anhörung des Landkreises die Schulträgerschaft für Schulen zu übertragen, soweit die Übertragung den Zielen der Schulentwicklungsplanung entspricht. ²Gleichermaßen kann die Schulträgerschaft der Gemeinde auch auf einen Landkreis übertragen werden. ³Verfügt eine Gemeinde auch in Zusammenarbeit mit anderen Gemeinden nicht über die erforderliche Finanz- und Verwaltungskraft, um die erforderlichen Schulen zu errichten oder fortzuführen, so ist der Landkreis verpflichtet, die Schulträgerschaft zu übernehmen. ⁴Befindet sich der Standort unterschiedlicher Schulformen in einem einheitlichen Gebäude, so soll Übereinkunft erzielt werden, dass die einzelnen Schulformen einen gemeinsamen Träger finden.

(4) ¹Das Land kann Schulträger von Schulen besonderer Bedeutung sein. ²Diese können in die Trägerschaft einer öffentlich-rechtlichen Stiftung überführt werden.

(5) ¹Der Landkreis hat den kreisangehörigen Gemeinden, die Standort einer Schule in der Trägerschaft des Landkreises sind, auf Antrag die laufende Verwaltung dieser Schule zu übertragen. ²Eine Gemeinde verwaltet die Schulen im Namen und auf Kosten des Landkreises. ³Der Landkreis kann zur Durchführung dieser Aufgabe Weisungen erteilen. ⁴Die Beteiligten regeln die Einzelheiten durch Vereinbarung; diese muss insbesondere die Haftung regeln.

## § 66 Zusammenschlüsse von Schulträgern

(1) Schulträger können zur Erfüllung einzelner Aufgaben Vereinbarungen miteinander treffen.

(2) Schulträger können mit Zustimmung der Schulbehörde auch die Aufnahme von Schülerinnen und Schülern aus dem Gebiet des jeweils anderen Schulträgers vereinbaren.

(3) ¹Vereinbarungen gemäß den Absätzen 1 und 2 müssen mit den Zielen der Schulentwicklungsplanung vereinbar sein. ²Sie bedürfen der Zustimmung der Schulbehörde.

(4) ¹Die Schulbehörde kann anordnen, dass auswärtige Schülerinnen und Schüler aufzunehmen sind, wenn ein entsprechender Bedarf besteht und eine Vereinbarung zwischen den Schulträgern nicht zustande kommt. ²Auswärtige Schülerinnen und Schüler sind Schülerinnen und Schüler, die ihren Wohnsitz oder gewöhnlichen Aufenthalt nicht im Gebiet des Schulträgers haben. ³Für Teilzeitschüler in der dualen Berufsausbildung gilt, dass auswärtige Schülerinnen und Schüler die Schülerinnen und Schüler sind, deren Ausbildungsstätte nicht im Gebiet des Schulträgers liegt.

## §§ 67, 68 (weggefallen)

*Neunter Teil*
**Aufbringung der Kosten**

**§ 69 Personalkosten**
Das Land trägt die Personalkosten für die Lehrerinnen und Lehrer, für die pädagogischen Mitarbeiterinnen und Mitarbeiter und das Betreuungspersonal an allen öffentlichen Schulen.

**§ 70 Sachkosten**
(1) Die Schulträger tragen die Sachkosten der öffentlichen Schulen, wozu auch die in § 69 nicht genannten Personalkosten, einschließlich der Kosten für das Personal an Schülerwohnheimen, zählen.
(2) [1]Wird eine Schule der Sekundarstufe I oder II von auswärtigen Schülerinnen und Schülern gemäß § 66 Abs. 2 und 4 besucht, so ist der Schulträger berechtigt, von den für die auswärtigen Schülerinnen und Schüler zuständigen Schulträgern einen kostendeckenden Beitrag zu verlangen. [2]Der Beitrag kann auch die Kosten für die Unterbringung in einem vom Schulträger bereitgestellten Schülerwohnheim enthalten. [3]Die oberste Schulbehörde wird ermächtigt, durch Verordnung pauschalierte Beiträge festzusetzen, wobei es für die Schulformen, die Schulzweige, die Schuljahrgänge und erforderlichenfalls auch für Berufsfelder und Fachrichtungen der berufsbildenden Schulen unterschiedliche Sätze festsetzen kann. [4]Die Kosten für das Baugrundstück und die Erschließung sind bei der Festsetzung des Beitrages nicht zu berücksichtigen.
(3) [1]Das Land erstattet den Trägern von Berufsschulen für Schülerinnen und Schüler aus einem anderen Land die Beschulungskosten in Höhe der Beiträge gemäß der Verordnung nach Absatz 2 Satz 3. [2]Die Aufnahme der Schülerinnen und Schüler bedarf der Genehmigung der Schulbehörde.
(4) [1]Ist eine Gemeinde als Standort einer Grundschule mit einem Schulbezirk aus mehreren Gemeinden ausgewiesen, so wird dieser Gemeinde die Schulträgerschaft übertragen. [2]Die beteiligten Gemeinden sind verpflichtet, eine Vereinbarung zu treffen, in der auch eine Kostenregelung enthalten ist. [3]Kommt keine Einigung zustande, so entscheidet die Schulbehörde.
(5) Schulträger können in Vereinbarungen nach § 66 Abs. 2 auch festlegen, gegenseitig auf Beiträge gemäß Absatz 2 zu verzichten.

**§ 71 Schülerbeförderung**
(1) Die Landkreise und kreisfreien Städte sind Träger der Schülerbeförderung.
(2) [1]Die Träger der Schülerbeförderung haben die in ihrem Gebiet wohnenden Schülerinnen und Schüler
1. der allgemeinbildenden Schulen bis einschließlich des 10. Schuljahrganges; die der Förderschulen darüber hinaus,
2. des Berufsvorbereitungsjahres und
3. des ersten Schuljahrganges derjenigen Berufsfachschulen, zu deren Zugangsvoraussetzungen kein mittlerer Schulabschluss gehört,

unter zumutbaren Bedingungen zur Schule zu befördern oder ihren Erziehungsberechtigten die notwendigen Aufwendungen für den Schulweg zu erstatten. [2]Die Beförderungs- oder Erstattungspflicht besteht nur für die Wegstrecke zwischen der Wohnung der Schülerin oder des Schülers und der nächstgelegenen Schule der von ihr oder ihm gewählten Schulform. [3]Bei der Ermittlung der nächstgelegenen Schule werden Schulen in freier Trägerschaft dann nicht berücksichtigt, wenn die Schülerin oder der Schüler eine öffentliche Schule besucht. [4]Besucht die Schülerin oder der Schüler eine Schule mit inhaltlichen Schwerpunkten gemäß § 5 Abs. 1 Satz 3 oder § 6 Abs. 1 Satz 3, besteht die Beförderungs- oder Erstattungspflicht bis zur nächstgelegenen Schule mit diesem Bildungsangebot. [5]Als nächstgelegene Schule gilt auch die Schule, die auf Anordnung der Schulbehörde besucht wird. [6]Anträge auf Erstattung sind beim Träger der Schülerbeförderung spätestens bis zum 30. September eines jeden Jahres für das jeweils zurückliegende Schuljahr einzureichen.
(3) [1]Liegt die nächstgelegene Schule außerhalb des Gebiets des Trägers der Schülerbeförderung, so kann dieser seine Verpflichtung nach Absatz 2 Satz 1 auf die Erstattung der Kosten der teuersten Zeitkarte des öffentlichen Personennahverkehrs beschränken, die er bei der Schülerbeförderung in seinem Gebiet zu erstatten hat; dies gilt nicht im Falle des Besuchs von Förderschulen, wenn in dem Gebiet keine entsprechende Förderschule vorgehalten wird. [2]Wird nicht die Schule besucht, bei deren Besuch ein Anspruch auf Beförderung oder Erstattung der notwendigen Aufwendungen bestünde, so werden nur die notwendigen Aufwendungen für den Weg zu dieser Schule erstattet. [3]Die Erstattung

darf den Betrag der notwendigen Aufwendungen für den Weg zu der tatsächlich besuchten Schule nicht überschreiten.

(4) ¹Die Beförderungszeiten sind so festzulegen, dass die Teilnahme am Unterricht, der Besuch von Grundschulen gemäß § 4 sowie von Ganztagsschulen gemäß § 5a Abs. 6 und § 12 Abs. 1 und die Teilnahme an außerunterrichtlichen Veranstaltungen der Schule gemäß § 12 Abs. 2 sowie an außerschulischen Betreuungsangeboten am Schulort für die Schülerinnen und Schüler gewährleistet ist. ²Die Öffnungszeiten der Schule, außerunterrichtliche Veranstaltungen und außerschulische Betreuungsangebote am Schulort sind zur Gestaltung einer wirtschaftlichen, im Regelfall in den Linienverkehr integrierten Schülerbeförderung und unter dem Gesichtspunkt der Zumutbarkeit für die Schülerinnen und Schüler mit dem zuständigen Träger des öffentlichen Personennahverkehrs abzustimmen.

(4a) ¹Die Träger der Schülerbeförderung haben die in ihrem Gebiet wohnenden Schülerinnen und Schüler
1. der Schuljahrgänge 11 und 12 der Gymnasien und der Schuljahrgänge 11 bis 13 der Gesamtschulen, Gemeinschaftsschulen und Freien Waldorfschulen,
2. der Berufsfachschulen, sofern diese nicht bereits durch Absatz 2 Satz 1 Nr. 3 erfasst sind, der Fachschulen, Fachoberschulen und Beruflichen Gymnasien

bei Benutzung des öffentlichen Personennahverkehrs oder des freigestellten Schülerverkehrs von den Fahrtkosten zu entlasten. ²Die Entlastung erfolgt
1. bei Schülerinnen und Schülern nach Satz 1 Nr. 1 in Höhe der Fahrtkosten zu der unter zumutbaren Bedingungen nächstgelegenen Schule der von ihnen gewählten Schulform,
2. bei Schülerinnen und Schülern, die eine Schule mit inhaltlichen Schwerpunkten gemäß § 5 Abs. 1 Satz 3 oder § 6 Abs. 1 Satz 3 besuchen, in Höhe der Fahrtkosten zu der unter zumutbaren Bedingungen nächstgelegenen Schule mit diesem Bildungsangebot,
3. bei Schülerinnen und Schülern nach Satz 1 Nr. 2 in Höhe der Fahrtkosten zu der unter zumutbaren Bedingungen nächstgelegenen Schule des von ihnen gewählten Bildungsganges,

abzüglich einer Eigenbeteiligung von 100 Euro je Schuljahr. ³Bei der Ermittlung der nächstgelegenen Schule werden Schulen in freier Trägerschaft dann nicht berücksichtigt, wenn die Schülerin oder der Schüler eine öffentliche Schule besucht. ⁴Als nächstgelegene Schule gilt auch die Schule, die auf Anordnung der Schulbehörde besucht wird. ⁵Liegt die nächstgelegene Schule außerhalb des Gebiets des Trägers der Schülerbeförderung, beschränkt sich die Entlastung auf die Kosten der teuersten Zeitkarte des öffentlichen Personennahverkehrs, die er bei der Schülerbeförderung in seinem Gebiet zu erstatten hat. ⁶Die Entlastung darf den Betrag der notwendigen Aufwendungen für den Weg zur tatsächlich besuchten Schule abzüglich der Eigenbeteiligung nach Satz 2 nicht übersteigen. ⁷Anträge auf Entlastung sind beim Träger der Schülerbeförderung spätestens bis zum 30. September eines jeden Jahres für das jeweils zurückliegende Schuljahr einzureichen.

(4b) Bei der Ermittlung der nächstgelegenen Schule der gewählten Schulform werden bei Freien Waldorfschulen für die Schuljahrgänge 1 bis 4 die Grundschulen, für die Schuljahrgänge 5 bis 10 die Sekundarschulen und für die Schuljahrgänge 11 bis 13 die Gymnasien herangezogen, sofern nicht eine Freie Waldorfschule die nächstgelegene Schule ist.

(5) Die in den Absätzen 2 und 4a nicht genannten Schülerinnen und Schüler können vom Träger der Schülerbeförderung Zuschüsse zu den notwendigen Aufwendungen für den Schulweg erhalten.

(6) ¹Die Träger der Schülerbeförderung bestimmen die Mindestentfernung zwischen Wohnung und Schule, von der an die Beförderungs- oder Erstattungspflicht besteht. ²Sie haben dabei die Belastbarkeit der Schülerinnen und Schüler und die Sicherheit des Schulweges zu berücksichtigen. ³Die Beförderungs- oder Erstattungspflicht besteht in jedem Fall, wenn Schülerinnen und Schüler wegen einer körperlichen oder geistigen Behinderung befördert werden müssen.

(7) Das Land beteiligt sich an den Kosten der Schülerbeförderung nach den Bestimmungen des Finanzausgleichsgesetzes.

(8) ¹Nutzt die Schülerin oder der Schüler die Unterkunft in einem Schülerwohnheim, gilt für zwei Fahrten je Woche das Schülerwohnheim als Schule. ²Im Übrigen gilt das Schülerwohnheim als Wohnung der Schülerin oder des Schülers. ³Im Rahmen der Schülerbeförderung nach Satz 2 ist eine Eigenbeteiligung nicht abzuziehen.

## § 72 Lernmittelkosten

(1) Die Erziehungsberechtigten sollen von den Kosten der Lernmittel entlastet werden.

(2) Die oberste Schulbehörde wird ermächtigt, Art, Umfang und Zeitpunkt der dazu dienenden Maßnahmen durch Verordnung zu regeln.

### § 72a Schulspeisung
¹Die Schulträger sollen im Benehmen mit dem Schülerrat und dem Schulelternrat schultäglich eine warme Vollwertmahlzeit für alle Schülerinnen und Schüler vorsehen. ²Dabei soll ein sozial angemessener Preis gewährleistet werden. ³In besonderen Fällen sind Freitische zur Verfügung zu stellen.

### § 73 Förderung des Schulbaus durch das Land
Das Land kann Schulträgern nach Maßgabe des Landeshaushalts Zuwendungen zu Neu-, Um- und Erweiterungsbauten, zu Sanierungsmaßnahmen, zum Erwerb von Gebäuden für schulische Zwecke sowie zur Erstausstattung von Schulen gewähren, um eine gleichmäßige Ausgestaltung der Schulanlagen zu sichern.

### § 74 Beteiligung der Landkreise an den Schulbaukosten
(1) Der Landkreis kann der kreisangehörigen Gemeinde Zuwendungen für Bau, Umbau, Erweiterung und Sanierung der Schulen, zum Erwerb von Gebäuden für schulische Zwecke und für Erstausstattungen gewähren.

(2) ¹Der Landkreis kann nach Anhörung der Gemeinden zur Finanzierung des Schulbaus eine Kreisschulbaukasse errichten; sie ist ein zweckgebundenes Sondervermögen des Landkreises. ²Die Höhe der Beiträge regelt der Landkreis. ³Aus der Kasse werden den kreisangehörigen Gemeinden Zuwendungen als Zuschuss oder zinsloses Darlehen zu den in Absatz 1 genannten Vorhaben gewährt.

### § 74a Sonstige Kosten
¹Zu den nicht unter § 74 fallenden Kosten der Schulen der Sekundarstufen in Trägerschaft der kreisangehörigen Gemeinden gewähren Landkreise den kreisangehörigen Gemeinden Zuweisungen in Höhe von 70 v. H. als Zuschuss. ²Insoweit Gastschulbeiträge vom eigenen Landkreis erhoben werden, reduziert sich der Zuschuss des Landkreises um diesen Betrag.

*Zehnter Teil*
### Vertretungen bei der obersten Schulbehörde und Landesschulbeirat

*Erster Abschnitt*
### Zusammensetzung und Aufgaben

### § 75 Allgemeines
(1) Bei der obersten Schulbehörde werden als Vertretung der Erziehungsberechtigten ein Landeselternrat und als Vertretung der Schülerinnen und Schüler ein Landesschülerrat sowie ein Landesschulbeirat gebildet, in dem die am Schulwesen unmittelbar beteiligten Gruppen und die mittelbar beteiligten Einrichtungen und Verbände zusammenwirken.

(2) ¹Die oberste Schulbehörde richtet für den Landeselternrat eine Geschäftsstelle ein und regelt im Benehmen mit ihm deren personelle und sächliche Ausstattung. ²Sie bestellt auf Vorschlag des Landeselternrates das in der Geschäftsstelle tätige Personal.

(3) Für den Landesschülerrat gilt Absatz 2 entsprechend.

### § 76 Landeselternrat
(1) Im Landeselternrat werden die Erziehungsberechtigten der Schülerinnen und Schüler von
1. Grundschulen, Sekundarschulen und Gymnasien durch jeweils sechs Mitglieder, Gesamtschulen, Gemeinschaftsschulen und Förderschulen durch jeweils drei Mitglieder,
2. berufsbildenden Schulen durch sechs Mitglieder,
3. Schulen in freier Trägerschaft durch drei Mitglieder vertreten.

(2) ¹Der Landeselternrat wirkt in allen wichtigen, die Belange der Erziehungsberechtigten und Schülerinnen und Schüler berührenden Fragen mit. ²Dazu gehören insbesondere:
1. allgemeine Bestimmungen über Erziehungs- und Bildungsziele und Bildungswege der Schulen und die Struktur des Schulsystems,
2. Richtlinien für die Gestaltung der Schulanlagen,
3. Maßnahmen zur Behebung oder Linderung von Notständen im Erziehungs- und Bildungswesen,

4. der Erlass von Rahmenvorschriften für Hausordnungen (§ 27 Abs. 1 Satz 3 Nr. 6),
5. allgemeine Bestimmungen über Lernmittel.
³Entsprechende allgemeine Regelungen legt die oberste Schulbehörde dem Landeselternrat vor und erörtert sie vertrauensvoll und verständigungsbereit. ⁴Die Mitwirkung betrifft auch entsprechende Gesetz- und Verordnungsentwürfe der obersten Schulbehörde.
(3) Die oberste Schulbehörde unterrichtet den Landeselternrat über wichtige allgemeine Angelegenheiten des Schullebens und erteilt dem Landeselternrat die für dessen Aufgaben erforderlichen Auskünfte.

### § 77 Landesschülerrat
(1) Im Landesschülerrat werden die Schülerinnen und Schüler von
1. Sekundarschulen und Gymnasien durch jeweils sechs Mitglieder, Gesamtschulen, Gemeinschaftsschulen und Förderschulen durch jeweils drei Mitglieder,
2. berufsbildenden Schulen durch sechs Mitglieder,
3. Schulen in freier Trägerschaft durch drei Mitglieder vertreten.
(2) ¹Der Landesschülerrat wirkt in allen wichtigen allgemeinen Fragen des Schulwesens mit, soweit die Belange der Schülerinnen und Schüler berührt werden. ²Im Übrigen gilt § 76 Abs. 2 und 3 entsprechend.

### § 78 Landesschulbeirat
(1) Der Landesschulbeirat besteht aus
1. sieben Lehrerinnen und Lehrern, die auf Vorschlag der Verbände von der obersten Schulbehörde berufen werden, wobei alle Schulformen Berücksichtigung finden,
2. sieben Erziehungsberechtigten, die vom Landeselternrat gewählt werden,
3. sieben Schülerinnen und Schülern, die vom Landesschülerrat gewählt werden,
4. a) je einer Vertreterin oder einem Vertreter der Schulen in freier Trägerschaft und der Hochschulen,
   b) zwei Vertreterinnen oder Vertretern der Kirchen,
   c) je zwei Vertreterinnen oder Vertretern der Schulträger sowie der Organisationen der Arbeitnehmer- und Arbeitgeberverbände,
die von der obersten Schulbehörde auf Vorschlag der entsprechenden Einrichtungen und Organisationen berufen werden.
(2) ¹Der Landesschulbeirat wirkt bei allen allgemeinen Fragen mit, die für das Schulwesen von grundsätzlicher Bedeutung sind. ²Die oberste Schulbehörde unterrichtet den Landesschulbeirat über die entsprechenden Vorhaben und gibt ihm die erforderlichen Auskünfte. ³Der Landesschulbeirat kann der obersten Schulbehörde Vorschläge und Anregungen unterbreiten. ⁴Er erhält Gelegenheit zur Stellungnahme zu allen das Schulwesen betreffenden Gesetz- und Verordnungsentwürfen der obersten Schulbehörde sowie zu den Lehrplänen oder Rahmenrichtlinien.

*Zweiter Abschnitt*
**Verfahrensvorschriften**

### § 79 Amtsdauer, Wahlen und Ausscheiden
(1) ¹Die Amtszeit beträgt für Schülerinnen und Schüler zwei Jahre, im Übrigen drei Jahre. ²Die Mitgliedschaft in den Vertretungen oder im Landesschulbeirat endet, sobald ein gewähltes oder berufenes Mitglied nicht mehr Lehrkraft, Schülerin oder Schüler ist oder von ihrem oder seinem Amt zurücktritt. ³Für das Ausscheiden der Elternvertreterinnen oder Elternvertreter aus dem Landeselternrat gilt § 58 Abs. 3 entsprechend.
(2) Die oberste Schulbehörde wird ermächtigt, das Verfahren der Wahlen und des Ausscheidens durch Verordnung näher zu regeln.

### § 80 Verfahren
(1) ¹Die Vertretungen und der Landesschulbeirat halten ihre Sitzungen nach Bedarf ab. ²Auf Wunsch eines Drittels ist eine Sitzung anzuberaumen.
(2) ¹Die Sitzungen sind öffentlich. ²Die Öffentlichkeit kann mit einer Mehrheit von zwei Dritteln der anwesenden Gremiumsmitglieder ausgeschlossen werden.

(3) Der Landeselternrat und der Landesschülerrat wählen einen Vorstand, der aus einer Vorsitzenden oder einem Vorsitzenden, einer stellvertretenden Vorsitzenden oder einem stellvertretenden Vorsitzenden und bis zu vier Beisitzerinnen oder Beisitzern besteht.
(4) Im Landesschulbeirat führt die für Schulwesen zuständige Ministerin oder der für Schulwesen zuständige Minister oder deren Beauftragte oder Beauftragter den Vorsitz.

### § 81 Kosten
(1) Die Tätigkeit in einer Elternvertretung, in einer Schülervertretung oder im Landesschulbeirat ist ehrenamtlich.
(2) Die durch die Tätigkeit der Vertretungen und des Landesschulbeirats entstehenden notwendigen Kosten trägt das Land.
(3) Die oberste Schulbehörde wird ermächtigt, die näheren Einzelheiten der Ausstattung der Vertretungen und des Landesschulbeirats mit Geschäftsbedarf und den erforderlichen Einrichtungen sowie der Erstattung der Fahrtkosten nach den reisekostenrechtlichen Vorschriften des Landes und der Sitzungsgelder durch Verordnung zu regeln.

*Elfter Teil*
**Staatliche Schulbehörden**

### § 82 Schulbehörden
(1) Das Land hat die Aufsicht über das gesamte Schulwesen (Schulaufsicht).
(2) Schulbehörden sind das für Schulwesen zuständige Ministerium als oberste Schulbehörde und das Landesschulamt.
(3) Das Landesinstitut für Schulqualität und Lehrerbildung Sachsen-Anhalt nimmt die Aufgabe der Schulaufsicht bei der externen Evaluation hinsichtlich der Evaluation durch Schulbesuch, der Inspektion und der Schulbefragungen, bei der internen Evaluation und bei der Ausbildung und Prüfung der Lehramtsanwärterinnen und Lehramtsanwärter und Referendarinnen und Referendare sowie bei der Fort- und Weiterbildung der Beschäftigten für die Schulbehörde wahr. .

### § 83 Aufgaben
(1) Die Schulaufsicht umfasst
1. die Gesamtheit der staatlichen Aufgaben zur inhaltlichen, organisatorischen und planerischen Gestaltung sowie personellen Untersetzung des Schulwesens,
2. die Beratung und Unterstützung der Schulen sowie die Förderung ihrer Selbstständigkeit,
3. die Fachaufsicht über Unterricht und Erziehung in den Schulen sowie über den Vorbereitungsdienst der Lehramtsanwärterinnen, Lehramtsanwärter, Referendarinnen und Referendare,
4. die Dienstaufsicht über die im Dienst des Landes stehenden Schulleiterinnen, Schulleiter, Lehrkräfte, Lehramtsanwärterinnen und Lehramtsanwärter, Referendarinnen und Referendare sowie die pädagogischen Mitarbeiterinnen und Mitarbeiter und das Betreuungspersonal,
5. die Rechtsaufsicht über die Schulträger, Schulplanungsträger und Träger der Schülerbeförderung bei der Erfüllung der Aufgaben nach diesem Gesetz oder aufgrund dieses Gesetzes,
6. die Wahrnehmung der Genehmigungs- und Entscheidungsvorbehalte nach diesem Gesetz oder aufgrund dieses Gesetzes,
7. die Fort- und Weiterbildung,
8. den schulpsychologischen Dienst sowie individuelle schulfachliche Beratung, soweit diese nicht von der Schule geleistet werden kann, und
9. die Qualitätssicherung.
(1a) Für die Aufsicht über die dem Schulträger obliegenden Aufgaben gelten die §§ 145 bis 148 des Kommunalverfassungsgesetzes entsprechend.
(2) Die Grenzen der staatlichen Schulaufsicht über die Schulen in freier Trägerschaft ergeben sich aus Artikel 7 Abs. 4 des Grundgesetzes für die Bundesrepublik Deutschland.

*Zwölfter Teil*
**Übergangs- und Schlussvorschriften**

## § 84 Ordnungswidrigkeiten
(1) Ordnungswidrig handelt, wer vorsätzlich oder fahrlässig
1. der Schulpflicht nicht nachkommt,
2. entgegen § 43 Abs. 1 die Schülerin oder den Schüler nicht dazu anhält, am Unterricht oder an den sonstigen Veranstaltungen der Schule regelmäßig teilzunehmen oder die sonstigen Pflichten als Schülerin oder Schüler zu erfüllen,
2a. entgegen § 43 Abs. 1 die Schülerin oder den Schüler für die Teilnahme am Unterricht oder sonstigen Schulveranstaltungen nicht zweckentsprechend ausstattet,
3. als Ausbildende oder Ausbildender entgegen § 43 Abs. 4 eine Auszubildende oder einen Auszubildenden nicht zur Erfüllung ihrer oder seiner schulischen Pflichten anhält oder ihr beziehungsweise ihm die hierfür erforderliche Zeit nicht gewährt,
4. eine Unterrichtseinrichtung unter einer Bezeichnung betreibt, die gegen § 15 verstößt,
5. eine Ersatzschule ohne die Genehmigung nach § 16 Abs. 2 betreibt,
6. seinen Anzeigepflichten nach § 16 Abs. 6, § 16a Abs. 2a Satz 1 und 2 oder § 18b Abs. 2 und 3 nicht nachkommt oder
7. Schulleiterinnen und Schulleiter sowie Lehrerinnen und Lehrer beschäftigt, ohne dass eine Genehmigung nach § 16a Abs. 2 vorliegt.

(2) [1]Eine Ordnungswidrigkeit nach Absatz 1 Nrn. 1 bis 3 kann mit einer Geldbuße bis zu eintausend Euro geahndet werden. [2]Eine Ordnungswidrigkeit nach Absatz 1 Nrn. 4 bis 7 kann mit einer Geldbuße bis zu fünfundzwanzigtausend Euro geahndet werden.

(3) Zuständige Verwaltungsbehörde im Sinne des Gesetzes über Ordnungswidrigkeiten sind für die Absatz 1 Nrn. 1 bis 3 die Landkreise und kreisfreien Städte, für die Absatz 1 Nrn. 4 bis 7 das Landesschulamt.

## § 84a Verarbeitung personenbezogener Daten
(1) [1]Die Schulen, die Schulbehörden, das Landesinstitut für Schulqualität und Lehrerbildung Sachsen-Anhalt, die Schulträger, die Schülervertretungen und die Elternvertretungen dürfen personenbezogene Daten zur Erfüllung der ihnen durch Rechtsvorschriften zugewiesenen Aufgaben verarbeiten. [2]Die Absätze 2 bis 13 und die §§ 84b bis 84e finden keine Anwendung, soweit das Recht der Europäischen Union, im Besonderen die Verordnung (EU) 2016/679 des Europäischen Parlaments und des Rates vom 27. April 2016 zum Schutz natürlicher Personen bei der Verarbeitung personenbezogener Daten, zum freien Datenverkehr und zur Aufhebung der Richtlinie 95/46/EG (Datenschutz-Grundverordnung) (ABl. L 119 vom 4.5.2016, S. 1, L 314 vom 22.11.2016, S. 72) in der jeweils geltenden Fassung, unmittelbar gilt.

(2) [1]Schulen dürfen personenbezogene Daten der Schülerinnen und Schüler, der schulpflichtig werdenden Kinder bei der Anmeldung zum Schulbesuch sowie der Kinder, die an schulvorbereitenden Förder- und Betreuungsangeboten nach § 8 Abs. 7 teilnehmen, und jeweils ihrer Erziehungsberechtigten, der Lehrkräfte sowie des sonstigen an der Schule tätigen Personals verarbeiten, soweit dies zur Erfüllung des Erziehungs- und Bildungsauftrages der Schule, der Schulorganisation oder zur Durchführung schulorganisatorischer Maßnahmen erforderlich ist. [2]Die Schulen sind verpflichtet, der zuständigen Schulbehörde die für ihre Aufgabenerfüllung erforderlichen Daten zu übermitteln.

(3) [1]Die Schulbehörden und die Schulträger dürfen personenbezogene Daten der Schülerinnen und Schüler, der schulpflichtig werdenden Kinder bei der Anmeldung zum Schulbesuch sowie der Kinder, die an schulvorbereitenden Förder- und Betreuungsangeboten nach § 8 Abs. 7 teilnehmen, und jeweils ihrer Erziehungsberechtigten, der Lehrkräfte sowie des sonstigen an der Schule tätigen Personals verarbeiten, soweit dies zur Erfüllung der Aufgaben der Schulplanung, der Schulorganisation und der Schulaufsicht oder zur Durchführung organisatorischer Maßnahmen erforderlich ist. [2]Dasselbe gilt für Schulbehörden und das Landesinstitut für Schulqualität und Lehrerbildung Sachsen-Anhalt, soweit dies für Schulleistungsuntersuchungen und die externe Evaluation gemäß § 11a erforderlich ist. [3]Die Berechtigung nach Satz 1 haben auch die unteren Gesundheitsbehörden, soweit dies zur Erfüllung ihrer Aufgaben nach den §§ 37 und 38 erforderlich ist, und die Träger der Schülerbeförderung, soweit dies zur Erfüllung ihrer Aufgaben nach § 71 erforderlich ist. [4]Die unteren Gesundheitsbehörden sind auch

zur Verarbeitung von Gesundheitsdaten berechtigt, wenn dies zur Erfüllung ihrer Aufgaben nach den §§ 37 und 38 erforderlich ist. ⁵Die unteren Gesundheitsbehörden dürfen für die Gesundheitsberichterstattung gemäß § 11 des Gesundheitsdienstgesetzes die erhobenen medizinischen Daten nach Anonymisierung automatisiert verarbeiten.

(4) Das Landesinstitut für Schulqualität und Lehrerbildung Sachsen-Anhalt darf die für seine Aufgabenerfüllung erforderlichen personenbezogenen Daten der Lehrkräfte und des sonstigen pädagogischen Personals verarbeiten.

(5) Schülerinnen und Schüler sowie ihre Erziehungsberechtigten, Erziehungsberechtigte schulpflichtig werdender Kinder bei der Anmeldung zum Schulbesuch, Erziehungsberechtigte der Kinder, die an schulvorbereitenden Förder- und Betreuungsangeboten nach § 8 Abs. 7 teilnehmen, Lehrkräfte sowie das sonstige an der Schule tätige Personal sind verpflichtet, die erforderlichen Angaben zu machen.

(6) ¹Die Schülerinnen und Schüler, die Lehrkräfte sowie das sonstige pädagogische Personal sind verpflichtet, an Befragungen, Erhebungen und Unterrichtsbeobachtungen im Rahmen der Evaluation sowie an Schulleistungsuntersuchungen gemäß § 1a teilzunehmen, soweit diese von der Schulbehörde oder dem Landesinstitut für Schulqualität und Lehrerbildung Sachsen-Anhalt veranlasst werden. ²Die Erziehungsberechtigten sind verpflichtet, im Rahmen der Maßnahmen nach Satz 1 die erforderlichen Auskünfte zu erteilen. ³Die nach Satz 1 und 2 erhobenen personenbezogenen Daten dürfen nur für die in Satz 1 genannten Zwecke verarbeitet werden.

(7) ¹Die von der Schule erhobenen personenbezogenen Daten dürfen grundsätzlich nur in der Schule verarbeitet werden. ²Die Schulleiterin oder der Schulleiter kann in begründeten Fällen gestatten, dass die an der Schule tätigen Lehrkräfte sowie das sonstige pädagogische Personal Daten außerhalb der Schule verarbeiten, wenn die Einhaltung des Datenschutzes gewährleistet ist. ³Die Gestattung enthält abhängig von Art und Zweck der Verarbeitung nähere Vorgaben.

(8) ¹Die Übermittlung personenbezogener Daten zwischen den in Absatz 1 Satz 1 genannten Stellen und anderen öffentlichen Stellen ist zulässig, soweit dies zur Erfüllung der Aufgaben der übermittelnden Stelle oder der anderen öffentlichen Stelle erforderlich ist. ²Die Übermittlung personenbezogener Daten an Einzelpersonen oder private Einrichtungen ist nur mit Einwilligung der oder des Betroffenen zulässig, es sei denn, die Übermittlung ist zur Rechtsverfolgung insbesondere für Ersatzansprüche erforderlich und überwiegt das Geheimhaltungsinteresse der Betroffenen. ³§ 43 Abs. 2 und 3 findet Anwendung. ⁴Ausbildungsstätten im Rahmen der Bildungsgänge gemäß § 9 Abs. 8a gelten für die Übermittlung erforderlicher personenbezogener Daten als öffentliche Stelle. ⁵Die Übermittlungsvorgänge sind aktenkundig zu machen.

(9) ¹Gesundheitsdaten über Untersuchungen gemäß § 38 Abs. 2 sowie freiwillige Untersuchungen dürfen nur mit Einwilligung der Erziehungsberechtigten oder der volljährigen Schülerinnen oder Schüler übermittelt werden; dies gilt nicht für die Teilnahme an Untersuchungen gemäß § 38 Abs. 2. ²Medizinische und psychologische Befunde dürfen nicht automatisiert verarbeitet werden.

(10) ¹Schülerinnen und Schüler, deren Erziehungsberechtigte, Erziehungsberechtigte schulpflichtig werdender Kinder bei der Anmeldung zum Schulbesuch, Erziehungsberechtigte der Kinder, die an schulvorbereitenden Förder- und Betreuungsangeboten nach § 8 Abs. 7 teilnehmen, Lehrkräfte sowie das sonstige an der Schule tätige Personal haben ein Recht auf Einsicht in die sie betreffenden Unterlagen. ²Vom vollendeten 14. Lebensjahr an können Schülerinnen und Schüler die in Satz 1 genannten Rechte ohne Zustimmung der Erziehungsberechtigten geltend machen, soweit die erforderliche Einsichtsfähigkeit gegeben ist. ³Die Einsichtnahme und die Auskunft können eingeschränkt oder versagt werden, wenn der Schutz der betroffenen Schülerin oder des betroffenen Schülers, der schulpflichtig werdenden Kinder bei der Anmeldung zum Schulbesuch sowie der Kinder, die an schulvorbereitenden Förder- und Betreuungsangeboten nach § 8 Abs. 7 teilnehmen, und jeweils ihrer Erziehungsberechtigten, der Lehrkräfte sowie des sonstigen an der Schule tätigen Personals sowie Dritter dies aus schwerwiegenden Gründen erforderlich macht.

(11) ¹Die jeweils mit Einwilligung der Schülerinnen und Schüler und ihrer Erziehungsberechtigten, der Erziehungsberechtigten schulpflichtig werdender Kinder bei der Anmeldung zum Schulbesuch, der Erziehungsberechtigten der Kinder, die an schulvorbereitenden Förder- und Betreuungsangeboten nach § 8 Abs. 7 teilnehmen, der Lehrkräfte sowie des sonstigen an der Schule tätigen Personals erhobenen Daten dürfen nur für Zwecke verarbeitet werden, für die sie erhoben worden sind. ²Eine anderweitige Verarbeitung bedarf einer erneuten Einwilligung.

(12) Die oberste Schulbehörde wird ermächtigt, durch Verordnung das Nähere zu Verarbeitung der Daten zu regeln, insbesondere
1. die Verarbeitung von personenbezogenen Daten durch Lehrkräfte sowie durch sonstiges an der Schule tätiges Personal,
2. die Verarbeitung außerhalb der Schule gemäß Absatz 7,
3. die Datenübermittlung,
4. die Datensicherheit,
5. die automatisierte Datenverarbeitung,
6. die Zuordnung der Datenverarbeitungsgeräte zu der jeweils befugten Stelle und
7. die Einschränkung und Versagung der Einsichtnahme und Auskunft nach Absatz 10 Satz 3.
(13) Die Absätze 1 bis 12 gelten für Schulen in freier Trägerschaft entsprechend.

### § 84b  Schulbezogene statistische Erhebungen

(1) [1]Für Zwecke der Schulverwaltung und der Schulaufsicht können schulbezogene statistische Erhebungen durchgeführt werden. [2]Auskunftspflichtig sind die Schulträger, die Schulleitungen, die Lehrkräfte, das sonstige an der Schule tätige Personal, die Schülerinnen und Schüler und ihre Erziehungsberechtigten.
(2) Die oberste Schulbehörde wird ermächtigt, durch Verordnung das Nähere über die Art der statistischen Erhebung, die Erhebungsmerkmale, die Auskunftspflicht, den Berichtszeitraum oder -zeitpunkt und die Häufigkeit der Durchführung zu regeln.
(3) Die Absätze 1 und 2 gelten für Schulen in freier Trägerschaft entsprechend.

### § 84c  Automatisierte zentrale Schülerdatei

(1) [1]Das Landesschulamt richtet für Verwaltungszwecke eine automatisierte zentrale Schülerdatei ein. [2]In dieser dürfen
1. die landeseindeutige Schülernummer,
2. Name und Vorname der Schülerin und des Schülers,
3. Geschlecht,
4. Geburtsdatum,
5. Anschrift,
6. Name, Vorname und Anschrift der Erziehungsberechtigten,
7. Schulnummer,
8. die Teilnahme an Untersuchungen gemäß § 38 Abs. 2,
9. (weggefallen)
10. Schulanmeldung, Schulwechsel sowie weitere Schulpflichtmerkmale
gespeichert werden. [3]Die Schulen sind verpflichtet, die erforderlichen Daten zu übermitteln. [4]Diese Daten dürfen nur für die Erfüllung der Satz 2 Nrn. 8 bis 10 zugrunde liegenden Pflichten verarbeitet werden. [5]Die landeseindeutige Schülernummer wird in der automatisierten zentralen Schülerdatei festgelegt und bleibt für die gesamte schulische Laufbahn einer Schülerin oder eines Schülers im Geltungsbereich dieses Gesetzes zugeordnet. [6]Die Schulen und die Schulbehörde haben Zugriffsrechte auf die automatisierte zentrale Schülerdatei nur, soweit dies zur rechtmäßigen Erfüllung der in ihrer Zuständigkeit liegenden Aufgaben erforderlich ist. [7]Schulen in freier Trägerschaft sind verpflichtet, an den Verfahren zur Einrichtung und Nutzung der automatisierten zentralen Schülerdatei teilzunehmen.
(2) Die oberste Schulbehörde wird ermächtigt, das Nähere zum Verfahren durch Verordnung zu regeln.

### § 84d  Schülerlaufbahnstatistiken

(1) [1]Im Auftrag der obersten Schulbehörde erstellt das für Statistik zuständige Landesamt oder eine andere den Grundsätzen des Landesstatistikgesetzes Sachsen-Anhalt verpflichtete Stelle Schülerlaufbahnstatistiken. [2]Die öffentlichen Schulen und die Schulen in freier Trägerschaft sind verpflichtet, die zu statistischen Zwecken erforderlichen personenbezogenen Daten zu erheben und zu übermitteln:
1. Name und Vorname, landeseindeutige Schülernummer, Schulnummer, Geburtsdatum, Geburtsort, Geschlecht, Staatsangehörigkeit, Migrantenstatus, Herkunftsland, Herkunfts- und Verkehrssprache, regionale Herkunft und Herkunftsschule,

2. Schulform, besuchte Klasse und Kurse, Bildungsgang, Teilnahme am Ganztagsbetrieb und an Unterrichtseinheiten, Unterrichtsbefreiungen, schulische und berufliche Vorbildung, Berufsausbildung, Art des Ausbildungsvertrags, Sitz des Ausbildungsbetriebs,
3. Schullaufbahndaten,
4. Ergebnisse zentraler Leistungserhebungen und erreichte Abschlüsse sowie
5. Daten über sonderpädagogischen Förderbedarf.
³Die Daten werden pseudonymisiert und anonymisiert.

(2) ¹Die nach Absatz 1 beauftragte Stelle darf Datensätze zur schulischen Laufbahn erzeugen, um schulische Bildungsverläufe für die Schulstatistik und Aufgaben der Schulaufsicht darzustellen. ²Die Datensätze dürfen keinen Rückschluss auf konkrete Personen ermöglichen.

(3) Die oberste Schulbehörde wird ermächtigt, das Nähere durch Verordnung zu regeln, insbesondere die räumliche, organisatorische und personelle Trennung der Erhebungsstelle vom Verwaltungsbereich entsprechend dem Landesstatistikgesetz Sachsen-Anhalt.

## § 84e Aufbewahrung, Berichtigung, Löschung und Einschränkung der Verarbeitung

(1) (weggefallen)

(2) Die nach diesem Gesetz gespeicherten personenbezogenen Daten sind nach Abschluss der Aufgabe zu löschen, für die sie erhoben und gespeichert wurden.

(3) Die Aufbewahrungsfrist beginnt mit dem Anlass der Speicherung der personenbezogenen Daten.

(4) Die oberste Schulbehörde wird ermächtigt, das Nähere zum Verfahren der Berichtigung, Löschung und Einschränkung der Verarbeitung, zur Aufbewahrung und zu den Aufbewahrungsfristen durch Verordnung zu regeln.

## § 84f IT-gestütztes Schulverwaltungsverfahren

¹Das Land richtet ein landeseinheitliches IT-gestütztes Schulverwaltungsverfahren ein. ²Die öffentlichen Schulen und die Schulen in freier Trägerschaft sind verpflichtet, die Verarbeitung der Daten nach Maßgabe der §§ 84a bis 84e mittels eines von der obersten Schulbehörde vorgegebenen landeseinheitlichen IT-gestützten Schulverwaltungsverfahrens vorzunehmen. ³Die Schulbehörden, das Landesinstitut für Schulqualität und Lehrerbildung Sachsen-Anhalt, das für Statistik zuständige Landesamt und die Schulträger sind berechtigt, dieses landeseinheitliche IT-gestützte Schulverwaltungsverfahren für die Verarbeitung der Daten nach Maßgabe der §§ 84a bis 84e zu nutzen. ⁴Schulträger, die das landeseinheitliche IT-gestützte Schulverwaltungsverfahren nicht nutzen, haben die Daten nach Maßgabe der §§ 84a bis 84e in einem von der obersten Schulbehörde zu bestimmenden Format auf elektronischem Wege zu übermitteln. ⁵Verantwortlicher für das landeseinheitliche IT-gestützte Schulverwaltungsverfahren ist die oberste Schulbehörde. ⁶Die oberste Schulbehörde wird ermächtigt, durch Verordnung nähere Regelungen zu treffen
1. zu dessen einheitlicher Nutzung durch die Schulen,
2. zur Vergabe, Reichweite und Begrenzung von Zugriffsrechten und
3. zu weiteren Maßnahmen zur organisatorischen und technischen Gewährleistung der Zweckbindung.

## § 84g Einschränkung von Grundrechten

§ 18f Abs. 4, § 30 Abs. 11 und die §§ 84a bis 84f schränken das Grundrecht auf den Schutz personenbezogener Daten im Sinne von Artikel 2 Abs. 1 in Verbindung mit Artikel 1 Abs. 1 des Grundgesetzes und Artikel 6 Abs. 1 der Verfassung des Landes Sachsen-Anhalt ein.

## § 85 Aufhebungsermächtigung

Die oberste Schulbehörde wird ermächtigt, die in der Verordnung über die Übergänge zwischen den Schulformen in der Sekundarstufe I vom 1. April 2004 (GVBl. LSA S. 238), geändert durch Verordnung vom 2. August 2005 (GVBl. LSA S. 496), enthaltenen Regelungen über die Einzelheiten der Eignungsfeststellung und des Verfahrens der Eignungsfeststellung aufzuheben.

## § 86 Übergangsregelungen für die Ersatzschulen

(1) Für allgemeinbildende Schulen in freier Trägerschaft, denen bis zum 1. August 2012 eine Genehmigung nach § 16 Abs. 2 erteilt wurde, findet § 18 Abs. 1 Satz 2 bis 5 in der am 1. August 2012 gültigen Fassung Anwendung.

(2) Bei einer bis zum 1. August 2013 genehmigten Umwandlung einer genehmigten Ersatzschule in eine Gemeinschaftsschule wird die Dauer des Schulbetriebs in der bisherigen Schulform bei der Prüfung der Voraussetzungen für die Verleihung der Anerkennung gemäß § 17 Abs. 1 angerechnet.

(3) Bei einer bis zum 1. August 2015 genehmigten Umwandlung einer anerkannten Ersatzschule in eine Gemeinschaftsschule gilt auch die sich jährlich aufwachsend entwickelnde Gemeinschaftsschule als anerkannte Ersatzschule in freier Trägerschaft im Sinne von § 18 Abs. 1.

### §§ 86a, 86b (weggefallen)

### § 86c Übergangsregelung zu § 2 Abs. 4

¹Die in freier Trägerschaft bestehenden Berufsfachschulen Logopädie und Medizinisch-technische Assistenz können als Ersatzschulen gemäß §§ 16 bis 18a und 18e weitergeführt werden. ²Die oberste Schulbehörde wird ermächtigt, durch Verordnung Kapazitätsgrenzen festzulegen.

### § 86d Übergangsvorschrift zu § 79 Abs. 1

Für die Dauer der Amtszeit der zum Zeitpunkt des Inkrafttretens des Vierzehnten Gesetzes zur Änderung des Schulgesetzes des Landes Sachsen-Anhalt gewählten Elternvertreterinnen und Elternvertreter gilt § 79 Abs. 1 Satz 1 in der bis zum Tag des Inkrafttretens des Vierzehnten Gesetzes zur Änderung des Schulgesetzes des Landes Sachsen-Anhalt geltenden Fassung.

### §§ 86e, 86f (weggefallen)

### § 87 (Inkrafttreten)[1)]

(1) (1) und (2) betrifft das Inkrafttreten.

---

1) Das G in seiner ursprünglichen Fassung ist am 1.8.1991 in Kraft getreten.

# Verordnung
## über schulische Ordnungsmaßnahmen

Vom 6. Februar 2012 (GVBl. LSA S. 42)
(BS LSA 2231.118)

Aufgrund des § 44 Abs. 6 in Verbindung mit § 82 Abs. 2 des Schulgesetzes des Landes Sachsen-Anhalt in der Fassung der Bekanntmachung vom 11. August 2005 (GVBl. LSA S. 520, 2008 S. 378), zuletzt geändert durch Artikel 1 § 5 Abs. 3 und Artikel 2 des Gesetzes vom 7. Dezember 2011 (GVBl. LSA S. 815, 816), wird verordnet:

### § 1 Ordnungsmaßnahmen

[1]Ordnungsmaßnahmen dienen sowohl der Gewährleistung einer ordnungsgemäßen Bildungs- und Erziehungsarbeit der Schule als auch dem Schutz von Personen und Sachen innerhalb der Schule. [2]Sie sind anzuordnen, wenn andere pädagogische Maßnahmen oder Erziehungsmittel nicht angemessen oder ausreichend sind.

### § 2 Anwendung von Ordnungsmaßnahmen

(1) [1]Von den Ordnungsmaßnahmen ist jeweils diejenige auszuwählen, die geeignet erscheint, einer Wiederholung des Fehlverhaltens entgegenzuwirken. [2]Eine schwere Maßnahme darf nur dann gewählt werden, wenn leichtere Maßnahmen mit hoher Wahrscheinlichkeit nicht ausreichen, um der Gefahr von Wiederholungen wirksam zu begegnen.

(2) [1]Zuständig für die Anordnung von Ordnungsmaßnahmen ist die Klassenkonferenz. [2]In der Qualifikationsphase des Gymnasiums tritt an die Stelle der Klassenkonferenz die Jahrgangskonferenz.

(3) [1]Bevor eine Ordnungsmaßnahme angeordnet wird, ist diese nach entsprechendem Beschluss der Klassenkonferenz durch die Schulleiterin oder den Schulleiter in der Regel zuvor anzudrohen. [2]Nur im Falle einer besonderen Schwere des Fehlverhaltens kann auf die vorherige Androhung einer Ordnungsmaßnahme verzichtet werden. [3]Die Ordnungsmaßnahme wird durch eine schriftliche Mitteilung an die Schülerin oder den Schüler angedroht, im Falle der Minderjährigkeit an die Personensorgeberechtigten. [4]Eine Durchschrift ist zu den Schülerakten zu nehmen.

### § 3 Besondere Regelungen

(1) Im Falle eines Ausschlusses vom Unterricht nach § 44 Abs. 4 Nr. 2 des Schulgesetzes des Landes Sachsen-Anhalt obliegt es der Schülerin oder dem Schüler, versäumten Lehrstoff in eigener Verantwortung nachzuholen.

(2) Die Überweisung in eine parallele Klasse oder Lerngruppe gemäß § 44 Abs. 4 Nr. 3 des Schulgesetzes des Landes Sachsen-Anhalt bedarf der Genehmigung der Schulleiterin oder des Schulleiters.

(3) [1]Ist die Überweisung an eine andere Schule gemäß § 44 Abs. 4 Nr. 4 des Schulgesetzes des Landes Sachsen-Anhalt innerhalb eines Schulbezirkes oder Schuleinzugsbereichs nicht möglich, wird an eine aus pädagogischer Sicht geeignete Schule derselben Schulform in zumutbarer Entfernung überwiesen. [2]Schülerinnen und Schüler an berufsbildenden Schulen werden an die nächsterreichbare berufsbildende Schule mit demselben Bildungsgang überwiesen. [3]Diese Maßnahme bedarf der Genehmigung durch das Landesschulamt.

(4) [1]Die Verweisung von allen Schulen gemäß § 44 Abs. 4 Nr. 5 des Schulgesetzes des Landes Sachsen-Anhalt bedarf der Genehmigung des Landesschulamtes. [2]Eine von allen Schulen des Landes verwiesene Schülerin oder ein verwiesener Schüler kann frühestens nach Ablauf von drei Monaten aufgrund eines schriftlichen Antrages an das Landesschulamt in eine Schule der zuletzt besuchten Schulform wieder aufgenommen werden, wenn zu erwarten ist, dass die Anordnung weiterer Ordnungsmaßnahmen zukünftig unterbleiben kann und eine Gefährdung des Erziehungs- und Bildungsauftrages der Schule durch die Wiederaufnahme ausgeschlossen erscheint.

### § 4 Verfahren

(1) [1]Bei der Entscheidung über die Anordnung von Ordnungsmaßnahmen sind das Gesamtverhalten der Schülerin oder des Schülers sowie das Alter, die Reife und die persönlichen Verhältnisse zu berücksichtigen. [2]Das Gewicht des Fehlverhaltens ist abzuwägen gegen die Schwere der Maßnahme und die Nachteile, die diese für die Schülerin oder den Schüler mit sich bringen.

(2) Die Anordnung von Ordnungsmaßnahmen soll so rechtzeitig erfolgen, dass der Bezug zum Fehlverhalten nicht verloren geht.

### § 5 Anordnung von Ordnungsmaßnahmen
(1) [1]Über die Anordnung von Ordnungsmaßnahmen und gegebenenfalls deren sofortige Vollziehung entscheidet die Klassenkonferenz nach Maßgabe der Vorgaben der Gesamtkonferenz (§ 27 Abs. 1 Satz 3 Nr. 6, § 28 des Schulgesetzes des Landes Sachsen-Anhalt). [2]Die Entscheidung ergeht durch Beschluss der Klassenkonferenz mit einfacher Mehrheit der gemäß § 29 Abs. 2 des Schulgesetzes des Landes Sachsen-Anhalt stimmberechtigten Mitglieder.
(2) Wird die Klassenkonferenz gemäß Absatz 1 einberufen, übernimmt die Schulleiterin oder der Schulleiter im Rahmen der gemäß § 26 Abs. 1 des Schulgesetzes des Landes Sachsen-Anhalt gegebenen Gesamtverantwortung für die Schule den Vorsitz dieser Konferenz.
(3) Im Übrigen gilt die Konferenzordnung in der jeweils geltenden Fassung entsprechend.

### § 6 Rechtliches Gehör
(1) [1]Der betroffenen Schülerin oder dem betroffenen Schüler ist, im Falle der Minderjährigkeit auch den Personensorgeberechtigten, in der Sitzung der Klassenkonferenz, die über die Anordnung von Ordnungsmaßnahmen entscheidet, Gelegenheit zur Äußerung zu geben. [2]Hierbei kann sich die Schülerin oder der Schüler sowohl von einer anderen Schülerin oder einem anderen Schüler als auch von einer Lehrkraft seines Vertrauens unterstützen lassen.
(2) Zu der Sitzung der Klassenkonferenz sind sowohl die Schülerin oder der Schüler als auch die Personensorgeberechtigten schriftlich einzuladen.
(3) [1]Mit der Einladung zur Sitzung der Klassenkonferenz ist das wesentliche Ergebnis der Ermittlungen schriftlich mitzuteilen. [2]Die Beteiligten sind zugleich auf ihre Äußerungs- und Unterstützungsrechte hinzuweisen.

### § 7 Vorläufige Maßnahmen der Schulleitung
(1) Wenn eine Schülerin oder ein Schüler durch ihr oder sein Verhalten die Sicherheit anderer Schülerinnen oder Schüler, Lehrkräfte oder Dritter ernstlich gefährdet und die Entscheidung über eine Ordnungsmaßnahme keinen Aufschub duldet, kann die Schulleiterin oder der Schulleiter die notwendige Maßnahme selbst vorläufig anordnen.
(2) Die Schulleiterin oder der Schulleiter muss die Klassenkonferenz sowie im Falle der Minderjährigkeit der Schülerin oder des Schülers die Personensorgeberechtigten hiervon unverzüglich benachrichtigen.
(3) [1]Nach erfolgter Anordnung gemäß Absatz 1 ist die Klassenkonferenz unverzüglich einzuberufen. [2]Die §§ 8 und 9 finden Anwendung.

### § 8 Erteilung des Bescheides
(1) Die Schulleiterin oder der Schulleiter teilt der Schülerin oder dem Schüler oder im Fall der Minderjährigkeit den Personensorgeberechtigten die Entscheidung der Klassenkonferenz über die Anordnung einer Ordnungsmaßnahme zusammen mit einer Begründung schriftlich mit.
(2) Das Vorliegen der Voraussetzung für eine Anordnung der sofortigen Vollziehung ist in der schriftlichen Begründung der Anordnung darzulegen.
(3) Der Bescheid über die Anordnung einer Ordnungsmaßnahme und gegebenenfalls der sofortigen Vollziehbarkeit ist mit einer Rechtsbehelfsbelehrung zu versehen.
(4) Dem Landesschulamt ist unverzüglich eine Abschrift der Anordnung zuzuleiten.

### § 9 Rechtsbehelfsverfahren
(1) [1]Wenn Widerspruch erhoben wurde, kann die Klassenkonferenz, die über die Maßnahme entschieden hat, dem Widerspruch aufgrund der früheren Verhandlung ohne nochmaliges förmliches Verfahren oder aber nach erneuter Anhörung abhelfen. [2]§ 5 gilt entsprechend.
(2) [1]Sofern die Klassenkonferenz dem Widerspruch nicht oder nicht in vollem Umfang abhelfen will, gibt die Schulleitung die Angelegenheit mit Begründung an das Landesschulamt ab. [2]Dieses entscheidet schriftlich über den Widerspruch.

### § 10 Inkrafttreten
Diese Verordnung tritt am Tag nach ihrer Verkündung[1)] in Kraft.

---
1) Verkündet am 20. 2. 2012.

# Gesetz
# über die Sonn- und Feiertage
# (FeiertG LSA)

In der Fassung der Bekanntmachung vom 25. August 2004[1] (GVBl. LSA S. 538) zuletzt geändert durch § 13 Abs. 1 LadenöffnungszeitenG Sachsen-Anhalt vom 22. November 2006 (GVBl. LSA S. 528)

## § 1 Allgemeines
(1) Die Sonntage, die staatlich anerkannten Feiertage und die religiösen Feiertage sind nach Maßgabe dieses Gesetzes geschützt.
(2) Dieser Schutz gilt von 0 bis 24 Uhr, soweit in den nachfolgenden Vorschriften nichts anderes bestimmt ist.

## § 2 Staatlich anerkannte Feiertage
Staatlich anerkannte Feiertage sind:
1. der Neujahrstag,
2. der Tag Heilige Drei Könige (6. Januar),
3. der Karfreitag,
4. der Ostermontag,
5. der 1. Mai,
6. der Tag Christi Himmelfahrt,
7. der Pfingstmontag,
8. der Tag der Deutschen Einheit (3. Oktober),
9. der Reformationstag (31. Oktober),
10. (weggefallen)
11. der 1. Weihnachtsfeiertag,
12. der 2. Weihnachtsfeiertag.

## § 3 Allgemeine Arbeitsruhe
(1) Die Sonntage und die staatlich anerkannten Feiertage sind Tage allgemeiner Arbeitsruhe.
(2) Öffentlich bemerkbare Arbeiten und Handlungen, die die äußere Ruhe stören oder dem Wesen der Sonn- und Feiertage widersprechen, sind nur erlaubt, soweit sie
1. nach Bundes- oder Landesrecht besonders zugelassen sind,
2. den Betrieb der Post, den Eisenbahnverkehr, die Schifffahrt, die Luftfahrt, den Güterfernverkehr, den öffentlichen Nahverkehr oder sonstigen Personenverkehr, Versorgungsbetriebe oder die Hilfseinrichtungen für diese Betriebe und Verkehrsarten betreffen,
3. unaufschiebbare Arbeiten im Rahmen einer ordnungsgemäßen Landwirtschaft sind oder erforderliche Arbeiten zur Befriedigung häuslicher Bedürfnisse oder zur Verhütung eines Notstandes oder zur Vorbereitung der am folgenden Tage stattfindenden Märkte sowie
4. nicht gewerbsmäßige Betätigungen in Haus und Garten darstellen.
(3) [1]Das Betreiben von Autowaschanlagen ist an Sonntagen erlaubt. [2] Satz 1 gilt nicht am Ostersonntag, Pfingstsonntag, Volkstrauertag, Totensonntag sowie an denjenigen Sonntagen, die zugleich staatlich anerkannte Feiertage gemäß § 2 sind.
(4) [1]Die Öffnung von Videotheken ist an Sonntagen ab 13 Uhr erlaubt. [2]§ 3 Abs. 3 Satz 2 gilt entsprechend.

## § 4 Schutz der Gottesdienste
(1) An Sonntagen und den staatlich anerkannten Feiertagen sind während der Zeit des vormittäglichen Hauptgottesdienstes alle Veranstaltungen und Handlungen in der Nähe von Kirchen und anderen dem Gottesdienst dienenden Einrichtungen untersagt, die geeignet sind, den Gottesdienst zu stören.
(2) Alle Veranstaltungen und Handlungen in der Nähe von Kirchen und anderen dem Gottesdienst dienenden Einrichtungen sind auch am Gründonnerstag, Buß- und Bettag und Heiligabend untersagt, sofern sie geeignet sind, den Gottesdienst zu stören.

---
[1] Neubekanntmachung des FeiertG LSA v. 22. 5. 1992 (GVBl. LSA S. 356) in der ab 1. 1. 2004 geltenden Fassung.

## § 5 Erhöhter Schutz
Am
a) Karfreitag ganztägig,
b) Volkstrauertag (dem vorletzten Sonntag vor dem ersten Advent) ab 5 Uhr,
c) Buß- und Bettag ab 5 Uhr,
d) Totensonntag (dem letzten Sonntag vor dem ersten Advent) ab 5 Uhr und
e) Heiligabend ab 16 Uhr,

sind neben den Einschränkungen nach § 4 zusätzlich untersagt
1. Veranstaltungen in Räumen mit Schankbetrieb, die über den Schank- und Speisebetrieb hinausgehen,
2. öffentliche sportliche Veranstaltungen sowie
3. alle sonstigen öffentlichen Veranstaltungen, außer wenn sie der Würdigung des Feiertages oder der Kunst, Wissenschaft oder Volksbildung dienen und auf den Charakter des Tages Rücksicht nehmen.

## § 6 Freistellung an religiösen Feiertagen
(1) An den religiösen Feiertagen ihres Bekenntnisses ist den in einem Ausbildungs- oder Beschäftigungsverhältnis stehenden Angehörigen einer Kirche oder Religionsgemeinschaft auf Antrag unbezahlt Freistellung zu gewähren, soweit betriebliche Notwendigkeiten nicht entgegenstehen.
(2) Um die religiösen Feiertage ihrer Kirche oder Religionsgemeinschaft zu begehen, erhalten Schüler auf Antrag Freistellung vom Unterricht.

## § 7 Ausnahmen
Bei Vorliegen dringender Gründe können Ausnahmen von den Regelungen der § 3 Abs. 2, §§ 4 und 5 zugelassen werden, sofern damit keine erhebliche Beeinträchtigung des Sonn- und Feiertagsschutzes verbunden ist.
(2)–(6) (weggefallen)

## § 8 Zuständigkeiten und Aufsicht
(1) [1]Für die Aufgaben nach § 7 sind die Verwaltungsgemeinschaften und die Gemeinden, die keiner Verwaltungsgemeinschaft angehören, zuständig. [2]Sie nehmen die Aufgaben im übertragenen Wirkungskreis wahr.
(2) Die Fachaufsicht führen
1. über die Verwaltungsgemeinschaften und die kreisangehörigen Gemeinden, die keiner Verwaltungsgemeinschaft angehören:
die Landkreise, das Landesverwaltungsamt und das Ministerium des Innern,
2. über die Landkreise und kreisfreien Städte:
das Landesverwaltungsamt und das Ministerium des Innern,
3. über das Landesverwaltungsamt:
das Ministerium des Innern.

## § 9 Ausnahme für Veranstaltungen nach der Gewerbeordnung
(1) [1]Spezialmärkte nach § 68 Abs. 1 der Gewerbeordnung, die die regionale Identität oder den Fremdenverkehr zu fördern geeignet sind, können einmal im Monat auf einen Sonntag oder auf die Feiertage 1. Mai und 3. Oktober festgesetzt werden. [2]Weihnachtsmärkte, die die Vorraussetzungen des Satzes 1 erfüllen, können zusätzlich auf alle Adventssonntage festgesetzt werden.
(2) Spezialmärkte, die nicht von Absatz 1 erfasst sind, sowie Jahrmärkte nach § 68 Abs. 2 der Gewerbeordnung können viermal im Jahr auf einen Sonntag festgesetzt werden.
(3) Volksfeste, Messen und Ausstellungen nach den §§ 60b, 64 und 65 der Gewerbeordnung können auf einen Sonntag festgesetzt werden, Volksfeste auch auf den 1. Mai und auf den 3. Oktober.
(4) [1]Die Einschränkungen nach § 3 Abs. 3 Satz 2 gelten entsprechend, soweit sich nicht aus den Absätzen 1 und 3 Abweichendes ergibt. [2]§ 7 findet entsprechende Anwendung. [3]§ 4 Abs. 1 bleibt unberührt.
(5) [1]Die Festsetzung nach den Absätzen 1 bis 3 erfolgt durch die nach § 69 Abs. 1 Satz 1 der Gewerbeordnung zuständige Behörde im Benehmen mit der nach § 8 Abs. 1 zuständigen Behörde. [2]Bei entsprechender Anwendung des § 7 ist an Stelle des Benehmens das Einvernehmen erforderlich.

## § 10 Ordnungswidrigkeiten
(1) Ordnungswidrig handelt, wer
1. entgegen § 3 Abs. 2 öffentlich bemerkbare Arbeiten ausführt oder Handlungen vornimmt, die die äußere Ruhe stören,
2. entgegen §§ 4 oder 5 Veranstaltungen durchführt oder Handlungen vornimmt.

(2) Die Ordnungswidrigkeit kann mit einer Geldbuße bis zu 1 500 Euro geahndet werden.

## § 11 Einschränkung von Grundrechten
Das Grundrecht der Versammlungsfreiheit nach Artikel 8 des Grundgesetzes und Artikel 12 der Landesverfassung wird durch die §§ 4 und 5 eingeschränkt.

## § 12 (In-Kraft-Treten)

# Straßengesetz für das Land Sachsen-Anhalt (StrG LSA)

Vom 6. Juli 1993 (GVBl. LSA S. 334)
(BS LSA 913.2)
zuletzt geändert durch Art. 2 G zur Umsetzung der RL 2012/18/EU zu Gefahren schwerer Unfälle mit gefährlichen Stoffen[1]) vom 26. Juni 2018 (GVBl. LSA S. 187)

## Inhaltsübersicht

**Abschnitt 1**
**Grundsätze**

- § 1 Geltungsbereich
- § 2 Öffentliche Straßen
- § 3 Einteilung der öffentlichen Straßen
- § 4 Straßenverzeichnisse und Straßennummern
- § 5 Ortsdurchfahrten
- § 6 Widmung
- § 7 Umstufung
- § 8 Einziehung, Teileinziehung
- § 9 Straßenbaulast
- § 10 Hoheitsverwaltung, bautechnische Sicherheit

**Abschnitt 2**
**Eigentum**

- § 11 Wechsel der Straßenbaulast
- § 12 Grundbuchberichtigung und Vermessung
- § 13 Eigentumserwerb

**Abschnitt 3**
**Gemeingebrauch, Sondernutzungen und sonstige Nutzung**

- § 14 Gemeingebrauch, Anliegergebrauch
- § 15 Beschränkung des Gemeingebrauchs
- § 16 Vergütung und Mehrkosten
- § 17 Verunreinigung und unbefugte Veränderungen
- § 18 Sondernutzung
- § 19 Besondere Veranstaltungen und gewerbliche Nutzung
- § 20 Unerlaubte Benutzung einer Straße
- § 21 Gebühren für Sondernutzung
- § 22 Straßenanlieger
- § 23 Sonstige Nutzung

**Abschnitt 4**
**Anbau an Straßen und Schutzmaßnahmen**

- § 24 Bauliche Anlagen an Straßen
- § 25 Straßenschutzgehölze, Schutzwaldungen
- § 26 Schutzmaßnahmen
- § 27 Bepflanzung des Straßenkörpers

**Abschnitt 5**
**Straßenkreuzungen, Kreuzungen mit Gewässern, Umleitungen**

- § 28 Kreuzungen öffentlicher Straßen
- § 29 Kostentragung beim Bau und bei der Änderung von Kreuzungen öffentlicher Straßen
- § 30 Unterhaltung der Straßenkreuzungen
- § 31 Kreuzungen mit Gewässern
- § 32 Unterhaltung der Kreuzungen mit Gewässern
- § 33 Umleitungen

**Abschnitt 6**
**Planung, Planfeststellung und Enteignung**

- § 34 Planungen
- § 35 Planungsgebiet
- § 36 Vorarbeiten
- § 37 Planfeststellung, Plangenehmigung
- § 38 Veränderungssperre
- § 39 Einstellung des Planfeststellungsverfahrens
- § 40 Vorzeitige Besitzeinweisung
- § 41 Enteignung

**Abschnitt 7**
**Träger der Straßenbaulast, Straßenaufsicht**

- § 42 Träger der Straßenbaulast
- § 43 Straßenbaulast Dritter
- § 44 Beauftragung Privater
- § 45 Unterhaltung von Straßenteilen bei fremder Baulast
- § 46 Straßenaufsicht
- § 47 Straßenreinigung, Winterdienst

**Abschnitt 8**
**Ordnungswidrigkeiten, Übergangs- und Schlußvorschriften**

- § 48 Ordnungswidrigkeiten
- § 49 Verordnungsermächtigungen
- § 50 Satzungen
- § 51 Übergangs- und Überleitungsvorschriften
- § 52 Technische Verwaltung

---

1) **Amtl. Anm.:** Dieses Gesetz dient der Umsetzung der Richtlinie 2012/18/EU des Europäischen Parlaments und des Rates vorn 4. Juli 2012 zur Beherrschung der Gefahren schwerer Unfälle mit gefährlichen Stoffen, zur Änderung und anschließenden Aufhebung der Richtlinie 96/82/EG des Rates (ABl. L 197 vom 24. 7. 2012, S. 1).

*Abschnitt 1*
## Grundsätze

### § 1 Geltungsbereich
¹Das Gesetz regelt die Rechtsverhältnisse der öffentlichen Straßen. ²Für Bundesfernstraßen gilt es nur, soweit dies ausdrücklich bestimmt ist.

### § 2 Öffentliche Straßen
(1) Öffentliche Straßen sind diejenigen Straßen, Wege und Plätze, die dem öffentlichen Verkehr gewidmet sind.
(2) Zu den öffentlichen Straßen gehören
1. der Straßenkörper; das sind insbesondere der Straßengrund, der Straßenunterbau, der Straßenoberbau, die Brücken, Tunnel, Durchlässe, Dämme, Gräben, Entwässerungsanlagen, Böschungen, Stützmauern, Lärmschutzanlagen, Trenn-, Seiten-, Rand- und Sicherheitsstreifen, Haltestellenbuchten für den Linienverkehr, Parkstreifen und Parkplätze als eigene Wegeanlage (selbständiger Parkplatz) oder unmittelbar an die Fahrbahn anschließend sowie Rad- und Gehwege, auch wenn sie ohne unmittelbaren räumlichen Zusammenhang im wesentlichen mit der für den Kraftfahrzeugverkehr bestimmten Fahrbahn gleichlaufen (unselbständige Rad- und Gehwege);
2. der Luftraum über dem Straßenkörper;
3. das Zubehör; das sind die Verkehrszeichen, die Verkehrseinrichtungen, die Bepflanzung und Anlagen aller Art, die der Sicherheit oder Leichtigkeit des Straßenverkehrs oder dem Schutz der Anlieger dienen, sowie die Straßenbeleuchtung, soweit sie zur Erfüllung der Verkehrssicherungspflicht erforderlich ist;
4. die Nebenanlagen; das sind solche Anlagen, die überwiegend den Aufgaben der Straßenbauverwaltung dienen, wie Straßenmeistereien, Gerätehöfe, Lager, Lagerplätze, Ablagerungs- und Entnahmestellen, Hilfsbetriebe und -einrichtungen.

(3) Bei öffentlichen Straßen auf Deichen, Staudämmen und Staumauern gehören zum Straßenkörper (einschließlich Geh- und Radwege) lediglich der Straßenoberbau, die Trenn-, Seiten-, Rand- und Sicherheitsstreifen.
(4) Fähren gehören zur Straße, wenn die Zugehörigkeit in öffentlich-rechtlich wirksamer Weise vereinbart wird.

### § 3 Einteilung der öffentlichen Straßen
(1) Die öffentlichen Straßen werden nach ihrer Verkehrsbedeutung in folgende Straßengruppen eingeteilt:
1. Landesstraßen;
   das sind Straßen, die innerhalb des Landesgebietes untereinander oder zusammen mit Bundesfernstraßen ein Verkehrsnetz bilden und überwiegend dem Durchgangsverkehr dienen oder zu dienen bestimmt sind;
2. Kreisstraßen;
   das sind Straßen, die überwiegend dem Verkehr zwischen benachbarten Kreisen und kreisfreien Städten, dem überörtlichen Verkehr innerhalb eines Kreises oder dem unentbehrlichen Anschluß von Gemeinden oder räumlich getrennten Ortsteilen an überörtliche Verkehrswege dienen oder zu dienen bestimmt sind;
3. Gemeindestraßen;
   das sind Straßen, die überwiegend dem Verkehr innerhalb einer Gemeinde oder dem nachbarlichen Verkehr zwischen Gemeinden oder dem weiteren Anschluß von Gemeinden oder räumlich getrennten Ortsteilen an überörtliche Verkehrswege dienen oder zu dienen bestimmt sind;
4. sonstige öffentliche Straßen.

(2) Die Zweckbestimmung steht im Ermessen des Trägers der Straßenbaulast.

### § 4 Straßenverzeichnisse und Straßennummern
(1) ¹Für die öffentlichen Straßen werden Straßenverzeichnisse geführt. ²Die oberste Straßenbaubehörde bestimmt die Numerierung der Landesstraßen und die Grundsätze für die Numerierung der Kreisstraßen.

(2) ¹Für Gemeindestraßen und sonstige öffentliche Straßen werden von den Gemeinden Bestandsverzeichnisse angelegt und geführt. ²Die Bestandsverzeichnisse sind nach Fertigstellung sechs Monate lang zur Einsicht auszulegen. ³Die Auslegung ist mindestens eine Woche vorher ortsüblich bekanntzumachen.
(3) ¹Ist eine Straße im Bestandsverzeichnis eingetragen, wird vermutet, daß die nach § 6 Abs. 3 erforderliche Zustimmung erteilt und die Widmung vollzogen ist. ²Soweit Straßen in dem Bestandsverzeichnis nicht oder nicht mehr ausgewiesen sind, wird vermutet, daß es sich nicht um eine Gemeindestraße oder eine sonstige öffentliche Straße handelt.

### § 5 Ortsdurchfahrten

(1) ¹Eine Ortsdurchfahrt ist der Teil einer Landesstraße oder Kreisstraße, der innerhalb der geschlossenen Ortslage liegt und auch zur Erschließung der anliegenden Grundstücke bestimmt ist oder der mehrfachen Verknüpfung des Ortsstraßennetzes dient. ²Geschlossene Ortslage ist der Teil des Gemeindegebietes, der in geschlossener oder offener Bauweise zusammenhängend bebaut ist. ³Einzelne unbebaute Grundstücke, zur Bebauung ungeeignetes oder ihr entzogenes Gelände oder einseitige Bebauung unterbrechen den Zusammenhang nicht.
(2) ¹Die Grenzen der Ortsdurchfahrt einer Landesstraße werden von der Straßenbaubehörde des Landes im Einvernehmen mit der Gemeinde festgesetzt. ²Die kreisfreien Städte oder Landkreise im Einvernehmen mit der Gemeinde setzen die Grenzen der Ortsdurchfahrten der Kreisstraßen fest. ³Mit Zustimmung der oberen Straßenaufsichtsbehörde kann die Grenze der Ortsdurchfahrt abweichend von der Regel des Absatzes 1 festgesetzt werden, wenn die Länge der Ortsdurchfahrt wegen der Art der Bebauung in einem offensichtlichen Mißverhältnis zur Einwohnerzahl der Gemeinde steht oder wenn die Verknüpfung mit dem Ortsstraßennetz oder sonstige wesentliche Gesichtspunkte eine Abweichung rechtfertigen.
(3) Ist die Ortsdurchfahrt erheblich breiter angelegt als die anschließende freie Strecke der Landesstraße oder der Kreisstraße, so ist im Einvernehmen mit der Gemeinde auch die seitliche Begrenzung der Ortsdurchfahrt festzulegen.
(4) Kommt in den Fällen der Absätze 2 und 3 ein Einvernehmen nicht zustande, so entscheidet die obere Straßenaufsichtsbehörde.
(5) Reicht die Ortsdurchfahrt für den Durchgangsverkehr nicht aus, so kann eine Straße, die nach ihrem Ausbauzustand für die Aufnahme des Durchgangsverkehrs geeignet ist und an die Landes- oder Kreisstraße nach beiden Seiten anschließt, durch Umstufung (§ 7) als zusätzliche Ortsdurchfahrt festgesetzt werden.

### § 6 Widmung

(1) ¹Die Widmung ist die Allgemeinverfügung, durch die Straßen, Wege und Plätze die Eigenschaft einer öffentlichen Straße erhalten. ²Sie ist mit Rechtsbehelfsbelehrung öffentlich bekanntzumachen und wird frühestens im Zeitpunkt der öffentlichen Bekanntmachung wirksam.
(2) ¹Die Widmung einer Straße für den öffentlichen Verkehr verfügt der Träger der Straßenbaulast, für Landesstraßen die Straßenbaubehörde des Landes. ²Soll ein anderer als eine Gebietskörperschaft Träger der Straßenbaulast werden, so verfügt die Straßenaufsichtsbehörde die Widmung auf schriftlichen Antrag. ³Handelt es sich um eine Straße, die nach § 3 Abs. 1 Nr. 3 als Gemeindestraße einzuordnen wäre, so ist hierfür das Einvernehmen mit der Gemeinde herzustellen. ⁴Beschränkungen der Widmung auf bestimmte Benutzungsarten, Benutzerzwecke oder Benutzerkreise sind in der Verfügung festzulegen. ⁵Mit der Widmung ist festzustellen, welcher Straßengruppe nach § 3 Abs. 1 die Straße angehört (Einstufung).
(3) Voraussetzung für die Widmung ist, daß der Träger der Straßenbaulast das dingliche Recht hat, über das der Straße dienende Grundstück zu verfügen, oder daß der Eigentümer oder ein sonst zur Nutzung dinglich Berechtigter der Widmung zugestimmt hat oder der Träger der Straßenbaulast den Besitz durch Vertrag, durch vorzeitige Besitzeinweisung nach § 40 oder in einem sonstigen gesetzlich geregelten Verfahren erlangt hat.
(4) ¹Bei Straßen, deren Bau in einem Planfeststellungsverfahren, einem Bodenordnungsverfahren nach dem Landwirtschaftsanpassungsgesetz, einem Flurbereinigungsverfahren oder im Bebauungsplan geregelt wird, kann die Widmung in diesem Verfahren mit der Maßgabe verfügt werden, daß sie mit der Verkehrsübergabe wirksam wird, wenn die Voraussetzungen des Absatzes 3 in diesem Zeitpunkt vor-

liegen. ²Der Träger der Straßenbaulast hat den Zeitpunkt der Verkehrsübergabe, die Straßengruppe sowie Beschränkungen der Widmung der das Straßen- oder Bestandsverzeichnis führenden Behörde unverzüglich anzuzeigen. ³Der Träger der Straßenbaulast hat die öffentliche Bekanntmachung zu veranlassen. ⁴Eine Bekanntmachung ist entbehrlich, wenn die zur Widmung vorgesehenen Straßen in den im Planfeststellungsverfahren ausgelegten Plänen als solche kenntlich gemacht worden sind.
(5) ¹Wird eine Straße verbreitert, begradigt, unerheblich verlegt oder ergänzt, so gilt der neue Straßenteil durch die Verkehrsübergabe als gewidmet, sofern die Voraussetzungen des Absatzes 3 vorliegen. ²Einer öffentlichen Bekanntmachung nach Absatz 1 bedarf es nicht.
(6) Durch bürgerlich-rechtliche Verfügungen oder durch Verfügungen im Wege der Zwangsvollstreckung oder der Enteignung über die der Straße dienenden Grundstücke oder Rechte an ihnen wird die Widmung nicht berührt.

## § 7 Umstufung

(1) ¹Umstufung ist die Allgemeinverfügung, durch die eine öffentliche Straße bei Änderung ihrer Verkehrsbedeutung der entsprechenden Straßengruppe zugeordnet wird (Aufstufung, Abstufung). ²Die Umstufung ist mit Rechtsbehelfsbelehrung öffentlich bekanntzumachen.
(2) Ändert sich die Verkehrsbedeutung einer Straße, so ist sie in die entsprechende Straßengruppe (§ 3) umzustufen.
(3) ¹Sind die beteiligten Träger der Straßenbaulast über die Umstufung einer Straße einig, so hat der neue Träger der Straßenbaulast die Absicht der Umstufung der für ihn zuständigen Straßenaufsichtsbehörde anzuzeigen. ²Erhebt diese innerhalb eines Monats nach Anzeige keine Einwendungen, so verfügt der neue Träger der Straßenbaulast die Umstufung. ³§ 6 Abs. 2 Satz 2 gilt sinngemäß. ⁴Kommt keine Einigung über die Umstufung zustande, so entscheidet die oberste Straßenbaubehörde. ⁵Diese hat zuvor die Träger der Straßenbaulast und gegebenenfalls die für den neuen Träger der Straßenbaulast zuständige Kommunalaufsichtsbehörde zu hören.
(4) ¹Die Umstufung soll nur zum Ende eines Haushaltsjahres ausgesprochen und drei Monate vorher angekündigt werden. ²Im Einvernehmen mit dem neuen Träger der Straßenbaulast kann ein anderer Zeitpunkt für das Wirksamwerden bestimmt werden.
(5) ¹§ 6 Abs. 4 und 5 gilt entsprechend. ²Die Umstufung wird mit der Ingebrauchnahme für den neuen Verkehrszweck wirksam.

## § 8 Einziehung, Teileinziehung

(1) ¹Einziehung ist die Allgemeinverfügung, durch die eine gewidmete Straße die Eigenschaft einer öffentlichen Straße verliert. ²Teileinziehung ist die Allgemeinverfügung, durch die die Widmung einer Straße nachträglich auf bestimmte Benutzungsarten, Benutzungszwecke oder Benutzerkreise beschränkt wird. ³Einziehung und Teileinziehung sind mit Rechtsbehelfsbelehrung öffentlich bekanntzumachen und werden im Zeitpunkt der öffentlichen Bekanntmachung wirksam.
(2) ¹Eine Straße kann eingezogen werden, wenn sie keine Verkehrsbedeutung mehr hat oder überwiegende Gründe des öffentlichen Wohles vorliegen. ²Bei Landesstraßen ordnet die Straßenbaubehörde des Landes, bei Kreis- und Gemeindestraßen der Träger der Straßenbaulast die Einziehung an. ³Bei Kreis- und Gemeindestraßen bedarf es der Zustimmung der Straßenaufsichtsbehörde. ⁴Verläuft eine Landes- oder Kreisstraße nicht im Außenbereich einer Gemeinde (§ 35 des Baugesetzbuchs), ist die Zustimmung der Gemeinde erforderlich. ⁵Bei Straßen, die nicht in der Straßenbaulast einer Gebietskörperschaft stehen, spricht die Straßenaufsichtsbehörde die Einziehung aus.
(3) Die Teileinziehung einer Straße ist zulässig, wenn nachträglich Beschränkungen der Widmung auf bestimmte Benutzungsarten, Benutzungszwecke oder Benutzerkreise aus überwiegenden Gründen des öffentlichen Wohls festgelegt werden.
(4) ¹Die Absicht der Einziehung oder Teileinziehung ist drei Monate vorher in den Gemeinden, die die Straße berührt, öffentlich bekanntzumachen, um die Gelegenheit zu Einwendungen zu geben. ²Von der Bekanntmachung kann abgesehen werden, wenn die zur Einziehung vorgesehenen Teilstrecken in den in einem Planfeststellungsverfahren, einem Bodenordnungsverfahren nach dem Landwirtschaftsanpassungsgesetz oder in einem Flurbereinigungsverfahren ausgelegten Plänen als solche kenntlich gemacht worden sind oder Teilstrecken im Zusammenhang mit Änderungen von unwesentlicher Bedeutung (§ 1 Abs. 1 Satz 1 des Verwaltungsverfahrensgesetzes Sachsen-Anhalt in Verbindung mit § 74 Abs. 7 des Verwaltungsverfahrensgesetzes) eingezogen werden sollen.

(5) Mit der Einziehung entfallen Gemeingebrauch (§ 14) und Sondernutzungen (§ 18 Abs. 1).
(6) ¹Wird eine Straße begradigt, unerheblich verlegt oder in sonstiger Weise den verkehrlichen Bedürfnissen angepaßt und wird damit ein Teil der öffentlichen Straßen dem Verkehr nicht nur vorübergehend entzogen, so gilt dieser Teil mit der Sperrung als eingezogen. ²Einer Ankündigung und öffentlichen Bekanntmachung bedarf es in diesem Fall nicht.
(7) ¹§ 6 Abs. 4 und 5 gilt entsprechend. ²Die Einziehung wird mit der Sperrung wirksam.

### § 9 Straßenbaulast
(1) ¹Die Straßenbaulast umfaßt alle mit dem Bau und der Unterhaltung der Straßen zusammenhängenden Aufgaben. ²Die Träger der Straßenbaulast haben nach ihrer Leistungsfähigkeit die Straßen in einem dem regelmäßigen Verkehrsbedürfnis genügenden Zustand zu bauen, zu unterhalten, zu erweitern oder sonst zu verbessern; dabei sind die sonstigen öffentlichen Belange, insbesondere des Fußgänger-, Radfahrer- und Behindertenverkehrs sowie des öffentlichen Personennahverkehrs einschließlich des Umwelt- und Naturschutzes, zu berücksichtigen.
(2) Soweit ein Träger der Straßenbaulast hierzu unter Berücksichtigung seiner Leistungsfähigkeit außerstande ist, hat die Straßenbaubehörde vorbehaltlich anderweitiger Maßnahmen der Straßenverkehrsbehörde auf einen nicht verkehrssicheren Zustand durch Verkehrszeichen hinzuweisen.
(3) ¹Bei öffentlichen Straßen auf Deichen umfaßt die Straßenbaulast auch die Pflicht zur Beseitigung von Schäden am Deichkörper, die durch Benutzung der Straße entstehen. ²Die nach Wasserrecht zuständige Behörde kann verlangen, daß der Träger der Straßenbaulast die zur Unterhaltung der Straße notwendigen Arbeiten gegen Erstattung der Kosten dem Träger der Deicherhaltung überträgt.
(4) Die Träger der Straßenbaulast sollen im Rahmen ihrer Leistungsfähigkeit über die ihnen nach Absatz 1 obliegenden Aufgaben hinaus die Straßen bei Schnee und Eisglätte räumen und streuen; dabei ist den Erfordernissen des Umwelt- und Naturschutzes Rechnung zu tragen.

### § 10 Hoheitsverwaltung, bautechnische Sicherheit
(1) Die mit dem Bau und der Unterhaltung sowie der Erhaltung der Verkehrssicherheit der Straßen einschließlich der Bundesfernstraßen zusammenhängenden Pflichten obliegen den Organen und Bediensteten der damit befaßten Körperschaften und Behörden als Amtspflichten in Ausübung hoheitlicher Tätigkeit.
(2) ¹Die Straßen sind so herzustellen und zu unterhalten, daß sie den Erfordernissen der öffentlichen Sicherheit und Ordnung genügen. ²Die allgemein anerkannten Regeln der Baukunst und der Technik sind einzuhalten. ³Behördlicher Genehmigungen, Erlaubnisse und Abnahmen durch andere als die Straßenbaubehörden bedarf es, ausgenommen für Gebäude, nicht.

*Abschnitt 2*
**Eigentum**

### § 11 Wechsel der Straßenbaulast
(1) Beim Übergang der Straßenbaulast von einer Gebietskörperschaft auf eine andere gehen das Eigentum des bisherigen Trägers der Straßenbaulast an der Straße sowie alle Rechte und Pflichten, die mit der Straße in Zusammenhang stehen, entschädigungslos auf den neuen Träger der Straßenbaulast über.
(2) Absatz 1 gilt nicht für
1. das Eigentum an Nebenanlagen (§ 2 Abs. 2 Nr. 4);
2. das Eigentum an Leitungen, die der bisherige Träger der Straßenbaulast für Zwecke der öffentlichen Ver- und Entsorgung in die Straße verlegt hat;
3. Rechte und Pflichten des bisherigen Trägers der Straßenbaulast aus Gebietsversorgungsverträgen;
4. Verbindlichkeiten des bisherigen Trägers der Straßenbaulast aus der Durchführung früherer Bau- und Unterhaltungsmaßnahmen. Soweit diese Verbindlichkeiten dinglich gesichert sind, hat der neue Eigentümer einen Befreiungsanspruch.

(3) ¹Hat der bisherige Eigentümer berechtigt besondere Anlagen in der Straße gehalten, so ist der neue Eigentümer verpflichtet, diese in dem bisherigen Umfang zu dulden. ²Die §§ 16 und 18 Abs. 4 gelten entsprechend.
(4) ¹Der bisherige Träger der Straßenbaulast hat dem neuen Träger der Straßenbaulast dafür einzustehen, daß er die Straße in dem für die bisherige Straßengruppe gebotenen Umfang ordnungsgemäß

unterhalten und den notwendigen Grunderwerb durchgeführt hat. ²Ein Beitrag zum Um- und Ausbau der Straße entsprechend der geänderten Verkehrsbedeutung kann nicht gefordert werden.
(5) ¹Hat der bisherige Träger der Straßenbaulast für den Bau oder die Änderung der Straße das Eigentum an einem Grundstück erworben, so hat der neue Träger der Straßenbaulast einen Anspruch auf Übertragung des Eigentums. ²Steht dem bisherigen Träger der Straßenbaulast ein entsprechend Satz 1 erworbener Anspruch auf Übertragung des Eigentums an einem Grundstück zu, so ist er verpflichtet, das Eigentum an dem Grundstück zu erwerben und nach Erwerb auf den neuen Träger der Straßenbaulast zu übertragen. ³Die Verpflichtungen nach Satz 1 und 2 bestehen nur insoweit, als das Grundstück dauernd für die Straße benötigt wird. ⁴Dem bisherigen Träger der Straßenbaulast steht für Verbindlichkeiten, die nach dem Wechsel der Straßenbaulast fällig werden, gegen den neuen Träger der Straßenbaulast ein Anspruch auf Erstattung der Aufwendungen zu. ⁵Im übrigen wird das Eigentum ohne Entschädigung übertragen.
(6) ¹Bei Einziehung einer Straße kann der frühere Träger der Straßenbaulast innerhalb eines Jahres verlangen, daß ihm das nach Absatz 1 übergegangene Eigentum an Straßengrundstücken unentgeltlich übertragen wird. ²Absatz 3 gilt entsprechend.

### § 12 Grundbuchberichtigung und Vermessung

(1) ¹Bei Übergang des Eigentums an Straßen nach § 11 Abs. 1 soll der neue Träger der Straßenbaulast unverzüglich die Berichtigung des Grundbuches herbeiführen. ²Zum Nachweis des Eigentums gegenüber dem Grundbuchamt genügt die mit dem Amtssiegel oder Amtsstempel versehene Bestätigung der Straßenbehörde, daß das Grundstück dem neuen Träger der Straßenbaulast gehört.
(2) Für die Eintragung des Eigentumsübergangs in das Grundbuch nach § 11 Abs. 1 werden Gebühren und Auslagen nicht erhoben.
(3) Die Kosten für eine Vermessung oder Abmarkung des übergegangenen Grundstücks oder Grundstücksteils hat der neue Träger der Straßenbaulast zu tragen oder zu erstatten.

### § 13 Eigentumserwerb

(1) Der Träger der Straßenbaulast soll das Eigentum an den der Straße dienenden Grundstücken erwerben.
(2) ¹Stehen die für die Straße in Anspruch genommenen Grundstücke nicht im Eigentum des Trägers der Straßenbaulast, so hat dieser auf Antrag des Eigentümers oder eines sonst zur Nutzung dinglich Berechtigten die für die Straße in Anspruch genommenen Grundstücke oder dinglichen Rechte daran zu erwerben. ²Kommt innerhalb von vier Jahren nach Antragstellung zwischen dem Eigentümer oder einem sonst zur Nutzung dinglich Berechtigten und dem Träger der Straßenbaulast eine Einigung über den Erwerb der Grundstücke oder der dinglichen Rechte nicht zustande, so kann der Eigentümer oder der sonst zur Nutzung dinglich Berechtigte die Enteignung verlangen. ³Im übrigen gelten die allgemeinen Vorschriften über die Enteignung.
(3) Absatz 2 gilt nicht, wenn und solange dem Träger der Straßenbaulast eine Dienstbarkeit oder ein sonstiges dingliches Recht eingeräumt ist, das den Bestand der Straße sichert.
(4) ¹Bis zum Erwerb des für die Straßen in Anspruch genommenen Grundstücks nach Maßgabe des Absatzes 2 stehen dem Träger der Straßenbaulast die zur Erfüllung seiner Aufgaben erforderlichen Rechte zu. ²Er hat in diesem Zeitraum auch die Pflichten des Eigentümers wahrzunehmen. ³Die Befugnis nach Satz 1 erstreckt sich nicht auf die Übertragung oder dingliche Belastung des Eigentums am Grundstück.

*Abschnitt 3*
**Gemeingebrauch, Sondernutzungen und sonstige Nutzung**

### § 14 Gemeingebrauch, Anliegergebrauch

(1) ¹Der Gebrauch der öffentlichen Straße ist jedermann im Rahmen der Widmung und der Vorschriften des Straßenverkehrsrechts gestattet (Gemeingebrauch). ²Auf die Aufrechterhaltung des Gemeingebrauchs besteht kein Rechtsanspruch.
(2) Im Rahmen des Gemeingebrauchs hat der fließende Verkehr den Vorrang vor dem ruhenden Verkehr, soweit sich aus der Widmung der Straße und den Vorschriften des Straßenverkehrsrechts nichts anderes ergibt.

(3) Die Erhebung von Gebühren für die Ausübung des Gemeingebrauchs bedarf einer gesonderten gesetzlichen Regelung.
(4) Unbeschadet sonstiger öffentlich-rechtlicher Vorschriften dürfen Eigentümer und Besitzer von Grundstücken, die an einer öffentlichen Straße gelegen sind (Straßenanlieger), innerhalb der geschlossenen Ortslage die an die Grundstücke angrenzenden Straßenteile über den Gemeingebrauch hinaus auch für die Zwecke der Grundstücke benutzen, soweit diese Benutzung zur Nutzung des Grundstücks erforderlich ist, den Gemeingebrauch nicht dauernd ausschließt oder erheblich beeinträchtigt oder in den Straßenkörper eingreift.
(5) [1]Für die Benutzung einer zur Straße gehörenden Fähre kann der Straßenbaulastträger Gebühren erheben. [2]Eine Verpflichtung, die Fähre auch zur Nachtzeit zu betreiben, besteht nicht.

### § 15 Beschränkung des Gemeingebrauchs
[1]Der Gemeingebrauch kann durch die Straßenbaubehörden vorübergehend beschränkt werden, wenn und soweit dies wegen des baulichen Zustandes der Straße notwendig ist. [2]Die Beschränkungen sind von der Straßenbaubehörde kenntlich zu machen. [3]Die Straßenverkehrsbehörde und die Gemeinden, welche die Straße berührt, sind über wesentliche Beschränkungen unverzüglich zu unterrichten.

### § 16 Vergütung und Mehrkosten
(1) [1]Wenn eine Straße wegen der Art des Gemeingebrauchs durch einen anderen aufwendiger hergestellt oder ausgebaut werden muß, als es dem regelmäßigen Verkehrsbedürfnis entspricht, hat der andere dem Träger der Straßenbaulast die Mehrkosten für den Bau und die Unterhaltung zu vergüten. [2]Das gilt nicht für Haltestellenbuchten für den Linien- und Schulbusverkehr. [3]Der Träger der Straßenbaulast kann angemessene Vorschüsse oder Sicherheiten verlangen.
(2) Absatz 1 gilt entsprechend, wenn eine Straße aus anderen Gründen auf Veranlassung eines anderen aufwendiger hergestellt oder ausgebaut wird oder wenn Anlagen errichtet oder umgestaltet werden müssen, ohne daß der Träger der Straßenbaulast in Erfüllung seiner Aufgaben dazu verpflichtet ist.

### § 17 Verunreinigung und unbefugte Veränderungen
(1) [1]Wer eine Straße über das übliche Maß hinaus verunreinigt, Abfall oder Gegenstände unbefugt auf die Straße auch zur Entsorgung bringt, hat ohne Aufforderung deren Beseitigung unverzüglich vorzunehmen. [2]Ist der Verursacher zur Beseitigung nicht in der Lage, hat er die Polizei oder die Straßenmeisterei oder eine andere Stelle des Trägers der Straßenbaulast oder in Ortsdurchfahrten auch die Gemeinde unverzüglich zu benachrichtigen. [3]Der Träger der Straßenbaulast, in Ortsdurchfahrten die Gemeinden, kann die Beseitigung auf Kosten des Verursachers vornehmen oder vornehmen lassen, wenn dieser seinen Pflichten nach Satz 1 nicht nachkommt oder dazu nicht in der Lage ist. [4]Weitergehende bundes- und landesrechtliche Regelungen bleiben unberührt.
(2) [1]Eine Straße oder einzelne Bestandteile dürfen nicht unbefugt verändert, insbesondere beschädigt oder zerstört werden. [2]Wer entgegen dieser Vorschrift Veränderungen vornimmt, kann zur Übernahme der Kosten verpflichtet werden. [3]Ordnungsrechtliche Maßnahmen bleiben unberührt.
(3) Die Absätze 1 und 2 gelten für Bundesstraßen entsprechend.

### § 18 Sondernutzung
(1) [1]Die Benutzung einer Straße über den Gemeingebrauch hinaus ist Sondernutzung. [2]Sie bedarf der Erlaubnis der Straßenbaubehörde, in Ortsdurchfahrten der Erlaubnis der Gemeinde. [3]Soweit die Gemeinde nicht Träger der Straßenbaulast ist, darf sie die Erlaubnis nur mit Zustimmung der Straßenbaubehörde erteilen.
(2) [1]Die Erlaubnis darf nur auf Zeit oder Widerruf erteilt werden. [2]Sie kann mit Bedingungen und Auflagen verbunden werden. [3]Soweit die Gemeinde nicht Träger der Straßenbaulast ist, hat sie eine widerruflich erteilte Erlaubnis zu widerrufen, wenn die Straßenbaubehörde dies aus Gründen des Straßenbaues oder der Sicherheit oder Leichtigkeit des Verkehrs verlangt.
(3) Der Erlaubnisnehmer hat gegen den Erlaubnisgeber keinen Ersatzanspruch bei Widerruf der Erlaubnis oder bei Sperrung, Änderung oder Einziehung der Straße.
(4) [1]Der Erlaubnisnehmer hat Anlagen so zu errichten und zu unterhalten, daß sie den Anforderungen der Sicherheit und Ordnung sowie den anerkannten Regeln der Technik genügen. [2]Arbeiten an der Straße bedürfen der Zustimmung der Straßenbaubehörde. [3]Der Erlaubnisnehmer hat auf Verlangen der für die Erlaubnis zuständigen Behörde

1. die Anlagen zu ändern;
2. den benutzen Straßenteil in einen ordnungsgemäßen Zustand zu versetzen.

⁴Die Kosten hierfür trägt der Erlaubnisnehmer. ⁵Er hat dem Träger der Straßenbaulast alle Kosten zu ersetzen, die diesem durch die Sondernutzung entstehen. ⁶Hierfür kann der Träger der Straßenbaulast angemessene Vorschüsse und Sicherheiten verlangen.

(5) Wechselt der Träger der Straßenbaulast, so bleibt eine nach Absatz 1 erteilte Erlaubnis bestehen.

(6) Sonstige nach öffentlichem Recht erforderliche Genehmigungen, Erlaubnisse oder Bewilligungen werden durch die Sondernutzungserlaubnis nicht ersetzt.

(7) Bei Gefahr, bei höherer Gewalt, zur Hilfeleistung oder auf Grund einer Panne erforderliche Sondernutzungen bedürfen keiner Erlaubnis und sind gebührenfrei, soweit sie die unabweisbar notwendige Dauer nicht überschreiten und den Erfordernissen der Verkehrssicherheit hinreichend Rechnung getragen wird.

## § 19 Besondere Veranstaltungen und gewerbliche Nutzung

¹Ist nach den Vorschriften des Straßenverkehrsrechts eine Erlaubnis für eine übermäßige Straßennutzung oder eine Ausnahmegenehmigung erteilt, so bedarf es keiner Erlaubnis nach § 18. ²Vor ihrer Entscheidung hat die hierfür zuständige Behörde die sonst für die Sondernutzungserlaubnis zuständige Straßenbaubehörde zu hören. ³Die von dieser geforderten Bedingungen, Auflagen und Sondernutzungsgebühren sind dem Antragsteller in der Erlaubnis oder Ausnahmegenehmigung aufzuerlegen.

## § 20 Unerlaubte Benutzung einer Straße

(1) ¹Wird eine Straße ohne die erforderliche Erlaubnis benutzt oder werden Fahrzeuge oder andere Gegenstände verbotswidrig abgestellt oder kommt ein Erlaubnisnehmer seinen Verpflichtungen nicht nach, so kann die für die Erteilung der Erlaubnis zuständige Behörde die erforderlichen Maßnahmen zur Beendigung der Benutzung oder zur Erfüllung der Auflagen anordnen. ²Der Anordnung ist Folge zu leisten. ³Sind solche Anordnungen nicht oder nur unter unverhältnismäßigem Aufwand möglich oder nicht erfolgversprechend, so kann die zuständige Behörde nach Satz 1 den rechtswidrigen Zustand auf Kosten des Pflichtigen beseitigen oder beseitigen lassen.

(2) Die Straßenbaubehörde kann die von der Straße entfernten Gegenstände bis zur Erstattung ihrer Aufwendungen zurückbehalten.

(3) ¹Ist der Eigentümer oder Halter der von der Straße entfernten Gegenstände innerhalb angemessener Frist nicht zu ermitteln oder kommt er seinen Zahlungspflichten innerhalb von zwei Monaten nach Zahlungsaufforderung nicht nach oder holt er die Gegenstände innerhalb einer ihm schriftlich gestellten angemessenen Frist nicht ab, so kann die nach Absatz 2 zuständige Behörde die Gegenstände verwerten oder entsorgen; im übrigen bleiben die Zuständigkeiten nach den Abfallgesetzen unberührt. ²In der Aufforderung zur Zahlung oder Abholung ist auf die Folgen hinzuweisen. ³Im übrigen sind auf die Verwertung der Gegenstände die §§ 47 und 48 Abs. 3 des Gesetzes über die öffentliche Sicherheit und Ordnung des Landes Sachsen-Anhalt entsprechend anzuwenden.

(4) Die Absätze 2 und 3 gelten für Bundesfernstraßen entsprechend.

## § 21 Gebühren für Sondernutzung

¹Für Sondernutzungen können gemäß § 49 Abs. 1 Nr. 6 und § 50 Abs. 2 Sondernutzungsgebühren erhoben werden. ²Sie stehen in Ortsdurchfahrten den Gemeinden, im übrigen dem Träger der Straßenbaulast zu. ³Bei Bemessung der Gebühren sind Art und Ausmaß der Einwirkung auf die Straße und den Gemeingebrauch sowie das wirtschaftliche Interesse des Gebührenschuldners zu berücksichtigen.

## § 22 Straßenanlieger

(1) ¹Eine Zufahrt ist die für die Benutzung mit Fahrzeugen bestimmte Verbindung von Grundstücken oder von nichtöffentlichen Wegen mit einer Straße. ²Ein Zugang ist die sonstige Verbindung mit Grundstücken.

(2) ¹Zufahrten zu Landes- und Kreisstraßen außerhalb der zur Erschließung bestimmten Teile der Ortsdurchfahrten gelten als Sondernutzung im Sinne des § 18, wenn sie neu angelegt oder geändert werden. ²Eine Änderung liegt auch vor, wenn eine Zufahrt gegenüber dem bisherigen Zustand einem erheblich größeren oder einem andersartigen Verkehr als bisher dienen soll. ³Den Zufahrten stehen die Anschlüsse nichtöffentlicher Wege gleich.

(3) Einer Erlaubnis nach § 18 Abs. 1 bedarf es nicht für die Anlage neuer oder die Änderung bestehender Zufahrten
1. im Zusammenhang mit der Errichtung oder erheblichen Änderung baulicher Anlagen, wenn die Straßenbaubehörde nach § 24 Abs. 2 zustimmt oder nach § 24 Abs. 9 eine Ausnahme zugelassen hat,
2. in einem Bodenordnungsverfahren nach dem Landwirtschaftsanpassungsgesetz, einem Flurbereinigungsverfahren oder einem anderen förmlichen Verfahren. Die Straßenbaubehörde ist zu beteiligen.
(4) Für die Unterhaltung der Zufahrten, die nicht auf einer Erlaubnis nach § 18 Abs. 1 beruhen, gelten § 18 Abs. 4 Satz 1 und 2 sowie § 20 entsprechend.
(5) [1]Werden auf Dauer Zufahrten oder Zugänge durch die Änderung oder die Einziehung von Straßen unterbrochen oder wird ihre Benutzung erheblich erschwert, so hat der Träger der Straßenbaulast einen angemessenen Ersatz zu schaffen oder, soweit dies nicht zumutbar ist, eine angemessene Entschädigung in Geld zu leisten. [2]Kommt die Einigung über die Entschädigung nicht zustande, so gilt § 41 Abs. 4 entsprechend. [3]Mehrere Anliegergrundstücke können durch eine gemeinsame Zufahrt oder einen gemeinsamen Zugang angeschlossen werden, deren Unterhaltung nach Absatz 4 den Anliegern gemeinsam obliegt. [4]Die Verpflichtung nach Satz 1 entsteht nicht, wenn die Grundstücke eine anderweitige ausreichende Verbindung zu dem öffentlichen Wegenetz besitzen oder wenn die Zufahrten auf einer widerruflichen Erlaubnis beruhen.
(6) [1]Werden für längere Zeit Zufahrten oder Zugänge durch Straßenarbeiten unterbrochen oder wird ihre Benutzung erheblich erschwert, ohne daß von Behelfsmaßnahmen eine wesentliche Entlastung ausgeht, und wird dadurch die wirtschaftliche Existenz eines anliegenden Betriebes gefährdet, so kann dessen Inhaber eine Entschädigung in der Höhe des Betrages beanspruchen, der erforderlich ist, um das Fortbestehen des Betriebes bei Anspannung der eigenen Kräfte und unter Berücksichtigung der gegebenen Anpassungsmöglichkeiten zu sichern. [2]Der Anspruch richtet sich gegen den, zu dessen Gunsten die Arbeiten im Straßenbereich erfolgen. [3]Absatz 5 Satz 4 gilt entsprechend.
(7) [1]Soweit es die Sicherheit oder Leichtigkeit des Verkehrs erfordert, kann die Straßenbaubehörde nach Anhörung des Betroffenen anordnen, daß Zufahrten oder Zugänge geändert oder verlegt oder wenn das Grundstück eine anderweitige ausreichende Verbindung zu dem öffentlichen Wegenetz besitzt, geschlossen werden. [2]Absatz 5 Satz 4 gilt entsprechend. [3]Die Befugnis zum Widerruf einer Erlaubnis für Zufahrten nach § 18 Abs. 2 bleibt unberührt.
(8) Wird durch den Bau oder die Änderung einer Straße der Zutritt von Licht oder Luft zu einem Grundstück auf Dauer entzogen oder erheblich beeinträchtigt, so hat der Träger der Straßenbaulast für dadurch entstehende Vermögensnachteile eine angemessene einmalige Entschädigung in Geld zu gewähren.
(9) Hat der Entschädigungsberechtigte die Entstehung eines Vermögensnachteiles mitverursacht, so gilt § 254 des Bürgerlichen Gesetzbuches entsprechend.
(10) Den Eigentümern oder Besitzern von Grundstücken, die an einer Straße liegen (Straßenanlieger), steht kein Anspruch darauf zu, daß die Straße nicht geändert oder nicht eingezogen wird.

## § 23 Sonstige Nutzung

(1) [1]Die Einräumung von Rechten zur Benutzung des Eigentums der Straßen richtet sich nach bürgerlichem Recht, wenn sie den Gemeingebrauch nicht beeinträchtigt. [2]Eine vorübergehende Beeinträchtigung für Zwecke der öffentlichen Versorgung oder der Entsorgung bleibt hierbei außer Betracht.
(2) In Ortsdurchfahrten, deren Straßenbaulast nicht bei der Gemeinde liegt, hat der Träger der Straßenbaulast auf Antrag der Gemeinde die Verlegung von Leitungen, die für Zwecke der öffentlichen Ver- und Entsorgung der Gemeinde erforderlich sind, unentgeltlich zu gestatten, wenn die Verlegung in den in seiner Baulast befindlichen Straßenteile notwendig ist.
(3) [1]Im übrigen dürfen in Ortsdurchfahrten, deren Straßenbaulast nicht bei der Gemeinde liegt, staatliche Versorgungsleitungen sowie Leitungen zur Abwasserbeseitigung nur mit Zustimmung der Gemeinde verlegt werden. [2]Die Zustimmung ist zu erteilen, wenn es das Wohl der Allgemeinheit erfordert. [3]Will die Gemeinde die Zustimmung versagen, so bedarf sie hierzu der Genehmigung der oberen Kommunalaufsichtsbehörde. [4]Der Zustimmung bedarf es nicht, wenn es sich um Leitungen eines Versorgungsunternehmens handelt, welches das Recht hat, die Gemeindestraßen zur Versorgung des Gemeindegebietes zu benutzen.

(4) Soweit eine vertragliche Regelung nicht besteht, gilt § 18 Abs. 4 entsprechend.
(5) ¹Erfolgt eine Straßenentwässerung über eine nicht straßeneigene, von der Gemeinde oder dem Abwasserverband eingerichtete Abwasseranlage, so beteiligt sich der Träger der Straßenbaulast an den Kosten der Herstellung oder Erneuerung dieser Anlage in dem Umfang, wie es der Bau einer eigenen Straßenentwässerung erfordern würde. ²Der Gemeinde obliegt die schadlose Abführung des Straßenoberflächenwassers. ³Für die Inanspruchnahme der Entwässerungsanlage ist darüber hinaus kein Entgelt zu erheben.

*Abschnitt 4*
**Anbau an Straßen und Schutzmaßnahmen**

**§ 24 Bauliche Anlagen an Straßen**

(1) ¹Außerhalb der zur Erschließung der anliegenden Grundstücke bestimmten Teile der Ortsdurchfahrten dürfen längs der Landes- oder Kreisstraßen
1. Hochbauten jeder Art in einer Entfernung bis zu 20 Meter, gemessen vom äußeren Rand der befestigten Fahrbahn,
2. bauliche Anlagen im Sinne des Gesetzes über die Bauordnung, die über Zufahrten oder mittelbar angeschlossen werden sollen,

nicht errichtet werden. ²Satz 12 Nr. 1 gilt entsprechend für Aufschüttungen oder Abgrabungen größeren Umfangs. ³Weitergehende bundes- oder landesrechtliche Vorschriften bleiben unberührt.
(2) ¹Im übrigen bedürfen Baugenehmigungen oder nach anderen Vorschriften notwendige Genehmigungen der Zustimmung der Straßenbaubehörde, wenn
1. bauliche Anlagen längs der Landes- oder Kreisstraße außerhalb der zur Erschließung der anliegenden Grundstücke bestimmten Teile der Ortsdurchfahrten in einer Entfernung bis zu 40 Meter, gemessen vom äußeren Rand der befestigten Fahrbahn, errichtet, erheblich geändert oder anders genutzt werden sollen,
2. bauliche Anlagen auf Grundstücken, die außerhalb der zur Erschließung der anliegenden Grundstücke bestimmten Teile der Ortsdurchfahrten über Zufahrten an Landes- oder Kreisstraßen unmittelbar oder mittelbar angeschlossen sind, erheblich geändert oder anders genutzt werden sollen.

²Weitergehende bundes- oder landesrechtliche Vorschriften bleiben unberührt.
(3) Die Zustimmung nach Absatz 2 darf nur versagt oder mit Bedingungen und Auflagen erteilt werden, soweit dies wegen der Sicherheit oder Leichtigkeit des Verkehrs, der Ausbauabsichten oder der Straßenbaugestaltung nötig ist.
(4) Die Belange nach Absatz 3 sind auch bei der Erteilung von Baugenehmigungen innerhalb der zur Erschließung der anliegenden Grundstücke bestimmten Teile der Ortsdurchfahrten von Landes- und Kreisstraßen zu beachten.
(5) ¹Bei geplanten Straßen gelten die Beschränkungen nach Absatz 1 und 2 von Beginn der Auslegung der Pläne im Planfeststellungsverfahren oder von dem Zeitpunkt an, zu dem den Betroffenen Gelegenheit gegeben wird, den Plan entsprechend den Vorschriften des Verwaltungsverfahrensrechts zum Anhörungsverfahren einzusehen. ²Die Baugenehmigungsbehörden sollen von einer ihnen gesetzlich zustehenden Möglichkeit, eine Baugenehmigung schon in einem früheren Zeitpunkt zu verweigern, Gebrauch machen.
(6) Bedürfen die baulichen Anlagen im Sinne des Absatzes 2 keiner Baugenehmigung oder keiner Genehmigung nach anderen Vorschriften, so tritt an die Stelle der Zustimmung die Genehmigung der Straßenbaubehörde.
(7) ¹Anlagen der Außenwerbung stehen außerhalb der zur Erschließung der anliegenden Grundstücke bestimmten Teile der Ortsdurchfahrten den Hochbauten des Absatzes 1 und den baulichen Anlagen des Absatzes 2 gleich. ²An Brücken über Landes- oder Kreisstraßen außerhalb dieser Teile der Ortsdurchfahrten dürfen Anlagen der Außenwerbung nicht angebracht werden. ³Weitergehende bundes- oder landesrechtliche Vorschriften bleiben unberührt.
(8) Die Absätze 1 bis 6 gelten nicht, wenn das Bauvorhaben den Festsetzungen eines Bebauungsplanes im Sinne des Baugesetzbuches entspricht, der mindestens die Begrenzung der Verkehrsflächen sowie die an diesen gelegenen überbaubaren Grundstücksflächen enthält und unter Mitwirkung der Straßenbaubehörde zustande gekommen ist.

(9) [1]Die Straßenbaubehörde kann im Einzelfall Ausnahmen von den Verboten der Absätze 1, 5 und 7 zulassen, wenn die Durchführung der Vorschriften im Einzelfalle zu einer offenbar nicht beabsichtigten Härte führen würde und die Abweichung mit den öffentlichen Belangen vereinbart ist oder wenn Gründe des Wohls der Allgemeinheit die Abweichung erfordern. [2]Ausnahmen können mit Bedingungen und Auflagen versehen werden.

(10) [1]Wird infolge der Anwendung der Absätze 1, 2, 5 und 6 die bauliche Nutzung eines Grundstücks, auf deren Zulassung bisher ein Rechtsanspruch bestand, ganz oder teilweise aufgehoben, so kann der Eigentümer insoweit eine angemessene Entschädigung in Geld verlangen, als seine Vorbereitungen zur baulichen Nutzung des Grundstücks in dem bisher zulässigen Umfang für ihn an Wert verlieren oder eine wesentliche Wertminderung des Grundstücks eintritt. [2]Zur Entschädigung ist der Träger der Straßenbaulast verpflichtet.

(11) Im Falle des Absatzes 5 entsteht der Anspruch nach Absatz 10 erst, wenn der Plan unanfechtbar geworden oder mit der Ausführung begonnen worden ist, spätestens jedoch nach Ablauf von vier Jahren, nachdem die Beschränkungen der Absätze 1 und 2 in Kraft getreten sind.

### § 25 Straßenschutzgehölze, Schutzwaldungen

(1) Waldungen und Gehölze längs der Straßen mit einer Breite bis zu 20 Meter, gemessen vom äußeren Rand der Fahrbahn, können von der oberen Forstbehörde auf Antrag der Straßenbaubehörde zu Schutzwaldungen erklärt werden, soweit dies zum Schutz der Straße gegen nachteilige Einwirkungen der Natur oder im Interesse der Sicherheit des Verkehrs notwendig ist.

(2) [1]Die Schutzwaldungen sind vom Nutzungsberechtigten zu erhalten und den Schutzzwecken entsprechend zu bewirtschaften. [2]Die Überwachung obliegt der unteren Forstbehörde im Benehmen mit der Straßenbaubehörde. [3]Der Nutzungsberechtigte kann vom Träger der Straßenbaulast insoweit eine angemessene Entschädigung in Geld verlangen, als ihm durch die Verpflichtung nach Satz 1 Vermögensnachteile entstehen.

(3) Forstrechtliche Vorschriften des Landes bleiben davon unberührt.

### § 26 Schutzmaßnahmen

(1) [1]Die Eigentümer und Besitzer der der Straße benachbarten Grundstücke haben die zum Schutz der Straße vor nachteiligen Einwirkungen der Natur, wie Schneeverwehungen, Steinschlag, Vermurungen, Überschwemmungen, notwendigen Vorkehrungen zu dulden. [2]Die Straßenbaubehörde hat dem Betroffenen die Durchführung der Maßnahmen mindestens zwei Wochen vorher schriftlich anzuzeigen, es sei denn, daß Gefahr im Verzuge ist. [3]Der Betroffene ist berechtigt, die Maßnahmen im Einvernehmen mit der Straßenbaubehörde selbst durchzuführen. [4]Der Träger der Straßenbaulast hat dem Betroffenen Aufwendungen und Schäden in Geld zu ersetzen, soweit diese nicht Folge von Veränderungen auf benachbarten Grundstücken sind, die die Betroffenen zu vertreten haben.

(2) [1]Anpflanzungen und Zäune sowie Stapel, Haufen oder andere mit dem Grundstück nicht fest verbundene Einrichtungen dürfen nicht angelegt oder unterhalten werden, wenn sie die Sicherheit oder Leichtigkeit des Verkehrs beeinträchtigen. [2]Werden sie entgegen Satz 1 angelegt oder unterhalten, so sind sie auf schriftliches Verlangen der Straßenbaubehörde von dem nach Absatz 1 Verpflichteten binnen angemessener Frist zu beseitigen. [3]Nach Ablauf der Frist kann die Straßenbaubehörde die Anpflanzung oder Einrichtung auf Kosten des Betroffenen beseitigen oder beseitigen lassen. [4]Dem Verpflichteten ist in der Verfügung nach Satz 2 diese Ersatzvornahme anzudrohen. [5]Er hat die erforderlichen Arbeiten auf seinem Grundstück zu dulden.

(3) [1]Im Falle des Absatzes 2 hat der Betroffene die Kosten zu tragen, die durch die Beseitigung der Einrichtung entstehen. [2]Das gilt nicht, wenn die Einrichtung schon bei Inkrafttreten dieses Gesetzes vorhanden war oder wenn die Voraussetzungen für ihre Beseitigung deswegen eintreten, weil die Straße neu angelegt oder ausgebaut worden ist; in diesen Fällen hat der Träger der Straßenbaulast dem Betroffenen Aufwendungen und Schäden in Geld zu ersetzen.

### § 27 Bepflanzung des Straßenkörpers

[1]Die Bepflanzung des Straßenkörpers bleibt dem Träger der Straßenbaulast vorbehalten. [2]Ihre Pflege und Unterhaltung ist Teil der Straßenbaulast. [3]Die Funktionsfähigkeit des Naturhaushalts sowie der Gestaltung des Landschaftsbildes soll dabei Rechnung getragen werden. [4]Die Straßenanlieger haben alle erforderlichen Maßnahmen zu dulden.

*Abschnitt 5*
**Straßenkreuzungen, Kreuzungen mit Gewässern, Umleitungen**

**§ 28 Kreuzungen öffentlicher Straßen**
(1) ¹Kreuzungen im Sinne dieses Gesetzes sind Überschneidungen öffentlicher Straßen in gleicher Höhe sowie Überführungen und Unterführungen. ²Einmündungen öffentlicher Straßen stehen den Kreuzungen gleich. ³Münden mehrere Straßen an einer Stelle in eine andere Straße ein, so gelten diese Einmündungen als Kreuzung aller beteiligten Straßen.
(2) ¹Über den Bau neuer sowie über die Änderung bestehender Kreuzungen wird vorbehaltlich des § 1 Abs. 1 Satz 1 des Verwaltungsverfahrensgesetzes Sachsen-Anhalt in Verbindung mit § 74 Abs. 6 und 7 des Verwaltungsverfahrensgesetzes durch die Planfeststellung entschieden. ²Diese soll zugleich die Aufteilung der Kosten regeln, soweit die beteiligten Baulastträger keine Vereinbarung hierüber geschlossen haben.
(3) Ergänzungen an Kreuzungsanlagen sind wie Änderungen zu behandeln.

**§ 29 Kostentragung beim Bau und bei der Änderung von Kreuzungen öffentlicher Straßen**
(1) ¹Beim Bau einer neuen Kreuzung mehrerer öffentlicher Straßen hat der Träger der Straßenbaulast der neu hinzugekommenen Straße die Kosten der Kreuzung zu tragen. ²Zu ihnen gehören auch die Kosten der Änderung, die durch die neue Kreuzung an den anderen öffentlichen Straßen unter Berücksichtigung der übersehbaren Verkehrsentwicklung notwendig sind. ³Die Änderung einer bestehenden Kreuzung ist als neue Kreuzung zu behandeln, wenn ein öffentlicher Weg, der nach der Beschaffenheit seiner Fahrbahn nicht geeignet und nicht dazu bestimmt war, einen allgemeinen Kraftfahrzeugverkehr aufzunehmen, zu einer diesem Verkehr dienenden Straße ausgebaut wird.
(2) Werden mehrere Straßen gleichzeitig angelegt oder an bestehenden Kreuzungen Anschlußstellen neu geschaffen, so haben die Träger der Straßenbaulast die Kosten der Kreuzungsanlage im Verhältnis der Fahrbahnbreiten der an der Kreuzung beteiligten Straßenäste zu tragen.
(3) Wird eine höhenungleiche Kreuzung geändert, so fallen die dadurch entstehenden Kosten
1. demjenigen Träger der Straßenbaulast zur Last, der die Änderung verlangt oder hätte verlangen müssen;
2. den beteiligten Trägern der Straßenbaulast zur Last, die die Änderung verlangen oder hätten verlangen müssen, und zwar im Verhältnis der Fahrbahnbreiten der an der Kreuzung beteiligten Straßenäste nach der Änderung.
(4) ¹Wird eine höhengleiche Kreuzung geändert, so gilt für die dadurch entstehenden Kosten der Änderung Absatz 2. ²Beträgt der durchschnittliche tägliche Verkehr mit Kraftfahrzeugen auf einem der an der Kreuzung beteiligten Straßenäste nicht mehr als 20 vom Hundert des Verkehrs auf anderen beteiligten Straßenästen, so haben die Träger der Straßenbaulast der verkehrsstärkeren Straßenäste im Verhältnis der Fahrbahnbreiten den Anteil der Änderungskosten mitzutragen, der auf den Träger der Straßenbaulast des verkehrsschwächeren Straßenastes entfallen würde.
(5) Bei der Bemessung der Fahrbahnbreiten sind die Rad- und Gehwege, die Trennstreifen und befestigten Seitenstreifen einzubeziehen.

**§ 30 Unterhaltung der Straßenkreuzungen**
(1) ¹Bei höhengleichen Kreuzungen hat der Träger der Straßenbaulast der höheren Straßengruppe die Kreuzungsanlage zu unterhalten. ²Bei Über- oder Unterführungen hat das Kreuzungsbauwerk der Träger der Straßenbaulast der höheren Straßengruppe, die übrigen Teile der Kreuzungsanlage der Träger der Straßenbaulast der Straßen, zu der sie gehören, zu unterhalten.
(2) ¹In den Fällen des § 29 Abs. 1 hat der Träger der Straßenbaulast der neu hinzukommenden Straße dem Träger der Straßenbaulast der vorhandenen Straße die Mehrkosten für die Unterhaltung zu erstatten, die ihm durch die Regelung nach Absatz 1 entstehen. ²Die Mehrkosten sind auf Verlangen eines Beteiligten abzulösen.
(3) Nach einer wesentlichen Änderung einer bestehenden Kreuzung haben die Träger der Straßenbaulast ihre veränderten Kosten für Unterhaltung und Erneuerung sowie für Wiederherstellung im Falle der Zerstörung durch höhere Gewalt ohne Ausgleich zu tragen.
(4) Die Vorschriften der Absätze 1 bis 3 gelten nicht, soweit etwas anderes vereinbart wird.

(5) Abweichende Regelungen werden in dem Zeitpunkt hinfällig, in dem nach Inkrafttreten dieses Gesetzes eine wesentliche Änderung an der Kreuzung durchgeführt wird.

### § 31 Kreuzungen mit Gewässern

(1) [1]Werden Straßen neu angelegt oder ausgebaut und müssen dazu Kreuzungen mit Gewässern (Brücken oder Unterführungen) hergestellt oder bestehende Kreuzungen geändert werden, so hat der Träger der Straßenbaulast die dadurch entstehenden Kosten zu tragen. [2]Die Kreuzungsanlagen sind so auszuführen, daß unter Berücksichtigung der übersehbaren Entwicklung der wasserwirtschaftlichen Verhältnisse der Wasserabfluß nicht nachteilig beeinflußt wird.
(2) [1]Werden Gewässer ausgebaut (§ 67 Abs. 2 Wasserhaushaltsgesetz) und werden dazu Kreuzungen mit Straßen hergestellt oder bestehende Kreuzungen geändert, so hat der Träger des Ausbauvorhaben die dadurch entstehenden Kosten zu tragen. [2]Wird eine neue Kreuzung erforderlich, weil ein Gewässer hergestellt wird, so ist die übersehbare Verkehrsentwicklung auf der Straße zu berücksichtigen. [3]Wird die Herstellung oder Änderung einer Kreuzung erforderlich, weil das Gewässer wesentlich umgestaltet wird, so sind die gegenwärtigen Verkehrsbedürfnisse zu berücksichtigen. [4]Verlangt der Träger der Straßenbaulast weitergehende Änderungen, so hat er die Mehrkosten hierfür zu tragen.
(3) Wird eine Straße neu angelegt und wird gleichzeitig ein Gewässer hergestellt oder aus anderen als straßenbaulichen Gründen wesentlich umgestaltet, so daß eine neue Kreuzung entsteht, so haben der Träger der Straßenbaulast und der Unternehmer des Gewässerausbaues die Kosten der Kreuzung je zur Hälfte zu tragen.
(4) [1]Werden eine Straße und ein Gewässer gleichzeitig ausgebaut und wird infolgedessen eine bestehende Kreuzungsanlage geändert oder durch einen Neubau ersetzt, so haben die Träger des Gewässerausbaus und der Träger der Straßenbaulast die dadurch entstehenden Kosten für die Kreuzungsanlage in dem Verhältnis zu tragen, in dem die Kosten bei getrennter Durchführung der Maßnahme zueinander stehen würden. [2]Gleichzeitigkeit im Sinne des Satzes 1 liegt vor, wenn baureife Pläne vorhanden sind, die eine gleichzeitige Baudurchführung ermöglichen.
(5) Kommt über die Kreuzungsmaßnahme oder ihre Kosten eine Einigung nicht zustande, so ist darüber durch Planfeststellung zu entscheiden.

### § 32 Unterhaltung der Kreuzungen mit Gewässern

(1) [1]Der Träger der Straßenbaulast hat die Kreuzungsanlage von Straßen und Gewässern auf seine Kosten zu unterhalten, soweit nichts anderes vereinbart oder durch Planfeststellung bestimmt wird. [2]Die Unterhaltungspflicht des Trägers der Straßenbaulast erstreckt sich nicht auf Leitwerke, Leitpfähle, Dalben, Absetzpfähle oder ähnliche Einrichtungen zur Sicherung der Durchfahrt unter Brücken im Zuge von Straßen für die Schiffahrt sowie auf Schiffahrtszeichen. [3]Soweit diese Einrichtungen auf Kosten des Trägers der Straßenbaulast herzustellen waren, hat dieser dem Unterhaltungspflichtigen die Unterhaltungskosten und die Kosten des Betriebes dieser Einrichtungen zu ersetzen oder abzulösen.
(2) [1]Wird im Falle des § 31 Abs. 2 eine neue Kreuzung hergestellt, hat der Träger des Ausbauvorhabens die Mehrkosten für die Unterhaltung und den Betrieb der Kreuzungsanlage zu erstatten oder abzulösen. [2]Ersparte Unterhaltungskosten für den Fortfall vorhandener Kreuzungsanlagen sind anzurechnen.
(3) Die Absätze 1 und 2 gelten nicht, wenn bei dem Inkrafttreten dieses Gesetzes die Tragung der Kosten auf Grund bestehender Rechtsverhältnisse geregelt ist.

### § 33 Umleitungen

(1) Bei vorübergehender Beschränkung des Gemeingebrauchs auf einer Straße gemäß § 15 sind die Träger der Straßenbaulast anderer öffentlicher Straßen einschließlich der Bundesfernstraßen verpflichtet, die Umleitungen des Verkehrs auf ihren Straßen zu dulden.
(2) Vor der Beschränkung sind der Träger der Straßenbaulast der Umleitungsstrecke, die Straßenverkehrsbehörden und die Gemeinden, deren Gebiet die Straße berührt, zu unterrichten.
(3) [1]Im Benehmen mit dem Träger der Straßenbaulast der Umleitungsstrecke ist festzustellen, welche Maßnahmen notwendig sind, um die Umleitungsstrecke für die Aufnahme des zusätzlichen Verkehrs verkehrssicher zu machen. [2]Die hierfür nötigen Mehraufwendungen sind dem Träger der Straßenbaulast der Umleitungsstrecke zu erstatten. [3]Das gilt auch für Aufwendungen, die der Träger der Straßenbaulast der Umleitungsstrecke zur Beseitigung wesentlicher durch die Umleitung verursachter Schäden machen muß.

(4) ¹Muß die Umleitung ganz oder zum Teil über private Wege geleitet werden, die dem öffentlichen Verkehr dienen, so ist der Eigentümer zur Duldung der Umleitung auf schriftliche Anforderung durch die Straßenbaubehörde verpflichtet. ²Absatz 3 Satz 1 und 2 gilt entsprechend. ³Der Träger der Straßenbaulast ist verpflichtet, nach Aufhebung der Umleitung auf Antrag des Eigentümers den früheren Zustand des Weges wieder herzustellen.

(5) Die Absätze 1 bis 4 gelten entsprechend, wenn neue Landes- oder Kreisstraßen vorübergehend über andere dem öffentlichen Verkehr dienende Straßen oder Wege an das Straßennetz angeschlossen werden müssen.

## Abschnitt 6
## Planung, Planfeststellung und Enteignung

### § 34 Planungen

(1) Bei Planungen, welche den Bau neuer oder die wesentliche Änderung bestehender Straßen von überörtlicher Bedeutung betreffen, sind die Grundsätze und Ziele der Raumordnung und der Landesplanung zu beachten.

(2) Bei örtlichen oder überörtlichen Planungen, welche die Änderung bestehender oder den Bau neuer Landes- oder Kreisstraßen zur Folge haben können, hat die planende Behörde das Benehmen mit der Straßenbaubehörde unbeschadet weitergehender gesetzlicher Vorschriften rechtzeitig herzustellen.

### § 35 Planungsgebiet

(1) ¹Um die Planung der Landes- und Kreisstraßen zu sichern, können durch Verordnung für die Dauer von höchstens zwei Jahren Planungsgebiete festgelegt werden. ²Die Gemeinden und Kreise, deren Bereich durch die festzulegenden Planungsgebiete betroffen wird, sind vorher zu hören. ³Die Frist kann, wenn besondere Umstände es erfordern, durch Verordnung auf höchstens drei Jahre verlängert werden. ⁴Die Festlegung nach Satz 1 tritt mit Beginn der Auslegung der Pläne im Planfeststellungsverfahren außer Kraft. ⁵Ihre Dauer ist auf die Frist des § 38 Abs. 3 Satz 1 anzurechnen.

(2) ¹Vom Tage des Inkrafttretens der Rechtsverordnung an dürfen auf dem vom Plan betroffenen Flächen bis zu ihrer Übernahme durch den Träger der Straßenbaulast wesentlich wertsteigernde oder den geplanten Straßenbau erheblich erschwerende Veränderungen nicht vorgenommen werden. ²Veränderungen, die in rechtlich zulässiger Weise vorher begonnen worden sind, Unterhaltungsarbeiten und die Fortführung einer bisher ausgeübten Nutzung werden hiervon nicht berührt.

(3) ¹Die Festlegung eines Planungsgebietes ist in Gemeinden, deren Bereich betroffen ist, ortsüblich bekanntzumachen. ²Planungsgebiete sind außerdem in Karten kenntlich zu machen, die in den Gemeinden während der Geltungsdauer der Festlegung zur Einsicht auszulegen sind.

(4) § 38 Abs. 4 findet entsprechende Anwendung.

### § 36 Vorarbeiten

(1) ¹Eigentümer und sonstige Nutzungsberechtigte haben zur Vorbereitung der Planung notwendige Vermessungen, Boden- und Grundwasseruntersuchungen einschließlich der vorübergehenden Anbringung von Markierungszeichen und sonstigen Vorarbeiten durch die Straßenbaubehörde oder von ihr Beauftragte zu dulden. ²Wohnungen dürfen nur mit Zustimmung des Wohnungsinhabers betreten werden. ³Satz 2 gilt nicht für Arbeits-, Betriebs- oder Geschäftsräume während der jeweiligen Arbeits-, Geschäfts- oder Aufenthaltszeiten.

(2) ¹Die Absicht, solche Arbeiten auszuführen, ist dem Eigentümer oder sonstigen Nutzungsberechtigten mindestens zwei Wochen vorher durch die Straßenbaubehörde bekanntzugeben. ²Sind Eigentümer oder sonstige Nutzungsberechtigte von Person nicht bekannt oder ist deren Aufenthalt unbekannt und lassen sie sich in angemessener Frist nicht ermitteln, kann die Benachrichtigung durch ortsübliche Bekanntmachung in den Gemeinden, in deren Bereich die Vorarbeiten durchzuführen sind, erfolgen.

(3) ¹Entstehen durch eine Maßnahme nach Absatz 1 einem Eigentümer oder sonstigen Nutzungsberechtigten unmittelbare Vermögensnachteile, so hat der Träger der Straßenbaulast eine angemessene Entschädigung in Geld zu leisten. ²Kommt eine Einigung über die Entschädigung nicht zustande, so setzt die Enteignungsbehörde auf Antrag der Straßenbaubehörde oder des Berechtigten die Entschädigung fest. ³Vor der Entscheidung sind die Beteiligten zu hören.

## § 37 Planfeststellung, Plangenehmigung

(1) ¹Landesstraßen dürfen nur gebaut oder wesentlich geändert werden, wenn der Plan vorher festgestellt ist. ²Für Kreisstraßen und für Gemeindestraßen kann auf Antrag des Trägers der Straßenbaulast eine Planfeststellung durchgeführt werden. ³Soweit eine Umweltverträglichkeitsprüfung erforderlich ist, ist ein Planfeststellungsverfahren durchzuführen. ⁴Für Planfeststellungsverfahren gilt § 1 Abs. 1 Satz 1 des Verwaltungsverfahrensgesetzes Sachsen-Anhalt in Verbindung mit den §§ 72 bis 78 des Verwaltungsverfahrensgesetzes, sofern im Folgenden nichts anderes bestimmt ist. ⁵Bei der Planfeststellung sind die von dem Vorhaben berührten öffentlichen und privaten Belange einschließlich der Umweltverträglichkeit abzuwägen.

(2) ¹Abweichend von Absatz 1 ist für den Neubau oder die Änderung von Straßen innerhalb des angemessenen Sicherheitsabstandes zu einem Betriebsbereich im Sinne des § 3 Abs. 5a und 5c des Bundes-Immissionsschutzgesetzes ein Planfeststellungsverfahren durchzuführen, wenn die geplante Maßnahme Ursache von schweren Unfällen in einem Betrieb im Sinne des Artikels 3 Nr. 13 der Richtlinie 2012/18/EU des Europäischen Parlaments und des Rates vom 4. Juli 2012 zur Beherrschung der Gefahren schwerer Unfälle mit gefährlichen Stoffen, zur Änderung und anschließenden Aufhebung der Richtlinie 96/82/EG des Rates (ABl. L 197 vom 24. 7. 2012, S. 1) sein kann oder durch sie das Risiko eines solchen Unfalls vergrößert werden kann oder die Folgen eines solchen Unfalls verschlimmert werden können; § 1 Abs. 1 Satz 1 des Verwaltungsverfahrensgesetzes Sachsen-Anhalt in Verbindung mit § 73 Abs. 3 Satz 2, § 74 Abs. 6 und 7 sowie § 76 Abs. 2 und 3 des Verwaltungsverfahrensgesetzes finden keine Anwendung. ²In den Fällen des Satzes 1 muss
1. die Bekanntmachung der Auslegung nach § 1 Abs. 1 Satz 1 des Verwaltungsverfahrensgesetzes Sachsen-Anhalt in Verbindung mit § 73 Abs. 5 des Verwaltungsverfahrensgesetzes die in Artikel 15 Abs. 2 der Richtlinie 2012/18/EU genannten Informationen enthalten und
2. der Plan, der der betroffenen Öffentlichkeit im Sinne des Artikels 3 Nr. 18 der Richtlinie 2012/18/EU zugänglich gemacht wird, zusätzlich die erforderlichen Angaben nach Artikel 15 Abs. 3 der Richtlinie 2012/18/EU enthalten.

(3) ¹Bebauungspläne nach § 9 des Baugesetzbuches ersetzen die Planfeststellung. ²Wird eine Ergänzung notwendig oder soll von Festsetzungen des Bebauungsplanes abgewichen werden, so ist insoweit der Bebauungsplan zu ändern oder zu ergänzen oder die Planfeststellung durchzuführen. ³In diesen Fällen gelten die §§ 40 und 44 des Baugesetzbuches.

(4) ¹Die Anhörungsbehörde kann von einer Erörterung nach § 1 Abs. 1 Satz 1 des Verwaltungsverfahrensgesetzes Sachsen-Anhalt in Verbindung mit § 73 Abs. 6 des Verwaltungsverfahrensgesetzes und § 18 Abs. 1 Satz 4 des Gesetzes über die Umweltverträglichkeitsprüfung absehen. ²Soll ein ausgelegter Plan geändert werden, kann im Regelfall von der Erörterung abgesehen werden. ³Findet keine Erörterung statt, so hat die Anhörungsbehörde ihre Stellungnahme innerhalb von sechs Wochen nach Ablauf der Einwendungsfrist abzugeben.

(5) ¹Die Entscheidung über die Erteilung einer Plangenehmigung trifft die Planfeststellungsbehörde. ²Sie kann auf Antrag des Trägers der Straßenbaulast das Vorliegen der Voraussetzungen des § 1 Abs. 1 Satz 1 des Verwaltungsverfahrensgesetzes Sachsen-Anhalt in Verbindung mit § 74 Abs. 7 des Verwaltungsverfahrensgesetzes feststellen.

(6) ¹Wird mit der Durchführung des Plans nicht innerhalb von fünf Jahren nach Eintritt der Unanfechtbarkeit begonnen, so tritt er außer Kraft, es sei denn, er wird vorher auf Antrag des Trägers der Straßenbaulast von der Planfeststellungsbehörde um höchstens fünf Jahre verlängert. ²Vor der Entscheidung ist eine auf den Antrag begrenzte Anhörung nach dem für die Planfeststellung vorgeschriebenen Verfahren durchzuführen. ³Für die Zustellung und Auslegung sowie die Anfechtung der Entscheidung über die Verlängerung sind die Bestimmungen über den Planfeststellungsbeschluss entsprechend anzuwenden.

## § 38 Veränderungssperre

(1) ¹Vom Beginn der Auslegung der Pläne im Planfeststellungsverfahren oder von dem Zeitpunkt an, zu dem den Betroffenen Gelegenheit gegeben wird, den Plan einzusehen (§ 73 Abs. 3 Satz 2 Verwaltungsverfahrensgesetz), dürfen auf den vom Plan betroffenen Flächen bis zu ihrer Übernahme durch den Träger der Straßenbaulast wesentlich wertsteigernde oder den geplanten Straßenbau erheblich erschwerende Veränderungen nicht vorgenommen werden. ²Veränderungen, die in rechtlich zulässiger

Weise vorher begonnen worden sind, Unterhaltungsarbeiten und die Fortführung einer bisher ausgeübten Nutzung werden hiervon nicht berührt.

(2) ¹Auf Antrag des Trägers der Straßenbaulast ordnet die Anhörungsbehörde an, daß die Veränderungssperre nicht nach Absatz 1 eintritt. ²Diese Anordnung ist zusammen mit der Bekanntmachung der Auslegung der Pläne ortsüblich bekannt zu machen.

(3) ¹Dauert die Veränderungssperre länger als vier Jahre, so können die Eigentümer für die dadurch entstandenen Vermögensnachteile vom Träger der Straßenbaulast eine angemessene Entschädigung in Geld verlangen. ²Sie können ferner die Übernahme der vom Plan betroffenen Flächen verlangen, wenn es ihnen mit Rücksicht auf die Veränderungssperre wirtschaftlich nicht zuzumuten ist, die Grundstücke in der bisherigen oder einer anderen zulässigen Art zu benutzen. ³Kommt eine Einigung über die Übernahme nicht zustande, so können die Eigentümer die Einziehung des Eigentums an den Flächen verlangen. ⁴Im übrigen gilt § 41 (Enteignung).

(4) Ausnahmen von der Veränderungssperre können zugelassen werden, wenn überwiegende Belange nicht entgegenstehen.

## § 39 Einstellung des Planfeststellungsverfahrens

¹Wird das Vorhaben vor Erlaß des Planfeststellungsbeschlusses aufgegeben, so stellt die Planfeststellungsbehörde das Verfahren durch Beschluß ein. ²Der Beschluß ist in den Gemeinden, in denen die Pläne ausgelegen haben, ortsüblich bekanntzumachen. ³Damit enden die Veränderungssperre nach § 38 und die Anbaubeschränkungen nach § 24 Abs. 5.

## § 40 Vorzeitige Besitzeinweisung

(1) ¹Ist der sofortige Beginn der Bauarbeiten geboten und weigert sich der Eigentümer oder Besitzer, den Besitz eines für die Straßenbaumaßnahme benötigten Grundstücks durch Vereinbarung unter Vorbehalt aller Entschädigungsansprüche zu überlassen, so hat die Enteignungsbehörde den Träger der Straßenbaulast auf Antrag nach Feststellung des Planes in den Besitz einzuweisen. ²Weiterer Voraussetzungen bedarf es nicht.

(2) ¹Die Enteignungsbehörde hat spätestens sechs Wochen nach Eingang des Antrages auf Besitzeinweisung mit den Beteiligten mündlich zu verhandeln. ²Hierzu sind die Straßenbaubehörde und die Betroffenen zu laden. ³Die Ladungsfrist beträgt drei Wochen. ⁴Mit der Ladung ist den Betroffenen der Antrag auf Besitzeinweisung mitzuteilen, und sie sind aufzufordern, etwaige Einwendungen gegen den Antrag vor der mündlichen Verhandlung bei der Enteignungsbehörde einzureichen. ⁵Die Betroffenen sind außerdem darauf hinzuweisen, daß auch bei Nichterscheinen über den Antrag auf Besitzeinweisung und andere im Verfahren zu erledigende Anträge entschieden werden kann.

(3) ¹Soweit der Zustand des Grundstücks von Bedeutung ist, hat die Enteignungsbehörde diesen bis zum Beginn der mündlichen Verhandlung in einer Niederschrift festzustellen oder durch einen Sachverständigen ermitteln zu lassen. ²Den Beteiligten ist eine Abschrift der Niederschrift oder des Ermittlungsergebnisses zu übersenden.

(4) ¹Der Beschluß über die Besitzeinweisung ist dem Antragsteller und den Betroffenen spätestens zwei Wochen nach der mündlichen Verhandlung zuzustellen. ²Die Besitzeinweisung wird mit dem von der Enteignungsbehörde bezeichneten Zeitpunkt wirksam. ³Dieser Zeitpunkt soll auf höchstens zwei Wochen nach Zustellung der Anordnung über die vorzeitige Besitzeinweisung an den unmittelbaren Besitzer festgesetzt werden. ⁴Durch die Besitzeinweisung wird dem Besitzer der Besitz entzogen und der Träger der Straßenbaulast wird Besitzer. ⁵Der Träger der Straßenbaulast darf auf dem Grundstück das im Antrag auf Besitzeinweisung bezeichnete Bauvorhaben ausführen und die dafür erforderlichen Maßnahmen treffen.

(5) ¹Der Träger der Straßenbaulast hat für die durch die vorzeitige Besitzeinweisung entstehenden Vermögensnachteile Entschädigung zu leisten, soweit diese Nachteile nicht durch die Verzinsung der Geldentschädigung für die Entziehung oder Beschränkung des Eigentums oder eines anderen Rechts ausgeglichen werden. ²Art und Höhe der Entschädigung sind von der Enteignungsbehörde in einem Beschluß festzusetzen.

(6) ¹Wird der festgestellte oder genehmigte Plan aufgehoben, so ist auch die vorzeitige Besitzeinweisung aufzuheben und der vorherige Besitzer wieder in den Besitz einzuweisen. ²Der Träger der Straßenbaulast hat für alle durch die vorzeitige Besitzeinweisung entstandenen besonderen Nachteile Entschädigung zu leisten.

(7) ¹§ 39 Abs. 1 und 2 des Enteignungsgesetzes des Landes Sachsen-Anhalt gilt entsprechend. ²Der Antrag auf Anordnung der aufschiebenden Wirkung gemäß § 39 Abs. 2 Satz 1 des Enteignungsgesetzes des Landes Sachsen-Anhalt in Verbindung mit § 224 des Baugesetzbuches und § 80 Abs. 5 Satz 1 der Verwaltungsgerichtsordnung kann nur innerhalb eines Monats nach der Zustellung des Besitzeinweisungsbeschlusses gestellt und begründet werden.

### § 41 Enteignung

(1) ¹Die Träger der Straßenbaulast haben zur Erfüllung ihrer Aufgaben das Enteignungsrecht. ²Die Enteignung ist zulässig, soweit sie zur Ausführung eines nach § 37 festgestellten Planes notwendig ist. ³Einer weiteren Feststellung der Zulässigkeit der Enteignung bedarf es nicht.

(2) Der festgestellte Plan ist dem Enteignungsverfahren zugrunde zu legen und für die Enteignungsbehörde bindend.

(3) Hat sich ein Betroffener mit der Übertragung oder Beschränkung des Eigentums oder eines anderen Rechts schriftlich einverstanden erklärt, wurde jedoch keine Einigung über die Entschädigung erzielt, kann das Entschädigungsverfahren durch die Enteignungsbehörde auf Antrag eines Beteiligten unmittelbar durchgeführt werden.

(4) Im übrigen gelten die enteignungsrechtlichen Vorschriften des Landes Sachsen-Anhalt.

(5) ¹Soweit der Träger der Straßenbaulast nach den §§ 22, 24, 25, 26 oder auf Grund eines Planfeststellungsbeschlusses oder einer Plangenehmigung nach § 37 verpflichtet ist, eine Entschädigung in Geld zu leisten und über die Höhe der Entschädigung keine Einigung zwischen dem Betroffenen und dem Träger der Straßenbaulast zustande kommt, entscheidet auf Antrag eines der Beteiligten die Enteignungsbehörde. ²Für das Verfahren gelten die enteignungsrechtlichen Vorschriften über die Feststellung von Entschädigungen entsprechend.

*Abschnitt 7*
**Träger der Straßenbaulast, Straßenaufsicht**

### § 42 Träger der Straßenbaulast

(1) ¹Das Land ist Träger der Straßenbaulast für die Landesstraßen. ²Die Landkreise und die kreisfreien Städte sind Träger der Straßenbaulast für die Kreisstraßen. ³Die Gemeinden sind Baulastträger der Gemeindestraßen. ⁴Der Träger der Straßenbaulast für sonstige öffentliche Straßen wird in der Widmungsverfügung bestimmt.

(2) ¹Die Gemeinden mit mehr als 50 000 Einwohnern sind Träger der Straßenbaulast für die Ortsdurchfahrten im Zuge von Landes- und Kreisstraßen. ²Maßgebend ist die Einwohnerzahl, die das Landesamt für Statistik am 31. Dezember des vorletzten Jahres ermittelt hat.

(3) ¹Werden Gemeindegrenzen geändert oder neue Gemeinden gebildet, ist die im Zeitpunkt der Bildung oder Änderung festgestellte Einwohnerzahl des neuen Gemeindegebietes maßgebend. ²In diesen Fällen wechselt die Straßenbaulast für die Ortsdurchfahrten, wenn sie bisher dem Land oder einem Landkreis oblag, spätestens mit Beginn des dritten Haushaltsjahres nach dem Jahr der Gebietsänderung, sonst mit der Gebietsänderung.

(4) ¹Eine Gemeinde mit mehr als 25 000 bis zu 50 000 Einwohnern kann Träger der Straßenbaulast für die Ortsdurchfahrten werden, wenn sie es mit Zustimmung der Straßenaufsichtsbehörde gegenüber der obersten Straßenbaubehörde erklärt; Absatz 2 Satz 2 und Absatz 3 Satz 1 gelten entsprechend. ²Die Straßenaufsichtsbehörde hat die Kommunalaufsichtsbehörde zu beteiligen. ³Die Zustimmung darf nur versagt werden, wenn Tatsachen vorliegen, die die Leistungsfähigkeit der Gemeinde zur Übernahme der Straßenbaulast ausschließen.

(5) ¹Soweit dem Land oder den Landkreisen die Straßenbaulast für die Ortsdurchfahrten obliegt, erstreckt sich diese nicht auf Gehwege, Parkplätze und damit in Zusammenhang stehende Entwässerungsanlagen; insoweit ist die Gemeinde Träger der Straßenbaulast. ²Dies gilt auch in den Fällen des § 5 Abs. 3 sowie in den Fällen des § 5 Abs. 3a des Bundesfernstraßengesetzes.

### § 43 Straßenbaulast Dritter

(1) § 42 gilt nicht, soweit die Straßenbaulast auf Grund anderer gesetzlicher Vorschriften oder auf Grund öffentlich-rechtlicher Verpflichtungen anderen Trägern obliegt oder übertragen wird.

(2) Bürgerlich-rechtliche Verpflichtungen Dritter zur Erfüllung der Aufgaben aus der Straßenbaulast lassen die Straßenbaulast als solche unberührt.

## § 44 Beauftragung Privater

(1) [1]Mit der Planung, der Finanzierung, dem Bau, der Unterhaltung oder dem Betrieb von öffentlichen Straßen können auch Private beauftragt oder beliehen werden. [2]Die nach § 6 Abs. 2 Satz 2 zuständige Straßenaufsichtsbehörde hat zuzustimmen. [3]§ 6 Abs. 2 Satz 3 gilt entsprechend.
(2) Die §§ 40 und 41 gelten entsprechend.

## § 45 Unterhaltung von Straßenteilen bei fremder Baulast

[1]Obliegt nach den §§ 43 oder 44 die Unterhaltung für im Zuge einer Straße gelegene Straßenteile, z.B. Brücken und Durchlässe, einem Dritten oder einem Privaten, so ist der nach § 42 an sich zuständige Träger der Straßenbaulast im Falle einer gegenwärtigen Gefahr berechtigt, nach vorheriger Ankündigung auf Kosten des Dritten oder des Privaten alle Maßnahmen zu ergreifen, die im Interesse der Erhaltung der Verkehrssicherheit erforderlich sind. [2]In dringenden Ausnahmefällen kann die vorherige Ankündigung unterbleiben.

## § 46 Straßenaufsicht

(1) [1]Die Erfüllung der Aufgaben, die den Trägern der Straßenbaulast nach den gesetzlichen Vorschriften obliegen, wird durch die Straßenaufsicht überwacht. [2]Sie ist gegenüber den Landkreisen, kreisfreien Städten, Gemeinden, Zweckverbänden und gegenüber anderen Trägern der Straßenbaulast im Sinne von § 43 Abs. 1 nur Rechtsaufsicht.
(2) [1]Kommt ein Träger der Straßenbaulast seinen Pflichten nicht nach, so kann die Straßenaufsichtsbehörde anordnen, daß er die notwendigen Maßnahmen innerhalb einer bestimmten Frist durchführt. [2]Kommt der Träger der Straßenbaulast der Anordnung nicht nach, so kann die Straßenaufsichtsbehörde die notwendigen Maßnahmen an seiner Stelle und auf seine Kosten selbst durchführen oder durch einen anderen durchführen lassen.
(3) Die Absätze 1 und 2 gelten für Beauftragte nach § 44 entsprechend.

## § 47 Straßenreinigung, Winterdienst

(1) [1]Die Gemeinde hat alle öffentlichen Straßen innerhalb der geschlossenen Ortslage zu reinigen. [2]Das gilt auch für Bundesstraßen.
(2) [1]Die Gemeinde ist zum Winterdienst auf Gehwegen und Fußgängerüberwegen nach Maßgabe ihrer Leistungsfähigkeit verpflichtet. [2]Diese Pflicht gilt auch in Bezug auf Gehwege und Fußgängerüberwege im Zuge von Ortsdurchfahrten von Bundesstraßen. [3]Soweit in Fußgängerzonen und in verkehrsberuhigten Bereichen besondere Gehwege nicht ausgewiesen sind, ist ein Streifen von 1,5 Meter Breite als Gehweg zu behandeln.
(3) Die Gemeinde kann für Ortsdurchfahrten von Bundes-, Landes- oder Kreisstraßen den Winterdienst nach § 9 Abs. 4 dieses Gesetzes oder nach § 3 Abs. 3 des Bundesfernstraßengesetzes einschließlich der bezüglich winterlicher Witterungsverhältnisse bestehenden Verkehrssicherungspflicht durch Vereinbarung mit dem Straßenbaulastträger übernehmen.
(4) Individuelle Ansprüche von Straßenbenutzern auf Durchführung des Winterdienstes oder der Reinigung sind, unbeschadet der Wahrnehmung der Verkehrssicherungspflicht, ausgeschlossen.

*Abschnitt 8*
**Ordnungswidrigkeiten, Übergangs- und Schlußvorschriften**

## § 48 Ordnungswidrigkeiten

(1) Ordnungswidrig handelt, wer vorsätzlich oder fahrlässig
1. entgegen § 17 Abs. 1 eine von ihm verursachte Verunreinigung einer öffentlichen Straße nicht unverzüglich beseitigt oder unbefugt Abfall oder Gegenstände auf die Straße gebracht hat oder die zuständige Behörde nicht unverzüglich benachrichtigt;
2. entgegen § 17 Abs. 2 eine öffentliche Straße oder einzelne Bestandteile verändert;
3. entgegen § 18 Abs. 1 eine Straße über den Gemeingebrauch hinaus ohne Erlaubnis benutzt oder einer nach § 18 Abs. 2 Satz 2 erteilten vollziehbaren Auflage nicht nachkommt;
4. entgegen § 18 Abs. 4 Satz 1 Anlagen nicht vorschriftsmäßig errichtet oder unterhält oder einem vollziehbaren Verlangen nach § 18 Absatz 4 Satz 3 nicht Folge leistet;
5. entgegen § 20 Abs. 1 Satz 2 einer vollziehbaren Anordnung nicht Folge leistet;
6. entgegen § 22 Abs. 4 Zufahrten nicht vorschriftsmäßig unterhält;

7. einer nach § 22 Abs. 7 ergangenen vollziehbaren Anordnung nicht nachkommt;
8. entgegen § 24 Abs. 1 oder 2 bauliche Anlagen errichtet, ändert oder anders nutzt oder vollziehbaren Auflagen nicht nachkommt, unter denen die Straßenbaubehörde eine Ausnahme zugelassen oder eine Zustimmung erteilt hat;
9. entgegen § 26 Abs. 1 Satz 1 die notwendigen Einrichtungen nicht duldet oder entgegen § 26 Abs. 2 Satz 1 Anpflanzungen oder Einrichtungen, die die Verkehrssicherheit beeinträchtigen, anlegt, unterhält oder entgegen § 26 Abs. 2 Satz 5 ihre Beseitigung nicht duldet;
10. entgegen § 36 Abs. 1 Vorarbeiten oder die vorübergehende Anbringung von Markierungszeichen nicht duldet.

(2) Ordnungswidrigkeiten können mit einer Geldbuße bis zu 5000 Euro geahndet werden.

### § 49 Verordnungsermächtigungen

(1) Die Landesregierung wird ermächtigt, durch Verordnung
1. die der obersten Straßenbaubehörde nach diesem Gesetz obliegenden Aufgaben anderen Behörden des Landes zu übertragen;
2. die zuständigen Behörden und Stellen für die Ausführung dieses Gesetzes und der auf ihm beruhenden Rechtsvorschriften zu bestimmen, soweit dieses Gesetz nicht bereits die Zuständigkeitsregelung trifft;
3. die für die Ausführung des Bundesfernstraßengesetzes zuständigen Behörden und Stellen zu bestimmen, soweit nach dem Bundesfernstraßengesetz die Zuständigkeit von Landesbehörden begründet ist (§ 22 Abs. 4 Bundesfernstraßengesetz);
4. die zuständigen Behörden und Stellen für die Ausführung des Gesetzes über Kreuzungen von Eisenbahnen und Straßen zu bestimmen;
5. Planungsgebiete entsprechend § 35 Abs. 1 festzulegen und generelle Ausnahmen nach § 35 Abs. 4 und § 38 Abs. 4 zuzulassen. Diese Befugnis kann auch auf die Anhörungs- oder die Planfeststellungsbehörde weiterübertragen werden;
6. Vorschriften über die Erhebung und die Höhe der dem Land zustehenden Sondernutzungsgebühren zu erlassen;
7. die Errichtung, den Inhalt und die Einsichtnahme in die Verzeichnisse nach § 4 zu bestimmen;
8. Vorschriften über den Umfang der Kosten nach den §§ 29 und 31 zu bestimmen;
9. generell zu bestimmen, welche Straßenanlagen zur Kreuzungsanlage und welche Teile einer Kreuzung nach § 30 Abs. 1 zu der einen oder anderen Straße gehören;
10. näher zu bestimmen, welche Anlagen einer Straße oder eines Gewässers zur Kreuzungsanlage nach § 32 gehören;
11. das Nähere über die Berechnung und die Zahlung von Ablösebeträgen nach § 30 Abs. 2 und nach § 32 Abs. 2 zu bestimmen;
12. die Mindestanforderungen für die technische Ausgestaltung der Straßen, für die nicht das Land die Baulast trägt, zu bestimmen.

(2) ¹Die kommunalen Straßenbaulastträger sind
1. Straßenbaubehörden für die in ihrer Baulast stehenden Straßen, Straßenteile und Ortsdurchfahrten;
2. Anhörungs- und Planfeststellungsbehörde für die in ihrer Baulast stehenden Straßen mit Ausnahme der Ortsdurchfahrten im Zuge von Bundesfern-, Landes- und Kreisstraßen.

²Die Gemeinde ist Straßenbaubehörde für die sonstigen öffentlichen Straßen (§ 3 Abs. 1 Nr. 4). ³Die Landesregierung wird ermächtigt, durch Verordnung die Wahrnehmung von weiteren Aufgaben oder Befugnissen Landkreisen und Gemeinden zu übertragen.

(3) Die Ermächtigungen nach Absatz 1 können durch Verordnung auf das für Verkehr zuständige Ministerium und im Falle des Absatzes 1 Nr. 4 auch auf eine nachgeordnete Behörde weiterübertragen werden.

### § 50 Satzungen

(1) Die Gemeinden können durch Satzung
1. Sondernutzungen in den Ortsdurchfahrten und in Gemeindestraßen von der Erlaubnis befreien und die Ausübung regeln. Soweit die Gemeinde nicht Träger der Straßenbaulast ist, bedarf die Satzung der Zustimmung der Straßenbaubehörde;

2. festlegen, daß für bestimmte Gemeindestraßen außerhalb der geschlossenen Ortslage § 24 Abs. 1 bis 3, 5 bis 7, 10 und 11 insgesamt entsprechend anzuwenden ist, wobei die in den Absätzen 1 und 2 genannten Abstände geringer festgesetzt werden können;
3. die nach § 47 geregelte Verpflichtung zum Reinigen und zum Winterdienst den Eigentümern oder Besitzern der durch öffentliche Straßen erschlossenen Grundstücke auferlegen oder sie zu den entsprechenden Kosten heranziehen. Die Reinigungspflichten können nicht auferlegt werden, wenn sie den Eigentümern wegen der Verkehrsverhältnisse nicht zuzumuten sind. Die Heranziehung zu den Kosten regelt sich nach den Vorschriften des kommunalen Abgabenrechts. Bei Inkrafttreten dieses Gesetzes bestehende weitergehende Verpflichtungen der Eigentümer oder Besitzer der anliegenden Grundstücke und Verpflichtungen Dritter bleiben unberührt;
4. die Verpflichtung zum Reinigen und zum Winterdienst auf solche öffentliche Straßen außerhalb der geschlossenen Ortslage ausdehnen, an die bebaute Grundstücke angrenzen;
5. Art und Ausmaß des Streuens der Gehwege regeln. Dabei ist der Einsatz von Auftausalzen und anderen Mitteln, die sich umweltschädlich auswirken können, so gering wie möglich zu halten.
(2) Die Landkreise und Gemeinden können die ihnen zustehenden Sondernutzungsgebühren durch Satzung regeln.

### § 51 Übergangs- und Überleitungsvorschriften
(1) Bezirksstraßen, die
1. als Landstraßen I. Ordnung (LIO) eingestuft waren, sind Landesstraßen im Sinne des § 3 Abs. 1 Nr. 1;
2. als Landstraßen II. Ordnung (LIIO) eingestuft waren, sind Kreisstraßen im Sinne des § 3 Abs. 1 Nr. 2.
(2) Die bisherigen Kreisstraßen bleiben Kreisstraßen im Sinne des § 3 Abs. 1 Nr. 2.
(3) Die bisherigen Stadt- und Gemeindestraßen sind Gemeindestraßen im Sinne des § 3 Abs. 1 Nr. 3.
(4) [1]Die bisherigen betrieblich-öffentlichen Straßen gemäß § 3 Abs. 3 der Straßenverordnung vom 22. August 1974 (GBl. I S. 515), geändert durch § 17 Abs. 2 der Verordnung zur Gewährleistung von Ordnung und Sicherheit in der Umgebung von Verkehrsanlagen vom 12. Dezember 1978 (GBl. 1979 I S. 9), werden Gemeindestraßen, wenn sie die Voraussetzungen des § 3 Abs. 1 Nr. 3 erfüllen oder sie werden sonstige öffentliche Straßen nach § 3 Abs. 1 Nr. 4 oder Privatwege. [2]Die Entscheidung darüber trifft die Gemeinde nach Anhörung des bisherigen Rechtsträgers oder Eigentümers. [3]Bei landwirtschaftlichen Straßen und Wegen ist zusätzlich das Benehmen mit der Flurneuordnungsbehörde herzustellen. [4]§ 7 Abs. 2 und § 8 Abs. 2 und 3 gelten entsprechend.
(5) [1]Innerhalb eines angemessenen Zeitraums ist zu überprüfen, ob die Straßen entsprechend ihrer Verkehrsbedeutung gemäß § 3 eingruppiert sind. [2]Bei Vorliegen der Voraussetzungen ist nach den Bestimmungen des § 7 eine Umstufung vorzunehmen. [3]Auf diese Fälle findet § 11 Abs. 4 Satz 1 keine Anwendung.
(6) [1]Mit dem Inkrafttreten dieses Gesetzes gehen das Eigentum an öffentlichen Straßen sowie alle Rechte und Pflichten, die mit der Straße in Zusammenhang stehen, ohne Entschädigung auf den Träger der Straßenbaulast über, soweit das Eigentum bisher bereits dem Land, einem Landkreis oder einer Gemeinde zustand. [2]§ 11 Abs. 2, 3 und 5 sowie § 12 Abs. 1 gelten entsprechend.
(7) Soweit die Grenzen der Ortsdurchfahrten nicht den Voraussetzungen des § 5 entsprechen, sind sie neu festzusetzen.
(8) [1]Nach früherem Recht bewilligte Nutzungen an Straßen gelten als Sondernutzungen (§ 18) oder sonstige Nutzungen (§ 23) nach diesem Gesetz. [2]Werden sonstige Nutzungen verändert, ist der Abschluß eines Nutzungsvertrages erforderlich.
(9) Die §§ 29 und 31 finden keine Anwendung auf Bauvorhaben, die vor Inkrafttreten dieses Gesetzes zugelassen waren oder für die eine Kostenregelung vereinbart worden war.

### § 52 Technische Verwaltung
[1]Die Landkreise können durch Vereinbarung die technische Verwaltung der Kreisstraßen der Landesstraßenbaubehörde Sachsen-Anhalt gegen Erstattung der entstehenden Kosten übertragen. [2]Die Straßenbaulast bleibt unberührt.

# Verordnung
# zur Durchführung straßenrechtlicher Vorschriften
# für das Land Sachsen-Anhalt
# (StrVO LSA)

Vom 18. März 1994 (GVBl. LSA S. 493, ber. GVBl. LSA 1995, S. 3)
(BS LSA 913.3)
zuletzt geändert durch § 1 Zweite ÄndVO vom 23. März 2012 (GVBl. LSA S. 122)

Auf Grund des § 49 Abs. 1 Nrn. 2 bis 5, Abs. 3 des Straßengesetzes für das Land Sachsen-Anhalt (StrG LSA) vom 6. Juli 1993 (GVBl. LSA S. 334), geändert durch Gesetz vom 13. Dezember 1993 (GVBl. LSA S. 767), und des § 8 Abs. 3 Satz 4, § 9a Abs. 3 Satz 3 des Bundesfernstraßengesetzes in der Fassung vom 8. August 1990 (BGBl. I S. 1714), geändert durch Artikel 2 des Planungsvereinfachungsgesetzes vom 17. Dezember 1993 (BGBl. I S. 2123), wird verordnet:

*Abschnitt I*
**Zuständigkeiten und Aufgabenübertragungen**

### § 1 Zuständigkeiten der Straßenbaubehörden
(1) Oberste Straßenbaubehörde ist das für Straßenbau zuständige Ministerium.
1. Die Zuständigkeiten der obersten Landesstraßenbaubehörde nach § 5 Abs. 3a Satz 2, Abs. 4 Satz 4, § 8 Abs. 1 Satz 5 sowie § 9 Abs. 2, 5 und 8 Bundesfernstraßengesetz werden auf die Straßenbaubehörde des Landes übertragen.
2. Die Zuständigkeiten der obersten Landesstraßenbaubehörde nach § 2 Abs. 6 Satz 2, § 9a Abs. 5 und § 17b Abs. 1 Nr. 6 des Bundesfernstraßengesetzes und nach § 7 Abs. 3 Satz 4 des Straßengesetzes für das Land Sachsen-Anhalt werden auf das Landesverwaltungsamt übertragen.

(2) Straßenbaubehörde des Landes ist die Landesstraßenbaubehörde Sachsen-Anhalt (LSBB).
(3) Straßenbaubehörde ist die Straßenbaubehörde des Landes, soweit nicht eine Zuständigkeit der Gemeinden, der Landkreise oder kreisfreien Städte bei der Erfüllung der Straßenbaulast begründet ist und das Straßengesetz für das Land Sachsen-Anhalt oder diese Verordnung etwas anderes bestimmt.
(4) Oberste Straßenaufsichtsbehörde ist das für Straßenbau zuständige Ministerium.
(5) Obere Straßenaufsichtsbehörde ist das Landesverwaltungsamt.
(6) Untere Straßenaufsichtsbehörde ist
1. über die Landkreise und kreisfreien Städte das Landesverwaltungsamt;
2. über die kreisangehörigen Gemeinden der Landkreis als untere Verwaltungsbehörde.

(7) Anhörungs- und Planfeststellungsbehörde ist vorbehaltlich des § 49 Abs. 2 StrG LSA das Landesverwaltungsamt.
(8) Die nach Landesrecht zuständige Behörde im Sinne von § 16a Abs. 3 und § 19a des Bundesfernstraßengesetzes ist die Enteignungsbehörde.
(9) Der Antrag nach § 6 Abs. 3 Satz 1 des Bundesfernstraßengesetzes ist von der Straßenbaubehörde des neuen Trägers der Straßenbaulast zu stellen.

### § 2 Zuständigkeiten für die Ausführung des Eisenbahnkreuzungsgesetzes
(1) Das für Straßenbau zuständige Ministerium ist
1. Genehmigungsbehörde des Landes im Sinne des § 5 Abs. 1 Satz 3 des Eisenbahnkreuzungsgesetzes in der Fassung der Bekanntmachung vom 21. März 1971 (BGBl. I S. 337), zuletzt geändert durch Art. 236 der Verordnung vom 29. Oktober 2001 (BGBl. I S. 2785, 2837),
2. die nach § 8 Abs. 1 des Eisenbahnkreuzungsgesetzes bestimmte Behörde, mit welcher die Anhörungsbehörde das Benehmen herzustellen hat.

(2) Die Wahrnehmung der Zuständigkeiten nach Absatz 1 erfolgt im Benehmen mit dem Ministerium des Innern, wenn an der Kreuzung eine Straße beteiligt ist, die in der Baulastträgerschaft eines Landkreises oder einer Gemeinde steht.
(3) Das Landesverwaltungsamt ist Anordnungsbehörde im Sinne des § 8 Abs. 2 des Eisenbahnkreuzungsgesetzes.

## § 3 Aufgabenübertragungen

(1) Die in § 49 Abs. 1 Nrn. 1 bis 5 sowie 9 und 10 StrG LSA enthaltenen Ermächtigungen werden auf das für Straßenbau zuständige Ministerium übertragen.

(2) Die in § 49 Abs. 1 Nrn. 7 und 12 StrG LSA enthaltenen Ermächtigungen zum Erlaß von Verordnungen werden auf das für Straßenbau zuständige Ministerium übertragen, welches hinsichtlich dieser Regelungsgegenstände jeweils das Einvernehmen mit dem Ministerium des Innern herzustellen hat.

(3) Die in § 8 Abs. 3 Satz 3 des Bundesfernstraßengesetzes und in § 49 Abs. 1 Nrn. 6, 8 und 11 StrG LSA enthaltenen Ermächtigungen der Landesregierung zum Erlaß von Gebührenordnungen sowie zur Berechnung von Kosten und Ablösebeträgen werden auf das für Straßenbau zuständige Ministerium übertragen, welches hinsichtlich dieser Regelungsgegenstände jeweils das Einvernehmen mit dem Ministerium der Finanzen herzustellen hat.

(4) Die Befugnisse nach § 9a Abs. 3 Satz 1 des Bundesfernstraßengesetzes werden der Planfeststellungsbehörde übertragen.

*Abschnitt 2*
**Straßenverzeichnis**

## § 4 Zuständigkeit

¹Die Landesstraßenbaubehörde Sachsen-Anhalt führt ein Straßenverzeichnis für die Landesstraßen (Landesstraßenverzeichnis). ²Die Landkreise führen Straßenverzeichnisse für ihre jeweiligen Kreisstraßen (Kreisstraßenverzeichnisse). ³Die Gemeinden führen Bestandsverzeichnisse für ihre Gemeindestraßen und die in ihrem Gebiet gelegenen sonstigen öffentlichen Straßen.

## § 5 Bestimmung der Straßenzüge

(1) ¹In jeder Straßengruppe werden die Straßen in Straßenzüge eingeteilt. ²Zusammenhängende, in einer allgemeinen Hauptrichtung verlaufende Straßenstrecken sollen als einheitlicher Straßenzug behandelt werden. ³Jeder Straßenzug wird mit einem Anfangs- und Endpunkt innerhalb des Gebietes des Straßenbaulastträgers abgegrenzt.

(2) Landesstraßen und Kreisstraßen, in deren Gesamtverlauf die Süd-Nord-Richtung vorherrscht, beginnen im Süden; solche mit vorherrschender West-Ost-Richtung beginnen im Westen.

## § 6 Bezeichnung der Straßenzüge

(1) Die Landesstraßen werden mit dem Buchstaben „L" und einer von der obersten Straßenbaubehörde bestimmten Nummer bezeichnet.

(2) ¹Die Kreisstraßen werden durch den jeweiligen Landkreis mit dem Buchstaben „K" und einer vierstelligen Nummer bezeichnet. ²Die bisher üblichen Ziffernfolgen werden Teil dieser Nummer. ³Die Nummern beginnen mit der Ziffer „1" für die Kreisstraßen der Landkreise Altmarkkreis Salzwedel, Anhalt-Zerbst, Aschersleben-Staßfurt. ⁴Bördekreis, Halberstadt, Jerichower Land, Ohrekreis, Schönebeck, Stendal und Wernigerode. ⁵Die Nummern beginnen mit der Ziffer „2" für die Kreisstraßen der Landkreise Bernburg, Bitterfeld, Burgenlandkreis, Köthen, Mansfelder Land, Merseburg-Querfurt, Quedlinburg, Saalkreis, Sangerhausen, Weißenfels und Wittenberg. ⁶Die Wiederholung einer im Lande bereits bestehenden Kreisstraßennummer ist nicht zulässig.

(3) Die Gemeindestraßen werden durch die jeweilige Gemeinde mit einem Namen bezeichnet.

## § 7 Inhalt der Verzeichnisse

(1) ¹Das Landesstraßenverzeichnis und die Kreisstraßenverzeichnisse werden in Form von Karteien geführt. ²Für jeden Straßenzug werden Karteiblätter angelegt, die dem Muster der Anlage 1 entsprechen.

(2) Absatz 1 gilt sinngemäß auch für die Bestandsverzeichnisse mit der Maßgabe, dass die Karteiblätter der Anlage 2 entsprechen.

(3) Die Verzeichnisse nach Absatz 1 dürfen auch mittels automatischer Datenverarbeitung geführt werden.

(4) ¹Die Rechtswirkungen gemäß dem Straßengesetz für das Land Sachsen-Anhalt treten für die Landesstraßen und die Kreisstraßen mit der Eintragung ein. ²Für die Gemeindestraßen treten sie nach Ablauf der sechsmonatigen Auslegungsfrist (§ 4 Abs. 4 Satz 2 des Straßengesetzes für das Land Sachsen-Anhalt) ein.

## § 8 Einsichtnahme
Die Einsichtnahme in die Straßenverzeichnisse und Bestandsverzeichnisse steht jedermann frei.

*Abschnitt 3*

## § 9 Inkrafttreten
Diese Verordnung tritt am Tage nach ihrer Verkündung[1] in Kraft.

**Anlagen 1, 2**
(Anl. hier nicht wiedergegeben)

---
1) Verkündet am 29. 3. 1994.

# Aussonderungsprüf- und Löschfristen

**Stichwortverzeichnis**
Die **fetten** Zahlen verweisen auf die laufenden Nummern der Gesetze (vgl. Inhaltsverzeichnis), die mageren auf die Artikel, Paragraphen und Nummern.

**Abbau von Bodenschätzen 55** 11
**Abfall,** bes. überwachungsbedürftiger **50** 13 ff.
**Abfallbehörde** Zuständigkeit der oberen – **51** 1
**Abfallbehörden 50** 30 ff.
**Abfallbeseitigungsanlagen 50** 20 ff., Kosten **50** 24
**Abfallbilanz 50** 9
**Abfallgesetz 50** Abfallbeseitigungsanlagen **50** 20 ff., Abfallwirtschaftsplanung **50** 16 ff., Altlasten **52** 1 ff., Grundsätze der Abfallwirtschaft **50** 12 ff., Pflichten der öffentl.-rechtl. Entsorgungsträger **50** 3 ff., Überwachung **50** 20 ff., Zuständigkeiten **50** 30 ff.
**Abfallrecht** Zuständigkeitsverordnung **51**
**Abfallvermeidung 50** 1
**Abfallwirtschaftsplan 50** 16 ff.
**Abgabenbescheide 34** 11
**Abgabenhinterziehung 34** 15
**Abgabenordnung 34** 13
**Abgabensatzung 34** 2, rückwirkende **34** 2 II
**Abgeordnete** Immunität **10** 58, Indemnität **10** 57, Zeugnisverweigerungsrecht **10** 59
**Abgeordnetensitze** Neuberechnung **14** 39, Neuverteilung **14** 35
**Abhören 41** 17
**Abordnung** von Beamten **26** 30
**Abrissverfügung 60** 79
**Abschwemmung 53** 9
**Abstandflächen 60** 6
**Abstimmung 10** 2, Landtag **10** 51
**Abstrakte Normenkontrolle 13** 41
**Abwasserbeseitigung 53** 78 ff., Zusammenschlüsse von Aufgabenträgern **53** 83 ff.
**Abwasserbeseitigungskonzepte 53** 79
**Abwasserbeseitigungspflicht** Ausschluss der – **53** 79a
**Abwasserbeseitigungspläne 53** 80
**Abweichungen 60** 66
**Aktenvernichtung 41** 32b
**Aktuelle Debatte** Landtag **11** 46
**Alleen** Schutz **55** 21
**Allgemeiner Schutz wildlebender Tiere und Pflanzen 55** 25
**Allgemeine Zuständigkeitsverordnung 35**
**Ältere Menschen** besonderer Schutz **10** 38
**Ältestenrat** Einberufung **11** 84, Landtag **11** 84 ff., Leitung der Sitzung **11** 84a, Niederschriften **11** 87, Öffentlichkeit **11** 85, Sitzungen **11** 90, Tagesordnung **11** 84, Teilnahme von Nichtmitgliedern **11** 86, Vertrauliche Unterlagen **11** 88, Vertraulichkeit **11** 85, Zusammensetzung **11** 9

**Altlastenfreistellung 52** 19
**Altlastenkataster 52** 9 ff.
**Amnestie 10** 85
**Amtsbezeichnung** bei Beamten **26** 61
**Amtseid** Minister **10** 66
**Amtstracht 71** 11
**Anbietungspflicht 41** 32
**Andienungsstellen 50** 13
**Anlage, bauliche** an Straßen **90** 24
**Anstellungskörperschaft** Legaldefinition **41** 73
**Antennenanlagen 61** 21
**Anträge 11** 38, Beschlüsse **11** 39, Einbringung; **11** 37, Form **11** 37, Überweisung an die Ausschüsse **11** 38
**Apotheken** Zuständigkeiten **43** 4
**Äquivalenzprinzip 34** 5 III
**Arbeit 10** 39
**Arbeitsgerichtsgesetz** e **73**
**Arbeitsruhe** Allgemeine **84** 3
**Arbeitsschutz** von Beamten **26** 83, Zuständigkeit **44**
**Arbeitszeit** an Sonn- und Feiertagen **47** 9, bei Beamten **26** 63 ff.
**Arrest** dinglicher **23** 64
**Aufenthaltsanordnung 41** 36a
**Aufenthaltsanordnungen** Überwachung **41** 36b
**Aufenthaltsermittlung** Störung einer elektronischen – **41** 106
**Aufenthaltsermittlung, elektronische 41** 36c
**Aufenthaltsort** Ermittlung des – gefährdeter Personen **41** 23c
**Aufenthaltsräume 60** 46
**Aufschiebende Wirkung** von Rechtsbehelfen **34** 13c
**Aufschüttungen und Abgrabungen** Oberirdische Gewässer **53** 49
**Aufwandermittlung 34** 6 III
**Aufwandspaltung 34** 6 II
**Aufzeichnung** Von Telefon- und Funkgesprächen **41** 23b
**Aufzüge 60** 38
**Ausbildungs- und Prüfungsverordnungen** von Beamten **26** 28
**Ausgaben** über- und außerplanmäßige Ausgaben **10** 95
**Auskunftsrecht** Personenbezogene Daten **27** 10 ff.
**Ausnahmen 60** 66
**Ausschüsse** Ausschussvorsitzende **11** 13, des Landtages **11** 14, Einsetzung **11** 11, parlamentarische Untersuchungsausschüsse **11** 15, Zusammensetzung **11** 12
**Aussonderungsprüf- und Löschfristen** von personenbezogenen Daten **41** 32a

# Bäder

**Bäder 60** 42
**Barrierefreie Information 14** 59
**Barrierefreies Bauen 60** 49
**Bauantrag 60** 67 f.
**Bauarten 60** 16a, Übereinstimmungsbestätigung **60** 21
**Bauaufsichtsbehörden 60** 56, Aufgaben und Befugnisse **60** 57
**Baubeginn 60** 71 VI-VIII
**Baubestimmungen, technische 60** 85a
**Baueinstellungsverfügung 60** 78
**Baugenehmigung 60** 71 ff., Auflagen **60** 71 III, Geltungsdauer **60** 72
**Baugestaltung 60** 9
**Baugestaltungsatzung 60** 85
**Bauherr/in 60** 52
**Baulasten 60** 82
**Baulastenverzeichnis 60** 82 IV
**Bauleiter/in 60** 55
**Bauliche Anlage** Begriff **60** 2, Genehmigungsbedürftigkeit **60** 58 ff., Standsicherheit **60** 12
**Bauliche Anlagen** Typengenehmigung **60** 71a
**Bäume (Grenzabstand) 61** 34 ff.
**Bauordnung 60** Allgemeine Anforderungen der Bauausführung **60** 11 ff., Allgemeine Vorschriften **60** 1 ff., Anwendungsbereich **60** 1, Bauaufsichtsbehörden und Verfahren **60** 56 f., Baugenehmigung **60** 71, Baugestaltung **60** 9, Baupolizei **60** 78 ff., Definitionen **60** 2, Grundstück und seine Bebauung **60** 4 ff., Ordnungswidrigkeiten **60** 83, vereinfachtes Verfahren **60** 62
**Bauprodukte 60** 16b ff., Allgemeine Anforderungen **60** 16b, Allgemeine bauaufsichtliche Zulassung **60** 18, Anforderungen an die Verwendung von CE-gekennzeichneten – **60** 16c, Besondere Sachkunde- und Sorgfaltsanforderungen **60** 25, Prüf-, Zertifizierungs- und Überwachungsstellen **60** 24, Übereinstimmungserklärung des Herstellers **60** 22, Verwendbarkeitsnachweis **60** 17, 20, Verwendungsverbot **60** 77, Zertifizierung **60** 23
**Baustelle 60** 11
**Baustoffe und Bauteile** Brandverhalten von – **60** 11 ff.
**Bauüberwachung 60** 80
**Bauunternehmer/in 60** 54
**Bauvorbescheid 60** 74
**Bauvorhaben** öffentlicher Bauherrn **60** 76
**Bauvorlageberechtigung 60** 64
**Bauvorlagen 60** 67
**Bauvorlagenverordnung 60** 84 III
**Beamte** Abordnung **26** 30, Altersgrenze bei - des Justizvollzugsdienstes **26** 115, Altersteilzeit **26** 66, Amtsbezeichnung **26** 61, Arbeitsschutz **26** 83, Arbeitszeit **26** 62 ff., auf Zeit **26** 7, Ausbildungs- und Prüfungsverordnungen **26** 28, beim Landtag **26** 104, Dienstkleidungsvorschriften **26** 60, Dienstunfähigkeit **26** 45 ff., Dienstzeugnis **26** 62, Einstellungsaltersgrenzen **26** 8a, Elternzeit **26** 82, Erfüllungsübernahme von Schmerzensgeld-

ansprüchen **26** 83a, Familienpflegezeit **26** 65a, Feuerwehrtechnischer Dienst **26** 114, Mutterschutz **26** 82, Personalakten **26** 84 ff., Ruhestand **26** 39 ff., Steuerverwaltung **26** 118, Umbildung von Körperschaften **26** 32, Urlaub **26** 67 ff., Urlaub zum Erwerb der Zugangsvoraussetzungen zu einer Laufbahn oder zur Ableistung der Probezeit **26** 67a, Verbot der Annahme von Geschenken **26** 54, Versetzung **26** 31, Zuständigkeiten von politischen - **26** 116
**Beamtengesetz 26**
**Beamtengruppen** Besondere Vorschriften **26** 104 ff.
**Beamtenlaufbahnen 26** 13 ff.
**Beamtenrechte** Entlassung und Verlust **26** 33 ff.
**Beamtenverhältnis 26** 4 ff., Beendigung **26** 33 ff., Beschwerdegang **26** 100 ff., Beteiligung der Spitzenorganisationen der Gewerkschaften **26** 92, Dienstwohnung **26** 58, Einstellung auf Probe **26** 19, gesundheitliche Eignung **26** 10, Nebentätigkeit nach Beendigung des - **26** 73 ff., Rechtliche Stellung **26** 51 ff., Rechtsschutz **26** 100 ff., Schadensersatz **26** 46, Stellenausschreibung **26** 9
**Behinderung** Schutz von Menschen mit Behinderung **10** 38
**Behörden** Neu- und Umbildung **26** 32a
**Behördlicher Entscheidungsprozess** Schutz **28** 4
**Beitragserhebung 34** 6 ff., Einschaltung privater **34** 10
**Beitragspflichtiger 34** 6 VIII
**Bekenntnisfreiheit 10** 9
**Beliehene 20** 21
**Benutzungsgebühren 34** 5
**Beratungsgegenstände 11** 53, Informationsvorlagen der Landesregierung **11** 54a, parlamentarische Kontrolle akustischer Wohnraumüberwachung **11** 54b, Unterrichtungen **11** 54, verfassungsgerichtliche Verfahren **11** 52
**Bergbehörde** Zuständigkeit beim Umgang mit wassergefährdenden Stoffen **53** 87
**Berufsausbildung 10** 30
**Berufsfreiheit 10** 16
**Beschlagnahme** Landtag **10** 59
**Beschlüsse 11** 39
**Beschlussfassung** Wahlprüfungsverfahren **15** 7
**Beschuldigte** Daten zu – **41** 23
**Beseitigung von Anlagen 60** 79
**Besondere Wegebeiträge 34** 7
**Beteiligung der Beitragspflichtigen 34** 6d
**Beteiligung der Nachbarn und der Öffentlichkeit 60** 69
**Beteiligungsanzeige 14** 17
**Betriebsausschuss 36** 8
**Betriebsleitung 36** 5
**Betriebssatzung 36** 4
**Betriebs- und Geschäftsgeheimnisse** Schutz **28** 9
**Bewaffnungsverbot 42** 2
**Bildung 10** 25
**Bildung der Landesregierung 11** 42

**Billigkeitsmaßnahmen 34** 13a
**Biosphärenreservate 55** 19
**Biotope** Gesetzlich geschützte **55** 22
**Bodenbelastungsgebiet 52** 7
**Bodenschutz-Ausführungsgesetz 52** Allgemeine Bestimmungen **52** 1 ff., Ausgleichs-, Entschädigungs- und Erstattungsansprüche **52** 13 ff., Boden- und Altlasteninformationssystem **52** 9 ff., gebietsbezogener Bodenschutz **52** 7 ff., Vorsorgegrundsätze **52** 1
**Bodenschutzbehörden 52** 16 ff.
**Bodenschutzplanung 52** 8
**Boden- und Altlasteninformationssystem 52** 9 ff.
**Brandschutz 60** 14
**Brandverhalten** von Baustoffen und Bauteilen **60** 11 ff.
**Brandwand 60** 29
**Brief- Post- und Fernmeldegeheimnis 10**.14
**Briefwahl 33** 62 ff.
**Bürgerbegehren 30** 26
**Bürgerentscheid 30** 27, **32** 57
**Bürgermeister 30** 96
**Bürgermeisterwahl 32** 30
**Dächer 60** 31
**Dammbau 53** 89 ff.
**Datenabgleich 41** 30
**Datenerhebung** Geltung des Gesetzes zum Schutz personenbezogener Daten **41** 13a, öffentliche Veranstaltungen **41** 16, Polizei **41** 15, zur Eigensicherung **41** 16
**Datenerhebung, hypothetische** Grundsatz **41** 13b
**Datengeheimnis 27** 13
**Datenschutz** im Bereich der privaten Medien **80** 11, Landesbeauftragter **10** 63, **27** 21 ff., Presse **81** 10a
**Datenschutzbeauftragter 27** 17 ff.
**Datenschutz-Grundverordnung-Ausfüllgesetz 27** Zweck **27** 1
**Datenspeicherung** Sicherheitsbehörden und Polizei **41** 25
**Datenübermittlung** an Mitgliedstaaten der Europäischen Union **41** 27a, innerhalb des öffentlichen Bereichs **41** 27, Sicherheitsbehörden und Polizei **41** 28, zum Zweck von Zuverlässigkeitsüberprüfungen **41** 29
**Datenverarbeitung 41** 25, Optisch-elektronische Beobachtung **27** 8, Rechtmäßigkeit **27** 4 ff., Zweckbindung, Zweckänderung **27** 7
**Datenverarbeitungssituation 27** 25 ff.
**Datenweiterverarbeitung** für die wissenschaftliche Forschung **41** 25, zur Aus- und Fortbildung sowie zu statistischen Zwecken **41** 25a
**Decken 60** 30
**Deckungspflicht 10** 96
**Deichbau 53** 89 ff.
**Denkmalbehörde** Organisation und Zuständigkeiten **64** 3 ff.
**Denkmalfachamt 64** 5

**Denkmalpflege** Grundsätze **64** 1 f.
**Denkmalschutz** Grundsätze **64** 1 f., Verfahrensvorschriften **64** 14 ff.
**Denkmalschutzbehörde 64** 4
**Denkmalschutzgesetz 64**
**Denkmalverzeichnis 64** 18
**Deponie 50** 23
**Dienstaufsichtsbehörden 20** 14
**Diensteid** Beamtenverhältnis **26** 52
**Dienstgeschäfte** Verbot der Führung **26** 53
**Dienstherrnfähigkeit** Verleihung durch Satzung **26** 2
**Dienstkleidungsvorschriften 26** 60
**Dienst- und Fachaufsicht 20** 13
**Dienstunfähigkeit** von Beamten **26** 45 ff.
**Dienstvergehen** von Ruhestandsbeamten **26** 55
**Dienstzeugnis** bei Beamten **26** 62
**DNA-Identifizierungsmuster** Speicherung **41** 23d
**DNA-Trugspuren** Speicherung **41** 23d
**Doppelbelastungsverbot 34** 6a VII
**Durchsuchung 41** 41 ff., Personen **41** 41, Sachen **41** 42, Verfahren **41** 44, Wohnungen **41** 43 f.
**Ehe** Schutz **10** 24
**Ehrenamt** Haftung **30** 34
**Ehrenamtliche Tätigkeit** Pflichten **30** 32, von Einwohnern und Bürgern **30** 30
**Ehrenbeamte 26** 6
**Ehrenbezeichnung 30** 22
**Ehrenbürgerrecht 30** 22
**Eigenbetriebsgesetz 36**
**Eigentum 10** 18
**Eigenüberwachung 50** 25
**Einfriedung des Grundstücks 61** 22 ff.
**Einräumigkeit 20** 6
**Einstellungsaltersgrenzen** Beamte **26** 8a
**Einvernehmen, gemeindliches 60** 70
**Einwohner** Rechte und Pflichten **30** 24
**Einwohnerantrag 30** 25
**Einwohner und Bürger** Beteiligung **30** 28, Wahlrecht, Stimmrecht **30** 23
**Einziehungsverfügung** Forderung **23** 50
**Eltern und Kinder 10** 11
**Enquete-Kommission 10** 55
**Enquete-Kommissionen 11** 17
**Enteignung 10** 18, s. Straßengesetz; Hochwasserschutzmaßnahme **53** 94b, i. R. Planfeststellungsverfahren **90** 41
**Enteignungsbehörde 63** 16
**Enteignungsentschädigung 63** 7 ff.
**Enteignungsgesetz 63** Allgemeine Vorschriften **63** 1 ff., Entschädigung **63** 7 ff., Rückenteignung **63** 40 f., Verfahren **63** 16 ff.

# Entlassung Beamte

Entlassung Beamte 26 33 ff.

Entlastung Landesregierung 10 97

Entschädigung in Land 63 15

Entschädigungsgesetz 25

Entschädigungsgrundsätze 63 7

Entsorgungspflicht 50 3 ff., Ausschluss von Abfällen 50 5

Entsorgungsträger 50 3 ff.

Entwurfsverfasser/in 60 53

Erbrecht 10 18

Erkennungsdienstliche Maßnahmen 41 21

Ermessen Sicherheitsbehörden und Polizei 41 6

Ernennung von Beamten 26 8 ff.

Ersatzpersonen Wahlrecht 14 47

Ersatzvornahme 41 55

Ersatzwahl 14 43

Ersatzzwangshaft 41 57

Ersetzung gemeindlichen Einvernehmens 60 70

Erwachsenenbildung 10 30

Erzwingung Kosten der – von Handlungen, Duldungen und Unterlassungen 23 74a

Fachaufsichtsbehörden 20 15

Fachkräfte In Kommunen 30 75

Fähren 53 34

Familie Schutz 10 24

Familienpflegezeit Beamte 26 65a

Feiertage Religiöse 84 6, Staatlich anerkannte 84 2

Feiertagsgesetz 84 Veranstaltungen nach der Gewerbeordnung 84 9

Fenster 60 36

Fesselung 41 64

Feuerungsanlagen 60 41

Feuerwehrtechnischer Dienst Beamte 26 114

Finanzwesen 10 96, Entlastung der Landesregierung 10 97, Haushaltsgesetz 10 93, Haushaltsplan 10 93, Haushaltsvorgriff 10 94, Kredite 10 99, Landesrechnungshof 10 98, Landesvermögen 10 92, Rechnungslegung 10 97, Sondervermögen 10 93, über- und außerplanmäßige Ausgaben 10 95

Fischfang Oberirdische Gewässer 53 31

Fleischhygiene Zuständigkeit 43 11

Fliegende Bauten 60 75

Flussgebietseinheiten Bewirtschaftung 53 16

Form Wahlprüfungsverfahren 15 3

Fraktion 10 47

Fraktionen Berechnung der Fraktionsstärke 11 3, Bildung 11 2

Freie Wohlfahrtspflege 10 33

Freiheitsentziehung Behandlung festgehaltener Personen 41 39, Dauer 41 40, Polizei 41 39, Vollzugshilfe bei – 41 52

Freizügigkeit 10 15

Futtermittelwesen 43 9

Gastbeitrag 34 9

Gaststättengesetz 45 Vereine und Gesellschaften 45 4

Gaststättengewerbe 45 1, Allgemeine Verbote 45 12, Grenzüberschreitende Dienstleistungserbringung 45 6, Zuverlässigkeitsprüfung 45 8

Gebietsbezogener Bodenschutz 52 7 ff.

Gebühren Bemessungsgrundsätze 24 10

Gebührenordnungen 24 3

Gedankengut Nichtverbreitung nationalsozialistischen, rassistischen und antisemitischen – 10 37a

Gefahr Begriff 41 3

Gefährdete Personen Ermittlung des Aufenthaltsorts – 41 23c

Gefahrenabwehr Apotheken- und Arzneimittelwesen 42 4, Aufgabe 41 2, außerhalb der Dienstzeit 41 87, Begriff 41 3, Fleischhygiene 43 11, Gefahrenabwehrverordnung 41 93 ff., Jugendschutz 42 2, Kosten 41 103, Lebensmittelüberwachung 43 7, Ordnungswidrigkeiten 41 98, polizeiliche Soforthilfe 43 1, Tierarzneimittelwesen 43 5, Tierschutz 43 10, Tierseuchenbekämpfung 42 6, Vereinswesen 43 1, Verordnungsermächtigung 41 94, Versammlungswesen 43 1, Wahl der Mittel 41 6

Gefahrenabwehrverordnung über die Festsetzung der Sperrzeit für Schank- und Speisewirtschaften sowie für öffentliche Vergnügungsstätten 48

GefahrenabwehrVO 41 101, Anwendung 41 93, Beteiligung anderer Behörden und Dienststellen 41 101, Formvorschriften 41 97, Gebietsänderungen 41 102, Geltungsdauer 41 100, Inhalt 41 96, In-Kraft-Treten 41 99, Verhältnis zu anderen Rechtsvorschriften 41 95, Verkündung 41 99

Gefahrenvorsorge Aufgaben 41 2a

Geistiges Eigentum Schutz 28 6

Geldforderungen Kosten der Vollstreckung wegen – 23 74

Geldpfändung Verwertung durch Versteigerung, Zahlungswirkung der – 23 34

Geltungsdauer 60 72

Gemeinde Gebiete 30 16 ff.

Gemeindeanteil 34 6a IV

Gemeindearten 30 12

Gemeinden 20 17, 30 2

Gemeinderat 30 95

Genehmigungsfreistellung 60 61

Genehmigungspflicht Bauliche Anlagen 60 58 ff.

Geoinformationssystem Führung als integriertes – 62 17

Gerichte Amtstracht 71 11, Grundbücher 71 17, Handels- und Genossenschaftsregister 71 7, Kammern 71 4, Landwirtschaftssachen 71 9, Schöffen 71 10, Senate 71 4, Vertreter 71 5, Zuständigkeit 71 6

Gerichtlicher Rechtsschutz 10 21

Gerichtsorganisationsgesetz 72

# Informationsregister

**Gerichtsverfassungsgesetz 71** Dienstaufsicht 71 20, Gerichte 71 1 ff., Grundbuchämter 71 17 ff., Justizverwaltungsgeschäfte 71 21, Staatsanwaltschaft 71 12 ff.

**Gerichtsvollzieher** Vermögensauskunft gegenüber – 23 22

**Geschäftsordnung des Landtages** Abweichung 11 92, Änderung 11 93, Auslegung 11 91, Sprachliche Gleichstellung 11 94

**Gesellschaftliche Gruppen** Beteiligung 30 80

**Gesetzesentwürfe** 11 23 ff., Ausfertigung und Verkündung 11 36, Beratungen 11 35

**Gesetzgebung 10** 82, Beschluss 10 77, Bindung an die Grundrechte 10 3, Bindung an Recht und Gesetz 10 2, Rechtsverordnungen 10 79, Verfassungsänderungen 10 78, Verkündung 10 82

**Gesundheitspflege** in Schulen 83 38

**Gewahrsam** Polizei 41 37

**Gewässer 53** 3 ff., Bewirtschaftung 53 16 ff., Schiffbare 53 32

**Gewässeraufsicht 53** 109 f.

**Gewässerausbau 53** 89 ff.

**Gewässerkundlicher Landesdienst 53** 111 ff.

**Gewässerrandstreifen 53** 50 f.

**Gewässerschau 53** 67

**Gewässerschutz** Kooperativer 53 76

**Gewässerschutzbeauftragte 53** 88

**Gewässerunterhaltung 53** 52 ff.

**Gewerberecht** Zuständigkeit 44

**Gewissensfreiheit 10** 9

**Glaubensfreiheit 10** 9

**Gleichberechtigung 10** 7

**Gleichheit 10** 7 f.

**Gleichstellung** Frauen und Männer 10 34, sprachliche Gleichstellung 10 100

**Gleichstellungsbeauftragte 30** 78

**Gleichwertigkeit** Lebensverhältnisse 10 35a

**Gnadenrecht 26** 38, Ministerpräsident 10 85

**Gottesdienste** Schutz 84 4

**Grenzabstände für Pflanzen 61** 34 ff.

**Grenzamt 61** 11 ff.

**Große Anfrage 11** 43

**Großraubtiere** Entschädigung bei Schäden durch – 55 33

**Grundbuchämter 71** 17 ff.

**Grundeigentum** Wassergesetz 53 2

**Grundgebühr 34** 5 III

**Grundrechte 41** 11, Brief- und Fernmeldegeheimnis 10 14, Datenschutz 10 6, Eigentum, Erbrecht, Enteignung 10 18, Einschränkung 10 20, 14 60, 16 34, Eltern und Kinder 10 11, Freizügigkeit 10 15, gerichtlicher Rechtsschutz 10 21, Glaubens-, Gewissens-, Bekenntnisfreiheit 10 9, Gleichberechtigung 10 7, Gleichheit 10 7 f., Handlungsfreiheit 10 5, Meinungsfreiheit 10 10, Menschenwürde 10 4, Petitionsrecht 10 19, Rechtsgarantien bei Freiheitsentziehung 10 23, Strafgerichtsbarkeit 10 22, Unverletzlichkeit der Wohnung 10 17, Vereinigungsfreiheit 10 13, Versammlungsfreiheit 10 12, Widerstandsrecht 10 21

**Grundsätze der Abfallwirtschaft 50** 1 f.

**Grundsteuer 34** 3 III

**Grundstücksanschlusskosten 34** 8

**Grundstückseinfriedung 61** 22 ff.

**Grundwasser** Erlaubnisfreie Benutzung 53 69

**Häfen, Lande- und Umschlagstellen** Unterhaltung 53 61

**Haftung** Ehrenamt 30 34

**Hammerschlags- und Leiterrecht 61** 18 ff.

**Handels- und Genossenschaftsregister 71** 7

**Handlungsfreiheit 10** 5

**Härteausgleich 63** 12

**Hauptverwaltungsbeamter 30** 60 ff.

**Hausanschlusskosten 34** 8

**Haushaltsgesetz 10** 93

**Haushaltsplan 10** 93, Beteiligungen des Landes an Wirtschaftsunternehmen 10 93, Entwürfe der Landesregierung 10 93, Rechnungsjahre 10 93, Vermögen und Schulden 10 93

**Haushaltsvorgriff 10** 94

**Haushaltswirtschaft** Kommunen 30 98 ff.

**Haustechnische Anlagen 60** 38 ff.

**Heilquellenschutz 53** 77

**Hochschulen 82** Aufgaben 82 3, Berufungsverfahren 82 36, Errichtung und Anerkennung 82 104 ff., Fachbereiche 82 75 ff., Forschung 82 23 ff., Hochschulgrade 82 17 ff., Mitgliedschaft und Mitwirkung 82 58 ff., Organisation 82 66 ff., Personal 82 33 ff., Selbstverwaltung 82 54 ff., Studierende 82 27 ff.

**Hochschulen, nichtstattliche 82** 105a ff.

**Hochschulentwicklungsplan 82** 5

**Hochschulgesetz 82** Ordnungswidrigkeiten 82 118, Wissenschaftsfreiheit 82 4

**Hochschulstrukturplan 82** 5

**Hochwassermeldedienst 53** 15

**Hochwasserschutz 53** 98 ff., Veränderungssperre 53 94c, Vorzeitige Besitzeinweisung 53 94a

**Hochwasserschutzmaßnahme** Enteignung 53 94b

**Hoheitszeichen** Benennung 30 13 ff.

**Horstschutz 55** 28

**Identitätsfeststellung 41** 20, molekulargenetische Untersuchung zur – 41 20a

**Immissionsschutz** Zuständigkeiten 44

**Immunität** Landtagsabgeordnete 10 58

**Indemnität** Landtagsabgeordnete 10 57

**Informationsfreiheit** Landesbeauftragter 28 12

**Informationspflicht** Ausnahmen 12 3, Beschränkung der –personenbezogenen Daten 27 10 ff., der Landesregierung 10 62, 12 1

**Informationsregister 28** 11a

# Informationssystem

**Informationssystem** der Polizei **41** 13c
**Informationszugangsgesetz** Verwaltungskosten **28** 10
**Interessenvertreter** in Kommunen **30** 79
**Jagdsteuer 34** 3 II
**Jugendschutz** s. Mediengesetz; Gefahrenabwehr **43** 2
**Juristische Personen** Vollstreckung gegen – **23** 21
**Justizvollzugsdienst** Altersgrenze von Beamten **26** 115
**Kameralistik 31** 19 ff.
**Kammerbefugnisse 13** 50b
**Kampfmittel** Verhütung von Schäden **43** 18
**Kirchen 10** 141
**Kirchliche Stiftungen bürgerlichen Rechts 75** 12
**Kirchliche Stiftungen öffentlichen Rechts 75** 13
**Kleinbeträge 34** 14
**Kleine Anfrage 11** 44 f.
**Kleinkläranlagen 60** 43
**Kommunalabgabengesetz 34**
**Kommunalaufsichtsbehörden 30** 144
**Kommunale Gemeinschaftsarbeit** Form **31** 2, Zweck **31** 1, Zweckverband **31** 6 ff., Zweckvereinbarung **31** 3 ff.
**Kommunale Gemeinschaftsarbeit, G über 31**
**Kommunale Spitzenverbände** Beteiligung **11** 86a
**Kommunalgliedervermögen 30** 124
**Kommunalisierungsvorrang 20** 5
**Kommunalverfassung** Grundlagen **30** 1 ff.
**Kommunalverfassung, Innere** Vertretung **30** 36 ff.
**Kommunalverfassungsgesetz 30**
**Kommunalwahlgesetz 32** Anhörung der Bürger **32** 55, Ausübung des Wahlrechts **32** 4, Bekanntgabe des Wahlergebnisses **32** 42, Bürgerentscheid **32** 57, Einwohnerantrag und Bürgerbegehren **32** 56, Feststellung des Wahlergebnisses **32** 36 ff., Nachwahl **32** 44, Scheitern von Wahlen **32** 42, Sondervorschriften für Wahlen in neu zu bildenden Gemeinden und Landkreisen **32** 58 ff., Wahlbereiche **32** 7, Wahlbezirke **32** 8, Wahlgrundsätze **32** 3, Wahlhandlung **32** 32 ff., Wahlkosten **32** 54, Wahlorgane **32** 8a ff., Wahlprüfung **32** 50 ff., Wahlvorbereitung **32** 24 ff., Wahlvorschläge **32** 21 ff., Wiederholungswahl **32** 45
**Kommunalwahlordnung 33** Allgemeines **33** 1 ff., Ausscheiden von Bewerbern **33** 76, Bewerbungen zur Bürgermeister- und Landratswahl **33** 39, Feststellung des Wahlergebnisses **33** 57 ff., Nachwahl **33** 72, Wahlbekanntmachung **33** 29 ff., Wählerverzeichnis **33** 14 ff., Wahlhandlung **33** 40 ff., Wahlkabinen **33** 41, Wahlorgane und Wahlehrenämter **33** 3 ff., Wahlscheine **33** 22 ff., Wahlvorschläge **33** 29 ff., Wiederholungswahl **33** 73
**Kommunen** Aufgabenerfüllung **30** 4, Aufsicht **30** 143 ff., Eigener Wirkungskreis **30** 5, Einwohner und Bürger **30** 21 ff., Finanzen **10** 88, Gebietsänderungen **10** 90, Geeignete Beschäftigte **30** 75 ff., Haushaltswirtschaft **30** 98 ff., Interessenvertreter **30** 79, Kommunale Selbstverwaltung **10** 87, Organe **30** 7, Satzungen **30** 8, Selbstverwaltung **30** 1, Sondervermögen und Treuhandvermögen **30** 121 ff., Übertragener Wirkungskreis **30** 6, Unternehmen und Beteiligungen **30** 128 ff., Volksvertretung **10** 89, Wirtschaftsprüfung **30** 136 ff.
**Kommunikationsverbindungen** Unterbrechung und Verhinderung – **41** 33
**Konkrete Normenkontrolle 13** 42 f.
**Konstruktives Misstrauensvotum 11** 42
**Kontaktverbot** Überwachung **41** 36b
**Kontrollspeicherung 41** 19
**Körperschaft des öffentlichen Rechts** bei kommunaler Selbstverwaltung **10** 87, Geltung von Hochschulrechten **10** 20
**Körperschaften des öffentlichen Rechts 20** 18 ff
**Kostendeckungsprinzip 34** 5 I
**Kosten der Einrichtung 34** 5 II, IIa
**Kredite** Landeskredite **10** 94
**Kreiswahlausschuss 14** 12
**Kreiswahlleiter 14** 12
**Kreiswahlvorschläge 14** 17 ff., Aufstellung von Bewerbern **14** 19, Prüfung **14** 22, Rücknahme und Änderung **14** 21, Zulassung **14** 23
**Kultur 10** 36
**Kulturdenkmal** Enteignung und Entschädigung **64** 19, Zerstörung **64** 21
**Kulturdenkmale** Schutz und Erhaltung **64** 9 ff., Vorkaufsrecht **64** 11
**Kunst 10** 36
**Kunstfreiheit 10** 10
**Ladenöffnungszeiten 47** 3, Arbeitszeit **47** 9, besondere Verkaufsstellen **46** 4, besondere Waren **47** 5, in Ausflugsorten **47** 6, in Kur-/Erholungsorten **47** 6, Sonn- und Feiertage **47** 7
**Ladenöffnungszeitengesetz 47**
**Ladung** Wahlprüfungsverhandlung **15** 6
**Landesamt für Geologie und Bergwesen 51** 3
**Landesbeauftragter** Datenschutz **10** 63, für den Datenschutz **27** 21 ff.
**Landesbehörden, obere 20** 9
**Landesbehörden, oberste 20** 8
**Landesbehörden, untere 20** 10
**Landesbetriebe 20** 12
**Landeseinrichtungen 20** 11
**Landesentwicklung** Aufgaben und Ziele **62** 1, Grundsätze der Raumordnung **62** 4, Instrumente **62** 6, Sicherung **62** 11 ff, Wahrnehmung der Aufgaben **62** 2
**Landesentwicklungsgesetz 62**
**Landesentwicklungsplan 62** 8
**Landesentwicklungsplanung 62** 7 ff
**Landesfarben 10** 1
**Landeshauptstadt 10** 1
**Landeskriminalamt 41** 79, Rasterfahndung **41** 31
**Landespersonalausschuss 26** 94 ff.

# Naturschutzvereinigungen

**Landesrechnungshof 10** 98, Ernennung **10** 98, Richterliche Unabhängigkeit; Wahl **10** 98, Zusammensetzung **10** 98

**Landesregierung 10** 64, Beendigung der Amtszeit **10** 71, Bildung **10** 65, Informationspflicht der Landesregierung **10** 62, konstruktives Misstrauensvotum **10** 72, Minister **10** 71, Ministerpräsident **10** 97, Staatsverträge **10** 69, Verantwortung **10** 68, Vertrauensantrag **10** 73, Zusammensetzung **10** 64

**Landesverfassungsgericht 13** 1 ff., abstrakte Normkontrolle **13** 39 ff., kommunale Verfassungsbeschwerde **13** 51, konkrete Normkontrolle **13** 42 f., Landesverfassungsgerichtsgesetz **13** 1 ff., Organstreitigkeiten **13** 35 ff., Präsident **10** 74, Prüfung eines Untersuchungsauftrags **13** 44 ff., Sitz **13** 1, Verfassungsbeschwerde **13** 47 ff., Volksinitiativen-, begehren-, entscheide **10** 75, Wahl **10** 3 ff., Wahlprüfung **15** 22, Zusammensetzung **13** 3 ff., Zuständigkeiten **13** 2

**Landesverfassungsgerichtsgesetz 13** Akteneinsicht **13** 25, allgemeine Verfahrensvorschriften **13** 16, Ausschluss von Richtern **13** 19 f., Beschlussfähigkeit **13** 13, besondere Verfahrensvorschriften **13** 34 ff., Einrichtung von Kammern **13** 13a, einstweilige Anordnung **13** 31, Entlassung von Landesverfassungsrichtern **13** 10 f., Entscheidung **13** 28 ff., Gerichtsverfassung **13** 1, Organisation **13** 3, Sitz **13** 1, Untersuchungsgrundsatz **13** 22, Verfahrenskosten **13** 32, Verhandlung **13** 26 f., Vertretung **13** 14, Vertretung der Beteiligten **13** 18, Vorsitz **13** 13, Wahl **13** 34, Zuständigkeiten **13** 2

**Landesvermögen 10** 92, Belastung **10** 93, Veräußerung **10** 92

**Landesverwaltung** Aufgabenkritik, Deregulierung **20** 7

**Landesverwaltung, mittelbare 20** 17 ff

**Landesverwaltung, unmittelbare 20** 8 ff

**Landeswahlleiter 14** 13

**Landeswahlvorschläge 14** 30, Änderung **14** 21, Prüfung **14** 22, Zulassung **14** 23

**Landeswassergesetz** s. Wassergesetz

**Landkreise 20** 17, **30** 3

**Landrat** Rechtsstellung im Kreistag **31** 51

**Landratswahl 32** 30

**Landschaft** Eingriffe **55** 6, 10

**Landschaftsplanung 55** 5

**Landtag** Beamte **26** 104

**Landtagsinformationsgesetz 12**

**Laufbahn** Aufstieg von Beamten **26** 24, Beförderung von Beamten **26** 22, Benachteiligungsverbot von Beamten **26** 26, Probezeit für Beamte **26** 20, von Beamten **13** ff.

**Laufbahnverordnungen 26** 27

**Laufbahnwechsel** von Beamten **26** 15 f.

**Lebensgrundlagen** Schutz natürlicher Lebensgrundlagen **10** 35

**Lebensmittelüberwachung 43** 7, Gefahrenabwehr **43** 7, Geflügelfleischhygiene **43** 7 II

**Lebensverhältnisse** Gleichwertigkeit **10** 35a

**Liegenschaftskataster 55** 18

**Lobbyregister 11** 86b

**Luftverkehr 43** 14

**Mahnung 23** 4

**Medienanstalt 80** 40 ff., Finanzierung **80** 52, Rechtsaufsicht **80** 54, Selbstverwaltung **80** 40

**Mediengesetz 80** Aufsicht **80** 55 ff., Bürgermedien **80** 21 ff., Datenschutz **80** 11, Finanzierung **80** 7, Gewinnspiele **80** 4, Jugendschutz **80** 4, Landesmedienanstalt **80** 40 ff., Meinungsvielfalt **80** 9 f., Ordnungswidrigkeiten **80** 63, Programmgrundsätze **80** 3, Rundfunkveranstalter, Pflichten **80** 24 ff., Übertragungskapazitäten **80** 33 ff., Verbraucherschutz **80** 4, Zulassung **80** 12 ff.

**Mehrbelastungsausgleich 35** 4

**Meinungsfreiheit 10** 10

**Meldeauflage** Polizeidienststelle **41** 35a

**Menschenwürde 10** 4

**Minderjährigenschutz 17** 21

**Mindestgebot 23** 37

**Minister 10** 65, Amtseid **10** 66, Beendigung der Amtszeit **10** 71, Rechtsstellung **10** 67, Verantwortung **10** 68

**Ministerpräsident 10** 65, Amtseid **10** 66, Beendigung der Amtszeit **10** 71, Ernennung von Richtern und Beamten **10** 70, Gnadenrecht **10** 85, Konstruktives Misstrauensvotum **10** 72, Rechtsstellung **10** 67, Verantwortung **10** 68, Vertrauensantrag **10** 73, Vertretung des Landes **10** 69

**Molekulargenetische Untersuchung** zur Identitätsfeststellung **41** 20a

**Mutterschutz** von Beamten **26** 82

**Nachbarbeteiligung 60** 69

**Nachbarschaftsgesetz 61** Allgemeine Vorschriften **61** 1 ff., Anspruchsverjährung **61** 4, Nachbarwand **61** 5 ff.

**Nachbarschaftsrecht, wasserrechtliches 61** 29 ff.

**Nachbarwand 61** 5 ff.

**Nachwahlen 32** 44

**Nachweise, bautechnische 60** 65

**Namenspapiere 23** 40

**Natur** Eingriffe **55** 6, 10, Schutz von Bezeichnungen **55** 19

**„Natura 2000" 55** 23

**Naturschutz** Betretensrecht **55** 30, Entschädigung, Härteausgleich **55** 32 f., Fachbehörde **55** 2, Genehmigungsverfahren **55** 13, Kompensationsmaßnahmen **55** 7, Kompensationsverzeichnis **55** 18, Pflegekonzepte **55** 16, Verträglichkeit und Unzulässigkeit von Projekten **55** 24, Vorkaufsrecht **55** 31

**Naturschutzbeauftragte 55** 3

**Naturschutzbehörden** Zuständigkeiten, Aufgaben und Befugnisse **55** 1

**Naturschutzbeiräte 55** 3

**Naturschutzgesetz 55**

**Naturschutzregister 55** 18

**Naturschutzvereinigungen 55** 29

**Nebentätigkeit Beamte** nach Beendigung des Beamtenverhältnisses 26 73 ff.

**Nichtraucherschutz** 46 1, Berichterstattung 46 9

**Nichtraucherschutzgesetz** 46

**Nichtverbreitung** nationalsozialistischen, rassistischen und antisemitischen Gedankenguts 10 37a

**Niederschlagswasserbeseitigung** 53 79b

**Nutzungsuntersagungsverfügung** 60 79

**Oberirdische Gewässer** Aufschüttungen und Abgrabungen 53 49, Bewirtschaftung 53 29 ff., Duldungspflicht der Anlieger 53 30, 33, Einteilung 53 3, Fischfang 53 31

**Observation** durch Polizei 41 17

**Offenlegungspflicht** 81 7a

**Öffentliche Belange** Schutz 28 3

**Öffentliche Gewalt** Rechtsweg bei Verletzung durch die 10 21

**Öffentliche Ordnung** Begriff 41 3

**Öffentliche Sicherheit** Begriff 41 3

**Öffentlichkeit** der Untersuchungsausschüsse 10 54, der Verhandlungen des Landtags 10 50, der Wahlprüfungsverhandlung 15 5

**Öffentlichkeitsbeteiligung** 60 69

**Öffentlich-rechtlicher Vertrag** Vollstreckung 21 4

**Ökokonto** 55 9

**Optisch-elektronische Beobachtung** Datenverarbeitung 27 8

**Ordnung** verfassungsmäßige 10 5

**Ordnungswidrigkeiten** Begriff 41 98, Geldbuße 41 98

**Organisationsgesetz** 20

**Organstreitverfahren** 13 38

**Örtliche Bauvorschriften** 60 85

**Ortschaft** Aufhebung, Änderung 30 87, Bildung 30 81

**Ortschaftsrat** Wahl 30 82 ff.

**Ortschaftsverfassung** 30 81 ff.

**Ortsdurchfahrt** 90 5

**Ortsvorsteher** Wahl 30 82

**Ortsvorsteherwahl** 32 290

**Parlamentarische Kontrolle** Verfassungsschutz 17 24 ff.

**Parlamentarische Kontrollkommission** 11 17a

**Pass- und Personalausweisregister** Übermittlung personenbezogener Daten 32 65b

**Personalakten** von Beamten 26 84 ff.

**Personalübergang** Beamte 30 77

**Personenbezogene Daten** Auskunftsrecht 27 10 ff., Aussonderungsprüffristen und Löschfristen 41 32a, Berichtigung 41 32b, Beschränkung der Informationspflicht 27 10 ff., Besondere Kategorien 27 9, Erhebung 41 15, Erhebung bei anderen Personen 27 5, Geltung des Gesetzes zum Schutz personenbezogener Daten 41 13a, Grundsätze des Gesetzes 41 22, Kennzeichnung 41 13d, Recht auf Löschung 27 10 ff., Rechte der betroffenen Person 41 32c, Schutz 28 5, Schutzmaßnahmen bei der Verarbeitung – 27 14, Speicherung, Veränderung, Nutzung 17 9, Übermittlung 27 6, Übermittlung aus dem Pass- und Personalausweisregister 32 65b, Verarbeitung 83 84a, Verarbeitungsvorschriften 27 28 f., Verarbeitung von –, die von Strafverfolgungsbehörden der EU an die Polizei übermittelt worden sind 41 23a, Weiterverarbeiten 41 23, Zulässigkeit der Verarbeitung 27 4

**Personenbezogene Daten Minderjähriger** Speicherung, Veränderung, Nutzung 17 10

**Personenbezogene Daten von Kindern** Benachrichtigung beim Speichern 41 24

**Petitionen** 11 51, Befugnisübertragung an einzelne Ausschussmitglieder 11 49, Beschlussempfehlung und Bericht 11 50, Rechte des Petitionsausschusses 11 48, Überweisung von Petitionen 11 47

**Petitionsausschuss** 10 61

**Petitionsrecht** 10 19

**Pfändung** 23 33, Anspruch auf Herausgabe 23 54, einer Geldforderung 23 45, Einziehungsverfügung 23 49, fortlaufende Bezüge 23 49, Gewährleistungsansprüche 23 30, Hypothek 23 46, Inbesitznahme 23 31, indossable Papiere 23 48, mehrfache Pfändung 23 56, Mitteilung 23 31, Pfandrecht 23 28, Schiffshypothek 23 47, Siegel 23 31, Ungetrennte Früchte 23 32, Unpfändbarkeit 23 55, Verfahren 23 31, Versteigerung 23 53

**Pfändungsverfügung** 23 45

**Pflanzabstände** 61 34 ff.

**Planfeststellung Straßenbau** Einstellung des Verfahrens 90 39, Enteignung 90 41, Veränderungssperre 90 38, vorz. Besitzeinweisung 90 40

**Planfeststellungsverfahren** Rechtswirkungen der Planfeststellung 21 5, Zusammentreffen mehrerer Vorhaben 21 6

**Planfeststellung und -genehmigung** Wasserhaushaltsgesetz 53 97a

**Platzverweisung** 41 36

**Polizei** 41 76 ff., Aufgaben 41 2, Ausführung einer Maßnahme 41 9, Auskunftspflicht 41 14, Befragung 41 14, Befugnisse 41 13 ff., Datenabgleich 41 30, Datennutzung 41 25, Datenverarbeitung 41 25, Durchsuchung 41 41 ff., erkennungsdienstliche Maßnahmen 41 21, Freiheitsentziehung 41 38 ff., Identitätsfeststellung 41 20, Inanspruchnahme nicht verantwortlicher Personen 41 10, Kennzeichnungspflicht 41 12, Kontrollspeicherung und -meldung 41 19, Legitimationspflicht 41 12, Observation 41 17, Organisation 41 76 ff., Prüfung von Berechtigungsscheinen 41 20, Richterliche Entscheidung 41 38, Sachleistungen 41 103 ff., verdeckte Ermittler 41 18, Verhältnismäßigkeit 41 5, Verwahrung 41 46, Verwertung 41 47, Vollzugshilfe 41 50 ff.

**Polizeibeamte** Amtshandlungen 41 92

**Polizeibehörden** 41 76, Aufsicht 41 82, Besondere – 41 80, Hilfspolizeibeamte 41 83, Landeskriminalamt 41 79

**Polizeidienstunfähigkeit** 26 107

**Polizeieinrichtung** 41 81, Aufsicht 41 82

**Polizeiinformationssystem** 41 13c, Regelung von Zugriffsberechtigungen 41 13e

# Schulische Ordnungsmaßnahmen

**Polizeiinspektion 41** 78

**Polizeiinspektion Zentrale Dienste 41** 77

**Polizeivollzugsbeamte 26** 105 ff., Amtshandlungen **41** 91

**Präsident** des Landtages **11** 5, Landtagsverwaltung **11** 8, Vertretung **11** 6, Wahl **11** 4

**Pressegesetz 81** Ablieferungspflicht **81** 11, Datenschutz **81** 10a, Gegendarstellungsanspruch **81** 10, Impressum **81** 7, Informationsrecht der Presse **81** 4, Ordnungswidrigkeiten **81** 14, Sorgfaltspflicht der Presse **81** 5, Strafbarkeit des Redakteurs/Verlegers **81** 12 f.

**Probenahme 60** 80

**Promotion 82** 18

**Promotionskollegs 82** 18a

**Promotionsverfahren 82** 18a

**Promovierendenvertretung 82** 18

**Prozesskostenhilfe 74** 12

**Prüf-, Zertifizierungs- und Überwachungsstellen** Bauprodukte **60** 24

**Prüfung eines Untersuchungsauftrages 13** 46

**Prüfungspflicht, begrenzte** im regulären Verfahren **60** 63, im vereinfachten Verfahren **60** 62

**Rangmaßzahl 11** 9 ff.

**Rasterfahndung 41** 31

**Rauchverbot 46** 3, Ausnahmeregelungen **46** 4, Entscheidungen über personenbezogene Ausnahmeregelungen **46** 6, Hinweispflichten **46** 5, Umsetzung **46** 7, Verstoß gegen das – **46** 8

**Raumbeobachtungsbericht 62** 20

**Raumordnungsgrundsätze** Landesentwicklung **62** 4

**Raumordnungs-Informationssystem 62** 15 ff

**Raumordnungskataster 62** 16

**Raumordnungsverfahren** Durchführung **62** 14

**Rechnungsjahre 10** 93

**Rechnungslegung 10** 97, der Landesregierung **10** 97

**Rechtliche Stellung im Beamtenverhältnis** Aussagegenehmigung **26** 51, Dienstzeit **26** 51, Verschwiegenheitspflicht **26** 51

**Rechtsbehelfe** aufschiebende Wirkung **34** 13c

**Rechtsgarantien bei Freiheitsentziehung 10** 23

**Rechtsnachfolger** Vollstreckung gegen – **23** 59

**Rechtsprechung** Bindung an die Grundrechte **10** 3, Bindung an Recht und Gesetz **10** 2

**Rechtsschutz** im Beamtenverhältnis **26** 100 ff.

**Rechtsstaat 10** 2

**Rechtsverordnung** Ausfertigung und Verkündung **10** 82, durch die Landesregierung **10** 68, Ermächtigung zum Erlass **10** 79

**Redakteur, verantwortlicher 81** 8, strafrechtliche Verantwortung **81** 12

**Redezeiten** der Mitglieder des Landtages **11** 2

**Regelzuständigkeit der unteren Abfallbehörde 50** 32 I

**Regionale Entwicklungspläne 62** 9

**Regionale Planungsgemeinschaft 62** 21 ff

**Regionale Teilgebietsentwicklungspläne 62** 10

**Regionalplan** s. Regionale Entwicklungspläne

**Reihenfolge** von Fraktionen **11** 3

**Religion** Glaubens-, Gewissens-, Bekenntnisfreiheit **10** 10, Religionsgemeinschaften **10** 32, Religionsgesellschaften **10** 137, Religionsunterricht **10** 27

**Religiöse Eidesformel 10** 66

**Richter** Berufsrichter **10** 83, Richteranklage **10** 84

**Richterliche Entscheidung 41** 38

**Rindfleischetikettierung 43** 8

**Rückenteignung 63** 40 f.

**Rückwirkung von Satzungen 34** 2 II

**Ruhestand** Beamte **26** 39 ff., Versetzung von Beamten **26** 50, Wartezeit für Beamte **26** 50

**Ruhestandsbeamte** Dienstvergehen **26** 55

**Rundfunkgebühren** Vollstreckung von – **23** 7a

**Sachleistungen 41** 105

**Satzungen** Kommunen **30** 8 ff.

**Schadenersatzansprüche 41** 75

**Schadensausgleich 41** 71, Art und Umfang **41** 70, Ausgleichspflichtiger **41** 73, Rechtsweg **41** 75, Rückgriff gegen den Verantwortlichen **41** 74, Verjährung des Ausgleichsanspruchs **41** 72

**Schallschutz 60** 15

**Schankwirtschaften** Sperrzeit **48** 1 ff

**Schatzregal 64** 12

**Schiedsstellengesetz 70** Kosten **70** 46 ff., Schiedsperson **70** 3 ff., Schiedsstelle **70** 1 ff., Schlichtungsverfahren in bürgerlichen Rechtsstreitigkeiten **70** 13 ff., Schlichtungsverfahren in Strafsachen **70** 35 ff.

**Schifffahrtsanlagen 53** 34

**Schmerzensgeldansprüche** Erfüllungsübernahme **26** 83a

**Schöffen 71** 10

**Schriftführer** des Landtages **11** 7

**Schulden** Landesschulden **10** 93

**Schule** Erziehungsziel **10** 27, Ethikunterricht **10** 27, Gemeinschaftsschule **10** 26, Hochschule **10** 31, Mitwirkung **10** 29, öffentliche Schule **10** 26, Religionsunterricht **10** 27, Schulaufsicht **10** 26, Schule in freier Trägerschaft **10** 28, Schulpflicht **10** 25, Schulwesen **10** 26

**Schulen** Aufbringung der Kosten **83** 69 ff., Erziehungs- und Bildungsauftrag **83** 1, Schulentwicklungsplan **83** 22, Schuljahr **83** 23, Schulträgerschaft **83** 64 ff.

**Schulen in freier Trägerschaft 83** 14 ff.

**Schulentwicklungsplan** s. Schulen

**Schulgesetz 83** Elternvertretung **83** 55 ff., Religions- und Ethikunterricht **83** 19 ff., Schulbehörden **83** 82 f., Schülervertretung **83** 45 ff., Schulpflicht **83** 36 ff., Schulverfassung **83** 24 ff., Schulwesen, Gliederung **83** 3 ff.

**Schulische Ordnungsmaßnahmen** Verordnung über – **83a**

# Schuljahr

**Schuljahr** s. Schulen
**Schulleitung** vorläufige Maßnahmen **83a** 7
**Schulpflicht 43** 2, s. Schulgesetz
**Schulträgerschaft** s. Schulen
**Schulwesen, Gliederung** s. Schulgesetz
**Schusswaffengebrauch 41** 67
**Selbstverwaltungsrecht** der Hochschulen **82** 54 ff., der Landesmedienanstalt **80** 40
**Seuchengefahr** Grundrechtsbeschränkung **10** 17
**Sicherheitsbehörde** Allgemeine **41** 84, Allgemeine und besondere Befugnisse **41** 86, Begriff **41** 3, Besondere **41** 85, Gefahrenabwehr außerhalb der Dienstzeit **41** 87, Organisation **41** 103 ff., Zuständigkeiten **41** 92
**Sicherheits- und Ordnungsgesetz 41** Aufgaben der Sicherheitsbehörden und der Polizei **41** 69 ff., Erstattungsansprüche **41** 69 ff., Gefahrenabwehrverordnungen **41** 108, Vollzug **41** 88 ff.
**Sicherstellung 41** 48, Unbrauchbarmachung **41** 47, Vernichtung **41** 47, Verwahrung **41** 46, Verwertung **41** 47
**Sickeranlagen 60** 43
**Sitzungen** Abweichung von der Tagesordnung **11** 57, Anwesenheit und Anhörung der Landesregierung **11** 69, Aussprache **11** 60, Bekanntgabe des Ergebnisses **11** 79, Beschlussfähigkeit **11** 70, des Landtags **11** 75, Einberufung **11** 55, erforderliche Mehrheit **11** 73, Erklärungen außerhalb der Tagesordnung **11** 68, Erklärungen zur Abstimmung **11** 76, erste Sitzung des Landtages **11** 59, Feststellung des Abstimmungsergebnisses **11** 74, Form der Abstimmung **11** 74, Fragestellung **11** 72, Freie Rede **11** 63, koordinierte Abstimmung **11** 75a, Kurzbericht **11** 83b, Ordnung im Sitzungssaal **11** 81, Ordnungsruf und Ausschluss **11** 80, persönliche Bemerkungen **11** 67, Prüfung der Reden **11** 83, Rededauer **11** 62, Rednerreihenfolge **11** 61, Reihenfolge der Beratungspunkte **11** 56, Sachruf **11** 64, Schluss der Aussprache **11** 65, Sitzungsleitung **11** 58, Stenografischer Bericht **11** 82, Vorläufiger stenografischer Bericht **11** 83a, Wahl der Mitglieder des Landesverfassungsgerichts **11** 78, Wahlen **11** 77, Wortmeldungen zur Geschäftsordnung **11** 66
**Sonderbauten 60** 50
**Sondernutzung** s. Straßengesetz
**Sondervermögen 36** 12 I, Kommunen **30** 121
**Sonderwahlbezirk 33** 51 ff.
**Souverän 10** 2
**Speisewirtschaften** Sperrzeit **48** 1 ff
**Spenden 16** 31a
**Sperrzeit 41** 94a, für bestimmte Betriebsarten **48** 1
**Sperrzeit-Gefahrenabwehrverordnung 48**
**Spitzenorganisationen der Gewerkschaften** Beteiligung **26** 92
**Sport 10** 36
**Sprachliche Gleichstellung** Geschäftsordnung des Landtages **11** 94
**Staatliche Stiftungen** bürgerlichen Rechts **75** 11
**Staatsanwaltschaft 71** 12 ff.

**Staatsgewalt 10** 1 f.
**Standsicherheit 60** 12
**Stauanlagen 53** 36, Ablassen **53** 41, Anschluss **53** 104, Außerbetriebsetzen **53** 40
**Staubewirtschaftung 53** 42
**Staumarken 53** 37 f.
**Stellenausschreibung** Beamtenverhältnis **26** 9
**Stellplätze 60** 48
**Stichwahl 32** 30a
**Stiftungen 30** 125 ff.
**Stiftungen bürgerlichen Rechts 75** 6 ff.
**Stiftungsbehörden 75** 4
**Stiftungsgesetz 75**
**Stiftungsverzeichnis 75** 5
**Stimmabgabe 14** 27
**Stimmanzahl 14** 33
**Stimmzettel 14** 24, Kommunalwahlen **32** 29
**Strafgerichtsbarkeit 10** 22
**Straftat** Begriff **41** 3
**Strafverfolgungsbehörden der EU** Verarbeitung von personenbezogenen Daten, die von – an die Polizei übermittelt worden sind **41** 23a
**Straße** Anliegergebrauch **90** 14, Einteilung der öffentlichen **90** 3, Einziehung **90** 8, Gemeingebrauch **90** 15, gewerbliche Nutzung **90** 19, -nschutzgehölz **90** 25, öffentliche **90** 2, Sondernutzung **90** 21, Umleitungen **90** 33, Umstufung **90** 7, unerlaubte Nutzung **90** 20, Veranstaltungen **90** 19, Verunreinigung **90** 16, Widmung **90** 6, Winterdienst **90** 47, s. auch Planfeststellung
**Straßen, öffentliche** s. Straßengesetz
**Straßenanlieger 90** 22, -gebrauch **90** 14
**Straßenaufsicht 90** 46
**Straßenbaulast 90** 9, Wechsel **90** 11
**Straßenbaulastträger 90** 42, besonderer Dritter **90** 43, Eigentumserwerb durch **90** 13, Privater **90** 44
**Straßengesetz 90**
**Straßenkörper** Bepflanzung **90** 27
**Straßenkreuzung 90** 28, Kostentragung **90** 29, mit Gewässern **90** 32, Unterhaltung **90** 30
**Straßennummer 90** 5
**Straßenrechtliche Vorschriften, DVO 91**
**Straßenreinigung 90** 47
**Straßenverzeichnis 90** 4
**Straußwirtschaften 45** 3
**Studentische Vereinigung 82** 65a
**Talsperren 53** 44, Unterhaltung der Sammelbecken **53** 59
**Tatverdächtigen** Daten zu – **41** 23
**Teilbaugenehmigung 60** 73
**Teilzeitbeschäftigung 26** 64 ff.
**Telefon- und Funkgespräche** Aufzeichnung von – **41** 23b
**Telekommunikationsbestandsdaten** Erhebung **41** 17a

**Telekommunkationsinhalte und -umstände** Erhebung von – **41** 17b

**Telemedienbestandsdaten** Erhebung **41** 17a

**Tierarzneimittelwesen** Gefahrenabwehr **43** 5

**Tiergehege 55** 27

**Tierkörperbeseitigung 43** 6

**Tierschutz 10** 35, Gefahrenabwehr **43** 10

**Tierseuchenbekämpfung** Gefahrenabwehr **43** 6

**Toiletten 60** 47 III

**Tötung** Schadensausgleich **41** 71

**Traufwasser 61** 33

**Treppen 60** 33 f.

**Treuhandvermögen** Kommunen **30** 122

**Trinkwasserversorgung** Zusammenschlüsse von Aufgabenträgern **53** 83 ff.

**Typengenehmigung** Bauliche Anlagen **60** 71a

**Überflutung 53** 9

**Übergroße Grundstücke 34** 6c II

**Übermittlungsverbote** Verfassungsschutz **17** 20

**Überschwemmungsgebiete 53** 101, an oberirdischen Gewässern **53** 99

**überwachungsbedürftige** Abfälle s. Abfälle, überwachungsbedürftige

**Umwehrungen 60** 37

**Umweltschutz** Immissionsschutz **44**

**Ungetrennte Früchte 23** 32, Versteigerung **23** 41

**Ungültigkeit** Wahl **15** 15

**Uniformierungsverbot 42** 3

**Universitätsdozenten 82** 41a

**Unpfändbarkeit** von Forderungen **23** 55

**Unternehmen und Beteiligungen** Kommunen **30** 128 ff.

**Untersuchungsausschüsse 10** 54

**Untersuchungsgrundsatz 13** 22

**Unvereinbarkeit** Wahlprüfungsverfahren **15** 11

**Unverletzlichkeit der Wohnung 10** 17

**Urlaub** von Beamten **26** 67 ff.

**Veränderungssperre 90** 38, Hochwasserschutz **53** 94c

**Veränderungssperre, abfallrechtliche 50** 21

**Verantwortlichkeit** bei Ordnungswidrigkeiten **41** 8

**Verbandsgemeinde** Mitwirkung **32** 10a

**Verbandsgemeinden 20** 17, **30** 2, der Verbandsgemeinde **30** 95 ff., Grundlagen und Aufgaben **30** 89 ff.

**Verbindlichkeitserklärung 50** 17

**Verbotswidrige Abfallablagerung 50** 11 f.

**Verdeckte Mitarbeiter** Verfassungsschutz **17** 8a

**Verdeckter Ermittler 41** 18

**Vereidigung** der Landesregierung **10** 66

**Vereinigungsfreiheit 10** 13

**Verfassung 10** 1 ff.

**Verfassungsbeschwerde(n) 13** 51

**Verfassungsmäßigkeit 10** 75

**Verfassungsschutz** Informationsübermittlung **17** 15 ff, Organisation und Aufgaben **17** 1 ff, Parlamentarische Kontrolle **17** 24 ff, Personenbezogene Daten **17** 6 ff, Übermittlungsverbote **17** 20, Verdeckte Mitarbeiter **17** 8a, Vertrauensperson **17** 8b

**Verfassungsschutzbehörde** Aufgaben **17** 4, Befugnisse **17** 7

**Verfassungsschutzgesetz 17**

**Verhaltensregeln** der Mitglieder des Landtages **11** 1

**Verhältnismäßigkeit der Maßnahmen 41** 5

**Verjährung** Entschädigungsansprüche **25** 4, Verwaltungskosten **24** 9

**Verkehrssicherheit 60** 16

**Vermögen** Landesvermögen **10** 92 f., Sondervermögen **10** 93

**Vermögensauskunft** gegenüber Gerichtsvollziehern **23** 22, gegenüber Vollstreckungsbehörde **23** 22a

**Vermögensermittlung 23** 21a

**Verpflichtungen** über- und außerplanmäßige Verpflichtungen **10** 95

**Verpflichtungsermächtigung 10** 97

**Versammlungen** Auflösung **42** 11, Straf- und Bußgeldvorschriften **42** 20 ff., unter freiem Himmel **42** 12 ff., Verbot öffentlicher **42** 4

**Versammlungen, öffentliche 42** 4 ff.

**Versammlungsfreiheit 42** 1

**Versammlungsgesetz 42**

**Versetzung** Beamte **26** 26

**Versiegelung 60** 78 II

**Versorgung** von Beamten in den Ruhestand **26** 50

**Versteigerung** Mindestgebot **23** 37, Verwertung durch – **23** 40, von gepfändeten Sachen **23** 35, Wertpapiere **23** 40, Zuschlag **23** 36

**Vertrauensantrag 11** 42

**Vertrauensperson** Verfassungsschutz **17** 8b

**Vertretbare Handlung** Legaldefinition **41** 55

**Vertretung** Innere Kommunalverfassung **30** 36 ff.

**Verurteilte** Daten zu – **41** 23

**Verwaltung 10** 87, Öffentlicher Dienst **10** 91, Öffentliche Verwaltung **10** 86

**Verwaltung, elektronische 20** 3

**Verwaltungsaufbau 20** 4

**Verwaltungsgebühren 34** 4

**Verwaltungsgericht** Bezeichnung **74** 3, Dienstaufsicht **74** 5, Errichtung **74** 1, Gerichtsbezirke **74** 2, Gliederung **74** 1, Zuständigkeit in Normenkontrollverfahren **74** 10

**Verwaltungsgerichtsordnung** Dienstaufsicht **74** 5, Gerichtsbezirke **74** 2, Oberverwaltungsgericht **74** 3 f., Verwaltungsgerichte **74** 1

**Verwaltungsgerichtsordnung-Ausführungsgesetz 74**

**Verwaltungsgerichtsorganisation** Änderung **74** 3a

**Verwaltungskosten 24** 1, Auslagen **24** 14, Bemessungsgrundsätze **24** 10, Billigkeitsmaßnahmen **24** 12, Gebüh-

# Verwaltungskostengesetz

renordnung 24 3, Kostenerhebung 24 8, Verjährung 24 9, Widerspruch 24 13

**Verwaltungskostengesetz 24**

**Verwaltungsmodernisierung 20** 2

**Verwaltungsorganisation** Ziele und Grundsätze **20** 2 ff

**Verwaltungsverfahrensgesetz 21**

**Verwaltungsvollstreckungsgesetz 23** Erzwingung von Handlungen, Duldungen und Unterlassungen **23** 71

**Verwaltungsvollzugsbeamter** Begriff **41** 49

**Verwaltungszustellungsgesetz 22** Geltungsbereich **22** 1

**Verwaltungszwang 41** 53

**Verwendbarkeitsnachweis 60** 20, Bauprodukte **60** 17

**Verwertung** Pfändung **23** 53, von Sicherheiten **23** 65

**Vizepräsident** des Landtages **11** 6

**Volksabstimmungsgesetz 16**

**Volksbegehren 10** 81, Abschluss der Eintragungen **16** 17, Änderung, Rücknahme und Erledigungserklärung **16** 14, Antrag auf Durchführung **16** 10, Bekanntmachung **16** 13, Eintragung, Unterschriftsbogen **16** 15, Eintragungsfrist **16** 12, Entscheidung **16** 11, Feststellung des Ergebnisses **16** 18, Kosten **16** 31, ungültige Eintragungen **16** 16, Vorlage an den Landtag **16** 19

**Volksentscheid 10** 81, Abstimmung **16** 25, Abstimmungstag **16** 21, Anwendung des Wahlprüfungsgesetzes **16** 29, Anwendung wahlrechtlicher Vorschriften **16** 23, Ausfertigung und Verkündung **16** 22, Ergebnis des Volksentscheides **16** 27, Ermittlung des Abstimmungsergebnisses **16** 26, Feststellung und Bekanntmachung des Ergebnisses **16** 28, Gegenstand **16** 20, Stimmzettel; Voraussetzung **16** 20

**Volksinitiative 10** 80, Antrag auf Behandlung **16** 5, Behandlung angenommener Volksinitiativen **16** 9, Behandlung nicht angenommener Volksinitiativen **16** 8, Entscheidung und Bekanntmachung **16** 7, Gegenstand **16** 4, Unterschriftsbogen **16** 6

**Volksinitiativen 11** 39a ff.

**Volksvertretung** Zusammentritt der neu gewählten – **32** 58a

**Vollstreckung** Anwendungsbereich **23** 1, Aufhebung **23** 23, beschränkte Haftung **23** 19, bewegliches Vermögen **23** 64, Einstellung **23** 23, Einstweilige Einstellung **23** 25, gegen Ehegatten **23** 15, gegen juristische Personen **23** 21, gegen Nießbraucher **23** 16, gegen Personenvereinigungen **23** 20, gegen Rechtsnachfolger **23** 59, in andere Vermögensrechte **23** 57, in Ersatzteile von Luftfahrzeugen **23** 43, Kosten der – wegen Geldforderungen **23** 74, Mahnung **23** 4, nach dem Tode **23** 18, Niederschrift **23** 13, Rundfunkgebühren **23** 7a, unbewegliches Vermögen **23** 59, Vollstreckungsbehörde **23** 6, Vollstreckungsgläubiger **23** 5, Vollstreckungshilfe **23** 7, Voraussetzung **23** 3, wegen Geldforderungen **23** 2 ff., Widerstand gegen – **23** 10, Wohnungsdurchsuchung **23** 9, Zahlungsfrist **23** 4, Zeugen **23** 11, zur Nachtzeit und an Sonn- und Feiertagen **23** 12

**Vollstreckungsauftrag 23** 8

**Vollstreckungsbeamte 23** 8, Aufforderungen und Mitteilungen **23** 14, Befugnisse **23** 9

**Vollstreckungsbehörde** Vermögensauskunft gegenüber – **23** 22a

**Vollstreckungsbehörden 23** 6

**Vollstreckungsgegenstand 23** 2

**Vollstreckungsgläubiger 23** 5

**Vollstreckungshilfe 23** 7, Kosten **23** 7b

**Vollstreckungsschuldner 23** 2

**Vollstreckungsschutz, vorläufiger 23** 24

**Vollstreckungsurkunden 23** 2

**Vollziehende Gewalt** Bindung an Gesetz und Recht **10** 2

**Vollzug 41** 49, Vollzugshilfe **41** 52

**Vollzugshilfe 41** 50 ff.

**Vorausleistungen auf die Beitragsschuld 34** 6 VII

**Vorbescheid 60** 74

**Vorkaufsrecht** Kulturdenkmale **64** 11

**Vorladung 41** 35

**Vorlagen 11** 40 f.

**Vorsorgegrundsätze 52** 1

**Vorteilsausgleich** Zeitliche Obergrenze **34** 13b

**Vorzeitige Besitzeinweisung 63** 31

**V-Personen** der Polizei **41** 18

**Wahl** Briefwahl **14** 28, Ermächtigung **14** 56, Ersatzwahl **14** 43, Feststellung des Wahlergebnisses **14** 42, Stimmabgabe **14** 27, Ungültigkeit **15** 13-15, Wahllurnen **14** 29, Wahlvorbereitung **14** 44

**Wahlausschuss** Verwaltungsgericht **74** 7

**Wählbarkeit 14** 8

**Wahlbekanntmachung 33** 38a

**Wahlbenachrichtigung 33** 1

**Wahlbereich 33** 10

**Wahlbezirk 33** 11 f.

**Wahlehrenamt** Ablehnungsgründe **14** 49, Entschädigung **14** 51, Folgen unbegründeter Ablehnung **14** 50, Kommunalwahl **32** 13, Pflicht **14** 48

**Wahleinspruch 32** 50

**Wahlen zum Landtag** Bestimmung von Wahltag und Wahlzeit **11** 54c

**Wahlergebnis** Annahme der Wahl **14** 37, Bekanntgabe **14** 34, erforderliche Stimmenzahl **14** 33, Ersatzwahlen **14** 43 ff., Feststellung **14** 35, Feststellung im Wahlkreis **14** 32, gültige Stimmen **14** 31, Nachwahlen **14** 42, Sitzverteilung **14** 35

**Wählerverzeichnis 14** 4a

**Wahlgesetz 14**

**Wahlhandlung 32** 32 ff., Briefwahl **32** 33, Öffentlichkeit der Wahl **32** 55, Stimmabgabe **32** 32, Wahllurnen **32** 34

**Wahlkosten 32** 54

**Wahlkreis 14** 10

**Wahlleiter 32** 9

**Wahlniederschrift 33** 67

**Wahlordnung 14** 56

# 875 Zwang

**Wahlorgane 32** 8a ff., Wahlausschuss **32** 10, Wahlleiter **32** 9, Wahlvorstand **32** 12, Wahlvorsteher **32** 11

**Wahlperiode** des Landtags **10** 60, Kommunalwahl **32** 5

**Wahlpropaganda 14** 30, unzulässige **32** 35

**Wahlprüfung 10** 44

**Wahlprüfungsausschuss 15** 5a

**Wahlprüfungsgesetz 15** Antragsberechtigung beim Feststellungsverfahren **15** 17 f., Beratung und Beschlussfassung **15** 7, Berichtigung **15** 14, Einspruch des Präsidenten des Landtags **15** 15, Einspruchsberechtigte **15** 2, Entscheidung **15** 9, Entscheidungsvorschlag **15** 8, Feststellungsverfahren **15** 16-19, Fristen des Einspruchs **15** 3, Kosten des Verfahrens **15** 21, Mündliche Verhandlung **15** 6, Neuzuweisung; Ungültigkeit der Wahl **15** 13, Unvereinbarkeit **15** 11, Verfahren **15** 5, Zurückverweisung **15** 10, Zuständigkeit des Landtags **15** 1, Zustellung **15** 12

**Wahlrecht 14** 4

**Wahlrecht, Stimmrecht** Einwohner und Bürger **30** 23

**Wahlschein 14** 4a

**Wahlscheinantrag 33** 2

**Wahlscheine 33** 22 ff.

**Wahltag 32** 58a, Bestimmung von – und Wahlzeit für die Wahlen zum Landtag **11** 54c, Kommunalwahl **32** 5

**Wahlurnen 32** 34

**Wahlvorbereitung 14** 19, besondere Zulassung **14** 17, Kommunalwahl **32** 14 ff., Kreiswahlausschuss **14** 12, Kreiswahlleiter **14** 12, Kreiswahlvorschläge **14** 14, Landeswahlausschuss **14** 13, Landeswahlleiter **14** 13, Landeswahlvorschläge **14** 16, Listenvereinigungen **14** 16, Prüfung der Wahlvorschläge **14** 22, Stimmzettel **14** 24, Wahlbezirk **14** 11, Wahlkreis **14** 10, Wahlraum **14** 25, Wahltag **14** 9, Wahlvorstand **14** 26, Zulassung von Wahlvorschlägen **14** 23

**Wahlvorschläge** Kommunalwahl **32** 21 ff.

**Wahlvorstand** Kommunalwahl **32** 12

**Wahlzeit 14** 9, Bestimmung von Wahltag und – für die Wahlen zum Landtag **11** 54c, Kommunalwahl **32** 5

**Wahrscheinlichkeitsmaßstab 34** 5 III

**Wände 60** 26 ff.

**Wärmeschutz 60** 15

**Wasserbehörde** Aufgaben und Befugnisse **53** 11, Entscheidungen **53** 68

**Wasserbruch 53** 103

**Wasserentnahmen** Entgelt **53** 105

**Wassergefahr 53** 13

**Wassergefährdende Stoffe** Umgang **53** 86 f.

**Wassergesetz 53** Abwasserbeseitigung **53** 83 ff., Anlandungen **53** 8, Behörden **53** 10 ff., Grundeigentum **53** 2

**Wasserhaushaltsgesetz** Planfeststellung und -genehmigung **53** 97a

**Wasserschutzgebiete 53** 73 ff.

**Wasserspeicher 53** 44, 48

**Wasserstraßen- und Wasserverkehrsrecht 53** 32 ff.

**Wasseruntersuchungen 53** 72

**Wasserversorgung** Öffentliche **53** 70 ff.

**Wasserversorgungsanlagen 60** 43

**Wasserwehr 53** 14

**Wasserwirtschaftliche Planung 53** 102 f.

**Wasserzuständigkeitsverordnung 54**

**Wegebeiträge, besondere 34** 7

**Weinbaugrenzabstände 61** 37

**Weiterbildungsstudiengänge** Organisation **82** 16a

**Weltanschauungsgemeinschaften 10** 32

**Werbeanlagen 60** 10

**Wertpapiere 23** 40

**Widerstandrecht 10** 21

**Widmung** Straße **90** 6

**Wiedereinsetzung in den vorigen Stand 63** 36

**Wiederholungswahlen 32** 45

**Wild abfließendes Wasser 61** 30

**Wissenschaftsfreiheit** s. Hochschulgesetz

**Wohnung** bauliche Anforderungen **60** 47, Bereitstellung von Wohnraum **10** 40, Betreten und Durchsuchen der Wohnung **41** 43 f., Erhaltung von Wohnraumes **10** 40, Wohnungsbau **10** 40

**Zahlungsfrist** Zwangsgeld **41** 56

**Zahlungswirkung** der Geldpfändung **23** 34

**Zentrale Einrichtungen** der Hochschulen **82** 99 ff.

**Zeugen** Durchsuchung von Sachen **41** 42

**Zeugenschutz 41** 48a

**Ziele der Kreislaufwirtschaft 50** 1

**Zoos 55** 25

**Zulässigkeit** des Verwaltungszwanges **41** 53

**Zurückschneiden von Grenzüberwuchs 61** 39 f.

**Zuständigkeit** der Sicherheits- und Polizeibehörden **43** 88 ff.

**Zuständigkeit der Polizei 51** 4

**Zuständigkeit der technischen Fachbehörde 51** 2

**Zuständigkeit des Landesamtes für Geologie und Bergwesen 51** 3

**Zuständigkeiten der Bodenschutzbehörden 52** 18

**Zuständigkeiten der Gemeinden 35** 2

**Zuständigkeiten der kreisfreien Städte 35** 1 ff.

**Zuständigkeiten der Landkreise 35** 1 ff.

**Zuständigkeiten der oberen Abfallbehörden 51** 1

**Zuständigkeitsverordnung Abfallrecht 51**

**Zuständigkeitsverordnung Gefahrenabwehr 43**

**Zuständigkeitsverordnung Immissionsschutz-, Gewerbe- und Arbeitsschutzrecht 44**

**Zustellung** Androhung der Zwangsmittel **41** 59

**Zustellungsverfahren 22** 1

**Zwang 41** 63, Ersatzzwangshaft **41** 57, Fesselung **41** 64, Handeln auf Anordnung **41** 61, Hilfeleistung für Verletzte **41** 62, Kosten **41** 68a, Rechtliche Grundlagen **41**

# Zwangsmittel 876

60, Schusswaffengebrauch 41 68, unmittelbarer Zwang 41 58 ff., Zwangsmittel 41 54
**Zwangsmittel** 41 54, Androhung 41 59, Ersatzvornahme 41 55, Zwangsgeld 41 56
**Zweckänderung** Datenverarbeitung 27 7
**Zweckbindung** Datenverarbeitung 27 7
**Zweckverband** 31 6 ff., Auflösung 31 14, Aufsicht 31 17, Bildung 31 8, Finanzbedarf 31 13, Organe 31 10,
Pflichtverband 31 8b, Rechtsfolgen 31 9, Rechtsstellung 31 7, rückwirkende Bildung von – 31 8a, Verbandsversammlung 31 11, Verwaltung 31 12 f., Voraussetzungen 31 6
**Zweckvereinbarung** 31 3 ff., Änderung 31 5, Aufgabenübergang 31 4, Auflösung 31 5, Inhalt 31 3, Rechtsaufsicht 31 3

# Das Studienbuch zum Landesrecht

**Kluth** [Hrsg.]

**Landesrecht Sachsen-Anhalt**

Studienbuch

2. Auflage

Nomos

**Landesrecht Sachsen-Anhalt**
Studienbuch
Herausgegeben von Prof. Dr. Winfried Kluth
2. Auflage 2010, 481 S., brosch., 24,– €
ISBN 978-3-8329-5182-5

Das Studienbuch stellt in übersichtlicher und systematischer Form die wichtigsten ausbildungsrelevanten Teile des sachsen-anhaltinischen Verfassungs- und Verwaltungsrechts dar. Mit Verfassungsrecht, Verwaltungsorganisationsrecht, Kommunalrecht, Polizeirecht und Baurecht sowie Umwelt-, Bildungs- und Datenschutzrecht werden die für Examen und Praxis relevanten Kerngebiete unter Einbeziehung von Rechtsprechung und Literatur abgehandelt. Zahlreiche Beispiele vereinfachen das Verständnis, und Klausurhinweise schärfen den Blick für fehlerträchtige Fragestellungen.

**Die Autorinnen und Autoren**

Prof. Dr. Michael Germann, Martin-Luther Universität Halle-Wittenberg | PD Dr. Thorsten Franz, Hochschule Harz | Prof. Dr. Michael Kilian, Martin-Luther Universität Halle-Wittenberg | Prof. Dr. Winfried Kluth, Martin-Luther Universität Halle-Wittenberg | Prof. Dr. Angela Kolb, Ministerin der Justiz Sachsen-Anhalt, Magdeburg | Prof. Dr. Reimund Schmidt-De Caluwe, Martin-Luther Universität Halle-Wittenberg

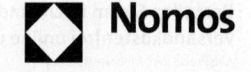

Bestellen Sie im Buchhandel oder
versandkostenfrei online unter nomos-shop.de
Alle Preise inkl. Mehrwertsteuer

**Nomos**

# Für den Erfolg im Öffentlichen Recht

## Staatsorganisationsrecht
Von Prof. em. Dr. Martin Morlok
und Prof. Dr. Lothar Michael
5. Auflage 2021, 437 S., brosch., 24,90 €
ISBN 978-3-8487-6187-6

Klar strukturiert vermittelt das Lehrbuch die Zusammenhänge zu den verfassungsrechtlichen Grundlagen und der Funktionsweise ihrer Organe. Zahlreiche Fälle und Beispiele dienen der Veranschaulichung; Vertiefungs- und Wiederholungsfragen ermöglichen eine gezielte Examensvorbereitung.

»gut geeignetes Lehrbuch für eine zielorientierte und gut strukturierte Vorbereitung auf die Klausur«
fsr.uni-jena.de 10/2017, zur Vorauflage

## Grundrechte
Von Prof. Dr. Lothar Michael und
Prof. em. Dr. Martin Morlok
7. Auflage 2020, 534 S., brosch., 24,90 €
ISBN 978-3-8487-5986-6

Das Lehrbuch orientiert sich bei der Darstellung der Grundrechte strikt am Prüfungsaufbau: Fragen des Schutzbereichs, des Eingriffs und der Rechtfertigung werden jeweils en bloc in dieser Reihenfolge behandelt. Die Autoren befassen sich in einem eigenen Teil mit der Grundrechtsgeltung im europäischen Mehrebenensystem.

»Sehr zu empfehlen!«
Benedikt Bögle, benedikt-boegle.com 11/2019

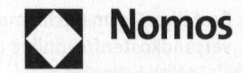

Nomos eLibrary www.nomos-elibrary.de

**Bestellen Sie im Buchhandel oder versandkostenfrei online unter nomos-shop.de**
Alle Preise inkl. Mehrwertsteuer

Nomos